E-Book inside.

Mit folgendem persönlichen Code können Sie die E-Book-Ausgabe dieses Buches downloaden.

55018-r65p6-y6f6t-100kp

Registrieren Sie sich unter **www.hanser-fachbuch.de/ebookinside** und nutzen Sie das E-Book auf Ihrem Rechner*, Tablet-PC und E-Book-Reader.

Der Download dieses Buches als E-Book unterliegt gesetzlichen Bestimmungen bzw. steuerrechtlichen Regelungen, die Sie unter www.hanser-fachbuch.de/ebookinside nachlesen können.
* Systemvoraussetzungen: Internet-Verbindung und Adobe® Reader®

Badach/Hoffmann
Technik der IP-Netze

Bleiben Sie auf dem Laufenden!

Unser **Computerbuch-Newsletter** informiert Sie monatlich über neue Bücher und Termine. Profitieren Sie auch von Gewinnspielen und exklusiven Leseproben. Gleich anmelden unter:

www.hanser-fachbuch.de/newsletter

Anatol Badach
Erwin Hoffmann

Technik der IP-Netze

Internet-Kommunikation
in Theorie und Einsatz

4., überarbeitete und erweiterte Auflage

Alle in diesem Buch enthaltenen Informationen, Verfahren und Darstellungen wurden nach bestem Wissen zusammengestellt und mit Sorgfalt getestet. Dennoch sind Fehler nicht ganz auszuschließen. Aus diesem Grund sind die im vorliegenden Buch enthaltenen Informationen mit keiner Verpflichtung oder Garantie irgendeiner Art verbunden. Autoren und Verlag übernehmen infolgedessen keine juristische Verantwortung und werden keine daraus folgende oder sonstige Haftung übernehmen, die auf irgendeine Art aus der Benutzung dieser Informationen – oder Teilen davon – entsteht.

Ebenso übernehmen Autoren und Verlag keine Gewähr dafür, dass beschriebene Verfahren usw. frei von Schutzrechten Dritter sind. Die Wiedergabe von Gebrauchsnamen, Handelsnamen, Warenbezeichnungen usw. in diesem Buch berechtigt deshalb auch ohne besondere Kennzeichnung nicht zu der Annahme, dass solche Namen im Sinne der Warenzeichen- und Markenschutz-Gesetzgebung als frei zu betrachten wären und daher von jedermann benutzt werden dürften.

Bibliografische Information der Deutschen Nationalbibliothek:

Die Deutsche Nationalbibliothek verzeichnet diese Publikation in der Deutschen Nationalbibliografie; detaillierte bibliografische Daten sind im Internet über http://dnb.d-nb.de abrufbar.

Dieses Werk ist urheberrechtlich geschützt.
Alle Rechte, auch die der Übersetzung, des Nachdruckes und der Vervielfältigung des Buches, oder Teilen daraus, vorbehalten. Kein Teil des Werkes darf ohne schriftliche Genehmigung des Verlages in irgendeiner Form (Fotokopie, Mikrofilm oder ein anderes Verfahren) – auch nicht für Zwecke der Unterrichtsgestaltung – reproduziert oder unter Verwendung elektronischer Systeme verarbeitet, vervielfältigt oder verbreitet werden.

© 2019 Carl Hanser Verlag München, www.hanser-fachbuch.de
Lektorat: Sylvia Hasselbach
Copy editing: Jürgen Dubau, Freiburg
Layout: Erwin Hoffmann mit LaTeX
Umschlagdesign: Marc Müller-Bremer, www.rebranding.de, München
Umschlagrealisation: Max Kostopoulos
Druck und Bindung: Hubert & Co. GmbH & Co. KG BuchPartner, Göttingen
Printed in Germany

Print-ISBN: 978-3-446-46210-6
E-Book-ISBN: 978-3-446-45511-5

Inhaltsverzeichnis

I Theorie der Netzwerke und kryptographische Grundlagen 1

1 Grundlagen der IP-Netze 3
1.1 Entwicklung des Internet 4
    1.1.1 Internet vor der Nutzung des WWW 4
    1.1.2 Die Schaffung des WWW 6
    1.1.3 Internet nach der Etablierung des WWW 9
    1.1.4 Meilensteine der Internet-Entwicklung und Trends . . . 10
1.2 Funktionen der Kommunikationsprotokolle 17
    1.2.1 Prinzipien der Fehlerkontrolle 17
    1.2.2 Realisierung der Flusskontrolle 20
    1.2.3 Überlastkontrolle 22
1.3 Schichtenmodell der Kommunikation 23
    1.3.1 Konzept des OSI-Referenzmodells 24
    1.3.2 Schichtenmodell der Protokollfamilie TCP/IP 27
1.4 Allgemeine Prinzipien der IP-Kommunikation 29
    1.4.1 Bildung von IP-Paketen 30
    1.4.2 Netzwerkschicht in IP-Netzen 31
    1.4.3 Verbindungslose IP-Kommunikation im Internet 33
    1.4.4 Transportschicht in IP-Netzen 34
    1.4.5 Multiplexmodell der Protokollfamilie TCP/IP 37
1.5 Komponenten der Protokollfamilie TCP/IP 38
    1.5.1 Protokolle der Netzwerkschicht 38
    1.5.2 Protokolle der Transportschicht 39
    1.5.3 Protokolle der Supportschicht und für Echtzeitkommunikation 40
    1.5.4 Komponenten der Anwendungsschicht 41
1.6 IETF und Internet-Standards 44
1.7 Schlussbemerkungen 46
1.8 Verständnisfragen 48

2 Sicherheit in der IP-Kommunikation 49
2.1 Grundlagen und Entwicklung der IT-Sicherheit 50
    2.1.1 Daten und ihre Nutzung 50
    2.1.2 Akteure und Identitäten bei der Datenverarbeitung . . . 53
    2.1.3 Entwicklung der Internet-Kryptographie 56
    2.1.4 Schichtenspezifische IT-Security-Protokolle 59
2.2 Prinzipien und Primitive der IT-Security 61
    2.2.1 Verschlüsselungs-Primitiv $\mathcal{C}$ 61
    2.2.2 Schlüsseltausch-Primitiv κ 62
    2.2.3 Hash-Primitiv h 63
    2.2.4 Signatur-Primitiv σ 65

		2.2.5	Zusammenspiel der Krypto-Primitive	66
	2.3	Hashfunktionen und ihr Einsatz	68
		2.3.1	Hashfunktionen zur Nachrichtensicherung	69
		2.3.2	Message Authentication Codes	70
		2.3.3	Hashfunktionen für Passwörter	72
	2.4	Symmetrische Verschlüsselung	74
		2.4.1	Stromchiffren	75
		2.4.2	Blockchiffren	77
		2.4.3	Klassische Betriebsarten	79
		2.4.4	Counter Mode und AEAD	80
	2.5	Schlüsseltauschverfahren	82
		2.5.1	Ablauf des RSA-Schlüsseltauschs	84
		2.5.2	Ablauf des DH-Verfahrens	85
		2.5.3	ElGamal-Schlüsseltausch-Protokoll	89
	2.6	Identitäten und Authentisierung	89
		2.6.1	Authentisierung mit MS-ChapV2	91
		2.6.2	Digitale Identitäten mit X.509-Zertifikaten	93
		2.6.3	Der X.509 Datencontainer	94
		2.6.4	X.509-Einsatzgebiete	96
		2.6.5	Öffentliche und private Zertifikate	97
		2.6.6	Verifikation und Validierung von Zertifikaten	98
	2.7	Gesicherte und vertrauliche Datenübertragung	100
		2.7.1	Fehlerfreiheit und Integrität von Daten	101
		2.7.2	Datenblockverschränkung	103
		2.7.3	Verschlüsselung und Authentisierung von Nachrichten . .	104
	2.8	Schlussbemerkungen	107
	2.9	Verständnisfragen	108

II 'Klassisches' IPv4/UDP/TCP 109

3 Internet-Netzwerkprotokolle IPv4, ARP, ICMP und IGMP . . . 111

3.1	Aufgaben von IPv4		112
3.2	Aufbau von IPv4-Paketen		113
	3.2.1	Differentiated Services	115
	3.2.2	Fragmentierung der IPv4-Pakete	118
	3.2.3	Optionen in IP-Paketen	120
3.3	IPv4-Adressen		123
	3.3.1	Darstellung von IP-Adressen	125
	3.3.2	Standard-Subnetzmaske	126
	3.3.3	Vergabe von IP-Adressen	127
3.4	Bildung von Subnetzen		130
	3.4.1	Bestimmen von Subnetz-IDs und Host-IDs	131
	3.4.2	Zielbestimmung eines IP-Pakets beim Quellrechner	134
	3.4.3	Adressierungsaspekte in IP-Netzen	135

3.5	Klassenlose IP-Adressierung (VLSM, CIDR)		138
	3.5.1	Konzept der klassenlosen IP-Adressierung	139
	3.5.2	VLSM-Nutzung	143
	3.5.3	CIDR-Einsatz	147
3.6	Protokolle ARP und RARP		151
	3.6.1	Protokoll ARP	152
	3.6.2	Proxy-ARP	155
	3.6.3	Protokoll RARP	158
3.7	Protokoll ICMP		159
	3.7.1	ICMP-Nachrichten	160
	3.7.2	ICMP-Fehlermeldungen	161
	3.7.3	ICMP-Anfragen	163
	3.7.4	Pfad-MTU Ermittlung	164
3.8	IP-Multicasting		165
	3.8.1	Multicast-Adressen	166
	3.8.2	Internet Group Management Protocol	167
3.9	Schlussbemerkungen		171
3.10	Verständnisfragen		174

4 Transportprotokolle TCP, UDP und SCTP **175**

4.1	Grundlagen der Transportprotokolle		176
4.2	Konzept und Einsatz von UDP		178
	4.2.1	Aufbau von UDP-Paketen	178
	4.2.2	Protokoll UDP-Lite	180
4.3	Funktion des Protokolls TCP		181
	4.3.1	Aufbau von TCP-Paketen	182
	4.3.2	Konzept der TCP-Verbindungen	186
	4.3.3	Auf- und Abbau von TCP-Verbindungen	188
	4.3.4	Flusskontrolle bei TCP	191
	4.3.5	TCP Sliding-Window-Prinzip	192
4.4	Implementierungsaspekte von TCP		196
	4.4.1	Klassische TCP-Implementierungen	197
	4.4.2	Abschätzung der Round Trip Time	198
	4.4.3	Verbesserung der Effizienz von TCP	200
	4.4.4	Datendurchsatz beim TCP	202
	4.4.5	TCP Socket-Interface	205
	4.4.6	Angriffe gegen den TCP-Stack	206
	4.4.7	Socket Cloning und TCP-Handoff	208
	4.4.8	MSS Clamping	209
4.5	Explicit Congestion Notification		210
	4.5.1	Anforderungen an ECN-fähige Netzknoten	210
	4.5.2	Überlastkontrolle mit ECN	212
	4.5.3	Signalisierung von ECN in IP- und TCP-Headern	213
	4.5.4	Ablauf des ECN-Verfahrens	215
4.6	Konzept und Einsatz von SCTP		218
	4.6.1	SCTP versus UDP und TCP	219

		4.6.2	SCTP-Assoziationen	220
		4.6.3	Struktur der SCTP-Pakete	221
		4.6.4	Aufbau und Abbau einer SCTP-Assoziation	222
		4.6.5	Daten- und Nachrichtenübermittlung nach SCTP	223
	4.7	Schlussbemerkungen	228
	4.8	Verständnisfragen	230
5	**Domain Name System (DNS)**	**231**
	5.1	Aufgaben des DNS	232
		5.1.1	Namen als Schlüssel zu Internet-Ressourcen	233
		5.1.2	Organisation des DNS-Namensraums	234
		5.1.3	Internet Root-Server	237
		5.1.4	Architektur und Komponenten des DNS-Dienstes	238
		5.1.5	Abfrage von IP-Adressen	241
		5.1.6	Ermittlung des FQDN für eine IP-Adresse	243
		5.1.7	Direkte Abfrage von Resource Records	245
	5.2	Resource Records	245
		5.2.1	Taxonomie der Resource Records	247
		5.2.2	Resource Records für IPv6	249
		5.2.3	Internationalisierung des DNS (IDN)	251
	5.3	Zonen und Zonentransfer	252
		5.3.1	Zonendatei	253
		5.3.2	Zonentransfer	255
	5.4	DNS-Nachrichten	257
		5.4.1	DNS-Nachrichtenformate	257
		5.4.2	DNS-Nachrichten mit EDNS(0)	260
	5.5	DNS Security mit DNSSEC	261
		5.5.1	Typische Bedrohungen bei DNS	262
		5.5.2	Sicherung des Zonentransfers	264
		5.5.3	Konzept von DNSSEC	265
		5.5.4	Funktionale DNS-Erweiterung bei DNSSEC	266
		5.5.5	Ablauf des DNSSEC-Verfahrens	268
	5.6	Vertrauliche DNS-Nachrichten mit CurveDNS	273
		5.6.1	Kryptographisches Konzept von CurveDNS	275
		5.6.2	CurveDNS-Nachrichtenformate	276
	5.7	DNS und Internetdienste	278
		5.7.1	DNS und E-Mail nach SMTP	279
		5.7.2	DNS und die ENUM-Domain	281
		5.7.3	DNS und VoIP mit SIP	283
	5.8	Autoritative Records in der DNS-Zone	285
		5.8.1	DNS-Based Authentication of Named Entities: DANE . .	286
		5.8.2	Certification Authority Authorization	289
	5.9	Internetanbindung und DNS	290
		5.9.1	Domain Name Registrare	293
		5.9.2	Dynamisches DNS	294

Inhaltsverzeichnis

	5.10	Multicast-DNS-Dienste	295
		5.10.1 Multicast-DNS	296
		5.10.2 Dienstleistungsprotokolle LLMNR und UPnP	299
	5.11	Schlussbemerkungen	301
	5.12	Verständnisfragen	302
6	**IP-Support-Protokolle**		**303**
	6.1	IPv4-Autoconfiguration	304
		6.1.1 Einrichten von IP-Adressen	306
		6.1.2 Stateless Autoconfiguration für IPv4 – APIPA	306
	6.2	Vergabe von IP-Adressen mit DHCP	308
		6.2.1 Aufbau von DHCP-Nachrichten	310
		6.2.2 Ablauf beim Protokoll DHCP	311
		6.2.3 Aufgabe von DHCP-Relay-Agents	314
		6.2.4 DHCP im Einsatz	315
		6.2.5 DHCP und PXE	316
	6.3	Network Address Translation (NAT)	316
		6.3.1 Klassisches NAT	317
		6.3.2 Konzept von NAPT	319
		6.3.3 Prinzip von Full Cone NAT	320
		6.3.4 Prinzip von Restricted Cone NAT	321
		6.3.5 NAT und Echtzeitkommunikationsprotokolle	322
		6.3.6 Session Traversal bei NAT	324
		6.3.7 Carrier-Grade NAT	329
	6.4	IP Security Protocol (IPsec)	331
		6.4.1 Ziele von IPsec	331
		6.4.2 Erweiterung der IP-Pakete mit IPsec-Angaben	333
		6.4.3 Aufbau einer IPsec-Sicherheitsvereinbarung	334
		6.4.4 IPsec im Authentication Mode	339
		6.4.5 Encapsulating Security Payload (ESP)	340
		6.4.6 IPsec-basierte Virtuelle Private Netze	342
		6.4.7 NAT-Traversal bei IPSec	346
	6.5	Extensible Authentication Protocol	347
		6.5.1 EAP-Funktionskomponenten	348
		6.5.2 EAP-Nachrichten	350
		6.5.3 Ablauf der EAP-Authentisierung	351
	6.6	Einsatz von RADIUS	354
		6.6.1 Remote Access Services und RADIUS	354
		6.6.2 Konzept von RADIUS	356
		6.6.3 RADIUS-Nachrichten	359
	6.7	Lightweight Directory Access Protocol	361
		6.7.1 Directory Information Tree	362
		6.7.2 LDAP-Server	364
		6.7.3 LDAP-Client-Zugriff	365
	6.8	Schlussbemerkungen	366
	6.9	Verständnisfragen	370

7 Protokolle der Supportschicht und für Echtzeitkommunikation — 371

- 7.1 Konzept und Einsatz von SOCKS — 372
  - 7.1.1 SOCKS-Ablauf — 373
  - 7.1.2 Gesicherte Verbindungen mit SOCKS — 375
- 7.2 Transport Layer Security (TLS) — 376
  - 7.2.1 TLS-Dienste im Schichtenmodell — 379
  - 7.2.2 Ablauf des TLS-Verfahrens – bis TLS 1.2 — 380
  - 7.2.3 Ablauf der Verbindungsaufnahme bei TLS 1.3 — 382
  - 7.2.4 Record Layer Protocol — 386
  - 7.2.5 Cipher Suites — 388
  - 7.2.6 Erzeugung der TLS-Schlüssel — 389
  - 7.2.7 Verzögerte TLS-Verbindung mittels STARTTLS — 392
  - 7.2.8 Datagram TLS — 393
- 7.3 Protokolle für die Echtzeitkommunikation — 395
  - 7.3.1 RTP/RTCP und Transportprotokolle in IP-Netzen — 396
  - 7.3.2 Real-time Transport Protocol (RTP) — 398
  - 7.3.3 Das Protokoll RTCP im Überblick — 409
- 7.4 Das Protokoll SIP — 413
  - 7.4.1 SIP und Transportprotokolle — 413
  - 7.4.2 Eigenschaften des Protokolls SDP — 415
  - 7.4.3 Aufbau von SIP-Adressen — 416
  - 7.4.4 Funktion eines SIP-Proxy bei der IP-Videotelefonie — 417
  - 7.4.5 Trapezoid-Modell von SIP — 418
  - 7.4.6 Unterstützung der Benutzermobilität bei SIP — 420
  - 7.4.7 Beschreibung von Sessions mittels SDP — 423
- 7.5 Multipath TCP — 426
  - 7.5.1 Typischer Einsatz von MPTCP — 427
  - 7.5.2 Transportschicht mit MPTCP — 429
  - 7.5.3 Multipath-Kommunikation mit MPTCP — 432
  - 7.5.4 MPTCP-Angaben im TCP-Header — 436
  - 7.5.5 Aufbau einer MPTCP-Verbindung — 438
  - 7.5.6 Anpassung des TCP-Headers für MPTCP — 440
  - 7.5.7 Abbau einer MPTCP-Verbindung — 441
  - 7.5.8 Middleboxen als Störfaktoren bei MPTCP — 443
- 7.6 Schlussbemerkungen — 443
- 7.7 Verständnisfragen — 446

III Internet Protocol Version 6 — 447

8 Das Protokoll IPv6 — 449

- 8.1 Neuerungen bei IPv6 gegenüber IPv4 — 450
- 8.2 Header-Struktur bei IPv6 — 452
- 8.3 Erweiterungs-Header — 454
- 8.4 IPv6-Flexibilität mit Options-Headern — 457
  - 8.4.1 Aufbau von Options-Headern — 458

	8.4.2	Belegung des Option-Feldes	459
8.5	Einsatz von Jumbo Payload		460
8.6	Source Routing bei IPv6		461
8.7	Fragmentierung langer IPv6-Pakete		463
8.8	Aufbau von IPv6-Adressen		464
	8.8.1	Darstellung von IPv6-Adressen	465
	8.8.2	IPv6-Adressensystematik und -Gültigkeitsbereiche	468
	8.8.3	Interface-Identifier in IPv6-Adressen	469
	8.8.4	Interface-Index bei Link-Local IPv6-Adressen	471
8.9	Unicast-Adressen bei IPv6		472
	8.9.1	Globale Unicast-Adressen	473
	8.9.2	Vergabe globaler IPv6-Adressen	476
	8.9.3	Unicast-Adressen von lokaler Bedeutung	477
	8.9.4	IPv4-Kompatibilitätsadressen	478
8.10	Multicast- und Anycast-Adressen bei IPv6		480
	8.10.1	Automatische Multicast-Adressen	482
	8.10.2	Anycast-Adressen	484
8.11	Zuweisung von IPv6-Unicast-Adressen		485
	8.11.1	Privacy Extensions	486
	8.11.2	Auswahl der 'richtigen' IPv6-Quelladresse	487
8.12	Schlussbemerkungen		488
8.13	Verständnisfragen		490

9 IPv6-Support-Protokolle ICMPv6, NDP und DHCPv6 491

9.1	Nachrichten des Protokolls ICMPv6		492
9.2	Das Neighbor Discovery Protokoll		494
	9.2.1	Bestimmen des Ziels eines IPv6-Pakets	497
	9.2.2	Ermittlung von Linkadressen	499
	9.2.3	Router Advertisement/Solicitation	501
	9.2.4	Unsolicited Router Advertisements	503
	9.2.5	IPv6-Paket-Umleitung	504
9.3	Stateless Address Autoconfiguration (SLAAC)		505
	9.3.1	SLAAC und Router Advertisements	507
	9.3.2	SeND – Secure Neighbor Discovery	508
9.4	Konzept und Einsatz von DHCPv6		511
	9.4.1	Client/Relay/Server-Architektur bei DHCPv6	512
	9.4.2	Aufbau von DHCPv6-Nachrichten	514
	9.4.3	Ablauf von DHCPv6 im stateful Mode	516
	9.4.4	Verlängerung der Ausleihe einer IPv6-Adresse	518
	9.4.5	Schnelle Umadressierung mit DHCPv6	519
	9.4.6	Ablauf von DHCPv6 im stateless Mode	520
	9.4.7	Einsatz von DHCPv6-Relays	521
9.5	Schlussbemerkungen		523
9.6	Verständnisfragen		524

10 Migration zum IPv6-Einsatz — 525
10.1 Arten der Koexistenz von IPv6 und IPv4 — 526
10.1.1 IPv6-Kommunikation über IPv4-Netze — 530
10.1.2 IPv4-Kommunikation über IPv6-Netze — 532
10.1.3 IP-Kommunikation durch Translation IPv4 ⇔ IPv6 — 532
10.2 Dual-Stack-Verfahren — 533
10.2.1 Dual-Stack-Rechner in einem LAN-Segment — 533
10.2.2 Betrieb von Dual-Stack-Rechnern in IPv4-Netzen — 533
10.2.3 Dual-Stack Lite — 534
10.3 Tunneling-Protokolle: IPv6 über X — 536
10.3.1 Erweiterung eines IPv4-Netzes um ein IPv6-Netz — 536
10.3.2 Kopplung der IPv6-Netze über ein IPv4-Netz — 538
10.3.3 Zugang zum IPv6-Internet über Tunnel-Broker — 538
10.4 Von 6to4 nach 6rd — 540
10.4.1 Bedeutung von 6to4 — 540
10.4.2 Aufbau von 6to4-Adressen — 541
10.4.3 IPv6-Kommunikation über IPv4-Netz — 541
10.4.4 Probleme bei 6to4 mit NAT — 543
10.4.5 IPv6 Rapid Deployment – 6rd — 544
10.5 IPv6 over IPv4 mit ISATAP — 546
10.5.1 Kommunikation mit ISATAP — 546
10.5.2 Struktur und Bedeutung von ISATAP-Adressen — 547
10.5.3 Funktionsweise von ISATAP — 549
10.6 IPv6 in IPv4-Netzen mit NAT (Teredo) — 551
10.6.1 Teredo-Adresse und -Pakete — 553
10.6.2 Bestimmung der Art von NAT — 555
10.7 Protokoll-Translation: IPv4 ⇔ IPv6 — 557
10.7.1 Stateless IPv4/IPv4 Translation (SIIT) — 558
10.7.2 Adressierung bei SIIT — 559
10.7.3 Translation IPv4 ⇔ IPv6 — 560
10.7.4 Translation ICMPv4 ⇔ ICMPv6 — 564
10.8 NAT64 und DNS64 — 564
10.8.1 NAT64-Arbeitsmodell — 565
10.8.2 NAT64-IPv6-Adressen — 566
10.8.3 NAT64 Stateful Translation — 567
10.8.4 DNS-Integration bei NAT64 — 568
10.9 Schlussbemerkungen — 569
10.10 Verständnisfragen — 570

IV Internet Routing Architektur — 571

11 Routing in IP-Netzen — 573
11.1 Routing-Grundlagen — 574
11.1.1 Grundlegende Aufgaben von Routern — 574
11.1.2 Adressierung beim Router-Einsatz — 576

11.1.3 Routing-Tabelle 579
11.1.4 Routing-Verfahren 582
11.1.5 Inter-/Intra-Domain-Protokolle 586
11.2 Routing Information Protocol (RIP) 586
    11.2.1 Erlernen von Routing-Tabellen beim RIP 587
    11.2.2 Besonderheiten des RIP-1 593
    11.2.3 Routing-Protokoll RIP-2 597
    11.2.4 RIP für das Protokoll IPv6 (RIPng) 600
11.3 Open Shortest Path First (OSPF) 602
    11.3.1 Funktionsweise von OSPF 602
    11.3.2 Nachbarschaften zwischen Routern 605
    11.3.3 OSPF-Einsatz in großen Netzwerken 609
    11.3.4 OSPF-Nachrichten 616
    11.3.5 Besonderheiten von OSPFv2 623
    11.3.6 OSPF für IPv6 (OSPFv3) 623
11.4 Border Gateway Protocol (BGP-4) 624
    11.4.1 Grundlagen des BGP-4 624
    11.4.2 Funktionsweise des BGP-4 626
    11.4.3 BGP-4-Nachrichten 626
    11.4.4 Multiprotocol Extensions for BGP-4 (MP-BGP) 632
11.5 Redundante Auslegung von Routern 636
    11.5.1 Konzept des virtuellen Routers 636
    11.5.2 Funktionsweise von VRRP 639
    11.5.3 Idee und Einsatz des HSRP 642
11.6 Multicast Routing-Protokolle 645
    11.6.1 Einige Aspekte von MC-Routing 646
    11.6.2 Aufgaben von MC-Routing 648
    11.6.3 Intra-Domain-MC-Routing mit PIM-SM 652
    11.6.4 Inter-Domain-MC-Routing mit MSDP 658
11.7 Schlussbemerkungen 662
11.8 Verständnisfragen 664

12 Verbindungsorientierte IP-Netze mit MPLS und GMPLS **665**
12.1 Weg zu neuer Generation der IP-Netze 666
    12.1.1 Notwendigkeit von (G)MPLS 666
    12.1.2 Bedeutung von Traffic Engineering in IP-Netzen 667
    12.1.3 Multiplane-Architekturen moderner IP-Netze 669
    12.1.4 Schritte zu einem Label Switched Path (LSP) 670
12.2 Multi-Protocol Label Switching (MPLS) 671
    12.2.1 Multiplane-Architektur der MPLS-Netze 672
    12.2.2 MPLS als Integration von Routing und Switching 673
    12.2.3 Logisches Modell des MPLS 674
    12.2.4 Prinzip des Label-Switching 676
    12.2.5 Logische Struktur der MPLS-Netze 677
    12.2.6 Bildung der Klassen von IP-Paketen und MPLS-Einsatz . 678
    12.2.7 MPLS und die Hierarchie von Netzen 680

	12.2.8	MPLS und verschiedene Übermittlungsnetze	682
	12.2.9	Virtual Private Networks mit MPLS	683
12.3	Konzept von GMPLS		684
	12.3.1	Vom MPLS über MPλS zum GMPLS	685
	12.3.2	Struktur optischer Switches bei GMPLS	686
	12.3.3	Interpretation der Label	687
	12.3.4	Interpretation des Transportpfads	688
	12.3.5	Bedeutung des LMP in GMPLS-Netzen	689
12.4	Traffic Engineering in (G)MPLS-Netzen		692
	12.4.1	Traffic Trunks und LSPs	692
	12.4.2	Aufgaben und Schritte beim MPLS-TE	694
	12.4.3	Routing beim Traffic Engineering	695
	12.4.4	Attribute von Traffic Trunks	695
	12.4.5	Constraint-based Routing	697
	12.4.6	Re-Routing und Preemption	699
12.5	Signalisierung in (G)MPLS-Netzen		699
	12.5.1	Einsatz des RSVP-TE	700
	12.5.2	Einsatz des GMPLS RSVP-TE	705
	12.5.3	Einsatz des CR-LDP	707
12.6	Schlussbemerkungen		710
12.7	Verständnisfragen		711

V Virtuelle Netzstrukturen 713

13 IP over X und virtuelle IP-Netze 715

13.1	IP über LANs		716
	13.1.1	Übermittlung der IP-Pakete in MAC-Frames	718
	13.1.2	Multiprotokollfähigkeit der LANs	719
13.2	Punkt-zu-Punkt-Verbindungen mit PPP		721
	13.2.1	PPP-Dateneinheiten	722
	13.2.2	PPP-Zustände	724
	13.2.3	LCP als Hilfsprotokoll von PPP	725
	13.2.4	IPv4 Control Protocol (IPCP) bei PPP	726
	13.2.5	Protokollablauf beim PPP	727
	13.2.6	Benutzerauthentisierung beim PPP	728
13.3	Grundlagen der WLANs		729
	13.3.1	WLAN-Betriebsarten	731
	13.3.2	Beitritt zum WLAN	732
	13.3.3	WLAN MAC-Frame: MSDU	733
	13.3.4	Kommunikation zwischen WLAN und Ethernet	737
	13.3.5	Robust Security Network	738
13.4	Virtual Private Networks (VPN)		739
	13.4.1	Tunneling als Basis für VPNs	740
	13.4.2	VPN-Taxonomie	742
	13.4.3	Von Providern bereitgestellte VPNs	744

	13.4.4 Layer-2-Tunneling über IP-Netze	755
13.5	Schlussbemerkungen	760
13.6	Verständnisfragen	762

14 IP-Netzwerke und Virtual Networking ... 763

- 14.1 Moderne Netzstrukturen ... 764
  - 14.1.1 Funktionsbereiche in Netzwerken ... 764
  - 14.1.2 Strukturierter Aufbau von Netzwerken ... 766
- 14.2 Virtual Networking in LANs ... 767
  - 14.2.1 Arten und Einsatz von VLANs ... 767
  - 14.2.2 Layer-2-Switching ... 768
  - 14.2.3 Layer-3-Switching ... 770
  - 14.2.4 Bedeutung von VLAN Tagging ... 772
- 14.3 Bildung von VLANs im Client-LAN ... 775
  - 14.3.1 Intra- und Inter-VLAN-Kommunikation ... 775
  - 14.3.2 Modell der Bildung von VLANs im Client-LAN ... 777
- 14.4 Bildung von VLANs im Server-LAN ... 778
  - 14.4.1 Multilayer-Struktur im Server-LAN ... 778
  - 14.4.2 Anbindung virtueller Server an Access Switches ... 779
  - 14.4.3 Modelle der Bildung von VLANs im Server-LAN ... 780
- 14.5 Abgesicherte VPNs mit MACsec ... 782
  - 14.5.1 MACsec-Schlüsselhierarchien ... 784
  - 14.5.2 Trusted MAC Frame Format ... 786
  - 14.5.3 MACsec-Implementierungsaspekte ... 788
  - 14.5.4 MACsec Key Agreement Protocol & Security Association ... 790
- 14.6 Virtual Networking mit TRILL und SPB ... 791
  - 14.6.1 Konzept und Bedeutung von TRILL ... 792
  - 14.6.2 Idee und Einsatz von Shortest Path Bridging ... 794
- 14.7 VXLANs – VLANs mit VMs ... 800
  - 14.7.1 Vom VLAN zum VXLAN ... 801
  - 14.7.2 VXLANs oberhalb Layer-3-Netzwerke ... 802
- 14.8 Mobilität von Virtual Networks ... 804
  - 14.8.1 Konzept und Bedeutung von ILNP ... 805
  - 14.8.2 LISP – Idee und Bedeutung ... 814
- 14.9 Schlussbemerkungen ... 820
- 14.10 Verständnisfragen ... 823

15 Distributed Layer-2/3-Switching ... 825

- 15.1 Genesis der Idee von VPLS und EVPN ... 826
- 15.2 Konzept und Einsatz von VPLS ... 829
  - 15.2.1 Grundlegende Idee von VPLS ... 829
  - 15.2.2 Ethernet over MPLS ... 831
  - 15.2.3 VPLS als Vollvermaschung von VSIs ... 833
  - 15.2.4 Grundlegende Funktionen von VSIs ... 834
  - 15.2.5 VPLS-Modell für die Vernetzung von VSIs ... 835
  - 15.2.6 Information in PEs über bereitgestellte VPLSs ... 837

15.2.7 PE Forwarding Table – Learning und Forwarding 838
15.2.8 Learning von MAC-Adressen aus Broadcast-Frames ... 840
15.2.9 Learning von MAC-Adressen aus Unicast-Frames 841
15.2.10 Skalierbarkeit von VPLSs 842
15.2.11 Auto-Discovery and VPLS Signaling 843
15.2.12 Bekanntgabe von Informationen über PW Labels 844
15.2.13 Hierarchical VPLS (H-VPLS) – Multi-Tenant-VPLS ... 845
15.2.14 H-VPLS und VLAN-Stacking 846
15.3 Ethernet Virtual Private Networks 847
15.3.1 Grundlegende Architektur von EVPN 848
15.3.2 Datacenter und grundlegende EVPN-Topologie 850
15.3.3 Allgemeines EVPN-Konzept im Überblick 853
15.3.4 EVI als emulierter L2-Switch – Basisfunktionen 855
15.3.5 EVIs als emulierter L2-Switch – spezielle Funktionen .. 856
15.3.6 EVI als emulierter L3-Switch – Basisfunktionen 858
15.3.7 Arten von EVI Service Interfaces 860
15.3.8 Control Plane in EVPNs 862
15.4 Schlussbemerkungen 863
15.5 Verständnisfragen 864

VI IP-Mobilität und Internet of Things 865

16 Unterstützung der Mobilität in IP-Netzen 867
16.1 Ansätze zur Unterstützung der Mobilität 868
16.1.1 Bedeutung von WLAN- und Hotspot-Roaming 868
16.1.2 Hauptproblem der Mobilität in IP-Netzen 870
16.1.3 Die grundlegende Idee des Mobile IP 871
16.1.4 Idee des Mobile IPv4 872
16.1.5 Idee des Mobile IPv6 874
16.2 Roaming zwischen Hotspots 874
16.2.1 Hotspot-Roaming zwischen mehreren WISPs 875
16.2.2 Ablauf des Hotspot-Roaming 876
16.3 Funktionsweise des MIPv4 877
16.3.1 Beispiel für einen Ablauf des MIP 878
16.3.2 Agent Discovery 880
16.3.3 Erkennen des Verlassens des Heimatsubnetzes 881
16.3.4 Erkennen des Wechsels eines Fremdsubnetzes 882
16.3.5 Erkennen einer Rückkehr in das Heimatsubnetz 884
16.3.6 Registrierung beim Heimatagenten 884
16.3.7 Mobiles IP-Routing 889
16.4 Konzept des MIPv6 892
16.4.1 MN hat sein Heimatsubnetz verlassen 892
16.4.2 MN hat das Fremdsubnetz gewechselt 894
16.4.3 MN ist in sein Heimatsubnetz zurückgekehrt 895
16.4.4 MIPv6-Nachrichten 896

Inhaltsverzeichnis

16.4.5	Kommunikation zwischen MN und CN	897
16.4.6	Home Agent Binding	899
16.4.7	Correspondent Node Binding	900
16.4.8	Entdeckung eines Subnetzwechsels	900
16.4.9	Entdeckung der Home-Agent-Adresse	901
16.5	Hierarchical MIPv6	902
16.5.1	Unterstützung der Mobilität mit dem HMIPv6	902
16.5.2	Finden eines MAP	904
16.5.3	Unterstützung der Mikromobilität	905
16.5.4	Unterstützung der Makromobilität	906
16.5.5	Datentransfer zwischen MN und CN	907
16.6	Schlussbemerkungen	909
16.7	Verständnisfragen	912

17 Internet of Things – Technische Grundlagen und Protokolle . . 913

17.1	Herkömmliches Internet und IoT	914
17.1.1	Allgemeine Definition von IoT	915
17.1.2	IoT aus funktionaler Sicht	916
17.1.3	Grundlegendes technisches Konzept von IoT	918
17.1.4	Cloud Computing und Fog Computing im IoT	920
17.1.5	Near Real-Time IoT Services mit Fog Computing	922
17.1.6	Funktionales Multilayer-Modell von IoT	924
17.1.7	Bedeutung von SDN im IoT	927
17.1.8	Protokollarchitektur von Devices im IoT	929
17.1.9	Protokollarchitektur von IoT Access Gateways	931
17.1.10	Struktur von MAC-Frames in Low Rate WPANs	932
17.2	6LoWPAN – IPv6-Adaption für das IoT	934
17.2.1	Grundlegende Topologien von LR-WPANs	935
17.2.2	Adressierung von Instanzen in Rechnern mit IPv6	936
17.2.3	Adressierung von Instanzen bei 6LoWPAN Devices	938
17.2.4	LoWPAN als IPv6-Adaptation-Layer–Struktur	940
17.2.5	Redundante Angaben im IPv6- und im UDP-Header	942
17.2.6	Dispatch Header und seine Nutzung bei 6LoWPAN	943
17.2.7	Komprimierung der IPv6- und UDP-Header	946
17.2.8	Multi-hop Communication in WPANs	948
17.2.9	Fragmentierung langer IPv6-Pakete in WPANs	950
17.3	RPL – Routing-Protokoll im IoT	953
17.3.1	Funktionales Modell von RPL	954
17.3.2	Hauptfunktion von RPL	955
17.3.3	RPL-Begriffe: Objective Function, Metric und Rank	957
17.3.4	Logische Strukturierung von LLNs	959
17.3.5	Besonderheiten von Routing mit RPL	961
17.3.6	Traffic Patterns in LLNs	964
17.3.7	Routing Metrics und Constraints	965
17.3.8	Nutzung von Metric Container in Nachrichten DIO	967
17.3.9	RPL-Nachrichten – Struktur und Typen	969

17.3.10 Bildung von Virtual Root Nodes 971
17.3.11 Nutzung der RPL-Nachricht DIO 972
17.4 CoAP – Applikationsprotokoll im IoT 975
 17.4.1 CoAP im Protokollschichtenmodell von IoT 976
 17.4.2 Proxying zwischen HTTP und CoAP 977
 17.4.3 CoAP Messages und Timeout-Mechanismus 980
 17.4.4 Requests und Responses von CoAP 982
 17.4.5 Adressierung von Ressourcen bei CoAP 985
 17.4.6 Struktur und Typen von CoAP Messages 987
 17.4.7 Mapping zwischen HTTP und CoAP 990
17.5 Schlussbemerkungen 992
17.6 Verständnisfragen 994

18 Networking-Trends **995**
18.1 Internet of Things (IoT) 996
 18.1.1 Industrial Internet of Things (IIoT) 996
 18.1.2 Internet of Robotic Things 997
 18.1.3 Internet of Vehicles 998
 18.1.4 Internet of Drones 999
 18.1.5 Mobility in IoT 1000
 18.1.6 IoT Security 1001
18.2 Software-Defined Networking (SDN) 1002
 18.2.1 SD WANs 1004
 18.2.2 Software Defined Data Centers (SDDCs) 1004
 18.2.3 Software Defined IoT (SD IoT) 1005
 18.2.4 Wireless Software Defined Networking 1007
18.3 Network Function Virtualization (NFV) 1008
 18.3.1 Software Defined VNFs Networking 1009
 18.3.2 Service Function Chaining (SFC) 1010
 18.3.3 VNFs Management and Orchestration 1011
 18.3.4 Network Slicing 1011
18.4 (Docker) Container Networking 1012
 18.4.1 Container-based Network Services 1014
 18.4.2 Cloud Computing Containerization 1014
 18.4.3 Mobile VNFs Networking 1015
 18.4.4 Containerized IoT Services 1015
18.5 Cloud Computing Services 1016
 18.5.1 Infrastructure-as-a-Service (IaaS) 1017
 18.5.2 Software-Defined Cloud Computing Networking 1017
 18.5.3 Cloud Native Microservices 1018
 18.5.4 Mobile Cloud Computing in 5G 1019
18.6 Fog Computing & Artificial Intelligence (AI) 1019
 18.6.1 Time-sensitive IoT/5G Applications 1021
 18.6.2 Intelligent IoT, Cognitive IoT 1022
 18.6.3 Ambient Intelligence in IoT 1023
 18.6.4 IoT Service Orchestration 1024

18.7 5G (Generation) Mobile Networks 1024
    18.7.1 5G-enabled Mobile IoT Applications 1025
    18.7.2 Vehicle-to-Everything (V2X) Services 1027
    18.7.3 SDN and NFV for 5G Mobile Networks 1027
    18.7.4 5G Network Slicing 1028
    18.7.5 5G Network Security 1029
18.8 Information-Centric Networking and Services 1030
    18.8.1 Software-Defined ICN (SD ICN) 1032
    18.8.2 Information-Centric IoT (IC IoT) 1033
    18.8.3 Information-Centric Services für Smart Cities 1035
    18.8.4 ICN Security 1036
18.9 Time-sensitive und Deterministic Networking 1037
    18.9.1 Time-Sensitive Networking 1038
    18.9.2 Deterministic Networking 1039
    18.9.3 6TiSCH Wireless Industrial Networks 1040
    18.9.4 Time-Sensitive SDN 1041
18.10 AI-based Networking 1042
    18.10.1 AI-enabled SDN 1044
    18.10.2 Data-Driven Networking 1044
    18.10.3 Cognitive Networks 1046
    18.10.4 Intent-based Networking 1046
    18.10.5 Autonomic Networking 1047
    18.10.6 AI, IoT and 5G Convergence 1048
18.11 Abschließende Bemerkungen 1049
    18.11.1 Vom IoT zum Intelligent Iot 1049
    18.11.2 Rückblick auf 50 Jahre Rechnerkommunikation 1051

VII Anhang und Referenzen 1055

Abkürzungsverzeichnis 1057

Abbildungsverzeichnis 1087

Tabellenverzeichnis 1090

Literaturverzeichnis 1091

Stichwortverzeichnis 1097

Vorwort

Das Internet ist inzwischen zum unabdingbaren Kommunikationsmedium geworden, über das jeder zu jeder Zeit Information über fast alles abrufen sowie Nachrichten senden und empfangen kann. Unsere heutige Gesellschaft kann man sich ohne Internet kaum noch vorstellen. Voraussetzung zur Kommunikation zwischen Rechnern sind bestimmte Regeln, die vor allem die Datenformate und die Prinzipien der Datenübermittlung festlegen. Diese Regeln werden als Kommunikationsprotokolle bezeichnet. TCP/IP (*Transmission Control Protocol / Internet Protocol*) stellt eine derartige Protokollfamilie dar, sie wird im weltweiten Internet, in privaten Intranets und in anderen Netzen verwendet. Netze, die auf dieser Protokollfamilie aufbauen, bezeichnet man als *IP-Netze*.

Begriff: IP-Netze

Ein IP-Netz – und insbesondere das Internet – besteht nicht nur aus mehreren Rechnern und IP/TCP dazwischen, sondern dahinter verbergen sich sehr komplexe Vorgänge. Das Internet stellt einen weltweiten Dienst zur Übermittlung nicht nur von Daten, sondern auch von audiovisuellen Informationen, also von Audio und Video, in Form von IP-Paketen dar. Vergleicht man diesen Dienst mit dem Briefdienst der Post, so entspricht ein IP-Paket einem Brief und die sog. IP-Adresse einer postalischen Adresse. Das massive Wachstum des Internet und die dabei entstehenden Probleme und neuen Anforderungen haben die Entwicklung sowohl eines neuen Internetprotokolls, des IPv6, als auch von Techniken MPLS und GMPLS für die Übermittlung der IP-Pakete über Hochgeschwindigkeitsnetze, insbesondere über optische Netze, vorangetrieben. Noch in der ersten Dekade dieses Jahrhunderts hat man von *Next Generation IP Networks* gesprochen und sie sind bereits Realität geworden.

Komplexität und Weiterentwicklung

Dieses Buch gibt eine fundierte Darstellung zentraler Komponenten der TCP/IP-Protokollfamilie, wie z.B. IP, TCP, UDP, DNS und DHCP, sowie von Routing sowohl beim klassischen IP, IPv4 genannt, als auch beim IPv6. Das Buch erläutert die Strategien für die Migration zum Einsatz von IPv6, präsentiert die Konzepte zum Aufbau der IP-Netze auf Basis verschiedener Netztechnologien, wie LANs, WLANs, SDH und WDM, und geht auch auf die IP-Weitverkehrsnetze mit (G)MPLS ein. Die Themen wie die Realisierung von VPNs, *Virtual Networking* in LANs durch die Bildung von VLANs und VXLANs, Konzepte und Einsatz von TRILL und *Shortest Path Bridging* werden ebenso präsentiert. Die Darstellung der Protokolle MIPv4, MIPv6 und HMIPv6 zur Unterstützung der Mobilität von Rechnern wie auch der Protokolle ILNP und LISP, mit denen man die Mobilität virtueller Netzwerke erreichen kann, und vom Internet of Things, rundet den Inhalt dieses Buches ab.

Ziel des Buches

Das Buch ist so aufgebaut, dass sowohl die notwendigen technischen Grundlagen fundiert dargestellt als auch verschiedene Aspekte bei der Planung und Verwaltung der IP-Netze diskutiert werden. Damit eignet es sich nicht nur als Lehrbuch für Studenten und Neueinsteiger, sondern auch als Nachschlagewerk für alle Interessenten, die für die

An wen richtet sich das Buch?

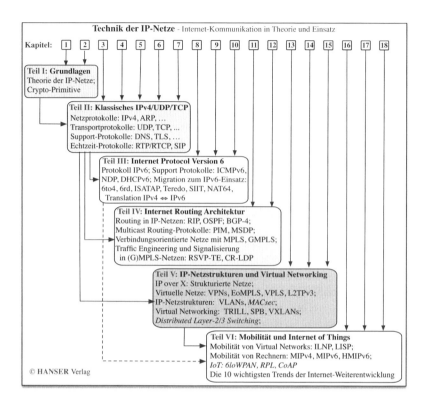

Planung, Realisierung, Verwaltung und Nutzung des Internet, von privaten Intranets und anderen IP-Netzen verantwortlich sind.

Aufbau des Buches

Zurzeit ist kein Buch verfügbar, in dem die Technik der IP-Netze so breit dargestellt wäre. Daher kann dieses Buch als ein Handbuch für alle Netzwerk-Verantwortlichen dienen. Durch die fundierte und praxisorientierte Darstellung der Inhalte eignet sich gut dieses Buch auch für alle 'Internet-Fans' zum Selbststudium. Dieses Buch präsentiert in 18 Kapiteln, die auf fünf Teile verteilt sind, alle wichtigen Aspekte der IP-Netze und kann nicht wie ein spannender Roman in einem Schlag durchgelesen werden. Das vorliegende Bild zeigt dessen logische Struktur und Abhängigkeiten zwischen Inhalten einzelner Teile, um den Lesern eine Orientierung zu geben, aus welchen Teilen man Kenntnisse benötigt, um beim Lesen verschiedene, voneinander abhängige Themenbereiche besser zu verstehen.

Inhalte der Kapitel

Betrachtet man die einzelnen Kapitel dieses Buches etwas detaillierter, so lassen sie sich wie folgt kurz charakterisieren:

Kapitel 1

Kapitel 1 präsentiert die Entwicklung des Internet sowie die notwendigen Grundlagen der Rechnerkommunikation und der *Kommunikationsprotokolle* und geht u.a. daher auf die folgenden Probleme ein: Welche Funktionen liegen den Kommunikationsprotokollen zugrunde und wie kann die Kommunikation in IP-Netzen mittels eines Schichtenmodells anschaulich dargestellt werden? Wie können die verbindungslose und die verbindungsorientierte Kommunikation in IP-Netzen interpretiert werden und welche Bedeutung hat die Transportschicht? Welche Sicherheitsziele werden in IP-Netzen verfolgt und wie können diese technisch umgesetzt werden? Wie koordiniert die IETF die technologische Entwicklung des Internet und wie können wir diese verfolgen?

Kapitel 2 führt den Leser in die Problematik der IT-Security ein: Netze sind *Vermittlungsnetze*, die Nachrichten *zuverlässig* und *unveränderlich* von *A* nach *B* transportieren sollen. Heute besteht der Bedarf aber auch darin, dass der Nachrichtentransport *vertraulich* erfolgt. Wie das zu bewerkstelligen ist, versucht Kapitel 2 zu vermitteln, indem vier Krypto-Primitive eingeführt und erklärt werden. Auch die Frage der Benutzer- und Rechnerauthentifizierung als 'Digitale Identitäten' mit und ohne *X.509 Zertifikate* wird beleuchtet.   Kapitel 2

Kapitel 3 stellt sowohl IPv4 als auch dessen Hilfsprotokolle ARP und ICMP umfassend dar und erläutert u.a. folgende Fragestellungen: Wie sind IPv4-Pakete aufgebaut und welche Steuerungsangaben kann der Header eines IPv4-Pakets enthalten? Welche Arten von IPv4-Adressen gibt es und wie werden sie aufgebaut? Wie erfolgt die *Adressierung* in IP-Netzen und wie werden Subnetze gebildet? Welche Bedeutung haben die Protokolle ARP und ICMP und wie funktionieren sie? Wie realisiert man *Multicasting* in IP-Netzen mit dem Protokoll IGMP?   Kapitel 3

Von großer Bedeutung in IP-Netzen ist die sog. *Transportschicht* mit den klassischen Protokollen TCP und UDP; hierzu kommen noch die neuen Protokolle SCTP und UDP-Lite. Weil das IP keine zuverlässige Übermittlung der Pakete garantiert, verwendet man hauptsächlich das TCP und in einigen Fällen das SCTP, um die zuverlässige Übermittlung der IP-Pakete zu gewährleisten. Kapitel 4 präsentiert die Aufgaben der Transportschicht und geht detailliert auf die folgenden Probleme ein: Welche Aufgaben haben die *Transportprotokolle* UDP, TCP und SCTP? Warum wurde UDP-Lite entwickelt und wann wird es eingesetzt? Wie werden die TCP-Pakete aufgebaut und welche Steuerungsangaben enthalten sie? Wie wird eine TCP-Verbindung auf- und abgebaut und wie verläuft die Flusskontrolle nach TCP? Was Neues bringt SCTP?   Kapitel 4

Die Rechner in IP-Netzen werden zwar durch ihre IP-Adressen lokalisiert, aber es ist sinnvoll, statt einer IP-Adresse einen Rechner über seinen Namen anzusprechen – wie es auch unter Menschen üblich ist. Dies ist mit dem *Domain Name System* (DNS) möglich. Kapitel 5 liefert eine fundierte Darstellung von DNS, geht auf verschiedene Möglichkeiten des DNS-Einsatzes ein und erörtert u.a. die folgenden Probleme: Wie funktioniert DNS und welche Aufgaben kann DNS wahrnehmen? Wie erfolgt die Ermittlung der IP-Adresse aufgrund des Hostnamens und umgekehrt? Welche Informationen als sog. Resource Records enthält DNS und wie werden diese strukturiert? Welche Ziele werden mit ENUM, DynDNS und DNSSEC und CurveDNS verfolgt?   Kapitel 5

Kapitel 6 stellt, als *IP-Support-Protokolle* bezeichnete, ergänzende Lösungen für das IPv4-Protokoll dar und erläutert hierbei u.a. die folgenden Aspekte: Wie können sich Rechner mittels DHCP automatisch eine gültige IPv4-Adresse zuweisen? Welche Lösungen für die Nutzung von privaten IPv4-Adressen mithilfe von NAT (*Network Address Translation*) gibt es und welche Probleme entstehen dabei – insbesondere bei der audiovisuellen Kommunikation? Wie kann *IPsec* zum verschlüsselten und   Kapitel 6 authentisierten Austausch von IP-Paketen genutzt werden? Welche Probleme verursacht NAT bei IPsec und wie können diese bewältigt werden? Zudem greifen wir das Problem Überprüfung von 'Digitalen Identitäten' unter Vorstellung der Lösungen EAP, RADIUS und LDAP wieder auf.

Kapitel 7   Mehrere ergänzende Lösungen sind nicht nur für das IPv4 nötig, sondern in Form spezieller Protokolle auch für Applikationen, sodass wir von *Application Support Protokollen* sprechen. Kapitel 7 präsentiert diese, erläutert deren Aufgaben und geht u.a. auf folgende Fragestellungen ein: Wie kann der Datentransport zwischen Applikationen mittels TLS (1.3) gesichert realisiert werden und welche Voraussetzungen sind hierfür nötig? Welche Protokolle zur Realisierung der Echtzeitkommunikation in IP-Netzen benötigt werden, welche Aufgaben haben sie und wie werden sie konzipiert? Wie funktioniert *Multipath TCP* und wie kann es eingesetzt werden, u.a. wie lassen sich parallele Datenpfade über mehrere Internetanbindungen für eine TCP-Verbindung nutzen?

Kapitel 8   Um den steigenden Anforderungen an IP-Netze gerecht zu werden, wurde das IPv6 als '*IP der nächsten Generation*' entwickelt und die Ära von IPv6 hat bereits begonnen. IPv6 bringt neue Möglichkeiten und diese reichen von Sicherheitsfunktionen über mehr Flexibilität bis hin zur Unterstützung von neuartigen Anwendungen. Das IPv6 ermöglicht die automatische Konfiguration von Rechnern, sodass man sogar von *Plug&Play-Konfiguration* spricht. Kapitel 8 stellt das IPv6 ausführlich dar und geht u.a. auf die folgenden Probleme ein: Welche Ziele wurden bei der Entwicklung von IPv6 verfolgt? Welche neuen Funktionen bringt IPv6 mit sich? Welche Arten von IPv6-Adressen gibt es und wie können sie den Rechnern zugewiesen werden?

Kapitel 9   Ein wichtiges Ziel bei der Entwicklung von IPv6 war die Unterstützung der automatischen Konfiguration von Rechnern. Hierfür stehen die Protokolle ICMPv6, NDP und DHCPv6 zur Verfügung. Diese *IPv6 Support Protokolle* stellt Kapitel 9 dar und geht hierbei u.a. auf folgende Aspekte ein: Wie wurde ICMPv6 konzipiert und welche Aufgaben hat es? Welche Funktionen liefert NDP, um die automatische Konfiguration von Rechnern mit IPv6 zu unterstützen? Wie bekommt ein IPv6-Rechner seine Netzkonfiguration automatisch zugewiesen?.

Kapitel 10 Da die Umstellung von allen Rechnern, in denen das klassische IPv4 verwendet wird, auf das IPv6 nicht auf einen Schlag geschehen kann, benötigt man geeignete Systemlösungen für die Migration zum IPv6-Einsatz. Kapitel 10 präsentiert verschiedene Ansätze und Systemlösungen für die Koexistenz von IPv4 und IPv6 – vor allem die Konzepte *IPv6 over IPv4* und *IPv4 over IPv6*. Die Integration der IPv4- und der IPv6-Netze dank der Translation IPv4 ⇔ IPv6 wird ebenso präsentiert. Hier werden u.a. folgende Probleme erörtert: Wie kann man sich die Koexistenz von IPv4 und IPv6 in einem Rechner vorstellen, wann ist diese Koexistenz möglich und welche Bedeutung hat sie? Wie kann die IPv6-Kommunikation über IPv4-Netze erfolgen? Wie lassen sich IPv6-Netzsegmente über IPv4-Netze verbinden? Wie können die Rechner aus IPv6-Netzen auf das IPv4-Internet zugreifen? Wie erfolgt die Translation IPv4 ⇔ IPv6 und was ermöglicht sie?

Kapitel 11 Router fungieren in IP-Netzen als Knoten, ermitteln optimale Übermittlungswege, die sog. *Routen*, für die empfangenen IP-Pakete und leiten sie weiter. Kapitel 11 vermittelt eine kompakte Darstellung von Routing-Grundlagen und -Protokollen. Es werden hier die *Routing-Protokolle* RIP-1, RIP-2 und OSPF sowie BGP-4 erläutert. Dieses Kapitel zeigt auch, wie eine redundante Router-Auslegung mithilfe der Protokolle HSRP und VRRP erfolgen kann, und stellt die Protokolle PIM-SM und MSDP für das *Multicast-Routing* dar. Hierbei werden u.a. folgende Fragen beantwortet: Welche Aufgabe haben die Router und wie funktionieren sie? Welche Prinzipien liegen den Routing-Protokollen zugrunde? Wie verlaufen die Routing-Protokolle RIP und OSPF? Welche Erweiterungen dieser Protokolle sind für IPv6 notwendig? Wie funktioniert BGP-4, für welche Zwecke und wie kann es eingesetzt werden? Wie können die Router am Internetzugang redundant ausgelegt werden? Wie realisiert man Multicast-Routing in IP-Netzen?

Die IP-Netze im Weitverkehrsbereich basieren überwiegend auf dem MPLS-Konzept und auf der, als GMPLS (*Generalized MPLS*) bezeichneten, dessen Erweiterung. Die Techniken MPLS und GMPLS ermöglichen die Konvergenz von Ethernet u.a. mit SDH- und WDM-Netzen. Dank dieser Konvergenz können Ethernet heutzutage nicht nur als LAN eingerichtet werden, sondern *Ethernet-Services* können sogar weltweit verfügbar gemacht werden. Kapitel 12 stellt die Konzepte und Protokolle zum Aufbau der IP-Netze mit dem MPLS und dem GMPLS vor und geht u.a. auf die folgenden Probleme ein: Worin bestehen die Konzepte MPLS und GMPLS und welche Möglichkeiten entstehen durch deren Einsatz? Welche Services werden durch *Traffic Engineering* in IP-Netzen erbracht? Wie werden (G)MPLS-Netze aufgebaut und wie wird die IP-Kommunikation über sie realisiert? Wie erfolgt die IP-Kommunikation über optische Netze? Wie können Datenpfade über (G)MPLS-Netze dynamisch eingerichtet werden? *Kapitel 12*

In vielen Unternehmen können gleichzeitig unterschiedliche Netztechnologien eingesetzt und entsprechend integriert werden. Sie lassen sich mithilfe von *Tunneling-Techniken* so einsetzen, dass virtuelle Standleitungen für den Transport von Daten über öffentliche IP-Netze aufgebaut werden können. Diese Idee hat zur Entstehung von VPNs geführt. Somit erläutert Kapitel 13 einerseits die Konzepte für den IP-Einsatz in Netzen mit klassischen LANs (Ethernet), Punkt-zu-Punkt-Verbindungen (z.B. physikalischen Standleitungen, Satellitenverbindungen) und WLANs. Andererseits präsentiert dieses Kapitel auch die Lösungen und Protokolle für den Aufbau von VPNs auf Basis sowohl klassischer IP-Netze mittels des IPsec als auch der IP-Netze mit den Techniken MPLS bzw. GMPLS, die auch als *Provider Provisioned VPNs* bezeichnet werden. Hierbei geht dieses Kapitel u.a. auf folgende Fragestellungen ein: Wie kann man sich ein logisches LAN-Modell vorstellen und wie kann die *Multiprotokollfähigkeit in LANs* erreicht werden? Welche Ideen liegen den WLANs nach IEEE 802.11 zugrunde und wie werden WLANs mit einem Ethernet gekoppelt? Welche Typen von virtuellen Netzen gibt es, wie werden sie aufgebaut und wie können sie genutzt werden? Wie lassen sich sichere, virtuelle IP-Netze aufbauen? *Kapitel 13*

In den letzten Jahren haben sich einige Megatrends auf der 'Netzwerkwelt' herauskristallisert. In privaten Netzwerken spricht man heute von *Layer-3-Switching* und von VLANs (*Virtual LANs*). Dabei stellt die Virtualisierung von Rechnern neue Anforderungen an IP-Netze. Die Unterstützung der Mobilität virtueller Rechner und virtueller Netzwerke sowie der Wunsch nach flexibler Möglichkeit, einen Rechner bzw. ein *Kapitel 14*

Netzwerk an das Internet parallel anbinden zu können, sind nur die wichtigsten von ihnen. Diese Probleme erläutert Kapitel 14 und präsentiert neue Konzepte und Protokolle hierfür, um diesen Anforderungen gerecht zu werden. Hervorgehoben sei hier *Shortest Path Bridging* (SPB), TRILL, VXLANs, ILNP und LISP. Dieses Kapitel geht u.a. auf folgende Fragen ein: Wie werden moderne IP-Netzwerke physikalisch und logisch strukturiert? Wie funktionieren Layer-2- und Layer-3-Switches, wo und wie werden sie eingesetzt? Wie können komplexe, auch virtuelle Rechner enthaltene VLANs gebildet werden und welche Bedeutung dabei hat VLAN Tagging? Worin bestehen die Ideen von TRILL, SPB, VXLAN, ILNP und LISP? Welche Möglichkeiten der Integration von IPv4 und IPv6 liefert LISP?

Kapitel 15 Der Gedanke der Virtuellen Netze kann aber von einer IP-basierten Infrastruktur gelöst werden und sehr effizient auf dem Layer 2 umgesetzt werden. Hiermit ergeben sich Konvergenzen von Layer 2 und Layer 3 Verfahren, die unter dem Stichwort 'Distributed Layer-2/3 Switching in Kapitel 15 vorgestellt werden, die bis zu auf Ethernet basierten virtuellen Netzen reicht, sowie so wie sie heute im Provider-Umfeld angeboten werden.

Kapitel 16 Um die Mobilität in IP-Netzen zu ermöglichen, wurden die Protokolle MIP (*Mobile IP*), MIPv6 (*Mobile IPv6*) und HMIPv6 (*Hierarchical MIPv6*) entwickelt. Kapitel 16 zeigt, wie diese Protokolle funktionieren und was gemacht werden muss, damit ein mobiler Rechner während bestehender Verbindungen ein Subnetz verlassen und in ein neues hinein bewegen kann, ohne die bestehenden Verbindungen abbrechen zu müssen. Auch die Integration von Hotspots mit dem Internet und die Möglichkeiten von Roaming zwischen Hotspots werden präsentiert. Darüber hinaus werden u.a. die folgenden Aspekte erörtert: Welche Ansätze und Protokolle zur Unterstützung der Mobilität in IP-Netzen gibt es? Wie kann *Roaming* zwischen Hotspots realisiert werden? Wie verläuft die Kommunikation beim Einsatz von MIP bzw. von MIPv6?

Kapitel 17 Ein in der Tat neues 'Kapitel' haben wir mit der Diskussion um das 'Internet of Things' IoT Kapitel 17 aufgeschlagen. Hier stellen wir die wesentlichen Konzepte de 'Internet der Dings', die Adaption von IPv6 für IoT – 6LoWAPN – die nun notwendigen Routingvefahren, sowie das Applikationsprotokoll CoAP vor.

Kapitel 18 Der Entstehung und der Zukunft des Internet sowie seine möglichen Anwendungen und Perspektiven ist Kapitel 18 gewidmet. Wir wissen ja: "Schwer zu sehen, in ständiger Bewegung die Zukunft ist." (Meister Joda). Trotzdem ist hier der Versuch gewagt, die beherrschenden Tendenzen in systematischer Weise zu betrachten und die aktuelle Diskussion in den Internet-Gremien zu referenzieren.

Verständnisfragen Zu jedem einzelnen Kapitel gibt es ergänzend 'Verständnisfragen', durch die der geneigte Leser sein Wissen um zentrale Punkte der einzelnen Kapiteln überprüfen und ggf. vertiefen kann. Die Antworten auf diese Fragen finden sich Online auf der Webseite des Buches.

Vorwort zur vierten Auflage

Geschuldet der schnellen Entwicklung der Internet-Technologien und der guten Akzeptanz unserer 'Technik der IP-Netze' haben wir unsern 'siebenjährigen' Updatezyklus (erste, zweite und dritte Auflage) etwas beschleunigt und stellen nun mit der vierten Auflage eine aktualisierte Version zur Verfügung. Neben obligatorischen Verbesserungen und Richtigstellungen in einigen Details, sind folgende Aspekte neu hinzugekommen:

- Die heutzutage als unentbehrliche IT-Security bei der Internetnutzung wird auf dem aktuellen Stand umfangreich diskutiert und in Kapitel 2 an zentraler Stelle untergebracht. Wir führen hier die vier zentralen *kryptographischen Primitiven* vor, die eine hervorgehobene Rolle einnehmen.
- Die Switching-Technologien für IP-Netze umfassen nun Layer-2 und Layer-3 Eigenschaften, deren Würdigung in Kapitel 16 zu finden ist.
- Ein wichtiger neuer Aspekt stellt das *Internet of Things* (IoT) dar. Dieses stellen wir in den Kapiteln 17 und 18 dar. Während zunächst Lösungen für Komponenten mit Ressourcen-beschränkter und im Besonderen geringer elektrischer Leistung (6LoWAPN) und den hieraus erwachsenden Konsequenzen im Vordergrund stehen, die für das Routing und für Applikationen, wie dem *Constrained Application Protocol* (CoAP) maßgeblich sind, spannen wir in Kapitel 18 dieses neue Umfeld mit seinen vielfältigen Facetten in Gänze auf und verweisen auf die aktuelle Literatur.

Die vierte Auflage wurde auch typographisch aufgefrischt:

- Das Layout wurde über die vielen Kapitel vereinheitlicht und die Tabellen mit einem modernen Design versehen.
- Beispiele im Buch werden – wie in diesem Fall – mit einem links-seitigen Balken hervorgehoben.

Layout-Anpassungen und Beispiele

Technik der IP-Netze – Homepage

Die Homepage des Buches ist unter https://www.fehcom.de/pub/tipn.html erreichbar, wo sich auch Korrekturen einfinden werden. Ihre Kritik, Verbesserungsvorschläge und eventuell Ihre Korrekturen sind willkommen und wir nehmen sie gerne entgegen. Für Lehr- und Ausbildungszwecke stellen wir die Abbildungen auf Anfrage zur Verfügung.

Danksagung

Ein so umfangreiches Buch kann ohne Anregungen von außen und einen entsprechenden Erfahrungsaustausch nicht geschrieben werden.

Ein besonderer Dank gilt Herrn Dipl. math. Jürgen Müller (Darmstadt) und Herrn Dirk Müller (Koblenz) für die notwendige Sorgfalt, die dritte Auflage des Buchs intensiv durchzuarbeiten und uns Korrekturen vorzuschlagen. Ebenso möchten wir Herrn Jürgen Dubau für sein sorgfältiges Lektorat danken. Bei einem so langatmigen und umfangreichen Projekt ergeben sich immer Inkonsistenzen, die ohne das aufmerksame Zutun Dritter nicht ausgeschlossen werden können.

Die Autoren

Prof. Dr.-Ing. Anatol Badach

ist ehemaliger Professor im Fachbereich Angewandte Informatik der Hochschule Fulda. Die Schwerpunkte seiner Tätigkeit in Lehre und Forschung sind Netzwerktechnologien und -protokolle, *Internet of Things* und *Next Generation Networking*.
Prof. Badach ist Autor zahlreicher Veröffentlichungen und u.a. zahlreicher anderer Fachbücher, darunter *Voice over IP – Die Technik*, *Netzwerkprojekte* (Mitautor), *Web-Technologien* (Mitautor), *Integrierte Unternehmensnetze*, *Datenkommunikation mit ISDN*, *High Speed Internetworking* (Mitautor), *ISDN im Einsatz*. Seine Erfahrung vermittelt er weiter als Leiter/Referent bei Fachkongressen und -seminaren, Berater bei innovativen Projekten und Entwicklungen, Autor von Fachbeiträgen.
   https://www.researchgate.net/profile/Anatol_Badach

Prof. Dr. Erwin Hoffmann

Jahrgang 1958, Studium der Physik und Astrophysik an der Universität Bonn und 1989 Promotion an der TU München (Max-Planck-Institut für Physik und Astrophysik). Durch seine Tätigkeit in der experimentellen Teilchenphysik am CERN und Fermilab verschaffte er sich Kenntnisse über unterschiedlichste Rechnerbetriebssysteme. Beruflich war er zunächst im Bereich Hochgeschwindigkeitsnetze (FDDI) engagiert sowie mit der Implementierung von TCP/IP auf IBM-Großrechnern.
Ab 1994 war Prof. Hoffmann als Netzwerk- und Systemberater mit den Schwerpunkten Unix, IT-Prozessmanagement und ITIL tätig und trägt zur Weiterentwicklung der Software von D.J. Bernstein bei. Heute ist er Vertretungsprofessor an der Frankfurt University of Applied Sciences mit den Schwerpunkten Rechnernetze, Betriebssysteme, IT-Security sowie Verteilte Systeme.
   http://www.fehcom.de

Dieses Buch möchten wir all jenen widmen, die dank ihrer technischen Schöpfungen zur Entstehung des Internet beigetragen haben, wozu im Besonderen Leonard Kleinrock und der Ende 2018 verstorbene Larry Roberts zählen, die die Grundlagen der Paketvermittlung geschaffen haben. Auch das Engagement vieler Freiwilliger sei gewürdigt, die das Internet weiterentwickeln und es aufrecht und offen erhalten.

Prof. Anatol Badach (Fulda)
Prof. Erwin Hoffmann (Höhn) – im November 2018

Teil I

Theorie der Netzwerke und kryptographische Grundlagen

> The purpose of this thesis is to investigate the problems associated with information flow in large communication nets. (...) The nets under consideration consistes of nodes, connected to each other by links. The nodes receive, sort, store, and transmit messages that enter and leave via the links. The links consist of one-way channels, with fixed capacity.
>
> Leonard Kleinrock, Ph.D Thesis 1961

1 Grundlagen der IP-Netze

Die heutige Gesellschaft kann man sich ohne Internet kaum noch vorstellen. Das *Internet* ist ein weltweites Rechnernetz, in dem nicht nur die Daten, sondern auch alle digitalisierten Echtzeitmedien wie Sprache, Audio und Video mit dem *Internet Protocol* (IP) übermittelt werden. Das Internet und alle anderen Netze auf Grundlage von IP nennt man *IP-Netze*. Die Kommunikation zwischen zwei Rechnern über ein IP-Netz bedeutet aber nicht nur zwei Rechner und IP dazwischen, sondern dahinter verbergen sich sehr komplexe Kommunikationsregeln, die in Form von *Kommunikationsprotokollen* spezifiziert werden.

Internet als IP-Netz

In IP-Netzen bilden alle Kommunikationsprotokolle eine Protokollfamilie, die sogenannte Protokollfamilie TCP/IP. Diese Familie, die sich seit mehr als 40 Jahren entwickelt hat, enthält außer IP und TCP (*Transmission Control Protocol*) eine Vielzahl weiterer Protokolle. Um diese Protokolle systematisch erläutern zu können, ist ein anschauliches Modell sehr hilfreich. Es basiert auf dem *OSI-Referenzmodell* (*Open System Interconnection*), das bereits Ende der 70er Jahre eingeführt wurde.

Protokollfamilie TCP/IP

Dieses Kapitel schildert in Abschnitt 1.1 kurz die bisherige und zukünftige Entwicklung des Internet und beschreibt in komprimierter Form die Hauptkomponenten des WWW (*World Wide Web*). Abschnitt 1.2 erläutert die grundlegenden Funktionen der *Kommunikationsprotokolle* und geht dabei insbesondere auf die Ideen der Fehlerkontrolle, Flusskontrolle und Überlastkontrolle. Dem Schichtenmodell für die Darstellung von Prinzipien der Rechnerkommunikation widmet sich Abschnitt 1.3. Allgemeine Prinzipien der Kommunikation in IP-Netzen erläutert Abschnitt 1.4. Die wichtigsten Komponenten der Protokollfamilie TCP/IP präsentiert kurz Abschnitt 1.5. Abschnitt 1.6 geht auf den Aufbau der Organisation IETF (*Internet Engineering Task Force*) und die Internet-Standards ein. Schlussbemerkungen in Abschnitt 1.8 runden dieses Kapitel ab.

Überblick über das Kapitel

In diesem Kapitel werden u.a. folgende Fragen beantwortet:

Ziel dieses Kapitels

- Wie sah die bisherige Entwicklung des Internet aus und welche aktuellen Trends gibt es?
- Welche Funktionen liegen den Kommunikationsprotokollen zugrunde und wie kann die Kommunikation in IP-Netzen mittels eines Schichtenmodells anschaulich dargestellt werden?
- Wie können die verbindungslose und die verbindungsorientierte Kommunikation in IP-Netzen interpretiert werden und welche Bedeutung hat die *Transportschicht* in IP-Netzen mit den Protokollen TCP, UDP und SCTP?
- Wie koordiniert die IETF die technologische Internet-Weiterentwicklung und wie können wir diese verfolgen?

1.1 Entwicklung des Internet

Es begann in den 60er Jahren

Die ersten Spuren, die in indirekter Form zur Entstehung des Internet beigetragen haben, führen zurück in die 60er Jahre. In dieser Zeit wurde zum ersten Mal für die amerikanische Regierung eine Kommunikationsform für den Fall eines nuklearen Krieges erforscht. Die damaligen Überlegungen beinhalten bereits die noch heute geltenden Grundprinzipien der paketvermittelnden Kommunikation. Die Entwicklung des Internet lässt sich grob in folgende Phasen einteilen:

- Das Internet vor der Nutzung des WWW (*World Wide Web*): Aufbau- und Experimentierphase als ARPANET und Verbreitung des Internet vor allem als Forschungs- und Wissenschaftsnetz.
- Die *Schaffung des WWW*.
- Das *Internet nach der Etablierung des WWW* als weltweite Kommunikationsinfrastruktur für wissenschaftliche, private und kommerzielle Nutzung.

1.1.1 Internet vor der Nutzung des WWW

ARPANET als Vorläufer des Internet

Die Geschichte des Internet ist eng mit der Entstehung des ersten Rechnernetzes im Jahr 1969 verbunden. Die Entwicklung dieses Rechnernetzes wurde vom *US Defense Advanced Research Project Agency* (DARPA), einer *Organisation des Department of Defense* (DoD), initiiert und es trug den Namen ARPANET (*Advanced Research Project Agency Network*). Abb. 1.1-1 illustriert den Aufbau des ARPANET.

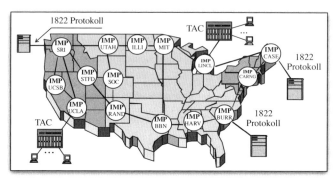

Abb. 1.1-1: Allgemeiner Aufbau von ARPANET – IMP dienen als Knoten
TAC: Terminal Access Controller, IMP: Internet Message Processor

Geburt von ARPANET

DARPA wollte zunächst digitale Telekommunikation auf Basis einer 'packet switching'-Methode über unterschiedliche Netze bereit stellen. Als erster Schritt hierzu wurde am 2. September 1969 am *University College of Los Angeles* (UCLA) ein Computer an einen *Internet Message Processor* (IMP) angeschlossen. Der IMP war auf der Basis eines Honeywell 516 Rechners der Firma *Bolt, Beranek & Newman* (BBN) gebaut worden.

70er Jahre

Anfang der 70er Jahre wurden die mittlerweile 15 zusammengeschalteten IMPs unter dem Namen *ARPANET* gehandelt. Das Kommunikationsprotokoll der IMPs trug die

1.1 Entwicklung des Internet

Bezeichnung BBN 1822 und kann als Vorläufer von IP gelten. Um ARPANET mit anderen Paketnetzen koppeln zu können, wurden 1974 ein Internetwork-Protokoll sowie Gateways entwickelt.

Die weitere technische Entwicklung der zunächst NCP (*Network Control Program*) genannten Protokolle wurde vom DARPA entkoppelt und in die Obhut des *Internet Configuration Control Board* (ICCB) gegeben. Mit der 1983 von der *Defense Communication Agency* (DCA) vorgenommenen Trennung des militärisch genutzten Teils des Netzes *MILNET* vom ARPANET war ein weiterer wichtiger Schritt für die breite öffentliche Entwicklung des Internet gemacht.

ICCB und NCP

Diese Trennung hatte auch entscheidenden Einfluss auf das Betriebssystem UNIX, das von der Firma AT&T 1969/1970 entwickelt wurde. Wiederum am UCLA wurde in dieses Betriebssystem (genauer: unter UNIX System III) eine Netzwerk-Programmierschnittstelle *Sockets* implementiert, die es erlaubte, eine direkte Rechnerkommunikation mit dem ARPANET aufzunehmen. Dieses UNIX wurde als *Berkeley Software Distribution* (BSD) gegen eine geringe Gebühr abgegeben und fand daher schnellen Einzug in Lehre und Forschung. Die weitere Verbreitung von UNIX und Internet sowie ihre technische Fortführung waren die Folge. Nach der ersten Version BSD 4.0 folgte 4.2 und anschließend 4.3, wobei die spätere kommerzielle Weiterentwicklung durch die Firma Sun Microsystems als Betriebssystem Sun OS und später Solaris erfolgte.

BSD und Sockets

Eine 1983 stattfindende Reorganisierung des ICCB führte nicht nur zur Konstituierung des *Internet Activity Board* (IAB) anstelle des ICCB, sondern auch zur Festlegung der als Standard geltenden, nun TCP/IP genannten Protokollfamilie. Mit der weiteren Entwicklung wurde auch dieser organisatorische Rahmen zu eng. Das IAB wurde zum *Internet Architecture Board* umfirmiert und u.a. um folgende Gremien ergänzt:

IAB und TCP/IP

IETF *Internet Engineering Task Force* als offenes Gremium von Netzwerk-Architekten und -Designern, vor allem aus interessierten Firmen und Einzelpersonen gebildet, um die Entwicklung des Internet zu koordinieren http://www.ietf.org. Auf die Organisation der IETF geht Abschnitt 1.7 näher ein.

IESG *Internet Engineering Steering Group* mit der Aufgabe, die Tagesaufgaben der IETF zu managen und eine erste technische Stellungnahme zu neuen Internet-Standards zu beziehen http://www.ietf.org/iesg.html.

IRTF *Internet Research Task Force* als Gremium zur Grundlagendiskussion langfristiger Internet-Strategien und -Aufgaben http://www.irtf.org.

IEPG *Internet Engineering and Planning Group*, eine offene Arbeitsgruppe von Internet- Systemadministratoren, die dem Ziel verpflichtet sind, einen koordinierten Internet-Betrieb zu gewährleisten http://www.iepg.org.

ICANN *Internet Corporation for Assigned Names and Numbers* mit der Aufgabe, die Verwendung und die Konsistenz der im Internet benutzten Namen, Optionen, Codes und Typen zu regeln und zu koordinieren (http://www.icann.org).

Nach der Trennung des militärischen vom zivilen Teil des ARPANET wurde dieses zunächst zum Austausch wissenschaftlicher Informationen genutzt und von der *National*

NSFNet

Science Foundation (NSF) betreut. Diese baute 1986 den zivilen Teil als nationales Backbone-Netz aus, das als NSFNet bekannt geworden ist. Drei Jahre später (1989) waren ca. 100 000 Rechner, die sich an Universitäten und Forschungslabors, in der US-Regierung und in Unternehmen befanden, am NSFNet angeschlossen. In nur einem Jahr (1990) hat sich die Anzahl der angeschlossenen Rechner verdoppelt, wobei das NSFNet ca. 3 000 lokale Netze umfasste. Dies war auch der Zeitpunkt, an dem das *Domain Name System* (DNS) eingeführt wurde.

EARN
Auch in Europa wurden die ersten Ansätze zur Vernetzung der Forschungsinstitute durch EARN (*European Academic Research Network*) durchgeführt, um die bislang nationalen Netze wie z.B. BitNet in England und das vom DFN-Verein (*Deutsches Forschungsnetz*) getragene WiN (*Wissenschafts-Netz*), miteinander zu koppeln.

USENET
Neben dem direkten, d.h. festgeschalteten und teuren Anschluss ans Internet, wie er bei Universitäten und Forschungseinrichtungen sowie auch bei Firmen üblich ist, wurde bald ein loser Verbund von Systemen – vor allem auf UNIX-Rechnern basierend – aufgebaut, die über Telefonleitungen und Modems gekoppelt waren: das USENET. Hier wurden die Rechner über das Protokoll UUCP (*UNIX to UNIX Copy*) miteinander verbunden und Nachrichten ausgetauscht. Hauptzweck des USENET war die Verbreitung von E-Mail sowie vor allem von *NetNews*, die in *Newsgroups* themenstrukturierte, virtuelle Nachrichtenbretter darstellen, in denen zunächst technische Fragen zu Rechnern, Programmiersprachen und dem Internet behandelt wurden. USENET war zeitweise so populär, dass es mit dem Internet selbst identifiziert wurde.

Cyberspace
Die 'kopernikanische Wende' des Internet vollzog sich mit der Schaffung des WWW [Abschnitt 1.1.2] durch Tim Berners-Lee. Damit wurde die Möglichkeit geschaffen, mittels eines einfachen 'Browsers' grafisch auf öffentlich verfügbare Internet-Ressourcen über Webserver zugreifen zu können.

'dot-com' Internet
Sehr schnell fand die 'kopernikanische Wende' Ergänzung in einer 'keplerschen Wende': Mit Realisierung einer allgemeinen nutzbaren Verschlüsselung des Datenverkehrs zunächst auf Grundlage des *SSLeay*-Protokolls, entwickelt durch die Firma Netscape Anfang der 90er Jahre, konnte nun das Internet auch für den kommerziellen Einsatz genutzt werden. Das Internet explodierte, was sowohl die Anzahl der Teilnehmer und der Anwender, als auch die Server und die Datenmenge betraf. Das Internet mutierte vom Wissenschaftsnetz zum multimedialen *Cyberspace* und zum kommerziellen, immer geöffneten Einkaufsparadies, der 'dot-com'-Ökonomie.

1.1.2 Die Schaffung des WWW

Der Aufschwung und die umfassende Verbreitung des Internet ist einer Errungenschaft des europäischen Labors für Elementarteilchenforschung CERN (*Conseil Européen pour la Recherche Nucléaire*) in Genf zu verdanken. Mit dem raschen Wachsen und der Internationalisierung der Forschergruppen stellte sich heraus, dass die bisherige Infrastruktur des Internet, das maßgeblich zum Austausch der Forschungsergebnisse genutzt wurde, nicht mehr adäquat war. So wurde nach einem Verfahren gesucht, mit dem die Informationsquellen mittels *Hyperlinks* untereinander direkt verknüpft werden konnten. Der CERN-Mitarbeiter Tim Berners-Lee hatte 1989/1990 [GC02] die Idee,

1.1 Entwicklung des Internet

- die Dokumente in einer speziellen Seitenbeschreibungssprache HTML (*Hypertext Markup Language*) aufzubereiten und diese untereinander durch Hyperlinks zu verbinden, wobei — HTML
- die Dokumenten-Referenzen über einheitliche Adressen URL (*Uniform Resource Locator*) erfolgen sollten und — URL
- die Verknüpfung über ein neues, einfaches Protokoll HTTP (*Hypertext Transfer Protocol*) abgewickelt werden sollte. — HTTP

Diese Idee brachte den Vorteil, dass nun nicht mehr der Systemadministrator des Servers, sondern der Dokumenten-Eigentümer für die Verknüpfung der Informationen verantwortlich war [Abb. 1.1-2]. Das nach dieser Idee weltweit verteilte System stellt heute unter dem Namen *World Wide Web* (WWW) – auch kurz *Web* genannt – die wichtigste Informationsquelle dar. WWW bildet ein weltweites Geflecht (Web) von Rechnern, die als *Webserver* fungieren und verschiedene Informationen enthalten.

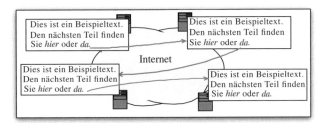

Abb. 1.1-2: Verknüpfung von Dokumenten auf unterschiedlichen Servern mittels Hyperlinks

Zusammen mit seinem Kollegen Robert Cailliau schrieb Tim Berners-Lee den ersten graphischen *Webbrowser* (als Software zur Darstellung der Web-Inhalte) sowie den ersten Webserver. Neben der graphischen Version wurde auch bald eine zeichenorientierte Browser-Version entwickelt, die weitgehend plattformunabhängig war. Mit der Verbreitung von Webbrowsern war der Siegeszug des WWW nicht mehr aufzuhalten. Heute spricht man in Bezug auf den Transport der verschiedenen Informationen im WWW vom *Web-Dienst*. — WWW als Web-Dienst

Der Web-Dienst stellt einen Internetdienst auf grafischer Basis dar, der hauptsächlich zur Informationsabfrage verwendet wird. Die für die Realisierung des Webdienstes erforderlichen Komponenten zeigt Abb. 1.1-3. — Hauptkomponenten des Webdienstes

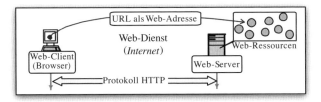

Abb. 1.1-3: Hauptkomponenten des Webdienstes – URL dient als Adresse

Die Grundkomponenten des Webdienstes sind:

- Webbrowser
  - Eine Software für die Darstellung von Web-Inhalten in Form von *Webseiten* (*Web-Pages*) auf dem Bildschirm des Rechners. Diese Software stellt einen *Web-Client* dar und man bezeichnet sie als *(Web)-Browser*. Ein Browser zeigt die angeforderte Webseite an und bietet zahlreiche Funktionen für die Navigation im Web-Dienst.

- URLs als Web-Adressen
  - Einheitliche *Web-Adressen* zur Angabe der Lokation von Web-Inhalten, die man auch Web-Ressourcen nennt. Eine Web-Ressource stellt oft eine Datei in beliebigem Format (wie z.B. HTML, JPEG oder GIF) dar. Als einheitliche Web-Adresse wird eine *URL* (*Uniform Resource Locator*) verwendet. `http://www.hs-fulda.de/fb/ai` ist ein Beispiel hierfür. Die Adressierung von Web-Ressourcen wird noch näher erläutert.

- Webserver
  - Webserver mit *Web-Inhalten* (Web-Ressourcen), auf die über das Internet zugegriffen werden kann. Die Web-Inhalte werden auch *Web-Content* genannt. Auf einem Webserver können auch herkömmliche Programme abgespeichert und an den Web-Dienst über eine Software-Schnittstelle, beispielsweise CGI (*Common Gateway Interface*), angebunden werden. Diese Programme können über das Internet aufgerufen werden.

- HTML
  - Eine abstrakte Sprache für die Beschreibung von *Webseiten*. Eine Webseite besteht in der Regel aus mehreren Web-Objekten und wird als Hypertext dargestellt. Für die Darstellung von Webseiten verwendet man die Seitenbeschreibungssprache HTML (*Hypertext Markup Language*), die in den Jahren 1989/1990 entwickelt wurde. HTML wird beständig weiterentwickelt und modifiziert, sodass es bereits mehrere HTML-Varianten (derzeit HTML 5) gibt. Ergänzt wird dies durch eine Formatierungssprache, *Cascading Style Sheets* (CSS) (aktuelle Version 3), durch die eine Trennung zwischen Inhalt und Format möglich wird.

- Protokoll HTTP
  - Ein Protokoll für die Übertragung von Web-Inhalten zwischen Browsern und Webservern. Hierfür dient das HTTP (*Hypertext Transfer Protocol*). Hat ein Benutzer eine Webseite angefordert (z.B. indem er einen Hyperlink auf dem Bildschirm angeklickt hat), sendet sein Browser die Anforderung (d.h. einen HTTP-Request) an den durch die URL angegebenen Webserver. Dieser empfängt diese Anforderung und sendet eine Antwort (d.h. einen HTTP-Response), in der sich der angeforderte Web-Inhalt befindet, an den Browser zurück.

- HTTP nutzt TCP

Für die Übertragung der Web-Inhalte zwischen Webserver und -browser nutzt HTTP das verbindungsorientierte Transportprotokoll TCP (*Transmission Control Protocol*). Dies bedeutet, dass eine TCP-Verbindung für die Übermittlung von Web-Inhalten zwischen Web-Client und -Server aufgebaut werden muss. Das Protokoll TCP wird in Abschnitt 3.3 detailliert beschrieben.

Adressierung von Web-Ressourcen

Um die Lokation einer gewünschten Web-Ressource im Internet anzugeben, braucht

1.1 Entwicklung des Internet

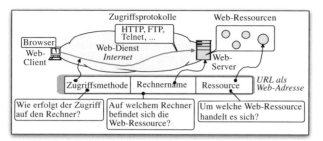

Abb. 1.1-4: Prinzip der Adressierung beim Web-Dienst

man die *Web-Adresse*. Was muss aber eine Web-Adresse angeben und wie sieht sie aus? Abb. 1.1-4 zeigt, was man beim Web-Dienst zu tun hat.

Beim Zugriff auf eine Ressource muss folgendes angegeben werden [BRS03]:

- Die Art und Weise wie der Zugriff auf den Webserver erfolgt, also die Zugriffsmethode, d.h. welches Protokoll (HTTP, FTP, ...) verwendet wird.
- Der Rechner, auf dem sich die gewünschte Ressource befindet. Man muss auf den Rechner verweisen, um ihn eindeutig zu lokalisieren.
- Die Ressource, um die es sich handelt.

Was muss eine Web-Adresse enthalten?

1.1.3 Internet nach der Etablierung des WWW

Das Internet ist nach der Geburt des WWW ein so komplexes weltweites Rechnernetz geworden, dass es nicht möglich ist, hier die Struktur seiner physikalischen Vernetzung zu zeigen. Sie ist unbekannt und wächst ständig. Das Internet ist aber nach einem hierarchischen Prinzip aufgebaut. Wie Abb. 1.1-5 illustriert, stellt das Internet eine Vernetzung von Rechnern dar, in der man mehrere Schichten unterscheiden kann.

Internet-Strukturierung

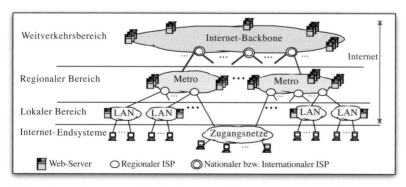

Abb. 1.1-5: Allgemeine Internet-Strukturierung – Aufbau als baumartige Struktur
ISP: Internet Service Provider; LAN: Local Area Network; Metro: Metro(politan)-Netz

Die untere Schicht bilden lokale Netzwerke (LANs) mit den Webservern, die den privaten Firmen, öffentlichen Institutionen, Hochschulen und anderen Organisationen gehören; sie können als *lokaler Internet-Bereich* angesehen werden. Die mittlere

Schicht bilden regionale Netze mit regionalen Internetdienstanbietern, sog. ISPs (*Internet Service Provider*). Diese Schicht stellt den regionalen Internet-Bereich dar. Bei den regionalen Netzen handelt es sich in der Regel um Hochgeschwindigkeitsnetze innerhalb von Großstädten, weshalb man sie als *Metro-Netze* bzw. *City-Netze* bezeichnet, die heute von häufig lokalen Netz-Providern zur Verfügung gestellt werden. Die obere Schicht, die den Internet-Weitverkehrsbereich darstellt, bilden nationale und internationale Hochgeschwindigkeitsnetze mit nationalen bzw. internationalen ISPs. Die nationalen und internationalen Hochgeschwindigkeitsnetze werden miteinander gekoppelt und bilden das *Internet-Backbone*, auch *Internet-Core* genannt.

Jeder ISP stellt einen Internetzugangspunkt dar, der auch als Einwahlknoten bzw. als POP (*Point of Presence*) bezeichnet wird.

1.1.4 Meilensteine der Internet-Entwicklung und Trends

Das Internet hat sich unmittelbar nach der Etablierung des WWW rasant entwickelt und adaptiert sich mit einem hohen Tempo an den Bedarf der Nutzer stetig weiter. Dies möchten wir jetzt in kurzer Form näher zum Ausdruck bringen. Hierfür zeigt Abb. 1.1-6 wesentliche Meilensteine bisheriger Internet-Entwicklung seit 1990 sowie wichtige Entwicklungstrends.

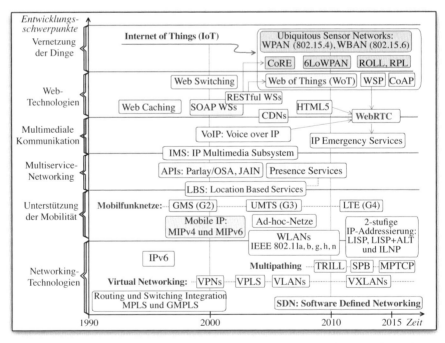

Abb. 1.1-6: Internet und IP-Netze; Meilensteile der bisherigen Entwicklung und Trends
CoRE: Constrained RESTful Environment, G: Generation, ROLL: Routing over Low power and Lossy neworks, RPL: Routing Protocol for Low power and Lossy networks, WPAN: Wireless Personal Area Network, WBAN: Wireless Body Area Network, WS: Web Services, WSP: WebSocket Protocol

Meilensteine bei Networking-Technologien

In lokalen Netzwerken wurden bereits zu Beginn der 90er Jahre sowohl Router als auch Switches eingesetzt und man hat damals von Routing und *Switching Integration* gesprochen. Diese Integration hat auch im Backbone des Internet und in großen privaten IP-Netzen stattgefunden. Folglich hat man versucht, die beiden Techniken Routing und Switching in einer Netzwerkkomponente (als Multi-Layer-Switch bezeichnet) zu integrieren. Ein besondere Art der Integration von Routing und Switching liegt dem Konzept MPLS (*Multi-Protocol Label Switching*) zugrunde [Abb. 1.4-4]. MPLS wird in Abschnitt 11.2 beschrieben.

Integration von Routing und Switching

Bei MPLS werden die IP-Pakete über ein Netz quasi im Gänsemarsch übermittelt [Abb. 11.1-1]. Dadurch entsteht die Möglichkeit, die Dienstgüte (*Quality of Service*) auf einem geforderten Level zu garantieren. Dies ist für die multimediale Kommunikation von enormer Bedeutung. Um das MPLS-Konzept in optischen Netzen, in denen man WDM (*Wavelength Division Multiplexing*) verwendet, einsetzen zu können, wurde GMPLS (*Generalized MPLS*) entwickelt [Abschnitt 11.3]. In den 90er Jahren hat man bei IP-Netzen mit (G)MPLS von *Next Generation IP Networks* gesprochen.

MPLS, GMPLS

Als Meilenstein in der Internet-Entwicklung kann das in 1994 spezifizierte Konzept von IPv6 angesehen werden. Es sei hervorgehoben, dass damals die Knappheit von offiziellen IPv4-Adressen die treibende Kraft der Entwicklung von IPv6 war. Mitte der 90er Jahre wurde aber die als NAT (*Network Address Translation*) bezeichnete Möglichkeit 'entdeckt', die privaten IPv4-Adressen nutzen zu können [Abschnitt 3.3.3]. Das NAT-Konzept, insbesondere dessen Variante PAT (*Port Address Translation*), hat dazu beigetragen, dass man IPv6 in der Tat damals (und sogar bis Ende des ersten Jahrzehnts dies Jahrhunderts) noch nicht unbedingt gebraucht hat. Die Ära von IPv6 hat erst 'richtig' nach 2010 begonnen; unmittelbar nachdem die letzten offiziellen IPv4-Adressen vergeben wurden.

IPv6

Schon in der zweiten Hälfte der 90er Jahre hat man mit *Virtual Networking* begonnen. Physikalische Leitungen im WAN-Bereich wurden durch virtuelle Verbindungen ersetzt, und es entstanden *Virtual Private Networks* (VPNs [Abschnitt 13.1]). Bereits zu Anfang dieses Jahrhunderts konnte man schon mehrere Ethernet-Segmente dank des (G)MPLS-Einsatzes über virtuelle Leitungen an einen zentralen Ethernet-Switch (Layer-2-Switch [Abb. 15.2-2]) anbinden und auf diese Weise ein standortübergreifendes, verteiltes Ethernet einrichten; damit wurde VPLS (*Virtual Private LAN Service* [Abschnitt 13.2-10]) geboren. Etwa zur gleichen Zeit bildete man IP-Subnetze in lokalen Netzwerken als beliebige Gruppen von Rechnern und bezeichnete diese Gruppen als VLANs (*Virtual LANs*). Durch die Virtualisierung von Rechnern besteht heute – theoretisch gesehen – dank dem Konzept VXLAN (*Virtual Extensible LAN*) die Möglichkeit, aus virtuellen Rechnern (*Virtual Machines*) bestehende VLANs sogar weltweit zu bilden.

Virtual Networking

Um parallele, über mehrere Datenpfade verlaufende Kommunikation zwischen Rechnern, insbesondere in Datacentern, zu ermöglichen, wurden hierfür die Konzepte TRILL (*TRansparent Interconnection of Lots of Links*), SPB (*Shortest Path Bridging*) und MPTCP (*Multipath TCP* [Abschnitt 6.5]) entwickelt. Mit TRILL und SPB können standortübergreifende VLANs gebildet werden. Mittels SPB kann auch ein verteilter,

Multipathing

virtueller Ethernet-Switch auf Basis eines Ethernet-basierten Netzwerks – sogar eines standortübergreifenden Netzwerks – eingerichtet werden und die an diesem virtuellen Ethernet-Switch angeschlossenen Rechner können auch zu verschiedenen VLANs zugeordnet werden.

Technologien zur Unterstützung der Mobilität

Der Einsatz tragbarer Rechner (insbesondere Laptops und Smartphones) hat dazu geführt, dass von der IEEE mehrere Standards für WLANs (*Wireless LANs*) im ersten Jahrzehnt dieses Jahrhunderts spezifiziert wurden. Ein WLAN ermöglicht aber nur eine räumlich beschränkte Mobilität von tragbaren Rechnern. Heutzutage werden jedoch oft in Wirt-Servern mit zahlreichen virtuellen Rechnern mehrere, aus den in ihnen eingerichteten virtualisierten Rechnern bestehende, virtuelle Netzwerke gebildet; sie werden oft als *Clouds* bezeichnet. Hierfür sind Konzepte nötig, um eine aus mehreren virtuellen Rechnern enthaltene Cloud weltweit transferieren und an verschiedenen Standorten einsetzen zu können, ohne dass die IP-Adressen von Rechnern in der Cloud geändert werden müssen. Um diese Traumvorstellung zu verwirklichen, ist eine neue zweistufige, flexible IP-Adressierung notwendig. Wie diese zu realisieren und zu nutzen ist, beschreiben die in Abschnitt 14.7 präsentierten Konzepte LISP (*Locator/ID Separation Protocol*), LISP+ALT (*LISP Alternative Logical Topology*) und ILNP (*Identifier-Locator Network Protocol*).

Software Defined Networking

Die Virtualisierung von Rechnern und der zunehmende Bedarf an flexiblen, spontanen und an Geschäftsprozesse angepassten IT-Diensten verlangen neue Ideen zur variablen und raschen Bereitstellung von Netzwerkdiensten. *Software Defined Networking* (SDN) stellt eine solche Idee dar und ist als enorm wichtiger Entwicklungstrend im Internet und in Netzwerken mit IP zu betrachten. SDN ermöglicht die Bereitstellung universeller und programmierbarer Netzwerkknoten zur Weiterleitung von Daten. Diese Netzwerkknoten können fast alle denkbaren Netzwerkfunktionen erbringen – und dies sogar parallel für die beiden Internetprotokolle IPv4 und IPv6. Dadurch können beim SDN verschiedene programmierbare Netzwerkdienste (*Programmable Network Services*) realisiert werden. Folglich kann man beim SDN sogar von Netzwerkprogrammierbarkeit (*Network Programmability*) sprechen.

Unterstützung der Mobilität

MIPv4 und MIPv6

Die Unterstützung der Mobilität im Internet und in IP-Netzen ist ein bedeutendes Thema schon seit Beginn der Internet-Ära. Bereits Mitte 90er Jahre wurden die beiden Protokolle MIPv4 (*Mobile IPv4*) und MIPv6 (*Mobile IPv6*) konzipiert, um die Mobilität von Rechnern zwischen IP-Subnetzen zu ermöglichen. Kapitel 15 widmet sich der Unterstützung der Mobilität in IP-Netzen mit MIPv4 und MIPv6.

UMTS und LTE und WLANs

Erst die Mobilfunknetze der 3-ten und 4-ten Generation (G3 und G4), d.h. UMTS (*Universal Mobile Telecommunications System*) als G3 und LTE (*Long Term Evolution*) als G4, haben dazu beigetragen, dass verschiedene Arten von Smartphones heute als multifunktionelle Endgeräte am Internet dienen. Durch die breite Einführung von WLANs und die flächendeckende Verfügbarkeit von UMTS- bzw. von LTE-Diensten wurde das Problem 'Internet unterwegs mit Laptops, Tablets und Smartphones' gelöst. Als offenes Problem gilt aber noch die Mobilität kleiner Netzwerke und zwar so, dass die Adressen von Rechnern in diesen Netzwerken an jedem neuen Internetzugang nicht geändert werden müssen. Dieses Problem soll mit 2-stufiger IP-Adressierung gelöst werden [Abschnitt 14.7].

Es werden auch Konzepte entwickelt, um *Ad-Hoc-Netzwerke*, in denen sowohl die Knoten als auch die Endsysteme mobil sind, verwirklichen zu können. Diese Netzwerke haben eine große Bedeutung, da sie es spontan ermöglichen, fahrende Autos bis zu einer bestimmten Entfernung untereinander zu vernetzen: *Car-to-Car-Networks* (*C2C Networks*). Ad-Hoc-Netzwerke

Multiservice-Networking
Als wichtiger Trend bei IP-Netzen am Ende der 90er Jahre war das *Multiservice-Networking*, der die *Integration* (*Konvergenz*) der Netze aufgegriffen hat. Da verschiedene TK-Netze (wie PSTN, ISDN, GSM, UMTS) schon damals zu konvergieren begannen, Stand der Wunsch im Raum, alle TK-Netze seitens des Internet als ein heterogenes TK-Netz zu nutzen, intelligente Netzdienste auf Basis des Protokolls IP zu entwickeln und diese den Teilnehmern an allen TK-Netzen über das Internet zugänglich zu machen. Konvergenz der Netze

Um intelligente Netzdienste auf Basis eines TK-Netzes zu entwickeln, muss man jedoch auf bestimmte Software-Schnittstellen, APIs (*Application Programming Interface*), im Netzkern zugreifen. Da diese noch in den 90er Jahren nur für den Netzbetreiber zugänglich waren, war es damals nicht möglich, dass die Netzdienste durch Dritte, also durch die Nicht-Netzbetreiber, konzipiert und entwickelt werden konnten. Um dies zu ändern, wurde zu mit Beginn dieses Jahrhunderts ein vom Netz unabhängiges API entwickelt, über das man auf die Dienste wichtiger TK-Netze zugreifen kann (siehe Abschnitt 1.4.4 in [Bad10]). Es handelt sich um Parlay/OSA (*Open Service Architecture*).

> **Idee von Parlay/OSA**: Die grundlegende Idee von Parlay/OSA besteht darin, dass man verschiedene TK-Netze als Kernnetz betrachtet. Die Dienste dieses Kernnetzes sind über Parlay/OSA API für die Nicht-Netzanbieter zugänglich. Somit können sie Netzanwendungen entwickeln und auf speziellen Application-Servern installieren, sodass man auf diese über das Internet zugreifen kann. Parlay/OSA

Ein ähnliches Konzept wie bei Parlay/OSA wurde auch bei JAIN (*Java API for Integrated Networks*) von der Firma Sun Microsystems (jetzt Oracle) verfolgt. JAIN

Bei der Nutzung von Parlay/OSA kann man beliebige Netzdienste – z.B. auf Basis von UMTS bzw. von LTE – entwickeln und sie über das Internet zugänglich machen. Da die Lokation von mobilen Benutzern in Mobilfunknetzen UMTS und LTE mit einer bestimmten Genauigkeit bekannt ist, sind *Location Based Services* (LBS) realisierbar; und diese bilden die Grundlage für Presence Services. Die Einsatzmöglichkeiten von *Presence Services* sind sehr breit und haben in sozialen Netzwerken (z.B. Facebook) eine wichtige Funktion; sie ist aber nicht immer vorteilhaft. LBS und Presence Services

Bei LBS und Presence Services spielt das IMS (*IP Multimedia Subsystem*) eine wichtige Rolle. IMS ermöglicht es, die Server der den Nicht-Netzanbieter, am UMTS bzw. am LTE zu installieren und verschiedene Multimedia Services (Spiele, Filme, ...) zum Abruf per Internet anzubieten. IMS

Multimediale Kommunikation

VoIP ist heute MMoIP

Mit Multiservice-Networking hängt auch die Realisierung der multimedialen Kommunikation zusammen. Die Entwickler haben seit geraumer Zeit davon geträumt, über ein Netz zu verfügen, über welches man alle Informationsarten (Audio, Video und Daten) übermitteln könnte. Die Konzepte und Protokolle für VoIP (*Voice over IP*) sind ein wichtiger Schritt in diese Richtung. In der Wirklichkeit ist VoIP mit dem Signalisierungsprotokoll SIP (*Session Initiation Protocol*) nicht nur VoIP, sondern *Multi-Media over IP* (MMoIP [Abb. 6.3-4]).

IP-Radio und IP-Fernsehen mit CDNs

Durch die Einführung der geeigneten Protokolle wie z.B. IP-Multicasting [Abb. 10.6-1] sind Dienste wie IP-Radio und IP-Fernsehen realisierbar. Bereits seit 2005 spricht man von *Triple Play*. Darunter versteht man das gebündelte Angebot der drei Dienste *Internet*, *IP-Telefonie* (VoIP) und *Fernsehen* für private Haushalte. Bei zeitversetztem Abruf der Echtzeitsendungen (wie Radio- bzw. Fernsehsendungen) spielen Webbasierte *Content Delivery Networks* (CDNs) mit zahlreichen Lieferungsservern eine Schlüsselrolle (siehe Kapitel 10 in [BRS03]). Und zwar bestimmt ein *Redirect-Router* – nach der Lokation des die Echtzeitsendung abrufenden Rechners – den Lieferungsserver, aus welchem (möglichst nicht weit gelegen vom abrufenden Rechner) die gewünschte Echtzeitsendung ausgeliefert werden soll, damit man eine gute Qualität gewährleisten kann.

IP Emergency Services

Eine wichtige Funktion herkömmlicher, öffentlicher Netze für die Sprachkommunikation ist die von ihnen angebotene Möglichkeit, in einem Notfall einen Notruf (*Emergency Call*) abzusetzen. Die Netze für die Sprachkommunikation bieten daher die Notrufdienste an; z.B. unter den Notrufnummern 110 für die Polizei und 112 für die Feuerwehr und die Rettungsdienste. Diese Dienste – und auch zahlreiche ähnliche – müssen zukünftig auch in öffentlichen VoIP-Systemen, also in der Tat im Internet, angeboten werden; hierbei spricht man von *IP Emergency Services* bzw. von *VoIP Emergency Services*.

LoST als 'Bruder' von DNS

Verschiedene Organisationen und Standardisierungsgremien sind in dieser Hinsicht aktiv. So wurde bei der IETF beispielsweise eine Arbeitsgruppe namens *Emergency Context Resolution with Internet Technologies* (ECRIT) ins Leben gerufen, um die Konzepte und Protokolle für die Realisierung von IP Emergency Services zu spezifizieren. Eine wichtige Funktion in Notrufsystemen im Internet besteht in der Ermittlung der IP-Adresse der richtigen Notrufleitstelle – und zwar aufgrund des in Form von URN (*Uniform Resource Name*) dargestellten Geschehens, d.h. was ist passiert, und des Standorts des Geschehens. Um diese Funktion sicher zu realisieren, wurde das Konzept LoST (*Location-to-Service Translation*) entwickelt [RFC 5222]. LoST stellt eine hierarchische, baumartige Vernetzung von Rechnern dar (vergleichbar dem DNS) und kann folglich als jüngster Bruder vom DNS betrachtet werden.

Web-Technologien

Web-Caching

In der ersten Phase der Web-Ära hat man hauptsächlich auf Webserver zugegriffen, um verschiedene Webinhalte in Form von Websites herunterzuladen. Um die Webinhalte, welche in der Zeit unverändert bleiben, nicht erneut über lange Strecken übermitteln zu müssen und schneller liefern zu können, hat man das in Rechnern gut bewährte Caching-Prinzip für das Internet übernommen – und so wurde Web-Caching 'geboren', siehe hierzu Kap. 8 in [BRS03]. Für das Web-Caching werden in der Regel spezieller Rechner als *Web-Cache-Server* eingesetzt. Große Internet Service Provider setzen mehrere Web-Cache-Server ein, sodass ein vernetztes Web-Caching-System entsteht. Für die Kommunikation zwischen Web-Caches wurde ICP (*Internet Cache Protocol*) entwickelt.

Stark gefragter Webcontent wird schon lange nicht mehr nur auf einem Webserver abgespeichert, sondern auf mehreren Webservern, die sogar weltweit verteilt sein können. Diese Webserver bilden eine Gruppe von Servern, die unter einer IP-Adresse erreichbar sein muss und als *verteilter Webserver* angesehen werden kann. Als technische Basis dafür dient das Ende der 90er Jahre entwickelte *Web-Switching* und darunter versteht man die Verteilung von aus dem Internet kommenden Anfragen gemäß dem gefragten *Webcontent* auf mehrere Webserver. Web-Switching bildet heute die Grundlage für E-Commerce-Geschäfte; für Näheres darüber siehe Kap. 7 in [BRS03]. Web-Switching

Das Internet wurde zuerst hauptsächlich dafür benutzt, um per Browser den Zugriff auf verschiedene Informationen und Applikationen zu ermöglichen. Ende 90er Jahre hat man aber erkannt, das Internet sich auch als universelle Plattform für die Kommunikation zwischen verteilten Anwendungen eignet und die Idee, webbasierte Dienste durch die Vernetzung von verteilten Anwendungen zu realisieren, hat zur Entstehung von *Web Services* geführt. Ein Web Service ist ein Dienst auf Basis des Internet und des Protokolls HTTP, der durch die Vernetzung von verteilten Anwendungen und den Einsatz von XML (*eXtensible Markup Language*) zur Bildung von 'Nachrichten' – genauer von XML-Nachrichten – mit den zwischen Anwendungen zu übertragenden Daten erbracht wird. Jeder Web Service kann über einen Verzeichnisdienst veröffentlicht werden, um ihn bekannt, auffindbar und damit aufrufbar zu machen (vgl. Kapitel 11 in [BRS03]). Web Services

Es sei angemerkt, dass man zuerst bei *Web Services* (WS) das Protokoll SOAP (*Simple Object Access Protocol*) verwendet hat, um XML-Nachrichten in HTTP-Requests und -Responses zu übermitteln. Der Einsatz von SOAP bringt allerdings einen Nachteil mit: Die Web-Ressourcen (Objekte) können nicht direkt adressiert werden. Somit wurde später das Transferprinzip REST (*REpresentational State Transfer*) bei Web-Services eingesetzt, sodass Web-Ressourcen direkt mit URLs adressierbar sind. Vergleichbar, wie es ursprünglich bei Einführung des WWW vorgesehen war. Aus diesem Grund unterscheidet man zwischen SOAP-basiertem WS (*SOAP WS*) und REST-basiertem WS (*RESTful WS*). SOAP WS und RESTful WS

Das klassische Modell der Webdienste, bei dem der Webcontent von einem Ursprungs-Server aus weltweit auf jede Webanfrage hin an den Benutzer geschickt wird, ist in einigen Situationen nicht mehr praktikabel, was besonders zeitkritischen Content, also beim Streaming-Media (Video, Internet-TV, -Spiele etc.) betrifft. Damit man Streaming-Media in guter Qualität den Benutzern liefern konnte, ist Anfang dieses Jahrhunderts die Idee für *Content Delivery Networks* (CDNs) entstanden. Die Webserver mit dem gleichen zeitkritischen Content, sind jetzt nicht immer an einem Standort, sondern werden weltweit verteilt. In diesem Falle muss der 'günstigste' Webserver ausgewählt und die Anfrage an ihn gerichtet werden. Diesen Vorgang nennt man CDNs, Request-, Content-Routing

Request-Routing oder auch *Content-Routing*. Näheres über CDN findet sich in Kapitel 10 von [BRS03].

WebRTC – eine richtungsweisende Idee

Mit dem zweiten Jahrzehnt in diesem Jahrhundert versucht man eine richtungsweisende Idee zu verwirklichen, die sog. WebRTC (*Web Real-Time Communication*), eine Art *Web Video Telephony*. Diese Idee besteht darin, multimediale Echtzeitkommunikation mithilfe von HTML5-fähigen Webbrowsern einfach zu realisieren, ohne dafür zusätzliche Softwaremodule installieren zu müssen. Zur Unterstützung von WebRTC können bei Bedarf von einem Webserver verschiedene RTC-spezifische Funktionsmodule heruntergeladen werden und im Webbrowser diese (quasi automatisch) einzubauen. Bei WebRTC kann ein spezieller Server um RTC-Funktionen erweitert werden (hierzu eignet sich jeder Webserver) und als Manager von multimedialen Verbindungen zwischen Browsern dienen. Es ist zu erwarten, dass eine große Akzeptanz von WebRTC in Smartphones, Tablets und in Smart-TV in der Zukunft zu großen Veränderungen der heutigen Kommunikationslandschaft führen wird und die Videotelefonie per Smart-TV nur eine Frage der Zeit ist. Ferner besitzt WebRTC einen bedeutenden Einfluss auf die Realisierung von *IP Emergency Services*.

WebSockets

Für die Realisierung von WebRTC wurde das *WebSocket Protocol* (WSP) entwickelt [RFC 6455]. WSP wird auch beim Einsatz von Webtechnologien zur Vernetzung verschiedener 'Dinge' mit dem Internet eingesetzt; man spricht hierbei von *Web of Things* (WoT).

Vernetzung der Dinge – Internet of Things

USNs, IoT und WoT

Das Streben insbesondere nach mehr Energieeffizienz, mehr Lebensqualität und besserer Umweltüberwachung führt dazu, dass verschiedene Systeme zur drahtlosen Vernetzung von Sensoren und Aktoren – in der Tat zur Vernetzungen aller möglichen 'Dinge' — ständig und immer mehr an Bedeutung und an Verbreitung gewinnen; folglich entstehen *Sensornetze/Sensornetzwerke*. Weil Sensornetze überall und jederzeit zum Einsatz – z.B. zur Industrie-/Gebäude-/Heimautomation, Gesundheits-/Umweltüberwachung – kommen können, werden sie als *ubiquitäre Sensornetze* bzw. kurz als USNs (*Ubiquitous Sensor Networks*) bezeichnet[1]. USNs sind sehr stark ressourcenbeschränkt, insbesondere *energiearm* und *verlustbehaftet*; demzufolge spricht man von *Constrained Networks* bzw. von LLNs (*Low power and Lossy Networks*).

Internet of Things, Web of Things

Die Anbindung von USNs an das 'heutige' Internet führt zur Entstehung eines neuen Internetteils, welcher als *Internet of Things* (IoT) – also *Internet der Dinge* – bezeichnet wird [ITU-T Y.2060]. Im IoT kommen auch einige Web-Technologien zum Einsatz, sie müssen an die Besonderheiten von Sensornetzen angepasst werden: *Web of Things* (WoT); siehe hierzu ITU-T Y.2063.

Sensornetze werden oft nach IEEE-Standards IEEE 802.15.4 (WPAN, *Wireless Personal Area Network*) und IEEE 802.15.6 (WBAN, *Wireless Body Area Network*) aufgebaut und dabei wird IPv6 eingesetzt. Dadurch kann eine global eindeutige IPv6-Adresse jedem Sensor/Aktor zugewiesen werden und er ist dann über das Internet zugreifbar.

---

[1] Da in Sensornetzen sowohl (passive) Sensoren wie auch als Ausführungsorgane aktiv fungierende Aktoren vorhanden sind, sprechen wir allgemein von *Sensor-Aktor-Netzen/Netzwerken*.

Um IPv6 in Sensornetzen auf Basis von WPANs nach IEEE 802.15.4 einsetzen zu können, wurde das Konzept 6LoWPAN (*IPv6 over Low-power PAN*) bei der IETF in RFC 4944 spezifiziert. 6LoWPAN gilt bereits als ein effizientes Konzept für den Einsatz von IPv6 in Sensornetzen.

6LoWPAN

Im IoT sollen REST-basierte Web Services, auch als *RESTful WSs* bezeichnet, zum Einsatz kommen. Diese müssen jedoch an ressourcenbeschränkte Umgebungen (*constrained environments*) in Sensornetzen adaptiert werden. Die Umsetzung dieser Anforderung hat sich die IETF Working Group CoRE (*Constrained RESTful Environments*) vorgenommen. Da das normale Webprotokoll HTTP in Sensornetzen praktisch nicht einsetzbar ist, wird dieses in Sensornetzen durch das neue, von der Working Group CoRE entwickelte Webprotokoll CoAP (*Constrained Application Protocol*) ersetzt.

CoRE und CoAP

Sensornetze als LLNs können auch beliebig verteilte Strukturen mit intelligenten Knoten bilden, daher ist auch ein Routing-Protokoll in diesen Netzen nötig. Auf dem Gebiet *Routing over LLNs* ist die IETF Working Group ROLL (*Routing Over Low power und Lossy networks*) aktiv, und das Ergebnis ist u.a. das Routing-Protokoll RPL (*IPv6 Routing Protocol for Low-Power und Lossy Networks*).

ROLL und RPL

1.2 Funktionen der Kommunikationsprotokolle

In einem Netz können die zu übertragenden Daten verfälscht werden. Die Ursachen dafür sind meist auf die schlechte Qualität des Übertragungsmediums zurückzuführen. Eine Verfälschung der Daten kann auch durch äußere Einflüsse wie etwa starke elektromagnetische Felder in der Umgebung oder durch das *Nebensprechen* entstehen. Übertragungsstörungen führen nicht nur zu einer Datenverfälschung, sondern sogar zu einem Datenverlust. Um dies zu vermeiden, müssen entsprechende Funktionen in den Kommunikationsprotokollen enthalten sein. Diese Funktionen lassen sich in drei Gruppen aufteilen:

Fehlerursachen

- **Fehlerkontrolle** (*Fault Control*),
- **Flusskontrolle** (*Flow Control*) und
- **Überlastkontrolle** (*Congestion Control*).

Die *Fehlerkontrolle* umfasst alle Maßnahmen in einem Kommunikationsprotokoll, mit denen Datenverfälschungen und -verluste während der Übertragung entdeckt und beseitigt werden können. Die *Flusskontrolle* bedeutet eine gegenseitige Anpassung der Sende- und der Empfangsseite in Bezug auf die übertragene Datenmenge. Die *Überlastkontrolle* betrifft alle Vorkehrungen, die dazu dienen, ein Netz nicht zu überlasten. Bei der Überlastung eines Netzes müssen die übertragenen Datenblöcke oft verworfen werden und die Verweilzeit von Datenblöcken im Netz durch 'Staus' in Knoten nimmt stark zu. Im Folgenden werden diese Funktionen näher erläutert.

Datenverfälschungen und -verluste

1.2.1 Prinzipien der Fehlerkontrolle

Die Fehlerkontrolle hat die Aufgabe, jede fehlerhafte Situation während der Datenübertragung zu entdecken und zu beseitigen. Sie ist Bestandteil jedes Kommunikationsprotokolls und wird beim Empfänger mittels festgelegter Quittungen (Bestätigungen) und beim Sender durch die Zeitüberwachung realisiert. Im Weiteren werden alle möglichen Fehlersituationen dargestellt und notwendige Maßnahmen zu ihrer Beseitigung aufgezeigt.

Erste 'eiserne Regel'

Allen Kommunikationsprotokollen liegen zwei 'eiserne Regeln' zugrunde:

> Datenblöcke können während der Übertragung verfälscht werden. Deshalb muss nach dem Absenden jedes Datenblocks dieser im Speicher der Quellstation für den Fall gehalten werden, falls eine wiederholte Übermittlung notwendig ist.

Negative Auswirkungen infolge der Verfälschung von übertragenen Datenblöcken können durch die Umsetzung dieser Regel und durch eine wiederholte Übermittlung ausgeglichen werden. Abb.1.2-1a zeigt die fehlerlose Übermittlung eines Datenblocks. Diese wird von der Empfangsseite positiv quittiert (bestätigt) und eine Kopie des Datenblocks in der Quellstation gelöscht. Auch eine Quittung stellt einen kurzen, vom Protokoll festgelegten Datenblock dar.

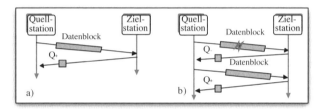

Abb. 1.2-1: Übermittlung eines Datenblocks: a) fehlerlos, b) fehlerhaft
Q+: positive Quittung, Q–: negative Quittung

Negative Quittung bei Störungen

In Abb. 1.2-1b tritt bei der Übermittlung des Datenblocks eine Störung auf, was eine negative Quittierung zur Folge hat. Der gestörte Datenblock wird durch die Zielstation einfach verworfen. Da in der Quellstation eine Kopie des betreffenden Datenblocks gehalten wird, sendet die Quellstation den gleichen Datenblock noch einmal – diesmal fehlerfrei – zu der Zielstation, die ihn positiv quittiert. Die Kopie des übertragenen Datenblocks kann nun in der Quellstation gelöscht werden.

Verfälschung von Quittungen

Eine besondere Situation entsteht dadurch, dass nicht nur die Datenblöcke während der Übertragung verfälscht werden können, sondern auch die Quittungen. Wird eine positive Quittung so verfälscht, dass die Quellstation sie als negative Quittung interpretiert, führt dies zu einer unnötigen wiederholten Übermittlungen des betreffenden Datenblocks und zur Verdoppelung von Daten am Ziel.

Der schlimmste Fall (*worst case*) bei der Übermittlung eines Datenblocks entsteht dann, wenn sowohl der übertragene Datenblock als auch dessen negative Quittung verfälscht werden. Wie Abb. 1.2-2 zeigt, empfängt die Quellstation in diesem Fall eine positive Quittung und könnte deshalb die Kopie des Datenblocks löschen. Dies würde aber zum Verlust des Datenblocks führen. Um einen solchen Fall zu bewältigen, müssen die Kommunikationsprotokolle zwei Stufen der Fehlerkontrolle realisieren. Die hier angesprochene Fehlerkontrolle bezieht sich nur auf die Übermittlung einzelner Datenblöcke, die oft aufgrund der Segmentierung von zu übertragenden Dateien entstehen. Die Fehlerkontrolle muss auch auf Dateiniveau realisiert werden. Die einzelnen Datenblöcke, die zu einer Datei gehören, werden in der Zielstation zu einer Datei zusammengesetzt. Ist ein Datenblock der Datei in der Zielstation nicht vorhanden, sendet sie eine negative Quittung, die sich auf diese Datei bezieht. Die Quellstation muss dann entweder den verloren gegangenen Datenblock oder sogar die ganze Datei nachsenden.

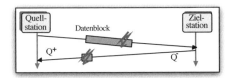

Abb. 1.2-2: Worst case einer Datenmittlung: Daten und Quittung werden verfälscht

Die zweite 'eiserne Regel', die bei allen Kommunikationsprotokollen realisiert werden muss, um Datenverluste während der Übertragung zu erkennen, lautet:

> Datenblöcke können bei der Übertragung verloren gehen, sodass man nur eine begrenzte Zeit auf eine positive oder negative Quittung für einen Datenblock warten soll.

Zweite 'eiserne Regel'

Dies muss über eine Zeitüberwachung realisiert werden, um Verluste von Datenblöcken während der Übertragung zu erkennen. Dazu ist im Protokoll eine maximale Wartezeit auf eine Quittung festzulegen. Eine solche Wartezeit wird auch als *Timeout* bezeichnet und kann als 'Geduldzeit' interpretiert werden. Nach dem Absenden eines Datenblocks muss die Überwachung der maximalen Wartezeit auf die Quittung aktiviert werden. Es stellt sich die Frage, wann die Datenblöcke während der Übermittlung eigentlich verloren gehen. Dass ein übertragener Datenblock bei einem plötzlichen Bruch der Leitung verloren geht, ist selbstverständlich, doch das ist selten der Fall. Die häufigste Ursache für den Verlust eines Datenblocks ist eine Verfälschung in seinem Header oder Trailer, sodass er auf der Leitung nicht vollständig erkannt und damit in der Zielstation nicht aufgenommen werden kann.

Abb. 1.2-3 illustriert die fehlerhafte Situation, in der ein Datenblock verloren gegangen ist. Nach dem Absenden des Datenblocks wird die 'Geduldzeit' überwacht. Kommt innerhalb dieser Zeit keine Quittung an, interpretiert dies die Quellstation als verloren gegangenen Datenblock und wiederholt die Übermittlung. Nach dem wiederholten Absenden kommt eine positive Quittung noch während der 'Geduldzeit' an und die Kopie des Datenblocks kann dann gelöscht werden.

Geduldzeit

Auch eine Quittung kann verloren gehen. Wie Abb. 1.2-3b zeigt, wird dies ebenfalls mit Hilfe der Zeitüberwachung erkannt. In einem solchen Fall kann ein Datenblock in der Zielstation doppelt vorhanden sein. Deswegen muss für die Zielstation klar werden, dass es sich nicht um einen neuen Datenblock handelt, sondern um eine wiederholte Übermittlung. Werden die transferierten Datenblöcke nicht nummeriert, kann das zur Verdopplung von Daten am Ziel führen. Derartige Datenverdopplungen lassen sich

Nummerierung von Datenblöcken

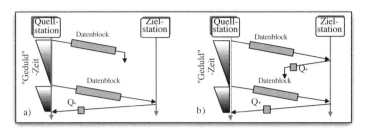

Abb. 1.2-3: Fehlerhafte Übermittlung: a) Datenblockverlust, b) Quittungsverlust

mit der Nummerierung von Datenblöcken ausschließen. Aus diesem Grund werden bei allen Kommunikationsprotokollen die übertragenen Datenblöcke nummeriert.

Modulo-Verfahren

Anmerkung: Bei einer fortlaufenden Nummerierung der übertragenen Datenblöcke kann die Zielstation erkennen, ob es sich um eine wiederholte Übermittlung handelt und somit einen doppelt vorhandener Datenblock entdecken. Eine Nummerierung der übertragenen Datenblöcke besteht darin, dass jedem Datenblock eine bestimmte Sequenznummer zugeteilt wird. Diese Nummerierung kann aber nicht beliebig fortgesetzt werden. Ursache hierfür ist die begrenzte Anzahl von Bit für die Nummernabspeicherung im Header des Datenblocks und deshalb werden die Datenblöcke nach dem Modulo-Verfahren nummeriert. In den meisten Fällen wird die Nummerierung nach dem Modulo 8 oder 128 realisiert. Bei Modulo 8 werden die einzelnen Datenblöcke von 0 bis 7 gekennzeichnet und verschickt. Ist die 7 als letzte Nummer vergeben worden, wird der Zähler zurückgesetzt und die Nummerierung startet bei 0. Äquivalent dazu funktioniert die Nummerierung nach dem Modulo-128-Verfahren, bei dem die Nummern bis 127 vergeben werden.

Bei der Nummerierung von Datenblöcken kann eine Gruppe von empfangenen Blöcken gleichzeitig durch die Zielstation quittiert werden, um damit die Verkehrslast im Netz durch eine geringere Anzahl von Quittungen zu reduzieren.

Nummerierungsfenster (Window)

Beim Aufbau einer Verbindung muss sichergestellt sein, dass die Quellstation den Datenblöcken jene Sequenznummern zuteilt, die auch von der Zielstation erwartet werden. Aus diesem Grund ist zu vereinbaren, welchen Zahlenwert das Nummerierungsfenster hat und mit welcher Sequenznummer bei der Übermittlung der Datenblöcke begonnen wird.

1.2.2 Realisierung der Flusskontrolle

Bedeutung der Flusskontrolle

Bei der Datenkommunikation tritt häufig der Fall ein, dass die Daten beim Sender rascher 'produziert' werden, als der Empfänger sie 'konsumieren' kann. So ist eine Situation vorstellbar, in der ein Großrechner im Netz eine große Menge von Daten an einen entfernten kleinen Drucker übermittelt. Der Großrechner muss, um ein Überfließen des Druckerspeichers zu verhindern, die Menge der zu übertragenden Daten der Aufnahmefähigkeit des Druckers anpassen. Die Anpassung muss durch entsprechende Kommandos vom Drucker gesteuert werden. Dieses einfache Beispiel weist auf die Bedeutung der gegenseitigen Abstimmung zwischen Quell- und Zielstation in Bezug auf die Menge der zu übertragenden Daten hin.

1.2 Funktionen der Kommunikationsprotokolle

Unter *Flusskontrolle* versteht man alle Maßnahmen, die zur Anpassung der gesendeten Datenmenge der Quellstation an die Aufnahmekapazität der Zielstation führen. Die Flusskontrolle kann realisiert werden

- mittels der Meldungen *Halt* und *Weitersenden*,
- über einen *Kreditmechanismus* (Kredite), oder
- vermöge eines *Fenstermechanismus* (Window).

Ziel der Flusskontrolle

Die einfache Flusskontrolle mit Hilfe der Meldungen *Halt* und *Weitersenden* verläuft wie folgt: Stellt der Empfänger fest, dass er nicht mehr in der Lage ist, die empfangenen Daten aufzunehmen, schickt er dem Sender die Meldung *Halt*. Der Sender ist nach dem Empfang von Halt verpflichtet, das Senden von Daten einzustellen, bis der Empfänger die Meldung *Weitersenden* übermittelt und damit den *Halt*-Zustand aufhebt. Ein Nachteil dieses einfachen Verfahrens besteht darin, dass eine Verfälschung der Meldungen *Halt* oder *Weitersenden* besondere Konsequenzen hat: Wird *Halt* während der Übertragung verfälscht und vom Sender als *Weitersenden* empfangen, so sendet er die Daten weiter. Kommt *Weitersenden* beim Sender als *Halt* an, wird der Sendeprozess auf Dauer gestoppt.

Meldungen: Halt, Weitersenden

Bei einer Flusskontrolle mit Hilfe von Krediten erteilt der Empfänger dem Sender einige Kredite für die Übermittlung von Datenblöcken. Sind diese Kredite aufgebraucht, muss der Sender die Übermittlung einstellen. Ein Kredit definiert eine Anzahl von Datenblöcken, d.h. deren Sequenznummer, die der Sender abschicken darf, ohne auf eine Quittung vom Empfänger warten zu müssen. Hierbei ist die maximale Länge der Datenblöcke festgelegt. Im Normalfall werden die Kredite laufend erteilt, sodass ein ununterbrochener Datenverkehr aufrechterhalten werden kann. Die Übermittlung von Krediten muss vor Störungen geschützt werden. Bei der Störung einer Kreditmeldung könnte der Sender ohne weitere Kredite bleiben und der Empfänger auf weitere Datenblöcke warten. Damit wäre die Datenübermittlung blockiert. Es muss sichergestellt sein, dass eine Kreditmeldung nicht verdoppelt wird. Wäre dies nicht der Fall, könnte der Sender weitere Datenblöcke senden, die vom Empfänger nicht aufgenommen werden könnten.

Flusskontrolle mittels Krediten

Die Flusskontrolle über einen Fenstermechanismus stützt sich auf eine Sequenznummer der übertragenen Datenblöcke. Vor der Datenübermittlung sprechen sich Quell- und Zielstation über ein *Fenster* innerhalb des Wertebereiches der Sequenznummern ab. Die Fenstergröße W bedeutet:

Flusskontrolle über Fenstermechanismus

> Die Quellstation darf maximal W Datenblöcke absenden, ohne auf eine Quittung von der Zielstation warten zu müssen, d.h. W ist bei der Quellstation als Anzahl der Kredite zu interpretieren.

Bei der Zielstation stellt W die Kapazität des Empfangspuffers für die ankommenden Datenblöcke dar.

Abb. 1.2-4 zeigt den Fall, in dem die Fenstergröße W = 3 und die Datenblöcke nach dem Modulo-8-Verfahren nummeriert werden. Bei W = 3 darf die Quellstation drei Datenblöcke absenden, ohne auf eine Quittung warten zu müssen. Abb. 1.2-4 zeigt gleichzeitig die freie Sequenznummer, die der Sender für die Nummerierung verwen-

Flusskontrolle per Fenstermechanismus

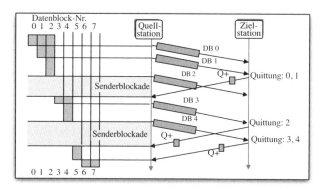

Abb. 1.2-4: Veranschaulichung der Flusskontrolle über den Fenstermechanismus

den darf. Da W = 3, sind maximal drei Nummern zu vergeben. Wie hier ersichtlich, ist während der Übermittlung der ersten drei Datenblöcke keine Quittung angekommen, also muss die Quellstation den Sendeprozess unterbrechen. Dies führt zu einer Senderblockade. Nach der ersten positiven Quittung, mit der die Datenblöcke mit den Nummern 0 und 1 positiv quittiert wurden, darf sie zwei weitere Datenblöcke senden. Dieses Beispiel zeigt, welche Auswirkungen die Fenstergröße auf die Auslastung des Übertragungsmediums hat. Insbesondere im Fall W = 1 muss man nach dem Absenden jedes Datenblocks den Sendeprozess stoppen. Dies führt selbstverständlich zu einer schlechten Ausnutzung des Übertragungsmediums.

Die Fenstergröße kann als Kredit für die Vergabe von Nummern für die abzusendenden Datenblöcke interpretiert werden. Die meisten Kommunikationsprotokolle realisieren die Flusskontrolle nach dem Fenstermechanismus.

1.2.3 Überlastkontrolle

Ein Netz hat eine bestimmte Aufnahmekapazität, d.h. zu jedem Zeitpunkt kann sich darin nur eine begrenzte Anzahl von Datenblöcken befinden. Wird diese Anzahl überschritten, hat dies die folgenden negativen Auswirkungen:

- *Die Aufnahmepuffer im Netz (in Knoten) sind voll*; dies führt dazu, dass die im Netz eintreffenden Datenblöcke verworfen werden müssen.
- *Es bilden sich Warteschlangen von Datenblöcken vor den Übertragungsleitungen*; durch die so verursachten großen Verweilzeiten der Datenblöcke im Netz entstehen große Verzögerungen der übertragenen Datenblöcke.

Congestion Control

Die Maßnahmen, mit denen eine Überlastung des Netzes verhindert wird, bezeichnet man als *Überlastkontrolle* (Congestion Control). Die wichtigsten Kriterien für die Beurteilung der Überlastung von Netzen sind:

- Durchsatz (*Throughput*) und
- Datenverweilzeit (*Latenzzeit*, *Delay*) im Netz.

Durchsatz

Unter dem *Durchsatz eines Netzes* versteht man den Anteil des Datenverkehrs, der von dem Netz akzeptiert wird. Den Verlauf des Durchsatzes in Abhängigkeit vom

1.3 Schichtenmodell der Kommunikation

Gesamtdatenverkehr zeigt Abb. 1.2-5a. Ist der Datenverkehr im Netz klein (kleine Belastung), werden alle ankommenden Daten durch das Netz aufgenommen; dabei müssen normalerweise keine Vorkehrungen gegen die Überlast ergriffen werden. Bei hoher Netzbelastung dagegen müssen bestimmte Maßnahmen getroffen werden, um eine Überlastung zu vermeiden, und sie führen zur Einschränkung der Datenmenge, die ins Netz gesendet wird.

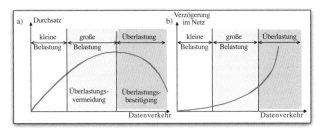

Abb. 1.2-5: Auswirkungen der Netzüberlastung: a) auf den Durchsatz, b) auf die Datenverweilzeit im Netz

Ist der Datenverkehr im Netz so groß, dass das Netz überlastet ist, müssen andere Aktionen eingeleitet werden, um die bestehende Überlastung zu beseitigen. Wie in Abb. 1.2-5a ersichtlich, nimmt der Durchsatz in der Überlastsituation mit zunehmendem Datenverkehr sehr stark ab.

Abb. 1.2-5b veranschaulicht, welche Auswirkungen die Netzbelastung auf das Verhalten der Datenverweilzeit (Latenzzeit) im Netz hat. In einer Überlastsituation muss also mit großen Verzögerungen für die Datenübertragung im Netz gerechnet werden. Die wichtigste Maßnahme für die Vermeidung von Überlasten besteht in der Einschränkung der Datenströme, die ins Netz fließen. Welche Maßnahmen gegen die Überlastung in einzelnen Netzen und Kommunikationsprotokollen ergriffen werden, hängt auch von der Realisierung der Flusskontrolle ab. Komplexere Verfahren der Flusskontrolle können z.B. mittels *Explicit Congestion Control* (ECN) realisiert werden, wie dies in Abschnitt 4.5 besprochen wird.

Verweilzeit im Netz

1.3 Schichtenmodell der Kommunikation

Als man Mitte der 70er Jahre versuchte, die Rechner unterschiedlicher Hersteller miteinander zu vernetzen, hat sich folgendes Problem ergeben: Es sind dringend Kommunikationsregeln nötig, damit ein Rechner des Herstellers *X* mit einem Rechner des Herstellers *Y* kommunizieren kann. Es sollte möglich sein, dass jeder Rechner für die Kommunikation mit allen anderen Rechnern *offen* (bereit) ist. In diesem Zusammenhang wurde bereits damals von der Vernetzung offener Systeme – also von *Open System Interconnection* (OSI) – gesprochen und nach einem Modell für ihre Verwirklichung gesucht.

Was ist OSI?

Daher wurde ein Schichtenmodell eingeführt, dass die Prinzipien der Kommunikation zwischen verschiedenen Systemen beschreibt und die OSI-Vorstellung ermöglicht. Es wird deshalb *OSI-Referenzmodell* genannt. Standardisiert wurde es von ISO (*Interna-

OSI-Referenzmodell

tional Organization for Standardization) und es wird auch als *ISO/OSI-Referenzmodell* bzw. kurz als *ISO/OSI-Modell* bezeichnet.

1.3.1 Konzept des OSI-Referenzmodells

Idee von OSI

Die Idee von OSI illustriert Abb. 1.3-1. Gemäß OSI wird ein Rechner als *offenes System* angesehen. Diese Systeme werden durch Übertragungsmedien untereinander verbunden und enthalten entsprechende *Kommunikationsprotokolle*, nach denen *logische Verbindungen zwischen Applikation* in den einzelnen Systemen nach Bedarf aufgebaut und *Nachrichten* bzw. allgemein *Daten* übertragen werden können.

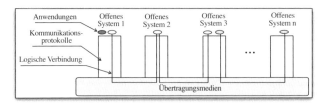

Abb. 1.3-1: Idee von OSI: Jedes System soll mit jedem anderen kommunizieren können

Um die Kommunikationsprotokolle für die Verwirklichung der Zielvorstellung von OSI zu entwickeln, wurde die komplexe Aufgabe der Kommunikation zwischen verschiedenen Systemen so auf sieben Teilaufgaben verteilt, dass diese den einzelnen Schichten, die in einer Hierarchie zueinander stehen, zugeordnet werden. Dadurch ist ein OSI-Referenzmodell mit sieben Schichten entstanden; man spricht hier auch vom *OSI-Schichtenmodell*.

Allgemeines OSI-Schichtenmodel

Ein Rechnernetz enthält aber nicht nur die Rechner als Endsysteme, sondern auch die Netzknoten (Router, Switches) als *Zwischensysteme*. Die Aufgabe der Kommunikation in Zwischensystemen kann aber zu drei untereinander liegenden Schichten zusammengefasst werden. Daher enthalten die Zwischensysteme nur die ersten drei Schichten. Abb. 1.3-2 zeigt die allgemeine Struktur des OSI-Referenzmodells. Die unterste Schicht 1 repräsentiert die physikalische Netzanbindung, also die Übertragungstechnik. Die Schichten von 2 bis 6 repräsentieren bestimmte Funktionen der Kommunikation. Schicht 7 enthält die Anwendungen (*Applikationen*).

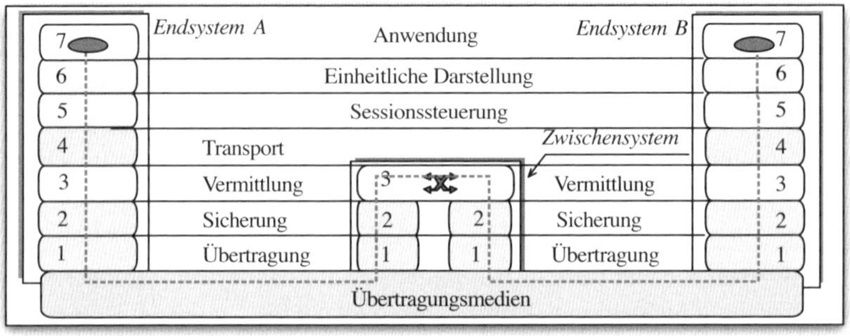

Abb. 1.3-2: OSI-Referenzmodell: Zerlegung der Kommunikationsaufgabe in 7 Schichten

1.3 Schichtenmodell der Kommunikation

Die einzelnen Schichten im OSI-Referenzmodell sind:

1. **Physikalische Schicht** (Übertragungsschicht, *Physical Layer*)
   Sie definiert die mechanischen und elektrischen Eigenschaften sowie die Funktionen und die Abläufe bei der Bitübertragung.
2. **Sicherungsschicht** (*Data-Link Layer*)
   Diese Schicht garantiert eine sichere Übertragung zwischen zwei direkt benachbarten Stationen (Knoten). Dazu werden die übertragenen Bit in *Frames* (Rahmen) zusammengefasst und am Ende mit einer Prüfsumme versehen. Dadurch ist eine Fehlererkennung möglich. In LANs wird die Schicht 2 in zwei Teilschichten aufgeteilt: *Schicht 2a* als *MAC-Schicht* (*Media Access Control*), die den Zugriff auf das Übertragungsmedium regelt, und *Schicht 2b* als *LLC-Schicht* (*Logical Link Control*) [Abb. 12.1-1], die eine Sicherungsschicht darstellt.
3. **Netzwerkschicht/Vermittlungsschicht** (*Network Layer*)
   Diese Schicht hat die Aufgabe, die Daten blockweise zwischen Endsystemen zu übermitteln. Die innerhalb dieser Schicht übertragenen Datenblöcke werden oft *Pakete* genannt. Schicht 3 stellt eine *Paketvermittlungsschicht* dar.
4. **Transportschicht** (*Transport Layer*)
   Die Transportschicht hat u.a. die Aufgabe, eine gesicherte *virtuelle Ende-zu-Ende-Verbindung* für den Transport von Daten zwischen den Endsystemen bereitzustellen. Die Aufgaben der Transportschicht bestehen vor allem in der Korrektur der Übermittlungsfehler und sind von den Protokollen der Schicht 2 und 3 sehr stark abhängig.
5. **Sitzungsschicht** (*Session Layer*)
   Sie ist die unterste anwendungsorientierte Schicht und regelt den Auf- und Abbau von Kommunikationsbeziehungen (Sitzungen, Sessions) sowie deren Wiederherstellung nach Störungen im Transportsystem. Hier findet die *Synchronisation* und somit der *geregelte Dialogablauf* zwischen zwei Kommunikationsprozessen statt.
6. **Darstellungsschicht** (Präsentationsschicht, Presentation Layer)
   Die Umsetzung verschiedener Darstellungen der Information (z.B. die Zeichensätze ASCII und EBCDIC) auf ein einheitliches Format auf der Senderseite ist die Aufgabe der Darstellungsschicht. Diese Schicht kann auch Funktionen enthalten, mit denen Daten komprimiert, konvertiert und verschlüsselt werden können. Vor der Web-Ära war das ASN.1-Konzept (*Abstract Syntax Notation*) für diese Schicht von großer Bedeutung. Inzwischen wurde die Aufgabe von ASN.1 durch XML (*eXtensible Markup Language*) übernommen.
7. **Anwendungsschicht** (*Application Layer*)
   In dieser Schicht sind die sog. OSI-Anwendungsprogramme angesiedelt. Zu den wichtigsten OSI-Standardanwendungen gehörten in den 90er Jahren E-Mail (X.400) und verteilter Verzeichnisdienst (X.500) und Filetransfer (FTAM).

Im Allgemeinen kann die Schicht n-1 im OSI-Referenzmodell als Erbringer bestimmter Kommunikationsdienste für die Schicht n angesehen werden. Die mit der Kommunikation verbundenen Aufgaben in den Endsystemen können bestimmten Klassen von Aufgaben zugeordnet werden. Abb. 1.3-3 bringt dies deutlicher zum Ausdruck.

Die ersten drei Schichten realisieren die *Übermittlungsdienste*. Schicht 1 realisiert die Übermittlung von Daten bitweise zwischen zwei direkt verbundenen Stationen (d.h. zwischen einem Endsystem und seinem Netzknoten bzw. zwischen zwei benachbarten Netzknoten). Die ersten zwei Schichten realisieren die gesicherte Übermittlung von

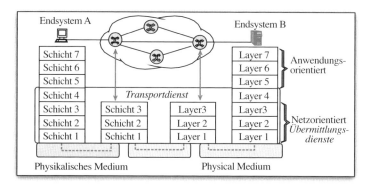

Abb. 1.3-3: Klassen von Aufgaben im OSI-Referenzmodell

Daten in Form von Frames zwischen zwei direkt verbundenen Stationen [Abb. 1.3-5]. Die ersten drei Schichten realisieren in der Regel eine ungesicherte Übermittlung von Datenpaketen zwischen zwei Endsystemen, also z.B. über mehrere Zwischensysteme.

Schicht 4 und Schicht 2

Eine besondere Rolle hat die Schicht 4 (Transportschicht). Sie hat insbesondere die Aufgabe, die unzuverlässige Übermittlung von Datenpaketen zwischen zwei Endsystemen – also den Dienst der ersten drei Schichten – zuverlässig (fehlerfrei) zu machen. Die Aufgabe von Schicht 4 ist somit mit der Aufgabe von Schicht 2 vergleichbar. Diese beiden realisieren die Sicherung der Datenübermittlung. Schicht 2 kümmert sich um die Datenübermittlung über eine 'Leitung' und Schicht 4 kümmert sich um die Übermittlung von Daten zwischen zwei Endsystemen, die in der Regel nicht direkt (physikalisch) verbunden sind.

Transportdienst

Die ersten vier Schichten können daher als *Transportdienst* angesehen werden, der einen gesicherten Datenaustausch zwischen zwei Endsystemen garantiert. Diesen Dienst nutzen die Schichten 5, 6 und 7, die anwendungsorientiert sind.

Dienst der Schichten: Paketierung

PDU und SDU vs. Frame, Paket, Segment, Nachricht

Ein zentrales Konzept der Rechnerkommunikation ist die *Paketierung* der Daten: Die Nutzdaten der Schicht $n + 1$ werden um die Kontrollinformationen der Schicht n angereichert, bzw. den auf Schicht n vorliegenden Datenpakete wird der *Payload* entnommen und dieser der Schicht $n + 1$ übergeben. Wie in Abb. 1.3-5 gezeigt, wird dieses Konzept auf allen Schichten realisiert:

> - Die zu übertragenen Daten werden in 'Pakete' variabler Länge geschnürt und mit einem *Protokollkopf* (*Header*) versehen, der das Ziel (*Destination*) und die Herkunft (*Source*) sowie die Verwendung (*Protocol-Identifier*) angibt.
> - Das Gesamtpaket, also die *Nutzlast* (*Payload*) und der Protokollkopf, wird als *Protocol Data Unit* (PDU) bezeichnet, die Nutzlast als *Service Data Unit* (SDU).
> - Wird zusätzlich das Gesamtpaket durch einen *Trailer* ergänzt, der Informationen zum Schutz vor Datenverfälschung enthält, wird die Bezeichnung *Frame* genutzt.

Während der Begriff *PDU* für alle Schichten des Kommunikationsmodells verwendet werden kann, deutet die Bezeichnung *Paket* an, dass Bezug auf die Netzwerkschicht

1.3 Schichtenmodell der Kommunikation

genommen wird; *Frames* sind vor allem auf der Sicherungsschicht (Schicht 2) im Einsatz; die TCP-Pakete werden *Segmente* genannt und die Applikationsdaten häufig einfach *Nachrichten*. Gelegentlich wird (besonders bei TLS) der Begriff *Records* genutzt, der aber Synonym zu *Frames* zu verstehen ist, sich allerdings nun nicht mehr auf die Sicherungsschicht bezieht.

Verbindungslose vs. verbindungsorientierte Kommunikation
Protokollieren zwei Kommunikationsinstanzen auf der jeweiligen Schicht *Zustandsinformationen* über ihren Partner, und tauschen beide diese Kontrollinformation gegenseitig aus, sprechen wir von *verbindungsorientierter Kommunikation*; im anderen Falle von *verbindungsloser Kommunikation*. In Bezug auf die Schichten des Kommunikationsmodells haben sich folgende Bezeichnungen eingebürgert:

Verbindungsorientiert, Verbindungslos

- Eine *verbindungsorientierte* Kommunikation auf den anwendungsorientierten Schichten (7 bis einschließlich 5) wird in der Regel als *Sitzung* (*Session*) bezeichnet, insbesondere dann, wenn dies die Applikation selbst betrifft.
- Auf den Paket- bzw. Frame-übertragenden Schichten 4, 3 und 2 sprechen wird in der Regel bei einer *verbindungsorientierten Übermittlung* schlichtweg von einer *Verbindung* und
- auf der Schicht 1 wird eine kontinuierlich bestehende und überwachte, physikalische Signalverbindung kurz als *Link* bezeichnet.

1.3.2 Schichtenmodell der Protokollfamilie TCP/IP

Auch die Protokollfamilie TCP/IP kann in einem Schichtenmodell dargestellt werden. Dieses Modell ist eine vereinfachte Variante des OSI-Referenzmodells, in der die anwendungsorientierten Schichten 5, 6 und 7 aus dem OSI-Referenzmodell [Abb. 1.3-3] zu einer Schicht zusammengefasst sind. Abb. 1.3-4 zeigt das Schichtenmodell der Protokollfamilie TCP/IP.

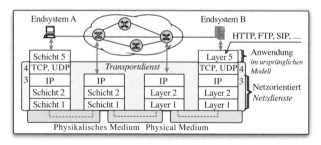

Abb. 1.3-4: Ursprüngliches Schichtenmodell der Protokollfamilie TCP/IP

Im Allgemeinen entsprechen die Funktionen der Schichten 1, 2, 3 und 4 im Schichtenmodell der Protokollfamilie TCP/IP den Funktionen der gleichen Schichten im OSI-Referenzmodell. Die Protokolle der Schichten 1 und 2 in den beiden Schichtenmodellen – d.h. von OSI und von TCP/IP – können auch identisch sein. Innerhalb der Schicht 3 im Modell von TCP/IP wird das Protokoll IP (*Internet Protocol*) angesiedelt. Innerhalb der Schicht 4 werden zwei, in der Regel die Transportprotokolle TCP (*Trans-*

mission Control Protocol) und UDP (*User Datagram Protocol*) eingesetzt. TCP ist ein verbindungsorientiertes; UDP hingegen ein verbindungsloses Transportprotokoll. Als weitere Transportprotokolle fungieren SCTP (*Stream Control Transmisson Protocol*) [Abb. 3.6-1] und DCCP (*Datagram Congestion Control Protocol*). Auf die Unterschiede zwischen TCP und UDP geht Abschnitt 1.4.4 näher ein.

Schicht 5 als ursprüngliche Anwendungsschicht

Vergleicht man die Schichtenmodelle von OSI mit dem ursprünglichen Ansatz von TCP/IP, d.h. Abb. 1.3-3 und Abb. 1.3-4, stellt man fest, dass die oberen anwendungsorientierten Schichten 5, 6 und 7 aus dem OSI-Referenzmodell beim Schichtenmodell für TCP/IP zu einer Anwendungsschicht zusammengefasst sind.

Support-Protokolle

Mit dem heutigen *Internet der Dinge* (*Internet of Things*), dem *ubiquitous Computing*, den Anforderungen an die Echtzeitkommunikation, der Notwendigkeit für Verschlüsselung und den hiermit einhergehenden sehr unterschiedlichen Anwendungen ergibt sich als Anforderung für die Internetprotokolle eine ergänzende Unterstützung in Form von *Application-Support-Protokollen*, die Bedarfsweise eingesetzt werden und quasi eine zusätzliche Kommunikationsschicht darstellen. Zu diesen Protokollen zählen speziell die Protokolle TLS (*Transport Layer Security*) und DTLS (*Datagram Transport Layer Security*).

Abb.1.3-5 zeigt der Aufbau von Daten, die zwischen den kommunizierenden Instanzen innerhalb einzelner Schichten übermittelt werden. Die Funktion der *(Application-)Support-Protokolle* lässt sich durchaus mit den Eigenschaften identifizieren, die im OSI-Modell für die *Präsentations-Schicht* vorgesehen war und die in Konsequenz zu einer Erweiterung des ursprünglichen TCP/IP-Schichtenmodells geführt hat.

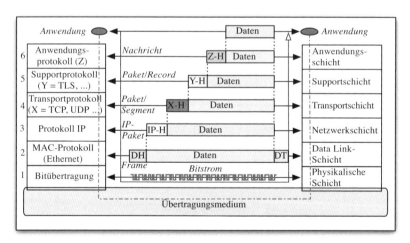

Abb. 1.3-5: Erweitertes Schichtenmodell der Protokollfamilie TCP/IP –
Strukturen von zwischen den kommunizierenden Instanzen übermittelten Daten
DH: Data-Link Header, DT: Data-Link Trailer

Strukturierung der übermittelten Daten

Vereinfacht kann man sich die Übermittlung von Daten zwischen zwei Anwendungen folgendermaßen vorstellen: Dem zu sendenden Datenblock `Daten` wird ein Header Z-H mit bestimmten Angaben des Anwendungsprotokolls Z (z.B. Z = HTTP) im Quellrechner vorangestellt. Dies stellt sicher, dass das Paar [Z-H, `Daten`] immer an

1.4 Allgemeine Prinzipien der IP-Kommunikation

die gleiche Instanz des Anwendungsprotokolls Z – nun aber im Zielrechner – übergeben wird. Bei Bedarf wird ein Protokoll der Application-Support-Schicht Y (Y = TLS oder DTLS) angefordert, um die Nutzdatenübertragung zu sichern. Hierdurch weiß der Zielrechner, wie er dieses Paket zu verarbeiten und ggf. zu entschlüsseln hat. Das resultierende Paket [Y-H, [Z-H, Daten]] muss nun an die Instanz des gleichen Supportprotokolls Y im Zielrechner übermittelt werden. Hierfür wird es an das Transportprotokoll X (X = TCP bzw. UDP) übergeben. Nun wird ein Header X-H des Transportprotokolls X vorangestellt, sodass eine Dateneinheit [X-H[Y-H[Z-H,Daten]]] des Transportprotokolls entsteht. Diese Dateneinheit wird nun an die IP-Instanz übergeben, wo ihr ein IP-Header (IP-H) hinzugefügt wird. So entsteht ein *IP-Paket*, das als Payload in einen *Data-Link Frame* (*DL-Frame*) eingebettet und durch den Data-Link-Header (DLH) und den Data-Link-Trailer (DLT) ergänzt wird. Dieses DL-Frame wird nun zum Zielrechner übertragen. Dort müssen die empfangenen Daten aus Schicht 1 an die Anwendung (Schicht 6) übergeben werden.

Abb. 1.3-5 zeigt den zusammengefassten Übermittlungsvorgang:

Übermittlungsvorgang

1. Quellrechner: *Vorbereitung von Daten zum Senden*

Daten		⇒
Anwendungsprotokolleinheit	[Z-H,Daten]	⇒
Supportprotokolleinheit	[Y-H[Z-H,Daten]]	⇒
Transportprotokolleinheit	[X-H[Y-H[Z-H,Daten]]]	⇒
IP-Paket	[IP-H[X-H[Y-H[Z-H,Daten]]]]	⇒
DL-Frame	[DLH[IP-H[X-H[Y-H[Z-H,Daten]]]]DLT].	

2. DL-Frame wird *bitweise* übertragen.
3. Zielrechner: *Übergabe von Daten an die Anwendung*

DL-Frame	[DLH[IP-H[X-H[Y-H[Z-H,Daten]]]]DLT]	⇒
IP-Paket	[IP-H[X-H[Y-H[Z-H,Daten]]]]	⇒
Transportprotokolleinheit	[X-H[Y-H[Z-H,Daten]]]	⇒
Supportprotokolleinheit	[Y-H[Z-H,Daten]]	⇒
Anwendungsprotokolleinheit	[Z-H,Daten]	⇒ Daten.

Bemerkung: Abb. 1.4-2 illustriert eine vereinfachte Situation, bei der die zu sendenden Datenmenge so groß ist, dass man sie nicht in einem IP-Paket übermitteln kann. Hier kommt TCP zum Einsatz, und die Daten werden auf mehrere IP-Pakete aufgeteilt. Man spricht hierbei von *Segmentierung der Daten*. Ein IP-Paket enthält damit ein Datensegment.

1.4 Allgemeine Prinzipien der IP-Kommunikation

Die wichtigen Prinzipien der Kommunikation in IP-Netzen können weitgehend aus dem in Anschnitt 1.3.2 dargestellten Schichtenmodell abgeleitet werden. Hierbei spielen die Schichten *Netzwerkschicht* mit dem Protokoll IP und *Transportschicht* mit den Protokollen TCP und UDP eine dominierende Rolle. Bevor auf diese beiden Schichten eingegangen wird, wird zunächst die Bildung von IP-Paketen kurz vorgestellt.

1.4.1 Bildung von IP-Paketen

Nutzung von UDP

Bei der Bildung von IP-Paketen ist zu unterscheiden, ob TCP oder UDP als Transportprotokoll eingesetzt wird. Beim Einsatz des verbindungslosen Transportprotokolls UDP werden die Daten bzw. eine Nachricht einer Anwendung – als Nutzlast – um den UDP-Header ergänzt, sodass eine UDP-Dateneinheit entsteht. Wie Abb. 1.4-1 zeigt, wird aus jeder UDP-Dateneinheit durch das Voranstellen eines IP-Header ein *IP-Paket* gebildet. Da die IP-Pakete keine Angaben zur Synchronisation enthalten, um sie auf der Leitung zu 'markieren', müssen sie in *Data-Link Frames* (*DL-Frames*) eingebettet werden.

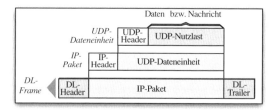

Abb. 1.4-1: Kapselung der Nutzlast beim UDP-Einsatz

MAC-Frames in LANs

In LANs bildet die sog. MAC-Funktion (*Media Access Control*) den Kern der Data-Link-Schicht. Wird ein IP-Paket in einem LAN übermittelt, wird es in einen MAC-Frame eingebettet. Bei der Übermittlung der IP-Pakete über eine Leitung bzw. über eine Punkt-zu-Punkt-Verbindung wird innerhalb der Schicht 2 häufig das Protokoll PPP (*Point-to-Point Protocol*) verwendet. In diesem Fall stellen die DL-Frames *PPP-Frames* dar (siehe Abschnitt 13.2).

Bedeutung von DL-Frames

Jedes zu übertragende IP-Paket muss immer in einen DL-Frame eingebettet werden. Dies bedeutet, dass jedem IP-Paket ein DL-Header vorangestellt wird und nach dem Ende des IP-Pakets folgt ein DL-Trailer. Diese beiden enthalten bestimmte *Synchronisationsangaben* (oft die Bitfolge 01111110), um den Beginn und das Ende des DL-Frames auf einer Leitung zu erkennen. Abb. 1.4-2 illustriert, wie die IP-Pakete aus den Daten bzw. aus der langen Nachricht eines Anwendungsprotokolls bei der Nutzung des verbindungsorientierten Transportprotokolls TCP gebildet werden.

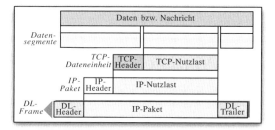

Abb. 1.4-2: Verkapselung der Nutzlast beim TCP-Einsatz

Anders als bei UDP entstehen aus den zu übermittelnden Daten bei TCP mehrere *Datensegmente*. Jedes Datensegment wird dann um einen TCP-Header erweitert, sodass eine TCP-Dateneinheit entsteht. Aus jeder TCP-Dateneinheit wird im nächsten Schritt ein IP-Paket gebildet. Zum Senden wird das IP-Paket in einen DL-Frame eingekapselt.

Wie aus Abb. 1.4-1 und Abb. 1.4-2 ersichtlich ist, werden die IP-Pakete zum Senden immer in entsprechende DL-Frames der zweiten Schicht eingekapselt, die vom Übermittlungsnetz abhängig sind. Erst in einem DL-Frame kann ein IP-Paket über ein physikalisches Netz gesendet werden.

1.4.2 Netzwerkschicht in IP-Netzen

Die Netzwerkschicht in IP-Netzen hat die Aufgabe, die Daten in Form von IP-Paketen zwischen Endsystemen zu übermitteln. Hierbei unterscheidet man zwischen der *verbindungslosen* und der *verbindungsorientierten* Netzwerkschicht:
Arten der Netzwerkschicht

- Wird *keine* Route über das Netz für einen Strom der von einem Quellrechner zu einem Zielrechner zu übermittelnden IP-Pakete festgelegt, sondern jedes einzelne Paket aus diesem Strom nach einem eigenen Weg über das Netz zum Zielrechner übermittelt, handelt es sich um die *verbindungslose Netzwerkschicht*.
  Verbindungslos

- Wird *eine* Route über das Netz für einen Strom der von einem Quellrechner zu einem Zielrechner zu übermittelnden IP-Pakete festgelegt und werden alle Pakete aus diesem Strom nach dem gleichen Weg über das Netz, der eine logische Verbindung darstellt, zum Zielrechner übermittelt, handelt es sich um die *verbindungsorientierte Netzwerkschicht*.
  Verbindungs- orientiert

Verbindungslose Netzwerkschicht

Die verbindungslose Netzwerkschicht bedeutet, dass die Vermittlungsnetzknoten im IP-Netz die Router darstellen und die einzelnen IP-Pakete als *Datagrams* voneinander unabhängig über das Netz übermittelt werden. Diese Übermittlungsart entspricht dem Versand von Briefen bei der Post. Jedes IP-Paket kann daher mit einem Brief verglichen werden. Der Router würde einer Briefverteilungsstelle entsprechen. Abb. 1.4-3 illustriert die Struktur der verbindungslosen Netzwerkschicht in IP-Netzen.
Verbindungslose Netzwerkschicht

Die ersten drei unten liegenden Schichten realisieren also beim Einsatz von Routern einen *verbindungslosen Übermittlungsdienst*. Dieser entspricht dem Briefpostdienst und eine IP-Adresse ist mit einer postalischen Adresse vergleichbar. Die IP-Adresse stellt auch einen Zugangspunkt zum Dienst für die Übermittlung der IP-Pakete dar und ist oberhalb der Schicht 3 – also an der Grenze zu Schicht 4 – anzusiedeln.
Interpretation der IP-Adresse

Die IP-Instanz kann als ein IP-Multiplexer angesehen werden. Zwischen den IP-Instanzen werden die IP-Pakete übermittelt. Jedes IP-Paket setzt sich aus einem IP-Header IP und einer Transportprotokolldateneinheit TP-D zusammen, d.h. es hat die Struktur [IP-H,TP-D].

Die Ports des IP-Multiplexers repräsentieren die Nummern der Protokolle von Schicht 4, die auf die Übermittlungsdienste direkt zugreifen können (vgl. Abb. 1.4-7 und Abb. 1.4-8). Die Protokollnummer wird im IP-Header übermittelt [Abb. 2.2-1] und informiert, von welchem Protokoll die Dateneinheit im IP-Paket stammt. Jedem Pro-

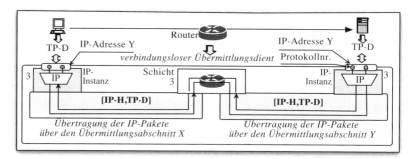

Abb. 1.4-3: Struktur der verbindungslosen Netzwerkschicht in IP-Netzen
IT-H: IP-Header, TP-D: Transportprotokolldateneinheit

tokoll der Schicht 4 wird daher von der IANA (*Internet Assigned Numbers Authority*) eine feste und weltweit eindeutige Nummer zugewiesen.

Verbindungsorientierte Netzwerkschicht

Verbindungs-
orientierte
Netzwerkschicht

Der Einsatz von MPLS (*Multi-Protocol Label Switching*) bzw. von GMPLS (*Generalized MPLS*) führt zur verbindungsorientierten Netzwerkschicht in IP-Netzen [Kapitel 11]. In diesem Fall fungieren die *(G)MPLS-Switches* als Vermittlungsnetzknoten. Bei der verbindungsorientierten Netzwerkschicht wird zuerst eine Route über das Netz für die Übermittlung eines Stroms der IP- Pakete festgelegt und danach werden alle IP-Pakete aus diesem Strom im 'Gänsemarsch' über das Netz vom Quellrechner zum Zielrechner übermittelt. Diese Übermittlungsart wird heute hauptsächlich in IP-Netzen von großen Netzdienstanbietern realisiert.

Abb. 1.4-4 zeigt die Struktur der verbindungsorientierten Netzwerkschicht in IP-Netzen beim MPLS-Einsatz.

MPLS-
Multiplexer

Die ersten drei unten liegenden Schichten realisieren beim MPLS-Einsatz einen verbindungsorientierten Übermittlungsdienst. Die IP-Adresse stellt einen Zugangspunkt zu diesem Dienst dar. Die IP-Instanz enthält hier – im Vergleich zur IP-Instanz in Abb. 1.4-3 – zusätzlich einen *MPLS-Multiplexer*.

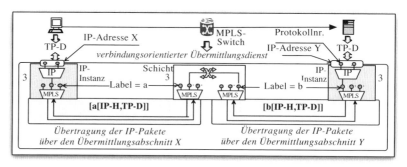

Abb. 1.4-4: Struktur der verbindungsorientierten Netzwerkschicht in IP-Netzen
IT-H: IP-Header, TP-D: Transportprotokolldateneinheit

1.4 Allgemeine Prinzipien der IP-Kommunikation

Einem Strom von IP-Paketen wird ein Port im MPLS-Multiplexer zugeordnet. Somit können mehrere Datenströme parallel übermittelt werden. Die Portnmmern des MPLS-Multiplexers stellen die *Labels* dar. Ein Label wird immer den zu übermittelnden IP-Paketen eines Stroms vorangestellt. Abb. 1.4-4 bringt dies zum Ausdruck. Ein Label informiert, von welchem Port im MPLS-Multiplex ein IP-Paket stammt bzw. welchem Port es übergeben werden muss. Ein MPLS-Switch leitet – im Allgemeinen – ein empfangenes IP-Paket nach einer Switching-Tabelle von einem Port zu einem anderen weiter. Daher kann ein anderes Label den IP-Paketen eines Stroms auf einem anderen Übermittlungsabschnitt vorangestellt werden. Zwischen den Ports im MPLS-Multiplexer entsteht entsprechend im Quell- und im Zielrechner eine logische Verknüpfung, die als *virtuelle (logische) Verbindung* interpretiert wird.

Virtuelle Verbindung

1.4.3 Verbindungslose IP-Kommunikation im Internet

Das Internet stellt eine weltweite Kopplung von physikalischen Netzen dar, in denen das Protokoll IP eingesetzt wird. Somit kann das Internet als heterogenes IP-Netz angesehen werden. Als IP-Netz setzt sich das Internet aus einer Vielzahl von IP-Subnetzen zusammen, die mit Hilfe von Routern miteinander vernetzt sind. Daher ist die Netzwerkschicht im heutigen Internet verbindungslos [Abb. 1.4-3]. Ein Router leitet jedes empfangene IP-Paket unabhängig von der aktuellen Lage im Netz und von anderen Paketen weiter.

Nachbildung des Briefdienstes

Abb. 1.4-5 illustriert das Prinzip der Kommunikation im Internet an einem Beispiel, in dem eine Folge von TCP-Dateneinheiten gesendet wird. Jede dieser Dateneinheiten wird als ein IP-Paket gesendet. Im Zielrechner setzt TCP die in den IP-Paketen empfangenen Daten wieder zusammen. Gehen einige TCP-Dateneinheiten bei der Übertragung verloren bzw. werden sie verfälscht, so fordert TCP im Zielrechner vom Quellrechner eine wiederholte Übertragung an [Abschnitt 4.3].

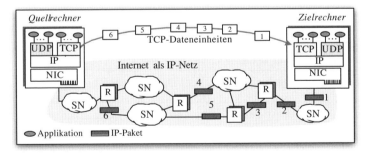

Abb. 1.4-5: Prinzip der Kommunikation im Internet – Datagramm-Prinzip
R: Router, SN: IP-Subnetz, NIC: Network Interface Card (Controller)

Beim Einsatz von Routern werden die IP-Pakete als *Datagrams* (also wie Briefe) unabhängig voneinander zum Zielrechner gesendet. Die wichtigsten Angaben in IP-Paketen sind die IP-Adressen von Quell- und Zielrechner. Da die einzelnen IP-Pakete unabhängig voneinander abgeschickt werden, können sie am Ziel in einer anderen Reihenfolge ankommen, als sie abgeschickt wurden. Für die Wiederherstellung von Daten aus so empfangenen IP-Paketen ist TCP verantwortlich.

IP-Pakete wie Briefe

Bedeutung von TTL

Da die IP-Pakete im Netz zirkulieren können, ist es nötig, ihre Verweilzeit im Netz zu kontrollieren. Der Quellrechner gibt als TTL-Angabe (*Time To Live*) im IP-Header [Abb. 2.2-1] an, wie lange das IP-Paket im Netz verweilen darf. Weil der TTL-Wert in jedem Router um 1 verringert wird, ist er identisch mit der maximalen Anzahl von Routern, die ein IP-Paket durchlaufen darf. Fällt der TTL-Wert auf 0, wird das IP-Paket im Router verworfen. Der Quellrechner wird dann mit einer Meldung des Protokolls ICMP (*Internet Control Message Protocol*) darüber informiert.

1.4.4 Transportschicht in IP-Netzen

Interpretation der IP-Adresse

Um die Bedeutung der Transportschicht in IP-Netzen näher zu erläutern, zeigt Abb. 1.4-6 die vereinfachte Struktur von Rechnern am IP-Netz. Die IP-Adresse eines Rechners kann einem Kommunikationspuffer zugeordnet werden, der einen Zugangsport zum Protokoll IP darstellt. Dieser Kommunikationspuffer befindet sich an der Grenze zwischen der Schicht 3 mit dem Protokoll IP und der Schicht 4 mit den Transportprotokollen TCP und UDP.

Abb. 1.4-6: Vereinfachte Struktur von Rechnern am IP-Netz
A: Applikation, Adr: Adresse, NIC: Network Interface Controller

Die drei Schichten 1, 2 und 3 stellen einen Dienst für die Übermittlung der IP-Pakete zwischen den Rechnern zur Verfügung. Es handelt sich hier um eine ungesicherte Übermittlung von IP-Paketen zwischen IP-Adressen. Eine IP-Adresse stellt einen Zugangspunkt zu diesem Übermittlungsdienst für die Protokolle TCP und UDP der Transportschicht (Schicht 4) dar.

Arten der Kommunikation

Die Transportschicht regelt den Verlauf der Datenübermittlung zwischen Anwendungen – genauer gesagt zwischen Ports dieser Anwendungen – in verschiedenen Rechnern. Hierbei sind zwei Arten der Kommunikation zu unterscheiden:

- *verbindungslose* Kommunikation beim UDP-Einsatz,
- *verbindungsorientierte* Kommunikation beim TCP-Einsatz

UDP-Multiplexer

Abb. 1.4-7 zeigt die Transportschicht mit UDP. Eine UDP-Instanz kann als UDP-Multiplexer angesehen werden. Die Eingangsports zu diesem Multiplexer stellen die Kommunikationspuffer einzelner UDP-Anwendungen dar, die kurz als *Ports* bezeichnet werden. Der Ausgangsport des UDP-Multiplexers führt zu einer IP-Adresse. Da-

1.4 Allgemeine Prinzipien der IP-Kommunikation

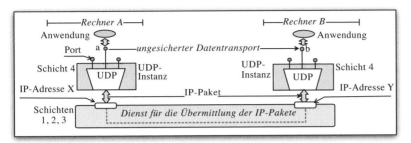

Abb. 1.4-7: Transportschicht mit UDP; ungesicherter Datentransport

mit können mehrere UDP-Anwendungen parallel auf den Dienst für die Übermittlung der IP-Pakete zugreifen.

Beim UDP-Einsatz ist die Kommunikation zwischen zwei Anwendungen verbindungslos, d.h., es wird keine Vereinbarung über den Verlauf der Kommunikation zwischen ihnen getroffen. Der Quellrechner als Initiator der Kommunikation übermittelt ein UDP-Paket an den Zielrechner, ohne ihn zu 'fragen', ob er in der Lage ist, dieses Paket zu empfangen. Bei derartiger Kommunikation findet daher keine Fehler- und Flusskontrolle statt [Abschnitt 1.2]. Verbindungslose Kommunikation

Bei der verbindungsorientierten Kommunikation zwischen zwei Anwendungen beim TCP-Einsatz vereinbaren die beiden kommunizierenden Rechner zuerst, wie die Kommunikation zwischen ihnen verlaufen soll, d.h. wie die zu übertragenden Daten zu nummerieren sind und wie die Fehler- und die Flusskontrolle ablaufen sollen. Eine Vereinbarung zwischen zwei Rechnern in Bezug auf den Verlauf der Kommunikation zwischen ihnen wird als TCP-Verbindung bezeichnet [Abb. 1.4-8]. Verbindungsorientierte Kommunikation

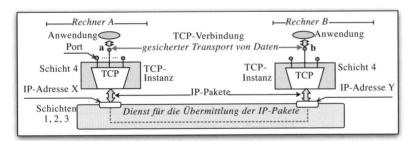

Abb. 1.4-8: Transportschicht mit TCP; gesicherter Datentransport

Eine TCP-Instanz ist auch ein TCP-Multiplexer. Die Eingangsports zu diesem Multiplexer stellen die Ports einzelner TCP-Anwendungen dar. Der Ausgangsport des TCP-Multiplexers führt wie bei UDP zu einer IP-Adresse, sodass mehrere TCP-Anwendungen parallel auf den Übermittlungsdienst für IP-Pakete zugreifen können. TCP-Multiplexer

Die TCP- und UDP-Anwendungen wie z.B. HTTP, FTP bzw. SIP sind feste Standardanwendungen, die unter den allgemein bekannten und weltweit eindeutigen Portnummern (in Zielrechnern!) erreichbar sind. Eine derartige Nummer wird in der TCP/IP-Welt als *Well-known Port* bezeichnet. Eine Zusammenstellung von Well-known Ports

Standardanwendungen und deren Portnummern kann in UNIX-Rechnern in der Datei /etc/services eingesehen werden. Unter der Adresse http://www.iana.org/assignments/port-numbers befindet sich die Auflistung aller Well-known Ports.

Lokation von Anwendungen

Um eine TCP- und eine UDP-Anwendung eindeutig weltweit zu lokalisieren, muss man Folgendes angeben:

- auf welchem Rechner die Anwendung läuft; das bestimmt eindeutig die IP-Adresse des Rechners.
- auf welchen Port im UDP- bzw. TCP-Multiplexer die Anwendung zugreift; das bestimmt die UTP- bzw. TCP-Portnummer.

Bedeutung von Socket

Eine TCP- und UDP-Anwendung lokalisiert man daher durch die Angabe (IP-Adresse, Port). Dieses Paar hat eine fundamentale Bedeutung bei der Rechnerkommunikation und wird als *Socket* bezeichnet. Die Rechnerkommunikation bei TCP/IP kann mit Hilfe von Sockets sehr anschaulich dargestellt werden. Abb. 1.4-9 illustriert dies.

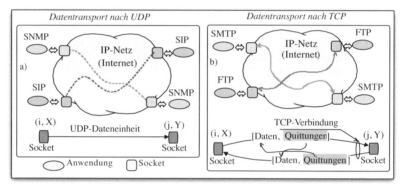

Abb. 1.4-9: Datentransport zwischen Anwendungen: a) beim UDP-Einsatz, b) beim TCP-Einsatz

Socket als Software-Steckdose

Sockets dienen somit als Zugangspunkte zu einer Wolke, die ein IP-Netz bzw. das ganze Internet repräsentiert. Ein Socket kann auch als 'Software-Steckdose' für den Anschluss einer Anwendung an das IP-Netz angesehen werden. Jedem Socket steht im Rechner ein reservierter Speicherplatz als Kommunikationspuffer zur Verfügung. Die zu übertragenden und zu empfangenden Daten einer Anwendung werden jeweils in dem für das Socket reservierten Kommunikationspuffer abgelegt. Sockets sind somit auf die Zeitdauer der Verbindung beschränkt.

Wie Abb. 1.4-9a zeigt, wird bei UDP keine Verknüpfung von Sockets hergestellt, sondern eine UDP-Dateneinheit direkt an den Zielrechner gesendet und ihr Empfang vom Zielrechner nicht bestätigt.

TCP-Verbindung

Bei TCP hingegen [Abb. 1.4-9b] vereinbaren die zwei Rechner, wie der Verlauf des Datentransports zwischen den Sockets geregelt werden soll. Damit wird zwischen beiden Sockets eine *logische Verknüpfung* hergestellt, die eine *TCP-Verbindung* darstellt. Ein Socket bei TCP ist auch ein Endpunkt einer TCP-Verbindung. Eine TCP-Verbindung ist *vollduplex* und setzt sich aus zwei entgegen gerichteten, unidirektionalen Verbindungen zusammen. Eine TCP-Verbindung kann somit als 'zweispurige virtuelle Stra-

1.4 Allgemeine Prinzipien der IP-Kommunikation

ße' über ein IP-Netz verstanden werden, über die ein gesicherter Datentransport erfolgt indem die empfangenen Daten quittiert werden [Abschnitt 4.3].

1.4.5 Multiplexmodell der Protokollfamilie TCP/IP

Nach der Beschreibung der einzelnen Schichten im Schichtenmodell für TCP/IP soll jetzt die Adressierung in IP-Netzen näher dargestellt werden. Abb. 1.4-10 zeigt ein Multiplexmodell der Protokollfamilie TCP/IP, falls ein IP-Netz auf LAN-Basis, z.B. auf Ethernet-Basis, aufgebaut wird.

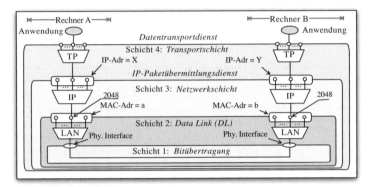

Abb. 1.4-10: Multiplexmodell der Protokollfamilie TCP/IP beim IP-Netz auf LAN-Basis
TP: UDP bzw. TCP

Hier soll u.a. gezeigt werden, dass alle Schichten von 1 bis n-1 einen Übermittlungsdienst für die Schicht n zur Verfügung stellen. Die Schicht 1 stellt einen Dienst für die Übermittlung der Bitströme zur Verfügung. Der Zugang zu diesem Dienst erfolgt über physikalische Interfaces.

Ein Rechner am LAN enthält normalerweise eine LAN-Adapterkarte, die zusammen mit einem Treiber u.a. die Funktion eines Multiplexers realisiert [Abb. 1.4-10]. Die Ports in diesem *LAN-Multiplexer* repräsentieren die Nummern der Protokolle von Schicht 3 [Abschnitt 1.3]. Die Nummer von IP ist beispielsweise 2048 (dezimal), bzw. 0x800 hexademizmal[2] Jeder Rechner am LAN ist unter einer *MAC-Adresse* erreichbar. Sie ist an der Grenze zwischen Schicht 2 und 3 anzusiedeln und kann auch als Zugangspunkt zum Dienst der Schicht 2 interpretiert werden. Über eine MAC-Adresse können daher verschiedene Protokolle der Schicht 3 auf diesen Dienst – also auf den LAN-Dienst – zugreifen.

Interpretation der MAC-Adresse

Logisch gesehen wird die IP-Protokollinstanz aus der Schicht 3, die als *IP-Multiplexer* interpretiert werden kann (vgl. Abb. 1.4-3 und Abb. 1.4-4), an den Port 2048 im LAN-Multiplexer angebunden. Ein Port im IP-Multiplexer repräsentiert die Nummer eines Protokolls der Transportschicht. Schicht 3 stellt einen Dienst für die Übermittlung der IP-Pakete zwischen entfernten Rechnern bereit. Eine IP-Adresse kann als Zugangspunkt zu diesem Dienst betrachtet werden, und über sie können mehrere Protokolle der

IP-Multiplexer

---
[2] Bei Ethernet-Frames erfolgt die Angabe dieses *EtherType* [http://www.iana.org/assignments/ieee-802-numbers/ieee-802-numbers.xhtml] im MAC-Header unmittelbar vor dem eigentlichen Payload.

Transportschicht diesen Dienst nutzen. Die Instanzen der Transportprotokolle TCP bzw. UDP realisieren ebenfalls die Multiplexfunktion [Abb. 1.4-7 und Abb. 1.4-8]. Daher können mehrere TCP- bzw. UDP-Anwendungen über eine IP-Adresse auf die Dienste für die Übermittlung der IP-Pakete zugreifen.

1.5 Komponenten der Protokollfamilie TCP/IP

Nach der Darstellung der Kommunikationsprinzipien bei TCP/IP anhand des Schichtenmodells soll nun gezeigt werden, welche Protokolle den einzelnen Schichten zuzuordnen sind und wie sie kooperieren. Abb. 1.5-1 zeigt die Protokollfamilie TCP/IP beim klassischen Protokoll IP, d.h. IP in Version 4 (IPv4); wobei sich eine vergleichbare Darstellung für IPv6 in Abb. 9.1-1 findet.

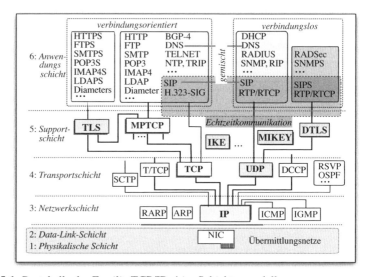

Abb. 1.5-1: Protokolle der Familie TCP/IPv4 im Schichtenmodell
NIC: Network Interface Card (Adapterkarte)

Wie hier gezeigt wurde, besteht die Protokollfamilie TCP/IP nicht nur aus den Protokollen TCP und IP, sondern enthält eine Reihe weiterer Protokolle, die den Schichten *Netzwerkschicht*, *Transportschicht*, *Supportschicht* und *Anwendungsschicht* im erweiterten Schichtenmodell für TCP/IP [Abb. 1.3-5] zugeordnet werden können.

1.5.1 Protokolle der Netzwerkschicht

Die Netzwerkschicht im Schichtenmodell für TCP/IP beschreibt u.a., wie die IP-Netze logisch auf *IP-Subnetze* aufgeteilt werden können und wie die Daten in Form von IP-Paketen in einzelnen IP-Subnetzen und zwischen ihnen übermittelt werden. Die Protokolle der Netzwerkschicht sind:

- **IP**: *Internet Protocol* liegt sowohl in der alten Version 4 (IPv4) als auch in der neuen Version 6 (IPv6) vor. IPv4 und IPv6 sind unterschiedliche Implementierungen

auf der Netzwerkschicht und nutzen getrennte Adressräume bzw. Adressierungsverfahren. Im Detail wird IPv4 in Kapitel 2 und IPv6 in Kapitel 7 dargestellt.
- **ARP**: *Address Resolution Protocol* nutzt einen Broadcast-Dienst innerhalb der Schicht 2 zur dynamischen Ermittlung einer MAC-Adresse eines Rechners im LAN, falls seine IP-Adresse bekannt ist [Abschnitt 3.6.1].
- **RARP**: *Reverse Address Resolution Protocol* unterstützt ebenfalls die Adressierung und stellt das Gegenstück zu ARP dar. Es hat die Aufgabe, für eine MAC-Adresse eine IP-Adresse zu bestimmen [Abschnitt 3.6.3].
- **ICMP**: *Internet Control Message Protocol* wird für die Übermittlung von Fehlermeldungen und anderen Kontrollangaben verwendet [Abschnitt 3.7].
- **IGMP**: *Internet Group Management Protocol* gilt als Erweiterung von ICMP und dient vornehmlich dazu, das Management von *Multicast-Gruppen* in IP-Subnetzen zu unterstützen [Abschnitt 3.8.2].
  Bemerkung: Die Protokolle ICMP und IGMP werden üblicherweise der Schicht 3 im TCP/IP-Schichtenmodell zugeordnet. Da die Nachrichten dieser Protokolle in IP-Paketen übermittelt werden, könnte man ICMP und IGMP nach den im OSI-Referenzmodell geltenden Prinzipien zwar der Schicht 4 zuordnen, aber ICMP und IGMP sind keine Transportprotokolle.

1.5.2 Protokolle der Transportschicht

In der Transportschicht befinden sich die Protokolle für die Unterstützung der verbindungsorientierten und der verbindungslosen Kommunikation sowie andere spezielle Protokolle. Die wichtigsten sind:

- **TCP**: *Transmission Control Protocol* ermöglicht die verbindungsorientierte Kommunikation zwischen Rechnern. Hierbei wird zwischen ihnen eine virtuelle Verbindung aufgebaut, die als TCP-Verbindung bezeichnet wird. Eine TCP-Verbindung kann als 'Straße' mit zwei entgegen gerichteten Spuren angesehen werden [Abb. 1.4-9b]. Somit ist TCP ein *verbindungsorientiertes Transportprotokoll*. Durch die Realisierung der Fehler- und der Flusskontrolle garantiert TCP einen zuverlässigen Datentransport. Da bei TCP die zu übertragenden Byte nummeriert werden, ist TCP ein *bytestream-orientiertes Protokoll*. TCP wird in Abschnitt 4.3 beschrieben.
- **UDP**: *User Datagram Protocol* erlaubt lediglich eine verbindungslose Kommunikation zwischen Rechnern, bei der keine virtuelle Verbindung aufgebaut wird. Somit ist UDP ein *verbindungsloses Transportprotokoll*. Bei UDP erfolgt keine Fehler- bzw. Flusskontrolle, sodass UDP im Gegensatz zu TCP keinen zuverlässigen Datentransport garantiert. Auf UDP geht Abschnitt 4.2 ein.
- **T/TCP**: *Transaction TCP* ist eine Ergänzung von TCP im Hinblick auf die Unterstützung sog. Transaktionen. Unter einer Transaktion versteht man einen Kommunikationsvorgang, der aus mehreren Phasen besteht, die alle korrekt durchgeführt werden müssen.
- **SCTP**: *Stream Control Transmission Protocol* ermöglicht genau wie TCP die verbindungsorientierte Kommunikation zwischen Rechnern. Bei SCTP wird eine virtuelle Verbindung, die sog. *SCTP-Assoziation*, aufgebaut [RFC 4960]. Eine

SCTP-Assoziation kann als 'Autobahn' mit einer beliebigen Anzahl von entgegen gerichteten Spuren angesehen werden. Daher ist SCTP ein verbindungsorientiertes Transportprotokoll. Auf SCTP geht Abschnitt 4.6 näher ein.

- **RSVP**: *ReSource ReserVation Protocol* ist kein Transportprotokoll, sondern ein Protokoll für die Reservierung von bestimmten Netzressourcen, wie z.B. der Bandbreite in Leitungen, um die Anforderungen der Echtzeitkommunikation zu erfüllen [RFC 2205]. Diese Anforderungen sind unter dem Begriff *Quality of Service* (QoS) bekannt. RSVP wird erweitert und als Signalisierungsprotokoll in (G)MPLS-Netzen verwendet. Dies wird in Abschnitt 12.5 näher dargestellt.
- **OSPF**: *Open Shortest Path First* ist ein Routing-Protokoll, das vor allem bei Internet-Routern Verwendung findet [RFC 5340]. OSPF wird in Abschnitt 11.3 ausführlich dargestellt.

Bemerkung: Die *Routing-Protokolle* [Kapitel 10] werden in der Literatur der Netzwerkschicht (Schicht 3) zugeordnet, also der Schicht, in der IP angesiedelt ist. Da die OSPF-Nachrichten direkt in IP-Paketen übermittelt werden, lässt sich OSPF nach den im TCP/IP-Schichtenmodell geltenden Prinzipien nicht der Netzwerkschicht zuordnen, sondern der Transportschicht. Bei der Übermittlung von Nachrichten des Routing-Protokolls RIP (*Routing Information Protocol*) wird UDP verwendet; somit ist RIP der Anwendungsschicht zuzuordnen. Das Routing-Protokoll BGP (*Border Gateway Protocol*) nutzt dagegen TCP und ist daher ebenfalls der Anwendungsschicht zuzuordnen.

1.5.3 Protokolle der Supportschicht und für Echtzeitkommunikation

Mit der wachsenden Durchdringung des Internet und der Substitution der klassischen Telefondienste durch VoIP stellte sich die Notwendigkeit, die Transportdienste der Internetprotokolle stärker auf die Eigenschaften der Anwendungen abzustimmen. In diesem Zusammenhang können die Protokolle wie TLS, DTLS und MPTCP je nach Sichtweise als *Application-Support-Protokolle* oder als *Transport-Support-Protokolle* betrachtet werden und die wichtigsten von ihnen sind:

- **MPTCP**: *Multipath TCP* stellt für Anwendungen mehrere TCP-Verbindungen bereit, die über unterschiedliche IP-Adressen und über mehrere parallel verlaufende Datenpfade (*Multipath*) geführt werden können [RFC 6824].
- **TLS**: *Transport Layer Security* ist der Nachfolger der *Secure Socket Layer* (SSL), die von der Firma Netscape entwickelt wurde, um die *Webtransaktionen* zu sichern. Bei TLS [RFC 5246] werden die Daten verschlüsselt, deren Integrität gesichert und die beiden Kommunikationspartner können sich gegenseitig authentisieren [Abschnitt 6.3].
- **DTLS**: *Datagram TLS* ist die UDP-nutzende Variante von TLS [RFC 6347].
- **IKE**: Das *Internet Key Exchange Protokoll* [RFC 5996] ist ein Supportprotokoll und wird bei IPsec (*IP Security*) hierzu verwendet, damit die IP-Instanzen in zwei kommunizierenden Rechnern vereinbaren können, auf welche die Art die Kommunikation zwischen ihnen geschützt werden soll. Dies wird als Sicherheitsvereinbarung *Security Association* (SA) bezeichnet.

- Die weiteren Protokolle der Supportschicht sind **SOCKetS**, genauer SOCKSv5 gemäß RFC 1928, das als Autentisierungsprotokoll zwischen einem Client und einem Proxy-Server dient [Abschnitt 7.1], sowie das Protokoll **NBoT** (*Network Basic Input Output System (NetBIOS) over TCP*), das als Programmschnittstelle (API) für CIFS, also das *Common Internet File System* bzw. SAMBA von Windows-Unix-Endsystemen genutzt wird und gemäß RFC 1001 und 1002 Transportdienste zur Übertragung von NetBIOS über IP-Netze bereit stellt.

Die *Echtzeitkommunikation* fasst eine besondere Klasse von Anwendungen zusammen, deren Anforderungen nicht unmittelbar auf der Transportschicht umgesetzt werden können: Diese verlangen spezielle Implementierungen, die mit dem *Real-time Transport Protocol* (**RTP**) [RFC 3550] und den 'zuarbeitenden' *Real-time Transport Control Protocol* (**RTCP**) [RFC 3605] sowie dem *Real-Time Streaming Protocol* (**RTSP**, Version 2.0) [RFC 7826] realisiert wurden. Bei der Echtzeitkommunikation dient SIP (*Session Initiation Protocol*) als *Signalisierungsprotokoll* dazu, Verbindungen auf- und wieder abzubauen.

Echtzeitkommunikation

Abgesicherte Echtzeitkommunikation kann in Ergänzung zu den unverschlüsselten Echtzeitprotokollen mittels der Pendants **SRTP** (*Secure RTP*) [RFC 3711] und **SRTCP** (*Secure RTCP*) [RFC 3711] erzielt werden. Hierbei wird das Supportprotokoll MIKEY (*Multimedia Internet KEYing*) verwendet, damit kommunizierende Einrichtungen untereinander vereinbaren können, wie die Kommunikation zwischen ihnen geschützt werden soll.

Abgesicherte Echtzeitkommunikation

1.5.4 Komponenten der Anwendungsschicht

In der Anwendungsschicht sind, neben den bereits erwähnten Protokollen für die Echtzeitkommunikation, verschiedene Funktionskomponenten angesiedelt. Diese lassen sich in die folgenden vier Gruppen aufteilen:

- **Anwendungsprotokolle** werden im Weiteren als Protokolle wie z.B. FTP und HTTP verstanden, mit dem sich eine bestimmte Anwendung realisieren lässt.
- **Netzdienstprotokolle** bezeichnen Protokolle (z.B. DHCP), mit dem ein bestimmter Netzdienst erbracht wird. Beispielsweise können mit DHCP-Hilfe die IP-Adressen dem Rechner nach Bedarf dynamisch zugeteilt werden. Dies stellt einen Netzdienst dar. Auch Routing-Protokolle, wie z.B RIP, können als Netzdienstprotokolle betrachtet werden. Ein weiteres, in seiner Bedeutung nicht zu unterschätzendes Netzdienstprotokoll ist der *Zeitstempeldienst*, der z.B. in Form des *Network Time Protocols* (NTP) vorliegt [RFC 5905] und zur Synchronisation von Rechnern und Netzknoten (Router) dient.
- **Benutzerdienstprotokolle** sind spezielle Kommandos unter UNIX und LINUX mit denen (entfernte) Netzdienste in Anspruch genommen werden können. Allgemein werden diese als r-*Kommandos* bezeichnet, wobei sowohl verbindungslose Anwendungen wie `rwho`, `rexec` und `rsh`, als auch die verbindungsorientierten Kommandos `rlogin`, `rcp`, `rexec` genutzt werden können.

Je nachdem, ob ein Protokoll der Anwendungsschicht das verbindungsorientierte Transportprotokoll TCP oder das verbindungslose UDP verwendet, lassen sich die

Protokolle der Anwendungsschicht als *verbindungsorientiert*, *verbindungslos* bzw. *gemischt* klassifizieren [Abb. 1.5-1].

Abb. 1.5-2 benennt die wichtigsten Funktionskomponenten der Anwendungsschicht.

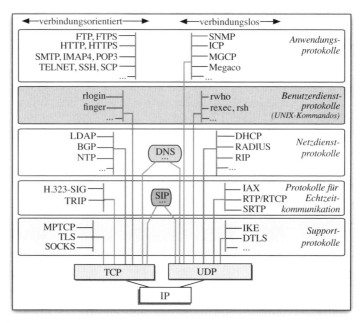

Abb. 1.5-2: Einordnung der Protokolle entsprechend ihrer Kommunikationsschicht

Verbindungs-orientierte Anwendungs-protokolle

Verbindungsorientierte Anwendungsprotokolle sind u.a.:

- **HTTP**: *Hypertext Transport Protocol* ist neben SMTP das wichtigste Anwendungsprotokoll im Internet. HTTP sorgt für die Datenübermittlung zwischen Webbrowser und Webserver. *HTTP over TLS* wird als HTTPS bezeichnet.
- **SMTP**: *Simple Mail Transport Protocol* ermöglicht die Übermittlung von E-Mails im Internet. Heute wird in der Regel das *Extended SMTP* (ESMTP) eingesetzt, das eine 8-Bit-transparente Übermittlung ermöglicht.
- **TELNET** ist ein Protokoll, mit dem sich der Anwender in einer interaktiven Sitzung auf einem entfernten Computer einloggen kann und gilt als Urvater der anwendungsbezogenen TCP/IP- Protokolle.
- **FTP**: *File Transfer Protocol* dient zur Übermittlung von Dateien zwischen zwei über ein IP-Netz verbundenen Rechnern. Es ist bewusst einfach und robust aufgebaut, sodass die Datenübertragung auch über in der Qualität schlechte Verbindungen (z.B. Satellitenkommunikation) möglich ist. FTP kann auch die TLS-Funktion nutzen. Man spricht dann von *FTPS*.

Verbindungslose Anwendungs-protokolle

Verbindungslose Anwendungsprotokolle sind u.a.:

- **SNMP**: *Simple Network Management Protocol* ermöglicht die Abfrage der Zustände von Netzwerkkomponenten und liegt dem Netzwerkmanagement zugrunde.

1.5 Komponenten der Protokollfamilie TCP/IP

- **ICP**: *Internet Cache Protocol* ist ein Protokoll, nach dem Web-Caching-Systeme im Internet kooperieren [BRS03].
- **MGCP**: *Media Gateway Control Protocol* dient zwischen den *VoIP-Gateways* für die Anbindung herkömmlicher Komponenten an VoIP-Systeme [Bad10]. Das Protokoll Megaco entspricht der Funktion nach dem MGCP.

Verbindungsorientierte Netzdienstprotokolle sind u.a.:

Verbindungsorientierte Netzdienstprotokolle

- **NTP**: *Network Time Protocol* realisiert die Zeitsynchronisation der Rechner und Netzkomponenten im Internet [RFC 5905]. Einige Client/Server-Anwendungen verlangen die gleichen 'Uhrzeit' zu ihrem Funktionieren.
- **BGP**: *Border Gateway Protocol* dient der Übermittlung von Routing-Informationen zwischen autonomen Systemen (AS) [Abschnitt 11.4].
- **LDAP**: *Lightweight Directory Access Protocol* verwendet man bei der Realisierung verteilter Verzeichnisdienste und wird vor allem als Backend für die Benutzerauthentisierung genutzt [Abschnitt 15.3].

Verbindungslose Netzdienstprotokolle sind u.a.:

Verbindungslose Netzdienstprotokolle

- **DHCP**: *Dynamic Host Configuration Protocol* kann die dynamische Vergabe von IP-Adressen und weiterer Netzparameter übernehmen. DHCP wird im Abschnitt 6.2 beschrieben.
- **RADIUS**: *Remote Dial-In User Service* wird in Abschnitt 15.2 besprochen und ermöglicht die Berechtigungsprüfung von Benutzern, die auf Netzressourcen zugreifen wollen. Dies kann beim Provider-Zugang ins Internet, beim Anmelden im WLAN aber bereits auch am Anschluss an einen Ethernet-Switch der Fall sein. Das Nachfolge-Protokoll *Diameter* [RFC 6733] wird hauptsächlich im IMS (*IP Multimedia Subsystem*) eingesetzt [Bad10].
- **RIP**: *Routing Information Protocol* dient als internes Routing-Protokoll vornehmlich in kleineren IP-Netzen.

Das wohl wichtigste Protokoll im Internet ist **DNS** (*Domain Name System*), das sowohl TCP als auch UDP nutzt [Kapitel 4]. DNS ist ein gemischtes Netzdienstprotokoll.

Protokolle zur Unterstützung der Echtzeitkommunikation sind u.a.:

Protokolle für Echtzeitkommunikation

- **RTP**: *Real-time Transport Protocol* hat die Aufgabe, zeitkritische Anwendungen wie Audio- und Videokommunikation über ein IP-Netz zu unterstützen. Ihm steht RTCP (*RTP Control Protocol*) zur Seite. RTP ist die Grundlage für VoIP und für WebRTC. Eine erweiterte RTP-Version zur sicheren Audio- und Videokommunikation trägt die Bezeichnung SRTP (*Secure RTP*) [Bad10].
- **SIP**: Das *Session Initiation Protocol* dient als sog. Signalisierungsprotokoll bei der Echtzeitkommunikation und wird hauptsächlich über UDP eingesetzt; es kann aber auch TCP nutzen.
- **IAX**: *Inter-Asterisk eXchange* ist ein kombiniertes Protokoll für die Signalisierung (z.B. bei VoIP) und für den Transport von Echtzeitdaten (Audio, Video) über IP-Netze. Die Version 2 von IAX beschreibt das IETF-Dokument [RFC 5456]. IAX2 nutzt UDP für den Transport seiner Nachrichten. Bei IAX2 unterscheidet man zwischen *zuverlässigen* und *unzuverlässigen* Nachrichten. Die zuverlässigen

Nachrichten transportieren die *Signalisierungsangaben* und werden von der Empfangsseite bestätigt. Die unzuverlässigen Nachrichten transportieren Echtzeitdaten und werden nicht bestätigt. IAX2 hat viel gemeinsam mit dem Protokoll SCTP.
- **TRIP**: *Telephony Routing over IP* wurde der Übermittlung von Routing-Informationen zwischen autonomen Systemen für die VoIP-Unterstützung vorgesehen und daher gilt TRIP als Bruder von BGP [Bad10].

Signalisierungsprotokolle

Bei der Echtzeitkommunikation wischen kommunizierenden Endeinrichtungen müssen für Verbindungen auf- und abgebaut werden. Folglich benötigt man spezielle Protokolle, die dies zwischen IP-Telefonen bei VoIP, wie auch bei Webbrowsern unter Nutzung des WebRTC-Dienstes realisieren. Diese Protokolle werden als *Signalisierungsprotokolle* bezeichnet. Neben dem Protokoll SIP gehört hierzu die Signalisierung nach dem ITU-T-Standard H.323 (kurz H.323-SIG), die über TCP abgewickelt wird. Für weitere Informationen sei auf [Bad10] verwiesen.

1.6 IETF und Internet-Standards

IETF

Um die Weiterentwicklung des Internet und seine Anwendungen voranzutreiben, wurde die Organisation *Internet Engineering Task Force* (IETF) gegründet. Zu ihren Aufgaben gehört die Koordination sämtlicher Aktivitäten, die mit der technologischen Weiterentwicklung und der Standardisierung der Internetdienste und -protokolle zusammenhängen. Die IETF-Dokumente werden als RFC (*Request for Comments*) im Internet veröffentlicht.

RFC als Internet-Standards

Ein Schlüssel zur raschen Entwicklung des Internet und der IP-Netze ist vor allem der offene Zugang zu den als RFC im Internet veröffentlichten IETF-Dokumenten, die als *Internet-Standards* dienen. Außerdem kann jeder einen neuen RFC vorschlagen, wobei die Vorgehensweise RFC 5000 festlegt.

Verzeichnis der RFC

RFC reichen bis ins Jahr 1969 zum Vorläufer des Internet zurück. In Oktober 2018 liegen bereits über 8500 veröffentlichte RFC vor. Alle RFC sind auf mehreren Rechnern im Internet abgespeichert und kostenlos für jeden Nutzer verfügbar. Ein Verzeichnis aller RFC, die vom *RFC Editor* verwaltet wird, ist unter der Adresse `http://www.rfc-editor.org/rfcsearch.html` zu finden. Die Suche in dieser Datenbank kann durch die Angabe der Nummer des gesuchten RFC oder durch die Angabe eines Suchkriteriums (z.B. Name eines Protokolls wie IP, TCP, OSPF, ...) erfolgen oder alternativ über `http://www.rfc-editor.org/rfc-index2.html`.

Organisation der IETF

Der Erfolg des Internet ist teilweise der gut durchdachten Organisation der Zusammenarbeit zwischen der IETF und den anderen Institutionen zu verdanken. Welche Institutionen an der Entstehung von Internet-Standards beteiligt sind und wie sie zueinander stehen, zeigt Abb. 1.6-1.

IAB und RFC Editor

Die Entwicklung des Internet wird vom *Internet Architecture Board* (IAB) in Zusammenarbeit mit der *Internet Research Task Force* (IRTF) [`http://ietf.org`] koordiniert. Dem Vorsitzenden des IAB wurde der Titel *Internet Architect* verliehen. Außerdem wurde im IAB der Posten des RFC Editor eingerichtet, der jeden RFC prüfen und zur Veröffentlichung vorbereiten soll.

1.6 IETF und Internet-Standards

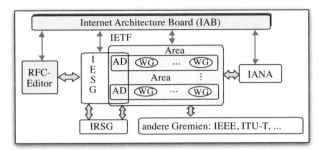

Abb. 1.6-1: Organisation der IETF und die Zusammenarbeit mit anderen Internet-Gremien
AD: Area Director, IANA: Internet Assigned Numbers Authority, IESG: Internet Engineering Steering Group, IRSG: Internet Research Steering Group, WG: Working Group

Da die Palette von Entwicklungen um das Internet und deren Anwendungsaspekte herum sehr breit ist, werden bei der IETF bestimmte Themenbereiche definiert. Ein Themenbereich wird als *Area* bezeichnet. In jeder Area wird ein *Area Director* (AD) benannt, der die Aktivitäten innerhalb der Area koordiniert. Es existieren u.a. folgende Areas: *Applications Area, Internet Area, Routing Area, Security Area, Transport Area*.

Area als Themenbereich

Für die Entwicklung von Standards zu den einzelnen Themen in jeder Area werden mehrere *Working Groups* (WGs) gebildet. Eine WG übernimmt die Verantwortung für die Entwicklung von Standards, die in der Regel ein Thema (z.B. ein Protokoll oder eine Applikation) betreffen. Eine Auflistung von WGs findet man unter: `http://www.ietf.org/html.charters/wg-dir.html`

Working Groups

Hervorzuheben sind u.a. folgende aktive WGs (Stand Oktober 2013):

- Internet Area: dhc (*Dynamic Host Configuration*), 6man (*IPv6 Maintenane 6*), dmm (*Distributed Mobility Management*), mip4 (*Mobility for IPv4*)
- Routing Area: ccamp (*Common Control and Measurement Plane*), mpls (*Multiprotocol Label Switching*), ospf (*Open Shortest Path First*), pim (*Protocol Independent Multicast*), pwe3 (*Pseudowire Emulation Edge to Edge*), rtgwg (*Routing Area Working Group*), sidr (*Secure Inter-Domain Routing*)
- Transport Area: aqm (*Active Queue Management and Packet Scheduling*), ippm (*IP Performance Metrics*), mptcp (*Multipath TCP*), tcpm (*TCP Maintenance and Minor Extensions*), tsvwg (*Transport Area Working Group*)
- Real-Time Applications and Infrastructure Area: avtcore (*Audio/Video Transport COre Maintenance*), rtcweb (*Real-Time Communication in WEB-browsers*), sipcore (*Session Initiation Protocol Core*)

Um die Entwicklung der Internet-Standards zu verfolgen und eine gut strukturierte Übersicht über die Internet-Drafts zu erhalten, verweisen wir auf die Seite `http://www.potaroo.net/ietf/html/xids-all.html`. Für einen schnellen und übersichtlichen Zugriff auf alle IETF Working-Groups und deren Dokumente, ist die Adresse `http://www.in2eps.com/x0/tk-ietf-wg-lists.html` zu empfehlen.

Für die technische Verwaltung von IETF-Aktivitäten ist die *Internet Engineering Steering Group* IESG verantwortlich. Zur IESG gehören die Direktoren der einzelnen

IESG

Areas, die ADs. Der Entwurf jedes Internet-Standards, den man als *Internet Draft* bezeichnet, wird vor seiner Spezifikation als RFC innerhalb der IESG diskutiert. Ein Internet Draft wird nur mit der Zustimmung der IESG als Internet-Standard veröffentlicht. Die IESG arbeitet mit dem RFC-Editor zusammen, der für die Veröffentlichung der RFC zuständig ist.

IANA

Eine besondere Rolle unter den Internet-Gremien spielt die *Internet Assigned Numbers Authority* IANA. Sie dient als zentrale Stelle für die Registrierung von Internet-Adressen, -Namen, Protokollnummern und anderen Parametern, die weltweit eindeutig sein müssen [http://www.iana.org/numbers.html].

1.7 Schlussbemerkungen

In diesem Kapitel wurden in komprimierter Form vor allem die notwendigen Grundlagen dargestellt, die für die Beschreibung von Ideen, Kommunikationsprotokollen und System- und Sicherheitslösungen für IP-Netze in den weiteren Kapiteln hilfreich sind. Abschließend sei noch auf Folgendes hingewiesen:

Web-Technologien

- Das Internet verdankt die heutige Popularität hauptsächlich dem *Web* mit dem Protokoll HTTP. Der Webdienst bedeutet heute nicht nur TCP/IP und HTTP. Für seine effiziente Realisierung werden verschiedene Technologien eingesetzt, sodass man von *Webtechnologien* spricht. Zu ihnen gehören u.a. die Konzepte und Protokolle für *Web-Switching*, *Web-Caching*, *Web-Sockets* sowie *Content Delivery Networks* für verschiedene Arten von Web-Services. Für eine vertiefte Diskussion sei auf [BRS03] verwiesen.

CDN-Idee

- Seit einiger Zeit werden verschiedene Arten des zeitkritischen Contents, u.a. in Form von sog. *Streaming-Medien*, über das Internet zum Abruf angeboten. Um alle Formen der Streaming-Medien weltweit so anbieten zu können, dass sie bei den Internetnutzern überall und immer in guter Qualität ankommen, werden sog. *Content Delivery Networks* (CDNs) auf Basis des Internet eingerichtet.

Abb. 1.7-1 illustriert das allgemeine CDN-Konzept mit den drei Schritten:

▷ A: Content Distribution auf zahlreiche Replica-Server
▷ B: Ermittlung der IP-Adresse eines Replica-Servers
▷ C: Content-Abruf vom bestgeeigneten Replica-Server

Die Aufgabe des CDN besteht in der Vervielfachung des bei den Content-Anbietern auf Ursprungs-Servern (*Origin Servers*) gespeicherten Contents, also in der Erzeugung von dessen Replikationen (*Replicas*), und in deren Verteilung mithilfe eines Content Distribution Systems auf eine Vielzahl von im Internet verstreuten und möglichst in der Nähe zu Nutzern installierten Servern. Da auf diesen Servern die Content-Replikationen für den Abruf vorgehalten werden, bezeichnet man diese Server als Replica-Server.

Jedes CDN verhält sich einerseits als Replikator (Vervielfacher) von Content-Masterkopien und als deren Verteiler auf mehrere Replica-Server, andererseits muss jedes CDN auch dafür sorgen, dass der Content als Internetressource unter einer Adresse – d.h. unter einem auf den Ursprungs-Server bei einem

1.7 Schlussbemerkungen

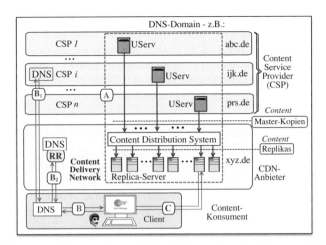

Abb. 1.7-1: Allgemeine Struktur eines CDN und dessen Basisfunktionen: A) Content Distribution auf zahlreiche Replica-Server, B) Ermittlung der IP-Adresse des Servers, C) Content-Abruf vom bestgeeigneten Replica-Server
DNS: Domain Name System, RR: Request Router, UServ: Ursprungs-Server

Content-Anbieter verweisenden URL (*Uniform Resource Locator*) – nicht vom Ursprungs-Server abgerufen wird, sondern von einem nach bestimmten Kriterien ausgewählten Replica-Server beim CDN-Anbieter. Um solche Umleitungen vom Ursprungs-Server auf einen entsprechenden Replica-Server zu ermöglichen, wird in CDNs das sog. *Request Routing* realisiert. Weitere Details finden sich in [https://www.researchgate.net/publication/282008087_CDN_-_Content_Delivery_Network].

- Ein wichtiger Trend bei der Weiterentwicklung des Internet ist die Unterstützung der Echtzeitkommunikation und hierfür waren verschiedene Konzepte und Protokolle zur Übermittlung von Audio und Video über IP-Netze notwendig. Bei der im Internet zunehmenden Echtzeitkommunikation handelt es sich um audiovisuelle Kommunikation, und man spricht in diesem Zusammenhang auch von VoIP (*Voice over IP*) bzw. auch von MMoIP (*Multi-Media over IP*). Für den Transport audiovisueller 'Daten' in IP-Netzen wurde RTP (*Real-time Transport Protocol*) entwickelt [Abschnitt 7.3]. Die audiovisuelle Kommunikation stellt eine Art Videotelefonie dar. Hierbei benötigt man ein sog. *Signalisierungsprotokoll*, um u.a. virtuelle Verbindungen, *Sessions*, auf- und abzubauen. SIP (*Session Initiation Protocol*) ist eine derartiges Protokoll [Abschnitt 7.4]. Zur Realisierung der audiovisuellen Kommunikation im Internet kann auch der Webdienst mit dem Protokoll HTTP eingesetzt werden, was unter dem Begriff WebRTC (*Web Real-Time Communication*) geführt wird. Bei WebRTC dienen Webbrowser zusätzlich als Soft-Videotelefone und sie werden entsprechend an Webserver virtuell angebunden, sodass die Webserver als quasi Vermittlungsknoten beim Auf- und Abbau von virtuellen Verbindungen zwischen Soft-Videotelefonen fungieren. Wegen Platzmangel wurde aber hier auf die Darstellung von WebRTC verzichtet; für weitere Informationen über WebRTC sei auf das Wissensportal [Bad14] verwiesen.

Echtzeitkommunikation: VoIP, MMoIP

Programmierbare MAC-Schicht
- Zur Übertragung der IP-Pakete auf das Medium wird zusätzlich zur physikalischen Anbindung die Datensicherungsschicht [Abb. 1.3-2] benötigt. Im Zuge der TCP/IP-Einführung hatte diese zunächst an Bedeutung verloren, erfährt aber derzeit eine Renaissance bei den *Software Defined Networks* (SDN): *Virtuelle Interfaces* ermöglichen die Steuerung der Kommunikation bei Cloud-Services und bilden somit einen wichtigen Bestandteil des Sicherheitskonzepts, was wir in Kapitel 17 diskutieren.

Internet of Things – als funktionelle Erweiterung des Internet
- Die Integration verschiedener, in der Regel drahtloser Sensor-Aktor-Netze in das herkömmliche Internet führt zur Entstehung des *Internet of Things* (IoT) bzw. auf Deutsch des *Internet der Dinge*. Das IoT ist eine funktionelle Erweiterung des Internet mit dem Ziel, Alltagseinrichtungen (Geräte, Sensoren,...) unterschiedlicher Art und mit unterschiedlichen Fähigkeiten – also verschiedene smarte Dinge – sowohl untereinander als auch mit Rechnern am Internet so zu vernetzen, dass sie alle möglichen Internetdienste nutzen können, um dadurch die Erbringung einer breiten Palette neuer innovativer Services überall und jederzeit zu ermöglichen. Dank des IoT werden bald alle technischen Dinge, insbesondere die unseres alltäglichen Lebens, den Menschen überall und jederzeit zugänglich und somit nutzbar sein.

Weiterentwicklung des Internet
- Die Komplexität des zukünftigen Internet und der Weiterentwicklung seiner Anwendungen kann an dieser Stelle auch nicht annähernd dargestellt werden. Daher greifen wir die Diskussion nach Vorstellung der bestehenden Grundlagen erneut im abschließenden Kapitel 18 auf.

1.8 Verständnisfragen

1. Rekapitulieren Sie den Aufbau des OSI-Referenzmodells.
2. Welche Schicht hat welche Funktion?
3. Wie sieht das TCP/IP-Modell aus?
4. Welche Dienste stellt IP bereit?
5. Was unterscheidet TCP von UDP?
6. Was ist verbindungslose versus verbindungsorientierte Kommunikation?
7. Welche Bedeutung hat die Funktion 'Flusskontrolle' in den Kommunikationsprotokollen und worin besteht ihre Idee?
8. Was ist der Unterschied zwischen *Service Datagram Unit* (SDU) und *Protocol Datagram Unit* (PDU)?
9. Was ist ein Frame und was ein 'Service Access Point' (SAP)?
10. Was ist ein 'Payload'?
11. Welche Aufgabe muss im Schichtenmodell beim Übergang einer Informationseinheit von Schicht $N-1 \to N$ und umgekehrt von Schicht $N \to N+1$ realisiert werden?
12. Die rasante und erfolgreiche Entwicklung des Internet ist der Organisation IETF zu verdanken. Wie wird die Entwicklung von Internet-Standards, von sog. RFCs, durch die IETF koordiniert?

2 Sicherheit in der IP-Kommunikation

Die Architektur der TCP/IP-Protokollfamilie sah zunächst nur technische *Sicherungsmaßnahmen* für die Kommunikation vor: War zunächst TCP/IP als quasi geschlossenes System im Rahmen des ARPANet vorgesehen, so war die in den 70er und 80er Jahren des letzten Jahrhunderts vorherrschende Nutzung des Internet im wissenschaftlichen Betrieb zu sehen. Die Qualifizierung an seiner Teilnahme erfolgte ausschließlich durch die vorhandenen technischen Möglichkeiten seiner Teilnehmer.

Der erste Schritt bestand natürlich darin, das Internet überhaupt für die Anwender bereitzustellen, also die *Verfügbarkeit* (*Availability*) zu sichern. Die nächste zentrale Anforderung bestand daran, dass die Daten vollständig und unverfälscht von *A* nach *B* (über *C*) gelangen und somit die *Integrität* der Nachrichten (= *Datenpakete*) zu gewährleisten. Mit der kommerziellen und quasi privaten Nutzung des Internet gewann die vertrauliche Übertragung von Nachrichten eine bedeutende Rolle: Aus *A* und *B* wurden *Alice* und *Bob*, die ihre Internet-Konversation gegenüber dem *Eavesdropper Eve* schützen müssen:

Alice, Bob und Eve

Die Kommunikationspartner müssen gegenseitig bekannt sein, um eine unerwünschte Datenweitergabe (data leakage) zu unterbinden, was sowohl eine *Authentisierung* als auch *Autorisierung* beinhaltet, die Systeme, also die Endsysteme als auch das Netzwerk mit seinen Kommunikationskomponenten, müssen *zuverlässig* sein und sich im Fehlerfalle *robust* verhalten.

Schutzziele bei der IP-Kommunikation

Daher haben wir dieses Kapitel wie folgt gestaltet:

Überblick über das Kapitel

- Zunächst wollen wir eine kurze Replik auf die technische Entwicklung der IT-Sicherheit und ihrer Wurzeln vornehmen, die Rolle der Daten und der mit ihnen umgehenden Systeme, d.h. der Akteure, in einem Modell beschreiben, was in der Darstellung der heute genutzten vier Primitiven der IT-Security mündet.

Daten im System

- Der Sicherung der Datenübertragung und -speicherung ist der folgende Abschnitt gewidmet, wobei hier die Ideen der vier Krypto-Primitiven entwickelt werden, von denen anschließend umfangreich Gebrauch gemacht wird.

Krypto-Primitive

- Die klassische symmetrische Verschlüsselung findet sich im nächsten Abschnitt wieder; wobei wir auf Strom- und Blockchiffren sowie auf die Verschränkung der verschlüsselten Datenblöcke im Betriebsmode eingehen. Zudem werden auch Hashfunktionen und ihre heutige Nutzung ausführlich behandelt.

Klassische Verschlüsselung und Hashes

- Die *Public-Key-Kryptographie* liefert uns die beiden Krypto-Primitive *Schlüsseltausch* und *Signierung*, wobei der Schlüsseltausch speziell auf Grundlage des RSA- als auch der Diffie-Hellman-Algorithmen und die Nutzung digitaler Signaturen mittels X.509-Zertifikaten vorgestellt wird.

Public-Key-Kryptographie

- In den IT-Systemen wird nicht anonym agiert, sondern sowohl die Benutzer als auch die Systeme besitzen eine *digitale Identität* und sind somit authentifizierbar. Wie dies umgesetzt werden kann, wollen wir ebenfalls beleuchten.

Digitale Identitäten

2.1 Grundlagen und Entwicklung der IT-Sicherheit

Mit den *Snowden*-Veröffentlichungen und den vermeintlichen 'russischen Hackerangriffen' sind IT-Sicherheit und Cybersecurity in aller Munde. Spätestens mit dem Inkrafttreten der Datenschutzgrundverordnung (DSGV) im Jahr 2018 ist auch Datenschutz aus der Ecke des 'Datenschutzbeauftragten' (DSB) in die öffentliche Wahrnehmung gerückt.

Der Gegenstand und das Zusammenspiel von IT-Sicherheit und Datenschutz wird häufig bis hinauf in kompetente Stellen wie dem Bundesamt für Sicherheit im Informationswesen (BSI) nicht klar differenziert, sondern gemeinsam als *Informationssicherheit* zusammengefasst. In klassischer Lesart möchten wir aber unterscheiden in Bezug auf

- den *Datenschutz* – vor allem in Form digital vorliegender Informationen – was ihre Vertraulichkeit betrifft,
- die *IT-Security* – die sich auf die IT-Systeme bezieht und wie diese die Daten vertraulich und korrekt jederzeit bereitstellen können.

Letzteres umreißt das bekannte 'magische IT-Security-Dreieck' (CIA), das aus der militärischen Nomenklatur entsprungen ist und die *Schutzziele* der IT-Security beschreibt:

Confidentiality
- Schutz vor *Spionage* durch Sicherstellung der Vertraulichkeit,

Integrity
- Schutz vor Verfälschungen der Daten im Hinblick auf *Korrumpierung* und *Manipulation*,

Availability
- Schutz vor Datenverlusten und Ausfall der IT-Infrastruktur durch technische Fehler und *Sabotage*.

Obwohl das Internet dem ARPANet [Abb. 1.1-1] entsprungen ist, haben bei der Entwicklung der Netzwerkkommunikation diese militärischen Ziele nicht unmittelbar im Vordergrund gestanden und wurden nur da beachtet, wo es unerlässlich ist; wurde doch das Internet als prinzipiell offenes System [Abb. 1.3-4] verstanden.

Im Grunde kann man das Internet als 'Informationsmarkt' verstehen, der über nahezu beliebige und kostengünstige Ressourcen verfügt und zudem – in seiner heutigen Ausprägung – für praktisch jedermann unbeschränkt nutzbar ist. Wie auf jedem offenen, ungeregelten Markt gibt es Akteure mit ganz unterschiedlichen Interessen: Von der Verbreitung von Wissen und Know-how über kostenpflichtige Dienste bis zu den bekannten 'Fake News'-Verbreitern. Es ist wichtig, dieses Zusammenspiel zu verstehen und die daraus erwachsenden Konsequenzen zu berücksichtigen.

2.1.1 Daten und ihre Nutzung

Abb. 2.1-1 zeigt ein einfaches Modell der Datennutzung, was aber bereits die wesentlichen Merkmale in Form einer Grammatik beschreibt:

- *Subjekte* sind IT-Systeme und Netze, aber auch Menschen,
- die *Operationen* (Verarbeiten, Speichern, Transportieren)

2.1 Grundlagen und Entwicklung der IT-Sicherheit

- von *Datenobjekten* in verschiedenen Ausprägungen vornehmen.

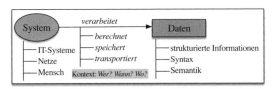

Abb. 2.1-1: Modell der Datenverarbeitung

Daten begreifen wir als strukturierte Informationen, die sowohl *Syntax* als auch *Semantik* und zudem einen *Kontext* aufweisen.

Bei der Datenübertragung über Netze werden die Daten in Nachrichten-Container [Abb. 1.5-1] variabler Größe gesteckt und üblicherweise als *Pakete* aufgefasst, die einen Paket-Header besitzen und in Form von *Frames* ebenso einen Paket-Trailer. Dieses Konzept hat sich als überaus erfolgreich erwiesen und alle anderen Technologien wie z.B. die verbindungsorientierte Kommunikation in Gänze verdrängt.

Daten im Netz → Datenpakete

Bei der Verarbeitung der Daten spielt die Länge eines *Datenworts* ein hervorgehobene Rolle. Daten, Instruktionen und Hauptspeicheradressen werden in dieser Struktur uniform beschrieben. Während die vorige Rechnergeneration das Datenwort auf 32 Bit begrenzte, arbeiten heute Rechnerarchitekturen mit einer internen 64-Bit-Darstellung, sei es in *Least-Significant Bit* (first) LSB oder *Most-Significant Bit* (first) MSB Organisation. Mittels der 64-Bit-Repräsentierung können $2^{64} - 1$ Byte adressiert werden, was einer Datenmenge von mehr als 18,446 Trillionen Byte entspricht. Die Umstellung der Daten in die verschiedenen Formate wird quasi 'en passant' während des entsprechenden Verarbeitungsvorgangs vorgenommen und ist für den Benutzer heute nicht mehr von Bedeutung.

Daten in Verarbeitung → Datenworte

Der Anwender ist ausschließlich an den Dateninhalten interessiert, wobei die Menge der zu verarbeitenden Daten immer noch eine begrenzende Rolle spielt – speziell dann, wenn die Syntax nicht optimal gewählt ist und andauernd Umrechnungen in verschiedene Datenformate erforderlich sind, die sich stark auf die Performance auswirken.

Aufgabe der Technik der Netze ist es natürlich, die Daten zu transportieren, und zwar dergestalt, dass diese *verfügbar*, *unverfälscht* und ggf. *vertraulich* zwischen den Teilnehmern ausgetauscht werden können. Diese Aspekte werden wir in den folgenden Abschnitten im Detail erläutern.

Data in flight

Eine weiteres wichtiges Kriterium besteht darin, die *Authentizität* der Datenquelle (Sender) und der Datensenke (Empfänger) sicherzustellen, sodass Daten mit der notwendigen *Autorisierung* und *Berechtigung* übertragen werden können.

Die langfristige Verfügbarkeit von Daten wird durch ihre persistente Speicherung ermöglicht, die in der Regel auf dem physikalischen Medium blockweise erfolgt. Diese Datenblöcke lassen sich sowohl im Hinblick auf ihre Integrität durch Check-

Data at rest

und Hashsummen sichern, wobei Ersteres auf dem Datenträger selbst und Letzteres vom Dateisystem (wie z.B. ZFS[1]) vorgenommen wird.

Dem Kriterium der Vertraulichkeit kann durch blockweise Verschlüsselung entsprochen werden; die Verfügbarkeit wird durch Redundanzen (z.B. RAID-1[2]) oder mittels Backup/Restore realisiert.

Data in computation

Die Verarbeitung der Daten erfolgt im heutigen Verständnis unverschlüsselt. Daten im Hauptspeicher des Rechners, aber auch in den CPU-Caches werden durch ergänzende Paritätsinformationen gegen Verfälschungen gesichert, sind aber – als transiente Daten – nur solange verfügbar, solange die CPU und der Hauptspeicher mit elektrischer Energie versorgt werden. Die Sicherstellung der Datenintegrität auch in oder nach einem irregulären Betriebszustand muss von der Software-Architektur gewährleistet werden.

Shared IT → Data Leakage

Die Rechnerressourcen, aber auch die Netze werden von mehreren (quasi) zeitgleich laufenden Programmen gemeinsam genutzt, wobei der *Kernel* des Betriebssystems die Aufgabe hat, diese gegeneinander abzugrenzen und somit eine unbeabsichtigte Datenweitergabe (*data leakage*) zu unterbinden. Dass dies nicht so einfach ist, haben die *Spectre* genannten Fehler im Design vor allem der Intel-CPUs gezeigt. Dies gilt im besonderen, da heutige Systeme nicht *single-use*, sondern durch die Virtualisierung [vgl. Kapitel 14] im Rechenzentrum oder in der 'Cloud' [vgl. Kapitel 17] von ganz unterschiedlichen Benutzern und Benutzergruppen geteilt werden.

Erweiterte Datenattribute: Metadaten

Entsprechend Abb. 2.1-1 sind Daten komplexe Objekte mit Syntax und Semantik. Neben diesen inhärenten Eigenschaften besitzen Daten auch *kontextuelle Attribute*, die wir auch als erweiterte Datenattribute bzw. Metadaten bezeichnen und bei der Datenverarbeitung entweder automatisch anfallen oder von prinzipiellem Belang sind:

Gültigkeit
- Wann wurden die Daten erzeugt und wie lange sind die hierin enthaltenen Informationen gültig bzw. von Belang?

Herkunft
- Wer ist der Erzeugende der Daten (die Datenquelle)?

Vertraulichkeit
- Welche Weiterverarbeitungs- bzw. Weitergaberechte sind mit den Daten verknüpft? Im einfachsten Falle lässt sich dies durch die Klassifikation der Daten in 'vertraulich', 'privat' und 'öffentlich' beschreiben.

Metadaten und Datamining

Diese kontextuellen Datenattribute sind nun ihrerseits *Metadaten*, für die im Grunde die gleichen Bedingungen wie für die eigentlichen Daten gelten. Die Datennutzung findet in der Regel *systemisch* statt, d.h. unter Einbeziehung der Metadaten, wie das für *Datamining* heute typisch ist. Das Verständnis der Daten wird dadurch nicht nur von ihrer Semantik, d.h. dem Inhalt bestimmt, sondern ganz wesentlich durch die ergänzenden Metadaten[3].

---

[1] Solaris Zeta File System ZFS
[2] RAID = Redundant Array of Inexpensive Drives
[3] Dies lässt sich durch folgende Anekdote trefflich illustrieren: `https://www.wired.de/article/das-us-militaer-verbietet-fitness-tracking-mit-gps`

2.1 Grundlagen und Entwicklung der IT-Sicherheit

> Die Interpretation von Daten bezieht immer auch den bestehenden Kontext, d.h. die Metadaten, mit ein, durch die die Semantik angereichert wird. Kontextdaten können unterschiedlichere Attribute als die eigentlichen Nutzdaten aufweisen.

IT-Systeme, die naturgemäß diese Daten verarbeiten, müssen aufgrund ihrer Architektur und dem definierten Workflow auf diese Attribute Rücksicht nehmen, was besonders auch der Gesetzgeber im Rahmen der viel diskutierten 'Datenschutzgrundverordnung' (DSGVO) fordert.

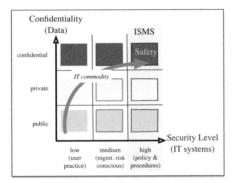

Abb. 2.1-2: Zusammenspiel von Datensicherheit und IT-Security
ISMS: IT Security Management System, mgmt.: Management

Dieser Zusammenhang wird durch den Terminus *Data Safety* verdeutlicht. Abb. 2.1-2 zeigt das Zusammenspiel vom Vertraulichkeitsattribut und der Qualifikation von IT-Systemen: Systeme auf niedriger IT-Security-Stufe, z.B. auch IoT-Devices [vgl. Kapitel 17], sollten nur öffentliche und Kontext-irrelevante Daten verarbeiten, während vertrauliche Daten eines hohen IT-Security-Niveaus bedürfen. Im FinTec-Bereich und speziell in Banken wird dem durch die Einführung eines expliziten *IT Security Management Systems* (ISMS) Rechnung getragen.

Data Safety

IT-Commodity-Systeme wie IoT-Devices, Tablets und PCs eignen sich nur mit speziellen Werkzeugen für die Handhabung vertraulicher Daten und müssen einem ständigen Monitoring unterworfen werden.

IT-Commodity-Systeme

2.1.2 Akteure und Identitäten bei der Datenverarbeitung

Jeglicher Datenaustausch bedingt eine *Datenquelle* und eine *Datensenke*. Ist die Datenquelle die Erzeugende, ist sie somit auch der natürliche Dateneigner, und diese stehen quasi zur freien Verfügung. In allen anderen Fällen müssen die Fragen gestellt werden:

- Dürfen die Daten, die von Dritten stammen, weitergegeben werden?
- Ist es zulässig, die Daten an bestimmte Dritte zu übermitteln?

Unabhängig davon, welches Vertraulichkeitsattribut die Daten aufweisen, so ist doch Herkunft und Ziel der Daten zu bestimmen. Technisch gesehen kann das bei Internetgestützten Systemen durch die Angabe der IP-Adressen [siehe Kap. 3] von Sender und Empfänger realisiert werden. Wie aus Abb. 2.1-1 hervorgeht, ist dies aber nicht ausreichend:

- Es ist vielmehr immer ein *Prozess*, der die Datenverarbeitung vornimmt;
- Netze besitzen hier nur eine Vermittlerrolle, sind aber für die vertrauliche und korrekte Weiterreichung der Daten verantwortlich.
- Falls notwendig, muss zusätzlich die Möglichkeit bestehen, den ausführenden *Menschen* zu identifizieren.

Identitäten

Menschen und Prozessen muss somit eine *Identität* zugewiesen werden, der sie unterscheidbar macht. Im einfachsten Fall ist dies eine fortlaufende Nummer, wie dies z.B. bei Prozessen[4] üblich ist. Bei rechnergestützten Prozessen ergänzt man dies um den Hostnamen, z.B. in der Form *pid@host*. Die pid ist nun aber lediglich die Instanz eines Prozesses, die aktuell ausgeführt wird, der Prozess selbst bekommt in der Regel einen 'sprechenden' Namen wie z.B. *daemon*, der für alle Instanzen benutzt wird, also beispielsweise als *daemon@host*.

Name = Öffentliche Identität

Ebenso wird zur Identifikation von Menschen der *Username* verwandt, der aber natürlich nicht eindeutig sind. Um Personen, aber auch Prozesse ansprechen zu können, müssen diese bekannt sein, wie dies beispielsweise bei Webanwendungen über die URL [Abb. 1.1-4] gemacht wird. Namen kennzeichnen somit eine *öffentliche Identität*, wobei der Grad der Öffentlichkeit auch beschränkt sein kann, z.B. auf eine Benutzergruppe, die Teilnehmer nur über deren *Aliasnamen* bzw. *Pseudonyme* kennt.

Authentisierung

Identitäten müssen gegenseitig und gegenüber Dritten *beglaubigt* werden und eindeutig sein, d.h. immer auf die gleiche Person bzw. den gleichen Prozess verweisen. Die Beglaubigung lässt sich organisatorisch (wie z.B. beim Personalausweis) oder aber kryptographisch lösen und verlangt einen eigenen *Authentisierungsprozess*, der zwei Endzustände kennt:

1. Die Person oder der Prozess kann aufgrund der vorliegenden Informationen nachvollziehbar einer Identität – und nur genau dieser – zugewiesen werden
2. Die Informationen widersprechen sich oder sind nicht aussagekräftig genug, um die Identität zweifelsfrei feststellen zu können.

PSK-Verfahren

Das Authentisierungsproblem lässt sich notwendig aber nicht hinreichend lösen, falls zusätzlich zum öffentlichen Teil der Identität ein geheimer, *privater* Teil hinzukommt, der nur den beteiligten Parteien bekannt ist und vertraulich ausgetauscht wurde: das *Passwort*. Daher sprechen wir hier auch von *Pre-shared Key* PSK-Verfahren.

1-Faktor-Authentisierung

Da die Identität öffentlich bekannt ist, ist das lediglich das Passwort der (kryptographisch) entscheidende Teil, und wir bezeichnen dies als *1-Faktor-Authentisierung* (1FA). Neben der Tatsache, dass es anderen nicht bekannt sein darf, ist die Qualität des Passworts im Hinblick auf seine Länge und seine *Entropie*[5] maßgeblich, da es häufig über einen längeren Zeitraum unverändert genutzt wird.

2.1 Grundlagen und Entwicklung der IT-Sicherheit

'Sichere' Passwörter sollten aber nur ein einziges Mal Einsatz finden, wofür es eine Reihe von technischen Lösungen und Anwendungen gibt:

Einmal-Passwörter

- Bei der IP-Kommunikation zwischen Prozessen werden insbesondere unter Nutzung der *Transport Layer Security* [Abschnitt 7.2] einmalig generierte Passwörter zur Sicherstellung der Authentizität der (verschlüsselten) Datenpakete für jede TLS-Sitzung benutzt. Diese werden mittels einer *Pseudo-Random Function* PRF oder einer *HMAC-based Key Derivation Function* HDKF generiert.

TLS → PRF oder HKDF

- Bei einigen *One-Time Password* OTP-Verfahren wird das einmalige Passwort von einem statischen Passwort und dem aktuellen Zeitfenster abhängig gemacht. Hierbei müssen die Komponenten *zeitsynchron* arbeiten.

One-Time Password

> Statisch vergebene Passwörter zur Authentisierung der kommunizierenden Instanzen finden nur bei wenigen Protokollen Einsatz, so wie dem in Abschnitt 15.3 beschriebenen RADIUS[6]Verfahren, wo das Passwort zur Verschlüsslung der RADIUS-Nachrichten verwendet wird.

Gegenbeispiel mit statischen Schlüsseln

Eine 2-Faktor- (2FA) oder Mehr-Faktor-Authentisierung (MFA) liegt dann vor, wenn zusätzlich zum Wissen (= des Passworts) ein personalisierter Besitzgegenstand im Authentisierungsprozess vorhanden sein muss, z.B. in Form einer Chipkarte (die auf die Identität ausgestellt sein muss). *Biometrische Informationen* wie z.B. Fingerabdruck- oder Retina-Scan können ebenfalls ergänzend für die Authentisierung von Personen herangezogen werden (Mehr-Faktor-Authentisierung).

2FA und MFA

Biometrie

Autorisierung

In vielen praktischen Anwendungsfällen ist die Identität einer Person oder eines Prozesses von keinem besonderen Belang (und muss auch gar nicht bekannt sein), sondern vielmehr, ob eine Berechtigung vorliegt, beispielsweise einen Service zu nutzen [Abb. 2.1-3].

> Die Ausleihe von Fachartikeln und Büchern in digitaler Form an den Hochschulen ist gestattet, wenn der Student eingeschriebenes Mitglied an einer Hochschule ist. Der Verlag – oder die Datenquelle –, von der aus das Material bezogen wird, nutzt dann den sogenannten *Shibboleth*-Dienst[7] der Hochschule: Der Student muss sich dann gegenüber der *eigenen* Hochschule mittels seiner Kennung (häufig Matrikelnummer) und Passwort authentisieren. Nur das Ergebnis der Überprüfung wird an den Verlag weitergereicht.

Shibboleth an Hochschulen

Kennzeichnend ist hierbei Folgendes:

- Die Autorisierung ist ein *interpersonelles* Attribut, das von einer Gruppe von Nutzern geteilt werden kann.
- Es liegt eine *transitive* Authentisierung vor, wobei ein spezieller Authentisierungsdienst mittels eines *Identity Service Providers* IdP zum Einsatz kommt

Identity Service Provider

Will man Authentisierung unabhängig von einer oder mehreren Benutzergruppen machen – wie sie heute beispielsweise auf Grundlage von privaten Anbietern wie *Facebook*, *LinkedIn* und *Google* vorliegen – ist ein System zur Verwaltung digitaler

Digitale Identitäten

---

[4]die Process Identification `pid`
[5]wir können an dieser Stelle 'Entropie' mit Zufälligkeit gleichsetzen
[6]RADIUS: Remote Dial-In User Service
[7]siehe: `https://www.shibboleth.net`

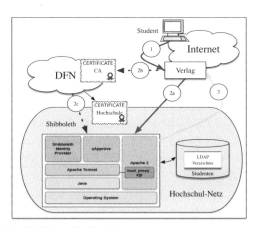

Abb. 2.1-3: Shibboleth als IdP an Hochschulen
(1) Student will über Verlag Fachartikel einsehen, (2a) Anfrage geht an den Shibboleth-Server der HS und Student meldet sich dort an, (3) erfolgreiche Anmeldung geht an Verlag; alternativ: (2b) Anfrage geht über den DFN, der (2c) die Anmeldung an die HS weiterleitet.

Public Key Infrastructure

Identitäten zu schaffen. Mittels der modernen *Publik Key*-Kryptographie und dem Aufbau von öffentlichen und privaten Zertifizierungsstellen, den *Certificate Autorities* CA oder auch *Trust Center* TC, ist dies technisch seit etwa 1995 möglich: *Public Key Infrastructure* PKI. Der zu betreibende Infrastrukturaufwand ist aber insbesondere seitens staatlicher Seite beachtlich, und so hat es bislang nur Estland als relativ kleine Nation geschafft, dies auch in allen Aspekten, die die öffentliche Verwaltung betreffen, zu realisieren.

X.509-Zertifikate

Anders sieht die Situation in Unternehmen aus: Anwendungen werden *X.509-Zertifikate* → *Digitale Identitäten* ausgestellt, die mit sogenannten *key files* komplettiert werden. Hierdurch erhalten Anwendungen *digitale Identitäten*, die mit bestimmten Rollen und Rechten verknüpft sein können. Auf die technischen Grundlagen hierzu gehen wir in Abschnitt 2.6 noch genauer ein.

2.1.3 Entwicklung der Internet-Kryptographie

Wie bereits Abb. 2.1-1 darstellt, geht es bei der IT-Sicherheit um die Sicherheit, d.h. Vertraulichkeit, Integrität und Verfügbarkeit der von IT-Systemen verarbeiteten Daten. Mit der Entwicklung von IT-Systemen, sprich Computern, seit Endes des 2. Weltkrieges nimmt die IT immer mehr Einzug in das tägliche Leben: Wirtschaft, Kultur und Politik sind ohne Computer nicht mehr vorstellbar. Die Abhängigkeit vom Funktionieren der IT-Systeme ergibt sich insbesondere auch für die IT-gesteuerte Infrastruktur wie Kommunikationssysteme und elektrische Energieversorgung: Die 'analoge' Welt wird durch die digitale abgelöst. Wir benötigen daher nicht nur Datenschutz und IT Security, sondern sowohl die IT-Systeme als auch die Daten müssen zuverlässig zur Verfügung stehen: *IT Safety*.

1.1.1970: Beginn des Internet Zeitalters

Einschneidende Entwicklungen sind seit Beginn der 70er Jahre des letzten Jahrhunderts zu verzeichnen: die Geburt der Computernetze und die Entwicklung leistungsfä-

2.1 Grundlagen und Entwicklung der IT-Sicherheit

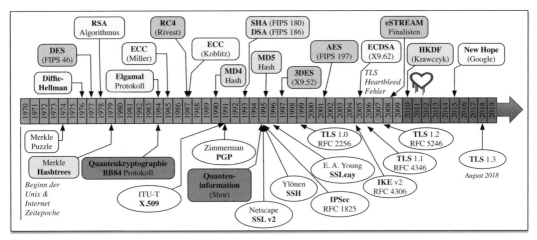

Abb. 2.1-4: Entwicklung und Meilensteine der wichtigsten kryptographischen Errungenschaften der Internet-Zeit.
Oberhalb der Zeitleiste: Wichtige Algorithmen und Standards; unterhalb: Implementierungen; Hashtrees und Quantenkryptographie werden im Buch nicht weiter besprochen; Gelb: Schlüsseltausch- und Signaturprotokolle, orange: symmetrische Verschlüsselung; türkis: Hashverfahren

higer und preisgünstiger Betriebssysteme, insbesondere Unix, das die IP-Technologie von Anfang an beinhaltete. Deshalb kann auch der 1.1.1970 als das Geburtsdatum des Internet-Zeitalters bezeichnet werden. Die Uhren der Betriebssysteme führen dieses Datum als Beginn der 'Neuzeit' und ihrer Zeitrechnung.

Mit der Nutzung der Internet-Technologie [vgl. Abschnitt 1.1] ergab sich sehr früh die Notwendigkeit, die Kommunikation vertraulich ablaufen zu lassen. Die kryptographischen Grundlagen der symmetrischen Verschlüsselung waren hinreichend bekannt, verlangten aber einen effizienten, Computer-gestützten Algorithmus – und stellten unmittelbar die Frage des Schlüsseltausches zwischen den Teilnehmern. Letzteres wurde – nachdem die zentrale Frage durch *Ralph Merkle* [Mer78] einmal gestellt war – durch *Diffie* und *Hellman* [DH76] und später durch den RSA-Algorithmus von *Rivest*, *Shamir* und *Adleman* – durch die bahnbrechende Entdeckung der *Public-Key-Kryptographie* gelöst. Mit der Verfügbarkeit des *Data Encryption Standards* DES als Blockchiffre mit nachprüfbarer Güte waren bis Ende der 70er Jahre die wesentlichen Grundlagen geschaffen worden.

1970 - 1980: Lösung des Schlüsseltausch-Problems

Kryptographie entstammt aus dem Mathematikgebiet der Zahlentheorie. Die Größenordnung der natürlichen Zahlen, von denen hier Gebrauch gemacht wird, ist schwindelerregend: Quadrillionen ($10^{24} \sim 2^{80}$) sind hier als 'kleine' Zahlen zu verstehen. In den 80er Jahren gab es erste Vorstöße, den Zahlenraum der natürliche Zahlen zu verlassen und sich algebraischen Strukturen wie *Galois-Feldern* und damit den Lösungen polynomialer Gleichungen und hier speziell den *elliptischen Kurven* zuzuwenden [Mil85; KKM85]. Zudem gab es erste Ansätze, quantenmechanische Effekte für die Datenübertragung zu nutzen [BB84; Sho95].

1980 - 1990: Ergänzung der Grundlagen

1990 - 1995: Hashes und Public Key Infrastructure	Anfang der 90er Jahre lag der Fokus aber zunächst auf der praktischen Umsetzung kryptographischer Verfahren: Nachdem zusätzlich die *Stromchiffre* RC4 entwickelt wurde, war als nächster Durchbruch die Entwicklung von Hashfunktionen zu verzeichnen. Zwar waren Hashes auf Grundlage von DES durch einen Trick bereits im Einsatz [Abb. 2.3-2], die explizite Verfügbarkeit von Hashfunktionen (MD5 und SHA) gestattete es jedoch, beliebig große Datenmengen in kurzer Zeit mit einer Hashsumme zu versehen. Das war der Türöffner für digitale Signaturen: Das Konzept der *X.509 Zertifikate* und des Aufbaus einer *Public Key Infrastructure* war geboren.
1995 - 2000: Rapide Implementierungen	Damit waren im Grunde alle Bausteine für die moderne Kryptographie vorhanden, und es ergaben sich rapide erste Lösungen: *Phil Zimmermann* entwickelte *Pretty Good Privacy* PGP für den E-Mail- und Datenaustausch. In Ergänzung zu den *Netscape Security Services* NSS auf der Serverseite, wurde für den Webbrowser *Netscape* das Protokoll *Secure Socket Layer* SSL hervorgebracht. Der Finne *Tatu Ylönen* stellte mit seiner *Secure Shell* SSH einen sicheren Ersatz für die unverschlüsselte Datenübertragung mittels TELNET und FTP bereit. Im Zuge der Entwicklung der IPv6-Protokolls wurde auch die Erweiterung IPSec vorgenommen, die auf dem *Internet Key Exchange* IKE aufsetzt.
2000 - 2010: Konsolidierung und umfangreiche Verbreitung	Ab dem Jahr 2000 kann von einer Konsolidierungsphase gesprochen werden. Die diversen Implementierungen, die teilweise unter US-Exportrestriktionen litten (und diese wiederum umschifften), wurden in Internet-RFCs öffentlich gemacht und somit offiziell sanktioniert. Mit dem *Advanced Encryption Standard* AES betrat ein stärkerer und flexibler Nachfolger für DES für die Blockverschlüsselung den Ring, und es entwickelte sich die *Elliptic Curve Cryptography* ECC als Ergänzung zum Diffie-Hellman-Schlüsseltausch mittels diskreter Logarithmen. Im Rahmen des europäischen eSTREAM-Projekts [Bab+08] wurden zudem neue Stromchiffren entwickelt, die die bisherigen ablösen sollen. Auch das auf der INDOCRYPT 2004 [MV04] vorgestellte Verfahren des *Galois Counter Mode* sollte sich als wegweisend herausstellen und beendet die lange geführte Debatte 'MAC-then-crypt' durch einen komplett neuen, einfacheren und sichereren Ansatz. Ergänzend hierzu wurde von *Hugo Krywczyk* aus den IBM Watson Labs ein neuer Ansatz vorgestellt, wie kryptographisch *sichere* Passwörter mit hoher Entropie mittels einer *HMAC-based Key Derivation Function* [Kra10] erzeugt werden können.
2010 - 2020: Ende des Dornröschenschlafs und Post-Quantum- Kryptographie	Mit der Ruhe war es dann etwa ab dem Jahr 2010 vorbei: Im TLS-Protokoll, das für den verschlüsselten Internet-Datenverkehr das Arbeitspferd ist, wurden viele Implementierungslücken aufgedeckt, und mit dem *Heartbleed*-Fehler bei TLS zeigte sich, wie verletzlich die Internet-Kommunikation geworden ist. Zudem wurde offenkundig, dass die Public Key Infrastructure durch nachlässigen Umgang mit der Technik und Root-Zertifikaten sowie durch Geheimdienste kompromittiert war und damit eher ein Problem als eine universelle Lösung darstellt. Neue Ansätze, die auch die vorwiegend theoretische Diskussion um die *Post Quantum Cryptography* PQC[8] mit einschließen, werden z.Zt. entwickelt. Hier sei auf den *New Hope*-Algorithmus verwiesen, den

---

[8]siehe: http://pqcrypto.org,
https://csrc.nist.gov/Projects/Post-Quantum-Cryptography

2.1 Grundlagen und Entwicklung der IT-Sicherheit

Google in seinen Chrome-Browser einbaut. Das stark überarbeitete TLS-Protokoll fand im August 2018 in Version 1.3 endgültig Niederschlag in RFC 8446.

2.1.4 Schichtenspezifische IT-Security-Protokolle

Mit der Erfindung der asymmetrischen Verschlüsselung Mitte der 70er Jahre und der avisierten Kommerzialisierung des Internet Mitte der 90er Jahre ergab sich die Möglichkeit und zugleich Notwendigkeit, den Internet-Datenverkehr zu verschlüsseln. In den Jahren zuvor war das Konzept der *Public Key Infrastructure* (PKI) entwickelt worden, und mit den nun verfügbaren Rechnerressourcen fand dies mittels der *Secure Socket Layer* (*SSLeay*) zunächst Einzug in den damals dominierenden Netscape Webbrowser sowie dem Apache Webserver.

PKI

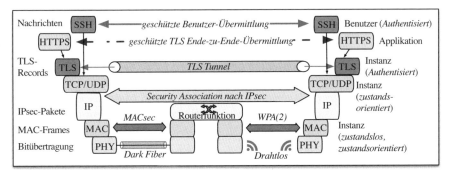

Abb. 2.1-5: Gesicherte IP-Kommunikation auf den verschiedenen Schichten
PHY: Physikalische Schicht, MAC: Media Access Control Schicht, IP: Internet Protocol, IPsec: IP Security, TCP: Transmission Control Protocol, TLS: Transport Layer Security, HTTPS: Hypertext Transport Protocol (Secure), SSH: Secure Shell

Abb. 2.1-5 illustriert die heute gängigen Verfahren zur Absicherung der (Internet-)-Kommunikation (mittels Verschlüsselung) auf den unterschiedlichen Kommunikationsschichten:

- Bei der physikalischen Übermittlung der Signale kann eine *Dark Fiber* genutzt werden. Eine Dark Fiber muss nicht im eigentlichen Sinne ein Glasfaserkabel sein; jedoch beinhaltet der Terminus, dass immer eine *eigene physikalische Übertragungsstrecke* vorhanden ist, die nicht mit anderen Teilnehmern geteilt wird, sondern in der die Bits sozusagen 'privat' transportiert[9] werden.

  Dark Fiber

  Die Übertragung per 'Dark Fiber' bedeutet nicht unbedingt, dass die Signale zusätzlich verschlüsselt sind. Wie Abb. 2.1-5 zeigt, kann die Anbindung per 'Dark Fiber' nur Punkt-zu-Punkt, d.h. zwischen den Netzknoten erfolgen. Zudem ist die Übertragung *zustandslos*, da weder das Verfahren ausgehandelt werden muss noch die darauf aufbauenden Anwendungen hierüber informiert sind.

- Link-Level-Verschlüsselung findet üblicherweise im WLAN statt, wobei hierfür das weit verbreitete Protokoll WPA2 [Abschnitt 13.3] eingesetzt wird. Die Netzwerkschlüssel werden hierbei entweder statisch aufgrund eines *Pre-shared Keys* PSK

  Link-Level-Verschlüsselung

---

[9]*Google* verwendet 'Dark Fiber' bei den Providern, um seine Rechenzentren zu koppeln.

oder dynamisch, d.h. ephemeral mittels des *Extensible Authentication Protocols* EAP zur Verfügung gestellt [Abschnitt 15.1]. Dieses auf IEEE 801.1X basierende Verfahren wurde auf das Ethernet-LAN übertragen und wird als MACsec geführt [Abschnitt 14.4.4]. Interessant ist MACsec für Internetprovider, die eine Kopplung ihrer Netze (Cross-Connect) vornehmen und dabei die Daten-Frames quasi über fremdes Terrain übertragen.

IPsec
- Auf der Netzwerkschicht kann als Sicherheitsprotokoll *IP Security* (IPsec) [Abschnitt 6.4] genutzt werden. Alternativ kann das von *Dan Bernstein* erfundene *CurveCP-Verfahren* [http://curvecp.org/] als quasi *Transportverschlüsselung* Verwendung finden. Im Gegensatz zu IPsec wird hier keine PKI vorausgesetzt.

Bei beiden Verfahren kann die Verschlüsselung entweder zum nächsten IP-Peer-Knoten oder zwischen Quelle und Ziel aufgesetzt werden. Auch hier gilt, dass die Verschlüsselung für die Anwendung nicht 'sichtbar', also transparent ist, wenn auch eine Verhandlung zum Aufbau der notwendigen Sicherheitsverfahren gefordert ist; bei IPsec als *Security Association* bezeichnet.

TLS
- Das auf TCP aufbauende Verfahren der *Transport Layer Security* (TLS) stellt den Nachfolger des *Secure Socket Layer* (SSL)-Protokolls dar und bildet das heutige Rückgrat des *Internet E-Commerce* [Abschnitt 7.2]. TLS ist immer an eine Anwendung (*Applikation*) gebunden und muss von dieser explizit angefordert werden.

TLS setzt im Grunde eine funktionierende PKI voraus, wobei einige Verschlüsselungsverfahren auch ohne diese auskommen können. TLS ist ein *zustandsorientiertes* Sicherheitssystem, auch wenn es zunächst als transparente Anwendungs-Supportschicht gedacht war. Gebräuchlich sind neben HTTPS vor allem die E-Mail-Protokolle SMTPS, POP3S und IMAPS.

SSH, PGP
- Einige verbreitete Protokolle der Anwendungsschicht besitzen intrinsische Mechanismen, um die zu übertragenden *Nachrichteninhalte* automatisch zu verschlüsseln. Zunächst sei hier das Protokoll *Secure Shell* SSH mit seinen 'Ablegern' *Secure Copy* SCP, *Secure FTP* SFTP und *rsync* genannt. Auch das E-Mail-Verschlüsselungsprotokoll *Pretty Good Privacy* PGP gehört in diese Kategorie, was alledings heutzutage durch die sicheren Messenger-Dienste wie *Threema*, *Jabber* oder *Telegram* weitgehend verdrängt wurde.

Neben der Frage der *Verschlüsselung* kommt auch immer die der *Integrität*, d.h. Unverfälschtheit der übertragenen Daten hinzu sowie inwiefern die *Authentizität* der Kommunikationspartner – im Sinne von 'der Richtige' – gewährleistet ist. Vertraulichkeit durch Verschlüsselung und die Integrität der übertragenen Informationen können durch technische Maßnahmen garantiert werden, Autorisierung des *Kommunikationspartners* allerdings nur im Rahmen eines Vertrauensmodells.

Während wir die ersten beiden Aspekte im folgenden Abschnitt diskutieren möchten, greifen wir das Thema der Benutzeridentifikation in Abschnitt 2.6 im Zusammenhang mit digitalen Zertifikaten wieder auf.

2.2 Prinzipien und Primitive der IT-Security

Das klassische C-I-A-Dreieck der IT-Security verlangt in Konsequenz, dass die *Availability*, d.h. die Verfügbarkeit von Daten und IT-Systemen, die vorrangige Stelle einnimmt: Ohne Verfügbarkeit spielt die Vertraulichkeit und Integrität von Daten keine Rolle.

Die Verfügbarkeit von IT-Systemen hängt mit den Eigenschaften der Hard- und Software zusammen, deren Zusammenspiel von einer Zwischenkomponente, der Firmware (manchmal auch als Treiber bezeichnet), geregelt wird. In Bezug auf die Hardware kann die Verfügbarkeit durch Redundanzen, d.h. doppelter Auslegung im Rahmen eines *Cold-* oder *Hot-Standby* sowie *Loadsharing* verbessert werden. Die Robustheit von IT-Systemen ist somit nicht nur eine intrinsische Eigenschaft, sondern auch eine Frage der Architektur. Redundanzen

Auch bei Software ist eine an die Aufgabenstellung angepasste Architektur maßgeblich, was in Rahmen des *Software Engineerings* SWE behandelt wird. Die SW-Architektur stellt das Bindeglied zwischen den fachlichen und den nicht-fachlichen Anforderungen[10] dar. Zu den IT-Security-relevanten NFRs zählen die *LSD-Prinzipien*: Software-Architektur

- **Least Privileges**: Prozesse, die Daten verarbeiten, dürfen nur mit geringsten Systemrechten ausgestattet sein und den 'Security-Kontext' des Anwenders nicht negativ beeinflussen.
- **Segregation of Duties**: Ein Prozess sollte nur wenige Verarbeitungskompetenzen besitzen, d.h. sollte 'single-use' sein. Weitere Verarbeitungsschritte werden von dedizierten Folgeprozessen vorgenommen[11].
- **Domain Principle**: Daten sollen in der Domain verarbeitet werden, wo sie entstehen.

Diese Grundsätze der Datenverkapselung und -verarbeitung müssen in der Praxis durch eine fachgerechte Implementierung und deren Tests ergänzt werden. Die Tests beinhalten Modul-, Integrations- und Systemprüfungen. Zusätzlich können auch Performance- bzw. Regressionstests vorgenommen werden [Bla09].

IT-Systeme, die diese Qualifikation erfüllen, sind auch zur Verarbeitung vertraulicher Daten geeignet, sofern von den folgenden vier Primitiven der Kryptographie Gebrauch gemacht wird, die zudem die Integrität und Herkunft der Daten verifizierbar machen.

2.2.1 Verschlüsselungs-Primitiv $\mathbb{C}$

Die Sicherung der Vertraulichkeit (engl. *confidentiality*) von Daten und Informationen ist eine Notwendigkeit, die im zivilen Leben die Privatsphäre sichert, im militärischen aber dazu dient, den 'Feind' über die eigenen Mitteln und Vorgehensweisen im Unklaren zu lassen.

Secret-Key-Kryptographie

Bei der klassischen Verschlüsselung von Daten wird <u>ein</u> Schlüssel genutzt, der den Anwendern bekannt sein muss, aber ansonsten von keinem Dritten; der Schlüssel ist also geheim: *Secret Key Cryptography*. Bezeichnen wir die Klartextdaten mit x und den Schlüssel mit k, ergeben sich zwei Operationen:

- *Verschlüsselungsoperation*: $x' = \mathbb{C}(x, k)$
- *Entschlüsselungsoperation*: $x = \mathbb{C}^{-1}(x', k)$

Die verschlüsselten Daten wurden als x' eingeführt und die Schlüsseloperation bzw. Chiffrefunktion mit $\mathbb{C}$. Der geheime Schlüssel k dient sowohl zum Ver- als auch zum Entschlüsseln, was auch die Wortwahl 'symmetrische Verschlüsselung' begründet. Bei aktuell implementierten Verschlüsselungsfunktionen wie AES gilt zudem: $\mathbb{C} = \mathbb{C}^{-1}$, d.h. Ver- und Entschlüsselung findet über den gleichen Algorithmus statt, wodurch die Implementierung deutlich vereinfacht wird.

Zustandslose und zustandsbehaftete Schlüssel

Somit können Operationen wie Festplattenverschlüsselung oder das Anlegen und Auslesen des Passwort-Safes trivial gelöst werden. Hierbei bleibt der geheime Schlüssel über einen längeren Zeitraum unverändert; er ist *zustandslos*. Sind die Daten aber mit einem Partner, z.B. über das Netzwerk auszutauschen, muss dem Gegenüber der Schlüssel (und natürlich auch der Algorithmus) bekannt sein, damit die empfangenen, verschlüsselten Daten wieder entschlüsselt und somit im Klartext gelesen werden können. Hierbei empfiehlt es sich nicht, immer den gleichen Schlüssel zu verwenden, sondern es sollte bei jeder Transaktion der Schlüssel gewechselt werden. Die Transaktions- bzw. Sitzungsschlüssel sind daher nur temporär gültig bzw. ephemeral und somit *zustandsbehaftet*.

Bevor wir in Abschnitt 2.4 die technische Implementierungen von $\mathbb{C}$ besprechen, müssen wir zunächst klären, wie unser Gegenüber zu seinem Sitzungsschlüssel kommt.

2.2.2 Schlüsseltausch-Primitiv κ

Das Schlüsseltauschproblem ist eine asymmetrische kryptographische Operation, daher auch häufig die Bezeichnung 'asymmetrische Verschlüsselung'. Allerdings ist der Terminus 'Verschlüsselung' unzutreffend; Algorithmen wie Diffie-Hellman dienen dazu, sich auf einen gemeinsamen Schlüssel zu verständigen. Folgendes Beispiel beschreibt zunächst den Grundgedanken beim RSA-Schlüsseltausch κ, mit dessen Hilfe *Alice* und *Bob* zu einem geheimen Schlüssel zu gelangen, um hiermit ihre vertraulichen Daten gegen Dritte mittels des Verschlüsselungs-Primitivs $\mathbb{C}$ schützen zu können.

Schlüsseltausch von Alice und Bob

> Bob besitzt eine hinreichend sichere Schachtel mit einem Schnappschloss, das nur <u>er</u> mit seinem privaten Schlüssel öffnen kann. Die Schachtel wird nun von Alice angefragt und Bob händigt Alice diese in geöffnetem Zustand aus. Die Schachtel an sich ist wertlos und enthält ... nichts weiter, muss aber Bob zugewiesen sein. Nun generiert Alice einen Sitzungsschlüssel, legt ihn in die Schachtel und lässt diese zuschnappen. Alice bittet nun Charlie, die Schachtel mit ihrem Schlüssel an Bob zu übergeben. Da die Schachtel verschlossen ist und nur Bob sie öffnen kann, bleibt der Sitzungsschlüssel für Charlie im

---

[10]engl.: Functional and None-functional Requirements FR/NFR
[11]siehe: https://cr.yp.to/qmail/qmailsec-20071101.pdf

2.2 Prinzipien und Primitive der IT-Security

Verborgenen. Bob öffnet nun mit seinem privaten Schlüssel die Schachtel und entnimmt den Sitzungsschlüssel.

Damit der Schlüsseltausch erfolgen kann, wird ein öffentlicher und privater Schlüssel von demjenigen benötigt, mit dem eine verschlüsselte Konversation vorgenommen werden soll: der Empfänger bzw. Receiver r. Seinen *public key* wollen wir als p_r bezeichnen und seinen *private key* mit $\bar{p}_r$. Public-Key-Kryptographie

Die Schlüsseltauschoperation für den gemeinsamen Schlüssel s läuft nun in zwei Schritten ab:

- Initiierung des Schlüsseltausches (vom Sender aus): $s' = \kappa(s, p_r)$
- Vollendung des Schlüsseltausches durch den Receiver: $s = \bar{\kappa}(s', \bar{p}_r)$

Hierbei muss der *Sender* über den *public key* p_r von *Receiver* verfügen, und natürlich nutzen auch beide Partner den gleichen Algorithmus für den Schlüsseltausch, damit der 'verschlüsselte' Sitzungsschlüssel aus s' korrekt entnommen werden kann. Die Schlüsseltauschfunktionen (*key exchange*) κ und $\bar{\kappa}$ sind hierbei unterschiedlich – und auch unterschiedlich schnell! Wichtig ist auch, dass es eine ein-eindeutige Zuordnung von *private key* und *public key* gibt: $p_r \Leftrightarrow \bar{p}_r$.

Der Schlüsseltausch erfolgt hierbei *anonym*, was eine fatale Konsequenz aufweisen kann:

> Wie gezeigt, hängt der Schlüsselaustausch von der Qualität der Schachtel und des Schlosses ab. Charlie muss sich anstrengen, diese unbemerkt zu öffnen, um den Sitzungsschlüssel zu entnehmen und um damit die von ihm abgefangenen vertraulichen Nachrichten zu entschlüsseln. Wird Charlie auch zur Übergabe der leeren Schachtel bemüht, kann er aber cleverer vorgehen: Er nimmt die Schachtel von Bob entgegen, tauscht sie durch seine eigene Schachtel aus und reicht diese an Alice weiter. Auf dem Rückweg öffnet er nun (seine) geschlossene Schachtel, entnimmt den Sitzungsschlüssel und legt einen neuen (seinen) eigenen in Bobs Schachtel, um diese an Bob zu übergeben. Somit kann Charlie nun – als Beteiligter im Datenaustausch – komplett unbemerkt und ohne Aufwand die verschlüsselte Konversation zwischen Bob und Alice verfolgen: ein *Man-in-the-Middle*-Angriff (MitM) wurde durchgeführt! Man-in-the-Middle-Angriff

Ein anonymer Schlüsseltausch ist nur für Szenarien ratsam, wo ergänzende Nachrichtenauthentisierung vorgenommen werden kann. In allen anderen Fällen ist die Authentizität zumindest des Empfängers (Receivers) sicherzustellen, was glücklicherweise auch über die 'asymmetrische' Kryptographie möglich ist; nun aber mit umgekehrten Rollen für den *private* und *public key*. Zuvor benötigen wir aber noch eine weitere wichtige Kryptofunktion, das *Hash-Primitiv*. Anonymer Schlüsseltausch

2.2.3 Hash-Primitiv h

Ein zentrales Element der IT-Security ist die Möglichkeit, eine Nachricht so zu kennzeichnen, dass diese vom Empfänger als *nicht-verändert* (integer) verifiziert werden kann. Hierbei gehen wir davon aus, dass sowohl die Speicherung, als auch die Übertragung von Nachrichten immer mit Fehlern verknüpft ist, weil externe Einflüsse die Nutzdaten überlagern und modifizieren können.

Hashsumme ≠ Checksumme

Technische Lösungen hierfür bieten Paritäts-Bits und Checksummen, also Informationen, die der Nachricht hinzugefügt werden. Dies kann entweder blockweise oder aber nachrichtenweise, d.h. mit variabler Datenlänge, durchgeführt werden. Interessanterweise waren Hashfunktionen schon früh bekannt und wurden beispielsweise bei der Sicherung von Unix-Passwörtern genutzt; es brauchte aber bis Anfang der 90er Jahre, ehe *Ron Rivest* [Abb. 2.1-4] mit MD4 (*Message Digest 4*) die mathematischen Grundlagen für die nicht-injektiven Hashfunktionen legte.

Merkmale von Hashfunktionen

Hashfunktionen als *Einwegfunktionen* besitzen folgende Eigenschaften [Abb. 2.2-1]:

- Eine Hashfunktion liefert für eine beliebige Nachricht x einen Hashwert h mit *konstanter Wertelänge L*: $h = h(x)$.
- Es gibt *keine mathematische Umkehrfunktion* für h: $x \neq h^{-1}(h) \Rightarrow h^{-1}$.
- Hashfunktionen nutzen den *Avalanche-Effekt*; d.h. wenn der Input-Wert x sich auch nur um einen winzigen Betrag δ ändert, ist der Hashwert ein komplett anderer und lässt sich nicht aus beiden Teilen ableiten: $x + \delta \Rightarrow h(x+\delta) \neq h(x) + h(\delta)$.
- Hashfunktionen müssen *kollisionsresistent* sein, d.h. es darf nicht möglich sein, einen Wert x' mathematisch zu bestimmen, für den gilt: $h(x) = h(x')$. Dies hängt natürlich von der Größe der Bildmenge ab; wobei die Urbildmenge als prinzipiell unbeschränkt gilt.

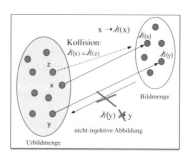

Abb. 2.2-1: Zur Definition von Hashfunktionen;
Die Urbildmenge ist unbeschränkt, während die Anzahl der Elemente in der Bildmenge durch die Forderungen einer konstanten Hashlänge beschränkt ist; bei SHA-256 besitzt die Bildmenge also $2^{256} \approx 10^{77}$ Elemente.

Der Wert h einer Hashfunktion weist einige interessante Eigenschaften auf, die natürlich von der konkreten Hashfunktion abhängig sind:

- Der Hashwert h ist *zustandslos*; d.h. für eine gegebene Hashfunktion h und bei gleichem Eingabewert x ist er immer identisch.
- Der Hashwert h besitzt eine *maximale Entropie* und verhält sich wie ein Zufallswert, und zwar unabhängig von x. Diese Eigenschaft wird auch häufig als *Pseudo-Zufallswert* beschrieben.

Rainbow-Tabellen

In der Praxis spielt die schnelle Berechenbarkeit von Hashwerten eine große Rolle. Übliche Hashfunktionen wie MD5 und SHA arbeiten schnell, auch bei bei großen Datenmengen für den Eingangswert x. Dies ist dann wichtig, wenn Hashes zur Sicherstellung der Datenintegrität genutzt werden. Die schnelle Berechenbarkeit führt aber

2.2 Prinzipien und Primitive der IT-Security

zu dem Phänomen, dass Hashwerte für lexikalische Ausdrücke generiert und 'online' gestellt werden können: *Rainbow-Tabellen*.

Werden Hashes zur Verschleierung von Passwörtern genutzt, sind Hashfunktionen sinnvoll, die viele Systemressourcen (z.B. Hauptspeicher) 'verbrauchen'. Hierzu zählen vor allem *bcrypt* und *scrypt*, die gerne auch als Grundlage für *Password-Based Key Derivation Functions* genutzt werden.

Der große Nutzen von Hashwerten besteht aber darin, dass man Daten hiermit *indizieren* kann, wobei der Index eine konstante Länge aufweist. Der Index ist somit eindeutiger Repräsentant der Daten und mit diesem über die Hashfunktion h verknüpft. Dies wird speziell für *Digitale Signaturen* ausgenutzt, denen wir uns im weiteren zuwenden wollen.

Hashwert = Index

Eine weitere populäre Nutzung von Hashfunktionen liegt in Form der *Blockchain* und hier speziell der Erzeugung von Krypotwährungen wie Bitcoin vor, wo deren Eigenschaft das mathematische Fundament des *Mining* darstellt:

> Die Nicht-Umkehrbarkeit von Hashfunktionen spielt aktuell bei der Berechnung von Bitcoins ₿ eine zentrale Rolle: Bitcoins werden 'gemined', indem gefordert wird, dass der SHA-256-Hashwert immer weiter gegen Null tendiert: '000000000019d6689c085ae165831e934ff763ae46a2a6c172b3f1b60a8ce26f'. Der hier hexadezimal dargestellte Wert ist im Genesis-Block der Bitcoin-Blockchain vorhanden. Wenn alle 256 Bit des Hashwerts auf Null gesetzt sind bzw. wenn der Inputwert y bekannt ist, für den diese Bedingung gilt, also SHA-256(y) = '0000 ... 0000', sind alle Bitcoins erschöpft. Die 'einfache' Berechenbarkeit von SHA-256 macht Bitcoin-Mining attraktiv, speziell auf geeigneter Hardware; allerdings mit dem negativen Seiteneffekt, dass enorm viel elektrische Energie für sinnlos generierte Hashwerte benötigt wird.

Hashwerte bei Bitcoins

2.2.4 Signatur-Primitiv σ

Beim Signatur-Primitiv σ drehen wir den Verwendungszweck des *public key* p und des *private key* $\bar{p}$ um und gehen davon aus, dass sie dem Unterzeichner (*Originator*) zugewiesen sind – also p_o und $\bar{p}_o$ –, der ein Dokument x signieren (ausgedrückt durch den Wert sig) möchte:

- *Signaturoperation* des Unterzeichners: $sig = \sigma(x, \bar{p}_o)$
- *Verifikationsoperation* beim Empfänger: $x = \bar{\sigma}(sig, p_o)$

Der *public key* des Unterzeichners p_o ist öffentlich bekannt bzw. wird zusammen mit dem Dokument x und der Signatur sig dem Empfänger zur Verfügung gestellt. Aus praktischen Gründen ersetzen wir allerdings das Dokument x durch dessen Hashwert: $h = h(x)$, was als *Message Digest* bezeichnet wird. Die Signatur ist wiederum *zustandslos*.

Message Digest

Üblicherweise wird daher ein Zeitstempel t zur Signatur hinzugefügt [Abb. 2.2-2]: $sig|_t = \sigma(h(x), t, \bar{p}_o)$. Hierdurch wird die Signatur auch transaktionssicher.

Laut *Bruce Schneier* [Sch96] lassen sich mit digitalen Signaturen folgende Ziele realisieren:

Ziele digitaler Signaturen

1. *Verifiable*: Der Empfänger kann einfach überprüfen, dass die Nachricht tatsächlich vom Unterzeichner stammt.
2. *Un-Forgeable*: Nur der Unterzeichner kann die Signatur dem Dokument beifügen; diese kann somit nicht gefälscht werden.
3. *None-Reusable*: Die digitale Signatur ist für dieses Dokument einmalig und kann nicht für andere benutzt werden.
4. *Un-Alterable*: Eine Änderung des Dokuments nach Berechnung der Signatur zerstört die Bindung zwischen beiden: Fälschungssicherheit.
5. *None-Deniable*: Der Unterzeichner kann nicht bestreiten, dass er das Dokument signiert hat.

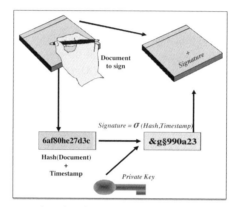

Abb. 2.2-2: Erzeugung einer digitalen Signatur

2.2.5 Zusammenspiel der Krypto-Primitive

Die gesamte moderne IT-Security macht sich die Krypto-Primitive

- Verschlüsselung $\mathbb{C}$,
- Schlüsseltausch κ,
- Signatur σ sowie
- Hashes h

zunutze und baut mit den unterschiedlichen Implementierungen entsprechende Krypto-Lösungen auf, wie Abb. 2.2-3 in Anlehnung an XKCD[12] zeigt.

Verschlüsselungs-Primitiv — Die Verschlüsselungs-Primitive $\mathbb{C}$ können wir grob in Block- und Stromschlüssel einordnen, worauf wir später noch im Detail eingehen werden. Allerdings werden bis dato bei starker Verschlüsselung nahezu ausschließlich Blockchiffren – wie AES – in einem verschränkten Betriebsmodus eingesetzt. Eine Mischform von Block- und Stromchiffren gilt bei richtiger Wahl der Komponenten als besonders sicher. Allerdings findet bei TLS [Abschnitt 7.2] für den Datentransport das Stromschlüssel-basierte Protokoll *ChaCha* [RFC 7905] zunehmend Einsatz.

---

[12] *A webcomic of romance, sarcasm, math, and language* von *Randall Munroe*, siehe: http://xkcd.com/

2.2 Prinzipien und Primitive der IT-Security

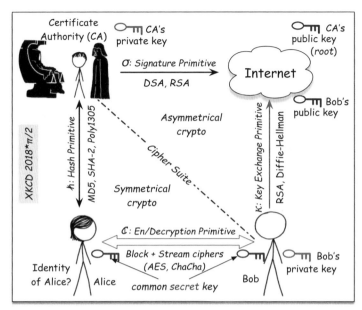

Abb. 2.2-3: Kryptographische Primitive und ihre Implementierung
AES: Advanced Encryption Standard, MD5: Message Digest 5, DSA: Digital Signature Algorithm, DSS: Digital Signatur Standard, RSA: Rivest/Shamir/Adleman Algorithmus, SHA: Secure Hash

Es besteht die Meinung, dass vor allem die Länge des Schlüssels die Qualität der Verschlüsselung bestimmt. Bei Blockchiffren sind die einzelnen Nachrichtenblöcke immer gleich lang wie der Schlüssel, was dazu führt, dass wir in einer Verschlüsselungsoperation immer genau n Bits der Blocklänge als auswertbare Nutzinformation mitgeben, d.h. die Verschlüsselung wird 'stärker', aber um den Preis von mehr Informationen, die automatisch mitgeliefert werden.

Die Schlüsseltausch-Operation κ basiert wie auch die Signatur-Operation σ auf den bekannten RSA- bzw. Diffie-Hellman-Algorithmen. Beide Verfahren arbeiten deterministisch, d.h. mit der Vollendung des Schlüsseltauschs $\bar{\kappa}$ ist klar, dass beide Partner über die gleichen Parameter verfügen. Zukünftige, z.B. Gitter-basierte Verfahren, operieren dagegen *probabilistisch* bzw. *optimistisch*: — Schlüsseltausch-Primitiv

> In den meisten Fällen stimmen die ausgehandelten Parameter überein, der Algorithmus garantiert dies aber nicht. Sollte die anschließende Verschlüsselung nicht klappen, muss der Schlüsseltausch erneut angestoßen werden.

Im praktischen Einsatz des Signatur-Primitivs σ ist man auf eine tragende Infrastruktur angewiesen, wo von einem 'Trust-Anker' aus Vertrauen bezogen werden kann. Für die *Public Key Infrastructure* PKI und den *Certificate Authorities* ist dieses Vertrauen verloren gegangen, und so stehen Alternativen wie das dezentral organisierte *Domain Name System* DNS derzeit im Zentrum einer Neuausrichtung. — Signatur-Primitiv

Hash-Primitiv

Das Hash-Primitiv h hat sich als 'Schweizer-Messer' der Kryptographie entwickelt, wird es doch sowohl zur Integritätsprüfung lang- und kurzfristiger gültiger Datenblöcke benutzt, wobei hier auf den Datenkontext im vorigen Abschnitt verwiesen werden kann. Der Hashwert liefert somit einen technischen Kontext zur Nutzinformation, der in manchen Fällen – wie unter Einsatz von TLS Abb. 2.3-1 – zwar 'Integrität' sichert, aber auch 'Data Leakage' mit sich bringen kann.

Hashfunktionen und Verschlüsselungsfunktionen zählen zu den 'klassischen/symmetrischen' Krypto-Verfahren. Deren Implementierung ist auch erstaunlich ähnlich und basiert auf den mathematischen Ideen der *Permutation*, *Transposition* und – wichtig – *Substitution*. Die letztere Operation macht das Ergebnis quasi 'unvorhersehbar' und abhängig von den Eingangswerten. Schlüsseltausch- und Signaturoperation fallen hingegen in den Bereich der 'asymmetrischen' Kryptographie [Abb. 2.2-3] und werden heute technisch vor allem mittels *elliptischer Kurven* unter Einsatz des *Diffie-Hellman-Protokolls* vorgenommen.

Keine Authentisierung von Alice

Bei den derzeitigen Krypto-Lösungen wird im Rahmen der Transaktion nur die Identität des Empfängers (also Bob; vgl. Abb. 2.2-3) verlangt; Alice handelt hingegen anonym, und die Berechtigungen, über die Alice verfügt, müssen in der Applikation geklärt werden.

> Will man das ändern, muss Alice ebenfalls über einen *public* und *private key* verfügen, was technisch möglich, praktisch jedoch mit einigem Aufwand verbunden ist. In den meisten Fällen begnügt man sich damit, Alice eine *lokale Identität* zuzuweisen. Globale Identitäten, die z.B. an Zertifikate im Personalausweis geknüpft sind, wurden zwar in den letzten Jahrzehnten entwickelt, haben sich aber immer noch nicht auf breiter Front durchgesetzt.

2.3 Hashfunktionen und ihr Einsatz

Die zentralen Eigenschaften von Hashfunktionen und Hashwerten wurden bereits bei der Diskussion des Hash-Primitivs h vorgestellt. Hierbei wurde eine Hashfunktion als Rechenvorschrift eingeführt, mit der eine 'Eingangs'-Zeichenfolge beliebiger Länge in eine 'Ausgangs'-Zeichenfolge konstanter (im Allgemeinen kürzerer) Länge umgewandelt wird: der *Hashwert* oder die *Hashsumme*. Diese Einweg-Hashfunktion funktioniert immer nur in eine Richtung, d.h. aus der 'Eingangs'-Zeichenfolge lässt sich einfach die 'Ausgangs'-Zeichenfolge berechnen, aber es ist aufgrund des *Lawinen-Effekts* praktisch unmöglich, zu einer 'Ausgangs'-Zeichenfolge passende 'Eingangs'-Zeichenfolgen zu berechnen: Ändert sich bei der 'Eingangs'-Zeichenfolge auch nur ein Bit, besitzt der erzeugte Hashwert einen vollkommen anderen, unvorhersehbaren Wert, was eine 'Hashsumme' fundamental von einer '*Checksumme*' unterscheidet.

Ein weiteres wichtiges Merkmal, was Hashsummen von Checksummen unterscheidet, ist ihre Nicht-Additivität: Wenn wir zu einem bekannten Wert x, für den $h(x)$ gebildet werden soll, einen weiteren Wert k hinzufügen, sagen wir in Form einer Konkatenierung $h = h(k \parallel x)$, benötigt man das Wissen sowohl von x als auch von k, um den Hashwert h zu berechnen.

2.3 Hashfunktionen und ihr Einsatz

Das Hinzufügen eines weiteren Wertes in der Hashsumme wird als *Salt* oder auch *key*, der erzeugte Hashwert demzufolge als 'salted' oder 'keyed' hash bezeichnet. Welche Eigenschaften soll nun k als Salt besitzen? Hierfür gibt es folgende Szenarien:

Salted Hash = Keyed Hash

Key $k = ...$	Bedeutung	Hashfunktion $h(...)$	Bemerkung	Zustandslos	behaftet
$\emptyset$	kein *key*	$h(x)$	unverändert	✓	
$[0,1]$	protokollspezifische Füllbits	$h([0,1] \| x)$	*Obfuskation* trivialer Werte von x	✓	
$\{0, 1.., i, ..., n\}$	Index i	$h(i \| x)$	*Sequenzierung* von x		✓
random	Nonce/Challenge/Salt	$h(\text{random} \| x)$	*random* kann öffentlich sein	✓	✓
shared secret	Geheimes Passwort	$h(\text{secret} \| x)$	Nachrichten-Authentisierung	✓	✓

Tab. 2.3-1: Verwendung von Hashfunktionen mit Salt;
$\|$: Konkatinierungs-Operator, MIC: Message Integrity Check, Nonce: oNly use once

Salted Hashes schützen – unabhängig von der Hashfunktion – den Hashwert zuverlässig gegen *Rainbow Tables*. Bei einigen Verfahren wie bei *Challenge/Response* wird für die Benutzerauthentisierung sowohl von Füllbits als auch von Challenges Gebrauch gemacht, was die Gefahr des Erratens trivialer Passwörter stark senkt.

Rainbow Tables und Salt

2.3.1 Hashfunktionen zur Nachrichtensicherung

An die Hashfunktionen zur Nachrichtensicherung werden zwei wesentliche Anforderungen gestellt:

1. Sie müssen schnell sein, wenig Rechnerressourcen verbrauchen und ggf. parallelisierbar sein, was sowohl einzelne große Datenmengen als auch viele kleine zu hashende Datenpakte (z.B. IP-Pakete) betrifft.
2. Sie müssen kollisionsresistent sein, d.h. für die zu verarbeitende Datenmenge sollten keine bekannten Kollisionen vorliegen.

Einige bekannte Hashfunktionen sind:

- MD5 (*Message Digest 5*) [RFC 1321]: Die erzeugte 'Ausgangs'-Zeichenfolge, der Hashwert, hat eine Länge von 128 Bit (32 hexadezimale Zeichen). Allerdings sind hier Kollisionen bekannt, sodass MD5 nicht für zustandslose und langfristig gültige Hashes benutzt werden sollte.
- RIPEMD (*RIPE Message Digest*) wurde für das RIPE-Projekt (RACE Integrity Primitives Evaluation) der EU entwickelt und 1996 erstmals veröffentlicht. RIPEMD-160 ist eine Hashfunktion, die eine Prüfsequenz mit der Länge von 160 Bit erzeugt. Es existieren auch die 128-, 256- und 320-Bit-Versionen von RIPEMD, die man entsprechend als RIPEMD-128, RIPEMD-256 bzw. RIPEMD-320 bezeichnet.
- Salsa10[13] ist eine von D. J. Bernstein entwickelte und sehr schnelle Hashfunktion, die einen 64 Byte (512 Bit) langen Hashwert liefert.
- SHA(-1) (*Secure Hash Algorithm*) [RFC 3174] und einem Hashwert von 224 Bit, entsprechend 40 hexadezimalen Zeichen in der Ausgabe.

---

[13] siehe: http://cr.yp.to/salsa10.html

- SHA-2 *Secure Hash Algorithm* mit Längen von 256, 384 und 512 Bit [RFC 4634]. SHA-2 ist die weit verbreitetste Hashfunktion, die speziell auch für digitale Signaturen eingesetzt wird. Dass die Länge des erzeugten Hashwertes nicht mit der Rechengeschwindigkeit zu tun hat, zeigt augenfällig SHA-512, das aufgrund des effizienteren Algorithmus schneller ist als SHA-256.
- GMAC (*Galois Message Authentication Code*) folgt dem im Abb. 2.4-6 dargestellten Verfahren, nur dass auf eine explizite Verschlüsselung verzichtet wird.

2.3.2 Message Authentication Codes

Mittels der Hashfunktion wird eine Prüfsumme MAC (*Message Authentication Code*) berechnet, mit der eine zu sendende Nachricht bzw. ein IP-Paket signiert werden kann.

HMAC

Eine besondere Form der Keyed-Hashfunktion wird als HMAC-Funktion (*Hash based Message Authentication Code*) bezeichnet. Sie kann mit jeder beliebigen Hashfunktion (z.B. MD5 als auch SHA) benutzt werden. Die HMAC-Funktion auf der Basis der Hashfunktion h ist folgendermaßen definiert [RFC 2104]:

$$y = \text{HMAC}(k, x) = h(k \otimes opad, h(k \otimes ipad, x))$$

Erläuterung: k: gemeinsamer und geheimer Schlüssel, x: die zu übertragenden Daten; y: Prüfsumme als Signatur der Daten; $\otimes$: Operation Bitwise_Exclusive_OR, *ipad*: n mal das Byte '0x36', *opad*: n mal das Byte 0x5c'.

Zur Berechnung der Hashfunktion h werden zunächst die Daten in Blöcke mit der Länge von n Byte aufgeteilt ($n = 64$ und ggf. durch die Padding-Bytes 0x00 aufgerundet). Anschließend erfolgt die Berechnung des Hashwertes iterativ.

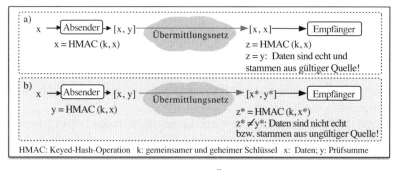

Abb. 2.3-1: Authentisierung der Datenquelle und Überprüfung der Datenintegrität
a) Ergebnis ist positiv, b) Ergebnis ist negativ

Arbeitsweise von HMAC

Abb. 2.3-1 erläutert das Prinzip, wie die HMAC-Funktion genutzt werden kann, um die Echtheit und die Herkunft von Daten zu überprüfen, bei der beide Kommunikationspartner zunächst ein *shared secret* k besitzen. Wie ersichtlich, erstellt der Absender (Quellrechner) zusätzlich zur eigentlichen Nachricht x eine Prüfsequenz y mittels der HMAC-Funktion, in die die Nachricht x und das *shared secret* k einfließt, und fügt diese der Nachricht bei. Der Empfänger entnimmt nun die Nachricht x und berechnet wiederum mittels des *shared secrets* k auf die gleiche Weise den Hashwert z. Sind y

2.3 Hashfunktionen und ihr Einsatz

und z gleich, [Abb. 2.3-1a] ist sowohl die Herkunft der Nachricht als auch ihre Unverfälschtheit sichergestellt. Ist der ermittelte Wert $z*$ nicht identisch mit dem Wert $y*$ für die Nachricht $x*$, wurde diese entweder bei der Übertragung verändert oder aber der Absender besitzt nicht das gleiche *shared secret* [Abb. 2.3-1b].

Üblicherweise stehen folgende HMAC-Funktionen zur Verfügung:

- HMAC-MD5 – 128 Bit Länge
- HMAC-SHA-1 – 160 Bit Länge sowie
- RIPEMD-160 – 160 Bit Länge.

HMAC-Funktionen

Welche Hashfunktion h eingesetzt wurde, lässt sich aus der Länge des Hashwertes zwanglos ermitteln, sofern die bekannten Hashes eingesetzt werden. Liegt eine Hashlänge von 160 Bit vor, muss sowohl auf SHA-1 als auch auf RIPE getestet werden.

Weitere vom NIST[14] spezifizierte Hashfunktionen zur Nachrichtenauthentisierung stellen AES-CMAC-128 bzw. AES-CMAC-256 dar. Beide unterscheiden sich nur in der Länge des Hashwerts. Abb. 2.3-2 illustriert die Arbeitsweise von AES-CMAC, und gemeinsam mit Abb. 2.3-3 verdeutlicht dies die Ähnlichkeit zwischen symmetrischer Verschlüsselung und Hashfunktion. Die Nachricht muss hier in n-Blöcke mit jeweils der Schlüssellänge heruntergebrochen werden. Der letzte Block ist um die fehlenden Bits zu ergänzen werden, wobei das Padding mit dem Bit '1' beginnt und dann die übrigen Bit mit '0' deklariert werden.

AES-CMAC

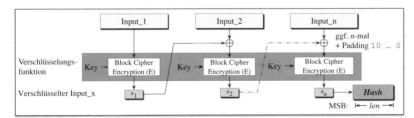

Abb. 2.3-2: Authentisierung einer Nachricht mittels der AES-CMAC-Hashfunktion; MSB: Most Significat Bit, len = Länge

Bleibt das *shared secret* aus Tab. 2.3-1 unverändert, arbeiten diese HMAC-Funktionen zustandslos. Wird aber zusätzlich ein Nonce hinzugefügt, ist der HMAC automatisch zustandsbehaftet wie beim Poly135-AES Verfahren [Ber05], das in RFC 7905 standardisiert ist und zunächst für die Blockchiffre AES entwickelt wurde. Hierbei wird neben dem 16 Byte langen AES-Schlüssel k je ein weiterer 16-Byte-Schlüssel r sowie ein *Nonce* n genutzt, um den *Authenticator* a zu bauen:

Poly1305

$$a = \text{Poly1305}_r(m, \text{AES}_k(n))$$

Die Nachricht liegt als m vor, und an diese wird der Authenticator a hinzugefügt. Gegenüber den weiter oben genannten Hashfunktionen, die im wesentlichen auf Substitutionsboxen aufbauen, wird bei Poly1305 eine Polynom-Berechnung modulo (der Primzahl als Restwert) $2^{130} - 5$ durchgeführt. Dies besitzt nicht nur den Vorteil

---
[14]siehe: https://csrc.nist.gov/publications/detail/sp/800-38b/final

besonders schnell und parallelisierbar, sondern auch *beweisbar* sicher zu sein. Ein potenzieller Angreifer muss zur Berechnung von a neben m auch die Schlüssel k und r sowie das Nonce n kennen bzw. erraten.

2.3.3 Hashfunktionen für Passwörter

Bei der Verwendung von Hashfunktionen im Zusammenhang mit Passwörtern ergeben sich zwei interessante Szenarien:

1. Bildung des Hashes h_p eines Passworts p zur Ablage des verschleierten Passworts: $p \rightarrow h_p = h(p)$.
2. Nutzung der Eigenschaft von Hashfunktionen, quasi zufällige Bytemuster zu erzeugen, die dann als Passwörter genutzt werden können: *Password-Based Key Derivation Functions* PBKDF.

Will man Passwörter – insbesondere von Dritten – sorgfältig aufbewahren, kommt man nicht drumherum, diese verschlüsselt abzulegen. Hierbei steht man vor dem Dilemma, entweder alle oder zumindest einen Satz von Passwörtern mit dem gleichen Schlüssel zu verschlüsseln, oder aber jeden Eintrag einzeln, was einen erhöhten Aufwand bedeutet.

Unix crypt als Hashfunktion

Das Unix-Betriebssystem weist demgegenüber die *crypt*-Funktion auf, die das Passwort zustandsbehaftet gemeinsam mit dem Salt ablegt. Ursprünglich diente hierzu der Trick, die DES-Blockchiffre zu nutzen, indem das Passwort als Schlüssel, die Sequenz $8 * 0$ Byte als Nachricht herangezogen wurde [Abb. 2.3-3]. Dies hat allerdings den Nachteil, dass hierdurch die Passwortlänge auf maximal 8 Zeichen beschränkt ist, was mittels moderner Hashfunktionen natürlich nicht mehr gegeben ist. Allerdings gilt der Grundsatz, dass der Passwortvergleich relativ 'teuer' sein sollte, sodass ein potenzieller Angreifer nicht zu schnell zum Ziel kommt.

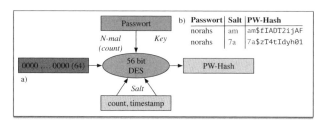

Abb. 2.3-3: Ablauf der ursprünglichen Unix-Funktion crypt
a) Das Passwort wird zur Verschlüsselung der mit 'count' und 'timestamp' als implizitem und explizitem Salt angereicherten 0-Byte-Sequenz genutzt und das Ergebnis der Berechnung mehrmals (64 mal) wiederholt. b) Salt und Passwort-Hash werden in der Daten `/etc/passwd` abgelegt, die nur vom Unix-User *root* lesbar ist. Wird das (gleiche) Passwort neu erzeugt und abgelegt, ist der Hashwert stets verschieden.

Standard-Hashes unterlaufen diese Forderung, und so wurden die speziellen Hashfunktionen *bcrypt* und *scrypt* entwickelt, die bei einigen Unix-Derivaten wie OpenBSD[15] zum Einsatz kommen.

---
[15] siehe: https://www.openbsd.org/papers/bcrypt-paper.pdf

2.3 Hashfunktionen und ihr Einsatz

Neben diesem quasi passiven Einsatz von Hashfunktionen kann man deren Eigenschaften auch aktiv nutzen, um 'gute' Passwörter zu generieren, was aus der hohen Zufälligkeit und Entropie des Hashwertes folgt. Hierbei gehen wir folgendermaßen vor:

kurzes, statisches Passwort $p \to h(salt, p) \to$ Passwort zur aktuellen Verschlüsselung

PBKDF

Wir nutzen also die Hashfunktion, um abgeleitete Passwörter zu produzieren, was in RFC 8018 als *Password-Based Key Derivation Functions* PBKDF spezifiziert ist und unter der Kennzeichnung PKCS#5 läuft. Ein aktueller Vorschlag besteht in der Kombination der *scrypt* Hashfunktion mit einer auf acht Runden reduzierten Version von *Salsa* (Salsa20/8)[16].

PKCS#5

> Für PBKDF gibt es bei der IP-Kommunikation viele Anwendungsfälle. So wird z.B. das WLAN-WPA2-Passwort, das für den Zutritt zum Netzwerk im Falle von *Pre-shared Keys* PSK eingegeben werden muss, niemals als Verschlüsselungspasswort benutzt, sondern es durchläuft eine PBKDF. Diese ist für den Benutzer im WLAN nicht sichtbar, vergrößert die Passwortlänge auf das gewünschte Maß und erhöht somit die Sicherheit gegenüber möglichem *Brute Force*-Erraten des Passworts deutlich; speziell dann, wenn das Eingangspasswort eine ausreichende Zufälligkeit besitzt.

WLAN-Schlüssel

Eine Weiterentwicklung der PBKDF stellt die *HMAC-based Key Derivation Function* HKDF dar [Kra10], die in RFC 5896 standardisiert ist. Ausgangsüberlegung für diese Funktion ist, die vorliegende Entropie beim Erzeugen von Passwörtern optimal zu nutzen. Tatsächlich kann der Fall eintreten, dass beim Hashen einer Zufallszahl die resultierende Entropie nicht zu-, sondern abnimmt[17]. Entropie kann im Grunde genommen nicht erzeugt, sondern nur verwaltet werden.

HMAC-based Key Derivation Function

Eine HKDF nutzt wie auch eine PBKDF einen (schwachen) Eingabewert und optional ein Salt zur Erzeugung einer Pseudo-Zufallszahl – dem *key* – in drei Schritten:

1. Generierung eines *Pseudo-Random Keys* PRK = HMAC-Hash($input, salt$).
2. Iterative Erzeugung des *Output Key Materials* in mehreren Runden: OKM = HKDF-Expand(PRK, info, len); info sind ergänzende Kontextdaten, die optional sind, len ist die Länge des Hashes. Bei der HKDF-Expand-Funktion wird von einem Wert $T(i = 0) = $ "" gestartet und dann in Folge $T(i)$ berechnet als $T(i) = $ HMAC-Hash(PRK, $T(i-1)$||info||$0x01$). Der Wert von $T(k)$ hängt also von den früheren Werten $T(k-i)$ ab.
3. Das finale *Output Key Material* OKM wird aus diesem konkatenierten Hash in der gewünschten Länge geschnitten.

Mit einer HKDF lassen sich zwei Anwendungsfälle realisieren:

- Die Ableitung eines kurzen, qualifizierten *Passworts* mit genügend Entropie aus größeren Eingabewerten.

Extract

- Die Erzeugung von umfangreichem, qualifiziertem *Key Material* aus einer bereits vorhandenen *pseudo random*-Bytefolge durch Diffusion.

Expand

Die letzte Eigenschaft wird in der neuen TLS-Version 1.3 genutzt.

---

[16]siehe: https://tools.ietf.org/html/draft-josefsson-scrypt-kdf-01
[17]siehe: http://blog.cr.yp.to/20140205-entropy.html

2.4 Symmetrische Verschlüsselung

Verschlüsselung ist über die letzten Jahrtausende immer eine Anforderung der Kriegsführung gewesen. Bereits seit der Antike sind *Chiffren* (Verschlüsselungsverfahren) bekannt. Zu den bekanntesten zählen die Verschiebechiffren, von denen verbreitet ist, dass diese schon von Julius Caesar (100 bis 44 v.d.Z.) eingesetzt wurden. Historisch von Bedeutung sind beispielsweise

- Verschiebechiffren,
- multiplikative Chiffren sowie
- affine bzw. Tauschchiffren

die als *text-alphabetische* Chiffren bekannt sind und allesamt den Nachteil besitzen, dass mittels Analyse der statistischen Häufigkeiten der Buchstaben leicht festgestellt werden kann, aus welcher Sprache sie entstammen.

Kerckhoff'sches Prinzip (1883)

Später wurden *CodeBooks*, also Kodierbücher entwickelt, die eine Übersetzung der Texte ermöglichen. Die *Enigma*-Maschine stellte den Versuch dar, die Verschlüsselung zu automatisieren und zugleich einer zentralen Anforderung der modernen Kryptographie zu entsprechen:

> Bei kryptographisch 'sicheren' Verschlüsselungsmethoden darf die Sicherheit bzw. der Schutz der verschlüsselt übertragenen Nachricht nicht vom *Verschlüsselungsalgorithmus* abhängen, sondern ausschließlich von der Geheimhaltung des *Schlüssels* sowie seiner *Entropie* und der *Schlüssellänge*.

Abb. 2.4-1 gibt eine Überblick über die aktuellen Verfahren der symmetrischen Verschlüsselung, die wir generell einteilen in Verfahren der

- *Blockverschlüsselung* mit zustandslosem Schlüssel und
- *Datenstromverschlüsselung* mit zustandsbehafteten Schlüsseln.

Im praktischen Einsatz finden zwei unterschiedliche Schlüssel Verwendung:

- $A \xrightarrow{\text{Schlüssel }(A \rightarrow B)} B$
- $B \xrightarrow{\text{Schlüssel }(B \rightarrow A)} A$

Schlüssel = zufällige Bitsequenz

Unter der Annahme, dass der Schlüssel eine weitgehend zufällige Bitsequenz[18] darstellt und daher nicht trivial geraten werden kann, ist die Schlüssellänge Garant für die Verschlüsselung selbst. Will man eine Verschlüsselung brechen, sind statistisch gesehen $2^{\text{Schlüssellänge}/2}$ Operationen notwendig, bis der 'richtige' Schlüssel durch Probieren gefunden wird. Der unter diesen Umständen aus dem Chiffretext abgeleitete Klartext sollte anschließend 'Sinn' machen. Unter den Bedingungen der aktuellen Rechnerperformance sind Schlüssellängen unter 100 Bit angreifbar.

Generell versuchen die Kryptologen, Chiffrecodes zu entwickeln, die mathematisch als 'schwer zu brechen' nachgewiesen werden können. Zentrales Merkmal hierbei

---

[18] Eine solche Bit- bzw. Ziffernfolge wird im Folgenden auch als *Nonce* (o<u>N</u>ly use <u>once</u>) bezeichnet.

2.4 Symmetrische Verschlüsselung

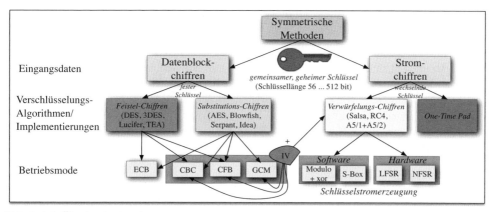

Abb. 2.4-1: Überblick über die symmetrischen Verschlüsselungsverfahren
ECB: Encoding Code Book, CBC: Cipher Block Chaining, CFB: Cipher Feedback Mode, GCM: Galois Counter Mode, LFSR: Linear Feedback Shift Register, NFSR: None-linear Feedback Shift Register, IV: Initialisierungsvektor

ist, wie viele CPU-Instruktionen benötigt werden, den verschlüsselten Text in seine Ursprungsform zurückzuführen, wobei der Verschlüsselungsalgorithmus bekannt ist.

Üblicherweise werden zum Brechen der Verschlüsselung folgende Angriffsszenarien entwickelt:

- Aus einer beschränkten Anzahl von abgefangenen Geheimnachrichten soll der Schlüssel und somit die Ursprungsnachricht berechnet werden. — Ciphertext-only
- Der Angreifer ist im Besitz von Geheimnachrichten als auch der ursprünglichen Nachrichten und kann darüber den verwendeten Schlüssel bestimmen. — Known-plaintext
- Hierbei kennt der Angreifer Teile des ursprünglichen und verschlüsselten Textes und ihre Zuordnung und kann Teile des Schlüssels entziffern, um mit diesen Teiltexte gezielt zu verschlüsseln. — Chosen-plaintext
- Hier gilt das Umgekehrte wie der *Chosen-plaintext*, da nun der Angreifer durch Kenntnis eines Teilschlüssels geheime Dokumente teilweise entschlüsseln kann. — Chosen-ciphertext

Die notwendigen Hilfsmittel hierzu stellt die lineare bzw. differenzielle *Kryptanalyse* zur Verfügung [Mat93; OM93], und hierbei speziell das *Piling-Up Lemma*, das von *Mitsuru Matsui* im Rahmen seiner Analyse der DES3-Blockchiffre entdeckt wurde. — Piling-Up Lemma

Alle Verschlüsselungsverfahren sind im Prinzip angreifbar, wie z.B. letztlich *Efail* [Pod+18] gegen die E-Mail-Verschlüsselung gezeigt hat. Lediglich das *One-Time Pad* ist bei richtiger Anwendung 'sicher' gegenüber solchen Angriffen.

2.4.1 Stromchiffren

Stromchiffren werden für Nachrichten/Datenblöcke mit unbekannter Länge eingesetzt, z.B. einem Telefongespräch in einem digitalen Netz. Sie finden daher u.a. bei den Mobilfunknetzen GSM und UMTS Verwendung (mit den Verfahren A5/1 und A5/2). Im Bereich des Internet fand ursprünglich die Variante (A)RC4 Einsatz [KR97]; aufgrund ihrer geringen Sicherheit gilt diese aber als gebrochen [AlF+13], und die (X)*Salsa*- bzw. *ChaCha*-Implementierungen von *Dan Bernstein* sind heute entsprechend RFC 7539 das Werkzeug der Wahl.

Schlüsselstrom Bei allen Stromchiffren müssen neben dem initialen Schlüssel, der typischerweise relativ kurz ist, deterministisch neue Schlüssel generiert werden: der *Schlüsselstrom*. Dies muss unabhängig von den Eingangsdaten erfolgen und geschieht entweder per Software in *S-Boxen* (Substitutionsboxen) bzw. mittels `modulo`- und `XOR`-Operationen oder in Hardware unter Nutzung von *Linear-* bzw. *None-linear Feedback Shift Register*. In allen Fällen bedarf es für die erste Sequenz der Daten eines *Initialisierungsvektors* IV.

One-Time Pad Eine besondere Stromchiffre stellt das *One-Time Pad* dar. Hier ist der geheime Schlüssel gleich lang wie die Nachricht selbst und darf darüber hinaus nicht wieder verwendet werden. Unter diesen Umständen lässt sich beweisen, dass der resultierende Chiffretext nicht algorithmisch entschlüsselt werden kann: Der Code ist nicht 'knackbar'.

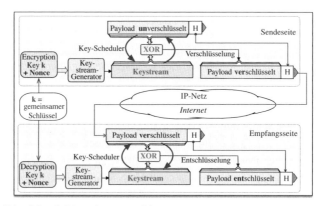

Abb. 2.4-2: Ablauf des Schlüsselstromverfahrens
Verschlüsselung (oben) und Entschlüsselung (unten) von Nachrichten; H: unverschlüsselter Header

Abb. 2.4-2 illustriert die Arbeitsweise von Stromchiffren, die folgende Kernbestandteile aufweist:

- Initial wird ein gemeinsamer, geheimer Schlüssel gewählt, der relativ 'kurz' ist (zwischen 40 und 1024 Bit).
- Der Schlüsselstrom wird hierbei entweder
  - ▷ auf *Hardware-Basis*, z.B. mit Shift-Registern bitweise erzeugt oder
  - ▷ per *Software* blockweise mittels Permutationen der S-Boxen, oder – wie bei Salsa – in fixen 64-Byte-Intervallen gebildet.

Als Ergebnis liegt nun eine Folge von Pseudo-Zufallszahlen vor, deren Güte die eigentliche Verschlüsselung bestimmt. Diese 'Güte' wird durch die vorhandene Entropie und den Algorithmus begrenzt. Der Algorithmus sollte so beschaffen sein, dass keine Korrelation zwischen 'Güte' des Schlüssels und genutzter Rechenzeit besteht, was für *Seitenkanalangriffe* genutzt werden könnte.

2.4 Symmetrische Verschlüsselung

- Der Plaintext wird mit den ständig wechselnden Schlüsseln per XOR-Operation in den Chiffretext überführt.
- Damit die Verschlüsselung auch unter der Bedingung eines kurzen Initialschlüssels k (der unter Umständen konstant bleibt) einmalig ist, wird der *Nonce* bzw. *Initialisation Vector* IV zur Erzeugung des Schlüsselstroms hinzugefügt.

Ein wichtiges Designmerkmal von Stromchiffren besteht darin, den Schlüsselstrom unabhängig von den Nutzdaten zu generieren. Hierbei stehen ursprünglich nur der Schlüssel k und das Nonce n zur Verfügung, die als Eingabe für eine Hashoperation herangezogen werden können. Die Authentisierung der Nachricht erfolgt bei den Stromchiffren daher immer vor der Verschlüsselung: entweder als HMAC in Ergänzung zur Nachricht wie bei TLS 1.2 oder aber im modernen AEAD-Modus, wie für TLS 1.3 vorgesehen.

2.4.2 Blockchiffren

Bei *Blockchiffren* wird die Nachricht in Blöcke aufgeteilt, deren Länge der des Schlüssels entspricht, also z.B. jeweils 128 Bit. Der letzte Block der Nachricht muss auf die Länge des Schlüssels mittels *Padding* aufgefüllt werden. Jeder Block wird mit dem gleichen, *zustandslosen* Schlüssel in den Chiffretext überführt. Als Folge hiervon ist der Chiffretext immer deterministisch mit dem Eingabetext verknüpft.

Blockchiffren nutzten in der Regel *Substitutionsboxen* (S-Boxen), bei denen eine Abfolge von Permutationen, Transpositionen und Substitutionen vorgenommen wird. — S-Boxen

> Wir können uns die grundlegende Operation von S-Boxen anhand eines 'Zauberwürfels' vorstellen, indem der Eingabewert auf dem Würfel verteilt und dieser anschließend mehrfach gedreht wird. Welche Drehungen hierbei vorgenommen werden, entspricht dabei unserem Schlüssel und bleibt geheim. Führt man die Operationen in umgekehrter Reihenfolge aus, erhält man wiederum den Ursprungstext.
>
> Wenn wir unsere Eingangsnachricht enummerieren, würde sich dies mit dem Text 'geheim' wie in Abb. 2.4-3a darstellen. Bei einem 'Known-Plaintext'- oder 'Chosen-Plaintext'-Angriff ließe sich hieraus die Struktur der Eingangswerte ermitteln. Sinnvoller ist das Vorgehen, wie in Abb. 2.4-3b gezeigt: Wir verteilen den Eingangstext 'zufällig' auf dem Würfel – was als *Konfusion* bezeichnet wird – und drehen dann [Abb. 2.4-3c]. Hierdurch entfällt der 'Grundzustand' des Würfels, der Rückschlüsse auf die Eingangsdaten liefern könnte. Führen wir dieses Verfahren auch *nach* der Verschlüsselung [Abb. 2.4-3d] durch, sprechen wir von *Diffusion*: Einem Angreifer wird nun auch das Erraten des Schlüssels schwerer gemacht, da die Korrelation von Chiffretext und Schlüssel aufgehoben wird.

— Blockverschlüsselung anhand des Zauberwürfels

Während das DES-Verfahren – auch in seiner verbesserten Form 3DES – heute kaum mehr eine Bedeutung besitzt, spielen neben AES nur noch das 1990 an der ETH Zürich von *James Massey* und *Xueija Lai* entwickelte IDEA (International Data Encryption Algorithm) sowie *Bruce Schneiers* Blowfisch-Verfahren eine gewisse Rolle. Da das IDEA-Verfahren ursprünglich patentgeschützt war, konnte es bis zum Auslaufen des Patents in 2011 in freier Software nicht eingesetzt werden. — DES, AES, IDEA, Blowfisch

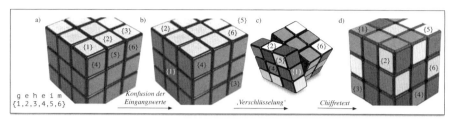

Abb. 2.4-3: Illustration des Konfusions- und Verschlüsselungsprinzips bei der Blockverschlüsselung; der Wert '5' liegt anfangs auf der abgewandten Seite des Würfels
a) Naiver Ansatz mit deterministischer Verteilung der Anfangswerte, b) Konfusion: Zufällige Verteilung der Anfangswerte, c) Verschlüsselung durch Rotation, d) Ergebnis der Verschlüsselung (ohne Diffusion)

Neben der eigentlichen Verschlüsselung, die in der Regel über *Substitutions-Boxen* erfolgt, ist der Umgang mit dem Schlüssel ein wichtiges Implementierungsdetail. So besitzt der DES-Mechanismus zwar eine Schlüssellänge von 64 Bit, von denen aber nur 56 Bit kryptographisch wirksam und die weiteren 8 Bit als Paritätsbits zu betrachten sind. Beim AES-Verfahren können hingegen unterschiedliche Schlüssellängen genutzt werden, was dieses Verfahren einerseits sehr flexibel macht und andererseits auf einer universellen Implementierung aufbaut, die schneller ist als DES.

Konfusion, Verschlüsselung, Diffusion

Alle Verfahren sind so gewählt, dass

- die Verwürfelung (*Konfusion*) der Eingangsdaten,
- die eigentliche *Verschlüsselung* der so erzeugten Datensequenz und
- eine abschließende *Diffusion* der Ausgangsdaten

gewährleistet wird. Aus dem erzeugten Chiffretext kann also unter keinen Umständen mehr auf den den ursprünglichen Inhalt geschlossen werden. Weder *Known*- noch *Chosen-Plaintext*-Attacken sind daher von Erfolg gekrönt.

Enigma-Code

Das 'Brechen' des Enigma-Codes, der von der Deutschen Wehrmacht im Zweiten Weltkrieg benutzt wurde, durch polnische Informatiker, aber vor allen vom den Briten *Alan Turing*[19], einem der Grundväter der Informatik, war auf der Tatsache begründet, dass zwar die Konfusion bekannt und implementiert war, aber (noch) nicht die Diffusion.

Electronic Code Book

Zentrales Problem der Blockchiffren ist ihre *Zustandslosigkeit*: Ein Datenblock mit festem Inhalt wird immer als Chiffretext mit konstantem Inhalt umgewandelt. Wir bezeichnen dieses Vorgehen auch als *Electronic Code Book* ECB, da die Verschlüsselung quasi über eine *Lookup-Tabelle* erfolgt. Unabhängig vom Inhalt der Nachricht weiß ein potenzieller Angreifer immer, dass es sich um dieselbe Nachricht handelt. Inhalte und Schlüssel können zwar *obfuskiert* werden, doch oft reicht schon das Wissen um die Unveränderlichkeit einer Nachricht, um qualifizierte Rückschlüsse zu ziehen[20].

---

[19] vgl. Wikipedia http://de.wikipedia.org/wiki/Alan_Turing
[20] ein schönes Beispiel hierfür ist der 'Tux' bei Wikipedia
https://de.wikipedia.org/wiki/Electronic_Code_Book_Mode

2.4.3 Klassische Betriebsarten

Der ECB-Modus verschlüsselt bei der Blockverschlüsselung und bei Plaintext-Nachrichten unabhängig voneinander. Ein fehlerhaft übertragener Block besitzt somit keinen Einfluss auf die anderen empfangenen Nachrichten. Alternativ können die Datenblöcke während ihrer Verschlüsselung auch untereinander verschränkt werden: *Blockverschlüsselung → Stromverschlüsselung*.

Je nachdem, wie diese Verschränkung vorgenommen wird, ergeben sich die sogenannten Betriebsarten, von denen zunächst die folgenden Klassiker vorgestellt werden sollen [Abb. 2.4-4]:

- *Cipher Block Chaining* (CBC),
- *Cipher Feedback Mode* (CFB), sowie
- *Output Feedback Mode* (OFM).

Vergleichbar den Stromchiffren, muss auch hier ein *Initialisierungsvektor* beiden Kommunikationspartnern zu Anfang bekannt sein, der die gleiche Länge wie der Block bzw. der Schlüssel besitzen muss.

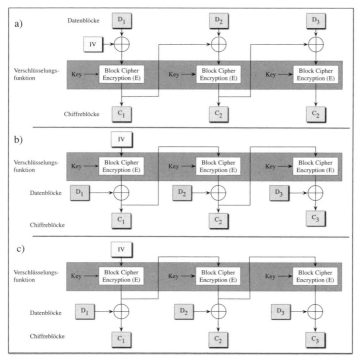

Abb. 2.4-4: Verschlüsselung bei den Betriebsmoden a) CBC, b) CFB und c) OFM für Blockchiffren; ⊕ ist die XOR-Operation, IV: Initialisierungsvektor

Im *CBC-Mode* [Abb. 2.4-4a] wird der erste Datenblock D_1 mit dem IV per XOR-Operation zusammengeführt und dann gemeinsam mit dem Schlüssel k verschlüsselt. Der resultierende Chiffreblock C_1 liegt nur vor und wird zudem als Input für die XOR-

Operation des zweiten Datenblocks D_2 genutzt. Während dies für den Sender eine einfache Rekursion darstellt, muss der Empfänger über alle Chiffreblöcke C_n in Reihe und vollständig verfügen. Fehler in einem empfangenen Chiffreblock C_i führen dazu, dass keine Entschlüsselung des Chiffreblocks C_{i+1} möglich ist; wohl aber wieder C_{i+2}, sofern C_{i+1} korrekt eingegangen ist, was durch die Unabhängigkeit der XOR-Operationen begründet ist. Durch dieses Verhalten lässt sich die Entschlüsselung im Gegensatz zur Verschlüsselung auch parallelisieren

Cipher Feedback Mode

Im *CFB-Mode* [Abb. 2.4-4b] wird hingegen zunächst der IV verschlüsselt und das Ergebnis mit dem ersten Datenblock D_1 per XOR in den Chiffretext C_1 überführt und zudem als Input für die nächste Iteration, d.h. die Verschlüsselung von D_2 benutzt. Auch hier gilt, dass Fehler in den empfangenen Chiffreblöcken nur eine begrenzte Auswirkung besitzen, sodass von einer *Selbstsynchronisation* gesprochen wird. Wie dargestellt, ist die letzte Operation ein XOR und keine eigentliche Verschlüsselung, sodass im CFB-Mode auch Nachrichten übertragen werden können, die nicht ein Vielfaches der Block- bzw. Schlüssellänge entsprechen, wodurch das *Padding* entfallen kann.

Output Feedback Mode

Der *OFB-Mode* [Abb. 2.4-4c] nutzt auch den IV als Eingabe zur ersten Verschlüsselungsoperation. Im Gegensatz vom CFB wird nur der so generierte Wert sowohl als Input für die XOR-Operation mit dem Datenblock D_1 als auch für die folgende Blockverschlüsselung genutzt. Als Konsequenz geht die Selbstsynchronisation verloren. Auf der Habenseite des Verfahrens steht, dass die eigentliche Verschlüsselung über die XOR-Operation erfolgt; die Blockverschlüsselung dient so im Wesentlichen als Schlüsselgenerator. Demzufolge kann anstatt eines Blockverschlüsselungsalgorithmus auch eine Hashfunktion genutzt werden. In diesem Zusammenhang spricht man auch von einem *Pseudo One-Time Pad*.

Obwohl die hier dargestellten Betriebsarten der einfachen ECB-Verschlüsselung vorzuziehen sind, bergen sie bei der naiven Nutzung durchaus Stolperfallen. So kann z.B. das beim CBC notwendige *Padding* dazu genutzt werden, einen *Known-Plaintext-Angriff* durchzuführen. Ähnliche Angriffsszenarien ergeben sich unter Berücksichtigung bekannter Informationen wie z.B. über den HTTP-Header, was als *Poodle-Angriff* bekannt wurde [MDK14], sodass speziell CBC im Endeffekt die Sicherheit nicht erhöhen, sondern sogar verringern kann.

2.4.4 Counter Mode und AEAD

Mittels der Blockverschränkung wird aus der zustandslosen Blockchiffre eine zustandsbehaftete Stromchiffre, d.h. es liegt im Grunde ein dualer Betriebsmode vor. Mit Blick auf Tab. 2.3-1 lässt sich vermuten, dass die oben dargestellten Verfahren, die auf der Nutzung eines Initialisierungsvektors IV als *Nonce* beruhen, weitere Möglichkeiten offenlassen, bei denen

- die Nachrichtenabfolge *sequenziert* wird, was als *Counter-Mode* (Zähler-Mode) bezeichnet wird, oder aber
- statt eines zufälligen IVs die Nachrichtenblöcke durch die Angabe eines *Authenticators* ergänzend markiert werden können. Dies ist Gegenstand des *Galois Counter*

2.4 Symmetrische Verschlüsselung

Mode (GCM) und wird auch als *Authenticated Encryption with Associated Data* AEAD bezeichnet und stellt heute den Stand der Technik dar.

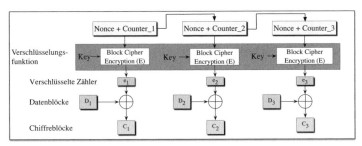

Abb. 2.4-5: Counter-Mode-Blockverschränkung; $\oplus$ ist die XOR-Operation, e_i sind die mit k verschlüsselten Zähler

Der *Counter-Mode* CM geht zunächst ähnlich wie der CFB bzw. OFM vor, bei denen zunächst der Initialisierungsvektor mit der Blockchiffre verschlüsselt wird. Allerdings besitzt hier der IV eine andere Bedeutung:

Counter-Mode

- Ein Teil des IV wird als *Nonce* interpretiert, während
- der zweite Teil ein *Zähler* ist, der monoton hochgezählt wird, wobei natürlich auf einen Überlauf des Zählers als Integer zu achten ist.

Im Gegensatz zu CFB/OFM werden nun nicht die Nachrichtenblöcke untereinander verschränkt, sondern dies geschieht ausschließlich über den Zähler e_i. Damit die verschlüsselten Nachrichtenblöcke entschlüsselt werden können, muss die Reihenfolge korrekt und vollständig erhalten bleiben. Diese Entkopplung führt erfreulicherweise dazu, dass die Erzeugung der Einzelblöcke (und auch die Wiederherstellung der Ursprungsinformation) parallelisiert werden kann.

Der *Galois Counter Mode* GCM ist die erste nicht-naive Blockverschränkungsmethode, bei der zusätzlich in den verschränkten und verschlüsselten Chiffreblöcken eine Authentisierungsinformation untergebracht wird. GCM wurde im Jahre 2004 von *David A. McGrew* und *John Viega* vorgestellt [MV04] und findet seit etwa 2007 zunehmend Einsatz. GCM weist nun zwei zentrale Komponenten auf Abb. 2.4-6:

Galois Counter Mode

1. Die Verschlüsselung findet mittels Blockchiffren statt, bei denen die Blocklänge 128 Bit beträgt und im Counter Mode abläuft, d.h. es werden die Zähler mit k verschlüsselt ($k_i \ \forall_{i=0...n}$) und die Chiffreblöcke über ein XOR gebildet.
2. Die Authentisierung erfolgt auf Grundlage einer verketteten Multiplikation im *Galois-Feld*, für das das irreduzible Polynom $P(x) = x^{128} + x^7 + x^1 + x + 1$ als GF(2^{128}) genutzt wird. Diese Rechenoperation muss für jeden Nachrichtenblock nur ein einziges Mal durchgeführt und erklärt auch die Beschränkung auf 128 Block- bzw. Schlüssellängen.

Wie in Abb. 2.4-6 dargestellt, wird für jeden zu verschlüsselnden Block ein *Authentication-Parameter* g_i iterativ gebildet:

- Zunächst wird ein sogenannter *authentication subkey* H berechnet, der mittels des Blockschlüssels k den verschlüsselten Wert von '0' aufweist: $H = E_k(0)$.

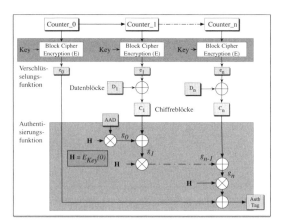

Abb. 2.4-6: Galois Counter Mode mit den Verschlüsselungs- und Authentisierungsoperationen; $\otimes$ bezeichnet Multiplikation auf dem Galois-Feld, $\oplus$ ist die XOR-Operation

- Ausgehend von einem öffentlich bekannten Wert, einer Zeichenkette, die als *Additional Authenticated Data* bezeichnet wird, erfolgt eine Multiplikation im Galois-Feld, und es ergibt sich: $g_0 = AAD \otimes H$.
- Für jeden weiteren Block i berechnet man: $g_i = (g_{i-1} \oplus C_i) \times H$
- Der letzte Datenblock erhält ein sogenanntes *Authentication-Tag* mittels:
AuthTag = $(g_n \otimes H) \oplus e_0$.

Der Empfänger der verschlüsselten Blockreihe kann aus diesen Informationen unter Kenntnis des Initialisierungsvektors IV und des Blockschlüssels k sowohl die *Integrität* als auch die *Authentizität* der Nachricht verifizieren. Für nähere Details sei auf [Dwo07] verwiesen.

2.5 Schlüsseltauschverfahren

Die Entwicklung der *asymmetrischen Verschlüsselung* hat für die Kryptographie eine vergleichbare Bedeutung wie die *Kopernikanische Wende* für die Astronomie und stellt neben der *Digitalisierung* der Informationen und dem *Internet* als Kommunikationsplattform ein Fundament des dritten Jahrtausends dar.

Asymmetrische Verschlüsselung

Erst Mitte der 70er Jahre von *Diffie-Hellman*[21] (DH) und *Rivest/Shamir/Adleman* (RSA) mit unterschiedlichen Ansätzen 'erfunden', wurden die Konsequenzen der asymmetrischen Verschlüsslung und des sicheren 'Schlüsseltauschs' sehr schnell erkannt. Anfang der 90er Jahre des letzten Jahrhunderts wurden entsprechende Algorithmen in Software umgesetzt und als Internetanwendungen und -protokolle (RFC 2437/RSA und 2631/DH) allgemein verfügbar gemacht.

---

[21]DH basiert auf *Merkle's puzzle* [Mer80], das als 'The Problem – Ready for Ralph' sogar als Hommage zum Gegenstand eines Popsongs wurde [Godley & Creme: *Ismism*, 1981].

2.5 Schlüsseltauschverfahren

Wie bereits in Abschnitt 2.2 dargestellt, lassen sich mit den Mitteln der 'asymmetrischen' Kryptographie die beiden Probleme

1. Schlüsseltausch (*key exchange*) mittels des κ-Primitiven und
2. Beglaubigung (*signature*) über das σ-Primitiv

lösen. Im Folgenden wollen wir schwerpunktmäßig auf den Schlüsseltausch eingehen und die Frage der digitalen Signaturen bei der Diskussion von TLS (Abschnitt 7.2) wieder aufgreifen.

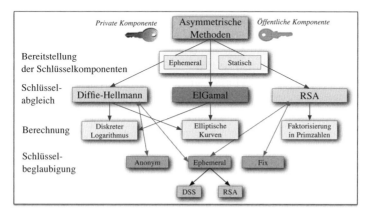

Abb. 2.5-1: Überblick über die asymmetrischen Verschlüsselungsverfahren
DSS: Digital Signature Standard, RSA: Rivest/Shamir/Adleman-Algorithmus

Einordnung der asymmetrischen Verfahren

Abb. 2.5-1 liefert einen Überblick über die gängigen asymmetrischen Verfahren und ihren Einsatz. Folgende wichtige Elemente wollen wir kurz diskutieren:

- Generell können der Schlüssel, also der *private key* sowie der *public key statisch* zur Verfügung gestellt werden, oder aber *ephemeral*, werden also *während* des Verbindungsaufbaus erzeugt. Bei RSA-Verfahren wird in der Regel von statischen Schlüsseln Gebrauch gemacht. *On the fly*, d.h. während der Verbindungsaufnahme erzeugte RSA-Schlüssel haben eine mindere Qualität, stehen aber als sogenannte Exportschlüssel zur Verfügung. — Schlüsselbereitstellung

- *Diffie-Hellman* benötigt zunächst die öffentlichen *DH-Domain-Parameter* (DH), die festlegen, in welchem Teil des Lösungsraums die Schlüssel liegen. Die DH-Parameter sind daher nicht spezifisch, sondern stellen ein Protokollartefakt dar, auf das allerdings nicht verzichtet werden kann, und teils als externe Parameter, teils als feste Werte in der Software vorliegen. Der *private key* wird – gemeinsam mit dem *public key* während des Ablaufs des DH-Verfahrens von beiden Kommunikationspartnern durch Zufallszahlen gebildet (die aus der DH-Parameter 'Lösungsmenge' abgeleitet werden), sodass man auch von *Perfect Forward Secrecy* (PFS) spricht. — PFS

- Beim interaktiven Schlüsselabgleich findet entweder *Diffie-Hellman* oder aber *RSA* Verwendung. *ElGamal* – als Weiterführung von Diffie-Hellman – wird bei den Übertragungsprotokollen eingesetzt, wo es um einen Nachrichtenaustausch geht. — Schlüsselabgleichsverfahren

Schlüssel-abgleich	▪ Ausgehend von der vorliegenden Schlüsselkomponente, muss nun überprüft werden, ob der Kommunikationspartner das passende Gegenstück besitzt. RSA und DH setzen hierbei auf Funktionen, bei denen in der 'Vorwärtsrichtung' die Berechnung einfach (z.B. Multiplikation), in der 'Rückwärtsrichtung' aber schwierig ist: das *multiplikative Inverse*, falls die Ordnung der Gruppe nicht bekannt ist. Bei RSA fußt die Multiplikation auf großen Primzahlen, während bei Diffie-Hellman und ElGamal das Problemen des *diskreten Logarithmus* oder der Multiplikation auf *elliptischen Kurven* zu lösen ist. Alle asymmetrischen Verfahren verfolgen auf der Annahme, dass die Berechnung des Gegenstücks, also z.B. des *private key* für jemanden, der lediglich den *public key* kennt, ausgesprochen schwierig ist, d.h. nicht in sinnvoller Zeit realisiert werden kann. Bei RSA ist diese Aussage mit dem 'zufälligen' Auffinden der Primfaktoren verknüpft. Bei Diffie-Hellman besteht hingegen bei bekannten DH-Parametern die Möglichkeit der A-priori-Faktorisierung eines Teils des Schlüssels [Adr+15].
Schlüssel-beglaubigung	▪ In der Regel werden der *public key* bzw. die *DH-Domain-Parameter* während der Verbindungsaufnahme zusätzlich *beglaubigt*. Dies erfordert ein *Vertrauenssystem*, das in Form der *Public Key Infrastructure* (PKI) existiert, aber zunehmend kompromittiert ist.
Anonymous DH	Die Beglaubigung kann auch entfallen; hierbei sprechen wir dann von einem *anonymen Schlüsseltausch*, der aber die Gefahr von *Man-in-the-Middle*-Angriffen (MitM) mit sich bringt.

2.5.1 Ablauf des RSA-Schlüsseltauschs

Beim RSA-Verfahren braucht der Server sowohl einen *public* als auch einen *private key* zu besitzen, die beide statisch sein können. In der Regel liegt der *public key* in einem *X.509-Zertifikat* vor [Abschnitt 7.2], der *private key* in einem sogenannten *key file*, der häufig durch ein Passwort geschützt ist.

Schlüsselmaterial	Will man qualifizierte RSA-Schlüssel erzeugen, sind zunächst große Primzahlen p und q bereitzustellen, die den möglichen Lösungsraum beschreiben. Teilweise werden aber kleine Primzahlen nicht zugelassen, was diesen beschränkt. Ein weiteres Problem besteht in der Qualität großer Primzahlen, die – sofern nicht bekannt bzw. tabelliert – in ihrer *Primalität* nur abgeschätzt werden können. Für den Exponenten e wird in der Regel ein pragmatisches Verfahren gewählt, indem dieser auf die *5te Fermat'sche Zahl* $2^{16} + 1 = 65537$ gesetzt wird. Bei der freien Wahl von e ist zu darauf zu achten, dass e und $\varphi(n) = (p-1) \cdot (q-1)$ teilerfremd sind und somit ein ein-eindeutiger *private key* d gebildet werden kann. Dies gilt trivial, falls e ebenfalls eine Primzahl ist.
Schlüssel-bereitstellung	Aus diesem Konglomerat wird zunächst der RSA *public key* als $P(n, e)$ abgeleitet, der sich aus dem Produkt der beiden Primzahlen (dem *Modulus*) und dem *Exponenten* ergibt. Die Berechnung des *private key* erfolgt mit einigem Aufwand durch den Einsatz des *erweiterten Euklid'schen Algorithmus*, wobei dieser teilerfremd zum Exponenten sein muss.
RSA-Schlüsseltausch	Damit der Schlüsseltausch [Abb. 2.5-2] vorgenommen werden kann, muss der Client über den *public key* des Servers verfügen. Vom Client wird eine Zufallszahl als *shared*

2.5 Schlüsseltauschverfahren

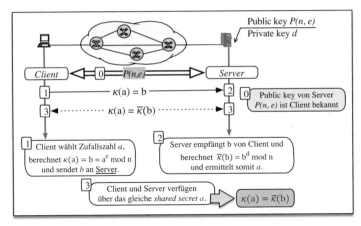

Abb. 2.5-2: Schlüsseltausch beim RSA-Verfahren

Schritt	Berechnung	Bemerkung
Schlüsselerzeugung	$p, q \in \mathbb{P}$	*Primzahlen* mit deutlich verschiedenen Längen
	$n = p \cdot q$	*Modulus*
	$\varphi(n) = (p-1) \cdot (q-1)$	*Euler'sche Zahl*
	e	*Exponent*, z.B.: $e = 3; e = 2^{16} + 1 = 65537$
Public key	$P = (n, e)$	ist öffentlich oder wird mitgeteilt
Private key	$d \equiv e^{-1} \bmod \varphi(n)$	'inverse von e' über *erweiterten Euklid'schen Algorithmus*
Initiierung Schlüsseltausch	$\kappa(a) = a^e \bmod n = b$	a wird gewählt, $\kappa(a)$ berechnet, $b \rightsquigarrow$ Server
Vollendung Schlüsseltausch	$\bar{\kappa}(b) = b^d \bmod n = a$	b wird empfangen und a mittels $\bar{\kappa}(b)$ berechnet

Tab. 2.5-1: Schlüsselerzeugung und -tausch beim RSA-Verfahren

secret erzeugt, das mittels des *public key* des Servers vertraulich übertragen wird und von diesem über dessen *private key* entnommen werden kann. Beiden Seiten steht nun das *shared secret* zur Verfügung, was als Ausgangspunkt für weitere kryptographische Operationen genutzt wird.

2.5.2 Ablauf des DH-Verfahrens

Diffie-Hellman (kurz DH) ist ein Verfahren zur Verständigung auf einen *gemeinsamen Schlüssel*, wobei (derzeit) zwei unterschiedliche mathematische Verfahren genutzt werden können:

1. Der *diskrete Logarithmus* (DL), wobei der Sachverhalt ausgenutzt wird, dass das Potenzieren schnell, die Umkehrfunktion – der Logarithmus – aber eine vergleichsweise viel schwierigere mathematische Operation ist.
2. *elliptische Kurven*, bei der geometrische Transformationen auf geeigneten Kurven zweiten Grades vorgenommen werden.

Ausgangspunkt des DH-Verfahrens ist zunächst die Bereitstellung der Diffie-Hellman-*Domain-Parameter* $DH(g, p)$ [Tab. 2.5-2]. Diese sind *per constructionem* öffentlich und müssen sowohl dem Server als auch dem Client bekannt sein. Während die

DH-Domain-Parameter

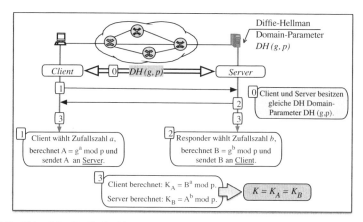

Abb. 2.5-3: Ablauf des Diffie-Hellman-Verfahrens zum Schlüsseltausch
DH (g,p): g ist Generator und p ist Primzahl der Gruppe

Primzahl p primär für die Wirksamkeit des Schlüsseltauschs verantwortlich ist, wird der Generator g (vergleichbar e beim RSA-Verfahren) trivial vorgegeben. $g = 2$ und $g = 3$ sind eine übliche Wahl. Üblicherweise werden die Domain-Parameter beim Server erzeugt, der sie beim Verbindungsaufbau dem Client mitteilt bzw. darauf referenziert [Abb. 2.5-3, Tab. 2.5-3].

Schritt	Berechnung	Bemerkung
DH-Parameter	$p \in \mathbb{P};\ g \in \{2, 3, \ldots, p-2\}$	p Primzahl; g *Generator* der Gruppe
Client private key	a mit $a \in \{1, \ldots, p-2\}$	wählt a als *private key*
Client public key	$\kappa(a) = g^a \bmod p = A$	berechnet *public key* $A \rightsquigarrow$ Server
Server private key	b mit $b \in \{1, \ldots, p-2\}$	wählt b als *private key*
Server public key	$\kappa(b) = g^b \bmod p = B$	berechnet *public key* $B \rightsquigarrow$ Client
Schlüsselabgleich	$\bar{\kappa}_A = B^a \bmod p \equiv (g^b \bmod p)^a \bmod p \equiv g^{(ba)} \bmod p$	beim Server
	$\bar{\kappa}_B = A^b \bmod p \equiv (g^a \bmod p)^b \bmod p \equiv g^{(ab)} \bmod p$	beim Client
	$K_{AB} = \bar{\kappa}_A = \bar{\kappa}_B$	gemeinsames *shared secret*

Tab. 2.5-2: Schlüsselerzeugung und -tausch beim DH-Verfahren

PKCS#3 Wie in Abb. 2.5-3 dargestellt, wird beim *Diffie-Hellman Key Exchange* DHKEX der gemeinsame Sitzungsschlüssel nicht im eigentlichen Sinn ausgetauscht, sondern es wird sich auf einen gemeinsamen Schlüssel verständigt, der als Ausgangspunkt für weitere kryptographische Operationen dient, wie z.B. zur Erzeugung der symmetrischen Schlüssel. Diese Eigenschaft findet sich auch in der Empfehlung [RSA93].

Perfect Forward Secrecy Wie Abb. 2.5-3 zeigt, müssen bei Diffie-Hellmann beide Kommunikationspartner *pro Verbindung* Zufallszahlen erzeugen, die als *private key* interpretiert werden können. Nach Exponentiation über den Gruppengenerator g und modulo der Primzahl p werden hieraus die *public keys* A und B berechnet und sich gegenseitig mitgeteilt. In diesem Zusammenhang wird von *Perfect Forward Secrecy* PFS gesprochen: *Public key* und *private key* werden somit immer einmalig (auch *ephemeral* genannt) gebildet. Während man beim RSA-Verfahren über den (statischen) *private key* des Servers

2.5 Schlüsseltauschverfahren

alle vergangenen und zukünftigen Sitzungsschlüssel entnehmen kann (soweit dieser unverändert vorliegt), ist dies beim DH-Verfahren prinzipiell nicht möglich.

Statt die DH-Parameter zu berechnen, kann auch einfach auf einen bekannten Tabellenwert [Tab. 2.5-3] zurückgegriffen und dem Kommunikationspartner über die Nummer der Gruppe und ggf. unter Einschluss des Generators g mitgeteilt werden, welche Parameter gültig sind. Hierdurch erspart man sich die Übertragung großer Primzahlen.

DH-Gruppen

Gruppe	Bitlänge	Primzahl bzw. Funktion + irreduzibles Polynom	Bezeichnung	RFC
1	768	$2^{768} - 2^{704} - 1 + 2^{64} * \{[2^{638} * \pi] + 149686\}$	768-Bit MODP	2409
2	1024	$2^{1024} - 2^{960} - 1 + 2^{64} * \{[2^{894} * \pi] + 129093\}$	1024-Bit MODP	2409
3	155	$y^2 + xy = x^3 + ax^2 + b;\ u^{155} + u^{62} + 1$	Oakley 3 (ECC)	2409
4	185	$y^2 + xy = x^3 + ax^2 + b;\ u^{185} + u^{69} + 1$	Oakley 4 (ECC)	2409
5	1536	$2^{1536} - 2^{14727} - 1 + 2^{64} * \{[2^{1406} * \pi] + 741804\}$	1536-Bit MODP	3526
14	2048	$2^{2048} - 2^{1984} - 1 + 2^{64} * \{[2^{1918} * \pi] + 124476\}$	2048-Bit MODP	3526
15	3072	$2^{3072} - 2^{3008} - 1 + 2^{64} * \{[2^{2942} * \pi] + 1690314\}$	3072-Bit MODP	3526
16	4069	$2^{4096} - 2^{4032} - 1 + 2^{64} * \{[2^{3966} * \pi] + 240904\}$	4096-Bit MODP	3526
17	6144	$2^{6144} - 2^{6080} - 1 + 2^{64} * \{[2^{6014} * \pi] + 929484\}$	6144-Bit MODP	3526
18	8192	$2^{8192} - 2^{8128} - 1 + 2^{64} * \{[2^{8062} * \pi] + 4743158\}$	8192-Bit MODP	3526
19	192		secp192r1 (ECC)	5114
21	224		secp224r1 (ECC)	5114
23	256		secp256r1 (ECC)	5114
24	384		secp384r1 (ECC)	5114
25	521		secp512r1 (ECC)	5114
31	256	$p = 2^{255} - 19$ (~128-bit security level)	curve25519 (ECC)	8013
32	448	$p = 2^{448} - 2^{224} - 1$ (~224-bit security level)	curve448 (ECC)	8013

Tab. 2.5-3: Einige Diffie-Hellman-Gruppen (für TLS) und ihre Berechnungsgrundlage
MODP = Modular Exponentiation, ECC = Elliptic Curve Cryptography; [ ] ist die Gauß-Klammer, die eine ganze Zahl liefert; die Zahl π dient als 'Entropiequelle'.

Bei der Berechnung des *diskreten Logarithmus* (DL) haben wir uns im Zahlenraum der natürlichen Zahlen aufgehalten. Als mathematische Operationen kamen nur das Potenzieren und das Berechnen des Teilerrests (*modulo*) in Anwendung. Ferner brauchten wir als Ausgangspunkt für die Berechnung eine *Primzahl*.

Elliptische Kurven

Für das DH-Verfahren mit elliptischen Kurven benötigen wir hingegen eine Koordinate auf der gewählten Kurve [Abb. 2.5-4], die auch Ausgangspunkt für die Wahl der DH-Domain-Parameter sind. Allerdings sind die Schlüsselgrößen (bei gleichem Schwierigkeitsgrad) deutlich kleiner, und das Verfahren ist mathematisch wesentlich effizienter als der DL auf $\mathbb{N}$.

Erläuterung: Wir stellen uns nun vor, den 'Zahlenstrahl' zu verbiegen, und zwar so, dass die Zahlen entlang einer *elliptischen Kurve* liegen, wie in Abb. 2.5-4 dargestellt. Eine 'Zahl' auf dieser Kurve ist eigentlich eine Koordinate $C = (x_C, y_C)$. Wie man Abb. 2.5-4 entnehmen kann, lassen sich damit sowohl die positiven als auch die negativen Zahlen abbilden, da gilt: $\underline{C} = -C = (x_C, C - y_C)$. Ist die elliptische Kurve geschickt gewählt, können auch weitere mathematische Operationen hierauf sehr einfach vorgenommen werden. Beispiel hierfür ist die Multiplikation eines Punktes C entlang der Kurve, die wir als $C + C + C + ... +$ schreiben.

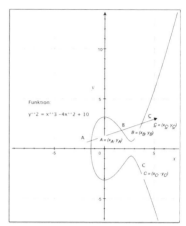

Abb. 2.5-4: Beispiel für eine elliptische Kurve unter Einbeziehung der Punkte A, B und $\underline{C}$

Das Potenzieren wird durch die Operation für C (also $C + C + ...$, z.B. d-mal) ersetzt, die wiederholt werden muss, um den Wert D zu erreichen, der die Koordinate $D = (x_D, y_D)$ auf der Kurve besitzt. Dies ist das Problem des *diskreten Logarithmus auf dieser elliptischen Kurve*: $D = d \cdot C$.

DH mit ECC Schlüsselabgleich

Der Schlüsselabgleich beim ECC vollzieht sich in der gleichen Weise wie beim DL, allerdings mit anderen Parametern und angepassten Funktionen. Das *primitive Element* ist häufig in der Software gemeinsam mit der Kurve fest verankert, sodass sich ähnliche Verhältnisse ergeben wie bei Tab. 2.5-3.

Schritt	Berechnung	Bemerkung
Elliptische Kurve	$y^2 = x^3 + Ax^2 + d$	z.B. Curve25519
Primitives Element	C mit Koordinaten $C = (x_C, y_C)$	Ausgangspunkt auf Kurve
Client private key	$a = (x_a, y_a)$	wählt Koordinate auf Kurve; *private key*
Client public key	$A = \kappa(a) = a \cdot C = (x_A, y_A)$	berechnet *public key* $A \rightsquigarrow$ Server
Server private key	$b = (x_b, y_b)$	wählt Koordinate auf Kurve; *private key*
Server public key	$B = \kappa(b) = b \cdot C = (x_B, y_B)$	berechnet *public key* $B \rightsquigarrow$ Client
Schlüsselabgleich	$\bar{\kappa}_A = a \cdot B$	beim Server
	$\bar{\kappa}_B = b \cdot A$	beim Client
	$T_{AB} = \bar{\kappa}_A = \bar{\kappa}_B$	gemeinsames *shared secret*

Tab. 2.5-4: Schlüsselerzeugung und -tausch bei Diffie-Hellman mittels ECC

Nur spezielle elliptische Kurven sind geeignet für derartige Operationen, von denen einige von der NIST standardisiert sind. Gerne benutzt wird die *Montgomery-Kurve Curve25519* [Ber14]:

$$y^2 = x^3 + Ax^2 + d \; ; \; (A - 2)/4 \text{ kleiner Integer } (A = 486662)$$

Der zweite Domain-Parameter ist die Primzahl $p = 2^{255} - 19$, von dem die Kurve ihren Namen hat.

2.5.3 ElGamal-Schlüsseltausch-Protokoll

Sowohl der dargestellte RSA-Schlüsseltausch als auch der DH-Schlüsselabgleich erwartet von den Teilnehmern eine interaktiven Tausch der Schlüsselparameter, was für verbindungsorientierte Kommunikation sinnvoll, für verbindungslosen Nachrichtenaustausch aber hinderlich ist.

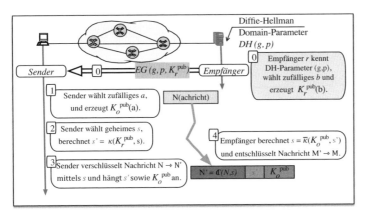

Abb. 2.5-5: Einsatz und Ablauf des ElGamal-Protokolls]
EG (g,p,K_r^{pub}): g ist Generator und p ist Primzahl der Gruppe, K_r^{pub} ist der *public key* des Empfängers r; K_o^{pub} des Senders o

Von *Taher El Gamal* [ElG85] stammt eine Variante des DH-Verfahrens, das als ElGamal-Protokoll bekannt geworden ist und in vielen Implementierungen wie z.B. bei *Pretty Good Privacy* PGP [RFC 5581] oder auch dem CurveDNS-Verfahren (Abschnitt 5.6) eingesetzt wird.

Wie aus Abb. 2.5-5 hervorgeht, muss hierbei der *public key* des Empfängers quasi 'vorgeneriert' und als Ergänzung zu den Domain-Parametern übertragen werden. Unter Kenntnis dieser drei Informationen kann ein potenzieller Sender die Nachricht an den Empfänger so aufbauen, dass diese neben dem *public key* des Senders auch den geheimen Schlüssel s' enthält. Diese Informationen kann der Empfänger mit seinem *private key* entnehmen und somit die Nachricht N entschlüsseln.

2.6 Identitäten und Authentisierung

Die grundlegenden Begriffe für digitale Identitäten und die Authentisierung, mit deren Hilfe eine Identität zweifelsfrei zugeordnet werden kann, wurden bereits in Abschnitt 2.6 vorgestellt. Wir haben festgestellt, dass [Abb. 2.6-1] Identitäten aus einem öffentlichen und einem geheimen Teil bestehen, wobei die Qualität des geheimen Teils, sprich des Passworts, im Hinblick auf seine *Entropie* – also seine Komplexität – eine entscheidende Rolle für den Identitätsschutz spielt.

Für maschinelle bzw. Prozessidentitäten bieten sich X.509-Zertifikate mit zugehörigen *key file* an, die entsprechend zugewiesen und verteilt werden müssen. Der *Subject-*

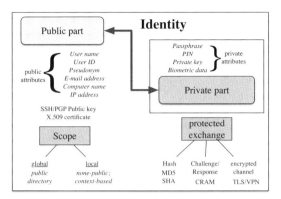

Abb. 2.6-1: Identitätskomponenten und ihre Charakteristika
MD5: Message Digest 5, SHA: Secure Hash, CRAM: Challenge/Response Access Method, TLS: Transport Layer Security, VPN: Virtual Private Network

DN bezeichnet in diesem Zusammenhang den öffentlichen Teil der Identität, sofern nicht der *Subject Alternate Name* (wie in Tab. 2.6-2 aufgezeigt) eingesetzt wird, der für Rechner deren IP-Adresse oder FQDN enthalten kann.

Wie Tab. 2.6-1 zeigt, ist mit dem Deployment von X.509-Zertifikaten statt des üblichen *Username/Passwort*-Verfahrens zwar das Problem schwacher Passwörter gelöst; man handelt sich aber auf der anderen Seite ein, dass nicht nur der *key file* verlustig gehen kann, sondern dass bei Kenntnis des Zertifikats unter Umständen auf den *key file* geschlossen werden kann: *Coppersmith* [Ber+13]. Sobald der *key file* bekannt ist, erlangt der (unrechtmäßige) Besitzer die hiermit verknüpfte Identität und Credentials.

Aus diesem Grund wird auch gefordert, dass Signaturen in X.509-Zertifikaten zumindest mit SHA-256 zu erzeugen sind. TLS 1.3 bietet hier allerdings einen adäquaten Schutz, da nun die Zertifikate nicht mehr im Klartext, sondern verschlüsselt übertragen werden [Abb. 7.2-3].

Identitätskomponenten	Entropie 'geheimer Teil'	Zusammenhang 'öffentlicher' ↔ 'geheimer' Teil	Brechen
Username & Passwort	eher gering	in der Regel nicht gegeben	ausprobieren (*online*)
X.509 Zertifikat & key file	groß	durch Algorithmus notwendig	algorithmisch (*offline*)

Tab. 2.6-1: Charakteristische Merkmale der Identitätsverfahren und wie diese gebrochen werden können

Die Übermittlung dieser Daten – und speziell des geheimen Teils, z.B. des Passworts – sollte so vonstatten gehen, dass ein unbeteiligter Dritter nicht in der Lage ist, dieses zu eruieren [Abb. 2.6-2]. Neben der Möglichkeit der Nutzung einer verschlüsselten Verbindung bietet sich die Obfuskation des Passworts an, z.B. mittels Hashfunktionen.

Übermittlung und Verarbeitung der Identitätsinformationen

Die Übermittlung der Identitätsinformationen zwischen den beteiligten Parteien – dem *Supplicant* und dem *Identity Provider* – erfordert einige Überlegungen und muss sicher vorgenommen werden. Abb. 2.6-2 identifiziert mehrere neuralgische Punkte:

2.6 Identitäten und Authentisierung

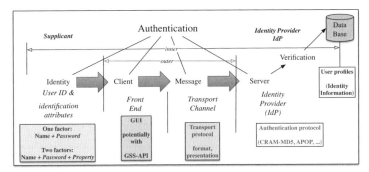

Abb. 2.6-2: Identitätskomponenten und ihre Charakteristika
APOP: Authenticated Post-Office Protocol, CRAM-MD5: Challenge/Response Authentication Method (mit MD5 als Hashfunktion), GSS-API: Generic System Security API [RFC 5588]

- Das *User-Interface*, über das die geforderten Informationen bereitgestellt, d.h. eingegeben oder eingelesen werden, für das ein
- Client als *Front End* benötigt wird, der diese Informationen gemäß dem vorliegenden Protokoll als *Authentisierungsnachricht* aufbereitet und über den
- *Transportkanal* (sicher und geschützt) überträgt, sodass diese Nachricht vom
- *Identity Provider* (IdP) korrekt entgegengenommen werden kann und dieser in Folge einen
- *Lookup* in seiner Datenbank vornimmt, wobei der Username quasi als *Index* dient. Wird ein *Challenge/Response*-Verfahren genutzt, muss das Passwort dort in unverschlüsselter Form zugänglich sein, was eine qualifizierte Datenablage erfordert.

Ergänzend kommt ein *Rückkanal* hinzu, der in der Regel aber lediglich aus dem Rückgabewert des IdP besteht, also üblicherweise ein '0' für eine erfolgreiche Authentisierung und ansonsten einen davon abweichenden Wert.

Wie sich aus Abb. 2.6-2 entnehmen lässt, muss speziell in Fällen einer Übermittlung des Passworts ohne Challenge/Response ein Vertrauensverhältnis zwischen Client und IdP bestehen: Nach Kontaktierung des IdPs verfügt dieser nun sowohl über den öffentlichen als auch den geheimen Teil der Identität. Daher wird bei einigen Verfahren vorgeschrieben, dass sich zunächst der IdP gegenüber dem Client ausweist: *äußere Authentisierung*. Erst falls diese erfolgreich abgelaufen ist, überträgt der Client seine Credentials: *innere Authentisierung*.

Äußere und innere Authentisierung

2.6.1 Authentisierung mit MS-ChapV2

Die in RFC 2759 beschriebene Version 2 des MS-Chap-Protokolls verlangt im Gegensatz zum CHAP-Verfahren [Abb. 13.2-8] zusätzlich, dass sich nicht nur der *Supplicant* (im Folgenden Initiator genannt) beim *Authenticator*, sondern dass auch der Authenticator sich gegenüber dem Initiator authentisiert.

Abb. 2.6-3a zeigt die wichtigsten Änderungen/Ergänzungen beim Einsatz von MS-ChapV2 zur Authentisierung:

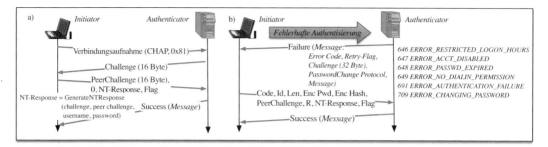

Abb. 2.6-3: Ablauf der MS-ChapV2-Authentisierung a) Success und b) Failure (bei fehlerhafter Angabe) und anschließende Änderung des Benutzerpassworts
Id: Identification, Len: Length, R: Retry-Flag, EncPwd: Encrypted Password, EncHash: Encrypted Hash

- Der Initiator benutzt ein CHAP-Paket zur Verbindungsaufnahme, wobei die Nutzung von MS-Chap mittels des Wertes 0x81 im Feld Algorithmus angegeben wird.
- Der Authenticator antwortet mit der 16 Byte umfassenden Nachricht Challenge.
- Das Response-Paket des Initiators enthält nun im Feld Value folgende Informationen:
  ▷ 16 Byte Peer-Challenge; zusätzlich zum Authenticator-Challenge
  ▷ 8 Byte '0'
  ▷ 24 Byte NT-Response: *SHA1-Hash (Authenticator-Challenge, Peer-Challenge, Username, Password)*, wobei *Username* und *Passwort* in Unicode angegeben werden und jeweils bis zu 256 Zeichen umfassen können.
  Der Wert der NT-Response fungiert als *Transaktions-Identifier*.
  ▷ 1 Byte: Flags (=0)
- Success-Nachricht: S=<Auth_String> M=<Message>
  Hierbei ist der Auth_String ein Authenticator für die Transaktion und Message der Nachrichtentext.

MS-Chap V2 ist das meistgebräuchlichste Verfahren zur Authentisierung und besitzt neben dem Vorteil der gegenseitigen Authentisierung von *Initiator* und *Authenticator* zusätzlich die Möglichkeit, (sofern die Benutzerschnittstelle dies erlaubt) einer interaktiven Änderung des Passworts vor Beginn der eigentlichen Sitzung, was in Abb. 2.6-3b gezeigt ist. Hierfür stehen die Nachrichten Failure und Change-Password zur Verfügung:

- Bei der Nachricht Failure kann zusätzlich mittels des Retry-Flags mitgeteilt werden, ob weitere Versuche (mit anderem Passwort) für diese Transaktion gestattet sind.
  Die Nachricht Failure ermöglicht zusätzlich zu einem Code auch die Übermittlung ergänzender Informationen, wie z.B. *Password expired*.
- Bei der Nachricht Change-Password (die den Code = 7 besitzt) wird jeder Versuch mit dem Feld Identifier (Id) hochgezählt. Die Angaben

2.6 Identitäten und Authentisierung

`Encrypted-(neues)Password` und `Encrypted-Hash` sind typische Windows-Funktionen, die neben dem neuen das alte (bekannte, aber nicht mehr gültige) Passwort verschlüsselt beinhalten. Das Feld `NT-Response` wird wie oben dargestellt zur Bestätigung des neuen Passworts genutzt.

Abb. 2.6-4 zeigt, welche kryptographischen Elemente bei MS-ChapV2 eingesetzt werden:

- Standard-DES-Verschlüsselung,
- SHA-1 als Hashfunktion,
- MD4 als Grundlage für den sog. *NTHash*.

Keines dieser Verfahren genügt heutigen Ansprüchen, und zudem ist deren Einsatz vom heutigen Standpunkt aus dilettantisch implementiert, sodass sich der kryptographisch wirksame Schutz auf 16 Bit im Passwort-Hash beschränkt und die weiteren Teile des Hashes deterministisch bestimmbar sind. Daher sind Angriffe auf die mittels MS-ChapV2 vorgenommene Authentisierung häufig von Erfolg gekrönt, wie z.B. das Eindringen in das *Parlakom-Netzwerk* des Deutschen Bundestags im Jahr 2015 zeigte[22], das auf *Single-Sign-On* im Microsoft *Active Directory* aufbaut.

MS-ChapV2 Schwächen

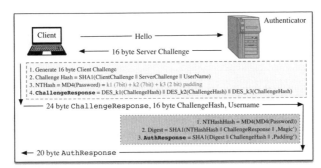

Abb. 2.6-4: Kryptographische Elemente der MS-ChapV2-Authentisierung in der `ChallengeResponse`- sowie der `AuthRespone`-Nachricht

2.6.2 Digitale Identitäten mit X.509-Zertifikaten

Signaturoperationen σ, d.h. das Signieren und die Verifikation von signierten Daten mittels $\bar{\sigma}$, werden heute vorwiegend auf Grundlage zweier Standards vorgenommen:

- Im Rahmen des *Web of Trust* wird *Pretty Good Privacy* PGP eingesetzt. Signaturen werden hierbei nicht nur beim E-Mail-Austausch verwendet, sondern auch beim Signieren von Software-Paketen, besonders im Public-Domain-Bereich wie z.B. bei Linux.

Web of Trust

- Die *Public Key Infrastructure* PKI setzt auf den Einsatz von X.509-Zertifikaten, dem ein hierarchisches Modell mit einer Kette von Zertifizierungsinstitutionen *Certificate Authorities* CA zugrunde liegt.

X.509 Certificate Chain

---

[22]siehe: `http://www.linux-magazin.de/ausgaben/2016/04/bundestags-it/`

X.509-Zertifikate bieten die Möglichkeit, kryptographische Informationen in einer Struktur zu hinterlegen. Der frühen Etablierung dieses Standards Ende der 80er Jahre ist die Tatsache zu verdanken, dass als Beschreibungssprache *ASN.1* verwendet wird. Jedes Element des X.509-Zertifikats besitzt einen genau definierten sogenannten O.ID (*Object-Identifier*) in einem hierarchischen Schema. Auch die *Attribute*, die einem Element zugewiesen werden können, sind nach der gleichen Methode gekennzeichnet.

1. Aufgabe: Die vorrangige Aufgabe eines X.509-Zertifikats kann wie folgt charakterisiert werden:

> Ein X.509-Zertifikat bindet dessen Besitzer (*Subject*) – identifiziert durch seinen *Distinguished Name* (DN) – mit seinem *public key*.

Chain of Trust

Zudem kann das Zertifikat durch eine übergeordnete Instanz legitimiert werden, was sich durch eine digitale Signatur des Herausgebers (*Issuer*) realisieren lässt, der ebenfalls über einen DN bekannt gemacht wird. Im X.509-Vertrauensmodell kommen auf den Herausgeber eines Zertifikats, der *Certificate Authority* (CA), vielfältige Aufgaben zu, für die wir auf die Literatur [VMC02] verweisen müssen. Hierdurch lässt sich eine Vertrauenskette (*Chain of Trust*) aufbauen, die zusammen mit einem verbindlichen Regelwerk die *Public Key Infrastructure* (PKI) bildet.

2. Aufgabe: Daher besteht die weitere zentrale Aufgabe eines X.509-Zertifikats in Folgendem:

> Die *Authentizität* des Besitzers (*Subject*) sowie die *Legitimität* des Zertifikats wird durch die *digitale Signatur* des Herausgebers (*Issuer*) bestätigt.

private key ⇒ key file

Um Zertifikate *aktiv* zu nutzen, ist ein *key file* notwendig, der den *private key* enthält. Der *private key* ist natürlich streng vertraulich zu halten und für die *Authentizität* des Besitzers des Zertifikats maßgeblich. Zertifikate können aber auch zur Überprüfung der *Legitimität* des Besitzers in Form sog. *Stammzertifikate passiv* genutzt werden. Für Stammzertifikate bleibt der *key file* 'offline' bei der CA (*Certificate Authority*) und ist für die *Verifikation* eines Zertifikats nicht von Belang.

2.6.3 Der X.509 Datencontainer

X.509-Zertifikate können als Datencontainer verstanden werden, deren Aufbau aktuell in RFC 5280 als Version 3 festgelegt ist. Die zentralen Informationen, die ein Zertifikat beheimatet, sind

- der *Name* (*Identität*) des Besitzers (*Subject*), als *Distinguished Name* (DN),
- der *public key* des Besitzers,
- der Name des Herausgebers (*Issuers*), der dieses Zertifikat signiert hat (ebenfalls als DN),
- die *Signatur* des Herausgebers, die die *Legitimität* seiner Ausgabe sicherstellt.

Abb. 2.6-5 zeigt den beispielhaften Aufbau eines X.509-Zertifikats.

Zur Validierung eines Zertifikats werden einige technische Informationen zugefügt:

- Die *Serial Number* des Zertifikats, die bei Neuausstellung mit gleichem Besitzer/Herausgeber zu seiner Identifikation dient.

2.6 Identitäten und Authentisierung

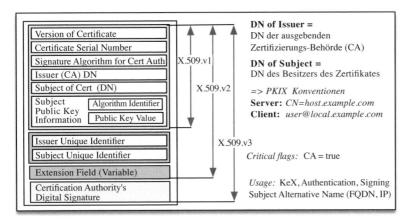

Abb. 2.6-5: Aufbau von X.509-Zertifikaten
Auth.: Authenticate, Cert: Certificate, DN: Distinguished Name,
PKIX: Public Key Internet Exchange

- Die *Gültigkeitsdauer*, ausgedrückt durch den Beginn und das Ende seines Einsatzes.
- Das Verfahren, mit dem der *public key* generiert wurde.
- Der Hashalgorithmus, mit dem die *Signatur* erzeugt wurde.

Zur Identifikation eines X.509-Zertifikats wird der Hashwert des *Subject-DN* benutzt. Um unterschiedliche Versionen des Zertifikats zu kennzeichnen, weil z.B. das letzte Zertifikat abgelaufen war, wird dieser Wert mit einer Nummer als Suffix ergänzt, die hochgezählt wird. Generell werden Zertifikate in 'Schlüsselbunden' organisiert:

- Der *Key Store* enthält (unsere) Zertifikate, für die auch ein *private key* vorliegt.   Key Store
- Der *Trust Store* beinhaltet die Stammzertifikate, denen wir vertrauen. Dies können   Trust Store
  entweder die Root-Zertifikate auf der obersten Ebene sein oder vertrauenswürdige
  Zwischenzertifizierungsstellen.
- Ergänzend können zurückgezogene Zertifikate in einer *Certificate Revocation List*   CRL
  (CRL) geführt werden. Hier werden nicht die einzelnen Zertifikate, sondern nur ihre
  Identifikation, die *Serial Number* und andere Verwaltungsinformationen bevorratet,
  nicht aber das eigentliche Zertifikat selbst.

X.509-Zertifikate kommen in der Praxis in unterschiedlichen Darstellungsformaten vor. Mittels der `OpenSSL`-Funktionen können diese Zertifikate generiert und ineinander überführt werden:

- Bei Anwendungen wie Webservern oder Mail-Servern wird in der Regel vom PEM-   PEM
  Format (`.pem`) Gebrauch gemacht, da die Dateien (Zertifikat und *key file*) in 'Klartext' eingelesen werden. PEM wurde ursprünglich in den RFC 1421, ..., 1424 als
  Privacy Enhanced Mail eingeführt.
- Wird hingegen das Zertifikat bzw. der *key file* in einem 'Schlüsselbund' (binäres   DER
  Zertifikats-Repository) geführt, ist hierfür das DER-Format vorgesehen (`.crt`).

PKCS#12 — Persönliche Zertifikate werden in einem mit einer *Passphrase* geschützten PKCS#12-Format übertragen und in den Schlüsselbund eingestellt.

2.6.4 X.509-Einsatzgebiete

Usage

Im Zertifikat kann verankert werden, für welchen Verwendungszweck (*Usage*) es vom Herausgeber bestimmt ist:

- *Stammzertifikate* [Abb. 2.6-6a] dienen dazu, andere Zertifikate zu signieren. Hierfür wird im X.509-Zertifikat das Flag 'CA=true' gesetzt, wobei CA für *Certificate Authority* steht.
- *Standardzertifikate* [Abb. 2.6-6b] werden zur Authentisierung für den Besitzer (Server, Client, Person) genutzt sowie – im Rahmen des TLS-Einsatzes beim RSA-Algorithmus – zur Verschlüsselung des *PreMasterSecret* vom Client zum Server.

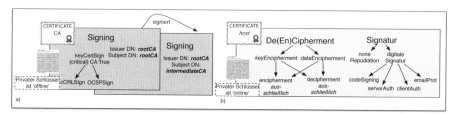

Abb. 2.6-6: Einsatzgebiete von X.509-Zertifikaten; a) Stammzertifikate, b) Standardzertifikate

EKU

Diese klassischen Einsatzmerkmale werden erweitert durch eine sogenannte *Extended Key Usage* (EKU), die es erlaubt, X.509-Zertifikate zur Signierung von Software einzusetzen, so wie es heute bei betriebssystemnahen SW-Produkten üblichen ist.

3. Aufgabe:

Schließlich kann ein X.509-Zertifikat noch eine weitere Aufgabe erfüllen:

> Der *Verwendungszweck* (*Usage*) des X.509v3-Zertifikats kann über die Erweiterungen *Key Usage* sowie *Extended Key Usage* mitgeteilt werden.

Ob der Client, der die X.509 Zertifikate auswerten muss, diesen Angaben folgt, ist allerdings implementierungsabhängig. Es wird unterschieden zwischen obligatorischen und nicht-obligatorischen Zertifikatsattributen, wobei dies lediglich eine Eigenschaft der *Policy* ist, nicht aber durch technische Einschränkungen hervorgerufen wird.

2.6 Identitäten und Authentisierung

Zertifikatserweiterungen
Eine typische Auswahl relevanter Zertifikatserweiterungen findet sich in Tab. 2.6-2:

Zertifikatserweiterungen

Typ	Bedeutung
Basic Constraints	Angabe, ob der Inhaber eine *Certificate Authority* CA ist, also Zertifikate ausstellen und signieren darf: $CA = True$ sowie, wie viele untergeordnete CAs gestattet sind ($PathLen$).
Authority Key Identifier *Suject Key Identifier*	Informationen zum *Private Key* wie Hashwert zur Unterstützung von Zertifikatsketten.
Key Usage OID: 2.5.29.0F (hex)	Einsatz des Zertifikats (z.B. Stammzertifikat zum Signieren, Benutzer-Zertifikat zum Verschlüsseln von Dateien, Authentisierung von E-Mail etc.).
Extended Key Usage OID: 2.5.29.37 (hex)	Von den Firmen Netscape und Microsoft vorgelegte Erweiterungen, abhängig davon, ob es sich um ein CA-Zertifikat handelt oder nicht.
Issuer Alternative Name *Subject Alternative Name*	Hinterlegung von FQDN, E-Mail-Adresse oder URL für den Herausgeber bzw. Besitzer des Zertifikates zur zusätzlichen Verifikation (E-Mail-Adresse).
Certificate policies	Ergänzende Angaben z.B. zu Einschränkung von Zertifikatsketten.
CRLDistributionPoint	URL mit Adresse, wie und woher eine Liste von CRLs bezogen werden kann.

Tab. 2.6-2: X.509 Zertifikatserweiterungen

Einschränkungen für den Einsatz von X.509-Zertifikaten können ergänzend per *Extended Key Usage* mitgeteilt werden [Tab. 2.6-3]. Ein Zertifikat, für das keine EKU vorgegeben wird, hat implizit den Nutzungstyp *SSL_Client*, *SSL_Server* sowie *EMAIL*.

EKU

EKU OID	Standard Zertifikat	CA Zertifikat
SEC_OID_EXT_KEY_USAGE_EMAIL_PROTECT	EMAIL_CA	EMAIL_CA (S/MIME)
SEC_OID_EXT_KEY_USAGE_SERVER_AUTH	SSL_SERVER	SSL_CA
SEC_OID_EXT_KEY_USAGE_CLIENT_AUTH	SSL_CLIENT	SSL_CA
SEC_OID_EXT_KEY_USAGE_CODE_SIGN	OBJECT_SIGNING	OBJECT_SIGNING_CA
SEC_OID_EXT_KEY_USAGE_TIME_STEMP	TIME_STAMP	TIME_STAMP
SEC_OID_OCSP_RESPONDER	OCSP_RESPONDER	OCSP_RESPONDER

Tab. 2.6-3: X.509 Zertifikate mit Extended Key Usage; OID: Object Identifier

2.6.5 Öffentliche und private Zertifikate

In der Praxis unterscheidet man zwischen privaten, sogenannten *self-signed-Zertifikaten*, oder 'öffentlich' überprüfbaren Zertifikaten, die entweder mittel- oder unmittelbar von Stammzertifikaten abgeleitet sind. Self-signed-Zertifikate können mit OpenSSL-Funktionen sehr einfach selbst erzeugt werden.

Self-signed-Zertifikate

Im Internet sind einige Firmen als 'offizielle' Zertifizierungsstellen – die sog. CAs (*Certificate Authorities*) – akkreditiert. Diese Firmen (z.B. VeriSign) besitzen ein besonders geschütztes *Trust Center* (TC). Über eine CA können Einzel- bzw. Firmenzertifikate beantragt bzw. (kostenpflichtig) beglaubigt werden. Die Stammzertifikate dieser Firmen sind typischerweise in den TLS-fähigen Anwendungen wie z.B. dem Microsoft Internet Explorer, Opera oder Firefox Webbrowser, hinterlegt.

Certificate Authority und Trust Center

Certificate Request	Offizielle Zertifikate müssen über eine CA angefordert und von dieser beglaubigt sein. Hierzu ist von interessierter Seite ein *Certificate Request* zu stellen bzw. ein selbst generiertes Zertifikat ist zur Beglaubigung vorzulegen und von der CA zu signieren.
Let's Encrypt	Populär ist zur Zeit der Zertifikatsdienst *Let's Encrypt*, der Domain-Zertifikate kostenfrei anbietet, die auch relativ einfach zu installieren sind, aber nur eine Laufzeit (Gültigkeit) von 6 Monaten aufweisen. Generell können wir unterscheiden:
Domain-Zertifizierung	▪ Die *Domainzertifizierung* erfolgt weitgehend automatisch, z.B. mittels E-Mail oder dem *Automatic Certificate Management Environment* ACME-Verfahren, bei der z.B. eine WHOIS-Abfrage vorgenommen wird, ob der Anfragende auch Inhaber der Domain ist.
EV-SSL	▪ Bei den *Extended-Validation-SSL-Zertifikaten* ist es aufwendiger, und der Anfragende muss seine Identität ggf. durch weitere Dokumente, wie z.B. einen Eintrag ins Handelsregister, bestätigen[23]. Dies wird seitens der CA über das jeweilige *Trust-Logo* – soweit vorhanden – im Webbrowser angezeigt.
Zertifikatsklassen	Zertifikate werden daher entsprechend ihrem Ausstellungsprozess in unterschiedliche *Klassen* eingeteilt:

Class 0 *Testzertifikate* ohne Validierung; entspricht selbst-ausgestellten Zertifikaten.

Class 1 *Domainzertifikate*, die mittels E-Mail-Robots validiert wurden.

Class 2 *Eingeschränkte Identitätszertifikate* für einen Benutzer, z.B. Mitarbeiter einer Organisation gegenüber der eigenen CA.

Class 3 *Identitätszertifikate*, die durch Überprüfung der Daten des Handelsregisterauszugs bei im Handelsregister oder des Gewerbenachweises bzw. des Personalausweises bei reinen Privatpersonen validiert und deren Angaben mit den Daten z.B. in der Internet-WHOIS-Datenbank abgeglichen wurden.

Class 4 *Online business transactions between companies*, die mit EV-SSL-Zertifikaten gleichzusetzen sind und für Firmen genutzt z.B. im FinTec- Bereich genutzt werden, um ein hohes Vertrauen zu beweisen.

Class 5 *For private organizations or governmental security*, wo höchste Ansprüche an die Qualität des Zertifikats und die Authentizität des Eigners gestellt werden.

2.6.6 Verifikation und Validierung von Zertifikaten

Im Grunde genommen kann TLS unter Nutzung des DH-Verfahrens auf X.509-Zertifikate verzichten. Damit bleiben beide Kommunikationspartner *anonym*, und es besteht die Gefahr von *Man-in-the-Middle*-Angriffen. Daher liegt der Nutzen von X.509-Zertifikaten beim DH-Verfahren in der Authentisierung des TLS-Servers, der sowohl ein Zertifikat als auch notwendigerweise einen dazu passenden privaten Schlüssel in einer Schlüsseldatei (*key file*) parat haben muss.

2.6 Identitäten und Authentisierung

Damit ein X.509-Zertifikat akzeptiert werden kann, muss es einige Kriterien erfüllen: **Zertifikatsprüfung**

0. Das Zertifikat darf nicht *revoked* sein, d.h. es darf sich nicht auf einer vorliegenden *Certificate Revocation List* CRL befinden.
1. Das Zertifikat muss *valide* sein: Der Aufbau muss dem X.509-Modell entsprechen; Gültigkeitsdauer und *Usage-Attribute* müssen stimmig sein.
2. Das Zertifikat ist *legitimiert*: Der Herausgeber des Zertifikats ist bekannt, und die Signaturprüfung war erfolgreich. Das Zertifikat ist vertrauenswürdig (*trusted*).
3. Das Zertifikat ist *authentisch*: Der Besitzer des Zertifikats verfügt ebenfalls über einen passenden *private key*.
4. Die im Zertifikat hinterlegte Information über den Benutzer, also sein DN oder der *Subject Alternative Name* (SAN) kann extern – z.B. per DNS-Lookup – *validiert* werden.

Das entgegen genommene Zertifikat wird darauf hin überprüft, ob ein korrespondierendes CA-Zertifikat im Trust Store vorliegt. Gegebenenfalls sind die Zwischenzertifikate – sofern nicht in der Zertifikatskette mitgeliefert – ergänzend zu beziehen. Abb. 2.6-7 illustriert den *Chain of Trust* für das von *Let's Encrypt* ausgestellte X.509-Zertifikat für meinen Webserver, der über die Adresse `https://www.fehcom.de` erreichbar ist. **Chain of Trust**

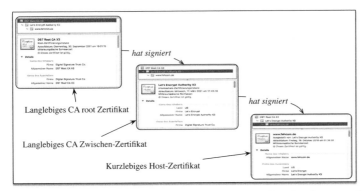

Abb. 2.6-7: Zertifikatskette für `https://www.fehcom.de`; man beachte die unterschiedlichen Gültigkeitsdauern für Stamm- und Benutzerzertifikate

Die Feststellung der Gültigkeit und Legitimität des Zertifikates ist eine Eigenschaft des Clients. Ist der Herausgeber des Zertifikats nicht bekannt, kann eine Fehlernachricht generiert werden, die beispielsweise bei interaktiver Nutzung an den Webbrowser weitergereicht wird.

Die ersten vier Punkte der Verifikation finden in der Regel automatisch statt. Demgegenüber wird die *Validierung* eines Zertifikats auf Grundlage von DNS-Informationen in der Regel nur bedarfsweise eingesetzt und ist darüber hinaus interpretationswürdig: Welche *Identität* ist im Zertifikat hinterlegt? Zulässig ist für einen Rechner sein Domainname oder seine IPv4/IPv6-Adresse; überprüft wird aber häufig die URL. **Verifikation**

---

[23] siehe: `https://cabforum.org/wp-content/uploads/EV-V1_6_1.pdf`

Validierung	Damit ein Client die *Validität* des *self-signed*-Zertifikats nachvollziehen kann, muss der hier hinterlegte *Canonical Name* bzw. der *Subject Alternative Name* (SAN) dem FQDN des Rechners entsprechen und die Gültigkeit des Zertifikats gewährleistet sein.
Client-Zertifikate sind nicht erforderlich	Obwohl auch der Client ein Zertifikat aufweisen kann, ist deren Verfügbarkeit beim Aufbau einer TLS-Verbindung nicht obligatorisch. Zudem verlangt das 'Ausrollen' von Client-Zertifikaten eine eigene CA.

Online-Überprüfung von Zertifikaten – OCSP

Beim Aufbau beispielsweise einer TLS-Verbindung (siehe Abschnitt 6.2) teilt der Server dem Client sein eigenes Zertifikat und – ggf. als sogenannte *Certificate Chain* – die Zwischenzertifikate mit. Das eigentliche Stammzertifikat muss jedoch im *Trust Store* des Clients vorhanden sein oder wird – sofern akzeptiert – hinzugefügt. Generell besteht hier das Problem: Ist das Zertifikat des Servers überhaupt noch gültig und nicht zurückgerufen? Ein Überprüfung der (lokalen) CRL genügt nicht, da diese Informationen zum Zeitpunkt der Verbindungsaufnahme bereits veraltet sein können; eine CRL zeigt immer nur den 'vergangenen' Stand.

OCSP	Eine Lösung zu diesem Problem liefert das *Online Certificate Status Protocol* (OCSP) [RFC 2560], das folgende Besonderheiten aufweist:
PKIX	▪ Im Zertifikat muss die 'private' *PKI Extension* PKIX Erweiterung *Authority Information Access* vorhanden sein.

▪ Dieses Attribut beinhaltet eine URL, gegenüber der die Abfrage vorgenommen werden kann. Typischerweise ist dies ein LDAP-Verzeichnis (vgl. Abschnitt 7.6).
▪ Zur Überprüfung des Zertifikatsstatus wird eine Abfrage vorgenommen, die den DN des Zertifikatsbesitzers beinhaltet. Anfrage über LDAP:

```
ldap://ldap.example.com/cn=exampleCA,dc=example,dc=com?cACertificate;binary
```

▪ Anfrage über das OCSP, das auf dem (unverschlüsselten) HTTP basiert und in Form einer digital signierten HTML-Nachricht übertragen wird.
▪ Die Antwort des Herausgebers kann lauten: 'good', 'revoked' oder 'unknown' und ist mittels dessen *private key* signiert.

2.7 Gesicherte und vertrauliche Datenübertragung

Im OSI-Referenzmodell ist vor allem die *Datensicherungsschicht* verantwortlich für die Sicherstellung der Integrität der übertragenen Nutzdaten in Form der *DL-Frames* (vgl. Abschnitt 1.3). In den vergangenen Jahren hat sich jedoch ein erweitertes Verständnis dieser Sicherungsaufgaben entwickelt:

Bitfehler	▪ Auf der *physikalischen Schicht* lassen sich mit geeigneten *Kodierungsverfahren* Bitfehler erkennen und korrigieren. Heutige Verfahren nutzen komplexe Kodierungsschemata, die eine *Forward Error Correction* (FEC) ermöglichen.
Paketfehler	▪ Die Datenpakete auf den Schichten 2, 3 und 4 können mittels eines *Cyclic Redundancy Codes* (CRC) im *Trailer* ergänzt werden. Es lassen sich hierdurch nicht nur

2.7 Gesicherte und vertrauliche Datenübertragung

Fehler in den Paketen erkennen, sondern diese auch prinzipiell korrigieren, wobei in der Regel aber die fehlerhaften Datenpakete neu angefordert werden.

- Die Integrität der gesamten übermittelten Nachricht lässt sich über eine *Nachrichtenverschränkung* der einzelnen Pakete realisieren, wie dies beispielsweise mittels des *Cipher Block Chaining* geschieht. Hierfür ist ein *Initialisierungsvektor* (IV) notwendig, den die beiden kommunizierenden Parteien vereinbaren müssen. *(Nachrichtenintegrität)*

- Auf der *Anwendungsschicht* besteht die Anforderung nicht nur darin, eine eventuelle *Korruption* der Nutzdaten zu erkennen, sondern auch – im gleichen Zug – die *Authentizität* des Absenders zu ermöglichen. Hierzu kann eine unumkehrbare *Hashfunktion* genutzt werden. Im einfachen Fall ist der Eingangswert der Hashfunktion die Nachricht selbst; wird aber ergänzend ein vereinbartes *Schlüsselwort* hinzugefügt, erhält man einen *keyed Hashwert*. Der *Hashwert*, als Ergebnis der Hashfunktion, hat immer eine konstante Länge unabhängig vom Eingangswert. *(Nachrichtenauthentizität)*

Abb. 2.7-1 veranschaulicht die möglichen Verfahren zur Realisierung einer sicheren und gesicherten Datenübertragung auf den verschiedenen Kommunikationsschichten.

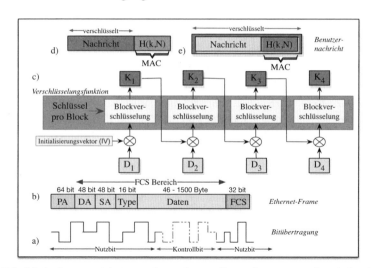

Abb. 2.7-1: Methoden zur sicheren und gesicherten Datenübertragung a) auf physikalischer Schicht durch Hinzufügen von *Kontrollbits* b) auf Data-Link durch eine *Frame Control Sequence* (FCS), c) auf der Supportschicht durch Verschränkung der Records und d) durch Verschlüsselung und anschließendes Hinzufügen eines *Message Authentication Checks* (MAC) bzw. e) durch Hinzufügung eines MAC und gemeinsamer Verschlüsselung mit der Nutznachricht (vgl. Abb. 7.3-5)
PA: Präambel, DA: Destination Address, SA: Source Address, FCS: Frame Control Sequence, H(k,N): Hashfunktion mit Schlüssel k für Nachricht N, $D_1...D_4$: Klartext-Datenblöcke, $K_1...K_4$: verschränkte (und ggf. verschlüsselte) Kryptodatenblöcke

2.7.1 Fehlerfreiheit und Integrität von Daten

Die zu übermittelnden *Informationen* (Nachrichten, Pakete) werden zunächst in eine strukturierte Bitfolge umgesetzt und auf der physikalischen Schicht letztlich als elektrisches/optisches Signal übertragen. Diese Signale erleiden bei der Übertragung Verluste und Verfälschungen; generell wird das Signal entlang der Übertragungsstrecke geschwächt. Signale können aber auch verformt und durch Fremdeinflüsse (Störstrahlung) überdeckt werden. Will man digitale Informationen über eine Übertragungsstrecke versenden, sind Vorkehrungen zu treffen, dass die Ausgangsinformation des Senders unverfälscht und vollständig als Eingangsinformation beim Empfänger ankommt.

Hierbei geht es um zwei zentrale Fragen:

BER
1. Wie hoch ist die Bitfehlerrate (*Bit Error Rate*)?

PER
2. Wie viele resultierende Paketfehler gibt es (*Packet Error Rate*), sodass das Paket neu übertragen werden muss?

Längsparität
Die einfachste Möglichkeit besteht darin, nach einer Anzahl von Nutzbits ein *Kontroll-* bzw. *Paritätsbit* folgen zu lassen [Abb. 2.7-1a]. Heute werden mehrstufige Verfahren eingesetzt wie z.B. die *4B/5B* Codierung bei 100 Mbit/s (Fast-)Ethernet, die so gewählt sind, dass nicht nur statistisch gleichförmig auftretende Fehler, sondern auch *burst-artige* Störungen erkannt werde können. Hierzu zählt im Besonderen das *Reed-Solomon-Verfahren*, das beispielsweise bei der Signalübertragung auf Monomode-Glasfaserkabeln entsprechend dem Standard OC-192 eingesetzt wird. Auch beim aktuellen Entwurf von 10 Gbit/s Ethernet findet der *Reed-Solomon Code* entsprechend RS(255,239), d.h. mit 239 Nutzbit und 16 Kontrollbit, Einsatz.

FEC
Diese *Forward Error Correction* führt zu einer substanziellen Reduktion der resultierenden Bitfehlerrate, was gerade für potenziell störanfällige Übertragungsmedien wie auch z.B. WLAN von Bedeutung ist. So können bspw. Bitfehlerraten BER = 10^{-4} (ohne FEC) auf lediglich 10^{-8} (mit FEC) gesenkt werden.

Sicherstellung der Integrität eines Datenpakets

Während die Bedeutung der modernen Verfahren der *Forward Error Correction* erst mit der Entwicklung der schnellen LANs erkannt wurde, war die Sicherstellung der Paketintegrität originärer Bestandteil der OSI-Schicht 2, also der *Sicherungsschicht*.

Ein *Paketfehler* ist dann zu verzeichnen, falls zumindest ein nicht korrigierter *Bitfehler* im Paket auftritt. Treten die Bitfehler statistisch unabhängig auf, ist die Anzahl der Paketfehler proportional der Bitzahl im Paket, also der *Paketlänge*.

CRC
Zur Erkennung und ggf. Korrektur von Paketfehlern wird von einer *Cyclic Redundancy Checksum* (CRC) Gebrauch gemacht [Abb. 2.7-1b]. Ausgegangen wird üblicherweise von einem *Generator Polynom* $G(x)$, das ein Bit länger sein muss als die zu überprüfende Bit-Sequenz. Die Nutzdaten werden durch dieses Polynom dividiert und der Teilerrest als *Checksumme* zu den Eingangsdaten für die Überprüfung zu den Nutzdaten hinzugefügt.

Querparität
Bei dieser *Querparität* wird der ermittelte Wert für das Frame, d.h. die *Checksumme* als sogenannte *Frame Check Sequence* (FCS) dem Payload zugefügt [Abb. 2.7-1b].

IP *Checksumme*
Die Berechnung der *Checksumme* bei IP-Paketen und TCP-Segmenten wird entsprechend RFC 1071 als 'Eins-Komplement' vorgenommen und umfasst mit dem resultierenden 16-Bit-CRC lediglich die jeweilige Header-Informationen.

Die *Checksumme* hat die bemerkenswerte Eigenschaft der *Additivität*, d.h. für zwei Nachrichtenteile N_1 und N_2, die gemeinsam die Nachricht N bilden, gilt:

$$\text{CRC}(N) = \text{CRC}(N_1 \parallel N_2) = \text{CRC}(N_1 \parallel \text{CRC}(N_2)) \text{ bzw.}$$
$$\text{CRC}(N_1 \oplus N_2) = \text{CRC}(N_1) \oplus \text{CRC}(N_2)$$

Hierbei ist $\parallel$ der Konkatenierungs- und $\oplus$ der Additions-Operator für eine Bitfolge. Wird also der Inhalt der Nutzinformation um den Wert '1' geändert, ändert sich auch der resultierende CRC um genau diesen Wert. Diese Eigenschaft machen sich die Internet-Router zu eigen, indem sie bei der Herabsetzung eines 'Hops' im IP-Paket nicht die gesamte Header-*Checksumme* neu berechnen, sondern nur den eingetragenen Wert dekrementieren.

Im Umkehrschluss ist es möglich, durch geeignete Manipulation der Nutzdaten, z.B. indem ein geeignetes *Padding* hinzugefügt wird, den Wert der *Checksumme* auf den gewünschten Wert zu 'trimmen'. Aus diesem Grund ist eine *Checksumme* nur ein notwendiger Garant einer Unverfälschtheit, aber kein hinreichender.

Padding = Trimmen des CRC

2.7.2 Datenblockverschränkung

Mit den vorgestellten Mitteln der *Forward Error Correction* und der Berechnung einer *Checksumme* ist es möglich, die technische Integrität jedes einzelnen, übertragenen Datenpakets (bis auf einen sehr kleinen Fehlerquotienten) sicherzustellen. Eine Nachricht auf der Applikationsschicht umfasst jedoch in der Regel mehrere Datensegmente bzw. IP-Pakete: Wie kann nun sicher gestellt werden, dass die Gesamtnachricht unverfälscht und komplett übertragen wurde?

TCP stellt als verbindungsorientiertes Transportprotokoll die Reihenfolge und den Umfang der übertragenen Datenbyte sicher; will man jedoch ein erhöhtes Sicherungsniveau erzielen, ist man auf die zusätzlichen Dienste der *Transport Layer Security* (TLS) angewiesen. TLS bietet bei der Übermittlung seiner *Records* (vgl. Abschnitt 7.2) neben der Sicherung der einzelnen Pakete auch die Möglichkeit, die zu übertragenen Daten blockweise zu *verschränken*. Ist die Länge einer Nachricht bekannt, kann wie folgt vorgegangen werden:

TLS-Records

1. Zunächst wird die Nachricht in Datenblöcke konstanter Länge aufgeteilt, z.B. je 128 Bit.
2. Sender und Empfänger kennen einen ebenfalls 128 Bit langen *Initialisierungsvektor* IV, der ein zufälliges Bitmuster enthält. IV
3. Der erste Datenblock D_1 wird mit dem IV per XOR Operation in einen Datenblock K_1 überführt: $K_1 = D_1 \otimes IV$.
4. Der nachfolgende Datenblock D_2 wird nun mit K_1 per XOR verschränkt: $K_2 = D_2 \otimes K_1$ (allgemein: $K_i = D_i \otimes K_{i-1}$).
5. Dieses Verfahren findet für alle folgenden Datenblöcke Verwendung; der letzte zu übertragende Datenblock muss dann mittels *Padding* auf die 128-Bit-Länge aufgefüllt werden.

Abb.2.7-1c illustriert den Algorithmus anhand von drei Datenblöcken. Die verschränkten Datenblöcke werden dann wie üblich als Nutzlast in den TLS-Records übertragen.

CBC

Wie wir in Abschnitt 7.2 sehen werden, findet bei TLS eine zusätzliche Verschlüsselung der einzelnen Datenblöcke statt, die dem CBC-Mechanismus (*Cipher Block Chaining*) seinen Namen gab und in Abb. 2.7-1c durch die farbige Box angedeutet ist.

Unter Kenntnis des IV kann der Empfänger nur dann die Gesamtnachricht erfolgreich in ihr Original überführen, falls alle Datenblöcke vorhanden sind und korrekt übertragen wurden. Daher ist die Methode der Datenblockverschränkung nur für Nachrichten von bekannter Länge nutzbar, nicht jedoch für die *Datenstromübertragung*.

2.7.3 Verschlüsselung und Authentisierung von Nachrichten

Schließlich zeigt Abb. 2.7-1d, wie Nachrichten durch Verschlüsselung (mit einem geheimen Schlüssel) geschützt übertragen und der Datenhalt zugleich über eine *Hashfunktion* und mit einem weiteren Schlüssel k als *Hashed Based Authentication Code* HMAC gesichert werden kann.

Dieses Vorgehen funktioniert allerdings nur bei Verschlüsselungsverfahren, die blockweise funktionieren, nicht aber bei Stromchiffren. Deshalb blieb den Erschaffern des SSL-Protokolls zunächst auch nichts anderes übrig, als den HMAC vor der Verschlüsselung zu berechnen [Abb. 7.2-5b].

GCM → AEAD   Erst mit 'Erfindung' des *Galois Counter Mode* GCM [MV04] hatte sich diese Diskussion erledigt, und aktuelle Verfahren nutzen *Authenticated Encryption and Authenticated Data* AEAD (vgl. Abschnitt 2.3). Frühere Methoden der Datenverschränkung wie CBC, CFB, wie in Abb. 2.7-1 dargestellt, haben sich als angreifbar herausgestellt und sollten für die Datenübertragung vermieden werden.

Prinzipiell wäre man unter Einsatz des RSA-Verfahrens in der Lage, mittels des public key des Empfängers beliebige Dateninhalte zu verschlüsseln; allerdings müssten dann die aufwendigen Operationen κ und $\bar{\kappa}$ mehrmals durchgeführt werden. Zudem würde die Verschlüsselung nur in eine Richtung funktionieren.

Hybride Verschlüsselung   Daher werden die Schlüsseltauschoperationen genau zu diesem Zweck nur ein einziges Mal durchgeführt: den Schlüssel s zu tauschen. Alle weiteren Verschlüsselungsoperationen finden mittels C und unter Kenntnis (nun auf beiden Seiten) von s statt, wobei s aus Ausgangsmaterial für den eigentlichen geheimen Schlüssel k genutzt wird: *hybride Verschlüsselung*.

Bei den hybriden Verfahren geht man folgendermaßen vor:

Schlüsselmaterial
- Mittels der asymmetrischen Verfahren κ und $\bar{\kappa}$ wird zunächst ein *Schlüsselmaterial* ausgetauscht bzw. sich darauf verständigt.
- Aus diesem Schlüsselmaterial werden die *symmetrischen Schlüssel* und ggf. der *Initialisierungsvektor* abgeleitet und anschließend
- die Daten entsprechend per *symmetrischer Verschlüsselung* C übertragen und ggf. durch einen MAC (*Message Authentication Code*) per h-Primitiv abgesichert, sofern kein AEAD in Anspruch genommen wird.

Alle bekannten Verfahren entsprechen Abb. 2.1-5 nutzen ausschließlich hybride Verschlüsselung. Der kryptographische 'Cocktail', wie in Abb. 2.2-3 illustriert, ist aber

2.7 Gesicherte und vertrauliche Datenübertragung

verschieden gemixt. Wie diese 'Mixtur' vorzunehmen ist, hängt vom Anwendungsfall ab:

- Bei der symmetrischen Ver- und Entschlüsselung differenzieren wir zwischen Block- und Stromverschlüsselung,
- beim Schlüsseltausch können wir mit statischen oder ephemeralen Schlüsseln arbeiten (RSA/DHE),
- kryptographische Signaturen lassen sich statischen Schlüsseln (RSA) oder aber einem angepassten El-Gamal-Verfahren (DSA) erzeugen.

Nach gut zwei Jahrzehnten des Einsatzes hybrider Verschlüsselung zeigen sich folgende Tendenzen [Abb. 2.7-2]:

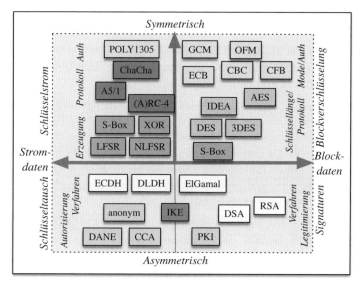

Abb. 2.7-2: Dimensionen des Einsatzes der Verschlüsselungs-, Schlüsselabgleich- und Authentisierungsverfahren
ECB: Electronic Code Book, CBC: Cipher Block Code, OFM: Output Feedback Mode, CFB: Counter Feedback Mode, GCM: Galois Counter Mode, AES: Advanced Encryption Standard, DES: Data Encryption Standard, LFSR: Linear Feedback Shift Register, NFSR: None-linear Feedback Shift Register, RSA: Rives/Shamir/Adleman, DSA: Data Signature Algorithm, DH: Diffie-Hellman, IKE: Internet Key Exchange, PKI: Public Key Infrastructure, DANE: DNS-Based Authentication of Named Entities, CCA: Client Certificate Authority

1. Für Daten-in-flight eignet sich die Stromverschlüsselung am besten, sofern ein qualifizierte Schlüsselgenerator vorliegt. Zudem sollte das Verfahren zugleich die zu übertragenen Daten sichern und authentisieren, die dies bei ChaCha20 mit Poly1305 gegeben ist. — Data-in-flight

2. Für Data-at-rest bieten sich die Blockverfahren an, besonders wenn diese im im AEAD-Mode genutzt werden, wie bei AES mit GCM. — Data-at-rest

3. Findet der Schlüsseltausch mittels eines Handshakes – also interaktiv – statt, ist EDH speziell in der Variante mit elliptischen Kurven vorzusehen, — Interaktiver Key Exchange

Nicht-interaktiver Key Exchange

4. ist der Datenaustausch nicht-interaktiv, ist ElGamal mit elliptischen Kurven eine geeignete Wahl.

Autorisierte Zertifikate

5. Bei der autorisierten Nutzung von X.509 Zertifikaten stützen wir uns nicht mehr ausschließlich auf die vorhandene PKI, sondern mit in-situ Verfahren wie DANE oder CCA (siehe Abschnitt 5.8), die DNS als *zweiten Kanal* nutzen, kann deren Vertrauenswürdigkeit deutlich gesteigert werden.

Moderne IT-Security-Paradigmen

In Bezug auf unsere Datenübertragungssysteme sind wir mit den aktuellen kryptographischen Methoden, insbesondere unter Nutzung von TLS 1.3 (wie in Abschnitt 7.2 detailliert erläutert) gut aufgestellt, d.h. wir erzielen in einem Schritt *Vertraulichkeit* und *Fehlerfreiheit* (*Confidentiality & Correctness*). Die *Authentizität* kann zumindest für die Server-Seite unter Nutzung eines Vertrauensmodells, wie dies bei der PKI vorliegt, garantiert werden.

Authentisierung & Autorisierung

Die *Autorisierung* von Sender und Empfänger, sprich Client und Server, wird hiervon aber nicht berührt und muss über Policies geregelt werden. Hier kann z.B. ein Domain-spezifisches Regelwerk greifen.

Reliability & Robustness

In verteilten Systemen, speziell aber beim Internet of Things (IoT), besitzen die Einzelsysteme untereinander eine große Abhängigkeit und verlieren ihre Funktion, falls ein System ausfällt oder nicht erreichbar ist. Von einem solchen Verbund müssen wir fordern, dass er seine Dienste zuverlässig zur Verfügung stellt und darüber hinaus fehlertolerant bzw. robust funktioniert. Diese beiden Attribute – *Reliability & Robustness* – können durch eine geeignete Software- und Systemarchitektur unter Nutzung qualifizierter Komponenten erreicht werden.

CAR-Modell

Abb. 2.7-3 fasst diese Zusammenhänge im sogenannten CAR-Modell zusammen, das das traditionelle 'CIA-Dreieck' der IT-Security um die aktuellen Ansätze fortschreibt:

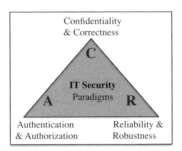

Abb. 2.7-3: IT-Security-Paradigmen im sogenannten CAR-Modell

- **Confidentiality & Correctness** der Daten werden durch die modernen Kryptographieverfahren sichergestellt, was sowohl für Data-in-flight als auch für Data-at-rest zutrifft.
- **Authentication & Authorization** verlangt neben der technischen Implementierung immer ein Vertrauensmodell, ohne dass solche Attribute sinnlos sind (und daher auch in früheren Überlegungen einfach ausgeklammert wurden).

- **Reliability & Robustness** sind Eigenschaften des gesamten IT-Systems. Dies erfordert eine adäquate Systemarchitektur, bei der zugleich die notwendigen fachlichen Standards eingehalten werden, den Dienst im Rahmen der Anforderung qualifiziert und mit hoher Zuverlässigkeit bereitstellen zu können. Dies überführt das Attribut *Availability* im CIA-Dreieck in einen modernen Kontext.

2.8 Schlussbemerkungen

Auf die in diesem Kapitel beschriebenen Grundlagen der IT-Security und Kryptographie mit den eingeführten vier Grundprimitiven werden wir an vielen Stellen in den folgenden Kapiteln zurück greifen.

- Die IP-Netze werden immer komplexer, ebenso die auf sie einwirkenden Faktoren und die Anforderungen, die an sie gestellt werden. Zudem ist hier ständig mit unterschiedlichen böswilligen Angriffen und anderen Gefährdungen zu rechnen. Die Sicherheit der IP-Netze und somit die Maßnahmen zur Vermeidung von Unsicherheiten und hohen Risiken erfordern ausführliche Betrachtungen, ebenso die Darstellung von Angriffen, mit denen man in IP-Netzen rechnen muss. *(Sicherheit der IP-Netze)*

- Die moderne Kryptographie erlaubt es, Daten umfassend zu schützen, sofern die geeigneten Methoden angewandt werden. Angriffe gegen die Verschlüsselung richten sich vornehmlich gegen fehlerhafte Implementierungen oder Konfigurationen. *(Angriffe gegen die Implementierung)*

- In Anbetracht des aktuellen AEAD-Betriebsmodus auf Grundlage von GCM wird sich die Rolle der Hashfunktionen auf die Sicherungen von singulären Datenblöcken bzw. Nachrichten – wie z.B. Signaturen – beschränken, wo sie unverzichtbar sind. Im gleichen Atemzug entfällt auch *Cipher-Block Chaining* CBC als Betriebsmode. *(Hashes → AEAD)*

- Für die Implementierung der hier genannten Verfahren sei auf die Abschnitte über DNSSEC und DNSCurve (Abschnitte 5.5, 5.6), IPSec (Abschnitt 6.4), TLS (Abschnitt 7.2), MACSec (Abschnitt 13.6), IPSec VPNs (Abschnitt 13.5) sowie schließlich Benutzerauthentisierung in Kapitel 15 verwiesen. *(Implementierungen)*

- Langfristig zu sichernde Daten müssen hochwertig verschlüsselt sein: Ein potenzieller Angreifer kann sich Zeit (und Rechenleistung) nehmen, die Daten 'zu knacken'. Konkrete Angriffe benötigen immer viel Rechenleistung in Form einer '*Brute Force*'-Attacke oder verlangen eine hohe Parallelität der Berechnungen. Beides steht heute in Form des *Cloud-Computings* zur Verfügung. *(Sicherung persistenter Daten)*

- Bei umfangreichen zu verschlüsselnden Datenmengen spielt die Geschwindigkeit der Verschlüsselung eine bedeutende Rolle. Bei vielen CPUs wird bereits die AES-Verschlüsselung per Hardware unterstützt, sofern diese per Compiler-Option auch genutzt wird. Die modernen Stromchiffren wie ChaCha20 und Salsa arbeiten aber im Vergleich zu der Blockchiffre AES um den Faktor 3 schneller[24]. *(Verschlüsselungsgeschwindigkeit)*

- Es wird erwartet, dass *Quantencomputer* – sofern sie einsetzbar sind – die heutigen asymmetrischen kryptographischen Verfahren brechen werden. Deshalb gibt es *(Quantencomputer)*

---

[24] siehe: ChaCha20 + Poly1305 versus AES-GCM
https://www.openbsd.org/papers/rubsd2013-mikeb-en.pdf

Quantenkryptographie

hier auch erhebliche Anstrengungen in der Forschung, wie z.B. den gitterbasierten Schlüsseltausch. Nicht betroffen hiervon sind aber die symmetrischen Verfahren.

- Mittels des BB84-Protokolls [BB84] besteht die Möglichkeit, auf Grundlage von *Quantenkryptographie* einen Schlüsselaustausch vorzunehmen. Hintergrund hierzu ist das 'none-cloning'-Lemma von Quantenzuständen. Diese Art des Schlüsseltauschs gilt daher als absolut sicher.

Zertifikate und Mehr-Faktoren-Authentisierung

- Für die Authentisierung werden heute entweder X.509-Zertifikate oder eine 2FA bzw. MFA. Der 'geheime Teil' der Identität darf auf keinen Fall in fremde Hände fallen, so wie Ende September 2018 bei Facebook als Identity-Provider geschehen.

2.9 Verständnisfragen

1. Was sind die drei vorrangigen Schutzziele der IT-Security?
2. Was ist der Zusammenhang zwischen IT-Security und Datenschutz?
3. Welchen Kontext können Daten besitzen?
4. Was ist der Unterschied zwischen Authentisierung und Autorisierung?
5. Wie kann einem Menschen/Prozess eine 'digitale Identität' zugewiesen werden?
6. Zu welcher Art von Anforderung zählt die IT-Security'?
7. Was ist vorzusehen, damit IT-Systeme Daten vertraulich behandeln?
8. Wie lauten die vorgestellten vier Grundprimitive der IT-Security?
9. Was unterscheidet symmetrische und asymmetrische Kryptographie?
10. Was sind die Merkmale von Block- und Stromverschlüsselung?
11. Was versteht man unter einem Betriebsmode?
12. Wie konnte das Rätsel der Enigma-Verschlüsselung von Alan Turing gelöst werden?
13. Was sind die gängigen Schlüsseltauschverfahren?
14. Was ist eine digitale Signatur?
15. Wozu dienen X.509-Zertifikate und was ist ihr Einsatz?
16. Was versteht man unter 'hybrider Verschlüsselung'?
17. Ist die Nutzung einer SMS als Bestätigung der Identität z.B. als Bestätigung für eine Banküberweisung eine Zwei-Faktoren- oder Zwei-Kanal-Authentisierung?
18. Was sind die Aufgaben eines Identity Providers (IdP)?
19. Was unterscheidet das CIA-Dreieck vom CAR-Modell der IT-Security?

Teil II
'Klassisches' IPv4/UDP/TCP

Wilkomen in CSNET!

Michael,

This is your official welcome to CSNET. We are glad to have you aboard.

From: Laura Breeden
breeden%csnet-sh.arpa@csnet-relay.csnet
To: rotert%germany@csnet-relay.csnet
Via: csnet-relay; 3 Aug 84 10:44-MET

3 Internet-Netzwerkprotokolle IPv4, ARP, ICMP und IGMP

Das *Internetprotokoll Version 4* (IPv4) ist immer noch das Standardprotokoll bei der Internet-Kommunikation, obwohl auf den Rechnern das *Internetprotokoll Version 6* (IPv6) längst Einzug genommen hat [Kapitel 8] und dies einen Kompatibilitätsmodus zu IPv4 bereitstellt. Im Weiteren wird das Protokoll IPv4 traditionell kurz als *IP* bezeichnet. Um protokolltechnische Unterschiede zwischen IPv4 und IPv6 deutlich zu machen, greifen wir aber bei Bedarf zu der jeweils differenzierten Bezeichnung. Die Nutzung von IP ist vor allem mit der Vergabe von IP-Adressen für die Rechner und der Bildung von Subnetzen verknüpft. Hierbei ist zwischen der *klassenbasierten* und der *klassenlosen* IP-Adressierung zu unterscheiden.

IPv4 = IP

Dem IPv4 stehen einige wichtige Hilfsprotokolle zur Seite, ohne die es nicht funktioniert. Hier ist vor allem das *Address Resolution Protocol* (ARP) zu nennen, das eine dynamische Verknüpfung einer IP-Adresse mit der ihr entsprechenden Hardware- bzw. MAC-Adresse gestattet. Zudem besitzt das IP keinerlei Kontroll- und Steuerungsmechanismen, um beispielsweise die Erreichbarkeit des Kommunikationspartners zu überprüfen, bestimmte fehlerhafte Situationen zu melden und wichtige Parameter abzufragen. Diese Mechanismen liegen in Form des *Internet Control Message Protocol* (ICMP) vor. Auf dem ICMP basiert das Protokoll IGMP (*Internet Group Management Protocol*) für die Verwaltung von Multicast-Gruppen in IP-Subnetzen.

Hilfsprotokolle: ARP, ICMP, IGMP

Wir geben einen umfassenden Einblick in den Aufbau und die Charakteristika von IPv4. Nach der Darstellung der Aufgaben von IPv4 in Abschnitt 3.1 wird in Abschnitt 3.2 der Aufbau von IPv4-Paketen erläutert. Auf die IPv4-Adressen geht Abschnitt 3.3 ein und die Bildung von Subnetzen erläutert Abschnitt 3.4. Die klassenlose IPv4-Adressierung als Basis für die Realisierung der Konzepte VLSM (*Variable Length Subnet Masks*) und CIDR (*Classless Inter-Domain Routing*) stellt Abschnitt 3.5 dar. Die Protokolle ARP und RARP präsentiert Abschnitt 3.6 und dem Protokoll ICMP widmet sich Abschnitt 3.7. IP-Multicasting und das Protokoll IGMP werden in Abschnitt 3.8 erläutert.

Überblick über das Kapitel

In diesem Kapitel werden u.a. folgende Fragen beantwortet:

Ziel dieses Kapitels

- Wie sind IPv4-Pakete aufgebaut und welche Steuerungsangaben kann der Header eines IPv4-Pakets enthalten?
- Welche Arten von IPv4-Adressen gibt es, wie werden sie dargestellt, und wie sind sie aufgebaut?
- Wie erfolgt die Adressierung in IP-Netzen und wie werden Subnetze gebildet?
- Was versteht man unter 'klassenlose IP-Adressierung', worin besteht deren Bedeutung und wie wird sie verwendet??
- Welche Bedeutung hat das Protokoll ARP und wie funktioniert es?
- Wie wird das Protokoll ICMP eingesetzt?
- Wie wird das Multicasting in IPv4-Netzen mit dem Protokoll IGMP unterstützt?

3.1 Aufgaben von IPv4

Das Protokoll IPv4 – im folgenden kurz als IP bezeichnet – ist innerhalb Schicht 3 des OSI-Referenzmodells angesiedelt und hat folgende Hauptaufgaben:

Träger' der Transportprotokolle TCP und UDP

- IP dient als 'Träger' der Transportprotokolle TCP, UDP und einiger anderer. Diese Aufgabe verrichtet IP in einer *verbindungslosen* Arbeitsweise und es ist *unzuverlässig*. Verbindungslos ist es, weil zwischen Absender und Empfänger keine Vereinbarung in Bezug auf die Steuerung beim Verlauf der Kommunikation getroffen wird. Nicht zuverlässig ist IP, weil es weder Funktionen für eine Ende-zu-Ende-Empfangskontrolle (Quittierungsmechanismus) noch solche zur Sicherstellung der Unverfälschtheit der Nutzinformation besitzt. IP gibt daher weder eine Garantie für die Zustellung, noch für die Integrität der Information.

Paketweise Datenübermittlung

- Die zu übertragenden Informationen der Transportprotokolle werden paketiert, d.h. in einem Umschlag mit Ziel- und Absenderadresse versehen und als *IP-Pakete* über Netze transportiert. Die einzelnen IP-Pakete werden voneinander unabhängig zum Ziel übermittelt. Daher können sie am Ziel in einer anderen Reihenfolge ankommen als in der, von der Quelle abgeschickten Sequenz. Dies ist dadurch möglich, dass die Pakete oft über unterschiedliche physikalische oder logische Übertragungsnetze übermittelt werden. Dient IP als 'Träger' für TCP, ist TCP selbst dafür zuständig, die Daten aus den empfangenen IP-Paketen in einer korrekten Reihenfolge anzuordnen und sie zu einer Datei (z.B. einer Nachricht) zusammenzusetzen. Dient IP als 'Träger' für UDP, gelten die Inhalte der IP-Pakete als vollständige UDP-Nachrichten und die Verantwortung für die korrekte Reihenfolge am Ziel wird von einer UDP-Anwendung (z.B. vom Protokoll RTP bei der Audio/Video-Kommunikation) übernommen.

Steuerungsangaben im IP-Header

- IP fügt jedem von TCP zu übertragenden Datenpaket [Abb. 4.2-2] bzw. jedem zu übertragenden UDP-Paket [Abb.4.2-1] einen *Protokollkopf* (*Header*) hinzu, der als wesentliche Information die logischen (IP-)Adressen des Quell- und des Zielrechners beinhaltet. Dadurch ist das eigenständige Versenden der einzelnen IP-Pakete möglich. Hinzu kommen einige weitere Steuerungsinformationen. Entstehen während der Übertragung Bitfehler innerhalb des IP-Headers, so können diese mittels einer Prüfsumme (*Header Checksum*) entdeckt werden.

Transportaufgaben von IP

PDU und SDU

IP dient als verbindungsloses Trägerprotokoll der Transportprotokolle UDP und TCP. Das IP-Paket wird in Gänze als *Protocol Data Unit* (PDU) bezeichnet, während der *Payload*, d.h. die zu übertragenden Daten, als *Service Data Unit* (SDU) geführt wird.

Abb. 1.3-5 illustriert den 'Normalfall', in dem das IP-Paket eine SDU der Transportschicht als Payload beinhaltet. Das zugrunde liegende Konzept des 'Nachrichtenträgers' ist jedoch viel universeller. Faktisch kann ein IP-Paket nahezu beliebige 'Lasten' transportieren – und sogar unabhängig von ihrer 'Schichtenzugehörigkeit'.

Netzwerk Neutralität

Zusätzlich zu IP zeigt Abb. 1.5-1 auf Schicht 3 ergänzend die Protokolle ICMP und IGMP sowie IPsec. Es ist aber auch möglich, dass ein IP-Pakete quasi 'Huckepack' ein anders IP-Paket beinhaltet (*IP-in-IP-Encapsulation*), wobei diese Art des Transports

3.2 Aufbau von IPv4-Paketen

sowohl für IPv4-Pakete in IPv6-Paketen als auch umgekehrt von Bedeutung ist. Ferner ist erlaubt, über das Protokoll IP auch Daten anderer Schicht 3 Protokolle zu übertragen. Somit unterstützt IP im Grunde genommen bereits die *Netzwerk-Neutralität*: Jedes IP-Paket ist gleichberechtigt zu übertragen.

Zudem gestattet es IP sogar, die Frames von Data-Link-Protokollen, wie z.B. Ethernet, als Nutzlast von IP-Paketen einzubetten. Eine spezielle Anwendung hierfür ist das Protokoll *Fibre Channel over IP* (FCIP) [3821], also die Kopplung von Fibre Channel Netzwerk-Inseln über IP-Netze.

X over IP

Tab. 3.1-1 gibt einen knappen Überblick über die möglichen Nutzlast-Protokolle. Kennzeichnend ist, dass jedes Protokoll mit einer genauen *Protokollnummer* spezifiziert werden muss. Diese ist zu beantragen ist wird unter http://www.iana.org/assignments/protocol-numbers veröffentlicht[1]. Diese Protokollnummer wird im Header des IP-Pakets eingetragen und stellt einen *Service Access Point* SAP dar [Abb. 1.4-7, Abb. 1.4-8, Abb. 7.5-5]. Die Zuweisung dieser Protokollnummern ist im Übrigen unabhängig davon, ob IPv4 oder IPv6 eingesetzt wird.

Protokollnummern

Protokollnummer	Protokoll
1	Internet Control Message Protocol (ICMP)
2	Internet Group Management (IGMP)
3	Gateway-to-Gateway Protocol (GGP)
4	IP in IP (encapsulation)
6	Transmission Control Protocol (TCP)
8	Exterior Gateway Protocol (EGP)
17	User Datagram Protocol (UDP)
29	ISO Transport Protocol Class 4 (ISO-TP4)
41	IPv6 in IPv4 Encapsulation (6in4) [RFC 4213]
46	Reservation Protocol (RSVP)
47	Generic Routing Encapsulation (GRE) [RFC 1702, 2784]
89	Open Shortest Path First (OSPF)

Tab. 3.1-1: Auswahl einiger Protokollnummern im IP-Header

3.2 Aufbau von IPv4-Paketen

Den Aufbau von IPv4-Paketen zeigt Abb. 3.2-1 entsprechend RFC 791. Die Funktionen von IP ergeben sich aus den Angaben im IP-Header.

Die einzelnen Angaben im IPv4-Header haben folgende Bedeutung:

Angaben im IPv4-Header

- Version
  Dieses Feld enthält die Versionsnummer von IP. Die Versionsnummer des klassischen Protokolls IP ist 4. Das neue IP hat die Versionsnummer 6.
- IHL (*Internet Header Length*)
  Dieses Feld enthält die Länge des IP-Header. Die Länge wird in 32-Bit-Worten ausgedrückt. Der kleinste IP-Header enthält die ersten fünf 32-Bit-Worte, d.h. seine Länge ist 20 (Byte).

---
[1] siehe beispielsweise: http://www.iana.org/assignments/service-names-port-numbers/service-names-port-numbers.xhtml?search=6209

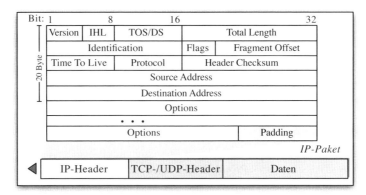

Abb. 3.2-1: Aufbau von IPv4-Paketen und Felder des IPv4-Headers

- ToS/DS (*Type of Service / Differentiated Services*)
  Diese Angaben verwendet man, um die Quality of Service in IP-Netzen, die durch die Prioritätsvergabe an die zu sendenden IP-Pakete erfolgt, zu unterstützen. Auf die Bedeutung dieses Feldes wird im Weiteren näher eingegangen [Abb. 3.2-2]. Durch die ToS-Angaben lässt sich z.B. erkennen, ob es sich um einen Netzkontrolldienst oder um ein mit Priorität versehenes Paket handelt.
- Total Length (*IP-Paketlänge*)
  Hier wird die gesamte Länge des IP-Pakets in Byte angegeben.
- Identification (auch *IP-ID* genannt, *Internet Protocol Identifier*)
  Dieses Feld wird sowohl bei der Segmentierung von zu sendenden Dateien (Nachrichten) als auch bei der Fragmentierung [Abb. 3.2-4] von großen IP-Paketen verwendet. Hier wird dem IP-Paket eine eindeutige Seriennummer als IP-ID im Quellrechner zugeordnet. Mit Hilfe dieser Angabe ist es nach einer eventuellen Fragmentierung eines großen IP-Pakets möglich, die kleinen IP-Pakete eindeutig dem großen IP-Paket zuzuordnen und das Gesamtpaket wieder herzustellen [Abb. 3.2-5].

    Bemerkung: IP-ID kann als Seriennummer von IP-Paketen angesehen werden. Bei einigen Betriebssystemen (z.B. Linux) ist IP-ID = 0 beim Aufbau einer TCP-Verbindung, d.h. im IP-Paket mit dem auf 0 gesetzten SYN-Flag im TCP-Header [Abb. 3.3-4]. Daran kann man das Betriebssystem (z.B. Linux) erkennen. Beobachtet man mehrere IP-Pakete, kann man anhand der Änderung von IP-ID gewisse Rückschlüsse auf das Betriebssystem ziehen. Bei einigen Betriebssystemen (z.B. Windows) wird IP-ID von Paket zu Paket um eins erhöht, bei anderen um 255. Die auf Sicherheit optimierten Betriebssysteme (z.B. OpenBSD) verwenden hierfür Zufallszahlen. Wenn man aber IP-ID über einen längeren Zeitraum beobachtet, können Rechner auch in einer NAT-Zone [Abschnitt 6.3] identifiziert werden; eine direkte Kenntnis ihrer IP-Adresse wird also nicht benötigt.

- Flags
  Dieses drei Bit große Feld enthält Flags, die bestimmte IP-Funktionen aktivieren bzw. sperren. Ist das Bit DF = 1 (DF: *Don't Fragment*), darf dieses IP-Paket nicht weiter fragmentiert werden. Ist das Bit MF = 1 (MF: *More Fragments*), bedeutet dies, dass dem IP-Paket noch

weitere IP-Pakete aus einer Datei folgen. Mit MF = 0 wird das letzte IP-Paket aus einer Paketfolge markiert.

- `Fragment Offset` (*Fragmentabstand*)
  Wenn MF = 1 gesetzt ist, dann gibt der Fragmentabstand die relative Position dieses Dateisegments in Bezug auf den Dateianfang an und ermöglicht es dem Zielrechner, mehrere Dateisegmente aus den empfangenen IP-Paketen in der richtigen Reihenfolge zusammenzusetzen [Abb. 3.2-5]. Der Fragmentabstand wird in Einheiten von Byte bestimmt.

- `Time to Live` (*Lebenszeit*)
  Da die IP-Pakete in einem Netz zirkulieren können, ist es notwendig, die Verweilzeit der IP-Pakete im Netz zu kontrollieren. Der Quellrechner gibt an, wie lange das IP-Paket im Netz verweilen darf. Weil diese Zeit in jedem Router (Netzknoten) per *Hop* in der Regel um 1 verringert wird, ist sie gleichbedeutend mit der maximalen Anzahl von Routern, die ein IP-Paket durchlaufen darf. Fällt der Wert auf 0, muss das IP-Paket im Router verworfen werden. Der Quellrechner wird in diesem Fall mit einer Nachricht des Protokolls ICMP darüber informiert.

- `Protocol` (*Protokollnummer*)
  In diesem Feld wird die Nummer des Protokolls der höheren Schicht – d.h. des Transportprotokolls – angegeben, an dass das IP-Paket weitergegeben werden muss (vgl. Abb. 1.4-10). Eine Liste von einigen Protokollnummern zeigt Tab. 3.1-1.

- `Header Checksum` (*IP-Header-Prüfsumme*)
  Dieses Feld enthält die Prüfsumme, mit der der IP-Header – einschließlich Optionen – auf das Vorhandensein von Übertragungsfehlern geprüft wird. Die Prüfung von Nutzdaten aus den IP-Paketen findet innerhalb des TCP-Protokolls statt [Abschnitt 4.3-1].

- `Source Address` (*IP-Quelladresse*)
  Das Feld beinhaltet die IP-Adresse (auch Internet-Adresse genannt) des Quellrechners, der das IP-Paket erzeugt und abgeschickt hat. Auf die Struktur von IP-Adressen geht Abschnitt 3.3 detailliert ein.

- `Destination Address` (*IP-Zieladresse*)
  Das Feld beinhaltet die IP-Adresse des Zielrechners, der das IP-Paket empfangen soll.

- `Options` (*Optionen*)
  Die Angaben in diesem Feld ermöglichen eine besondere Nutzung von IP [Abb. 3.2-6]. Beispiele für die Nutzung dieses Feldes sind: Bereitstellung von Zeitmarken, Sicherheit sowie Routing-Funktionen. Dieses Feld muss, wie der Name schon sagt, nicht vorhanden sein. Auf die Nutzung von Optionen geht Abschnitt 3.2.3 näher ein.

- `Padding` (*Füllzeichen*)
  Wenn das Option-Feld nicht ein Vielfaches des 32-Bit-Wortes lang ist, dann füllt dieses Feld den IP-Header auf ein Vielfaches von 32 Bit auf.

3.2.1 Differentiated Services

Das Byte ToS/DS im IP-Header dient dazu, die Art und Weise der Behandlung des IP-Pakets in Routern zu spezifizieren. Somit kann dieses Byte für die QoS-Unterstützung in IP-Netzen benutzt werden. Wie Abb. 3.2-2 illustriert, gibt es zwei Festlegungen für die Nutzung dieses Byte:

- Nutzung als *Type of Service* (ToS) [RFC 1349],
- Nutzung als *Differentiated Services* (DS) [RFC 2474].

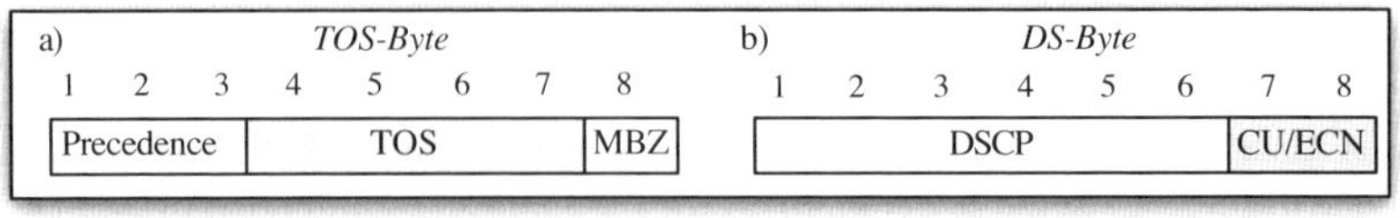

```
a)          TOS-Byte                    b)          DS-Byte
   1   2   3   4   5   6   7   8           1   2   3   4   5   6   7   8
  | Precedence |    TOS    | MBZ |        |      DSCP         | CU/ECN |
```

Abb. 3.2-2: Feld ToS/DS im IP-Header nach: a) RFC 1349, b) RFC 2474 und 3168
MBZ: Must Be Zero (`MBZ = 0`)

Type of Service

Entsprechend RFC 1349 besitzt das Feld `ToS` in [Tab. 3.2-1] folgende Interpretation:

Wert	ToS-Precedence	Wert	ToS-Bedeutung
001	Internetwork control	1000	Minimize delay
101	Priority	0100	Maximize throughput
110	Traffic Routing	0010	Maximize reliability
111	Network control	0000	Normal service

Tab. 3.2-1: Interpretation der ToS-Bit gemäß RFC 1349

Die Interpretation und Nutzung der TOS- bzw. DS-Information ist nicht allgemein geregelt, sondern in einem konkreten Netz, also z.B. einer *Routing-Domain*, bzw. einem *Autonomen System* (AS) festzulegen.

Wozu DiffServ?

Es hat sich herausgestellt, dass die 3 Precedence-Bit nach RFC 1349 und die damit möglichen 8 Verkehrsklassen zukünftig nicht ausreichend sind, um QoS-Anforderungen bei der Multimedia-Kommunikation über IP-Netze zu unterstützen. Deshalb wurden die *Differentiated Services* (kurz *DiffServ*) im RFC 2474 vorgeschlagen. Nach `DiffServ` können die virtuellen Verbindungen in *Behandlungsklassen* aufgeteilt werden. Um QoS-Anforderungen zu unterstützen, werden die Ressourcen im Netz nicht pro Verbindung, sondern für eine bestimmte Klasse reserviert [Abb. 3.2-3]. Das herkömmliche `ToS`-Byte in RFC 1349 wird in RFC 2474 als `DS`-Byte (*DiffServ*) bezeichnet.

Die Angaben im `DS`-Byte haben folgende Bedeutung:

- DSCP (*Differentiated Services/Code Point*): Die DSCP-Werte werden hier in folgende drei Mengen (*Pools*) eingeteilt [Tab. 3.2-2].
- CU/ECN (*Currently Unused/Explicit Congestion Notification*): Nach RFC 2474 werden diese Bits nicht verwendet – also `CU` (*Currently Unused*). Gemäß RFC 3168 sollen sie allerdings für die Überlastkontrolle (*Congestion Control*) [Abschnitt 1.2.3] nach dem Verfahren ECN (*Explicit Congestion Notification*) verwendet werden [Abschnitt 4.6].

Pool	DSCP	Bedeutung
1	xx xx x0	Standardnutzung
2	xx xx 11	experimentelle oder lokale Nutzung
3	xx xx 01	zuerst lokale Nutzung

Tab. 3.2-2: Pools und ihre Bedeutung bei Differentiated Services gemäß RFC 2474

3.2 Aufbau von IPv4-Paketen

Das DS-Byte wurde so strukturiert, um die Kompatibilität zum herkömmlichen ToS-Byte zu gewährleisten. Dies soll ermöglichen, dass die neuen und die Diff-Serv-basierten Lösungen mit den klassischen IP-Systemen zusammenarbeiten können. RFC 1394 wurde jedoch durch RFC 2474 abgelöst, sodass in zukünftigen Lösungen nur das DS-Byte relevant ist.

Die Markierung der IP-Pakete für die Klassifizierung nach DiffServ durch das Setzen von DSCP-Bit im DS-Byte kann entweder durch eine Applikation im Quellrechner oder durch einen Router am Eingang zu einem Transitnetz stattfinden. Die Klassifizierung kann nach Quell- und IP-Zieladressen oder nach dem Transportprotokoll (TCP, UDP) bzw. nach der Nummer des Zielports (d.h. nach der Applikation) erfolgen. Die IP-Pakete mit gleichem DSCP-Wert bilden einen Strom von IP-Paketen, der im Netz auf die gleiche Art und Weise behandelt wird. Durch DSCP kann man einerseits an die zu übertragenden IP-Pakete theoretisch bis zu 64 verschiedene Prioritäten vergeben. Andererseits stellen jedoch die bestehenden Übermittlungsnetze (wie z.B. ATM-Netze) nur bestimmte Netzdienste zur Verfügung, weshalb in der Praxis nur wenige Dienstklassen und damit auch Prioritätsklassen unterstützt werden.

Klassifizierung der IP-Pakete

Liegt ein IP-Paket mit DSCP = x zum Senden vor, muss irgendwo abgelesen werden können, nach welchem Dienst im Netz dieses IP-Paket übermittelt werden soll. Die Art und Weise der Behandlung der IP-Pakete in einem Transportnetz wird durch dessen Dienste bestimmt. Um die Behandlung der IP-Pakete bei DiffServ zu spezifizieren, werden die Behandlungsklassen, *Per Hop Behaviours* (PHB), eingeführt. Wie Abb. 3.2-3 zeigt, werden oft mehrere DSCP-Werte einer Behandlungsklasse zugeordnet.

Behandlungsklassen

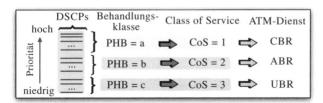

Abb. 3.2-3: Behandlungsklassen von IP-Paketen und Netzdiensten bei DiffServ
A/C/UBR: Available/Constant/Unspecified Bit Rate, ATM: Asynchronous Transfer Mode

Anhand von DSCP wird entschieden, welche PHB angewendet werden soll. Ein PHB-Wert entspricht einer Dienstklasse CoS (*Class of Service*) und bestimmt den Dienst in einem Übermittlungsnetz (wie z.B. ATM-Netz), nach dem die Übermittlung der IP-Pakete erfolgen soll. Da die PHB-Werte zur Identifikation der Netzdienste (d.h. von CoS) dienen, müssen die Router in IP-Netzen eine Tabelle mit der Zuordnung

DSCP bestimmt den Netzdienst

```
DSCP-Wert (e) ⇒ PHB-Wert ⇒ Netzdienst
```

enthalten, um den Netzdienst zu bestimmen. Für Näheres über DiffServ seien empfohlen [Arm00], [Bla00], [Kil99] und `http://www.ietf.org/html.charters/OLD/diffserv-charter.html`.

3.2.2 Fragmentierung der IPv4-Pakete

MTU als Netzparameter

In den Netzen ist die Länge der übertragbaren Datenblöcke immer eingeschränkt. Abhängig vom Netz wird die maximale Länge der IP-Pakete in einem Netz als *Maximum Transfer Unit* (MTU) in Byte angegeben. IP ist in der Lage, zu übertragende IP-Pakete an unterschiedliche MTU-Werte anzupassen und sie entsprechend den MTU-Werten der einzelnen Netze unterwegs zu fragmentieren, d.h. große IP-Pakete in eine Reihe von kleineren IP-Teilpaketen (IP-Fragmente) aufzuteilen. In einem alten X.25-Netz dürfen beispielsweise die Pakete nicht größer als 128 Byte sein, während das Ethernet eine Frame-Länge bis zu 1526 Byte erlaubt.

Was ist Fragmentierung?

Unter *Fragmentierung der IP-Pakete* versteht man die Fähigkeit von IP, in einem Router (Netzknoten) oder dem Quellrechner die zu sendenden IP-Pakete aufzuteilen, sodass sie zum nächsten Router oder zum Zielrechner übertragen werden können. Ein Quellrechner kann auch verbieten, dass ein IP-Paket fragmentiert werden darf. Hierfür muss der Quellrechner das Bit DF (*Don't Fragment*) im Feld Flags des IP-Header auf 1 setzen. Die Länge der IP-Pakete liegt zwischen 576 und maximal 65 536 Byte. Wenn man die minimale Länge von 20 Byte des IP-Header berücksichtigt, bleiben für die weiteren Daten und den TCP-Header noch 65 516 Byte. Die minimale Länge von 576 Byte muss jede TCP/IP-Implementierung unterstützen.

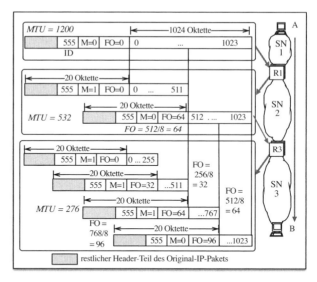

Abb. 3.2-4: Beispiel für die Fragmentierung eines IP-Pakets
FO: Fragment Offset, M: More Fragments, ES: Endsystem, R: Router, SN: Subnetz

Fragmentierung eines IP-Pakets

Die Fragmentierung eines IP-Pakets veranschaulicht Abb. 3.2-4. Hier wurde angenommen:

- die maximale Paketlänge im Subnetz 1 beträgt 1200 Byte, d.h. MTU = 1200 Byte,
- im Subnetz 2 ist MTU = 532 Byte,
- im Subnetz 3 ist MTU = 276 Byte,

3.2 Aufbau von IPv4-Paketen

- IP-Header minimaler Länge 20 Byte (d.h. ohne Option-Feld und ohne Füllzeichen).

Soll ein IP-Paket mit der Länge 1044 Byte vom Quellrechner A am Subnetz *1* zum Zielrechner B am Subnetz *3* übermittelt werden, muss es unterwegs fragmentiert werden. Da im Subnetz *2* MTU = 523 ist, wird dieses Original-IP-Paket im Router *1* auf zwei IP-Teilpakete (auch IP-Fragmente genannt) aufgeteilt. Im ersten IP-Teilpaket [Abb.3.2-4] hat das Feld Fragment Offset (FO) den Wert 0. Damit wird die Position von Daten (Byte 0 ... 511) dieses Teilpakets in Daten (Byte 0 ... 1023) des Original-IP-Pakets angegeben. Die Länge von Daten in Byte im ersten Teilpaket durch 8 gibt den FO-Wert im zweiten Paketteil, d.h. FO = 512/8 = 64. Im ersten Teilpaket ist das Bit MF (*More Fragments*) auf 1 gesetzt, da weitere IP-Teilpakete folgen. Im zweiten Teilpaket ist das Bit MF gleich 0, da es sich hierbei um das letzte Teilpaket handelt.

Fragment Offset

Da der MTU-Wert in Subnetz 3 kleiner ist als der in Subnetz 2, muss jedes IP-Teilpaket im Router 3 nochmals fragmentiert werden. Hierbei ist folgendes zu erkennen Abb.3.2-5: Der Header des Original-IP-Pakets muss in allen IP-Teilpaketen enthalten sein, da er die Adressen (als Routenwahl-Information) enthält. Deshalb kann die Fragmentierung eines IP-Pakets nur durch eine Aufteilung seiner Daten (und nicht seines Header!) erfolgen. In allen IP-Teilpaketen wird die Identification (kurz ID) des ursprünglichen Pakets mitgeführt. Dies ermöglicht, die IP-Teilpakete im Zielrechner so zu sortieren, dass das Original-IP-Paket zurückgewonnen werden kann. Das Bit MF wird in allen Teilpaketen, mit Ausnahme des letzten, auf 1 gesetzt. Der FO-Wert gibt an, an welcher Position sich die einzelnen 'Datenportionen' in den Originaldaten befinden. Dadurch können die einzelnen IP-Teilpakete wieder zum ursprünglichen Original-IP-Paket zusammengesetzt werden, auch wenn sie nicht in der richtigen Reihenfolge ankommen.

IP-Teilpakete

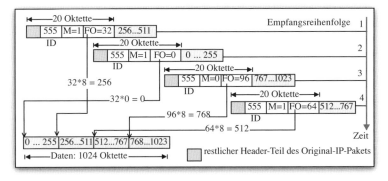

Abb. 3.2-5: Zusammensetzen von IP-Teilpaketen zum ursprünglichen IP-Paket
ID: Identification, FO: Fragment Offset

Hierbei ermittelt der Zielrechner zunächst über die ID, welche Teilpakete zu einem Originalpaket gehören. Wie in Abb. 3.2-5 ersichtlich ist, enthält jedes Teilpaket den vollständigen IP-Header des Original-IP-Pakets. Im IP-Header jedes Teilpakets ist ein Identifikationsfeld ID = 555 vorhanden, mit dessen Hilfe alle Teilpakete eines Original-IP-Pakets erkannt und zusammengesetzt werden können. Die Zusammensetzung muss unter Angabe des Feldes Fragment Offset (FO) erfolgen, damit die Lage von Datenfragmenten innerhalb des Original-IP-Pakets berechnet werden kann.

Zusammensetzen der IP-Teilpakete

Überwachung der Paketverluste

Um zu verhindern, dass bei verloren gegangenen Teilpaketen unnötig Pufferspeicher beim Empfänger reserviert wird, wird bei Ankunft des ersten Teilpakets eine Zeitüberwachung (eine maximale Wartezeit auf alle Teilpakete) gestartet. Ist diese Wartezeit abgelaufen, bevor alle Teilpakete eingetroffen sind, werden die zu diesem Zeitpunkt angekommenen Teilpakete vom Empfänger verworfen. Eine wiederholte Übertragung des Original-IP-Pakets muss vom Transportprotokoll TCP veranlasst werden. Die maximale Wartezeit ist in der Regel auf 30 Sekunden eingestellt.

Einsatz von ICMP

Ein einfaches Mittel zur Überwachung des Datenflusses ist z.B. die Nachricht `Source Quench` (Senderate reduzieren) des Protokolls ICMP, die von der IP-Schicht abgesetzt wird. Dies ist immer dann notwendig, wenn z.B. die Daten vom Sender so schnell beim Empfänger ankommen, dass er sie nicht mehr verarbeiten kann. Somit wird der Sender per ICMP aufgefordert, die zu sendende Datenmenge zu reduzieren. Die TCP-Instanz erhält diese Information und dekrementiert die Menge der zu übertragenden Daten auf dieser Verbindung. Das Protokoll ICMP wird in Abschnitt 3.7 dargestellt.

3.2.3 Optionen in IP-Paketen

Im Header eines IP-Pakets können mehrere Felder `Option` eingebettet werden [Abb. 3.2-1]. Diese Angaben werden insbesondere für Diagnose- und Testzwecke und für die Realisierung von bestimmten Sicherheitsmaßnahmen sowie von MPTCP [Abschnitt 7.5.4] verwendet. In manchen TCP/IP-Implementierungen (z.B. unter UNIX) können diese Optionen durch Dienstprogramms *ifconfig* eingestellt werden. Die Struktur der Optionsangaben zeigt Abb. 3.2-6.

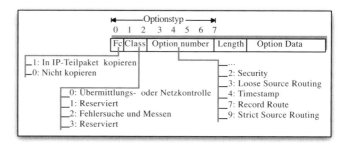

Abb. 3.2-6: Struktur des Felds `Option` in IP-Paketen

IP-Optionen

Wie hier ersichtlich ist, beinhaltet das erste Byte den Optionstyp. Im Feld `Option Number` wird die Funktion kodiert. Mit dem ersten Bit `Fc` (*Flag copy*) wird angezeigt, ob die Optionsangaben in alle IP-Teilpakete (bei der Fragmentierung eines IP-Pakets) kopiert werden sollen. Ist hier der Wert 0 gesetzt, wird die Option nur im ersten IP-Teilpaket übermittelt. Beispielsweise müssen Sicherheitsoptionen nicht in allen IP-Teilpaketen kopiert werden. Das Feld `Class` bezeichnet die Klasse der Option. Die Option `Timestamp` gehört hierbei zur Klasse 2. Die weiteren hier erwähnten Optionen gehören zur Klasse 0. Im Feld `Length` wird die gesamte Länge der Option eingetragen. Auf den Einsatz von einigen Optionen wird nun kurz eingegangen.

Source Routing

Mit der Hilfe der Optionen `Strict Source Routing` und `Loose Source Routing` soll es möglich sein, dass IP-Pakete nur über bestimmte Router zwischen

3.2 Aufbau von IPv4-Paketen

dem Quell- und dem Zielrechner übermittelt werden. Die Route für die Übertragung der IP-Pakete wird in diesem Fall durch den Quellrechner festgelegt, man spricht in diesem Fall von `Source Routing`. Wird die Route im Quellrechner vollständig festgelegt, so handelt es sich um eine genaue Route. Hierfür kann die Option `Strict Source Routing` genutzt werden. Abb. 3.2-7 veranschaulicht die Art und Weise der Nutzung dieser Option.

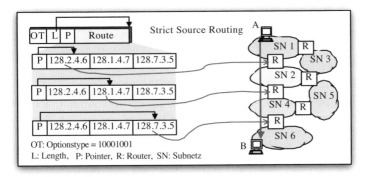

Abb. 3.2-7: Beispiel für die Nutzung der Option `Strict Source Routing`

Die Festlegung der Route erfolgt hierbei durch die Angabe der IP-Adressen von unterwegs liegenden Routern. Im Feld *Pointer* wird angegeben, welche IP-Adresse als nächste unterwegs zu erreichen ist. Im Quellrechner wird dann auf den ersten Router mit der Adresse 128.2.4.6 verwiesen. Der erste Router modifiziert diesen *Pointer*, indem er ihn auf die nächste IP-Adresse 'verschiebt'. Dieses Verfahren gilt auch für alle nachfolgenden Router. Auf diese Art und Weise erfolgt eine genaue Übermittlung des IP-Pakets gemäß der `Strict Source Routing` Angaben.

Ist die Route im Quellrechner nicht vollständig festgelegt, handelt es sich um eine *Loose Route*. Wie Abb.3.2-8 zeigt, kann hierfür die Option `Loose Source Routing` verwendet werden. Hier sind nur einige Router auf der Strecke zwischen Quell- und Zielrechner festgelegt. Im gezeigten Beispiel werden die IP-Pakete vom Quellrechner an den Router Ra mit der IP-Adresse 128.2.4.6 geleitet. Für Ra ist der Router Re mit der IP-Adresse 128.7.3.5 das Zielsystem. Der Router Rb leitet das Paket nach der eigenen Routing-Tabelle zum Router Re als Ziel weiter. Der Weg von Rb zu Re kann über Rb bzw. über Rc erfolgen. Im Feld *Pointer* wird daher angegeben, welche IP-Adresse als die nächste unterwegs zu erreichen ist. Jeder Router unterwegs muss den Pointer auf die IP-Adresse des nächsten Routers 'verschieben'.

Loose Source Routing

> **Bemerkung:** Beide Einsatzmöglichkeiten von Source Routing werden heute als Sicherheitsrisiko verstanden und IP-Pakete mit der Option `Source Routing` werden häufig von einer *Firewall* verworfen. Zudem kann der Empfänger darüber entscheiden, ob die Source Routing Angaben beachtet werden.

Abb. 3.2-9 illustriert das Prinzip der Aufzeichnung der Route. Mit der Option *Recording Route* werd jeder Router aufgefordert, beim Weiterleiten des Pakets seine *IP-Sendeadresse* im Paket hinzuzufügen. Auf diese Weise kann die Route zwischen

Recording Route: traceroute

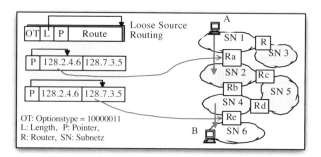

Abb. 3.2-8: Beispiel für den Einsatz der Option Loose Source Routing

Quell- und Zielrechner für jedes IP-Paket aufgezeichnet werden. Unter Unix steht hierfür das Kommando *tracreoute* und unter Windows *tracert* zur Verfügung.

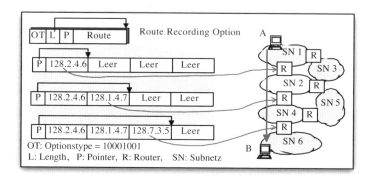

Abb. 3.2-9: Beispiel für die Nutzung der Option Recording Route

Wie in [Abb. 3.2-9] ersichtlich ist, verweist der Pointer auf den nächsten leeren Platz (Slot) für die Abspeicherung der IP-Adresse des Routers. Unterwegs muss jeder Router, nachdem er seine IP-Adresse eingetragen hat, den Pointer auf den nächsten Platz 'verschieben'. Anhand der Option Recording Route kann der Datenpfad, über den IP-Pakete einen bestimmten Router bzw. einen Zielrechner erreichen, ermittelt werden. Im IP-Header muss dementsprechend genügend Platz zum Speichern der IP-Adressen reserviert werden.

Aufzeichnung der Zeit

Mit der Option Timestamp ist es möglich, die Uhrzeiten zu ermitteln, zu denen ein IP-Paket in verschiedenen Routern unterwegs war. Mit dieser Option lassen sich die Verzögerungen erfassen, die auf den einzelnen Teilstrecken entstehen. Die Struktur des Optionsfeldes Timestamp zeigt Abb. 3.2-10.

Mögliche Nutzung von Timestamp

Im Feld Data trägt jeder Router seine IP-Adresse und den Zeitstempel im 32-Bit-Feld TS ein. Der übermittelte Zeitstempel wird in der Regel über die Auswertung des Hardware-Zeitgebers, d.h. der *Real-Time Clock* (RTC), eingestellt. Während typischerweise die zufälligen Abweichungen der übermittelten Zeit auf das Konto von Netzschwankungen gehen, erlauben die systematischen Schwankungen die Identifika-

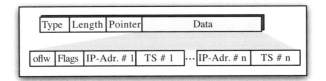

Abb. 3.2-10: Struktur des Optionsfelds Timestamp
oflw: Overflow, TS: Timestamp

tion des Endsystems; selbst über z.B. eine Firewall hinaus [http://www.cse.ucsd.edu/users/tkohno/papers/PDF].

Der Timestamp in einem einzelnen IP-Paket des Senders ist zwar nicht aussagekräftig. Mittels einer Folge von aufgezeichneten Timestamps kann jedoch ein Rechner wie über einen Fingerabdruck identifiziert werden. Falls die Optionslänge zu kurz ist, können die letzten Router unterwegs ihre Zeitangaben nicht eintragen. In diesem Fall wird im Feld oflw (*overflow*) die Anzahl von solchen Routern angegeben. Die Angaben im 4-Bit-Feld Flags lassen einige zusätzliche Möglichkeiten zu; beispielsweise:

- Flags = 0: Eintragen nur der Zeit im TS-Feld bzw.
- Flags = 1: Eintragen der IP-Adresse und der Zeit.

3.3 IPv4-Adressen

Jedes Endsystem (Rechner, Router) im Netz wird beim Einsatz der Protokollfamilie TCP/IP durch eine logische IPv4-Adresse (kurz IP-Adresse) identifiziert, die eindeutig sein muss Jede IP-Adresse (genauer gesagt jede *Unicast-IP-Adresse*) hat allgemein folgende Struktur:

    Netz-ID , Host-ID (ID = Identifikation)

Aufbau von IPv4-Adressen

Die *Netz-ID* (auch als *Netzwerk-ID* bezeichnet) identifiziert sämtliche Systeme, die sich im gleichen Netz befinden. Alle Systeme im gleichen Netz müssen dieselbe Netz-ID tragen. Die *Host-ID* identifiziert ein beliebiges Endsystem (Arbeitsstation, Server, Router, ...) im Netz. Die Identifikation *Host-ID* muss für jedes einzelne Endsystem in einem Netz (d.h. für eine *Netz-ID* eindeutig sein.

Die IP-Adresse ist mit einer postalischen Adresse vergleichbar und muss die Position eines Systems im Netz auf die gleiche Weise identifizieren wie die postalische Adresse ein Haus. Genauso wie jede postalische Adresse einen eindeutigen Wohnsitz identifiziert, hat eine IP-Adresse weltweit eindeutig einen Rechner bestimmen.

IP-Adresse wie postalische Adresse

Es werden fünf Klassen (*Class*) von IP-Adressen definiert, um den Aufbau von Netzen unterschiedlicher Größe zu ermöglichen. Die Klassen von IP-Adressen sind in Abb. 3.3-1 dargestellt. Die Adresse einer Klasse legt fest, welche Bit für die Netz-ID

IP-Adressklassen

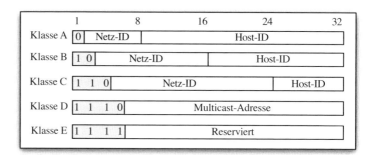

Abb. 3.3-1: Klassen von IP-Adressen und ihre Struktur

und welche für die Host-ID verwendet werden. Sie bestimmt ebenfalls die mögliche Anzahl der Netze und Endsysteme (Hosts).

Die einzelnen Klassen von IP-Adressen sind:

- **Klasse A** (*Class* A)

  Die Adressen dieser Klasse werden Netzen mit einer sehr großen Anzahl von Endsystemen zugewiesen. Das Bit mit dem höchsten Wert einer Adresse der Klasse A ist immer auf 0 gesetzt. Die nächsten sieben Bit schließen die Netz-ID ab. Die restlichen 24 Bit (d.h. die restlichen 3 Byte) bilden die Host-ID. Dies ermöglicht, $2^7 = 126$ Netze und circa 17 Millionen von Endsystemen pro Netz zu identifizieren.

- **Klasse B** (*Class* B)

  Die Adressen dieser Klasse werden mittelgroßen und großen Netzen zugewiesen. Die zwei höchstwertigen Bit einer Adresse der Klasse B sind immer auf 10 gesetzt. Die weiteren 14 Bit (zur Vervollständigung der ersten beiden Byte) stellen die Netz-ID dar. Die letzten 2 Byte bilden die *Host-ID*. Dies ermöglicht, $2^{14} = 16384$ Netze und circa 65 000 Endsysteme pro Netz zu identifizieren.

- **Klasse C** (*Class* C)

  Die Adressen dieser Klasse C werden für kleine Netzwerke (wie z.B. LANs) verwendet. Die 3 höchstwertigen Bit einer Adresse der Klasse C sind immer auf 110 gesetzt. Die weiteren 21 Bit stellen die Netz-ID dar. Das letzte Byte bildet die Host-ID.

- **Klasse D** (*Class* D)

  Die Adressen dieser Klasse D werden für den Einsatz bei Multicast-Gruppen (als geschlossene Benutzergruppen) verwendet. Eine Multicast-Adresse wird daher mehreren Endsystemen zugeordnet. Die 4 höchstwertigen Bit einer Multicast-Adresse sind immer auf 1110 gesetzt. Die restlichen Bit bezeichnen eine Gruppe von Endsystemen. Die Multicast-Adressen enthalten keine Netz- bzw. Host-ID-Bit. Die IP-Pakete werden an eine ausgewählte Gruppe der Endsysteme weitergeleitet. Um die IP-Pakete an eine Gruppe von Rechnern in einem LAN verteilen zu können, muss eine Multicast-IP-Adresse auf eine Multicast-MAC-Adresse abgebildet werden [Abschnitt 3.8.1].

- **Klasse E** (*Class* E)

  Die Klasse E stellt eine experimentelle Adresse dar, die nicht für den normalen Gebrauch bestimmt ist.

3.3 IPv4-Adressen

3.3.1 Darstellung von IP-Adressen

Jede IP-Adresse ist 32 Bit lang und besteht aus vier Feldern von je 8 Bit Länge, also je viermal 1 Byte. Die einzelnen Byte werden durch Punkte voneinander getrennt. Ein Byte repräsentiert eine Dezimalzahl zwischen 0 und 255. Abb. 3.3-2 zeigt die Darstellungsformen von IP-Adressen. Bei dieser Adressvergabe unterscheidet man drei Klassen von Netzen. Je nach Anzahl der im Netz vorgesehenen Rechner bekommt man eine Adresse einer entsprechenden Klasse zugeteilt.

```
Klasse A: 00001010 00000000 00000000 00100000 = 10.0.0.64
Klasse B: 10000010 00000011 00000011 00111100 = 130.3.3.60
Klasse C: 11000000 00001001 10010100 10000000 = 192.9.148.128
```

Unterschiedliche IP-Adressen

Im ersten Beispiel hat das Netz die feste Identifikation (ID) 10, dort befindet sich ein Endsystem mit der ID 0.0.64, d.h. das Endsystem hat die IP-Adresse 10.0.0.64. Im Beispiel der Klasse B hat das Netz die ID 130.3 und ein Endsystem die ID 3.60, somit die IP-Adresse 130.3.3.60. Das Klasse-C-Beispiel hat die Netz-ID 192.9.148, das Endsystem besitzt die ID 128, also ist die IP-Adresse 192.9.148.128.

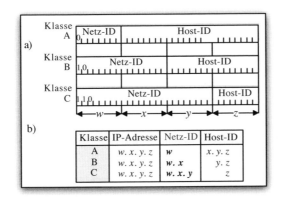

Abb. 3.3-2: Darstellung von IP-Adressen: a) im Binärformat, b) im Dezimalformat

Jede IP-Adresse hat somit die Form:

```
w.x.y.z     (z.B. 135.167.25.8)
```

Diese Darstellung von IP-Adressen wird als Dezimalformat (auch punktierte Dezimalnotation bzw. engl. *dotted decimal notation*) bezeichnet. Die Netz-ID wird hierbei durch die fette Markierung hervorgehoben. Zur bitweisen Kalkulation wird eine IP-Adresse im Binärformat dargestellt. Gelegentlich wird auch von der Hexadezimaldarstellung von IP-Adressen Gebrauch gemacht, wie im nachfolgenden Beispiel dargestellt:

```
Dezimalformat:       135.167.25.11
Binärformat:         10000111 10100111 00001101 00000111
Hexadezimalformat:   x'87A71911'
```

Neben dieser klassenbasierten Einteilung von IP-Adressen findet insbesondere bei Internet Service Providern eine bitweise Beschreibung des Netzschemas Verwendung,

CIDR

das Grundlage für CIDR (*Classless Inter-Domain Routing*) geworden ist. Auf CIDR wird ausführlich in Abschnitt 3.5.3 eingegangen.

3.3.2 Standard-Subnetzmaske

Eine Subnetzmaske (*Subnet Mask*) kann eine Standard-Subnetzmaske (*Default Subnet Mask*) bzw. eine benutzerdefinierte Subnetzmaske darstellen. Wird ein physikalisches Netz nicht auf die Subnetze (Teilnetze) aufgeteilt, so verwendet man in diesem Fall eine Standardmaske. Wird ein physikalisches Netz auf mehrere Subnetze (Teilnetze) aufgeteilt, so muss der Benutzer eine Subnetzmaske definieren. Auf diese Möglichkeit wird später eingegangen. Zunächst wird die Bedeutung einer Standardmaske näher erläutert.

Eine Standard-Subnetzmaske ist eine 32-Bit-Kombination, die verwendet wird, um

- einen Teil der IP-Adresse auszublenden und auf diese Weise die Netz-ID von der Host-ID zu unterscheiden.
- festzustellen, ob der Ziel-Host sich im gleichen oder einem anderen (Remote-) Netz befindet. Jeder Host in einem IP-Netz muss die seinem Netz zugeordnete Subnetzmaske kennen, d.h. entweder
- eine Standardmaske, falls keine Aufteilung des physikalischen Netzes vorgenommen wird, oder
- eine benutzerdefinierte Subnetzmaske, falls das physikalische Netz auf mehrere Subnetze aufgeteilt wird [Abb. 3.4-1].

Die Länge der Standard-Subnetzmaske ist von der Klasse der IP-Adresse abhängig. Dies illustriert Tab. 3.3-1. Wie hier ersichtlich ist, werden alle Bit, die zu einer Netz-ID gehören, auf 1 gesetzt. Der Dezimalwert jedes Byte beträgt jeweils 255. Alle Bit, die zur Host-ID gehören, werden auf 0 gesetzt.

Adressklasse	Standard-Subnetz-Maske Binärnotation	Dezimalnotation
Klasse A	11111111 00000000 00000000 00000000	**255**.0.0.0
Klasse B	11111111 11111111 00000000 00000000	**255.255**.0.0
Klasse C	11111111 11111111 11111111 00000000	**255.255.255**.0

Tab. 3.3-1: Standard-Subnetzmasken von einzelnen Adressklassen

Bit-Arithmetik
Um die Identifikation des Zielnetzes (d.h. die Ziel-Netz-ID) aus einer IP-Adresse 'herauszufiltern', wird eine Operation `Bitwise_AND` für IP-Adresse und Subnetzmaske ausgeführt. Diese Operation erläutert Abb. 3.3-3.

3.3 IPv4-Adressen

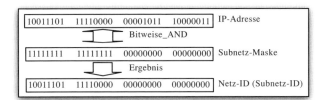

Abb. 3.3-3: Herausfiltern der Netz-ID mittels der Operation `Bitwise_AND`

Die Operation `Bitwise_AND` besteht darin, dass jedes einzelne Bit der IP-Adresse mit dem entsprechenden Bit in der Subnetzmaske verglichen wird. Wenn beide Bit 1 sind, ist das resultierende Bit ebenfalls 1. Wenn eine andere Kombination von Bit vorliegt, ist das resultierende Bit 0.

3.3.3 Vergabe von IP-Adressen

Bei der Vergabe von IP-Adressen muss vordringlich darauf geachtet werden, dass die Adressen aller in einem physikalischen Netz liegenden Endsysteme (Stationen) sich nur in dem Host-ID-Teil unterscheiden und dass keine IP-Adresse doppelt vorkommt. Für die Nutzung des IP-Adressraums gelten darüber hinaus einige weitere Einschränkungen, auf die nun kurz eingegangen wird. Diese betreffen die Verwendung bestimmter Netz-Adressbereiche sowie die Vergabe lokaler IP-Adressen als Host- bzw. als Link-Adresse.

Die IP-Adressen mit den Bitkombinationen 'Alle Bit 0' und 'Alle Bit 1' werden für besondere Zwecke verwendet und dürfen nicht an die Rechner vergeben werden. Tab. 3.3-3 listet die reservierten IP-Adressen gemäß RFC 1700. *Reservierte IP-Adressen*

Spezielle IP-Adresse	Bedeutung	Beispieladresse	Beispiel
Alle Bit 0[1]	Host im Netz	0.0.0.0	Keine explizit zugewiesene IP-Adresse
(Alle Bit 0, Host-ID)[1]	Dieser Host im Netz	0.0.0.143	Der Host 143
Alle Bit 1[2]	Lokaler Broadcast	255.255.255.255	IP-Broadcast nur im jeweiligen lokalen Subnetz
(Netz-ID, Alle Bit 1)[2]	Broadcast im Netz	149.11.255.255	IP-Broadcast im Netz 149.11
(127, beliebig)	Loopback	127.0.0.1	Default-IP-Adresse des Loopback-Interfaces

Tab. 3.3-2: Spezielle IP-Adressen und ihre Bedeutung
Diese IP-Adresse kann nur vorkommen: [1] als Quelladresse, [2] als Zieladresse

Die hier aufgelisteten speziellen IP-Adressen sind reserviert und dürfen nicht an die Rechner vergeben werden. In einem Netz der Klasse B können daher $2^{16} - 2$ IP-Adressen vergeben werden. Einem Betreiber eines Netzes der Klasse C bleiben $2^8 - 2 = 254$ Adressen, die er seinen im Netz befindlichen Endsystemen zuordnen kann. Generell können unterschieden werden:

- (lokale) IP-Netzadressen,
- (lokale) IP-Broadcast-Adressen,
- Loopback-Adresse sowie
- private IP-Adressbereiche.

Die lokale IP-Netzadresse, z.B. 135.167.0.0, sollte nicht als Hostadresse verwendet werden. Falls alle Netz- und Host-ID-Bit auf 0 gesetzt sind, wird diese Adresse mit der Bedeutung 'nur dieses Netz' interpretiert. Aktuelle IPv4-Implementierungen entsprechend RFC 1812 lassen dies allerdings zu. Bei benutzerdefinierten Subnetzmasken [Abschnitt 3.4.1] und Class-C-IP-Netzen kommt es vor, dass die Subnetz-ID nicht auf den Wert 0 endet. Eine Host-ID darf nicht der Netz- bzw. Subnetz-Broadcast-Adresse entsprechen. Ein so eingerichteter Rechner würde neben den an ihn gerichteten Unicasts vom ganzen IP-Broadcast betroffen sein! Bei IP-Netzen mit nicht-trivialen Subnetzmasken ist daher besondere Aufmerksamkeit gefordert.

Loopback-Adresse

Auch ohne zugeteilte IP-Adresse kann ein Host eine eigene *Loopback-Adresse* (Schleifenadresse) haben. Hierfür ist der Class-A IP-Adressbereich

```
127.x.y.z (x,y,z = 0, 1, 2, ...)
```

reserviert. Einem Host können daher mehrere Loopback-Adressen nach der Interface-Hierarchie vergeben werden. Die Loopback-Adresse 127.0.0.1 bezeichnet das erste logische Interface, das zweite erhält die IP-Adresse 127.0.0.2 usw.. Durch Überprüfung der zugewiesenen IP-Adressen per *ifconfig* (bzw. *ipconfig* bei Windows) und Ansprechen einer Loopback-Adresse mittels der Kommandos *ping*, kann ein erster rudimentärer Test der Funktionsbereitschaft des TCP/IP Protokollstacks erfolgen.

Private IPv4-Adressen

Zur Bildung privater IP-Netze innerhalb des Internet sind gemäß RFC 1918/1597 die in Tab. 3.3-3 gezeigten Adressbereiche vorgesehen. Die IP-Adressen aus diesen Bereichen werden als *private IP-Adressen* bezeichnet.

Netzpräfixnotation[1]	unterste IP-Adresse	oberste IP-Adresse	Anzahl Hosts
10.0.0.0/8	10.0.0.0	10.255.255.255	16.777.216
172.16.0.0/12	172.16.0.0	172.31.255.255	1.048.576
192.168.0.0/16	192.168.0.0	192.168.255.255	65.536

Tab. 3.3-3: Bereiche privat nutzbarer IP-Adressen
[1] Netzpräfixnotation wird in Abschnitt 3.5.1 dargestellt

NAT

Die privaten IP-Adressen können von mehreren Organisationen gemeinsam benutzt werden, ohne dass Konflikte auftreten, da diese IP-Adressen weder im Internet vergeben noch ins Internet geroutet werden. In diesem Zusammenhang wird auch von einem Wiedergebrauch (*reuse*) von IP-Adressen gesprochen. Innerhalb der privaten IP-Adresssphäre lassen sich alle Dienste (wie Domain Name Service) lokal ohne Einschränkungen aufbauen und benutzen. Für die Kommunikation mit dem öffentlichen Bereich des Internet gelten jedoch spezielle Verfahrensweisen, die in den RFC 1631 und 3022 als *Network Address Translation* (NAT) beschrieben sind [Abschnitt 6.2].

NAT und ICMP

Spezielle Anforderungen bei der Nutzung von privaten IP-Adressen stellen sich z.B. im Hinblick auf das Weiterleiten von ICMP- und SNMP-Nachrichten sowie die Nutzung des Domain Name System. Es ergibt sich eine asymmetrische Situation: Einerseits sollen für Client-Applikationen aus dem privaten IP-Netz heraus Server-Applikationen im Internet transparent verfügbar sein. Andererseits gilt, dass für

3.3 IPv4-Adressen

Client-Anwendungen aus dem Internet heraus das private IP-Netz nicht sichtbar (wohl aber erreichbar!) sein darf.

Reservierte IPv4-Adressen
Der öffentlich verfügbare IPv4-Adressraum wird nicht nur durch die privaten IP-Adressen beschnitten, sondern auch noch durch weitere reservierte IPv4-Adressen bzw. -Netze. Neben den bekannten Loopback-Adressen, sind weitere IPv4-Bereiche von der IANA vorgesehen. IP-Pakete, die diese Adressen enthalten, werden – genauso wie bei den privaten IPv4-Adressen – nicht ins Internet geroutet. Sie sind für spezielle Einsatzgebiete deklariert [Tab. 3.3-4].

Reservierte IPv4-Netze	Bedeutung	Bereich	RFC
100.64.0.0/10	Carrier Grade NAT	10.64.0.0 - 10.64.63.255	6598
127.0.0.0/8	IPv4-Loopback-Adressen	127.0.0.1 - 127.255.255.255	1700
169.254.0.0/16	IPv4-Auto-Konfiguration[1]	169.254.0.0 - 169.254.255.255	3927
192.0.0.0/24	Spezielle IETF-Adressen	192.0.0.0 - 192.0.0.255	6890
192.0.0.0/29	DS-Lite Adressen[2]	192.0.0.0 - 192.0.0.8	6333
192.0.0.170/32, 192.0.0.171/32	NAT64/DNS64 Discovery[2]	192.0.0.170 und 192.0.0.171	7040
192.0.2.0/24	Beispiel- und Testnetz '1'	192.0.2.0 - 192.0.2.255	5737
192.88.99.0/24	6to4 Anycast[2]	192.88.99.0 - 192.88.99.255	3068
198.18.0.0/15	Testnetz für Netzkomponenten	198.18.0.0 - 198.19.255.255	2544
198.51.100.0/24	Testnetz '2'	198.51.100.0 - 198.51.100.255	5737
203.0.113.0/24	Testnetz '3'	203.0.113.0 - 203.0.113.255	5737

Tab. 3.3-4: Bereiche reservierter IPv4-Adressen mit deren Bedeutung
  DS-Lite: Dual Stack-Lite [Abschnitt 10.3] [1] Bereich der Autoconf-Adressen [Abschnitt 5.2],
  [2] vorgesehen für die IPv6-Migration [Kapitel 10]

Multihoming
Die Host-ID muss in einem Netz (bzw. einem Subnetz) eindeutig sein. Die Netz-ID identifiziert sämtliche Endsysteme, die sich im gleichen physikalischen Netz befinden. Allen Endsystemen eines physikalischen Netzes ist somit dieselbe Netz-ID zuzuteilen. Falls mehrere Netze über Router miteinander verbunden sind, kann der Router als ein *Multinetz-Endsystem* angesehen werden. Jedem Port (Interface) eines Routers muss eine entsprechende IP-Adresse aus dem angebundenen Netz zugewiesen werden. Systeme mit mehreren, aus unterschiedlichen Subnetzen stammenden IP-Adressen werden als *Multihomed* bezeichnet. In diesem Zusammenhang spricht man auch von *Multihoming* [Abb. 3.3-4a].

Wie in Abb. 3.3-4b zu sehen ist, ist einem WAN auch eine Subnetz-ID zuzuordnen, wenn die lokalen Netze durch Router standortübergreifend über das WAN verbunden sind. Zwischen diesen beiden Routern werden IP-Pakete über das WAN übermittelt, sodass die Router-Ports seitens des WAN durch eindeutige IP-Adressen identifiziert werden. Da sich unterwegs zwischen den beiden Routern im WAN kein Router mehr befindet, muss das ganze WAN aus der Routing-Sicht als ein *Subnetz* gesehen werden.

Subnetz-ID und WAN

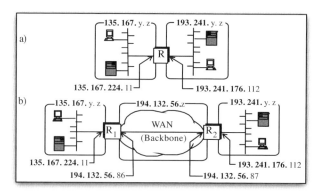

Abb. 3.3-4: Router als ein Multinetz-Endsystem bei einer: a) lokalen Vernetzung, b) standortübergreifenden Vernetzung

In diesem Falle ist dem WAN (formal!) eine Netz-ID zuzuteilen und das WAN stellt nur eine Verbindung für den Datenaustausch zwischen den Routern zur Verfügung.

3.4 Bildung von Subnetzen

Was ist ein Subnetz?

Ein Subnetz stellt eine geschlossene Gruppe der Endsysteme (Hosts) dar und diese Gruppe wird mit einer Subnetz-ID identifiziert. Ein Verbund von Rechnern auf der Data-Link-Schicht, die über ihre MAC-Adressen angesprochen werden können, wird als *Linksegment* bezeichnet. Wird ein Linksegment auf mehrere Teilnetze aufgeteilt, so bezeichnet man diese Teilnetze als *Subnetze*. Ein ganzes physikalisches Netz kann auch als ein 'Sonder'-Subnetz angesehen werden. Die Subnetze entstehen, wenn autonome Netze in mehrere physikalische oder logische Netze aufgeteilt werden. Mehrere physikalische Netze können auch zu einem Subnetz zusammengefasst werden; einer solchen Gruppe von Netzen muss eine gemeinsame Subnetz-ID zugewiesen werden.

Virtuelle LANs

Innerhalb von physikalischen LANs werden oft geschlossene Gruppen von Endsystemen gebildet. Diese Gruppen werden als virtuelle LANs (*Virtual LANs*, *VLANs*) bezeichnet. Ein VLAN kann als ein logisches Subnetz innerhalb eines physikalischen LAN interpretiert werden. Daher muss jedem VLAN auch eine Subnetz-ID zugewiesen werden, worauf Abschnitt 14.3 näher eingeht.

Strukturierung

Die großen IP-Netze müssen aus organisatorischen bzw. politischen Gründen oft auf kleinere Subnetze aufgeteilt werden, was man als *Strukturierung* bezeichnet. Diese Subnetze werden oft IP-Subnetze genannt. Für die Vernetzung einzelner IP-Subnetze miteinander können IP-Router bzw. IP-Switches (d.h. Layer-3-Switches) eingesetzt werden. Das Routing in IP-Netzen wird in Kapitel 11 detailliert erläutert und das Layer-3-Switching in Abschnitt 14.2.3.

IP-Adresse mit Subnetting

Um ein Netz in Subnetze unterteilen zu können, muss jedes Subnetz eine andere *Identifikation* (ID) verwenden. Diese Identifikation wird geschaffen, indem man aus der Host-ID die ersten Bit für die *Subnetz-ID* (SN-ID) nimmt und die restlichen Bit weiterhin als Host-ID nutzt. Abb. 3.4-1 illustriert dies. Für die Markierung von Bits

3.4 Bildung von Subnetzen

aus den Teilen Netz-ID und Subnetz-ID wird die *benutzerdefinierte Subnetzmaske* verwendet. Eine solche Aufteilung der IP-Adresse wird oft als *Subnetting* bezeichnet.

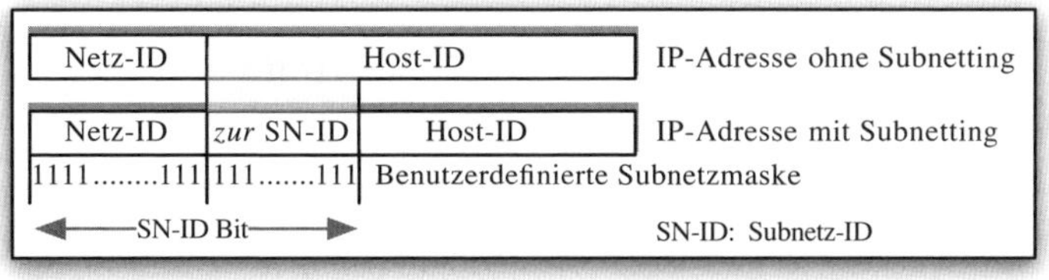

Netz-ID		Host-ID	IP-Adresse ohne Subnetting
Netz-ID	*zur* SN-ID	Host-ID	IP-Adresse mit Subnetting
1111........111	111........111		Benutzerdefinierte Subnetzmaske
◄——SN-ID Bit——►			SN-ID: Subnetz-ID

Abb. 3.4-1: Aufbau einer IP-Adresse mit Subnetting und benutzerdefinierter Subnetzmaske

Die Aufteilung eines Netzes mit `Netz-ID = 130.3` auf zwei Subnetze (Teilnetze) zeigt Abb. 3.4-2. Wie hier ersichtlich ist, haben die zwei über einen Router verbundenen Subnetze unterschiedliche Subnet-IDs, nämlich `130.3.1.` und `130.3.2.`. Die Nummern der Endsysteme können in beiden Subnetzen sogar gleich sein.

Subnetting mit zwei Netzen

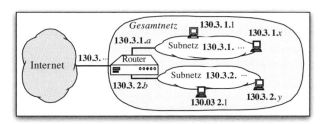

Abb. 3.4-2: Beispiel für die Aufteilung eines Netzes auf zwei Subnetze

Die Vorteile von Subnetzen bzw. allgemein *Subnetting* sind vor allem:

Vorteile von Subnetting

- Jeder Abteilung (bzw. Arbeitsgruppe, Organisation) kann ein getrenntes Subnetz zugeordnet werden.
- Unterschiedliche LANs (beispielsweise Ethernet und Gigabit-Ethernet) können als eigene IP-Subnetze definiert und dementsprechend über Router verbunden werden.
- Die Belastung des gesamten Netzes kann reduziert werden, indem man den (Broadcast-) Verkehr zu den einzelnen Subnetzen einschränkt.

3.4.1 Bestimmen von Subnetz-IDs und Host-IDs

Die Festlegung einer benutzerdefinierten Subnetzmaske ist erforderlich, wenn ein physikalisches Netz vom Benutzer in mehrere Subnetze aufgeteilt wird. Bevor eine Subnetzmaske festgelegt wird, ist zuerst folgendes zu ermitteln:

Benutzerdefinierte Subnetzmaske

- Die Anzahl der Subnetze und
- die Anzahl der Hosts pro Subnetz.

Die Schritte bei der Festlegung der benutzerdefinierten Subnetzmaske für die IP-Adressen der Klasse C illustriert Abb. 3.4-3.
Hierbei sind folgende Schritte zu unterscheiden:

Festlegung benutzerdefinierter Subnetzmasken

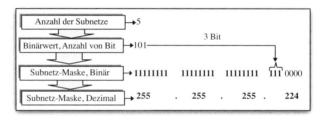

Abb. 3.4-3: Festlegung einer benutzerdefinierten Subnetzmaske für IP-Adressen der Klasse C

1. Zunächst ist die Anzahl der Subnetze zu ermitteln und in das Binärformat zu konvertieren.
2. Die Anzahl der Bit, die für die Darstellung der Zahl der Subnetze im Binärformat erforderlich ist, bestimmt die Anzahl von Bit der Subnetz-ID. Werden beispielsweise 5 Subnetze benötigt, beträgt der Binärwert 101. Die Darstellung von 'fünf' im Binärformat erfordert drei Bit.
3. Sind beispielsweise drei Bit für die Identifikation der Subnetze erforderlich, werden somit die ersten drei Bit der Host-ID durch die Subnetz-ID belegt.
4. Der Dezimalwert für die binäre Kombination 11100000 beträgt 224. Die Subnetzmaske (dezimal) ist somit 255.255.255.224.

Beispiel: Subnetting bei Klasse-B Netz

Wie in Abb. 3.4-1 gezeigt wurde, gehören zu den Subnetz-IDs die ersten drei Bit der Host-ID, über die sich die benutzerdefinierte Subnetzmaske erstreckt. Um die Subnetz-IDs zu bestimmen, werden zunächst die möglichen Bitkombinationen von Host-ID-Bit, die durch die Subnetzmaske 'abgedeckt' werden, untersucht und dann in das Dezimalformat konvertiert. Dies illustriert Abb. 3.4-4 falls 3 Bit der Host-ID von der Subnetz-ID belegt sind.

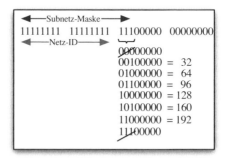

Abb. 3.4-4: Bestimmen von Subnetz-IDs bei einer IP-Adresse der Klasse B

Wie hier ersichtlich ist, sind dafür folgende Schritte nötig:

1. Alle möglichen Bitkombinationen aus dem Host-ID-Teil der durch die Subnetzmaske 'belegten' Bit werden ermittelt.
2. Alle Bitkombinationen, die entweder nur 0 oder nur 1 enthalten, sind ungültig.
3. Die Bitkombinationen 'Alle Bit 0' und 'Alle Bit 1' sind reservierte IP-Adressen (siehe Tab. 3.3-2).

3.4 Bildung von Subnetzen

4. Die verbleibenden gültigen Bitkombinationen des letzten überstrichenen Byte werden als Dezimalwert ausgedrückt und stellen jeweils eine Subnetz-ID dar.

Eine Zusammenstellung von Subnetzmasken für die beiden Adressklassen B und C enthalten die Tab. 3.4-1 und Tab. 3.4-2.

Anzahl von Subnetzen	Anzahl von ersten Host-ID Bit für Subnetzmaske	Subnetzmaske	Max. Anzahl von Hosts im Subnetz
2	1	255.255.128.0	32766
4	2	255.255.192.0	16382
8	3	255.255.224.0	8190
16	4	255.255.240.0	4094
32	5	255.255.248.0	2046
64	6	255.255.252.0	1022
128	7	255.255.254.0	510
256	8	255.255.255.0	254
512	9	255.255.255.128	126
1024	10	255.255.255.192	62
2048	11	255.255.255.224	30
4096	12	255.255.255.240	14
8192	13	255.255.255.248	6
16384	14	255.255.255.248	2

Tab. 3.4-1: Zusammenstellung von Subnetzmasken für die IP-Adressen der Klasse B
Unterer Bereich: Subnetzmaske erstreckt sich über Byte 3 und 4

Aus Tab. 3.4-2 ist ersichtlich, dass bei der Verwendung einer IP-Adresse der Klasse C maximal 64 Subnetze möglich sind (siehe Abb. 3.4-4). Bei einer IP-Adresse der Klasse B [Tab. 3.4-1] lassen sich z.B. maximal 256 Subnetze einrichten, falls die Subnetzmaske sich nur über das dritte Byte erstreckt.

Anzahl von Subnetzen	Anzahl von ersten Host-ID Bit für Subnetzmaske	Subnetzmaske	Max. Anzahl von Hosts im Subnetz
2	1	255.255.255.128	126
4	2	255.255.255.192	62
8	3	255.255.255.224	30
16	4	255.255.255.240	14
32	5	255.255.255.248	6
64	6	255.255.255.252	2

Tab. 3.4-2: Zusammenstellung von Subnetzmasken für die IP-Adressen der Klasse C

Falls eine größere Anzahl an Subnetzen eingerichtet werden soll, muss man eine längere Subnetzmaske verwenden, die sich über zwei Byte erstreckt, also unter Verwendung von mehr als 8 Bit [Tab. 3.4-2, graues Feld].

Subnetzmasken über zwei Byte

Nach der Festlegung von Subnetz-IDs müssen die Host-IDs in den einzelnen Subnetzen bestimmt werden. Um Host-IDs innerhalb eines Subnetzes zu bestimmen, muss man zuerst berechnen, wie viele Bit für die Host-ID zur Verfügung stehen. Betrachten wir nun das Beispiel aus Abb. 3.4-4. Falls eine IP-Adresse der Klasse B verwendet wird, in der 16 Bit für die Netz-ID und 3 Bit von der Host-ID für die Subnetz-ID bereits belegt worden sind, bleiben anschließend 13 Bit für die Host-ID. Die maximale Anzahl von Hosts pro Subnetz beträgt daher in diesem Fall $2^{13} - 2$.

Bestimmen von Host-IDs

Tab. 3.4-3 stellt den gültigen Bereich der Host-IDs bei der Verwendung von IP-Adressen der Klasse B, falls die Subnetz-ID die ersten 3 Bit der Host-ID belegt.

Host-ID für Subnetz-ID	Dezimalwerte der Subnetz-ID	Erster Wert der Host-ID	Letzter Wert der Host-ID
~~00000000~~	0	ungültig	ungültig
00100000	32	x.y.32.1	x.y.63.254
01000000	64	x.y.64.1	x.y.95.254
01100000	96	x.y.96.1	x.y.127.254
10000000	128	x.y.128.1	x.y.159.254
10100000	160	x.y.160.1	x.y.191.254
11000000	192	x.y.192.1	x.y.223.254
~~11100000~~	224	ungültig	ungültig

Tab. 3.4-3: Host-IDs bei der Verwendung von IP-Adressen der Klasse B und der Belegung der ersten 3 Bit der Host-ID für die Subnetz-ID

IPv4-Adressenvergabe für ein Unternehmen

Ein Unternehmen plant eine Verbindung seiner Niederlassungen, die weltweit verteilt sind. Dies umfasst 50 Standorte mit etwa 1000 Subnetzen und im Durchschnitt 500 bis 800 Endsysteme pro Subnetz. Um 1000 Subnetze zu identifizieren, sind mehr als 8 Bit nötig. Um dieses Problem zu lösen, kommen die folgenden beiden Möglichkeiten in Frage:

1. Es können mehrere IP-Adressen der Klasse B verwendet werden. Um die Host-Anforderungen pro Subnetz mit einer Adresse der Klasse B erfüllen zu können, muss eine Subnetzmaske von 255.255.252.0 verwendet werden [Tab. 3.4-1]. Bei dieser Subnetzmaske sind wiederum maximal nur 62 Subnetze möglich. Um 1000 Subnetze einrichten zu können, benötigt man mindestens 17 (1000/62 ⇒ 17) Adressen der Klasse B. Bei dieser Lösung wäre folglich das ganze Unternehmen im Internet unter 17 Adressen bekannt.

2. Soll dieses Unternehmen unter einer Internet-Adresse nach außen auftreten, kann man eine IP-Adresse der Klasse A verwenden. Eine Subnetzmaske wird über zwei Byte festgelegt. Falls beispielsweise entschieden wird, eine Netz-ID für das ganze Unternehmen als 15.0.0.0 zuzuweisen, kann eine einzige IP-Adresse der Klasse A folgendermaßen strukturiert werden:

Netz-ID   **Subnetzmaske (dezimal) Subnetzmaske (binär)**
15.0.0.0   255.255.248.0   11111111 11111111 11111000 00000000

Bei der Verwendung von 13 Bit für die Subnetz-ID innerhalb einer IP-Adresse der Klasse A können maximal $2^{13} - 2 = 8190$ Subnetze eingerichtet werden. Jedes dieser Subnetze kann maximal $2^{11} - 2 = 2046$ Endsysteme enthalten. Damit können die Anforderungen mit Blick auf die Zukunft flexibel erfüllt werden.

3.4.2 Zielbestimmung eines IP-Pakets beim Quellrechner

Regel beim Absenden eines IP-Pakets

Beim Absenden jedes IP-Pakets muss im Quellrechner festgelegt werden, ob das Paket für einen Zielrechner in demselben Subnetz oder in einem anderen 'Fremd'-Subnetz bestimmt ist. Falls der Zielrechner sich in einem anderen Subnetz befindet, wird das IP-Paket an einen Router (Gateway) abgeschickt. Allgemein besteht die Funktion eines Routers (genauer: eines IP-Routers) darin, die einzelnen Subnetze miteinander logisch so zu vernetzen, dass die Kommunikation zwischen Rechnern, die zu

3.4 Bildung von Subnetzen

unterschiedlichen Subnetzen gehören, möglich ist. An dieser Stelle ist hervorzuheben, dass die primäre Funktion eines IP-Routers darin besteht, mehrere IP-Subnetze miteinander zu vernetzen.

In Abb. 3.3-1 wurde die allgemeine Strukturierung von IP-Adressen gezeigt. Falls keine Aufteilung eines physikalischen Netzes vorgenommen wird, kann das ganze physikalische Netz aus Sicht des Routings als ein Subnetz gesehen werden. Das Prinzip der Bestimmung des Ziels eines IP-Pakets im Quellrechner, falls das physikalische Netz nicht auf Subnetze aufgeteilt wird, zeigt Abb. 3.4-5a.

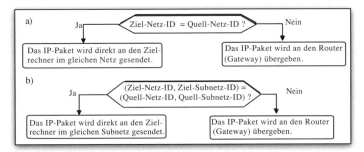

Abb. 3.4-5: Bestimmen des Ziels eines IP-Pakets vor seinem Absenden: a) ohne Subnetting, b) mit Subnetting

Falls das physikalische Netz aufgeteilt wurde, setzt es sich aus einer Anzahl von Subnetzen zusammen. Diese Vernetzung von Subnetzen muss beim Absenden jedes Pakets berücksichtigt werden. In diesem Fall muss zuerst bestimmt werden, ob der Zielrechner zum gleichen Subnetz gehört. Wie Abb. 3.4-5b zeigt, muss hierfür das Paar (Ziel-Netz-ID, Ziel-Subnetz-ID) mit dem Paar (Quell-Netz-ID, Quell-Subnetz-ID) bitweise verglichen werden.

Die Subnetzmaske unterstützt die in Abb. 3.4-5 dargestellten Entscheidungen. Falls kein Subnetting verwendet wird, handelt es sich um eine *Standard-Subnetzmaske* (genauer gesagt: Netzmaske). Beim Subnetting wird die Subnetzmaske vom Benutzer definiert.

Subnetzmaske

In beiden Fällen kann die in Abb. 3.3-3 dargestellte Operation `Bitwise_AND` verwendet werden. Wie Abb. 3.4-5 zeigt, wird diese Operation vor dem Versand eines IP-Pakets sowohl für die Zieladresse als auch für die Quelladresse mit derselben Subnetzmaske des Quellrechners ausgeführt. Wenn die Ergebnisse identisch sind, weiß man, dass der Zielrechner sich in demselben Netz bzw. Subnetz befindet. In diesem Fall wird das IP-Paket direkt zum Zielrechner geschickt. Wenn die Ergebnisse von `Bitwise_AND` unterschiedlich sind, gehört der Zielrechner zu einem anderen Netz bzw. Subnetz und das IP-Paket wird zuerst an den Router (oft auch *Default Gateway* genannt) gesendet.

3.4.3 Adressierungsaspekte in IP-Netzen

In diesem Abschnitt wird auf einige Aspekte der Adressierung in IP-Netzen näher eingegangen. Hierbei wird unter dem Begriff *Subnetz* sowohl ein logisches Subnetz

Sendeprinzip für IP-Pakete

als auch ein ganzes physikalisches Netz verstanden, falls dieses Netz nicht in Teilnetze (Subnetze) aufgeteilt wird.

In IP-Netzen gilt folgende Regel:

> Befindet sich der Zielrechner sich im gleichen Subnetz, wird das IP-Paket direkt an den Zielrechner abgeschickt, ansonsten an einen Router (*Default-Gateway*).

Allgemein sind zwei Fälle zu unterscheiden:

- Das Subnetz stellt ein herkömmliches *Shared Medium LAN* dar, d.h. ein verbindungsloses Netz, das nach dem Broadcast-Prinzip funktioniert. In diesem Fall wird das IP-Paket in einen MAC-Frame des LAN eingebettet und dieser MAC-Frame enthält die MAC-Adresse des Ziel-Endsystems, was Abb. 3.4-6a demonstriert.
- Das Subnetz stellt ein leitungsvermittelndes Netz dar, wie z.B. ein WAN (ISDN, ATM- bzw. Frame-Relay-Netz). In diesem Fall muss eine Verbindung zum Ziel-Endsystem für die Übermittlung des IP-Pakets aufgebaut werden. Eine solche Situation veranschaulicht Abb. 3.4-6b.

Bedeutung einer IP-Adresse im Rechner

Eine IP-Adresse ist im Grunde genommen einem Kommunikationspuffer eines Rechners zuzuordnen. Dieser Kommunikationspuffer kann als Zugangsport zur IP-Protokollinstanz im Rechner gesehen werden. Er befindet sich an der Grenze zwischen den Protokollen TCP/UDP und IP, nämlich an der Grenze zwischen den Schichten 3 und 4 im logischen Schichtenmodell des Endsystems. Dies soll in Abb. 3.4-6 zum Ausdruck kommen [Abb. 1.4-5]. Allgemein ist der Transport eines IP-Pakets von Rechner A mit der IP-Adresse x zu Rechner B mit der IP-Adresse y als Übermittlung dieses Pakets von Kommunikationspuffer x im Rechner A zu Kommunikationspuffer y in Rechner B zu interpretieren.

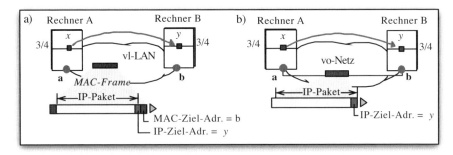

Abb. 3.4-6: Übermittlung eines IP-Pakets zum Zielrechner im gleichen Netz:
a) Netz ist ein verbindungsloses LAN, b) Netz ist verbindungsorientiert
vl: verbindungslos, vo: verbindungsorientiert, a, b: Netzadressen, x, y: IP-Adressen

Ermittlung von MAC-Adressen mit ARP

Wie in Abb. 3.4-6a ersichtlich, besteht die Kommunikation in der Übergabe eines IP-Pakets von Kommunikationspuffer x im Quellrechner mit der MAC-Adresse **a** zum Kommunikationspuffer y im Zielrechner mit der MAC-Adresse **b**. Diese Kommunikationspuffer repräsentieren entsprechend Quell- und IP-Zieladressen. Der Quellrechner muss die MAC-Adresse, d.h. die physikalische LAN-Adresse des Zielrechners, im zu

3.4 Bildung von Subnetzen

sendenden MAC-Frame setzen. Hierfür muss er über eine Tabelle mit den Zuordnungen

IP-Adresse ⇒ MAC-Adresse

verfügen. Die Pflege dieser Tabelle gehört zur Aufgabe des Protokolls ARP (*Address Resolution Protocol*). ARP bietet einen Mechanismus zur Ermittlung der MAC-Adresse für eine IP-Adresse. Abschnitt 3.6.1 geht auf ARP näher ein.

Ist ein Übermittlungsnetz verbindungsorientiert (z.B. Frame-Relay-, ATM-Netz oder ISDN), muss der Quellrechner die physikalische Adresse des Zielrechners kennen, um die gewünschte Verbindung aufzubauen [Abb. 3.4-6b]. Hierfür muss eine Tabelle mit den folgenden Zuordnungen vorhanden sein:

Probleme mit ARP bei verbindungsorientierten Netzen

IP-Adresse ⇒ Netzadresse   (z.B. ATM-Adresse)

Da das Protokoll ARP den MAC-Broadcast nutzt, kann es in verbindungsorientierten Netzen nicht eingesetzt werden. Um dieses Problem zu lösen, wird oft eine Tabelle mit den Zuordnungen von physikalischen Adressen zu IP-Adressen in einem zentralen Server zur Verfügung gestellt. Ein solcher Server für die Adressauflösung wird oft als ARP-Server bezeichnet.

Liegt ein IP-Paket in einem Rechner an einem verbindungsorientierten Netz zum Senden vor, so kann dieser Quellrechner die gesuchte physikalische Zieladresse beim ARP-Server abfragen und für die weitere zukünftige Verwendung bei sich speichern. In großen verbindungsorientierten Netzen werden in der Regel mehrere ARP-Server implementiert. Die einzelnen ARP-Server müssen miteinander u.a. die Zuordnungen IP-Adresse ⇒ Netzadresse nach einem Protokoll austauschen können. Die Kommunikation zwischen den einzelnen ARP-Servern erfolgt nach dem Protokoll NHRP (*Next Hop Resolution Protocol*) [RFC 2332].

Einsatz von NHRP

Wenn sich der Zielrechner in einem anderen Subnetz befindet, wird das IP-Paket zur Weiterleitung an den Router abgegeben. Abb. 3.4-7 veranschaulicht die Adressierung des IP-Pakets, falls die verbundenen Subnetze verbindungslose LANs sind.

Übermittlung eines IP-Pakets über mehrere Subnetze

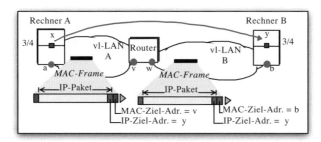

Abb. 3.4-7: Übermittlung eines IP-Pakets im Verbund von verbindungslosen LANs
vl: verbindungslos; a, b, v, w: MAC-Adressen; x, y: IP-Adressen

Abb. 3.4-8 illustriert die Übermittlung eines IP-Pakets, falls die verbundenen Subnetze verbindungsorientiert sind. In diesem Fall wird zunächst eine Verbindung über das erste Subnetz zum Router aufgebaut; anschließend baut der Router eine Verbindung über das zweite Subnetz zum Zielrechner auf.

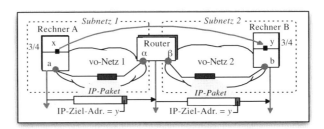

Abb. 3.4-8: Übermittlung eines IP-Pakets im Verbund verbindungsorientierter Subnetze
vo: verbindungsorientiert; a, b, α, β: Netzadressen; x, y: IP-Adressen

Die hier dargestellten verbindungsorientierten Subnetze können zwei Teile eines physikalischen Netzes (z.B. eines ATM-Netzes) darstellen. Werden mehrere verbindungsorientierte Subnetze miteinander vernetzt, so können sich mehrere Router auf dem Datenpfad zwischen den kommunizierenden Rechnern, die zu unterschiedlichen Subnetzen gehören, befinden. In einem solchen Fall entstehen große Verzögerungen auf den Ende-zu-Ende-Verbindungen. Da jedes verbindungsorientierte Netz die Switching-Funktion (Vermittlungsfunktion) enthält, versucht man Switching und Routing in einem Netz entsprechend zu integrieren, um die Verzögerungen zu vermeiden. Die Ansätze hierfür sind als MPLS (*Multi-Protocol Label Switching*) [Kapitel 12] bekannt.

3.5 Klassenlose IP-Adressierung (VLSM, CIDR)

Nachteile der klassenweisen IP-Adressierung

Um unterschiedlich große Netze zu unterstützen, wurde der Raum der IPv4-Adressen ursprünglich in die drei Klassen A, B und C aufgeteilt [Abb. 3.3-1]. Die auf diesen Klassen basierende Vergabe von IP-Adressen bezeichnet man auch als klassenweise IP-Adressierung. Nachteilig bei der *klassenweisen IP-Adressierung* ist jedoch, dass der IP-Adressraum nicht effizient ausgenutzt werden kann. Insbesondere ist keine dieser Adressklassen für mittelgroße Organisationen mit beispielsweise ca. 2000 Rechnern geeignet. Einerseits lassen sich mit einer IP-Adresse der Klasse C nur 254 Rechner adressieren, was für eine Organisation mit ca. 2000 Rechnern zu wenig ist. Mit einer IP-Adresse der Klasse B sind dagegen bis zu 65534 Rechner adressierbar, ein Adressraum, den eine mittlere Organisation nicht ausnutzen kann.

Hat eine Organisation in der Vergangenheit eine IP-Adresse beantragt, so wurde ihr je nach Bedarf eine IP-Adresse der Klasse A, B bzw. C zugewiesen. Dieses Konzept funktionierte lange Zeit. Als das Internet jedoch zum 'Renner' wurde, explodierte der Bedarf an IP-Adressen. Es wurde schnell klar, dass der zunehmende Bedarf mit der klassenweisen IPv4-Adressierung nicht zu bewältigen ist. Es kommt noch hinzu, dass man einer Organisation mit ca. 2000 Rechnern in der Vergangenheit eine IP-Adresse der Klasse B statt mehrerer Adressen der Klasse C zuweisen musste. Das hat zur Verschwendung von IP-Adressen geführt, die IP-Adressen der Klasse B wurden schnell knapp.

3.5 Klassenlose IP-Adressierung (VLSM, CIDR)

Nachdem abzusehen war, dass die IP-Adressen bei der bisherigen klassenweisen Adressierung binnen kurzer Zeit ausgehen, wurde eine fundamentale Veränderung eingeführt: die *klassenlose IP-Adressierung (classless IP)* [RFC 1878].

Classless IP

Bei der klassenlosen IP-Adressierung kann die Grenze in einer IP-Adresse zwischen Netz-ID und Host-ID nicht nur an den 'Byte-Grenzen', sondern an jeder Position innerhalb der IP-Adresse liegen. Die klassenlose IP-Adressierung nutzt eine *Netzpräfixnotation*.

Die klassenlose IP-Adressierung ermöglicht es, Subnetze zu bilden, bei denen die Subnetzmasken unterschiedlich lang sein können. Sie lässt somit innerhalb einer Netzwerkinfrastruktur Subnetze mit variabler Länge von Subnetzmasken zu. Diese Bildung von Subnetzen mit variablen Masken bezeichnet man als *VLSM-Networking* (*Variable Length Subnet Mask*).

VLSM-Networking

Durch den Einsatz der klassenlosen IP-Adressierung im öffentlichen Internet können einerseits die IP-Adressen effektiver ausgenutzt und andererseits die Routen zusammengefasst werden, was die Größe der Routing-Tabellen in Internet-Backbone-Routern drastisch reduziert. Der Einsatz der klassenlosen IP-Adressierung im öffentlichen Internet ist unter dem Schlagwort *Classless Inter-Domain Routing* (CIDR) bekannt.

CIDR

3.5.1 Konzept der klassenlosen IP-Adressierung

Bei jeder Klasse A, B und C von IP-Adressen wird die Grenze zwischen Netz-ID und Host-ID an einer anderen Stelle innerhalb der 32-Bitfolge gesetzt [Abb. 3.3-1]. Grundlegende Eigenschaft der klassenweisen IP-Adressierung ist, dass jede IP-Adresse genau angibt, welcher Teil der IP-Adresse die Netz-ID und welcher die *Host-ID* darstellt. Die ersten Bit einer IP-Adresse, mit denen man die Adressklasse und die *Netz-ID* angibt, kann man als *Netzpräfix* (*Network Prefix*) bezeichnen. Bei Nutzung des Netzpräfixes zur Angabe von IP-Adressen spricht man von *Netzpräfixnotation* (auch kurz NP-Notation). Abb. 3.5-1 illustriert die NP-Notation.

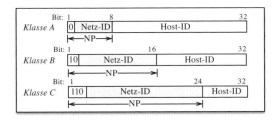

Abb. 3.5-1: Klassenweise IP-Adressierung mit Netzpräfixnotation
  ID: Identifikation, NP: Netzpräfix

Wie hier ersichtlich ist, funktioniert die klassenweise IP-Adressierung mit NP-Notation folgendermaßen:

Netzwerkpräfix

- *IP-Adressen der Klasse A*
  Jede IP-Adresse der Klasse A hat ein Netzpräfix von 8 Bit, bei dem das erste Bit 0 ist und die restlichen sieben Bit die Netz-ID angeben. Dann folgt eine Host-ID mit der Länge von 24

Bit. Nutzt man die NP-Notation bei der IP-Adresse der Klasse A, so wird sie als /8-Adresse bezeichnet. '/8' wird als Schrägstrich acht oder einfach Achter ausgesprochen.

- *IP-Adressen der Klasse B*
  Jede IP-Adresse der Klasse B hat ein Netzpräfix von 16-Bit, bei dem die ersten beiden Bit 10 sind und die restlichen 14 Bit die Netz-ID angeben. Dann folgt eine Host-ID von 16 Bit Länge. Die IP-Adressen der Klasse B werden auch als /16-Adressen bezeichnet.
- *IP-Adressen der Klasse C*
  Jede IP-Adresse der Klasse C hat ein Netzpräfix von 24 Bit, bei dem die ersten drei Bit 110 sind und die restlichen 21 Bit die Netz-ID angeben. Dann folgt eine Host-ID von 8 Bit Länge. Die IP-Adressen der Klasse C werden auch als /24-Adressen bezeichnet.

Die Einteilung in die Klassen A, B und C mit ihren Beschränkungen ist einfach zu verstehen und zu implementieren. Dies ist aber für eine effiziente Belegung des IP-Adressraums nicht sinnvoll. Es fehlt eine Klasse von IP-Adressen, um mittelgroße Organisationen zu unterstützen.

Erweitertes Netzpräfix

Subnetting durch Erweiterung des Netzpräfixes

Um Subnetze innerhalb eines Netzes bilden zu können, muss jedes Subnetz eine Identifikation (*Subnetz-ID*) erhalten. Sie wird geschaffen, indem man die *Host-ID* in zwei Bereiche aufteilt [Abb. 3.4-1]. Die Bildung der Subnetze bezeichnet man als *Subnetting*. Die 'traditionellen' Router in IP-Netzen benutzen die Subnetz-ID der IP-Zieladresse, um den Datenverkehr in eine Umgebung mit IP-Subnetzen weiterzuleiten. Wie Abb. 3.5-2 zeigt, kann die Netzpräfixnotation auch beim Subnetting verwendet werden. Hierbei wird das *erweiterte Netzpräfix* eingeführt, das sich aus dem Netzpräfix und der Subnetz-ID zusammensetzt. Die Netzpräfixnotation wird beim *Classless Inter-Domain Routing* (CIDR) verwendet [Abschnitt 3.5.3].

Innerhalb einer Netzumgebung mit mehreren Subnetzen benutzen Router das erweiterte Netzpräfix, um den Datenverkehr zwischen den Subnetzen weiterzuleiten. Bei den aktuellen Routing-Protokollen (z.B. RIP-2, OSPFv2) wird statt der Netzmaske die Länge des erweiterten Netzpräfixes verwendet. Sie gibt an, wie lang die ununterbrochene Anzahl 'Einsen' der Netzmaske ist. Dies bedeutet, dass z.B. die IP-Adresse 130.5.5.25 mit der Netzmaske 255.255.255.224 bzw. binär 11111111.11111111.11111111.11100000 auch als 130.5.5.25/27 geschrieben werden kann.

Die '/Präfixlängen'-Darstellung der Subnetzmaske ist kompakter und leichter zu verstehen als das Ausschreiben der Netzmaske in der traditionellen Schreibweise. Abb.3.5-2 bringt dies zum Ausdruck.

Durch die klassenlose IP-Adressierung ist die Grenze zwischen Netzwerk-ID und Host-ID variabel definierbar, d.h. sie kann beliebig innerhalb von 32 Bit-IP-Adressen liegen und eben nicht nur an den Byte-Grenzen. Damit ist eine flexible Vergabe von IP-Adressen möglich.

Bei der klassenlosen IP-Adressierung benötigt man zwei Angaben:

- Netzwerkadresse mit dem zugeteilten Präfix,
- Länge der Subnetzmaske (d.h. Präfixlänge).

3.5 Klassenlose IP-Adressierung (VLSM, CIDR)

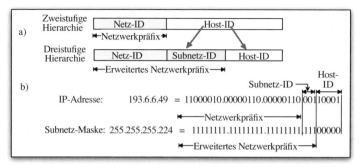

Abb. 3.5-2: Illustration der Netzpräfixnotation beim Subnetting: a) Interpretation des erweiterten Netzpräfixes, b) Länge des Netzpräfixes = Länge der Subnetzmaske

Die klassenlose IP-Adressierung verwendet die folgende Notation: *Notation*

`<IP-Adresse>/<Präfixlänge>`

Beim praktischen Einsatz unterscheiden wir zwei Fälle:

1. Es handelt sich um eine *Netzadresse*: Hierbei geben wir immer die komplette Länge IP-Adresse mit den abschließenden 'Nullen' an; unabhängig von der Präfixlänge.
   Beispiel: `10.0.0.0/8`, `141.23.0.0/12`, `192.168.0.0/24`

2. Es handelt es um einen *Hostadresse*: Es wird die volle IP-Adresse dargestellt; die Präfixlänge ist immer '/32'.
   Beispiel: `10.12.13.1/32`, `14.23.1.3/32`, `192.168.0.0/32` (!)

Eine klassenlose IP-Adresse kann als 'Internet-Vorwahl' eines Netzwerks angesehen werden, da sie lediglich auf das Netzwerk verweist. Somit stellt sie nicht die IP-Adresse eines Rechners, sondern die Adresse eines Netzwerks bzw. eines Subnetzes dar: *Klassenlose IP-Adresse als IP-Adressblock*

> Eine klassenlose IP-Adresse definiert einen zusammenhängenden Bereich routbarer Netzadressen, die als IP-Adressblock bzw. beim CIDR-Einsatz als *CIDR-Block* bezeichnet wird.

Betrachten wir die folgenden IP-Adressblöcke näher: *Klassenlose IPv4-Adressenvergabe*

- `192.168.121.0/24`
  In diesem IP-Adressblock bilden die ersten 24 Bit die Netzwerk-ID und die restlichen Bit sind für Host-IDs bestimmt. Dies entspricht vollkommen der Aufteilung bei den IP-Adressen der Klasse C und wird durch die Darstellung aller drei Byte unterstrichen.
- `192.168.121.0/26`
  Die ersten 26 Bit bilden hier die Netzwerk-ID und die restlichen Bit können Host-IDs repräsentieren. Mit diesem Adressblock kann ein Netzwerk mit bis zu $2^{(32-26)} - 2$ Rechnern eingerichtet werden.
- `192.168.121.0/23`
  Die ersten 23 Bit bilden hier die Netzwerk-ID. Die restlichen Bit sind für Host-IDs reserviert. Mit diesem Adressblock kann ein Netzwerk mit bis zu $2^{(32-23)} - 2$ Rechnern versorgt werden.

IPv4-Adressen mit unterschiedlichen Netz-Präfixe

Der Bereich von Hostadressen im IP-Adressblock wird durch die Präfixlänge bestimmt.

> Die Subnetz-ID im IP-Adressblock 127.23.0.0/16 ist nicht die gleiche wie im IP-Adressblock 127.23.0.0/24. Der IP-Adressblock 127.23.0.0/16 stellt den Bereich gültiger Hostadressen von 127.23.0.1 bis 127.23.255.254 dar. Der IP-Adressblock 127.23.0.0/24 hingegen repräsentiert den Bereich gültiger Hostadressen von 127.23.0.1 bis 127.23.0.254.

Präfixlänge in Routing-Tabellen

Die Router, insbesondere die Backbone-Router im Internet, wurden im Laufe der letzten Jahre auf die klassenlose IP-Adressierung umgestellt. Dadurch wurde es möglich, eine Route nicht zu einer einzelnen IP-Adresse (zu einem Subnetz), sondern zum IP-Adressblock (zu mehreren Subnetzen) aufzubauen [Abb. 3.5-7]. Somit werden die einzelnen Routen aggregiert [Abschnitt 3.5.2, Abb. 3.5-6], was allerdings den Einsatz eines 'klassenlos-fähigen' Routing-Protokolls voraussetzt (z.B. BGP-4, RIP-2 oder OSPFv2).

Mit der Umstellung der Router auf die klassenlose IP-Adressierung muss eine Modifikation in den Routing-Tabellen vorgenommen werden. Bei der klassenlosen IP-Adressierung muss das Paar (Route, Präfixlänge in der IP-Zieladressse) in der Routing-Tabelle im Router angegeben werden. Wie Abb. 3.5-3 zeigt, unterscheidet dies zwischen der Route zum Subnetz und der Route zu einem gesamten Netz.

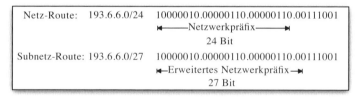

Abb. 3.5-3: Bedeutung der Präfixlänge in der IP-Zieladresse

All-Zeros Subnet

Ohne Kenntnis der Netzwerk-Maske oder der Präfixlänge kann ein Router nicht zwischen der Route zu dem Subnetz mit der Subnetz-ID = 0 und der Route zu dem gesamten Netz unterscheiden. Mit der Entwicklung von Routing-Protokollen, die eine Maske oder eine Präfixlänge mit jeder Route angeben, können auch die Subnetze mit Subnetz-ID = 0 eingerichtet werden.

Das IETF-Dokument RFC 950 untersagte früher die Verwendung von Subnetz-IDs, deren Bit nur auf 0 (*All-Zeros subnet*, d.h. Subnetz-ID, die nur Nullen enthält) und auf 1 (*All-Ones subnet*, d.h. Subnetz-ID, die nur Einsen enthält) gesetzt werden. Die 'All-Zeros'-Subnetze verursachen bei älteren Routing-Protokollen wie RIP Probleme, die 'All-Ones'-Subnetze stehen in Konflikt mit der IP-Broadcast-Adresse.

Das IETF-Dokument RFC 1812 lässt jedoch bei der klassenlosen IP-Adressierung die 'All-Zeros'- und 'All-Ones'-Subnetze zu. In Netzwerkumgebungen, wo die klassenlose IP-Adressierung verwendet wird, müssen moderne Routing-Protokolle eingesetzt werden, die mit den 'All-Zeros'- und 'All-Ones'-Subnetzen keine Probleme haben. Dies geschieht durch Angabe der Paare (Route, Präfixlänge) in den Routing-Tabellen.

3.5 Klassenlose IP-Adressierung (VLSM, CIDR)

Bemerkung: Die 'All-Zeros'- und All-Ones'-Subnetze können bei Rechnern oder Routern, die nur die klassenweise IP-Adressierung unterstützen, einige Probleme verursachen. Sollen 'All-Zeros'- und 'All-Ones'-Subnetze jedoch eingerichtet werden, ist zuerst sicherzustellen, dass diese Subnetze von den beteiligten Rechnern und Routern unterstützt werden. Diese Art der Subnetze wird von Microsoft Betriebssystem ab Windows 2000 unterstützt.

3.5.2 VLSM-Nutzung

Nicht nur im Internet existiert das Problem einer derartigen Vergabe von IP-Adressen, bei der möglichst alle Adressen belegt werden. Auch innerhalb von Organisationen stellt sich die Frage, wie man den zugewiesenen Adressraum auf die einzelnen Subnetze (Teilorganisationen) effizient verteilen kann. Hierfür kann die klassenlose IP-Adressierung herangezogen werden. Falls die klassenweise IP-Adressierung verwendet wird, können die Netzwerke nur auf solche Subnetze aufgeteilt werden, die nach der Anzahl von adressierbaren Rechnern (Hosts) gleich groß sind. Im Weiteren wird unter *Subnetzgröße* bzw. *Subnetzlänge* die maximale Anzahl von Rechnern verstanden, die man im Subnetz adressieren kann.

Subnetze und klassenweise IP-Adressierung

> Nehmen wir an, dass mehrere Subnetze auf der Basis von IP-Adressen der Klasse C gebildet werden sollen. Es wurde entschieden, vier Bit für die Subnetz-ID vom Host-ID-Teil 'wegzunehmen' [Abb. 3.4-1]. Somit können 14 Subnetze eingerichtet werden, die (aber!) gleich groß sind. Dass eine Organisation gleich große Subnetze hat, ist ein seltener Fall.

VLSM-Nutzung

Mit Hilfe der klassenlosen IP-Adressierung können Subnetze verschiedener Größen eingerichtet werden. Eingerichtet werden dabei Subnetze mit Subnetzmasken variabler Länge (VLSM, *Variable Length Subnet Masks*). Dies führt zu der Situation, dass in einem Netzwerk mehrere Subnetzmasken unterschiedlicher Länge verwendet werden. Die erweiterten Netzpräfixe haben in diesem Fall unterschiedliche Längen [Abb. 3.5-4].

Was ist VLSM?

Die VLSM-Nutzung hat folgende Vorteile:

Vorteile von VLSM

- *Rekursive Aufteilung des Adressraums*
  Die Bildung von Subnetzen unterschiedlicher Größe kann in mehreren Schritten erfolgen [Abb. 3.5-5].
- *Bessere Ausnutzung des IP-Adressraums*
  Mehrere Subnetzmasken erlauben die bessere Ausnutzung des einer Organisation zugewiesenen IP-Adressraums.
- *Aggregation von Routen*
  Mehrere Subnetzmasken erlauben das Zusammenfassen (Aggregieren) von Routen. Dies führt zu einer Reduktion der zu übertragenden Routing-Informationen im Backbone-Bereich [Abb. 3.5-6 und Abb. 3.5-7].

VLSM-Einsatz zur Strukturierung von Netzwerken

Anhand von Beispielen soll nun demonstriert werden, wie mittels VLSM ein Netzwerk in mehreren Schritten strukturiert werden kann. Es ist hier anzumerken, dass im gleichen Schritt das Netzpräfix nicht immer die gleiche Länge haben muss Eine Aufteilung des IP-Adressraums kann in so vielen Schritten wie notwendig durchgeführt werden. Die notwendige Aufteilung des IP-Adressraums illustriert Abb. 3.5-4:

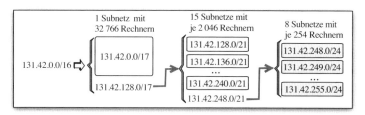

Abb. 3.5-4: Beispiel für eine bedarfsgerechte Aufteilung des IP-Adressraums

VLSM-Einsatz (1)

Eine Organisation hat einen IP-Adressblock 131.42.0.0/16 zugewiesen bekommen. Es ist folgende Aufteilung des Netzwerks notwendig: 1 Subnetz mit bis zu 32000 Rechnern, 15 Subnetze mit bis zu 2000 Rechnern und 8 Subnetze mit bis zu 250 Rechnern.

- *Anforderung 1*: 1 Subnetz mit bis zu 32 000 Rechnern
  Hierfür wird der Adressblock 131.42.0.0/16 im ersten Schritt aufgeteilt in 131.42.0.0/17 und 131.42.128.0/17.
  Jeder dieser Adressblöcke ermöglicht es, bis zu $2^{(32-17)} - 2 = 32766$ Rechner pro Subnetz zu adressieren. Der Adressblock 131.42.0.0/17 wird ausgewählt, um die diese Anforderung zu erfüllen.
- *Anforderung 2*: 15 Subnetze mit bis zu 2000 Rechnern
  Hierfür wird das Netzpräfix aus dem ersten Schritt um 4 verlängert ($2^4 = 16 > 15$). Somit wird der Adressblock 131.42.128.0/17 in 16 Adressblöcke aufgeteilt:
  131.42.128.0/21, 131.42.136.0/21,..., 131.42.240.0/21, 131.42.248.0/21
  Jeder dieser Adressblöcke ermöglicht, bis zu $2^{(32-21)} - 2 = 2046$ Rechner zu adressieren. Die zweite Anforderung wird damit erfüllt.
- *Anforderung 3*: 8 Subnetze mit bis zu 250 Rechnern
  Hierfür wird das Netzpräfix aus dem zweiten Schritt um 3 verlängert ($2^3 = 8$). Somit wird der Adressblock 131.42.248.0/21 in 8 Adressblöcke aufgeteilt:
  131.42.248.0/24, 131.42.249.0/24,..., 131.42.254.0/24, 131.42.255.0/24
  Jeder dieser Adressblöcke ermöglicht, bis zu $2^{(32-24)} - 2 = 254$ Rechner zu adressieren. Die dritte Anforderung wird damit erfüllt.

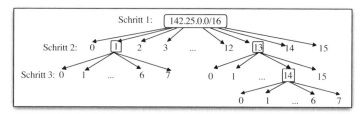

Abb. 3.5-5: Beispiel für den VLSM-Einsatz bei der Strukturierung eines Netzwerks

3.5 Klassenlose IP-Adressierung (VLSM, CIDR)

Einer Organisation wurde die IP-Adresse 142.25/16 zugewiesen und sie plant den VLSM-Einsatz. Den Aufbau ihres Netzwerks zeigt Abb. 3.5-5.

VLSM-Einsatz (2)

Im ersten Schritt wird die IP-Adresse 142.25.0.0/16 in 16 gleich große Adressblöcke 0, 1, ..., 14, 15 aufgeteilt. Im zweiten Schritt sollen der Adressblock 1 auf 8 und der Adressblock 13 in 16 gleich große Teil-Adressblöcke weiter aufgeteilt werden. Im dritten Schritt soll anschließend Adressblock 13-14 in 8 gleich große Teil-Adressblöcke aufgeteilt werden.

- 16 Subnetze von 142.25.0.0/16
  Da $16 = 2^4$ ist, sind vier Bit nötig, um 16 Subnetze zu identifizieren. Dies bedeutet, dass das Präfix /16 um vier Bit verlängert werden muss. Somit entstehen folgende 16 Adressblöcke:
  Nr. 0: 142.25.0.0/20, Nr. 1: 142.25.16.0/20, Nr. 2: 142.25.32.0/20, ..., Nr. 13: 142.25.208.0/20, Nr. 14: 142.25.224.0/20, Nr. 15: 142.25.240.0/20.
  Pro Adressblock lassen sich bis zu $2^{(32-20)} - 2 = 4094$ Rechner adressieren.

- 8 Subnetze von Nr. 1: 142.25.16.0/20
  Da $8 = 2^3$ ist, sind drei Bit nötig, um 8 Subnetze zu identifizieren. Das Präfix /20 muss um drei Bit verlängert werden. Somit entstehen aus dem Adressblock 142.25.16.0/20 folgende 8 Adressblöcke:
  Nr. 0: 142.25.16.0/23, Nr. 1: 142.25.18.0/23, ..., Nr. 6: 142.25.28.0/23, Nr. 7: 142.25.30.0/23.
  Jeder dieser Adressblöcke adressiert bis zu $2^{(32-23)} - 2 = 510$ Rechner.

- 16 Subnetze von Nr. 13: 142.25.208.0/20
  Es sind 4 Bit nötig, um 14 Subnetze zu identifizieren. Das Präfix /20 muss um vier Bit verlängert werden. Somit entstehen aus dem Adressblock 142.25.208.0/20 folgende 16 Adressblöcke:
  Nr. 0: 142.25.208.0/24, Nr. 1: 142.25.209.0/24, ..., Nr. 14: 142.25.222.0/24, Nr. 15: 142.25.223.0/24.
  Somit sind pro Adressblock bis zu $2^{(32-24)} - 2 = 254$ Rechner adressierbar.

- 8 Subnetze von Nr. 13-14: 142.25.222.0/24
  Es sind 3 Bit nötig, um 3 Subnetze zu identifizieren, sodass das Präfix /24 um drei Bit verlängert werden muss Aus dem Adressblock entstehen 142.25.222.0/24 folgende 8 Adressblöcke:
  Nr. 0: 142.25.222.0/27, Nr. 1: 142.25.222.32/27,
  Nr. 2: 142.25.222.64.0/27, ..., Nr. 6: 142.25.222.192/27,
  Nr. 7: 142.25.222.224/27.
  Ein Adressblock umfasst somit bis $2^{(32-27)} - 2 = 30$ adressierbare Rechner.

Aggregation von Routen bei der VLSM-Nutzung

VLSM erlaubt eine rekursive Aufteilung des Adressraums einer Organisation, sodass einige Routen zusammengefasst werden können, um die Menge der übertragenen Routing-Information beim Austausch von Routing-Tabellen zwischen den Routern reduzieren zu können. Zuerst wird das ganze Netzwerk in Teil-Netzwerke geteilt. Dann werden einige Teile weiter geteilt usw. Eine derartige Strukturierung der Netzwerke ermöglicht die Aggregation von Routen. Dies wird erreicht, indem die detaillier-

Vorteil der Aggregation von Routen (1)

te Routing-Information über ein Teilnetz vor den außen liegenden Routern anderer Teilnetze verborgen wird.

Abb. 3.5-6 zeigt, wie Routen bei der Netzwerk-Strukturierung aus Abb. 3.5-4 zusammengefasst werden können. Router *R3* kann durch die Angabe der Route mit dem Netzwerkziel 131.42.248.0/21 acht Subnetze so zusammenfassen, dass sie für die Router *R1* und *R2* nicht sichtbar sind. Ähnlich können die Route zum *R2* mit allen hinter ihm liegenden 15 Subnetzen und die Route zum *R3* mit 'seinen' sechs Subnetzen zu einer Route mit dem Netzwerkziel 131.42.128.0/17 zusammengefasst werden. Da die Netzwerkstrukturierung außerhalb der Organisation unbekannt ist, gibt Router *R1* nach außen (z.B. in das Internet) nur die Route mit dem Netzwerkziel 131.42.0.0/16 bekannt.

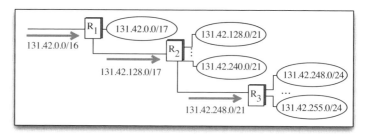

Abb. 3.5-6: Bedeutung der Aggregation von Routen
Netzwerk-Strukturierung wie in Abb. 3.5-4

Wie hier zum Ausdruck gebracht wurde, führt die VLSM-Nutzung zur Reduzierung der Größe von Routing-Tabellen.

Vorteil der Aggregation von Routen (2)

Abb. 3.5-7 zeigt, wie Routen bei der Netzwerk-Strukturierung aus Abb. 3.5-5 zusammengefasst werden können. Router R_3 fasst durch die Angabe der Route mit dem Netzwerkziel 142.25.222.0/24 acht Subnetze zusammen. Mit Router R_2 werden alle 'hinter ihm liegenden' 16 Subnetze und die Route 142.25.222.0/24 zur Route mit Netzwerkziel 142.25.208.0/20 zusammengefasst. Router R_1 fasst durch die Angabe Route 142.25.16.0/20 alle seine acht Subnetze zusammen. Router R_0 gibt nach außen nur die Route mit Netzwerkziel 142.25.0.0/16 bekannt.

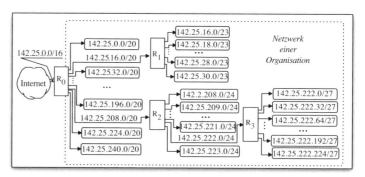

Abb. 3.5-7: Aggregation von Routen innerhalb einer Organisation
Netzwerk-Strukturierung wie in Abb. 3.5-5

3.5 Klassenlose IP-Adressierung (VLSM, CIDR)

Die dargestellten Beispiele haben gezeigt, dass der VLSM-Einsatz die Zusammenfassung (Aggregation) von Routen ermöglicht und zur Reduzierung der Routing-Tabellen in Routern führt.

Voraussetzungen für den effizienten VLSM-Einsatz
Beim VLSM-Einsatz in privaten Netzwerken und bei der Aggregation von Routen ist folgendes zu beachten:

- Beim Routing-Protokoll müssen die Netzpräfixe in den Routen-Ankündigungen übermittelt werden.
  Die Routing-Protokolle wie RIP-2 und OSPFv2 erlauben den VLSM-Einsatz, indem sie das Netzpräfix oder die entsprechende Netz- bzw. Subnetzwerk-Maske mit der Routen-Ankündigung übertragen. Damit kann jedes Teilnetzwerk mit seinem Netzpräfix (oder seiner Netzwerk-Maske) bekannt gemacht werden.
- Alle Router müssen einen Weiterleitungsalgorithmus implementieren, der auf der längsten möglichen Übereinstimmung basiert [Abschnitt 11.1.3].
  Der VLSM-Einsatz bedeutet, dass es einige Netzwerke geben kann, deren Präfixe sich nur auf den letzten 'Bit-Stellen' unterscheiden. Eine Route mit einem längeren Netzpräfix beschreibt ein kleineres Netzwerk (d.h. mit weniger Rechnern) als eine Route mit einem kürzeren Netzpräfix. Eine Route mit einem längeren Netzpräfix ist daher 'detaillierter' als eine Route mit einem kürzeren Netzpräfix. Wenn ein Router die IP-Pakete weiterleitet, muss er die 'detaillierteste Route' (d.h. die mit dem längsten Netzpräfix) benutzen.
- Adresszuweisungen müssen die Netzwerktopologie berücksichtigen.
  Um hierarchisches Routing zu unterstützen und die Größe von Routing-Tabellen klein zu halten, sollte man die IP-Adressen so zuweisen, dass dabei die Netzwerktopologie berücksichtigt wird. Hierbei sollte man nach Möglichkeit einen Bereich von mehreren Adressgruppen zusammenfassen und einer Region in der Topologie zuweisen, sodass nur eine Route zu diesem Bereich führt. Falls die IP-Adressen nicht unter Berücksichtigung der Netzwerktopologie zugewiesen werden, lässt sich die Zusammenfassung von Adressbereichen nicht erreichen und die Reduzierung der Größe von Routing-Tabellen ist nicht möglich.

3.5.3 CIDR-Einsatz

Das rasante Wachstum des Internet hat unter den IETF-Mitgliedern ernsthafte Bedenken ausgelöst, ob das Routing-Konzept im Internet in der herkömmlichen Form mit dessen Wachstum noch Schritt halten kann. Anfang der 90er Jahre waren bereits folgende Probleme abzusehen:

- Der Klasse-B-Adressraum wird bald belegt sein.
- Die Routing-Tabellen im Internet-Backbone können unkontrolliert wachsen.
- Der 32-Bit IPv4-Adressraum ist praktisch ausgeschöpft.

Um diese Probleme in den Griff zu bekommen, wurde das Konzept der Supernetze bzw. des *Classless Inter-Domain Routing* (CIDR) entwickelt. Das CIDR-Konzept wurde offiziell im September 1993 in den RFC 1517, 1518, 1519 und 1520 dargestellt. RFC 1519 wurde inzwischen durch RFC 4632 abgelöst.

Supernetze

Besonderheiten von CIDR

Die wichtigsten CIDR-Besonderheiten sind:

- *CIDR bedeutet klassenlose IP-Adressierung*
  CIDR eliminiert das traditionelle Konzept der Klasse-A-, -B- und -C-Netzwerkadressen und ersetzt es durch die Netzpräfixnotation [Abb. 3.5-2]. Die Router benutzen das Netzpräfix anstelle der ersten drei Bit einer IP-Adresse, um festzustellen, welcher Teil der Adresse die Netzwerknummer und welcher Teil die Rechnernummer ist. Damit kann der IPv4-Adressraum im Internet effizienter vergeben werden.

- *Effiziente Adresszuweisung mit CIDR*
  In einer klassenweisen Umgebung kann man nur /8-, /16- oder /24-Adressbereiche belegen. In einer CIDR-Umgebung hingegen können gerade die benötigten Adressbereiche belegt werden.

- *CIDR bedeutet VLSM-Einsatz im öffentlichen Internet*
  CIDR erlaubt die Vergabe von IP-Adressblöcken einer beliebigen Größe, anstatt der 8-, 16- oder 24-Bit-Netzwerknummern, die durch die Klassen vorgegeben werden. Beim CIDR-Einsatz wird mit jeder Route die Ziel-Subnetzmaske (oder die Länge des Präfixes) bei der Verteilung der Routing-Information durch die Router angegeben. Mit der Präfixlänge wird angezeigt, wie viele Bit der Netzwerkteil der Adresse umfasst. Eine Adresse, die beispielsweise 20 Bit Subnetz-ID und 12 Bit Host-ID hat, wird mit einer Präfixlänge von 20 (/20) bekannt gegeben. Vorteilhaft ist hierbei, das eine /20-IP-Adresse eine Adresse der Klasse A, B oder C sein kann. Die Router, die CIDR unterstützen, interpretieren nicht die ersten drei Bit der IP-Adresse, sondern benutzen ausschließlich das zusammen mit der Route empfangene Längenpräfix.

- *Aggregation von Routen mit CIDR*
  CIDR unterstützt die Aggregation von Routen, sodass mehrere Routen als ein einziger Eintrag in der Routing-Tabelle repräsentiert werden können. Damit kann durch einen einzigen Routing-Eintrag der Verkehr zu vielen verschiedenen Subnetzen angegeben werden [Abb.3.5-7]. Durch die Aggregation von Routen kann die Menge an Routen in großen IP-Netzen stark reduziert werden.

Beispiel für CIDR-Adresszuweisung

Angenommen, ein Internet Service Provider (ISP) hat den Adressblock 195.17/16 zugewiesen bekommen. In diesem Adressblock gibt es 65536 (2^{16}) IP-Adressen und aus diesem Adressblock soll der Teiladressblock 195.17.16.0/20 anderen Organisationen zugewiesen werden.

Abb. 3.5-8a illustriert die CIDR-Adresszuweisung, falls der Adressblock 195.17.16.0/20 für eine 'klassenweise Umgebung' zugewiesen wird. Dieser kleinere Block enthält 4096 (2^{32-20}) Adressen und soll weiter auf 16 Teilblöcke aufgeteilt werden. Für eine Umgebung mit der klassenweisen IP-Adressierung ist der ISP gezwungen, den Adressblock 195.17.16.0/20 auf 16 gleich große /24-Blöcke aufzuteilen.

Abb. 3.5-8b illustriert eine CIDR-Adresszuweisung, wenn der Adressblock 195.17.16/20 für eine 'klassenlose Umgebung' zugewiesen wird. In diesem Fall kann der ISP den Adressraum beliebig und bedarfsgerecht aufteilen. Er kann den Adressraum beispielsweise zunächst halbieren und die Hälfte (T_1) der Organisation A

3.5 Klassenlose IP-Adressierung (VLSM, CIDR)

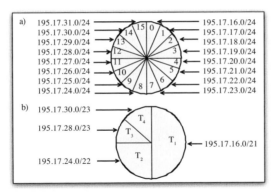

Abb. 3.5-8: Beispiel für eine Adresszuweisung nach CIDR: a) für klassenweise Umgebung, b) für klassenlose Umgebung

zuweisen. Den Rest kann er wieder halbieren und den Teil T_2 (d.h. ein Viertel des ursprünglichen Adressraums) der Organisation B zuweisen. Das restliche Viertel kann wiederum in zwei gleiche Teile T_3 und T_4 geteilt und den Organisationen C und D zugewiesen werden. Jede dieser Organisationen kann anschließend den ihr zugeteilten Adressbereich innerhalb ihres Netzwerks nach eigenem Bedarf verwenden.

Aggregation von Routen mit CIDR

Ein wichtiger Vorteil von CIDR besteht in der Möglichkeit, das unkontrollierte Wachstum von Routing-Tabellen im Internet-Backbone zu verhindern.

Um die Menge der übertragenen Routing-Information zu reduzieren, wird das gesamte Internet in Routing-Domains aufgeteilt. Eine Domain repräsentiert ein entsprechend strukturiertes Netzwerk, das von außen nur durch sein Netzpräfix identifiziert wird. Innerhalb einer Routing-Domain können die 'internen' Subnetze beliebig vernetzt werden. Die Routing-Information über die einzelnen 'internen' Subnetze aus der Domain werden nach außen unsichtbar gemacht. Zur gesamten Routing-Domain führt von außen nur eine aggregierte Route. Über eine aggregierte Route können viele Netzwerke innerhalb einer Routing-Domain erreicht werden. Dies bedeutet, dass ein Weg zu vielen Netzwerkadressen innerhalb der Routing-Domain mittels eines einzigen Eintrags in der Routing-Tabelle eines außerhalb liegenden Routers möglich ist.

Routing-Domains

Um die Bedeutung von CIDR zu veranschaulichen, betrachten wir zunächst für eine Internetanbindung bei Nutzung der klassenbasierten IP-Adressierung [Abb. 3.5-9].

> Es wird entsprechend Abb. 3.5-9 dem überregionalen ISP_C der IP-Adressblock von 195.0.0.0 bis 195.255.255.0 zugewiesen. ISP_C hat seinerseits zwei Blöcke seiner IP-Adressen an die regionalen Internet Service Provider ISP_A und ISP_B weitergegeben. ISP_A hat den Bereich von 195.31.0.0 bis 195.31.255.0 und ISP_B den Bereich von 195.32.0.0 bis 195.32.255.0 bekommen. Weiterhin haben ISP_A und ISP_B ihren Kunden einen Adressblock aus ihrem jeweiligen Adressbereich zugewiesen.

Internetanbindung bei Nutzung der klassenbasierter IP-Adressierung

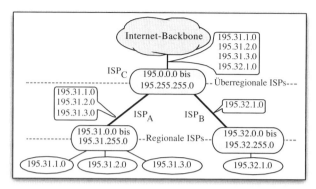

Abb. 3.5-9: Internetanbindung bei klassenbasierter IP-Adressierung
ISP: Internet Service Provider

Blatt-Netzwerke

Da die in Abb. 3.5-9 gezeigte Netzstruktur eine Baumstruktur darstellt, werden die Netzwerke von Kunden (als Internet-Nutzer) auch *Blatt-Netzwerke* genannt.

Im dargestellten Fall müssen die regionalen ISP_A und ISP_B alle Blatt-Netzwerke 'nach oben' anzeigen. Der überregionale ISPC muss sämtliche Blatt-Netzwerke aus seinem Bereich der Außenwelt bekannt machen. Jedes dieser Blatt-Netzwerke ist ein potenzielles Internet-Ziel. Daher müssen alle Blatt-Netzwerke in Routing-Tabellen von Routern enthalten sein. Dies führt zum unkontrollierten Wachstum von Routing-Tabellen im Internet-Backbone-Bereich. Die in Abb. 3.5-9 dargestellte Internetanbindung kann beim Einsatz der klassenlosen IP-Adressierung hinsichtlich des Routing 'sehr elegant' realisiert werden. Abb. 3.5-10 illustriert dies.

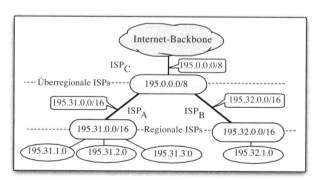

Abb. 3.5-10: Internetanbindung bei klassenloser IP-Adressierung und CIDR-Einsatz
ISP: Internet Service Provider

Beim Einsatz von CIDR können die Routen zu den Blatt-Netzwerken bei den regionalen Providern ISP_A und ISP_B zusammengefasst (aggregiert) werden, sodass jeweils nur eine Route nach oben gezeigt wird. Daher zeigt ISP_A nur die aggregierte Route mit dem Netzwerkziel 195.31.0.0/16 und ISP_B nur die Route mit dem Netzwerkziel 195.32.0.0/16 nach oben weiter. Ebenfalls muss der überregionale Provider nach oben nur eine aggregierte Route 195.0.0.0/8 anzeigen. Auf diese Weise lässt sich das Wachstum von Routing-Tabellen im Internet-Backbone verhindern.

Wie hier ersichtlich ist, führt die Aggregation von Routen zu einem echten Effizienzgewinn, falls sie möglichst nahe bei den Blatt-Netzwerken durchgeführt wird, weil die meisten Netzwerke bei den Internet-Nutzern installiert sind. Die Aggregation auf einer höheren Ebene führt natürlich zu einer geringeren Reduzierung von Routen.

Voraussetzungen für den effizienten CIDR-Einsatz

CIDR und VLSM sind im Grunde genommen die gleichen Konzepte. Mit ihrer Hilfe kann ein IP-Adressraum bedarfsgerecht in kleinere Teile aufgeteilt werden. VLSM unterscheidet sich von CIDR dadurch, dass die Aufteilung hier nur in dem einer Organisation zugeteilten Adressbereich erfolgt und damit für das öffentliche Internet nicht sichtbar ist. Beim CIDR dagegen kann die flexible Aufteilung eines Adressblocks von der Internet-Registrierung über einen großen ISP, von dort über einen mittleren und kleinen ISP bis zum Netzwerk einer privaten Organisation erfolgen. Der CIDR-Einsatz im öffentlichen Internet hat die gleichen Vorteile wie der VLSM-Einsatz innerhalb von privaten Netzwerk-Infrastrukturen [Abb. 3.5-6, Abb. 3.5-7 und Abb. 3.5-10].

CIDR = VLSM

Genau wie bei VLSM setzt die erfolgreiche Anwendung von CIDR folgendes voraus:

- Beim Routing-Protokoll müssen die Netzpräfixe zusammen mit den Routen-Ankündigungen übermittelt werden. Routing-Protokolle wie RIP-2 und OSPFv2 erlauben den CIDR-Einsatz, indem sie das Netzpräfix bzw. die entsprechende Netzmaske mit den Routen-Ankündigungen übertragen [Abschnitte 11.2.3 und 11.3].
- Alle Router müssen einen Weiterleitungsalgorithmus implementieren, der auf der längsten möglichen Übereinstimmung basiert [Abschnitt 11.1.3].
- CIDR-Adresszuweisungen müssen die Netzwerktopologie berücksichtigen.

Um hierarchisches Routing zu unterstützen und die Größe der Routing-Tabellen möglichst klein zu halten, sollte bei der Zuweisung der IP-Adressen die Internet-Topologie berücksichtigt werden. Ein Bereich von mehreren Adressgruppen soll so zusammengefasst und einer Region (Internet-Routing-Domain) in der Topologie zugewiesen werden, dass eine einzige Route zu diesem Bereich führt (Aggregation von Routen).

3.6 Protokolle ARP und RARP

In diesem Abschnitt werden die Protokolle ARP (*Address Resolution Protocol*) und RARP (*Reverse ARP*) kurz dargestellt. Sie können als Hilfsprotokolle bei der Adressierung von IP-Paketen angesehen werden und stehen als Vermittler zwischen der Schicht MAC (*Medium Access Control*) und der Netzwerkschicht. ARP hat die Aufgabe, für eine Zieladresse die korrespondierende MAC-Adresse zu ermitteln. RARP ermöglicht, für eine MAC-Adresse die entsprechende IP-Adresse zu bestimmen. RARP wird vorwiegend von Rechnern ohne Festplatte (z.B. Netzwerk-Computern) genutzt, die als Stationen am LAN dienen und ihre IP-Adresse nicht selbst speichern können. In Routern wird oft eine zusätzliche Lösung für ARP eingesetzt, die man als *Proxy-ARP* bezeichnet. Auf diese Lösung wird ebenfalls im Weiteren eingegangen.

Wozu ARP und RARP?

3.6.1 Protokoll ARP

Zwei Adressierungsstufen in IP-Netzen

Wie aus den Abb. 3.4-6 und Abb. 3.4-7 ersichtlich ist, sind in IP-Netzen zwei Adressierungsstufen zu unterscheiden. Einerseits müssen die Hardwarekomponenten (Endsysteme, Router) in jedem Netz eindeutig identifiziert werden. Hierfür verwendet man *'physikalische' Netzadressen*. In *Shared Medium LANs* (SM-LANs) werden die Netzadressen als *MAC-Adressen* bezeichnet [Abb. 1.4-10]. Da diese Adressen unstrukturiert sind und somit keine Lokationshinweise enthalten, werden sie auch als *Nummern von LAN-Adapterkarten* angesehen. Andererseits müssen die Daten in Form von IP-Paketen zwischen zwei Kommunikationspuffern in Endsystemen ausgetauscht werden. Diese Kommunikationspuffer finden sich im logischen LAN-Modell an der Grenze zwischen den Schichten 3 und 4 [Abb. 1.4-10 und Abb. 3.4-6].

Liegt ein IP-Paket in einem Endsystem am LAN zum Senden vor, so wird dieses Paket in einen MAC-Frame eingebettet. Im Header des MAC-Frames ist eine entsprechende MAC-Adresse des Zielsystems enthalten. Somit muss eine Tabelle mit den Zuordnungen

IP-Adresse $\Rightarrow$ *MAC-Adresse*

in LAN-Endsystemen vorhanden sein.

Das Protokoll ARP [RFC 836] ist ein Hilfsprotokoll zur Ermittlung einer physikalischen Interface-Adresse (MAC-Adresse) für Broadcast-orientierte Netzprotokolle wie z.B. IPv4 und Novell IPX, da es selbst Broadcast Data-Linkadressen nutzt. Für Multicast- und Peer-to-Peer Schicht-3 Netzwerkprokolle ist es nicht geeignet, was z.B. auf IPv6 zutrifft.

ARP-Cache

ARP legt eine dynamisch organisierte Adressermittlungs-Tabelle mit IP-Adressen und den zugehörigen MAC-Adressen an [Abb. 3.6-4]. Diese Tabelle wird auch *ARP-Cache* genannt. Abb. 3.6-1 veranschaulicht die Unterstützung der Adressierung mit ARP.

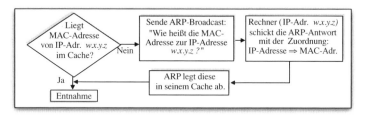

Abb. 3.6-1: Unterstützung der Adressierung durch des Protokolls ARP

Wenn das Protokoll IP die Anforderung erhält, ein Paket an eine IP-Adresse im gleichen Subnetz (!) zu senden [Abb. 3.4-6a], sucht es zuerst im ARP-Cache nach der korrespondierenden MAC-Adresse. Falls kein Eintrag vorhanden ist, wird mittels ARP versucht, die gesuchte MAC-Adresse zu finden.

ARP-Request/Reply

Hierfür wird ein `ARP-Request` als ein *MAC-Broadcast* verschickt. In dieser Nachricht werden die restlichen Endsysteme in demselben Subnetz gebeten, die gesuchte Adresszuordnung *IP-Adresse* $\Rightarrow$ *MAC-Adresse* zukommen zu lassen [Abb. 3.6-2]. Ein Endsystem schickt immer eine Antwort als `ARP-Reply` (*MAC-Unicast*) mit der ge-

3.6 Protokolle ARP und RARP

suchten Zuordnung zurück. Anschließend wird dieses Paar vom ARP in seinem Cache abgelegt.

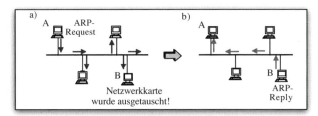

Abb. 3.6-2: Ermittlung einer MAC-Adresse nach dem Protokoll ARP: a) Broadcast-Nachricht `ARP-Request`, b) Antwort `ARP-Reply`

Die Ermittlung einer MAC-Adresse im Endsystem *A* nach ARP illustriert Abb. 3.6-2. Die Broadcast-Nachricht `ARP-Request` enthält die IP-Adresse der angeforderten MAC-Adresse und wird in allen Endsystemen im LAN gelesen. Sobald ein Endsystem die eigene IP-Adresse im `ARP-Request` erkennt (hier Endsystem *B*), antwortet es mit einem `ARP-Reply`. Die beim Endsystem *A* eingehende Antwort wird im ARP-Cache vermerkt und steht damit für spätere Übertragungen zu Verfügung. Falls innerhalb einiger Sekunden keine Antwort eingeht, wird die Anforderung wiederholt.

Damit nicht bei jeder Übertragung erneut Anforderungen `ARP-Request` gesendet werden müssen, kopiert auch das Endsystem *B*, das auf `ARP-Request` antwortet, die Zuordnung von IP-Adresse und MAC-Adresse des `ARP-Request`-Absenders (Endsystems *A*) in seinen eigenen ARP-Cache. Bei einer eventuellen Übertragung in Gegenrichtung (von *A* zu *B*) ist es daher nicht mehr nötig, eine ARP-Anforderung vom Endsystem *B* in umgekehrter Richtung zu senden, da die MAC-Adresse der IP-Adresse, der gerade geantwortet wurde, bereits dem Endsystem *B* bekannt ist.

Den Aufbau von Nachrichten `ARP-Request` und `ARP-Reply` zeigt Abb. 3.6-3. Hier ist hervorzuheben, dass diese Nachrichten direkt in MAC-Frames transportiert werden. Sie werden somit auf dem MAC-Level übermittelt. Folglich kann der `ARP-Request` von Routern nicht weitergeleitet werden, da Router auf dem IP-Level operieren und auf MAC-Broadcast-Nachrichten nicht reagieren. Diese Tatsache ist in einigen Situationen nachteilig. Daher ist eine *Proxy-ARP* Lösung notwendig [Abb. 3.6-5 und Abb. 3.6-6].

Warum Proxy-ARP?

Die ARP-Nachrichten haben folgende Felder:

Inhalt von ARP-Nachrichten

- `Hardware Typ`
  Dieses Feld gibt an, von welchem LAN-Typ (z.B. Ethernet) die Nachricht generiert wurde.
- `Protocol Typ`
  Dieses Feld gibt an, von welchem Netzwerkprotokoll die Operation angefordert wurde. Das Protokoll IPv4 hat den Wert `0x0800 (2048)`. ARP unterstützt auch andere Netzwerkprotokolle.
- `HA-L` (*Hardware Address Length*)
  Dieses Feld gibt die Länge der Hardwareadresse (d.h. MAC-Adresse) in Byte an. Normalerweise ist `HA-L = 6` bei einer Ethernet MAC-Adresse.

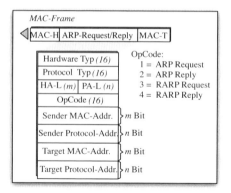

Abb. 3.6-3: Aufbau der Nachrichten ARP-Request und -Reply
MAC-H: Header, MAC-T: Trailer, Angaben in Klammern = Anzahl der Byte

- PA-L (*Protocol Address Length*)
  Dieses Feld gibt die Länge der Protokolladresse, d.h. der IP-Adresse, in Byte an. Bei der IPv4-Adresse ist PA-L = 4.
- Sender MAC Address
  Hier ist die MAC-Adresse des Absenders enthalten.
- Sender Protocol Address
  Dieses Feld enthält die IP-Adresse des Absenders.
- Target MAC Address
  Hier wird die gesuchte MAC-Adresse (in ARP-Reply) angegeben.
- Target Protocol Address
  Dieses Feld enthält die IP-Adresse, für die die MAC-Adresse ermittelt wird.

ARP-Caches

Den Aufbau des ARP-Cache zeigt Abb. 3.6-4. In manchen TCP/IP-Implementierungen wird für Einträge im ARP-Cache ein Zeitlimit (*Timeout*) gesetzt. Falls der Eintrag innerhalb dieses Zeitraums (oft 15 Minuten) nicht verwendet wird, wird er gelöscht. Einige Systeme arbeiten wiederum mit einem zeitgesteuerten Aktualisierungsprinzip. Alle 15 Minuten wird dann eine Anforderung ARP-Request gesendet, um sicherzustellen, dass die Cache-Einträge dem aktuellen Systemzustand entsprechen. Da MAC-Adressen normalerweise nur verändert werden, wenn eine Adapterkarte bzw. der ganze Rechner ausgetauscht wird, scheint dieses Prinzip ohne große Bedeutung zu sein.

a)

IP-Adr.	MAC-Adr.	Zeitlimit
A	x	5
B	y	permanent
...	...	
		15

b)

IP-Adr.	MAC-Adr.	Zeitlimit	Next-RD
A	x	5	aa
B	y	permanent	bb
...	...	...	...
		15	

Abb. 3.6-4: ARP-Cache in einem Endsystem: a) am Ethernet-LAN, b) am Token-Ring-LAN

3.6 Protokolle ARP und RARP

In den Token-Ring-LANs[2], falls mehrere LANs miteinander vernetzt werden, muss das *Source Routing* in Endsystemen unterstützt werden. Um das Source Routing unterstützen zu können, enthält der ARP-Cache in Endsystemen am Token-Ring eine zusätzliche Spalte mit der Angabe des nächsten Router-Abschnittes `Route-RD` (RD: *Route Designator*).

Route-Designator

Probleme mit ARP können vorkommen, falls in einem Netzwerk zwei Stationen die gleiche IP-Adresse besitzen. In einem solchen Fall kann keine exakte Zuordnung zwischen IP-Adresse und MAC-Adresse getroffen werden, d.h. die Daten werden nicht korrekt weitergeleitet oder es wird aufgrund einer nicht identifizierten Verbindung eine Fehlermeldung produziert. In einem gut organisierten Netzwerk ist mit diesem Problem nur ganz selten zu rechnen.

Adresskollisionen

3.6.2 Proxy-ARP

Proxy-ARP ist eine Lösung, die bei Routern eingesetzt wird, MAC-Frames mit lokal gültigen Adressen zu versehen, auch dann, wenn

Was ist Proxy-ARP?

- das Ziel-Netzwerk keine MAC-Adressen im eigentlichen Sinne benutzt (z.B. ISDN),
- diese ein anderes Format aufweisen (z.B. beim Übergang zwischen Ethernet und Token Ring), oder
- die MAC-Adresse des Zielsystems nicht bekannt ist.

Im Gegenzug kann von einem Proxy-ARP-Router die gleiche Netz-ID bzw. Subnetz-ID unterschiedlichen physikalischen Interfaces zugeordnet werden, um somit Mediumübergreifendes Subnetting zu erzielen. Zunächst wird der Einsatz von Proxy-ARP an zwei Beispielen illustriert, in denen sich eine (Sub)Netz-ID auf mehrere physikalische Netze bezieht.

Abb. 3.6-5 zeigt das Prinzip, nach dem ein *Shared Medium LAN* (hier beispielsweise Ethernet) so mit dem ISDN (als Beispiel eines verbindungsorientierten Netzes speziell im Hinblick für die Rechnerkommunikation und als Vorläufer der VoIP-Integration) integriert werden kann, dass diese beiden physikalisch unterschiedlichen Netze logisch als ein Subnetz gesehen werden können. Hier sind externe Rechner über das leitungsvermittelnde ISDN an ein Ethernet angebunden. Aus organisatorischen Gründen müssen diese externen Rechner transparent, also mit IP-Adressen des lokalen Subnetzes (d.h. Ethernet), eingebunden werden. Für die Übermittlung der IP-Pakete zwischen den externen Rechnern und dem Router wird das Protokoll PPP (*Point-to-Point Protocol*) verwendet. PPP wird in Abschnitt 11.2.2 dargestellt.

Shared Medium LAN und ISDN bilden ein Subnetz

Integration von LANs und WANs mittels Proxy-ARP

Im Ethernet werden die Endsysteme mit den MAC-Adressen als Hardware-Adressen identifiziert. Außerdem ist das Ethernet ein broadcastorientiertes Netz, während das ISDN ein leitungsvermittelndes Netz darstellt, welches Broadcast nicht unterstützt. Weil ARP ein *broadcastorientiertes Netz* voraussetzt [Abb. 3.6-2a], lässt sich ARP

Proxy-ARP und ISDN

---
[2]Das Token-Ring Protokoll `IEEE 802.5` spielt für die augenblickliche Praxis keine Rolle mehr; die vorgestellte Lösung ist aber didaktisch hilfreich – besonders im Hinblick auf die Lösungsansätze bei WLAN `IEEE 802.11` [Abschnitt 13.3].

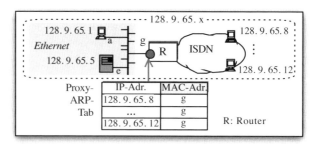

Abb. 3.6-5: Einsatz von Proxy-ARP für eine LAN-Erweiterung mit dem ISDN
b, e, g: MAC-Adressen

im ISDN nicht realisieren. Um Ethernet und ISDN so zu integrieren, dass sie ein Subnetz bilden, ist die *Proxy-ARP*-Funktion im Router nötig.

Proxy-ARP im Linksegment

Für Rechner im lokalen Linksegment (wie Ethernet in Abb. 3.6-5) bedeutet die Proxy-Funktion beim Übergang zum ISDN, dass die ISDN-Endsysteme unter einer MAC-Adresse *g*, (d.h. der des Ethernet-Ports des Routers) zu erreichen sind. Die Proxy-ARP-Funktion besteht in diesem Fall darin, dass am Ethernet-Port des Routers eine besondere ARP-Tabelle mit der MAC-Adresse *g* enthalten ist. In dieser Tabelle werden die IP-Adressen von ISDN-Endsystemen eingetragen und ihnen wird die MAC-Adresse *g* des Routers von der Ethernet-Seite zugeordnet. Mit einer solchen ARP-Tabelle wird den Ethernet-Endsystemen 'mitgeteilt', dass die ISDN-Endsysteme unter der MAC-Adresse *g* des Routers zu erreichen sind.

> Proxy-ARP dient im lokalen Linksegment als Vertretung von Endsystemen ohne MAC-Adressen bzw. mit abweichenden MAC-Adressformaten.

Liegt bei einem Ethernet-Endsystem ein IP-Paket, das an ein ISDN-Endsystem z.B. mit der IP-Adresse *y* gesendet werden soll, so prüft dieses Ethernet-Endsystem zunächst, ob das Ziel sich im gleichen Subnetz befindet [Abb. 3.4-5]. Da dies gerade der Fall ist, wird das IP-Paket in einem MAC-Frame direkt an das Ziel gesendet [Abb. 3.4-6]. Ist die Ziel-MAC-Adresse dem Quell-Endsystem unbekannt, so sendet es nach dem Protokoll ARP eine Broadcast-Nachricht `ARP-Request` an alle Systeme in seinem Subnetz. Diese Broadcast-Nachricht wird auch vom Router empfangen, der mit `ARP-Reply` antwortet, indem der IP-Adresse *y* des ISDN-Endsystems die MAC-Adresse *g* zugeordnet wird. Nach dem Empfang von `ARP-Reply` vermerkt das Quell-Endsystem in seinem ARP-Cache, dass der IP-Adresse *y* die MAC-Adresse *g* entspricht. Im nächsten Schritt wird dann der MAC-Frame direkt an den Router abgeschickt. Der Router leitet gemäß der Routing-Tabelle das empfangene IP-Paket an den ISDN-Port weiter. Für zusätzliche Informationen über die Funktionsweise von Routern sei auf Kapitel 11 verwiesen.

Transparentes Subnetting

Wie man an diesem Beispiel sieht, ist es durch Proxy-ARP-Funktion möglich, mehrere physikalische Netze über einen Router so zu koppeln, dass sie ein heterogenes Netz bzw. Subnetz bilden und damit nur eine (Sub)Netz-ID besitzen. Hierbei ist darauf hinzuweisen, das eine Proxy-ARP-Lösung eine Notlösung (!) für den Fall ist, dass

3.6 Protokolle ARP und RARP

man kein Subnetting realisieren kann. Falls Subnetting möglich ist, sollte man dem Ethernet eine Subnetz-ID und dem ISDN eine weitere Subnetz-ID zuweisen. Bei einer derartigen Lösung ist auch die Proxy-ARP-Funktion im Router nicht nötig.

Proxy-ARP als Mittler von heterogenen LANs zu einem IP-Subnetz
Im nächsten Beispiel wird gezeigt, wie unterschiedliche LANs zu vernetzen sind, damit sie ein Subnetz bilden. Die Bedeutung der Proxy-ARP-Funktion ist nun aus Abb. 3.6-6 ersichtlich. In diesem Fall stellen Ethernet und Token-Ring zwei getrennte Broadcast-Netze dar. An dieser Stelle ist hervorzuheben, dass ARP-Nachrichten die Nachrichten der MAC-Schicht sind [Abb. 3.6-3]. Daher können sie über den Router nicht weitergeleitet werden. Dies bedeutet, dass eine Broadcast-Nachricht aus dem Ethernet-Teil das Token-Ring nicht erreichen kann. Umgekehrt können die Broadcast-Nachrichten aus dem Token-Ring die Ethernet-Seite nicht erreichen.

Unterschiedliche Shared Medium LANs bilden ein Subnetz

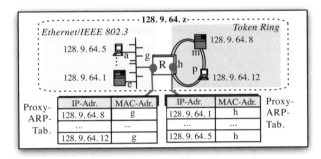

Abb. 3.6-6: Unterschiedliche LANs bilden ein Subnetz mittles Proxy-ARP
a, e, m, p: MAC-Adressen

Mit der *Proxy-ARP*-Funktion im Router kann der Effekt erreicht werden, dass die Endsysteme am Ethernet den Eindruck gewinnen, die Token-Ring-Endsysteme wären am Ethernet angeschlossen. Umgekehrt wird den Token-Ring-Endsystemen vorgemacht, dass sich ihre Kommunikationspartner am Token-Ring statt am Ethernet befinden. Eine solche 'Täuschung' ist mittels entsprechender ARP-Tabellen möglich. Eine Tabelle seitens des Ethernet signalisiert den Ethernet-Endsystemen, dass die Token-Ring-Endsysteme unter der MAC-Adresse g zu erreichen sind. Dabei handelt es sich um die MAC-Adresse des Ethernet-Ports im Router. Die zweite ARP-Tabelle seitens des Token-Ring-LANs signalisiert den Endsystemen am Token-Ring, dass die Ethernet-Endsysteme unter der MAC-Adresse h erreichbar sind.

Proxy-ARP

Abb. 3.6-7 illustriert die Übermittlung eines IP-Pakets von einem Quellrechner am Ethernet zu einem Zielrechner am Token-Ring. Liegt beim Ethernet-Endsystem mit der IP-Adresse `128.9.64.5` ein IP-Paket vor, das an ein Token-Ring-Endsystem mit der IP-Adresse `128.9.64.8` gesendet werden soll, so prüft dieses LAN-Endsystem zunächst, ob das Ziel sich im gleichen Subnetz befindet. Da dies gerade der Fall ist, muss das IP-Paket in einem MAC-Frame direkt an das Ziel gesendet werden. Ist die Ziel-MAC-Adresse dem Quell-Endsystem unbekannt, so sendet es eine Broadcast-Nachricht `ARP-Request` an alle Systeme in dessen Subnetz. Der Aufbau von `ARP-Request` wurde bereits in Abb. 3.6-3 gezeigt. Diese Nachricht wird auch vom Router mit `ARP-Reply` beantwortet. In `ARP-Reply` wird die MAC-Adresse g (d.h. des Ethernet-Ports im Router) der IP-Adresse `128.9.64.8` des Token-Ring-Endsystems zugeordnet. Nach dem

Empfang von `ARP-Reply` trägt das Quell-Endsystem am LAN in dessen *ARP-Cache* ein, dass der IP-Adresse 128.9.64.8 die MAC-Adresse g entspricht. Somit wird der MAC-Frame im nächsten Schritt an den Router abgeschickt und er leitet das IP-Paket ins Token-Ring-LAN weiter.

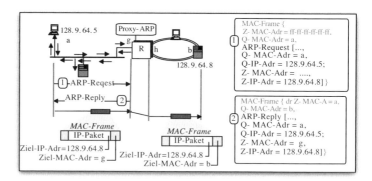

Abb. 3.6-7: Verlauf der Proxy-ARP-Funktion bei der Übermittlung eines IP-Pakets
Q: Quelle; Z: Ziel; a, b, g, h: MAC-Adressen

Backend-Anschluss ans Frontend

In einigen Fällen kann es sinnvoll sein, Endsysteme, die an verschiedenen LAN-Typen (z.B. Ethernet und Token-Ring bzw. Ethernet und FDDI) angeschlossen sind, als ein IP-(Sub-)Netz zu definieren. In diesem Fall stellt die Proxy-ARP-Funktionalität ein geeignetes Instrument zur Kopplung dieser Frontend-Netze an das Hochgeschwindigkeits-Backend-Netz zur Verfügung, wo z.B. ein Host an seinem FDDI-Interface zwei getrennte IP-Adressen in den IP-Netzen A und B zugewiesen bekommt. Über diese IP-Adressen ist er dann sowohl für Stationen am Ethernet über das IP-Netz A wie auch für Rechner am Token-Ring am IP-Netz B transparent erreichbar. Die Router mit Proxy-ARP-Funktionalität gewährleisten hierbei nicht nur die Umsetzung der MAC-Adressen, sondern auch die notwendige Fragmentierung der IP-Pakete entsprechend der maximalen MTU für das jeweilige LAN.

3.6.3 Protokoll RARP

Wozu RARP?

Das Protokoll RARP (*Reverse Address Resolution Protocol*) ist für Stationen gedacht, die ihre IP-Adresse nicht selbst speichern können (z.B. Remote-Boot-Stationen ohne Festplatte). RARP ist das Gegenstück zu ARP, d.h. RARP bietet Funktionen, die es ermöglichen, bei einer bekannten MAC-Adresse die zugehörige IP-Adresse zu finden (RFC 903). Bei RARP ist es notwendig, einen speziellen Server festzulegen, in dem eine RARP-Tabelle enthalten ist. Der Server sucht in dieser Tabelle nach der IP-Adresse, die der angeforderten MAC-Adresse zugeordnet ist und gibt diese als `RARP-Reply` bekannt.

RARP-Server

Das RARP-Prinzip setzt voraus, dass mindestens ein Rechner als *RARP-Server* fungiert und dass dieser Server über eine Tabelle verfügt, in der allen MAC-Adressen eine eindeutige IP-Adresse zugeordnet ist. Die Funktionsweise von RARP illustriert Abb. 3.6-8.

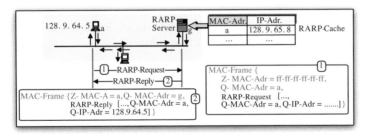

Abb. 3.6-8: Veranschaulichung der Funktionsweise von RARP
  a, g: MAC-Adressen

Wie aus der Abb. 3.6-3 ersichtlich, ist der Aufbau von RARP-Nachrichten mit dem von ARP-Nachrichten identisch. Bei RARP werden im Feld *Operation* die Werte 3 für RARP-Request und 4 für RARP-Reply verwendet. Wenn ein RARP-Request gesendet wird, kennt das aussendende Endsystem nur die eigene MAC-Adresse und kann daher auch nur diese Adresse im MAC-Frame angeben. Im RARP-Reply vom Server wird die gesuchte IP-Adresse eingetragen. Zudem werden im RARP-Reply auch die IP- und die MAC-Adresse des RARP-Servers mitgeteilt werden, was allerdings nicht erforderlich ist.

3.7 Protokoll ICMP

In jedem Netz treten von Zeit zu Zeit Fehler auf, die an die Verursacher oder davon Betroffene gemeldet werden müssen. Diese Aufgabe wird in Netzen mit der Protokollfamilie TCP/IP vom Protokoll ICMP (*Internet Control Message Protocol*) übernommen. Hierfür stellt das ICMP eine Vielzahl von *ICMP-Nachrichten* zur Verfügung. ICMP wurde bereits im Jahr 1981 im RFC 792 spezifiziert, in den RFC 950, 1256 und 4884 wurde dann der Funktionsumfang erweitert.

An dieser Stelle ist hervorzuheben, dass hier ICMP für das Protokoll IP der Version 4, kurz *ICMP für IPv4*, vorgestellt wird. ICMP für IP der Version 6 wird in Abschnitt 8.1 dargestellt. Hervorzuheben ist hier auch, dass einige Nachrichten von ICMP beim Protokoll MIP (*Mobile IP*) verwendet werden [Abschnitt 16.3].

Zu den wichtigsten Aufgaben des Protokolls ICMP gehören u.a.:   ICMP-Aufgaben

- Unterstützung der Diagnose:
  - ▷ Üblicherweise wird in Netzwerken zum Feststellen der Erreichbarkeit des Kommunikationspartners das Programm *ping* verwendet. Dieses Hilfsprogramm sendet die ICMP-Nachricht Echo Request an eine IP-Adresse und wartet auf die ICMP-Nachricht Echo Reply als Antwort. Das Programm ping meldet die Anzahl der empfangenen Antworten und die Zeitspanne zwischen Senden der Anfrage und Eingang der Antwort.   ping

traceroute
- ▷ Das Programm *tracert* (bzw. *traceroute*) als weiteres Analysewerkzeug wird zum Verfolgen von Routen eingesetzt. Es sendet `Echo Request` an eine IP-Adresse und analysiert die eingehenden Fehlermeldungen.
- Unterstützung der Aufzeichnung von Zeitmarken (*Timestamp*) sowie Ausgabe von Fehlermeldungen bei abgelaufenen Timestamps von IP-Paketen.
- Verwaltung von Routing-Tabellen.
- Unterstützung der Flusskontrolle [Abschnitt 1.2.2], um eine Überlastung des Routers bzw. des Zielrechners zu vermeiden (`ICMP Source Quench`).
- Mitwirken bei der Feststellung der maximalen Länge von IP-Paketen, d.h. der MTU (*Maximum Transfer Unit*).

ICMP ist der Schicht 3 zugehörig, aber die Daten dieses Protokolls werden in IP-Paketen transportiert [Abb. 3.7-1]. Somit werden die ICMP-Nachrichten wie Daten eines Transportprotokolls in IP-Paketen transportiert, obwohl ICMP kein Transportprotokoll ist, sondern ein Hilfsprotokoll auf Schicht 3. Dem ICMP wurde die Protokollnummer 1 im IP-Header zugeordnet [Tab. 3.1-1].

3.7.1 ICMP-Nachrichten

Den Aufbau von ICMP-Nachrichten zeigt Abb. 3.7-1. Da ICMP unterschiedliche Informationen zu transportieren hat, enthalten die ICMP-Nachrichten einen Header, der in allen Nachrichten gleich ist. Die Bedeutung von ICMP-Angaben, die direkt nach dem Header folgen, ist von einzelnen Fehlern bzw. Diagnosesituationen abhängig. Für die Struktur des Teils `ICMP Data` bei den einzelnen ICMP-Nachrichtentypen ist auf die Dokumente RFC 792 und RFC 1256 zu verweisen.

ICMP-Header
Die einzelnen Angaben im ICMP-Header sind:
- `Type`
  Diese Angabe dient als Unterscheidung der Bedeutung einzelner ICMP-Nachrichten.
- `Code`
  Eine weitere Unterteilung der Bedeutung der Nachricht innerhalb eines Typs. Beispielsweise wird dem Absender eines IP-Pakets in der Nachricht `Destination Unreachable` mitgeteilt, warum es nicht übermittelt werden konnte, z.B.
  0 = Netz nicht erreichbar,
  1 = Rechner nicht erreichbar,
  2 = Protokoll bzw. Dienst nicht erreichbar,
  3 = Port nicht erreichbar,
  4 = Fragmentierung erforderlich und `DF`-Bit gesetzt.
- `Checksum` (Prüfsumme)
  Dieses Feld enthält eine Prüfsumme, die nur die ICMP-Daten auf Fehler überprüft.

Fehlermeldungen
Falls eine Fehlermeldung bei einem Rechner in einer ICMP-Nachricht ankommt, so stellt sich die Frage, auf welches IP-Paket und auf welches Protokoll sich die Fehlermeldung bezieht. Abhängig vom Typ (und manchmal auch Code) werden in den ICMP-Nachrichten noch weitere Informationen als ICMP-Daten (Fehler-, Diagnose-Angaben etc.) direkt nach dem Header übermittelt. Die Bedeutung von ICMP-Daten ist von

3.7 Protokoll ICMP

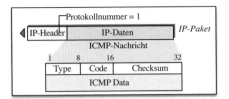

Abb. 3.7-1: Aufbau von ICMP-Nachrichten

einzelnen Fehler- bzw. Diagnose-Situationen abhängig. Die ICMP-Fehlermeldungen beinhalten neben der Fehlermeldung auch immer den IP-Header und die ersten 64 Bit des diese fehlerhafte Situation verursachenden IP-Pakets.

Empfängt ein Rechner z.B. eine ICMP-Nachricht mit Type = 3 und Code = 1 (d.h. Nachricht Destination Unreachable), so kann er nach der Angabe Type und Code genau bestimmen, was die Ursache des Fehlers ist. In diesem Fall wird dem Absender eines IP-Pakets mitgeteilt, dass der Zielrechner nicht erreichbar ist. Der Header dieses IP-Pakets und dessen weitere 64 Bit sind in der Nachricht Destination Unreachable als ICMP Data enthalten.

Für die Struktur des Teils ICMP Data bei den einzelnen ICMP-Nachrichtentypen ist auf die Dokumente RFC 792 und RFC 1256 zu verweisen.

Tab. 3.7-1 zeigt eine Auswahl von ICMP-Nachrichten [http://www.iana.org/assignments/icmp-parameters].

ICMP-Nachrichtentypen

Type	Bedeutung der ICMP-Nachricht
0	Echo Reply (Echo-Antwort)
3	Destination Unreachable
4	Source Quench (Senderate reduzieren)
5	Redirect (Route ändern)
8	Echo Request (Echo-Anforderung)
9	Router Advertisement (Router-Bekanntmachung)
10	Router Solicitation (Suche nach einem Router)
11	Time Exceeded (Lebenszeit des IP-Pakets ist überschritten)
12	Parameter Problem (Parameterfehler im IP-Paket)
13	Time Stamp Request (Uhrzeitangabe-Anforderung)
14	Time Stamp Reply (Uhrzeitangabe-Antwort)
15	Information Request (Anforderung der Information)
16	Information Reply (Antwort auf Informationsanforderung)
17	Address Mask Request (Abfrage der Subnetzmaske)
18	Address Mask Response (Antwort auf Abfrage der Subnetzmaske)

Tab. 3.7-1: Typen von ICMP-Nachrichten (Auswahl)

3.7.2 ICMP-Fehlermeldungen

Der häufigste Einsatz von ICMP liegt in der Meldung verschiedener Arten von fehlerbehafteten Situationen. Ein Rechner oder ein Router gibt eine ICMP-Fehlermeldung zurück, wenn er feststellt, dass ein Fehler oder eine außergewöhnliche Situation während der Weiterleitung bzw. der Übergabe an ein Transportprotokoll (TCP oder UDP) eines IP-Pakets aufgetreten ist. Folgende außergewöhnliche Situationen verursachen eine ICMP-Fehlermeldung:

Destination Unreachable
- *Ziel nicht erreichbar*: Ein IP-Paket kann nicht an den Zielrechner übergeben werden. In diesem Fall wird die ICMP-Nachricht `Destination Unreachable` an den Quellrechner gesendet, um darauf hinzuweisen, dass der Empfänger nicht erreichbar ist. Die Ursachen hierfür sind unterschiedlich. Eventuell existiert der Zielrechner nicht mehr oder es ist kein passendes Protokoll im Zielrechner geladen.

Time Exceeded
- *Zeit überschritten*: Befindet sich ein IP-Paket so lange im Netz, dass die `Time To Live` im IP-Header abgelaufen ist, so wird die Nachricht `Time Exceeded` vom Router, in dem das betreffende IP-Paket 'vernichtet' wurde, an den Quellrechner zurückgeschickt.

Parameter Problem
- *Ungültige Parameter*: Ein oder mehrere Parameter im Header des IP-Pakets enthalten ungültige Angaben bzw. unbekannte Parameter. In diesem Fall wird die Nachricht `Parameter Problem` verschickt.

Source Quench
- *Senderate reduzieren*: Ist ein Rechner nicht in der Lage, die zu schnell ankommenden IP-Pakete rechtzeitig zu verarbeiten, wird die Nachricht `Source Quench` an die Quelle gesendet, damit diese die Sendung von IP-Paketen für einen gewissen Zeitraum unterbricht.
Entsprechend RFC 6633 gilt diese Option als *'deprecated'*: ICMP Nachrichten dieses Typs werden in der Regel von der Firewall verworfen und finden auch beim vorgesehenen Zielrechner keine Beachtung mehr.

Redirect
- *Umleitung im Netzwerk*: Bemerkt ein Router, dass es für ein IP-Paket eine bessere Route gibt als über ihn, so kann er dem Quellrechner eine Empfehlung mit der Nachricht `Redirect` geben, weitere IP-Pakete zum gleichen Zielrechner über einen anderen Router zu verschicken. Die IP-Adresse dieses Routers wird im Feld `ICMP-Data` übermittelt [Abb. 3.7-1].

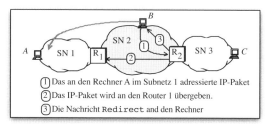

① Das an den Rechner A im Subnetz 1 adressierte IP-Paket
② Das IP-Paket wird an den Router 1 übergeben.
③ Die Nachricht `Redirect` and den Rechner

Abb. 3.7-2: Beispiel für eine Umleitung im Netzwerk
R: Router, SN: Subnetz

ICMP-Fehlermeldungen
Abb. 3.7-2 zeigt ein einfaches Netzwerk, das aus drei Subnetzen besteht. Es ist offensichtlich, dass die kürzeste Route von Rechner B zu Rechner A über den Router R_1 führt. Die kürzeste Route von Rechner B zu Rechner C verläuft über Router R_2. Nehmen wir an, dass Rechner B in seiner Router-Liste nur einen Eintrag für den Standard-Router hat (d.h. Router R_2). Dann verfügt er über keinen Router zum Subnetz 1 und er sendet daher das an Rechner A adressierte IP-Paket an Router R_2, um es in das Subnetz 1 zu Rechner A weiterzuleiten. R_2 stellt aufgrund seiner Routing-Tabelle fest, dass er dieses

Paket an Router R_1 weiterleiten soll. Er gibt das Paket an R_1 weiter und sendet danach eine Nachricht Redirect an Rechner B. Diese Nachricht enthält die IP-Adresse von Router R_1. Dadurch teilt der Router R_2 dem Rechner B mit, dass er alle Pakete, die in das Subnetz 1 gelangen müssen, besser direkt an R_1 übergeben soll. Die darauffolgenden IP-Pakete zu Rechner A im Subnetz 1 übergibt Rechner B direkt an R_1.

3.7.3 ICMP-Anfragen

Zusätzlich zu den ICMP-Meldungen, die in den fehlerhaften Situationen generiert werden, gibt es eine Reihe weiterer ICMP-Nachrichten, die für die Anfrage von Informationen und zur Antwort auf eine ICMP-Anfrage verwendet werden können. Hierzu gehören folgende ICMP-Nachrichten:

- Echo Request/Reply (*Echo-Funktion*)
  Die häufigsten Anfragemeldungen sind die ICMP-Nachrichten für die Implementierung des Programms ping zum Versenden von Diagnose-Nachrichten. Die Nachrichten Echo Request/Reply werden für die Implementierung der Funktion '*Bist Du noch da?*' verwendet. Hierbei sendet das *ping*-Programm ein Echo Request zu einem bestimmten Ziel (Rechner bzw. Router). Das Ziel muss auf Echo Request mit einem Echo Reply antworten. Echo Request ist die einzige ICMP-Nachricht, auf die jeder IP-fähige Rechner antworten muss

- Timestamp Request/Reply (*Zeitmarkenanfrage*)
  Ein Rechner gibt eine Zeitmarkenanfrage mit Timestamp Request ab, um von einem anderen Rechner eine Zeitmarke zu erhalten, die das aktuelle Datum und die Uhrzeit angibt. Ein Rechner, der eine Zeitmarkenanfrage in Timestamp Request empfängt, antwortet mit Timestamp Reply.

Wie Abb. 3.7-3 zeigt, verwendet man Timestamp Request und Timestamp Reply, um die Laufzeit eines IP-Pakets über das Netz zu ermitteln.

Bestimmung der Laufzeit

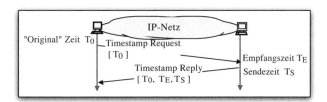

Abb. 3.7-3: Bestimmung der Laufzeit eines IP-Pakets

- Information Request/Reply (*Informationsanfrage*)
  Diese Nachrichten sollen es einem Rechner ermöglichen, seine IP-Adresse (z.B. von einem Adress-Server) abzufragen. Da die dynamische Vergabe von IP-Adressen heutzutage mit DHCP (*Dynamic Host Configuration Protocol*) gemacht wird, hat diese ICMP-Funktion an Bedeutung verloren.

- Address Mask Request/Response (*Abfrage der Subnetzmaske*)
  Diese Nachrichten ermöglichen es einem Rechner, die zu verwendende Subnetzmaske abzufragen [RFC 950]. In einem Subnetz, in dem diese Funktion unterstützt wird, ist/sind ein oder mehrere Rechner als Subnetzmasken-Server gekennzeichnet. Ein Rechner, der seine

Subnetzmaske zu ermitteln versucht, sendet eine Abfrage in `Address Mask Request`, auf die ein Subnetzmasken-Server mit der Nachricht `Address Mask Response` antwortet, in der die zu verwendende Subnetzmaske enthalten ist.

Entdeckung eines Routers

Jedem Rechner in einem Subnetz muss die IP-Adresse eines Routers als 'Grenzübergang' zu anderen Subnetzen bekannt sein. Diese Adresse wird üblicherweise bei der IP-Konfiguration eines Rechners als *Default Gateway* angegeben. ICMP stellt zwei Nachrichten zur Verfügung, die es ermöglichen, einen Router zu entdecken. Die Entdeckung des Routers illustriert Abb. 3.7-4.

Diese Nachrichten, die die Entdeckung von Routern in einem Subnetz ermöglichen, sind [RFC 1256]:

- `Router Solicitation` (*Suche nach einem Router*),
- `Router Advertisement` (*Router-Bekanntmachung*).

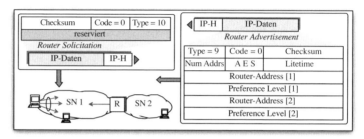

Abb. 3.7-4: Prinzip der Entdeckung eines Routers bei ICMP
IP-H: IP-Header, R: Router, SN: Subnetz

Ein Rechner kann während seiner Konfigurationsphase eine Nachricht `Router Solicitation` an alle Systeme (Rechner, Router) in demselben Subnetz verschicken. Diese Nachricht bedeutet *'Ich suche einen Router'* und enthält im IP-Header eine IP-Multicast-Adresse 244.0.0.1 bzw. eine Broadcast-Adresse 255.255.255.255. Der Router antwortet mit der Nachricht *Router Advertisement*, in der er seine IP-Adresse über dieses physikalische Port bekannt macht, auf dem `Router Solicitation` empfangen wurde.

Einem physikalischen Port im Router können mehrere IP-Adressen zugeordnet werden, sodass in der Nachricht `Router Advertisement` alle IP-Adressen des entsprechenden Router-Ports enthalten sein können. Diese Eigenschaft spielt eine große Rolle bei sog. Layer-3 Switches, die als Router zwischen den als IP-Subnetzen definierten VLANs fungieren (siehe Abschnitte 14.2.3 und 14.3 sowie 14.4).

3.7.4 Pfad-MTU Ermittlung

Eine wichtige Funktion von ICMP ist die Unterstützung der Feststellung der *Maximum Transfer Unit* (MTU) [Abschnitt 3.2.2] für ein entferntes, über Router zu erreichendes IP-Netz. Dieses Verfahren wird als `Path MTU (PMTU) Discovery` bezeichnet und ist laut RFC 1191 in Routern zu unterstützen. Wie Abb. 3.7-5 zeigt, ist hierfür die Nachricht `PMTU Discovery` notwendig.

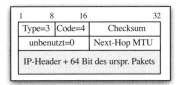

Abb. 3.7-5: Aufbau der ICMP-Nachricht PMTU Discovery

Die PMTU wird im Zusammenspiel zwischen IP-Sender und den in der Übertragungsstrecke liegenden Routern entsprechend folgendem Ablauf festgestellt: PMTU

1. Die IP-Instanz des Senders generiert zunächst IP-Pakete mit gesetztem *Don't Fragment*-Bit (DF = 1) und der maximalen MTU des lokalen Netzes. Diese MTU entspricht in der Regel auch der des in diesem Netz liegenden IP-Interface des *Default Gateway* und somit des ersten Hop.
2. Überschreitet ein erzeugtes IP-Paket die MTU eines Transfernetzes, sodass der zugehörige Router es eigentlich fragmentieren müsste, wird es von diesem verworfen und der Sender erhält die ICMP-Nachricht Destination Unreachable mit dem Statuscode *Fragmentation needed* und dem Bit DF gesetzt. Ferner fügt der Router gemäß Abb. 3.7-5 die maximal mögliche IP-Paketgröße (in Byte) in die ICMP-Nachricht ein.
3. Der Sender ist somit aufgefordert, seine ursprüngliche MTU auf die nun bekannte Obergrenze zu reduzieren und die Pakete erneut zu übertragen.
4. Dieses Verfahren kann periodisch wiederholt werden, um z.B. wechselnden Routen zu entsprechen.

3.8 IP-Multicasting

In diesem Kapitel wurde bislang von der Nutzung von Unicast-IP-Adresssen entsprechend der Klassen A, B und C gesprochen. Die Adressklasse D hingegen beinhaltet *Multicast-IP-Adressen (MC-IP-Adressen)* aus dem Adressbereich 224.0.0.0 bis 239.255.255.255, was einem Umfang von ca. 250 Millionen potenzieller Adressen entspricht. Mit einer MC-IP-Adresse wird eine Gruppen von Rechnern in einem IP-Netz adressiert. MC-IP-Adresse

Aufgabe von *IP-Multicasting* ist es, eine Information wie einen Video- oder Audio-Datenstrom – z.B. über das Protokoll RTP (*Real-time Transport Protocol*) – nicht einfach an n Teilnehmer von der Quelle aus zu replizieren, sondern über eine bestehende Multicast-Infrastruktur gezielt an *Multicast-Router* (*MC-Router*) in einzelnen IP-Subnetzen zu verteilen. Die MC-Router leiten diese dann an die Empfänger in entsprechenden Multicast-Gruppen in ihren lokalen IP-Subnetzen weiter. Eine derartige Verteilung der Information entlastet das Transportnetz (z.B. Internet), erfordert aber sowohl in den Routern als auch in den Endgeräten zusätzliche Intelligenz. Aufgabe von IP-Multicasting

Multicast-Anforderungen

Mit dem IP-Multicasting sind daher folgende Probleme verbunden:

- Abbildung von MC-IP-Adressen auf MC-MAC-Adressen [Abb. 3.8-1].
- *Management von Multicast-Gruppen*: Der Empfänger eines Multicast-IP-Pakets muss einer entsprechenden Multicast-Gruppe (MC-Gruppe) angehören und kann diese zu jeder Zeit beitreten oder verlassen. Das Management von MC-Gruppen wird vom IGMP (*Internet Group Management Protocol*) realisiert.
- *Multicast-Routing*: Die Rechner als Mitglieder einer MC-Gruppe können auf mehrere IP-Subnetze verteilt werden. Daher müssen mehrere MC-Router miteinander kooperieren, um das IP-Multicasting über mehrere IP-Subnetze hinweg zu ermöglichen. Abschnitt 11.6 geht darauf näher ein.

MBone

Eine Implementierung der Multicast-Infrastruktur stellt das *Multicast Backbone* (*MBone*) dar, das 1992 ins Leben gerufen wurde Das MBone bildet ein logisches Netz im Internet, dessen Router Multicast-Routing unterstützen. Für Näheres über das MBone ist auf [FFZ01] zu verweisen.

3.8.1 Multicast-Adressen

Dedizierte MC-IP-Adressen

Im reservierten Klasse-D-IP-Adressraum für Multicast-Zwecke [Abb. 3.3-1] werden – ähnlich dem generellen IP-Adressraum – *dedizierte MC-IP-Adressen* festgelegt, z.B. für folgende Zwecke:

- *lokales Multicasting*: 224.0.0.0 bis 224.0.0.255; diese MC-IP-Adressen werden nicht geroutet (d.h. sie sind auf ein IP-Subnetz beschränkt)
- *Source-specific Multicasting* (SSM): 232.0.0.0 bis 232.0.0.255; mittels dieser MC-IP-Adressen kann eine MC-Quelle an mehrere MC-Gruppen verschiedene Daten übermitteln.
- *All-Host-Group* (alle Hosts in diesem IP-Subnetz): 224.0.0.1
- *All-Router-Group* (alle Router in diesem IP-Subnetz): 224.0.0.2
- alle protokollspezifischen Router in diesem IP-Subnetz [Tab. 3.8-1].

Router MC-IP-Adressen		Applikationsspezifische MC-IP-Adressen	
All OSPF Routers	224.0.0.5	*Network Time Protocol* (NTP)	224.0.1.1
All OSPF Designated Routers	224.0.0.6	*Rhwo Daemon* (RhwoD)	224.0.1.3
All RIP2 Routers	224.0.0.9	IETF-1-LOW-AUDIO	224.0.1.10
All PIM Routers	224.0.0.13	IETF-1-VIDEO	224.0.1.12
		IETF-2-LOW-AUDIO	224.0.1.13
		IETF-2-AUDIO	224.0.1.14
		IETF-2-VIDE0	224.0.1.15

Tab. 3.8-1: Auswahl einiger Multicast-Adressen

Mehrere MC-IP-Adressen pro Interface

Alle anderen MC-Adressen werden temporär eingesetzt. Kennzeichnend für das IP-Multicasting ist, das einem Interface zusätzlich zu seiner Unicast-IP-Adresse mehrere MC-IP-Adressen zugeordnet werden können. Eine spezifische MC-IP-Adresse steht hierbei für eine Anzahl von Endsystemen, die der gleichen MC-Gruppe angehören. Außerdem gehören alle diese Systeme zur *All-Host-Group*. Für die Endsysteme wiederum ist es leicht, ihren lokalen MC-Router zu ermitteln: Hierzu reicht eine entsprechende IGMP-Nachricht mit der MC-IP-Adresse 224.0.0.2.

Eine vollständige Auflistung von dedizierten MC-IP-Adressen findet man unter http://www.iana.org/assignments/multicast-addresses

Beim Versenden von Multicast in einem physikalischen Netzwerk (z.B. im Ethernet) ist eine entsprechende Multicast-MAC-Adresse (*MC-MAC-Adresse*) nötig. Sie wird aus der entsprechenden MC-IP-Adresse abgeleitet [Abb. 3.8-1].

Generieren einer MC-MAC-Adresse

Die 48 Bit MAC-Adresse wird unter Verwendung des G/L-Bit (*Group/Local*) als Multicast-Adresse gekennzeichnet. Der erste Teil der Adresse stellt den *Organizationally Unique Identifier* (OUI) dar. Dies gilt auch für das Bit 25 (in der hier gezeigten kanonischen Darstellung der MAC-Adresse), das den IP-Multicast-Typ festlegt. Es ist beachtenswert, dass durch diese Einschränkung lediglich 23 Bit zur Abbildung der IP-Adresse auf die MAC-Adresse verfügbar sind. Die höchstwertigen 5 Bit der IP-Adresse werden hierbei verworfen, sodass Adressüberschneidungen prinzipiell auftreten können.

G/L-Bit und OUI

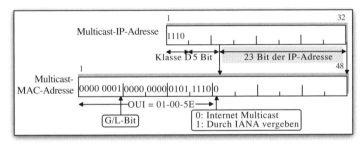

Abb. 3.8-1: Abbildung einer Multicast-IP-Adresse auf eine Multicast-MAC-Adresse

Beim IP-Multicasting wird die Angabe TTL (Time To Live) im IP-Header dazu benutzt, die Reichweite von Multicast einzuschränken. Befindet sich die ganze MC-Gruppe in einem lokalen IP-Subnetz, wird der TTL-Wert auf 1 gesetzt. Sind die Mitglieder einer MC-Gruppe auf mehrere IP-Subnetze verteilt, muss der TTL-Wert einen höheren Wert haben (Defaultwerte: 15, 63 oder 127). Die MC-Router entscheiden aufgrund von TTL, ob ein MC-IP-Paket weiterzuleiten ist oder nicht. Üblicherweise wird bei jedem Hop TTL um 1 herabgesetzt. Im Gegensatz zum Standard-IP erhält der Multicast-Absender jedoch beim Erreichen des Wertes 0 für TTL keine ICMP-Benachrichtigung (Destination Unreachable), sondern das MC-IP-Paket wird einfach verworfen.

Bedeutung von TTL beim IP-Multicasting

3.8.2 Internet Group Management Protocol

Wie bereits in Abb. 1.5-1 gezeigt wurde, ist das IGMP (*Internet Group Management Protocol*) ebenso wie das ICMP auf der Schicht 3 angesiedelt und unterstützt das IPv4 sowie Multicast-Routing-Protokolle. IGMP liegt bereits in der Version 3 vor (IGMPv2 in RFC 2236, IGMPv3 in den RFC 3376 sowie 4604). IGMP ist auf allen Rechnern und Routern zu implementieren, die Multicasting unterstützen [RFC 1112].

Versionen von IGMP

3 Internet-Netzwerkprotokolle IPv4, ARP, ICMP und IGMP

MLD bei IPv6

Bemerkung: Um das Management von Multicast-Gruppen in Netzen mit IPv6 zu ermöglichen, wurde das Protokoll MLD (*Multicast Listener Discovery*) entwickelt. Es gibt bereits zwei Versionen von MLD, d.h. MLDv1 (1997) und MLDv2 (2004). Der Funktion nach entspricht MLD dem IGMP. Bei MLD werden die Rechner einer Multicast-Gruppe als *Listener* (Zuhörer) bezeichnet. Die Funktionalität von MLDv2 nach RFC 3810 entspricht weitgehend der Funktionalität von IGMPv3.

Aufbau von IGMP-Nachrichten

Abb. 3.8-2 zeigt den Aufbau von IGMP-Nachrichten, die in einem IP-Subnetz zwischen Rechner und MC-Router übermittelt werden.

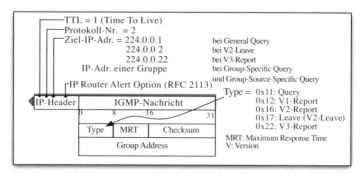

Abb. 3.8-2: Aufbau und Typen von Nachrichten beim IGMPv3

Die IGMP-Nachricht wird in ein IP-Paket mit Protokollnummer 2 eingefügt und enthält:

- Type als Angabe des Nachrichtentyps: IGMPv3 beinhaltet die Nachrichten:
  ▷ Membership Query (kurz Query) für die Anfrage:
    Welche Mitglieder gibt es in der gewünschten Gruppe?
  ▷ Membership Report (kurz Report):
    Man unterscheidet folgende drei Typen: V1-Report, V2-Report und V3-Report.
  ▷ Leave Group (kurz Leave)
- Maximum Response Time (MRT):
  Um Kollisionen zu vermeiden, sollte jeder Rechner erst nach einer zufälligen Verzögerung D (Delay) auf die Nachricht Query antworten. Als MRT kann der MC-Router angeben, wie lang die Verzögerung D sein darf.
- Checksum:
  Dient als 16 Bit Prüfsumme der gesamten IGMP-Nachricht.
- Group Address:
  Hier wird die IP-Adresse einer MC-Gruppe eingetragen.

Die IGMPv3-Nachrichten V1-Report (IGMPv1), V2-Report (IGMPv2) und V2-Leave (IGMPv2) wurden eingeführt, um die Zusammenarbeit von IGMPv3 mit den vorherigen IGMP-Versionen zu ermöglichen.

Arbeitsweise von IGMP

Jeder MC-Router muss ermitteln, welche MC-Gruppen in jedem an ihn angeschlossenem IP-Subnetz existieren. Hierfür sendet er periodisch (z.B. alle 60 Sekunden) eine

3.8 IP-Multicasting

Nachricht `Query` in alle an ihn angeschlossenen IP-Subnetze. Falls ein Rechner einer MC-Gruppe eine `Query` erhält, sollte er normalerweise mit einer Nachricht `Report` antworten.

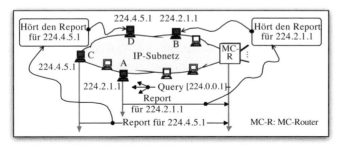

Abb. 3.8-3: Überwachung der Existenz von MC-Gruppen beim Einsatz von IGMPv1

Abb. 3.8-3 illustriert die Überwachung der Existenz von MC-Gruppen bei IGMPv1. Im IP-Subnetz gibt es hier zwei MC-Gruppen entsprechend mit MC-IP-Adressen 224.2.1.1 und 224.4.5.1. Der MC-Router sendet `Query` mit der MC-Adresse 224.0.0.1, d.h. an alle Rechner in einem Subnetz. Diese Nachricht hören daher die Rechner beider MC-Gruppen und sie sollen jeweils mit einer Nachricht `Report` dem MC-Router antworten.

Vermeidung von Kollision

Um zu vermeiden, dass alle Rechner zum gleichen Zeitpunkt antworten, was zu einer eventuellen Kollision führen könnte, sollte jeder Rechner erst nach einer zufälligen Verzögerung D auf `Query` antworten. Der Wert von D wird in jedem Rechner individuell ausgelost; der maximale Wert von D beträgt 10 Sekunden. Der erste Rechner, bei dem der Timer D auf Null gelaufen ist, sendet `Report` mit der MC-IP-Adresse an seine Gruppe im Feld *Group Address*. `Report` wird auch als Multicast mit 224.0.0.1 als IP-Zieladresse, d.h. an alle Rechner im Subnetz, gesendet. Dies erfahren alle Mitglieder dieser Gruppe und sie brauchen keine weitere Nachricht `Report` zu senden, weil die Existenz der MC-Gruppe bereits mit der ersten Nachricht `Report` dem MC-Router mitgeteilt wurde.

In Abb. 3.8-3 antwortet als erster der Rechner *A* auf `Query` mit der Nachricht `Report`, in der er als *Group Address* die MC-IP-Adresse 224.2.1.1 - also seine MC-Gruppe – angibt. `Report` empfangen auch andere Rechner dieser MC-Gruppe, bei denen der Timer D noch nicht abgelaufen ist. Hier empfängt der Rechner *B* `Report` und er braucht nun `Report` an den MC-Router nicht zu senden. Dem MC-Router wurde bereits mit `Report` vom Rechner *A* mitgeteilt, dass es die MC-Gruppe 224.2.1.1 im Subnetz gibt. Der MC-Router muss nur wissen, dass es diese MC-Gruppe im Subnetz noch gibt und nicht, welche Rechner zu ihr gehören.

Auf die `Query` in Abb. 3.8-3 antwortet auch der Rechner *C* mit `Report` mit der MC-IP-Adresse 224.4.5.1 als *Group Address* und signalisiert damit die Existenz seiner MC-Gruppe dem MC-Router. Diese Report-Nachricht hört auch der Rechner *D* und er braucht nun auch keine weitere Report-Nachricht an den MC-Router zu senden.

Will ein Rechner eine Gruppe verlassen, muss er bei IGMPv1 abwarten, bis der MC-Router zum nächsten Mal eine `Query` gesendet hat, und dann eine `Report`-Nachricht abschicken. Dabei reicht es dem MC-Router zu wissen, dass sich mindestens ein Rechner aus einer bestimmten MC-Gruppe in dem an ihn angeschlossenen IP-Subnetz

Erweiterungen bei IGMP

befindet. welche Rechner zur MC-Gruppe gehören, muss er in diesem Fall nicht wissen.

Im Vergleich zu IGMPv1 kann ein Rechner bei IGMPv2 gezielt und selbstständig einem MC-Router durch eine Leave-Nachricht mitteilen, dass er eine MC-Gruppe verlassen möchte.

IGMPv3 sieht vor, dass Rechner bestimmte MC-Quellen gezielt benennen können, von denen sie die Sendungen empfangen oder blockieren möchten; man spricht hier von *Source Filtering*.

Bei IGMPv3 können die Rechner – als *Anti-Spamming-Maßnahme* – explizit angeben, von welchen MC-Quellen sie die Sendungen empfangen bzw. welche MC-Quellen sie ausschließen möchten. Die gewünschten MC-Quellen können dem MC-Router in einer INCLUDE-Liste mitgeteilt werden. Ein Rechner kann auch einem MC-Router mitteilen, von welchen MC-Quellen er keine Sendungen empfangen möchte. Dies kann er in einer EXCLUDE-Liste angegeben, was das *Source-Filtering* realisiert.

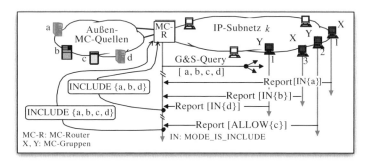

Abb. 3.8-4: Beispiel für einen Ablauf von IGMPv3: Filter Mode im MC-Router ist INCLUDE
G&S-Query: *Group-and-Source-Specific-Query*

Ablauf von IGMPv3 im Filter-Mode mit INCLUDE

Entsprechend Abb. 3.8-4 melden die Rechner dem MC-Router, von welchen MC-Quellen sie Sendungen empfangen möchten. Der Rechner *1* der MC-Gruppe *X* sendet die Report-Nachricht mit der Angabe MODE_IS_INCLUDE{a}, dass er die Sendungen von der MC-Quelle *b* empfängt. Der Rechner *3* der MC-Gruppe *X* empfängt von der MC-Quelle *b*. Der Rechner *1* der MC-Gruppe *Y* teilt mit, dass er die Sendungen von der MC-Quelle *d* empfängt.

Auf der Basis dieser Angaben bestimmt der MC-Router seinen Filter-Mode: Falls der MC-Router keine Report-Nachricht mit MODE_IS_EXCLUDE von Rechnern in einem Subnetz empfangen hat, ist sein Filter-Mode INCLUDE für dieses Subnetz.

Die MC-Quellen aus den Angaben MODE_IS_INCLUDE in allen Report-Nachrichten werden auf das Subnetz zugelassen. Der Filter-Mode vom MC-Router in Abb. 3.8-4 ist daher zuerst INCLUDE{a,b,d}. Die Liste von für das Subnetz *k* zugelassenen MC-Quellen enthält daher ihre IP-Adressen *a*, *b* und *d*. Zu einem späteren Zeitpunkt sendet aber der Rechner *2* der MC-Gruppe *X* die Report-Nachricht mit AllOW{c} und signalisiert damit, dass er die Sendungen von der MC-Quelle mit der IP-Adresse c empfangen möchte. Der Filter-Mode vom MC-Router ist nun INCLUDE{a,b,c,d} geworden.

Die Internetdienste, wie z.B. das Verteilen von Streaming-Medien und Internet-TV, bei denen die Verwaltung von MC-Gruppen realisiert werden muss, gewinnen ständig an Bedeutung. Mangels Platz konnten hier nicht alle Aspekte der Verwaltung von MC-Gruppen durch das Protokoll IGMP darstellen³.

Um die Multicast-Daten über mehrere IP-Subnetze hinweg verteilen zu können, müssen die einzelnen Router miteinander entsprechend kooperieren. Hierbei ist das *Multicast-Routing* (*MC-Routing*) zu realisieren und es ist ein entsprechendes *Multicast-Routing-Protokoll* (*MC-Routing*) notwendig. Auf diese Aspekte wird in Anschnitt 11.6 näher eingegangen. Für Näheres über Multicasting ist z.B. auf die Literatur [Ben07], [GN13] und [WZ02] zu verweisen. *Multicast-Routing*

3.9 Schlussbemerkungen

Das IPv4 gehört zu den wichtigsten Protokollen und wurde bereits 1980 von der IETF in RFC 760 spezifiziert. 1981 wurde RFC 760 durch RFC 791 abgelöst. Die TCP/IP-Protokollfamilie wurde als einzige Protokollfamilie für das ARPANET übernommen, aus dem später das Internet entwickelt wurde. Das IP nach RFC 791 wird bis heute im Internet und in anderen IP-Netzen eingesetzt. 1998 wurde eine kleine Modifikation von IP vorgenommen, die darin bestand, dass das Feld ToS im IP-Header in das Feld DS umgewandelt wurde [Abb. 3.2-1], um die sog. *Differentiated Services* zu unterstützen. *IPv4 in RFC 791*

Abschließend ist folgendes hervorzuheben:

- Als das Internet zu Beginn der 90er-Jahre bereits große Popularität erreicht hatte und die IP-Adressen immer knapper wurden, befürchtete man, dass eine vollkommen neue Version von IP benötigt würde. Daher veröffentlichte die IETF bereits im Dezember 1995 das neue Internetprotokoll in der Version 6 (IPv6) als RFC 1883. Da die Adressen bei IPv6 128 Bit lang sind, stellt es einen enorm großen Adressraum zur Verfügung. Dem Konzept von IPv6 widmet sich Kapitel 8. Auf die IPv6-Dienstprotokolle geht Kapitel 9 ein und die Migration zu IPv6 beschreibt Kapitel 10. *Vom IPv4 zum IPv6*

- Kurz vor der offiziellen Veröffentlichung von IPv6, wurde im Mai 1994 das erste Konzept für die Nutzung *privater IP-Adressen* unter dem Titel 'The IP Network Address Translator (NAT)' als RFC 1631 bekannt gemacht. Das NAT-Konzept wurde aber im Laufe der Zeit so weiterentwickelt, dass die privaten IP-Adressen in Netzwerken überall dort verwendet werden können, wo es möglich ist [Abschnitt 6.3]. Dank des NAT-Konzepts wird IPv4 bis heute mit Erfolg eingesetzt. *NAT*

- Bei IP werden zusätzliche Funktionen benötigt, die mittels der Protokolle ARP und ICMP zur Verfügung gestellt werden. Mit der Entwicklung von IPv6 werden diese Funktionen von ARP und ICMP entsprechend erweitert. IPv6 verwendet eine modifizierte Variante von ICMP, die als ICMPv6 bezeichnet wird [Abschnitt 9.1]. Bei IPv6 gibt es ARP nicht mehr und das *Neighbor Discovery Protocol* hat die Funktion von ARP bei IPv6 übernommen [Abschnitt 9.2]. *Ablösung von ARP*

---
³Detaillierte Informationen hierüber sind unter http://www.ietf.org/html.charters/magma-charter.html zu finden

IP-Entwicklungen: IPsec und Mobile IP	Das Hauptziel bei der Entwicklung des IP war es, ein flexibles Protokoll für die Übermittlung der Datenpakete zu liefern. Netzwerksicherheit und Unterstützung mobiler (tragbarer) Rechnern waren damals noch keine relevanten Themen, die aber heute enorm an Bedeutung gewonnen haben. Um die Sicherheit in IP-Netzen zu garantieren, wurden die beiden Bausteine ESP (*Encapsulation Security Header*) und AH (*Authentication Header*) als *Extension Headers* bei IPv6 entwickelt. ESP und AH konnte man ebenfalls mit IPv4 verwenden, was zur Entstehung des Protokolls IPsec (*IP Security*) geführt hat. Auf IPsec geht Abschnitt 6.4 ein. Um die Mobilität in IP-Netzen zu unterstützen, wurden IPv4 und IPv6 so erweitert, dass MIPv4 (*Mobile IPv4*) und MIPv6 (*Mobile IPv6*) entstanden sind [Kapitel 16].
Multicast Security	Ein wichtiges Problem im Internet ist die Sicherheit von IP-Multicasting [Abschnitt 3.8], d.h. die Garantie der Sicherheit bei der gezielten Verteilung von Informationen – hierbei insbesondere von audiovisuellen Informationen (Internet-Radio, -TV). Wegen des Platzmangels haben wir hier diese Aspekte außer Acht gelassen. Es sei aber darauf hingewiesen, dass verschiedene Konzepte und Protokolle zur Realisierung der IP-Multicasting-Sicherheit unter Regie von Working Group MSEC (*Multicast Security*) bei der IETF entwickelt und in mehreren RFC spezifiziert wurden – darunter auch das erwähnte Protokoll MIKEY [http://www.ietf.org/wg/concluded/msec.html].
Logische Netzwerkstrukturierung	Ein wichtiges Thema bei der Planung von großen Netzwerken ist die logische Netzwerkstrukturierung. Dies führt zur Bildung von IP-Subnetzen. Hierbei spielt die *klassenlose IP-Adressierung* – im Netzwerkbereich als *VLSM* bezeichnet – eine wichtige Rolle. In diesem Kapitel konnten aber nicht alle Aspekte der logischen Netzwerkstrukturierung ausführlich dargestellt werden, sodass einige Aspekte im Folgenden als Schlussbemerkungen zum Ausdruck gebracht werden sollen.
VLANs als IP-Subnetze	Beim Design bzw. beim Redesign eines Netzwerks sollte man das Konzept für die Anpassung des Netzwerks an die Organisationsstrukturen im Unternehmen und an die Bedürfnisse von Benutzern erstellen. Eine solche Anpassung erfolgt durch eine entsprechende Bildung isolierter Gruppen von Rechnern. Die Rechner aus einer Gruppe sind untereinander oft über LAN vernetzt, sodass man eine derartige Gruppierung als VLAN (*Virtual LAN*) bezeichnet. Eine isolierte Gruppe von Rechnern wird in der Regel als IP-Subnetz eingerichtet; folglich kann man VLANs auch als IP-Subnetze definieren. Da IP-Subnetze nur über Router untereinander vernetzt werden können, ist es daher die Router-Funktion nötig, um die als IP-Subnetze definierten VLANs untereinander vernetzen zu können.
Vernetzung von VLANs über Layer-3-Switches	Abb. 3.9-1 veranschaulicht die grundlegende Idee der Vernetzung von VLANs. In der Vergangenheit, als noch keine Switches im Einsatz waren und man keine VLANs bilden konnte, wurden die klassischen IP-Subnetze, wie Abb. 3.9-1a zeigt, quasi wie getrennte Netzwerksegmente an physische Ports in Routern angeschlossen. Die Zeiten, als man allein physische Router zur Vernetzung von klassischen IP-Subnetzen installiert hat, sind vorbei und heutzutage wird die Routing-Funktion in modernen Netzwerken vorrangig durch die Layer-3-Switches erbracht (siehe Abschnitt 14.2.3), genauer gesagt durch die *Routing-Instanzen* in Layer-3-Switches. Sie stellen eine Router-Art dar, wobei die Weiterleitung von IP-Paketen auf der Hardware-Ebene durchgeführt wird.

3.9 Schlussbemerkungen

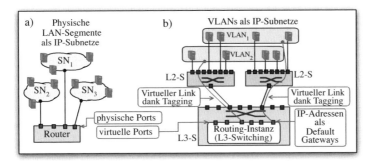

Abb. 3.9-1: Anbindung klassischer IP-Subnetze an Router und VLANs an Routing-Instanz im Layer-3-Switch: a) klassisch (alles physisch), physische LAN-Segmente über physische Leitungen an physischen Ports im Router; b) modern (alles virtuell), VLANs über virtuelle Links an virtuellen Ports der Routing-Instanz
Lx-S: Layer-x-Switch, SN: IP-Subnetz

- In heutigen, modernen Netzwerken findet man besonders in deren inneren Bereichen keine physischen, in Form von Hardware-Komponenten installierten Router mehr, sondern nur am Netzwerkrand, um das Netzwerk an das Internet anzubinden. Im inneren Netzwerkbereich (siehe Abschnitt 14.1.2) verwendet man heutzutage Layer-2-Switches als Access Switches und Multilayer-Switches (d.h. Layer-2/3-Switches) als Distribution oder als Aggregation Switches. Wie Abb. 3.9-1 illustriert, stellt die Funktion *Layer-3-Switching* eine Routing-Instanz in einem Layer-2/3-Switch dar. Falls mehrere als VLANs eingerichtete IP-Subnetze über die Routing-Instanz im Layer-2/3-Switch miteinander verbunden werden sollen, müssen sie an die Routing-Instanz entsprechend angebunden werden. Dies wird über *virtuelle Links* realisiert und ist mithilfe von *VLAN Tagging* möglich. Wie dies genau erfolgen kann, wird im Abschnitt 14.2.4 erläutert.

  Bedeutung von VLAN Tagging

- Wie hier bereits angemerkt wurde, werden im heutigen Internet noch einige Ideen aus den 70er Jahren verwendet – dies betrifft die Struktur von IPv4-Adressen und folglich auch das ganze Adressierungsprinzip. Dieses ermöglicht aus gegenwärtiger Sicht aber keine elegante Strukturierung des Internet, führt zu erheblichem Aufwand beim Routing und erschwert die Mobilität von Rechnern. Damals konnte man sich noch nicht vorstellen, dass das Internet eine so große Durchdringung aufweisen würde und dessen 'Hosts' nicht nur kleine tragbare über verschiedene Mobilfunknetze angebundene Rechner (z.B. Laptops, Smartphones) sein würden, sondern als 'Host' auch Haushalte mit Kühlschränken und verschiedenen Sensoren sein können.

  Adressierung aus den 70er Jahren und heutige Anforderungen

- Durch die heutigen Megatrends, wie z.B. die Virtualisierung von Rechnern und *Cloud Computing*, entstehen neue Anforderungen an das Internet. Die Unterstützung der Mobilität von Rechnern (*Host/Machine Mobility*), insbesondere virtueller Rechner (*Virtual Machine Mobility*) und virtueller Netzwerke (*Virtual Network Mobility*), sowie der Wunsch nach Multihoming, d.h. nach einer flexiblen Möglichkeit, einen Rechner bzw. ein Netzwerk an das Internet parallel über mehrere 'Zugangspunkte' anbinden zu können, sind nur die wichtigsten von ihnen. Welche Bedeutung das Multihoming bei der Nutzung mobiler Rechner (Laptops, Tablets)

  Virtualisierung, Cloud Computing

und anderer Endeinrichtungen (wie z.B. Smartphones) hat und welche Vorteile dabei ergeben sich beim Einsatz von MPTCP (*Multipath TCP*), wird in Abschnitt 7.5 präsentiert.

Verbesserung der Adressierung mit LISP und ILNP

▪ Um die eben genannten Anforderungen an das Internet erfüllen zu können, ist dringend die 'Modernisierung' dessen Adressierung und folglich auch die Vereinfachung dessen Routing Architektur nötig. Darauf hingewiesen wurde bereits im Oktober 2006 im Report des *Routing and Addressing Workshop* des IAB [RFC 4984]. Um die Adressierung beim Protokoll IP zu verbessern, wurde zwei Protokolle vorgeschlagen:

▷ LISP (*Locator/ID Separaction Protocol*) – dessen Entwicklung koordiniert die IETF Working Group *lisp* [https://datatracker.ietf.org/wg/lisp/charter],

▷ ILNP (*Identifier-Locator Network Protocol*) – diesem Protokoll sind die RFC mit Nummern von 6740 bis 6748 gewidmet [http://ilnp.cs.st-andrews.ac.uk].

Vergleicht man ILNP mit LISP so könnte man ILNP als 'kleinen Schritt' und LISP als 'großen Schritt' zur Erweiterung der Funktionalität des Internet bezeichnen. Die Protokolle ILNP und LISP werden in den Abschnitten 14.7.1 und 14.7.2 näher erläutert. An dieser Stelle sei auch auf die abschließende Bemerkungen in Abschnitt 16.6, insbesondere auf Abb. 16.6-1, verwiesen.

3.10 Verständnisfragen

1. Warum ist IPv4 und IPv6 im Kern ein 32 Bit Protokoll?
2. Welche minimale und welche maximale Größe hat ein IPv4 Header?
3. Was ist der Vorteil einer CIDR-Notation in Bezug auf die 'klassenbehafteten' IPv4 Adressen?
4. Welche IPv4 Adresse besitzt Ihr Device, mit dem Sie diesen Abschnitt lesen?
5. Können Sie mit den Begriffen 'Subnet-Maske', Net- und Host-ID etwas anfangen?
6. Bei der Übertragung von IP-Paketen im Netz muss der Hop-Count (TTL) und damit auch die Checksumme pro Knoten neu berechnet werden. Macht letzteres Sinn?
7. Welche MAC-Adresse besitzt mein Server 'www.fehcom.de'? Lesen Sie Ihre ARP-Tabelle aus! Was hat dies mit Proxy-ARP zu tun?
8. Testen Sie das Programm 'ping' mit IP-Adressen und Hostnamen (siehe letzte Frage). Zu welchem Protokoll gehört 'ping'?
9. Würde eine FireWall die Nutzung des Programms 'ping' unterbinden? (Auf meinem Rechner ist keine FireWall aktiv).
10. Wäre es nicht sinnvoll, Internet Audio- und Video-Angebot als Multicast-Stream den Nutzern zur Verfügung zu stellen, statt dass jeder eine eigene Verbindung aufbaut?

4 Transportprotokolle TCP, UDP und SCTP

Das Protokoll IP garantiert keine zuverlässige Übermittlung von Daten zwischen den Endsystemen. Deshalb sind Funktionen notwendig, um Verluste bzw. Verfälschungen der in Form von IP-Paketen übertragenen Daten zu entdecken und eventuell zu veranlassen, dass der Quellrechner deren Übermittlung wiederholt. Diese Funktionen gehören der Transportschicht an. Die Protokolle dieser Schicht werden *Transportprotokolle* genannt. Die TCP/IP-Protokollfamilie beinhaltet zwei klassische Transportprotokolle: UDP (*User Datagram Protocol*) und TCP (*Transmission Control Protocol*). Seit Oktober 2000 steht SCTP (*Stream Control Transmission Protocol*) als zusätzliches Transportprotokoll zur Verfügung, in dem versucht wurde, die Vorteile von UDP und TCP in Bezug auf die Übermittlung von Daten und Nachrichtenströmen zu vereinen.

Notwendigkeit der Transportprotokolle

UDP stellt einen verbindungslosen und unzuverlässigen Dienst dar, mit dem voneinander unabhängige Nachrichten bzw. digitalisierte Echtzeitmedien wie Sprache, Audio und Video zwischen der Datenquelle (dem sendenden Rechner) und dem Datenziel (dem Empfänger) übermittelt werden. Zwischen den Kommunikationspartnern wird beim UDP keinerlei Vereinbarung hinsichtlich des Verlaufs der Kommunikation getroffen. Dagegen sind TCP und SCTP verbindungsorientierte Transportprotokolle. Der *Ablauf* der Kommunikation bei TCP bzw. bei SCTP ist durch das Protokoll geregelt, sodass sich die kommunizierenden Rechner gegenseitig laufend über den *Zustand* der Kommunikation und des Datenaustauschs verständigen. Hierdurch wird zwischen den Kommunikationspartnern eine *virtuelle Verbindung* etabliert und gepflegt.

Unterschiede zwischen UDP, TCP und SCTP

Nach einer kurzen Erläuterung der Aufgaben der Transportschicht in Abschnitt 4.1 beschreibt Abschnitt 4.2 das Konzept und den Einsatz von UDP. Die an die Anforderungen der Echtzeitkommunikation angepasste und neue Version von UDP wird als *UDP-Lite* bezeichnet, worauf wir ebenfalls eingehen. Die Funktionen von TCP, insbesondere die Fehlerkontrolle und Flusskontrolle, erläutert Abschnitt 4.3 und die Implementierungsaspekte von TCP präsentiert Abschnitt 4.4. Die Überlastkontrolle bei TCP nach dem Prinzip ECN (*Explicit Congestion Notification*) stellt Abschnitt 4.5 dar. Auf das Konzept und den Einsatz von SCTP geht Abschnitt 4.6 ein.

Überblick über das Kapitel

In diesem Kapitel werden u.a. folgende Fragen beantwortet:

Ziel dieses Kapitels

- Welche genauen Aufgaben haben die Transportprotokolle UDP, TCP und SCTP?
- Wie werden die TCP-Pakete aufgebaut und welche Steuerungsangaben enthalten sie?
- Wie wird eine TCP-Verbindung auf- und abgebaut sowie wie verläuft die Fehler- und Flusskontrolle nach TCP?
- Warum ist eine Überlastkontrolle bei TCP notwendig, worin besteht deren Idee und wie kann sie realisiert werden?
- Welche Funktionen stellt das Transportprotokoll SCTP zur Verfügung?

4.1 Grundlagen der Transportprotokolle

Wozu Transportschicht?

Wir greifen die bereits in Abschnitt 1.4.2 gezeigte Darstellung des Transports von IP-Paketen auf und betrachten die ersten drei Schichten in einem IP-Netz als *IP-Übermittlungsdienst*. Da dieser Dienst über keine Mechanismen verfügt, um u.a. Verluste der übertragenen Daten zu entdecken und zu veranlassen, dass der Quellrechner die Übermittlung wiederholt, ist die Transportschicht nötig. Damit können bestimmte Mechanismen für die Garantie der zuverlässigen Datenübermittlung zur Verfügung gestellt werden. Abb. 4.1-1 illustriert die Bedeutung der Transportschicht in IP-Netzen und die Aufgabe ihrer Protokolle.

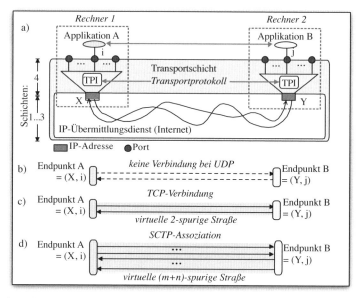

Abb. 4.1-1: Bedeutung der Transportschicht in IP-Netzen und ihre Protokolle: a) Logische Interpretation der Transportschicht, b) Kommunikation mit UDP, c) Interpretation einer TCP-Verbindung, d) Interpretation einer SCTP-Assoziation
TPI: Transportprotokollinstanz; X, Y: IP-Adressen; i, j: Ports

Sockets

Wie bereits in Abschnitt 1.4.4 [Abb. 1.4-9] gezeigt wurde, werden die Endpunkte einer Kommunikationsbeziehung als Paar (*IP-Adresse, Portnummer*) dargestellt und *Socket* genannt. Sockets können sowohl die Quelle als auch die Senke von Daten repräsentieren. Falls eine Applikation Daten sendet bzw. empfängt, ist sie an einen Port angebunden. Daher kann ein Socket als *Lokationsangabe* einer Applikation – d.h. auf welchem Rechner sie 'läuft' und welchen Port sie nutzt – angesehen werden.

Da mehrere Ports über eine IP-Adresse an das IP-Übermittlungsnetz 'angebunden' werden können, kann eine *Transportprotokollinstanz* als *logischer Multiplexer* angesehen werden [Abb. 1.4-7 und Abb. 1.4-8].

Transportprotokolle

Die wichtigsten Transportprotokolle in IP-Netzen sind:

- **UDP** (*User Datagram Protocol*),

4.1 Grundlagen der Transportprotokolle

- **TCP** (*Transmission Control Protocol*) und
- **SCTP** (*Stream Control Transmission Protocol*).

UDP ist ein verbindungsloses und unzuverlässiges Transportprotokoll, nach dem hauptsächlich voneinander unabhängige Nachrichten zwischen den kommunizierenden Rechnern ausgetauscht werden, ohne dass eine explizite Vereinbarung hinsichtlich des Ablaufs der Übertragung vorgenommen wird. Es wird daher keine virtuelle (logische) Verbindung zwischen den Kommunikationsinstanzen aufgebaut [Abb. 4.1-1b]. UDP wird in Abschnitt 4.2 näher dargestellt.
UDP

TCP ist ein verbindungsorientiertes und zuverlässiges Transportprotokoll. Vor dem eigentlichen Datenaustausch werden Vereinbarungen hinsichtlich des Verlaufs der Kommunikation zwischen den Rechnern getroffen. Zentraler Bestandteil der Vereinbarung sind der Aufbau, die Überwachung der Korrektheit der übertragenen Daten (Byte) und der Abbau einer virtuellen Verbindung, d.h. einer *TCP-Verbindung* [Abb. 4.1-1c], die unabhängig (d.h. vollduplex) für beide Kommunikationsrichtungen erfolgt.
TCP

SCTP ist ein neues verbindungsorientiertes Transportprotokoll. Im Gegensatz zu TCP kann sich eine *SCTP-Verbindung*, die auch *SCTP-Assoziation* genannt wird, aus einer Vielzahl von entgegen gerichteten Kommunikationspfaden zusammensetzen [Abb. 4.1-1d]. SCTP wird in Abschnitt 4.5 detaillierter dargestellt.
SCTP

Zu berücksichtigen ist ferner, dass die Protokolle UDP, TCP und SCTP unabhängige Implementierungen der Transportschicht sind, sodass es hier prinzipiell keine Überschneidungen gibt.

Ferner ist zu bedenken, dass alle aktuellen TCP/IP-Implementierungen mehrere IP-Adressen bereitstellen, und zwar die IPv4-Adressen `0.0.0.0` für die IP-Instanz (d.h. den Rechner) selbst [vgl. Tab. 3.3-2], `127.0.0.1` für das erste Netzwerk-Interface und die jeweils zugewiesenen privaten oder offiziellen IP-Adressen. Unterstützt der Rechner gleichzeitig IPv6, kommen die entsprechenden IPv6-Adressen hinzu.
Mehrere IP-Adressen

Da die Portnummer als Angabe im TCP-, im UDP- und im SCTP-Header 16 Bit lang ist [Abb. 4.2-1, Abb. 4.3-2 und Abb. 4.6-3], kann ein Rechner pro verfügbare IP-Adresse gleichzeitig bis zu 65535 Ports organisieren. Die Ports mit den Nummern 0 bis 1023 können in der Regel nur von privilegierten, systemnahen Anwendungen benutzt werden.

Standarddienste, wie z.B. FTP oder HTTP, nutzen *Well-known Ports*, die typischerweise in der Datei `etc/services` deklariert sind. Hierdurch kann ein Client Dienste nicht nur über deren Portnummern, sondern auch über ihre zugeordneten Namen ansprechen.
Well-known Ports

Die Ports mit den Nummern im Bereich von 49152 bis 65535 sind frei. Sie können den Applikationen in Rechnern zugeteilt werden und stehen insbesondere für Client-Anwendungen zur Verfügung.
Freie Ports

Die Vergabe von Portnummern und deren Zuordnung zu Applikationen wird durch die IANA koordiniert. Viele Portnummern aus dem Bereich zwischen 1024 und 49151 sind als *Registered Ports* vergeben und spezifischen Applikationen zugewiesen.
Registered Ports und IANA

Eine aktuelle Auflistung von belegten Portnummern mit der Angabe zu jedem Port, welches Transportprotokoll der Port nutzt (UDP, TCP oder SCTP), findet man bei der IANA. Für weitere Details ist zu verweisen auf die Web-Adresse http://www.iana.org/assignments/port-numbers.

4.2 Konzept und Einsatz von UDP

Besonderheiten von UDP

Mit UDP wird ein einfacher verbindungsloser, unzuverlässiger Dienst zur Verfügung gestellt. UDP wurde bereits 1980 von der IETF in RFC 768 spezifiziert. Mittels UDP können Anwendungen ihre Daten als selbstständige *UDP-Pakete* senden und empfangen. UDP bietet – ähnlich wie IP – keine zuverlässige Übertragung und keine Flusskontrolle. Ergänzend kann UDP mittels einer Prüfsumme prüfen, ob die Übertragung eines UDP-Pakets fehlerfrei erfolgt ist. Enthält ein UDP-Paket einen Übertragungsfehler, wird es beim Empfänger verworfen, allerdings ohne dass der Absender des Pakets darüber informiert wird. UDP garantiert daher keine zuverlässige Kommunikation. Eine derartige Kommunikation liegt vielen Applikationen zugrunde. Hierzu gehören besonders jene, bei denen einzelne Nachrichten zwischen Rechnern ausgetauscht werden.

Einsatz von UDP

Der wichtigste Einsatz von UDP liegt in der Übermittlung von Netzwerkkonfigurationsnachrichten und unterstützt das

- DHCP (*Dynamic Host Configuration Protocol*) und
- DNS (*Domain Name System*).

Ein weiteres Einsatzgebiet von UDP besteht in der Unterstützung der Echtzeit- und Multimedia-Kommunikation (z.B. Skype):

- UDP wird vom RTP (*Real-time Transport Protocol*) für die Audio- und Video-Übermittlung und vom Signalisierungsprotokoll SIP (*Session Initiation Protocol*) verwendet.
- Bei *Voice over IP* dient UDP als primäres Transportprotokoll [Bad10].

Neben dem Protokoll RADIUS [Abschnitt 15.2] nutzen ferner die Anwendungen TFTP (*Trivial File Transfer Protocol*) und RPC/NFS (*Remote Procedure Call* beim *Network File System*) UDP als Transportprotokoll.

4.2.1 Aufbau von UDP-Paketen

Den Aufbau von UDP-Paketen zeigt Abb. 4.2-1 mit folgenden Angaben im UDP-Header:

- `Source Port` (Quellport)
  Angabe der Nummer des Ports als Kommunikationspuffer der Applikation im Quellrechner [Abb. 4.1-1a].
- `Destination Port` (Zielport)
  Die Nummer des Ports als Identifikation der Applikation im Zielrechner.

4.2 Konzept und Einsatz von UDP

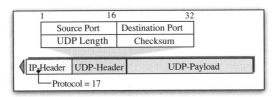

Abb. 4.2-1: Aufbau von UDP-Paketen

- `UDP Length` (UDP-Paketlänge)
  Hier wird die Länge des UDP-Pakets angegeben.
- `Checksum` (Prüfsumme)
  Diese Prüfsumme ermöglicht, sowohl im UDP-Paket als auch in einigen Angaben im IP-Header, die den *IP-Pseudo-Header* bilden, Übertragungsfehler zu entdecken [Abb. 4.2-2].

Mit der Angabe `Source Port` und `Destination Port` im UDP-Header und der Angabe von `Source IP Address` und `Destination IP Address` im IP-Header werden die beiden Endpunkte (d.h. die Sockets) festgelegt, zwischen denen der Datenaustausch stattfindet [Abb. 4.1-1b].

Die Berechnung der Prüfsumme wird in RFC 1071, RFC 1141 und RFC 1624 detailliert spezifiziert, dessen Nutzung in der UDP-Spezifikation RFC 768 jedoch nicht gefordert. UDP-Prüfsumme

Die Prüfsumme im UDP-Header deckt auch einige Angaben im IP-Header ab, die den *IP-Pseudo-Header* bilden. Abb. 4.2-2 zeigt dies. IP-Pseudo-Header

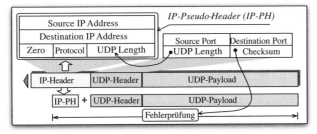

Abb. 4.2-2: Prüfsumme im UDP-Header und Angaben im IP-Pseudo-Header (IP-PH)

Die Angaben im IP-Pseudo-Header sind:

- `Source IP Address` (*IP-Quelladresse*), d.h. Quelladresse aus dem IP-Header,
- `Destination IP Address` (*IP-Zieladresse*), d.h. Zieladresse aus dem IP-Header,
- `Zero`: Der Wert 0 wird hier eingetragen.
- `Protocol`: Es wird die Protokollnummer 17 von UDP angegeben [Tab. 3.1-1].
- `UDP Length` (UDP-Paketlänge): Die Länge des UDP-Pakets wird mitgeteilt. Dieser Wert ist aus dem Feld `UDP Length` im UDP-Header übernommen.

Die Konstruktion des IP-Pseudo-Header kann nur als historisch betrachtet werden. Einerseits verstößt sie elementar gegen das Schichtenprinzip für den Kommunikationsablauf, andererseits kann sie keines der angestrebten Ziele wie beispielsweise

UDP-Paketgröße 512 Byte

Identifikation von 'fremden' UDP-Paketen in einer Kommunikationsbeziehung garantieren. Daher wird dieses Konstrukt bereits bei UDP-Lite aufgegeben.

Eine zentrale Einschränkung bei der Kommunikation über UDP besteht in der Notwendigkeit, die maximale Größe der UDP-Pakete auf 512 Byte zu beschränken. Diese Anforderung entstammt nicht der Definition von UDP, sondern hat einen praktischen Hintergrund: RFC 1122 verlangt bei der IP-Kommunikation als minimale Größe des Datenpuffers 576 Byte. Zieht man den (minimal) 20 Byte großen IP-Header ab, bleiben für das UDP-Paket 556 Byte und abzüglich des UDP-Header (8 Byte) noch maximal 548 Byte für Nutzdaten. Diese historisch festgelegte Größe, die Unabhängigkeit einzelner UDP-Pakete voneinander sowie das Fehlen einer Flusskontrolle (wie bei TCP) führen dazu, dass UDP-Pakete in der Regel auf eine Größe von 512 Byte beschränkt sind.

4.2.2 Protokoll UDP-Lite

UDP verwendet man für die Übermittlung von Echtzeitdaten wie z.B. Audio oder Video über das Internet bzw. über andere IP-Netze. Im Gegensatz zur Datenkommunikation haben Bitfehler bei Audio- und Videokommunikation oft nur eine geringe negative Auswirkung auf die Qualität der Kommunikation. Ein Bitfehler bei Voice over IP ist sogar für das menschliche Ohr direkt nicht bemerkbar.

Wozu UDP-Lite?

Um die empfangenen UDP-Pakete mit einzelnen Bitfehlern in Audio- bzw. in Videodaten nicht verwerfen zu müssen und damit die Häufigkeit der Verluste von UDP-Paketen mit Audio- und Videodaten zu reduzieren, war eine Modifikation von UDP nötig. Die UDP-Fehlerkontrolle wurde so verändert, dass nur die Bereiche in UDP-Paketen überprüft werden, in denen Übertragungsbitfehler eine große Auswirkung auf die Qualität der Kommunikation haben. Dies hat zur Entstehung von UDP-Lite geführt [RFC 3828], dessen Paketaufbau in Abb. 4.2-3 gezeigt ist.

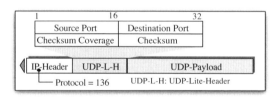

Abb. 4.2-3: Aufbau von UDP-Lite-Paketen

Der Header von UDP-Lite hat fast die gleiche Struktur wie der von UDP [Abb. 4.2-1]. Im Unterschied zu UDP enthält der Header von UDP-Lite Checksum Coverage anstelle der Angabe UDP Length. Die Nummern der *Well-known Ports* sind bei UDP-Lite die gleichen wie bei UDP. Damit können sowohl UDP als auch UDP-Lite die gleichen Applikationen nutzen.

Idee von UDP-Lite

Die Idee von UDP-Lite besteht darin, dass im Header mit Checksum Coverage angegeben werden kann, welcher Teil der UDP-Payload bei der Fehlerprüfung berücksichtigt wird. Abb. 4.2-4 illustriert die Idee von UDP-Lite.

Mit `Checksum Coverage` informiert der Sender den Empfänger darüber, welcher Teil von UDP-Payload durch die Prüfsumme (Checksum) abgedeckt wird. `Checksum Coverage` stellt daher die *Reichweite der Prüfsumme* dar.

Falls als UDP-Payload ein RTP-Paket übermittelt wird, kann mit `Checksum Coverage` angegeben werden, dass die Fehlerprüfung beispielsweise nur im RTP-Header stattfinden soll. Daher deckt die Prüfsumme in diesem Fall nur den IP-Pseudo-Header, den UDP-Header und den RTP-Header ab.

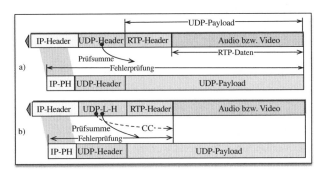

Abb. 4.2-4: Überprüfung von Übertragungsbitfehlern: a) bei UDP, b) bei UDP-Lite
CC: Checksum Coverage, IP-PH: IP-Pseudo-Header, UDP-L-H: UDPLite Header, RTP: Real-time Transport Protocol

Der Wert von `Checksum Coverage` wird von der Applikation auf der Sendeseite bestimmt. Diese Angabe besagt, wie viele Byte, beginnend vom ersten Byte im UDP-Lite-Header, die Prüfsumme abdeckt. Der UDP-Lite-Header muss immer mit der Prüfsumme abgedeckt werden. Ist nur der UDP-Lite-Header mit der Prüfsumme abgedeckt, wird als `Checksum Coverage` der Wert 0 eingetragen. Daher ist `Checksum Coverage` entweder gleich 0 oder größer als 8 (d.h. größer als die Anzahl von Byte im UDP-Header). Ein IP-Paket mit `Checksum Coverage` von 1 bis 7 wird einfach verworfen.

Vergleicht man Abb. 4.2-2 und Abb. 4.2-4, so ist ersichtlich, dass die Angabe UDP Length im UDP-Header durch `Checksum Coverage` bei UDP-Lite ersetzt wurde. Dies ist möglich, da die Angabe `UDP Length` im UDP-Header redundant ist und die Länge des UDP-Pakets aus den Angaben im IP-Header (d.h. `UDP Length = Total Length minus Header Length`) berechnet werden kann.

Das Feld `Checksum` in UDP-Paketen weist lediglich eine Größe von 16 Bit auf. Dies bedeutet Einschränkungen im Hinblick auf den Umfang der erkannten Bitfehler und der möglichen Korrekturen. Daher ist es sinnvoll, nur diejenigen Daten per `Checksum` zu sichern, die von besonderer Bedeutung sind.

4.3 Funktion des Protokolls TCP

TCP ist ein verbindungsorientiertes, zuverlässiges Transportprotokoll, das bereits in RFC 793 spezifiziert wurde und seither ständig weiterentwickelt wird. Seine Bedeutung kommt in Abb. 4.3-1 zum Ausdruck. Überdies wird hier verdeutlicht, dass mittels TCP mehrere Applikationen auf die Dienste von IP gleichzeitig zugreifen können. Daher kann TCP auch als *logischer Multiplexer* von Applikationen angesehen werden.

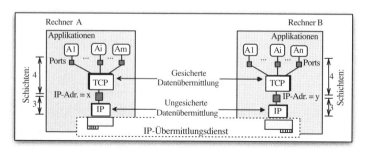

Abb. 4.3-1: TCP als Sicherungsprotokoll zwischen zwei entfernten Rechnern

TCP als Kontrollprotokoll

Im Gegensatz zum UDP-Paket – das als reiner Datencontainer aufgefasst werden kann – beinhalten TCP-Pakete umfangreiche Steuerungsinformationen, die zum geregelten Ablauf der Verbindung eingesetzt werden, aber teilweise auch für die auf TCP aufbauenden Applikationen genutzt werden können. Die Steuerungsinformationen werden bei Bedarf im TCP-Header im Optionsfeld (Options) untergebracht. TCP hat sich im Laufe seiner Entwicklung durch den Einsatz neuer sowie die Umdefinition bestehender Optionen wie ein Chamäleon an veränderte Gegebenheiten angepasst.

TCP-Verbindungen

Die Zuverlässigkeit von TCP wird dadurch gewährleistet, indem sich die TCP-Instanzen gegenseitig über ihren jeweiligen Zustand (*Status*) informieren, also eine *virtuelle Verbindung* unterhalten. Um die Datenübermittlung nach TCP zu gewährleisten, muss daher zunächst eine *TCP-Verbindung* aufgebaut werden. Wenn der Nutzdatenfluss ausschließlich von *A* nach *B* geht, existiert immer auch eine Kontrollverbindung von *B* nach *A*. Typischerweise hat aber auch die Gegenseite etwas mitzuteilen, wodurch auch Nutzdaten von *B* nach *A* übertragen werden. In diesem Fall werden die Kontrollinformationen in den (beidseitigen) Nutzpaketen untergebracht. TCP realisiert eine *Vollduplex-Verbindung* zwischen den Kommunikationspartnern mit einem ausgeklügelten und effizienten *In-Band-Steuerungsverfahren* [Abb. 4.1-1]. Im Vergleich hierzu stellt beispielsweise ICMP für IPv4 [Abschnitt 3.7] einen Out-of-Band-Kontroll- und Fehlermechanismus bereit; bei UDP existiert hingegen gar keiner.

4.3.1 Aufbau von TCP-Paketen

Arten von TCP-Paketen

Über eine TCP-Verbindung werden die Daten in Form von festgelegten Datenblöcken – von nun an *TCP-Pakete* bzw. *TCP-PDUs* genannt – ausgetauscht. Typischerweise treten bei einer TCP-Verbindung zwei Arten von Paketen auf:

- TCP-Pakete mit Nutzdaten – als *TCP-Nutzlast* – und mit Steuerungsinformationen im TCP-Header [Abb. 1.4-2]. Zusätzlich zur eigentlichen Übermittlung von Nutzdaten sind Angaben zur Realisierung der Flusskontrolle nach dem *Sliding-Window-Prinzip* [Abb. 4.4-2] im TCP-Header dieser Pakete enthalten.

4.3 Funktion des Protokolls TCP

- TCP-Pakete ausschließlich mit Steuerungsinformationen. Deren Aufgabe ist das Regeln des Auf- und Abbaus von TCP-Verbindungen sowie die Überprüfung ihrer Fortdauer in Form von *Keep-Alives*, falls längere Zeit keine Datenübermittlung erfolgte.

Ist eine TCP-Verbindung aufgebaut, besteht die zentrale Aufgabe von TCP darin, die zu übertragenden Daten bzw. Nachrichten vom Quellrechner *byteweise zu nummerieren* und diese in Form von *Datensegmenten* zu übermitteln. Die Nummer des ersten Nutzbyte im TCP-Datencontainer ist die laufende *Sequenznummer* und bezeichnet somit die Anzahl aller gesendeten Nutzdatenbyte der vorigen Segmente (ohne Wiederholungen); eine Methode, die als *Byte-stream* bezeichnet wird [Abb. 4.3-8].

Nummerierung von Byte

Die Partnerinstanz quittiert die erhaltenen Daten, indem sie als *Quittung (Acknowledgement)* den letzten Wert der *Sequenznummer* (SEQ) plus 1 – also SEQ + 1 – zurückgibt [Abb.4.3-8]. Damit dieser Mechanismus funktioniert, wird vor Beginn einer Übermittlung zwischen den TCP-Instanzen im Quell- und im Zielrechner entsprechend der anliegenden Datenmenge die maximale Segmentgröße vereinbart (z.B. 1000 Byte). Diese und weitere Angaben werden im *TCP-Header* eingetragen.

Flusskontrolle

Die TCP-Instanz im Zielrechner setzt die empfangenen Datensegmente mittels der übertragenen Sequenznummern in der richtigen Reihenfolge in die ursprünglichen Daten zurück. Erreicht ein TCP-Paket den Zielrechner nicht, wird die Wiederholung der Übertragung der fehlenden Datensegmente durch die TCP-Partnerinstanz veranlasst.

Garantie der Reihenfolge

Abb. 4.3-2 zeigt den Aufbau des TCP-Header.

TCP-Header

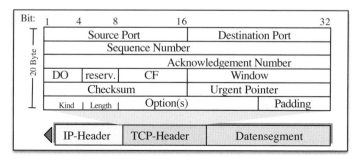

Abb. 4.3-2: Aufbau des TCP-Header
CF: Control Flags, DO: Data Offset

Die einzelnen Angaben im TCP-Header haben folgende Bedeutung:

- `Source Port` (Quellport)
  Hier wird die Nummer des Ports der Applikation im Quellrechner angegeben, die die TCP-Verbindung initialisiert hat.
- `Destination Port` (Zielport)
  Hier wird die Nummer des Ports dieser Applikation im Zielrechner angegeben, an die die Daten adressiert sind.
- `Sequence Number` (Sequenznummer)
  Die Sequenznummer bezieht sich auf den Sender und dient diesem zur Byte-weisen Numme-

Bedeutung von ISN

rierung der gesendeten Daten. Beim Aufbau der TCP-Verbindung generiert jede TCP-Instanz eine Anfangssequenznummer ISN (*Initial Sequence Number*). Diese Nummern werden ausgetauscht und gegenseitig bestätigt [Abb. 4.3-4]. Um die gesendeten TCP-Pakete eindeutig am Zielrechner zu identifizieren, muss der Fall ausgeschlossen werden, dass sich zu einem Zeitpunkt im Netz mehrere Segmente mit der gleichen Sequenznummer befinden. Aus diesem Grund darf sich die Sequenznummer innerhalb der festgelegten *Lebenszeit* (*Time to Live*) für die IP-Pakete nicht wiederholen [Abb. 2.2-1]. Im Quellrechner wird die Sequenznummer immer jeweils um die Anzahl bereits gesendeter Byte erhöht.

Die ISN wird in der Regel nicht von 0 hochgezählt, sondern bei aktuellen TCP-Implementierungen zufällig erzeugt. Hierdurch kann in gewissem Umfang gewährleistet werden, dass ein Kommunikationsendpunkt zum Zeitpunkt der Initialisierung über eine weitgehend einmalige ISN verfügt, die somit neben dem Socket (*IP-Adresse, Portnummer*) ein zusätzliches Verbindungsmerkmal darstellt.

- Acknowledgement Number (Quittungsnummer)
  Die Quittungsnummer wird vom Empfänger vergeben und dient zur Bestätigung der empfangenen Daten, indem dem Quellrechner mitgeteilt wird, bis zu welchem Byte (*Sequenznummer*) die Daten korrekt empfangen wurden.

- Data Offset (Datenabstand)
  Das vier Bit große Feld gibt die Länge des TCP-Header in 32-Bit-Worten an und damit die Stelle, ab der die Daten beginnen. Dieses Feld kann auch als Header Length interpretiert werden.

- Reserved (Reserviert)
  Diese drei Bit sind reserviert und üblicherweise auf 0 gesetzt.

- Control Flags (Kontrollflags)
  Die Kontrollflags legen fest, welche Felder im Header gültig sind und dienen zur Verbindungssteuerung. Zurzeit sind 9 Bit vorgesehen. Ist das entsprechende Bit gesetzt, gilt Folgendes:

  ▷ NS (*ECN-nonce Concealment Protection*) [RFC 3540]: Unterstützung des ECN-Verfahrens [Abschnitt 4.5] mit einem Nonce-Bit.
  ▷ CWR (*Congestion Window Reduced*): Einsatz bei der Überlastkontrolle nach ECN (*Explicit Congestion Notification*) [RFC 3168].
  ▷ ECE (*ECN-Echo*): Einsatz bei der Überlastkontrolle nach ECN [RFC 3168].
  ▷ URG: Der *Urgent Pointer* (Zeiger im Urgent-Feld) ist vorhanden und gültig.
  ▷ ACK: Die *Quittungsnummer* ist vorhanden und gültig.
  ▷ PSH (*Push-Funktion*): Die Daten sollen sofort an die nächsthöhere Schicht weitergegeben werden, ohne nächste Segmente abzuwarten. UNIX-Implementierungen senden PSH immer dann, wenn sie mit dem aktuellen Segment gleichzeitig alle Daten im Sendepuffer übergeben.
  ▷ RST (*Reset*): Die TCP-Verbindung soll zurückgesetzt werden.
  ▷ SYN: Aufbau einer TCP-Verbindung und ist mit einem ACK zu quittieren [Abb. 4.3-4].
  ▷ FIN: Einseitiger Abbau einer TCP-Verbindung und das Ende des Datenstroms aus dieser Richtung, das mit einem ACK quittiert werden muss [Abb. 4.3-5].

Window für Flusskontrolle

- Window (Fenstergröße)
  Diese Angabe dient der Flusskontrolle nach dem Fenstermechanismus [Abb.4.3-6]. Das Feld Window gibt die Fenstergröße an, d.h. wie viele Byte – beginnend ab der Quittungsnummer – der Zielrechner in seinem Aufnahmepuffer noch aufnehmen kann. Empfängt der Quellrech-

4.3 Funktion des Protokolls TCP

ner eine TCP-PDU mit der Fenstergröße gleich 0, muss der Sendevorgang gestoppt werden. Wie die Fenstergröße die Effizienz der Übermittlung beeinflussen kann, ist aus Abb. 4.4-1b ersichtlich (Senderblockade).

- **Checksum (Prüfsumme)**
  Diese Prüfsumme erlaubt es, den TCP-Header, die Daten und einen Auszug aus dem IP-Header (u.a. Quell- und IP-Zieladresse), der an die TCP-Instanz zusammen mit den Daten übergeben wird, auf das Vorhandensein von Bitfehlern zu überprüfen. Bei Berechnung der Prüfsumme wird dieses Feld selbst als null angenommen.

- **Urgent Pointer (Urgent-Zeiger)**
  TCP ermöglicht es, wichtige (dringliche) und meist kurze Nachrichten (z.B. Interrupts) den gesendeten normalen Daten hinzuzufügen und an Kommunikationspartner direkt zu übertragen. Damit können außergewöhnliche Zustände signalisiert werden. Derartige Daten werden als *Urgent-Daten* bezeichnet. Ist der Urgent-Zeiger gültig, d.h. URG = 1, so zeigt er auf das Ende von Urgent-Daten im Segment. Diese werden immer direkt im Anschluss an den TCP-Header übertragen. Erst danach folgen normale Daten.

- **Options**
  TCP erlaubt es, Service-Optionen anzugeben. Das erste Byte in jeder Option legt den *Optionstyp* (*Kind*) fest, das zweite Byte die Länge (*Length*) der entsprechenden Option. Hierdurch können mehrere Optionen zugleich angegeben werden. Der experimentelle RFC 6994 geht noch einen Schritt weiter und erlaubt in den nächsten 2 Byte die Angabe einer *Experimental-ID* (ExID).

Das Options-Feld ist entsprechend Tab. 4.3-1 zu interpretieren. In den RFCs 1323 und 2018 wurde die Bedeutung des Options-Feldes folgendermaßen festgelegt:

Options-Type	Option-Feldlänge [Byte]	Bedeutung
0	nicht vorgesehen	Ende der Optionsliste
1	nicht vorgesehen	No-Operation
2	4	Maximum Segment Size (MSS)
3	3	Window Scale (WSopt)
4	2	SACK erlaubt
5	variabel	SACK
8	10	TimeStamp (TSOpt)
11*)	6	Connection Count CC (bei T/TCP)
12*)	6	CC.NEW (T/TCP)
13*)	6	CC.ECHO (T/TCP)
29	≥ 4	TCP-Authentication

Tab. 4.3-1: Verwendung möglicher Optionen im Options-Feld des TCP-Headers
http://www.iana.org/assignments/tcp-parameters; *) sind *historische* Optionen, die nicht mehr genutzt werden

▷ Maximum Segment Size (MSS): Diese Option wird beim Aufbau einer TCP-Verbindung genutzt. Der Client teilt dem Kommunikationspartner im <SYN>-Paket und der Server dies <SYN,ACK>-Paket mit. Die gewählte, maximale Segmentgröße hängt von der MTU des Links ab, und es gilt:

   MSS = MTU - IP-Header-Länge - TCP-Header-Länge

▷ Window Scale (WSopt): Mit WSopt können die Kommunikationspartner während des Aufbaus einer TCP-Verbindung (also im SYN-Paket) festlegen, ob die Größe des 16 Bit Window um einen konstanten Skalenfaktor multipliziert wird. Dieser Wert kann unabhängig für den Empfang und das Versenden von Daten ausgehandelt werden. Als Folge dessen wird nun die Fenstergröße von der TCP-Instanz nicht mehr als 16 Bit-, sondern als 32 Bit-Wert aufgefasst. Der maximale Wert für den Skalenfaktor von WSopt beträgt 14, was einer neuen oberen Grenze für Window von 1 GByte entspricht.

▷ Timestamps Option (TSopt):
Dieses Feld besteht aus den Teilen Timestamp Wert (TSval) und Timestamp Echo Reply (TSecr), die jeweils eine Länge von 4 Byte aufweisen. Eingetragen wird hier der *Tickmark*, ein interner Zähler, der pro Millisekunde um eins erhöht wird. Timestamps Option kann nur im ersten SYN-Paket angezeigt werden, das Feld ist nur bei ACK-PDUs erlaubt. Genutzt wird TSopt zur besseren Abschätzung der RTT (*Round Trip Time*) und zur Realisierung von PAWS (*Protect Against Wrapped Sequences*) [RFC 1323].

▷ Mit RFC 2018 wurde das Verfahren *Selective Acknowledgement* (SACK) eingeführt, das sich wesentlich auf das Optionsfeld SACK stützt und es zulässt, dieses Feld variabel zu erweitern. Auf dieses Verfahren wird später näher eingegangen.

▷ Ergänzt werden die Optionen um Connection Count (CC) sowie CC.NEW und CC.ECHO, die bei der Implementierung von *T/TCP* anzutreffen sind [Abschnitt 4.4.4].

▷ Bei Verwendung von *Multipath TCP* [Abschnitt 7.5] werden noch weitere TCP-Options genutzt [Abb. 7.5-6].

■ Padding (Füllzeichen)
Die Füllzeichen ergänzen die Optionsangaben auf die Länge von 32 Bit.

TCP Timeouts

TCP verhindert den gleichzeitigen Aufbau einer TCP-Verbindung seitens der beiden Instanzen, d.h. nur eine Instanz kann den Aufbau initiieren. Des Weiteren ist es nicht möglich, einen mehrfachen Aufbau einer TCP-Verbindung durch den Sender aufgrund eines *Timeout* des ersten Verbindungsaufbauwunsches zu generieren. Der Datenaustausch zwischen zwei Stationen erfolgt erst nach dem Verbindungsaufbau. Registriert der Sender, dass der Empfänger nach Ablauf eines *Timeout* die übertragenen Daten nicht bestätigt hat, wird eine Wiederholung der nicht-quittierten Segmente gestartet. Aufgrund der Sequenznummer ist es prinzipiell möglich, $2^{32} - 1$ Datenbyte (4 Gigabyte) pro bestehender TCP-Verbindung zu übertragen, innerhalb dessen doppelt übertragene Daten erkannt werden. Bei den meisten Implementierungen ist die Sequenznummer aber als *signed Integer* deklariert, sodass nur die Hälfte, d.h. 2 Gigabyte möglich sind.

TCP-Window

Die Flusskontrolle nach dem Fenstermechanismus (*Window*) erlaubt es einem Empfänger, dem Sender mitzuteilen, wie viel Pufferplatz zum Empfang von Daten zur Verfügung steht. Ist der Empfänger zu einem bestimmten Zeitpunkt der Übertragung einer höheren Belastung ausgesetzt, signalisiert er dies dem Sender über das Window-Feld, sodass dieser die Senderate reduzieren kann.

4.3.2 Konzept der TCP-Verbindungen

Three-Way Handshake

Eine TCP-Verbindung wird mit dem Ziel aufgebaut, einen zuverlässigen Datenaustausch zwischen den kommunizierenden Anwendungsprozessen in entfernten Rechnern zu gewährleisten. Die TCP-Verbindungen sind vollduplex. Man kann eine TCP-Verbindung als ein Paar von gegenseitig gerichteten unidirektionalen Verbindungen zwischen zwei Sockets interpretieren [Abb. 4.1-1c]. Der Aufbau einer TCP-Verbindung erfolgt immer mittels des *Three-Way Handshake* (*3WHS*)-Verfahrens, das

4.3 Funktion des Protokolls TCP

für eine Synchronisation der Kommunikationspartner sorgt und gewährleistet, dass die TCP-Verbindung in jede Richtung korrekt initialisiert wird. An dieser Stelle ist hervorzuheben, dass die Applikation im Quellrechner mit TCP über einen wahlfreien Port kommuniziert, der dynamisch zugewiesen wird.

Das TCP-Modell geht von einer *Zustandsmaschine* aus. Eine TCP-Instanz befindet sich immer in einem wohldefinierten Zustand. Die Hauptzustände sind Listen und (Verbindung-) Established. Zwischen diesen stabilen Zuständen gibt es gemäß Abb. 4.3-3 eine Vielzahl zeitlich befristeter (Zwischen-)Zustände. Mittels der Kontroll-Flags ACK, FIN, SYN und ggf. auch RST wird zwischen den Kommunikationspartnern der Wechsel zu bzw. der Verbleib in einem Zustand signalisiert.

TCP-Zustandsmodell

Um die Menge der auf einer TCP-Verbindung übertragenen Daten zwischen den kommunizierenden Rechnern entsprechend abzustimmen, was man als Flusskontrolle bezeichnet, kommt der *Fenstermechanismus* (Window) zum Einsatz. Zur effizienten Nutzung des Fenstermechanismus stehen zwei Parameter zur Verfügung, die zwischen den TCP-Instanzen im Verlauf der Kommunikation dynamisch angepasst werden. Es handelt sich hierbei um: Windowsize und Maximum Segment Size.

Fenstermechanismus

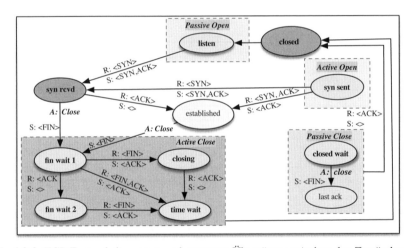

Abb. 4.3-3: TCP-Zustandsdiagramm und gestattete Übergänge zwischen den Zuständen
 E: Empfänger, S: Sender, A: Applikation

Windowsize (WSIZE) ist als die Größe des TCP-Empfangspuffers in Byte zu interpretieren. Aufgrund des maximal 16 Bit großen Feldes im TCP-Header kann dieses maximal einen Wert von $2^{16} - 1 = 65535$ Byte (d.h. rund 64 KByte) aufweisen. Moderne TCP-Implementierungen nutzen allerdings die im TCP-Header vorgesehene Option des *WSopt*, sodass nun Werte bis 2^{30}, also rund 1 GByte, möglich sind.

Interpretation von Windowsize

Windowsize als Konfigurationsparameter der TCP-Implementierung ist üblicherweise auf einen Wert von 4, 8, 16 oder 32 KByte initialisiert. Beim Verbindungsaufbau teilt die TCP-Empfängerinstanz dem Sender ihre *Windowsize* mit, was als *advertised Windowsize* (*advWind*) bezeichnet wird.

Maximum Segment Size (MSS) stellt das Gegenstück zu WSIZE dar, ist also die Größe des TCP-Sendepuffers für die zu übertragenden Daten. Für übliche TCP-

Interpretation von Maximum Segment Size

Implementierungen gilt die Ungleichung MSS < WSIZE. Die dynamische Aushandlung dieser Parameter zusammen mit der Methode der Bestimmung der *Round Trip Time* (RTT) begründet ursächlich das gute Übertragungsverhalten von TCP in sehr unterschiedlichen Übermittlungsnetzen (siehe Abschnitt 4.4.2).

4.3.3 Auf- und Abbau von TCP-Verbindungen

Den Aufbau einer TCP-Verbindung zeigt Abb. 4.3-4. Hier soll insbesondere zum Ausdruck gebracht werden, dass eine TCP-Verbindung vollduplex ist und als ein Paar von zwei unidirektionalen logischen Verbindungen gesehen werden kann [Abb. 4.3-1c]. Die Kommunikationspartner befinden sich zum Anfang der Übertragung immer in folgenden Zuständen [Abb. 4.3-3]:

- *Passives Öffnen* (Listen): Eine Verbindung tritt in den Empfangsstatus ein, wenn eine Anwendungsinstanz TCP mitteilt, dass sie Verbindungen für eine bestimmte Portnummer annehmen möchte.
- *Aktives Öffnen* (SYN sent): Eine Applikation teilt dem TCP mit, dass sie eine Verbindung mit einer bestimmten IP-Adresse und Portnummer eingehen möchte, was mit einer bereits abhörenden Applikation korrespondiert.

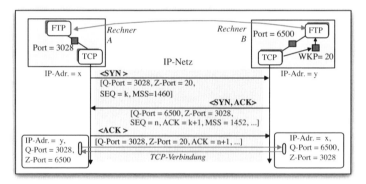

Abb. 4.3-4: Beispiel für den Aufbau einer TCP-Verbindung
Q: Quell, Z: Ziel, WKP: Well-known Port

Beispiel: FTP

In Abb. 4.3-4 wird die TCP-Verbindung im Rechner *A* mit der IP-Adresse x durch die Applikation FTP initiiert. Hierbei wird ihr für die Zwecke der Kommunikation beispielsweise die Portnummer 3028 zugewiesen. Die TCP-Instanz im Rechner *A* generiert ein TCP-Paket, in dem das Flag SYN gesetzt ist. Somit wird dieses Paket hier als <SYN>-Paket bezeichnet. Der Verbindungsaufbau beginnt damit, dass jeder der beiden Kommunikationspartner zunächst einen Anfangswert für die jeweilige Sequenznummer wählt. Dieser Anfangswert für eine Verbindung wird als *Initial Sequence Number* (ISN) bezeichnet.

<SYN>-Paket

Die TCP-Instanz im Rechner *A* sendet dazu an den Rechner *B* ein <SYN>-Paket, in dem u.a. folgende Informationen enthalten sind:

- SYN-Flag im TCP-Header wird gesetzt. Damit ist der Name <SYN>-Paket zu begründen.

4.3 Funktion des Protokolls TCP

- frei zugeteilte Nummer des Quellports; hierzu werden besonders die Ports[1] zwischen 5000 und 64000 benutzt.
- Zielport als *Well-known Port*, um die richtige Anwendung 'anzusprechen'. Ein *Well-known Port* ist ein Kontaktport (*Contact Port*) einer Applikation und kann als ihr Begrüßungsport angesehen werden.
- SEQ: *Sequenznummer* der Quell-TCP-Instanz (hier SEQ = k).

Das gesetzte SYN-Bit bedeutet, dass die Quell-TCP-Instanz eine Verbindung aufbauen (synchronisieren) möchte. Mit der Angabe des Zielports (als *Well-known Port*) wird die gewünschte Applikation im Rechner B gefordert.

Die Ziel-TCP-Instanz befindet sich im *Listenmodus*, sodass sie auf ankommende <SYN>-Pakete wartet. Nach dem Empfang eines <SYN>-Pakets leitet die Ziel-TCP-Instanz ihrerseits den Verbindungswunsch an die Ziel-Applikation (hier FTP) gemäß der empfangenen Nummer des Zielports weiter. Falls die Applikation im Zielrechner die ankommende TCP-Verbindung akzeptiert, wird ihr ein Port als Puffer für zu sendende und zu empfangende Daten eingerichtet. Diesem Port wird eine große Nummer (z.B. 6500) zugeteilt. Danach wird eine eigene ISN in Richtung Rechner *A* generiert.

Reaktion des Zielrechners auf <SYN>-Paket

Im zweiten Schritt des Verbindungsaufbaus wird ein TCP-Paket im Rechner B mit folgendem Inhalt an den Rechner *A* zurückgeschickt:

- Die beiden Flags SYN und ACK im TCP-Header werden gesetzt, sodass man von einem <SYN,ACK>-Paket spricht.
- Die beiden Quell- und Zielportnummern werden angegeben. Als Quellport wird der neu im Rechner *B* eingerichtete Port 6500 angegeben. Als Zielport wird der Quellport im Rechner *A* eingetragen.
- Die Sequenznummer der Ziel-TCP-Instanz (hier SEQ = n) wird mitgeteilt.

<SYN,ACK>-Paket

Das ACK-Bit signalisiert, dass die Quittungsnummer (hier kurz ACK) im <SYN,ACK>-Paket von Bedeutung ist. Die *Quittungsnummer* ACK enthält die nächste, von der TCP-Instanz im Rechner *B* erwartete Sequenznummer. Die TCP-Instanz im Rechner *A* bestätigt noch den Empfang des <SYN,ACK>-Pakets mit einem <ACK>-Paket, in dem das ACK-Flag gesetzt wird. Mit der *Quittungsnummer* ACK = n + 1 wird der TCP-Instanz im Rechner *B* bestätigt, dass die nächste Sequenznummer n + 1 erwartet wird.

Reaktion auf <SYN,ACK>-Paket

Zusätzlich teilt Rechner *A* die maximale Größe eines TCP-Segments Rechner *B* mit einem Wert von MSS = 1460 (Byte) mit, wohingegen Rechner *B* in der Gegenrichtung einen Wert von MSS = 1452 Byte vorschlägt, da *B* im TCP-Header noch (nicht gezeigte) Optionen übermittelt.

MSS in <SYN>-Paketen

Aus Abb. 4.3-4 geht außerdem hervor, dass sich eine TCP-Verbindung aus zwei *unidirektionalen Verbindungen* zusammensetzt. Jede dieser gerichteten Verbindungen wird im Quellrechner durch die Angabe der IP-Zieladresse und der Quell- und Zielports eindeutig identifiziert.

---

[1] Ports unter 1000 sind für Server-Anwendungen reserviert; die hohen Portnummern stehen für Client-Anwendungen zur Verfügung.

Wurde eine TCP-Verbindung aufgebaut, so kann der Datenaustausch zwischen den kommunizierenden Applikationen erfolgen, genauer gesagt zwischen den mit der TCP-Verbindung logisch verbundenen Ports. Bevor wir aber auf die Besonderheiten der Datenübermittlung nach dem Protokoll TCP eingehen, soll zunächst der Abbau einer TCP-Verbindung kurz erläutert werden.

Abbau einer TCP-Verbindung

Den Abbau einer TCP-Verbindung illustriert Abb. 4.3-5. Im Normalfall kann der Abbau von einer der beiden kommunizierenden Applikationen initiiert werden. Da jede TCP-Verbindung sich aus zwei gerichteten Verbindungen zusammensetzt, werden diese gerichteten Verbindungen quasi nacheinander abgebaut. Jede TCP-Instanz koordiniert den Abbau ihrer gerichteten Verbindung zu ihrer Partner-TCP-Instanz und verhindert hierbei den Verlust von übertragenen, aber noch nicht quittierten Daten.

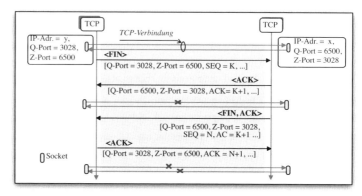

Abb. 4.3-5: Beispiel für den Abbau einer TCP-Verbindung

Maximum Segment Lifetime

Der Abbau wird von einer Seite mit einem TCP-Paket initiiert, in dem das FIN-Flag im Header gesetzt wird, sodass man dieses TCP-Paket als <FIN>-Paket bezeichnet. Dies wird von der Gegenseite durch ein <ACK>-Paket mit dem gesetzten ACK-Flag positiv bestätigt. Die positive Bestätigung erfolgt hier durch die Angabe der Quittungsnummer ACK = K + 1, d.h. der empfangenen Sequenznummer SEQ = K plus 1. Damit wird eine gerichtete Verbindung abgebaut. Der Verbindungsabbau in der Gegenrichtung wird mit dem TCP-Paket begonnen, in dem die beiden FIN- und ACK-Flags gesetzt sind, d.h. mit dem <FIN,ACK>-Paket. Nach der Bestätigung dieses <FIN,ACK>-Pakets durch die Gegenseite wird der Abbauprozess beendet.

Beim Abbau einer Verbindung tritt u.U. ein zusätzlicher interner *Time-out-Mechanismus* in Kraft. Die TCP-Instanz geht in den Zustand *Active-Close*, versendet ein abschließendes <ACK>-Paket und befindet sich dann im Status *Time-Wait* [Abb.4.3-3]. Dessen Zeitdauer beträgt 2 ∗ MSL (*Maximum Segment Lifetime*), bevor die TCP-Verbindung letztlich geschlossen wird. TCP-Pakete, die länger als die MSL-Dauer im Netz unterwegs sind, werden verworfen. Der Wert von *MSL* beträgt bei heutigen TCP-Implementierungen in der Regel 120 Sekunden. Anschließend wird der Port freigegeben und steht (mit einer neuen ISN) für spätere Verbindungen wieder zur Verfügung.

4.3.4 Flusskontrolle bei TCP

Bei der Datenkommunikation muss die Menge der übertragenen Daten an die Aufnahmefähigkeit des Empfängers angepasst werden. Sie sollte nicht größer sein als die Datenmenge, die der Empfänger aufnehmen kann. Daher muss die Menge der übertragenen Daten zwischen den kommunizierenden Rechnern entsprechend abgestimmt werden. Diese Abstimmung bezeichnet man oft als *Datenflusskontrolle* (*Flow Control*). Sie erfolgt beim TCP nach dem Prinzip *Sliding Window*. In Abschnitt 1.2.2 wurde bereits das Window-Prinzip (*Fensterprinzip*) bei der Nummerierung nach dem Modulo-8-Verfahren kurz erläutert. Bevor auf die Besonderheiten der Flusskontrolle beim TCP eingegangen wird, soll das allgemeine *Sliding-Window-Prinzip* näher veranschaulicht werden.

Sliding-Window-Prinzip

Für die Zwecke der Flusskontrolle nach dem Sliding-Window-Prinzip dienen folgende Angaben im TCP-Header:

- *Sequence Number* (Sequenznummer),
- *Acknowledgement Number* (Quittungs- bzw. Bestätigungsnummer),
- *Window* (Fenstergröße).

Mit der Sequenznummer SEQ werden die zu sendenden Daten fortlaufend byteweise nummeriert. Sie besagt, mit welcher Nummer die Nummerierung der im TCP-Paket gesendeten Byte beginnen soll [Abb. 4.3-8].

Sequenznummer

Mit der Quittungsnummer teilt der Empfänger dem Sender mit, welche Sequenznummer als nächste bei ihm erwartet wird. Hierbei wird die Angabe Window wie folgt interpretiert:

Quittungsnummer und Window

- *Seitens des Senders* stellt die Window-Größe (Fenstergröße) bei TCP die maximale Anzahl von Daten in Byte dar, die der Sender absenden darf, ohne auf eine Quittung vom Empfänger warten zu müssen.
- *Seitens des Empfängers* ist Window als Anzahl der Daten in Byte zu verstehen, die von diesem auf jeden Fall immer aufgenommen werden können.

Wird die maximale Länge von Datensegmenten in TCP-Paketen festgelegt, so kann die Menge von Daten unterwegs mit den erwähnten drei Parametern (Sequenz- und Quittungsnummer sowie Window) jederzeit kontrolliert werden.

Abb. 4.3-6 veranschaulicht die Flusskontrolle nach dem Sliding-Window-Prinzip mit der Window-Größe = 4. Wie hier ersichtlich ist, lässt sich das Window als Sendefenster interpretieren.

Flusskontrolle

Sendeblockade

> Betrachten wir zunächst das Beispiel in Abb. 4.3-6a. Da die Window-Größe 4 beträgt, darf der Sender nur 4 Byte absenden, ohne auf eine Quittung warten zu müssen. Dies bedeutet, dass er die Byte mit den Nummern 1, 2, 3 und 4 absenden darf. Nach dem Absenden der ersten drei Byte ist eine Quittung eingetroffen, mit der das erste Byte quittiert wird. Dadurch verschiebt sich das Fenster (*Window*) mit den zulässigen Sequenznummern um eine Position nach rechts. Da maximal 4 Byte unterwegs sein dürfen, kann der Sender nun die nächsten Byte mit den Nummern 4 und 5 senden. Nach dem Absenden des Byte mit Sequenznummer 5 wird das Byte mit der Sequenznummer 2 durch den

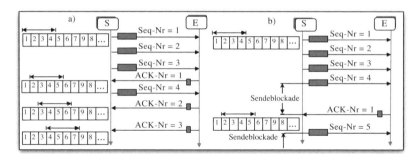

Abb. 4.3-6: Sliding-Window-Prinzip bei Window-Größe = 4:
a) fehlerfreie Übertragung, b) Bedeutung der Sende-Blockade
ACK: Quittungsnummer (Acknowledgement Number), Seq-Nr.: Sequenznummern;
E: Empfänger, S: Sender

Empfänger positiv quittiert. Dadurch verschiebt sich das Fenster nach rechts um eine Position weiter.

Abb. 4.3-6b zeigt die Situation, in der der Sendeprozess blockiert werden muss (*Sendeblockade*). Sie kommt oft dann vor, wenn einerseits die Verzögerungszeit im Netz groß und andererseits die Window-Größe zu klein ist. Mit großen Verzögerungszeiten ist immer zu rechnen, wenn eine Satellitenstrecke als ein Übertragungsabschnitt eingesetzt wird. Wie hier ersichtlich ist, muss der Sender nach dem Absenden von Byte mit den Sequenznummern 1, 2, 3 und 4 auf eine Quittung warten. Hier wurden die Daten aus dem Sendefenster abgesendet, und deren Empfang wurde noch nicht bestätigt. Bevor einige Byte quittiert werden, darf der Sender keine weiteren Byte senden. Nach dem Eintreffen der Quittung für das Byte mit Sequenznummer 1 verschiebt sich das Sendefenster um eine Position nach rechts. Das Byte mit der Sequenznummer 5 darf nun gesendet werden. Anschließend muss der Sendevorgang wiederum bis zum Eintreffen der nächsten Quittung blockiert werden.

4.3.5 TCP Sliding-Window-Prinzip

Bei TCP erfolgt die Flusskontrolle nach dem *Sliding-Window-Prinzip*. Hierbei legt die Window-Größe die maximale Anzahl von Byte fest, die der Quellrechner absenden darf, ohne auf eine Quittung vom Zielrechner warten zu müssen. Abb. 4.3-7 illustriert die Interpretation von Window bei TCP.

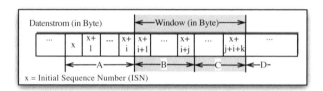

Abb. 4.3-7: Interpretation von Window bei TCP

Byte in Flight

Mit dem Parameter *Window* wird bei TCP ein Bereich von Nummern markiert, die den zu sendenden Datenbyte zuzuordnen sind. Dieser Bereich kann als *Sendefenster* angesehen werden. Im Strom der Datenbyte sind vier Bereiche zu unterscheiden:

4.3 Funktion des Protokolls TCP

- *A*: i Datenbyte, die abgesendet und bereits positiv quittiert wurden,
- *B*: j Datenbyte, die abgesendet und noch nicht quittiert wurden ('*Data in flight*'),
- *C*: k Datenbyte, die noch abgesendet werden dürfen, ohne auf eine Quittung warten zu müssen,
- *D*: Datenbyte außerhalb des Sendefensters. Diese Datenbyte dürfen erst dann abgesendet werden, wenn der Empfang von einigen vorher abgeschickten Datenbyte bestätigt wird.

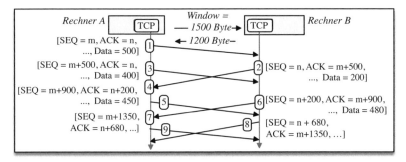

Abb. 4.3-8: Beispiel für den TCP-Ablauf bei fehlerfreier Datenübermittlung
SEQ: Sequenznummer, ACK: Quittungsnummer

Im Folgenden wird der Datenaustausch nach TCP verdeutlicht und damit auch das Sliding-Window-Prinzip näher erläutert. Abb. 4.3-8 zeigt ein Beispiel für eine fehlerfreie Datenübermittlung.

Sliding Window mit fehlerfreier Datenübermittlung

Fehlerfreier Datenaustausch

Die hier dargestellten einzelnen Ereignisse sind wie folgt zu interpretieren:

1. Das erste TCP-Paket von Rechner *A* zu Rechner *B* besitzt die Sequenznummer SEQ = m. Dieses Paket enthält die ersten 500 Datenbyte. SEQ = m verweist darauf, dass den einzelnen übertragenen Datenbyte die Nummern m, m+1, ..., m+499 zugeordnet sind.
2. Von Rechner *B* wird mit einem TCP-Paket, in dem 200 Datenbyte enthalten sind und bei dem das ACK-Flag gesetzt wurde, bestätigt, dass das erste TCP-Paket von Rechner *A* fehlerfrei aufgenommen wurde und das nächste Datenbyte mit der Nummer m+500 erwartet wird. SEQ = n besagt, dass die Nummern n, n+1, ..., n+199 den hier übertragenen Datenbyte zuzuordnen sind.
3. Das zweite TCP-Paket von Rechner *A* zu Rechner *B* mit den nächsten 400 Datenbyte und mit SEQ = m+500. Somit enthält dieses TCP-Paket die Datenbyte mit den Nummern m+500, m+501, ..., m+899. Damit wurden bereits 900 Datenbyte von Rechner *A* abgeschickt und vom Zielrechner *B* noch nicht quittiert. Da die Window-Größe in Richtung zum Rechner *B* 1500 Byte beträgt, können vorerst nur noch 1500 - 900 = 600 Datenbyte abgesendet werden.
4. Nach dem Empfang dieses TCP-Pakets werden 500 Datenbyte vom Zielrechner *B* positiv quittiert. Somit verschiebt sich das Sendefenster im Rechner *A* um 500. Da der Empfang von 400 Byte (das zweite TCP-Paket) noch nicht bestätigt wurde, können noch 1500-400 = 1100 Datenbyte gesendet werden.
5. Das dritte TCP-Paket von Rechner *A* zu Rechner *B* mit SEQ = m+900 und mit 450 Datenbyte. Dieses Paket enthält die Datenbyte mit den Nummern von m+900 bis m+1349. Somit sind bereits 850 Datenbyte abgeschickt, die noch nicht quittiert

wurden. Darüber hinaus können nur noch weitere 650 (d.h. 1500 − 850) Datenbyte abgesendet werden. Mit diesem TCP-Paket wird dem Rechner B auch mitgeteilt, dass die nächsten Datenbyte ab Nummer n+200 erwartet werden.

6. Rechner B quittiert mit einem TCP-Paket, in dem das ACK-Flag gesetzt wird, das dritte TCP-Paket von Rechner A und sendet zu Rechner A die nächsten 480 Datenbyte. Diesen Datenbyte sind die Nummern n+200, ..., n+679 zuzuordnen.

7. Nach dem Empfang dieses TCP-Pakets werden die an Rechner A abgeschickten Datenbyte mit den Nummern m+900−1 positiv quittiert. Damit verschiebt sich in Rechner A das Sendefenster entsprechend.

8. Rechner B bestätigt mit einem TCP-Paket, in dem das ACK-Flag gesetzt wird, die Datenbyte einschließlich bis zur Nummer m+1350−1. Auf diese Weise wurden alle zu Rechner B abgeschickten Daten quittiert. Rechner A kann nun an Rechner B die durch die Window-Größe festgelegte Datenmenge (d.h. 1500 Byte) unmittelbar weitersenden, ohne vorher auf eine positive Quittung von Rechner B warten zu müssen.

9. Rechner A quittiert mit ACK = n+680 positiv Rechner B, alle Datenbyte bis zur Nummer n+680−1 empfangen zu haben. Zugleich wird mit SEQ = m+1350 signalisiert, dass bereits m+1350 Datenbyte geschickt wurden.

Sendeblockade bei der Datenübermittlung

Den Ablauf des Protokolls TCP bei einer fehlerbehafteten Datenübermittlung illustriert Abb. 4.3-9.

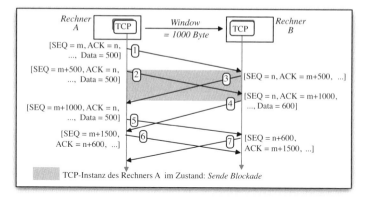

Abb. 4.3-9: Beispiel für das TCP-Verhalten bei einer fehlerbehafteten Datenübermittlung

Fehlerhafte Datenübertragung

Die einzelnen Ereignisse sind hier folgendermaßen zu interpretieren:

1. Auch hier besitzt das erste TCP-Paket von Rechner A zu Rechner B die SEQ = m und liefert die ersten 500 Datenbyte. Diesen Datenbyte sind daher die Nummern m, m+1, ..., m+499 zuzuordnen. Mit ACK = n wird dem Rechner B mitgeteilt, dass das nächste Datenbyte mit der Nummer n von ihm erwartet wird.

2. Das zweite TCP-Paket von Rechner A zu Rechner B mit den nächsten 500 Datenbyte und mit SEQ = m+500. Somit enthält dieses TCP-Paket die Datenbyte mit den Nummern m+500, ..., m+999. Mit dem Absenden dieser 500 Datenbyte wurden die Nummern zur Vergabe der zu sendenden Datenbyte 'verbraucht' (⇒ Window = 1000 Byte). Aus diesem Grund muss der Sendeprozess blockiert werden.

4.3 Funktion des Protokolls TCP

3. Es werden 500 Datenbyte vom Zielrechner B positiv quittiert. Damit verschiebt sich das Sendefenster in Rechner A entsprechend, sodass weitere 500 Datenbyte gesendet werden dürfen.
4. Rechner B sendet 600 Datenbyte und quittiert dem Rechner A alle Datenbyte bis einschließlich Nummer m+1000-1.
5. Das dritte TCP-Paket von Rechner A zu Rechner B mit den nächsten 500 Datenbyte und mit der Sequenznummer SEQ = m+1000.
6. Rechner A quittiert Rechner B alle Datenbyte bis einschließlich Nummer n+600-1.
7. Rechner B quittiert Rechner A alle Datenbyte bis einschließlich Nummer m+1500-1.

Da IP zu den unzuverlässigen Protokollen gehört, muss TCP über Mechanismen verfügen, der es in die Lage versetzt, mögliche Fehler auf den unteren Protokollschichten (z.B. Verlust von IP-Paketen, Verfälschung der Reihenfolge usw.) zu erkennen und zu beheben. Der von TCP verwendete Mechanismus ist bemerkenswert einfach:

Fehlerbehaftete Datenübermittlung

> Ist die Wartezeit für *ein* abgesendetes TCP-Segment überschritten, innerhalb derer eine Bestätigung erfolgen sollte (*Maximum Segment Lifetime*), wird die Übertragung *aller* Datenbyte wiederholt, für die bis dahin noch keine Quittungen vorliegen.

Im Unterschied zu anderen Methoden der Fehlerkontrolle kann hier der Empfänger zu keinem Zeitpunkt eine wiederholte Übertragung erzwingen. Dies liegt zum Teil daran, dass kein Verfahren vorhanden ist, um negativ zu quittieren, sodass keine wiederholte Übertragung einzelner TCP-Pakete direkt veranlasst werden kann. Der Empfänger muss einfach abwarten, bis das von vornherein festgelegte Zeitlimit *MSL* (*Maximum Segment Lifetime*) auf der Sendeseite abgelaufen ist und infolgedessen bestimmte Daten nochmals übertragen werden.

Das Funktionsweise des MSL-Timer bei TCP zeigt Abb. 4.3-10. Um die Darstellung zu vereinfachen, werden hier nur jene Angaben gezeigt, die nötig sind, um dieses Prinzip zu erläutern.

MSL Timer

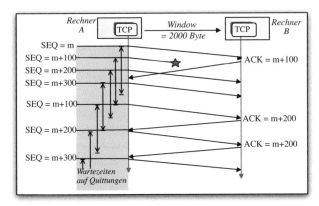

Abb. 4.3-10: Gesteuerte Segmentwiederholung über den TCP MLS Timer
ACK: Quittungsnummer, SEQ: Sequenznummer

Wie in Abb. 4.3-10 dargestellt, wird der MSL-Timer nach dem Absenden jedes TCP-Segments neu gestartet. Mit diesem *Timer* wird eine maximale Wartezeit (*Timeout*)

Nutzung des MSL-Timers

auf die Quittung angegeben. Kommt innerhalb dieser festgelegten maximalen Wartezeit keine Quittung an, wird die Übertragung des betreffenden TCP-Pakets wiederholt. Darin besteht das eigentliche Prinzip der Fehlerkontrolle bei TCP.

Das TCP-Paket mit der Sequenznummer m+100 hat den Empfänger nicht erreicht, obwohl die später abgeschickten TCP-Pakete (mit den Sequenznummern m+200 und m+300) dort ankamen. Die TCP-Instanz im Rechner *B* sendet keine Bestätigung für den Empfang des TCP-Pakets mit der Sequenznummer m+200, da die Datenbyte mit den Nummern m+100, ..., m+199 noch nicht empfangen wurden. Das nächste TCP-Paket mit SEQ = 300 wird ebenfalls nicht bestätigt. Dies hat zur Folge, dass das Zeitlimit für die Übertragung des TCP-Pakets mit der Sequenznummer x+100 abläuft und dieses Paket infolgedessen erneut übertragen wird.

Bestätigung

Der Empfang der TCP-Pakete wird nur dann bestätigt, wenn ihre Reihenfolge vollständig ist. Somit kann die Situation eintreten, dass eine Reihe von TCP-Paketen (soweit die Window-Größe dies zulässt) sogar dann wiederholt übertragen werden muss, wenn sie bereits fehlerfrei beim Zielrechner ankamen. Wie dem Beispiel in Abb. 4.3-10 zu entnehmen ist, betrifft dies in unserem Fall die TCP-Pakete mit den Sequenznummern m+200 und m+300. Diese müssen nochmals übertragen werden.

Round Trip Time

Die maximale Wartezeit auf die Quittung ist ein zentraler Parameter von TCP. Er hängt von der zu erwartenden Verzögerung im Netz ab. Die Verzögerung im Netz kann durch die Messung der Zeit, die bei der Hin- und Rückübertragung zwischen dem Quell- und dem Zielrechner auftritt, festgelegt werden. In der Literatur wird diese Zeit als *Round Trip Time* (RTT) bezeichnet. In Weitverkehrsnetzen, in denen auch Satellitenverbindungen eingesetzt werden, kann es einige Sekunden dauern, bis eine Bestätigung ankommt.

Im Laufe einer Verbindung kann die RTT aufgrund der Netzbelastung schwanken. Daher ist es nicht möglich, einen festen Wert für die maximale Wartezeit auf die Quittung einzustellen. Wird ein zu kleiner Wert gewählt, läuft die Wartezeit ab, bevor eine Quittung eingehen kann und das Segment unnötig erneut gesendet. Wird ein zu hoher Wert gewählt, hat dies lange Verzögerungspausen zur Folge, da die gesetzte Zeitspanne abgewartet werden muss, bevor eine wiederholte Übertragung stattfinden kann. Durch den Verlust eines Segments kann der Datendurchsatz erheblich sinken.

4.4 Implementierungsaspekte von TCP

TCP wurde in der Vergangenheit den sich ändernden Gegebenheiten der Netze (LANs und WANs) angepasst. Dies betrifft nicht die Protokollparameter, die über die Jahre unverändert geblieben sind, sondern vielmehr die Implementierung der Algorithmen in den TCP-Instanzen, d.h. den *TCP-Stack* als Bestandteil der Kommunikationssoftware in Betriebssystemen und Routern. Der TCP-Stack ist so zu optimieren, dass er unter den heute gegebenen Netzen und Anwendungen eine maximale Performance und eine hohe Übertragungssicherheit gewährleistet [RFC 1323, 2001 und 2018].

Die Einsatzgebiete von TCP haben sich durch die Popularität des Internet und den Entwicklungen der lokalen Netze stark erweitert, und es sind insbesondere folgende Netze zu unterstützen:

4.4 Implementierungsaspekte von TCP

1. Schnelle LANs wie z.B. Gigabit-Ethernet.
2. DSL-Anbindungen (*Digital Subscriber Line*) von Heimarbeitsplätzen ans Internet mittels PPPoE (*PPP over Ethernet*) [RFC 2516, Abschnitt 11.2.2] und Datenraten bis zu 8 Mbit/s, aber u.U. mit merklichen Verzögerungen bei der Datenübertragung bedingt durch Packet-Interleaving.
3. Ausgedehnte, große Netzstrukturen (WAN) mit unterschiedlichen Übermittlungsnetzen wie ATM oder Frame-Relay und Satellitenverbindungen mit z.T. signifikanten Verzögerungszeiten bei der Übertragung auf *Long Fat Networks* (LFNs) [RFC 2488].
4. Zu übertragende Datenvolumen, die im Bereich von Gigabyte liegen (z.B. beim Download von Videodateien) und den Bereich der einfach-adressierbaren Sequenznummern bei TCP überschreiten.

4.4.1 Klassische TCP-Implementierungen

Für TCP existieren eine Reihe von Implementierungsvorschlägen – konkret die Realisierung des TCP/IP-Stack –, die bekannte Schwächen beheben und zudem die Effizienz steigern sollen [RFC 1122]:

- *Nagle-Algorithmus*
  Er nimmt Bezug auf das Problem, dass die TCP-Instanz auf Anforderung der Anwendungsschicht sehr kleine Segmente sendet. Zur Reduzierung der Netzlast und damit zur Verbesserung des Durchsatzes sollten die pro Verbindung von der Anwendungsschicht ankommenden Daten möglichst konkateniert, d.h. in einem Segment zusammen gesendet werden. Dies hat nicht nur zur Folge, dass der Protokoll-Overhead verringert wird, sondern auch, dass die TCP-Instanz beim Empfänger nicht jedes (kleine) Segment per ACK bestätigen muss, was wiederum Auswirkungen auf die Gesamtlaufzeit hat. In den Nagle-Algorithmus gehen vier Faktoren ein:

  ▷ die *TCP-Haltezeit* für das Zusammenführen von Applikationsdaten in Segmente,
  ▷ der verfügbare *TCP-Pufferbereich* für Applikationsdaten,
  ▷ die *Verzögerungszeiten* im Übermittlungsnetz (z.B. LAN oder WAN),
  ▷ der *Applikationstyp*: In diesem Zusammenhang sind die 'interaktiven' Protokolle wie TELNET, RLOGIN, HTTP und speziell auch X-Windows besonders kritisch, da hier z.T. jedes einzelne Zeichen (Tasteneingabe bzw. Mausklick) für die Bildschirmanzeige 'geechot' wird.

- *Silly Window Syndrome*
  Mit diesem Begriff wird der Zustand gekennzeichnet, wenn ein TCP-Empfänger sukzessive mit der Erhöhung des zunächst kleinen internen TCP-Puffers beginnt und dies der sendenden TCP-Instanz durch ein weiteres `<ACK>`-Paket mit der neuen `Windowsize` umgehend mitteilt. Hierdurch kann es vorkommen, dass sich bei der Übertragung großer Datenmengen Sender und Empfänger hinsichtlich von *Windowsize* nicht mehr vernünftig abstimmen und der Sender nur noch sehr kleine Datensegmente übermittelt. Dieser Fehler im Fenstermanagement ist dadurch zu vermeiden, dass der Empfänger mit der Sendung des *ACK-Pakets* wartet, bis er hinlänglich TCP-Puffer allokieren kann. Es ist zu beachten, das dies ein zum *Nagle-Algorithmus* komplementärer Effekt ist.

Zero Window Probe
- *Zero Window Probe*
  Ist eine TCP-Verbindung aufgebaut [Abb. 4.3-4], kann eine TCP-Instanz der anderen durch Setzen von *Windowsize* auf 0 mitteilen, dass sie ihren TCP-Empfangspuffer auf Null reduziert hat. Dies kann z.B. eine Folge davon sein, das die TCP-Instanz die bereits anstehenden Daten nicht mehr an die Applikation weiterreichen kann, was typischerweise der Fall ist, wenn sich in einem Netzwerkdrucker kein Papier mehr befindet. In Anschluss daran ist es nach Ablauf von *Timeout* Aufgabe des Senders, mit einer *Zero Window Probe* festzustellen, ob der Empfänger wieder aufnahmebereit ist. Hintergrund hierfür ist, dass <ACK>-Pakete ohne Daten nicht verlässlich übertragen werden. Sollte der Empfänger hierauf nicht antworten, wird der *Retransmission-Algorithmus* in Gang gesetzt.

TCP Keep-Alives
- *TCP Keep-Alives*
  TCP verzichtet in der Regel auf ein *Keep-Alive-Verfahren*, ohne ein solches jedoch ausdrücklich auszuschließen. TCP-Keep-Alive-Informationen werden in *<ACK>-Paketen* mit einem bedeutungsfreien Datenbyte oder völlig ohne Daten eingeschlossen. Sie dürfen aber nur versendet werden, wenn keine anderen regulären Daten zwischen den TCP-Instanzen ausgetauscht werden. Entscheidend ist, das die generierte Sequenznummer [Abb. 4.4-2] dem obersten Wert des Sendefensters abzüglich eines Byte entspricht. Dieser Wert liegt außerhalb des ausgehandelten Sendefensters, was die TCP-Partnerinstanz veranlasst, mit einem <ACK>-PDU zu antworten.

4.4.2 Abschätzung der Round Trip Time

Eine konzeptionelle Eigenheit von TCP besteht darin, auch ohne positives ACK nach einer bestimmten Zeit (*Timeout*) die Daten erneut zu versenden. Hierzu bedient sich TCP einer Abschätzung der *Round Trip Time* (RTT), die möglichst präzise erfolgen sollte. Abb. 4.4-1 illustriert die Möglichkeiten der RTT-Abschätzung.

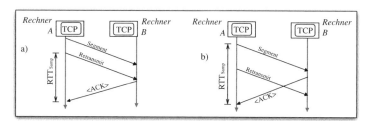

Abb. 4.4-1: Abschätzung von RTT nach: a) original TCP-Implementierung, b) Karn/Partridge-Algorithmus

Drei unterschiedliche Methoden für die RTT-Abschätzung sind sowohl in Endstationen als auch in Routern gebräuchlich:

- Die *Originalimplementierung* [Abb. 4.4-1a] sieht vor, RTT für jedes einzelne TCP-Paket zu ermitteln und hieraus ein gewichtetes Mittel rekursiv zu berechnen:

$$RTT_{Est} = a * RTT_{Est} + (1 - a) * RTT_{Samp}$$

4.4 Implementierungsaspekte von TCP

Hierbei stellt RTT_{Samp} den für ein <ACK>-Paket gemessenen Wert von RTT dar. Da am Anfang RTT_{Est} nicht bestimmt ist, wird $RTT_{Est} = 2s$ angenommen. Hieraus ergibt sich auch eine Abschätzung für Timeout:

$$\text{Timeout} = b * RTT_{Est}$$

Für die Parameter wird üblicherweise $a = 0,9$ und $b = 2$ angenommen. Problematisch an diesem Ansatz ist, dass sich einerseits ein 'verloren gegangenes' Paket in einer Unterschätzung von RTT auswirkt und damit andererseits keine Korrelation mit ACKs des Empfängers gegeben ist.

- Die *Karn/Partridge-Implementierung* [Abb. 4.4-1b] umgeht die letzte Einschränkung, da erst das ACK-Paket den Datenempfang bestätigt, wobei wiederholte TCP-Pakete nicht in den Algorithmus einbezogen werden. Zudem wird die Dauer von *Timeout* nach jedem Empfang angehoben:

$$\text{Timeout} = 2 * \text{Timeout}$$

- Die *Jacobsen/Karel-Implementierung* verfeinert den Karn/Partridge-Algorithmus durch Einbeziehen der Varianz in RTT_{Samp}, d.h. der Schwankungen dieser Werte:

$$\delta(RTT) = RTT_{Samp} - RTT_{Est} \quad \text{und} \quad RTT_{Est} = RTT_{Est} + g_0 * \delta(RTT)$$

Hierbei beträgt der Wert $g_0 = 0,125$. Auch wird die Berechnung des Timeout angepasst. Zunächst wird eine Hilfsgröße definiert:

$$\text{Abweichung} = \text{Abweichung} + g_1 * \delta(RTT)$$

mit $g_1 = 0,25$. Somit wird das neue Timeout berechnet nach:

$$\text{Timeout} = p * RTT_{Est} + q * \text{Abweichung}$$

wobei für p und q die Erfahrungswerte $p = 1$ und $q = 4$ gewählt sind.

Statt dieser heuristischen Verfahren kann die RTT auch über die TCP-Option RTT (*Round Trip Timer*) bestimmt werden. Abb. 4.4-2 illustriert dies.

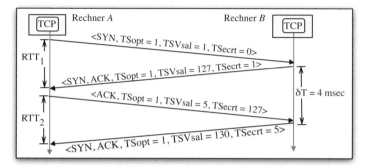

Abb. 4.4-2: Bestimmung der Round Trip Time mittels der Option TSopt, bei der beide Kommunikationspartner die jeweiligen Werte für TSVal und TSecrt mitteilen

Der Client setzt zunächst im ersten <SYN>-Paket die Option TSopt und befüllt das 4 Byte große TCP-Feld TSVal mit dem eigenen Zeitstempel (*Tickmark*). Sofern die angesprochene TCP-Instanz TSopt unterstützt, trägt diese wiederum ihre Tickmark im Timestamp des TSecr-Felds des <ACK>-Pakets ein, wobei immer auf das vorausgegangene <SYN>-Paket des Partners Bezug genommen wird.

Aus den gemittelten Werten lässt sich so eine relativ präzise Abschätzung der effektiven Round Trip Time ableiten, sofern statistische Ausreißer eliminiert werden [RFC 1323]. Es ist zu beachten, das die TimeStamp-Option nur einmal – und zwar genau zu Beginn der Verbindung – ausgehandelt werden darf und dann bis zum Abschluß der TCP-Konversation benutzt werden muss. Ein Wechsel in den 'TSopt-Betrieb' während der laufenden TCP-Sitzung ist eigentlich verboten, wird jedoch von z.B. Windows-Betriebssystemen stillschweigend unterstützt. Wollen beide Kommunikationspartner TSopt benutzen, ist dies jeweils unabhängig anzuzeigen.

4.4.3 Verbesserung der Effizienz von TCP

Das Erkennen und das Beheben möglicher Durchsatzprobleme beinhalten mehrere Aspekte, die den Aufbau der Verbindung, ihre Unterhaltung und die Reaktion auf Fehler betreffen. Um die Effizienz von TCP zu verbessern, wurden folgende Verfahren vorgeschlagen:

TCP Slow Start
- *TCP Slow Start* sagt aus [RFC 1323], dass eine TCP-Instanz die Übermittlung von TCP-Paketen mit einem kleinen *Congestion Window* (cwnd) beginnt, i.d.R. cwnd = 1 Segment (Defaultwert: 536 Byte). Anschließend wird cwnd mit jedem empfangenen <ACK>-Paket quadratisch vergrößert, d.h. cwnd = cwnd * cwnd und die Anzahl der übertragenen TCP-Pakete entsprechend erhöht, bis der Empfänger bzw. ein zwischengeschalteter Router Paketverluste signalisiert. Dies teilt dem Sender mit, dass er die Kapazität des Netzwerks bzw. des Empfängers überschritten hat, was eine Reduktion von cwnd zur Folge hat.

Congestion Avoidance
- *Congestion Avoidance* [RFC 2581, 2001 sowie 5681] geht von der Annahme aus, dass Datenpakete in Netzen kaum mehr verloren gehen, sondern im Falle von *Timeouts* und doppelt empfangenen <ACK>-Paketen (dACKs) eine Überlast im Netzwerk aufgetreten ist. Eine TCP-Instanz kann dem vorbeugen, indem sie neben cwnd und der Grösse des *advertised Windows* (advWin) eine Variable *Slow Start Threshold* (ssthresh) nach folgendem Schema nutzt:

  1. Initialisierung: cwnd = 1 Segment, ssthres = max. Windowsize (64 KByte)
  2. Maximale zu sendende Datenmenge: $min(\text{cwnd}, \text{advWin})$
  3. Beim Empfang von dACKs wird ssthresh neu berechnet:

  $$\text{ssthresh} = max(2, min(\text{cwnd}/2, \text{advWin}))$$

  Falls Timeouts registriert werden, gilt: cwnd = 1
  4. Beim Empfang eines neuen ACK-Pakets wird cwnd nach *Slow Start* oder nach *Congestion Avoidance* wieder erhöht.

4.4 Implementierungsaspekte von TCP

- *Fast Retransmit* [RFC 2581/2001] geht davon aus, dass mehrere empfangene (double ACK) dACKs den Verlust lediglich eines TCP-Pakets bedeuten, welches neu gesendet werden muss. Falls die Anzahl von dACKs einen Schwellenwert überschreitet (z.B. 3 dACKs), tritt ein *Fast Retransmit* in Kraft, indem nicht der TCP-Timeout abgewartet wird, sondern sofort das letzte Segment zu wiederholen ist. Im Anschluss geht die TCP-Instanz in ein *Fast Recovery* über, was auf der Annahme basiert, dass ein (noch) anhaltender Datenfluss vorliegt. Es wird die *Congestion Avoidance* statt des *Slow Start* eingesetzt.

  Fast Retransmit

- *Selective Acknowledgement (SACK)*: Mit dem in RFC 2018 vorgestellten SACK-Verfahren wird dem Problem begegnet, dass mit hoher Wahrscheinlichkeit beim Registrieren von kumulativen dACKs nur ein Paket neu übertragen werden muss. *Fast Retransmit* würde hingegen mehrere u.U. fehlerfrei – aber mit Verzögerung – empfangene TCP-Pakete wiederholen. Um dieser Situation zu entgehen, muss der Empfänger dem Sender in einem <ACK>-Paket den Beginn und das Ende derjenigen Datenblöcke mitteilen, die er als Letzte zusammenhängend in seinem Empfangsfenster (Datenpuffer) verarbeitet hat. Den Aufbau der *SACK*-Option zeigt Abb. 4.4-3.

  Selective Acknowledgement

  Die *SACK*-Option erweitert das Optionsfeld um bis zu maximal 40 Byte. Wie aus Abb. 4.4-3 ersichtlich ist, können höchstens 4 Blöcke gebildet werden, in denen Informationen über vier unterschiedliche Pufferbereiche einfließen. Wird zusätzlich die Option *Timestamp* eingesetzt, sind lediglich drei Blöcke möglich.

- *Protection Against Wrapped Sequence Number*: Ein Problem, das bei der Übertragung großer Datenmengen auftritt, ist der Überlauf des Sequenzzählers SEQ (*Sequence Number*) für TCP-Segmente. Wie in Abb. 4.3-2 dargestellt, ist SEQ ein 32-Bit-Wert, durch den normalerweise ein TCP-Segment – und damit die maximale Größe einer zu übertragenden Datei – auf maximal 4 GByte beschränkt ist. Ist die Datenmenge größer, muss der Zähler neu von 1 initialisiert werden. Wie soll die TCP-Instanz entscheiden, ob ein eventuell verlorengegangenes und zu wiederholendes TCP-Segment aus der aktuellen 'Runde' oder aus einer früheren stammt? Die Lösung hierfür ist die in Abschnitt 4.3.1 vorgestellte *Timestamp*-Option. Zusätzlich zu SEQ enthält das TCP-Segment eine monoton steigende, 4 Byte große Zeitinformation vom Kommunikationspartner, dessen jeweils aktueller Wert zu speichern ist. Ist das Zeitintervall eines 'Uhrticks' nun 1 ms, reicht dies aus, die Datenübertragung über nahezu 25 Tage zu monitoren. Durch den Vergleich des *Timestamp* eines alten und eventuell wiederholten TCP-Pakets mit der aktuell entgegengenommenen Zeitmarke kann das Erstere getrost verworfen werden.

  PAWS

Hervorzuheben sind weitere interessante (z.T. experimentelle) Implementierungsvorschläge zur Flusskontrolle wie z.B.:

- dACKs, d.h. die Erkennung von 'Duplicate ACKs' [RFC 2883], sowie die Ergänzung in Form des

  dACKs

- *Eifel-Algorithmus* für TCP [RFCs 3522 und 4015] für 'verlorene' ACKs zusammen mit dem
- 'New Reno' Fast *Recovery Algorithmus* [RFC 3782] sowie der Einsatz von
- ECN (*Explicit Congestion Notification*) [RFCs 3168/2481 und 2884] für TCP.

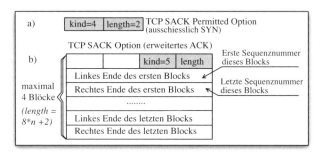

Abb. 4.4-3: Aufbau des SACK-Optionsfelds: a) für <SYN>-Pakete beim Aushandeln der Option b) bei der Übermittlung fehlerhafter oder fehlender Daten in <ACK>-Paketen

4.4.4 Datendurchsatz beim TCP

Bei der UDP-Übertragung ergibt sich der theoretisch maximale (Nutz-)Datendurchsatz einfach unter Berücksichtigung des Protokoll-Overheads und den Abständen, die die Frames auf der Datensicherungsschicht einhalten müssen, wobei als Faustformel davon ausgegangen werden kann, dass der Protokoll-Overhead etwa 3% ausmacht. Wir bezeichnen den maximal möglichen Durchsatz auf der Schicht 2 auch als *Wirespeed* bzw. *Leitungsdurchsatz*. Hierbei ist zu beachten, dass die 'Leitungsgeschwindigkeit' in der Regel als Bit/s angegeben, der 'Datendurchsatz' aber in Byte/s.

Beim verbindungsorientierten TCP-Protokoll hängt der Durchsatz von der Bestätigung durch den Empfänger ab. Somit müssen nicht nur die Nutzdaten beim Empfänger angekommen sein, sondern auch die Quittung muss beim Sender angekommen sein. Daher bestimmt die *Round Trip Time* der Nachrichten den Durchsatz bei TCP.

Bandbreiten-Delay-Produkt
Maßgeblich für den TCP-Datendurchsatz ist das 'Bandbreiten-Delay'-Produkt. Der maximal erzielbare Durchsatz ergibt sich durch:

    Durchsatz [KByte/s] = TCP Windowsize [KByte] / RTT [s]

Signallaufzeiten   Damit hängt der Datendurchsatz nicht nur von der *Leitungsschwindigkeit* also dem 'Wirespeed' ab, sondern insbesondere auf längeren Strecken merklich von der Laufzeiten der Signale auf der Übertragungsstrecke. Auf Kupfer- und Glasfaserkabel können wir hier von einer physikalischen Signalgeschwindigkeit von rund 200 000 km/s ausgehen; also etwa 2/3 der Lichtgeschwindigkeit. Hinzu kommen noch Verzögerungen in den aktiven Komponenten wie Router und Switches. Deren Einfluss ist unter normalen Umständen zu vernachlässigen, sofern keine Paketverluste, *Congestion* bzw. ein gewolltes *Traffic-Shaping* hinzukommen.

Performance-relevant sind folgende Faktoren:

- Der 'Wirespeed' der Datenverbindung, die den maximalen Datendurchsatz festgelegt.

4.4 Implementierungsaspekte von TCP

- Die *Round Trip Time* der Datenpakete, wobei hier die Signallaufzeiten zwischen den kommunizierenden Rechnern, aber auch statistische Ausreißer durch Paketverluste beitragen.
- Die *Windowsize* des Empfängers, die festlegt, wie viele Byte vom Sender verschickt werden können, ohne auf ein <ACK>-Paket des Empfängers zu warten. Entsprechend RFC 3390 wird die *initiale Windowsize* gemäß folgender Relation

  ```
  Windowsize = min (4*MSS, max (2*MSS, 4380 bytes)),
  ```

  gewählt, wobei MSS die *Maximum Segment Size* darstellt. Diese entspricht in der Regel dem Wert der MTU, bei Ethernet also typischerweise 1500 Byte.
- Die Größe der zu übertragenden Nachricht.

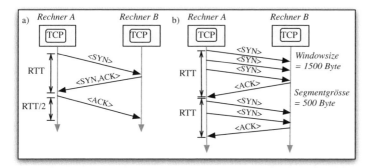

Abb. 4.4-4: Einflussgrößen für den TCP-Datendurchsatz a) der 3WHS, b) die Round Trip Time zusammen mit der Windowsize

Aus Abb. 4.4-4a ist zu entnehmen, dass bereits der notwendige *Three-Way Handshake* zu einem merklichen Effekt beiträgt, da zunächst die Zeit von 1,5 * RTT abgewartet werden muss, bevor Nutzdaten gesendet werden können.
Bei dem in Abb. 4.4-4b illustrierten Beispiel wird angenommen, dass der Empfänger *B* eine *Windowsize* von 1500 Byte besitzt. Die zu übertragende Datenmenge beträgt 2500 Byte. Hierbei sendet Rechner *A* drei TCP-Segmente mit jeweils 500 Byte. Diese kann er in einem Schwung absetzen, da er auf keine <ACK>-Pakete warten muss. Der Durchsatz beträgt damit näherungsweise Windowsize/RTT. Nach Erhalt des <ACK>-Pakets vom Rechner *B* kann die restliche Datenmenge übertragen werden. Obwohl jetzt eine geringe Anzahl Nutzbyte gesendet wurde, muss dennoch praktisch die gleiche RTT abgewartet werden.

Datendurchsatz beim Three-Way Handshake

Die zentrale Stellschraube zur Verbesserung des Datendurchsatzes bei TCP ist die *Windowsize*. Während das Standard-TCP-Fenster 64 KByte beträgt, kann mittels der *Window Scale* Option dieses Fenster bis zu 1 GByte vergrößert werden. Aktuelle TCP-Implementierungen nehmen ein *Autotuning* der *Windowsize* vor. Hierbei wird zunächst der Wert der RTT ermittelt und die *Windowsize* dem Bedarf der zu sendenden Datei angepasst. Ist die Größe der zu übertragenden Datei z.B. 100 MByte, wird auch nur ein Fenster von maximal dieser Größe angefordert. Daraus ergibt sich (vgl. Abb. 4.4-4b), dass der erzielbare Datendurchsatz für kleine Dateien immer schlechter ist als für große, und zwar unabhängig von der 'Leitungsgeschwindigkeit'.

TCP Fast Open

Aus Abb. 4.4-4 geht hervor, dass das Öffnen einer TCP-Verbindung durch den 3WHS viel Zeit kostet. Dies trifft besonders auf Anwendungen zu, die viele TCP-Verbindungen (auf dem gleichen Server) öffnen. Typische Beispiele sind:

- HTTP-Zugriffe auf Webseiten mit vielen (lokal) eingebetteten Bildern, für deren Download jeweils eine TCP-Session benötigt wird.
- Zugriffe auf Dateien, z.B. auf einen Samba-Server mittels des Protokolls CIFS (*Common Internet File System*), wo pro Verzeichnis und Datei ebenfalls eine TCP-Sitzung verlangt wird.
- Mail-Server per IMAP4 [RFC 3501], bei dem jeder Zugriff auf einen abonnierten Ordner ebenfalls mit einer TCP-Sitzung einhergeht.

Unter der Annahme, dass die TCP-Verbindung mit dem gleichen Server stattfindet, kann der 3WHS durch das *TCP Fast Open* (TCP/FO) Verfahren [http://tools.ietf.org/html/draft-ietf-tcpm-fastopen-05] deutlich beschleunigt werden, was aber sowohl vom Client als auch vom Server unterstützt werden muss [Abb. 4.4-5]:

1. Der Client generiert bei der ersten Kommunikation zum Server eine spezielle <SYN>-Sequenz, die im TCP Option-Feld einen Cookie-Request beinhaltet (*Fast Open Cookie Request Option*).
2. Der Server generiert hierauf ein Cookie und sendet dies im Folgenden <SYN,ACK>-Paket im Option-Feld an den Client, der dieses pro TCP-Verbindung cached.
3. Wird die TCP-Verbindung zum selben Server erneut angefordert, findet ein verkürzter Handshake statt, indem bereits im ersten <SYN>-Paket neben dem Cookie Nutzdaten untergebracht werden können, was somit eine RTT-Zeit spart.

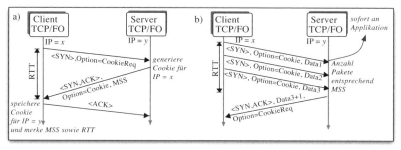

Abb. 4.4-5: Ablauf des TCP/FO-Verfahrens: a) Anforderung des FastOpen-Cookies im 3WHS b) TCP FastOpen falls gültiges Cookie vorhanden

Das Cookie *authentisiert* hierbei den Client und ist im Grunde genommen statisch. Server und Client müssen sich das Cookie merken, d.h. im Cache behalten. Allerdings ist die Gültigkeitsdauer des Cookies beschränkt.

Man kann also sagen, dass das übliche TCP-Protokoll mit seiner zustandslosen Verbindungsaufnahme aber zustandsbehaftetem Sitzungsgestaltung nun durch eine zustandsbehaftete Verbindungsaufnahme bei TCP/FO und anschließend durch einen quasi zustandslosen Sitzungsablauf ersetzt wird. Dies erfordert zunächst neue Parameter für

4.4 Implementierungsaspekte von TCP

den Socket-Aufruf (siehe nächster Abschnitt) und verlangt, dass die Applikation die Daten bereits vom ersten <SYN>-Paket entgegen nehmen kann. Ein weiteres Problem stellen herkömmliche Firewalls dar, die auf dieses TCP-Verhalten nicht vorbereitet sind und die Verbindungsaufnahme unterbinden würden. Sollte die TCP/FO-fähige Applikation dies feststellen (nach *Timeout*), muss sie in den normalen TCP-Modus zurück fallen.

4.4.5 TCP Socket-Interface

Die Entwicklung von TCP/IP vollzieht sich in engem Zusammenhang mit der Programmiersprache C und ihrem Einsatz insbesondere unter dem Betriebssystem Unix. Die Implementierung von TCP liegt in Form des TCP-Stacks vor, der sowohl eine Schnittstelle für die Applikation als auch für das darunterliegende IP-Interface bereitstellen muss. Software-technisch wird dies über das Socket-Interface realisiert, was in der Windows-Welt als WinSock-Schnittstelle, in der Unix-Welt als BSD- bzw. Unix-System-V Socket-Schnittstelle gewährleistet wird.   *Socket-Schnittstellen*

Während für IP und UDP die Realisierung der entsprechenden Schnittstelle relativ einfach gehalten werden kann, verlangt TCP – aufgrund seiner Zustandsmaschine – große Sorgfalt bei der Gestaltung. Zudem verfügt TCP über eine Reihe von optionalen Schaltern, die bei Unix mittels Kernelparameter und bei den Windows-Betriebssystemen über *Registry-Einträge* gesetzt werden können.

Für die aufrufende Anwendung verfügt TCP über eine Programmschnittstelle [RFC 793] für den Auf- und Abbau von Verbindungen sowie die Steuerung der Datenübermittlung. Diese Programmschnittstelle wird TCP-API (*Application Program Interface*) genannt.   *TCP-API*

Sie beinhaltet folgende Funktionen:

- *Open*: Öffnen von Verbindungen mit den Parametern: Open
    - ▷ Aktives/Passives Öffnen,
    - ▷ Entfernter Socket, d.h. Portnummer und IP-Adresse des Kommunikationspartners,
    - ▷ Lokaler Port,
    - ▷ Wert des Timeouts (optional). Als Rückgabewert an die Applikation dient ein lokaler Verbindungsname, mit dem diese Verbindung referiert werden kann.
- *Send*: Übertragung der Benutzerdaten an den TCP-Sendepuffer und anschließendes Versenden über die TCP-Verbindung. Optional kann das *URG-Bit* bzw. *PSH-Bit* gesetzt werden.   Send
- *Receive*: Daten aus dem TCP-Empfangspuffer werden an die Applikation weitergegeben.   Receive
- *Close*: Beendet die Verbindung, nachdem zuvor alle ausstehenden Daten aus dem TCP-Empfangspuffer zur Applikation übertragen und ein TCP-Paket mit dem FIN-Bit versandt wurde.   Close

State
- *State*: Gibt Statusinformationen über die Verbindung aus wie z.B. lokaler und entfernter Socket, Größe des Sende- und des Empfangsfensters, Zustand der Verbindung und evtl. lokaler Verbindungsname. Diese Informationen können z.B. mittels des Programms *netstat* ausgegeben werden.

Abort
- *Abort*: Sofortiges Unterbrechen des Sende- und Empfangsprozesses und Übermittlung des RST-Bit an die Partner-TCP-Instanz.

Das Zeitverhalten der TCP-Instanz wird im Wesentlichen durch die Implementierung und natürlich durch die Reaktionszeiten des Peer-Partners und durch das Netzwerk bestimmt. Ausnahmen entstehen durch den Einsatz folgender Socket-Optionen:

- TCP_NODELAY: gibt vor, das die in der TCP-Instanz anstehenden Daten unverzüglich gesendet werden. Hiermit wird der Nagle-Algorithmus außer Kraft gesetzt.
- *LINGER*: Die Socket-Option *LINGER* (Verweilen) ermöglicht der Applikation zu kontrollieren, ob die ausgesandten Daten bei einem TCP-Close auch angekommen sind. Beim Aufruf wird angegeben, ob diese Option benutzt wird und welche Zeitdauer das 'Linker' (d.h. de facto die Blockierung des Sockets) bis zum Empfang der Bestätigung maximal überschreiten soll. Die Implementierung dieser Option ist nicht eindeutig.
- *KEEPALIVE*: Mittels dieser für die TCP-Instanz allgemeingültigen Einstellung kann festgelegt werden, ob überhaupt TCP-Keep-Alives verwendet werden sollen.

TCB
Sowohl für aktiv geöffnete Ports wie auch für Ports, die ein <SYN>-Paket zum Verbindungsaufbau empfangen haben, wird in der Regel ein *TCP Control Block* (TCB) geöffnet, über den die Daten weitergegeben werden und der für den Ablauf der Kommunikation verantwortlich zeichnet.

4.4.6 Angriffe gegen den TCP-Stack

Wie in Abb. 4.1-1 bereits gezeigt, wird eine TCP-Verbindung durch den Socket im Rechner *A* – z.B. als Client – und den Socket im Rechner *B* – z.B. als Server – festgelegt. Da die Datenübertragung unverschlüsselt erfolgt, kann die Kommunikation jederzeit mit geeigneten technischen Möglichkeiten überwacht bzw. auch verfälscht werden, indem 'irreguläre' Datenpakete eingeschleust werden.

Spoofing
Da die IP-Adresse des Empfängers (Servers) und die Portnummern der Standardapplikation in der Regel über *Portscans* sehr leicht ermittelt werden können (oder einfach auch nur ausprobiert werden), kann ein Serversystem sehr leicht mit unvorhergesehenen Paketen kompromittiert werden (*TCP-Spoofing*). Im ungünstigsten Falle kann dies zu einer Ressourcenblockade bzw. zu einer *Denial of Service-Attacke* (kurz *DoS-Attacke*) führen, durch die u.U. die gesamte TCP-Instanz oder der Rechner selbst blockiert wird.

Zustandstabellen
Daher sollte man vorsichtig vorgehen und nur solche TCP-Pakete akzeptieren, die entsprechende Kriterien erfüllen. TCP-Pakete mit Nutzdaten sind z.B. nur dann sinnvoll, wenn zuvor eine TCP-Verbindung aufgebaut wurde. Zur Kontrolle von TCP-Paketen kann eine Zustandstabelle gepflegt werden, die den Status der einzelnen Verbindungen protokolliert. Das Kontrollieren von TCP-Paketen aufgrund von Zustandsinformatio-

4.4 Implementierungsaspekte von TCP

nen wird *Stateful Inspection* genannt und ist ein Verfahren, das typischerweise in *Firewalls* eingesetzt wird.

Firewalls überprüfen in der Regel den Inhalt der Daten (z.B. in Form von 'malicious Code' oder Viren) nicht, sondern können bestenfalls die Validität und die Authentizität einer Verbindung feststellen. Die Authentizität wird mittels *TCP-Wrapper* ermittelt, die einen Abgleich zwischen der IP-Adresse des Clients und des Eintrags im DNS (und vice versa) durchführen – in Zeiten sog. NAT'ed Clients ein kaum mehr wirkungsvolles Verfahren. Typischerweise ist es Aufgabe der Applikation, die Authentizität der Verbindung sicherzustellen, teilweise auch mittels vorgeschalteter Programme wie unter Unix der *tcpserver* [http://cr.yp.to/ucspi-tcp.html]. Firewalls

Die Validität eines TCP-Pakets ergibt sich aus dem Zustandsdiagramm [Abb. 4.3-3]. Zusätzlich zur Registrierung der jeweiligen Kommunikations-Tupel können als sekundäre Kriterien `ISN` und ggf. `RTT` und bei T/TCP auch `CC` herangezogen werden. Tertiäre Kriterien ergeben sich aufgrund der in TCP-Paketen möglichen Optionen und ihrer Kopplung an die übertragenen Daten. Stateful Inspection

TCP-Instanzen führen Buch über die Anzahl der Verbindungsversuche, die aktuellen Verbindungen sowie die in Abbau befindlichen Verbindungen. Für die aktuell bestehenden Verbindungen ist bereits ein TCB-Puffer (*TCP Control Block*) reserviert, für die abzubauenden Verbindungen wird er wieder freigegeben; aber für alle neuen Verbindungen muss er erneut allokiert werden. Da die Zeitspanne zwischen dem (empfangenen) ersten <SYN>-Paket (d.h. dem Verbindungsaufbauwunsch) und dem gesendeten <SYN,ACK>-Paket sowie der ersten Datenübertragung durchaus beträchtlich sein kann ($< 2^n * MSL$), wird dies bei der TCP-Instanz in einem *Backlog-Puffer* protokolliert: Die TCP-Instanz befindet sich im Zustand `SYN-Received`. In diesem Backlog-Puffer werden die *halb offenen Verbindungen* festgehalten. Erfolgt nach dem Absenden des <SYN,ACK>-Pakets des Servers keine Reaktion des Clients, wird der Verbindungswunsch nicht abgelehnt, sondern die TCP-Instanz wiederholt die Aussendung dieses Pakets in der Regel nach einem Algorithmus, der quadratisch in der Zeit aufgesetzt ist [Abb. 4.4-6]. TCP-Backlog

Durch zu viele offene TCP-Verbindungen kann dieser Puffer überlaufen und so die Arbeitsfähigkeit der TCP-Instanz insgesamt beeinträchtigen. In diesem Zusammenhang spricht man von *SYN-Flooding*. Leider sind besonders Firewalls und LoadBalancer für SYN-Flooding anfällig, da typischerweise Verbindungswünsche für `N` Endsysteme (z.B. `HTTP-Requests`) über lediglich einen oder zwei Firewall-Rechner bzw. den *LoadBalancer* (bzw. deren öffentliche IP-Adressen) abgewickelt werden. SYN-Flooding

Eine Möglichkeit, die Anzahl der offenen TCP-Verbindungen zu kontrollieren, besteht darin, ab einem gewissen Schwellenwert *SYN-Cookies* einzusetzen [http://cr.yp.to/syncookies.html, 4987]. Hierbei lehnt die TCP-Instanz bei Überschreitung des Schwellenwerts neue Verbindungen nicht ab, sondern antwortet zunächst mit der Aussendung eines SYN-Cookies in einem normalen <SYN,ACK>-Paket. Im Gegensatz zu einer normalen Antwort wird die `ISN` nicht zufällig, sondern aus den Werten IP-Adresse, Portnummer, einem Zeitstempel sowie der `MSS` (kryptografisch) als Hashwert gebildet. Zusätzlich wird der TCB erst dann aufgebaut, wenn von der Gegenseite ein <ACK>-Paket empfangen wird, dessen Acknowledge-Nummer identisch ist mit dem SYN-Cookies

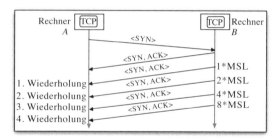

Abb. 4.4-6: SYN-Attacke mit anschließender Wiederholung der <SYN,ACK>-Pakete

Wert von ISN + 1. Der Charme dieser Lösung besteht darin, dass der Server sich keine ISN pro Verbindung merken muss; vielmehr kann die Validität der Verbindung algorithmisch aus dem ersten empfangenen <ACK>-Paket berechnet werden.

RST-Angriffe Gelingt es einem Angreifer, den TCP-Datenverkehr zu belauschen oder einige Steuerungsangaben zu erraten, kann er in bestimmten Situationen mit einer 'brute force'-Attacke die TCP-Verbindung zum Abbruch zwingen, wenn er den Socket – also das Tupel (IP-Adresse, Portnummer) – vom Client sowie die aktuelle Sequenznummer kennt bzw. errät. Mittels dieser Informationen kann ein <RST>-Paket zum Server verschickt werden, der daraufhin die Verbindung ebenfalls abbricht [Abb. 4.3-5].

4.4.7 Socket Cloning und TCP-Handoff

Weiterschalten von TCP-Verbindungen Eine TCP-Verbindung kann mit einer 'Telefonverbindung' zwischen Applikationen verglichen werden. In Telefonnetzen wird *Weiterschalten von Verbindungen* als selbstverständlich angenommen. Auch in IP-Netzen ist es manchmal nötig, eine TCP-Verbindung weiter zu schalten. In diesem Zusammenhang spricht man von *TCP-Handoff* und von *Socket Cloning*. Abb. 4.4-7 illustriert dies. Hier greift z.B. der Rechner eines Benutzers aus Deutschland auf den Webserver S_0 in den USA zu, der als Eingang zu einem E-Commerce-System mit Streaming-Media dient. Zwischen diesem Rechner und dem Server S_0 wird eine TCP-Verbindung aufgebaut. Der Server S_0 leitet aber diese Webanfrage (d.h. *HTTP-Request*) zu dem von ihm ausgewählten Server S_k z.B. in Frankfurt weiter, um das Streaming von dort auszuliefern. Dieses Prinzip liegt den *Content Delivery Networks* zugrunde [BRS03].

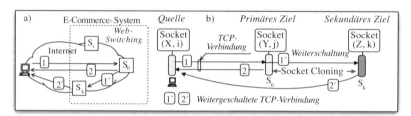

Abb. 4.4-7: Handoff als Weiterschaltung einer TCP-Verbindung
Appli.: Applikation; X, Y, Z: IP-Adressen; i, j, k: Portnummern

In diesem Fall wird die TCP-Verbindung zwischen dem Rechner des Benutzers und dem Server S_0 (primäres Ziel) zum sekundären Ziel weiter geschaltet. Das Weiter-

4.4 Implementierungsaspekte von TCP

schalten einer TCP-Verbindung zum sekundären Ziel könnte man sich so vorstellen, als ob der Zustand des Sockets, das dem primären Ziel entspricht, an ein anderes Socket übertragen wäre. In Abb. 4.4-6b wurde der Zustand von Socket (Y, j) auf Socket (Z, k) übertragen. Man könnte sich dies aber auch so vorstellen, als wäre Socket (Z, k) mit den Eigenschaften von Socket (Y, j) erzeugt (geklont). Daher spricht man hierbei von *Socket Cloning*.

TCP Handoff kommt u.a. in Web-Switching-Systemen vor, die in E-Commerce-Systemen mit zeitkritischem Content (z.B. Streaming-Media) eingesetzt werden.

4.4.8 MSS Clamping

Beim Aufbau einer TCP-Verbindung wählt der Client eine Segmentgröße MSS entsprechend der MTU des sendenden Interfaces – unter Abzug des IP- und TCP-Headers [Abb. 2.2-1, Abb. 4.3-2] – bei Ethernet (und einer MTU von 1500 Byte) mit 1460 Byte, sofern in der Routing-Tabelle kein anderer Wert hinterlegt ist.

Befindet sich der Client in einem per NAT eingerichteten Netzwerk, ist häufig die MTU-Path-Discovery [Abschnitt 3.7.4] aufgrund von Firewall-Regeln nicht möglich, sodass die Router die IP-Pakete fragmentieren müssten, sofern das Transitnetzwerk diese IP-Paketgröße nicht unterstützt. IP-Fragmentierung ist aber sowohl aufwändig als auch performance-reduzierend. Einige Router ermöglichen daher, den Wert der MSS im <SYN>-Paket mit der MTU des Transfernetzes zu 'verzahnen', was sich als *MSS Clamping* oder – frei übersetzt – als *MSS Klempnern* bezeichnen lässt.

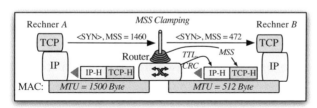

Abb. 4.4-8: MSS Clamping beim Aufbau einer TCP-Verbindung
MSS: Maximum Segment Size, MTU: Maximum Transfer Unit, IP-H: IP-Header, TCP-H: TCP-Header

Abb. 4.4-8 zeigt das Konzept des *MSS Clamping*. Ein Router, der zwei Netze mit unterschiedlichen MTUs (hier: 1500 und 512 Byte) verbindet, müsste normalerweise die vom Rechner A ausgehenden IP-Pakete bei der Übertragung zum Rechner B fragmentieren. Zusätzlich zu den Anpassungen der *TimeToLive* und des *CRC* im IPv4-Paket modifiziert er beim TCP-Verbindungsaufbau im TCP <SYN>-Paket den Wert von MSS = 1460 Byte, der im Options-Feld des TCP-Header hinterlegt ist und reduziert diesen auf 472 Byte. Somit greift der Router auf Informationen der Schicht 4 (Transport) zu und ändert diese, was eigentlich im Widerspruch zum Schichtenmodell ist. Dieses 'Klempnern' ist vor allem dann notwendig, falls ICMP-Nachrichten durch die Firewall blockiert sind. Für die Rechner A und B ist das MSS Clamping transparent, d.h. wird weder von diesen registriert noch besitzt es Einfluss auf die anschließende Datenübertragung.

MSS Clamping

4.5 Explicit Congestion Notification

Der TCP-Fenstermechanismus stellt eine effiziente Möglichkeit bereit, die zu übertragende Datenrate zwischen Sender und Empfänger abzustimmen, indem sich die Kommunikationspartner ihren Zustand gegenseitig mitteilen.

Congestion
Kommunikations- und Übertragungsengpässe (*Congestions*) können aber auch auf der Transitstrecke selbst, d.h. in den Routern auftreten. Abgesehen von der Möglichkeit, eine ICMP *Source Quench* Nachricht [Abschnitt 3.7.1] an das sendende System zu übermitteln, kann der Router nicht das Senden der Daten beeinflussen, auch wenn er selbst die Ursache ist. Wie wir bereits in Abschnitt 1.2.3 dargestellt haben, wirken sich Überlastsituationen sowohl hinsichtlich des erzielbaren Durchsatzes als auch im Hinblick auf die Verzögerung der Datenmittlung aus [Abb.1.2-5]. Ohne eine geeignete Überlastkontrolle kann das Netzwerk praktisch zusammenbrechen. Zur Verbesserung dieser Situation wurde ein spezielles Überlastsignalisierungsprotokoll in Form der *Explicit Congestion Notification* (ECN) entwickelt, das in RFC 3168 spezifiziert ist[2].

ECN verwendet zusätzliche Angaben im TCP- als auch im IP-Header in den zu übertragenden IP-Paketen und ist daher wohl der Schicht 3 als auch der Schicht 4 zuzuordnen. Allerdings verlangt ECN, dass die für die Übertragung relevanten Knoten es auch unterstützen, was somit sowohl für die beteiligten Endsysteme als auch die Router gilt. Ein ECN-fähiger Router, über den eine TCP-Verbindung verläuft, kann dem Upstream-Rechner durch eine Verzahnung von IP- und TCP-Informationen *indirekt* signalisieren, dass eine Überlastsituation aufgetreten ist, sodass dieser die Menge der zu sendenden Daten reduzieren kann. Somit verbessert ECN nicht unmittelbar den TCP-Datendurchsatz (dieser ist durch das *Bandbreiten/Delay-Produkt* gegeben [Abschnitt 4.4.4]); bei Einsatz von ECN wird aber die Anzahl der ansonsten zu verwerfenden IP-Pakete verringert.

4.5.1 Anforderungen an ECN-fähige Netzknoten

Beim Routing von zu übertragenden IP-Paketen werden sie in der Regel temporär in einem Router (einem Netzknoten) gepuffert. Der Router organisiert seinen Paketspeicher in Warteschlangen (*Queues*), die z.B. entsprechend den Zieladressen, dem Payload (ICMP, TCP, UDP ...) und ggf. den Flusslabel (ToS/DS bei IPv4 [Abb. 3.2-2], Traffic Class und Flowlabel bei IPv6 [Abb. 8.2-1] 'bedient' werden: *Queue Management* [RFC 2309]. Abb. 4.5-1a zeigt den prinzipiellen Aufbau eines Routers mit Queue Management.

> **Bemerkung**: Funktional stellt ein Router somit neben den Eingangsports (üblicherweise pro logischer oder physikalischer Schnittstelle) einen *Forwarder* zur Verfügung, der die Pakete an die Ausgangsports weiter leitet. Hierbei genügt es, die Pakete entsprechend der im IP-Header vorliegenden Informationen weiter zu leiten, weshalb auch der Begriff *IP-Switching* gebräuchlich ist, obwohl es sich eigentlich um ein Routing handelt. Die zum Versand bereit stehenden Pakete werden in unterschiedliche Queues eingereiht, die per Ausgangsport (entsprechend der Zieladresse) und Priorität organisiert sind.

4.5 Explicit Congestion Notification

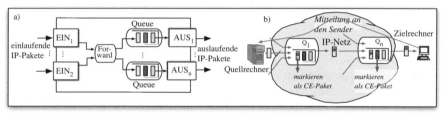

Abb. 4.5-1: Router Queue-Management: a) Aufbau eines Router mit AQM,
b) markieren von IP-Paketen mit Flag *Congestion Experienced*
AQM: Active Queue Management

Die Queue stellt einen Puffer dar, der Pakete aufnehmen kann, solange hierin noch Platz vorhanden ist. Üblicherweise ist die Queue nach dem *FIFO-Prinzip* (*First-In/First-Out*) organisiert. Ist der Puffer schließlich voll, können die ankommenden Pakete nicht mehr gespeichert werden. Dies hat den gleichen Effekt wie das Verwerfen der Pakete. — FIFO-Queue

Bei einer Überlastsituation [Abb. 1.2-5] ist die 'Leitung' nahezu vollständig ausgelastet, und entsprechend werden auch die Wartezeiten zum Versenden der IP-Pakete sehr lang. *Aktives Queue Management* (AQM) kommt dann zum Zuge, falls die Länge der Warteschlangen einen definierten Grenzwert überschreitet. — AQM

Erst in diesem Fall werden die IP-Pakete einer TCP-Verbindung mit dem Flag *Congestion Experienced* (CE) markiert und in die Warteschlange eingereiht [Abb. 4.5-1b]. In der Regel befinden sich auf einer Strecke zwischen Quelle und Ziel mehrere Router mit jeweils eigenen solchen Warteschlangen. Durch Einsatz von ECN kann die mittlere Wartezeit *für alle Pakete in der Queue* reduziert werden, indem die Senderate der IP-Pakete beim Quellrechner bzw. beim vorausgehenden Router mit ECN-Befähigung an den Zustand der Queue angepasst wird. — Congestion Experienced CE

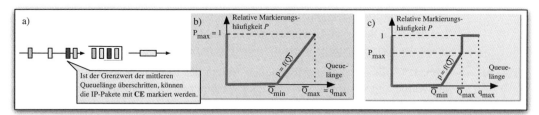

Abb. 4.5-2: Aktives Queue Management: a) zeitlicher Verlauf ankommender Pakete, b) AQM mit einem Grenzwert $\bar{Q}_{min}$, c) AQM mit den Grenzwerten $\bar{Q}_{min}$ und $\bar{Q}_{max}$

Üblicherweise wird ein Grenzwert $\bar{Q}_{min}$ (für den mittleren Füllstand $\bar{Q}$) der Warteschlange (Queue) definiert, der angibt, ab wann von ECN Gebrauch gemacht wird. In Abb. 4.5-2a ist zunächst das zeitliche Verhalten der ankommenden IP-Pakete zu sehen. Diese füllen den Ausgangspuffer (Queue), dessen Füllstand vom Router beständig überwacht wird. Wird die Grenze $\bar{Q}_{min}$ erreicht kommt ECN zum Zuge. Anstatt aber alle Pakete mit CE zu markieren (vgl. Abb. 4.5-2b), wird zunächst nur jedes n-te Paket — Congestion Experienced

---

[2]Ergänzende RFC sind 3540 und 4774 bzw. auch 6040.

markiert, wobei der Anteil der markierten Pakete P eine lineare Funktion der Länge der Warteschlange ist, die ihren Maximalwert 1 bei einer Länge der Queue von $\bar{Q}_{max}$ erreicht, was der Größe des Puffers q_{max} entspricht.

Im Fall von Abb. 4.5-2c wurde ein anderer Algorithmus verwendet. Der Grenzwert für $\bar{Q}_{max}$ wird kleiner als die tatsächliche Größe des Puffers gewählt (um zusätzlichen Spielraum zu erhalten), und zusätzlich zur linearen Funktion $p(\bar{Q})$ werden ab diesem Grenzwert (der p_{max} entspricht) alle IP-Pakete als CE markiert.

RED

Dieses Verhalten von Routern, Überlastsituation quasi präventiv zu vermeiden, wird auch als *Random Early Detection/Discarding* (RED) bezeichnet.

Ursache von Überlastsituationen

Überlastsituation treten [Abb. 4.5-2] häufig bei der Kopplung 'großer' Netze über eine Punkt-to-Punkt Verbindung oder aber auch beim Aufbau einer vernetzen IP-Infrastruktur mittels eines VPN auf, sofern das Transitnetzwerk eine zu geringe Bandbreite besitzt, d.h. vor allem da, wo bereits gewisse Engpässe bereits existieren. ECN kann natürlich den Durchsatz einer Verbindung nicht verbessern, aber die bereit stehenden Ressourcen gleichmäßiger und gerechter verteilen.

4.5.2 Überlastkontrolle mit ECN

Wann ist der Einsatz von ECN sinnvoll?

Das zentrale Einsatzgebiet von ECN besteht darin, dass ein Router, über den die IP-Pakete übertragen werden, die Überlastsituation bei einer TCP-Verbindung erkennt und mittels ECN diese dem Empfänger (*downstream*) mitteilt, sodass dieser dem Sender die Reduktion der Datenrate bereits an der Quelle (*upstream*) nahelegt. Hierzu werden bestimmte ECN-Angaben in IP-Paketen benötigt, die mittels zweier kleiner Erweiterungen sowohl im IP-Header als auch im TCP-Header geschaffen wurden. Um ECN zu nutzen, müssen die Netzwerkkomponenten die ECN-Erweiterungen verstehen und bei Überlastsituationen einsetzen, um Letztere zu signalisieren. Der gemischte Betrieb von Netzknoten mit und ohne ECN-Erweiterung ist hierbei gewährleistet.

Da ECN auf Informationen der Schicht 3 (IP) und Schicht 4 (TCP) angewiesen ist, muss dessen Aktivierung bei den Knoten in der Regel speziell vorgenommen werden. Bei den aktuellen Unix-Betriebssystemen (einschließlich Linux) verfügt der Network-Stack des Kernels bereits über ECN-Erweiterungen[3].

Grundlegende Idee von ECN

Abb. 4.5-3 illustriert den prinzipiellen Ablauf der Überlastkontrolle bei ECN. Hierbei wurde angenommen, dass die TCP-Verbindung über einen überlasteten Router verläuft.

Überlastvermeidung

Wie aus Abb. 4.5-3 hervorgeht, sind folgende Schritte zu unterscheiden:

1. Rechner A hat ein IP-Paket abgeschickt, in dessen IP-Header mittels der Angabe 'a' signalisiert wird, dass beide Kommunikationspartner (Rechner A und B) die Überlastkontrolle nach ECN unterstützen, d.h. beide sind ECN-fähig.
2. Das IP-Paket hat der überlastete Router empfangen und will nun diesen Zustand den Rechnern A und B anzeigen. Hierzu nimmt er einen Eintrag im IP-Header vor, indem er dieses durch Angabe 'b' als CE-Paket (*Congestion Experienced*) markiert und so B seinen Überlastzustand signalisiert.

---

[3]Eine Übersicht liefert: http://www.icir.org/floyd/ecn.html

4.5 Explicit Congestion Notification

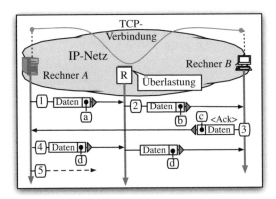

Abb. 4.5-3: Idee der Überlastvermeidung mit ECN
R: Router

3. Rechner *B* hat das IP-Paket empfangen. Um die in diesem IP-Paket empfangenen Daten zu bestätigen, sendet er ein entsprechendes IP-Paket an Rechner *A*, in dem er diesem signalisiert, dass das Netz überlastet ist. Dazu macht er die Angabe 'c' nun im TCP-Header. Dieses IP-Paket kann – muss aber nicht – über den überlasteten Router übertragen werden.

4. Nach dem Empfang des Pakets mit der Überlastungsanzeige im TCP-Header halbiert Rechner *A* seine Window-Größe und signalisiert dies Rechner *B* im nächsten übertragenen TCP-Segment. Dafür ergänzt er den TCP-Header um die Angabe 'd'. Hat Rechner *B* das IP-Paket empfangen, haben sich die beiden Rechner darauf verständigt, dass die Window-Größe auf dieser gerichteten TCP-Verbindung reduziert wurde.

5. Rechner *A* muss daraufhin seinen ins Netz gesendeten Datenstrom bewusst drosseln, z.B. nach dem im RFC 5681 spezifizierten Verfahren *Slow start and congestion avoidance algorithm* [Abschnitt 4.4.3]. Dies führt dazu, das die Datenrate des Rechners *A* sofort sinkt und der Router die Möglichkeit hat, die Belastung seines Puffers zu reduzieren. Empfängt der Rechner *A* über eine bestimmte Zeitdauer kein IP-Paket mit der Anzeige *Netz überlastet*, vergrößert er die Window-Größe wieder auf den alten Wert.

In Abb. 4.5-3 wurden die ECN-Angaben im IP- bzw. TCP-Paket beispielhaft als a, b, c und d bezeichnet. Im Weiteren wird gezeigt, um welche realen Angaben es sich handelt und wie sie eingesetzt sind.

4.5.3 Signalisierung von ECN in IP- und TCP-Headern

Um den Routern die Möglichkeit zu verschaffen, ihre Überlastung den Endsystemen zu signalisieren, werden bestimmte ECN-Angaben im IP-Header gemacht, was Abb. 4.5-4a für IPv4 und Abb. 4.5-4b für das Protokoll IPv6 illustriert.

ECN-Angaben im IP-Header

Das 8-Bit-Feld ToS (*Type of Service*) im IP-Header dient seit RFC 791 dazu, Prioritäten an die IP-Pakete vergeben zu können, was zunächst nur hypothetische Bedeutung hatte. Der Bedarf wurde aber in RFC 4594 aufgegriffen und das ToS-Feld umdefiniert, sodass es nun ein 6-Bit-Feld DSCP (*Differentiated Services Code Point*) sowie zwei weitere Bit enthält. Der DSCP-Wert dient zur Festlegung der Priorität des IPv4-Pakets,

Differentiated Services Code Point

und die beiden zusätzlichen Bit ermöglichen die Signalisierung von ECN. Daher werden diese zwei Bit auch als *ECN-Feld* bezeichnet. Wie die Bit x und y im ECN-Feld belegt und interpretiert werden, zeigt Abb. 4.5-3c.

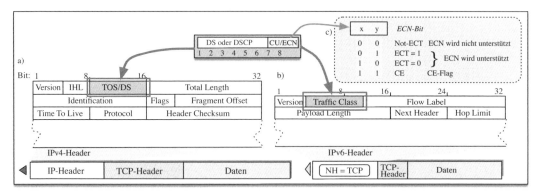

Abb. 4.5-4: ECN-Angaben im a) IPv4-Header, b) IPv6-Header und mit c) Interpretation der ECN-Bit
CE: Congestion Experienced, CU: Currently Unused, DS: Differentiated Services (DiffServ), DSCP: Differentiated Services Code Point, ECT: ECN-Capable Transport, IHL: Internet Header Length, ToS: Type of Service

Sind beide Bit x und y auf 0 gesetzt, so wird signalisiert, dass ECN nicht unterstützt wird. ECT(0) und ECT(1) können von ECN-fähigen Endsystemen als *Nonce* eingesetzt werden, mit denen sie sich dem jeweiligen Partner mitteilen. Durch Setzen der Bit x und y auf 1 kann ein Router seine Überlastung den Endsystemen signalisieren. In diesem Fall spricht man von einem *CE-Paket*. Wurde das ECN-Feld von einem Router auf 1 gesetzt, so gilt das IP-Paket bereits als CE-Paket, und dieser Eintrag im ECN-Feld wird von nachfolgenden Routern nicht modifiziert.

ECN-Angaben im TCP-Header

Die ECN-Angaben, die zwischen den Endsystemen – also zwischen den kommunizierenden Rechnern, d.h. den *TCP-Peers* – zu übermitteln sind, werden im TCP-Header eingetragen [Abb. 4.5-5]. Die TCP-Peers zeigen daher an, dass sie ECN-fähig sind. Hat ein Rechner ein IP-Paket empfangen, das bereits ein Router als CE-Paket markierte und durch dass der Router seine Überlastung signalisiert, muss er dies dem Quellrechner mitteilen.

Der sendende Rechner ist darüber zu informieren, dass ein Router überlastet ist. Im Gegenzug teilt der Quellrechner nun auch dem Zielsystem mit, dass er dessen Warnung – d.h. dass ein Router überlastet ist – wahrgenommen und seine Senderate bereits verringert hat. Wie Abb. 4.5-6 illustriert, werden hierfür die beiden Flags ECE (*ECN-Echo*) und CWR (*Congestion Window Reduced*) im TCP-Header verwendet, die Teil der *Control Flags* CF sind.

Die Flags ECE und CWR haben folgende Bedeutung:

- **ECE** (*ECN-Echo*)
  Das Flag wird für zwei Zwecke verwendet. Einerseits dient es dazu anzuzeigen, dass ein Rechner ECN-fähig ist. Dies geschieht während des Aufbaus einer TCP-Verbindung mit der

4.5 Explicit Congestion Notification

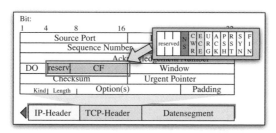

Abb. 4.5-5: ECN-Angaben im TCP-Header
ACK: Acknowledgement, CF: Control Flags, CWR: Congestion Window Reduced, DO: Data Offset, ECE: ECN-Echo, FIN: Finish, PSH: Push, RST: Reset, SYN: Synchronize, URG: Urgent Pointer, NS: Nonce Sum

Überlastkontrolle (vgl. Abb. 4.5-6). Andererseits zeigt es an, dass das IP-Paket, in dem sich das TCP-Segment befindet, von einem Router als CE-Paket markiert wurde.

- **CWR** (*Congestion Window Reduced*)
  Das Flag wird vom sendenden Rechner – also dem Quellrechner – gesetzt und zeigt an, dass dieser ein TCP-Segment mit gesetztem ECE-Flag im TCP-Header empfangen und infolgedessen die Window-Größe und Senderate bereits reduziert hat [Abb. 4.5-8].

- **NC:** (*Nonce Sum*)
  Die Nonce Sum kann als ergänzende Paritätsinformation für die empfangenen TCP-Segmente mit ECN betrachtet werden.

Hat ein Router das ECN-Feld im IP-Header eines IP-Pakets auf 1 gesetzt, d.h. wenn er das Paket als CE-Paket markiert und damit signalisiert, dass er überlastet ist, weiß nur der Zielrechner dieses CE-Pakets, dass die TCP-Verbindung überlastet ist; der Quellrechner des IP-Pakets besitzt hierüber noch keine Informationen. Hierzu dient das Flag ECE, mit dessen Hilfe der Empfänger dies dem Quellrechner signalisiert.

4.5.4 Ablauf des ECN-Verfahrens

Um die Überlast während einer TCP-Verbindung zu kontrollieren, müssen die beiden kommunizierenden Rechner sich zunächst hierauf verständigen. Abb. 4.5-6 zeigt den Ablauf des *ECN-setup*. Wie hier ersichtlich ist, erfolgt der Aufbau der TCP-Verbindung nach dem bekannten Prinzip, also dem 3-Way-Handshake-Verfahren, wie es beim TCP normalerweise der Fall ist.

Aufbau einer TCP-Verbindung mit der Überlastkontrolle

Wir betrachten die beiden ECN-fähigen Rechner *A* und *B* in Abb. 4.5-6.

ECN-Verfahren

- Der ECN-fähige Rechner *A* initiiert eine TCP-Verbindung zu Rechner *B* mittels eines <SYN>-Segments. Im TCP-Header des <SYN>-Pakets werden zusätzlich die beiden ECN-Flags, d.h. ECE und CWR, auf 1 gesetzt. Ein derartiges <SYN>-Paket wird *ECN-setup-SYN-Paket* genannt. Die Angaben ECE = 1 und CWR = 1 signalisieren Rechner *B*, dass der Quellrechner (hier *A*) ECN-fähig ist.
- Ist Rechner *B* ebenso ECN-fähig, signalisiert er dies Rechner *A* durch Setzen des Flag ECE auf 1. Somit wird das ECN-setup-SYN-Paket mit dem Paket <SYN,ACK>, quittiert, in dem ebenfalls im TCP-Header neben SYN = 1 und ACK = 1 auch ECE = 1 gesetzt ist, was als *ECN-setup-SYN-ACK-Paket* bezeichnet wird.

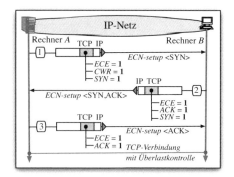

Abb. 4.5-6: Aufbau einer TCP-Verbindung mit Überlastkontrolle
ACK: Acknowledgement, CWR: Congestion Window Reduced, ECE: ECN-Echo, SYN: Synchronize

- Den Empfang des *ECN-setup-SYN-ACK-Pakets* bestätigt Rechner A mit dem *ECN-setup-ACK-Paket*, d.h. mit einem <ACK>-Paket und gesetztem ECE-Flag im TCP-Header. Damit wurde eine TCP-Verbindung zwischen den Rechnern A und B mit der Möglichkeit aufgebaut, im Bedarfsfall der Überlastung des Netzes entgegenzuwirken.

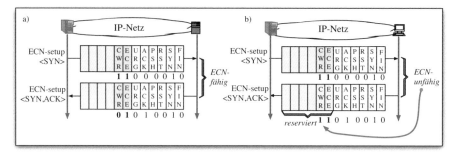

Abb. 4.5-7: Feststellung der ECN-Befähigung: a) ECN-fähiger, b) ECN-unfähiger Rechner
ACK: Acknowledgement, CWR: Congestion Window Reduced, ECE: ECN-Echo, FIN: Finish, PSH: Push, RST: Reset, SYN: Synchronize, URG: Urgent Pointer

Entdeckung eines ECN-unfähigen Rechners

Bisher wurde vorausgesetzt, dass die beiden kommunizierenden Rechner ECN-fähig sind. In der Praxis aber ist das nicht immer der Fall. Daher muss der Rechner, der eine TCP-Verbindung mit der Überlastkontrolle initiiert, erkennen können, ob die Router-Interfaces in Zielrichtung ECN unterstützten. Hierbei sendet der Quellrechner zunächst ein *ECN-setup-SYN-Paket* mit den Angaben ECE = 1 und CWR = 1. Damit teilt der die TCP-Verbindung initiierende Rechner mit, dass er ECN-fähig ist.

> Entsprechend Abb. 4.5-7 belegt der ECN-unfähige Rechner die beiden Flags ECE = 1 und CWR = 1 im zurückzusendenden TCP-Paket um. Ist an der CRW-Stelle der Wert 1, erkennt Rechner A, dass Rechner B nicht ECN-fähig ist. Ist ein Rechner nicht ECN-fähig, wird zwischen den Rechnern nur eine normale TCP-Verbindung aufgebaut.

4.5 Explicit Congestion Notification

Vermeidung der Überlast auf einer TCP-Verbindung

Die grundlegende Idee der Überlastvermeidung auf einer TCP-Verbindung wurde bereits in Abb. 4.5-4 dargestellt. Dort wurden aber die ECN-Angaben im IP- und TCP-Header nur kurz erwähnt, ohne auf die Details einzugehen. Abb. 4.6-8 illustriert die gleiche Situation unter Angabe der ECN-Flags im IP- und TCP-Header.

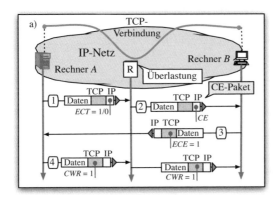

Abb. 4.5-8: Vermeiden der Überlast auf einer TCP-Verbindung durch ECN-Signalisierung
R: Router, CE: Congestion Experienced; weitere Abkürzungen siehe Abb. 4.5-7

Abb. 4.5-8 illustriert den Ablauf im Falle einer Überlastsituation: — *Überlastsituation bei ECN*

1. Der ECN-fähige Rechner *A* sendet ein IP-Paket, in dem der IP-Header im ECN-Feld die Bitkombination 01 oder 10 enthält. Damit wird auf ECT(0) (ECT=0) oder ECT(1) (ECN-capable Transport; ECT=1) verwiesen, also darauf, dass es sich um eine TCP-Verbindung mit ECN-Überlastkontrolle handelt.

2. Ein ECN-fähiger Router, der bereits ausgelastet ist, setzt das ECN-Feld im IP-Header auf 1. Damit wird das IP-Paket als CE-Paket markiert, und der Router zeigt so an, dass er überlastet ist.

3. Rechner *B* sendet nun ein IP-Paket – entweder mit den Daten oder nur als Quittung (ACK) – an Rechner *A*. In diesem IP-Paket signalisiert Rechner *B* Rechner *A*, indem er das ECE-Flag (ECN-Echo) im TCP-Header auf 1 gesetzt hat, dass eine Überlastsituation aufgetreten ist.

4. Hat Rechner *A* das IP-Paket mit ECE = 1 empfangen, erfährt er damit von der Überlastsituation. Er reduziert dann die Window-Größe um die Hälfte, führt den '*Slow start and congestion avoidance algorithm*' aus und setzt im TCP-Header des nächsten abgeschickten IP-Pakets das Flag CWR auf 1. Damit signalisiert Rechner *A* Rechner *B*, dass er auf dessen Warnung vor der Überlastsituation bereits entsprechend reagiert hat.

In Abb. 4.5-6 wurde gezeigt, dass die Rückkopplung über eine mögliche Überlastsituation mittels der TCP-<ACK>-Segmente erfolgt, die der Zielrechner dem Quellsystem zukommen lässt. Wie kann aber nun der Zielrechner sicher sein, dass der Quellrechner sich auch an die Spielregeln hält, d.h. eine mögliche Überlastsituation per CE-Paket auch korrekt verarbeitet? Die Lösung bietet die Protokollerweiterung *Robust Explicit Congestion Notification* entsprechend RFC 3540. — *ECN mit Nonce Sum*

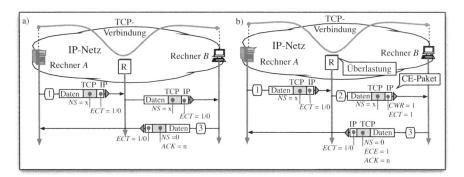

Abb. 4.5-9: Robust ECN: a) ohne Überlast, b) bei Überlast
NS: Nonce Sum, CE: Congestion Experienced; weitere Abkürzungen siehe Abb. 4.5-7

Robust Explicit Congestion Notification

Hierzu betrachten wir zunächst in Abb. 4.5-9a den Gutfall:

- Der Rechner A fügt zu den bereits diskutierten ECN-Bit im IP- und TCP-Header hier noch ein 'Nonce Sum'-Bit (NS) hinzu, das aus dem Feld 'Reserviert' im TCP-Header entnommen wird [Abb. 4.5-5].
- Wird das IP-Paket fehlerfrei übertragen, ist der Zielrechner angehalten, dieses Bit per XOR mit dem Feld ECT(0) bzw. ECT(1) zu verknüpfen und in den Header des <ACK>-Segments einzubetten. Dieses Verfahren findet iterativ für jedes <ACK>-Paket statt, weshalb auch von einer *Nonce Sum* gesprochen wird.
- Ist die Angabe korrekt, kann der Quellrechner erkennen, dass der TCP-Partner ECN aktiv unterstützt.

Die Interpretation der *Nonce Sum* ändert sich im Fall einer Überlast [Abb. 4.5-9b]:

- Nach dem Versand des IP-Pakets und bei Vorlage einer Überlast ändert der Router die Bedeutung der ECN-Bit im IP-Paket, indem er diese auf '11' setzt (CE-Paket).
- Wertet das Zielsystem diese Information korrekt aus, wird im anschließenden <ACK> das NS-Bit im TCP-Header auf '0' (oder auf den vorigen Wert) gesetzt.

Zwar bietet das 'robuste' ECN nur eine 50% Chance, den Zustand korrekt zu erkennen und verlangt zudem von beiden Systemen neben dem (zufällig gewählten) Anfangswert des NS-Bit auch den Zustand der Verbindungen im Auge zu behalten. Da aber <ACK>-Segmente auch von Paketverlusten betroffen sein können, stellt das robuste ECN einen zusätzlichen – wenn auch nicht starken – Schutz dar.

4.6 Konzept und Einsatz von SCTP

Werden IP-Netze auch für die Sprachübermittlung genutzt, so müssen sie mit den öffentlichen TK-Netzen (wie z.B. mit ISDN, Mobilfunknetzen GSM und UMTS) entsprechend integriert werden. Hierfür müssen u.a. die Nachrichten des *Signalisierungssystems Nr. 7* (SS7) über IP-Netze transportiert werden [Bad10]. Diese Integration stellt besondere Anforderungen an das Transportprotokoll innerhalb der Protokollfamilie TCP/IP. TCP und UDP können diese Anforderungen nicht vollständig erfüllen.

Daher wurde u.a. das Transportprotokoll SCTP (*Stream Control Transsmission Protocol*) entwickelt und in RFC 4960 spezifiziert. SCTP ermöglicht eine zuverlässige Übertragung von Nachrichten in mehreren unabhängigen *SCTP-Streams*. Ein Stream kann als eine unidirektionale, virtuelle Verbindung interpretiert werden. Jeder Stream kann hierbei unterschiedliche Segmentgrößen unterstützen, um somit z.B. Bytestrom- oder auch Nachrichten-orientierte Übertragung optimal zu bedienen. Diese Eigenschaft macht SCTP besonders geeignet für einen Mix unterschiedlicher Datenströme für eine Verbindung, wie dies bei WebRTC (*Web Real Time Connection*) der Fall ist.

Zweck von SCTP

4.6.1 SCTP versus UDP und TCP

SCTP wurde entwickelt, um einige Schwächen der beiden klassischen Transportprotokolle UDP und TCP auszugleichen. Auf diese Schwächen wird nun kurz eingegangen.

UDP ist ein Protokoll, das einen schnellen, verbindungslosen Dienst zur Verfügung stellt. Dadurch ist es zwar für die Übertragung einzelner Nachrichten geeignet, die empfindlich gegenüber Verzögerungen sind; es bietet jedoch keinen zuverlässigen Transportdienst. Sicherung gegen Übertragungsfehler wie das Erkennen duplizierter Nachrichten, das wiederholte Übertragen verloren gegangener Nachrichten, Reihenfolgesicherung und Ähnliches, müssen durch die jeweilige UDP-Anwendung erfolgen.

Schwächen vom UDP

TCP realisiert sowohl eine Fehlersicherung als auch eine Flusssteuerung, aber es hat auch eine Reihe von Nachteilen. TCP ist *Bytestrom-orientiert*, sodass die einzelnen zu sendenden Byte nummeriert werden. TCP ist nicht effektiv bei der Übermittlung einer Folge von zusammenhängenden Nachrichten. Bei TCP werden alle Nachrichten als Strom von Byte gesehen und die einzelnen Byte fortlaufend nummeriert [Abb. 4.3-7]. Sollte eine Nachricht während der Übertragung verfälscht werden, so ist es bei TCP nicht möglich, nur diese einzige Nachricht wiederholt zu übermitteln. Außerdem macht TCP eine strikte Sicherung der Reihenfolge von Datenbyte. Viele Anwendungen erfordern jedoch lediglich eine teilweise Sicherung der Reihenfolge von Nachrichten. Durch die Sicherung der Reihenfolge bei TCP kann eine unnötige Blockierung bereits angekommener TCP-Pakete durch fehlende Teile von Nachrichten anderer Prozesse oder Transaktionen auftreten.

Schwächen vom TCP

SCTP ist ein verbindungsorientiertes und *nachrichtenbasiertes* Protokoll, das eine zuverlässige Übermittlung von Nachrichten in mehreren unabhängigen SCTP-Streams bietet. Innerhalb einer *SCTP-Assoziation* [Abb. 4.6-2], die in etwa einer TCP-Verbindung entspricht, findet eine TCP-ähnliche Flusssteuerung statt. SCTP kann sowohl Nachrichten segmentieren als auch mehrere Nachrichten in den SCTP-Paketen transportieren.

Was bringt SCTP?

SCTP versucht, die Vorteile von UDP und TCP in Bezug auf die Übermittlung von Nachrichtenströmen zu vereinen. SCTP erweitert einerseits den UDP-Dienst um Fehlersicherung und Multiplexing und realisiert andererseits TCP-Konzepte. Somit eignet sich SCTP nicht nur zum Transport von Nachrichtenströmen, sondern kann sich

SCTP vereint die Vorteile von UDP und TCP

neben UDP und TCP als ein drittes, wichtiges Transportprotokoll für den Transport verschiedener Datenströme etablieren.

4.6.2 SCTP-Assoziationen

Was ist eine SCTP-Assoziation?

SCTP ist ein verbindungsorientiertes Transportprotokoll, nach dem eine SCTP-Assoziation zwischen zwei SCTP-Endpunkten aufgebaut wird. Abb.4.6-1 illustriert eine SCTP-Assoziation. Sie ist als eine Vereinbarung zwischen zwei SCTP-Endpunkten in Bezug auf den Verlauf der Kommunikation zwischen ihnen zu verstehen. Einen SCTP-Endpunkt stellt das folgende Paar dar:

```
SCTP-Endpunkt = (IP-Adresse, SCTP-Portnummer)
```

Ein SCTP-Endpunkt kann auch als ein (*SCTP-*)Socket betrachtet werden. Im Allgemeinen kann ein Endsystem mit SCTP mehrere IP-Adressen besitzen, d.h. es kann ein Multihomed-IP-Endsystem sein.

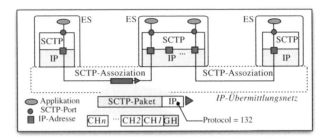

Abb. 4.6-1: Veranschaulichung von SCTP-Assozationen
ES: Endsystem, CH n: Chunk n; GH: Gemeinsamer Header

Was ist ein Stream?

Eine SCTP-Assoziation kann als virtuelle SCTP-Verbindung angesehen werden, die sich aus einer Vielzahl von *SCTP-Streams* zusammensetzen kann. Ein Stream kann wiederum als eine unidirektionale, (gerichtete) virtuelle Verbindung interpretiert werden [Abb. 4.6-2], auf der entweder Nachrichten fester Größe oder Datenströme (unbekannter Länge) transportiert werden können.

Mehrere Nachrichten in einem SCTP-Paket

Die Nachrichten und Byteströme werden in SCTP-Paketen transportiert [Abb. 4.6-3]. Die Nummer des Protokolls SCTP im IP-Header ist 132. Wie aus Abb. 4.6-1 ersichtlich ist, setzt sich ein SCTP-Paket aus einem gemeinsamen Header und einer Reihe von *Chunks* zusammen. Ein Chunk stellt eine Art Container dar und kann eine Signalisierungsnachricht, normale Daten bzw. bestimmte Steuerungsangaben enthalten. In einem SCTP-Paket können somit mehrere Nachrichten bzw. mehrere Datenblöcke aus den unterschiedlichen Datenströmen transportiert werden.

Über eine SCTP-Assoziation können parallel mehrere SCTP-Streams übermittelt werden. Dies veranschaulicht Abb. 4.6-2. Ein Stream kann eine Folge von zusammenhängenden Nachrichten in eine Richtung darstellen.

Arten von Streams

Man unterscheidet zwischen ausgehenden Streams (*Outbound Streams*) und ankommenden Streams (*Inbound Streams*). Beim Aufbau einer Assoziation gibt die initiierende SCTP-Instanz die Anzahl von Outbound Streams als Parameter OS (Number

4.6 Konzept und Einsatz von SCTP

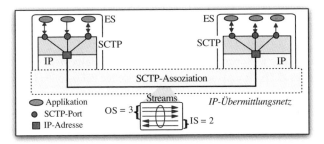

Abb. 4.6-2: Mehrere Streams innerhalb einer SCTP-Assoziation
ES: Endsystem, IS: Inbound Stream, OS: Outbound Stream

of Outbound Streams) und die zulässige Anzahl von Inbound Streams als Parameter MIS (*Maximum of Inbound Streams*) in der von ihr initiierten Assoziation an.

Da mehrere Streams innerhalb einer SCTP-Assoziation verlaufen, müssen die einzelnen Streams entsprechend gekennzeichnet werden. Hierfür dient der Parameter *Stream Identifier*. Anders als bei einer TCP-Verbindung (vgl. Abb. 4.3-4), die als virtuelle Straße mit zwei entgegen gerichteten Spuren interpretiert werden kann, kann man sich eine SCTP-Verbindung als virtuelle Autobahn mit einer beliebigen Anzahl von Spuren in beiden Richtungen vorstellen.

<small>SCTP-Verbindung als virtuelle Autobahn</small>

Die Nachrichten (bzw. andere Daten) werden in *DATA-Chunks* transportiert [Abb. 4.6-5]. Mit dem Parameter *Stream Identifier* im Chunk DATA wird markiert, zu welchem Stream die übertragene Nachricht gehört. Damit ist es möglich, in einem SCTP-Paket mehrere Chunks DATA mit den Nachrichten aus verschiedenen Streams zu übermitteln. Dies bezeichnet man beim SCTP als *Chunk Bundling* (Chunk-Bündelung).

4.6.3 Struktur der SCTP-Pakete

Wie Abb. 4.6-3 illustriert, besteht ein SCTP-Paket aus einem gemeinsamen Header (*Common Header*) und einer Reihe von festgelegten Chunks [Tab. 4.6-1]. Ein Chunk kann als Container für Nachrichten, Daten bzw. SCTP-Steuerungsangaben angesehen werden. Die Anzahl von Chunks und deren Reihenfolge im SCTP-Paket ist nicht festgelegt.

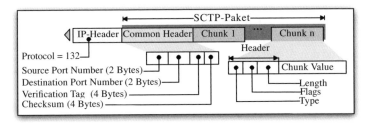

Abb. 4.6-3: Struktur der SCTP-Pakete

Die Angaben im *Common Header* beinhalten folgende Informationen:

- `Source Port Number`: Angabe des SCTP-Quellports.
  Die Nummer des Quellports und die IP-Quelladresse im IP-Header stellen den ersten Endpunkt der SCTP-Assoziation dar.
- `Destination Port Number`: Angabe des SCTP-Zielports.
  Die Nummer des Zielports und die IP-Zieladresse stellen den zweiten Endpunkt der SCTP-Assoziation dar.
- *Verification Tag* (`Veri-Tag`): `Veri-Tag` stellt eine Zufallszahl dar, die dem Empfänger eines SCTP-Pakets die Prüfung ermöglicht, ob das empfangene Paket zur aktuellen Assoziation gehört.
- *Checksum*: Die Prüfsumme dient zur Entdeckung von Bitfehlern im SCTP-Paket.

SCTP-Chunks

Jedes Chunk setzt sich aus einem Header und dem Inhalt zusammen. Die Flags im Header stellen die Bit dar, deren Werte vom Chunk-Typ abhängig sind. Im Feld *Chunk Type* wird die Chunk-ID (Identifikation) angegeben, d.h. welcher Inhalt (Nachrichten/Daten bzw. Steuerungsangaben) das betreffende Chunk hat. Eine Auflistung von ausgewählten Chunks zeigt Tab. 4.6-1.

Chunk-ID	Bedeutung
0	Payload Data (`DATA`)
1	Initiation (`INIT`)
2	Initiation Acknowledgement (`INIT ACK`)
3	Selective Acknowledgement (`SACK`)
7	Shutdown (`SHUTDOWN`)
8	Shutdown Acknowledgement (`SHUTDOWN ACK`)
10	State Cookie (`COOKIE ECHO`)
11	Cookie Acknowledgement (`COOKIE ACK`)
14	Shutdown Complete (`SHUTDOWN COMPLETE`)

Tab. 4.6-1: Chunk-Typen und ihre IDs

Es gibt zwei Klassen von Chunks. Zu der ersten Klasse gehört das Chunk `DATA` (Chunk-ID = 0). Dieses Chunk kann als Container interpretiert werden, in dem sowohl die normalen Daten als auch verschiedene Nachrichten transportiert werden [Abb. 4.6-5]. Zur zweiten Klasse gehören die restlichen Chunks, die zur Realisierung von SCTP-Funktionen dienen, d.h. sie enthalten bestimmte Steuerungsangaben und werden im Weiteren als *Kontrollchunks* bezeichnet.

4.6.4 Aufbau und Abbau einer SCTP-Assoziation

Den Aufbau und den Abbau einer SCTP-Assoziation zeigt Abb. 4.6-4. Eine Assoziation wird hier vom SCTP-Endpunkt A initiiert. Dies erfolgt durch das Absenden eines Chunk `INIT`, in dem Folgende Parameter enthalten sind:

- `Initiate Tag` (I-Tag),
- `Advertised Receiver Window Credit` (a_rwnd),
- `Number of Outbound Streams` (OS),
- `Maximum Number of Inbound Streams` (MIS),
- `Initial TSN` (I-TSN, *Transmission Sequence Number*).

4.6 Konzept und Einsatz von SCTP

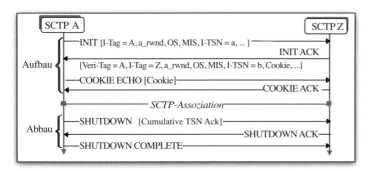

Abb. 4.6-4: Aufbau und Abbau einer SCTP-Assoziation

Der Parameter I-Tag ist eine Zufallsvariable aus dem Bereich zwischen 1 und 4294967295. Mit dem Parameter a_rwnd wird der Gegenseite die Größe des reservierten Speichers in Byte für die Zwischenspeicherung von ankommenden Daten mitgeteilt. Die Anzahl von ausgehenden Streams innerhalb der Assoziation wird mit OS angegeben. Die zulässige Anzahl von eingehenden Streams gibt MIS an. Gesendete Chunks DATA mit Datensegmenten bzw. anderen Nachrichten werden während einer Assoziation fortlaufend nummeriert. Hierfür wird TSN im DATA-DATA verwendet. Daher gibt jede Seite beim Aufbau einer Assoziation an, mit welcher Nummer (d.h. I-TSN) sie die Nummerierung von DATA-Chunks beginnt.

Das empfangene Chunk INIT wird mit dem Chunk INIT ACK, in dem die Parameter I-Tag, a_rwnd, OS, MIS, I-TSN und *Cookie* enthalten sind, bestätigt. Im INIT ACK wird der Wert von I-Tag aus INIT als Veri-Tag im SCTP-Header übermittelt. Dadurch wird sichergestellt, dass INIT und INIT ACK zur gleichen Assoziation gehören.

Um sich gegen DoS-Angriffe (*Denial of Service*) zu wehren, wird das Cookie-Konzept verwendet. Ein Cookie stellt den Wert einer Hashfunktion dar und muss für eine Assoziation eindeutig sein. RFC 2522 schlägt vor, wie ein Cookie zu berechnen ist. In INIT ACK wird ein Cookie übermittelt. Das empfangene Cookie in INIT ACK wird im COOKIE ECHO zurückgeschickt. Auf diese Art und Weise erfolgt eine gegenseitige Authentisierung des Kommunikationspartners. COOKIE ECHO wird mit COOKIE ACK bestätigt. Mit dem Empfang von COOKIE ACK wird der Aufbau einer SCTP-Assoziation beendet. Nun kann ein Austausch von Datensegmenten bzw. Nachrichten zwischen den beiden Kommunikationspartnern erfolgen.

Cookie gegen DoS-Angriffe

Abb.4.6-4 zeigt auch einen normalen Abbau einer SCTP-Assoziation. Der Abbau wird mit dem Chunk SHUTDOWN initiiert und von der Gegenseite mit SHUTDOWN ACK bestätigt. Der Empfang von SHUTDOWN ACK wird anschließend mit SHUTDOWN COMPLETE quittiert.

Abbau einer SCTP-Assoziation

4.6.5 Daten- und Nachrichtenübermittlung nach SCTP

Die Daten bzw. Nachrichten werden in DATA-Chunk transportiert, die als Container dienen. Abb. 4.6-5 zeigt, welche Angaben im Header eines DATA-Chunk enthalten sind.

DATA-Chunk

Die innerhalb einer Assoziation gesendeten Chunks werden fortlaufend nummeriert und die Nummer wird als TSN geführt. Die Zugehörigkeit eines DATA-Chunks zum Stream wird mit dem Parameter S (*Stream Identifier*) markiert. Die zu einem Stream gehörenden *DATA-Chunks* werden ebenfalls fortlaufend mit dem Parameter n (*Stream Sequence Nr*) nummeriert. Der Teil User Data kann eine ganze Nachricht, einen Teil einer Nachricht oder normale Daten darstellen.

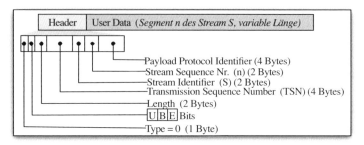

Abb. 4.6-5: Aufbau von DATA-Chunks als Container von Nutzdaten
B (E): Beginning (Ending) fragment bit, U: Unordered Chunk

In einem DATA-Chunk können enthalten sein:

- Eine vollständige, unnummerierte Nachricht (U = 1), indem das Bit U auf 1 gesetzt wird. In diesem Fall wird das Feld Stream Sequence Nr nicht interpretiert.
- Eine vollständige, nummerierte Nachricht bzw. ein Segment aus einer nummerierten Nachricht (U = 0), wobei die beiden Bit BE gemäß Tab. 4.6-2 zu interpretieren sind.

B	E	Bedeutung
1	0	Erstes Segment einer fragmentierten Nachricht
0	0	Inneres Segment einer fragmentierten Nachricht
0	1	Letztes Segment einer fragmentierten Nachricht
1	1	Unfragmentierte Nachricht

Tab. 4.6-2: Interpretation von Bit BE im Chunk-Header
B: Beginning Chunk, E: Ending Chunk

Das Zusammenspiel von Parameter n (*Stream Sequence Nr*), TSN und dem BE Bit veranschaulicht Abb. 4.6-6.

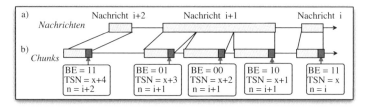

Abb. 4.6-6: Bedeutung des Bit BE sowie der Parameter n und TSN: a) die zu übertragenden Nachrichten, b) Folge von DATA-Chunks

4.6 Konzept und Einsatz von SCTP

BE-Bit-Nutzung

Es wurde hier angenommen, dass drei Nachrichten i, i+1 und i+2 als Stream übermittelt werden. Die lange Nachricht i+1 wurde hier aufgeteilt und in drei DATA-Chunks übermittelt. Alle DATA-Chunks werden hier fortlaufend mit dem Parameter TSN nummeriert. Die Nachricht i wird vollständig in einem DATA-Chunk transportiert und sein Header enthält:

- n = i (Nachricht i in einem Stream),
- TSN = x (beispielsweise) und
- BE = 11 (unfragmentierte Nachricht).

Die Nachricht i+1 wird aufgeteilt und in mehreren DATA-Chunks transportiert. In allen Chunks mit den Segmenten dieser Nachricht ist n = i+1. Das erste Segment wird mit BE = 10 markiert. Das letzte Segment enthält BE = 01. Die inneren Segmente werden mit BE = 00 markiert.

Selektive Bestätigung von DATA-Chunks mit SACK und GAB

Zur Übermittlung unstrukturierter Daten und Nachrichten dienen folgende Chunks:

- DATA als Container, in dem die Nachrichten eingebettet werden,
- SACK (*Selective Acknowledgement*), mit dem die fehlerfrei empfangenen DATA-Chunks bestätigt werden. Diese Feld wird im Besonderen zur Mitteilung des *Gap Acknowledge Block* Zählers GAB genutzt.

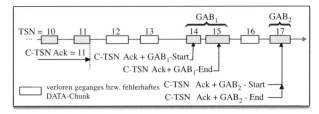

Abb. 4.6-7: Interpretation von Parametern: *C-TSN Ack*, *GAB$_i$-Start* und *GAP$_i$-End*

SACK und GAB Einsatz

Abb. 4.6-7 illustriert das Prinzip der selektiven Bestätigung von empfangenen DATA-Chunks. Es wurde hier angenommen, dass die Ziel-SCTP-Instanz die Data-Chunks mit den Sequenznummern TSN = 10, TSN = 11, TSN = 14, TSN = 15 und TSN = 17 fehlerfrei empfangen hat. Es ist hervorzuheben, dass es sich hierbei um die DATA-Chunks einer Assoziation mit mehreren Streams handelt. In der Folge von DATA-Chunks sind zwei Lücken (*Gaps*) entstanden. Die erste Lücke ist dadurch aufgetreten, dass die DATA-Chunks mit den Sequenznummern TSN = 12 und TSN = 13 unterwegs verlorengegangen sind bzw. mit Fehlern empfangen und verworfen wurden. Die zweite Lücke entsteht dadurch, dass das fehlerfreie DATA-Chunk mit TSN = 16 noch nicht vorliegt.

SACK Chunk

Nun soll der Empfang von fehlerfreien Chunks bestätigt werden. Hierfür dient das Kontroll-Chunk SACK mit den folgenden Parametern:

- Cumulative TSN Ack (*C-TSN Ack*)
  Mit *C-TSN Ack* werden alle bis zur ersten Lücke (Gap) empfangenen DATA-Chunks bestätigt. In Abb. 4.6-7 ist C-TSN Ack = 11.

- Number of Gap ACK Blocks (*Number of GABs*)
  Mit diesem Parameter wird die Anzahl der Blöcke (d.h. der lückenlosen Gruppen) von DATA-Chunks angegeben. In Abb. 4.6-7 ist N = 2.
- Gap ACK Block # n Start (GAB_n-Start)
  Mit diesem Parameter wird der Beginn des n-ten Blocks (d.h. der n-ten lückenlosen Gruppe) von DATA-Chunks folgendermaßen bestimmt:
  Beginn des n-ten Blocks = C-TSN Ack + GAB_n-Start
- Gap ACK Block # n Stop (GAB_n-Stop)
  Dieser Parameter bestimmt das Ende des n-ten Blocks von DATA-Chunks:
  Ende des n-ten Blocks = C-TSN Ack + GAB_n-Stop
- Number of Duplicate TSNs (X)
  Mit diesem Parameter wird die Anzahl der Duplikate, d.h. von Chunks DATA mit der gleichen Sequenznummer TSN, die z.B. wiederholt übermittelt wurden, angegeben. In Abb. 4.6-7 ist X = 0.

Fehlerfreie SCTP-Übermittlung

Bevor Daten bzw. Nachrichten gesendet werden, muss zuerst eine SCTP-Assoziation aufgebaut werden [Abb.4.6-4]. Den SCTP-Verlauf bei einer fehlerfreien Übermittlung von Daten illustriert Abb. 4.6-8.

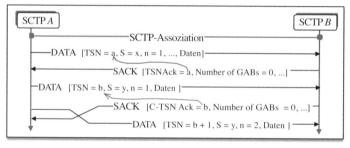

Abb. 4.6-8: Fehlerfreie Übermittlung von Daten nach SCTP
GAB: Gap Ack Block [Abb. 4.6-7], n: Stream Sequence Number, S: Stream Identifier, TSN: Transmission Sequence Number, C-TSN Ack: Cumulative TSN Acknowledgement

Zunächst sendet der SCTP-Endpunkt *A* ein Chunk DATA mit der Sendefolgenummer TSN = a. Innerhalb der Assoziation gehört dieses Chunk zu dem Stream x (S = x), und dessen Folgenummer im Stream x ist 1 (n = 1). Dieses Chunk DATA bestätigt der SCTP-Endpunkt *B* mit SACK, in dem u.a. angegeben wird:

- TSN Ack = a: Die fehlerfreie Empfang von DATA mit TSN = a wird bestätigt.
- Number of GABs = 0: Damit wird mitgeteilt, dass es keine Lücke in der empfangenen Folge von DATA-Chunks gibt (Es handelt sich hierbei nur um ein Chunk DATA).

Daraufhin sendet der SCTP-Endpunkt *B* die zwei Chunks DATA innerhalb des Streams y (S = y). Diese Chunks haben die Sendefolgenummern TSN = b und TSN = b+1 innerhalb der Assoziation und die Sequenznummern im Stream y entsprechend n = 1 und n = 2. Das erste Chunk DATA wurde vom SCTP-Endpunkt *A* bereits mit SACK bestätigt. Der Empfang des zweiten Chunk DATA bleibt vom SCTP-Endpunkt *B* hier noch unbestätigt.

4.6 Konzept und Einsatz von SCTP

Bei TCP enthalten die TCP-Pakete mit den Daten auch die Quittungen als Acknowledgement Number. Im Gegensatz zum TCP werden in den *DATA-Chunks* keine Quittungen übermittelt. Für die Quittungen werden die Chunks SACK verwendet.

Fehlerhafte SCTP-Übermittlung

Den SCTP-Verlauf bei einer fehlerhaften Übermittlung von Daten zeigt Abb. 4.6-9.

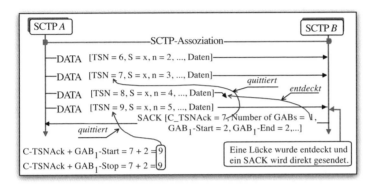

Abb. 4.6-9: Fehlerhafte Übermittlung von Daten nach SCTP
GABn-Start: Gap ACK Block # n Start, GABn-End: Gap ACK Block # n End, Weitere Abkürzungen wie in Abb. 4.6-8

Der SCTP-Endpunkt A sendet hier vier Nachrichten in den DATA-Chunks mit den Sendefolgenummern TSN von 6 bis 9 innerhalb einer Assoziation. Diese Nachrichten gehören zum Stream x und haben innerhalb dieses Streams die Nummern 2, 3, 4 und 5. Das dritte Chunk DATA ist unterwegs verloren gegangen. Nach Eintreffen des darauf folgenden Chunk DATA entdeckt die Empfangsseite die Lücke (*Gap*) in der empfangenen Folge von DATA-Chunks. Als Reaktion darauf sendet sie unmittelbar die Quittung als Chunk SACK mit den Angaben:

Fehlerbehaftete SCTP-Übermittlung

- C-TSN Ack = 7: Damit wird der fehlerfreie Empfang von DATA-Chunks bis zur Nummer TSN = 7 einschließlich bestätigt.
- Number of GABs = 1: Damit wird mitgeteilt, dass es eine Lücke in der empfangenen Folge von DATA-Chunks gibt (Chunk DATA mit TSN = 8 fehlt).
- GAB_1-Start = 2: Mit dieser Angabe wird der Beginn des 1-ten Blocks von DATA-Chunks nach der 1-ten Lücke bestimmt [Abb. 4.6-7].
- GAB_1-End = 2: Damit wird das Ende des 1-ten Blocks von DATA-Chunks nach der 1-ten Lücke bestimmt.

Da der 1-te Block von DATA-Chunks nach der 1-ten Lücke nur das Chunk mit TSN = 9 beinhaltet, wird mit SACK auch dieses Chunk bestätigt (quittiert). Das verloren gegangene Chunk mit TSN = 8 muss vom SCTP-Endpunkt A wiederholt übertragen werden.

Für detaillierte Informationen über das SCTP ist insbesondere auf die Ergebnisse der IETF-Arbeitsgruppe sigtran (Signalling Transport) zu verweisen [http://www.ietf.org/html.charters/sigtran-charter.html].

4.7 Schlussbemerkungen

In diesem Kapitel wurden die Protokolle UDP, TCP und SCTP der Transportschicht in IP-Netzen in fundierter Form dargestellt. Aus Platzgründen konnten nicht alle Aspekte der Transportprotokolle präsentiert werden. Abschließend ist noch Folgendes hervorzuheben:

Unterstützung der Echtzeitkommunikation
- Das Internet wird zunehmend für die Internet-Telefonie und für die Übermittlung von Streaming-Medien (Audio und Video) unter Einsatz des Protokolls RTP (*Real-time Transport Protocol*) eingesetzt. Dies stellt ganz neue Herausforderungen an die Transportschicht in IP-Netzen, weil man durch die zu erwartende Flut von audiovisuellen Medien zukünftig mit der Überlastung des Internet rechnen muss. Da RTP heute das verbindungslose UDP nutzt und UDP über keine Mechanismen für die Überlastkontrolle (*Congestion Control*) verfügt, ist ein neues verbindungsloses Transportprotokoll nötig, mit dem die Echtzeitkommunikation und die Überlastkontrolle möglich sind.

Neues Protokoll DCCP
- Ein derartiges Transportprotokoll DDCP (*Datagram Congestion Control Protocol*) wurde bereits in RFC 4340 (2006) veröffentlicht. Wie bei UDP werden die DCCP-Pakete ebenso als selbstständige Datagramme unquittiert übermittelt. Im Gegensatz zu TCP kann DCCP aber als *Paketstrom* – und nicht als *Bytestrom* – angesehen werden. Für die Überlastkontrolle nutzt DCCP das Verfahren ECN (*Explicit Congestion Notification*, vgl. Abschnitt 4.5) [RFC 3168], das ursprünglich für TCP entwickelt wurde. Das Konzept für RTP-over-DCCP – als Grundlage für die multimediale Kommunikation über IP-Netze – ist bereits spezifiziert [RFC 5762]. Es ist zu erwarten, dass DCCP zukünftig eine wichtige Rolle spielen wird. Für detaillierte Informationen über die DCCP-Entwicklung findet sich unter [http://www.ietf.org/html.charters/dccp-charter.html].

QUIC
- Von Google wurde das Protokoll *Quick UDP Internet Connections* QUIC vorgeschlagen [https://www.chromium.org/quic] und bereits in deren Produkten, wie dem Chrome Webbroswer implementiert, dass statt TCP nun TLS 1.3 über UDP nutzt. Somit kann der 3-Way Handshake zur Aufnahme einer TCP-Verbindung entfallen und der Aufbau von komplexen Webseiten deutlich beschleunigt werden. Wird QUIC für HTTP(S) eingesetzt, spricht man von HTTP/3. Die IETF hat hierfür eine Working Group eingerichtet [https://datatracker.ietf.org/wg/quic/charter/].

Bedeutung der Windowsize
- Bei der Übertragung großer Datenmengen über TCP stellt das verfügbare 'Datenfenster', die *Windowsize* (WSIZE), auf beiden Rechnern ein zentrales Stellglied dar Abb. 4.7-1 und limitiert den Datendurchsatz (vgl. Abschnitt 4.4.1). Moderne TCP/IP-Implementierungen versuchen dieses Fenster im Betrieb zu optimieren; in der Praxis hängt dies aber mit der *Packet Loss Rate* auf der Übertragungsstrecke invers zusammen, sodass nur bei einer qualitativ guten Datenverbindung (bei der z.B. die Router keine IP-Pakete droppen), ein Maximalwert erreichbar ist.

TCP und Mobilität
- Ein Trend bei IP-Netzen ist die Unterstützung der Mobilität über *Multipath TCP*. Dies führt zum Einsatz von TCP in Mobilfunknetzen der sog. 4G (G: Generation). Hier handelt es sich um die Integration von UMTS (*Universal Mobile Telecom-*

4.7 Schlussbemerkungen

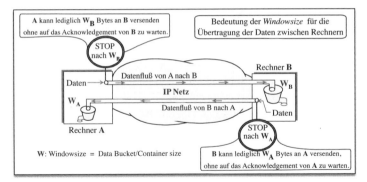

Abb. 4.7-1: Bedeutung der Windowsize für den Datendurchsatz

munications System) sowie LTE (*Long Term Evaluation*) und WLANs. In diesen zellularen Netzen muss der *Handover* garantiert werden. Eine bestehende TCP-Verbindung in einem mobilen Rechner darf, falls er eine Zelle verlässt und sich in eine andere hinein bewegt, nicht abgebrochen werden. In diesem Zusammenhang spricht man von *TCP-Handover*. Es sind bereits einige Lösungen bekannt, die die Mobilität innerhalb der Transportschicht mit TCP unterstützen.

- Von großer Bedeutung ist die Anpassung von TCP an spezielle Arten der Übermittlungsnetze (wie z.B. Wireless Networks, Satellitenstrecken). Hierbei handelt sich u.a. um den Einsatz von selektiven TCP-Quittungen [Abschnitt 4.4.3], die Komprimierung des IP/TCP-Header [RFC 4163], die Bestimmung der optimalen Größe von Window bzw. die Einführung einer neuen Art von Quittungen. Daher spricht man auch von *TCP over X*. TCP over X

Die Lösungen hierfür sind z.B.:

  ▷ *TCP over Second und Third Generation Wireless Networks* [RFC 3481],
  ▷ *TCP over Satellite* [RFC 2488].

Um die Weiterentwicklung von TCP over X zu verfolgen, ist die Webseite http://www.ietf.org/html.charters/tsvwg-charter.html der IETF-Arbeitsgruppe tsvwg zu empfehlen.

- WebRTC ist eine richtungsweisende Idee, um eine multimediale Echtzeitkommunikation, d.h. eine Datenkommunikation mit einem Webserver und gleichzeitig eine *audiovisuelle Echtzeitkommunikation* mit Webbrowsern untereinander realisieren zu können, ohne dafür zusätzliche Software-Module installieren zu müssen [https://www.researchgate.net/publication/281107897_WebRTC_-_Web_Real-Time_Communication]. Zur Echtzeitkommunikation wird bei WebRTC das Transportprotokoll SCTP zwischen zwei 'kommunizierenden' Webbrowsern genutzt, damit zwischen ihnen mehrere Datenströme parallel übermittelt werden können. Zur Garantie der Sicherheit soll das Sicherheitsprotokoll DTLS eingesetzt werden – also STCP over DTLS. SCTP bei WebRTC

4.8 Verständnisfragen

1. Worin besteht die Bedeutung der Transportschicht in IP-Netzen und kann sie interpretiert werden?
2. Müssen UDP- bzw. TCP-Sockets für einen gleichen Service die gleiche Protkollnummer tragen (vgl. /etc/services)?
3. Es wurden zwei verbindungslose und unzuverlässigen Protokolle vorgestellt: UDP und UDP-Lite. Wie stellen diese Protokolle die Integrität der transportierten Nutzdaten sicher?
4. Welche Optionen können im TCP-Header mitgeteilt werden?
5. Wie funktioniert der '3-Way Handshake' bei TCP?
6. Was wird mit der 16 Bit 'Sequence Number' im TCP-Paket gezählt?
7. Wie wird dieser Wert bei der Verbindungsaufnahme initialisiert?
8. Was passiert bei TCP, falls dieser Zähler überlaufen sollte?
9. Was wird über die 'Acknowledgement Number' mitgeteilt?
10. Das in Abb. 4.3-4 und Abb. 4.3-5 als Beispiel gezeigte FTP-Verfahren stellt eine absolute Ausnahme dar, da hier Kommandos und Daten über unterschiedliche Sockets übertragen werden, was speziell beim Einsatz von FTP über Firewalls zu großen Schwierigkeiten führt. Wie kann dies praktisch umgangen werden?
11. Wozu werden die TCP-Optionen 'Windowsize' und 'Maximum Segment Size' genutzt?
12. Welche Ansätze gibt es, um die Effizienz von TCP zu verbessern?
13. Welche Angaben im TCP-Header werden bei der Flusskontrolle verwendet und wie wird sie realisiert?
14. Beim TCP werden spezielle Nachrichten definiert, z.B. um eine TCP-Verbindung auf- und abzubauen und die Überlastkontrolle nach ECN zu realisieren. Wie werden die Nachrichten dieser Art 'generiert'?
15. Wie wird die Überlastkontrolle nach ECN beim TCP realisiert?
16. Werden die TCP-Erweiterungen ECN bzw. SCTP auch in der Praxis eingesetzt?
17. Was sind 'TCP-Cookies' and wann werden sie genutzt?
18. Im Vergleich zu TCP und zu STCP stellt UDP keine besonderen Funktionen zur Verfügung. Worin besteht die Bedeutung von UDP?
19. Welche maximalen UDP-Paketgrößen stehen bei IPv4- bzw. IPv6-Netzen zur Verfügung?
20. Wozu wurde das Protokolle UDP-Lite eingeführt?
21. Wie kann man sich eine TCP-Verbindung und eine SCTP-Assoziation logisch/anschaulich vorstellen?
22. Welche Bedeutung haben die Chunk-Felder im STCP-Header?

5 Domain Name System (DNS)

In privaten IP-Netzen und im öffentlichen Internet werden die Rechner durch ihre IP-Adressen angesprochen. Im intuitiven Umgang sind IP-Adressen jedoch nicht 'sprechend' genug. Es ist daher sinnvoll, statt einer IP-Adresse einen Rechner über seinen Namen (d.h. über den *Rechnernamen* bzw. *Hostnamen*) anzusprechen, so wie dies auch im menschlichen Umgang üblich ist. Dies erfordert aber, dass die Zuordnung *Rechnername* ⇒ *IP-Adresse* geregelt werden muss. Um dieses Problem im Internet zu lösen, wurde das *Domain Name System* (DNS) geschaffen. DNS stellt eine verteilte Datenbank dar, die mit ihrem Informationsgehalt das Rückgrat des Internet bildet.

<small>Notwendigkeit von DNS</small>

Im heutigen Verständnis geht es nicht alleine um die Zuordnung eines Hostnamens zu einer IP-Adresse, sondern um das Auffinden eines Dienstes auf Grundlage seines *Namens*. Somit stellt das Auffinden einer IP-Adresse einen Dienst dar, der einer Deutungshoheit über Internet-Ressourcen entspricht. Speziell Hersteller von Browser-Software gehen daher immer mehr dazu über, statt der klassischen Namensauflösung Dienste wie die *Google-Suche* in ihre Produkte zu integrieren.

<small>DNS = Deutungshoheit</small>

Zunächst wollen wir in Abschnitt 5.1 die prinzipiellen Aufgaben des DNS und die Idee der Namensauflösung präsentieren. Nach der Darstellung der einzelnen Komponenten des DNS-Dienstes in den Abschnitten 5.2, 5.3 und 5.4, den Resource Records, Zonendaten sowie des Aufbaus von DNS-Nachrichten, werden im zweiten Teil, in den Abschnitten 5.5 und 5.7, die heute vorrangig diskutierten Erweiterungen wie ENUM, DynDNS, DNSSEC und DNS für IPv6 erläutert. Ergänzend gehen wir in Abschnitt 5.6 auf die Alternative CurveDNS ein, das die verschlüsselte Übertragung von DNS-Nachrichten ermöglicht. Sog. *autoritative* DNS Einträge wie *DNS-based Authentication of Named Entities* (DANE) und das aktuelle *Certifcate Authority Authorization* (CAA) ist Gegenstand von Abschnitt 5.8. Die Nutzung von DNS im Hinblick auf die Internetanbindung [Abschnitt 5.9] stellt einen weiteren Schwerpunkt dieses Kapitels dar. Abschließend diskutieren wir in Abschnitt 5.10 die Multicast-basierenden DNS-Implementierungen mDNS und LLMNR mit dem Dienst UPnP.

<small>Überblick über das Kapitel</small>

In diesem Kapitel werden u.a. folgende Fragen beantwortet:

<small>Ziele des Kapitels</small>

- Wie funktioniert DNS und welche Aufgaben kann DNS wahrnehmen?
- Wie erfolgt die Ermittlung der IPv4- und IPv6-Adresse aufgrund des Hostnamens und umgekehrt?
- Welche Informationen als sog. Resource Records enthält DNS und wie werden diese Informationen strukturiert?
- Wie werden die Internetdienste E-Mail und VoIP mit SIP mittels DNS unterstützt?
- Welche Ziele werden mit ENUM, DynDNS sowie DNSSEC und CurveDNS verfolgt?
- Welche Errungenschaften bringt Multicast-DNS mit sich und wie wird dies in lokalen Netzen genutzt?
- Welche Aufgabe nimmt *Universal Plug'n'Play* (UPnP) wahr?

5.1 Aufgaben des DNS

Bei der bisherigen Darstellung der Kommunikationsprinzipien in IP-Netzen wurde angenommen, dass die IP-Adresse des Zielrechners gegeben ist. Dies ist aber normalerweise nicht der Fall, sondern der Zielrechner wird mittels seines *Hostnamens* adressiert.

Namens-auflösung

Die Ermittlung einer IP-Adresse unter Kenntnis des Hostnamens bezeichnet man als *Namensauflösung*. Dies kann im einfachsten Falle lokal über die Konfigurationsdatei hosts erfolgen, die sich im Verzeichnis etc befindet (etc/hosts). Beim Aufruf einer Applikation wie z.B. TELNET wird zunächst der Inhalt der Datei hosts gelesen und somit die dem Hostnamen hierin zugeordnete IP-Adresse ermittelt. Für Netze mit nur wenigen Rechnern mag dies hinreichend sein. Für größere Netze und im Internet ist aber ein *Domain Name System* (DNS) nötig.

DNS-Erweiterungen

Die Grundlagen des DNS sind in den RFC 1034 und 1035 spezifiziert, das als offenes sowie verteiltes Informationssystem fungiert. Maßgebliche Ergänzungen erhielt DNS durch DNSSEC zur Sicherstellung der Integrität der Antworten sowie der Möglichkeit dynamischer Updates (DynDNS), die Unterstützung von IPv6 und ferner die beabsichtigte Internationalisierung (IDN). Bei der Realisierung des DNS-Dienstes sind insbesondere folgende Aspekte zu berücksichtigen:

Wie?

- Die Verwendung der in den erwähnten RFC vorgeschriebenen Verfahren, z.B. Namensdeklarationen und -konventionen, Resource Records, Caching, Forwarding und anderer. Dies betrifft insbesondere das Prinzip der Namensauflösung sowie anderer im DNS hinterlegten Informationen, das auf der Interaktion von DNS-Client und -Servern beruht.

- Wodurch?

- Das Nachrichtenprotokoll DNS, mit dessen Hilfe sich Abfragen von DNS-Clients realisieren lassen, das aber auch zur Synchronisation der DNS-Server dient.

Womit?

- Den Einsatz und die Konfiguration von DNS-Servern zum Cachen, zum Hinterlegen und zur Proliferation von Resource Records.

Was?

- Der gelebten DNS-Wirklichkeit innerhalb des Internet, die Bereitstellung der notwendigen Informationen insbesondere durch den hierarchischen Aufbau des DNS-Namensraums und seine Unterteilung in *Zonen*.

Diese unterschiedliche Sichtweise schlägt sich insbesondere in der DNS-Nomenklatur nieder: Aus der Sicht eines Anwenders (*Resolvers*) geht es in der Regel darum, die IP-Adresse eines Rechners aufgrund seines Hostname zu ermitteln. Innerhalb des DNS-Systems findet dieser Hostname seine Entsprechung im *Full Qualified Domain Name* (FQDN). Beim DNS-Server wird dieser Name als *zonenspezifischer AName* (oder CName) hinterlegt

DNS ist die wichtigste und meistbenutzte (Hintergrund-)Anwendung des Internet, da hier sowohl Host- als auch Domaindaten gespeichert sind. Die Sicherstellung der Integrität und Authentizität dieser Daten sowie ihre autorisierte Weitergabe stellt eine große Herausforderung bei seinem Aufsetzen dar. Die Kontrolle über das DNS und speziell über die *Root-Server* [Abb. 5.5-1] ist stets auch mit einer politischen Einflussnahme verbunden. Die Auseinandersetzungen innerhalb des ICANN (speziell bei den neuen Domain-Kennungen wie `.biz`), die Nutzung des reservierten Adressbereichs `in-addr.arpa` demonstriert augenfällig die Bedeutung des DNS für eine funktionierende Internet-Infrastruktur.

5.1.1 Namen als Schlüssel zu Internet-Ressourcen

Wir betrachten es heute als selbstverständlich, eine Ressource im Internet, also einen Dienst oder die IP-Adresse eines Zielsystems, einfach per Abfrage ihres Namen auffinden zu können. Hierbei machen wir uns in der Regel kaum Gedanken, auf welchem Rechner (mit welchem *Hostname*) der Dienst zur Verfügung gestellt wird. Dies wird ermöglicht durch das *Domain Name System* (DNS) als allgemein verfügbarer Internetdienst. Dieser *Dienst* nutzt eine spezielle *Infrastruktur*, basiert auf dem Austausch von *Nachrichten*, verwendet aber nicht zuletzt auch ein *Namenskonzept*, die heute so landläufig genutzt werden, dass der Name 'www' bereits synonym für einen Dienst steht.

In Ergänzung zu den 'üblichen' DNS-Namen verwenden Internetdienste wie z.B. E-Mail, Internet-Telefonie als VoIP mit SIP [Abschnitt 5.7.3] und WebRTC (*Web Real Time Communication*) eine besondere Form von Adressen: *Uniform Resource Identifier* (URI). Diese besitzen den folgenden generellen Aufbau:

URI-Adressen

```
service:user@domain
```

Eine URI definiert bei einem Internetdienst `service` das Ziel einer Kommunikationsbeziehung, das in zwei Etappen erreicht wird: zunächst `domain` und anschließend `user` in `domain`.

> Der Internet-Benutzer Bob hat eine E-Mail-Adresse `mailto:bob@abc.de` und eine als SIP-URI bezeichnete VoIP-Adresse `sip:bob@abc.de`. Es sei hier angemerkt, dass *Bob* die gleiche Adresse für zwei verschiedene Internetdienste nutzt.

SIP-URI

Eine URI stellt somit eine besondere Form von Adressen dar, die die Mobilität von Benutzern innerhalb von 'deren' Domains ermöglicht, ohne an einen speziellen Host gebunden zu sein. Die Adressierung mit URIs besitzt im Vergleich zum Einsatz von URLs (*Uniform Resource Locator*) bei Webanwendungen einen wesentlichen Vorteil: Da im URI `user@domain` der Hostname als Ziel nicht angegeben wird, sondern nur der Domainname, kann der Benutzer jeden beliebige Rechnen innerhalb der betreffenden Domain für dessen Kommunikation (z.B. für E-Mail, Internet-Telefonie) nutzen.

URI versus URL

Die normalerweise auf eine Domain beschränkte Mobilität wird durch, eine zentrale 'Vermittlungsstelle' für diese Domain überwunden:

- Bei *SMTP-E-Mail* wird ein zentraler Mailserver, in der Tat eine virtuelle Poststelle, innerhalb einer Domain eingerichtet, wo zuerst alle an die betreffende Domain adressierten E-Mails empfangen und danach an die Rechner von Benutzern in dieser Domain weiter gesendet werden – bzw. die Rechner von Benutzern können sich die E-Mails selbst abholen. Die Empfänger von E-Mails werden mit E-Mail-Adressen als URIs `mailto:user@domain` adressiert. Im Teil `domain` wird der Name der

mailto: user@domain

Domain eingetragen, in der sich der Ziel-Mailserver befindet. Der Teil `user` enthält die Identifikation des Benutzers (dessen Name) innerhalb der Domain.

sip: user@domain

- Bei *VoIP mit SIP* (also bei Internet-Telefonie) wird ein zentraler SIP-Proxy (auch VoIP-Server genannt), als IP-basierte Telefonvermittlungsstelle installiert. Der SIP-Proxy empfängt zuerst die an die betreffenden Domain adressierten VoIP-Anrufe und leitet sie dann direkt an IP-Telefone von Benutzern in dieser Domain weiter. Hierfür werden IP-Telefone mit SIP-URIs in der Form `sip:user@domain` adressiert. Im Teil `domain` wird der Name der Domain eingetragen, in der sich das Ziel einer Telefonverbindung befindet. Der Teil `user` enthält die Identifikation des IP-Telefons des Benutzers (dessen Name oder Telefonnummer), der das Ziel des Anrufs ist.

5.1.2 Organisation des DNS-Namensraums

Das DNS erlaubt eine baumförmige Vernetzung einzelner Nameserver. Die Nameserver im Internet bilden eine weltweit verteilte Datenbank und stellen somit einen *DNS-Datenbaum* dar. Abb. 5.1-1 zeigt das Prinzip der Vernetzung einzelner Nameserver und damit auch den Aufbau des verteilten DNS-Namensraums im Internet.

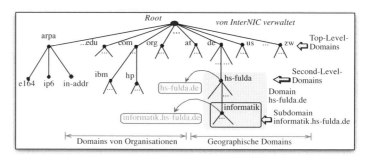

Abb. 5.1-1: Aufbau des DNS-Namensraums und die Domain `informatik.hs-fulda.de`

Root, Domains, Subdomains

Der DNS-Baum besitzt ganz oben eine einzige Wurzel, die man einfach *Root* nennt. Die 'Root' stellt einen logischen Verbund von DNS-Servern dar, die die gleiche DNS-Root-Zone beinhalten. Für den Namen von *Root* ist der '.' (Punkt) reserviert. Wie bei jedem anderen Dateisystem kann der DNS-Baum mehrere Abzweigungen haben, die als Knoten (*Nodes*) dargestellt werden. Jeder Knoten des Baumes repräsentiert eine *Domain (Domäne)* und stellt einen Teil des DNS-Inventars dar, also wie ein Verzeichnis in einem Dateisystem. Jede Domain (sowie jedes Verzeichnis) kann in weitere Teile untergliedert werden. Diese Teile werden im DNS als *Subdomains* bezeichnet und entsprechen den Unterverzeichnissen eines Dateisystems. Eine Subdomain wird – genau wie ein Unterverzeichnis – als Unterknoten (*Kind/child*) des übergeordneten Knotens (*Elter/parent*) interpretiert. Jeder Knoten des Baumes wird mit einem einfachen Namen versehen. Dieser Name kann bis zu 63 Zeichen lang sein.

Bedeutung des FQDN

Der vollständige Domainname, der sog. *FQDN (Full Qualified Domain Name)*, besteht aus den Namen einzelner Knoten bis zur *Root* und stellt somit seinen vollständigen DNS-Namen dar. Der Name eines Knotens setzt sich aus den einzelnen Namen des Pfades zusammen, die jeweils durch einen Punkt voneinander getrennt sind.

5.1 Aufgaben des DNS

z.B. setzt sich der Domainname `hs-fulda.de` aus den Namen `hs-fulda` und dem Domain-Suffix de zusammen.

Der Punkt '.' als Trennzeichen fügt die einzelnen Namensbestandteile, die *Label*, zusammen, die immer hierarchisch von rechts nach links ausgewertet werden. Der FQDN eines Rechners – als Knoten in einer Domain – enthält daher üblicherweise drei Labels:

Domain Label

- den *Hostname* des Rechners (bzw. dessen Alias-Namen),
- den *Namen der Domain* (einschließlich evtl. Subdomains) und
- das *Domain-Suffix*

Häufig wird für den FQDN (*vollständiger Domainname*[1]) auch kurzerhand einfach der Begriff *Domainname* verwandt. Der FQDN wird bei Namensauflösungen immer relativ zu Root – d.h. ohne abschließenden Punkt – referenziert. Bei der Deklaration der Namen im DNS-Server, das heißt, bei den *Resource Records* ist aber der abschließende '.' (Punkt) bei einigen Implementierungen zwingend vorgeschrieben.

Eines der Hauptziele beim Entwurf von DNS war die Dezentralisierung der Administration. Dieses Ziel wird durch *Delegation* erreicht. Das Delegieren von Domains funktioniert so ähnlich wie das Delegieren in der Arbeit: Ein Projektleiter kann ein großes Projekt in kleinere Aufgaben unterteilen und die Verantwortung für jede dieser Teilaufgaben an verschiedene Mitarbeiter übergeben (delegieren). Auf die gleiche Weise kann eine Organisation, die eine Domain administriert, diese in Subdomains aufteilen. Jede dieser Subdomains kann an andere Organisationen delegiert werden. Dies bedeutet, dass die Organisation, der die Verantwortung dieser Domain übertragen wurde, für die Pflege aller Daten der Subdomain verantwortlich ist. Die Daten der Subdomain können unabhängig geändert und sogar in weitere Subdomains aufgeteilt werden, die sich dann wieder weiter delegieren lassen. Die 'Vater'-Domain enthält nur Zeiger auf die Quellen mit den Daten der Subdomains, sodass Anfragen entsprechend weitergeleitet werden können.

Delegtionsprinzip

> Die Domain `hs-fulda` wird auf mehrere Subdomains aufgeteilt wie z.B. `informatik.hs-fulda.de`. Dies bedeutet, dass die Hochschule Fulda dem Fachbereich Informatik die Verantwortung für die Pflege aller Daten seiner Subdomain `informatik.hs-fulda.de` übergeben hat. Die Verantwortung für die ganze Domain `hs-fulda` unterliegt der Hochschule Fulda [Abb. 5.1-1].

Aufteilung in Subdomains

InterNIC und Top-Level Domains

Die oberste Ebene des DNS-Namensraums wird vom InterNIC (*Internet Network Information Center*, `http://www.internic.com`) verwaltet. Die Hauptaufgaben des InterNIC bestehen u.a. in:

Aufgaben vom InterNIC

- der Zulassung der Domain-Suffixe wie z.B. der neuen Domains `.info`, `.eu` und anderer, die *generic Top Level Domains* (gTLD) genannt werden (vgl. Tab. 5.1-1),
- der Zuteilung des IP-Adressraums und der Akkreditierung der verantwortlichen Organisationen,

---

[1] Im Folgenden gehen wir recht lax mit den Bezeichnungen *FDQN*, *Namen*, *Domainname*, *Hostname* und gelegentlich auch *Rechnername* um, wobei in der Regel stets der FQDN gemeint ist.

- der Verantwortung über die Root-Server als zentrale Knotenstellen im DNS sowie
- der Verantwortung über die `arpa`-Domain.

Die oberste Ebene des Domainnamensraums als *Top-Level-Domains* (TLD) wird in drei Hauptgruppen unterteilt [Abb. 5.1-1]:

gTLD
- *generic Top Level Domains* (gTLD): Hier gibt der Domainname die Hauptfunktion bzw. -aktivität der Organisation an, was historisch bedingt ist. Die meisten Organisationen in den USA sind in einer solchen Domain vertreten. Hierzu zählen `com`, `edu`, `net`, `org`, `mil` sowie `gov`.

TLD
- *Geographische Domains*: Durch ISO 3166 festgelegte 2-stellige Länderkennzeichen, z.B. `at`: Österreich, `de`: Deutschland, `us`: USA, `zw`: Zimbabwe.

SLD
- *arpa-Domain*: In dieser Domain wurden u.a. zwei besondere *Second-Level Domains* (SLD) eingerichtet, nämlich `in-addr.arpa` für die Zuordnung von IPv4- und `ip6.arpa` für IPv6-Adressen auf Hostnamen sowie `e164.arpa` für die Zuordnung von Telefonnummern auf Adressen der Internetdienste (z.B. VoIP- Telefonnummer, E-Mail-Adresse, Adresse einer Webseite).

TLD	Bedeutung	Betreiber der TLD Nameserver
`com`	kommerzielle Organisationen wie z.B. IBM (ibm.com); abgeleitet von commerce	VeriSign Global Registry Services
`edu`	Bildungseinrichtungen, z.B. Berkeley University (berkeley.edu)	VeriSign Global Registry Services
`gov`	amerikanische Regierungsstellen, z.B. National Science Foundation (nsf.gov)	VeriSign Global Registry Services
`mil`	militärische Einrichtungen der Vereinigten Staaten, z.B. army.mil und navy.mil	DoD Network Information Center
`net`	Netzwerk-Organisationen, z.B. National Science Foundation (nsf.net)	VeriSign Global Registry Services
`org`	nicht-kommerzielle Organisationen, z.B. Center for Networked Information	Afilias Limited
`int`	Internationale Organisationen, z.B. NATO (nato.int)	Internet Corporation for Assigned Names and Numbers
`info`	Vergleichbar `.com`; mit IDN-Unterstützung	Afilias Limited
`biz`	Vergleichbar `.com`	NeuStar, Inc.
`arpa`	Technische Domain für reverse Namensauflösung	VeriSign Global Registry Services

Tab. 5.1-1: Einige generic Top-Level-Domains (gTLD) im August 2018
[http://www.iana.org/gtld/gtld.html]

Um den dezentralen Charakter des DNS zu gewährleisten, obliegt die Betreuung der Root-Server nicht direkt dem InterNIC, sondern deren Betrieb ist an Organisationen und Unternehmen delegiert [RFC 1591]:

RIPE
- Regionale TLDs wie z.B. .eu, .de, .fr, werden den lokalen Trägergesellschaften – in Europa dem RIPE (*Réseaux IP Européens*) – zugewiesen. Das RIPE delegiert die nationalen TLDs wiederum an Unterorganisationen wie in Deutschland die DENIC, in Österreich das NIC.AT und in der Schweiz das SWITCH. Die URL http://www.iana.org/root-whois gibt auch Auskunft über die Adressen der jeweiligen Root-Server für die Domains und verweist auf Anmeldeformulare für Domain-Anmeldungen.
- Der Betrieb der Nameserver einiger gTLDs wie .com und .net werden im regelmäßigen Turnus ausgeschrieben und an die Organisationen vergeben, die unter

Bewertung der vorgeschlagenen technischen Realisierungen, der Kompetenz sowie der gezahlten 'compensation' am geeignetsten erscheinen.

Aufgabe der nachgeordneten Organisationen – der *DNS-Registrare* – ist es, die technischen und administrativen, aber auch kommerziellen Rahmenbedingungen für den Betrieb eines eigenständigen Asts im Domainnamensraum zu definieren. Mit der Bereitstellung neuer, kommerzieller TLD wie z.B. .biz ergab sich die neue Lage, dass auch neue Stimmen in den Chor der DNS-Betreiber aufgenommen werden müssen, die vorrangig die Interessen ihres eigenen Domain-Astes verfolgen. Es hat umfangreicher Konsultationen und Neuregelungen bedurft, um zu einer Regelung zu kommen [http://blog.icann.org/2011/06/internet-looks-to-singapore-and-icann-41-for-fate-of-new-gtlds/]. DNS-Registrare

Der beantragenden Organisation bzw. Privatperson, der *Registree* bzw. deren *Trustee*, wird die Nutzung eines Domainname verantwortlich zugesprochen, d.h. delegiert, wobei der Name (und ggf. dessen IP-Adresse) des bzw. der Nameserver des Registrees mit dem Domainnamen in Form eines Nameserver-Eintrags vorgenommen wird. Ein Domainname ist durchaus nicht identisch mit einem IP-Netzwerk, sondern stellt lediglich einen Zweig im virtuellen DNS-Adressraum dar.

Anschließend liegt es im Ermessen des Domain-Eigentümers, die DNS *Resource Records* für die ihm zugeteilte Domain einzurichten und somit für das Benennen der Rechner und anderer Endsysteme in der ihm zugeteilten Domain zu sorgen.

5.1.3 Internet Root-Server

Folgt man der URL [http://root-servers.org], sind nicht nur die Betreiber und die geographische Lokation der Root-Server diversifiziert, sondern zudem die IPv4/IPv6-Adressen auch auf verschiedene IP-Netzsegmente des Internet verteilt, um die Ausfallsicherheit des *Domain Name System* zu garantieren.

- Es werden 13 Root-Server unter den generischen Namen *a.root-servers.net* bis *m.root-servers.net* bereit gestellt. Diese Root-Server enthalten prinzipiell die gleichen Informationen über die TLD und gTLD-Zonen in ihrer Zonendatei. a.root-servers.net ⇒ m.root-servers.net
- Die Root-Server sind über eine IPv4- und IPv6-Adresse ansprechbar. Diese Netzwerkadressen können aber im Gegensatz zu den logischen Namen wechseln. Alle *Cache-Server* und *Full-Resolver* besitzen eine Liste der Zuordnung von Root-Server-Namen und ihren IP-Adressen in Form einer *hint*-Datei.
- Die Root-Server sind räumlich und im IP-Adressraum so verteilt, dass genügend Redundanz, aber auch ein schneller Zugriff auf die DNS-Daten gewährleistet ist.
- Um einer Monokultur der DNS-Software vorzubeugen, durch die im Fehlerfall der gesamte DNS-Dienst betroffen ist, werden unterschiedliche Software-Produkte eingesetzt.
- Zudem werden die dreizehn Root-Server von unterschiedlichen Organisationen betrieben.

Weil der Namensraum wie ein auf den Kopf gestellter Baum strukturiert ist, kann ein Full-Resolver bzw. Cache-Server eine Abfrage nach jedem beliebigen Namen im DNS- Root-Server und DNS-Caches

Namensraum über einen Root-Nameserver richten (vgl. Abb. 5.1-3), der diesem dann die Domain-spezifischen Nameserver mitteilen wird. Daher sind die Root-Nameserver für die Namensauflösung von zentraler Bedeutung und müssen eine gemeinsame, konsistente (aber verteilte) Datenbank aufweisen, die beinhaltet, welchen FQDN und welche IP-Adressen die Nameserver der nachgelagerten TLDs besitzen.

Für jede Abfrage auf einen beliebigen Domainnamen kann der Root-Nameserver zumindest die Namen und Adressen des Nameservers zurückgeben, der für die TLD die Verantwortung trägt, in der dieser Domainname liegt. Diese TLD-Nameserver können eine Liste von Nameservern zurückgeben, die für die SLDs verantwortlich sind. Jeder abgefragte Nameserver liefert genau dieselben Angaben darüber, wie man der gesuchten Information näher kommt, oder erteilt selbst die gewünschte Antwort.

Root-Server Anycast Adressen

Da die Root-Server mit gleicher IP-Adresse (und gleichem Inhalt) mehrfach im Internet vorhanden sind, findet ein spezielles *Anycast-Routing* Anwendung: Wird die Abfrage für einen Root-Server gestartet, überprüft der verantwortliche Internet-Router die kürzeste IP-Route hierzu. Liegt eine spezielle *Host-Route* hierfür vor, wird diese und nicht die Route für dieses IP-Netz herangezogen: *Anycast-Routing*. Dies stellt nicht nur den kürzesten Weg – und damit im Allgemeinen die schnellste Antwort – für den anfragenden Client sicher, sondern sorgt auch für ein automatisches, geographisches Server-Balancing.

5.1.4 Architektur und Komponenten des DNS-Dienstes

Ein Ziel bei der Schaffung des DNS war, dass Antworten auf Anfragen sehr schnell gegeben werden können. Hieran beteiligt sind mehrere Konstruktionsmerkmale:

UDP statt TCP
- Generell wird das verbindungslose Transportprotokoll UDP benutzt und nur in Ausnahmefällen TCP. Hierdurch erspart man sich den Handshake, geht aber auch die Gefahr ein, dass Antworten sehr leicht gefälscht werden können.

Anycasting
- Die Suchpfade sollen möglichst kurz sein und schnell konvergieren, was durch den Aufbau des Systems in einer Baumstruktur (und durch das *Anycasting* für die Root-Server) ermöglicht wird.

Cache-Server Infrastruktur
- Die gefundenen Antworten werden von den DNS-Cache-Servern eine Zeitlang aufbewahrt und stehen anderen Clients zur unmittelbaren Beantwortung späterer, gleicher Anfragen zur Verfügung.

Minimalistische DNS-Nachrichten
- Die Zuordnung von DNS-Abfrage (*Query*) und -Antwort (*Response*) geschieht über ein 16 Bit großes Feld `Identification` in den DNS-Nachrichten [Abschnitt 5.4] und aufgrund der Wiederholung der Abfrage in der Antwortnachricht. Dieses ursprüngliche minimalistische Design erlaubt eine einfache Fälschung von DNS-Nachrichten, worauf wir in Abschnitt 5.6 gezielt eingehen werden.

DNS ist so ausgelegt, dass sich die Benutzer die IP-Adressen von Rechnern nicht merken müssen, sondern ihre Namen verwenden können, um sie zu lokalisieren und um die Verbindungen zu ihnen herzustellen. Obwohl DNS eigentlich für das Internet entwickelt wurde, lässt es sich auch in privaten IP-Netzen einsetzen, wobei auch eine Ankopplung an das Internet möglich ist. Mittels des DNS ist es möglich, die

5.1 Aufgaben des DNS

Hostnamen – im gesamten Internet sowie in den privaten IP-Netzen – so zu verwalten, dass sie weltweit eindeutig sind.

Bei der Namensauflösung kooperieren in der Regel folgende DNS-Komponenten miteinander:

- ein *Stub-Resolver* als Teil des Betriebssystems bzw. der Anwendung,
- ein konfigurierter *DNS-Forwarder* (z.B. ein WLAN Access Point als Proxy),
- ein *Cache-Server*, der zugleich als *Full-Resolver* fungiert und die
- die Nameserver (als *Content-Server*) kontaktiert, um autoritative Antworten zu erhalten.

DNS-Komponenten

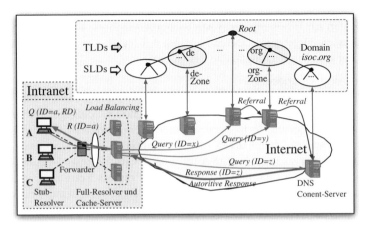

Abb. 5.1-2: Client/Server-Komponenten bei DNS und Ablauf der Namensermittlung für einen Rechner aus der Domain `isoc.org`
Q: Query, R: Response, ID: Identification, RD: Recursion Desired

Stub-Resolver

Wie in Abb. 5.1-2 dargestellt, funktioniert DNS nach dem Client/Server-Prinzip. Der *Stub-Resolver* ist Teil des Betriebssystem (z.B. in Form der *libresolv*-Bibliothek) oder Teil der Client-Software (z.B. des Web-Clients) auf dem Rechner eines Benutzers. Hier wird der bzw. die nächstgelegenen Nameserver konfiguriert, die entweder als *DNS-Forwarder* oder *Cache-Server* fungieren. Queries an die Nameserver sind mit *Recursion Desired* (RD) gekennzeichnet, d.h. der Stub-Resolver delegiert die Aufgabe der Namensauflösung an die übergeordneten Full-Resolver. Die Antworten, die der Stub-Resolver von dem ihm zugewiesenen DNS-Server erhält, werden entgegen genommen, ohne sie zu interpretieren oder zu validieren.

libresolv/ libdnsresolv

Heutige Rechner sind in der Regel multi-homed und multi-link, d.h. besitzen mehrere IP-kommunikationsfähige Schnittstellen, wie z.B. LAN und WLAN. Im Hinblick auf die Implementierung des DNS-Stubresolvers hat dies folgende Konsequenzen:

Link-scoped DNS-Konfiguration

- Im klassischen Fall fungiert der DNS-Resolver *Host-spezifisch*; also alle Anwendungen nutzen die gleichen (ggf. redundanten) IP-Adressen für die DNS-Forwarder- bzw. Cacheserver; was üblicherweise über die Datei `etc/resolv.conf` erfolgt.

etc/resolv.conf

- Statt einer statischen, zentralen Konfiguration des Stub-Resolvers wird bei heutigen Betriebssystemen die Zuweisung der IP-Konfiguration einschließlich DNS dynamisch per Interface bzw. Link vorgenommen.Somit erfolgt die DNS-Konfiguration hier *Link-spezifisch*; in der Regel über die gelieferten Informationen eines DHCP-Servers, der auf dieser Schnittstelle antwortet und auch nur hier gültig ist. Hierbei sprechen wir auch einer *link-scoped* Konfiguration.

DNSCACHEIP
- Ein weiterer Ansatz, der z.B. von Stub-Resolvern gegeben ist, die auf *djbdns*-Routinen [Abschnitt 5.6] bzw. der *libdnsresolv*-Bibliothek aufbauen, ist die Angabe von DNS-Resolvern *Applikations-spezifisch* und wird über die Environment-Variable `DNSCACHEIP` mitgeteilt. Hierbei besitzen lokal konfigurierte DNS-Resolver Vorrang vor denen des Betriebssystems.

Häufig werden zur Erhöhung der Ausfallsicherheit mehrere DNS-Forwarder mit ihren IP-Adressen eingetragen. Deren Nutzung erfolgt dann per Zufallsauswahl oder aufgrund der internen Routingtabelle des Clients.

Forwarder und Cacheserver

DNS-Forwarder Größere (lokale) Netze sind in der Regel so aufgebaut, dass zunächst ein *Forwarder* die DNS-Queries (in Abb. 5.1-2 der Clients **A**, **B** und **C**) entgegen nimmt und diese an die übergeordneten Cache- bzw. Content-Server weiterleitet. Ein Forwarder verhält sich zu seinen Clients als DNS-Server, nimmt aber im Gegensatz zu einem richtigen Cache-Server keine eigene Auflösung der Anfragen vor – nutzt also keine eigenständige Resolver-Funktion –, sondern dient nur als Vermittler und reicht im Anschluss die Antworten an seine Clients weiter. Zudem verändert der Forwarder die DNS-Nachrichten Query und Response nicht.

Cache-Server = Full-Resolver DNS-Cache-Server besitzen folgende Aufgaben, die sinnvollerweise auf getrennten (IP-)Instanzen zu realisieren sind [Abb. 5.1-2]:

- In Bezug auf die übergeordneten Nameserver nehmen diese die Rolle des *Full-Resolvers* ein, um zunächst die verantwortlichen Nameserver zu ermitteln und über diese die *autoritativen* IP-Adressen für einen Hostnamen zu beziehen.
- Jeder *Cache-Server* besitzt eine nicht-persistente Datenbank für die ermittelten DNS-Informationen, um sich die bezogenen Antworten für spätere Anfragen zu merken und diese – nun als *nicht-autoritativ* deklariert – an den fragenden Rechner zurück zu geben.
- Für den anfragenden Client verhalten sich die *Cache-Server* wie richtige DNS-Server und geben auf jede Query eine dedizierte Antwort zurück.

Sowohl bei den Cache-Servern als auch bei den Full-Resolvern müssen die IP-Adressen der Root-Nameserver vorkonfiguriert sein (*Hint*).

DNS-Amplification Wie in Abb. 5.1-2 gezeigt, werden die DNS-Queries, die der Cache-Server zu bearbeiten hat, bei fehlendem Cache-Eintrag zunächst vom Full-Resolver weiter geleitet, in dem aber nun eine neue DNS-Query mit ebenfalls neuer `Identification` (ID) generiert wird. Somit ist es Hauptaufgabe der Cache-Server, die korrekte Quelle der DNS-Information zu ermitteln und die Antworten der nachgefragten DNS-Server zu validieren. Ein DNS ohne Cache-Server ist kaum vorstellbar, da die vielen DNS-Queries der Stub-Resolver die Content-Server überfluten würden. Aus Abb. 5.1-2 wird deutlich, dass für die rekursive Anfrage *Q(ID=a)* des Clients **A** drei folgende Abfragen (Q(ID = x), *Q(ID=y)* und *Q(ID=z)*) der Cache-Server generiert werden. Die bezogene Antwort *R(ID=z)* wird nun als (neue) Antwort *R(ID=a)* an den Client **A** weitergereicht. Diese Vervielfachung der DNS-Queries (bzw. der Antworten) ist als *DNS-Amplification* bekannt geworden.

Content-Server

Content-Server besitzen hingegen eine persistente Domainnamen-Information (in Form einer lokalen Datenbank, der *Zonendatei*) auf die zugegriffen wird, um die entsprechenden Anfragen der Clients (d.h. der Full-Resolver) zu beantworten. Für die DNS-Einträge, die zu seiner zugeordneten Domain gehören, liefert der Content-Server eine *autoritative Antwort* und kennzeichnet die DNS-Antworten entsprechend.

Content-Server

Ein Content-Server liefert nur Antworten, denen Einträge (*Resource Records*) seiner lokalen Zonendatei entsprechen; er sollte aber nie 'selbst auf eigene Suche gehen' und somit als Resolver fungieren.

Resource Records in Zonendatei

Befindet sich der per Query gesuchte FQDN jedoch nicht in der Zonendatei, kann der Content-Server in vielen Fällen zumindest den verantwortlichen Nameserver mitteilen, der aufgrund des Domainlabels hierfür in Frage kommt [Abb. 5.1-1]. Die Response enthält dann einen *Referral* als Ankerpunkt für die weitere Suche des Full-Resolvers.

Referrals

Allerdings kann ein Content-Server durchaus nicht nur Einträge für seine eigene Domäne besitzen, sondern in der Zonendatei können auch Fremdbezüge vorhanden sein. Referenziert der Content-Server diese fremden Einträge, die außerhalb seiner autoritativen Zone liegen, wird dies als *Out-of-Bailliwick*-Antwort bezeichnet.

Out-of-Bailliwick

5.1.5 Abfrage von IP-Adressen

Die wichtigste Abfrage an das DNS lautet [Abb. 5.1-2]:

> *Wie lautet die IP-Adresse für einen FQDN bzw. für einen Service?*

Dies wird als A-Query bezeichnet. Beim DNS-Server kann für den in der Abfrage benutzten FQDN entweder unmittelbar eine IP-Adresse als AName hinterlegt sein oder aber ein *Alias*, also ein weiterer *Canonical Name* CName.

A-Query

Wir wollen uns nun die Auflösung von IP-Adressen aufgrund des bekannten FQDN exemplarisch anschauen.

Namensauflösung

> In Abb. 5.1-1 wurde angenommen, dass Rechner *X* am Netz 1 (der HS Fulda) eine Webseite unter http://www.isoc.org abrufen will. In diesem Fall ist isoc.org als Domainname des Zielnetzes zu interpretieren, und www ist üblicherweise ein Alias-Name (CName) für den Rechner, auf dem der öffentliche Webserver dieses Zielnetzes installiert ist. Da der Zielrechner in diesem Fall nicht im lokalen IP-Netz liegt, kann sein Name auf seine IP-Adresse nicht über den lokalen Nameserver der HS Fulda aufgelöst werden, sondern dessen IP-Adresse ist mittels Verweise – d.h. über sog. *Referrals* – zu ermitteln.

DNS-Referrals

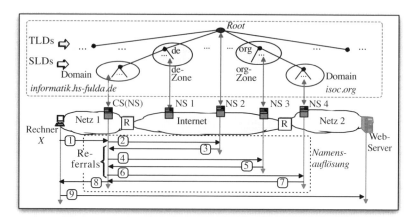

Abb. 5.1-3: Ermittlung von IP-Zieladressen mit DNS-Referral-Hilfe
CS: Cache-Server, NS: Nameserver, R: Router

Ermittlung einer IP-Zieladresse

Wie in Abb. 5.1-3 dargestellt, sind folgende Schritte zu unterscheiden:

1. Die Anwendung im Quellrechner (hier z.B. ein Webbrowser) leitet eine Abfrage (*recursive Query*) an den lokalen Cache-Server (*CS*) bzw. DNS-Forwarder: Wie lautet die IP-Adresse von Host www.isoc.org?

2. Sofern der CS die Antwort nicht in seinem lokalen Cache auffindet, ermittelt er zunächst, welcher Nameserver für die Domain .com zuständig ist. Daher leitet der *CS* die Anfrage nun als *iterative Query* an einen Root-Server (NS 2), da er aufgrund der Domain-Kennung '.org' weiß, dass der gesuchte Rechner nicht über den eigenen Nameserver NS 1 zu ermitteln ist.

3. Der Root-Server NS 2 kennt allerdings nur den verantwortlichen Nameserver für die .org TLD und verweist somit auf den NS 3.

4. NS 3 stellt aufgrund eines Datenbankeintrags fest, dass die Domain isoc.org verantwortlich vom NS 4 betreut wird, und gibt diese Information an den CS weiter.

5. Der CS, der mittlerweile diese Referrals in seinem Cache registriert hat, sendet die Query an den NS 4 der Domain isoc.org.

6. Dieser stellt zunächst aufgrund seiner Zonendatei fest, dass www.isoc.org ein Alias ist, und ermittelt den primären Namen (der AName). Die dem AName zugeordnete IP-Adresse erhält der Resolver in CS von NS 4 und kann somit nun den FQDN – also www.isoc.org – mit der IP-Adresse (in unserem Fall 138.81.11.132) identifizieren.

7. Der lokale CS sendet die gesuchte Zuordnung nun zum Stubresolver des Rechners X. Die gesuchte IP-Adresse kann nun der HTTP-Anwendung übergeben werden.

8. Somit war die Namensauflösung, d.h. die Ermittlung der IP-Adresse, erfolgreich, und der Abruf der Webseite unter http://www.isoc.org kann erfolgen.

Die IP-Adressen der Root-Nameserver sind bei den Full-Resolvern und Cache-Servern in einer hint-Datei eingetragen und müssen gelegentlich aktualisiert werden. Wären die Root-Nameserver nicht erreichbar, käme jegliche Namensauflösung zum Erliegen.

Nach RFC 2308 lernt ein Cache-Server nicht nur die 'positiven', sondern auch die 'negativen' Antworten: NXDOMAIN. Er verzeichnet also in seinem Cache nicht nur die ermittelte Zuordnung FQDN → IP-Adresse, sondern auch die nicht auflösbaren FQDN, für die zwar der Nameserver erreichbar ist; dieser jedoch keinen Eintrag für die FQDN in seiner Zonendatei führt (FQDN → keine IP).

Negatives Caching/-NXDOMAIN

Ein anderer Fall ist zu berücksichtigen, falls ein Content-Server für eine Zone im DNS mit Hostname und IP-Adresse bekannt ist, dieser aber auf die Query eines Cache-Servers bzw. des Full-Resolvers nicht antwortet. In diesem Fall teilt der Cache-Server dies den anfragenden Clients in einer SERVFAIL-Antwort mit, ohne allerdings dieses Resultat zu cachen.

SERVFAIL

Die in Nameservern hinterlegten IP-Adressen (als ANames) der untergeordneten Nameserver wird als *Glue* (Leim) bezeichnet. Nach der hierarchischen Struktur des DNS-Namensraums und dem Delegationsprinzip sollten disjunkte Bereiche nicht quer referenziert werden bzw. nicht mittels Glue verbunden sein [RFC 1034, 1537 und 1912]. Daher soll der Full-Resolver stets – wie in Abb. 5.1-1 – über die Root-Server den erforderlichen Nameserver ermitteln.

Bedeutung von Glue

Es existieren jedoch viele Domänen, deren Nameserver nicht in der eigenen TLD liegen, sondern in einer anderen, statt .de beispielsweise in .net. Als Folge hiervon kann der befragte Nameserver nicht die IP-Adresse des autoritativen Nameservers mitteilen, sondern lediglich dessen FQDN, sodass man von *Glueless Delegation* spricht. Typischerweise ergibt sich dies, wenn der Betreiber des Nameservers hierauf Domains in mehreren TLDs hostet. In diesem Fall muss der Resolver anschließend über die nun bekannte FQDN die IP-Adresse des autoritativen Nameservers ermitteln, bevor mit der eigentlichen Namensauflösung in der gesuchten Domain begonnen wird.

Glueless Delegation

5.1.6 Ermittlung des FQDN für eine IP-Adresse

Gelegentlich kommt es vor, dass ein Benutzer nur über die IP-Adresse eines Rechners verfügt, jedoch den der IP-Adresse zugeordneten Hostnamen benötigt. In diesem Fall wird nach der Zuordnung IP-Adresse ⇒ Hostname gefragt und man bezeichnet dies als *reverse Namensauflösung*.

Reverse Auflösung

Die Abbildung von IP-Adressen auf Namen wird benutzt, um Ausgaben zu erzeugen, die für den Anwender einfacher zu lesen und zu interpretieren sind (beispielsweise in Logdateien). Darüber hinaus wird dieses Verfahren auch zur Validierung von DNS-Einträgen sowie zur der Fehlerbehebung in IP-Netzen angewendet. Zusätzlich wird die gleiche Idee beim ENUM-Konzept genutzt, Telefonnummern als URIs über IP-Adressen abzubilden [Abschnitt 5.7.2].

Zur Verwaltung der Zuordnungen von Hostnamen zu IP-Adressen wurde eine besondere Domain in-addr.arpa eingerichtet. Die Organisation dieser Domain am Beispiel einer Auflösung illustriert Abb. 5.1-4.

Wie hier dargestellt, sind den Knoten in dieser Domain die Nummern zugewiesen worden. Beim Eintragen der Zuordnungen von IP-Adressen zu Hostnamen werden diese Knotennummern entsprechend belegt. Da die Hierarchien von IP-Adressen und

in-addr.arpa Domain

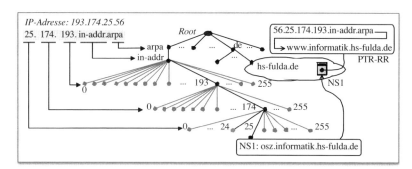

Abb. 5.1-4: Beispiel für die Auflösung einer IP-Adresse auf einen Hostnamen
NS: Nameserver, PTR-RR: Pointer Resource Record

Hostnamen 'umgekehrt' sind, muss dies die Organisation der Domain in-addr.arpa berücksichtigen.

Aufbau von in-addr.arpa

Die Knoten der Domain in-addr.arpa sind *reverse*[2] nach den Angaben ihrer IP-Adressen benannt. Die Domain in-addr.arpa kann bis zu (2^8) 256 Subdomains besitzen, von denen jede einzelne einem möglichen Wert des letzten Byte einer IP-Adresse entspricht. Jede dieser Subdomains kann wiederum 256 Subdomains aufweisen, die jeweils wiederum mit jedem möglichen Wert des zweiten (von rechts) Oktetts von IP-Adressen übereinstimmen.

Reverser IP-Name

In in-addr.arpa muss (theoretisch!) jedes eigenständige IP-(Sub)Netz unter Angabe seiner verantwortlichen Nameserver eingetragen sein.

in-addr.arpa Domain

> Das Class-C-Netz der HS Fulda mit der Adresse 193.174.25.0 beinhaltet im in-addr.arpa-Baum einen Eintrag 56.25.174.193.in-addr.arpa – auch als *reverser IP-Name* bezeichnet – mit dem Verweis auf den Nameserver der HS Fulda. Es ist Aufgabe der hier eingetragenen (lokalen) Nameserver, die reverse Auflösung sowohl für das betreffende Netz als auch für jeden einzelnen Rechner vorzunehmen. Dies erfolgt über den Resource Record PTR (*PoinTer*) – den PTR-Eintrag – im betreffenden Nameserver. Der Nameserver an der HS Fulda wird nun abgefragt und der Hostname aus dem PTR-Eintrag mit der Zuordnung *reverser IP-Adresse* ⇒ *Hostname* abgelesen [Abb. 5.1-4].

PTR-Query ⇔ Reverse Query

Wie in Abb. 5.1-4 dargestellt, erfolgt die Ermittlung eines FQDN über eine bekannte IP-Adresse über den Zwischenweg einer PTR-Query mittels des reveren IP-Namens (also 56.25.174.193.in-addr.arpa). Zwar wurde hierfür in RFC 1035 zunächst die IQUERY (*inverse Query*) eingeführt, deren Verwendung allerdings heute nicht mehr vorgesehen ist [RFC 3425].

Eintrag in in-addr.arpa

Wird ein lokales IP-Netz an das Internet angeschlossen, sollte man dieses auch in der Domain in-addr.arpa eintragen lassen (*Delegation*), um die Abbildung von IP-Adressen auf Hostnamen zu ermöglichen. Diese Aufgabe übernimmt in der Regel der *DNS-Registrar*.

---

[2]In früheren Auflagen wurde hier der Begriff 'invers' gebraucht (entsprechend 'in-'); *revers* ist aber RFC 2317 konform.

5.1.7 Direkte Abfrage von Resource Records

Wie bereits erwähnt, funktioniert DNS nach dem Client/Server-Prinzip, sodass ein Client eine sog. Query beim Abfragen eines *Resource Records* RR an einen Server sendet, und dieser liefert dem Client den RR-Inhalt in einer Response zurück. In diesem Zusammenhang spricht man von *DNS-Query/Response*.

DNS-Queries dienen zur Abfrage spezifischer Resource Records (z.B. vom Type A) und werden über den Stub-Resolver ohne explizites Zutun des Anwenders automatisch für die Namensauflösung gestartet. In der Regel wird hierbei das Bit RD (*Recursion Desired*) im Header der DNS-Nachricht gesetzt [Abb. 5.4-1] und damit der Cache-Server beauftragt, die komplexe Namensauflösung *rekursiv* vorzunehmen. Diese Art der Query wird somit auch als *recursion* bezeichnet.

<small>Beginn der Namensauflösung</small>

Unter den meisten Betriebssystem wird das Programm *nslookup* bzw. *dig* als Full-Resolver angeboten. Diese Full-Resolver ermöglichen *iterative Queries*, bei der das RD-Bit nicht gesetzt ist und somit direkt einen spezifischen Nameserver mit dem angegebenen Type abfragen. Hiermit ließe sich z.B. ein Wildcard-Eintrag (vom Type ANY [Tab. 5.2-1]) mittels *nslookup* wie folgt testen:

<small>Full-Resolver mit iterativer Query</small>

```
nslookup type = txt *.example.de
```

Gerne wird auch das Programm *dig* eingesetzt, das eine andere Syntax als *nslookup* aufweist. Um z.B. den MX-Record für die Domain fehcom.de über die Google DNS-Cache-Server (IP: 8.8.8.8) *recursiv* abzufragen, kann Folgendes angegeben werden:

```
dig -t mx fehcom.de @8.8.8.8
```

Einen Sonderfall der Namensauflösung stellen *unqualifizierte Abfragen* dar. Bei diesen wird als Domainname lediglich der *Hostname* angegeben; es fehlt sowohl der Domainname als auch das Domain-Suffix. In diesem Fall wird der Hostname durch den lokal konfigurierten Domainnamen einschließlich Suffix ergänzt. Unter den Windows-Betriebssystemen ist diese Default-Einstellung i.d.R. bei der TCP/IP-Grundkonfiguration vorgenommen worden; unter Unix wird dies über den Parameter *Search* in der Datei etc/resolv.conf eingestellt. Scheitert die Namensauflösung unter Ergänzung dieser Angaben, wird anschließend der Hostname direkt unter Root ('.') gesucht.

<small>Unqualifizierte Abfragen</small>

5.2 Resource Records

Die *Resource Records* (*RR*) bilden die atomaren Einheiten des DNS. Diese sind auf den Content-Servern persistent hinterlegt und können öffentlich abgefragt werden (*Query*). Zudem bilden sie den Inhalt der DNS-Response-Nachrichten. Die Response-Information wird auf dem Weg vom Content-Server zum Resolver auf vielfältige Weise von den Cache-Servern interpretiert, ergänzt und auch umgeschrieben.

> **Bemerkung**: Grundsätzlich muss man unterscheiden zwischen
> - den Resource Records in DNS-Nachrichten, dem *Wire-Format* und
> - den *persistenten* Resource Records und ihrer Hinterlegung im Nameserver.

Im Folgenden nutzen wir die Notation für persistente RR entsprechend RFC 1035.

Aufbau von RR   Resource Records haben im Allgemeinen folgenden Aufbau [RFC 1035]:

```
NAME [TTL] Class Type RDATA
```

Zuordnung: Name ⇒ RDATA

Die einzelnen Komponenten sind hier wie folgt zu interpretieren:

- `Name`: Name des Objekts (z.B. vollständiger Hostname als FQDN), für den der RR bestimmte Information bereit stellt,
- `TTL`: *Time To Live* [Sekunden] maximal Caching-Zeit des RR (optional),
- `Class`: *Klasse* des RR,
- `Type`: *RR-Typ* als Bedeutung (Funktion) des RR,
- `RDATA`: *Resource Data* als Informationen (z.B. IP-Adresse, vollständiger Domainname als FQDN), die der RR als Ergebnis einer Abfrage liefert.

Zonendatei

Name	[TTL]	Class	Type	RDATA
host1.abc.de.	3600	IN	A	172.30.0.7
www.abc.de.	3600	IN	CName	host1.abc.de
7.0.30.172.in-addr.arpa.		IN	PTR	host1.abc.de
abc.de.	8600	IN	NS	ns1.abc.com
test.abc.de.	1200	IN	TXT	"DNS-Test"
abc.de.	8600	IN	MX	1 mx1.abc.de

Ein Resource Record (RR) kann als Datensatz angesehen werden, der die Zuordnung `Name` ⇒ `RDATA` beschreibt. Hierbei ist `Name` der Bezeichner des RR, und `RDATA` stellt den zugewiesenen Inhalt dar, der als Ergebnis einer RR-Abfrage geliefert wird. Es ist hervorzuheben, dass einem Hostname sowohl mehrere (unterschiedliche) IP-Adressen zugeordnet werden können und auch, dass eine IP-Adresse mehrere (generische) Hostnamen (`AName`) besitzen kann.

Class

Neben IP-Adressen unterstützt DNS auch noch andere Addressformate, was im Argument `Class` ausgedrückt werden kann; heute aber obsolet ist. Die Angabe der optionalen TTL (*Time To Live*) und die Bedeutung des Werts 1 beim `MX` RR wollen wir später erläutern.

Resource Records

RR vom Typ A mit `Name = host1.abc.de.` und `RDATA = 172.30.0.7` enthält die Zuordnung `host1.abc.de` ⇒ `172.30.0.7`, und diese besagt, dass der Rechner mit dem Namen `host1.abc.de` die IPv4-Adresse `172.30.0.7` hat. Derselbe Rechner kann aber ebenso unter seinem Alias-Namen `www.abc.de` angesprochen werden, was die gleiche IP-Adresse liefert.

RR werden nach `Class` und `Type` kategorisiert. Ursprünglich war geplant, DNS zur Namensauflösung auch in Nicht-IP-Netzen zu nutzen. Hierfür wurde die *Klasse* (`Class`) eingeführt. Daher gehört jeder RR zu einer Klasse. Heute ist lediglich die Klasse IN (`Class = 1`) – die sog. Internet-Klasse – von Bedeutung, sodass die Angabe *Class* überflüssig geworden ist. Es sind noch die Klassen CS (*CSNET*, `Class = 2`), CH (*Chaosnet*, `Class = 3`) und HS (*Hesiod*, `Class = 4`). Sie werden de facto nicht mehr benutzt. Tab. 5.2-1 liefert eine Aufstellung der wichtigsten RR-Typen.

5.2 Resource Records

Type	Wert	Bedeutung	RFC	Type	Wert	Bedeutung	RFC
A	1	IPv4-Adresse		OPT[1]	41	OPTion für EDNS	6891
NS	2	Authoritative Name Server		DS[3]	43	Delegation Signer	4034
CName	5	Canonical Name (Alias)		SSHFP	44	SSH FingerPrint	4255
SOA	6	Start of Zone Authority		RRSIG[3]	46	RR SIGnature	4034
WKS	11	Well-known Service		DNSKEY[3]	48	DNS KEY	4034
PTR	12	Domain name PoinTeR		NESC3[3]	50	NextSeCure3	5155
HINFO	13	Host INFOrmation		NESC3PARAM[3]	51	NextSeCure3 Parameter	5155
MX	15	Mail Exchange		TLSA	52	DANE TLSA Record	6698
TXT	16	TeXT string		SPF	99	Sender Policy Framework	6686
SIG	24	Security SIGnature	2845	TKEY[1]	249	Transaction Key	2930
AAAA	28	IPv6 Address	3596	TSIG[1]	250	Transaction SIGnature	2845
SRC	33	SeRC location	2052	IXFR[2]	251	Incremental Zone Transfer	1995
NAPTR	35	Naming Authority PoinTeR	3403	AXFR[2]	252	Zonentransfer Request	5936
CERT[3]	37	CERTificate	4398	ANY[2]	255	Wildcard	
DANE	39	DNS Redirection	6672	CAA	257	Certificate Authority Restriction	6844

Tab. 5.2-1: Die wichtigen RR-Types sowie QTypes entsprechend
http://www.iana.org/assignments/dns-parameters
[1] Meta-Types, [2] QTypes, [3] DNS-Security spezifische RR

5.2.1 Taxonomie der Resource Records

Bei den persistenten Resource Records sind folgende *Kategorien* zu unterscheiden, wie wir dies in einigen ausgewählten Beispiele erläutern wollen. Diese Resource Records bilden den Inhalt der Zonendateien.

1. *primär-(selbst-)delegierende* SOA-RR

    - Mit dem SOA-RR wird der Beginn einer Zone deklariert, und dieser RR wird als Ankerpunkt des Zonentransfers genutzt. — SOA-Record
    - Zonen, deren RR über DNSSEC beglaubigt sind, enthalten einen DNSKEY-RR mit dem öffentlichen Schlüssel der Zone. — DNSKEY-Record

2. *primär-deklarierende RR* vom Typ:

    - A mit NAME = *Hostname* und RDATA = *IPv4-Adresse* stellt die IPv4-Adresse eines Rechners bereit und wird daher auch als *AName* bezeichnet. — A-Record
    - AAAA mit NAME = *Hostname* und RDATA = *IPv6-Adresse* weist die IPv6-Adresse eines Rechners zu. — AAAA-Record
    - PTR mit NAME = *Reverser IP-Name* und RDATA = *Hostname* liefert den Namen eines Rechners bei der reversen Auflösung in der Domain in-addr.arpa [Abb. 5.1-4] bzw. ip6.arpa [Abb. 5.2-1], was nur für A- und AAAA-Records möglich ist. — PTR-Record

3. *sekundär-delegierende RR*

    - NS mit NAME = *Domain* und RDATA = *Hostname des Nameservers* liefert den Hostnamen eines autoritativen Nameservers in einer Domain. NS-RR dienen dazu, den primären Server und alle sekundären Server einer Zone anzugeben. Daher muss mindestens ein NS-RR in jeder Zonendatei vorhanden sein [Abb. 5.3-1]. — NS-Record

DS-Record	▪ DS mit `NAME` = *Domain der untergeordneten Zone* und `RDATA` mit *Angaben über den Hashwert des Schlüssels* der untergeordneten Zone sowie über das eingesetzte Verfahren (*Delegation Signer*). Die delegierte Zone muss einen DNSKEY-RR besitzen, dessen öffentlicher Schlüssel den gleichen Hashwert wie der im DS-RR hinterlegte Wert aufweist.

4. *sekundär-deklarierende RR*, die nur in Verbindung mit A-RR und AAAA-RR auftreten können. Hierzu zählen die RR vom Typ:

CName-Record	▪ CName mit `NAME` = *Aliasname* und `RDATA` = (*kanonischer Hostname*) ordnet einem Aliasname für einen Rechner dessen kanonischen Hostnamen zu. Der kanonische Hostname ist derjenige, für den die Zonendatei einen A-RR bzw. AAAA-RR enthält.
MX-Record	▪ MX mit `NAME` = *Domainname* und `RDATA` = <*Priorität, SMTP-Servername*>. MX ordnet einen SMTP-Server einer E-Mail-Adresse zu und sagt, wie er bevorzugt werden soll (niedrigere Priorität wird bevorzugt).

5. *autoritative RR*, die ebenfalls einen A-RR bzw. AAAA-RR benötigen, aber eine zusätzliche Absicherung per DNSSEC oder CurveDNS benötigen bzw. erfordern.

SSHFP-Record	▪ SSHFP SSH Fingerprints für Hosts.
TLSA-Record	▪ TLSA *DNS-based Authentication of Named Entities*, mittels derer entweder der *public key* eines Rechners oder dessen *Fingerprint* per DNS verfügbar gemacht wird. Der *public key* kann in Form eines X.509-Zertifikats [Abschnitt 7.2] bereitgestellt werden und erfordert dann die Nutzung von EDNS(0) [Abb. 5.4-3], da die Informationsmenge die möglichen 512 Byte für Standard-UDP-Nachrichten überschreitet.
CCA-Record	▪ CCA *Certification Authority Authorization* mit denen mitgeteilt wird, welches die herausgebende Certificate Authority für die X.509 Zertifikate der betreffenden Zone ist.

6. *informative RR* wie beispielsweise:

HINFO-Record	▪ HINFO mit `NAME` = *Hostname* und `RDATA` = <*Hardware, Software*> enthält Information über die Hard- und Software eines Rechners (Hosts). Das Hardware-Feld beschreibt die Hardware (z.B. PC), und das Software-Feld bezeichnet das Betriebssystem des Rechners.
WKS-Record	▪ WKS mit `NAME` = *Hostname* und `RDATA` = <*IP-Adresse, Protokoll+Port*> informiert darüber, welcher Dienst (Protokoll) bei einer IP-Adresse verfügbar ist.
TXT-Record	▪ TXT mit `NAME` = *Hostname* und `RDATA` = (*frei definierbarer Text*) mit dem frei definierbaren Text, was z.B. für *RBL*-Abfragen [Abschnitt 5.7.1] intensiv genutzt wird.

7. *text-semantische RR* wie beispielsweise:

SPF-Record	▪ SPF mit `NAME` = *Hostname* und `RDATA` = <*Ausdruck*>. Hier obliegt es der Applikation, den Ausdruck entsprechend den SPF-Regeln auszuwerten.
NAPTR-Record	▪ NAPTR mit den `RDATA`-Parametern `ORDER`, `PREFERENCE`, `FLAGS` sowie `SERVICE` mit regulären Ausdrücken [Abschnitt 5.7.2].

5.2 Resource Records

Pseudo Resource Records

Die DNS-Kommunikation nutzt zusätzlich sog. *Pseudo-Typen* für den Nachrichtenaustausch, die ad hoc gebildet werden und nicht-persistente Informationen beinhalten [RFC 2929]:

- QTypes (*Query-Type*): Typen, die nicht explizit in RR hinterlegt sind, aber abgefragt werden können. Diese werden vor allem zum Zonentransfer eingesetzt.
- *Meta-Type*: Sie werden zwar als RR definiert und übertragen, werden aber beim Server für jede Query (temporär) generiert und dürfen von Resolvern bzw. Proxy-Servern nicht im Cache gehalten werden.

Ein besonderer Meta-Type RR ist ANY. ANY-Abfragen umfassen in ihrer Antwort *alle* zum abgefragten Namen gehörigen Resource Records. Wird die ANY-Query auf eine Domain angewandt, werden neben dem SOA-Record sämtliche Angaben über NS-, MX- und ggf. SPF-Records ausgegeben. Das Ergebnis der ANY-Responses dürfen von Cache-Servern nur an die Clients durchgereicht, aber nicht im Cache gehalten werden.
ANY-Type

5.2.2 Resource Records für IPv6

Für die Auflösung von Hostnamen auf IPv6-Adressen wurde zunächst lediglich ein neuer Resource Record AAAA (*Quad-A RR*) vorgesehen und zusätzlich eine neue SLD *ip6.int* für die reverse Auflösung, d.h. von IPv6-Adressen auf Hostnamen, eingerichtet.

In RFC 2874 wurde neben dem neuen RR-Typ A6 (der eine '*Bitlabel*'-Repräsentierung der IPv6-Adresse enthält) und einer alternativen SLD ip6.arpa für die reverse Adressauflösung auch ein neuer Alias-Mechanismus propagiert: DNAME. Gegen diese häufig auch als DNSv6 bezeichneten Änderungen des DNS fand ein (begründetes) Aufbegehren statt, sodass die DNS-Operabilität infrage gestellt wurde und aufgrund der Inkompatibilitäten von AAAA-RR und A6-RR zudem die zaghafte Verbreitung von IPv6-Adressen über das DNS unterlaufen wurde.
A6 vs. AAAA

Schließlich wurde in RFC 3152 die Nutzung der SLD ip6.arpa favorisiert, da diese neue Domain unter der bewährten TLD *arpa* aufgehoben ist. Ferner bewertete RFC 3364 die unterschiedlichen RR A6 und AAAA, und man empfahl die ausschließliche Nutzung von AAAA-RR für IPv6.
ip6.int vs. ip6.arpa

Die Bereitstellung von IPv6-Adressen im DNS verlangt die folgenden Ergänzungen:
DNS-Ergänzungen für IPv6

- Die Beheimatung der reversen IPv6-Namen findet unter der SLD ip6.arpa statt. Der zugeordnete RR-Type hierfür ist PTR (ebenfalls wie bei IPv4).
- Für die Darstellung des *reversen IPv6-Namens* verwendet man das *Nibble-Format*. Aus der (kompaktifizierten) IPv6-Adresse

    2001:638:3f0:c214:18cb:1483:2a47:32

  wird daher für den reversen IPv6-Namen die Nibble-Darstellung
  2.3.0.0.7.4.a.2.3.8.4.1.b.c.8.1.4.1.2.c.0.f.3.0.8.3.6.0.1.0.0.2.ip6.arpa

Der Zusammenhang von Domainname und IPv6-Adresse wird über den AAAA-RR hergestellt [Tab. 5.1-1]. Allerdings gilt diese Zuordnung nur für *routbare* IPv6-Adressen. IPv6-Adressen, die nur im lokalen Link-Segment genutzt werden können (sog. LLU-

DNS Records

Adressen; siehe Abschnitt 8.9) benötigen zusätzlich einen *Interface-Index*, der in DNS-Records nicht dargestellt werden kannn.

Der Nameserver *ns1* der Domain abc.de kann z.B. folgende Resource Records als Zoneneinträge besitzen:

Name	Class	Type	RDATA
abc.de.	IN	NS	ns1.abc.de
ns1.abc.de.	IN	A	128.154.191.75
ns1.abc.de.	IN	AAAA	2001:638:3f0:14:18:1483:2a47:32
75.191.154.128.in-addr.arpa.	IN	PTR	ns1.abc.de
2.3.0.0.7.4.a.2.3.8.4.1.1.8.0.0.0.4.1.0.0. 0.f.3.0.8.3.6.0.1.0.0.2.ip6.arpa.	IN	PTR	ns1.abc.de
abc.de.	IN	MX	5 smtp01.abc.de
smtp01.abc.de.	IN	A	128.154.191.80
smtp01.abc.de.	IN	AAAA	2001:638:3f0:c3:29:f484:3baa:1
alfa.abc.de.	IN	AAAA	2001:638:3f0::107:a01f:e726:2068
8.6.0.2.6.2.7.e.f.1.0.a.7.0.1.0.0.0.0.0. 0.f.3.0.8.3.6.0.1.0.0.2.ip6.arpa.	IN	PTR	alfa.abc.de
beta.abc.de.	IN	AAAA	2001:638:3f0::2024:18cb:1483:2a47
7.4.a.2.3.8.4.1.b.c.8.1.4.2.0.2.0.0.0.0. 0.f.3.0.8.3.6.0.1.0.0.2.ip6.arpa.	IN	PTR	beta.abc.de

Abb. 5.2-1 illustriert den Aufbau der Domain ip6.arpa unter Ablage der reversen IPv6-Namen hierin.

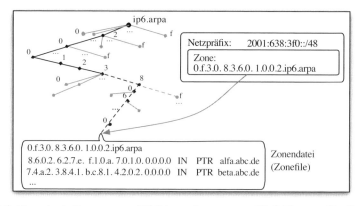

Abb. 5.2-1: Domain ip6.arpa zur Abbildung des reversen IPv6-Namens für die Rechner alfa.xyz.abc.de und beta.xyz.abc.de

IPv6 Support für Resolver

Da sich bei IPv6 die Namens- und Adressauflösung der gleichen Verfahren wie bei IPv4 bedient. Die Anforderungen zur Unterstützung von IPv6 im DNS sind in Bezug auf den Stub-Resolver darauf beschränkt, dass der Stub-Resolver als Resolver-Adresse auch LLU-Adressen akzeptiert, die zusätzlich nur über einen lokalen Interface-Index zu erreichen sind.

Implementierungsaspekte

Wie auch bei DNSSEC [Abschnitt 5.5] ist die IPv6-Unterstützung im Wesentlichen durch den Resolver bzw. den Cache-Server bedingt: Die heutigen Implementierungen (wie z.B. *libresolv*) gehen folgendermaßen vor:

5.2 Resource Records

- Will man eine IP-Adresse über eine FQDN auflösen, sind zwei Lookups notwendig: Die Abfrage nach einem `AAAA` und die nach einem `A` Resource-Record, was die Namens-Auflösung häufig verlangsamt.
- Werden für einen Domainname bzw. einen Nameserver beide IP-Adressen angeboten, versucht der Resolver, die Verbindung zum Nameserver sowohl über das IPv4- als auch das IPv6-Netz zu erreichen.
- Liegt keine IPv6-Konnektivität vor, läuft diese Query gegen ein (unkritisches) Timeout. Aufgrund des negativen Cachings hat der Cache-Server gelernt, bei allen weiteren Anfragen auf die IPv6-Abfrage zu verzichten (`NXDOMAIN`).
- Für den IPv6-befähigten Stub-Resolver ist der Weg, über den die Namensauflösung erfolgte, sowieso irrelevant. Ob der Stub-Resolver die Information (lokal) über IPv4 oder IPv6 bezieht, hängt davon ab, welche Netzinfrastruktur der Cache-Server unterstützt. Dies ist also keine technische, sondern eine administrative Frage [Abb. 5.7-2].
- Wird vom Cache-Server sowohl eine IPv4- als auch IPv6-Adresse für den nachgefragten Hostnamen angeboten, werden beide Adressen an die aufrufende Applikation weitergereicht. Wie diese dann mit den angebotenen Adressen umgeht, ist natürlich vom DNS-Lookup entkoppelt.

5.2.3 Internationalisierung des DNS (IDN)

Domainnamen waren bislang entsprechend RFC 1034 auf die wenigen ASCII-Zeichen (unabhängig von Groß- und Kleinschreibung) beschränkt. Bereits die schreibgetreue Darstellung einer wichtigen Domain wie `das-örtliche.de` scheitert daran. Mit der in RFC 3490 gezeigten Lösung sollte diese Einschränkung aufgehoben werden:

Domainname = Kleinbuchstaben

- Es soll daher möglich sein, alle Sprachen und alle kalligrafischen Zeichen im DNS transparent auf Anwenderebene verfügbar zu machen, ohne dass Nameserver und Resolver spezifisch angepasst werden müssen,
- Die vorhandene Beschränkung der Länge eines Labels – als Teil eines Domainnamens – von maximal 63 Zeichen soll durch eine spezifische Kodierung der Sonderzeichen (sog. *Punycode*) gewährleistet werden. Hierbei spricht man vom *Internationalized Domain Name* (IDN), und den Mechanismus, der zum IDN führt, bezeichnet man als IDNA (*Internationalizing Domain Name in Applications*).

IDN

Beim IDNA wurde darauf verzichtet, bereits etablierte internationale Zeichenformate aus der Unicode-Zeichenfamilie (UTF-8, UTF-16, UTF-32) zu verwenden. Vielmehr wurde gemäß RFC 3491 ein komplexes Verfahren gewählt, das keine native Erkennung des DNS-Namens zulässt: *IDN Domain-Labels* beginnen mit dem ACE-Präfix (*ASCII Compatible Encoding*) `xn-`, und danach kommt eine Zeichenkette in komprimiertem Format. Als Folge hiervon können z.B. Domains wie `das-oertliche.de` und `das-örtliche.de` existieren, die jeweils auf unterschiedliche Betreiber weisen (sofern keine Markenrechte verletzt werden).

Punycode

Um so gravierender sind die Probleme, wenn hebräische bzw. arabische Schriftzeichen verwendet werden:

Risiken infolge von IDN

- Wie soll die Nachrichtenagentur *Al-Dschasira* im Web gefunden werden können?
- Ein einfacher textueller Zeichenvergleich des Domainnamens mit einer Datenbasis muss komplett neu konzipiert werden[3]. Um zu einem aussagekräftigen Resultat zu kommen, muss sowohl der vom Nameserver bezogene FQDN als auch der in der Datenbank hinterlegte Hostname in UTF-8 übersetzt werden. Dieses Problem stellt sich insbesondere bei der Verifikation des FQDNs über ein X.509-Zertifikat [Abschnitt 7.2].

Die Nutzung unterschiedlicher Schriften beim DNS kann für einen nationalen Anwender eine erhebliche Vereinfachung darstellen, entsprechende Ressourcen sind aber ohne Meta-Verzeichnis kaum mehr auffindbar. Die Kontrolle des DNS-Namensraums geht verloren. Zudem eröffnet die Möglichkeit der Nutzung kalligrafisch nahezu gleicher Zeichen auf Anwenderebene (z.B. griechisch α) eine hervorragende Ausgangsbasis für mögliche Phishing-Angriffe.

5.3 Zonen und Zonentransfer

Zonen und Domains

Der DNS-Content-Server beinhaltet die Informationen – in Resource Records – des ihm dauerhaft zugeordneten Namensraums. Der ihm autoritativ zugeteilte Namensraum wird als *Zone* bezeichnet. Abb. 5.3-1 veranschaulicht das Domain- und Zonenkonzept. Der Unterschied zwischen einer Zone und einer Domain besteht darin, dass der Nameserver einer Zone nur solche Namen und Daten einer Domain enthält, die in ihre Subdomains nicht delegiert wurden. Eine Zone stellt daher eine autarke Verwaltungseinheit dar.

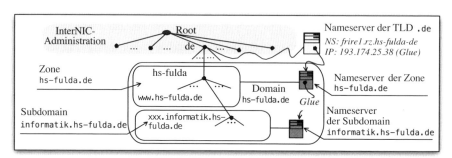

Abb. 5.3-1: Domain- und Zonenkonzept und Bedeutung von Glue

Zone vs. Domain

Prinzipiell muss hier unterschieden werden hinsichtlich der *logischen Struktur* im Hinblick auf den DNS-Baum, die *organisatorische Abbildung* in Zonen und die Kennzeichnung des Übergangs zwischen Domains bei der Abfrage. Strukturell gesehen ist jede eigenständige Domain/Zone ein *Apex* im DNS-Baum; für den Content-Server wird eine Zone über den SOA-RR deklariert, und der Resolver wird über eine Domain mittels eines NS-RR informiert.

---

[3]RFC 1034 Section 3.1: 'By convention, domain names can be stored with arbitrary case, but domain name comparisons for all present domain functions are done in a case-insensitive manner, assuming an ASCII character set, and a high order zero bit.'

5.3 Zonen und Zonentransfer

Das Aufteilen einer Domain in Zonen und Subdomains hat den Vorteil, Verwaltungsaufgaben den verschiedenen organisatorischen Gruppen zuordnen zu können. In diesem Beispiel übergibt die Organisation HS Fulda die Verantwortung für die Pflege der Subdomain `informatik.hs-fulda.de` an den Fachbereich Angewandte Informatik. Der Nameserver der Zone `hs-fulda.de` enthält die Verweise auf die untergeordneten Subdomains und den FQDN der verantwortlichen Nameserver (*Delegation*). Wird zusätzlich die IP-Adresse der Nameserver mitgegeben, dient dies als *Glue* (Klebstoff), um die Nameserver untereinander logisch zu verknüpfen. Auf diese Art und Weise ist es möglich, mehrere Nameserver – z.B. ein Nameserver je Subdomain – zur Verwaltung einer Domain zu verwenden.

Zonen, Subdomain und Glue

Um die Verfügbarkeit der Namensauflösung möglichst immer zu garantieren, werden oft aufgesetzt:

Primärer und sekundärer Nameserver

- ein primärer Nameserver (*primary Name Server*) sowie
- ein (oder mehrere) sekundärer Nameserver (*secondary Name Server*), die häufig (wie an der HS Fulda) in unterschiedlichen IP-Netzsegmenten stehen.

Ein sekundärer Nameserver führt ein *Replikat* (Kopie) der Zonendaten, und er kann sie über unterschiedliche Transfermechanismen vom primären Nameserver beziehen. In diesem Zusammenhang spricht man von *Zonentransfer*, das entweder als Dateiaustausch realisiert wird, wie z.B. per *FTP* bzw. *rsync*, oder über die DNS-spezifischen Mechanismen AXFR (*Authoritative Zone Transfer*) oder IXFR (*Incremental Zone Transfer*).

Generell sollten der primäre und der sekundäre Nameserver einer Zone in verschiedenen Subnetzen installiert sein, damit die Abfragen auch dann erfolgreich sind, wenn ein Subnetz nicht erreichbar sein sollte. Für den DNS-Client besteht keine Möglichkeit zu unterscheiden, ob die Antwort vom primären bzw. sekundären Nameserver stammt (vgl. Abb. 5.3-1).

5.3.1 Zonendatei

Die einer Zone zugeordneten RR bilden eine *Zonendatei*. Die RR erhalten per Default die TTL (maximale Caching-Zeit) sowie die *Klasse* ihrer Zone zugewiesen. Die Zonendatei kann autoritative und nicht- autoritative RR umfassen. Erstere beziehen sich auf Einträge, die vom SOA-RR (*Start-of-Authority*) abgeleitet sind, d.h. alle primären RR, die sich direkt auf die Zone beziehen, z.B. auf `www.example.de`.

Nicht-autoritative RR weisen hingegen in der Regel auf hierarchisch untergeordnete Zonen oder aber beliebig in den DNS-Namensraum, um die Auflösung von Adressen von falsch konfigurierten Nameservern zu ermöglichen. Diese RR sollten immer identisch mit den ursprünglichen RR des autoritativen Nameservers eingerichtet sein.

Beispielhafter Aufbau einer Zonendatei

Eine minimale Zonendatei kann zum Beispiel folgendermaßen aufgebaut sein:

Name	Class	Type	RDATA
example.de.	IN	SOA	hostmaster@example.de (
			1; Serial Number 86400); TTL
example.de.	IN	NS	ns1.example.com ; ns1, self delegation
example.de.	IN	NS	ns2.example.com ; ns2, self delegation
ns1.example.com.	IN	A	192.168.0.10 ; glue
ns2.example.com.	IN	A	192.168.1.10 ; glue
example.de.	IN	MX	10 smtp01.example.com; mx1
example.de.	IN	MX	10 smtp02.example.com; mx2
smtp01.example.de.	IN	A	192.168.1.20
smtp02.example.de.	IN	A	192.168.2.20
www.example.de.	IN	CNAME	server1.example.de
server1.example.de.	IN	A	192.168.1.30
168.192.in-addr.arpa.	IN	PTR	example.de
20.1.168.192.in-addr.arpa.	IN	PTR	smtp01.example.de
20.2.168.192.in-addr.arpa.	IN	PTR	smtp02.example.de

Erläuterung der im Beispiel genutzten Resource Records:

- SOA-Record: Für die Domain example.de als Netz mit der Class-C-Adresse 192.168.0.0 werden folgende Parameter mit einem SOA-RR deklariert:
  - ▷ Der Domainname (hier: example.de);
  - ▷ die zugehörige Klasse, die immer IN lautet,
  - ▷ die E-Mail-Adresse des Zonen-Administrators,
  - ▷ die Serial Number, d.h. eine fortlaufende Nummer (nicht-negativer 32-Bit-Wert) der letzten Modifikation der Zonendatei, sowie
  - ▷ der Defaultwert TTL für diese Zone und aller untergeordneten Zoneneinträge (RR),
- NS-Records: Die Nameserver der untergeordneten Zonen werden deklariert, sowie deren IP-Adressen bekannt gegeben (*Glue*).
- MX-Records: Ein funktionierender E-Mail-Dienst pro Domain ist notwendig, und es werden die Namen der Mailserver zusammen mit ihren IP-Adressen eingetragen.
- CName- und AName-Records: Die Namen der Standardrechner werden benannt.
- PTR-Records: Einige Hosts verlangen zusätzlich die Deklaration des *reversen IP-Namens* [Abb. 5.1-4].

Bemerkung: Im Gegensatz zu den Beispielen in den DNS-relevanten RFC gibt es a priori keine allgemeine oder verbindliche Syntax für den Aufbau einer Zonendatei. Die hier gezeigten Beispiele sind der BIND4[4]-Syntax entlehnt, die mittlerweile durch die *BIND8/BIND9*-Schreibweise überholt wurde. Zum schnellen Look-up liegt die aktive Zonendatei immer in binärer Form vor, z.B. in Form von Datenbankentabellen in einer relationalen Datenbank oder einer Constant-Database wie bei *djbdns*[5]. Bei vielen Produkten können die RR mittels eines Kommandozeilen-Tools oder komfortabler über eine

---

[4]BIND ist der vom ISC (Internet System Consortium) entwickelte *Berkeley Internet Name Daemon* [http://www.isc.org/downloads/bind/].

[5]*djbdns* ist der von Daniel Bernstein entwickelte, gleichnamige Nameserver [http://cr.yp.to/djbdns.html].

5.3 Zonen und Zonentransfer

grafische Applikation eingetragen (sowie automatisch validiert) werden; die kryptische Syntax von BIND wird somit obsolet.

RFC 1034 geht noch von drei TTL-Werten aus (minimaler Wert, Defaultwert und Wert für negatives Caching), was in RFC 2308 mittlerweile in einem einzigen Wert konsolidiert wurde. Die Angabe zu TTL ist ein 32-Bit-Wert, der die Lebensdauer des Eintrags (RR) in Sekunden gegenüber dem Resolver charakterisiert. Aufgrund der Deklaration in RFC 1035 wird der Wert als signed Integer übertragen; genutzt werden kann daher jedoch nur der halbe mögliche Bereich, d.h. $TTL_{max} = 2^{32-1} - 1 =$ 2147483647 Sekunden. Typischerweise beträgt eine TTL = 86400 Sekunden, was einem Tag entspricht. Der Resolver lässt die vom Nameserver übergebenen RR (= Zoneneinträge) maximal TTL Sekunden in seinem Cache, bevor er diese verwirft.
Time To Live

Serial Number (SN) ist nicht für den Resolver, sondern für einen potenziellen Peer-Nameserver relevant, der die Daten per Zonentransfer erhalten soll. Vom Ansatz her sollten größere SN-Werte aktuellere Versionen der Zonendaten charakterisieren. SN sollte daher nicht manuell, sondern möglichst automatisch als Integer-Wert $< 2^{32} - 1$ erzeugt werden. Sind die Nameserver hinsichtlich ihrer internen Uhr (z.B. per NTP) abgeglichen, kann als SN die Uhrzeit herangezogen und dieser Wert automatisch zur Modifikation des SOA-RR genutzt werden.
Serial Number

Während pro Zone immer genau ein SOA-Eintrag existiert, können A-RR (aber auch prinzipiell auch PTR-RR) mehrfach vorhanden sein. Dies ist dann notwendig, falls ein Rechner über mehrere IP-Adressen verfügt und unter dem gleichen Namen angesprochen werden soll.
Mehrfach-deklaration

Ursprünglich war Reihenfolge und Anordnung der RR in einer Zonendatei irrelevant; mit RFC 2136 (und danach in RFC 2181 verdeutlicht) wurde jedoch *Resource Record Set* (RRSet) eingeführt, der alle identischen RR mit gleichem NAME und Type, aber unterschiedlichen Inhalten RDATA, bezeichnet. Dies bezieht sich auf die Organisation der RR in der Zonendatei, was für die Signierung der RR im Rahmen von DNSSEC von Bedeutung ist.
Resource Record Set

Unabhängig hiervon ist es sinnvoll, dass der Content-Server bzw. der Cache-Server zur Beantwortung einer Query die RR in einem RRSet per Type liefert. Bei der DNS-Abfrage nach dem Typ NS oder MX kann die Antwort des DNS-Servers, in der alle verfügbaren Nameserver bzw. Mailserver mitgeteilt werden, als ein RRSet aufgefasst werden. Dass ein DNS-Server in einer Antwort nicht nur einen (beliebigen) NS-RR, sondern alle bekannten MX-RR bei der Abfrage mitteilt, ist durch die vorliegende Redundanz von entscheidender Bedeutung für die Verfügbarkeit von Internetdiensten.

5.3.2 Zonentransfer

Ein primärer Nameserver erhält die Daten für die Zonen, über die er die Autorität besitzt, aus Dateien, die auf dem Rechner liegen, auf dem dieser Server-Dienst läuft. Die Dateien, aus denen der primäre Nameserver die Zonendaten liest, werden Zonendateien (oder auch *master file*) genannt. Bei Änderungen an den Zonendaten, z.B. durch Hinzufügen von Einträgen (z.B. Rechner) zur Zone, müssen diese Änderungen auf dem primären Nameserver vorgenommen werden, sodass die neuen Daten in die Zonendatei eingetragen werden. Ein Zonentransfer findet nur zwischen den Nameservern der gleichen Zone statt, d.h. zwischen dem primären und dem sekundären Nameserver, in keinem Fall aber zwischen Nameservern auf unterschiedlichen Ebenen des DNS.

Replikationsprotokolle AXFR und IXFR

Zur quasi binären Replikation von Zonendaten stehen folgende Protokolle für den Zonentransfer zur Verfügung:

- Das in RFC 1034 und RFC 1035 vorgestellte AXFR-Protokoll[6] und das
- IXFR-Verfahren (inkrementeller Zonentransfer) nach RFC 1995.

Hier braucht es zusätzliche Logik, um die eigentlich zu transferierenden RR aus der (binären) Zonendatei zu ermitteln, was der eigentliche Gegenstand der Protokolle AXFR und IXFR ist. Dabei wird davon ausgegangen, dass jede Änderung der Zoneninformation auf dem primären Nameserver immer und ausschließlich durch die Änderung der *Serial Number* indiziert wird. Speziell bei BIND muss diese zusätzlich zu den Änderungen der Resource Records der Zonendatei editiert werden [RFC 1982].

SOA-Request

Abb. 5.3-2 illustriert den AXFR- und den IXFR-Zonentransfer von einem Content-Master zu den Slaves, der jeweils vom Slave angestoßen werden muss. Sowohl die AXFR- als auch die IXFR-Zonen-Abfragen können mit einer Query vom Typ SOA (*SOA-Request*) auf UDP-Port 53 beginnen, wobei zunächst die *Serial Number* verglichen wird. Differiert diese, wird die eigentliche Nutzdatenübermittlung der Zonendaten eingeleitet, die dann über TCP stattfindet.

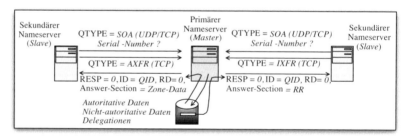

Abb. 5.3-2: Ablauf des AXFR- bzw. IXFR-Zonentransfers
QTYPE: Query Type, ID: Identification, RD: Recursion Desired, RR: Resource Record

NOTIFY

Zusätzlich beschreibt RFC 1996 das NOTIFY-Verfahren, das einen primären Nameserver dazu veranlasst, die (eingetragenen) sekundären Nameserver zu benachrichtigen, falls eine Änderung der Zonendatei vorgenommen wurde. Es wird davon ausgegangen, dass anschließend der bzw. die sekundären Nameserver einen AXFR- bzw. IXFR-Request absetzt, um ein Update ihrer eigenen Zonendatei vorzunehmen. Hierbei ist es also notwendig, dass nicht nur die sekundären Nameserver den primären Nameserver als AXFR/IXFR-Server konfiguriert haben, sondern dass auch der Primär-Nameserver über eine Liste seiner sekundären Nameserver verfügt. Ist diese Liste nicht komplett, führt dies zu Inkonsistenzen der verteilten Zonendatei und damit ggf. der Abfragen.

---

[6]vgl. http://cr.yp.to/djbdns/axfr-notes.html

5.4 DNS-Nachrichten

Bei normalen Abfragen verwendet DNS das verbindungslose Transportprotokoll UDP. Die Folge ist, dass typische DNS-Antworten nur eine Größe von maximal 512 Byte [Abschnitt 4.2] aufweisen können, was signifikante Einschränkungen mit sich bringt. Eine DNS-Antwort, die nicht vollständig in das 512 Byte große UDP-Paket passt, kann mit dem Flag TC (*TrunCation*) in der DNS-Nachricht gekennzeichnet werden, und dann ist es möglich, die Konversation per TCP fortzusetzen (sofern über die Firewall erlaubt).

Um aber größere DNS-Nachrichten als 512 Byte auch mittels UDP zu transportieren, wurde der Mechanismus EDNS (*Extended DNS*) eingeführt.

Die Datenübermittlung beim *Zonentransfer* zwischen einem Primär- und einem Sekundär-Nameserver in einer Domain findet über eine TCP-Verbindung statt. Danach werden die DNS-Nachrichten in TCP-Paketen übertragen.

Zonentransfer per TCP

5.4.1 DNS-Nachrichtenformate

Bei den beiden Protokollen UDP und TCP wird dem DNS die (Server-) Portnummer 53 zugeordnet. Für Abfragen (Queries) sollte hingegen eine zufällig gewählte Portnummer zwischen 1024 und 65535 genutzt werden, was bei einigen Implementierungen nicht der Fall ist. Abb. 5.4-1 illustriert den allgemeinen Aufbau der transportierten DNS-Nachrichten.

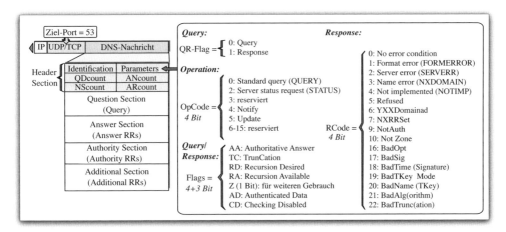

Abb. 5.4-1: Aufbau von DNS-Nachrichten – Query und Response

Jede DNS-Nachricht setzt sich gemäß RFC 1035 aus einigen Teilen, die als Sektionen (Sections) bezeichnet werden, zusammen. Die einzelnen Teile umfassen:

- **Header Section** (3*4 Byte): Der Header enthält Felder, die angeben, welche anderen Sektionen vorhanden sind, und legt auch mithilfe von verschiedenen Parametern fest, wie eine DNS-Nachricht zu interpretieren ist. Die einzelnen Angaben im Header von DNS-Nachrichten gemäß Abb. 5.4-1 haben folgende Bedeutung:

DNS-Header

Identification	▷ `Identification` (2 Byte): Jede DNS-Abfrage wird durch eine 16-Bit-Zufallszahl indiziert, die auch *Transaction-ID* genannt wird und in der Query und der zugehörigen Response identisch sein muss. Der Resolver hinterlegt diese ID in seinem Cache, um die zugehörigen Antworten zu identifizieren. Da der Nameserver diesen Wert in der Response wiederholt, kann diese vom Client somit immer der richtigen Query zugeordnet werden.
	▷ `Parameters` (2 Byte): Hier wird mit dem Flag `QR` mitgeteilt, ob die DNS-Nachricht eine Query (Abfrage) oder eine Response (Antwort) darstellt. Die Angabe *Opcode* dient vornehmlich dazu, Standard-Queries von zonenspezifischen Queries zu unterscheiden. Bei den Antworten ist *Rcode* sowie insbesondere das Flag `AA` relevant, ob die Antwort autoritativ ist. Mit dem Flag `TC` wird darauf hingewiesen, dass eine Antwort unvollständig ist. Mit der Einführung von DNSSEC kommt dem Flag `AD` nun ergänzende Bedeutung zu; ebenso dem nachfolgenden Flag `CD` [RFC 2535].
	▷ `QDCOUNT` (2 Byte): Anzahl der Einträge (d.h. der RR) in *Question Section*.
	▷ `ANCOUNT` (2 Byte): Anzahl der RR in *Answer Section*.
	▷ `NSCOUNT` (2 Byte): Anzahl der Nameserver RR in `Authority Section`.
	▷ `ARCOUNT` (2 Byte): Anzahl der RR in `Additional Information Section`.
Question Section	▪ `Question Section`: Hier wird eine Abfrage an den Nameserver spezifiziert, d.h. dieser Teil gibt an, was gesucht wird.
Answer Section	▪ `Answer Section`: Hier wird die Antwort eines Nameservers angegeben. Wurde der verantwortliche Content-Server der Zone direkt befragt, weist dieser die Antwort zusätzlich als autoritativ (`AA`) aus.
Authority Section	▪ `Authority Section`: Diese Sektion enthält nicht etwa autoritative RR, sondern bei Content-Servern Verweise (*Referrals*) auf den bzw. die Nameserver der nachgefragten Domain. Zusätzlich können Proxy-Server im Falle einer negativen Antwort hier den `SOA`-Record (einschließlich der aktuellen TTL) der entsprechenden Domain unterbringen.
Additional Section	▪ `Additional Section`: Dieser Teil enthält zusätzliche Angaben als RR, die irgendwie zu einer Abfrage bzw. Antwort gehören. Es ist auch möglich, hier nicht DNS-spezifische Informationen zu hinterlegen. Dies kann z.B. zur Übertragung von Nachrichten im sog. *Stealth-Modus* eingesetzt werden, da typischerweise (z.B. beim WLAN) der DNS-Port von Firewalls nicht blockiert und auch keine Filterung auf den Nachrichteninhalt vorgenommen wird.

Aufbau von Query-Nachrichten

Question Section	Die `Question Section` enthält die Felder, in denen die Anfrage an den Nameserver spezifiziert wird. Abbildung Abb. 5.4-2a zeigt den Aufbau.
DNS Query-Nachrichten	Für die Spezifikation einer Query dienen folgende Angaben:
	▪ QNAME: Angabe von NAME des abgefragten RR; QNAME kann aus einer Folge von Labels als Namen – einzelner Knoten bis zur Root – bestehen. Ein Label beginnt jeweils mit einem Byte, das die Label-Länge angibt. QNAME wird von einem Byte mit der Länge 'Null' terminiert und kann eine beliebige Länge [in Byte] haben.

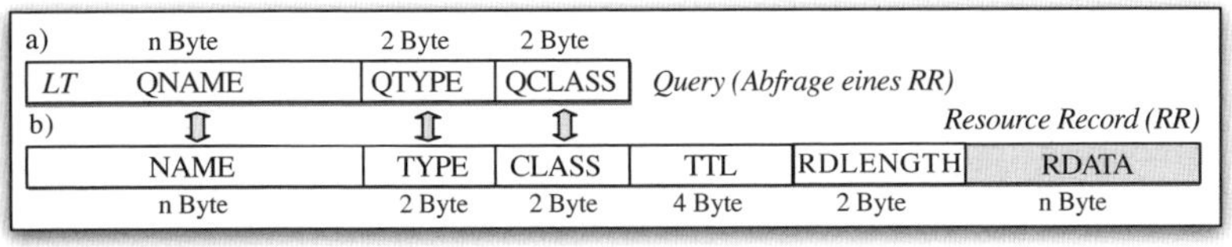

5.4 DNS-Nachrichten

a)	n Byte	2 Byte	2 Byte			
LT	QNAME	QTYPE	QCLASS	Query (Abfrage eines RR)		
b)	⇕	⇕	⇕			Resource Record (RR)
	NAME	TYPE	CLASS	TTL	RDLENGTH	RDATA
	n Byte	2 Byte	2 Byte	4 Byte	2 Byte	n Byte

Abb. 5.4-2: Spezifikation von: a) Query und b) Ressource Record in DNS-Nachrichten
LT: LabelType

Im ersten Byte des `QNAME` werden die ersten (*least significant*) Bit als `LabelType` bezeichnet und tragen folgende Information:

- `LabelType` = 00: normale DNS-Nachricht.
- `LabelType` = 11: komprimierte Nachricht (*Message Compression*).
- `LabelType` = 01 bzw. 0b01: EDNS0 Nachricht mit zusätzlichem OPT-RR in der *Additional Section*.
- `QType`: Angabe von Type des abgefragten RR [Tab. 5.2-1].
- `QClass`: Angabe von Class der abgefragten RR (typisch 01 = IN).

Aufbau von Response-Nachrichten

In `Answer`, `Authority` und `Additional Section` werden RR übermittelt. Für die Übermittlung eines RR dient folgende Struktur [Abb. 5.4-2b]:

DNS Response-Nachrichten

- `NAME`: Äquivalent zum `NAME` im RR.
- `Type`: Angabe des RR-Types.
- `Class`: Angabe der RR-Klasse.
- `TTL`: Angabe von TTL des RR.
- `RDLENGTH`: Länge des nachfolgenden Feldes `RDATA`.
- `RDATA`: Eigentliche Nutzinformation im RR, also entweder ein FQDN, eine IPv4- bzw. IPv6-Adresse oder eine ergänzende Information.

Die Response-Nachrichten besitzen immer die gleiche `Identification` wie die ursprüngliche Query. Zudem wird `Question Section` mit der ursprünglichen Abfrage befüllt. Die `Answer Section` liefert naturgemäß das Ergebnis der Query, während die weiteren Abschnitte folgendermaßen belegt sind:

- Die `Authority Section` verweist auf die FQDN der Rechner, die für die Zone als autoritative Nameserver fungieren.
- Die `Additional Section` liefert zudem die IP-Adressen dieser Nameserver mit.

Diese Angaben werden aber nur vom ursprünglichen Content-Server eingetragen und die Response zugleich als *Authoritive Answer* gekennzeichnet [Abb. 5.4-1], um dem Cache-Server den Aufbau seines Caches zu vereinfachen. Der Cache-Server gibt diese Informationen jedoch in der Regel nicht an den Stub-Resolver weiter, da dieser hiermit nichts anfangen kann.

DNS-Nachrichten, die per UDP übertragen werden, sind in der Regel auf eine Größe von 521 Byte beschränkt. Während dies für die DNS-Query in der Regel keine Ein-

DNS-Response mit TC = 1

schränkung darstellt, kann die DNS-Response umfangreicher sein. Der DNS-Server setzt in diesem Fall das Bit TC = 1 (*Truncation*) in der Response-Nachricht und teilt dem Client mit, dass die Antwort unvollständig ist. Der DNS-Client hat nun die Aufgabe, die Query diesmal über TCP zu wiederholen. Die DNS-Query besitzt nun eine neue Transaction-ID und wird vom Server anschließend über TCP beantwortet.

Message Compression

Entsprechend RFC 1035 kann DNS zwar eine Komprimierung von Nachrichten vornehmen, indem Domainnamen in der Nachricht durch 'Zeiger' ersetzt werden. Dieses Verfahren ist aber wenig effizient und wird daher kaum mehr angewandt.

5.4.2 DNS-Nachrichten mit EDNS(0)

Die Nutzung von UDP beschränkt die Länge speziell der Antworten auf Größen von weniger als 512 Byte in einer DNS-Nachricht, d.h. die DNS-Antworten dürfen nicht auf mehrere UDP-Pakete verteilt werden. Mittels einer DNS-Erweiterung – bezeichnet als *Extended DNS* (EDNS) – ist es allerdings möglich, über UDP auch größere DNS-Nachrichten im EDNS-Format zu transportieren [RFC 6891], sofern beide Kommunikationspartner dieses Verfahren unterstützen.

Pseudo-RR OPT

Um für DNS-Nachrichten zu markieren, dass es sich um das EDNS-Format handelt, wurde ein *Pseudo-RR* OPT (*OPTion*) eingeführt, der als Teil der Additional Section in die DNS-Nachricht eingebettet wird. Dieser Pseudo-RR wird nur zwischen Client und Server verwendet und erscheint nie in Zonendateien. Er ist aber wie ein normaler RR strukturiert und ermöglicht folgende Angaben:

- Bereitstellung zusätzlicher *Flags*.
- Rcode (ResponseCode) wird erweitert, und es kann die Länge des UDP-Payload eingetragen werden.
- Mit *Pseudo-RR* OPT unterrichten sich die beiden kommunizierenden DNS-Instanzen gegenseitig über die maximale Länge der DNS-Daten im UDP-Payload.

D0-Flag ⇒ DNSSEC

Bemerkung: Der Pseudo-RR OPT ist auch bei DNSSEC nötig, um das D0-Flag unterzubringen. Hiermit kennzeichnet sich der Absender der Nachricht als DNSSEC-fähig.

Nutzung von EDNS

Beim Einsatz von EDNS ist Folgendes zu berücksichtigen:

- Die maximal mögliche IP-Paketgröße muss zwischen den beteiligten DNS-Partnern mittels MTU-Path-Discovery ermittelt worden sein.
- Bei einer Query wird in der DNS-Nachricht das Feld QNAME [Abb. 5.4-2a] auf '00' gesetzt – damit auf die EDNS-Nutzung verwiesen – und in der Additional Section Type OPT (Type = 41) gesetzt.
- Im Feld Class des Pseudo-RR OPT kann nun die maximale Länge (größer als 512 Byte) als möglichen UDP-Payload angegeben werden.
- In der Antwort des DNS-Server wird ebenfalls mit 01 für die ersten Bit im Feld NAME [Abb. 5.4-2b] des übermittelten RR auf EDNS verwiesen und ein Pseudo-RR OPT in Additional Section gesetzt.

Angaben in Pseudo-RR OPT

Die einzelnen Felder im Pseudo-RR OPT sind wie folgt belegt [Abb. 5.4-3]:

- Name = '00' (*Root*).

- `Type = OPT`.
- `Class` = Unterstützte maximale Länge des UDP-Payload (in Bit). Bei den möglichen 16 Bit (*signed Integer*) ergibt dies einen maximalen Payload von 4096 Byte.
- extended `RCode` (ehemals TTL in Abb. 5.4-1) und den Feldern `eRCode` und `Ver` (Version von ENDS0) sowie weiteren Flags, wovon z.Z. lediglich das Bit 17 als `D0` (erstes Bit im dritten Byte) von Bedeutung ist.
- `RDLENGTH`: gibt die Länge des Feldes `RDATA` an.
- `RDATA` (variable Länge) = Angabe von Optionen in Form `<Code, Length, Data>`.

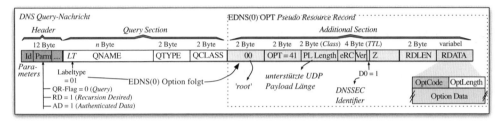

Abb. 5.4-3: Aufbau einer DNS-Query mit EDNS(0)-Angabe
OPT: Option, TTL: Time-to-Live, eRC: extended RCode, Ver: Version, Z: Zero

Abb. 5.4-3 zeigt den Aufbau von DNS-Queries mit zusätzlichem EDNS Pseudo-RR. Folgende Felder sind hierbei von Bedeutung:

- Mit der Angabe `PL Length` kann der Client (aber auch der Server mitteilen), welchen maximalen UDP-Payload akzeptiert werden kann.
- Wird im `RCode` das Bit 16 gesetzt (D0), teilt der Client mit, dass er eine DNSSEC-signierte Antwort erwartet.
- In der Regel ist das Feld `RDATA` im EDNS Pseudo-RR nicht gefüllt, also auch die korrespondierende `RDLEN` = 0. Der DNS-Server kann jedoch das Feld `OptCode` nutzen, um Angaben über den zu liefernden Inhalt zu haben.

Mittels des Pseudo-RR `OPT` können einige 'eigenwillige' (und z.T. proprietäre oder auch patentierte) Erweiterungen für das DNS-Protokoll genutzt werden, z.B. um anzuzeigen, dass es sich um 'anstößige' Inhalte handelt. EDNS ist auch besonders deshalb problematisch, da es fordert, dass alle beteiligten DNS-Komponenten (also Stub-Resolver, Proxy-Server und Content-Server) dieses Verfahren unterstützen müssen.

5.5 DNS Security mit DNSSEC

DNSSEC ist eine Erweiterung von DNS, um die Integrität der DNS-Informationen auch bei möglichen bösartigen Angriffen zu gewährleisten. Mit DNSSEC sollen vor allem die in RFC 3833 dargestellten Sicherheitsschwachstellen beseitigt werden. Die Entwicklung von DNSSEC hat bereits vor mehr als fünfzehn Jahren begonnen, und die Ergebnisse wurden inzwischen in zahlreichen RFC – wie z.B. RFC 2535, 3008, 3090,

3225, 3445, 3655, 3658, 3755, 3757, 3845, 3848 – erfasst, sodass das Konzept von DNSSEC schließlich fast nicht nachvollziehbar war. Um diesem Zustand zu begegnen, hat die IETF im März 2005 die drei RFC 4033, 4034, 4035 sowie zusätzlich RFC 5155 (NSEC3) als Festlegung von heute relevanten Ergebnissen der DNSSEC-Entwicklung veröffentlicht. Die in dieser RFC-Trilogie dargestellte Version von DNSSEC ist unter dem Namen *DNSSECbis* bekannt und wird ergänzt durch RFC 6840.

Sicherheitsziele Mit DNSSEC werden folgende Sicherheitsziele verfolgt:

1. *Sicherstellung der Authentizität*: Stammen die angebotenen DNS-Daten tatsächlich vom autoritativen DNS-(Content)-Server bzw. ist die Partner-DNS-Instanz wirklich der wahre Kommunikationspartner?
2. *Sicherstellung der Nachrichtenintegrität*: Sind die empfangenen DNS-Daten korrekt – d.h. nicht gezielt verfälscht – bzw. handelt es sich wirklich um diese, die vom Content-Server bereitgestellt werden?

Unter Einbeziehung der Mechanismen TSIG bzw. SIG0 kann auch noch erzielt werden:

3. *Absicherung des Zonen-Transfers*: Wurde der Zonen-Transfer vertraulich zwischen den autorisierten Nameservern durchgeführt?

Trotz des vielversprechenden Namens DNS-'Security' werden die folgenden Schutzziele verfehlt (vgl. Abschnitt 2.X):

I. Die Übermittlung der DNS-Nachrichten zwischen Client und Nameserver erfolgt *nicht vertraulich*; auch bei DNSSEC findet ein unverschlüsselter Datenaustausch statt. Hintergrund hierzu ist, dass die Informationen in den Zonendateien grundsätzlich öffentlich sind und daher auch ihre Übertragung nicht besonders schützenswert ist. Allerdings bietet dies die Möglichkeit, aufgrund der aufgezeichneten DNS-Nachrichten herauszufinden, von welchen IP-Adressen welche Internetdienste per DNS gesucht wurden, also ein *Profiling* vorzunehmen.

II. Durch die Signierung der Zonendaten und das komplexe DNSSEC-Protokoll wird sowohl die *Verfügbarkeit* der DNS-Zonendaten selbst als auch die der Nameserver *herabgesetzt* und zudem werden neue, potenzielle Angriffsmöglichkeiten geöffnet.

Will man Vertraulichkeit bei der DNS-Nachrichtenübertragung gewährleisten, ist man auf andere Protokolle wie z.B. *CurveDNS* angewiesen, das wir im nächsten Abschnitt darstellen.

5.5.1 Typische Bedrohungen bei DNS

Die Überlegungen, die als Ausgangspunkte für die Konzeption von DNSSEC dienten, werden nun näher erläutert. Abb. 5.5-1 illustriert einige Angriffsszenarien auf die Nachrichtenübertragung beim DNS-Protokoll, die als Grundlage zur Schaffung der DNSSEC-Erweiterung geführt haben. Um die Sicherheitsziele von DNSSEC erläutern zu können, werden nun die wichtigsten Bedrohungsarten bei DNS kurz vorgestellt.

5.5 DNS Security mit DNSSEC

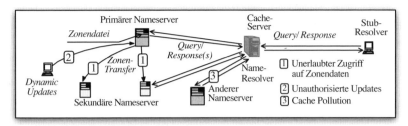

Abb. 5.5-1: Typische Bedrohungen bei DNS-Anwendungen

- Die Daten können während eines Zonentransfers verfälscht werden. Ein Angreifer – als MitM (*Man-in-the-Middle*) – kann die zwischen primärem und sekundärem Nameserver transportierten DNS-Daten aufzeichnen und gezielt verfälschen. Er kann auch versuchen, den primären Nameserver, in dem er RR fälschen möchte, unter seine Kontrolle zu bringen. Als Folge davon kann er z.B. auf die sicherheitsrelevanten RR zugreifen. Um dies zu verhindern, müssen einerseits die Zonendaten verschlüsselt übertragen werden und andererseits müssen sich die beiden Nameserver – der primäre und der sekundäre – entsprechend gegenseitig authentisieren. — Unautorisierte Updates

- Eine Verminderung der Cache-Pollution (*Poisoning*) von DNS-Informationen erfordert eine durchgängige DNSSEC-Infrastruktur. Solange die DNS-Resolver nicht dazu veranlasst werden, die Information 'offener' Nameserver zu missachten, kann Cache-Pollution nicht unterbunden werden, da natürlich auch ein per DNSSEC abgefragter Nameserver 'vergiftete' DNS-Records beinhalten kann. — Cache Pollution

- Prinzipiell kann die Kommunikation zwischen Stub-Resolver und Cache auch durch Verschlüsselung geschützt werden, was ein IP-Adress-Spoofing ausschließen würde. Bei einem sorgfältig aufgesetzten externen DNS-Dienst (vgl. Abb. 5.7-2) lässt sich diese Gefahr weitgehend reduzieren; zudem ist jede Art der Verschlüsselung rechenintensiv und damit kostspielig, insbesondere bei asymmetrischen Verfahren. — IP-Spoofing

Durch die in RFC 1034 vorgesehene Möglichkeit, Glueless-Domains einzurichten, kann ein Resolver gezielt mit falschen Informationen zum Auffinden von Domainnamen 'gefüttert' werden, was als *Cache Poisoning* bezeichnet wird. Hierbei werden die IP-Adressen von wichtigen Nameservern gefälscht, was beispielsweise mit folgenden DNS-Deklarationen möglich ist: — Cache Poisoning

Name	Type	RDATA
www.example.de	NS	ns1.yahoo.com
www.example.de	NS	ns2.dca.yahoo.com
www.example.de	NS	ns3.europe.yahoo.com
ns1.yahoo.com	A	1.2.3.4
ns2.dca.yahoo.com	A	1.2.3.4
ns3.europe.yahoo.com	A	1.2.3.4

Besuchern der Webseite `www.example.de` wird eine falsche Delegation der Nameserver von `yahoo` untergeschoben, in dem diese Nameserver per A-Record auf eine gefälschte IP-Adresse zeigen.

Ein Resolver, der diese falsche Delegation bei sich cachen würde, leitet im Anschluss alle Webanfragen auf die manipulierten Server um, wodurch der Anwender u.U. zu — Phishing

Eingaben wie z.B. Passwörter oder PIN-Nummern veranlasst würde, was unter dem Begriff *Phishing* bekannt geworden ist. Im heutigen Internet ist es die besondere Aufgabe der Cache- bzw. Proxy-Server, qualifizierte und nicht-kompromittierte Informationen für die Adressauflösung zu beziehen, in dem zum Beispiel von DNSSEC oder CurveDNS Gebrauch gemacht wird.

Vermeidung offener Resolver

Es liegt im Verantwortungsbereich des Proxy-Servers bzw. Full-Resolvers, die Integrität und Authentizität der bezogenen Daten sicherzustellen und diese dem Stub-Resolver zur Verfügung zu stellen. Ferner sollten Proxy-Server nur Antworten für die Clients bereitstellen, die sich im gleichen Netz befinden und somit keine allgemeinen DNS-Dienste für Dritte bieten. *Offene Resolver* können zu DNS-Angriffen mittels sog. *Amplification Attacks* genutzt werden.

> **Bemerkung**: Viele Implementierungen wie z.B. der freie Nameserver BIND (*Berkeley Internet Name Daemon*) integrieren die Funktionen eines Content-Servers, eines DNS-Cache, eines Full-Resolvers sowie auch eines Zonentransfer-Clients bzw. -Servers. Solche Nameserver gehen bei der Gewinnung von Daten aus dem DNS mit unterschiedlichen Caching-Strategien vor. Sie können nicht nur die notwendigen Daten aus Zonen liefern, über die sie Autorität besitzen, sondern auch Daten bereitstellen, für die sie nicht verantwortlich sind und u.U. kompromittiert sind. Speziell sollten die Top-Level-Nameserver keine Caching- bzw. Forwarding-Funktion bereitstellen.
>
> Die Missachtung dieser Regel hat in 2006 Anlass zu einer Attacke auf die Root-Server[7] gegeben.

5.5.2 Sicherung des Zonentransfers

Zum Sicherstellen des Zonentransfers stehen

- TSIG (*Transaction SIGnature*) mit *keyed Message*-Authentisierung [Abschnitt 2.X] und
- SIG0 (*SIGnature*) als asymmetrisches (*private key/public key*) Verfahren

zur Verfügung, die sowohl für inkrementelle Updates als auch für den regulären Zonentransfer angewendet werden können, wobei hier von TCP und nicht von UDP Gebrauch gemacht wird.

Sowohl TSIG [RFC 2845, 3645] als auch SIG(0) [RFC 2535, 2931] verfolgen das Ziel, die Authentizität des Partners sowie die Integrität der übermittelten DNS-Nachrichten durch eine kryptographische Hashsumme sicherzustellen (*Transaction Security*).

TSIG

Beim TSIG-Verfahren besitzen die beteiligten Nameserver zunächst ein gemeinsames *Shared Secret*. Die Zonendaten werden mittels eines Hashwerts, der das *Shared Secret*, den Zeitstempel und natürlich Nutzdaten entsprechend dem Algorithmus HMAC-MD5 nutzt, gebildet und diese Information – der *Message Authentication Code* MAC – in die Additional Section der DNS-Nachricht eingetragen. Der TSIG-RR wird bei Bedarf gebildet, wenn also der Zonentransfer angefordert wird, und stellt somit einen *Meta-RR* dar. Beim Empfang der DNS-Nachricht kann der Empfänger – bei

---

[7]siehe: http://www.icann.org/en/groups/ssac/dns-ddos-advisory-31mar06-en.pdf

gemeinsam vorliegendem *Shared Secret* – die Authentizität des Senders sowie die Integrität der übertragenen Zonendaten überprüfen.

Angaben in `TSIG-RR`:
Name = *Hostname* (FQDN), TTL = 0, Class = ANY, Type = 47, RDATA; wobei
RDATA = <Algorithm Name, Time Signed, Fudge, MAC Size, MAC,
Original ID, Error, Other Len, Other Data>.

Da das `SIG0`-Verfahren das Public/Private-Key-Verfahren nutzt, ist zunächst zu klären, wie der *public key* verteilt wird. Hierzu wurde zunächst für `SIG0` in RFC 2535 ein spezieller KEY-RR vorgeschlagen und per DNS bekannt gemacht. Dessen Aufgabe nimmt aber mittlerweile der `DNSKEY-RR` wahr. Neben dem *public key* selbst ist im KEY-RR auch der verwendete Algorithmus hinterlegt. Der *private key* verbleibt zur Authentisierung der Zonendaten beim Server. Beim `SIG0`-Verfahren müssen beide Partner diese Voraussetzungen mitbringen, was aber nicht damit gleichzusetzen ist, dass `SIG0` auch tatsächlich unterstützt wird.

KEY-RR

`SIG0-RR` ist ein spezieller `SIG-RR` (in RFC 2535 bezeichnet diesen als `SIG-RR`), bei dem die meisten Bit auf 0 gesetzt sind, eben `SIG0`. Zunächst wird die Query mit einem `SIG0-RR` in deren `Additional Section` signiert. Üblicherweise werden in der Query nur bestimmte RR Typen angefordert.

SIG-RR

Der antwortende Nameserver hat jetzt die Wahl, entweder die übertragenen RRSets zu signieren oder aber im `SIG0-RR` nur die Transaktion abzusichern, d.h. sich zu authentisieren. In diesem Fall wird in der Nachricht der Wert von `Type Covered = 0` gesetzt.

Im Gegensatz zum `TSIG`-Verfahren brauchen sich beim `SIG(0)`-Verfahren die Partner hier nicht gegenseitig zu kennen, sondern der den Zonentransfer anfordernde Client authentisiert sich durch eine signierte Query. Der antwortende Server kann über den *public key* des Anfragers im `KEY-RR` dessen Authentizität verifizieren.

5.5.3 Konzept von DNSSEC

Die zentralen Ziele von DNSSEC sind die

Ziele von DNSSEC

- kryptographische Signierung von Resource Records (in der Zonendatei des DNS-Content-Server) und die
- Bereitstellung von Maßnahmen, diese Signaturen von einem Full-Resolver zu überprüfen.

Werden beide Ziele erreicht, kann der DNS-Client sowohl verifizieren, dass ein Resource Record authentisch von dem Nameserver der betreffenden Zone stammt, als auch, dass der Informationsinhalt unverfälscht übermittelt wurde. Diese *technische Überprüfung* der empfangenen Informationen bedeutet noch lange nicht, dass die Information (z.B. der `RDATA`-Inhalt) auch inhaltlich korrekt ist. Ein kompromittierter Nameserver kann durchaus gültige, aber falsche DNS-Responses erstellen, wenn auch die Hürden sehr viel höher sind als im nicht-geschützten DNS-Betrieb. Zudem findet die Übertragung der DNS-Nachrichten weiterhin auf Grundlage des verbindungslosen UDP-Protokolls statt. Somit gibt es weder eine Gewähr für eine verlustfreie Zustel-

Authentiziät und Integrität der DNS-Informationen

lung noch einen Mechanismus zum erneuten Versenden im Fehlerfall außer auf der Applikationsschicht.

Zur digitalen Signatur der Resource Records wird der *private key* der Zone, *Zone Signing Key* (ZSK) genutzt. Zugleich muss der *public key* der Zone im DNS veröffentlicht werden. Eine geschlossene Vertrauenskette verlangt, dass die Schlüssel wiederum vom übergeordneten Nameserver signiert sind. Dieses Verfahren muss bis zur *Root*-Zone durchgehalten werden.

Dieses Verfahren durchbricht diametral den prinzipiellen *Light-Weight*-Ansatz des DNS, wobei sich Herausforderungen sowohl auf der Server- als auch auf der Client-Seite ergeben:

Interoperabilität
- Das Verfahren muss *interoperabel* zum bisherigen DNS bleiben. Hierdurch ist die bestehende Infrastruktur, d.h. letztlich die RR, gemeinsam mit ihren Signaturen weiterzuführen.

Kanonisierung der Resource Records
- Zur Vermeidung der Signierung jedes einzelnen Resource Record in einer Zonendatei sind *Resource Records Sets* (RRS) zunächst zu *kanonisieren*, d.h. in eine logisch/alphabetische Reihenfolge zu bringen, damit sie anschließend gemeinsam signiert werden können. Im Rahmen von DNSSEC sind *Resource Record Sets* in einer Transaktion gemeinsam zu übertragen.

Anwachsen der DNS-Antworten
- Durch die *ergänzenden Signaturen* und Keys werden die Zonendateien etwa um einen Faktor 3 umfangreicher und zugleich die DNS-Antworten um ein Vielfaches größer. Der DNS-Server muss oft nach EDN0 ausweichen, um die Antwort zu übermitteln.

Schlüssel-Lebensdauer
- Da die *Lebensdauer des Zonenschlüssels* aus Sicherheitsgründen beschränkt werden sollte, ist die Signierung in periodischen Zeiträumen zu wiederholen. Hierdurch ergibt sich für die *Lebensdauer der Resource Records* neben der eigentlichen TTL auch noch die Lebensdauer der Signatur.

Zonen-Koexistenz
- Das Internet 'zerfällt' folglich in Bereiche mit signierten und solche mit unsignierten Zonen. Da untergeordnete Zonen nicht signiert sein müssen, ergibt sich die Frage, wie ein DNSSEC-konformer DNS-Server hiermit umgeht.

Full-Resolver 'Last'
- Die Hauptlast trägt bei DNSSEC trägt jedoch der Full-Resolver. Dieser muss einerseits die entsprechend signierten Resource Records anfordern, ihre Integrität mittels des eingesetzten Hashalgorithmus überprüfen und zugleich die Authentizität der vom Content-Server erhaltenen Antwort über die übergeordneten Schlüssel verifizieren – bei jeder Anfrage.

Stub-Resolver Integration
- Die *Integration der Stub-Resolvers* in dieses System ist nicht ganz einfach, da nun entweder der Stub-Resolver oder der Cache-Server für die Überprüfung der DNSSEC-Informationen verantwortlich ist.

5.5.4 Funktionale DNS-Erweiterung bei DNSSEC

Die DNS-Erweiterungen zu DNSSEC nach RFC 4034 bestehen darin, dass

- vier neue RR – nämlich DNSKEY, RRSIG, NSEC und DS – eingeführt worden sind,
- der OPT-Header um das DO-Bit angereichert wird und

5.5 DNS Security mit DNSSEC

- der Header der DNS-Nachricht um die `AD`- und `CD`-Flags ergänzt wird.

Zunächst wollen wir kurz die DNSSEC-relevanten RR nach RFC 4034 und ihre Bedeutung darstellen:

- Der `DNSKEY-RR` dient zur Ablage der öffentlichen Schlüssel (*public key*) der Zone. Der zugehörige *private key* der Zone wird stets geheim gehalten. Dem `DNSKEY-RR` fallen zwei unterschiedliche Aufgaben zu: DNSKEY-RR

  ▷ *Zone Signing Key* (ZSK): Die RR in der Zone werden mittels des *private key* signiert und können über den *public key* aus `DNSKEY-RR` verifiziert werden.

  ▷ *Key Signing Key* (KSK): Die Schlüssel der untergeordneten Zonen werden ebenfalls (mit ggf. unterschiedlichen) *private keys* beglaubigt. Sind die verwendeten Schlüssel unterschiedlich, existieren getrennte *DNSKEY*-RR. Hierdurch baut DNSSEC eine *Chain of Trust* auf, die – beginnend bei den Root-Servern – eine durchgehende DNS-Vertrauensinfrastruktur bilden soll.

  Angaben im `DNSKEY-RR`:
  `Name` = Domainname (Zone), `TTL`, `Class` = `IN`, `Type` = 48, `RDATA`; wobei
  `RDATA` = `<Flags, Protocol, Algorithm, public key>`.
  Es ist immer `Protocol` = 3. Als `Algorithm` wird ein *public key*-Algorithmus angegeben. *public key* stellt den öffentlicher Schlüssel der unter `Name` angegebenen Zone dar.

- Bei DNSSEC wird die Public-Key-Kryptographie verwendet, um die RR mittels der `RRSIG-RR` (*Resource Record SIGnatur*) zu signieren. Da die Berechnung der digitalen Signatur rechenintensiv ist, sollte sie nicht von jedem einzelnen RR berechnet werden, sondern aus allen RR einer Gruppe mit dem gleichen Typ. In einer Zonendatei kann in jedem *RRSet* dem Typ nach ein `RRSIG-RR` mit seiner Signatur abgelegt werden. Im Sonderfall, wenn nur ein RR eines Typs in einer Zonendatei vorhanden ist, 'reduziert' sich *RRSet* zu einem RR. Der `RRSIG-RR` dient zur Authentisierung von RRSet und in Sonderfällen auch von einzelnen RR.   RRSIG-RR

  Angaben im `RRSIG-RR`:
  `Name` = Hostname (FQDN), `TTL`, `Class` = `IN`, `Type` = 44, `RDATA`; wobei
  `RDATA` = `<Type Covered, Algorithm, Labels, Original TTL, Signature Expiration, Signature Inception, Key Tag, Signer's Name, Signature>`.
  `Type Covered` repräsentiert den `Type` des einzelnen RR bzw. des *RRSet* vom gleichen `Type`, für den die Signatur berechnet wird. `Algorithm` benennt das *public key*-Verfahren. `Signature` stellt die Signatur des im Teil `Type Covered` angegebenen RR dar.

- `NSEC3-RR` (Next SECure3) dient dazu, dem DNS-Client anzuzeigen, welcher Domainnamen mittels `RRSIG-RR` *nicht* abgedeckt ist. Das zunächst spezifizierte NSEC2-Verfahren [RFC 4033, 4034, 4035] stellte sich als Security-Desaster heraus.   NSEC3-RR ≠ NSEC-RR

  Durch die Kanonisierung der Einträge in der Zonendatei konnte hiermit ein *Zone Walking* erfolgen, sodass ein potenzieller Interessent die Daten aller untergeordneten Domains einfach abgreifen konnte. Erst mit RFC 5155 und NSEC3 (*Hashed*   Zone Walking

Authenticated Denial of Existence) wurde dies unterbunden, indem nicht der Name der Zone, sondern dessen Hashwert angegeben wurde.

Angaben in `NSEC3-RR`:
`Name = Hostname (FQDN), TTL, Class = IN, Type = 50, RDATA`; wobei
`RDATA = <Hash Algorithm, Flag, Iterations, Salt-Length, Salt, Hash-Length, Next Hashed Owner Name, Type Bit Maps>`

Die Angabe `Type Bit Maps` teilt mit, welche RR-Typen im nächsten via `RRSIG` abgesicherten RRSet zu finden sind. Bezieht sich (im Rahmen der *canonical order*) das nächste RRSet auf eine untergeordnete Domain, wird alternativ der zugehörige NS als *Next Domain Name* referenziert. Wird hingegen das letzte signierte RRSet angegeben (und ist somit die Signierung einer Domain komplett), ist der Name der originären Domain zurückzugeben (RFC 4034 nennt sie *Apex*). Hiermit wird dem DNS-Client signalisiert, dass keine weiteren *RRSets* für diese Domain zu erwarten sind. Im Gegensatz zu RFC 1034 umfassen `NSEC3-RR` auch `CName`-Records; ferner werden Wildcard RR 'als solche' aufgefasst, d.h. nicht aufgelöst.

DS-RR
- `DS-RR` (*Delegation Signer*) ist dafür gedacht – vergleichbar dem `NS-RR` – eine Delegation zum `DNSKEY-RR` der nachgeordneten Zone darzustellen. Damit die Zuordnung von `DS-` zu `RRSIG-RR` nachvollziehbar und eindeutig ist, umfasst der `DS-RR` die Angaben `Key-Tag`, den `Algorithm` sowie einen typischerweise mittels SHA-1 gebildeten Hashwert – als Digest – des untergeordneten `DNSKEY-RR`.

  Angaben in `DS-RR`:
  `Name = Hostname (FQDN), TTL, Class = IN, Type = 47, RDATA`; mit
  `RDATA = <Key Tag, Algorithm, Labels, Digest Type, Digest>`.

5.5.5 Ablauf des DNSSEC-Verfahrens

Will man keine DNSSEC-Insel bilden, ist zunächst Sorge zu tragen, dass der Provider, der den NS-Eintrag für die eigene Zone beheimatet, DNSSEC unterstützt. Wir betrachten im Folgenden die Schritte, die notwendig sind, die eigene Zone zu signieren, und im weiteren Verlauf, wie der Resolver mit diesen signierten Resource Records umgeht.

Signierung der Zonendaten
Bei der Signierung einer Zonendatei sind folgende sieben Schritte zur erledigen:

KSK
1. Zunächst ist ein *Key Signing Key* (KSK) zu erstellen und festzulegen,
   - welche Länge der RSA-Schlüssel besitzen soll, typischerweise 2048 Bit,
   - welcher Hashalgorithmus für die *Fingerprints* genutzt wird (häufig SHA-256), sowie
   - welche Lebensdauer der Schlüssel besitzen soll (ggf. 1 Jahr),

   sowie darauf zu achten, dass sowohl Schlüsselgenerierung als auch die Aufbewahrung des *private key* sinnvoll geregelt sind.

DS
2. Für diesen KSK ist ein *Fingerprint* zu erstellen. Dieser wird vom Domain-Registrar
   - mit dessen KSK signiert,

5.5 DNS Security mit DNSSEC

- in Form eines *Delegation Signer* (DS) RR veröffentlicht sowie
- mittels eines `RRSIG`-Eintrags beglaubigt,
- allerdings ohne dass der eigentliche **NS** RR hierin eingeschlossen ist.

Name	TTL	Type	RDATA
example.de.	14400	NS	ns1.example.de
example.de.	14400	NS	ns2.example.de
example.de.	14400	DS	65100 5 (
			1 4fc7376d236fee86Bdc491e0f5f402ab5ec9147)
example.de.	14400	RRSIG	DS 1 3 14400 (20141018041800 20131018041800
			28040 example.de
			O/d4As9zzkN+fxjshohV1OY/aX38UvDzWA12leLD+uLu
			WuplV6D3XwWwvvTYnqMHM5kuLnbMEE1KtDml+0tQhA==)

3. Nun wird der eigene KSK dazu benutzt, *Zone Signing Keys* zu beglaubigen und   ZSK
4. diese auf dem eigenen DNS-Server zu veröffentlichen:

Name	TTL	Type	RDATA
example.de.	7200	DNSKEY	256 3 3 (AQOfy1zMaX1b2qCJjLIZXr ....)
			; ZSK key id = 42398
example.de.	7200	DNSKEY	256 3 3 (AQO3OeR3JpgGm1EfwMDVmz ....)
			; ZSK key id = 18140
example.de.	7200	DNSKEY	256 3 5 (AQP1PstpDYkKzruSFKBIQm ...
			... GSNwY3PmHi+b9Vf)
			; KSK key id = 65100

Der ZSK hat in der Regel eine kürzere wirksame Länge als die KSK, um die kryp-   Key Roll-Over
tographischen Operationen zu beschleunigen. Zudem besitzt der ZSK eine sehr
viel kürzere Lebensdauer (von ggf. einem Monat) und muss im Rahmen des *Key
Roll-Overs* (vgl. Abb. 5.5-3) periodisch erneuert und die `RRSIG-RR` neu erzeugt
werden. Dies verlangt mehrere ZSK in der Zonendatei.

Abb. 5.5-2: Key Roll-Over für den ZSK und zur Signierung der Zonendaten
KSK: Key Signing Key, ZSK: Zone Signing Key

5. Die Resource Records werden nun 'pre-prozessiert', also *kanonisiert* und in eine   Präprozessierung
alphabetische Reihenfolge gebracht.
6. Anschließend können die Resource Records signiert werden [Abb. 5.5-3]:   RRSIG

Name	TTL	Type	RDATA
host1.example.de.	7200	A	1.2.3.4
host1.example.de.	7200	RRSIG	A 1 3 14400 (
			20130918041800 2013050819041800 ; Gültigkeit
			18140 example.de; Keytag + Name
			AK9adL3gh7VkVLYoan/5CHUO...==) ; Signatur

7. Der abschließende Schritt besteht darin, die so gewonnene Zonendatei in ein Binärformat zu überführen, also zu kompilieren und zur Anwendung auf dem Nameserver zu bringen.

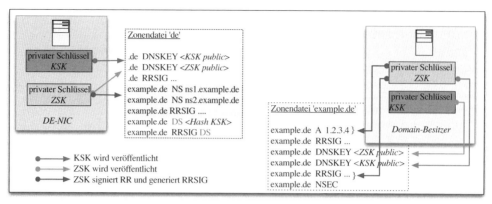

Abb. 5.5-3: Trust Chain bei DNSSEC am Beispiel der Domain example.de
KSK: Key Signing Key; ZSK: Zone Signing Key

Es ist durchaus nicht unüblich, dass mehrere Signaturen für die Resource Records mit unterschiedlichen Keys vorliegen, und zwar für den aktuell gültigen ZSK n und den zukünftigen ZSK $n+1$. Wird zudem Sorge getragen, dass die TTL der Signatur kürzer ist als die TTL des eigentlichen RR, kann die Validität der Informationen in der Zonendatei gewährleistet werden.

Sub-ordinate Domains

Zonen, die DNSSEC-signierte Resource Records mitbringen, können Delegationen für 'sub-ordinate' Domänen enthalten. Hier sind zwei Szenarien möglich:

- Ist die untergeordnete Zone ebenfalls signiert, dann liegen in der aktuellen Zone vor:
  ▷ der (*unsignierte*) NS-Record für die delegierte Domain,
  ▷ ein zugehöriger *Delegation Signer* DS-RR für den NS-Record,
  ▷ der signierte '*Glue*', d.h. die IP-Adresse des Nameservers.
- Die untergeordnete Zone ist nicht signiert. Schließlich folgt:
  ▷ der NS-Eintrag für die delegierte Domain sowie
  ▷ der *Glue* für den NS-Record.

Resolver

Wie kann nun ein DNSSEC-fähiger Resolver feststellen, ob eine nicht-signierte Domain wirklich vom übergeordneten NS delegiert wurde? Die DNS-Nachrichten können ohne Probleme gefälscht werden! Als Lösung ergibt sich, dass der übergeordnete Nameserver nicht nur die signierten Domains mitteilt, sondern auch die nicht signierten Domains (bzw. allgemein alle betroffenen Resource Records), was die NSEC3-RR ermöglichen.

DNSSEC und Resolver

Im normalen DNS ist es die Aufgabe der Cache-Server,

- die Anfragen der Stub-Resolver für eine (rekursive) Namensauflösung (als *Full-Resolver*) durchzuführen,

5.5 DNS Security mit DNSSEC

- die auf Konsistenz überprüften Resource Records (für eine maximal TTL-Dauer) in den Cache zu überführen und anschließend
- dem Stub-Resolver im Rahmen seiner Server-Funktion als *nicht-autoritative* Antwort (Bit AA=0) zu übermitteln.

Eine gesuchte Domain ohne zugeordneten Nameserver wird durch SERVFAIL gekennzeichnet (und nicht in den Cache übernommen).

Ein DNSSEC-fähiger Resolver gemäß RFC 3225 wird *DNSSEC-aware* oder auch *indicating* Resolver, kurz *iResolver* genannt. Er hat die Aufgabe, die Authentizität der angefragten DNS-Records über die *Trust Chain* zu verifizieren. Hierzu muss der iResolver (vergleichbar der *hint-Datei*) die vertrauenswürdigen Nameserver kennen, die den *Apex* des signierten Domainraums markieren und als *Trust Anchor* fungieren. Da mittlerweile alle Root-Server DNSSEC unterstützen, können diese selbst als *Anker* genutzt werden.

iResolver

Ein *indicating* Cache-Server (*iCache-Server*) muss sich nun neben den validierten Resource Records sowohl

iCache-Server

- die TTL der Domain bzw. der einzelnen RR als auch
- die Gültigkeitsdauer der Signatur der RRSIG-RR

merken, wobei er auch in der Regel die ermittelten *Trust Chains* in seinem Cache speichert.

Wie geht man aber mit Situationen um, wo die TTL noch gültig, der ZSK aber abgelaufen ist? Wie geht man mit Zonen um, wo RRSIG-RR vorliegen, der ZSK aber nicht zur Verfügung steht? Hierzu klassifiziert der iResolver die Antworten in folgende Kategorien [RFC 4035]:

1. *Secure*: Die empfangenen DNS-Informationen konnten über die gesamte *Trust Chain* erfolgreich kryptographisch verifiziert werden [Abb. 5.5-4].
2. *Insecure*: Es lässt sich nachweisbar keine *Trust Chain* für die Daten feststellen.
3. *Bogus*: Die DNS-Records sind signiert, aber aus unterschiedlichen Gründen konnte keine geschlossene *Trust Chain* ermittelt werden.
4. *Indeterminate*: Für die Query können keine DNSSEC-RR ermittelt werden, d.h. die Zone wurde nicht signiert.

Zudem unterstützt ein iResolver mehrere *Betriebsmodi*:

iResolver
Betriebsmode

- *Secure Mode*: Es werden nur kryptographisch gesicherte Antworten akzeptiert und ein *BadResult* mit ggf. weiteren Angaben ausgegeben.
- *NoBogus Mode*: Es werden sowohl DNSSEC-gesicherte Antworten als auch die üblichen, nicht-gesicherten Responses zugelassen – nicht hingegen solche, die *Bogus* sind.
- *Permissive Mode*: Alle empfangenen Antworten werden weitergereicht, unabhängig von deren Kategorie.
- *Insecure Mode*: Die Abfragen werden zwar per EDNS(0) DNS-Nachrichten ausgezeichnet, doch wird mittels des gesetzten CD-Bit (*Checking Disabled*) dem Nameserver mitgeteilt, dass keine DNSSEC-Informationen benötigt werden.

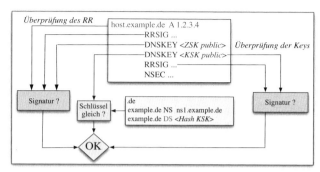

Abb. 5.5-4: Erfolgreiche Überprüfung von DNSSEC-Records durch den iResolver
KSK: Key Signing Key; ZSK: Zone Signing Key

Hat der iResolver die DNS-Informationen kryptographisch verifiziert (folglich ist diese im Status '*Secure*'), nutzt er das AD-Bit in Response-Nachrichten an den Stub-Resolver [Abb. 5.5-5], um auch dem DNSSEC-unfähigen Stub-Resolver die Qualität der bezogenen Informationen mitzuteilen.

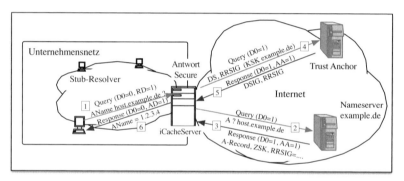

Abb. 5.5-5: Weitergabe einer DNSSEC-Response im Status 'Secure' an einen nicht-DNSSEC-fähigen Stub-Resolver

DNSSEC-Responses

Zur Illustration der Weitergabe von DNSSEC-verifizierten Responses an einen nicht-DNSSEC-fähigen Stub-Resolver seien folgende Schritte hervorgehoben:

1. Der Stub-Resolver richtet eine normale DNS-Query mit der Aufforderung *Recursion Desired* an den iCache-Server.

2. Der iCache-Server kontaktiert den für die Zone verantwortlichen Nameserver und stellt mittels des gesetzten DO-Bit in der EDNS(0)-Nachricht klar, dass nicht nur der A-Record für host.example.de, sondern auch die Signaturen gefordert sind.

3. Der DNSSEC-Nameserver der Domain example.com liefert diese Informationen unter Angabe des A-Record, des zugehörigen RRSIG- und ZSK-Records in der EDNS(0)-Nachricht.

4. Der iCache-Server kennt aber auch den übergeordneten Nameserver (in unserem Falle den *Trust Anchor*) und fordert von diesem den für die Domain example.de vorliegenden DS-Record nebst dem KSK des DNS-Servers selbst an.

5. Die DNS-Informationen werden vom übergeordneten Server geliefert – oder liegen bereits im Cache des iCache-Servers – und dienen nun zur Überprüfung der *Trust Chain* (vgl. Abb. 5.5-4).
6. Nach erfolgreicher Überprüfung der vorliegenden Keys und Signaturen wird eine Standard-DNS-Response an den Stub-Resolver generiert, die allerdings nun – im Gegensatz zu nicht-DNSSEC-Antworten – mit dem Flag `AD=1` (*Authentic Data*) gekennzeichnet ist.

5.6 Vertrauliche DNS-Nachrichten mit CurveDNS

Das von *Dan J. Bernstein* vorgestellte und von *Matthew Dempsky* in 2010 als Draft[8] formulierte CurveDNS-Verfahren zur Absicherung des DNS-Datenverkehrs geht im Vergleich zu DNSSEC andere Wege, die wir im Folgenden kurz beleuchten möchten:

- Ziel ist eine gesicherte DNS-*Nachrichtenverschlüsselung*, und zwar sowohl der Query als auch der Response.
- CurveDNS sichert hierbei die Kommunikation zwischen einem DNS-Forwarder und DNS-Proxy-Server bzw. von DNS-Proxy-Servern untereinander.
- Als Verschlüsselungsalgorithmus findet Diffie-Hellman zusammen mit der *Elliptic Curve Cryptography* (ECC) Anwendung, beides Voraussetzungen für CurveDNS.
- Die Sicherstellung der Integrität der übertragenen DNS-Nachricht und die Authentizität des Absenders wird durch die *public key*-Kryptografie sicher gestellt.
- Der *public key* des DNS-Servers wird im Gegensatz zu DNSSEC nicht im DNS als spezieller Resource Record hinterlegt, sondern der *public key* ist trivialerweise der Hostname des DNS-Servers, also Teil des A-Records.
- CurveDNS verzichtet auf Änderungen an der bestehenden DNS-Infrastruktur. Lediglich DNS-Server und Name-Resolver müssen CurveDNS 'enabled' werden; neue DNS Resource Records sind nicht gefordert.
- Eine Koexistenz von CurveDNS, DNSSEC und Standard-DNS-Komponenten ist gewährleistet.

Ziel und Konzept von CurveDNS

Im praktischen Einsatz von CurveDNS werden zwei Komponenten benötigt:

- Ein CurveDNS-Cache bzw. CurveDNS-Proxy, der mit einem
- (reversen) CurveDNS-Forwarder kommuniziert.

Abb. 5.6-1 illustriert den Ablauf beim CurveDNS-Verfahren:

Ablauf bei CurveDNS

1. Die im Unternehmensnetz befindlichen Stub-Resolver (1a, 1b und 1c) kommunizieren (unverschlüsselt) mit ihrem DNS-Proxy, der zugleich DNS-Cache-Server ist. Diese Situation ist der bei DNSSEC vergleichbar [Abb. 5.5-5].
2. Der CurveDNS-Cache nimmt die Queries der Stub-Resolver entgegen und vermerkt die Antworten in seinem Cache.
3. Kontaktiert er einen CurveDNS-fähigen DNS-Server (erkennbar aufgrund eines 'magic key' im FQDN), verschickt er verschlüsselte Queries.

---
[8]siehe: `http://tools.ietf.org/search/draft-dempsky-dnscurve-01`

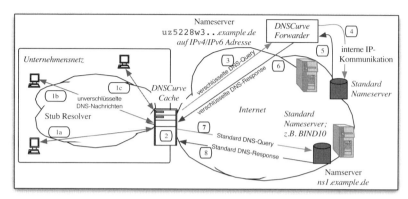

Abb. 5.6-1: Zusammenspiel von CurveDNS-Forwarder und CurveDNS-Cache zur Absicherung des DNS-Datenverkehrs

4. Der CurveDNS-fähige DNS-Server nimmt die Query entgegen, entschlüsselt sie und stellt sie einem Standard-DNS-Content-Server (z.B. BIND, PowerDNS oder andere) zur Verfügung. Dies geschieht über die gesicherte, interne Kommunikation auf dem Rechner, z.B. über das Loopback-Interface.
Der eigentliche DNS-Content-Server kann entweder im Stealth-Modus arbeiten oder aber als öffentlicher Server, allerdings dann mit anderer IP-Adresse als der des CurveDNS-Forwarder.
5. Der Content-Server überstellt die Antwort an den CurveDNS-Forwarder,
6. der die Antworten verschlüsselt und an den upstream CurveDNS-Cache verschickt.
7. Ist der DNS-Server nicht CurveDNS-fähig – besitzt also einen 'üblichen' Hostname wie `ns1.example.de` –, arbeitet der CurveDNS-Cache wie ein Standard-DNS-Proxy und
8. cached die (unverschlüsselt) empfangenen DNS-Antworten.

DNSSEC vs. CurveDNS

Das CurveDNS-Verfahren stellt somit eine spezielle Transportverschlüsselung für den DNS-Nachrichtenaustausch dar. Arbeitet das DNSSEC-Verfahren im Grunde genommen statisch (sieht man einmal von der regelmäßigen Neuerstellung der RRSIG-Records ab), findet bei CurveDNS eine *on-the-fly*-Verschlüsselung jeder einzelnen DNS-Nachricht mit ständig wechselnden (symmetrischen) Schlüsseln statt. Die kryptographische Arbeit wird hierbei zwischen Resolver und Server geteilt. Während ein DNSSEC-Server bei der Beantwortung der Fragen kryptographisch keine Arbeit zu leisten braucht, ist diese bei CurveDNS vorhanden und verlangt ein effizientes Verfahren, das Dan Bernstein in großen Teilen selbst entwickelt hat. Dafür schützt CurveDNS die bestehende DNS-Infrastruktur und erlaubt im Gegensatz zu DNSSEC kein *Zone Walking* und ist immun gegen sog. *Amplification Attacks*.

Bei CurveDNS wird wie üblich der DNS-Port 53 benutzt. Um die Nachrichten durch eventuelle 'Deep Packet Inspection'-Firewalls übertragen zu können, lassen sich die Nachrichten in einem Standard-DNS Nachrichtenformat übermitteln; es kann aber auch ein alternatives, effizienteres Stream-Format genutzt werden.

5.6 Vertrauliche DNS-Nachrichten mit CurveDNS

Im Gegensatz zu DNSSEC ist CurveDNS nicht *Zonen*-, sondern *Server*-basierend. Ein *Chain of Trust* im eigentlichen Sinne wird nicht benötigt, wobei durchaus CurveDNS-basierte Nameserver als *Anchor* dienen können.

5.6.1 Kryptographisches Konzept von CurveDNS

Der DNS-Server wird mit einem spezifischen NS-Record bekannt gegeben. Statt des üblichen (trivialen) Namens, z.B. `ns1.example.de`, wird nun der Hostname des DNS-Servers wie folgt gebildet:

CurveDNS Hostname = public key

- Der Hostname startet immer mit dem 'magic key' uz5 als Präfix.
- Der Hostname wird ergänzt mit einem 51 Byte großen, entsprechend Base-32 umgewandelten 255 Bit langen ECC *public key* des Servers. Beispiel:

   `uz5228w385gfgx6k9bxxr58sztpsltxs9uhwxgn10tbkmmg6pmxx72.example.de`

   Das Hostname-Label weist genau eine Länge von 54 Byte auf. Das Präfix 'uz5' und die Länge des Hostname-Labels wurden so gewählt, dass praktisch keine Überschneidungen mit Hostnamen existierender DNS-Server vorkommen.
- Dieser FQDN wird als `AName` des Nameservers im DNS veröffentlicht. Durch den *'magic key'* uz5 erkennt ein CurveDNS-befähigter Resolver, dass nun das CurveDNS Protokoll einzusetzen ist.

Im Gegensatz zum El-Gamal-Verfahren mit *diskretem Logarithmus* [Abb. 2.5-5] ist der nach ECC gebildete *public key* sehr viel kürzer und kann daher als Domain-Label genutzt werden. Damit das Verfahren effizient abläuft, wird nun eine spezielle elliptische Kurve eingesetzt, nämlich *Curve25519*, deren Verschlüsselungsstärke äquivalent einem RSA-Schlüssel mit 3000 Bit Länge ist.

Curve25519

Anfragen von CurveDNS-fähigen Resolvern an den CurveDNS-Server besitzen die folgenden Merkmale:

Besonderheiten der CurveDNS-Query

- Kontaktiert der CurveDNS-Resolver den CurveDNS-Server (oder auch Proxy), erkennt ersterer aufgrund des 'magic keys' dessen Verhalten und entnimmt dem Hostname-Label den *public key* des Servers.
- Der CurveDNS-Resolver generiert ein 96-Bit *Nonce* für diesen CurveDNS-Server. Das Nonce besteht aus zwei Teilen:
   1. einem 64 Bit langen Zähler, der mit jeder zukünftigen DNS-Nachricht für diesen DNS-Server hochgezählt wird (und typischerweise einfach ein *Timestamp* sein kann) und
   2. einer 32-Bit-Zufallszahl, dem *Seed*.
- Die kryptographisch relevanten Informationen werden bei CurveDNS in eine *Cryptobox* gesteckt, die Bestandteil der *NaCl Library* [http://nacl.cace-project.eu/index.html] ist und ebenfalls von *Dan Bernstein* entwickelt wurde.

Die *Cryptobox* ist ein hochwertiger Verschlüsselungscontainer, der nach folgenden Prinzipien gebildet wird:

Cryptobox

- Die Verschlüsselung erfolgt nach dem XSALSA20-Stromverschlüsselungsalgorithmus, der ein 192 Bit Nonce und einen 256 Bit geheimen Schlüssel benötigt [Ber11].
- Das Nonce setzt sich aus dem 96 Bit Server- und Client-Nonce zusammen.
- Der *geheime Schlüssel* ist das Ergebnis der ECC-Berechnung auf *Curve25519* (vgl. Abschnitt 2.5).
- Ein *Message Authentication Code* (MAC) wird nach dem POLY1305-Verfahren hinzugefügt, das Dan Bernstein Anfang 2005 entwickelt hat und in RFC 7905 standardisiert wurde. Der Name stammt von der Primzahl $2^{130} - 5$, die zur Modulo-Berechnung genutzt wird. Im Falle von CurveDNS wird POLY1305 zusammen mit der Stromchiffre XSALSA20 eingesetzt.

Public key authenticators

Die aus der Cryptobox entnommenen Nachrichten sind somit nicht nur *vertraulich* und *unverfälscht* übertragen worden, sondern auch *authentisch*. Sie stammen also (nachweisbar) vom jeweiligen Kommunikationspartner. Dieser kann dies auch nicht *abstreiten*; sie gehorchen also auch dem Kriterium der *None-Repudiation*. Diese kryptographisch zentralen Anforderungen sind zudem so verkapselt, dass sie nur für die jeweiligen Endsysteme nachvollziehbar sind. Durch den Einsatz von *Nonces*, die bei jeder DNS-Abfrage von Client und Server neu gebildet werden, folgt, dass auch identische Nachrichteninhalte immer unterschiedlich verschlüsselt werden. Es kann also aus den DNS-Nachrichten niemals auf deren Inhalt zurück geschlossen werden; was sowohl für die *Query* als auch für die *Response* gilt und somit im strengen Sinne 'vertraulich' sind. Dan Bernstein nennt dies 'public key authenticators'.

5.6.2 CurveDNS-Nachrichtenformate

Die Cryptobox ist vergleichbar einer Binärdatei, enthält also nicht-druckbare Zeichen. Innerhalb von DNS-Nachrichten kann aber nur ein beschränkter Zeichensatz übertragen werden (vgl. Abschnitt 5.2.3). Hierdurch ergibt sich die Notwendigkeit, die Cryptobox mittels des Base-32-Algorithmus in ein Zeichensystem zu überführen, das nur die Zeichen a bis z sowie 0 bis 9 umfasst.

Bei CurveDNS werden sowohl die Queries als auch die Responses in einer *Cryptobox* zugestellt. Zugleich muss die eingebettete Information kompatibel mit dem DNS-Nachrichtenformat (vgl. Abschnitt 5.4) sein:

1. Die Cryptobox wird in einem proprietären Format übertragen, für das es keine Entsprechung gibt, quasi ein eigener 'Pseudo-Type'. Bei CurveDNS ist es das sog. *Stream-Format*.
2. Sowohl Queries als auch Responses werden so aufgebaut, dass sie syntaktisch einem DNS TXT-Record entsprechen. Diese Verfahren ist zwar weniger effizient als das Stream-Format, dafür kann es auch von pingeligen Firewalls durchgelassen werden.

CurveDNS Stream-Format

Wire-Format

Abb. 5.6-2 illustriert die Struktur von CurveDNS *Stream-Nachrichten* in der sog. Wire-Format-Darstellung. Bemerkenswert hieran ist die Gestaltung des Headers der Nachrichten. Im Vergleich zu Abb. 5.4-1 wird Identification durch den Zeichen-

5.6 Vertrauliche DNS-Nachrichten mit CurveDNS

string 'Q6' bei Queries und 'R6' bei Responses, der Wert für Parameters durch 'fn', QDcount durch 'vW' und ANcount entweder durch 'j8' oder 'J8' ersetzt.

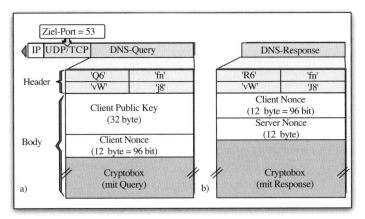

Abb. 5.6-2: Aufbau von CurveDNS Query- und Response Stream-Nachrichten
a) CurveDNS-Queries, b) CurveDNS-Responses

Diese Parametrierung identifiziert eine CurveDNS-'Stream'-Nachricht. Anschließend wird wie folgt vorgegangen;

- Bei CurveDNS *Queries*
  ▷ kommt zunächst der *public key* des Client mit 32 Byte,
  ▷ gefolgt von dem Client Nonce mit 12 Byte und ferner
  ▷ der Cryptobox mit der eigentlichen Query.
- Bei der CurveDNS Response
  ▷ wird zunächst das Client Nonce,
  ▷ anschließend das Server Nonce und zuletzt
  ▷ die Cryptobox
  in die Response-Nachricht eingefügt.

CurveDNS TXT-Format

Eine Firewall, die Kenntnisse über den syntaktischen Aufbau eines DNS-Records hat, würde ggf. *Stream-Nachrichten* verwerfen. Daher kann ein weiterer, mit DNS-Nachrichten kompatibler Typ genutzt werden, der den Anschein erweckt, es handle sich um eine DNS TXT-Query/Response [Abb. 5.6-3].

Kennzeichnend ist zunächst, dass hierbei der DNS-Nachrichten-Header 'normal' aufgebaut ist. Eine Standard-*Identification* wird genutzt, und es wird ausgesagt, dass es sich um *eine* Query und *eine* (autoritative) Response handelt. Wir beachten, dass in Abb. 5.6-3 die Zahlen-Tuple im Header eine hexadezimale Darstellung der Bit sind, während die Ausdrücke in Hochkomma 'xla' ASCII-Repräsentanten darstellen.

Bei der Query [Abb. 5.6-3a] wird eine 'normale' Labeldarstellung emuliert: der *CurveDNS Qname* [Abb. 5.6-3c]. Hier wird die Tatsache ausgenutzt, dass die Query-Section mehrere Abfragen (Hostnamen) beinhalten kann (vgl. Abb. 5.4-2), denen

CurveDNS Qname

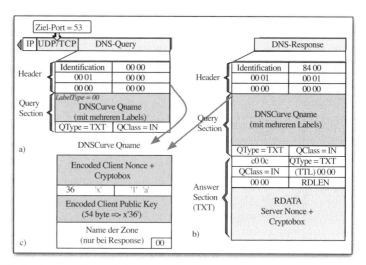

Abb. 5.6-3: Aufbau von CurveDNS Query- und Response TXT-Nachrichten
a) CurveDNS-Queries, b) CurveDNS-Responses, c) CurveDNS-Qname Interpretation

jeweils die Länge des Namens vorangestellt wird. Die einzelnen Hostnamen beinhalten somit bei CurveDNS eine kryptographisch geraffte Information. Bemerkenswert ist hier, dass der *public key* des Client, der an das vorrangige Client-Nonce samt Cryptobox folgt, mit dem Präfix 'x1a' eingeleitet wird und insgesamt 54 Byte umfasst (nach Base-32 Encoding).

CurveDNS Response

Die CurveDNS Response [Abb. 5.6-3b] ist äquivalent zur Query aufgebaut, beinhaltet also zunächst die Query in der `Query`-Section, ergänzt durch die üblichen Angaben über `QType` und `QClass`. Der Wert `0xc00c` sagt aus, dass derselbe `QName` vom Client auch verschickt wurde. Es wird immer ein TTL von 0 angegeben. Der Rest der `Answer`-Section beinhaltet die eigentliche Antwort unter Einschluss des Server-Nonce und der Cryptobox. Die Länge des gesamten Feldes darf 255 Byte nicht überschreiten.

Im Gegensatz zu DNSSEC-Nachrichten steht hier das Bemühen im Vordergrund, die DNS-Nachrichten so kompakt wie möglich zu halten, um sie über UDP übertragen zu können. `EDNS0` wird bei CurveDNS nicht unmittelbar unterstützt.

In CurveDNS eingebettet Queries/Responses erlauben zwar aufgrund der 'Meta-Data' festzustellen, welcher Resolver mit welchem Server gesprochen hat, der Inhalt der Konversation bleibt aber im Gegensatz zu DNSSEC stets vertraulich.

5.7 DNS und Internetdienste

Eine wesentliche Anwendung des DNS besteht in der Unterstützung der Ermittlung der IP-Adressen von Zielrechnern bei der Realisierung verschiedener Internetdienste. Insbesondere zu nennen ist hierbei die Unterstützung der Übermittlung von E-Mail nach dem Protokoll SMTP (*Simple Mail Transport Protocol*). Mit der Einführung der

Internet-Telefonie gewinnt das DNS enorm an Bedeutung. Insbesondere können die Telefonnummern für die Adressierung aller Internetdienste verwendet werden. Diese bemerkenswerte Idee wird als ENUM (*Telephone Number URI Mapping*) bezeichnet.

5.7.1 DNS und E-Mail nach SMTP

Jede per Internet abgeschickte E-Mail hat eine E-Mail-Adresse des Empfängers (`Mail To:`), die im Allgemeinen folgende Struktur aufweist:

E-Mail-Adresse: user@domain

    user@host.domain.suffix

In der E-Mail-Adresse werden die den Ziel-SMTP-Server betreffenden Angaben, d.h. der Teil der Adresse nach dem Symbol @, einem DNS `MX`-Lookup unterzogen, wobei zunächst über den `MX-RR` alle ausgewiesenen SMTP-Server ermittelt werden, um im weiteren Vorgehen den primär verantwortlichen SMTP-Server zu bestimmen, was als *Canonicalization* bezeichnet wird. Daher erfolgt die Ermittlung der IP-Adresse des verantwortlichen Mailservers über den `MX-RR` in der Reihenfolge

Canonicalization

Domainname ⇒ `MX-RR` ⇒ FQDN der Mailserver (Canonicalization) ⇒ `A-RR` ⇒ IP-Adresse.

Zur Identifikation im Internet von SMTP-Servern, die man auch als *Mail Transfer Agent* (MTA) bezeichnet, dienen die `MX-RR` (*Mail eXchange*) in der DNS-Zonendatei, die das Aufsetzen eines Systems hierarchisch gestaffelter SMTP-Server pro Zone gestatten. In `MX-RR` enthält der Teil `RDATA` zuerst – erste 16 Bit – die *Präferenz* (*Preference*), und dann folgt der `A-Name` des SMTP-MTA. Unter Berücksichtigung der Präferenz mit allen `MX-RR` einer Domain wird die Reihenfolge der E-Mail-Zustellung bestimmt:

Name	Class	Type	Preference	RDATA
example.de	IN	MX	1	smtp01.domain.com
example.de	IN	MX	1	smtp02.domain.com
mail.example.de	IN	MX	20	smtp03.domain.com

Nutzung redundanter SMTP-Server mittels MX-Records

Die ersten zwei Einträge (jeweils mit der Präferenz 1) für die Domain `example.de` verweisen auf die Hostnamen `SMTP01` und `SMTP02`, auf denen die zentralen SMTP-Server installiert sind. Typischerweise wird dies für das Load-Balancing eingesetzt. Ein SMTP-Client wertet die `MX-RR` nach ihrer Präferenz, wobei der `MX-RR` mit dem niedrigeren Präferenzwert bevorzugt wird, und anschließend in der Empfangsreihenfolge aus. Daher wird in der Regel zunächst jede E-Mail an `SMTP01` in `example.de` adressiert. Ist dieser aber nicht verfügbar oder überlastet, wird `SMTP02` kontaktiert. Der dritte `MX-RR` beinhaltet das explizite Ansprechen von `SMTP03` mit Präferenz 20.

Um eine indirekte Adressierung auszuschließen, verbietet RFC 1123 die Nutzung eines Alias-Namens (`CName`) im `MX-RR` als SMTP-Servername. In der Praxis wird diese Einschränkung aber häufig umgangen. Wie hier das Beispiel zeigt, erlauben die `MX-RR` eine Domain- bzw. Host-bezogene Adressierung. Lediglich Rechner bzw. SMTP-Server, die per `MX-RR` definiert sind, können über E-Mail nach SMTP erreicht

CName und SMTP-Servername

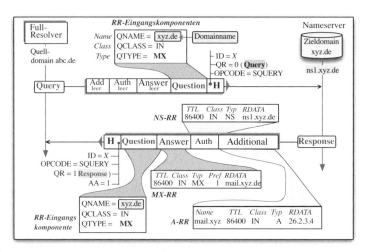

Abb. 5.7-1: Ermittlung eines Mailservers für eine Domain

werden, sofern der E-Mail-Client nicht zusätzlich den `AName` zur Adressauflösung heranzieht, was aber immer noch gängige Praxis ist.

MX-Records

> Abb. 5.7-1 zeigt den Ablauf unter idealisierten Bedingungen. Hier gehen wir davon aus, dass der Resolver den für die Domain `xyz.de` verantwortlichen Nameserver `ns1.xyz.de` direkt kontaktiert und dieser sowohl den MX-Record in der `Answer Section` als auch dessen IP-Adresse in der `Additional-Section` mitteilt. Dies muss aber nicht unbedingt immer der Fall sein. Häufig sind auch Situationen gegeben, wo der MX-Record einen `CName` enthält.

Relay Blacklists (RBL)

Eine besondere Anwendung findet das DNS bei der Nutzung sog. *Relay Blacklists* (RBL), die man auch *Realtime Blacklists* nennt. Vor der Annahme einer E-Mail von einem SMTP-Relay mit der IP-Adresse `1.2.3.4` wird ein spezifischer DNS-Lookup bei einem Betreiber solcher Blacklists (z.B. SpamCop) vorgenommen. Diese Betreiber führen Listen von SMTP-Servern, die bekanntermaßen Spam-E-Mails versenden. Für die IP-Adressen dieser SMTP-Server wird unter der eigenen Domain-Kennung ein TXT-RR mit der (umkehrt geschriebenen) IP-Adresse wie folgt gebildet:

```
IP 1.2.3.4  ⇒  4.3.2.1.bl.spamcop.org
```

Der DNS-Client des entsprechend instruierten SMTP-Servers überprüft die Existenz dieses Eintrags. Liegt bei der konfigurieren RBL kein Eintrag vor, ist der Sender der E-Mail nicht verzeichnet und kann erlaubt werden.

Sender Policy Framework

Während die RBLs unautorisierte Informationsquellen im DNS über potenzielle Spam-Sender bereitstellen, ermöglicht das *Sender Policy Framework* (SPF) [http://www.openspf.org/] einem Betreiber von SMTP-Servern, diese im DNS als autoritative MTAs für die betreffende Domain zu kennzeichnen. Wie die vergleichbaren Ansätze DKIM (*DomainKeys Identified Mail*) gemäß RFC 4871 [http://www.dkim.org/]

5.7 DNS und Internetdienste

und *DMARC* [http://dmarc.org/] stützt sich auch SPF auf den Eintrag entsprechender RR in der Zonendatei.

Statt des ursprünglich vorgesehenen SPF-RR (Type = 99 [Tab. 5.2-1]) wird heute nahezu ausschließlich ein geeignet aufgebauter TXT-RR genutzt:

SPF-Records

Name	Class	Type	RDATA
example.de	IN	SPF	v=spf1 +mx a:mx1.example.de -all
example.de	IN	TXT	v=spf1 +mx a:mx1.example.de -all

Im Gegensatz zum RBL-Verfahren bietet SPF [RFC 4408] (wie der Name bereits sagt) ein komplettes Framework zur Deklaration und zur Auswertung der Angabe RDATA in RR. Im gezeigten Beispiel wird mit v=spf1 zunächst die Version von SPF festgelegt, dann besagt mx, dass alle per MX-RR gelisteten MTAs für die Domain example.de auch sendeberechtigt sind. Dieser Mechanismus wird durch den Qualifier '+' ergänzt, der aussagt, wie mit der verbundenen Information umzugehen ist. Das Symbol 'a' verweist hier darauf, dass der MTA mit dem AName mx1.example.de ebenfalls autorisiert ist. Mit '-all' wird gesagt, dass keine Direktiven mehr folgen, wohl aber noch erklärende Zusätze.

Um die per SPF verfügbaren Direktiven auszulesen und zu verarbeiten, müssen dem SMTP-Server bei SMTP komplexe Auswerteverfahren zur Seite gestellt werden. SPF dient in erster Linie zur Qualifizierung von MTAs; zur Spam-Unterdrückung ist es allerdings kaum geeignet, sofern nicht die Politik verfolgt wird, nur SPF-qualifizierte MTAs als Sender zu akzeptieren.

5.7.2 DNS und die ENUM-Domain

Eine völlig neue DNS-Anwendung erschließt sich durch die Möglichkeit, Telefonnummern für die Unterstützung der Adressierung verschiedener Internetdienste (Internet-Telefonie, E-Mail, Webseiten, ...) zu nutzen. Dieser Einsatz wird als ENUM (Telephone Number URI Mapping) bezeichnet. Für die Unterstützung von ENUM muss aber der DNS-Baum um einige 'Zweige' erweitert werden, um eine sog. ENUM-Domain einzurichten [RFC 2915, 2916, 3761]. Hierbei sind folgende Aspekte hervorzuheben:

Bedeutung von ENUM

- *Organisatorisch*: In der Top-Level-Domain arpa wird eine besondere ENUM-Domain als Second Level Domain e164.arpa eingerichtet. In der ENUM-Domain werden spezielle Resource Records, die sog. NAPTR-RR, mit Adressen verschiedener Internetdienste (z.B. Adresse des Telefons am Internet, E-Mail-Adresse, ...) abgelegt. Um auf diese RR zuzugreifen, werden aus den Telefonnummern nach dem ITU-T-Standard E.164 (deswegen der Domainname e164.arpa) die sog. ENUM-URIs (*Uniform Resource Identifier*) gebildet.
    Beispiel: Beispielsweise aus der Telefonnummer +49 89 761234 hat die ENUM-URI die folgende Struktur: 4.3.2.1.6.7.9.8.9.4.e164.arpa.
- *Administrativ*: Die Autorität über die Einträge in ENUM-Domain auf nationaler Ebene (also z.B. .4.9.e164.arpa) wird an verantwortliche Träger (wie die DE-NIC in Deutschland) delegiert.

Abb. 5.7-2 illustriert die Einbettung der ENUM-Domain in das DNS und die Bedeutung von ENUM-URI. Wie hier ersichtlich ist, wird mit ENUM-URI auf die Lokation des ENUM-spezifischen RR mit den Adressen der Internetdienste verwiesen. Ein

ENUM-URI

derartiger RR wird als NAPTR-RR (*Naming Authority PoinTeR*) bezeichnet. ENUM-URI kann daher als 'Adresse' einer Datei mit mehreren NAPTR-RR im ENUM-DNS-Raum angesehen werden. Das hier dargestellte Prinzip entspricht weitgehend dem in Abb. 5.6-1 gezeigten Konzept der reversen Auflösung einer IP-Adresse auf einen Hostnamen.

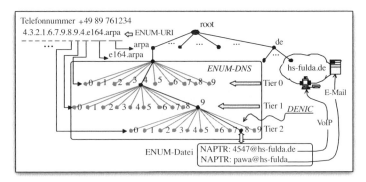

Abb. 5.7-2: Aufbau der Domain e164.arpa und die Bedeutung von ENUM-URI

Die Verantwortung für die Subdomain 9.4.e164.arpa der zweiten Ebene des ENUM-Namensraums (*Tier 1*), die den Rufnummern mit der nationalen Vorwahl von Deutschland (49) entspricht, hat die DENIC übernommen.

NAPTR-RR
Mit dem in RFC 2915 vorgestellten und in RFC 3403 und 3404 präziser gefassten NAPTR-RR von Type = 35 wird ein Resource Record eingeführt, der eine flexible Nutzung des Teils RDATA [Abschnitt 5.1.4] ermöglicht. Die Flexibilität geht so weit, dass nicht nur konstante Zeichenketten, sondern insbesondere auch sog. *Regular Expressions* genutzt werden können.

Der Teil RDATA im NAPTR-RR weist die folgende Struktur auf:

- ORDER: Reihenfolge, nach der die NAPTR-RR zur Verarbeitung ausgewählt werden sollen. Ein NAPTR-RR mit kleinerem ORDER-Wert wird gegenüber einem anderen NAPTR-RR mit einem größerem ORDER-Wert bevorzugt.
- PREFERENCE: Vergleichbar der Präferenz im MX-RR. Mit REFERENCE wird bei gleichem ORDER-Wert die Präferenz des RR festgelegt.
- FLAGS: Mit FLAG wird angegeben, was ein NAPTR-RR liefert. Es werden z.Zt. Flags A, S, U und P spezifiziert. Der NAPTR-RR liefert bei:
  - ▷ A: einen Hostnamen (AName), als Nächster wird A-, oder AAAA-RR abgefragt.
  - ▷ S: einen Service, als nächster wird SRV-RR abgefragt. Mit SRV-RR [RFC 2782] können bestimmte Services in einer Domain angegeben werden.
  - ▷ U: einen URI, als Nächster wird die IP-Adresse z.B. eines IP-Telefons, eines Webservers bzw. eines SMTP-Servers abgefragt.
  - ▷ P: applikationsspezifische Information.
- SERVICES: Angabe des Dienstes wie z.B. IP-Telefonie (sip+E2U), E-Mail (mailto+E2U). Mit E2U wird hier auf die URI-Auflösung hingewiesen.

5.7 DNS und Internetdienste

- REGEXP: Regulärer Ausdruck, in dem ein 'Name' z.B als URI, Hostname, Domainname im nächsten Schritt mit DNS-Hilfe aufgelöst wird.
- REPLACEMENT: Ersetzungszeichenkette (z.B. Domainname) für den regulären Ausdruck REGEXP; '.' bedeutet keine Ersetzung.

Die Rufnummer +4989761234 wird auf den folgenden ENUM-URI 4.3.2.1.6.7.9.8.9.4.e164.arpa abgebildet, unter dem Folgende NAPTR-RR eingetragen sind:

ENUM-URI

	ORDER	PREF	FLAG	SERVICE	REGEXP	REPLACEMENT
NAPTR	10	10	'u'	'sip+E2U'	'!.*$!sip:4547@hs-fulda.de!'	.
NAPTR	102	10	'u'	'mailto+E2U'	'!.*$!mailto:pawa@hs-fulda.de!'	.

Nach ORDER und PREF werden die Lookups vorgenommen. Zunächst wird 'Internet-Telefonie mit SIP' in Anspruch genommen, sodass zuerst der SIP-URI 4547@hs-fulda.de auf die IP-Adresse des IP-Telefons aufgelöst wird. Sollte die Nutzung dieses Dienstes aus irgendeinem Grund nicht möglich sein, dann soll eine E-Mail gesendet und die Adresse pawa@hs-fulda.de auf die IP-Adresse des SMTP-Servers aufgelöst werden.

5.7.3 DNS und VoIP mit SIP

DNS spielt für der Echtzeitkommunikation über IP-Netze besonders bei VoIP mit SIP als Signalisierungsprotokoll eine wichtige Rolle. Wie wir in Abschnitt 7.4.5 näher erläutern [Abb. 7.4-2], muss ein SIP-Proxy in der Domain des Anrufers, um eine Session für VoIP zum Rechner in einer anderen Domain initiieren zu können, zuerst den SIP-Proxy in der Domain des Angerufenen ermitteln. Abb. 5.7-3 illustriert dieses Problem detaillierter.

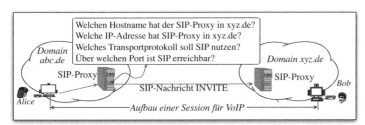

Abb. 5.7-3: Problem bei der Ermittlung des SIP-Proxy in einer anderen Domain

Der SIP-Proxy aus der Domain abc.de der Anruferin *Alice* muss wissen, welchen Hostnamen der SIP-Proxy in der Domain xyz.de hat, damit er dessen IP-Adresse beim DNS abfragen kann. Weil SIP außer UDP auch andere Transportprotokolle wie TCP, SCTP und TLS nutzen kann [Abb.7.4-1], muss der SIP-Proxy aus der Domain abc.de auch ermitteln, welches Transportprotokoll verwendet werden soll. Das in Abb. 5.7-3 gezeigte Problem lässt sich mittels DNS vollständig lösen und ist in RFC 3263 dokumentiert. Falls die SIP-Zieladresse (siehe Abschnitt 7.4) das Transportprotokoll nicht explizit angibt, muss zuerst dieses Protokoll bestimmt werden.

Was muss ein SIP-Proxy bestimmen?

Der SIP-Proxy einer Domain kann mehrere Transportprotokolle unterstützen. Die entsprechende Information lässt sich in RR vom Typ NAPTR [RFC 3403] in der Zonendatei

RR vom Typ NAPTR

der betreffenden Domain abspeichern. Abb. 5.7-4 zeigt, welche Angaben hierbei für VoIP mit SIP in NAPTR-RR in der Domain xyz.de enthalten sein können.

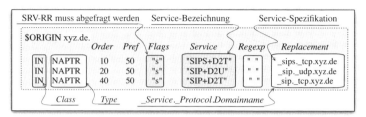

Abb. 5.7-4: RR vom Typ NAPTR der Domain xyz.de mit VoIP-betreffenden Angaben

Wie hier aus den RR abzulesen ist [Abb. 5.7-4], kommen in der Domain xyz.de die folgenden drei Möglichkeiten in Frage: SIP über UDP, SIP über TCP und SIP über TLS (SIPS). Die Angaben in RR haben folgende Bedeutung:

- Order – gibt an, in welcher Reihenfolge die einzelnen RR auszuwählen sind. RR mit kleineren Order-Werten werden bevorzugt.
- Pref (Preference) – legt die Präferenz des Eintrags bei weiteren RR mit gleicher Order fest.
- Flag – gibt an, welcher RR als Nächster angefragt werden soll. Hiermit wird verwiesen, dass im nächsten Schritt eine Query vom Typ SRV vorzunehmen ist.

SIP über UDP, TCP, SCTP oder TLS

- Service – Angabe eines Dienstes. Dieses Feld kann bei VoIP mit SIP die Form SIP+D2X oder SIPS+D2X haben, wobei der Buchestabe X durch U, T oder S ersetzt wird. Ist SIP+D2T, wird das TCP für SIP verwendet. Ist SIP+D2U, ist das UDP zu verwenden. Auf SIP über SCTP wird mit SIP+D2S verwiesen. SIPS verweist darauf, dass TLS – also ein gesicherter Transportdienst – für SIP über TCP einzusetzen ist.
- Regexp (*Regular expression*) – In einem RR mit Flag s wird hier ' ' eingetragen.
- Replacement – Die hier angegebene Zeichenkette enthält den Service, das Transportprotokoll und den Domainnamen – also die Service-Spezifikation. Diese Spezifikation ist das Ziel einer NAPTR-Query und wird im nächsten Schritt verwendet, um einen RR vom Typ SRV abzufragen, d.h. eine SRV-Query durchführen zu können.

Nachdem ein RR vom Typ NAPTR abgefragt wurde und damit die Service-Spezifikation bekannt ist, kann nun ein RR vom Typ SRV abgefragt werden, um den Namen des SIP-Proxy in dieser Domain zu ermitteln. Abb. 5.7-5 zeigt, welche Angaben SRV-RR enthalten kann [RFC 2782].

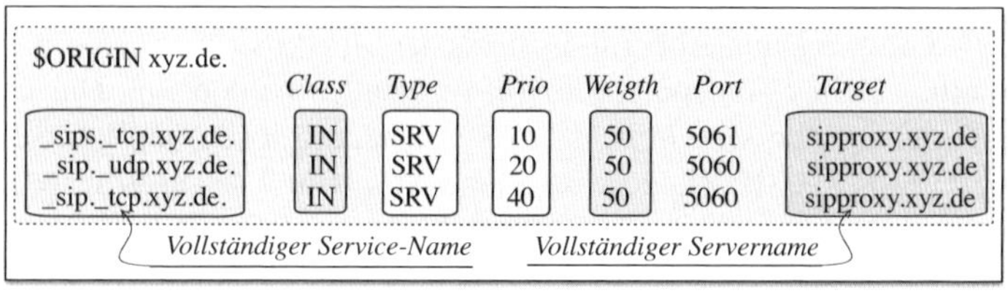

```
$ORIGIN xyz.de.
                        Class   Type   Prio   Weigth   Port   Target
_sips._tcp.xyz.de.      IN      SRV    10     50       5061   sipproxy.xyz.de
_sip._udp.xyz.de.       IN      SRV    20     50       5060   sipproxy.xyz.de
_sip._tcp.xyz.de.       IN      SRV    40     50       5060   sipproxy.xyz.de
```
Vollständiger Service-Name   *Vollständiger Servername*

Abb. 5.7-5: RR vom Typ SRV der Domain xyz.de mit VoIP-betreffenden Angaben

5.8 Autoritative Records in der DNS-Zone

In Abb. 5.7-5 unterstützt der SIP-Proxy in der Domain `xyz.de` als Rechner mit dem vollständigen Rechnernamen `sipproxy.xyz.de` die drei folgenden Möglichkeiten: SIP über UDP (`_sip._udp.xyz.de`), SIP über TCP (`_sip._tcp.xyz.de`) sowie SIP über TLS (`_sips._tcp.xyz.de`).

SIP-Proxy

Die weiteren Angaben in RR sind wie folgt zu interpretieren:

- `Prio` (Priority) – gibt an, in welcher Reihenfolge die einzelnen RR auszuwählen sind. Niedrigere Werte werden zuerst abgefragt.
- `Weight` – Haben mehrere RR gleiche Priorität, dann legt `Weight` ihre Präferenz fest.
- `Port` – Angabe des Ports von SIP.
- `Target` – Hier wird der Rechnername des SIP-Proxy angegeben. Diese Angabe wird verwendet, um die IP-Adresse vom zuständigen SIP-Proxy abzufragen.

5.8 Autoritative Records in der DNS-Zone

Der Inhalt der Zonendatei liegt in der Verantwortung des Domain-Inhabers. Zudem können DNS-Queries mittels DNSSEC kryptographisch signiert werden, was wir bereits kennen gelernt haben. Was liegt also näher, als auch kryptographisch relevante Informationen wie z.B. *public keys* [siehe Abschnitt 2.5] bzw. deren Fingerprints, d.h. den Hashwert des *public key*, in die Zonendatei aufzunehmen, sodass sie quasi von autorisierter Stelle bestätigt werden können?

Dieser Gedanken wurde zunächst für *SSH-Fingerprints* (SSHFP) aufgegriffen und in RFC 4255 und 6594 veröffentlicht. Ziel ist hierbei, dass ein Benutzer, der sich per SSH auf einen Rechner verbunden hat, feststellen kann, ob der vom Rechner präsentierte Host *public key* auch *autorisiert*, d.h. vom Betreiber der Domain auch so vergeben wurde.

SSHFP

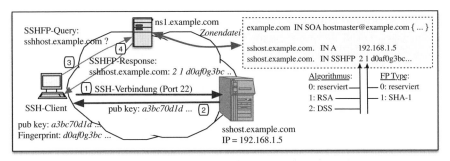

Abb. 5.8-1: Ablauf der DNS-Fingerprint-Query bei SSH

Wir gehen in Abb. 5.8-1 davon aus, dass für den Rechner mit FQDN `sshost.example.com`, zu dem die SSH-Verbindung aufgenommen werden soll, die IP-Adresse über eine Standard A-Query (oder AAAA-Query im Falle von

DNS-Fingerpints für SSH

IPv6) über den Nameserver `ns1.example.com` bereits ermittelt wurde. Der weitere Ablauf erfolgt in den Schritten:

1. Die Verbindung zum SSH-Server (Port 22) für die gegebene IP-Adresse wird aufgebaut,
2. der *public key* des Hosts wird entgegen genommen. Nun ist auch dessen Erzeugungsalgorithmus[9](RSA bzw. DSS) bekannt, und der Fingerprint wird entsprechend SHA-1 berechnet.
3. Anschließend setzt der SSH-Client eine SSH-Fingerprint-Query über die DNS-Library des Betriebssystems ab und befragt den konfigurierten DNS-Server, ob für den Rechner `sshost.example.com` ein Resource Record vom Typ `SSHFP` vorliegt [Tab. 5.2-1].
4. Liefert der Nameserver eine Response für diese Query und sind beide Fingerprints identisch, handelt es sich um den korrekten Rechner, für den per DNS *autoritative Informationen* vorliegen.

SSHFP mit DNSSEC

Um vor Verfälschungen der DNS-Antworten sicher zu sein, verlangt das SSH-Fingerprint-Verfahren in RFC 4255 den Einsatz von DNSSEC, was aber eine DNSSEC-fähige DNS-Library auf dem Client-Rechner voraussetzt. Zudem wird ein DNSSEC-Nameserver die Antworten für einen Hostname mit zusätzlichen Informationen versehen, die notwendig sind, diese zu überprüfen. Als Teil des *Resource Record Sets* kann zwanglos der SSH-Fingerprint in der `Additional Section` der DNS-Nachricht mit geliefert werden. Hierdurch braucht der (DNSSEC-fähige) Client, der die Anfrage startet, keine zusätzliche Query zur Ermittlung des SSH-Fingerprints abzusetzen.

5.8.1 DNS-Based Authentication of Named Entities: DANE

Wesentlich ambitionierter als die Bereitstellung von SSH-Fingerprints ist das in RFC 6698 vorgestellte Verfahren, die bei TLS [Abschnitt 7.2] genutzten *public keys* bzw. der Fingerprints per DNS zu autorisieren: Hierbei geht es um nicht weniger als die Ablösung oder zumindest Ergänzung der *Public Key Infrastruktur* (PKI) durch eine DNS-basierte Lösung.

DANE als Alternative zur PKI

Während es sich bei SSHFP quasi um die private Lösung handelt, die SSH-Keys abzusichern, ist DANE der umfassende Versuch, dies öffentlich und auf breiter Front vorzunehmen und hierbei die seit Jahrzehnten bestehende Infrastruktur, die auf X.509-Zertifikaten beruht, gänzlich hinter sich zu lassen[11]. Hintergrund ist, dass das bei der PKI genutzte Vertrauensmodell durch verschiedene Skandale, aber auch Programmierfehler in den Jahren 2012, 2013 und 2014 stark kompromittiert wurde und durch ein robusteres und zugleich verteiltes Vertrauenssystem abgelöst werden soll. Hierbei dient die DNS-Zoneninformation – speziell falls per DNSSEC in seiner Integrität geschützt – als dezentraler Vertrauensanker.

DANE nutzt die DNS-Infrastruktur, um autoritative Informationen an qualifizierte Clients weiter zu reichen. Wie bei SSHFP muss die Anwendung, die DANE nutzen

---
[10]Hierauf gehen wir in Abschnitt 7.2 bei der Diskussion von TLS genauer ein.
[11]RFC 6698 erwähnt X.509 nur an einer einzigen Stelle.

5.8 Autoritative Records in der DNS-Zone

will, hierauf speziell abgestimmt sein; verlangt wird in jedem Fall die Nutzung von DNSSEC auch beim Client. Die Infrastrukturelemente sind wie folgt:

- Wie auch bei SSHFP wird bei DANE ein spezieller DNS Resource Record benötigt, der `TLSA` genannt wird [Tab. 5.2-1] und in seinem `RDATA` die benötigten Informationen enthält.   *TLSA-Record*

- Statt eines Standard-FQDN setzt DANE auf einen sog. *prefixed Name*[12], der nicht einen Rechner, sondern einen Dienst, ein Transportprotokoll und einen Port ausweist: '`_443._tcp.www.example.com`'   *Prefixed DNS-Name*

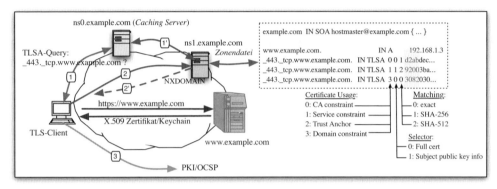

Abb. 5.8-2: Abfrage eines TLSA-Records zur Verifikation des *public key* im X.509-Zertifikat einer https-Verbindung

Die Nutzung des DNS zur Validierung der *public keys* in X.509-Zertifikaten, so wie sie bei TLS-geschützten Verbindungen (wie typischerweise `https`) genutzt werden, ist nicht ohne Fallstricke. RFC 6698 versucht diese, durch geeignete Maßnahmen zu vermeiden:

- Im Gegensatz zu der Methode der Überprüfung der SSH-Fingerprints gestattet das DANE-Verfahren unterschiedliche, *dienstspezifische Zertifikate*: Der TLSA-Record ist nicht an den Host, sondern an den Dienst gebunden, den dieser Host zur Verfügung stellt. Der Dienst ist durch den Port und das Transportprotokoll bestimmt. In Abb. 5.8-2 ist der Dienst `https`, der auf dem Port 443 unter Nutzung von TCP angeboten wird (`_443._tcp.www.example.com`). Würde z.B. das E-Mail-Protokoll SMTP entsprechend ausgezeichnet werden, wäre eine geeignete Wahl `_25._tcp.mail.example.com`, sofern der Mailserver STARTTLS unterstützt [Abschnitt 7.2.8].   *Dienstspezifische Zertifikate*

- Kritisch ist bei DANE, wie der TLS-Client über das DNS an die geforderte Informationen gelangt. Abb. 5.8-2 zeigt zwei Alternativen:
  1. In der Regel kontaktiert der TLS-Client zunächst seinen *forwarding* DNS-Server, also z.B. den DNS-Cache-Server. Diese Kommunikation muss kryptographisch gesichert sein (1), z.B. durch IPsec [Abschnitt 6.4]. Dies ist für den TLS-Client aber nicht nachvollziehbar, da der Security-Kontext für den Client nicht überprüft werden kann. Zudem muss der Client dem DNS-Cache-Server (in Abb. 5.8-2

---

[12] Dies ist der Nomenklatur des mDNS-Dienstes [Abschnitt 5.10] entnommen.

'ns0.example.com') vertrauen, dass dieser die TLSA-Records unkompromittiert und authentisiert von 'ns1.example.com' bezogen hat (1').

2. Daher ist die als (2) skizzierte Lösung, d.h. die direkte Kontaktaufnahme mit dem autoritativen DNS-Content-Server, der geeignetere Weg. In diesem Fall ist es allerdings erforderlich, dass das Betriebssystem des TLS-Client über einen DNSSEC-fähigen Full-Resolver verfügt. Nach Ermittlung des autoritativen Nameservers für die Domain ist anschließend der TLSA-Record per DNSSEC anzufordern. Was aber tun, falls dieser NXDOMAIN antwortet, also kein Eintrag existiert (2') ?

Koexistenz PKI ⇔ DANE

- Solange die *public keys* (aus den Zertifikaten) der Internetdienste nicht flächendeckend im DNS zur Verfügung stehen, benötigt DANE eine Kompatibilitätsschnittstelle zum üblichen PKI-Dienst. Da X.509-Zertifikate und PKI noch viele Jahre Bestand haben werden, wurde die benötigte Interoperabilität als Bestandteil der TLSA-Records entworfen, was aus der in Abb. 5.8-2 beispielhaft dargestellten Zonendatei hervorgeht und in Form der Certificate Usage, des Selectors und des Flags Matching als Bestandteil von RDATA hervorgeht[13]:

  ▷ Certificate Usage ist ein 1 Byte großes Feld, das dem TLS-Client die Verwendung des Zertifikats vorschreibt:

  (0) Das zugehörige Zertifikat kann als Stammzertifikat betrachtet werden.

  (1) Das Zertifikat soll als Host-Zertifikat betrachtet werden; es tritt somit als letztes Zertifikat in einer Zertifikatskette auf (die komplett überprüft werden muss). Es ist darüber hinaus für einen Service bindend (vgl. Abb. 5.8-2).

  (2) Bei self-signed Zertifikaten dient ein X.509-Zertifikat mit dieser Zuordnung als 'Trust Anchor', ist also gleich bedeutend mit einem 'privaten' Stammzertifikat.

  (3) Hiermit werden 'Domain-Zertifikate' bezeichnet, die als 'oberste' Zertifikate auftreten, also im Gegensatz zu (1) den Beginn der Zertifikatskette darstellen.

  ▷ Selector bezeichnet als 1 Byte-Feld, welche Informationen bzgl. des X.509-Zertifikats zu überprüfen sind. Zwei Möglichkeiten existieren:

  (0) Der Fingerprint umfasst das gesamte X.509-Zertifikat. Da Zertifikate eine beschränkte Lebensdauer besitzen, muss dieser Wert bei jedem Zertifikatswechsel ausgetauscht werden. Es ist aber auch gestattet, mehrere TLSA-Records mit unterschiedlichen Informationen bereitzustellen[14]. Dem TLS-Client fällt die Aufgabe zu, die Angaben zu überprüfen.

  (1) Der Fingerprint der SubjectPublicKeyInfo im Zertifikat. Im Gegensatz zum X.509-Zertifikat mit einer beschränkten Gültigkeit kann dessen *public key* konstant bleiben.

  ▷ Der Matching Type (1 Byte) sagt dem TLS-Client, wie die übrigen Daten im RDATA-Feld zu interpretieren und zu vergleichen sind:

---

[13] Die notwendige Hintergrundinformation hierzu liefert Abschnitt 7.2.9.
[14] Bei einem Zertifikatswechsel kann sowohl das alte (gültige) als auch neue (gültige) Zertifikat angegeben werden.

(0) Der angegebene Wert in `RDATA` muss exakt mit den Daten im TLS-Zertifikat übereinstimmen.
(1) Der im `RDATA` zu findende Wert ist ein SHA-256-Hash.
(2) Die Angabe im `RDATA` ist ein SHA-512-Hashwert.

- Kann keine Information per DNS über das Zertifikat des Servers (im Beispiel `'www.example.com'`) bezogen werden, ist beim TLS-Client eine Standardverifikation per PKI durchzuführen. Eine der üblichen Maßnahmen ist hierbei die Überprüfung der Gültigkeit des Zertifikats mittels des *Online Certificate Status Protocol* (OCSP).

5.8.2 Certification Authority Authorization

Wurde bei den TLSA-RR die Fingerprints von X.509 Zertifikaten im DNS bekannt gegeben, so ist es bei den CCA Certification Authority Authorization Records der Herausgeber (*Issuer*) der X.509 Zertifikate für die Domäne bzw. die DNS-Zone [6844]

Im Gegensatz zu den TLSA-Records, die lediglich Informationen für den Client bereitstellen, sind hier die Herausgeber der Zertifikate, die Certificate Authorities im Rahmen der *CA/B Forum's Baseline Requirements* dazu aufgefordert, den in der Zone veröffentlichten CCA Informationen Folge zu leisten. Hintergrund ist, dass im Grunde jede CA für jeden beliebige Domain ein gültiges X.509 Zertifikat ausstellen darf, das von den Clients (sofern diese über das Root-Zertifikat verfügen) auch anstandslos akzeptiert wird. Dieser Missbrauch ist besonders bei Google aufgestoßen, nachdem Symantec 'gefälschte' Google Zertifikate verteilt hatte[15].

CA/B Forum's Baseline Requirements

Diesem Missbrauch kann durch CCA-Records wirksam begegnet werden, falls sich drei Parteien an folgende Spielregeln halten:

1. Der *Domain-Inhaber* muss über einen vertrauenswürdigen X.509 Zertifikats-Aussteller verfügen und dessen URL in den CCA-Records authoritativ in seiner Zone veröffentlichen.
2. Ein *Client*, der z.B. per `https` auf eine geschützte Webseite einer Domäne zugreifen möchte, muss im Rahmen einer DNS-Abfrage für den CCA-Record aus der Zonen-Datei der Domäne ermitteln, welche erlaubten Herausgeber für das entgegen genommene Zertifikat [siehe Abb. 7.2-2] ausgezeichnet sind. Stimmt diese Information mit dem Zertifikat-Issuer überein, kann die Datenverbindung weiter geführt werden; bei einem negativen Abgleich kann der Client ggf. den Domain-Besitzer informieren. Die relevanten Informationen hierzu stehen in der `RDATA`-Sektion des CCA-Record als '*Client usage information*' mit den Angaben: `issue`, `issuewild` und `iodef` [Abb. 5.8-3]. Die `iodef` Informationen sind entsprechend RFC 5070 zu interpretieren.
3. Werden von einer CA Zertifikate für eine Domain ausgestellt, ist die *CA* verpflichtet, ebenfalls die CCA-Records der Domain zu berücksichtigen und muss dem

---
[15]siehe auch: `https://www.heise.de/security/meldung/Zertifizierung-Google-entzieht-Symantec-2018-das-Vertrauen-3828578.html`

'*CA Issuer Flag*' aus den `RDATA`-Angaben entsprechen. Damit ist auch *per policy* gewährleistet, dass keine 'unerwünschten' Zertifikate ausgestellt werden können.

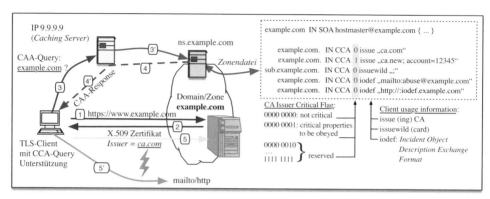

Abb. 5.8-3: Abfrage eines CCA-Records zur Verifikation des *public key* im X.509-Zertifikat einer https-Verbindung

CCA-Query

Abb. 5.8-3 zeigt den Fall, wo ein CCA-Query befähigter Client (1) die Webseite unter `https://www.example.com` besuchen möchte. (2) Während des TLS-Handshakes [vgl. Abschnitt 7.2] erhält er das X.509 Zertifikat des Servers. Hieraus entnimmt er den DN des *Subject*, d.h. die Domain des Servers und den DN des *Issuer*, bzw. dessen Domain-Name [siehe Abb. 7.2-2]. (3) Es folgt eine rekursive CCA-Query für die Domain '`example.com`' an den konfigurierten DNS-Cache-Server, die von diesen an den verantwortlichen DNS-Nameserver der Zone weitergeleitet wird (3') und (4) die Response letztlich dem Client (4') zugestellt wird. (5) Entspricht der *Issuer* des Zertifikates der CA '`ca.com`', was aus dem '`issuer`' des CCA-Record folgt, so weiß der Client, dass dieses legitim ist; (5') andernfalls kann der Client gemäß der Information aus dem '`iodef`' Teil der DNS-Response vorgehen und das illegitime Zertifikat melden.

Die CCA-Records erlauben somit eine flexible, autoritative Kennzeichnung von X.509 Zertifikaten in der eigenen Domäne im Hinblick auf die ausgebende CA, wobei auch 'Wildcards-Zertifikate', also solche ohne eigentlichen Hostnamen, unterstützt werden. Allerdings sind geeignete Clients z.Z. noch Mangelware. Auch ist die Meldung über 'illegitime' Zertifikate noch wenig ausgeprägt; was soll also der Client im Fall einer Nichtübereinstimmung machen und was wären die Folgen?

5.9 Internetanbindung und DNS

Die Nutzung von Internet-Diensten und der DNS-Dienst können als Synonym betrachtet werden, d.h. alle Anfragen an das Internet werden zunächst (zur Namensauflösung) an das DNS übertragen. Dies gilt auch dann, wenn DNS-Abfragen aus privaten IP-Netzen gestartet werden.

- Für *Firmennetze* besteht die Notwendigkeit zusätzlich eigene DNS-Nameserver zu betreiben, auf denen die eigenen Rechner eingetragen sind; was häufig bereits durch die Nutzung der *Active Directory Services* (ADS) von Microsoft erfolgt. Dies erfordert jedoch eine sorgfältige Planung, um potenzielle Sicherheitsrisiken

5.9 Internetanbindung und DNS

zu vermeiden, die durch das Öffnen des privaten Netzes für 'fremde' Benutzer entstehen können.

- Privatpersonen haben ein Interesse an einem zuverlässigen DNS-Dienst, der auf die Internet-Ressourcen korrekt verweist[16]. Zudem sollte die Nutzung des DNS-Dienstes keine Aufschlüsse über das private Internet-Verhalten an Dritte liefern.

DNS in Firmennetzen

Eine häufige Schutzmaßnahme ist der Einsatz einer *Firewall*. Darunter versteht man einen Rechner oder Router, der als konfigurierbarer Paketfilter für bestimmte IP-Pakete fungiert. Häufig findet nicht nur eine Firewall Einsatz, sondern es werden eine interne und eine externe Firewall aufgesetzt. Das Netz zwischen beiden Firewalls bezeichnet man als *DeMilitarized Zone* (DMZ). Dort werden die wichtigen aus dem Internet zugänglichen Server untergebracht. *Firewall-Einsatz*

Abb. 5.7-2 zeigt eine Lösung, in der ein Unternehmensnetz in zwei logische Teile aufgeteilt wurde: *Forwarding Proxy-NS*

- das geschützte interne Unternehmensnetz (Intranet) sowie
- die aus dem Internet kontrolliert zugängliche DMZ.

Das Intranet enthält den internen Nameserver, der ausschließlich für die interne Kommunikation gebraucht wird. Der externe Nameserver ist hingegen öffentlich zugänglich und wird für Abfragen aus dem Internet in Anspruch genommen. Zugleich fungiert der gleiche Rechner als externer *forwarding-only* Nameserver bzw. Proxy.

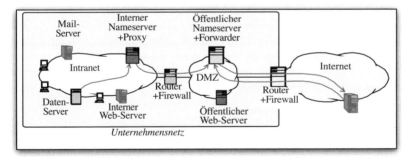

Abb. 5.9-1: Einsatz von Nameservern bei der Intranet/Internetanbindung

Wie hier zu sehen ist, schützt die Firewall den internen Netzteil gegen Zugriffe durch die 'fremden' Benutzer aus dem Internet, wobei den Rechnern im internen Netzteil der Zugriff auf Ressourcen im Internet gewährt wird. In Abb. 5.8-1 sind die DNS-Dienste für die externen und internen Netzwerke vollständig voneinander getrennt: *DNS-Server und Firewall*

- DNS-Anfragen von internen Rechnern hinsichtlich interner Ressourcen im Intranet werden direkt über den internen Nameserver abgewickelt (und zudem ggf. über den Proxy-Nameserver gecached). Daher wird die Firewall überhaupt nicht einbezogen. Man spricht hierbei vom *Split Horizon*. *Split Horizon*

---

[16] DNS Internetsperren waren vor einigen Jahren auch in Deutschland populär, was unter dem Begriff 'Zensursula' geführt wurde.

Proxy-Nameserver	▪ DNS-Anfragen bezüglich Adressen im Internet werden zweistufig bearbeitet:

1. Sie werden zunächst an den internen Proxy-Nameserver – der als *Caching- und Forwarding-Nameserver* fungiert – weitergeleitet. Dieser kontaktiert den *Recursive Resolver*, der sich üblicherweise in der DMZ befindet.

2. Die Aufgabe dieses *Recursive Resolver* ist nun, die eigentliche Namensauflösung vorzunehmen, wobei die DMZ dessen IP-Adresse per NAT [Abschnitt 6.1] auf eine öffentliche IP-Adresse abbildet. Die IP-Adresse des *Recursive Resolver* sollte nicht öffentlich bekannt sein und wechselt ggf. periodisch[17].

Zugleich existiert (allerdings nun auf der öffentlich zugänglichen IP-Adresse) der *Content-Nameserver* des Unternehmens, der seinerseits allgemeine DNS-Anfragen aus dem Internet beantwortet. |
Firewall	▪ Die Firewall wird hierbei so eingerichtet, dass keine DNS-Abfragen aus dem Internet ins Intranet gelangen und im Gegenzug nur die Namensauflösung zwischen dem internen und dem externen Proxy-Nameserver gestattet ist. Damit wird zugleich verhindert, dass DNS-Abfragen von Rechnern im Intranet ins Internet gelangen.
Stealth-Server	Ein Content-Nameserver, der nicht über das 'öffentliche' DNS erreichbar ist, z.B. weil er sich in einem privaten Netzteil befindet oder der Zugang über den DNS-Port 53 per Firewall eingeschränkt ist – aber unter Umständen dennoch für die Namensauflösung genutzt werden kann (so man seine Adresse kennt) –, wird *Stealth-Server* genannt. Besitzt ein Stealth-Server eine öffentliche IP-Adresse, kann er durchaus als primärer Nameserver fungieren.
Proxy-Views	Ein spezielles Merkmal geschlossener DNS-Proxies ist es, den Clients spezifische *Views* des DNS-Namensraums zur Verfügung zu stellen. Der z.B. in Abb. 5.1-2 dargestellte, per Firewall abgeschottete interne Proxy greift neben den Daten des öffentlichen DNS auf den privaten DNS-Bereich zu und bietet diese Informationen als View den abfragenden Clients an. Dieses auch als *Split Horizon* bekannte Verfahren bietet sich immer dann an, wenn ein Proxy-Server als Cache der internen und öffentlichen DNS-Information dient.

DNS-Nutzung in privaten Netzen

DNS-Service im WLAN	Ein häufiges Szenario liegt vor, wenn der Rechner, über den die DNS-Anfragen gestartet werden, per WLAN seinen Internet-Zugang bekommt (vgl. Abschnitt 13.3). Der Access Point (AP) fungiert hierbei in der Regel als DNS-Forwarder. Auf die Nutzung eines 'eigenen' DNS-Cacheserver wird normalerweise verzichtet.
DNS-Forwarder	In den meisten Fällen ist somit die IP-Gateway-Adresse mit der des DNS-Forwarders identisch, was z.B. per DHCP übermittelt wird und normalerweise private IP-Adressen vorsieht [Tab. 3.3-4]. Weniger häufig ist die Nutzung von DNS-Multicast-Adressen [Abb. 5.10-1]. Gelegentlich wird auch seitens des AP von einer IPv6-LLU Adresse Gebrauch gemacht, z.B. einer fe80::1 [Abb. 8.9-6].

Hierbei sind folgende Besonderheiten zu beachten:

1. Das Link-Segment, in dem sich der Rechner befindet, ist das WLAN. |

---

[17]Öffentliche *Recursive Resolver* stellen einen Angriffsvektor für DDoS- und Birthday-Attacken dar, wie im Februar 2014 dem CCC widerfahren ist
[http://www.ccc.de/de/updates/2014/cache-poisoning-attack].

5.9 Internetanbindung und DNS

2. Die IP-Adresse des DNS-Forwarders ist daher link-scoped und die Nutzung des 'aktiven' DNS-Forwarders wird aufgrund der Routingtabelle des Clients ausgewählt bzw. folgt im Round-Robin-Verfahren.
3. Ist der Rechner über eine verschlüsselte Verbindung im WLAN eingebucht, unterliegt selbstverständlich auch der DNS-Datenverkehr auf dieser 'ersten Meile' der Vertraulichkeit.

Der 'kritische Pfad' besteht in der Abfrage des DNS-Cacheservers. Hierauf hat der Stubresolver keinen Einfluss und kann auch nicht feststellen, ob private oder öffentliche DNS-Cacheserver genutzt werden. Folgende öffentliche DNS-Cacheserver sind z.Z. populär:

Öffentliche DNS-Cacheserver

- Google: IPv4 `8.8.8.8`
- IBM (und andere): IPv4 `9.9.9.9`[18]
- Cloudflare: IPv4 `1.1.1.1`[19]

Die Betreiber dieser rekursiven DNS-Resolver erhalten bei deren Nutzung ein umfangreiches Abbild der DNS-Abfragen und können zudem die Quelle der DNS-Abfrage mit der Abfrage und ihrer zeitlichen Reihenfolge selbst verknüpfen; eine Situation die vergleichbar ist mit den bekannten *Relay Blacklists*. Google versuchte zudem, noch einen Schritt weiter zu gehen und beschrieb im Draft `http://tools.ietf.org/html/draft-vandergaast-edns-client-ip-01` wie auch die ursprünglichen IP-Adressen der Clients mit übertragen werden sollen.

5.9.1 Domain Name Registrare

Aufgabe der nachgeordneten Organisationen – der sog. DNS-Registrare – ist es, die technischen, die administrativen, aber auch die kommerziellen Rahmenbedingungen für den Betrieb eines eigenständigen Domainnamensraums zu definieren sowie einen reversen-DNS-Eintrag für die registrierten Domainnamen in `in-addr.arpa` bzw. `ip6.arpa` sicherzustellen. Hierfür ist ein jährlicher Obolus zu entrichten.

Der beantragenden Organisation bzw. Privatperson (oder dessen Trustee) wird der Domainname verantwortlich zugesprochen, d.h. an ihn delegiert. Hierbei ist der Domainname durchaus nicht identisch mit einem IP-Netzwerk. Typischerweise liegt es im Ermessen des Domain-Eigentümers, die DNS Resource Records für die ihm zugeteilte Domain einzurichten und somit für das Benennen der Rechner und anderer Endsysteme in der ihm zugeteilten Domain zu sorgen. Damit der eigene DNS-Nameserver im DNS-Baum gefunden werden kann, muss er der übergeordneten Instanz mitgeteilt werden.

> **Bemerkung**: Die Registrierung von Domainnamen findet heute nicht direkt über IANA statt, sondern über nachgelagerte Organisationen und spezielle DNS-Registrare.

Will man eine TLD registrieren, sind die nationalen Registrare heranzuziehen. Für Domainnamen, die in einer öffentlichen gTLD liegen (z.B. `.com`, `.net`), können große internationale Registrare wie *GoDaddy*, *Dotster*, *Register* oder auch *1&1 Internet* genutzt

DNS Registrare

---
[18] siehe: `https://www.quad9.net`
[19] siehe: `https://1.1.1.1`

werden. Abhängig davon, welcher Domain-Suffix angefordert wird, findet eine Preisstellung statt, wobei in der Regel eine Domain für ein Jahr geordert wird. Die Bestellung einer Domain ist – wie aus Abb. 5.1-1 ersichtlich – äquivalent mit dem Eintrag eines entsprechenden NS-RR, der den FQDN des für die Zone verantwortlichen Nameservers enthält und damit auf ihn verweist.

Arten von Domains

Die Existenz einer Domain ist aber nicht gleichbedeutend mit der Existenz eines IP-Netzes; vielmehr können folgende Arten von Domains unterschieden werden:

- *Vollqualifizierte Domain* mit eigenem IP-Netz und selbstverantwortlich betriebenem Nameserver (z.B. hs-fulda.de).
- *Eingeschränkt qualifizierte Domain*; es existiert nur eine oder wenige IP-Adressen für die Domain, an die die Internetdienste (via CName) gebunden sind (z.B. mail.fehcom.de, www.fehcom.de). Typischerweise liegt dieser Fall bei ausgelagerten Root-Servern vor, die von den verschiedenen Betreibern angeboten werden. In der Regel wird dann ein gemeinsamer Nameserver genutzt, der Zonendateien für alle gehosteten Domains besitzt.
- *Temporär genutzte Domains*, die vor allem zum Versand von Werbe-E-Mails – auch von Spam – herangezogen und anschließend wieder gelöscht bzw. freigegeben werden.

Domain Grabbing

- *Unqualifizierte Domains*, bei denen zwar der Name 'bestellt' wurde und somit vergeben ist, die aber absichtlich nicht betrieben, sondern lediglich weiterverkauft werden. Man spricht hierbei von *Domain Grabbing*.
- *Dynamisch generierte (Sub-)Domains* (d.h. mittels DynDNS), in der Regel mit (periodisch) wechselnden IP-Adressen.

Whois Lookup

Um festzustellen, welche Domainnamen vergeben sind bzw. wer der verantwortliche Betreiber der Domain ist, wird von regionalen Domainnamen-Betreibern (z.B. DENIC) ein sog. *Whois-Lookup-Mechanismus* zur Verfügung gestellt [http://www.denic.de/de/whois/index.jsp].

admin-c

Insbesondere werden dort die administrativen, technischen und DNS-Zone-spezifischen Ansprechpartner hinterlegt (Einträge: admin-c, tech-c, zone-c). Hierbei ist zu beachten, dass über den Eintrag admin-c die rechtliche Verantwortung für den Betrieb der Domain bekannt gemacht wird.

5.9.2 Dynamisches DNS

DynDNS

Ohne Bindung an einen Root-Server-Betreiber, aber in der Regel auch ohne eigenen Domainname, kann beispielsweise der eigene Webserver öffentlich erreichbar gemacht werden, in dem die (teilweise kostenlose) Dienste von Anbietern dynamischer DNS-Registrare genutzt werden, z.B. *DynDNS.org*.

Nach der persönlichen Anmeldung bei einem dieser Dienste sind folgende Schritte notwendig:

- Die eigene Domain (z.B. mydomain) wird als Subdomain von dyndns.org angemeldet. Teilweise ist hierbei die Nutzung von (virtuellen) Hostnamen oder auch

Wildcards möglich, sodass ein typischer FQDN `www.mydomain.dyndns.org` lauten würde.

- Auf dem heimischen Rechner, der in der Regel via DSL über einen anderen Provider am Internet angeschlossen ist, wird ein DynDNS-Client installiert. Dieser Client detektiert die vom Internet-Provider (temporär) vergebene IP-Adresse und meldet diese an den Nameserver z.B. von `DynDNS.org`, wo der konfigurierte FQDN unter der erkannten Adresse (dynamisch) registriert wird. Ferner überprüft der Client die ihm zugewiesene Adresse in regelmäßigen Abständen und sendet ggf. Updates. Hintergrund hierfür ist, dass in der Regel die zugewiesene öffentliche IP-Adresse zeitlich begrenzt vergeben wird und das Lease typischerweise nach 24 Stunden abläuft [Abschnitt 6.2].
- Sofern über den heimischen Router bzw. die Firewall der entsprechende TCP-Port (HTTP: 80) freigeschaltet ist, kann nun der Webserver via NAT vom Internet aus unter der FQDN `www.mydomain.dnydns.org` erreicht werden. Bestehende Verbindungen brechen allerdings beim Wechsel der IP-Adresse durch den Internet-Provider naturgemäß ab.

Das Aufsetzen und Betreiben von DynDNS geschieht ausschließlich auf Basis bestehender und DNS-betreffender RFC. Hierbei ist nur die Bereitstellung des DynDNS-Clients von Bedeutung bzw. die periodische Änderungen der Zonendatei. Allerdings ist bei der Registrierung (bzw. Modifikation oder Löschung) eines Eintrags das DynDNS-Protokoll [RFC 2136] nützlich. Hier kann ein ganzes *Resource Record Set* in einem Schritt konsistent (und atomar) geändert werden.

5.10 Multicast-DNS-Dienste

Bei allen bisherigen DNS-Anwendungen werden DNS-Nachrichten immer als Unicast-IP-Pakete verschickt, d.h. sie weisen einen dedizierten Absender und einen eindeutigen Empfänger auf. DNS-Responses beinhalten aber per constructionem *öffentliche* Informationen.

Für ein kleineres IP-Netzwerk, speziell ein Heimnetzwerk, liegt es daher nahe, diese DNS-Responses als Multicast-IP-Nachrichten zu verschicken. Alle Netzwerkkomponenten lernen auf diese Weise die IP-Infrastruktur automatisch und ohne Zutun kennen.

Man kann sogar noch einen Schritt weiter gehen und statt des im Grunde genommen 'passiven' DNS-Dienstes, der dann einen Response gibt, wenn eine Query empfangen wurde, die DNS-Antworten periodisch im Netzwerk verteilen. Aktuell wird diese Aufgabe von zwei unterschiedlichen Implementierungen realisiert:

- *Multicast-DNS* (mDNS), wie dies von der Firma Apple im Rahmen des *Rendezvous*- bzw. *Bonjour*-Protokolls spezifiziert wurde und mittlerweile als RFC 6762 vorliegt und zusammen mit der *DNS based Service Discovery* [RFC 6763] Einsatz findet.

- *Link-Local Multicast Name Resolution* (LLMNR), entwickelt von der Firma Microsoft (und veröffentlicht in RFC 4795), das im Zusammenspiel mit dem UPnP-Protokoll (*Universal Plug-and-Play*) [RFC 6970] eingesetzt wird.

Die Konstruktionsdetails dieser beiden Protokolle wollen wir im letzten Abschnitt dieses Kapitels kurz vorstellen.

5.10.1 Multicast-DNS

Das ursprüngliche Ziel von Apple bei der Entwicklung des *Multicast-DNS*-Protokolls war die Ablösung des *AppleTalk*-Protokolls bei gleichzeitiger Beibehaltung der Komfortfunktionen, an die speziell MacOS-Benutzer gewohnt waren [RFC 6760]. Hierbei geht es vor allem um folgende Fragen:

1. Wie kann ein Rechner im lokalen Netzwerk automatisch eine gültige IP-Adresse beziehen, ohne dass ein DHCP-Server (Abschnitt 6.2) vorhanden sein muss? Die Lösung hierfür ist das *Zeroconf* oder *APIPA*-Protokoll, das wir in Abschnitt 6.1 vorstellen.
2. Sofern IP-Adressen vergeben wurden: Wie muss ein DNS-ähnlicher Dienst beschaffen sein, der die gleiche Leistungen wie der Standard-DNS-Dienst bietet, aber ohne zentrale Content-Server auskommt? Dies ist Gegenstand des mDNS-Dienstes [RFC 6762].
3. Wie können Netzdienste, besonders die Verfügbarkeit von Drucker und Netzwerk-Shares, aber auch z.B. Web-Services bekannt gemacht werden, ohne dass es einer Konfiguration bedarf? Hierfür kann eine *DNS based Service Discovery* DNS-SD gemäß RFC 6763 genutzt werden.

Bei der Autoconfiguration wählt sich ein Rechner nicht nur eine IP-Adresse aus, sondern auch einen Domainname. Im lokalen Linksegment ist dieser Name ein *Full Qualified Domain Name* (FQDN). Während im Regelfall bei der DHCP-Nutzung der DHCP-Server die IP-Adresse des lokalen DNS-Servers mitteilt, über den die DNS-Abfragen abgewickelt werden, steht dieser bei der *stateless*-Zuweisung der IP-Adresse nicht zur Verfügung und ist (zwingend) durch andere Maßnahmen bereit zu stellen:

- *Forwarder*: In einem per *stateless Autoconfiguration* (siehe Abschnitt 6.1) aufgesetzten Netzwerk fällt die Rolle des DNS-Forwarders dem Netzwerk-Gateway zu.
- Der DNS-Resolverdienst auf diesem Gateway ist über folgende *Multicast-Adressen* erreichbar:
    ▷ IPv4: 224.0.0.251 (vgl. Abschnitt 3.8)
    ▷ IPv6: ff02::fb
- *Namespace*: Die lokale Domäne trägt den Namen local, aber nicht localdomain.
- *Protocol*: Jeder Rechner (host) mit einer *Link-Local-Adresse* besitzt auch einen eigenen Domainnamen host.local, der den Kommunikationspartnern im Linksegment mitgeteilt wird.

5.10 Multicast-DNS-Dienste

Abb. 5.10-1 zeigt eine typische Situation für den Einsatz von mDNS. Der mDNS-Dienst ist beschränkt auf ein lokales Netzwerk: das *Linksegment*. Multicast-Nachrichten werden über das Default Gateway nicht ins Internet übertragen. Somit können beliebig viele lokale Domains mit identischen Namen (und IP-Adressen) konfliktfrei existieren.

mDNS im Linksegment

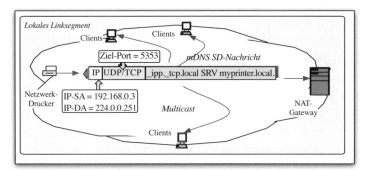

Abb. 5.10-1: mDNS SD-Nachricht zur Mitteilung eines Druckerservices im lokalen Linksegment per Multicast an die IP-Adresse 224.0.0.251; die IP-Adresse des Services ergibt sich über dessen IP-DA.
SD: Service Discovery, DA: Destination Address, SA: Source Address

mDNS-Nachrichten
Multicast-DNS (mDNS) nutzt das Standard-DNS-Nachrichtenformat [Abb.5.5-1], das sich allerdings in folgenden Punkten von üblichen DNS-Nachrichten unterscheidet:

- Statt des `Port 53` wird nun der mDNS-Port 5353 genutzt. mDNS-Nachrichten können sowohl über UDP als auch über TCP übertragen werden.

  mDNS Port 5353

- Das bei der `Query` angegebene Feld `Class` (`IN` = *Internet Class*), in dem üblicherweise lediglich der Wert 1 hinterlegt ist, wird bei der `Query` ergänzend genutzt:
  - Ist bei der *Multicast Query* (QM) das erste Bit von `Class` auf 0 gesetzt, handelt es sich um einen `Response`, der als Multicast verschickt wird. Hierdurch erfahren alle Knoten auf dem Linksegment von der Antwort und nehmen diese in eine sog. *Well-known List* auf.
  - Bei einer *Unicast Query* (QU) ist das erste Bit des Felds `Class` auf 1 gesetzt, und die Antwort wird als Unicast an den Fragesteller übermittelt.
- Während bei normalen DNS-Responses in der `Question Section` die Anfrage noch einmal wiederholt wird, bleibt diese bei mDNS-Antworten und gesetztem QM-Bit leer.
- Zur Mitteilung von geänderten IP-Adressen (*Autoconfiguration*, vgl. Abschnitt 6.3) bzw. einer möglichen Nichterreichbarkeit greift mDNS auf zwei unterschiedliche Antworten zurück:

  APIPA Unterstützung

  - `Flush`: Wird einem Rechner eine neue IP-Adresse zugewiesen, weist er dies in einer (*unsolicited*) sog. mDNS `cache-flush Response` per Multicast aus. Hierbei wird die `RRCLASS` auf den Wert 0x801 gesetzt und in der `Answer Section` die ungültige IP-Adresse referenziert.

▷ TTL=0: Bei einem Rechner-Shutdown oder einer voraussichtlichen Adressenänderung wird dies den Partnern durch die Angabe einer TTL=0 mitgeteilt. während bei mDNS üblicherweise ein Wert von TTL=255 (Sekunden) Einsatz findet.

- Ferner kennt mDNS naturgemäß weder über- noch untergeordnete Domains und nutzt auch keinen *Zonentransfer*.

mDNS Service Discovery

Damit ein mDNS-Client einen *Service* einem Rechner zuordnen kann, muss der Name des *Service* bekannt sein. Hierzu dient der Dienst *DNS based Service Directory* (DNS-SD):

DNS-SD im Linksegment
- Eine Anwendung kann den Dienst mDNS nutzen und teilt ihren Service den Rechnern im lokalen *Linksegment* per *Multicast* im Segment mit.
- Mehrere Rechner, die den gleichen Dienst anbieten, sind erlaubt; der Client ist aufgefordert, einen auszuwählen.
- Zur Abstimmung der *Servicenamen* sind diese (bei *Apple*) zu registrieren. Eine Liste aktuell genutzter Dienste findet sich unter http://www.dns-sd.org/ServiceTypes.html.

SD Servicenamen
Die allgemeine Syntax für den Servicenamen lautet:
`Service Instance Name = <Instance> . <Service> . <Domain>`

Der Dienstanbieter teilt diesen in Form eines DNS TXT, WKS oder SRV *Resource Record* RR mit, die folgenden beispielhaften Servicenamen besitzen:

- IPP Druckserver (CUPS): `_ipp._tcp.local`
- Webserver: `_http._tcp.example.de`
- VoIP SIP Server: `_sip._tcp.example.de`

mDNS SRV-RR
Im DNS-SRV Resource Record lassen sich noch weitere Angaben mitteilen, wie das folgende Beispiel zeigt:
`_sip._tcp.example.de. 86400 IN SRV 0 5 5060 sipserver.example.de.`

- `Priority`: Die Priorität der Anwendung (je kleiner, umso besser) (0).
- `Weight`: Das relative Gewicht bei gleicher Priorität (5).
- `Port`: Der TCP- oder UDP-Port des Dienstes (5060).

dns-sd.org
Für (m)DNS-SD gibt es weitere Ergänzungen, die zum Teil aber noch experimentellen Charakter besitzen:

- *Port Control Protocol* (PCP) [RFC 6887] beschreibt ein Verfahren, wie ein Host im lokalen Linksegment über das NAT-Gateway einen öffentlich erreichbaren Port anfordern kann, der über ein dynamisches DNS-Mapping als DNS SRV-RR verfügbar gemacht werden kann.
- Sollen lokale Ressourcen wie Drucker über das Linksegment hinaus mitgeteilt werden, bietet das *Hybrid Unicast/Multicast-DNS based Service Discovery* http://tools.ietf.org/html/draft-cheshire-mdnsext-hybrid eine Lösung.

Ergänzende Informationen bietet die Webseite http://www.dns-sd.org/.

5.10.2 Dienstleistungsprotokolle LLMNR und UPnP

Das Microsoft-Protokoll *Link-Local Multicast Name Resolution* (LLMNR) stellt einen *Peer-to-peer-Dienst* zur lokalen Namensauflösung zur Verfügung. Die Implementierung folgt aber nicht dem DNS-Standard, sondern ist in RFC 4795 *Link-Local Multicast Name Resolution* (LLMNR) informativ beschrieben. LLMNR ist daher speziell in der Windows-Welt vertreten und wird ergänzt um die Protokolle *Simple Service Discovery Protocol* (SSD) sowie *Universal Plug-and-Play* (UPnP), auf die wir kurz eingehen möchten.

Das LLMNR-Nachrichtenprotokoll

Bei der Übertragung der LLMNR-Nachrichten wird ausschließlich UDP genutzt, wobei dedizierte IP-Zieladressen sowie ein gemeinsamer Port wie folgt festgelegt sind:

- IPv4: Genutzt wird die Multicast-Adresse 224.0.0.252.
- IPv6: Verwendet wird hier die Adresse ff02::1:3.
- Port: 5355 (LLMNR)

Die LLMNR-Rechner sind *autoritativ* für den ihnen zugewiesenen Namen; dieser darf also nicht doppelt vorkommen. LLMNR nutzt beim Response ein an DNS angelehntes Nachrichtenformat, wobei folgende Vereinfachungen im Header vorgenommen wurden [Abb. 5.10-2]:

LLMNR Nachrichtenformat

- `ID` Transaction-ID.
- `QR` Query/Response.
- `Opcode` Operational-Code = LLMNR
- `Rcode` Return-Code
- `QDCOUNT`, `ANCOUNT`, `NSCOUNT`, `ARCOUNT` Anzahl der Anfragen, Antworten, Nameserver/Authoritive sowie zusätzliche Antworten.

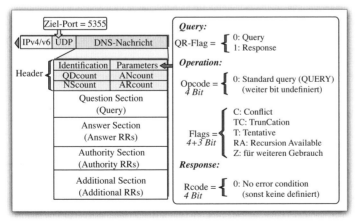

Abb. 5.10-2: Aufbau einer LLMNR-Nachricht

Simple Service Discovery Protokoll – SSDP

Bei der Bekanntmachung von Diensten setzt Microsoft auf das Protokoll SSDP (Simple Service Discovery), das zwei unterschiedliche, aber universelle Nachrichtenformate unterstützt:

- HTTPU: HTTP über UDP und mittels IP-Unicast, sowie
- HTTPMU: HTTP über UDP per IP-Multicast.

SSDP-Adressen

SSDP nutzt folgende Multicast-Adressen und Ports:

- IPv4: 239.255.255.250
- IPv6: ff02::c (link-local), ff05::c (site-local), ff08::c (organization-local) sowie ff0e::c (global).
- Port: Die Dienste werden dem SSDP-Serverport 2869 über UDP bekannt gegeben.

SSDP Nachrichtenformate

Je nach Aufgabe verwendet SSDP zwei unterschiedliche Nachrichtenformate:

- Announcements werden als NOTIFY-Nachrichten per Multicast mitgeteilt. Diese Nachrichtenform wird auch beim *Shutdown* einer Anwendung eingesetzt.
- Discover-Clients können die bestehenden Anwendungen mittels der HTTP-Nachricht M-SEARCH in Erfahrung bringen. Die Antworten erfolgen in diesem Fall als *Unicast*.

Grundlagen von UPnP

Das UPnP-Protokoll (*Universal Plug-and-Play*) definiert zunächst die Infrastruktur, mit denen sich Knoten im Netzwerk verständigen können und untereinander mitteilen, welche Attribute diese haben. Die Weiterentwicklung des Protokolls und die Aufnahme neuer Device-Typen obliegt dem UPnP-Konsortium [http://www.upnp.org].

UPnP Gerätetypen

UPnP kennt zwei unterschiedliche Gerätetypen:

- UPnP *enabled* Netzwerkgeräte, wobei hierzu z.B. Mediaserver, Printer und Router gehören. Diese teilen ihre Dienste bzw. ihren Content den
- UPnP *Control Points* (CP) mit, die auf die *UPnP Devices* zugreifen können. Typischerweise ist ein UPnP CP ein (Windows) PC oder auch eine netzwerkfähige Fernbedienung.

Ablauf des UPnP-Verfahrens

Das UPnP-Verfahren läuft vollkommen selbstständig und im Hintergrund ab – notwendig ist natürlich ein UPnP fähiges Gerät. Die Schritte im Einzelnen:

1. Zunächst beschafft sich das UPnP-Gerät eine lokale IP-Adresse aus dem Netz 169.254/16 gemäß *Zeroconf* bzw. *APIPA*.
2. Anschließend startet die *Discovery*: Per HTTPUM Notify-Nachricht teilt das UPnP-Gerät an die Multicast-Adresse 239.255.255.250 und Port 1900 allen anderen UPnP-Teilnehmern im Netz mit, welchen Gerätetypus (*Notification Type,* NT) es besitzt und ob es verfügbar ist (NTS). Jedes Gerät im Netz besitzt eine eindeutige Kennung USN (*Unique Service Name*), über die es erreicht werden kann. Die HTTPUM-Nachricht sieht beispielsweise folgendermaßen aus:

```
NOTIFY = HTTP/1.1
Host: 239.255.255.250:1900
```

```
NT: upnp:rootdevice
NTS:ssdp:alive
Location:http:/169.254.1.13:2969/upnphost/udhisapi.dll&conetn=uuid:wz11afb..
USN:uuid:wz11afbf-5bba-43ab-e7df09ag99::upnp:rootdevice
Cache-control: max-age=1800
Server: Microsoft-Windows-NT/5.1 UPnP/1.0 UPnP-Device-Host/1.0
```

Die angegebene `Location` (URL) verweist auf eine XML-Datei, in der die spezifischen Geräteattribute beschrieben sind.

3. *Control Points* können gezielt nach Geräten im Netz suchen, die einer bestimmten Geräteklasse zugehörig sind. Beispiel:
   ```
   M-SEARCH * HTTP/1.1
   HOST: 239.255.255.250.1900
   MAN: "ssdp:discover"
   MX: 3
   ST: urn:schemas-upnp-org:device:InternetGatewayDevice:1
   ```

4. UPnP-Geräte, die diesem Muster entsprechen, teilen sich dann per (Unicast) HTTPU dem *Control Point* mit.

Die Gerätekonfiguration ist bei UPnP-Devices nicht unbedingt statisch, sondern kann vom Device bei Bedarf (und abhängig vom Typ) dynamisch erzeugt werden.

5.11 Schlussbemerkungen

Die Bereitstellung von Namensdiensten ist eine zentrale Herausforderung für ein funktionierendes Netzwerk. Dieses Problem wurde für die TCP/IP-Protokollfamilie durch die Einführung des *Domain Name System* (DNS) gelöst. DNS kann als universeller Auskunftsdienst im Internet angesehen werden, das nicht nur die Zuordnung eines Hostname zu seiner IP-Adresse ermöglicht, sondern auch das Auffinden von beliebigen Internetressourcen – wie z.B. eines dienstspezifischen Servers (E-Mail-Server, VoIP-Server) bzw. einer Webseite – auf Basis spezieller Bezeichner in Form von URL, URI und URN.

Abschließend sei noch Folgendes hervorgehoben:

- Im *globalen Internet* stellen die Suchmaschinen und hier speziell *Google* ein Meta-Pendant zum DNS dar. Bei einer falsch getippten URL (oder einem nicht-auflösbaren Hostnamen) geben die Browser diese Information sofort an die konfigurierte Suchmaschine weiter. Dies mag zum Komfort des Benutzers beitragen, bringt aber auch die Gefahr des *Daten-Leakage* und des *Profiling* von Benutzern mit sich. Im heutigen Verständnis ist eine IP-Adresse durchaus nicht privat – selbst dann nicht, wenn man auf dem eigenen Rechner zunächst eine nicht-routbare Adresse bezogen hat. *(Profiling mit URIs)*

- Der DNS-Dienst ist ein *Geschäftsmodell*, was nicht zuletzt die neuen TLDs wie .biz beweisen. Möglicherweise hat Amazon zum Zeitpunkt der Veröffentlichung dieses Buches bereits die TLD '.book' übernommen. *(DNS-Namen als Marketinginstrument)*

DNSSEC als Grundlage autoritativer DNS-Namen

- Das *Spoofing* von Domainnamen kann durch DNSSEC wirksam unterbunden werden. Der Preis ist aber beachtlich, und es ist nicht absehbar, ob DNSSEC hierfür die richtige Lösung bereit stellt.
- *DNSSEC* bietet keine Vertraulichkeit. Wie erläutert, können mitgelesene DNS-Nachrichten durchaus zum *Profiling* benutzt werden.

DNS-Nachrichtenverschlüsselung mittels CurveDNS

- Lediglich das *CurveDNS*-Protokoll von Dan Bernstein bietet im Ansatz Vertraulichkeit [Til10]. CurveDNS war durchaus dazu gedacht, eine Alternative zu DNSSEC zu sein. An einer radikalen Änderung der DNS-Infrastruktur ist das ICANN aber offensichtlich nicht interessiert, und so werden weiter Workarounds für DNSSEC wie das *DNS Dampening* (http://lutz.donnerhacke.de/eng/Blog/DNS-Dampening) diskutiert.

Neue DNS-Implentierungsvorschläge

- RFC 7626 und 8324 adressieren einige Vertraulichkeitsprobleme und haben zu einigen – eher zweifelhaften – Lösungsvorschlägen geführt:
  ▷ Die Absicherung der Kommunikation zwischen DNS-Client und Cacheservern mittels TLS beleuchten die RFC 7858 und 8310.
  ▷ Die Übertragung der DNS-Informationen über HTTPS (*DNS over HTTPS*) DoH wurde von Google angeregt und ist experimentell in einigen Webbrowsern integriert. Die DNS-Nachrichten müssen hierbei ins sog. JSON-Format[20] (*JavaScript Object Notation*) umgewandelt werden.
  ▷ *DNSCrypt*[21], das von der OpenBSD Community getragen wird, widmet sich der Sicherstellung der Vertraulichkeit zwischen dem DNS-Stubresolver und dem DNS-Cacheserver und steht daher im Wettbewerb zu DNS über TLS.

Mulitcast-DNS und APIPA

- *Multicast-DNS* spielt in lokalen Linksegmenten eine wachsende Rolle. Leider gibt es auch hier unterschiedliche Ansätze von den verschiedenen Anbietern. mDNS zusammen mit APIPA scheint aber eine allgemein akzeptierte Grundlage zu werden. Ob UPnP im Hinblick auf die Verschmelzung von TV- und Internetdiensten an Bedeutung gewinnt, bleibt abzuwarten.

5.12 Verständnisfragen

1. Welche Komponenten besitzt das Domain Name System?
2. Was versteht man unter einem 'Stub-Resolver'?
3. Wie bezieht das Betriebssystem bzw. der Prozess Kenntnis über seinen Forwarder?
4. Welche Abfragetypen gibt es beim DNS?
5. Was sind PTR-Records und was liefert ein SPF-Record?
6. Wozu werden DANE-Records genutzt?
7. Was ist der Inhalt der Zonendatei?
8. Wie können die DNS-Responses gegen Verfälschungen geschützt werden?
9. Wie können sowohl DNS-Queries als auch -Respones verschlüsselt werden?
10. Wie funktionieren MDNS, LLMNR und UPnP?

---

[20] siehe: https://www.json.org
[21] siehe: https://dnscrypt.info

6 IP-Support-Protokolle

Die Teilname an der Internet-Kommunikation setzt die Qualifikation seiner Teilnehmer voraus: Zunächst muss das Device – sei es PC, Smartphone oder ggf. auch ein IoT-Gerät – mit dem die Kommunikation aufgenommen wird, mittels einer routbaren IP-Adresse ausgestattet werden, damit dies technisch überhaupt möglich ist. Zudem wird häufig verlangt, dass zu dieser Qualifikation auch der Benutzer des Devices die notwendigen Credentials besitzt, also z.B. auch die 'Rechnung' für die Internet-Kommunikation bezahlen (und für einen möglichen Missbrauch belangt werden) kann.

Im typischen Fall befindet sich das Endgerät in einem privaten IP-Netz, das mit dem Internet verbunden werden will, was über heute immer noch über *Network Address Translation* gelöst wird. Ein Service, der von den IP-Providern auf Basis von *Credentials* bereit gestellt wird. Zudem will der Anwender auch vertraulich mit anderen Endsystemen kommunizieren. Hierfür wurde neben TLS auch IPSec entwickelt.

Diese Aspekte wollen wir im vorliegenden Kapitel zumindest in Ansätzen beleuchten: | Übersicht über das Kapitel

- Zunächst erläutern wir, wie die Devices mittels einer *Autokonfiguration* eine unqualifizierte IP-Adresse und Konfigurationen erhalten, die es ihnen gestatten in beschränkten, privaten IP-Netzen auf lokale Dienste zuzugreifen. | APIPA

- Der Provider lokaler Netze wird aber in der Regel den DHCP-Dienst befleißigen eine IP-Konfiguration bereit zu stellen, die zumindest prinzipiell das Routing ins Internet ermöglicht. Dies ist für gewöhnlich in allen privaten IP-Netzen gegeben. | DHCP

- Aus praktischen und sicherheitstechnischen Überlegungen heraus, werden in der Regel abgeschlossene, private IP-Netze genutzt. Die hier verwendeten privaten IP(v4)-Adressen müssen auf routbare IP-Adressen abgebildet werden. Dies ist Gegenstand der *Network Address Translation*. Hierbei variieren die Anforderungen von einem (kleinen) Heim-Netzwerk bis zu den großen, von IP-Providern bereit gestellten 'Carrier-grade' Netzen. | NAT

- Will der Anwender verschlüsselt von seinem IP-Device mit anderen kommunizieren, was z.B. als VPN-Verbindung gekennzeichnet wird, greift man gerne auf die Dienste von IPSec zurück, die dies prinzipiell ermöglichen. Hierbei ist sowohl die Authentisierung der Kommunikationsteilnehmern als auch die Vertraulichkeit im sog. Tunnel-Mode gewährleistet. | IPSec

- Bei vielen Dienst-Anbietern muss sich das Device authentisieren, was z.B. auch für die Nutzung des WLAN erforderlich ist. Die grundlegende Technologie wird mittels des *Extensible Authentication Protocols* bereitgestellt. Dieses ist als Client-Dienst in jedem Smartphone vorhanden und nutzt das TLS-Protokoll zur sicheren Übertragung der Identifikationsmerkmale. | EAP

- Auf der Providerseite fungieren der RADIUS-Dienst und LDAP als Authentisierungs-Backends. Ohne diese Dienste ließe sich eine qualifizierte Authentisierung und Autorisierung von Devices und Benutzern nicht erzielen. Wir erklären abschließend in diesem Kapitel, wie diese Dienste funktionieren und wie sie eingesetzt werden. | RADIUS und LDAP

6.1 IPv4-Autoconfiguration

Bislang sind wir davon ausgegangen (vgl. Abb. 1.5-1), dass es eine 1:1 Zuordnung von Netzwerk- und Data-Link-Schicht gibt, bzw. dass zu einer IP-Adresse auch genau eine MAC-Adresse existiert. Wie bereits aufgrund der IP-Loopback-Adresse klargeworden ist, kann diese naive Sichtweise nicht durchgehalten werden, sondern neben physikalischen Interfaces kann IP auch virtuelle und logische Schnittstellen nutzen.

Logische Schnittstellen

Bislang haben wir zwei virtuelle Schnittstellen kennen gelernt, die jede IP-Implementierung besitzt. Diese 'Schnittstellen' sind mit logischen, festen – wir sprechen auch von funktionalen – IP-Adressen versehen [RFC 5735]:

- Die *Loopback-Schnittstelle*, der das komplette IPv4-Netz 127.0.0.0/8 zugewiesen ist und von der in der Regel nur die Adresse 127.0.0.1 genutzt wird. Diese IP-Loopback-Adresse kann nur als Zieladresse für IP-Pakete genutzt werden. Server-Anwendungen können auf diese IP-Adresse binden, und die entsprechenden Dienste lassen sich daher nur auf dem Rechner selbst (lokal) ansprechen.
- Die (logische) Schnittstelle der TCP/IP-Instanz selbst, der die IP-Adresse 0.0.0.0/32 bzw. das Netz 0.0.0.0/8 mit der Default-Netzmaske 255.0.0.0 zugeteilt ist. Diese Adresse kann von Client-Anwendungen als Quelladresse genutzt werden.

Das Konzept der logischen Schnittstellen [Abb. 6.1-1] wurde in der Praxis der IP-Protokolle immer mehr erweitert und findet heute bei den *Virtual LANs* [Kapitel 14] weite Verbreitung. Im Gegenzug hierzu besitzen viele Rechner heute mehrere physikalische Schnittstellen, z.B. in Form eines Ethernet- und WLAN-Interfaces. In diesem Zusammenhang unterscheiden wir zwischen:

- *Multihomed*: Der Rechner besitzt mehrere (externe) IP-Adressen aus unterschiedlichen Subnetzen.
- *Multilinked*: Auf dem Rechner existieren mehrere physikalische oder logische Interfaces, über die eine IP-Kommunikation (ins Internet) vorgenommen werden kann.

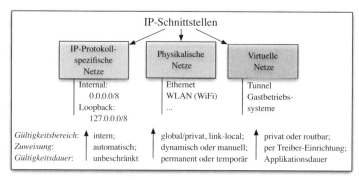

Abb. 6.1-1: Taxonomie der IP-Schnittstellen

6.1 IPv4-Autoconfiguration

Beim IPv4-Protokoll gibt es eine strikte Arbeitsteilung:

IPv4-Arbeitsteilung

- Der IPv4-Protokollstack ist für die Verwaltung der IP-Adressen (und ihrer zugehörigen Parameter) zuständig,
- das *Mapping* zwischen IPv4- und den Linkadressen wird über den ARP-Mechanismus geregelt [siehe Abschnitt 3.6], wobei hier der ARP-Cache und sein dynamisches Verhalten maßgeblich ist.
- Für die *automatische Zuweisung* einer IPv4-Adresse ist DHCP vorgesehen; hierbei ist der DHCP-Client in der Regel ein externes Programm.

Gemeinhin identifizieren wir *Linkadressen* mit den *MAC-Adressen* der Data-Link-Schicht und somit mit physikalischen Netzwerkkomponenten. Tatsächlich lässt sich das Konzept aber auch auf virtuelle Data-Link- und hierbei speziell für Punkt-zu-Punkt-Verbindungen erweitern. Dieser Ansatz wird z.B. bei FireWire- oder USB-Verbindungen genutzt:

Linkadressen

- *MAC-Adressen* werden in der Regel als 48-Bit Adressen dargestellt; wobei ursprünglich auch kürzere Adressen vorgesehen waren.
- *Link-Local-Adressen* (LLA), die eine virtuellen Endpunkt darstellen, nutzen in der Regel das EUI-64-Format [http://standards.ieee.org/develop/regauth/tut/eui64.pdf], das eine 64-Bit-Adresse beschreibt.

Link-Local Adressen

Während in der Vergangenheit davon ausgegangen werden konnte, dass unterschiedliche Interfaces unterschiedlichen IP-Netzen zugeordnet werden können, ist dieses Paradigma bei heutiger Nutzung nicht mehr gültig.

Aktuelle Betriebssysteme und TCP/IP-Implementierungen halten diese Informationen in einem Puffer, dem eine sog. *Link-ID* zugeordnet ist; d.h. einer logischen Schnittstellen-Kennung. Die Art dieser Zuordnung wird allerdings von Betriebssystem zu Betriebssystem unterschiedlich gehandhabt, wobei zudem dem Ein- und Ausschalten von Schnittstellen (z.B. WLAN-Karte) Rechnung getragen wird. Die Link-ID kann sowohl einem physikalischen als auch einem virtuellen Interface zugeordnet werden.

Link-ID

Pro Interface sind daher die folgenden Informationen vorzuhalten:

Konfigurationsparameter eines Interfaces

1. Die zugehörige *IP-Adresse*,
2. die *Präfixlänge* bzw. die *Subnetz-Maske*,
3. die unterstützte *MTU* des Netzwerks sowie
4. die *Lebensdauer der IP-Adresse* (z.B. DHCP-*Lease-Dauer*) und schließlich
5. die *Link-ID* des Interfaces, auf die die IP-Adresse gebunden ist.

Ergänzend gibt es die folgenden 'übergeordneten' Parameter, die zum Funktionieren des Internetzugangs von Belang sind:

- Die IP-Adressen der *DNS-Forwarder* [Abschnitt 5.1].
- Die *Rangfolge* (*Precedence*) der Interfaces, d.h. über welche Schnittstelle soll ein IP-Paket bevorzugt verschickt werden, sofern mehrfacher Zugang zum Internet geboten wird.

6.1.1 Einrichten von IP-Adressen

Alle aktuellen Betriebssysteme (nicht aber notwendigerweise Router und Switches) kennen drei Arten der Zuweisung von IP-Adressen [Tab. 6.1-1]:

Manuelle Einrichtung

1. Die *manuelle Einrichtung* einer IP-Adresse:
   - *Windows*: Über die Systemsteuerung GUI, das Programm `ipv6.exe` oder die sog. *NetShell* `netsh.exe`.
   - *MacOS*: GUI Systemeinstellung – oder temporär über das Kommando `ifconfig`
   - *Linux/Unix*: Über den *Networker* (bei SuSE über *yast*) bzw. temporär über das Kommando `ifconfig`.

DHCP

2. Die *gezielte Anforderung* einer IP-Adresse vom Rechner mittels DHCP. Hierzu ist es notwendig, dass auf dem Rechner ein DHCP-Client läuft, der in der Regel beim Starten des Betriebssystems automatisch hochgefahren wird.
   - *Windows*: Anforderung einer neuen IPv4-Adresse mittels des Kommandos `ipconfig/renew`.
   - *MacOS*: Mittels der GUI 'Netzwerk' und hier über 'Weitere Optionen ...' mit anschließend 'DHCP-Lease erneuern'.
   - *Linux/Unix*: Anforderung über das Kommando `dhclient [interface]`.

APIPA

3. Die *automatische Vergabe* einer sog. Link-Local IPv4-Adresse gemäß RFC 3927. Dieses Verfahren ist Teil des *Automatic Private IP Addressing* (APIPA), was gelegentlich *Autoconf* oder *Zeroconf* genannt wird.

IPv4LLA

Hierfür ist der Bereich 169.254.0.0/16 als *IPv4 Link-Local Adressen* reserviert.
   - *Windows*: Wird automatisch aktiv, falls auf einem Interface eine Data-Link-Verbindung erkannt wird, aber keine manuelle IPv4-Adresse eingerichtet wurde und kein DHCP-Server erreichbar ist.
   - *MacOS*: Als Teil des *Bonjour*-Protokolls schon länger im Einsatz.
   - *Linux/Unix*: Der *Autoconf*-Dienst ist über die Avahi-Implementierung verfügbar [http://avahi.org].

Adressierung	Verantwortlich	IPv4-Adressbereich	Gültigkeit
Manuell	Administrator	routbare oder private Adressen	unbegrenzt
Halbautomatisch	DHCP-Client	üblicherweise private Adressen	Lease-Dauer
Automatisch	TCP/IP-Instanz	Link-Local Adressen	befristet

Tab. 6.1-1: Vergabe von IPv4-Adressen, Arten und Verantwortlichkeiten

6.1.2 Stateless Autoconfiguration für IPv4 – APIPA

Der IPv4-Adressbereich 169.254.0.0/16 bezeichnet *Link-Local IP-Adressen* (IPv4LL) [RFC 2462], die nicht geroutet werden dürfen und sowohl für die manuelle Konfiguration als auch für die Vergabe per DHCP ausgeschlossen sind. Für ein Linksegment stehen somit mehr als 64.000 IP-Adressen zur Verfügung, was die Gefahr einer zufälligen Adressüberschneidung als gering erscheinen lässt.

6.1 IPv4-Autoconfiguration

Jeder Rechner erhält eine *pseudo-zufällige* IPv4LL-Adresse aus diesem /16-Netz, die von der MAC-Adresse abgeleitet ist. Diese gewählte IPv4LL-Adresse wird mittels eines ARP-Broadcasts entsprechend RFC 3927 im lokalen Linksegment mitgeteilt (siehe Abb. 6.1-2):

- *IPv4LL-Generierung*: Der Rechner erkennt, dass er an einem Linksegment angeschlossen ist, aber keine zugewiesene IP-Adresse besitzt und der `DHCP-Request` nicht beantwortet wurde und generiert eine IPv4LL-Adresse im Netz 169.254 mit einer zufällig gewählten *Host-ID*. Die Host-ID wird von der MAC-Adresse der Netzwerkkarte abgeleitet [Abb. 6.1-2a].
- *Claim*: Es wird eine `APR-Probe` abgeschickt, der als Sender-IP-Adresse die 0.0.0.0 sowie als Target-IP die IPv4LL-Adresse beinhaltet [Abb.6.1-2b]. Die `ARP-Probe` ist ein Broadcast auf dem lokalen Linksegment.   Claim
- *Announcement*: Erfolgt innerhalb mehrerer Sekunden kein Widerspruch, wird die gewählte IP-Adresse durch ein weiteres, sog *Gratuitous ARP*-Paket mittels eines MAC-Broadcast bestätigt, in dem die IPv4LL-Adresse sowohl als Sender- als auch als Target-Adresse eingetragen ist (2). Alle Teilnehmer im lokalen Linksegment haben nun sowohl die zugewiesene IP-Adresse als auch dessen MAC-Adresse gelernt und in ihrem ARP-Cache verbucht.   Announcement
- *Konflikt*: Jeder Rechner mit einer IPv4LL-Adresse muss darauf vorbereitet sein, dass ein anderer Rechner zufällig die gleiche Link-Local-Adresse wählt. Besitzt der keine aktiven TCP-Verbindungen, muss er in diesem Fall eine neuen IP-Adresse wählen und teilt diese mit. Sofern aber seine IP-Adresse von Applikationen aktiv genutzt werden (bestehende TCP-Sockets), kann er diese 'verteidigen', indem unmittelbar nach dem Empfang der Probe ein eigenes `Announcement` verschickt wird (2').   Konflikt

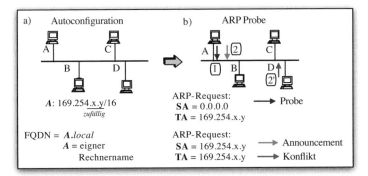

Abb. 6.1-2: IPv4-Autoconfiguration mittels ARP-Probe/Announcement
SA: Senderadresse, TA: Target-Adresse

Im Linksegment besitzt nun jeder Rechner eine eigene, eindeutige IPv4LL-Adresse, die allerdings nicht fest vergeben sondern 'zustandslos', also *stateless* ist.

Multicast-DNS-Nutzung bei APIPA
Im zweiten Teil der IPv4-Autoconfiguration nutzt APIPA das Multicast-DNS-Protokoll:

- Es wird eine mDNS-Nachricht an die Multicast-Adresse 224.0.0.251 verschickt.
- Die *Question-Section* beinhaltet eine `ANY`-Query mit dem Hostnamen des Rechners und der Top-Level-Domain 'local': hostname.local [Abb. 6.2-1a].
- Die *Answer Section* bleibt unbesetzt.

- Die *Authority Section* listet die IPv4LL-Adresse als A-Record auf.

Somit ist der Rechner im Linksegment mittels seines Hostnamens bekannt gemacht und kann hierüber – auch bei wechselnden IPv4LL-Adressen – angesprochen werden. Üblicherweise teilt der Rechner mittels des mDNS-Dienstes den anderen Teilnehmern am Linksegment nun seine weiteren Freigaben mit, z.B. Drucker oder Netzwerk-Laufwerke [Abschnitt 5.11].

6.2 Vergabe von IP-Adressen mit DHCP

BOOTP als DHCP-Vorgänger

Zwar kann das DHCP (*Dynamic Host Configuration Protocol*) als Nachfolger des *BOOT Protocol* angesehen werden, das ursprünglich entwickelt wurde, um Rechner (z.B. PCs) ohne Festplatte als Endsysteme in IP-Netzen zu starten und automatisch zu konfigurieren. Seine heutige Bedeutung liegt jedoch darin,

- Endsysteme bzw. Router, die beispielsweise via DSL oder WLAN am Internet angebunden sind, mit offiziellen IP-Adressen und einigen Konfigurationsparametern auszustatten,
- Rechner in lokalen und internen Netzen (oft) mit privaten (nicht-routing-fähigen) IP-Adressen und einigen Konfigurationsparametern zu versehen.

Zuweisungs-regeln

Die Vergabe der IP-Adressen per DHCP erfolgt aus einem Pool von IP-Adressen, die der DHCP-Server verwaltet und diese den Clients nach folgenden Regeln zuweist:

- *Automatische Zuweisung*: Dem Client wird eine IP-Adresse zugewiesen, die dieser während seiner Laufzeit, d.h. vom Start der DHCP-Abfrage bis zum Herunterfahren der TCP/IP-Applikation behält.
- *Temporäre Zuweisung*: Die IP-Adresse bzw. die gesamte IP-Konfiguration wird für einen bestimmten Zeitraum – die sog. *Lease-Dauer* – zugewiesen. Nach Ablauf der Lease-Dauer verfällt die Zuweisung der IP-Adresse für den DHCP-Client. Der DHCP-Server kann die IP-Adresse von da ab an einen anderen Client vergeben, typischerweise im *Round-Robin-Verfahren*. Hierdurch wird gewährleistet, dass nicht wieder die gleiche IP-Adresse demselben DHCP-Client nach Ablauf der Lease-Zeit zugewiesen wird. Die Lease-Dauer beträgt in DSL-Netzen typischerweise 24 Stunden. bzw. endet um Mitternacht. Es kann aber auch eine beliebig lange (*infinite*) Lease-Dauer gewährt werden, z.B. wenn eine IP-Adresse gemietet ist.
- *Permanente Zuweisung*: Hier führt der DHCP-Server eine Zuweisungstabelle der MAC-Adresse des DHCP-Clients und seiner IP-Adresse. Dies stellt sicher, dass der Client immer die gleiche IP-Adresse zugewiesen bekommt und dass nur Rechner mit bekannten und registrierten MAC-Adressen mit IP-Adressen ausgestattet werden.

Mit DHCP lassen sich vor allem die mit dem manuellen Konfigurieren von IP-Adressen verbundenen Probleme beseitigen. Die erste Version von DHCP wurde bereits Ende 1993 im RFC 1541 veröffentlicht und als Standard im März 1997 durch den RFC 2131 mit einer neuen DHCP-Version abgelöst. Inzwischen wurde RFC 2131 um die RFCs 2132, 3396, 4361 und zuletzt 5494 erweitert. Abb. 6.2-1a zeigt die Aufgabe von DHCP.

6.2 Vergabe von IP-Adressen mit DHCP

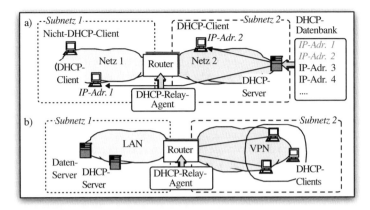

Abb. 6.2-1: Protokoll DHCP: a) Veranschaulichung der Funktion,
b) Einsatz beim Remote-Access auf LAN über ein VPN

DHCP funktioniert nach dem Client/Server-Prinzip. Ein *DHCP-Server* ist ein Rechner, in dem die zentralen IP-Konfigurationsparameter für die DHCP-Clients (oft nur innerhalb eines Subnetzes) abgespeichert worden sind. Wird die DHCP-Client-Applikation gestartet, fordert der Client von einem DHCP-Server folgende Information an:

DHCP-Client/Server-Prinzip

- *Obligatorisch*: Client-IP-Adresse, Lease-Dauer, Identifikation des DHCP-Server, wie dies in RFC 2131 festgeschrieben ist.
- *Optional*[1]: Lokation des Boot-Images mit IP- und Pfadangabe [RFC 2132] sowie die in RFC 2132 festgehaltenen *Vendor Optionen* gemäß RFC 1497, darin u.a.
  - ▷ die *IP-Parameter* Subnet-Mask, Default Gateway(s), MTU per Interface, statische Routen,
  - ▷ die *TCP-Parameter* wie Keepalive und TTL,
  - ▷ die *DNS-Parameter* Hostname, Domain-Suffix sowie
  - ▷ die IP-Adressen externer Server wie Time-, Log- und Dump-Server.

Bei DHCP können auch sog. *DHCP-Relay-Agenten* implementiert werden. Ein solcher Agent hat die Aufgabe, DHCP-Nachrichten in andere Subnetze weiterzuleiten, die nicht über einen eigenen DHCP-Server verfügen. Ein Relay-Agent wird entweder in einen IP-Router oder in einen für diesen Zweck konfigurierten Rechner implementiert. Der Einsatz von Relay-Agenten hat den Vorteil, dass nicht für jedes Subnetz ein eigener DHCP-Server zur Verfügung gestellt werden muss. Andererseits besteht die Gefahr, dass beim Ausfall eines DHCP-Servers einige Clients nicht in der Lage sind, am Netzwerkbetrieb teilzunehmen. Es ist deshalb notwendig, immer sowohl redundante DHCP-Server als auch redundante DHCP-Relay-Agenten einzuplanen. Aus diesem Grund lässt DHCP mehrere DHCP-Server sowie mehrere Relay-Agenten zu [Abb. 6.2-3].

DHCP-Relay-Agenten

DHCP beim Remote-Access

Abb. 6.2-1b illustriert den Einsatz von DHCP beim Remote-Access von Filialen auf ein zentrales LAN über ein VPN. Eine Besonderheit dieser Vernetzung besteht einerseits darin, dass die Anzahl der PCs im VPN sehr groß ist (z.B. über 500) und dass sie nur sporadisch auf den zentralen Server im LAN des Unternehmens zugreifen. Andererseits ist es nicht sinnvoll, einen DHCP-Server pro VPN-Insel einzurichten, sodass die Funktion eines DHCP-Relay-Agenten im Router notwendig ist. Das Unternehmen verfügt über einen Pool von IP-Adressen der Klasse C. Falls nur zwei Subnetze organisiert werden, d.h. das LAN an der Zentrale als ein Subnetz und die Remote-PCs im VPN als weiteres Subnetz, kann die maximale Anzahl von Hosts in jedem Subnetz nur 126 betragen [Tab. 3.4-2]. In diesem Fall könnte folgende Lösung in Frage kommen: Die 126 IP-Adressen werden als Pool von Adressen im DHCP-Server im LAN für Remote-PCs zur Verfügung gestellt und den einzelnen PCs über das VPN nach Bedarf dynamisch zugewiesen. Da die Remote-PCs nur sporadisch auf das LAN zugreifen und die 'Belegung' der IP-Adresse nicht lange dauert, kann man davon ausgehen, dass alle PCs mit den 62 Adressen zufriedenstellend bedient werden.

6.2.1 Aufbau von DHCP-Nachrichten

Zwischen DHCP-Client und DHCP-Server werden festgelegte DHCP-Nachrichten übermittelt, für die das verbindungslose Transportprotokoll UDP eingesetzt wird. Der DHCP-Client stellt einen Anwendungsprozess auf dem Rechner dar und ist über den *Well-known Port* 68 zu erreichen. Der DHCP-Server ist ein Anwendungsprozess in einem dedizierten Rechner und erreichbar über den *Well-known Port* 67.

Wie Abb. 6.2-2 zeigt, werden diese Portnummern im UDP-Header angegeben.

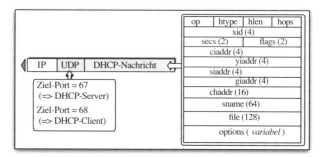

Abb. 6.2-2: Struktur von DHCP-Nachrichten (nach RFC 2131)
In Klammern ist die Anzahl der Byte angegeben.

DHCP-Nachrichtenfelder

Die folgenden Felder werden in DHCP-Nachrichten verwendet:

- `op` (1 Byte), Operation: Angabe, ob es sich um eine Anforderung (Request) oder eine Antwort (Reply) handelt.
- `htype` (1 Byte): Angabe des Netztyps gemäß RFC 1340 (z.B. 6 = IEEE 802.x-LAN).
- `hlen` (1 Byte): Länge der Hardware-Adresse, d.h. der physikalischen Netzadresse (6 = MAC-Adresse).

---
[1] Alle DHCP-Optionen finden sich unter:
  http: //www.iana.org/assignments/bootp-dhcp-parameters/bootp-dhcp-parameters.xhtml

- `hops` (1 Byte). Hier wird die Anzahl von Routern mit der DHCP-Relay-Funktion auf dem Datenpfad zwischen DHCP-Client und -Server angegeben.
- `xid` (4 Byte), Transaktions-ID: Dies ist die Identifikation für die Transaktion zwischen dem Client und dem Server, um den DHCP-Clients im Server die Antworten zu den richtigen Anforderungen (Requests) zuordnen zu können.
- `secs` (*Sekunden*): Wird vom Client ausgefüllt und stellt in Sekunden die Zeit dar, die seit Beginn des Vorgangs abgelaufen ist.
- `flags`: Das höchstwertige Bit dieses Feldes zeigt an, ob ein Client in der Lage ist, die IP-Pakete zu empfangen. Ist dies der Fall, verfügt der Client noch über eine gültige IP-Adresse. Die restlichen Bit dieses Feldes werden z.Z. nur auf 0 gesetzt und sind für zukünftige Zwecke reserviert.
- `ciaddr` (*Client-IP-Adresse*): Wird vom Client angegeben, falls er eine IP-Adresse besitzt.
- `yiaddr` (4 Byte), Your-IP-Adresse: Hier wird die IP-Adresse eingetragen, die der Server dem Client zugewiesen hat.
- `siaddr` (*Server-IP-Adresse*): Hier wird die IP-Adresse des Servers angegeben (z.B. in der Nachricht `DHCP-OFFER`), der bei der nächsten Anforderung benutzt werden soll.
- `giaddr`: IP-Adresse des Routers mit der DHCP-Relay-Funktion.
- `chaddr`: MAC-Adresse des DHCP-Clients.
- `sname` (Server-Name, optional): Ein Client, der den Namen eines Servers kennt, von dem er Konfigurationsparameter haben will, trägt hier diesen Namen ein und stellt somit sicher, dass nur der angegebene Server auf seine Anforderung antwortet.
- `file` (optional): Der File-Name ist ein alphanumerischer String (Zeichenfolge). Diese Angabe ermöglicht es einem DHCP-Client, eine bestimmte Datei zu identifizieren, die er vom Server abrufen will. Der Server ist somit in der Lage, die richtige Datei auszuwählen und sie z.B. mittels des Protokolls FTP dem Client zukommen zu lassen.
- `options` (optional): Zusätzliche bzw. herstellerspezifische Konfigurationsparameter. Dieses Feld enthält die sog. DHCP-Optionen, die in RFC 2132 festgelegt werden.

6.2.2 Ablauf beim Protokoll DHCP

Der Einsatz von DHCP zur automatischen Konfiguration von IP-Adressen bedeutet, dass der Benutzer eines Rechners keine IP-Adressen mehr von einem Administrator benötigt. Der DHCP-Server stellt allen DHCP-Clients die erforderlichen Adressen zur Verfügung. Den Ablauf von DHCP bei der Zuweisung der IP-Adresse zu einem Rechner illustriert Abb. 6.2-3. DHCP lässt mehrere DHCP-Server zu. Ein wichtiger Grund dafür ist die Server-Verfügbarkeit(!). Fällt ein Server aus, werden seine Funktionen automatisch von anderen Servern übernommen.

Um einem Rechner eine IP-Adresse zuzuweisen, sind vier Phasen nötig (*DORA*): DHCP-Phasen

- *Anforderungsphase*
  Der Client sendet die Nachricht `DHCP-DISCOVER` in einem IP-Broadcast-Paket (IP- Discover
  Zieladresse = `255.255.255.255`) als Anforderung, um von einem Server die benötigten Konfigurationsparameter (IP-Adresse, Subnet Mask etc.) zu bekommen. Die MAC-Adresse des Clients (`chaddr` [Abb. 6.2-2]) muss unbedingt in `DHCP-DISCOVER` angegeben werden. Die Nachricht `DHCP-DISCOVER` als Broadcast wird normalerweise auf das eigene Subnetz eingeschränkt. Sie kann aber über eventuell vorhandene DHCP-Relay-Agenten in die ande-

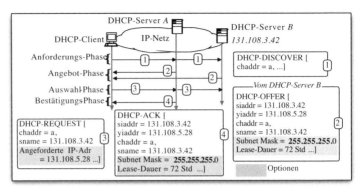

Abb. 6.2-3: Phasen bei der Konfiguration eines DHCP-Clients

ren Subnetze weitergeleitet werden. Der Einsatz von DHCP-Relay-Agenten hat dann eine große Bedeutung, wenn nicht alle Subnetze über ihre eigenen DHCP-Server verfügen.

- *Angebotsphase*

Offer Jeder DHCP-Server kann mit einer Nachricht DHCP-OFFER dem Client sein Angebot von Konfigurationsparametern zukommen lassen (in Abb. 6.2-3 wurde nur das Angebot vom Server *B* gezeigt). Der Server versucht zuerst, dem Client direkt das Angebot zu senden. Aber dies ist nicht immer möglich. Hierbei sind zwei Fälle zu unterscheiden:

(a) Der Client wird gerade initialisiert und verfügt deshalb noch nicht über eine eigene IP-Adresse. In diesem Fall sendet der Server sein Angebot als Broadcast-Nachricht (IP-Adresse 255.255.255.255). Diese Nachricht DHCP-OFFER enthält bereits die MAC-Adresse des betreffenden Clients, sodass nur der 'richtige' Client diese Nachricht lesen darf.

(b) Der Client verfügt bereits über eine IP-Adresse, doch die Lease-Dauer geht zu Ende, sodass er diese Adresse auf die nächste Lease-Periode 'verlängern' möchte. In diesem Fall wird das Angebot vom Server direkt an den Client gesendet.

- *Auswahlphase*

Request In dieser Phase wählt der Client die Konfigurationsparameter des ersten von ihm empfangenen Angebots aus und sendet eine Broadcast-Nachricht DHCP-REQUEST, um das ausgewählte Angebot anzufordern. In DHCP-REQUEST ist der Name des ausgewählten DHCP-Servers enthalten (im Feld sname). Hier kann auch die angebotene IP-Adresse durch der Option Requested IP Address (angeforderte IP-Adresse) bestätigt werden. DHCP-REQUEST wird als Broadcast verschickt, um allen übrigen DHCP-Servern, die möglicherweise ihre Angebote für den Client reserviert hatten, mitteilen zu können, dass sich der Client für einen anderen Server entschieden hat. Diese übrigen Server können die reservierten Parameter wieder freigeben, um sie anderen Clients anzubieten.

- *Bestätigungsphase*

Ack Der DHCP-Server, der vom Client ausgewählt wurde, antwortet mit der Nachricht DHCP-ACK, die alle Konfigurationsparameter für den Client enthält. Nach dem Empfang von DHCP-ACK und dem Eintragen von Parametern wird beim Client der Konfigurationsvorgang beendet. In dieser Phase können eventuell noch die weiteren 'verspäteten' Angebote eintreffen. Sie werden nun vom Client einfach ignoriert.

DHCP stellt vier weitere Nachrichten zur Verfügung:

6.2 Vergabe von IP-Adressen mit DHCP

1. `DHCP-NAK`: Diese Nachricht wird in der Bestätigungsphase verwendet und von einem ausgewählten DHCP-Server an einen Client gesendet, um darauf zu verweisen, dass die in `DHCP-REQUEST` geforderten Konfigurationsparameter abgelehnt wurden. Dies kann dann erfolgen, wenn: NAK

    - ein Client versucht, die Lease-Dauer für seine bisherige IP-Adresse zu verlängern und diese IP-Adresse nicht mehr verfügbar ist.
    - die IP-Adresse ungültig ist, weil der Client in ein anderes Subnetz 'umgezogen' ist.

2. `DHCP-RELEASE`: Mit ihr teilt ein DHCP-Client einem Server mit, dass einige Parameter (z.B. IP-Adresse) nicht mehr benötigt werden. Damit werden diese Parameter freigegeben und stehen anderen Clients zur Verfügung (vgl. Abb. 6.2-1b; dies müssen z.B. die Remote-PCs im VPN tun). Release

3. `DHCP-DECLINE`: Damit teilt ein DHCP-Client dem Server mit, das einige 'alte' Parameter (wie z.B. dessen MAC-Adresse) ungültig sind. Decline

4. `DHCP-INFORM`: Sie ist nur in der neuen Version von DHCP enthalten [RFC 2131]. `DHCP-INFORM` kann ein Client nutzen, dem eine statische IP-Adresse manuell zugeteilt wurde, er jedoch dynamisch zusätzliche Konfigurationsparameter vom DHCP-Server zugeteilt bekommen möchte. Inform

Alle DHCP-Clients versuchen, ihre Lease zu erneuern, sobald die Lease-Dauer zu 50 Prozent abgelaufen ist. Um seine Lease zu erneuern, sendet der Client `DHCP-REQUEST` direkt an den DHCP-Server, von dem er zuvor die Konfigurationsparameter erhalten hat. Der DHCP-Server bestätigt dies dem Client mit `DHCP-ACK`, in der eine neue Lease-Dauer und alle aktualisierten Konfigurationsparameter enthalten sind. Wenn der Client diese Bestätigung erhält, aktualisiert er entsprechend seine Konfigurationsparameter. Lease-Erneuerung

Versucht ein Client, seine Lease zu erneuern, der gewünschte DHCP-Server jedoch nicht erreichbar ist, kann der Client die Parameter (IP-Adresse) dennoch weiter verwenden, weil noch 50% der Lease-Dauer verfügbar ist. Konnte die Lease nach Ablauf von 50% der Dauer nicht vom ursprünglichen DHCP-Server erneuert werden, versucht der Client, nach Ablauf von 87,5% der Lease-Dauer, einen anderen DHCP-Server in Anspruch zu nehmen.

Hierfür sendet der Client eine Broadcast-Nachricht `DHCP-REQUEST`. Jeder beliebige DHCP-Server kann darauf antworten:

- mit `DHCP-ACK`, wenn er diese Lease erneuert hat, oder
- mit `DHCP-NAK`, wenn er den DHCP-Client zur Neuinitialisierung und Übernahme einer neuen Lease für eine andere IP-Adresse zwingen will.

Wird ein Client neu gestartet, versucht er zuerst, vom ursprünglichen DHCP-Server dieselbe IP-Adresse zu erhalten, indem er `DHCP-REQUEST` verschickt und die zuletzt erhaltende IP-Adresse angibt. Hat er hiermit keinen Erfolg und ist die Lease-Dauer noch nicht zu Ende, kann der Client dieselbe IP-Adresse noch über die verbleibende Lease-Dauer verwenden. Client-Neustart

Ist die Lease-Dauer abgelaufen oder wurde ein `DHCP-NAK` empfangen, muss der DHCP-Client unmittelbar die Nutzung der IP-Adresse einstellen und einen neuen Prozess zur Vergabe von IP-Adressen starten. Ist die Lease bei einem Client abgelaufen, Lease-Ablauf der keine neue Lease erhalten hat, wird die IP-Kommunikation so lange eingestellt, bis ihm eine neue IP-Adresse zugewiesen wurde.

6.2.3 Aufgabe von DHCP-Relay-Agents

In großen Netzwerken mit einer Vielzahl von (IP-)Subnetzen wird nicht in jedem Subnetz ein DHCP-Server installiert, sondern ein Server für mehrere Subnetze, sodass eine Nachricht DISCOVER von einem DHCP-Client zu einem DHCP-Server über mehrere Router mit Relay-Agents übermittelt wird. Abb. 6.2-4 zeigt einen solchen Fall.

Falls ein DHCP-Client in der Anforderungsphase zulässt, dass dessen Nachricht DISCOVER, um einen DHCP-Server entdecken zu können, über mehrere Router mit Relay-Agents übermittelt werden darf, setzt er in DISCOVER im Feld giaddr alle Bit auf '0'. So wird darauf verwiesen, dass kein Router in giaddr gezielt adressiert wird, was Abb. 6.2-4 zum Ausdruck bringt.

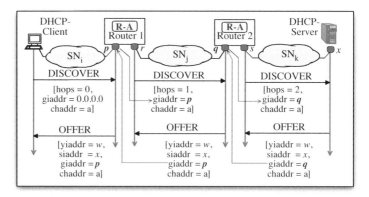

Abb. 6.2-4: Zugang zu einem DHCP-Server über mehrere Router mit Relay-Agent-Funktion
R-A: Relay-Agent-Funktion; p, r, q, s: IP-Adressen von Router-Ports, x: IP-Adresse des DHCP-Servers

Einsatz von DHCP-Relay-Agents

Hat Router 1 im Subnetz des DHCP-Clients DISCOVER empfangen, trägt er die IP-Adresse p des Router-Ports zum Subnetz des Client in giaddr ein und markiert im Feld hops mit 1, dass er der erste Router auf der Weg zum DHCP-Server ist. Danach leitet er DISCOVER an einen anderen Router – hier Router 2 – weiter.

Router 2 ist der letzte Router unterwegs zum DHCP-Server, sodass er den Wert im Feld hops um 1 inkrementiert und DISCOVER an den DHCP-Server direkt weiterleitet. Das IP-Paket mit DISCOVER enthält daher als Quell-IP-Adresse die Adresse s des Routers 2 und als Ziel-IP-Adresse die Adresse x des DHCP-Servers.

Der DHCP-Server nimmt nach dem Empfang von DISCOVER im Weiteren die folgenden Schritte vor:

- Er reserviert für den DCHP-Client eine IP-Adresse aus seinem Adressenpool,
- generiert eine Nachricht OFFER und
  ▷ trägt in yiaddr die dem Client zugewiesene IP-Adresse w ein,
  ▷ teilt in siaddr seine eigene IP-Adresse x mit, sowie

6.2 Vergabe von IP-Adressen mit DHCP

> ▷ übernimmt die Inhalte von `giaddr` und `chaddr` aus `DISCOVER`.

- Anschließend sendet Router 1 die `OFFER`-Nachricht direkt zu Router 2, von dem er `DISCOVER` empfangen hat.

Router 2 leitet `OFFER` an Router 1 weiter, die anschließend von diesem ins Subnetz des DHCP-Clients an die in `chaddr` enthaltene MAC-Adresse des betreffenden Client übermittelt wird.

Somit kann ein DHCP-Client eine IP-Adresse von einem DHCP-Server zugewiesen bekommen, der sich nicht in seinem Subnetz befindet, sondern von ihm nur über mehrere Router mit Relay-Agents erreichbar ist.

6.2.4 DHCP im Einsatz

Die dynamische Zuweisung einer IP-Adresse für einen Client bringt das Problem mit sich, dass nicht notwendigerweise ein DNS-Eintrag als A-RR und PTR-RR für diese IP-Adresse vorliegt. Einige Dienst- bzw. Anwendungsprogramme (wie z.B. SSH) prüfen jedoch explizit auf die Existenz der IP-Adresse im DNS. Ohne einen entsprechenden Eintrag wird der DHCP-Client zum IP-Client der 2. Klasse.

DHCP und DNS

Als Nebeneffekt findet eine gewünschte Verbindungsaufnahme entweder stark verzögert statt (bis der Resolver der Server-Anwendung ein `NXDOMAIN` erhält) oder die Verbindungsaufnahme wird gar nicht erst gestattet.

1. Für die im DHCP-Pool bereitgestellten IP-Adressen werden zusätzlich feste Einträge im DNS geschaffen wie z.B.

FQDN	Type	RDATA
dhcp_client_1.example.com.	A	192.168.2.1
1.2.168.192.in-addr.arpa.	PTR	dhcp_client_1.example.com
dhcp_client_2.example.com.	A	192.168.2.2
2.2.168.192.in-addr.arpa.	PTR	dhcp_client_2.example.com

   Diese Möglichkeit eignet sich vor allem für Firmennetze, wo die Anzahl der DHCP-Clients überschaubar ist und die Zuweisung privater IP-Adressen per DHCP erfolgt.

2. Kabelnetz- bzw. DSL-Provider müssen natürlich auch mit ihren DNS-Ressourcen sorgfältiger umgehen. Per DHCP angebundene IP-Clients erhalten in der Regel einen algorithmisch gebildeten DNS AName zugewiesen. Der US-amerikanische Anbieter *Verizon* nutzt z.B. folgende Konventionen:

FQDN	Type	RDATA
pool-70-107-162-195.ny325.east.verizon.net.	A	70.107.162.195

   Hierbei entspricht `pool-70-107-162-195` dem Hostname, `ny325.east` bezeichnet den Einwahlknoten, und `verizon.net` steht für die Provider-Kennung.

Lösungen für ISPs unter Nutzung externer DHCP-Dienste

Ein DNS-Eintrag als A-RR und PTR-RR wird bei der Vergabe des DHCP-Lease per *DynDNS* automatisch in der entsprechenden Zonendatei für die Subdomain bei `my325.east.verizon.net` eingerichtet. Jeder 'qualifizierte' DSL-Provider achtet zudem darauf, dass neben diesen Client-spezifischen Einträgen auch geeignete RRs für den E-Mail-Verkehr vorhanden sind, also die sog. MX- und ggf. SPF-RRs [Tab. 5.2-1]. Nur so kann garantiert werden, dass die per DHCP konfigurierten Rechner bzw. die Rechner in den per NAT angebundenen IP-Netzen, als vollwertige Mailsysteme auftreten können.

DHCP und DynDNS

DHCP und Firewalls
Die Nutzung von DHCP-Diensten in Firmennetzen verlangt die Übermittlung der DHCP-Pakete bis zum DHCP-Server. Wird nicht in jedem Subnetz ein DHCP-Relay eingesetzt, ergibt sich im Umkehrschluss, dass DHCP-Nachrichten – wie auch beim DNS – transparent durch Router und Firewalls durchgereicht werden müssen. Es ist aber sorgsam darauf zu achten, dass DHCP-Nachrichten keinesfalls in das Internet geroutet bzw. durchgelassen werden.

6.2.5 DHCP und PXE

PXE
Beim Einschalten des PCs wird der aufmerksame Betrachter die Meldung '*PXE booting ...*' registriert haben. PXE steht für *Preboot Execution Environment*, das aktuell in der Version 2.1 vorliegt und in RFC 4578 als *DHCP Options for the Intel PXE* als Internetprotokoll spezifiziert wurde. PXE wurde von Intel als Teil seines *Management Frameworks* entwickelt, und nun stattet eine zunehmende Anzahl von Netzwerkherstellern ihre Schnittstellen-Karten mit der PXE-Firmware aus, sodass bereits durch die Initialisierung der Netzwerk-Karte ein Boot-Image angefordert werden kann.

Im Vergleich zu den früher üblichen sog. BOOT-PROMs bei Netzwerkkarten kann PXE als standardisiertes Verfahren angesehen werden, das teilweise die Eigenschaften von BOOTP, DHCP sowie TFTP (*Trivial File Transfer Protocol*) bzw. MFTP (*Multisource File Transfer Protocol*) einschließt.

Im Gegensatz zum üblichen DHCP ist es nun nicht das Betriebssystem, das die IP-Konfiguration anfordert, sondern die Firmware der Netzwerkkarte wie folgt:

1. Der PXE-Request wird mittels BOOTP abgesetzt, und es wird ein Proxy-DHCP-Server gesucht, von dem die Adresse des PXE-Bootservers bezogen wird.
2. Dieser teilt dem PXE-Client mittels NBP (*Network Bootstrap Program*) die Lokation des Boot-Images (z.B. ISO-Image) mit.
3. Das Boot-Image wird vom Client via TFTP (oder ggf. via MFTP) bezogen und ins RAM geladen.
4. Nun kann das übliche DHCP-Verfahren ablaufen, indem für das geladene Betriebssystem eine gültige IP-Konfiguration ermittelt und aktiviert wird.

Kickstart
PXE erlaubt somit nicht nur den Bezug der IP-Konfiguration von einem entfernten Server, sondern darüber hinaus das Laden eines Boot-Images und somit den Komplettstart eines Rechners. Beim *Kickstart-Verfahren* von *Red Hat* wird darüber hinaus eine automatische und Hardware-spezifische Installation des Betriebssystems vorgenommen. Dies vereinfacht die Installationen z.B. von Servern in Datenzentren ungemein und ermöglicht im Fehlerfall einen schnellen Schwenk auf einen nahezu identischen Rechner.

6.3 Network Address Translation (NAT)

NAT-Unterstützung im Router
Mittels der heute genutzten privaten IPv4-Adressen [Abschnitt 3.3.3] 'zerfällt' der IPv4-Adressraum einerseits in Inseln nicht-routbarer Adressen und anderseits in die offiziellen IP-Adressen des Internet. Werden in einem Netzwerk private IP-Adressen verwendet, muss die NAT-Funktion im Router an der Grenze zwischen diesem Netz-

6.3 Network Address Translation (NAT)

werk und dem Internet bzw. einem anderen Netzwerk mit offiziellen IP-Adressen implementiert werden. Ein derartiger Router wird *NAT-Router* genannt.

Bei NAT verwendet man den Begriff *Address Realm* bzw. kurz *Realm*. Ein Realm bezeichnet eine Domäne im Sinne von DNS als Adressbereich, in der die IP-Adressen eindeutig sind, wobei diese IP-Adressen entweder privat oder offiziell sein können. Daher spricht man auch vom privaten bzw. vom offiziellen Realm.

Begriff *Realm*

Wie in Kapitel 1 gezeigt wurde [Abb. 1.4-9], ist das Paar (*IP-Adresse, Portnummer*), das man auch *Socket* nennt, für die Kommunikation über IP-Netze von zentraler Bedeutung. Bei der Darstellung von NAT wird hier dieses Paar mit (I, P) abgekürzt.

Folgende Varianten von NAT sind denkbar [RFC 2663]:

NAT Varianten

- Klassisches NAT als $(I, P) \Rightarrow (I', P)$
  Eine private IP-Adresse (I) eines Quellrechners wird vom NAT-Router auf eine offizielle IP-Adresse (I') umgesetzt. Im NAT-Router wird eine Tabelle geführt, in der eingetragen ist, welche offiziellen IP-Adressen welchen privaten IP-Adressen zugeordnet sind.

- *Network Address Port Translation* (NAPT) als $(I, P) \Rightarrow (I', P')$
  Dem ganzen privaten Realm mit n privaten IP-Adressen steht nur *eine* offizielle IP-Adresse zur Verfügung, und der NAT-Router muss nun die privaten IP-Adressen auf eine einzige, offizielle IP-Adresse (I') abbilden. Diese NAT-Variante wird *Network Address Port Translation* (NAPT) bzw. *Port Address Translation* (PAT) genannt. Für NAPT hat sich der Begriff IP-Masquerading etabliert. Bei NAPT wird im Router jedem Paar (I, P) ein dedizierter Port (P') im Router zugeordnet.

- *Bidirektionales NAT* (Bidirectional NAT)
  Bei bidirektionalem NAT kann ein Rechner aus einem privaten Realm die TCP-Verbindungen nach außen zu Rechnern mit offiziellen bzw. mit privaten IP-Adressen initiieren und auch die von ihnen initiierten Verbindungen entgegennehmen.

Bei Bedarf kann sich ein Rechner mit einer privaten IP-Adresse aus einem speziellen Server, der in einem Router untergebracht werden kann, eine offizielle IP-Adresse ausleihen. Dieser Ansatz lässt sich über das Protokoll RSIP (*Realm Specific IP*) realisieren [RFC 2694].

Protokoll RSIP

NAT stellt für die heutige Nutzung des auf IPv4 aufgebauten Internet eine tragende Säule dar und ist der entscheidende Schlüssel zur Nutzung des Internet in Privathaushalten. Da man bei der Implementierung von RSIP – im Gegensatz zu NAT – in das Betriebssystem von Rechnern stärker eingreifen muss, hat RSIP in Netzwerken nur experimentelle Bedeutung. RSIP eignet sich allerdings gut für den Einsatz bei der Internet-Telefonie.

6.3.1 Klassisches NAT

Vom *klassischen* oder *Basic NAT* spricht man dann, wenn NAT lediglich die Abbildung von IP-Adressen realisiert. Hierbei wird eine Anzahl von m offiziellen IP-Adressen n Rechnern im privaten Realm angeboten, sodass bis zu m Kommunikationsvorgänge nach außen (z.B. in das Internet) gleichzeitig unterstützt werden können. Abb. 6.3-1 illustriert klassisches NAT.

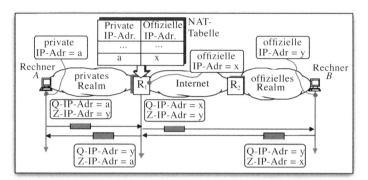

Abb. 6.3-1: Veranschaulichung der Funktionsweise des klassischen NAT
R1, R2: Router

Falls, wie in Abb. 6.3-1 gezeigt, ein Rechner mit der privaten IP-Adresse a (I^a) ein IP-Paket an einen Rechner mit der offiziellen IP-Adresse y übermittelt, wird die private IP-Adresse a im Router am Ausgang vom privaten Realm nach der Zuordnung $I^a \Rightarrow I^x$ in der NAT-Tabelle gegen eine öffentliche IP-Adresse x (I^x) ausgetauscht. Der NAT-Router sorgt daher dafür, dass die nach außen 'abgehenden' IP-Pakete mit einer offiziellen Quelladresse versehen werden. Sendet der Rechner mit der IP-Adresse y ein Paket mit der IP-Zieladresse x zurück, d.h. an den Rechner mit der privaten IP-Adresse a, wird die IP-Adresse x im Router gegen die IP-Adresse a ausgetauscht.

Die Zuordnung $I^a \Rightarrow I^x$ in der NAT-Tabelle wird beim Absenden des ersten IP-Pakets nach außen vom Rechner mit der privaten IP-Adresse a eingetragen. Sollte dieser Rechner weitere IP-Pakete an andere Rechner außerhalb des privaten Realm senden, wird ihm die gleiche offizielle IP-Adresse x zugeordnet. Damit gilt die gleiche Zuordnung in der NAT-Tabelle für alle von einem Rechner nach außen gesendeten IP-Pakete.

Dynamische Zuordnung
$I^a \Rightarrow I^x$

Die Zuordnung von $I^a \Rightarrow I^x$ in der NAT-Tabelle kann entweder statisch konfiguriert werden, wenn a beispielsweise die IP-Adresse eines Application Layer Gateway (etwa eines Web-Proxy) ist, oder dynamisch. Es stellt sich nun die Frage, wann die Zuordnung $I^a \Rightarrow I^x$ in der NAT-Tabelle aufgebaut bzw. gelöst werden soll. Dies ist aber davon abhängig, ob TCP oder UDP als Transportprotokoll bei der Kommunikation verwendet wird. Beim Einsatz des verbindungsorientierten Protokolls TCP wird die Zuordnung $I^a \Rightarrow I^x$ beim Initiieren der ersten nach außen abgehenden TCP-Verbindung eingetragen und nach dem Abbau der letzten TCP-Verbindung gelöst.

Beim Einsatz des verbindungslosen Transportprotokolls UDP werden aber keine virtuellen Verbindungen aufgebaut. Die Zuordnung $I^a \Rightarrow I^x$ wird beim Absenden des ersten IP-Pakets mit UDP-Daten eingetragen. Danach wird der Verkehr sowohl von außen ankommender als auch nach außen abgehender IP-Pakete, die diese Zuordnung 'nutzen', überwacht. Ist eine bestimmte Zeitdauer (*Timeout*) nach dem letzten IP-Paket mit UDP-Daten abgelaufen, wird die Zuordnung $I^a \Rightarrow I^x$ in der NAT-Tabelle gelöst.

6.3 Network Address Translation (NAT)

Wurde die Zuordnung $I^a \Rightarrow I^x$ in der NAT-Tabelle gelöscht, steht damit die offizielle IP-Adresse x anderen Rechnern im privaten Realm zur Verfügung.

6.3.2 Konzept von NAPT

Bei NAPT (*Network Address Port Translation*), auch als PAT (*Port Address Translation*) bezeichnet, besitzt das private Realm nur eine einzige offizielle IP-Adresse, über die sogar Tausende von Kommunikationsbeziehungen nach außen gleichzeitig verlaufen können. Hierbei werden alle privaten IP-Adressen aus einem privaten Realm im NAT-Router auf diese einzige IP-Adresse abgebildet.

NAPT nutzt die Tatsache, dass die Nummern der Quellports, die im TCP- bzw. UDP-Header im Quellrechner angegeben werden, nur lokale Bedeutung haben. Den Nummern von Quellports werden *obere Werte* aus dem Bereich ($2^{16} - 1024 \sim 64.000$) zugeordnet. Die 'unteren' Nummern von Zielports stellen sog. *Well-known Ports* dar, die als Identifikation der Applikationen dienen. Die Nummer des Quellports ist daher frei wählbar und bestimmt den Port, an den die Daten im Quellrechner zurückgeliefert werden sollen. Und genau dieser Quellport wird vom Router mit NAPT neu vergeben.

Abb. 6.3-2 illustriert das Konzept von NAPT. Hier steht dem privaten Realm nur eine einzige offizielle IP-Adresse x zur Verfügung.

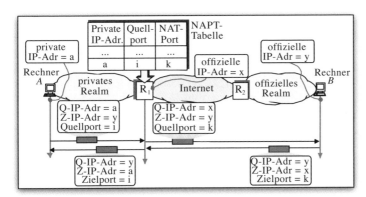

Abb. 6.3-2: Illustration der Funktionsweise von NAPT
  R_1, R_2: Router, Q/Z-IP-Adr: Quell/IP-Zieladresse

Falls ein Rechner mit der privaten IP-Adresse a ein IP-Paket an einen Rechner mit der offiziellen IP-Adresse y übermittelt, wird die NAPT-Tabelle mit den Zuordnungen $(I^a, P^i) \Rightarrow P^k$ (k: NAT-Port) interpretiert. Der NAT-Port k wird im Datenpaket, das nach außen gesendet wird, als Quellport eingetragen. Gleichzeitig wird die private IP-Adresse a durch die einzige offizielle IP-Adresse x ersetzt, d.h. $(I^a, P^i) \Rightarrow (I^x, P^k)$.

Sendet der Rechner mit der offiziellen IP-Adresse y ein Paket mit der IP-Zieladresse x zurück, d.h. an den Rechner mit der privaten IP-Adresse a, ermöglicht es der NAT-Port k, das Paar (I^a, P^i), also private IP-Adresse a und Quellportnummer i, in der NAPT-Tabelle zu bestimmen. Hat der Router das Paar (I^a, P^i) herausgefunden, wird der NAT-Port k durch den Quellport i ersetzt. Gleichzeitig wird die offizielle IP-Adresse x gegen die private IP-Adresse a ausgetauscht, d.h. $(I^x, P^k) \Rightarrow (I^a, P^i)$. Die einer privaten IP-Adresse entsprechende Zuordnung in der NAPT-Tabelle wird genau wie beim klassischen NAT beim Initiieren der ersten abgehenden TCP-Verbindung bzw. beim Absenden des ersten IP-Pakets mit UDP-Daten eingetragen. Hat der Rechner mit der privaten IP-Adresse a alle abgehenden TCP-Verbindungen abgebaut und sendet bzw. empfängt er über eine bestimmte Zeitdauer keine IP-Pakete mit UDP-Daten, wird die Zuordnung $(I^a, P^i) \Rightarrow P^k$ in der NAPT-Tabelle gelöscht.

Öffentlicher (externer) Socket

Bei NAPT wird ein öffentlicher Socket (I^x, P^k) im NAT-Router dem Socket (I^a, P^i) des Quellrechners, d.h. dessen interner Socket im privaten Realm, zugeordnet und die Verbindung danach über den externen Socket (I^x, P^k) weitergeführt.

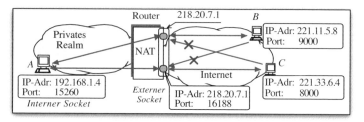

Abb. 6.3-3: Veranschaulichung des Prinzips von Symmetric NAT

Symmetric NAT

Sendet der Rechner A im privaten Realm IP-Pakete zu unterschiedlichen Rechnern B und C, so kann der NAT-Router die Kommunikation über einen Port oder über zielrechnerspezifische Ports realisieren. Jeder externe Socket entspricht daher genau einem Ziel im Internet bzw. in einem anderen offiziellen Realm. Somit werden am externen Socket nur die IP-Pakete nicht blockiert, die genau von dem Rechner kommen, der mit diesem externen Socket verbunden ist. Daher wird zusätzlich eine Firewall-Funktion realisiert. Abb. 6.3-3 illustriert eine solche Lösung. Diese Variante von NAPT bezeichnet man als *Symmetric NAT* bzw. auch als *Symmetric NAPT*.

6.3.3 Prinzip von Full Cone NAT

Bei *Full Cone NAT* – auch kürzer *Cone NAT* genannt – handelt es sich um eine Variante von NAPT, die keine Firewall-Funktion realisiert und bei der die Nummer des externen Socket im Router von der IP-Zieladresse unabhängig ist. Abb. 6.3-4 veranschaulicht die Funktionsweise von (Full) Cone NAT.

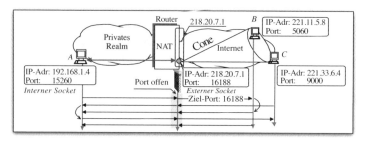

Abb. 6.3-4: Die Funktionsweise von (Full) Cone NAT

6.3 Network Address Translation (NAT)

Wie Abb. 6.3-4 illustriert, wurde dem Rechner *A* mit der privaten IP-Adresse 192.168.1.4 und Portnummer 15260 (also dessen interner Socket) als externen Socket die IP-Adresse 218.20.7.1 und 16188 für das offizielle Realm (das Internet) zugeordnet. Der Rechner *A* kann daher über den externen Port 16188 die IP-Pakete senden und empfangen. Solange die Zuordnung zwischen diesen beiden Sockets besteht, ist der externe Port im Router immer offen. Jeder externe Rechner am Internet kann an den externen Socket (218.20.7.1, 16188) seine IP-Pakete senden, und sie alle werden bei (Full) Cone NAT an den internen Socket von NAT weitergeleitet.

Full Cone NAT

In diesem Fall realisiert NAT *keine Firewall-Funktion*. Die Bezeichnung Full Cone ist darauf zurückzuführen, dass hier im Internet ein Bild entsteht, das an einen vollen Kegel, d.h. Full Cone, erinnert.

6.3.4 Prinzip von Restricted Cone NAT

Bei NAT mit einer zusätzlichen Firewall-Funktion, bei der ein externer Socket von der IP-Zieladresse unabhängig ist, kann es sich handeln um:

- *Restricted Cone NAT* bzw.
- *Port Restricted Cone NAT*.

In Abb. 6.3-5a sendet der Rechner *A* mit der privaten IP-Adresse 192.168.1.4 ein IP-Paket an den externen Rechner *X* am Internet. Hierfür wurde der interne Socket (192.168.1.4, 15260) auf den externen Socket (218.20.7.1, 16188) abgebildet. Der externe Rechner *X* kann ein IP-Paket als Antwort an den externen Socket senden, und dieses IP-Paket wird vom Router an den internen Socket im Rechner *A* innerhalb des privaten Realm weitergeleitet. Hat z.B. der Rechner *Y* aber ein IP-Paket an den externen Socket abgeschickt, ohne vorher von diesem Socket ein IP-Paket empfangen zu haben, wird dieses IP-Paket blockiert und nicht an den internen Socket im Rechner *A* weitergeleitet.

Bespiel für Restricted Cone NAT

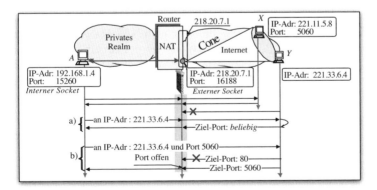

Abb. 6.3-5: NAT mit Firewall: a) Restricted Cone NAT, b) Port Restricted Cone NAT

Bei *Restricted Cone NAT* wird ein Paket von einem Rechner nur dann an den internen Socket weitergeleitet, wenn bereits ein IP-Paket an diesen Rechner abgeschickt wurde. Daher werden bei Restricted Cone NAT nur die IP-Pakete von einem vorher 'kontaktierten' Rechner nicht blockiert und damit zum internen Socket weitergeleitet.

Port Restricted Cone NAT

Abb. 6.3-5b illustriert die Funktionsweise von Port Restricted Cone NAT. Bei dieser NAT-Variante können nur IP-Pakete von einem Port eines bestimmten Rechners am Internet in ein privates Realm Weitergeleitet werden.

Bei *Port Restricted Cone NAT* wird ein Paket nur dann von dem Port j im externen Rechner X nicht blockiert und damit an den internen Socket im Rechner A weitergeleitet, falls bereits ein IP-Paket vom Rechner A an den Port j im Rechner X abgeschickt wurde. Daher werden bei Port Restricted Cone NAT nur die IP-Pakete von einem vorher 'kontaktierten' Socket nicht blockiert und damit zum internen Socket in privatem Realm Weitergeleitet.

Man kann daher Restricted Cone NAT als erste Sicherheitsstufe und Port Restricted Cone NAT als zweite Sicherheitsstufe bei der verbindungslosen Kommunikation auf Grundlage des Protokolls UDP interpretieren.

6.3.5 NAT und Echtzeitkommunikationsprotokolle

IP-Pakete mit ihrer eingeschossenen Nutzlast, die über einen NAT-Router von einem Realm zum anderen übertragen werden, erfahren Modifikationen sowohl der IP-Quell- und der IP-Zieladresse, als auch der eingetragenen Ports bei UDP und TCP. Diese Änderungen sind zudem nicht statisch, sondern die eingetragenen Werte sind abhängig vom Kommunikationsverlauf.

Dynamisch allokierter NAT-Portpool

NAT-Router verfügen über einen TCP- und UDP-Portpool, den sie zum *Mapping* der ausgehenden Kommunikationsbeziehungen dynamisch nutzen. Ist der Port-Pool zu klein oder erschöpft, können keine NAT-Assoziationen mehr aufgenommen werden. Im Falle eines UDP-Nachrichtenaustauschs ist die Zeitdauer der Gültigkeit in der State Table des NAT-Gateways von internen Geräteparametern abhängig [RFC 4787], da ja keine Sitzungsinformation wie bei TCP vorliegt. Als Workaround können hier bei Applikationen UDP-'Keepalive'-Pakete eingesetzt werden, was als 'UDP hole punching' bekannt ist.

Speziell Echtzeit-Clientdienste, die 'hinter' einem NAT-Gateway betrieben werden, den verbindungslosen UDP-Dienst nutzen und hiermit auf einen öffentlichen Server zugreifen, benötigen eine bidirektionale UDP-Verbindung, d.h. einen zweiten Datenstrom *Server* ⇒ *Client* hinter dem NAT-Gateway. Dieser kann entweder aufgrund des NAT-Verfahrens oder aufgrund von Firewall-Einstellungen blockiert sein.

Notwendigkeit von STUN, TURN und ICE

NAT verursacht daher große Probleme bei der Übermittlung von audiovisuellen Medien (also bei der Echtzeitkommunikation) insbesondere bei der Nutzung von SIP (*Session Initiation Protocol*) [Abschnitt 7.4] als *Signalisierungsprotokoll* bei VoIP wie auch bei WebRTC (*Web Real-Time Communication*).

NAT-Probleme bei SIP

> Wie Abb. 6.3-6 illustriert, werden beim Einsatz von NAT dadurch verursacht, dass der Rechner mit der privaten Adresse A bei der Initiierung einer VoIP-Session diese private Adresse A im Header der SIP-Nachricht INVITE angibt, um zu sagen: 'Mein Media-Socket ist (A:n)'. Dies verursacht Probleme sowohl bei der Signalisierung, d.h. beim Aufbau einer VoIP-Session, als auch bei der Übermittlung von audiovisuellen Medien.

6.3 Network Address Translation (NAT)

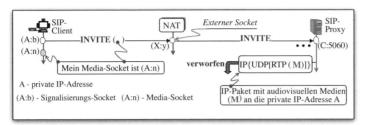

Abb. 6.3-6: Das Problem mit SIP bei der Übermittlung audiovisueller Medien

Ende der 90er-Jahre als SIP konzipiert wurde, kannte man nur einfache Lösungen für NAT. Inzwischen wurde NAT um einige Firewall-spezifische Funktionen erweitert, und hierbei ist speziell *Symmetric NAT* zu nennen [Abb. 6.3-3]. Diese Erweiterungen von NAT führen aber zu einigen Problemen bei VoIP mit SIP. Um diese zu lösen, wurden sowohl einige NAT-spezifische Erweiterungen im SIP als auch spezielle Protokolle konzipiert:

- Zuerst wurde das Protokoll STUN (*Session Traversal Utilities for NAT*) vorgeschlagen [RFC 3489 bzw. 5389]. Es stellte sich aber bald heraus, dass die Probleme mittels STUN nicht vollständig lösbar sind.
- Daher wurde STUN zu TURN (*Traversal Using Relays around NAT*) [RFC 5766] weiter entwickelt. Mit TURN werden die Probleme zwar gelöst, es entstehen jedoch einige Engpässe.
- Deshalb suchte man weiter nach einer effektiven Lösung, um SIP bei NAT mit Firewalls verwenden zu können. Diese Lösung heißt ICE (*Interactive Connectivity Establishment*) [RFC 5245] und besitzt mittlerweile große Bedeutung bei der audiovisuellen Kommunikation über IP-Netze mit SIP. Vor allem WebRTC setzt ICE voraus [Bad14].

Eine mögliche Lösung muss unterschiedliche NAT-Kommunikationsumgebungen bestimmen können, die sich wie folgt charakterisieren:

NAT Kommunikationsszenarien

- Unbeschränkter Internetzugang mit routbaren IP-Adressen.
- Beschränkter Internetzugang, bei dem der gesamte UDP-Verkehr per Firewall blockiert wird.
- Eingeschränkter Internetzugang; hier können UDP-Pakete nach 'außen' verschickt werden, aber einlaufende müssen an die gleiche IP-Adresse und Port adressiert sein.
- Full-Cone NAT.
- Restricted Cone NAT.
- Symmetrisches bzw. bidirektionales NAT.

Gerade bei der audiovisuelle Kommunikation unter Nutzung privater IP-Adressen bedarf es somit einer zusätzlichen Funktionalität, die durch die Konzepte von STUN, TURN bzw. von ICE erbracht wird. Ergänzend sei das *Middlebox Control Protocol* (MIDCOM) [RFC 3303] erwähnt, das wir aber nicht weiter betrachten wollen.

6.3.6 Session Traversal bei NAT

Die *Session Traversal Utilities* [RFC 5389] stellen das Nachfolgeprotokoll für STUN [RFC 3489] dar und erweitern dieses in mehrfacher Hinsicht, in dem es nicht nur UDP, sondern auch TCP unterstützt und sowohl für IPv4 als auch für IPv6 genutzt werden kann.

c-STUN

STUN, genauer gesagt *classic STUN* (c-STUN), ist ein Protokoll zwischen einem STUN-Client, also ein Rechner oder mobiles Endgerät, das für die IP-Telefonie mit SIP dient, und einem STUN-Server, der bei einem ISP bzw. in einem privaten Netzwerkteil mit offiziellen IP-Adressen installiert ist. Daher ist STUN in der Regel ein Dienst, der an einen Dienstanbieter gekoppelt ist. Der STUN-Client selbst ist Teil einer Applikation wie z.B. WebRTC und verlangt eine dedizierten STUN-Server, um den Dienst nutzten so können. Im Falle von c-STUN kann der STUN-Server durch eine DNS SRV-Query festgestellt und sodann die IP-Adresse dieses Servers bezogen werden.

Üblicherweise verwendet STUN für die Übermittlung seiner Nachrichten das verbindungslose Transportprotokoll UDP. Es kann aber auch das verbindungsorientierte TCP (für *STUN over TCP* bzw. für *STUN over TLS*) verwendet werden. Der *Well-Known Port* von STUN hat sowohl bei UDP als auch bei TCP die Nummer 3478.

Der Ablauf der STUN-Kommunikation vollzieht sich in folgenden zwei Schritten:

STUN Binding

- *Discover Prozess*: Hat der Client 'seinen' STUN-Server ausgemacht, schickt er ihm eine sog. `Binding Request` Nachricht [Abb. 6.3-7]. Hierin fordert der Client den STUN-Server an, die ankommende IP-Adresse und den Port zu protokollieren und mittels einer `Binding Response` Nachricht zurück kommen zu lassen. Hierdurch erfährt der STUN-Client das NAT-*Binding* für die aktuelle Konversation.
Während in der Regel der STUN-Server die `Binding Response` an den gleiche Port schickt, ist es aber auch möglich, dass der Client der Server auffordert, die Nachricht an ein anderes Port zu versenden, um die Arbeitsweise des NAT-Gateways zu ermitteln.
Selbstverständlich besteht die Möglichkeit, dass die `Binding Response`-Nachricht beim Client nicht ankommt, da sie z.B. von der Firewall blockiert wird. In diesem Fall kann keine Verbindung in das öffentliche IP-Netz für die Client-Applikation erfolgen.

STUN-Authentisierung

- *Authentisierung*: Im Weiteren Verlauf kann sich die Client-Applikation gegen den Dienst authentisieren, indem `Username` und `Password` ausgetauscht werden. Auch hierfür sind STUN-Nachrichten vorgesehen. Anstatt über UDP findet dieser Informationsaustausch nun verschlüsselt über TLS statt [Abschnitt 7.2].

Wie aus Abb. 6.3-7 hervorgeht, unterstützt STUN mehrere Nachrichtentypen und besitzt zudem Mechanismen zur Fehlererkennung und Integritätssicherung. Die STUN-Nachrichten können mehrere Informationstypen beinhalten, sofern sie die Größengrenzen von UDP-Paketen nicht überschreiten und sind gemäß RFC 5389 zudem kompatibel mit dem c-STUN-Protokoll entsprechend RFC 3489. Neben der Tatsache, dass sensible Daten mittels TLS übertragen werden, haben insbesondere die

6.3 Network Address Translation (NAT)

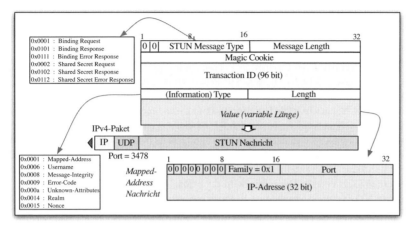

Abb. 6.3-7: STUN-Nachrichtenformat [RFC 5389] am Beispiel der IPv4-Adressenermittlung über UDP

Felder `Magic Cookie` und `Transaction ID` die Aufgabe, mögliche Replay- und Spoofing-Attacken wirksam zu unterbinden.

Notwendigkeit von STUN bei SIP

Um eine audiovisuelle Kommunikation in der in Abb. 6.3-6 gezeigten Situation zwischen einem SIP-Client, der eine private IP-Adresse besitzt, und einem SIP-Proxy mit einer offiziellen IP-Adresse zu ermöglichen, muss der SIP-Proxy die IP-Pakete mit einem audiovisuellen Medium an einen externen Media-Socket mit der offiziellen IP-Adresse X senden. Der externe Media-Socket muss mitgeteilt werden, damit er dem SIP-Proxy im SDP-Teil der SIP-Nachricht `INVITE` diesen Media-Socket übermitteln kann.

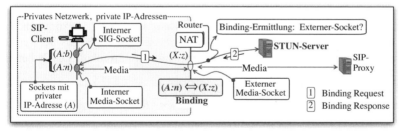

Abb. 6.3-8: Notwendigkeit und die grundlegende Idee von STUN
A, X: IP-Adressen; b, n, z: Ports; SIG: Signalisierung

STUN, wie Abb. 6.3-8 verdeutlicht, ermöglicht es, einem als SIP-Client fungierenden Rechner mit einer privaten IP-Adresse den seinem internen (privaten) Socket in der NAT-Instanz im Router zugeordneten externen (offiziellen) Socket selbst zu ermitteln. Mit STUN kann ein Rechner daher das Binding bei NAT kennen lernen. Hierfür muss der Rechner aber zuerst die IP-Adresse eines STUN-Servers kennen. Typischerweise wird der Hostname vom STUN-Server dem Rechner, welcher als SIP-Client und somit als IP-Telefon dient, bei seiner Konfiguration eingetragen. In der Regel können hierbei

IP-Telefon muss einen STUN-Server kennen

mehrere STUN-Server angegeben werden, um den Betrieb beim Ausfall eines STUN-Servers weiter zu garantieren. Ist dem Rechner der Hostname des STUN-Servers bekannt, wird mit Hilfe des DNS-Dienstes seine IP-Adresse ermittelt.

Bespiel zur Ermittlung des Binding

Bevor der als SIP-Client dienende Rechner mit einer privaten IP-Adresse A die erste SIP-Nachricht `INVITE` an den SIP-Proxy sendet, ermittelt er [Abb. 6.3-8] zuerst das Binding bei NAT zur Übermittlung des Echtzeitmedia. Hierfür sendet er zuerst eine STUN-Nachricht `Binding Request` (1) vom Quell-Socket (A:n), der als Media-Socket verwendet werden soll, an den STUN-Server, um mit dessen Hilfe den externen Media-Socket (X:z) und damit die ihm zugewiesene offizielle IP-Adresse X zu ermitteln. `Binding Request` wird in einem IP-Paket mit UDP übermittelt. Beim Absenden von `Binding Request` im Router mit NAT wird der interne Socket (A:n) durch einen externen (X:z) ersetzt. Daraufhin wird die offizielle IP-Adresse X als Quelladresse im an den STUN-Server gesendeten IP-Paket eingetragen.

Hat der STUN-Server `Binding Request` empfangen, sendet er als Antwort darauf eine Nachricht `Binding Response` mit der Angabe des externen Socket (X:z) im Feld `MAPPED-ADDRESS`. Als Folge ist der externe Socket in `Binding Response` zweifach vorhanden, d.h. einerseits als Adressenangabe in den IP- und UDP-Headern und andererseits als Kopie in `MAPPED-ADDRESS`. An der Grenze zum privaten Netzwerk wird der externe Socket in der NAT-Instanz durch den internen Socket ersetzt. Die Kopie des externen Socket (X:z) in `MAPPED-ADDRESS` wird aber durch NAT nicht berührt und an den Rechner mit IP-Telefon – als STUN-Client – weitergeleitet. Dieser Rechner kennt nun sowohl seine offizielle IP-Adresse X als auch den externen Port z und kann mit der vom Signalisierungs-Socket (A:b) abgeschickten Nachricht `INVITE` dem SIP-Proxy mitteilen, dass das betreffende Medium von diesem an den externen Media-Socket (X:z) gesendet werden soll. Vom Router mit NAT wird das Medium dann an den internen Media-Socket (A:n) weitergeleitet.

Problem mit STUN bei Symmetric NAT

Ein Problem entsteht aber besonders dann noch, falls der SIP-Proxy eine audiovisuelle Session an den SIP-Client mit einer privaten IP-Adresse von außen initiiert. Weil zuvor über den Router mit Symmetric NAT seitens des SIP-Clients kein IP-Paket an den SIP-Proxy abgeschickt worden ist, werden die IP-Pakete vom SIP-Proxy nicht an den internen SIP-Client mit einer privaten IP-Adresse weitergeleitet. Ankommende Anrufe zu einem SIP-Client mit einer privaten IP-Adresse sind mit STUN bei Symmetric NAT nicht möglich. Dieses Problem wird aber mit dem Protokoll TURN behoben.

Nutzung von TURN

Die grundlegende Idee von TURN (*Traversal Using Relays around NAT*) [RFC 5766] besteht darin, dass im Internet ein TURN-Server installiert wird, der sowohl für die Übermittlung der Signalisierung als auch für die Übermittlung von Echtzeitmedien als Relay-Station dient. Abb. 6.3-9 illustriert diese Idee.

Relay-Station

Zunächst sei hervorzuheben, dass die Kommunikation, also die Abfrage des TURN-Servers, Signalisierung und Übermittlung von Medien, zwischen einem SIP-Client (nun auch als TURN-Client bezeichnet) mit einer privaten IP-Adresse und einem TURN-Server über einen einzigen externen Socket verläuft. Die Kommunikationspartner vom SIP-Client SCi, d.h. die Remote SIP-Clients SCm und SCn, kommunizieren über 'individuelle Sockets' nur mit dem TURN-Server, der zwischen ihnen und dem SIP-Client SCi als VoIP-Relay-Station dient. Die Strecke zwischen SCi

6.3 Network Address Translation (NAT)

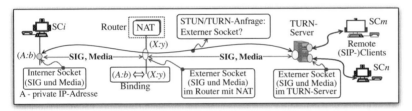

Abb. 6.3-9: Die grundlegende Idee von TURN – TURN-Server dient als Relay-Station
A, X: IP-Adressen; b, y: Ports, SC: SIP-Client, SIG: Signalisierung

und TURN-Server wird mehrfach genutzt und stellt somit eine *Multiplexstrecke* dar, auf der SIP-Nachrichten und RTP-Pakete mit Echtzeitmedien in TURN-Nachrichten Data übermittelt werden.

Die Systemkonfiguration beim TURN-Einsatz ist der Konfiguration beim STUN-Einsatz ähnlich. Ein SIP-Client als TURN-Client, der sich hinter einem Router mit Symmetric NAT in einem Netzwerk mit privaten IP-Adressen befindet, kommuniziert mit einem externen TURN-Server. Dieser dient als Relay-Station und leitet die IP-Pakete sowohl mit der Signalisierung als auch mit den transportierten Medien zwischen dem SIP-Client mit einer privaten IP-Adresse und seinen externen Kommunikationspartnern weiter.

Der TURN-Server stellt eine Erweiterung des STUN-Servers dar. Daher besteht die Kommunikation zwischen einem SIP-Client mit einer privaten IP-Adresse und dem TURN-Server zuerst darin, dass der SIP-Client eine STUN-Nachricht Binding Request an den TURN-Server sendet, um von ihm in Binding Response seinen externen Socket im Router seitens des Internet zu erhalten, und dies verläuft genauso wie bei STUN.

Besonderheiten von TURN

TURN verwendet die Nachrichten von STUN. Lediglich einige Nachrichtentypen und spezielle Attribute werden von TURN spezifiziert. Für die Kommunikation zwischen einem SIP-Client als TURN-Client im Netzwerk mit privaten IP-Adressen und dem TURN-Server kann sowohl UDP als auch TCP oder TLS über TCP eingesetzt werden.

ICE als Lösung des NAT-Problems

ICE (*Interactive Connectivity Establishment*) [RFC 5245] ist ein komplexes Protokoll, nach dem zwischen zwei beliebigen Rechnern über IP-Netze eine Verbindung für die Echtzeitkommunikation beim Einsatz von SIP aufgebaut werden kann. Diese beiden Rechner – bzw. nur einer von ihnen – können private IP-Adressen verwenden und hinter einer NAT-Komponente mit Firewall installiert werden. ICE ist auch ein Rahmenwerk für die Integration von SIP, NAT, STUN und TURN. ICE kann die beiden Transportprotokolle UDP und TCP nutzen.

Bei ICE geht man davon aus, dass ein SIP-Client von einem anderen SIP-Client über mehrere Sockets – bei ICE als Transportadressen bezeichnet – erreicht werden kann. Man kann diese Transportadressen als kandidierende Adressen eines SIP-Clients anse-

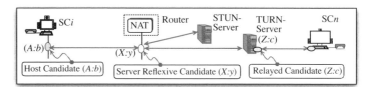

Abb. 6.3-10: Mögliche Transportadressen eines SIP-Clients mit einer privaten IP-Adresse
SC: SIP-Client, SIG: Signalisierung

hen; bei ICE tragen sie die Kurzbezeichnung *Candidates*. Abb. 6.3-10 veranschaulicht dies.

Host Candidate
- Enthält ein SIP-Client eine offizielle IP-Adresse, kann sein Kommunikationspartner die IP-Pakete direkt an ihn übermitteln, genauer gesagt, an seine offizielle IP-Adresse A und den Port b – also an die lokale Transportadresse ($A{:}b$). Eine derartige Transportadresse nennt man bei ICE *Host Candidate*.

Server Reflexive Candidate
- Enthält ein SIP-Client aber eine private IP-Adresse und wird im Router zum Internet kein Symmetric NAT realisiert, kann ihm sein Kommunikationspartner die Daten in IP-Paketen nur über eine Transportadresse auf dem Router übermitteln, beispielsweise über die offizielle IP-Adresse X und den Port y – also über die serverreflexive Transportadresse ($X{:}y$). Eine solche Transportadresse bezeichnet man bei ICE als *Server Reflexive Candidate*.

Relayed Candidate
- Falls der Rechner eine private IP-Adresse enthält und der Router an der Grenze zum Internet Symmetric NAT realisiert, kann ihm sein Kommunikationspartner die Daten in IP-Paketen nur über eine Transportadresse auf dem TURN-Server übermitteln, der als Relay-Station dient. Beispielsweise ist der SIP-Client in Abb. 6.3-9 über die IP-Adresse Z und den Port c auf dem TURN-Server erreichbar, also über die Relay-Transportadresse ($Z{:}c$). Bei ICE wird eine solche Transportadresse *Relayed Candidate* genannt.

Idee von ICE
ICE ist zwar ein komplexes Protokoll, aber dessen Idee ist relativ einfach (hier sei verwiesen auf [Bad10]). Vor dem Initiieren der ersten Kommunikationsbeziehung erfasst jeder SIP-Client alle Transportadressen, über die er erreichbar ist, d.h., die bei ihm als *Candidates* fungieren können. Man bezeichnet diese Phase als *Gathering*.

Nach der Erfassung der Candidates werden ihnen Präferenzen zugeordnet, das heißt, sie werden nach festgelegten Prinzipien priorisiert. Danach werden die Candidates mittels des Protokolls SDP [siehe Abschnitt 7.4.7] in Form einiger Zeilen für die Übermittlung an das Ziel beschrieben – also codiert. Beim Initiieren einer Verbindung werden die Candidates dem Ziel-SIP-Client im Body-Teil der SIP-Nachricht `INVITE` übermittelt. Der Ziel-SIP-Client überprüft unter Berücksichtigung eigener Candidates, welche Transportadresse – von den ihm zugeschickten Candidates – die günstigste bzw. effektivste für ihn ist. Daraufhin verläuft die Kommunikation zwischen den beiden kommunizierenden Rechnern über den günstigsten Candidate.

6.3 Network Address Translation (NAT)

Weitere Informationen über die Protokolle STUN, TURN und ICE und deren Einsatz bei der audiovisuellen Kommunikation findet man in [Bad10].

6.3.7 Carrier-Grade NAT

Bislang haben wir die Probleme bei NAT im Wesentlichen aus Perspektive des Anwenders, d.h. des Benutzers in einem privaten IPv4-Netz betrachtet. Das bisher vorgestellte NAT-Verfahren wird vom Router realisiert, der an der Grenze der privaten IPv4-Domain und dem öffentlichen IPv4-Netz angesiedelt ist: dem NAT-Gateway. Zu den bekannten Problemen eines NAT-Gateways zählen: NAT als Benutzerproblem

- IP-Pakete mit verschiedenen ICMP-Nachrichten wie z.B. `Echo Request/ Echo Reply` bzw. `Source Quench` [Abschnitt 3.7.2]. Da diese ICMP-Nachrichten als Inhalt die IP-Quelladressen übermitteln, müssen die Inhalte bei der NAT-Realisierung entsprechend modifiziert werden. NAT und ICMP
- UDP/TCP-Pakete mit einer IP-Zieladresse als Teil der Nachricht, bei der diese dann 'transparent' ausgetauscht werden muss, was insbesondere die Neuberechnung der `IP Header Checksum` mit sich bringt.
- IP-Pakete mit IPsec-Header lassen sich über NAT nicht Ende-zu-Ende transparent austauschen, da die Original-IP-Pakete bei IPsec im Tunnel-Mode verschlüsselt übertragen werden. Hierdurch können die darin liegenden Informationen über die IP-Adressen vom NAPT-Router weder gelesen noch ersetzt werden, sodass der Aufbau einer *Security Association* nach IPsec zwischen Rechnern in unterschiedlichen Realms in der Regel nicht möglich ist.

Die bislang eingesetzten Techniken zur Realisierung einer bidirektionalen *NAT Traversal*, z.B. in Form

- *Middlebox Control Protocol* (MIDCOM) [RFC 3303],
- *Simple Traversal of UDP through NAT* (STUN) [RFC 3489 bzw. 5389] sowie
- *Traversal Using Relays around NAT* (TURN) [RFC 5766] und
- *Interactive Connectivity Establishment* (ICE), gemäß RFC 5245

stellen anwendungsspezifische Lösungen dar, die für den jeweils vorhandenen Kontext einen Workaround darstellen. Auch eine NAT-Erweiterung mittels *Application Layer Gateways* Funktionen (ALG) *NAT/ALG* [RFC 2694, 2962] bedient nur einen weiteren Anwendungsfall.

An der prinzipiellen Problematik der auch für ISPs knappen IPv4-Adressen können sie jedoch nichts ändern: NAT als Carrier-Problem

> Ist das private IPv4-Netz über einen *Internet Service Provider* (ISP) ans Internet angebunden, muss der ISP pro privater IPv4-Realm bzw. Kunde zumindest eine öffentliche, routbare IPv4-Adresse besitzen, die er an diese *provisioniert*.

Wurde dem ISP lediglich ein Class-B Netz zugewiesen, kann er maximal 2^{12}, also etwa eine Million Kunden versorgen [Tab. 3.3-3], was für große Provider viel zu wenig ist.

CGN   Als mögliche Abhilfe wird in RFC 6888 der Weg diskutiert, die Umsetzung der IPv4-Adressen nicht beim Endanwender, sondern zentral beim ISP vorzunehmen, was als *Carrier Grade NAT* (CGN) bezeichnet wird.

Transfernetz 100.64.0.0/10   Hierbei werden die Nutzer nicht mehr per routbarer IPv4-Adresse direkt ans Internet angeschlossen, sondern es wird zunächst ein reserviertes IPv4-Transfernetz bereit gestellt: 100.64.0.0/10 [RFC 6598] (vgl. [Tab. 3.3-4]). Dieses Transfernetz kann von allen Providern genutzt werden, verhält sich also quasi wie eine *Provisioning-Domain* pro ISP. Pro Provisioning-Domain können nun 10 Millionen Anwender versorgt werden, was den Anforderungen der großen ISPs gerecht wird. Unter Einsatz des Transfernetzes werden daher die verfügbaren öffentlichen IPv4-Adressen in einem Adresspool für das NAT beim ISP verwaltet und können effizienter eingesetzt werden, was der *IPv4 Address-Exhaustion* entgegenwirkt.

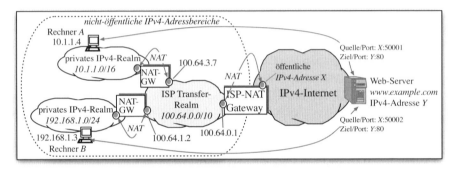

Abb. 6.3-11: Aufbau eine Carrier-Grade NAT-Netzwerks mit privaten Realms, dem Transfer-Realm und dem Internet als öffentlichem Realm

NAT444   Abb. 6.3-11 veranschaulicht die Situation eines Providers, der Carrier-Grade NAT einsetzt. Carrier-Grade NAT bringt aber auch erhebliche Nachteile mit sich, die sich wie folgt darstellen:

- Beim CGN findet ein *double-NAT-ing* statt, was auch als *NAT444* bezeichnet wird.
- Der Einsatz von CGN erfordert das Ausrollen spezieller *Middleboxen* für den Kunden, die die typischen Home-Router ersetzen und zudem Funktionseinschränkungen für den Kunden mit sich bringen.
- Der ISP muss auf den zentralen NAT-Gateway eine umfangreiche *State Table* bereitstellen können, die erhebliche Ressourcen auf dem Rechner benötigt.
- Zumindest entsprechend deutschem Recht muss der ISP den Behörden bei Bedarf Verbindungsdaten zur Verfügung stellen. Die einfache Zuordnung von privater *IPv4-Adresse* ⇔ *öffentlicher IPv4-Adresse* geht verloren und muss durch aufwändigere Verfahren ersetzt werden.
- Beim Zugriff auf Server im IPv4-Internet ergibt sich nun zusätzlich das Problem, dass viele Anfragen nun scheinbar von einer IPv4-Adresse stammen: derjenigen, die der ISP zentral seinen Nutzern zuweist, beispielsweise beim Zugriff auf die Website http://www.example.com. Dies kann zur *Socket-Exhaustion* auf der Server-Seite führen, weil sowohl Rechner *A* als auch *B* (und ggf. Tausende andere)

mit gleichen IPv4-Adressen auftreten und beeinträchtigt zudem beim Zielnetz das Filtern von Verbindungen über eine Firewall.
- Durch das ausgelagerte NAT-Gateway beim ISP verliert der Anwender zudem die Möglichkeit, aus dem Internet auf die Ressourcen seines privaten IPv4-Netzes zuzugreifen, wie dies z.B. heute mittels des *DynDNS*-Dienstes [Abschnitt 5.10] trotz wechselnder IPv4-Adressen einfach möglich und populär ist.

Carrier-Grade NAT kann daher bestenfalls als Übergangslösung für einige ISPs betrachtet werden, die unter chronischem IPv4-Mangel leiden und bei denen zudem IPv6 noch nicht in eingesetzt werden kann [RFC 6264].

6.4 IP Security Protocol (IPsec)

Das Protokoll IPsec legt fest, wie die zu übertragenden IP-Pakete erweitert werden sollen, um sie vor Verfälschungen und dem Abhören während der Übertragung zu schützen. IPsec versteht sich als Bereitstellung von Sicherheitsmechanismen für die Netzwerkprotokolle IPv4 und IPv6 und wurde ursprünglich in RFC 1825 1995 vorgestellt (*'Security Architecture for the Internet-Protocol'*), um relativ bald dann in RFC 2401 im Wesentlichen in seiner heutigen Ausprägung [RFC 4301] definiert zu werden.

Da IPsec funktional identisch für IPv4 und IPv6 vorliegt, wollen wir – unter Vorgriff auf Kapitel 7 – beide Implementierungen hier diskutieren. IPsec stellt die Basis für den Ausbau von VPNs dar [Abschnitt 13.4] und wird in den TCP/IP-Stacks u.a. von Windows und Linux unterstützt.

IPsec nutzt (wie in Abschnitt 6.4 erläutert) die Methoden der hybriden Verschlüsselung, der Authentisierung und der Integritätsprüfung der übertragenen IP-Pakete wie in Abschnitt 2.X erläutert, zwischen zwei IP-Knoten, die typischerweise Router oder aber auch normale Benutzersysteme seinen können.

Um IPsec einsetzen zu können, muss zwischen beiden IP-Knoten zunächst ein Schlüsseltausch [Abb. 2.5-2, Abb. 2.5-3] und eine Vereinbarung auf gemeinsame kryptographische Verfahren erfolgen. Hierzu benötigt IPsec ein Hilfsprotokoll für den zunächst unverschlüsselten Nachrichtenaustausch, das *Internet Key Exchange* Protokoll IKE [RFC 2409], welches heute in der Version IKEv2bis [RFC 5996] vorliegt.

IKE

6.4.1 Ziele von IPsec

Ohne entsprechende Sicherheitsmaßnahmen sind die über ein öffentliches IP-Netz (z.B. Internet) übertragenen Daten gefährdet. Dabei kann es sich um einen passiven Angriff, beispielsweise um eine Überwachung der Übertragung, oder um einen aktiven Angriff handeln. Bei einem aktiven Angriff werden die übertragenen IP-Pakete absichtlich verändert oder zerstört. Das IPsec enthält bestimmte Schutzfunktionen, die es ermöglichen, die IP-Pakete vertraulich zu übertragen und Datenmanipulation zu unterbinden. Es bietet folgende Funktionen, um eine sichere Kommunikation zu gewährleisten:

Datenver- schlüsselung	▪ *Garantie der Vertraulichkeit* (Confidentiality) Mit dem IPsec kann die Vertraulichkeit während der Übertragung so erreicht werden, dass die Daten unterwegs durch einen Unbefugten nicht interpretiert (abgelesen) werden können. Dies ist möglich durch die Verschlüsselung der Daten vor der Übertragung.
Authentisierung	▪ *Authentisierung der Datenquelle* (Authentication) Oft wird die Identität des Absenders bei der IP-Kommunikation anhand der IP-Quelladresse geprüft. In bestimmten Fällen kann eine IP-Quelladresse durch einen Unbefugten unterwegs vorgetäuscht werden. Bei dieser Art von Fälschung spricht man von *Identitäts-Spoofing*. Ein Unbefugter kann mittels spezieller Programme IP-Pakete erzeugen, in denen eine gültige IP-Quelladresse vorgetäuscht wird. Nachdem sich ein Unbefugter mit einer gültigen IP-Adresse den Zugang zum Netzwerk verschaffen konnte, kann er die Daten abrufen, ändern, umleiten etc. Mit dem IPsec ist es möglich festzustellen, ob die Daten aus der gültigen (wahren) Quelle stammen, sodass die Datenauthentizität sichergestellt werden kann.
Datenintegrität	▪ *Überprüfung der Datenintegrität* (Integrity) Nachdem ein Datenpaket während der Übertragung von einem Unbefugten gelesen wurde, kann er es in einer veränderten Form an den Zielrechner weiterleiten. Damit können die Datenpakete ohne Wissen des Absenders und des Empfängers unterwegs gezielt verändert werden. Mit dem IPsec können die Daten vor unberechtigten Änderungen während der Übertragung geschützt werden. Dadurch wird sichergestellt, dass die empfangenen Daten exakt mit den gesendeten Daten übereinstimmen. Hierfür wird jedem zu übertragenden IP-Paket eine kryptografische Prüfsequenz (*Signatur*) hinzugefügt. Diese Prüfsequenz wird nach einer *HMAC* (*Hash based Message Authentication Code*)-Operation aus dem IP-Paket beim Einsatz eines gemeinsamen, geheimen Schlüssels errechnet [Abschnitt 2.X]. Nur Absender und Empfänger verfügen über den geheimen Schlüssel zur Berechnung dieser Prüfsequenz und Signierung bzw. Validierung der zu übertragenden IP-Pakete.
Anti-Replay- Schutz	▪ *Verhinderung einer Antwort von einem Angreifer* Die von einem Angreifer bzw. von einem anderen Unbefugten unterwegs gelesenen IP-Pakete können unterschiedlich missbraucht werden. Sie können beispielsweise verwendet werden, um eine neue Sitzung einzurichten und illegal auf die Daten im Zielrechner zuzugreifen. Mit dem *Anti-Replay-Schutz* bei IPsec wird verhindert, dass man mittels der aus dem IP-Paket ausgelesenen Daten auf die Daten im Zielrechner zugreifen kann. Um den Anti-Replay-Schutz zu realisieren, werden die gesendeten IP-Pakete mit einer Seriennummer und einem beweglichen Nummerierungsfenster versehen.

IPsec ist als Netzwerk-Dienstleistungsprotokoll zu verstehen, mit dem zwei Benutzungsszenarien realisiert werden können:

- *Ende-zu-Ende*-Verschlüsselung zwischen zwei Endknoten und gegenseitiger Authentisierung, z.B. Anwendungsrechnern.
- *Hop-to-Hop*-Verschlüsselung zwischen zwei IP-Knoten, in der Regel Router, zur Kopplung ganzer Netze.

6.4 IP Security Protocol (IPsec)

Da das IPsec-Protokoll die IP-Datenstruktur beibehält, können beide Ansätze über ein (ggf. komplexes) IP-Netz realisiert werden. Allerdings besteht die Notwendigkeit, dass die beiden IP-Knoten Informationen über die Sicherheitsverfahren austauschen, was nicht nur einmalig zu erfolgen hat, sondern z.B. einen regelmäßigen Schlüsselneutausch verlangt. Hierzu ist ein zusätzliches Protokoll notwendig: *Internet Key Exchange* (IKEv2).

6.4.2 Erweiterung der IP-Pakete mit IPsec-Angaben

Die grundlegende Idee des IPsec besteht darin, jedes einzelne IP-Paket sowohl vor Verfälschungen unterwegs zu schützen und die Herkunft zu belegen (*Authentizität und Integrität*), aber auch bei Bedarf verschlüsselt zu übertragen (*Vertraulichkeit*). Um dies zu erreichen, werden die zu übertragenden IP-Pakete entsprechend um zusätzliche Angaben erweitert. Diese Erweiterung ist davon abhängig, wie das IPsec zum Schutz der IP-Pakete eingesetzt wird. Dies wird durch die Art und Weise des IPsec-Einsatzes (d.h. durch die *IPsec-Betriebsart*) festgelegt.

Man unterscheidet folgende zwei Betriebsarten des IPsec:

- *Transport-Mode* und
- *Tunnel-Mode*.

Die Prinzipien der Erweiterung der zu übertragenden IP-Pakete mit den IPsec-Angaben zeigt Abb. 6.4-1.

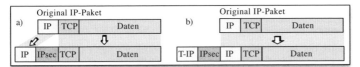

Abb. 6.4-1: IPsec-Angaben in IP-Paketen: a) im Transport-Mode, b) im Tunnel-Mode
T-IP: IP-Tunnel-Header

Durch den IPsec-Einsatz im Transport-Mode werden die einzelnen Verbindungen zwischen Rechnern geschützt [Abb. 6.4-1b]. Um sichere Verbindungen für ganze Sites zu schaffen, z.B. bei der Verbindung von zwei Standorten eines Unternehmens über ein IP-Netz, wird das IPsec im Tunnel-Mode eingesetzt [Abschnitt 13.4.4]. Auf die weiteren Besonderheiten dieser beiden Betriebsarten wird im Weiteren noch näher eingegangen.

IPsec-Header

Der IPsec-Header kann aus den folgenden IPv6 *Extension Header* [Abb. 8.3-3] gebildet werden:

- *Authentication Header* (AH) und
- *Encapsulating Security Payload* (ESP).

Bei der Bildung des IPsec-Header kommen folgende Möglichkeiten in Frage:

- *IPsec-Header* = AH: IPsec-Header enthält nur den AH,
- *IPsec-Header* = ESP: IPsec-Header enthält nur die ESP,

- *IPsec-Header* = [AH,ESP]: IPsec-Header setzt sich aus AH und ESP in dieser Reihenfolge zusammen.

In welchen Situationen man diese Kombinationen des IPsec-Header verwendet, wird in folgenden Dokumenten näher ausgeführt:

- **Spezifikation des AH**: Die Spezifikation des AH wurde ständig verfeinert. AH wurde zuerst im August 1995 als RFC 1826 spezifiziert. Bereits im November 1998 wurde aber RFC 1826 durch RFC 2402 ersetzt.
- **Spezifikation der ESP**: Ebenso wurde die Spezifikation der ESP ständig verbessert. Die ESP wurde zuerst im August 1995 als RFC 1827 spezifiziert. Dann im November 1998 wurde RFC 1827 durch RFC 2406 abgelöst und dann im Dezember 2005 RFC 2406 wiederum durch RFC 4302.

RFC 8221 beinhaltet die aktuelle Spezifikation für den AH- und den ESP-Header.

6.4.3 Aufbau einer IPsec-Sicherheitsvereinbarung

IPsec kann sowohl bei der Übertragung von Daten mit IPv4 als auch mit IPv6 eingesetzt werden. Im Folgenden wird vor allem auf den IPsec-Einsatz beim IPv4-Protokoll eingegangen, wobei die Abläufe bei IPv6 identisch sind.

Initiator/-Responder — Damit per IPsecc authentisierte bzw. verschlüsselte IP-Pakete zwischen zwei IP-Instanzen verschickt werden können – dem *Initiator* und dem *Responder* –, sind folgende Schritte einzuleiten:

SPD — 1. Erstellung einer *Security Policy Database* (SPD) mit den verfügbaren Sicherheitsvereinbarungen.

IKE — 2. Abstimmung der beidseitig verfügbaren IPsec-Parameter mittels des *Internet Key Exchange Protocols V2* (IKEv2) und

SA — 3. Etablierung einer *Security Association* (SA) zwischen *Initiator* und Responder, sowie anschließend

TS — 4. Auswahl eines *Traffic Selector* (TS) für die zu übertragenden IP-Pakete je nach IP-Quell- und -Zieladresse.

Internet Key Exchange

> Abb. 6.4-2 veranschaulicht den Prozess bei der SA-Aushandlung entsprechend dem IKEv2-Protokoll.
> - Hier wurde angenommen, dass der Rechner *A* eine sichere Kommunikation zum Rechner *B* initiiert. Hierbei handelt es sich um eine IPsec geschützte TCP-Verbindung. Da jede TCP-Verbindung sich aus zwei unidirektionalen und entgegen gerichteten virtuellen Verbindungen zusammen setzt, muss für jede Übertragungsrichtung eventuell eine SA ausgehandelt werden.
> - Das IPsec-Modul in Rechner *A* ermittelt somit anhand der sog. Filterlisten, die in der SPD abgespeichert sind, ob die zu übertragenden IP-Pakete überhaupt gesichert werden müssen (1).
> - Ist dies der Fall, teilt er dem Modul IKE (*Internet Key Exchange*) mit, die Aushandlung von Sicherheitsparametern mit dem Zielrechner *B* zu initialisieren (2).

6.4 IP Security Protocol (IPsec)

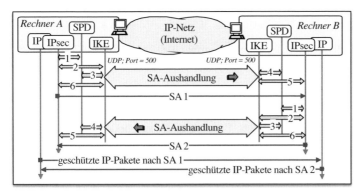

Abb. 6.4-2: SA-Aushandlung vor der Übertragung der IP-Pakete
IKE: Internet Key Exchange Module, SPD: Security Policy Database

- Das IKE-Modul in Rechner *A* fragt in der SPD die verfügbaren Sicherheits-Policies ab (3) und übergibt eine entsprechende Anforderung an das IKE-Modul in Rechner *B*.
- Nach dem Eintreffen der Anforderung, eine SA einzurichten, überprüft in Rechner *B* das Modul IKE seine SPD, und stellt fest, welche Sicherheits-Policy Rechner *A* angeboten werden kann (4).
- Daraufhin wird zwischen beiden Rechnern eine Sicherheits-Policy (z.B. Verschlüsselungsart, gemeinsamer Schlüssel, Hashfunktion) ausgehandelt.
- Dies wird den IPsec-Modulen in beiden Rechnern *A* und *B* mitgeteilt (5), (6). Auf diese Weise wurde die erste SA zwischen Rechner $A \Rightarrow B$ ausgehandelt.
- Da die IP-Kommunikation in beide Richtungen stattfindet, ist eine zweite SA in Richtung von Rechner $B \Rightarrow A$ ebenfalls nötig. Wie Abb. 6.4-2 dargestellt, wird sie nach den gleichen Prinzipien ausgehandelt.

Die Sicherungsvereinbarungen beinhalten für das Protocol, d.h.

- für den AH-Modus
  ▷ die Nutzung von *Extended Sequence Numbers* ESN,
  ▷ den *Integrity Check Algorithmus* ICA, üblicherweise auf Grundlage der HMAC-Funktionen mit MD5 oder SHA-1/SHA-2 Hashsummen, sowie alternativ mittels eines *Shared Secrets* bei AES im sog. XCBC-Mode [RFC 3566], sofern nicht der in RFC 8221 spezifizierte AEAD-Mode eingesetzt wird,
- sowie für den ESP-Modus
  ▷ den *Encryption Algorithmus* ENC wobei hier laut RFC 8221 von AES-CBC, AES-GCM, bzw. ChaCha20 mit Poly1305 Gebrauch zu machen ist und ältere Verschlüsselungsmethoden 'verboten' wurden, sowie
  ▷ auch hier den *Integrity Check Algorithmus* ICA.

Erste Ansätze zur *Security Architecture for the Internet-Protocol* wurden in RFC 1825 (1995) vorgelegt und das eigentliche IKE-Protokoll in RFC 2409 (November 1998) spezifiziert. Im Dezember 2005 wurde die Version 2 des IKE (IKEv2) als RFC 4306 veröffentlicht.

IKEv2bis — Das ISAKMP wurde zuerst im November 1998 als RFC 2407 vorgestellt. Mit RFC 4306 wurde sie aber abgelöst und ist heute Teil von IKEv2 gemäß RFC 7296 und auch 8247.

Security Association

Zentrales Stellglied beim IPsec-Einsatz ist die verhandelte Sicherheitsvereinbarung zwischen zwei IP-Adressen: *Security Association* (SA).

SA — Die SA stellt eine Art Vertrag dar, der zwischen beiden Rechnern in Bezug auf die eingesetzten Sicherheitsmaßnahmen für die Übertragung der IP-Pakete ausgehandelt wurde. *Sie bezieht sich auf die Übertragung der IP-Pakete nur in eine Richtung* (d.h. auf eine unidirektionale Verbindung) und kann als eine Sicherheitszuordnung für diese Verbindung angesehen werden. Werden die Daten in beide Richtungen zwischen den kommunizierenden Rechnern gesendet, ist eine SA jeweils für jede Richtung einzeln zu vereinbaren.

PAD — Der Ist-Zustand einer SA wird in der *Peer Association Database* (PAD) abgelegt und ist daher immer auf einen Empfänger (bzw. dessen IP-Adresse) bezogen. Sie kann dargestellt werden als:

[Destination IP Address, SPI (*Security Parameters Index*), Protocol].

Hierbei bezeichnet Protocol die Art der Erweiterung des IP-Pakets mit einem zusätzlichen IPsec-Header, um die zu übertragenden IP-Pakete zu schützen [Abb. 6.4-1]:
Protocol = AH oder ESP oder [AH, ESP].

SPI — Der SPI ist ein 32 Bit *Cookie*, das gegenseitig mitgeteilt wird. Zu Beginn der SA-Aushandlung erzeugt der Initiator ein Cookie und teilt es dem Responder in der Nachricht *Key Exchange* mit, während der SPI des Responders mit '0' besetzt wird [Abb. 6.4-3].

Es ist beachtenswert, dass IPsec mit diesem Konzept im Grunde genommen halb-*verbindungsorientiert* arbeitet:

- die SA ist verbindungsorientiert, während
- die Übertragung der IP-Pakete verbindungslos erfolgt.

SPD — Im IPsec-Header des IP-Pakets werden keine direkten Angaben gemacht, nach welchem Verschlüsselungsverfahren und mit welchem Schlüssel das betreffende IP-Paket verschlüsselt wird. Diese Angaben werden jedoch in jedem der beiden kommunizierenden Rechner in einer sog. *Security Policy Database* (SPD) abgespeichert, nachdem diese zuvor im Rahmen des *Internet Key Exchange* abgestimmt wurden. Eine SPD spiegelt in abstrakter Form die Sicherheitsmaßnahmen eines Rechners wider. Der Parameter SPI verweist in jedem geschützten IP-Paket auf die 'Stelle' in der SPD, wo die entsprechenden Informationen über die Sicherheitsparameter, wie z.B. Verschlüsselungsverfahren oder Schlüssel, abgespeichert worden sind, die für das entsprechende IP-Paket eingesetzt werden müssen. SPI muss somit in jedem übertragenen und geschützten IP-Paket enthalten sein.

6.4 IP Security Protocol (IPsec)

Security Policy Database
In die *Security Policy Database* (SPD) werden die Vorgaben zum Senden bzw. Empfangen von IPsec-Datenpaketen pro IP-Ziel- bwz. IP-Quelladresse eingetragen. Diese besitzt lediglich lokale Bedeutung für den Rechner und kann gemäß Abb. 6.4-2 als eine Datenbasis für alle Interfaces dienen, über die IP-Pakete verschickt werden. Hierin werden *Traffic Selectors* erstellt, die zunächst statische Bedeutung besitzen:

- **SPD-Secure**: Für welche IP-Quell- und IP-Zieladressen welche Security-Policies (d.h. den Modus wie ESP oder AH sowie Schlüsseltausch-, Authentisierungs-, Verschlüsselungs- und MAC-Verfahren) eingesetzt werden sollen.
- **SPD-Inbound**: Wie mit Inbound-IP-Paketen zu verfahren ist, die eine per IPsec erfasste lokale IP-Adresse betreffen und hier im Speziellen, ob solche Pakete durchzulassen oder zu verwerfen sind.
- **SPD-Outbound**: Was mit Outbound-IP-Paketen zu geschehen ist, deren Ziel eine entfernte IPsec-Adresse ist.

Zunächst sind Einträge in die SPD vorzunehmen, die die Art des Datenverkehrs (z.B. nach der Quell- bzw. IP-Zieladresse, nach der Anwendung etc.) festlegen, der geschützt werden soll und wie dieser zu schützen ist. Zentrales Kriterium ist hierbei die IP-Ziel- und Quelladresse. Es obliegt dem Netzwerkadministrator, die entsprechenden Parameter in der SPD zu definieren.

Internet Key Exchange
Damit zwei Rechner mittels IPsec vertraulich und ggf. verschlüsselt kommunizieren können, müssen zunächst die Parameter der *Security Association* gegenseitig bekannt gemacht werden.

Zwar können Methoden und Schlüssel im Grunde genommen statisch eingetragen werden, jedoch ist dies bei vielen IP-Knoten kaum praktikabel. Abhilfe schafft hier das *Internet Key Exchange* Protokoll, das nun in der Version 2 (IKEv2bis) vorliegt. Das IKEv2-Nachrichtenformat setzt auf dem ISAKMP (*Internet Security Association and Key Management Protocol*) auf. In IPsec-Knoten ist ein IKE-Dienst implementiert, der somit sowohl die notwendigen Verfahren zum Aushandeln der Sicherheitsrichtlinien als auch zur Erzeugung, Interpretation sowie zum Austausch der ISAKMP-Nachrichten umfasst [Abb. 6.4-3]. IKEv2
ISAKMP Nachrichtenformat

- **Phase 1**: IPsec-Parameter-Aushandlung zwischen den IKE-Instanzen
  - ▷ Zu Beginn der SA-Verhandlung sendet der Initiator die ISAKMP-Nachricht `IKE_SA_INIT` an den Responder, der Informationen über die Verschlüsselungs-Algorithmen, Nonces und die Diffie-Hellman-Parameter für den Schlüsseltausch enthält, die dieser bestätigen muss und somit den DH-Exchange abschließt [Abb. 2.5-3]. Nachricht IKE_SA_INIT
  - ▷ Der nächste Schritt besteht in der Authentisierung, die der Initiator durch die Nachricht `IKE_AUTH` einleitet, in dem er seine Identität und die notwendigen Zertifikate mitteilt. Teile dieser Nachricht können bereits mit dem gemeinsamen Schlüssel verschlüsselt und gegen Verfälschungen geschützt sein. Nachricht IKE_AUTH

	▷ Die Authentisierung kann statt über X.509-Zertifikate und eine PKI [Abschnitt 7.2.7] auch optional auf Grundlage von EAP realisiert werden [Abschnitt 15.1].
IKE-Nachrichten über UDP	▷ ISAKMP-Nachrichten werden in UDP-Pakete verkapselt und per IPv4/IPv6 übertragen, ohne eine bestehende Security Association vorauszusetzen. Jede Nachricht besitzt eine eindeutige *Message-ID* im Header [Abb. 6.4-3].
Ports 500, 4500	▷ Es wird der UDP-Port 500 und zusätzlich der UDP-Port 4500 beim Einsatz in einer NAT-Umgebung genutzt.
	▷ In der Regel umfasst ein UDP-Paket mehrere ISAKMP-Nachrichten [Abb. 6.4-3], z.B. die Typen *Key Exchange* (34) und *Identification* (35). Dies verkürzt den Verbindungsaufbau, was auch gelegentlich als *Aggressive Mode* bezeichnet wird.
Nachricht NOTIFY	▷ Sollte es zu keiner Einigung kommen, wird dies in einer Nachricht NOTIFY mit einem qualifizierenden *Error Type* mitgeteilt, so wie in Abb. 6.4-3 angedeutet.

- **Phase 2**: IPsec-Parameter pro Security Association

SPI	▷ Bislang haben sich nur die IKE-Instanzen auf allgemeine Parameter für die Verschlüsselung verständigt. Für jede IPsec-Verbindung entsprechend der SPD-Beschreibung werden eigene Schlüssel verhandelt, die nachfolgend als *Child SA* bezeichnet und durch einen *Security Parameters Index* (SPI) geführt werden.
Proposal	▷ Der Betriebsmode, die kryptographischen Algorithmen und ihre Attribute werden durch Austausch eines *Proposals* als Payload in den ISAKMP-Nachrichten gegenseitig mitgeteilt. Das Proposal bezieht sich auf die IPsec-Modi AH und ESP, aber auch auf IKE selbst, da die zu übertragenden Informationen in der ISAKMP-Nachricht selbst zu schützen sind.
	▷ Die Nachricht CREATE_CHILD_SA wird ausgegeben, um die IPsec-Parameter für eine neue SA zu initiieren.
Child SA	▷ CREATE_CHILD_SA enthält neue (Diffie-Hellman) *Key Exchange* (KE) Parameter und Nonces für die bestehende SA, in Ergänzung mit *Traffic Selectors* (TS).
	▷ Die Nachrichten zum Aufbau einer *Child SA* werden verschlüsselt übertragen.
	▷ Eine neue *Child SA* oder das Re-Keying für eine *Child SA* wird immer begleitet von einem zugeordneten *Security Parameters Index* (SPI), der quasi ein Repräsentant des aktuellen Security Kontextes ist.
PAD und SAD	▷ Die Parameter des Security Kontextes des Gegenübers werden lokal in einer *Peer Association Database* (PAD) gehalten, die eigenen in einer *Security Association Database* (SAD).

- **Phase *Established***: INFORMATIONAL Exchange

	▷ Zur Kontrolle einer *Security Association* können Initiator und Responder Nachrichten vom Typ INFORMATIONAL austauschen.
	▷ INFORMATIONAL-Nachrichten sind kryptographisch geschützt und ermöglichen *Out-of-Band* nicht nur die Feststellung, ob der Peer noch aktiv ist, sondern auch das Löschen einer SA.
Quick-Modus	Abb. 6.4-3 zeigt den Aufbau von ISAKMP-Nachrichten. Nach einem Header kann eine Anzahl von Nachrichten folgen, in denen unterschiedliche Nachrichtentypen (*Payload*) eingebettet werden können. Während bei der Erstellung der SA entsprechend Abb. 6.4-2 diese Nachrichten einzeln, also sequentiell ausgetauscht werden, kann

6.4 IP Security Protocol (IPsec)

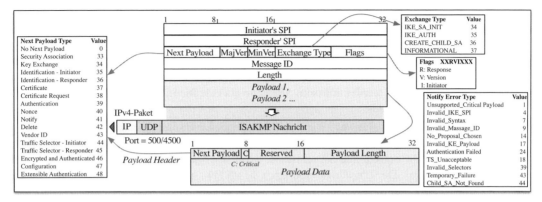

Abb. 6.4-3: Aufbau ISAKMP Nachrichten mit einem Auszug der Payload-Typen
SPI: Security Parameters Index, MajVer: Major Version, MinVer: Minor Version

bei vorhandener IPsec-Übertragung in einen *Quick-Modus* umgeschaltet werden, wo mehrere Typen in einer einzelnen Nachricht untergebracht sind.

6.4.4 IPsec im Authentication Mode

Mit dem AH können folgende Sicherheitsziele realisiert werden:

- *Authentisierung der Datenquelle*, um feststellen zu können, ob die Daten vom wahren (gültigen) Quellrechner stammen,
- *Datenintegrität*, um eine gezielte Verfälschung von Daten unterwegs zu erkennen,
- *Anti-Replay-Schutz*, um zu verhindern, dass man durch abgelesene Angaben aus dem IP-Header auf die Daten im Zielrechner zugreifen kann.

Die Vertraulichkeit wird mit dem AH jedoch nicht unterstützt, d.h. die Daten werden unverschlüsselt übertragen und können somit unterwegs interpretiert werden. Da das AH als ganz normales Protokoll anzusehen ist, wurde ihm die Nummer 51 zugewiesen. Abb. 6.4-4 zeigt die Struktur des AH.

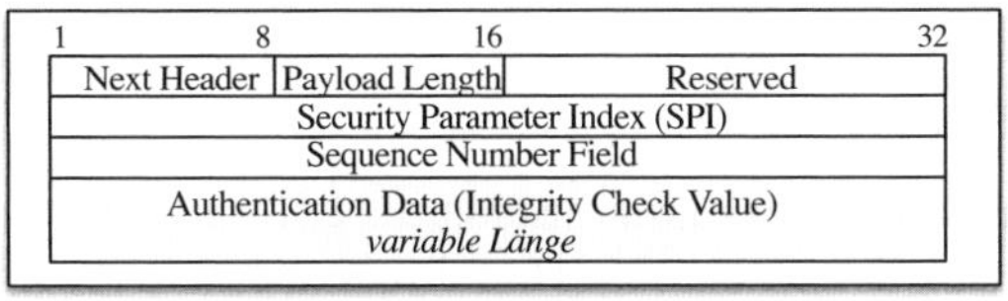

Abb. 6.4-4: Aufbau des Authentication Header (AH)

Die einzelnen Felder im AH haben folgende Bedeutung:

- `Next Header`: Hier wird der nächste Header (wie z.B. TCP, UDP, ICMP) angegeben, der nach AH im IP-Paket folgt. Dieses Feld enthält die gleiche Protokollnummer, die im 'normalen' IP-Header eingetragen wird, um darauf zu verweisen, zu welchem Protokoll (TCP, UDP, ICMP etc.) die im IP-Paket enthaltenen Daten übergeben werden müssen.

- Payload Length: Dieses Feld gibt die AH-Länge minus 2 in 32-Bit-Worten an.
- Security Parameters Index (SPI): Mit SPI wird auf die 'Stelle' in der Datenbank SPD beim Zielrechner verwiesen, wo die entsprechenden Informationen über die Sicherheitsparameter – wie z.B. Verschlüsselungs- und Authentisierungsverfahren, Schlüssel – abgespeichert worden sind, die für das entsprechende IP-Paket eingesetzt werden müssen. *SPI* kann als eine Identifikationsnummer der SA angesehen werden.
- Sequence Number: Hier wird eine Sequenznummer eingetragen, die sich in einer Folge von IP-Paketen nicht wiederholen darf. Damit wird der Anti-Replay-Schutz für die betreffende SA realisiert. Sequence Number gilt quasi als Nummer des IP-Pakets. Der Empfänger überprüft dieses Feld, um feststellen zu können, ob bereits ein Paket für eine SA mit dieser Nummer empfangen wurde. Ist dies der Fall, wird das betreffende Paket verworfen. So kann sich ein Rechner vor einem 'Angreifer' schützen, der bestimmte IP-Pakete wiederholt zu senden versucht.
- Authentication Data: In diesem Feld variabler Länge wird die kryptografische Prüfsequenz ICV (*Integrity Check Value*) übertragen. Diese Sequenz ist Resultat einer HMAC-Operation der Nutzdaten mit einem zusätzlichen geheimen Schlüssel [Abschnitt 2.X]. Der ICV wird über die Daten und einige Header-Teile des übertragenen Original-IP-Pakets gebildet, um eine mögliche Verfälschung des IP-Pakets zu entdecken. Damit wird zugleich die Authentisierung der Quelle als auch die Sicherstellung der Datenintegrität gewährleistet.

Abb. 6.4-5 zeigt, wie die IP-Pakete im Transport-Mode um den AH erweitert werden können.

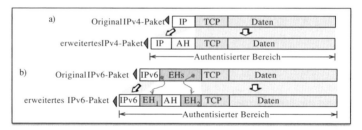

Abb. 6.4-5: AH im Transport-Mode in: a) IPv4-Paketen, b) IPv6-Paketen
EH: Extension Header von IPv6

Der AH kann eigenständig oder zusammen mit der ESP verwendet werden. Beim IPv6 müssen die Extension Header Hop-by-Hop, Routing und Fragment direkt nach dem IPv6-Header, d.h. vor dem AH, folgen [Abschnitt 8.3].

6.4.5 Encapsulating Security Payload (ESP)

Unter ESP ist eigentlich ein Frame zu verstehen, der sich aus einem Header und einem Trailer zusammensetzt. Mit ESP können die Sicherheitsziele wie Vertraulichkeit, Authentisierung, Datenintegrität und Anti-Replay-Schutz realisiert werden. ESP kann eigenständig oder kombiniert mit AH eingesetzt werden. Abb. 6.4-6 zeigt die Struktur des ESP-Frames.

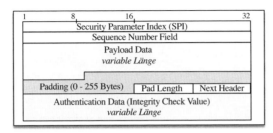

Abb. 6.4-6: Aufbau eines ESP-Frames

Ein ESP-Frame enthält folgende Angaben: ESP-Header

- `Security Parameters Index (SPI)`: Dieses 32-Bit-Feld hat die gleiche Bedeutung wie das entsprechende Feld SPI im AH [Abb. 6.4-4].
- `Sequence Number`: In diesem 32-Bit-Feld wird eine Sequenznummer eingetragen. Sie hat die gleiche Bedeutung wie die Sequenznummer beim AH.
- `Payload Data` beinhaltet
  - ▷ im Transport-Mode den Inhalt des eingebetteten IP-Pakets (d.h. das Paket ohne IP-Header [Abb. 6.4-1]),
  - ▷ im Tunnel-Mode das ganze IP-Paket.

Den ESP-Trailer bilden folgende Felder: ESP-Trailer

- `Padding`: In diesem Feld sind die Füllzeichen (Fülldaten) enthalten. Da einige Verschlüsselungs- und Authentisierungsverfahren die Daten Blockweise 'bearbeiten', muss eine Vielzahl der Datenblöcke mit konstanter Länge aus den Daten entstehen. Ist dies nicht der Fall, müssen die zu übertragenden Daten um einige Füllzeichen ergänzt werden, sodass eine Vielzahl an Datenblöcken entsteht.
- `Pad Length` (Länge des Padding-Feldes): In diesem 8-Bit-Feld wird die Länge der Fülldaten angegeben. Damit wird dem Empfänger mitgeteilt, wie viele Fülldaten zu den Nutzdaten hinzugefügt wurde, sodass er die Länge der tatsächlichen Nutzdaten herausfinden kann. Diese Angabe wird beim Empfänger zum Verwerfen des Padding-Feldes verwendet.
- `Next Header`: In diesem 8-Bit-Feld wird der nächste Header (z.B. TCP, UDP, ICMP) angegeben, der nach dem ESP-Header im IP-Paket folgt. Dieses Feld hat die gleiche Bedeutung wie das entsprechende Feld beim AH.
- `Authentication Data`: In diesem Feld variabler Länge wird die Prüfsequenz ICV (*Integrity Check Value*) übertragen. Diesem Feld kommt ähnliche Bedeutung wie dem entsprechenden Feld beim AH zu.

Abb. 6.4-7 zeigt, wie die IP-Pakete um den ESP-Header und -Trailer im Transport-Mode erweitert werden können. Bei IPv6 müssen die Extension Header Hop-by-Hop, Routing und Fragment unmittelbar dem IPv6-Header, d.h. vor dem ESP-Header, folgen.

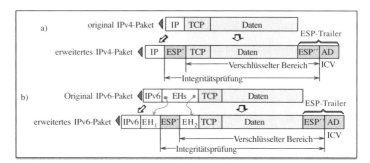

Abb. 6.4-7: ESP-Angaben beim Transport-Mode in: a) IPv4-Paketen, b) IPv6-Paketen
AD: Authentication Data als Integrity Check Value (ICV), EH: Extension Header, ESP':
ESP-Header, ESP'': ESP-Trailer

6.4.6 IPsec-basierte Virtuelle Private Netze

Beim IPsec unterscheidet man zwei Betriebsarten: *Tunnel-Mode* und *Transport-Mode*. Die Erweiterung der IP-Pakete im Transport-Mode mit AH bzw. ESP wurde bereits in den Abb. 6.4-5 und Abb. 6.4-7 dargestellt.

Security Gateway

Abb. 6.4-8 illustriert den IPsec-Einsatz im Tunnel-Mode zwischen zwei Sicherheits-Gateways SG (*Security Gateway*) sowohl beim NSP (*Network Service Provider*) als auch im NAS (*Network Access Server*) eines Intranet.

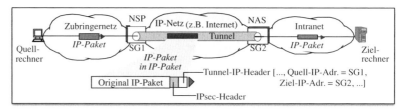

Abb. 6.4-8: IPsec-Einsatz im Tunnel-Mode

Hierbei werden dem zu sendenden IP-Paket zuerst zusätzliche Sicherheitsparameter als AH oder ESP vorangestellt [D1 in Abb. 6.4-13]. Das so erweiterte Original-IP-Paket wird nachher noch um einen IP-Tunnel-Header ergänzt, in dem die IP-Quell- und die IP-Zieladresse der beiden Tunnelendpunkte enthalten sind. Der Tunnelmode hat den Vorteil, dass Quelle und Ziel der Kommunikation versteckt und nur die Tunnelendpunkte bei der Übermittlung über ein IP-Netz sichtbar sind.

Authentication Header

Abb. 6.4-9 zeigt die Erweiterung von IP-Paketen im Tunnel-Mode um einen AH-Header. Beim IPv4 werden die Sicherheitsparameter im Tunnel-Mode als Authentication Header (AH) zwischen dem zusätzlichen Tunnel-IP-Header (T-IP) und dem Original-IP-Paket eingebettet. Somit kann das gesamte Original-IP-Paket in seiner ursprünglichen Form für die Übermittlung über ein IP-Netz gesichert werden. Da der Tunnel-IP-Header nur die Quell- und die IP-Zieladresse der beiden Tunnelendpunkte enthält, sind Quelle und Ziel der Kommunikation versteckt und nur die Tunnelendpunkte erkennbar.

6.4 IP Security Protocol (IPsec)

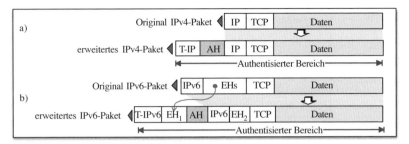

Abb. 6.4-9: AH-Angaben im Tunnel-Mode in: a) IPv4-Paketen, b) IPv6-Paketen

Beim IPv6 im Tunnelmode wird der AH ebenfalls zwischen dem zusätzlichen Tunnel-IPv6-Header und dem Original-IPv6-Paket eingebettet. Dem AH sind die Extension Headers (EH$_1$) wie Hop-by-Hop, Routing und Fragment vorangestellt [siehe Abschnitt 8.3].

Die Erweiterung der IP-Pakete im Tunnel-Mode um die ESP-Angaben zeigt Abb. 6.4-10. Beim IPv4 wird der ESP-Header (ESP') zwischen dem zusätzlichen Tunnel-IP-Header und dem Original-IP-Paket eingebettet. Der ESP-Trailer (ESP") folgt nach dem Original-IP-Paket. Das erweiterte IP-Paket wird mit dem Feld AD mit einer Prüfsequenz abgeschlossen [Abb. 6.4-10].

ESP-Header

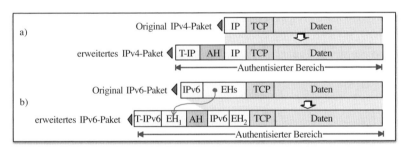

Abb. 6.4-10: ESP-Angaben im Tunnel-Mode in: a) IPv4-Paketen, b) IPv6-Paketen
ESP': EPS-Header, ESP": ESP-Trailer,
AD: Authentication Data als ICV (Integrity Check Value)

Beim IPv6 wird der ESP-Header (ESP') zwischen dem zusätzlichen Tunnel-IPv6-Header und dem Original-IPv6-Paket eingebettet. Der ESP-Trailer (ESP") folgt nach dem Original-IP-Paket. Bei IPv6 im Tunnel-Mode werden einige Extension Header (EH$_1$) wie Hop-by-Hop, Routing und Fragment dem ESP-Header vorangestellt.

Abb. 6.4-11 illustriert, wie ein zu übertragendes IPv4-Paket verarbeitet wird, um Vertraulichkeit, Datenintegrität und Authentizität zu erreichen.

Bei der Erweiterung eines IPv4-Pakets mit ESP sind folgende Schritte zu unterscheiden:

IPv4-Pakete mit ESP

1. Das zu übertragende IPv4-Paket wird um den ESP-Header (ESP') und den ESP-Trailer (ESP") erweitert.

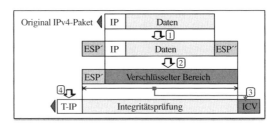

Abb. 6.4-11: Schritte bei der Erweiterung eines IPv4-Pakets mit ESP
ICV: Integrity Check Value, T-IP: Tunnel-IP-Header

2. Der vertrauliche Bereich (Original IP-Paket und ESP") wird nach einem Verschlüsselungsverfahren (z.B. AES) verschlüsselt.
3. Aus dem verschlüsselten Bereich und dem ESP' wird die HMAC-Funktion errechnet und das Ergebnis wird als Prüfsequenz im ESP-Feld AD am Ende des Pakets als ICV übertragen [Abb. 6.4-11]. Als HMAC-Funktion kann hier sowohl
   - HMAC-MD5 [RFC 2403] als auch
   - HMAC-SHA-1 [RFC 2404] verwendet werden,
     sofern nicht die aktuelle Spezifikation von IPSec mit AEAD [RFC 8221] auf Grundlage von
   - AES-GCM oder
   - ChaCha20 mit Poly1305 eingesetzt werden; die allerdings die älteren (und unsicheren) Authentisierungsmethoden ausschließen.
4. Es wird ein neuer Tunnel-IP-Header generiert und den zu übertragenden Daten vorangestellt.

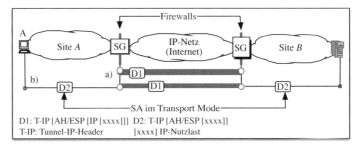

Abb. 6.4-12: Typische Varianten von Site-to-Site-VPNs mit dem IPsec
D1, D2: Struktur von übertragenen Daten, SA: Security Association, VG: VPN-Gateway

Site-to-Site-VPNs

Tunnel über ein IP-Netz

IPsec ermöglicht den Aufbau aller VPN-Arten über klassische IP-Netze. Einen Überblick über die Möglichkeiten des Einsatzes des IPsec zum Aufbau von *Site-to-Site-VPNs* zeigt Abb. 6.4-12.

Um einen Tunnel über ein IP-Netz aufzubauen, muss das IPsec im Tunnel-Mode realisiert werden. Sollte die Kommunikation über den Tunnel in beide Richtungen erfolgen, so muss der Tunnel mit zwei entgegen gerichteten SAs eingerichtet werden [Abb.6.4-13]. Das IP-Paket (d.h. der Teil IP[xxxx]) wird typischerweise verschlüsselt übertragen

6.4 IP Security Protocol (IPsec)

und der Teil ESP[IP[xxxx]] mit einer Prüfsequenz gesichert, um so Verfälschungen während der Übertragung zu erkennen (D1 in Abb. 6.4-13).

Falls die Kommunikation innerhalb der Site auch vertraulich sein soll, bietet sich an, das IPsec im Transport-Mode zu implementieren. Hierfür kann eine gesicherte virtuelle Verbindung vom Tunnel zu den bestimmten Endsystemen nach Bedarf aufgebaut werden. Eine derartige Verbindung stellt eine SA im Transport-Mode dar. Hier wird das Original-IP-Paket so gesichert, dass ein Header AH bzw. ESP zwischen dem IP-Header und der Nutzlast [xxxx] eingebettet wird (D2 in Abb. 6.4-13). Dadurch wird die Nutzlast verschlüsselt und der Teil [AH/ESP[xxxx]] kann mit einer Prüfsequenz gegen Verfälschungen gesichert werden.

Tunnel über ein IP-Netz mit SA (Security Association) intern

Einen Überblick über die Möglichkeiten des IPsec-Einsatzes zum Aufbau von Remote-Access-VPNs zeigt Abb. 6.4-13.

Remote-Access-VPNs

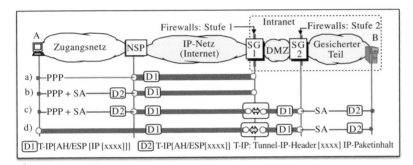

Abb. 6.4-13: IPsec-Einsatz bei VPNs mit Remote Access
D1, D2: Struktur von übertragenen Daten, SA: Security Association,
VG: VPN-Gateway (Security Gateway)

Hier wurde angenommen, dass die Firewall im Intranet zweistufig ist. Zwischen der ersten und der zweiten Firewall-Stufe im Unternehmensnetz entsteht eine *demilitarisierte Zone* (*DeMilitarized Zone*, DMZ). Für die Sicherung der Datenübermittlung innerhalb der DMZ müssen normalerweise noch bestimmte Sicherheitsmaßnahmen ergriffen werden. Hierbei sind mehrere Einsatzszenarien des IPsec denkbar (Fall: a, b, c und d).

IPSec mit Firewall

Im *Fall a)* handelt es sich um eine solche Situation, in der ein IPsec-Tunnel nur über das IP-Netz zwischen einem Network Service Provider (NSP) und dem ersten Security Gateway (SG1) im Intranet eingerichtet wurde. Das IPsec wird über das IP-Netz im Tunnel-Mode betrieben. Ein Remote-Benutzer (A) hat den Zugang zum Tunnel über eine PPP-Verbindung. Mit dem Protokoll *CHAP* [Abb. 13.2-8], das im PPP enthalten ist, kann er beim NSP authentisiert werden. Innerhalb des Intranet wird das IPsec bei dieser VPN-Lösung nicht implementiert.

Fall a)

Im *Fall b)* wird das IPsec auch im Zugangsbereich implementiert. Dies bedeutet, dass eine Security Association (SA) über eine PPP-Verbindung eingerichtet wird. Somit kann die Nutzlast der über das Zugangsnetz übertragenen IP-Pakete verschlüsselt und der Teil [AH/ESP[xxxx]] so gesichert werden, dass sich mögliche Verfälschungen entdecken lassen. Wird eine Verfälschung entdeckt, ist das betreffende IP-Paket einfach zu verwerfen.

Fall b)

Fall c)   Der *Fall c)* stellt eine Systemlösung dar, bei der die Kommunikation auch innerhalb des Intranet gesichert wird. Auf der ersten Firewall-Stufe findet eine Überprüfung der Authentizität von Remote-Benutzern und der Integrität von Daten statt, und erst dann, falls die Überprüfung positiv war, wird der IPsec-Tunnel bis zur zweiten Firewall-Stufe verlängert. Im Sicherheits-Gateway VG1 ist hierfür eine Art von *Tunnel-Switching-Funktion* nötig. Im gesicherten Teil des Intranet wird das IPsec auch eingesetzt. Dies bedeutet, dass das IPsec im Transport-Mode für die Kommunikation zwischen Endsystem und VG2 eingesetzt wird. Somit wird eine SA im Transport-Mode zwischen Endsystem und VG2 aufgebaut, die als gesicherte virtuelle Verbindung zu sehen ist.

Fall d)   Im *Fall d)* wird das IPsec im Tunnel-Mode für die Kommunikation sowohl über das IP-Netz als auch über das Zubringernetz eingesetzt. Somit kann ein Remote-Benutzer einen Tunnel initiieren, der direkt (d.h. über die Systemkomponenten beim NSP transparent) bis zum Intranet geführt wird.

6.4.7 NAT-Traversal bei IPSec

IPsec schützt bzw. authentisiert nicht nur den Inhalt der Nachrichten, sondern auch die Verbindungsinformationen pro Paket, wie IP-Adresse und Portnummer. Bei der Übertragung eines IP-Pakets mit IPsec-Informationen über ein NAT-Gateway verliert es sowohl seine *Integrität*, als auch und *Authentizität*, da es verändert wird.

Die Kopplung von Netzwerken beim IPsec-Einsatz sollte aber auch zwischen *zwei privaten Realms über das Internet* möglich sein. Damit zwei IPsec-fähige Endknoten über ein NAT-Gateway kommunizieren können, sind folgende Probleme zu lösen [RFC 3715]:

- *Detection*: Wie kann festgestellt werden, dass die IP-Kommunikation über ein NAT-Gateway erfolgt, und welches NAT-Verfahren wird genutzt?
- *Packeting*: Wie sind IP-Pakete mit IPsec-Angaben so zu gestalten, dass sie ohne Verfälschung per NAT übermittelt werden können?
- *Rekeying*: Das NAT-Gateway kann die zugewiesenen Port-Mappings, d.h. die Zuweisung *interner Socket* ⇔ *externer Socket* [Abb. 6.3-8] bei Bedarf verändern, was die gesicherte Verbindung unterbrechen würde.

NAT-Detection   Liegt der Initiator der Security Association [Abb. 6.4-3] 'hinter' einem NAT-Gateway mit NAPT, wird sowohl die ursprüngliche IP-Adresse als auch das Quellport verändert. Um dies festzustellen, wird eine *NAT-Probe* erzeugt. Nach der Verbindungsaufnahme tauschen beide Partner periodisch spezielle ISAKMP-Nachrichten vom Typ `Notify Payload NAT-D` aus, die lediglich folgende Informationen enthalten:

`Hash(Cookie-Initiator | Cookie-Responder | IP | Port)`

IP und Port bezeichnen die ursprünglichen Quell-IP und den -Port des Inititator. Werden diese im Laufe des NAT-Verfahrens geändert, kann der Responder diese durch Vergleich mit den empfangenen IP-Parametern erkennen. Die Cookies dienen dazu, mögliches Spoofing von ISAKMP-Nachrichten zu verhindern.

6.5 Extensible Authentication Protocol

Um IP-Pakete mit ESP-Nachrichten über ein NAT-Gateway unbeschadet zu übertragen, kann der Kniff angewendet werden, das IP-Paket mit dem ESP-Frame als Payload in eine UDP-Nachricht einzubetten. Dabei kann UDP sowohl in einem eigenen

IPsec ESP-Frame über UDP

- Transport-Mode als auch
- Tunnel-Mode

zum Einsatz kommen, wie dies aus Abb. 6.4-14 hervorgeht.

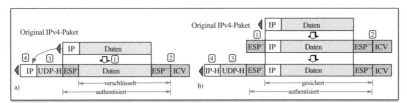

Abb. 6.4-14: IPsec Encapsulation in UDP-Nachrichten a) Transport- b) Tunnel-Mode
ICV: Integrity Check Value, ESP': ESP-Header, ESP": ESP-Trailer, IP-H: IP-Header, UDP-H: UDP-Header

Erläuterung: Im *Transport-Mode* [Abb. 6.4-12a] werden die (1) ursprünglichen Nutzdaten um einen ESP-Frame ergänzt und (2) der ICV berechnet. Anschließend werden diese Nachrichtenteile in (3) ein UDP-Paket gesteckt und (4) der Original-IP-Header wieder genutzt. Der *Tunnel-Mode* [Abb. 6.4-12b] verlangt, das gesamte ursprüngliche IP-Paket zu transportieren. Hierfür wird dieses zunächst um den (1) ESP-Header, den ESP-Trailer und den (2) ICV ergänzt. Anschließend werden (3) diese Nachrichtenteile in ein UDP-Paket eingebettet und als Letztes (4) ein neuer IP-Header erzeugt.

Bei NAT-Gateways ist gerade die NAT-Port-Mapping Tabelle beim verbindungslosen UDP von häufigen Rekonfigurationen betroffen. Um dies möglichst zu verhindern, wird beim IPsec NAT-Traveral zunächst versucht, entsprechend RFC 3974, *UDP-Keepalive* Pakete periodischen zwischen den IPsec-Knoten auszutauschen. Diese UDP-Pakete enthalten keine eigentlichen Nutzdaten.

UDP-Keepalives

Neben IPsec mit ESP-Frames sind über das NAT-Gateway auch ISAKMP-Nachrichten zu übertragen [Abb. 6.4-2]. Hierfür ist UDP-Port 4500 reserviert, der sowohl als Ziel- als auch Quellport genutzt wird. Da der Quellport – je nach NAT-Gateway – trotzdem geändert werden kann, hat der IKEv2-Responder auch Nachrichten anderer Quellports zu akzeptieren. Generell kann die Nutzung von festen Ports beim NAT-Traversal zu Ambiguitäten führen, d.h. unterschiedliche Rechner im privaten Realm werden auf die gleiche externe IP-Adresse und den identischen Port abgebildet. Um diese Problem zu umgehen, werden in den ISAKMP-Nachrichten Cookies entsprechend Abb. 6.4-3 genutzt.

Rekeying

6.5 Extensible Authentication Protocol

Das *Extensible Authentication Protocol* (EAP) ist in RFC 3748 beschrieben und wurde für IEEE 802-Netze (aber auch für Ethernet) als Methode der Port-Authentication für Switches im Dokument IEEE 802.1X aufgegriffen. Für Wireless-LANs wurde das Verfahren um einen *Discover-Process* erweitert [RFC 4017]. EAP *aka* IEEE

802.1X ist das dominierende Authentisierungsprotokoll für WLAN-Netze und kann zusätzlich zur Verschlüsselung mit WEP und WPA optional eingesetzt werden, ist aber für WPA2 verpflichtend. Was leistet EAP?

EAPoL, EAPoW

- EAP ist einerseits ein verbindungsorientiertes *Nachrichtenpotokoll* zur Übermittlung von Authentisierungsinformationen. Hierbei stehen die Nachrichtenformate *EAP over LAN* (EAPoL) (bzw. *EAP over Wireless*, EAPoW) und *EAP over PPP* zur Verfügung.
  Das Besondere an EAP ist, dass dessen Nachrichten sowohl auf dem Link-Level, wie bei den Protokollen Ethernet und IEEE 802.11 (WLAN), als auch als Payload von Applikations-Protokollen, wie RADIUS übertragen werden können.
- EAP bietet andererseits ein *Framework* zur Unterstützung unterschiedlicher Authentisierungsverfahren; *Sicherheit* in Form von Verschlüsselung für die zu übertragende Information muss zusätzlich bereit gestellt werden (z.B. mittels des TLS-Protokolls).
- Die *Äußere Authentisierung* ist im Grunde genommene eine Rechner-zu-Netzwerk-Authentisierung, d.h. nun ist es möglich, dass der WLAN-Client überprüfen kann, mit dem 'richtigen' AP (*Access Point*) verbunden zu sein, was über eine X.509-Zertifikatsprüfung erfolgt.
- *Innere Authentisierung* liefert die zur Identifikation notwendigen Benutzerdaten – wie Name und Passwort – an einen dedizierten *Authentisierungs-Server*. Bei der Übertragung der EAP-Nachrichten wird üblicherweise das RADIUS-Protokolls [Abschnitt 6.6] eingesetzt; die eigentliche *Validierung* der Benutzerdaten geschieht häufig über eine LDAP-Anfrage [Abschnitt 6.7].

6.5.1 EAP-Funktionskomponenten

Der Client wird nun als *Supplicant* (Bittsteller, manchmal auch *Initiator*) bezeichnet, der seine Anmeldung über den *Authenticator* vornehmen muss. EAP sieht im Rahmen seines *Authentisierungsmodells* mindestens drei Teilnehmer vor [Abb. 6.5-1a]:

Supplicant

1. *Supplicant* (*Bittsteller*), also derjenige der sich authentisieren möchte (manchmal auch *Initiator* genannt). Der Supplicant ist in der Regel Teil des Betriebssystems, bei WLAN *WLAN- Supplicant* genannt.

NAS

2. Die *Network Attached Station* (NAS), die die Anfrage

AAA-Folgenden kurz als *Authenticator*.

3. an den *Authentication Server* (AAA) weiterreicht, der für die eigentliche Authentisierung verantwortlich ist. Häufig wird diese Aufgabe jedoch an z.B. einen LDAP-Server delegiert [Abb. 6.5-1a].

Beispiel: In Abb. 6.5-1a können die grundsätzlichen Phasen beim Einbuchen in ein Unternehmensnetz mittels EAP beim WLAN [in Vorgriff auf Abschnitt 13.3] festgemacht werden:

1. Nach Identifikation des WLAN-Netzwerks (über die ESSID) erfolgt die *Äußere Authentisierung*, bei der seitens des WLAN-Clients festgestellt werden kann, ob die X.509-Zertifikatsprüfung erfolgreich war und somit der AP das gewünschte Netzwerk anbietet. Dies ist notwendig, da sich eine ESSID ohne Mühe fälschen lässt.

6.5 Extensible Authentication Protocol

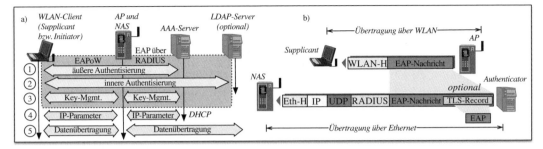

Abb. 6.5-1: Beispiel für den Ablauf des Extensible Authentication Protocol:
a) Phasen der Authentisierung, b) Übermittlung der EAP-Nachrichten
AAA: Authentication, Authorization, Accounting, NAS: Network Attached Station,
DHCP: Dynamic Host Configuration Protocol, Eth-H: Ethernet-Header,
WLAN-H: WLAN-Header

2. Bei der *Inneren Authentisierung* geht es darum, den Benutzer des WLAN-Clients zu identifizieren und seine *Credentials* zu ermitteln. Dies geschieht in der Regel unter Nutzung von RADIUS-Diensten und einem zusätzlichen Server, der häufig einen LDAP-Zugriff [Abschnitt 15.3] bietet.
3. Der nächste Schritt besteht darin, dass sich AP und WLAN-Client auf gemeinsame, temporäre WLAN-Schlüssel verständigen.
4. Ist dies geschehen, kann der WLAN-Client auf das IP-Netz zugreifen und z.B. über den DHCP-Dienst eine IP-Adresse beziehen.
5. Somit kann nun – im letzten Schritt – der (authentisierte) WLAN-Client auf die Ressourcen des IP-Netzes zugreifen.

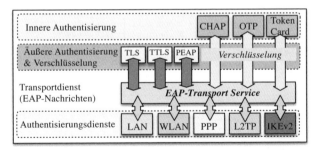

Abb. 6.5-2: Dienstleistungen von EAP als Transport- und Authentisierungsverfahren und zur Nachrichtensicherung
PPP: Point-to-Point Protocol, L2TP: Layer 2 Transport Protocol, IKEv2: Internet Key Exchange Version 2, OTP: One-Time Password, CHAP: Challange Handshake Protocol, TTLS: Tunnel TLS, PEAP: Protected EAP

Bei EAP sind folgende Sachverhalte zu unterscheiden [Abb. 6.5-2]:

- Dem EAP *Transport Service*, den es für die Anfrage des *Supplicant* (aber auch zum AAA Server) bereitzustellen hat:
  ▷ EAP-Nachrichten können auf unterschiedlichen Schichten übertragen werden, wobei die Link-Level-Protokolle Ethernet und IEEE 802.11 (WLAN) und zu-

EAP-Transport

sätzlich die Protokolle L2TP und PPP in Frage kommen. Ebenso lässt sich EAP bei IPSec bzw. IKEv2 [Abschnitt 7.4] zur Ermittlung der Peer-Identität anstatt der PKI einsetzen [RFC 5106].

▷ Ergänzend werden EAP-Pakete als Teil von RADIUS-Nachrichten und bei PEAP als Payload in TLS-Records übermittelt [Abb. 6.5-1b].

▷ EAP bietet eine rudimentäre Duplikatsprüfung und Paketwiederholung an.

Verschlüsselung
■ Ein *Datensicherungs-* und *Authentisierungsverfahren* wie TLS, das die sensiblen EAP-Daten schützen soll.

Authentisierung
■ Der EAP *Authentisierungsmechanismus*, der die Anfrage weiterreicht und die Antwort dem Supplicant zur Verfügung stellt:

▷ Bereitstellung von Peer- und Forwarding-Diensten (oder beiden).

▷ Weiterreichung (*Pass-through*) der Authentisierungsinformation an den AAA-Server mit abgestimmten Verfahren (*Innere Authentisierung*).

▷ Für WLAN-Netze bietet EAP zusätzliche Maßnahmen zur Erzeugung und Verteilung der benötigten WPA-Schlüssel.

6.5.2 EAP-Nachrichten

Das EAP-Verfahren kann beispielsweise entweder über Ethernet mittels *EAP over LAN* (*EAPoL*) oder über ein IEEE 802.11-Netz per *EAP over WiFi* (*EAPoW*) ablaufen, die aber ein identisches Format aufweisen.

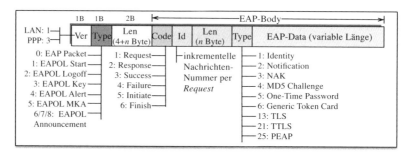

Abb. 6.5-3: Aufbau von EAP-Nachrichten [http://www.iana.org/assignments/eap-numbers/eap-numbers.xhtml]
B: Byte, MKA: MAC Secret Key Agreement, NAK: Not Acknowledged

EAP-Pakete
Das EAP-Paket in Abb. 6.5-3 besitzt einen Header, der in der Regel nur den Type = 0 (*EAP Packet*) aufweist. Für den *EAP-Body* sind

■ Request sowie
■ Response

in Gebrauch. Je nach Type beinhalten die EAP-Daten (also die eigentliche Nachricht) spezifische Informationen variabler Länge. Die EAP-Pakete beinhalten weder Mechanismen zur Überprüfung der Nachrichtenintegrität (hierfür ist das Link-Layer-Protokoll verantwortlich) noch solche zur Sicherstellung eines *States*. Allerdings wer-

6.5 Extensible Authentication Protocol

den die EAP-Pakete (pro Client) zumindest pro `Request` durchnummeriert [Abb. 6.5-4, Abb. 6.5-5] (vgl. Tab. 2.3-1).

Werden die Typen TLS [RFC 5216], TTLS oder PEAP bzw. LEAP verwendet, sind die Nutzdaten mittels TLS gesichert. Hierbei muss über EAP der gleiche Handshake durchgeführt werden, wie dies bereits in Abb. 7.2-4 dargestellt wurde. Die Unterschiede zwischen diesen Protokollen sind subtil:

- Bei *EAP-TLS* [RFC 5216] müssen sich sowohl der Authenticator als auch der Supplicant gegenseitig über ein X.509-Zertifikat authentisieren.   EAP-TLS
- Beim *EAP Tunnel TLS* (EAP-TTLS) Verfahren weist sich nur der Authenticator mit einem X.509-Zertifikat aus, das der Client über ein Stammzertifikat überprüft.   EAP-TTLS
- Das von Cisco geschaffene *Protected EAP* Verfahren (PEAP) läuft wie EAP-TTLS ab, nur dass im TLS-Tunnel ausschließlich EAP-Nachrichten erlaubt sind.   PEAP
- Das *Lightweight Extensible Authentication Protocol* von Cisco (LEAP) ist eine Ergänzung zu PEAP und erlaubt WLAN-Verschlüsselung mit WEP anstatt mittels WPA.   LEAP

6.5.3 Ablauf der EAP-Authentisierung

Wir wollen nun den Ablauf der EAP-Authentisierung anhand eines konkreten Beispiels im WLAN betrachten [Abb. 6.5-4, Abb. 6.5-5]:

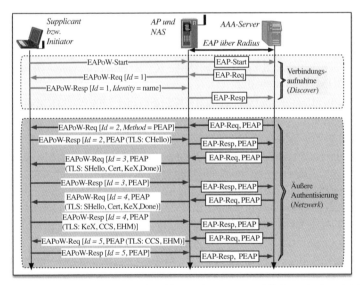

Abb. 6.5-4: EAP-Authentisierung mit den Phasen *Discover* und *Äußere Authentisisierung*
Req: Request, Resp: Response, Cert: Zertifikat, CHello: Client Hello, SHello: Server Hello, CCS: Change Cipher Spec, KeX: Key Exchange, EHM: Encrypted Handshake Message; die umrahmten EAP-Nachrichten zwischen NAS und AAA werden als Payload in RADIUS-Paketen übermittelt

- Damit EAP greifen kann, muss zunächst eine Netzwerkverbindung aufgebaut werden.   Phase 1: Discover

- ▷ Der AP (*Access Point*) sendet seine BSSID und ESSID in Beacon-Frames.
- ▷ Der Client aktiviert sein Supplicant-Profil entsprechend dieser SSIDs für den AP.
- ▷ Der Client sendet EAPoW-Start-Frame zum AP, den diese an den Authenticator weiterleitet.
- ▷ Der Authenticator verschickt die EAP-Nachricht Request-ID zum Client (mit seiner ESSID).
- ▷ Der Client antwortet mit Response-ID dem Autenticator unter Mitteilung seiner User-ID (*name*) im Klartext.

Phase 2: Äußere Authentisierung
- Ziel ist die Aushandlung eines sicheren Übertragungsprotokolls (wie *PEAP*) für die Übermittlung der sensiblen Benutzer-Informationen. Zusätzlich kann die *Authentizität* des Authentikators (und damit des Netzwerks) bzw. auch des Clients mittels *Zertifikaten* verifiziert werden [Abb. 6.5-4]:
  - ▷ Der Authenticator sendet Request-PEAP zum Client (Type=25).
  - ▷ Der Client übermittelt Response-PEAP zum AP (PEAP=ok).
  - ▷ Mittels TLS-Client-Hello (CHello) stellt sich der Client beim Autenticator vor.
  - ▷ Der Authenticator sendet TLS-Server-Hello+KeX (SHello) zum Client einschließlich seiner *Zertifikatsliste*.
  - ▷ Der Client wählt nun das PEAP-Verfahren aus.
  - ▷ Daraufhin ist der Authenticator gezwungen, nochmals die EAP-Nachricht Response-PEAP zu wiederholen; nun aber mit Id=3.
  - ▷ Der Client teilt TLS-Client-KeX dem Authenticator mit, wobei hier auch die TLS-Nachrichten *Change-Cipher-Spec* (CCS) und *Encrypted Handshake Message* (EHM) enthalten sind.
  - ▷ Der Authenticator übersendet TLS-CCS mit einer EHM-Nachricht an den Client.
  - ▷ Abschießend verschickt der Client nochmals die EAP-Nachricht Response-PEAP zum Authenticator; nun mit der Id=5.

  Als Resultat ist nun der Authentikator *authentisiert* und der Client weiß, dass er sich im 'richtigen' Netzwerk befindet und kann nun seine weiteren Credentials mitteilen.

Phase 3: Innere Authentisierung
- Nun findet die Benutzerauthentisierung statt [Abb. 6.5-5], wobei nun die eigentlichen EAP-Nachrichten in EAP-PEAP-Paketen unter Anwendung von TLS verschlüsselt sind. Bei dem hier gewählten Authentisierungsverfahren MS-ChapV2 gilt[2]:
  - ▷ Der Client sendet die Nachricht EAP Request-ID unter Angabe der Methode MS-Chap an den Authenticator (AAA-Server in Abb. 6.5-5).
  - ▷ Der AAA-Server generiert ein *Challenge*, was zunächst in RADIUS/EAP-Nachricht an den NAS und von diesem als EAP-Nachricht zum Client verschickt wird.

---

[2] Bei PEAP(v1) läuft nun im Tunnel ausschließlich EAP ab, wobei hier nur MS-ChapV2 unterstützt wird; daher auch der Name *PEAP/EAP MS-ChapV2*. Bei EAP TTLS kann hier alternativ MS-ChapV2 oder MD5 zur Passwort-Validierung genutzt werden.

6.5 Extensible Authentication Protocol

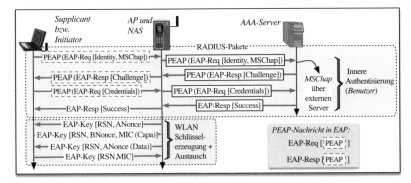

Abb. 6.5-5: EAP-Authentisierung mit den Phasen *Innere Authentisisierung* und *WLAN-Schlüsseltausch*; bei der Kommunikation zwischen WLAN-Client und NAS werden die PEAP-Nachrichten als Payload von EAP-Paketen übertragen
Req: Request, Resp: Response, RSN: Robust Security Network, KeX: Key Exchange; die umrahmten EAP-Nachrichten werden als Payload zwischen NAS und AAA in RADIUS-Paketen übermittelt

- ▷ Der Client erzeugt seine *Credentials*, die über den AP an den AAS-Server zur Authentiserung weitergeleitet werden.
- ▷ Der AAA-Server überprüft diese (ggf. indem er den LDAP-Server kontaktiert) und generiert im Erfolgsfall eine unverschlüsselte EAP-Nachricht Response-Success, die über den AP an den Client durchgereicht wird.

Durch die EAP-Success-Nachricht ist der WLAN-Client bzw. der Benutzer nun *authentisiert* und *autorisiert*, und zugleich wurde dem AP mitgeteilt, dass der Client das WLAN-Netz benutzen darf.

- Abschließend geht es darum, dass der WLAN-Client die notwendigen Schlüssel erhält, die (gesicherte) WLAN-Verbindung aufzubauen. In großen WLAN-Netzen sind *Pre-shared Keys* (PSK) unbrauchbar, da nicht zu verwalten.   Phase 4: WLAN Key Exchange

  - ▷ Bei PEAP wird daher ein *Compound Session Key* (CSK) der entsprechend [RFC 5247] aus dem EAP *Master Session Key* (MSK) und dem *Extended Master Session Key* (EMSK) mit je 64 Byte abgeleitet, wofür vier PEAP *Key Exchange* Pakete (KeX) benötigt werden.
  - ▷ Dieser temporäre Sitzungs-Schlüssel wird auf dem AAA-Server abgelegt und kann zusammen mit der *Session-ID* für eine mögliche *Session Resumption* genutzt werden.
  - ▷ Alternativ hierzu findet in Abb. 6.5-4 ein Schlüsselaustausch lediglich zwischen AP und Supplicant statt, mit dem sowohl der *Pairwise Transient Key* (PTK) als auch der *Group Transient Key* (GTK) für den WLAN-Zugang gebildet werden.

Der WLAN-Client ist nun im Netz *assoziiert*.

Bemerkung: Wie erläutert, ist die Reihenfolge der EAP-Nachrichten durch ihre Id feststellbar; es wird aber keine logische Sequenzfolge garantiert. Zudem wird bei PEAP die *Benutzer-Id* bereits in der ersten Verbindungsphase *in Klartext* über das WLAN übertragen. Die eigentliche Authentisierung wird über den AAA-Server realisiert, der üblicherweise auf einen LDAP-Server im Backend [Abb. 6.5-1] zugreift. In [Abb. 6.5-1] ist der

Einsatz eines externen LDAP-Servers für die Benutzerauthentisierung per MS-ChapV2 angedeutet. Neben der Tatsache, dass der AAA-Server selbst über die notwendigen Benutzerdaten verfügt, sind hier aber auch andere, gängige Verfahren möglich.

Es sei hervorgehoben, dass bei der inneren Authentisierung mittels PEAP die EAP-Nachrichten per TLS verschlüsselt übermittelt werden, die wiederum in EAP, RADIUS, UDP und letztlich IP verkapselt sind.

6.6 Einsatz von RADIUS

Was ist RADIUS?

Bei der Realisierung von *Remote Access Services* (RAS) in großen Intranets ist ein sog. AAA-Server (*Authentisierung, Autorisierung, Accounting*) notwendig, in dem die Daten abgespeichert werden, die man benötigt, um die auf das Intranet zugreifenden Remote-Benutzer zu überprüfen. Für die RAS-Zwecke wird ein *Network Access Server* (NAS) zwischen dem Intranet und einem öffentlichen Netz installiert.

RADIUS (*Remote Authentication Dial-In User Service*) ist ein Protokoll zur Übermittlung von Authentisierungs- und Autorisierungsinformationen zwischen AAA-Server und NAS an der Grenze zum öffentlichen Netz. Das RADIUS funktioniert nach dem Client/Server-Konzept und legt die Kooperation zwischen NAS und AAA-Server fest. Die Daten werden zwischen Client und Server in der Regel verschlüsselt übertragen. Das RADIUS wird in Netzen mit IP eingesetzt und verwendet das verbindungslose Transportprotokoll UDP.

Die aktuelle Version von RADIUS beim Einsatz von IPv4 wird in RFC 2865 definiert. Die Besonderheiten von RADIUS für das IPv6 beschreibt RFC 3162. Hier wird nur auf RADIUS bei IPv4 eingegangen.

6.6.1 Remote Access Services und RADIUS

Network Access Server

Abb. 6.5-1 zeigt das RAS-Konzept. Mit dem RAS kann sich ein Remote-Benutzer in ein ihm erlaubtes Intranet einwählen. Nach der Einwahl erhält dieser Benutzer dieselben Rechte wie jeder lokale Benutzer. Die Remote-Benutzer können auf diesem Weg vollständig in das Intranet integriert werden und genauso arbeiten, wie sie es von einem direkt angeschlossenen Arbeitsplatz am Netzwerk gewohnt sind. Mit dem RAS ist es daher möglich, ein Intranet räumlich uneingeschränkt zu erweitern. Um eine RAS-Lösung realisieren zu können, ist ein NAS notwendig, der an der Grenze zwischen Zugangsnetz und Intranet installiert werden muss. Der NAS fungiert auch als Router, wofür dieser auf der Client-Seite ein *Local Interface Gateway* (LIG) und gegenüber dem RADIUS-Server über ein *Remote Interface Gateway* (RIG) verfügt.

Dial-In Zugang

Greift ein Remote-Benutzer über Remote Access auf das Intranet zu, so spricht man von einem *Dial-In-Zugang*. Jeder NAS muss u.a. folgende Funktionen unterstützen:

- **Authentisierung**: Wer ist das?
- **Autorisierung** von Remote-Benutzern: Was darf er?
- **Accounting** (Abrechnung): Was hat er gemacht?

6.6 Einsatz von RADIUS

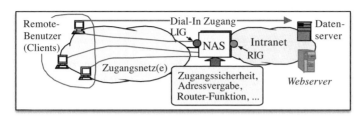

Abb. 6.6-1: Bedeutung des RAS
LIG: Local Interface Gateway, RIG: Remote Interface Gateway

Bemerkung: Mit der Öffnung eines Intranet nach außen besteht immer die Gefahr des Zugangs durch unberechtigte Benutzer. Um dies zu vermeiden, muss im NAS eine Überprüfung der Authentizität jedes Remote-Benutzers stattfinden, was man man *Authentisierung* nennt. Nur wenn die Identität des Benutzers sichergestellt ist, können weitere Maßnahmen wie Autorisierung und Accounting wirkungsvoll sein.

Authentisierung

Unter *Autorisierung* versteht man die vom jeweiligen Benutzer abhängige Einschränkung des Netzzugriffs. Hierfür werden *Benutzerprofile* in einer Benutzerdatenbank (im RADIUS-Server) gespeichert. Man verwendet die Autorisierung, um den Zugriff auf Ressourcen zu steuern.

Autorisierung

Erst nach der erfolgreichen Authentisierung ist der Remote-Benutzer (im Rahmen seines Benutzerprofils) berechtigt, auf bestimmte Ressourcen im Intranet zuzugreifen, so als befände er sich innerhalb des lokalen Netzwerks.

Unter *Accounting* (Abrechnung) versteht man die Art und Weise, wie Rechnungen für den Verbrauch von Netzressourcen und Nutzung von dessen Diensten erstellt werden. Ein Accounting ist nicht nur für kommerzielle Anbieter von Online-Diensten für die Rechnungserstellung notwendig. Auch für die Absicherung der Fernzugänge gegenüber Missbrauch und zur Trendanalyse der Auslastung wird ein Abrechnungssystem benötigt.

Accounting

In großen Intranets ist die Anzahl von Remote-Benutzern so groß, dass es sinnvoll ist, Authentisierung, Autorisierung und Accounting zu zentralisieren und sie vom NAS zu trennen. Dies wird von speziellen dedizierten Servern im Unternehmensnetz übernommen. Ein solcher Server wird als *AAA-Server* bezeichnet werden.

AAA-Server

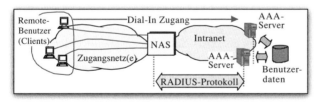

Abb. 6.6-2: Einsatz von AAA-Servern

Durch die Trennung von NAS- und (redundanten) AAA-Server(n) wird die Zuverlässigkeit des RADIUS-Systems stark erhöht. In der Praxis hat es sich darüber hinaus als sinnvoll herausgestellt, die Benutzerdaten nicht auf dem AAA-Server zu bevorraten, sondern diese in einer *Backend-Datenbank* (wie z.B. LDAP, siehe Abschnitt 15.3) zu halten. Abb. 6.6-2 zeigt eine solche Lösung. Die allgemeinen Informationen über jeden Remote-Benutzer umfassen in der Regel solche Angaben wie Name,

Telefonnummer, E-Mail-Adresse und Standort. Neben den Nutzungsrechten werden für jeden Remote-Benutzer weitere sicherheitsbezogene Daten wie Kennwort, Art der Authentisierung etc. gespeichert.

AAA als KPI-Lieferant

Dem AAA-Server verbleibt hierbei die Aufgabe des Erfassens der *Accounting-Daten*, die dort zentral verwaltet und ausgewertet werden. Die Remote-Verbindungen werden benutzerspezifisch registriert und überwacht, um somit die Zuordnung der Verbindungskosten vornehmen zu können. Ergänzend können Verfügbarkeits- und Störungsdaten aufgezeichnet werden, die im Rahmen eines *Service Level Agreements* (SLA) als *Key Performance Indicators* (KPI) zu betrachten sind.

6.6.2 Konzept von RADIUS

Der Datenaustausch zwischen dem NAS und dem AAA-Server findet nach dem RADIUS-Protokoll statt. RADIUS funktioniert nach dem Client/Server-Konzept und legt die Kooperation zwischen NAS und AAA-Server fest. Beim RADIUS werden zwei logische Komponenten definiert:

- RADIUS-Server und
- RADIUS-Client.

NAS

Die *Network Attached Station* (NAS) stellt das logische Ende des Zubringernetzes dar. Bei einem WLAN [vgl. Abschnitt 13.3] kann dies der *Access Point* (AP) sein, bei einem Heimnetzwerk, das per DSL über einen Network Service Provider (NSP) Zugang zum Internet erhält, ist dies der eigene DSL-Router. Die NAS hat folgende Aufgaben zu erfüllen:

LIG

- Die lokale Konnektivität zum NAS stellt dieser in Form des *Local Interface Gateways* (LIG) bereit. Aufgaben des LIG sind insbesondere die Unterstützung der Benutzerauthentisierung über ein EAP-Verfahren, die Bereitstellung der *Key Exchange*-Methoden und die Schlüsselgenerierung (bei WLAN).

RIG

- Die Kommunikation vom NAS zum RADIUS-Server erfolgt über das *Remote Interface Gateway* (RIG). Dem RIG fällt die Aufgabe zu, mit dem RADIUS-Server über geschützte Verbindungen oder über ein VPN (z.B. *L2TP*, vgl. Abschnitt 13.4) zu kommunizieren.

RADIUS-Server = AAA-Server

Der *RADIUS-Server* kann als AAA-Server angesehen werden, dem sämtliche Informationen über Remote-Benutzer zur Verfügung stehen. Der *RADIUS-Client* stellt hingegen ein Funktionsmodul dar, das auf dem NAS installiert wird [Abb. 6.5-3]. Die zwischen RADIUS-Client (also NAS) und RADIUS-Server (also AAA-Server) ausgetauschten Nachrichten werden durch einen *keyed MAC* (siehe Abschnitt 2.3 und 7.2.4) mit einem gemeinsamen *Shared Secret* gesichert. Dieses *Shared Secret* dient auch zur gegenseitigen Authentisierung von NAS und AAA.

Hunt-Groups

Da ein AAA-Server in der Regel mehrere NAS unterschiedlicher Hersteller mit verschiedenen Eigenschaften nutzt, werden gleichartige NAS in einer *Hunt-Group* zusammen gefasst und können somit auf dem AAA-Server gemeinsam konfiguriert und

6.6 Einsatz von RADIUS

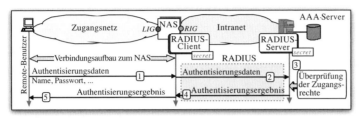

Abb. 6.6-3: Authentisierung eines Remote-Benutzers mittels RADIUS
LIG: Local Interface Gateway, RIG: Remote Interface Gateway

verwaltet werden. Dies betrifft insbesondere herstellerspezifische Eigenschaften wie z.B. das *Prefixing* von Benutzernamen und das korrekte *Attribut-Mapping*.

Authentisierung über RADIUS

Ein Remote-Benutzer, der sich auf dem NAS einwählen möchte, muss sich zunächst gegen über dem RADIUS-Server identifizieren. Hierfür ist es zunächst notwendig, dass sich beide Parteien auf ein gemeinsames Authentisierungsverfahren verständigen, z.B. PAP, CHAP [Abb. 13.2-7, Abb. 13.2-8] oder häufig die Variante MS-Chap [Abb. 2.6-3]. Wird PAP verwendet, d.h. sowohl Benutzerkennung als auch Passwort in Klartext übertragen, wird nicht das Passwort selbst, sondern dessen MD5-Hash übertragen.

- Verbindungsaufnahme mit dem NAS unter Mitteilung der Benutzerkennung.   Schritt 1
- Der NAS beinhaltet einen RADIUS-Client, der eine Anfrage an den AAA stellt und die RADIUS-Nachricht `Access-Request` über UDP an Port 1812 verschickt. Erfolgt keine Antwort innerhalb eines *Timeouts*, wird dies wiederholt oder an einen anderen Radius-Server gerichtet.   Schritt 2
- Der Radius-Server überprüft, ob die Anfrage von einem legitimen NAS stammt (ggf. mit Zertifikatsprüfung). Der Radius-Server schaut in seiner Benutzerdatenbank nach (ggf. per LDAP-Lookup, siehe folgender Abschnitt) und verifiziert die Identität des Benutzers (*Authentisierung*).   Schritt 3
- Der Radius-Server verschickt im Erfolgsfall die Nachricht [`Access-Accept`] an den NAS mit einer Reihe von RADIUS-Attributen bzw. lehnt die Verbindungsaufnahme durch die Nachricht `Access-Reject` ab und meldet, dass der Authentisierungsversuch des Remote-Benutzers ungültig ist.   Schritte 4 und 5

Erfüllt der Remote-Benutzer alle Bedingungen, wird eine Liste von Konfigurationsangaben (als sog. *RADIUS-Attribute*) für den Remote-Benutzer im Paket `Access-Accept` (Zugriff erlaubt) an den RADIUS-Client zurückgesendet. Zu diesen Angaben gehören alle notwendigen Parameter, die für die Bereitstellung des gewünschten Zugangs erforderlich sind. Im Falle des Zugangs mit dem PPP kann es sich bei diesen um eine IP-Adresse, eine Subnetzmaske bzw. die Art der Komprimierung handeln.

Remote-Benutzer identifizieren sich in der Regel lediglich mit Benutzername und   Realms
Kennwort. Bedient der AAA-Server mehrere *Network Service Provider* (NSP), wird

ergänzend zum Namen ein *Realm* (Domäne) mitgegeben. Zwei Notationen sind hierbei üblich:

- *Prefix-Notation*: `\\NT-Domain\Benutzername`
- *Suffix-Notation*: `benutzername@domain` (oder: `benutzername%domain`)

Hint-Group

Für den RADIUS-Server ist das Realm ein Hinweis (Hint), weshalb hier der Sprachgebrauch *Hint-Group* verwendet wird. Dem RADIUS-Server sind diese 'Realms' (und ihre Syntax) mitzuteilen, damit dieser hieraus den eigentlichen Benutzernamen entnehmen kann. RADIUS unterstützt mehrere Realms mit unterschiedlicher Syntax, was insbesondere bei großen RADIUS-Netzwerken und beim Einsatz von Proxy-RADIUS-Servern zum Einsatz kommt.

Einsatz mehrerer RADIUS-Server

Große Netzwerke mit IP werden in der Regel auf mehrere Subnetze aufgeteilt. Die Verwaltung von Namen über des DNS wird ebenfalls so strukturiert, dass mehrere *DNS-Zonen* mit eigenen Nameservern gebildet werden [Kapitel 5]. Die Authentisierung von Remote-Benutzern und die DNS-Implementierung beeinflussen sich gegenseitig. Werden unterschiedliche Zonen innerhalb eines Intranet gebildet, können mehrere RADIUS-Server implementiert werden, die auf die einzelnen Zonen beschränkt sind. In solchen Fällen ist ein *Proxy-RADIUS-Server* nötig, die RADIUS-Nachrichten lediglich an bekannte AAA-Server weiterleiten, aber selbst keine Authentisierungsdatenbasis besitzen.

Wie Abb. 6.6-4 zeigt, fungiert ein Proxy dem RADIUS-Client im NAS gegenüber als ein Vertreter aller RADIUS-Server.

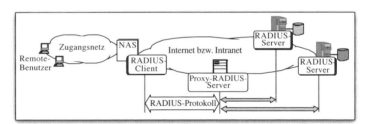

Abb. 6.6-4: Einsatz mehrerer RADIUS-Server

Proxy-RADIUS-Server

Die Aufgabe des Proxy-RADIUS-Servers besteht vor allem darin, die Anforderungen vom RADIUS-Client nach bestimmten Kriterien (z.B. IP-Adresse des Remote Clients, Zugangsnetz, ...) an einen RADIUS-Server weiterzuleiten. Falls mehrere RADIUS-Server eingesetzt werden, sind sie entsprechend priorisiert einstufbar. Wenn ein primärer RADIUS-Server nicht innerhalb einer festgelegten Zeitperiode antwortet, wird die Anforderung vom RADIUS-Client automatisch an den nächsten nach der Prioritätsstufe vorgesehenen RADIUS-Server übermittelt. Bei erfolgreicher Authentisierung bei einem RADIUS-Server sendet Letzterer an den Proxy die Nachricht `Access-Accept`, der diese an den RADIUS-Client bzw. die NAS weiter leitet.

Da das RADIUS ein Internet-Standard ist, spielt dieses Protokoll vor allem in heterogenen Umgebungen eine wichtige Rolle. Des Weiteren wurde RADIUS bereits oft implementiert, und es steht eine Reihe RADIUS-konformer Accounting-Werkzeugen zur Verfügung.

6.6.3 RADIUS-Nachrichten

Die Daten zwischen RADIUS-Client und -Server werden in mittels dedizierter RADIUS-Nachrichten [Tab. 6.6-1] übermittelt. Hierfür wird das verbindungslose Transportprotokoll UDP verwendet. Wie Abb. 6.6-5 zeigt, stellt das RADIUS eine UDP-Anwendung dar, der die Portnummer 1812 zugeordnet wurde.

Der Grund, warum man für Übermittlung der RADIUS-Nachrichten das verbindungslose Transportprotokoll UDP verwendet, besteht darin, dass ein Ersatz-RADIUS-Server in der Regel dupliziert werden muss. Fällt ein RADIUS-Server aus, so wird direkt der Ersatz-Server in Anspruch genommen, ohne eine Verbindung zum Server aufbauen zu müssen.

Warum UDP bei RADIUS?

Die einzelnen Felder in RADIUS-Nachrichten haben folgende Funktionen:

- **Code**: Dieses Feld ist 1 Byte lang und gibt den Typ der RADIUS-Nachricht an:

Code (Dezimal)	Paket
1	Access-Request (Zugriffsanforderung)
2	Access-Accept (Zugriffserlaubnis)
3	Access-Reject (Zugriffsverweigerung)
4	Accounting-Request
5	Accounting-Response
11	Access-Challenge
12	Status-Server (experimentell)
13	Status-Client (experimentell)

Tab. 6.6-1: RADIUS-Nachrichtentypen

- **Identifier**: Dieses Feld ist 1 Byte lang. Die Identifikation verwendet der RADIUS-Client dazu, die Nachrichten als Antworten vom RADIUS-Server den abgeschickten Anforderungen eindeutig zuzuordnen.
- **Length**: Dieses Feld ist 2 Byte lang und gibt die Gesamtlänge der Nachricht an.
- **Authenticator**: Dieses Feld ist 16 Byte lang und enthält die Informationen, die der RADIUS-Client und -Server zur gegenseitigen Authentisierung verwenden.
- **Attribute**: Eine RADIUS-Nachricht kann ein oder mehrere Attribut/e enthalten, in dem/denen die Authentisierungs-, Autorisierungs- und Konfigurationsangaben eingetragen sind [Tab. 6.6-2].

Aus Abb. 6.6-5 ist der Aufbau von RADIUS-Attributen ersichtlich, bei der allgemein das *Typ-Länge-Wert-Format* (TLV) Verwendung findet. Die einzelnen Attributfelder haben folgende Bedeutung:

RADIUS-Attribute

- **Type**: Dieses Feld ist 1 Byte lang und gibt die Bedeutung des Attributs an.
- **Length**: Dieses Feld ist 1 Byte lang und gibt die Länge des Attributs an.
- **Value**: Dieses Feld ist variabel in der Länge und enthält Attributsangaben. Das Format und die Länge des Value-Feldes hängen vom Typ des Attributs ab.

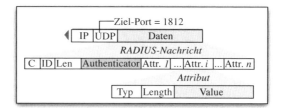

Abb. 6.6-5: Aufbau von RADIUS-Nachrichten
C: Code, ID: Identifier, Len: Length

Type	Attribut
1	`User-Name`
2	`User-Password`
3	`NAS-IP Address`
5	`NAS-Port`
7	`Framed-Protocol` (z.B. SLIP, PPP)
8	`Framed-IP Address` (IP-Adr. des Benutzers)
9	`Framed-IP-Netmask` (IP-Netzmaske beim Benutzer)
12	`Framed-MTU` (maximale IP-Paketlänge)
13	`Framed-Compression` (Komprimierungsverfahren)
26	`Vendor-Specific` (herstellerspezifisches Attribut)
32	`NAS-Identifier`
79	Eingebettete `EAP-Nachricht` [RFC 3579]
80	`HMAC-MD5 Message-Authenticator` [RFC 3579]

Tab. 6.6-2: Einige RADIUS-Attribute
Weitere RADIUS-Attribute finden sich in RFC 2865.

Informationen über die Attribute und deren Verwendung finden sich in den RFC 2865 und 2866. Beim RADIUS werden auch herstellerspezifische Attribute (*Vendor-Specific Attributes*, VSA) unterstützt. Sie sind dafür gedacht, dass die Hersteller eigene Attribute festlegen können, die nicht in der RADIUS-Spezifikation [RFC 2865] definiert sind. Auf dem AAA-Server kann dies in einer geeigneten Hunt-Group abgebildet werden.

RADIUS Authenticator

Weder die Kommunikation zwischen Remote-Benutzer und NAS (LIG) noch zwischen RADIUS-Client (RIG) und AAA-Server ist notwendigerweise verschlüsselt. Die über UDP übertragenen RADIUS-Nachrichten sind jedoch gegen Verfälschung gesichert. Hierbei wird folgendermaßen vorgegangen:

- Zunächst ist zwischen NAS und AAA-Server ein *Shared Secret* eingerichtet. Dieses kann auch für eine Gruppe von NAS identisch sein.
- Stellt ein Remote-Client eine Anfrage an den NAS, erzeugt dieser einen *Request Authenticator*, eine 16 Byte lange Zufallsfolge, die in der `Access-Request`-Nachricht eingebettet wird und einmalig für jede Verbindungsaufnahme ist.
- Der AAA-Server generiert für als Response-Nachrichten also `Access-Response`, `Access-Accept`, `Access-Reject` und `Access-Challenge` einen *Response-Authenticator* nach einem *keyed-Hash* Schema, der der Response-Nachricht hinzugefügt wird:

```
MD5(Code+ID+Length+RequestAuthenticator+Attribute+Shared Secret)
```

- Der RADIUS-Client kann daher mittels der empfangenen Daten und des *Shared Secret* sowohl die Integrität als auch die Authentizität der Response-Nachricht überprüfen.

Entsprechend Tab. 6.6-2 wird der Benutzername als RADIUS-Attribut Typ 1 übertragen, das Passwort als Typ 2. Dieses Attribut ist durch die XOR-Verknüpfung mit dem *Shared Secret* und dem *Request Authenticator* besonders geschützt, und zwar unabhängig von der gewählten Authentisierungsmethode:

Schutz des übertragenen Passworts

```
PW-Attribut = MD5(Shared Secret+RequestAuthenticator)⊗Passwort
```

Und falls dass Passwort länger als 16 Byte ist, iterativ:

```
PW-Attribut(2) = MD5(Shared Secret+PW-Attribut)⊗Passwort
```

Häufig wird die Möglichkeit genutzt, den NAS mit dem AAA-Server über ein VPN (z.B. Ethernet-VLAN) zu koppeln. Es ist zu betonen, dass aufgrund der Mechanismen des RADIUS-Protokolls zwar die Passwörter nicht (einfach) ermittelt werden können – sofern das *Shared Secret* stark genug ist und der Administrator dies nicht bei den Defaults der Hersteller belässt –, alle anderen Attribute aber im Klartext vorliegen.

6.7 Lightweight Directory Access Protocol

LDAP hat im Vergleich zu den anderen in diesem Kapitel dargestellten Verfahren eine lange und wechselhafte Geschichte hinter sich. Angefangen vom *Directory Access Protocol* (DAP), das von der (damaligen) CCITT als X.500 ins Leben gerufen und als dessen 'kleiner Bruder' LDAP mit der Version 1 im Jahr 1993 als RFC 1487 spezifiziert wurde, bis zum heutigen LDAPv3-Entwurf von 2002 (RFC 2251; aktuell ist RFC 4511) gibt es kaum ein Internetprotokoll, bei dem Anspruch (Anforderung) und Wirklichkeit (Implementierung) so weit auseinander lagen.

Allgemein besteht Bedarf an einem *Verzeichnisdienst*, mit dem bzw. über den die Ressourcen allgemein beschreibbar und vor allem einfach auffindbar sind. Eine Ressource ist z.B. eine Person mit ihrer Anschrift, Telefonnummer, E-Mail-Adresse, aber auch ein Netzwerkdrucker mit den Angaben wie Standort, IP-Adresse und spezielle Fähigkeiten, wie z.B. Farbdruck.

Bedarf an Verzeichnisdienst

Neben einer Public-Domain-Implementierung von LDAP, die an der University of Michigan vorangetrieben wurde [http://www.openldap.org], war es zunächst die Firma *Banyan*, die über *StreetTalk* einen Verzeichnisdienst innerhalb ihres Netzdienstes *Vines* realisierte. Später ist dann *Novell* (mit Version 4.x) diesen Anforderungen gefolgt und bot mittels *Network Directory Services* (NDS) entsprechende Dienste an, die zudem heute eine 100%-konforme LDAP-Schnittstelle aufweisen. Ab Windows 2000 hat dann auch *Microsoft* per *Active Directory Services* (ADS) eine qualifizierte LDAP-Implementierung vorgelegt.

Bekannte Verzeichnisdienste

LDAP-Besonderheiten	Die wichtigsten LDAP-Besonderheiten sind:

- LDAP ist ein oberhalb von TCP angesiedeltes Client/Server-Protokoll. Die Client-Funktion ist in der Regel über ein LDAP-API realisiert, das unter UNIX über die OpenLDAP-Bibliotheken, unter PERL (*net-ldap*) aber natürlich auch für die Microsoft-Betriebssysteme zur Verfügung steht. Der Client baut eine Sitzung zum Server auf (*Bind*), über die das Holen (*Query*), das autorisierte Ändern oder das Einfügen von Informationen möglich sind.

Verzeichnisbaum = DIT

- Obwohl eigentlich leichtgewichtig vom Anspruch, ist die Implementierung eines LDAP-Servers durchaus schwergewichtig. Zunächst sind die hinterlegten LDAP-Informationen geeignet abzubilden. Im Gegensatz zu einer relationalen Datenbank sind die Informationen grundsätzlich hierarchisch gestaffelt und bilden einen Verzeichnisbaum, den sog. *DIT* (*Directory Information Tree*). Zudem ist LDAP in erster Linie für lesenden Zugriff entwickelt, aber nicht unbedingt für häufige Änderungen der Daten. Typischerweise wird der Datenbestand in einer (einfachen) Datenbank verwaltet (z.B. Berkeley-DB, MSSQL).

ACL

- Der LDAP-Server muss nicht nur für den Zugriff auf die hinterlegten Entitäten geeignete *Access Control Lists* (ACL) führen, sondern er muss bei Bedarf auch seinen Datenbestand (partiell) mit anderen LDAP-Servern abgleichen (Replikation).

DN

- Die Adressierung eines LDAP-Objekts erfolgt über den im Verzeichnisbaum eindeutig hinterlegten *Distinguished Name* (DN).

- Die Beschreibung der LDAP-Entitäten erfolgt prinzipiell *objektorientiert*. LDAP unterscheidet zwischen *Objekten* (abstrakte oder konkrete Sammelcontainer wie Personen), ihren Attributen (z.B. Vor- und Zuname) und den zugeordneten Werten (also z.B. zum *Common Name* CN = Peter Schmid).

Schema

- Welche Objekte welche Attribute aufweisen dürfen und wie die Werte zu interpretieren sind, wird über das *Schema* bestimmt. Wie bei allen Datenbanken benötigt auch LDAP zunächst Kenntnis über das Schema, um die angebotenen Informationen interpretieren zu können. Während in den Anfangszeiten von LDAP (und vor allem von X.500) das Schema an den Notwendigkeiten der Telekom-Unternehmen ausgerichtet war, reflektiert das aktuelle LDAPv3-Protokoll doch weitgehend den Bedarf der Internet-Nutzer, ohne allerdings die grundlegende Abhängigkeit prinzipiell zu lösen.

6.7.1 Directory Information Tree

LDAP stellt keine (relationale) Datenbank im eigentlichen Sinne bereit, vielmehr sind die Daten (Informationen) im LDAP-Verzeichnis hierarchisch abgebildet. Wie auch bei DNS [Abschnitt 5.1] beginnt die Struktur mit der Wurzel 'root'. Während bei DNS auf der obersten Strukturebene die *Top Level Domains* (TLD) angesiedelt sind, nutzt das LDAP-Verzeichnis typischerweise *Country Codes* entsprechend ISO-3166.

Distinguished Name = DN

Der *Distinguished Name* (DN) wird gebildet durch eine Zeichenkette [RFC 1485], die einzelne Hierarchieebenen benennt: C=DE, O=FEHCOM, CN=Erwin Hoffmann. Hierbei steht C für den *Country Code*, O für die *Organisation* und CN ist der sog. *Common Name*. Der Name eines 'Knotens' in der Hierarchie wird *Relative Distinguished Name* (RDN) genannt. Wie die Hierarchien gebildet werden, ist nicht vorgeschrieben

Common Name = CN

6.7 Lightweight Directory Access Protocol

und kann bedarfsweise entschieden werden. So mag es sinnvoll sein, die Objektebene OU für *Organizational Unit* oder L für *Locality* Name (Ort) zu nutzen bzw. ST für *Bundesstaat* oder *Provinz*. Durch das Ein- bzw. Ausblenden einzelner Ebenen ist LDAP in der Strukturierung der Information recht flexibel [Abb. 6.7-1a].

Abweichend vom geografischen oder organisatorischen Aufbau des DNS kann zur Identifikation auch die DNS-Information mittels der DC-Kennung (*Domain Component*) angegeben werden [RFC 2247], z.B. DC=fehcom, DC=de.

Domain Component = DC

Anwender besitzen auf den Rechnersystemen in der Regel eine Benutzerkennung oder einen Account-Namen. Diese kann mittels des *UserID*-Attributs (UID) geeignet abgebildet werden und steht in Ergänzung zum *Common Name* zur Verfügung.

UserID

Eine Information, die durch einen DN im LDAP-Verzeichnis auffindbar ist, wird *Eintrag* (*Entry*) genannt [Abb. 6.7-1b]. Ein Eintrag ist die Instanz eines Objekts seiner Klasse. Kennzeichnend ist, dass jeder Eintrag die Attribute und die Zugriffsberechtigungen (die sog. *Access Control Lists*) seiner Klasse sowie der übergeordneten Klassen 'erbt'. Die Merkmale eines Objekts, d.h. die ihm zugewiesenen (und abrufbaren) Attribute bleiben aber sichtbar. Für ein Objekt kann ein Attribut *mandatorisch* oder *optional* sein, was über das Schema festgelegt wird.

Einträge

Neben dem Objektmerkmal *Attribut* gibt es das weitere Merkmal *ACL*, das die Verfügbarkeit eines Attributs auf der Zugriffs- bzw. Berechtigungsebene festlegt. Generell ist das Objektmodell bei LDAP nicht geschützt – und kann somit ohne Einschränkungen abgefragt werden –, wohl aber die Attribut-Werte der Einträge.

Access Control Lists

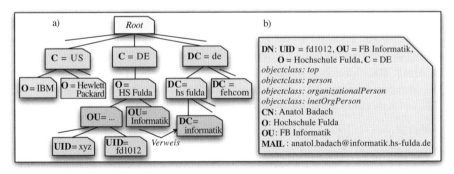

Abb. 6.7-1: Beispielhafter Aufbau eines LDAP-Verzeichnisses und -Eintrags: a) Auszug aus dem Verzeichnisbaum, b) Aufbau eines Eintrags

Den Begriff *COSINE-Schema* hat LDAP von X.500 geerbt, und er wird in RFC 2256 für LDAPv3 näher beschrieben. Die aktuellen Eigenschaften von LDAP wie seine Objekte, Attribute und Nachrichtentypen findet man bei IANA [http://www.iana.org/assignments/ldap-parameters]. Grundsätzlich wird bei LDAP das Schema verstanden als

Schema

- die Darstellung der Objekte in ASN.1-Syntax über ihren *Object-Identifier* (OID) [http://www.itu.int/ITU-T/asn1/] sowie
- die Festlegung von Attributen und ihrer OIDs sowie ihre Zuordnung zu den Objekten und in beiden Fällen die jeweils gültigen Vererbungsregeln.

Dadurch, dass LDAP explizit Bezug auf die OIDs in ASN.1 nimmt, wird implizit die Vererbung der Objekte und der Attribute gewährleistet. RFC 2307 nimmt Bezug auf die OIDs von X.500 und schafft für LDAP die wichtige Festlegung der *POSIX-Attribute*, in denen Benutzerattribute definiert sind. Zusätzlich wird in RFC 4523 ein Schema für Zertifikate und in RFC 4524 das von X.500 inspirierte sog. COSINE-Schema beschrieben, das vor allem die Ablage von Dokumenten im LDAP regelt.

6.7.2 LDAP-Server

DIB

Auf dem LDAP-Server ist der DIT (*Verzeichnisbaum*) in persistenter Form hinterlegt, was als DIB (*Directory Information Base*) bezeichnet wird. In der DIB finden sich nicht nur die Einträge, sondern es müssen auch die Meta-Informationen, also das Schema und die ACLs hinterlegt werden. Mittels des Schemas ist es dem LDAP-Server möglich, dem Client die gewünschten Informationen in geeigneter Form bzw. Repräsentierung anzubieten. Über die ACLs wird festgelegt, auf welche Informationen der Client zugreifen darf bzw. welche Authentisierung erforderlich ist.

Aufgaben eines LDAP-Servers

Bezüglich der Client/Server-Kommunikation realisiert der LDAP-Server die Aufgaben:

- **LDAP-API**: Gegenüber dem Client stellt er das LDAP-API zur Verfügung.
- **Authentisierung**: Er stellt die Methoden zur *Client-Authentisierung* bereit und weist dem Client nach erfolgter Authentisierung die ihm zustehende Sicherheitsrolle zu.
- **Query**: Aufgrund der vom Client nachgefragten Information nimmt er ein *Retrieval in der DIB* vor, interpretiert die gefundene Information aufgrund des Schemas und präsentiert diese dem Client, sofern sie per ACLs erlaubt ist (*Credentials*).
- **Update**: Bei hinreichender Autorisierung ermöglicht der LDAP-Server auch das Hinzufügen, Löschen bzw. Ändern von Einträgen sowie Attributen und ihren Werten wie z.B. eine Passwortänderung in der DIB.

LDAP-Server-Funktionen

Darüber hinaus stellt ein LDAP-Server ergänzende (administrative) Funktionen bereit:

- **Export/Import**: Ein- und Auslesen der in der DIB hinterlegten Informationen in einem Exportformat, dem *LDAP Data Interchange Format* (LDIF) [RFC 2849].
- **Replikation**: Methoden zur (partiellen) Replikation der Daten [RFC 3384] auf weiteren LDAP-Servern.
- **Synchronisation**: Methoden zur Synchronisation des Datenbestands mit einem anderen Server [RFC 4533].
- **De-Referenzierung**: Einträge mit der Objektklasse *alias* werden auf den DN mit der Ursprungsinformation verwiesen.

Die Datenbankfunktionen des LDAP-Servers werden häufig über ein *Datenbank-Backend* realisiert. Kennzeichnend für einen LDAP-Server ist ein schnelles Informations-Retrieval. Dies kann bei einer relationalen Datenbank über eine geeignete Indexstruktur auf den Datenbanktabellen realisiert werden.

6.7.3 LDAP-Client-Zugriff

Wie weit sich LDAP und X.500 angenähert haben, wird besonders in der in RFC 4521 vorgenommenen Sprachregelung deutlich, in der der *Directory User Agent* (DUA) als LDAP-Client bezeichnet wird. Der LDAP-Client hat zwei wesentliche Aufgaben:

LDAP-Client

- Aufbau der Verbindung zum LDAP-Server, was als *Bind* bezeichnet wird,
- *Abfrage* der Informationen aus dem LDAP-Verzeichnis sowie ggf.
- *Update* und *Ergänzung* bzw. *Löschen* der im LDAP-Server vorhandenen Informationen.

Obwohl generell Informationen über die im DIT hinterlegten Objekte und Attribute (Strukturinformation) nachgefragt werden können, stehen doch die Einträge und ihre Attributwerte (Inhalte) im Vordergrund. Selbstverständlich können beide Abfragen miteinander kombiniert werden [Abb. 6.7-2].

Hinweis: Die im LDAP-Verzeichnis hinterlegten inhaltlichen Informationen (und ggf. auch die Strukturinformation) stellen in der Regel persönliche oder organisationsspezifische Daten dar und sind entsprechend vor unbefugtem Zugriff zu schützen. Der Umfang des erlaubten Zugriffs wird

LDAP-Verzeichnis als Adressbuch

1. über die Benutzerauthentisierung,
2. über die Zugriffsmethode (offen oder verschlüsselt) und
3. über die dem Benutzer zugeordneten Rechte (ACLs) bzw. Rollen gewährt.

Öffentliche Informationen werden gerne mit einem Telefonbuch (sofern sie persönliche Daten enthalten) oder mit den Gelben Seiten (*Yellow Pages*) verglichen. Die Idee, geeignete Dienste zur Offenlegung von Informationen oder Diensten einzusetzen, ist nicht neu; im Hinblick auf das sog. *Address Harvesting*, das zu Spam-Mails und unerwünschten SMS oder Telefonanrufen führt, gelten diese aber als weitgehend kompromittiert. Die Vorstellung des 'Globalen Adressbuchs' ist angesichts der konkreten Nutzung des Internet quasi 'ad acta' gelegt. LDAP-Verzeichnisse sind generell nicht öffentlich zugänglich und spielen nur für den firmen- bzw. organisationsinternen Einsatz eine Rolle.

Das Protokoll LDAP kommt den geschilderten Anforderungen insofern nahe, als dass der Zugriff auf das (konkrete) LDAP-Verzeichnis auf Sitzungsebene über das Bind geregelt wird. Der Verbindungsaufbau des LDAP-Clients zum Server findet mittels einer der folgenden Methoden statt [RFC 4513]:

Bind

- **Anonymous Bind**: Der Client ist nicht identifiziert, also anonym. Oft erhält der Client keinerlei Informationen über Einträge, wohl aber über die Strukturinformationen, also Objekte, Attribute und – wichtig – *Distinguished Names* (DN).
- **Simple Bind**: Der LDAP-Client identifiziert sich mit seinem DN und dem zugehörigen Passwort unverschlüsselt und in Klartext. Prinzipiell kann dem Client Zugriff auf die ihm zugestandenen Attribute und deren Werte gewährleistet werden.
- **Strong Bind**: Die Übermittlung der Client-Identität erfolgt mittels kryptografisch starker Methoden, z.B. Zertifikate. Hierbei nimmt LDAP konkreten Bezug auf *Simple Authentication and Security Layer* (SASL) [RFC 4422].

Es ist hervorzuheben, dass alle Bind-Arten – wie Abb. 6.7-2 zeigt – bei der Nutzung über LDAPS oder LDAP+StartTLS [Abschnitt 7.2] über verschlüsselte Kanäle erfolgen können, sodass sogar ein *Simple Bind* (und der anschließende Datentransfer) inhaltlich gesichert werden kann.

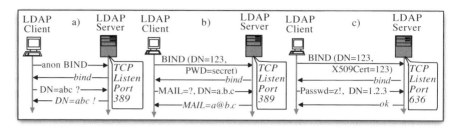

Abb. 6.7-2: Typen des LDAP-Bind: a) Anonymous Bind: Abfrage struktureller Informationen, b) Simple Bind (unter Angabe von DN und Passwort): Query des Attributs 'Mail' für einen DN, c) Starkes Bind (mit X.509 Zertifikat): Änderung eigener Attribute

LDAP URL

Mit der Integration von LDAP über den Netscape Webbrowser und das frei verfügbare LDAP-SDK begann der heimliche Siegeszug der LDAP-Anwendung. Über den in RFC 4516 deklarierten LDAP-URL lässt sich ein effizienter, Internet-gestützter Adressbuch-Lookup realisieren, der von Webbrowsern unterstützt wird und statt des HTTP-Ports 80 die Anfrage auf dem LDAP-Port 389 startet: `ldap://ldap.example.com`. Auch ein (START)TLS-gesicherter Zugang ist möglich.

In der URL können Wildcards ('?', '*'), Suchausdrücke (Extension '!'; Werte '=') sowie die Angabe der 'Suchtiefe' bzw. *Scope* (base, one, sub) verwendet werden. Zur Einhaltung des in RFC 1738 definierten Zeichenvorrats sollten sog. unsichere Zeichen in der URL vermieden und stattdessen ihre hexadezimale Repräsentierung eingegeben werden. Hierzu zählt im Besonderen das Leerzeichen, das in der URL '%20' lautet.

LDAP-Frontends

Viele Applikationen wie Webbrowser und E-Mail-Clients verfügen über einen LDAP-Client. Besonders gilt dies für Adressbuchanwendungen, wie sie typischerweise auch in GroupWare-Produkten zu finden sind. Eine weitere wichtige Anwendung besteht darin, mittels LDAP eine Benutzerauthentisierung vorzunehmen. Hierzu kann der LDAP-Client beispielsweise (extern) in einem *Pluggable Authentication Module* (PAM) vom aufrufenden Programm genutzt werden, z.B. um sich gegenüber dem AD-Server auszuweisen, worüber dann die Anmeldung erfolgt.

Grafischer LDAP-Browser

Zum Browsen im LDAP-Verzeichnis bzw. zum Einfügen und zum Ändern von Einträgen ist ein grafischer LDAP-Browser hilfreich wie z.B. Softterra unter Windows [http://www.ldapbrowser.com] und der auf GTK basierende GQ LDAP-Client unter Unix bzw. X.11 [http://sourceforge.net/projects/gqclient].

6.8 Schlussbemerkungen

In diesem Kapitel haben wir zwei unterschiedliche Komplexe besprochen:

1. Es wurden unterschiedliche Mechanismen vorgestellt, wie IPv4-Adressen bzw. die IPv4-Netzkonfiguration verteilt und genutzt werden. Zudem haben wir die Eigen-

schaften von IPsec vorgestellt, ein Verfahren, dessen Entwicklung ursprünglich von IPv6 ausging.

2. Die Authentisierung von Benutzern- und Systemkomponenten werden mit den Support-Protokollen EAP, RADIUS und LDAP vorgestellt, die als Alternativen für das bei IPSec vorliegende Internet Key Exchange-Protokoll IKE2 genutzt werden können.

Netzkonfiguration der Rechner
Die Konfiguration der Netzwerkparameter für einen Rechner steht am Anfang der Anbindung ans Internet und ist notwendig für den Zugang zu den Ressourcen. Dessen Qualifikation kann wie folgt vorgenommen werden:

- Das APIPA oder *Zeroconf*-Protokoll ist direkt dem IPv6 entnommen, wo dieses das Standardverfahren zur automatischen Zuweisung von IPv6-Adressen darstellt. — APIPA

- APIPA ist ohne *Multicast-DNS* (mDNS) nicht denkbar. mDNS-Nachrichten mit den zur Verfügung stehenden Ressourcen wie z.B. ein SSH-Dienst und Drucker-Dienste werden periodisch ins lokale Linksegment übertragen (vgl. Abschnitt 5.9). Dies mag zwar ungemein praktisch sein; in großen privaten IP-Netzen führt dies aber zu einem erheblichen 'Data-Leakage'. So führt z.B. der *Jailbreak* bei einem Smartphone mit iOS dazu, dass sich der SSH-Dienst per Zeroconf selbst bekannt macht und somit als potenzieller Angriffsvektor öffentlich wird. — mDNS

- Die Konfiguration von Rechnern in IP-Netzen mittels DHCPv4 ist der Standardweg, um in privaten IPv4-Netzen die Rechner ins Netz einzubeziehen. Es sei hervorgehoben, dass das DHCP ursprünglich hierfür vorgesehen wurde, damit Rechner sich die IP-Adressen aus einem DHCP-Server für eine bestimmte Zeit 'ausleihen' können – also mit der Bibliothek einer Hochschule vergleichbar. Es wurde aber im DHCP-Konzept zugelassen, zusätzliche Angaben in DHCP-Nachrichten – als options [Abb. 6.2-2] – zu übermitteln. Dies hat dazu geführt, dass man auf einem DHCP-Server unterschiedliche Konfigurationsangaben 'deponieren' kann und jeder Rechner bzw. jede andere Endeinrichtung (z.B IP-Telefon oder Videotelefon) sich selbst die benötigten Konfigurationsparameter vom DHCP-Server abrufen kann. Dank dieser Möglichkeit kann ein DHCP-Server als universeller Konfigurationsserver fungieren – und dies begründet die bei der IANA gezeigte Auflistung von Option Codes [http://www.iana.org/assignments/dhcpv6-parameters]. — DHCPv4

- Eine große Herausforderung stellen die knappen IPv4-Adressen für große Netzbetreiber (ISP) dar. Mittels des NAT-Verfahrens wurde hier zwar zunächst Luft geschaffen, die aber immer dünner wird und neue Verfahren, wie das *Carrier-Grade NAT* erfordert, was aber als Kehrseite die Internet-Konnektivität bricht. — CGN statt NAT444

- IPsec ist immer noch das bevorzugte Protokoll, um auf der Netzwerkschicht eine Verschlüsselung der Inhalte der Datenpakete vorzunehmen und zugleich die Authentizität der Kommunikationspartner sicherzustellen. Seine (logische) Bindung an die *Public Key Infrastructure* macht das Protokoll jedoch schwergewichtig und anfällig sowohl für Fehlkonfiguration als auch für Manipulation. — IPsec

- Das hier kurz erläuterte Protokoll IKE (*Internet Key Exchange*) verwendet man als *Key-Management-Protokoll* (KMP) hauptsächlich bei der Datenkommunikation. IKE erfüllt jedoch nicht die besonderen Anforderungen der Echtzeitkommunika- — MIKEY, SRTP und ZRTP tion – also der audiovisuellen Kommunikation. Der Verlauf des IKE, um den kryptografischen Kontext in kommunizierenden Einrichtungen für eine gesicherte Kommunikation zwischen ihnen zu erzeugen, dauert relativ lang, ist damit zeitaufwendig und folglich eignet sich IKE nicht 'besonders gut' zum Einsatz für die Echtzeitkommunikation. Daher wurde bei der IETF ein anderes KMP namens MIKEY (*Multimedia Internet KEYing*) als RFC 3830 bereits in Jahr 2004 spezifiziert, das speziell für Key-Management (Schlüsselmanagement) bei der multimedialen Kommunikation über IP-Netze konzipiert wurde. Der Funktion nach entspricht MIKEY dem Protokoll IKE beim IPsec. Bei der Echtzeitkommunikation verwendet man als Transportprotokoll das RTC (*Real-time Transport Protocol*). Dessen erweiterte Version, die das MIKEY nutzt, kann die Sicherheit der Echtzeitkommunikation garantieren und wird SRTP (*Secure RTP*) bezeichnet. Es sei auch angemerkt, dass in RFC 6189 (Jahr 2011) de facto ein weiteres KMP veröffentlicht wurde, das alternativ zum Einsatz bei der Echtzeitkommunikation genutzt werden kann. Diese RTP-Version trägt die Bezeichnung Z(*immerman*)RTP.

Benutzer/Netzwerk-Authentisierung

Bei der Benutzer/Netzwerk-Authentisierung wird dem Benutzer nach erfolgreicher Authentisierung ein dienstneutraler, temporärer Zugang ins Netz gestattet, was aufgrund eines *Zugangstokens* z.B. der zeitlich beschränkten IP-Adresse per DHCP-Lease erfolgt.

- Das *Extensible Authentication Protocol* (in der Regel zusammen mit einem RADIUS-Dienst) kann nicht nur für Benutzer- sondern auch für Rechner-Authentisierung eingesetzt werden, so wie dies bei MACsec [Abschnitt 14.5] beispielhaft demonstriert wurde.

RADIUS
- Das RADIUS als AAA-Protokoll ist ein Client/Server-basiertes Protokoll, nutzt das unzuverlässige Transportprotokoll UDP und wird eingesetzt, um RAS in privaten IP-Netzen zu ermöglichen. Nachdem Mobilität im Internet immer mehr an Bedeutung gewann und als Mobilfunknetze der 3ten Generation nach (UMTS) konzipiert wurden, waren schon die Schwachstellen von RADIUS offensichtlich. Somit wird ein Protokoll benötigt, das die Authentisierungsangaben zwischen gleichberechtigten Instanzen, insbesondere zwischen zwei AAA-Servern, zuverlässig übermittelt.

Diameter
- Um das Roaming zwischen verschiedener Anbieter der Mobilfunknetze zu ermöglichen, wurde das neue, als *Diameter* bezeichnete AAA-Protokoll entwickelt [RFC 3588/6733]. Im Gegensatz zu RADIUS nutzt Diameter das zuverlässige Transportprotokoll entweder das klassische TCP oder das neue SCTP. Diameter kann als Peer-to-Peer-Protokoll zwischen gleichberechtigten Instanzen verwendet werden, wie z.B. zwischen zwei AAA-Servern. Dank dieser und weiterer Besonderheiten kann Diameter als 'Next Generation AAA-Protokoll' angesehen werden und es wird u.a. im IMS (*IP Multimedia Subsystem*) eingesetzt, also im Kern der Mobilfunknetze der 3ten (UMTS) und der 4ten Generation (LTE).

Einsatz von Diameter beim Roaming
- Den Einsatz des Diameter-Protokoll wollen wir im Falle von *Roaming-Usern* nun kurz darstellen. Hierbei gehen wir davon aus, dass ein WLAN-Benutzer die Dienste von *Wireless Internet Service Provider* WISP benutzt. Abb. 6.8-1 illustriert die Unterstützung von Roaming in einem WLAN mit Diameter. Hier greift ein mobiler

Benutzer über den Hotspot eines Fremd-WISP, der mit seinem Heimat-WISP ein Roaming-Abkommen vereinbart hat, auf das Internet zu.

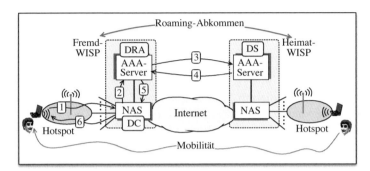

Abb. 6.8-1: Unterstützung von Roaming mit Diameter
DC: Diameter Client, DRA: Diameter Relay Agent, DS: Diameter Server, NAS: Network Access Server, WISP: Wireless Internet Service Provider

Vereinfacht betrachtet, sind bei der in Abb. 6.8-1 gezeigten Diameter-Anwendung folgende Schritte zu unterscheiden:

1. Ein Benutzer hat eine Verbindung über einen Hotspot zum NAS bei einem Fremd-WISP aufgebaut und wird hier entsprechend überprüft (authentifiziert).

2. Hat der Benutzer seine Benutzerdaten – in denen der Heimat-WISP spezifiziert wurde – bereits dem Diameter-Client (DC) im NAS übermittelt, sendet der DC die Nachricht AA-Request (Authentication and/or Authorization) an den AAA-Server beim Fremd-WISP. Dieser stellt aber fest, dass es sich um den Benutzer eines anderen WISP handelt, sodass der AAA-Server nun als sog. *Diameter Relay Agent* (DRA) fungiert.

3. Der DRA baut – mit dem *Diameter-Server* (DS) – eine TCP-Verbindung zum AAA-Server beim Heimat-WISP des Benutzers auf und übermittelt ihm in der Nachricht AA-Request die Benutzerdaten zur Überprüfung.

4. Nach dem Eingang der Nachricht AA-Request beim Diameter-Server beim Heimat-WISP des Benutzers überprüft der Diameter-Server zunächst den DRA, der die Nachricht AA-Request abgeschickt hat. Stellt er fest, dass der AA-Request vom AAA-Server eines bekannten WISP kommt, mit dem ein Roaming-Abkommen besteht, wird dies dem AAA-Server beim Fremd-WISP in der Nachricht AA-Answer entsprechend positiv bestätigt.

5. Nach dem Empfang der Nachricht AA-Answer im AAA-Server des Fremd-WISP wird ein Konto für den Fremdbenutzer für die Nutzung der Internetdienste eröffnet. Mit AA-Answer signalisiert danach der AAA-Server als DRA dem DC im NAS, dass dem Fremdbenutzer der Internetzugang erlaubt ist.

6. Der Diameter-Client signalisiert danach entsprechend dem Fremdbenutzer, dass ihm der Zugriff erlaubt ist. Die beiden AAA-Server, d.h. beim Fremd-WISP und beim Heimat-WISP, gelten als Diameter-Peers. Diameter ist daher auch ein *Peer-to-Peer-Protokoll*, d.h. hier zwischen einem DRA und einem DS. Der hier

dargestellte Diameter-Verlauf stellt die grundlegende Lösung für die Unterstützung der Mobilität im Internet zwischen Hotspots dar.

Für weitere Informationen über Diameter siehe: [https://www.researchgate.net/publication/298402080_Das_Diameter-Protokoll_-_Konzept_und_Einsatz]

Port Access Control
: RADIUS und EAP gemeinsam werden gerne als Sicherheitsoptionen für Ethernet-Switches angeboten, was als *Port-basierte Access Control* vermarktet wird.

NTP
: Nicht erwähnt wurde in diesem Kapitel eine häufig zentrale Anforderung, die ein IP-Netz mitbringen muss. Ein *Zeitstempeldienst*, der z.B. in Form des *Network Time Protocol* (NTP) [RFC 5905] vorliegt. Viele – speziell sicherheitskritische Anwendungen – funktionieren nur auf Basis eines korrekten Zeitstempels.

6.9 Verständnisfragen

1. Über welche 'virtuelle' Interface verfügt Ihr Rechner?
2. Wie bekommt Ihr Rechner die IPv4-Adresse zugewiesen?
3. Wie können Sie die Netzparameter Ihres Rechners anpassen und ggf. ein DHCP-Lease neu anfordern?
4. Angenommen, der Rechner ist per DHCP mit den notwendigen Netzparametern ausgestattet; zu welchem Zeitpunkt wird der DHCP-Client aktiv und fordert vom Server neue Parameter an?
5. Der DHCP-Relay-Agent hat eine sehr wichtige Bedeutung in Netzwerken mit mehreren IP-Subnetzen: Wie funktioniert er und worin besteht dessen Bedeutung?
6. Ihr Rechner befindet sich in einem privaten Netzwerk, dass per NAT Zugriff auf das Internet hat. Welche IP-Adressen und Portnummern sieht z.B. der Web-Server mit dem der Client Ihres Rechners verbunden ist?
7. In Bezug zum gleichen Szenario: Kann von einer anderen IP-Adresse aus dem Internet Verbindung mit Ihrem Rechner aufgenommen werden? Welche Angaben in IP-Paketen werden beim NAT vom 'Border-Router' verändert?
8. Im Router mit NAT am Internet-Zugang muss eine Firewall realisiert werden: Welche Erweiterungen von NAT, als NAT-Arten, wurden hierfür eingeführt und worin bestehen diese?
9. Nach NAPT können, theoretisch betrachtet, Tausende von Rechnern mit privaten IP-Adressen gemeinsam eine offizielle IP-Adresse nutzen, um über das Internet zu kommunizieren. Welche Idee liegt dem Konzept NAPT zugrunde und wie realisiert man sie?
10. Wie wirkt sich dies auf eine IPsec-Verbindung aus?
11. Welche Maßnahmen sieht IPsec vor, dies zu umgehen?
12. Kennen Sie den Unterschied zwischen IPsec im Transport- und Tunnel-Mode?
13. Wie stellen die IPsec-Endpunkte eine Übereinkunft über die kryptographischen Parameter sicher?
14. ICE gilt als Lösung von NAT-Problemen bei der Echtzeitkommunikation: Wie kann man dies begründen?

7 Protokolle der Supportschicht und für Echtzeitkommunikation

Bestand das ursprüngliche Anwendungsziel der TCP/IP-Protokolle primär in der Unterstützung eines Datenaustauschs, so versteht sich heute das Internet als 'Internet der Dinge', über das ganz unterschiedliche Kommunikationsarten – vom Backup in die Cloud über das Internet-Banking bis zur audiovisuellen Echtzeitkommunikation z.B. via WebRTC – abgewickelt werden können. Hierzu ist zwischen der Transportschicht und der eigentlichen Anwendung eine logische Schnittstelle in Form der *Application-Support-Protokolle* zu definieren, die diese Aufgabenstellungen unterstützt.

Zugang zu unternehmenskritischen Ressourcen in Intranets sollte nur berechtigten Nutzern ermöglicht werden. Dies kann über das Protokoll *SOCKS* gewährleistet werden, das einen qualifizierten und protokollierten Zugriff sowohl auf externe Systeme als auch auf interne Datenquellen ermöglicht, wie wir in Abschnitt 6.1 zeigen.   SOCKS

Internet-Banking und die Übertragung vertraulicher Daten über gesicherte virtuelle Transportverbindungen wären unmöglich ohne *Transport Layer Security* (TLS). Einen Überblick über TLS/DTLS einschließlich der Version 1.3 vermittelt Abschnitt 7.2   SSL/TLS

Die *Echtzeitkommunikation* zwischen Teilnehmern, z.B. ein VoIP-Telefonat, erfordert die zuverlässige Übermittlung der Audio- und Videodatenströme, was mit dem RTP (*Real-time Transport Protocol*) zusammen mit RTCP (*RT Control Protocol*) bzw. RTCP XR (*RTCP eXtended Report*), das wir in Abschnitt 7.3 vorstellen, umgesetzt werden kann. Komplexe audiovisuelle Verbindungen lassen sich mit dem *Session Initiation Protocol* (SIP) einrichten und überwachen. Dessen Einsatz sowie die Nutzung von SDP (*Session Description Protocol*) zur Beschreibung von Sessions wird in Abschnitt 7.4 vorgestellt.   RTP und RTCP / SIP und SDP

Mobile Endgeräte sind häufig über mehrere Schnittstellen mit dem Internet verbunden. Wie diese gemeinsam für eine audiovisuelle Kommunikation genutzt werden können, ist Gegenstand von *Multipath TCP*, dessen Einsatz wir in Abschnitt 7.5 besprechen.   Multipath TCP

Dieses Kapitel geht u.a. auf folgende Fragestellungen ein: Ziel dieses Kapitels

- Wie kann eine gesicherte Datenübermittlung zwischen Client und Server mittels SSL/TSL realisiert werden und welche Voraussetzungen sind hierfür nötig?
- Was ist eine RTP-Session und welche Angaben sind in RTP-Paketen nötig, um Echtzeitkommunikation zu gewährleisten?
- Wie wird RTCP konzipiert und was kann damit erreicht werden?
- Welchen Betrag leistet SIP zum Auf- und Abbau von Sessions und wie unterstützt es die Mobilität von Benutzern?
- Wie können mittels SDP audiovisuelle Sessions beschrieben werden?
- Wie ist MPTCP konzeptioniert und wie lassen sich mehrere Internetverbindungen mittels MPTCP für eine gemeinsame TCP-Sitzung nutzen?

7.1 Konzept und Einsatz von SOCKS

Nicht alle Firmen lassen für die Anwender und Mitarbeiter einen unkontrollierten Zugang auf die internen Ressourcen und Internetdienste zu. NAT-Router und Firewalls stellen zwar die geeigneten technischen Möglichkeiten zur (sicheren) Anbindung des Firmennetzes bzw. (wie in Abschnitt 6.3 dargestellt) eines privaten Realm an das Internet bereit, ermöglichen aber keine Kontrolle des autorisierten Zugriffs. In der Praxis werden daher häufig ALGs eingesetzt wie z.B. Web-Proxies. Aber erst durch einen zentralen SOCKS-Service (kurz SOCKetS) lässt sich dieses Problem lösen, sofern die Client-Applikation (wie z.B. der Webbrowser) die Einbeziehung eines SOCKS-Dienstes ermöglicht.

Funktionen von SOCKSv5

Das in RFC 1928 vorgelegte Protokoll SOCKSv5 (Version 5) beschreibt einen Dienst, der folgende Funktionen enthält:

- eine flexible und unterschiedliche Methoden nutzende Authentisierung und Autorisierung, die standardmäßig auf TCP-Port 1080 angeboten wird,
- optionale Protokollierung aller Verbindungsversuche und erlaubter Verbindungen,
- Aufbau einer TCP-Verbindung bzw. einer Session über UDP (als UDP-Assoziation bei SOCKS bezeichnet) zum gewünschten Zielsystem vom SOCKS-Server aus sowie
- Weiterreichung einer TCP-Verbindung bzw. einer UDP-Assoziation vom SOCKS-Client über den SOCKS-Server zur Zielapplikation.

Die letzten beiden Punkte treffen naturgemäß nur dann zu, wenn die Client- bzw. Anwenderauthentisierung erfolgreich war. Zur Nutzung des SOCKS-Dienstes müssen die Client-Applikationen *socksifiziert* – also socksfähig – sein. Dies trifft für die heute aktuellen Webbrowser und E-Mail-Clients zu, aber auch für Anwendungen wie z.B. *Secure Shell* (ssh, PuTTY).

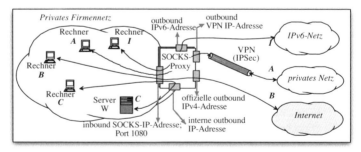

Abb. 7.1-1: SOCKS-Anwendung bei einem multi-homed SOCKS-Server

Von zunehmender Bedeutung ist SOCKS auch für Streaming-Anwendungen wie IP-Video-Konferenzen und IP-Telefonie. Nicht nur, dass hiermit der Zugriff auf firmeninterne IP-Dienste reguliert werden kann. Im Zusammenspiel mit NAT/NAPT [Abschnitt 6.3] bzw. einer Firewall ergibt sich auch quasi automatisch, dass die IP-Quelladresse die Adresse des SOCKS-Proxy ist, was die Administration sehr vereinfacht. RFC 3089 stellt auch die elegante Möglichkeit vor, mittels eines SOCKS-

7.1 Konzept und Einsatz von SOCKS

Gateways IPv4-Netze mit IPv6-Netzen zu koppeln. Abb. 7.1-1 zeigt vier Anwendungsfälle für einen SOCKS-Proxy, bei dem von einem typischen *multi-homing* des SOCKS-Servers Gebrauch gemacht wird.

Folgende Möglichkeiten ergeben sich:

- Der SOCKS-Proxy fungiert für den Rechner *I* als IPv4/IPv6-Gateway.
- Anwender am Rechner *A* erhalten Zugriff auf ein privates Netz über VPN z.B. auf Basis von IPsec [Abschnitt 6.4].
- Der SOCKS-Proxy ermöglicht dem Rechner *B* die Kommunikation mit dem Internet, und ein Anwender am Rechner *C* erhält dedizierten und autorisierten Zugriff auf eine lokale Firmenanwendung auf dem Server *W*.

7.1.1 SOCKS-Ablauf

Das SOCKS-Regelwerk besteht aus den folgenden Elementen: — SOCKS-Elemente

- *Identifizierung* von Clients (mittels IP-Adresse bzw. Domainname),
- *Authentisierung* von Benutzern mittels der Überprüfung Benutzername/Passwort, via GSS-API (*Generic Security Services*) [RFC 1961] und evtl. 'private' Methoden sowie
- *Validierung* des angefragten Verbindungswunschs aufgrund der Client/Benutzer-Information und der vorliegenden SOCKS-Konfigurationsdaten.

In der Praxis wird das SOCKS-Regelwerk aus dem Tupel (Client-Adresse, Benutzername) sowie aus der zugelassenen bzw. unterbundenen Ressource gebildet. Als Ressource kann bei SOCKS eine IPv4-, eine IPv6-Adresse oder ein Domainname eingetragen werden. Dies ermöglicht eine flexible Deklaration, ohne dass SOCKS notwendigerweise auf den DNS-Dienst zurückgreifen muss. Zudem werden erlaubte und abgewiesene Verbindungswünsche protokolliert und damit für eine spätere Auswertung verfügbar gemacht.

Unabhängig davon, ob der SOCKS-Client das UDP nutzt oder eine TCP-Verbindung zu einem entfernten System aufbauen möchte, kontaktiert er den SOCKS-Server zunächst per TCP. Hierfür steht der Port 1080 zur Verfügung. Wie Abb. 7.1-2a zeigt, verläuft die Authentisierung wie folgt [http://www.iana.org/assignments/socks-methods]: — Ablauf der Authentisierung

- *Initiation*: Zunächst sendet der Client eine Client-Negotiation zum Server, indem er die aktuelle Version des SOCKS-Protokolls (Version 5) mitteilt sowie eine oder mehrere Methoden zur Benutzerauthentisierung anbietet. — Anmeldephase
- *Reply*: Im Rahmen der Server-Negotiation wählt der Server eine gemeinsam unterstützte Methode aus. Sollte keine akzeptabel sein, sendet er ein hexadezimales Symbol FF, und die Authentisierung gilt als fehlgeschlagen.
- *Authentication*: Nachdem die Authentisierungsmethode festgelegt wurde, kann die eigentliche Benutzerauthentisierung stattfinden. Sofern eine Benutzerauthentisierung verlangt wird, findet diese in der Regel über die Angabe von *Benutzername/Passwort* statt oder mittels des GSS-API [RFC 1961], sodass z.B. Chipkarten und -leser mit Authentisierungsdaten eingebunden werden können. Beim SOCKS-

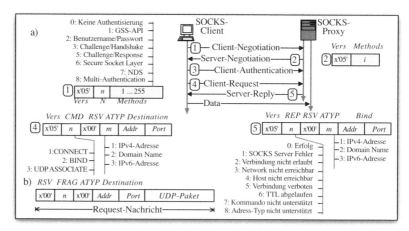

Abb. 7.1-2: Client/Benutzerauthentisierung bei SOCKS und Übermittlung der UDP-Pakete:
a) Phasen der Client/Benutzerauthentisierung mittels SOCKS,
b) Einbettung eines ursprünglichen UDP-Pakets in eine Request-Nachricht
ATYP: Address type, FRAG: Fragment Number, REP: Reply, RSV: Reserved

Server können die Benutzerinformationen auf unterschiedliche Arten vorliegen. In der Praxis werden neben einer lokalen Konfiguration auch spezifische Applikationen wie NIS oder LDAP [Abschnitt 15.3] verwendet, die über eine Schnittstelle SASL oder PAM angesprochen werden. Bei einem positiven Abgleich ist die Authentisierungsphase abgeschlossen.

Request-Phase
- *Request*: Im Anschluss an die erfolgte Authentisierung teilt der SOCKS-Client mit, auf welche Ressource er wie zugreifen möchte. Die Ressource kann entweder über ihren Domainnamen oder über ihre IPv4- bzw. IPv6-Adresse mitgeteilt werden. Der Verbindungstyp, der im Feld CMD (*Command*) angegeben wird, beschreibt, ob eine Kommunikation über UDP (als UDP-ASSOCIATE bezeichnet) oder eine TCP-Sitzung (CONNECT) aufgebaut werden soll oder ob ggf. dem Zielsystem gestattet ist, zusätzlich eine Out-of-Band-TCP-Verbindung zu nutzen (BIND), wie dies bei FTP typisch ist.

Connect-Phase
Nach erfolgter Authentisierung obliegt es dem SOCKS-Server, die vom SOCKS-Client angegebene Ressource zu kontaktieren.

- *Connect*: Mittels der vom Client übermittelten Angaben über IP-Adresse und Verbindungstyp baut der Server anschließend die Verbindung zum Zielsystem auf.
- *Replies*: Abgesehen von möglichen Verbindungsfehlern, die dem Client mit Meldungen wie z.B. Connection Refused und TTL Expired angezeigt werden, bietet der Server dem Client nun über BND.ADDR und BND.PORT lokale, d.h. auf dem Server vorhandene Ressourcen an, über die die Verbindung abgewickelt werden kann. Von da ab übermittelt der Client die Daten an den Server und an das angegebene (inbound) Tupel (BND.ADDR, BND.PORT). Der Server leitet nun die Pakete (intern) an eine outbound IP-Adresse weiter, um diese von hier aus zum Zielsystem (DST.ADDR, DST.PORT) zu transportieren.

7.1 Konzept und Einsatz von SOCKS

- Um UDP-Pakete transparent und gesichert zu übertragen, kann der Client diese komplett als Teil der Nutzdaten in SOCKS-Nachrichten Request einbetten, da hier im Gegensatz zum TCP-Ablauf keine Verbindung zum Zielsystem etabliert werden muss, sondern die Pakete vom SOCKS-Proxy einfach durchgereicht werden können [Abb. 7.1-2b].

Übermittlung der UDP-Pakete

Der SOCKS-Server behält nach erfolgter Authentisierung in der Regel das Tupel (Client-Adresse, Benutzername) zumindest so lange in seinem Cache, wie eine auf diesem Tupel ausgehende Verbindung besteht. Hierdurch braucht der Client in der Folge nur noch entsprechende Request-Nachrichten für neue Verbindungswünsche abzusetzen. Abb. 7.1-2a illustriert den Ablauf verschiedener Kommunikationsphasen eines Clients über den SOCKS-Server bis hin zur eigentlichen Datenübermittlung zum SOCKS-Proxy.

7.1.2 Gesicherte Verbindungen mit SOCKS

Obwohl die Client/Benutzerauthentisierung in der Regel unverschlüsselt abläuft, erlaubt das SOCKS-Protokoll die Nutzung eines gesicherten Übermittlungstunnels (wie SSH-Tunnel) sowohl zur Sicherung von Daten während der Authentisierungsphase als auch für die spätere Datenaustauschphase, was allerdings implementierungsspezifisch ist. Abb. 7.1-3 illustriert dies.

Abb. 7.1-3: Anwendungen des SOCKS-Protokolls: a) Sichere Datenübertragung mittels SOCKS über ein Wireless LAN, b) Nutzung von SSH als SOCKS-Server zur Tunnelung an einen SSH-Server

Ein Szenario, wo Clients in einem privaten Netzwerk über einen gesicherten Kanal mit dem SOCKS-Proxy kommunizieren, während der SOCKS-Server selbst die Verbindung zum Zielsystem unverschlüsselt abwickeln kann oder das Zielsystem beispielsweise per VPN oder IPsec anspricht, zeigt Abb. 7.1-3a. Hierdurch können die Nachteile von NAT teilweise kompensiert werden; zudem lassen sich so auch schwach geschützte firmeninterne Wireless-LAN-Verbindungen einheitlich einbeziehen und absichern.

Neben dem von der Firma NEC entwickelten Open Source sockd Daemon für UNIX kann auch ein SSH-Client (bzw. auch PuTTY) als SOCKS-Server fungieren. Hierbei wird der SSH-Client zunächst angewiesen, eine sichere Verbindung zu einem entfernten SSH-Dienst aufzubauen. Zugleich nimmt der SSH-Client nun SOCKS-Requests auf einem vorbestimmten Port entgegen, um in der Connect-Phase die Datenpakete des SOCKS-Clients (z.B. eines Webbrowsers) über die bestehende SSH-Verbindung zu tunneln [Abb. 7.1-3b]. Da sich sowohl SOCKS-Applikation und SSH-Client als auch der SOCKS-Server auf dem gleichen Rechner befinden, wird in der Applikation als SOCK-Proxy der vorkonfigurierte Port angegeben. Auf eine Cli-

SOCKS-Kooperation mit SSH

ent/Benutzerauthentisierung kann hierbei naturgemäß verzichtet werden. Mit dieser Methode kann ohne viel Aufwand, aber mit recht hoher Sicherheit, z.B. von einem Internet-Café aus, auf die lokalen Ressourcen im Firmennetz zugegriffen werden, sofern der Zugriff auf den SSH-Server vom Internet aus gestattet ist.

7.2 Transport Layer Security (TLS)

Mit der beginnenden kommerziellen Nutzung des Internet und speziell vor dem Hintergrund der Notwendigkeit, Webapplikationen zu sichern, wurde von der damaligen Firma *Netscape* (heute *Mozilla*) das Protokoll SSL (*Secure Socket Layer*) als *Network Security Services* (NSS) entwickelt, dessen aktuelle Version 3 von der IETF als *Transport Layer Security* (TLS) Version 1.0 in RFC 2246 beschrieben wurde. Mittlerweile liegt mit RFC 8446 die TLS-Version 1.3 vor, mit dem umfangreiche Änderungen des Protokolls einhergehen und die Erfahrungen der letzten zehn Jahre beinhaltet:

Protokoll	Version	RFC	Bemerkung
SSLv2	2	(kein[5])	Netscape Security Services (NSS), SSLeay
SSLv3	3	(kein[6])	Ergänzung um Microsoft's '*Private Communication Technology*' PCT 1.0
TLS 1.0	3.1	2246	Grundlagen-RFC
		3268	AES Verschlüsselung hinzugefügt
		3746	Komprimierungsmethoden
TLS 1.1	3.2	4346	Grundlagen-RFC
		4366	Handshake-Extensions
		4492	'Elliptic Curve Cryptography' (ECC) hinzugefügt
		5077	Session Resumption
TLS 1.2	3.3	5246	IDEA und DES 'deprecated', PRF-Funktion
		5288, 5289	Galois Counter Mode (GCM) + ECC
		5489	ECDHE + Pre-shared Keys
		5705	Exporting PRF Keymaterial
		5746	Renegotiation Indication
		5878	Authorized Extensions
		6066	Hello-Nachrichten Extensions-Definitionen
		6176	Aufhebung der Kompatibilität zu SSL 2.0
DTLS over SCTP		6083	SCTP mit DTLS-Transport
DTLS 1.2		6375	Datagram TLS
TLS/DTLS		6520	Heartbeat-Extension
TLS 1.3	3.4	8446, 8447	Ephemerales KEX, verschlüsselte Authentisierung, HKDF, 1-RTT & 0-RTT, AEAD, ChaCha, Poly1305

Tab. 7.2-1: Entwicklung der SSL/TLS Standards und die zugrunde liegenden RFC (Auswahl), KEX: Key Exchange, HKDF: HMAC-based Key Derivation Function

Sicherung des TCP/UDP-Datenverkehrs

TLS befindet sich bis zur Version 1.3 seit fast 20 Jahren nahezu ohne grundlegende Änderungen im täglichen Einsatz und der (Web-)Anwender bekommt mit Ausnahme einer Farbänderung der dargestellten URL im Browser-Fenster bzw. eines symbolisch dargestellten, gedrückten Vorhängeschlosses von seinem Einsatz nichts mit. Trotzdem kann er sicher sein, dass seine Daten gesichert, verschlüsselt und somit vertraulich zur Zielanwendung übertragen werden. Daraus wird deutlich, welch großen Wurf Netscape mit SSL vollbracht hat, wobei allerdings in jüngster Zeit mehrere Lücken

---
[2]siehe: https://developer.mozilla.org/de/docs/Mozilla/Projects/NSS
[3]siehe: https://web.archive.org/web/20060115145739/

7.2 Transport Layer Security (TLS)

im TLS-Protokoll zu erheblichen Problemen geführt haben; speziell was die Standardimplementierung betrifft, die in Form von *OpenSSL* vorliegt.

Die Version 1.3 von TLS war nunmehr drei Jahre in der Diskussion[7] und wurde zeitgleich mit der Erstellung dieser Seiten im August 2018 als RFC 8446 veröffentlicht. Inhaltlich sind in TLS 1.3 vor allem folgende Änderungen eingeflossen:

TLS 1.3

- Nutzung von DHE und speziell ECDHE (vgl. Abschnitt 2.5) wird obligatorisch,
- RSA und auch alle 'statischen' Methoden des Schlüsseltausch entfallen und die Schlüsseltauschsequenz wird deutlich beschleunigt.
- Kritische Teile des Schlüsseltauschs finden nun verschlüsselt statt.
- Kein *Change-Cipher-Spec* Protokoll und somit keine Session-Renegotiations.
- Session Resumption über Pre-shared-Key Labels statt Session-IDs.
- Statt 'MAC-then-Encrypt' findet nun AEAD Anwendung (Abschnitt 2.4).
- Als symmetrischen Chiffren werden nur noch AES und ChaCha zugelassen;
- Poly1305 als Hashfunktion hinzugefügt; MD5 und SHA-1 entfernt.
- Verbesserung des 'Pre-shared Key' Schlüsseltauschs für die Session-Resumption.
- Komprimierung der TLS-Records vor der Verschlüsselung findet nicht mehr statt.
- Hello-Nachrichten deutlich erweitert, um diese Neuerungen zu transportieren.
- Das kryptographische Material wird nun mittels der *HMAC-based Key Derivation Function* erzeugt (Abschnitt 2.3.3).

Umstritten war bis zu Schluss, ob ergänzend 'Data Center use of Static Diffie-Hellman'[8] zum Einsatz kommen wird, was den Interessen einiger IETF-Mitglieder entgegen kommt, die Sicherheit von TLS 1.3 aber schwächt.

Auf Grundlage des SSL/TLS-Protokolls konnte eine *Public Key Infrastructure* (PKI) aufgebaut werden, deren zentrale Bausteine sog. *Trust Center* bzw. *Certificate Authorities* (CA) darstellen. Diese Infrastruktur wird aber immer stärker unterminiert und deren Schutz- und Vertrauensfunktion ausgehöhlt.

TLS stellt sich aus Sicht der Anwendung als sicheres Transportprotokoll und seitens der Transportschicht (TCP/UDP) als Sitzungs- bzw. Anwendungsprotokoll dar[9]. Daher muss TLS sowohl auf Client- als auch auf Anwenderseite implementiert sein. Als Kommunikationspartner werden zwei Systeme unterschieden, nämlich TLS-Client und TLS-Server (im Weiteren kurz Client und Server genannt). Die Unterscheidung beider Systeme ist sehr wichtig, da TLS von ihnen verschiedene Verhaltensweisen fordert. Hinsichtlich der unterliegenden Protokolle bestehen keine weiteren Anforderungen; insbesondere ist TLS neutral gegenüber dem verwendeten Netzwerkprotokoll, kann also ohne Einschränkungen bzw. Änderungen in IPv4- und IPv6-Netzen eingesetzt werden.

Anwendungs- und Protokollneutralität

Mit TLS wurde das Henne-Ei-Problem für die sichere Datenübermittlung gelöst und damit die folgenden grundlegenden Sicherheitsdienste zusammengeführt:

Kryptographische Elemente von TLS

- *Key Exchange*
  Vor dem Datenaustausch wird eine Vereinbarung zwischen Client und Server mittels des *Handshake-Protokolls* (auch als TLS-Verbindung bezeichnet) getroffen.

---

[7]siehe https://tools.ietf.org/html/draft-ietf-tls-rfc5246-bis-00
[8]vgl. https://tools.ietf.org/html/draft-green-tls-static-dh-in-tls13-01
[9]Den Einsatz von TLS beim *Extensible Authentication Protocol* (EAP) beleuchten wir in Abschnitt 15.1

In dieser Vereinbarung wird eine Sicherheits-Suite (*Cipher Suite*) festgelegt. Anschließend werden beim *Key Exchange*-Protokoll bestimmte Schlüsselmaterialien übermittelt, die den Client und den Server in die Lage versetzen, einen gemeinsamen und geheimen Schlüssel selbst zu generieren, ohne diesen übertragen zu müssen. Der *Handshake* wird in der Regel *signiert* und damit die Authentizität des Servers garantiert. TLS nutzt hierfür entweder das RSA-Vefahren (`PKCS#1`) oder den Schlüsseltausch per Diffie-Hellmann (`PKCS#3`) in der Regel mit Authentisierung.

- *Symmetric key Encryption*
  Der bei TLS gebildete symmetrische Schlüssel ist temporär und einmalig, verbleibt aber bei den TLS-Partnern während der Sitzung im Cache. Das symmetrische Verschlüsselungsverfahren nach der ausgewählten *Cipher Suite* sorgt für eine effiziente Verschlüsselung der zu übertragenden Daten mit dem gemeinsamen Schlüssel. Block- und Stromchiffern werden unterstützt.

- *Message Authentication*
  Die übertragenen Nachrichten können entweder mittels eines *Message Digest* oder aufgrund der in TLS 1.3 eingeführten *Authenticated Encryption with Associated Data* AEAD durch ein ergänztes Schlüsselwort als *authentisch* verifiziert werden.

- *Zertifikate und Public Key Infrastructure* (PKI)
  Die Identität der Kommunikationspartner und speziell des TLS-Servers kann mittels X.509-Zertifikaten [Abb. 2.6-1] überprüft und sichergestellt werden.

Neben diesen zentralen Eigenschaften ermöglicht TLS auch noch optional eine Komprimierung der zu übertragenden Daten und sorgt sich – ähnlich TCP – um eine Fragmentierung und Re-Assemblierung der Nutzdaten.

TLS-Bibliotheksfunktionen

Die heutigen TLS-Implementierungen nutzen in der Regel (unter UNIX) einige der folgenden Bibliotheksfunktionen:

- OpenSSL [`http://www.openssl.org`]
- LibreSSL [`https://www.libressl.org`]
- GNU-TLS [`http://www.gnu.org/software/gnutls`]
- wolfSSL [`https://www.wolfssl.com`]

Unter Windows sind die Funktionen von TLSv2 und TLSv3 Bestandteil von Microsofts *WinSock2* bzw. des *Dot-net*-Frameworks. Direkt oder indirekt entstammen diese Programme den ursprünglichen *SSLeay*-Funktionen von Eric A. Young[3].

Neben den Programmschnittstellen bringen diese Bibliotheken sowohl Digest-Funktionen und kryptografische Funktionen (*crypto*) mit, einschließlich eines qualifizierten Zufallsgenerator und vor allem eine Integermathematik für sehr große Zahlen. Ein Parser für X.509-Zertifikate mit ist ebenfalls gefordert. Der implementierte Umfang dieser Funktionen bestimmt die zur Auswahl stehenden Cipher Suites; beispielsweise die Unterstützung von Poly1305.

Mini-CA

Für den Anwender werden nützliche Programme zur Generierung, Manipulation und Verwaltung der Zertifikate im Rahmen einer *Mini-CA* zur Verfügung gestellt.

7.2.1 TLS-Dienste im Schichtenmodell

Mit TLS bzw. DTLS (*Datagram TLS*) wird eine Reihe von Diensten auf der Supportschicht [Abb. 1.5-1] zur Verfügung gestellt, die als Teil des TLS-Record-Protokolls implementiert sind. Hierzu zählen (gemäß Abb. 7.2-1)

- das *Handshake-Protokoll* (gelegentlich auch Sitzungsprotokoll genannt),
- das *Heartbeat-Protokoll*, was speziell für TLS über UDP geschaffen wurde,
- das *Alert*- bzw. *Alarm-Protokoll*,
- das *Cipher-Wechsel*- bzw. *Change-Cipher-Spec-Protokoll* sowie
- das *Applikations*- bzw. *Anwendungsdatenprotokoll*.

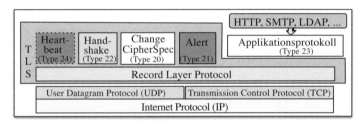

Abb. 7.2-1: TLS im Schichtenmodell und TLS-Hilfsprotokolle; das Change CipherSpec Protokoll nur im Kompatibilitätsmodus
HTTP: HyperText Transfer Protocol, LDAP: Lightweight Directory Access Protocol,
SMTP: Simple Mail Transport Protocol

Die untere Teilschicht, als *Record Layer Protocol* bezeichnet, stellt die PDUs (*Protocol Data Units*) als Transport-Container zur Verfügung, in denen die Nachrichten der TLS-Hilfsprotokolle und Applikationsdaten (z.B. von HTTP, SMTP, LDAP, ...) eingebettet werden. Da die Daten zusätzlich durch einen MAC geschützt sind, sprechen wir hier von Record-Layer-*Frames* oder auch kurz von *Records*.
Record Layer

Das *Handshake-Protokoll* legt die Prinzipien fest, nach denen TLS-Client und TLS-Server gemeinsam die notwendigen Sicherheitsvereinbarungen treffen können. Diese werden im Detail in der `Cipher Suite` festgelegt.
Handshake

Das *Change-Cipher-Spec-Protokoll* ist ein einfaches Protokoll, das nur eine einfache Nachricht `Change-Cipher-Spec` definiert. Mit dieser signalisiert jeder Kommunikationspartner dem anderen, dass er seinen Status gewechselt hat. Da sich dies als potentiell angreifbar erwiesen hat, wurde es aus TLS 1.3 entfernt und nur noch im Kompatibilitätsmode unterstützt.
Change-Cipher-Spec

Das *Alert Protocol* wird zum Abbau der bestehenden TLS-Verbindung und zum Signalisieren von fehlerhaften Situationen verwendet.
Alert-Message

Mit dem *Heartbeat-Protokoll* wurde eine aus der Not geborene Erweiterung von TLS zur Unterstützung des verbindungslosen UDP-Dienstes bei DTLS (siehe Abschnitt 7.2.9) als allgemeiner Bestandteil auch bei TLS (über TCP) eingeführt.
Heartbeat-Nachrichten

7.2.2 Ablauf des TLS-Verfahrens – bis TLS 1.2

Abb. 7.2-4a veranschaulicht den Aufbau einer mittels TLS geschützten TCP-Verbindung bis einschließlich TLS 1.2. Hierbei tauschen Client und Server zunächst bestimmte Nachrichten nach dem *Handshake-Protokoll* aus. Mehrere Nachrichten vom Client bzw. vom Server können auch als ein Nachrichtenblock in einem Frame vom Record Layer [Abb. 7.2-5b] und damit als ein TCP-Segment an die Gegenseite übermittelt werden.

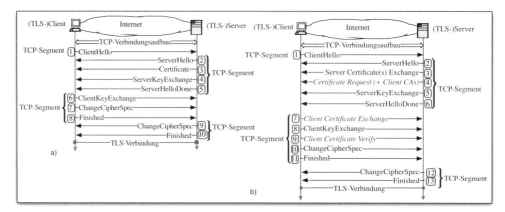

Abb. 7.2-2: Aufbau einer TLS-Verbindung: a) Standardverfahren nur mit Server-Zertifikat, b) Anforderung eines Client-Zertifikats

Aufbau einer TLS-Verbindung

Der Aufbau einer TLS-Verbindung geschieht typischerweise in folgenden Schritten:

1. Der Client sendet die Nachricht `ClientHello`, um eine TLS-Verbindung zum Server zu initiieren. Diese Nachricht enthält eine Reihe von `Cipher Suite`-Feldern mit Sicherheitsverfahren [Abb. 7.2-6a] als Vorschlagsliste an den Server, die er um die Angaben von seinerseits unterstützten Datenkomprimierungsverfahren ergänzt.

2. Der Server antwortet mit der Nachricht `ServerHello`, in der er im Feld `Cipher Suite` dem Client die von ihm ausgewählte `Cipher Suite` mitteilt. Optional teilt er dem Client das von ihm bevorzugte Komprimierungsverfahren mit.

Server-Authentisierung

3. Der Server übermittelt mit der Nachricht `Certificate` sein eigenes X.509-Zertifikat bzw. zusätzlich die übergeordneten Stammzertifikate. Damit verfügt der Client über den öffentlichen Schlüssel des Servers und kann zusätzlich die Identität des Servers überprüfen.

4. Ggf. teilt der Server nun dem Client in der Nachricht mit `ServerKey Exchange` ergänzendes 'Schlüsselmaterial' mit, das dieser zur Generierung des *PreMasterSecrets* benötigt.

5. Mit der Nachricht `ServerHelloDone` unterrichtet der Server den Client, dass er mit dem Übertragen seiner Angaben zum einzusetzenden Sicherheitsverfahren, das er in der Nachricht `ServerKey Exchange` angegeben hatte, fertig ist, und erwartet nun die Antwort des Clients.

6. Mit der Nachricht `ClientKey Exchange` sendet der Client sein Schlüsselmaterial, um den gemeinsamen und geheimen Sitzungsschlüssel zu generieren. Dieses

7.2 Transport Layer Security (TLS)

Schlüsselmaterial ist vom vereinbarten Sicherheitsverfahren abhängig und wird beim RSA-Verfahren mit dem öffentlichen Schlüssel des Servers verschlüsselt. Nur er ist in der Lage, diesen Teil des Schlüsselmaterials mittels seines privaten Schlüssels zu entschlüsseln.

Danach generiert der Client für sich den geheimen Sitzungsschlüssel und schaltet seinen Status auf verschlüsselte Sitzung um. Nach dem Empfang der Nachricht `ClientKey Exchange` generiert der Server für sich ebenfalls den geheimen Sitzungsschlüssel und geht ebenfalls in den verschlüsselten Status über.

7. Mit der Nachricht `Change-Cipher-Spec` teilt der Client dem Server mit, dass er alle ausgehandelten Sicherheitsverfahren aktiviert hat. Gleichzeitig wechselt er seinen Status und ist auf die verschlüsselte Sitzung übergegangen.
8. Sofort nach der Nachricht `Change-Cipher-Spec` sendet der Client die Nachricht `Encrypted Handshake Finished`, die den Aufbau der TLS-Verbindung seitens des Clients abschließt.
9. Im Gegenzug teilt nun auch der Server dem Client mittels `Change-Cipher-Spec` mit, dass er ebenfalls alle ausgehandelten Sicherheitsverfahren aktiviert und seinen Status gewechselt hat, und somit nur noch verschlüsselt überträgt.
10. Dies wird abgeschlossen durch die Nachricht `Encrypted Handshake Finished`, mit der der Aufbau der TLS-Verbindung seitens des Servers beendet wird.

Gesicherte Datenübertragung

Damit wurde eine Vereinbarung zwischen Client und Server hinsichtlich der Unterstützung der Sicherheit mittels einer virtuellen TLS-Verbindung getroffen. Jetzt können die eigentlichen Nutzdaten zwischen Client und Server geschützt übermittelt werden. Das TLS-Record-Protokoll nutzt hierfür die ausgehandelten geheimen Sitzungsschlüssel, fügt die notwendigen Integritätsinformationen hinzu [Abb. 7.2-5] und setzt optional das vereinbarte Komprimierungsverfahren ein.

Verbindungsabbau

Der Abbau einer TLS-Verbindung wird durch das Absenden einer Nachricht `ClosureAlert` initiiert. Dies kann sowohl seitens des Clients als auch seitens des Servers erfolgen. Die Gegenseite muss den Empfang von `ClosureAlert` mit `ClosureAlert` bestätigen.

Session Resumption

Der hier geschilderte Aufbau einer TLS-Sitzung stellt die übliche Variante dar. Tatsächlich, können sich TLS-Client und -Server auch an frühere TLS-Sitzungen 'erinnern' und ein verkürztes Handshake-Verfahren benutzten. In diesem Fall brauch nicht alle Sitzungs-Parameter neu ausgehandelt werden. Zu diesen gehören:

- Ein je 28 Byte großer Zufallswert (*Random*) auf beiden Seiten.
- Die *SessionID*, die vom Server vergeben und aus dem Zeitstempel des Clients und des Random-Werts gebildet wird.
- Die ausgehandelte *Cipher Suite* am Ende der `Change-Cipher-Spec`-Abstimmung.
- Die sog. *Handshake Extensions*, die der TLS-Client erlaubt.
- Das Flag *Resumable*, das mitteilt, ob eine geschlossene TLS-Sitzung wieder neu aufgenommen werden kann.

Client-Authentisierung

Gelegentlich wird verlangt, dass sich auch der Client authentisiert und ein Zertifikat vorweisen muss. Zu diesem Zweck kann der Server vom Client ein X.509-Zertifikat anfordern. Jedoch kann der Client – auch wenn er über ein gültiges Zertifikat und *key file* verfügt – niemals ohne Aufforderung dieses dem Server präsentieren. Zur Client-Authentisierung dienen beim Handshake folgende zusätzliche Nachrichten [Abb. 7.2-4b]:

Server Certificate Request mit CCAs
- Liste mit den *Distinguished Names* (DN) der akzeptierten der *Client Certificate Authorities* (CCA), ergänzt um Angaben der gültigen Zertifikatsalgorithmen und den HMAC Algorithmen.

Client Certificate Exchange
- Der Client sendet sein X.509-Zertifikat zum Server, was von einem CA aus der CCA-Liste des Servers signiert worden sein muss

Client Certificate Verify
- Der Client generiert bei TLS einen *Digest* (Hashwert) der vorhergegangenen Handshake-Nachrichten, die er mit seinem *private key* signiert. Je nach vereinbartem MAC wird der Hashwert entweder als MD5 oder SHA gebildet. Der Server kann nun aufgrund des im Client-Zertifikat befindlichen *public key* die Nachricht Certificate Verify entschlüsseln und somit die Authentizität des Clients verifizieren.

Somit verknüpft das TLS-Protokoll die Client-Authentisierung unmittelbar mit der Zertifikatsverifikation (Abschnitt 2.6.4). Der Server muss über ein Stammzertifikat verfügen, gegenüber dem das X.509-Zertifikat des Clients überprüft wird.

7.2.3 Ablauf der Verbindungsaufnahme bei TLS 1.3

TLS 1.3 unterschiedet sich grundlegend von den bisherigen SSL- bzw. TLS-Protokollen. Dies betrifft die Chiffre-Suiten, die Erzeugung des Schlüsselmaterials, den Record Layer als auch im besonderen Maße den Verbindungsaufbau einschließlich des Umgangs mit Client-Zertifikaten. Trotzdem beinhaltet es im Grunde auch noch alle Eigenschaften von TLS 1.2; allerdings werden unsichere Protokollkombinationen nicht mehr unterstützt. Wichtige Beiträge zur formalen Verifikation von TLS 1.3 haben französische Kryptologen von der *Procecco*-Gruppe[10] (*Programming Securely with Cryptography*) beigetragen.

Am auffallendsten sind die Änderungen bei TLS-Handshake, also der Aushandlung und dem Aufbau einer verschlüsselten TLS-Verbindung. Hier stand man vor der schwierigen Aufgabe, TLS 1.3 kompatibel mit z.B. der Version 1.0 zu halten, damit ausgerollte sog. *Middleboxen* die Kommunikation von TLS 1.3 Client und Server nicht unmöglich machen. Aus diesem Grund wurde auch die Protokollversion 1.3 gewählt (und wie in Abb. 7.2-4c dargestellt), es noch bei der internen Version '0x303' belassen [Tab. 7.2-1]. Die für TLS 1.3 entscheidenden Teile sind nun in die Handshake *Extensions* [RFC 6366] 'gewandert'.

TLS in der Version 1.3 beherrscht drei unterschiedliche Arten des Handshakes:

1-RTT
- Voller Handshake, d.h. zwischen Client- und Server sind alle notwendigen Protokollelemente, wie Keys und Verfahren, auszuhandeln. Dies entspricht einem vollständigen *Key Exchange*, der üblicherweise ergänzt wird um

---
[10]siehe: http://prosecco.gforge.inria.fr

7.2 Transport Layer Security (TLS)

- das *Key Share* Verfahren, bei dem der Client dem Server mitteilt, welche Diffie-Hellman Parameter (und Gruppen) er bevorzugt und somit eine schnellstmögliche 'Verständigung' möglich ist, d.h. die Latenzzeit des Verbindungsaufbaus kann ohne Verzicht auf die PFS reduziert werden. — Key Share

- *Pre-shared Key* Verfahren, bei der beide Partner auf vorher ausgehandelte Kryptoelemente (Pre-shared Keys) zurück greifen und hieraus der Verbindungsschüssel abgeleitet wird, was allerdings die *Perfect Forward Secrecy* PFS aushebelt. — 0-RTT

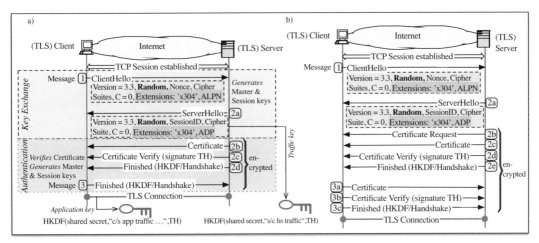

Abb. 7.2-3: Aufbau einer TLS-Verbindung: a) Standardverfahren nur mit Server-Zertifikat, b) mit zusätzlicher Anfrage eines Client-Zertifikats
ALPN: Application Layer Protocol Notification, ADP: Application Data Protocol, C: Compression, HKDF: HMAC-based Key Derivation Function, TH: Transcript-Hash

Der Standardablauf eines Handshakes ist in Abb. 7.2-3a abgebildet:

- Nach Aufbau der TCP-Verbindung schickt der TLS-Client eine `ClientHello`-Nachricht an den Server, indem er neben — Client Hello
  - ▷ der TLS-Versionsnummer 1.3, d.h. '0x303',
  - ▷ ein *Random*,
  - ▷ ein *Nonce*, das die *SessionID* von früheren Versionen ersetzt,
  - ▷ die *Cipher Suites*, sowie die benutzte Hashfunktion bei der HKDF angibt, gefolgt durch die Mitteilungen,
  - ▷ dass keine Nachrichtenkomprimierung vorgenommen und schließlich
  - ▷ eine Reihe von *Extensions*, mit denen per `"supported_versions = '0x304'"` signalisiert wird, dass eigentlich TLS 1.3 genutzt werden soll.

- Der Server antwortet mit der Nachricht `ServerHello`, die aber nun im Gegensatz zu den früheren TLS-Versionen alle notwendigen kryptographischen Informationen enthält: — Server Hello
  - ▷ Die (obligatorische) TLS-Versionsnummer 1.3,
  - ▷ ein *Random*,
  - ▷ die *SessionID*,

▷ die ausgewählte *Cipher Suite* und
▷ die Angabe, dass keine Nachrichten-Kompression erfolgt und und ebenfalls mit
▷ den `Extensions` "`supported_versions = '0x304'`".

Die folgenden Teile der `ServerHello`-Nachricht werden verschlüsselt und beinhalten das

▷ eigene X.509 Zertifikat sowie
▷ eine Signatur (mit dem zum Zertifikat passenden *private key*) des *Transcript-Hashes* aller vorausgegangenen Nachrichten und als Abschluss
▷ den *Transcript-Hash* über alle ausgetauschten Nachrichten, der entsprechend dem in Abschnitt 2.3.3 erläuterten HKDF-Verfahren gebildet wird. Dieses umfasst neben den konkatinierten Nachrichten das per (EC)DH gebildete 'shared secret' und als *Salt* die Zeichenkette '`finished`'.

Nach Empfang dieser `ServerHello` Nachricht beim Client verifiziert dieser das vorgelegte X.509 Zertifikat (für das ggf. ein OCSP-Lookup vorzunehmen ist) und im Gutfall besitzen nun beide übereinstimmende Parameter im Hinblick auf den Protokollablauf und die zu nutzenden Schlüssel. Dies teilt der Client durch

▷ eine `Finish`-Nachricht mit, die wiederum als *Transcript-Hash* der gemeinsamen Nachrichten erzeugt wird.

1-RTT Key Exchange & Authentication

Abb. 7.2-3a zeigt ferner, dass sich der Handshake in nur zwei Etappen (*Round-Trip-Time*) und mit drei ausgetauschten Nachrichten vollzieht:

- Dem *Key Exchange* mit den Nachrichten `ClientHello` und `ServerHello` und
- der *Authentisierung* durch die `ServerHello` Nachrichtenteile `Certificate`/`CertificateVerify` auf der Server- und letztlich `Finished` auf der Client-Seite.

Somit ist der Handshake deutlich effizienter als bei früheren TLS-Versionen.

Starkes PFS

Neben der Verschleierung der TLS-Version zur Erhaltung der Kompatibilität mit bestehenden TLS-Implementierung, sticht vor allen die Nutzung von *Transcript-Hashes* hervor, die bei TLS 1.3 die *Pseudo-Random Function* PRF ersetzt. [Abb. 7.2-2a] verdeutlicht weiter, dass beim TLS 1.3 Handshake nur die Informationen im *Key Exchange* im Klartext mitgeteilt werden, die entweder Protokollartefakte oder aber ephemerale Informationen darstellen:

- Bereits Teile der `ServerHello`-Nachrichten werden mit dem vorläufigen *Traffic Key* verschlüsselt und als *Encrypted Handshake Message* übermittelt [Abb. 7.2-2a].
- Die folgenden Authentisierungsinformationen, die auch die angebotenen X.509-Zertifikate umfassen, werden in Gänze verschlüsselt, sodass die Identität des Prozesses nicht von Dritten ermittelt werden kann (vgl. Abschnitt 2.1.2).

Client Authentication

- Wird ein Client-Zertifikat angefordert, ergibt sich der in Abb. 7.2-3b dargestellt Verlauf, der vergleichbar dem früherer TLS-Versionen ist; allerdings nun verschlüsselt abläuft, sodass die Client-Identität nicht bekannt gemacht wird.

Hello-Extensions

Zentrales Kompatibilitätsmerkmal zu den älteren TLS-Versionen sind die *Extensions* in `Hello`-Nachrichten; insbesondere auf der Clientseite. Hier wird an RFC 4346 angesetzt und von der Tatsache Gebrauch gemacht, das 'unbekannte' Extensions einfach

7.2 Transport Layer Security (TLS)

verworfen werden. So wurde bei TLS 1.3 in Ergänzung zu den *Server Name Indication* SNI und OCSP-Unterstützung auch noch eine *Application Layer Notification Information* ALNI mitgegeben, mit dem der Client mitteilen kann, welches konkrete Applikationsprotokoll folgt.

Key Share mit GREASE
In Abb. 2.5-3 haben wir den allgemeinen Schlüsseltausch mit Diffie-Hellman gezeigt. Hierbei sind wir davon ausgegangen, dass der Server im ersten Schritt seine DH-Parameter dem Client überreicht. Dieser Annahme liegt auch Abb. 7.2-3 zugrunde: Der Client besitzt sozusagen 'Zero-Knowledge' über den Server.

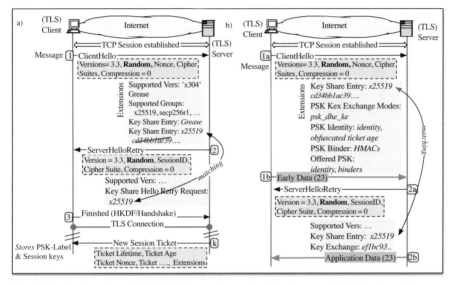

Abb. 7.2-4: Aufbau einer TLS-Verbindung: a) mittels Key Share und fehlerhaftem Parameter und nachfolgender `ServerHelloRetry`-Nachricht,
b) Session Resumption unter Angabe von PSK und mit verschlüsselten *Early Data* im `ClientHello` und *Application Data* im `ServerHello`

Dies stimmt zwar in dieser Allgemeinheit für die erste Verbindungsaufnahme; es hindert aber niemanden den Client daran, dem Server ab dem zweiten Verbindungsversuch mitzuteilen: 'Deine DH-Parameter kenne ich schon, lass uns schneller zur Sache kommen'. Beide Seiten besitzen einen gemeinsamen *Key Share* mit den ausgewählten öffentlichen Schlüsselteilen, wie in Abb. 7.2-4a dargestellt. In diesem konkreten Fall kennen beide die ausgewählte Kurve (x25519) und der Client signalisiert dem Server, dass der über dessen Kurvenparameter verfügt. Jetzt kann es aber sein, dass entweder der Client die Parameter nur unvollständig besitzt, oder aber der Server diese gewechselt hat. In diesem Fall teil dies der Server mittels einer `ServerHelloRetry` Nachricht mit, sodass das Standardverfahren ablaufen kann. Das *Shared Key* Verfahren wahrt demzufolge die *Perfect Forward Secrecy* indem anschließend neue Schlüssel auf beiden Seiten erzeugt werden.

Key Share

GREASE Wie aus Abb. 7.2-4a ersichtlich, werden hierfür die `Hello`-Extensions genutzt, die bei TLS 1.3 eine zentrale Rolle spielen. Eine *Key Share* Variante ist die Übermittlung eines GREASE[11]: *Generate Random Extensions And Sustain Extensibility*. Client und Server einigen sich auf eine *Cipher Suite*, indem diese unter ihrem offiziellen, enummerierten Wert der Gruppe entsprechend z.B. RFC 8447 bekannt sind. Einige Werte außerhalb der definierte Chiffren sind reserviert und der Clicnt kann diese nutzen, um zu testcn, ob der Server TLS 1.2 (bzw. 1.3) kompatibel ist. Ist dem nicht der Fall, muss der Client auf eine frühere TLS Version zurück gehen.

0-RTT und Session Resumption

Session Resumption TLS 1.3 unterstützt auch *Session Resumption* auf Grundlage bekannter *Pre-shared Keys* (PSK). Aus Abb. 7.2-4a lässt sich zudem entnehmen, dass der Server jederzeit in der bestehenden TLS-Verbindung ein neues *Session Ticket* dem Client mitteilen darf. Das Session Ticket stellt im Grunde genommen ein Label bzw. ein *Binding* dar, unter dem der Client den derzeit gültigen Schlüssel zu führen hat: *Assoziation*. Will nun der Client, wie in Abb. 7.2-4b dargestellt, eine *Sesssion Resumption* durchführen, kann der sich auf dieses Label beziehen ohne den eigentlichen PSK preiszugeben. Das PSK-Verfahren hat eine Reihe von Eigenheiten:

- Das Session Ticket ersetzt die unter früheren TLS Versionen nutzbare *SessionID*, die allerdings aus Kompatibilitätsgründen weiter zur Verfügung steht.
- Um Replay-Attacken zu erschweren, besitzt das Session Ticket die Attribute 'Alter' und 'Lebenszeit', deren Gültigkeit der Server beim *Session Resumption* überprüfen muss.
- Replay-Attacken, aber auch das Client-Tracking können beim PSK-Verfahren nicht ausgeschlossen werden; *Perfect Forward Secrecy* findet keine Anwendung.
- Vergleichbar der SNI, kann der Client beim Resumption mitteilen, auf welchen Serverprozess (Identität) sich das Label bezieht, bzw. welche Präferenz besitzt.
- Die Label und die PSK müssen natürlich sowohl bei Client als auch beim Server zur Verfügung stehen und ggf. persistent gespeichert werden.

0-RTT Der Client kann bereits in der `ClientHello`-Nachricht mit dem PSK verschlüsselte sog. *Early Data* an den Server überreichen, sodass tatsächlich hier 0-RTT gewährleistet wird [Abb. 7.2-4b]. Zudem kann auch der Server in seiner `ServerHello`-Antwort Applikationsdaten mitgeben.

7.2.4 Record Layer Protocol

TLS stellt im *Handshake Protocol* Mittel zur Verfügung, um die Realisierung der Sicherheit zwischen den Kommunikationspartnern abzustimmen. TLS bietet mit dem *Record Layer Protocol* aber auch einen Transportcontainer, in dem die Nachrichten der höheren Protokollschichten [Abb. 7.2-1] übermittelt werden können. Hierbei ist insbesondere das Protokoll HTTP zu erwähnen. Wie Abb. 7.2-5a zeigt, wird ein Record Layer Header (*RL-Header*) jeder zu übermittelnden Nachricht vorangestellt.

---

[11]GREASE wurde zunächst für TLS 1.2 vorgeschlagen:
https://tools.ietf.org/html/draft-ietf-tls-grease-01

7.2 Transport Layer Security (TLS)

Dort wird angegeben, nach welchem Protokoll (z.B. TLS-Handshake, HTTP, ...) eine Nachricht eingebettet wird.

Wir sollen zunächst beschreiben wie der Aufbau des TLS-Records bei früheren TLS-Versionen vorgenommen wird:

TLS < 1.3

- Mittels der vereinbarten Hashfunktion wird aus der zu übermittelnden Nachricht ein *Message Digest* berechnet. Dieser Hashwert dient als MAC (*Message Authentication Code*) dazu, die Integrität der Nutzdaten (kollisionsfrei) zu beschreiben und somit der Gegenseite die Möglichkeit zu verschaffen, über diese Prüfsequenz die Datenintegrität zu verifizieren.

HMAC

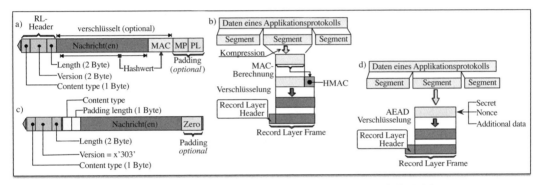

Abb. 7.2-5: a) Transport von Nachrichten in Record Layer Frames bei TLS 1.2, b) Bildung eines Record Layer Frames sowie c) TLS 1.3 Record Aufbau und d) Verschlüsselung des Records per AEAD
AEAD: Authenticated Encryption with Additional Data, HMAC: Hashed Message Authentication Code, MP: Message Padding, PL: Padding Length, RL: Record Layer

- Nach der MAC-Berechnung wird die zu übermittelnde Nachricht zusammen mit dem MAC-Teil verschlüsselt. Das Verschlüsselungsverfahren hierfür wurde zuvor von den Kommunikationspartnern in der Nachrichten Key Exchange vereinbart [Abb. 7.2-4]. Da einige Verschlüsselungsverfahren blockweise arbeiten, muss jede Nachricht zusammen mit dem MAC-Teil so lang sein, dass sich immer eine Anzahl von vollen Blöcken (z.B. je 128 Bit wie bei AES) ergibt. Somit muss man in der Regel an das MAC-Teil eine zusätzliche Füllung (sog. *Padding*) anhängen, um eine volle Blocklänge zu erreichen.

Padding

- Das zu übermittelnde Segment wird zunächst nach dem vereinbarten Verfahren komprimiert. Danach wird der Hashwert, der den MAC-Teil bildet, berechnet. Das komprimierte Segment mit dem MAC-Teil wird verschlüsselt, und für die Übermittlung wird ihm schließlich noch ein Record Layer Header vorangestellt.

- Im Anschluss and die Verschlüsselung wird der RL-Header generiert und die gesamte RL-Frame-Länge im ersten Feld Length angezeigt [Abb. 7.2-5a].

Abb. 7.2-3 und Abb. 7.2-4 illustrieren die Verhältnisse, falls sich Client und Server auf TLS 1.3 verständigt haben. Bei der Bildung des TLS-Records entfällt die bislang vorgesehene Funktion zur optionalen Komprimierung (*Compression*) der Nutzdaten (in der Regel mittels *Lempel-Ziv* Kompression). Da bei allen Komprimierungen ein zusätzlicher, identifizierbarer Header geschrieben wird, ist dies immer anfällig gegenüber

TLS 1.3

Known-Plaintext-Angriffen. Ebenso wurde die Erzeugung des MACs ersatzlos gestrichen und ist jetzt generischer Teil des Verschlüsselungsalgorithmus mittels AEAD. Wie Abb. 7.2-4d zeigt, werden hierzu nicht nur der geheime Schlüssel, sondern auch 'Additional Data' (das Authentication-Passwort) sowie ein *Nonce* benötigt.

Daten in Record Layer Frames

Gemeinsam gilt für alle TLS-Versionen, dass dieses Transportfunktionen für Applikationsdaten bereit stellt. Falls die zu übermittelnden Daten zu lang sind, werden sie zuerst in mehrere (Daten-)Segmente aufgeteilt, wie in Abb. 7.2-5b und Abb. 7.2-5c gezeigt. Sind die Daten kurz, entsteht nur ein Segment. Für jedes Segment wird ein Record Layer Frame erzeugt.

TLS 1.3: Version 3.3 als Content-Label

Im Vergleich von Abb. 7.2-5a und Abb. 7.2-5b zeigen sich wieder subtile Unterschiede: Während bei früheren TLS-Versionen ausschließlich Applikationsdaten, also entsprechend Abb. 7.2-1 vom Typ 23 eingebettet werden, sorgt sich TLS 1.3 auch um die verschlüsselte Übertragung von Protokolldaten. Im Header werden diese weiterhin als 'Content type = 23' geführt [Tab. 7.2-1], während im verschlüsselten Bereich der ursprüngliche Typ mitgeteilt wird. Diesem überraschenden Verhalten wird durch die fixe Angabe der Version '0x303' entsprochen, was äquivalent vor vorigen Version TLS 1.2 und zur Wahrung der Kompatibilität mit früheren TLS-Versionen gedacht ist.

7.2.5 Cipher Suites

Die beiden kommunizierenden Partner, d.h. TLS-Client und TLS-Server, vereinbaren zu Beginn der TLS-Verbindung zunächst die Prinzipien, nach denen sie die Kommunikation sichern können. Diese Protokollinformationen werden als Cipher Suite ausgetauscht. Abb. 7.2-6 zeigt den Aufbau der Cipher Suite bei TLS.

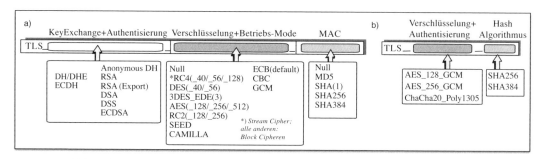

Abb. 7.2-6: Aufbau der Cipher Suite und genutzte kryptographische Verfahren;
  a) für frühere TLS-Versionen,
  b) für TLS 1.3 unter Angabe der obligatorisch unterstützten Cipher Suites

In der Cipher Suite sind enthalten:

KeX
- ein asymmetrisches Schlüsselaustauschverfahren (*Key Exchange*), das in der Regel Varianten des RSA- bzw. DH-Verfahrens (DH: *Diffie-Hellman*) mit unterschiedlichen Schlüssellängen beinhaltet, zusammen mit

ADH
- einem Authentisierungsverfahren für den Schlüsseltausch, das bei DH auch entfallen kann (*Anonymous DH*),

7.2 Transport Layer Security (TLS)

- das gewählte symmetrische Verschlüsselungsverfahren (*Encryption*) mit einem gemeinsamen Schlüssel, das entweder blockweise (wie DES, 3DES, IDEA bzw. RC2 sowie AES) oder bitweise als Stromverschlüsselungsverfahren (wie RC4_128 und RC4_40) arbeitet; unter Einsatz — Block- oder Stromverschlüsselung
- eines Betriebsmodes, der in der Regel ECB ist, aber auch CBC bzw. gelegentlich GCM (*Galois Counter Mode*) sein kann, und abschließend — Betriebsmode
- die Message-Digest-Methode, die aktuell als SHA-2 vorliegt, aber auch als SHA-1 bzw. MD5 gewählt werden kann.

Eine besondere Rolle spielt die 'Null'-Variante: Bereits beim Aufbau der TLS-Verbindung werden die Daten in Record Layer Frames verpackt. Da hier noch kein explizites Verfahren abgestimmt wurde, findet eine 'Null'-Verschlüsselung und -Sicherung Einsatz. — Null-Verschlüsselung

Bei der Darstellung der Cipher Suite ist zu berücksichtigen, dass von einer kompakten Form Gebrauch gemacht wird, bei der nicht immer alle Teile explizit aufgeschlüsselt sind. Jeder Cipher Suite wird ein Wert zugeordnet, der im Cipher Suite-Feld (2 Byte) von TLS-Nachrichten ClientHello und ServerHello angegeben wird. Beispielsweise kann der TLS-Client dem TLS-Server bis zu fünf Cipher Suites in einer Nachricht ClientHello vorschlagen, wobei jede Cipher Suite die in Abb. 7.2-6a dargestellte Struktur aufweist [http://www.iana.org/assignments/tls-parameters/tls-parameters.xhtml].

Bei der TLS 1.3 Version werden die Interpretation der Cipher Suite neu geregelt. Da es keine Alternative beim Schlüsseltausch mehr gibt, wird hierfür auch kein eigenes Feld mehr reserviert sondern neben der Protokollkennung TLS 1.3 finden nur noch zwei Felder Verwendung [Abb. 7.2-6b]: — TLS 1.3 Cipher Suits

1. Die angewandte Algorithmus zur symmetrischen Verschlüsselung einschließlich der Authentisierungsmethode.
2. Die Angabe, welche Hashfunktion zur Berechnung der HMACs bzw. für die HKDF herangezogen wurde.

7.2.6 Erzeugung der TLS-Schlüssel

Beim Handshake zwischen TLS-Client und -Server findet auf beiden Seiten ein gleichartiges Verfahren zum Erzeugen der finalen Schlüssel statt. Hier müssen wir zwischen zwei zentralen Phasen unterscheiden:

- *Nicht-deterministische Phase*: Hier werden Zufallswerte gebildet, die als Ausgangsmaterial für das *PreMasterSecret* genutzt werden. Damit die Zufälligkeit gewährleistet werden kann, sind geeignete *Entropiequellen* einzubinden.
- *Deterministische Phase*: Ausgehend vom *PreMasterSecret* wird das *MasterSecret* erzeugt, von dem die Übertragungsschlüssel abgeleitet werden.

Bis einschließlich TLS 1.2 wird dies auf folgende Weise gelöst:

1. *PreMasterSecret*:
   - Beim RSA-Verfahren generiert der Client einen *Initial Seed* mit 48 Byte, bei dem die ersten beiden Byte die TLS-Version enthält und die weiteren 46 Byte als Zufallswert gewählt und mit dem *public key* des Servers verschlüsselt zu diesem verschickt werden.
   - Beim DHE-Schlüsseltausch wird der generierte, gemeinsame DH-Schlüssel genutzt, wobei ggf. führende '0' entfernt werden.
2. *MasterSecret*:
   Das *PreMasterSecret*, das Server- und das Client-Random werden zusammengeführt und hieraus gemäß Abb. 7.2-7a das *MasterSecret* gebildet, das immer eine Länge 3*16 Byte, also 384 Bit aufweist.
3. *Schlüsselmaterial*:
   Das *MasterSecret* ist der Ausgangswert für das *Schlüsselmaterial*, das – je nach *Cipher Suite* – eine unterschiedliche Länge aufweist. Hierzu wird eine *Pseudo Random Function* (PRF) genutzt, die ähnlich wie das Schema in Abb. 7.2-7a vorgeht. Da die Schlüsselzahl und die Länge der Schlüssel je nach Verfahren variieren kann, wird die PRF-Funktion so häufig aufgerufen, bis genügend 'Schlüsselmaterial' gebildet wurde.
4. *TLS-Schlüssel*:
   Aus dem gemeinsam erzeugten Schlüsselmaterial werden nun die eigentlichen TLS-Schlüssel entsprechend Abb. 7.2-7b entnommen.

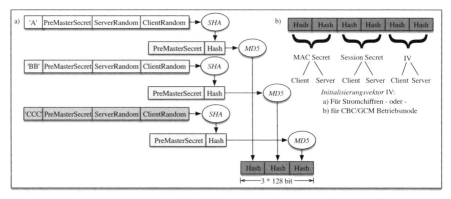

Abb. 7.2-7: Das TLS-Schlüsselmaterial; a) Generierung des *MasterSecret* aus Hashwerten in drei Iterationen, b) Nutzung der PRF-Hashwerte als Grundlage der TLS-Schlüssel

Bei TLS in der Version 1.3 wurde das 'ad-hoc' PRF-Verfahren quasi kultiviert und durch die *HMAC-based Key Derivation Function* HKDF ersetzt. Zudem gibt es bei TLS 1.3 einen expliziten, zustandsbehafteten Schlüsselerzeugungmechanismus, der sog. *Key Schedule*. Mit den deterministischen Bestandteile wird bei TLS 1.3 allerdings anders umgegangen und der ganze Vorgang vereinheitlicht, wie Abb. 7.2-8 zeigt:

- Die Schlüsselgenerierung erfolgt bei allen Handshake-Weisen immer entlang der 'Key Generation Pipeline', wobei als nicht-deterministisches Schlüsselmaterial ent-

7.2 Transport Layer Security (TLS)

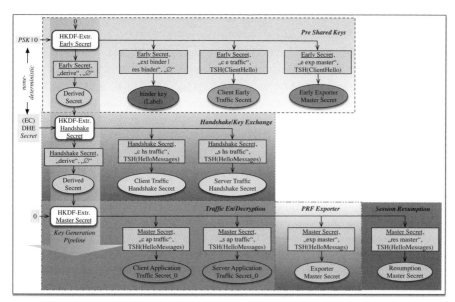

Abb. 7.2-8: Schlüsselgenerierung und Key Schedule bei TLS 1.3; in abgerundeten Boxen findet die HKDF Anwendung, in rechteckigen Bocken die Derive-Secret Funktion und die gebildeten Schlüssel sind in ovalen Kreisen illustriert. Das jeweilig erzeugte Schlüsselmaterial ist unterstrichen
HKDF: HMAC-based Key Derivation Function, TSH: Transcript-Hash, ∅: leere Eingabe

weder der Pre-shared Key oder das DH Geheimnis zur Verfügung steht. Die deterministischen Elemente werden von Zeichenketten, den *Labels*, gebildet, die jeweiligen Schritt, bzw. das Ergebnis bezeichnen.

- Als Funktionen werden hierbei die in Abschnitt 2.2.2 genannte HKDF-Extrakt Variante und die *Derive-Secret* Funktion, die eine verkürzte HKDF mit den Eingabewerten *Secret*, *Label* und der *Transcript-Hashes* der `Hello`-Nachrichten umfasst.
- Entlang dieser Pipeline werden beim 0-RTT Handshake, d.h. unter Nutzung von Pre-shared Keys, das 'Early Secret' gebildet, das als Berechnungsgrundlage für den 'Binder Key' und das 'Early Traffic Secret' genutzt wird.
- Beim 1-RTT Handshake wird das aus dem Derived-Secret und dem (EC)DHE-Secret die entsprechenden Handshake-Secrets für die Verschlüsselung von Handshake-Nachrichten gebildet.
- Schließlich wird wiederum mit dem *Derived-Secret* des vorigen Schrittes unter Hinzuziehung einer zusätzlichen '0' das *Master Secret* abgeleitet, aus dem die Schlüssel für die symmetrische Verschlüsselung abgeleitet werden.
- Da das TLS-Schlüsselmaterial auch für nachfolgende Applikationen genutzt werden kann, die ein standardisiertes PRF-Format vorweisen, wird dieses mittels der Exporter-Funktion nachgeliefert.
- Abschließend werden auch noch die Schlüssel für Pre-shared Key im Falle einer Session Resumption erzeugt.

Transcript-Hash Als zusätzliche Entropie zur Erzeugung der Schlüssel wird das Transcript-Hash benutzt. Dies wird aufgrund des Zustandskontextes gebildet, wobei allgemein folgendes Konstrukt angewandt wird:

$$\text{Transcript-Hash}(M_1, M_2, ... M_n) = \text{Hash}(M_1 \| M_2 \| ... \| M_n)$$

Hierbei sind M_i die Hello-Nachrichten in der empfangenen Reihenfolge, deren Inhalt und nicht einzelnen Hashwerte konkateniert werden, wie dies bei *Blockchain*-Verfahren üblich ist.

7.2.7 Verzögerte TLS-Verbindung mittels STARTTLS

Nutzt ein Applikationsprotokoll (z.B. HTTP) die TLS-Dienste, wird darauf mit dem Buchstaben 'S' am Ende des Protokollnamens verwiesen (z.B. HTTPS). TLS ist für die Applikationen 'transparent'. Trotzdem wird TLS bis dato jedoch nur für eine kleine Anzahl von Anwendungen eingesetzt. Der Grund hierfür besteht darin, dass die per TLS abgesicherte Verbindung einen ergänzenden Server-Port (Portnummer in Klammern) nutzt.

Bemerkung: Obwohl z.B. von der IANA auch für die Protokolle TELNET (23) ⇒ TELNETS (992) sowie für FTP (20/21) ⇒ FTPS (989/990) Ports für TLS-Varianten definiert sind, werden in der Praxis im wesentlichen HTTP (80) ⇒ HTTPS (443), LDAP (389) ⇒ LDAPS (636) sowie die E-Mail-Protokolle SMTP (25) ⇒ SMTPS (465), IMAP4 (143) ⇒ IMAP4-TLS (585) und POP3 (110) ⇒ POP3S (995) über TLS genutzt.

STARTTLS/-STLS Da das Aufsetzen eines zusätzlichen Serverdienstes für die TLS-gesicherte Datenübermittlung im Hinblick auf die Anforderungen an Firewall und NAT häufig nicht gewünscht ist, steht für die wichtigen Protokolle SMTP, POP3/IMAP4 sowie für LDAP mittels *STARTTLS* bzw. *STLS* ein Verfahren bereit, durch das der Server anzeigt, dass er auch auf das Standard-Port TLS-Dienste anbietet, die der Client bei Bedarf nutzen kann.

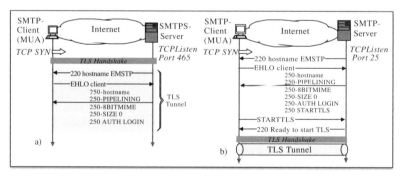

Abb. 7.2-9: Nutzung von TLS bei der E-Mail-Übertragung: a) SMTPS über den SMTP-Port 465, b) SMTP über TLS mittels STARTTLS und Standard-Port 25

Abb. 7.2-9 zeigt das bei E-Mail häufig eingesetzte Verfahren STARTTLS im direkten Vergleich zur Verbindungsaufnahme über das SMTPS-Port 465. Im ersten Fall – in Abb. 7.2-9a – erfolgt die Aufnahme der TLS-Verbindung, bevor die SMTP-Sitzung gestartet wird. Abb. 7.2-9b illustriert, dass die TLS-Verbindung in der (E)SMTP-Sitzung mittels des Kommandos `STARTTLS` vom Client initiiert werden kann, sofern der SMTP-Server diese Option anbietet. In beiden Fällen muss sichergestellt werden, dass nach Erreichen einer qualifizierten TLS-Verbindung keinesfalls ein zweites Mal `STARTTLS` gestartet wird. Im Hinblick auf das TLS-Protokoll sind beide Varianten identisch, d.h. sie unterscheiden sich weder im Ablauf noch im Ergebnis.

7.2.8 Datagram TLS

Das Konzept von TLS setzt eine zuverlässige Transportverbindung auf Schicht 4 voraus, die bei TCP vorliegt. Mit *Datagram TLS* (DTLS Version 1.2) wird das TLS-Verfahren aber so modifiziert, dass es auch den unzuverlässigen Datagramm-Dienst von UDP nutzen kann [RFC 6347]. Somit können die Sicherungsdienste, die DTLS liefert, auch von verbindungslosen Anwendungen wie SIP genutzt werden, die auf UDP aufbauen.

DTLS nimmt folgende Modifikationen am TLS-Verfahren vor[12]: *DTLS-Protokollanpassungen*

- Ergänzende `HelloVerifyRequest`-Nachricht beim Handshake zwischen den DTLS-Instanzen.
- Einsatz eines *Timeout-Mechanismus* zum Erkennen verloren gegangener UDP-Pakete und zum Neuversand.
- Aufgrund der prinzipiellen Unzuverlässigkeit von UDP wird auf den Einsatz von *Strom-Chiffren* verzichtet, d.h. diese können nicht ausgehandelt werden.
- Um die Nachteile des unzuverlässigen Datenaustauschs zu kompensieren, werden die DTLS-Nachrichten mit einer *Sequenznummer* (`Message_Seq`) versehen, die während einer *Epoche* – festgelegt durch die `Change-Cipher-Spec`-Nachricht – monoton hochzuzählen ist.

Das Handshake-Verfahren sieht bei DTLS nun folgendermaßen aus [Abb. 7.2-10a]: *Modifikation des Handshake-Protokolls*

1. Der Client beginnt den Verbindungsaufbau wie üblich mit einem `ClientHello`, startet aber zusätzlich einen internen Timer, um nach dessen Ablauf die Nachricht eventuell erneut zu versenden. Diese Nachricht enthält ein 'Null'-Cookie.
2. Der Server antwortet nun (zusätzlich) mit einem `HelloVerifyRequest`. Der Inhalt dieser Nachricht ist ein statisches Cookie, das die DTLS-Kommunikation gegen *Denial of Service*-Attacken schützen soll und wie folgt gebildet wird:
   `Cookie = HMAC(Nonce,Client-IP,Client-Parameter)`
3. Nach Empfang der Nachricht `HelloVerifyRequest` beim Client sendet dieser erneut ein `ClientHello`, das das empfangene Cookie enthält.

Um Duplikate zu vermeiden bzw. zu erkennen, bekommt zusätzlich jede Nachricht eine *Message Sequence* zugewiesen, die auf beiden Seiten fortlaufend erhöht wird.

---

[12] RFC 6520 wurde als Draft im Juni 2010 eingereicht und bereits im Februar 2012 ohne umfangreiche Diskussion in der Kategorie *Standards Track* veröffentlicht:
https://datatracker.ietf.org/feed/document-changes/rfc6520/

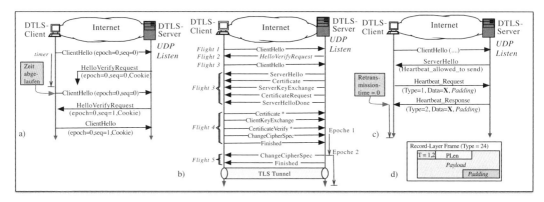

Abb. 7.2-10: Ablauf des DTLS-Verfahren: a) Erweiterung des Handshakes durch die HelloVerifyRequest-Nachricht unter Mitteilung der *Epoche*, der *Message Sequence* seq und des *Cookies*, b) unter Bildung von DTLS 'Flight' Records, c) Illustration des Heartbeat-Verfahrens und d) Aufbau von Heartbeat-Nachrichten
PLen: Payload Length

Der weitere Ablauf zur Verhandlung der Cipher-Suite und zum Austausch des Schlüsselmaterials folgt den üblichen TLS-Konventionen.

Heartbeat-Extension

Bei der verbindungslosen Kommunikation (über UDP) kann weder die korrekte Reihenfolge der Pakete garantiert noch festgestellt werden, ob der Kommunikationspartner überhaupt empfangs- und sendebereit ist, und folglich, ob der ausgehandelte Sicherheitskontext überhaupt noch besteht. Um dieses zu testen, wurde das *Heartbeat-Protokoll* in RFC 6520 eingeführt, das nicht nur für DTLS, sondern auch für das übliche TLS-Verfahren eingesetzt werden kann.

- Zunächst kann der Client bzw. der Server signalisieren, dass er die *Heartbeat-Extension* unterstützt [Abb. 7.2-9c]. Hierzu werden beim *Handshake* die *Hello-Nachrichten*
  - ▷ Heartbeat-Mode: *Peer allowed to send* oder
  - ▷ Heartbeat-Mode: *Peer not allowed to send*

  ausgetauscht.

Heartbeat-Request/Response

- Hat der Partner die Unterstützung des Heartbeats mitgeteilt, können Heartbeat-Nachrichten nach dem *Handshake* periodisch zwischen beiden Parteien (und zwar in beide Richtungen, sofern erlaubt) ausgetauscht werden:
  - ▷ Ein Partner generiert eine Heartbeat_Request-Nachricht mit maximaler Länge von 16 kByte und 'beliebigem' Inhalt, der aber nicht zufällig sein muss [Abb. 7.2-8d]. Der Nachrichteninhalt stellt im Grunde genommen ein *Nonce* mit variabler Länge dar und beinhaltet neben dem Nachrichten-*Type* und dem *Payload* die *Länge* des Payload und ein ergänzendes, zufälliges *Padding* von mindestens 16 Byte.
  - ▷ Der Peer beantwortet die Nachricht, indem er dessen Payload (mit der angegebenen Länge) um ein eigenes *Padding* ergänzt und als Nachricht

Heartbeat_Response zurück schickt. Somit bestätigt er sowohl den Empfang der Originalnachricht, und andererseits werden durch das unterschiedliche Padding *Known-Plaintext-Attacken* erschwert.

▷ Empfängt der Sender nach einer Timeout-Zeit keine Response-Nachricht, kann er die Verbindung terminieren; bei korrektem Empfang der Response-Nachricht wird der *Retransmission-Timer* wieder auf Null gesetzt.

Das Heartbeat-Verfahren führt bei der Übertragung über ein NAT-Gateway dazu, dass dieses das UDP-Port-Mapping auch dann aufrecht erhält, falls keine Nutzdaten (vom *Type* 23) fließen. Ein weiteres Einsatzgebiet besteht darin, aufgrund der variablen Größen des Heartbeat-Payloads (von maximal 16 kByte), bei DTLS quasi eine MTU-Path-Discovery zu emulieren. Der Einsatz von Heartbeats ist bei TCP (also für TLS) im Grunde überflüssig, und daher ist vorgesehen, dass Request/Response-Nachrichten nur einmalig eingesetzt wird, obwohl der RFC 6520 hierbei widersprüchlich ist und Heartbeat-Nachrichten für einen *Liveliness Check* auch in diesem Fall beschreibt. Dies wird bei TLS 1.3 durch einen *Cookie*-Mechanismus in den Hello-Extensions unterstützt.

Liveness Check

Bei TLS ist es üblich, in einem TCP-Segment mehrere TLS-Nachrichten unterzubringen. UDP (für IPv4) bietet aber nur einen garantierten Platz von 512 Byte Nutzdaten. DTLS unterstützt UDP hierbei mit folgenden Möglichkeiten:

Flight Nachrichten

- Sind die DTLS-Nachrichten klein genug, um sie in einem UDP-Paket unterzubringen, spricht man von einem *Flight* [Abb. 7.2-10b], d.h. einer Gruppe von Nachrichten in einem gemeinsamen *DTLS-Record*.
- Während des DTLS-Handshakes können lange Nachrichten über mehrere UDP-Pakete verteilt werden. Hierzu wird ergänzend die Fragmentlänge und ein möglicher Fragment-Offset im DTLS-Frame (dem Record) mitgeteilt. Da die einzelnen Fragmente die (für die gleiche Epoche) gleiche Message_Seq besitzen, können diese nun zur ursprünglichen Nachricht zusammengefasst werden.

7.3 Protokolle für die Echtzeitkommunikation

Die Übermittlung von Audio, auch der Sprache als eine Audioart, und Video über ein IP-Netz verläuft in der Regel zwischen den beteiligten Teilnehmern in Echtzeit. Folglich ist der Einsatz der zuverlässigen Transportprotokolle wie z.B. TCP (*Transmission Control Protocol*) und SCTP (*Stream Control Transmission Protocol*), die speziell für die Datenkommunikation konzipiert wurden, und bei denen man die Quittungen verwendet, um eventuell eine wiederholte Übermittlung von mit Fehlern empfangenen Daten zu veranlassen, nicht mehr möglich. Das RTP (*Real-time Transport Protocol*) wurde speziell für die Übermittlung von Audio und Video und zur Unterstützung der audiovisuellen Kommunikation über IP-Netze entwickelt.

Bedeutung von RTP

Der transportierte Content wird hierbei als *Media* oder im Plural als *Medien* bezeichnet, da die Syntax des Contents (Text-, Audio- oder Videomaterial) das Ausgabeformat

Media = Content

determiniert und dieser somit über ein spezielles 'Medium' als Zugangskanal rezipiert und konsumiert wird.

RTP wurde ursprünglich im Januar 1996 im RFC 1889 spezifiziert; im Juli 2003 wurde RFC 1889 durch RFC 3550 abgelöst. Es ist hervorzuheben, dass in der Regel das verbindungslose, unzuverlässige Protokoll UDP für den Transport der RTP-Pakete mit Echtzeitmedien verwendet wird [Abb. 7.3-1].

<small>Notwendigkeit von RTCP</small>

Da die Empfangsseite bei RTP keine Quittungen für die empfangenen Echtzeitmedien der Sendeseite senden kann, wird RTCP (*RT Control Protocol*) eingesetzt, um die Kontroll- und Statusinformationen zwischen den kommunizierenden Endeinrichtungen zu übermitteln. Die Übermittlung von audiovisuellen Echtzeitmedien über ein IP-Netz ist nur dann sinnvoll, wenn die Medien in ausreichender Qualität am Ziel empfangen werden. Es müssen somit bestimmte Netzparameter, die *QoS-Parameter* (*Quality of Service*), die eine Aussage über die Qualität der audiovisuellen Kommunikation liefern, abgeschätzt werden, was mittels des RTCP-Hilfsprotokolls möglich ist.

<small>Signalisierungs-protokoll SIP und SDP</small>

Bei der Echtzeitkommunikation handelt es sich, allgemein betrachtet, um eine audiovisuelle Kommunikation – d.h. um eine Art Videotelefonie. Daher ist ein Protokoll nötig, um virtuelle Verbindungen bei der Videotelefonie, die sog. Sessions, nicht nur auf- und abbauen zu können, sondern, um ankommende 'Anrufe' den Benutzern auch akustisch/optisch zu signalisieren; benötigt man hierfür ein *Signalisierungsprotokoll*[13]. SIP ist ein derartiges Protokoll. Um die zu übermittelnden Medien der Gegenseite zu spezifizieren und sich gegenseitig in die Lage zu versetzen, die Art der Codierung von zu übermittelnden Medien Audio und Video zwischen Videotelefonen auszuhandeln, verwendet man bei SIP das Protokoll SDP (*Session Description Protocol*).

7.3.1 RTP/RTCP und Transportprotokolle in IP-Netzen

<small>RTP/RTCP als Anwendungsprotokolle</small>

Abb. 7.3-1 veranschaulicht die Einordnung der Protokolle für die audiovisuelle Kommunikation im Schichtenmodell. Wie hier ersichtlich, stellt RTP zwar ein Protokoll für den Transport von Echtzeitmedien dar, dennoch wird es als Anwendung oberhalb der Transportschicht angesiedelt. Wie bereits erwähnt, wird RTCP – parallel zum RTP – für die Überwachung von QoS-Parametern sowie für die Übermittlung von speziellen Angaben zwischen Sender und Empfänger verwendet. RTCP kann somit als integraler Bestandteil von RTP angesehen werden.

<small>SIP nutzt überwiegend UDP</small>

Um eine audiovisuelle Session zwischen Rechnern nicht nur auf- und abzubauen, sondern diese aufrecht zu erhalten, wird das Protokoll SIP verwendet – und dieses stellt hierfür spezielle Nachrichten, die sog. *SIP-Nachrichten*, zur Verfügung.

Für die Übermittlung von SIP-Nachrichten ist ein Transportprotokoll nötig. Da keine großen Datenmengen beim SIP-Verlauf übermittelt werden, sondern relativ kleine

---

[13]Die Echtzeitkommunikation hat ihre Wurzel in der Telefonie, wo die Telefonverbindungen zwischen zwei Telefonen nach einem Protokoll aufgebaut werden müssen. Da hier die ankommenden Anrufe dem angerufenen Teilnehmer akustisch bzw. auch optisch signalisiert werden, spricht man von *Signalisierungsprotokoll*.

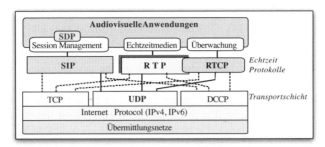

Abb. 7.3-1: Protokolle für die audiovisuelle Kommunikation im Schichtenmodell
DCCP: Datagram Congestion Control Protocol, RTP: Real-time Transport Protocol,
RTCP: RT Control Protocol, SDP: Session Description Protocol

Nachrichten, wäre es daher nicht besonders sinnvoll, für die Übermittlung von SIP-Nachrichten das verbindungsorientierte Protokoll TCP einzusetzen, um zuerst eine TCP-Verbindung für die Übermittlung von einigen, beim Einrichten einer Session benötigten Nachrichten aufbauen zu müssen. Daher wird in der Regel bei SIP das verbindungslose, unzuverlässige Transportprotokoll UDP verwendet; es kann aber auch TCP zum Einsatz kommen.

Weil SIP in der Regel das unzuverlässige UDP nutzt, verfügt SIP über eigene und einfache Mechanismen zur Fehlerkontrolle (vgl. Abb. 7.4-5). Somit ist SIP selbst in der Lage, seine Nachrichten über ein IP-Netz zuverlässig zu übermitteln und notfalls erkennen zu können, wann und welche Nachricht wiederholt gesendet werden muss. Im Gegensatz zum TCP-Einsatz verläuft der Aufbau einer Session mit SIP bei der Nutzung des Protokolls UDP effizienter und viel schneller. Für den Transport von SIP-Nachrichten über IP-Netze können alternativ auch andere Transportprotokolle (darunter DCCP, TCP und sogar auch SCTP) verwendet werden.

SIP garantiert Zuverlässigkeit des Transports

SIP ermöglicht es, dass eine gewünschte Session für die Übermittlung von audio-visuellen Echtzeitmedien – somit quasi ein Anruf – dem angerufenen Teilnehmer zunächst signalisiert und im Erfolgsfall zwischen den Endeinrichtungen der beiden Teilnehmer aufgebaut wird. Da man ein digitalisiertes Echtzeitmedium nach dem Protokoll RTP in IP-Paketen transportiert, wird diese Session auch als *RTP-Kanal* (bzw. *Media-Kanal*) bezeichnet. Jedes digitalisierte Media kann unterschiedlich codiert werden. Somit muss man sicher stellen, dass die beiden kommunizierenden Endeinrichtungen die gleiche Codierungsart, d.h. die gleichen 'Mediaformate', unterstützen können. Um die zu übermittelnden Medien mitzuteilen und die Art ihrer Codierung zwischen den Endeinrichtungen auszuhandeln, wird das Protokoll SDP (*Session Description Protocol*) verwendet. Daher kann daher diese als Anwendung oberhalb von SIP angesehen werden.

Einsatz von SDP

Mit RTP werden sog. *RTP-Pakete* gebildet [Abb. 7.3-5], in denen verschiedene Echtzeitmedien als *Payload* enthalten sein können. Die RTP-Pakete werden dann während einer Session unter Nutzung eines Transportprotokolls über IP-Netze transportiert.

RTP über UDP

Da bei der üblichen Nutzung von UDP keine Überlastkontrolle beim Transport von Echtzeitmedien über IP-Netze möglich ist, wurde das ergänzende verbindungslose

RTP über DCCP

Transportprotokoll DCCP (*Datagram Congestion Control Protocol*) entwickelt und in RFC 4340 spezifiziert[14]. RFC 5762 beschreibt den Einsatz von RTP und von RTCP über DCCP.

RTP über TCP

Falls notwendig, können die Echtzeitmedien über eine zuverlässige virtuelle Verbindung über das IP-Netz transportiert werden. Hierfür lassen sich RTP und RTCP über das zuverlässige und verbindungsorientierte Transportprotokoll TCP einsetzen[15] Da TCP eine Ende-zu-Ende-Fehlerkontrolle zur Verfügung stellt, ist die Funktion von RTCP nicht mehr nötig, sodass bei RTP über TCP das Protokoll RTCP 'ausgeschaltet' werden kann. Demzufolge werden dann keine RTCP-Pakete mehr übermittelt. RFC 4571 beschreibt, wie RTP und RTCP über TCP verwendet werden kann (siehe auch RFC 4145 und 4572).

RTP-Port bei UDP, DCCP und TCP

Der offizielle, als *Well-known Port* dienende RTP-Port für die Transportprotokolle UDP, DCCP und TCP hat immer die gleiche Nummer 5004. Diese Portnummer ist aber nicht relevant. In der Praxis wird dem Protokoll RTP (und somit auch dem RTCP) die Nummer des RTP-Ports in den kommunizierenden Rechnern dynamisch zugeordnet. Die beiden Rechner teilen sich ihre Portnummern beim Aufbau einer Session in ihrer Beschreibung nach dem Protokoll SDP mit [Abb. 7.3-6]. Sollte RTP nicht UDP nutzen, sondern TCP oder DCCP, muss darauf in der Beschreibung der initiierten Session explizit hingewiesen werden.

7.3.2 Real-time Transport Protocol (RTP)

Das *Real-time Transport Protocol* (RTP) ermöglicht die Übertragung von Echtzeitdaten über das IP-Netz. Haben sich zwei Endeinrichtungen verständigt, nach welchen Regeln das Echtzeitmedium mittels RTP übermittelt werden soll, so kann dies interpretiert werden, als ob eine *Session* – genauer gesagt eine *RTP-Session* – zwischen ihnen aufgebaut wäre.

Interpretation einer RTP-Session

Singlemedia-Session

Wie Abb. 7.3-2 illustriert, muss zuerst eine Session aufgebaut werden, um anschließend ein Echtzeitmedium übermitteln zu können. Nach dem Ablauf der Kommunikation ist dann die bestehende Session wieder abzubauen, um (eventuell) die vorher reservierten Netzressourcen freizugeben.

Wie aus Abb. 7.3-2 ersichtlich, enthält eine Session einen *Media-Kanal* (MC) mit dem Protokoll RTP für die Übermittlung eines Echtzeitmedia (z.B. Audio) und einen *Media-Kontrollkanal* MCC (*Media Control Channel*) mit dem Protokoll RTCP für die Übermittlung der Kontroll- und Überwachungsinformationen zwischen den beteiligten Rechnern, sodass die beiden kommunizierenden Rechner die Qualität der Kommunikation zwischen ihnen überwachen können. Der Media-Kanal (MC) kann auch als *RTP-Kanal* bezeichnet werden und dementsprechend der Media-Kontrollkanal (MCC) als *RTCP-Kanal*. Über MC werden die in den IP-Paketen eingekapselten RTP-Pakete mit dem Media übermittelt [Abb. 7.3-4 und Abb. 7.3-5].

---

[14]DCCP kann für den Transport von RTP-Paketen mit Echtzeitmedien und von RTCP-Paketen mit Kontrollinformationen verwendet werden.

[15]Mit *RTP over TCP* kann u.a. der Fax-Dienst über das Internet realisiert werden.

7.3 Protokolle für die Echtzeitkommunikation

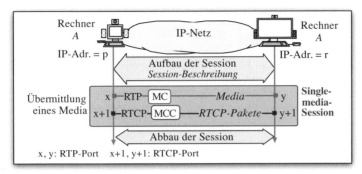

Abb. 7.3-2: Phasen bei der Übermittlung eines Echtzeitmedium über ein IP-Netz
MC: Media Channel, MCC: Media Control Channel

Die Aufgabe von RTCP besteht in der Überwachung der Übermittlung eines Echtzeitmedia über einen Media-Kanal. Parallel zu diesem Kanal wird ein MCC, d.h. ein *Kontrollkanal*, eingerichtet. Über diesen werden die Informationen über den Verlauf der Kommunikation in Form von *RTCP-Paketen* ausgetauscht.

MCC als Kontrollkanal

Typischerweise hat RTP keine festgelegte Portnummer. Die für RTP empfohlene Zielportnummer ist 5004. Sie wird allerdings kaum verwendet und stattdessen die Portnummer beim Aufbau der RTP-Session (dynamisch) ausgehandelt. In der Regel wird für RTP eine gerade Nummer zugeteilt. Zusätzlich gilt: `RTCP-Port-Nr = RTP-Port-Nr + 1`.

RTP- und RTCP-Ports

Hervorzuheben ist, dass die in Abb. 7.3-2 gezeigte Session mit nur einem Media-Kanal[16] die Übermittlung nur eines Media erlaubt. Also handelt es sich hier nicht um eine *Multimedia-Session*, sondern um eine *Singlemedia-Session*. Eine Multimedia-Session enthält dagegen in der Regel mehrere Media-Kanäle, d.h. ein Kanal pro Media. Abb. 7.3-3 soll dies näher zum Ausdruck bringen.

Multimedia-Session

> Die in Abb. 7.3-3 dargestellte Multimedia-Session setzt sich aus zwei Media-Kanälen MC_1 und MC_2 zusammen, über die zwei Medien – z.B. Video als Media 1 über MC_1 und Audio als Media 2 über MC_2 – übermitteln werden. Die Überwachung der Übermittlung von Video über MC_1 erfolgt mit RTCP-Hilfe über den Kontrollkanal MCC_1. Dementsprechend erfolgt die Überwachung der Übermittlung von Audio über den Kontrollkanal MCC_2. Die jeweils beiden Kanäle MC_1 und MCC_1 sowie MC_2 und MCC_2 bilden die verbundenen Kanalpaare von einzelnen Medien - also hier von Media 1 und Media 2.

Multimedia-Session

RTP dient als reines Transportprotokoll für die Übermittlung von Echtzeitmedien und stellt daher keine Mechanismen zum Aufbau einer Session bereit. Deshalb ist ein zusätzliches Protokoll nötig, nach dem sich die kommunizierenden Endeinrichtungen auf die Prinzipien der multimedialen Kommunikation verständigen können. Ein derartiges Protokoll wird als *Signalisierungsprotokoll* bezeichnet. Bevor aber eine Kommunikation zustande kommt, müssen sich die beiden Rechner mittels eines Signa-

Notwendigkeit eines Signalisierungsprotokolls

---
[16]Ein Media-Kanal kann auch mehrfach ausgenutzt werden, d.h. mehrere Medien können unter bestimmten Voraussetzungen über ihn transportiert werden.

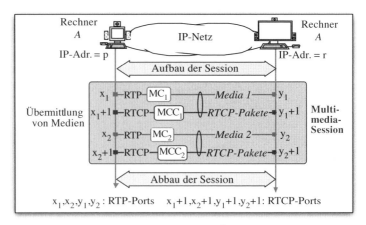

Abb. 7.3-3: Illustration einer Multimedia-Session für Übermittlung von zwei Medien
   Abkürzungen wie in Abb. 7.3-2

lisierungsprotokolls (typischerweise SIP) auf das gemeinsame Prinzip der Kodierung der übermittelnden Medien, d.h. die gleichen Medienformate, verständigen.

SDP für Beschreibung von Sessions

Ein Rechner, der eine Session für die multimediale Kommunikation initiiert, muss in der Lage sein, dem anderen Rechner durch die Übermittlung unterschiedlicher Angaben die von ihm initiierte Session näher zu beschreiben. Die Regeln, nach denen ein System eine Session beschreiben kann, definiert das Protokoll SDP (*Session Description Protocol*) [Abschnitt 7.4.7].

Schichtenmodell einer Session
Eine Session aus der logischen Sicht kann auch in einem Schichtenmodell veranschaulicht werden. Abb. 7.3-4 zeigt ein solches Schichtenmodell.

Das Transportprotokoll UDP mit den Protokollen der darunter liegenden Schichten 3, 2 und 1 stellt den Protokollen für die Echtzeitkommunikation (die Protokolle RTP, RTCP und SIP) einen unzuverlässigen Transportdienst zur Verfügung. Für die Nutzung dieses Dienstes müssen die Ports für die Protokolle RTP, RTCP und SIP eingerichtet werden.

Wie Abb. 7.3-4 zeigt, verbindet der Media-Kanal (MC) die RTP-Ports in beiden Rechnern A und B, dementsprechend verbindet der Media-Kontrollkanal (MCC) die RTCP-Ports. Hier soll verdeutlicht werden, dass die SIP-Nachrichten jederzeit zwischen SIP-Ports in beiden Rechnern ausgetauscht werden können. Dadurch ist es möglich, die Eigenschaften einer bereits bestehenden Session während des Verlaufs der Kommunikation zu ändern.

Multipoint-Sessions

Eine Multimedia-Session kann aber viel komplexer sein als die in Abb. 7.3-2 bzw. in Abb. 7.3-3 gezeigten Sessions und besonders eine Vielzahl von Media-Kanälen mit unterschiedlichen Eigenschaften enthalten. Bei der Realisierung der Gruppenkommunikation wie z.B. verschiedener Arten von Konferenzen bzw. der verteilten Systeme zur Unterstützung des Teleunterrichts (virtuelle Klassenräume *Virtual Class-*

7.3 Protokolle für die Echtzeitkommunikation

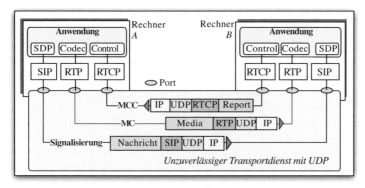

Abb. 7.3-4: Schichtenmodell einer Session für die Übermittlung eines Media
MC: Media Channel, MCC: Media Control Channel

rooms) entstehen *Punkt-zu-Mehrpunkt-Sessions*, auch kurz als *Multipoint-Sessions* bezeichnet.

RTP-Pakete – Aufbau und Einsatz

Ein Echtzeitmedium wird nach RTP als eine Folge von RTP-Paketen übermittelt, und diese werden mit dem vorangestellten UDP-Header in den IP-Paketen [Abb. 7.3-4] transportiert. Jedes RTP-Paket enthält einen *RTP-Header* und einen *Payload-Teil*. Abb. 7.3-5 illustriert dies zusammen mit dem Aufbau des RTP-Headers.

RTP-Pakete

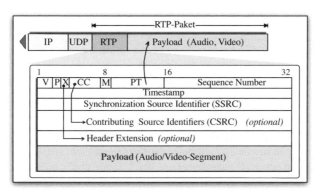

Abb. 7.3-5: RTP-Paket im IP-Paket und die Angaben im RTP-Header

Im UDP-Header werden die RTP-Ports eingetragen, d.h. *RTP-Quellport* im Quellrechner und *RTP-Zielport* im Zielrechner. Zwar wurde empfohlen, den Port 5004 als RTP-Zielport zu nutzen, allerdings wird dieser Port kaum verwendet. Stattdessen werden die RTP-Ports in beiden kommunizierenden Rechnern mithilfe des Protokolls SDP zwischen ihnen vereinbart. Daher werden die RTP-Ports erst beim Aufbau der Session festgelegt, sind also dynamisch. In der Regel wird für RTP eine gerade Nummer x und dann für RTCP die ungerade Nummer $x+1$ zugeteilt (siehe Abb. 7.3-6).

Wie Abb. 7.3-5 zu entnehmen ist, enthält der RTP-Header folgende Angaben:

Payload = Media im RTP-Paket	▪ Der *Payload Type* PT (*Nutzlasttyp*), von 8 Bit gibt an, um welches Format es sich beim transportierten Media als Payload im RTP-Paket handelt, d.h., nach welchem Verfahren dieses Media codiert wurde. Im Verlauf einer Session kann das Format geändert werden. Die möglichen Formate verschiedener Echtzeitmedien werden im RFC 3551 festgelegt [Tab. 7.3-1].
Timestamp für Jitter-Ausgleich	▪ Der *Zeitstempel* (*Timestamp*) von 32 Bit ist vom Payload-Typ abhängig und gibt an, den Zeitpunkt des Beginns von Payload im RTP-Paket, d.h. den Zeitpunkt der ersten Abtastung des Media-Signals bzw. den Zeitpunkt des ersten Payload-Byte. Dieser Zeitpunkt muss sich nach dem Taktgeber (*Clock*) orientieren. Der Zeitstempel muss als eine diskrete und lineare Funktion in der Zeit verlaufen. Im RTP-Paket n+1 kann der Zeitstempel Ts(n+1) wie folgt [Abb. 7.3-7] berechnet werden:

```
Ts(1)   = A + t₁
Ts(n+1) = Ts(n) + ΔTs,  i = 1, 2, ...
```

Hier ist A ein Zufallswert, t_1 markiert den Zeitpunkt der ersten Abtastung des Media-Signals bzw. den Zeitpunkt des ersten Payload-Byte; oft wird $t_1 = 0$ angenommen. ΔTs repräsentiert das Inkrement des Zeitstempels.

Mehrere aufeinanderfolgende RTP-Pakete können den gleichen Zeitstempel haben, wenn sie logisch zusammengehören (z.B. mehrere Pakete, die zu einem Video-Frame gehören [Abb. 7.3-8]. Der Zeitstempel ist nötig, um die Schwankungen der Übertragungszeit, *Jitter* genannt, von RTP-Paketen beim Empfänger ausgleichen zu können [Abb. 7.3-9]. Bei einer multimedialen Kommunikation werden die einzelnen Medien mithilfe des Zeitstempels miteinander synchronisiert, sodass man von der *Intermedia-Synchronisation* spricht [Abb. 7.3-10].

Entdeckung von Paketverlusten	▪ Die *Sequence Number* (*Sequenznummer*) mit 16 Bit dient bei RTP-Paket dazu dem Empfänger zu erlauben, den Verlust von Paketen festzustellen bzw. die richtige Reihenfolge der Pakete wiederherzustellen, falls sie in einer falschen Reihenfolge angekommen sind. Der Anfangswert der Sequenznummer wird zufällig ausgewählt, um ein unbefugtes Abhören zu erschweren.

> **Bemerkung**: Es gibt zahlreiche theoretische Verfahren, nach denen man mittels des Zeitstempels und der Sequenznummer die Jitter-Werte (d.h. die Schwankungen der Verzögerungen von RTP-Paketen bei der Übertragung über ein IP-Netz) abschätzen kann. Die Abschätzung von Jitter ist nötig, um die Zeitpunkte zu bestimmen, zu denen die RTP-Pakete an eine Anwendung am Ziel übergeben werden sollen.

SSRC	▪ Mittels des *Synchronization Source Identifier* lassen sich alle RTP-Pakete aus einer Quelle, die Teile des gleichen Raums von Sequenznummern, identifizieren. Diese besitzen prinzipiell eine konsekutiven Zeitstempel (Timing). Beispiele von Quellen sind ein Mikrophon, ein Mixer oder eine Kamera. Der Empfänger gruppiert die ankommenden Pakete zwecks der Wiedergabe nach Quellen. Zur Identifikation der Quelle dient der SSRC. Zwei verschiedene Quellen müssen unterschiedliche SSRCs haben, um zu gewährleisten, dass der Empfänger die Bitströme aus verschiedenen Quellen unterscheiden kann [Abb. 7.3-12].
CSRC	▪ Der *Contributing Source Identifier* ist optional und wird verwendet, falls der Payload nicht direkt vom 'Original'-Sender kommt, sondern von einem Zwischen-

system (sog. Mixer) empfangen, verändert und von ihm weiter gesendet wurde. CSRC ist eine Liste von 'Original'-Quellen der Bitströme, aus denen sich Payload zusammensetzt. CSRC wird von einem Mixer festgelegt [Abb. 7.3-12].

Die weiteren Angaben im RTP-Header sind:

- **V**, Version, 2 Bit, gibt die verwendete RTP-Version an. Derzeit gilt die im RFC 1889 (Januar 1996) spezifizierte Version 2.
- **P**, Padding, 1 Bit: Falls P = 1 ist, enthält ein RTP-Paket am Ende eine zusätzliche Füllung (Padding), die nicht zur Nutzlast gehört. Das letzte Padding-Byte gibt an, wie viele Padding-Byte ignoriert werden müssen. Die Notwendigkeit, einige Padding-Byte übertragen zu müssen, entsteht, falls ein Verschlüsselungsverfahren eingesetzt wird, das Blöcke einer bestimmten Länge voraussetzt.
- **X**, eXtension, 1 Bit: Falls X = 1 ist, ist eine Header Extension vorhanden. Eine Header Extension stellt oft ein Layload-Header dar.
- **CC**, CSRC Count, 4 Bit, gibt die Anzahl von im Feld CSRC enthaltenen Quell-Identifikatoren an.
- **M**, Marker, 1 Bit: Die Marker-Bedeutung wird durch die transportierte Nutzlast (Profile) bestimmt.
- **Header Extension** ist optional und von variabler Länge. Mittels dieses Feldes kann RTP so erweitert werden, dass es an eine neue Klasse von Anwendungen angepasst werden kann. Die detaillierte Struktur dieses Feldes ist von der übertragenen Nutzlast abhängig.

Angaben im RTP-Header

Ein IP-Paket mit Audio bzw. Video, wie Abb. 7.3-4 zeigt, enthält zuerst einen RTP-Header (mind. 12 Byte), dann einen UDP-Header (8 Byte) und innerhalb der Netzwerkschicht noch den IP-Header (mind. 20 Byte). Somit ist der gesamte RTP/UDP/IP-Header mindestens 40 Byte groß, sodass oft eine Kompression dieses Headers notwendig ist. Hierfür stehen die Kompressionsprotokolle CRTP (*Compressed RTP*), spezifiziert in RFC 2508, und ROHC (*RObust Header Compression*), spezifiziert in RFC 3095, zur Verfügung. Eine anschauliche Beschreibung von CRTP findet man in [Bad10].

Komprimierung des RTP/UDP/IP-Headers

Statische und dynamische Payload-Typen

Als Payload wird das im RTP-Paket transportierte Segment eines Echtzeitmedia bezeichnet. Bei RTP unterscheidet man zwischen folgenden Arten von Medien: Audio/Sprache, Video und Audio mit Video gemischt (*interleaved*). RFC 3551 enthält z.B. eine Liste mit festgelegten Nummern zur Angabe der *Payload-Typen* (PT). Die PT-Nummern dienen zur Identifikation der einzelnen Audio- und Video-Formate. Der Nummernraum in dieser Liste ist nicht komplett belegt, sodass weitere Nummern an neue Audio- bzw. Videoformate vergeben werden können; Tab. 7.3-1 dient als Beispiel dafür.

Echtzeitmedia als Payload

Den bereits 'klassischen' und auch standardisierten Audio- bzw. Video-Formaten sind – durch die Registrierung bei IANA – feste Nummern zugeordnet[17] Man spricht hier von statischen Payload-Typen. Weiteren bei IANA nicht registrierten Payload-Typen werden – beim Aufbau von Sessions – die Nummern aus dem Bereich 96 bis

Statische bzw. dynamische PT-Nummern

---

[17] Eine vollständige Aufstellung von PT-Nummern der registrierten Medienformate findet man unter http://www.iana.org/assignments/rtp-parameters/rtp-parameters.xhtml.

127 dynamisch zugeteilt, sodass man von *dynamischen PT-Nummern* spricht. Diese Payload-Typen sind mit '*dyn*' gekennzeichnet. Neben der einfachen Erweiterung vorhandener PT-Nummern bieten dynamische PT-Nummern die Möglichkeit, u.a. nicht allgemein bekannte, sondern sogar private Mediaformate zu nutzen. Das Beispiel in diesem Abschnitt [Abb. 7.3-6] soll dies näher erläutern.

PT-Nummern einiger Sprachformate

Eine Auflistung von PT-Nummern einiger Audio/Sprach-Codierungsverfahren enthält Tab. 7.3-1. Es sei hervorgehoben, dass eine Audio/Sprach-Codierung entweder Abtastwert- oder Segment-orientiert sein kann.

PT-Nr.	Codierungsname	Codierungsart	clock rate [Hz]	Bitrate [kbit/s]
0	PMC μ-Law	Abtastwert-orientiert	8000	64
8	PCM A-Law	Abtastwert-orientiert	8000	64
12	QCELP	Segment-orientiert	8000	4.7/6.8
15	G728	Segment-orientiert	8000	16
18	G729	Segment-orientiert	8000	8
dyn	G726-32	Abtastwert-orientiert	8000	32
dyn	G726-16	Abtastwert-orientiert	8000	16

Tab. 7.3-1: Einige Sprach/Audio-Codierungsverfahren und ihre PT-Nummern
PCM: Pulse Code Modulation, QCELP: Qualcomm Code-Excited Linear Prediction

Bei Audio/Sprache stellt *clock rate* – genauer gesagt *timestamp clock rate*, d.h die Zeitstempeltaktrate – die Häufigkeit der Abtastung der Amplitude bei der Digitalisierung des Audiosignals dar und somit die Abtastrate des analogen Signals. Analoge Signale werden 8000-mal in der Sekunde abgetastet, was die Abtastrate 8000 ergibt. Bei hochqualitativem Audio (z.B. Musik) und bei Video ist die Zeitstempeltaktrate viel höher, z.B. 90000 bei MPA (MPEG Audio) mit der PT-Nummer 14.

SDP-Einsatz

Um dynamische PT-Nummern nutzen zu können, müssen sie zwischen den kommunizierenden Rechnern abgestimmt werden, womit die Kompatibilität zwischen ihnen garantiert wird. Wie hierfür das Protokoll SDP [Abschnitt 7.3.4] verwendet wird, zeigt das folgende Beispiel.

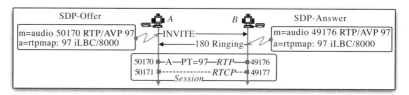

Abb. 7.3-6: Abstimmung einer dynamischen PT-Nummer und Angabe von RTP-Portnummern beim Aufbau einer Session
A: Audio(Sprach)-Kanal mit RTP, AVP: Audio/Video Profile

Abstimmung dynamischer PT-Nummern

Abb. 7.3-6 illustriert die Abstimmung einer dynamischen PT-Nummer für das Format iLBC (*internet Low Bitrate Codec*). iLBC hat bei IANA keine feste Identifikation als PT-Nummer. Beim Aufbau einer Session muss ihm daher dynamisch eine PT-Nummer zugewiesen werden. Hierbei kommt SDP zum Einsatz (siehe Abb. 7.4-6 und Abb. 7.4-7), nach dem eine Session beschrieben und damit auch das Sprachformat spezifiziert wird. Für detaillierte Informationen siehe: http://www.in2eps.com/fo-abnf/tk-fo-abnf-sdp.html

7.3 Protokolle für die Echtzeitkommunikation

Hier initiiert Rechner A eine Session zu Rechner B und teilt ihm im Body-Teil der SIP-Nachricht INVITE als SDP-Offer folgendes mit:

- Dass er über den RTP-Port 50170 Audio (Sprache) senden und empfangen möchte und diesem Media die PT-Nummer 97 zugeordnet hat. Er spezifiziert dies nach SDP in der m-Zeile als m=audio 50170 RTP/AVP 97.
- In der a-Zeile (Attribut-Zeile) a=rtpmap 97 iLBC/8000 gibt er an, dass die PT-Nummer 97 das Format iLBC darstellt und dass die Abtastrate (clock rate) [Tab. 7.3-1] 8000 beträgt. Diese Abtastrate wird während der Session verwendet, um den Zeitstempel für die RTP-Pakete zu berechnen [Abb. 7.3-7].

Rechner B überprüft nach dem Empfang von INVITE zuerst, ob er das Format iLBC unterstützen kann. Hier ist dies der Fall, sodass er dem Rechner A im Body-Teil der nächsten an ihn gesendeten SIP-Nachricht 180 Ringing als SDP-Answer u.a. folgendes mit:

- Er unterstützt das Format iLBC ebenso wie er Audio mit der PT-Nummer 97 über den RTP-Port 49176 senden und empfangen kann. Dies enthält die m-Zeile m = audio 49176 RTP/AVP 97.
- Mit der a-Zeile a = rtpmap 97 iLBC/8000 bestätigt der Rechner B nochmals, dass iLBC die PT-Nummer 97 hat und dass die Abtastrate 8000 beträgt.

Nach Eintreffen der SDP-Answer bei Rechner A gilt die Abstimmung des Sprachformats iLBC mit der hier dynamisch zugeteilten PT-Nummer 97 als abgeschlossen.

Berechnung der Zeitstempel

Die Art und Weise der Berechnung von Timestamp im RTP-Header [Abb. 7.3-5] soll das in Abb. 7.3-7 gezeigte Beispiel einer Audioübermittlung näher erläutern.

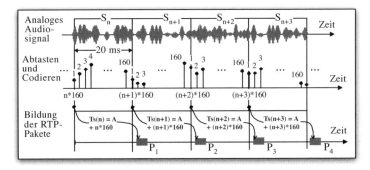

Abb. 7.3-7: Berechnung von Timestamp bei der Bildung von RTP-Paketen mit Audio
Pn: RTP-Paket n, Sn: Audio/Video-Segment n, TS: Timestamp

In der Regel werden die Audiosegmente 10, 20 oder 30 ms in einem RTP-Paket übermittelt. Dies betrifft sowohl die Abtastwert- als auch die Segment-orientierte Audiocodierung. Im gezeigten Beispiel ist die Länge des Audiosegments 20 ms, und die Abtastrate des analogen Audiosignals [Tab. 7.3-1] beträgt 8000.

Abtastung

Bei der Abtastrate von 8000 [1/s] beträgt der Zeitabstand zwischen zwei benachbarten Abtastwerten 125 μs. Daher wird jedes Audiosegment mit der Länge von 20 ms durch 160 Abtastwerte repräsentiert, die entsprechend in eine binäre Folge abgebildet (*codiert*) werden müssen.

Mit dem Zeitstempel sollte es beim Empfänger möglich sein, *die Stelle in der Zeit* der als Payload in RTP-Paketen übermittelten einzelnen Audiosegmente so zu rekonstruieren, dass diese mit ihrer Stelle in der Zeit beim Absenden übereinstimmen sollte. Daher muss der Zeitstempel nicht die reale Zeit angeben, sondern nur relative Zeitabstände in einer Folge von Audiosegmenten. Markiert man beispielsweise den Beginn des ersten Segments mit dem Zeitpunkt 0, könnte man den Zeitpunkt des Beginns des n-ten Segments als n*160 markieren. Daher könnte man den Wert n*160 schon im ersten Segment als *Timestamp* angeben.

Um aber mehr Sicherheit der Übermittlung von Echtzeitmedien zu bieten, kam der Vorschlag, den Startwert des Zeitstempels zu verstecken. Daher wird im ersten RTP-Paket eine zufällige Zahl A als Zeitstempel angenommen. Um die zeitliche Position der einzelnen Audiosegmente zu markieren, berechnet man den Zeitstempel Ts(n+1) des (n+1)-ten Audiosegments aus dem Zeitstempel Ts(n) des n-ten Audiosegments wie folgt[18]:

$$Ts(n+1) = Ts(n) + \Delta Ts = A + n*160 + 160, \quad i = 1, 2, \ldots$$

Wie in Abb. 7.3-7 gezeigt, ist hierbei das Inkrement ΔTs des Zeitstempels gleich 160; also gleich der Anzahl der Abtastwerte im Zeitraum 20 ms.

Mit dem Zeitstempel in RTP-Paketen werden nur *relative Zeitabstände* angegeben. Da die realen Zeitabstände durch die Zeitstempeltaktrate (clock rate), die sowohl der Sender- als auch der Empfängerseite bekannt ist [Tab. 7.3-1], bestimmt werden, können somit auch die realen Zeitabstände zwischen den empfangenen benachbarten RTP-Paketen und insofern auch zwischen Audiosegmenten abgeleitet werden.

Nutzung von Zeitstempeln – typische Beispiele
Der Zeitstempel im RTP-Header ermöglicht es,

- einen langen Mediendatenblock auf mehrere RTP-Pakete aufzuteilen [Abb. 7.3-8],
- die Schwankungen der Übertragungszeit (sog. *Jitter*) von RTP-Paketen beim Empfänger durch den Einsatz eines Jitter-Ausgleichpuffers auszugleichen. Damit kann die *Isochronität* (auch gelegentlich *Isochronizität* genannt) garantiert werden [Abb. 7.3-9];
- bei multimedialer Kommunikation die einzelnen Medien miteinander zu synchronisieren, d.h. die Intermedia-Synchronisation zu garantieren [Abb. 7.3-10].

Mediendatenblock in mehreren RTP-Paketen

Die RTP-Pakete werden als Nutzlast – in der Regel – in UDP-Paketen transportiert. Die UDP-Pakete sind bei IPv4 auf maximal 512 Byte beschränkt. Deswegen müssen Videosegmente oft auf mehrere RTP-Pakete verteilt werden, um diese Länge nicht zu überschreiten. Der Zeitstempel hat dabei eine wichtige Funktion. Abb. 7.3-8 illustriert die Aufteilung eines langen Mediendatenblocks auf mehrere RTP-Pakete. Der Zeitstempel des Original-Mediendatenblocks wird hierbei einfach in die einzelnen RTP-Pakete kopiert. Das ist auch selbstverständlich, weil der Zeitstempel den Zeitpunkt des Beginns des langen Original-Mediendatenblocks markiert.

---

[18] Wäre der Startwert vom Zeitstempel, d.h. der Zeitstempel im ersten RTP-Paket, gleich 0 gewesen, so hätte es ein 'Angreifer' einfacher, das Audio bzw. Video aus den unterwegs aufgenommenen RTP-Paketen zurückzugewinnen.

7.3 Protokolle für die Echtzeitkommunikation

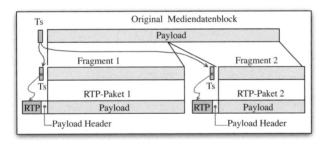

Abb. 7.3-8: Langer Medienblock wird auf mehrere RTP-Paket aufgeteilt

Hier wurde zusätzlich zum Ausdruck gebracht, dass nach dem RTP-Header ein zusätzlicher Header (der sog. *Payload-Header*) vorkommen kann, um Angaben zum Payload machen zu können. Darauf wird im RTP-Header mit dem X-Bit verwiesen [Abb. 7.3-5].

Der Zeitstempel wird verwendet, um am Ziel die Schwankungen der Übertragungszeit (*Jitter*) von RTP-Paketen durch den Einsatz eines Jitter-Ausgleichpuffers auszugleichen und somit die Isochronität der Kommunikation zu garantieren, was Abb. 7.3-9 illustriert.

Garantie der Isochronität

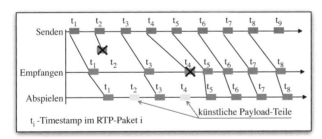

Abb. 7.3-9: Garantie der Isochronität mittels Zeitstempel

Wie hier zu sehen, sind die Zeitabstände zwischen den empfangenen Paketen nicht so gleichmäßig wie beim Absenden. Außerdem ist das Paket mit dem Zeitstempel t2 unterwegs verloren gegangen. Das Paket mit dem Zeitstempel t4 wurde zu spät empfangen, sodass es beim Abspielen des Media nicht verwendet werden konnte. Also wurde es am Ziel einfach verworfen.

Wie Abb. 7.3-9 zeigt, werden diese beiden verlorenen Originale – d.h. die Pakete mit dem Zeitstempel t2 und t4 – am Ziel durch künstlich erzeugte Payload-Teile der verlorenen RTP-Pakete ersetzt, um das Media in Echtzeit abspielen zu können.

Der Zeitstempel wird auch während einer audiovisuellen Kommunikation verwendet, um die einzelnen Medien miteinander zu synchronisieren. Man bezeichnet diese Art der Synchronisation als *Intermedia-Synchronisation*, was in Abb. 7.3-10 näher illustriert ist. Die Synchronisation von Audio und Video bezeichnet man als *Lippensynchronisation*.

Intermedia-Synchronisation

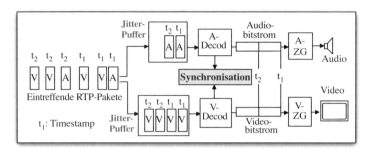

Abb. 7.3-10: Einsatz des Zeitstempels für die Intermedia-Synchronisation
A/V-Decod: Audio/Video-Decodierung, A/V-ZG: Audio/Video-Zurückgewinnung

Translator und Mixer

Um das Format eines Medias in ein anderes Format umsetzen zu können, spezifiziert RTP die *Translator-Funktion*. Damit man mehrere transportierte Bitströme (Media) zu einem Bitstrom zusammenführen (mischen) kann, wird die *Mixer-Funktion* definiert. Auf diese Funktionen gehen wir nun kurz ein.

Funktion des Translators

Ein Translator ist ein Zwischensystem, das die RTP-Pakete in einem Format empfängt, sie in ein anderes übersetzt und weiterschickt. Abb. 7.3-11 verdeutlicht dies näher. Wie hier ersichtlich ist, wird dabei die Identifikation der Quelle, d.h. der Parameter SSRC im RTP-Header, nicht geändert. Die Sendeseite im Translator ist somit Vertretung einer Quelle.

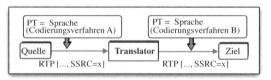

Abb. 7.3-11: Veranschaulichung der Funktion des Translators
PT: Payload Type, SSRC: Synchronization SouRCe Identifier

Ein Translator kann eingesetzt werden, um Payload in ein neues Format umzuwandeln, z.B. durch die *Umcodierung* von Audiodaten in ein anderes Format. Hierbei ist allerdings nur ein Bitstrom betroffen.

Vertraulichkeit bei der Sprachkommunikation

Die Translatoren können eingesetzt werden, um die Vertraulichkeit der Sprachkommunikation über ein öffentliches IP-Netz (z.B. Internet) zwischen zwei Standorten eines Unternehmens zu garantieren. Hierfür kann das primäre Sprachformat vor der Übertragung an der Grenze zum öffentlichen IP-Netz gezielt in ein sekundäres Sprachformat, das z.B. ein 'privates' Sprachformat ist, umgewandelt werden. Somit ist die über das IP-Netz übertragene Sprache für 'Fremde' unbrauchbar. Am Ziel muss das sekundäre Sprachformat wiederum in das primäre Sprachformat umgewandelt werden.

Aufgabe eines Mixers

In einigen Fällen kann es sinnvoll sein, die Audio/Video-Bitströme von mehreren Quellen zu kombinieren und als einen gemischten Audio/Video-Bitstrom weiterzuleiten. Diese Aufgabe wird von einem sog. *Mixer* übernommen. Abb. 7.3-12 veranschaulicht die Mixer-Funktion. Hier werden die ursprünglichen RTP-Pakete vom Mixer nicht

7.3 Protokolle für die Echtzeitkommunikation

weitergeleitet, sondern es wird ein neues RTP-Paket mit dem gemischten Bitstrom erzeugt.

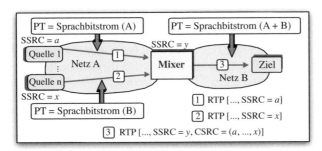

Abb. 7.3-12: Mixer-Funktion - Bildung eines gemischten Bitstroms
PT: Payload Type, CSRC: Contributing SouRCe Identifiers,
SSRC: Synchronization SouRCe Identifier

Da der Mixer selbst eine neue Quelle eines gemischten Bitstroms darstellt, trägt er sich selbst als Quelle (*Synchronization Source*) im RTP-Header jedes RTP-Pakets ein. Um dem Ziel dennoch mitzuteilen, von welchen Quellen die einzelnen ursprünglichen Bitströme stammen, verwendet der Mixer hierfür CSRC im RTP-Header [Abb. 7.3-5], in dem er eine Liste von Identifikationen (SSRCs) von ursprünglichen Quellen angibt. Damit kann das Ziel erkennen, welche Quellen die einzelnen Bitströme generiert haben. Die Sendeseite im Mixer stellt somit eine Vertretung von auf der CSRC-Liste eingetragenen Quellen dar.

Ein Mixer kann auch Zeitanpassungen innerhalb der einzelnen Echtzeit-Bitströme vornehmen. Beispielsweise kann er das Mischen von Audio-Bitströmen, die zur gleichen Zeit aufgenommen wurden, durchführen. Es ist sinnvoll, einen Mixer bei Videokonferenzen einzusetzen; insbesondere dann, wenn die Teilnehmer so gruppiert sind, dass die einzelnen Gruppen sich an verschiedenen Standorten befinden.

Multiplexen logischer RTP-Kanäle

7.3.3 Das Protokoll RTCP im Überblick

Das Protokoll RTCP (*Real-time Control Transport Protocol*) wird hauptsächlich zur Überwachung und Bewertung der Qualität der audiovisuellen Kommunikation verwendet. Der Empfänger von Audio/Video sendet beispielsweise periodisch RTCP-Pakete zum Sender, die als Berichte (Reports) angesehen werden können. In diesen werden die Informationen über den aktuellen Zustand des Empfängers selbst und über die aktuelle Qualität der Audio/Video-Empfangs an den Sender geliefert.

RTCP-Nutzung

RTCP ist in RFC 3550 spezifiziert, d.h. das gleiche Dokument, dass auch RTP beschreibt. Damit kann RTCP sogar als Ergänzung von RTP angesehen werden [Abb. 7.3-1]. RTP wird mit RTCP so erweitert, dass Informationen über den Verlauf der Kommunikation zwischen Sender und Empfänger, insbesondere über die Qualität der Übertragung, ausgetauscht werden können. Zusätzlich ermöglicht RTCP, die Quellen von Bitströmen eindeutig zu identifizieren. Damit können mehrere Quellen (z.B. Audio- und Videoquelle) dem Teilnehmer einer Audio- und Video-Kommunikation zugeordnet werden. RTCP ermöglicht es auch, die Informationen über die Teilnehmer (als sog. *Metadaten*) zu transportieren.

Die wichtigsten Aufgaben von RTCP sind:

Sender und Receiver Reports
- Die Überwachung der Übertragungsqualität zwischen Sender und Empfänger ist bei Echtzeitmedien notwendig. Hierdurch wird beispielsweise der Sender in die Lage versetzt, den von ihm generierten Bitstrom an die Netzbedingungen anzupassen (z.B. durch Reduktion der Datenrate bei geringer Qualität der Übertragung) und Fehler einzugrenzen. Zur Realisierung dieser Funktion werden die RTCP-Pakete *Sender Reports* und *Receiver Reports* zwischen Sender und Empfänger periodisch ausgetauscht.

Source Description
- Die Identifikation der Quelle: ermöglicht RTCP durch eine eindeutige Identifikation der Quelle von Echtzeitmedien, d.h. einem sog. kanonischen Namen (CNAME) (*Canonical Name*), zu übertragen. Im Gegensatz zur Identifikation über SSRC (*Synchronization Source*) beim RTP, die im Mixer geändert werden kann, bleibt der CNAME immer fest. Für die Realisierung dieser Funktion sendet die Quelle das RTCP-Paket *Source Description*.

Multipath Communication
- Die Unterstützung der Mehrpunkt-Kommunikation eignet sich besonders für die Überwachung von Konferenzen mit mehreren Teilnehmern, die sowohl Sender als auch Empfänger sein können. Dies lässt sich beispielsweise dazu verwenden, die Namen der Teilnehmer einer Konferenz anzuzeigen. Mit RTCP werden hierfür periodisch Statusinformationen ausgetauscht, um die Teilnehmer untereinander über neu hinzukommende und ausscheidende Teilnehmer zu informieren; z.B. kann die Anzahl der Teilnehmer oder deren Namen angezeigt werden. Dies ist dann nützlich, wenn Teilnehmer ohne vorherige An- oder Abmeldung einer Konferenz beitreten oder sie verlassen.

RTCP-Pakete – deren Typen und Struktur

RTCP stützt sich auf folgende Nachrichtenformate:

SR-Einsatz
- Die wichtigsten RTCP-Pakete sind *Sender Report* SR und `Receiver Report` RR, die zur Überwachung der Kommunikationsqualität benötigt werden. Das RTCP-Paket SR enthält einen Zeitstempel gemäß dem *Network Time Protocol* (NTP) und beschreibt die Qualität der Übermittlung von Echtzeitmedien aus Sicht eines Senders. Um beispielsweise die Überlast beim Empfänger zu vermeiden, kann dem Empfänger die Sendedatenrate mittels des RTCP-Pakets SR mitgeteilt werden. Damit kann sich der Empfänger im Voraus auf die ankommende Datenmenge einstellen.

RR-Einsatz
- Der *Receiver Report* RR dient vor allem zur Sicherstellung der Qualität der Kommunikation. Ein Empfänger-Report beschreibt die Qualität der Übermittlung von Echtzeitmedien (z.B. geschätzte Paketverlust-, Jitter-Werte) aus Sicht eines Empfängers.

SDES-Einsatz
- Mittels der *Source Description* und den RTCP-Paketen SDES ist es möglich, die Quellen mit ihrem textuellen Namen zu identifizieren. Diese Kennzeichnung der Quelle wird vom Empfänger dazu verwendet, mehrere Bitströme einer Quelle (z.B.

Audio und Video), die in getrennten RTP-Sessions übertragen werden, wieder zusammenzuführen.

- Eine *Abmeldung* über die RTCP-Pakete BYE erlauben das Signalisieren des Endes einer Kommunikation an alle Teilnahme, d.h. der Beendigung und das Verlassen einer Konferenz. — BYE-Einsatz

RTCP-Pakete beginnen immer mit einem Header und werden dann je nach Pakettyp um spezielle Anteile ergänzt. Das Ende eines RTCP-Pakets liegt immer an einer 32 Bit-Grenze. Durch Hinzufügen von Füllbyte (sog. *Padding*) und durch die Angabe der Länge im Header können mehrere RTCP-Pakete in einem IP-Paket (sog. *Compound Packet*) übermittelt werden, ohne dass einzelne RTCP-Pakete explizit von anderen abgetrennt werden müssen; Abb. 7.3-13 illustriert dies. — Struktur der RTCP-Pakete

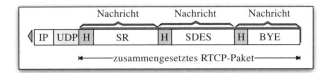

Abb. 7.3-13: Mehrere RTCP-Pakete innerhalb eines IP-Pakets
H: Header, SR: Sender Report, SDES: Source Description

Jedes RTCP-Paket aus einem IP-Paket kann unabhängig von anderen bearbeitet werden. Die Unterscheidung der Pakete wird unter Angabe des Pakettyps (Feld PT im Header, Abb. 7.3-14 und Abb. 7.3-15) vorgenommen.

Die Reihenfolge der RTCP-Pakete in einem IP-Paket kann im Prinzip beliebig sein. Empfohlen wird aber die folgende Vorgehensweise: Das erste RTCP-Paket innerhalb eines IP-Pakets sollte immer ein Sender oder Receiver Report sein. Andere RTCP-Pakete können dann in beliebiger Folge und auch mehrmals angereiht werden. Falls ein RTCP-Paket BYE übertragen wird, sollte es am Ende stehen. — Reihenfolge der RTCP-Pakete in einem IP-Paket

Sender Report (SR)

Das RTCP-Paket SR wird periodisch von jedem Sender gesendet, um dem Empfänger die Informationen über die Qualität der Übertragung von Echtzeitmedien mitzuteilen. Abb. 7.3-14 zeigt die Angaben im SR:

- RTCP-Header, der etwa dem RTP-Header entspricht.
- Sender-Information, die einen Überblick über die Aktivität des Senders gibt.
- eventuell mehrere *Report Blocks*, in denen die Statistiken über die Qualität der audiovisuellen Kommunikation übermittelt werden.

Neben den technischen Informationen wie *Version*, *Padding*, Angabe der *Länge* und *Zähler* enthält der Header des RTCP-Pakets die eindeutige *Identifikation* SSRC (*Synchronization Source*) der Quelle, die diesen Report erzeugt hat. — Report Blocks

Hat die Quelle seit dem letzten Absenden eines Sender bzw. Receiver Reports auch einige RTP-Pakete mit einem Echtzeitbitstrom gesendet, so folgt nach dem Header der Block *Sender-Information*. Er enthält den Zeitstempel mit der realen Uhrzeit, zu der der Report versandt wurde, und einen äquivalenten Zeitstempel in der von RTP — Sender-Information

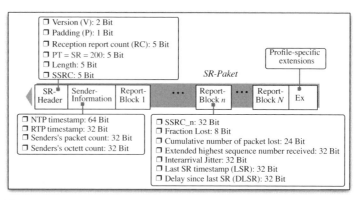

Abb. 7.3-14: Angaben im RTCP-Paket Sender Report (SR) - für Näheres siehe [Bad10]

für diesen Echtzeitbitstrom verwendeten Einheit. Zudem wird die Anzahl der seit Beginn der Kommunikation gesendeten Pakete bzw. Byte angegeben.

Nach dem SR-Header können mehrere *Report Blocks* folgen. Ein Report Block enthält den Prozentsatz und die Anzahl der nicht empfangenen RTP-Pakete, die höchste bereits empfangene Sequenznummer, die Varianz des Zeitintervalls zwischen dem Eintreffen von zwei RTP-Paketen, den Zeitstempel des letzten empfangenen Sender Reports sowie das seitdem verstrichene Zeitintervall. Weitere anwendungsspezifische Felder können in *Profile Specifications* definiert werden.

Receiver Report (RR)

Wozu RR?

Das RTCP-Paket RR wird ebenso wie das Paket SR periodisch gesendet. Der Empfänger teilt damit dem Sender Informationen über die Qualität der Übertragung von Echtzeitmedien mit. Abb. 7.3-15 zeigt die Angaben im Paket RR.

Gleicher Aufbau von SR und RR

Vergleicht man Abb. 7.3-14 und Abb. 7.3-15, so ist ersichtlich, dass die RTCP-Pakete SR und RR fast die gleiche Struktur haben. Der Unterschied besteht nur darin, dass SR im Vergleich zu RR Sender-Information enthält. Die einzelnen Angaben im Header und im Report Block in SR und RR haben die gleiche Bedeutung. Ein RR kann auch mehrere Report Blocks enthalten.

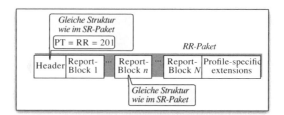

Abb. 7.3-15: RTCP-Paket Receiver Report (RR)

Für die ausführliche Darstellung von Möglichkeiten der Nutzung von RTCP – u.a. über die Abschätzung von Jitter und von Round-Trip Time sei auf [Bad10] verwiesen.

RTCP XR – als Erweiterung von RTCP

Die IP-Netze werden zukünftig für die Übermittlung aller Arten von Audio und Video verwendet, insbesondere für VoIP, IP-Videotelefonie und IP TV. Daher, um eine ausreichend hohe Qualität dieser Kommunikation zu garantieren, müssen wichtige qualitätsbezogene technische Parameter in bestimmten Grenzen 'gehalten' werden. Um Qualitätsparameter zu erfassen und dadurch den Verlauf der audiovisuellen Kommunikation überwachen zu können, wurde RTCP um sog. XR-Pakete (*eXtended Reports*) erweitert. Diese Erweiterung von RTCP wird als *RTCP XR* bezeichnet und in RFC 3611 spezifiziert.

Notwendigkeit von RTCP XR

RTCP XR liefert verschiedene Report-Blöcke, die sog. *Report Blocks* (RB), zur Erfassung und Übermittlung von qualitätsbezogenen Parametern, um die Qualität der audiovisuellen Kommunikation beurteilen zu können, wie z.B:

Was liefert RTCP XR?

- *Loss RLE RB* (RLE: Run Length Encoding) enthält die Angaben über Paketverluste,
- *Duplicate RLE RB* übermittelt die Angaben über Paketduplikate;
- *Statistic Summary RB* enthält verschiedene Statistiken.
- *VoIP Metrics RB* wurde eingeführt, um verschiedene Parameter über die VoIP-Qualität (als VoIP-Metriken bezeichnet) zu übermitteln. In diesem RB ist es u.a. möglich, die Häufungen von Paketverlusten und Paketduplikaten mit Sprache näher zu charakterisieren.

Weil die audiovisuelle Kommunikation über IP-Netze – insbesondere über *Next Generation IP-Networks* – immer mehr an Bedeutung gewinnt, ist RTCP XR zukünftig unabdingbar. Eine weitergehende Darstellung von RTCP XR findet sich in [Bad10].

7.4 Das Protokoll SIP

Mit SIP (*Session Initiation Protocol*) ist es möglich, eine Session (Sitzung) für die Übermittlung von Echtzeitmedien, wie Audio oder Video, zwischen kommunizierenden Rechnern über ein IP-Netz aufzubauen. Diese Session kann sogar mehrere logische Kanäle enthalten, über die mehrere Echtzeitmedien mithilfe von RTP (*Real-time Transport Protocol*) parallel transportiert werden. SIP dient daher u.a. als *Signalisierungsprotokoll* bei VoIP und IP-Videotelefonie.

SIP als Signalisierungsprotokoll

Bemerkung: Als SIP im März 1999 in RFC 2543 veröffentlicht wurde, konnten seine Entwickler sich nicht vorstellen, dass es später einer so breiten Palette verschiedener audiovisueller Anwendungen zugrunde liegen würde. Schon Juni 2002 wurde eine erweiterte SIP-Kernspezifikation als RFC 3261 veröffentlicht und seitdem eine Unmenge von Internet-Standards, die SIP betreffen. SIP gehört heute zu den wichtigsten Internetprotokollen. Im Jahr 2014 gab es ca. 230 RFC, die in irgendeiner Form SIP betrafen. Insbesondere RFC 3261 wurde bereits durch ca. 15 RFC erweitert.

Rasante SIP-Entwicklung

7.4.1 SIP und Transportprotokolle

Das SIP ist ein Anwendungsprotokoll, das im Schichtmodell der IP-Netze der Schicht 5 zuzuordnen ist. Abb. 7.4-1 illustriert dies und zeigt auch die Einsatzmöglichkeiten verschiedener Transportprotokolle – der Schicht-4-Protokolle also – für den Transport von SIP-Nachrichten.

Bei der Entwicklung von SIP war ursprünglich (noch im Jahr 1999) vorgesehen, dass es das unzuverlässige und verbindungslose Transportprotokoll UDP nutzen sollte. Daher verfügt SIP über eigene und einfache Mechanismen, seine Nachrichten über ein IP-Netz zuverlässig zu übermitteln. Im Vergleich zum TCP-Einsatz verläuft der Aufbau einer Session bei der Nutzung von UDP effizienter und viel schneller.

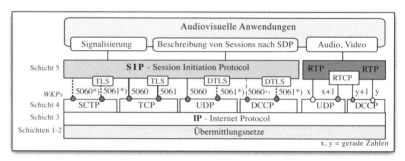

Abb. 7.4-1: SIP im Schichtenmodell und der Einsatz verschiedener Transportprotokolle
DCCP: Datagram Congestion Control Protocol, DTLS: Datagram TLS,
SDP: Session Description Protocol, TLS: Transport Layer Security,
WKP: Well-known Port. *) Dieser Port ist noch nicht bei IANA registriert, sondern wird nur in RFC bzw. in Internet-Drafts genannt.

SIP über UDP, TCP, SCTP und DCCP

Bemerkung: Im Laufe der Zeit stellte sich aber heraus, dass es bei einigen Anwendungen – wie z.B. bei *Unified Messaging* bzw. zwischen verschiedenen VoIP-Anbietern – sinnvoll ist, für das SIP das zuverlässige und verbindungsorientierte Transportprotokoll TCP zu nutzen. Die SIP-Spezifikation in RFC 3261 sieht demzufolge die Nutzung von UDP und TCP vor. Der offizielle Well-known Port von SIP bei UDP und bei TCP ist 5060. An dieser Stelle ist aber hervorzuheben, dass SIP standardmäßig UDP nutzt. In RFC 4168 wurde der Einsatz des Transportprotokolls SCTP für SIP – also *SIP over SCTP* – spezifiziert. Nach der Veröffentlichung des verbindungslosen Transportprotokolls DCCP (*Datagram Congestion Control Protocol*) mit Unterstützung der Überlastkontrolle im RFC 4340 (März 2006) wurde die Idee verfolgt, *SIP over DCCP* zu ermöglichen. Somit lässt sich SIP heute über alle Transportprotokolle implementieren.

Der bei IANA registrierte Well-known Port von SIP ist sowohl bei UDP als auch bei TCP 5060. Den Port 5060 auch für SIP über DCCP und über SCTP zu verwenden, ist zwar vorgesehen, aber bei IANA noch nicht registriert.

SIP over TLS als SIPS

Um den Verlauf von SIP vor bösartigen Angriffen zu schützen, kann SIP über das Protokoll TLS (*Transport Layer Security*) auf Dienste der Transportschicht zugreifen. Bei dieser Lösung spricht man auch von SIP over TLS oder SIPS (*SIP Security*). Ursprünglich war vorgesehen, dass das Sicherheitsprotokoll TLS das verbindungsorientierte Transportprotokoll TCP nutzen würde. TLS kann aber ebenso das Transportprotokoll SCTP verwenden. Es ist also zwischen zwei Möglichkeiten für SIPS – als *SIP over TLS* – zu unterscheiden, nämlich

- SIPS über TCP (bereits in RFC 3261 spezifiziert) und
- SIPS über SCTP (siehe hierfür RFC 4168).

Bemerkung: Der Well-known Port von SIPS bei TCP ist 5061. Für SIPS bei SCTP ist der Port 5061 in Internet-Drafts genannt, aber bei IANA noch nicht registriert.

TLS kann auch (in modifizierten Form) über die verbindungslosen Transportprotokolle UDP und DCCP eingesetzt werden (RFC 4347). Wie SIP über DTLS erfolgen kann, beschreibt lediglich der Internet-Draft `https://tools.ietf.org/html/draft-jennings-sip-dtls-05`. SIP over DTLS kann sowohl beim Einsatz von UDP als auch von DCCP erfolgen. Mit SIP über DTLS und mit DTLS über UDP – was als *SIPS over UDP* zu bezeichnen wäre – entsteht die Möglichkeit, den standardmäßigen SIP-Verlauf über UDP zu sichern. Bisher wurde bei IANA noch kein Well-known Port für SIP mit DTLS über UDP bzw. über DCCP registriert.

SIP over DTLS – bisher nur als Idee

7.4.2 Eigenschaften des Protokolls SDP

Bei SIP werden ankommende Anrufe bei IP-Videotelefonie signalisiert, und zwischen zwei Videotelefonen wird eine Session für audiovisuelle Kommunikation aufgebaut. Digitalisierte Medien wie Audio/Sprache und Video können unterschiedlich codiert werden. Deshalb muss man sicherstellen, dass die kommunizierenden Videotelefone die gleiche Codierungsart, d.h. die gleichen 'Medienformate' unterstützen. Um die Art der Codierung von Audio und Video zwischen Videotelefonen auszuhandeln, wird das Protokoll SDP (*Session Description Protocol*) verwendet, das als Bestandteil vom SIP angesehen werden kann.

SIP definiert bestimmte Nachrichten für den Auf- und Abbau von Sessions. Da SIP in Anlehnung an andere Internetprotokolle, nämlich SMTP (für Übermittlung von E-Mails) und HTTP (für die Übermittlung von Hypertext), entwickelt wurde, verwendet SIP auch ähnlich wie diese textbasierte Nachrichten. Auch die SIP-Adressen sind ähnlich wie E-Mail-Adressen aufgebaut [Abb. 7.4-2].

SMTP, HTTP und SIP sind ähnlich

Die wichtigsten Besonderheiten von SIP sind:

- SIP funktioniert nach dem *Request/Response-Prinzip*. Ein Rechner – als Initiator der Kommunikation – sendet an einen anderen Rechner (seinen Kommunikationspartner) eine SIP-Nachricht als `Request`. Dieser antwortet dem Initiator mit einer SIP-Nachricht als `Response`. Daher spricht man auch von *SIP-Request* und von *SIP-Response*. Das Request/Response-Prinzip entspricht weitgehend dem Client/Server-Prinzip, sodass man in diesem Zusammenhang von SIP-Client und von SIP-Server spricht. Es sei angemerkt, dass SIP-Server in der Regel als sog. *SIP-Proxy* dient [Abb. 7.4-2].

  Request/Response-Prinzip

- Die Teilnehmer werden bei SIP über einen SIP-URI (*Uniform Resource Identifier*) adressiert. Ein SIP-URI (SIP-Adresse) ähnelt einer E-Mail-Adresse [Abb. 7.4-2]. Die Nutzung von URIs zur Adressierung der IP-Telefone hat einen enormen Vorteil: Ein Benutzer kann nämlich in seiner (DNS-)Domain, die sich über die ganze Welt erstrecken kann, wie ein 'Nomade' jeden Rechner als sein IP-Telefon nutzen. Daher spricht man auch von nomadischer Internet-Nutzung (*Roaming*).

  URI als SIP-Adresse

- Dank der Nutzung von URIs zur Adressierung erfolgt die Ermittlung von IP-Adressen bei der IP-Telefone mit SIP über das DNS, was im Vergleich zu VoIP

  Nutzung von DNS

mit H.323 ein unschätzbarer Vorteil ist und entscheidend zur Akzeptanz von SIP beigetragen hat.

SIP und Sicherheit
- Um die Sicherheit der Kommunikation garantieren zu können, wurden mehrere Erweiterungen zu SIP vorgeschlagen (RFC 3329, 4474, 4538, 4916, 5009, 5363 und 6216). SIP ermöglicht u.a. eine gegenseitige Authentisierung kommunizierender Rechner.

Supplementary Services
- Mit SIP lassen sich verschiedene ergänzende Dienstmerkmale – sog. *Supplementary Services* – bei VoIP realisieren. Zu diesen gehören u.a. Anrufumleitung (*Call Transfer*), Anrufweiterleitung (*Call Forwarding*), das Halten einer Verbindung (*Call Hold*). Hierfür wurden verschiedene Erweiterungen von SIP in mehreren RFC spezifiziert. Eine Umleitung der Anrufe - bei 'Besetzt' oder bei Abwesenheit des angerufenen Teilnehmers - ist mit SIP ebenfalls möglich. Für detaillierte Informationen über *Supplementary Services* bei VoIP mit SIP sei verwiesen auf [Bad10].

7.4.3 Aufbau von SIP-Adressen

SIP-URI als SIP-Adresse
Um einen Benutzer zu einer audiovisuellen Kommunikation 'einzuladen', muss er entsprechend adressiert werden. Bei SIP erfolgt dies mittels sog. SIP-URIs (*Uniform Resource Identifier*). Ein SIP-URI stellt somit eine SIP-Adresse dar. SIP gehört inzwischen zu den wichtigsten Internetprotokollen und wird nicht nur für VoIP eingesetzt, sondern z.B. auch für *IPTV*, *Presence Services*, *Instant Messaging* und *Collaboration Services*. Dies hat die Struktur von SIP-URI stark beeinflusst.

Wichtige Arten von SIP-URIs
Syntax von SIP-URIs
SIP-URIs

Ein SIP-URI kann daher beispielsweise folgende Syntax haben:

- `sip:user@domain`
  Beispielsweise stellt `sip:bob@xyz.de` die Adresse des Benutzers Bob, genauer gesagt seines IP-Videotelefons, in der Internet-Domain `xyz.de` dar. Ein SIP-URI mit dieser Struktur wird oft verwendet und entspricht vollkommen einer E-Mail-Adresse. Ein SIP-URI dieser Art identifiziert nicht nur einen Benutzer an einem IP-Videotelefon, sondern auch einen Benutzer in einer Internet-Domain. Wie im Weiteren gezeigt wird [Abb. 7.4-2], muss ein sog. SIP-Proxy in der entsprechenden Domain installiert werden, um die Nutzung von SIP-URIs mit dieser Struktur zu ermöglichen.

- `sip:user@hostname`
  Beispielsweise bedeutet `sip:bob@sonne.xyz.de`, dass der Rechner mit dem Hostnamen `sonne` in der Domain `xyz.de` als IP-Videotelefon des Benutzers Bob dient. Bei der Nutzung von SIP-URIs mit dieser Struktur entfällt der SIP-Proxy.

- `sip:user@hostname;transport=tcp`
  Mit diesem URI wird zusätzlich im Vergleich zum SIP-URI `sip:bob@sonne.xyz.de` gesagt, dass der Rechner `sonne` in der Domain `xyz.de` für die Übermittlung von SIP-Nachrichten das Transportprotokoll TCP verwendet.

- `sip:phone-number@hostname`
  Beispielsweise besagt `sip:1234@sonne.xyz.de`, dass ein Benutzer mit der Rufnummer 1234 am Rechner mit dem Hostnamen `sonne` in der Domain `xyz.de` erreichbar ist.

- `sip:user@ipv4address`
  Mit `sip:bill@192.0.2.3` wird besagt, dass der Benutzer `Bill` den Rechner mit der IP4-Adresse `192.0.2.3` als sein IP-Videotelefon nutzt. Diese Art von SIP-URIs ist für kleine, 'familiäre' Netzwerke (ohne eigenen DNS-Server) gut geeignet.

Aus diesen Beispielen geht hervor, dass das Adressierungsschema von SIP an das Konzept der Adressierung im Internet angepasst ist und DNS für die Ermittlung der SIP-Zieladressen eingesetzt werden kann.

Wie bereits in Abb. 7.4-1 zum Ausdruck gebracht, kann SIP auch das Protokoll TLS (*Transport Layer Security*) nutzen, sodass ein verbindungsorientiertes Transportprotokoll TCP oder SCTP für den Transport von SIP-Nachrichten eingesetzt wird. Diese SIP-Variante bezeichnet man als SIPS (*SIP Security*). Bei SIPS werden aber die sog. SIPS-URIs verwendet. Ein SIPS-URI hat die gleiche Struktur wie ein SIP-URI, beginnt aber nicht mit `sip:`, sondern immer mit `sips:`.

SIPS-URIs

Die SIPS-URIs sind: `sips:bob@xyz.de`, `sips:bob@sonne.xyz.de`, `sips:phone-number@hostname`.

Zwar ist der Aufbau einer SIP-URI und SIPS-URI praktisch gleich, dennoch handelt es sich hier um verschiedene Protokolle, was mit `sip` und `sips` verdeutlicht wird. Die beiden URI-Arten werden u.a. in der ersten Zeile des SIP-Request `INVITE`, mit dem eine VoIP-Verbindung initiiert wird, angegeben.

Bemerkung: Im weiteren Verlauf dieses Abschnittes, wo dies zu keinen Missverständnissen führen kann, werden URIs auch in der vereinfachten Form, d.h. ohne 'sip:' bzw. 'sips:' im Text bzw. in den Abbildungen geschrieben.

7.4.4 Funktion eines SIP-Proxy bei der IP-Videotelefonie

Innerhalb einer Domain werden IP-Videotelefone (kurz Videotelefone) oder andere audiovisuelle Endeinrichtungen oft mit SIP-URIs adressiert, die den folgenden Aufbau besitzen:

`sip:user@domain`

Im Teil `domain` wird der vollständige Name (FQDN) der Domain eingetragen, in der sich das Ziel einer initiierten Session befindet. Der Teil `user` enthält die Identifikation des Videotelefons eines Benutzers innerhalb der betreffenden Domain, welches das Ziel des Anrufs ist. Beispielsweise kann der SIP-URI `sip:bob@xyz.de` dem Videotelefon des Benutzers *Bob* in der Domain `xyz.de` als SIP-Adresse zugeteilt werden. Diese Struktur von SIP-URI entspricht der einer E-Mail-Adresse.

Wie Abb. 7.4-2 zum Ausdruck bringt, entsteht beim Einsatz von SIP-URIs für die Adressierung eines Videotelefons ein Problem. Und zwar muss ein SIP-URI auf die IP-Adresse des Rechners mit einem Soft-Videotelefon bzw. auf die IP-Adresse eines Videotelefons als separate Hardwarekomponente abgebildet werden. Hierfür muss man einen speziellen Server in der Domain installieren, der in der betreffenden Domain als Vertretung von Rechnern bzw. von anderen Endeinrichtungen, die als Videotelefone fungieren, dient. Diesen speziellen Server bezeichnet man als *SIP-Proxy*, der vor allem bei VoIP mit SIP zum Einsatz kommt. Ein SIP-Proxy z.B. in der Domain

Notwendigkeit von Proxies

abc.de dient als Vertreter aller Rechner, die in dieser Domain als Videotelefone mit SIP dienen. Ein SIP-Proxy wird oft in einem SIP-Server untergebracht.

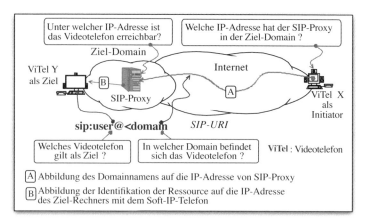

Abb. 7.4-2: Einsatz von SIP-URI für die Adressierung bei der IP-Videotelefonie

Ermittlung der IP-Zieladresse

Die Ermittlung der IP-Zieladresse eines Rechners [Abb. 7.4-2] mit Videotelefon bei bekannter SIP-URI IP-Adresse wird in zwei Schritten durchgeführt [Abb. 7.4-3]:

[A] Zunächst wird per DNS-Lookup[19] aus dem Namen der Domain in der SIP-URI die IP-Adresse des SIP-Proxy bezogen, sodass der SIP-Proxy quasi als Zwischenstation bei der Kommunikation zwischen Videotelefonen dient.

[B] Anschließend wird über den SIP-Proxy und die Angabe user in der SIP-URI die für die Videotelefonie notwendige IP-Adresse des Zielrechners ermittelt, um das Kommunikationsziel zu erreichen.

Domeinweite Benutzermobilität

Die Adressierung von Videotelefonen mit SIP-URIs besitzt – im Vergleich zum Einsatz von URLs (*Uniform Resource Locator*) bei Webanwendungen – einen wesentlichen Vorteil: Da im SIP-URI sip:user@domain der Rechnername (*Hostname*) nicht angegeben wird, sondern nur der Domainname und die Identifikation eines Videotelefons, kann sich dieses (also *Soft-Videotelefon*) auf jedem beliebigen Rechner innerhalb der betreffenden Domain befinden. Auf welchem Rechner das Soft-Videotelefon eines Benutzers aktuell installiert ist, kann man im SIP-Proxy bzw. auf einem anderen Server, z.B. auf einem *Location-Server*, entsprechend eintragen. So erreicht man mit SIP bei IP-Videotelefonie eine domainweite Mobilität von Benutzern.

7.4.5 Trapezoid-Modell von SIP

Im Allgemeinen verläuft die Signalisierung bei IP-Videotelefonie zwischen zwei Domains nach SIP entlang eines *Trapezoids*, sodass man auch vom *SIP-Trapezoid* spricht und was Abb. 7.4-3 zum Ausdruck bringt.

---

[19] Die Abbildung vom Namen einer Domain auf die IP-Adresse ihres SIP-Proxy erfolgt im DNS [RFC 2052] mittels des Resource Record (RR) vom Typ SRV (*SeRVer location*). Hierfür wird zuerst der SRV-RR abgefragt, womit man den Hostnamen des SIP-Proxy bestimmt. Danach wird der RR vom Typ A mit der IP-Adresse des SIP-Proxy abgefragt. Dies erfolgt nach dem Schema: Domainname ⇒ SVR-RR ⇒ SIP-Proxy-Name ⇒ A-RR ⇒ IP-Adresse.

7.4 Das Protokoll SIP

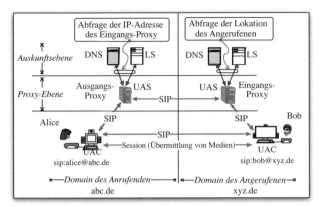

Abb. 7.4-3: Darstellung des SIP-Verlaufs in Form eines SIP-Trapezoid-Modells [20]
LS: Location-Server, UA: User Agent, UAC: UA Client, UAS: UA Server

Im Trapezoid-Modell des SIP-Verlaufs sind zwei Ebenen hervorzuheben: Proxy-Ebene und Auskunftsebene. Alle Instanzen – wie Videotelefone und Server – mit SIP werden im Allgemeinen *User Agent* (UA) genannt. Ein Agent kann entweder als Client oder als Server fungieren. Initiiert ein UA einen Anruf, fungiert er als *User Agent Client* (UAC); empfängt ein UA einen Anruf, dient er als *User Agent Server* (UAS).

UAC und UAC

Eine neue Session für audiovisuelle Kommunikation wird immer mit der SIP-Nachricht INVITE initiiert, in der die SIP-Adresse des Ziels (in Abb. 7.4-3 ist das `sip:bob@xyz.de`) enthalten ist. Mit einem SIP-URI identifiziert man einen Zielrechner am IP-Netz beim Aufbau einer Session zu ihm. Ein Zielrechner am IP-Netz wird aber mit einer IP-Adresse adressiert. Da in der Domain des Angerufenen ein SIP-Proxy eingesetzt wurde und dieser als Eingangs-Proxy dient, d.h. als Vertretung aller Endeinrichtungen mit SIP nach außen hin, muss INVITE zuerst an ihn weitergeleitet werden. Hierfür muss aber erst die IP-Adresse des Eingangs-Proxy auf der Basis des SIP-URI `sip:bob@xyz.de` über das DNS gefunden werden.

Initiieren einer Session mit INVITE

> **Bemerkung**: Um bei DNS die IP-Adresse des SIP-Proxy in der Domain `xyz.de` abzurufen, werden zunächst das Transportprotokoll für SIP und der Name des SIP-Proxy ermittelt (Abschnitt 5.9.1): Eine NAPTR-Query wird gestartet. Danach erfolgt eine SRV-Query. Ihr Ergebnis ist der Name (also z.B. `sipproxy.xyz.de`) des SIP-Proxy in `xyz.de`. Daraufhin wird die IP-Adresse des Rechners mit dem Namen `sipproxy.xyz.de` mit einer A-Query abgefragt. Hierfür wird der diesem Rechnernamen entsprechende RR vom Typ A im DNS-Server der Domain `xyz.de` genutzt.

Ermittlung der IP-Adresse von SIP-Proxy

In Abb.7.4-3 ist der Rechner von *Alice* der Initiator der Session zu *Bob*. Beim Initiieren einer neuen Session zu einem Ziel außerhalb der eigenen Domain wird eine SIP-Nachricht INVITE mit dem SIP-URI des Ziels an den SIP-Proxy übergeben; diese SIP-Nachricht muss er weiterleiten. Daher kann man diesen SIP-Proxy als Ausgangs-Proxy betrachten. Hat der Rechner von *Alice* INVITE mit dem SIP-URI `sip:bob@xyz.de`

Ausgangs-Proxy

---
[20] In fast allen SIP-betreffenden RFC werden der Anrufer *Alice* und der Angerufene *Bob* genannt. Daher verwenden wir diese Namen auch hier.

an den SIP-Proxy in der Domain `abc.de` abgeschickt und ist diese dort eingetroffen, muss dieser nun `INVITE` an den SIP-Proxy in der Domain `xyz.de` mit dem Rechner von *Bob* übergeben, wozu er zunächst die IP-Adresse des SIP-Proxy in dieser Domain über das DNS ermittelt.

Eingangs-Proxy

Wie Abb. 7.4-3 illustriert, richtet der SIP-Proxy aus der Domain des Anrufenden hierfür eine Anfrage an einen entsprechenden DNS-Server mit dem Namen `xyz.de` der Domain des Angerufenen. Hat der SIP-Proxy aus der Domain des Anrufenden die IP-Adresse vom DNS bereits erhalten, leitet er `INVITE` mit SIP-URI `sip:bob@xyz.de` an den SIP-Proxy in der Domain `xyz.de` weiter.

Location-Server und dessen Bedeutung

Wie bereits hervorgehoben, ermöglicht der Einsatz von SIP-Proxies in einer Domain uneingeschränkte Mobilität innerhalb dieser Domain, sodass z.B. der SIP-URI `sip:bob@xyz.de` (fast) jedem Rechner mit SIP innerhalb der Domain `xyz.de` zugewiesen werden kann. Daher muss der SIP-Proxy der Domain des Angerufenen die IP-Adresse des Rechners, den *Bob* aktuell als SIP-Endeinrichtung nutzt, ermitteln, um die SIP-Nachricht `INVITE` an diesen Rechner übergeben zu können. Um diese Mobilität zu unterstützen, wird ein Location-Server eingesetzt. Bei ihm kann der Eingangs-Proxy die aktuelle Lokation des Angerufenen, in Abb. 7.4-3 die IP-Adresse des Rechners von *Bob*, abfragen und danach `INVITE` an diesen Rechner übergeben.

Hat `INVITE` den Rechner des Angerufenen erreicht und die gewünschte Session kann zustande kommen, wird dies dem Angerufenen akustisch durch Klingeln (*Ringing*) signalisiert und dem Rechner von *Alice* mit der SIP-Nachricht `180 Ringing` angezeigt. Diese Nachricht wird über die beiden SIP-Proxies übermittelt. Nachdem die Session aufgebaut wurde, kann sie direkt zwischen den beiden Rechnern – also von *Alice* und *Bob* – verlaufen. Die Übermittlung von SIP-Nachrichten kann zwischen diesen Rechnern auch direkt stattfinden. Abb. 7.4-3 bringt dies zum Ausdruck.

7.4.6 Unterstützung der Benutzermobilität bei SIP

Mobilität dank der Session-Weiterleitung

Von großer Bedeutung bei Videotelefonie ist die *Session-Weiterleitung* (*Session Forwarding*). Sie lässt sich relativ einfach realisieren und bietet die Möglichkeit, alle Sessions für audiovisuelle Kommunikation weltweit und auch mehrfach von einer Domain zu anderen weiterzuleiten. Der Angerufene kann mit einem tragbaren Videotelefon weltweit mobil und trotzdem überall auf der Erdkugel unter der gleichen Rufnummer bzw. SIP URI erreichbar sein.

Wie die Unterstützung der Benutzermobilität bei SIP erfolgen kann, zeigt Abb. 7.4-4. Das in Abb. 7.3-3 dargestellte SIP-Trapezoid-Modell gilt auch hier, wird jedoch beträchtlich erweitert.

Eintragung im Registrar & Session-Weiterleitung

> In Abb. 7.4-4 ist der Benutzer *Bob* mit dem SIP-URI `sip:bob@xyz.de` in der Domain `xyz.de` registriert (d.h. beheimatet). Die Domain `xyz.de` kann als seine Heimat-Domain angesehen werden. Die Domain `abc.de` ist die Heimat-Domain von *Alice* mit ihrem SIP-URI `sip:alice@abc.de`.
>
> Wie Abb. 7.4-4 zeigt, hat *Bob* seine Heimat-Domain `xyz.de` verlassen und hält sich aktuell in der Fremd-Domain `prs.com` auf. Um hier erreichbar zu sein, hat Bob in seiner Heimat-Domain im SIP-Registrar, der ein integraler Bestandteil des Location-

7.4 Das Protokoll SIP

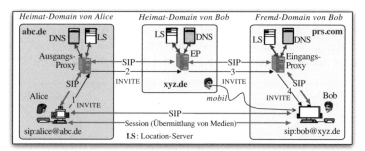

Abb. 7.4-4: Benutzermobilität mit SIP - erweitertes SIP-Trapezoid-Modell

Servers ist, durch die Eintragung des vollständigen Namens der Fremd-Domain die Information hinterlassen, dass er sich in der Domain prs.com aufhält. So hat *Bob* ein Session Forwarding vom SIP-Proxy seiner Heimat-Domain xyz.de zum SIP-Proxy der Fremd-Domain prs.com aktiviert.

Sollte *Bob* die Fremd-Domain prs.com verlassen und in eine andere Fremd-Domain hineingehen, so muss er, um in der neuen Fremd-Domain ebenso erreichbar zu sein, nur die vorher im SIP-Registrar seiner Heimat-Domain eingerichtete *Session Forwarding* durch den Eintrag eines neuen Domainnamens aktualisieren.

Abb. 7.4-4 soll auch die ersten Schritte beim Aufbau einer Session zwischen dem Videotelefon von *Alice* und dem Videotelefon von *Bob* erläutern. Es wurde angenommen, dass die Session des Videotelefons von *Alice* durch das Absenden der SIP-Nachricht INVITE mit SIP-URI sip:bob@xyz.de von *Bob* an den SIP-Proxy (1) initiiert wird. Der SIP-Proxy ermittelt dann über das DNS die IP-Adresse des SIP-Proxy der Heimat-Domain xyz.de von *Bob* und leitet anschließend INVITE an diesen SIP-Proxy weiter (2).

Der SIP-Proxy von *Bobs* Heimat-Domain fragt nun beim Location-Server nach dem 'aktuellen' Rechner von *Bob*. Hat *Bob* in seiner Heimat-Domain bereits die Session-Weiterleitung in die Fremd-Domain prs.com eingerichtet, erhält der SIP-Proxy von *Bobs* Heimat-Domain nun den Namen der Fremd-Domain prs.com, um die Session dorthin weiterzuleiten. Somit ermittelt der SIP-Proxy von *Bobs* Heimat-Domain über das DNS die IP-Adresse des SIP-Proxy der Domain prs.com und übergibt INVITE an ihren SIP-Proxy (3).

Hat der SIP-Proxy der Fremd-Domain prs.com die Nachricht INVITE mit dem SIP-URI sip:bob@xyz.de von Bob empfangen, fragt er beim Location-Server nach dem Namen des Rechners, den *Bob* aktuell nutzt, sucht seine IP-Adresse per DNS-Lookup und leitet danach INVITE an *Bobs* Rechner. Damit hat die Nachricht INVITE das Ziel der Session erreicht und die Beschreibung ihrer Route, d.h. über welche Proxies sie übermittelt wurde, mitgebracht. Somit können die weiteren SIP-Nachrichten zwischen Rechnern von *Bob* und von *Alice* entlang dieser Route übermittelt werden, um den Aufbau der Session fortzusetzen.

Kehrt *Bob* in seine Heimat-Domain zurück, muss er das zuvor im Location-Server eingerichtete *Session Forwarding* nur entsprechend deaktivieren.

Verlauf einer typischen SIP-Session

Schauen wir uns nun den SIP-Verlauf beim Auf- und Abbau einer Session für die Videotelefonie genauer an. Abb. 7.4-5 illustriert diesen SIP-Verlauf. Die beiden Teilnehmer – *Alice* und *Bob* – nutzen ihre SIP-URIs als ihre Adressen.

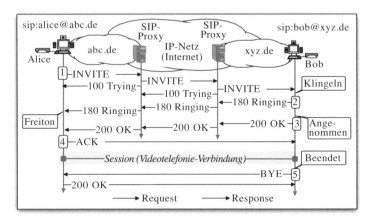

Abb. 7.4-5: SIP-Verlauf beim Auf- und Abbau einer Session zwischen zwei Videotelefonen in verschiedenen Domains

Request: INVITE
Eine audiovisuelle Session wird immer durch das Absenden einer SIP-Nachricht INVITE initiiert. INVITE enthält die Beschreibung der initiierten Session nach dem Protokoll SDP [Abb. 7.4-5]. Hierzu gehören u.a. notwendige Angaben, um feststellen zu können, ob die gewünschte Session zustande kommen kann. Dies bedeutet, dass die Kompatibilität beider Seiten überprüft werden muss, wie dies in Abschnitt 7.4.7 näher erläutert ist.

Der SIP-Verlauf beim Auf- und Abbau einer Session erfolgt in diesen Schritten:

Übermittlung von INVITE
- *Schritt 1*: Um eine Session zu initiieren, sendet das Videotelefon von *Alice* INVITE – als SIP-Request – mit *Bobs* SIP-URI sip:bob@xyz.de an den Proxy der Domain abc.de. Dieser Proxy ermittelt nun über das DNS die IP-Adresse des Proxy in der Domain xyz.de [Abb. 7.4-2] und leitet INVITE an ihn weiter. Anschließend informiert er das IP-Telefon von *Alice* mit der SIP-Nachricht 100 Trying[21] als *SIP-Response*[22].
Nach dem Empfang von INVITE ermittelt der Proxy in der Domain xyz.de zuerst mittels des Location-Servers [Abb. 7.4-3] den Rechner, den *Bob* aktuell als sein Videotelefon nutzt, und anschließend über das DNS dessen IP-Adresse. Der SIP-Proxy von *Bob* sendet nun abschließend INVITE an das Videotelefon von *Bob* und bestätigt dies dem SIP-Proxy der Domain abc.de mit 100 Trying.

- *Schritt 2*: Falls das angerufene Videotelefon von Bob die ankommende Session annehmen kann, d.h. die beiden Videotelefone kompatibel sind, muss es in diesem Videotelefon klingeln. Damit wird der ankommende Anruf bei ihm akustisch signalisiert. Wenn es klingelt, antwortet das angerufene Videotelefon mit dem SIP-Response 180 Ringing, die zum Videotelefon von *Alice* entlang der Route von INVITE, d.h. über die beiden SIP-Proxies, übermittelt wird. Nach dem Empfang von 180 Ringing beim Videotelefon von *Alice* wird ein Freiton generiert. Somit erfährt *Alice*, dass das Videotelefon von *Bob* nicht besetzt ist. — 180 Ringing

- *Schritt 3*: Hat *Bob* den Anruf angenommen, wird der SIP-Response 200 OK (*OKay*) entlang der Route von INVITE an das Videotelefon von Alice gesendet. — 200 OK

- *Schritt 4*: Das Videotelefon von *Alice* bestätigt den Empfang von 200 OK mit der Nachricht ACK (*ACKnowledgement*), die einen SIP-Request darstellt. Mit dem Empfang von ACK beim Videotelefon von *Bob* ist der Aufbau der Session abgeschlossen. Die beiden Videotelefone sind nun so verknüpft, als ob zwei logische Kanäle, also einer für die Sprachübermittlung und der andere für die Videoübermittlung, zwischen ihnen aufgebaut wären. Weil die Übermittlung von Audio und Video über diese Kanäle nach dem Protokoll RTP verläuft, werden diese als RTP-Kanäle bezeichnet [Abb. 7.3-3]. — ACK

- *Schritt 5*: Die bestehende Session kann von beiden Seiten beendet werden. In Abb. 7.4-5 wird der Abbau der Session vom *Bobs* Videotelefon durch Absenden der SIP-Nachricht BYE veranlasst. Hat das Videotelefon von *Alice* BYE empfangen, bestätigt es dies mit 200 OK. Mit dem Empfang von 200 OK beim Videotelefon von *Alice* wird die Session beendet. — BYE

7.4.7 Beschreibung von Sessions mittels SDP

Um die Eigenschaften einer audiovisuellen Session zwischen kommunizierenden Rechnern vereinbaren zu können, ist ein Protokoll nötig, nach dem sich die beiden Rechner auf die Modalitäten der Kommunikation verständigen können; SDP (*Session Description Protocol*) ist ein solches Protokoll. Mittels des SDP ist der Initiator der Kommunikation in der Lage, seinem Kommunikationspartner die Eigenschaften der von ihm gewünschten Session genau zu spezifizieren. SDP ist also ein Protokoll für die formale Beschreibung von *Sessions*. Mit SDP können verschiedene Arten von audiovisuellen Sessions – also sowohl *Punkt-zu-Punkt*- als auch *Multipoint-Sessions* – einheitlich und formal beschrieben werden. — Was ermöglicht SDP?

Die erste Version von SDP wurde im April 1998 in RFC 2327 veröffentlicht. Bereits im Juni 2002 wurde diese SDP-Version durch die Spezifikation in RFC 3266 ergänzt. Da SDP ein Bestandteil von SIP ist, hat die SIP-Weiterentwicklung auch die Entwicklung von SDP vorangetrieben, sodass bereits ca. 60 RFC diversen Erweiterungen von — Spezifikation von SDP

---

[21] Da SIP das unzuverlässige UDP nutzt, werden mit 100 Trying zwei Ziele erreicht: Der Empfänger von 100 Trying wird einerseits darüber informiert, dass seine Nachricht INVITE empfangen wurde (als Ersatz für die fehlende Bestätigung bei UDP), und andererseits, dass die Session durch Absenden von INVITE an den nächsten SIP-Proxy weitergeleitet wurde.

[22] Ob eine SIP-Nachricht als Request oder als Response betrachtet werden soll, erkennt man daran, dass jede Response immer mit einer Nummer beginnt, z.B. 100 Trying, 180 Ringing.

SDP gewidmet sind. Im Juli 2006 wurde die SDP-Spezifikation in RFC 3266 durch die neue Spezifikation in RFC 4566 ersetzt.

Allgemeines Konzept von SDP

Abb. 7.4-6 veranschaulicht den Einsatz des SDP beim Aufbau einer audiovisuellen Session. Hier können die beiden Rechner nicht nur als IP-Videotelefone dienen, sondern auch als beliebige audiovisuelle Endeinrichtungen, beispielsweise als audiovisuelle Endeinrichtungen am 'Internet der Dinge' (*Internet of Things*).

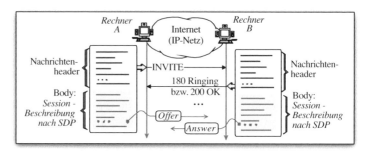

Abb. 7.4-6: Typischer SDP-Einsatz – hier beim Initiieren einer neuen Session mit SIP

SIP-Session

In dem hier gezeigten Beispiel initiiert Rechner *A* durch das Absenden von INVITE an Rechner *B* eine Session für IP-Videotelefonie. Dieser SIP-Request setzt sich aus zwei Teilen zusammen. Der erste Teil stellt einen Header in Form mehrerer Zeilen als Header-Felder dar, der nach dem Protokoll SIP aufgebaut wird. Der zweite Teil (auch in Form von mehreren Zeilen) wird nach dem Protokoll SDP strukturiert und als *Message-Body* (kurz *Body*) bezeichnet; hier werden die Eigenschaften der gewünschten Session nach SDP beschrieben[23].

Kann Rechner *B* die ankommende Session annehmen, d.h. er kann die von Rechner *A* geforderten Besonderheiten der Session seinerseits gewährleisten, antwortet Rechner *B* dem Initiator der Session – also Rechner *A* – mit einem SIP-Response 180 Ringing bzw. 200 OK. Im Body dieses Response beschreibt Rechner *B* ebenfalls die Session, nun aber seinerseits. Auf diese Weise teilt er dem Initiator der Session mit, also dem Rechner *A*, welche Anforderungen, die sich auf die Eigenschaften/Besonderheiten der Session beziehen, er erfüllen/akzeptieren kann.

Offer-Answer-Modell

Wie Abb. 7.4-6 zeigt, signalisiert Rechner *A* seinem Kommunikationspartner Rechner *B* mit der Offerte (*Offer*), eine Session mit bestimmten Eigenschaften aufbauen zu wollen. Nachdem Rechner *B* überprüft hat, ob er die von Rechner *A* gewünschten Eigenschaften der Session erfüllen kann, sendet er dem Rechner *A* eine Antwort (*Answer*), um ihm mitzuteilen, auf welche Art und Weise er seine Anforderungen erfüllen kann. Die Abstimmung von Eigenschaften einer Session verläuft also nach dem Modell: Offerte ⇔ Antwort (*Offer* ⇔ *Answer*). In diesem Zusammenhang spricht man vom *Offer-Answer-Modell* des Protokolls SDP (siehe hierzu RFC 3264 und 6157).

---

[23] In einigen SIP-Requests, z.B. in SUBSCRIBE, NOTIFY bei der Realisierung von Presence Services, enthält der Body-Teil von SIP-Nachrichten im XML-Format oft andere Angaben als Beschreibung einer Session.

7.4 Das Protokoll SIP

Beschreibung einer multimedialen Session

In Abb. 7.4-6 wurde gezeigt, wie sich die Kommunikationspartner beim Aufbau einer multimedialen Session verhalten. Noch ist aber die Frage offen: Welche Angaben, teilen sich die beiden Kommunikationspartner gegenseitig mit, um die Eigenschaften der initiierten Session zu spezifizieren? Abb. 7.4-7 gibt die Antwort darauf.

Wie Abb. 7.4-7 zeigt, muss der Rechner A den Aufbau einer audiovisuellen Session mit zwei Medienkanälen MC_1, MC_2 zum Rechner B initiieren. Hierfür sendet er an den Rechner B den SIP-Request `INVITE`; in dessen Body beschreibt er als Offer die Eigenschaften der von ihm initiierten Session.

Für die Beschreibung einer Session werden u.a. folgende Angaben gemacht:

SIP Session-Parameter

- **Initiator der Session**: `Login-Name` des Benutzers, der die Session initiiert.
- **Identifikation der Session**: Jede Session muss eine eindeutige `Identifikation` erhalten, um sie von den anderen Sessions unterscheiden zu können.
- **Name der Session**: Einer Session kann eine Bezeichnung zugeordnet werden, um damit auf das Ziel der Session zu verweisen.
- Die Angaben zur Beschreibung jedes **Media** und somit jedes **Media-Kanals**:
  ▷ **RTP-Port** als Endpunkt des Media-Kanals der Session. Falls der RTP-Port die Nummer `x` (`x` ist eine gerade Zahl) hat und der RTCP-Port anders als `x+1` sein soll, muss man dies dem Rechner B mitteilen.
  ▷ **Media-Typ** gibt an, um welches Media es sich handelt und wie es codiert (in welchem Format also) übermittelt wird. Da jedem bei IANA registrierten Format eines Media[24] eine eindeutige Nummer, als seine Identifikation, zugeordnet wurde, wird als Media-Typ nur die entsprechende Nummer angegeben. Diese Nummer wird im RTP-Header als Angabe PT übermittelt [Abb. 7.3-5].

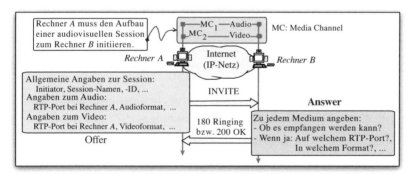

Abb. 7.4-7: Austausch von Angaben für die Beschreibung einer multimedialen Session

Mit SDP ist es auch möglich, eine bestehende Session zu modifizieren, ohne sie unterbrechen zu müssen. Beispiele hierfür sind u.a.:

Modifikation einer Session

- Hinzufügen, Entfernen oder Ändern von Parametern eines Media-Kanals,
- Ändern von RTP- und RTCP-Ports etc.

re-INVITE   Beim Aufbau einer Session mit SIP wird eine SDP-Offer im SIP-Request INVITE als Body übermittelt [Abb. 7.4-6]. Um eine bestehende Session zu modifizieren und hierfür eine neue SDP-Offer zu übermitteln, kann erneut der SIP-Request INVITE gesendet werden, der nun entsprechend identifiziert werden muss, damit er von bereits vorher gesendeten Requests INVITE unterschieden werden kann. Dieser erneute Request INVITE wird oft als re-INVITE bezeichnet. SDP-Offer kann ebenso während einer bestehenden Session in dem SIP-Request UPDATE übermittelt werden. Die Requests re-INVITE bzw. UPDATE werden in der Regel von der Gegenseite mit dem SIP-Response 200 OK bestätigt, in dem eine *SDP-Answer* enthalten sein kann.

7.5 Multipath TCP

Idee von MPTCP   MPTCP (*Multipath TCP*) beschreibt ein Konzept, nach dem das klassische verbindungsorientierte Transportprotokoll TCP um die Funktionalität *Multipathing*, d.h. um die Fähigkeit, Daten über parallele Paths transportieren zu können, erweitert wird. Zwei Rechner mit MPTCP können untereinander eine virtuelle MPTCP-Verbindung (*MPTCP Connection*) einrichten. Diese wird aus mehreren, über verschiedene Pfade verlaufende, als *Subflows* bezeichnete *TCP-Subverbindungen* gebildet. Die Anzahl von Subflows kann sich sogar während einer bestehenden MPTCP-Verbindung ändern; ein Subflow kann dynamisch hinzugefügt oder entfernt werden. Durch diese Möglichkeiten lässt sich eine beachtliche Verbesserung der Effizienz für die Internet-Kommunikation erzielen.

Use Case von MPTCP   Während Desktop-PCs und speziell natürlich auch Server in der Regel eine feste und im Wesentlichen dauerhafte Anbindung an das lokale Netz besitzen, sind besonders mobile Endgeräte wie Smartphones und Tablets häufig von stark schwankenden Netzanbindungen betroffen. Zudem haben diese Geräte mehrere aktive Interfaces für den Netzzugang: Eins für das WLAN (bevorzugt) und ein anderes für den Zugang über das Mobilfunknetz UMTS (*Universal Mobile Telecommunications System*) bzw. LTE (*Long Term Evolution*). Mobile Endgeräte sind also nicht nur *Multihomed*, sondern auch *Multilinked*.

Gerade für die Echtzeitkommunikation, so wie sie in den bisherigen Abschnitten dargestellt wurde, besteht der Bedarf, die Anwendung auch dann fortsetzen zu können,

- wenn ein Data-Link abbricht bzw. oder die TCP-Verbindung über IP neu aufgebaut werden muss, um z.B. von einem Provider zum anderen zu wechseln,
- den verfügbaren maximalen Datendurchsatz zu erzielen, falls beide Interfaces gemeinsam auf eine Ressource im Internet zugreifen können.

Die Herausforderung besteht nun darin, die Multipath TCP-Kommunikation so zu konstruieren, die weder für den Client noch für den Server eine Änderung des Socket-Interface notwendig zu machen. Der MPTCP-Dienst soll quasi transparent von den Applikationen genutzt werden. Dies wird durch eine zusätzliche *Aggregation-Layer* realisiert, der auf der Betriebssystemseite über ein *logisches Interface* bereit gestellt wird [Abb. 7.5-2].

---

[24]Eine Auflistung aller bei IANA registrierten Formate verschiedener Media findet man unter http://www.iana.org/assignments/sdp-parameters.

7.5 Multipath TCP

Die Transportschicht mit MPTCP stellt sich für die Applikationsschicht wie eine übliche TCP-Implementierung dar, die über einen Standard-Socket-Aufruf angesprochen werden kann. MPTCP ist eine Erweiterung von TCP, sodass ein Rechner mit MPTCP auch in der Lage ist, über eine klassische TCP-Verbindung zu kommunizieren, sodass sich MPTCP hierbei wie 'normales' TCP verhält. MPTCP kann somit als eine Erweiterung von TCP angesehen werden, um Daten parallel über mehrere Pfade zu transportieren.

An der Entwicklung von MPTCP wird schon seit ca. 2009 intensiv gearbeitet, und alle Aktivitäten werden von der Working Group MPTCP der IETF koordiniert. Das Konzept und die Einsatzmöglichkeiten von MPTCP sind bereits in mehreren RFC spezifiziert; dem Konzept von MPTCP widmet sich insbesondere RFC 6824. Eine Implementierung von MPTCP für Linux ist bereits vorhanden [http://www.multipath-tcp.org/]. Für BSD-Unix gibt es Vorab-Implementierungen [https://www.freebsdfoundation.org/project/multipath-tcp-for-freebsd/].

Entwicklung und Implementierung von MPTCP

Wir wollen nun das Konzept des Protokolls MPTCP erläutern und dessen Bedeutung sowie Einsatzmöglichkeiten aufzeigen. Dabei präsentiert der folgende Abschnitt, wie verschiedene, aus parallelen Pfade bestehende MPTCP-Verbindungen auf- und abgebaut werden und wie die Übermittlung von Daten über diese Verbindungen erfolgt.

7.5.1 Typischer Einsatz von MPTCP

MPTCP bringt große Vorteile in Rechnern bzw. anderen, insbesondere mobilen Endeinrichtungen, die über mehrere Interfaces zur Datenkommunikation verfügen. Abb. 7.5-1 illustriert die Bedeutung von MPTCP in mobilen Endeinrichtungen sowie in Servern in Datacentern. Abb. 7.5-1a zeigt den Einsatz von MPTCP in mobilen Endeinrichtungen, in mobilen Clients, mit zwei Interfaces für den Zugang zum Internet: Ein WLAN-Interface und ein 3G/4G-Interface[25]. In solchen mobilen Endeinrichtungen ist MPTCP von großer Bedeutung, wie wir dies nun näher erläutern möchten.

Wann ist MPTCP von Bedeutung?

MPTCP in mobilen Endeinrichtungen

Ein mobiler Client initiiert eine 'normale' TCP-Verbindung zum Server in der Regel zuerst über ein WLAN – also über den kostengünstigeren Internetzugang. Dabei zeigt der Client dem Server mittels der TCP-Option MP_CAPABLE an, dass er MPTCP-fähig ist [Abb. 7.5-7]. Der Server teilt dem Client ebenso mit, dass er MPTCP-fähig ist; MPTCP kann also zum Einsatz kommen. Die 1te TCP-Verbindung über das WLAN wird als *Subflow* angesehen – d.h. die TCP-Subverbindung einer MPTCP-Verbindung. Danach wird die 2te, vom Client initiierte und über das Mobilfunknetz (3G/4G) verlaufende TCP-Verbindung zum Server aufgebaut und diese stellt den 2ten Subflow dar. Die beiden Subflows werden nun entsprechend 'gebündelt' – und es entsteht auf diese Weise eine MPTCP-Verbindung zwischen Client und Server.

1ter Subflow über WLAN und 2ter über Mobilfunknetz

> **Anmerkung**: In der Regel kennt der Client, bevor er eine TCP-Verbindung zum Server initiiert, nur seinen Hostnamen. Aufgrund dessen kann er beim DNS nur die IP-Adresse

---

[25] Als 3G bezeichnet man die dritte Generation von Mobilfunknetzen – und dementsprechend als 4G die vierte Generation. Zur 3G gehören die Netzstandards UMTS und HSPA (*High Speed Packet Access*). 4G stellt den Netzstandard LTE dar.

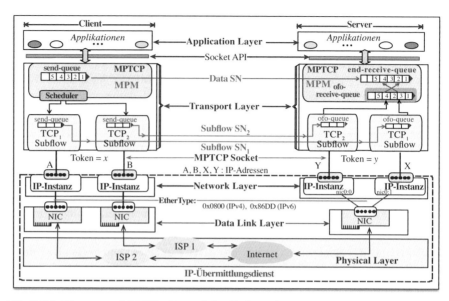

Abb. 7.5-1: Einsatz von MPTCP: a) in mobilen Endeinrichtungen, b) in Servern im Datacenter
3/4G: 3te/4te Generation der Mobilfunknetze, WLAN: Wireless Local Area Network

vom Server abfragen und nicht die Anzahl dessen Internet-Interfaces. Beim Initiieren einer TCP-Verbindung weiß der Client also noch nicht, ob der Server über mehrere Interfaces verfügt. Der Server kann aber dem Client schon während des Aufbaus des 1ten Subflow in der TCP-Option `ADD_ADDR` mitteilen, dass er noch über eine weitere IP-Adresse und somit auch über ein weiteres Interface verfügt.

Nutzung von Subflows
Subflows → Load Balancing
Backup-Subflow

Die folgenden Möglichkeiten kommen in Abb. 7.5-1a in Frage:

- Die transportierten Daten werden gleichmäßig auf parallele Subflows verteilt, was zur Erhöhung der Transportkapazität von Daten führt.
- Die Daten werden nur über ein WLAN transportiert, und der über ein Mobilfunknetz G3/G4 verlaufende Subflow dient nur als Backup des anderen Subflow. Eine solche Lösung führt zur Reduzierung der für den Transport von Daten über ein Mobilfunknetz anfallenden Gebühren. Hat der mobile Client den vom WLAN versorgten Bereich verlassen, geht die über WLAN verlaufende TCP-Verbindung 'verloren' und die MPTCP-Verbindung reduziert sich zu einer TCP-Verbindung.

MPTCP in Datacentern

Lastverteilung im Aggregation Layer

In der Regel werden Server in Datacentern über zwei Ethernet-Interfaces an einen *Access Switch* angeschlossen [Abb. 16.5-2]. Wie Abb. 7.5-1b illustriert, kann zwischen zwei Servern jeweils eine aus zumindest zwei Subflows bestehende MPTCP-Verbindung aufgebaut werden. Auf diese Weise lässt sich Multipathing in Datacentern verwirklichen, ohne komplexe Lösungen auf der Basis von TRILL oder SPB realisieren zu müssen [Abschnitt 14.5]. Eine solche relativ einfache Multipathing-Lösung hat eine große Bedeutung, falls einer dieser beiden Server dem anderen als Backup

7.5 Multipath TCP

dienen soll. Mithilfe von MPTCP in Servern innerhalb von Datacentern kann eine gleichmäßige Lastverteilung im *Aggregation Layer* erreicht werden.

Subflow-Nutzungsstrategien
Mehrere Subflows einer MPTCP-Verbindung kann man unterschiedlich nutzen, und man spricht dabei von *Subflow Policies*, also von *Subflow-Nutzungsstrategien*:

- Zur Erhöhung des Datendurchsatzes (also der Transportkapazität) werden die zu übertragenen Daten auf mehrere Subflows verteilt, d.h. es wird Load Balancing realisiert. Dies ist in Datacentern von großer Bedeutung [Abb. 7.5-1b].   Load Balancing

- Die Verbesserung der Verfügbarkeit einer Verbindung ist vor allem für mobile Endeinrichtungen mit zwei Interfaces, wie z.B. WLAN und 3G/4G verfolgt [Abb. 7.5-1a]. Eine mobile Endeinrichtung baut zuerst den 1ten Subflow zum Zielrechner über ein WLAN auf und dann einen 2ten Subflow über ein Mobilfunknetz (3G/4G). Der 2te Subflow dient aber nur als Backup für den 1ten, über das WLAN verlaufenden Subflow. Diese Nutzungsweise von Subflows wird zwischen den kommunizierenden Rechnern vereinbart. Hierfür nutzen sie das Flag-Bit B in der TCP-Option MP-JOIN.   Backup-Strategie

    Hat die mobile Endeinrichtung aber das WLAN verlassen, ist der 1te Subflow nicht mehr verfügbar und erst dann kommt der 2te Subflow zum Einsatz. Demzufolge fällt die MPTCP-Verbindung auf eine normalen TCP-Verbindung zurück, aber die mobile Endeinrichtung hat weiterhin Internetzugang. Dank dieser Lösung können mobile Endeinrichtungen mit zwei Interfaces WLAN und 3G/4G flächendeckend Internetzugang haben und dabei auch die Möglichkeit, ein WLAN zu nutzen, um die anfallenden Datentransportkosten zu reduzieren.

- Die Minderung der Überlastspitzen kann insbesondere in Rechnern mit zwei Interfaces praktiziert werden. Normalerweise werden Daten nur über den 1ten Subflow (also über den 1ten Path) transportiert. Sollte der 1te Subflow aber überlastet sein, dann wird der 2te Subflow dazugeschaltet, um den 1ten zu entlasten. Findet eine Überlastkontrolle nach ECN statt, dann ist diese Strategie einfach realisierbar.   Entlastungsstrategie

7.5.2 Transportschicht mit MPTCP

Wir möchten jetzt ein vereinfachtes Modell der Rechnerkommunikation beim MPTCP zeigen und hierbei insbesondere die Struktur der Transportschicht mit MPTCP näher erläutern. Abb. 7.5-2 zeigt ein solches Modell[26].

Logisch betrachtet wird die Transportschicht in Rechnern mit MPTCP auf zwei Teilschichten aufgeteilt, nämlich auf eine Teilschicht *Multipath Management* (MPM), zu der die MPTCP-Instanzen gehören, und auf eine Teilschicht mit TCP-Instanzen, welche der herkömmlichen Transportschicht mit TCP entspricht.   Aufteilung der Transportschicht

Das zentrale Konstruktionsmerkmal von MPTCP besteht somit darin, dass zwei kommunizierenden Applikationen die Transportschicht als eine normale, klassische Transportschicht 'sehen' und folglich 'glauben', zwischen ihnen verlaufe eine normale TCP-   Applikationen 'sehen' nur TCP

---

[26] siehe z.B. http://inl.info.ucl.ac.be/system/files/networking-mptcp.pdf

Verbindung. Dies ist dank der oberen Teilschicht MPM mit MPTCP-Instanzen möglich.

Grundlegende Idee von MPTCP

Um die grundlegende Idee von MPTCP zu erläutern, nehmen wir in Abb. 7.5-2 an, dass eine Client-Applikation im Quellrechner A eine Standard-TCP-Verbindung zu einer Server-Applikation auf Zielrechner B aufbauen möchte.

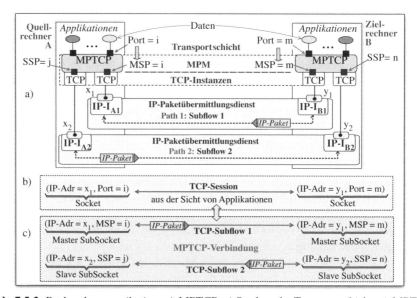

Abb. 7.5-2: Rechnerkommunikation mit MPTCP: a) Struktur der Transportschicht mit MPTCP, b) TCP-Sitzung aus der Sicht von Applikationen, c) MPTCP-Verbindung bilden zwei TCP-Subflows
IP-I: IP-Instanz, MPM: Multipath-Management, M/SSP:Master/Slave SubPort

Eine 'normale' TCP-Sitzung wird gekennzeichnet durch

- den *Session-Identifier*, gegeben durch den Wert der ISN (Abschnitt 4.3.1) sowie
- den *Verbindungs-Identifier* – also den beiden TCP-Socket – der aus den Tupeln (Source-Port,Sender-IP-Adresse) und (Zielport,Ziel-IP-Adresse) besteht. Da ein Socket entweder über eine IPv4- oder IPv6-Adresse genutzt werden kann, spricht RFC 6824 in diesem Zusammenhang auch von einem *4-Tupel*.

Feststellung der MPTCP-Fähigkeit des Partners

Diese Situation gilt bei einer Verbindungsaufnahme per MPTCP unverändert, nun jedoch für jeden einzelnen Subflow. Daher wird ein zusätzliches, für TCP-Subflows vorhandene Sitzungsmerkmal benötigt, das gleichzeitig genutzt wird, die MPTCP-Fähigkeit des Partners zu bestimmen:

- Sind beide Kommunikationspartner MPTCP-fähig, erzeugen diese bei der TCP-Verbindungsaufnahme einen 64 Bit langen kryptographischen Schlüssel und teilen sich diese in den Nachrichten <SYN> bzw. <SYN,ACK> in der Option des MP_CAPABLE als Key-A bzw. Key-B gegenseitig mit [Abb. 7.5-7], die beide ab-

7.5 Multipath TCP

schließend in der finalen Nachricht <ACK> des *Three-Way-Handshakes* bestätigt werden.
- Hierdurch sind sich die Partner nicht nur sicher, dass sie gegenseitig MPTCP unterstützen und authentisiert sind, sondern auch, dass die notwendigen TCP-Protokollerweiterungen erfolgreich über das IP-Netz übermittelt werden können.

Ist die primäre MPTCP-Verbindung initiiert, sodass die 1te TCP-Verbindung über den Path zwischen den IP-Adressen x_1 und y_1 in diesen Rechnern verläuft, wird die 2te TCP-Verbindung aufgebaut, und diese stellt den Subflow 2 dar. Das notwendige Binden von Subflow und IP-Adresse geschieht über die Mitteilung von IP Address. Die kommunizierenden Applikationen registrieren die zwischen ihnen bestehende, zwei Subflows (als TCP-Subverbindungen) enthaltende MPTCP-Verbindung als normale TCP-Verbindung zwischen Socket (x_1,i) im Rechner A und Socket (y_1,m) im Rechner B (siehe hierzu auch Abb. 7.5-2b und Abb. 7.5-3a).

Registrierung der Subflows

Es sei hervorgehoben, dass man in diesem Zusammenhang von *Socket*, *Master Sub-Socket* und von *Slave SubSocket* spricht[27] [Abb. 7.5-2b, Abb. 7.5-2c]. Diese Bezeichnungen basieren auf Folgendem: Normalerweise adressiert ein Socket einen Endpunkt einer Kommunikationsbeziehung, u.a. einer TCP-Verbindung. Dementsprechend adressiert ein SubSocket einen Endpunkt einer TCP-Subverbindung. Da bei MPTCP eine TCP-Subverbindung einen Subflow darstellt, repräsentiert ein SubSocket folglich einen Endpunkt eines Subflows; jeder Subflow verläuft also zwischen zwei SubSockets.

SubSockets adressieren einen Subflow

Die in Abb. 7.5-2 gezeigte MPTCP-Verbindung bilden die zwei folgenden *Subflows* – nämlich: Subflow *1* zwischen Master SubSockets (x_1,i) und (y_1,m) sowie Subflow *2* zwischen Slave SubSockets (x_2,j) und (y_2,n). Diese Subflows können quasi als 'normale' TCP-Verbindungen angesehen werden – und zwar aus folgendem Grund: Die zuerst aufgebaute TCP-Verbindung, also die zwischen den Sockets (x_1,i) und (y_1,m), stellt die 1te TCP-Subverbindung des MPTCPs dar – d.h. den Subflow *1*.

Die SubSockets des zuerst aufgebauten Subflow – also des Subflows *1* – nennt man *Master SubSockets*, und als *Slave SubSockets* bezeichnet man die Endpunkte von weiteren, später aufgebauten Subflows. Die Ports in SubSockets nennt man *Subports*, entsprechend *Master Subports* in *Master!SubSockets* und *Slave Subports* in *Slave SubSockets*.

Master und Slave SubSockets

Aufgabe der Teilschicht MPM

Unter Bezug auf Abb. 7.5-2 möchten wird jetzt die Aufgabe der Teilschicht MPM kurz zusammenfassen: Eine Applikation im Quellrechner A initiiert (ohne Kenntnis zu besitzen, dass MPTCP zum Einsatz kommt) eine TCP-Verbindung zu einer Applikation im Zielrechner B. Für die initiierte TCP-Verbindung wird der Port i im Rechner A – oberhalb Schicht MPM – bereitgestellt; dieser Port wird als *Master Port* bezeichnet. Danach verläuft die TCP-Verbindung im Rechner A über die IP-Instanz 1 mit der IP-Adresse x_1 und Interface 1. Demzufolge stellt der Socket (IP-Adresse x_1, Port i) den Beginn der im Rechner A initiierten TCP-Verbindung dar.

---

[27] Die Begriffe *Master SubSocket* und *Slave SubSocket* sind entnommen aus: 'MultiPath TCP: From Theory to Practice' [http://inl.info.ucl.ac.be/system/files/networking-mptcp.pdf].

Nutzung der Option MP_CAPABLE beim Aufbau 1tes Subflows

Vom Quellrechner A wird nun an den Zielrechner B ein TCP-Paket <SYN> gesendet. In diesem TCP-Paket verweist der Quellrechner mit der Option MP_CAPABLE darauf, dass er MPTCP-fähig ist [Abb. 7.5-7]. Für die 'ankommende' TCP-Verbindung wird im Rechner B der Port m – oberhalb Schicht MPM – bereitgestellt und ebenso als *Master Port* bezeichnet. Der Zielrechner B antwortet dem Quellrechner A mit dem TCP-Paket <SYN,ACK> und verweist durch der Option MP_CAPABLE, dass auch er MPTCP-fähig ist. Auf diese Weise haben sich die Rechner darüber verständigt, dass beide MPTCP einsetzen können.

Nachdem die beiden Rechner den Aufbau der 1ten TCP-Verbindung abgeschlossen und sich während des Aufbaus darüber verständigt haben, dass sie MPTCP-fähig sind, betrachten sie diese TCP-Verbindung als Subflow *1*. Wie Abb. 7.5-2a zum Ausdruck bringt, enthalten die TCP-Instanzen in beiden Rechnern des Subflows *1* de facto 'Kopien' des Master Ports. Nachdem der Subflow *1* eingerichtet wurde, wird die 2te TCP-Verbindung aufgebaut und als Subflow *2* angenommen.

7.5.3 Multipath-Kommunikation mit MPTCP

Abb. 7.5-3 zeigt ein allgemeines Modell der Kommunikation mit MPTCP. Mit dessen Hilfe möchten wir zum Ausdruck bringen, dass die kommunizierenden Applikationen letztlich eine TCP-Verbindung 'sehen' und nicht, dass ihnen eine aus zwei Subflows bestehende MPTCP-Verbindung bereitgestellt wird. Darüber hinaus wird gezeigt, dass auch jeder Rechner mit nur einem Interface MPTCP-fähig sein kann. Die in Abb. 7.5-3 dargestellten drei Fälle a), b) und c) lassen sich wie folgt charakterisieren [Abb. 7.5-2a]:

Dual Link

a) Die beiden Rechner verfügen über zwei Interfaces. Hier ist direkt ersichtlich, dass eine MPTCP-Verbindung ein 'Bündel' von TCP-Subverbindungen – Subflows genannt – darstellt. Es sei hervorgehoben, dass die mit einem 'x' markierten Ports oberhalb der MPTCP-Instanz, den die Applikationen 'sehen', und der Master Sub-Port (MSP) im Subflow 1 die gleiche Nummer haben[28]. Deswegen wurden diese beiden Ports mit einem 'x' markiert.

Rechner mit einem Interface MPTCP-fähig

b) Ein Rechner mit nur einem Interface und TCP über IPv4 oder über IPv6. Voraussetzung für MPTCP ist lediglich, dass der Rechner über mehrere ansprechbare IP-Adressen verfügt. Hier kann man entweder das Internetprotokoll IPv4 oder IPv6 verwenden. In Abb. 7.5-4 ist das Verhalten von Linux für die Vergabe mehrerer IP-Adressen für ein Interface dargestellt, wobei hierbei vom Konzept *virtueller Interfaces* Gebrauch gemacht wird. Schaut man sich Abb. 7.5-4 zudem genauer an, so stellt man fest, dass die Kommunikationspuffer send-queue und ofo-queue einzelner Subflows auch oberhalb einer TCP-Instanz entsprechend im Master Sub-Port und Slave SubPort untergebracht werden können. Die beiden Subflows nutzen hier im Rechner B die Ressourcen (NIC, IP-Instanz und TCP-Instanz) gemeinsam.

MPTCP-Verbindung mit IPv4 und IPv6

c) Ein Rechner mit nur einem Interface und TCP über IPv4 und IPv6. Auch ein Rechner mit nur einem Interface und mit den beiden Internetprotokollen IPv4 und IPv6 kann MPTCP-fähig sein. Dabei kann ein Subflow das IPv4 und der andere

---

[28]Die zuerst aufgebaute, also 1te TCP-Verbindung – TCP-Subverbindung 1 – wird Subflow 1 genannt.

7.5 Multipath TCP

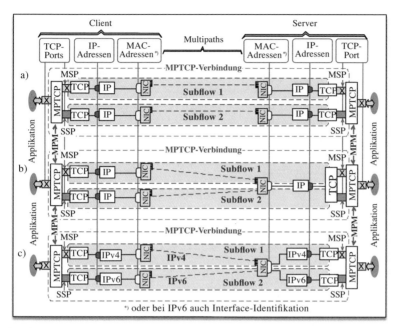

Abb. 7.5-3: Kommunikation mit MPTCP: a) beide Rechner mit zwei Interfaces; ein Rechner mit einem Interface und TCP über: b) IPv4 oder IPv6, c) IPv4 und IPv6
MPM: Multipath Management (u.a. Bündelung von Subflows), M/SSP: Master/Slave Sub-Port [Abb. 7.5-2]), NIC: Network Interface Controller (oft Ethernet-Adapterkarte)

das IPv6 nutzen. Theoretisch betrachtet können somit die beiden Protokolle IPv4 und IPv6 in einer MPTCP-Verbindung gleichzeitig zum Einsatz kommen.

Modell der Rechnerkommunikation mit MPTCP

Da TCP ein byte-orientiertes Protokoll ist, d.h. die übertragenen Daten werden bei TCP quasi byteweise nummeriert, muss der Fluss von Daten bei MPTCP auf den beiden Levels der Transportschicht, d.h. auf dem Level MPM und dem Level TCP, kontrolliert werden. Dementsprechend muss bei MPTCP eine *zweistufige Datenflusskontrolle* realisiert werden.

Zweistufige Datenflusskontrolle

Um dies erläutern zu können, illustriert Abb. 7.5-4 ein Modell der Rechnerkommunikation mit MPTCP und soll zum Ausdruck bringen, dass ein Rechner mit einer IP-Adresse auch MPTCP-fähig sein kann (vgl. hierzu Abb. 7.5-3c).

Falls die Übermittlungszeit der Datenblöcke – als *End-to-End Delay* bezeichnet – auf einem Path viel größer als auf einem anderen ist, kann dies, wie Abb. 7.5-5 zeigt, dazu führen, dass die Datenblöcke den Zielrechner nicht in der Reihenfolge erreichen, in der sie am Quellrechner abgeschickt wurden. Um eine solche Situation 'in den Griff' zu bekommen, müssen die Datenblöcke, deren Reihenfolge eventuell unkorrekt ist, zuerst in einem Zwischenempfangspuffer abgespeichert und anschließend in der korrekten Reihenfolge in einen Endempfangspuffer 'verlegt' werden. Erst von dort aus können sie an eine Applikation übergeben werden.

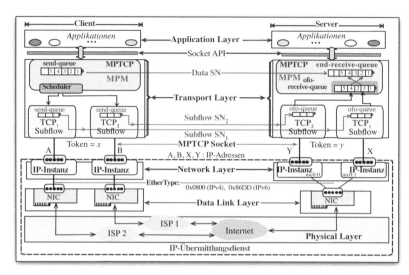

Abb. 7.5-4: Modell der Kommunikation mit MPTCP – im Hinblick auf die Datenflusskontrolle
API: Application Programming Interface, D/SSN: Data/Subflow Sequence Number, MPM: Multipath Management (MPTCP Level), ofo: out-of-order (siehe ofo-queue), TPNr: Transportprotokollnummer (TCP-Nummer = 6), NIC: Network Interface Controller
nic0:x: Instanz x des NIC nic0

Zwischenempfangspuffer

Die Datenblöcke zum Senden werden im Quellrechner entsprechend mithilfe eines sog. *Schedulers* auf einzelne Subflows verteilt und in die Sendepuffer `sende-queue` innerhalb der TCP-Instanzen einzelner Subflows eingereiht. Von dort werden die Datenblöcke über verschiedene Paths also folglich über verschiedene Transportwege an den Zielrechner übermittelt. In mehreren Subflows ankommende Datenblöcke werden im Zielrechner in Empfangspuffern innerhalb der TCP-Instanzen einzelner Subflows zwischengespeichert. Da die Datenblöcke in einzelnen IP-Paketen übermittelt werden und unterschiedliche Wege 'laufen' können, ist zu erwarten, dass die Reihenfolge der auf jedem Subflow empfangenen Datenblöcke anders ist als die, in der sie im Quellrechner abgeschickt wurden. Demzufolge können die Datenblöcke in Empfangspuffern von Subflows, also auf dem Level TCP, Warteschlangen in unkorrekten Reihenfolgen bilden – also Warteschlangen vom Typ `ofo-receive-queue`[29].

Endempfangspuffer
(`ofo-receive-queue`)

Damit man jede eventuell unkorrekte Reihenfolge der im Zielrechner empfangenen Datenblöcke immer korrigieren kann, sind, wie Abb. 7.5-4 zeigt, auf dem Level MPM zwei Empfangspuffer nötig: Ein Zwischenempfangspuffer mit der Warteschlange `ofo-receive-queue` von Datenblöcken in einer eventuell unkorrekten Reihenfolge und ein Endempfangspuffer mit der Warteschlange `end-receive-queue` von Datenblöcken in einer korrekten Reihenfolge. Bevor man aber die Daten an eine Applikation übergibt, werden sie von der Warteschlange `ofo-receive-queue` in die `end-receive-queue` kopiert [Abb. 7.5-5].

---

[29] Eine ofo-Receive-Queue repräsentiert einen Kommunikationspuffer, in dem Daten in einer – noch – unkorrekten Reihenfolge vorliegen können.

7.5 Multipath TCP

Zweistufige Datenflusskontrolle

Bei MPTCP werden – genauso wie bei TCP – Daten zwischen Applikationen in zwei kommunizierenden Rechnern als eine Folge von Byte so übermittelt, dass sie zuerst zu Datenblöcken einer bestimmten Größe zusammengefasst und aus den Datenblöcken dann TCP-Dateneinheiten gebildet werden. Anschließend werden die Dateneinheiten in IP-Paketen eingekapselt und über mehrere Paths einer MPTCP-Verbindung zum Ziel verschickt. Da die Datenblöcke in IP-Paketen über mehrere Paths und sogar auf einem Path über verschiedene Wege zum Ziel laufen können, muss bei MPTCP, wie Abb. 7.5-5 illustriert, eine besondere zweistufige Datenflusskontrolle realisiert werden.

Warum zweistufige Datenflusskontrolle?

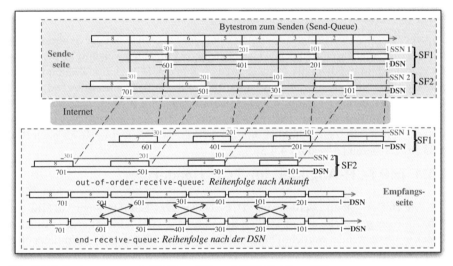

Abb. 7.5-5: Bedeutung von DSN (Data SN) und SSN (Subflow SN)
SN: Sequence Number, SSNi: SN auf dem Subflow i (i = 1, 2)

Um den Datenfluss bei MPTCP kontrollieren zu können, müssen die als Folge von Byte zu übermittelnden Daten zweistufig nummeriert werden. In Abb. 7.5-5 wurde zwecks einer Vereinfachung der Darstellung angenommen, dass die Daten in Blöcken von je 100 Byte übermittelt werden. Die zu übermittelnden Byte werden auf eine besondere Art und Weise fortlaufend nummeriert – sowohl *global* auf dem Level MPM [Abb. 7.5-4] mit DSN (*Data Sequence Number*) als auch *lokal* auf dem Level TCP mit SSN (*Subflow Sequence Number*). Es sei aber angemerkt, dass die Daten auf jedem Subflow unabhängig von anderen Subflows (also lokal) mit SSN fortlaufend nummeriert werden – und zwar wird mit der SSN die Nummer des 1ten Byte in jedem Datenblock angegeben (ebenso wie mit der *Sequence Number* bei TCP). Zur Kontrolle der Datenübermittlung auf jedem Subflow dient daher die lokale Nummerierung mit der SSN.

Zweistufige Nummerierung

Da jeder Subflow in der Tat eine 'normale' TCP-Verbindung darstellt, entspricht die SSN auf einem Subflow vollkommen der *Sequence Number* (SN) auf einer TCP-Verbindung. Demzufolge wird, wie Abb. 7.5-9 illustriert, die SSN anstelle der SN

436 7 Protokolle der Supportschicht und für Echtzeitkommunikation

DSN in jedem TCP-Paket

im TCP-Header eingetragen und gibt an, mit welcher Nummer die im betreffenden TCP-Paket übertragenen Datenbyte beginnen.

Wie in Abb. 7.5-8 zum Ausdruck gebracht wurde, muss – um die Reihenfolge von Datenblöcken am Ziel in die richtige Reihenfolge zu 'bringen' – die DSN als globale Nummer von Datenbyte auch in jeden TCP-Paket enthalten sein. Die Angabe DSN wird in der TCP-Option DSS (*Data Sequence Signal*) übermittelt.

Abb. 7.5-5 zeigt zudem, dass die Daten in Blöcken an den Sendepuffer sende-queue des Quellrechners übergeben werden. Hierbei soll die globale Nummerierung mit der DSN auf dem Level MPM garantieren, dass die im Zielrechner empfangenen Datenblöcke in der korrekten Reihenfolge zum Endempfangspuffer (end-receive-queue) eingereiht werden können.

Bestätigung von empfangenen Daten

Entsprechend der zweistufigen Nummerierung der Datenbyte bei der Sendeseite mit SSN und DSN, sind die empfangenen Datenbyte beim Empfang zweistufig zu bestätigen. Als globale Quittung dient die Angabe Data ACK in der TCP-Option DSS und als 'lokale' Quittung auf jedem Subflow verwendet man die Subflow Acknowledgement Number im TCP-Header [Abb. 7.5-9]. Mit Data ACK wird die sog. kumulative ACK (Quittung) realisiert, genauso wie mit ACK bei TCP. Um die Effizienz des Datentransports zu verbessern, ist empfohlen, mit der SSN die sog. *Selective ACKs* nach RFC 2883 zu realisieren [Abschnitt 4.4.3].

7.5.4 MPTCP-Angaben im TCP-Header

Die MPTCP-Angaben werden im TCP-Header als TCP-Optionen übermittelt. Abb. 7.5-6 zeigt, welche neuen TCP-Optionen für MPTCP definiert und zu welchen Zwecken sie verwendet werden. Die einzelnen, zwischen Rechner A (als Initiator einer MPTCP-Verbindung) und Rechner B im TCP-Header übermittelten MPTCP-Angaben sind:

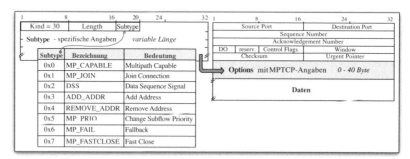

Abb. 7.5-6: Typen von TCP-Optionen mit MPTCP-Angaben im TCP-Header
DO: Data Offset (Angabe der Stelle, an der die Daten beginnen)

Aufbau des 1ten Subflow

- MP_CAPABLE: Mit dieser Option signalisiert ein Rechner seine MPTCP-Fähigkeit (*Multipath Capable*) [Abb. 7.5-7]. MP_CAPABLE wird nur beim Aufbau des 1ten Subflow verwendet und enthält zwei Arten von Angaben: die Angaben, die es dem Quellrechner A ermöglichen, zu überprüfen, ob der Zielrechner B auch MP-fähig ist, und die Angaben zu Sicherheitszwecken in Form eines 64 Bit-langen

7.5 Multipath TCP

Senderschlüssels (Key-A) und einer 32 Bit langen Nonce, welche man als Key-B bezeichnet[30].

- MP_JOIN: Mit dieser Option wird ein weiterer Subflow eingerichtet. MP_JOIN wird statt MP_CAPABLE beim Aufbau nächster Subflows verwendet [Abb. 7.5-7] und enthält sowohl Angaben zur gegenseitigen Authentisierung beider Rechner, als auch Angaben, die dem Quellrechner A beim Aufbau des 2ten Subflow – also de facto beim Aufbau einer MPTCP-Verbindung – ermöglichen, zusätzlich dem Zielrechner B die Identifikation der MPTCP-Verbindung als *Token* anzugeben. MP_JOIN enthält auch ein Flag-Bit B (*Backup-Flag*), damit der Quellrechner A dem Zielrechner B mitteilen kann, dass der 2te Subflow nur als Backup des 1ten Subflow dienen soll.
  Aufbau von weiteren Subflows

- DSS (*Data Sequence Signal*): In der Option DSS werden Angaben zur Fehler- und Datenflusskontrolle übermittelt und zwar: Data ACK zur Bestätigung von Daten auf dem Level Multipath Management (MPM), Data Sequence Number (DSN) zur Nummerierung von Datenbyte auf dem Level MPM und Subflow Sequence Number (SSN) zur Nummerierung von Datenbyte auf dem Level TCP, ergo einem Subflow.
  Fehler- und Datenflusskontrolle

- ADD_ADDR: Mit dieser Option teilt ein Rechner einem anderen Rechner seine weitere IP-Adresse mit, sodass er an ein Interface mit dieser IP-Adresse einen weiteren Subflow initiieren kann [Abb. 7.5-7].
  Angabe weiterer IP-Adresse

- REMOVE_ADDR: Mit dieser Option gibt ein Rechner einem anderen eine seiner IP-Adressen mit der Aufforderung an, den zu dieser Adresse führenden Subflow aus der zwischen ihnen bestehenden MPTCP-Verbindung zu entfernen.
  Entfernen einer IP-Adresse

  Aufbau einer MPTCP-Verbindung (1)

  > Zwischen einem Smartphone mit den zwei Interfaces WLAN und 3G/4G und einem Webserver bestand eine MPTCP-Verbindung mit zwei Subflows: Subflow *1* über ein WLAN und Subflow *2* über ein Mobilfunknetz. Der mobile Benutzer hat das WLAN mit seinem Smartphone verlassen. Demzufolge ist der Subflow *1* 'unbrauchbar' und er kann auch über WLAN nicht abgebaut werden. Über die noch aus dem Subflow *2* bestehende, über das Mobilfunknetz verlaufende MPTCP-Verbindung wird der Webserver vom Smartphone mit REMOVE_ADDR dazu aufgefordert, den noch zur in REMOVE_ADDR angegebenen IP-Adresse des WLAN-Interfaces im Smartphone führenden Subflow aus der MPTCP-Verbindung zu entfernen. Nachdem der Webserver dies 'erledigt' hat, ist aus der MPTCP-Verbindung zum Smartphone eine 'normale', lediglich über das Mobilfunknetz verlaufende TCP-Verbindung geworden.

- MP_PRIO: Diese Option kann dann verwendet werden, falls eine MPTCP-Verbindung aus zwei Subflows besteht, wobei ein Subflow nur als Backup-Subflow des anderen 'lasttragenden', regulären Subflow dient. Ist der reguläre Subflow aber abgebrochen, muss dessen Aufgabe der Backup-Subflow übernehmen. Hierfür kann ein Rechner mit der Option MP_PRIO dem anderen Rechner mitteilen, dass
  Backup-Subflow ist zu verwenden

der Backup-Subflow nun den regulären Subflow ersetzen soll; die Priorität des Backup-Subflow soll folglich geändert werden.

Aufbau einer MPTCP-Verbindung (2)

> Zwischen einem Smartphone und einem Webserver bestand – wie in Beispiel 1 – eine MPTCP-Verbindung mit zwei Subflows: Subflow *1* über ein WLAN und Subflow *2* über ein Mobilfunknetz. Der zweite dient nur als Backup des Subflow *1*. Der mobile Benutzer hat mit seinem Smartphone WLAN aber verlassen und demzufolge ist der Subflow *1* über WLAN 'abgebrochen'. Das Smartphone übermittelt an den Webserver nun die Option MP_PRIO, um ihm mitzuteilen, dass der Backup-Subflow *2* jetzt als 'lasttragender', regulärer Subflow fungieren soll. Folglich reduziert sich die MPTCP-Verbindung zu einer 'normalen' über das Mobilfunknetz verlaufenden TCP-Verbindung.

- MP_FAIL: Während einer MPTCP-Verbindung kann ein Path – und dadurch ein Subflow – gravierend gestört bzw. plötzlich abgebrochen werden[31]. Die MPTCP-Verbindung muss somit in einen vorherigen, noch normalen Zustand zurückgesetzt werden. Man spricht hierbei von *Fallback*. In einer solchen Situation wird der betreffende, also gestörte, Subflow aus der MPTCP-Verbindung 'entfernt' und die 'letzten', noch über den gestörten Subflow abgeschickten, vom Zielrechner noch nicht quittierten Daten müssen folglich über einen intakten Subflow erneut gesendet werden. Mit der DSN (*Data Sequence Number*) in der Option MP_FAIL signalisiert ein Rechner dem anderen, welche Daten (mit DNS beginnend) wiederholt über einen anderen intakten Subflow gesendet werden müssen.

MPTCP-Verbindung schnell schließen

- MP_FASTCLOSE: Diese Option dient dazu, eine ganze, aus mehreren Subflows bestehende MPTCP-Verbindung schnell schließen (beenden) zu können. MP_FASTCLOSE würde der Funktion nach dem <RST>-Paket entsprechen, d.h. dem TCP-Paket mit dem auf 1 gesetztem RST-Flag (Reset-Flag), über den der Abbau einer TCP-Verbindung in Fehlersituationen initiiert wird.

7.5.5 Aufbau einer MPTCP-Verbindung

In Abb. 7.5-7 wird der Aufbau einer MPTCP-Verbindung gezeigt. Der Aufbau des 1ten Subflows [Abb. 4.4-3] folgt den gleichen Prinzipien wie der einer TCP-Verbindung insgesamt.

Annahme: Rechner A kennt bereits den Hostnamen www.abc.de des Rechners B und möchte als Quellrechner eine MPTCP-Verbindung zu diesem initiieren. Hierfür fragt Rechner A beim DNS nach der IP-Adresse des Hostnamens www.abc.de und bekommt als Antwort dessen IP-Adresse Y_1 eines seiner Interfaces. Der Rechner B hat aber noch ein zweites Interface und demzufolge auch eine ihm entsprechende zweite IP-Adresse Y_2. Diese kennt der Rechner A noch nicht.

Aufbau des 1ten Subflow

Um eine MPTCP-Verbindung zu Rechner B zu initiieren, sendet Rechner A – auf dem Interface mit der IP-Adresse X_1 – ein TCP-Paket <SYN>. In diesem verweist Rechner A mit der Option MP_CAPABLE darauf, dass er MPTCP-fähig ist und folglich auch darauf,

---

[30] Die Angaben *Keys* und *Nonces* beim Aufbau des 1ten Subflow sollen u.a. als 'Mittel' gegen verschiedene Spoofing-Angriffe dienen – in der Tat gegen TCP-Spoofing, also gegen eine Vortäuschung des wahren Initiators von nachfolgenden Subflows.

[31] Dies kann vorkommen, falls eine MPTCP-spezifische Option im TCP-Header in einer *Middlebox* verändert bzw. entfernt wird [Abb. 7.5-10].

7.5 Multipath TCP

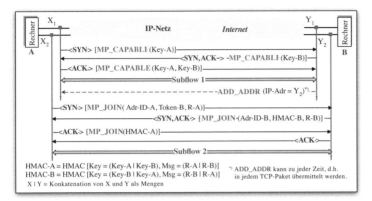

Abb. 7.5-7: Aufbau einer MPTCP-Verbindung [RFC 6824]
X_1, X_2, Y_1, Y_2: IP-Adressen, HMAC: Hash Message Authentication Code

dass er eine MPTCP-Verbindung aufbauen möchte. Der Zielrechner B antwortet dem Rechner A – auf dem Interface mit der IP-Adresse Y_1 – mit dem TCP-Paket <SYN,ACK> und verweist mit MP_CAPABLE genauso darauf, dass er MPTCP-fähig ist. Somit haben sich die beiden Rechner darüber verständigt, dass sie beide MPTCP-fähig sind und eine MPTCP-Verbindung zwischen ihnen aufgebaut werden kann. Der Rechner A bestätigt den Empfang des TCP-Pakets <SYN,ACK> mit dem TCP-Paket <ACK>. Nachdem der Rechner B <ACK> empfangen hat, besteht zwischen ihnen bereits eine TCP-Verbindung – und diese wird dann in den 1ten Subflow 'umgewandelt'.

In MP_CAPABLE werden die TCP-Verbindungs-Identifier, die sog. *Keys*, zur gegenseitigen Authentisierung übermittelt. Wie Abb. 7.5-7 zeigt, ist in <SYN> nur der Schlüssel des Quellrechners <SYN> (Key-A) und in <SYN,ACK> dementsprechend nur der des Zielrechners B (Key-B) enthalten. Der Quellrechner A übermittelt an den Zielrechner B noch in <ACK>: den eigenen Schlüssel Key-A und den aus <SYN,ACK> kopierten Key-B. Die beim Quellrechner A 'gemachte' Kopie des Key-B soll beim Zielrechner B ein Echo seines Key-B darstellen. Stimmt das Echo des Key-B mit dessen Original beim Rechner B überein, kann dieser sicher sein, dass <ACK> vom wahren Absender kommt, d.h. vom Rechner A. Die beiden Keys beim Aufbau des 1ten Subflow werden als Klartext übermittelt.

Sicherheitsangaben

Es wurde bereits darauf hingewiesen, dass der Rechner A die 2te IP-Adresse Y_2 des Rechners B noch nicht kennt. Das MPTCP wurde so konzipiert, dass der Zielrechner, falls er über mehrere Interfaces und demzufolge über mehrere IP-Adressen verfügt, jede weitere IP-Adresse zu der IP-Adresse, unter dem 1te Subflow bei ihm endet, mit der Option ADD_ADDR signalisieren/anzeigen kann. Dies kann er jederzeit 'tun', d.h. während des Aufbaus oder nach dem Aufbau des 1ten Subflow, also in der Praxis mit ADD_ADDR in jedem TCP-Paket. Abb. 7.5-7 bringt dies zum Ausdruck.

Bedeutung der Option ADD_ADDR

Nachdem der Rechner A aus den Angaben in der Option ADD_ADDR 'erfahren' hat, dass der Rechner B noch über die 2te IP-Adresse Y_2 verfügt, initiiert Rechner A den 2ten Subflow an diese 2te IP-Adresse. Es sei angemerkt, dass der Aufbau des 2ten Subflow weitgehend nach dem gleichen Schema wie beim 1ten Subflow verläuft.

Aufbau des 2ten Subflow

Token als Subflow-Identifier

Folgende Unterschiede sind beim Aufbau des 2ten Subflow [Abb. 7.5-7] hervorzuheben:

1. `MP_JOIN <SYN>`-Nachricht: Es wird die Option `MP_JOIN` verwendet und hierin ein den Subflow identifizierendes *Token* erzeugt, das ausgehend vom Key-B des Empfängerrechners zunächst als SHA-1 Hashwert berechnet und anschließend auf eine Länge von 32 Bit gekürzt wird. Ergänzt wird die Nachricht mit einem *Nonce* sowie mit der Angabe `Address ID` zur Unterstützung des Verfahrens bei NAT und einigen weitere Flags.
2. `MP_JOIN <SYN,ACK>`-Nachricht: Der Empfänger versendet in der Nachricht `<SYN,ACK>` ebenfalls die Option `MP_JOIN`, generiert aber nun einen HMAC (*Keyed-Hash Message Authentication Code*, vgl. Abschnitt 2.X), der aus den übertragenen Sitzungsschlüsseln sowie der ausgetauschten Nachricht(en) besteht und auf 64 Bit gekürzt wird. Auch hier wird ein *Nonce* mit 32 Bit eingefügt.
3. `MP_JOIN <ACK>`-Nachricht: Abschließend wird im Handshake wieder ein HMAC wie beim `<SYN,ACK>` berechnet, nun aber mit der Gesamtlänge von 160 Bit übermittelt.

Dieses Verfahren findet für alle Subflows Anwendung, wobei jeweils das 32 Bit *Token* den Subflow identifiziert. Das Token stellt somit eine Abstraktion des Sockets-Paars dar und ermöglicht die Aufteilung (und Zusammenführung der Subflows) nicht nur über unterschiedliche Links und IP-Adressen, sondern auch unabhängig davon, ob IPv4 oder IPv6 genutzt wird.

7.5.6 Anpassung des TCP-Headers für MPTCP

Ein Subflow innerhalb einer MPTCP-Verbindung stellt eine Sonderform einer TCP-Verbindung dar. Beim Transport von Daten über einen Subflow müssen somit einige dem Subflow und somit auch dem MPTCP entsprechenden Angaben im TCP-Header gemacht werden. Abb. 7.5-8 illustriert, um welche Angaben es sich dabei handelt, und zeigt auch, wie der TCP-Header an den MPTCP-Bedarf angepasst werden kann.

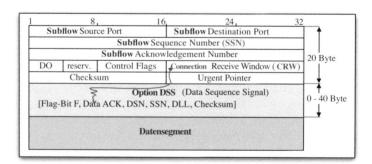

Abb. 7.5-8: Aufbau des TCP-Header mit MPTCP-relevanten Angaben
DO: Data Offset, DLL: Data-Level Length, DSN: Data Sequence Number

Zu Abb. 7.5-8 sei angemerkt, dass die Angaben `Source Port`, `Destination Port`, `Sequence Number`, `Acknowledgement Number` im TCP-Header nur einen Subflow bei MPTCP betreffen und dadurch anders zu interpretieren sind, nun zwar nun als `Subflow Source Port`, `Subflow Destination Port`, `Subflow Sequence Number`, `Subflow Acknowledgement Number`.

Dem 'Sender' bei TCP besagt die Angabe `Receive Window` in einem bei ihm empfangenen TCP-Paket, wie viele Daten (bei TCP in Byte ausgedrückt) er an den 'Empfänger' abschicken darf, ohne auf eine Quittung von diesem warten zu müssen. Mit `Receive Window` wird der Sender darüber informiert, wie groß der Puffer für die Aufnahme der von ihm kommenden Daten ist. Bei MPTCP bezieht sich die Angabe `Receive Window` auf alle Subflows einer MPTCP-Verbindung. Es handelt sich bei MPTCP um `Connection Receive Window` (CRW), d.h. die Puffergröße für eine MPTCP-Connection/Verbindung. *Angabe Receive Window*

Abb. 7.5-8 bringt zum Ausdruck, dass im TCP-Header die Option DSS (*DataSequence Signal*) enthalten ist und somit die den Datenfluss auf der MPTCP-Verbindung betreffende Angabe `Data ACK` mit CRW zusammenhängt. Mit `Data ACK` zeigt der Empfänger dem Sender an, bis zu welchem Byte die Daten auf der MPTCP-Verbindung bei ihm korrekt empfangen wurden. Auf diese Weise erfährt der Sender, dass er an den Empfänger Daten bis zur Byte-Nummer `CRW+(Data ACK)` senden darf und, dass diese bei ihm im Puffer aufgenommen werden. So wird die Datenflusskontrolle auf dem MPTCP-Level (Schicht MPM, [Abb. 7.5-4a]) mittels der Angaben CRW und `Data ACK` realisiert [Abb. 7.5-5]. *TCP-Option DSS*

Die TCP-Option DSS wird verwendet, um einerseits die auf der MPTCP-Verbindung gesendete Folge von Byte mit einer Sendefolgenummer, als Datensequenznummer (`Data Sequence Number`, DSN) bezeichnet, zu nummerieren und andererseits die empfangene Folge von Byte mit einer *Quittungssequenznummer* (*Data Acknowledgement Number*, `Data ACK`) bestätigen/quittieren zu können.

Eine besonders wichtige Bedeutung besitzt das Flag-Bit F (`Finish`) in der Option DSS. Mit F = 1 wird signalisiert, dass nach dem Ende von Daten ein fiktives Datenbyte `DATA_FIN` [Abb. 7.5-9] vorhanden ist und dass damit der Abbau einer MPTCP-Verbindung initiiert wird. *Flag-Bit F*

7.5.7 Abbau einer MPTCP-Verbindung

Eine MPTCP-Verbindung muss auch abgebaut werden, damit die kommunizierenden Rechner reservierte Ressourcen freigeben können. Der Abbau könnte im Grunde so erfolgen, dass alle zur MPTCP-Verbindung gehörenden Subflows, als 'normale' TCP-Verbindungen, individuell und unabhängig voneinander abgebaut werden. In der Praxis kann aber ein Subflow auf einer MPTCP-Verbindung 'abgebrochen' – quasi 'aufgehängt' – werden, bevor man mit dem Abbau dieser beginnt. Eine solche Situation kommt oft vor, z.B. falls ein Smartphone während einer MPTCP-Verbindung, welche aus einem Subflow über ein WLAN und einem Subflow über ein G3/4G-Mobilfunknetz besteht, das WLAN plötzlich verlässt, ohne den Subflow vorher über ein WLAN abzubauen; folglich wird dieser Subflow dann einfach abgebrochen.

Es muss bei MPTCP also möglich sein, eine MPTCP-Verbindung mit einem 'abgebrochenen' Subflow vollständig abbauen zu können. Hierfür wurde das fiktive Datenbyte *Bedeutung von* `DATA_FIN`

DATA_FIN eingeführt. Mit dessen Hilfe kann ein Rechner den Abbau einer MPTCP-Verbindung, d.h. den Abbau aller Subflows auf einen 'Schlag', initiieren. Das fiktive Databyte DATA_FIN bei MPTCP hat im Grunde eine ähnliche Bedeutung wie das Flag-Bit FIN bei TCP. Abb. 7.5-9 illustriert den Abbau einer MPTCP-Verbindung – und somit auch die Bedeutung von DATA_FIN. Es sei hervorgehoben, dass DATA_FIN auf jedem Subflow gesendet werden kann und mit Data ACK bestätigt werden muss

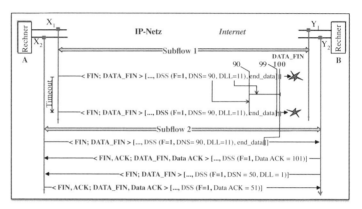

Abb. 7.5-9: Abbau einer MPTCP-Verbindung und Bedeutung der Angabe DATA_FIN
DSN: Data Sequence Number (globale Datenfolgenummer),
DLL: Data Level-Length (die Länge des Datenblocks [Abb. 7.5-8])

Abbau einer MPTCP-Verbindung mittels DATA_FIN

Der Abbau der MPTCP-Verbindung als Punkt am Satzende auf dem Subflow 1 wird mit einem <FIN;DATA_FIN>-Paket initiiert, d.h. mit einem TCP-Paket, in dem das Flag-Bit FIN (im TCP-Header) und das Flag-Bit F in der Option DSS auf 1 gesetzt sind, um das Zeichen DATA_FIN zu signalisieren. Das Zeichen DATA_FIN wird als ein fiktives Byte betrachtet, und dessen Empfang muss vom Zielrechner extra bestätigt werden, um sicher zu gehen, dass alle Daten bei ihm angekommen sind. Daher repräsentiert DATA_FIN ein fiktives Byte am Ende aller Daten – wie ein Punkt am Satzende. Im hier gezeigten Beispiel enthält das TCP-Paket den letzten Datenblock *(end-data)*: Dieser beginnt mit dem Datenbyte 90 (Angabe DSN = 90) und enthält zusammen mit dem fiktiven Byte DATA_FIN 11 Byte (DLL = 11); folglich hat DATA_FIN die Nummer 100.

In Abb. 7.5-9 wird muss bestätigt werden das <FIN;DATA_FIN>-Paket nach einem Timeout erneut gesendet. Da der Subflow *1* 'abgebrochen' ist, kommt nach dem *Timeout* keine Antwort und deswegen wird der Abbau der MPTCP-Verbindung auf dem Subflow *2* genauso wie vorher mit <FIN;DATA_FIN> initiiert. Die Gegenseite (Rechner B) antwortet darauf mit dem <FIN,ACK;DATA_FIN,Data ACK>-Paket, d.h. mit dem Paket, in dem zusätzlich das Flag-Bit ACK (im TCP-Header) auf 1 gesetzt ist und Data ACK = 101 in der Option DSS enthalten ist [Abb. 7.5-8]. Mit Data ACK = 101 signalisiert die Gegenseite, dass sie jetzt das Datenbyte mit Nummer 101 erwartet. Auf diese Weise bestätigt sie den Empfang von DATA_FIN. Dadurch ist der Rechner A sicher, dass alle von ihm abgeschickten Daten das Ziel (den Rechner B) erreicht haben und dort auch aufgenommen wurden.

Genauso wie beim Abbau jeder TCP-Verbindungmuss beim Abbau einer MPTCP-Verbindung jede Seite den Abbau initiieren, um sicher sein zu können, dass alle von ihr abgeschickten Daten das Ziel erreicht haben und dort aufgenommen wurden. Daher wird der gleiche Vorgang seitens des Rechners B wiederholt, d.h, das <FIN;DATA_FIN>-

Paket wird an den Rechner A geschickt. Da der Rechner B keine Daten mehr zum Senden hat, und das letzte, an den Rechner A geschickte Datenbyte die Nummer 49 aufweist, enthält <FIN;DATA_FIN> die Datensendefolgenummer DSN = 50 und DLL = 1. Die Gegenseite (Rechner A) antwortet darauf mit dem <FIN,ACK;DATA_FIN,Data ACK>-Paket, in dem die Anzeige DATA_FIN mit Data ACK = 51 bestätigt wird. Dadurch erfährt Rechner B, dass alle von ihm abgeschickten Daten den Rechner A erreicht haben und bei ihm aufgenommen wurden.

7.5.8 Middleboxen als Störfaktoren bei MPTCP

MPTCP ist ein Transportprotokoll und operiert innerhalb der Transportschicht (Transport Layer). In Netzwerken werden aber – irgendwo unterwegs, in der Mitte (Middle), zwischen kommunizierenden Rechnern – verschiedene Komponenten (quasi als *Boxen*) mit dem Ziel installiert, besondere und nicht standardmäßige Funktionen zu erbringen. Allgemein werden solche Komponenten, wie z.B. verschiedene Arten von Proxies und Firewalls, als *Middleboxen* bezeichnet [RFC 3234].

_{Was ist eine Middlebox?}

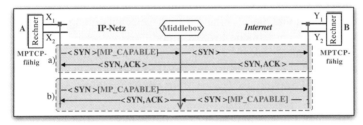

Abb. 7.5-10: Middleboxen als Störfaktoren bei MPTCP: Die MPTCP-Fähigkeit wird nicht erkannt: a) des Quellrechners A, b) des Zielrechners B

Eine Middlebox kann innerhalb von nur einer Schicht oder aber auch gleichzeitig innerhalb mehrerer Schichten agieren, beispielsweise innerhalb der Netzwerk-, Transport- und Applikationsschicht. Dabei interpretiert eine Middlebox die Angaben im Header des Protokolls der entsprechenden Schicht. Folglich kann sie auch einige Angaben im Header ändern. Eine innerhalb der Transportschicht agierende Middlebox kann also die Angaben im TCP-Header ändern und demzufolge die Funktion von MPTCP negativ beeinflussen, einschränken etc. Middleboxen gelten daher als Störfaktoren bei MPTCP. Abb. 7.5-10 soll dies näher zum Ausdruck bringen.

Hier wurde angenommen, dass die beiden Rechner MPTCP-fähig sind und dass die Middlebox die ihr unbekannten TCP-Optionen aus dem TCP-Header entfernt. Dies kann u.a. dazu führen, dass die MPTCP-Fähigkeit eines Rechners nicht erkannt wird; z.B. die des Quellrechners, falls die Middlebox MP_CAPABLE in <SYN> entfernt, oder die des Zielrechners, falls MP_CAPABLE in <SYN,ACK> entfernt wird.

Middlebox-Störung

7.6 Schlussbemerkungen

In diesem Kapitel haben wir einige *Application-Support-* und *Echtzeitprotokolle* vorgestellt, die für das heutige Internet von herausragender Bedeutung sind und ohne die weder Sicherheit noch Echtzeitkommunikation zu gewährleisten wären.

Ergänzend zum Inhalt dieses Kapitels möchten wir noch auf Folgendes hinweisen:

SOCKS
- Das kurz vorgestellt SOCKS-Protokoll führt zwar gewissermaßen ein Schneewittchen-Dasein; für eine *Benutzerauthentisierung* zum Zugriff auf geschützte Ressourcen ist es jedoch unverzichtbar. Alternativen wie Web-Proxies realisieren im Gegenzug dazu lediglich eine *Client-Autorisierung*, häufig auf Grundlage der IP-Adresse.

TLS → TLS 1.3
- Das Mitte der 90-er Jahre erfundene Protokoll *Secure Socket Layer* mit heutigem Nachfolger TLS ist für das bestehende Internet 'Alternativlos'. Die nun veröffentlichte Version 1.3 schneidet 'alte Zöpfe' ab und nutzt statt dessen kryptographisch überprüfte Algorithmen statt den 'home brewed' Implementierungen. Bei TLS 1.3 kann die Evolution der kryptographischen Verfahren sehr gut beobachtet werden. Die geführte Diskussion in diesem Kapitel basiert allerdings auf einer sehr frühen Stadium des Protokolls. Angefangen mit Services und Applikationen von Google, wie z.B. Chrome, findet TLS 1.3 erst ganz allmählich Verbreitung. OpenSSL in der Version 1.1.1 wurde hier herangezogen.

Datagram-TLS
- Datagram-TLS wird benötigt, wenn der (quasi) Echtzeitdatenstrom über UDP übertragen werden soll und hierbei eine Transportverschlüsselung gefragt ist. Um dies zu realisieren, sind erhebliche Protokollmodifikationen bei TLS notwendig, die – wie gesehen – nicht unkritisch sind. Es stellt sich die Frage, ob diese Art der Transportverschlüsselung überhaupt sinnvoll ist und nicht durch ein geeigneteres – und sichereres – Protokoll wie CurveCP [http://curvecp.org/] ersetzt werden sollte.

DANE
- Eine interessante Entwicklung bahnt sich mit dem Protokoll DANE (*DNS-Based Authentication of Named Entities*) an [RFC 6698], das die Möglichkeit bietet, in Zukunft auf eine separate Public Key Infrastruktur zur verzichten und dafür auf das dezentrale DNS zu setzen. Die DNS-Komponente von DANE haben wir bereits in Abschnitt 5.7 vorgestellt. Problematisch hierbei ist, dass DANE in seiner aktuellen Implementierung auf DNSSEC angewiesen ist und zudem der nutzende (TLS-)Client ein DNS-Fullresolver sein muss, was speziell für mobile Endgeräte kaum in Frage kommt.

Bedeutung von IMS
- Im Hinblick auf die multimediale Kommunikation muss das Internet mit anderen Netzen für Sprachkommunikation – und insbesondere mit Mobilfunknetzen – integriert werden. Um dies zu erreichen und dabei zusätzliche Möglichkeiten zu verschaffen, innovative multimediale Dienste entwickeln zu können, wurde IMS (*IP Multimedia Subsystem*) entwickelt. Wie Abb. 7.6-1 illustriert, stellt IMS eine Plattform für die Integration der Netze im Hinblick auf die Bereitstellung von IP-basierten, multimedialen Anwendungen dar; wie z.B. von VoIP, IPTV, Collaboration Services.

Die Konvergenz der Netze wird so erreicht, dass alle Netze – d.h. die Festnetze PSTN, ISDN, die Mobilfunknetze GSM, UMTS und LTE, WLANs (z.B. Hotspots) und Intranets – an ein IP-Transportnetz angebunden sind. Dieses IP-Transportnetz, kann auch auf Basis des Internet eingerichtet werden. IMS stellt dabei die Signalisierungs- und Kontroll-Plane dar und enthält verschiedene Server, die als CSCF (*Call Session Control Function*) bezeichnet werden. Um die Rechte

7.6 Schlussbemerkungen

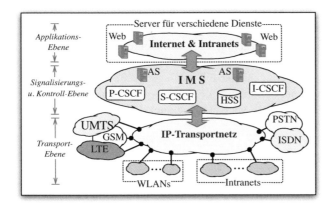

Abb. 7.6-1: IMS als einheitliche Plattform für die Integration der Netze und die Bereitstellung IP-basierter Dienste
AS: Applikationsserver, CSCF: Call Session Control Function,
HSS: Home Subscriber Server, I-/P-/S-CSCF: Interrogating-, Proxy- sowie Serving-CSCF
Anmerkung: Die hier gezeigten klassischen Netze für Sprachkommunikation PSTN/ISDN besitzen heute nur noch historische Bedeutung.

und Profile von Benutzern zu speichern, wird der Server HSS (*Home Subscriber Server*) eingesetzt.

Als Signalisierungs- und Steuerungsprotokoll im IMS wird das SIP verwendet. So entspricht beispielsweise Proxy-CSCF der Funktion nach dem SIP-Proxy-Server [Abb. 7.4-2]. Eine wichtige Rolle im IMS spielt das Protokoll *Diameter*, mit dem die Authentifizierung von Benutzern und das Accounting durchgeführt werden. Für eine kompakte Darstellung von IMS sei verwiesen auf [Bad10]. Detaillierte Informationen über IMS findet man z.B. in [PM09] und [Fik+11].

- Das im Abschnitt 1.1 kurz erläuterte Konzept von WebRTC (*Web Real-Time Communication*) sieht vor, dass ein Webserver quasi als Manager multimedialer Verbindungen (*Sessions*) – in der Tat als Vermittlungsnetzknoten – zwischen Web-Videotelefonen fungieren kann. Um dies zu ermöglichen, müssen Browser und Webserver um spezifische RTC-Funktionen erweitert werden; sie müssen u.a. das in RFC 6455 spezifizierte *WebSocket Protocol* (WS-Protokoll) unterstützen. Ein wichtiges Ziel der Entwicklung des WS-Protokolls war es, die Webserver dazu zu befähigen, die Verbindungen zu Browsern selbst initiieren zu können. Dank der Nutzung des WS-Protokolls können die Webserver zur Unterstützung von Web-RTC verwendet werden, als Verbindungsmanager dienen und u.a. multimediale Verbindungen zu Browsern initiieren. Die Ergebnisse von WebRTC-betreffenden Entwicklungen werden beim W3C (*World Wide Web Corsortium*) von der Working Group WebRTC [http://www.w3.org/2011/04/webrtc-charter.html] und bei der IETF von der Working Group RTCWEB (*Real-Time Communication in WEB-browsers*) standardisiert [http://datatracker.ietf.org/wg/rtcweb].

  WebRTC und WS-Protokoll

- *Multipath TCP* ist ein Protokoll, das auf die Belange von explizit Multilink-fähigen Endgeräten wie Smartphones und Tabletts zugeschnitten ist und das Roaming von Benutzern – unter Beibehaltung der laufenden Applikation – unterstützt. Hier-

  Multipath TCP

für erweitert das Multipath TCP die Transportschicht um das Aggregation- und Multipath-Management. Wie auch bei TLS, soll die hierauf zurückgreifende Applikation dies nicht merken, aber in den Genuss des Dienstes kommen. Aus den Erfahrungen, die in den letzten Jahren mit TLS gemacht wurden, kann dies nicht in vollem Umfang gelingen; speziell wenn gemischte Netzwerk-Protokolle wie IPv4 und IPv6 ins Spiel kommen. Eine sinnvolle Ergänzung des DNS-Dienstes um ggf. geeignete WKS-Records wäre eine geeignete Lösung, die aber die Standards derzeit nicht vorsehen.

7.7 Verständnisfragen

1. Für welches Anwendungsszenario kann SOCKS eingesetzt werden?
2. TLS nutzt derzeit RSA und Diffie-Hellman für den Schlüsseltausch. Kennen Sie die Unterschiede?
3. Was bedeutet bei TLS die 'Cipher Suite'?
4. Werden bei TLS die X.509 Zertifikate verschlüsselt übertragen?
5. Worin besteht der wesentliche Unterschied bei der Bildung des Master-Keys zwischen TLS und TLS 1.3?
6. Wann wird STARTTLS genutzt?
7. In welchem Zusammenhang trat der 'Heartbleed' Fehler auf?
8. Wofür wird das RTP Protokoll genutzt?
9. Was ist die Aufgabe von SIP?
10. Wie können bei SIP und RTP die Daten verschlüsselt übertragen werden?
11. Ihre Smartphone ist per WLAN und LTE-Netz mit dem Internet verbunden. Wie kann die Transport-Kapazität beider Netze gemeinsam genutzt werden?
12. Welche Protokolle sind für die Echtzeitkommunikation in IP-Netzen nötig und worin bestehen deren Aufgaben?
13. Eine wichtige Funktion bei der Echtzeitkommunikation erfüllt die Angabe Timestamp im RTP-Header: Worin besteht die Bedeutung von Timestamp und wie wird dessen Wert ermittelt?
14. Die Echtzeitmedien (Sprache, Video, ...) können unterschiedlich kodiert werden, also in verschiedenen Formaten (Payload Types) über IP-Netze transportiert werden: Auf welche Art und Weise wird dies mittels des RTP ermöglicht?
15. Das Protokoll RTP lässt die statischen und dynamischen Payload Types zu: Worin besteht die Bedeutung von dynamischen Payload Types?
16. Was versteht man unter 'Intermedia Synchronisation' und wie kann sie, dank des Timestamp, realisiert werden?
17. Beim RTP kommt das Protokoll RTCP zum Einsatz: Warum ist RTCP nötig und welche Funktionen werden mit RTCP erbracht?
18. Die wichtigen Funktionen werden mittels RTCP XR erbracht: Um welche Funktionen handelt es sich?
19. Wie kann das Trapezoid-Modell von SIP interpretiert werden?

Teil III

Internet Protocol Version 6

IPv6 is like christmas: for a lot of people it comes as a big surprise.
―――――――――――――――――
Walter Güldenberg, 2012

8 Das Protokoll IPv6

Als IPv4 konzipiert wurde, konnte man sich nicht vorstellen, dass das Internet zu einem weltumgreifenden Kommunikationsnetz heranwachsen würde. Daher waren in der Version 4 nur eine 32 Bit lange IP-Adressen vorgesehen, was ausreicht 'Hosts' zu versorgen; aber natürlich nicht die Menge an tragbaren, an das Internet über Mobilfunknetze angebundenen Endgeräte. Hinzu kommt das *Internet of Things* mit seinen diversen Komponenten zur Ansteuerung allgegenwärtiger technischer 'Dinge'. Zudem besteht für IP-Netze der Bedarf an verbesserter Sicherheit sowie der Unterstützung von Multimedia- und Echtzeitanwendungen.

Notwendigkeit von IPv6

Diese Ziele sollten mit dem Internetprotokoll IPv6 (d.h. in der Version 6) erreicht werden. Zum Lösung dieser Probleme wurde schon Anfang der 90er Jahre ein Entwurf als IPnG (next Generation) gemacht, der im Anschluss in das Protokoll IPv6 mündete. Weil die Versionsnummer 5 bereits vorher für *Stream Protocol* (ST) als eine IP-Variante vergeben wurde, ist somit IPv6 der dedizierte Nachfolger von IPv4.

Mit IPv6 steht ein mächtiges Protokoll zur Verfügung, mit dem sich die Konfiguration und Administration der Netzwerke deutlich vereinfachen lässt, aber ein grundlegendes Verständnis der IPv6-Adressstruktur und der Mechanismen der dynamischen IPv6-Adressvergabe verlangt. Bei IPv6 wurde nicht nur die Länge der Adresse auf 128 Bit erweitert, sondern zugleich auch eine Vielzahl wichtiger Erweiterungen eingeführt. Diese reichen von Sicherheitsfunktionen über mehr Flexibilität bis hin zur Unterstützung von Plug&Play und neuartigen Anwendungen.

IPv6 als mächtiges Protokoll

Nach einer Vorstellung der Neuerungen bei IPv6 in Abschnitt 8.1 gehen die Abschnitte 8.2 und 8.3 auf IPv6-Header und die sog. Erweiterungs-Header ein. Die Nutzung von Options-Headern erläutert Abschnitt 8.4, den Einsatz von IPv6-Jumbogrammen zeigt Abschnitt 8.5. Source Routing illustriert Abschnitt 8.6, und die Fragmentierung langer Pakete präsentiert Abschnitt 8.7. Eine Beschreibung der Adressstrukturen bei IPv6 befindet sich in Abschnitt 8.8. Die Abschnitte 8.9 und 8.10 stellen Unicast-, Multicast- und Anycast-Adressen sowie deren Bedeutung und Einsatz dar. Der Zuweisung von IPv6-Adressen ist der Abschnitt 8.11 gewidmet und das Kapitel wird mit einem Ausblick in Abschnitt 8.12 abgerundet.

Überblick über das Kapitel

In diesem Kapitel werden u.a. folgende Fragen beantwortet:

Ziele dieses Kapitels

- Welche Ziele wurden bei der Entwicklung von IPv6 verfolgt?
- Welche neuen Funktionen bringt IPv6 mit sich?
- Wie sind IPv6-Pakete aufgebaut?
- Wie wird die Route für die Übermittlung der IPv6-Pakete bestimmt?
- Wie ist der IPv6-Adressraum strukturiert?
- Welche Arten von IPv6-Adressen gibt es und für welche Zwecke werden sie genutzt?
- Wie findet die automatische Vergabe von IPv6-Adressen statt?
- Wie können den Rechnern IPv6-Adressen zugewiesen werden?

8.1 Neuerungen bei IPv6 gegenüber IPv4

IPv6 wurde mit dem Ziel entwickelt, ein neues Internetprotokoll zur Verfügung zu stellen, das die Nachteile und Schwächen von IPv4 beheben soll. Welche Nachteile und Schwächen hat aber IPv4? Man hört oft nur: Die IPv4-Adressen sind knapp. Die Struktur des IPv4-Headers ist einerseits zu komplex und andererseits wurde noch nicht alles berücksichtigt (z.B. Sicherheitsaspekte). Zudem muss bei IPv4 bei jedem Hop im Router die Header Checksum neu berechnet werden, was bei heutigen Routern häufig nicht mehr vorgenommen wird.

Ziele von IPv6   Die wichtigsten Ziele bei der Entwicklung von IPv6 waren:

- *Vergrößerung und hierarchische Strukturierung des IP-Adressraums*
  Aus diesem Grund haben die IPv6-Adressen die Länge von 128 Bit (sind also 4-mal länger als IPv4-Adressen). wobei die ersten Bit den Gültigkeitsbereich (*Scope*) der IPv6-Adresse, die folgenden Bit zum Routing und die niedrigwertigsten 64 Bit zur Identifikation des Interfaces vorgesehen sind.

- *Verbesserung der Header-Struktur*
  Die Struktur des Headers der IPv6-Pakete wurde gegenüber dem Header der IPv4-Pakete wesentlich verbessert. Es wurde eine deutlichere Unterteilung zwischen notwendigen und optionalen Angaben vorgenommen. Die optionalen Angaben können nun bedarfsweise in speziellen Headern (sog. *Extension Headers*) übermittelt werden.

- *Gültigkeitsbereich von IPv6-Adressen*
  Jeder IPv6-Adresse wird ein Gültigkeitsbereich (*Scope*) zugesprochen. Den öffentlichen IPv4-Adressen entsprechen bei IPv6 solche mit globalen Scope, die globalen Unicast-Adressen. IPv6 *Unique Local Unicast Addresses* besitzen nur Gültigkeit im lokalen Linksegment und sind somit den privaten IPv4-Adressen [Abb. 8.9-7b] gleichgestellt. Die sog. *Link-Local Unicast Addresses* stellen 'technische' Adressen dar, die zum Ablauf des IPv6-Protokolls im lokalen Linksegment notwendig sind [Abb. 8.9-7a]. Bei IPv6 werden auch spezielle Adresstypen definiert, um verschiedene Fälle zu unterstützen, in denen die beiden Protokolle IPv4 und IPv6 parallel eingesetzt werden [Abschnitt 8.9.5].

- *Autoconfiguration*
  IPv6-fähige Rechner richten ihre Netzwerkkonfiguration pro Interface nach dem Plug-and-Play-Prinzip eigenverantwortlich ein: *Autoconfiguration* [Abschnitt 8.2]. Damit dies unabhängig für jedes Interface und das angeschlossene Linksegment erfolgen kann, muss die IP-Instanz sich nun einen *Interface-Identifier* (Interface-ID) bzw. allgemein ein *Link-Token* merken, was zu Änderungen der Socket-Schnittstelle führt.

- *Verbesserung der Sicherheit*
  Hierfür wurden die beiden Extension Headers *Encapsulation Security Payload* und *Authentication Header* vorgesehen. Es hat sich aber herausgestellt, dass diese beiden Extension Headers auch beim IPv4 eingesetzt werden können. Dies hat zur Entstehung des ergänzenden Protokolls IPsec (*IP Security*) für IPv4 geführt [Abschnitt 8.4].

8.1 Neuerungen bei IPv6 gegenüber IPv4

- *Default Minimum-MTU-Size von 1280 Byte*
  Ein IPv6-Netz verlangt, dass die Data-Link-Schicht in der Lage sein muss, IPv6-Pakete bis zu einer Grösse von 1280 Byte ohne Einschränkungen zu übermitteln [RFC 2460]. Für IPv4 lag dieser Wert bei lediglich 576 Byte. UDP-Nachrichten (wie z.B. bei DNS im Einsatz) können auf IPv6-Netzen daher deutlich größer sein.

Sowohl bei IP4 als auch bei IP6 finden zusätzlich weitere Hilfsprotokolle und Routing-Protokolle Anwendung, sodass man von einer IPv4- bzw. IPv6-Protokollfamilie sprechen kann. Abb. 8.1-1 zeigt die wesentlichen Neuerungen bei IPv6 bei einer Gegenüberstellung der beiden Protokollfamilien auf. Bei der Protokollfamilie von IPv6 wird hier auch angegeben, in welchem IETF-Dokument das entsprechende Protokoll spezifiziert wird.

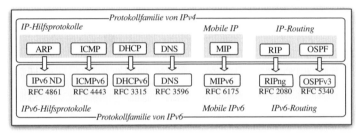

Abb. 8.1-1: Gegenüberstellung der Protokollfamilien von IPv4 und von IPv6

Wie hier ersichtlich, lassen sich die Neuerungen bei IPv6 gegenüber IPv4 wie folgt zusammenfassen:

- ARP (*Address Resolution Protocol*) gibt es bei IPv6 nicht mehr. Die Funktionen von ARP hat bei IPv6 das Protokoll NDP (*Neighbor Discovery Protocol*) übernommen. Die wichtigste Aufgabe von NDP ist somit die Ermittlung von MAC-Adressen aufgrund einer vorliegenden IPv6-Adresse [Abschnitt 9.2].
- ICMP (*Internet Control Message Protocol*) wurde für IPv6 modifiziert und trägt die Bezeichnung ICMPv6 [Abschnitt 9.1]. Die ICMPv6-Nachrichten werden u.a. in den Protokollen NDP und MIPv6 verwendet.
- Die dynamische Vergabe von Adressen und die Zuweisung ergänzender Angaben für die Anwendungen erfolgt bei IPv6 nach dem Protokoll DHCPv6 [Abschnitt 9.4], das eine Modifikation von DHCP (*Dynamic Host Configuration Protocol*) darstellt.
- Das DNS (*Domain Name System*) wurde für die Unterstützung von IPv6 entsprechend erweitert, was wir bereits in Abschnitt 5.2 besprochen haben.
- Die Mobilität von Rechnern wird bei IPv4 durch das Protokoll MIP (*Mobile IP*) unterstützt. Die für IPv6 modifizierte Version von MIP trägt die Bezeichnung MIPv6 [Abschnitt 16.4].
- In Netzen mit IPv4 werden die Routing-Protokolle RIP (*Routing Information Protocol*) und OSPF (*Open Shortest Path First*) eingesetzt. Für den Einsatz in Netzen mit IPv6 wurden diese Protokolle entsprechend modifiziert. Man bezeichnet diese Modifikationen als RIPng und OSPFv6 [Kapitel 11].

8.2 Header-Struktur bei IPv6

Zu den wichtigsten Zielen bei der Entwicklung von IPv6 zählte einerseits, die recht umfangreiche und nur aufwendig zu bearbeitende Struktur des IPv4-Headers zu vereinfachen und andererseits Flexibilität und Möglichkeiten für zukünftige Erweiterungen zuzulassen.

Aufbau des IPv6-Headers

Abb. 8.2-1 zeigt die Struktur des Header von IPv6. Man beachte, dass einige sog. Erweiterungs-Header (Extension Headers) direkt nach dem IPv6-Header ins Paket eingebettet werden können [Abb. 8.3-1]. Abb. 8.2-1 illustriert den Fall, in dem keine Erweiterungs-Header im IPv6-Datenpaket enthalten sind.

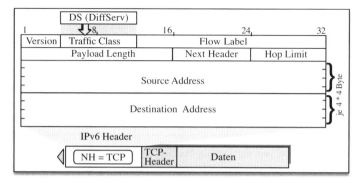

Abb. 8.2-1: Struktur des Header von IPv6 (nach RFC 2460) ohne ergänzende Erweiterungs-Header
DS: Differentiated Services, NH: Next Header

Der IPv6-Header stellt eine deutliche Vereinfachung und Erweiterung gegenüber dem IPv4-Header dar. Wie bereits in Abschnitt 3.2 gezeigt, enthält der IPv4-Header zehn Felder, zwei jeweils 32 Bit lange IPv4-Adressen und eventuell ein Feld mit Optionen, das immer bis zur nächsten 32-Bit-Grenze aufgefüllt wird. Diese Konstruktion führt beim IPv4-Header zu einer Länge von 20 Byte ohne Optionen. Die minimale Größe des IPv4-Header ist daher 20 Byte.

128-Bit-IP-Adressen

Im Gegensatz dazu verfügt der IPv6-Header nur über sechs Felder, zwei jeweils 128 Bit lange IPv6-Adressen und keine Optionen. Die Anzahl der Felder wurde auf das Minimum beschränkt, um den Paket-Overhead zu verringern und damit die Effizienz der Übertragung zu verbessern. Trotz viermal so langer Quell- und Ziel-IPv6-Adressen, die allein 32 Byte belegen, ist der IPv6-Header mit 40 Byte nur doppelt so lang wie der IPv4-Header.

Die einzelnen Angaben im IPv6-Header haben folgende Bedeutung:

- Version (4 Bit)
  Hier wird die Version des IP-Protokolls angegeben. Für IPv6 enthält dieses Feld die Zahl 6.
- Traffic Class (8 Bit)
  Um *Quality of Service* in IPv6-Netzen zu unterstützen, ermöglicht dieses Feld

8.2 Header-Struktur bei IPv6

dem Sender bzw. Router von Paketen diesen eine Priorität zu vergeben. Daher kann eine höhere Priorität den IPv6-Paketen mit zeitkritischen Daten (z.B. bei VoIP-Anwendungen) im Vergleich zu den IPv6-Paketen mit 'normalen' Daten zugeordnet werden. Für die Garantie der Kompatibilität mit IPv4 wird hier das Feld Differentiated Services nach RFC 2474 eingebettet [Abschnitt 3.2.1].

- Flow Label (20 Bit)
  Dieses Feld stellt die zufällig gewählte Identifikationsnummer einer unidirektionalen, virtuellen Ende-zu-Ende-Verbindung (z.B. für eine TCP-Verbindung) dar. Diese Angabe kann dazu genutzt werden, jene Pakete zu kennzeichnen, die eine besondere Behandlung im Übermittlungsnetz benötigen. Die Router unterwegs können alle zu einer Ende-zu-Ende-Verbindung gehörenden Pakete anhand ihres Flow Label direkt weiterleiten, ohne den Rest des IPv6-Header auswerten zu müssen. Eine derartige Weiterleitung der Pakete könnte beispielsweise ermöglichen, isochrone Bitströme bei der Multimedia-Kommunikation über IPv6-Netze zu übermitteln. Flow Label wird näher in RFC 3697 bzw. 6437 spezifiziert. Durch den Einsatz von MPLS [Abschnitt 12.2] ist aber Flow Label fast überflüssig geworden.

- Payload Length (16 Bit)
  Hier wird angegeben, wie viele Byte (Oktette) nach dem IPv6-Header als Nutzlast (*Payload*) noch folgen. Somit kann diese Angabe als Nutzlastlänge angesehen werden. Da dieses Feld 16 Bit enthält, lassen sich theoretisch maximal $2^{16} = 65536$ Byte als Nutzlast (weitere Steuerungsangaben und Daten) in einem IPv6-Paket transportieren. Eine Nutzlastlänge von 0 verweist auf ein sog. *Jumbo-Paket* [Abschnitt 8.5].

- Next Header (8 Bit)
  In diesem Feld wird der Header-Typ angezeigt, der unmittelbar nach dem IPv6-Header folgt. Es handelt sich hierbei

  ▷ entweder um den Header eines nächsthöheren Protokolls – d.h. aus der Schicht 4 (Transportschicht) – wie z.B. TCP bzw. UDP

  ▷ oder um einen *Erweiterungs-Header* (*Extension Header*), der eine Erweiterung des IPv6-Header ermöglicht, um bestimmte zusätzliche Steuerungsangaben über das Netz zu übermitteln [Abb. 8.3-2].

  Das Feld Next Header entspricht der Funktion nach dem Feld Protocol im IPv4-Header [Abb. 3.2-1].

- Hop Limit (8 Bit)
  Dieses Feld gibt die maximale Anzahl von Routern an, die ein Paket durchlaufen darf, bevor es automatisch gelöscht wird. Dies entspricht dem Feld Time To Live bei IPv4. Der hier eingetragene Wert wird in jedem durchlaufenen Router um 1 reduziert. Der Router, der den Wert auf 0 setzt, verwirft das betreffende Paket und signalisiert dies der Quelle mit der ICMPv6-Nachricht Time Exceeded [Abschnitt 9.1].

- Source Address (128 Bit)
  In diesem Feld steht eine IP-Adresse des Quellrechners.

- Destination Address (128 Bit)
  Hier wird die Adresse des Empfängers angegeben. Falls Routing Header als eine

Erweiterung des IPv6-Header existiert, kann hier auch die Adresse einer 'Zwischenstation' (z.B. ein geforderter Router) angegeben werden.

Eine wichtige Besonderheit von IPv6 besteht darin, dass einige zusätzliche Steuerungsangaben in Form von festgelegten *Erweiterungs-Headern* (*Extension Headers*) zwischen dem IPv6-Header und dem TCP/UDP-Header eingebettet werden können.

8.3 Erweiterungs-Header

Das Feld Next Header im IPv6-Header nimmt eine zentrale Rolle bei der Strukturierung der IPv6-Pakete ein. Mit dessen Hilfe können die Verweise auf die Erweiterungen des IPv6-Header gemacht werden. Next Header weist darauf hin, was direkt nach dem IPv6-Header folgt. Es sind hierbei zwei Fälle zu unterscheiden: Entweder folgt

- direkt ein TCP- bzw. UDP-Header mit den dazugehörigen Daten [Abb. 8.2-1] oder
- zuerst ein weiterer *Erweiterungs-Header*, der wiederum ein Feld Next Header enthält [Abb. 8.3-1]. Nach den Erweiterungs-Headern folgen dann ein TCP- bzw. UDP-Header und anschließend die Daten.

Angabe: Next Header

In einem IPv6-Paket lassen sich beliebig viele Erweiterungs-Header aneinander reihen, bis schließlich der Header des entsprechenden Transportprotokolls (z.B. TCP) beginnt. Das Prinzip einer derartigen Erweiterung des IPv6-Header illustriert Abb. 8.3-1. Ein IPv6-Paket kann keinen, einen oder mehrere Erweiterungs-Header enthalten. Da die einzelnen Erweiterungs-Header beliebige Längen aufweisen können, ist es notwendig, gemäß RFC 6564 die Länge des Headers als ein Vielfaches von 8-Byte Gruppen [Abb. 8.3-1].

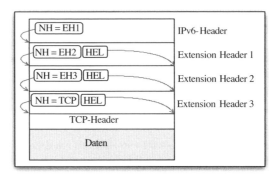

Abb. 8.3-1: Prinzip der Erweiterung des IPv6-Header
EH: Extension Header, NH: Next Header, HEL: Hdr Ext Len = Header Extension Length

Routing Header

In Abb. 8.3-2a folgt ein Routing Header dem IPv6-Header, in dem wiederum ein Verweis NH (Next Header) enthalten ist, der auf den TCP-Header verweist. Abb. 8.3-2b zeigt die mehrfache Verschachtelung von Erweiterungs-Headern. Der IPv6-Header verweist zuerst auf den Routing Header, dieser wiederum verweist auf den

8.3 Erweiterungs-Header

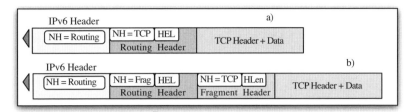

Abb. 8.3-2: Beispiel für die Erweiterung des IPv6-Header: a) mit nur einem Erweiterungs-Header, b) mit mehreren verschachtelten Erweiterungs-Headern NH: Next Header, HEL: Header Extension Length

Fragment Header und dieser schließlich auf den TCP-Header mit den folgenden Daten.

Nach dem IPv6-Header kann im Allgemeinen entweder

- ein Erweiterungs-Header oder
- der Header von TCP bzw. von UDP, eines Routing-Protokolls bzw. eines sonstigen Protokolls (z.B. von IPv4 bei *IPv4 over IPv6* [Abb. 10.7-1]) folgen.

Im Protokoll IPv6 sind folgende Erweiterungs-Header[1] vorgesehen:

- Hop-by-Hop Options Header,
- Routing Header,
- Fragment Header,
- Destination Options Header,
- Authentication Header,
- Encapsulation Security Payload,
- Mobility Header.

Jeder Erweiterungs-Header sollte in einem Paket nur einmal enthalten sein. Nur der Destination Options Header kann maximal zweimal vorkommen. Werden mehrere Erweiterungs-Header in einem IPv6-Paket eingesetzt, so wird eine festgelegte Reihenfolge vorgeschlagen. Abb. 8.3-3 zeigt sie. Hier wurde ein Sonderfall angenommen, in dem ein IPv6-Paket sämtliche Erweiterungs-Header enthält.

Der Hop-by-Hop Options Header enthält sog. *Type-Length-Value*-Angaben (kurz *TLV-Angaben*), die als *Optionen* bezeichnet werden. Da diese TLV-Angaben in jedem Router (Zwischensystem) unterwegs interpretiert werden, muss dieser Header direkt nach dem IPv6-Header folgen. Dadurch lässt sich die für Paketvermittlung notwendige Zeit in Routern reduzieren.

Hop-by-Hop Options Header

Der Destination Options Header kann in einem IPv6-Paket zweimal vorkommen. Er enthält die TLV-Angaben sowohl für die Router als auch für das Zielsystem. Enthält ein *Destination Options Header* die TLV-Angaben für Router, so folgt dieser Header direkt nach dem Hop-by-Hop Options Header. Die TLV-Angaben für das

Destination Options Header

---

[1] Eine Liste kompletter Angaben findet sich unter
http://www.iana.org/assignments/ipv6-parameters/ipv6-parameters.xhtml.

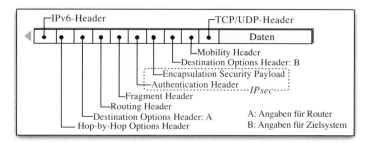

Abb. 8.3-3: IPv6-Paket mit allen Erweiterungs-Headern in der vorgeschriebenen Reihenfolge für Destination Options Header

Zielsystem werden in einem anderen `Destination Options Header` transportiert, der möglichst am Ende in der Header-Reihenfolge positioniert werden soll.

Routing Header — Im *Routing Header* (RH) wird eine Liste von Routern bzw. von anderen Zwischensystemen angegeben, die das zu übermittelnde Paket unterwegs 'besuchen' muss [Abb. 8.6-1]. Es gibt bereits mehrere RH-Typen. Mit `RH Type 0` wurde in RFC 2460 zunächst ein IPv6-basiertes Source-Routing vorgeschlagen, aufgrund von Sicherheitsüberlegungen aber [RFC 5095] wieder verworfen. Wir wollen auf das Konzept dennoch in Abschnitt 8.6 eingehen. `RH Type 2` wird bei Mobile IPv6 verwendet [Abschnitt 16.4]. Die RH-Typen 1, 3 und 4 wurden nur in Internet Drafts vorgeschlagen.

Fragment Header — Mittels des `Fragment Header` ist es der Quelle von IPv6-Paketen möglich, ein langes Paket (länger als die zulässige *Path-MTU*) auf eine Reihe von Teilpaketen (Fragmenten) aufzuteilen. *Fragment Header* enthält auch die benötigten Steuerungsangaben, um eine Folge von Fragmenten am Zielsystem wieder zu einem langen Paket zusammenzusetzen.

Authentication Header — `Authentication Header` (AH) kann eingesetzt werden, um folgende Sicherheitsdienste zu realisieren[2]:

- *Authentisierung der Datenquelle*, um feststellen zu können, ob die Daten vom wahren (gültigen) Quellrechner stammen.
- *Überprüfung der Datenintegrität*, um eine mögliche Verfälschung der Frames auf dem Übertragungsweg festzustellen.

Encapsulation Security Payload — Unter *Encapsulation Security Payload* (ESP) ist eigentlich ein Frame zu verstehen, das sich aus einem Header und einem Trailer zusammensetzt. Mit ESP können die Sicherheitsdienste *Vertraulichkeit*, *Authentisierung* und *Überprüfung der Datenintegrität* realisiert werden. Im Vergleich zu AH wird mit ESP zusätzlich die Vertraulichkeit durch eine Verschlüsselung gewährleistet. ESP kann eigenständig oder kombiniert mit AH eingesetzt werden

Header-Typen — Eine Zusammenstellung der wichtigsten Header-Typen (`Next Header`), die dem IPv6-Header folgen können, enthält Tab. 8.3-1.

---

[2] Es hat sich gezeigt, dass die beiden Erweiterungs-Header `AH` und `ESP` auch bei IPv4 eingesetzt werden können. Dies hat zur Entstehung des Protokolls IPsec für IPv4 geführt [Abschnitt 6.4].

8.4 IPv6-Flexibilität mit Options-Headern

Header-Typ	Name	EH oder PH
0	Hop-by-Hop Options Header	EH
4	IPv4-Header (IP in IP Encapsulation)	PH
6	TCP- Header	PH
17	UDP-Header	PH
43	Routing Header	EH
44	Fragment Header	EH
47	Generic Encapsulation Header [RFC 2743, 2784]	PH
50	Encapsulation Security Payload	EH
51	Authentication Header	EH
58	ICMP für IPv6	PH
59	kein nächster Header	
60	Destination Options Header	EH
89	OSPF-Header	PH
132	SCTP-Header	PH
135	Mobility Header (Mobile IPv6)	EH
136	UDP-Lite-Header	PH
xx	*Protokoll-Header wie bei IPv4*	PH

Tab. 8.3-1: Mögliche Header-Typen nach dem IPv6-Header
EH: Erweiterungs-Header , PH: Protokoll-Header (wie nach dem IPv4-Header), xx: Protokollnummer; gleiche Angabe wie im Feld Protocol des IPv4-Header, [http://www.iana.org/assignments/ipv6-parameters] und [http://www.iana.org/assignments/protocol-numbers]

Abschließend sei erwähnt, dass der `Mobility Header` in RFC 3775 zur Übertragung der *Mobility Options* bei *Mobile IPv6* hinzugefügt wurde. Der `Mobility Header` wird als letzter Extension Header im IPv6-Paket übermittelt.

Mobility Header

8.4 IPv6-Flexibilität mit Options-Headern

Die grundsätzliche Idee bei der Entwicklung von IPv6 bestand darin, dass der IPv6-Header bei Bedarf mit optionalen Headern, den *Options-Headern*, ergänzt werden kann. Sie ermöglichen, zusätzliche Steuerungsangaben für Zwischen- und Zielsysteme zu übermitteln und damit u.a. das Routing bzw. bestimmte Sicherheitsfunktionen zu unterstützen.

Es sind zwei Arten von Options-Headern zu unterscheiden:

Arten von Options-Header

- `Destination Options Header`
  Dieser Header dient zur Angabe zusätzlicher Steuerungsangaben für den Empfänger des Pakets. Mit Optionen vom Typ 1 werden zusätzliche Steuerinformationen dem Empfänger (z.B. einem Router) des Pakets auf der ersten Zwischenetappe angezeigt. Dagegen sind die Optionen vom `Typ 2` für das endgültige Zielsystem gedacht.
- `Hop-by-Hop Options Header`
  Ein Paket kann auf seinem Weg zum Ziel zusätzliche Informationen für die Zwischenstationen (Hops) enthalten. `Hop-by-Hop Options Header` dient daher zur Übermittlung von Angaben, die von jedem zu passierenden Router bzw. von möglichen Zwischensystemen auf dem Weg zum Datenziel zu beachten sind.

8.4.1 Aufbau von Options-Headern

Die beiden Options-Header, d.h. sowohl Hop-by-Hop Options Header als auch Destination Options Header, weisen die gleiche in Abb. 8.4-1 gezeigte Struktur auf. Sie besitzen eine variable Länge und lassen sich daher flexibel verwenden.

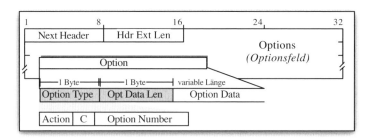

Abb. 8.4-1: Struktur von Options-Headern

Die einzelnen Felder im Options-Header haben folgende Bedeutung:

- Next Header: Verweis auf den nächsten Header [Abb. 8.3-1].
- Hdr Ext Len (*Header Extension Length*): Dieses 8-Bit-Feld gibt die Länge des Options-Headers an, die immer ein Vielfaches von 8 Byte betragen muss.
- Options: Dieses Feld enthält eine Optionsliste mit folgenden Angaben:
  ▷ Option Type (Optionstyp),
  ▷ Opt Data Len (*Option Data Length*, Länge von Optionsdaten) und
  ▷ Option Data (Optionsdaten).

Der Optionstyp ist ein 8-Bit-Wert, dessen zwei höchstwertige Bit Action (Aktion) definieren, die ein System ausführen muss, falls es die betreffende Option nicht kennt. Es sind folgende Aktionen vorgesehen:

▷ Action = 00 sorgt dafür, dass diese Option übersprungen wird und das betreffende System zur Bearbeitung der nächsten Option übergeht.
▷ Action = 01 bestimmt, dass das gesamte Paket verworfen und keine Fehlermeldung an den Absender des Pakets gesendet wird.
▷ Action = 10 veranlasst, dass das gesamte Paket verworfen und eine Fehlermeldung (als ICMPv6-Nachricht Destination Unreachable) an den Absender gesendet wird, falls es sich bei der Zieladresse um eine Multicast-Adresse handelt.
▷ Action = 11 legt fest, dass das gesamte Paket verworfen und eine Fehlermeldung an den Absender gesendet wird, falls es sich bei der Zieladresse um keine Multicast-Adresse handelt.

Das Bit C zeigt an, ob die nachfolgenden Optionsdaten auf dem Weg zum Ziel verändert werden dürfen oder nicht:

▷ C = 0: verbietet eine Veränderung von Optionsdaten (z.B. in einem Router).
▷ C = 1: erlaubt die Modifikation von Optionsdaten.

8.4 IPv6-Flexibilität mit Options-Headern

Mit der Festlegung von `Action` kann eine wichtige Angabe in Bezug auf die Übertragung sicherheitsrelevanter Daten erfolgen. Der Absender solcher Daten kann festlegen, ob z.B. im Falle einer technisch bedingten oder bösartig herbeigeführten Unterbrechung einer Route Datenpakete verworfen werden sollen oder nicht.

8.4.2 Belegung des Option-Feldes

Das `Option`-Feld [Abb. 8.4-1] innerhalb des `Hop-by-Hop Options Header` bzw. des `Destination Options Header` kann durch die verschiedenen Optionen natürlich auch mit unterschiedlichen Längen belegt werden. Hierbei sind einige Prinzipien der Belegung des Option-Feldes zu beachten: Ein x-Byte-Datenfeld sollte vom Header-Anfang um ein Vielfaches von x Byte platziert werden. Somit kann die Entfernung der Option von Beginn des `Hop-by-Hop Options Header` bzw. des `Destination Options Header` nach einer der folgenden Belegungsregeln vorgenommen werden: (n*4 + 2) Byte, (n*4 + 3) Byte bzw. (n*8 + 2) Byte (n = 0, 1, ...). Die Länge dieser Header sollte immer ein Vielfaches von 8 Byte betragen.

Um die erwähnten Regeln realisieren zu können, werden zwei Fülloptionen (*Padding Options*) definiert:

- Option `Pad1` mit 1-Byte-Länge : Diese Option wird verwendet, um einen 1-Byte-Eintrag im Option-Feld mit 'künstlichen' Daten zu füllen.
- Option `PadN` mit N-Byte-Länge: Diese Option wird verwendet, um einen (N-2)-Byte-Eintrag im `Option-Feld` mit 0 Byte (x'00') nach Bedarf zu füllen.

Die Belegung des Option-Feldes wird nun anhand von Beispielen näher dargestellt.

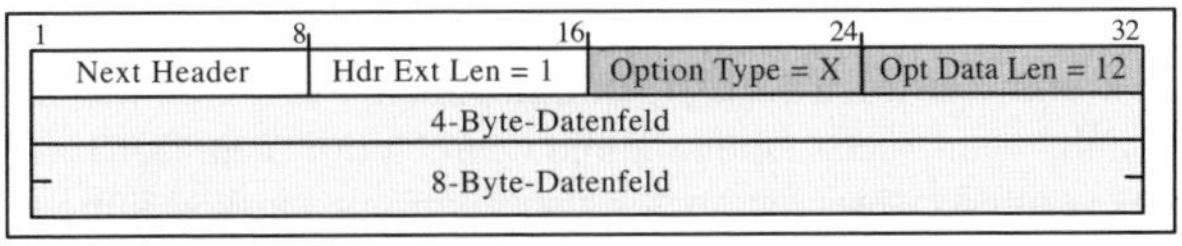

1	8	16	24	32
Next Header	Hdr Ext Len = 1	Option Type = X	Opt Data Len = 12	
4-Byte-Datenfeld				
8-Byte-Datenfeld				

Abb. 8.4-2: Belegung des `Option`-Feldes mit einer 12 Byte langen Option [Abb. 8.4-1]

Das Option-Feld soll eine Option X mit folgenden zwei Datenfeldern enthalten: Das *erste Datenfeld ist 4 Byte* und das *zweite Datenfeld 8 Byte lang*. Die Belegung des Option-Feldes zeigt Abb. 8.4-2 (vgl. auch Abb. 8.4-1).

Hier gilt die Belegungsregel (n*4 + 2) Byte (n = 0), d.h. die Option beginnt in der Entfernung 2 Byte vom Anfang des Headers.

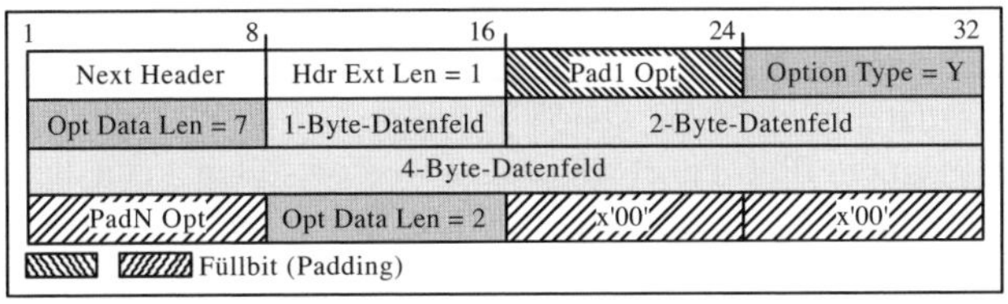

Nutzung des Option-Felds (1)

1	8	16	24	32
Next Header	Hdr Ext Len = 1	Pad1 Opt	Option Type = Y	
Opt Data Len = 7	1-Byte-Datenfeld	2-Byte-Datenfeld		
4-Byte-Datenfeld				
PadN Opt	Opt Data Len = 2	x'00'	x'00'	
Füllbit (Padding)				

Abb. 8.4-3: Belegung des `Option`-Feldes mit 7-Byte langen Options-Angaben

Nutzung des Option-Felds (2)

Das `Option`-Feld soll eine Option Y mit folgenden drei Datenfeldern enthalten: Das *erste Datenfeld ist 1 Byte*, das *zweite 2 Byte und das dritte 4 Byte lang*. Die Belegung des `Option`-Feldes in diesem Fall zeigt Abb. 8.4-3. Hier gilt die Belegungsregel (n*4 + 3) Byte. Die Option beginnt nach 3 Byte ausgehend von Header-Beginn. Um dies zu erreichen, wird das dritte Byte mit einer Option `Pad1` gefüllt, die keine Steuerungsangaben enthält. Das 4-Byte-Datenfeld beginnt nach n*4 Byte (n = 2) vom Anfang des Headers. Um die gesamte Länge des Option Headers auf ein Vielfaches von 8 Byte zu ergänzen, werden die letzten 4 Byte mit `PadN` gefüllt.

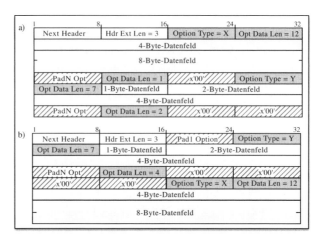

Abb. 8.4-4: `Option`-Feld mit mehreren Option-Typen folgender Belegung: a) zuerst Option X und dann Option Y, b) zuerst Option Y und dann Option X

Nutzung des Option-Felds (3)

`Hop-by-Hop Options Header` bzw. `Destination Options Header` soll die beiden Optionen X und Y aus den vorherigen Beispielen 1 und 2 enthalten. Abb. 8.4-4a illustriert den Fall, wenn zuerst Option X und dann Option Y im `Option`-Feld platziert werden. Es sei vermerkt, dass die letzten vier Byte mit `PadN` gefüllt werden, um die gesamte Gesamtlänge auf ein Vielfaches von 8 Byte zu ergänzen.

Abb. 8.4-4b zeigt die Situation, in der zuerst die Option Y und dann die Option X im `Option`-Feld platziert wird. Da ein 8-Byte-Datenfeld um ein Vielfaches von 8 Byte von Header-Anfang platziert werden sollte, wird hier die 4. Zeile mit `PadN` gefüllt.

8.5 Einsatz von Jumbo Payload

Ebenso wie bei IPv4 stehen auch nur 16 Bit im Feld `Payload Length` des IPv6-Header zur Verfügung [Abb.8.2-1], um die Länge von Nutzdaten anzugeben. Dadurch können die Nutzdaten nicht mehr als 65.535 Byte betragen. Falls größere Mengen von Nutzdaten in einem IPv6-Paket übertragen werden sollen, kann dies unter Einsatz der sog. *Jumbo Payload Option* im `Hop-by-Hop Options Header` markiert werden [RFC 2675]. Man spricht in diesem Zusammenhang von einem *IPv6-Jumbogram*. Abb. 8.5-1 illustriert die Struktur von `Hop-by-Hop Options Header` mit `Jumbo Payload Option`.

```
 1        8         16         24          32
| Next Header | Hdr Ext Len | Type = 194 | Opt Data Len = 4 |
|                  Jumbo Payload Length                     |
```

Abb. 8.5-1: Hop-by-Hop Options Header mit Angabe der Jumbo Payload Length (JPL)

Vorausgesetzt, die MTU des unterliegenden Netzwerks (wie z.B. Gigabit-Ethernet) ist in der Lage, diese Datenmenge in einem Frame zu transportieren, kann Hop-by-Hop Options Header verwendet werden und die Paketlänge wird als Jumbo Payload Length angegeben. Dies veranschaulicht Abb. 8.5-2.

Jumbograms

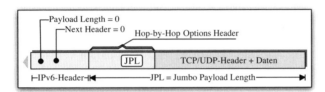

Abb. 8.5-2: IPv6-Paket mit Jumbo Payload

Wie hier ersichtlich ist, müssen die Angaben Payload Length und Next Header im IPv6-Header den Wert 0 enthalten.

8.6 Source Routing bei IPv6

Laut RFC 5095 ist der Einsatz von Source Routing in IPv6-Netzen untersagt. Genauer gesagt verbietet es Endsystemen, die *Source Routing* Angaben zu beachten und schlägt hingegen vor, solche IPv6-Pakete an der Firewall auszufiltern. Trotzdem wollen wir auf das Konzept des Source Routing eingehen, d.h. wie ein IPv6 seinen Weg durch das Netz von der Quelle (*Source*) zum Ziel (*Destination*) finden kann. Um ein derartiges Routing zu realisieren, kann der IPv6-Header mit einem Routing Header erweitert werden [Abb. 8.3-2]. Abb. 8.6-1a zeigt den Aufbau des Routing Header.

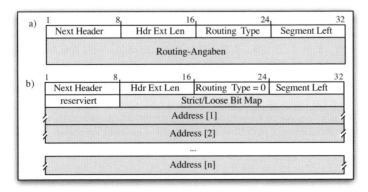

Abb. 8.6-1: Aufbau des Routing Header: a) allgemeine Struktur, b) Header mit Routing-Typ 0

Source Routing vom Typ 0

Mit der Angabe `Routing Type` sind unterschiedliche Source-Routing-Varianten möglich. Es wurde nur das `Source Routing` vom Typ 0 (`Routing Type = 0`) festgelegt; der *Routing Type 2* ist für Mobile IPv6 vorgesehen [Abschnitt 15.4]. Die Struktur des `Routing Header` bei diesem Routing-Typ zeigt Abb. 8.6-1b.

Die einzelnen Angaben im Routing Header beim Source Routing vom Typ 0 haben folgende Bedeutung:

- `Segment Left`: Hier wird die Anzahl der restlichen *Routing-Segmente*, die das betreffende Paket bis zum Ziel durchlaufen muss, eingetragen. Ein Routing-Segment ist als Hop bzw. Route-Abschnitt zu sehen.
- `Strict/Loose Bit Map`: Dies ist eine Bitfolge b0, b1, ..., bi, ..., b23, in der jedes Bit einem Routing-Segment entspricht, was eine Art *Route-Spezifikation* darstellt. Mittels dieses Felds entsteht die Möglichkeit, eine Teilstrecke einer Route fest vorzuschreiben bzw. deren Auswahl dem Router zu überlassen [Abb. 8.6-2 und Abb. 8.6-3]. Mit `bi = 1` wird darauf verwiesen, dass Router *i* ein direkter Nachbar von Router *i-1* ist. Dies bedeutet, dass Router *i-1* das Paket direkt an Router *i* adressieren muss. Der Fall `bi = 0` bedeutet nur, dass Router *i* kein direkter 'Nachbar'-Router ist, sondern Router *i* das nächste Ziel des Pakets darstellt. Router `i-1` leitet das Paket nach seiner Routing-Tabelle zum Router `i` als Ziel weiter.
- `Address [i]`: Angegeben wird die IPv6-Adresse des Routers i bzw. des Zielsystems.

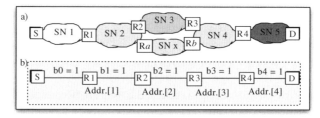

Abb. 8.6-2: Vollkommen festgelegte Route bei der Ende-zu-Ende-Kommunikation: a) Verbund von Subnetzen, b) Route mit festgelegten Routing-Abschnitten
S: Source, D: Destination, R: Router, SN: Subnetz

Strict Source Route

Abb. 8.6-2 illustriert, wie eine Ende-zu-Ende-Route mittels des Felds `Strict/Loose Bit Map` vollständig vorgeschrieben werden kann: *Strict Source Route*. In diesem Fall ist `bi = 1`, i = 1, 2, 3, 4. Das Feld `Address A[i]` wird vom Router i gelesen und enthält die IPv6-Adresse des nächsten Routers i+1.

Source Routing mit *Loose Source Roote*

Abb. 8.6-3 zeigt eine teilweise festgelegte Ende-zu-Ende-Route: *Loose Source Route*. Da b1 = 0 ist, bedeutet dies, dass der Router *R2* kein direkter Nachbar-Router des Routers *R1* ist. Von *R1* zu *R2* wird das Paket geroutet, d.h. zwischen *R1* und *R2* existiert ein freier (nicht festgelegter) Routing-Abschnitt. Das Feld `Address A[1]` wird von Router R1 gelesen und als die IPv6-Adresse des nächsten Ziels interpretiert.

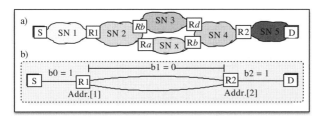

Abb. 8.6-3: Teilweise festgelegte Route bei der Ende-zu-Ende-Kommunikation:
a) physikalischer Verbund von Subnetzen,
b) Route mit zwei festgelegten und einem freien Routing-Abschnitt
SS: Source, D: Destination, R: Router, SN: Subnetz

8.7 Fragmentierung langer IPv6-Pakete

Durch die Verwendung eines `Fragment Headers` kann ein IPv6-Paket, dessen Länge den Wert der möglichen Path-MTU [Abb. 3.7-5] überschreitet, auf eine Reihe zusammenhängender Teile (sog. *Fragment-Pakete*) aufgeteilt werden. Die einzelnen Fragment-Pakete können selbstständig übermittelt werden. Diesen Vorgang bezeichnet man als *Fragmentierung*. Die Fragmentierung von IPv6-Paketen kann nur bei der Quelle dieser Pakete erfolgen. Im Gegensatz dazu kann die Fragmentierung langer IPv4-Pakete auch unterwegs in Routern stattfinden.

Liegt ein derart langes IPv6-Paket bei der Quelle vor, dass der vereinbarte MTU-Wert überschritten wird, kann dieses Paket als Folge von mehreren und kleineren Fragment-Paketen übermittelt werden. Hierfür wird der Erweiterungs-Header `Fragment Header` verwendet. Dessen Struktur zeigt Abb. 8.7-1.

Fragment Header

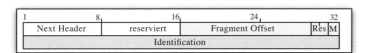

Abb. 8.7-1: Struktur des Fragment Header
Res: Reserviert

Die einzelnen Steuerungsangaben im Fragment Header haben folgende Bedeutung:

- `Fragment Offset`: Dieses 13-Bit-Feld gibt den Abstand (*Offset*) des Datensegments in Anzahl von je 8 Byte ab Datenbeginn an.
- `M-Flag`: Mit M-Flag wird markiert, ob es sich um das letzte Fragment-Paket handelt. Daher wird das letzte Fragment-Paket mit M = 0 markiert. In anderen Paketen muss M = 1 sein.
- `Identification`: Für jedes Paket, das aufgeteilt werden muss, wird eine Identifikation (`Fragment-ID`) generiert.

Die Identifikation des Pakets ist in jedem Fragment-Paket enthalten, wodurch es am Ziel möglich ist, die empfangenen Fragment-Pakete zu sammeln und das 'Original-

Fragment-Identifikation

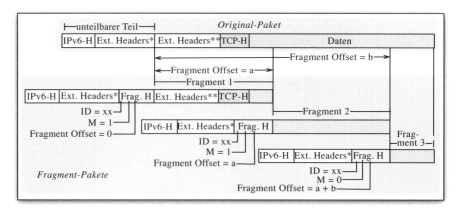

Abb. 8.7-2: Fragmentierung eines langen IPv6-Pakets
Ext. Headers*: Extension Headers, die in Routern interpretiert werden,
Ext. Headers**: Extension Headers, die nur im Endsystem interpretiert werden

paket' zu rekonstruieren. Die Fragmentierung eines langen IPv6-Pakets illustriert Abb. 8.7-2.

Fragmentierung von IPv6-Paketen mit *Fragment Offset*

Im Originalpaket wird hier ein Teil (als Extension Header* bezeichnet) besonders hervorgehoben, der von den Routern unterwegs interpretiert wird. Dieser Teil darf nicht aufgeteilt werden, er stellt den unteilbaren Teil (*Unfragmentable Part*) des Pakets dar. Sind im IPv6-Paket ein Routing Header oder ein Hop-by-Hop Options Header vorhanden, so gehören sie zum unteilbaren Teil des Pakets. Der unteilbare Teil muss in jedem Fragment-Paket vorkommen. Der restliche und teilbare Teil des Pakets kann wiederum auf eine Reihe von Fragmenten aufgeteilt werden. Wie aus Abb. 8.7-2 ersichtlich ist, wird jedem Fragment der unteilbare Teil des Originalpakets und anschließend der Fragment Header vorangestellt.

Für jedes Paket, das aufgeteilt werden muss, wird eine 32 Bit lange Identifikation (ID) generiert, die in jedem Fragment-Paket enthalten sein muss. Mit M-Flag wird das letzte Fragment-Paket markiert (M = 0). In jedem Fragment Header wird der Abstand des Fragments (d.h. *Fragment Offset*) in Anzahl von Byte zum unteilbaren Teil des Originalpakets angegeben. Beim ersten Fragment-Paket ist somit Fragment Offset = 0. Mittels der Angaben im Fragment Header kann das Originalpaket beim Zielsystem wieder zurückgewonnen werden.

8.8 Aufbau von IPv6-Adressen

Bereits Anfang der 90er-Jahre war festzustellen, dass der auf dem Protokoll IPv4 basierende Adressraum bei dem weiteren rapiden Internet-Wachstum bald zu knapp sein würde. Einer der Hauptgründe, ein neues Internetprotokoll zu entwickeln, war die Erweiterung der Adressierung. Die Adresslänge in IPv6 wird auf das Vierfache – jeweils 128 Bit für Quell- und Zieladresse – im Vergleich zu der Adresslänge 32 Bit bei IPv4 erweitert. Somit sind 2^{128} Adressen bei IPv6 verfügbar. Dies bedeutet die Vergrößerung des Adressraums um den Faktor 2^{96}.

8.8 Aufbau von IPv6-Adressen

Ähnlich wie bei IPv4 identifiziert eine IPv6-Adresse nicht eine ganze Netzwerkkomponente bzw. Endsystem (Rechner, Router, Layer-3-Switch, ...), sondern lediglich *ein* Interface. Beispielsweise werden einem Router, mit dem mehrere Subnetze miteinander verbunden sind, mehrere IPv6-Adressen zugeteilt, und zwar jeweils eine IPv6-Adresse pro Interface zu einem Subnetz. Ein Rechner stellt daher ein *Multihoming-System* dar. Bei IPv6 unterscheidet man zwischen folgenden Kategorien von Adressen (die in Abschnitt 8.9.1 detaillierter dargestellt werden): — Interface-ID

- Unicast-Adressen,
- Multicast-Adressen und
- Anycast-Adressen.

Unicast-Adressen verwendet man bei der Punkt-zu-Punkt-Kommunikation. Bei dieser häufigsten Adressierungsart sendet ein Quellsystem die Daten an ein direkt angegebenes Zielsystem. Eine Unicast-Adresse identifiziert ein Interface in einem System. Es gibt mehrere Typen von Unicast-Adressen [Tab. 8.8-2]. — Unicast-Adresse

Eine *Multicast-Adresse* identifiziert eine Gruppe von Interfaces, die sich in der Regel in verschiedenen Rechnern befinden. Ein Paket mit einer Multicast-Adresse wird an alle Interfaces einer Multicast-Gruppe quasi parallel übermittelt. Daher kann die Quelladresse eines Pakets nie eine Multicast-Adresse sein. — Multicast-Adresse

Eine *Anycast-Adresse* identifiziert ebenfalls eine Gruppe von Interfaces, die sich in verschiedenen Rechnern befinden, wobei über den Anycast-Automatismus immer das nächstliegende Interface adressiert werden soll. Anycast-Adressen ermöglichen den Versand von Paketen über eine festgelegte Stelle an alle Interfaces aus einer Gruppe. Ein Paket mit einer Anycast-Adresse wird zuerst an ein Interface aus der Gruppe (z.B. einen speziellen – dedizierten – Router) übergeben, der das empfangene Paket im nächsten Schritt an ein weiteres Interface aus dieser Gruppe weiterleiten kann. Anycast-Adressen erlauben es, unterschiedliche Rechner zu einer funktionellen Gruppe zusammenzufassen. Eine Anycast-Adresse kann somit nie die Quelladresse eines Pakets sein. — Anycast-Adresse

8.8.1 Darstellung von IPv6-Adressen

Eine IPv6-Adresse wird in 16-Bit-Blöcken dargestellt, wobei jeder 16-Bit-Block in eine aus vier Ziffern bestehende Hexadezimalzahl konvertiert wird und die einzelnen 16-Bit-Blöcke durch Doppelpunkte getrennt sind [Abb. 8.8-1b]: — IPv6-Adresssyntax

    x:x:x:x:x:x:x:x,

Eine derartige Darstellung ist als *Doppelpunkt-Hexadezimalnotation* bekannt. IPv6-Adressen weisen hierbei acht Blöcke à 16 Bit bzw. 2 Byte auf, die als 4 hexadezimale Zahlen dargestellt werden. Der Doppelpunkt ist das Trennzeichen für die Blöcke.

Abb. 8.8-1 gibt ein Beispiel, wie ausgehend von einer IPv6-Adresse als Binärwert zunächst die Doppelpunkt-Hexadezimalform der Adresse gebildet und anschließend in die sog. *kompaktifizierte* Form überführt wird.

Generell wird eine IPv6-Adresse in drei Bereiche eingeteilt:

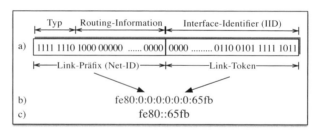

Abb. 8.8-1: Beispiel der Darstellung IPv6-LLU-Adressen a) als Binärwert, b) in Doppelpunkt-Hexadezimalnotation und c) als kompaktifizierte IPv6-Adresse

- Die ersten Bit legen den *Typ* der Adresse fest. Die Anzahl der Bit ist variabel und kann 3 bis 104 Bit betragen [Tab. 8.8-2].
- Anschließend folgen die Bit für *Identifikation des Netzwerks* bzw. die Routing-Informationen; auch diese Angabe ist variabel, aber immer kleiner als 61 Bit.
- Der unterste Teil der IPv6-Adresse ist zur *Identifikation des Interface* vorgesehen. Ist die (Unicast-) IPv6-Adresse einem physikalischen Interface zugewiesen, beträgt dieser immer 64 Bit.

Wir folgen hier der Konvention von RFC 5952 und benutzen Kleinbuchstaben (im Gegensatz zu den früheren Beispielen entsprechend RFC 4291) für die Hexadezimalzeichen als Repräsentanten der Dezimalzahlen 10 bis 15. Hierdurch kann eine IPv6-Adresse von einer MAC-Adressen unterschieden werden, bei der häufig auch das ':' als Trennzeichen zwischen den Gruppen eingesetzt wird.

Darstellung von IPv6-Adressen

adcf:0005:0000:0000:0000:0000:0600:fedc

Beispiel 1: *Volle Darstellung*   *Kompakte Darstellung*
            adcf:ba56:600:fedc:0:0:0:0   adcf:ba56:600:fedc::
            0:0:0:0:adcf:ba56:600:fedc   ::adcf:ba56:600:fedc
            0:0:0:adcf:ba56:0:0:0   ::adcf:ba56:0:0:0 *oder*
                                               0:0:0:adcf:ba56::0

Beispiel 2: *Volle Darstellung*   *Kompakte Darstellung*
            1080:0:0:0:8:800:200c:417a   1080::8:800:200c:417a
            ff01:0:0:0:0:0:0:101   ff01::101
            0:0:0:0:0:0:0:1   ::1
            0:0:0:0:0:0:0:0   ::

IPv6-Adressen Kompaktifizierung

Bei der maschinenbezogenen Nutzung und Darstellung wird von *kompaktifizierten IPv6-Adressen* Gebrauch gemacht, die einem festen Regelwerk gebildet werden:

8.8 Aufbau von IPv6-Adressen

- **Regel 1**: Führende Nullen können weggelassen werden:
  0000 ⇒ 0 ; 0005 ⇒ 5 ; 0600 ⇒ 600
  `adcf:0005:0000:0000:0000:0000:0600:fedc` ⇒
  `adcf:5:0:0:0:0:600:fedc`
- **Regel 2**: Mehrere aufeinander folgende 16 Bit-Null-Werte können 'unterdrückt' werden:
  `adcf:5:0:0:0:0:600:fedc` ⇒ `adcf:5:::::600:fedc`
- **Regel 3**: *Ein* Block konsekutiver Doppelpunkte lässt sich durch zwei Doppelpunkte ersetzen:
  `adcf:5:::::600:fedc` ⇒ `adcf:5::600:fedc`

Hierbei gilt: (a) Ein einzelner Null-Bit-Block ist mit '0' darzustellen, (b) der längste konsekutive Block ist zu ersetzen sowie (c) der erste von zwei identisch langen Blöcken wird herangezogen.

Das Symbol ' :: ' darf nur an einer Stelle in der Adresse verwendet werden. Die folgende Darstellung ist daher nicht eindeutig:

`::adcf:ba56::` als `0:0:0:adcf:ba56:0:0:0`

Bemerkung: Wird mit einer IPv6-Adresse zusätzlich der Port angegeben, hat sich gemäß RFC 4921 die Schreibweise `[2001:db8::1]:80`, also die IPv6-Adresse in rechteckigen Klammern bewährt.

IPv6-Adresspräfix

Die von IPv4 bekannte Unterteilung von IPv4-Adressen [Abb. 3.3-1] wird bei IPv6 aufgegriffen und erweitert, sodass sich verschiedene Typen von IPv6-Adressen definieren lassen. Um welchen Adresstyp es sich handelt, bestimmt das sog. *Adresspräfix*, dass eine variable Länge besitzt und durch die ersten (von links gelesenen) Bit bestimmt wird. Durch den Präfixeinsatz kann der ganze Adressraum flexibel aufgeteilt werden.

Bedeutung des Adresspräfixes

Wie bei der Bildung der Bereiche (Blöcke) von IPv4-Adressen bei der Nutzung der Präfixlängennotation CIDR [Abschnitt 3.5.3] legt man mit dem Adresspräfix bei IPv6 zugleich einen IPv6-Adressbereich (*Netz-ID*; vgl. Tab. 8.8-2) fest [RFC 4921]:

IPv6-Adresspräfixe

`IPv6-Adresse/Präfixlänge`

Ein IPv6-Adressbereich mit dem 60 Bit langen Adresspräfix `2001ceff0000cd3` (hexadezimal) kann dargestellt werden als

`2001:ceff:0:cd30::/60`

IPv6-Adresse/-Präfixlänge

Das bedeutet, dass die ersten 60 Bit als Präfix fest sind und die nachfolgenden 68 Bit beliebig sein können. Bei der Präfixnotation wird die IPv6-Adresse durch die abschließende Angabe von `::` dargestellt.

IPv6 Adresspräfix	IPv6 Adressbereich/Adressblock
2000::/3	001y yyyy yyyy yyyyy ··· yyyy yyy yyyy
2000::/4	2xxx:xxxx:xxxx:xxxx:xxxx:xxxx:xxxx:xxxx
2000::/16	2000:xxxx:xxxx:xxxx:xxxx:xxxx:xxxx:xxxx
::/128	0000:0000:0000:0000:0000:0000:0000:0000
::/96	0000:0000:0000:0000:0000:0000:xxxx:xxxx
::ffff/96	0000:0000:0000:0000:0000:ffff:xxxx:xxxx

Tab. 8.8-1: Bildung der IPv6-Adressbereiche mittels des Adresspräfixes
y=0,1 (Bit), x={0,f} (hexadezimale Ziffer)

Die Bildung von IPv6-Adressbereichen wird in Tab. 8.8-1 beispielhaft gezeigt.

8.8.2 IPv6-Adressensystematik und -Gültigkeitsbereiche

Bei IPv6 wird mittels des Adresspräfixes angegeben, um welchen Adresstyp es sich handelt. Dieser Zusammenhang wird besonders deutlich, wenn wir statt der üblichen, kompaktifizierten IPv6-Adressen deren Bitmuster betrachten, so wie sie für die Verarbeitung in den IPv6-Systemen relevant sind.

Hieraus ergibt sich die in Tab. 8.8-2 deutlich erkennbare Systematik, wobei die IPv6-Adressen gemäß der Wertigkeit der ersten Bit aufgelistet sind:

Typ	Netz-ID	Präfixlänge	Bitmuster
Multicast (MC)	ff	/8	1111 1111
Solicited-Node MC	ff02::1:ff	/104	1111 1111 0000 0010 ... 0001 1111 1111
All-Node MC	ff02::1	/128	1111 1111 0000 0010 0000 ... 0000 0001
All-Router MC	ff01::2	/128	1111 1111 0000 0001 0000 ... 0000 0010
Site-local Unicast **SLU**	fec0	/10	1111 1110 1100
Link-Local Unicast **LLU**	fe80	/10	1111 1110 1000
Unique-Local Unicast **ULA**	fc00	/7	1111 1100
Teredo Prefix *)	3ffe:831f	/32	0011 1111 1111 1110 1000 0011 0001 1111 ...
6to4 Adresse (mit IPv4)	2002:2	/48	0010 0000 0000 0010 0000 0000 0000 0010 ...
6to4 Adresse (ohne IPv4)	2002	/16	0010 0000 0000 0010
Teredo Prefix [RFC 4380]	2001	/12	0010 0000 0000 0001
Well-known Prefix [RFC 6052]	64:ff9b	/96	0000 0000 0110 0100 1111 1111 1001 1011 ...
Loopback	::1	/128	0000 0000 ... 0001
Unspecified	::	/128	0000 0000 ... 0000

Tab. 8.8-2: IPv6-Adressen-Systematik gemäß RFC 4291, außer falls explizit angegeben
*) inoffiziell von Microsoft genutzt

- **Multicast-Adressen**: IPv6-Adressen, bei denen die ersten 8 Bit gesetzt sind (ff00::/8), bilden den Bereich der Multicast-Adressen.
- **Lokal gültige Unicast-Adressen**: Mit den IPv6-Bereichen fec0::/10, fe80::/10 und fc00::/7 folgen Adressen, die innerhalb lokaler Linksegmente einzusetzen sind und nicht ins Internet geroutet werden.
- **Funktionale Adressen**: Speziell für die Zusammenführung von IPv4- und IPv6-Netzen sind einige IPv6-Adressbereiche reserviert, die für diese Zwecke genutzt werden können und routbar sind.

8.8 Aufbau von IPv6-Adressen

- **Global Unicast Adressen**: Der Bereich der 2000::/3 IPv6-Adressen bildet aktuell den Umfang der routbaren Adressen im IPv6-Internet.
- **Host-IPv6-Adressen**: Die IPv6-Loopback-Adresse ::1 und die unspezifizierte Adresse :: bilden den Abschluss der IPv6-Adressenhierarchie.

Die Aufteilung des IPv6-Adressraums wird von IANA (*Internet Assigned Numbers Authority*) koordiniert und die immer aktuelle Aufteilung findet man unter http://www.iana.org/assignments/ipv6-address-space/ipv6-address-space.xhtml.

Scope von IPv6-Adressen

Der Gültigkeitsbereich, d.h. der *Scope* einer IPv6-Adresse, wird durch ihre Netz-ID festgelegt [Tab. 8.8-2] und kann entsprechend Abb. 8.8-2 in eine lokale Hierarchie eingeteilt werden. Die unspezifische IPv6-Adresse sowie alle LLU-Adressen sind nicht routbar und werden somit auch nicht in die Routing-Tabelle aufgenommen.

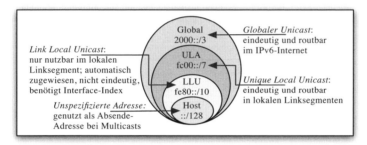

Abb. 8.8-2: Veranschaulichung von IPv6-Unicast-Adressen unterschiedlicher Scopes

Neben den Scopes für Unicast-Adressen wird auch für Multicast-Adressen ein erweiterter Scope definiert [Abb. 8.10-1], der deutlich granularer ist als das Unicast-Pendant.

8.8.3 Interface-Identifier in IPv6-Adressen

In IPv4-Netzen ist folgendes Problem zu lösen: Ein IP-Paket muss zu einem Rechner im LAN abgeschickt werden. Hierfür wird das IP-Paket in einen MAC-Frame (*Media Access Control*) eingebettet. In diesem Frame muss die MAC-Adresse des Zielrechners gesetzt werden. Im IP-Paket ist aber nur die IP-Zieladresse enthalten. Um die richtige MAC-Adresse des Zielrechners (d.h. seine physikalische Adresse) zu ermitteln, wird ARP [Abschnitt 3.6.1] in Anspruch genommen.

IPv6-Adresse aus MAC-Adresse

ARP hat die Aufgabe, die Zuordnung: *IP-Zieladresse ⇒ Ziel-MAC-Adresse* zu bestimmen. Auf ARP könnte man verzichten, wenn eine IP-Adresse den Bezug zur entsprechenden physikalischen Adresse hätte. Dieser Ansatz wird bei IPv6-Adressen verfolgt. Als Interface-Identifiziert IID in einer IPv6-Adresse [Abb. 8.8-3] kann eine MAC-Adresse verwendet werden. Daher wird die IID bzw. der Link-Token einer IPv6-Adresse für einen Rechner aus dessen *Link-ID* abgeleitet [Abb. 8.8-1], die in der Regel seiner MAC-Adresse entspricht. Zur Ermittlung der MAC-Adresse für IPv6 wird die auf ICMPv6 aufbauende *Neighbor Discovery* [Abschnitt 9.2] genutzt, die die Funktion von ARP ersetzt.

Je nach Implementierung kann der `Interface-Identifier` einer IPv6-Adresse wie folgt gebildet werden:

- Aus einer *Link-Layer-Adresse* im IEEE-Format EUI-64 (*Extended Unique Identifier*),
- aus einem *zufälliges Bitmuster*, das sich im Laufe der Zeit ändert, um einen gewissen Grad an Anonymität zu bieten,
- als statisch bzw. manuell zugewiesener Interface-Identifier bzw. Link-Token.

Was ist EUI-64? Bei EUI-64 handelt es sich um das bei IEEE genormte und 64 Bit lange Format für die Adressen von Netzwerkadapterkarten (Interfaces), d.h. für die Link-Layer-Adressen. Daher spricht man auch von *EUI-64-Adressen*. Eine 48 Bit lange MAC-Adresse, die eine physikalische LAN-Adresse darstellt und auch als *IEEE802-Adresse* bezeichnet wird, kann in das EUI-64-Format umgewandelt werden [Abb. 8.8-3]. Der Interface-Identifier in einer IPv6-Adresse ist beziehst sich entweder auf eine EUI-64-Adresse oder auf eine MAC-Adresse.

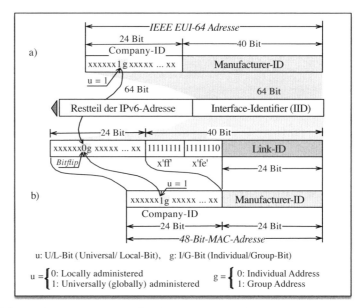

Abb. 8.8-3: Interface-ID in einer IPv6-Adresse als: a) EUI-64-Adresse, b) MAC-Adresse

EUI-64-Adresse ⇒ Interface-Identifier Eine EUI-64-Adresse besteht aus einer 24 Bit langen Company ID (Hersteller-ID), die jedem Hersteller von Adapterkarten bei IEEE eindeutig zugeordnet wurde, und aus einer 40 Bit langen, vom Hersteller festgelegten Identifikation der Adapterkarte (`Manufacturer-ID`). In `Company-ID` haben die Bit u und g eine besondere Bedeutung. Mit dem Bit u wird unterschieden, ob es sich um eine universelle (u = 1) oder um eine lokale Adresse (u = 0), d.h. eine lokal verwaltete (*locally administered*) Adresse handelt. Das Bit g verweist darauf, ob die Adresse eine individuelle Adresse oder eine Gruppenadresse (z.B. Multicast) ist. Wie Abb. 8.8-3a zeigt, werden alle 64 Bit der EUI-64-Adresse als `Interface-Identifier` übernommen.

Zur Vereinfachung der Administration lokaler IPv6-Adressen wurde entsprechend RFC 4291 beschlossen, das u-Bit zu invertieren; also auf 0 zu setzen. Zudem muss die `IID` in einer IPv6-Adresse nur innerhalb einer privaten Netzstruktur [Abb. 8.9-4] eindeutig sein, d.h. besitzt in der Tat nur eine lokale Bedeutung.

Im Gegensatz zur EUI-64-Adresse ist die `Manufacturer-ID` in 48 Bit MAC-Adressen nur 24 Bit lang. Wie Abb. 8.8-3b zeigt, wird die MAC-Adresse zunächst als *Link-Token* aufbereitet: Der Teil `Company-ID` wird zuerst untergebracht und hierbei das Bit u auf 0 gesetzt, Danach folgen zwei Füllbyte `x'ff'` und `x'fe'`. Anschließend wird die `Manufacturer-ID` (als *Link-ID*) eingetragen.

MAC-Adresse ⇒ Link-ID

Aus Abb. 8.8-3b geht hervor, dass IPv6-Adressen, die direkt aus MAC-Adressen abgeleitet sind, immer die Füllbyte `x'ff'` und `x'fe'` besitzen und hierüber identifizierbar sind.

Der für die Bildung der IPv6-Adresse entscheidende Teil der MAC-Adresse ist aber der untere Teil, d.h. die ersten 24 Bit, die auf MAC-Level als `Manufacturer ID`, bei der IPv6-Nutzung allgemein als *Link-ID* bezeichnet wird. Die Link-ID ist somit der eindeutige Teil des Link-Tokens der IPv6-Adresse, der die niedrigwertigsten 64 Bit umfasst (vgl. RFC 7136).

Link-ID vs. Link-Token

Wie Abb. 8.8-3 zeigt, kann die IPv6-Adresse eines Rechners aus seiner MAC-Adresse eindeutig generiert werden. Daher hat der Rechner mit der gleichen MAC-Adresse, was beim Server in der Regel der Fall ist, immer die gleiche IPv6-Adresse. Da der Datenverkehr im Internet mitgeschnitten werden kann, führt die eben erwähnte Tatsache zur Beeinträchtigung der Sicherheit[3] während der Datenübertragung über öffentliche IP-Netze (wie dem Internet). Um diesen Missbrauch zu unterbinden, wurden zusätzliche Erweiterungen, die sog. *Privacy Extensions*, zunächst in RFC 3041 nachträglich eingeführt [Abschnitt 8.11].

Beeinträchtigung der Sicherheit

8.8.4 Interface-Index bei Link-Local IPv6-Adressen

Als Besonderheit bei *Link-Local Unicast-Adressen* ist zu verzeichnen, dass diese Adressen nicht eindeutig sein müssen: Auf unterschiedlichen Linksegmenten kann dieselbe IPv6-LLU-Adresse durchaus mehrfach verwendet werden. So bekommt das Loopback-Interface zusätzlich zur `::1/128` IPv6-Adresse auch noch die LLU-Adresse `fe80::1/10` automatisch zugewiesen und kann darüber angesprochen werden.

Scope-Id

Zur Bindung einer IPv6-Adresse auf ein Interface wird dieses durch einen *Interface-Index* (*Interface-Idx*) beschrieben. Diese auch als *Scope-Id* bezeichnete Kennung wird normalerweise vom Betriebssystem einem Interface zugewiesen, sobald dieses aktiv wird – bei physikalischen Schnittstellen, sofern ein *Link* vorliegt.

Interface-Index = Scope-Id

Da (auf der gleichen Netzkomponente) auch ein physikalisches Interface die gleiche LLU aufweisen kann, ist es beim Versenden von IPv6-Paketen notwendig, den

---

[3] Dies gilt auch im Falle von IPsec, da die Authentisierung des Kommunikationspartners über dessen IPv6-Adresse erfolgt.

Interface-Index bzw. die *Scope-Id* beim Aufbau des Sockets mitzuteilen, was auch in der Regel über seinen symbolischen Namen wie `lo0` bzw. `eth0` erfolgen kann.

LLU-Adressen mit Interface-Index

Ein Rechner unter Linux kann z.B. die IPv6-LLU-Adresse aus Abb. 8.8-1 mittels des Hilfskommandos *ping* wie folgt ansprechen:

```
ping6 -I eth0 fe80::65fb bzw.
ping6 fe80::65fb%eth0
```

sofern das Ethernet-Interface die Bezeichnung `eth0` trägt. Bei MacOS wird das lokale Ethernet-Interface `en0` z.B. wie folgt mit einer SLU-Adresse versehen:

```
ifconfig en0
inet6 fe80::abc:8ff:fea1:65fb%en0 prefixlen 64 scopeid 0x4
```

Hierbei steht 'scopeid 0x4' für das vierte Interface der Rechners; das Loopback-Interface 'lo' besitzt 'scopeid 0x1'.

Bei routbaren IPv6-Adressen ist dies nicht notwendig, da die Zuordnung des Interfaces automatisch über die Routing-Tabelle erfolgt.

8.9 Unicast-Adressen bei IPv6

Die Unicast-Adressen werden für normale Punkt-zu-Punkt-Kommunikation verwendet. Unter den Unicast-Adressen sind wiederum folgende Adresstypen zu unterscheiden:

Arten von Unicast-Adressen

- **Globale Unicast-Adressen** (*Global Unicast Addresses*)
  Die Bezeichnung global besagt, dass diese Art von IPv6-Adressen weltweite Gültigkeit hat. Diese IPv6-Adressen haben das 3 Bit lange Präfix 001 [Tab. 8.8-2], sodass man hier auch vom Adressbereich 2000::/3 spricht. Die globalen Unicast-Adressen sind mit öffentlichen IPv4-Adressen vergleichbar. Auf diese IPv6-Adressen geht Abschnitt 8.9.1 detailliert ein.
- **Lokale Unicast-Adressen**
  Es handelt sich hierbei um Unicast-Adressen von nur lokaler Bedeutung. Zu dieser Klasse gehören:
  ▷ *Link-Local Unicast Addresses* LLU sowie
  ▷ *Unique Local Unicast Addresses* ULA und
  ▷ *Site-Local Unicast Addresses* SLU.

  SLU-Adressen sind aber laut RFC 3879 nicht mehr einzusetzen, und daher gehen wir im Weiteren hierauf auch nicht näher ein.
- **IPv4-Kompatibilitätsadressen**
  Diese Unicast-Adressen wurden eingeführt, um die Migration zum IPv6-Einsatz und insbesondere den Fall zu unterstützen, wenn die beiden Protokolle IPv4 und IPv6 in einem Netz implementiert werden sollen. Die IPv4-Kompatibilitätsadressen werden in Abschnitt 8.9.4 besprochen.
- **Spezielle IPv6-Adressen**

8.9 Unicast-Adressen bei IPv6

▷ *Loopback-IPv6-Adresse*
Diese Adresse ist 0:0:0:0:0:0:0:1 bzw. kurz ::1/128. Sie entspricht der Loopback-Adresse 127.0.0.1 von IPv4 und wird in IPv6-Paketen genutzt, die zwischen den Programmen innerhalb eines Rechners (z.B. beim Testen) ausgetauscht werden. Mittels dieser Adresse kann daher ein Rechner die IPv6-Pakete an sich selbst senden. An die Loopback-Adresse gerichtete Pakete werden nie nach außen weitergeleitet. Somit kann diese Adresse weder Quell- noch Zieladresse in IPv6-Paketen sein, die einen Rechner bzw. einen Router verlassen.

▷ *Nicht spezifizierte Adresse* (*Unspecified Address*)
Diese Adresse ist 0:0:0:0:0:0:0:0 bzw. kurz ::/128 und entspricht der nicht spezifizierten Adresse 0.0.0.0 von IPv4. Sie zeigt an, dass keine Adresse vorhanden ist. Die nicht spezifizierte Adresse wird nie einem Interface zugewiesen bzw. als Zieladresse verwendet. Sie wird aber in den Fällen als Quelladresse für IPv6-Pakete verwendet, wo versucht wird, die Eindeutigkeit einer vorläufigen IP-Adresse zu bestätigen.

> *Link-Local-Adressen* (LLU) dienen IPv6 zum korrekten Protokollablauf. Sie sind nicht für allgemeine Kommunikationszwecke zu benutzen. In privaten IPv6-Netzen sind hierfür die *Unique-Local-Adressen* (ULA) vorgesehen.

8.9.1 Globale Unicast-Adressen

Die globalen Unicast-Adressen (*Global Unicast Addresses*) von IPv6 sind mit öffentlichen IPv4-Adressen vergleichbar und im gesamten IPv6-Internet eindeutig. Den Aufbau von globalen Unicast-Adressen zeigt Abb. 8.9-1. Abb. 8.9-1a veranschaulicht die allgemeine Struktur einer globalen Unicast-Adresse, wie sie in RFC 3587 definiert ist. Abb. 8.9-1b zeigt die Struktur von globalen Unicast-Adressen, die zurzeit von der IANA zugewiesen sind. Diese IPv6-Adressen haben das Präfix 001 (binär) bzw. 2000::/3 (hexadezimal), und man bezeichnet sie auch als 2000::/3-Adressen. Das Adresspräfix für momentan zugewiesene globale IPv6-Adressen lautet daher 2000::/3.

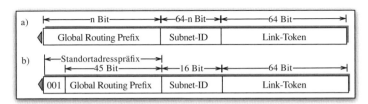

Abb. 8.9-1: Aufbau von globalen Unicast-Adressen: a) allgemeine Struktur (nach RFC 3587), b) Adressen mit Präfix 2000::/3

Die weiteren Angaben in globalen Unicast-Adressen sind:

- `Global Routing Prefix` (GRP)
  GRP kann hierarchisch strukturiert werden und wird verwendet, um die Route zu

einer bestimmten Organisation anzugeben. Auf die Bedeutung von GRP wird im Weiteren näher eingegangen [Abb. 8.9-3, Abb. 8.9-4].

- Subnet-ID
Als Subnet-ID wird die Identifikation eines Subnetzes innerhalb einer Organisation angegeben. Subnet-ID kann weiter strukturiert werden, um eine Subnetz-Hierarchie innerhalb eines physikalisch großen Netzes adressieren zu können, sodass man daher von privater Struktur sprechen kann.

- Link-Token bzw. Interface-ID
Der Link-Token dient zur Zuordnung des physikalischen oder logischen Interfaces zur IPv6-Adresse (im Linksegment); kann also quasi als 'logische Netzadresse' eines Ports interpretiert werden [Abb. 8.9-4]. Wurde der Link-Token aus der MAC-Adresse abgeleitet, spricht man auch von einer *Interface-ID*.

Reservierte globale IPv6-Adressen

Der Adressraum für globale IPv6-Adressen wird von der IANA vorgegeben[4] und umfasst neben den eigentlichen routbaren IPv6-Adressen auch solche, die für Testzwecke reserviert sind. Insbesondere ist das Netz 2001:db8::/32 für Dokumentationszwecke, z.B. innerhalb dieses Buches vorgesehen und somit nicht vergeben bzw. allgemein nutzbar.

Exkurs: Routing-Probleme bei IPv4-Adressen

Nachteil von IPv4-Adressen

Eines der größten Probleme bei IPv4 ist der Umfang von Routing-Tabellen in großen Netzen und die damit verbundenen Leistungseinbußen. Dies ergibt sich aus der klassenbasierten Aufteilung der IPv4-Adressen, was jedoch durch die Einführung von *Classless Inter-Domain Routing* (CIDR) abgemildert werden konnte [Abschnitt 3.5.3]. Die Struktur von IPv4-Adressen wurde bereits in Abb. 3.3-1 dargestellt.

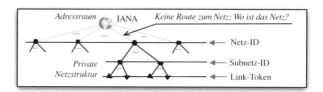

Abb. 8.9-2: Aufteilung des Adressraums bei IPv4-Adressen

Bei IPv4-Adressen wird der ganze Adressraum direkt auf die einzelnen Netze aufgeteilt. Wie Abb. 8.9-2 zeigt, haben IPv4-Adressen den Nachteil, dass sie keine Hierarchie in dem Sinne bilden, dass es möglich wäre, hieraus auf die geographische Lokation eines Netzes zu schließen bzw. unmittelbar aus der IP-Adresse eine Route abzuleiten. Dies hat eine negative Auswirkung auf das Routing und führt zum überproportionalen Anwachsen der Routing-Tabellen im Internet.

Global Routing Prefix GRP bei IPv6

RFC 3587 ersetzt RFC 2374

Global Unicast Addresses mit dem Präfix 2000::/3 entsprechen den sog. *Aggregatable Global Unicast Addresses* (*AGU-Adressen*), die vorher in RFC 2374 spezifiziert wurden.

---

[4]siehe: http://www.iana.org/assignments/ipv6-unicast-address-assignments/ipv6-unicast-address-assignments.xhtml und
http://www.iana.org/assignments/ipv6-address-space/ipv6-address-space.xhtml

8.9 Unicast-Adressen bei IPv6

In AGU-Adressen wurde das Präfix, das dem GRP entspricht, vorher auf TLA (*Top Level Aggregator*) und NLA (`Next Level Aggregator`) aufgeteilt. Dies hat sich aber im Laufe der Zeit als zu starr und zu wenig flexibel erwiesen. Nach RFC 3587 wurde die hierarchische TLA/NLA-Struktur von AGU-Adressen durch GRP ersetzt. Daher hat die TLA/NLA-Struktur heute nur eine historische Bedeutung. GRP kann aber hierarchisch flexibler strukturiert werden. Um die Bedeutung von GRP zu verdeutlichen, soll nun der Nachteil von IPv4-Adressen näher erläutert werden.

Durch eine mehrstufige Strukturierung von globalen Unicast-Adressen lässt sich das Anwachsen der Routing-Tabellen in noch akzeptablen Grenzen halten und damit auch die Verzögerung der Pakete im Internet. Dem eben geschilderten Problem versucht man bei IPv6 durch eine hierarchische Strukturierung des globalen Routing-Präfixes (*GRP*) zu begegnen. Abb. 8.9-3 bringt dies zum Ausdruck.

Bedeutung des Routing-Präfixes bei IPv6

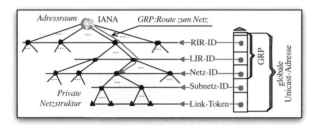

Abb. 8.9-3: Bedeutung von GRP (*Global Routing Prefix*) in IPv6-Adressen
RIR: Regional Internet Registry, LIR: Local Internet Registry

Mittels der hierarchischen Struktur von GRP, d.h. durch die Aufteilung auf `RIR-ID`, `LIR-ID` und `Netz-ID` lässt sich die öffentliche Internetstruktur recht gut gliedern. GRP stellt also eine Route dar, die einer Organisation zugewiesen ist. Durch die weitere Strukturierung von globalen Unicast-Adressen, d.h. durch die Angabe von *Subnetz-ID* lässt sich die private Netzstruktur einer Organisation hierarchisch strukturieren.

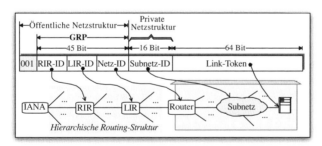

Abb. 8.9-4: Prinzip der Strukturierung von GRP (*Global Routing Prefix*)
Abkürzungen wie in Abb. 8.9-3

Abb. 8.9-4 zeigt, wie GRP eine hierarchische Routing-Struktur schafft. Mittels GRP wird somit eine bestimmten Organisation festgelegt.

Strukturierung von GRP

Die Kombination aus dem festen Präfix 001 und dem aus 45 Bit bestehenden GRP kann als *Standortadresspräfix* angesehen werden und verweist auf den Standort einer Organisation. Nach GRP leiten die Router im IPv6-Internet den Datenverkehr an den Router am Eingang zu einer Organisation weiter. Aufgrund der so strukturierten globalen Unicast-Adressen lässt sich Routing im IPv6-Internet sehr vereinfachen. Wie in Abb. 8.9-4 ersichtlich ist, verweist die Subnetz-ID auf das entsprechende Subnetz am Standort einer Organisation. Mit dem Link-Token wird eine Schnittstelle (ein Port) im Subnetz gekennzeichnet.

Aggregation von Routen

GRP ermöglicht auch die Aggregation von Routen. Das in Abb. 8.9-5 dargestellte Beispiel soll dies näher erläutern.

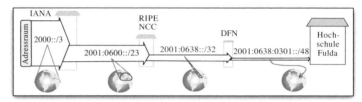

Abb. 8.9-5: Beispiel für die Aggregation von Routen mittels GRP
DFN: Deutsches Forschungsnetz

Das IPv6-Adresspräfix kann hier auch als aggregierte Route wie folgt interpretiert werden:

```
2001:0600::/23          aggregierte Route für den Bereich des RIPE NCC
2001:0638::/32          aggregierte Route zum DFN
2001:0638:0504::/48     aggregierte Route zur Hochschule Fulda.
```

8.9.2 Vergabe globaler IPv6-Adressen

Die IPv6-Adressen werden nach einer Hierarchie vergeben. An oberster Stelle befindet sich die IANA. Danach folgen Institutionen, die man als RIR (*Regional Internet Registry*) bezeichnet und die jeweils Gebiete in der Größenordnung eines Erdteils versorgen. Seit 2005 gibt es folgende RIRs:

RIR

- APNIC (*Asia Pacific Network Information Centre*) koordiniert die Vergabe im asiatisch-pazifischen Raum [http://apnic.net].
- ARIN (*American Registry for Internet Numbers*) koordiniert die Vergabe im nordamerikanischen Raum [http://www.arin.net].
- RIPE NCC (*RIPE Network Coordination Centre*) als Koordinationszentrum von RIPE (*Réseaux IP Européens*) ist zuständig für Europa, Zentralasien und Nahost [http://ripe.net].
- LACNIC (*Latin American and Caribbean Internet Addresses Registry*) koordiniert die Vergabe im lateinamerikanischen und im karibischen Raum [http://lacnic.net].
- AfriNIC (*African Network Information Centre*) ist zuständig für den afrikanischen Raum [http://www.afrinic.net].

LIR

Bei RIRs können nun entsprechend qualifizierte Institutionen bzw. ISPs, die man als LIR (*Local Internet Registry*) bezeichnet, in den entsprechenden Regionen eigene

IPv6-Adressblöcke beantragen, sofern sie die technischen und administrativen Bedingungen erfüllen und einen Bedarf nachweisen können. LIRs vergeben ihre Adressräume weiter an Unternehmen bzw. andere Institutionen, die als 'Endverbraucher' gelten [Abb. 8.9-5].

In einem Land kann zusätzlich eine nationale Registratur NIR (*National Internet Registry*) eingerichtet werden. Diese kann zwischen RIRs und LIRs fungieren. Unter http://www.ripe.net/membership/indices findet man eine Auflistung von LIRs in den einzelnen Ländern innerhalb des Versorgungsbereichs von RIPE NCC.

NIR

Die in RFC 3177 spezifizierte Richtlinie schlägt für die Vergabe von IPv6-Adressen an 'Endverbraucher' folgende IPv6-Adresspräfixe vor:

Provisionierung von IPv6-Adressen

- */48-Präfix* als Normalfall für kleine und große Unternehmen. Dies sollte die Neustrukturierung und den Wechsel von ISPs vereinfachen. Große Unternehmen können ebenfalls ein /47-Präfix bzw. ein kürzeres Präfix erhalten.
- */64-Präfix*, wenn genau ein Subnetz benötigt wird, z.B. für ein LAN.
- */128-Präfix*, wenn genau eine Adresse für ein einzelnes Gerät benötigt wird.

Der aktuelle RFC 6177 ist hingegen deutlich weniger restriktiv und verweist zudem auf die Verwendung der (bislang nicht genutzten) *Unique Local Unicast Addresses* (ULA). Zudem wird die Vergabe einzelner IPv6-Adressen (/128) nicht mehr empfohlen.

8.9.3 Unicast-Adressen von lokaler Bedeutung

Nachdem die *Site-Local Unicast* (SLU) Adressen keine Anwendung mehr finden sollen [RFC 3879], sind bei IPv6 aktuell zwei Arten von Unicast-Adressen im Einsatz, die lokale Bedeutung haben. Es handelt sich hierbei um

- *Link-Local Unicast Addresses* [RFC 4291] und
- *Unique Local Unicast Addresses* gemäß RFC 4193.

LLU-Adressen

Wie Abb. 8.9-6a zeigt, handelt es sich bei *Link-Local Unicast Address* – im Weiteren kurz LLU-Adresse genannt – um eine unstrukturierte Adresse mit dem Präfix fe80::/10. Da LLU-Adressen keine Identifikation von Subnetzen enthalten, können sie nur innerhalb 'isolierter' IPv6-Subnetze, die man auch als *Linksegmente* bezeichnet [Abb. 8.1-1], verwendet werden. LLU-Adressen werden von Routern nicht weitergeleitet, sodass Pakete mit LLU-Adressen nicht ins Internet geschickt werden können.

Für die LLU-Adressen gelten folgende Besonderheiten:

LLU-Adresse

- LLU-Adressen stellen bei IPv6 quasi 'technische' Adressen dar, die zum Ablauf des Protokolls unbedingt notwendig sind.
- Zwar können LLU-Adressen prinzipiell auch für die eigentliche IPv6-Datenkommunikation genutzt werden; dies sollte jedoch vermieden werden.

- LLU-Adressen verlangen zusätzlich die Angabe des Interface-Index bei der Verbindungsaufnahme (in betriebssystemspezifischer Syntax), dessen Angabe bei Client-Applikationen häufig nicht vorgesehen ist.

ULA-Adressen

ULA-Adresse

Wie aus Abb. 8.9-6b ersichtlich, beinhalten *Unique Local Unicast Addresses* (tautologisch ULA-Adressen genannt) eine `Subnet-ID` und werden mit dem Präfix `fc00::/7` gekennzeichnet. Somit können ULA-Adressen mittels ihrer *Subnetz-ID* für lokales Routing genutzt werden, allerdings sind diese nur innerhalb einer Gruppe von IPv6-Subnetzen innerhalb eines 'isolierten' Standorts (*Site*) verwendbar. Da das achte Bit der ULA-Adresse immer auf '1' gesetzt sein muss Abb. 8.9-6b, ergibt sich in der Praxis der Fall, dass ULA-Adressen immer mit der charakteristischen Kennung `fd...` auftreten. ULA-Adressen werden im Gegensatz zu LLU-Adressen nicht automatisch vergeben und ermöglichen es – innerhalb einer nicht an das globale Internet angeschlossenen Organisation –, eindeutige Adressen zu vergeben, ohne dafür global eindeutige Adressen verwenden zu müssen.

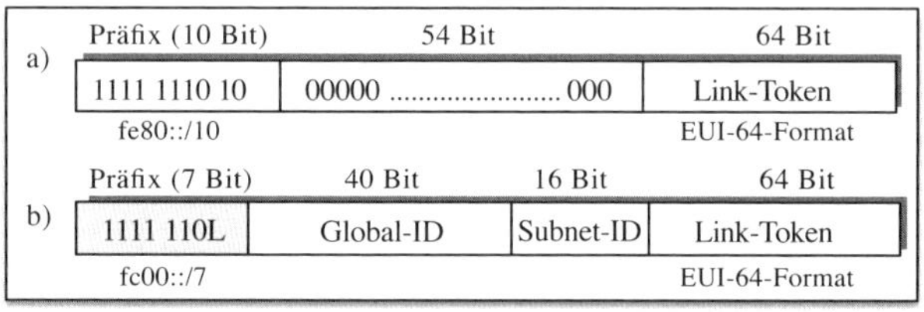

a)	Präfix (10 Bit)	54 Bit		64 Bit
	1111 1110 10	00000 000		Link-Token
	fe80::/10			EUI-64-Format
	Präfix (7 Bit)	40 Bit	16 Bit	64 Bit
b)	1111 110L	Global-ID	Subnet-ID	Link-Token
	fc00::/7			EUI-64-Format

Abb. 8.9-6: Struktur der Unicast-Adressen von lokaler Bedeutung:
a) Link-Local Address, b) Unique Local Address
L = 1 für lokalen Präfix; der Wert 0 ist derzeit nicht vorgesehen

ULA-Adressen als lokale IPv6-Firmenadressen

Die lokal routbaren ULA-Adressen sind daher im Gegensatz zu LLU-Adressen geeignet, als IPv6-Adressen in einem firmeneigenen DNS zu fungieren. Im Hinblick auf die Anwendungen, wie z.B. HTTP können sie von den Clients wie 'globale' IPv6-Adressen genutzt werden; benötigen also keine Angabe des Interface-Index. Die bei den ULA-Adressen verfügbare 40-Bit lange *Global-ID* [Abb. 8.9-6] sollte als Firmen-Kennung und die 16-Bit *Subnet-ID* als Site-Kennung genutzt werden. Hierbei sollte die Global-ID 'zufällig' gewählt werden, z.B. als *Hash* des Firmennamens, um mögliche Kollisionen mit einem späteren 'Merge' von ULA-Adressräumen zu vermeiden [RFC 4193]. Da IPv6-Pakete mit ULA-Adressen niemals ins Internet geroutet werden können, besitzen sie die gleiche 'Sicherheit' wie private IPv6-Adressen. Rechner, die zusätzlich vom Internet aus erreichbar sein sollen, erhalten zusätzlich eine global routbare IPv6-Adresse zugewiesen.

8.9.4 IPv4-Kompatibilitätsadressen

Zur Unterstützung der Migration zum Einsatz von IPv6 und damit auch die Koexistenz von IPv4 und IPv6 in verschiedenen Netzstrukturen zu ermöglichen [Kapitel 10], werden mehrere IPv6-Adresstypen definiert, die *IPv4-Kompatibilitätsadressen* darstellen. Es handelt sich hierbei um [Tab. 8.8-2]:

8.9 Unicast-Adressen bei IPv6

- IPv6-Adressen mit eingekapselten IPv4-Adressen,
- 6to4-Adressen,
- NAT64-Adressen,
- ISATAP-Adressen (*Intra-Site Automatic Tunnel Addressing Protocol*),
- Teredo-Adressen.

Es wurden folgende drei Typen von IPv6-Adressen mit eingekapselten IPv4-Adressen definiert [RFC 2765]:

IPv6-Adressen mit eingekapselten IPv4-Adressen

- *IPv4-compatible IPv6-Addresses* (IPv4-kompatible IPv6-Adressen),
- *IPv4-mapped IPv6-Addresses* (IPv4-Adressen im IPv6-Format),
- *IPv4-translated IPv6-Addresses*.

Die Struktur dieser IPv6-Adressen zeigt Abb. 8.9-7. Wie hier ersichtlich, ergänzen diese Adresstypen eine 32 Bit lange 'alte' IPv4-Adresse zur vollen Länge der IPv6-Adresse. Daher werden sie durch einen 96 Bit langen Präfix gekennzeichnet.

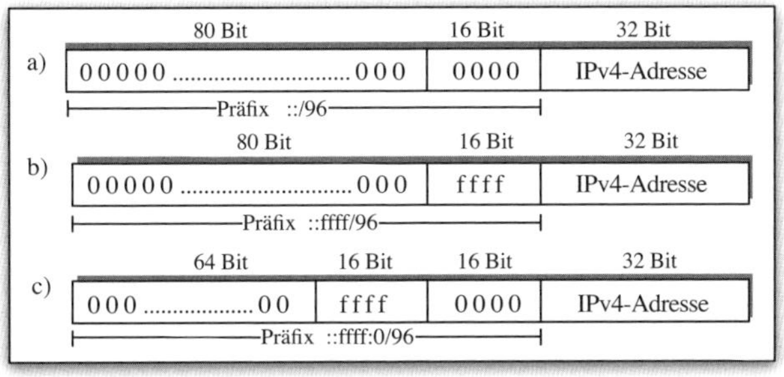

	80 Bit	16 Bit	32 Bit
a)	0 0 0 0 0 .... 0 0 0	0 0 0 0	IPv4-Adresse
	├──Präfix ::/96──────┤		
	80 Bit	16 Bit	32 Bit
b)	0 0 0 0 0 .... 0 0 0	f f f f	IPv4-Adresse
	├──Präfix ::ffff/96──────┤		
	64 Bit	16 Bit	16 Bit	32 Bit
c)	0 0 0 .... 0 0	f f f f	0 0 0 0	IPv4-Adresse
	├──Präfix ::ffff:0/96──────┤			

Abb. 8.9-7: Struktur von IPv6-Adressen mit eingekapselten IPv4-Adressen:
a) IPv4-compatible IPv6-Address, b) IPv4-mapped IPv6-Address
c) IPv4-translated IPv6-Address

Die *IPv4-compatible IPv6-Address* hat das Präfix ::/96 und wird dargestellt als 0:0:0:0:0:0:w.x.y.z oder kurz ::w.x.y.z. Hier ist w.x.y.z eine offizielle IPv4-Adresse. Dieses Adressenformat ist laut RFC 4291 *deprecated* und wird nicht mehr gebraucht.

IPv4-compatible Address

Die *IPv4-mapped IPv6-Address* hat das Präfix ::ffff:0:0/96 und wird dargestellt als 0:0:0:0:0:ffff:w.x.y.z oder ::ffff:w.x.y.z. Eine solche IPv6-Adresse nutzt ein Dual-Stack-Rechner *intern*, um IPv4-Adressen einheitlich auf IPv6-Adressen abzubilden. Dies bezieht sich sowohl auf einlaufende IPv4-Pakete mit externen IPv4-Adressen als auch für die eigene IPv4-Adresse eines Interfaces.

IPv4-mapped IPv6-Address

Die *IPv4-translated IPv6-Address* hat das Präfix ::ffff:0/96 und wird geschrieben als 0:0:0:0:0:ffff:0:w.x.y.z oder ::ffff:0:w.x.y.z. Diese IPv6-Adresse verwendet man auch bei der Integration der von IPv4- und IPv6-Netzen mittels *Stateless IP/ICMP Translation* (SIIT) IPv4 ⇔ IPv6 [Abschnitt 10.7]. IPv4-translated IPv6-Address nutzt einen IPv6-only-Rechner im IPv6-Netz als Quelladresse beim Absenden eines IPv6-Pakets an einen IPv4-only-Rechner im IPv4-Netz [Abb. 10.7-2].

IPv4-translated IPv6-Address

6to4-Adresse   Ein Konzept für die Migration zum Einsatz von IPv6 wird als *6to4* bezeichnet [RFC 3056]. Bei 6to4 handelt es sich um ein Konzept, nach dem die Netzwerke mit IPv6 als *6to4-Sites* über ein IPv4-Netz, das als Backbone dient, verbunden werden können. Über ein IPv4-Backbone werden die IPv6-Pakete zwischen jeweils zwei 6to4-Routern in IPv4-Paketen transportiert. Bei 6to4 verwendet man spezielle IPv6-Adressen, die sog. *6to4-Adressen* [Abb. 10.4-2], die als automatische Tunnel-Adressen betrachtet werden können. Auch das 6to4-Konzept gilt mittlerweile als überholt, auch wenn Abschnitt 10.4 noch darauf eingeht.

NAT64-Adressen   Ein weiterer IPv6-Adressentyp sind die *NAT64 IPv4-embedded IPv6-Adressen* [Abb. 10.8-2]. Sie stellen ein Superset von 6to4-Adressen dar und werden in Abschnitt 10.8 vorgestellt.

ISATAP-Adresse   Von einiger Bedeutung ist die Möglichkeit, IPv6 in einem Netz mit nur IPv4 so einzusetzen, dass die bestehende Netzinfrastruktur mit IPv4 weiter betrieben werden kann. Hierbei sind die IPv4-only-Rechner um entsprechende IPv6-Dienstprogramme zu erweitern. Um dies zu ermöglichen, wurde das Protokoll ISATAP (*Intra-Site Automatic Tunnel Addressing Protocol*) entwickelt [RFC 4215]. ISATAP ermöglicht die Kommunikation nach IPv6 über ein IPv4-Netz. Bei ISATAP wird die *ISATAP-Adresse* [Abb. 10.5-2] definiert. Sie kann von einem IPv4-only-Rechner aus seiner IPv4-Adresse automatisch generiert werden. Das Konzept von ISATAP wird in Abschnitt 10.5 dargestellt.

Teredo-Adresse   Um IPv6 in einem Netz mit privaten IPv4-Adressen einzusetzen, wurde ein Konzept unter dem Namen *Teredo* entwickelt. Ein Rechner, der als Teredo-Client fungiert, kann sich mittels eines *Teredo-Servers* über das IPv4-Netzwerk eine *Teredo-Adresse* selbst generieren. Teredo kann auf Windows-Rechner (ab XP) und bei Linux eingesetzt werden.

8.10 Multicast- und Anycast-Adressen bei IPv6

Bedeutung der Multicast-Adresse   Eine Multicast-Adresse (MC-Adresse) bei IPv6 identifiziert eine Gruppe von Interfaces. Ein Paket, das an eine MC-Adresse gesendet werden soll, wird von allen Interfaces, die zur gleichen Multicast-Gruppe gehören, in Empfang genommen, von den anderen IP-Knoten im Netz aber verworfen. Bei IPv6 gibt es keine Broadcast-Adressen mehr, stattdessen wird diese Funktion durch spezielle MC-Adressen erfüllt. Die Broadcast-Adresse wird bei IPv6 durch die MC-Adresse *All-Nodes* ersetzt. MC-Adressen dürfen nicht als Quelladressen erscheinen. Der Aufbau einer IPv6-MC-Adresse ist in Abb. 8.10-1 illustriert.

Die einzelnen Angaben haben hier folgende Bedeutung:

- `Präfix`: Dieses Feld enthält `1111 1111`, d.h. das Präfix `ff00::/8` [Tab. 8.8-2].
- Das erste Bit ist reserviert und muss auf 0 gesetzt werden.
- *Transient-Bit*: Das Bit T hat folgende Bedeutung:
    ▷ T = 0: eine ständig von IANA zugeordnete (d.h. well-known) Multicast-Adresse,
    ▷ T = 1: eine temporär zugeordnete Multicast-Adresse.

8.10 Multicast- und Anycast-Adressen bei IPv6

Abb. 8.10-1: Aufbau einer IPv6-Multicast-Adresse (nach RFC 4291, 3413)

- *Prefix-Bit*: Das (gesetzte) Bit P teilt mit, ob es sich um eine *source-specific* Multicast-Adresse (SSM) aus dem Bereich ff3x::/32 handelt, was T = 1 voraussetzt. In der Regel gilt: P = 0.
- Mittels des *Rendezvous-Bit* R = 1 können Multicast-Router als sog. *Rendezvous Points* (RP) adressiert werden. Auch hier gilt T = 1 und P = 1, sodass die resultierende Multicast-Adresse mit dem Präfix ff70::/12 erkenntlich ist.
- Scope: Hier wird der Gültigkeitsbereich eines Multicast-Pakets angegeben. Die Bedeutung einzelner Angaben in diesem Feld zeigt Abb. 8.10-1. Die häufigsten Scope-Werte sind 1 (schnittstellenlokal), 2 (link-lokal) und 5 (standortlokal). Es ist zu beachten, dass der *Scope* abweichend von dem der Unicast-Adressen aufgefasst wird.
- Group-ID (Gruppen-ID): Mit Group-ID wird eine Multicast-Gruppe in einem Bereich eindeutig bestimmt. Group-ID kann einer Gruppe permanent oder vorübergehend zugewiesen werden. Permanent zugewiesene Gruppen-IDs sind vom Gültigkeitsbereich unabhängig. Dagegen sind vorübergehende Gruppen-IDs nur in einem spezifischen Bereich relevant.

Um alle Rechner im schnittstellenlokalen bzw. im link-lokalen Bereich zu adressieren, wurden folgende Multicast-Adressen definiert:

- ff01::1: Alle Rechner im schnittstellenlokalen Bereich, d.h. alle Rechner, die über eine Schnittstelle auf diesem Linksegment direkt erreichbar sind.
- ff02::1: Alle Rechner im link-lokalen Bereich, d.h. alle Rechner im gleichen IPv6-Subnetz. Diese Multicast-Adresse entspricht der lokalen IPv4-Broadcast-Adresse, bei der alle Bit von Host-ID auf 1 gesetzt sind [Tab. 3.3-2].

Um alle Router für schnittstellenlokale, link-lokale und standortlokale Bereiche zu adressieren, wurden folgende Adressen definiert:

- ff01::2 (alle Router im schnittstellenlokalen Bereich),
- ff02::2 (alle Router im verbindungslokalen Bereich),
- ff05::2 (alle Router im standortlokalen Bereich).

Die Multicast-Adressen von genereller Bedeutung werden bei IANA registriert [http://www.iana.org/assignments/ipv6-multicast-addresses].

Protokoll MLD	Bei IPv4 verwenden Rechner und Router das Protokoll IGMP (*Internet Group Management Protocol*) [Abschnitt 3.8.2], um die Mitgliedschaften in MC-Gruppen (MC: Multicast) eines Subnetzes zu verwalten. Bei IPv6 wird die Verwaltung von MC-Gruppen mittels des Protokolls MLD (*Multicast Listener Discovery*) durchgeführt. MLD verwendet ICMPv6-Nachrichten. Es gibt bereits zwei Versionen von MLD. Die erste Version MLDv1 wurde in RFC 2710 spezifiziert, und die zweite Version MLDv2 beschreibt RFC 3810 bzw. RFC 4604. Der Funktionsumfang von MLDv2 enspricht weitgehend dem von IGMPv3.
Aufgabe von MLD	Bei MLD werden die Rechner einer MC-Gruppe als *Listener* (Zuhörer) bezeichnet. Die Listener werden von einem Router periodisch mit der Nachricht `Query` gefragt, zu welchen MC-Gruppen sie gehören. Möchte ein Rechner einer MC-Gruppe beitreten, so kann er dies einem Router mit der Nachricht `Report` mitteilen. Verlässt ein Rechner eine MC-Gruppe, meldet er dies dem Router mit der Nachricht `Done`. Bei MLDv2 ist es auch möglich, die Sendungen nur von bestimmten MC-Quellen auf einzelne IPv6-Subnetze zuzulassen und damit 'lästige' MC-Quellen auszuschließen.

8.10.1 Automatische Multicast-Adressen

Ein zentrales Konzept von IPv6 sieht vor, einem Interface nicht nur eine Unicast-Adresse, sondern auch funktionale Multicast-Adressen automatisch zuzuordnen, die ausschließlich zum Empfang von IPv6-Paketen dienen; also nie als Quelladresse. Abb. 8.10-2 illustriert die Vorgänge, die sie z.B. bei Linux üblich sind und folgende Multicast-Adressen automatische generiert:

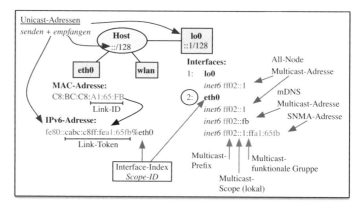

Abb. 8.10-2: Dynamische Zuweisung von Multicast-Adressen für das Ethernet- und Loopback-Interface
eth0: Ethernet Interface, lo0: Loopback Interface

- Jedes aktive Interface erhält zunächst die `All-Node`-Multicast-Adresse `ff02::1` zugesprochen.
- Ist der *mDNS-Dienst* aktiv (vgl. Abschnitt 5.9), wird dem Interface zusätzlich die Multicast-Adresse `ff02::fb` zugefügt.
- Ausgehend von der Interface-ID der IPv6-Adresse – besser gesagt dem *Link-Token* – wird die *Solicitate-Node Multicast-Adresse* (SNMA) gebildet, die das Interface

8.10 Multicast- und Anycast-Adressen bei IPv6

repräsentiert und für den Ablauf der *Neighbor Discovery* und der *Duplicate Address Detection* benötigt wird.

Wie aus Abb. 8.10-2 erkennbar, gilt dieses Vorgehen nicht nur für die physikalischen Schnittstellen wie Ethernet, sondern ganz allgemein, d.h. auch im Besonderen für das Loopback-Interface. Die Betriebssysteme realisieren dies sehr unterschiedlich.

Loopback-Interface

Unix-BSD-Systeme generieren für das Loopback-Interface nicht nur die bekannte Adresse `::1/128`, sondern auch die LLU-Adresse `fe80::1/64` und weisen auch dem Loopback-Interface die *All-Node*-Multicast-Adresse zu, was mittels des Kommandos `netstat -g` überprüft werden kann. Zudem kann `::1/128` sowohl als Ziel- als auch als Quelladresse genutzt werden.

Eine hervorgehobene Rolle spielt die *Solicited-Node Multicast-Adresse* (SNMA). Sie besteht aus dem Präfix `ff02::1:ff00::/104` und den letzten 24 Bit des Link-Token [RFC 3512/2373]. Diese Multicast-Adresse wird verwendet, um die MAC-Adresse für eine bekannte IPv6-Adresse zu ermitteln, was dem Einsatz von ARP bei IPv4 [Abb. 8.2-1] entspricht.

SNMA

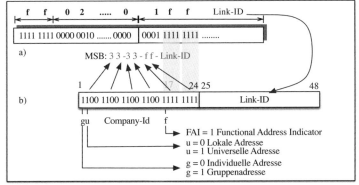

Abb. 8.10-3: Zusammenhang zwischen IPv6- und Ethernet Multicast-Adresse
 a) IPv6-SNMA-Multicast, b) Umsetzung in Ethernet-Multicast-Adresse
 MSB: Most Significant Bit (first)

Bildung von MAC-Multicast-Adressen

Den Zusammenhang zwischen einer IPv6-Multicast-Adressen und einer MAC-Multicast-Adresse für Ethernet illustriert Abb. 8.10-3 am Beispiel einer SNMA-Adresse.

Wir sehen, dass die `Link-ID` bei IPv6-Adressen den untersten 24 Bit der `Interface-ID` auf der MAC-Schicht entspricht. Sind die IPv6 *Privacy Extensions* im Einsatz, sprechen wir generell von einem `Link-Token` statt `Interface-ID`. Somit entspricht die `Link-ID` nicht mehr der ursprünglichen `Manufacturer-ID` (vgl. Abb. 8.9-6). Der obere Teil, d.h. die ersten 24 Bit der MAC-Multicast-Adresse wird eingeleitet durch die Bitfolge '33-33-ff', was gemäß RFC 2464 bzw. RFC 7042 die Ethernet-Kennung für IPv6-Multicasts darstellt.

8.10.2 Anycast-Adressen

Gelegentlich kann es von Vorteil sein, einer Application, die identischen Daten auf unterschiedlichen Rechnern bereitstellt, die gleiche IP-Adresse zuzuweisen und die somit eine *funktionale Gruppe* bilden. Dies ist z.B. der Fall bei den DNS Root-Servern im Internet [Abschnitt 5.1].

Dieses Konzept lässt sich nahtlos auf IPv6 übertragen: Eine Unicast-Adresse, die identisch auf mehreren Rechnern (bzw. Interfaces) eingesetzt wird, ist automatisch eine Anycast-Adresse. Zur einfachen Verwaltung von Anycast-Adressen macht RFC 2526 folgenden Vorschlag [Abb. 8.10-4a]:

1. IPv6-Anycast-Adressen besitzen ein übliches /64-Bit Subnet-Präfix für Unicast-Adressen, z.B. 2001:db8::/64.
2. Für IPv6-Adressen mit einem EUI-64-Link-Token folgt für die nächsten 57 Bit die Bitsequenz: 1111110111...111, wobei das Bit '0' hier den Wert von 'u = 0' repräsentiert; es handelt sich also um eine lokale Adresse [Abb. 8.9-6].
3. Die letzten 7 Bit sind für die Anycast-ID, d.h. die Charakterisierung der Anycast-Gruppe vorgesehen.

Dieses Schema ist auch für beliebige andere IPv6-Adressen verwendbar, wie in Abb. 8.10-4b dargestellt.

Bei IPv6 ist vorgesehen, dass ein Paket, das an eine Anycast-Adresse übermittelt werden soll, nicht gleichzeitig Mitglieder der Gruppe gesendet wird, sondern immer an den am nächsten gelegenen Rechner bzw. Interface aus der Gruppe, für das diese Anycast-Adresse konfiguriert ist.

Im nächsten Schritt kann das dort empfangene Paket an die weiteren Interfaces aus der Gruppe entsprechend verteilt werden. Eine Anycast-Adresse kann somit nie die Quelladresse eines Pakets sein. IPv4 unterstützt Anycast-Adressen nicht.

Aufbau von Anycast-Adressen

Die Struktur von Anycast-Adressen zeigt Abb. 8.10-4. Jede Anycast-Adresse enthält ein Subnetzpräfix. Wurde ein Interface eines Systems mit einer Anycast-Adresse konfiguriert, stimmt das Subnetzpräfix der Anycast-Adresse mit dem Subnetzpräfix in Unicast-IPv6-Adressen dieses Interface überein. In RFC 2526 wurde die in Abb. 8.10-3a gezeigte Struktur von Anycast-Adressen vorgeschlagen. Sie besteht aus einem Subnetzpräfix (Subnet prefix), einer Reihe von Einsen und einer 7 Bit langen Anycast-ID. Hierbei wird zwischen /64-Präfixen mit Interface-ID im EUI-64-Format [Abb.8.9-6] und anderen Präfixen unterschieden. Bei einem /64-Präfix muss im Interface-ID das Bit, das dem u-Bit entspricht, auf 0 gesetzt werden.

Anycast-Adressen stammen daher aus demselben Adressraum wie Unicast-Adressen und sind 'optisch' von Unicast-Adressen nicht zu unterscheiden. Deswegen muss einem Router explizit mitgeteilt werden, dass es sich auf seinem Interface um eine Anycast-Adresse handelt. Bezüglich des Routings stellt eine Anycast-Adresse eine Host-Route dar [Abschnitt 11.1.3].

Subnet Router

Eine spezielle Anycast-Adresse ist *Subnet Router*, die von Routern unterstützt werden muss. Ihre Aufbau zeigt Abb. 8.10-4c. Diese Anycast-Adresse besteht aus der Unicast-

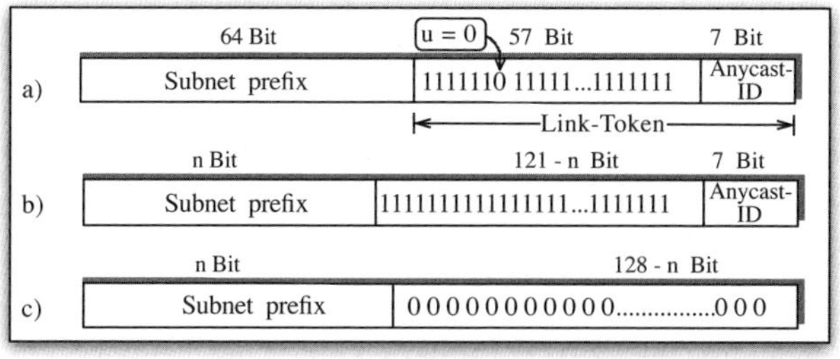

8.11 Zuweisung von IPv6-Unicast-Adressen

```
                64 Bit           u = 0  57 Bit           7 Bit
                                                         Anycast-
        a)    Subnet prefix     1111110 11111...1111111    ID
                                  ←——————Link-Token——————→
                n Bit            121 - n Bit              7 Bit
                                                         Anycast-
        b)    Subnet prefix     1111111111111111...1111111  ID

                n Bit                  128 - n Bit
        c)    Subnet prefix     00000000000...............000
```

Abb. 8.10-4: Anycast-Adressen: a) Struktur nach RFC 2526, b) Anycast-Adresse,
c) Subnet Router

Adresse des Router-Interface, bei der die Bit im Teil `Link-Token` auf Null gesetzt werden.

Bemerkung: Mittels einer Anycast-Adresse kann man einen Dienst (z.B. DNS, VoIP-Server) auf mehreren Servern zur Verfügung stellen. Alle diese Server sind mit derselben Anycast-Adresse konfiguriert. Schickt nun ein Rechner ein Paket mit dieser Anycast-Adresse als IPv6-Zieladresse ab, so wird das Paket zum am nächsten gelegenen Server geroutet. Dieser kann aber das empfangene Paket an einen 'besser geeigneten' Server weiterleiten.

8.11 Zuweisung von IPv6-Unicast-Adressen

IPv6 (und mittlerweile auch IPv4) unterstützt drei Arten der Zuweisung einer IP-Adresse zu einem Interface in folgender Rangfolge:

1. Funktions-spezifische Adresszuweisung:
   Das bekannteste Beispiel hierfür ist die *Loopback-Adress* (IPv6: ::1/128). *Funktions-spezifische Adressen* sind in der Regel mit einem *logischen oder virtuellen Interface* verknüpft und die Zuweisung einer Adresse findet entweder von der IP-Instanz selbst ober über einen Treiber statt. Ob und welcher Link-Token dem logischen Interface zugewiesen wird, ist abhängig vom jeweiligen Link-Layer-Protokoll.   *Funktionelle IPv6-Adressen*

2. Manuelle Adressenzuweisung:
   Hier muss die IPv6-Adresse samt Präfixlänge dem Interface mitgeteilt werden, wobei IPv6 generell von einem /64-Präfix ausgeht. Bei IPv6 wird hierbei von der kompaktifizierten *Doppelpunkt-Hexadezimalnotation* Gebrauch gemacht werden. Diese Zuweisung ist dann vonnöten, wenn Netzwerkkomponenten – wie Router und Server – eindeutige und permanente IP-Adressen erhalten sollen. Gleiches gilt für Sonderfälle wie das Einrichten von Tunneln, die über spezielle Interfaces realisiert werden. Die so eingerichteten IPv6-Adressen sind 'fix', also *statisch*.   *Manuelle IPv6-Adressen*

3. Gesteuerte Zuweisung per DHCPv6:
   Das Protokoll *DHCPv6* bei IPv6 erfüllt bzgl. der Adressenkonfiguration die gleichen Anforderungen wie bei IPv4. Die Lebensdauer der zugewiesenen IPv6-   *Zugewiesene IPv6-Adressen*

Adresse wird hierbei durch die *Lease-Dauer* bestimmt. In Ergänzung hierzu erlaubt DHCPv6 den Clients auch, *zustandslose* IPv6-Adressen zu nutzen [Abschnitt 9.4].

Automatische IPv6-Adressen

4. Automatische Adresszuweisung:
Stateless Address Autoconfiguration (SLAAC) ist das Standardverfahren bei IPv6. Die Gültigkeit der Netzkonfiguration ist zeitlich beschränkt, was im besonderen Maße auch für die IPv6-Adresse gilt.

Die automatische Zuweisung von IPv6-Adressen findet immer dann statt, wenn das Interface verbunden ist, falls z.B. bei Ethernet ein 'Link' vorliegt.

Um die Gültigkeit der eigenen IPv6-Adresse zu bestimmen und die im Linksegment vorliegende IPv6-Konfiguration kennen zu lernen, stützt sich das SLAAC-Verfahren auf die dynamischen Mechanismen:

- *Neighbor Discovery Protocol* (ND), mit dessen Hilfe Konflikte im Rahmen der *Duplicate Address Detection* (DAD) aufgelöst werden können, sowie
- *Router Advertisement Protocol* (RA), das zur Feststellung der IPv6-Router im Linksegment und der Bezug der Konfigurationsdaten dient.

Hierbei wird das Hilfsprotokoll ICMPv6 eingesetzt, das das Verfahren der *Stateless Address Autoconfiguration* unterstützt und somit für IPv6 unverzichtbar ist. Das Protokoll ICMPv6 und seine zentralen Funktionen für die SLAAC wollen wir im nächsten Kapitel näher besprechen.

8.11.1 Privacy Extensions

Die *Privacy Extensions* für IPv6-Adressen haben ihren Ursprung in der Kritik, dass es sich auf Grundlage der Kopplung von IPv6- und MAC-Adresse im Falle von *stateless Adressen* im Grunde genommen bei IPv6 nicht mehr um logische, sondern um Hardware-spezifische Adressen handelt. Hierdurch kann bei Kenntnis einer IPv6-Adresse jederzeit auf den Rechner – und damit im Grunde genommen auf den Besitzer des Geräts – zurück geschlossen werden.

Mittels der in RFC 4941 vorgeschlagenen *Privacy Extensions* kommt dem dynamischen Verhalten von IPv6-Adressen eine besondere Bedeutung zu: Die 'Lebensdauer' einer IPv6-Adresse wird begrenzt; es werden periodisch neue Adressen gebildet und die älteren verworfen. Bei den meisten Betriebssystemen kann diese Eigenschaft optional aktiviert werden; bei Windows ist dies die Vorgabe, wobei der Trend in Richtung *Privacy Extensions* geht.

Temporäre IPv6-Adressen

- Temporäre IPv6-Adressen werden zunächst ausgehend von der vorliegenden MAC-Adresse gebildet, indem zusätzlich eine Zufallszahl als *Salt* herangezogen und der MD5-Hash von beiden als *Digest* gebildet wird.
- Von diesem Digest werden die ersten 64 Bit entnommen und hierbei das u-Bit auf '0' gesetzt (vgl. Abb. 8.8-3).
- Anschließend wird mittels *Duplicate Address Detection* (DAD) [Abschnitt 9.2] überprüft, ob eine sinnvolle, d.h. nicht bereits vergebene Adresse mit diesem *Link-Token* vorliegt.

8.11 Zuweisung von IPv6-Unicast-Adressen

- Hieraus wird gemäß Abschnitt 8.8.2 die IPv6-Adresse gebildet. Die obersten 64 Bit des Digest werden als *Seed* für die nächste Iteration genutzt.

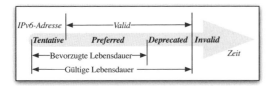

Abb. 8.11-1: Gültigkeitsdauer und Zustände von stateless IPv6-Adressen

Die Bildung einer SLAAC-IPv6-Adresse ist in Form einer *State Engine* implementiert. Wir unterscheiden folgende Zustände [Abb. 8.11-1]:

SLAAC State Engine

- Die IPv6-Adresse ist *tentative*. Sie muss daraufhin überprüft werden, ob nicht ggf. andere identische IPv6-Adressen im Linksegment existieren, was mithilfe der *Duplicate Address Detection* (DAD) vorgenommen wird. Zur Überprüfung dieses Zustands wird die SNMA-Adresse herangezogen [Abb. 8.10-2].
- Die IPv6-Adresse ist *valid*, d.h. die Adresse ist einmalig im Linksegment und somit gültig. Allerdings kann ihre Lebensdauer von IPv6-Adressen in diesem Status bereits abgelaufen sein, und sie werden daher nicht mehr zum Senden verwendet (z.B. weil beispielsweise die Lease-Zeit abgelaufen ist). Somit sind diese Adressen im Zustand *deprecated*, ansonsten im Zustand *preferred*.
- Die eigene IPv6-Adresse wurde bereits im Linksegment vergeben: Diese wird somit *invalid*, da *duplicate*.

Welche Mechanismen bei IPv6 zur Überprüfung des Zustandes einer IPv6-Adresse eingesetzt werden können, ist Gegenstand des Abschnitts 9.3.

8.11.2 Auswahl der 'richtigen' IPv6-Quelladresse

Beim Einsatz von IPv6 wird auf ein Netzwerk-Interface eine respektable Anzahl von Unicast- und Multicast-IPv6-Adressen unterschiedlicher Scopes gebunden: LLU und ggf. mehrere globale IPv6-Adressen sowie eine Anzahl von Multicast-Adressen. Hierbei ergibt sich mitunter das Problem, welche von den verfügbaren Quelladressen die 'richtige' ist, um mit einem IPv6-fähigen Netzwerkpartner zu kommunizieren. Dieses Problem wird in RFC 6724 aufgegriffen.

Bei Aufbau einer Verbindung zu einem Kommunikationspartner stehen zwei gültige IPv6-Adressen per Privacy Extension zur Verfügung. Gemäß Abb. 8.11-1 ist die Adresse im Zustand *preferred* zu nutzen.

IPv6-Verbindung mit Privacy Extensions

Generell kann die IPv6-Adresse benutzt werden, bei der die größte Übereinstimmung des Präfixes für die Ziel- und Quelladresse gegeben ist. RFC 6724 gibt hierzu eine Hilfestellung [Tab. 8.11-1], die besagt, dass für eine IPv6-Zieladresse aus einem bestimmten Bereich (z.B. 2001::x) zunächst festgestellt wird, welches *Label* sie besitzt

Policy-Table

Prefix	Precedence	Label
::1/128	50	0
::/0	40	1
::ffff:0:0/96	35	4
2002::/16	30	2
2001::/32	5	5
fc00::/7	3	13
::/96	1	3
fec0::/10	1	11
3ffe::/16	1	12

Tab. 8.11-1: Vorschläge zur Auswahl der IPv6-Quelladresse gemäß RFC 6724

(in diesem Fall 2). Als Folge wird dann ebenfalls die IPv6-Quelladresse aus diesem Bereich gewählt.

Durch den Wert der *Precedence* besitzt diese *Policy-Tabelle* eine ähnliche Bedeutung wie eine Routing-Tabelle zum Erreichen von Endsystemen. Die mit ::/96 aufgelisteten Bereiche stellen die IPv4-mapped IPv6-Adressen dar. Endsysteme sind angehalten, IPv4-Quelladressen immer in der Form von IPv4-mapped IPv6-Adressen auszuwerten. Durch die *Precedence* von 1 wird deutlich gemacht, dass im Falle von gültigen IPv4- als auch IPv6-Adresse die Verbindungsaufnahme auf Grundlage der IPv6-Adresse der Vorzug einzuräumen ist. Die Umsetzung dieser Vorschläge entsprechend RFC 6724 ist erst in den aktuellen Betriebssystemversionen zu finden.

Ein anderes Problem ergibt sich aus dem Sachverhalt, dass IPv4 und IPv6 in der Regel auf dem gleichen Rechner und dem gleichen Interface koexistieren: *Dual Stack*. Welche von diesen ist beim Aufbau einer Datenverbindung zu bevorzugen?

In der Regel nutzen wir nicht IPv4/IPv6-Adressen zur Kommunikation, sondern verlassen uns beim initialen Verbindungsaufbau auf die Antworten, die uns das DNS gibt. DNS liefert sowohl IPv4 als auch IPv6 als Zieladresse zurück. Zwar ist heute IPv6 das bevorzugte Protokoll, wie soll aber mit Fällen umgegangen werden, bei denen IPv4 eine bessere *Connectivity* bietet? Antworten hierfür liefert *Happy Eyeball* in RFC 6555.

8.12 Schlussbemerkungen

In diesem Kapitel konnten wir die zentralen Aspekte des IPv6-Protokolls darstellen. In der Praxis mindestens genauso wichtig ist das dynamische Verhalten des Protokolls, das durch die *Autoconfiguration* der IPv6-Parameter gekennzeichnet ist. Das hierfür vorgesehene *Neighbor Discovery Protocol* (NDP) und auch das Protokoll DHCPv6 werden im nächsten Kapitel dargestellt.

Abschließend ist noch Folgendes hervorzuheben:

Entwicklung von IPv6

- Seit der Veröffentlichung der ersten Spezifikation von IPv6 in RFC 1883 (Dezember 1995) sind bereits fast 24 Jahre vergangen. Inzwischen wurde die ganze Protokollfamilie IPv6 [Abb. 8.1-1] weiterentwickelt, sodass RFC 1883 inzwischen durch RFC 2460 ersetzt wurde, was heute noch die Grundlage des IPv6-Protokolls darstellt.

8.12 Schlussbemerkungen

Eine Liste von RFC, in denen verschiedene Aspekte der Protokollfamilie IPv6 spezifiziert werden, enthält bereits Anfang 2014 über 200 RFC. Dies zeigt, dass eine Vielzahl von Problemen mit der Entwicklung von IPv6 gelöst werden mussten.

- Ein wichtiges Ziel bei der Entwicklung von IPv6 war die Verbesserung der IP-Headerstruktur und die Vergrößerung des Adressraums sowie die Einführung verschiedener Arten von IPv6-Adressen. *(IPv4- und IPv6-Adressierung)*

- Für den Anwender von IPv6 ist das unterschiedliche Verhalten von Link Local und globalen IPv6-Adressen überraschend. Will man LLU-Adressen nutzen, muss immer das Interface angeben werden, über den das IPv6-Paket zugestellt werden soll. *(LLU-Adresse an Interface gebunden)*

- Im heutigen Verständnis sollten LLU-Adressen ausschließlich für die interne Kommunikation der IPv6-Rechnern untereinander genutzt werden und nicht zum eigentlichen Datenaustausch. Hierfür steht mittels der ULA-Adressen ein geeigneter, entsprechend den privaten IPv4-Adressen äquivalenter Mechanismus zur Verfügung. *(Einsatz von ULA-Adressen)*

- Die Implementierung von IPv6 auf den Routern und Endsystemen hat im Jahr 2019 bereits eine nahezu abschliessnde Reife erreicht, sodass nichts mehr gegen den Einsatz von IPv6 spricht. Ausnahme bildet hier die Verarbeitung von IPv6 LLU-Adressen, die mit einem ergänzenden Interface-Prefix oder -Name verarbeitet werden müssen. *(Reifegrad von IPv6)*

- Dies kann aber nicht unbedingt auf alle Anwendungen und speziell auch Produkte wie Firewalls übertragen werden. Für Anwendungen gilt, dass diese speziell *IPv6-enabled* sein müssen, was aber immer noch nicht durchgehend der Fall ist. *(IPv6 bei Firewalls)*

- Den Anstoß zur Implementierung von IPv6 auf Endsystemen hat das KAME-Projekt http://www.kame.net/ gegeben. Ausgehend von dieser Referenzimplementierung wurde zunächst der IPv6-Stack bei Unix-BSD-Systemen entwickelt, der sich auch bei *MacOS X*-Rechnern findet. Linux hat dem gegenüber ein etwas anderes Verständnis von IPv6, speziell was die Bindung zum Interface betrifft. Daher sind auch die Hilfsprogramme *ping* und *netstat* mit unterschiedlicher Syntax versehen, und es steht zusätzlich das Programm *ip* zur Verfügung. *(KAME-Projekt)*

- Microsoft stellt bereits seit Windows XP eine IPv6-Unterstützung zur Verfügung, die nun als Default-Netzwerkprotokoll gilt. Microsoft hat allerdings eine eigenständige Version des IPv6-Protokolls implementiert, was sich nicht zuletzt aufgrund des Programms *netsh* belegen lässt, dessen Funktionsumfang in aktuellen den Versionen in der *powershell* integriert ist. *(IPv6 bei Windows)*

- Ein ärgerliches Problem bei IPv6 ist daher nicht nur die Diversifikation hinsichtlich der unterschiedlichen Betriebssysteme, sondern auch des *User Interface* (UI) zur Einstellung von IPv6-Parametern. Unter Unix müssen z.B. mittels *sysctl* Kernel-Parameter angepasst werden, die nur unvollständig dokumentiert sind. Bei mobilen Endgeräten wie Smartphones sind Einstellungen praktisch überhaupt nicht zugänglich. *(Unterschiedliche User Interfaces)*
Microsoft hat IPv6-Unterstützung ab Windows XP bereit gestellt, und dies ist nun das Default-Netzwerkprotokoll bei den aktuellen Versionen. Auch hier gilt, dass Microsoft eine eigenständige Version des IPv6-Protokolls implementiert hat, was sich nicht zuletzt aufgrund des Programms *netsh* belegen lässt.

IPv6 und
Privatsphäre

- Da die Interface-ID in der IPv6-Adresse u.a. die Identifikation (ID) eines Endgeräts (z.B. eines Smartphones) enthalten kann, verweist dieser Teil unmittelbar auf den Anwender, der dieses Endgerät nutzt. Die Verwendung solcher IPv6-Adressen kann zum Verlust der Privatsphäre führen. Bereits 2001 wurden im RFC 3041 die ersten Lösungen zum Schutz der Privatsphäre, als *Privacy Extensions*, präsentiert. Diese wurden weiterentwickelt und in RFC 4941 veröffentlicht. Hier wird angeregt, dass für eine IPv6-Adresse eine Zufallszahl anstelle der wahren Interface-ID eingetragen werden kann. Da die Zuordnung *Interface-ID* ⇒ *Zufallszahl* nur eine kurze Zeit lang gilt, sind die Rückschlüsse auf den Anwender fast unmöglich. Die Einmaligkeit einer per Zufallszahl gebildeten IPv6-Adresse muss aber im Netzwerk gewährleistet werden. Diese als *Duplicate Address Detection* (DAD) bezeichnete Aufgabe kann in kleinen Netzwerken mit IPv6 relativ einfach gelöst werden. In großen Netzwerken kann die DAD-Funktion im Router an der Grenze zum Internet zentral – ähnlich wie jede NAT-Funktion – als *Privacy Protection Function* realisiert werden, um die Privatsphäre der Anwender im Netzwerk zu schützen.

8.13 Verständnisfragen

1. Wie realisiert IPv6 das 'Auffinden' der MAC-Adresse des entfernten Rechners, was zum Beispiel zur Bildung eines Ethernet-Frame benötigt wird, ohne das Hilfsprotokoll ARP?
2. Was unterscheidet einen IPv6-Header von einem IPv4-Header?
3. Welche Erweiterungs-Header sind Ihnen bekannt?
4. Als Erweiterungs-Header, Next-Header also, kann ein Routing Header sein. Wann und welche Angaben werden in diesem Header übermittelt?
5. Was ist die minimale zu unterstützende MTU in einem IPv6-Netzwerk?
6. Beim IPv6 spricht man von Jumbo Payload. Wann und wie werden IPv6-Pakete mit Jumbo Payload gebildet?
7. Wann und nach welchem Prinzip werden die zu langen IPv6-Pakete fragmentiert?
8. Wie ist eine IPv6-Adresse strukturiert?
9. Welche verschiedenen Unicast-Adressen gibt es bei IPv6?
10. Was ist eine Linkadresse?
11. Wozu wird eine 'Interface-Index' benötigt?
12. Wieviele `fe80::1` Adressen kann ein Rechner besitzen?
13. Ist '2003:fefe::' eine gültige IPv6-Adresse?
14. Was ist eine 'Solicit Node Multicast Address' SNMA und wozu wird sie benötigt?
15. Wie generiert der Rechner die IPv6-Adresse für seine Interfaces?
16. Wie werden 'private' IPv6-Adressen vom Rechner gebildet?
17. Welche Bedeutung hat der GRP in Global Unicast Adressen?
18. Für welche Zwecke wurden die IPv4-Kompatibilitätsadressen beim IPv6 eingeführt und welche Arten von diesen Adressen zu unterscheiden sind?

9 IPv6-Support-Protokolle ICMPv6, NDP und DHCPv6

Die bei der Entwicklung von IPv6 verfolgten Ziele bestanden nicht nur in der Erweiterung des Adressraums und der Schaffung zusätzlicher Funktionalität durch die Einführung von sog. Erweiterungs-Headern, sondern auch hinsichtlich der Unterstützung einer automatischen IPv6-Konfiguration von Rechnern. IPv6 bietet daher umfangreiche Unterstützung für die sog. Plug&Play-Konfiguration von Rechnern in IPv6-Netzen. Hierfür stehen *Neighbor Discovery Protocol* (NDP) und *Dynamic Host Configuration Protocol for IPv6* (DHCPv6) zur Verfügung.

Automatische Konfiguration

NDP kann einerseits als funktionaler Teil von ICMPv6 und andererseits als Ersatz für das Protokoll ARP bei IPv6 angesehen werden. Demzufolge kommt ARP als Hilfsprotokoll nur bei IPv4 zum Einsatz. Dem DHCPv6 werden ähnliche Aufgaben wie dem in Abschnitt 6.2 dargestellten DHCP für IPv4 zugewiesen.

DHCPv6 funktioniert nach dem Client/Server-Prinzip. Bei der automatischen Konfiguration von Rechnern nach DHCPv6 ist mindestens ein Server als *Konfigurationsserver* notwendig. Daher ist diese Art der automatischen Adresskonfiguration serverbasiert und wird als *Stateful Autoconfiguration* bezeichnet. Für die *Stateless Address Autoconfiguration* müssen zusätzliche Protokollelemente bereit gestellt werden, die wir hier als NDP und RA/RS (*Router Advertisement / Router Solicitation*) kennenlernen werden.

Arten der automatischen Konfiguration

Dieses Kapitel stellt die Möglichkeiten der Unterstützung automatischer Konfiguration von Rechnern mit IPv6 umfassend dar und erläutert die Funktionsweise von ICMPv6 und DHCPv6. Zunächst wird in Abschnitt 9.1 das Protokoll ICMPv6 beschreiben, ohne das IPv6-Netze nicht einsatzbereit sind. Es folgen in Abschnitt 9.2 die komplexen Aufgaben, die das NDP realisieren muss, wie z.B. Ermittlung von Linkadressen, Bekanntmachung von Router-Parametern. Die Unterstützung der *Stateless Autoconfiguration* von Rechnern in IPv6-Netzen wird in Abschnitt 9.3 dargestellt. Den Grundlagen und dem Einsatz von DHCPv6 ist der Abschnitt 9.4 gewidmet. Einige Bemerkungen in Abschnitt 9.5 schließen dieses Kapitel ab.

Überblick über das Kapitel

In diesem Kapitel werden u.a. folgende Fragen beantwortet:

Ziel dieses Kapitels

- Welche Aufgaben fallen beim IPv6-Einsatz dem Protokoll ICMPv6 zu?
- Wie sind ICMPv6-Pakete im einzelnen aufgebaut?
- Welche Funktionen liefert NDP, um die automatische Konfiguration von Rechnern mit IPv6 zu unterstützen?
- Warum lässt sich das Protokoll ARP bei IPv6 nicht mehr einsetzen und wie ermittelt ein IPv6-Rechner die MAC-Adresse des Kommunikationspartners?
- Wie erhält ein IPv6-Rechner Informationen über die vorhandenen Router in seinem Linksegment?
- Wie bekommt ein IPv6-Rechner seine Netzkonfiguration zugewiesen?
- Welche Dienste stellt DHCPv6 zur Verfügung und wie funktioniert es?

9.1 Nachrichten des Protokolls ICMPv6

ICMPv6 versus ICMPv4

Das Hilfsprotokoll ICMP (*Internet Control Message Protocol*) für IPv4 (kurz ICMPv4) wurde in Abschnitt 4.7 dargestellt. Die Hauptaufgabe von ICMPv4 liegt in der Übertragung von Fehlermeldungen und Diagnoseinformationen. Für IPv6 ist ICMP ebenfalls nötig. Die Aufgabe von ICMP für IPv6 (ICMPv6) ist umfangreicher als die von ICMPv4. Die Funktionen von ICMPv6 umfassen sowohl die Übertragung von Fehlermeldungen und Diagnoseinformationen (z.B. Programm *ping*) wie auch die Unterstützung der automatischen Rechnerkonfiguration. ICMPv6 ist im RFC 4443/2463 spezifiziert. Den Aufbau von ICMPv6-Nachrichten zeigt Abb. 9.1-1.

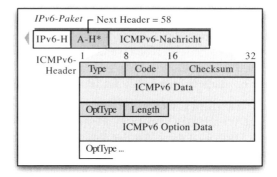

Abb. 9.1-1: Aufbau von ICMPv6-Nachrichten
A-H: Authentication-Header, * nach Bedarf; OptType: Option-Type

ICMPv6-Header

Eine eingekapselte ICMPv6-Nachricht wird mit Next Header = 58 im vorangestellten Header identifiziert, d.h. entweder im IPv6- oder im Authentication Header, der bei Bedarf hinzugefügt wird. Die Angaben im ICMPv6-Header haben die gleiche Bedeutung wie im ICMPv4-Header [Abb. 3.7-1].

Die einzelnen Angaben im ICMPv6-Header sind:

- Type: Hier wird der Typ (die Funktion) der Nachricht angegeben.
- Code: Hier wird eine weitere Unterteilung des Nachrichtentyps gemacht.
- Checksum: Dieses Feld enthält eine Prüfsumme, mit der die ICMPv6-Daten auf eventuelle Fehler überprüft werden können.

In Ergänzung zu den Nachrichten-Haupttypen werden häufig weitere Optionen – die ebenfalls als Typen enummeriert sind – in eine gemeinsame ICMPv6-Nachricht eingebettet, die der Hauptnachricht folgen (in Abb. 9.1-1 als *Option Types* (OptType) dargestellt). Sie sind u.a. in RFC 4861, RFC 4443 sowie RFC 6275 spezifiziert, die die ursprünglichen RFC 2461, RFC 2463 und RFC 3775 abgelöst haben.

ICMPv6-Nachrichten

Es werden aktuell vor allem folgende ICMPv6-Nachrichtentypen genutzt:

- Nachrichten für die Fehlermeldungen [RFC 4443]
  ▷ Type = 1: Destination Unreachable (Ziel ist unerreichbar)
  Hier gibt es keine grundlegenden Änderungen gegenüber dem ICMPv4. Diese Nachricht wird oft von Routern gesendet, um mitzuteilen, dass ein Paket sein

9.1 Nachrichten des Protokolls ICMPv6

Ziel nicht erreichen kann. Die Ursachen können hier sehr vielfältig sein, z.B. existiert das Zielsystem nicht, das Netz ist überlastet etc.

▷ Type = 2: `Packet Too Big` (Paket zu groß)
Diese Nachricht wird gesendet, wenn ein IPv6-Paket nicht weitergeleitet werden konnte, weil es zu groß war und nicht fragmentiert werden durfte. Diese Nachricht wird verwendet, um die zulässige Paketlänge (MTU) auf einem Datenpfad zu ermitteln. Dieser Prozess wird als *Path MTU-Discovery* bezeichnet [Abschnitt 4.7.4].

▷ Type = 3: `Time Exceeded` (Zeit überschritten)
Befindet sich ein IPv6-Paket zu lange im Netz, d.h. der Parameter `Hop Limit` im IPv6-Header hat in einem Router den Zustand 0 erreicht, so sendet dieser Router eine ICMPv6-Nachricht `Time Exceeded` an das Quellsystem zurück.

▷ Type = 4: `Parameter Problem` (Ungültige Parameter)
Ist ein Problem bei der Auswertung des IPv6-Header bzw. eines Erweiterungs-Header in einem Paket aufgetreten, das auf fehlerhafte bzw. unbekannte Parameter zurückzuführen ist, wird diese Nachricht an die Quelle des Pakets gesendet.

■ Request/Reply-Nachrichten (Echo-Funktion)   *Echo Request/Reply*

▷ Type = 128: `Echo Request` (Echo wird verlangt)
Das bekannteste Programm, das auf dem ICMP basiert, ist das Programm *ping* zum Versenden von Diagnosemeldungen. ping kann durch das Absenden von `Echo Request` ein Echo von einem angegebenen System anfordern. `Echo Request` ist die einzige ICMP-Nachricht, auf die jeder IP-fähige Rechner antworten muss

▷ Type = 129: *Echo Reply* als Antwort auf `Echo Request`

■ Nachrichten für die Verwaltung von Multicast-Gruppen   MLD
Das Protokoll MLD für die Verwaltung von Multicast-Gruppen verwendet folgende ICMPv6-Nachrichten [RFC 2710 und 3810]:

▷ Type = 130: `Multicast Listener Query`,
▷ Type = 131: `Multicast Listener Report`,
▷ Type = 132: `Multicast Listener Done`,
▷ Type = 143: `Version 2 Multicast Listener Report`.

■ Nachrichten für `Neighbour Discovery` und automatische IPv6-Adresskonfiguration   ND
ICMPv6 wird auch bei der automatischen Adresskonfiguration verwendet. Dieses Prinzip der Konfiguration wird als *Stateless Address Autoconfiguration* (bzw. kurz SLAAC) bezeichnet. Hierfür dienen folgende ICMPv6-Nachrichten [RFC 4861]:

▷ Type = 133: `Router Solicitation`,
▷ Type = 134: *Router Advertisement*,
▷ Type = 135: `Neighbor Solicitation`,
▷ Type = 136: `Neighbor Advertisement`,
▷ Type = 137: `Redirect`,

Der Einsatz dieser Nachrichtentypen wird in Abschnitt 9.2 vorgestellt.

Router Renumbering
- Unterstützung von Router Renumbering
  Die automatische Rekonfiguration des Präfixes von globalen Unicast-Adressen wird als *Router Renumbering* bezeichnet. Diese Funktion sieht vor, dass insbesondere beim ISP-Wechsel das Netzpräfix 'schmerzlos' gewechselt werden kann. Hierfür wurde die ICMPv6-Nachricht vorgesehen [RFC 2894]:
  ▷ Type = 138: Router Renumbering.

MIPv6
- Unterstützung der Mobilität fürs Protokoll MIPv6
  ICMPv6 nutzt man auch für die Unterstützung der Mobilität bei IPv6, d.h. beim Protokoll *Mobile IPv6* (MIPv6). Hierfür dienen folgende Nachrichten [RFC 6275]:
  ▷ Type = 144: Home Agent Address Discovery Request,
  ▷ Type = 145: Home Agent Address Discovery Reply,
  ▷ Type = 146: Mobile Prefix Solicitation,
  ▷ Type = 147: Mobile Prefix Advertisement.
  Auf diese Nachrichten wird in Abschnitt 16.4.4 näher eingegangen.

SeND
- Nachrichten für die Secure Neighbor Discovery (SeND)
  ▷ Type = 148: Certificate Path Solicitation
  ▷ Type = 149: Certificate Path Advertisement
  Das SeND-Protokoll wird in Abschnitt 9.3 vorgestellt.

Eine aktuelle Auflistung aller ICMPv6-Nachrichtentypen und ihrer Parametern findet man unter: http://www.iana.org/assignments/icmpv6-parameters

9.2 Das Neighbor Discovery Protokoll

Link und Linkadresse
Beim Einsatz von IPv6 bestehen keinerlei Einschränkungen bezüglich der Art des physikalischen Netzes. Somit kann IPv6 sowohl in den klassischen *Shared Medium* LANs (verbindungslose Netze) als auch in verbindungsorientierten Netzen (wie z.B. ISDN, Frame-Relay-, ATM- und WDM-Netze) eingesetzt werden. Um NDP vom physikalischen Netztyp unabhängig darstellen zu können, werden die Begriffe *Link* und *Linkadresse* verwendet. Die Bedeutung dieser Begriffe verdeutlicht Abb. 9.2-1. Für den Ablauf der Neighbor Discovery werden in der Regel IPv6-Adressen mit *Local Scope* und somit LLU-Adressen eingesetzt [Abb. 8.9-6a].

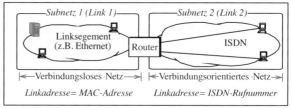

Abb. 9.2-1: Die Begriffe Link und Linkadresse beim Verbund eines verbindungslosen Netzes mit einem verbindungsorientierten Netz

9.2 Das Neighbor Discovery Protokoll

Unter einem *Link* ist ein LAN-basiertes Subnetz bzw. eine (physikalische oder logische) Verbindung in einem verbindungsorientierten Netz zu verstehen. Eine *Linkadresse* repräsentiert eine physikalische Netzadresse für einen Link. Eine MAC-Adresse stellt beispielsweise eine Linkadresse in einem LAN dar. Eine Linkadresse im ISDN ist die Rufnummer des Teilnehmers. Linksegment

Die bei IPv6 notwendige *Neighbor Discovery* (ND) verfolgt im Gegensatz zum Protokoll ARP bei IPv4 umfangreichere Ziele: Ziele von NDP

1. Vorrangiges Ziel des *Neighbor Discovery Protocol* (kurz NDP) [RFC 4861] ist es, die physikalischen Netzadressen (*Linkadressen*) der Kommunikationspartner zu ermitteln und in einen *Neighbor-Cache* zu überführen. Diese Funktion ist äquivalent der des ARP.
2. Neben den Informationen über die *Nachbarschaften* lassen sich mittels des *Router Advertisement Protocol* (RA) sowohl die gültigen *Netzpräfixe* als auch die *Default Router* feststellen; der IPv6-Client erhält also Auskunft über die Schicht-3-Konfiguration seines Netzsegments.
3. Das NDP dient auch als Hilfsprotokoll für die automatische, zustandslose IPv6-Adresskonfiguration der Rechner selbst, was als *Stateless Automatic Address Configuration* (SLAAC) bekannt geworden ist.

NDP ist ein funktionaler Teil des Protokolls ICMPv6, für dessen Realisierung ICMPv6 eigene Nachrichtentypen bereitstellt: Aufgaben und Nachrichtentypen bei NDP

- `Neighbor Advertisement/Neighbor Solicitation`
- `Router Advertisement/Router Solicitation`

Mithilfe dieser Nachrichtentypen kann NDP folgende Aufgaben realisieren:

- Beim Absenden jedes IPv6-Pakets muss im Quellrechner zuerst festgelegt werden, ob das Ziel des Pakets im gleichen Subnetz (Link) oder in einem anderen 'Remote'-Subnetz ist *Router Discovery*) Falls das Ziel sich in einem anderen Subnetz befindet, wird das IP-Paket an einen Router (Gateway) übermittelt, d.h. es muss der nächste Router gefunden werden. Dies wurde bereits in Abb. 3.4-5, Abb. 3.4-7 und Abb. 3.4-8 beim Einsatz von IPv4 veranschaulicht. Die IP-Adresse des Routers muss daher bei der Konfiguration jedes Rechners festgelegt werden. Um sie nicht in jedem IPv6-Rechner manuell angeben zu müssen, macht NDP die am lokalen Subnetz angeschlossenen Router ausfindig und bestimmt somit auch ihre IPv6-Adressen. Router Discovery
- NDP setzt voraus, dass jede IPv6-Adresse sich aus Linkpräfix und Link-Token zusammensetzt; der Linkpräfix muss daher zunächst ermittelt werden. Wie Abb. 9.2-2a illustriert, stellt der Link-Token eine Linkadresse dar. Abb. 9.2-2b zeigt, wie die *Unique Local Unicast Address* (ULA) auf Linkpräfix und Link-Token 'aufgeteilt' wird. Mit dem *Linkpräfix* wird das Subnetz – also das Linksegment – eindeutig identifiziert. Prefix Discovery

Alle Rechner mit demselben Linkpräfix befinden sich immer im gleichen Subnetz, d.h. ein Quellrechner kann aufgrund des Linkpräfixes einer IPv6-Zieladresse feststellen, ob sich der Zielrechner im gleichen Subnetz befindet oder nicht. Die Rech- Linkpräfix

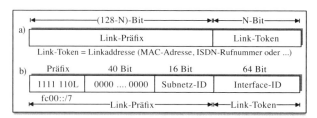

Abb. 9.2-2: IPv6-Adresse bei NDP: a) Struktur, b) Unique Local Unicast Address (ULA)

ner, die sich nicht am selben Subnetz befinden, können daher nur über einen Router erreicht werden.

Parameter Discovery
- Durch Einsatz von NDP sind die Rechner in der Lage, einige link-spezifische Parameter wie die MTU-Größe bzw. andere Parameter wie z.B. den maximalen Wert *Hop Limit* selbst zu erlernen [Abb. 8.2-1]. Während bei der Installation von Rechnern mit IPv4 bislang einige Parametern zu konfigurieren waren, können daher die Rechner mit IPv6 automatisch konfiguriert werden.

Address Resolution
- Die Ermittlung von Linkadressen, d.h. die *Address Resolution*) ist in Abb. 9.2-3 illustriert.

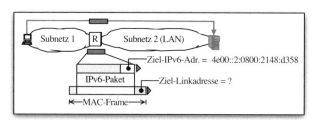

Abb. 9.2-3: Notwendigkeit der Ermittlung von Linkadressen

Ermittlung der MAC-Adresse

Der letzte Router auf jedem Datenpfad hat manchmal folgendes Problem zu lösen: Er erhält ein IP-Paket, in dem er die IP-Zieladresse ablesen kann. Für das Absenden des Pakets an den Zielrechner muss der Router aber noch die physikalische Netzadresse des Zielrechners kennen (z.B. MAC-Adresse in einem LAN). Die physikalische Netzadresse als *Link-ID* kann in einer IPv6-Adresse enthalten sein [Abb. 8.9-6]. Würde der Router die Zielnetzadresse aus der IPv6-Adresse (als) ableiten, so hat man keine Sicherheit, dass diese Netzadresse noch aktuell ist. Handelt es sich um einen Rechner im LAN, in dem die Adapterkarte gerade ausgetauscht wurde, oder ist die IPv6 *Privacy Extension* im Einsatz, so braucht der *Link-Token* in der IPv6-Adresse des beim Router vorliegenden Pakets nicht mehr aktuell zu sein. Ein ähnliches Problem entsteht, falls ein Rechner in einem verbindungsorientierten Subnetz umgezogen ist.

NDP ermöglicht es daher, im Zuge der Verbindungsaufnahme die 'aktuelle' Linkadresse des Zielrechners für eine bekannte IPv6-Adresse zu ermitteln. Diese Funktion entspricht der Funktion des Protokolls ARP bei IPv4.

9.2 Das Neighbor Discovery Protokoll

- Unter Einsatz von NDP kann ein Rechner feststellen, ob ein anderer Rechner an seinem Subnetz (Link) noch erreichbar ist oder nicht, was auch *Neighbor Unreachability Detection* genannt wird.   NUD
- NDP ermöglicht es, die Einmaligkeit von Adressen innerhalb eines Subnetzes festzustellen und somit eine *Duplicate Address Detection* DAD durchzuführen. Hierfür wird die Eindeutigkeit des Link-Tokens im lokalen Subnetz überprüft.   DAD
- Falls ein Rechner *A* eine Zieladresse falsch interpretiert und ein Paket beispielsweise an einen Router abgeschickt hat, statt es an den Zielrechner im gleichen Subnetz direkt abzusenden, kann der Router das betreffende Paket umadressieren, d.h. es mittels einer *Redirect Function* zum Zielrechner im gleichen Subnetz umleiten und gleichzeitig den Quellrechner *A* mittels der Redirect-Nachricht darauf hinweisen, dass das Ziel sich im gleichen Subnetz befindet.   Redirect

9.2.1 Bestimmen des Ziels eines IPv6-Pakets

Das Bestimmen des Ziels eines Pakets beim Quellrechner in einem IPv4-Netz wurde im Abschnitt 3.4.3 dargestellt. Da jede IPv4-Adresse sich aus Subnetz-ID und Host-ID zusammensetzt, war es möglich, mithilfe einer Operation `Bitwise_AND` im Quellrechner festzustellen, ob der Zielrechner sich im gleichen oder in einem anderen Subnetz befindet [Abb. 3.4-5]. In einem IPv6-Netz können aber den einzelnen Rechnern unterschiedliche Arten von IPv6-Adressen zugeordnet werden, sodass dies ein komplexeres Verfahren beim Absenden eines IPv6-Pakets verlangt. Hierfür wird NDP verwendet. Um NDP zu unterstützen, muss ein IPv6-Rechner bestimmte Parameter und Adresszuordnungen erlernen und speichern. Diese Informationen werden im IPv6-Rechner in verschiedenen Caches abgespeichert. Abb. 9.2-4 zeigt diese Caches.   Problem bei IPv6 im Vergleich zu IPv4

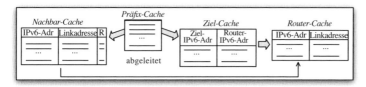

Abb. 9.2-4: Caches von NDP in einem IPv6-Rechner

Die einzelnen Caches von NDP sind: NDP-Caches

- Der *Präfix-Cache* enthält die Liste von Linkpräfixes [Abb. 9.2-2], die im Subnetz gelten, d.h. von den Endsystemen, die am gleichen Subnetz angeschlossen sind. Falls alle Rechner in einem Subnetz nur IPv6-Adressen von lokaler Bedeutung besitzen, stellt das Linkpräfix die Subnetz-ID dar [Abb. 9.2-2b]. Die Linkpräfixe können die Rechner aus den von Routern erhaltenen ICMPv6-Nachrichten `Router Advertisement` [Abb. 9.2-11] ermitteln. Jeder Eintrag im Präfix-Cache enthält zusätzlich eine Zeitangabe, wie lange der betreffende Linkpräfix gültig ist.   Prefix Cache
- Als Nachbar eines Rechners wird jedes System (Rechner, Router) im gleichen Subnetz bezeichnet. Der *Nachbar-Cache* entspricht dem ARP-Cache bei IPv4 [Abb.3.6-1]. In diesem Cache werden die Zuordnungen *IPv6-Adresse* ⇒ *Linkadresse* von Nachbarn abgespeichert. Bei jedem Eintrag wird mit dem Flag-Bit R (*R=IsRouter*)   Neighbor Cache

markiert, ob es sich hierbei um einen Router (R=1) oder einen Rechner handelt. Aus diesem Cache wird der Inhalt der aktiven MAC-Adressen der IPv6-Nachbarn bezogen.

Router Cache
- Der *Router-Cache* enthält die Zuordnungen *Router-IPv6-Adresse* ⇒ *Linkadresse* für alle am lokalen Subnetz angeschlossenen Router.

Destination Cache
- Der *Destination* oder *Ziel-Cache* enthält die Zuordnungen *IPv6-Zieladresse* ⇒ *Router-IPv6-Adresse*. Mithilfe dieser Angaben wird ein ausgewählter Router für jedes Ziel in einem anderen Subnetz zugeordnet. Dieser Cache ermöglicht den Einsatz mehrerer Router in einem Subnetz.

NDP-Ablauf beim Absenden jedes Pakets
Die erwähnten Caches werden beim Absenden jedes IPv6-Pakets gelesen. Den Ablauf von NDP beim Absenden des IPv6-Pakets illustriert Abb. 9.2-5.

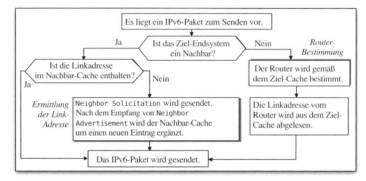

Abb. 9.2-5: Verlauf von NDP in einem Rechner beim Absenden jedes IPv6-Pakets

Die einzelnen Schritte beim Absenden jedes IPv6-Pakets sind:

1. Zuerst wird die IPv6-Zieladresse mit den im Präfix-Cache enthaltenen Linkpräfixes verglichen, um festzustellen, ob der Zielrechner sich im gleichen Subnetz befindet. Dies entspricht der Durchführung der Operation `Bitwise_AND` in einem IPv4-Rechner [Abb. 3.4-5].

2. Falls sich der Zielrechner im gleichen Subnetz befindet, wird der Nachbar-Cache gelesen, um die Linkadresse des Zielrechners zu bestimmen. Enthält der Nachbar-Cache einen Eintrag mit dieser IPv6-Zieladresse, wird die Linkadresse entnommen und das Paket dorthin gesendet.

3. Ist die gesuchte Linkadresse im Nachbar-Cache nicht enthalten, wird eine ICMPv6-Nachricht `Neighbor Solicitation` (NS) gesendet, um diese Adresse zu ermitteln [Abb. 9.2-9]. Mit dieser Nachricht wird der Zielrechner gebeten, seine Linkadresse bekannt zu geben. Ist der entsprechende Zielrechner am gleichen Subnetz angeschlossen und intakt, sendet er seine Linkadresse in der ICMPv6-Nachricht `Neighbor Advertisement`. Diese Linkadresse wird nun im Nachbar-Cache abgespeichert und anschließend das wartende Paket abgeschickt. Dieser Vorgang bei der Ermittlung einer Linkadresse entspricht dem Ablauf von ARP [Abb. 3.6-2].

4. Im einem (broadcast-orientierten) LAN wird eine ICMPv6-Nachricht NS mit einer *Solicited-Node Multicast Address* (SNMA) versendet. Ist ein Subnetz ein verbindungsorientiertes Netz (z.B. ATM-Netz), muss zur Beantwortung dieser Anfragen

9.2 Das Neighbor Discovery Protokoll

ein Multicast-Server eingesetzt werden. Für die Realisierung von IP-Multicast in verbindungsorientierten Netzen kann das MARS-Konzept (*Multicast Address Resolution Server*) verwendet werden.

5. Falls sich der Zielrechner in einem anderen Subnetz befindet, wird der Ziel-Cache gelesen, um einen Router zu bestimmen, an den das vorliegende Paket übergeben werden soll. Hierbei wird dem Ziel-Cache zuerst die Router-IPv6-Adresse entnommen und danach aus dem Router-Cache die Linkadresse des Routers abgelesen. Anschließend wird das Paket an den ausgewählten Router übergeben.

9.2.2 Ermittlung von Linkadressen

Die Notwendigkeit der Ermittlung von Linkadressen wurde bereits in Abb. 9.2-3 dargestellt. Für die Lösung dieses Problems werden vom ICMPv6-Protokoll diese Nachrichten verwendet:

ICMPv6-Nachrichten NS und NA

- `Neighbor Solicitation (NS)` und
- `Neighbor Advertisement (NA)`

NS wird von einem Rechner gesendet, um einen anderen (bzw. mehrere) Rechner im gleichen Subnetz anzusprechen. Da alle Rechner in einem Subnetz (Link) als Nachbarn gelten, lässt sich damit der Name `Neighbor Solicitation` (Nachbar-Ansprechen) begründen. Der angesprochene Rechner antwortet mit NA. Mit dieser Nachricht werden u.a. seine Adressen bekannt gemacht. Daher auch der Name *Neighbor Advertisement* (*Nachbar-Bekanntmachung*).

Bereits in Abb. 9.1-1 wurde gezeigt, wie die ICMPv6-Nachrichten NS und NA in den IPv6-Paketen transportiert werden. Ihren allgemeinen Aufbau zeigt Abb. 9.2-6; wobei ihre Nutzung im Weiteren näher dargestellt wird.

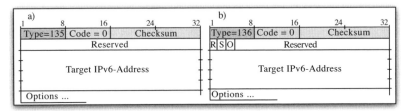

Abb. 9.2-6: ICMPv6-Nachrichten für die Ermittlung von Linkadressen:
   a) NS (`Neighbor Solicitation`, b) NA (`Neighbor Advertisement`)

NS und NA enthalten die IPv6-Zieladresse (*Target IPv6 Address*) und bestimmte Optionen. Die einzelnen Bit R, S und O in NA-Nachrichten haben folgende Bedeutung:

Inhalte von NS und NA

- R (*Router Flag*): Mit diesem Bit wird markiert (R=1), dass der Absender ein Router ist.
- S (*Solicited Flag*): Mit diesem Bit wird markiert (S=1), dass NA die Antwort des ausgewählten Zielrechners auf die Anforderung NS darstellt.
- O (*Override Flag*): Falls dieses Bit auf 1 gesetzt ist, soll ein entsprechender Eintrag im Nachbar-Cache überschrieben (d.h. modifiziert) werden.

| Aufbau von Options | In den ICMPv6-Nachrichten können nach Bedarf zusätzliche Steuerungsangaben in Form von Options übermittelt werden. Dies soll anhand von Beispielen verdeutlicht werden [Abb.9.2-8, Abb.9.2-10, Abb.9.2-11 und Abb.9.2-13]. Der allgemeine Aufbau von Options und deren Arten zeigt Abb. 9.2-7. |

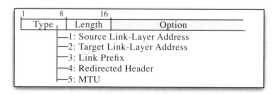

Abb. 9.2-7: Aufbau von Options in ICMPv6-Nachrichten [RFC 4861]

| Typen von Options | Das Feld Type verweist auf die Bedeutung der Option. Im Feld Length wird die Länge der Option angegeben. Im Wesentlichen werden die folgenden fünf Options-Typen genutzt[1]: |

- Source Link-Layer Address für die Angabe der Linkadresse des Quellrechners.
- Target Link-Layer Address für die Angabe der Linkadresse des Zielrechners.
- Linkpräfix: Option zur Bekanntgabe des Linkpräfix [Abb. 9.2-2b].
- Redirected Header: Ein Router kann ein IPv6-Paket, das an ihn zur Weiterleitung übergeben wurde, an einen anderen Router 'umleiten'. Danach teilt er dies dem Quellrechner mit der ICMPv6-Nachricht Redirect mit, in der er dem Quellrechner auch den Header des 'umgeleiteten' IPv6-Pakets in Form der Option Redirected Header übergeben kann.
- MTU (*Message Transfer Unit*): Mithilfe dieser Option kann die maximale Länge der IP-Pakete bekannt gemacht werden.

| Ermittlung einer Linkadresse | Den Ablauf von NDP bei der Ermittlung einer Linkadresse (z.B. einer MAC-Adresse in einem LAN) illustriert Abb. 9.2-8. Um eine Linkadresse für eine vorliegende IPv6-Zieladresse zu ermitteln, sendet der Quellrechner die Nachricht Neighbor Solicitation (NS) an die SNMA-Adresse des Zielrechners und teilt hierin seine Source Link-Layer-Address als Option mit. Da die IPv6-Quelladresse im IPv6-Paket ebenfalls enthalten ist, kann der Zielrechner in seinem Nachbar-Cache zusätzlich die Zuordnung IPv6-Adresse ⇒ Linkadresse neu eintragen bzw. modifizieren. Der Zielrechner antwortet mit Neighbor Advertisement (NA), in der die gesuchte Linkadresse als Option Target Link-Layer Address eingetragen wird. Nach dem Empfang von NA beim Quellrechner trägt er die Zuordnung *IPv6-Adresse ⇒ Linkadresse* in seinem Nachbar-Cache ein [Abb. 9.2-4]. Damit hat der Quellrechner die gesuchte Ziel-Linkadresse ermittelt. |

| Neighbor Unreachable Detection | Wie auch bei IPv4 ist die Gültigkeit des Eintrags im *Neighbor Cache* beschränkt. Vergleichbar den Zuständen der eigenen IPv6-Adresse, wird auch hier für den Status eines Eintrags im Cache eine *State Engine* benutzt, die folgende Zustände umfassen kann (vgl. Abb. 9.2-8): |

---

[1] Eine vollständige Übersicht aller Options findet sich unter
http://www.iana.org/assignments/icmpv6-parameters/icmpv6-parameters.xhtml.

9.2 Das Neighbor Discovery Protokoll

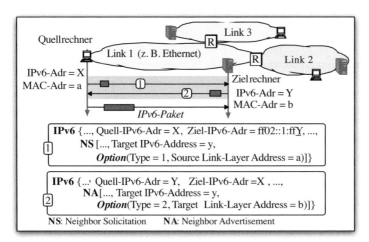

Abb. 9.2-8: Verlauf von NDP bei der Ermittlung einer Linkadresse
ff02::1:ff<u>Y</u> ist die SNMA-Adresse, die die Link-ID von Y beinhaltet

- *Incomplete*: Die Adressenauflösung wird für eine Adresse (IPv6=Y, MAC=b) gerade vorgenommen.
- *Reachable*: Das Paar (IPv6=Y, MAC=b) steht im Cache mit gültigem Eintrag.
- *Stale*: Die Gültigkeit eines Cache-Eintrags ist abgelaufen, aber der Kommunikationspartner ist möglicherweise noch über die gespeicherte MAC-Adresse erreichbar.
- *Delay*: Die Gültigkeit des Cache-Eintrages ist abgelaufen. Im Gegensatz zum Stale Zustand wurde aber ein IPv6 Paket an den Kommunikationspartner gesendet, durch das die MAC-Adresse verifiziert werden kann.
- *Probe*: Ein Unicast-Paket NS wurde an diese Adresse versandt, ohne aber bislang eine Antwort NA erhalten zu haben.

Zur Feststellung, ob eine IPv6-Adresse noch aktiv ist, wird im Gegensatz zu Abb. 9.2-8 nun eine NS-Nachrichten mit der *Unicast*- (Y) statt der SNMA-Adresse (ff02::1:ff<u>Y</u>) an das Zielsystem verschickt. Ist diese IPv6-Adresse noch aktiv (vgl. Abschnitt 8.11), antwortet das Zielsystem mit einer NA-Nachricht als Unicast an den fragenden Rechner, wobei ggf. nun die aktuelle IPv6-Adresse mitgeteilt wird.

9.2.3 Router Advertisement/Solicitation

NDP stellt die Mechanismen zur Verfügung, die es den Rechnern in einem Subnetz ermöglichen, die im gleichen Subnetz vorhandenen Router zu entdecken, anzusprechen und deren Parameter zu ermitteln. Hierfür werden die folgenden Nachrichten vom ICMPv6-Protokoll eingesetzt:

- Router Solicitation (RS) und
- Router Advertisement (RA).

Abb. 9.2-9 zeigt die Struktur von RS und RA.

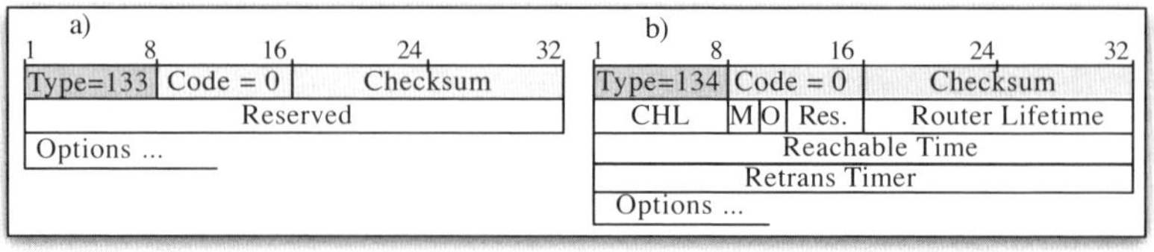

```
a)
1       8       16      24      32
|Type=133|Code = 0|    Checksum    |
|          Reserved                |
| Options ...                      |

b)
1       8       16      24      32
|Type=134|Code = 0|    Checksum    |
|  CHL   |M|O|Res.| Router Lifetime |
|         Reachable Time           |
|         Retrans Timer            |
| Options ...                      |
```

Abb. 9.2-9: ICMPv6-Nachrichten Type 133 und 134: a) Router Solicitation, b) Router Advertisement
CHL: Current Hop Limit, Res.: Reserved, M: Managed Address, O: Other stateful information

Die einzelnen Angaben in Router Advertisement haben folgende Bedeutung:

- CHL (*Current Hop Limit*): Hier wird das Hop Limit angegeben, das in den im Nachhinein gesendeten IPv6-Paketen eingetragen werden soll [Abb. 8.2-1].
- M (*Managed Address Configuration*): Falls M = 1, bedeutet dies, dass der Rechner eine *Stateful Autoconfiguration* (d.h. serverbasierte Autoconfiguration mit DHCPv6) [Abschnitt 9.4] zusätzlich zu einer *Stateless Autoconfiguration* [Abschnitt 9.3] nutzen kann.
- O (*Other Stateful Configuration*): Das O = 1 bedeutet, dass der Rechner *Stateful Autoconfiguration* unterstützt. Hierzu gehören weitere Netzwerkparameter wie die Angaben zu Time-Server und Web-Proxy.
- Router Lifetime: Hier wird die Lebensdauer des Routers in Sekunden angegeben. Der Wert 0 bedeutet, dass der Router kein *Default Router* ist.
- Reachable Time: Hier wird die Erreichbarkeitszeit des Rechners in Millisekunden angegeben. Nach Ablauf dieser Zeit wird geprüft, ob der betreffende Rechner noch erreichbar ist.
- Retrans Timer: Hier wird die Zeit in Millisekunden angegeben, die seit dem Absenden der letzten Neighbor Solicitation abgelaufen ist.

Es ist zu bemerken, dass RS der Funktion nach der NS entspricht, und RA entspricht wiederum der NA [Abb. 9.2-6]. Der auffordernde Rechner versendet die RS-Nachrichten ausgehend von seiner LLU-Adresse an die All-Router Multicast-Adresse, während die Antwort als RA-Nachricht an seine Unicast-Adresse gerichtet ist [Abb. 9.2-10].

Router Solicitation

Abb. 9.2-10 illustriert das Prinzip der Entdeckung von Routern. Rechnern mit der Nachricht Router Solicitation können IPv6-fähige Router auffordern, ihre Parameter bekannt zu machen. Um zunächst festzustellen, welche Router am Link vorhanden sind, sendet ein Rechner eine Nachricht RS in einem IPv6-Paket mit der Multicast-Adresse ff2::2 (alle Router am Link). Daher werden alle Router im gleichen Subnetz mit RS angesprochen. Im IPv6-Paket mit RS sind die IPv6-Quelladresse (X) und die Quell-Linkadresse (*b*) als eine Option (Typ = 1) enthalten. Jeder Router sendet die Antwort direkt an den anfordernden Rechner als Nachricht RA, in der dessen Link- und IP-Adressen und auch andere Parameter (Präfix, MTU) enthalten sind. Auf diese Weise können die neu angeschlossenen Rechner die aktiven Router am Link kennenlernen.

IPv6 erlaubt mehrere Default Gateways

Beim Vergleich von IPv4 und IPv6 ist darauf zu verweisen, dass die Implementierungen von IPv4 oft pro Subnetz nur einen Router (als Gateway nach außen) zulassen. Bei der Installation der Protokollfamilie TCP/IP mit IPv4 muss die IPv4-Adresse des Routers (*Default Gateway*) angegeben werden. Die Angabe der Linkadresse (d.h.

9.2 Das Neighbor Discovery Protokoll

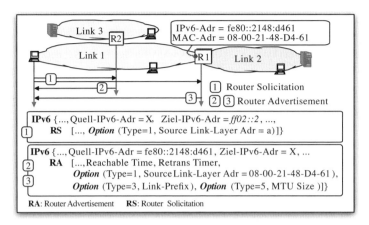

Abb. 9.2-10: Entdeckung der Routern im Linksegment durch einen Rechner

MAC-Adresse) ist nicht notwendig, weil sie über das Protokoll ARP ermittelt wird [Abb. 3.6-1] und [Abb. 3.6-2]. Ein neu angeschlossener IPv6-Rechner ist nach den in Abb. 9.2-10 dargestellten Prinzipien in der Lage, alle Router zu identifizieren und deren Adressen zu ermitteln. Bei IPv6 können mehrere Router (als Gateways nach außen) in einem Subnetz eingesetzt werden. Die Router-Adressen werden im Router-Cache gespeichert [Abb. 9.2-4].

9.2.4 Unsolicited Router Advertisements

Zusätzlich zur Aufforderung durch die Endknoten, teilen IPv6-fähige Router periodisch ihre Parameter mittels `Unsolicited Router Advertisement` Nachrichten im Linksegement mit.

Aktive Router

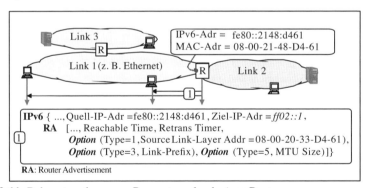

Abb. 9.2-11: Bekanntmachung von Parametern durch einen Router

Jeder Router in Abb. 9.2-11 sendet periodisch die Nachrichten `Router Advertisement (RA)` an alle Rechner im gleichen Link. Diese Nachrichten werden in IPv6-Paketen mit der Multicast-Adresse `ff02::1` (alle Rechner im Link) als IPv6-Zieladresse gesendet. Wird ein Router von einem Rechner mit `Router Solicitation (RS)` aufgefordert, ihm seine Parameter zukommen zu lassen, sendet er

Unsolicited Router Advertisements

die Nachricht RA direkt an den anfordernden Rechner. Als Quelladresse enthalten die Nachrichten RS und RA immer jeweils die LLU-Adresse des Absenders

RA enthält als Option (Type = 3) das Linkpräfix für den Link (Subnetz), auf dem RA gesendet wurde. Die Rechner mit dem gleichen Präfix befinden sich an einem gemeinsamen Link, d.h. ein Rechner kann durch das Vergleichen des Präfixes der eigenen Adresse mit dem Präfix der Adresse eines anderen Rechners feststellen, ob sich dieser Rechner am gleichen Link befindet oder nicht. Die Rechner mit den anderen Präfixen in der IPv6-Adresse sind nicht am selben Link angeschlossen und daher nur über einen Router erreichbar.

In der Nachricht RA kann auch der MTU-Wert angegeben werden.

9.2.5 IPv6-Paket-Umleitung

Bedeutung der Redirect-Funktion

Sind mehrere Router in einem Subnetz als Gateways nach außen vorhanden, so entsteht das folgende Problem beim Aussenden eines Pakets: Welches ist der am besten geeignete Router zur Weiterleitung des Pakets ins Ziel-Subnetz?

Die Antwort auf diese Frage ist im Ziel-Cache des Quellrechners enthalten [Abb. 9.2-4]. Ein Router kann ein ihm zur Weiterleitung übergebenes IPv6-Paket an einen Rechner bzw. an einen anderen Router 'umleiten'. Das wird als *Redirect-Funktion* bezeichnet. Mithilfe der Redirect-Funktion können die Zuordnungen im Ziel-Cache erlernt werden. Hierfür wird die ICMPv6-Nachricht Redirect verwendet, deren Aufbau Abb. 9.2-12 zeigt.

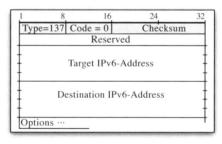

Abb. 9.2-12: ICMPv6-Nachricht Redirect

Die einzelnen Angaben in Redirect haben folgende Bedeutung:

- Target IPv6-Address: Hier trägt ein Router die IPv6-Adresse eines anderen Routers ein, an den ein Paket mit der IPv6-Zieladresse X umgeleitet wurde; der andere Router gilt als 'besser' für das mit der Zieladresse X gesendete Paket.
- Destination IPv6-Address: IP-Zieladresse des Pakets, das umgeleitet wurde.

Ablauf eines Redirects bei NDP

Der Quellrechner in Abb. 9.2-13 mit IPv6-Adresse X und MAC-Adresse a hat ein IPv6-Paket an Router R1 mit MAC-Adresse c zur Weiterleitung übergeben. R1 hat nach der Routing-Tabelle festgestellt, dass R2 für die Weiterleitung dieses Pakets 'besser' geeignet ist. Somit leitet R1 das 'Original'-Paket an R2 um, der dieses an den Zielrechner mit der MAC-Adresse b weiterleitet.

9.3 Stateless Address Autoconfiguration (SLAAC)

Zusätzlich sendet R1 eine Nachricht `Redirect` an den Quellrechner, um ihm mitzuteilen, dass Pakete mit der IPv6-Zieladresse Y an R2 mit MAC-Adresse *d* zur Weiterleitung übergeben werden sollen. Die MAC-Adresse von R2 wird als Option in `Redirect` angegeben. In `Redirect` kann auch der IPv6-Header des umgeleiteten Pakets enthalten sein.

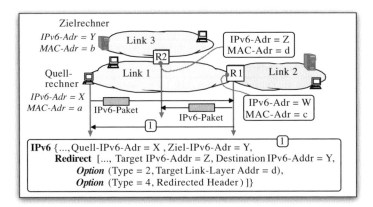

Abb. 9.2-13: Veranschaulichung der Redirect-Funktion

Mit der ICMPv6-Nachricht `Redirect` wird die Zuordnung *IPv6-Zieladresse ⇒ Linkadresse* (MAC-Adresse) dem Quellrechner mitgeteilt, sodass er seinen Ziel-Cache entsprechend modifizieren kann [Abb. 9.2-4].

9.3 Stateless Address Autoconfiguration (SLAAC)

Die bevorzugte Möglichkeit der Adressvergabe bei IPv6 besteht darin, eine automatische Adresskonfiguration ohne Konfigurationsserver zu realisieren, d.h. serverlos. Diese Art der automatischen Adresskonfiguration wird als *Stateless Address Autoconfiguration* bzw. kurz als SLAAC bezeichnet [RFC 4862].

SLAAC ermöglicht einem Rechner, den Link-Token seiner IPv6-Adresse [Abb. 8.8-1] selbst zu generieren und zu überprüfen, ob diese Adresse im Linksegment eindeutig, d.h. nicht doppelt vorhanden ist. SLAAC ist somit auf ein Subnetz eingeschränkt. Obwohl SLAAC vor allem für LLU-Adressen zum Zuge kommt, ist der zugrundeliegende Mechanismus genauso für ULA und globale IPv6-Adressen geeignet.

Bedeutung von SLAAC

Abb. 9.3-1 illustriert SLAAC am Beispiel eines Rechners im LAN.

Im Ablauf des SLAAC-Verfahrens sind folgende Schritte zu unterscheiden:

1. Bekanntmachung der Linkadresse und Überprüfung ihrer Einmaligkeit

    DAD-Prozess

    ▷ Ein Rechner im LAN enthält eine Netzwerkkarte, in der eine (herstellerspezifische) MAC-Adresse fest abgespeichert wird. Es kann sich aber auch um eine lokal administrierte MAC-Adresse handeln.

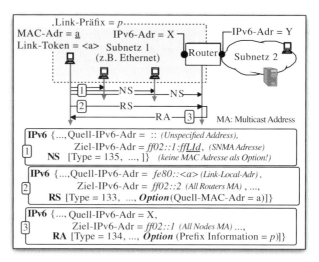

Abb. 9.3-1: Allgemeines Prinzip der Stateless Address Autoconfiguration (SLAAC)
LId: Link-ID, NS: Neighbor Solicitation, RS: Router Solicitation, RA: Router Advertisement

Link-ID = 24 Bit des Link-Token

▷ Diese MAC-Adresse muss im lokalen Subnetz eindeutig sein, sodass der Rechner zuerst überprüfen muss, ob dies der Fall ist.
▷ Hierfür generiert er selbst eine provisorische IPv6-Adresse. Im Falle einer LLU-Adresse setzt diese sich aus dem Präfix fe80::/64 und seiner *Interface-ID* zusammen [Abb.8.9-6a], wobei Letztere zunächst ausgehend von der MAC-Adresse gebildet wird [Abb. 8.8-3].
▷ Diese Adresse ist vorläufig und der Rechner muss noch überprüfen, ob sie im Subnetz einmalig ist. Daher führt er einen DAD-Prozess (*Duplicate Address Detection*) durch.
▷ Anschließend sendet der Rechner (in Abb. 9.3-1 mit MAC = a) eine ICMPv6-Nachricht Neighbor Solicitation (NS). Das IPv6-Paket mit NS enthält die Solicited-Node Multicast Address (SNMA) als IP-Zieladresse. Die SNMA besteht aus dem Präfix ff02::1:ff/104 und aus den letzten 24 Bit des Link-Token, also der Link-ID.

Die SNMA-Zieladresse ist somit unabhängig vom gewählten IPv6-Präfix und repräsentiert die Schnittstelle des Rechners. Als Quelladresse wird '::' genutzt, also die unspezifizierte IPv6-Adresse.

Abgeleitete LLU-Adressen

Die LLU-Adresse ist fe80::307:c5ff:feb6:4e6a. Der in Abb. 9.3-1 aus der MAC-Adresse a gemäß Abb. 8.8-3 gebildete Link-Token hat den Wert 307:c5ff:feb6:4e6a. Die untersten 24 Bit ergeben die Link-Id mit b6:4e6a. Hieraus wird die SNMA abgeleitet, also ff02:0:0:0:0:1:ffb6:4e6a bzw. in kompaktifizierter Form ff02::1:ffb6:4e6a. NS ist eine auf das lokale Subnetz eingeschränkte Multicast-Nachricht, um die Einmaligkeit der eigenen MAC-Adresse zu überprüfen. Mit NS werden somit lediglich Systeme (Rechner, Router) mit gleicher SNMA-Adresse angesprochen. Die Nachricht NS enthält die Option

9.3 Stateless Address Autoconfiguration (SLAAC)

> `Source Link-Layer Address`, in der die MAC-Adresse des Quellrechners angegeben wird, die auf die Einmaligkeit im Link (Subnetz) gerade überprüft wird.

▷ *Reaktion auf doppelte IPv6-Adresse*   Adresskollisionen
Falls ein anderer Rechner bereits eine IPv6-Adresse mit dem in `NS` enthaltenen Link-ID (als Teil seines Link-Tokens, z.B. seiner MAC-Adresse) besitzt, antwortet er mit einer ICMPv6-Nachricht `Neighbor Advertisement` (`NA`), die per `All-Node Multicast` an alle Rechner im Linksegment verschickt werden. Damit kann nicht nur der Rechner, der die NS-Probe verschickt hat, sich eine neue Adresse konfigurieren (indem der Schritt 1 wiederholt wird), sondern auch alle Stationen in Linksegment registrieren die fälschlich aufgetauchte Kombination von IPv6- und MAC-Adresse.

▷ *Lokale Gültigkeit der IPv6-Adresse*
Im Gutfall ist somit Einmaligkeit seiner gewählten Link-ID überprüft. Wenn keine Nachricht `NA` ankommt, bedeutet dies, dass die Link-ID im Linksegment einmalig ist und verwendet werden darf und somit ist die zugehörige IPv6-Adresse gültig. Damit ist der Schritt 1 abgeschlossen.

2. Herausfinden von Routern und Präfix-Abfrage   Präfixermittlung
Nach Prüfung der Einmaligkeit der Linkadresse (hier MAC-Adresse) muss der Rechner herausfinden, welche Router im Subnetz (am Link) vorhanden sind und welche Präfixe gelten. Hierfür nutzt er die ICMPv6-Nachricht `Router Solicitation` (`RS`). Sie wird in einem IPv6-Paket mit `ff02::2` (*All-Router Multicast Address*) als IPv6-Zieladresse an alle Router am Link verschickt. In `RS` wird die Quell-MAC-Adresse als Option `Source Link-Layer Address` [Abb. 9.2-7] angegeben, die in Schritt 1 auf die Einmaligkeit überprüft wurde.

3. Übernahme der Netzwerkparameter   Router Advertisement
Existiert mindestens ein Router im Subnetz, sendet er die ICMPv6-Nachricht `Router Advertisement` (`RA`) mit der Präfixangabe als Option `Prefix Information`. RA wird in einem IPv6-Paket mit `ff02::1` (*All-Nodes Multicast Address*) als IPv6-Zieladresse, d.h. an alle Rechner am Link, gesendet, sodass das 'gefragte' Linkpräfix im ganzen Link (Subnetz) bekannt gemacht wird. Zugleich lernt dieser Rechner, der diese Bekanntmachung initiiert hat, auch das Präfix p kennen. Aus dem Präfix p und seiner Link-ID LId (hier als Teil der MAC-Adresse) kann sich der Rechner die (globale) IPv6-Adresse (p,a) selbst generieren.

9.3.1 SLAAC und Router Advertisements

Das Verfahren der *Stateless Address Autoconfiguration* (SLAAC) stützt sich auf die folgenden ICMPv6-Nachrichten:

- NA/NS zur *Duplicate Address Detection* DAD sowie
- RA/RS für die *Prefix Discovery*.

Beim Start eines Netzwerk-Interfaces sendet der Rechner automatisch die Nachrichten `Neighbour Solicitation` und `Router Solicitation` aus und erwartet entsprechende `Router Advertisements`.

Bei den *Router Advertisements* sind drei Fälle möglich:

Router Advertisements

1. Die RA-Nachricht beinhaltet das M-Flag und fordert somit den Rechner auf, seine IPv6-Konfiguration über einen DHCPv6-Server zu beziehen, was im nächsten Abschnitt erläutert ist.

RADVD

2. Der Router, unter Unix z.B. in Form des *Router Advertisement Daemon* RADVD, sendet Basisinformation an den Client. Diese beinhalten lediglich das *Netzpräfix* und ggf. das *Default Gateway*. Der RADVD-Router agiert nicht im eigentlichen Sinne als (Forwarding-)Router, sondern ist nur für die Verteilung der Netzwerkinformation zuständig.

3. Der Router teilt dem Client eine erweiterte Netzwerkkonfiguration mit. In der RA-Nachricht [Abb. 9.2-9] werden nun zusätzliche Optionen eingebettet:

Router-Liste

- RA Option-Type 24: Die LLU-Adressen der zuständigen Router im Linksegment, einschließlich ihrer Präferenz und die Gültigkeitsdauer der Router-Information [RFC 4191]. Der Client hat aufgrund dieser Informationen seine Routing-Tabelle zu modifizieren [Abb. 9.2-4].

OLP

- RA Option-Type 3: Liste aller Präfixe, die im lokalen Linksegment direkt erreichbar sind: *On-Link Prefix* OLP [RFC 5942]. Diese sind über des L-Bit [Abb.9.2-2] gekennzeichnet. Der Client ergänzt daraufhin seine *Präfixliste* [Abb. 9.2-4].

MTU

- RA Option-Type 5: Die Größe der MTU für das aktuelle Linksegment.

RDNSS

- RA Option-Type 25: Die IP-Adressen der rekursiven DNS-Resolver (vgl. Abschnitt 5.1.4) und die DNS Namens-Suchliste RFC 6106.

In der gängigen IPv6-Praxis werden alle Router Advertisements als All-Node Multicasts verschickt. Hierbei ist zu beachten, dass neben diesen *angeforderten* Router Advertisements auch entsprechend Abschnitt 9.2.4 periodisch Unsolicited Router Advertisements als Multicast-Nachrichten in das Linksegment versendet werden.

Rechner, die das SLAAC-Verfahren unterstützen, können sich gegen die Zuweisung neuer Netzwerkparameter nicht wehren. Dies kann im ungünstigsten Fall zu einem Überlauf der lokalen Konfigurationstabelle führen, wie dies in [GH12] geschildert ist. Aktuelle Systeme beschränken daher den Eintrag hier auf eine sinnvolle Anzahl von konfigurierbaren IPv6-Adressen.

Ein 'böswilliger' Router kann somit quasi die IPv6-Netzkonfiguration im Linksegment vorgeben. Neben der Möglichkeit Multicasts einzuschränken, liegt mittels der *Secure Neighbor Discovery* SeND ein kryptographisch geschütztes Verfahren vor, das wir kurz vorstellen wollen.

9.3.2 SeND – Secure Neighbor Discovery

Genauso wie das ARP-Protokoll [Abschnitt 3.6.1] ist das ICMPv6-Protokoll – welches ARP für IPv6 ablöst – gefährdet gegenüber *Spoofing* und *Hijacking*: ICMPv6-Pakete können gefälscht und beliebige Pakete in das Linksegment, speziell als Multicast, injiziert werden.

9.3 Stateless Address Autoconfiguration (SLAAC)

Mittels der in RFC 3971 vorgestellten *Secure Neighbor Discovery* (SeND) ist es jedoch möglich, ICMPv6-Nachrichten zu signieren. Digitale Signaturen verlangen ein *public key/private key*-Verfahren, was ebenso für SeND gilt. Alle Rechner, die mittels SeND NS/NA sowie RS/RA-Nachrichten austauschen, müssen daher zuvor mit den notwendigen Schlüsseln ausgestattet werden. Dies verkompliziert die Neighbor-Discovery und das SLAAC-Verfahren, und zudem sind nur wenige Betriebssysteme in der Lage, entsprechende SeND-Nachrichten zu erzeugen und zu verarbeiten. Zudem existiert mit IPsec [Abschnitt 6.4] bereits ein konkurrierendes Konzept: Der Authentication Header lässt sich auch bei ICMPv6 nutzen (vgl. Abb. 9.1-1).

SeND ≠ IPsec

Das Konzept von SeND sieht vor, bei NS/NA- und RS/RA-Nachrichten zu deren kryptographischer Absicherung ergänzende Nachrichtenoptionen einzufügen [Abb. 9.3-2]:

- Option-Type 11: *Cryptographically Generated Addresses* (CGA)
  Entsprechend RFC 3972 wird Feld CGA in Abb. 9.3-2a gebildet aus
  - dem 128 Bit langen *SHA-1 Hash* des Link-Tokens,
  - einem *Collision Count* für die gewählte IPv6-Adresse,
  - dem *Subnet-Präfix* mit 64 Bit,
  - dem *public key* des Senders, der 1024 oder 2048 Bit lang ist, sowie
  - einem *Extension-Feld*, das aber z.Z. nicht definiert ist.

CGA

- Option-Type 12: *RSA-Signatur* der Nachricht [Abb. 9.3-2b] und
- Option-Type 13: *Time-Stamp* [Abb.9.3-2c] zur Erkennung/Vermeidung von Replay-Attacken.
- Option-Type 14: *Nonce*: Ein Zufallswert, der die *Advertisements* eindeutig macht [Abb. 9.3-2d].

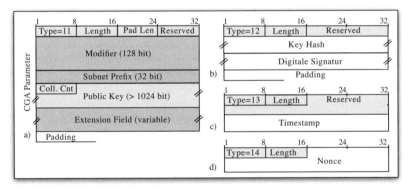

Abb. 9.3-2: Aufbau der SeND Nachrichtentypen a) CGA, b) RSA Digital Signature und c) Timestamp sowie d) Nonce
Pad Len: Padding Length, Coll. Cnt: Collision Count

Eins der Probleme, die sich mit dem Einsatz von *public key* Kryptographie ergibt, ist die Bereitstellung von Infrastruktur für das Vertrauensmodell. Bei SeND ist hierfür folgende Hierarchie vorgesehen:

1. Oberste Autorität besitzt der *Trust Anchor*, der im Grunde die gleiche Funktion wie eine *Certificate Authority* CA besitzt. Er realisiert folgende Aufgaben:

Trust Chain

- *Autorisierung*: Bereitstellung von qualifizierten X.509-Zertifikaten (mit ergänzenden *private key*-Dateien) an die beteiligten Hosts und Router. Diese Zertifikate müssen 'manuell' verteilt werden (*Deployment*).
- *Legitimierung*: Abfragen an den Trust Anchor, ob ein Teilnehmer im SeND ein qualifiziertes Zertifikat besitzt. Um dies zu erzielen, sind zwei zusätzliche ICMPv6 Nachrichtentypen definiert: `Certificate Path Solicitation` (CPS) (Type 148) und `Certificate Path Advertisement` (CPA) (Type 149) vorgesehen [Abb. 9.3-4], die diese Informationen auch über das lokale Linksegment hinaus übertragen.

2. Die beteiligten Router werden durch das X.509-Attribut `IPAddressExtension` [RFC 3971] gekennzeichnet, in dem mitgeteilt wird, welche IPv6-Präfixe sie mitteilen dürfen. Wird dies mit ::/0 angegeben, sind alle erlaubt.
3. Router und Hosts werden über ihre IPv6-Adresse qualifiziert, die als `Subject Alternative Name` im X.509-Zertifikat angegeben ist (vgl. Abschnitt 7.2).

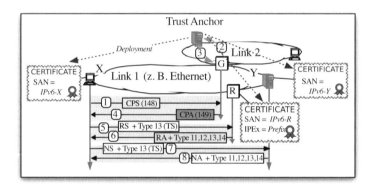

Abb. 9.3-3: Prinzipieller Ablauf des SeND-Verfahrens in drei Abschnitten
CPS: Certificate Path Solicitation, CPA: Certificate Path Advertisement,
RS: Router Solicitation, RA: Router Advertisement, NS: Neighbor Solicitation,
NA: Neighbor Advertisement, G: Gateway, R: Router, TS: Timestamp,
SAN: Subject Alternative Name, IPEx: IP-Extensions

Authorization Delegation Discovery (ADD)

Wie in Abb. 9.3-3 gezeigt, verfügt jede SeND-fähige IPv6-Komponente zunächst über ein qualifiziertes X.509-Zertifikat und das ergänzende *key file*, das zum Signieren aller SeND-Nachrichten dient. Der SeND-Prozess beinhaltet anschließend folgende Schritte:

1. Der Knoten muss sich (nach der Aktivierung) Kenntnisse über die *Trust Chain* verschaffen. Hierzu dient die Nachricht `Certificate Path Solicitation` (CPS), die als `All-Router-Multicast` verschickt wird und als Quelladresse die LLU- oder aber die *unspecified* Adresse ('::') nutzt.
2. In der Regel ist ein Router als *Trust Anchor* vorgesehen. An diesen sind die CPS-Nachrichten von allen anderen Routern weiter zu leiten.
3. Die Antwort wird als `Certificate Path Advertisement` (CPA) formuliert. Hierbei ist vorgesehen, dass als Zieladresse entweder die *Link-scoped All-Node Multicast* oder aber die SNMA-Adresse des Absenders (die aus der LLU-Senderadresse extrahiert werden muss) fungiert.
4. Die Antwort wird vom Router am Linksegment an den abfragenden Host, bzw. (per `All-Node Multicast`) an alle weiter geleitet.

9.4 Konzept und Einsatz von DHCPv6

5. Nun kann der Host beginnen, seine Netzwerkinformation per `Router Solicitation` zu ermitteln. Die ICMPv6-Nachrichten werden mit einem *Timestamp* versehen.
6. Der antwortende Router fügt in seinem signierten `Router Advertisements` zusätzlich zur CGA-IPv6-Adresse einen *Timestamp* und ein *Nonce* hinzu, um *Spoofing* zu verhindern.
7. `NS`-Nachrichten sind ebenfalls durch einen *Timestamp* gekennzeichnet. Hierdurch erkennt jeder potenziell SeND-fähige Nachbar, dass auch er entsprechend mit
8. `NA`-Nachrichten unter Einschluss von *CGA*, *Timestamp* und *Nonce* antworten sollte.

Durch die Kenntnis der *Trust Chain* kann die Authentizität der Antworten überprüft werden. Das *Nonce* und der *Timestamp* sorgen dafür, dass Antworten nicht einfach gefälscht werden können.

Den Aufbau der IMCPv6-Nachrichten vom Typ `Certifcate Path Solicitation` und `Certificate Path Advertisement` zeigt Abb. 9.3-4:

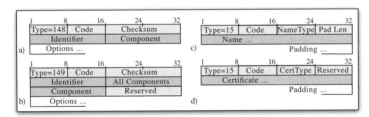

Abb. 9.3-4: Aufbau von a) CPS- und b) CPA-Nachrichten und den ergänzenden Angaben über c) den Namen und d) das X.509-Zertifikat

Aus der Darstellung [Abb. 9.3-4] wird auch klar, dass die Nutzung eines *Trust Anchors* jenseits des lokalen Linksegments nicht trivial ist. Sowohl Neighbor- als auch Router Soliciation-/Advertisement-Nachrichten nutzen das Konzept von LLU-Nachrichten. Wie dies mit ULA und global routbaren IPv6-Adressen im Hinblick auf Tab. 8.11-1 funktionieren soll, bleibt zu klären.

9.4 Konzept und Einsatz von DHCPv6

Mit *Stateless Autoconfiguration* [Abschnitt 9.3] ist es möglich, den Rechnern innerhalb eines Linksegments neben den IPv6-Adressen nur begrenzte Informationen über ihre IP-Konfiguration zuzuweisen. Um den Rechnern in großen Netzen sowohl die IPv6-Adressen automatisch zuzuweisen als auch ihnen zusätzlich weitere Konfigurationsparameter (z.B. Router-Adresse, DNS-Server-Name,...) zu liefern, wurde das Konfigurationsprotokoll DHCPv6 konzipiert [RFC 3315]. DHCPv6 entspricht weitgehend dem DHCP für IPv4 [Abschnitt 5.2], das wir zur besseren Unterscheidung in diesem Abschnitt als DHCPv4 bezeichnen werden.

Wozu DHCPv6?

Stateful oder stateless DHCPv6?	DHCPv6 funktioniert genau wie DHCPv4 nach dem Client/Server-Prinzip, sodass man von einem *DHCPv6-Client* und einem *DHCPv6-Server* spricht. Ein wesentlicher Unterschied zum bekannten DHCPv4 besteht darin, dass DHCPv6 zwei Betriebsmodi anbietet:

- *Stateful DHCPv6* mit expliziter Zuweisung der IPv6-Adresse an die Clients [RFC 3315]. Hierbei muss sich der DHCPv6-Server den Zustand merken, welche IPv6-Adresse er an welchen Client vergeben hat: *stateful*.
- *Stateless DHCPv6* mit der Möglichkeit, dass sich die Clients den Link-Token ihrer IPv6-Adresse wie bislang (stateless) selbst wählen [RFC 3736] und ihnen nur die Netzwerkkonfiguration mitgeteilt wird. Der DHCPv6-Server besitzt hier keine (aktive) Konfigurationsdatenbank, in der der Zustand der einzelne Clients bzw. deren IPv6-Adresse gehalten wird.

Da bei der automatischen Konfiguration nach DHCP mindestens ein DHCPv6-Server als Konfigurationsserver notwendig ist, bezeichnet man diese Art der automatischen Adresskonfiguration als *serverbasiert*. In RFC 3315 wird sie *Stateful Autoconfiguration* genannt.

DHCPv6-Ports	Für den Transport von DHCPv6-Nachrichten wird UDP eingesetzt. Für DHCPv6 sind die *Well-known Ports* 546 und 547 reserviert, die als Zielport im UDP-Header angegeben werden. DHCPv6-Server bzw. DHCPv6-Relays werden über den Zielport 547 angesprochen; jeder DHCPv6-Client ist über den Zielport 546 zu erreichen.
DHCPv6-Nachrichten	In Ergänzung zu den beim RA-Protokoll verwendeten SOLICIT und ADVERTISEMENT Nachrichten, können weitere spezifische Typen genutzt, die die Konfigurationsinformationen beinhalten.

9.4.1 Client/Relay/Server-Architektur bei DHCPv6

DHCPv6 funktioniert wie DHCPv4 nach dem Client/Server-Prinzip. Abb. 9.4-1 illustriert den Einsatz von DHCPv6. Ein Rechner, in dem bestimmte Konfigurationsparameter für andere Rechner abgespeichert worden sind, fungiert als *DHCPv6-Server*. Die Rechner, die auf den DHCPv6-Server zugreifen, um Konfigurationsangaben abzufragen, nennt man *DHCPv6-Clients*. Ein DHCPv6-Server kann die Clients in mehreren Subnetzen (Linksegmenten) mit Konfigurationsparametern 'versorgen'.

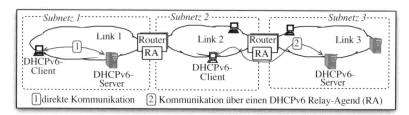

Abb. 9.4-1: Beispiel für den Einsatz von DHCPv6

Anmerkung: In Abb. 9.4-1 können die DHCPv6-Server so konfiguriert werden, dass die Clients im Subnetz *1* die Konfigurationsparameter von DHCPv6-Servern (d.h. in den

9.4 Konzept und Einsatz von DHCPv6

Subnetzen *1* und *2*) beziehen können. Beim Ausfall eines Servers stehen diesen Clients somit noch andere Server zur Verfügung.

Um einen DHCPv6-Server im Netz zu finden, sendet der DHCPv6-Client eine DHCPv6-Nachricht SOLICIT in einem IPv6-Paket, in dem als Zieladresse eine spezielle Multicast-Adresse gesetzt wird. Um ein IPv6-Paket mit einer derartigen Multicast-Adresse in ein anderes Subnetz weiterzuleiten, muss ein Router eine zusätzliche Funktion enthalten. Diese Funktion nennt man *(DHCPv6-)Relay*. Der Einsatz eines Relays hat den Vorteil, dass nicht für jedes Subnetz ein eigener DHCPv6-Server zur Verfügung gestellt werden muss

Discovery

In einem Subnetz können sowohl mehrere DHCPv6-Server als auch mehrere DHCPv6-Relays implementiert werden. Wird in einem Subnetz (z.B. in Subnetz *1*, Abb. 9.4-1) kein DHCPv6-Server implementiert, so können die Clients in diesem Subnetz die Konfigurationsparameter aus einem DHCPv6-Server in einem anderen Subnetz beziehen. Im Router kann (nicht muss) ein DHCPv6-Relay implementiert werden. Das Relay stellt somit für alle Clients in einem Subnetz ohne DHCPv6-Server die Vertretung eines DHCPv6-Servers aus einem anderen Subnetz dar. Seine Aufgabe besteht darin, die Anforderungen von Clients an Server in anderen Subnetzen weiterzuleiten, wie es auch bei DHCPv4 üblich ist.

DHCPv6-Relay

Jeder DHCPv6-Client und jeder DHCPv6-Server muss im Netzwerk eindeutig identifiziert werden. Hierfür wird DUID (*DHCP Unique IDentifier*) verwendet.

Bedeutung von DUID

Es werden folgende drei DUID-Typen definiert [RFC 3315]:

- LLU-Adresse plus Zeit (*Link-layer-address plus time*),
- Vendor-spezifische DUID,
- LLU-Adresse.

DUID vom Typ *Link-Layer-IPv6-Adresse* plus Zeit enthält u.a. die Link-Layer-IPv6-Adresse und den Zeitpunkt, zu dem diese Adresse generiert wurde. Jeder Client übermittelt seine DUID im Nachrichtenteil OPTION_CLIENTID. Ähnlich wird DUID vom Server in OPTION_SERVERID angegeben.

Ein Client kann mehrere Interfaces (physikalische Ports) besitzen, und jedem Interface kann eine IPv6-Adresse zugeordnet werden. Ein Client kann daher über mehrere Interfaces mit einem Server kommunizieren. Aus Server-Sicht handelt es sich hierbei um mehrere Assoziationen, die eindeutig identifiziert werden müssen. Hierfür wurde Identity Association (IA) eingeführt. Jedem Interface wird eine eindeutige IA-Identifikation, kurz IAID, zugeordnet.

Assoziation-ID zwischen Client und Server

Da die IPv6-Adressen den Interfaces zugewiesen werden, kann es sich hierbei um eine temporäre (vorläufige) Adresse (*temporary address*) bzw. um eine dauerhafte Adresse (*Non-temporary Address*) handeln. Bei DHCPv6 unterscheidet man daher zwischen zwei Arten von IA:

- IA-NA (*IA for Non-temporary Address*) und
- IA-TA (*IA for Temporary Address*).

Für die Übermittlung jeder Art von IA sind in DHCPv6-Nachrichten die Optionen OPTION_IA_NA und OPTION_IA_TA vorgesehen.

Vergleicht man die Abb. 5.2-1 und Abb. 9.4-1, ist erkennbar, dass der Einsatz von DHCPv4 und von DHCPv6 auf den ersten Blick vollkommen identisch ist. Die Funktionalität von DHCPv6 ist aber deutlich umfangreicher, was besonders auch die DHCPv6-Nachrichten betrifft, die wir nun im Detail betrachten wollen.

9.4.2 Aufbau von DHCPv6-Nachrichten

Zwischen (DHCPv6-)Client und (DHCPv6-)Server sowie zwischen Relays und Server werden *DHCPv6-Nachrichten* übermittelt. Der Aufbau der zwischen Client und Server ausgetauschten DHCPv6-Nachrichten unterscheidet sich in der Struktur von Nachrichten, die zwischen Relay und Server übermittelt werden. Abb. 9.4-2 zeigt beide Typen von DHCPv6-Nachrichten.

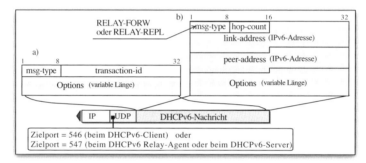

Abb. 9.4-2: Aufbau von DHCPv6-Nachrichten zwischen: a) DHCPv6-Client und -Server,
b) DHCPv6-Relay und -Server
msg-type: Message-Type (Nachrichtentyp)

Client-/Server-DHCPv6-Nachrichten

DHCPv6-Nachrichten, die zwischen Client und Server ausgetauscht werden, enthalten folgende Angaben:

- `msg-type` (`message-type`, 8 Bit): Hier wird der Typ der Nachricht eingetragen. Eine Auflistung von DHCPv6-Nachrichtentypen findet sich Tab. 9.4-1.
- `transaction-id` (id: identification, 16 Bit): Eine zusammenhängende Folge von DHCPv6-Nachrichten zwischen Client und Server stellt eine Transaktion dar. In diesem Feld wird ihre Identifikation eingetragen. Mit `transaction-id` kann der Client bzw. der Server in einer Nachricht angeben, auf welche vorherige Nachricht sich diese Nachricht bezieht. Daher dient `transaction-id` als 'in Bezug auf'.
- `Options`: Jede DHCPv6-Nachricht enthält in der Regel mehrere weitere Angaben, die als Optionen variabler Länge hierin übermittelt werden.

Relay/Server DHCPv6-Nachrichten

Zwischen Relay und Server werden nur zwei Nachrichtentypen übermittelt: RELAY-FORW(arding) und RELAY-REPL(y). Diese Nachrichten enthalten:

- `msg-type` (message-type, 8 Bit): Diese Angabe hat die gleiche Bedeutung wie in anderen DHCPv6-Nachrichten.

9.4 Konzept und Einsatz von DHCPv6

- `hop-count` (8 Bit): Hierin ist die Anzahl der DHCPv6-Relays eingetragen, über die eine Nachricht auf dem Weg zwischen Client und Server übermittelt wurde. Diese Angabe hat die gleiche Bedeutung wie `Time To Live (TTL)` im Header von IPv4 bzw. `Hop Limit` im Header von IPv6.
- `link-address` (128 Bit): Eintrag für eine globale oder eine ULA-Adresse, sodass der Server das Linksegment, in dem sich der Client befindet, identifizieren kann.
- `peer-address` (128 Bit): Hier wird die IPv6-Adresse des Clients oder des Router-Interfaces eingetragen, von dem die Nachricht empfangen wurde.
- `Options`: Besitzt die gleiche Bedeutung wie in anderen DHCPv6-Nachrichten.

DHCPv6-Nachricht	msg-Type	von ⇒ an	Nachrichtenfunktion
SOLICIT	1	C ⇒ S	Suche nach einem Agent bzw. Server
ADVERTISE	2	C ⇐ S	Antwort auf SOLICIT
REQUEST	3	C ⇒ S	Client fordert einige Konfigurationsparameter
CONFIRM	4	C ⇐ S	Bestätigung vom Server
RENEW	5	C ⇒ S	Client will eine Adresse erneuern
REBIND	6	C ⇒ S	Client will eine Adresse aktualisieren
REPLY*)	7	C ⇐ S	Antwort auf SOLICIT, REQUEST, RENEW und REBIND
RELEASE	8	C ⇒ S	Client will eine IP-Adresse abgeben
DECLINE	9	C ⇒ S	Angebotene Adresse ist belegt
RECONFIGURE	10	C ⇐ S	Angebot von neuen Parametern
INFORMATION-REQUEST*)	11	C ⇒ S	Abruf von Parametern
RELAY-FORW*)	12	RA ⇒ S	Weiterleitung einer Nachricht vom Client
RELAY-REPL(y)*)	13	RA ⇐ S	Weiterleitung einer Nachricht vom Server

Tab. 9.4-1: Zusammenstellung von DHCPv6-Nachrichten. Die mit *) bezeichneten Nachrichten sind für stateless DHCPv6-Server verbindlich; alle anderen sind optional.
C: Client, RA: Relay, S: Server

Um weitere Parameterangaben in DHCPv6-Nachrichten zu übermitteln, wurde ein Feld vorgesehen, das mehrere *Optionen* enthalten kann. Wie Abb. 9.4-3 zeigt, kann eine Option als eine kleine Nachricht angesehen werden, in der die Angaben gemacht werden, die ein bestimmtes Problem (wie z.B. Client- bzw. Server-ID, Authentisierungsparameter etc.) betreffen.

Optionen in DHCPv6-Nachrichten

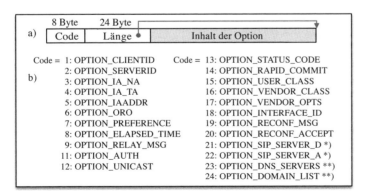

Abb. 9.4-3: Optionen in DHCPv6-Nachrichten: a) Struktur des Option-Felds, b) Typen von Options nach RFC 3315, *) RFC 3319, **) RFC 3646

Um DHCPv6 für die Unterstützung verschiedener Netzwerkdienste effektiv einsetzen zu können, wurden in den RFC 3319, 3646 und 3898 weitere Optionen spezifiziert. Unter http://www.bind9.net/dhcpv6-parameters findet man deren Aufstellung.

9.4.3 Ablauf von DHCPv6 im stateful Mode

Am Anfang des *stateful* DHCPv6-Ablaufs steht die *Discovery*, d.h. der DHCPv6-Client sucht einen DHCPv6-Server bzw. -Relay:

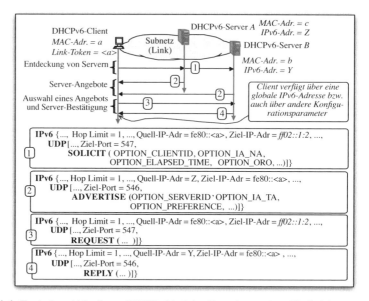

Abb. 9.4-4: Typischer Ablauf von DHCPv6 bei der Zuweisung einer IPv6-Adresse

SLAAC
- Der Client erkennt einen aktiven Link für ein Interface, weist sich zunächst per SLAAC eine LLU-Adresse für das Interface zu und verifiziert diese per DAD.
- Zur Feststellung der IPv6-Konfiguration seines Linksegments sendet der Client eine Router Solicitation aus.
- Der Router im Linksegment antwortet mit einem Router Advertisement unter Angabe des Flags 'm' (*Managed*) und ggf 'O' (vgl. Abschnitt 9.3.1).

Nun beginnt das eigentliche DHCPv6-Verfahren [Abb. 9.4-4]:

Solicitation
1. Der DHCPv6-Client sendet eine Nachricht SOLICIT. Sie wird in ein IPv6-Paket eingebettet, in dem als IPv6-Zieladresse die Multicast-Adresse ff02::1:2 (All_DHCP_Relay_Agents_and_Servers) eingetragen wird. Als IPv6-Quelladresse wird die selbst-generierte LLU-Adresse verwendet. Die Nachricht SOLICIT muss folgende Optionen enthalten:
    ▷ OPTION_CLIENTID mit eigener Identifikation,

9.4 Konzept und Einsatz von DHCPv6

▷ OPTION_IA_NA mit der Identifikation der Assoziation für eine dauerhafte Adresse (*Non-temporary Address*) bzw. OPTION_IA_TA, falls der Client eine temporäre Adresse (*Temporary Address*) benötigt,

▷ OPTION_ELAPSED_TIME mit der Angabe, wie lange die Transaktion dauern soll.

SOLICIT kann zusätzlich OPTION_ORO (*Option Request Option*) enthalten, sodass der Client angeben kann, welche weiteren Konfigurationsparameter (z.B. Angaben über DNS) er beziehen möchte.

Abweichend hiervon starten manche DHCPv6-Implementierungen die *Discovery* unabhängig vom Empfang der Router Advertisement mit gesetztem 'm'-Flag.

Für den DHCPv6-Server stellt sich die Situation wie folgt dar:

- Der DHCPv6-Server ist im *Listening*-Mode und auf die Multicast-Adressen ff05::1:3 (All_DHCP_Servers) bzw. ff02::1:2 (All_DHCP_Relay_Agents_and_Servers) gebunden.
- Beim Empfang der SOLICIT-Nachricht von einem Client wird zunächst anhand von DUID überprüft, ob der Client berechtigt ist, eine Adresse zu beziehen.

2. Der DHCPv6-Server oder das DHCP-Relay antwortet mit der Nachricht ADVERTISE an die LLU-Adresse des Clients, um diesem dessen Konfigurationsdaten zukommen zu lassen.
Die Nachricht ADVERTISE enthält u.a. folgende Optionen:

▷ OPTION_SERVERID mit der Identifikation DUID des Servers,

▷ OPTION_IA_NA mit einer angebotenen dauerhaften IPv6-Adresse bzw. OPTION_IA_TA mit einer angebotenen temporären Adresse,

▷ OPTION_PREFERENCE mit der Präferenz des Servers. Diese kann als Priorität des Servers angesehen werden, aufgrund dessen der Client einen Server auswählt.

Advertisement

Nun ist wieder der DHCPv6-Client gefragt:

- Hierbei nutzt der Client die Präferenzangabe in OPTION_PREFERENCE in der Nachricht ADVERTISE zur Bestimmung eines DHPCv6-Servers. In Abb. 9.4-5 wählt der Client den Server *B* mit dem besten Angebot aus.
- In der Regel ist dies der Server mit der höchsten Präferenz bzw. mit den geeigneten Adressoptionen.

3. Ein DHCPv6-REQUEST wird an den bevorzugten Server in einer Nachricht übermittelt, in dem als IPv6-Zieladresse die Multicast-Adresse ff02::1:2 (All_DHCP_Relay_Agents_and_Servers) eingetragen wird. Damit kann der Client allen übrigen Servern, die möglicherweise Angebote für ihn reserviert hatten, mitteilen, dass er sich für einen anderen Server (hier Server *B*) entschieden hat. Diese übrigen Server (hier nur Server *A*) können dann die reservierten Adressen wieder freigeben, um sie anderen Clients anzubieten. Als IPv6-Quelladresse in der REQUEST-Nachricht ist die LLU-Adresse des Clients eingetragen.

Request

Der DHCPv6-Server bestätigt dies, und der Client ist konfiguriert:

Reply	4. Der Server (in Abb. 9.4-4: *B*), der vom Client ausgewählt wurde, antwortet mit der Nachricht REPLY, die als Bestätigung von REQUEST dient.

- Nach dem Empfang von REPLY und nach dem Eintragen von Parametern wird beim Client der Konfigurationsvorgang beendet. Falls noch weitere 'verspätete' Angebote weiterer Server eintreffen, werden sie vom Client einfach ignoriert.
- Das ganze IPv6-Netzwerk stellt ein Subnetz (Linksegment) dar. Weil der Verkehr zu einem Subnetz eingeschränkt ist, wird Hop Limit = 1 im IPv6-Header eingetragen [Abb. 8.2-1].

9.4.4 Verlängerung der Ausleihe einer IPv6-Adresse

Gültigkeitsdauer einer IPv6-Adresse	Die IPv6-Adresse und andere Konfigurationsparameter, die einem DHCPv6-Client von einem DHCPv6-Server zugeteilt wurden, haben eine bestimmte Gültigkeitsdauer (Lebensdauer). Um sie zu spezifizieren, werden bei DHCPv6 die Parameter T1 und T2 verwendet:

- T1 bestimmt die Zeitdauer, nach der ein Client die Gültigkeitsdauer seiner Adresse und anderer Konfigurationsparameter beim Server, von dem er diese Adresse erhalten hat, verlängern soll.
- T2 ist die Zeitdauer, nach der ein Client die Gültigkeitsdauer seiner Adresse und anderer Konfigurationsparameter bei einem anderen Server verlängern soll, d.h. nicht bei dem, von dem er diese Adresse erhalten hat.

Die Parameter T1 und T2 werden vom Client zum Server in OPTION_IA_NA (*NA: Nontemporary Address*) innerhalb der Nachricht SOLICIT übermittelt. Daher werden die Werte von T1 und T2 vom Client dem Server vorgeschlagen. Diese Werte bestimmt aber der Server. Er kann sie ändern bzw. akzeptieren.

Verlängerung der Gültigkeitsdauer einer Adresse	Hat ein DHCPv6-Client von einem DHCPv6-Server eine IPv6-Adresse und andere Konfigurationsparameter erhalten, muss er diese Ausleihe beim Server nach dem Ablauf der Zeit T1 (Gültigkeitsdauer) erneuern. Abb. 9.4-5 illustriert den Ablauf von DHCPv6 bei Verlängerung der Ausleihe einer IPv6-Adresse.

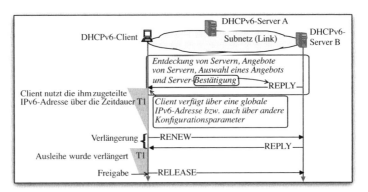

Abb. 9.4-5: DHCPv6-Ablauf bei Verlängerung der Ausleihe und Freigabe einer IPv6-Adresse

9.4 Konzept und Einsatz von DHCPv6

Um die Ausleihe einer IPv6-Adresse nach dem Ablauf der Zeit T1 zu verlängern, sendet der Client an den Server die Nachricht RENEW(al). Die Verlängerung der Ausleihe bestätigt der Server mit REPLY. Damit darf der Client die ihm zugeteilte IPv6-Adresse weiter nutzen. Falls der Client die IPv6-Adresse nicht mehr benötigt, kann er sie freigeben. Dies teilt er dem Server durch das Absenden der Nachricht RELEASE mit.

Für den Fall, dass der Server z.B. ausgefallen ist und daher auf RENEW dem Client keine Antwort sendet, kann der DHCPv6-Client versuchen, die Gültigkeitsdauer der ihm zugeteilten IPv6-Adresse und von Konfigurationsparametern bei einem anderen DHCPv6-Server zu verlängern. Hierfür verschickt der Client die Nachricht REBIND, in der er seine IPv6-Adresse und Konfigurationsparameter in OPTION_IA_NA angibt.

9.4.5 Schnelle Umadressierung mit DHCPv6

Im Vergleich zu DHCPv4 wurde bei DHCPv6 eine neue Funktion eingeführt. Falls einige Konfigurationsparameter geändert wurden, kann ein DHCPv6-Server seine DHCPv6-Clients mit der Nachricht RECONFIGURE auffordern, neue IPv6-Adressen bzw. neue Konfigurationsparameter bei ihm zu beantragen. Dadurch ist eine schnelle Umadressierung in einem IPv6-Netz möglich, ohne vorher die Gültigkeitsdauer der Adressen zu verändern. Ein Client kann die neuen Adressen bzw. Konfigurationsparameter mit der Nachricht INFORMATION-REQUEST vom Server anfordern.

Rekonfiguration von DHCPv6-Clients

Aufgrund der DHCPv6 *Prefix Delegation* kann das Präfix für ein kleines Netzwerk von einem ISP zugewiesen werden. Das Präfix kann als Vorwahl eines Netzwerks seitens des Internet angesehen werden [Abb. 8.9-4]. Eine derartige Möglichkeit ist für öffentliche WLANs, die *Hotspots*, mit IPv6 von großer Bedeutung. Man spricht in diesem Zusammenhang von *Prefix Delegation*. Hierfür werden in RFC 3633 zwei zusätzliche Optionen für DHCPv6 – nämlich OPTION_IA_PD und OPTION_IAPREFIX – spezifiziert.

Prefix Delegation

Die Bedeutung von Prefix Delegation bringt Abb. 9.4-6 zum Ausdruck. Ein öffentliches WLAN wird typischerweise über einen Router an einen ISP angebunden. Da der Router seitens des WLAN ein Präfix vom Router bei ISP anfordern kann, wird er als *Requesting Router* (*RR*) bezeichnet. Dagegen stellt der Router bei ISP einen *Delegating Router* (*DR*) dar.

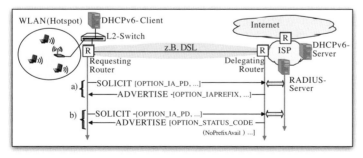

Abb. 9.4-6: Präfixzuteilung: a) erfolgreich, b) nicht erfolgreich (abgesagt)
  DSL: Digital Subscriber Line, R: Router

Möchte RR vom ISP ein (Netzwerk-)Präfix erhalten, übermittelt er die Nachricht `SOLICIT` an DR. In `SOLICIT` ist `OPTION_IA_PD` enthalten. Diese Option entspricht vollkommen der Option `OPTION_IA_NA` in der Nachricht `SOLICIT`, die ein DHCPv6-Client an einen DHCPv6-Server übermittelt [Abb. 9.4-4].

Der DR beim ISP kann über das RADIUS-Protokoll [Abschnitt 14.2] beim RADIUS-Server abfragen, ob RR berechtigt ist, ein Präfix zu erhalten. Ist das der Fall [Abb. 9.4-6a], übermittelt er die Nachricht `ADVERTISE` an RR. Diese Nachricht enthält `OPTION_IAPREFIX` mit dem zugewiesenen Präfix.

Ist RR nicht berechtigt, ein Präfix zu erhalten, so bekommt er eine Absage [Abb. 9.4-6b]. In diesem Fall übermittelt der DR an RR die Nachricht `ADVERTISE`, in der `OPTION_STATUS` enthalten ist. In dieser Option wird durch die Angabe `NoPrefixAvail` mitgeteilt, dass kein Präfix für ihn verfügbar ist.

9.4.6 Ablauf von DHCPv6 im stateless Mode

Das bislang vorgestellte DHCPv6-Verfahren im stateful Mode entspricht 1:1 dem Ablauf bei DHCPv4. Neben der manuellen und der automatischen Zuweisung einer stateless IPv6-Adresse ist dies die dritte Möglichkeit IPv6-Adressen zuzuweisen. Allerdings besteht im Hinblick zu IPv4 ein grundlegender Unterschied: Der mögliche Adressraum für IPv6-Adressen[2] beträgt 2^{64} [Tab. 8.8-2] und im Vergleich zu maximal 2^{24} (privater) IPv4-Adressen [Tab. 3.3-3]!

Der DHCPv6-Server muss sich hierbei auf eine sinnvolle Auswahl eines Adressbereichs beschränken. Zudem muss er diese Adressen den Clients zuweisen und sich deren Zuweisung merken. Problematisch ist zudem die Reaktion auf potenziell doppelt vergebene IPv6-Adressen in einem Linksegment, die der Client per DAD feststellt, von dem der DHCPv6-Server aber nichts erfährt.

Für IPv6 bietet sich daher ein *stateless* DHCPv6 an [Abb. 9.4-7]:

1. Der Client wählt sich sein *Link-Token* per SLAAC selbst.
2. Mittels `RS/RA`-Nachrichten werden die IPv6-Netzwerkparameter wie IPv6-Präfix und Default Gateway bezogen. Zudem wird beim `Router Advertisement` über das Flag 'M' mitgeteilt, dass der Client einen DHCPv6-Server kontaktieren soll und dass bei gesetzter Option 'O' weitere Konfigurationsdaten zur Verfügung stehen.
3. Mittels DHCPv6 werden anschließend weitere Applikationparameter wie DNS-Server und SIP-Gateway mitgeteilt.

Hierdurch wird eine klare Trennung zwischen der Netzkonfiguration sowie anwendungsspezifischen Konfigurationsparametern erzielt. Für Letztere stehen umfangreiche DHCPv6-Optionen bereit[3], die über die in Abb. 9.4-3 vorgestellten weit hinaus gehen. Zudem wird der Betrieb eines DHCPv6-Servers wesentlich vereinfacht.

---

[2]Für die IPv6-Link-ID sind mindestens 64 Bit bereit zu stellen.
[3]siehe: http://www.bind9.net/dhcpv6-parameters

9.4 Konzept und Einsatz von DHCPv6

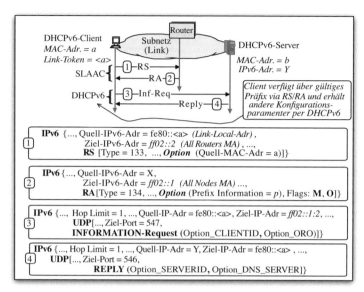

Abb. 9.4-7: Beispiel für den Ablauf des stateless DHCPv6
Inf-Req: INFORMATION-Request, RS/RA: Router Solicitation/Advertisement

9.4.7 Einsatz von DHCPv6-Relays

Bei der Darstellung des Ablaufs von DHCPv6 in Abb. 9.4-4 und Abb. 9.4-5 wurde davon ausgegangen, dass ein DHCPv6-Server im Subnetz vorhanden ist. DHCPv6 lässt zu, dass ein DHCPv6-Server nicht in jedem Subnetz vorhanden sein muss. Eine solche Situation ist in der Praxis zu erwarten, sodass einige DHCPv6-Relays [Abb. 9.4-1] eingesetzt werden müssen.

Abb. 9.4-8 zeigt den Ablauf von DHCPv6 beim Einsatz von DHCPv6-Relays. Die Clients im Subnetz *1* wurden hier so konfiguriert, dass sie die Konfigurationsparameter zuerst vom Server im Subnetz 2 beziehen. Fällt der Router zwischen Subnetz *1* und Subnetz *2* aus, können sie die Parameter vom Server in Subnetz *3* abrufen.

Um die DHCPv6-Server bzw. ein -Relay zu finden, sendet der DHCPv6-Client immer die Nachricht SOLICIT. Als Antwort darauf sendet jedes DHCPv6-Relay direkt an den Client jeweils die Nachricht ADVERTISE zurück, um sich bei ihm vorzustellen. In dieser Nachricht wird das Flag S auf 1 gesetzt, um den Client darauf hinzuweisen, dass er nur einen Server vertritt, d.h. dass er einerseits die Client-Anforderungen an den Server übermittelt und andererseits die Server-Antworten nur weiterleitet. Im Beispiel wurde das Relay (vom Subnetz *2*) vom Client ausgewählt.

Das Flag S in ADVERTISE

Beim Ausfall eines DHCPv6-Servers besteht die Gefahr, dass einige Clients keine globale IPv6-Adresse erhalten und nicht in der Lage sind, am Netzwerkbetrieb teilzunehmen. Da DHCPv6 den Einsatz von Relays ermöglicht, können mehrere Server auf mehrere Subnetze so verteilt werden, dass sie als ein redundant ausgelegter Server fungieren. So kann ein Client im Notfall auf einen redundanten DHCPv6-Server zugreifen. Daher ist es immer erforderlich, sowohl redundante DHCPv6-Server als auch

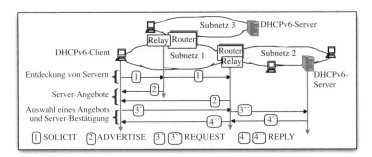

Abb. 9.4-8: Beispiel für den Ablauf von DHCPv6 beim Einsatz von DHCPv6-Relays

redundante Relays einzuplanen. Bei DHCPv6 gelten die gleichen Prinzipien wie bei DHCPv4 [Abschnitt 6.2].

Kommunikation zwischen Relay und Server

Übermittlung vom Relay zum Server

Das DHCPv6-Relay in einem Subnetz hat die Aufgabe, die DHCPv6-Nachrichten eines Clients in ein anderes Subnetz weiterzuleiten. Dadurch ist es nicht notwendig, dass ein DHCPv6-Server in jedem Subnetz eingerichtet werden muss. Bei der Übermittlung von Nachrichten zwischen Relay und Server muss man aber zwischen der Richtung von Relay zu Server und der Richtung von Server zu Relay unterscheiden.

Abb. 9.4-9 illustriert das Prinzip der Übermittlung von DHCPv6-Nachrichten zwischen Relay und DHCPv6-Server.

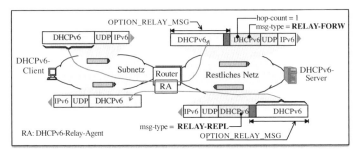

Abb. 9.4-9: Übermittlung von Nachrichten zwischen Relay und DHCPv6-Server

Vom Relay zum Server werden nur die DHCPv6-Nachrichten RELAY-FORW(arding) transportiert, die als Container für die anderen DHCPv6-Nachrichten herangezogen, da diese normalerweise ohne Beteiligung des Relays zwischen Client und Server übermittelt werden. Entsprechend Abb. 9.4-9, wird eine DHCPv6-Nachricht von Client zu Server als OPTION_RELAY_MSG in der Nachricht RELAY-FORW übermittelt, die beim Relay generiert wurde. Die ganze Nachricht vom Client zum Server wird als Inhalt von OPTION_RELAY_MSG transportiert.

Übermittlung vom Server zum Relay

Vom Server zum Relay werden nur die Nachrichten RELAY-REPL(y) übermittelt. Diese dienen ebenfalls als Container für die anderen Nachrichten, die zwischen Client und Server ausgetauscht werden. Eine Nachricht von Server zu Client wird als Inhalt in `OPTION_RELAY_MSG` der Nachricht `RELAY-REPL` zuerst zum Relay an der Grenze zum Subnetz, in dem sich der Client befindet, transportiert. Beim Relay wird die Nachricht vom Server zum Client aus `OPTION_RELAY_MSG` herausgenommen und als selbstständige Nachricht zum Client weitergeleitet.

Falls die Kommunikation zwischen Client und Server über mehrere Relays verläuft, werden zwischen den benachbarten Relay nur die Nachrichten `RELAY-FORW` und `RELAY-REPL` übermittelt, die als Container für andere DHCPv6-Nachrichten dienen.

9.5 Schlussbemerkungen

Ziel dieses Kapitel war es, die Möglichkeiten der Unterstützung automatischer Konfiguration von Rechnern mit IPv6 darzustellen und Funktionsweise der Protokolle ICMPv6, NDP und DHCPv6 zu erläutern.

Hinsichtlich des Einsatzes von NDP und DHCPv6 ist Folgendes hervorzuheben:

- NDP wurde für die Unterstützung der automatischen Konfiguration von Rechnern und zur Bestimmung von physikalischen Netzadressen eingeführt. Beim IPv6 gibt es ARP nicht mehr und seine Funktion wurde vom NDP übernommen. Da NDP das Nachrichtenformat von ICMPv6 nutzt, gilt es als Ergänzung zu ICMPv6. NDP statt ARP

- Eine zentrale Rolle bei IPv6 spielen die Router, die für die Netzwerkkonfiguration verantwortlich sind. Die Router in Form eines RADVD (*Router Advertisement Daemon*) können quasi im *Stealth-Mode* – d.h. ohne globale IPv6-Adresse – betrieben werden, was im Übrigen auch für DHCPv6-Server gilt. RADVD Stealth-Mode

- Das DHCPv6 – hauptsächlich zur Unterstützung der automatischen Konfiguration von Rechnern mit IPv6 konzipiert – kann auch als Ergänzung zum NDP angesehen werden. Bei der Entwicklung vom DHCPv6 standen allgemeine Konfigurationsprobleme sowie die Durchführung von dynamischen DNS-Updates im Vordergrund. Im Gegensatz zum NDP bietet das DHCPv6 die Möglichkeit, Adressen und andere Konfigurationsparameter aus einem zentralen DHCPv6-Server zu verwalten. DHCPv6 ergänzt NDP

- Bei der Weitergabe von DNS-Information wie die IP-Adressen der DNS-Server und die Namenssuchlisten, stehen DHCPv6 und RA (*Router Advertisement*) in Konkurrenz. Nach bestehender Lehrmeinung gehört aber DNS der Anwendungsschicht an und die Weitergabe der Konfigurationsparameter sollte per Applikationsprotokoll DHCPv6 und nicht auf der Netzwerkschicht mittels ICMPv6 erfolgen. DNS-Konfiguration

- Das DHCPv6 lässt eine schnelle (*rapid*) Autoconfiguration zu. Bei der schnellen Autoconfiguration fordert der Client die Konfigurationsparameter mit der Nachricht `REQUEST` mit der Option `OPTION_RAPID_COMMIT` an, und der Server antwortet ihm direkt mit `REPLY`. Dadurch wird der Client für den Netzwerkbetrieb schneller konfiguriert. Ein weiterer Vorteil hierbei ist die kleinere Netzwerkbelastung. Schnelle Autoconfiguration

- Im Gegensatz zum DHCP wurde das DHCPv6 von Anfang an nicht nur als Protokoll zur automatischen Vergabe von IPv6-Adressen konzipiert, sondern als universelles Konfigurationsprotokoll, mittels dessen die IPv6-fähigen Rechner die Möglichkeit bekommen, auf DHCPv6-Servern 'abgelegten' Konfigurationsparameter unterschiedlicher Art abzufragen. Jeder DHCPv6-Server kann daher als universeller Konfigurationsserver fungieren und die Konfigurationsparameter werden in DHCPv6 als universelles Konfigurationsprotokoll

DHCPv6-Nachrichten als Optionen zwischen Rechnern und DHCPv6-Server übermittelt. Unter [http://www.iana.org/assignments/dhcpv6-parameters] findet man eine Aufstellung von DHCPv6-Optionen unter Angabe des Quell-RFC.

Um welche Art von Konfigurationsparametern es sich hier handeln kann, bringen die folgenden DHCPv6-Optionen zum Ausdruck:

▷ RFC 3319 definiert Optionen zur Unterstützung der Konfiguration von Rechnern, die als VoIP-Telefone mit dem Protokoll SIP dienen [Abschnitt 7.4].

▷ RFC 6612 spezifiziert Optionen zur Erweiterung der Funktionalität des Protokolls MIPv6 [Abschnitt 16.4].

▷ RFC 7341 beinhaltet Optionen zur Unterstützung der Koexistenz von IPv4 und IPv6 [Abschnitt 9.1].

DHCPv6-Tests
- Unter http://www.tahi.org/dhcpv6/spec findet man eine Auflistung von verschiedenen DHCPv6-Tests sowie der übermittelten Nachrichten und Parameter.

Authentisierung
- Zur Erhöhung der Sicherheit im Netzwerk, unterstützt DHCPv6 auch die Authentisierung. Die hierfür notwendigen Angaben werden in der Option OPTION_AUTH übermittelt. Damit kann der Empfänger einer DHCPv6-Nachricht überprüfen, ob der Absender der Nachricht der erwartete Kommunikationspartner ist.

9.6 Verständnisfragen

1. Welche IPv4-Header-Bestandteile sind im IPv6-Standardheader nicht mehr vertreten? Diskutieren Sie die Gründe hierfür!
2. Wie ermittelt ein IPv6-Knoten die MAC-Adresse seiner Kommunikationspartner im lokalen Linksegment?
3. Welche 'Art' von IPv6-Adresse wird hierbei im Gegensatz zu ARP genutzt?
4. Bei IPv4 gibt es das Konzept des 'Default Gateways'. Wie ist das bei IPv6 gelöst?
5. Auf welche 'Arten' kommt ein IPv6-Rechner an 'seine' IPv6-Adressen?
6. Wie viele IPv6-Adressen existieren mindestens pro Interface und welche sind diese?
7. Wie sieht der Einsatz von DHCPv6 im Vergleich zu DHCP bei IPv4 aus?
8. Wie ist die 'Arbeitsteilung' bei DHCPv6 zwischen Link-Präfix und Link-Id?
9. Für welche Zwecke beim IPv6 wird das Protokoll ICMPv6 verwendet?
10. Beim IPv6 kommt nicht mehr ARP, sondern NDP zum Einsatz, das im Vergleich zum ARP mehrere Funktionen bereitstellt. Welche Funktionen handelt es sich und wann werden diese gebraucht?
11. Mit welchen Ziel wurde die Funktion 'Router Advertisement/Solicitation' beim IPv6 eingeführt?
12. Welche Informationen kann ein Router Advertisment einem IPv6-Rechner liefern?
13. Was versteht man unter 'unsolicited' Router Advertisements? Sind diese 'gefährlich'?
14. Beim IPv6 kann die Funktion 'Paket-Umleitung' realisiert werden. Worin besteht diese Funktion und wie wird sie realisiert?

10 Migration zum IPv6-Einsatz

Die Umstellung aller Rechner, in denen das herkömmliche Internetprotokoll IPv4 verwendet wird, auf das neue Protokoll IPv6 dauert immer noch an. Deshalb sind Strategien gefordert, die eine Integration von IPv4- und IPv6-Netzen ermöglichen.

Koexistenz von IPv4 und IPv6

Nahezu alle aktuellen IT-Systeme unterstützen sowohl IPv4 als auch IPv6, weshalb man an dieser Stelle von *Dual-Stack-Systemen* spricht. Die Umstellung von IPv4 auf IPv6 ist also nicht mehr in erster Linie ein technisches Problem der Systeme wie Rechner, Server und Router, sondern mehr ein organisatorisches, d.h. ob und wie ein *IPv4-Netz* durch ein *IPv6-Netz* ergänzt oder abgelöst werden soll.

Dieses Kapitel gibt einen Überblick über verschiedene Ansätze und Systemlösungen, um die Koexistenz von IPv4 und IPv6 in verschiedenen Netzstrukturen zu ermöglichen. Nach einem Überblick über die unterschiedlichen Strategien zur Koexistenz von IPv4- und IPv6-Netzen in Abschnitt 10.1 widmet sich Abschnitt 10.2 der Darstellung verschiedener Dual-Stack-Technologien, über die IPv4 und IPv6 gemeinsam genutzt werden können. Die Möglichkeiten der Übermittlung von IPv6-Paketen speziell über IPv4-Netze, d.h. das *Tunneling*, werden in Abschnitt 10.3 besprochen. Auf das Konzept von *6to4* geht Abschnitt 10.4 ein. Abschnitt 10.5 erläutert die IPv6-Kommunikation über IPv4-Netze mit ISATAP. Die Übermittlung von IPv6-Paketen in IPv4-Netzen mit NAT nach dem als *Teredo* bezeichneten Verfahren erläutert Abschnitt 10.6. Die Integration der IPv4- und IPv6-Netze mithilfe der Translation *IPv4 ⇔ IPv6* wird in Abschnitt 10.7 dargestellt. Schließlich runden wir das Thema mit der Darstellung der aktuellen NAT64 und DNS64 Vorschläge in Abschnitt 10.8 ab, um die prinzipiellen Lösungen und Probleme nochmals kurz in den Schlussbemerkungen aufzugreifen.

Überblick über das Kapitel

In diesem Kapitel werden u.a. folgende Fragen beantwortet:

Ziel dieses Kapitels

- Wie kann man sich die beiden Protokolle IPv4 und IPv6 in einem Rechner bzw. in einem Router vorstellen?
- Welche Bedeutung hat der *Dual-Stack-Betrieb* von IPv4 und IPv6 für die bestehenden Netze?
- Welche Möglichkeiten der Koexistenz von IPv4 und IPv6 gibt es?
- Wie kann die Kommunikation nach IPv6 über IPv4-Netze realisiert werden?
- Wie kann der Zugang zum IPv6-Internet bereits heute erfolgen?
- Wie lassen sich die sog. *IPv6-Sites* über IPv4-Netze vernetzen?
- Wie können die Rechner in IPv6-Netzen auf das bestehende IPv4-Internet zugreifen?
- Welche Möglichkeiten bringt der Einsatz von IPv6 in Netzwerken mit privaten IPv4-Adressen und mit NAT?
- Wie erfolgt die Translation *IPv4 ⇔ IPv6* und was ermöglicht sie?
- Welche Lösungen für die Koexistenz von IPv4 und IPv6 liefert NAT64 mit seinem *stateful Address Mapping* und warum wird hierzu DNS64 benötigt?

10.1 Arten der Koexistenz von IPv6 und IPv4

Sieht man von einer kleinen Minderheit alter Rechner und Router ab, die nur das Protokoll IPv4 unterstützen, so sind heute alle aktuellen Systeme mit IPv4 und IPv6 ausgestattet: Sie sind also *Dual-Stack*-Systeme.

Um eine Vorstellung über die Protokollarchitektur eines Dual-Stack-Rechners und eines Dual-Stack-Routers zu vermitteln, zeigt Abb. 10.1-1 die beiden Protokolle IPv4 und IPv6 im Schichtenmodell. Die hier dargestellte Struktur kann als allgemeine Protokollarchitektur eines Dual-Stack-Rechners angesehen werden. Man findet sie z.B. in einem Server unter Linux mit Kernel 3.2 vor, der als Dual-Stack-Rechner bzw. als Dual-Stack-Router dienen kann.

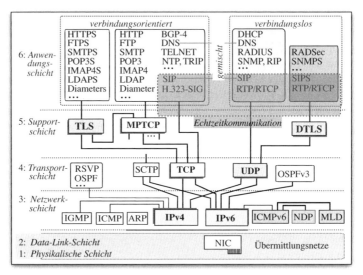

Abb. 10.1-1: Die Protokollfamilien IPv4 und IPv6 im Schichtenmodell
NIC: Network Interface Controller (Adapterkarte).
Für Erläuterung von Abkürzungen sei auf das Abkürzungsverzeichnis verwiesen.

Es wurde hier angenommen, dass die Anbindung an die untersten Schichten (d.h. die physikalische Schicht und die Data-Link-Schicht) mithilfe einer Netzwerk-Adapterkarte realisiert wird, z.B. in einem Rechner am Ethernet also mit einer Ethernet-Adapterkarte.

Netzwerkschicht | Innerhalb der Netzwerkschicht werden die beiden Internetprotokolle IPv4 und IPv6 mit ihren Hilfsprotokollen angesiedelt. Wie hier ersichtlich ist, wird ARP (*Address Resolution Protocol*), das von IPv4 verwendet wird, bei IPv6 durch NDP (*Neighbor Discovery Protocol*) ersetzt. IGMP (*Internet Group Management Protocol*) wird bei IPv6 durch MLD-Protokoll (*Multicast Listener Discovery*) ersetzt. ICMP (*Internet Control Message Protocol*) wird bei IPv6 zu ICMPv6 erweitert.

Transportschicht | Die Transportschicht in Abb. 10.1-1 enthält die gleichen Transportprotokolle wie die Transportschicht in Abb. 1.5-1. Das Routing-Protokoll OSPF (*Open Shortest Path*

10.1 Arten der Koexistenz von IPv6 und IPv4

First) ist der Transportschicht zuzuordnen. Die Version OSPFv3 bringt Unterstützung für IPv6 mit und wird daher auch OSPFv6 genannt.

Die Applikationsschicht in Abb. 10.1-1 enthält im Vergleich zur Darstellung in Abb. 1.5-1 auch einige Supportprotokolle von IPv6 wie z.B. DHCPv6 (*Dynamic Host Configuration Protocol*), DNS (*Domain Name System*) und IPv6-Routing-Protokolle wie BGPv6 (*Border Gateway Protocol*) sowie RIPng (*Routing Information Protocol next generation*).

Applikationsschicht

Unterstützt ein System (z.B. Rechner, Router) IPv4 und IPv6, muss ihm sowohl eine IPv4- als auch eine IPv6-Adresse zugeteilt werden.

Hauptmerkmale der Koexistenz von IPv4 und IPv6
Die Koexistenz von IPv4 und IPv6 hat unterschiedliche Aspekte, deren Hauptmerkmale die folgenden sind:

1. Kommunikation von IPv4- und IPv6-Rechnern untereinander; hierfür wird eine Protokollumsetzung (*Protocol Translation*, PT) benötigt.   IPv4 ⇔ IPv6
2. IPv6-Kommunikation über ein IPv4-Transitnetz, zum Beispiel durch Kopplung von IPv6-Sites über das IPv4-Internet. IPv6 bietet durch den Protokoll-Type 41 (Proto 41, vgl. Tab. 3.1-1) hierfür eine Möglichkeit, was generell als *6in4* bezeichnet wird.   IPv6 ⇌ IPv4 ⇌ IPv6
3. IPv4-Kommunikation über IPv6-Netze, was dann Relevanz bekommt, sollte das IPv4-Internet 'abgeschaltet' werden.   IPv4 ⇌ IPv6 ⇌ IPv4

Im Hinblick auf den unterschiedlichen Charakter von IPv6- und IPv4-Adressen ergeben sich folgende Anforderungen:

- Öffentliche IPv4-Adressen lassen sich auf globale IPv6-Adressen statisch abbilden; wir sprechen in diesem Zusammenhang von einem *Stateful Mapping*.   Stateful Mapping
- Private IPv4-Adressen mit ständig wechselnden IPv4-Adressen, bedingt durch den NAT-Einsatz, benötigen ein dynamisches Verfahren, also ein *Stateless Mapping*. Häufig wird dies durch algorithmische Verfahren realisiert. Hierbei wird ausgenutzt, dass sich 32 Bit lange IPv4-Adressen in IPv6-Adressen zusammen mit einem 'Verwendungszweck' einbetten lassen. Hierbei sprechen wir dann auch von einem *Automatischen Mapping*.   Stateless Mapping

In den vergangenen Jahren wurden viele verschiedenartige Ansätze diskutiert (vgl. RFC 7059), vorgeschlagen und wieder verworfen. Nach längerer Zeit haben sich aber einige Konzepte herauskristallisiert, deren Zusammenhang Abb. 10.1-2 illustriert. Die Koexistenz von IPv6 und IPv4 verlangt aber Lösungen folgender Probleme:

- Zuordnung von IPv4- auf IPv6-Adressen und damit eine gegenseitige logische Adressierbarkeit der Rechner untereinander.
- Einbeziehung privater IPv4-Adressen, die in der Regel per NAT/PAT auf öffentliche IPv4-Adressen abgebildet werden.
- 'Tunneling' von IPv4/IPv6-Paketen über das jeweils andere Transitnetz und unter Einbeziehung des Einflusses von NAT-Gateways.
- Unterstützung nicht nur für die 'Core'-Protokolle IPv4 und IPv6, sondern auch der Hilfsprotokolle wie ICMP und ggf. IGMP sowie MLD.

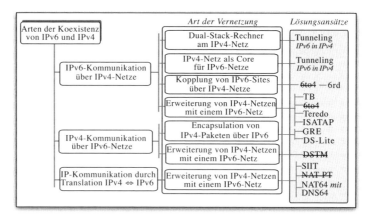

Abb. 10.1-2: Zusammenstellung der Ansätze für die Koexistenz von IPv6 und IPv4
6to4: 6to4 Transition Mechanism, DSTM: Dual-Stack Transiton Mechanism, ISATAP: Intra-Site Automatic Tunnel Addressing Protocol, NAT-PT: Network Address Translation - Protocol Translation, SIIT: Stateless IP/ICMP Translation Algorithm, GRE: Generic Routing Encapsulation, 6rd: IPv6 Rapid Deployment; TB: Tunnel-Broker, Teredo: Tunneling IPv6 over UDP through NATs; *die durchgestrichen Verfahren sind nicht mehr aktuell*

Für die Koexistenz von IPv4 und IPv6 kommen folgende Lösungsansätzein Betracht:

Dual-Stack-Betrieb
1. Einsatz von Systemkomponenten, z.B. Rechner oder Router im Netzwerk, die in der Lage sind, beide Protokolle zu nutzen.

Tunneling
2. In der Regel wird hier IPv6 über ein anderes, verbindungsloses Protokoll 'getunnelt'. Konkret haben es hier mit der Verkapselung (*Encapsulation*) von IPv6-Paketen in andere, z.B. IPv4- oder auch UDP-Pakete zu tun. Das Tunneling-Verfahren kann allerdings auch für IPv4-Pakete als Payload in IPv6-Paketen realisiert werden.

GRE
In Ergänzung kann für beide Einsatzgebiete das Tunneling und alternativ das *Generic Routing Encapsulation* (GRE) [RFC 2784] genutzt werden.

Protokoll-Translation
3. Wir nutzen die 'Gleichartigkeit' der Protokolle IPv4 und IPv6 und tauschen 'nur' den IP-Header samt Adressen aus, wobei die Hilfsprotokolle wie ICMP speziell zu behandeln sind.

Middleboxen
4. Unter einer *Middlebox* werden spezielle Router verstanden, die beim Anwender im LAN angesiedelt sind und den Zugang zum ISP realisieren. Daher werde sie auch als *Customer Premises Equipment* (CPE) bezeichnet. Diese nehmen an diesem zentralen Punkt

- eine *6to4-Translation* vor, was Gegenstand des *6to4 Rapid Deloyment* 6rd ist, wie in RFC 5569/5969 spezifiziert. Hierbei haben wir es mit einer *4in6-Encapsulation* zu tun und zugleich mit einem NAT, das nun nicht beim Nutzer, sondern beim ISP stattfindet, wofür auch die Bezeichnung *Carrier-Grade NAT* (CGN) verwendet wird.
- Alternativ kann ein *4in6-Tunneling* vorgenommen werden, so wie dies *Dual-Stack Lite* (DS-Lite) [RFC 6333] vorsieht,

10.1 Arten der Koexistenz von IPv6 und IPv4

5. Für einige Protokolle wie z.B. HTTP bietet sich der Einsatz von *Application Level Gateways* (ALG) an, um älteren Systemen Zugang zum IPv6-Netz zu verschaffen. Ein Dual-Stack HTTP-Proxykann z.B. einem Rechner, der nur per IPv4 angeschlossen ist, auch Zugang zu IPv6-Web-Quellen bieten. ALGs implementieren daher ein *Dual-Stack-Gateway*.

Application-Level-Gateways

Beschränken wir uns für die Koexistenz von IPv4 und IPv6 auf eine Kopplung auf den Schichten 3 und 4, so kommen folgende Arten der Netzanbindung in Frage:

Arten der Koexistenz

- *IPv6-Kommunikation über IPv4-Netze*: Es handelt sich hier um die Kopplung von Rechnern mit IPv6 über IPv4-Netze bzw. um die Erweiterung der IPv4-Netze mit IPv6-Netzen. In diesem Fall unterscheidet man zwischen den folgenden Vernetzungsarten:
  ▷ Einsatz von Dual-Stack-Rechnern an einem IPv4-Netz: Dies ist durch das IPv6-in-IPv4-Tunneling möglich [Abb. 10.1-3b].
  ▷ *IPv4-Netz als Core-Netzwerk bzw. als Transitnetz für IPv6-Netze*: Dies ist ebenfalls durch das IPv6-in-IPv4-Tunneling möglich [Abb. 10.3-4].
  ▷ *Kopplung von IPv6-Sites über IPv4-Netze*: In einem IPv4-Netz können einige 'Inseln' mit nur IPv6-Systemkomponenten eingerichtet werden. Solche IPv6-Inseln werden als *IPv6-Sites* bezeichnet. Die Kopplung von IPv6-Sites über IPv4-Netze ermöglicht das Konzept *6to4*, das mittlerweile 'historisch'[1] ist [RFC 3964] und durch das Protokoll *6rd* [RFC 5569] abgelöst wurde.
  ▷ *Erweiterung eines IPv4-Netzes mit einem IPv6-Netz*: Ein IPv4-Netz kann 'räumlich' mit einem IPv6-Netz erweitert werden. Um dies ist erreichen, stehen die Konzepte *Tunnel-Broker* [Abschnitt 10.3.3], *ISATAP* [Abschnitt 10.5] und *Teredo* [Abschnitt 10.6] zur Verfügung.

- *IPv4-Kommunikation über IPv6-Netze*: Es handelt sich hier um den Einsatz von Dual-Stack-Rechnern in einem IPv4-Netz bzw. um eine räumliche Erweiterung eines IPv4-Netzes mit einem IPv6-Netz. Für diese Art der Kommunikation wurde der Vorschlag 'Dual Stack IPv6 Dominant Transition Mechanism (DSTM)'[2] gemacht, der aber nicht mehr aktuell ist. Wir werden daher *DSTM* nicht weiter berücksichtigen. Statt dessen wird vom *Generic Routing Encapsulation* (GRE) RFC 2784 Gebrauch gemacht, was häufig auch als 'Proto 47'-Encapsulation bezeichnet wird.

- *IP-Kommunikation durch Translation*: Zwischen einem IPv4-Netz und einem IPv6-Netz kann ein Router eingesetzt werden, in dem der IPv4-Header auf den IPv6-Header und umgekehrt umgesetzt werden kann. Es handelt sich daher um eine *Translation IPv4 ⇔ IPv6* [Abschnitt 10.7]. Man kann in diesem Fall von einer *IP-Kommunikation* zwischen IPv4-Rechner und IPv6-Rechner sprechen. Für die Unterstützung dieser Art der Kommunikation stehen *SIIT* [Abschnitt 10.8] und früher auch *NAT-PT* zur Verfügung. NAT-PT wurde aber aufgrund vieler Interoperabilitätsprobleme nicht mehr empfohlen [RFC 4966] und wir gehen daher nicht weiter darauf ein.

---

[1] http://tools.ietf.org/html/draft-ietf-v6ops-6to4-to-historic-04
[2] http://tools.ietf.org/search/draft-bound-dstm-exp-04

Der Nachfolger von NAT-PT ist *NAT64* [RFC 6144, 6146], das mit *DNS64* [RFC 6147] sinnvoll ins DNS integriert ist.

Wir wollen nun zunächst die prinzipiellen Aspekte der Technologien zur Sicherstellung der Koexistenz beider Netzprotokolle vorstellen, bevor wir diese in den nächsten Abschnitten im Einzelnen beleuchten.

10.1.1 IPv6-Kommunikation über IPv4-Netze

Solange noch keine flächendeckende IPv6-Infrastruktur von den ISPs bereit gestellt wird, kann die bestehende IPv4-Netzinfrastruktur zur Unterstützung der IPv6-Kommunikation verwendet werden. In der ersten Phase der Migration zum Einsatz von IPv6 fungieren die bestehenden IPv4-Netze als *Transitnetze*. Abb. 10.1-3 zeigt eine Zusammenstellung von Lösungen, bei denen IPv4-Netze als Transitnetze für die Unterstützung der IPv6-Kommunikation dienen.

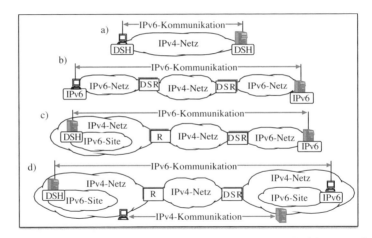

Abb. 10.1-3: IPv4-Netze als Transitnetze für die Unterstützung der IPv6-Kommunikation:
a) Dual-Stack-Rechner am IPv4-Netz, b) IPv4-Netz als Transitnetz für IPv6-Netze,
c) IPv4-Netz als Zubringer zum IPv6-Netz, d) Vernetzung von IPv6-Sites
DSH: Dual-Stack-Host, DSR: Dual-Stack-Router, R: Router

IPv4-Netz als Transitnetz

Dient ein IPv4-Netz als Transitnetz bei der IPv6-Kommunikation, so kann es sich um folgende Vernetzungsarten handeln:

a. Einsatz von Dual-Stack-Rechnern (-Hosts) am IPv4-Netz [Abb. 10.1-3a]
   Für die IPv6-Kommunikation zwischen zwei Dual-Stack-Rechnern am IPv4-Netz wird ein IPv6-in-IPv4-Tunnel aufgebaut [Abb. 10.1-3b], worauf Abschnitt 10.2.2 eingeht.

b. Ein IPv4-Netz fungiert als Transitnetz für IPv6-Netze [Abb. 10.1-3b]
   Um die IPv6-Kommunikation bei dieser Vernetzungsart zu ermöglichen, wird ebenfalls das IPv6-in-IPv4-Tunneling eingesetzt. Abschnitt 10.3 präsentiert dies näher.

IPv6-Insel als IPv6-Site

c. Ein IPv4-Netz dient als Zubringer zum IPv6-Netz [Abb. 10.1-3c]
   In einem IPv4-Netz kann eine 'IPv6-Insel' eingerichtet werden. Sie wird auch IPv6-

10.1 Arten der Koexistenz von IPv6 und IPv4

Site genannt. Ein IPv4-Netz kann dann für Rechner aus der IPv6-Site als Zubringer zu einem IPv6-Netz dienen. Um dies zu ermöglichen, steht das in Abschnitt 10.4 dargestellte Konzept *6rd* zur Verfügung.

d. Vernetzung von IPv6-Sites über IPv4-Netze [Abb. 10.1-3d]
Diese Vernetzungsart ist auch mittels von 6rd möglich. Dies wird in Abschnitt 10.4 detailliert dargestellt.

Wird ein IPv4-Netz um ein IPv6-Netz bzw. um eine IPv6-Site erweitert [Abb. 10.1-4], so handelt es sich um die IPv6-Kommunikation zwischen einem Dual-Stack-Rechner am IPv4-Netz, und es kommen die folgenden Möglichkeiten in Betracht: *Dual-Stack-Betrieb*

- Ein IPv6-Rechner in einem IPv6-Netz [Abb. 10.1-4a]:
  Diese IPv6-Kommunikation wird durch das IPv6-in-IPv4-Tunneling realisiert [Abschnitt 10.3].
- Ein IPv6-Rechner in einer IPv6-Site [Abb. 10.1-4b]:
  Diese IPv6-Kommunikation ermöglicht das Konzept 6to4 [Abschnitt 10.4].

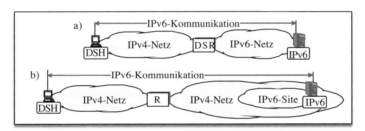

Abb. 10.1-4: IPv6-Kommunikation zwischen Dual-Stack-Rechner am IPv4-Netz und:
a) IPv6-Rechner in einem IPv6-Netz, b) IPv6-Rechner in einer IPv6-Site
Abkürzungen wie in Abb. 10.1-3

IPv6 in IPv4-Encapsulation

Bei der Nutzung von IPv4-Netzen für den Transit von IPv6-Paketen ergibt sich die Anforderung, den IPv6-Unicast- und Multicast-Datenverkehr über IPv4-Netze (transparent) transportieren zu können. Hierfür sind im wesentlichen drei Mechanismen in Gebrauch:

- *Protocol 41 Encapsulation*: Hierbei wird dem zu übertragenden IPv6-Paket unmittelbar ein IPv4-Header voranstellt und die Nutzlast mit dem Protocol-Typ 41 bezeichnet. Hierdurch ist die Nutzlast der IPv4-Pakete als 'IPv6' gekennzeichnet, und diese können von einem Dual-Stack-Host am Ziel entpackt und weiterverarbeitet werden. Dies ist die grundlegende Idee der Lösungen *6to4* und *6in4*. Auch der alte Standard *6over4* [RFC 2529] nutzt diese Art der Verkapselung. *Proto 41*
- *Protocol 47 Encapsulation*: Es wird der *Generic Encapsulation Routing* (GRE)-Mechanismus genutzt, sodass das IPv6-Paket zunächst mit einem GRE-Header ergänzt und anschließend das Gesamtpaket durch den notwendigen IPv4-Header vervollständigt wird. Den Einsatz von GRE stellen wir in Abschnitt 13.4 vor. *Proto 47*
- *UDP Encapsulation*: Nach diesem Konzept wird ein IPv6-Datenpaket zunächst in ein UDP-Paket eingekapselt. Hierbei kann eine beliebige Portnummer gewählt *UDP*

AYIYA

werden, die allerdings beim NAT-Einsatz eventuell geändert wird, wie bei Teredo [Abschnitt 10.6] üblich. Abschließend ist das UDP-Paket in einem IPv4-Paket verkapselt.

- *AYIYA*: Das *Anything-in-Anything*-Konzept geht noch einen Schritt weiter und steckt das IPv6-Paket nicht nur in ein UDP-Datagramm, sondern stellt diesem einen AYIYA-Header voraus, der Informationen über die Netzwerkadressierung trägt. Das IPv4-Paket trägt nun als Nutzlast ein UDP-Datagramm mit hinzugefügten AYIYA-Header und abschließend das IPv6-Datenpaket [Abb. 10.3-5].

10.1.2 IPv4-Kommunikation über IPv6-Netze

Bedeutung von IPv4 über IPv6

Es sollte möglich sein, dass Rechner in IPv6-Netzen auf die Ressourcen im IPv4-Internet zugreifen können. Dafür muss in Rechnern im IPv6-Netz zusätzlich IPv4 installiert werden. Daher ist der Betrieb von Dual-Stack-Rechnern im IPv6-Netz von großer Bedeutung – genauso wie die Möglichkeit, dass sie die IPv4-Kommunikation zu Rechnern in IPv4-Netzen initiieren können. Wie Abb. 10.1-5 zeigt, handelt es sich hier um die IPv4-Kommunikation über ein IPv6-Netz, also um eine Art von *IPv4 over IPv6*.

Abb. 10.1-5: IPv4-Kommunikation zwischen Dual-Stack-Rechnern im IPv6-Netz und IPv4-Rechnern am IPv4-Netz
DSR: Dual-Stack-Router

Um IPv4 über IPv6 zu unterstützen, wurde das Konzept DSTM (*Dual Stack Transition Mechanism*) entwickelt. Dieses Verfahren kann bestenfalls dazu genutzt werden, alte Rechner mit lediglich einem IPv4-Netzwerkstack mit einem Dual-Stack-Rechner kommunizieren zu lassen. Diese Voraussetzung ist mittlerweile entfallen und ließe sich zudem durch eine *Protokoll-Translation* genau so gut realisieren.

10.1.3 IP-Kommunikation durch Translation IPv4 ⇔ IPv6

Auch die Kommunikation zwischen IPv4-Rechnern im IPv4-Netz und IPv6-Rechnern im IPv6-Netz ist möglich. Hierfür ist eine *Translation IPv4 ⇔ IPv6* in einem Router zwischen diesen beiden Netzen notwendig. Abb. 10.1-6 illustriert diesen Ansatz.

Die Translation *IPv4 ⇔ IPv6* ist Bestandteil des Konzepts SIIT (*Stateless IP/ICMP Translation Algorithm*) und dem aktuellen Ansatz *NAT64* mit *DNS64* (vgl. Abschnitt 10.8).

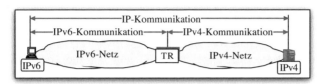

Abb. 10.1-6: IP-Kommunikation durch die Translation IPv4 ⇔ IPv6 im Router
TR: Translation Router

10.2 Dual-Stack-Verfahren

Netzwerkkomponenten mit den beiden Protokollstacks IPv4 und IPv6 bezeichnet man als *Dual-Stack-Rechner* (*Dual-Stack-Host*) und *Dual-Stack-Router*. Beim Einsatz von Dual-Stack-Systemen wollen wir zwischen der direkten IPv4/IPv6-Kopplung auf Rechnerbasis und der Anbindung über einen Dual-Stack-Router unterscheiden, ein Verfahren das von *Dual-Stack Lite* (DS-Lite) genutzt wird.

<small>Dual-Stack-Rechner und -Router</small>

10.2.1 Dual-Stack-Rechner in einem LAN-Segment

Den Einsatz von IPv4 und IPv6 in einem physikalischen LAN-Segment illustriert Abb. 10.1-2. Zwischen IPv4-Rechnern findet die Kommunikation nach IPv4 und zwischen IPv6-Rechnern nach IPv6 statt. Hier wird das ganze Netzwerk in zwei logische 'Netzwerkteile' aufgeteilt, sodass IPv4-Rechner einen IPv4-Netzwerkteil und entsprechend IPv6-Rechner einen IPv6-Netzwerkteil bilden.

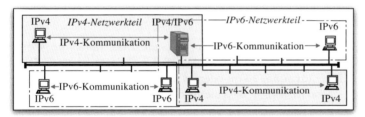

Abb. 10.2-1: Paralleler Einsatz von IPv4 und IPv6 in einem LAN-Segment

Ein Dual-Stack-Rechner mit IPv4 und IPv6 kann sowohl nach IPv4 mit IPv4-Rechnern als auch nach IPv6 mit IPv6-Rechnern kommunizieren. Jeder Dual-Stack-Rechner ist daher gleichzeitig aktiver Knoten sowohl im IPv4- als auch im IPv6-Netz. In der in Abb. 10.2-1 gezeigten Situation können den IPv6-Rechnern beliebige Unicast-IPv6-Adressen zugeteilt werden.

10.2.2 Betrieb von Dual-Stack-Rechnern in IPv4-Netzen

Sollen neue IPv6-Applikationen in einem IPv4-Netz eingesetzt werden, müssen einige IPv4-Rechner um IPv6 erweitert werden. Sie werden damit zu Dual-Stack-Rechnern umgerüstet, die man auch als *IPv4/IPv6-Rechner* bezeichnet. Ein IPv4-Netz kann somit als *Transitnetz* für die IPv6-Kommunikation zwischen den derart erweiterten

<small>Dual-Stack-Rechner = IPv4/IPv6-Rechner</small>

Rechnern eingesetzt werden. Abb. 10.2-2a zeigt ein Beispiel, in dem zwei Ethernet-Segmente über einen Router miteinander verbunden sind. Da der Router nur IPv4 unterstützt, handelt es sich hierbei um ein 'reines' IPv4-Netz. Werden an diesem Netz auch die Dual-Stack-Rechner angeschlossen, stellt sich die Frage: Wie erfolgt die IPv6-Kommunikation zwischen ihnen? Die Antwort gibt Abb. 10.2-2b.

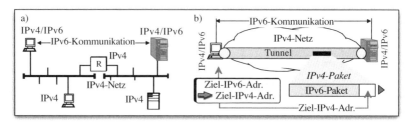

Abb. 10.2-2: IPv6-Kommunikation zwischen Dual-Stack-Rechnern am IPv4-Netz:
a) physikalische Konfiguration, b) Prinzip der IPv6-Kommunikation
R: Router

Logischer IPv6-in-IPv4-Tunnel

Bei der IPv6-Kommunikation zwischen IPv4/IPv6-Rechnern über ein IPv4-Netz werden die IPv6-Pakete in IPv4-Pakete eingebettet und als Nutzlast transportiert. Auf diese Art und Weise entsteht ein logischer *IPv6-in-IPv4-Tunnel* über das IPv4-Netz als Transitnetz zwischen den beteiligten IPv4/IPv6-Rechnern. Beginn und Ende des Tunnels über ein IPv4-Netz bestimmen die IPv4-Adressen. Da Datenquelle und -senke bei der IPv6-Kommunikation durch die IPv6-Adressen festgelegt werden, muss der Quellrechner eine Adressermittlungstabelle besitzen, die folgende Zuordnung beschreibt:

IPv6-Zieladresse $\Rightarrow$ *IPv4-Zieladresse*

IPv4-compatible IPv6-Adressen

Ursprünglich war vorgesehen, für ein *automatisches Tunneling* spezielle, *IPv4-kompatible IPv6-Adressen* zu nutzen Abb. 8.9-7a. Diese besitzen das allgemeine Format `::IPv4-Adresse/96` (mit den letzten 32 Bit als IPv4-Adresse). Hierbei verlangt entsprechend RFC 4291, dass die zugeordnete IPv4-Adresse eine öffentliche, d.h. keine private IPv4-Adresse ist. Dies ermöglicht zwar das Routing der Pakete im IPv4-Netzwerk [Abb. 10.2-2a], da aber IPv6-Pakete mit IPv4-kompatiblen IPv6-Adressen in IPv6-Netzwerken weiter nicht geroutet werden können, sind diese Adressen gemäß RFC 4291 *deprecated* und sollen nicht mehr eingesetzt werden.

10.2.3 Dual-Stack Lite

Dual-Stack Lite (kurz *DS-Lite*) [RFC 6333] ist keine IPv6-Migration im eigentlichen Sinne, sondern bietet viel mehr für den *Internet Service Provider* (ISP) die Möglichkeit, seine IPv4-Kundennetze über ein IPv6-Transitnetz an das IPv4-Internet anzubinden und die notwendige Umsetzung privater IPv4-Adressen auf öffentliche an einer zentralen Stelle, dem *Address Family Transition Router* (AFTR) vorzunehmen, der zugleich NAT-Funktionen bereit stellt.

Der Name DS-Lite ist dem Umstand zu verdanken, dass im Kundennetz nun lediglich eine Netzwerkkomponente, das *Customer Premises Equipment* (CPE) – also der Heim-

10.2 Dual-Stack-Verfahren

Router beim Kunden –, die geforderte Dual-Stack-Funktion aufweist, die auch nur in Richtung zum ISP genutzt wird.

Bei Dual-Stack Lite kommen folgende Funktionsgruppen zum Einsatz:

DS-Lite Komponenten

- Das CPE, das neben den Routing-Diensten (als Default-Gateway im Kundennetz)
  - ▷ auf der LAN-, d.h. Client-Seite einen DHCPv4-Server für das interne Kundennetz bereit stellt, und hier die üblichen privaten IPv4-Adressen vergibt. Zugleich bietet das CPE DNS-Resolver- bzw. Proxydienste an (siehe Abschnitt 5.1.4).
  - ▷ Auf der WAN-Seite (dem IPv6-*B4-Interface* siehe Abb. 10.2-3) erfolgt die notwendige *4in6-Encapsulation* in das Netz des ISP. Die notwendigen Konfigurationsdaten erhält der CPE per DHCPv6 vom Provider, d.h. er besitzt einen DHCPv6-Client. Dies wird in RFC 6333 auch als *Provisionierung* bezeichnet. Zur Vereinfachung der IPv4/IPv6-Umsetzung lautet die IPv4-Adresse *jedes* B4-Interfaces immer 192.0.0.2.
- Der ISP betreibt ein oder mehrere Gateways ins IPv4-Netz, deren Aufgabe es ist,
  - ▷ die IPv4- aus den IPv6-Paketen zu entnehmen (*Decapsulation*) bzw. die aus dem IPv4-Internet kommenden Pakete in IPv6-Datagramme zu verpacken (*Encapsulation*) und über den IPv6-Tunnel zum Kunden weiterzuleiten sowie
  - ▷ an dieser zentralen Stelle die NAT-Funktion für die IPv4-Adressen in beide Richtungen vorzunehmen (was auch als *NAT44* bezeichnet wird). Für das NAT44-Gateway wird die reservierte Adresse 192.0.0.1 genutzt, wobei aber auch die übrigen aus dem Netz 192.0.0.0/29 verfügbaren Adressen herangezogen werden können.

Wir betrachten die Situation, die sich aus Abb. 10.2-3 ergibt. Die Gateway-Komponenten CPE und AFTR/NAT44 wurden bereits vorgestellt. Wir sehen, dass die Adressen 192.0.0.1 und 192.0.0.2 praktisch nur symbolische Bedeutung im IPv6-Transitnetz haben: Sowohl das Routing im ISP-Netz als auch die Zuordnung einer öffentlichen IPv4-Adresse kann auf Grundlage der IPv6-Adresse des CPE erfolgen. Als *IPv4-Quelladresse* wird immer 192.0.0.2 genutzt. Wie bisher sind alle IPv4-Knoten im Kunden-LAN (mit unterschiedlichen privaten Adressen aus dem Netz 192.168.1.0/24) immer auf eine öffentliche IPv4-Adresse abgebildet (hier: 9.254.253.252) – mit allen bekannten Nachteilen.

Dual-Stack Lösung

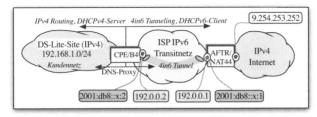

Abb. 10.2-3: Grundlegende Idee des Einsatzes von DS-Lite
AFTR: Address Family Transition Router, B4: IPv4-Bridge,
CPE: Customer Premises Equipment

AFTR-Adressen-Zuordnung

Der AFTR realisiert also beim ISP die Zuordnung

öffentliche IPv4-Adresse ⇔ (provisionierte) IPv6-Adresse

mittels einer internen Tabelle, wobei ansonsten (nach Entnahme des IPv4-Pakets aus dem IPv6-Paket im ISP-Netzwerk) das NAT-Verfahren gemäß RFC 1918 vorgenommen wird, was wir bereits in Abschnitt 5.3 beschrieben haben. Die Auslagerung der NAT-Funktion weg vom Kundenrouter und hin zu einer zentralen Instanz erlaubt zunächst eine ökonomischere Ausnutzung der verfügbaren öffentlichen IPv4-Adressen, was aktuell auch als *Carrier-Grade NAT* (CGN) diskutiert wird (vgl. Abschnitt 6.3.7).

10.3 Tunneling-Protokolle: IPv6 über X

IPv6-in-IPv4-Tunneling wird in der Regel verwendet, um die IPv6-Kommunikation über ein IPv4-Netz in folgenden Situationen zu realisieren:

- bei einer Erweiterung eines IPv4-Netzes um ein IPv6-Netz bzw.
- bei einer Kopplung der IPv6-Netze über ein IPv4-Netz.

Die Einsatzmöglichkeiten des IPv6-in-IPv4-Tunnelings werden nun im Detail dargestellt.

10.3.1 Erweiterung eines IPv4-Netzes um ein IPv6-Netz

Bei der Erweiterung eines IPv4-Netzes um ein IPv6-Netz sind zwei Fälle zu unterscheiden:

- *Im IPv4-Netz werden ausschließlich IPv4-Rechner installiert*: In diesem Fall [Abb. 10.1-6] kann die Kommunikation zwischen IPv4-Rechnern im IPv4-Netz und IPv6-Rechnern im IPv6-Netz auch erreicht werden. Hierfür muss die Translation *IPv4 ⇔ IPv6* vom Router vorgenommen werden. Darauf geht Abschnitt 10.7 näher ein.
- *Im IPv4-Netz sind einige Dual-Stack-Rechner vorhanden*: In diesem Fall [Abb. 10.1-4a] kann die IPv6-Kommunikation zwischen Dual-Stack-Rechnern im IPv4-Netz und IPv6-Rechnern im IPv6-Netz stattfinden.

Einsatz von IPv4/IPv6-Routern

Die Übermittlung der IPv6-Pakete vom Dual-Stack-Rechner (IPv4/IPv6-Rechner) im IPv4-Netz zum IPv6-Rechner im IPv6-Netz illustriert Abb. 10.3-1a. Hier werden die IPv6-Pakete für die Übermittlung über das IPv4-Netz in IPv4-Pakete eingebettet. Auf diese Weise entsteht ein IPv6-in-IPv4-Tunnel zwischen IPv4/IPv6-Rechner im IPv4-Netz und -Router. Es können mehrere Router zwischen IPv4-Netz und IPv6-Netz vorhanden sein, sodass der Quellrechner über eine Adresstabelle mit den Zuordnungen *IPv6-Zieladresse ⇒ IPv4-Routeradresse* verfügen muss. Existiert nur ein Router

10.3 Tunneling-Protokolle: IPv6 über X

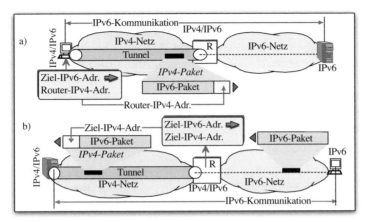

Abb. 10.3-1: IPv6-Kommunikation bei Erweiterung eines IPv4-Netzes mit einem IPv6-Netz; Tunnel führt: a) zu einem Router, b) zu einem Dual-Stack-Rechner im IPv4-Netz

zwischen den beiden Netzen, reduziert sich diese Tabelle zu einer Zuordnung, in der nur eine IPv4-Routeradresse allen IPv6-Zieladressen zugeordnet wird.

Abb. 10.3-1b zeigt die umgekehrte Situation, in der die Datenquelle ein IPv6-Rechner im IPv6-Netz ist. Hier werden die IPv6-Pakete zuerst an den Router übermittelt. Danach werden sie im Router in IPv4-Pakete eingebettet und über das IPv4-Netz transportiert. Diesmal wird der IPv6-in-IPv4-Tunnel vom Router initiiert, sodass der Router über die Adressermittlungstabelle mit den Zuordnungen *IPv6-Zieladresse* ⇒ *IPv4-Zieladresse* verfügen muss.

<small>IPv6-in-IPv4-Tunnel</small>

Im Allgemeinen ist bei IPv6-in-IPv4-Tunneling zu differenzieren zwischen

- einem konfigurierbaren Tunneling und
- einem automatischen Tunneling.

Wird ein IPv6-in-IPv4-Tunnel zu einem Router aufgebaut, ist die IPv6-Adresse vom Tunnelende anders als die IPv6-Zieladresse des über den Tunnel übertragenen Pakets. Hier ist die IPv6-Adresse vom Tunnelende aufgrund der Information zu bestimmen, die nur während der Konfiguration angegeben werden kann. Kommen mehrere Router in Frage, muss der richtige Router bei der Konfiguration festgelegt werden. Wird der Tunnel zu einem Router aufgebaut, spricht man von *konfigurierbarem Tunneling* [Abb. 10.3-2]. Diese Art der Kopplung wird über einen *Tunnel-Broker* realisiert (vgl. Abschnitt 10.3.3).

<small>Konfigurierbares Tunneling</small>

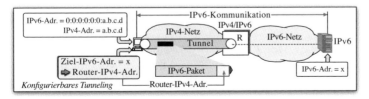

Abb. 10.3-2: Konfigurierbares IPv6-in-IPv4-Tunneling

Automatisches Tunneling

Führt ein IPv6-in-IPv4-Tunnel zu einem Rechner und ist die IPv6-Zieladresse des über den Tunnel übertragenen IPv6-Pakets IPv4-kompatibel, lässt sich das Tunnelende aus der IPv4-kompatiblen IPv6-Adresse ableiten [Abb. 8.9-7a]. Man spricht in diesem Fall von *automatischem Tunneling*, was Abb. 10.3-3 veranschaulicht. Die erwähnte Adressermittlungstabelle ist hierbei nicht nötig. Wie wir bereits in Abschnitt 10.2.2 erwähnt haben, können IPv4-kompatible IPv6-Adressen nicht für öffentliche Netzstrukturen genutzt werden, da sie nicht routbar sind, und deren Einsatz ist daher *deprecated*.

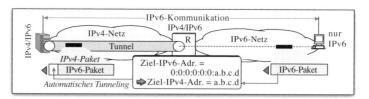

Abb. 10.3-3: Automatisches IPv6-in-IPv4-Tunneling

10.3.2 Kopplung der IPv6-Netze über ein IPv4-Netz

6in4-Tunnel

Ein IPv4-Netz kann als Transitnetz für die Kopplung der IPv6-Netze eingesetzt werden. Abb. 10.3-4 zeigt das Prinzip der IPv6-Kommunikation über ein IPv4-Transitnetz. Hier werden die IPv6-Pakete in IPv4-Pakete eingebettet und als Nutzlast zwischen den beteiligten Routern transportiert. Hierdurch entsteht ein IPv6-in-IPv4-Tunnel (*6in4-Tunnel*) zwischen diesen Routern.

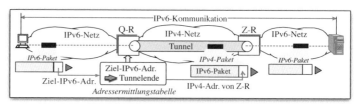

Abb. 10.3-4: IPv6-Kommunikation über ein IPv4-Transitnetz
Q-R: Quellrouter, Z-R: Zielrouter

IPv4-Transitnetz

Beginn und Ende dieses Tunnels bestimmen die IPv4-Adressen der Quell- und Zielrouter. Da Datenquelle und -senke bei der IPv6-Kommunikation durch die IPv6-Adressen festgelegt sind, muss im Quellrouter eine Adressermittlungstabelle mit der Zuordnung *IPv6-Zieladresse ⇒ Tunnelende* (IPv4-Adresse des Zielrouters) enthalten sein.

10.3.3 Zugang zum IPv6-Internet über Tunnel-Broker

Stellt der *Internet Service Provider* (ISP) keine direkte Ankopplung an das IPv6-Internet bereit, kann dies mittels eines Tunnel-Brokers [RFC 3053] über IPv4-Internet erfolgen. Ein Tunnel-Broker (TB) kann als *virtueller IPv6-ISP* angesehen werden und muss über eine IPv4-Adresse erreichbar sein.

10.3 Tunneling-Protokolle: IPv6 über X

Ein Dual-Stack-Rechner eines Benutzers, der auf das IPv6-Internet zugreifen möchte, muss sich zuerst bei einem TB registrieren lassen. Dieser Rechner wird danach als DS-Client dieses TB fungieren. Bei der Registrierung kann z.B. das Protokoll RADIUS [Abschnitt 15.2] eingesetzt werden, sodass der Benutzer entsprechend authentisiert werden kann. Der TB bestimmt einen *Tunnel Server* (TS), über den der Zugang eines Clients zum IPv6-Internet erfolgen wird. TS ist eine entsprechende Software auf einem Dual-Stack-Router zwischen IPv4- und IPv6-Internet. Über den TB wird ein IPv6-in-IPv4-Tunnel zwischen Client und TS eingerichtet, verwaltet und abgebaut.

Tunnel-Server als Ziel des Tunnels

In ist das Format des AYIYA-Headers definiert. Im Grunde genommen bietet AYIYA einen zusätzlichen Header, der mit dem IPv6 Erweiterungs-Header vergleichbar ist. Folgende Informationen können mitgegeben werden [Abb. 10.3-5]:

AYIYAHeader

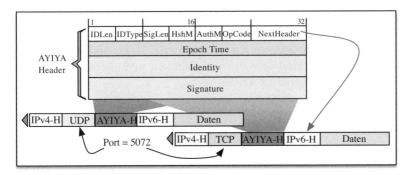

Abb. 10.3-5: Aufbau eines AYIYA-Header und Einsatz bei UDP und TCP
HashM: HashMethode, AuthM: AuthMethode

- `Identity`: Mittels der Felder `Identity` und ergänzend `IDLen` sowie `IDType` wird festgehalten, wer der 'Besitzer' des Tunnels ist. Ein 'Tunnel' wird einem Besitzer zugeordnet und hängt nicht von der IPv4-Adresse ab, vom dem aus der Tunnelaufbau erfolgt.
  Die Authentisierung des Besitzers kann über unterschiedliche Mechanismen erfolgen; üblich sind ein *Shared Secret* (0x1) oder ein *public/private Key* Verfahren (0x2) sowie ggf. ohne Authentisierung (0x0).
- `Signature`: Der AYIYA-Payload wird durch einen *keyed Hash* gesichert und im Feld `Signature` festgehalten. Welcher Algorithmus genutzt wird, legt das Feld `HashMet` fest. Neben den Standard-Hashverfahren wie MD5 (0x1) und SHA1 (0x2) wird auch ein Null-Hash unterstützt.
- Die Angabe des `OpCodes` legt fest, welchen Zweck das AYIYA-Paket verfolgt. Üblich ist das `Forward` (0x1) über den Tunnel. Neben der *Heartbeat-Funktion* (0x0) können auch weitere Operationen wie `Echo Request/Response` und `Query Request/Response` zum Auf- bzw. Abbau des Tunnels genutzt werden. Eine Spezialfunktion dient zur Übertragung des 'Tagesmottos' `MOTD` (0x5).
- Das Feld `Epoch Time` dient zum Schutz vor möglichen Replay-Attacken der AYIYA-Pakete im IPv4-Internet. Ein Tunnel kann nur dann erfolgreich aufgebaut werden, wenn AICCU-Client und der Tunnel-PoP (annähernd) über die gleiche Zeit verfügen.

AYIYA-Nachrichten können sowohl über UDP, als auch TCP und STCP übertragen werden, wobei hier jeweils der Port 5072 genutzt wird.

TIC Maßgeblich für den Auf- und Abbau des Tunnels ist das *Tunnel Information and Control Protocol* (TIC). Dieses ist ein SMTP-ähnliches Protokoll, das Nachrichten zwischen Tunnel-Client und Tunnel-Broker austauscht. Hierfür ist Port 3874 vorgesehen. Die hierbei verschickten Authentisierungsinformationen werden niemals im Klartext, sondern über ein *Challenge/Response-Verfahren* ausgetauscht. Zudem kann optional die Verbindung mittels TLS [Abschnitt 7.2] verschlüsselt werden.

10.4 Von 6to4 nach 6rd

Bei 6to4 handelt es sich um ein Konzept [RFC 3056, 5969], nach dem die Netzwerke mit IPv6-Inseln, die man als *6to4-Sites* bezeichnet, über ein IPv4-Netz verbunden werden können. Über das IPv4-Netz werden die IPv6-Pakete in IPv4-Paketen transportiert. Logisch gesehen ist das nichts anderes, als ob ein IPv6-in-IPv4-Tunnel [Abb. 10.3-1] zwischen zwei *6to4-Routern* aufgebaut wäre. Dieser Tunnel kann nach Bedarf automatisch eingerichtet werden.

10.4.1 Bedeutung von 6to4

Die Bedeutung von 6to4 bringt Abb. 10.4-1 zum Ausdruck. Bei 6to4 verwendet man spezielle IPv6-Adressen, die man *6to4-Adressen* nennt [Abb. 10.4-2]. Jede 6to4-Adresse beginnt mit dem Präfix 2002::/16. Einen Rechner, der eine 6to4-Adresse besitzt, nennt man *6to4-Host* (bzw. *6to4-Rechner*). Ein 6to4-Host stellt einen Dual-Stack-Rechner dar (wie z.B. FreeBSD 10).

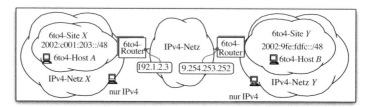

Abb. 10.4-1: Kopplung der IPv6-Netze über ein IPv4-Netz nach 6to4

6to4-Hosts Die 6to4-Hosts, die über einen 6to4-Router an ein IPv4-Netz angeschlossen sind, bilden ein *6to4-Netzwerk*, das als *6to4-Site* bezeichnet wird. Eine 6to4-Site kann sich aus mehreren IPv6-Subnetzen zusammensetzen. Jeder 6to4-Router besitzt eine offizielle IPv4-Adresse seitens des IPv4-Transitnetzes. Die 6to4-Adressen von Rechnern, die über einen 6to4-Router an das IPv4-Transitnetz angeschlossen sind, haben das gleiche Präfix mit der Länge von 48 Bit. Dieses Präfix enthält die IPv4-Adresse des 6to4-Routers in der hexadezimalen Form [Abb. 10.4-2]. Alle Rechner, die z.B. über den 6to4-Router mit der IPv4-Adresse 192.1.2.3 an das IPv4-Netz angeschlossen sind,

10.4 Von 6to4 nach 6rd

enthalten in ihren IPv6-Adressen das Präfix 2002:c001:203::/48. Dieses Präfix kann als 'Vorwahl' zu der 6to4-Site angesehen werden.

10.4.2 Aufbau von 6to4-Adressen

Der Kern des Konzepts von 6to4 ist die Struktur von 6to4-Adressen, wie in Abb. 10.4-2 zu sehen ist.

Eine 6to4-Adresse enthält folgende drei Teile:

- Ein 48 Bit langes *Präfix* 2002:wwxx.yyzz::/48, das sich aus dem 16 Bit langen Präfix 2002:/16 und aus der IPv4-Adresse W.X.Y.Z des 6to4-Routers in hexadezimaler Form zusammensetzt. Dieses Präfix bestimmt die Route zur 6to4-Site, die über den 6to4-Router mit der IPv4-Adresse W.X.Y.Z an ein IPv4-Netz angebunden ist [Abb. 10.4-1].
- Eine *Subnetz-ID* als Identifikation eines Subnetzes innerhalb der 6to4-Site.
- Der *Link-Token* für das Interfaces: Hier wird üblicherweise die *Link-ID* eingetragen.

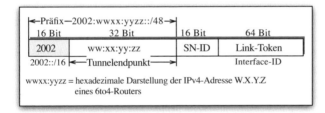

Abb. 10.4-2: Aufbau von 6to4-Adressen
SN-ID: Subnetz-ID, ID: Identification

Die IPv4-Adresse des 6to4-Routers ist 157.60.91.123. Die IPv6-Adresse des Rechners mit der MAC-Adresse 08-00-20-AE-FD-7E im Subnetz z.B. mit ID = 4 lautet daher 2002:9d3c:5b7b:4:800:20ae:fd7e.

6to4-Adressen

10.4.3 IPv6-Kommunikation über IPv4-Netz

Bei der Vernetzung von 6to4-Sites über ein IPv4-Netz müssen die IPv6-Pakete über das IPv4-Netz in IPv4-Paketen eingekapselt übertragen werden. Dadurch entsteht – logisch gesehen – ein IPv6-in-IPv4-Tunnel zwischen den beiden 6to4-Routern. Abb. 10.4-3 illustriert dies.

Liegt beim Rechner A in der 6to4-Site X ein IPv6-Paket vor, das an Rechner B in 6to4-Site Y gesendet werden muss, wird dieses IPv6-Paket zuerst innerhalb 6to4-Site X nach den IPv6-Routing-Prinzipien zum 6to4-Router R_X übermittelt. Bei R_X wird dem zu sendenden IPv6-Paket ein IPv4-Header vorangestellt. Die Angabe Protocol = 41 im IPv4-Header verweist darauf, dass der IPv6-Header direkt nach dem IPv4-Header folgt.

Die IPv4-Adressen, die im IPv4-Header gesetzt werden müssen, sind im Präfix ihrer IPv6-Adressen enthalten. Daher werden sie von IPv6-Adressen abgeleitet, sodass der Tunnel über das IPv4-Netz quasi automatisch entsteht. Man spricht hier auch

Automatisches IPv6-in-IPv4-Tunneling

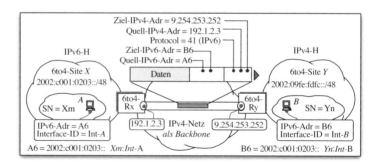

Abb. 10.4-3: Prinzip der Kommunikation nach 6to4
IPv4- bzw. IPv6-H: IPv4- bzw. IPv6-Header, 6to4-R: 6to4-Router

vom *automatischen Tunneling*. Hat der 6to4-Zielrouter R_Y das IPv4-Paket mit einem eingekapselten IPv6-Paket empfangen, verwirft er den IPv4-Header und leitet das IPv6-Paket danach zum IPv6-Zielrechner *B* in der 6to4-Site *Y* nach den IPv6-Routing-Prinzipien weiter.

Kommunikation bei 6to4

Bei 6to4 können 6to4-Relay-Router zum Einsatz kommen, die zwischen den IPv4- und IPv6-Netzen installiert werden. Im IPv6-Netz sind nur Rechner mit IPv6 enthalten. Wie aus Abb. 10.4-4 ersichtlich, ergeben sich die folgenden Möglichkeiten der Kommunikation:

1. IPv6-Kommunikation zwischen 6to4-Rechnern in einer 6to4-Site.
2. IPv6-Kommunikation zwischen 6to4-Rechnern in verschiedenen 6to4-Sites. Diese Kommunikation verläuft nach den in Abb. 10.4-3 gezeigten Prinzipien.
3. IPv6-Kommunikation zwischen 6to4-Rechnern in einer 6to4-Site und IPv6-Rechnern in einem IPv6-Netz. Diese Kommunikation verläuft ebenfalls nach den in Abb. 10.4-3 dargestellten Abläufen.

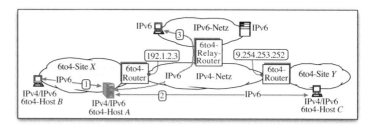

Abb. 10.4-4: Illustration von Möglichkeiten der IPv6-Kommunikation nach 6to4

Damit die in Abb. 10.4-4 eingesetzten 6to4-Router untereinander kommunizieren können, muss eine IPv6-Route zwischen diesen bekannt sein (siehe Kapitel 10). Eine unzureichende Routenwahl führt zu verringertem Datendurchsatz und schlechteren Antwortzeiten.

6to4 Anycast-Adressen

Ergänzend können 6to4-Router mit *Anycast-Adressen* ausgestattet werden [Tab. 3.3-4 und RFC 3068], über die 6to4-Router automatisch ihren nächsten Relay-Router auffinden können. Hierzu ist für das IPv4-Netz der Anycast-Bereich 192.88.99/24 vorge-

10.4 Von 6to4 nach 6rd

sehen, bei dem die IPv4-Adresse 192.88.99.1 immer auf den nächstgelegenen 6to4-Relay-Router verweist. Im IPv6-Netz steht diese Adresse als 2002:c058:6301::, d.h. mit einem '0' Host-Identifier zur Verfügung.

Abb. 10.4-5 zeigt ein Szenario, in dem ein IPv6-Netz über mehrere 6to4-Relay-Router über das IPv4-Internet von unterschiedlichen IPv6-Sites aus erreichbar ist. Die Site X und Y können jeweils die kürzeste Anbindung zum IPv6-Netz wählen, die alle unter der gleichen (Anycast-) IPv4-Adresse erreichbar sind.

6to4 Public Relays

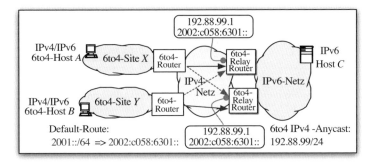

Abb. 10.4-5: Einsatz von 6to4-Anycast-Adressen bei der Anbindung des IPv6-Internet von unterschiedlichen IPv6-Sites über IPv4

10.4.4 Probleme bei 6to4 mit NAT

In einem IPv4-Netz können auch private IPv4-Adresse verwendet werden. Daher hat der 6to4-Quellrouter seitens des IPv4-Netzes ebenfalls eine private IPv4-Adresse. Im 6to4-Router muss somit die Funktion NAT [Abschnitt 5.3] installiert werden, damit die private IPv4-Adresse des 6to4-Routers auf eine offizielle IPv4-Adresse umgesetzt wird. Abb. 10.4-6 zeigt eine derartige Situation. Hier wurde die private IPv4-Adresse 10.0.0.1 auf die offizielle IPv4-Adresse 192.1.2.3 umgesetzt [Abb. 10.4-2]. Hat ein 6to4-Router eine private IPv4-Adresse, entsteht das in Abb. 10.4-6 dargestellte Problem.

> Wie Abb. 10.4-6 zeigt, ist die private IPv4-Adresse 10.0.0.1 des 6to4-Routers im Präfix 2002:a00:1::/48 der Site X und dadurch auch in IPv6-Adressen von IPv6-Rechnern der Site X enthalten. Die an Rechner B aus Site Y gesendeten IPv6-Pakete erreichen ihn trotzdem. Sollte der IPv6-Rechner B dem IPv6-Rechner A in Site X aber antworten, wird die IPv4-Adresse des 6to4-Routers der Site X aus der IPv6-Quelladresse im empfangenen IPv6-Paket abgeleitet. Dem an Rechner A in Site X gesendeten IPv6-Paket wird ein IPv4-Header mit der privaten IPv4-Adresse des 6to4-Routers der Site X im 6to4-Router der Site Y vorangestellt. Da dieses IPv4-Paket mit dem IPv6-Paket als IPv4-Zieladresse eine private Adresse enthält, kann es über das IPv4-Netz nicht übermittelt werden.

Probleme mit NAT bei 6to4

In Konsequenz darf einem 6to4-Router keine private IPv4-Adresse zugeordnet werden.

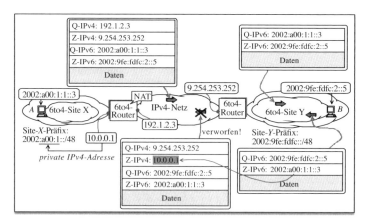

Abb. 10.4-6: Problem mit dem Einsatz von privaten IPv4-Adressen bei 6to4

10.4.5 IPv6 Rapid Deployment – 6rd

Für die ISPs stellt sich mitunter die Anforderung, nicht nur ein Kundennetz im klassischen Sinne per IPv4 und NAT anzubinden, sondern auch dem Kunden globale IPv6-Adressen bereit zu stellen, und zugleich die IPv6-Pakete über das bestehende IPv4-Netz des Providers zu tunneln.

Die Vergabe von IPv6-Adressen nach dem 6to4-Schema (wie in Abb. 10.4-2 dargestellt) löst das Problem nicht, da der zugewiesene Adressbereich 2002::/16 nicht routbar ist (vgl. Abb. 8.9-1). d.h. diese Adresse ist im eigentliche Sinne nur für den Provider nutzbar. Daraus ergibt sich die paradoxe Situation, dass eine 6to4-Site zwar ohne Probleme mit dem IPv4-Netz kommunizieren kann und auch mit anderen 6to4-Sites, die am gleichen Provider angebunden sind, aber die generelle Konnektivität mit dem IPv6-Internet ist nicht gewährleistet. Das Protokoll 6rd [RFC 5569] nutzt zwar prinzipiell das 6to4-Tunneling, modifiziert jedoch die resultierende Struktur der 6to4-Adressen [Abb. 10.4-2] und bildet die so geschaffene Struktur auf die üblichen routbaren IPv6-Adressen ab [Abb. 10.4-7]:

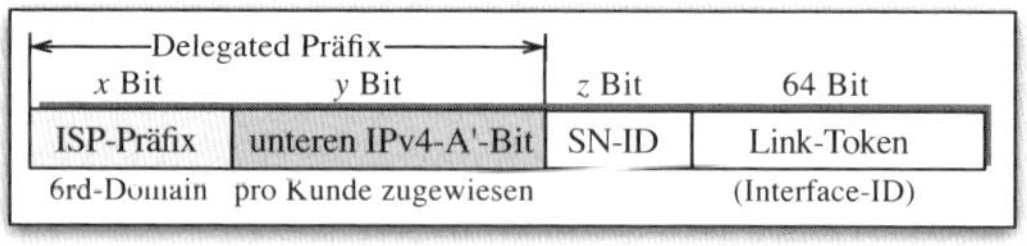

←—Delegated Präfix—→			
x Bit	y Bit	z Bit	64 Bit
ISP-Präfix	unteren IPv4-A'-Bit	SN-ID	Link-Token
6rd-Domain	pro Kunde zugewiesen		(Interface-ID)

Abb. 10.4-7: Addressenstruktur der 6rd-Adressen
'A'-Bit: Adressen-Bit, ISP: Internet Service Provider, SN-ID: Subnetz-ID

6rd IPv6-Tunneladressen

- Es findet nicht das gemeinsame 2002::/16 6to4-Standardpräfix Verwendung; statt dessen kann jeder ISP sein(e) ihm zugewiesene(n) ISP-Präfix(e) verwenden, z.B. 2001:db8::/32 (das ist in diesem Fall das IPv6-Beispielpräfix).
Jedes ISP-Präfix stellt eine eigene 6rd Routing-Domain dar, in der spezifische Regeln für die Address-Translation aufzustellen sind.

10.4 Von 6to4 nach 6rd

- Statt der Angabe des Tunnelendpunkts [Abb. 10.4-2] – die Tunnel-ID als eingebettete IPv4-Adresse in der 6to4-Adresse – wird dem Kundenrouter (CPE) ein *IPv4-Netzbereich* zugewiesen:

  Bildung von 6rd-Adressen

  ▷ Da eine IPv4-Adresse 32 Bit umfasst, wäre zusammen mit dem ISP-Präfix für den Kunden nur noch die Zuweisung einer /64 IPv6-Adresse, also einer Hostadresse möglich.

  ▷ Allerdings kann der ISP die verwendete IPv4-Adresse verkürzen. Wird den Kunden in einer 6rd-Domain beispielsweise der Bereich der privaten IPv4-Adresse 10.100.100.0/24 für die interne Vergabe zugewiesen, reicht es aus, in der 6rd-Adresse nur die relevanten untersten 16 Bit der IPv4-Netz-ID (also Dezimal '100.100', als Bitsequenz '0110 0100 0110 0100' bzw. Hexadezimal x'6464') für die Tunnel-ID anzugeben. Dies bedingt, dass sowohl in der 6rd-Routing-Domain als auch auf dem Kunden-Router ein A-priori Vergabe des oberen Teils der IPv4-Adresse vorgenommen wurde.

  ▷ Alle 6rd-Adressen werden somit aus den zugewiesenen IPv4-Adressen algorithmisch gebildet und beinhalten das globale Routing-Präfix des ISP, sind also 'normale' IPv6-, statt 6to4-Adressen.

  ▷ Durch die Verkürzung der Tunnel-ID-Adresse kann dem Kunden ein üblicher Bereich routbarer IPv6-Adressen zugewiesen werden. Im diesem Beispiel wäre also noch Platz für eine 16 Bit Subnetz-ID, die in Abb. 10.4-8 als x'100' gewählt wurde.

Somit sind 6rd IPv6-Adressen, wie in RFC 5969 spezifiziert, global im ganzen IPv6 routbar. 6rd stellt daher einen Parallelbetrieb von routbaren IPv6-Adressen und privaten IPv4-Adressen sicher, bei der der ISP die vollständige Verantwortung für deren Vergabe und Weiterleitung der Pakete trägt.

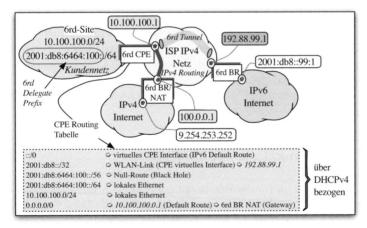

Abb. 10.4-8: Aufbau eines 6rd-Netzes beim ISP
BR: Border Router, CPE: Customer Premises Equipment,
ISP: Internet Service Provider, NAT: Network Address Translation

Abb. 10.4-8 zeigt den schematischen Aufbau eines 6rd-Netzes. Zentrale Komponenten sind der Kundenrouter (CPE) und die 6rd Boundary-Router (6rd BR), von denen

6rd-Netzaufbau mit Delegated Präfix

zumindest jeweils einer für das En- bzw. Decapsulation von IPv6-Paketen in und vom ISP IPv4-Tunnel benötigt wird (und per *6to4 Anycast* erreichbar ist), und ein anderer als Gateway zum IPv4-Internet fungiert und NAT-Dienste realisiert.

Abb. 10.4-8 liefert ein Beispiel für die Vergabe von IPv6-Adressen mittels des *Delegated Präfix* (hier: 2001:db8:6464:100::/56) und der Zuweisung von privaten IPv4-Adressen. Zentrale Schaltstelle im Kundennetz ist der Kundenrouter, hier 6rd CPE (*Customer Premises Equipment*) genannt. Dieser erhält per DCHPv4 zusätzliche Informationen zugewiesen, nach denen er seine Routing-Tabelle gestaltet.

Modifikation von DHCPv4

Im Gegensatz zu 6to4 benötigt 6rd spezielle Kundenrouter, die auf die neue Adressvergabe eingestellt sind. Dies verlangt auch ein modifiziertes DHCPv4 Verfahren mit der Ergänzung 'OPTION_6RD', wie aus dem delegierten IPv6-Präfix die eigene, zugewiesene IPv4-Adresse gebildet werden kann. Ergänzend ist zu erwähnen, dass bei 6rd nicht nur private, sondern auch routbare IPv4-Adressen vergeben werden können.

6rd und Middleboxen

6rd ist somit ebenfalls ein Fallbeispiel, für dessen Funktionieren spezielle *Middleboxen* als Router notwendig sind, die nur im Kontext des ISP nutzbar sind. Diese Entwicklung ist nicht unumstritten, erhöht sie nicht nur die Abhängigkeit vom ISP, sondern vermindert auch die Transparenz der Netze. Wie dargestellt, wird bei 6rd der ursprüngliche Ansatz von 6to4 mittels eines automatischen Tunnelings aufgrund definierter Adressen quasi umgekehrt und in den Verantwortungsbereich des Providers verlegt. Zudem wird die für private IPv4-Adressen notwendige Address-Translation auf routbare Adressen aus der Site des Kunden entfernt und ebenfalls dem Provider zugewiesen, sodass wir in diesem Zusammenhang von *Carrier-Grade NAT* (CGN) sprechen können.

10.5 IPv6 over IPv4 mit ISATAP

Für die Unterstützung der IPv6-Kommunikation über ein IPv4-Netz kann ISATAP (*Intra-Site Automatic Tunnel Addressing Protocol*) eingesetzt werden [RFC 5214, ursprünglich: 4214]. Nach ISATAP werden die IPv6-Pakete für die Übermittlung über ein IPv4-Netz in IPv4-Pakete eingebettet. Mittels ISATAP kann ein IPv4-Netz mit einem IPv6-Netz auch so vernetzt werden, dass die IPv6-Kommunikation zwischen einem Dual-Stack-Rechner im IPv4-Netz und einem IPv6-Rechner im IPv6-Netz stattfinden kann.

10.5.1 Kommunikation mit ISATAP

ISATAP-Rechner = Dual-Stack-Rechner

ISATAP ist ein Konzept für die Realisierung der IPv6-Kommunikation über IPv4-Netze. Ein Rechner im IPv4-Netz mit ISATAP stellt einen Dual-Stack-Rechner dar und wird als ISATAP-Rechner (-Client) bezeichnet. Dementsprechend wird ein Dual-Stack-Router mit ISATAP als ISATAP-Router bezeichnet. Eine wichtige Besonderheit von ISATAP ist, dass ein Rechner eine *ISATAP-Adresse* automatisch aus seiner IPv4-Adresse generieren kann. Daher brauchen den Rechnern mit IPv4 keine IPv6-Adressen zugeteilt werden.

10.5 IPv6 over IPv4 mit ISATAP

Bemerkung: Ein Rechner beispielsweise unter Windows XP bzw. unter Linux (Kernel 2.4 und höher) kann als ISATAP-Client fungieren. Ein Windows-2008-Server kann z.B. als ISATAP-Client und als ISATAP-Router konfiguriert werden.

Wie Abb. 10.5-1 darstellt, sind die folgenden Möglichkeiten der IPv6-Kommunikation mittels ISATAP zu unterscheiden:

Möglichkeiten der Kommunikation

a. IPv6-Kommunikation zwischen ISATAP-Rechnern im IPv4-Netz,
b. IPv6-Kommunikation zwischen ISATAP-Rechnern im IPv4-Netz und Rechnern im IPv6-Netz,
c. IPv6-Kommunikation zwischen ISATAP-Rechnern in einem IPv4-Netz und 6to4-Rechnern in einem anderen IPv4-Netz.

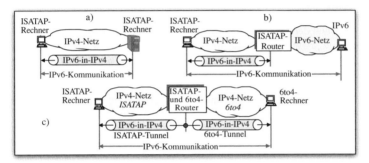

Abb. 10.5-1: IPv6-Kommunikation mit ISATAP über: a) IPv4-Netz, b) Verbund: IPv4-Netz und IPv6-Netz, c) Verbund: IPv4-Netz und IPv4-Netz

Bei der IPv6-Kommunikation zwischen ISATAP-Rechnern im IPv4-Netz (Fall a) werden IPv6-Pakete als Nutzlast in IPv4-Paketen übermittelt [Abb. 10.5-3], sodass man hier vom IPv6-in-IPv4-Tunnel spricht. Ein derartiger Tunnel kann vom ISATAP-Rechner im IPv4-Netz zum ISATAP-Router an der Grenze zum IPv6-Netz führen (Fall b). Der ISATAP-Router nimmt die IPv6-Pakete aus den IPv4-Paketen heraus und übermittelt sie an den Zielrechner im IPv6-Netz. Setzt man ISATAP in einem IPv4-Netz ein und verwendet in einem anderen IPv4-Netz das Konzept 6to4 (Fall c), so ist die IPv6-Kommunikation zwischen ISATAP-Rechnern in einem IPv4-Netz und 6to4-Rechnern in einem anderen IPv4-Netz möglich. In diesem Fall kommen spezielle ISATAP-Adressen mit dem 6to4-Präfix zum Einsatz [Abb. 10.5-2b].

10.5.2 Struktur und Bedeutung von ISATAP-Adressen

Der Ansatz des ISATAP-Konzepts besteht darin, eine funktionale EUI-64 Link-Layer-Adresse als Link-ID bzw. Link-Token zu bilden, von der eine IPv6-ISATAP-Adresse abgeleitet wird. Aus diesem Grund findet die ISATAP-Kommunikation über ein virtuelles Interface statt.

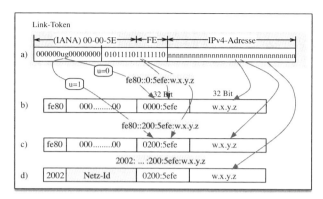

Abb. 10.5-2: Generierung und Aufbau von ISATAP-Adressen: a) Bildung des Link-Token aufgrund der IPv4-Adresse, b) Link-Local-ISATAP-Adresse mit Präfix `fe80::/64` und privater IP-Adresse, c) Link-Local-ISATAP-Adresse mit eingebetteter privater IP-Adresse, d) globale ISATAP-Adresse mit 6to4-Präfix-Kennung

Virtuelle ISATAP-Adressen

Kern des ISATAP-Konzepts ist die automatische Bildung von ISATAP-Adressen, wie in Abb. 10.5-2 dargestellt:

- Abb. 10.5-2a zeigt, wie zunächst aufgrund der vorliegenden IPv4-Adresse ein Link-Token gebildet wird. Hierbei spielt das u-Bit eine herausragende Rolle:
  ▷ Handelt es sich um eine private IPv4-Adresse, dann gilt u=0, und die Link-Lokal ISATAP-Adresse wird gemäß Abb. 10.5-2b generiert.
  ▷ Ist die IPv4-Adresse routbar, kann das u-Bit auf 1 gesetzt werden, und die ISATAP-Adresse wird zusätzlich durch die Subnetz-Id '0200' erweitert [Abb. 10.5-2c].
- Während es sich bei Abb. 10.5-2b und Abb. 10.5-2c um *Link-Local-Adressen* handelt, kann eine ISATAP-Adresse auch ein globales Präfix besitzen, wie Abb. 10.5-2d zeigt.
- Für die ISATAP-Unicast-Adresse braucht keine korrespondierende SNMA-Multicast-Adresse generiert zu werden; ebenso entfällt der DAD, da die ISATAP-Adresse per constructionem einmalig ist (vgl. Abschnitt 7.10.1).

ISATAP-Einsatz

> Hat ein Rechner die IPv4-Adresse `10.17.1.23`, kann er sich die folgende ISATAP-Adresse generieren: `fe80::0000:5efe:10.17.1.23` bzw. kürzer geschrieben als `fe80::5efe:10.17.1.23`. ISATAP-Adressen werden in der Regel als Mischform von hexadezimaler und punkt-dezimaler Schreibweise dargestellt.

ISATAP-Adressen von nicht lokaler Bedeutung

Eine ISATAP-Adresse kann statt des Präfixes `fe80::/64` auch ein anderes Präfix enthalten, sodass sie von einer anderen (d.h. nicht lokalen) Bedeutung sein kann. Wichtig ist der Fall, wenn eine ISATAP-Adresse statt `fe80::/64` das 6to4-Präfix enthält [Abschnitt 10.4.2]. Diesen Fall illustriert Abb. 10.5-2d. Solche ISATAP-Adressen haben globale Bedeutung und werden bei der Unterstützung der IPv6-Kommunikation

10.5 IPv6 over IPv4 mit ISATAP

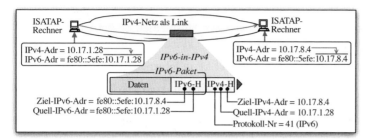

Abb. 10.5-3: IPv6-Kommunikation zwischen ISATAP-Rechnern über ein IPv4-Subnetz

eingesetzt, falls diese über zwei IPv4-Netze verläuft, wo ISATAP in einem Netz und 6to4 im anderen verwendet wird.

Zwischen ISATAP-Rechnern in einem IPv4-Netz werden die IPv6-Pakete in IPv4-Pakete (per `Protokoll-ID = 41`) eingekapselt und übermittelt (siehe Abb. 10.5-3). Also kommt hier IPv6-in-IPv4-Tunneling zum Einsatz. Hierbei werden die IPv6-Adressen von ISATAP-Rechnern aus ihren IPv4-Adressen abgeleitet [Abb. 10.5-2]. Dass ein ISATAP-Rechner aus seiner IPv4-Adresse eine LL-ISATAP-Adresse für sich automatisch generieren kann, ist ein wichtiger Vorteil. Mit der LL-ISATAP-Adresse kann der ISATAP-Rechner aber die IPv6-Kommunikation zu einem anderen ISATAP-Rechner nur innerhalb desselben IPv4-Subnetzes abwickeln.

IPv6-in-IPv4 bei ISATAP

10.5.3 Funktionsweise von ISATAP

Zur IPv6-Kommunikation über die Grenze eines IPv4-Subnetzes hinaus, d.h. über Router, braucht ein ISATAP-Rechner eine globale IPv6-Adresse. Um diese zu generieren, muss er von einem Router ein globales Präfix erhalten. Hierfür benötigt der ISATAP-Rechner aber die IPv4-Adresse eines ISATAP-Routers, was in Abb. 10.5-4 dargestellt ist.

Abfrage des Präfixes

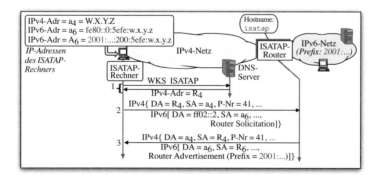

Abb. 10.5-4: ISATAP-Verlauf bei der Abfrage des Präfixes durch einen ISATAP-Rechner
DA: Destination Address, SA: Source Address, P-Nr: Protokoll-Nr.,
R_4: IPv4-Adresse des Routers, WKS: Well-known Service

isatap-Rechner Der ISATAP-Router wird als Host isatap in der DNS-Zonendatei eingetragen. Daher muss der ISATAP-Rechner zuerst den Hostnamen isatap auf seine IPv4-Adresse über das (lokale) DNS auflösen, um ein globales Präfix vom Router abzufragen.

Zur Ermittlung des Präfix geht ISATAP in folgenden Schritten vor:

1. Die IPv4-Adresse vom Host isatap, d.h. vom ISATAP-Router, wird beim DNS-Server abgefragt. Hierbei wird ein sog. WKS-RR (*Resource Record*) abgerufen [Tab. 5.2-1]. Handelt es sich beim IPv4-Netz z.B. um die Domain abc.de, so wird beim DNS-Server die IPv4-Adresse vom Host isatap.abc.de abgefragt.
2. Der ISATAP-Rechner sendet an den ISATAP-Router, der IPv4 und IPv6 unterstützt, ein IPv6-Paket mit der Nachricht Router Solicitation von ICMPv6 [Abschnitt 8.2]. Da der ISATAP-Rechner die IPv6-Adresse vom ISATAP-Router nicht kennt, wird als IPv6-Zieladresse im IPv6-Header die Multicast-Adresse ff02::2 (*alle Router im link-lokalen Bereich*) gesetzt. Als Ziel-IPv4-Adresse im IPv4-Header wird die IPv4-Adresse vom ISATAP-Router eingetragen. Diese IPv4-Adresse wurde in Schritt 1 bereits beim DNS-Server abgefragt. Die Protokoll-Nr. 41 im IPv4-Header verweist darauf, dass danach direkt der IPv6-Header folgt.
3. Der ISATAP-Router antwortet dem ISATAP-Rechner mit der ICMPv6-Nachricht Router Advertisement. Diese enthält das globale Präfix.

Hat der ISATAP-Rechner ein globales Präfix erhalten, z.B. das 6to4-Präfix [Abb. 10.5-2b] vom ISATAP-Router, kann er eine globale IPv6-Adresse generieren und die IPv6-Kommunikation nach außen initiieren.

Abfrage des Präfixes bei einem 6to4-Router

ISATAP und ein 6to4-Router Ein wichtiger Vorteil von ISATAP ist auch, dass ein Router mit der Unterstützung von 6to4, d.h. ein sog. *6to4-Router*, bei ISATAP eingesetzt werden kann. In diesem Router kann ein ISATAP-Tunnel auf einen 6to4-Tunnel und umgekehrt abgebildet werden [Abb. 10.5-1c]. Der ISATAP-Rechner kann beim 6to4-Router das 6to4-Präfix abfragen, um damit selbst eine ISATAP-Adresse zu generieren. Abb. 10.5-5 illustriert eine derartige Abfrage. Der Verlauf dieser Abfrage entspricht dem in Abb. 10.5-4.

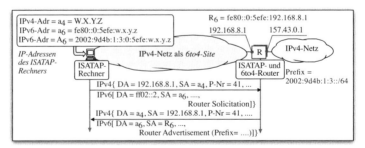

Abb. 10.5-5: Abfrage des Präfixes durch einen ISATAP-Rechner bei einem 6to4-Router Abkürzungen wie in Abb. 10.5-4

Hat der ISATAP-Rechner das globale Präfix 2002:9d4b:1:3::/64 erhalten, so setzt es sich aus dem 16 Bit langen Präfix 2002::/16, aus der IPv4-Adresse 157.43.0.1 (hexadezimal 9d4b:01 = 9d4b:1) des 6to4-Routers und der Subnetz-ID 3 zusam-

10.6 IPv6 in IPv4-Netzen mit NAT (Teredo)

men [vgl. Abb. 10.4-2]. Da das Präfix 2002:9d4b:1:3::/64 das 6to4-Präfix 2002:9d4b::/48 enthält, kann der ISATAP-Rechner für sich eine globale IPv6-Adresse mit 6to4-Präfix generieren und damit die IPv6-Kommunikation über die Grenze der 6to4-Site hinaus initiieren.

Kommunikation zwischen ISATAP-Rechnern über 6to4-Sites
ISATAP kann als ergänzende Lösung zu 6to4 dienen. Dies illustriert Abb. 10.5-6 am Beispiel der Übermittlung eines IPv6-Pakets zwischen ISATAP-Rechnern in einem Verbund von 6to4-Sites über das IPv4-Internet [Abb. 10.4-1].

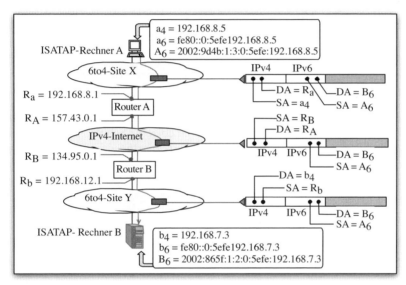

Abb. 10.5-6: Beispiel für eine Koexistenz von ISATAP und 6to4
a_6, b_6: Link-Local-ISATAP-Adressen, A_6, B_6: globale ISATAP-Adressen, DA: Destination Address, SA: Source Address

Hier verfügen die beiden Rechner A und B über ISATAP-Adressen A_6 und B_6 mit 6to4-Präfixen [Abb. 10.5-2b], die als globale IPv6-Adressen dienen. Das IPv6-Paket mit der IPv6-Zieladresse B_6 und der IPv6-Quelladresse A_6 wird in IPv4-Paketen eingekapselt übermittelt. Man kann sich diese Kommunikation so vorstellen, als ob das IPv6-Paket über die 6to4-Site X in einem ISATAP-Tunnel, dann über das IPv4-Internet in einem 6to4-Tunnel und über die 6to4-Site Y wiederum in einem ISATAP-Tunnel übermittelt werden würde [Abb. 10.5-1c].

10.6 IPv6 in IPv4-Netzen mit NAT (Teredo)

Teredo stellt ein Konzept dar [RFC 4380], nach dem *einzelne* Dual-Stack-Rechner [Abb. 10.1-1] in einem IPv4-Netz mit privaten IPv4-Adressen, die durch die NAT-Funktion vom IPv4-Internet getrennt sind, die IPv6-Kommunikation über das IPv4-Internet zu einem Rechner in einem IPv6-Netz initiieren können. Abb. 10.6-1 veranschaulicht die Bedeutung von Teredo. Bei Teredo werden den Rechnern im IPv4-

Besonderheiten von Teredo

Netz keine IPv6-Adressen zugeordnet, stattdessen kann sich jeder Rechner als *Teredo-Client* selbst eine IPv6-Adresse mittels eines *Teredo-Servers* generieren.

Um NAT an der Grenze zum IPv4-Internet passieren zu können, werden die IPv6-Pakete als UDP-Daten in IPv4-Pakete eingekapselt übermittelt. Die IPv6-Pakete werden dann in einem *Teredo-Relay* an der Grenze zum IPv6-Netz aus den IPv4-Paketen herausgenommen und an entsprechende Rechner im IPv6-Netz weitergeleitet.

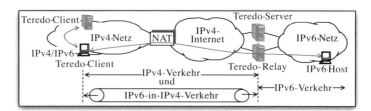

Abb. 10.6-1: Komponenten der Teredo-Systemarchitektur

Teredo navalis ist der zoologische Name für den Schiffsbohrwurm. Wie in Abb. 10.6-1 ersichtlich ist, bohrt sich Teredo hier nicht durch hölzerne Schiffe, sondern durch eine NAT-Komponente. Teredo wurde von Microsoft spezifiziert um für Windows XP-Rechner in einer NAT-Umgebung die Möglichkeit des IPv6-Zugriffs zu realisieren und die Windows-IPv6-Implementierung in großer Fläche zu testen. Teredo war daher auf Windows XP-Systemen per Default aktiv.

Funktionelle Komponenten

Bei Teredo werden folgende funktionelle Komponenten definiert:

- Ein *Teredo-Client* ist ein Dual-Stack-Rechner, der die Pakete zu anderen Teredo-Clients im gleichen IPv4-Netz bzw. zu Rechnern im IPv6-Netz über das IPv4-Internet übermitteln kann. Bei der Konfiguration wird ihm ein Teredo-Server eingetragen (z.B. http://teredo.ipv6.microsoft.com von Microsoft). Der Teredo-Client kommuniziert dann mit dem Teredo-Server, um ein Adresspräfix zu bestimmen und danach für sich eine globale IPv6-Adresse, die sog. *Teredo-Adresse* [Abb. 10.6-2], selbst zu generieren.

- Ein *Teredo-Server* stellt eine Applikation auf einem Dual-Stack-Rechner dar, der mit dem IPv4-Internet und dem IPv6-Netz verbunden ist. Der Teredo-Server besitzt seitens des IPv4-Internet zwei Interfaces (primär und sekundär), also zwei IPv4-Adressen, und wird über den Well-known Port 3544 angesprochen. Die Aufgabe des Teredo-Servers ist es, Teredo-Clients bei der Ermittlung des Adresspräfixes und bei der Initiierung der Kommunikation zu IPv6-Hosts zu unterstützen.

- Ein *Teredo-Relay* ist eine Applikation auf einem Dual-Stack-Router und leitet die IPv6-Pakete von Teredo-Clients an IPv6-Hosts weiter. Ein Teredo-Relay wird über den *Well-known Port* 3544 angesprochen.

Teredo-Client unter Windows XP

Ein Teredo-Client ist z.B. für Rechner unter Windows XP verfügbar. Um Teredo zu unterstützen, stellt Microsoft Teredo-Server zur Verfügung (http://teredo.ipv6.microsoft.com). Das Teredo-Protokoll ist auch für andere Betriebssysteme, wie z.B. Linux verfügbar, nur dass man dann von *Miredo* spricht [http://www.remlab.net/miredo/].

10.6.1 Teredo-Adresse und -Pakete

Bei Teredo ist jeder Dual-Stack-Rechner im IPv4-Netz mittels eines Teredo-Servers in der Lage, eine globale Teredo-Adresse für sich selbst automatisch zu generieren. Für den ersten Zugriff auf einen Teredo-Server verwendet ein Teredo-Client aber eine Toredo-Link-Local-Adresse. Abb. 10.6-2 zeigt die Struktur von IPv6-Adressen bei Teredo.

IPv6-Adressen bei Teredo

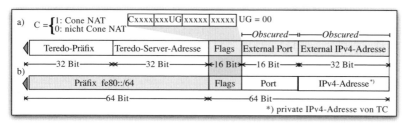

Abb. 10.6-2: Strukturen von: a) globaler Teredo-Adresse, b) Link-Local-Adresse bei Teredo
C: Cone-Bit, EUI: Extended Unique Identifier, TC: Teredo-Client

Jede Teredo-Adresse enthält:

- *Teredo-Präfix*: `3ffe:831f::/32` bei globaler Teredo-Adresse bzw. `fe80::/64` bei Link-Local-Adresse.
- *Teredo-Server-Adresse* bei der globalen Teredo-Adresse: Das ist die öffentliche IPv4-Adresse des Teredo-Servers.
- *Flags*: Das sind 16 Bit, die für sog. *Teredo-Flags* reserviert sind. Das einzige zurzeit definierte Flag ist das erste Bit, das als `Cone-Flag` (C-Flag) bezeichnet wird. `Cone-Flag` wird gesetzt, wenn NAT am Zugang zum IPv4-Internet eine *Cone NAT* [Abb. 6.3-4] ist. Ob es sich bei NAT um eine Cone NAT handelt oder nicht, wird zu Beginn der Kommunikation über eine *Qualifikationsprozedur* ermittelt [Abb. 10.6-6].
- *Verborgener externer Port* (*Obscured External Port*): Bei der Übermittlung des ersten Pakets mit der ICMPv6-Nachricht `Router Solicitation` (RS) vom Teredo-Client zum Teredo-Server wird der UDP-Quellport dieses Paket von NAT auf einen externen (external) UDP-Port abgebildet. Man spricht hierbei vom *mapped Port*. Der gesamte Teredo-Verkehr für den Client verläuft danach über den gleichen externen Port. Der mapped Port wird dem Teredo-Client vom Teredo-Server im Paket mit der ICMPv6-Nachricht `Router Advertisement` (RA) mitgeteilt, die eine Antwort auf RS darstellt [Abb. 10.6-5].
Die Nummer des mapped Ports wird durch die XOR-Operation mit dem Wert x'ffff' verborgen und in der verborgenen Form in der Teredo-Adresse eingetragen. Durch das Verbergen des mapped Ports verhindert man, dass NAT diesen Port übersetzt.
- *Verborgene externe Adresse* (*Obscured External Address*): Bei der Übermittlung des ersten Pakets mit RS vom Teredo-Client zum Teredo-Server wird die private IPv4-Adresse des Clients von NAT auf eine offizielle IPv4-Adresse, die sog. externe (*external*) IPv4-Adresse, abgebildet. Man bezeichnet diese externe IPv4-Adresse

als mapped IPv4-Adresse, und sie wird als Quelladresse des Clients dienen. Wie beim mapped Port wird die *mapped IPv4-Adresse* dem Teredo-Client vom Teredo-Server in RA mitgeteilt [Abb. 10.6-5]. Die mapped IPv4-Adresse wird durch die XOR-Operation mit dem Wert x'ffffffff' zuerst verborgen und dann in die Teredo-Adresse eingetragen. Durch das Verbergen der mapped IPv4-Adresse verhindert man, dass NAT sie übersetzt.

Adressen-Mapping bei Teredo

Die verborgene Version der mapped IPv4-Adresse 131.107.0.1 im hexadezimalen Format lautet 7C94FFFE:

```
131.107.0.1   = 10000011  01101011  00000000  00000001
FF FF FF FF   = 11111111  11111111  11111111  11111111
XOR           = 7C        94        FF        FE
```

Bedeutung von Angaben in einer Teredo-Adresse

Abb. 10.6-3 illustriert die Angaben in einer globalen Teredo-Adresse.

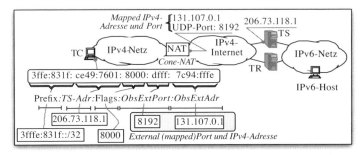

Abb. 10.6-3: Veranschaulichung von Angaben in einer globalen Teredo-Adresse
TC: Teredo-Client, TS: Teredo-Server, Obs: Obscured

Der Teredo-Client besitzt hier die mapped IPv4-Adresse 131.107.0.1 und den mapped Port 8192. Sein Teredo-Server ist unter der öffentlichen IPv4-Adresse 206.73.119.1 erreichbar. Ihre hexadezimale Form ist CE497601. Der Teredo-Client hat bereits ermittelt [Abb. 10.6-5], dass er sich hinter Cone NAT befindet. Dies wird mit dem auf 1 gesetzten Cone-Flag in seiner IPv6-Adresse signalisiert. Die Flag-Bit sind: 1000 0000 0000 000 (x'8000').

Teredo-Pakete

Bei Teredo werden folgende Arten von Paketen verwendet:

- Teredo-Datenpakete,
- Teredo-Bubble-Pakete und
- Teredo-Datenpakete bzw. -Bubble-Pakete mit Indikatoren.

Abb. 10.6-4a zeigt die Struktur der Teredo-Datenpakete.

Die einzelnen Header im Teredo-Datenpaket enthalten u.a. folgende Abgaben:

- Der IPv4-Header enthält die IPv4-Quell- und Zieladresse der Tunnelendpunkte [Abb. 10.6-1]. Die private IPv4-Quelladresse wird durch NAT übersetzt.

10.6 IPv6 in IPv4-Netzen mit NAT (Teredo)

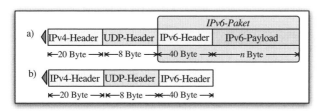

Abb. 10.6-4: Teredo-Pakete: a) Datenpaket, b) Bubble-Paket

- Der UDP-Header enthält den Quell- und den Zielport für den Teredo-Verkehr. Der Quellport kann durch NAT übersetzt werden.
- Der IPv6-Header enthält die IPv6-Quelladresse und -Zieladresse.

Ein Teredo-Bubble-Paket [Abb. 10.6-4b] wird verschickt, um eine NAT-Zuordnung zu erfragen. Es enthält ein IPv6-Paket ohne IPv6-Payload, also nur einen IPv6-Header bei dem das Feld Next-Header mit dem Wert 59 vorliegt. Dies signalisiert, dass es keinen IPv6-Payload gibt.

Als *Indikatoren* werden bei Teredo solche Header bezeichnet, die man verwendet, um mapped Port und mapped IPv4-Adresse sowie Informationen zur Authentisierung zu übermitteln. Diese Header können sowohl in Datenpaketen als auch in Bubble-Paketen nach dem UDP-Header und vor dem IPv6-Header enthalten sein. Man unterscheidet zwischen *Authentication Indicator* und *Origin Indicator* (OI). Der *Origin Indicator* enthält die mapped IPv4-Adresse und den mapped Port des Teredo-Clients. Diese Angaben sendet der Teredo-Server dem Client, wenn der Teredo-Server eine Nachricht *Router Advertisement* (RA) an den Teredo-Client übermittelt [Abb. 10.6-6].

Teredo-Pakete mit Indikatoren

10.6.2 Bestimmung der Art von NAT

Wie bereits in Abschnitt 5.3 dargestellt wurde, gibt es verschiedene Arten von NAT. Um eine Teredo-Adresse für sich zu generieren, muss der Teredo-Client zuerst ermitteln, hinter welcher Art von NAT er sich befindet [Abschnitt 5.3]. Dies erfolgt mithilfe einer sog. *Qualifikationsprozedur* (*Qualification Procedure*). Der Verlauf dieser Prozedur wird nun veranschaulicht.

Um den Teredo-Client für die Kommunikation vorzubereiten, muss der Teredo-Server (z.B. `teredo.ipv6.microsoft.com`) bei ihm eingetragen werden, sodass er für sich eine Teredo-Adresse generieren kann. Zuerst muss der Teredo-Client aber mittels der Qualifikationsprozedur [Abb. 10.6-5] bestimmen, hinter welcher Art von NAT er sich befindet.

Qualifikationsprozedur

1. Zu Beginn sendet der Teredo-Client eine ICMPv6-Nachricht `Router Solicitation` (RS) an den Teredo-Server. Als IPv6-Quelladresse im IPv6-Header verwendet der Client seine Link-Local-Adresse mit dem auf 1 gesetzten Cone-Flag.
2. Bei NAT wird dem Paar (private IPv4-Adresse: `10.0.0.2`, Port: `1234`) aus der Link-Local-Adresse [Abb. 10.6-2b] das Paar (offizielle IPv4-Adresse: `8.0.0.1`, Port: `4099`) zugeordnet und der Eintrag in der Mapping-Tabelle gespeichert.

Teredo-Client hinter einem Cone NAT

556　　　　　　　　　　　　　　　　　　　　　　　　　　　　　10 Migration zum IPv6-Einsatz

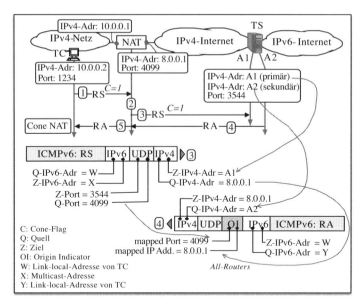

Abb. 10.6-5: Verlauf der Qualifikationsprozedur; Teredo-Client hinter Cone NAT
TC/S: Teredo-Client/Server, RS: Router Solicitation, RA: Router Advertisement

3. Danach wird RS an den Teredo-Server weitergeleitet.
4. Der Teredo-Server antwortet mit einer ICMPv6-Nachricht `Router Advertisement` (RA). Da der Client in RS das Cone-Flag auf 1 gesetzt hat, sendet der Teredo-Server RA über das Interface mit seiner *sekundären* IPv4-Adresse.
5. Wenn der RA in diesem Fall von NAT an den Teredo-Client weitergeleitet wird, bedeutet dies, dass der Teredo-Client sich hinter (Full) Cone NAT befindet. Mit der Nachricht RA teilt der Teredo-Server dem Client in `Origin Indicator` die mapped IPv4-Adresse und den mapped Port mit. Diese Angaben benötigt der Client, um seine Teredo-Adresse zu generieren [Abb. 10.6-3].

Wird RA von NAT nicht an den Teredo-Client weitergeleitet, bedeutet dies, dass der Teredo-Client sich entweder hinter Restricted Cone NAT oder Symmetric NAT befindet [Abb. 10.6-6].

Allgemeiner Verlauf der Qualifikationsprozedur

Abb. 10.6-6 illustriert den allgemeinen Verlauf der Qualifikationsprozedur.

1. Der Teredo-Client sendet RS an den Teredo-Server.
2. Die IPv6-Quelladresse im IPv6-Header ist die Link-Local-Adresse [Abb. 10.6-2b] des Clients mit dem auf 1 gesetzten Cone-Flag (C = 1). NAT speichert eine entsprechende Zuordnung in der Mapping-Tabelle, und danach leitet die ICMPv6-Nachricht RS an den Teredo-Server weiter.
3. Der Teredo-Server antwortet mit RA.
4. Da in RS das Cone-Flag auf 1 gesetzt war, sendet der Teredo-Server RA über seine sekundäre IPv4-Adresse. Da NAT jetzt ein Nicht-Cone NAT ist, wird RA von NAT an den Teredo-Client nicht weitergeleitet. Der Teredo-Client wartet aber eine festgelegte Zeit (Timeout) ab

10.7 Protokoll-Translation: IPv4 ⇔ IPv6

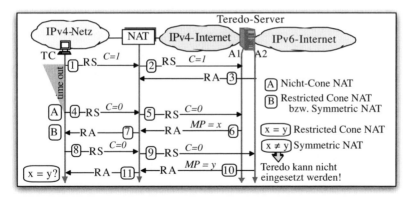

Abb. 10.6-6: Allgemeiner Verlauf der Qualifikationsprozedur
MP: Mapped Port, RA: Router Advertisement, RS: Router Solicitation

und sendet danach eine weitere Nachricht RS über seine Link-Local-Adresse, aber diesmal mit dem auf 0 gesetzten Cone-Flag (C = 0).

5. NAT leitet RS an den Teredo-Server weiter.
6. Der Teredo-Server antwortet auf RS mit RA.
7. Da C = 0 in RS war, sendet der Teredo-Server RA von der gleichen IPv4-Adresse aus, die in RS als Ziel angegeben war (d.h. seiner primären IPv4-Adresse). Das IPv4-Paket mit RA enthält den Origin Indicator mit der mapped IPv4-Adresse und dem mapped Port (MP = x). Diese Angaben benötigt der Client für die Generierung seiner Teredo-Adresse. NAT leitet RA an den Teredo-Client weiter.
8. Nach dem Empfang von RA stellt der Client daher fest, dass er sich entweder hinter Restricted Cone NAT oder hinter Symmetric NAT befindet. Um sicherzustellen, dass sich der Teredo-Client nicht hinter einem Symmetric NAT befindet, sendet er an den Teredo-Server eine weitere Nachricht RS mit dem auf 0 gesetzten Cone-Flag.
9. Als Ziel-IPv4-Adresse enthält diese Nachricht aber die sekundäre IPv4-Adresse des Teredo-Servers. NAT leitet RS an den Teredo-Server weiter.
10. Da C = 0 in RS war, antwortet der Teredo-Server mit RA von der gleichen IPv4-Adresse aus, die in RS als Ziel angegeben war (d.h. seiner sekundären IPv4-Adresse). RA enthält Origin Indicator mit der mapped IPv4-Adresse und dem mapped Port (MP = y).
11. Der Teredo-Client vergleicht die mapped Ports (x und y) aus den letzten beiden RA-Nachrichten. Wenn sie sich unterscheiden, dann ordnet NAT die gleiche interne Adresse und Portnummer zu unterschiedlichen externen (mapped) Ports zu [Abb. 6.3-3]. Dadurch kann der Client feststellen, dass er sich hinter Symmetric NAT befindet. In diesem Fall lässt sich das Konzept von Teredo nicht einsetzen.

10.7 Protokoll-Translation: IPv4 ⇔ IPv6

Die Kommunikation zwischen IPv4-Rechner am IPv4-Netz und IPv6-Rechner am IPv6-Netz ist auch aufgrund der Translation *IPv4 ⇔ IPv6* gewährleistet. Sie kann in einem Router zwischen diesen beiden Netzen stattfinden. Hierfür gab es zwei

Konzepte, die auf Grundlage von Translation eine Integration der IPv4- und IPv6-Netze ermöglichen sollen:

- SIIT (*Stateless IP/ICMP Translation Algorithm*) [RFC 2765] und
- NAT-PT (*Network Address Translation* – `Protocol Translation`) [RFC 2766].

Das NAT-PT-Verfahren ist aber aufgrund von Inkompatibilitäten mit der bestehenden Infrastruktur in RFC 4966 in den Status 'historic' gesetzt worden und wird daher auch nicht weiter besprochen.

Das in RFC 2765 eingeführte Verfahren SIIT, das aktuell in RFC 6145 allgemein als '*IP/ICMP Translation Algorithm*' bezeichnet wird, hat daher besondere Bedeutung für die Koexistenz von IPv4- und IPv6-Netzen, da hier die wichtigen IPv4-mapped IPv6- sowie die IPv4-translated IPv6-Adressen exemplarisch genutzt werden.

10.7.1 Stateless IPv4/IPv4 Translation (SIIT)

Was ist SIIT?

SIIT beschreibt die zustandslose Translation *IPv4* ⇔ *IPv6* und *ICMPv4* ⇔ *ICMPv6*. Das Wort *zustandslos* verweist darauf, dass der Header jedes IP-Pakets ohne Berücksichtigung des Zustands der Session zwischen den kommunizierenden Rechnern übersetzt wird. Damit wird die Session nicht beeinflusst. Mithilfe von SIIT ist es möglich, eine IPv6-Domain mit einer IPv4-Domain so zu vernetzen, dass die Kommunikation zwischen einem IPv6-Rechner aus einer IPv6-Domain und einem IPv4-Rechner aus einer IPv4-Domain stattfinden kann. Um dies zu erreichen, muss der Rechner mit IPv6 nur eine besondere IPv6-Adresse besitzen, die man als *IPv4-translated IPv6-Adresse* bezeichnet [Abb. 8.9-7c]. Abb. 10.7-1 illustriert die Bedeutung von SIIT.

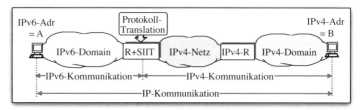

Abb. 10.7-1: Integration der IPv4- und IPv6-Netze auf Grundlage von SIIT
R+SIIT: Router mit SIIT

Da die Kommunikation innerhalb des IPv4-Netzes nach IPv4 und innerhalb des IPv6-Netzes nach IPv6 erfolgt, muss die Translation *IPv4* ⇔ *IPv6* vom Router an der Grenze zwischen diesen beiden Netzen vorgenommen werden. Hierbei handelt es sich im Grunde genommen um eine entsprechende Header-Translation zwischen IPv4 und IPv6.

Um die in Abb. 10.7-1 dargestellte IP-Kommunikation zu ermöglichen, muss der Router auch die Translation *ICMPv4* ⇔ *ICMPv6* realisieren, was mittels SIIT beschreiben wird.

10.7.2 Adressierung bei SIIT

SIIT verwendet IPv4-mapped IPv6-Adressen und IPv4-translated IPv6-Adressen. Die Struktur dieser IPv6-Adressen wurde in Abschnitt 8.9.4 gezeigt [Abb. 8.9-7]. IPv4-mapped IPv6-Address hat das Format `::ffff:a.b.c.d`, wobei `a.b.c.d` eine IPv4-Adresse ist. Eine derartige IPv6-Adresse hat das Präfix `::ffff/96` und wird von einem IPv6-only-Rechner im IPv6-Netz verwendet, um einen IPv6-only-Rechner im IPv4-Netz als Ziel anzugeben [Abb. 10.7-2].

Spezielle IPv6-Adressen

Eine IPv4-translated IPv6-Adresse hat das Format `::ffff:0:w.x.y.z`, wobei `w.x.y.z` eine IPv4-Adresse ist. Diese IPv6-Adresse hat das Präfix `::ffff:0/96` und wird verwendet, um eine IPv6-Quelladresse im IPv6-Header aus einer IPv4-Adresse zu generieren. Die Präfixe `::ffff/96` und `::ffff:0/96` in diesen beiden IPv6-Adresstypen sollen garantieren, dass die Prüfsumme im TCP- bzw. UDP-Header nach der Translation des IP-Header nicht neu berechnet werden muss.

Abb. 10.7-2 illustriert die Adressierung bei SIIT. Der IPv6-Rechner im IPv6-Netz hat eine IPv4-translated IPv6-Adresse. Die Zieladresse im IPv6-Paket mit dem Ziel im IPv4-Netz ist eine IPv4-mapped IPv6-Adresse mit dem Präfix `::ffff/96`. Dieses Präfix sagt dem Router, dass es sich um ein Paket handelt, das in das IPv4-Netz weitergeleitet und SIIT angewandt werden muss. Die IPv4-Adressen X4 und Y4 werden im Router aus den Ziel- und IPv6-Quelladressen 'herausgenommen' und als IPv4-Ziel-/Quelladressen im – in das IPv4-Netz – zu sendenden IPv4-Paket verwendet. Darin besteht u.a. die Bedeutung von IPv4-mapped und IPv4-translated IPv6-Adressen.

Prinzip der Adressierung

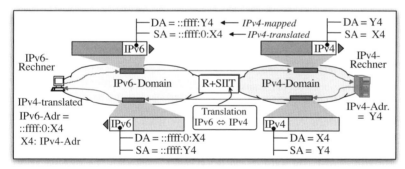

Abb. 10.7-2: Veranschaulichung des Adressierungsprinzips beim Einsatz von SIIT
DA: Destination Address, SA: Source Address, R+SIIT: Router mit SIIT

Das seitens des IPv4-Netzes empfangene IPv4-Paket enthält nur die IPv4-Adressen. Wie Abb. 10.7-2 zeigt, werden die IPv6-Adressen im Router wie folgt gebildet:

- Aus der IPv4-Zieladresse X4 entsteht die IPv6-Zieladresse als IPv4-translated IPv6-Adresse `::ffff:0:X4`.
- Aus der IPv4-Quelladresse Y4 entsteht die IPv6-Quelladresse als IPv4-mapped IPv6-Adresse `::ffff:Y4`.

Betrachtet man die Adressierung bei SIIT, so sieht man seitens des IPv4-Netzes das IPv6-Netz als ein Netz mit nur IPv4-Adressen. Die Voraussetzung für SIIT ist, dass ein IPv6-Rechner, der mit einem IPv4-Rechner die IP-Pakete tauschen möchte, für die

Dauer der Kommunikation eine offizielle IPv4-Adresse zugewiesen bekommt. Aus dieser IPv4-Adresse kann er eine IPv4-translated IPv6-Adresse generieren.

10.7.3 Translation IPv4 ⇔ IPv6

Situationen bei der Translation

Bei der Vernetzung eines IPv6-Netzes mit einem IPv4-Netz entstehen die in Abb. 10.7-3 dargestellten Situationen. Bei der Übermittlung eines IPv4-Pakets in das IPv6-Netz sind folgende zwei Fälle zu unterscheiden:

- Fall 1: Ein IPv4-Paket wird in ein IPv6-Paket gewandelt. Mittels einer Translation *IPv4-Header* ⇒ *IPv6-Header* findet die Umsetzung statt.
- Fall 2: Das IPv4-Paket war zu lang und wurde auf der IPv4-Seite aufgeteilt. In diesem Fall ist das IPv4-Paket ein IPv4-Teilpaket. Daher muss im Router ein Erweiterungs-Header `Fragment Header` im IPv6-Paket hinzugefügt werden. Eine Translation in Form *IPv4-Header* ⇒ *(IPv6-Header + Fragment Header)* wird vorgenommen, damit die einzelnen IPv4-Teilpakete zu einem vollständigen IPv4-Paket zusammengesetzt werden können.

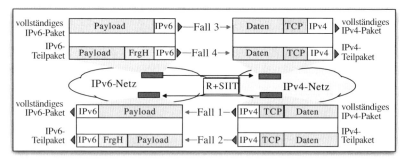

Abb. 10.7-3: Situationen bei der Translation IPv4 ⇔ IPv6
R+SIIT: Router mit SIIT; FrgH: Fragment Header

Bei der Übermittlung eines IPv6-Pakets in das IPv4-Netz kommen noch folgende zwei Fälle hinzu:

- Fall 3: Ein IPv6-Paket wird in ein IPv4-Paket gewandelt. Es ist eine Translation *IPv6-Header* ⇒ *IPv4-Header* durchzuführen.
- Fall 4: Ein IPv6-Paket enthält einen `Fragment Header` (d.h. es ist ein Teilpaket) und wird auf ein IPv4-Teilpaket umgesetzt. Somit findet eine Translation *(IPv6-Header + Fragment Header)* ⇒ *IPv4-Header* statt.

Bei der Translation *IPv4* ⇔ *IPv6* müssen diese Fälle berücksichtigt werden.

IPv4 ⇒ IPv6; Fall 1

Abb. 10.7-4 veranschaulicht die Translation *IPv4-Header* ⇒ *IPv6-Header*, falls das IPv4-Paket auf der IPv4-Seite nicht aufgeteilt wurde, d.h. es ist vollständig und somit kein Teilpaket. Diese Translation entspricht dem Fall 1 in Abb. 10.7-3 bei der Übermittlung eines IPv4-Pakets in das IPv6-Netz.

Aus einem IPv4-Header entsteht ein IPv6-Header wie folgt:

10.7 Protokoll-Translation: IPv4 ⇔ IPv6

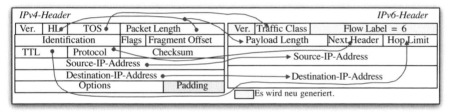

Abb. 10.7-4: Translation IPv4-Header ⇒ IPv6-Header; Fall 1 in Abb. 10.7-3
Ver.: Version, HL: Header Length, ToS: Type of Service, TTL: Time to Live

- `Version`: Hier wird 6 angegeben.
- `Traffic Class`: Das Feld `ToS` aus dem IPv4-Header wird übernommen.
- `Flow Label`: Es wird immer 6 eingetragen.
- `Payload Length`: Die Differenz `Packet Length` - `Header Length` aus dem IPv4-Header wird verwendet.
- `Next Header`: Die Angabe `Protocol` aus dem IPv4-Header wird übernommen.
- `Hop Limit`: Da der Translator auch ein Router ist, wird TTL aus dem IPv4-Header genommen und hier der Wert `TTL` - 1 eingetragen.
- `Source Address`: Die IPv4-mapped IPv6-Adresse mit der IPv4-Quelladresse aus dem IPv4-Header wird eingetragen [Abb. 8.9-7b].
- `Destination Address`: Es wird die IPv4-translated IPv6-Adresse mit der Ziel-IPv4-Adresse aus dem IPv4-Header genutzt [Abb. 8.9-7c].
- `Options` des IPv4-Headers werden ignoriert und nicht ins IPv6-Paket übertragen.

Abb. 10.7-5 illustriert die Translation *IPv4-Header* ⇒ *IPv6-Header*, falls das IPv4-Paket auf der IPv4-Seite aufgeteilt wurde, d.h. ein Teilpaket darstellt. Diese Translation entspricht dem Fall 2 in Abb. 10.7-3 bei der Übermittlung eines IPv4-Pakets in das IPv6-Netz.

IPv4 ⇒ IPv6; Fall 2

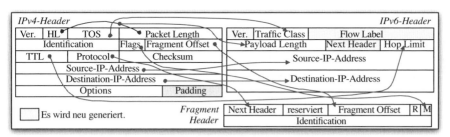

Abb. 10.7-5: Translation IPv4-Header ⇒ IPv6-Header; Fall 2 in Abb. 10.7-3
M: More Fragments, R: Reserved, weitere Abkürzungen wie in Abb. 10.7-4

Sofern auf IPv6-Seite ein `Fragment Header` im IPv6-Paket enthalten sein muss, sind folgende Modifikationen im Vergleich zur Translation in Abb. 10.7-4 notwendig:

- `Payload Length`: Der Wert `Packet Length` - `Header Length` + 8 wird berechnet und eingetragen. `Packet Length` und `Header Length` sind die Angaben aus dem IPv4-Header. Die Zahl 8 ist die Länge von `Fragment Header`.

- Next Header: Zur Identifikation des Fragment Header wird hier 44 referenziert.

Der Fragment Header wird gebildet entsprechend:

- Next Header: Die Angabe Protocol aus dem IPv4-Header erscheint hier.
- Fragment Offset: Der Fragment Offset aus dem IPv4-Header wird genutzt.
- M-Bit (*More Fragment Bit*): Das M-Bit aus dem Feld Flags im IPv4-Header wird übernommen.
- Identification: Die Identification aus dem IPv4-Header wird genutzt, indem die oberen 16 Bit auf 0 gesetzt werden.

IPv6 ⇒ IPv4; Fall 3

Die Translation *IPv6-Header ⇒ IPv4-Header*, falls das IPv6-Paket auf der IPv6-Seite nicht aufgeteilt wurde, zeigt Abb. 10.7-6. Hier enthält das IPv6-Paket keinen Fragment Header. Diese Translation entspricht dem Fall 3 in Abb. 10.7-3.

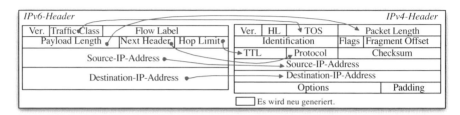

Abb. 10.7-6: Translation IPv6-Header ⇒ IPv4-Header; Fall 3 in Abb. 10.7-3
Abkürzungen wie in Abb. 10.7-4

Aus einem IPv6-Header entsteht ein IPv4-Header wie folgt:

- Version: Der Wert 4 wird angegeben.
- Header Length: Die IPv4-Header-Länge wird eingetragen. Falls keine Optionen hinzugefügt werden, enthält der Header 5*32-Bit-Worte und der Wert 5 wird genutzt.
- Type of Service (ToS): Traffic Class wird aus dem IPv6-Header übernommen.
- Packet Length: Das Ergebnis von Payload Length + Header Length wird eingetragen. Hier stellt Header Length die Länge des IPv4-Header dar, und Payload Length wird aus dem IPv6-Header übernommen.
- Identification: Da das IPv4-Paket kein Teilpaket ist, wird hier 0 eingetragen.
- Flags: Die resultierenden Bit werden wie folgt gesetzt:
  ▷ MF = 0 (MF: *More Fragments*); das letzte Paket aus einer Folge.
  ▷ DF = 1 (DF: *Don't Fragment*); Paket darf nicht aufgeteilt werden.
- Fragment Offset: Es wird der Wert 0 eingetragen.
- TTL: Da der SIIT-Translator auch ein Router ist, wird Hop Limit aus dem IPv6-Header genommen und hier der Wert Hop Limit - 1 eingefügt.
- Protocol: Die ID des Next Header aus dem IPv6-Header wird übernommen.

10.7 Protokoll-Translation: IPv4 ⇔ IPv6

- Checksum: Diese Prüfsumme wird nach Erzeugung des IPv4-Header neu berechnet.
- Source IP Address: Die IPv4-Adresse aus der IPv4-translated IPv6-Adresse [Abb. 8.9-7c] im Feld Source IP Address des IPv6-Header wird übernommen.
- Destination IP Address: Die IPv4-Adresse aus der IPv4-mapped IPv6-Adresse [Abb. 8.9-7b] im Feld Destination IP Address des IPv6-Header wird eingesetzt.

IPv6-Optionen (als Teil der Erweiterungs-Header) werden ignoriert.

Die Translation *IPv6-Header* ⇒ *IPv4-Header*, falls das IPv6-Paket auf der IPv6-Seite aufgeteilt wurde, zeigt Abb. 10.7-7. Hier enthält das IPv6-Paket einen Fragment Header. Die beiden IPv6-Header, d.h. Basis-IPv6-Header und Fragment Header, müssen auf einen IPv4-Header übersetzt werden. Dies entspricht dem Fall 4 in Abb. 10.7-3. IPv6 ⇒ IPv4; Fall4

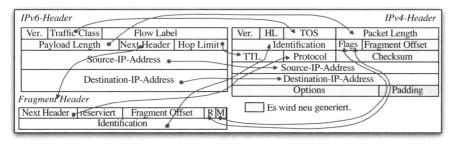

Abb. 10.7-7: Translation IPv6-Header ⇒ IPv4-Header; Fall 4 in Abb. 10.7-3
Abkürzungen wie in Abb. 10.7-4

Falls auf IPv6-Seite ein Fragment Header im IPv6-Paket enthalten ist, sind folgende Modifikationen im Vergleich zur Translation in Abb. 10.7-7 notwendig:

- Packet Length: Der Wert von Payload Length + Header Length − 8 berechnet und eingesetzt. Header Length stellt die Länge des IPv4-Header dar, Payload Length wird aus dem IPv6-Header übernommen, und Minus 8 ist hier wegen des Fragment Header.
- Identification: Verwendung finden die unteren 16 Bit aus dem Feld Identification im Fragment Header.
- Flags: Die Bit sind wie folgt gesetzt:
  ▷ MF = 0 (MF: *More Fragments*); als MF-Bit entsprechend dem M-Bit des Fragment Header.
  ▷ DF = 0 (DF: *Don't Fragment*).
- Fragment Offset: Der Wert des Fragment Offset aus dem Fragment Header wird übernommen.
- Protocol: Der Next Header folgt aus der ID des Fragment Header.

10.7.4 Translation ICMPv4 ⇔ ICMPv6

Die ICMPv4-Nachrichten werden bei SIIT auf die ICMPv6-Nachrichten umgesetzt. Tab. 10.7-1 zeigt die Zuordnung der ICMPv4- auf ICMPv6-Nachrichten.

ICMPv4-Nachricht	⇒	ICMPv6-Nachricht
Echo Request/Reply (Typen 8, 0)	⇒	Echo Request/Reply (Typ 128 und 129)
Redirect (Typ 1)	⇒	Wird verworfen
Source Quench (Typ 4)	⇒	Wird verworfen
Destination Unreachable (Typ 3)	⇒	Destination Unreachable (Typ 1)
Time Exceeded (Typ 11)	⇒	Time Exceeded (Typ 3) Code-Feld unverändert
Parameter Problem (Typ 12)	⇒	Parameter Problem (Typ 4)
Timestamp Request/Reply (Typen 13, 14)	⇒	Wird verworfen
Address Mask Request/Reply (Typen 17, 18)	⇒	Wird verworfen

Tab. 10.7-1: ICMPv4-Nachricht ⇒ ICMPv6-Nachricht

Die Nachrichten Timestamp Request/Reply sowie Address Mask Request/-Reply werden bei ICMPv6 nicht definiert. Somit können diese auf keine ICMPv6-Nachrichten umgesetzt werden. Sie werden an der Grenze zum IPv6-Netz einfach ignoriert.

Translation ICMPv6 ⇒ ICMPv4

ICMPv6 wurde im Vergleich zu ICMPv4 um einige Nachrichten für die Unterstützung der Multicast-Kommunikation und der automatischen Adresskonfiguration erweitert. Nur ICMPv6-Nachrichten für Echo-Request/Reply sowie für Fehlermeldungen können daher auf entsprechende ICMPv4-Nachrichten abgebildet werden. Jene ICMPv6-Nachrichten, denen keine ICMPv4-Nachricht entspricht, werden am Übergang zum IPv4-Netz verworfen. Tab. 10.7-2 illustriert die Umsetzung von ICMPv6- auf ICMPv4-Nachrichten.

ICMPv6-Nachricht	⇒	ICMPv4-Nachricht
Echo Request/Reply (Typen 128, 129)	⇒	Echo Request/Reply (Typ 8 und 0)
Destination Unreachable (Typ 1)	⇒	Destination Unreachable (Typ 3), Code = 4
Time Exceeded (Typ 3)	⇒	Falls Code = 4: Time Exceeded (Typ 11)
Parameter Problem (Typ 4)	⇒	Destination Unreachable (Typ 1); andere Codes: Parameter Problem (Typ 12)
Group Membership Messages (Typen 130, 131, 132)	⇒	Werden verworfen
Router-Solicitation/-Advertisement (Typen 133, 134)	⇒	Werden verworfen
Neighbor-Solicitation/-Advertisement (Typen 135, 136)	⇒	Werden verworfen
Redirect (Typ 137)	⇒	Wird verworfen

Tab. 10.7-2: ICMPv6-Nachricht ⇒ ICMPv4-Nachricht

10.8 NAT64 und DNS64

Nach den vielen Ansätzen der Koexistenz von IPv4 und IPv6 und den unterschiedlichen Tunneling-Varianten hat sich im Jahr 2011 die *Protocol Translation* (PT) nach

NAT64 als derzeit aktuelles *Framework* für ein *stateful Adressmapping* herausgeschält. Wie bereits in Tab. 8.8-2 dargestellt, ist der IPv6-Adressenbereich `64:ff9b::/96` als 'Well-known Prefix' reserviert und dient zum Einbetten der 32 Bit IPv4-Adressen in IPv6-Adressen. Bei NAT64 geht es aber um mehr als nur eine Umsetzung von Adressen [RFC 6144]:

1. Die Abbildung von IPv4-Adressen durch Ergänzung des *'Well-known Prefix'* `64:ff9b::/96` wird in RFC 6052 beschrieben.
2. Die *Protocol Translation* zwischen dem IPv4- und dem IPv6-Header ist Gegenstand von RFC 6145, wobei auch ICMP mit eingeschlossen ist. Hierbei wird im Wesentlichen vom SIIT-Mechanismus Gebrauch gemacht, wie wir dies in Abschnitt 10.7.1 vorstellten.
3. Das Regelwerk für das NAT-ing, das festschreibt, wie die Umsetzung für TCP, UDP bzw. ICMP zu erfolgen hat. In Konsequenz wird in RFC 6146 eine *NAT64 State Machine* vorgestellt.
4. Die Nutzung von DNS (hier *DNS64* genannt) zur Ermittlung der jeweils gültigen IPv4- bzw. IPv6-Adresse auf Grundlage eines DNS A bzw. AAA Lookups (vgl. Abschnitt 4.3), entsprechend RFC 6147.

10.8.1 NAT64-Arbeitsmodell

Die bislang diskutierten – spezifischen – Tunnel- und Translation-Mechanismen zwischen IPv4 und IPv6 werden bei NAT64 erfasst und systematisiert, wobei es hier immer um die Kopplung einer IPv4- mit einer IPv6-Domain geht. Wie aus Abb. 10.8-1 entnommen werden kann, beinhaltet NAT64 nicht nur einen *Translator* (XLAT), sondern auch einen DNS64-Proxy als zentrales Bindeglied, der ebenfalls Übersetzungsfunktionen – nun aber für DNS A- bzw. AAAA-Queries – bereit stellt. In allen Fällen geht NAT64 davon aus, dass die jeweiligen Kommunikationspartner quasi nur ihr eigenes Protokoll nutzen und demzufolge keine Dual-Stack-Funktionen vorliegen. NAT64 unterstützt sowohl eine *stateless* als auch *stateful* Adressenumsetzung zwischen den Domains:

- *Stateless Translation*: Die Abbildung einer IPv4- auf eine IPv6-Adresse geschieht automatisch bzw. algorithmisch.   Stateless Translation
- *Stateful Translation*: Die Abbildung der Adressen geschieht über eine definierte (manuelle) Übersetzungstabelle.   Stateful Translation

Hierdurch lassen sich in der IPv6-Domain ULA- und in der IPv4-Domain private IPv4-Adressen nutzen.

   Beispielszenarien:
   - *Kommunikation von IPv6-Rechnern aus der IPv6-Domain mit dem IPv4-Internet*: Die Umsetzung von IPv4- auf IPv6-Adressen (und umgekehrt) kann sowohl stateless (also automatisch bzw. algorithmisch) oder stateful vorgenommen werden.
   - *Kommunikation eines Rechners aus dem IPv4-Internet mit der IPv6-Domain*: Zwar könnte von einer Adressenumsetzungstabelle Gebrauch gemacht werden, aber es empfiehlt sich eine IPv4-translated IPv6-Adresse [Abb. 8.9-7c] im 'stateless Modus'.

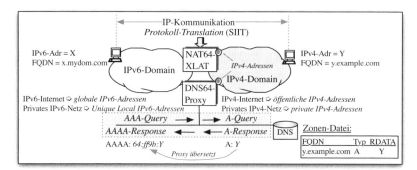

Abb. 10.8-1: Konzept der IPv4/IPv6-Translation mit NAT64 und DNS64

- *Kommunikation vom IPv6-Internet zu einem (privaten) IPv4-Netz*: Da hier private IPv4-Adressen genutzt werden, muss die Übersetzung stateful erfolgen.
- *Kommunikation von einem (privaten) IPv4-Netz mit dem IPv6-Internet*: Hierfür bietet 6to4 keine geeignete Lösung; sinnvoll und notwendig wäre der Einsatz eines *Application Layer Gateways* (ALG) in diesem Fall.
- *Kommunikation zwischen einem (privaten) IPv6-Netzwerk und einer (privaten) IPv4-Domain*: Dieses Szenario ist in der Regel innerhalb einer Organisation anzutreffen, die Hoheit über ihre Adressen besitzt, wobei hier ULA bzw. private IPv4-Adressen vergeben sind, deren Umsetzung stateless oder stateful erfolgen kann.
- *Kommunikation zwischen dem IPv6-Internet und dem IPv4-Internet*: Da in beiden Fällen globale IPv6- bzw. öffentliche IPv4-Adressen genutzt werden, kann im Prinzip eine 1:1 Abbildung erfolgen, sofern die Anzahl der Rechner (= IP-Adressen) im IPv6-Internet klein bleibt.

10.8.2 NAT64-IPv6-Adressen

Unterschiedliche Arten der Einbettung einer IPv4-Adresse in eine 128 Bit IPv6-Adresse haben wir bereits entsprechend Abb. 8.9-7 kennen gelernt. NAT64 beschert uns ein weiteres IPv6-Adressenformat: *IPv4-embedded IPv6-Adressen*.

IPv4-embedded IPv6-Adressen
Ausgehend vom 'Well-known Prefix' aus Tab. 8.8-2 64:ff9b/96 werden mehrere Arten von IPv4-embedded IPv6-Adressen zugelassen, so wie in Abb. 10.8-2 dargestellt. Neben dem 'Well-known Prefix' können nun auch globale IPv6-Adressen – mit unterschiedlich langen Präfixen – quasi als Träger von IPv4-embedded Adressen fungieren, wodurch die Kopplung von IPv4-Netzen an das IPv6-Internet problemlos möglich ist. Hierdurch ergibt sich aber die Anforderung, ggf. die IPv4-Adresse zu splitten und zwar auf einen Teil, der in der Netz-ID untergebracht wird und ein weiteren Teil im Link-Token der IPv6-Adresse.

Unused Bit
Um die Kompatibilität mit 'üblichen' IPv6-Adressen zu gewährleisten, werden die höchsten 8 Bit der Link-ID ausgenommen und auf den Wert '0' gesetzt, d.h. stehen für die Einbettung der IPv4-Adresse nicht zur Verfügung (*unused*). Zudem können IPv6-Adressen mit diesen Bit auf Null gesetzt und so als IPv4-embedded IPv6-Adressen erkannt werden.

10.8 NAT64 und DNS64

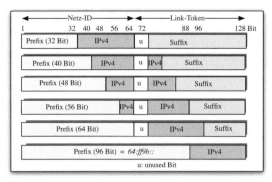

Abb. 10.8-2: Aufbau von IPv4-embedded IPv6-Adressen unterschiedlicher Präfixlängen

Die Verwendung der Suffix-Bit ist z.Z. noch nicht geklärt; aktuelle Implementierungen sollen aber auch hier den Wert '0' vorsehen. Alternativ kann bei Bedarf hier eine Portnummer eingetragen werden. Auch ist es möglich, dieses Feld zur Hinterlegung einer *Checksumme* zu nutzen (vgl. Abschnitt 1.6.3). Im Allgemeinen werden die IPv4-embedded IPv6-Adressen in Hexadezimaldarstellung geschrieben. Das resultierende Format einer IPv4-embedded IPv6-Adresse ist abhängig von der Präfixlänge der IPv6-Adresse. Für die eingebettete IPv4-Adresse 192.0.2.33 ergibt sich beispielsweise

Suffix-Bit

```
2001:db8:/32 + 192.0.2.33  ⇒  2001:db8:c000:221::
```

und beim Präfix

```
2001:db8:122::/48 +192.0.2.33  ⇒  2001:db8:122:c000:2:2100::.
```

Beträgt die Präfixlänge jedoch /96 wie beim 'Well-known Prefix', wird die IPv4-Adresse nun allerdings in der Standardversion, d.h. als 'dotted-decimal' Adresse dargestellt:

```
192.0.2.33  ⇒  64:ff9b::192.0.2.33.
```

10.8.3 NAT64 Stateful Translation

Der NAT64-XLAT-Proxy [Abb. 10.8-1] besitzt zwei unterschiedliche Konfigurationsinformationen, die als *Binding Information Base* (BIB) und *Session State Table* bezeichnet werden. Hierin werden die statischen und dynamischen Merkmale der höheren Protokolle – also TCP, UDP aber auch ICMP – hinterlegt.

- Die *Binding Information Base* (BIB) für TCP und UDP beinhaltet das Mapping von *upstream* und *downstream* TCP/UDP-Sockets, also das Paar (IP-Adresse, Portnummer), z.B. (IPv6=x, Port=a) ⇒ (IPv4=y, Port=b) für jede Richtung. Bei ICMP müssen die Nachrichtentypen abgebildet werden, was aus Tab. 10.7-1 und Tab. 10.7-2 entnommen werden kann.

  Binding Information Base

- Ein *Session Table Entry* (STE) beschreibt den dynamischen Zustand einer TCP-Verbindung, wie in Abb. 10.8-3 darstellt ist, d.h. bezieht sich immer auf die bidirektionale Verbindung. Beim TCP-Protokoll triggert ein <SYN> die Erzeugung eines Eintrags hierin (und der *stateful* verwaltet werden muss), bei UDP ist es das erste

  Session Table Entry

einlaufende Paket für einen externen Socket, und bei ICMP ist es typischerweise eine Query (identifizierbar nach dem Typ).

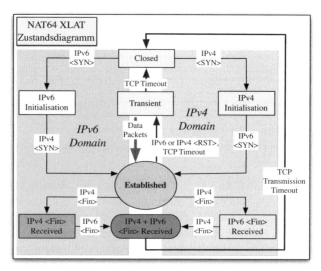

Abb. 10.8-3: Vereinfachte NAT64-XLAT State Engine

NAT64 versus NAT44

Der NAT64-XLAT-Proxy arbeitet also ganz vergleichbar wie ein Standard-NAT-Proxy [RFC 5245] für IPv4 (auch als *NAT44* bezeichnet) – mit allen seinen Nachteilen wie z.B. dass IPsec nicht unterstützt werden kann. Auf der IPv6-Seite können dem NAT64-Gateway mehrere IPv6-Präfixe zugeteilt sein. Für jedes Präfix ist eine eigene *Binding Information Base* zu unterhalten. Was es jedoch von einem NAT44-Proxy unterscheidet, ist seine Interaktion mit dem DNS, das wir nun vorstellen wollen.

10.8.4 DNS-Integration bei NAT64

Ein zentrales Stellglied bei NAT64 stellt der DNS-Proxy dar, der hier – je nach Sichtweise – als DNS64 oder DNS46 bezeichnet wird. Ebenso wie das NAT64-XLAT-Proxy besitzt der DNS64-Proxy eine IPv6-Adresse in Richtung des IPv6-Netzes und eine IPv4-Adresse für die IPv4-Domain.

DNS64-Proxy

- Die Arbeitsweise aus Richtung IPv6-Netz zum IPv4-Netz (auch als DNS64 bezeichnet) ist bereits in Abb. 10.8-1 dargestellt: Der DNS64-Proxy kann wie folgt vorgehen:

  1. Zunächst wird für jeden FQDN (in Abb. 10.8-1 für `x.example.com`) eine normale DNS `AAAA-Query` vorgenommen. Dies geschieht über eine Standard-DNS-Nachricht, in UDP eingekapselt und per IPv6 verschickt. Liegt nun eine Antwort vor, ist der Host IPv6-fähig und spielt für die NAT64-Übersetzung keine Rolle.

  2. Parallel hierzu wird eine DNS `A-Query` gestartet. Diese wird über den Proxy (nun als *Resolver* im IPv4-Netz tätig) per IPv4 versandt. Die Antwort wird entgegen genommen (sofern vorhanden), das Ergebnis, d.h. die ermittelte IPv4-Adresse aber nun algorithmisch in eine NAT64-Adresse umgeformt [Abb. 10.8-2], wobei vom bekannten (konfigurierten) Präfix auf der IPv6-Seite Gebrauch

gemacht wird. Diese so 'synthetisierte' Antwort wird dem anfragenden Host im IPv6-Netz mitgeteilt.

Aufgrund seiner Routing-Tabelle adressiert dieser nun den Zielrechner über das NAT64-Gateway und dort findet die entsprechende Translation von IPv6 nach IPv4 (und umgekehrt) statt.

- Die Abfragen eines IPv4-Hosts für einen FQDN (respektive dessen IP-Adresse) im IPv6-Netz ist aktuell in RFC 6147 nicht geklärt.

Damit ein Rechner in der IPv6-Domain feststellen kann, ob der DNS64-Proxy *DNS64-enabled* ist, kann eine spezielle A-Query auf den Namen 'ipv4only.arpa' vorgenommen werden. Diese Abfrage wird vom DNS64-Proxy niemals weiter geleitet, sondern immer mit Präfix::192.0.0.170 beantwortet, wobei der gewählte Präfix neben dem 'Well-known Prefix' 64:ff9b::/96 ein provisioniertes Präfix sein kann. Hierfür sind die IPv4-Adressen 192.0.0.170 und 192.0.0.171 entsprechend RFC 7050 reserviert.

Domain ipv4only.arpa

Das gewählte IPv4-Adressenformat in der DNS-Antwort entspricht aber laut RFC 7050 immer dem in Abb. 10.8-2 unten gezeigten Format, besitzt also eine /96 Präfixlänge. Ergänzend ergeben sich Anforderungen für andere DNS-Abfragen, wie z.B. Pointer-Queries. Neben dem Sachverhalt, dass im RFC öfters DNS-Server und -Resolver verwechselt werden, ist der Einsatz von DNSSEC [Abschnitt 4.8] noch offen. Daher ist der Status von RFC 6147 nicht ohne Grund 'rejected'[3].

10.9 Schlussbemerkungen

In diesem Kapitel wurde gezeigt, dass es mehrere Ansätze für die Koexistenz von IPv4 und IPv6 in einer Netzwerkinfrastruktur gibt [Abb. 10.2-1], die teilweise inkohärente und inkompatible Lösungen beinhalten. Die meisten dieser Lösungsrezepte sollten sich aber aufgrund der Durchdringung des IPv6-Protokolls in der Praxis (die bei den Endgeräten – vom Smartphone bis zum PC – längst statt gefunden hat) selbst überflüssig machen.

Migration statt 'Revolution'

- Die Einführung von IPv6 ist nur dann sinnvoll, wenn die Rechner in IPv6-Netzen auf die Webdienste im herkömmlichen IPv4-Internet zugreifen können. Daher ist eine Lösung nötig, mit der die Rechner in IPv6-Netzen Kommunikationsbeziehungen zu den Rechnern in IPv4-Netzen aufbauen können.

Zugriff auf IPv4-Internetdienste

- Einige vorgeschlagene Lösung DSTM und NAT-PT haben sich als obsolet herausgestellt, da alle heutigen IPv6-Implementierungen Dual-Stack sind.

IPv6 = Dual Stack

- In kleinen Netzwerken werden oft private IPv4-Adressen verwendet, und der Einsatz von Firewalls ist ein Muss. Daher ist eine Lösung nötig, nach der Rechner aus kleinen Netzwerken auf das IPv6-Internet zugreifen können. Dies ist u.a. durch den Einsatz von Teredo möglich. Teredo ist bereits für Rechner mit Windows-Betriebssystemen und mit Linux verfügbar. Die Teredo-Software für Linux-Rechner [http://www.simphalempin.com/dev/miredo] wird als *Miredo* bezeichnet.

Zugriff auf IPv6-Internetdienste

---

[3]siehe: http://www.rfc-editor.org/errata_search.php?rfc=6147

AYIYA für kleinere Netzwerke	▪ Während Teredo für die Anbindung einzelner Rechner an das IPv6-Netz ausreichend sein kann, bietet sich mit AYIYA (*Anything-in-Anything*) ein Konzept an, das die Kopplung (kleinerer) privater Netze ans IPv6-Internet transparent und bereits auf dem NAT-Router realisieren kann.
Middleboxen	▪ Die Verwendung von *Middleboxen* als Bindeglied für eine IPv4-Domain beim Kunden und dem IPv6-Internet – oder umkehrt – zur Bereitstellung einer IPv6-Konnektivität beim Kunden unter Nutzung des IPv4 ISP-Netzwerks mit der Möglichkeit, *Carrier-Grade NAT* CGN anzubieten, besitzt bei Internet-Providern große Popularität, bricht aber zum Großteil der Anforderung einer transparenten Provider-Internetanbindung.
NAT64 + DNS64	▪ NAT64 mit DNS64 ist die aktuelle technische Lösung – allerdings mit dem Mangel, dass DNS64 quasi nur in einer Richtung funktioniert.

10.10 Verständnisfragen

1. Was versteht man unter einer 'Dual-Stack'-Implementierung bei Rechnern?
2. Welche Art des Tunnelings kann zwischen IPv4- und IPv6-Netzen existieren?
3. Wie können IPv4-Netze mit IPv6-Netzen erweitert werden. Wie kann man sich diese Erweiterungen vorstellen?
4. Wie ist eine 6to4-Adresse aufgebaut?
5. Wie funktioniert ISATAP?
6. Eine große Bedeutung bei der Kopplung von IPv6-Netzen mit IPv4-Netzen beim NAT-Einsatz hat das Konzept 'Teredo'. Wann und wie wird Teredo eingesetzt? Wie kann man sich die Teredo-Adressen und deren Bedeutung vorstellen?
7. Auf welche Art und Weise kann die Translation zwischen IPv4 und IPv6 vorgenommen werden?
8. Erläutern Sie den Unterschied zwischen *stateful* und *stateless* NAT-Translation.
9. Wie ist der DNS-Dienst bei der Nutzung von NAT64 aufzustellen?
10. IPv4-Netze können als Transitnetze für die IPv6-Kommunikation dienen. Welche Systemlösungen können hierfür eingesetzt werden und auf welchen Prinzipien basieren sie?
11. Welche Bedeutung beim IPv6 hat ein Tunnel-Broker (virtueller IPv6-ISP) und wie wird er eingesetzt?
12. Wie werden 6to4-Adressen aufgebaut? Wann und mit welchem Ziel werden sie eingesetzt?
13. Bei der Migration zum IPv6-Einsatz spricht man von 6rd (IPv6 Rapid Deployment). Wie sind die 6rd-Adressen aufgebaut und auf welche Weise kann ein 6rd-Netz beim ISP eingerichtet werden?

Teil IV

Internet Routing Architektur

> Die Frage, ob Computer denken können, ist in etwa so relevant wie die Frage, ob U-Boote schwimmen können.
>
> Edsgar Dijkstra, 2008

11 Routing in IP-Netzen

Ein *Router*, genauer gesagt ein *IP-Router*, ist ein Kopplungselement, das mehrere IP-Subnetze auf Basis unterschiedlicher Netztypen wie LANs und WANs innerhalb der Netzwerkschicht (Schicht 3) miteinander verbinden kann. Weil das Protokoll IP in dieser Schicht angesiedelt ist, muss der Router in der Lage sein, die IP-Zieladressen zu interpretieren. Die Routing-Verfahren sind daher in der Regel davon abhängig, ob das Protokoll IPv4 oder IPv6 eingesetzt wird.

Router-Funktion

Die Router bestimmen nach protokollspezifischen Verfahren (*Routing-Protokoll*), die zur Übertragung der IP-Pakete möglichen Übermittlungspfade (die *Routen*) und leiten dementsprechend die empfangenen IP-Pakete weiter. Die Weiterleitung der IP-Pakete in Routern nennt man *Routing*. Es gibt mehrere Routing-Verfahren, nach denen die Router die optimalen Routen bestimmen und in Form von Routing-Tabellen bei sich speichern. Hierfür müssen die Router die *Routing-Informationen* untereinander austauschen. Die Regeln, nach denen dieser Austausch erfolgt und die Routen bestimmt werden, bezeichnet man als *Routing-Protokoll*.

Was ist ein Routing-Protokoll?

Die Routing-Grundlagen werden in Abschnitt 11.1 diskutiert. Ein Routing-Protokoll kann vom Netzzustand entweder *abhängig* oder *unabhängig* sein. Somit unterschiedet man zwischen *zustandsunabhängigen* und *zustandsabhängigen* Routing-Protokollen. Dem zustandsunabhängigen Protokoll RIP wird Abschnitt 11.2 gewidmet, dem zustandsabhängigen Protokoll OSPF Abschnitt 11.3. Das IP-Netz einer administrativen Organisation bzw. einer Firma bildet ein *autonomes System*. Zwischen autonomen Systemen wird das Routing-Protokoll BGP-4 eingesetzt, auf das in Abschnitt 11.4 eingegangen wird. Wie eine redundante Router-Auslegung erfolgen kann, sodass ein virtueller Router entsteht, erläutert Abschnitt 11.5. Dem Multicast-Routing widmet sich Abschnitt 11.6. Schlussbemerkungen in Abschnitt 11.7 runden das Kapitel ab.

Überblick über das Kapitel

In diesem Kapitel werden u.a. folgende Fragen beantwortet:

Ziel dieses Kapitels

- Welche Aufgabe haben die Router und wie funktionieren sie?
- Wie werden die IP-Pakete über ein Netz übermittelt, das sich aus mehreren IP-Subnetzen zusammensetzt?
- Welche Prinzipien liegen den Routing-Protokollen zugrunde?
- Wie verlaufen die Routing-Protokolle RIP und OSPF und wie erstellen die Router ihre Routing-Tabellen nach diesen Protokollen?
- Welche Erweiterungen der Protokolle RIP und OSPF sind für IPv6 notwendig?
- Wie kann das Routing zwischen autonomen Systemen durch Einsatz von BGP-4 realisiert werden?
- Wie können insbesondere die IPv4-Router am Internetzugang, z.B. mittels der Protokolle VRRP und HSRP redundant ausgelegt werden?
- Nach welchen Prinzipien wird Multicast-Routing in IP-Netzen realisiert?
- Worin unterscheiden sich Intra- und Inter-Domain Multicast-Routing?

11.1 Routing-Grundlagen

Routing-prinzipien nach Dijkstra

Mit Routern kann man Vernetzungen realisieren, in denen die *optimalen Wege* (*Routen*) für die Datenübermittlung nach verschiedenen Kriterien bestimmt werden. Dieses Problem wurde von *Edsger Dijkstra* 1959 [Dij59] allgemein beschrieben und wird üblicherweise heute in *Graphenform* dargestellt. Seine Erkenntnisse stellen eine wesentliche Grundlage der Informatik und der Rechnernetze dar. Als Kriterien für optimale Routen können Auslastung, Durchsatz, Gebühren und Übertragungszeit in Betracht kommen. Bei einer Änderung der Lage im Netz (z.B. Leitungsunterbrechung, Router-Ausfall) ermöglichen die Router, auf eine alternative Route umzuschalten.

In diesem Abschnitt werden die Grundbegriffe des Routing in IP-Netzen kurz erläutert. Der Prozess der Weiterleitung eines IP-Pakets auf Basis seiner IP-Zieladresse wird als *IP-Routing* (bzw. auch kurz *Routing*) bezeichnet.

11.1.1 Grundlegende Aufgaben von Routern

Was ist ein Router?

Ein Router ist ein Kopplungselement zwischen zwei bzw. mehreren Netzen, der die IP-Pakete auf Basis von IP-Zieladressen von einem Netz ins andere weiterleitet. Ein Router wird manchmal auch als *Gateway* bezeichnet. Die wichtigsten Einsatzgebiete von Routern in IP-Netzen sind:

- lokale Vernetzung der IP-Subnetze auf Basis von LANs,
- Kopplung eines LANs mit einem WAN,
- standortübergreifende Vernetzung von IP-Subnetzen über ein WAN.

Im Allgemeinen gilt folgende Aussage:

> Mit einem Router werden (logische) IP-Subnetze miteinander gekoppelt, unabhängig von den Kommunikationsprotokollen der unteren Schichten.

Lokale Vernetzung der IP-Subnetze

Die Grundsätze der Vernetzung der IP-Subnetze auf Basis von LANs illustriert Abb. 11.1-1. Die Prinzipien der Übermittlung von IP-Paketen in LANs werden in Abschnitt 13.1 näher dargestellt, IP-Pakete werden bei LANs in *MAC-Frames* übertragen [Abb. 11.1-2].

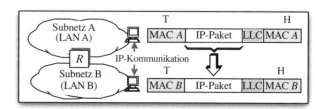

Abb. 11.1-1: Prinzip der lokalen Vernetzung von IP-Subnetzen mit Router-Hilfe
H (T): Header (Trailer) vom MAC-Frame, LLC: Logical Link Control, MAC: Media Access Control, R: Router

11.1 Routing-Grundlagen

Wie in Abb. 11.1-1 ersichtlich ist, leitet der Router bei der IP-Kommunikation zwischen zwei LANs nur die IP-Pakete von einem IP-Subnetz ins andere weiter. Hierbei wird das IP-Paket aus dem vom LAN A empfangenen MAC-Frame 'herausgenommen' und in den zum LAN B zu sendenden MAC-Frame eingebettet.

Dies bedeutet, dass die Kopplung von LANs mittels Router innerhalb der Netzwerkschicht (Schicht 3) stattfindet. Deshalb ist es möglich, dass die beiden LANs unterschiedliche Zugriffsverfahren (MAC) verwenden. Hierbei kann es sich um LANs unterschiedlicher Typen (z.B. IEEE 802.3/Ethernet und Token-Ring) handeln, in denen unterschiedliche Mediumzugriffsverfahren verwendet werden.

Vernetzung unterschiedlicher LANs

LAN-Kopplung mit einem WAN

Wie Abb. 11.1-2 zeigt, sind bei der Erweiterung eines LAN mit einem WAN mittels Router folgende zwei Fälle zu unterscheiden:

- Die Rechner am WAN bilden ein anderes IP-Subnetz.
- Die Rechner am LAN und am WAN bilden ein einziges IP-Subnetz.

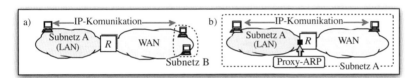

Abb. 11.1-2: Erweiterung eines LAN mit einem WAN; Rechner am LAN und WAN bilden:
a) verschiedene IP-Subnetze, b) ein einziges IP-Subnetz

Bilden die Rechner am WAN ein IP-Subnetz, handelt es sich um eine 'klassische' Vernetzung von IP-Subnetzen. Hier besteht die Aufgabe eines Routers in der Weiterleitung der IP-Pakete aus einem Subnetz ins andere.

Falls die Rechner am LAN und die Rechner am WAN ein einziges IP-Subnetz bilden, muss der Router seitens des LAN die Funktion *Proxy-ARP* (*Address Resolution Protocol*) unterstützen [Abschnitt 3.6.2]. Die Aufgabe des Routers besteht in diesem Fall in der Weiterleitung der IP-Pakete aus dem LAN ins WAN und auch umgekehrt.

Einsatz des Proxy-ARP

In Abb. 11.1-2 wurden keine Voraussetzungen hinsichtlich des WAN angenommen. In diesem Fall kann das WAN ein Frame-Relay- oder ein ATM-Netz sein[1].

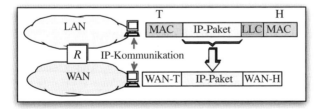

Abb. 11.1-3: Prinzip der LAN-Erweiterung mit einem WAN
WAN-H (T): WAN-Header (Trailer), weitere Abkürzungen wie in Abb. 11.1-1

---
[1] Frame-Relay aber auch ATM-Netze stellen alte und kaum mehr benutzte Netztechnologien dar; werden aber in Folgendem häufig als Beispielinfrastruktur für den Routereinsatz genutzt.

Abb.11.1-3 veranschaulicht die LAN-Erweiterung mit einem WAN, wobei die zentrale Annahme getroffen wurde, dass die Rechner am LAN und WAN mittels des Protokolls IP kommunizieren.

PPP-Bedeutung Bei der IP-Kommunikation zwischen einem Rechner am LAN und einem anderen am WAN leitet der Router nur die IP-Pakete vom LAN ins WAN und umgekehrt. Beispielsweise wird bei der Übermittlung eines IP-Pakets in 'WAN-Richtung' das IP-Paket aus dem empfangenen MAC-Frame herausgenommen und in den zu sendenden WAN-Frame eingebettet. Wird als WAN das ISDN eingesetzt, verwendet man oft das Protokoll PPP (*Point-to-Point Protocol*) [Abschnitt 13.2.2]. In diesem Fall werden die IP-Pakete in den PPP-Frames übertragen. PPP wird auch zukünftig bei der direkten Übertragung der IP-Pakete über WANs auf Basis von WDM (*Wavelength Division Multiplexing*) eingesetzt. Somit können Gigabit-LANs mit WDM-basierten WANs nach dem hier dargestellten Prinzip räumlich uneingeschränkt erweitert werden.

Vernetzung der IP-Subnetze über ein WAN
Um die IP-Subnetze standortübergreifend über ein WAN zu vernetzen, sind zwei Router nötig. Abb. 11.1-4 illustriert dies.

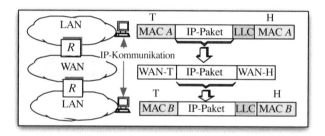

Abb. 11.1-4: Prinzip der Vernetzung der IP-Subnetze über ein WAN
WAN-H (T): WAN-Header (Trailer), weitere Abkürzungen wie in Abb. 11.1-1

Bei der Übermittlung eines IP-Pakets vom LAN zum WAN wird das IP-Paket im Router aus dem empfangenen MAC-Frame herausgenommen und in das zu sendende WAN-Frame eingebettet. Der umgekehrte Vorgang findet im Router bei der Übermittlung in Gegenrichtung statt: Bei der Übermittlung vom WAN zum LAN wird das IP-Paket aus dem empfangenen WAN-Frame herausgenommen und in den zu sendenden MAC-Frame des LAN eingebettet.

11.1.2 Adressierung beim Router-Einsatz

Beim Internetworking ist zwischen zwei Adresstypen zu unterscheiden, was Abb. 11.1-5 näher zum Ausdruck bringen soll. Um die Rechner als Hardware-Komponenten adressieren zu können, sind dafür sog. *physikalische Adressen* notwendig.

MAC-Adresse **Bemerkung**: Die MAC-Adressen in LANs sind physikalische Adressen. Wie wir in Abschnitt 12.1 zeigen werden, ist ein LAN ein Broadcast-Netz, sodass jeder MAC-Frame in jedem Rechner empfangen werden kann, wenn die MAC-Adresse des Rechners mit der Ziel-MAC-Adresse im Frame übereinstimmt. Die MAC-Adresse trifft aber keine Aussage darüber, wo sich der Zielrechner befindet.

11.1 Routing-Grundlagen

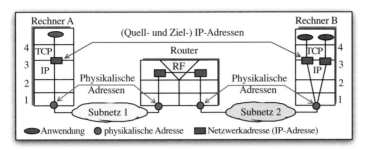

Abb. 11.1-5: Zweistufige Adressierung beim Internetworking
RF: Routing-Funktion

Ein WAN ist kein Broadcast-Netz, sodass eine physikalische WAN-Adresse eindeutig die Stelle bestimmt, wo der Zielrechner angeschlossen ist. Aus diesem Grund wird die physikalische Adresse im WAN oft in Standards als SNPA (*Subnetwork Point of Attachment*) bezeichnet, d.h. sie definiert eindeutig den Anschlusspunkt des Rechners am WAN.

Sowohl in LANs als auch in WANs müssen die Software-Einheiten ebenfalls adressiert werden. Dafür sind die logischen Adressen vorgesehen, die *IP-Adressen*. Das sind die Adressen innerhalb der Netzwerkschicht, die als Zugangspunkte zu den Netzdiensten angesehen werden können. Abb. 11.1-5 demonstriert insbesondere, dass

Interpretation von IP-Adressen

- die Routing-Funktion innerhalb der Netzwerkschicht (Schicht 3) angesiedelt ist, und dass
- jeder Port im Router eine IP-Adresse besitzen muss.

Schichtenmodell für die Vernetzung mit Routern

Abb. 11.1-6 zeigt das Schichtenmodell für die Vernetzung von IP-Subnetzen beim Einsatz eines Routers. Der Quellrechner sendet den Frame gezielt an den Router, indem er die physikalische Router-Adresse angibt. Sind im Subnetz mehrere Router vorhanden, muss der Quellrechner entscheiden, an welchen Router das Paket geschickt werden soll. Dies bedeutet, dass der Quellrechner – ebenso wie jeder Router – über gewisse *Routing-Informationen* (*RI*) verfügen muss. Deshalb muss jeder Rechner entsprechend konfiguriert werden, um mit dem Router zusammenarbeiten zu können.

In Abb. 11.1-6 soll insbesondere hervorgehoben werden, dass

- aus dem LAN die Router über ihre Linkadresse des jeweiligen Interfaces angesprochen werden,
- die Aufgabe der Router in der Weiterleitung der IP-Pakete besteht,
- die IP-Kommunikation als Austausch von IP-Paketen zwischen zwei IP-Endsystemen und unterschiedlichen IP-Adressen angesehen werden kann,
- bei denen die LLC-Teilschichten in den beiden LANs unterschiedlich sein können,
- sowie verschiedene LAN-Typen über Router gekoppelt werden können.

Beispiel für die Übermittlung eines IP-Pakets

Abb. 11.1-7 illustriert die Adressierung bei der Vernetzung von LANs über WANs

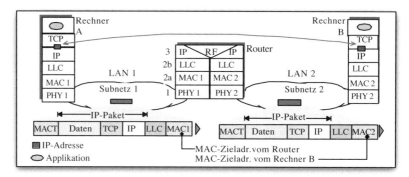

Abb. 11.1-6: Router wird direkt physikalisch adressiert
LLC: Logical Link Control, MAC: Media Access Control, MACT: MAC-Trailer,
PHY: Physikalische Schicht, ES: Endsystem

beim Router-Einsatz. Hier ist das Prinzip der Weiterleitung von IP-Paketen entlang einer Route zwischen IP-Quelladresse (V,v) und IP-Zieladresse (W,w) ersichtlich. Die dargestellten LANs (d.h. LAN 1, 2, 3 und 4) repräsentieren verschiedene IP-Subnetze.

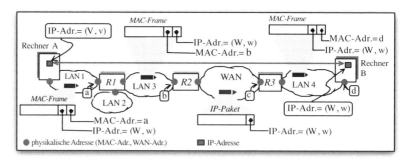

Abb. 11.1-7: Adressierungsaspekte beim Router-Einsatz zur LAN-Kopplung über WANs
a, b, c, d: physikalische Adressen; V, W: Subnetz-IDs, v, w: Host-IDs

Besonderheiten der Adressierung

Hierbei ist auf Folgendes zu achten:

- Jeder Quellrechner muss entscheiden, ob das zu sendende IP-Paket in sein Subnetz oder über einen Router in ein fremdes Subnetz übermittelt werden soll. Hierfür werden die Subnetz-IDs in der Ziel- und IP-Quelladresse miteinander verglichen [Abschnitt 4.4.2]. Stimmen sie überein, wird das entsprechende IP-Paket ins eigene Subnetz geschickt und die physikalische Adresse (d.h. die MAC-Adresse) des Zielrechners im MAC-Frame mit dem IP-Paket eingetragen. Sind diese Subnetz-IDs unterschiedlich, wird im abzusendenden Paket die physikalische Router-Adresse angegeben.

- Jeder Router besitzt pro Port eine physikalische Adresse. Verbindet der Port den Router mit einem WAN, stellt die physikalische Adresse eine WAN-Adresse (z.B. ISDN-Rufnummer) dar. Verbindet der Port den Router mit einem LAN, stellt die mit diesem Port verbundene physikalische Adresse eine MAC-Adresse dar.

11.1 Routing-Grundlagen

- Jeder physikalischen Adresse des Routers wird eine IP-Adresse zugeordnet, sodass ein Router über mehrere IP-Adressen angesprochen werden kann.
- Die Ermittlung von physikalischen Router-Adressen zu den IP-Adressen erfolgt bei IPv4 durch das Protokoll ARP [Abschnitt 4.6.1] und bei IPv6 mittels des Protokolls NDP [Abschnitt 10.2].

Bemerkung: Entsprechend Abb. 11.1-7 gilt, dass der Quellrechner im LAN 1 das an den Rechner B im LAN 4 adressierte IP-Paket direkt an den Router *R1* sendet. *R1* interpretiert die IP-Zieladresse und sendet das IP-Paket gezielt zum benachbarten Router *R2* weiter. Hierfür muss er die MAC-Adresse von *R2* kennen.

Wie in Abschnitt 11.1.3 gezeigt, ist die IP-Zieladresse des nächsten Routers in der Routing-Tabelle jedes Routers enthalten [Abb. 11.1-9]. Auf Basis der IP-Adresse des nächsten Routers wird dessen physikalische Adresse (d.h. in diesem Fall die MAC-Adresse) per ARP oder NDP ermittelt, und so erlernt Router *R1* die MAC-Adresse von *R2*.

Router *R2* übermittelt das IP-Paket über ein WAN an Router *R3*. Das IP-Paket wird in einen entsprechenden WAN-Frame [Abb. 11.1-3] eingebettet. In Abb. 11.1-7 wurde der WAN-Frame außer Acht gelassen. Falls die beiden WAN-Router *R2* und *R3* in der Lage sein sollen, eine Verbindung nach Bedarf aufzubauen, müssen sie über eine Tabelle verfügen mit der Zuordnung

```
Subnetz-ID ⇒ physikalische WAN-Adresse.
```

Router *R3* ist der letzte Router unterwegs zum Zielrechner. Er muss auf Basis der IP-Zieladresse die MAC-Adresse (d.h. die physikalische LAN-Adresse) des Zielrechners mittels ARP bzw. NDP ermitteln.

Hier ist hervorzuheben, dass die in den Paketen enthaltene IP-Zieladresse (W,w) in allen Frames – 'unterwegs' – unverändert bleibt.

11.1.3 Routing-Tabelle

Ein Router hat die Aufgabe, ein empfangenes IP-Paket auf optimale Weise in einem Verbund von mehreren Netzen weiterzuleiten. Hierfür enthält er eine Tabelle mit den Angaben zur Weiterleitung von empfangenen IP-Paketen. Diese Tabelle wird *Routing-Tabelle* genannt und im Weiteren kurz als *RT* bezeichnet. Abb. 11.1-8 illustriert das Routing-Prinzip bei der Vernetzung von mehreren IP-Subnetzen.

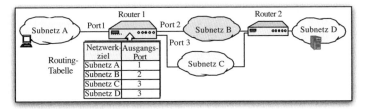

Abb. 11.1-8: Veranschaulichung des Routing

Ein Router muss eigentlich nur die Subnetz-Identifikation (Subnetz-ID) in der IP-Zieladresse im zu sendenden IP-Paket interpretieren. Jedem Subnetz wird hier eine Zeile in der RT zugeordnet, in der angegeben wird, über welchen Port, d.h. in welches

Subnetz, ein Paket abgeschickt werden soll. Ein Paket enthält die IP-Zieladresse, die den Ort des Rechners im Netz eindeutig bestimmt. Aus dieser IP-Adresse ist das Subnetz eindeutig erkennbar.

Abb. 11.1-8 zeigt eine sehr vereinfachte RT, in der nur die Ausgangsports angegeben wurden. Hierbei kann Router 1 ankommende IP-Pakete aus dem Subnetz A, die ins Subnetz D weitergeleitet werden sollen, ins Subnetz B (WAN) oder ins Subnetz C (LAN) abschicken. Die beste Route führt aber über das Subnetz C, sodass das IP-Paket über den Port 3 abgeschickt werden soll. Eine RT nach einem Routing-Protokoll enthält normalerweise noch zusätzliche Angaben wie z.B. die Routen-Qualität (Kosten, Übertragungsdauer) oder die Zeitspanne seit der letzten Aktualisierung der Route. Diese Angaben sind in Abb. 11.1-8 außer Acht gelassen [Abb. 11.1-9].

Zusammenarbeit von Routern

In kleinen Netzen kann eine RT manuell angegeben werden. Ist das Netz groß, in dem mehrere LANs und WANs miteinander verbunden sind, werden die Routing-Tabellen in der Regel durch den Router selbst erstellt und später nach Bedarf auch selbst modifiziert. Um diese Aufgabe zu erfüllen, müssen die Router die 'Lage' im Netz kennen. Hierfür arbeiten alle Router zusammen, um sich gegenseitig helfen zu können, und jeder Router ist für die eigene Umgebung verantwortlich, d.h. er muss die Netzwerkziele, die über ihn erreichbar sind, allen 'Nachbar'-Routern mitteilen. Die Nachbar-Router fassen dann eigene Angaben mit den Mitteilungen von anderen Nachbar-Routern zusammen und geben diese Zusammenfassung weiter. Dieser Austausch von Daten, genauer gesagt der *Routing-Information* (RI), führt dazu, dass alle Router nach einer gewissen Zeit die Lage im Netz 'beherrschen'. Der Austausch der RI erfolgt nach einem entsprechenden *Routing-Protokoll*.

Aufbau einer Routing-Tabelle

Das Ergebnis des Austauschs der RI zwischen Routern ist die Routing-Tabelle in jedem Router. Abb. 11.1-9 zeigt die allgemeine Struktur einer Routing-Tabelle.

Netzwerk-ziel	Subnetz-maske	Nächster Router	Ausgangs-Port	Metrik
—	—	—	—	—
—	—	—	—	—
...	...	...	...	...

Abb. 11.1-9: Allgemeine Struktur einer Routing-Tabelle

Spezifikation einer Route

Jeder Eintrag in der Routing-Tabelle beschreibt eine Route, d.h. jede Zeile in der Routing-Tabelle stellt die Beschreibung einer Route dar. Eine Route wird durch folgende Angaben spezifiziert:

- `Netzwerkziel`
  `Netzwerkziel` repräsentiert das Ziel der Route und kann ein Subnetz bzw. ein Rechner (d.h. Host) sein.

Subnetz-Route
  ▷ Ist das Ziel ein Subnetz, spricht man von *Subnetz-Route* (auch Netzwerk-Route genannt), und `Netzwerkziel` ist die Subnetz-ID des Ziel-Subnetzes.

11.1 Routing-Grundlagen

▷ Ist das Ziel ein Rechner, spricht man von *Host-Route*, und `Netzwerkziel` ist hier die IP-Adresse des Zielrechners.   *Host-Route*

- `Subnetzmaske`
  Sie wird verwendet, um die Subnetz-ID-Bit zu bestimmen. Die Nutzung der Subnetzmaske wurde in Abschnitt 3.4.2 erklärt. Handelt es sich um eine Host-Route, ist Subnetzmaske gleich 255.255.255.255.
  Bemerkung: Bei VLSM bzw. bei CIDR kann die Länge des Netzpräfix in dieser Spalte angegeben werden. Ist das Netzwerkziel ein Rechner, beträgt die Länge des Netzpräfixes für IPv4 32 Bit und bei IPv6 128 Bit.

- `Nächster Router`
  Diese Spalte wird auch als *Gateway* bzw. `Next Hop` bezeichnet. Sie enthält die IP-Adresse des nächsten Routers unterwegs zum Netzwerkziel.

- `Ausgangs-Port`
  Diese Spalte wird auch als *Interface* bezeichnet. Sie enthält die Angabe des Router-Ausgangsports, über den das zu sendende IP-Paket abgeschickt werden muss. Hier wird oft die IP-Adresse des Ausgangs-Port angegeben.

- `Metrik`
  Diese Spalte enthält die 'Kosten' der Route. Beim Routing-Protokoll RIP [Abschnitt 11.2] wird hier die Anzahl der *Hop* (d.h. die Anzahl von Routern zum Ziel) angegeben. Beim Routing-Protokoll OSPF [Abschnitt 11.3] kann diese Spalte auch andere Parameter enthalten.

Bestimmung der besten Route

Um die Route für die Weiterleitung eines IP-Pakets zu bestimmen, wird folgender Prozess durchgeführt: Route mit der längsten Übereinstimmung

1. Für jeden Eintrag in der Routing-Tabelle wird die Operation `Bitwise_AND` zwischen der IP-Zieladresse im Paket und der Spalte Subnetzmaske ausgeführt und mit dem Inhalt der Spalte Netzwerkziel verglichen. Stimmt das Ergebnis überein, gilt der entsprechende Eintrag als eine 'eventuelle' Route.

2. Die Liste von allen eventuellen Routen wird erstellt, und aus dieser Liste wird die Route mit der längsten Übereinstimmung ausgewählt, d.h. die Route, die den meisten Bit der IP-Zieladresse im Paket entspricht.

   - Falls sich mehrere Routen beim Vergleich mit gleicher Länge ergeben, wird die Route mit dem niedrigsten Wert in der Spalte `Metrik` als die 'beste Route' ausgewählt.
   - Falls es mehrere Routen gibt, die als *beste Routen* gelten, kann der Router die geeignete Route aus den besten Routen nach dem Zufallsprinzip auswählen.

Im Allgemeinen sind folgende Arten von Routen zu unterscheiden: Arten von Routen

- *Direkte Routen*: Routen zu den Subnetzen, die direkt 'erreichbar' sind. Bei diesen Routen ist die Spalte `Nächster Router` leer.
- *Indirekte Routen*: Routen zu den Subnetzen, die über andere Router 'erreichbar' sind. Bei diesen Routen enthält die Spalte `Nächster Router` die IP-Adresse des nächsten Routers, d.h. eines benachbarten Routers, an den die IP-Pakete auf dieser Route weitergeleitet werden müssen.

- *Host-Routen*: Das sind die Routen zu den einzelnen Rechnern (d.h. zu den einzelnen Hosts). Bei den Host-Routen enthält die Spalte `Netzwerkziel` die IP-Hostadresse und die IPv4-Netzmaske lautet `255.255.255.255` bzw. die Netzpräfix-Länge ist 32 oder 128 Bit bei IPv6.
- *Standard-Route* (*Default Route*): Falls keine 'bessere' Route zum Absenden eines Pakets in der Routing-Tabelle enthalten ist, wird die Standard-Route zum Absenden des betreffenden Pakets verwendet:
  - ▷ Bei IPv4 lautet das Netzwerkziel der Standard-Route `0.0.0.0` mit der Netzmaske `0.0.0.0` bzw. `0.0.0.0/32`.
  - ▷ Bei IPv6 ist dies die unspezifizierte Adresse `::/128`.

  Jede IP-Zieladresse, die mit `0.0.0.0` bzw. `::` durch die Operation `Bitwise_AND` verknüpft wird, ergibt entweder wieder `0.0.0.0` oder `::`. Damit erzeugt der Eintrag in der Routing-Tabelle – der der Standard-Route entspricht – für jede IP-Zieladresse immer eine Übereinstimmung. Gibt es keine 'bessere' Route, wird die Standard-Route zum Absenden des vorliegenden IP-Pakets verwendet, d.h. *das IP-Paket wird an einen von vornherein festgelegten Router (den sog. Standard-Router) weitergeleitet.*

11.1.4 Routing-Verfahren

Wie bereits erwähnt wurde, besteht die Routing-Aufgabe in der Bestimmung der günstigsten Route (Datenpfad) für den Transport von Daten zum Zielrechner (Empfänger) durch das Netz. Die günstigste Route wird nach festgelegten Kriterien ausgewählt. Denkbare Kriterien sind z.B. Routen-Länge, -Kosten, -Qualität und Verzögerungszeit auf der Route. In Abb. 11.1-10 sind die wichtigsten Komponenten eines Routing-Verfahrens zusammengestellt.

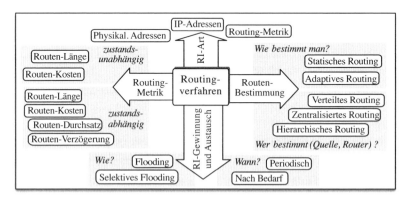

Abb. 11.1-10: Komponenten eines Routing-Verfahrens
RI: Routing-Information

Ein Routing-Verfahren wird durch vier Hauptkomponenten bestimmt: die Art der Routing-Information, die Art und Weise der Routen-Bestimmung, die Kriterien für

11.1 Routing-Grundlagen

die Routen-Bestimmung und die Strategie für die Gewinnung und den Austausch der Routing-Information.

Unter der *Routing-Information* (RI) versteht man alle Informationsarten, die dazu dienen, die Routing-Entscheidungen zu unterstützen. Eine komprimierte Form der RI stellt die Routing-Tabelle dar, die eine Basis für die Weiterleitung von Paketen bildet [Abb. 11.1-9]. Um eine endgültige Routing-Tabelle zu erstellen, ist eine zusätzliche RI notwendig. Hierzu gehört insbesondere die Information über die Topologie der Vernetzung, d.h. welche Subnetze vorhanden und wie sie untereinander gekoppelt sind. Um eine Route zu bestimmen, sind auch die Listen von erreichbaren IP-Adressen und von physikalischen Adressen notwendig. Eine besondere Art der RI sind die Informationen über den Zustand und die Qualität einzelner Subnetze, die für die Berechnung von *Routing-Metriken* dienen.

Routing-Information

Unter *Routing-Metrik* versteht man ein Maß für die Qualität der Route. Eine Metrik kann sich z.B. auf Routen-Länge, -Kosten oder -Durchsatz beziehen. Bei den Routing-Metriken sind zwei Kategorien zu unterscheiden:

Routing-Metrik

- *zustandsunabhängige* Routing-Metriken und
- *zustandsabhängige* Routing-Metriken.

Um die Routeraufgabe besser zu veranschaulichen, illustriert Abb. 11.1-11 die 'Bearbeitung' eines empfangenen IP-Pakets in einem Router. Sie findet innerhalb der Netzwerkschicht statt.

Verarbeitung von IP-Paketen in Routern

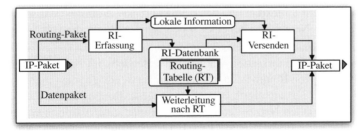

Abb. 11.1-11: Bearbeitung eines IP-Pakets im Router
RI: Routing Information, RT: Routing-Tabelle

Zunächst muss unterschieden werden, ob es sich um ein Routing-Paket oder um ein Datenpaket handelt. Ist ein empfangenes IP-Paket ein Routing-Paket, d.h. ein Paket mit Routing-Information (RI), wird die in ihm enthaltene RI interpretiert, die vorhandene RI in der RI-Datenbank entsprechend modifiziert und nach dem Routing-Protokoll zu einem gegebenen Zeitpunkt an andere Router verschickt. Enthält das empfangene Paket Nutzdaten, wird es nach der Routing-Tabelle weitergeleitet.

Routing-Arten
Die Routing-Protokolle, die eine *zustandsunabhängige Routing-Metrik* (z.B. Routen-Länge) als Maß für die Qualität der Route bei der Routen-Auswahl verwenden, werden als *zustandsunabhängige Routing-Protokolle* bezeichnet. Am häufigsten wird als Routing-Metrik die Routen-Länge angenommen. In diesem Fall spricht man vom *Distance Vector Routing*. Die Länge der Route wird in Anzahl von Hops angegeben.

Distance Vector Routing

Ein *Hop* ist ein *'Sprung aus einem Router'*, sodass die Anzahl von Hops angibt, wie oft ein Paket von Router zu Router weiter geleitet wurde. Diese ist in der Regel gleich der Anzahl von Subnetzen, die auf dem Weg zum Ziel liegen, wobei auch eine Standleitung zwischen zwei Routern als ein Subnetz zu zählen ist. Damit ist die Routen-Länge in Hops von einem Router zu einem Subnetz, an das er angeschlossen ist, gleich 1.

Die Hop-Anzahl als Routing-Metrik verwendet u.a. das Routing-Protokoll RIP (*Routing Information Protocol*) [Abschnitt 11.2].

Link State Routing

Nach modernen Routing-Protokollen wird der Netzzustand bei der Routen-Auswahl berücksichtigt, d.h. die Routing-Metriken sind somit zustandsabhängig. Derartige Routing-Strategien bezeichnet man als *Link State Routing* (*LS-Routing*). Zu den LS-Protokollen gehört das Routing-Protokoll OSPF (*Open Shortest Path First*) [Abschnitt 11.3].

Ein wichtiger Aspekt bei den Routing-Protokollen ist die Bestimmung der Route. Hierbei gilt es zunächst zu überlegen, wie man die Route bestimmen kann. Generell sind zwei Fälle zu unterscheiden:

Statisches Routing

- *Statisches Routing*
  Eine Route kann auf Dauer festgelegt werden. Dazu zählt man eine definierte Standard-Route (die sog. *Default Route*), die bei der Routerkonfiguration eingegeben wird. Diese Strategie bezeichnet man als *statisches Routing*. In diesem Fall verursachen Änderungen und Ausfälle im Netz eine Umkonfiguration des Routers. Dies ist also sehr unflexibel und betreuungsintensiv. Somit ist statisches Routing nur bei kleinen Netzen und bei einer festen Netztopologie sinnvoll.

Dynamisches Routing

- *Dynamisches Routing, adaptives Routing*
  Wird die Routing-Information während des Betriebs im Netz ermittelt und zur Aktualisierung von Routing-Entscheidungen verwendet, spricht man von *dynamischem Routing*. Die wichtigste Besonderheit dieser Routing-Art ist die Berücksichtigung des aktuellen Netzzustands. Hierbei findet eine Adaption von Routen an die aktuelle Lage im Netz statt. Eine derartige Routing-Strategie wird auch als *adaptives Routing* bezeichnet.

Source Routing

Es stellt sich die Frage: Wer bestimmt die Routen? Sie können sowohl in Endsystemen als auch in den Routern ermittelt werden. Werden die Routen von Endsystemen durch Sammlung der Routing-Informationen bis zum Zielsystem bestimmt, spricht man von *Source Routing* (*Quellen-Routing*). Hierbei müssen die einzelnen Pakete die vollständigen Routen-Angaben aufnehmen. Die Übertragung dieser Angaben in jedem Paket vergrößert die Paketlänge enorm, sodass sich diese Routing-Strategie nicht durchsetzen konnte.

Verteiltes bzw. zentralisiertes Routing

Entscheiden die einzelnen Router über die Weiterleitung der Pakete aufgrund von Routing-Tabellen, handelt es sich um *verteiltes Routing*. Die Routen können auch an einer zentralen Stelle im Netz errechnet und dann an alle Router verschickt werden. Diese Routing-Strategie stellt *zentralisiertes Routing* dar. Sie ist nicht ausreichend flexibel und wird daher in der Praxis nicht realisiert. Eine wichtige Komponente jedes Routing-Verfahrens ist die Art und Weise, wie die Routing-Information (RI) gewonnen

11.1 Routing-Grundlagen

und zwischen den Routern ausgetauscht wird. In älteren Routing-Protokollen wird die RI zwischen Routern in festgelegten Zeitintervallen ausgetauscht. Nach den neuen Routing-Protokollen wird die RI nach Bedarf verschickt. Der Bedarf entsteht dann, wenn z.B. bestimmte Veränderungen der Route bekannt gegeben werden müssen.

Wie die RI ausgetauscht werden kann, ist ein separates Problem. Jeder Router sendet die eigene RI oft an alle Nachbar-Router. Diese RI-Verteilung wird als *Flooding* bezeichnet. Um das Netz mit der RI nicht zu stark zu belasten, wird ein *selektives Flooding* realisiert. Hierbei versuchen die Router, die RI nur an einige ausgewählte Nachbar-Router zu senden. Ein Beispiel dafür wäre das Konzept *Split Horizon* beim Protokoll RIP [Abb. 11.2-3]. Bei diesem Konzept wird verhindert, dass die RI in die Richtung zurückgeschickt wird, aus der sie bereits empfangen wurde.

Verteilung der Routing-Information

Link State Routing

Die neuen Routing-Protokolle, wie z.B. OSPF realisieren das LS-Routing (*Link State*). Abb. 11.1-12 stellt die Hauptfunktionen dieser Protokolle vor.

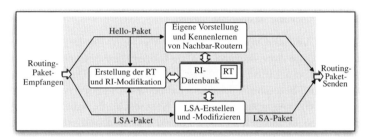

Abb. 11.1-12: Illustration von Hauptfunktionen der LS-Routing-Protokolle
LSA: Link State Advertisement, RI: Routing-Information, RT: Routing-Tabelle

Wird ein Router an ein Subnetz angeschlossen, muss er sich den anderen Routern im Netz vorstellen und sie auch kennenlernen. Hierfür werden spezielle Pakete verwendet, die man auch als `Hello`-Pakete bezeichnet. Um sich den anderen Routern vorzustellen, sendet ein neuer Router im Netz immer ein `Hello`-Paket als Broadcast-Nachricht, in der er die eigene Kennung und die eigenen Adressen (physikalische Adresse und IP-Adresse) den anderen Routern bekannt gibt. Die Nachbar-Router antworten darauf mit entsprechenden `Hello`-Paketen, sodass der neue Router sie kennenlernen kann. Aufgrund von `Hello`-Paketen modifiziert jeder Router die RI in seiner RI-Datenbank.

`Hello`-Pakete

Jeder Router muss die eigene RI weitergeben. Damit konstruiert er ein entsprechendes Paket mit dieser RI, das die Adressen und Verbindungen zu allen Nachbar-Routern mit der Angabe der Metriken der jeweiligen Verbindungen enthält. Bei OSPF wird ein solches Paket als LSA-Paket (*Link State Advertisement*) bezeichnet.

LSA-Pakete

Die LSA-Pakete werden verschickt, wenn eine Veränderung auftritt, die das Routing beeinflussen kann. Jeder Router verschickt eigene LSA-Pakete an seine Nachbar-Router und empfängt auch deren LSA-Pakete. Durch den Austausch von LSA-Paketen kann sich jeder Router ein Bild von der Netztopologie verschaffen. Damit kann er für sich eine Routing-Tabelle erstellen, die er benötigt, um die empfangenen IP-Pakete weiterzuleiten.

11.1.5 Inter-/Intra-Domain-Protokolle

Autonomes System (AS)

Eine Besonderheit der IP-Netze ist, dass sie im Allgemeinen eine mehrstufige hierarchische Struktur besitzen können. Abb. 11.1-13 illustriert dies. Ein IP-Netz kann aus mehreren *Autonomen Systemen* (AS) bestehen, die miteinander und mit dem Internet verbunden werden können. Das AS der Telekom im Internet-Verbund trägt beispielsweise die Nummer 3.3.2.0.

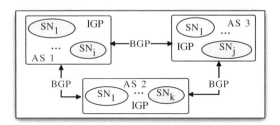

Abb. 11.1-13: Routing-Protokolle in hierarchischen IP-Netzen
AS: Autonomes System, SN: Subnetz

AS als Routing-Domain

Ein AS kann ein Verbund von LANs und WANs sein, für den die Kontrolle über die Konfiguration, die Adressierung und die Namenskonventionen bei einer Verwaltungsautorität (z.B. einer Firma oder einer Universität) liegt. Daher wird ein AS auch als *Routing-Domain* bezeichnet. Die innerhalb eines AS getroffenen Entscheidungen sollen keine Auswirkungen auf die anderen Netzabschnitte haben. Um die Daten in einem Verbund von autonomen Systemen effektiv zu transportieren, werden folgende Klassen der Routing-Protokolle eingesetzt:

Intra-Domain-Protokolle

- AS-internes Routing-Protokoll IGP (*Interior Gateway Protocol*)
  IGP ist ein Name für jedes Routing-Protokoll, das in einem AS verwendet wird. Als IGP werden oft RIP (*Routing Information Protocol*) und OSPF (*Open Shortest Path First*) eingesetzt. Diese werden auch als *Intra-Domain-Protokolle* bezeichnet.

Inter-Domain-Protokolle

- Routing-Protokolle zwischen autonomen Systemen
  Zur Realisierung von Routing zwischen den autonomen Systemen dient das Protokoll BGP (*Border Gateway Protocol*). Dieses Protokoll wird auch als *Inter-Domain-Protokoll* bezeichnet. Auf BGP wird in Abschnitt 11.4 näher eingegangen.

11.2 Routing Information Protocol (RIP)

Das RIP ist ein sog. *Distanzvektor-Routing-Protokoll*. Dies bedeutet, dass die Entfernung zum Ziel in der Anzahl von Hops angegeben wird. Das Wort *Distanzvektor* verweist darauf, dass die Routing-Information zwischen den Routern in Form von *Distanzvektoren* ausgetauscht wird [Abb. 11.2-2].

Versionen von RIP

Das RIP-Protokoll war der erste Ansatz für ein eigenständiges Routing-Verfahren und wurde unabhängig von IP entwickelt. Daher gibt es folgende Varianten:

- Die Ursprünge für RIP liegen im XNS (*Xerox Network Services*).
- RIP wurde für das Protokoll IPX (*Internetwork Packet eXchange*) portiert.

11.2 Routing Information Protocol (RIP)

- RIP-Version 1 (RIP-1) für IPv4 [RFC 1058].
- RIP-Version 2 (RIP-2) für IPv4 [RFC 2453].
- RIPng [RFC 2080], das Unterstützung für IPv6 aufweist.

RIP ist zwar einfach und wird oft eingesetzt, doch hat es einige konzeptionelle Schwächen, die aus seinem ursprünglichen LAN-orientierten Konzept resultieren. Der RIP-Einsatz in standortübergreifenden IP-Netzen über WANs ist mit großen Problemen verbunden. Daher eignet sich das RIP hauptsächlich für kleine bis mittelgroße IP-Netze.

Das RIP verwendet die Anzahl von Hops als Entfernungsmaß (*Metrik*) für die in der Routing-Tabelle gespeicherten Routen. Dabei ist ein Hop als Sprung von einem Router ins Subnetz zu interpretieren. Ist die Anzahl von Hops zwischen dem Router a und einem Netzwerkziel gleich x, so ist die Anzahl der Router auf dieser Strecke gleich x-1. Die Anzahl von Hops entspricht daher der Anzahl von Routern, die bis zum Erreichen des gewünschten Netzwerks unterwegs durchquert werden müssen.

Metrik in Hops

Beim RIP wird die maximale Anzahl von Hops (*Hop Limit*) auf 15 begrenzt. Dies bedeutet, dass höchstens 15 Router zwischen Quelle und Ziel eines IP-Pakets liegen dürfen. Ein Zielrechner in IP-Netzen, der um 16 oder mehr Hops vom Quellrechner entfernt ist, gilt als nicht erreichbar. Jeder RIP-Router macht den Inhalt seiner Routing-Tabelle alle 30 Sekunden in allen an ihn angeschlossenen Subnetzen bekannt. Der Inhalt der Routing-Tabelle wird beim RIP-1 als Broadcast auf MAC-Ebene und beim RIP-2 als Multicast im Subnetz gesendet. Dies kann besonders beim Einsatz von WAN-Verbindungen zu Problemen führen, wo erhebliche Anteile der Übertragungskapazität im WAN zur Weiterleitung von RIP-Nachrichten verwendet werden müssen. Somit lässt sich RIP-basiertes Routing in großen IP-Netzen mit WAN-Anteilen nicht leicht einsetzen.

Hoplimit

Die Hop-Anzahl bildet das einzige Kriterium zur Ermittlung der besten Route, d.h. je weniger Hops zum Netzwerkziel in einer Route vorhanden sind, desto besser ist diese Route. Da Leitungskapazität und Kosten nicht in die Berechnung der Route beim RIP eingehen, sind die Fähigkeiten des RIP sehr beschränkt. Weitere Nachteile des RIP sind, dass lediglich eine aktive Route zwischen zwei Netzwerken genutzt werden kann und Aktualisierungen von Routing-Tabellen bei lokalen Topologie-Änderungen mittels Broadcast-Frames im Netz verteilt werden und dieses damit unnötig belasten.

Fähigkeiten von RIP

Der wichtige Vorteil des RIP ist die große Verfügbarkeit, denn fast jeder Rechner ist in der Lage, das RIP zu verarbeiten. Einem Systemadministrator, der ein großes und standortübergreifendes Netzwerk mit WAN-Anteilen zu verwalten hat, sind leistungsfähigere Protokolle wie OSPF zu empfehlen.

11.2.1 Erlernen von Routing-Tabellen beim RIP

Die einzelnen RIP-Router werden in keiner Weise miteinander synchronisiert. Jeder Router versendet den Inhalt seiner Routing-Tabelle in alle an ihn angeschlossenen Subnetze. Empfängt ein Router eine RIP-Nachricht, so modifiziert er seine Routing-Tabelle entsprechend [Abb. 11.2-1].

Bespiel für Routing-Tabellen bei RIP

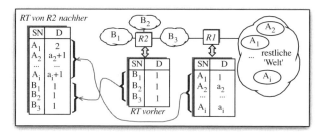

Abb. 11.2-1: Modifikation einer RIP-Routing-Tabelle
R1, R2: Router, SN: Subnetz, D: Distanz (Metrik, Hop-Anzahl)

Es wurde angenommen, dass der Router $R2$ neu konfiguriert wurde und dass er nur lokal angeschlossene Subnetze kennt. Die IP-Adressen dieser lokalen Subnetze B_1, B_2 und B_3 wurden manuell in seine Routing-Tabelle eingetragen. Der Nachbar-Router $R1$ kennt die Ziele auf der restlichen 'Welt'. $R1$ macht den Inhalt seiner Routing-Tabelle auf dem Subnetz B_3 mittels einer bzw. mehrerer RIP-Nachricht/en bekannt [Abb. 11.2-7 und Abb. 11.2-9]. Da $R2$ ebenfalls am Subnetz B_3 angeschlossen ist, empfängt er den Inhalt der Routing-Tabelle von $R1$ und modifiziert seine Routing-Tabelle entsprechend. Diese Modifikation besteht darin, dass $R2$ seine Routing-Tabelle um die neuen (von $R1$ erlernten) Subnetze A_1, A_2, ..., A_i erweitert und die Entfernung zu diesen Subnetzen einträgt. Die Entfernungen zu den Subnetzen A_1, A_2, ..., A_i von $R2$ sind a_1+1, a_2+1, ..., a_i+1. Dies bedeutet, dass diese Subnetze von $R2$ um einen Hop weiter als von $R1$ liegen.

Beispiel für einen RIP-Ablauf

Um den RIP-Ablauf zu verdeutlichen, wird nun ein autonomes IP-System betrachtet, das sich aus vier Subnetzen a, b, c und d zusammensetzt [Abb. 11.2-2].

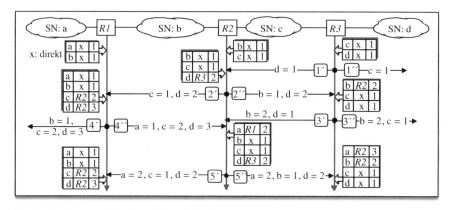

Abb. 11.2-2: Beispiel für einen RIP-Ablauf
a, b, c, d: Subnetz-ID, R1, R2, R3: Router, SN: Subnetz

Distanzvektor

Der RIP-Ablauf lässt sich in fünf Schritten darstellen, in denen die Änderungen in den Routing-Tabellen der einzelnen Router vollzogen werden. Die Routing-Tabellen beinhalten in den Spalten (von links nach rechts): Ziel-Subnetz, Nachbar-Router (als

11.2 Routing Information Protocol (RIP)

Port-Angabe) und die Metrik als Hop-Anzahl [Abb. 11.2-8]; außer Acht gelassen sind die Timer.

- *1. Schritt*: *R3* verschickt als erster Router seine Routing-Information. Hierbei macht *R3* im Subnetz c nur das Subnetz d bekannt, sodass dessen Nachricht (1') den Distanzvektor mit nur einem Element d = 1 enthält. *R3* macht im Subnetz d mit der RIP-Nachricht (1") nur das Subnetz c bekannt. *R2* modifiziert seine Routing-Tabelle entsprechend Abb. 11.2-1.
- *2. Schritt*: *R2* verschickt seine modifizierte Routing-Tabelle in die Subnetze b und c. Hierbei sendet *R2* in Subnetz b eine Nachricht (2') mit dem Distanzvektor (c=1,d=2). Damit lernt *R1* die Subnetze c und d kennen. In das Subnetz c sendet *R2* eine Nachricht (2") mit dem Distanzvektor (b=1,d=2). So lernt *R3* Subnetz b kennen. *R1* und *R3* modifizieren ihre Routing-Tabellen entsprechend. *R1* hat bereits seine Routing-Tabelle vollständig erlernt.
- *3. Schritt*: *R3* verschickt seine Routing-Information in die Subnetze c und d. Er sendet in Subnetz c eine Nachricht (3') mit dem Distanzvektor (b=2,d=1) und in Subnetz d eine Nachricht (3") mit dem Distanzvektor (b=2,c=1).
- *4. Schritt*: *R1* versendet seine Routing-Information in die Subnetze a und b. Nach dem vierten Schritt hat *R2* seine Routing-Tabelle vollständig erlernt.
- *5. Schritt*: *R2* übermittelt seine Routing-Information in die Subnetze b und c. Nach diesem Schritt hat *R3* das Subnetz a kennengelernt. Seine Routing-Tabelle ist daher vollständig.

Die hier dargestellten fünf Schritte bestimmen die sog. *Konvergenzzeit* von Routing-Tabellen. Darunter wird jene Zeit verstanden, die nötig ist, bis alle Router die aktuelle Struktur der Vernetzung kennengelernt haben. Werden die Inhalte von Routing-Tabellen in Zeitintervallen von 30 Sekunden verschickt, beträgt die benötigte Zeit (d.h. die Konvergenzzeit) um die Routing-Tabellen vollständig zu erlernen hier maximal 2,5 Minuten.

Konvergenzzeit

Reduzierung der Konvergenzzeit
Es stellt sich nun die Frage, wie viel Zeit ein Router benötigt, um in seiner Routing-Tabelle die aktuellsten Routen-Angaben zu allen Subnetzen zu erlernen. Dafür muss die Routing-Tabelle oft mehrfach modifiziert werden. Somit sind mehrere Modifikationsschritte notwendig, und die Anzahl dieser Schritte bestimmt die Konvergenzzeit. Der Grenzwert 15 als maximale Hop-Zahl wurde u.a. eingeführt, um die Konvergenzzeit in sinnvollen Grenzen zu halten. Wie bereits erwähnt, wird die Routing-Information in Abständen von 30 Sekunden verschickt. Wäre die maximale Hop-Anzahl nicht auf 15 beschränkt, könnte die Konvergenzzeit zu lange dauern. In einer zu langen Periode kann es vorkommen, dass einige Routen nicht mehr aktuell sind.

Um die Konvergenzzeit zu reduzieren, nutzt RIP folgende Methoden:

- *Split-Horizon-Methode* (geteilter Horizont),
- *Split-Horizon-Methode mit Poison-Reverse* (geteilter Horizont mit 'vergiftetem' Rückweg),
- ausgelöste Routen-Aktualisierungen (*triggered updates*).

Split-Horizon	Bei der *Split-Horizon-Methode* handelt es sich um die Routen-Ankündigungen, die periodisch alle 30 Sekunden gesendet werden. Hierbei darf ein Router aber keine Subnetze auf dem Subnetz ankündigen, die er bereits aus diesem Subnetz erlernt hat. Anders ausgedrückt: Jeder Router kündigt auf einem Subnetz (d.h. über einen Port) nur jene Subnetze an, die er ausschließlich über andere Subnetze (d.h. über andere Ports) kennengelernt hat. Die in RIP-Nachrichten gesendeten Angaben enthalten nur die Subnetze, die sich jenseits des benachbarten Routers in entgegengesetzter Richtung befinden [Abb. 11.2-3].
Split-Horizon mit Poison-Reverse	Die *Split-Horizon-Methode mit Poison-Reverse* unterscheidet sich von der einfachen Split-Horizon-Methode dadurch, dass alle Subnetze angekündigt werden. Die Subnetze aber, die aus einer bestimmten Richtung erlernt wurden, werden mit der 'Entfernungsangabe' 16 Hops in diese Richtung angekündigt und somit beim RIP als nicht erreichbar interpretiert [Abb. 11.2-6]. In einigen Fällen besitzt diese Methode jedoch einige Vorteile gegenüber dem einfachen Split-Horizon-Prinzip.
Triggered-Router Aktualisierung	Durch *ausgelöste Routeraktualisierungen* kann ein RIP-Router die Änderungen in seiner Routing-Tabelle direkt ankündigen und muss nicht bis zur nächsten regelmäßigen Ankündigung (d.h. bis zum Ablauf des Timers 30 s) warten. Auslöser der Aktualisierung kann eine Metrikänderung in einem Eintrag der Routing-Tabelle sein. Über eine ausgelöste Aktualisierung lassen sich z.B. jene Subnetze, die nicht mehr verfügbar werden, mit der 'Entfernung' 16 Hops ankündigen. Ausgelöste Aktualisierungen verbessern zwar die Konvergenzzeit, aber dies geschieht auf Kosten des zusätzlichen Broadcastverkehrs.

Beispiel für einen RIP-Ablauf mit Split-Horizon

Den RIP-Ablauf beim Einsatz der Split-Horizon-Methode illustriert Abb. 11.2-3. Die Routing-Tabellen beinhalten hier folgende Spalten (von links nach rechts): Ziel-Subnetz, Nachbar-Router (bzw. dass ein Subnetz direkt erreichbar ist) und Hop-Anzahl. Es handelt sich hier um den gleichen Fall, der bereits in Abb. 11.2-2 dargestellt wurde.

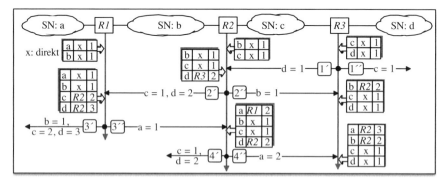

Abb. 11.2-3: Beispiel für einen RIP-Ablauf mit der Split-Horizon-Methode
a, b, c, d: Subnetz-ID, R1, R2, R3: Router, SN: Subnetz

- *1. Schritt*: Zunächst sendet *R3* als erster Router seine Ankündigungen. Er sendet eine Nachricht (1') mit d=1 in das Subnetz c. *R3* kündigt damit im Subnetz c das

11.2 Routing Information Protocol (RIP)

Subnetz d an und *R2* modifiziert dann entsprechend Abb. 11.2-1 seine Routing-Tabelle. Mit der Nachricht (1") macht *R3* im Subnetz d das Subnetz c bekannt.

- *2. Schritt*: Im Weiteren verschickt *R2* den Inhalt seiner modifizierten Routing-Tabelle in Subnetze b und c. Hier sendet er in das Subnetz b eine Nachricht (2') mit dem Distanzvektor (c=1,d=2). Damit lernt *R1* die Subnetze c und d kennen. In das Subnetz c sendet *R2* eine Nachricht (2") nur mit b=1. Damit lernt *R3* das Subnetz b kennen. *R1* hat bereits alle Subnetze erlernt.
- *3. Schritt*: Sodann übermittelt *R1* seine Ankündigungen in die Subnetze a und b. Er sendet in Subnetz a eine Nachricht (3') mit dem Distanzvektor (b=1,c=2,d=3) und in Subnetz c eine Nachricht (3") nur mit a=1. So lernt *R2* Subnetz a kennen und dessen Routing-Tabelle ist bereits vollständig.
- *4. Schritt*: Abschließend versendet *R2* seine Ankündigungen in die Subnetze b und c. Somit lernt *R3* auch das Subnetz a

Vergleicht man die Abb. 11.2-2 und Abb. 11.2-3, stellt man fest, dass die Split-Horizon-Methode folgende Vorteile hat:

- Verringerung der Konvergenzzeit,
- Reduktion der Angaben in RIP-Nachrichten ('kleinere' Distanzvektoren).

Die Split-Horizon-Methode hat einen weiteren wichtigen Vorteil, der mit dem sog. *Count-to-Infinity-Problem* zusammenhängt.

Count-to-Infinity-Problem

Da die einzelnen Router miteinander nicht synchronisiert sind, entsteht beim RIP das *Count-to-Infinity-Problem* (Zählung bis unendlich). In einigen Situationen kommt es deswegen zu falschen Einträgen 'Hop-Anzahl' in den Routing-Tabellen. Wenn die Router in ihren Routing-Tabellen Routen hinzufügen, die von anderen Routern erlernt wurden, behalten sie zu jedem bekannten Netzwerkziel nur die optimale Route. Außerdem ersetzen sie fälschlicherweise eine Route mit einer niedrigeren Hop-Anzahl durch eine Route mit einer höheren Hop-Anzahl, falls diese beiden Routen vom selben Router angekündigt wurden. Dieses falsche Ersetzen ist die Ursache für das Count-to-Infinity-Problem.

Abb. 11.2-4 illustriert das *Count-to-Infinity-Problem* beim RIP. Die Routing-Tabellen enthalten hier folgende Spalten (von links nach rechts): *Ziel-Subnetz, Nachbar-Router bzw. Markierung*, dass ein *Subnetz direkt erreichbar* ist, sowie die *Hop-Anzahl*.

Hier wurde angenommen dass die Verbindung von Router *R2* zum Subnetz c ausgefallen ist. *R2* trägt in seiner Routing-Tabelle den Zustand 'Subnetz c nicht erreichbar' ein, indem er als Hop-Anzahl den Wert 16 angibt. Beim RIP bedeutet die Hop-Anzahl von 16 gerade 'unendlich'.

Splitt-Horizon und Hop-Anzahl 16

Bevor *R2* den neuen Zustand seiner Routing-Tabelle ankündigen kann, empfängt er eine Ankündigung (1) von *R1*. Sie enthält eine Route zu dem über 2 Hops entfernt liegenden Subnetz c. Da die Entfernung von 2 Hops kürzer als 16 Hops ist, ersetzt *R2* die Hop-Anzahl bei ihm für das Subnetz c und ändert sie von 16 auf 3. Nachdem *R2* später seine neuen Routen angekündigt hat (2), bemerkt *R1*, dass das Subnetz c über *R2* in der Entfernung von 3 Hops liegt. Da die Route zum Subnetz c bei ihm ursprünglich von *R2* erlernt wurde, aktualisiert *R1* die Route zum Subnetz c, sodass er die Hop-Anzahl

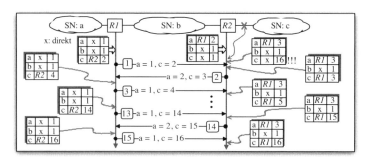

Abb. 11.2-4: Veranschaulichung des Count-to-Infinity-Problems
a, b, c: Subnetz-ID; R1, R2: Router; SN: Subnetz

auf 4 setzt. *R1* verschickt später den Inhalt seiner Routing-Tabelle (3), und *R2* ändert die Hop-Anzahl zum Subnetz c von 3 auf 5.

Es ist anzumerken, dass zwischen *R1* und *R2* eine 'Schleife' entstanden ist. Infolgedessen senden sich *R1* und *R2* ständig falsche Routing-Angaben. Wie aus Abb. 11.2-4 ersichtlich, dauert ein derartiger Prozess so lange, bis die Hop-Anzahl in den Routing-Tabellen von *R1* und *R2* den Wert 16 erreicht hat. Ist die Hop-Anzahl in der Routing-Tabelle eines Routers gleich 16, bedeutet dies, dass ein entsprechendes Subnetz von diesem Router nicht erreichbar ist.

Dieses Beispiel erläuterte, welche Bedeutung die Hop-Anzahl 16 beim RIP hat.

Split-Horizon-Methode

Das Count-to-Infinity-Problem tritt beim RIP mit der Split-Horizon-Methode nicht auf, was in Abb. 11.2-5 zum Ausdruck kommen soll. Bei dieser Methode handelt es sich um Routerankündigungen, die periodisch alle 30 Sekunden gesendet werden. Kein Router darf diese Subnetze auf einem Subnetz ankündigen, wenn er sie bereits über dieses Subnetz erlernt hat. Es wurde hier die gleiche Situation angenommen, die bereits in Abb. 11.2-4 zu einer 'logischen Schleife' zwischen zwei benachbarten Routern geführt hat.

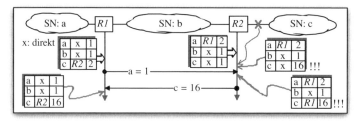

Abb. 11.2-5: Split-Horizon-Methode und Ausfalll eines Netzwerks
a, b, c: Subnetz-ID; R1, R2 Router; SN: Subnetz

Count-to-Infinity Problem

Ist die Verbindung von *R2* zum Subnetz c ausgefallen, trägt *R2* in seiner Routing-Tabelle den Zustand 'Subnetz c nicht erreichbar' ein, indem er als Hop-Anzahl den Wert 16 angibt. Bevor *R2* den neuen Zustand seiner Routing-Tabelle ankündigen kann, empfängt er aber eine Ankündigung (a=1) von *R1*. Sie kündigt eine Route zu dem über 1 Hop

11.2 Routing Information Protocol (RIP)

von *R1* entfernt liegenden Subnetz a an. Das Subnetz a liegt von *R2* um 2 Hops entfernt. *R2* braucht seine Routing-Tabelle nicht zu modifizieren.

Vergleicht man Abb. 11.2-4 und Abb. 11.2-5, können die folgenden Unterschied identifiziert werden: Da hier die Split-Horizon-Methode angewandt wird, sendet *R1* in das Subnetz b keine Ankündigung (c=2). Das Subnetz c hat *R1* vorher über das Subnetz b erlernt. Dadurch entsteht keine 'logische Schleife' zwischen *R1* und *R2*, wie dies in Abb. 11.2-4 der Fall war.

Nachdem *R2* die Ankündigung (c=16) in das Subnetz b verschickt hat, modifiziert *R1* seine Routing-Tabelle. Er trägt den Zustand 'Subnetz c nicht erreichbar' ein, indem er als Hop-Anzahl den Wert 16 angibt. Damit ist der aktuelle Netzwerkzustand beiden Routern bekannt.

Das Count-to-Infinity-Problem tritt auch beim Einsatz der *Split-Horizon-Methode mit Poison-Reverse* nicht auf, wie Abb. 11.2-6 zeigt, in der der gleiche Fall wie in Abb. 11.2-4 angenommen wurde. Bei der Split-Horizon-Methode mit Poison-Reverse werden im Vergleich zur einfachen Split-Horizon-Methode alle Subnetze angekündigt, jedoch werden jene Subnetze, die aus einer bestimmten Richtung erlernt wurden, mit der 'Entfernungsangabe' 16 Hops in diese Richtung, d.h. als 'nicht erreichbar', angekündigt.

Split-Horizon-Methode mit Poison-Reverse

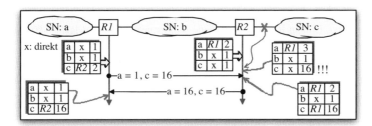

Abb. 11.2-6: Netzwerkausfall und Split-Horizon-Methode mit Poison-Reserve
a, b, c: Subnetz-ID; R1, R2: Router; SN: Subnetz

Vergleich: Der Unterschied zwischen Abb. 11.2-5 und Abb. 11.2-6 ist dadurch zu erklären, dass *R1* in das Subnetz b den Distanzvektor (a=1,c=16) sendet. Da *R1* das Subnetz c über das Subnetz b erlernt hat, kündigt er das Subnetz c im Subnetz b mit der Hop-Anzahl 16 an. Das verhindert das Entstehen 'logischer Schleife' zwischen *R1* und *R2*, wie dies in Abb. 11.2-4 der Fall war.

Nachdem *R2* den Distanzvektor (a=16,c=16) in das Subnetz b verschickt hat, modifiziert *R1* seine Routing-Tabelle. Er trägt in ihr den Zustand 'Subnetz c nicht erreichbar' ein, indem er als Hop-Anzahl den Wert 16 angibt.

11.2.2 Besonderheiten des RIP-1

Da die Subnetzmasken in RIP-1-Nachrichten nicht übermittelt werden, kann nur eine Subnetzmaske pro Netzwerk verwendet werden. Beim RIP-1 müssen daher die Subnetzmasken innerhalb des gesamten Netzwerks gleich sein. Das RIP-1 wird hauptsächlich in kleinen und mittelgroßen Netzwerken eingesetzt.

Struktur von RIP-1-Nachrichten

Für die Übermittlung von RIP-1-Nachrichten wird das Transportprotokoll UDP verwendet. Die RIP-1-Nachrichten werden über den Port 520 sowohl gesendet als auch empfangen. Beim Versenden einer RIP-Nachricht auf ein Subnetz wird die IP-Broadcastadresse im IP-Header als IP-Zieladresse genutzt [Abb. 3.8-1].

Abb. 11.2-7 zeigt den Aufbau von RIP-1-Nachrichten.

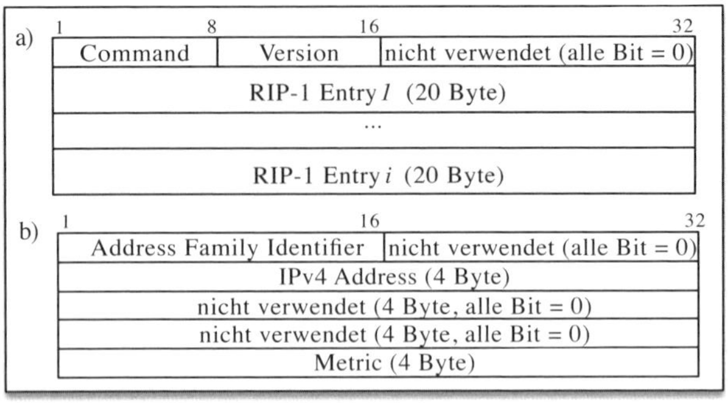

```
a)  1        8         16                              32
    | Command | Version | nicht verwendet (alle Bit = 0) |
    |         RIP-1 Entry 1 (20 Byte)                   |
    |                    ...                            |
    |         RIP-1 Entry i (20 Byte)                   |

b)  1                            16                    32
    | Address Family Identifier | nicht verwendet (alle Bit = 0) |
    |         IPv4 Address (4 Byte)                     |
    |         nicht verwendet (4 Byte, alle Bit = 0)    |
    |         nicht verwendet (4 Byte, alle Bit = 0)    |
    |         Metric (4 Byte)                           |
```

Abb. 11.2-7: RIP-1-Nachricht: a) allgemeine Struktur, b) RIP-1-Eintrag

Wie aus Abb. 11.2-7a hervorgeht, setzt sich jede RIP-1-Nachricht aus einem Header und einer Vielzahl von RIP-1-Einträgen zusammen. In einem RIP-1-Eintrag (*RIP-1 Entry*) wird ein Subnetz angekündigt. Eine RIP-1-Nachricht darf maximal 25 Einträge mit je 20 Byte enthalten. Sollen mehr als 25 Subnetze über einen Router-Port angekündigt werden, muss der Router über diesen Port mehrere Nachrichten verschicken.

Header-Inhalt

Der Header in RIP-1-Nachrichten enthält die Felder:

- Command (1 Byte); hier wird angegeben:
  ▷ x'01': Es handelt sich um einen RIP-Request (Anforderung),
  ▷ x'02': Es handelt sich um eine RIP-Response (Antwort).
- Version (1 Byte); Angabe der RIP-Version, die bei RIP-1 den Wert x'01' enthält.

Request-Nachrichten

Die Request-Nachrichten werden bei der Initialisierung eines Routers gesendet. Beim Start kündigt der RIP-Router in allen lokal angeschlossenen Subnetzen die ihm bekannten Subnetze an. Der initialisierende Router sendet außerdem in alle angeschlossenen Subnetze einen allgemeinen RIP-Request. Dabei handelt es sich um eine besondere Nachricht, mit der alle benachbarten Router aufgefordert werden, ihm die Inhalte ihrer Routing-Tabellen in Form von Unicast-Nachrichten zukommen zu lassen. Auf der Basis dieser Antworten wird die Routing-Tabelle des initialisierenden Routers aufgebaut.

Eine Antwort kann als Reaktion auf eine Anfrage oder als regelmäßige bzw. ausgelöste Router-Ankündigung gesendet werden.

RIP-1-Eintrag

Ein RIP-1-Eintrag kann als 20-Byte-Behälter angesehen werden, der folgende Angaben übermittelt [Abb. 11.2-7b]:

11.2 Routing Information Protocol (RIP)

- `Address Family Identifier` (kurz AFI): Das RIP wurde ursprünglich für das Routing in heterogenen Netzen konzipiert, wo unterschiedliche Adressierungsarten verwendet werden können. Hier wird markiert, um welche Adressierungsart es sich handelt. Handelt es sich um die IP-Adressierung, so steht hier der Wert 2.
- `IPv4 Address`: In diesem Feld wird das Netzwerkziel angegeben. Dabei kann es sich um eine klassenlose Netzwerkkennung, eine Subnetzkennung, eine IP-Adresse (für eine Host-Route) oder um `0.0.0.0` (für die Standard-Route) handeln. Bei einem RIP-Request wird als IPv4-Adresse `0.0.0.0` angegeben.
- `Metrik`: Hier wird die Hop-Anzahl zum Netzwerkziel angegeben. Dieser Wert beschreibt die Anzahl von Hops von dem Router, der diese RIP-Nachricht abgeschickt hat, die benötigt werden, um das betreffende Netzwerkziel zu erreichen. In diesem Feld ist der zugelassene Höchstwert 16. Nach dem RIP sind maximal 15 Hops zwischen einem Router und einem Subnetz zulässig. Der Wert 16 hat eine besondere Bedeutung. Er weist darauf hin, dass ein betreffendes Netzwerkziel für einen Router unerreichbar ist [Abb. 11.2-5].

Die maximale Länge einer RIP-1-Nachricht (ohne UDP- und IP-Header) beträgt 512 Byte. Wenn der RIP-Router eine vollständige Liste aller Subnetze und aller möglichen Wege zu diesen Netzwerkzielen speichert, kann die Routing-Tabelle so viele Einträge enthalten, dass diese in mehreren RIP-Nachrichten gesendet werden müssen. In einer einzigen RIP-Nachricht können nur 25 Einträge gesendet werden.

Routing-Tabelle beim RIP-1

Das RIP-1 wurde für die Netzwerke mit der klassenbasierten IP-Adressierung konzipiert, bei der die Netzwerkkennung (Netzwerk-ID) aus den Werten der ersten drei Bit der IP-Zieladresse bestimmt werden kann. In RIP-1-Nachrichten wird die Netzmaske (bzw. Subnetzmaske) nicht übermittelt. Die allgemeine Struktur der Routing-Tabelle beim RIP-1 zeigt Abb. 11.2-8.

Netzwerkziel	Weiterleitungsadr. (Ausgangsport)	Next Hop	Metrik	Timer
—	—	—	—	—
...	...	...	...	...

Abb. 11.2-8: Allgemeine Struktur der Routing-Tabelle beim RIP-1

Die einzelnen Spalten in der Routing-Tabelle haben folgende Bedeutung:

Aufbau der Routing-Tabelle

- Die erste Spalte enthält die Netzwerkziele als Netzwerk- bzw. Subnetz-IDs.
- Jedem physikalischen Port im Router muss eine IP-Adresse zugeordnet werden. In der zweiten Spalte wird die IP-Adresse des Ausgangsports angegeben, über den das betreffende Paket abgesendet werden soll. Ist ein Router-Port ein LAN-Port (d.h. mit einer LAN-Adapterkarte), wird ein IP-Paket über diesen Port in einem MAC-Frame gesendet. Auf der Basis der IP-Adresse des physikalischen LAN-Ports wird die MAC-Quelladresse für den MAC-Frame mit dem IP-Paket bestimmt. Hier kommt das Protokoll ARP zum Einsatz [Abschnitt 3.6.1].

- Die dritte Spalte Next Hop enthält die IP-Adresse des nächsten Routers, falls das IP-Paket zu einem 'entfernten' Ziel gesendet wird, bzw. die Identifikation eines lokalen Subnetzes, zu dem das IP-Paket direkt übergeben wird.
- Die vierte Spalte enthält die Metrik als Entfernung in Hops zum Ziel.
- In der letzten Spalte (Timer) wird die Zeitspanne seit der letzten Aktualisierung der Tabelle angegeben.

Router Timer — Die Bedeutung der Timer-Spalte soll nun kurz erläutert werden. Fällt ein Router aufgrund eines Stromausfalls oder eines Hardware- bzw. Softwarefehlers aus, besitzt er keine Möglichkeit, benachbarten Routern mitzuteilen, dass die über ihn erreichbaren Netzwerkziele nicht mehr verfügbar sind. Um die Einträge mit nicht erreichbaren Zielen in Routing-Tabellen zu verhindern, besitzt jede vom RIP erlernte Route standardmäßig eine maximale Lebensdauer von 3 Minuten. Wird eine Route in der Routing-Tabelle innerhalb von 3 Minuten nicht aktualisiert, wird ihre Hop-Anzahl auf 16 gesetzt. Diese Route wird schließlich aus den Routing-Tabellen entfernt, nachdem die so veränderte Routing-Tabelle verschickt wurde. Deshalb dauert es nach dem Ausfall eines Routers 3 Minuten, bis die benachbarten Router die von dem ausgefallenen Router erlernten Routen als 'nicht erreichbar' markieren.

Schwächen des RIP-1

Das RIP-l wurde bereits im Jahre 1988 entwickelt, um in LAN-basierten IP-Netzwerken dynamisches Routing zu ermöglichen. Die LAN-Technologien wie Ethernet und Token-Ring unterstützen den Broadcast-Verkehr auf der MAC-Ebene, sodass ein einzelnes Paket von mehreren Rechnern empfangen und verarbeitet werden kann. Das RIP nutzt daher diese LAN-Eigenschaft.

Die wesentlichen Schwächen des RIP-l sind:

- Routerankündigungen als Broadcast auf der MAC-Ebene
  In Netzwerken ist die Unterstützung von Broadcasts auf MAC-Ebene nicht wünschenswert, weil dies zu großer Belastung des Netzwerks führt.
- Silent-RIP-Rechner
  Da die Routerankündigungen beim RIP-1 als MAC-Broadcast versendet werden, ist es möglich, sog. *Silent-RIP-Rechner* zu installieren. Ein Silent-RIP-Rechner verarbeitet RIP-Ankündigungen, kündigt jedoch seine eigenen Routen nicht an.
- Keine CIDR-Unterstützung
  Das RIP-l wurde zu einer Zeit entwickelt, als die IP-Netzwerke ausschließlich Netzwerk- und Subnetz-IDs verwendeten, also nur die klassenbasierte IP-Adressierung nutzten. Heute sind dagegen der Einsatz von CIDR (*Classless Inter-Domain Routing*) und die Bildung der Subnetze mit Masken variabler Länge für die bessere Ausnutzung des IP-Adressraums nahezu unumgänglich.
- Subnetzmaske wird in RIP-1-Nachrichten nicht übermittelt
  RIP-l wurde für klassenbasierte IP-Netzwerke entwickelt, in denen die Netzwerk-ID aus den Werten der ersten drei Bit der IP-Adresse bestimmt werden kann. Da die Subnetzmaske nicht übermittelt wird, muss der Router einfache Annahmen über die Subnetzmasken selbst machen. Bei jeder Route, die in einer RIP-1-Nachricht

11.2 Routing Information Protocol (RIP)

enthalten ist, kann der Router bei der Bestimmung der Subnetzmaske wie folgt vorgehen:

▷ Wenn die Netzwerk-ID zu einer Netzwerkklasse A, B oder C passt, wird von der standardmäßig klassenbasierten Subnetzmaske ausgegangen.

▷ Wenn die Netzwerk-ID zu keiner Netzwerkklasse A, B oder C passt, so kann man wie folgt vorgehen:

– Wenn die Netzwerk-ID zu der Subnetzmaske der Schnittstelle passt, auf der gerade die RIP-1-Nachricht empfangen wurde, so kann von der Subnetzmaske dieser Schnittstelle ausgegangen werden.

– Wenn die Netzwerk-ID nicht zur Subnetzmaske der Schnittstelle passt, auf der die RIP-1-Nachricht empfangen wird, kann davon ausgegangen werden, dass es sich um eine Host-Route mit der Subnetzmaske 255.255.255.255 handelt.

11.2.3 Routing-Protokoll RIP-2

Das Routing-Protokoll RIP Version 2 für IP (kurz RIP-2) stellt eine Weiterentwicklung des RIP-1 dar. RIP-2 ist wie RIP-1 ein Distanzvektor-Protokoll. RIP-2 wurde in RFC 2453 spezifiziert.

Mit der Entwicklung des RIP-2 wurde versucht, einige Schwächen des RIP-1 zu beheben, um folgende Ziele zu erreichen: *Ziele des RIP-2*

- das Verkehrsaufkommen durch Versenden von Routen-Ankündigungen zu reduzieren,
- die Bildung von Subnetzen mit Masken variabler Länge und damit die Einsparung von IP-Adressen zu ermöglichen,
- die Router vor böswillig konfigurierten Nachbar-Routern zu schützen,
- die Abwärtskompatibilität mit RIP-1 zu gewährleisten.

Die wichtigen Besonderheiten des RIP-2 sind: *Besonderheiten des RIP-2*

- *Das Erlernen von Routing-Tabellen* erfolgt beim RIP-2 nach den gleichen Prinzipien wie beim RIP-1 [Abb. 11.2-1 und Abb. 11.2-2].
- *Maximale Hop-Anzahl ist 15*: Beim RIP-2 (wie beim RIP-1) ist die maximale Anzahl von Hops auf 15 begrenzt. Hop-Anzahl 16 auf einer Route bedeutet, dass das Netzwerkziel nicht erreichbar ist.
- *Count-to-Infinity-Problem*: Beim RIP-2 können die Methoden Split-Horizon, Split-Horizon mit Poison-Reserve und ausgelöste Router-Aktualisierungen zum Vermeiden des Count-to-Infinity-Problems [Abb. 11.2-4] und auch zum Verringern der Konvergenzzeit eingesetzt werden [Abb. 11.2-5 und Abb. 11.2-6].
- *Routen-Ankündigungen als IP-Multicast*: Beim RIP-2 werden die Routen-Ankündigungen nicht mehr als MAC-Broadcast versendet, sondern für das Versenden von Routen-Ankündigungen wird die IP-Multicast-Adresse 224.0.0.9 im IP-Header als IP-Zieladresse gesetzt. Alle Nicht-RIP-Rechner werden somit von Routen-Ankündigungen nicht beeinträchtigt.

- *Übermittlung von Subnetzmasken*: In RIP-2-Nachrichten wird die Subnetzmaske zusammen mit dem Netzwerkziel übermittelt. RIP-2 kann somit in VLSM-Umgebungen (*Variable Length Subnet Mask*) eingesetzt werden [Abschnitt 3.5.2].
- *Authentisierung*: Das RIP-2 ermöglicht die Authentisierung, um den Ursprung eingehender Routen-Ankündigungen zu überprüfen. Hierbei kann die Authentisierung durch Übermittlung des Kennworts bzw. durch eine Prüfsequenz MD5 (*Message Digest 5*) erfolgen.
- *Abwärtskompatibilität von RIP-2 mit RIP-1*: Die RIP-2-Nachrichten werden so strukturiert, dass ein RIP-1-Router einige Felder der RIP-2-Nachricht verarbeiten kann. Wenn ein RIP-1-Router eine RIP-2-Nachricht empfängt, verwirft er sie nicht, sondern verarbeitet nur die RIP-1-relevanten Felder. Die RIP-2-Router können daher auch mit den RIP-1-Routern zusammenarbeiten. Ein RIP-2-Router sendet eine Response nach RIP-1 auf ein Request vom RIP-1-Router.

Aufbau von RIP-2-Nachrichten

Für die Übermittlung von RIP-2-Nachrichten wird das Transportprotokoll UDP verwendet. Somit kann RIP-2 im Schichtenmodell wie RIP-1 der Schicht 5 zugeordnet werden. RIP-2-Nachrichten werden ebenfalls wie das RIP-1 über den Port 520 sowohl gesendet als auch empfangen. Somit kann der Port 520 als RIP-1/RIP-2-Port angesehen werden. Beim Versenden einer RIP-2-Nachricht auf ein Subnetz wird die IP-Multicast-Adresse 224.0.0.9 im IP-Header als IP-Zieladresse genutzt. Abb. 11.2-9 zeigt die Struktur von RIP-2-Nachrichten.

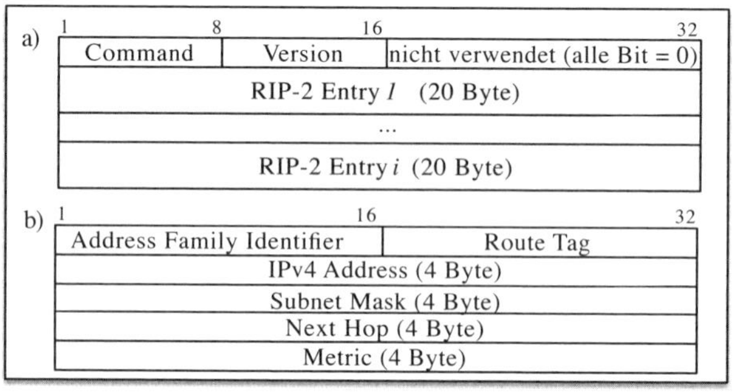

Abb. 11.2-9: RIP-2-Nachrichten: a) allgemeine Struktur, b) RIP-2 Entry (RIP-2-Eintrag)

Jede RIP-2-Nachricht setzt sich aus einem Header und einer Vielzahl von RIP-2-Einträgen zusammen. Mit einem RIP-2-Eintrag (RIP-2 Entry) kann ein Router nur eine Route ankündigen.

Header-Inhalt

Der Header einer RIP-2-Nachricht enthält nur diese Angaben:

- Command (1 Byte): Hier wird angegeben, ob es sich um einen Request (x'01') oder um eine Response (x'02') handelt. Somit hat dieses Feld die gleiche Bedeutung wie beim RIP-1.
- Version (1 Byte): Hier wird die RIP-Version angegeben (x'02').

Um sicherzustellen, dass die RIP-1-Router auch RIP-2-Nachrichten verarbeiten können, bleibt beim RIP-2 die Struktur von RIP-1-Nachrichten erhalten [Abb. 11.2-7]. Das RIP-2 nutzt diese Felder im RIP-Eintrag, die RIP-1 nicht verwendet. Die Fel-

11.2 Routing Information Protocol (RIP)

der `Command`, `Address Family Identifier`, `IPv4 Address` und `Metric` werden wie bei RIP-1 verwendet.

Mit einem RIP-Eintrag wird eine Route angegeben. Eine RIP-2-Nachricht darf maximal 25 Einträge mit je 20 Byte enthalten. Sollen mehr als 25 Routen angekündigt werden, muss der Router mehrere Nachrichten senden.

Vergleich: Der Unterschied zwischem einem RIP-1-Eintrag [Abb. 11.2-7b] und einem RIP-2-Eintrag [Abb. 11.2-9b] besteht vor allem darin, dass alle Felder, die beim RIP-1 nicht verwendet wurden, nun beim RIP-2 genutzt werden. Da ein RIP-Eintrag eine Route beschreibt, können zusätzliche Routen-Angaben bei RIP-2-gemacht werden.

Hierfür dienen folgende Felder im RIP-2-Eintrag:

- `Route Tag`: In diesem Feld kann die Routen-Markierung (`Routen-Tag`) angegeben werden. Die Möglichkeit wurde eingeführt, um zwischen RIP-basierten Routen (`internal RIP routes`) und Nicht-RIP-basierten Routen (`external RIP routes`) unterscheiden zu können. `Route Tag` kommt dann zum Einsatz, wenn die Kommunikation zwischen einem RIP-2-Router und einem BGP-Router (`Border Gateway Protocol`) unterstützt werden muss.
- `Subnet Mask`: Dieses Feld enthält die Subnetzmaske des Netzwerkziels im Feld `IPv4 Address`. Dadurch kann das RIP-2 in VLSM-Umgebungen eingesetzt werden. Daher ermöglicht das RIP-2 auch die CIDR-Unterstützung.
- `Next Hop`: Unter Verwendung dieses Felds kann ein Router eine Host-Route (d.h. eine Route direkt zu einem Rechner) ankündigen. Hier wird die IP-Adresse des Host eingetragen. Andere Router, die eine Ankündigung in diesem Netzwerk empfangen, leiten die an den Host gerichteten Pakete direkt an diesen und nicht an den Router weiter.

Um die Information für die Authentisierung beim RIP-2 zu übermitteln, verwendet man den ersten RIP-2-Eintrag in der RIP-2-Nachricht. Dieser Eintrag wird verwendet, um die restlichen Einträge überprüfen zu können. Den RIP-2-Eintrag mit Angaben für die Authentisierung zeigt Abb. 11.2-10 .

Authentisierung bei RIP-2

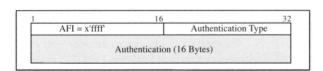

Abb. 11.2-10: RIP-2-Eintrag mit Angaben für die Authentisierung
AFI: Address Family Identifier

Als Indikator für einen RIP-2-Eintrag mit Authentisierungsangaben enthält das Feld `Address Family Identifier` den Wert `x'ffff'`. Das Feld, in dem normalerweise *Route Tag* angegeben wird, enthält nun `Authentication Type` und zeigt das verwendete Verfahren für die Authentisierung an. Die einfache Authentisierung mit der Angabe eines Kennworts wird hier mit dem Wert `x'0001'` angezeigt. In den nächsten 16 Byte werden die Angaben für die Authentisierung (z.B. Kennwort, MD5-Prüfsequenz) gemacht.

11.2.4 RIP für das Protokoll IPv6 (RIPng)

RIPng als RIPv6

Das RIP für IPv6 stellt eine Anpassung des RIP-2 an die Eigenschaften von IPv6 dar, insbesondere an die IPv6-Adressierung. Da es sich beim IPv6 um 'IP next generation' (kurz IPng) handelt, bezeichnet man das RIP für IPv6 als *RIPng* bzw. als *RIPv6*. RIPng ist genauso wie das RIP-1 und das RIP-2 ein Distanzvektor-Protokoll. RIPng wird in RFC 2080 spezifiziert.

Besonderheiten des RIPng

Die wichtigsten Besonderheiten des RIPng sind:

- Das *Erlernen von Routing-Tabellen* erfolgt beim RIPng nach den gleichen Prinzipien wie beim RIP-1 und beim RIP-2 [Abb. 11.2-1 und Abb. 11.2-2].
- *Maximale Hop-Anzahl ist 15*: Auch beim RIPng ist die maximale Anzahl von Hops auf 15 begrenzt. Die Hop-Anzahl 16 auf einer Route weist darauf hin, dass das Netzwerkziel nicht erreichbar ist.
- *Count-to-Infinity-Problem*: Beim RIPng kommt auch das Count-to-Infinity-Problem vor [Abb. 11.2-4]. Um es zu vermeiden, kommen die gleichen Methoden wie beim RIP-1 und beim RIP-2 infrage, d.h. Split-Horizon, Split-Horizon mit Poison-Reserve und ausgelöste Routen-Aktualisierungen.
- *Übermittlung von Subnetzmasken*: In RIPng-Nachrichten wird die Präfixlänge übermittelt. Da das Präfix die Subnetzmaske bestimmt, kann das RIPng in Netzwerken eingesetzt werden, in denen Subnetze mit unterschiedlichen Präfixlängen vorkommen.
- *Übermittlung von Next-Hop-Angaben*: Der Einsatz des IPv6 lässt mehrere Router in einem Subnetz zu [Abschnitt 9.1.1]. Mit dieser Angabe bei der Route ist es möglich, den nächsten Router direkt zu adressieren.

Hervorzuheben ist, dass die Next-Hop-Angabe auch in den RIP-2-Nachrichten gemacht wird. Im Gegensatz zum RIPng dient sie beim RIP-2 zur Realisierung sog. Host-Routen, d.h. direkter Routen zu den Endsystemen.

Struktur von RIPng-Nachrichten

Für die Übermittlung von RIPng-Nachrichten wird UDP verwendet. Sie werden über den UDP-Port 521 sowohl gesendet als auch empfangen. Abb. 11.2-11 zeigt die Struktur der RIPng-Nachricht. Sie setzt sich aus einem Header und einer Vielzahl von Einträgen zusammen. Jeder dieser Einträge stellt ein Feld dar, in dem eine Route aus der Routing-Tabelle übermittelt werden kann. Somit bezeichnet man den Eintrag als RTE (*Routing Table Entry*). Beim RIPng wird der Aufbau der Nachrichten von RIP-1 bzw. RIP-2 übernommen [Abb. 11.2-7 und Abb. 11.2-9].

Folgende Angaben bilden den Header in den RIPng-Nachrichten:

- `Command` (1Byte): Hier wird angegeben, ob es sich um Request (x'01') bzw. um Response (x'02') handelt. Daher hat dieses Feld die gleiche Bedeutung wie bei RIP-1 und RIP-2.
- `Version` (1 Byte): Hier wird die RIPng-Version angegeben (x'01').

Eintrag RTE

Mit einem Eintrag RTE wird eine Route angegeben. Wie aus Abb. 11.2-11b ersichtlich, wird jede Route beim RIPng durch die Angabe folgender Komponenten spezifiziert:

11.2 Routing Information Protocol (RIP)

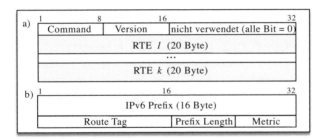

Abb. 11.2-11: RIPng-Nachricht: a) allgemeine Struktur, b) RTE-Aufbau
RTE: Routing Table Entry Header

- *Netzwerkziel*: Das Ziel wird durch die IPv6-Zieladresse und das Präfix dieser Adresse festgelegt [Abb. 9.2-2]. Die IPv6-Zieladresse wird im Feld IPv6 Prefix eingetragen. Das Präfix wird durch die Angabe der Präfixlänge im Feld Prefix Length (1 Byte) aus der IPv6-Adresse herausgefiltert.
- *Entfernung zum Netzwerkziel* (auch als *Metrik* bezeichnet): Die Entfernung zum Ziel in Anzahl von Hops wird im RTE-Feld Metric angegeben.

Das RIPng ermöglicht die Markierung von Routen. Hierfür steht das RTE-Feld Route Tag (2 Byte) zur Verfügung. Ein Route Tag stellt eine Identifikation der Route dar und kommt dann zum Einsatz, wenn die Kommunikation zwischen einem RIPng-Router und einem BGP-Router (*Border Gateway Protocol*) unterstützt werden muss.

Bemerkung: Prefix Length in RTE von RIPng-Nachrichten entspricht der Angabe Subnetz Mask in RIP-2-Nachrichten. Somit ist es auch möglich, beim RIPng-Einsatz die Subnetze mit variablen Masken (d.h. VLSM-Networking) im privaten Bereich zu bilden.

Für die Übermittlung von Host-Routen (d.h. von Routen zu Endsystemen) beim RIPng dient ein spezieller RTE Next Hop, wie in Abb. 11.2-12 gezeigt.

```
1                    16                    32
┌──────────────────────────────────────────┐
│     IPv6 Next Hop Address (16 Byte)      │
├──────────────────┬──────────────┬────────┤
│  nicht verwendet │ nicht verwen.│  x'ff' │
└──────────────────┴──────────────┴────────┘
```

Abb. 11.2-12: Eintrag Next Hop beim RIPng

Wie hier zu erkennen, verwendet man im RTE-Feld Metric die Angabe x'ff', um anzuzeigen, dass es sich um einen RTE Next Hop handelt. In diesem RTE wird die Route zu einem Host (Zielrechner) angegeben. Genauer gesagt wird hier die IPv6-Adresse des Zielrechners eingetragen.

Die maximale Anzahl von RTEs, die in einer RIPng-Nachricht enthalten sein können, wird im Voraus nicht eingeschränkt. Sie ergibt sich aus der Begrenzung der maximalen Länge des UDP-Payloads von 512 Byte.

11.3 Open Shortest Path First (OSPF)

Besonderheiten von OSPF

OSPF (*Open Shortest Path First*) ist das Routing-Protokoll innerhalb von sog.*autonomen Systemen* (AS), d.h. es ist ein *Interior Gateway Protocol* (IGP) [Abb. 11.1-13]. Im Unterschied zum RIP, das ein nur entfernungsorientiertes Routing-Protokoll ist, gehört OSPF zur Klasse der zustandsorientierten Routing-Protokolle. Bei OSPF wird der Zustand von Verbindungen (Links) berücksichtigt, sodass man vom *Link State Routing Protocol* spricht [Abb. 11.1-12]. Die Routing-Information bei OSPF wird im Gegensatz zum RIP direkt in IP-Pakete eingebettet, d.h. ohne ein Transportprotokoll zu nutzen, wie dies beim RIP der Fall war. Hierfür wurde die Protokollnummer 89 dem OSPF im Header des IP-Pakets zugewiesen. Daher ist OSPF im Schichtenmodell der Schicht 4 zuzuordnen. Die Routing-Information bei OSPF wird zwischen Routern in Form von *OSPF-Paketen* übermittelt. Diese entsprechen den RIP-Nachrichten.

Versionen von OSPF

Bei OSPF ist zu unterscheiden zwischen

- OSPF für IPv4 und
- OSPF für IPv6.

Die aktuelle Spezifikation von OSPF für IPv4, d.h. die OSPF Version 2 (kurz *OSPFv2*), wird in RFC 2328 dargestellt. OSPF für IPv6 wird seit einiger Zeit als *OSPFv3* bezeichnet. Auf OSPFv3 geht Anschnitt 11.3.6 kurz ein. Da man IPv6 'Protocol Next Generation' nannte, wurde OSPF für IPv6 vorher auch als OSPFng bezeichnet. Im Weiteren wird unter der Abkürzung OSPF ausschließlich OSPF für IPv4 verstanden. Die OSPF-Beschreibung betrifft hier OSPFv2.

11.3.1 Funktionsweise von OSPF

LSA

Bei OSPF muss jeder Router für sich selbst eine Routing-Tabelle erstellen. Hierfür muss er die Routing-Information (RI) jedes anderen Routers in seiner RI-Datenbank speichern [Abb. 11.1-11]. Die RI bei OSPF betrifft den Zustand von Verbindungen und wird als sog. *Verbindungszustand-Bekanntmachung*, kurz *LSA* (*Link State Advertisement*), zwischen benachbarten Routern ausgetauscht. Die RI-Datenbank im Router bei OSPF wird als *Verbindungszustand-Datenbank* bzw. als *LSDB* (*Link State Database*) bezeichnet.

SPF-Baum

Um eine Routing-Tabelle zu erstellen, baut jeder Router – aufgrund der Einträge in seiner LSDB – um sich einen *überspannenden Baum* auf, in dem er selbst die Wurzel (Root) darstellt und die Verzweigungen des Baums die billigsten Wege zu allen möglichen Zielen (Subnetzen, Routern) repräsentieren. Einen solchen Baum bezeichnet man als *SPF-Baum* (*Shortest Path First*). Auf Basis des SPF-Baums wird die Routing-Tabelle erstellt [Tab. 11.3-1].

Erstellung der Routing-Tabelle

Bei der Erstellung der Routing-Tabelle ist von jedem Router folgendes zu realisieren:

1. Erstellen der LSDB,
2. Aufbau des SPF-Baums (*Shortest Path First*),

11.3 Open Shortest Path First (OSPF)

3. Berechnen der Einträge in der Routing-Tabelle.

Anhand eines vereinfachten Beispiel sollen die OSPF-Grundprinzipien und die einzelnen Schritte bei OSPF kurz erläutert werden. Hierbei werden jedoch nicht alle OSPF-Möglichkeiten gezeigt.

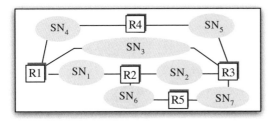

Abb. 11.3-1: Ausgangssituation beim Beispiel für den OSPF-Einsatz
R: Router, SN: Subnetz

Hier wird das in Abb. 11.3-1 gezeigte Netzwerk, das eine Vernetzung mehrerer Subnetze darstellt, betrachtet und angenommen, dass dieses Netzwerk ein autonomes System (AS) im Sinne von OSPF bildet.

Erstellen der LSDB

Um OSPF einzusetzen, müssen die Kosten den einzelnen Ausgangsports in Routern vom Netzwerkmanager zugewiesen werden. Bei der Zuordnung von Kosten können unterschiedliche Faktoren (z.B. die Belastung von Subnetzen, Übertragungsrate, Verzögerungen etc.) berücksichtigt werden. Abb. 11.3-2a zeigt das Netzwerk aus Abb. 11.3-1 mit den für die Router-Ports zugewiesenen Kosten. Es ist zu bemerken, dass immer nur der 'Eingang' in ein Subnetz gewisse Kosten verursacht. Aus OSPF-Sicht stellt ein Netzwerk eine Verbindungsmöglichkeit (Link) zwischen zwei benachbarten Routern dar; dazu wurden die einzelnen Subnetze SN_1, ..., SN_7 in Abb. 11.3-2a durch die Links a_1, ..., a_7 ersetzt.

Schritt 1

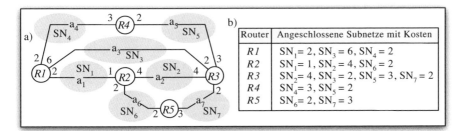

Abb. 11.3-2: Beispiel für den OSPF-Einsatz: a) Netzwerk aus OSPF-Sicht, b) Inhalt der LSDB
a: Link, R: Router, SN: Subnetz

Die Router verteilen die Routing-Information in Form sog. LSAs (*Link State Advertisements*). Die LSDB ist eine Datenbank mit LSAs aller Router eines AS und wird durch den fortlaufenden Austausch von LSAs zwischen benachbarten Routern erstellt. Jeder Router ist also mit seinem Nachbarn synchronisiert. Zur Erstellung der LSDB muss jeder Router von jedem anderen Router im AS eine gültige LSA empfangen.

Jeder Router sendet anfangs eine LSA, die seine eigene Konfiguration enthält. Die von einem anderen Router empfangene LSA übermittelt er an die benachbarten Router. Auf diese Weise überflutet eine LSA eines bestimmten Routers das gesamte AS, sodass jeder andere Router diese LSA enthält. Um LSAs in LSDBs verfolgen zu können, wird jedem Router eine im AS eindeutige Router-ID zugewiesen, die aus 32 Bit besteht. Wenn jeder Router bereits eine LSA von jedem anderen Router besitzt, enthalten alle Router die in Abb. 11.3-2b dargestellte LSDB. Im nächsten Schritt baut jeder Router einen SPF-Baum auf.

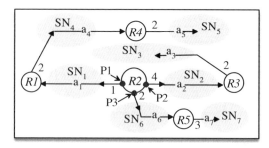

Abb. 11.3-3: SPF-Baum von Router *R2*
a: Link, R: Router, SN: Subnetz; P*x*: Ausgangsport

Aufbau des SPF-Baums

Schritt 2

Im Weiteren wird nur der SPF-Baum vom Router *R2* betrachtet. Nach der Ermittlung der Pfade mit den geringsten Kosten von R2 zu allen Zielen (d.h. hier allen Subnetzen) entsteht der in Abb. 11.3-3 gezeigte SPF-Baum. Die Berechnung des SPF-Baums erfolgt in Routern nach dem *Dijkstra-Algorithmus*.

Der SPF-Baum von *R2* zeigt die Pfade mit den geringsten Kosten zu allen Routern und Subnetzen. *R2* kann hier als Baum-Stamm angesehen werden. Im nächsten Schritt berechnet *R2* die Einträge seiner Routing-Tabelle.

Berechnen von Einträgen der Routing-Tabelle

Schritt 3

Tab. 11.3-1 stellt die Routing-Tabelle von Router *R2* dar, die auf Basis des in Abb. 11.3-3 gezeigten SPF-Baums entsteht.

Netzwerkziel	Weiterleitung	Ausgangsport	Metrik
SN_1	direkt	1	1
SN_2	direkt	2	4
SN_3	R3	2	6
SN_4	R1	1	3
SN_5	R1	1	5
SN_6	direkt	3	2
SN_7	R5	3	5

Tab. 11.3-1: Routing-Tabelle von Router *R2*
R: Router, SN: Subnetz

Die Spalte *Weiterleitung* gibt an, ob das Ziel direkt erreichbar ist bzw. zu welchem benachbarten Router die IP-Pakete weitergeleitet werden sollen, um das betreffende Netzwerkziel zu erreichen. In der Spalte *Ausgangsport* wird der Router-Port angegeben, an den die IP-Pakete für das betreffende *Netzwerkziel* zum Absenden übergeben werden sollen. Die Spalte *Metrik* enthält die gesamten Kosten auf dem Pfad zum Netzwerkziel.

11.3 Open Shortest Path First (OSPF)

11.3.2 Nachbarschaften zwischen Routern

Um den Zustand zu erreichen, in dem alle Router die LSDB mit den gleichen Inhalten besitzen, müssen die Router beim OSPF-Einsatz entsprechend miteinander 'synchronisiert' werden. Dabei muss nicht jeder Router mit jedem anderen Router im AS synchronisiert werden, vielmehr genügt es, wenn jeder Router sich mit seinen Nachbarn synchronisiert.

Die Beziehung zwischen benachbarten Routern zum Zweck der Synchronisation der LSDB wird als *Nachbarschaft* (*Adjacency*) bezeichnet. Die Nachbarschaften sind für die Ermittlung der richtigen Einträge in der LSDB erforderlich. Auf dieser Grundlage baut jeder Router für sich einen SPF-Baum und berechnet danach die Inhalte seiner Routing-Tabelle. Die Pflege von Nachbarschaften stellt eines der Hauptprobleme beim OSPF-Einsatz in IP-Netzen dar.   *Adjacency*

Bildung einer Nachbarschaft

Bei der Initialisierung sendet ein Router regelmäßig (per Default alle 10 Sekunden) ein OSPF-Paket `Hello` mit seiner Router-ID sowie Informationen über seine Routerkonfiguration und einer Liste der ihm bekannten, benachbarten Router. Anfangs ist die Liste der benachbarten Router leer. Der initialisierende Router wartet auch auf `Hello`-Pakete von benachbarten Routern. Aus den eingehenden `Hello`-Paketen bestimmt er den bzw. die Router, mit denen eine Nachbarschaft aufgebaut werden soll. Am Anfang der Nachbarschaft geben die beteiligten Router den Inhalt ihrer LSDBs durch die Übermittlung von Paketen `Database Description` bekannt. Dies stellt einen LSDB-Austauschprozess dar, in dem die beiden benachbarten Router eine Master/Slave-Beziehung bilden. Der Inhalt der LSDB jedes Routers wird immer von dessen benachbartem Router bestätigt.   *Hello-Pakete*

Jeder Router vergleicht seine LSAs mit denen seines Nachbarn und stellt fest, welche LSAs zur Synchronisation der LSDB vom Nachbarn angefordert werden müssen. Die fehlenden oder jüngeren LSAs werden anschließend mit den Paketen `Link State Request` angefordert. Als Antwort darauf werden die Pakete `Link State Update` gesendet und ihr Empfang bestätigt. Wenn alle Pakete `Link State Request` bedient wurden, besteht eine vollständige Synchronisation zwischen LSDBs benachbarter Router, und damit wurde eine Nachbarschaft gebildet.   *Link State Request*

Danach teilt jeder benachbarte Router in regelmäßig gesendeten `Hello`-Paketen seinen Nachbarn mit, dass er noch im Netzwerk aktiv ist. Falls ein `Hello`-Paket von einem benachbarten Router innerhalb eines festgelegten Zeitraums (standardmässig 40 Sekunden) nicht ankommt, wird dieser Router für ausgefallen erklärt.

Erkennt ein Router ein Ereignis, dass z.B. eine Verbindung bzw. ein Router ausgefallen ist, aktualisiert er zuerst seine LSDB und sendet anschließend die Nachricht `Link State Update` mit der geänderten LSDB an die Nachbarn, mit denen er Beziehungen unterhält. Der Empfang des Pakets `Link State Update` wird mit `Link State Acknowledgement` bestätigt.   *Link State Update*

Bemerkung: Wird OSPF in broadcastorientierten LANs eingesetzt, verwendet man einen *designierten Router*, um die LSDBs einzelner Routern zu synchronisieren. In diesem Fall bauen die Router die Nachbarschaften mit dem designierten Router auf [Abb. 11.3-5].

Während des Aufbaus einer Nachbarschaft befinden sich die benachbarten Router in bestimmten Zuständen. Tab. 11.3-2 stellt diese Zustände in der Reihenfolge ihres Auftretens dar.

Router-Zustand	Beschreibung
Down (Aus)	Anfangszustand. Vom Nachbar-Router wurden noch keine Informationen empfangen.
Attempt (Versuch)	Trotz Kontaktversuchen wurden keine Informationen vom Nachbarn empfangen.
Init (Initialisierung)	Hello wurde vom Nachbarn empfangen, doch der Router wird nicht in der Nachbarschaftsliste in Hello des benachbarten Routers angezeigt.
2-Way	Es wurde Hello vom Nachbarn empfangen, und der Router wird in der Nachbarschaftsliste in Hello des benachbarten Routers angezeigt.
ExStart (AustStart)	Es werden Master- und Slave-Rollen für den LSDB-Austauschprozess ausgehandelt. Dies stellt die erste Phase der Nachbarschaft dar.
Exchange	Der Router sendet Database Description an seinen Nachbarn.
Loading	In Paketen Link State Request an den Nachbarn werden fehlende oder jüngere LSAs angefordert.
Full (Voll)	Die LSDBs der benachbarten Router sind synchronisiert. Es besteht eine vollständige Nachbarschaft.

Tab. 11.3-2: Zustände benachbarter Router

Unterschiedliche Netzwerktypen bei OSPF

Die OSPF-Pakete werden direkt in IP-Pakete eingebettet. Die IP-Zieladresse im IP-Header ist vom Netzwerktyp abhängig. Daher muss der Netzwerktyp bei der Konfigurierung jedes Router-Ports (Router-Interface) angegeben werden. Dabei kommt einer der folgenden Netzwerktypen in Frage:

- Broadcast-Netzwerke
  Dies ist ein Netzwerk auf der Basis eines herkömmlichen LAN (wie z..B. Ethernet), d.h. eines broadcast-orientierten Netzes. In diesem Fall wird ein von einem Router gesendetes Paket von allen an das Netzwerk angeschlossenen Routern empfangen. In 'Broadcast-Netzen' gesendete OSPF-Pakete verwenden IP-Multicast-Adressen.
- Punkt-zu-Punkt-Verbindungen
  Hier handelt es sich um ein 'Netzwerk' (genauer gesagt um eine Punkt-zu-Punkt-Verbindung), das nur zwei Router verbindet. Dazu gehören u.a. Verbindungen über Standleitungen. In diesem Fall verwenden die gesendeten OSPF-Pakete die IP-Multicast-Adresse.
- NBMA-Netze (*Non-Broadcast Multiple Access*)
  Zu dieser Klasse gehören vor allem die optischen WDM-Netzwerke. In diesem Fall wird ein designierter Router eingesetzt.

Hinzufügen eines Routers

Bei der Initialisierung eines neuen Routers in einem IP-Netzwerk müssen die LSAs des neuen Routers an alle anderen Router übermittelt werden. Nach dem Empfang der LSAs vom neuen Router muss jeder andere Router im Netzwerk die LSDB modifizieren, den SPF-Baum (nach dem Dijkstra-Algorithmus) für sich neu berechnen und neue

11.3 Open Shortest Path First (OSPF)

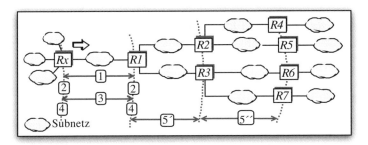

Abb. 11.3-4: Hinzufügen eines neuen Routers
R: Router

Einträge in die Routing-Tabelle hinzufügen. Abb. 11.3-4 illustriert das Hinzufügen eines neuen Routers.

Das Hinzufügen eines 'neuen' Routers führt zu den folgenden Schritten:

1. *Der neue Router Rx lernt die benachbarten Router kennen*: Rx sendet ein Hello-Paket [Abb. 11.3-14]. Der benachbarte Router R1 antwortet ebenfalls mit dem Hello-Paket. Die beiden Router Rx und R1 möchten nun eine Nachbarschaft aufbauen. Hello Protocol

2. *Der neue Router Rx erstellt für sich die LSDB*: Router Rx muss sich die LSDB erstellen. Hierfür tauschen Rx und R1 die Pakete Database Description (DD) aus [Abb. 11.3-15]. Das DD-Paket von Rx enthält nur die eigene Routing-Information, d.h. die eigene Beschreibung. In den DD-Paketen übermittelt R1 die LSDB, in der die Routing-Information anderer Router außer R1 enthalten ist [Abb. 11.3-2b]. Exchange Protocol

3. *Synchronisation der LSDB*: Der neue Router Rx fordert mit dem Paket LS-Request (Link State) [Abb. 11.3-16] vom benachbarten Router R1 bestimmte LSAs (z.B. jene, die ihm noch fehlen). Router R1 sendet die angeforderten LSAs in den Paketen LS-Update [Abb. 11.3-17]. Der benachbarte Router R1 aktualisiert ebenfalls seine LSDB, sodass er mit dem Paket LS-Request vom neuen Router Rx bestimmte LSAs fordert. Router Rx sendet die von R1 angeforderten LSAs in den Paketen LS-Update. So haben die beiden Router Rx und R1, d.h. der neue Router und sein Nachbar, ihre LSDB synchronisiert. Nun besitzen sie eine aktuelle LSDB.

4. *Der neue Router erstellt die Routing-Tabelle; der Nachbar-Router aktualisiert seine Routing-Tabelle*: Da die beiden Router Rx und R1 bereits die aktuellen LSDBs besitzen, berechnen sie ihre jeweiligen SPF-Bäume. Dann erstellt der neue Router Rx für sich die Routing-Tabelle und sein Nachbar-Router R1 aktualisiert seine Routing-Tabelle. In der Routing-Tabelle bei R1 werden neue Netzwerkziele hinzugefügt, die über den neuen Router Rx erreichbar sind.

5. *Verteilung der Änderungen im Netz*: Nachdem R1 mit dem neuen Router Rx synchronisiert ist, verteilt R1 mit LS-Update die Änderungen im Netz an alle Nachbar-Router (R2 und R3), mit denen er eine Nachbarschaft unterhält (5' in Abb. 11.3-4). LS-Update enthält die von Rx erlernten LSAs. Nach Empfang der LSAs von R1 aktualisieren seine Nachbar-Router R2 und R3 ihre LSDBs, berechnen ihre SPF-Bäume und aktualisieren ihre Routing-Tabellen. R2 und R3 verteilen die Ände- Flooding Protocol

rungen per LS-Update an alle Router, mit denen sie eine Nachbarschaft unterhalten, d.h. an *R4*, *R5*, *R5* und *R7* (5" in Abb. 11.3-4). Diese Router aktualisieren ihre LSDBs, berechnen ihre SPF-Bäume und aktualisieren danach ihre Routing-Tabellen.

Bemerkung: Hat ein Router ein Paket LS-Update empfangen, so bestätigt er es mit dem Paket LS-Ack [Abb. 11.3-16c].

Der hier dargestellte Schritt 1 verläuft nach dem *Hello Protocol*. Den Verlauf der Schritte 2 und 3 beschreibt das *Exchange Protocol*. Die Art und Weise der Verteilung von Änderungen im Netz legt das *Flooding Protocol* fest.

Einsatz eines designierten Routers

Designierter Router als LSA-Verteiler

Um die Netze mit der Übermittlung von Routing-Information (RI) nicht zu stark zu belasten, wird bei OSPF ein Router ausgewählt, der für die Verteilung der RI in Form von LSAs zuständig ist. Ein derartiger Router wird als *Designierter Router* (DR) bezeichnet. Ein DR wird in Broadcast-Netzwerken (herkömmliche LANs) und in NBMA-Netzen (z.B. optische WDM-Netze) eingesetzt. Da der DR für die Verteilung von LSAs zuständig ist, müssen die Nicht-DR-Router untereinander nicht direkt kommunizieren. Abb. 11.3-5 veranschaulicht das Konzept der LSA-Übermittlung unter Nutzung eines DR.

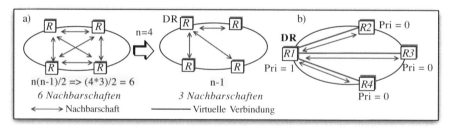

Abb. 11.3-5: Designierter Router (DR): a) in Broadsact-Netzwerken, b) in NBMA-Netzen
Pri: Priorität, R: Router

Backup-DR

Gleichzeitig wird ein Backup-DR bestimmt, der die Aufgabe hat, nach dem Ausfall des DRs dessen Funktionen zu übernehmen. Sind die designierten Router bestimmt, werden die Nachbarschaften (Verbindungen vom DR zu anderen Routern) definiert, über die der DR die RI aus seiner LSDB an alle Router weitergeben kann. Die Bedeutung des designierten Routers in Broadcast-Netzwerken ist aus Abb. 11.3-5a ersichtlich. Sind an einem Netzwerk mehrere Router angeschlossen, müssen die Nachbarschaften zwischen allen Routern aufgebaut werden. Sind an einem Netzwerk n Router angeschlossen, müssen daher n*(n-1)/2 Nachbarschaften aufgebaut werden. Wenn die Anzahl n groß ist, würde dies zu einem großen Zeitaufwand führen. Beim Einsatz eines DR reduziert sich die Anzahl von Nachbarschaften. Bei n Routern am Broadcast-Netzwerk müssen nur n-1 Nachbarschaften aufgebaut werden, falls ein Router als DR dient.

Die Bedeutung des designierten Routers in NBMA-Netzen illustriert Abb. 11.3-5b. Hier müssen die permanenten virtuellen Verbindungen zwischen dem DR und den anderen Routern für die Unterstützung von Nachbarschaften aufgebaut werden. Jede

11.3 Open Shortest Path First (OSPF)

Nachbarschaft verlangt eine separate virtuelle Verbindung. Über die Auswahl von beiden designierten Routern entscheidet die Router-Priorität. Der DR besitzt die höchste Priorität. Bevor der DR ausgewählt wird, müssen sich alle Router gegenseitig kennenlernen. Durch den DR-Einsatz werden die einzelnen Router innerhalb eines autonomen Systems miteinander synchronisiert. Dadurch entstehen keine Schleifen zwischen den Routern bei der Übermittlung von LSAs.

Bemerkung: Beim RIP wird kein designierter Router eingesetzt, somit verteilen die einzelnen Router ihre Routing-Information vollkommen unabhängig voneinander. Dadurch entsteht beim RIP das Count-to-Infinity-Problem. [Abb. 11.2-4]

11.3.3 OSPF-Einsatz in großen Netzwerken

Die Routing-Information bei OSPF wird in Form von festgelegten OSPF-Paketen zwischen den Routern ausgetauscht. Diese Pakete werden als *Verbindungszustand-Bekanntmachungen* oder kurz *LSAs* (*Link State Advertisements*) bezeichnet. In einem sehr großen autonomen System (AS) mit einer hohen Anzahl von Netzwerken muss jeder Router die Routing-Information in Form von LSAs jedes anderen Routers in seiner LSDB speichern [Abb. 11.3-2b]. Somit besitzen alle Router umfangreiche LSDBs. Die Berechnung von Routen in einem sehr großen autonomen System kann einen beträchtlichen Aufwand erfordern. Außerdem kann die entstehende Routing-Tabelle sehr groß sein, da sie zu jedem Netzwerk im autonomen System eine Route enthalten muss.

Aufteilung großer Netzwerke auf OSPF-Bereiche
Um die Größe der LSDB in Routern und den Aufwand für die Berechnung von Routen zu reduzieren sowie die Größe von Routing-Tabellen zu verringern, werden autonome Systeme in *Bereiche* (*Areas*) aufgeteilt. Abb. 11.3-6 veranschaulicht dies.

OSPF-Bereich

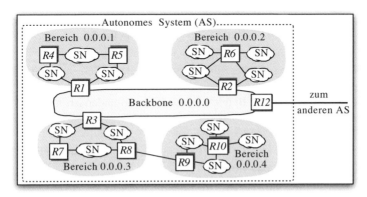

Abb. 11.3-6: Struktur eines autonomen Systems nach OSPF
R: Router, SN: Subnetz

Werden autonome Systeme in Bereiche aufgeteilt, entsteht eine Hierarchie von Systemen, die hierarchisches Routing verlangt. OSPF unterstützt das hierarchische Routing. Die Bereiche innerhalb eines AS werden durch eine 32 Bit große *Bereichs-ID* (*Identi-*

Bereichs-ID

fication) in punktierter Dezimalschreibweise identifiziert (z.B. `0.0.0.1`, `0.0.3.1`). Eine Bereichs-ID hängt weder mit einer IP-Adresse noch mit einer IP-Netzwerk- bzw. Subnetz-ID zusammen. Wenn jedoch das Netzwerk innerhalb eines Bereichs eine Subnetz-ID besitzt, kann die Bereichs-ID so festgelegt werden, dass sie für eine einfachere Verwaltung die Netzwerk-ID widerspiegelt. Enthält ein Bereich beispielsweise ein IP-Netzwerk `15.7.0.0/16`, so kann `15.7.0.0` als Bereichs-ID festgelegt werden.

Backbone-Bereich
: Ein AS, ob in Bereiche unterteilt oder nicht, besitzt immer mindestens einen Bereich, der als *Backbone-Bereich* (bzw. kurz *Backbone*) bezeichnet wird. Für den Backbone ist die Bereichs-ID `0.0.0.0` reserviert. Der Backbone wird auch als *Bereich 0* bezeichnet.

Link-State-Domäne
: Um die Größe der LSDB so klein wie möglich zu halten, enthält die LSDB in den Routern eines Bereichs ausschließlich die LSAs der Router aus diesem Bereich. Dies bedeutet, dass die LSAs aus einem Bereich nur unter den Routern verteilt sind, die zu diesem Bereich gehören, jedoch nicht an Router, die sich außerhalb dieses Bereichs befinden. Jeder Bereich bildet daher eine eigene Link-State-Domäne mit eigener LSDB. Ist ein Router mit mehreren Bereichen verbunden, besitzt er mehrere LSDBs. Hierbei enthält eine LSDB nur die LSAs aus einem Bereich.

AS-Routing
: Mit der Einteilung autonomer Systeme in Bereiche existieren drei Ebenen, in denen Routing stattfindet:

  - Routing in einzelnen Bereichen (*Intra-Area-Routing*),
  - Routing zwischen Bereichen (*Inter-Area-Routing*),
  - Routing zwischen *autonomen Systemen*.

  In diesem Zusammenhang sind vier Routertypen zu unterscheiden:

  - Interner Router (*Internal Router*)
    Er hat nur Nachbar-Router innerhalb eines Bereichs. Jeder interne Router besitzt genau eine LSDB, in denen die LSAs aus dem betreffenden Bereich enthalten sind. *R4*, *R5*, *R6*, *R7* und *R10* in Abb. 11.3-6 sind interne Router.
  - Bereichsgrenzen-Router, kurz ABR (*Area Border Router*)
    ABR besitzen Nachbar-Router auch in anderen Bereichen. Über ABR wird die Routing-Information zwischen den einzelnen Bereichen ausgetauscht. Ein ABR besitzt eine LSDB für jeden Bereich, mit dem er verbunden ist. *R1*, *R2*, *R3*, *R8* und *R9* in Abb. 11.3-6 sind ABR.
  - Backbone-Router
    Router mit mindestens einem Interface zum Backbone-Bereich. *R1*, *R2* und *R3* in Abb. 11.3-6 sind Backbone-Router.
  - AS-Grenzen-Router, kurz ASBR (*AS Boundary Router*)
    Er verbindet die autonomen Systeme miteinander. *R12* in Abb. 11.4-6 ist ein ASBR.

  Die Aufteilung eines AS auf mehrere Bereiche bedarf der Auswahl eines Routers innerhalb jedes Bereichs, der für den bereichsübergreifenden Datenverkehr verantwortlich ist. Dieser Router stellt einen Bereichsgrenzen-Router dar, der für jeden Bereich die Routing-Information in Form einer Topologie-Datenbank enthält [Abb. 11.3-12].

11.3 Open Shortest Path First (OSPF)

Die Aufteilung eines großen AS auf mehrere Bereiche hat folgende Vorteile:

- *Die Größe der LSDB verringert sich*: Bei der Aufteilung eines AS auf mehrere Bereiche enthält eine LSDB [Abb. 11.3-2b] die LSAs von Routern aus nur einem Bereich.
- *Die Größe der Routing-Tabellen wird reduziert*: Die Routing-Tabelle jedes internen Routers in einem Bereich enthält nur die 'detaillierten Routen' zu den einzelnen Netzwerkzielen im betreffenden Bereich. Netzwerkziele, die außerhalb dieses Bereichs liegen, werden durch die aggregierten Routen angezeigt [Abb. 3.5-6 und Abb. 3.5-7].

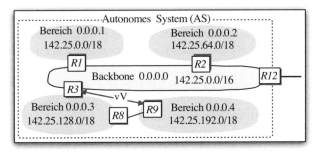

Abb. 11.3-7: LSM und Aufteilung eines AS in mehrere Bereiche
vV: virtuelle Verbindung

Abb. 11.3-7 zeigt eine vereinfachte Struktur des in Abb. 11.3-6 dargestellten AS. Man verwendet hier das VLSM-Konzept [Abb. 3.5-4 und Abb. 3.5-6], sodass die Strukturierung des gesamten Netzwerks nach außen verborgen wird.

Autonomes System

Der AS-Grenzen-Router *R12* macht hier die Route 142.25.0.0/16 zum ganzen AS bekannt. Jeder ABR (*Area Border Router*) fasst alle Netzwerkziele in seinem Bereich so, dass eine aggregierte Route zu seinem Bereich führt. Somit macht *R1* die aggregierte Route 142.25.0.0/18 im Backbone bekannt. *R2* macht die aggregierte Route 142.25.64.0/18 zum Bereich 0.0.0.2 bekannt. *R3* gibt zwei aggregierte Routen nach außen bekannt, d.h. die Route 142.25.128.0/18 zum Bereich 0.0.0.3 und 142.25.192.0/18 zum Bereich 0.0.0.4. Um die aggregierte Route zum Bereich 0.0.0.4 zu ermöglichen, wird *R3* als ABR direkt mit *R9*, der als ABR des Bereichs 0.0.0.4 gilt, über eine virtuelle Verbindung verbunden.

Durch die Zusammenfassung von Routen (d.h. durch die aggregierten Routen) bleibt die Topologie (die Netzwerke und deren Pfadkosten) eines Bereichs dem übrigen AS-Teil verborgen. Durch die Nutzung aggregierter Routen können die Routing-Tabellen verringert werden.

Bereichsübergreifendes Routing

Das Routing innerhalb eines Bereichs erfolgt durch die internen Router nach der Route der geringsten Kosten zu Subnetzen bzw. zu bestimmten Rechnern. Da die Routen innerhalb eines Bereichs nicht aggregiert werden, besitzt jeder Router zu jedem Subnetz in seinem Bereich bzw. seinen Bereichen eine Route in seiner Routing-Tabelle.

Router-ID Um die Routing-Information in Form von LSAs zwischen den Routern zu übermitteln, muss jeder Router eine Identifikation, d.h. eine *Router-ID*, haben. Die Router-ID bezeichnet den Router im AS und nicht die IP-Adresse eines seiner Interfaces (Ports). Die Router-ID wird nicht als IP-Zieladresse zum Senden von Informationen an einen anderen Router verwendet. In der Branche herrscht normalerweise die Übereinkunft, als Router-ID die größte oder die kleinste der den Router-Interfaces zugewiesenen IP-Adressen zu verwenden. Da die IP-Adressen eindeutig sind, wird somit sichergestellt, dass die Router-IDs ebenfalls eindeutig sind.

Routing-Verlauf Das Routing zwischen den Bereichen innerhalb eines AS verläuft wie folgt:

1. Ein interner Router im Quellbereich leitet ein IP-Paket gemäß der Route mit den geringsten Kosten an den Backbone-Router des Quellbereichs weiter.
2. Der Backbone-Router des Quellbereichs leitet das IP-Paket gemäß der Route mit den geringsten Kosten zum nächsten Backbone-Router weiter, der mit dem Zielbereich verbunden ist.
3. Der Backbone-Router des Zielbereichs leitet das IP-Paket gemäß der Route zu einem internen Router weiter. Dieser interne Router kann nach Bedarf das IP-Paket an einen internen Router im Zielbereich weiterleiten.

Weiterleitung von Paketen

> Betrachten wir in Abb. 11.3-7 die Weiterleitung eines IP-Pakets vom Quellrechner im Bereich 0.0.0.1 zum Zielrechner im Bereich 0.0.0.2.
>
> Das IP-Paket wird in diesem Fall zuerst über die Router des Quellbereichs 0.0.0.1 an den Router *R1*, d.h. an den Backbone-Router des Quellbereichs, weitergeleitet. Anschließend erfolgt die Weiterleitung vom Backbone-Router des Quellbereichs 0.0.0.1 an den Backbone-Router des Zielbereichs 0.0.0.2, d.h. an den Router *R2*. Schließlich wird das IP-Paket über *R2* zu einem internen Router des Zielbereichs 0.0.0.2 weitergeleitet, der entweder das IP-Paket direkt an den Zielrechner oder an einen anderen internen Router weiterleitet.

Transitbereich Einige Bereiche lassen sich so konfigurieren, dass sie keine Backbone-Anbindung haben, d.h. dass sie keinen Backbone-Router besitzen. Um die Routen zu einem Bereich ohne Backbone-Anbindung aggregieren zu können, kann eine virtuelle Verbindung zwischen einem ABR dieses Bereichs und einem 'fremden' Backbone-Router eingerichtet werden. Der als Backbone-Zubringer genutzte Nicht-Backbone-Bereich wird als Transitbereich bezeichnet. Jeder Transitbereich muss mit dem Backbone verbunden sein.

Virtuelle Nachbarschaft Eine virtuelle Verbindung über den Transitbereich stellt eine logische Verbindung dar, die den Pfad mit den geringsten Kosten zwischen dem ABR des verbundenen Nicht-Backbone-Bereichs und dem Backbone-Router des Transitbereichs verwendet. Über die virtuelle Verbindung wird eine virtuelle Nachbarschaft gebildet, und die Routing-Informationen werden in Form von LSAs ausgetauscht.

> Betrachten wir das AS in der Abb. 11.3-7. Der Bereich 0.0.0.3 ist hier der Transitbereich für den Bereich 0.0.0.4. Zwischen den Routern *R3* und *R9* wird eine virtuelle Nachbarschaft aufgebaut, um zwischen ihnen die Routing-Information auszutauschen.

11.3 Open Shortest Path First (OSPF)

AS-übergreifendes Routing
Der AS-übergreifende Datenverkehr wird über einen AS-Grenzen-Router, kurz AS-BR (*AS Boundary Router*), bzw. über mehrere ASBRs nach außen weitergeleitet. Eine Route, die zu einem Netzwerkziel außerhalb eines AS führt, wird als externe Route bezeichnet. Eine *externe Route* ist definiert als beliebige Route, die sich nicht vollständig innerhalb eines OSPF-AS befindet. Abb. 11.3-8 illustriert dies.

Externe Routen

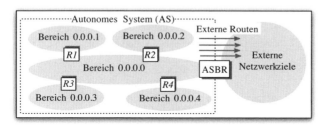

Abb. 11.3-8: Veranschaulichung von externen Routen eines autonomen Systems

Externe Routen werden durch einen oder mehrere ASBRs erlernt und im gesamten AS bekanntgemacht. Der ASBR kündigt die Verfügbarkeit externer Routen mit einer Reihe von LSAs für die externen Routen an. Diese LSAs werden als Flut von OSPF-Paketen im gesamten AS (ausgenommen sog. *Stub-Bereich*) gesendet. Die LSAs für die externen Routen gehen immer in die Berechnung von SPF-Bäumen und Routing-Tabellen ein. Der Datenverkehr zu externen Netzwerkzielen wird innerhalb des AS gemäß den Routen mit den geringsten Kosten an den ASBR weitergeleitet.

Um die Menge der als Flut von OSPF-Paketen in Bereiche gesendeten Routing-Informationen noch weiter zu verringern, kann bei OSPF ein Bereich als *Stub-Bereich* (*Stub Area*) eingerichtet werden. Ein Stub-Bereich kann einen oder mehrere ABR haben, aber die externen Netzwerkziele (d.h. die Ziele in anderen autonomen Systemen) können nur über einen ABR erreicht werden.

Stub Area

Außerhalb des AS liegende Routen werden nicht als Flut von OSPF-Paketen in einen Stub-Bereich gesendet oder dort verbreitet. Das Routing auf alle außerhalb des AS liegenden Netzwerke in einem Stub-Bereich erfolgt über eine Standardroute (Zieladresse 0.0.0.0 mit der Netzmaske 0.0.0.0). Somit erfolgt das Routing zu allen Netzwerkzielen außerhalb des AS auf Grundlage eines einzigen Eintrags in der Routing-Tabelle von Routern in einem Stub-Bereich.

> Betrachten wir das Netzwerk aus Abb. 11.3-7. Alle Bereiche können hier als Stub-Bereiche eingerichtet werden. Ist z.B. der Bereich 0.0.0.2 als Stub-Bereich konfiguriert, erfolgt der gesamte externe Datenverkehr über einen einzigen ABR, d.h. über Router *R2*. Dieser kündigt eine Standardroute zur Verteilung innerhalb des Bereichs 0.0.0.2 an, anstatt die außerhalb des AS liegenden Netzwerkziele als Flut von OSPF-Paketen im Bereich 0.0.0.2 bekanntzumachen.

Stub-Bereiche

Beispiel für einen OSPF-Einsatz
Abb. 11.3-9 zeigt ein autonomes System (eine Organisation), das sich in drei Bereiche aufteilt. Anhand dieses autonomen Systems wird OSPF im Weiteren näher erläutert. *R1*, *R4*, *R7* und *R8* sind interne Router und besitzen somit keine Verbindung bzw. In-

formationen über die Topologie von anderen Bereichen. *R2*, *R3*, *R5* und *R6* sind ABR (*Area Border Router*) und realisieren das Routing zwischen den einzelnen Bereichen. *R5* und *R6* sind zusätzlich zuständig für die Bestimmung von Routen für die Daten, deren Ziel außerhalb des autonomen Systems liegt.

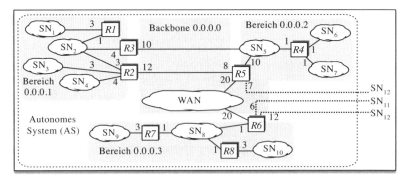

Abb. 11.3-9: Autonomes System mit drei Standortbereichen
SN: Subnetz

Route-Kosten

Den einzelnen Ausgangsports der Router wurden bestimmte Kosten zugewiesen. Somit verursacht die Verbindung über das WAN natürlich höhere Kosten (20) als eine Kopplung über LANs. Hierbei ist zu beachten, dass immer nur die Kosten von einem Router zu einem Subnetz erfasst werden. Dies bedeutet, dass nur der 'Eingang' in ein Subnetz gewisse Kosten verursacht. Verbindungen von einem Netz zu einem Router werden mit dem Kostenwert 0 belegt und somit nicht angezeigt. Bestehen zwei Verbindungen zu einem Subnetz, wird immer der Pfad mit den niedrigeren Kosten verwendet. Sind die Kosten der Pfade gleich, wird der Datenstrom über diese Pfade gleich verteilt.

Verschiedene Metriken

Die Kosten für die Ausgangsports müssen vom Netzwerkmanager in allen Routern entsprechend eingestellt werden. Der Manager hat die Möglichkeit, bis zu 8 verschiedene Kostenarten (auch als Metriken bezeichnet) zu definieren. Die Metrik wird aufgrund der Angaben im Feld ToS (*Type of Service*) in OSPF-Paketen Router-LSA festgelegt. Werden mehrere Metriken unterstützt, muss jeder Router für jede Metrik einen SPF-Baum erstellen. Dies bedeutet, dass jede Metrik in jedem Router eine eigene Routing-Tabelle haben muss.

Jeder Router muss für sich selbst eine Routing-Tabelle erstellen. Zu diesem Zweck baut er um sich – aufgrund der Eintragungen in seiner RI-Datenbank – einen überspannenden Baum auf, in dem er selbst die Wurzel (*Root*) darstellt und die Verzweigungen des Baums die billigsten Wege zu allen möglichen Zielobjekten (Subnetze, Router) sind. Ein solcher Baum wird als SPF-Baum (*Shortest Path First*) bezeichnet [Abb. 11.3-3]. In Abb. 11.3-10a ist der errechnete SPF-Baum für den Router *R5* gezeigt. Üblicherweise werden die Verbindungen und die Kosten zu den einzelnen Objekten (Subnetzen, Router) mit Richtungspfeilen dargestellt.

11.3 Open Shortest Path First (OSPF)

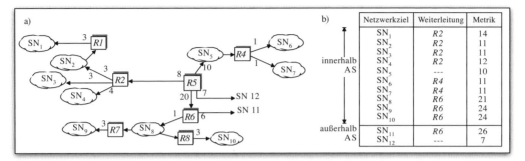

Abb. 11.3-10: SPF-Baum für den Router R5 (a) und dessen Routing-Tabelle (b)

Da der Router R5 in diesem Fall ein Bereichs- und AS-Grenzen-Router (d.h. ein ABR und ein ASBR) ist, muss er eine Routing-Tabelle verwalten, in der zwei Teile enthalten sind:

- ein Teil mit Netzwerkzielen und Kosten innerhalb des autonomen Systems,
- ein Teil mit Netzwerkzielen und Kosten außerhalb des autonomen Systems.

Ein AS-Grenzen-Router kennt daher die Netzwerkziele außerhalb des autonomen Systems. Den SPF-Baum und die Routing-Tabelle von Router R5 zeigt Abb. 11.3-10.

Wie bereits erwähnt, haben die ABR (d.h. die Bereichsgrenzen-Router) die Aufgabe, die über die Bereichsgrenzen hinweg erreichbaren Netzwerkziele ihrem eigenen Bereich bekannt zu geben, jedoch nur mit den entsprechenden Kosten und ohne die zugehörigen Topologie-Informationen. Das Beispiel illustriert die in Abb. 11.3-11a dargestellte Information über die 'Innen'- und die 'Außen'-Netztopologie für den Bereich 0.0.0.1.

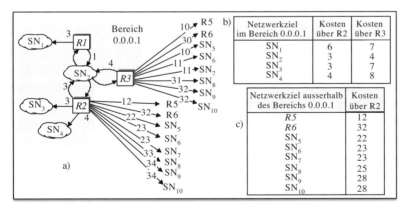

Abb. 11.3-11: Information über die Netztopologie des Bereichs 0.0.0.1: a) 'Außen'-LSDB, b) 'Innen'-Netztopologie, c) 'Außen'-Topologie

Die Tabelle in Abb. 11.3-11b enthält die Informationen über erreichbare Ziele im Bereich 0.0.0.1. Diese werden an die übrigen Bereiche in Form von LSAs weitergeleitet. Die Tabelle in Abb. 11.3-11c enthält die 'Außen'-Ziele und die möglichen

Kosten, d.h. die Ziele, die außerhalb des Bereichs 0.0.0.1 erreichbar sind. In dieser Tabelle fehlen die Informationen über die Erreichbarkeit von Subnetz 11 und Subnetz 12, denn diese Netze gehören nicht mehr zum autonomen System. Die entsprechenden Routing-Informationen über die Verbindungen zu Subnetz 11 und Subnetz 12 werden somit von den ausgewählten Routern *R5* und *R6* verwaltet, d.h. in den AS-Grenz-Routern (ASBR).

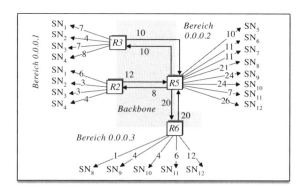

Abb. 11.3-12: Bereichsübergreifende Topologiedatenbank

In diesem Zusammenhang stellt sich die Frage, wie die Netzwerkziele in den einzelnen Bereichen über ABR (Bereichsgrenzen-Router) von der Außenwelt erreichbar sind. Da die Routing-Informationen über erreichbare Netzwerkziele innerhalb des Bereichs in einer bereichsübergreifenden Topologie-Datenbank und somit von allen ABR gelesen werden, können sie die Übertragungskosten zu allen Netzwerkzielen außerhalb ihres eigenen Bereichs berechnen und die Kosten in die bereichsübergreifende Topologie-Datenbank eintragen. Abb. 11.3-12 zeigt eine solche Datenbank, die sich aus dem Beispiel ergibt.

11.3.4 OSPF-Nachrichten

Um Routing-Tabellen in den Routern nach OSPF zu erstellen und zu verwalten, müssen entsprechende OSPF-Nachrichten[2] zwischen den Routern übermittelt werden. Bei OSPF werden die folgenden OSPF-Nachrichtentypen genutzt:

- `Hello`-Nachrichten,
- `Database Description`-Nachrichten sowie
- `Link State`-Informationen.

Um sich gegenseitig kennenzulernen, nutzen die Router die `Hello`-Nachricht. Diese Nachricht kommt vor allem beim Hinzufügen eines neuen Routers zum Einsatz. Die weiteren OSPF-Nachrichtentypen werden hauptsächlich beim Aufbau von Nachbarschaften und beim Versenden von *Link State Advertisements* (LSA) genutzt.

11.3 Open Shortest Path First (OSPF)

Jede OSPF-Nachricht setzt sich aus einem OSPF-Header und einem Datenteil zusammen. Im Weiteren werden die Pakete nur von OSPFv2 dargestellt. Den Aufbau von OSPF-Paketen illustriert Abb. 11.3-13.

Aufbau von OSPF-Paketen

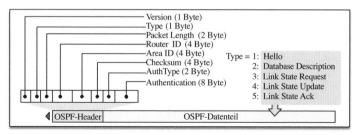

Abb. 11.3-13: Aufbau von OSPF-Paketen (genauer gesagt: von OSPFv2-Paketen)

Die Angaben im OSPF-Header sind:

OSPF-Header

- `Version`: Die Version von OSPF (d.h. die Version 2).
- `Type` (Nachrichtentyp): Der Typ (d.h. die Bedeutung) des OSPF-Pakets.
- `Packet Length`: die Länge des gesamten Pakets in Byte.
- *Router-ID*: Die Identifikation (ID) des Routers, der das OSPF-Paket abgeschickt hat,
- `Area-ID` (Bereich-ID): Die Identifikation genau des Bereichs, in dem das OSPF-Paket erzeugt wurde. Wird ein Paket über eine virtuelle Verbindung (über mehrere Bereiche) gesendet, erhält es die Identifikation `0.0.0.0`, d.h. die Identifikation des Backbone-Bereichs [Abb. 11.3-7].
- `Checksum`: Diese Prüfsumme über den Paketinhalt – mit Ausnahme des Feldes `Authentication` – soll es ermöglichen, Fehler im Paket zu entdecken.
- `AuthType` (Authentication Type): Hier wird angezeigt, welche Art der Authentisierung (Passwort, kryptografische Summe etc.) man verwendet.
- `Authentication`: In diesem Feld werden die Authentisierungsangaben gemacht.

Hello-Paket

Das `Hello`-Paket wird für die Unterstützung folgender Funktionen verwendet:

- um die benachbarten Router bei der Initialisierung eines neuen Routers bzw. beim Aufbau einer Nachbarschaft anzusprechen,
- um zu prüfen, ob die Verbindungen intakt sind,
- um sowohl einen *designierten Router* (DR) als auch einen *Backup-DR* zu bestimmen.

Wie Abb. 11.3-14 zeigt, enthält das `Hello`-Paket u.a. Zeitangaben über die Länge des Intervalls (`Hello Interval`), in dem 'Hellos' gesendet werden müssen, und die Zeit, nach der ein Router seinen Nachbarn als ausgefallen erklären sollte (`RouterDeadInterval`), nachdem von ihm keine `Hello`-Pakete mehr eingehen.

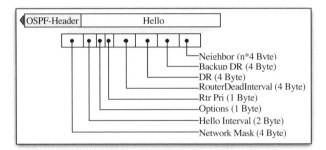

Abb. 11.3-14: Angaben im Hello-Paket

Angaben in Hello-Paketen

Die einzelnen Angaben im Hello-Paket sind:

- Network Mask (Netzmaske): Dieses Feld wird für das Subnetting verwendet; hier wird die Netzmaske (bzw. Subnetzmaske) dieses Router-Interface (Schnittstelle) angegeben, über das das Hello-Paket abgeschickt wurde.
- Hello Interval: Das Zeitintervall zwischen den regelmäßig gesendeten Hello-Paketen in Sekunden. Standardmäßig beträgt das Hello-Intervall 10 Sekunden.
- Options: Mittels einzelner Bit in diesem Byte werden einige Routerbesonderheiten angegeben (z.B. ob der Router über dieses Interface, über das das Hello-Paket abgeschickt wurde, die AS-externen LSAs senden und empfangen kann).
- RtrPri (*Router Priority*): Hier wird die Router-Priorität angegeben; sie ist bei der Auswahl des designierten Routers von Bedeutung.
- RouterDeadInterval (Ausfallentdeckungsintervall): Die Anzahl von Sekunden, bis der Router einen Nachbar-Router als ausgefallen (tot) erklärt.
- DR (*Designated Router*): Falls der Router, der das Hello-Paket abgeschickt hat, ein designierter Router ist, wird hier die IP-Adresse des Interface angegeben, über das dieses Paket gesendet wurde. Gegebenenfalls wird mit 0.0.0.0 angezeigt, dass es sich um keinen designierten Router handelt.
- Backup DR (*Backup Designated Router*, Backup-DR): Falls der Router, der das Hello-Paket abgeschickt hat, ein Backup-DR ist, wird hier die IP-Adresse des Interface angegeben, über das das Paket gesendet wurde. Gegebenenfalls wird mit 0.0.0.0 angezeigt, dass es sich um keinen Backup-DR handelt.
- Neighbors (benachbarte Router): Es werden die IDs jener Router angegeben, von denen der 'Absender'-Router des Hello-Pakets gültige Hello-Pakete empfangen hat.

Paket Database Description

Exchange Protocol

Falls zwei benachbarte Router bereits eine Nachbarschaft aufgebaut haben [Abschnitt 11.3.2], müssen sie ihre LSDBs synchronisieren (d.h. ständig abgleichen). Hierfür wird das *Exchange Protocol* verwendet. Dieses Protokoll funktioniert nach dem Anfrage/Antwort-Prinzip, wobei zuerst festgelegt wird, welcher Router als Master fungiert und welcher ein Slave ist. Danach werden die Beschreibungen von LSDBs

---
[2]OSPF-Nachrichten werden auch als OSPF-*Pakete* bezeichnet.

11.3 Open Shortest Path First (OSPF)

zwischen diesen Routern ausgetauscht. Hierbei werden die LSDB-Inhalte in Paketen `Database Description` (DD) übermittelt. Der Master-Router fordert die LSDB-Inhalte an und antwortet darauf durch das Absenden eines bzw. mehrerer DD Pakete pro Sekunde.

Wie Abb. 11.3-15 zeigt, setzt sich das DD-Paket aus einem OSPF-Header und einem DD-Teil zusammen. Der DD-Teil enthält bestimmte Steuerungsangaben und die LSDB-'Beschreibung' in Form von LSA-Headern.

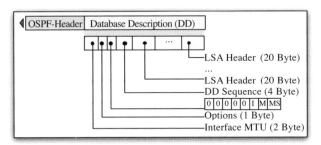

Abb. 11.3-15: Aufbau des Pakets `Database Description` (DD)

Der DD-Teil enthält folgende Angaben:

- `Interface MTU`: Hier wird angezeigt, wie groß ein IP-Paket ohne Fragmentierung sein darf, das über das betreffende Router-Interface gesendet wird.
- `Options`: Einige Bit in diesem Feld werden verwendet, um bestimmte Routerbesonderheiten anzuzeigen.
- `I-Bit` (*Init Bit*): Falls `I` = 1 ist, wird damit angezeigt, dass dieses DD-Paket das erste innerhalb der Folge von DD-Paketen ist.
- `M-Bit` (*More Bit*): Mit `M` = 1 wird darauf verwiesen, dass nach diesem DD-Paket noch weitere DD-Pakete aus einer Folge kommen.
- `MS-Bit` (*Master/Slave Bit*): Mit `MS` = 1 zeigt der 'Absender'-Router an, dass er der Master-Router während des LSDB-Abgleichprozesses ist.
- `DD Sequence Number`: Die gesendeten DD-Pakete werden fortlaufend nummeriert. Hier wird die Sequenznummer des DD-Pakets angegeben. Die Anfangsnummer ist eindeutig zu wählen.
- `LSA-Header` (*Link State Advertisement*): Die LSDB-'Beschreibung' wird in LSA-Headern übermittelt. Den Aufbau des LSA-Header zeigt Abb. 11.3-18.

Link-State-Pakete

Bei OSPF werden sog. *Link-State-Pakete* definiert, um die Routing-Information in Form von LSAs zwischen den benachbarten Routern zu tauschen. Hierzu gehören folgende OSPF-Pakete:

- `Link State Request` (LS-Request),
- `Link State Update` (LS-Update),
- `Link State Ack` (LS-Ack, *Acknowledgement*).

Ein Router kann die veraltete Routing-Information in Form von LSAs von seinen benachbarten Routern mit einem Paket LS-Request anfordern. Dieses Paket kann mit dem Paket LS-Update beantwortet werden. Hat sich beispielsweise die Routing-Tabelle in einem Router verändert, sendet er die aktuelle Routing-Information als LSAs in LS-Update an die benachbarten Router. Sie bestätigen ihm den Empfang von 'aktuellen' LSAs mit LS-Ack.

LS-Request Den Aufbau des Pakets LS-Request zeigt Abb. 11.3-16a. LS-Request setzt sich aus dem OSPF-Header und einem LS-Request-Teil zusammen. Im LS-Request-Teil können mehrere LS-Anforderungen enthalten sein. Mit ihnen wird angezeigt, welche LSAs der Router haben möchte.

Die LS-Anforderung enthält folgende Angaben:

- LS Type: Mitteilung des LS-Typs [Abb. 11.3-18].
- Link State ID: Hier wird die LS-Identifikation (LS-ID) angegeben. Sie ist vom LS-Typ abhängig. Zum Beispiel stellt die IP-Adresse eines Interface in einem designierten Router die Identifikation eines LSA, also eines *Network-States* dar.
- Advertising Router: Die Identifikation des Quell-Routers von LSA. Beim Einsatz eines designierten Routers wäre hier dessen Identifikation enthalten.

LS-Update Die Veränderungen der Routing-Information werden in Form von LSAs in den Paketen LS-Update übermittelt. Diese Pakete werden auch als Antworten auf die Pakete LS-Request gesendet. Wie aus der Abb. 11.3-16b ersichtlich, enthält das Paket LS-Update den OSPF-Header und einen LS-Update-Teil mit mehreren LSAs.

Im LS-Update-Teil wird im Feld #LSA die im Paket enthaltene Anzahl von LSAs angegeben und in den anschließenden LSA-Feldern die Daten übermittelt. Die Strukturierung der LSA-Daten ist in Abb. 11.3-16c dargestellt.

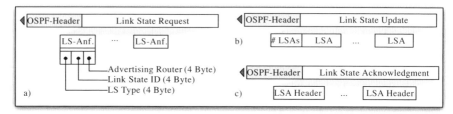

Abb. 11.3-16: Aufbau von (a) Link State Request- und (b) Link State Update-und (c) Link State Ack- Paketen

LS-Ack Um das Verteilen von LSAs zuverlässig zu gestalten, werden die in den Paketen LS-Update übertragenen LSAs durch ein LS-Ack quittiert. Den Aufbau des Pakets LS-Ack zeigt Abb. 11.3-16c.

Der Empfang von LSA im Paket LS-Update bei einem Router wird von ihm mit dem Paket LS-Ack bestätigt. LS-Ack enthält die Liste von Headern dieser LSAs, deren Empfang bestätigt wird.

LSA-Typen und -Angaben

Die Routing-Information nach OSPF wird in Form von LSAs (*Link State Adverti-*

11.3 Open Shortest Path First (OSPF)

sements) zwischen den Routern so verteilt, dass sich jeder Router innerhalb eines Bereichs eine Datenbank mit der Routing-Information, d.h. eine LSDB, erstellen kann. Die LSDB enthält diese LSAs, die den 'Zustand' des Bereichs aus OSPF-Sicht beschreiben [Abb. 11.3-2b]. Wird ein autonomes System (AS) nicht in Bereiche aufgeteilt, stellt das ganze AS einen Bereich dar.

Die *Router-LSAs* beschreiben die aktiven Router-Interfaces und Verbindungen, über die der Router an den Bereich gebunden ist. Bei der Beschreibung des Router-Interfaces wird u.a. angegeben,

- um welche 'Link'-Art es sich handelt (z.B. Point-to-Point, Virtual Link),
- welche Metrikarten (d.h. Arten von Kosten) der Router unterstützt.

Die Router-LSAs werden nur innerhalb des betreffenden Bereichs verteilt. Im Allgemeinen definiert OSPF folgende LSA-Typen:

LSA Type	Beschreibung
1	Router-LSA
2	Network-LSA
3	Summary-LSA (IP Network)
4	Summary-LSA (ASBR)
5	AS-external-LSA

Tab. 11.3-3: Typen von Link State Advertisements (LSA)

Network-LSAs verwendet man, um broadcast-orientierte Netze (genauer gesagt Subnetze) im Hinblick auf das Routing zu beschreiben. Im Network-LSA eines broadcast-orientierten Subnetzes wird angegeben:

- `Subnetzmaske`,
- ID (*Identifikation*) des designierten Routers,
- IDs aller Router, die am Subnetz 'angeschlossen' sind.

Abb. 11.3-17 illustriert die Bedeutung von LSAs der Typen 3, 4 und 5.

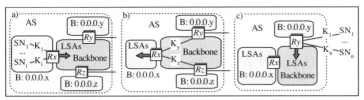

Abb. 11.3-17: Bedeutung von Network-LSAs: a) Typ 3, b) Typ 4, c) Typ 5 AS: Autonomes System, B: Bereich, K: Kosten, SN: Subnetz

Eine Network-LSA vom Typ 3 (*Summary-LSA, IP-Network*) wird vom Bereichgrenzen-Router (d.h. ABR) verwendet, um die erreichbaren Netzwerkziele mit den Kosten in 'seinem' Bereich im Backbone-Bereich ankündigen zu können. In Abb. 11.3-17a macht der ABR *Rx* im Backbone-Bereich die im Bereich 0.0.0.x erreichbaren Subnetze bekannt. In einer LSA kann nur genau ein Netzwerkziel (eine IP-Adresse) angegeben werden. Daher müssen für die Bekanntmachung mehrerer Ziele auch mehrere LSAs übermittelt werden [Abb. 11.3-16b].

Eine Network-LSA vom Typ 4 (*Summary-LSA, ASBR*) wird vom ABR generiert, um die AS-Grenzen-Router (d.h. ASBRs) und die mit ihnen verbundenen Kosten in 'seinem' Bereich bekanntzumachen. In Abb. 11.3-17b macht der ABR *Rx* die beiden ASBRs *Ry* und *Rz* im Bereich 0.0.0.x bekannt. In einer LSA kann genau ein ASBR angegeben werden.

Eine Network-LSA vom Typ 5 (*AS-external-LSA*) wird vom ASBR generiert, um die außerhalb des eigenen AS liegenden Netzwerkziele mit ihren Kosten in 'seinem' AS bekannt zu machen. In Abb. 11.3-17c macht der ASBR *Ry* im eigenen AS die über ihn erreichbare 'AS-Außen'-Netzwerkziele bekannt.

Wie aus Abb. 11.3-18 ersichtlich, setzt sich jede LSA aus einem LSA-Header und aus LSA-Daten zusammen.

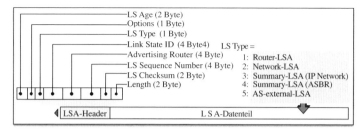

Abb. 11.3-18: Struktur von LSAs (Link State Advertisements)

LSA-Header

Die einzelnen Angaben im LSA-Header sind:

- LSA Age: Die Angabe der Zeit (in Sekunden), die seit der LSA-Generierung vergangen ist.
- Options: Dieses Feld enthält die festgelegten Bit (z.B. E, MC, N/P, ...), mit denen einige Routerbesonderheiten angegeben werden. Ist hier beispielsweise E = 1, bedeutet dies, dass der Advertising-Router einen 'external link' hat, d.h. ein Interface zu einem anderen AS besitzt.
- Link State ID (LS-ID): Die LS-ID ist vom *LSA-Typ* [Tab. 11.3-3] abhängig und hat folgende Bedeutung:
  ▷ *LSA-Typ 1*: LS-ID = ID des Routers, der die LSA generiert hat,
  ▷ *LSA-Typ 2*: LS-ID = IP-Adresse des Interface des designierten Routers,
  ▷ *LSA-Typ 3*: LS-ID = IP-Adresse des Netzwerkziels,
  ▷ *LSA-Typ 4*: LS-ID = ID des Routers (ASBR), der die LSA gesendet hat,
  ▷ *LSA-Typ 5*: LS-ID = IP-Adresse des Netzwerkziels.
- Advertising Router: Hier wird die ID des Routers angegeben, der die LSA generiert hat.
- LS Sequence Number: Hier werden die gesendeten LSAs fortlaufend nummeriert.
- LS Checksum: Hier ist eine Prüfsequenz enthalten, mit der die ganze LSA ohne Feld LS Age überprüft wird.
- Length: Die LSA-Länge in Byte.

11.3.5 Besonderheiten von OSPFv2

Die OSPF-Besonderheiten sind u. a.:

- *Schleifenlose Routen*
  Der designierte Router führt zur Synchronisation von einzelnen Routern innerhalb eines Bereichs. Dadurch entstehen keine logischen Schleifen bei der Berechnung von Routen, und somit tritt das Count-to-Infinity-Problem bei OSPF nicht auf, wie dies beim RIP der Fall war.
- *Schnellere Konvergenz als beim RIP*
  OSPF kann die Änderungen der Topologie schneller erkennen und übermitteln als RIP.
- *VLSM- bzw. CIDR-Unterstützung*
  Bei OSPF wird die Präfixlänge (d.h. die Länge der Subnetzmaske) übermittelt. Dadurch ist die VLSM- bzw. CIDR-Unterstützung mit der Aggregation von Routen möglich.
- *Skalierbarkeit großer IP-Netze*
  Bei OSPF werden autonome Systeme in Bereiche aufgeteilt. Dadurch lässt sich die Größe von Routing-Tabellen verringern. Zu einem Bereich kann eine aggregierte Route führen, die alle Routen zu den einzelnen Netzwerkzielen innerhalb des Bereichs zusammenfasst. Dadurch ist OSPF für große und sehr große IP-Netze geeignet, die beliebig erweiterbar sind.
- *Unterstützung der Authentisierung*
  Der Informationsaustausch auf OSPF-Routen lässt sich authentisieren.
- *Kompatibilität zum OSPFv1*

11.3.6 OSPF für IPv6 (OSPFv3)

OSPF für das Protokoll IPv6 stellt eine an die IPv6-Besonderheiten angepasste Form des OSPFv2 für IPv4 dar und wird in RFC 5340 (ursprünglich RFC 2740) beschrieben. OSPF für IPv6 wird seit einiger Zeit als *OSPFv3* bezeichnet. Da IPv6 als *IP Next Generation* angesehen werden kann, wird manchmal auch die Abkürzung *OSPFng* für das OSPF für IPv6 verwendet.

Die wichtigsten Besonderheiten von OSPFv3 sind:

Besonderheiten von OSPFv3

- *Begriff Link bei OSPv3*
  Bei OSPFv3 wird der Begriff Link für ein Subnetz bzw. ein Netz verwendet. Damit trifft die einheitliche Beschreibung von OSPFv3 sowohl für broadcast-orientierte LANs als auch für verbindungsorientierte WANs zu.
- *OSPFv3 wird über IPv6 angeordnet*
  Die OSPFv3-Pakete werden direkt in die IP-Pakete eingebettet. Somit ist OSPFv3 der Schicht 4 im Schichtenmodell zuzuordnen.
- *OSPFv3 eignet sich für große Netze*
  OSPFv3 wurde (genauso wie OSPFv2) insbesondere für den Einsatz in großen

Netzen konzipiert, die in eine Vielzahl von autonomen Systemen aufgeteilt werden können.

- *OSPFv3-Pakete*
  Um die Routing-Information in Form von LSAs (*Link State Advertisements*) zu übermitteln, verwendet OSPFv3 (ebenfalls wie OSPFv2) folgende Nachrichten: Hello, Database Description, Link State Request, Link State Update und Link State Acknowledgement. Diese Pakete für OSPFv2 wurden in Abschnitt 11.3.4 beschrieben.

- *Link State Database (LSDB) und die Routing-Tabelle (RT)*
  LSDB und RT werden bei OSPFv3 identisch aufgebaut wie LSDB und RT beim OSPFv2 [Abschnitt 11.3.1].

- *Bildung von Nachbarschaften*
  Bei OSPFv3 werden die Nachbarschaften zwischen den benachbarten Routern nach den gleichen Prinzipien gebildet wie bei OSPFv2.

- *Einsatz eines designierten Routers*
  Bei OSPFv3 wird (wie bei OSPFv2) ein designierter Router für die Verteilung der Routing-Information in Broadcast-Netzwerken und in NBMA-Netzen eingesetzt.

- *Erstellung der Routing-Tabelle bei OSPFv3*
  Die Routing-Tabelle bei OSPFv3 wird nach den gleichen Prinzipien wie bei OSPFv2 erstellt [Abschnitt 11.3.1], d.h. die Berechnung des SPF-Baums erfolgt bei OSPFv3 nach dem *Algorithmus von Dijkstra*.

11.4 Border Gateway Protocol (BGP-4)

Was ist BGP?

Das BGP (*Border Gateway Protocol*) ist ein Protokoll zum Austausch der Routing-Information (RI) zwischen autonomen Systemen [Abb. 11.1-13]. Es wurde im Jahre 1989 eingeführt und inzwischen mehrfach verbessert. Die aktuelle BGP-Version 4 (kurz BGP-4) ist seit 1994 im Einsatz. Die letzte Spezifikation des BGP-4 enthält RFC 4271 (Jan. 2006). Damit wurde RFC 1771 mit der Spezifikation des BGP-4 aus dem Jahr 1995 abgelöst. Das Wesentliche beim BGP-4 ist die Unterstützung von CIDR (*Classless Inter-Domain Routing*). Hierfür wird das Netzpräfix übermittelt. In diesem Abschnitt wird nur BGP-4 dargestellt, sodass manchmal kurz BGP statt BGP-4 geschrieben wird.

11.4.1 Grundlagen des BGP-4

BGP nutzt TCP

BGP verwendet TCP als Transportprotokoll über den Port 1710. Damit wird sichergestellt, dass die Verantwortung für die Zuverlässigkeit der Übermittlung von BGP-Nachrichten vom TCP übernommen wird und nicht im BGP implementiert werden muss. Zwischen zwei benachbarten BGP-Routern wird daher für den Austausch der RI eine TCP-Verbindung aufgebaut. Die beiden benachbarten Router werden daher als Peers bzw. als *BGP-Sprecher* (*BGP Speaker*) bezeichnet. Die Verbindung zwischen *Peers* nennt man auch *Peer-Verbindung*.

11.4 Border Gateway Protocol (BGP-4)

Obwohl das BGP hauptsächlich für den Einsatz zwischen autonomen Systemen (AS) konzipiert wurde, kann es auch innerhalb eines AS für die Kommunikation zwischen zwei *AS Border Router* (ASBR) eingesetzt werden [Abb. 11.3-8]. Somit kann eine Peer-Verbindung sowohl innerhalb eines AS als auch zwischen unterschiedlichen AS aufgebaut werden. Deshalb bezeichnet man das BGP als *internes* (IBGP) bzw. als *externes BGP* (EBGP). Die Peer-Verbindung zwischen zwei Routern, die zu verschiedenen AS gehören, nennt man *external Link*, die Peer-Verbindung innerhalb eines AS *internal Link*. Abb. 11.4-1 illustriert die beiden BGP-Varianten.

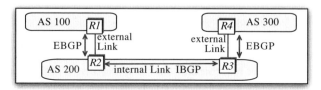

Abb. 11.4-1: Externes und internes BGP
AS: Autonomes System, R: Router

Die Peers sind hier die Router *R1* und *R2*, *R3* und *R4* sowie *R2* und *R3*. Die Peers *R1* und *R2* sowie *R3* und *R4* sind direkt (physikalisch) verbunden. Dagegen sind *R2* und *R3*, die IBGP realisieren, (nur) logisch miteinander verbunden.

Die Routing-Information im BGP-Router wird in einer speziellen Datenbank abgespeichert, der RIB (*Routing Information Base*). Zur Gestaltung des Routing-Prozesses setzt sich die RIB aus verschiedenen Teilen zusammen, deren Aufbau Abb. 11.4-2 zeigt.

Routing Information Base

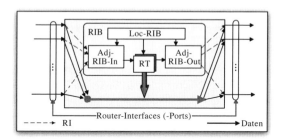

Abb. 11.4-2: Struktur der RIB (Routing Information Base) beim BGP
Adj: Adjacent, RT: Routing-Tabelle, In: Input, Loc: Local, Out: Output

Den Kern der RIB bildet die Routing-Tabelle, in der die einzelnen Routen aufgelistet werden. Jeder BGP-Router verfügt über eigene Angaben (Konfigurationsparameter), die für das Routing dienen können; sie werden im Loc-RIB gespeichert. Die empfangenen Routing-Informationen (in den Nachrichten UPDATE, [Abb. 11.4-6]) von Nachbar-Routern werden in *Adj-RIB-In* (Eingangs-RIB) abgespeichert. Unter Berücksichtigung von Angaben in Loc-RIB verwendet der Router diese Routing-Informationen, um die Routing-Tabelle zu aktualisieren. Die Routen-Änderungen, die der Router an seine Nachbarn weiterleiten muss, speichert er in *Adj-RIB-Out* (Ausgangs-RIB) ab.

11.4.2 Funktionsweise des BGP-4

Ein *AS Border Router* (ASBR) macht mittels des BGP die Routen zu seinem AS bekannt. Hierfür muss sowohl jedes AS als auch jeder ASBR eine Identifikation haben. Der Verlauf des BGP-4 wird nun anhand des Beispiels in Abb. 11.4-3 näher erklärt. Die Router *R1* und *R2* sind BGP-Peers. Die Routing-Information zwischen ihnen wird in BGP-Nachrichten ausgetauscht. Die BGP-Peers bauen hierfür zuerst eine TCP-Verbindung; dies bedeutet, dass jeder zu übertragenden BGP-Nachricht ein TCP-Header vorangestellt wird.

OPEN Nachdem die TCP-Verbindung zwischen BGP-Peers aufgebaut wurde, wird eine BGP-Nachbarschaft zwischen ihnen 'geknüpft'. Diese kann als gegenseitige Bereitschaft, die Routing-Information zu tauschen, angesehen werden. Um eine Nachbarschaft aufzubauen, sendet jeder Router eine BGP-Nachricht OPEN, in der die Identifikation MyAS des eigenen autonomen Systems und des 'Absender'-Routers als BGP Identifier (BGP-ID) angegeben wird. Die Nachricht OPEN wird von der Gegenseite mit KEEPALIVE bestätigt. Während des Aufbaus der Nachbarschaft stellen sich die beiden Router gegenseitig vor.

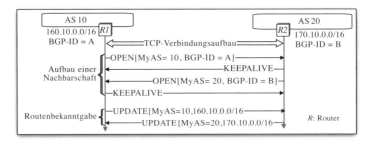

Abb. 11.4-3: Beispiel für einen Verlauf des BGP

UPDATE Nach dem Aufbau der Nachbarschaft kündigen die BGP-Peers die Routen zu ihren autonomen Systemen mittels Nachrichten UPDATE an. Der Name UPDATE kommt daher, dass es sich im Lauf der Zeit überwiegend um die Aktualisierungen (Updates) von Routing-Tabellen handelt. Wie in Abb. 11.4-3 ersichtlich ist, enthält UPDATE die Identifikation des Quell-AS (als MyAS) und die Angabe der aggregierten Route zum AS.

Hat sich die Lage im AS geändert, weil z.B. ein Subnetz plötzlich nicht erreichbar ist oder eine bessere Route zur Verfügung steht, informiert ein BGP-Router seinen Nachbarn darüber, dass die ungültig gewordene Route zurückgezogen und eventuell durch die neue Route ersetzt bzw. vollkommen entfernt werden soll. Die ungültig gewordenen Routen werden in UPDATE angegeben.

11.4.3 BGP-4-Nachrichten

Jede BGP-Nachricht setzt sich aus einem 19 Byte langen BGP-Header und einem Nachrichtenteil zusammen [Abb. 11.4-4]. Die BGP-Nachrichten können maximal

11.4 Border Gateway Protocol (BGP-4)

4096 Byte haben. `KEEPALIVE` als kleinste Nachricht besteht lediglich aus dem BGP-Header und ist nur 19 Byte lang.

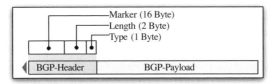

Abb. 11.4-4: Aufbau von BGP-4-Nachrichten

Der BGP-Header umfasst folgende Angaben:

- `Marker`: Dieses Feld soll zuerst nach RFC 1771 zur gegenseitigen Authentisierung der BGP-Peers während der Nachbarschaft dienen. Dies wurde aber in RFC 4271 abgelehnt, und alle `Marker`-Bit sind auf 1 zu setzen.
- `Length`: Hier wird die Länge der BGP-Nachricht (inkl. Header) in Byte angegeben.
- `Type`: Hier wird der Typ (d.h. die Bedeutung) der BGP-Nachricht eingetragen. Folgende Nachrichtentypen sind zu unterscheiden [Tab. 11.4-1]:

Type	BGP-4-Nachricht
1	OPEN
2	UPDATE
3	NOTIFICATION
4	KEEPALIVE
5	ROUTE-REFRESH [RFC 2918]

Tab. 11.4-1: Type-Angaben bei BGP-4-Nachrichten

Eine wichtige Funktion des BGP besteht im Aufbau von Nachbarschaften zwischen BGP-Peers. Dies ist die Voraussetzung für den Austausch der Routing-Information. Falls bereits eine TCP-Verbindung zwischen BGP-Peers besteht, kann die Nachbarschaft per Nachrichten `OPEN` aufgebaut werden [Abb. 11.4-3]. Die Struktur der Nachricht `OPEN` zeigt Abb. 11.4-5.

Nachricht OPEN

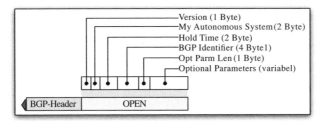

Abb. 11.4-5: Struktur von BGP-4-Nachrichten OPEN

Die Angaben innerhalb der Nachricht `OPEN` haben folgende Bedeutung:

- `Version` (des BGP): Dieses Feld enthält 4, d.h. es handelt sich um das BGP-4.
- `My Autonomous System` (`MyAS`): Identifikation (Nummer) des Quell-AS.

- Hold Time: Das ist die maximale Wartezeit auf eine neue KEEPALIVE bzw. ein UPDATE vom BGP-Peer. Nach Ablauf dieser Zeit wird der Peer für ausgefallen erklärt.
- BGP Identifier: Hier wird die Identifikation des 'Absender'-Routers angegeben. Somit handelt es sich um die Router-ID.
- Opt Parm Len (*Optional Parameters Length*): Hier wird die Länge von optionalen Parametern angezeigt. Der Wert 0 weist darauf hin, dass keine optionalen Parameter vorhanden sind.
- Optional Parameters: Angabe von optionalen Parametern. Jeder von ihnen wird als Triplet dargestellt:
  <Parametertyp (1 Byte),Parameterlänge (1 Byte),Parameterwert>

Nachricht UPDATE

Nach der Übermittlung der Nachricht OPEN werden zunächst die gesamten Routing-Informationen mittels Nachrichten UPDATE zwischen den BGP-Peers ausgetauscht. Die Änderungen, die im Laufe der Zeit im Netz auftreten (z.B. ein neues Subnetz wurde eingerichtet), werden durch die Übermittlung von UPDATE bekannt gemacht.

Die Nachricht UPDATE beinhaltet die folgenden Angaben [Abb. 11.4-6]:

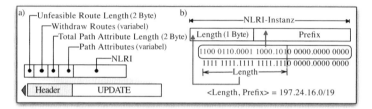

Abb. 11.4-6: BGP-Nachricht UPDATE: a) Struktur der Nachricht, b) NLRI-Interpretation

- Unfeasible Route Length: Die Länge des nächsten Felds Withdraw Routes (in Byte) mit den ungültig gewordenen (zurückgezogenen) Routen wird gezeigt.
- Withdraw Routes: Hier werden die ungültig gewordenen Routen aufgelistet. Diese Routen müssen aus der Routing-Tabelle entfernt werden. Withdraw Routes werden durch das Tupel <Length,Prefix> repräsentiert. <17,131.42.128.0> bedeutet beispielsweise, dass die Route 131.42.128.0/17 (im CIDR-Format, [Abb. 3.5-2]) zurückgezogen werden soll.
- Total Path Attribute Length: Die Länge des Felds Path Attributes.
- Path Attributes (*Pfad-Attribute*): In diesem Feld werden die zusätzlichen Informationen über Pfade (d.h. über BGP-Routen) angegeben.
- NLRI (*Network Layer Reachability Information*): Das NLRI-Feld enthält eine Liste der Netzwerkziele (im CIDR-Format), über die ein Router seinen BGP-Peer informieren möchte. Das NLRI-Feld besteht aus mehreren NLRI-Instanzen der Form <Length, Prefix>. Wie Abb. 11.4-6b zeigt, gibt Length die Anzahl der Bit an, die zur Netzmaske (bzw. Subnetzmaske) gehören.

Nachricht KEEPALIVE

Die BGP-Nachricht KEEPALIVE besteht nur aus einem 19 Byte langen Header [Abb. 11.4-4] und enthält keine weiteren Angaben. KEEPALIVE wird u.a. als eine Bestätigung verwendet [Abb. 11.4-3]. Falls keine neuen Routing-Informationen (keine

11.4 Border Gateway Protocol (BGP-4)

Veränderungen) vorliegen, werden die Nachrichten KEEPALIVE periodisch zwischen BGP-Peers gesendet, um der Gegenseite die Funktionsbereitschaft zu signalisieren. Dadurch lässt sich feststellen, ob der Peer erreichbar ist (Hold Time [Abb. 11.4-5]).

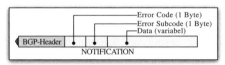

Abb. 11.4-7: BGP-Nachricht NOTIFICATION

Ein Router sendet eine Nachricht NOTIFICATION, um seinem Peer (Nachbar-Router) eine Fehlermeldung zu signalisieren. Sie wird immer nach der Entdeckung eines Fehlers verschickt und kann zum Abbruch der Peer-Verbindung (Nachbarschaft) führen. Möchte ein Router die Verbindung abbauen, sendet er NOTIFICATION, in der er gleichzeitig den Grund für den Abbau der Verbindung angibt. Wie Abb. 11.4-7 zeigt, besteht NOTIFICATION aus der Fehlerangabe (Error Code, Error Subcode) und aus einem variablen Feld Data, in dem der Fehler gegebenenfalls weiter beschrieben werden kann.

Nachricht NOTIFICATION

Error Code verweist auf den Fehlertyp. Mit Error Subcode wird der Fehler entsprechend [Tab. 11.4-2] näher spezifiziert.

Error Code	Error Subcode (z.B.)
1: Message Header Error	1: Connection not Synchronized
	2: Bad Message Length, ...
2: OPEN Message Error	1: Unsupported Version Number
	2: Bad Peer AS
	3: Bad BGP Identifier, ...
3: UPDATE Message Error	1: Malformed Attribute List
	2: Unrecognized Well-known Attribute, ...
4: Hold Timer Expired	Kein Error Subcode
5: Finte State Machine Error	Kein Error Subcode
5: Cease (Beenden)	Kein Error Subcode

Tab. 11.4-2: Beispiele für den Fehler-Code in der BGP-Nachricht NOTIFICATION

Um die Eigenschaften von BGP-Routen, die sog. *Paths* (Pfade), näher zu spezifizieren, werden die Path-Attribute in BGP-Nachrichten UPDATE übermittelt. Tab. 11.4-3 liefert eine Auflistung möglicher Path-Attribute.

Path-Attribute

Name	TC	Bedeutung
ORIGIN	1	Wer hat den Pfad initiiert?
AS_PATH	2	Festlegung des Pfads als Sequenz von AS-IDs
NEXT_HOP	3	IP-Adresse des nächsten BGP-Nachbar-Routers auf dem Pfad
MULTI_EXIT_DISC	4	Welcher Pfad für ankommenden Traffic soll ausgewählt werden?
LOCAL_PREF	5	Welcher Pfad soll für ausgehenden Traffic ausgewählt werden?
ATOMIC_AGGREGATE	6	Hinweis auf aggregierte Route, z.B. falls eine Route unsichtbar ist
AGGREGATOR	7	Wo wurde die BGP-Route aggregiert?
COMMUNITY	8	RFC 1991; Zugehörigkeit zu einer Community in mehreren AS

Tab. 11.4-3: Mögliche Path-Attribute in BGP-Nachrichten UPDATE
  TC: Type Code

Attribut-
Kategorien

Folgende Attribut-Kategorien sind zu unterscheiden:

- *Well-known mandatory*: Die Attribute dieser Kategorie müssen in der Nachricht UPDATE vorhanden und in allen Implementierungen erkannt sein. Zu diesen Attributen gehören ORIGIN, AS_PATH und NEXT_HOP.
- *Well-known discretionary*: Die Attribute dieser Kategorie müssen von allen Implementierungen erkannt werden und können optional in UPDATE enthalten sein. Hierzu gehören LOCAL_PREF und ATOMIC_AGGREGATE.
- *Optional transitive*: Es handelt sich um optionale Attribute. Falls sie durch eine Implementierung nicht erkannt werden, sollten sie nicht ignoriert, sondern eventuell an andere BGP-Router weitergeleitet werden. Die Attribute AGGREGATOR und COMUNITIES gehören zu dieser Kategorie.
- *Optional non-transitive*: Es handelt sich um ein optionales Attribut MULTI_EXIT_DISC. Falls es durch eine Implementierung nicht erkannt wird, sollte es ignoriert und nicht weitergeleitet werden.

Abb. 11.4-8 zeigt die Struktur der Path-Attribute. Das erste Byte mit Flags beschreibt die Attribut-Kategorie, im zweiten Byte wird Type Code [Tab. 11.4-3], daher der Attributtyp, angegeben.

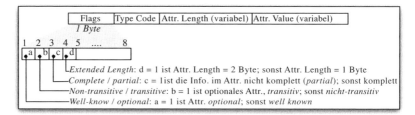

Abb. 11.4-8: Aubau der Path-Attribute in BGP-Nachrichten UPDATE

Die Nutzung der Path-Attribute wird nun an einigen Beispielen näher erläutert.

Nutzung von AS_PATH

Abb. 11.4-9 illustriert die Bedeutung des Path-Attributs AS_PATH. Dieses Attribut beschreibt den Pfad (*Path*), d.h. eine BGP-Route, und ermöglicht zudem *Loops* (Schleifen) entlang der Route zu entdecken. Der Pfad zu einem AS enthält die aggregierte Route zu diesem AS und die Angabe von Identifikationen (IDs) der AS, über die der Pfad verläuft.

Den Pfad zum AS 100 kündigt der Router *R1* daher dem Router *R2* aus AS 200 als 10.0.0.0/8 100 an. *R2* kündigt dann den Pfad zum AS 100 dem Router *R3* aus AS 300 als 10.0.0.0/8 200 100 an. *R3* kündigt danach den Pfad dem Router *R4* aus AS 400 als 10.0.0.0/8 300 200 100 an usw. Verläuft der Pfad über ein Transit-AS, wird, wie hier ersichtlich, die Identifikation dieses AS den bereits in AS_PATH enthaltenen AS-IDs vorangestellt.

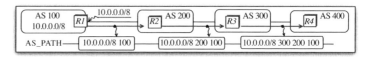

Abb. 11.4-9: Illustration der Bedeutung des Path-Attributs AS_PATH

11.4 Border Gateway Protocol (BGP-4)

Mit dem Path-Attribut `NEXT_HOP` wird die IP-Adresse des BGP-Routers angegeben, der auf dem Pfad am nächsten ist. Abb. 11.4-10 illustriert dies.

Nutzung von `NEXT_HOP`

Hier kündigt der Router *R* beim Internet Service Provider (ISP) dem AS-Border-Router *R1* einer Institution an, dass der nächste Sprung (`NEXT_HOP`) vom *R1* zum Ziel `10.0.0.0/8` an die IP-Adresse `192.7.1.1` erfolgen muss. *R1* kündigt danach dem AS-internen Router *R2* u.a. an, dass der nächste Sprung von ihm zum Ziel `10.0.0.0/8` an `169.5.1.1` erfolgen muss.

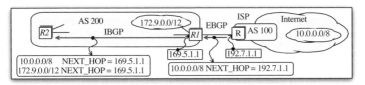

Abb. 11.4-10: Veranschaulichung der Bedeutung des Path-Attributs `NEXT_HOP`

Wie Abb. 11.4-11 illustriert, erlaubt das Path-Attribut `MULTI_EXIT_DISC` (kurz MED), den in ein AS *eingehenden* Datenverkehr auf mehrere Router zu verteilen.

Nutzung von `MULTI_EXIT_DISC`

MED stellt die Kosten (Metrik) eines Pfadabschnitts dar. Der Router *R1* teilt dem Router *R* beim ISP mit, dass die Kosten über ihn zu den Zielen `128.7.1.0/18` und `128.7.2.0/18` entsprechend 10 und 50 betragen. *R2* teilt *R* aber mit, dass die Kosten zu den Zielen `128.7.1.0/18` und `128.7.2.0/18` über ihn entsprechend 50 und 10 betragen. Dadurch wird der Datenverkehr von *R* zum Ziel `128.7.1.0/18` so verteilt, dass ca. (50/60)*100% über *R1* und ca. (10/60)*100% über *R2* verläuft. Der Datenverkehr von *R* zu `128.7.2.0/18` wird aber so verteilt, dass ca. (50/60)*100% über *R2* und ca. (10/60)*100% über *R1* geführt wird.

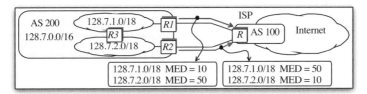

Abb. 11.4-11: Beispiel für die Nutzung des Path-Attributs `MULTI_EXIT_DISC` (MED)

Das Path-Attribut `LOCAL_PREF` (Local Preference) ermöglicht es, den aus einem AS *ausgehenden Datenverkehr* entsprechend zu verteilen. Abb. 11.4-12 veranschaulicht dies näher. Der Internetzugang bei einer Institution erfolgt über ISPa und ISPb. Hier hat die Anbindung über ISPa die Bitrate von 155 Mbit/s (SDH-Schnittstelle STM-1) und über ISPb die Bitrate von 2 Mbit/s (PDH-Schnittstelle E1).

Nutzung von `LOCAL_PREF`

`LOCAL_PREF` wird nur innerhalb eines AS zwischen BGP-Routern (IGBP [Abb. 11.4-1]) übermittelt. Der Router *R1* aus dem AS 200 teilt dem Router *R2* im gleichen AS mit, dass er den Datenverkehr zum Ziel `10.0.0.0/8` über *R1* mit der Präferenz 700 leiten soll. Dagegen teilt *R2* dem *R1* mit, dass er den Datenverkehr zum Ziel `10.0.0.0/8` über *R2* mit der Präferenz nur 10 leiten soll. Dadurch soll der Datenverkehr vom AS 200 zum Ziel `10.0.0.0/8` so verteilt werden, dass ca. (765/775)*100% über *R1* und ca. (10/75)*100% über *R2* verläuft. Da 10/7 dem Verhältnis der Bitrate von Internetanbindungen (d.h. 2/155) entspricht, soll der Datenverkehr dementsprechend beim Internet-Zugriff verteilt werden.

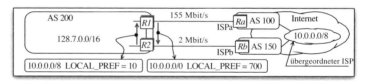

Abb. 11.4-12: Beispiel für die Nutzung des Path-Attributs `LOCAL_PREF`

Nutzung von AGGREGATOR

Bei der Aggregation von Pfaden können einige Angaben nicht mehr ersichtlich sein. Wie Abb. 11.4-13 zeigt, enthält der aggregierte Pfad `10.0.0.0/16` in sich die Pfade `10.0.5.0/24` und `10.0.10.0/24`, die aus dem aggregierten Pfad nicht direkt ersichtlich sind.

Das Path-Attribut `AGGREGATOR = 300,192.165.1.1` gibt an, welcher Router (hier `192.165.1.1`) in welchem AS (hier 300) den aggregierten Pfad erzeugt hat. *R3* aus dem AS 300 als Aggregator kündigt den aggregierten Pfad *R4* aus dem AS 400 als `10.0.0.0/16 300 ATOMIC_AGGREGATE` an.

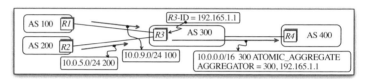

Abb. 11.4-13: Nutzung der Path-Attribute `AGGREGATOR` und `ATOMIC_AGGREGATE`

11.4.4 Multiprotocol Extensions for BGP-4 (MP-BGP)

Um BGP u.a. in Netzen mit IPv6 und in Virtual Private Networks (VPN) auf Basis der MPLS-Netze zu verwenden, wurde BGP so erweitert, dass man die nicht IPv4-konformen Routen übermitteln kann. Diese so erweiterte BGP-Version spezifiziert RFC 4760/2858, und sie wird als *MP-BGP* bezeichnet. Die Routen bei MP-BGP, ebenso wie bei BGP, werden zwischen jeweils zwei BGP-Routern in den Nachrichten UPDATE als Angabe NLRI übermittelt. Bei MP-BGP werden zwei neue Attribute `MP-REACH_NLRI` und `MP-UNREACH_NLRI` definiert. Dadurch ist MP-BGP ein wichtiges Routing-Protokoll in VPNs auf Basis der MPLS-Netze geworden. MP-BGP dient auch als Routing-Protokoll zwischen IPv6-Domains [RFC 2545], was auch als *BPGv6* bezeichnet wird. Zudem kann MP-BGP auch für die Label Distribution in MPLS-Netzen verwendet werden [RFC 3107].

Nachbarschaft bei MP-BGP

Abb. 11.4-14 zeigt den Aufbau einer Nachbarschaft zwischen BGP-Peers bei MP-BGP. Die Nachricht OPEN enthält im Vergleich zu BGP [Abb. 11.4-3] den Parameter `Capability Option (CO)`, in dem angegeben wird, dass nun MP-BGP im Einsatz ist und wofür es dienen soll. Sind die beiden Peers kompatibel, wird die Nachricht OPEN von der Gegenseite mit KEEPALIVE bestätigt [Abb. 11.4-14a]. Hat der Peer nach der Angabe in `Capability Option` festgestellt, dass er die geforderte Option nicht unterstützt, antwortet er mit der Nachricht NOTIFICATION, in der er die Ursache (Error Code, Error Subcode) für die 'Absage' der Nachbarschaft angibt [Abb. 11.4-14b].

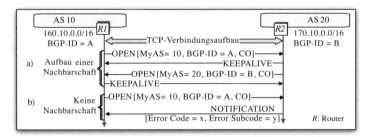

Abb. 11.4-14: Nachbarschaft zwischen BGP-Peers beim Einsatz von MP-BGP: a) Aufbau einer Nachbarschaft, b) Nachbarschaft ist nicht möglich

Bei MP-BGP kann eine Nachbarschaft zwischen zwei Peers nur dann geknüpft werden, wenn sie zueinander kompatibel sind. Mit dem Parameter Capability Option lässt sich dies überprüfen. Seine Struktur zeigt Abb. 11.4-15.

Parameter Capability Option

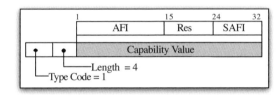

Abb. 11.4-15: Parameter Capability Option in der Nachricht OPEN
AFI: Address Family Identifier, SAFI: Subsequent AFI

AFI (*Address Family Identifier*) gibt an, welche Art von IP-Adressen in der Angabe von Routen enthalten ist, z.B.:

AFI und SAFI

- AFI = 1: IPv4-Adresse,
- AFI = 2: IPv6-Adresse.

SAFI (*Sub-AFI, Subsequent AFI*) gibt die Anwendungsart an; z.B.:

- SAFI = 1: Weiterleitung als Unicast,
- SAFI = 4: Label Distribution bei MPLS [Abschnitt 11.2],
- SAFI = 64: Virtual Private LAN Service [Abschnitt 11.2.2],
- SAFI = 128: MPLS-labeled VPN Address [Abschnitt 11.2.1].

Bei MP-BGP kann eine Nachbarschaft zwischen zwei Peers nur dann geknüpft werden, wenn sie MP-BGP mit den gleichen Werten von AFI und SAFI unterstützen. Ist dies der Fall, sind die beiden zueinander kompatibel.

Die wesentliche Erweiterung vom BGP-4 zum MP-BGP besteht darin, dass folgende zwei NLRI-Attribute für die Nachricht UPDATE spezifiziert wurden:

Path-Attribute beim MP-BGP

- MP_REACH_NLRI für die Angabe von neuen (aktuellen) Routen,
- MP_UNREACH_NLRI für die Angabe von ungültig gewordenen Routen.

In diesen beiden Attributen können die Routen in IPv4-, IPv6-, Multicast-Adressen oder in VPN-IPv4-Adressen [Abb. 11.4-18c] angegeben werden.

Im Feld NLRI von MP_REACH_NLRI können die aktuellen (neuen) Routen angegeben werden. Abb. 11.4-16a zeigt die Struktur von MP_REACH_NLRI.

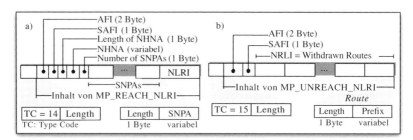

Abb. 11.4-16: Path-Attribute beim MP-BGP: a) MP_REACH_NLRI, b) MP_UNREACH_NLRI

MP_REACH_NLRI MP_REACH_NLRI enthält folgende Angaben:

- AFI (*Address Family Identifier*): Art der IP-Adressen in der Spezifikation von Routen,
- SAFI (*Subsequent AFI*): Art der Nutzung von Angaben in NLRI,
- Length of NHNA (*Next Hop Network Address*): Länge (in Byte) der IP-Adresse des BGP-Peer, d.h. 4 bei der IPv4-Adresse bzw. 16 bei der IPv6-Adresse,
- NHNA: IPv4- bzw. IPv6-Adresse des BGP-Peer,
- Number of SNPA (*Subnetwork Point of Attachment*): Anzahl von Layer-2-Adressen (z.B. MAC-Adresse), über die der BGP-Peer zu erreichen ist,
- SNPA: Layer-2-Adresse des BGP-Peer,
- NLRI (*Network Layer Reachability Information*): NLRI kann eine Liste neuer Routen in der CIDR-Notation enthalten, über die ein Router seine Peers informieren möchte.

MP_UNREACH_-NLRI Die Änderungen im Netz, die während des Netzbetriebs auftreten (z.B. wurde ein neues Subnetz eingerichtet) und dazu führen, dass einige Routen ungültig geworden sind, müssen entsprechend bekannt gemacht werden. Bei MP-BGP dient hierfür das Path Attribut MP_UNREACH_NLRI. Als Inhalt dieses Attributs können die Routen in der Nachricht UPDATE angegeben werden, die als ungültig gelten, also jene, die gelöscht werden sollen. Die Struktur von MP_UNREACH_NLRI zeigt Abb. 11.4-16b. Dieses Attribut kann eine Liste der Routen in der CIDR-Notation enthalten, die aus einer Routing-Tabelle 'gestrichen' werden sollen. AFI und SAFI haben hier die gleiche Bedeutung wie im Attribut MP_UNREACH_NLRI.

IPv6 Inter-Domain Routing

Das MP-BGP kann zwischen zwei IPv6-Domains eingesetzt werden, sodass diese sich die Netzwerkziele gegenseitig bekannt machen können. In diesem Fall spricht man von *IPv6 Inter-Domain Routing* [RFC 2545]. Abb. 11.4-17 illustriert einen derartigen Einsatz des MP-BGP.

11.4 Border Gateway Protocol (BGP-4)

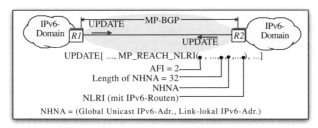

Abb. 11.4-17: IPv6 Inter-Domain Routing mit dem MP-BGP

Unter Einsatz des Attributs `MP_REACH_NLRI` in der Nachricht UPDATE teilen sich die beiden Router ihre IPv6-Adressen und Netzwerkziele in ihren IPv6-Domains mit. Hierbei werden ihre IPv6-Adressen als NHNA übermittelt. Die Netzwerkziele werden im Feld `NLRI` eingetragen. Enthält NHNA die Global-Unicast-IPv6-Adresse, so wird der Parameter `Length of NHNA` auf 16 gesetzt. Falls NHNA sowohl die Global-Unicast-IPv6-Adresse als auch die LLU-Adresse angibt, wird `Length of NHNA` auf 32 festgelegt. So können sich die beiden BGP-Peers ihre Adressen mitteilen. Da es sich um die IPv6-Adressen handelt, wird mit `AFI = 2` darauf verwiesen.

Einsatz des MP-BGP in BGP/MPLS IPv4-VPNs

Ein *BGP/MPLS IPv4-VPN* bildet mehrere IPv4-Netzwerke, die über ein MPLS-Netz durch emulierte Standleitungen miteinander vernetzt sind [Abschnitt 11.2.3]. Abb. 11.4-18a illustriert dies. Die Netzwerke an den einzelnen Standorten eines VPN werden über sog. CE (*Customer Edge*) an die Router im MPLS-Netz eines Providers angeschlossen. Die Router am Rande des MPLS-Netzes werden als PE (*Provider Edge*) bezeichnet. Ein PE kann die Routingziele vom CE mittels des RIP-2 bzw. von OSPF erlernen. Die PEs an beiden Enden einer emulierten Standleitung tauschen die Routingziele untereinander durch der Nachricht UPDATE des Protokolls BGP aus.

BGP/MPLS IPv4-VPN

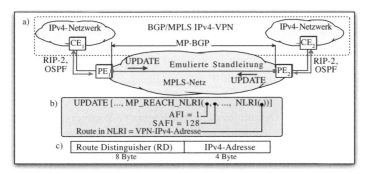

Abb. 11.4-18: Einsatz des MP-BGP im BGP/MPLS IPv4-VPN: a) Struktur der Vernetzung, b) Angaben in `MP_REACH_NLRI`, c) Struktur der VPN-IPv4-Adresse

Mit `AFI = 1` und `SAFI = 128` wird darauf verwiesen, dass es sich hier um IPv4-VPN handelt [Abb. 11.4-18b]. Eine Route im Feld NLRI wird durch eine sog. *VPN-IPv4-Adresse* angegeben, die in RFC 2547 spezifiziert wird. Ihre Struktur zeigt Abb. 11.4-18c und sie setzt sich aus einem *Route Distinguisher* und einer IPv4-Adresse zusammen.

BGP/MPLS IPv6-VPN

Über ein MPLS-Netz können auch mehrere IPv6-Netzwerke so vernetzt werden, dass sie ein sog. *BGP/MPLS IPv6-VPN* bilden. Ein derartiges IPv6-VPN wurde in RFC 4659 spezifiziert, und es funktioniert nach den gleichen Prinzipien wie ein IPv4-VPN. Mit `AFI = 2` und `SAFI = 128` wird in diesem Fall darauf verwiesen, dass es sich um BGP/MPLS IPv6-VPN handelt. Eine Route in NLRI wird durch eine *VPN-IPv6-Adresse* festgelegt. Derartige IPv6-Adressen werden in RFC 4659 definiert.

11.5 Redundante Auslegung von Routern

Eine wichtige Anforderung bei der Planung eines komplexen Netzwerks ist die Gewährleistung seiner Ausfall- und Betriebssicherheit. Die Netzwerkplaner sind immer darauf bedacht, sog. *Single Points of Failure* zu vermeiden. Dazu gehören vor allem zentrale Netzwerkkomponenten wie Router. Diese sollen in bestimmten Situationen redundant ausgelegt werden.

Während bei IPv6 durch das *Router Advertisement Protocol* bereits per constructionem Router-Redundanzen vorgesehen sind, bedarf es bei IPv4 ergänzender Anstrengungen, redundante Router so aufzubauen, dass sie sich gegenseitig ergänzen und eine funktionierende Einheit bilden. Somit ist ein Protokoll nötig, mit dem ein Router einen anderen über seinen Zustand informieren kann. Hierfür stehen folgende Protokolle zur Verfügung:

- VRRP (*Virtual Router Redundancy Protocol*) [RFC 3768] und
- HSRP (*Hot Standby Routing Protocol*) [RFC 2281].

Virtueller Router

Diese Protokolle ermöglichen es, mehrere Router als virtuelle Router (*Virtual Router*, VR) einzurichten. Daher stellen sowohl VRRP als auch HSRP ein *VR-Protokoll* (kurz *VRP*) dar.

11.5.1 Konzept des virtuellen Routers

Bedeutung von Default Router

IP-Netzwerke bestehen in der Regel aus mehreren IP-Subnetzen, die über Router miteinander vernetzt werden. Falls ein Quellrechner ein IP-Paket zu einem Zielrechner in einem anderen IP-Subnetz sendet, muss er das IP-Paket an einen ihm zugeordneten Router zur Weiterleitung ins andere IP-Subnetz übergeben. Ein derartiger Router wird als *Default Router* oder als *Default Gateway* bezeichnet.

In der Praxis werden die Default Router in der Regel den Rechnern statisch zugeordnet und oft manuell bei ihrer Konfiguration eingetragen. In diesem Fall wirkt sich der Ausfall eines Default Routers besonders stark aus. Infolgedessen ist kein Rechner innerhalb eines IP-Subnetzes mehr in der Lage, mit Rechnern in anderen IP-Subnetzen Daten auszutauschen, und die Rechner werden dadurch komplett von der 'Außenwelt' abgeschnitten. Aus diesem Grund sollten in 'wichtigen IP-Subnetzen' mehrere Default Router eingesetzt werden.

Abb. 11.5-1a veranschaulicht den Einsatz von zwei Routern als Default Router. Hier wurde angenommen, dass bei der Konfiguration von Rechnern die Möglichkeit besteht, mehrere Default Router bei ihnen einzutragen.

11.5 Redundante Auslegung von Routern

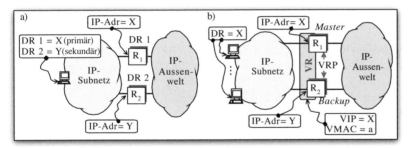

Abb. 11.5-1: Redundante Router: a) Default Router ohne VRP, b) Virtueller Router mit VRP
DR: Default Router; R: Router, VMAC: Virtuelle MAC-Adresse, VIP: Virtuelle IP-Adresse
VRP: Virtual Router Protocol (d.h. VRRP bzw. HSRP)

Ohne Einsatz eines VRP sind dem Rechner zwei Default Router bekannt, die er als *primär* und *sekundär* interpretiert. Eine derartige Lösung kommt nur dann in Betracht, wenn das Betriebssystem die Möglichkeit bietet, bei der Rechnerkonfiguration mehrere Default Router anzugeben. Eine solche Lösung schützt nur ungenügend vor einem Totalausfall, denn das Netzwerkbetriebssystem prüft in der Regel lediglich beim Start (Booten des Rechners), ob der primäre Default Router verfügbar ist. Ist er nicht verfügbar, wird anschließend geprüft, ob der nächste eingestellte (d.h. sekundäre) Router erreichbar ist. Ist dies der Fall, wird der sekundäre Router verwendet. Dieser Test wird allerdings nur beim Booten des Rechners durchgeführt.

Redundante Router ohne VRP

Falls mehrere Router in einem 'wichtigen' IP-Subnetz als Default Router dienen, sollten sie als *virtuelle Router* (*VR*) eingerichtet werden. Dies ist mittels eines VRP, d.h. entweder über VRRP oder über HSRP, möglich. Falls zwei physikalische Router nach außen als VR wirken sollen, müssen eine *virtuelle IP-Adresse* (kurz VIP) und eine *virtuelle MAC-Adresse* (VMAC) dem VR zugeordnet werden. Abb. 11.5-1b illustriert das Prinzip der redundanten Auslegung von Routern, sodass diese als VR nach außen wirken. Hier fungiert R_1 als *Master-Router*; er ist aktuell für die Weiterleitung aller IP-Pakete zuständig, die an die VIP übergeben werden. Der Master-Router übernimmt die Rolle des Default Routers. Sollte der Master-Router aber ausfallen, übernimmt automatisch der bis dahin als Backup arbeitende Router seine Funktion.

Redundante Router als VR

- VMAC bei VRRP: `00-00-5E-00-01-VRID`
  Die Oktette `00-00-5E` stellen hier den OUI (*Organizationally Unique Identifier*) dar. Die Oktette `00-01` kennzeichnen das VRRP. Das Oktett *VRID* dient als Identifikation von VR.

VMAC-Aufbau

- VMAC bei HSRP: `00-00-0C-07-AC-xy` und bei HSRPv2: `00-00-0C-9F-F0-xy`
  xy repräsentiert als (hexadezimale) Nummer den virtuellen Router. In Netzen wie Token Ring, bei denen hauptsächlich lokal-administrierte MAC-Adressen benutzt werden, kann ein zusätzliche Group-Identifier zur Bezeichnung der sog. *Standby Group* genutzt werden. Ein Verbund von Routern, die einen VR bilden, bezeichnet man bei HSRP als *Standby Group*.

In Abb. 11.5-1b wurde die IP-Adresse X des Master-Routers (d.h. von R_1) als virtuelle IP-Adresse (`VIP = X`) angenommen. Fällt R_1 aus, ist der Backup-Router R_2 weiterhin unter `VIP = X` ansprechbar und übernimmt direkt den Datentransport. Die

IP-Adresse des Master-Routers als VIP

Rechner bemerken also in diesem Fall nichts vom Ausfall eines Routers. Sie sprechen weiterhin wie gewohnt ihren Default Router über die `VIP = X` an.

Kooperation von Routern

Wie die beiden Router 'kooperieren', regelt ein VRP. Hierbei sendet der Master-Router regelmäßig sog. `Advertisements`, um dem Backup-Router die eigene Funktionsfähigkeit (*Ich lebe noch!*) zu signalisieren. Wichtig ist, dass eine derartige Kooperation von Routern, die einen virtuellen Router bilden, für die normalen Rechner nicht zu bemerken ist. Das heißt, die Rechner 'glauben', sie hätten es immer mit demselben Router zu tun.

Virtueller Router und ARP

Will ein Rechner ein IP-Paket zum ersten Mal an einen Rechner in einem anderen IP-Subnetz übermitteln, so sendet er normalerweise zunächst einen `ARP-Request` [Abb. 3.6-2] mit der IP-Adresse des Default Routers als Broadcast-Nachricht auf dem MAC-Level, um seine MAC-Adresse zu ermitteln. Danach sendet der Rechner das IP-Paket mit dem Ziel im fremden Subnetz direkt an diese MAC-Adresse, d.h. direkt an den Default Router.

VR-Antwort auf ARP-Request mit VMAC

Im Normalfall (also ohne redundante Router-Auslegung) antwortet der entsprechende Router auf einen `ARP-Request` mit seiner physikalischen MAC-Adresse. Unterstützt dieser Router jedoch das VR-Protokoll, antwortet er mit seiner *virtuellen MAC-Adresse* (VMAC) anstatt mit seiner physikalischen MAC-Adresse. Somit darf der Backup-Router aus einem VR auf keinen Fall mit seiner physikalischen MAC-Adresse auf einen `ARP-Request` antworten.

Die Tatsache, dass ein Router aus einem VR immer mit der virtuellen MAC-Adresse auf den `ARP-Request` antwortet, hat folgenden Vorteil:

> Wenn der Master-Router ausfällt und der Backup-Router für ihn einspringt, bleibt dies für die Rechner vollkommen transparent, da beide Router sowohl die gleiche VIP als auch die gleiche VMAC verwenden. Somit sendet der Rechner weiterhin alle IP-Pakete in fremde IP-Subnetze an die gleiche VMAC. Welcher Router tatsächlich gerade Master-Router ist und als Default Router dient, spielt für die Rechner daher keine Rolle.

Lastverteilung mit virtuellen Routern

Die Lösung in Abb. 11.5-1b hat den Nachteil, dass der Backup-Router R_2 nur als passive Redundanz dient. Das heißt, er hat nichts zu tun, solange der Master-Router R_1 einwandfrei funktioniert. Für die Praxis wäre aber der Fall interessanter, in dem beide Router gleichzeitig aktiv sind. Dies lässt sich dadurch erreichen, indem man mehrere virtuelle Router definiert und die Lastverteilung (*Load Sharing*) auf mehrere Router verteilt. Abb. 11.5-2 zeigt eine derartige Lösung. Hier ist hervorzuheben, dass jeder Router gleichzeitig zu mehreren virtuellen Routern gehört.

Lastverteilung von Routern

> Um eine Lastverteilung zu erzielen, sind die virtuellen Router VR_1 und VR_2 entsprechend zu konfigurieren: R_1 fungiert als Master für VR_1 mit `VIP = X` und als Backup-Router für VR_2. R_2 hingegen ist Master für VR_2 mit `VIP = Y` und Backup-Router für VR_1.

11.5 Redundante Auslegung von Routern

Die einzelnen Rechner im IP-Subnetz müssen daher so konfiguriert werden, dass ein Teil von ihnen als Default Router (DR) die VIP = X eingetragen hat und der andere Teil die VIP = Y. Dies bedeutet, dass der Router R_1 im Normalfall für alle Rechner mit dem Eintrag DR = X und der Router R_2 für alle Rechner mit dem Eintrag DR = Y als Default Gateway fungiert. Dadurch erreicht man eine Lastverteilung.

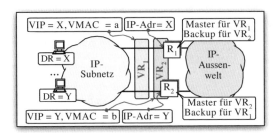

Abb. 11.5-2: Lastverteilung mit virtuellen Routern
Abkürzungen wie in Abb. 11.5-1

Da R_2 als Backup-Router für VR_1 dient, würde er bei einem Ausfall von R_1 zusätzlich dessen Master-Aufgabe für VR_1 übernehmen. Damit wäre R_2 dann Master-Router für die beiden virtuellen Router und dadurch Default Router für alle Rechner im IP-Subnetz. Umgekehrt dient R_1 als Backup-Router für VR_2 und würde beim Ausfall von R_2 ebenfalls dessen Master-Aufgabe für VR_2 übernehmen. Damit wäre er dann Master-Router für die beiden virtuellen Router und gleichzeitig Default Router für alle Rechner im IP-Subnetz. Fällt einer der beiden Router R_1 oder R_2 aus, geht zwar der Vorteil der Lastverteilung verloren, aber das Netzwerk bleibt weiterhin funktionsfähig.

Wie ergänzen sich die Router?

11.5.2 Funktionsweise von VRRP

Ein VR-Protokoll ist das VRRP (*Virtual Router Redundancy Protocol*). Das VRRP wurde in RFC 3768 spezifiziert und sorgt dafür, dass mehrere Router als virtueller Router eingesetzt werden können. Beim VRRP tauschen die Router die VRRP-Advertisements miteinander aus; im Normalbetrieb sendet diese lediglich der Master-Router. Sie werden direkt in den IP-Paketen transportiert, sodass das VRRP der Schicht 4 im OSI-Modell zuzuordnen ist [Abb. 11.5-3].

VRRP in der Schicht 4

Das VRRP unterstützt u.a. folgende Funktionen:

Funktionen des VRRP

- Auswahl eines Master-Routers,
- Entdeckung eines Ausfalls des Master-Routers.

Aufbau von VRRP-Advertisement
Abb. 11.5-3 zeigt den Aufbau von Advertisement. Hier ist Folgendes hervorzuheben:

- VRRP-Router kommunizieren über die Multicast-Adresse 224.0.0.18 miteinander.
- TTL im IP-Header wird auf 255 gesetzt. Diese Maßnahme dient dazu, die aus fremden Netzwerken eingeschleusten IP-Pakete zu erkennen.
- Das VRRP hat die Protokollnummer 112.

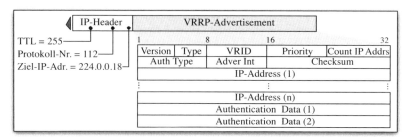

Abb. 11.5-3: Aufbau von VRRP-Advertisement

Die Angaben in VRRP-Advertisement haben folgende Bedeutung:

- Version: Dieses Feld gibt die Version des VRRP an. Aktuell gilt die Version 2.
- Type: Typ des VRRP-Pakets; zurzeit ist nur Typ 1 (Advertisement) definiert.
- VRID (*Virtual Router Identifier*) als Identifikation des virtuellen Routers.
- Priority: Hier wird die Priorität des Routers definiert. Ein Router, dessen IP-Adresse mit der virtuellen IP-Adresse übereinstimmt, erhält die Priorität 255 und wird damit automatisch zum Master-Router. Die Priorität 0 in einem Advertisement signalisiert, dass der aktuelle Master-Router den Betrieb einstellt (z.B. beim Herunterfahren) und bewirkt, dass der Backup-Router mit der höchsten Priorität sofort die Master-Funktionen übernimmt.
- Count IP Addrs: Die Anzahl der IP-Adressen in VRRP-Advertisement.
- Auth Type (*Authentication Type*): Das VRRP sollte in verschiedenen Netzwerkumgebungen funktionieren, in denen auch unterschiedliche Sicherheitsrichtlinien gelten. Daher können beim VRRP verschiedene Methoden zur gegenseitigen Authentisierung der Router zum Einsatz kommen. Hier wird die verwendete Authentisierungsmethode angegeben.
- Advert Int (*Advertisement Interval*): Hier wird angegeben, in welchen Zeitabständen die Advertisements verschickt werden. Standardmäßig ist 1s definiert.
- Checksum, um zu ermitteln, ob Advertisement korrekt übertragen wurde.
- IP Address(es): Eine oder mehrere IP-Adresse/n, die mit dem Virtuellen Router verknüpft ist/sind, deren Anzahl im Feld Count IP Addrs angegeben wird.
- Authentication Data: Hier werden die Angaben zur Authentisierung gemacht.

Auswahl des Master-Routers

Priorität entscheidet

Bei der Entscheidung, welcher Router als Master fungiert, werden mehrere Faktoren und Parameter berücksichtigt, die zwischen Routern in Advertisement ausgetauscht werden. Zuerst wird überprüft, ob die virtuelle IP-Adresse (VIP) bereits von einem tatsächlichen Router-Port verwendet wird. Ist dies der Fall, wird die Priorität 255 diesem Router zugewiesen, wodurch er automatisch zum Master wird.

Wird als VIP eine zusätzliche IP-Adresse verwendet, die keinem Router-Port zugeordnet ist, entscheidet die Priorität der einzelnen Router, wer zum Master ausgewählt werden soll. Dabei gilt folgende Regel: Der Router mit der höchsten Priorität wird

11.5 Redundante Auslegung von Routern

zum Master-Router ausgewählt. Haben zwei Router die gleiche Priorität, dann wird der Router mit der höheren IP-Adresse als Master-Router ausgewählt.

Entdeckung eines Ausfalls des Master-Routers

Normalerweise sendet der Master-Router `Advertisement` in von vornherein festgelegten Intervallen, um den Backup-Routern zu signalisieren, dass er noch intakt ist. Solange `Advertisement` gesendet wird, bleiben die Backup-Router im Backup-Zustand. Fällt der Master-Router jedoch aus, empfangen die Backup-Router kein `Advertisement` mehr. In diesem Fall spricht man von *Master-Down*. Beim Ausfall des Master-Routers übernimmt der Backup-Router mit der höchsten Priorität dessen Funktion. Üblicherweise geschieht dies nach 3 hintereinander ausbleibenden `Advertisements`.

Jeder *Master-Down*-Fall wird von Backup-Routern über den Wert des sogenannten `Master_Down_Timer` erkannt, der den maximalen Wert von 3*`Advertisement_Interval` (3*AdvIn) erreichen kann. AdvIn ist das Intervall, mit dem der Master-Router Advertisement sendet (typisch AdvIn = 1s). Hat ein Backup-Router innerhalb von 3*AdvIn kein `Advertisement` empfangen, geht er davon aus, dass der Master-Router ausgefallen ist und ein neuer Master-Router ausgewählt werden muss. Da der Backup-Router mit der höchsten Priorität am schnellsten den Ausfall des Master-Routers erkennen muss, wird hierfür das sog. `Master_Down_Interval` wie folgt definiert:

Master-Down

Master_Down_Interval = 3*AdvIn + Skew_Time,

wobei: Skew_Time = (256-Priority)/256,
         Priority = Priorität des Backup-Routers.

Der Backup-Router mit der höchsten Priorität entdeckt aufgrund von `Skew_Time` den Ausfall am schnellsten.

In Abb. 11.5-4 wurde angenommen, dass der Master-Router unerwartet ausgefallen ist. Wie viel Zeit brauchen nun die Backup-Router, um diesen Ausfall zu bemerken?

Ausfall des Master-Routers

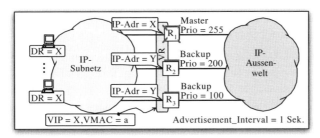

Abb. 11.5-4: Unerwarteter Ausfall des Master-Routers
   Abkürzungen wie in Abb. 11.5-1

Ist der Master-Router ausgefallen, haben die Backup-Router innerhalb der Zeitperiode 3*AdvIn kein `Advertisement` vom ihm empfangen. Jeder Backup-Router rechnet nun für sich `Master_Down_Interval` wie folgt aus:

Unerwarteter Ausfall des Master-Routers

- R2: Skew_Time = (256 - 200)/256 = 56/256 s
     Master_Down_Interval = (3*1) + 56/256 = 3 + 56/256 = 3,21875 s

- R3: Skew_Time = (256 - 100)/256 = 156/256 s,
  Master_Down_Interval = (3*1) + 156/256 = 3+156/256 = 3,609375 s

In diesem Fall entdeckt R_2 dank der höheren Priorität und der daraus resultierenden kürzeren Skew_Time den Ausfall des Master-Routers am schnellsten. Er geht in den Master-Zustand über und sendet Advertisement. Damit teilt er den restlichen Backup-Routern (in diesem Fall nur R_3) mit, dass er jetzt die Rolle des Master-Routers übernommen hat.

Sollte Advertisement vom R_2 nicht rechtzeitig beim R_3 (d.h. vor dem Ablauf seines Master_Down_Interval) eintreffen, würde R_3 ebenfalls ein Advertisement senden. Falls zwei oder mehr Backup-Router gleichzeitig ein Advertisement senden, mit dem sie sich als neuer Master-Router melden, gewinnt der Router mit der höchsten Priorität. Im dargestellten Beispiel bleibt folglich R_2 Master-Router, und R_3 wird wieder zum Backup-Router zurückgestuft.

11.5.3 Idee und Einsatz des HSRP

Besonderheiten des HSRP

Das HSRP (*Hot Standby Routing Protocol*) sorgt dafür, dass mehrere Router als virtueller Router (VR) eingesetzt werden können. Das HSRP wurde von der Firma Cisco entwickelt und ist in RFC 2281 spezifiziert. Ein Verbund von Routern, die einen VR bilden, bezeichnet man bei HSRP als *Standby Group*. Die Router aus einer Standby Group tauschen miteinander entsprechende HSRP-Nachrichten aus, sodass sie sich über ihre Zustände informieren und dadurch gegenseitig überwachen können.

Normalerweise ist nur ein Router in einer Standby Group zu jedem Zeitpunkt aktiv, die anderen sind passiv. Der aktive Router (*Active Router*) fungiert als Master-Router und ist für die Weiterleitung von IP-Paketen verantwortlich, die an die VIP übergeben werden. Der aktive Router antwortet außerdem auf die ARP-Anfragen (*Welche MAC-Adresse entspricht der VIP?*). Als aktiver Router fungiert der Router aus einer Standby Group, der die höchste Priorität hat. Die passiven Router nennt man *Standby Router*, sie dienen nur als Backup-Router. Alle Router einer Standby Group arbeiten so zusammen, dass sie für alle Rechner wie ein einziger verfügbarer Router erscheinen.

Nachrichten beim HSRP

Das HSRP definiert folgende drei Nachrichtentypen, die von jedem Router einer Standby Group gesendet werden können:

- Hello: Jeder intakte Router verschickt diese Nachricht, um anzuzeigen, dass er als aktiver bzw. als passiver Router fungieren kann. Hello enthält die Router-Priorität und die Information über den Router-Zustand.
- Coup: Diese Nachricht wird von einem Standby Router gesendet, wenn er die Funktion des aktiven Routers übernimmt.
- Resign: Sie wird von einem Standby Router gesendet, falls er die Funktion des aktiven Routers nicht wahrnehmen kann bzw. darf.

HSRP in der Schicht 5

Abb. 11.5-5 illustriert, wie HSRP-Nachrichten aufgebaut sind.

Die Angaben in HSRP-Nachrichten haben folgende Bedeutung:

- Version: Dieses Feld enthält die HSRP-Version. Hier wird 0 angegeben.

11.5 Redundante Auslegung von Routern

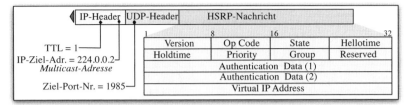

Abb. 11.5-5: Aufbau von HSRP-Nachrichten

- `Op Code`: Angabe des Nachrichtentyps wie folgt: `0: Hello, 1: Coup, 2: Resign`.
- `State`: Router-Zustand, z.B.: `0: Initial, 8: Standby, 16: Active` (Master-Router).
- `Hellotime`: Angabe, in welchen Zeitabständen ein Router `Hello` sendet.
- `Holdtime`: Hier wird die Gültigkeitsdauer der `Hello`-Nachricht angegeben.
- `Priority` als Priorität des Routers.
- `Group`: Diese Angabe dient als Identifikation des virtuellen Routers.
- `Authentication Data`: Dieses Feld enthält eine Zeichenfolge, die als Passwort dient.
- `Virtual IP Address`: Hier wird die virtuelle IP-Adresse (VIP) eingetragen.

In der Praxis ist es oft notwendig, z.B. für die Lastverteilung [Abb. 11.5-2], mehrere virtuelle Router in einem Netzwerk einzurichten. HSRP bietet die Möglichkeit, einen Router mehreren Standby Groups zuzuordnen, sodass er an mehreren virtuellen Routern 'beteiligt' ist. Man spricht in diesem Zusammenhang von MHSRP (*Multigroup HSRP*).

Multigroup HSRP

Von großer Bedeutung ist eine hohe Verfügbarkeit der Internetanbindung. Man kann sie durch eine redundante Internetanbindung und eine Kombination der Funktionalität der Protokolle HSRP und BGP [Abschnitt 11.4] erreichen. Die folgenden Beispiele illustrieren dies.

Redundante Internetanbindung

Abb. 11.5-6 zeigt eine redundante Internetanbindung über zwei ISPs. Hier wird der gesamte Datenverkehr, d.h. der ausgehende und der ankommende, über den Master-Router R_1 weitergeleitet. R_2 dient nur als Backup-Router. Um den Datenverkehr vom Internet nur über R_1 zu führen, muss der BGP-Pfad `AS_PATH` manipuliert werden. Dies erreicht man in einigen Routern (z.B. der Firma Cisco) mit dem Kommando `as-path prepend`, mit dem ein Pfad künstlich verlängert werden kann.

Redundante Internet-Anbindung

Hier sieht der Router beim übergeordneten ISP_1 (AS 600) den Pfad zum R_2 im AS 100 mit der Länge von 3 Hops, d.h. 300, 100, 100. Dies ist die Folge der künstlichen Verlängerung des Pfads mit dem Kommando `as-path prepend 100` im R_2.

Der Router beim ISP_1 sieht aber die Route zum R_1 im AS 100 mit der Länge von 2 Hops, d.h. 200, 100. Somit wird der Datenverkehr vom AS 600 (ISP_1) und damit auch vom Internet über das AS 200 (ISP_2) zum R_1 im AS 100 geführt.

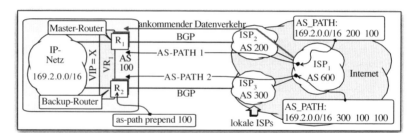

Abb. 11.5-6: Redundante Internetanbindung: ausgehender und ankommender Datenverkehr verläuft nur über den Master-Router
AS: Autonomes System, R: Router, VIP: Virtuelle IP-Adresse, VR: Virtueller Router

Redundante Internet-Anbindung mit gesperrtem virtuellen Router

Im vorherigen Beispiel hat R_1 als einziger Router sowohl den ausgehenden als auch den ankommenden Datenverkehr weitergeleitet. Man kann R_1, der im virtuellen Router aktiv ist, für den ankommenden Datenverkehr vom Internet 'sperren', und zwar mit dem Kommando as-path prepend 100 beim R_1. Abb. 11.5-7 illustriert eine derartige Lösung.

Hier sieht der Router im AS 600 den BGP-Pfad zum R_1 im AS 100 mit der Länge von 3 Hops, d.h. 200, 100, 100. Dies ist die Folge der künstlichen Verlängerung des Pfads mit dem Kommando as-path prepend 100 im R_1.

Der Router im AS 600 sieht den Pfad zum R_2 im AS 100 mit der Länge von nur 2 Hops, d.h. 300, 100. Der Datenverkehr wird somit vom AS 600 (ISP$_1$) über das AS 300 (ISP$_3$) zum R_2 im AS 100 geführt.

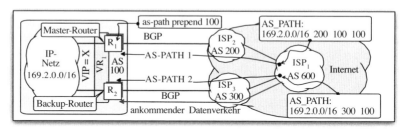

Abb. 11.5-7: Redundante Internetanbindung: ausgehender Datenverkehr verläuft über den Master-Router und ankommender Datenverkehr verläuft über den Backup-Router
Abkürzungen wie in Abb. 11.5-6

Bemerkung: Für die in den Abb. 11.5-6 und Abb. 11.5-7 dargestellte Führung des ankommenden Internet-Datenverkehrs muss auch der DNS-Server im AS 100 entsprechend konfiguriert werden.

11.6 Multicast Routing-Protokolle

Bei den Internetdiensten, die auf dem Multicasting basieren, können die Rechner als Mitglieder einer Multicast-Gruppe (MC-Gruppe) auf mehrere IP-Subnetze verteilt werden. Jeder Router muss daher wissen, welche Rechner zu welchen MC-Gruppen in den an ihn angeschlossenen Subnetzen gehören. Dies kann er über des IGMP (*Internet Group Management Protocol*) bei IPv4 bzw. MLD (*Multicast Listener Discovery*) bei IPv6 erfassen. Mit dem IGMP bzw. dem MLD kann sich ein Rechner dynamisch in eine MC-Gruppe einschreiben bzw. diese verlassen [Abschnitt 3.8.2]. Gehören die Rechner einer MC-Gruppe aber zu verschiedenen Subnetzen, müssen die Router auch multicast-fähig sein. Hierbei wird dann von Multicast-Routern (MC-Routern) gesprochen. Abb. 11.6-1 bringt dies zum Ausdruck.

Bedeutung von IGMP und MLD

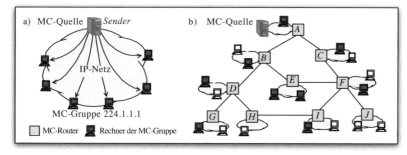

Abb. 11.6-1: MC-Gruppe: a) logische Sicht, b) physikalische Verteilung von Rechnern

Multicast-Routing (MC-Routing) ermöglicht die Weiterleitung von MC-IP-Paketen an Rechner, die zu einer auf mehrere IP-Subnetze verteilten Multicast-Gruppe gehören. Die MC-Router müssen sich somit untereinander koordinieren, um die MC-IP-Pakete für eine bestimmte MC-Gruppe von Rechnern als Empfänger von einer bzw. mehreren MC-Quelle(n) in einem IP-Netz zu verteilen. Wie eine solche Koordination zwischen mehreren MC-Routern verläuft, beschreibt ein *Multicast-Routing-Protokoll* (kurz *MC-Routing-Protokoll*).

Ziel von MC-Routing

Folgende MC-Routing-Protokolle sind z.B. als Internet-Standards spezifiziert:

Welche MC-Routing-Protokolle gibt es?

- DVMRP (*Distance Vector Multicast Routing Protocol*) [RFC 1075],
- MOSPF (*Multicast OSPF*) [RFC 1584],
- PIM (*Protocol Independent Multicast*) als:
  ▷ PIM-SM (*PIM-Sparse Mode*) [RFC 4601],
  ▷ PIM-DM (*PIM-Dense Mode*) [RFC 3973],
- CBT (*Core Based Trees*) [RFC 2189, RFC 2201],
- MSDP (*Multicast Source Discovery Protocol*) [RFC 3618] und
- BGMP (*Border Gateway Multicast Protocol*) [RFC 3913].

In der Praxis sind die MC-Routing-Protokolle PIM und MSDP von großer Bedeutung. Auf sie wird im Weiteren näher eingegangen.

11.6.1 Einige Aspekte von MC-Routing

Arten von MC-Routing

Wie bei Unicast-Routing unterscheidet man auch bei MC-Routing zwischen

- *Intra-Domain-MC-Routing* und
- *Inter-Domain-MC-Routing*.

Abb. 11.6-2 stellt diese beiden Arten von MC-Routing dar.

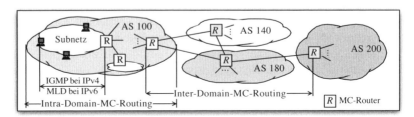

Abb. 11.6-2: Intra-Domain-MC-Routing versus Inter-Domain-MC-Routing

Intra-Domain-MC-Routing

Als *Intra-Domain-MC-Routing* wird das MC-Routing innerhalb eines autonomen Systems verstanden. Hierfür eignen sich die Protokolle PIM-DM, PIM-SM, CBT und MOSPF.

Inter-Domain-MC-Routing

Als *Inter-Domain-MC-Routing* bezeichnet man das MC-Routing zwischen autonomen Systemen (AS). Um dieses MC-Routing zu ermöglichen, wurden die Protokolle MSDP und BGMP entwickelt. Sind die Rechner als Mitglieder einer MC-Gruppe auf mehrere autonome Systeme verteilt, kann das PIM-SM im Verbund mit dem MSDP eingesetzt werden. Hierbei verwendet man das MSDP, um eine MC-Quelle über die Grenze eines autonomen Systems hinaus bekannt zu machen.

Abb. 11.6-2 zeigt auch, dass das IGMP und das MLD die Protokolle für die Kommunikation zwischen Rechnern und einem MC-Router innerhalb eines Subnetzes darstellen.

Scoping als Begrenzung der MC-Reichweite

Um das Internet vor der Überflutung durch MC-IP-Pakete zu schützen, darf nicht jede Quelle die MC-Daten weltweit versenden. Häufig muss die Reichweite von Multicast aus einer Quelle begrenzt werden. In diesem Zusammenhang spricht man von *Scoping* als Begrenzung der Reichweite von Multicast. Hierfür gibt es bei IPv4-Multicasting folgende zwei Ansätze:

- *TTL Scoping* und
- *Administrative Scoping*

TTL Scoping

Beim *TTL Scoping* bestimmt der TTL-Wert im IP-Header [Abb. 3.2-1] die Reichweite des MC-IP-Pakets. Abb. 11.6-3a demonstriert dies. Wurde beispielsweise ein MC-IP-Paket von einer Quelle mit TTL = 32 abgeschickt, kann es nur innerhalb eines Standorts (Site) versendet werden. Die MC-IP-Pakete z.B. mit TTL = 64 können nur innerhalb eines Kontinents (z.B. Westeuropa) verteilt werden. Um die MC-Reichweite zu kontrollieren, müssen die MC-Router entsprechend konfiguriert werden. Hierfür wird jedem physikalischen Port ein TTL-Grenzwert zugeordnet [Abb. 11.6-3b]. Ein empfangenes MC-IP-Paket wird nur dann über einen Ausgangsport weitergeleitet, wenn

11.6 Multicast Routing-Protokolle

der TTL-Wert in einem empfangenen MC-IP-Paket größer als der TTL-Grenzwert des Ports ist.

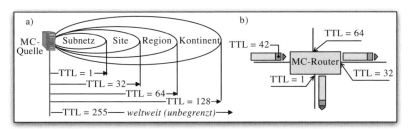

Abb. 11.6-3: Prinzip von TTL Scoping: a) MC-Reichweite und TTL im von der MC-Quelle abgeschickten IP-Paket, b) Behandlung des MC-IP-Pakets im MC-Router

Nach RFC 2365 sind die Adressen von 239.0.0.0 bis 239.255.255.255 für Scoping reserviert; man bezeichnet dies als *administratives Scoping*. Eine administrative Multicast-Zone beim IPv4 wird von einer Gruppe von Routern definiert, die eine Region innerhalb eines Netzwerks umfassen. Beispielsweise wird der Adressbereich 239.255.0.0/16 für den lokalen Bereich (*Local Scope*) bestimmt und der Adressbereich 239.192.0.0/14 für eine ganze Organisation (*Organisation Local Scope*).

Administratives Scoping

Es gilt hervorzuheben, dass es durch Scoping möglich ist, MC-Adressen in verschiedenen Bereichen mehrfach zu nutzen.

Bemerkung: Die Reichweite von IPv6-Multicasting wird durch vier Scope-Bit in MC-IPv6-Adressen bestimmt [Abb. 8.10-1].

Um das Multicasting zu unterstützen, müssen sowohl Rechner als auch Router MC-fähig sein. Entsprechend muss ihre Software erweitert werden. Daher sind nicht alle IP-Netze MC-fähig. Oft ist es nötig, mehrere MC-Inseln über ein nicht MC-fähiges IP-Netz zu vernetzen. In diesem Fall müssen die IP-Pakete mit MC-IP-Zieladressen über ein nicht MC-fähiges IP-Netz übermittelt werden. Hierfür wird ein zusätzlicher IP-Header den zu übermittelnden MC-IP-Paketen vorangestellt, sodass man auch von *IP-in-IP-Encapsulation* spricht. Abb. 11.6-4 illustriert eine derartige Encapsulation.

MC über nicht MC-fähiges IP-Netz

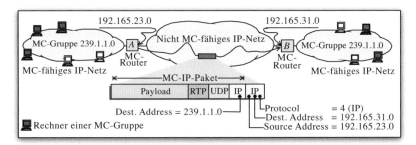

Abb. 11.6-4: Übermittlung der MC-IP-Pakete über ein nicht MC-fähiges IP-Netz

Der zusätzliche IP-Header, der dem MC-IP-Paket vorangestellt wird, gibt u.a. an, von welchem Quell-MC-Router das Paket abgeschickt wurde und zu welchem Ziel-MC-Router es übermittelt wird. Zudem wird mittels Protocol = 4 angegeben [Tab. 3.1-

IP-in-IP-Tunneling

1], dass ein IP-Paket direkt nach diesem IP-Header folgt. Die derartige Übermittlung eines MC-IP-Pakets könnte man so interpretieren, als ob das MC-IP-Paket in einem Tunnel übermittelt wäre. Daher spricht man auch von *IP-in-IP-Tunnel* bzw. von *IP-in-IP-Tunneling*.

Einsatz des GRE-Header

Um Multicast über ein nicht MC-fähiges IP-Netz zu übermitteln, kann auch *Generic Routing Encapsulation* (GRE) verwendet werden. Bei GRE wird dem MC-IP-Paket zuerst ein GRE-Header und dann ein zusätzlicher IP-Header mit der Angabe Protocol Type = 47 [RFC 2784] vorangestellt. Damit wird im ersten IP-Header auf den GRE-Header hingewiesen. Im GRE-Header wird danach mit der Angabe Protocol Type = 2048 (Ethernet-Type) darauf verwiesen, dass ein MC-IP-Paket als GRE-Payload folgt. Da es sich bei Protocol Type im GRE-Header um die gleiche Angabe handelt, die im Feld Type von Ethernet-Frames eingetragen wird, kann das nicht MC-fähige IP-Netz mit GRE aus der funktionellen Sicht als eine Nachbildung von Ethernet angesehen werden.

11.6.2 Aufgaben von MC-Routing

Die Kernfunktion von Multicast-Routing (MC-Routing) ist die Verteilung von MC-IP-Paketen in einem Verbund mehrerer IP-Subnetze. Hierfür wird zuerst ein Baum von Verbindungen für jede MC-Gruppe erstellt, der alle MC-Router mit angeschlossenen MC-Rechnern als Mitglieder der MC-Gruppe erfasst. Einen solchen Baum bezeichnet man als *MC-Verteilbaum* (*Multicast Distribution Tree*) bzw. kurz *Verteilbaum*. Bei MC-Routing werden daher folgende zwei Hauptfunktionen realisiert:

- *Erstellung und Verwaltung der Verteilbäume* und
- *Verteilung von MC-IP-Paketen*, auch *MC-Forwarding* genannt.

Arten der Verteilbäume

In einer MC-Gruppe können mehrere Rechner als MC-Quellen fungieren. In diesem Fall kann ein Verteilbaum für jede MC-Quelle erstellt werden, also ein *quellbasierter Verteilbaum* (*Source Tree*). Für alle MC-Quellen einer MC-Gruppe kann aber auch ein *gemeinsamer Verteilbaum* (*Shared Tree*) erstellt werden. Abb. 11.6-5 illustriert solche Verteilbäume für die MC-Gruppe aus Abb. 11.6-1b.

Quellbasierter Verteilbaum

Im quellbasierten Verteilbaum stellt der *designierte Router* (DR) im IP-Subnetz der MC-Quelle die *Baumwurzel* (*Root*) dar und die *Äste* im Verteilbaum repräsentieren die *Routenabschnitte* zu den einzelnen MC-Routern, über die alle Mitglieder der MC-Gruppe erreicht werden können. Hier handelt es sich um die Wege mit minimalen Kosten zu den einzelnen MC-Routern. Um diese zu überprüfen, zeigt Abb. 11.6-5a auch die Kosten einzelner Leitungen. Ein quellbasierter Verteilbaum ist daher ein Baum mit minimalen Gesamtkosten. Er ist auch ein Baum mit kürzesten Pfaden (Routen), d.h. ein *Shortest Path Tree* (SPT), der nach dem *Algorithmus von Dijkstra* ermittelt werden kann [Abb. 11.3-3].

Notation (S,G)

Für einen quellbasierten Verteilbaum wird die Notation (S,G) verwendet. Mit S bezeichnet man die MC-Quelle (Source) und mit G die MC-Gruppe. Der in Abb. 11.6-5a gezeigte Verteilbaum kann kurz als (192.1.1.1,224.1.1.1) bezeichnet werden.

Gemeinsamer Verteilbaum

Für eine MC-Gruppe kann auch ein gemeinsamer Verteilbaum erstellt werden. Hierfür wird ein MC-Router als Baumwurzel ausgewählt, der *Rendezvous Point* (RP) genannt

11.6 Multicast Routing-Protokolle

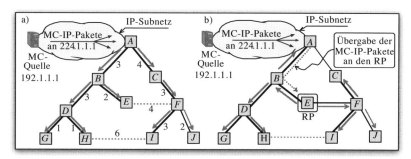

Abb. 11.6-5: Verteilbäume für die MC-Gruppe aus Abb. 11.6-1b: a) quellbasierter Verteilbaum als Shortest Path Tree, b) gemeinsamer Verteilbaum
RP: Rendezvous Point

wird. Ein RP ist somit ein Zentrumsknoten innerhalb einer MC-Gruppe. Die Äste im Verteilbaum stellen die Routenabschnitte zu den einzelnen Routern dar, über die alle Mitglieder der MC-Gruppe erreicht werden können. Berücksichtigt man die Verbindungskosten, sollte der gemeinsame Verteilbaum möglichst minimale Gesamtkosten aufweisen.

Bei der Nutzung eines gemeinsamen Verteilbaums müssen die MC-IP-Pakete von der MC-Quelle zum RP transportiert werden; in der Regel werden sie als Payload in Unicast-IP-Paketen von der MC-Quelle direkt zum RP übermittelt. Hier handelt es sich deshalb um die in Abb. 11.6-4 dargestellte *IP-in-IP-Encapsulation*. Die Übermittlung der MC-IP-Pakete von der Quelle zum RP erfolgt somit in einem IP-in-IP-Tunnel.
IP-in-IP-Tunnel von MC-Quelle zum RP

Für einen gemeinsamen Verteilbaum für die MC-Gruppe G wird die Notation (*,G) verwendet. Mit '*' verweist man darauf, dass der Verteilbaum für alle MC-Quellen aus der MC-Gruppe G gilt. Der in Abb. 11.6-5b gezeigte Verteilbaum kann kurz als (*,224.1.1.1) bezeichnet werden.
Notation (,G)*

Bei MC-Routing wird angenommen, dass ein neues Mitglied zu jedem Zeitpunkt zu einer MC-Gruppe hinzukommen kann und dass ein Mitglied eine MC-Gruppe zu jedem Zeitpunkt verlassen kann. Dies führt dazu, dass die Verteilbäume ständig aktualisiert – also verwaltet – werden. Hierbei werden die Begriffe *Pruning* und *Grafting* verwendet.

Wenn ein bzw. mehrere Mitglied(er) eine MC-Gruppe verlassen hat (haben), kann der Fall auftreten, dass die MC-IP-Pakete nicht mehr zu einem bestimmten MC-Router gesendet werden müssen. Ist dieser MC-Router ein Blatt im Verteilbaum, kann der Ast im Baum zu diesem Blatt 'abgeschnitten' werden. Man spricht in diesem Fall von *Pruning*.
Pruning

Wenn ein bzw. mehrere Mitglied(er) zu einer MC-Gruppe hinzukommt(en), kann dies dazu führen, dass die MC-IP-Pakete zu einem neuen MC-Router gesendet werden müssen. Hierfür muss der Verteilbaum entsprechend erweitert werden. Man spricht in diesem Fall von *Grafting*. Daher kann Grafting als Gegenteil von Pruning angesehen werden.
Grafting

Multicast Forwarding

Um MC-IP-Pakete an Rechner einer MC-Gruppe zu verteilen, wird das Prinzip RPF (*Reverse Path Forwarding*) verwendet. Abb. 11.6-6 illustriert dieses Prinzip. Hier hat der MC-Router ein MC-IP-Paket von der MC-Quelle S mit der IP-Adresse 151.1.2.14 empfangen und muss es weiterleiten.

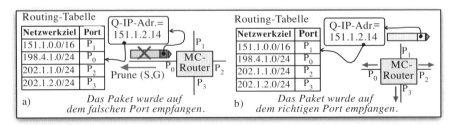

Abb. 11.6-6: Multicast Forwarding nach dem RPF-Prinzip
Q-IP-Adr: IP-Quelladresse

RPF-Prinzip

Das RPF-Prinzip besteht darin, dass der MC-Router sich die MC-Quelle S und den physikalischen Port (Interface) merkt, über den ein MC-IP-Paket an die MC-Gruppe G empfangen wurde. Die Regel für Multicast Forwarding (MC-Forwarding) von der MC-Quelle S an die MC-Gruppe G – in Anlehnung an das Protokoll PIM-SM – lautet wie folgt:

Regel 1: Gehört der physikalische Port, über den ein MC-IP-Paket an die MC-Gruppe G empfangen wurde, zur optimalen Route (zum kürzesten Pfad) zur MC-Quelle S, wird dieses MC-IP-Paket über alle anderen Ports weitergeleitet, auf denen vorher keine Nachricht Prune(S,G) empfangen wurde.

Regel 2: Gehört der Port aber nicht zur optimalen Route zur MC-Quelle S, wird das empfangene MC-IP-Paket nicht weitergeleitet, sondern eine Nachricht Prune(S,G) über diesen Port an den Upstream-Router gesendet, sodass er an diesen Port zukünftig keine weiteren MC-IP-Pakete an die MC-Gruppe G sendet. Bei der Weiterleitung wird hierbei auch auf Scoping geachtet [Abb. 11.6-3].

Mit einer Nachricht Prune(S,G) teilt ein MC-Router seinem benachbarten MC-Router mit, dass dieser an ihn keine von der Quelle S an die Gruppe G adressierten MC-IP-Pakete senden soll.

Vorteil und Nachteil von RPF

Der Vorteil von RPF ist, dass keine speziellen MC-Routing-Tabellen außer herkömmlichen Routing-Tabellen in MC-Routern erforderlich sind. Der Nachteil von RPF besteht darin, dass die Weiterleitung von MC-IP-Paketen nicht zielorientiert ist und dass ein Empfänger dasselbe MC-IP-Paket mehrfach erhalten kann.

Aufbau und Nutzung des quellbasierten Verteilbaums

Durch das Versenden von Prune-Nachrichten beim MC-Forwarding nach RPF kann ein quellbasierter Verteilbaum aufgebaut werden. Abb. 11.6-7a zeigt dies in Anlehnung an das Protokoll PIM-SM.

Aufbau des Verteilbaums der Quelle S

Beim MC-Forwarding sind in Abb. 11.6-7a folgende Schritte zu unterscheiden:

1. Die MC-Quelle S sendet in ihrem lokalen IP-Subnetz ein MC-IP-Paket. Der Router A, der als designierter Router (DR) fungiert, empfängt dieses IP-Paket.

11.6 Multicast Routing-Protokolle

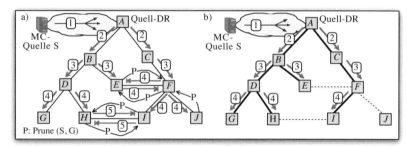

Abb. 11.6-7: Quellbasierter Verteilbaum: a) Aufbau, b) Nutzung

2. Der Router A – als Quell-DR – leitet das empfangene MC-IP-Paket über alle anderen Ports weiter, und die Router B sowie C empfangen dieses MC-IP-Paket.
3. Die Router B und C senden das MC-IP-Paket nach dem RPF-Prinzip weiter. In diesem Schritt empfangen die Router D, E und F das MC-IP-Paket.
4. Der Router D leitet das MC-IP-Paket nach dem RPF-Prinzip weiter, und jetzt empfangen die Router G und H dieses Paket.

   In Schritt 4 leitet auch der Router E das MC-IP-Paket über den anderen Port zum Router F weiter. Der Router F stellt fest, dass sein Port in der Richtung zu E nicht auf der optimalen (kürzesten) Route zur MC-Quelle S liegt. Deswegen wird das von E empfangene MC-IP-Paket nicht weitergeleitet, sondern verworfen. Der Router F sendet daraufhin die Nachricht `Prune(S,G)` über diesen Port an den Router E, um ihm mitzuteilen, dass er an diesen Port zukünftig keine weiteren von der Quelle S an die Gruppe G adressierten MC-IP-Pakete senden soll. Dies soll dazu führen, dass die Leitung in Richtung von E zu F für Forwarding der MC-IP-Pakete von der Quelle S an die Gruppe G gesperrt wird. — Sperre: $E \Rightarrow F$

   Ebenfalls in Schritt 4 leitet der Router F das empfangene MC-IP-Paket nach dem RPF-Prinzip weiter. Der Router E empfängt u.a. dieses Paket und er stellt fest, dass sein Port in der Richtung zu F nicht auf der kürzesten Route zur Quelle S liegt. Daher wird das von F empfangene MC-IP-Paket nicht weitergeleitet, sondern verworfen. Der Router E sendet danach über diesen Port die Nachricht `Prune(S,G)` an den Router F, um ihm mitzuteilen, dass er an diesen Port zukünftig keine weiteren, von der Quelle S an die Gruppe G adressierten MC-IP-Pakete sendet. Daher wird die Leitung auch in Richtung von F zu E für die MC-IP-Pakete von der Quelle S an die Gruppe G gesperrt. Somit ist jetzt die Leitung zwischen E und F in beide Richtungen gesperrt. — $E \perp F$ (gesperrt)

   Der Router J empfängt die MC-Nachricht von der Quelle S, stellt fest, dass er aber irrelevant für diesen Verteilbaum ist, da er nicht auf dem Pfad zu G liegt. Daher sendet er die Nachricht `Prune(S,G)` an seinen Nachbar-Router F und hängt sich damit von diesem Verteilbaum ab. — $F \perp J$ (abgehangen)

5. Der Router H leitet das empfangene MC-IP-Paket nach dem RPF-Prinzip weiter. Der Router I empfängt dieses Paket und stellt fest, dass sein Port in Richtung H nicht auf der kürzesten Route zur Quelle S liegt. Daher wird das vom Router I — Sperre: $H \Rightarrow I$

empfangene MC-IP-Paket nicht weitergeleitet, sondern verworfen. Der Router I sendet die Nachricht Prune(S,G) an den Router H, sodass er zukünftig an ihn keine an die Gruppe G adressierten MC-IP-Pakete sendet. Daher wird die Leitung in Richtung von H zu I gesperrt.

$H \perp I$ (gesperrt)

In diesem Schritt leitet ebenfalls der Router I das MC-IP-Paket nach dem RPF-Prinzip weiter. Der Router H empfängt dieses Paket und stellt fest, dass sein Port in der Richtung zu I nicht auf der kürzesten Route zur Quelle S liegt. Der Router H sendet die Nachricht Prune(S,G) an den Router I, sodass er zukünftig an ihn keine von der Quelle S an die Gruppe G adressierten MC-IP-Pakete sendet. Daher wird die Leitung in Richtung von I zu H gesperrt. Die Leitung zwischen I und H ist nun in beide Richtungen gesperrt.

Schließt man in der in Abb. 11.6-7a dargestellten Vernetzung die in den Schritten 4 und 5 gesperrten Leitungen, d.h. zwischen den Routern E und F sowie zwischen H und I, aus, entsteht die in Abb. 11.6-7b gezeigte Baumstruktur. Sie stellt den optimalen Verteilbaum für die MC-Quelle S dar.

Eine Besonderheit des quellbasierten Verteilbaums besteht darin, dass die Wege von der MC-Quelle zu den einzelnen MC-Routern die kürzesten sind. Daher empfängt jeder Router die MC-Pakete von seinem Upstream-Router nur auf dem Port, der auf der kürzesten (optimalen) Route zur MC-Quelle liegt. Dies bedeutet, dass jeder Router die empfangenen MC-Pakete nur auf die Ports weiterleitet, die zum quellbasierten Verteilbaum gehören.

Nutzung des quellbasierten Verteilbaums

Abb. 11.6-7b veranschaulicht das MC-Forwarding im quellbasierten Verteilbaum, dessen Aufbau in Abb. 11.6-7a gezeigt wurde.

Das Forwarding eines MC-IP-Pakets verläuft hier in folgenden Schritten:

1. Die MC-Quelle S sendet in ihrem lokalen IP-Subnetz ein MC-IP-Paket. Dieses IP-Paket wird vom MC-Router A empfangen, der als designierter Router (DR) in diesem IP-Subnetz dient.
2. Der Router A leitet das empfangene MC-IP-Paket nach dem RPF-Prinzip weiter. Die Router B und C empfangen dieses Paket.
3. Die Router B und C senden das MC-IP-Paket nach dem RPF-Prinzip weiter. In diesem Schritt empfangen die Router D, E und F dieses Paket.
4. Die Router D und F senden das MC-IP-Paket nach dem RPF-Prinzip weiter. Die Router G, H und I empfangen dieses Paket.

In diesen vier Schritten wurde das MC-IP-Paket an alle MC-Router verteilt, über die sämtliche Mitglieder der MC-Gruppe erreicht werden können. Diese MC-Router dienen als *designierte Router* und versenden dann das empfangene MC-IP-Paket in ihren lokalen IP-Subnetzen weiter.

11.6.3 Intra-Domain-MC-Routing mit PIM-SM

PIM-SM (*Protocol Independent Multicast – Sparse Mode*) gilt heute als das wichtigste MC-Routing-Protokoll [RFC 4601]. Die Verteilung der MC-IP-Pakete erfolgt beim

11.6 Multicast Routing-Protokolle

PIM-SM nach dem im vorigen Abschnitt dargestellten RPF-Prinzip. Beim PIM-SM werden die MC-IP-Pakete zuerst nach dem für alle MC-Quellen gemeinsamen Verteilbaum verteilt, sodass sie von einem MC-Quellrouter an einen gemeinsamen Quellverteilrouter (sog. *Rendezvous Point*) übergeben werden müssen. Da die Verteilung der MC-IP-Pakete nach dem quellbasierten Verteilbaum, in dem der MC-Quellrouter die Wurzel des Verteilbaums darstellt, in der Regel effektiver verläuft, wird im Verlauf des PIM-SM auf die Nutzung des quellbasierten Verteilbaums umgeschaltet. PIM-SM kann bei den beiden Internetprotokollen IPv4 und IPv6 eingesetzt werden.

Besonderheiten des MC-Forwarding

Beim PIM-SM wird vorausgesetzt, dass die Mitglieder einer MC-Gruppe innerhalb eines autonomen Systems verteilt sind. Daher ist das PIM-SM ein Inter-Domain-Routing-Protokoll. Mit *Protocol Independent* (PI) wird darauf hingewiesen, dass das PIM-SM vom 'normalen' Routing-Protokoll unabhängig ist. Daher kann das PIM-SM (theoretisch) bei allen Routing-Protokollen – also sowohl beim RIP als auch bei OSPF – eingesetzt werden. Mit *Sparse Mode* (SM) wird zum Ausdruck gebracht, dass das PIM-SM sich insbesondere für jene Fälle eignet, wo die Mitglieder einer MC-Gruppe 'dünn' auf mehrere IP-Subnetze verteilt sind.

Beim Verlauf von PIM-SM unterscheidet man drei Phasen: *Phasen beim Verlauf des PIM-SM*

1. *Nutzung des gemeinsamen MC-Verteilbaums*
   Für die MC-Unterstützung muss in jedem IP-Subnetz ein *designierter Router* (DR) ausgewählt werden, der für das Management von MC-Gruppen zuständig ist. Die Kommunikation zwischen DR und Rechnern aus dem IP-Subnetz, das an einem physikalischen Port vom DR angeschlossen ist, erfolgt nach dem Protokoll IGMP (*Internet Group Management Protocol*).
   Beim PIM-SM beginnt der DR im IP-Subnetz der MC-Quelle (also der *Quell-DR*),   *Register-Phase*
   zuerst die MC-IP-Pakete über den gemeinsamen Verteilbaum zu versenden. Dieser Verteilbaum wird auch *RP-Baum*, kurz *RPT* (*Rendezvous Point Tree*), genannt. Bevor ein Quell-DR aber mit dem MC-Versenden über den RPT beginnt, muss er beim Router, der als *Rendezvous Point* (*RP*) dient, registriert werden. Der RP stellt die Wurzel des RPT dar [Abb. 11.6-5b] und verteilt die MC-IP-Pakete über ihn. Der Quell-DR muss daher die MC-IP-Pakete an den RP übergeben. Hierfür verwendet er die Nachricht `Register`. In einer Nachricht `Register` wird jeweils ein MC-IP-Paket transportiert [Abb. 11.6-12]. Die Übergabe der MC-IP-Pakete an den RP in den Nachrichten `Register` wird als *Register-Phase* bezeichnet.

2. *Übergang zur Nutzung des quellbasierten MC-Verteilbaums*   *Register-Stop*
   Die Nutzung des RPT kann dazu führen, dass die MC-Verteilung einer bestimmten MC-Quelle nicht optimal verläuft. Da nur der Verteilbaum der MC-Quelle den optimalen Verlauf der Verteilung ihrer MC-IP-Pakete garantiert, wurde das PIM-SM so konzipiert, dass während der MC-Verteilung schrittweise zur Nutzung des quellbasierten MC-Verteilbaums übergegangen wird. Diese Übergangsphase nennt man *Register-Stop*.

3. *Nutzung des quellbasierten MC-Verteilbaums*
   Nach der Durchführung der Phase Register-Stop erfolgt die Verteilung der MC-IP-Pakete einer bestimmten MC-Quelle nach ihrem Verteilbaum.

Nutzung des gemeinsamen Verteilbaums

Abb. 11.6-8 illustriert die ersten drei Schritte beim MC-Forwarding an die Gruppe G und bei der Nutzung des gemeinsamen Verteilbaums (*,G) mit dem RP als Baumwurzel. Der Router *E* dient hier als RP.

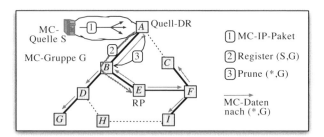

Abb. 11.6-8: Nutzung des gemeinsamen MC-Verteilbaums (*,G)
RP: Rendezvous Point

Die in Abb. 11.6-8 dargestellten Schritte sind wie folgt zu interpretieren:

1. Die MC-Quelle S beginnt, die MC-IP-Pakete an die MC-Gruppe G zu senden. Diese Pakete empfängt der designierte Router *A*. Da die Mitglieder der Gruppe G auf mehrere Subnetze verteilt sind, übernimmt er die MC-Verteilung und dient daher als Quell-DR.

2. Der Quell-DR übergibt zuerst die MC-IP-Pakete zur Verteilung an den RP (Router *E*). Hierfür kapselt er jeweils ein MC-IP-Paket in eine Nachricht Register ein und sendet diese Nachrichten an den RP. Dieser nimmt die MC-IP-Pakete aus den Nachrichten Register heraus und verteilt sie nach dem RPF-Prinzip im gemeinsamen Baum (*,G).

Sperre: $B \Rightarrow A$

3. Das erste MC-IP-Paket an die Gruppe G, das vom RP verteilt wurde, empfängt auch der Quell-DR *A* vom Router *B*. Er stellt aber fest, dass sein Port zu *B* nicht auf der kürzesten Route zur Quelle S liegt. Daher wird dieses Paket vom Quell-DR *A* verworfen, und er sendet die Nachricht Prune(*,G) an den Router *B*. Damit signalisiert er dem Router *B*, dass er ihm zukünftig keine an die Gruppe G adressierten MC-IP-Pakete von der Quelle S mehr senden soll. Dadurch wird die Leitung in Richtung *B* zu *A* für die Übermittlung weiterer MC-IP-Pakete von der Quelle S an die Gruppe G – also für die Verteilung vom RP im gemeinsamen Verteilbaum – gesperrt.

Übergang zur Nutzung des quellbasierten Verteilbaums

Die ersten drei Schritte beim MC-Forwarding an die Gruppe G wurden bereits in Abb. 11.6-8 dargestellt. Abb. 11.6-9 zeigt die Schritte 4 und 5.

RP schließt sich an den Verteilbaum (S,G) an

4. Die Übermittlung der MC-IP-Pakete vom Quell-DR *A* an den RP in den Nachrichten Register und die weitere MC-Verteilung nach dem gemeinsamen Verteilbaum (*,G) ist uneffektiv. Daher initiiert der RP den Übergang zur Nutzung des quellbasierten Verteilbaums (S,G), d.h. des Verteilbaums vom Quell-DR *A*, indem er eine Nachricht Join(S,G) an den Quell-DR *A* sendet. Damit möchte sich der RP an den quellbasierten Verteilbaum (S,G) als Mitglied der Gruppe G anschließen.

11.6 Multicast Routing-Protokolle

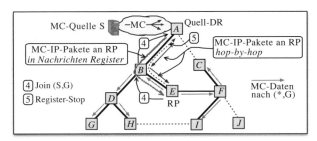

Abb. 11.6-9: Schritte beim Übergang zur Nutzung des Verteilbaums der MC-Quelle S
RP: Rendezvous Point

Join(S,G) wird nach dem Hop-by-Hop-Prinzip entlang der besten Route an den Quell-DR *A* übermittelt und veranlasst unterwegs die Router, die Join(S,G) empfangen haben (in Abb. 11.6-9 die Router *B* und *A*), dazu, auf die Nutzung des quellbasierten Verteilbaum (S,G) umzuschalten. Hat Join(S,G) den Quell-DR *A* erreicht, werden ab jetzt die MC-IP-Pakete von der Quelle S an die Gruppe G zwischen dem Quell-DR *A* und dem RP nach dem Hop-by-Hop-Prinzip über den quellbasierten Verteilbaum (S,G) übermittelt.

Daher können nun die von der Quelle S an die Gruppe G adressierten MC-IP-Pakete den RP über zwei verschiedene Wege erreichen, d.h. sowohl in Nachrichten Register nach dem Tunneling-Prinzip als auch nach dem Hop-by-Hop-Prinzip über den quellbasierten Verteilbaum (S,G). Daher wird der RP zwei Kopien eines MC-IP-Pakets empfangen.

5. Empfängt der RP zwei Kopien eines MC-IP-Pakets, verwirft er die Kopie, die in der Nachricht Register angekommen ist und sendet an den Quell-DR *A* die Nachricht Register-Stop. Damit signalisiert der RP dem Quell-DR *A*, dass er die Übermittlung von Nachrichten Register ab jetzt stoppen soll.

Nachricht Register-Stop

Nach Schritt 5 werden die von der Quelle S an die Gruppe G adressierten MC-IP-Pakete an den RP über den quellbasierten Verteilbaum (S,G) übermittelt und von dort nach dem gemeinsamen Verteilbaum (*,G) verteilt.

Der Quell-DR *A* muss sicher sein, dass die von der Quelle S an die Gruppe G adressierten und nach dem quellbasierten Verteilbaum (S,G) an den RP gesendeten MC-IP-Pakete beim ihm korrekt ankommen. Daher sendet der Quell-DR in bestimmten Zeitabständen eine sog. Null-Register-Nachricht an den RP, um Bestätigung zu erhalten, dass die von der Quelle S an die Gruppe G adressierten MC-IP-Pakete bei ihm korrekt ankommen. Ist dies der Fall, wird Null-Register vom RP mit Register-Stop bestätigt. Empfängt der Quell-DR vom RP innerhalb einer festgelegten Zeit jedoch keine Nachricht Register-Stop, beginnt der Quell-DR wieder, die MC-IP-Pakete an den RP in den Nachrichten Register zu übermitteln.

Null-Register

Aufnahme eines neuen MC-Routers

Während des Übergangs zur Nutzung des Verteilbaums (S,G) kann ein neuer MC-

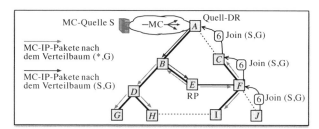

Abb. 11.6-10: Anbindung eines neuen MC-Routers während des Übergangs zur Nutzung des Verteilbaums (S,G)
RP: Rendezvous Point

Router in eine bestehende MC-Gruppe aufgenommen werden. Nach dem in Abb. 11.6-9 gezeigten Schritt 5 verläuft Schritt 6 [Abb. 11.6-10] wie folgt:

6. Im lokalen IP-Subnetz vom Router J wurde ein neues Mitglied der MC-Gruppe G auf Grundlage des Protokolls IGMP registriert. Um die von der Quelle S an die Gruppe G adressierten MC-IP-Pakete an dieses neue Mitglied zu liefern, muss der Router J sich an den Verteilbaum (S,G) anschließen. Hierfür sendet er die Nachricht Join(S,G) an den Quell-DR. Diese Nachricht wird über den Verteilbaum (S,G) übermittelt.

In Abb. 11.6-10 empfängt der Router B zwei Kopien des von der Quelle S an die Gruppe G adressierten MC-IP-Pakets, d.h. eine Kopie vom Router A (über den quellbasierten Verteilbaum (S,G)) und eine Kopie vom Router E, d.h. vom RP, über den gemeinsamen Verteilbaum (*,G).

In dieser Situation werden die von der Quelle S an die Gruppe G adressierten MC-IP-Pakete vom Router B zum Router E, also an den RP, übermittelt, um diese erst von dort an die Router G und H zu verteilen. Es wäre aber effektiver, wenn der Router B diese MC-IP-Pakete selbst über den Router D an die Router G und H verteilen würde. Dies kann durch *Pruning* erreicht werden.

Pruning beim PIM-SM

Ein MC-Router, der zwei Kopien jedes von der Quelle S an die Gruppe G adressierten MC-IP-Pakets empfängt, d.h. eine Kopie vom Quell-DR nach dem quellbasierten Verteilbaum (S,G) und eine Kopie vom RP nach dem gemeinsamen Verteilbaum (*,G), kann mit einer Nachricht Prune(S,G,rtp) seinem Upstream-Router im gemeinsamen Verteilbaum (*,G) mitteilen, dass dieser ihm keine MC-IP-Pakete mehr senden soll. Abb. 11.6-11 illustriert, wie dies mittels *Pruning* erreicht werden kann.

Sperre:
$E \Rightarrow B$,
$E \Rightarrow F$ und
$F \Rightarrow C$

Nach Schritt 6 [Abb. 11.6-10] verläuft Schritt 7 in Abb. 11.6-11 folgendermaßen:

7. Der Router B empfängt zwei Kopien jedes von der Quelle S an die Gruppe G adressierten MC-IP-Pakets, d.h. eine Kopie vom Quell-DR A über den quellbasierten Verteilbaum (S,G) und eine Kopie vom RP über den gemeinsamen Verteilbaum (*,G). Mit der Nachricht Prune(S,G,rtp) teilt der Router B seinem Upstream-Router E im gemeinsamen Verteilbaum (*,G) mit, dass dieser ihm keine von der Quelle S an die Gruppe G adressierten MC-IP-Pakete mehr senden soll. Daher wird

11.6 Multicast Routing-Protokolle

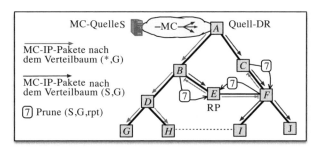

Abb. 11.6-11: Pruning beim Übergang zur Nutzung des Verteilbaums (S,G)
RP: Rendezvous Point, rpt: RP tree (gemeinsamer Verteilbaum)

die Leitung in der Richtung von E zu B für diese MC-IP-Pakete gesperrt. Logisch gesehen wird der Ast von E zu B im gemeinsamen Verteilbaum (*,G) abgeschnitten.

Die Router F und C empfangen ebenfalls zwei Kopien jedes von der Quelle S an die Gruppe G adressierten MC-IP-Pakets. Mit Nachrichten Prune(S,G,rtp) teilen sie ihren Upstream-Routern mit (d.h. der Router F informiert den Router E und der Router C den Router F), dass sie ihnen keine von der Quelle S an die Gruppe G adressierten MC-IP-Pakete mehr senden sollen. Daher werden die Äste von E zu F und von F zu C im gemeinsamen Verteilbaum (*,G) entfernt.

Da die Äste von F zu I und von F zu J sowohl zum gemeinsamen als auch zum quellbasierten Verteilbaum gehören, leitet Router F nach Schritt 7 die vom Router C empfangenen und an die Gruppe G adressierten MC-IP-Pakete an die Router I und J weiter.

Mit dem in Abb. 11.6-11 gezeigten Schritt 7 wurde der Übergang zur Nutzung des quellbasierten Verteilbaums beendet. Wie das MC-Forwarding der von der Quelle S an die Gruppe G adressierten MC-IP-Pakete entlang der Äste des quellbasierten Verteilbaums (S,G) verläuft, zeigt Abb. 11.6-7b.

Struktur von PIM-Nachrichten

Wie Abb. 11.6-12 zeigt, enthält eine PIM-Nachricht einen Header, in dem PIM-Version, Type und Checksum enthalten sind. Checksum ermöglicht es, die Übertragungsfehler in der PIM-Nachricht zu entdecken. Im Feld Type wird die Bedeutung der Nachricht angegeben; z.B. besagt Type = 1, dass es sich um die Nachricht Register handelt.

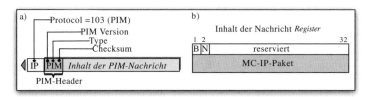

Abb. 11.6-12: PIM-Nachricht: a) Struktur, b) Inhalt der Nachricht Register

Die Nachricht `Register` enthält das vollständige MC-IP-Paket. Die Bit B und N haben hier folgende Bedeutung:

- Bit B (*Border Bit*): B = 1, falls Quell-DR der Border-Router einer PIM-Domain ist.
- Bit N (*Null-Register Bit*): N = 1, falls dies eine sog. `Null-Register`-Nachricht darstellt, d.h. eine Nachricht `Register` mit einem MC-IP-Paket ohne Daten. Der Quell-DR sendet `Null-Register` an den RP, nachdem er bereits von ihm `Register-Stop` empfangen hat und selbst zur Nutzung des quellbasierten Verteilbaums übergegangen ist, um zu prüfen, ob der RP seine MC-IP-Pakete empfängt.

11.6.4 Inter-Domain-MC-Routing mit MSDP

Eine Besonderheit der IP-Netze ist, dass sie aus mehreren autonomen Systemen (AS) bestehen, die entsprechend miteinander und mit dem Internet verbunden sind. Das MC-Routing in einem AS verläuft nach dem PIM-SM, daher wird ein AS mit PIM-SM als *PIM-Domain* bezeichnet. Es ist ein zusätzliches Protokoll nötig, um MC-Quellen über die Grenzen von PIM-SM-Domains hinaus bekannt zu machen und damit die MC-Dienste im Verbund von mehreren Domains anbieten zu können. Hierfür wurde MSDP (*Multicast Source Discovery Protocol*) konzipiert [RFC 3618 und 4611].

Grundkonzept von MSDP

MSDP als Ergänzung zum PIM-SM

Das MSDP ist ein Protokoll, um mehrere PIM-Domains miteinander so zu verbinden, dass eine MC-Quelle aus einer PIM-Domain in anderen Domains bekannt gemacht werden kann und die MC-IP-Pakete aus dieser Quelle an die Empfänger in anderen Domains verteilt werden können. Der Funktion nach kann das MSDP als Ergänzung zum PIM-SM angesehen werden. Mittels des MSDP kann das PIM-SM über die Grenze eines autonomen Systems hinaus benutzt werden.

In jeder PIM-Domain ist ein *Rendezvous Point* (RP) vorhanden, über den die MC-Verteilung in der Domain initiiert wird. Das MSDP ist das Protokoll zwischen zwei RPs, die in der Regel zu verschiedenen autonomen Systemen gehören. Abb. 11.6-13 illustriert die Hauptaufgabe des MSDP. Hier sind die Rechner aus der MC-Gruppe G auf mehrere autonome Systeme verteilt.

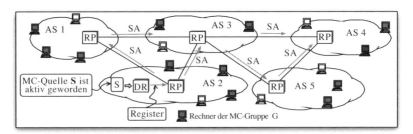

Abb. 11.6-13: Bekanntmachung einer MC-Quelle in anderen autonomen Systemen mit MSDP
AS: Autonomes System, DR: Designierter Router, RP: Rendezvous Point,
SA: Source-Active

11.6 Multicast Routing-Protokolle

Mit dem MSDP kann ein RP aus einer PIM-Domain eine TCP-Verbindungen zu den RPs in anderen Domains aufbauen. Nachdem der RP von einer neuen MC-Quelle in seiner Domain erfahren hat, sendet er die MSDP-Nachricht `Source-Active` (SA) an die RPs in anderen Domains, um ihnen die neue MC-Quelle bekannt zu machen. So werden die RPs über die neue Quelle und deren IP-Adresse informiert.

MSDP nutzt TCP

> Wie Abb. 11.6-13 zeigt, ist die MC-Quelle S im AS 2 aus der MC-Gruppe G aktiv geworden. Der ihr zugeordnete designierte Router sendet das erste MC-IP-Paket in der PIM-Nachricht `Register` an den RP. Dieser nimmt das MC-IP-Paket aus der Nachricht `Register` heraus und verschickt es nach dem gemeinsamen MC-Verteilbaum im AS 2 weiter. Daher erreicht dieses MC-IP-Paket bereits im AS 2 die Mitglieder der MC-Gruppe G. Da die Mitglieder der MC-Gruppe G aber auf mehrere autonome Systeme verteilt sind, sendet der RP aus dem AS 2 die MSDP-Nachricht SA mit dem MC-IP-Paket an seine benachbarten RPs, und diese verteilen danach SA an die RPs in anderen autonomen Systemen mit den Mitgliedern der MC-Gruppe G.
>
> Auf diese Weise werden die RPs in allen anderen autonomen Systemen, in denen sich nur die Rechner der MC-Gruppe G befinden, darüber informiert, dass die MC-Quelle S im AS 2 aktiv geworden ist. Darüber hinaus erhalten die RPs die IP-Adresse dieser MC-Quelle und gleichzeitig das erste MC-IP-Paket, um es an die Mitglieder der MC-Gruppe G in anderen autonomen Systemen zu verteilen.
>
> Die weiteren an die MC-Gruppe G adressierten MC-IP-Pakete werden ebenfalls als MSDP-Nachrichten SA vom RP aus dem autonomen System mit der MC-Quelle an die RPs in anderen autonomen Systemen zur Verteilung an die Rechner der MC-Gruppe G übergeben. Die MC-IP-Pakete werden im autonomen System nach dem PIM-SM verteilt. Daher erreichen die an die Gruppe G adressierten MC-IP-Pakete von einer MC-Quelle in einem autonomen System alle Rechner der MC-Gruppe G in anderen autonomen Systemen.

Bekanntmachung der neuen MC-Quelle

Um zu verhindern, dass ein RP eine Nachricht SA mit einem MC-IP-Paket nicht zurück zu jenem RP sendet, von dem er bereits diese Nachricht erhalten hat, spezifiziert das MSDP bestimmte Regeln, nach denen die RPs die empfangenen Nachrichten SA an die anderen RPs weiterleiten müssen. Diese Regeln entsprechen weitgehend dem RPF-Prinzip [Abb. 11.6-6], das bei den anderen MC-Routing-Protokollen verwendet wird.

Da das MSDP das verbindungsorientierte Transportprotokoll TCP nutzt, um seine Nachrichten zu übermitteln, muss zuerst eine TCP-Verbindung zwischen den benachbarten RPs aufgebaut werden, bevor eine MSDP-Nachricht SA gesendet wird. Wurde eine TCP-Verbindung zwischen zwei RPs aufgebaut, bedeutet dies, dass eine *Nachbarschaft* zwischen ihnen geknüpft wurde.

Verknüpfung einer Nachbarschaft

Falls vorläufig keine Nachrichten SA vom RP, der die TCP-Verbindung initiiert hat, an seinen benachbarten RP übermittelt werden, sendet er periodisch (in der Regel alle 60 Sekunden) dem benachbarten RP die MSDP-Nachrichten `KeepAlive`. Damit signalisiert er, dass er weiterhin die Nachbarschaft aufrechterhalten möchte. Wenn ein RP keine Nachricht SA oder `KeepAlive` von seinem benachbarten RP empfangen hat, initiiert er den Abbau der TCP-Verbindung.

Überwachung der Nachbarschaft

Bildung von MC-Gruppen in autonomen Systemen

MC-Gruppe über die AS-Grenze hinaus

Bevor MC-IP-Pakete an eine MC-Gruppe verteilt werden, müssen die Rechner erfasst werden, die zu dieser MC-Gruppe gehören. Innerhalb eines IP-Subnetzes kann ein Rechner sich mit IGMP-Hilfe dynamisch in eine MC-Gruppe einschreiben bzw. einen Router darüber informieren, dass er eine bestimmte MC-Gruppe verlassen möchte. Durch PIM-SM kann eine MC-Gruppe nur über die Grenze eines IP-Subnetzes hinaus gebildet werden. Um eine MC-Gruppe aber über die Grenze eines autonomen Systems hinaus einrichten zu können, kommt das MSDP zum Einsatz. Abb. 11.6-14 illustriert dies näher.

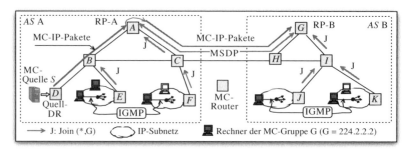

Abb. 11.6-14: Beispiel für die Bildung einer AS-übergreifenden MC-Gruppe
AS: Autonomes System, DR: Designierter Router, RP: Rendezvous Point

Bildung von MC-Gruppen

Hier teilen einige Rechner in lokalen IP-Subnetzen, die an die Router E, F, J und K angeschlossen sind, über IGMP diesen Routern mit, dass sie sich an die MC-Gruppe G anschließen möchten. Die Router E, F, J und K fungieren in diesen IP-Subnetzen als dedizierte Router und melden dies den zentralen MC-Verteilungsstellen – also den RPs – in ihren autonomen Systemen an. Hierfür senden sie die entsprechenden PIM-Nachrichten Join(*,G) an RP-A und RP-B. Das Symbol '*' weist darauf hin, dass es sich hier um einen gemeinsamen MC-Verteilbaum mit dem RP an der Spitze handelt. Haben die Nachrichten Join(*,G) die RP-A und RP-B erreicht, werden die Router E, F, J und K an die gemeinsamen Verteilbäume, in denen RP-A und RP-B an der Spitze stehen, angebunden.

MC-IP Paketen aus Register in SA kopiert

Wie in Abb. 11.6-14 in SA zu sehen ist, werden die MC-IP-Pakete von der Quelle S im AS A an den RP-A übergeben. Dies erfolgt in den PIM-Nachrichten Register. Der RP im AS A hat u.a. die Aufgabe, die empfangenen MC-IP-Pakete aus den Nachrichten Register herauszunehmen, in die MSDP-Nachrichten SA (Source-Active) einzubetten und sie an die RPs in benachbarten autonomen Systemen zu senden. So werden die an die Gruppe G adressierten MC-IP-Pakete an die RPs in verschiedenen autonomen Systemen zur Verteilung übergeben.

MC-Verteilung über gemeinsame Bäume

Nach dem PIM-SM beginnt die Verteilung der MC-IP-Pakete zuerst nach dem gemeinsamen Verteilbaum, der für alle MC-Quellen einer MC-Gruppe eingerichtet wurde und in dem ein RP an der Spitze als Baumwurzel steht. Ist eine MC-Gruppe aber auf mehrere autonomen Systeme verteilt, werden die MC-IP-Pakete in den einzelnen AS zuerst nach den gemeinsamen Verteilbäumen übermittelt, in denen die RPs der

11.6 Multicast Routing-Protokolle

einzelnen autonomen Systeme als Baumwurzel fungieren, was Abb. 11.6-15 veranschaulicht.

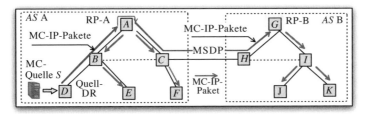

Abb. 11.6-15: MC-Verteilung über gemeinsame Bäume

Hier werden die MC-IP-Pakete von der MC-Quelle S im AS A in den PIM-Nachrichten `Register` vom designierten Router D an den RP-A übergeben. Der RP-A übergibt im nächsten Schritt die MC-IP-Pakete in den MSDP-Nachrichten SA (`Source-Active`) an den RP im AS B. Im AS A werden die MC-IP-Pakete über den gemeinsamen Verteilbaum mit RP-A an der Spitze verteilt, d.h. zuerst vom RP-A an die Router B und C und dann von B an E und von C an F. Im AS B werden die MC-IP-Pakete auch über den gemeinsamen Verteilbaum, in dem RP-B an der Spitze steht, verteilt, d.h. zuerst vom RP-B an den Router I und dann von ihm an J und K.

Die Router E, F, J und K haben die Aufgabe, die empfangenen und an die Gruppe G adressierten MC-IP-Pakete zu den an sie 'angeschlossenen' IP-Subnetzen zu verschicken. Dies wurde hier außer Acht gelassen.

Bedeutung von SA

Anbindung von RPs an den Verteilbaum der MC-Quelle

Die Verteilung der an eine MC-Gruppe adressierten MC-IP-Pakete nach dem gemeinsamen Verteilbaum, in dem ein RP an der Spitze als Baumwurzel steht, ist mit einem zusätzlichem Aufwand (wie z.B. Übergabe von MC-IP-Paketen an den RP) verbunden. Daher initiiert der RP im autonomen System mit der MC-Quelle im Laufe des PIM-SM-Verlaufs den Übergang zur Nutzung des quellbasierten Verteilbaums. Hierfür muss sich der RP an den Verteilbaum der Quelle anschließen. Ein RP eines autonomen Systems ohne MC-Quelle kann sich ebenfalls an den MC-Verteilbaum der MC-Quelle, die in einem fremden autonomen System aktiv ist, anschließen. Abb. 11.6-16 illustriert, wie die Anbindung von RPs an den Verteilbaum der MC-Quelle erfolgen kann.

Übergang zur Nutzung des Verteilbaums (S,G)

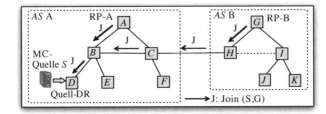

Abb. 11.6-16: Anbindung von RPs an den Verteilbaum der MC-Quelle

Um zu vermeiden, dass die MC-IP-Pakete vom designierten Router D an den RP-A in den PIM-Nachrichten `Register` übergeben werden müssen, muss sich der RP-A an

Anbindung von RPs an (S,G)

den Verteilbaum der Quelle S, in dem der Quell-DR D an der Spitze steht, anschließen. Deswegen sendet der RP-A die PIM-Nachricht Join(S,G) an den Quell-DR D. Dadurch werden die MC-IP-Pakete vom Router D an den RP-A auf dem kürzesten Weg und nach dem Hop-by-Hop-Prinzip übermittelt.

Damit die MC-IP-Pakete an den RP-B im AS B nicht in den MSDP-Nachrichten SA durch den RP-A übermittelt werden müssen, sondern direkt vom designierten Router D auf dem kürzesten Weg, muss sich der RP-B ebenfalls an den Verteilbaum der Quelle S anschließen. Dies erfolgt auch dadurch, indem der RP-B – also der RP aus einem fremden AS – die PIM-Nachricht Join(S,G) an den designierten Router D sendet.

Verteilbaum (S,G) über mehrere autonome Systeme

Nachdem der designierte Router D im AS A die PIM-Nachrichten Join(S,G) von RP-A und RP-B empfangen hat, wird er die an die Gruppe G adressierten MC-IP-Pakete auf dem kürzesten Weg an die beiden RPs senden. Abb. 11.6-17 soll dies näher verdeutlichen.

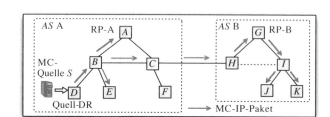

Abb. 11.6-17: MC-Verteilung über den Verteilbaum der MC-Quelle

Wie hier ersichtlich, kann der RP-B im AS B als Blatt im Verteilbaum des designierten Routers der MC-Quelle S angesehen werden. An den RP-B werden nun die an die Gruppe G adressierten MC-IP-Pakete auf dem kürzesten Weg und nach dem Hop-by-Hop-Prinzip übermittelt. Der RP-B steht an der Spitze des gemeinsamen Verteilbaums im AS B und verteilt die vom designierten Router D empfangenen MC-IP-Pakete nach dem gemeinsamen Verteilbaum weiter.

11.7 Schlussbemerkungen

Das Routing in IP-Netzen ist ein sehr umfangreiches Gebiet. Daher war es das Ziel dieses Kapitels, diese Problematik in komprimierten Form darzustellen. Aufgrund des begrenzten Umfangs konnten hier nicht alle Routing-Protokolle präsentiert und keine technischen Systemlösungen vorgestellt werden. Insbesondere wurde auf die Darstellung einiger MC-Routing-Protokolle, die in der Praxis keine große Rolle spielen, sondern mehr historische bzw. theoretische Bedeutung haben, verzichtet. Abschließend ist noch Folgendes hervorzuheben:

- IP-Netze nach dem MPLS [Abschnitt 12.2] sind innerhalb der Netzwerkschicht verbindungsorientiert. Dementsprechend wurden die netzzustandsabhängigen Routing-Protokolle OSPF und IS-IS für den Einsatz in MPLS-Netzen entsprechend erweitert. Hervorzuheben sind folgende Erweiterungen von OSPF und IS-IS für die Unterstützung von *Traffic Engineering* (TE) in MPLS-Netzen [Abschnitt 12.4]:

11.7 Schlussbemerkungen

▷ OSPF-TE [RFC 3630] als Erweiterung von OSPF und
▷ IS-IS-TE [RFC 3784], eine Erweiterung von IS-IS.

Für Näheres über das IS-IS sei auf [BHK94] verwiesen.

- Da GMPLS [Abschnitt 12.3] das Konzept für den Einsatz von MPLS in WDM- und in SDH-Netzen darstellt, sind auch die IP-Netze nach GMPLS innerhalb der Netzwerkschicht verbindungsorientiert. Daher wurden OSPF-TE und IS-IS-TE auch für TE-Unterstützung in GMPLS-Netzen erweitert [Abschnitt 12.4.5]. Es handelt sich um:

  ▷ GMPLS OSPF-TE [RFC 3473] als Erweiterung von OSPF-TE und
  ▷ GMPLS IS-IS-TE [RFC 4205] als Erweiterung von IS-IS-TE.

- Um den Umfang dieses Buches nicht zu sprengen, konnten hier nicht alle MC-Routing- Protokolle dargestellt werden. Da die Protokolle PIM-SM und MSDP in der Praxis die wichtigste Rolle spielen, wurden die Prinzipien von MC-Routing anhand dieser Protokolle präsentiert. Zu erwähnen sind noch folgende MC-Routing-Protokolle: *Multicast Routing*

  ▷ Das DVMRP (*Distance Vector Multicast Routing Protocol*) ist ein Intra-Domain MC-Routing-Protokoll und stützt sich zur Übertragung der Routing-Information auf das Protokoll IGMP. Das DVMRP setzt das Unicast-Routing-Protokoll RIP [Abschnitt 11.2] voraus. Die erste Version des DVMRP wurde in RFC 1075 (1988) spezifiziert. Inzwischen wurde die Version 3 des DVMRP entwickelt und nur als [http://tools.ietf.org/html/draft-ietf-idmr-dvmrp-v3-11] veröffentlicht. DVMRP war das erste MC-Routing-Protokoll und spielt heute kaum mehr eine Rolle.

  ▷ Das MOSPF (*Multicast OSPF*) [RFC 1584] ist ein Intra-Domain MC-Routing-Protokoll und stellt eine Erweiterung des Unicast-Routing-Protokolls OSPF [Abschnitt 11.3] um ein zusätzliches *Link State Advertisement* dar. MOSPF hat in der Praxis keine Bedeutung.

  ▷ Das CBT (*Core Based Trees*) [RFC 2189 und 2201] ist ein MC-Routing-Protokoll und wird ähnlich wie das PIM konzipiert. Das CBT ist vom eingesetzten Unicast-Routing-Protokoll unabhängig und kann nicht nur in einer Routing-Domain benutzt werden, sondern erlaubt den Aufbau der Verteilbäume auch über mehrere Domains hinweg.

  ▷ Das PIM-DM (*PIM-Dense Mode*) [RFC 3973] ist vom Unicast-Routing-Protokoll unabhängig und setzt im Gegensatz zu seinem 'Bruder' PIM-SM [Abschnitt 11.6.3] voraus, dass ein MC-Router viele Mitglieder einer MC-Gruppe in den an ihn angeschlossenen IP-Subnetzen hat, d.h. die MC-Empfänger sind 'dicht' (dense) auf einem Gebiet verteilt. Daher verwendet das PIM-DM das Flooding im Verbund mit dem RPF-Prinzip Abb. 11.6-6. Ein großer Unterschied zum PIM-SM besteht darin, dass kein Rendezvous Point (RP) beim PIM-DM eingesetzt wird.

  ▷ Das BGMP (*Border Gateway Multicast Protocol*) [RFC 3913] ist ein Inter-Domain MC-Routing-Protokoll und wurde in Anlehnung an BGP-4 entwickelt. Der Funktion nach entspricht das BGMP dem MSDP. Das BGMP kann sowohl beim IPv4 als auch beim IPv6 eingesetzt werden.

Multicast Routing mit PIM-SM beim IPv6

- Wegen des Platzmangels haben wir hier die Multicast Routing-Protokolle nur für IPv4 präsentiert. Das in RFC 4601 spezifizierte und hier dargestellte Multicast Routing-Protokoll PIM-SM kann auch beim IPv6 eingesetzt werden und RFC 4601 beschreibt auch die Besonderheiten dessen Einsatzes beim IPv6.

Mobile Ad Hoc Networks

- Eine Art von drahtlosen IP-Netzen stellen *Mobile Ad Hoc Networks* (MANET) dar. Unter MANET versteht man eine Gruppe von mobilen Stationen (wie z.B. Laptops, Autos), die spontan (ad hoc) und ohne irgendwelche feste Einrichtung miteinander kommunizieren können. Eines der größten Probleme in derartigen Netzen ist das Routing. Die herkömmlichen Routing-Protokolle eignen sich nicht dafür, weil keine Router im klassischen Sinne in MANET eingesetzt werden. Jede Station im MANET muss zusätzlich einige Funktionen vom Router übernehmen. Es gibt bereits mehrere Routing-Konzepte für MANET.

  Hierbei sind u.a. hervorzuheben (siehe [Bou09], [Fri13], [Lan08] und [LMH12]):

  ▷ *Table-driven Protokolle*: OLSR (*Optimized Link State Routing Protocol*) [RFC 3626], TBRPF (*Topology dissemination Based on Reverse-Path Forwarding routing protocol*) [RFC 3684], DSDV-Routing-Protokoll (*Destination-Sequenced Distance-Vector*), Babel Routing Protocol (RFC 6126), WRP (*Wireless Routing Protocol*), CGSR (*Clusterhead Gateway Switch Routing*).

  ▷ *On-Demand Protokolle*: AODV-Routing (*Ad-Hoc On-demand Distance Vector*) [RFC 3561], ABP (*Associativity-Based Routing*), DSR (*Dynamic Source Routing*), TORA (*Temporally-Ordered Routing Algorithm*).

11.8 Verständnisfragen

1. Was muss jeder Quellrechner beim Ansenden jedes IP-Pakets tun?
2. Wie entscheidet jeder Quellrechner, ob das zu sendende IP-Paket in sein Subnetz oder über einen Router in ein fremdes Subnetz übermittelt werden muss?
3. Welche Struktur hat eine Routing-Tabelle?
4. Wie wird die beste Route – in einer Routing-Tabelle – für die Weiterleitung jedes IP-Pakets bestimmt?
5. Warum ist die Konvergenzzeit beim RIP von großer Bedeutung und wie kann diese Zeit reduziert werden?
6. Welche Schritte beim OSPF führen zur Erstellung der Routing-Tabelle?
7. Welche Funktion bei OSPF hat ein designierter Router?
8. Worin besteht die Bedeutung des Protokolls BGP-4 im Internet?
9. Wie kann ein virtueller Router nach dem Protokoll VRRP eingerichtet werden?
10. Worin besteht die grundlegende Idee von Multicast-Routing?
11. Wie wird das Multicast-Routing in IP-Netzen realisiert, die aus mehreren autonomen Systemen bestehen?

12 Verbindungsorientierte IP-Netze mit MPLS und GMPLS

In IP-Netzen werden die IP-Pakete unabhängig voneinander über das Übermittlungsnetz transportiert, sodass einzelne IP-Pakete auf einer virtuellen Verbindung oft über unterschiedliche, zwischen kommunizierenden Rechnern verlaufenden Routen übermittelt werden. Handelt es sich um eine weite Übermittlungsstrecke, sind die Routen oft unterschiedlich lang. Somit sind die Übermittlungszeiten der IP-Pakete nicht gleich, sondern stark schwankend, was sich bei der Übermittlung von Echtzeitmedien wie z.B. bei Voice over IP, negativ auf die Qualität der Kommunikation auswirkt.

Schwäche klassischer IP-Netze

Diese Schwäche klassischer IP-Netze kann 'beseitigt' werden, indem man vor der Übermittlung der IP-Pakete auf einer virtuellen Verbindung zuerst eine optimale Route zum Ziel findet und danach alle IP-Pakete im 'Gänsemarsch' über sie übermittelt. Dieser Ansatz wird als MPLS (*Multi-Protocol Label Switching*) bezeichnet. Um MPLS in SDH- und WDM-Netzen einsetzen zu können, wurde MPLS zum GMPLS (*Generalized MPLS*) erweitert. Die neue Generation der IP-Weitverkehrsnetze basiert auf (G)MPLS.

Bedeutung von MPLS und GMPLS

In IP-Netzen, die auf den Konzepten MPLS und GMPLS basieren, müssen zusätzliche Funktionen implementiert werden, um eine individuell unterschiedliche Behandlung einzelner IP-Paketströme und die effektive Ausnutzung von Netzressourcen zu ermöglichen – und man spricht in diesem Zusammenhang von *Traffic Engineering*. Dies umfasst Funktionen und Verfahren zur optimalen Gestaltung des Datenverkehrs im Hinblick auf Lastverteilung, Quality of Service sowie Zuverlässigkeit.

Bedeutung von Traffic Engineering

Dieses Kapitel stellt die Konzepte und Protokolle für den Aufbau einer neuen Generation der IP-Weitverkehrsnetze dar. Abschnitt 12.1 schildert die Wege zur neuen Generation der IP-Netze. Das Konzept von MPLS wird in Abschnitt 12.2 erläutert. Abschnitt 12.3 beschreibt das Konzept von GMPLS auf Basis der SDH- und WDM-Netze. Den Prinzipien von *Traffic Engineering* in (G)MPLS-Netzen widmet sich Abschnitt 12.4. Die Signalisierung in (G)MPLS-Netzen stellt Abschnitt 12.5 dar.

Überblick über das Kapitel

In diesem Kapitel werden u.a. folgende Fragen beantwortet:

Ziel dieses Kapitels

- Worin bestehen die Konzepte MPLS und GMPLS und welche neuen Möglichkeiten für die IP-Kommunikation entstehen?
- Welche Aufgaben hat Traffic Engineering in IP-Weitverkehrsnetzen?
- Wie werden (G)MPLS-Netze aufgebaut und wie wird die IP-Kommunikation über sie realisiert?
- Wie kann die IP-Kommunikation über optische Netze erfolgen?
- Wie können virtuelle Datenpfade über (G)MPLS-Netze dynamisch eingerichtet werden?
- Wie erfolgt die Signalisierung in (G)MPLS-Netzen?

12.1 Weg zu neuer Generation der IP-Netze

Gigabit-IP-Netze

Durch die rasche Entwicklung und Verbreitung lokaler Netzwerke haben sich die Möglichkeiten der Rechnerkommunikation dramatisch verändert. Der zunehmende Bandbreitenbedarf, der vor allem durch die Einführung neuer webbasierter und multimedialer Applikationen entsteht, zwingt immer mehr Unternehmen zu einer Entscheidung für ein zukunftssicheres Netzwerk, dessen Übertragungsbitrate im Gigabit-Bereich liegt. Die heutigen Anforderungen u.a. an die Integration der Sprach- und Datenkommunikation führen zur Konvergenz von Netztechniken für *Gigabit Networking* wie GE (*Gigabit Ethernet*), 10GE, 40GE und 100 GE sowie SDH (*Synchronous Digital Hierarchy*) [Wil99] mit optischen Netzen auf Basis von WDM (*Wavelength Division Multiplexing*) [KW02]. Der Trend geht heute eindeutig auch zum IP-Einsatz in allen Netztechniken zur Übertragung von Daten und Echtzeitmedien wie Sprache/Audio und Video.

MPLS- und GMPLS-Netze

Um IP-Pakete auf eine einheitliche Art und Weise über alle Netztypen wie z.B. Ethernet, SDH- und WDM-Netze transportieren zu können, wurden die Konzepte MPLS und GMPLS entwickelt. Diese neuen IP-Netze auf Basis von MPLS bzw. von GMPLS, die man auch als *(G)MPLS-Netze* bezeichnet, sind nicht mehr verbindungslos, sondern verbindungsorientiert und stellen Multiplane-Architekturen dar.

Notwendigkeit von Traffic Engineering

Weil die (G)MPLS-Netze verbindungsorientiert sind, müssen zusätzliche Konzepte und Verfahren implementiert werden, die eine individuell unterschiedliche Behandlung einzelner Verkehrsströme und die effektive Ausnutzung von Netzressourcen ermöglichen. In diesem Zusammenhang spricht man von *Traffic Engineering* (TE).

12.1.1 Notwendigkeit von (G)MPLS

Klassische IP-Netze = verbindungslos

Die klassischen IP-Netze funktionieren nach dem *Datagram-Prinzip*, sodass die einzelnen IP-Pakete unabhängig voneinander über das Übermittlungsnetz transportiert werden, ohne hierfür vorher eine virtuelle Verbindung aufzubauen. Daher sind klassische IP-Netze *verbindungslos*. Die Folge davon ist, dass die einzelnen IP-Pakete bei der Übermittlung eines Echtzeitmediums wie z.B. der Sprache über unterschiedliche Wege transportiert werden. Abb. 12.1-1a illustriert dies.

Negative Effekte in klassischen IP-WANs

Handelt es sich bei einer virtuellen Verbindung um eine weite Strecke, sind die statistischen Schwankungen der Übermittlungszeiten der übertragenen IP-Pakete – die man als *Jitter* bezeichnet – sehr beträchtlich und auch breit gestreut. Um diese Schwankungen der Übermittlungszeit auszugleichen, müssen empfangene IP-Pakete in einem sog. *Jitter-Ausgleichspuffer* entsprechend lang zwischengespeichert werden. Falls die Zwischenspeicherungszeit im Jitter-Ausgleichspuffer zu kurz ist, führt sie zur Steigerung der Paketverlustrate. Dadurch, dass einzelne IP-Pakete auf einer virtuellen Verbindung in klassischen IP-Netzen unterschiedliche physikalische Wege zurücklegen können, ist dies bei der Übermittlung von Echtzeitmedien ein großer Nachteil.

IP-Pakete im 'Gänsemarsch' nach MPLS

Eine Lösung zur Beseitigung dieses Nachteils besteht darin, vor der Übermittlung der IP-Pakete auf einer virtuellen Verbindung zunächst eine optimale Route zum Ziel zu finden, danach eine virtuelle Verbindung aufzubauen und über diese Route alle IP-

12.1 Weg zu neuer Generation der IP-Netze

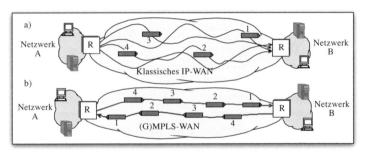

Abb. 12.1-1: Verbindungslose versus verbindungsorientierte IP-Paketübermittlung:
a) Verbindungslose Paketübermittlung im klassischen IP-WAN,
b) Verbindungsorientierte Paketübermittlung im (G)MPLS-WAN

Pakete quasi im 'Gänsemarsch' zu übermitteln. Diese Idee hat zur Entwicklung von MPLS geführt. Die Vorteile einer MPLS-basierten Lösung sind offensichtlich: Die Reihenfolge von IP-Paketen auf einer virtuellen Verbindung wird garantiert, und alle IP-Pakete legen den gleichen physikalischen Weg über das Übermittlungsnetz zurück, sodass auch die Jitter-Werte sehr stark reduziert werden. Abb. 12.1-1b illustriert dies.

Die Attraktivität von MPLS besteht vor allem darin, dass die Netzwerke auf Ethernet-Basis und die Frame-Relay- und ATM-Netze sich fast ohne Erweiterung für MPLS-Unterstützung – also für eine einheitliche Art und Weise der IP-Paketübermittlung – einsetzen lassen. Wenn MPLS modifiziert wird, kann es auch in optischen Netzen auf Basis der WDM-Technik und der SDH (*Synchronous Digital Hierarchy*) zum Einsatz kommen. Das Konzept, nach dem das MPLS-Prinzip in SDH-Netzen und in optischen Transportnetzen mit der WDM-Technik eingesetzt werden kann, wird als GMPLS (*Generalized MPLS*) bezeichnet. (G)MPLS-Netze stellen daher eine neue Generation der IP-Weitverkehrsnetze dar.

IP über klassisches SDH und WDM nach GMPLS

12.1.2 Bedeutung von Traffic Engineering in IP-Netzen

In MPLS-Netzen müssen zusätzliche Konzepte und Verfahren als Erweiterungen implementiert werden, die eine individuell unterschiedliche Behandlung einzelner Verkehrsströme und eine effektive Ausnutzung von Netzressourcen ermöglichen. Diese Erweiterungen werden als *MPLS Traffic Engineering* (MPLS TE) bezeichnet und können als zusätzlicher Dienst in MPLS-Netzen angesehen werden.

Traffic Engineering (TE) hat sich zu einer der wichtigsten Aufgaben im Bereich der Administration von großen IP-Netzen entwickelt. Die Aufgabe von TE besteht darin, in Abhängigkeit von der vorhandenen Netzstruktur und den verfügbaren Netzressourcen (insbesondere von der Bandbreite einzelner Leitungen) die besten Übermittlungswege durch das Transportnetz eines Netzproviders für die vorgegebenen Datenverkehrsströme zu finden. Abb. 12.1-2 illustriert die Aufgabe von TE.

Aufgabe von TE

TE ermöglicht den Netzbetreibern u.a., die verfügbaren Netzressourcen sinnvoll und gezielt zu verteilen. Falls ein neuer Verkehrsstrom mit einer hohen Priorität über ein Transportnetz geführt werden muss, in dem bereits mehrere Verkehrsströme verlaufen, so muss die Möglichkeit gegeben werden, einige bereits laufende Verkehrsströme mit

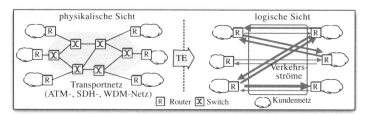

Abb. 12.1-2: Veranschaulichung der Aufgabe von Traffic Engineering in (G)MPLS-Netzen
ATM: Asynchronous Transfer Mode, SDH: Synchronous Digital Hierarchy,
WDM: Wavelength Division Multiplexing

einer niedrigeren Priorität bei Bedarf dynamisch auf andere physikalische Strecken zu verlegen. Ein Verkehrsstrom mit einer hohen Priorität kann also andere Verkehrsströme mit niedrigeren Prioritäten aus einer Leitung verdrängen.

Schritte bei TE

MPLS TE wird im Allgemeinen in folgenden beiden Schritten durchgeführt:

1. Zuerst werden die (Daten-)Verkehrsströme ermittelt, die zwischen den einzelnen Kundennetzen verlaufen und die über ein vorhandenes Transportnetz geführt werden. Hierbei sind im Besonderen noch die QoS-Anforderungen (*Quality of Service*) einzelner Verkehrsströme zu berücksichtigen.

2. Sind die einzelnen Verkehrsströme und ihre Charakteristika bekannt, können ihre optimalen Wege durch das Transportnetz bestimmt werden. Hierbei sind optimale Routen bei in einem Netz gegebenen Randbedingungen zu ermitteln.

Routing-Probleme

Da die Leitungen (Links) im Transportnetz über eine begrenzte Bandbreite verfügen, kann nur eine bestimmte Anzahl der Verkehrsströme über eine Leitung gleichzeitig und dauerhaft verlaufen. Dies muss u.a. bei der Ermittlung der Route für jeden Verkehrsstrom berücksichtigt werden. Man spricht hierbei von *Constraint-Based Routing*. Herkömmliche Routing-Protokolle sind für den Einsatz in (G)MPLS-Netzen entsprechend zu modifizieren.

Fehler- und Ausfalltoleranz

Eine Kernaufgabe des TE besteht in der Gewährleistung der Fehler- und Ausfalltoleranz, sodass einige Maßnahmen realisiert werden müssen, um fehlerhafte Situationen und Ausfälle von Systemkomponenten entdecken und neue Wege bestimmen zu können. Eine fehlerhafte Situation bzw. der Ausfall einer Systemkomponente führt zum *Re-Routing*.

Re-Routing

Unter *Re-Routing* versteht man die automatische Bereitstellung einer neuen Verbindung, nachdem eine fehlerhafte Situation auf der alten Verbindung aufgetreten ist oder nachdem die alte Verbindung von einer neuen Verbindung aus einer Leitung verdrängt wurde. Dies kann dann zustande kommen, wenn die *Setup-Priorität* der neuen Verbindung höher ist als die *Holding-Priorität* der alten Verbindung. Die alte und verdrängte Verbindung muss entsprechend umgeleitet werden. Die Verdrängung einer Verbindung aus einem Link wird als *Preemption der Verbindung* bezeichnet.

Fast Re-Routing in (G)MPLS-Netzen

Re-Routing muss sehr schnell durchgeführt werden. Um dies zu erreichen, sind dedizierte Umleitungen im Netz im Voraus einzuplanen. In diesem Fall spricht man bei

12.1 Weg zu neuer Generation der IP-Netze

TE in (G)MPLS-Netzen von *Fast Re-Routing* (FRR). Mithilfe von FRR realisiert man *Link Protection* (Link-Absicherung) und *Node Protection* (Knotenabsicherung).

Unter *Link Protection* sind alle Maßnahmen zu verstehen, die dazu führen, dass der Ausfall einer Übertragungsstrecke, d.h. eines Link, schnell kompensiert werden kann. Hierfür kann bereits im Voraus eine Ersatzstrecke eingerichtet werden. Unter *Node Protection* versteht man alle notwendigen Maßnahmen, einen ausgefallenen Netzknoten (Node) schnell zu ersetzen. Wie auch bei *Link Protection* wird hierfür eine Ersatzstrecke eingerichtet.

Link und Node Protection

12.1.3 Multiplane-Architekturen moderner IP-Netze

(G)MPLS-Netze können als *New Generation IP-Networks* (NGN) angesehen werden, in denen die Sprach-, Daten- und Videokommunikation gleichermaßen möglich ist. Da die Echtzeitdatenströme (Sprache, Video) in guter Qualität übermittelt werden sollen, müssen NGNs verbindungsorientiert sein. Um Ende-zu-Ende-Verbindungen für die Verkehrsströme über ein NGN dynamisch aufbauen und verschiedene Dienstmerkmale unterstützen zu können, ist die *Outband-Signalisierung* (wie im ISDN) nötig. Dies bedeutet, dass NGNs eine *Control Plane* enthalten müssen. Abb. 12.1-3 illustriert die dadurch entstehende *Multiplane-Architektur*.

(G)MPLS-Netze als NGN

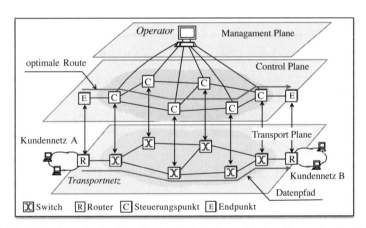

Abb. 12.1-3: Multiplane-Architektur der (G)MPLS-Netze als New Generation IP-Networks

Ein NGN stellt ein physikalisches Transportnetz dar, das um eine Control Plane und eine Management Plane erweitert wurde. Hierfür werden die Switches als Knoten im Transportnetz um zusätzliche Routing- und Signalisierungsfunktionen erweitert. Das physikalische Transportnetz wird als *Transport Plane* bezeichnet und kann sowohl ein Ethernet, ein ATM-, ein SDH- oder ein WDM-Netz oder ein beliebiger Verbund davon sein.

Transport Plane

Die Control Plane stellt ein logisches Routing- und Signalisierungsnetz dar. Ein Steuerungspunkt als Knoten in der Control Plane hat die Aufgabe, Routing und Signalisierung zu unterstützen. Daher besteht eine Aufgabe der Control Plane in der Ermittlung der optimalen Route für den Verlauf jedes *Datenpfades* über das Transportnetz. Ein Datenpfad stellt eine virtuelle Ende-zu-Ende-Verbindung dar und wird

Control Plane

auch in (G)MPLS-Netzen als LSP (*Label Switched Path*) bezeichnet. Die Control Plane hat auch die Aufgabe, die *Signalisierung* zu unterstützen. Das bedeutet, sie muss den Auf- und Abbau von LSPs über das Transportnetz steuern. Abb. 12.1-4 listet die Aufgaben der Control Plane auf.

Innerhalb der Control Plane wird das Management von Netzressourcen realisiert. Die Netzknoten in der Control Plane müssen daher u.a. in der Lage sein, ihre benachbarten Knoten zu entdecken und verfügbare Netzressourcen zu inventarisieren. Die benachbarten Knoten müssen sich auch über die verfügbaren Netzressourcen (wie z.B. genutzte Wellenlängen in WDM-Netzen) gegenseitig informieren. Bei GMPLS kommt hierfür das Protokoll LMP (*Link Management Protocol*) zum Einsatz [Abschnitt 12.3.5].

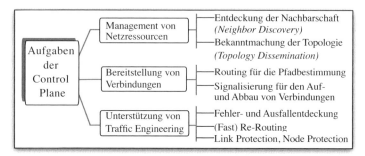

Abb. 12.1-4: Aufgabe der Control Plane in IP-Netzen mit (G)MPLS

Zu den Aufgaben der Control Plane gehört auch die Unterstützung von Traffic Engineering [Abschnitt 12.4].

Management Plane
Die Systemkomponenten innerhalb der Control Plane werden über ein Netzmanagementsystem durch einen Operator konfiguriert. Man ordnet diese Funktion der *Management Plane* zu.

12.1.4 Schritte zu einem Label Switched Path (LSP)

Um einen LSP als Datenpfad über ein Transportnetz aufzubauen, sind in der Regel die in Abb. 12.1-5 gezeigten Schritte nötig.

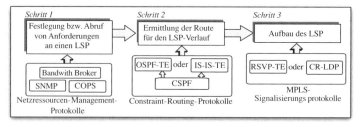

Abb. 12.1-5: Schritte zu einem LSP

Im ersten Schritt werden die Anforderungen an den neuen LSP in Form von bestimmten Regeln (*Policies*) spezifiziert. Diese Regeln werden manchmal von vornherein festgelegt, sodass sie beim Ausbau eines neuen LSP nur aus einem speziellen Server abgerufen werden müssen. Hierbei können die Protokolle SNMP (*Simple Network Management Protocol*) und COPS (*Common Open Policy Service*) [RFC 2748] bzw. das Konzept von *Bandwidth Broker* zum Einsatz kommen. Als *Bandwidth Broker* wird ein spezieller Server bezeichnet, der bestimmte Regeln enthält, die per COPS abgerufen werden können.

Im zweiten Schritt erfolgt die Ermittlung der Route innerhalb der Control Plane, um den Verlauf des LSP zu bestimmen. Der LSP wird dann über die Netzknoten im Transportnetz verlaufen, die entlang dieser Route liegen. Bei der Ermittlung der Route müssen Einschränkungen berücksichtigt werden, die sich aus den Anforderungen an den LSP ergeben. Daher spricht man von *Constraint-Based Routing* bzw. *Constraint-Routing*. Hierfür können als Routing-Protokoll eingesetzt werden:

Constraint-Routing

- OSPF-TE (*OSPF-Traffic Engineering*), das eine Erweiterung des Routing-Protokolls OSPF (*Open Shortest Path First*) [Abschnitt 11.3] für die Unterstützung von TE in MPLS-Netzen darstellt,
- IS-IS-TE (*Intermediate System to Intermediate System – Traffic Engineering*) als eine Erweiterung des Routing-Protokolls IS-IS [BHK94].

Die beiden Constraint-Routing-Protokolle basieren auf dem Algorithmus CSPF (*Constrained Shortest Path First*).

Wurde die Route für den Verlauf des LSP festgelegt, kann mit dem LSP-Aufbau begonnen werden. Da die Route bereits vorliegt, wird sie als *explizite Route* bezeichnet. Für den Aufbau eines LSP entlang einer Route kommen folgende Signalisierungsprotokolle infrage:

Signalisierungsprotokolle

- RSVP-TE (*RSVP with Traffic Engineering*): Dieses Protokoll ist eine Erweiterung des Protokolls RSVP (*Resource Reservation Protocol*) für TE [RFC 3473, 4872, 7260].
- CR-LDP (*Constraint-Routing LDP*: Es handelt sich hier um eine erweiterte Version des Protokolls LDP (*Label Distribution Protocol*) [RFC 3214, 3472, 3480].

12.2 Multi-Protocol Label Switching (MPLS)

Das *Multi-Protocol Label Switching* (MPLS) stellt ein Verfahren dar, um IP-Pakete u.a. in Ethernet sowie in Frame-Relay- und ATM-Netzen effektiv übermitteln zu können. Nach dem MPLS wird jedem zu übertragenden Paket ein Label vorangestellt. Anhand der Label können IP-Pakete in Netzknoten effizient weitergeleitet werden, ohne dabei den komplexen IP-Header auswerten zu müssen.

> **Bemerkung**: *Multi-Protocol* beim MPLS deutet darauf hin, dass mittels MPLS die Daten nach den verschiedenen Protokollen der Schicht 3 übermittelt werden können. Da das IP de facto zum Standardprotokoll geworden ist, haben die anderen Schicht-3-Protokolle ihre Bedeutung verloren. Daher betrifft MPLS nur IP.

12.2.1 Multiplane-Architektur der MPLS-Netze

Das MPLS ist ein Konzept, nach dem ein physikalisches Transportnetz, das ein Switching-Netz darstellt, um eine Control Plane als logisches Routing- und Signalisierungsnetz ergänzt wird. Abb. 12.2-1 illustriert die Multiplane-Architektur eines MPLS-Netzes auf FR- bzw. ATM-Basis. Die Knoten, d.h. die Switches im Transportnetz, das ein *MPLS-Switching-Netz* ist, werden um Routing- und Signalisierungsfunktionen erweitert. Die in Abb. 12.2-1 dargestellte Architektur entspricht somit der Architektur in Abb. 12.1-3.

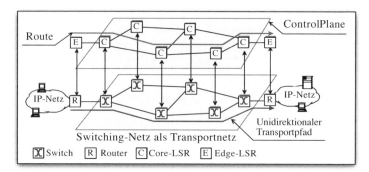

Abb. 12.2-1: Multiplane-Architektur des MPLS-Netzes auf FR- bzw. ATM-Basis
ATM: Asynchronous Transfer Mode, FR: Frame Relay

E-LSRs und C-LSRs als Control Plane

Bei MPLS werden zwei Arten von *Label Switching Routern* (LSR) definiert, nämlich *Edge-LSR (E-LSR)* am Rande und *Core-LSR (C-LSR)* im Kernbereich des Netzes. Die Router sind über permanente logische Verbindungen so vernetzt, dass sie ein logisches Netz bilden, in dem die C-LSR als Knoten und die E-LSR als Endkomponenten dienen. Ein solches Netz stellt ein zusätzliches logisches Routing- und Signalisierungsnetz oberhalb des physikalischen Transportnetzes dar. Die E-LSR klassifizieren die zu übertragenden IP-Pakete und versehen sie mit Labeln. Die Netzknoten leiten die IP-Pakete anhand der Label weiter. Die Label-Informationen werden nach dem Protokoll LDP (*Label Distribution Protocol*) ausgetauscht.

LSP als unidirektionale Verbindung

Die Router am Transportnetz können als Endsysteme[1] angesehen werden. Über diese haben die angeschlossenen Intranets den Zugang zum MPLS-Netz. Um Router als Endsysteme am Transportnetz miteinander zu verbinden, werden die LSPs (*Label Switched Paths*) aufgebaut. Ein LSP stellt beim MPLS eine unidirektionale Ende-zu-Ende-Verbindung über das Transportnetz dar und kann als Datenpfad angesehen werden. Um den Datenverkehr zwischen zwei Routern in beide Richtungen zu übermitteln, sind zwei entgegen gerichtete LSPs nötig.

Ein LSP kann automatisch so bestimmt werden, dass zuerst eine Route über das MPLS-Routing-Netz zwischen den kommunizierenden E-LSRs mithilfe eines Routing-Protokolls ermittelt wird. Dann verläuft der LSP über diese Switches (d.h. im MPLS-Switching-Netz), deren LSR sich auf der Route innerhalb des Routing-Netzes befinden.

---

[1] Customer Premises Equipment (CPE)

12.2 Multi-Protocol Label Switching (MPLS)

Als *Link* (d.h. Übertragungsstrecke) zwischen zwei benachbarten Knoten im Transportnetz kann auch ein Ethernet dienen. Abb. 12.2-2 zeigt dies.

Ethernet als Link

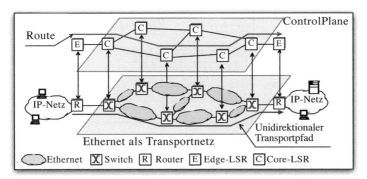

Abb. 12.2-2: Architektur von MPLS-Netzen auf Ethernet-Basis

Über einen Ethernet-Link werden die IP-Pakete in Ethernet-Frames – also in *MAC-Frames* – übermittelt. Jedem IP-Paket wird ein Label vorangestellt, das im MPLS-Header enthalten ist. Der MPLS-Header wird nach dem MAC-Header und vor dem IP-Header im MAC-Frame eingebettet.

Die Idee des MPLS besteht darin, dass zuerst ein Datenpfad als virtuelle Verbindung über das IP-Netz zwischen den kommunizierenden Rechnern für die Übermittlung der IP-Pakete aufgebaut wird. Dadurch werden die einzelnen IP-Pakete über die gleichen Netzknoten übermittelt. Dieses Prinzip entspricht vollkommen den virtuellen Verbindungen in klassischen verbindungsorientierten Netzen mit Paketvermittlung (wie z.B. X.25-, FR- bzw. ATM-Netze [Bad97]).

Gleiche Idee wie in X.25-, FR- bzw. ATM-Netzen

Um IP-Pakete genauso wie z.B. Pakete in einem Frame-Relay- bzw. ATM-Netz übermitteln zu können, müssen sie um eine spezielle Angabe ergänzt werden, die der Angabe eines logischen Kanals entspricht. Beim MPLS wird hierfür jedem zu übertragenden IP-Paket ein Zusatzfeld mit einem Label vorangestellt. Das Label kann als Identifikation des IP-Pakets angesehen werden. Anhand der Label können die IP-Pakete in den Netzknoten effizient nach den gleichen Prinzipien wie in FR- bzw. ATM-Netzen weitergeleitet werden, ohne dass dabei der komplexe IP-Header ausgewertet werden muss

Im Allgemeinen stellt MPLS ein Konzept für eine verteilte Integration von Routing (Layer 3) und Layer-2-Switching dar. Bei MPLS unterscheidet man zwischen zwei Netz-Layern:

Integration von Routing und Switching

- MPLS-Routing-Netz auf Layer 3 und
- MPLS-Switching-Netz auf Layer 2.

12.2.2 MPLS als Integration von Routing und Switching

Die Integration von Routing und Switching beim MPLS illustriert Abb. 12.2-3. Jeder Knoten im Netz enthält zwei Funktionskomponenten:

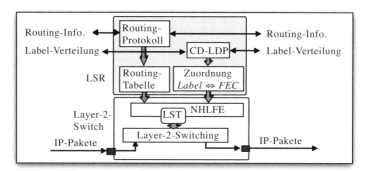

Abb. 12.2-3: Integration von Routing und Switching im Netzknoten beim MPLS
FEC: Forwarding Equivalence Class, CR-LDP: Constraint-Routing Label Distribution

- einen Layer-2-Switch, wo die Weiterleitung der IP-Pakete auf Basis einer *Label-Switching-Tabelle* (LST) stattfindet, und
- ein Router-Modul mit MPLS-Unterstützung, das einen LSR darstellt.

Der LSR unterstützt hauptsächlich die Routing-Funktion. Zusätzlich realisiert er die Verteilung der Label-Informationen innerhalb des logischen MPLS-Routing-Netzes nach dem Protokoll CD-LDP [Abschnitt 12.5.3].

<small>Bedeutung von FEC</small>

Am Eingang zum Netz wird zuerst jedes zu übertragende IP-Paket eines Datenstroms einer bestimmten Klasse, die man FEC (*Forwarding Equivalence Class*) nennt, zugeordnet und jeder FEC wiederum ein Label zugewiesen. Somit kann ein Label als FEC-ID (*Identifikation*) bzw. als *Verkehrsstrom-ID* angesehen werden.

<small>Was enthält die LST?</small>

Die Routing-Tabelle und die Tabelle mit den Zuordnungen Label ⇔ FEC dienen als 'Basis'-Informationen für die Instanz NHLFE (`Next Hop Label Forwarding Entry`). Sie enthält sämtliche Angaben, die man benötigt, um IP-Pakete nach MPLS weiterzuleiten. Den Kern von NHLFE bildet die *Label-Switching-Tabelle* (*LST*), in der angegeben wird, wie die einzelnen IP-Pakete im Switch weitergeleitet werden sollen. Wie in Abb. 12.2-7 gezeigt wird, ist es sinnvoll, dass jedem Eingangs-Interface im Switch eine LST zugeordnet wird. Die LST eines Interface enthält die Angaben, wie die an diesem Interface empfangenen IP-Pakete weitergeleitet werden müssen.

12.2.3 Logisches Modell des MPLS

Nach MPLS können mehrere Verkehrsströme als unterschiedliche Klassen der IP-Pakete über eine physikalische Leitung parallel übertragen werden. Das MPLS-Konzept lässt sich daher in Form des in Abb. 12.2-4 dargestellten logischen Modells veranschaulichen.

<small>Label-Raum pro Leitung</small>

Die Datenübertragung über eine physikalische Leitung nach MPLS kann als eine Multiplexübertragungsstrecke interpretiert werden. Die Ports im Multiplexer stellen Sende/Empfangs-Puffer im Speicher dar und werden mittels der Label identifiziert. Die beiden verbundenen Multiplexer müssen immer die gleiche Anzahl von Ports

12.2 Multi-Protocol Label Switching (MPLS)

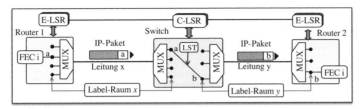

Abb. 12.2-4: Kopplung von Multiplexübertragungsstrecken als logisches Modell von MPLS
FEC: Forwarding Equivalence Class, LST: Label Switching Table, MUX: Multiplexer

aufweisen. Im E-LSR und im C-LSR wird somit jeder Leitung eine Anzahl von Labeln zugeordnet, die als *Label-Raum* pro physikalisches Interface angesehen werden kann.

Da einer Klasse der zu übertragenden IP-Pakete ein Label im E-LSR zugeordnet wird, bedeutet dies, dass Pakete derselben Klasse im E-LSR zum Absenden immer am gleichen Port vor dem Multiplexer abgespeichert werden. Das Label, das einer Klasse von IP-Paketen zugeordnet wurde, dient also als Identifikation dieses Ports im Multiplexer, in dem die IP-Pakete dieser Klasse zum Absenden abgespeichert werden. In Abb. 12.2-4 wurde z.B. das Label a der Klasse FEC *i* zugeordnet. Somit wird das Label a jedem zu übertragenden IP-Paket der Klasse FEC *i* vorangestellt. Die Pakete dieser Klasse werden am Eingangs-Port a vor dem Absenden im E-LSR abgespeichert und nach dem Empfangen im C-LSR im Ausgangs-Port zwischengespeichert.

Nach MPLS können mehrere Klassen von IP-Paketen – also mehrere Verkehrsströme – parallel über eine physikalische Leitung übertragen werden. Hierbei wird jede Klasse mit einem Label markiert. Daher kann eine physikalische Leitung auf eine Vielzahl von logischen Kanälen aufgeteilt werden, und das Label stellt hierbei die Identifikation eines logischen Kanals dar. Dies entspricht weitgehend dem klassischen X.25-Konzept.

Beim MPLS wird ein Label als FEC-ID (d.h. Verkehrsstrom-ID) jedem zu übertragenden IP-Paket entsprechend vorangestellt. Die Interpretation der Label ist aber von der Art des Transportnetzes abhängig, was Abb. 12.2-5 zeigt. *(Interpretation der Label)*

Wie hier ersichtlich, wird beim MPLS jedem zu übertragenden IP-Paket ein Label vorangestellt:

- In FR-Netzen verwendet man als Label DLCI (*Data-Link Connection Identifier*) im Header von FR-Frames mit den IP-Paketen.
- In ATM-Netzen dient als Label VPI/VCI (*Virtual Path Identifier/Virtual Circuit Identifier*) im Header von ATM-Zellen.
- Fungiert ein Ethernet als Link, wird ein *MPLS-Header* mit einem Label im Ethernet-Frame vor dem IP-Header eingebettet.

Beim MPLS wird immer ein Label vor dem IP-Paket im Transportnetz, also in der Transport Plane, übermittelt. Dies ist bei GMPLS aber nicht der Fall [Abschnitt 12.3]. Genau darin besteht der große Unterschied zwischen MPLS und GMPLS.

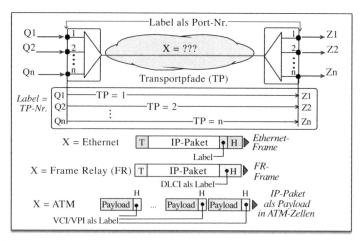

Abb. 12.2-5: Label beim MPLS in Abhängigkeit vom Transportnetz
H: Header, T: Trailer, Q: Quelle, Z: Ziel

12.2.4 Prinzip des Label-Switching

Das Prinzip des Label-Switching besteht darin [Abb. 12.2-4], dass ein empfangenes IP-Paket (z.B. aus der Leitung x und mit dem Label a) mit einem (im Allgemeinen) anderen Label auf eine andere Leitung (z.B. auf die Leitung y und mit dem Label b) weitergeleitet wird.

Aufgabe von Label-Switching

Die Aufgabe von Label-Switching ist es, virtuelle Verbindungen als *Label Switched Path* (*LSP*) durch die Kopplung der logischen Kanäle in Switchen zu realisieren. Hierfür müssen die Label-Werte mittels einer Label-Switching-Tabelle (LST) umgesetzt werden, sodass eine korrekte Verknüpfung der logischen Kanäle in IP-Netzknoten erfolgen kann. Wie Abb. 12.2-6 zum Ausdruck bringt, stellt ein LSP eine Kette von logischen Kanälen in den einzelnen, unterwegs liegenden physikalischen Leitungen dar. Hierbei wird ein logischer Kanal mit einem Label identifiziert. Daher wird das IP-Paket z.B. mit Label b vom Port a im Router A zum Port a im Switch übermittelt.

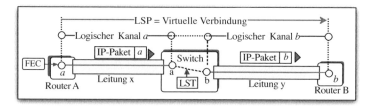

Abb. 12.2-6: Veranschaulichung eines LSP (*Label Switched Path*)

Nach der LST im Switch werden zuerst eine physikalische Ausgangsleitung für das Absenden des IP-Pakets und dann ein Port bestimmt, an dem diese Ausgangsleitung anliegt. Dem zu sendenden IP-Paket wird danach eventuell ein neuer Label-Wert, der dem neuen Ausgangs-Port entspricht, vorangestellt.

12.2 Multi-Protocol Label Switching (MPLS)

In einem Switch mit MPLS wird folgende Zuordnung realisiert:

(Eingangsleitung, ankommendes Label) ⇒ *(Ausgangsleitung, abgehendes Label)*

Damit hat jeder MPLS-Switch folgende Funktionen zu erfüllen:

- *Eingangsleitung* ⇒ *Ausgangsleitung*: Darunter versteht man die Übergabe eines IP-Pakets von einer physikalischen Eingangsleitung an eine andere physikalische Ausgangsleitung. — Raumvermittlung

- *Ankommendes Label* ⇒ *abgehendes Label*: Für jedes empfangene IP-Paket muss das Label entsprechend der LST für das zu sendende Paket neu festgelegt werden. Die Label-Umsetzung bezeichnet man als *Label Swapping*. — Label Swapping

- *Zwischenspeicherung der IP-Pakete*: Es kann vorkommen, dass einige Pakete zwischengespeichert werden müssen, weil die Ausgangsleitung vorläufig durch die Übertragung von früher angekommenen Paketen belegt ist. — Zwischenspeicherung

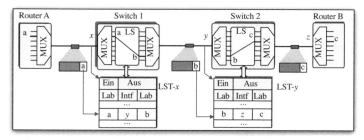

Abb. 12.2-7: Übermittlung von IP-Paketen über einen LSP (vgl. Abb. 11.3-6)
Ein-L: Eingangsleitung, Aus-L: Ausgangsleitung, Intf: Interface (Leitung), LS: Label Switching,
LST-x: Label Switching Tabelle des Eingangs-Interface x

Abb. 12.2-7 veranschaulicht die Übermittlung der IP-Pakete über einen LSP vom Router A zu Router B. Jeder Eingangsleitung im Switch wird eine LST zugeordnet, in der die Ausgangsleitung und das abgehende Label für jedes angekommene Label angegeben wird. Die Aufgabe von Label Switching besteht in der 'Übergabe' eines empfangenen IP-Pakets vom Port an der Eingangsleitung zum Port an der Ausgangsleitung. — Lokale Bedeutung der Label

Dieses Beispiel soll einerseits zum Ausdruck bringen, dass ein Label im Allgemeinen nur lokale Bedeutung hat, d.h. nur mit einer physikalischen Leitung verbunden ist. Auch ist es möglich, dass das Label in allen auf dem LSP liegenden Switches nicht verändert wird. In einem solchen Fall wird den IP-Paketen auf allen Leitungen das gleiche Label vorangestellt. Andererseits soll hervorgehoben werden, dass die Übermittlung der IP-Pakete über einen bereits bestehenden LSP nur auf den vorangestellten Labeln basiert.

12.2.5 Logische Struktur der MPLS-Netze

Ein MPLS-Switching-Netz lässt sich als Geflecht logischer Kanäle verstehen. Wie Abb. 12.2-8 illustriert, stellt eine virtuelle Ende-zu-Ende-Verbindung im MPLS-Switching-Netz einen LSP dar, der eine geordnete Kette von logischen Kanälen innerhalb von physikalischen Leitungen bildet. Hierbei werden die logischen Kanäle über ihre Label identifiziert. Mit einer Leitung ist immer ein Label-Raum verbunden — Interpretation des LSP

[Abb. 12.2-4]. Über einen LSP wird daher eine Klasse FEC (*Forwarding Equivalence Class*) von IP-Paketen übermittelt.

Beim MPLS werden über einen LSP die IP-Pakete nur in eine Richtung transportiert [Abb. 12.2-7]. Für eine virtuelle Vollduplexverbindung, z.B. bei einer TCP-Kommunikation, sind zwei entgegen gerichtete LSPs nötig.

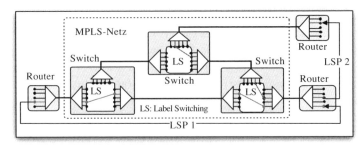

Abb. 12.2-8: Logische Struktur eines MPLS-Netzes

Da die IP-Pakete auf einem LSP immer über die gleiche 'virtuelle Übertragungsstrecke' laufen, wird die Reihenfolge der übermittelten IP-Pakete im MPLS-Netz nicht verändert. Dies ist ein großer Vorteil im Vergleich zu den klassischen IP-Netzen, die verbindungslos sind [Abb. 12.1-1a].

12.2.6 Bildung der Klassen von IP-Paketen und MPLS-Einsatz

Im Quell-E-LSR [Abb. 12.2-4] werden die zu übertragenden IP-Pakete klassifiziert, einem Verkehrsstrom zugeordnet und als FEC (*Forwarding Equivalence Class*) interpretiert. Jede FEC wird wiederum über einen LSP im Netz übermittelt. Da FECs nach unterschiedlichen Kriterien gebildet werden können, ergibt sich dadurch ein breites Spektrum von MPLS-Einsatzmöglichkeiten. Beispielsweise kommen folgende Kriterien für die Zuordnung von IP-Paketen zu FECs im Quell-E-LSR in Frage:

Bildung von FECs

- *FEC = alle IP-Pakete zu einem Zielsubnetz*
  In diesem Fall wird ein LSP aufgebaut, um die IP-Pakete von einem IP-Subnetz zu einem anderen zu übermitteln Abb. 12.2-9]. Zwei entgegengerichtete LSPs entsprächen einer virtuellen Vollduplex-Standleitung zwischen den Subnetzen.
- *FEC = alle IP-Pakete zu einem Zielrechner*
  Hier wird ein LSP aufgebaut, um die IP-Pakete an einen Zielrechner zu übermitteln.
- FEC = alle IP-Pakete zwischen zwei Routern, über die zwei Standorte eines Unternehmens angeschlossen sind

Werden bei einer derartigen Zuordnung der IP-Pakete zur FEC zwei entgegen gerichtete LSPs über ein MPLS-Netz aufgebaut, so könnte man diese LSPs mit einer virtuellen Standleitung zwischen zwei Standorten eines Unternehmens vergleichen. Über diese virtuelle Standleitung kann ein virtuelles privates Netz auf IP-Basis aufgebaut werden.

12.2 Multi-Protocol Label Switching (MPLS)

Abb. 12.2-9 illustriert den MPLS-Einsatz für die Kopplung von IP-Subnetzen. Hier wird nur die Übermittlung der IP-Pakete von Subnetz A zu Subnetz B veranschaulicht. In diesem Fall dient die Identifikation (ID) des Zielsubnetzes im Quell-E-LSR des Routers PR_A als Kriterium für die Zuordnung der IP-Pakete zur FEC. Somit bilden hier alle IP-Pakete, die von Subnetz A zu Subnetz B mit der Subnetz-ID = 48.1 übermittelt werden, eine FEC. Dieser FEC (IP-Pakete mit der Zielsubnetz-ID = 48.1) wird das Label a im Quell-E-LSR zugewiesen.

MPLS-Einsatz

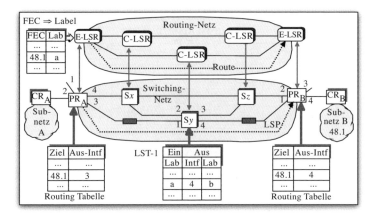

Abb. 12.2-9: Kopplung der IP-Subnetze über ein MPLS-Netz
Aus: Ausgang, CR: Customer Router, Ein: Eingang, Intf: Interface,
Lab: Label, PR: Provider Router, S: Switch

Nach MPLS muss ein LSP vom PR_A zum PR_B eingerichtet werden. Um den optimalen Verlauf des LSP zu finden, bestimmt der Quell-E-LSR anhand eines Routing-Protokolls (z.B. OSPF) die Route über das MPLS-Routing-Netz zum Ziel-E-LSR. Die optimale Route führt nur über den C-LSR, der im Switch Sy des Switching-Netzes enthalten ist. Somit führt der LSP vom PR_A zum PR_B über den Switch Sy.

Der Router PR_A realisiert normalerweise die Routing-Funktion. Nach der Routing-Tabelle werden die IP-Pakete mit der Ziel-Subnetz-ID = 48.1 im PR_A zum Ausgangs-Interface 3 geleitet. Da diese IP-Pakete eine Klasse bilden, der das Label a zugeordnet wurde, werden sie an den Multiplexer-Port a des Ausgangs-Interface 3 übergeben. Beim Absenden zum Switch Sy wird diesen IP-Paketen das Label a vorangestellt.

Switch Sy empfängt die IP-Pakete mit Label a vom PR_A auf dem Eingangs-Interface 1. Nach der LST dieses Interface im Switch Sy werden diese Pakete vom Eingangs-Interface 1 an das Ausgangs-Interface 4 übergeben. Zusätzlich wird den IP-Paketen das Label b vorangestellt, als ob diese IP-Pakete vor dem Interface 4 im Port mit der Identifikation b abgespeichert würden. Der Ziel-Router PR_B empfängt die IP-Pakete mit Label b auf dem Interface 1. Er leitet diese IP-Pakete zum IP-Subnetz B (ohne Label) nach der Routing-Tabelle zum Ausgangs-Interface 4 weiter. Die Router mit E-LSR unterstützen daher das MPLS und realisieren das Routing.

12.2.7 MPLS und die Hierarchie von Netzen

Heutzutage wird versucht, die Netzhierarchien 'flach' zu halten, d.h. Technologiebrüche möglichst zu vermeiden, wie dies in der Vergangenheit beim Einsatz von ATM (*Asynchronous Transfer Mode*) häufig anzutreffen war.

Als Beispiel für eine zweistufige Hierarchie dient Abb. 12.2-10. Hier wird das optische WDM-Netz als Backbone eingesetzt, das mittels SDH beim Anbieter in logische Kanäle eingeteilt wird.

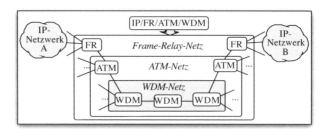

Abb. 12.2-10: Beispiel für eine hierarchische Netzstruktur IP/FR/WDM

Die Netztypen wie SDH- bzw. WDM-Netze können auch verschiedenen Netzanbietern gehören, sodass sie unterschiedliche administrative Domänen bilden. Falls in einer derartigen Netzstruktur MPLS unterstützt werden soll, ist es sinnvoll und manchmal auch notwendig, den zu übertragenden IP-Paketen mehrere Label voranzustellen. Abb. 12.2-11 zeigt, wie ein Transportpfad als LSP über die in Abb. 12.2-10 dargestellte Hierarchie der Netze eingerichtet werden kann.

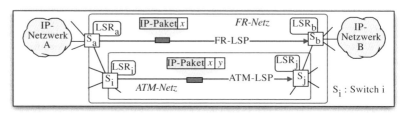

Abb. 12.2-11: IP über die hierarchische Netzstruktur FR mit MPLS

MPLS Tunneling

Falls IP-Pakete über ein solches hierarchisch strukturiertes Netz, das sich aus den unterschiedlichsten Netztypen zusammensetzt, übermittelt werden, dient das innere Netz als reines Transitnetz. Für die Übermittlung von Daten über ein Transitnetz verwendet man das sog. *Encapsulation/Decapsulation-Verfahren*. Logisch gesehen wird hierbei ein Tunnel über ein Transitnetz aufgebaut. Man spricht daher auch von *Tunneling*.

Wird ein Label-Stack den zu übertragenden IP-Paketen vorangestellt, so handelt es sich um den Transport der IP-Pakete über ein Netz, das aus einem hierarchisch strukturierten Backbone besteht. Dies zeigt Abb. 12.2-12.

Tunneling-Prinzip

Wie hier zum Ausdruck kommt, verwendet man bei der Übermittlung der IP-Pakete nach MPLS über ein hierarchisch strukturiertes Transitnetz das *Tunneling-Prinzip*.

12.2 Multi-Protocol Label Switching (MPLS)

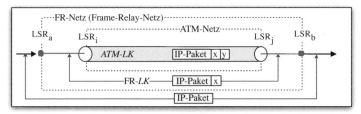

Abb. 12.2-12: Tunneling beim MPLS über die hierarchische Netzstruktur FR/ATM
LK: Logischer Kanal, LSR: Label Switching Router, x, y: Label

Abb. 12.2-12 zeigt eine Situation, in der die IP-Pakete über ein FR-Netz transportiert werden. Dieses Netz stellt ein reines Transitnetz für die IP-Pakete dar. Aus MPLS-Sicht sind LSR_a und LSR_b als benachbarte Router zu interpretieren. Sie sind mit einem logischen Kanal verbunden und müssen sich auf einen gemeinsamen Label-Raum verständigen [Abb. 12.2-4]. Den über das FR-Netz zu übertragenden IP-Paketen wird das Label x vorangestellt.

Die Übermittlung im FR-Netz erfolgt über einen ATM-Backbone (d.h. wiederum über ein Transitnetz), sodass LSR_i und LSR_j benachbarte Router sind. Sie sind mit einem logischen Kanal verbunden und müssen ebenfalls einen gemeinsamen Label-Raum vereinbaren. Den über das ATM-Netz zu übertragenden und bereits mit einem Label etikettierten IP-Paketen wird das zweite Label y vorangestellt.

Transitnetze

Das hier dargestellte hierarchische Tunneling kann auch für den Aufbau von hierarchisch strukturierten *Virtual Private Networks* (VPN) verwendet werden [Abb. 12.2-16].

Wird ein IP-Paket über mehrere Transitnetze nach MPLS übermittelt, werden ihm (logisch gesehen) mehrere Label vorangestellt; man spricht somit von einem *Label-Stack*. Wie Abb. 12.2-13a zeigt, besteht ein Label-Stack aus einer bestimmten Anzahl von Label-Einträgen (*Label Entries*). Logisch gesehen wird ein Label-Stack den IP-Paketen dann vorangestellt, wenn sie über eine hierarchische Struktur von Transitnetzen transportiert werden [Abb. 12.2-11].

Label-Stack

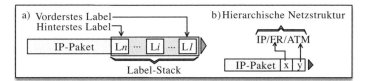

Abb. 12.2-13: Label-Stack: a) allgemeine Struktur, b) in der Netzstruktur FR/ATM
FR: Frame Relay, WDM: Wavelength Division Multiplexing

Es besteht ein Zusammenhang zwischen der Hierarchie der Netze und der Label-Stack-Struktur. Dies bringt Abb. 12.2-13b zum Ausdruck. Hier wurde die Netzstruktur aus Abb. 12.2-11 angenommen. Somit erfolgt die Weiterleitung des IP-Pakets innerhalb der untersten Netzhierarchie (d.h. im ATM-Netz) anhand des ersten Labels y. Dagegen erfolgt die Weiterleitung des IP-Pakets innerhalb der obersten Netzhierarchie (d.h. im FR-Netz) aufgrund des zweiten Labels x.

12.2.8 MPLS und verschiedene Übermittlungsnetze

MPLS kann für die Übermittlung von IP-Paketen über verschiedene Netze eingesetzt werden. Die MPLS-Standards unterstützen die folgenden Netztypen für dessen Einsatz[2]:

- Frame-Relay-Netze,
- ATM-Netze,
- herkömmliche LANs (Ethernet) [Abschnitt 13.1] und
- PPP-Verbindungen (Point-to-Point Protocol) [Abschnitt 13.2].

Arten von Labeln   Für die Realisierung von MPLS über unterschiedliche Netztypen wurden daher folgende Arten von Labeln eingeführt: *FR-Label* (Frame Relay), *ATM-Label* und *Generic-Label*.

Ein FR-Label repräsentiert einen DLCI-Wert (*Data-Link Connection Identifier* im FR-Header), d.h. die Identifikation eines logischen Kanals in FR-Netzen. Ähnlich repräsentiert ein ATM-Label einen VPI/VCI-Wert im ATM-Header. Für die MPLS-Realisierung in LAN-Verbundsystemen und über PPP-Verbindungen dienen *Generic Labels*. Für die Übermittlung von Generic Labels wurde der MPLS-Header eingeführt. Abb. 12.2-14 zeigt, wie die MPLS-Angaben in den einzelnen Netztypen transportiert werden.

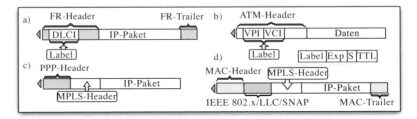

Abb. 12.2-14: Übermittlung der MPLS-Angaben über: a) FR-Netze, b) ATM-Netze, c) PPP-Verbindungen, d) herkömmliche LANs
DLCI: Data-Link Connection Identifier, LLC: Logical Link Control, SNAP: Subnetwork Access Protocol, VCI: Virtual Connection Identifier, VPI: Virtual Path Identifier

Bei der Übertragung der IP-Pakete nach MPLS über FR-Netze wird der Label-Wert im DLCI-Feld des FR-Header angegeben. In diesem Fall gilt: `Label = DLCI`. Somit lassen sich die FR-Netze für die Übermittlung der IP-Pakete nach MPLS relativ einfach adaptieren. Bei der Übertragung der IP-Pakete nach MPLS über ATM-Netze wird der Label-Wert im *VPI/VCI*-Feld des ATM-Header angegeben. Auf diese Weise können ATM-Netze einfach erweitert werden, um MPLS zu unterstützen.

---

[2] Der Aufbau von Frame-Relay- und ATM-Netzen ist in der zweiten Auflage dieses Buches genauer beschrieben, vgl. auch [Bad97].

12.2 Multi-Protocol Label Switching (MPLS)

Das Generic-Label beim MPLS über LANs bzw. über PPP-Verbindungen wird im MPLS-Header angegeben, den man auch als Shim-Header bezeichnet. Bei MPLS über PPP-Verbindungen wird der MPLS-Header nach dem PPP-Header und vor dem IP-Paket eingekapselt. In LANs nach IEEE 802.x wird der MPLS-Header nach dem LLC/SNAP-Header [Abb. 12.1-5] und vor dem IP-Paket transportiert; bei Ethernet V2 LANs wird das Label nach dem Feld *EtherType* eingefügt.

Shim-Header

Der MPLS-Header ist 4 Byte lang und setzt sich aus folgenden Feldern zusammen:

- `Label`: In diesem Feld (20 Bit) wird der Label-Wert angegeben.
- Exp (*Experimental*): Die Nutzung dieses Feldes (3 Bit) ist zur Zeit noch offen. Bei einigen MPLS-Lösungen wird es für die Unterstützung von Quality of Service eingesetzt. In diesem Fall werden hier die *Class of Service*- bzw. *Priority*-Angaben gemacht.
- S (*Bottom of Stack*): In diesem 1-Bit-Feld markiert man, ob dieser Label-Eintrag der hinterste Eintrag im Stack ist.
- TTL (*Time To Live*): In diesem Feld (8 Bit) wird der TTL-Wert aus dem IP-Header eingetragen. Der TTL-Wert wird in jedem Switch unterwegs um 1 verringert.

12.2.9 Virtual Private Networks mit MPLS

Mit MPLS können virtuelle private Netze (*Virtual Private Network*, VPN) eingerichtet werden. In diesem Zusammenhang spricht man auch von *MPLS-VPN*. Wie Abb. 12.2-15 illustriert, handelt es sich hierbei oft um eine standortübergreifende Vernetzung der Unternehmensnetze.

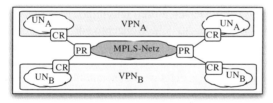

Abb. 12.2-15: VPN als eine standortübergreifende Vernetzung
CR: Customer Router, PR: Provider Router, UN: Unternehmensnetz

MPLS-VPN

Beim Aufbau eines VPN über ein IP-Netz werden den zu übertragenden IP-Paketen mehrere Label vorangestellt. Abb. 12.2-16 illustriert das Prinzip der VPN-Bildung. Man verwendet hier das Label x (d.h. das hintere Label) als VPN-Identifikation. Der Eingangs-E-LSR (sog. *Ingress* E-LSR) im Edge-Router PR beim Netz-Provider klassifiziert die zu übermittelnden IP-Pakete. In diesem Fall wird allen IP-Paketen vom Router PR_A eine Klasse FEC zugeordnet. Da das ganze IP-Netz nun als Transitnetz dient, wird ein Tunnel zum Ausgangs-E-LSR (sog. *Egress* E-LSR) aufgebaut. Somit fungieren Eingangs- und Ausgangs-E-LSR als benachbarte Router. So gesehen besteht zwischen den Routern ein logischer Kanal, für den sie sich auf einen Label-Raum verständigen müssen. Das Label x, das den IP-Paketen von Router PR_A vorangestellt wird, gehört u.a. zu diesem Raum.

684   12 Verbindungsorientierte IP-Netze mit MPLS und GMPLS

Zur Übermittlung der zum VPN gehörenden (d.h. bereits mit dem Label x etikettierten) IP-Pakete über das MPLS-Netz wird den Paketen im Eingangs-E-LSR das zweite Label y vorangestellt. Die Übermittlung der IP-Pakete erfolgt nun anhand des vorderen Labels y.

Im Ausgangs-E-LSR wird das vordere Label y vom IP-Paket 'abgeschnitten'. Nach dem hinteren Label x werden die IP-Pakete im Ausgangs-E-LSR zum richtigen Unternehmensnetz (d.h. zum CR_B) weitergeleitet.

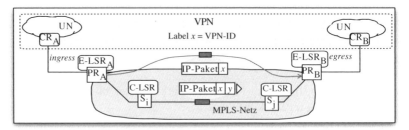

Abb. 12.2-16: Prinzip der Realisierung eines VPN auf Basis eines MPLS-Netzes
CR: Customer Router, PR: Provider Router, UN: Unternehmensnetz

12.3 Konzept von GMPLS

IP über SDH und WDM mit GMPLS

MPLS ermöglicht die Konvergenz von Ethernet mit Frame-Relay- und mit ATM-Netzen auf eine elegante Art und Weise. Ein Verbund dieser Netzarten kann daher ein MPLS-Netz darstellen, in dem die IP-Kommunikation verbindungsorientiert ist und die Übermittlung von IP-Paketen im 'Gänsemarsch' verläuft [Abb. 12.1-1b]. In MPLS-Netzen müssen auch zusätzliche Konzepte und Verfahren als Erweiterungen zum MPLS implementiert werden, die eine individuell unterschiedliche Behandlung einzelner Verkehrsströme und effektive Ausnutzung von Netzressourcen ermöglichen. Wie bereits in Abschnitt 12.1.2 gezeigt wurde, nennt man diese Erweiterungen MPLS-TE (*Traffic Engineering*). Eine Verallgemeinerung von MPLS und MPLS-TE, sodass man die IP-Pakete nach dem MPLS-Prinzip auch in SDH-Netzen [Wil99] sowie in optischen Transportnetzen auf Basis der WDM-Technik [KW02] übermitteln kann, wird als *Generalized MPLS* (GMPLS) bezeichnet. GMPLS wurde von der IETF entwickelt und bereits in mehreren RFCs spezifiziert [RFC 3945].

Control Plane bei GMPLS

GMPLS ist zwar eine Verallgemeinerung von MPLS, aber es besteht ein gravierender Unterschied zwischen ihnen in der Signalisierung. Jedem GMPLS-Netz auf Basis der SDH- bzw. WDM-Transportnetze liegt die in Abb. 12.1-3 dargestellte Multiplane-Architektur zugrunde. Das Prinzip von Routing und Signalisierung in GMPLS-Netzen soll Abb. 12.3-1 näher erläutern. Die Signalisierungsinstanzen innerhalb der Control Plane, die zu jeweils zwei benachbarten Netzknoten gehören, müssen dauerhaft mit-

12.3 Konzept von GMPLS

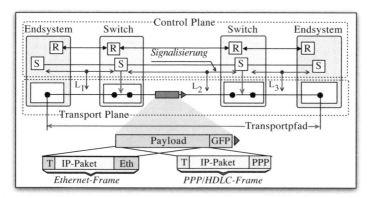

Abb. 12.3-1: Signalisierung in GMPLS-Netzen auf Basis der SDH- bzw. WDM-Netze
Eth: Ethernet, PPP: Point-to-Point Protocol, HDLC: High-Level Data-Link Control;
L: SDH- bzw. WDM-Link, R: Routing-Instanz, S: Signalisierungsinstanz

einander vernetzt werden. Mithilfe eines Protokolls wird ein Label zwischen ihnen vereinbart.

Wie Abb. 12.3-4 und Abb. 12.3-5 zeigen, dient ein Label als Identifikation eines Zeitschlitzes auf einem SDH-Link bzw. einer Wellenlänge auf einem WDM-Link. Daher müssen die Signalisierungsinstanzen in benachbarten Switches vereinbaren,

- welcher Zeitschlitz auf dem SDH-Link bzw.
- welche Wellenlänge auf dem WDM-Link

zwischen ihnen für die Übermittlung von IP-Paketen verwendet werden soll. Wie in Abb. 12.3-4 und Abb. 12.3-5 auch gezeigt wird, kann ein Label als Nummer des Ports in den jeweils mit einem Link verbundenen Multiplexern interpretiert werden.

Label-Bedeutung beim GMPLS

Für die Übermittlung der IP-Pakete über SDH und optische Netze mit der WDM-Technik wurde von der ITU-T ein Framing-Protokoll, das sog. GFP (*Generic Framing Procedure*), entwickelt. GFP ist auch bei GMPLS von großer Bedeutung. Wie Abb. 12.3-1 illustriert, werden IP-Pakete über SDH- bzw. über WDM-Links entweder in Ethernet-Frames oder in PPP/HDLC-Frames eingekapselt und als Payload (Nutzlast) in GFP-Frames transportiert. Hier ist hervorzuheben, dass in GFP-Frames, die über ein SDH- bzw. über ein SDH-Link übermittelt werden, keine Label-Angaben enthalten sind.

Bedeutung von GFP

12.3.1 Vom MPLS über MPλS zum GMPLS

Um die IP-Kommunikation in optischen WDM-Netzen zu unterstützen, wurde zunächst vorgeschlagen, MPLS mit einer kleinen Modifikation zu übernehmen. Hierbei wurden die Label zur Identifikation von Wellenlängen also von Lambdas (λ) verwendet. Damit ist MPλS entstanden. Beim MPλS stellt das Label de facto die Identifikation einer Lichtwelle dar, d.h. Label = λ (Wellenlänge). Dies bringt Abb. 12.3-2

Vom MPLS zum MPλS

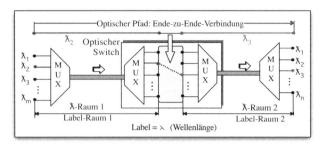

Abb. 12.3-2: Ende-zu-Ende-Verbindung als optischer Pfad nach MPλS

zum Ausdruck. Ein WDM-Netzknoten – im Vergleich zu einem MPLS-Netzknoten – arbeitet anstelle von Labeln mit Wellenlängen, also mit Lambdas [Abb. 12.3-3].

Vom MPλS zum GMPLS

Weiterhin wurde aber nach einem Konzept gesucht, um die IP-Kommunikation auf die gleiche Art und Weise in SDH-Netzen zu unterstützen. Aus diesen Überlegungen und aus MPλS ist GMPLS entstanden. GMPLS stellt eine Verallgemeinerung von MPLS dar. Bei GMPLS – wie auch bei MPLS – wird ein physikalisches Switching-Netz als Transportnetz um eine Control Plane als logisches Routing- und Signalisierungsnetz ergänzt. Dies führt zu einer Multiplane-Architektur, die bereits in Abb. 12.1-2 gezeigt wurde.

Im Gegensatz zum MPLS handelt es sich beim GMPLS aber um ein Switching-Netz, das auf Basis eines SDH-Netzes, eines optischen WDM-Netzes bzw. eines Verbunds dieser beiden Netzarten aufgebaut wird.

12.3.2 Struktur optischer Switches bei GMPLS

Die allgemeine Struktur eines Switches in WDM-Netzen, die beim GMPLS angenommen wird, zeigt Abb. 12.3-3. Über eine Glasfaser (Fiber) werden mehrere optische Datensignale mit verschiedenen Wellenlängen (Lambdas) parallel übermittelt. Eine Wellenlänge kann aus Sicht der Switching-Funktion als *Port* angesehen werden. Mehrere Glasfasern werden in der Regel in einem LWL-Kabel untergebracht, sodass man von *Fiber Bundle* spricht.

Ein Port stellt das Ende bzw. den Beginn eines logischen Kanals dar, der mithilfe einer Wellenlänge realisiert wird. Ein Port, der als Beginn eines logischen Kanals dient, kann als *Eingangsport* bezeichnet werden. Dementsprechend ist ein Port, der das Ende eines logischen Kanals bildet, als *Ausgangsport* zu bezeichnen. Jeder Port repräsentiert eine Wellenlänge, also ein Lambda (λ). Es ist hierbei hervorzuheben, dass die Identifikation von λ beim GMPLS ein Label darstellt.

Switching als Abbildung

Anschaulich gesehen besteht die Switching-Funktion darin, einen Ausgangsport einer Glasfaser mit einem Eingangsport einer anderen Glasfaser zu verknüpfen. Mit Switching wird daher folgende Abbildung realisiert:

Eingang: Fiber$_i$, λ_x $\Rightarrow$ *Ausgang*: Fiber$_j$, λ_y

12.3 Konzept von GMPLS

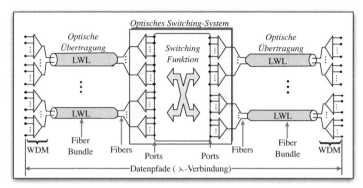

Abb. 12.3-3: Allgemeine Struktur eines optischen Switches beim GMPLS
LWL: Lichtwellenleiter

Die Realisierung dieser Abbildung ist davon abhängig, ob es sich um einen OEO-Switch (*Optical-Electrical-Optical*) oder um einen OOO-Switch (*Optical-Optical-Optical*) handelt. In OEO-Switches werden die empfangenen optischen Signale (O) zuerst in elektrische Signale (E) umgesetzt und danach in der elektrischen Form weitergeleitet (vermittelt). Nach ihrer Vermittlung werden sie wiederum für die Übertragung in optische Signale umgewandelt. In OOO-Switches werden die empfangenen optischen Signale nicht in elektrische Signale umgewandelt, sondern in ihrer optischen Form vermittelt. OOO-Switches werden als *photonische Switches* bezeichnet. Für das Switching in OOO-Switches verwendet man sehr komplexe Mikrospiegelsysteme [KW02].

Arten von Switches

Ein Datenpfad als λ-*Verbindung* über einen optischen Switch kann im Allgemeinen dargestellt werden als folgendes Paar:

λ-Verbindung = [(Fiber$_i$, λ_x), (Fiber$_j$, λ_y)]

12.3.3 Interpretation der Label

Abb. 12.3-4 illustriert eine WDM-Übertragungsstrecke. Hier dienen die einzelnen Wellenlängen als Datenträger und werden den einzelnen Ports in den Multiplexern zugeordnet. Um GMPLS zu realisieren, werden die Ports in den Multiplexern und damit auch die einzelnen Wellenlängen λ_1, ..., λ_n über ihre Label identifiziert.

Label beim WDM

Eine Wellenlänge kann für einen LSP (*Label Switched Path*) dauerhaft oder für eine bestimmte Dauer reserviert werden. Über eine WDM-Übertragungsstrecke können mehrere LSPs eingerichtet werden. Über einen LSP können die IP-Pakete als Payload in GFP-Frames transportiert werden.

LSP

SDH (*Synchronous Digital Hierarchy*) stellt ein Zeitmultiplexverfahren dar, mit dem es möglich ist, flexible Übertragungssysteme auf Basis von optischen Leitungen zu realisieren, um hohe Übertragungsraten zur Verfügung zu stellen. Eine SDH-Übertragungsstrecke kann als Multiplexstrecke logisch dargestellt werden. Dies bringt Abb. 12.3-5 zum Ausdruck.

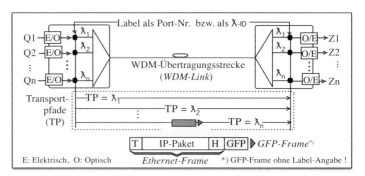

Abb. 12.3-4: Interpretation der Label auf einer WDM-Übertragungsstrecke
Q: Quelle, Z: Ziel

Label bei SDH
Da die Zeitschlitze im Zeitrahmen mit den zu übertragenden Datenströmen, die an einzelnen Ports im Multiplexer eintreffen, belegt werden, kann ein Zeitschlitz einem Port im Multiplexer zugeordnet werden. Um GMPLS zu realisieren, werden die Ports in Multiplexern und damit auch die einzelnen Zeitschlitze τ_1, τ_2, ..., τ_3 in den synchronen Zeitrahmen über ihre Label identifiziert.

Ein Zeitschlitz mit einer bestimmten Länge kann für einen LSP dauerhaft bzw. für eine bestimmte Zeitspanne reserviert werden. Über eine SDH-Übertragungsstrecke können mehrere LSPs verlaufen. Über einen LSP können die IP-Pakete als Payload in GFP-Frames transportiert werden.

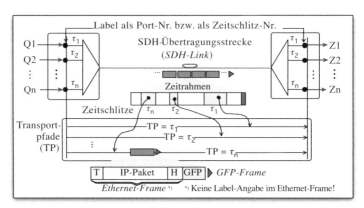

Abb. 12.3-5: Interpretation der Label auf einer SDH-Übertragungsstrecke
Q: Quelle, Z: Ziel

12.3.4 Interpretation des Transportpfads

Abb. 12.3-6 illustriert die Interpretation des Transportpfads, d.h. des LSP (*Label Switched Path*), im GMPLS-Netz auf Basis der SDH- und WDM-Transportnetze. Hier verläuft der LSP über die Links L_1, L_2, ..., L_6. Wie bereits in Abb. 12.3-4 und Abb. 12.3-5 gezeigt wurde, stellt ein Link sowohl in einem SDH-Netz als auch in einem optischen

12.3 Konzept von GMPLS

WDM-Netz eine Multiplexstrecke dar, die eine Anzahl von logischen Kanälen zur Verfügung stellt.

Jede Übertragungsstrecke bei der SDH stellt ein Zeitmultiplexsystem dar, das eine Anzahl von Zeitschlitzen (*time slots*) für die Übertragung zur Verfügung stellt. Daher kann ein Zeitschlitz auf jeder Multiplexstrecke im SDH-Netz als logischer Kanal angesehen werden. Der logische Kanal x kann als Verknüpfung von Ports mit der Nummer x in den beiden über den Link verbundenen Multiplexern angesehen werden: *Die Nummer des Zeitschlitzes und damit auch des logischen Kanals kann als Label angegeben werden.*

<small>Zeitschlitz als logischer Kanal bei der SDH</small>

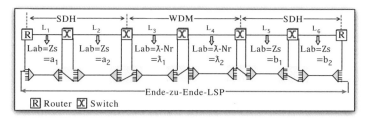

Abb. 12.3-6: Interpretation des Transportpfads (LSP) im GMPLS-Netz
L_i: Link i (Übermittlungstrecke i), Lab: Label, Zs: Zeitschlitz (time slot)

Der LSP verläuft über eine Reihe von Multiplexstrecken, sodass er eine geordnete Kette von logischen Kanälen auf den einzelnen Multiplexstrecken darstellt. Ein logischer Kanal wird gebildet:

- durch einen Zeitschlitz auf einer SDH-Multiplexstrecke bzw.
- durch eine Wellenlänge (Lambda) auf einer WDM-Multiplexstrecke.

Jede Übertragungsstrecke im optischen WDM-Netz stellt eine Anzahl von Wellenlängen (d.h. von Lambdas) zur Verfügung, die als logische Kanäle interpretiert werden können: *Die Nummer der Wellenlänge (von λ) wird als Label angegeben.* Der LSP in Abb. 12.3-6 kann daher als die geordnete Reihe der Label a_1, a_2, λ_1, λ_2, b_1, b_2 in einzelnen Links spezifiziert werden.

<small>λ als logischer Kanal bei WDM</small>

12.3.5 Bedeutung des LMP in GMPLS-Netzen

Wie bereits in Abschnitt 12.1.3 erwähnt wurde, ist das Management von Netzressourcen eine der Aufgaben der Control Plane [Abb. 12.1-3]. In WDM-Netzen handelt es sich hierbei um die Erfassung von zur Verfügung stehenden Wellenlängen auf den WDM-Übertragungsstrecken. Da man in der englischen Literatur eine Übertragungsstrecke als Link bezeichnet, wird eine WDM-Übertragungsstrecke kurz *WDM-Link* genannt. In diesem Zusammenhang wird auch vom Management von *WDM-Links* gesprochen. Um diese Funktion zu unterstützen, steht das Protokoll LMP (*Link Management Protocol*) zur Verfügung [RFC 4204, 4209]. Abb. 12.3-7 illustriert den Einsatz des LMP in WDM-Netzen. Das LMP wird zwischen den benachbarten Knoten in optischen Netzen, die man (optical) *Cross-Connect-Systeme* (kurz OXCs) nennt, verwendet. Das LMP wird in GMPLS-Netzen eingesetzt an der Schnittstelle:

<small>Wo wird das LMP eingesetzt?</small>

- NNI (*Node-Node Interface*) zwischen benachbarten OXCs, die als Netzknoten in GMPLS-Netzen fungieren,
- UNI (*User Network Interface*) zwischen einem Endsystem und einem OXC als Zugangsnetzknoten.

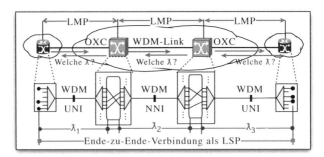

Abb. 12.3-7: Illustration der Notwendigkeit des LMP in WDM-Netzen

Notwendigkeit des LMP

Da oft über 100 Wellenlängen in einer Faser als Datenträger genutzt werden und ca. 100 Fasern in einem LWL-Kabel enthalten sein können, wird ein Protokoll zwischen den benachbarten OXCs benötigt, mit dessen Hilfe sie sich u.a. gegenseitig über verfügbare Wellenlängen (λs) in den einzelnen optischen Fasern informieren können [Abb. 12.3-8].

Funktionen des LMP

Mithilfe des LMP können sich benachbarte OXCs u.a. mitteilen, welche Wellenlänge auf einer WDM-Übertragungsstrecke zwischen ihnen verwendet wird und wie die einzelnen Wellenlängen in beiden OXCs identifiziert werden. Zudem kann man mit dem LMP auch Data-Links testen, bestimmte fehlerhafte Situationen in den optischen IP-Netzen entdecken und sie auch lokalisieren.

Besonderheiten des LMP

Sind OXCs in einem GMPLS-Netz vom Typ OOO, d.h. verlaufen über diese OXCs nur optische Signale, kann *keine* Steuerung über optische Links zwischen OXCs übermittelt werden. Wie Abb. 12.3-8 zeigt, ist ein *externes IP-Netz* notwendig, über das ein Steuerkanal bzw. mehrere Steuerkanäle aufgebaut werden können, um die Steuerung zwischen OXCs zu übermitteln.

Da ein Steuerkanal außerhalb von optischen Fasern verläuft, handelt es sich um einen externen bidirektionalen Kanal (d.h. Out-of-Fiber). Daher spricht man auch vom *Out-of-Fiber-Steuerkanal*. Über einen externen Steuerkanal kann eine Vielzahl von Data-Links zwischen benachbarten OXCs mit LMP-Hilfe angesteuert und verwaltet werden. Bei Bedarf können mehrere Out-of-Fiber-Steuerkanäle zwischen zwei OXCs eingerichtet werden.

Die LMP-Aufgaben beinhalten unter anderem:

LMP-Funktionen in optischen IP-Netzen

- *Control Channel Management* (Management des Steuerkanals): Für die Übermittlung von LMP-Nachrichten zwischen OXCs muss ein Steuerkanal aufgebaut werden. Das LMP stellt die Nachrichten für den Auf- und Abbau eines Steuerkanals zur Verfügung.
- *Authentication* (Authentisierung): Beim Aufbau eines Steuerkanals können sich die beteiligten OXCs – bei Bedarf – gegenseitig authentisieren.

12.3 Konzept von GMPLS

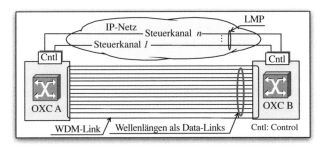

Abb. 12.3-8: LMP und Out-of-Fiber-Steuerkanäle

- *Link Connectivity Verification* (Überprüfen der Konnektivität): Mit dieser Funktion ist es möglich zu überprüfen, welche Ports eines OXC mit welchen Ports eines anderen OXC verbunden sind. Damit lässt sich feststellen, welche Data-Links zwischen benachbarten OXCs es gibt und ob sie funktionsfähig sind [Abb. 12.3-9a].
- *Link Property Correlation* (Zuordnung der Link-Eigenschaft): Mit dieser Funktion kann eine Zuordnung von Data-Links zu TE-Links zwischen jeweils zwei benachbarten OXCs vereinbart werden [Abb. 12.3-9b].
- *Fault Management* (Fehlerhandhabung): Das LMP stellt einige Mechanismen zur Verfügung, um bestimmte fehlerhafte Situationen (Defekte) zu entdecken und lokalisieren.

Die LMP-Funktionen *Link Connectivity Verification* und *Link Property Correlation* möchten wir jetzt näher darstellen. Abb. 12.3-9a soll die LMP-Funktion *Link Connectivity Verification* näher zum Ausdruck bringen.

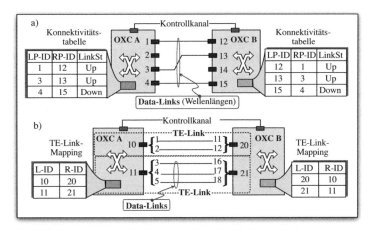

Abb. 12.3-9: LMP-Funktionen: a) Link Connectivity Verification, b) Link Property Correlation
ID: Identification, LinkSt: Link-Status, L/R-ID: Local/Remote ID, LP-ID: Local Port ID, RP-ID: Remote Port ID

Zu einem OXC werden mehrere LWL-Kabel mit mehreren optischen Fasern geführt. Ein LWL-Kabel kann sogar über 100 Fasern enthalten und in jeder Faser können

Link Connectivity Verification

ebenso über 100 Wellenlängen als Datenträger verwendet werden. Eine Wellenlänge stellt hierbei einen sog. *Data-Link* zur Verfügung. Logisch gesehen verbindet ein Data-Link zwei Ports in den benachbarten OXCs. Die derartigen Ports müssen in jedem OXC verwaltet werden. Somit müssen sie entsprechend identifiziert (nummeriert) werden und hierfür benötigt jeder Port eine Identifikation (Port-ID). Die Art und Weise der Bezeichnung von Ports in verschiedenen OXCs kann aber durchaus unterschiedlich sein. Die benachbarten OXCs müssen sich daher gemeinsam verständigen, welcher Port in jedem OXC mit welchem Port bei seinem benachbarten OXC verbunden ist. Dies bezeichnet man als *Überprüfung der Konnektivität* (*Link Connectivity Verification*) zwischen benachbarten OXCs.

Als Ergebnis der Durchführung von Link Connectivity Verification entsteht eine sog. *Konnektivitätstabelle* in jedem von beiden benachbarten OXCs. Wie in Abb. 12.3-9a ersichtlich ist, enthält die Konnektivitätstabelle von OXC A die Angaben, welcher Port beim OXC A mit welchem Port beim OXC B verbinden ist, d.h. welche Data-Links zwischen OXC A und OXC B es gibt, und welche von ihnen intakt (Up) sind und welche nicht (Down).

<small>Link Property Correlation</small>

Abb. 12.3-9b zeigt die Bedeutung der LMP-Funktion *Link Property Correlation*. Über optische IP-Netze werden die sog. *TE-Verbindungen*, die bestimmte QoS-Anforderungen erfüllen, zur Verfügung gestellt. Eine TE-Verbindung stellt eine Kette von *TE-Links* zwischen zwei OXCs dar und ein TE-Link kann sich aus mehreren Data-Links (als Wellenlängen) zusammensetzen. Die benachbarten OXCs müssen daher in der Lage sein, sich gegenseitig zu verständigen, welche Data-Links zu den einzelnen TE-Links zugeordnet werden müssen. Hierfür stellt LMP die Funktion *Link Property Correlation* zur Verfügung. Bei der Durchführung dieser Funktion baut jeder der beiden OXCs für sich eine Tabelle auf, in der enthalten ist, welcher lokale TE-Port (Interface) mit welchen Remote-TE-Ports bei den benachbarten OXCs verbunden ist. Die beiden OXCs müssen auch entsprechende Eintragungen pflegen, in denen angegeben wird, welche Data-Links zu welchen TE-Links gehören.

12.4 Traffic Engineering in (G)MPLS-Netzen

<small>Notwendigkeit von Traffic Engineering</small>

Sowohl in MPLS-Netzen als auch in GMPLS-Netzen müssen zusätzliche Konzepte und Verfahren implementiert werden, die eine individuell unterschiedliche Behandlung einzelner Verkehrsströme und die effektive Ausnutzung von Netzressourcen ermöglichen. Diese Erweiterungen werden als *Traffic Engineering* (TE) bezeichnet. Das TE definiert die Funktionen und die Verfahren, die notwendig sind, um den Datenverkehr hinsichtlich Lastverteilung, *Quality of Service* und Zuverlässigkeit optimal zu gestalten, was als zusätzlicher Dienst in (G)MPLS-Netzen angesehen werden kann. In diesem Zusammenhang spricht man auch von *MPLS TE* bzw. *GMPLS TE*.

12.4.1 Traffic Trunks und LSPs

Um den Verlauf der Verkehrsströme in MPLS-Netzen effektiv zu gestalten und zu regeln, wurden bei MPLS-TE die Begriffe *Traffic Flow* und *Traffic Trunk* eingeführt. Die Bedeutung dieser Begriffe illustriert Abb. 12.4-1.

12.4 Traffic Engineering in (G)MPLS-Netzen

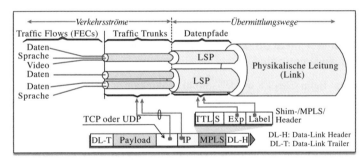

Abb. 12.4-1: Strukturierung der Verkehrsströme nach MPLS-TE
FEC: Forwarding Equivalence Class, LSP: Label Switched Path, TTL: Time To Live

Beim MPLS werden die zu übertragenden IP-Pakete zuerst entsprechend klassifiziert. Eine Klasse von IP-Paketen wird als FEC (*Forwarding Equivalence Class*) bezeichnet und kann nach verschiedenen Angaben im IP- bzw. TCP/UDP-Header (z.B. nach der IP-Quell- und IP-Zieladresse bzw. nach der IP-Zieladresse und der Zielportnummer) gebildet werden. Eine Klasse von IP-Paketen bildet einen *Traffic Flow*. Es ist hervorzuheben, dass es sich beim Traffic Flow beim MPLS um einen *unidirektionalen Verkehrsstrom* handelt.

Traffic Flow

Mehrere Traffic Flows können zu einem Traffic Trunk aggregiert werden. Da Traffic Flows unidirektionale Verkehrsströme sind, stellt jeder Traffic Trunk ebenfalls einen aggregierten unidirektionalen Verkehrsstrom dar. Eine Ende-zu-Ende-Verbindung über das MPLS-Transportnetz stellt einen LSP dar. Über eine physikalische Leitung werden in der Regel mehrere LSPs geführt. Über einen LSP können somit die IP-Pakete aus mehreren Traffic Trunks und damit auch von mehreren FECs transportiert werden.

Mehrere FECs über einen LSP

Wie Abb. 12.4-1 zeigt, kann ein Label als Identifikation eines LSP angesehen werden. Das Label wird im MPLS-Header angegeben und dem IP-Paket 'vorangestellt'. Dies bedeutet, dass das gleiche Label allen IP-Paketen vorangestellt wird, die über einen LSP transportiert werden. Das Label hat nur lokale Bedeutung, d.h. innerhalb eines Link [Abb. 12.2-7]. Dem gleichen LSP kann auf einem anderen Link ein anderes Label zugeordnet werden.

Um die Traffic Trunks innerhalb eines LSP zu unterscheiden, wird das Feld Exp im MPLS-Header benutzt [Abb. 12.2-14]. Jeder Traffic Trunk stellt in der Regel den gesamten Datenverkehr eines Kunden dar und wird nach den von vornherein festgelegten Regeln im Transportnetz eines Netzanbieters behandelt. Damit wird jeder Traffic Trunk einer bestimmten Dienstklasse (*Class of Service*, CoS) zugeordnet. Das Feld Exp im MPLS-Header war ursprünglich für experimentelle Zwecke vorgesehen. Im Laufe der Zeit hat sich aber herausgestellt, dass es sinnvoll ist, dieses Feld für die CoS-Angabe, also de facto für die Identifikation von *Traffic Trunks*, zu verwenden.

CoS-Angabe im Feld Exp

Beim MPLS werden Traffic Flows und Traffic Trunks als unidirektional betrachtet. Daher werden LSPs für die Übermittlung dieser Verkehrsströme auch als unidirektionale Ende-zu-Ende-Verbindungen eingerichtet. Sollte es sich aber um einen bidirektio-

Bidirektionale Traffic Trunks

nalen Verkehrsstrom handeln, kann man ihn als eine Zusammensetzung aus zwei unidirektionalen Verkehrsströmen betrachten. Für ihre Übermittlung müssen daher zwei entgegen gerichtete LSPs voneinander getrennt aufgebaut werden, wofür zwei separate Vorgänge nötig sind.

Bemerkung: Beim GMPLS werden sowohl unidirektionale als auch bidirektionale Verkehrsströme definiert. Daher können LSPs beim GMPLS auch bidirektional sein. Der Aufbau eines bidirektionalen LSP kann hier als ein Vorgang betrachtet werden.

12.4.2 Aufgaben und Schritte beim MPLS-TE

Das Traffic Engineering (TE) in MPLS-Netzen ist eine komplexe Aufgabe, bei der mehrere Schritte zu unterscheiden sind. Abb. 12.4-2 zeigt sie. Die zu übertragenden Datenströme werden zuerst entsprechend klassifiziert und Traffic Flows als FECs gebildet. Die einzelnen Traffic Flows können danach zu Traffic Trunks aggregiert werden [Abb. 12.4-1].

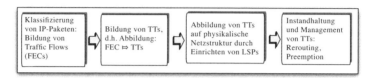

Abb. 12.4-2: Aufgaben und Schritte beim Traffic Engineering in MPLS-Netzen
FEC: Forwarding Equivalence Class, LSP: Label Switched Path, TT: Traffic Trunk

Ermittlung von Routen

Im nächsten Schritt wird die Kernaufgabe von MPLS-TE durchgeführt. Sie besteht darin, den Verlauf von Traffic Trunks über das physikalische Transportnetz zu bestimmen. Da Traffic Trunks über LSPs als MPLS-Verbindungen transportiert werden, müssen die optimalen Routen für den Verlauf von LSPs ermittelt werden. Bei der Ermittlung von Routen müssen verschiedene Einschränkungen (z.B. die begrenzte Bandbreite von Leitungen) berücksichtigt werden. Daher handelt es sich hierbei um *Constraint-based Routing*. Für die Ermittlung von Routen kann der Algorithmus CSPF (*Constrained Shortest Path First*) verwendet werden.

Eine wichtige Aufgabe von MPLS-TE sind die Instandhaltung und das Management von Traffic Trunks. Hierzu zählen folgende zwei Funktionen:

Preemption

- Jedem Traffic Trunk werden zwei Prioritäten zugewiesen, nämlich *Setup-Priorität* und *Holding-Priorität*. Soll ein neuer Traffic Trunk A über das Transportnetz verlaufen, so kann er auf einem Link einen anderen bereits verlaufenden Traffic Trunk B aus diesem Link verdrängen. Dies ist der Fall, wenn die Setup-Priorität von Traffic Trunk A höher ist als die Holding-Priorität von Traffic Trunk B. Eine derartige Verdrängung nennt man *Preemption*.

Re-Routing

- Ein Traffic Trunk kann aus einem Link verdrängt werden. Dies führt dazu, dass dieser Traffic Trunk entsprechend auf eine andere Übermittlungsstrecke im Transportnetz umgeleitet werden muss. Diesen Vorgang nennt man *Re-Routing*.

12.4.3 Routing beim Traffic Engineering

Das Routing in klassischen IP-Netzen bezieht sich nur auf die Ermittlung von Routern für die Übermittlung einzelner IP-Pakete und stellt *zielbasiertes* Routing dar. Das wichtigste Kriterium, nach dem eine Route für jedes IP-Paket zum Ziel bestimmt wird, ist die Entfernung zum Ziel. Als Maß für die Entfernung wird die Anzahl der *Hop* angenommen, wobei ein Hop eine Übermittlungsstrecke repräsentiert [Abschnitt 11.1.3].

Im Gegensatz zu klassischen IP-Netzen werden beim Routing beim MPLS-TE nicht die Routen für die Übermittlung einzelner IP-Pakete, sondern die Routen für die Übermittlung einzelner Traffic Trunks ermittelt. Hierfür müssen dauerhafte LSPs im Transportnetz eingerichtet werden. Wie bereits in Abb. 12.4-1 gezeigt wurde, können im Allgemeinen auch mehrere Traffic Trunks über einen LSP verlaufen.

Explizites Routing

In MPLS-Netzen müssen außer der Entfernung zusätzliche Kriterien bei der Bestimmung des Verlaufs von LSPs berücksichtigt werden. Daher spricht man von *explizitem Routing*. Eines dieser Kriterien ist die effektive Ausnutzung von Netzressourcen. Dies lässt sich u.a. durch eine sinnvolle Verteilung des Datenverkehrs auf alle Leitungen erreichen. Am Beispiel einer fischförmigen Netzstruktur bringt Abb. 12.4-3b dies zum Ausdruck.

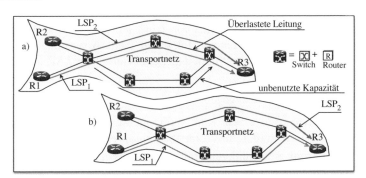

Abb. 12.4-3: Routing Probleme beim Traffic Engineering (TE): a) zielbasiertes Routing,
b) explizites Routing

Da es sich bei LSPs um die dauerhafte Übermittlung von Traffic Trunks handelt, würde herkömmliches Routing in MPLS-Netzen dazu führen, dass einige Leitungen dauerhaft überlastet sind und die anderen wiederum dauerhaft unbenutzt bleiben. Einen solchen Fall illustriert Abb. 12.4-3a. Hier verlaufen LSP1 und LSP2 nach den kürzesten Routen.

12.4.4 Attribute von Traffic Trunks

Die Eigenschaften von Traffic Trunks werden mithilfe verschiedener Attribute spezifiziert. Wie Abb. 12.4-4 zeigt, können mehrere Klassen der Attribute jedem Traffic Trunk zugeordnet werden.

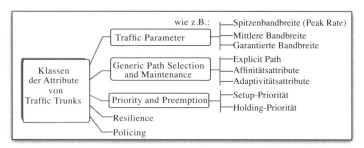

Abb. 12.4-4: Klassen der Attribute von Traffic Trunks

Die Attribute der Klasse *Traffic Parameter* spezifizieren die Anforderungen von Traffic Trunks an die Bandbreite. Die Attribute der Klasse *Generic Path Selection and Maintenance* legen u.a. fest, ob der Verlauf eines Traffic Trunk durch den Netzoperator angegeben wird (*Explicit Path*) und wie sich die Veränderungen des Netzzustands auf den Verlauf des Traffic Trunks auswirken sollen (*Adaptivitätsattribute*).

Priority and Preemption

Zu den Attributen der Klasse *Priority and Preemption* gehören die Setup-Priorität und die Holding-Priorität. Ihre Werte liegen im Bereich zwischen 0 und 7, wobei 0 die höchste und 7 die niedrigste Priorität ist. Mit Setup-Priorität wird festgelegt, ob ein Traffic Trunk A während seines Einrichtens einen bereits verlaufenden Traffic Trunk B verdrängen darf. Ist die Setup-Priorität von Trunk A höher als die Holding-Priorität von Trunk B, wird Trunk B aus einem Link durch Trunk A verdrängt (*Preemption*). Die Priorität des Traffic Trunk bestimmt daher die Priorität des LSP, über den dieses Traffic Trunk verläuft.

Als Preemption-Attribut wird angegeben,

Preemption-Attribute

- ob ein Traffic Trunk aus einem Link verdrängt werden darf (d.h. verdrängbar, *preemptable*) oder nicht (d.h. unverdrängbar, *non-preemptable*),
- ob ein Traffic Trunk einen anderen Traffic Trunk aus einem Link verdrängen darf (d.h. *preemptor enabled*) oder nicht (d.h. *non-preemptor*).

Resilience

Die Attribute der Klasse *Resilience* besagen, was mit einem Traffic Trunk in fehlerhaften Situationen bzw. nach bestimmten Ausfällen passieren soll.

Policing

Mit Attributen der Klasse *Policing* werden die Aktionen spezifiziert, die in anderen Situationen vorkommen, z.B. falls die Parameter von Traffic Trunk nicht mit dem Vertrag zwischen Kunden und Netzanbieter konform sind.

Affinitätsattribute

Beim Traffic Engineering müssen bestimmte Vorgaben bei der Festlegung des Verlaufs des Traffic Trunk berücksichtigt werden. Insbesondere sind hierbei folgende zwei Arten von Vorgaben von großer Bedeutung:

- Einige Traffic Trunks sollen nur über bestimmte Links geführt werden.
- Einige Links sollen für bestimmte Traffic Trunks ausgeschlossen werden.

Um die derartigen Vorgaben bei der Bestimmung der Route für den Verlauf eines Traffic Trunk zu berücksichtigen, werden sowohl den Traffic Trunks als auch den phy-

12.4 Traffic Engineering in (G)MPLS-Netzen

sikalischen Links die *Affinitätsattribute* zugeordnet. Der Begriff *Affinität* bezeichnet die Fähigkeit (Neigung), etwas an sich zu binden bzw. eine Beziehung einzugehen.

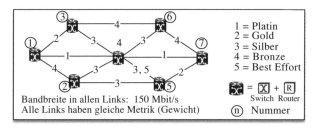

Abb. 12.4-5: Zuordnung der Affinitätsattribute zu den Links in einem Transportnetz

Abb. 12.4-5 zeigt die Zuordnung der Affinitätsattribute in einem Transportnetz. Die einzelnen Links erfüllen hier die QoS-Anforderungen sehr unterschiedlich. Sie können daher verschiedenen Classes of Service (CoS) zugeordnet werden. Einer CoS kann eine Farbe zugeordnet werden, sodass man auch von der Link-Farbe (Link Color) spricht. Ein Link einer CoS mit einer bestimmten Farbe stellt eine bestimmte QoS-Stufe (Platin, Gold, ...) zu Verfügung, sodass er nur bestimmte Traffic Trunks an sich binden kann. Dieses Prinzip heißt *Link-Affinität* (*Link Affinity*).

Affinitätsattribute

Die Affinitätsattribute können auch einem Traffic Trunk zugeordnet werden. Sie besagen u.a., über welche Links ein neuer LSP für die Übermittlung des betreffenden Traffic Trunk verlaufen soll bzw. welche Links hierbei ausgeschlossen werden müssen. Bei der Bestimmung des LSP-Verlaufs für einen Traffic Trunk werden die Affinitätsattribute des Traffic Trunk mit den Affinitätsattributen einzelner Links entsprechend miteinander verglichen.

12.4.5 Constraint-based Routing

Die Ermittlung der Route für den Verlauf jedes LSP erfolgt nach dem Algorithmus CSPF (*Constrained Shortest Path First*). Abb. 12.4-6 zeigt die Schritte beim CSFP. Eine Link-Farbe (*Link Color*) stellt hier eine Klasse von Links mit einer bestimmten *Class of Service* (CoS) dar.

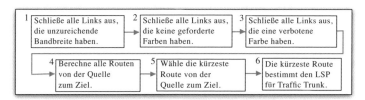

Abb. 12.4-6: Hauptschritte beim Ablauf des Algorithmus CSPF

Müssen mehrere LSPs mit verschiedenen Setup-Prioritäten ausgebaut werden, so beginnt man mit der Ermittlung der Route für den Verlauf des LSP mit der höchsten Setup-Priorität.

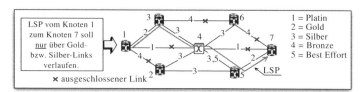

Abb. 12.4-7: LSP soll nur Gold- bzw. Silber-Links nutzen

LSPs mit Gold- und Silber-Links

Ein neuer LSP für einen Traffic Trunk soll im Transportnetz in Abb. 12.4-7 nur über Gold- und Silber-Links verlaufen. Verwendet man den Algorithmus CSFP, so ergibt sich der gezeigte Verlauf des LSP.

Hier haben alle Links eine ausreichende Bandbreite (Schritt 1). Die gestrichenen Links werden in den Schritten 2 und 3 ausgeschlossen. Es gibt nur eine Route zwischen den Netzknoten 1 und 7, bei der die gestellten Anforderungen erfüllt werden. Diese wird für den LSP-Verlauf genommen.

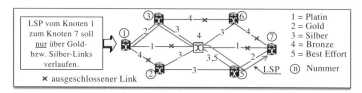

Abb. 12.4-8: LSP soll alle Best-Effort-Links ausschließen

LSP ohne Best-Effort-Links

Ein neuer LSP für einen Traffic Trunk soll im Transportnetz in Abb. 12.4-8 nur alle Best-Effort-Links ausschließen. Nach CSPF ergibt sich der gezeigte Verlauf von LSP. Es handelt sich hier um die kürzeste Route zwischen den Netzknoten 1 und 7.

Routing-Protokolle für TE

Die Routing-Protokolle in (G)MPLS-Netzen müssen Traffic Engineering unterstützen. Hierfür kommen folgende Protokolle in Frage:

- OSPF-TE (*Open Shortest Path First - Traffic Engineering*): Es handelt sich um eine Erweiterung des herkömmlichen Routing-Protokolls OSPF [Abschnitt 11.3] für den Einsatz in MPLS-Netzen,
- GMPLS OSPF-TE als Erweiterung von OSPF-TE für den Einsatz in GMPLS-Netzen [RFC 3630, 4203 und 5786],
- IS-IS-TE (*Intermediate System to Intermediate System - Extensions for Traffic Engineering*) als Erweiterung des klassischen Routing-Protokolls IS-IS für den Einsatz in MPLS-Netzen [RFC 5305],
- GMPLS IS-IS-TE als Erweiterung von IS-IS-TE für den Einsatz in GMPLS-Netzen [RFC 5307].

12.4.6 Re-Routing und Preemption

Unter *Re-Routing* versteht man die automatische Bereitstellung eines neuen LSP, nachdem eine fehlerhafte Situation auf dem alten LSP aufgetreten ist bzw. der alte LSP von einem neuen Traffic Trunk aus einem Link verdrängt wurde. Dies kann dann zustande kommen, wenn die Setup-Priorität des neuen LSP höher ist als die Holding-Priorität des alten LSP. Der alte und verdrängte LSP muss entsprechend umgeleitet werden. Die Verdrängung eines Traffic Trunks aus einem Link bezeichnet man als *Preemption*.

Bedeutung von Re-Routing

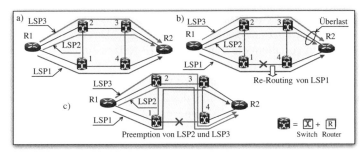

Abb. 12.4-9: Beispiel für Re-Routing und Preemption: a) Ausgangssituation,
b) Re-Routing von LSP1 nach einem Link-Ausfall,
c) LSP1 hat LSP2 und LSP3 aus einem Link verdrängt

Abb. 12.4-9a illustriert die Situation, wo drei LSPs über ein Transportnetz verlaufen. Nach dem Ausfall des Link zwischen den Netzknoten 1 und 4 wurde das LSP1 auf eine andere Übertragungsstrecke umgeleitet. Dies bedeutet Re-Routing von LSP1. Wie Abb. 12.4-9b zeigt, führt diese Umleitung zur Überlastung des Link vom Netzknoten 3 zum Router 2.

Preemption und Re-Routing

Da die Setup-Priorität des LSP1 höher ist als die Holding-Priorität von LSP2 und LSP3, werden LSP2 und LSP3 aus dem überlasteten Link verdrängt (Preemption). Diese beiden LSPs werden nun auf andere Übertragungsstrecken umgeleitet [Abb. 12.4-9c]. Eine Preemption führt somit zum Re-Routing.

12.5 Signalisierung in (G)MPLS-Netzen

Wie bereits im vorigen Abschnitt erwähnt wurde, gehört zur Aufgabe der Control-Plane in (G)MPLS-Netzen auch die Bereitstellung der Transportpfade (LSPs). Um einen Transportpfad mit bestimmten Eigenschaften dynamisch nach Bedarf einrichten zu können, ist ein Signalisierungsprotokoll innerhalb der Control Plane nötig. Als derartiges Protokoll kann dienen:

Signalisierungs-protokolle

- RSVP-TE (*RSVP with Traffic Engineering*) [RFC 3209] für den Aufbau und den Abbau von LSPs über MPLS-Netze. RSVP-TE [RFC 2205] stellt eine erweiterte Version des Protokolls RSVP (*Resource Reservation Protocol*) dar.
- GMPLS RSVP-TE [RFC 3473] für den Aufbau und den Abbau von LSPs über GMPLS-Netze. Es handelt sich hier um eine Erweiterung von RSVP-TE.

- CR-LDP (*Constraint-Routing LDP*) [RFCs 3212, 3468] für den Aufbau und den Abbau von LSPs über MPLS-Netze. Das ist eine Erweiterung des Protokolls LDP (*Label Distribution Protocol*) [RFC 5036].
- GMPLS CR-LDP [RFC 3472, 4201] als Erweiterung von CR-LDP für den Einsatz in GMPLS-Netzen.

12.5.1 Einsatz des RSVP-TE

Das RSVP-TE ist eine Erweiterung des RSVP. Um das RSVP-TE näher erklären zu können, wird nun kurz auf das RSVP eingegangen. Das RSVP wurde ursprünglich entwickelt, um vor allem die Bandbreite in IP-Netzen zu reservieren, sodass die von der Anwendung geforderte Dienstqualität (*Quality of Service*) garantiert werden kann. Das RSVP hat in der Praxis zunächst fast kaum Akzeptanz gefunden. Mit der Entwicklung der (G)MPLS-Netze wurde das RSVP aber wieder entdeckt und mit zusätzlichen Erweiterungen als Signalisierungsprotokoll RSVP-TE eingesetzt, um LSPs dynamisch aufbauen zu können.

Funktionsweise des RSVP

Dem RSVP liegt die Tatsache zugrunde, dass die gesamte Zwischenspeicherungszeit der IP-Pakete vor den Leitungen auf einer virtuellen Verbindung durch die Reservierung der Bandbreite von einzelnen Leitungen unterwegs verringert werden kann. Diese Reservierung kann mit dem RSVP vorgenommen werden, und sie bezieht sich immer nur auf eine unidirektionale virtuelle Verbindung. Für eine Vollduplex-Verbindung sind zwei Reservierungen erforderlich, d.h. eine für jede Kommunikationsrichtung.

TB-Modell als RSVP-Grundlage

Die gesamte Zwischenspeicherungszeit auf einer unidirektionalen virtuellen Verbindung kann dadurch kontrolliert werden, dass die zu dieser Verbindung gehörenden IP-Pakete in den einzelnen Routern unterwegs nach einer von vornherein festgelegten Regel gesendet werden. Diese Regel basiert auf dem sog. *Token-Bucket-Modell* (kurz *TB-Modell*) und liegt dem *Scheduler* beim RSVP zugrunde. Abb. 12.5-1 zeigt den Einsatz des TB-Modells. Nach diesem Modell kontrolliert der Scheduler beim RSVP die gesamte Zwischenspeicherungszeit auf einer unidirektionalen, virtuellen Verbindung, um z.B. eine geforderte Bandbreite zu garantieren.

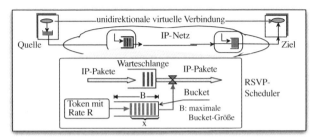

Abb. 12.5-1: Paket-Scheduler nach dem Token-Bucket-Modell

Das TB-Modell wird durch die folgenden Parameter näher beschrieben:

R als *Token-Rate* [Byte/s] und B als maximale *Bucket-Größe* [Byte]

12.5 Signalisierung in (G)MPLS-Netzen

Der Parameter R stellt die vom Netz unterstützte (garantierte) Datenrate einer virtuellen Verbindung dar und kann daher als garantierte Bandbreite für diese Verbindung angesehen werden. Ein Token stellt eine Dateneinheit dar. Beim RSVP wird angenommen: *Token = Byte*.

Das TB-Modell beschreibt das Verhalten beim Senden der IP-Pakete auf einer unidirektionalen, virtuellen Verbindung. Der Behälter (Bucket) wird mit der Rate von R Byte pro Sekunde gefüllt. Die Variable x beschreibt den aktuellen Zustand von Bucket in Byte und besagt, wieviel Byte man zu jeder Zeit senden darf. Somit darf ein IP-Paket nur dann gesendet werden, wenn der Bucket genügend Byte enthält. Die Funktionsweise des Schedulers beim Senden eines IP-Pakets mit der Länge von a Byte lässt sich wie folgt beschreiben:

Funktionsweise des Schedulers

- Ist a < x, wird das IP-Paket gesendet und der Inhalt des Bucket um a reduziert.
- Ist x < a, bzw. x = 0, muss das IP-Paket so lange warten, bis der Zustand x den Wert a erreicht hat. Erst dann wird das IP-Paket gesendet und der Inhalt von Bucket um a reduziert.

Nach dem TB-Modell dürften nicht mehr als R * T + B [Byte] während eines Zeitintervalls T auf der virtuellen Verbindung gesendet werden. Somit gibt der Parameter B an, um wie viele Byte die mittlere Datenmenge gemäß der garantierten Datenrate R bei einem unregelmäßigen (burst-artigen) Datenverkehr überschritten werden darf.

Um bestimmte Netzressourcen wie z.B. die Bandbreite von Leitungen reservieren zu können, definiert das RSVP mehrere Nachrichten. Wie Abb. 12.5-3 zeigt, enthält jede Nachricht einen Header und eine Anzahl von festgelegten Objekten als Parameter. Die einzelnen Nachrichten unterscheiden sich voneinander durch die Zusammensetzung von Objekten und durch die Inhalte dieser Objekte.

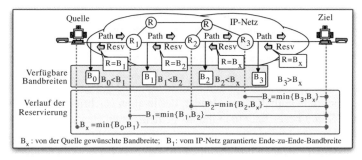

Abb. 12.5-2: Aufbau einer Punkt-zu-Punkt-Verbindung mit garantierter Bandbreite

Abb. 12.5-2 illustriert den Aufbau einer unidirektionalen virtuellen Verbindung mit einer garantierten Bandbreite. Die Quelle initiiert hier eine Verbindung zum ausgewählten Ziel durch das Absenden der RSVP-Nachricht Path, in der angegeben wird, welche Bandbreite diese Verbindung haben soll. Path wird nach den herkömmlichen Routing-Prinzipien über das IP-Netz übermittelt. Jeder Router unterwegs analysiert Path und kann eventuell über einen externen Policy-Server überprüfen, ob diese Reservierung zulässig ist.

Verbindung mit garantierter Bandbreite

Ermittlung optimaler Routen mit Path	Vor dem Absenden der Nachricht Path trägt jeder Absender (Quelle, Router) seine IP-Adresse als Objekt RSVP Objekt in der Nachricht Path ein. Hat Path das Ziel erreicht, enthält sie somit die zu diesem Zeitpunkt optimale Route von der Quelle zum Ziel. Diese Path-Route, als Folge von IP-Adressen von ihren Absendern (in Abb. 12.5-2: Quelle, R_1, R_2 und R_3), wird den Verlauf der virtuellen Verbindung bestimmen. Sie wird beim Ziel in die RSVP-Nachricht Resv (Reservierung) kopiert, die das Ziel als Antwort auf Path zur Quelle zurücksendet.
Reservierung der Bandbreite mit Resv	Die eigentliche Reservierung der gewünschten Bandbreite B_x beginnt durch das Absenden der Nachricht Resv vom Ziel an die Quelle. Da Resv die Route von Path in sich enthält, wird sie auf der gleichen Route wie Path, jedoch in umgekehrter Richtung übermittelt. Der Router R_i auf der Resv-Route (in Abb. 12.5-2: R_3, R_2, R_1 und Quelle) überprüft, ob er die in Resv gewünschte Bandbreite auf der Leitung, über die Resv empfangen wurde, garantieren kann. Die Bandbreite wird als Parameter R [Abb. 12.5-1] angegeben. Beim Router R_i kommen zwei Fälle in Frage: 1. Die verfügbare Bandbreite B_i ist größer als R in Resv: In diesem Fall reserviert R_i die Bandbreite R und leitet danach den Parameter R ohne Veränderungen weiter. 2. Die verfügbare Bandbreite B_i ist kleiner als R in Resv: In diesem Fall wird nur die Bandbreite B_i vom Router R_i garantiert. R_i ersetzt den Wert R in Resv durch B_i und leitet Resv mit R = B_i weiter.
Reservierung einer Ende-zu-Ende-Bandbreite	Hat die Quelle Resv empfangen, verfügt sie über die Ende-zu-Ende-Bandbreite, die auf der unidirektionalen virtuellen Verbindung, die nach der Path-Route verläuft, von allen Routern unterwegs garantiert wird. Diese Bandbreite stellt den kleinsten Wert aus den verfügbaren Bandbreiten in den einzelnen Leitungen auf der Path-Route und aus der gewünschten Bandbreite B_x dar. In Abb. 12.5-2 wird die Ende-zu-Ende-Bandbreite durch den kleinsten Wert aus B_0, B_1, B_2, B_3 sowie B_x bestimmt.
Optimierung der Route	Da sich die optimale Route im IP-Netz ändern kann, wird der in Abb. 12.5-2 dargestellte Vorgang (d.h. das Absenden von Path- und Resv-Nachrichten) in bestimmten Zeitabständen periodisch wiederholt. Dies dient dem Zweck, den Verlauf der Route zu optimieren und die Reservierung der Bandbreite aufzufrischen.
RSVP-Nachrichten	Die RSVP-Nachrichten werden nach dem in Abb. 12.5-3 gezeigten Prinzip aufgebaut. Jede Nachricht enthält einen Header, der in allen Nachrichtentypen die gleiche Struktur hat. Somit bezeichnet man ihn als gemeinsamen Header (*Common Header*). Nach dem Common Header folgt eine Anzahl von Objekten für die Übermittlung von verschiedenen Angaben und Parametern. Bei RSVP-TE werden folgende RSVP-Nachrichten verwendet:

- Path und Resv (*Reservation Request*) für den Aufbau von LSPs,
- PathTear (*Path Teardown*
  indexPath!Teardown) für den Abbau von LSPs,
- Resv und ResvConf (*Reservation Confirmation*) für die Reservierung der Bandbreite,
- PathErr (*Path Error*) und ResvErr (*Reservation Error*) für die Fehlermeldungen.

12.5 Signalisierung in (G)MPLS-Netzen

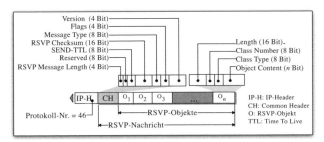

Abb. 12.5-3: Struktur von RSVP-Nachrichten und -Objekten

Die einzelnen RSVP-Nachrichtentypen unterscheiden sich voneinander durch die Zusammensetzung von Objekten und durch die Inhalte dieser Objekte. Für die Übermittlung von RSVP-Nachrichten wird ihnen ein IP-Header vorangestellt. Daher ist RSVP-TE ein Protokoll der Schicht 4, und seine Protokollnummer ist 46. RSVP Checksum deckt die ganze RSVP-Nachricht ab. Über diese Prüfsumme kann man Bitfehler in der ganzen Nachricht entdecken. Das Feld SEND_TTL enthält den TTL-Wert aus dem IP-Header.

Um RSVT-TE zu realisieren, wurden zusätzliche RSVP-Objekte, die sog. *RSVP-TE-Objekte* für die Übermittlung von Parametern spezifiziert. Sie werden genauso wie RSVP-Objekte aufgebaut (strukturiert) [Abb. 12.5-3].

RSVP-TE-Objekte

RSVP-TE als Signalisierungsprotokoll in MPLS-Netzen

Abb. 12.5-4 illustriert den Aufbau eines LSP. Der Aufbau wird mit dem Absenden einer RSVP-Nachricht Path mit dem Objekt LABEL_REQUEST durch den Quell-Router initiiert. Diese Nachricht wird zuerst nach einer ausgewählten bzw. von vornherein festgelegten Route, die den LSP bestimmt, zum Zielrouter übermittelt. Beim RSVP-TE unterscheidet man zwischen einem *Downstream-Router* und einem *Upstream-Router*. Als Downstream-Router wird der nächste Router in LSP-Richtung, d.h. in Richtung des Datenflusses, bezeichnet. Der nächste Router in Gegenrichtung zum LSP, d.h. in Gegenrichtung zum Datenfluss, ist ein Upstream-Router.

Aufbau eines LSP

Ein Downstream-Router reserviert zuerst ein Label nach dem Empfang der Nachricht Path und wartet auf die Nachricht Resv, die als Antwort auf die Nachricht Path in Gegenrichtung gesendet wird. Hat der Ziel-Router auch die Nachricht Path empfangen, antwortet er darauf mit der Nachricht Resv. Sie enthält das Objekt *LABEL* mit dem zugewiesenen Label. Dieses Label bezieht sich auf die Strecke zu dem nächsten Upstream-Router und dient als Identifikation des logischen Kanals auf dieser Strecke [Abb. 12.2-4]. Daher wird das Label durch den Downstream-Router bestimmt, und er übermittelt es seinem Upstream-Router in der Nachricht Resv. Hat der Quell-Router die Nachricht Path empfangen, wird damit der Aufbau eines LSP abgeschlossen.

Für den Abbau eines LSP werden die RSVP-Nachrichten PathTear und ResvTear (Tear: *Teardown*) verwendet. Üblicherweise wird der Vorgang vom Quell-Router initiiert. Ein Router kann sofort nach Empfang von PathTear die Ressourcen freigeben, danach mit ResvTear seinem benachbarten Router antworten und anschließend PathTear entlang LSP weiterleiten.

Abbau eines LSP

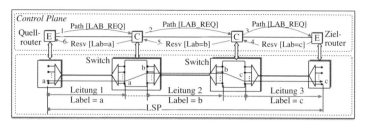

Abb. 12.5-4: Schritte beim Aufbau eines LSP mithilfe des RSVP-TE
C: Core-LSR (Label Switching Router), E: Edge-LSR,
LAB: LABEL, LAB_REQ: LABEL_REQUEST

Explizites Routing mit dem RSVP-TE

Um die Sicherheit zu garantieren bzw. bestimmte Netze in Anspruch zu nehmen, ist es wünschenswert, dass ein LSP über eine bestimmte Route verläuft. Daher sollte es möglich sein, den Verlauf eines LSP von vornherein vollkommen oder teilweise festlegen zu können. Hierfür definiert das RSVP-TE das Objekt EXPLICITE_ROUTE (kurz ERO), um den Verlauf des LSP zu bestimmen. Man spricht hierbei von explizitem Routing und unterscheidet zwei Fälle:

- *Strict explicit Route* (genau festgelegte Route) und
- *Loose explicit Route* (teilweise festgelegte Route).

Strict explicit Route

Abb. 12.5-5a illustriert eine genau festgelegte Route. Hier erhält ERO beim Quell-Router die vollständige Liste von Routern, über die die gewünschte Route verlaufen soll. Jeweils zwei benachbarte Router auf dieser Liste sind miteinander über eine entsprechende Leitung verbunden. Der gewünschte LSP verläuft daher über das Transportnetz entlang dieser Route [Abb. 12.2-1]. Genauer gesagt enthält ERO eine Liste von IP-Adressen von Ports entsprechender Router. ERO wird in der RSVP-Nachricht Path übermittelt.

Loose explicit Route

Eine teilweise festgelegte Route veranschaulicht Abb. 12.5-5b. ERO erhält nur eine Liste von einigen Routern, über die die Route verlaufen soll. Jeweils zwei benachbarte Router auf dieser Liste müssen in diesem Fall nicht miteinander über eine entsprechende Leitung verbunden werden. Die Route zwischen jeweils zwei benachbarten Routern aus der ERO-Liste kann über andere Router verlaufen, die nach einem Routing-Protokoll bestimmt werden.

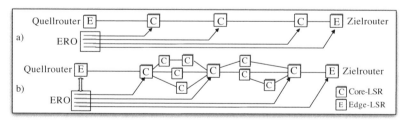

Abb. 12.5-5: Beispiel für explizites Routing: a) Strict explicit Route, a) Loose explicit Route
C: Core-LSR (Label Switching Router), E: Edge-LSR, C-LSR: Core LSR,
E-LSR: Edge LSR, LSR: Label Switching Router

12.5 Signalisierung in (G)MPLS-Netzen

Mit einer teilweise festgelegten Route besteht die Möglichkeit, den Verlauf des LSP über mehrere und von vornherein festgelegte Provider-Netze zu bestimmen. Beim RSVP-TE kann ERO einen abstrakten Router (sog. *Abstract-Node*) enthalten. Abstract-Node stellt die Identifikation (Nummer) eines autonomen Systems (AS) dar. Unter AS wird ein IP-Netz(werk) verstanden, das von einer administrativen Einheit verwaltet wird. Ein Netz eines Netzanbieters ist ein AS.

LSP über mehrere Provider-Netze

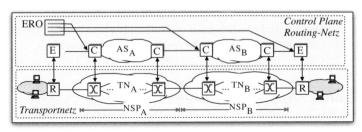

Abb. 12.5-6: Automomes System als abstrakter Router (Abstract-Node)
AS: autonomes System, NSP: Network Service Provider, R: Router,
TN: Transportnetz, weitere Abkürzungen wie in Abb. 12.5-5

Durch einen Abstract-Node kann ein LSP definiert werden, der von vornherein über bestimmte Provider-Netze verläuft. Abb. 12.5-6 zeigt diese Möglichkeit. Es handelt sich hier um eine teilweise festgelegte Route, die nur über bestimmte autonome Systeme verlaufen darf. Jeweils zwei benachbarte Router auf der ERO-Liste sind hier die Border-Router in benachbarten autonomen Systemen.

Fast Re-Routing mit dem RSVP-TE
Für die Unterstützung von Fast Re-Routing [Abschnitt 12.4.6] wird das RSVP-TE um die Objekte FAST_REROUTE und DETOUR erweitert. Diese Objekte werden nur in der RSVP-Nachricht Path transportiert. FAST_REROUTE spezifiziert die Anforderungen des Backup-LSP an Links, über die er verlaufen soll bzw. darf. Der Backup-LSP, der als Umleitung für einen ausgefallenen Link bzw. MPLS-Router dient, wird als *Detour LSP* bezeichnet. Das Objekt DETOUR enthält die Identifikation von Detour LSP.

Durch das Fast Re-Routing können die Link-Absicherung (*Link Protection*) und die Router-Absicherung (*Node Protection*) schnell erfolgen. Beispielsweise kann ein LSP aus einem ausgefallenen Link auf einen Backup-LSP schnell, d.h. im Zeitintervall bis ca. 50 ms, umgeleitet werden.

12.5.2 Einsatz des GMPLS RSVP-TE

Das GMPLS RSVP-TE stellt eine Erweiterung des RSVP-TE dar, um LSPs als Transportpfade in GMPLS-Netzen dynamisch einrichten zu können. Um die RSVP-Nachrichten Path und Resv auch zum Aufbau von LSPs in GMPLS-Netzen zu nutzen, werden bei GMPLS RSVP-TE spezielle RSVP-TE-Objekte eingeführt. Mit ihnen kann ein geforderter LSP spezifiziert werden. Zu den Informationen über den LSP gehören u.a. die Angaben, welche Netze (z.B. Ethernet, SDH-, WDM-Netze) über

Besonderheiten des GMPLS RSVP-TE

den LSP vernetzt werden sollen und welche Art von Switching (z.B. Paket-, TDM-, Lambda-Switching) gefordert wird.

Ein GMPLS-Netz stellt ein physikalisches Transportnetz (wie z.B. SDH-, WDM-Netz) dar, das um ein logisches Routing- und Signalisierungsnetz, das eine Control Plane bildet, erweitert wird [Abb. 12.1-3]. Um einen LSP dynamisch über ein Transportnetz einzurichten, wird zuerst eine Route innerhalb der Control Plane ausgewählt. Danach wird ein LSP mithilfe des GMPLS RSVP-TE über das Transportnetz entlang dieser Route eingerichtet. Der LSP verläuft über diese Switches innerhalb des Transportnetzes, deren Router auf der ausgewählten Route 'liegen'.

Bidirektionaler LSP

Es ist hervorzuheben, dass LSPs über GMPLS-Netze in der Regel bidirektionale Datenpfade sind. Abb. 12.5-7 bringt dies näher zum Ausdruck. Ein bidirektionaler LSP in einem GMPLS-Netz setzt sich daher aus zwei entgegengerichteten unidirektionalen LSPs zusammen, man spricht hierbei von Downstream- und Upstream-Richtung. Man unterscheidet auch zwischen *Upstream-Knoten* und *Downstream-Knoten*. Als Upstream-Knoten wird der Knoten verstanden, der sich auf dem bidirektionalen LSP näher beim Endsystem befindet, das diesen LSP initiiert hat. Der Datenfluss von diesem Endsystem wird als *Downstream* und der Datenfluss in Gegenrichtung als *Upstream* bezeichnet.

Die wichtigsten Nachrichten des GMPLS RSVP-TE sind `Path` und `Resv`. Sie werden verwendet, um einen LSP aufzubauen und ihn auch abzubauen. `Path` wird immer in Downstream-Richtung gesendet. `Resv` wird nur in Gegenrichtung, also in Upstream-Richtung gesendet. In Abb.12.5-7a ist C der Downstream-Nachbarknoten vom Knoten B und B ist der Upstream-Nachbarknoten von C.

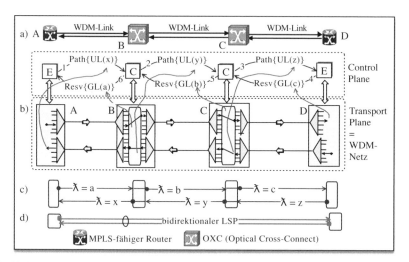

Abb. 12.5-7: Bidirektionaler LSP: a) physikalische Vernetzungsstruktur,
b) Schritte beim Einrichten eines dynamischen LSP, c) der LSP als Kette von Lambdas, d) der LSP als virtuelle 2-spurige Straße
a, b, c: Downstream-Label; x, y, z: Upstream-Label

12.5 Signalisierung in (G)MPLS-Netzen

Abb. 12.5-7 zeigt, wie ein bidirektionaler LSP als Kette von Wellenlängen (also von λs) eingerichtet und wie diese integriert werden können. Wie Abb. 12.5-7b zeigt, wird der Aufbau eines LSP vom Router A mit einer Nachricht Path über den Steuerkanal im Signalisierungsnetz [Abb. 12.3-8] initiiert. Path wird entlang der bereits ausgewählten Route übermittelt. Path enthält ein Objekt UPSTREAM_LABEL (kurz UL). In diesem Objekt ist das *Upstream-Label* jedes Knotens enthalten. Das Upstream-Label stellt die Wellenlänge λ dar, die als Datenträger in Upstream-Richtung zum Absender von UL von seinem Nachbarknoten verwendet werden soll. Jeder Absender von UL sagt also seinem Downstream-Nachbarknoten, welche Wellenlänge er von ihm empfangen möchte. Hat das Zielsystem Path bereits empfangen, wird damit ein unidirektionaler Downstream-LSP eingerichtet.

Aufbau des LSP

Das Zielsystem antwortet dem Quellsystem, also dem Initiator des LSP, auf Path mit Resv mit dem Objekt GENERALIZED_LABEL (kurz GL). In GL ist das *Downstream-Label* jedes Knotens enthalten. Das Downstream-Label stellt die Wellenlänge λ dar, die in Downstream-Richtung zum Absender von GL von seinem Upstream-Nachbarknoten verwendet werden soll.

Abb. 12.5-7c und Abb. 12.5-7d verdeutlichen, dass ein LSP über ein WDM-Netz durch eine Kette von Wellenlängen gebildet wird. Die einzelnen Wellenlängen werden über ihre Label identifiziert. Ein bidirektionaler LSP kann daher als virtuelle, zweispurige Straße über ein WDM-Netz angesehen werden.

Um einen LSP abzubauen, sendet z.B. ein Router A die Nachricht Resv mit dem Objekt ADMIN_STATUS, in dem das Bit D auf 1 gesetzt wird, um anzuzeigen, dass der Abbau fortgesetzt werden soll. Der Router D antwortet mit PathTear. Hat PathTear den Router A erreicht, wurde damit der LSP abgebaut.

Abbau des LSP

12.5.3 Einsatz des CR-LDP

Das CR-LDP (*Constraint-Routing LDP*) stellt eine Erweiterung des Protokolls LDP (*Label Distribution Protocol*) dar. Das LDP ist ein Protokoll, nach dem ein LSP in einem MPLS-Netz (aber nur theoretisch!) aufgebaut werden kann. Da in realen Situationen immer bestimmte Einschränkungen vorliegen (z.B. eine physikalische Leitung hat nur eine begrenzte Bandbreite), wurde das LDP zum CR-LDP erweitert. Das CR-LDP wird in MPLS-Netzen eingesetzt, um LSPs einzurichten, an die bestimmte Anforderungen gestellt werden können.

Das LDP definiert die Nachrichten, die man in MPLS-Netzen verwenden kann, um die Labels zwischen den LSRs zu verteilen. Für die Übermittlung der Label zwischen zwei LSRs wird eine gesonderte logische Verbindung (sog. LDP-*Sitzung*) aufgebaut. Das LDP ist ein Protokoll zwischen jeweils zwei LSRs (*Label Switching Routers*) – siehe Abb. 12.5-8.

LDP-Sitzung

Um die LDP-Nachrichten zwischen benachbarten LSRs zu übermitteln, muss zuerst eine *LDP-Session* zwischen zwei betreffenden LSRs aufgebaut werden. Diese basiert auf einer TCP-Verbindung. Zwei LSRs werden als sog. *LDP-Peers* betrachtet, falls eine LDP-Session zwischen ihnen aufgebaut wurde, über die sie einen gemeinsamen Labelraum vereinbaren können.

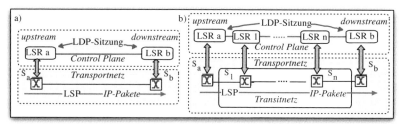

Abb. 12.5-8: Veranschaulichung der LDP-Sitzung zwischen:
a) direkt verbundenen LDP-Peers, b) indirekt verbundenen LDP-Peers

Typen von LDP-Peers

Wie in Abb. 12.5-8 ersichtlich, unterscheidet man zwischen

- direkt verbundenen LDP-Peers und
- indirekt verbundenen LDP-Peers.

Bei den direkt verbundenen LDP-Peers handelt es sich um LSRs, die direkt mit einem logischen Kanal verbunden sind. Die direkt verbundenen LSRs aus dem Routing-Netz sind in den Switches des Transportnetzes enthalten, die direkt mit einer physikalischen Leitung verbunden sind.

Bei den indirekt verbundenen LDP-Peers handelt es sich um LSRs, die über die anderen Transit-LSRs verbunden sind. Die Transit-LSRs sind in den Switches eines Transit-Transportnetzes enthalten. Die indirekt verbundenen LDP-Peers werden somit über ein Transitnetz verbunden. Indirekt verbundene LDP-Peers kommen vor, wenn MPLS innerhalb einer hierarchischen Netzstruktur realisiert wird. In diesem Fall werden den Paketen in der Regel mehrere Labels (d.h. *Label-Stack*) vorangestellt [Abb. 12.2-13].

Aufbau von LDP-Nachrichten

Die LDP-Nachrichten werden in den sog. LDP-PDU (*Protocol Data Unit*) transportiert. In einer LDP-PDU können mehrere LDP-Nachrichten enthalten sein. Abb. 12.5-9 zeigt die Struktur von LDP-Nachrichten.

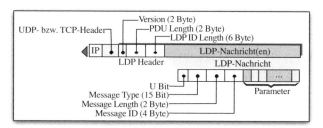

Abb. 12.5-9: Aufbau von LDP-Nachrichten

Für den Transport von PDUs verwendet das LDP sowohl das TCP als auch das UDP. Für den Transport von LDP-Nachrichten (z.B. `Hello`) bei der Entdeckung von Peers kommt das UDP zum Einsatz. Für die Übermittlung von LDP-Nachrichten `Label`

12.5 Signalisierung in (G)MPLS-Netzen

Request und Label Mapping wird das TCP verwendet. Sowohl beim UDP als auch beim TCP hat der Well-known Port des LDP die Nummer 646.

Jede LDP-Nachricht enthält folgende Angaben:

LDP-Nachricht

- U Bit: Mit diesem Bit wird festgelegt, wie der Empfänger reagieren muss, wenn er einen ihm unbekannten Nachrichtentyp empfangen hat:
  - ▷ U = 0: Eine Nachricht Notification muss an den Absender abgeschickt werden.
  - ▷ U = 1: Die empfangene Nachricht wird einfach ignoriert.
- Message Type: Hier wird der Nachrichtentyp angegeben.
- Length: Dieses Feld enthält die Länge der LDP-Nachricht in Byte.
- Message ID: Hier ist eine Identifikation der Nachricht enthalten. Antworten vom Empfänger, die sich auf diese Nachricht beziehen, müssen diese Identifikation enthalten.
- Parameter: Jede LDP-Nachricht kann mehrere Angaben als Parameter enthalten.

LDP definiert folgende Kategorien von Nachrichten:

- für die Entdeckung eines LDP-Peer und für die Bekanntgabe der Label,
- für den Auf-, den Abbau und die Unterhaltung von LDP-Sitzungen,
- für die Anzeige von Fehlern und anderen außergewöhnlichen Situationen.

Aufbau eines LSP mit dem CR-LDP

Da der LSP eine Kette von logischen Kanälen auf den einzelnen Übertragungsstrecken darstellt, müssen die benachbarten Systeme sich darauf verständigen, über welche logischen Kanäle der LSP verlaufen soll. Da die Wellenlänge bei WDM [Abb. 12.3-4] bzw. der Zeitschlitz bei SDH [Abb. 12.3-5] als logischer Kanal fungiert, der mittels eines Label identifiziert wird, brauchen sich die benachbarten Systeme nur dieses Label mitzuteilen. Man spricht hierbei auch von *Label-Zuweisung* bzw. *Label-Verteilung*.

Beim LDP unterscheidet man zwischen einem *Downstream-* und einem *Upstream-System*. Als Downstream-System wird das nächste System in LSP-Richtung bezeichnet. d.h. in Richtung des Datenflusses. In der Gegenrichtung zum LSP ist dies ein Upstream-System.

Um die LDP-Nachrichten zu übermitteln, muss zuerst eine Session zwischen zwei betreffenden Systemen aufgebaut werden. Beim CR-LDP ist das eine TCP-Verbindung. Ein System fordert ein Label mit einer Nachricht LabReq (*Label Request*) von seinem Downstream-System an. Dieses weist ein Label zu und teilt es dem Upstream- System per LabMap (*Label Mapping*) mit. Eine Label-Zuweisung für das Upstream-System ist nur dann möglich, wenn es dieses Label entweder bereits von seinem Downstream-System erhalten hat, oder wenn es als letztes System auf dem LSP fungiert und diese Label-Zuweisung selbst getroffen hat. Die Label-Zuweisung beginnt beim letzten System und wird dann in Richtung 'upstream' fortgesetzt. Abb. 12.5-10 zeigt den Aufbau eines unidirektionalen LSP.

Label-Zuweisung

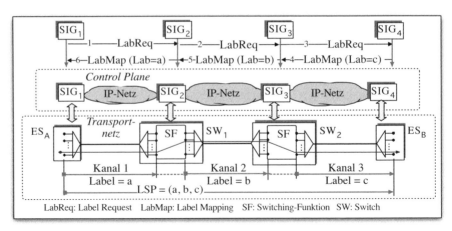

Abb. 12.5-10: Aufbau eines dynamischen unidirektionalen LSP

Einrichten eines LSP

Das Einrichten eines LSP initiiert hier ES_A durch das Absenden der Nachricht `LabReq` an SW_1, die zum ES_B übermittelt wird. ES_B reserviert das Label c für den ankommenden LSP und übermittelt es in `LabMap` seinem Upstream-System SW_2. Dann reserviert SW_2 das Label b und übermittelt es an SW_1. Zum Schluss reserviert SW_1 das Label a und übermittelt es an ES_A. Jedes System übermittelt somit seinem Upstream-System das Label in `LabMap`. Hat ES_A `LabMap` als Antwort auf `LabReq` empfangen, wird damit das Einrichten des LSP beendet. Daher steht der unidirektionale LSP für die Übermittlung von IP-Paketen von ES_A zum ES_B zur Verfügung.

GMPLS CR-LDP

Der in Abb. 12.5-10 gezeigte Verlauf von CR-LDP entspricht dem Aufbau eines unidirektionalen LSP in einem GMPLS-Netz. Ist ein bidirektionaler LSP nötig, muss ein anderer LSP in Gegenrichtung aufgebaut werden. Daher sind hierbei zwei fast gleiche CR-LDP-Abläufe – also zwei Schritte – notwendig. Für den Einsatz in GMPLS-Netzen wurde das CR-LDP zum Protokoll GMPLS CR-LDP [RFC 3472] so erweitert, dass es mit ihm möglich ist, einen bidirektionalen LSP in einem Schritt aufzubauen.

12.6 Schlussbemerkungen

Das Ziel dieses Kapitels war es, in einer anschaulichen und kompakten Form die Konzepte für eine neue Gestaltung, quasi eine neue Generation, der IP-Netze mit MPLS und GMPLS zu erläutern. Diese neue Generation der IP-Netze hat man noch in der ersten Dekade dieses Jahrhunderts als 'IP-Netze der nächsten Generation' (*Next Generation IP-Networks*) bezeichnet. Inzwischen ist diese nächste Generation der IP-Netze zur Realität geworden. Die Themen MPLS und GMPLS sind aber so komplex, dass nur die grundlegenden Ideen in diesem Kapitel erläutert werden konnten. Für weitere Informationen über MPLS und GMPLS ist u.a. auf [BRS04], [DR00], [FB05], [ML10] und [YSO05] zu verweisen.

Abschließend ist Folgendes hervorzuheben:

- Mit MPLS ist es möglich, die IP-Kommunikation auf eine einheitliche Art und Weise über integrierte Netzstrukturen, die aus Ethernet sowie aus FR- und ATM-Netzen bestehen, zu realisieren. In diesem Zusammenhang sind die Aktivitäten des BroadbandForums zu erwähnen [http://www.broadband-forum.org]. Für MPLS wurden zusätzliche Konzepte und Verfahren entwickelt, um Traffic Engineering in MPLS-Netzen zu ermöglichen (MPLS-TE). Die Standards sind unter [http://datatracker.ietf.org/wg/mpls] abrufbar. Für weitere Informationen über MPLS ist das *MPLS Resource Center* zu empfehlen [http://www.mplsrc.com]. — MPLS-Entwicklung

- Eine Verallgemeinerung von MPLS und MPLS-TE, sodass man die IP-Pakete nach dem MPLS-Prinzip in SDH- und WDM-Netzen übermitteln kann, hat zu GMPLS geführt. Für GMPLS sind u.a. spezielle Routing- und Signalisierungs-Protokolle nötig. Die Entwicklungen rund um GMPLS kann man unter [http://datatracker.ietf.org/wg/ccamp] verfolgen. Mit MPLS und GMPLS besteht endlich die Möglichkeit, die IP-Kommunikation in allen Netztypen nach dem gleichen Prinzip zu realisieren. Darauf hat man seit Langem gewartet. — GMPLS-Entwicklung

- Über ein (G)MPLS-Netz kann eine virtuelle Verbindung zwischen zwei Standorten eines Unternehmens aufgebaut werden. Da die Jitter-Werte über diese virtuelle Verbindung relativ klein sind, kann sie sogar als Nachbildung einer Drahtverbindung angesehen werden. Daher spricht man von *Pseudo Wire* (PW) bzw. von PW-Verbindung. Derartige Verbindungen gelten als Basis für zukünftige *Virtual Private Networks* (VPN). Da es sich hierbei um die Emulation einer Edge-zu-Edge-Drahtverbindung handelt, ist der Begriff PWE3 (*Pseudo Wire Emulation Edge-to-Edge*) entstanden. Die betreffenden Standards werden bei der IETF entwickelt [http://datatracker.ietf.org/wg/pwe3]. — Bedeutung von PWE3

- Die ITU-T hat das Konzept ASON (*Automatic(ally) Switched Optical Network*) spezifiziert [http://www.itu.int]. Das ASON beschreibt u.a. die logische Architektur optischer Netze und kann als Rahmenwerk angesehen werden, das festlegt, wie optische Netze logisch strukturiert werden und welche Komponenten und Protokolle zum Einsatz kommen sollen. Bei ASON werden ähnliche Ziele wie beim GMPLS verfolgt. Daher können das ASON und das GMPLS als konkurrierende Ansätze angesehen werden. Das ASON betreffen mehrere ITU-T-Standards. Die Anforderungen an optische Netze werden in G.807 (auch als G.astn bezeichnet) spezifiziert. Die Architektur der Control Plane beim ASON beschreibt G.8080/Y.1304 (auch *G.ason* genannt) [Roe11]. — ITU-T-Konzept ASON

12.7 Verständnisfragen

1. Welche Möglichkeiten der IP-Kommunikation entstehen bei der Nutzung von MPLS und GMPLS?
2. Bei MPLS verwendet man die Begriffe: Label, Label-Raum pro Leitung und FEC; Welche Bedeutung haben sie?
3. Bei (G)MPLS erfolgt eine Integration von Routing und Switching und diese führt zu Multiplane-Architekturen der IP-Netze. Auf welchen Prinzipien basiert diese Integration?
4. Wie kann man die logischen Modelle von MPLS und GMPLS interpretieren?

5. Worin besteht die Idee von Label-Switching und wie kann man sich eine virtuelle, (G)MPLS-spezifische Ende-zu-Ende-Verbindung über ein IP-Netz, ein LSP nämlich, vorstellen?
6. Wie sieht die logische Struktur eines MPLS-Netzes aus?
7. Wie verläuft die Übermittlung von IP-Paketen über einen LSP?
8. Auf welchem Prinzip basiert die MPLS-spezifische Kommunikation über eine Hierarchie von Übermittlungsnetzen?
9. Wie kann man sich die allgemeine, logische Struktur von optischen Switches beim GMPLS vorstellen?
10. Welche Bedeutung haben Labels bei GMPLS auf: a) einer WDM-Übertragungstrecke, b) einer SDH-Übertragungstrecke?
11. Wie kann ein (Ende-zu-Ende) Transportpfad (LSP) in einem GMPLS-Netz interpretiert werden?
12. Worin besteht die Bedeutung des Protokolls LMP in GMPLS-Netzen?
13. Die wichtigen LMP-Funktionen sind: Link Connectivity Verification und Link Property Correlation. Wozu verwendet man diese Funktionen?
14. Warum Traffic Engineering (TE) in (G)MPLS-Netzen notwendig ist?
15. Wie können die Verkehrsströme nach MPLS-TE strukturiert werden?
16. In welchen Schritten verläuft MPLS-TE und welche Bedeutung haben diese Schritte?
17. Was versteht man unter 'Routing beim TE' und wie interpretiert man dabei 'zielbasiertes Routing' und 'explizites Routing'?
18. Die Eigenschaften von sog. Traffic Trunks bei MPLS-TE werden mithilfe verschiedener Attribute spezifiziert: Um welche Attribute handelt es sich und wie diese zu interpretieren sind?
19. Die Ermittlung der Route für den Verlauf jedes LSP erfolgt nach dem Algorithmus CSPF: Welche Schritte unterscheidet man im CSPF-Verlauf und wie werden dabei die Prioritäten von Links berücksichtigt?
20. Welche Protokolle eignen sich für Signalisierung in (G)MPLS-Netzen?
21. Wie wird ein LSP mithilfe des RSVP-TE aufgebaut und wie sind dabei die einzelnen Schritte zu interpretieren?
22. Wie erfolgt der Aufbau eines LSP mithilfe des GMPLS RSVP-TE und wie kann man sich dabei Control Plane, Transport Plane und einen bidirektionalen LSP in einem WDM-Netz vorstellen?
23. Wie wird ein LSP nach dem Protokoll CR-LDP aufgebaut?

Teil V

Virtuelle Netzstrukturen

However, even more important than any of these new capabilities is the fact that it is designed from the ground up to deliver *Trustworthy Computing*. What I mean by this is that customers will always be able to rely on these systems to be available and to secure their information.

Bill Gates, 2002

13 IP over X und virtuelle IP-Netze

Während noch vor der Jahrtausendwende unterschiedliche Netztechnologien für LANs genutzt wurden, gibt es heute im Grunde mit Ethernet und *Wireless LAN* (WLAN) zwei dominierende LAN-Technologien. Wie der (auch verschlüsselte) Datenverkehr hierüber abgewickelt wird, soll zunächst in Abschnitt 13.1 (*klassisches IP over X*) dargestellt werden.

Bedeutung von IP over X

LANs sind Netze mit (potenziell) vielen gleichberechtigten, uneingeschränkten Teilnehmern und nutzen ein gemeinsames Medium (*Shared Medium LAN*). Das Gegenteil hiervon sind *Punkt-zu-Punkt-Verbindungen* (früher sprach man von *Datendirektverbindungen*, DDV), die sowohl einen Verbindungsauf- und -abbau (*Signalisierung*) als auch eine Authentisierung der Teilnehmer verlangen, wofür das *Point-to-Point Protocol* (PPP) benötigt wird. Die Konzepte zum Einsatz von IP über eine Punkt-zu-Punkt-Verbindung sind Gegenstand des Abschnitts 13.2.

Punkt-zu-Punkt-Verbindungen

WLANs nach IEEE 802.11 können im Grunde als Mischform eines 'Shared Medium LAN' und einer Punkt-zu-Punkt-Funkverbindung für die Teilnehmer angesehen werden. Welche Besonderheiten ein WLAN im Vergleich zu einem kabelgebundenen LAN sowohl hinsichtlich des Zugangs der Stationen als auch für die übliche Verschlüsselung aufweist, wollen wir in Abschnitt 13.3 besprechen.

WLAN

Ein *Virtual Private Network* (VPN) zur Kopplung von Unternehmens-Sites über das bestehende Internet bzw. ein Provider-Netz, ist eine häufig eingesetzte Tunneling-Lösung. Ein VPN kann auf unterschiedlichen Schichten des Kommunikationsmodells realisiert und sowohl von Providern als auch quasi 'privat' genutzt werden. Die unterschiedlichen Ausprägungen der VPN wollen wir exemplarisch in Abschnitt 13.4 darstellen, und deren konkrete Implementierung in Form der *IPsec-basierten VLAN* in Abschnitt 13.5 präsentieren.

VPN

In diesem Kapitel werden u.a. folgende Fragen beantwortet:

Ziel dieses Kapitels

- Wie kann man sich ein logisches LAN-Modell vorstellen?
- Wie kann die Multiprotokollfähigkeit in einem LAN erreicht und wie lässt sich hierin Verschlüsselung bewerkstellen?
- Nach welchen Prinzipien verläuft die IP-Kommunikation über Punkt-zu-Punkt-Verbindungen?
- Worin funktionieren die verschlüsselnden WLANs und wie funktionieren WLANs nach IEEE 802.11?
- Wie können WLANs mit unterschiedlichen Verschlüsselungstechniken
- Welche Typen von (providerbasierten) virtuelle Netze gibt es, und wie können sie genutzt werden?
- Wie können Pseudo-Drahtverbindungen über IP-Netze eingerichtet werden?
- Wie werden gesicherte, virtuelle Netze mittels IPsec aufgebaut?

13.1 IP über LANs

Logisches LAN-Modell

Um die IP-Kommunikation über LANs besser erklären zu können, zeigt Abb. 13.1-1 das funktionale Modell eines klassischen Shared-Medium-LAN mit den funktionalen Schichten in LAN-Endsystemen (Client, Server) [vgl. Abb. 1.4-10]. Im Allgemeinen enthält ein PC-basierter Arbeitsplatz (Client) bzw. ein Server im LAN eine Adapterkarte (mit deren Hilfe er mit dem Übertragungsmedium verbunden wird), eine multiprotokollfähige Software-Schnittstelle, mit der die LLC-Teilschicht realisiert wird, sowie nach Bedarf mehrere Protokolle und Anwendungen.

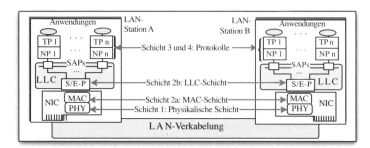

Abb. 13.1-1: Logisches Modell klassischer Shared-Medium-LANs nach IEEE 802.x
MAC: Media Access Control, LLC: Logical Link Control, NP: Netzwerkprotokoll,
PHY: Physikalische Schicht, SAP: Service Access Point,
S/E-P: Sende-/Empfangspuffer, TP: Transportprotokoll

LAN-Standards

Die LAN-Standards werden vom *Institute of Electrical and Electronics Engineers* (IEEE) spezifiziert und betreffen die zwei unteren Schichten des OSI-Referenzmodells [Abb. 1.3-2]. Die Standardsammlung IEEE 802.x beinhaltet die Definition aller LAN-Architekturen mit Ausnahme von FDDI (*Fiber Data Distributed Interface*), das eine Spezifikation des *American National Standards Institute* darstellt (ANSI X3T9.5). Auch unser 'traditionelles' Ethernet V2 verhält sich beim Aufbau des Frame-Headers nicht IEEE 802.1 gemäß, sondern das hier zu findende Feld EtherType verdankt seine Herkunft der frühen Spezifikation des Protokolls durch XEROX, die sich bis heute erhalten hat.

Schichten in LANs

LANs nach den Standards IEEE 802.3 (Ethernet), IEEE 802.5 (Token-Ring) und FDDI sowie Wireless LAN nach IEEE 802.11 und LR-WPAN[1] (Low-Rate Wireless Personal Area Network) entsprechend IEEE 802.15.4 unterscheiden sich nur hinsichtlich der Funktionsweise der Schichten 1 und 2a. Diese Schichten beinhalten die folgende Funktionen und Dienste:

PHY-Layer

- Schicht 1: Physikalische Schicht (*Physical Layer*)
  Hier werden alle physikalischen Eigenschaften, die für die Bitübertragung notwendig sind, festgelegt. Hierzu gehören die Spezifikation des *LAN-Übertragungsmediums* (Verkabelung) sowie der *Anschlussstecker* und dessen Pinbelegung. Entscheidend sind ferner die Verfahren für die *Bitübertragung* und der damit verbundenen Erzeugung und Verarbeitung elektrischer bzw. optischer Signale.
  War das ursprüngliche Ethernet – trotz seiner physikalischen Verkabelung mittels Koaxialka-

---

[1]LR-WPANs werden beim *Internet of Things* zum Aufbau von *Sensor/Aktor-Netzwerken* eingesetzt.

bel – als auf Schicht 1 verbindungslos konzipiert, besteht seit der Einführung der strukturieren Verkabelung die Tendenz [BHK94], die Kommunikation auf Schicht 1 verbindungsorientiert zu gestalten, was als *Link* gekennzeichnet wird. Dies gilt auch für drahtlose Netze wie WLAN IEEE 802.11, wo dies mit speziellen Signalen geschieht.

- Schicht 2a: MAC-Schicht   MAC-Layer
  LANs unterscheiden sich durch unterschiedliche Implementierungen auf der MAC-Schicht. Der MAC-Schicht fallen hierbei insbesondere folgende Aufgaben zu:

  ▷ *Medienzugriffsverfahren*: Die Art und Weise der Belegung des Mediums durch die einzelnen LAN-Stationen wird als *(Medien-)Zugriffsverfahren* bezeichnet. Funktional kann unterschieden werden zwischen *Switched Medium* und *Shared Medium LANs*. Die aktuellen Zugriffsverfahren in Shared Medium LANs sind:
    - CSMA/CD (*Carrier Sense Multiple Access/Collision Detection*) in LANs nach dem IEEE 802.3 bzw. Ethernet-Standard,
    - CSMA/CA (*Carrier Sense Multiple Access/Collision Avoidance*) als Zugriffsverfahren für Wireless-LANs nach dem Standard IEEE 802.11 sowie LP-WPANs nach IEEE 802.15.4.

  Historisch bedeutsam sind auch die Zugriffsverfahren
    - *Token-Ring* nach dem Standard IEEE 802.5, das auch in ANSI X3T9.5 LANs (FDDI) eingesetzt wurde, sowie
    - *Dual-Queue/Dual Bus* (DQDB) nach IEEE 802.6,

  die allerdings heutzutage nicht mehr weiterentwickelt bzw. genutzt werden.

  ▷ *Übertragungssicherung*, d.h. Sicherstellung einer fehlerfreien Ende-zu-Ende-Übermittlung der MAC-Frames zwischen den beteiligten Sende-/Empfangsinstanzen auf Schicht 2 durch Hinzufügen einer Prüfsumme.

  ▷ Bei WLANs nach IEEE 802.11 wird zusätzlich ein *Acknowledgement*-Mechanismus für MAC-Frames genutzt, sodass WLAN-Netze auf MAC-Schicht nicht mehr verbindungslos, sondern viel mehr verbindungsorientiert arbeiten.

  ▷ Bereitstellen der *MAC-Adressen* (*Destination Address*, DA; *Source Address*, SA).

  ▷ *MAC-Frame-Encapsulation* der Daten (*Payload*) durch Ergänzen der MAC-Adressen, der Prüfsumme und LAN-spezifischer Steuerungsinformationen, d.h. letztlich Erzeugen eines gültigen MAC-Frames.

- Schicht 2b: LLC-Schicht (*Logical Link Control*)   LLC-Layer
  Diese Schicht wird im Standard IEEE 802.2 festgelegt und ist daher allgemeiner Bestandteil aller LANs. Sie hat folgende zwei Hauptfunktionen:

  ▷ *LLC-Dienstfunktionen* zur Abwicklung einer verbindungslosen bzw. verbindungsorientierten Kommunikation mit und ohne Bestätigung. Diese Dienste (LLC-Typ I, II und III) werden mittels unterschiedlicher LLC-Frames abgewickelt [Abb. 13.1-3].

  ▷ *Multiplexerfunktionen* für die Netzwerkprotokolle der Schicht 3, die durch sog. SAPs (*Service Access Point*) als LLC-Dienstzugangspunkte implementiert sind (vgl. Abb. 1.4-10). Ein SAP ist eindeutig mit einer Speicheradresse (Port) verknüpft und lässt sich als individueller Kommunikationspuffer eines Netzwerk-

protokolls interpretieren. Abb. 13.1-1 illustriert, dass mehrere Kommunikationsprotokolle in einem LAN-Endsystem gleichzeitig verwendet werden können.

13.1.1 Übermittlung der IP-Pakete in MAC-Frames

Für die Übermittlung von Steuerungsangaben zwischen zwei Instanzen der Transportschicht wird dem zu übertragenden Datensegment ein TCP- bzw. UDP-Header vorangestellt. Damit entsteht ein TCP/UDP-Paket (auch als TCP/UDP-Datensegment bezeichnet). Diesem wird dann ein IP-Header vorangestellt, sodass ein IP-Paket entsteht. Bei der Übertragung des IP-Pakets in LANs wird also eine zweifache Encapsulation vorgenommen. Die Nutzdaten, die zwischen zwei LAN-Applikationen übertragen werden, müssen für die Übertragung entsprechend vorbereitet werden. Abb. 13.1-2 zeigt, wie ein Datensegment für die Übertragung im LAN vorbereitet wird.

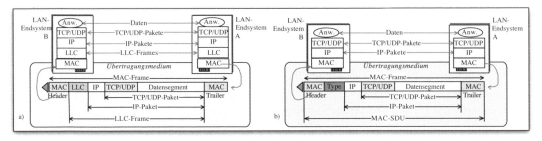

Abb. 13.1-2: Aufbau von MAC-Frames: a) IEEE 802.x LANs, b) Ethernet V2
Anw: Anwendung, Type: EtherType

LLC-, MAC-Frame	In IEEE 802.x LANs wird jedes IP-Paket um zusätzliche LLC-Steuerungsangaben zu einem *LLC-Frame* (Rahmen) ergänzt [Abb. 13.1-2a]. Auf dem MAC-Niveau wird jeder LLC-Frame noch um einen MAC-Header und einen -Trailer erweitert. Auf diese Weise entstehen sog. *MAC-Frames*, die über das Übertragungsmedium übermittelt werden.
MAC-Trailer	Den MAC-Trailer bildet die Prüfsumme, die als *Frame Check Sequence* (FCS) [Abb. 2.7-1] bezeichnet wird, sowie in Token-Ring-LANs ein zusätzlicher *Ending Delimiter* und ggf. noch ein Feld *Frame Status*.
MAC-Header	Der *MAC-Header* enthält die MAC-Adressen des Senders und des Empfängers. Zusätzliche Kontrollelemente sind eine *Präambel*, die über ein spezifisches Bitmuster den Beginn des Frames kennzeichnet, sowie wiederum in Token-Ring-LANs ein zusätzliches Feld *Frame Control* bzw. ein *Starting Delimiter* oder ein Feld *Access Control*.
LLC-Transport	Wie Abb. 13.1-3 zeigt, unterscheiden sich die LLC-Frames durch die Struktur des Control-Felds. Innerhalb der LLC-Teilschicht nutzt IP den verbindungslosen Dienst ohne Bestätigung, d.h. den *LLC-Diensttyp 1*. Die LLC-Frames mit IP-Paketen werden als *Unnumbered Information* bzw. kurz als *UI-Frames* bezeichnet. Die in Abb. 13.1-3 zusätzlich dargestellten LLC-Frames vom Typ *Information* sowie *Supervisory* werden

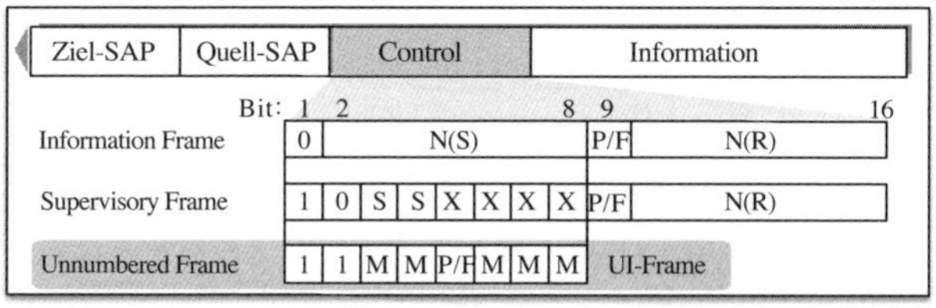

13.1 IP über LANs

	Ziel-SAP	Quell-SAP	Control						Information	

```
                     Bit: 1  2           8 9           16
Information Frame         0   N(S)        P/F   N(R)
Supervisory Frame         1 0 S S X X X X P/F   N(R)
Unnumbered Frame          1 1 M M P/F M M M  UI-Frame
```

Abb. 13.1-3: Aufbau von LLC-Frames in IEEE 802.x-Frames
P/F: Poll/Final, S: Supervisory Bit, N(R): Empfangsfolgenummer,
N(S): Sendefolgenummer, M: Mode-Bit, SAP: Service Access Point

beim Transport von IP-Paketen über LANs nicht eingesetzt und hier nur der Vollständigkeit halber gezeigt.

Die Länge von im LAN übertragenen Nutzdaten, die Payload, bzw. im Besonderen die Größe der IP-Pakete ist immer begrenzt und wird von der IP-Instanz medienspezifisch als *Maximum Transfer Unit* (MTU) definiert. Sie hängt vom LAN-Typ ab. — MTU

13.1.2 Multiprotokollfähigkeit der LANs

Wird ein IP-Paket von der Netzwerkschicht an die Schicht 2 überreicht (vgl. Abb. 1.4-10), ergänzt die LLC-Teilschicht dieses durch einen PID (*Protocol Identifier*). Umgekehrt kann beim Empfang des Frames anhand des PID das jeweilige Netzwerkprotokoll angesprochen werden, das für die weitere Verarbeitung zuständig ist. — PID

Die verschiedenen Netzwerkprotokolle haben alle fest definierte Nummern, und diese beginnen ab 1518. Die Festlegung dieser auf den ersten Blick überraschend großen Protokollnummern ist mit der Einführung der Ethernet-Netztechnologie durch die Firmen Digital, Intel und Xerox (DIX) historisch begründet. Abweichend vom IEEE 802.3-Standard wird bei Ethernet – genauer auch *Ethernet V2* oder gelegentlich Ethernet-DIX genannt – statt des bei IEEE 802.3 LANs üblichen zwei Byte großen Felds Length ein Type-Feld (auch *EtherType* genannt) im MAC-Frame definiert, in dem die Protokollnummern untergebracht sind [Abb. 13.1-2b]. Dies hat einerseits zur Folge, dass Ethernet V2 auf die Unterstützung der LLC-Teilschicht verzichtet. Um Überschneidungen des EtherType-Felds mit den Angaben Type/Length-Felds zu vermeiden, wurden die EtherType-Werte größer als die vorgesehene maximale Länge eines IEEE 802.3-Frames gewählt. So wurde der EtherType des IPv4-Protokolls auf hexadezimal x'0800' festgelegt, was dem Dezimalwert von 2048 entspricht. — Ethernet V2 ohne LLC

Die Protokollnummern werden von der IEEE verwaltet und sind als Felder *Destination-SAP* (DSAP) und *Source-SAP* (SSAP) im LLC-Header von der IEEE neu festgelegt, wobei i.d.R. nur der Ziel-SAP benutzt wird. Einige ursprünglich speziell für Ethernet V2 entwickelte Protokolle mit großen Protokollnummern (z.B. Appletalk EtherType = 32923) können nicht im lediglich ein Byte großen SAP-Feld untergebracht werden.

Mit der starken Verbreitung von FDDI-Netzen Ende der 80er Jahre und speziell ihrer Kopplung mit Ethernet-Segmenten (nach V2 oder nach IEEE 802.3) ergab sich die Notwendigkeit, die Interoperabilität der Übermittlung vom IP über IEEE 802.2- und Nicht-LLC-Implementierungen wie Ethernet V2 sicherzustellen. Hierzu wurde das — SNAP, PID und OUI

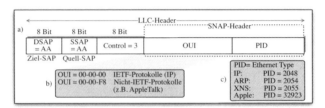

Abb. 13.1-4: SNAP Multiplexing: a) Aufbau des SNAP-Header, b) OUI-Protokollfeld bei IP- und Nicht-IP-Protokollen, c) PID-Werte für Ethernet-V2-Typen

Sub-Network Access Protocol – kurz als SNAP bezeichnet – geschaffen [BHK94], das in RFC 1042 spezifiziert ist. Es definiert einen SNAP-Header, der nach dem LLC-Header folgt, mit den Bestandteilen OUI (*Organizationally Unique Identifier*) und PID (*Protocol Identifier*), was in Abb. 13.1-4 gezeigt ist.

SNAP

Das SNAP lässt sich daher als Spezialfall des LLC-Diensttyps I mit UI-Frames (*Unnumbered Information*) ansehen [Abb. 13.1-3], für den eine feste Zuordnung hinsichtlich der SAPs und der Felder *Control* und *Information* vorgenommen wurde. Die Kennung für das SNAP wird in den beiden Feldern DSAP und SSAP (DSAP = x'AA'; SSAP = x'AA') eingetragen, im Control-Feld wird der Wert x'03' angegeben. Die 5 Byte des SNAP-Header sind für die Identifikation verschiedener Netzwerkprotokolle reserviert. Hierdurch lassen sich alle auf Ethernet V2 gängigen Protokolle übertragen. Im SNAP-Header stehen 3 Byte für den OUI und 2 Byte für den PID zur Verfügung. Abb. 13.1-5 zeigt, dass somit eine hierarchische Multiplexing-Struktur auf der LLC-Teilschicht geschaffen wird.

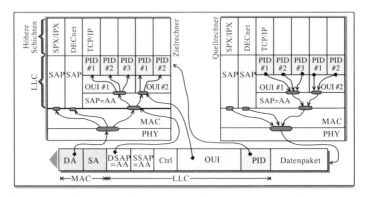

Abb. 13.1-5: Aufgabe des Protokolls SNAP zum hierarchischen Multiplexing
OUI: Organizationally Unique Identifier, SAP: Service Access Point

IP-Pakete in MAC-Frames

Zusammenfassend kann festgestellt werden, dass es drei Methoden gibt, IP-Pakete in MAC-Frames einzukapseln:

- Bei Ethernet wird in der Regel auf die zusätzliche LLC-Verkapselung verzichtet und das IP-Paket als Ethernet V2 MAC-Frame mit EtherType = 2048 eingebettet.

- In IEEE-konformen LANs wie IEEE 802.3 und IEEE 802.5 besteht die Möglichkeit, IP-Daten als LLC *Unnumbered Information* Frames gemäß IEEE 802.2 zu übertragen. Als SAP-Wert wird x'60' bzw. dezimal 96 eingetragen.
- Die IETF-Empfehlung schreibt aber vor, für IP-Datenverkehr einen SNAP-Header zu nutzen. Hierbei lauten die Werte (gemäß Abb. 13.1-4) SAP = x'AA', OUI = 00-00-00 sowie PID = 2048. Dies ist z.B. die bevorzugte Methode in WLANs nach dem IEEE 802.11 Standard.

Generell besteht die Tendenz darin, auf Dienste der LLC-Teilschicht ganz zu verzichten, dafür aber anzunehmen, dass das Übertragungsmedium im wesentlichen 'zuverlässig' arbeitet. Durch den Wegfall zusätzlicher Teilschichten und ihren Kontrollinformationen kann einerseits die verfügbare Bandbreite des Übertragungsmediums optimal ausgenutzt werden; andererseits führt der Wegfall komplexer MAC-Übermittlungsverfahren (wie beim Token-Ring) zu einem verbesserten Zeitverhalten. Beides ist dem Durchsatz für IP-Netze – speziell bei TCP – zuträglich [Abschnitt 4.4]. *Verzicht auf LLC*

13.2 Punkt-zu-Punkt-Verbindungen mit PPP

Die 'nackten' IP-Pakete enthalten keine Bit für die Synchronisation (wie z.B. Flag = 01111110). Somit wäre es nicht möglich, sie auf einer Leitung zu entdecken. Für die Übertragung über eine physikalische Verbindung müssen die IP-Pakete in zusätzliche Frames mit *Synchronisationsbit* eingebettet werden. Man benötigt deswegen zusätzliche Protokolle, die den Transport der IP-Pakete über Punkt-zu-Punkt-Verbindungen ermöglichen. Hierfür stehen PPP (*Point-to-Point Protocol*) und SLIP (*Serial Line IP*) zur Verfügung, was aber nur noch historischen Charakter besitzt.

Das PPP (*Point-to-Point Protocol*) wird für die Übermittlung der Datenpakete verschiedener Protokolle der Netzwerkschicht (z.B. des IP) über physikalische bzw. virtuelle Punkt-zu-Punkt-Verbindungen verwendet. Die sog. PPP-Frames dienen als Umschläge für die Übermittlung der Datenpakete. PPP wird vor allem bei Remote Access Services eingesetzt. Mehrere RFC legen das Konzept des PPP und seinen Einsatz fest, wobei RFC 1661 das Basisverfahren spezifiziert. Es gibt eine Vielzahl von RFC, die den Transport von PPP-Frames in verschiedenen Netzen (z.B. Frame Relay, ATM, SDH) spezifizieren [http://www.ietf.org/html.charters/pppext-charter.html].

Im PPP-Frame wird die Identifikation des Protokolls angegeben, dessen Datenpaket im Frame enthalten ist. Somit lassen sich die Pakete verschiedener Netzwerkprotokolle (IP, IPX, ...) in PPP-Frames transportieren. Zusätzlich erlaubt das PPP neben der Unterstützung des SNACP (*SNA Control Protocol*) [RFC 2043] und einer direkten NetBEUI-Encapsulation NBFCP (*NetBIOS Frame Control Protocol*) [RFC 2097] auch einen sog. *Bridging-Mode* für die transparente Übertragung von MAC-Frames. Zum PPP gehören auch die Hilfsprotokolle *Protokollunterstützung*

- PAP (*Password Authentication Protocol*) und
- CHAP (*Challenge Handshake Authentication Protocol*)

PPP-Bedeutung für die Benutzerauthentisierung. Hierauf wollen wir in Abschnitt 15.2 gemeinsam mit den anderen Authentisierungsprotokollen eingehen.

Das PPP ist ein Protokoll, das für die Übertragung von Information über alle Arten von Punkt-zu-Punkt-Verbindungen eingesetzt werden kann. Mit dem PPP kann die zu übertragende Information so ergänzt werden, dass man sie näher spezifizieren kann. Wie Abb. 13.2-1 illustriert, wird der zu übertragenden Information ein Feld `Protocol` vorangestellt, in dem die Bedeutung der Information näher spezifiziert wird. Falls die übertragene Information ein Datenpaket darstellt, wird im Feld `Protocol` angegeben, nach welchem Netzwerkprotokoll (z.B. IP, IPX etc.) das Datenpaket definiert ist. Falls die übertragene Information bestimmte Steuerungsangaben darstellt, spezifiziert das Feld `Protocol` auch die Bedeutung dieser Steuerung.

13.2.1 PPP-Dateneinheiten

Die übertragene Information zusammen mit dem Feld `Protocol` bildet eine PPP-Dateneinheit, die bei Bedarf mit zusätzlichen Füllbit ohne Bedeutung als *Padding* zu einer bestimmten Länge verlängert werden kann. Normalerweise ist das Feld `Protocol` 2 Byte lang. Wird die PPP-Dateneinheit aber in einer komprimierten Form übertragen, beträgt die Länge des `Protocol`-Felds ein Byte.

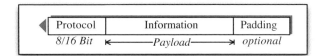

Abb. 13.2-1: Allgemeine Struktur der PPP-Dateneinheit

PPP-Payload Folgende Gruppen von Protokollen mit unterschiedlichen PPP-Dateneinheiten im *Payload* können unterschieden werden:

Nutzdaten		Network Control Protocols (NPCs)		Authentisierungs- und Link-Kontrollprotokolle	
x'0021'	Internet-Protocol, Version 4 (IPv4)	x'8021'	IPv4 Control Protocol IPv4 (IPCP)	x'C021'	Link Control Protocol (LCP)
x'0031'	PPP Bridging	x'803F'	NetBIOS Frame Control Protocol (NBFCP)	x'C023'	Password Authentication Protocol (PAP)
x'003F'	NetBIOS Frame Control Protocol	x'804D'	SNA Control Protocol (SNACP)	x'C025'	Link Quality Report
x'0057'	Internet-Protocol, Version 6 (IPv6)	x'8057'	IPv6 Control Protocol (IPv6CP)	x'C223'	Challenge Handshake Authentication Protocol (CHAP)

Tab. 13.2-1: Gruppen von PPP-Dateneinheiten und ihre hexadezimale Wertzuweisung im Feld `Protocol`

Die Nummern der NPCs entsprechend Tab. 13.2-1 differieren bei den entsprechenden Netzwerkprotokollen nur in der ersten Stelle. Sie beginnen immer mit 8.

Das Feld `Information` in der PPP-Dateneinheit enthält die Daten (d.h. das Datenpaket bzw. die Steuerungsangaben) nach dem Protokoll, dessen Nummer im Feld `Protocol` enthalten ist [vgl. Abb. 13.2-4, Abb. 13.2-6, Abb. 13.2-7 und Abb. 13.2-8]. Die maximale Länge der Information zusammen mit Padding kann als Parameter `MRU` (*Maximum Receive Unit*) in der *Konfigurationsphase* des PPP festgelegt werden. Als

13.2 Punkt-zu-Punkt-Verbindungen mit PPP

Defaultwert werden 1500 Byte angenommen. Dies ist gerade die maximale Länge der MTU eines MAC-Frames in Ethernet-basierten LANs.

Die 'nackten' PPP-Dateneinheiten enthalten keine Bit für die Synchronisation (wie z.B. Flag = 01111110), und somit wäre es nicht möglich, sie auf einer Leitung zu entdecken. Für die Übertragung über eine physikalische Verbindung (z.B. über Satellitenverbindungen) müssen die in Abb. 13.2-1 gezeigten PPP-Dateneinheiten in zusätzliche Frames mit Synchronisationsbit eingebettet werden. Häufig werden hierfür Frames vom Sicherungsprotokoll HDLC (*High-Level Data-Link Control*) verwendet, die vergleichbar mit denen des Protokolls LLC sind [Abb. 13.2-1].

HDLC-basierte PPP-Frames

Abb. 13.2-2 zeigt die Struktur eines HDLC-Frames mit einer eingebetteten PPP-Dateneinheit. Wird eine PPP-Dateneinheit in einem HDLC-Frame transportiert, so spricht man von einem HDLC-basierten PPP-Frame und bezeichnet ihn auch als PPP/HDLC-Frame.

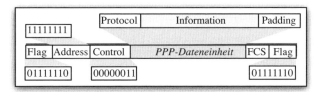

Abb. 13.2-2: Aufbau von HDLC-basierten PPP-Frames

Ein PPP/HDLC-Frame enthält folgende Felder:

- Flag (Frame-Begrenzung): Mit Flag = 01111110 werden Beginn und Ende des Frames markiert.
- Address-Feld: Bei einer bestehenden Punkt-zu-Punkt-Verbindung über eine physikalische Leitung ist die Angabe der physikalischen Adresse des Kommunikationspartners im Frame nicht mehr notwendig. Daher enthält dieses Feld immer die Bitkombination 11111111 (x'FF'), die *All Station Address* genannt wird.
- Control-Feld (Steuer-Feld): Für die PPP-Frames wird eine Variante des Protokolls HDLC angewandt, bei der nur sog. *unnummerierte Frames* verwendet werden. Aus diesem Grund enthält das Control-Feld in PPP/HDLC-Frames immer 00000011 (x'03').
- FCS-Feld (Frame Check Sequence): Dieses Feld enthält eine Frame-Prüffolge, die auf einem zyklischen Code basiert, und dient zur Entdeckung von Übertragungsfehlern in den Feldern Address, Control, Protocol und Information.

Da für die beiden Flags eine spezielle Bitkombination 01111110 reserviert wurde, müssen besondere Maßnahmen ergriffen werden, um eine transparente Übertragung zu garantieren, d.h. um zu ermöglichen, dass die Bitkombination 01111110 innerhalb der Nutzdaten übertragen werden darf. Hierfür wird ein Verfahren verwendet, das man als *Bit Stuffing/Destuffing* bezeichnet. Dieses Verfahren besteht darin, dass ein zusätzliches Bit 0 jeweils nach der Bitkombination 11111 im Frame zwischen den beiden Flags an der Sendeseite hinzugefügt wird (*Bit Stuffing*). Umgekehrt wird ein

Stuffing/-Destuffing

Bit 0 jeweils nach der gleichen Bitkombination 11111 im Frame zwischen den beiden Flags an der Empfangsseite entfernt (*Bit Destuffing*).

13.2.2 PPP-Zustände

Nach dem PPP entsteht in Bezug auf den Datenaustausch eine logische Beziehung zwischen zwei kommunizierenden PPP-Instanzen, die als eine logische Datenverbindung (sog. *Data-Link-Verbindung*) angesehen werden kann. Diese Verbindung wird im Weiteren als *PPP-Verbindung* bezeichnet und setzt das Vorhandensein einer physikalischen Punkt-zu-Punkt-Verbindung voraus. Jede PPP-Verbindung muss auf- und abgebaut werden. Somit werden bestimmte Zustände (Phasen) im Ablauf des PPP definiert. Diese Zustände und die Übergänge zwischen ihnen werden in Form eines PPP-Zustandsdiagramms dargestellt [Abb. 13.2-3].

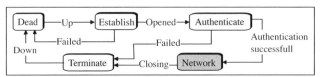

Abb. 13.2-3: PPP-Zustandsdiagramm

Die einzelnen PPP-Zustände sind wie folgt zu interpretieren:

- `Dead`: Dieser Zustand stellt die Anfangs- und die Endphase einer PPP-Verbindung dar.
- `Establish`: Dieser Zustand repräsentiert den Aufbau einer PPP-Verbindung. Hierfür werden die Pakete nach LCP (*Link Control Protocol*) als Information in PPP-Dateneinheiten übertragen. Die Pakete `Configure` von LCP enthalten sog. Konfigurationsoptionen (*Configuration Options*) und ermöglichen es, die Parameter einer PPP-Verbindung zu setzen.
- `Authenticate`: In diesem Zustand erfolgt die Authentisierung, d.h. die Überprüfung der Authentizität des Benutzers, der die PPP-Verbindung initiiert. In dieser Phase wird normalerweise eines der beiden Authentisierungsprotokolle PAP (*Password Authentication Protocol*) bzw. CHAP (*Challenge Handshake Authentication Protocol*) verwendet.
- `Network` (genauer Network-Layer Protocol Phase): In diesem Zustand erfolgt die Konfiguration von Parametern des eingesetzten Netzwerkprotokolls (wie z.B. IPv4, IPv6, IPX, ...). Jedes Netzwerkprotokoll muss individuell konfiguriert werden. Der Ablauf der Konfiguration verläuft nach dem Protokoll NCP (*Network Control Protocol*). Jedes Netzwerkprotokoll verfügt über ein eigenes *Control Protocol* (CP): So hat z.B. IPv4 das IPCP, IPv6 das IPv6CP, IPX das IPXCP usw.
- `Terminate`: Dieser Zustand repräsentiert den Abbau einer PPP-Verbindung. Hierfür werden die Pakete vom LCP als Information in PPP-Dateneinheiten übertragen [Abb. 13.2-4].

13.2.3 LCP als Hilfsprotokoll von PPP

Das LCP (*Link Control Protocol*) stellt bestimmte Pakete zur Verfügung, die man zum Auf- und Abbau und zur Konfiguration einer PPP-Verbindung benötigt. Das LCP definiert elf unterschiedliche Nachrichten, die im Feld `Information` von PPP-Frames übertragen werden. Abb. 13.2-4 zeigt, wie die LCP-Pakete in PPP-Dateneinheiten eingebettet werden und wie sie strukturiert sind.

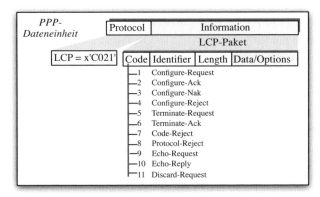

Abb. 13.2-4: LCP-Pakete in PPP-Dateneinheiten

Ein LCP-Paket enthält folgende Felder:

- `Code` (1 Byte): Hier wird die Bedeutung des LCP-Pakets durch eine Nummer angegeben.
- `Identifier` (1 Byte): Dieses Feld dient der Zuordnung von Antworten der Gegenseite (*Replies*) zu den abgeschickten Anforderungen (*Requests*).
- `Length` (2 Byte): Hier wird die Länge des LCP-Pakets angegeben.
- `Data` bzw. `Options` (n Byte): Dieses Feld enthält die Angaben des LCP-Protokolls als Daten bzw. in Form festgelegter Optionen.

Es sind folgende Klassen der LCP-Pakete zu unterscheiden:

- LCP-Pakete für den Aufbau und die Konfiguration von PPP-Verbindungen: `Configure-Request`, `Configure-Ack`, `Configure-Nak` und `Configure-Reject`,
- LCP-Pakete für den Abbau von PPP-Verbindungen: `Terminate-Request` und `Terminate-Ack`,
- LCP-Pakete für das Management und die Fehlerbeseitigung: `Code-Reject`, `Protocol-Reject`, `Echo-Request`, `Echo-Reply` und `Discard-Request`.

Die `Configure`-Pakete für den Aufbau und die Konfiguration von PPP-Verbindungen enthalten bestimmte Steuerungsangaben in Form sog. *Configuration Options*. Deren Aufbau zeigt Abb. 13.2-5. Die einzelnen Configuration Options haben folgende Bedeutung:

Configure-Pakete

- `Maximum Receive Unit`: Mit dieser Option wird die Paketlänge angegeben, die an der Empfangsseite aufgenommen werden kann. Der Standardwert hierfür beträgt 1500 Byte.
- `Authentication`: Mit dieser Option wird angegeben, welches Protokoll zur Authentisierung verwendet wird. Hierbei kommen u.a. in Frage: PAP, CHAP, EAP (*Extensible Authentication Protocol* [Abschnitt 14.1]), Microsoft-CHAP (MS-Chap).
- `Quality Protocol`: Diese Option gibt an, welches Protokoll man zur Qualitätsüberwachung der PPP-Verbindung verwendet. Zurzeit wird nur das Protokoll *Link Quality Report* unterstützt.
- `Magic Number`: Diese Option enthält eine zufällige Zahl. Sie wird verwendet, um bestimmte Anomalien auf der Verbindung zu entdecken.
- `Protocol Field Compression` (PFC): Standardmäßig ist das Feld `Protocol` in der PPP-Dateneinheit 2 Byte lang [Abb. 13.2-1]. Diese Option wird verwendet, um die Gegenseite darüber zu informieren, dass die zu einem Byte komprimierte Form des Felds `Protocol` verwendet werden soll.
- `Address and Control Field Compression` (ACFC): Diese Option wird verwendet, um die Gegenseite zu informieren, wie die Felder `Address` und `Control` in HDLC-basierten PPP-Frames komprimiert werden sollen.

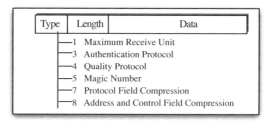

Abb. 13.2-5: Configuration Options in `Configure-LCP-Paketen`

13.2.4 IPv4 Control Protocol (IPCP) bei PPP

Das IPCP stellt bestimmte Pakete zur Verfügung, mit denen man eine PPP-Verbindung für die Übermittlung der IP-Pakete konfigurieren kann. Das IPCP verwendet einige Pakete des LCP [Abb. 13.2-4]:

- Konfiguration der PPP-Verbindung: `Configure-Request`, `Configure-Ack`, `Configure-Nak` und `Configure-Reject`,
- Abbau der PPP-Verbindung: `Terminate-Request` und `Terminate-Ack`,
- Fehlerbeseitigung: `Code-Reject`.

Diese IPCP-Pakete werden im Feld `Information` von PPP-Dateneinheiten übertragen. Wie Abb. 13.2-6 zeigt, werden die IPCP-Pakete genau so wie die LCP-Pakete aufgebaut [Abb. 13.2-4].

13.2 Punkt-zu-Punkt-Verbindungen mit PPP

Die IPCP-Pakete vom Typ `Configure` können u.a. folgende *Configuration Options* enthalten:

Configuration Options

- `IP-Compression-Protocol`: Mit dieser Option wird angegeben, welches Verfahren zur Komprimierung der IP-Pakete verwendet wird. Hier verwendet man das Van-Jacobson-Verfahren [RFC 1144] bzw. das *DEFLATE Compressed Data Format* [RFC 1951, 1979].
- `IP Address`: Diese Option wird verwendet, um die dynamische Vergabe von IP-Adressen zu ermöglichen.

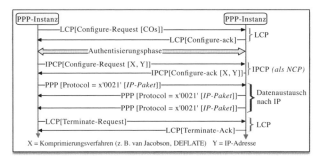

Abb. 13.2-6: IPCP-Pakete und deren Configuration Options

13.2.5 Protokollablauf beim PPP

Eine PPP-Verbindung stellt eine Vereinbarung zwischen zwei PPP-Instanzen in Bezug auf den Datenaustausch dar. Eine Vereinbarung kann als logische Datenverbindung angesehen werden, die das Vorhandensein einer physikalischen Verbindung voraussetzt.

Abb. 13.2-7 zeigt den Ablauf von PPP:

Ablauf von PPP

Der Aufbau einer PPP-Verbindung erfolgt nach LCP mittels der `Configure`-Pakete.

Phase Establish: Configure Request

Im Paket `Configure-Request` können Parameter der PPP-Verbindung als *Configuration Options* (CO) angegeben werden. Die CO-Typen wurden in Abb. 13.2-5 aufgelistet. Werden die angeforderten Parameter von der Gegenseite vollständig angenommen, wird dies mit dem Paket `Configure-Ack` (*Acknowledgement*) bestätigt.

Werden nicht alle Parameter vom Paket `Configure-Request` angenommen, wird dies mit dem Paket `Configure-Nak` (*Negative acknowledgment*) mitgeteilt. Wird der Verbindungsaufbau abgewiesen, sendet die Gegenseite das Paket `Configure-Reject`.

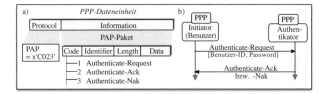

Abb. 13.2-7: Beispiel für einen Ablauf des Protokolls PPP

Phase *Authenticate*: PAP oder CHAP	Nach der Phase *Establish* kann die Authentisierungdes Benutzers erfolgen. Dies wird im PPP-Protokoll als Phase *Authenticate* bezeichnet [Abb. 13.2-3]. Der Verlauf dieser Phase richtet sich entweder nach PAP oder CHAP.
Phase *Network*: Datenaustausch	In der nächsten Phase *Network* werden die Parameter der eingesetzten Netzwerkprotokolle konfiguriert. Für jedes Netzwerkprotokoll wird ein entsprechendes Control Protocol verwendet. Abb. 13.2-7 zeigt den Ablauf der Konfiguration des Protokolls IPv4 unter Einsatz des *Control Protocol IPCP* [Abb.13.2-6]. Die geforderten Einstellungen werden im IPCP-Paket Configure-Request und mit der Angabe Configuration Options (z.B. von IP-Compression-Protocol, IP Address) an die Gegenseite übermittelt. Akzeptiert die Gegenseite die angeforderten Parameter, wird dies mit dem IPCP-Paket Configure-Ack bestätigt.
	Nach der Phase Network [Abb. 13.2-3] des PPP findet der Datenaustausch nach IPv4 statt. Hier werden die PPP-Frames mit der Angabe Protocol = x'0021' (d.h. Protokoll IPv4) übermittelt. Das Feld Information in den PPP-Dateneinheiten wird mit IP-Paketen belegt.
Phase *Terminate*	Der Abbau der PPP-Verbindung (Phase *Terminate*) erfolgt nach dem LCP. Hierfür werden dessen Terminate-Pakete verwendet.

13.2.6 Benutzerauthentisierung beim PPP

PPP definiert zwei verschiedene Möglichkeiten der Authentisierung von Benutzern, die nach den folgenden Protokollen verlaufen:

- *Password Authentication Protocol* (PAP),
- *Challenge Handshake Authentication Protocol* (CHAP).

Die Authentisierung ist Teil des LCP und erfolgt nach der Verbindungsaufbauphase [Abb. 13.2-8]. Beim Aufbau einer PPP-Verbindung ist eine Authentisierung lediglich optional.

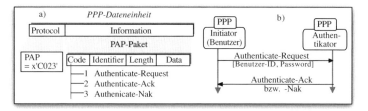

Abb. 13.2-8: Konzept des PAP: a) PAP-Paket, b) Ablauf der Authentisierung

PAP	Wie Abb. 15.2-9a zeigt, legt das PAP drei Pakete fest, die im Feld Information von PPP-Dateneinheiten übertragen werden. Die Authentisierung nach dem PAP illustriert Abb. 13.2-8b. Die Authentisierung erfolgt hier durch die Angaben Benutzer-ID (*Identification*) und Password. Diese Angaben werden im PAP-Paket Authenticate-Request vom *Initiator* an den *Authenticator* als *Responder* übermittelt, wobei Password im Klartext übertragen wird. Der Responder sendet das Paket Authenticate-Ack mit Benutzer-ID und Password zurück, falls die Au-

thentisierung erfolgreich war. Falls diese fehlgeschlagen ist, wird dies mit dem Paket `Authenticate-Nak` mitgeteilt und die Verbindung vom Responder abgebrochen. Dieses ungeschützte Verfahren sollte nur auf verschlüsselten Datenverbindungen (per TLS [Abschnitt 7.2]) vorgenommen werden.

CHAP wird in RFC 1994 beschrieben. Wie Abb. 13.2-9a zeigt, definiert das CHAP vier Pakete, die im Feld Information von PPP-Dateneinheiten übertragen werden.

CHAP

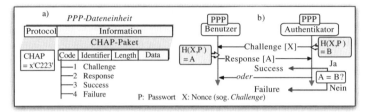

Abb. 13.2-9: Konzept des CHAP: a) CHAP-Paket, b) Ablauf der Authentisierung

Den Ablauf der Authentisierungnach CHAP illustriert Abb. 13.2-9b. Beim CHAP erfolgt keine Übertragung des Passworts im Klartext. Hierbei verwendet man zusätzlich zu einer Hashfunktion H [Abschnitt 2.3] die Kombination eines *Nonce* X (sog. *Challenge*) und des Passworts Y des Benutzers. Das Challenge X sollte eine genügend grosse Informationsmenge besitzen und für andere nicht vorhersehbar sein. Initiator und Authentikator verwenden die gleiche Hashfunktion H, was bereits aus der Länge des Hashwerts hervorgeht.

Nach dem Ablauf der Phase *Establish* [Abb. 13.2-9], also nach dem Aufbau der PPP-Verbindung, wird beim Authentikator das Nonce X erzeugt und im Paket `Challenge` an den Initiator übergeben. Die Authentisierung basiert auf dem Passwort P des Initiators, das nur ihm und dem Authentikator bekannt ist. Beim Initiator wird die Hashfunktion H auf die empfangene Zufallsfolge X und dessen Passwort P angewandt. Das Ergebnis A wird im Paket `Response` an den Authentikator zurückgesandt. Dort vergleicht man das Initiator-Ergebnis A mit dem dort erzielten Ergebnis B, das nach der Durchführung der gleichen Einwegfunktion H entsteht. Sind die beiden Ergebnisse identisch, ist die Authentisierung erfolgreich und wird vom Authentikator mit dem Paket `Success` bestätigt. In allen anderen Fällen wird ein `Failure`-Paket gesendet und die PPP-Verbindung abgebrochen.

Authentisierung mittels CHAP

Die Authentisierung nach dem CHAP kann auch während einer bestehenden PPP-Verbindung durchgeführt werden, ohne dass der Datenaustausch davon betroffen ist. Dieser Prozess ist somit nicht nur auf die Verbindungsaufbauphase beschränkt. Als Hashfunktion wird hauptsächlich der MD5-Algorithmus genutzt [RFC 1321].

13.3 Grundlagen der WLANs

Ein Großteil des IP-Datenverkehrs wird heute von Endgeräten in Anspruch genommen, die entweder per WLAN oder über UMTS (und verstärkt LTE) ans Internet angeschlossen sind. Ohne diesen drahtlosen Zugang wäre ein *Internet der Dinge*, wie es oft herbeigeredet wird, nicht zu realisieren. Daher wollen wir die Spezifika der IP-Kommunikation über WLANs entsprechend IEEE 802.11 kurz darstellen, da dies die dominierende drahtlose Netztechnologie ist.

Wie ursprünglich auch bei Ethernet, so lassen sich die Grundlagen der Wireless-LANs auf zwei unterschiedliche Quellen zurück verfolgen:

- Dem Standard IEEE 802.11 als Teil der 802.x Protokollfamilie, die die Grundlagen der Bitübertragung und der Sicherungsschicht beschreibt, sowie
- der *Wi-Fi Alliance* als Industriekonsortium, die sich als *Wire Fidelity* verstehen und maßgeblich für die Entwicklung der *Wired Equivalent Privacy* WEP und *Wi-Fi Protected Access* (WPA) war.

Wir wollen folgende Teilbereiche der WLAN-Technologie betrachten:

1. Die Topologie bzw. der Betriebsmode der WLAN-Netzwerke.
2. Die MAC-Layer und das Client-Management beim Eintritt in eine Funkzelle.
3. Die Verschlüsselungstechnik WEP.
4. Die aktuelle Verschlüsselungstechnik WPA/WPA2 und ihre Verknüpfung mit dem
5. *Extensible Authentication Protocol* (EAP) bzw. IEEE 802.1X, deren Diskussion wir im Abschnitt 13.1 fortführen.

Der IEEE 802.11-Standard umfasst folgende Elemente:

- Schicht 1: *Bitübertragung*
  Optische oder Funkübertragung auf unterschiedlichen Funkkanälen mit verschiedenen Kodierungsarten, Modulationsverfahren und Übertragungsleistungen. Es werden feste Timeslots für die Sendungen festgelegt (*Senderecht*). Die Kommunikation ist bei den aktuellen Standards *halb-duplex*. Damit WLAN-Komponenten, die unterschiedliche Implementierungen auf der physikalischen Schicht haben (z.B. IEEE 802.11g und IEEE 802.11n), zusammen arbeiten können, nutzt der Standard das *Physical Layer Convergence Protocol* (PLCP).
- Schicht 2: *Data-Link Layer*
  Aufbau der MAC-Frames, Arten von MAC-Frames; Zugriffsverfahren *CSMA/CA*; Ablauf der *Assoziation*; Definition des *Wireless Distribution Systems* (WDS); *Quality of Service* (QoS) bei WLANs. Um eine ausreichende Übertragungssicherheit auch bei schlechten physikalischen Übertragungsverhältnissen sicherzustellen, nutzt IEEE 802.11 einen *Acknowledgement*-Mechanismus zum Quittieren der empfangenen MAC-Frames. Im Gegensatz zu den üblichen kabelgebundenen LANs arbeitet ein IEEE 802.11-WLAN somit auf Schicht 2 verbindungsorientiert.

  Bemerkung: Außerhalb des Kontexts des OSI-Referenzmodells wird beim Standard IEEE 802.11i die Frage der *Privacy* und der *Authentisierung* bei der Datenübertragung über Wireless-LANs behandelt.

Aus Abb. 13.3-1 wird ersichtlich, dass der WLAN-Standard überaus 'reichhaltig' ist. Viele (Teil-)Standards wurden vorgeschlagen und wieder verworfen, sodass die Implementierung teilweise miteinander inkompatibel sind. Die hier dargestellten Komponenten geben den Stand des Jahres 2010 wieder; die WLAN-Standardisierung schreitet aber kontinuierlich fort, und augenblicklich werden bereits Implementie-

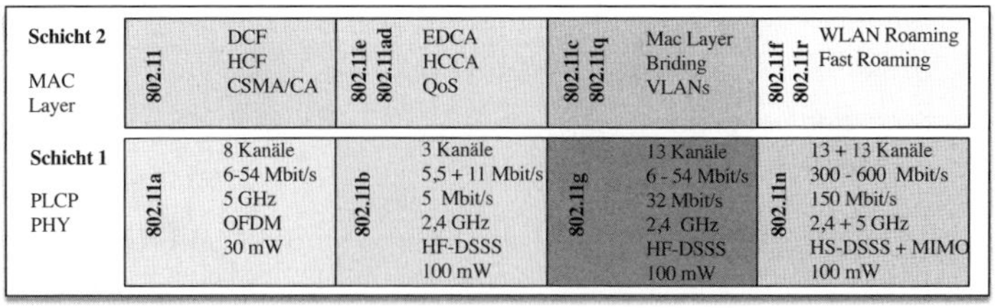

13.3 Grundlagen der WLANs

Schicht 2 MAC Layer	802.11	DCF HCF CSMA/CA	802.11e 802.11ad	EDCA HCCA QoS	802.11e 802.11g	Mac Layer Briding VLANs	802.11f 802.11r	WLAN Roaming Fast Roaming
Schicht 1 PLCP PHY	802.11a	8 Kanäle 6-54 Mbit/s 5 GHz OFDM 30 mW	802.11b	3 Kanäle 5,5 + 11 Mbit/s 5 Mbit/s 2,4 GHz HF-DSSS 100 mW	802.11b	13 Kanäle 6 - 54 Mbit/s 32 Mbit/s 2,4 GHz HF-DSSS 100 mW	802.11n	13 + 13 Kanäle 300 - 600 Mbit/s 150 Mbit/s 2,4 + 5 GHz HS-DSSS + MIMO 100 mW

Abb. 13.3-1: Komponenten des WLAN-Standards im Schichtenmodell
PLCP: Physical Layer Convergence Protocol, DCF: Distributed Coordination Function, HCF: Hybrid Coordination Function, EDCA: Enhanced Distributed Channel Access, HCCA: HCF Controlled Channel Access, QoS: Quality of Service, OFDM: Orthogonal Frequency Division Multiplexing, HF-DSSS: High-Frequency Direct-Sequence Spread-Spectrum, MiMo: Multiple Input/Multiple Output

rungen vorgeschlagen, die sowohl eine Vollduplexverbindung als auch Datenraten bis 1 GBit/s ermöglichen. Einen aktuellen Stand der Entwicklung findet sich unter http://grouper.ieee.org/groups/802/11/.

13.3.1 WLAN-Betriebsarten

Bei WLANs können unterschiedliche Betriebsmodi genutzt werden:

- *Ad-Hoc-Mode*, durch den sich Endgeräte mit WLAN-Karten verbinden können (*Peer-to-Peer*-Netze). Die einzelnen WLAN-Stationen agieren hierbei sowohl als WLAN-Client als auch als Anbieter (*Access Point*).
- *Infrastruktur Mode*, der darauf basiert, dass Endgeräte zu einem *Access Point* (AP) Kontakt aufnehmen, der das Netzwerk steuert. Der AP besitzt in dieser Betriebsart häufig einen direkten Zugang zum Internet, so wie dies bei der Heimvernetzung der Fall ist.
- *Erweiterter Infrastruktur Mode*:
Der AP ist hierbei in der Regel selbst an einem kabelgebundenen Netz (*Ethernet*) angeschlossen, und es wird mit anderen APs ein WLAN aufgebaut, in dem der Nutzer von Funkzelle zu Funkzelle wandern kann (*Roaming*), ohne dass die Verbindung abbricht, bzw. die WLAN-Sitzung von einem AP zum anderen übertragen werden kann.

Infrastruktur Mode
Im Infrastruktur-Mode ist der AP der *Master* für die drahtlos verbundenen Stationen:

- Die (Funk-)Reichweite des Netzwerks stellt eine *Zelle* dar, und
- die erreichbaren Stationen bilden ein *Basic Service Set* (BSS)
- gegenüber denen sich der AP durch einen BSSID ausweist mit einer Länge von 8 Byte bzw. 48 Bit, die seiner (logischen) WLAN-MAC-Adresse entspricht.

Ein *Extended Service Set* (ESS) liegt dann vor, wenn mehrere Access Points, die   ESS
entweder per Kabel [Abb.13.3-2c] oder über WLAN verbunden sind, ein gemeinsames

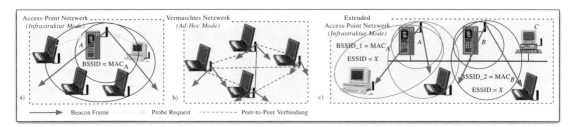

Abb. 13.3-2: WLAN-Betriebsmodi: a) Access-Point Netzwerk, b) Peer-to-Peer Netzwerk, c) Erweiterter Infrastruktur Mode mit den WLAN-Stationen A und B sowie dem am Ethernet angeschlossenen Rechner C
BSSID: Basic System Set Id, ESSID: Extended System Set Id

ESSID

logisches WLAN-Netz bilden, was auch als *Wireless Distribution System* (WDS bzw. kurz auch als DS) bezeichnet wird. Der Verbund von AP im *Distribution System* kann als logisches Netzwerk aufgefasst werden und identifiziert sich gegenüber den WLAN-Clients durch einen gemeinsamen Namen, der ESSID (*ESS Identifier*) [Abb. 13.3-2c], der den Clients als maximal 32-Zeichen lange Zeichenkette per *Beacon Frames* mitgeteilt wird. Innerhalb des ESS-Netzwerks werden die 'angeschlossenen' Clients gemeinsam verwaltet und die Informationen über das DS-Netzwerk ausgetauscht, was über (proprietäre) IAPP-Nachrichten (*Inter Access Point Protocol*) geschieht.

Roaming

Die Clients können sich im ESS-Netzwerk bewegen, indem bei gleicher ESSID lediglich die BSSID gewechselt wird. Der WLAN-NIC wählt in der Regel den AP aus, der die beste Signalqualität liefert. Zudem kann der AP den Clients mitteilen, welche Funkkanäle belegt bzw. frei sind.

13.3.2 Beitritt zum WLAN

Beaconing

Beacon Frames

Ein *Access Point* (*Hotspot*[2]) verrät seine Existenz für diese Funkzelle durch die periodische Ausstrahlung von *Beacon Frames*, was alle 102,4 ms erfolgt [Abb. 15.1-1a]. *Beacon Frames* identifizieren ein verfügbares WLAN-Funknetzwerk und enthalten

- die BSSID des *Access Points*,
- die *logische Kennung des Netzwerks* mittels der ESSID.

Probe Request

Empfängt ein Client den *Beacon Frame*, sendet dieser eine Nachricht Probe Request [Abb. 13.3-2a] aus, der die ESSID enthält, für die sie konfiguriert ist und zusätzlich die von der Netzwerkkarte möglichen Übertragungsraten. Ist keine ESSID im 'Profil' des WLAN-Adapters konfiguriert, werden die verfügbaren Funknetzwerke einfach registriert und ggf. dem Benutzer mitgeteilt.

Probe Response

Trifft beim AP ein Probe Request ein, wird dieser mit einer Nachricht Probe Response beantwortet, der dem potenziellen Client Informationen über die ESSID, einen *Timestamp* zur Synchronisation, die *Capability Information*, *Supported Rates* und weitere Informationen mitteilt.

13.3 Grundlagen der WLANs

Der Client teilt nun dem AP mittels der Nachricht `Association Requests` seine Parameter bzgl. der BSSID, der unterstützten Bitraten, den verfügbaren WLAN-Kanälen und andere mit. *(Association Request)*

Der AP bestätigt die Aufnahme ins WLAN mit einem `Association Response`, indem er dem Client den Handshake mit seiner *Association ID* (AID), sowie in Antwort auf `Association Request` seine *Capability Information* und *Supported Channels* zusammen mit einem *Status Code* übermittelt. *(Association Response)*

Ein zentrales Konzept von WLANs nach `IEEE 802.11` besteht darin, dass ein WLAN-Client genau in einem von drei Zuständen sein kann, der durch seine zugeordnete *Frameklasse* beschrieben wird: *(Frameklassen)*

- *Nicht assoziiert*: Der WLAN-Client ist weder assoziiert noch authentisiert.
  - Mittels der *Probe Frames* kann der WLAN-Client jedoch die Eigenschaften der Funkzelle (z.B. verfügbare Funkkanäle) ermitteln und zudem die *Beacon Frames* analysieren.
  - Zudem stehen die meisten *Control Frames* für die Verbindungsaufnahme zur Verfügung ⇒ *Frameklasse* 1.
- *Authentisiert*: Die WLAN-Station ist gegenüber dem Access Point durch einen gemeinsamen *Schlüssel* authentisiert ⇒ *Frameklasse* 2.
- *Assoziiert*: Die Station ist *authentisiert* und als Mitglied in die Funkzelle aufgenommen ⇒ *Frameklasse* 3.

Wir wollen uns nun die unterschiedlichen, beim WLAN gebräuchlichen Frametypen genauer anschauen.

13.3.3 WLAN MAC-Frame: MSDU

Das auf dem CSMA/CA-Verfahren basierende WLAN-Protokoll nutzt je nach Aufgabe unterschiedliche Frametypen, die als *Management Service Datagram Units* (MSDU) über die Funkkanäle übertragen werden. Allgemein unterscheidet man *Null-*, *Control-*, *Management-* und *Datenframes*: *(Frametypen)*

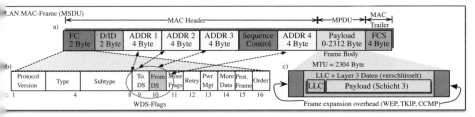

Abb. 13.3-3: Allgemeiner Aufbau von a) WLAN MSPDU b) des Frame Control (FC) Feldes und c) der MSDU
D/ID: Duration/Identification, FCS: Frame Check Sequence, Pwr. Mgt.: Power Management, Prot. Frame: Protected Frame, WDS: Wireless Distribution System, LLC: Logical Link Control, DS: Distribution Systeme, Frags: Fragments

[2] als PWLAN in [Abb. 13.3-1]

- `Data`: *Datenframes* dienen zum Austausch der Nutzinformation und beinhalten den *Payload* als sog. *MAC Protocol Data Unit* (MPDU), die in heutigem Verständnis grundsätzlich verschlüsselt wird.
- `Null`: *Nullframes* beinhalten keine Nutzinformation, dienen aber zum Austausch von Statuswechselinformationen (z.B. Power-Mode) zum Access Point.
- `Control`: *Kontrollframes* realisieren für das CSMA/CA-Verfahren notwendige Funktionen:
  - ▷ `Request-to-Send` Frame
  - ▷ `Clear-to-Send` Frame
  - ▷ `Acknowledgement` Frame
  - ▷ `Power-Save-Poll` Frame
  - ▷ `Contention-Free` Frame
  - ▷ `CF-End + CF-Ack` Frame
- `Management`: Nachrichtenframes zur Mitteilung der Eigenschaften bzw. Anforderungen des Access Point, z.B. hinsichtlich der *Authentication*, der `Association`, der `Probe Requests`, und *Beacon Frames* sowie solche zum Verlassen des WLAN-Verbunds (`Disassociation`) werden mittels *Management-Frames* übertragen.

WLAN MAC-Framefelder

WLAN MAC-Frames enthalten folgende Felder [Abb. 13.3-3a]:

- **FC** *Frame Control* mit erweiterten Steuerungsinformationen.
- **Duration** (D) bzw. **Identification** (ID) gibt die Dauer der Übertragung an.
- Zusätzlich zur eigenen **MAC-Adresse** können hier bis zu drei Zieladressen eingebettet werden [Tab. 13.3-1].
- **Sequence** zur Überprüfung der möglichen Fragmente eines Frames: Zur weiteren Identifizierung der Fragmente beseht es aus zwei Teilen:
  - ▷ `Fragmentnummer`
  - ▷ `Sequenznummer`
- **FCS** als polynomiale Prüfsumme (CRC-32) zum Integritätscheck des Frames.

Aufbau des Frame Control Feldes

Das Feld `Frame-Control` (FC) verfügt über [Abb. 13.3-3b] folgenden Aufbau:

- **Protokollversion**: Mitteilung über den verwendeten `IEEE 802.11X`-Standard.
- **Type** und *Subtype* zur Identifikation von Daten-, Control- und Management-Frames mit 2 und 4 Bit Länge.
  - ▷ Management-Frames dienen zur *Assoziierung* zum Access Point.
  - ▷ Control-Frames werden zum Medienzugriff verwendet, d.h. um Sendegenehmigungen anzufragen.
  - ▷ Data-Frames werden zur Übermittlung der Nutzinformation eingesetzt.
- **ToDS** wird gesetzt, falls das Frame im *Distribution System* weiter geleitet werden soll. Ein WLAN-Client setzt dieses Bit (*DS*) immer auf '1'.
- **FromDS** ist gesetzt, falls das Frame aus dem *Distribution System*. gesendet wurde. Im *Ad-Hoc*-Modus sind beide Bit auf '0' gesetzt.
- **More Fragments** wird gesetzt, falls ergänzende Fragmente zu übertragen sind.

13.3 Grundlagen der WLANs

- **Retry** zeigt an, dass das aktuelle Fragment eine erneute Sendung eines zuvor übertragenen (und sicher verlorenen) Fragments ist.
- **Power Management** teilt mit, dass die Station dieses Fragment im Stromsparmodus übermittelt hat.
- **More Data** im Stromsparmodus wird vom Client gesetzt, falls noch weitere Frames für den *Access Point* vorliegen.
- **Protected Data** (Frame) übermittelt die Information, dass ein Verschlüsselungsalgorithmus zum Schutz des Payloads verwendet wurde.
- **Order** zeigt an, dass das gesendete Frame in geordneter Reihenfolge übertragen wurde (*Strictly-Ordered service class*).

Die in Datenframes transportierte *MAC Protocol Data Unit* (MPDU) [Abb. 13.3-3b] kann entsprechend [Abb. 13.3-4] einen unterschiedlich verschlüsselten Inhalt aufweisen.

MAC-Adressen in WLAN-Frames

Im IEEE 802.11-WLAN-Frame können maximal vier MAC-Adressen untergebracht werden, wobei zwei die Ziel- und Quelladresse darstellen und die beiden zusätzlichen MAC-Adressen die BSSID der AP im *Wireless Distribution System* (WDS) beinhalten [Abb. 13.3-3a]:

- **SA** *Source Address*: MAC-Adresse des Erzeugers des Frames
- **DA** *Destination Address*: MAC-Adresse des letztlichen Empfängers des Frames
- **TA** *Transmit Address*: MAC-Adresse des Senders des Frames im WLAN
- **RA** *Receiver Address*: MAC-Adresse des Empfängers des Frames im WLAN
- **BSSID** *Basic Service Set Identifier*: Die Identifikationsadresse des Acccess Points; möglicherweise eine 'virtuelle' MAC-Adresse bzw. eine EUI-64-Adresse.

Welche MAC-Adressen ein WLAN-Frame enthält, lässt sich über die FC-Flags ToDS und FromDS mitteilen, die entsprechend Tab. 13.3-1 folgende Bedeutung besitzen (vgl. Abb. 13.3-2c).

Fall	ToDS	FromDS	Addr1	Addr2	Addr3	Addr4
1	1	0	RA = BSSID_1	TA = SA	DA	N/A
2	1	1	RA = BSSID_2	TA = BSSID_1	DA	SA
3	0	1	RA = DA	TA = BSSID_1	DA	N/A
4	0	0	RA = DA	TA = SA	BSSID_1	N/A

Tab. 13.3-1: Befüllung der MAC-Adressfelder im WDS
Bedeutung von DA, SA, RA, TA und BSSID wie im Text; N/A = Not Available

Fälle 1 und 2 entsprechen der üblichen Kommunikation im Infrastruktur-Mode [Abb. 13.3-2a]. Der Fall 3 ist dann wirksam, wenn vom WLAN-Netz aus (Broadcast-)Nachrichten ins Ethernet geschickt werden sollen [Abb. 13.3-2c]. Der Fall 4 wird genutzt beim Versenden von Management-Frames.

Aufbau der WLAN MPDU

Der in IEEE 802.11 (1999) beschriebene WLAN- (oder WiFi-) Standard umfasst auch die Verschlüsselung mittels *Wired Equivalent Privacy* (WEP):

"The service is intended to provide functionality for the wirelesss LAN equivalent to that provided by the physical security attributes inherent to a wired medium."

Verschlüsselte MPDU

Aus diesem Grund sieht das WLAN-MAC-Frame die Übertragung verschlüsselter MPDU vor, was mittels des FC-Flags *Protected Data* gekennzeichnet wird. Da das WLAN unterschiedliche Verschlüsselungsalgorithmen zulässt, kommen folgende – unterschiedliche – MPDU-Aufbauten in Betracht:

- Unverschlüsselte MPDU, wobei das Flag `Protected Data` = 0 gesetzt ist.

WEP
- Mit WEP verschlüsselte MPDU [Abb. 13.3-4a], die als kompromittiert gilt. WEP nutzt die RC4 Stromchiffren-Verschlüsselung [Abb. 2.6-2] mit einem 40 (*WEP40*) bzw. 104 Bit (*WEP128*) langen Schlüssel.

WPA
- Unter Einsatz von *Temporal Key Integrity Protocol* (TKIP) [Abb. 13.3-4b] verschlüsselte MPDU, wie dies beim *Wireless Protected Access* (WPA) genutzt wird. Auch WPA setzt auf RC4 auf; nur läuft das Verfahren deutlich komplexer ab und bietet eine verbesserte Integritätsprüfung des Payload mittels des *Michael-MIC*.

WPA2
- Das sicherste Verfahren wird auf Grundlage von *WPA2* mit einer blockweisen AES-Verschlüsselung für den Payload sowie dessen Absicherung mittels CCMP (*Counter Mode Cipher Block Chaining Message Authentication Code Protocol*) realisiert [Abb. 13.3-4c].

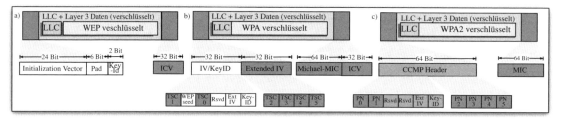

Abb. 13.3-4: Kryptografisch gesicherte MPDU: a) mit WEP, b) mit WPA (TKIP) und c) mit WPA2 (CCMP)
LLC: Logical Link Control, ICV: Integrity Check Value, ID: Identification, TSC: TKIP Sequence, MIC: Message Integrity Check, IV: Initialization Vector, CCMP: Counter Mode CBC Message Authentication Code Protocol, PN: Packet Number, Rsvd: Reserved

Bemerkung: An dieser Stelle müssen wir auf eine ausführlichere Darstellung verzichten, wie die eigentliche Verschlüsselung und der Schutz des Payloads in WLAN-Frames vorgenommen wird, und verweisen auf die Literatur [Wes+11], [Rec04].

Welche Verschlüsselungstechnik genutzt wird, handelt die WLAN-Station und der Access Point im Verlauf der *Assoziation* aus, wobei in der Regel der AP unterschiedliche Verfahren anbietet. In jedem Fall muss der AP den Payload zur Weiterreichung ins lokale Ethernet-Netzwerk bzw. ins IP-Netz entschlüsseln. Die Verschlüsselung der Daten bezieht sich daher immer nur auf die 'Luftstrecke' zwischen WLAN-Client und AP.

Der Schlüsseltausch zwischen den Kommunikationspartnern kann entweder statisch oder dynamisch erfolgen:

- Feste Schlüssel (z.B. der WPA2-Schlüssel an der *FritzBox*) dienen sowohl zur Ver- bzw. Entschlüsselung, aber auch zur Authentisierung und Autorisierung des

13.3 Grundlagen der WLANs

WLAN-Clients. D.h. dem Besitzer des WLAN-Schlüssels ist somit gestattet, das WLAN zu benutzten.
- Dynamische, d.h. temporär gültige Sitzungsschlüssel, verlangen einen besonderen Authentisierungsmechanismus, der in Form des *Extensible Authentication Protocols* (EAP) vorliegt [Abschnitt 14.1]. Erst nach erfolgreicher Authentisierung erfolgt die eigentliche Schlüsselerzeugung. Dies wird auch oft als 'Unternehmensverschlüsselung' bezeichnet.

13.3.4 Kommunikation zwischen WLAN und Ethernet

Access Points besitzen in der Regel neben der 'Luftschnittstelle' auch einen Ethernet-Anschluss, der zur Anbindung an einen IP-Router und damit ins Internet genutzt werden werden. Abb. 13.3-5 zeigt den schematischen Aufbau eines Access Points:

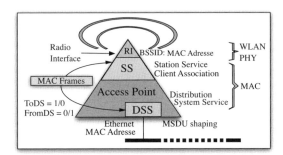

Abb. 13.3-5: Funktionale Komponenten eines Access Points
SS: Station Service, DSS: Distribution System Set, RI: Radio Interface,
BSSID: Basic Service Set Identifier

Die einzelnen Komponenten seien wie folgt kurz charakterisiert:

- Das **Radio Interface** (RI), von dem auch mehrere zur Unterstützung unterschiedlicher Frequenzen und Standards wie IEEE 802.11g und IEEE 802.11n vorhanden sein können. Jedes RI besitzt eine eigene BSSID, über die der WLAN-Client die Übermittlungseigenschaften des RI ermitteln kann, die der AP mit den Beacon-Frames mitteilt.
- Den **Station Service** (SS) als logische Komponente zur Assoziation und Verwaltung der WLAN-Clients. Der Zustand (*State*) jedes (potenziellen) Clients muss hier registriert werden. Neben der Assoziation stellen die SS die notwendigen Funktionen zur Authentisierung der WLAN-Clients und zur Ver- bzw. Entschlüsselung der MSPU bereit.
- Die **Distribution System Services** (DSS), die notwendig sind
  ▷ das *Translation Bridging* der WLAN-Frames in Ethernet-Frames (und umgekehrt) vorzunehmen, damit Stationen auf dem Ethernet auf dem MAC-Layer vom WLAN transparent angesprochen werden können.
  ▷ mehrere Access Points über das Ethernet in einem *Wireless Distribution System* (WDS) [Abb. 13.3-2c] untereinander zu koppeln, sodass sie eine gemeinsame ESSID nutzen können.

Translation Bridging

Hierzu müssen zwischen den AP die MAC-Adressen und Statusinformationen der assoziierten WLAN-Clients ausgetauscht werden. Der ursprünglichen Standard `IEEE 802.11f` ist aber mittlerweile zurück gezogen, sodass proprietäre Lösungen notwendig sind. Ergänzende Verfahren zur Realisierung des *WLAN-Roaming* stellen wir in Abschnitt 15.1 vor.

Damit Stationen, die im WLAN assoziiert sind, mit Rechnern im Ethernet kommunizieren können, muss der AP die MAC-Frames durch ein *Translation Bridging* in beide Richtungen umwandeln [Abb. 13.3-6]. Multicast- und Broadcast-Dienste wie z.B. ARP bei IPv4 sind auf beiden Interfaces zu realisieren. Der AP verhält sich in diesem Zusammenhang wie eine *transparente Learning Bridge* für die beiden Übertragungsmedien und führt Buch, an welchem (physikalischen) LAN-Segment eine (sendende) Station – identifiziert durch ihre MAC-Adresse – 'angeschlossen' ist. In einem WDS gilt diese Aussage sinngemäß für die an den unterschiedlichen AP assoziierten WLAN-Clients. Daher ist in den WLAN-MAC-Frames die Einbettung der MAC-Adresse (bzw. `BSSID`) des Access Points notwendig.

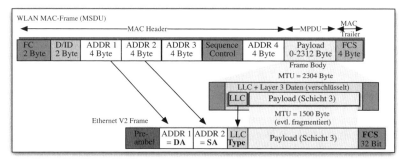

Abb. 13.3-6: Translation einer WLAN-MSDU in ein Ethernet V2 Frame

Wie aus Abb. 13.3-6 ersichtlich ist, muss die MPDU – als Payload der MSDU – vor der Übertragung ins Ethernet entschlüsselt bzw. im umgekehrten Fall verschlüsselt werden. Die WLAN MAC-Adressen können wie gewöhnliche Ethernet-MAC-Adressen einfach übernommen werden. Der LLC-Type ist entsprechend dem Payload den Ethernet-Konventionen anzupassen; der FCS neu zu berechnen bzw. zu validieren. Zusätzlich ist zu beachten, dass WLAN-Frames, die ins Ethernet versendet werden, eine MTU-Größe von 1500 Byte in der Regel nicht überschreiten dürfen, sofern nicht Gigabit-Ethernet mit Jumbo-Frames-Unterstützung bei den Teilnehmern im Ethernet (inkl. eventuell anderer Switches) gewährleistet ist.

13.3.5 Robust Security Network

Bei der Nutzung per WEP *verschlüsselter* WLAN-Verbindungen treten eine Reihe sicherheitskritischer Faktoren auf:

- Der verwendete Verschlüsselungsalgorithmus RC4 ist speziell mit dem notwendigen *Initialisierungsvektor* (IV) sehr schwach im Hinblick auf die Sicherung des Unicast-Datenverkehrs zwischen Access Point und WLAN-Client.

- Die verwendeten WEP-Schlüssel sind *statisch* und können relativ einfach 'geknackt' werden.
- Es gibt keinen eigentlichen *Sitzungsschlüssel*, sondern einen (bzw. drei alternierende, aber nachvollziehbare) Schlüssel pro WLAN-Datenframe.
- Der *Multicast-Datenverkehr*, der zum technischen Management der Funkzelle dient, ist überhaupt nicht gesichert und kann daher einfach abgehört werden.
- Die *Authentisierung* eines WLAN-Clients in der Funkzelle ist einfach gehalten; insbesondere gibt es für den WLAN-Client keine Möglichkeit, den Access Point zu überprüfen.

Zur Lösung dieser Probleme werden zwei Standards herangezogen:

1. Adaption des *Extensible Authentication Protocol* (EAP) [RFC 3748], das zunächst entsprechend IEEE 802.1X für LANs konzipiert war und ein allgemeines Sicherheitskonzept zur Übertragung von Authentisierungsinformationen darstellt [Abschnitt 14.1].
   EAP kann zusätzlich zu WEP als auch WPA/WPA2 eingesetzt werden.
2. IEEE 802.11i beschreibt den Standard WPA2, bei dem statt RC4 nun AES zur Verschlüsselung genutzt wird.

Die Zusammenführung beider Standards wird als *Robust Security Network Association* (RSNA) – kurz als RSN bezeichnet – und stellt heute den Stand der Technik bei WLANs dar, die unternehmensweit eingesetzt werden. Neben den Protokollen WPA2 und EAP spielen die Protokolle RADIUS und LDAP eine herausragende Rolle, wie wir dies in Kapitel 14 darstellen werden.

13.4 Virtual Private Networks (VPN)

Ein *Virtual Private Network* – kurz VPN – stellt eine Vernetzung mehrerer Netzwerke eines Unternehmens bzw. einer anderen Institution (z.B. einer Hochschule), die sich an verschiedenen Standorten befinden, mittels virtueller Standleitungen über IP-Netze dar. In der englischen Literatur und in allen VPNs betreffenden Standards wird ein Netzwerk an einem Standort eines Unternehmens als *Site* bezeichnet, daher wird dieser Begriff auch hier verwendet. Da es sich hierbei natürlich um IP-Netzwerke handelt, können Sites als *Intranet* – also als privates Internet – angesehen werden.

<small>Site als Netzwerk an einem Standort</small>

Die Eigenschaften einer virtuellen Standleitung über ein IP-Netz u.a. im Hinblick auf die Datensicherheit können mit einem Tunnel verglichen werden. Aus diesem Grund spricht man von *Tunneling über IP-Netze*.

<small>Tunneling</small>

Bei IP-Netzen ist zwischen klassischen IP-Netzen und MPLS-Netzen zu unterscheiden. Das führt dazu, dass man auch unterscheidet zwischen

1. VPNs auf Basis klassischer IP-Netze und
2. VPNs auf Basis der MPLS-Netze.

Wir wollen uns in diesem Abschnitt auf die klassischen IP-Netze beschränken und vor allem die Grundlagen und die notwendige Terminologie zur Beschreibung von VPNs einführen.

13.4.1 Tunneling als Basis für VPNs

Was ist Tunneling?

Das Tunneling ist ein Konzept, nach dem man beliebige Datenpakete aus einem Netzwerk an einem Standort (*Site*), in der Regel aus einem Intranet, über ein Weitverkehrsnetz als reines Transitnetz transportiert. Dabei spielen die Adressierung und das verwendete Protokoll keine Rolle. Daher ist es durch das Tunneling möglich, mehrere Sites über ein IP-Weitverkehrsnetz transparent zu koppeln. Das Tunneling wird schon seit Langem eingesetzt, um IP-Pakete über andere Netze zu transportieren, in denen ein anderes Protokoll verwendet wird.

Tunneling über klassische IP-Netze

IP-Pakete als Container für L3-Pakete

Abb. 13.4-1 illustriert das Tunneling über ein klassisches verbindungsloses IP-Netz, das nach dem Datagram-Prinzip funktioniert [Abb. 12.1-1a]. Hier wird das ganze über das IP-Netz zu übertragende Original-L3-Paket (d.h. ein Paket nach einem Layer-3-Protokoll wie z.B. IP, IPX) aus Site *A* innerhalb der Randkomponente beim *Network Service Provider* (NSP), die man oft als PE (*Provider Edge*) bezeichnet, als *Payload* in ein neues IP-Paket verpackt. Diese Verpackung wird auch als *Encapsulation* bezeichnet und besteht darin, dass dem Original-L3-Paket zuerst ein Header nach einem *Tunneling-Protokoll* und dann noch ein IP-Header vorangestellt werden. Im Ziel-PE werden diese beiden vorangestellten Header entfernt, sodass das Original-L3-Paket wieder in der ursprünglichen Form vorliegt und an den Zielrechner in Site *B* übermittelt werden kann. Man nennt dies *Decapsulation*. Diese 'Transitpakete' dienen als *Container* für die Übermittlung verschiedener L3-Pakete.

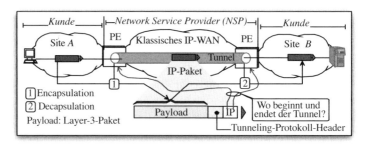

Abb. 13.4-1: Tunneling-Prinzip bei der Datenübermittlung über ein klassisches IP-WAN
PE: Provider Edge (Router, Layer-2/3-Switch)

Wozu ein Tunneling-Protokoll?

Der IP-Header, der dem Original-L3-Paket im Quell-PE vorangestellt wird, bestimmt Beginn und Ende des Tunnels sowie den Übertragungsweg über das IP-Netz. Der zweite vorangestellte Header, der nach dem IP-Header folgt, wird von einem Tunneling-Protokoll wie z.B. L2TP (*Layer-2 Tunneling Protocol*) bzw. IPsec (*IP Security*), festgelegt. Im Header des Tunneling-Protokolls können weitere Angaben zu den PE, die Beginn und Ende des Tunnels realisieren, übermittelt werden. Insbesondere

13.4 Virtual Private Networks (VPN)

werden oft Angaben gemacht, um das Original-L3-Paket über das Transit-IP-Netz verschlüsselt zu transportieren.

Bemerkung: Bei der Bildung von VPNs über klassische IP-Netze wird der PE oft als VPN-Gateway (VG) bezeichnet.

Da der Transport des Original-L3-Pakets über das IP-Netz auf Basis des Transit-IP-Pakets verläuft, können eventuelle Lauscher unterwegs die Quell- und die Zieladresse des verschlüsselt übertragenen L3-Pakets nicht ablesen, sondern lediglich nachvollziehen, dass die Daten zwischen Tunnelbeginn und -ende transportiert werden. Ein Tunnel über ein IP-Netz verhält sich also wie eine bidirektionale Direktverbindung zwischen den Systemkomponenten, die Tunnelbeginn und -ende bilden. Somit ist jeder Tunnel als eine virtuelle Standleitung zu interpretieren.

Virtuelle Standleitung

Tunneling über MPLS-Netze

Um mehrere Standorte eines Unternehmens bzw. einer anderen Institution zu vernetzen, eignen sich MPLS-Netze besonders gut [Abschnitt 12.2]. Über ein MPLS-Netz kann eine bidirektionale Punkt-zu-Punkt-Verbindung zwischen zwei Standorten über zwei entgegengerichtete LSPs (*Label Switched Path*) aufgebaut werden [Abb. 12.2-1 und Abb. 12.2-2], was quasi als Drahtverbindung betrachtet werden kann. In diesem Zusammenhang spricht man von einem *Pseudo-Draht* (*Pseudo Wire*) bzw. von einer Pseudo-Drahtverbindung über ein MPLS-Netz. Eine derartige Verbindung wird zwischen den zwei Randkomponenten PE (*Provider Edge*) eines *Network Service Provider* (NSP) eingerichtet, an die verschiedene Sites angeschlossen sein können. Es handelt sich hier um eine Nachbildung (*Emulation*) einer Edge-zu-Edge-Drahtverbindung.

Pseudo-Drahtverbindung

Um eine Pseudo-Drahtverbindung über MPLS-Netze einzurichten, wird das Tunneling verwendet, was in Abb. 13.4-2 gezeigt ist.

Tunneling zwischen Provider Edges (PE)

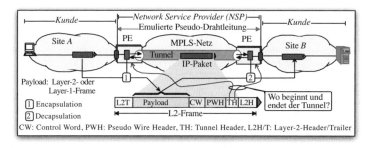

Abb. 13.4-2: Das Tunneling-Prinzip bei der Datenübermittlung über ein MPLS-Netz

Der Quell-PE am Standort A verpackt die zu übertragenden Originaldaten als Payload (Nutzlast) in einen L2-Frame (*Encapsulation*). Beim L2-Frame handelt es sich beim aktuellem Einsatz um ein Ethernet-Frame, wobei Ethernet als Übertragungsnetz fungiert. Im Ziel-PE werden die eingekapselten Daten aus dem L2-Frame herausgenommen (*Decapsulation*). Da die Original-Daten als L1- bzw. L2-Frames in einem L2-Frame übermittelt werden, sind sie im MPLS-Netz als Transitnetz nicht zugänglich. Dies könnte man sich als Übermittlung von Daten in einem Tunnel vorstellen.

L2-Frames als Container für L1/2-Daten

Payload-Arten

Beim Tunneling über MPLS-Netze handelt es sich in der Regel um einen bidirektionalen Tunnel, der durch zwei entgegen gerichtete LSPs gebildet wird. Auf Basis eines solchen Tunnels wird dann eine Pseudo-Drahtverbindung realisiert, über die L2-Frames als Container übermittelt werden. Die im L2-Frame als Payload übermittelten Daten können sein:

- die Layer-1-Daten, z.B. ein TDM-Frame (*Time Division Multiplexing*) bzw.
- die Layer-2-Daten wie z.B. Ethernet- bzw. PPP-Frame.

Somit kann eine emulierte Leitung als virtuelle Layer-1- bzw. Layer-2-Leitung angesehen werden.

Was wird dem Payload vorangestellt?

Wie aus Abb. 13.4-2 ersichtlich, werden der im L2-Frame zu übertragenden Payload folgende drei Header vorangestellt:

- **Tunnel-Header** (TH) mit einem äußeren Label (sog. *Outer Label*), nach dem der L2-Frame im MPLS-Netz übermittelt wird. Dieses Label bestimmt Beginn und Ende des Tunnels.
- **Pseudo-Wire-Header** (PWH) mit einem inneren Label (sog. *Inner Label*), das als Identifikation der emulierten Leitung dient. Dieses Label kann auch als Identifikation des Kunden angesehen werden.
- **Control Word** (CW), um verschiedene L1-/L2-Frames über eine Pseudo-Drahtleitung auf gleiche Art und Weise übermitteln zu können.

13.4.2 VPN-Taxonomie

Die VPN können nach verschiedenen Merkmalen klassifiziert werden. Ein VPN ist u.a. davon abhängig, welche Systemkomponenten die virtuellen Standleitungen als Tunnel verbinden. Die Führung des Tunnels bestimmt daher die Art des VPN. Abb. 13.4-3 bringt dies zum Ausdruck.

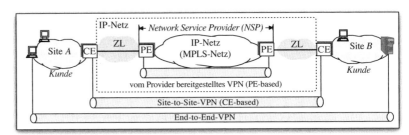

Abb. 13.4-3: Führung des Tunnels bestimmt die VPN-Art
CE: Customer Edge, PE: Provider Edge, ZL: Zubringerleitung bzw. -netz

Vom Provider bereitgestellte VPNs

Wird ein Tunnel zwischen zwei Randkomponenten PE bei einem NSP (*Network Service Provider*) eingerichtet, handelt es sich um ein *vom Provider bereitgestellter VPN*. Man bezeichnet derartige VLANs kurz als *PPVPNs* (*Provider Provisioned VPN*). Sie werden in der Regel auf Basis der MPLS-Netze gebildet und stellen ein breites Spektrum der Kommunikationsdienste zur Verfügung.

13.4 Virtual Private Networks (VPN)

Wird ein Tunnel zwischen zwei Randkomponenten CE bei einem Kunden eines NSP – also zwischen mehreren Standorten eines Unternehmens bzw. einer anderen Institution – eingerichtet, spricht man vom *Site-to-Site-VPN*. Ein solches VPN stellt eine Lösung dar, um mehrere Sites über ein IP-Netz standortübergreifend zu verbinden. Für den Aufbau von Site-to-Site-VPNs verwendet man oft das Protokoll IPsec [Abschnitt 13.4.4].

Site-zu-Site-VPN

Werden die kommunizierenden Rechner mit einem Tunnel über ein IP-Netz verbunden, bezeichnet man das als *End-to-End-VPN*. Ein solches VPN ermöglicht es, mehrere Remote-Rechner über virtuelle Standleitungen mit einem zentralen Rechner zu verbinden. Hierbei ist zu beachten, dass ein entsprechendes Tunneling-Protokoll auf jedem an das VPN 'anwerden muss. End-to-End-VPNs können unter Einsatz von IPsec eingerichtet werden [Abschnitt 13.4.4].

End-to-End-VPN

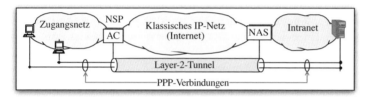

Abb. 13.4-4: Grundlegendes Konzept von Remote-Access-VPNs
AC: Access Concentrator, NAS: Network Access Server

Soll Remote Access auf *Intranet-Dienste* in einem VPN ermöglicht werden, so kann ein Remote-Benutzer die Verbindungen über ein Zubringernetz zu einem Zugangskonzentrator aufbauen, wo der Tunnel über ein IP-Netz zu einem bestimmten Intranet beginnt. Eine solche Lösung stellt ein *Remote-Access-VPN* (RA-VPN) dar. Abb. 13.4-4 illustriert das Konzept des RA-VPN.

Remote-Access-VPN

Bei RA-VPNs handelt es sich um VPNs, denen das Layer-2-Protokoll PPP (*Point-to-Point Protocol*) zugrunde liegt [Abschnitt 13.2.2]. Daher spricht man auch von *Layer-2-Tunnel* bzw. von *Layer-2-Tunneling*. RA-VPNs sind somit als *PPP-basierte VPNs* zu bezeichnen. Zwischen den kommunizierenden Rechnern wird eine PPP-Verbindung aufgebaut. Über einen Tunnel können mehrere solche Verbindungen verlaufen.

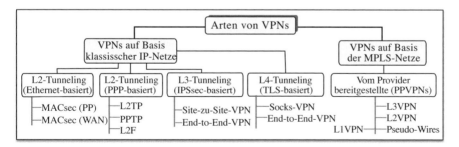

Abb. 13.4-5: Grundlegende VPN-Arten auf Basis von IP-Netzen
IPsec: IP Security, L2TP: Layer-2 Tunneling Protocol, Ln: Layer n,
L2F: Layer 2 Forwarding, PPTP: Point-to-Point Tunneling Protocol

Klassifizierung von VPNs

Bei der Klassifizierung von VPNs ist zuerst zu unterscheiden zwischen

- VPNs, die auf Basis der *klassischen verbindungslosen IP-Netze* (d.h. Datagram-Netze) aufgebaut werden, und
- VPNs, die auf Basis der *verbindungsorientierten MPLS-Netze* eingerichtet worden sind.

Wie Abb. 13.4-6 zeigt, können weitere Arten von VPNs innerhalb dieser beiden Klassen unterschieden werden.

13.4.3 Von Providern bereitgestellte VPNs

Von Providern bereitgestellte VPNs, die man kurz als PPVPNs (*Provider Provisioned VPN*) bezeichnet, werden auf Basis der MPLS-Netze aufgebaut. Zum Aufbau eines PPVPN werden emulierte Leitungen über ein MPLS-Netz eines NSP eingerichtet. Es ist zwischen verschiedenen Typen von PPVPNs zu unterscheiden. Abb. 13.4-6 bringt dies näher zum Ausdruck.

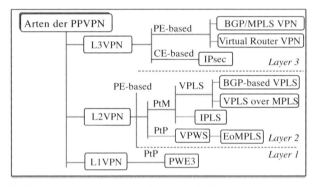

Abb. 13.4-6: Klassifizierung verschiedener Arten von PPVPNs
BGP: Border Gateway Protocol, CE: Customer Edge, IPLS: IP-Only LAN Service,
Ln: Layer n, PtP: Point-to-Point, PtM: Point-to-Multipoint, PE: Provider Edge,
VPLS: Virtual Private LAN Services

In Abhängigkeit davon, welche Datenformate – also Layer-1-Frame, Layer-2-Frame bzw. Layer-3-Pakete – übermittelt werden, kann ein PPVPN dem Layer 1, 2 bzw. 3 zugeordnet werden. Man bezeichnet sie dementsprechend als *Layer-1-VPN* (L1VPN), *Layer-2-VPN* (L2VPN) oder *Layer-3-VPN* (L3VPN).

CE-based bzw. PE-based

Wird eine virtuelle Leitung in einem VPN zwischen zwei Randkomponenten CE eines Kunden eingerichtet [Abb. 13.4-3], nennt man dies *CE-based VPN*. Verläuft eine virtuelle Leitung nur zwischen zwei Randkomponenten PE eines Providers, bezeichnet man dies als *PE-based VPN*. L1VPNs und L2VPNs werden in der Regel als PE-based VPNs realisiert. Bei L3VPNs ist zwischen CE-based und PE-based VPNs zu unterscheiden.

L1VPN

Ein L1VPN stellt eine Punkt-zu-Punkt-Verbindung von zwei Sites über eine emulierte physikalische Leitung (virtuelle L1-Leitung, Pseudo Wire) dar. Die IETF-Standards

13.4 Virtual Private Networks (VPN)

für L1VPN werden als *Pseudo Wire Emulation Edge-to-Edge* (PWE3) bezeichnet. Ein Layer-1-VPN kann eine Kopplung von zwei TDM-Systemen (*Time Division Multiplexing*) darstellen.

Wird eine virtuelle L2-Leitung zum Aufbau eines VPN eingesetzt, handelt es sich um ein L2VPN. Die wichtigste Besonderheit von L2VPN ist, dass die Layer-2-Frames über L2VPN übermittelt werden. Ein L2VPN kann entweder

L2VPN

- ein PtP-L2VPN (*Punkt-zu-Punkt L2VPN*) oder
- ein PtM-L2VPN (*Punkt-zu-Mehrpunkt L2VPN*) sein.

Ein PtP-L2VPN stellt eine direkte Verbindung von zwei Standorten über eine virtuelle Leitung dar. Daher bezeichnet man eine derartige Lösung als *Virtual Private Wire Service* (VPWS). Das seit 2006 verfügbare MACsec-Verfahren substituiert hierbei die früher vorgenommene Kopplung von ATM- bzw. Frame-Relay-Systemen und für die Unterstützung von PPP-Verbindungen über MPLS-Netze.

PtP-L2VPN

Das PtM-L2VPN dagegen stellt eine Vernetzung von mehreren Standorten mithilfe von virtuellen Leitungen dar, die über ein MPLS-Netz eines Providers verlaufen. Ein derartiges L2VPN eignet sich insbesondere für die Vernetzung von LANs wie z.B. Ethernet. Bei der Unterstützung der LAN-Kommunikation über MPLS-Netze unterscheidet man zwischen den folgenden zwei Ansätzen:

PtM-L2VPN

- VPLS (Virtual Private LAN Service) und
- IPLS (IP-Only LAN Service).

Beim VPLS handelt es sich um ein Konzept, nach dem sich das ganze MPLS-Netz als Layer-2-Switch verhält. Dies bedeutet eine LAN-Emulation innerhalb eines MPLS-Netzes. Sie ermöglicht sogar, ein weltweites Ethernet einzurichten, in dem ein MPLS-Netz als Backbone fungiert. Der IPLS stellt ein Konzept für die Vernetzung einzelner LAN-Komponenten über ein MPLS-Netz dar.

Wird eine virtuelle L3-Leitung zum Ausbau eines VPN eingesetzt, handelt es sich um ein L3VPN. Eine wichtige Besonderheit von L3VPN besteht darin, dass nur die IP-Pakete über L3VPN übermittelt werden können. Die virtuellen Leitungen zwischen CEs [Abb. 13.1-3] werden mithilfe des Protokolls IPsec realisiert. Eine virtuelle Leitung wird hierbei als *IPsec-Tunnel* eingerichtet. Bei PE-based L3VPN kann zwischen *Virtual Router VPN* (VR VPN) und *BGP/MPLS VPN* unterschieden werden. Um ein VPN einzurichten, kann die Router-Funktion, die man auch als *Virtual Router* bezeichnet, in einen PE [Abb. 13.1-3] zur Verfügung gestellt werden. Eine Vernetzung von IP-Subnetzen über ein MPLS-Netz mittels Virtual Router stellt ein *Virtual Router VPN* dar.

L3VPNs

Eine Vernetzung von IP-Subnetzen kann über ein MPLS-Netz so erfolgen, dass die Routing-Ziele zwischen den beteiligten PE mittels des Routing-Protokolls MP-BGP (*Multiprotocol Extensions for BGP-4*) ausgetauscht werden [Abschnitt 10.4.4]. Man spricht in diesem Fall von einem *BGP/MPLS VPN*.

Pseudo-Drähte als L1VPN

Besonderheit der MPLS-Netze

In MPLS-Netzen wird vor der Übermittlung der IP-Pakete auf einer Kommunikationsbeziehung zuerst eine optimale Route zum Ziel bestimmt, und danach werden alle IP-Pakete über diese Route im 'Gänsemarsch' übermittelt. Die MPLS-Netze sind somit verbindungsorientiert. Dadurch wird die Reihenfolge der IP-Pakete garantiert, d.h. alle IP-Pakete einer Kommunikationsbeziehung legen den gleichen physikalischen Weg über das Netz zurück, und die Laufzeitunterschiede einzelner IP-Pakete (die *Jitter-Werte*) werden dadurch sehr stark reduziert.

LSPs als Drahtverbindung

Über ein MPLS-Netz kann eine bidirektionale virtuelle Verbindung zwischen zwei Standorten aufgebaut werden, die sich aus zwei entgegen gerichteten Datenpfaden, die man LSP (*Label Switched Path*) nennt, zusammensetzt. Da die Jitter-Werte in MPLS-Netzen relativ klein sind, kann diese virtuelle Verbindung sogar als softwaremäßige Nachbildung einer Drahtverbindung angesehen werden. Aus diesem Grund spricht man von *Pseudo Wire* (PW), von *Pseudo-Draht* bzw. von *Pseudo-Drahtverbindung*.

Über Pseudo-Drähte innerhalb eines MPLS-Netzes kann ein Netzanbieter verschiedene L1- bzw. L2-Dienste zur Verfügung stellen, die man als *Virtual Private Wire Services* (VPWS) bezeichnet.

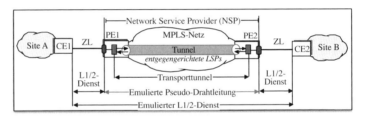

Abb. 13.4-7: Referenzmodell für eine Pseudo-Drahtverbindung (PW-Verbindung)
CE: Customer Edge, PE: Provider Edge, ZL: Zubringerleitung

Modell einer PW-Verbindung

Abb. 13.4-7 zeigt das Referenzmodell einer Pseudo-Drahtverbindung. Hier wird ein Transporttunnel (kurz auch Tunnel genannt) zwischen zwei PE beim NSP eingerichtet. Dieser Tunnel wird in Form von zwei entgegengerichteten LSPs nach MPLS realisiert [Abb. 13.4-8]. In den beiden PE wird der Tunnel so erweitert, dass ein Pseudo-Draht entsteht.

Eine Randkomponente CE am Intranet eines Kunden wird über eine Zubringerleitung (ZL) an den PE beim NSP angeschlossen und dann an eine emulierte Pseudo-Drahtleitung angebunden. Zwischen CE und PE kann ein L1- bzw. ein L2-Dienst abgewickelt werden. Durch die Nutzung einer emulierten Pseudo-Drahtleitung kann daher ein emulierter L1/2-Dienst zwischen den an verschiedenen Standorten untergebrachten CEs zur Verfügung gestellt werden.

Tunnel als Basis für PW

Um emulierte Pseudo-Drahtleitungen über MPLS-Netze einzurichten, wird ein Transporttunnel über das MPLS-Netz aufgebaut. Abb. 13.4-8 illustriert dies. Die eigentlichen Daten werden hier in Layer-2-Frames (L2-Frames) als Payload übermittelt, in denen zwei Labels enthalten sind. Nach dem äußeren Label (*Tunnel-Label* bzw. *Outer Label*) wird der L2-Frame im MPLS-Netz geleitet. Das innere Label (*Inner Label*) dient als Identifikation der emulierten Pseudo-Drahtverbindung – also einer

13.4 Virtual Private Networks (VPN)

PW-Verbindung. Damit können über einen Tunnel mehrere PW-Verbindungen eingerichtet werden.

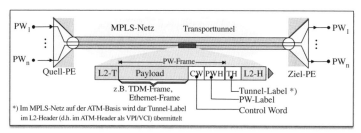

Abb. 13.4-8: Das Tunneling-Prinzip über ein MPLS-Netz
L2-H/T: Layer-2-Header/Trailer, PWH: PW-Header, TH: Tunnel-Header. ZL: Zubringerleitung

Der Quell-PE verpackt die zu übertragenden Originaldaten als Payload (Nutzlast) in einen L2-Frame. Im Ziel-PE werden die eingekapselten Daten aus dem L2-Frame herausgenommen. Da die Originaldaten in einem zusätzlichen L2-Frame, der als Umschlag dient, übermittelt werden, sind sie im MPLS-Netz als Transitnetz nicht direkt zugänglich. Deswegen könnte man sich dies als Übermittlung von Daten in einem Transporttunnel vorstellen.

Eine besondere Bedeutung hat das *Control Word* (CW) in den übermittelten PW-Frames. Die Angaben in CW sind vom Payload-Typ (wie z.B. Ethernet-, TDM-Frame) abhängig. Für jeden zu übermittelnden Payload-Typ wird das entsprechende CW im betreffenden Standard spezifiziert. Das CW wurde eingeführt, um die gleiche Struktur des PW-Header bei der Übermittlung von Daten verschiedener L2-Protokolle zu erhalten [Abb. 13.1-4].

Bedeutung von Control Word

Um eine PW-Verbindung zwischen zwei PE dynamisch einzurichten, muss zuerst ein Tunnel aufgebaut werden. Für diese Zwecke können folgende Protokolle verwendet werden [Abschnitt 12.5]:

Protokolle für den PW-Aufbau

- CR-LDP (*Constraint-Routing Label Distribution Protocol*) und
- RSVP-TE (*Resource reSerVation Protocol with Traffic Engineering*).

Soll ein Tunnel für eine PW-Verbindung aufgebaut werden, muss sichergestellt sein, dass die beiden PE den gewünschten Übermittlungsdienst unterstützen, der über die PW-Verbindung realisiert werden soll. Um dies zu erreichen, werden alle Übermittlungsdienste bei IANA registriert, und jedem Dienst wird eine eindeutige Identifikation zugewiesen. Tab. 13.4-1 zeigt die Identifikation einiger dieser Dienste. Die Seite, die den Aufbau eines Tunnels initiiert, zeigt der Gegenseite an, um welchen Übermittlungsdienst es sich handelt. Der geforderte Übermittlungsdienst bestimmt den Typ der emulierten Pseudo-Drahtverbindung, also den Typ der PW-Verbindung und damit auch den PW-Typ.

PW-Typen

Insbesondere die Möglichkeit, über ein MPLS-Netz eine PW-Verbindung einrichten zu können, hat große Hoffnungen geweckt. Bei der IETF hat sich daher eine Working Group gebildet, die den Namen PWE3 trägt [http://datatracker.ietf.org/wg/

Working Group PWE3

PW-Typ	Emulierter L1- bzw. L2-Übermittlungsdienst
0x0004	Ethernet Tagged Mode
0x0005	Ethernet
0x0007	PPP
0x0008	SDH Circuit Emulation Service Over MPLS (CEM)
0x0016	TDMoIP basic mode

Tab. 13.4-1: Einige PW-Typen und emulierte L1- bzw. L2-Übermittlungsdienste [http://www.iana.org/assignments/pwe3-parameters]

pwe3]. Sie hat sich vorgenommen, die Konzepte und Protokolle für die Nutzung von PW-Verbindungen für folgende Anwendungen zu erarbeiten:

- EoPW (*Ethernet over PW*),
- TDMoIP (*Time Division Multiplexing over IP*),
- SONET/SDH *Circuit Emulation over MPLS* (CEM).

Bemerkung: Noch in den 90er-Jahren wurden verschiedene Konzepte für *IP over X*, z.B. für IP over ATM, Frame Relay oder SDH/SONET, entwickelt. Da sich eine Pseudo-Drahtverbindung über ein MPLS-Netz und damit auch über ein GMPLS-Netz einrichten lässt, können die ATM-, Frame-Relay- oder SDH/SONET-Dienste über IP-Netze zur Verfügung gestellt werden. Also hat man nun *X over IP* statt *IP over X*.

Für die Koordination der Entwicklung von L1VPNs wurde die Arbeitsgruppe *l1vpn-charter* [http://www.ietf.org/html.charters] bei der IETF ins Leben gerufen.

Von Providern bereitgestellte L2VPN

Verschiedene Arten vom Provider bereitgestellter VPNs (PPVPNs) wurden bereits in Abb. 13.1-5 aufgelistet. Einige sind die sog. Layer-2-VPNs (kurz L2VPNs), bei denen man unterscheidet:

- *Punkt-zu-Punkt L2VPNs als Ethernet over MPLS* (EoMPLS)
- *Punkt-zu-Mehrpunkt L2VPNs als Virtual Private LAN Services* (VPLS)

EoMPLS und VPLS möchten wir jetzt kurz darstellen.

Punkt-zu-Punkt L2VPN: EoMPLS

EoMPLS =
EoPW

EoMPLS bedeutet, dass man Pseudo-Drähte (PWs) über ein MPLS-Netz zwischen zwei PE eines Providers verwendet, um Ethernet-Netzwerke miteinander zu verbinden. Daher kann EoMPLS auch als *Ethernet over PW* (EoPW) angesehen werden. Über PWs können lokale Ethernet-Netzwerke kostengünstig sogar weltweit miteinander verbunden werden. Verwendet man das EoPW-Konzept, kann ein MPLS-Netz als verteilter virtueller Ethernet-Switch (Layer-2-Switch) fungieren. Eine derartige Idee hat zur Entstehung des VPLS geführt [Abb. 13.4-2].

Ethernet-over-Ethernet

Auf Basis eines Metro-Ethernet mit 10 Gbit/s kann z.B. ein MPLS-Netz eingerichtet werden. Über dieses Metro-Ethernet kann dann ein Ethernet-Link mit der Bitrate von 10 Mbit/s bzw. 1 Gbit/s den Kunden zur Verfügung gestellt werden. Eine derartige Systemlösung könnte man auch als *Ethernet-over-Ethernet* bezeichnen. Als Zubringerleitung zwischen CE und PE kann ein Punkt-zu-Punkt-Ethernet zum Einsatz kommen.

13.4 Virtual Private Networks (VPN)

Wie aus Abb. 13.4-9 ersichtlich, werden die Ethernet-Frames über einen Pseudo-Draht (PW) als Ethernet-Payload in *PW-Frames* transportiert. Der Ethernet-Payload wird ein *Control Word* (CW) vorangestellt, um die übertragenen Ethernet-Frames zu nummerieren [Abb. 13.4-6]. Damit mehrere PWs über einen Tunnel verlaufen können, wird die PW-Identifikation im PW-Header eingetragen. Da ein PW in der Regel immer für einen Kunden reserviert wird, kann die PW-Identifikation auch als Identifikation eines Kunden aus Sicht des NSP betrachtet werden.

Konzept von EoMPLS

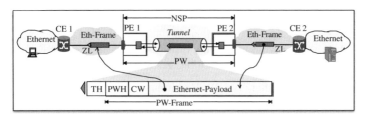

Abb. 13.4-9: Prinzip der Übermittlung von MAC-Frames über einen Pseudo-Draht (PW)
CE: Customer Edge, NSP: Network Service Provider, PE: Provider Edge, PWH: PW Header, TH: Tunnel Header, ZL: Zubringerleitung

Abb. 13.4-10 zeigt, wie ein Ethernet-Frame in einen PW-Frame eingebettet wird. Hierbei ist Folgendes hervorzuheben:

Ethernet-Frames in PW-Frames

- Die Präambel PA und die Prüfsumme FCS aus dem Ethernet-Frame werden über einen PW nicht übermittelt.
- Der PW-Payload wird ein Control Word vorangestellt, in dem die laufende Nummer des Ethernet-Frames als Sequence Number übermittelt wird.

Dadurch können Verluste von Ethernet-Frames während ihrer Übermittlung über ein MPLS-Netz entdeckt werden.

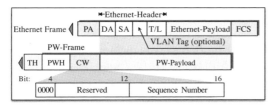

Abb. 13.4-10: Übermittlung eines Ethernet-Frames in einem PW-Frame
DA: Destination Address, FCP: Frame Check Sequence, PA: Preamble, SA: Source Address, T/L: Type/Length, VLAN: Virtual LAN

Zwei physikalische Ethernet-Segmente, die über einen Ethernet-Dienst auf Basis von EoMPLS miteinander verbunden sind, können ein virtuelles LAN, das sog. VLAN (*Virtual LAN*), bilden. Ein VLAN stellt in der Regel ein IP-Subnetz dar. Daher kann der PE als Ethernet-Switch angesehen werden.

EoMPLS ermöglicht, hierarchische Strukturen von VLANs zu bilden, wie Abb. 13.4-11 zeigt. Die Systemkomponente PE eines NSP realisiert hierbei eine Multiplexfunk-

Hierarchische Struktur von VLANs

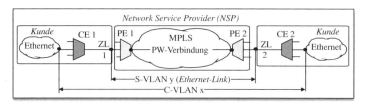

Abb. 13.4-11: Veranschaulichung des Multiplexprinzips von V-LANs
CE: Customer Edge, PE: Provider Edge, ZL: Zubringerleitung

tion, mit der parallele Verbindungen als Ethernet-Links über einen PW geführt und dann verschiedenen Kunden zur Verfügung gestellt werden können.

S-VLAN Parallele Ethernet-Links über eine PW-Verbindung kann man sich als *Service VLAN* (S-VLAN) beim Netz-Provider vorstellen. Über ein S-VLAN werden jeweils zwei Ethernet-Segmente eines Kunden verbunden. Mittels eines S-VLAN-Tag nach dem Standard IEEE 802.1Q, das im Ethernet-Frame eingebettet [Abb. 13.4-10] wird, erfolgt die Zuordnungen eines Frames in einem S-VLAN zu einer PW-Verbindung bzw. zum Ziel-PE. Ein S-VLAN-Tag kann somit als Identifikation eines Kunden dienen.

C-VLAN Über ein S-VLAN können wiederum mehrere VLANs eines Kunden, die man als C-VLAN (*Customer VLAN*) bezeichnet, paarweise miteinander verbunden werden. Diese C-VLANs müssen entsprechend auf der PW-Verbindung gekennzeichnet werden. Um einen über ein S-VLAN transportierten Ethernet-Frame einem entsprechenden C-VLAN im Ziel-CE zuzuordnen, kann ein C-VLAN-Tag im Ethernet-Frame eingekapselt werden. Weil die Übermittlung optional ist [Abb. 13.4-11], ist ein C-VLAN-Tag in einem Ethernet-Frame nur dann enthalten, wenn mehrere VLANs eines Kunden, d.h. mehrere C-VLANs, über ein S-VLAN verbunden werden müssen.

Da eine PW-Verbindung mehrere S-VLANs unterstützen kann und über ein S-VLAN wiederum mehrere C-VLANs verbunden werden können, entsteht die in Abb. 13.4-11 dargestellte hierarchische Struktur von VLANs. Dadurch lässt sich eine PW-Verbindung, deren Bitrate im Bereich von mehreren Gbit/s liegen kann, flexibel ausnutzen. Bei Nutzung von MPLS-TE (*MPLS Traffic Engineering*) kann die Bitrate von PW-Verbindungen den laufenden Anforderungen angepasst werden. Die hier gezeigte Flexibilität der Bereitstellung der Ethernet-Dienste auf Basis von EoMPLS hat für die Praxis enorme Bedeutung.

Abb. 13.4-12 illustriert, wie die in Abb. 13.4-11 gezeigte hierarchische Struktur von VLANs realisiert wird. Wie hier ersichtlich ist, dient eine S-VLAN-ID als Identifikation eines Ports im Multiplexer im PE beim NSP. Eine C-VLAN-ID fungiert dementsprechend als Identifikation eines Ports im Multiplexer im CE beim Kunden.

Hierarchie von Providern Dadurch, dass die Identifikation der PW-Verbindung im PW-Header enthalten ist, kommt eine 2-stufige Hierarchie von Network Service Providern in Frage. Ein übergeordneter Provider kann einem untergeordneten Provider z.B. eine PW-Verbindung für ein bestimmtes Entgelt zur Verfügung stellen. Dieser kann dann einem Kunden ein S-VLAN ebenfalls für ein bestimmtes Entgelt anbieten. Aus der Sicht eines Kunden kann ein S-VLAN als *Backbone-VLAN* angesehen werden. Der Kunde hat somit die

13.4 Virtual Private Networks (VPN)

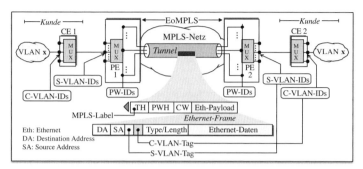

Abb. 13.4-12: Prinzip der Realisierung von hierarchischen VLAN-Strukturen
Eth: Ethernet, ID: Identification, MUX: Multiplexer, TH: Tunnel-Header,
PWH: PW-Header, CW: Control Word

Möglichkeit, über ein S-VLAN mehrere eigene VLANs als C-VLANs standortübergreifend einzurichten.

Da im Ethernet-Frame bei EoMPLS mehrere VLAN-Tags als Stack in Ethernet-Frames enthalten sind, wird dieses Konzept der Bildung von hierarchischen V-LAN-Strukturen als *VLAN-Stacking* bezeichnet und im Standard IEEE 802.1ad spezifiziert. Da der Standard IEEE 802.1Q das Tag mit der VLAN-ID spezifiziert, wird VLAN-Stacking auch *Q-in-Q-Encapsulation*, bzw. kurz *Q-in-Q* genannt.

VLAN-Stacking

Punkt-zu-Mehrpunkt L2VPN: Virtuelle Private Lan Services

Ein VPLS verbindet mehrere Ethernet-Segmente über ein MPLS-Netz, sodass sie wie ein einziges größeres Ethernet funktionieren können. Die Entwicklung von L2VPNs koordiniert die Arbeitsgruppe *l2vpn-charter* bei der IETF. Aus der physikalischen Sicht wird mit dem VPLS ein Backbone auf Basis eines MPLS-Netzes für die Vernetzung von Ethernet-Inseln zur Verfügung gestellt. Abb. 13.4-13a bringt dies zum Ausdruck. Hier gehören alle Ethernet einem Kunden eines NSP. Die Randkomponenten PE eines NSP müssen aber VPLS-fähig sein.

Idee des VPLS

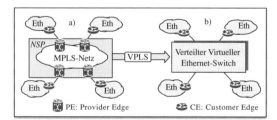

Abb. 13.4-13: Grundlegende Idee des VPLS: a) physikalische Sicht, b) logische Sicht
Eth: Ethernet, NSP: Network Service Provider

Logisch gesehen führt ein VPLS dazu, dass ein MPLS-Netz als verteilter *virtueller Ethernet-Switch* fungiert. Abb. 13.4-13b illustriert diese logische Sichtweise. Daher stellt ein VPLS ein privates und virtuelles Ethernet auf Basis des MPLS-Netzes eines NSP dar. Ein VPLS kann auch als ein VLAN (*Virtual LAN*) angesehen werden.

VPLS als virtueller Ethernet-Switch

VSI als Ethernet-Switch

Der verteilte virtuelle Switch stellt eine Vernetzung von *virtuellen Switch-Instanzen* (VSI) dar, die in einem PE untergebracht sind. Die VSI entspricht ihrer Funktion nach ein Ethernet-Switch und hat – wie jeder normale Ethernet-Switch – die Aufgabe, die empfangenen Ethernet-Frames weiterzuleiten. Über das MPLS-Netz werden die Ethernet-Frames nach dem in Abb. 13.4-9 gezeigten Prinzip übermittelt. Jede VSI muss in der Lage sein, selbst die Weiterleitungstabelle (*Forwarding Table*) zu erstellen. Hierfür muss sie selbst lernen, welche MAC-Adressen in den einzelnen Ethernet über ihre Ports zu erreichen sind.

Ein VPLS stellt daher ein *virtuelles Ethernet* dar, das sich aus mehreren physikalischen Ethernet-Segmenten zusammensetzt, die miteinander über Pseudo-Drahtleitungen vernetzt sind. Die Ethernet-Segmente werden an den PE eines NSP angeschlossen und können somit geografisch beliebig verteilt werden.

Vernetzung von VSI als virtuelles Ethernet

Wie Abb. 13.4-14 zeigt, können mehrere Ethernet-Segmente an einen PE angeschlossen werden, die wiederum zu unterschiedlichen virtuellen Ethernet gehören. Unterstützt ein PE mehrere virtuelle Ethernet, enthält er dann für jedes virtuelle Ethernet eine VSI mit der Funktion eines Ethernet-Switch. Zu einem VPLS können mehrere VSI gehören. In Abb. 13.4-3 gehören die Ethernet-Segmente A_1, A_2, ... , A_5 zum VPLS 1. Die Ethernet-Segmente B_1, B_2 und B_3 dagegen bilden den VPLS 2. Wie hier ersichtlich ist, wird ein VPLS durch eine Vernetzung von VSI gebildet.

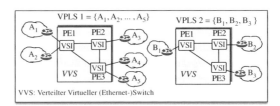

Abb. 13.4-14: Vernetzung von virtuellen Switch-Instanzen (VSI) als Basis für einen VPLS

Ein VPLS kann somit als virtuelles Ethernet auf Basis einer Vernetzung mehrerer VSI angesehen werden. Durch die Ethernet-Switches stellt daher jeder VPLS eine flache Netzwerkstruktur dar, die eine Broadcast-Domäne bildet. Um in einem MPLS-Netz mehrere VPLS als virtuelle Ethernet einrichten zu können, müssen einzelne VPLS entsprechend gekennzeichnet werden. Hierfür muss jedem VPLS eine Identifikation, kurz VPLS-ID, zugewiesen werden.

VPLS und VLAN

Da eine VSI einen Ethernet-Switch darstellt, können auch VLANs beim VPLS nach den in Abb. 13.4-8 dargestellten Prinzipien gebildet werden. Dies ist in der Praxis von großer Bedeutung. Ein VPLS z.B. auf Basis eines Metro-MPLS-Netzes kann eine Großstadt erfassen. Unterstützt ein VPLS die Bildung von VLANs, können dann mehrere Teile eines VLAN innerhalb der Großstadt verteilt werden. Abb. 13.4-15 illustriert die Realisierung von VLANs im VPLS. Hier ist insbesondere hervorzuheben, dass sich mehrere VLANs auf Basis eines VPLS einrichten lassen.

Ein VLAN stellt somit ein IP-Subnetz dar, und daher ermöglicht ein VPLS die Bildung der IP-Subnetze, die über große Entfernungen verteilt werden können.

13.4 Virtual Private Networks (VPN)

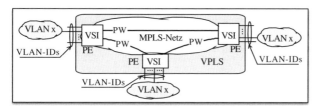

Abb. 13.4-15: Unterstützung von VLANs in einem VPLS

BGP/MPLS VPN

Werden mehrere Sites als Standorte eines Unternehmens bzw. einer anderen Institution über ein MPLS-Netz so vernetzt, dass sie ein VPN bilden, müssen die Routing-Informationen zwischen den einzelnen Sites entsprechend ausgetauscht werden. Damit wird bekannt gemacht, welche Ziele in einzelnen Sites zu erreichen sind. Hierfür kommt das Routing-Protokoll MP-BGP (*Multiprotocol Extensions for BGP-4*) zum Einsatz [Abschnitt 11.4]. Daher spricht man von BGP/MPLS VPNs, die als vom *Provider bereitgestellte L3VPNs* angesehen werden können.

BGP/MPLS VPN als L3VPN

Abb. 13.4-16 illustriert das Konzept eines BGP/MPLS VPN. Der CE stellt einen Kunden-Router dar, mit dessen Hilfe eine Site an den PE über eine direkte physikalische Verbindung bzw. über ein Access-Network angeschlossen ist. Der PE stellt einen MPLS-fähigen Router mit der Switching-Funktion dar, über den der Zugang zu einem MPLS-Netz erfolgt. Die verschiedenen VPNs werden an jedem PE entsprechend identifiziert. Um Sites eines VPN zu vernetzen, werden die PE untereinander über LSPs verbunden. Über LSPs werden sowohl Daten als auch Routing-Informationen zwischen Sites eines VPN übermittelt. Für die Übermittlung der Routing-Informationen verwendet man MP-BGP.

Modell für ein BGP/MPLS VPN

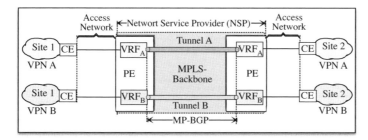

Abb. 13.4-16: Referenzmodell eines BGP/MPLS VPN
CE: Customer Edge, PE: Provider Edge, VRF: VPN Routing and Forwarding

Auf jeder Site im PE wird eine Tabelle VRF (*VPN Routing and Forwarding*) eingerichtet. Logisch gesehen werden jeweils zwei Sites mit einem Tunnel miteinander verbunden. Über diesen werden sowohl die Daten zwischen den Sites als auch die Routing-Informationen zwischen den VRFs ausgetauscht.

Da mehrere Sites an einen PE angeschlossen sein können und jeder Site eine Tabelle VRF zugeordnet wird, muss man sowohl Sites als auch ihre VRFs identifizieren. Hier-

VPN-IPv4-Adresse

für wurde die *VPN-IPv4-Adresse* eingeführt. Sie kann als Identifikation des Paars (CE, VRF-Tabelle) interpretiert werden und setzt sich zusammen aus

- einem *Route Distinguisher* (RD) und
- der IP-Adresse von CE.

Eine Site kann zu mittels eines RD zu mehreren VPN zugehörig sein.

Routing bei BGP/MPLS VPN

In jeder VRF-Tabelle eines VPN müssen die Routing-Ziele im VPN, die *VPN-Routen*, eingetragen werden. Hierfür kommen verschiedene Routing-Protokolle zum Einsatz. Abb. 13.4-17 bringt dies näher zum Ausdruck.

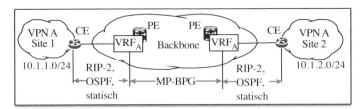

Abb. 13.4-17: Routing-Protokolle bei BGP/MPLS VPN

Der CE und der PE enthalten die Router-Funktionalität. Daher kann der PE die Routing-Ziele in einer Site vom CE mithilfe des Routing-Protokolls RIP-2 bzw. OSPF erlernen. Eine VRF-Tabelle kann auch manuell konfiguriert werden, sodass man hier auch vom statischen Routing spricht. Jeder PE muss die Routing-Ziele in allen an ihn angeschlossenen Sites selbst erlernen.

Distribution der VPN-Route

Die Routing-Ziele aus jeder VRF-Tabelle eines VPN müssen an die restlichen VRF-Tabellen dieses VPN verteilt werden. Dies bezeichnet man als Route-Distribution innerhalb eines VPN. Hierfür müssen die Routing-Ziele zwischen den VRF-Tabellen eines VPN aus verschiedenen PE ausgetauscht werden. Dies geschieht mithilfe des MP-BGP. Bevor eine VPN-Route zwischen zwei PE übermittelt wird, muss zwischen ihnen bereits ein Tunnel bestehen. Abb. 13.4-18 veranschaulicht die Distribution einer VPN-Route.

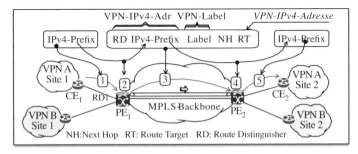

Abb. 13.4-18: Prinzip der Distribution von VPN-Routen

Bei der Distribution einer VPN-Route sind folgende Schritte zu unterscheiden:

13.4 Virtual Private Networks (VPN)

1. Im ersten Schritt übermittelt der CE dem PE mithilfe eines Routing-Protokolls wie z.B. RIP-2 oder OSPF die Route zu seiner Site 1. Sie wird als IPv4-Präfix (z.B. 10.1.1.0/24) angegeben.
2. Im zweiten Schritt wird eine VPN-IPv4-Adresse im PE gebildet. Daher wird ein RD dem von CE empfangenen IPv4-Präfix vorangestellt. Der RD wird aus der entsprechenden VRF-Tabelle entnommen.
3. Danach gibt der Quell-PE dem Ziel-PE die VPN-Route mithilfe des MP-BGP bekannt. Die VPN-Route setzt sich aus der VPN-IPv4-Adresse, dem VPN-Label, dem Next Hop und dem Route Target zusammen. Mit dem VPN-Label teilt der Quell-PE seinerseits dem Ziel-PE die VPN-Identifikation mit. Als Next Hop wird der Quell-PE angegeben. Der nächste Router für den Ziel-PE ist eben der Quell-PE. Mit Route Target wird angegeben, welches VPN die übermittelte Route betrifft. Damit wird dem Ziel-PE mitgeteilt, zu welcher VRF-Tabelle, also zu welchem VPN, er diese Route hinzufügen muss.
4. Im Ziel-PE wird nun die empfangene VPN-Route zu einer VRF-Tabelle hinzugefügt. Sie kann durch das VPN-Label aus der VPN-Route bestimmt werden.
5. Im letzten Schritt wird das IPv4-Präfix aus der VPN-IPv4-Adresse entnommen und mittels eines Routing-Protokolls vom Ziel-PE an einen CE übermittelt. An welchen CE die Route übermittelt werden muss, wird durch den RD aus der VPN-Route bestimmt.

BGP/MPLS VPNs haben bereits eine große Akzeptanz in der Praxis gefunden. Ihre Entwicklung koordiniert die Arbeitsgruppe l3vpn-charter bei der IETF. Für weitere Informationen über technische Details sei auf die RFC 4364/2547 und 4365 verwiesen.

13.4.4 Layer-2-Tunneling über IP-Netze

Für das Layer-2-Tunneling (kurz L2-Tunneling) stehen folgende Protokolle zur Verfügung:

- L2TP (*Layer 2 Tunneling Protocol*),
- PPTP (*Point-to-Point Tunneling Protocol*) und
- L2F (*Layer 2 Forwarding*).

Abb. 13.4-19 zeigt, welche Steuerungsangaben einem zu übertragenden Datenpaket eines L3-Protokolls (z.B. IP, IPX, ...) beim L2-Tunneling vorangestellt werden.

PPP-Header beim L2-Tunneling

Das Datenpaket wird zuerst mit einem Header des Protokolls PPP (Point-to-Point Protocol) ergänzt, das dem Layer 2 zugeordnet ist. Im PPP-Header wird u.a. die Identifikation (ID) des L3-Protokolls übermittelt. Damit können die Datenpakete unterschiedlicher Layer-3-Protokolle über einen L2-Tunnel übermittelt werden. Dies ermöglicht die Kommunikation von Nicht-IP-Protokollen über ein IP-Netz. In einem L2-Tunnel können mehrere virtuelle Verbindungen (*Sessions*) verlaufen. Dem PPP-Header wird weiter ein Header des L2-Tunneling-Protokolls vorangestellt, in dem

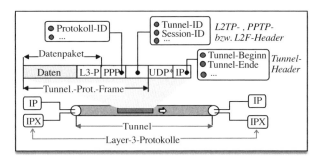

Abb. 13.4-19: Steuerungsangaben beim Übertragung eines Datenpakets im L2-Tunnel
L3-P: Header des Layer-3-Protokolls, *) bei PPTP wird UDP-Header nicht verwendet

u.a. die *Tunnel-ID* und die *Session-ID* angegeben werden. Über eine Session wird normalerweise die Kommunikation nach einem L3-Protokoll realisiert.

Das Datenpaket mit den vorangestellten Headern des PPP und des Tunneling-Protokolls bildet einen Frame. Dieser Frame wird bei den Protokollen L2TP und L2F als Nutzlast in einem IP-Paket transportiert. Hierbei wird das verbindungslose Transportprotokoll UDP verwendet. Ausnahmsweise wird der IP-Header direkt dem Frame beim Protokoll PPTP vorangestellt.

Im Folgenden möchten wir uns auf eine kurze Darstellung des Protokolls L2TP aufgrund seiner hervorgehobenen Bedeutung beschränken.

Tunneling-Protokoll L2TP

L2TP und L2TPv3

Das L2TP (*Layer 2 Tunneling Protocol*) wurde zunächst in RFC 2661 spezifiziert. Danach wurde es weiter entwickelt und als Version 3 (*L2TPv3*) im März 2005 in RFC 3931 veröffentlicht [http://datatracker.ieft.org/wg/l2pext]. L2TPv3 stellt eine Erweiterung des L2TP dar. L2TP nach RFC 2661 gilt daher als L2TPv2. In diesem Abschnitt wird zuerst das L2TPv2 dargestellt, und danach werden die Besonderheiten des L2TPv3 präsentiert. Im Weiteren wird unter L2TP immer L2TPv2 verstanden. Immer dann, wenn es explizit um die Version 3 geht, wird ausdrücklich L2TPv3 geschrieben.

Mit dem L2TP kann eine virtuelle Verbindung über ein IP-Netz aufgebaut werden, die als Tunnel angesehen werden kann. Das L2TP ermöglicht die Authentisierung von Remote-Anwendern, sodass es auch zum Aufbau von VPN mit integrierten *Remote Access Services* (RAS) eingesetzt werden kann. Das L2TP realisiert somit über das IP-Netze einen Tunnel, der quasi als *virtuelle Standleitung* angesehen werden kann. Abb. 13.4-20 illustriert das L2TP-Konzept.

Funktionsmodule LAC und LNS

Das L2TP wird ausschließlich durch den LAC (*L2TP Access Concentrator*) beim NSP und durch den LNS (L2TP Network Server) im NAS eines Intranet realisiert. Hierbei stellt der LAC ein Modul in einer Zugangskomponente (z.B. in einem Router) beim NSP dar, während der LNS ein Modul im NAS ist. Mittels L2TP wird ein Tunnel über ein IP-Netz zwischen LAC und LNS aufgebaut.

13.4 Virtual Private Networks (VPN)

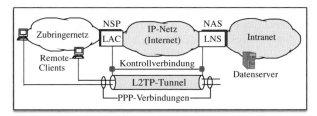

Abb. 13.4-20: Illustration des allgemeinen Konzepts des L2TP
ISDN: Integrated Services Digital Network, NAS: Network Access Server,
PPP: Point-to-Point Protocol

Die Clients als Remote-Rechner haben Zugang zum LAC über ein Zubringernetz und können mittels des PPP über das Zubringernetz und ein IP-Netz auf ein Intranet zugreifen. Die Voraussetzung ist, dass sie dafür entsprechende Zugangsrechte haben. Die PPP-Verbindungen von den einzelnen Clients, die innerhalb des Zubringernetzes auf Basis von physikalischen Verbindungen eingerichtet werden, verlaufen zum NAS eines Intranet über das PPP-Netz in einem L2TP-Tunnel.

L2TP mit PPP-Zugang

Um einen Tunnel aufbauen zu können, muss bereits eine logische Verbindung zwischen LAC und LNS bestehen, die als Kontrollverbindung des Tunnels dient. Zwischen LAC und LNS können über diese Kontrollverbindung mehrere Tunnel eingerichtet sein. Eine PPP-Verbindung von einem Zubringernetz kann über das IP-Netz bis zum Intranet im L2TP-Tunnel vorhanden sein, über die wiederum mehrere Kommunikationsbeziehungen gleichzeitig und nach unterschiedlichen L3-Protokollen verlaufen können.

Abb. 13.4-21 zeigt das Tunneling-Prinzip nach dem L2TP über ein IP-Netz bei der Anbindung eines Remote-Clients an ein Intranet.

L2TP Tunneling-Prinzip

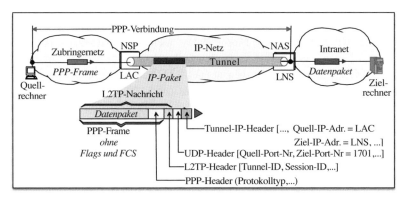

Abb. 13.4-21: Tunneling-Prinzip nach dem L2TP über ein IP-Netz

Die Datenpakete vom Quellrechner werden über das Zubringernetz in PPP-Frames übertragen [Abschnitt 13.2]. Jedem über das IP-Netz zu übertragenden PPP-Frame werden folgende Header im LAC vorangestellt: Tunnel-IP-Header, UDP-Header und L2TP-Header.

Der Tunnel-IP-Header bestimmt den Beginn und das Ende des Tunnels sowie den Übertragungsweg über das IP-Netz. Im UDP-Header kann der Quell-Port im LAC als Beginn und der Ziel-Port im LNS als Ende der Verlängerung einer PPP-Verbindung über das IP-Netz angesehen werden. Die wesentlichen Angaben in Bezug auf den Tunnel werden im L2TP-Header gemacht.

Die Bedeutung von L2TP besteht darin, dass hiermit eine gesicherte Verlängerung einer PPP-Verbindung über ein IP-Netz bis zum NAS im Intranet erreicht werden kann. Aus Abb. 13.4-21 ist auch ersichtlich, dass die Pakete verschiedener L3-Protokolle (durch die Angabe Protokolltyp im PPP-Header) über das IP-Netz übertragen werden können (Multiprotokollfähigkeit über ein IP-Netz).

Verschlüsselte Übertragung

Verschlüsselte Übertragung

Um die Sicherheit der Übertragung über das IP-Netz zu garantieren, können die 'inneren' Datenpakete zwischen LAC und LNS verschlüsselt übertragen werden. Da der Transport über das IP-Netz auf Basis des vorangestellten Tunnel-IP-Header verläuft, kann ein Eindringling unterwegs nicht mehr die Quell- und die Zieladresse des verschlüsselt übertragenen Originaldatenpakets ablesen, sondern lediglich feststellen, dass die Daten zwischen Tunnelbeginn und -ende transportiert werden.

Für den Aufbau eines Tunnels müssen zuerst bestimmte Vereinbarungen zwischen LAC und LNS getroffen werden, die als Kontrollverbindung (*Control Connection*) zu interpretieren sind. Initiator einer Kontrollverbindung kann sowohl LAC als auch LNS sein. Für den Tunnelaufbau muss bereits eine Kontrollverbindung bestehen [Abb.13.4-20]. Somit werden die L2TP-Nachrichten zwischen LAC und LNS ausgetauscht, um

- vor dem Beginn der Kommunikation zunächst eine Kontrollverbindung und dann einen Tunnel aufzubauen,
- nach dem Ende der Kommunikation anschließend den Tunnel und letztlich die Kontrollverbindung abzubauen.

Besonderheiten des L2TPv3

Referenzmodelle beim L2TPv3

Das L2TP [RFC 2661] wurde mit dem Ziel weiterentwickelt, wichtige L2-Übermittlungsdienste (wie z.B. Ethernet, Frame Relay, ATM) über klassische IP-Netze (d.h. keine MPLS-Netze) zur Verfügung stellen zu können. Dies hat zur Entstehung des L2TPv3 [RFC 3931] geführt. Der Einsatz des L2TPv3 wird durch folgende drei Referenzmodelle beschrieben: *LAC-LNS*, *LAC-LAC* und *LNS-LNS*. Das Referenzmodell LAC-LNS entspricht dem in Abb. 13.4-22 gezeigten Prinzip vom Tunneling und definiert die Funktion des L2TPv3, die vollkommen der Funktion des L2TP entspricht.

L2-Dienste über IP-Netze

Wie aus Abb. 13.4-22a ersichtlich ist, soll es das L2TPv3 nach dem Referenzmodell LAC-LAC ermöglichen, die vom Provider bereitgestellten VPNs zu realisieren. Dies entspricht dem Referenzmodell für Pseudo-Drahtverbindungen (PW-Verbindungen) über MPLS-Netze [Abb. 13.4-7]. Daher wird ein L2TPv3-Tunnel auch als *PW-Verbindung* bezeichnet. Über einen L2TPv3-Tunnel können zwei Sites (z.B. Standorte

13.4 Virtual Private Networks (VPN)

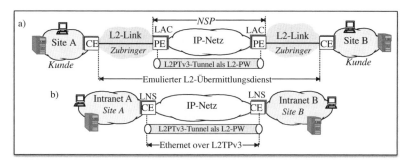

Abb. 13.4-22: Bereitstellung der L2-Übermittlungsdienste über IP-Netze nach dem L2TPv3:
a) Referenzmodell LAC-LAC, b) Referenzmodell LNS-LNS
CE: Customer Edge, PE: Provider Edge, LAC: L2TP Access Concentrator,
LNS: L2TP Network Server

eines Unternehmens) verbunden werden. Als Zubringerleitung zwischen dem CE und dem PE kann z.B. ein Ethernet-Link dienen.

Mit dem L2TPv3 ist es auch möglich, mehrere Sites als Intranets auf Ethernet-Basis über ein IP-Netz als WAN zu vernetzen. Dies erfolgt nach dem in Abb. 13.4-22b gezeigten Referenzmodell LNS-LNS.

Vergleicht man die Abb. 13.4-7 und Abb. 13.4-22, so stellt man fest, dass de facto mit PWs über MPLS-Netze und mit dem L2TPv3-Tunnel die gleichen Ziele verfolgt werden. Hervorzuheben ist aber, dass man für den dynamischen Auf- und Abbau von PWs über MPLS-Netze zusätzlich ein Signalisierungsprotokoll wie z.B. CR-LDP bzw. RSVP-TE benötigt. Für den dynamischen Auf- und Abbau des L2TPv3-Tunnels über klassische IP-Netze (also ohne MPLS) ist das nicht der Fall, da das L2TPv3 selbst ein einfaches Signalisierungsprotokoll ist – ein wesentlicher Vorteil von L2TPv3.

Bedeutung des L2TPv3

Um die in Abb. 13.4-22 gezeigten Dienste zu unterstützen, wird eine neue Struktur vom L2TPv3-Header sowohl in Kontrollnachrichten als auch in Nachrichten mit L2-Payload eingeführt. Eine wichtige Besonderheit des L2TPv3 ist, dass die L2TPv3-Nachricht bei der Emulation der L2-Übermittlungsdienste über klassische IP-Netze direkt nach dem IP-Header in IP-Paketen transportiert werden können [Abb. 13.4-23]. Um die Kompatibilität mit dem L2TP zu erhalten, können die L2TPv3-Nachrichten auch erst nach dem UDP-Header folgen [Abb. 13.4-21]. Somit lässt sich das L2TPv3 als Protokoll sowohl der Schicht 4 als auch der Schicht 3 zuordnen.

L2TPv3-Nachrichten

Abb. 13.4-23 illustriert das Tunneling bei der Bereitstellung der L2-Übermittlungsdienste über klassische IP-Netze (ohne MPLS). Dieses Prinzip entspricht weitgehend dem Tunneling-Prinzip über MPLS-Netze [Abb. 13.4-7]. Hierbei ist eine L2TPv3-Nachricht mit einem PW-Frame vergleichbar.

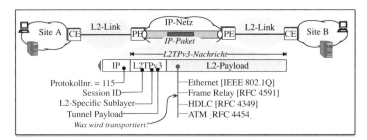

Abb. 13.4-23: Tunneling nach L2TPv3 bei Bereitstellung von L2 Übermittlungsdiensten

Weil das L2TPv3 auch ein Signalisierungsprotokoll ist, ermöglicht dies, einen Tunnel und eine darüber verlaufende Session bei Bedarf dynamisch aufzubauen.

13.5 Schlussbemerkungen

In diesem Kapitel sollte in komprimierter Form gezeigt werden, wie man das Protokoll IP in LANs und WLANs sowie über Punkt-zu-Punkt-Verbindungen einsetzen kann. Zudem wie verschiedene Arten virtueller IP-Netze auf Basis physischer MPLS- bzw. GMPLS-Netze unter unter Einsatz des Protokolls IPsec aufgebaut werden können, sowie elche Vorteile sich daraus ergeben. Wegen des begrenzten Raums konnten wir nicht auf alle relevanten Aspekte von 'IP over X' eingehen.

Abschließend möchten wir Folgendes hervorheben:

Bedeutung von GFP

- Der Siegeszug der ursprünglich für LANs konzipierten Technologie Ethernet mit dem IP ist nicht zu bremsen. Die Übermittlung der IP-Pakete in Ethernet-Frames findet heutzutage nicht nur in LANs statt, sondern immer öfter in städtischen Netzen und WANs, also in Metro- und Weitverkehrsbereichen, in denen die Übertragungsnetze auf Basis von SDH/SONET und WDM aufgebaut werden. Um Ethernet-basierte LANs mit dem IP über SDH- und WDM-Netze vernetzen zu können, ist eine spezielle, diesem besonderen Zweck angepasste Systemlösung nötig. Diese ist als *Generic Framing Procedure* (GFP) verfügbar.

Die im Standard G.7041 von der ITU-T spezifizierte GFP wurde mit dem Ziel entwickelt, Ethernet-basierte Netzwerke mit den auf Basis von SDH und WDM eingerichteten Gigabit-Netzen so zu integrieren, dass man u.a. Ethernet-Frames mit IP-Paketen über SDH- und WDM-Netze effizient übermitteln kann. Auf dieser Grundlage ist eine weltweite Konvergenz aller wichtigen Netztechnologien realisierbar.

IPoSDH und IPoWDM

- Um die eben genannte Konvergenz aller Netztechnologien zu ermöglichen, stellt GFP eine Art von standardisierten, als GFP-Frames bezeichneten Datencontainern zur Verfügung. Diese dienen als Frames, in denen wiederum verschiedene Frames mit Daten, wie etwa Ethernet-Frames, PPP-Frames, über SDH- oder über WDM-Netze übermittelt werden können. GFP liefert somit zahlreiche Konzepte, verschiedene hybride Systeme für die Datenübermittlung zu realisieren; hierzu ge-

13.5 Schlussbemerkungen

hören insbesondere *Ethernet over SDH* (EoSDH), *Ethernet over WDM* (EoWDM), *PPP over SDH* und *PPP over WDM*.

- Mit dem Ziel Daten über *Point-to-Point-Verbindungen* (PtP-Verbindungen) übermitteln zu können, wurde das Protokoll PPP (*Point-to-Point Protocol*) entwickelt und hier im Abschnitt 13.2 präsentiert. Um mehrere PtP-Verbindungen zu bündeln, wurde *Multilink Point-to-Point Protocol* entwickelt [RFC 1717 / 1990]. Dieses wird kurz oft als MLPPP bezeichnet – aber auch als MP bzw. als MLP. Somit ist MLPPP ein Protokoll zur parallelen Übermittlung von Frames des PPP zwischen zwei festgelegten Endpunkten. Somit ermöglicht das MLPPP die Verwendung mehrerer PtP-Verbindungen zur Übermittlung von IP-Paketen zwischen zwei festlegten Punkten – sowohl über physikalische Übertragungswege (z.B. Leitungen, Funkübertragungsstrecken) als auch über virtuelle Verbindungen (z.B. MPLS-Pfade). Folglich spricht man auch von *IP over MLPPP* (IPoMLPPP).

IP over MLPPP

Da das PPP oft in lokalen Netzen – nach dem Konzept PPPoE (*PPP over Ethernet*) – zur Realisierung von PtP-Verbindungen auf Basis von Gigabit Ethernet (GE, GbE) mit Bitraten von 1 und 10 Gbit/s verwendet wird, kann hierbei das MLPPP zur Bündelung von GE-Leitungen eingesetzt werden. Auf diese Weise lassen sich beispielsweise in Data Centern, gebündelte GE-Leitungen mit Bitraten von $n*1$ oder $n*10$ Gbit/s – als skalierbares Gigabit Ethernet – einrichten. Solche Systemlösungen werden oft als *MLPPP over PPPoE* bezeichnet.

- Netzwerke als LANs basieren heutzutage ausschließlich auf der Ethernet-Technologie und verwenden das IP. In den Datacentern dieser Netzwerke findet man aber noch separate Speichernetzwerke – sog. SANs (*Storage Area Networks*); sie dienen dazu, Servern die Nutzung externer Speichersysteme zu ermöglichen. Im Gegensatz zu LANs basieren SANs auf der Netzwerktechnologie *Fibre Channel* (FC) und man spricht auch von *FC SANs*. An SANs werden hohe Anforderungen gestellt: Sie sollen es ermöglichen, große Datenmengen mit hohen Geschwindigkeiten verlust- und fehlerfrei, eventuell auch noch abhör- und manipulationssicher zu übermitteln. Wäre ein SAN auf Basis der 'normalen' Gigabit Ethernet-Technik sowie mit dem IP und dem TCP aufgebaut, so müsste TCP als Transportprotokoll Verlust- und Fehlerfreiheit garantieren. Darüber hinaus hätte das Sicherheitsprotokoll TLS eventuell noch die Abhör- und Manipulationssicherheit zu gewährleisten. In diesem Fall sind die soeben genannten Funktionen innerhalb der Transportschicht, also auf dem Layer 4, durchzuführen; eine solche Lösung ist aber nicht besonders effizient. Aus diesem Grund wurde zum Aufbau von SANs die Netzwerktechnologie *Fibre Channel* entwickelt.

FC SANs ohne IP, IP über FC SAN

- *Fibre Channel* (FC) ist eine besondere Netzwerktechnologie, denn sie garantiert Verlust- und Fehlerfreiheit während einer Datenübermittlung in FC-Frames zwischen zwei Endsystemen bereits auf dem Data Link Layer, also auch dem Layer 2, ohne IP oder TCP nutzen zu müssen. FC kann auch die Ende-zu-Ende-Sicherheit (also Abhör- und Manipulationssicherheit) während der Datenübermittlung garantieren. Dies erfolgt nach dem gleichen Prinzip wie beim IPsec. Infolgedessen wird das IP in FC SANs nicht eingesetzt. FC SANs können aber dazu verwendet werden, um Netzwerke mit IPv4 bzw. mit IPv6 nach dem Tunneling-Prinzip untereinander paarweise zu koppeln. Wie dies erfolgen kann beschreibt RFC 4338.

Fibre Channel

13.6 Verständnisfragen

1. Wie kann man sich ein logisches Modell von LANs nach IEEE 802.x vorstellen?
2. Welche Bedeutung hat die Angabe EtherType – direkt nach dem MAC-Header – in MAC-Frames?
3. Wozu braucht man das Protokoll PPP, wann wird es eingesetzt und wie werden seine Frames strukturiert?
4. Welche Aufgaben hat das LCP als Hilfsprotokoll von PPP?
5. Wie kann man den PPP-Verlauf kurz erläutern?
6. Welche Betriebsarten im WLAN gibt es und worin bestehen deren Besonderheiten?
7. Welche Angaben müssen in WLAN MAC-Frames enthalten werden?
8. Was gibt es besonderes bei der Kommunikation zwischen WLAN und Ethernet?
9. Worin besteht das Prinzip von Tunneling über klassische IP-Netze?
10. Wie kann man sich das Tunneling-Prinzip über MPLS-Netze vorstellen?
11. Was wird unter VPN verstanden und welche Arten von VPNs sind auf Basis von IP-Netzen denkbar?
12. Von Providern werden sog. PPVPNs bereitgestellt: Welche Arten von PPVPNs gibt es?
13. Was wird unter einer Pseudo-Wire (PW) über ein MPLS-Netz verstanden und wie kann man sich ein Referenzmodell für die PW-Nutzung vorstellen?
14. Nach welchem Prinzip können mehrere PWs in einem Tunnel über ein MPLS-Netz verlaufen?
15. Wie kann man sich die Übermittlung von Ethernet-Frames über PWs (in PW-Frames also) vorstellen und welche Bedeutung hat dabei CW?
16. Worin besteht im Allgemeinen die Bedeutung von EoMPLS?
17. Wie werden die hierarchischen VLAN-Strukturen beim EoMPLS organisiert?
18. Worin besteht die grundlegende Idee von VPLS?
19. Welche Bedeutung hat das Protokoll MP-BGP in BGP/MPLS VPNs?
20. Worin besteht die allgemeine Idee von Layer-2-Tunneling über IP-Netze?
21. Nach welchem Prinzip werden die L2-Übermittlungsdienste beim Tunneling nach L2TPv3 bereitgestellt?

14 IP-Netzwerke und Virtual Networking

In den letzten Jahren hat sich die 'Netzwerkwelt' sehr stark verändert und der Siegeszug von Ethernet und des Protokolls IP ist nicht mehr zu bremsen. Das klassische Routing und die IP-Subnetze werden in privaten Netzwerken von Layer-3-Switching und von Virtual LANs (VLANs) abgelöst. Infolge der Virtualisierung von Rechnern, deren Einsatz in mobilen Endgeräten (Tablets, Laptops) und von *Cloud Computing* entstehen neue Anforderungen an IP-Netze. Die Unterstützung der Mobilität virtueller Rechner (*Virtual Host/Machine Mobility*) und virtueller Netzwerke (*Virtual Network Mobility*) sowie der Wunsch nach *Multihoming*, d.h. nach einer Möglichkeit, einen Rechner bzw. ein Netzwerk an das Internet über mehrere 'Zugangspunkte' anzubinden, sind nur die wichtigsten von ihnen.

Neue Herausforderungen und Megatrends

Neue Konzepte und Protokolle wurden entwickelt, um diesen Anforderungen gerecht zu werden. TRILL (*Transparent Interconnection of Lots of Links*) und SPB (*Shortest Path Bridging*) liefern neue Möglichkeiten, VLANs einzurichten und folglich Netzwerke flexibel zu strukturieren. Damit man aus virtuellen Servern bestehende und beliebig verteilte VLANs einrichten kann, steht das Konzept VXLAN (*Virtual eXtensible LAN*) zur Verfügung. ILNP (*Identifier-Locator Network Protocol*) und LISP (*Local Identifier Separation Protocol*) ermöglichen u.a. virtuelle Rechner sowie virtuelle Netzwerke transferieren zu können, ohne dass deren IP-Adressen geändert werden müssen. Eine solche Wunschvorstellung ist aber nur bei einer zweistufigen IP-Adressierung erreichbar. Dies bedeutet, dass der Einsatz von ILNP bzw. von LISP zu einer 'Verbesserung der Adressierung bei IP' führt.

Neue Konzepte

Dieses Kapitel liefert wichtige Grundlagen für *Virtual Networking* und für *Virtual Network Mobility*. Hierfür präsentiert Abschnitt 14.1 die Ideen für physikalische Netzwerkstrukturierung. Virtual Networking in privaten Netzwerken erläutert Abschnitt 14.2. Abschnitte 14.3 und 14.4 widmen sich der Bildung von VLANs entsprechend im Client-LAN und im Server-LAN. Auf Virtual Networking mit TRILL und mit SPB geht Abschnitt 14.5 ein. Die Idee von VXLANs erläutert Abschnitt 14.6. Die Grundlagen der Mobilität von Virtual Networks vermittelt Abschnitt 14.7. Abschließende Bemerkungen in Abschnitt 14.8 runden dieses Kapitel ab.

Überblick über das Kapitel

In diesem Kapitel werden u.a. folgende Fragen beantwortet:

Ziel dieses Kapitels

- Wie sollen moderne IP-Netzwerke physikalisch strukturiert werden und warum?
- Wie funktionieren Layer-2- und Layer-3-Switches, wo und wie werden sie eingesetzt, und was ist bei deren Einsatz zu berücksichtigen?
- Wie können VLANs gebildet werden und welche Bedeutung hat VLAN Tagging?
- Was sind die Konzepte und wie verläuft der Einsatz von TRILL, SPB und VXLAN?
- Wie können virtuelle Server an Access Switches angebunden werden?
- Worin besteht die Idee von ILNP und welche strategische Bedeutung hat sie?
- Welche Möglichkeiten zur Integration von IPv4 und IPv6 liefert LISP?

14.1 Moderne Netzstrukturen

Kommunikationsarten:
Client-Server und
Client-Client

Jedes Netzwerk wird mit dem Ziel eingerichtet, einerseits den Rechnern von Benutzern – den Client-Rechnern – Zugriff auf verschiedene Server im *Intranet* sowie andererseits auf Ressourcen im *Internet* zu ermöglichen. Diese Zielvorstellung verwirklichen verschiedene *Client-Server-Anwendungen*. Andererseits muss in jedem Netzwerk die Möglichkeit bestehen, dass jeder Client-Rechner mit einem anderen Client-Rechner kommunizieren kann, beispielsweise falls Client-Rechner auch als VoIP-Telefone fungieren und zwei Benutzer per VoIP telefonieren wollen. Diese Art der Kommunikation wird als *Client-Client-Kommunikation* bezeichnet. Die Notwendigkeit, beide Arten der Kommunikation in Netzwerken zu unterstützen, beeinflusst die physikalische und logische Netzstrukturierung.

14.1.1 Funktionsbereiche in Netzwerken

Grundlegendes
Netzwerkmodell

Unternehmensweite Netzwerke werden heute in der Regel nicht mehr 'auf der grünen Wiese' installiert, sondern neue Installationen müssen die bereits bestehende Infrastruktur unter Berücksichtigung unterschiedlicher Randbedingungen optimal ergänzen. Um die Skalierbarkeit der Netzwerke zu garantieren, sollte jedes Netzwerk strukturiert aufgebaut sein und hierbei in die in Abb. 15.1-1 gezeigten, typischen Funktionsbereiche aufgeteilt werden. Diese sollen davon unabhängig sein, ob es sich um ein Netzwerk in einem Gebäude oder um ein mehrere Gebäude umfassendes Netzwerk handelt.

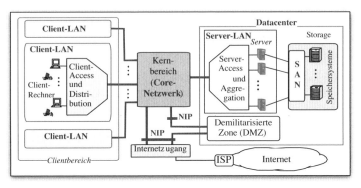

Abb. 14.1-1: Allgemeine Struktur von Netzwerken und deren typische Funktionsbereiche
ISP: Internet Service Provider, NIP: Network Intrusion Prevention

In jedem Netzwerk sind daher folgende Funktionsbereiche zu unterscheiden:

Client-LAN

- *Client-Bereich als Client-LAN(s)*
  Zu diesem Bereich gehören alle als Client-Rechner bezeichneten Rechner und somit alle Netzwerkkomponenten, über die Client-Rechner an das Netzwerk angebunden werden, untereinander kommunizieren können und den Zugriff sowohl auf die im Datacenter untergebrachten Server als auch auf sämtliche Internetdienste haben. Der Clientbereich kann aus mehreren Client-LANs bestehen. Als Client-LAN wird hier ein LAN in einem Gebäude verstanden, das durch eine Vernetzung von

14.1 Moderne Netzstrukturen

Switches (insbesondere von L2- und L2/3-Switches) gebildet wird. Je nach Einsatzgebiet gehört ein Switch zu unterschiedlichen Zonen (im Folgenden als *Layer* bezeichnet):

▷ dem *Client Access Layer* oder

▷ dem *Distribution Layer* [Abb. 14.1-2].

- *Datacenter* (Serverbereich)
Zum *Datacenter* gehören alle Server und solche Netzwerkkomponenten, die den Zugriff auf das Netzwerk ermöglichen, sodass Daten zwischen Servern transferiert werden können und der Zugriff auf die Server sowohl von den Clients als auch vom Internet aus erfolgen kann. Dabei bilden die Netzwerkkomponenten, über den die im Datacenter untergebrachten Server angeschlossen sind, das *Server-LAN*. Mehrere Datacenter können über ein Core-Netzwerk verbunden sein, in das die Server-LANs münden. Diese können sogar in verschiedenen Gebäuden aufgebaut werden, wodurch verteilte Datacenter realisiert werden. Die im Server-LAN eingesetzten Switches sind hierarchisch in zwei Layer gegliedert:

    ▷ der *Server Access Layer* und

    ▷ der *Aggregation Layer* [Abb. 14.1-2].

    Um Daten auf den Servern einheitlich bereitzustellen und zu verwalten, können Server über sog. SAN (*Storage Area Network*) mit Speichersystemen kommunizieren.

    Server-LAN

- *Demilitarisierte Zone* (DMZ)
Sie stellt eine 'Pufferzone' im Netzwerk dar, in der spezielle Server wie z.B. DNS-, FTP- und E-Mail-Server untergebracht werden, um aus dem Intranet heraus öffentlich erreichbare Dienste erbringen zu können. Jede DMZ muss derartig eingerichtet werden, dass Rechner aus dem Internet auf Server in der DMZ zugreifen können, z.B. um beim DNS-Server die IP-Adresse des in der DMZ installierten Webservers abzufragen. Die DMZ wird in der Regel im Datacenter untergebracht.

    'Pufferzone' im Netzwerk

- *Internetzugang – Customer Premises Network* (CPN)
Dieser Funktionsbereich wird in der Regel durch eine redundante Auslegung von Routern zum Internetzugang realisiert. Der Übergang vom Internetzugang zum restlichen Netzwerkteil soll über ein *Network Intrusion Prevention System* (NIP-System)[1] erfolgen, um bösartige Angriffe aus dem Internet zu verhindern.

    Internetzugang

- *Core-Netzwerk*[2]
Diesen *Kernbereich* bilden die zentralen Netzwerkkomponenten, über die die anderen Netzwerkbereiche, d.h. in mehreren Gebäuden eingerichteten Client-LANs, Server-LAN aus dem Datacenter und Internetzugangsbereich, miteinander integriert sind. Das Core-Netzwerk kann als zentrale 'Drehscheibe' im Netzwerk angesehen werden.

    Zentrale 'Drehscheibe'

14.1.2 Strukturierter Aufbau von Netzwerken

Allgemeine Netzwerkstruktur

In Anlehnung an Abb. 14.1-1 illustriert Abb. 14.1-2 das allgemeine Prinzip, nach dem Netzwerke heutzutage aufgebaut werden – unabhängig davon, ob es sich um ein Netzwerk in einem Gebäude handelt oder um ein Netzwerk, das mehrere Gebäude umfasst. Hervorzuheben ist aber noch, dass die hier dargestellte Netzwerkstruktur keine redundanten Komponenten enthält und folglich wegen möglicher Ausfälle keine hohe Verfügbarkeit der Netzwerkdienste garantieren kann.

Access Layer

1. Zur Anbindung der Client-Rechner und anderer Endkomponenten wie z.B. IP-Telefone, Drucker und auch der heute üblichen *Access Points* zur Bereitstellung von WLANs über das kabelgebundene LAN werden in der Regel L2-Switches eingesetzt. Diese bilden einen *Client Access Layer*. Aus diesem Grund werden die zu diesem Layer gehörenden Switches auch als *Access Switches* bezeichnet.

Distribution (Aggregation) Layer

2. Zur Zusammenführung der IP-Kommunikation der verschiedenen Access Switches werden diese an *Distribution Switches*[3] angeschlossen, die somit einen *Distribution Layer* bilden. Wie der Name 'Distribution Switch' bereits andeutet, dient dieser als Distributionspunkt zwischen den Access Switches. Andererseits aggregiert (konzentriert) der Distribution Switch den von einem Access Switch ankommenden Datenverkehr, der zu Servern und in das Internet geführt werden soll. Folglich realisiert jeder Distribution Switch auch eine Aggregation des Datenverkehrs. Deswegen werden die Distribution Switches seitens der Server – also im Server-LAN – als *Aggregation Switches* bezeichnet, und demzufolge spricht man im Server-LAN von einem *Aggregation Layer*.

Core-Netzwerk als 'Autobahn'

3. Das Core-Netzwerk als Kernbereich stellt einen Netzwerkteil dar, der mit einer 'Autobahn' vergleichbar ist. Dieser Bereich kann in Abhängigkeit von der Netzwerkgröße unterschiedlich gestaltet werden. Im Kernbereich werden heute bereits leistungsfähige L2/3-Switches mit integrierter Routing-Funktion und mit Unterstützung von GE, 10GE und 40GE und sogar 100GE (Gigabit Ethernet) installiert.

Funktionen des Kernbereichs

Wie Abb. 14.1-2 darstellt, hat der Kernbereich (Core-Netzwerk) die folgenden drei wichtigen Funktionen zu erfüllen:

- die Distribution Switches miteinander so zu vernetzen, dass eine uneingeschränkte Kommunikation zwischen Client-Rechnern in mehreren, z.B. in verschiedenen Gebäuden installierten Client-LAN garantiert werden kann. Die Kommunikation zwischen Client-Rechnern aus verschiedenen Client-LANs verläuft somit über das Core-Netzwerk,
- den Client-Rechnern den Zugang zum Server-LAN mit allen dort installierten Servern zu ermöglichen, damit die Client-Server-Kommunikation stattfinden kann, und
- sowohl den Client-Rechnern als auch den im Datacenter untergebrachten Servern die Kommunikation mit den Rechnern im Internet zu ermöglichen.

---

[1] Eine Firewall stellt nur eine Sonderform eines NIP-Systems dar.
[2] Noch in den 90er Jahren wurde nicht vom Kernbereich gesprochen, sondern vom Backbone-Bereich.
[3] Die Funktion von Distribution Switches hängt von der Größe des Netzwerks ab. In einem kleinen Netzwerk, z.B. in einem Gebäude und ohne Bildung von IP-Subnetzen, kann als Distribution Switch auch ein L2-Switch dienen. In größeren Netzwerken mit IP-Subnetzen in Form von sog. VLANs (*Virtual LAN*) ist im Distribution Switch eine Routing-Funktion nötig. Als Distribution Switches werden oft *Multilayer-Switches* (d.h. L2- und L3-Switches, kurz L2/3-Switches) eingesetzt.

14.2 Virtual Networking in LANs

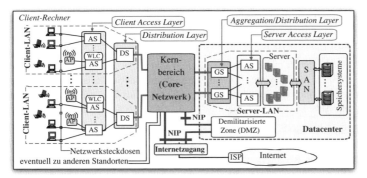

Abb. 14.1-2: Strukturierter Aufbau eines Netzwerks in Form einer Multilayer-Struktur
AP: Access Point, AS: Access Switch, DS: Distribution Switch, GS: Aggregation Switch, SAN: Storage Area Network, WLC: WLAN Controller; Abkürzungen wie in Abb. 14.1-1

14.2 Virtual Networking in LANs

Ein lokales Netzwerk – also ein LAN – sollte an die Organisationsstrukturen im Unternehmen und an die Bedürfnisse von Benutzern einfach adaptierbar sein. Eine solche Anpassung erfolgt durch eine entsprechende Bildung von aus Benutzerrechnern (von Client-Rechnern) und aus Servern bestehenden Gruppen von Rechnern. Da diese Rechner untereinander über ein LAN vernetzt sind, bezeichnet man eine derartige Vernetzung als VLAN (*Virtual LAN*). Durch die Bildung von VLANs können die aus der Unternehmensorganisation hervorgehenden 'Arbeitsgruppen' eingerichtet werden, wodurch das Netzwerk quasi die Organisationsstruktur des Unternehmens abbildet.

VLAN

14.2.1 Arten und Einsatz von VLANs

Abb. 14.2-1 illustriert die Bildung von VLANs. Diese erfolgt durch die Gruppierung von an L2-Switches angeschlossenen Rechnern und dabei sowohl der Clients als auch der Server. Es sei hervorgehoben, dass L2-Switches als Access Switches fungieren [Abb. 14.1-2] und dass heutzutage fast alle L2-Switches die Bildung von VLANs unterstützen.

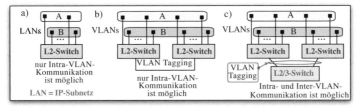

Abb. 14.2-1: Bildung und Arten von VLANs: a) L2-Switch beschränkte VLANs; b) und c) L2-Switch-übergreifende VLANs

Der Einsatz von VLANs führt zu einer logischen Strukturierung der Netzwerke. Somit ist beim Design eines Netzwerks zwischen physikalischer und logischer Netzwerk-

VLANs als IP-Subnetze

strukturierung zu unterscheiden. Da VLANs in der Regel als *IP-Subnetze* (bzw. kurz *Subnetze*) eingerichtet werden, bildet die Struktur der VLANs somit einen De-facto Verbund von IP-Subnetzen.

VLAN-Identifier

Jedes VLAN besitzt einen Identifier, kurz VID (*VLAN Identifier*) genannt und hat eine beschränkte 'Reichweite'. Dieser kann nämlich entweder auf einen L2-Switch beschränkt oder aber L2-Switch-übergreifend sein. Um dies näher zu erläutern, veranschaulicht Abb. 14.2-1 drei Fälle:

a) An einem L2-Switch können mehrere, zu einem L2-Switch beschränkte VLANs – als Gruppen von Rechnern – gebildet werden, und hierbei ist nur die Kommunikation zwischen Rechnern innerhalb eines VLAN möglich, also nur die Intra-VLAN-Kommunikation. Werden VLANs als IP-Subnetze eingerichtet, ist eine Routing-Funktion nötig, um die Kommunikation zwischen Rechnern aus verschiedenen VLANs, also die Inter-VLAN-Kommunikation, zu ermöglichen.

b) Sind mehrere L2-Switches über feste physikalische Leitungen miteinander verbunden, können mehrere, L2-Switch-übergreifende VLANs gebildet werden. Die Intra-VLAN-Kommunikation in jedem VLAN ist nur dann möglich, falls die zwischen den L2-Switches übermittelten Ethernet-Frames die Angabe VID enthalten, also darauf verweisen, zu welchen VLAN die beiden Quell- und Zielrechner gehören. Dies bezeichnet man als *VLAN Tagging* bzw. man spricht man auch von *VLAN Trunking* [Abb. 14.6-2]. Wie im Weiteren gezeigt wird [Abschnitt 14.2.4], hat VLAN Tagging in Netzwerken eine fundamentale Bedeutung.

c) Werden mehrere L2-Switches über einen L2/L3-Switch (*Multilayer-Switch*) verbunden und wird VLAN Trunking auf den Leitungen zwischen L2-Switches und L2/L3-Switch realisiert, können mehrere, L2-Switch-übergreifende VLANs gebildet werden. Hierbei kann sowohl die Intra-VLAN-Kommunikation in jedem VLAN stattfindet und die Inter-VLAN-Kommunikation ist auch möglich. Daher fungiert L3-Switching im L2/L3-Switch praktisch als Routing [Abb. 14.3-2].

Um *Virtual Networking*, also VLANs und deren Vernetzung, in lokalen Netzwerken ausführlicher darstellen zu können, gehen wir zunächst auf die Prinzipien von Layer-2- und Layer-3-Switching ein.

14.2.2 Layer-2-Switching

Als Access Switches in Netzwerken (siehe Abb. 14.1-2) setzt man in der Regel die L2-Switches ein. Deren Struktur und Funktionsweise möchten wir jetzt anhand von Abb. 14.2-2 kurz erläutern.

L2 Forwarding Table

Ein L2-Switch hat die Aufgabe, jeden empfangenen Ethernet-Frame aufgrund seiner MAC-Zieladresse an einen seiner Ausgangsports weiterzuleiten. Jeder L2-Switch muss daher wissen, welche MAC-Adressen über jeden seiner Ausgangsports zu erreichen sind. Hierfür enthält er eine L2-Weiterleitungstabelle (als *L2 Forwarding Table* (kurz L2-FT) bezeichnet) mit den Zuordnungen:

MAC-Adresse ⇒ Portnummer.

Bildung von VLANs

Die an einem L2-Switch angeschlossenen Rechner können verschiedenen, als IP-Subnetze eingerichteten VLANs angehören. Jedem VLAN wird eine eindeutige Iden-

14.2 Virtual Networking in LANs

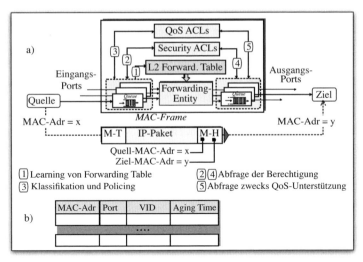

Abb. 14.2-2: Funktionsweise von L2-Switches: a) logische Struktur, b) L2 Forwarding Table
M-H: MAC-Header, M-T: MAC-Trailer, QoS: Quality of Service

tifikation zugeordnet, die sog. VID (*VLAN Identifier*)[4]. Damit der L2-Switch die Bildung von VLANs unterstützen kann, muss in seiner L2-FT durch die Eintragung einer VIDs die Zugehörigkeit jedes Ports zu einem VLAN angegeben werden [Abb. 14.2-2b]. In einfachen L2-Switches ohne Unterstützung der Bildung von VLANs enthalten deren L2-FTs zusätzlich eine Spalte mit VID. Abb. 14.2-3 zeigt, welche Aufgaben jeder Switch bei der Weiterleitung jedes empfangenen MAC-Frames in der Regel 'erledigen' muss.

Bei der Weiterleitung jedes MAC-Frames werden im L2-Switch die in Abb. 14.2-2 dargestellten Aufgaben 1, 2, 3, 4 und 5 als Schritte A, B, C und D durchgeführt:

Schritte bei der Weiterleitung

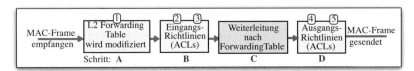

Abb. 14.2-3: Schritte im L2-Switch bei der Weiterleitung eines MAC-Frames
1,2,3,4 und 5 wie in Abb. 14.2-1

A: *Learning von L2-FT:* Nach Empfangen jedes MAC-Frames wird die Forwarding Table entsprechend modifiziert.

B: *Einhaltung von Eingangsrichtlinien:* Bei der Weiterleitung von Frames müssen in der Regel bestimmte Richtlinien eingehalten werden. Diese werden oft *Access Control Lists* (ACLs) genannt. Beispielsweise können in Security ACLs sicherheitsrelevante Berechtigungen einzelner Rechner gespeichert werden. In QoS-relevanten

---
[4]Die Zugehörigkeit eines MAC-Frames zu einem VLAN wird durch die Eintragung der VID im MAC-Header gekennzeichnet (gemäß IEEE 802.1Q bzw. dessen Erweiterung des MAC-Header, siehe http://www.ieee802.org/1/pages/802.1Q.html).

ACLs können Angaben gemacht werden, um empfangene MAC-Frames zu klassifizieren und ihnen verschiedene Prioritäten zuzuordnen, z.B. einem Frame mit Sprache eine höhere Priorität. Gemäß der Priorität werden die MAC-Frames vor der Weiterleitung in *Queues* (Warteschlangen) abgespeichert und später, zu gegebenen Zeitpunkten, weitergeleitet.

C: *Weiterleitung nach der L2-FT*

D: *Einhaltung von Ausgangsrichtlinien:* Auch vor Absenden von Frames müssen oft einige Richtlinien eingehalten werden. Beispielsweise werden die Frames gemäß deren Prioritäten in Queues am Ausgangsport vor der Leitung eingereicht.

Learning von L2-FT

Der L2-Switch ist in der Lage, seine L2-FT selbständig zu erstellen und zu aktualisieren. Hierfür wird die Quell-MAC-Adresse in jedem empfangenen Frame gelesen und die Forwarding Table wie folgt modifiziert:

- Ist diese MAC-Adresse noch nicht in der L2-FT eingetragen, notiert der Switch in einer neuen Zeile diese MAC-Adresse, den Port, auf dem der Frame empfangen wurde, die VID und die *Aging Time*[5].
- Ist diese MAC-Adresse bereits in der L2-FT vorhanden, setzt der Switch nur die *Aging Time* auf einen von vornherein festgelegten Anfangswert. Auf diese Weise wird eine Aktivität des Rechners vermerkt.

Prinzip der Weiterleitung

Um einen MAC-Frame mit einer Unicast-MAC-Adresse weiterzuleiten, vergleicht der L2-Switch dessen Zieladresse mit den bereits in seiner L2-FT eingetragenen MAC-Adressen. In der ersten Spalte [Abb. 14.2-2b] sind alle bekannten MAC-Adressen mit dem zugehörigen Ausgangsport gespeichert. Findet der L2-Switch dort eine Zeile mit der MAC-Zieladresse, leitet er den empfangenen Frame direkt über den in dieser Zeile angegebenen Port als Ausgang weiter.

Findet aber der L2-Switch in seiner L2-FT die MAC-Zieladresse aus dem empfangenen MAC-Frame nicht, dann verschickt er den Frame über alle Ports, die in den Zeilen mit derselben VID wie die, die im weiterzuleitenden Frame enthalten ist, eingetragen sind. In einem solchen Fall spricht man von '*unknown unicast flooding*'.

Abschließend sei hervorgehoben, dass im MAC-Frame, d.h. im Ethernet-Frame, während der Weiterleitung im L2-Switch keine Angabe verändert wird.

14.2.3 Layer-3-Switching

Layer-3-Switching als hardwarebasiertes Routing

Als Distribution Switches in Netzwerken (siehe Abb. 14.1-2) werden oft Layer-3-Switches (also L3-Switches) verwendet. Ein L3-Switch stellt eine Router-Variante dar, bei der die Weiterleitung von IP-Paketen hauptsächlich auf Hardware-Ebene durchgeführt wird. Abb. 14.2-4 illustriert die Aufgabe und logische Struktur von L3-Switches.

Ein L3-Switch dient somit als Router zur Vernetzung von als VLANs definierten IP-Subnetzen und hat keine Schnittstelle zu einem privaten WAN oder zum Internet. Ein

---

[5] Mittels der Aging Time (Lebensdauer) wird die Aktivität des betreffenden Rechners überwacht. Mit Aging Time wird angegeben, wie lange eine Zeile mit einer MAC-Adresse in der L2-FT bestehen soll. Ist ein Rechner während der Aging Time nicht aktiv, d.h. empfängt der L2-Switch während dieser Zeitdauer keinen Frame von diesem, geht er davon aus, dass der Rechner entweder 'umgezogen' oder ausgefallen ist, woraufhin die ihm entsprechende Zeile aus der L2-FT entfernt wird.

14.2 Virtual Networking in LANs

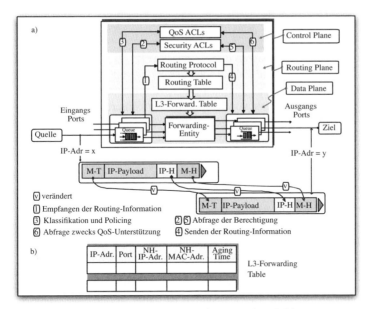

Abb. 14.2-4: L3-Switch: a) logische Struktur, b) L3 Forwarding Table
IH: IP-Header, NH: Next Hop; weitere Abkürzungen wie in Abb. 14.2-2

herkömmlicher Router leitet IP-Pakete, die normalerweise in MAC-Frames enthalten sind, anhand einer IP-Routing-Tabelle weiter. Allgemein gesagt besteht auch die Aufgabe von L3-Switches in der Weiterleitung von IP-Paketen, aber nun anhand einer *L3 Forwarding Table* (kurz L3-FT), die eine vereinfachte Routing-Tabelle darstellt und die der L3-Switch selbst aus seiner Routing-Tabelle ableiten kann.

Die Realisierung der Routing-Funktion im L3-Switch hat einige Vorteile. Vor allem in großen Netzwerken, die in kleinere IP-Subnetze als VLANs unterteilt werden, ermöglichen L3-Switches die Kommunikation zwischen Rechnern aus verschiedenen VLANs.

Wie Abb. 14.2-4 zum Ausdruck bringt, sind in der logischen Struktur eines L3-Switches folgende drei Ebenen, die *Planes*, zu unterscheiden:

Logische Struktur des L3-Switches

- Innerhalb der ersten Ebene – der *Data Plane* – mit einer *Forwarding Entity* (Weiterleitungsinstanz) und einer L3-FT erfolgt die Weiterleitung von Daten in Form von in MAC-Frames eingekapselten IP-Paketen.
- Die L3-FT wird aus der Routing Table abgeleitet, die innerhalb der Routing Plane nach einem Routing-Protokoll aufgebaut wird. Weil über L3-Switches überwiegend Kommunikation zwischen lokalen, als IP-Subnetze definierten VLANs erfolgt, wird hier oft RIP als Routing-Protokoll eingesetzt [Abschnitt 11.1].
- Bei der Weiterleitung von IP-Paketen sowie MAC-Frames [Abb. 14.2-4a] müssen bestimmte Eingangs- und Ausgangsrichtlinien eingehalten werden. Daher werden verschiedene *Access Control Lists* (ACL) im L3-Switch gespeichert. Sie werden zunächst unter Zuhilfenahme des Netzwerkmanagementsystems erstellt. Man könnte

neben den ACLs auch das Lernen der Forwarding Table der *Control Plane* zuordnen.

Erstellen der L3-FT

Router und L3-Switches besitzen mindestens eine IP-Adresse und eine MAC-Adresse. Daher kann ein L3-Switch IP-Pakete sowohl mit der Routing-Information von benachbarten L3-Switches bzw. von Routern erhalten, um seine Routing-Tabelle selbst zu generieren, als auch IP-Pakete von Rechnern zum Weiterleiten an andere IP-Subnetze empfangen. Abhängig davon, ob die IP-Zieladresse eines anderen L3-Switches oder die des Zielrechners im empfangenen IP-Paket enthalten ist, unterscheidet man folgende Fälle:

- Enthält das empfangene IP-Paket die IP-Adresse eines L3-Switches, dann stammt das IP-Paket in der Regel[6] von einem anderen L3-Switch und enthält Routing-Informationen. Somit wird dieses IP-Paket im L3-Switch interpretiert, um die Routing-Tabelle zu aktualisieren.
- Enthält aber ein empfangenes IP-Paket stattdessen die IP-Adresse eines Zielrechners, handelt es sich um ein IP-Paket, das weiterzuleiten ist.

Aktualisierung der L3-FT

Wie Abb. 14.2-4a zeigt, wird die L3-FT aus der Routing-Tabelle abgeleitet und enthält die gleichen Spalten. Der L3-Switch ist daher in der Lage, seine L3-FT selbständig zu erstellen. Bei der Weiterleitung jedes empfangenen IP-Pakets wird seine IP-Zieladresse gelesen und die L3-FT wie folgt modifiziert:

- Wurde die IP-Zieladresse noch nicht in die L3-FT eingetragen, dann ist dieses IP-Paket das erste des Datenstroms; es wird daher normal geroutet, d.h. zu diesem Zweck wird die Routing-Tabelle gelesen. Gleichzeitig werden dabei die Angaben aus den Spalten IP-Adresse, Port und Next-Hop-IP-Adresse aus der Zeile in der Routing-Tabelle, die der IP-Zieladresse im zu routenden IP-Paket entspricht, in die L3-FT übernommen. Zusätzlich wird für IPv4 mittels eines *ARP-Requests* die der IP-Zieladresse entsprechende MAC-Adresse ermittelt und diese in die Spalte Next-Hop-MAC-Adresse der L3-FT eingetragen[7], wobei noch die Angabe *Aging Time*[8] der L3-FT aktualisiert wird.
- Ist die IP-Zieladresse in der L3-FT bereits eingetragen, aktualisiert der L3-Switch nur die *Aging Time*, um dadurch die Aktivität des Rechners zu 'vermerken'.

14.2.4 Bedeutung von VLAN Tagging

Wie bereits in Abschnitt 14.2.1 erwähnt, wird ein VLAN in der Regel als IP-Subnetz eingerichtet. Um mehrere IP-Subnetze untereinander zu vernetzen und somit die Kommunikation zwischen den zu verschiedenen IP-Subnetzen gehörenden Rechnern zu ermöglichen, braucht man einen oder mehrere Router. Im Allgemeinen gilt folgende Aussage:

---

[6] Ein IP-Paket kann auch von einem Rechner stammen, um einen L3-Switch zu konfigurieren.
[7] Die Spalte mit der Next-Hop-MAC-Adresse ist oft in der klassischen Routing-Tabelle nicht vorhanden. Daher muss beim Absenden jedes IP-Pakets mithilfe von ARP die der IP-Zieladresse im IP-Paket entsprechende MAC-Adresse, die im MAC-Header einzutragen ist, ermittelt werden, und das kostet Zeit. Um diese Zeit zu reduzieren, ist es sinnvoll, die Next-Hop-MAC-Adresse in der L3-FT parat zu halten.
[8] Aging Time in der L3-FT hat die gleiche Bedeutung wie Aging Time in L2-FT des L2-Switches.

14.2 Virtual Networking in LANs

> Ein Router verbindet mehrere IP-Subnetze miteinander.

Daraus geht hervor, dass die über einen Router direkt zu verbindenden IP-Subnetze an den Router entsprechend angebunden werden müssen. Dies führt dazu, dass jedes IP-Subnetz an einen Port im Router angeschlossen werden muss. In der Vergangenheit, als noch keine Switches im Einsatz waren und man keine VLANs bilden konnte, wurden die IP-Subnetze – quasi wie getrennte Netzwerksegmente – an die physikalischen Ports der Router angeschlossen.

In modernen Netzwerken findet man besonders in deren inneren Bereichen keine physikalischen, in Form von Hardware-Komponenten installierten Router mehr, sondern nur am Netzwerkrand, um das Netzwerk an das Internet anzubinden. Im inneren Netzwerkbereich verwendet man heutzutage oft L2-Switches als Access Switches und Multilayer-Switches (d.h. L2/3-Switches) als Distribution oder als Aggregation Switches.

Notwendigkeit von VLAN Tagging

Die Funktion 'L3-Switching' stellt eine Routing-Instanz in einem L2/3-Switch dar. Falls mehrere als VLANs eingerichtete IP-Subnetze über die Routing-Instanz im L2/3-Switch miteinander verbunden werden, sind sie an die Routing-Instanz anzubinden. Dies wird über *virtuelle Links* realisiert und ist mittels des *VLAN Tagging* möglich. Abb. 14.2-5 veranschaulicht eine Situation, wo mehrere über L2-Switches verbundene VLANs als IP-Subnetze über einen Router zusammen geführt werden und welche Bedeutung hierbei VLAN Tagging besitzt.

Virtuelle Links

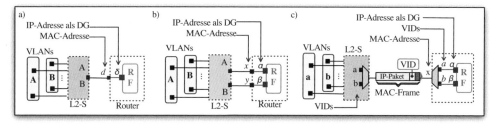

Abb. 14.2-5: Anbindung von VLANs an einen Router: a) über einen Link an einen sog. One-armed Router, b) über mehrere Links, c) über einen Link mit VLAN Tagging
DG: Default Gateway RF: Routing-Funktion, L2-S: Layer-2-Switch, VID: VLAN Identifier

Um die Anbindung von VLANs, die nun IP-Subnetze darstellen, an einen Router erläutern zu können, möchten wir nun das 'Sendeprinzip' von Rechnern in Erinnerung bringen. Dieses Prinzip kann wie folgt kurz formuliert werden:

Prinzip beim Absenden jedes IP-Pakets

> Befindet sich der Zielrechner im gleichen IP-Subnetz, wird das IP-Paket direkt an ihn geschickt. Befindet sich aber der Zielrechner nicht im gleichen IP-Subnetz, wird das IP-Paket an einen Router übergeben, der es daraufhin in ein anderes IP-Subnetz weiterleiten (routen) muss.

Zur Realisierung dieses Prinzip können den physikalischen Ports bzw. dem Router oder L3-Switch selbst unterschiedliche IP-Adressen z.B. pro VLAN zugewiesen werden. Bei der Konfiguration jedes Rechners in einem IP-Subnetz wird diesem die IP-Adresse eines Routers in seinem IP-Subnetz als *Default Gateway* mitgeteilt. Dorthin kann der Rechner IP-Pakete zur Weiterleitung in andere IP-Subnetze schicken. Da IP-Pakete in MAC-Frames eingekapselt sind, muss der Rechner auch die MAC-Adresse des Routers kennen, damit er die MAC-Frames an den Router übermitteln kann. Um die MAC-Adresse über die IP-Adresse zu Routers zu ermitteln, nutzt IPv4 das Protokoll ARP (*Address Resolution Protocol*) und bei IPv6 das Neighbor Discovery Protocol [Abschnitt 9.2].

Abb. 14.2-5 illustriert, wie mehrere, an einem L2-Switch eingerichtete VLANs an einen Router angebunden werden können. Die hier gezeigten Fälle lassen sich wie folgt kurz charakterisieren:

One-armed Router
- Anbindung über einen Link an einen *one-armed Router* [Abb. 14.2-5a]:
  Hier gehört der zum Router führende Port im L2-Switch zu beiden VLANs (**A** und **B**). Die Rechner in diesen VLANs, die hier auch als IP-Subnetze eingerichtet sind, werden mit der IP-Adresse δ des Router-Ports als Default Gateway konfiguriert.

  > Übermittelt ein Rechner beispielsweise aus dem VLAN **A** ein IP-Paket an einen Rechner im VLAN **B**, dann wird das IP-Paket im MAC-Frame an den Router übermittelt, d.h. an die MAC-Adresse d. Der Router nimmt das IP-Paket aus dem empfangenen MAC-Frame heraus, leitet dieses IP-Paket zum gleichen Port mit der IP-Adresse δ um, bettet das IP-Paket zum Absenden in einen neuen MAC-Frame mit der MAC-Adresse des Zielrechners als MAC-Zieladresse ein und sendet es anschließend ab. Da dem Router die IP-Adresse des Zielrechners aus dem IP-Header bekannt ist, kann er die MAC-Adresse des Zielrechners mittels des Protokolls ARP ermitteln.

Parallele Links
- Anbindung von VLANs über mehrere Links [Abb. 14.2-5b]:
  Hier wird jedes VLAN über einen individuellen Link an den Router angebunden. Die Rechner im VLAN **A** werden mit der IP-Adresse α als Default Gateway konfiguriert und dementsprechend die Rechner im VLAN **B** mit der IP-Adresse β.

  > Übermittelt ein Quellrechner aus dem VLAN **A** ein IP-Paket an Zielrechner im VLAN **B**, dann wird das Paket im MAC-Frame an den Router übermittelt, d.h. an die MAC-Adresse x, und dort an den virtuellen Port mit der IP-Adresse α übergeben. Der Router verhält sich dann folgendermaßen: Er nimmt das IP-Paket aus dem empfangenen MAC-Frame heraus, leitet das IP-Paket zum virtuellen, dem VLAN **B** zugewiesenen Port mit der IP-Adresse α, bettet zum Absenden das IP-Paket in einen neuen MAC-Frame ein, ersetzt in diesem u.a. die MAC-Zieladresse im MAC-Header durch die MAC-Adresse vom Zielrechner und sendet anschließend den MAC-Frame über den Port mit der MAC-Adresse y in das VLAN **B** weiter.

VLAN Tagging
- Anbindung von VLANs über einen Link mit *VLAN Tagging* [Abb. 14.2-5c]:
  Diese Situation entspricht weitgehend der Situation in Abb. 14.2-5b. Der Unterschied besteht aber darin, dass auf dem Link vom L2-Switch zum Router zwei virtuelle Links mittels der als VLAN Tag bezeichneten Angabe VID (*VLAN Identification*) – also quasi durch die Angabe einer VLAN-Nummer vor dem IP-Header

– gebildet werden⁹. Dieser Vorgang, VLAN Tagging genannt, hat eine fundamentale Bedeutung in modernen Netzwerken. Wie Abb. 14.2-5c illustriert, besteht die Bedeutung von VLAN Tagging darin, dass ein virtueller Port im Router mit einer IP-Adresse jedem VLAN zugewiesen wird. Dieser virtuelle Port besitzt eine IP-Adresse, die als Default Gateway für alle Rechner im betreffenden VLAN dient.

> Übermittelt ein Quellrechner aus dem VLAN mit `VID = a` ein IP-Paket an einen Zielrechner im VLAN mit `VID = b`, dann wird das Paket im MAC-Frame mit der Angabe `VID = a` an den Router übermittelt – d.h. an die MAC-Adresse x – und dort an den virtuellen Port mit der IP-Adresse α übergeben. Der Router verhält sich wie folgt: Er nimmt das IP-Paket aus dem empfangenen MAC-Frame heraus, leitet das IP-Paket zum virtuellen, dem VLAN *B* zugewiesenen Port der IP-Adresse β, bettet zum Absenden das IP-Paket in einen neuen MAC-Frame ein, ersetzt in diesem u.a. die MAC-Zieladresse im MAC-Header durch die MAC-Adresse vom Zielrechner und `VID = a` durch `VID = b` und sendet anschließend den MAC-Frame über den Port mit der MAC-Adresse x in das VLAN **B** weiter.

14.3 Bildung von VLANs im Client-LAN

Nachdem wir bereits die Bedeutung von VLAN Tagging bei der Anbindung von als IP-Subnetzen definierten VLANs am Router erläutert haben [Abb. 14.2-5c], zeigen wir jetzt, dass VLAN Tagging eine fundamentale Bedeutung in modernen Netzwerken hat. Diese besteht darin, dass VLAN Tagging ermöglicht, VLANs an virtuelle Ports von L3-Switching-Instanzen (de facto von Routing-Instanzen [Abb. 14.2-4]) anzubinden. Dank VLAN Tagging entsteht die Möglichkeit, die Client-Rechner und Server in Netzwerken fast beliebig zu gruppieren, die dadurch entstandenen Gruppen als VLANs einzurichten, dann als IP-Subnetze zu definieren und sie an L3-Switching-Instanzen in Distribution, Aggregation oder Core Switches logisch anzubinden. Im Folgenden möchten wir dieses fundamentale Konzept näher zum Ausdruck bringen.

14.3.1 Intra- und Inter-VLAN-Kommunikation

Abb. 14.3-1 zeigt hierfür VLANs mit verschiedener 'Reichweite', nämlich *auf einen Access-Switch beschränkte VLANs* sowie *Access-Switch-übergreifende und auf einen Distribution Switch beschränkte VLANs*. Dabei wird illustriert, wie ein Distribution Switch die Kommunikation zwischen diesen beiden VLAN-Arten unterstützt. Anhand der hier dargestellten Beispiele möchten wir die Prinzipien der Intra-VLAN-Kommunikation sowie der Inter-VLAN-Kommunikation näher erläutern.

VLAN Tagging im Client-LAN

In Abb. 14.3-1 wird hervorgehoben, dass in der Regel jeder Distribution Switch (ebenso wie auch jeder Aggregation Switch) ein Multilayer-Switch ist, d.h. er realisiert sowohl L2-Switching als auch *hardwarebeschleunigtes Routing* als L3-Switching. Folglich ist er in Kombination ein L2/3-Switch. Beim Netzwerkdesign sind daher

---
⁹Dies bedeutet eine Aufteilung – oft als *Trunking* bezeichnet – eines physikalischen Links auf mehrere virtuelle Links, wobei jeder virtuelle Link nur einem bestimmten VLAN zugeteilt ist. In diesem Zusammenhang spricht man auch von *VLAN Trunking*.

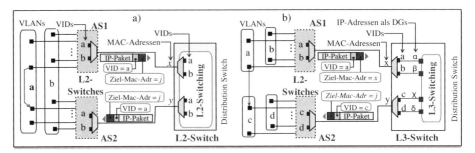

Abb. 14.3-1: VLANs im Client-LAN und Prinzipien der Kommunikation: a) Access-Switch-übergreifende VLANs, b) auf einen Access-Switch-beschränkte VLANs
AS: Access Switch, DG: Default Gateway, VID: VLAN Identifier

die folgenden Kenntnisse von großer Bedeutung: Wann realisiert ein L2/3-Switch das L2-Switching und wann das L3-Switching? Oder anders gefragt: Wann dient ein L2/3-Switch als L2-Switch und wann als L3-Switch?

Nach dem Empfang jedes MAC-Frames liest jeder L2/3-Switch in diesem Frame die MAC-Zieladresse und verhält sich danach wie folgt:

Intra-VLAN-Kommunikation: L2/3-Switch ⇒ L2-Switch

- **L2/3-Switch dient als L2-Switch**: Ist die MAC-Zieladresse nicht seine MAC-Adresse, dient der L2/3-Switch als L2-Switch, d.h. er leitet den empfangenen Frame nach seiner L2 Forwarding Table weiter, führt also ein L2-Switching durch. Dies bedeutet, dass die Kommunikation zwischen Rechnern aus dem gleichen IP-Subnetz (dem gleichen VLAN bei der Intra-VLAN-Kommunikation) nur über L2-Switches erfolgt. In diesem Fall werden zwischen den kommunizierenden Rechnern unterwegs die 'vollständigen', unveränderten MAC-Frames (Ethernet-Frames) übermittelt.

> In Abb. 14.3-1a gehören die Uplink-Ports in beiden Access Switches (AS) zu den beiden VLANs mit VID = a und VID = b. Übermittelt beispielsweise ein Rechner mit der MAC-Adresse i am AS1 aus dem VLAN mit VID = a einen MAC-Frame mit der MAC-Zieladresse j eines Rechners am AS2 im VLAN ebenso mit VID = a, dann wird der MAC-Frame nach der L2 Forwarding Table (L2-FT) im AS1 über den Uplink-Port an den Distribution Switch (DS) übermittelt. Da die MAC-Zieladresse j nicht die MAC-Adresse vom DS ist, verhält er sich als L2-Switch und leitet diesen MAC-Frame nach seiner L2-FT über Port mit der MAC-Quelladresse y zum AS2. Im AS2 wird der MAC-Frame nach der Angabe VID = a, der MAC-Zieladresse j und der L2-FT vom AS2, zum Zielrechner weitergeleitet.

Inter-VLAN-Kommunikation: L2/3-Switch ⇒ L3-Switch

- **L2/3-Switch dient als L3-Switch**: Ist die MAC-Zieladresse seine MAC-Adresse, dient der L2/3-Switch als L3-Switch, d.h, er fungiert de facto als Router und leitet den Frame nach seiner Routing-Tabelle (L3 Forwarding Table, [Abb. 14.2-4]) weiter und führt demnach ein Routing durch. Dies bedeutet [Abb. 14.3-1b], dass die Kommunikation zwischen Rechnern aus verschiedenen IP-Subnetzen, bzw. aus verschiedenen VLANs, also Inter-VLAN-Kommunikation (dem Distribution Layer bzw. auch Aggregation Layer) nur über L3-Switches erfolgt, die als Router zwischen VLANs dienen. In diesem Fall werden zwischen den kommunizierenden Rechnern nur IP-Pakete (unterwegs unverändert!) übermittelt; für die Übermittlung

14.3 Bildung von VLANs im Client-LAN

jedes IP-Pakets wird auf jedem Übermittlungsabschnitt ein neuer MAC-Frame generiert.

In Abb. 14.3-1b gehören der Uplink-Port im AS1 zu den VLANs mit VID = a und VID = b und der Uplink-Port im AS2 zu den VLANs mit VID = c und VID = d. Übermittelt beispielsweise ein Rechner mit der MAC-Adresse i am AS1 aus dem VLAN mit VID = a ein IP-Paket an einen Rechner am AS2 im VLAN mit VID = c, also in einem anderen VLAN, dann wird das IP-Paket in einen MAC-Frame eingebettet und an den Port im Distribution Switch (DS) gezielt abgeschickt, d.h. im MAC-Frame mit der MAC-Zieladresse x des DS-Ports. Da die MAC-Zieladresse x die MAC-Adresse vom DS ist, verhält sich der DS als L3-Switch tatsächlich wie ein Router und leitet das im MAC-Frame enthaltene IP-Paket nach seiner L3 Forwarding Table weiter, also nach seiner Routing-Tabelle [Abb. 14.2-4].

Der L3-Switch verhält sich folgendermaßen: Er nimmt das IP-Paket aus dem empfangenen MAC-Frame heraus, leitet das IP-Paket zum virtuellen, dem VLAN mit VID = c zugewiesenen Port mit der IP-Adresse χ weiter und bettet zum Absenden das IP-Paket in einen neuen MAC-Frame ein, ersetzt in diesem u.a. die MAC-Zieladresse im MAC-Header durch die MAC-Adresse j vom Zielrechner VID = a durch VID = c und sendet anschließend den MAC-Frame über den Port mit der MAC-Adresse y in das VLAN mit VID = c weiter. Da dem L3-Switch die IP-Adresse des Zielrechners aus dem IP-Header bekannt ist, kann er dessen MAC-Adresse mittels ARP ermitteln.

14.3.2 Modell der Bildung von VLANs im Client-LAN

Nachdem wir bereits in Abb. 14.3-1 die Möglichkeiten der Gruppierung von Rechnern in einem Client-LAN näher erläutert haben, möchten wir nun noch ein allgemeines Modell für die Bildung von VLANs im Client-LAN kurz in Erinnerung rufen. Abb. 14.3-2 illustriert dieses.

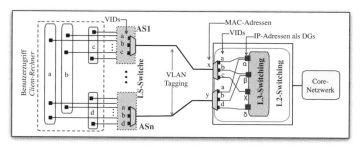

Abb. 14.3-2: Allgemeines Modell für die Bildung von VLANs im Client-LAN
AS: Access Switch, DG: Default Gateway, VID: VLAN Identifier

Hier soll zunächst festgehalten werden, dass es wie verschiedene Arten von VLANs gibt: 'Auf einen Access Switch beschränkte VLANs' als auch 'Access Switch übergreifende und auf einen Distribution Switch beschränkte VLANs'. Letztere werden aus den an mehreren Access Switches angeschlossenen Benutzerrechnern gebildet und wie diese VLANs dank VLAN Tagging an virtuelle Ports der L3-Switching-Instanz in einem Distribution Switch angebunden.

Bedeutung des Modells in Abb. 14.3-2

Es ist anzumerken, dass die IP-Adressen von virtuellen Ports der L3-Switching-Instanz als *Default Gateway* (DG) dienen und dass sie allen Rechnern in den einzelnen VLANs bei deren Konfiguration bekannt gemacht werden müssen. Aus diesem Grund kann das in Abb. 14.3-2 gezeigte Modell für die Bildung von VLANs im Client-LAN als 'Ideenlieferant' zur Erstellung der IP-Adressierungspläne dienen.

14.4 Bildung von VLANs im Server-LAN

Dank der Virtualisierung von Rechnern besteht in Datacentern die Möglichkeit, auf einem physischen Server ein virtuelles Netzwerk zur Verfügung zu stellen, welches aus mehreren virtuellen Ethernet-Switches und aus den über sie verbundenen virtuellen Rechnern, sog. virtuellen Maschinen (*Virtual Machines*, VMs), besteht. Die Nutzung von virtuellen Maschinen als Server, also die Servervirtualisierung, führt dazu, dass die Bildung von VLANs im Server-LAN im Vergleich zur Bildung von VLANs im Client-LAN viel komplexer ist, was wir nun näher beleuchten möchten.

14.4.1 Multilayer-Struktur im Server-LAN

Einsatz von BPE — Die Servervirtualisierung und das immer öfter dabei eingesetzte Konzept von BPE (*Bridge Port Extension*) haben große Auswirkung auf die Gestaltung von Server-LANs und mithin auch von Datacentern. Wie Abb. 14.4-1 zeigt, entsteht im Server-LAN eine Multilayer-Struktur. Ein Server-LAN mit virtuellen Servern enthält folgende Layer:

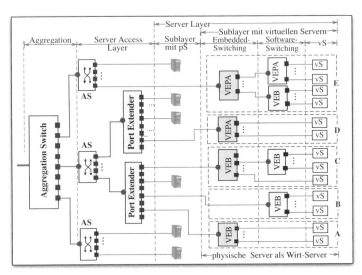

Abb. 14.4-1: Typische Multilayer-Struktur im Server-LAN infolge der Servervirtualisierung
p/vS: physischer /virtueller Server, VEB: Virtual Ethernet Bridge – d.h. virtueller L2-Switch, VEPA: Virtual Ethernet Port Aggregator

14.4 Bildung von VLANs im Server-LAN

- *Aggregation Layer*: Zu diesem Layer gehören Aggregation Switches. An einen Aggregation Switch können sowohl herkömmliche (L2-)Access Switches als auch *Port Extender* (PE) angeschlossen werden.
- *Server Access Layer*: Zu diesem Layer gehören herkömmliche Access Switches und PEs zum Anschluss von physikalischen Servern, wobei einige von ihnen Wirt-Server mit virtuellen Servern sein können.
- *Server Layer*: In diesem Layer sind folgende zwei Teile zu unterscheiden: 'Sublayer mit physikalischen Servern' und 'Sublayer mit virtualisierten Servern'.

Ein Wirt-Server mit virtuellen Servern kann ein oder auch mehrere virtuelle Netzwerke enthalten, die hierarchisch und sogar baumartig strukturiert sein können. Demzufolge kann der Sublayer mit virtuellen Servern noch weiter aufgeteilt werden, sodass in einem Wirt-Server folgende funktionelle Sublayer vorkommen können:

Sublayer im Wirt-Server

- *Sublayer mit Embedded Switches*: Hierbei handelt es sich um L2-Switches (Ethernet-Switches), die auf Ethernet-Adapterkarten – insbesondere auf 10GE-, 40GE- bzw. 100GE-Adapterkarten – von Wirt-Servern als *Embedded-System* realisiert werden. Eine solche Adapterkarte kann – dank einem eingebetteten Switch (VEB oder VEPA) – beispielsweise mehrere emulierte Adapterkarten zur Anbindung von virtuellen Servern zur Verfügung stellen. In den Wirt-Servern A, C, D und E ist das der Fall.
- *Sublayer mit Software-Switches*: Zu diesem Sublayer gehören die in Wirt-Servern B, C und E innerhalb von sog. Hypervisors[10] softwaremäßig realisierten Switches.
- *Sublayer mit virtuellen Servern*: Diesem Sublayer werden die in Wirt-Servern implementierten virtuellen Server zugeordnet.

Die in Abb. 14.4-1 gezeigte Multilayer-Struktur eines Server-LAN muss bei der Bildung von VLANs mit virtuellen Servern berücksichtigt werden.

14.4.2 Anbindung virtueller Server an Access Switches

Bei der Bildung von VLANs mit virtuellen Servern besteht das Problem, dass die über das VLAN eingerichteten und letztlich als IP-Subnetze definierten Gruppen von virtuellen Servern zunächst an einen Access Switch und anschließend über die zugeordnete L3-Switching- bzw. Switching-Instanz (d.h. dem Aggregation Switch) angebunden werden. Dies ist vergleichbar mit VLANs für Benutzerrechner [Abb. 14.3-2]. Abb. 14.4-2 zeigt das Konzept, nach dem die VLANs mit virtuellen Servern an einen Server Access Switch angebunden werden. Dieses Konzept wurde aus dem als *Edge Virtual Bridging* (EVB) bezeichneten IEEE-Standard 802.1Qbg abgeleitet.

EVB

Betrachtet man einen Wirt-Server mit virtuellen Servern aus logischer Sicht, so enthält dieser zwei funktionelle Komponenten zur Anbindung von virtuellen Servern an das restliche Netzwerk:

Logische Architektur vom Wirt-Server

---

[10]Der Hypervisor in einem Wirt-Server ist eine Software-Komponente, die es mehreren, auf dem Wirt-Server implementierten virtuellen Rechnern ermöglicht, Hardware gemeinsam zu nutzen.

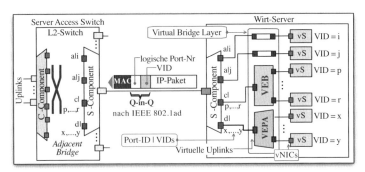

Abb. 14.4-2: Anbindung von VLANs mit virtuellen Servern an einen Access Switch
vS: virtueller Server, VEB: Virtual Ethernet Bridge, VEPA: Virtual Ethernet Port Aggregator, VID: VLAN Identifier, vNIC: virtual Network Interface Controller (virtuelle Adapterkarte), C/S-Component: Customer/Service-Component, 2PM: 2-Port-Modul

- ein *Virtual Bridge Layer* mit verschiedenen Arten von Switches, nämlich mit VEB- und VEPA-Switches sowie mit sog. 2-Port-Modulen zur direkten Anbindung von virtuellen Servern an einen externen Server Access Switch;
- ein oder mehrere als *S-Components* (S: *Service*) bezeichnete Multiplexer, um jeden physikalischen Uplink als Trunk Link auf mehrere virtuelle Kanäle, die *S-Channels*, aufteilen zu können.

An die virtuellen Ports von einem S-Component können sowohl VEB/VEPA-Switches als auch virtuelle Server angeschlossen und auf diese Weise über virtuelle S-Channels an den externen Server Access Switch angebunden werden. Der Access Switch kann über mehrere Uplinks an mehrere Aggregation Switches angeschlossen werden. Um diese Uplinks zu aggregieren und folglich gemeinsam nutzen zu können, enthält der Access Switch einen als S-Component bezeichneten Multiplexer.

Q-in-Q Tagging   **Bemerkung**: Aus Abb. 14.4-2 geht hervor, dass man zur Anbindung von virtuellen Servern an Server Access Switches das als Q-in-Q[11] bezeichnete Tagging verwendet. Mit dem ersten Q-Tag wird der logische Port im S-Component und mit dem zweiten der VID (*VLAN Identifier*) angegeben.

Die Struktur jedes Wirt-Servers soll dynamisch sein, d.h. es sollte zu jeder Zeit möglich sein, einen neuen virtuellen Server einzurichten, einen bereits installierten virtuellen Server zu entfernen, einen neuen Switch einzurichten bzw. einen bestehenden zu entfernen usw. Dies setzt voraus, dass die Anzahl von virtuellen Ports im S-Component und folglich auch von S-Channels veränderbar, also dynamisch sein muss.

14.4.3 Modelle der Bildung von VLANs im Server-LAN

Unter Berücksichtigung der in Abb. 14.4-1 gezeigten Multilayer-Struktur vom Server-LAN mit Servervirtualisierung und der in Abb. 14.4-2 dargestellten Anbindung von virtuellen Servern an externe Access Switches präsentiert Abb. 14.4-3 das allgemeine

---

[11] Q-in-Q Tagging nach dem IEEE-Standard 802.1ad bedeutet, dass man das *Q Tagging* (auch *VLAN Tagging* genannt und im IEEE-Standard 802.1Q definiert) zweimal nacheinander verwendet.

14.4 Bildung von VLANs im Server-LAN

Modell für die Bildung von VLANs in einem Server-LAN, also in einem Datacenter, und deren Anbindung an die L3-Switching-Instanz in einem Aggregation Switch.

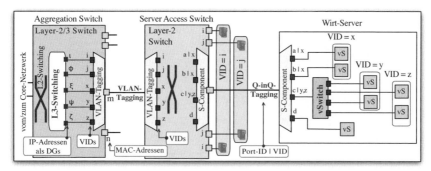

Abb. 14.4-3: Modell für die Bildung von VLANs im Server-LAN – der Fall: auf einen Access-Switch beschränkte VLANs
DG: Default Gateway, vS: virtueller Server, vSwitch: virtueller Switch (VEB, VEPA), ID: VLAN Identifier

Wie in Abb. 14.4-3 ersichtlich ist, können im Server-LAN sowohl physikalische als auch virtuelle Server zu VLANs gruppiert werden. Definiert man diese VLANs als IP-Subnetze, so muss jedem VLAN in der L3-Switching-Instanz (de facto in einer Routing-Instanz) in einem Aggregation Switch (d.h. in einem L2/3-Switch) ein Port sowie eine IP-Adresse, die als Default Gateway für alle Rechner im VLAN fungiert, zugewiesen werden. Das hier gezeigte Modell für die Bildung von VLANs im Server-LAN veranschaulicht einerseits die Bildung von VLANs im Server-LAN und andererseits deren Anbindung an die L3-Switching-Instanz im Aggregation Switch. Dieses Modell kann eine Hilfe bei der Konzeption der IP-Adressierung darstellen.

Nutzung des Modells in Abb. 14.4-1

Im Modell in Abb. 14.4-3 wurden nur 'auf einen Access Switch beschränkte VLANs' betrachtet. Die VLANs in einem Server-LAN können auch 'Access-Switch-übergreifend' sein und hierbei sowohl aus physikalischen Servern als auch aus virtuellen gebildet werden. Abb. 14.4-4 illustriert eben einen solchen Fall.

Das hier gezeigte Modell für die Bildung von VLANs im Server-LAN würde dem in Abb. 14.3-2 dargestellten Modell für die Bildung von VLANs im Client-LAN entsprechen. Alle Server im Server-LAN, die über Access Switches an einen Aggregation Switch – wie in Abb. 14.4-3 und Abb. 14.4-4 – angebunden sind, können beliebig gruppiert, als VLANs eingerichtet und als IP-Subnetze definiert werden. Die Kommunikation zwischen den so entstandenen VLANs – also Inter-VLAN-Routing – ermöglicht dann die L3-Switching-Instanz im Aggregation Switch, die hierfür eine Routing-Funktion realisiert.

Inter-VLAN-Routing im Aggregation Switch

Die Intra-VLAN-Kommunikation zwischen Servern innerhalb verschiedener VLANs verläuft dann wie folgt:

Intra-VLAN-Kommunikation

- zwischen virtuellen Servern in einem 'auf einen Wirt-Server beschränkten VLAN' über einen virtuellen Switch, der das L2-Switching im Wirt-Server realisiert [Abb. 14.4-3];

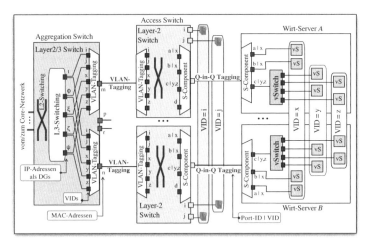

Abb. 14.4-4: Modell für die Bildung von VLANs im Server-LAN – der Fall:
Access-Switch-übergreifende VLANs
DG: Default Gateway, vS: virtueller Server, vSwitch: virtueller Switch (VEB, VEPA),
VID: VLAN Identifier

- zwischen physikalischen Servern in einem 'auf einen Access Switch beschränkten VLAN' über den als L2-Switch dienenden Access Switch [Abb. 14.4-3];
- zwischen virtuellen Servern in einem 'Access-Switch-übergreifenden VLAN' über einen Aggregation Switch, der auch als L2-Switch dient [Abb. 14.4-4];
- zwischen physikalischen Servern in einem 'Access-Switch-übergreifenden VLAN' über einen als L2-Switch dienenden Aggregation Switch [Abb. 14.4-3].

Die Kommunikation zwischen Servern, die über Access Switches an verschiedene Aggregation Switches angebunden sind, muss über das Core-Netzwerk verlaufen. Näheres hierüber ist in [BR13] erläutert.

Bemerkung: Die in Abb. 14.4-4 gezeigten VLANs mit virtuellen Servern erstrecken sich nur über diese Wirt-Server, welche lediglich über die L3-Switching-Instanz in einem Aggregation Switch untereinander vernetzt sind. Es besteht aber auch die Möglichkeit, VLANs mit virtuellen Servern einzurichten, welche sich über beliebig und sogar weltweit verteilte Wirt-Server erstrecken. Solche verteilten VLANs werden als VXLANs (*Virtual eXtensible LANs*) bezeichnet [Abschnitt 14.6].

14.5 Abgesicherte VPNs mit MACsec

MACsec ermöglicht die Verschlüsselung von MAC-Frames und deren Übertragung vorzugsweise über ein VLAN. Dies Verschlüsselung findet auf dem MAC-Layer statt und hat streng genommen mit IP-Netzen nichts zu tun. Allerdings werden hier Technologien eingesetzt, die unmittelbar aus dem Technologiefundus der IP-Netze entnommen wurden, speziell das in Abschnitt 6.4 vorgestellte IPsec als VPN sowie die Authentisierung gemäß IEEE 802.1X, also dem *Extensible Authentication Protocol EAP*, dessen Arbeitsweise wir in Abschnitt 6.5 erläutert haben.

14.5 Abgesicherte VPNs mit MACsec

Das MACsec-Protokoll wurde 2006 in WEEE 802.1AB[12] spezifiziert und bekam mit den Snowden-Veröffentlichungen über die NSA-Überwachung einen neuen Auftrieb. Wie auch IPSec löst MACsec die Sicherheitsanforderungen

- *Vertraulichkeit* mittels Verschlüsselung sowie
- *Authentizität* der Kommunikationspartner

allerdings nun auf Link-Level, d.h. in Switches und MACsec-fähigen Endkomponenten, dem *Datenlink*. Dies geschieht im Zusammenspiel mit der PHY-Schicht durch die Nutzung eines kontrollierten Ports, dessen Eigenschaften durch eine *Port Access Entity* PAE beschrieben wird. Im Gegensatz zu IPSec wird der Schlüsseltausch nicht mittels IKE(2), das eine PKI voraussetzt, sondern mittels EAP vorgenommen. Alternativ kann IEEE 802.1AB[13] auch wie IPSec mit *Pre-Shared Keys* eingesetzt werden.

MACsec ist ein Protokoll, das vornehmlich bei managed Ethernet-Switches eingesetzt wird [Abb. 14.5-3]:   MACsec auf Switches

- Eine Gruppe von Switches kann eine *Connectivity Association* CA bilden, die einen Satz gemeinsamer *Cipher Suites* und Schlüssel besitzt und aushandelt. Dies kann über einen *Network Identity* NID bekannt gemacht werden, die sich quasi als Kontrollgruppe im LAN darstellen. Diese Information kann durch die Angabe des IdP ergänzt werden, gegenüber der sich die einzelnen Mitglieder der Gruppe authentisieren müssen.
- Auf diesen Switches können Gruppen von Ports Switch-übergreifend organisiert werden, die gemeinsam eine *Security Association* SA darstellen.
- Für die Realisierung der SAs wird das *Layer Management Interface* LMI herangezogen, über das die notwendigen Parameter wie z.B. VLAN-Ids, SA *Member Identification* MI und natürlich auch die Schlüssel übertragen werden.
- Auf der Ebene der Security Association wird die Verschlüsselung der MAC-Frames vorgenommen, indem diese effektiv über das PHY-Modul des Ports realisiert wird.

MACsec lässt sich ausgezeichnet mit VLAN-basierten Netzstrukturen verknüpfen, wie sie in heute in Rechenzentren oder auch in der 'Cloud' genutzt werden. Somit unterstützt es auch 'Software Defined Networking', wie wir dies in den nächsten Kapiteln vorstellen. Zudem liefert es seinen Dienst neutral, d.h. als transparenter Übermittler unabhängig davon, ob Datenpakete mit einem IPv4- oder auch IPv6/IPSec-Payload zu transportieren sind. Selbstverständlich werden auch alle anderen MAC-basierten Nachrichten in Form verschlüsselter und authentisierter Frames übertragen. Bei IPv4 zählt hierzu im Besonderen das ARP [Abschnitt 3.6]. Unter Einsatz von MACsec kann das Spoofing von ARP-Nachrichten zumindest auf dem geschützten Datenlink unterbunden werden. Vergleichbares gilt natürlich auch für NDP und generell ICMPv6 [Kapitel 9].   MACsec & VLANs

Zwar ist MACsec prinzipiell für die Verschlüsselung der Kommunikation der Linkverbindungen zwischen Switches gedacht und somit in den managed Switches der   MACsec auf Rechnern

---

[12]siehe: https://standards.ieee.org/standard/802_1AE-2006.html
[13]Hierbei wurde zunächst auf den Standard http://www.ieee802.org/1/pages/802.1af.html
Bezug genommen, der nun Teil von IEEE 802.1X ist.

meisten Hersteller zu finden. Allerdings kann mittels MACsec auch der Link auf der 'last mile', also zwischen Switch und Endgerät geschützt werden. Hierzu muss der Rechner neben der üblicherweise vorhandenen Implementierung von VLANs auch noch MACsec unterstützen. Ein Ansatz hierfür liegt z.B. im Linux-Betriebssystem vor [ASM12], während die BSD Unix-Systeme hier noch keine Lösung bereitstellen.

MACsec Durchsatz

Die MACsec-Spezifikation IEEE 802.AEbw unterstützt das in Abschnitt 2.4 vorgestellte Verfahren AES-GCM, sodass bei Nutzung von Hardwareverschlüsselung auch ein hoher Durchsatz auf den Switches erzielt werden kann. Bei heutigen Uplink-'Geschwindigkeiten' von 40 GByte/s pro Uplink-Port entspricht dies bei minimalen Ethernet-Framegrössen von etwa 80 Byte einer Rate von mehr als 500 Millionen Frames/Sekunde, die ver- und entschlüsselt werden wollen! Die gesamte Verschlüsselungsleistung muss allerdings mit der Anzahl der verfügbaren Ports (unter Berücksichtigung der unterstützten Datenraten) multipliziert werden.

14.5.1 MACsec-Schlüsselhierarchien

IEEE 802.1AE nutzt in der Regel AES-GCM zur Verschlüsselung der Nutzlast. Wie auch bei IPSec stellen sich unmittelbar folgende Fragen:

1. Wie werden die Schlüssel bezogen?
2. Wie erfolgt die Generierung der Link-Schlüssel?
3. Wie koordinieren sich die MACsec-fähigen Devices untereinander, sodass auf dem Linksegment jeweils die gleichen Schlüssel genutzt werden?

Die notwendigen Schlüssel zur Authentisierung und Verschlüsselung der Nutzlast müssen den kommunizierenden Peers bekannt sein, die eine *Connectivity Association* CA bilden. Hierzu wird ein Schlüsselhierarchie herangezogen, auf deren einzelnen Ebenen die Schlüssel einen definierten *Scope* aufweisen, der die Nutzung des Schlüssels und seine Lebensweise umfasst.

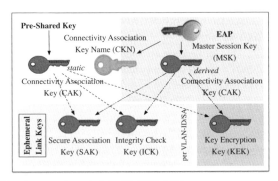

Abb. 14.5-1: Schlüsselverwendung bei IEEE 802.1AE

Bezug des Masterkeys

An der Spitze der Hierarchie steht ein langlebiger Masterschlüssel, der *Masterkey*, welcher bei IEEE 802.1AE auf unterschiedliche Weise bereitgestellt wird:

1. Auf beiden Devices – in der Regel Switches – werden *Pre-Shared Keys* (PSK) konfiguriert.

14.5 Abgesicherte VPNs mit MACsec

2. Das *Extensible Authentication Protocol* EAP wird befleißigt. Der Masterkey wird über das EAP-Verfahren (IEEE 802.1X) mittels der *EAP Method Key Derivation* [vgl. Abb. 6.5-5] aus dem *Master Session Key* MSK erzeugt, der Supplicant und Authenticator gleichermaßen zur Verfügung steht.
3. Ergänzend kann ein *Key Server* genutzt werden, der für eine Gruppe von MACsec-Devices Gruppenschlüssel (CAK) verteilt.

Die 'Identität' eines MACsec-Devices wird durch seinen *Connectivity Association Name* CKN und den (geheimen) *Connectivity Association Key* CAK festgelegt. Eine Gruppe von Komponenten kann auf diese Weise mit dem gleichen CAK ausgestattet werden; ein einzelnes Device ist daher über seinen CKN unterscheidbar.

Identitäten der MACsec-Devices

IEEE 802.1AE nutzt eine *Key Derivation Function* KDF, die als AES-CMAC [Abb. 2.3-1] vorliegt. Mittels dieser KDF werden die nachfolgenden Schlüssel erzeugt, die lediglich eine kurz- bzw. mittelfristige Lebensdauer aufweisen:

Key Derivation Function

- Der *Session Association Key* SAK, der periodisch gewechselt wird,
- der *Integrity Check Key* ICK sowie
- der *Key Encryption Key* KEK, der zum Austausch von SAK und ICK in der SA dient.

Die Schlüsselwechsel werden *stateful* vorgenommen, indem die Schlüssel über einen *Key Identifier* Key-Id geführt und mittels einer 32-bit-*Key Number* KN enummeriert werden. Die folgende Tabelle gibt einen Überblick über die unterschiedlichen MACsec-Schlüssel und wie sie erzeugt werden:

Masterschlüssel via	**PSK**	**EAP**
CKN	manuelle Vergabe	KDF(MSK,"IEEE8021 EAP CKN",EAP Session-Id,len)
CAK	PSK	KDF(MSK,"IEEE8021 EAP CAK",MAC-Adresse,len)
SAK	KDF(CAK,"IEEE8021 SAK",KS-Nonce,MI-value list,KN,len)	
ICK	KDF(CAK,"IEEE8021 ICK",Key-Id,len)	
KEK	KDF(CAK,"IEEE8021 KEK",Key-Id,len)	

Tab. 14.5-1: Erzeugung der MACsec-Schlüssel
 EAP: Extensible Authentication Protocol, PSK: Pre-Shared Key, CKN: Connectivity Association Name, CAK: Connectivity Association Key, SAK: Security Association Name, ICK: Integrity Check Key, Id: Identifier, MSK: Master Session Key, KEK: Key Encryption Key, KS: Key Server, KN: Key Number, MI: Member Identifier, len: length

Wir beachten, dass zur Generierung der Schlüssel jeweils eine bekannte Zeichenkette als Salt hinzugefügt wird. Beim CAK wird dies um ein Nonce (KS-Nonce) ergänzt, das mittels eines *Pseudo-Random Number Generator* PRNG pseudo-zufällig erzeugt wird. Die Schlüssellängen werden als *len* angegeben, wobei hier 128 oder 256 Bit gesetzt werden.

Der Austausch der temporären MACsec-Schlüssel ist Gegenstand des MACsec Agreement Protocols, das mittlerweile Teil von IEEE 802.1X ist, nachdem es zuvor in IEEE 802.1AF spezifiziert wurde.

14.5.2 Trusted MAC Frame Format

Damit MACsec Daten vertraulich übertragen kann, sind Erweiterungen des Standard-Ethernet-Frames notwendig, die den *Service Data Unit* SDU sowohl im Header als auch im Trailer erweitern (vgl. Abb. 2.2-2c).

Der zunächst vorgeschlagene Aufbau eines MACsec-Daten-Frames zeigt Abb. 14.5-2a. Das Ethernet-Frame wird im Header um einen *SecurityTag* und im Trailer um einen *Integrity Check Value* erweitert, was zusätzliche 32 Byte hinzufügt. Im Vergleich hierzu sind bei IPSec im Tunnelmode mit ergänzender GRE-Angabe etwa 74 Byte zu ergänzen.

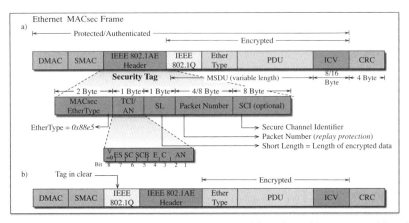

Abb. 14.5-2: Trusted MACsec Frame Format a) mit verschlüsseltem , b) mit unverschlüsseltem VLAN-Tag
DMAC: Destination MAC, SMAC: Source MAC, Etype: EtherType, PDU: Protocol Data Unit, MSDU: MAC Service Data Unit, ICV: Integrity Check Value, CRC: Cyclic Redundancy Check; weitere Abkürzungen siehe unterstehender Text

ICV Neben dem ICV, der auch schon bei IPSec zum Einsatz kommt (vgl. Abb. 6.4-7) und ergänzend zum CRC als GMAC mittels des ICK gebildet wird [Abb. 14.5-2a]:

```
ICV = AES-CMAC(ICK,protected Frame,128)
```

Dieser umfasst das Frame mit Ausnahme des CRC und liegt als 128-Bit-Wert vor.

SecurityTag Zentrale Security-Schaltstelle ist das MACsec *SecurityTag*. Hierin werden in Klartext folgende Informationen untergebracht [Abb. 14.5-2a]:

- Der MACsec EtherType, der immer den Wert 0x88e5 trägt und damit den Dateninhalt des Frames als *MAC Security* (IEEE 802.1AE) kennzeichnet.
- Die *TAG Control Information* (TCI) sowie das *Association Number*-Feld, mit dem ergänzende Angaben über die Arbeitsweise gemacht werden können:

  V Versionsnummer des MACSec-Protokolls (V=0),

  ES Nutzung der MAC-Source-Adresse in Ergänzung zum *Secure Channel Identifier* (SCI),

  SC Angabe, ob der SCI verschlüsselt vorliegt,

14.5 Abgesicherte VPNs mit MACsec

SCB *Secure Channel Broadcast* ohne Einsatz eines eigenen, verschlüsselten Kanals (SCI),

E Entnahme der MSPDU auf dem Switch, falls kein SAK dort vorliegt,

C Confidentiality Mode (C=1) oder nur Authentication (C=0) sowie letztlich

AN zwei Bit für die *Association Number* (AN), mittels derer für einen *Secure Channel* bis zur vier *Security Associations* (SA) definiert werden können.

- Die *Short Length*, mit der die Länge der verschlüsselten Nutzdaten mitgeteilt wird.
- Die *Packet Number*, mit der die Frames enummeriert werden und der als Schutz für Replay-Attacken vorgesehen ist. Dieser zunächst als 32 Bit vorgesehene Wert ist aber für 'schnelle' Verbindungen nicht mehr ausreichend. Wie bereits abgeschätzt, wäre dieser Wert im ungünstigsten Falle auf einem 40 GByte/s Link in 8 Sekunden (!) erschöpft. Daher wird in IEEE 802.1AEbw diese Feldgröße auf 64 Bit erweitert.
- Der *Secure Channel Identifier* (SCI), mit dem optional eine *Connectivity Association* (CA) beschrieben werden kann. Diese besteht aus der Konkatenierung der MAC-Adresse des Interfaces mit seiner VLAN-ID.

Es gilt zu beachten, dass neben der Verschlüsselung der MSDU, die optional ist (C=0 im SecurityTAG), der Großteil des Frames aber immer per *Galois Message Authentication Code* (GMAC) [Abb. 2.4-6] authentisiert und somit gegenüber Verfälschungen geschützt ist.

Wie in Abb. 14.5-1a dargestellt, wird die VLAN-Kennung gemäß IEEE 802.1Q obfuskiert. MACsec-Frames dieser Art lassen sich nur in einer Security Domain nutzen, wo die Link-Level- und Security-Parameter bekannt und in den CPE Switches deployed sind. MACsec funktioniert daher mit dieser Randbedingung nur Punkt-zu-Punkt, außer es würde ein Hub zwischengeschaltet und somit eine Punkt- zu Multipunktverbindung geschaffen. Dies ist allerdings unerwünscht.

MACsec → Punkt-zu-Punkt

Andererseits besteht ein großes Interesse, Wide Area Netzwerke (WANs) auf Basis von MACSec-VPNs über Providergrenzen zu betreiben. Dies erfordert Änderungen sowohl im Protokollablauf als auch im Frame-Aufbau. Eine populäre Änderung des Frame-Formats, die von Cisco vorgeschlagen wurde, ist die Umstellung des IEEE 802.1Q VLAN-Headers, der nun gemäß Abb. 14.5-2b immer in Klartext vorliegt. Hiermit ist es möglich, MACsec-Netze aufzubauen, die z.B. ein lokales Netz mit einem 'Schwarm' von Systemen in einer Cloud über verschlüsselte Datenlinks verbinden.

MACsec → WAN → Metro-Ethernet

Ist das VPN-Tag 'öffentlich' [Abb. 14.5-2b], können virtuelle Links über Grenzen durchgereicht werden. Ein zwischengeschalteter Switch (z.B. eines Providers) ist dann nicht in der Lage, den Inhalt eines MACsec-Frames zu verarbeiten. Aufgrund der VLAN-ID kann aber das Frame weitergeleitet werden, sofern hierüber eine Abmachung erzielt wurde. In diesem Fall bleibt das VLAN privat, und der Provider agiert nur als Übermittler, z.B. zwischen Standorten. Diese Art der Nutzung fungiert auch unter dem Begriff EPON (*Ethernet Passive Optical Network*); implementiert z.B. in Form des Standards 1000Base-PX40 als P2MP-Verbindung (Punkt-zu-Mehrpunkt).

14.5.3 MACsec-Implementierungsaspekte

Die Bereitstellung von MACsec für Switches umfasst umfangreiche Ergänzungen, die nicht nur implementiert, sondern auch überwacht werden müssen, sodass in der Regel nur *managed Switches*, üblicherweise auch in Form von *stacked Switches*, hierfür in Frage kommen [Abb. 14.5-3]:

- Eine *Key Agreement Entity* KaY wird als zentrale Schaltstelle für das stateful Schlüsselmanagement benötigt. Diese fungiert auf Switch-Ebene und kann als Repräsentant der *Connectivity Security Association* (CA) angesehen und über den CKN angesprochen werden. Wie erläutert, wird der CKN entweder manuell eingetragen oder beim EAP-Verfahren algorithmisch gebildet.
- Eine *MACsec Entity* SecY, die pro Port nicht nur für die Frame-Verschlüsselung verantwortlich ist, sondern auch Kenntnisse über seine Membership besitzen muss.
- Das *Layer Management Interface* LMI sorgt für die Verzahnung der Schichten 1 (PHY) und 2 (MAC), sodass die eigentliche Ver- und Entschlüsselung per AES-GCM nicht von der MAC-Einheit, sondern effizient auf der PHY-Schicht vorgenommen wird, wozu neben den Schlüsseln (CAK, ICK) auch die aktuelle Cipher-Suite bekannt sein muss. Über das LMI sind auch Informationen über das Trunking und die VLANs zu übertragen, sodass die Ports entsprechend konfiguriert werden können.
- Ggf. wird ein *EAP Supplicant* benötigt, über den der *Master Session Key* MSK per EAP von einen RADIUS-Server bezogen wird.

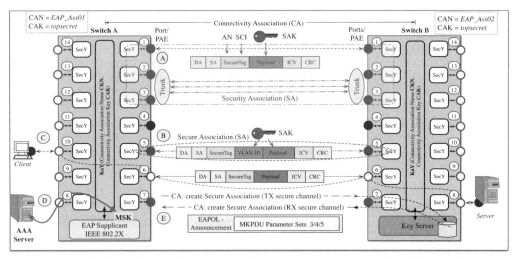

Abb. 14.5-3: Aufbau von MACsec-Switches und potenzieller Szenarien; die geschlossenen Kreise bei den Ports stellen MACsec-aktive Ports da, die offenen unverschlüsselte Ports. Die Szenarien Ⓐ bis Ⓓ werden im Text beschrieben
CA: Connectivity Association, CAN: Connectivity Association Name, CAK: Connectivity Association Key, PAE: Port Access Entity, SAK: Security Association Key, DA: Destination Address, SA: Source Address, ICV: Integrity Check Value, CRC: Cyclic Redundancy Check, MKPDU: MACsec Key Agreement Protocol Data Unit, TX: Transmit, RX: Receive

Use Cases

In Abb. 14.5-3 sind einige typische Anwendungsfälle mit den Buchstaben Ⓐ bis Ⓒ gekennzeichnet, die wir im Folgenden diskutieren möchten. Hierbei gehen wir zunächst davon aus, dass die beiden 14-Port-Switches bereits eine `Connectivity Association` CA eingegangen sind. Der linke Switch trägt den CKN `EAP_Ass01` und der rechte entsprechend `EAP_Ass02`, wobei beide ein gemeinsames Kennwort besitzen.

> Hier bilden die Ports 1 bis 3 gemeinsam eine *Security Association* und eine *Secure Channel ID* im *SecTag*. Die spiegelbildlichen Ports 2 und 3 auf beiden Switches bilden einen *Trunk*, der über das LMI bereitgestellt wird. Zusätzlich existiert über Port 1 eine Backup-Verbindung. Es wurde keine VLAN-ID vergeben. Der übertragene Payload, also die an den Switches ankommenden und abgehenden Ethernet-Frames, die über den Link weitergereicht werden, sind auf der Übertragungsstrecke durch den SAK verschlüsselt und über den ICK authentisiert und integritätsgesichert. Alternativ wäre es auch möglich gewesen, unterschiedliche Security Associations zu einem Secure Channel zusammenzufassen und mit unterschiedlichen Association Numbers zu führen. Mittels der enummerierten Angabe *Packet Number* im `IEEE 802.1AE`-Header sind die Frames auf dem Link auch gegen Replay-Attacken geschützt.

Fall Ⓐ

> Die Ports 4 und 5 auf beiden Switches sind für den Aufbau von VLANs konfiguriert. Per MACsec benutzt wird aber lediglich der Link über die beiden Ports 5. Empfangen die Switches Frames mit der gegebenen VLAN-ID, werden sie über diese Link-Verbindung weitergereicht. Hierbei wird die `IEEE 802.1Q` VLAN-Id im verschlüsselten Teil des MACsec-Frames übermittelt. Dies ermöglicht über einen physikalischen Switch den Aufbau von logisch getrennten und unabhängig gesicherten und verschlüsselten VLANs, was als multi-tenant (Mandanten-) Fähigkeit bezeichnet wird.

Fall Ⓑ

> MACsec-Verbindungen zwischen Endgeräten, die untereinander eine Security Association eingegangen sind (wie in diesem Fall gezeigt), werden über die 'offenen' Ports des Switch transparent durchgereicht. Die von Client und Server gebildeten Ethernet-Frames beinhalten in diesem Fall den EtherType `0x88e5` und kennzeichnen diese somit als MACsec-Frames. Daher können diese Frames von jedem Switch lediglich aufgrund der unverschlüsselten Informationen, d.h. der Destination- und Source-MAC-Adresse (DA/SA) geforwardet werden. Der eigentliche Inhalt – da verschlüsselt – bleibt im Verborgenen und kann auch nicht für Layer-3-Switching [Kapitel 15] genutzt werden.

Fall Ⓒ

Im Hinblick auf die Nutzung von MACsec ergeben sich zumindest noch folgende Probleme:

- *Ethernet ist ein Broadcast-LAN*:
  Frames mit einer Broadcast- oder Multicast-DA müssen sinnvoll ausgesteuert werden. Im Falle Ⓑ, d.h. bei einem VLAN, bildet das VLAN eine Broadcast-Domain. Im allgemeinen Fall Ⓐ werden diese Frames zwar verschlüsselt über den Link übertragen, sind aber auf allen anderen Ports des Switches unverschlüsselt zu empfangen. MACsec eignet sich daher in aller Strenge nur für einen Unicast-Datenverkehr. Mittels des Flag *Secure Channel Broadcast* im *Secure Tag*-Feld TCI [Abb. 14.5-2] können aber Broadcasts und Multicasts auf alle Ports (unverschlüsselt) weitergereicht werden, wodurch ein *Single Copy Broadcast* unterstützt wird.

- *VLAN-Id und Secure Channel ID sind kongruente Informationen*:
  Wie in Abb. 14.5-1a gezeigt und auch in Abb. 14.5-2 so genutzt, findet ein 'Mapping' zwischen der VLAN-Id und dem Secure Channel ID statt, die somit nicht unabhängig voneinander genutzt werden. Ungesicherte VLANs können somit nur über diese Security Association geführt werden. Alternativ könnte das von Cisco in Abb. 14.5-1b dargestellte und proprietäre Verfahren genutzt werden, die VLAN-Information außerhalb des geschützten Payloads unterzubringen.

14.5.4 MACsec Key Agreement Protocol & Security Association

Switches, die MACsec unterstützen, müssen umfangreiche zustandsbehaftete Operationen durchführen:

- Sofern kein PSK-Verfahren genutzt wird, muss der mit einer *Network Identity* NID versorgte Switch in eine oder mehrere *Connectivity Association*-Gruppen einbuchen und hierfür den hierfür relevanten Schlüssel [Abb. 14.5-1] beziehen.
- Es müssen die Ports (PAE) identifiziert werden, die mit ihren Peers auf den anderen Switches eine *Security Association* aufbauen, und hierfür müssen die Schlüssel (SAK) bezogen bzw. verteilt werden.
- Im Rahmen des *Key Schedules* sind Schlüssel neu zu erzeugen und zu wechseln.
- Die aktuelle Portkonfiguration ist zu überwachen (*liveness*) und das MACsec Portpeering vorzunehmen.
- Verbindungsfehler sind auszusteuern und zu monitoren; hierfür sind geeignete Fehlerzähler zu führen und das Auslesen zu gestatten oder Mitteilung hierüber als *Traps* zu versenden (PAE Management Information Base MIB).

Einige dieser Aufgaben sind in Abb. 14.5-3 dargestellt und dienen als Beispiel:

Fall Ⓓ
> Der Switch A verfügt über einen konfigurierten EAP-Supplicant. Der RADIUS-Server (AAA) ist über dessen Port 8 erreichbar. Über den RADIUS-Server kann der Masterkey bezogen werden. Die in UDP/RADIUS und schließlich in EAPOL Frames ausgetauschten Authentisierungsinformationen (vgl. Abb. 6.5-3) werden im Type EAPOL-SDU [Abb. 14.5-4] transportiert. Nach erfolgreicher Authentisierung steht der *Master Session Key* MSK zur Verfügung, aus dem der *Connectivity Association Key* CAK und der *Connectivity Association Name* CKN gebildet wird. Diese Information wird beim Key Server pro *Key Management Domain* KMD abgelegt [Switch B in Abb. 14.5-3].

Fall Ⓔ
> Die MACsec-enabled Switch-Ports müssen sich nun gegenüber dem Key Server B authentisieren, d.h. einloggen, indem CKN und CAK in EAPOL-Nachrichten mitgeteilt werden, wofür die KaY verantwortlich zeichnet. Zu den Aufgaben seitens des Key Servers zählt das Connection Caching und der Key Schedule. In Ergänzung hierzu zeichnen die PAEs für den Auf- und Abbau virtueller Kanäle im Rahmen einer *Connectivity Association* Verantwortung. Wird ein neuer gemeinsamer Port verfügbar gemacht, impliziert dies dessen Instantiierung seitens des SecY und des KaY sowie einen Eintrag in die Peer-Liste für diese *Security Association*. Für die aktuell genutzten Parameter kann ggf. auf früher genutzte Einstellungen zurückgegriffen werden.

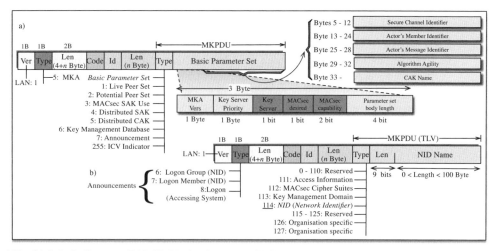

Abb. 14.5-4: Aufbau von EAPOL-Nachrichten mit MACsec PDUs a) vom Typ EAPOL-MKA und b) EAPOL-Announcement
Ver: Version, ID: Identifier, Len: Length, NID: Network Identity, TLV: Type-Length-Value; weitere Abkürzungen wie unter Abb. 14.5-3

> Beim SAK-Tausch werden die neuen Schlüssel mittels KEK verschlüsselt übertragen [Tab. 14.5-1].

Abb. 14.5-4 illustriert nur einen kleinen Teil der Möglichkeiten, die im Rahmen von MACsec für die Authentisierung und den Schlüsseltausch zur Verfügung stehen. Es wurde lediglich auf die EAPOL-Typen MKA (*MACsec Key Agreement Protocol*) und *Announcement* Bezug genommen. MACsec ist ein Protokoll, das zu vergleichbaren Anteilen auf den Spezifikationen von IEEE 802.1AE/IEEE 802.1X (*Network Access Control*) sowie dem IETF *Extensible Authentication Protocol* EAP, das in https://www.iana.org/assignments/eap-numbers/eap-numbers.xhtml registriert ist.

14.6 Virtual Networking mit TRILL und SPB

In den Abschnitten 14.3 und 14.4 haben wir die Bildung von VLANs – in der Tat *Virtual Networking* – im Client-LAN und im Server-LAN, also in relativ einfachen, aus Access Switches und Distribution/Aggregation Switches bestehenden Netzwerkstrukturen präsentiert. Um Virtual Networking und hierbei speziell die Bildung von VLANs innerhalb beliebig verteilter Netzwerkinfrastrukturen standortübergreifend zu ermöglichen, wurden die folgenden beiden konkurrierenden Konzepte entwickelt:

- TRILL (*Transparent Interconnection of Lots of Links*) und
- SPB (*Shortest Path Bridging*).

Um deren Bedeutung zu zeigen, gehen wir jetzt kurz auf beide Konzepte ein.

14.6.1 Konzept und Bedeutung von TRILL

TRILL basiert auf der Integration von L2-Switching mit Routing und ermöglicht es, optimale und Loop-freie Routen zur Übermittlung von Ethernet-Frames in hochverfügbaren Netzwerkinfrastrukturen mit redundanten Komponenten dynamisch zu bestimmen. Mit Unterstützung von TRILL in L2-Switches entstehen keine Loops, wie es in 'alten Netzwerkstrukturen' mit dem Protokoll STP (*Spanning Tree Protocol*) bzw. mit RSTP (*Rapid STP*) der Fall war. Damit können sämtliche Netzwerkkomponenten (Switches, Links) effektiv ausgenutzt werden, ohne einige von ihnen blockieren zu müssen. Die Entwicklung von TRILL wird von der gleichnamigen Working Group (WG) der IETF koordiniert. Das Konzept und der Einsatz von TRILL werden in mehreren RFC spezifiziert (siehe TRILL WG `http://tools.ietf.org/wg/trill/`).

Multipathing mit TRILL

Ein L2-Switch mit TRILL-Unterstützung stellt eine Mischform von Bridge und Router dar und wird als *Routing Bridge*, kurz *RBridge*, bezeichnet. Der Vorteil von TRILL (insbesondere im Vergleich zum Einsatz von STP/RSTP) besteht darin, dass keine redundante und intakte Netzwerkkomponente gesperrt wird, sondern zwischen jeweils zwei RBridges – d.h. auf dem Layer 2 (MAC-Layer) – mehrere Loop-freie Routen als Datenpfade zur Übermittlung von Ethernet-Frames zwischen ihnen bestimmt werden. Zwischen zwei RBridges sind daher mehrere Datenpfade möglich, sodass man von *Multipathing* sprechen kann.

Die Endpunkte von über ein Netzwerk verlaufenden Datenpfaden könnte man als Ports eines verteilten L2-Switches ansehen. Folglich führt der Einsatz von TRILL in einem Netzwerk – logisch betrachtet – zur Bildung eines verteilten L2-Switches im Netzwerk [Abb. 14.6-2].

Übermittlung von Ethernet-Frames bei TRILL

MAC-in-MAC Encapsulation bei TRILL

Das Prinzip der Datenübermittlung bei TRILL besteht darin, dass man eine Art 'MAC-in-MAC Encapsulation' realisiert, d.h. 'Ethernet-Frame in Ethernet-Frame Encapsulation'. Abb. 14.6-1 veranschaulicht dieses Konzept innerhalb einer Netzwerkstruktur am Beispiel der Übermittlung eines Ethernet-Frames von einem Client zu einem Server.

Es sei hervorgehoben, dass man bei TRILL während der Übermittlung eines Ethernet-Frames vom Quell- zum Zielrechner zwischen *Ingress* (Eingangs-), *Transit* und *Egress* (Ausgangs-) RBridges unterscheidet. Die Bestimmung von Datenpfaden zwischen Quell- und Ziel-RBridges erfolgt nach dem Routing-Protokoll IS-IS (*Intermediate System to Intermediate System*)[14].

Core-Netzwerk als Outer-VLAN

Vergleicht man die Abb. 14.1-2 und Abb. 14.6-1, so wird deutlich, dass das Konzept von TRILL an die Besonderheiten der Strukturen moderner Netzwerke angepasst ist und die Kommunikation zwischen zwei Rechnern aus einem VLAN über eine beliebig 'große' Ethernet-Wolke (*Ethernet Cloud*) ermöglicht. Die Ethernet-Wolke als Core-Netzwerk symbolisiert ein beliebiges Ethernet.

---

[14] IS-IS wurde in den 80er Jahren für den Einsatz in den OSI-Umgebungen (*Open System Interconnection*) entwickelt, zuerst als Standard ISO 8473 spezifiziert und später auch als RFC 1142 veröffentlicht. Der Einsatz von IS-IS in Netzwerken mit dem Internetprotokoll IP wird in RFC 1195 beschrieben [BHK94].

14.6 Virtual Networking mit TRILL und SPB

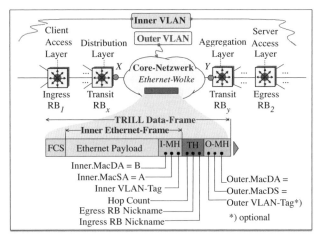

Abb. 14.6-1: Prinzip der Übermittlung von Ethernet-Frames bei TRILL –
am Beispiel der in Abb. 14.1-2 dargestellten Netzwerkstruktur
FCS: Frame Check Sequence, I/O-MH: Inner/Outer MAC-Header, MacDA/SA: MAC
Destination/Source Address, RB: RBridge (Routing Bridge), TH: TRILL Header

Dem vom Quell- zum Zielrechner übermittelten Original-Ethernet-Frame wird in der *Ingress RBridge* RB_1 zuerst ein TRILL-Header und dann ein Outer-MAC-Header vorangestellt. Auf diese Weise entsteht ein TRILL Data Frame, in dem der Original-Ethernet-Frame eingekapselt und demzufolge als Inner-Frame bezeichnet wird. Im TRILL-Header werden u.a. die Nicknames der Ingress und *Egress RBridges* eingetragen, also die Identifikation der beiden Endpunkte der Route. Der Outer MAC-Header enthält die MAC-Adressen der beiden *Transit RBridges* RB_x und RB_y sowie den Outer VLAN Tag mit der Identifikation des Transit-VLAN, zu dem sie gehören.

Da die Identifikation des VLANs, zu dem die beiden kommunizierenden Rechner (hier Client und Server) gehören, in der Angabe Inner VLAN Tag enthalten ist, realisiert TRILL das Konzept VLAN over VLAN (auch *Nested VLAN* genannt). Dadurch besteht bei TRILL die Möglichkeit, die Rechner aus einem IP-Subnetz als VLAN im Netzwerk fast beliebig zu 'verteilen' (vgl. dazu Abb. 14.6-2). Bei der in Abb. 14.6-1 gezeigten Client-Server-Kommunikation gehört beispielsweise eine Transit RBridge zum Distribution Layer auf der Seite des Clients und die andere zum Aggregation Layer auf der Seite des Servers[15].

VLAN over VLAN bei TRILL

Bedeutung von VLAN over VLAN mit TRILL
Die in Abschnitt 14.2.4 dargestellte Idee von VLAN-Tagging wird ebenso bei TRILL verwendet. VLAN-Tagging bietet die Möglichkeit, einen physikalischen Link als Trunk mit mehreren virtuellen Kanälen zu realisieren, die den einzelnen VLANs zugeordnet sind. Wie Abb.14.6-2 zeigt, können als *VLAN-Trunks* insbesondere die Links zwischen Ingress/Egress-RBridges und Transit-RBridges realisiert werden. Logisch gesehen ermöglicht dies die Realisierung eines VLAN durch die Kopplung solcher lo-

VLAN-Trunking bei TRILL

---
[15] Bei der Server-Server-Kommunikation würden beide Transit RBridges zum Aggregation Layer gehören [Abb. 14.1-2].

gischen Kanäle und zwar sogar über ein Transit-VLAN, d.h. nach dem Prinzip *VLAN over VLAN*.

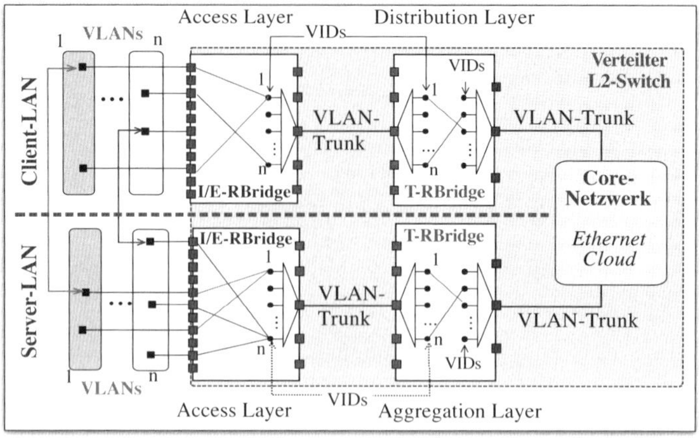

Abb. 14.6-2: Prinzip von VLAN over VLAN mit TRILL am Beispiel der in Abb. 14.1-2 dargestellten Netzstruktur
I/E/T: Ingress/Egress/Transit, VID: VLAN Identification

Logische Strukturierung

Durch VLAN-Trunking entsteht die Möglichkeit, auf mehrere Standorte verteilte VLANs so einzurichten, dass einige Rechner vom Client-LAN zu einem dedizierten VLAN zugewiesen sind und zugleich dem Server-VLAN Server (im Datacenter) angehören. Diese Möglichkeit bietet Flexibilität bei der logischen Strukturierung von Netzwerken auf dem Layer-2. Abb. 14.6-2 illustriert die gerade erwähnte Flexibilität näher, insbesondere dass Clients und Server zu ein und demselben VLAN gehören und dass die Kommunikation zwischen Clients und Servern innerhalb eines auf zwei Standorte verteilten VLAN quasi über eine virtuelle (durch die Kopplung entsprechender Ports in RBridges entstandene) Layer-2-Verbindung verläuft.

Aus Abb. 14.6-2 geht insbesondere hervor, dass das ganze physikalische Netzwerk, d.h. Ingress/Egress-, Transit-RBridges und Core-Switches, als verteilter L2-Switch betrachtet werden können. Somit verläuft die Kommunikation zwischen Clients und Server über virtuelle Layer-2-Verbindungen, und die beiden Layer-3-Protokolle IPv4 und IPv6 können parallel eingesetzt werden.

Das Ziel von TRILL ist es, mehrere kürzeste Datenpfade in Netzwerken parallel zu nutzen und folglich *Multipathing* zu realisieren, um damit im Netzwerk einen verteilten, virtuellen Layer-2-Switch zu bilden. Dies ist auch das Ziel des Konzeptes SPB (*Shortest Path Bridging*) (SPB).

14.6.2 Idee und Einsatz von Shortest Path Bridging

Ziel von SPB

Von modernen Netzwerken erwartet man vor allem hohe Flexibilität, Betriebssicherheit und Effizienz. Dies betrifft insbesondere Datacenter mit virtualisierten Servern. In redundant ausgelegten Netzwerken auf Basis von Gigabit Ethernet, in denen als Knoten L2-Switches (in IEEE-Dokumenten als Bridges bezeichnet) fungieren, müssen automatisch kürzeste Datenpfade (*Paths*) zur Datenübermittlung eingerichtet wer-

14.6 Virtual Networking mit TRILL und SPB

den. Um dies zu erreichen, wurde *Shortest Path Bridging* (SPB) entwickelt und als Standard IEEE 802.1aq spezifiziert, welcher weitgehend auf dem Standard IEEE 802.1ah mit der Spezifikation von *Provider Backbone Bridges* (PBB) basiert.

In einem *SPB-Netzwerk*, das eine Vernetzung von SPB-fähigen L2-Switches (kurz von SPB-Switches) darstellt, ist es möglich, kürzeste Datenpfade zur Übermittlung von Ethernet-Frames zwischen SPB-Switches am Rande des Netzwerks dynamisch zu bestimmen. Solche Datenpfade stellen eine Art von Routen auf dem Layer 2 dar und werden mithilfe des klassischen Routing-Protokolls IS-IS (*Intermediate System to Intermediate System*) ermittelt und eingerichtet. Demzufolge kann SPB als eine Art von L2-Routing in Switch-basierten Netzwerken betrachtet werden, und dies führt dazu, dass ein ganzes Netzwerk als verteilter L2-Switch angesehen werden kann [Abb. 14.6-5, Abb. 14.6-6 und Abb. 14.6-7].

<small>L2-Routing bei SPB</small>

Wie Abb. 14.6-3 illustriert, unterscheidet man in einem SPB-Netzwerk zwischen Edge Switches am Rande und Core Switches im Inneren. Im hier gezeigten Beispiel sind die Switches S_A, S_B, S_C und S_D Edge Switches und die Switches S_1, S_2, S_3 und S_4 Core Switches. Jeder dieser Switches hat mehrere Ports (Nummer 1, 2, ..., 5), über die er wiederum mit benachbarten Switches verbunden ist. Das hier gezeigte SPB-Netzwerk verbindet zwei Segmente **A** und **B** desselben Netzwerks *X*.

<small>Grundlegende Idee von SPB</small>

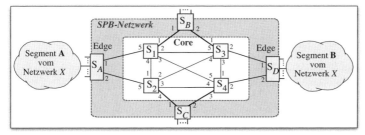

Abb. 14.6-3: Ein SPB-Netzwerk bilden ein Core-Netzwerk und mehrere Edge-Switches
    S: SPB-fähigen L2-Switch (SPB-Switch)

Grundlegende Idee von SPB

Die Basisidee von SPB besteht darin, dass von jedem Edge Switch zu allen anderen Edge Switches im gleichen SPB-Netzwerk über das Protokoll IS-IS die jeweils kürzesten Datenpfade (*Paths*) eingerichtet werden[16]. Dies könnte man sich so vorstellen, als ob jeder Edge Switch einen Verteilbaum mit gerichteten und kürzesten Datenpfaden (genauer L2-Routen) zur Übermittlung von Ethernet-Frames an alle anderen Edge Switches hätte. Ein solcher Verteilbaum wird kurz *Shortest Path Tree* (SPT) genannt (vgl. Abschnitt 11.6).

Abb. 14.6-4 zeigt die SPTs einzelner Edge Switches des in Abb. 14.6-3 gezeigten SPB-Netzwerks. Hierbei sei hervorgehoben, dass jeder Edge Switch die als *Root* bezeichnete Wurzel seines SPT darstellt und die restlichen Edge Switches im SPB-Netzwerk als mögliche Datensenken, dessen Blätter (*Leaves*) sind.

<small>Bedeutung von SPTs</small>

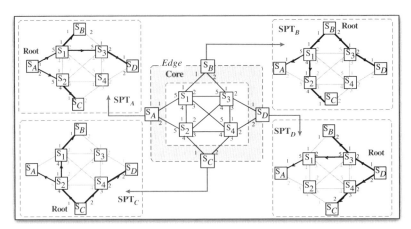

Abb. 14.6-4: Verteilbäume (SPTs) von Edge Switches mit je eigenem SPTs
SPT: Shortest Path Tree: gerichteter Verteilbaum mit kürzesten Pfaden

Jeder SPT definiert somit die kürzesten Datenpfade eines als Root fungierenden Edge Switch zu allen anderen Edge Switches in demselben SPB-Netzwerk. Die kürzesten Datenpfade vom Edge Switch S_A zu den anderen Edge Switches beispielsweise im SPTA (*Shortest Path Tree Algorithm*) sind:

$$S_A \to S_1 \to S_B, \; S_A \to S_2 \to S_C \text{ und } S_A \to S_1 \to S_3 \to S_D^{[17]}$$

Symmetrie der kürzesten Datenpfade

Aus Abb. 14.6-4 lässt sich u.a. Folgendes ersehen: Die entgegen gerichteten Datenpfade zwischen zwei Edge Switches sind symmetrisch in dem Sinne, dass sie über die gleichen Core Switches verlaufen und somit gleich lang sind. Die entgegen gerichteten unidirektionalen Datenpfade zwischen zwei Edge Switches als Paar bilden einen bidirektionalen Datenpfad zwischen ihnen. So ist z.B.

$$S_A \to S_1 \to S_3 \to S_D$$

der unidirektionale Datenpfad zwischen S_A und S_D.

SPTs werden in FTs gespeichert

Die SPTs einzelner Edge Switches müssen ermittelt und sowohl in den Edge Switches als auch in den Core Switches auf entsprechende Weiterleitungstabellen (im folgenden *Forwarding Tables*, FTs) abgebildet und dort gespeichert werden. Im SPB-Netzwerk wird jeder Ethernet-Frame nur entlang eines Datenpfades aus dem SPT eines Edge Switch übermittelt. Somit muss der im SPB-Netzwerk übermittelte Ethernet-Frame die Identifikation des betreffenden SPT in einer Form enthalten, mittels der er die Core Switches, die als Transit Switches dienen, auf den richtigen SPT und somit auf den richtigen Datenpfad hinweisen kann.

Modi von SPB

Abhängig davon, zu welchem Zweck die SPTs von Edge Switches eingerichtet werden und ob z.B. zur Übermittlung von Ethernet-Frames nur einer Gruppe von VLANs (etwa im Datacenter eines Unternehmensnetzes) oder verschiedener Gruppen von

---

[16] Die Länge des Datenpfades wird in der Anzahl von Data-Links (also von *Hops*), aus denen sich der Pfad zusammensetzt, angegeben.

[17] Zwischen zwei Edge Switches können mehrere kürzeste Datenpfade mit der gleichen Länge verlaufen. Der andere kürzeste Datenpfad vom Switch S_A zum Switch S_D ist z.B.: $S_A \to S_2 \to S_4 \to S_D$.

14.6 Virtual Networking mit TRILL und SPB

VLANs (bspw. über ein Metro-Ethernet) sowie außerdem davon, auf welche Weise in Ethernet-Frames auf den betreffenden SPT verwiesen wird, unterscheidet man zwischen folgenden Modi von SPB:

- **SPBV** (*SPB VID*) insbesondere für den Einsatz in Datacentern: In diesem SPB-Modus wird der Verweis auf den betreffenden SPT (und folglich auf den Datenpfad) in den übermittelten Ethernet-Frames als SPVID (*Shortest Path VID*) entweder im Q-Tag oder im S-Tag eingetragen; auf den Datenpfad wird also mit VID verwiesen [Abb. 14.6-5 und Abb. 14.6-6].

- **SPBM** (*SPB MAC*) für den Einsatz in Datacentern und in Provider-Netzen: Bei SPBM wird der Verweis auf den betreffenden SPT in den übermittelten Ethernet-Frames als B-VID (*Backbone VLAN Identifier*) im B-Tag, d.h. im vorangestellten B-Header eingetragen; somit wird mit B-VID auf den Datenpfad verwiesen [Abb. 14.6-7]. Hervorzuheben ist aber, dass die modifizierte MAC-Adresse eines Quell-Edge-Switches als Multicast-Adresse zur Verteilung von Multicasts dieses Switches verwendet wird; diese wird im B-Header als B-DA eingetragen.

SPBV – 'Flache' VLANs am verteilten L2-Switch

In Anlehnung an das in Abb. 14.6-3 gezeigte SPB-Netzwerk soll nun die Idee von SPBV näher erläutert werden. Wie bereits erwähnt wurde, kann bei SPBV die Identifikation des SPT in Form von SPVID sowohl im Q-Tag (IEEE 802.1Q) als auch im S-Tag (IEEE 802.1ad) anstelle der Angabe VID stehen. Abb. 14.6-5 illustriert die Idee von SPBV für den Fall, dass SPVID im Q-Tag enthalten ist.

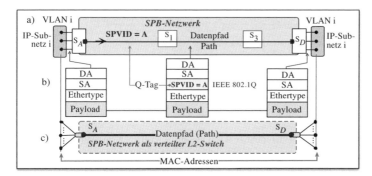

Abb. 14.6-5: Idee von SPBV: SPVID im Q-Tag: a) Verbund von Rechnern aus nur einem IP-Subnetz, b) Erweiterung von Ethernet-Frames um ein Q-Tag, c) Konnektivität über einen Datenpfad
DA: Destination Address (MAC-Zieladresse), SA: Source Address (MAC-Quelladresse)

Weil ein Datenpfad (Path) über ein SPB-Netzwerk als Data-Link zu betrachten ist, handelt es sich hier um eine Vernetzung von Rechnern aus nur einem als IP-Subnetz definierten VLAN. Im Quell-Switch S_A wird dem Ethernet-Frame ein Q-Tag mit SPVID hinzugefügt, und diese Angabe wird dann bei der Weiterleitung des Ethernet-Frame von den Switches auf dem Datenpfad interpretiert.

Nur ein VLAN am SPB-Netzwerk

Die hier gezeigte Konnektivität [Abb. 14.6-5c] soll verdeutlichen, dass ein SPB-Netzwerk als verteilter L2-Switch angesehen werden kann und dass, falls SPVID im Q-Tag eingetragen wird, dieser Switch nur die Kommunikation zwischen Rechnern

SPB-Netzwerk als verteilter L2-Switch

aus demselben VLAN ermöglicht. Um die Kommunikation aber zwischen Rechnern aus mehreren VLANs über ein SPB-Netzwerk zu ermöglichen, muss die SPBV-Variante SPVID im S-Tag eingesetzt werden. Abb. 14.6-6 zeigt deren Idee.

SPVID im S-Tag   Werden an den Edge Switch mehrere VLANs angeschlossen, so wie es hier der Fall ist, enthalten die zu übermittelnden Ethernet-Frames bereits den Q-Tag. Im Quell-Switch wird dann zusätzlich ein S-Tag mit SPVID hinzugefügt, und auf diese Weise wird die als SPVID im S-Tag bezeichnete SPBV-Variante realisiert.

SPBV → verteilter Layer-2 Switch   Die in Abb. 14.6-5c gezeigte Konnektivität verdeutlicht, dass beim Einsatz der SPBV-Variante SPVID im S-Tag über das SPB-Netzwerk Rechner aus verschiedenen VLANs untereinander kommunizieren können. Es sei aber angemerkt, dass die jeweils zwei kommunizierenden Rechner nur zum selben VLAN gehören können. Das SPB-Netzwerk realisiert lediglich L2-Switching und ermöglicht deshalb keine Vernetzung von VLANs untereinander.

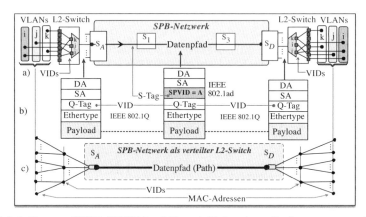

Abb. 14.6-6: Idee von SPBV: SPVID im S-Tag: a) Verbund von Rechnern aus verschiedenen VLANs, b) Erweiterung von Ethernet-Frames um Q- und S-Tag, c) Konnektivität über einen Datenpfad
Abkürzungen wie in Abb. 14.6-5

Die in den Abb. 14.6-5c und Abb. 14.6-6c dargestellte Konnektivität veranschaulicht, dass sich ein SPB-Netzwerk mit SPBV als verteilter L2-Switch verhält.

Bemerkung: Wie bereits erwähnt wurde und auch aus Abb. 14.6-4 ersichtlich ist, besteht zwischen den Datenpfaden von S_A zum S_D und von S_D zum S_A volle Symmetrie, d.h. sie verlaufen über die Core Switches S_1 und S_3 nach den gleichen Prinzipien. Das in Abb.14.6-5 und Abb. 14.6-6 dargestellte Prinzip von SPBV gilt folglich in beide Richtungen: von S_A zu S_D und von S_D zu S_A. Dies wurde bei der Darstellung der Konnektivität in den Abb. 14.6-5c und Abb. 14.6-6c bereits vorausgesetzt; der Datenpfad ist dort bidirektional.

SPBM – 'Hierarchische' VLANs am verteilten L2-Switch

Die Idee von SPBM erläutert Abb. 14.6-7 in Anlehnung an das in Abb. 14.6-3 gezeigte SPB-Netzwerk. Im Gegensatz zu SPBV wird bei SPBM das SPB-Netzwerk als Backbone angesehen. Deswegen bezeichnet man in IEEE 802.1aq Edge Switches als *Backbone Edge Bridges* (BEB) und Core Switches als *Backbone Core Bridges* (BCB).

14.6 Virtual Networking mit TRILL und SPB

In Abb. 14.6-7 sind die Edge Switches S_A und S_D BEBs, und die Core Switches S_1, S_2, S_3 und S_4 repräsentieren BCBs.

SPBM verwendet das Tunneling-Prinzip. Ein gerichteter Datenpfad zwischen zwei BEBs über das SPB-Netzwerk stellt also einen Tunnel dar, über den die Ethernet Frames im Original, d.h. so wie sie bei der Quell-BEB angekommen sind, an die Ziel-BEB übermittelt werden. Hierfür wird ein zusätzlicher Header (der *B-Header*) den zu übermittelnden Ethernet-Frames vorangestellt [Abb. 14.6-7b]. Der B-Header enthält die MAC-Quell- und -Zieladressen als Endpunkte des Datenpfades über das SPB-Netzwerk und die zwei Tags B und I. Man spricht aufgrund der Verschachtelung von MAC-Headern in Bezug auf SPBM auch von MAC-in-MAC.

Tunneling-Prinzip bei SPBM

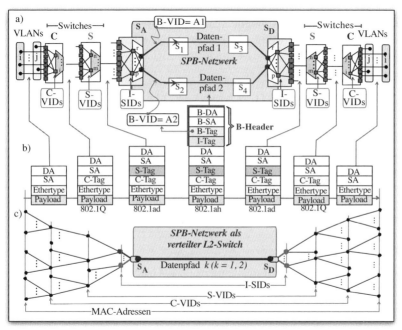

Abb. 14.6-7: Idee von SPBM: a) Verbund hierarchischer VLAN-Strukturen, b) Struktur von Ethernet-Frames, c) Konnektivität über einen Datenpfad
B-DA: Backbone Destination MAC Address, B-SA: Backbone Source MAC Address, B/C/S-Tag: Backbone/Customer/ Service Tag, B/C/S-VID: Backbone/Customer/ Service VLAN Identifier, I-SID: Backbone Service Instance Identifier, I-Tag: Backbone Service Instance Tag

Im B-Tag, auch Backbone Tag genannt, wird als Angabe B-VID die Identifikation des SPT der Quell-BEB eingetragen, wie z.B. A1 in Abb. 14.6-7. Daher wird im B-Tag ein SPT der Quell-BEB und folglich der Datenpfad von Quell- zu Ziel-BEB bestimmt[18]. Da die Angabe B-VID – im Gegensatz zu SPBV – außerhalb des SPB-Netzwerks in keiner Weise mit VIDs von VLANs zusammenhängt, ist es bei SPBM möglich, zwischen zwei BEBs über das SPB-Netzwerk als Backbone parallele, über verschiedene

Bedeutung des B-Tag

---

[18] In SPB-Netzwerken kann eine BEB mehrere SPTs und demzufolge auch mehrere kürzeste Datenpfade gleicher 'Länge' haben. Beispielsweise gibt es in Abb. 14.6-4 zwischen S_A und S_D zwei kürzeste Datenpfade mit drei Hops: $S_A \to S_1 \to S_3 \to S_D$ und $S_A \to S_2 \to S_4$.

BCBs verlaufende Datenpfade wie z.B. die Datenpfade 1 und 2 in Abb. 14.6-7 zu verwenden. Diese Möglichkeit bei SPBM kann als großer Vorteil im Vergleich zu SPBV angesehen werden.

Im Hinblick auf Abb. 14.6-7b sei angemerkt, dass der B-Tag die Angabe B-VID = A2 enthält und der Ethernet-Frame somit über den Datenpfad 2 übermittelt wird.

<small>Bedeutung des I-Tag</small>

Der I-Tag, auch *Backbone Service Instance Tag* genannt, hat eine wichtige Funktion: Er enthält den Identifikator I-SID (*Backbone Service Instance Identifier*). Wie aus der in Abb. 14.6-7c gezeigten Konnektivität hervorgeht, dient I-SID als Zugangspunkt zum im B-Tag durch B-VID angegebenen Datenpfad, an den eine mithilfe von C-Tag und S-Tag nach IEEE 802.1ad gestapelte VLAN-Struktur angebunden werden kann[19]. Da für jeden Datenpfad, also für jeden B-VID, mehrere I-SIDs definiert werden können, ist es möglich, an nur einen Datenpfad verschiedene VLAN-Strukturen anzubinden und die zu ihnen gehörenden Rechner über das SPB-Netzwerk kommunizieren zu lassen. Diese Möglichkeit bringt auch die in Abb. 14.6-7c gezeigte Konnektivität zum Ausdruck.

14.7 VXLANs – VLANs mit VMs

Heutzutage kann man sich kaum noch ein Datacenter im Netzwerk eines Unternehmens vorstellen, in dem keine virtuellen Server – als sog. VMs (*Virtual Machines*) – eingerichtet werden. In Datacentern großer Unternehmen bzw. Anbieter verschiedener Cloud Services ist es oft sogar nötig, die auf verschiedenen, unter Umständen weltweit verteilten physischen Wirt-Servern eingerichteten VMs so zu gruppieren, dass voneinander isolierte, einem VLAN in herkömmlichen Netzwerken entsprechende Gruppen von VMs entstehen. Eine solche Gruppierung von VMs führt zur Bildung von *Virtual eXtensible Local Area Networks*, kurz VXLANs [RFC 7348].

<small>VXLAN als isolierte Gruppe von VMs</small>

Unter einem VXLAN versteht man eine isolierte Gruppe von auf verschiedenen physikalischen Wirt-Servern eingerichteten VMs, wobei diese Gruppe von VMs sich so verhält, dass eine MAC-Broadcast-Domain[20], d.h. eine Domain, wie man sie in herkömmlichen Ethernet-basierten Netzwerken vorfindet, nachgebildet wird. Somit stellt VXLAN eine in der Regel räumlich über mehrere Standorte verteilte, eine MAC-Broadcast-Domain bildende Gruppe von VMs dar. Diese kann sogar weltweit verteilt sein und als IP-Subnetz eingerichtet werden.

<small>Bedarf an VXLANs</small>

Die Notwendigkeit, ein VXLAN einzurichten, entsteht beispielsweise dann, wenn eine verteilte Applikation mehrere an verschiedenen Standorten als VMs implementierte Server (z.B. einen Webserver und einen bzw. mehrere Datenbankserver) nutzt, oder wenn ein virtueller Server von einem Standort auf einen anderen 'verschoben' werden muss und dabei weder dessen MAC- noch seine IP-Adresse geändert werden darf. Dank des VXLAN-Konzepts kann sogar eine weltweite VM-Mobilität (*Virtual Machine Mobility*) garantiert werden, ohne die Adressen von VMs ändern zu müssen.

---

[19] Hierbei spricht man von *VLAN-in-VLAN*, von *VLAN-Stacking* bzw. auch von *VLAN-Tunneling*.

[20] Eine MAC-Broadcast-Domain repräsentiert eine isolierte Gruppe von Rechnern, in der jeder Rechner die Möglichkeit hat, an alle zur Gruppe gehörenden Rechner einen MAC-Frame (d.h. einen Ethernet-Frame) mit der einzigen Broadcast-MAC-Adresse zu schicken.

14.7.1 Vom VLAN zum VXLAN

Wie bereits erwähnt, repräsentiert VXLAN eine Gruppe VMs, die auf verschiedenen Wirt-Servern eingerichtet sind. Diese entsprechen im VLAN somit einer Gruppe physikalischer Rechner im herkömmlichen IP-Netz. Worin bestehen aber die Unterschiede zwischen VLAN und VXLAN? Diese zeigt Abb. 14.7-1 und bringt zum Ausdruck, dass ein VXLAN ein VLAN auf der Basis mehrerer, auf eine besondere Weise über ein IP-Netzwerk verbundener virtueller L2-Switches darstellt. Anzumerken ist, dass es sich in diesem Fall um ein VXLAN auf der Basis von nur zwei virtuellen L2-Switches handelt. VXLANs können jedoch auch auf der Basis von einer Vielzahl virtueller L2-Switches eingerichtet werden. Virtuelle L2-Switches in einem VXLAN, d.h. VXLAN-fähige L2-Switches, werden hier *VXLAN-Instanzen* genannt.

Idee von VXLAN

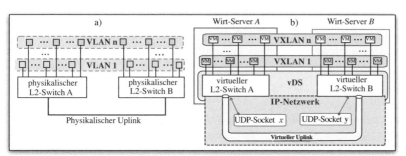

Abb. 14.7-1: L2-Switch-übergreifende VLANs auf der Basis: a) von physikalischen, mit einem Uplink verbundenen L2-Switches, b) von virtuellen, mit einem über ein IP-Netzwerk eingerichteten MAC-in-UDP-Tunnel verbundenen L2-Switches
MAC: Media Access Control, UDP: User Datagram Protocol, vDS: virtual Distributed Switch

In Abb. 14.7-1 ist ersichtlich, dass ein VXLAN ein besonderes, auf der Basis mehrerer virtueller, in verschiedenen Wirt-Servern enthaltenen L2-Switches eingerichtetes VLAN darstellt. Im VXLAN sind folgende Besonderheiten hervorzuheben:

Besonderheiten von VXLANs

- Die virtuellen L2-Switches sind mit einem virtuellen Uplink in Form eines MAC-in-UDP-Tunnels verbunden; dessen Endpunkte werden mit zwei UDP-Sockets adressiert. Die mit dem Tunnel verbundenen virtuellen L2-Switches verhalten sich wie ein virtueller verteilter Switch (vDS, *virtual Distributed Switch*).
- Im VXLAN fungieren VMs als Endsysteme, wobei nur VMs aus einem VXLAN untereinander kommunizieren können; es findet also keine Kommunikation zwischen VXLANs statt[21].

Oberhalb einer Gruppe virtueller L2-Switches, die einen *virtuellen verteilten Switch* (vDS, Abb. 14.7-1b) bilden, können quasi parallel mehrere VXLANs eingerichtet werden. Jedes von ihnen hat eine Identifikation, die sog. VNI (*VXLAN Network Identifier*). Hervorzuheben ist, dass jedes VXLAN ebenso wie jedes herkömmliche VLAN eine MAC-Broadcast-Domain (kurz *MAC-BD*) bilden muss.

---

[21] Sind VXLANs als IP-Subnetze eingerichtet, kann die Kommunikation zwischen ihnen über L3-Switches (also Router) verlaufen.

14.7.2 VXLANs oberhalb Layer-3-Netzwerke

MAC-Broadcast mittels IP-Multicast

Zunächst betrachten wir ein VXLAN, das oberhalb eines L3-Netzwerks eingerichtet ist und somit die als VLANs definierten IP-Subnetze umfasst. Hierbei bilden die dem VXLAN zugewiesenen VLANs nicht eine einzige, das ganze VXLAN erfassende MAC-BD, wie man sie bei VXLAN benötigt, sondern stellen mehrere voneinander getrennte MAC-BDs dar. Jedes VXLAN muss aber eine MAC-BD repräsentieren. Damit man ein VXLAN als MAC-BD oberhalb eines IP-Netzwerks realisieren kann, also um ein MAC-Frame von einer VM an alle in anderen Wirt-Servern implementierten Remote-VMs aus dem gleichen VXLAN – quasi in einem Zug – verschicken zu können, wird die MAC-BD eines VXLANs oberhalb des IP-Netzwerks als IP-Multicast-Domain nachgebildet. Somit muss jedem VXLAN eine IP-Multicast-Adresse zugeordnet werden.

L3-Netzwerk als virtuelles Broadcast-Medium

Um über ein IP-Netz einen MAC-Frame mit einer MAC-Broadcast-Adresse von einer VM an alle anderen VMs im gleichen VXLAN zu verschicken, wird der MAC-Frame in ein IP-Paket mit der dem betreffenden VXLAN zugewiesenen IP-Multicast-Adresse als IP-Zieladresse eingekapselt. Ein solches, von einer VXLAN-Instanz stammendes Multicast-IP-Paket wird zuerst – also im ersten Schritt – von dieser VXLAN-Instanz an den *Rendezvous Point*, d.h. an die Wurzel (Root) vom IP-Multicast-Verteilbaum übergeben. Von dort wird das Multicast-IP-Paket wie in einem Zug an die restlichen VXLAN-Instanzen verschickt. Im Endeffekt kann man den IP-Multicast-Verteilbaum in einem IP-Netz der Funktion nach als ein virtuelles Broadcast-Medium (*virtual Broadcast Media*) betrachten [Abb. 14.7-2]. Ein derartiges Broadcast-Medium könnte man in Form eines virtuellen Bussystems[22] darstellen, und so ließe sich dessen Broadcast-Eigenschaft näher verdeutlichen.

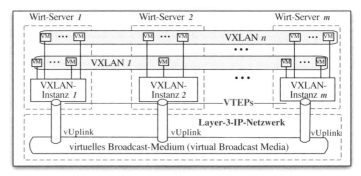

Abb. 14.7-2: Layer-3-IP-Netzwerk dient bei VXLAN als virtuelles Broadcast-Medium
VTEP: VXLAN Tunnel End Point; Ende und/oder Beginn des Tunnels

---

[22] Das in Abb. 14.7-2 gezeigte virtuelle Bussystem — einschließlich dessen gelber Farbe — soll an das erste, aus dem Jahr 1982 stammende Ethernet-Konzept 10Base-5 auf Basis des dicken, gelben Koaxialkabels erinnern. 10Base-5 hat nach dem Broadcast-Prinzip funktioniert.

14.7 VXLANs – VLANs mit VMs

Die einzelnen VXLAN-Instanzen müssen am virtuellen Broadcast-Medium identifiziert (also adressiert) werden wozu die sog. VTEPs (*VXLAN Tunnel End Points*) dienen, die einen UDP-Socket[23] darstellen [Abb. 14.7-1]. Folglich ist jede VXLAN-Instanz faktisch eine UDP-Applikation. Wie aus Abb. 14.7-2 hervorgeht, könnte man die VTEPs als Anschlusspunkte von VXLAN-Instanzen am virtuellen Broadcast-Medium und die Tunnel zu diesen Anschlusspunkten als virtuelle Uplinks (*vUplinks*) interpretieren[24].

VTEPs als Adressen am virtuellen Broadcast-Medium

Die einzelnen, an eine VXLAN-Instanz angebundenen VMs können aber verschiedenen, mittels VNIs (VXLAN Network Identifiers) identifizierten VXLANs angehören. Um dies zu ermöglichen, kann an mehrere virtuelle Broadcast-Medien eine VXLAN-Instanz angebunden werden [Abb. 14.7-3]. Eine VXLAN-Instanz ist somit seitens des IP-Netzwerks über mehrere VTEPs erreichbar.

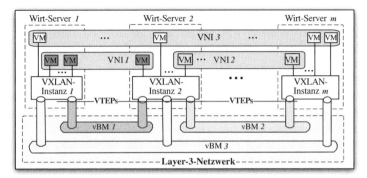

Abb. 14.7-3: Mehrere Tunnel können zu einer VXLAN-Instanz führen
vBM: virtuelles Broadcast-Medium, VNI: VXLAN Network Identifier,
VTEP: VXLAN Tunnel End Point; Ende und/oder Beginn des Tunnels

Die Adresslänge eines VNI beträgt 24 Bit, sodass theoretisch oberhalb des IP-Netzwerks bis zu 2^{24} VXLANs eingerichtet werden können. Dies hat in großen Datacentern eine enorme Bedeutung, da hierbei die über mehrere Standorte verteilten Datacenter als *öffentliche Cloud* (*Public Cloud*) mit virtuellen Servern als VMs fungieren. So könnte man zur Bereitstellung diverser Cloud Services bis zu 2^{24} private Clouds z.B. für Kunden bzw. mehrere Mandanten in Form von VXLANs einrichten.

Multi-VXLAN-Fähigkeit von VXLAN-Instanzen

Hierdurch ermöglicht es die Idee von VXLANs, weltweit beliebig verteilte virtuelle Rechner so zu gruppieren, dass sie voneinander isolierte MAC-Broadcast Domains bilden, d.h. als IP-Subnetze definierte VXLANs. Zudem gestattet es dies, eine Gruppe virtueller Rechner als ein einziges VXLAN weltweit zu vernetzen, z.B. über ein privates IP-Netz. Zusätzlich wird die Isolation mehrerer Kunden bzw. Mandanten (*multi-tenants*) in virtuelle Netzen unterstützt, die sich über mehrere Standorte hinweg erstrecken können.

Bedeutung von VXLANs

---

[23] Ein UDP-Socket bildet das Paar (UDP-Port, IP-Adresse) und realisiert den Endpunkt einer verbindungslosen UDP-Kommunikation.

[24] Die in Abb. 14.7-2 gezeigte virtuelle Struktur ähnelt dem 'Virtual Chassis Model' von Cisco; hierbei entspricht das virtuelle Broadcast-Medium dem 'virtual Chassis', ein virtueller Uplink einer Line Card, und eine VXLAN-Instanz repräsentiert ein Virtual Ethernet Modul.

14.8 Mobilität von Virtual Networks

Im heutigen Internet werden noch einige Ideen aus den 70er Jahren wie das IP-Adressierungsprinzip verwendet. Dieses ermöglicht aus gegenwärtiger Sicht aber keine elegante Strukturierung (*Skalierbarkeit*) des Internet, führt zu großen Aufwänden beim Routing und erschwert erheblich die Unterstützung der Mobilität von Rechnern – und ermöglicht keine Mobilität von *Virtual Networks als Clouds* (u.a. von VLANs)[25].

Um die Mobilität von Virtual Networks zu ermöglichen, ist die Modernisierung der IP-Adressierung dringend nötig. Die Grundlagen liefern zwei Konzepte ILNP (*Identifier-Locator Network Protocol*) und LISP (*Locator/ID Separation Protocol* oder auch *Locator/Identifier Separation Protocol*), die sich wie folgt kurz charakterisieren lassen:

Identifier-Locator/Network Protocol

- ILNP stellt eine, in mehreren RFC spezifizierte Idee dar, die darin besteht, die Struktur der IP-Adressen sowohl bei IPv4 wie auch bei IPv6 so zu erweitern, dass die 'neuen' Adressen die folgenden beiden Angaben enthalten: *Locator* als Ziel/Endpunkt einer Route und *Node-Identifier* (NID) als eine Art Identifikation eines Rechners am Ende der Route, wobei eine Route zu einem Netzwerk führen kann. So können mehrere Rechner den Endpunkt einer Route (also einen *Locator*) als Zugangspunkt zum Internet gemeinsam nutzen. Die Identifikation eines Rechners ist langlebig (unveränderlich in der Zeit), und der Locator kann variabel sein. Somit kann man nicht nur virtuelle bzw. physische Rechner, sondern auch virtuelle Netzwerke von einer Lokation an eine andere, sogar weltweit, transferieren, ohne dabei deren Identifikation ändern zu müssen. Als Folge dieser Möglichkeiten lässt sich eine fast grenzenlose Mobilität virtueller Rechner/Netzwerke erreichen.

Locator/ID Separation Protocol

- LISP beschreibt ein Konzept, mit dem dank der Einführung einer flexiblen IP-Adressierung und einer neuen Internet Routing-Architektur eine enorme Verbesserung der Funktionalität des Internet erreicht werden kann. Dadurch können insbesondere sowohl Benutzer mit ihren tragbaren, physikalischen Rechnern weltweit mobil sein als auch virtuelle Rechner und virtuelle Netzwerke (als Clouds) weltweit transferiert werden, ohne dass deren IP-Adressen geändert werden müssen. LISP ist eigentlich kein einziges Protokoll, wie sein Name vermuten lässt, sondern vielmehr ein *Framework*, das nicht nur eine neue Art der Adressierung von Rechnern bei der Nutzung der beiden Protokolle IPv4 und IPv6 beschreibt, sondern auch festlegt, wie das Internet flexibel strukturiert werden soll. Ferner, wie die Koexistenz der Protokolle IPv4 und IPv6 erreicht werden kann und wie die Übermittlung von IP-Paketen über einen aus IPv4- und IPv6-Netzen bestehenden Netzverbund erfolgen soll. Für Näheres siehe LISP WG [http://datatracker.ietf.org/wg/lisp/].

---

[25] Auf die Notwendigkeit der 'Modernisierung' der Adressierung im Internet und der Vereinfachung seiner Routing Architektur wurde bereits im Oktober 2006 im Report des Routing and Addressing Workshop von IAB (*Internet Architecture Board*) hingewiesen [RFC 4987].

14.8 Mobilität von Virtual Networks

14.8.1 Konzept und Bedeutung von ILNP

ILNP ist kein vollständiges Protokoll, wie sein Name vermuten lässt, sondern nur eine Erweiterung der Adressierung der beiden Internetprotokolle, d.h. sowohl des alten IPv4 als auch des 'neuen' IPv6. Somit kann ILNP als 'IP mit erweiterter Adressierung' angesehen werden. Hierbei unterscheidet man zwischen 'ILNP for IPv4' und 'ILNP for IPv6' und bezeichnet diese Versionen entsprechend als ILNPv4 und ILNPv6.

Die grundlegende Idee von ILNP besteht darin, die IP-Adresse eines Rechners so zu erweitern, dass sie sowohl dessen Lokation enthält, quasi dessen Standort auf der Erdkugel (am Internet), als auch seine Identifikation, de facto seine Adresse an dessen Standort. Diese Idee führt zu einer zweistufigen hierarchischen Adressierung von Rechnern, die eigentlich nicht neu ist. Ähnliche Ideen wurden bereits bei der Entwicklung von IPv6 verfolgt. Die globale IPv6-Unicast-Adresse des Rechners wird hierarchisch strukturiert und enthält die zwei Angaben [Abb. 8.8-1]:

Umsetzung von ILNP bei IPv6

- GRP (*Global Routing Prefix*) als Beschreibung der Route zum Netzwerk – mithin die Angabe der Lokation (des Standorts) des Rechners – sowie die
- `Interface-ID` als Identifikation des Interfaces bzw. oft als dessen MAC-Adresse.

Bereits in Abb. 8.9-1 wurde gezeigt, dass der hierarchische Aufbau von IPv6-Adressen mit der Angabe des GRP das Routing vereinfacht und somit die Übermittlung der IPv6-Pakete enorm erleichtert. Diese grundlegende Besonderheit der Adressierung bei IPv6 liegt dem Konzept von ILNP zugrunde.

Zweistufige Adressierung bei ILNP
Bei ILNP wird das Ziel verfolgt, sowohl bei IPv4 als auch bei IPv6 die IP-Adresse auf zwei Komponenten aufzuteilen:

- einen *Locator*, damit man den Endpunkt der Route zu einem Rechner bzw. zu einem Netzwerk, als *Site* bezeichnet, angeben kann, und
- einen *Node-Identifier* (NID) des Zielrechners, um diesen Rechner am per Locator angegebenen 'Standort' zu bestimmen.

Die Aufteilung einer IP-Adresse auf einen Locator und einen NID führt zu einer zweistufigen IP-Adressierung einerseits und bringt andererseits eine Verbesserung der Funktionalität des Internet mit sich; insbesondere sind hier die Realisierung von *Host Mobility*, *Site Mobility* sowie *Host Multihoming* und *Site Multihoming* zu nennen.

Beim Einsatz von ILNP kann im Hinblick auf die Adressierung zwischen zwei Netzwerkbereichen unterschieden werden: dem *Routing-Bereich* und dem *Forwarding-Bereich*. Abb. 14.8-1 illustriert diese Netzwerkbereiche näher und verdeutlicht die Bedeutung der Adressangaben Locator und NID.

Die Netzwerkbereiche Routing und Forwarding sind wie folgt zu charakterisieren:

Routing und Forwarding

- **Routing-Bereich**: Repräsentiert den *Internet Core* und die Anbindung privater, als *Sites* bezeichneter Netzwerke sowie individueller Rechner an das Internet. Die Router, über welche die Internetanbindung erfolgt, nennt man oft *Site Border Router*

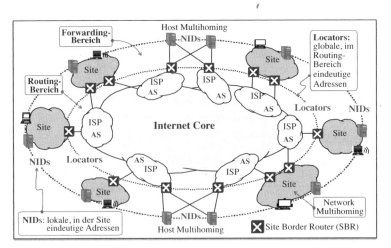

Abb. 14.8-1: Zweistufigen Adressierung von Rechnern bei ILNP mit Locator und NID
AS: Autonomous System, ISP: Internet Service Provider Netzwerkbereiche

(SBR). Bei der Übermittlung von ILNP-Paketen[26] im Routing-Bereich wird nur der Adressteil Locator interpretiert. Somit verlaufen die Routen bei der Übermittlung der ILNP-Pakete nur zwischen jeweils zwei Locators, also nur zwischen zwei SBRs, und ein Locator stellt die Adresse eines zur Site führenden Ports im SBR dar.

- **Forwarding-Bereich**: Repräsentiert sowohl private Netzwerke, die *Sites*, als auch eine direkte Anbindung von Rechnern an den Routing-Bereich. Bei der Übermittlung von ILNP-Paketen im Forwarding-Bereich wird nur der Adressteil NID interpretiert, und dabei findet kein Routing mehr statt. Aus diesem Grund bezeichnen wir diesen Bereich, in dem die Übermittlung von ILNP-Paketen hauptsächlich nach dem Switching-Prinzip realisiert wird, als *Forwarding-Bereich*.

Besonderheit von ILNP

Eine wichtige Besonderheit von ILNP besteht in der Unabhängigkeit des Locator vom NID. Diese Unabhängigkeit ist im folgenden Sinne zu interpretieren:

Multihoming

- *Ein NID kann mehrere Locators besitzen*: Einem NID können mehrere Locators zugewiesen werden; mehrere Routen können also zu einem NID führen. Dank dieser Besonderheit kann ein Rechner gleichzeitig in mehreren Subnetzen beheimatet sein bzw. ein Netzwerk über mehrere Zugangspunkte (mehrere ISPs) an das Internet angebunden sein. Demzufolge lässt sich das *Multihoming* einfach realisieren, wobei sowohl *Host Multihoming* als auch *Network Multihoming* möglich sind.

Virtual Network Mobility

- *Der Locator eines NID kann sich ändern*: Einem NID können, falls dieser NID einen mobilen physischen/virtuellen Rechner adressiert, im Laufe der Zeit verschiedene Locators zugewiesen werden, d.h. der Locator eines NID ist eine Route zu einem Rechner oder zu einem Netzwerk, die sich ändern kann[27]. Folglich kann ein

---

[26] Es sei angemerkt, dass ILNP-Pakete praktisch IP-Pakete sind [Abb. 14.8-6]. Ein ILNP-Paket unterscheidet sich von einem IP-Paket nur dadurch, dass die Adresse im ILNP-Header, welcher in Wirklichkeit ein IP-Header ist, einen Locator und einen NID hat.

[27] Der Locator eines NID kann sich sogar während einer bestehenden TCP-Verbindung so ändern, dass diese davon nicht betroffen wird.

14.8 Mobilität von Virtual Networks

tragbarer Rechner (z.B. ein Smartphone) beim ILNP-Einsatz von einem Subnetz zu einem anderen wandern; er ist somit in keinem Subnetz dauerhaft beheimatet. Ein virtuelles Netzwerk kann von einem Internetzugangspunkt zu einem anderen verschoben werden. Dank dieser Besonderheit von ILNP lässt sich nicht nur die Mobilität von einzelnen Rechnern, sondern auch die von ganzen Sites (Subnetzen), also insbesondere von Virtual Networks, u.a. von VLANs, einfach realisieren.

Wie in Abb. 14.8-1 zum Ausdruck gebracht wurde, sind Locators als Zugangspunkte zum Routing-Bereich zu interpretieren. NIDs hingegen adressieren die Rechner im Forwarding-Bereich und fungieren somit als logische Adressen von Rechnern. Jeder Rechner mit ILNP besitzt in der Tat zwei Adressen:

Zweistufige Adressierung von Rechnern bei ILNP

- eine physikalische Adresse als *Interface-ID* : In LANs wird diese Adresse als MAC-Adresse bezeichnet.
- eine logische Adresse als *Node-ID* (NID): Die Struktur von NID stimmt mit der Struktur des bei IPv6 definierten überein.

Bemerkung: Jeder Rechner mit IP (sowohl mit IPv4 als auch mit IPv6) hat zwei Adressen: eine physikalische Adresse (in LANs als MAC-Adresse bezeichnet) und eine logische IP-Adresse. Somit entspricht NID bei ILNP der IP-Adresse.

Es sei hervorgehoben, dass die zweistufige Adressierung von Rechnern, d.h. eine Adressierung mit physikalischen Adressen (MAC-Adressen) und mit logischen Adressen (also mit NIDs bei ILNP und mit IP-Adressen bei IP) von fundamentaler Bedeutung bei der Übermittlung von IP-Paketen ist (vgl. dazu Abb. 14.8-6).

Um die Übergänge 'vom IPv4 zum ILNPv4' und 'vom IPv6 zum ILNPv6' sowie die Abwärtskompatibilität 'von ILNPv4 zum IPv4' und 'von ILNPv6 zum IPv6' besser verdeutlichen zu können, möchten wir zuerst die Längen von Locator und Node-Identifier begründen:

Adressstruktur von Locator und Node-Identifier

- Die Länge des *Locators*, der den Endpunkt (d.h. Beginn oder Ende) einer Route angibt, beträgt bei IPv4 32 Bit und bei IPv6 64 Bit. Ein Endpunkt der Route wird bei IPv4 durch die ganze Adresse mit der Länge 32 Bit und bei IPv6 durch die ersten 64 Bit der Adresse bestimmt [Abb. 14.8-2]. Daher unterscheidet man zwischen einem 'Locator mit 32 Bit (L32)' bei IPv4 und einem 'Locator mit 64 Bit (L64)' bei IPv6.
- Die Länge des *Node-Identifiers* (NID), wobei der NID der logischen Adresse des Rechners am durch den Locator angegebenen Standort entspricht, beträgt sowohl bei IPv4 als auch bei IPv6 64 Bit. Die Länge von 64 Bit entsteht dadurch, dass man zur Angabe von NID das Feld 'Interface-ID' in der IPv6-Adresse nutzt. Es sei erwähnt, dass die neue, von der IEEE definierte und als *Extended Unique Identifier* (EUI-64) bezeichnete MAC-Adresse auch die Länge von 64 Bit hat.

Übergang vom IPv6 zum ILNPv6

ILNPv6 kann im Hinblick auf die Adressierung als eine Erweiterung von IPv6 angesehen werden: Eine ILNPv6-Adresse wird durch zwei voneinander unabhängige Teile Locator (L64) und Node-Identifier (NID) gebildet. Abb. 14.8-2 zeigt dies und bringt

IPv6 → ILNPv6

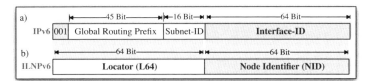

Abb. 14.8-2: Struktur von Adressen: a) bei IPv6, b) bei ILNPv6

außerdem nochmals zum Ausdruck, dass den beiden Protokollen IPv6 und ILNPv6 die gleiche Idee der Adressierung zugrunde liegt.

Abb. 14.8-3 zeigt, dass beide Header, d.h. der von IPv6 und der von ILNPv6, die gleiche Struktur besitzen. Wir sehen hier, dass der wesentliche Unterschied zwischen IPv6 und ILNPv6 lediglich in der Struktur der Adressen besteht.

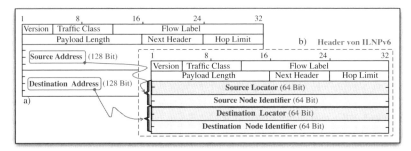

Abb. 14.8-3: Struktur der Header: a) von IPv6, b) von ILNPv6; wobei der Header von ILNPv6 dem von IPv6 entspricht

Vergleicht man Abb. 14.8-2 und Abb. 14.8-3, ist ersichtlich, dass der Übergang vom IPv6 zum ILNPv6 nur die Veränderung der Adressierung von IPv6 verlangt.

Übergang vom IPv4 zum ILNPv4

IPv4 → ILNPv4   Die Erweiterung des IPv4 zum ILNPv4 ist etwas komplizierter, da sich eine IPv4-Adresse mit nur 32 Bit nicht so einfach wie eine IPv6-Adresse auf Locator und NID aufteilen lässt. Beim Übergang vom IPv4 zum ILNPv4 wird, wie Abb. 14.8-4 illustriert, die ganze, klassische IPv4-Adresse lediglich als Locator (L32) angesehen.

Bei ILNPv4 wird, ebenso wie bei ILNPv6, jedem Node (z.B. Rechner, Port im Router) ein Node-Identifier (NID) mit der Länge von 64 Bit zugewiesen. Um diesen NID im ILNPv4-Header angeben zu können, wurde eine spezielle IPv4-Option, die 'ILNP Identifier Option for IPv4', kurz NID-Option genannt, hinzugefügt, die in RFC 6746 als 'experimental' spezifiziert ist und den IPv4-Header um zwei 32 Bit Felder in Ergänzung zur IPv4-Quell und -Zieladresse ergänzt. Wie in Abb. 14.8-4 dargestellt, werden beiden NIDs (des Quell- und des Zielrechners) in die IPv4 NID-Option eingetragen.

Bemerkung: Wie Abb. 14.8-4 zeigt, kann im IPv4-Header (bei dem es sich de-facto um einen ILNvPv4-Header handelt) eine weitere IPv4-Option, die 'ILNP Nonce Option for IPv4', kurz *Nonce-Option*, enthalten sein. Diese Option wurde eingeführt, um die Abwärtskompatibilität von ILNPv6 zu IPv6 zu ermöglichen und die Sicherheit zu verbessern.

14.8 Mobilität von Virtual Networks

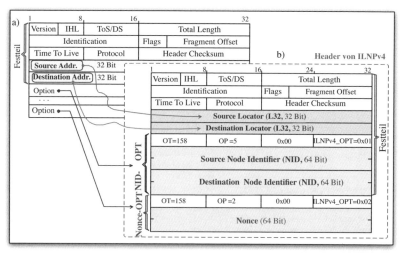

Abb. 14.8-4: Struktur von Headern: a) bei IPv4, b) bei ILNPv4 – Fazit: Header von ILNPv4 ist eine Art Header von IPv4
IHL: Internet Header Length, OPT.:Option, OL/T:Option Length/Type, ToS/DS:Type of Service / Differentiated Services

ILNP-spezifische Erweiterung von DNS

Zur Unterstützung der Adressierung im Internet wurde das als DNS (*Domain Name System*) bezeichnete Auskunftssystem eingerichtet. Weil ILNP zu einer Erweiterung der Adressierung im heutigen Internet führt, muss auch DNS dementsprechend erweitert werden. Eine ILNP-spezifische Erweiterung von DNS besteht darin, dass in privaten Netzwerken installierte DNS-Server um einige Einträge, die sog. RRs (*Resource Records*), erweitert werden müssen. Tab. 14.8-1 zeigt deren Typen, die bzgl. ihres Aufbaus an den der MX-Records [siehe Abschnitt 5.7.1] angelehnt sind und die ebenfalls eine *Preference* für einen Eintrag vorsehen. Abb. 14.8-5 zeigt den Einsatz dieser RRs bei ILNP.

DNS für INLP

Type	Wert	Bedeutung	Beispiel
NID	104	Node-ID	host1.example.com. IN NID 20 0013:5fff:ff21:ee65
L32	105	Locator 32	host2.example.com. IN L32 10 10.1.08.0
L64	106	Locator 64	l64-subnet1.example.com. IN L64 10 2001:0DB8:1140:1000
LP	107	Locator Pointer	host1.example.com. IN LP 10 mobile-net1.example.com.

Tab. 14.8-1: ILNP Resource Records entsprechend RFC 6742

Bemerkung: Ein ILNP-spezifischer RR liefert die Zuordnung `RDATA = <Preference> owner-name`. Über die *Preference* können somit für einen Namen mehrere gewichtete, konkurrierende Einträge vorgenommen werden. Das Ergebnis RDATA für einen FQDN als Eingangsangabe liefert anschließend den *owner-name*. Alle ILNP-spezifischen RRs gehören zur `Class = IN`.

Die einzelnen, ILNP-betreffenden RRs sind wie folgt zu charakterisieren:

INLP-spezifische RRs

a) **RR NID** (*Node-ID*): Man verwendet RR NID, um beim DNS für einen Rechner abzufragen, welchen NID er hat. Dieser RR [Abb. 14.8-5a] liefert bei der Angabe

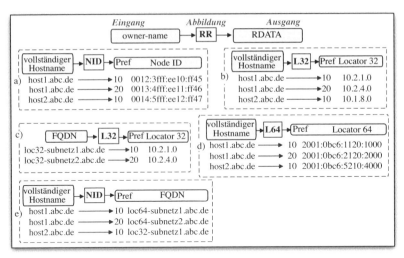

Abb. 14.8-5: ILNP-spezifische RRs und deren Bedeutung: a) RR NID für die Abfrage von Node-ID, b) RR L32 für die Abfrage von Host Locator bei ILNPv4, c) RR L32 und Abfrage von Site Locator bei ILNPv4, d) RR L64 und Abfrage von Host Locator bei ILNPv6, e) RR LP für die Abfrage der Domain (Site)
FQDN: Full Qualified Domain Name, IN: Internet (Class Internet), Pref: Preference

eines vollständigen Hostnamen (FQDN) eines Rechners dessen NID. RR NID wird nur für ILNP-fähige Rechner angelegt. Durch ihn kann man prüfen, ob ein Rechner ILNP-fähig ist: Falls für den Hostnamen mond.abc.de im DNS-Server der Domain abc.de ein RR NID angelegt ist, so besagt dies, dass der Rechner mond in der Domain abc.de ILNP-fähig ist. Ein Rechner kann auch mehrere NIDs mit verschiedenen Präferenzen (Prioritäten) besitzen. Somit können z.B. mehrere Kopien virtueller Rechner (unter verschiedenen NIDs) adressiert werden.

b und c) RR L32 (*Locator 32*): Um bei ILNPv4 abzufragen, welchen L32 (Locator mit der Länge von 32 Bit) ein Rechner bzw. eine Site hat, dient RR L32. Dieser RR liefert bei der Angabe des vollständigen Hostname eines Rechners dessen L32 [Abb. 14.8-5b] oder bei der Angabe des FQDN einer Site deren L32 [Abb. 14.8-5c].

d) RR L64 (*Locator 64*): Um bei ILNPv6 abzufragen, welchen L64 (Lokator mit der Länge von 64 Bit) ein Rechner hat, nutzt man RR L64 [Abb. 14.8-5d]. Dieser RR liefert bei der Angabe des vollständigen Hostnamens eines Rechners dessen L64.

e) RR LP (*Locator Pointer*): Um für einen Rechner beim DNS abzufragen, zu welcher Subdomain einer Domain und damit zu welchem Subnetz einer Site er gehört, kann RR LP verwendet werden [Abb. 14.8-5e]. Dieser RR liefert bei der Angabe des vollständigen Hostname den FQDN einer Subdomain mit dem betreffenden Host (Rechner). Mithilfe von RR LP kann daher ermittelt werden, zu welchem (IP-)Subnetz (auch zu welchem VLAN) ein Rechner gehört. Ein Rechner kann mehreren Subnetzen angehören. Dies ermöglicht es, die Kopien eines virtuellen Rechners in mehreren Subnetzen zu speichern. Abb. 14.8-5e illustriert eine solche Möglichkeit.

14.8 Mobilität von Virtual Networks

Übermittlung von IP-Paketen bei ILNP

Bei der Übermittlung von IP-Paketen müssen bei ILNP die bei IPv4 und IPv6 geltenden Prinzipien zum Einsatz kommen. Daher möchten wir zuerst das Sendeprinzip von Rechnern mit IP in Erinnerung rufen, also das, was in jedem Rechner beim Absenden eines IP-Pakets passiert.

Das 'Sendeprinzip bei IP' kann wie folgt formuliert werden:

> Befindet sich der Zielrechner im gleichen IP-Subnetz, so wird ein IP-Paket direkt an den Zielrechner geschickt. Befindet sich der Zielrechner aber nicht im gleichen IP-Subnetz, so wird das IP-Paket an einen Router übergeben, welcher es daraufhin in ein anderes IP-Subnetz weiterleiten muss.

Sendeprinzip bei IP

Beim ILNP wird das gleiche Sendeprinzip von IP-Paketen angewandt [Abb. 14.8-6] und das Paket an die Routing-Instanz im SBR übergeben. In IP-Netzen hat jeder Router pro Port eine IP-Adresse (als logische Adresse) und eine MAC-Adresse (als physikalische Adresse). Da NID bei ILNP einer IP-Adresse bei IP entspricht, muss folglich jedem zur Site führenden Port im SBR sowohl ein NID als auch eine MAC-Adresse zugeteilt werden. Bei der Konfiguration jedes Rechners in einem IP-Subnetz muss dem Rechner (bei ILNP der NID des Ports im SBR) das Default Gateway mitgeteilt werden. Dorthin muss der Rechner IP-Pakete zur Weiterleitung in andere IP-Subnetze schicken. Da IP-Pakete in MAC-Frames eingekapselt übermittelt werden, muss der Rechner auch, um die MAC-Frames an den Port im SBR übermitteln zu können, die MAC-Adresse des Ports kennen. Um die MAC-Adresse bei ILNPv4, die dem NID des Ports im SBR entspricht, zu ermitteln, wird das Protokoll ARP (*Address Resolution Protocol*) for ILNPv4 in RFC 6747 erweitert.

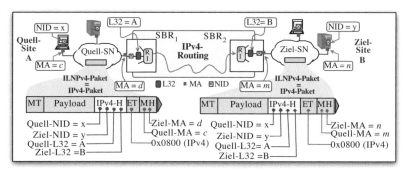

Abb. 14.8-6: Adressangaben bei der Übermittlung eines IPv4-Pakets bei ILNPv4
ET:EtherType (Header mit der Angabe des Schicht-3-Protokolls), IPv4-H:IPv4-Header, L32: Locator 32 (Locator mit der Länge von 32 Bit), MA: MAC-Adresse, MH/T: MAC-Header/Trailer, SBR: Site Border Router

Nun möchten wir die Übermittlung von IP-Paketen bei ILNP kurz erläutern. Hierfür zeigt Abb. 14.8-6 die Übermittlung eines IPv4-Pakets vom Quellrechner im Subnetz am Standort **A** (L32 = A) zum Zielrechner im Subnetz am Standort **B** (L32 = B).

Übermittlung von IP-Paketen bei ILNP

- Nach dem Vergleich von Ziel-L32 mit Quell-L32 stellt der Quellrechner fest, dass der Zielrechner nicht in seiner Site ist, sondern in einer Site an einer anderen Lokation und folglich auch nicht im gleichen Subnetz (d.h. nicht in seinem Heimatsubnetz).

Aufgrund dieser Feststellung muss das zu übermittelnde IPv4-Paket also, damit es zum SBR$_2$ der Ziel-Site geroutet werden kann, an die Routing-Instanz im SBR$_1$ übergeben werden. Wie Abb. 14.8-6 zeigt, wird das IPv4-Paket im MAC-Frame eingekapselt an den SBR zwecks dessen Weiterleitung an den SBR der Ziel-Site übergeben. Dies bedeutet, dass hierfür die MAC-Adresse des zum Quell-Subnetz führenden Ports im SBR$_1$ im MAC-Header als MAC-Zieladresse eingetragen werden muss.

Bemerkung: Es sei angemerkt, dass im Header `EtherType` die Nummer (`0x0800`) von IPv4 gesetzt ist und nicht die von ILNPv4. Dies bestätigt, dass ILNPv4 in der Tat kein selbstständiges Protokoll darstellt, sondern nur als Erweiterung der Adressierung bei IPv4 anzusehen ist.

- Über den Routing-Bereich wird das IPv4-Paket nach dem Ziel-L32 zum SBR$_2$ geroutet, d.h. im Routing-Bereich gilt also die Angabe L32 als IPv4-Adresse. Aus diesem Grund wird folglich im IPv4-Header der L32 anstelle der IPv4-Adresse eingetragen.
- Nachdem das IPv4-Paket beim SBR$_2$ der Ziel-Site empfangen wurde, wird es direkt in einem neuen MAC-Frame eingebettet an den Zielrechner übermittelt. Dies bedeutet, dass die MAC-Adresse des Zielrechners im MAC-Header als MAC-Zieladresse eingetragen wird. Abb. 14.8-6 bringt auch dies zum Ausdruck. Der SBR$_2$ der Ziel-Site kennt aus den Angaben im IPv4-Header aber nur den Ziel-NID, also nur den NID des Zielrechners und nicht dessen MAC-Adresse.

ARP für ILNP

Das ist das gleiche Problem, das bereits in klassischen IPv4-Netzen existiert: Der letzte Router unterwegs zum Ziel muss in der Lage sein, im Ziel-Subnetz abzufragen, welche MAC-Adresse der Rechner mit der Ziel-IPv4-Adresse hat, wozu üblicherweise ARP genutzt wird. Beim Einsatz von ILNPv4 ist auch ein entsprechendes, ARP-ähnliches Protokoll nötig, und zwar um den letzten Router unterwegs zum Ziel in die Lage zu versetzen, im Ziel-Subnetz abzufragen, welche MAC-Adresse der Rechner mit der Ziel-NID hat. Die notwendige Erweiterung von ARP wurde in RFC 6747 spezifiziert und wird als 'ARP für ILNPv4' geführt.

Die Übermittlung von IP-Paketen bei ILNPv4 erfolt nach den gleichen Prinzipien wie in klassischen IP-Netzen: Auf jedem Abschnitt (auf jedem *Hop*) wird das unveränderte IPv4-Paket in einem neuen, dem Abschnitt entsprechenden, MAC-Frame eingekapselt übermittelt. Demzufolge ändern sich nur die beiden MAC-Adressen auf jedem Hop, und die Adressangaben im IPv4-Header bleiben auf der ganzen Strecke zwischen Quell- und Zielrechner unverändert.

Abwärtskompatibilität von ILNP zu IP

ILNP muss zu IP abwärtskompatibel sein. Ein Rechner mit ILNP, der einen Kommunikationsvorgang zu einem anderen Rechner initiiert, muss in der Lage sein, feststellen zu können, ob sein Kommunikationspartner auch das ILNP unterstützt, also ob er ebenso ILNP-fähig ist. Am Beispiel des Aufbaus einer TCP-Verbindung zwischen zwei Rechnern, von denen jeder ILNPv6 oder IPv6 nutzen kann, zeigt Abb. 14.8-7, wie sich diese Kompatibilität in verschiedenen denkbaren Situationen überprüfen lässt.

Bemerkung: Im hier gezeigten Beispiel wird der Rechner, der die TCP-Verbindung initiiert, *Initiator* genannt, und der, welcher auf die Nachrichten des Initiators antwortet, als *Responder* bezeichnet. Eine spezielle Option im IPv4-Header, die Nonce-Option, hat bei

14.8 Mobilität von Virtual Networks

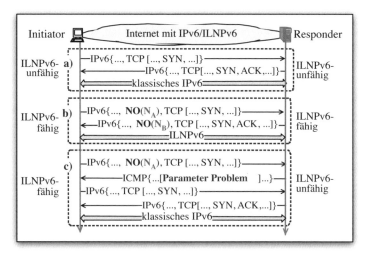

Abb. 14.8-7: Kompatibilität von ILNPv6 zu IPv6: a) beide Rechner sind ILNPv6-unfähig; b) beide Rechner sind ILNPv6-fähig; c) nur ein Rechner ist ILNPv6-fähig
N: Nonce, NO: Nonce-Option

der Überprüfung der Kompatibilität eine wichtige Funktion. Hierbei wird sie im Falle von IPv6 [RFC 6744] im Extension Header 'IPv6 Destination Option' und im Falle von IPv4 [Abb. 14.8-4b] als *Nonce*-Header-Option übermittelt.

Die einzelnen, in Abb. 14.8-7 dargestellten Situationen beim Initiieren einer virtuellen TCP-Verbindung sind in Bezug auf die Überprüfung der Kompatibilität von Rechnern wie folgt zu charakterisieren:

ILNP/IP-Kompatibilitätsprüfung

a) *Beide Rechner sind ILNPv6-unfähig*: Die beiden Rechner unterstützen nur das IPv6. Der Initiator signalisiert den Aufbau einer TCP-Verbindung durch das Absenden eines im IPv6-Paket eingekapselten TCP-Pakets mit dem <SYN>-Bit. Der Responder antwortet darauf mit dem TCP-Paket und <SYN,ACK>. Der Initiator stellt auf diese Weise fest, dass der Aufbau der TCP-Verbindung mit IPv6 fortgesetzt werden kann; er kann den Aufbau der initiierten TCP-Verbindung also durch das Absenden des TCP-Pakets <ACK> abschließen.

b) *Beide Rechner sind ILNPv6-fähig*: Die beiden Rechner unterstützen das ILNPv6. Der Initiator initiiert eine TCP-Verbindung durch das Absenden eines IPv6-Pakets mit dem Extension Header 'IPv6 Destination Option' und mit dem eingekapselten TCP-Paket <SYN>. Dieser Extension Header enthält eine Nonce-Option. Diese hat zwei Aufgaben zu erfüllen, nämlich einerseits anzuzeigen, dass ILNPv6 zum Einsatz kommen soll, und andererseits durch Einsatz des Nonce die Sicherheit der Kommunikation zu erhöhen. Der Responder antwortet auf die erhaltenen Daten mittels des Absendens eines IPv6-Pakets mit gesetzter Nonce-Option und des TCP-Pakets <SYN,ACK>. Mit der Nonce-Option zeigt der Responder dem Initiator, dass auch er ILNPv6-fähig ist. Der Aufbau der TCP-Verbindung mit ILNPv6 kann daher fortgesetzt werden. Der Responder wartet nun auf das TCP-Paket <ACK> seitens des Initiators.

c) *Nur der Initiator ist ILNPv6-fähig*: Wie im Fall b) [Abb. 14.8-7] baut der Initiator eine TCP-Verbindung auf, in dem er beim Absenden eines IPv6-Pakets sowohl die Nonce-Option als auch das eingekapselten TCP-Paket mit <SYN>-Bit verwendet. Der Responder ist nicht ILNPv6-fähig und antwortet auf die erhaltenen Daten mittels Absendens eines ICMP-Pakets (*Internet Control Message Protocol*) unter Angabe Parameter Problem. Damit signalisiert der Responder dem Initiator, dass er nicht ILNPv6-fähig ist. Der Initiator nimmt dies zur Kenntnis und initiiert eine TCP-Verbindung mit dem klassischen IPv6, wie in Abb. 14.8-7c gezeigt.

Ähnlich wie in Abb. 14.8-7 kann auch beim Einsatz von ILNPv4 die Kompatibilität in verschiedenen Situationen überprüft werden.

14.8.2 LISP – Idee und Bedeutung

Die Idee von LISP [RFC 6830] illustriert Abb. 14.8-8. Sie besteht darin, dass ein Rechner am Internet nicht nur mit einer IP-Adresse adressiert wird, so wie es heute der Fall ist, sondern zu seiner Adressierung zwei IP-Adressen, als Angaben RLOC (*Routing Locator*) und EID (*Endpoint Identifier*), genutzt werden. Somit wird die Adresse des Rechners als Paar (RLOC, EID) dargestellt. Um RLOC in ein IP-Paket eintragen zu können, wird jedem über den Internet Core zu übermittelnden IP-Paket ein zusätzlicher Header vorangestellt, der sich wiederum aus einem LISP-, einem UDP- und einem Outer-IP-Header zusammensetzt. Folglich enthält jedes über den Internet Core übermittelte IP-Paket zwei IP-Header, und zwar einen Inner-IP-Header mit EID und einen Outer-IP-Header mit RLOC.

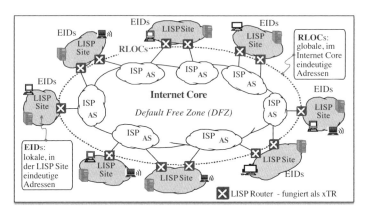

Abb. 14.8-8: Logische Struktur des Internet beim Einsatz von LISP
AS: Autonomes System, EID: Endpoint Identifier, ISP: Internet Service Provider, DFZ: Default Free Zone, RLOC: Routing Locator, xTR: Tunnel Router

LISP Adressierungskonzept

Bei LISP wird vorausgesetzt, dass das Internet im Hinblick auf die Adressierung eine aus zwei unabhängigen Bereichen bestehende, logische Struktur aufweist:

- Einem inneren, öffentlichen Bereich (als *Internet Core* bezeichnet) und
- einem Randbereich (*Internet Edge* genannt), zu dem an den Internet Core angeschlossene, private 'LISP-fähige' Netzwerke gehören.

14.8 Mobilität von Virtual Networks

Diese stellen *Autonome Systeme* (AS) dar und werden oft als *LISP Sites* bezeichnet. Sie können aber auch als *LISP-Domains* bzw. als private *LISP-Intranets* angesehen werden. Der Internet Core repräsentiert eine globale Vernetzung autonomer Systeme verschiedener ISPs. Diese bildet eine *Default Free Zone* (DFZ)[28], in der jeder Router über eine 'komplette', als *Global Routing Table* bezeichnete Routing-Tabelle mit allen Zielen im Internet Core verfügen sollte. In der Praxis ist dies aber nicht immer der Fall.

Autonome Systeme

Die wichtigste Besonderheit von LISP ist aber die zweistufige Adressierung eines Rechners mittels des `RLOC` (*Routing Locator*) und des `EID` (*Endpoint Identifier*). Bei der Übermittlung eines IP-Pakets an einen Rechner wird mit `RLOC` dessen Standort (Site) am Internet angegeben, d.h. zu welcher LISP-Site das IP-Paket im Internet Core geroutet werden muss. Wurde die Ziel-LISP-Site erreicht, dann gibt `EID` an, an welchen Rechner in dieser LISP-Site das IP-Paket adressiert werden muss.

Adressierung bei LISP

RLOCs repräsentieren routbare, weltweit eindeutige globale Adressen am Internet Core. EIDs dagegen stellen lediglich lokal eindeutige Adressen in LISP-Sites am Internet Core dar. Daher können sich EIDs in mehreren LISP-Sites sogar wiederholen. Dies führt zu neuen Möglichkeiten der Mobilität virtueller Rechner/Netzwerke.

Betrachtet man das Paar (`RLOC, EID`) als Adressangabe, so kommen folgende zwei Möglichkeiten in Frage:

- *RLOC konstant, EID variabel*: Einem RLOC können mehrere EIDs zugeordnet werden. Dadurch kann eine aus dem Internet zu einem LISP-Router – also zu einer LISP-Site – führende Route auf mehrere, zu verschiedenen Rechnern in der LISP-Site führenden Routen aufgespalten werden. Eine solche Aufspaltung in der LISP-Site einer aus dem Internet führenden Route ermöglicht es, Daten abwechselnd an verschiedene Rechner in der LISP-Site zu übermitteln. Auf diese Weise lassen sich verschiedene Arten der Datenverteilung (*Load Balancing*) realisieren.

Load Balancing

- *RLOC variabel, EID konstant*: Einem EID können mehrere RLOCs zugeordnet werden. So kann z.B. jeder Rechner in einer LISP-Site über mehrere LISP-Router erreicht werden. Man spricht hierbei vom *Multihoming*. Infolgedessen ist der Internetzugang über mehrere LISP-Router und hierbei auch über mehrere ISPs möglich. Abb. 14.8-8 bringt dies zum Ausdruck.

Multihoming

Bemerkung: Dadurch, dass RLOC bei einem konstanten EID variabel sein kann, ermöglicht dies den Transfer von virtuellen Rechnern/Netzwerken zwischen verschiedenen LISP-Sites, und so entstehen neue Möglichkeiten für *Cloud Computing* und *Nomadic Computing*. Beispielsweise kann ein virtueller Rechner mit dem gleichen EID (quasi als dessen IP-Adresse in der durch RLOC bestimmten LISP-Site) von einer LISP-Site zu einer anderen 'wandern'.

Nomadic Computing

Hervorgehoben sei ebenso, dass die in Abb. 14.8-8 gezeigte Internetstruktur weitgehend der Struktur des heutigen Internet entspricht. Internet mit LISP setzt aber zusätzlich nur LISP-fähige Router am Rande des Internet Core voraus.

---

[28] Als DFZ bezeichnet man ein aus einer Vernetzung autonomer Systeme bestehendes Netz, in dem es keine *Default Routen* zur Übermittlung von IP-Paketen gibt; d.h. kein subnetz-basiertes Routing stattfindet. Aus diesem Grund müsste jeder Router in einer DFZ über eine 'komplette' Routing-Tabelle zu allen Zielen in der DFZ verfügen.

Übermittlung von IP-Paketen bei LISP

Abb. 14.8-9 illustriert dieses Prinzip am Beispiel der Übermittlung von IP-Paketen zwischen zwei LISP-Sites. Das hier gezeigte Prinzip gilt für die beiden Internetprotokolle, also sowohl für IPv4 als auch für IPv6 [Abb. 14.8-10].

EID-to-RLOC Mapping

Da das Paar (RLOC, EID) bei LISP als eine zweistufige Adresse fungiert, muss 'irgendwo und irgendwie' abgespeichert werden, welcher RLOC welchem EID zugeordnet ist; d.h. es muss das *EID-to-RLOC Mapping* (ERM) realisiert werden. Dies ist notwendig, weil bei LISP die Quellrechner ihre IP-Pakete, genauso wie es ohne LISP der Fall wäre, an die LISP-Router am Internet Core mit normalen IP-Adressen übermitteln. Die LISP-Router haben also anschließend für jedes IP-Paket den dem Ziel-EID entsprechenden Ziel-RLOC zu ermitteln. Daher müssen sich die LISP-Router am Internet Core um die Ermittlung der Zuordnung EID ⇒ RLOC, d.h. um ERM kümmern. Diese Aufgabe entspricht weitgehend der Aufgabe des DNS (*Domain Name System*) bei der Ermittlung einer gesuchten IP-Adresse für einen bestimmten Hostname.

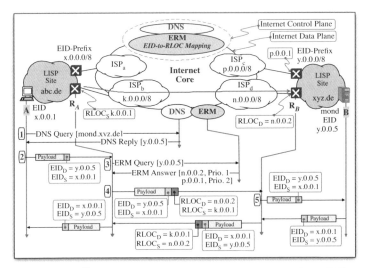

Abb. 14.8-9: Prinzip der Übermittlung von IP-Paketen bei LISP mittels IP-in-IP-Encapsulation
EID$_D$/EID$_S$: Destination (D)/Source (S); EID: Endpoint Identifier,
weitere Abkürzungen wie in Abb. 14.8-8

Es kommen mehrere Möglichkeiten in Frage, um ERM zu realisieren. Eine von ihnen wird als LISP+ALT (*LISP Alternative Logical Topology*) bezeichnet [RFC 6836]. In Abb. 14.8-8 wird lediglich die Existenz eines ERM-Systems zum Ausdruck gebracht. Die beiden Systeme DNS und ERM realisieren vergleichbare Funktionen, die man einer *Internet Control Plane* zuordnen könnte. Die physikalische, IP-Pakete übermittelnde Internetinfrastruktur, zu der u.a. Router gehören, könnte man hingegen als *Internet Data Plane*[29] betrachten.

---

[29] IP-Netze mit MPLS (*Multi-Protocol Label Switching*) haben eine logische Struktur, die aus der Transport Plane, die als Data Plane zu betrachten ist, und aus der Control Plane, wo der Verlauf von *MPLS-Path* ermittelt wird, besteht [Abb. 11.1-3].

14.8 Mobilität von Virtual Networks

Die einzelnen in Abb. 14.8-9 dargestellten Schritte bei der Übermittlung von IPv4-Paketen sind wie folgt zu interpretieren, wobei die Übermittlung der IPv6-Pakete weitgehend ähnlich verläuft:

DNS Query

1. Der Rechner **A**, in der als Domain abc.de bezeichneten LISP-Site mit der IPv4-Adresse x.0.0.1, möchte ein IPv4-Paket an den Rechner **B** namens mond in der als Domain xyz.de bezeichneten LISP-Site senden. Die IPv4-Adresse des Rechners **B** ist aber dem Rechner A noch unbekannt, sodass er sie noch beim DNS abfragen muss. Hierfür sendet er an das DNS die Nachricht Query mit dem vollständigen Namen des Rechners **B** mond.xyz.de und erhält vom DNS in der Nachricht Reply die IPv4-Adresse y.0.0.5 des Rechners B. Es sei hervorgehoben, dass auch jeder Quellrechner, auch ohne LISP-Einsatz, diesen Schritt durchführen muss, falls er die IPv4-Adresse des Zielrechners nicht kennt.

2. Der Rechner A hat das erste IPv4-Paket an den Rechner B geschickt. Dieses Paket mit den IPv4-Adressen y.0.0.5 als *Destination EID* (EID_D) und x.0.0.1 als *Source EID* (EID_S) wird an den LISP-Router R_A übermittelt und dieser fungiert als *Ingress Router* (Eingangsrouter) zum Internet Core.

ERM-Abfrage

3. Der Ingress Router muss den *Destination RLOC* ($RLOC_D$) kennen, d.h. die IPv4-Adresse des Ziel-LISP-Routers R_B, an den das IPv4-Paket mit EID_D = y.0.0.5 übermittelt werden muss. Kennt er den $RLOC_D$ noch nicht, ermittelt er ihn zuerst mithilfe einer ERM-Infrastruktur und führt hierfür eine ERM-Abfrage durch[30]. So erfährt er beispielsweise, dass der Zielrechner über zwei RLOCs erreicht werden kann: n.0.0.2 (Priorität *1*) und p.0.0.1 (Priorität *2*).

IPv4-in-IPv4 Encapsulation

4. Nachdem der *Ingress Router* den $RLOC_D$ ermittelt hat, stellt er dem Original-IPv4-Paket einen zusätzlichen Header voran, der einen Outer-IPv4-Header mit der IPv4-Adresse n.0.0.2 als $RLOC_D$ und mit der eigenen IPv4-Adresse k.0.0.1 als *Source RLOC* ($RLOC_S$) enthält, und schickt das so erweiterte IPv4-Paket an den Internet Core[31]. Der Ingress Router realisiert eine LISP-spezifische IP4-in-IPv4-Encapsulation, weshalb das so eingekapselte IPv4-Paket (per Protocol 4 Encapsulation [Tab. 3.1-1]) zum Ziel-LISP-Router wie durch einen Tunnel (also von außen unzugänglich) übermittelt wird. Man spricht in einem solchen Fall von *IP4-in-IPv4-Tunneling* [Abb. 14.8-10a] und aus diesem Grund wird der Ingress LISP-Router als *Ingress Tunnel Router* (ITR) bezeichnet.

IPv4-in-IPv4 Decapsulation

5. Auch der *Egress Router* (Ausgangsrouter) aus dem Internet Core muss das IP4-in-IPv4-Tunneling unterstützen und wird daher *Egress Tunnel Router* (ETR) genannt. Hat der ETR das IP4-in-IPv4-Paket empfangen, realisiert er die IP4-in-IPv4-Decapsulation, d.h. er entfernt den im Outer-IP-Header zusätzlich enthaltenen Header und schickt das Original-IPv4-Paket abschließend zum Rechner **B**.

Hat das erste IPv4-Paket den Zielrechner **B** erreicht, sind ihm die Quelladressen (EID_S = x.0.0.1 und $RLOC_S$ = k.0.0.1) dieses Pakets bereits bekannt, und somit kann er dem Quellrechner **A** antworten. Die Übermittlung der Pakete in Gegenrichtung verläuft auf die gleiche Art und Weise, was Abb. 14.8-9 zeigt.

In Abb. 14.8-9 wurde dargestellt, dass die Übermittlung von IP-Paketen bei der Vernetzung von IPv4-Intranets als LISP-Sites über das IPv4-Internet, das heutige Internet also, nach dem Prinzip der IPv4-in-IPv4-Encapsulation verläuft. Auf die gleiche Art und Weise werden auch die anderen Varianten der *IP-in-IP-Encapsulation* realisiert [Abb. 14.8-10], wie z.B. IPv6-in-IPv4 bei IPv6 over IPv4.

Anmerkung: Für Näheres über die Auswirkung von LISP auf das Schichtenmodell von TCP/IP, über die Kommunikation bei LISP im Schichtenmodell und über die Struktur von IP-in-IP-Header verwiesen auf LISP in [Sch14].

Bedeutung der IP-in-IP-Encapsulation bei LISP

Dank der IP-in-IP-Encapsulation entsteht beim LISP-Einsatz eine neue Möglichkeit, IPv4- und IPv6-Netze miteinander zu verbinden. Abb. 14.8-10 bringt dies zum Ausdruck.

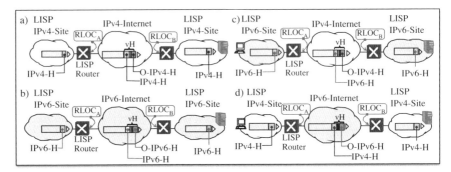

Abb. 14.8-10: Bedeutung der IP-in-IP-Encapsulation bei LISP: a) IPv4 over IPv4, b) IPv6 over IPv6, c) IPv6 over IPv4, d) IPv4 over IPv6
IPv4/6-H: IPv4/6-Header, O-IPv4/6-H: Outer-IPv4/6-Header, vH: vorangestellter Header

Die einzelnen Fälle lassen sich kurz wie folgt charakterisieren:

IPv4 over IPv4 (Proto 4)
a) Beim Verbund von LISP-IPv4-Sites über das herkömmliche IPv4-Internet wird jedem IPv4-Paket für dessen Übermittlung über das IPv4-Internet ein zusätzlicher, einen Outer-IPv4-Header mit den IPv4-Adressen $RLOC_A$ und $RLOC_B$ enthaltenden, Header vorangestellt. Auf diese Weise wird die LISP-spezifische IPv4-in-IPv4-Encapsulation realisiert. Dieser Fall wurde in Abb. 14.8-9 bereits detailliert erläutert.

IPv6 over IPv6 (Proto 4)
b) In Zukunft können die LISP-IPv6-Sites über das IPv6-Internet so vernetzt werden, dass jedem IPv6-Paket für dessen Übermittlung über das IPv6-Internet ein zusätzlicher Header vorangestellt wird. Dieser enthält einen Outer-IPv6-Header mit den IPv6-Adressen $RLOC_A$ und $RLOC_B$. Die Übermittlung von IPv6-Paketen bei einer solchen LISP-spezifischen IPv6-in-IPv6-Encapsulation verläuft ähnlich wie in Abb. 14.8-9 gezeigt.

IPv6 over IPv4 (Proto 41)
c) Beim Verbund von LISP-IPv6-Sites über das herkömmliche IPv4-Internet wird jedem IPv6-Paket für dessen Übermittlung über das IPv4-Internet ein zusätzlicher

---
[30] Eine Ausnahme stellt hier die *ALT-Infrastruktur* für *EID-to-RLOC Mapping* dar. Bei der Nutzung dieser ist keine vorherige Abfrage nötig [RFC 6836].
[31] Es ist ausdrücklich hervorzuheben, dass EID und RLOC IPv4- bzw. IPv6-Adressen sind: EID die eines Rechners und RLOC die eines LISP-Routers.

14.8 Mobilität von Virtual Networks

Header vorangestellt, der einen Outer-IPv4-Header mit den IPv4-Adressen $RLOC_A$ und $RLOC_B$ enthält. Auf diese Weise wird eine LISP-spezifische IPv6-in-IPv4-Encapsulation realisiert. Diese Möglichkeit ist in der ersten Phase der Migration zu IPv6 von großer Bedeutung.

d) LISP-IPv4-Sites lassen sich über das IPv6-Internet vernetzen, in dem jedem IPv4-Paket für den Transport über das IPv6-Internet ein zusätzlicher Header vorangestellt wird. In diesem Outer-IPv6-Header sind die IPv6-Adressen $RLOC_A$ und $RLOC_B$ enthalten, und somit kann eine LISP-spezifische IPv6-in-IPv4-Encapsulation erfolgen.

IPv4 over IPv6 (LISP)

Die LISP-spezifische IP-in-IP-Encapsulation führt dazu, dass zwischen zwei LISP-Routern quasi ein Tunnel über dem Internet Core als Transitnetz entsteht.

Selbstverständlich kann dank dieser Tatsache ein im Tunnel über ein Transitnetz übermitteltes IP-Paket unterwegs weder interpretiert noch (bösartig) manipuliert werden. Bei einer Kopplung von Netzen über Transitnetze spricht man daher nicht nur von IP-in-IP-Encapsulation, sondern auch oft von IP-in-IP-Tunneling.

Bedeutung von IP-in-IP-Tunneling bei LISP

Mit LISP wird IP-in-IP-Tunneling realisiert, was zu neuen Möglichkeiten führt, über ein Transitnetz mit IPv4 bzw. IPv6 sowohl Netzwerke mit IPv4 als auch Netzwerke mit IPv6 untereinander zu vernetzen. Abb. 14.8-11 illustriert diese Möglichkeiten.

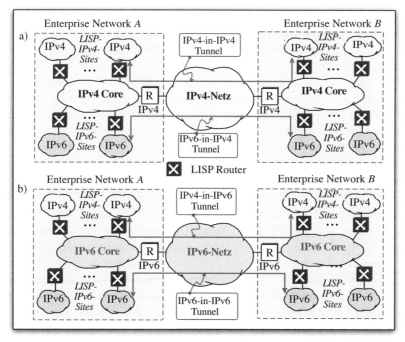

Abb. 14.8-11: Bedeutung von IP-in-IP-Tunneling bei LISP – Transitnetz mit:
  a) Protokoll IPv4, b) Protokoll IPv6
  R: Router

Die hier dargestellten Beispiele verdeutlichen, dass große Unternehmensnetze, also *Enterprise Networks* mit den beiden Internetprotokollen IPv4 und IPv6 aus mehreren, über einen IPv4/IPv6 Core vernetzten LISP-IPv4- und LISP-IPv6-Inseln bestehen können. Dabei können jeweils zwei IPv4- oder zwei IPv6-Inseln sogar standortübergreifend entweder über ein IPv4- oder über ein IPv6-Netz verbunden werden, womit der Weg zur Koexistenz von IPv4 und IPv6 in Enterprise Networks geebnet ist.

14.9 Schlussbemerkungen

Ziel dieses Kapitel war es, einen Überblick über neue Konzepte der Gestaltung lokaler IP-Netzwerke zu geben und wichtige Grundlagen für Virtual Networking und für Virtual Network Mobility zu liefern. Aus Platzgründen konnten wir hier nicht alle neuen technischen Konzepte darstellen, möchten aber Folgendes noch hervorheben:

SPB versus TRILL
- Die hier präsentierten Konzepte SPB und TRILL ermöglichen, vergleichbare Ziele zu erreichen, nämlich als VLANs definierte IP-Subnetze aufzuteilen, deren einzelne Teile standortübergreifend zu verteilen und sie untereinander zu vernetzen. Logisch (virtuell) betrachtet würde dies bedeuten, dass ein virtueller, sogar auf mehrere Standorte verteilter, Layer2-Switches beim Einsatz von SPB wie auch von TRILL eingerichtet werden kann. Vergleicht man aber diese Konzepte im Hinblick auf Komplexität und Funktionalität, so ist SPB dem TRILL-Konzept überlegen; vor allem hat man bei SPB dank der Varianten SPBV und SPBM mehr Flexibilität.

BPE
- In modern strukturierten Netzwerken [Abb. 14.1-2] verläuft die Kommunikation zwischen Clients und Servern so, dass die Hauptaufgabe von L2-Switches darin besteht, zuerst auf der Sendeseite die Ströme von Ethernet-Frames zu bündeln und dann diese gebündelten Ströme auf der Empfangsseite wiederum auf kleinere Ströme aufzuspalten. Diese Funktionen, also zuerst Bündelung (*Aggregation*) und dann Aufspaltung (*Deaggregation*) von Datenströmen, können die Netzwerkkomponenten, die auf dem Prinzip der Aggregation/Deaggregation basieren, realisieren, was zur Idee der *Bridge Port Extension* (BPE) geführt hat. Sie wird im Standard IEEE 802.1Qbh [http://www.ieee802.org/1/pages/802.1bh.html] spezifiziert und ermöglicht die Substitution von L2-Switches durch *Port Extender* zum Anschluss der Client-Rechner als auch der Server. Wie Abb. 14.9-1 illustriert, entstehen dadurch einfache baumförmige Netzwerkstrukturen.

BPE im Metro-Ethernet
Das Konzept von BPE kann im Metro-Ethernet angewandt werden. Wie in Abb. 14.9-1a ersichtlich ist, setzt sich das ganze Zubringernetz zu den im Datacenter eines Providers untergebrachten Endsystemen von Kunden (wie z.B. Servern, privaten Netzwerkinfrastrukturen) aus einer *Controlling Bridge* (CB), die als hochleistungsfähiger Layer-2-Switch fungiert und mehreren (eine hierarchische Struktur bildenden) *Port Extenders* zusammen. Die Ports, über die der Anschluss an das Zubringernetz erfolgt, können als ausgelagerte Ports der CB – also deren *Remote Ports* – betrachtet werden. Demzufolge kann das ganze Zubringernetz quasi als eine verteilte, zum Datacenter des Providers führende Bridge angesehen werden.

14.9 Schlussbemerkungen

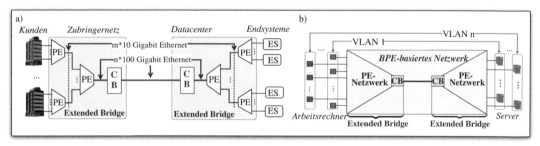

Abb. 14.9-1: Bedeutung von BPE: a) Einsatz von BPE im Metro-Ethernet,
b) allgemeines Modell BPE-basierter Netzwerke
CB: Controlling Bridge (hochleistungsfähiger L2-Switch),
ES: Endsystem, PE: Port Extender

Eine solche Bridge wird als *Extended Bridge* bezeichnet. Das Datacenter beim Service-Provider wird identisch wie das Zubringernetz strukturiert.

Aus der in Abb. 14.9-1a dargestellten Vernetzung geht hervor, dass in einem BPE-basierten Netzwerk eine Aggregation und Deaggregation der Ströme von Ethernet-Frames stattfindet und jede Extended Bridge quasi als *Aggregator/Deaggregator* fungiert. Diese Festlegung lässt sich in Form des in Abb. 14.9-1b dargestellten Modells zum Ausdruck bringen, das als Aggregations/Deaggregations-Modell der BPE-basierten Netzwerke angesehen werden kann. Die Vernetzung einer CB mit PEs, deren Ports als ausgelagerte (Remote) Ports der CB betrachtet werden können, stellt eine Baumstruktur mit der CB als Root dar. Diese Baumstruktur wird in der Spezifikation von BPE als *Extended Bridge* bezeichnet. Wie Abb. 14.9-1b zum Ausdruck bringt, können über ein BPE-basiertes Netzwerk die zu einem VLAN gehörenden Rechner miteinander kommunizieren. Somit stellt ein BPE-basiertes Netzwerk eigentlich eine verteilte Layer-2-Networking-Komponente dar (siehe auch BPE in [Bad14]).

BPE-basierte Netzwerke

- Die Virtualisierung von Rechnern und der Bedarf an flexiblen und an Geschäftsprozesse angepassten IT-Diensten verlangt neue Ideen zur raschen Bereitstellung von Netzwerkdiensten. SDN (*Software Defined Networking*) ermöglicht die Bereitstellung universeller und programmierbarer Netzwerkknoten zur Weiterleitung von Daten. Diese Netzwerkknoten können fast alle denkbaren Netzwerkfunktionen erbringen – wie z.B. verschiedene Switching-Arten und Routing, und dies sogar parallel für die Internetprotokolle IPv4 und IPv6. Dadurch können bei SDN verschiedene programmierbare Netzwerkdienste (*Programmable Network Services*) realisiert werden, und man kann sogar von *Netzwerkprogrammierbarkeit* sprechen. Die zu SDN führenden Entwicklungen und zahlreiche SDN betreffenden Aktivitäten werden von zwei Organisationen koordiniert, die zu konkurrierenden Frameworks des SDN-Konzepts geführt haben:

  SDN

  ▷ *OpenFlow von der Open Networking Foundation* (ONF), der alle namhaften und auf dem Gebiet Networking tätigen Firmen angehören [https://www.opennetworking.org] und

▷ ForCES (*Forwarding and Control Element Separation*) von der gleichnamigen Working Group bei der IETF [http://datatracker.ietf.org/wg/forces].

Das grundlegende Konzept von SDN basiert darauf, die Software in Netzwerkkomponenten zur Übermittlung von Daten möglichst von deren Hardware zu trennen und sie dann zu einer bzw. zu mehreren zentralen, als *SDN-Controller* bezeichneten Steuerungskomponente/n auszulagern. Demzufolge werden die Netzwerkkomponenten zur Übermittlung von Daten vereinfacht und zentral gesteuert. Diese Idee liefert neue Möglichkeiten, diverse Netzwerkdienste zu entwickeln, diese de facto zu programmieren und sie in Netzwerken mit vereinfachten Hardwareeinheiten zu verwirklichen. Für weitere Informationen siehe SDN in [Bad14].

NFV
- Außer der Virtualisierung auf einem leistungsfähigen Wirt-Server von einzelnen Rechnern und deren Vernetzung mittels Layer-2-Switches ergibt sich noch eine dritte Möglichkeit: Man kann auch verschiedene Netzwerkkomponenten (Router, Load Balancer, Firewalls usw.) und deren Vernetzung, d.h. verschiedene Netzwerkfunktionen, virtualisieren. Folglich kann jede Netzwerkfunktion, die nicht unbedingt bestimmte Hardware-Komponenten verlangt, virtualisiert werden. Diese Gedanken haben zur *Network Functions Virtualisation* (NFV) geführt. Bei NFV werden spezielle Netzwerkfunktionen wie etwa für die Bereitstellung eines privaten IP-basierten Mobilfunknetzes (Smartphone-Funknetz), von der Hardware weitgehend losgelöst, auf einem leistungsfähigen Wirt-Server als NFV-Cloud realisiert und als NFV-Service angeboten. Es sei hervorgehoben, dass NFV in enger Verbindung zum Konzept SDN steht: Die beiden Konzepte SDN und NFV ergänzen sich ideal. Die NFV-Aktivitäten werden von *NFV ETSI Industry Specification Group* (ISG) koordiniert und auch als Standards spezifiziert [http://www.etsi.org/technologies-clusters/technologies/nfv].

Multi-tenant MACsec
- Diese virtualisierten Netze können mittels MACsec auch multi-tenant aufgesetzt und gegeneinander abgesichert werden. Allerdings verlangt dies das gemeinsame Verständnis für eine *Security Domain* mit der Definition von *Network Identities* und Kennwörtern für Switches.

Mobility Support mit ILNP, LISP und HIP
- Die Unterstützung der Mobilität von Rechnern (Host Mobility), dabei insbesondere virtueller Rechner (Virtual Machine Mobility) und virtueller Netzwerke (Virtual Network Mobility), sowie der Wunsch nach mehr Sicherheit und Multihoming, d.h. nach einer flexiblen Möglichkeit, einen Rechner bzw. ein Netzwerk parallel über mehrere 'Zugangspunkte' an das Internet anbinden zu können, sind die wichtigsten Anforderungen, die man an das heutige Internet stellt. Mit dem Ziel, diesen Anforderungen gerecht zu werden, wurden die in Abschnitten 13.7.1 und 13.7.2 präsentierten Konzepte ILNP und LISP entwickelt. Mit diesen beiden Konzepten ist das *Host Identity Protocol* (HIP) sehr verwandt [https://www.researchgate.net/publication/315786172_HIP_Host_Identity_Protocol].

Idee von HIP
- Da die IP-Adresse eines Rechners lediglich als dessen *Locator* dient, welcher auf dessen topologischen Standort im Internet verweist, ändert diese Adresse sich, wenn der Rechner mobil ist. Um einen mobilen Rechner im Internet immer an seinem vorläufigen, aktuellen Standort, unter einer einzigen, ihm auf Dauer zugewiesenen IP-Adresse erreichen zu können, benötigt der mobile Rechner eine zu-

sätzliche eindeutige, vom Standort im Internet unabhängige *Identity*. Diese könnte als eine Art 'fester/stabiler Identifikator' angesehen werden. Um einen mobilen Rechner zu erreichen, kann dessen Identity auf eine spezielle Systemkomponente im Internet verweisen, in der dessen aktuelle IP-Adresse eingetragen wird. Nach einem ähnlichen Prinzip wird seit ca. 40 Jahren die Anrufweiterleitung in digitalen Telefonnetzen realisiert. Auf dieser Idee basiert auch das Konzept von HIP zur Unterstützung der Mobilität von Rechnern im Internet.

- Das Konzept von HIP beruht auf der Erweiterung der Adressierung von Rechnern im Internet, bei der ein Rechner sowohl mit der Protokollversion IPv4 als auch mit IPv6 zusätzlich zu seiner IP-Adresse eine weltweit einmalige Identity erhalten kann. Der Einsatz von HIP führt folglich zu einer zweistufigen Adressierung im Internet. Hierbei kann sich die IP-Adresse eines mobilen Rechners ändern, ist somit kurzlebig, seine Identity aber ist konstant, also langlebig. Diese Form der Adressierung ermöglicht es u.a., die telefondienstorientierte Anrufweiterleitung im Internet quasi nachzubilden. Umgesetzt wird dies, indem die Identity des Rechners auf eine spezielle, als Weiterleitungsinstanz dienende, bei HIP als *Rendezvous Server* (RVS) bezeichnete Systemkomponente im Internet verweist und diese anhand der Rechner-Identity angibt, wo bzw. wie der betreffende Rechner aktuell erreicht werden kann. Auf diese Art und Weise kann die Mobilität von Rechnern im Internet relativ einfach realisiert werden.

Zweistufige Adressierung bei HIP

Ein wichtiges Ziel der Entwicklung von HIP war auch die Sicherheitsgarantie der Übermittlung von Daten zwischen kommunizierenden Rechnern. Damit zwei HIP-fähige Rechner untereinander Daten gesichert übermitteln können, vereinbaren sie zuerst die Art und Weise, wie die zu übermittelnden Daten gesichert werden sollen. Das Ergebnis könnte man sich als eine zwischen den Rechnern eingerichtete gesicherte virtuelle Verbindung vorstellen, die hier als *HIP Security Association* (HIP SA) bezeichnet wird. Es sei hier angemerkt, dass eine HIP SA weitgehend einer SA beim Protokoll IPsec (IP Security) entspricht, wobei HIP der Funktion nach dem Protokoll IKE (Internet Key Exchange), nach dem eine SA bei IPsec eingerichtet werden kann, gleichkommt.

HIP and Security

14.10 Verständnisfragen

1. Große private Netzwerke werden strukturiert aufgebaut und dabei auf typische Funktionsbereiche aufgeteilt. Wie kann man sich die allgemeine Netzwerkstruktur vorstellen und welche Funktionsbereiche enthält sie?
2. Wozu und auf welche Art und Weise werden VLANs eingerichtet?
3. Welche Bedeutung hat VID und wann muss diese Angabe in MAC-Frames eingetragen werden?
4. Wie funktionieren L2-Switches und an welchen Stellen in Netzwerken werden sie eingesetzt?
5. Wozu sind L3-Switches in großen Netzwerken nötig und wie funktionieren sie?

6. In großen Netzwerken spricht man von VLAN Tagging. Welche Bedeutung hat diese Funktion und wie ist diese bei der Intra- und Inter-VLAN-Kommunikation zu interpretieren?
7. Wie kann man sich das allgemeine Modell für die Bildung von VLANs im Client-LAN eines Netzwerks vorstellen?
8. In großen Netzwerken haben die Server-LANs bei der Bildung von VLANs mit virtuellen Servern typischerweise eine Multilayer-Struktur. Wie sieht eine solche Struktur aus?
9. Wie erfolgt die Anbindung von VLANs mit virtuellen Servern (vS) an Server Access Switches und welche Bedeutung hat Q-in-Q Tagging dabei?
10. Wie kann man sich die Modelle für die Bildung von VLANs im Server-LAN vorstellen?
11. Wozu wurde das Konzept TRILL entwickelt und nach welchem Prinzip werden Ethernet-Frames bei TRILL übermittelt?
12. Wie kann man sich bei TRILL das Prinzip VLAN over VLAN vorstellen?
13. Wozu wurde das Konzept SPB entwickelt und worin besteht die grundlegende Idee von SPB?
14. Bei SPB wurden zwei Modi SPBV und SPBM eingeführt. Worin bestehen deren Ideen?
15. Welche Bedeutung haben sog. VXLANs und wie kann man sich den 'Weg' vom VLAN zum VXLAN vorstellen?
16. Nach welchem Prinzip werden VXLANs aufgebaut?
17. Worin besteht das Konzept und die Bedeutung von ILNP?
18. Nach welchem Prinzip erfolgt die Übermittlung der IP-Pakete bei ILNP?
19. Worin besteht die Idee und die Bedeutung von LISP?
20. Wie erfolgt die Übermittlung von IP-Paketen bei LISP?
21. Wie kann man sich die Bedeutung der IP-in-IP-Encapsulation bei LISP vorstellen?

15 Distributed Layer-2/3-Switching

Alle lokalen Netzwerke, sogenannte LANs (*Local Area Networks*), basieren heutzutage auf der Technologie Ethernet. Erstreckt sich ein Ethernet-basiertes LAN, auch *Ethernet-LAN* genannt, über mehrere Gebäude, dann wird es mithilfe von Layer-2- und Layer-3-Switching (kurz *Layer-2/3-Switching*) oft so strukturiert, dass zur Vernetzung kleinerer Ethernet-LANs aus den einzelnen Gebäuden ein Backbone mit einer entsprechend hohen Übertragungsbitrate eingerichtet wird. Der Wunsch, ein ähnliches, über große Entfernungen verteiltes Netzwerk einrichten zu können, hat zur Entwicklung von Konzepten für die Nutzung von WANs (*Wide Area Networks*) mit Übertragungsraten im Bereich von Gbit/s zur Nachbildung von Layer-2/3-Switching geführt. So entsteht eine Art '*Distributed Layer-2/3-Switching*' über WANs. Zu dessen Realisierung wurden zwei, in diesem Kapitel präsentierte Konzepte entwickelt: VPLS (*Virtual Private LAN Service*) und EVPN (*Ethernet Virtual Private Network*).

Ethernet-LANs über WANs mit VPLS und EVPN

Mithilfe von VPLS kann ein Ethernet-LAN auf der Basis eines (G)MPLS-Netzes so nachgebildet werden, dass ein virtueller, im Bedarfsfall sogar weltweit *Distributed Layer-2-Switch*, also *Distributed Ethernet-Switch*, entsteht. Somit ermöglicht VPLS, ein beliebig weit verteiltes Ethernet einzurichten, sodass man auch von einem *Virtual Ethernet WAN* sprechen kann.

Ziel von VPLS

EVPN stellt eine Erweiterung von VPLS dar. Auf der Grundlage eines (G)MPLS-Netzes kann nach dem EVPN-Konzept nicht nur ein Distributed Layer-2-Switch eingerichtet werden, sondern auch ein Distributed Layer-3-Switch, der als verteilter Router dienen kann. Folglich realisiert EVPN eine Art 'Integration von Layer-2- und Layer-3-Switching'.

Ziel von EVPN

Nach einer Darstellung der Idee von Distributed Layer-2/3-Switching über WANs im Abschnitt 15.1 werden in den Abschnitten 15.2 und 15.3 die Konzepte von VPLS und EVPN detailliert präsentiert. Abschließende Bemerkungen im Abschnitt 15.3 runden dieses Kapitel ab, in dem u.a. folgende Fragen beantwortet werden:

Inhalt dieses Kapitels

- Wie kann man sich das Distributed Layer-2/3-Switching nach den Konzepten VPLS und EVPN vorstellen?
- Wie kann ein Distributed Layer-2-Switch nach VPLS und EVPN eingerichtet werden und wie funktioniert er?
- Wie entsteht ein Distributed Layer-3-Switch nach dem Konzept EVPN und wie kann er eingesetzt werden?
- Welche Bedeutung haben sogenannte Router Reflectors in Distributed Layer-2/3-Switches?

15.1 Genesis der Idee von VPLS und EVPN

Zu VPLS und EVPN führende Gedanken

Der Realisierung von Distributed Layer-2/3-Switching über (G)MPLS-Netze [Abschnitt 12.1] liegt ein sehr komplexes Konzept der Nachbildung (Emulation) virtueller und räumlich unbegrenzter Ethernet-LANs zugrunde. Um dieses Konzept verständlich erläutern zu können, ist eine anschauliche Darstellung der zur Realisierung von VPLS und EVPN führenden Gedanken hilfreich. Abb. 15.1-1 illustriert diese.

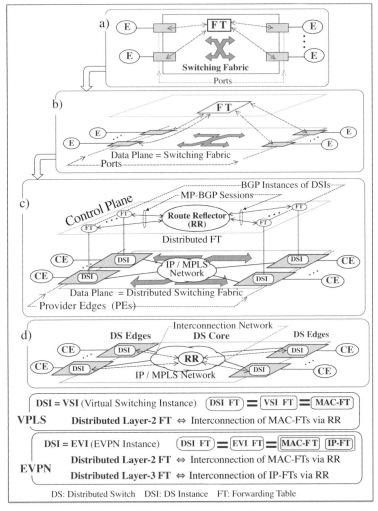

Abb. 15.1-1: Genesis der Idee von VPLS und EVPN: a) die Basiskomponenten eines physischen Switch, b) die logische, aus einer Data Plane und einer Control Plane bestehende Architektur eines physischen Switch, c) virtueller und verteilter Switch aus logischer Sicht, d) Verbund von DSIs über ein Interconnection Network
CE: Customer Equipment, MAC: Media Access Control, MP-BGP: Multiprotocol BGP (Border Gateway Protocol), MPLS: Multi-Protocol Label Switching

15.1 Genesis der Idee von VPLS und EVPN

Abb. 15.1-1 soll insbesondere zum Ausdruck bringen, dass das Konzept von Distributed Layer-2/3-Switching – nach dem Prinzip von VPLS [Abb. 13.4-13] und EVPN – sehr allgemein ist und es ermöglicht, die zwei grundlegenden Netzwerkdienste in einer virtuellen und verteilten Form zu erbringen. Es handelt sich hierbei um Dienste, die sowohl von Ethernet-Switches, von L2-Switches also [Abschnitt 14.2-2], als auch von Routern, die als sogenannte L3-Switches [Abschnitt 14.2-3] ausgeführt werden können, erbracht werden. Die in Abb. 15.1-1a gezeigte, sehr allgemeine Struktur eines Switch kann quasi als 'Quelle der Idee von VPLS und EVPN' angesehen werden.

Quelle der Idee von VPLS und EVPN

Jeder Ethernet-Switch enthält, wie Abb. 15.1-1a zeigt, eine *Switching Fabric* und eine *Forwarding Table* (FT) mit Angaben darüber, welche MAC-Adressen als potenzielle Ziele über welche seiner Ports zu erreichen sind. Die Hauptaufgabe jedes Ethernet-Switch, d.h. jedes L2-Switch, besteht in der Weiterleitung empfangener Ethernet-Frames anhand deren Zieladressen, d.h. anhand von MAC-Destination-Adressen (*Media Access Control*) [Abb. 14.2-2]. Allgemein betrachtet interpretiert jeder Ethernet-Switch die Ziel-MAC-Adressen in den von ihm empfangenen Ethernet-Frames und leitet sie den Angaben in FT entsprechend weiter. Er verbindet also für die Weiterleitung jedes empfangenen Ethernet-Frames quasi zwei Ports, d.h. einen Eingangsport mit einem Ausgangsport, für die Dauer des weiterzuleitenden Frames.

Aufgabe von Layer-2-Switches

Betrachtet man die Funktionsweise von Routern und besonders die der IP-Router genauer, die häufig auch als L3-Switches ausgeführt werden, so besitzen sie eine ähnliche Struktur wie Ethernet-Switches, also wie L2-Switches [Abb. 14.2-2]. Jeder Router enthält eine Switching Fabric und eine FT, die man *Routing Table* nennt. Die Hauptaufgabe jedes Routers, jedes als Router dienenden L3-Switch also, besteht in der Weiterleitung von empfangenen, in Ethernet-Frames eingekapselten IP-Paketen[1]. Der Router interpretiert die Ziel-IP-Adressen in den von ihm empfangenen IP-Paketen und leitet sie entsprechend den Angaben im Routing Table weiter.

Aufgabe von Layer-3-Switches

Die beiden Systemkomponenten L2-Switch und der als Router dienende L3-Switch können aus logischer Sicht auf die in Abb. 15.1-1b dargestellte Weise betrachtet werden. Sie besitzen eine *Data Plane*, die als *Switching Fabric* dient, und eine *Control Plane* mit einer FT. Die FT liefert der *Data Plane* die von ihr gewünschte Adressinformation, genauer gesagt eine Angabe darüber, welche Ziele (d.h. MAC- oder IP-Adressen) über welche Ports zu erreichen sind. Daraus resultiert, dass die Funktionalität dieser beiden Switch-Typen auf die in Abb. 15.1-1c gezeigte Art und Weise erbracht werden kann. D.h. sie kann virtuell (logisch) und verteilt durch das ganze *Interconnection Network* erbracht werden. Das ist die Denkweise, die zur Entstehung der Konzepte VPLS und EVPN geführt hat. Da EVPN eine Erweiterung von VPLS um Routing-Funktion darstellt, beziehen sich die weiteren Betrachtungen in diesem Abschnitt ausschließlich auf EVPN.

Bedeutung von Data Plane und Control Plane

Abb. 15.1-1c demonstriert die folgende Besonderheit von EVPN: Jede Edge-Komponente enthält eine EVPN-spezifische Instanz – die sogenannte EVI (*EVPN*

Funktionen von EVI

---

[1] Hierbei wird jedes im Ethernet-Frame eingebettete IP-Paket zuerst aus dem Frame sozusagen 'herausgenommen', an einen entsprechenden Ausgangsport entsprechend der Routing Table zur Weiterleitung übergeben und vor dem Absenden in einen neuen Ethernet-Frame mit einer neuen dem Next Hop entsprechenden Ziel-MAC-Adresse eingebettet.

Instance). EVI stellt quasi einen lokalen, in einer Edge-Komponente implementierten, virtuellen L2- oder L3-Switch dar. Ob EVI die Funktion eines L2- oder eines L3-Switch erbringt, hängt davon ab, welche Art von FT (Forwarding Table) in EVI enthalten ist. Enthält EVI:

- eine Tabelle MAC-FT, dann dient EVI als L2-Switch,
- eine Tabelle IP-FT, dann dient EVI als L3-Switch (also als IP-Router).

Es sei hervorgehoben, dass eine FT bei EVI als VRF (*Virtual Routing and Forwarding*) Table bezeichnet wird.

Physischer Switch versus EVIs

Vergleicht man Abb. 15.1-1b und Abb. 15.1-1c, erkennt man unmittelbar folgende Analogien zwischen einem physischen und einem virtuellen und verteilten Switch:

- Den Ports des physischen Switch entsprechen Edge-Komponenten an einem Netz mit EVIs, also hier als DS (*Distributed Switch*) Edges bezeichnete Komponenten.
- Die Funktion der FT, d.h. der Weiterleitungstabelle, wird auf eine verteilte Art und Weise erbracht. Die einzelnen in EVIs enthaltenen 'lokalen' (als MAC- oder/und IP-FT bezeichneten) FTs werden untereinander funktionell so verknüpft, dass quasi eine gemeinsame *verteilte FT* (Distributed FT) entsteht.

Bedeutung von Route Reflector

Die soeben erwähnte Verknüpfung der FTs in einzelnen EVIs erfolgt durch eine möglichst zentral im Netz installierte und hier als *Route Reflector* (RR) bezeichnete Komponente. Diese wird funktionell der Control Plane zugeordnet und fungiert als zentraler Verteiler von MAC- bzw. IP-Adressen zwischen EVIs aus einem Distributed Switch. Für diese Verteilung wird eine erweiterte Version des Protokolls BGP (*Border Gateway Protocol*) verwendet, und zwar das MP-BGP (*Multiprotocol BGP*) [Abschnitt 11.4.4]. Aus diesem Grund wird im Weiteren auch von BGP RR (BGP Route Reflector) gesprochen.

> **Anmerkung**: Die hier gezeigte Komponente RR (*Route Reflector*) entspricht der Funktion nach dem Konzept 'designated Router' in Routing-Protokollen, z.B. in OSPF (*Open Shortest Path First*) [Abb. 11.3-5]. Es sei hervorgehoben, dass der RR im Grunde genommen als zentraler Verteiler zur Unterstützung von Broadcast und Multicast dient und der Funktion nach mit dem sogenannten *Rendezvous Point* (RP) bei der Realisierung von Multicast in IP-Netzen vergleichbar ist [Abschnitt 11.6.2]. Der RP fungiert als Wurzel (Root) im Multicast-Verteilbaum.

Die Abb. 15.1-1c und Abb. 15.1-1d sollen vor allem zum Ausdruck bringen, dass die Vernetzung von EVIs über den RR dazu führt, dass die Control Plane alle zu einem EVPN gehörenden EVIs in die Lage versetzt zu erlernen, welche MAC- oder/und IP-Adressen (als potenzielle Ziele am EVPN, d.h. am verteilten Switch) überhaupt erreichbar sind und welche Adressen über einzelne EVIs erreicht werden können. Dies könnte man sich funktionell so vorstellen, als ob die Control Plane eine Art *Distributed FT* darstellte.

Abschließend sei an dieser Stelle noch angemerkt, dass in EVPN – aber nur aus logischer Sicht – die 'eigentlichen' Daten zwischen EVIs innerhalb der Data Plane, d.h. über das Interconnection Network, übermittelt und die hierfür notwendigen Steuerungsangaben in Form von MAC- oder/und IP-Adressen von der Control Plane geliefert werden.

15.2 Konzept und Einsatz von VPLS

Optische Weitverkehrsnetze mit dem Protokoll IP, kurz *IP-WAN*s, ermöglichen Übertragungsraten im Bereich von Gbit/s. Es bietet sich daher an, diese so zu nutzen, dass man Ethernet-LANs mit großen Reichweiten und folglich standortübergreifend einrichten kann. Der Einsatz von IP-WANs mit MPLS (*Multiprotocol Label Switching*), von sogenannten MPLS-Netzen also, zur Nachbildung von Ethernet-LANs hat bereits Mitte der 2000er Jahre mit der Entwicklung von VPLS begonnen. Das Konzept von VPLS ermöglicht es, ein Ethernet-LAN auf der Grundlage eines MPLS-Netzes auf eine solche Weise nachzubilden, dass sogar ein weltweites Ethernet nachgebildet werden kann. Dies stellt eine Form von *Ethernet-Emulation* (bzw. von *LAN-Emulation*) über MPLS-Netze dar.

Nachbildung von Ethernet-LANs über MPLS-Netze

Zwecks der Vernetzung von Ethernet-Systemkomponenten bei VPLS werden spezielle virtuelle Standleitungen über MPLS-Netze, *Pseudowires* (Pseudo-Drähte) genannt, verwendet [Abb. 13.4-9]. Ein MPLS-Netz verhält sich bei VPLS wie ein scheinbar verteilter Ethernet-Switch, sodass man diesen hier als *Virtual Distributed Ethernet Switch*, kurz VDE Switch bzw. VDES bezeichnet. Um in der Praxis VDE Switches so einfach wie herkömmliche Ethernet-Switches (d.h. Layer-2-Switches) einsetzen zu können, wurden Konzepte entwickelt, die VDE Switches in die Lage versetzen, sogar selbständig MAC-Adressen, die über ihre Ports zu erreichen sind, zu erlernen. Somit verhalten sich VDE Switches nach dem VPLS-Konzept ähnlich, sind also ebenso lernfähig, und zwar so wie klassische Ethernet-Switches in herkömmlichen LANs. Dieser Abschnitt erläutert zuerst das allgemeine Konzept von VPLS und die notwendigen technischen Grundlagen, u.a. illustriert das logische Modell des MPLS-Konzepts und die Übermittlung von Ethernet-Frames über Pseudowires [Abb. 15.2-2]. Danach wird erklärt: wie das Erlernen von MAC-Adressen bei VPLS erfolgt, wie man *Hierarchical VPLS* (H-VPLS) aufbauen kann und wie standortübergreifende VLANs (*Virtual LANs*) gebildet werden können.

Virtual Distributed Ethernet Switch – VDE Switch

15.2.1 Grundlegende Idee von VPLS

Mithilfe von VPLS können mehrere Ethernet-LANs über ein MPLS-Netz so verbunden werden, dass sie zusammen wie ein einziges größeres Ethernet-LAN funktionieren können. Abb. 15.2-1 illustriert dies und bringt dabei die allgemeine Idee von VPLS näher zum Ausdruck. Es wurde hier beispielhaft angenommen, dass die Ethernet-LANs der drei Kunden (Customer) A, B und C über ein MPLS-Netz eines Netzanbieters (Provider) untereinander so vernetzt sind, dass – logisch gesehen – die Vernetzungen von Ethernet-LANs bei den einzelnen Kunden drei funktionell voneinander getrennte, als VPLS x (x = A, B und C) bezeichnete, virtuelle Ethernet-basierte Netzwerke bilden. Aus der Sicht jedes Kunden verhält sich das ganze MPLS-Netz jedoch so, als ob sein VPLS ein einziger VDE Switch (*Virtual Distributed Ethernet Switch*) wäre.

MPLS-Netz als quasi ein VDE Switch

Aus physischer Sicht wird, wie Abb. 15.2-1a zeigt, mit VPLS ein Backbone-Netz auf Basis eines MPLS-Netzes zur Vernetzung von Ethernet-LANs (z.B. eines Unternehmens bzw. einer anderen Institution) zur Verfügung gestellt. Mithilfe des VPLS-

VPLS als Virtual Private Switched Network

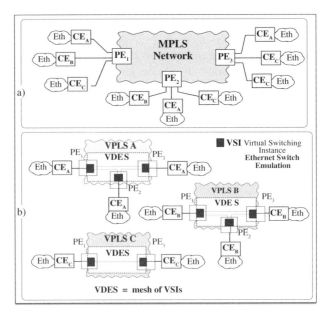

Abb. 15.2-1: Illustration der grundlegenden Idee von VPLS: a) aus physischer Sicht, b) aus logischer Sicht
C/PE: Customer/Provider Edge (Device), Eth: Ethernet-LAN (Ethernet-based LAN),
VDES: Virtual Distributed Ethernet Switch, VDE Switch

Konzepts kann ein Netzanbieter für seine Kunden eine Art Layer-2-VPN (*Virtual Private Network*), kurz L2VPN genannt, einrichten. VPLS kann man als *Virtual Private Switched Network Service* betrachten.

Interpretation von VSIs

Die Ethernet-LANs von Kunden (Customer) eines Netzanbieters werden über die als CE (*Customer Edge*) bezeichneten Systemkomponenten an das MPLS-Netz angeschlossen. Ein CE kann beispielsweise einen Layer-2-Switch (Ethernet-Switch) oder einen Router bzw. einen Wirt-Server mit mehreren virtuellen Rechnern darstellen. An die Komponente CE beim Kunden werden keine VPLS-spezifischen technischen Anforderungen gestellt. Dagegen müssen die Randkomponenten PEs (*Provider Edges*) beim Netzanbieter VPLS-fähig sein. Insbesondere müssen in PEs spezielle VPLS-spezifische, als VSI (*Virtual Switching Instance/Interface*) bezeichnete, Instanzen eingerichtet werden: in jedem PE eine separate VSI für jeden erbrachten VPLS. Abb. 15.2-1b illustriert dies (siehe auch Abb. 15.2-4). Die hier dargestellte Idee von VPLS aus logischer Sicht soll zum Ausdruck bringen, dass man VSIs quasi als eine Art Ports in VDE Switches, die de facto verschiedene VPLSs darstellen, ansehen kann. Über VSIs werden die Ethernet-LANs miteinander in Form einer Vollvermaschung verbunden [Abb. 15.2-3]. Wie aus Abb. 15.2-1b hervorgeht, führt VPLS logisch gesehen dazu, dass ein MPLS-Netz für eine Institution bzw. für ein Unternehmen als privater virtueller und verteilter Ethernet-Switch fungiert. Daher stellt VPLS letztendlich ein privates Ethernet-LAN auf Basis des MPLS-Netzes eines Netzanbieters dar. VPLS kann auch ein standortübergreifendes, sogar weltweites VLAN (*Virtual LAN*) bilden.

15.2 Konzept und Einsatz von VPLS

Ein VDE Switch bzw. der ihm entsprechende VPLS eines Kunden stellt eine besondere Topologie der Vernetzung – und zwar eine Vollvermaschung – virtueller Switch-Instanzen VSIs dar, die in einzelnen PEs untergebracht sind. Jede VSI verhält sich der Funktion nach als besonderer Ethernet-Switch und hat folglich, wie jeder normale Ethernet-Switch, die Aufgabe, empfangene Ethernet-Frames nach einer *Forwarding Table* (FT) weiterzuleiten [Abb. 15.2-1a]. Daher werden über das MPLS-Netz Ethernet-Frames übermittelt [Abb. 15.2-2]. Jede VSI muss also in der Lage sein, ihre Forwarding Table zu erstellen. Folglich muss jede VSI erlernen können, welche MAC-Adressen als potenzielle Ziele über deren Ports zu erreichen sind.

Aufgaben von VSIs

Anmerkung: Jedes MPLS-Netz ist ein verbindungsorientiertes IP-Netz [Abb. 12.1-1], in dem spezielle, als LSP (*Label Switched Path*) bezeichnete, virtuelle Verbindungen zwischen kommunizierenden Endsystemen eingerichtet werden können. Über diese virtuellen Verbindungen werden dann Ethernet-Frames in zusätzlichen, speziellen Data Link Frames eingekapselt und so nach dem Tunneling-Prinzip über das MPLS-Netz übermittelt [Abb. 15.2-2]. Um VPLS zu erbringen, ist ein MPLS-Netz nicht unbedingt notwendig. Auch ein anderes, nicht MPLS-fähiges IP-Netz, in dem das Tunneling-Prinzip z.B. durch den Einsatz des Headers GRE (*Generic Routing Encapsulation*) realisiert wird, kann hierfür zum Einsatz kommen [RFC 2784].

15.2.2 Ethernet over MPLS

In IP-Netzen mit MPLS, kurz MPLS-Netze genannt, lassen sich physische Standleitungen in ausreichender Qualität weitgehend durch eine serielle Kopplung virtueller Verbindungen softwaremäßig nachbilden, sodass die Möglichkeit besteht, Ethernet-LANs über ein MPLS-Netz sogar weltweit zu verbinden. Da man eine so nachgebildete Standleitung oft als *Pseudowire* (PW, Pseudo-Draht) bezeichnet, spricht man in diesem Zusammenhang von *Pseudowire Emulation Edge-to-Edge* (PWE3). Die Idee von PWs liegt der Realisierung von EoMPLS zugrunde. Abb. 15.2-2 bringt dies näher zum Ausdruck.

Begriff: Pseudowire (PW)

Wie hier ersichtlich ist, kann EoMPLS auch als *Ethernet over PW* (EoPW) angesehen werden. Über PWs können mehrere lokale Ethernet-LANs eines Unternehmens (einer Institution) sogar weltweit kostengünstig miteinander verbunden werden. Verwendet man das Konzept EoPW, kann ein MPLS-Netz als verteilter virtueller Ethernet-Switch (Layer-2-Switch) fungieren. Diese Idee hat zur Entstehung von VPLS geführt [Abb. 15.2-3].

Ethernet over PW (EoPW)

Bei E-MPLS werden zwei entgegengerichtete LSPs zwischen jeweils zwei PEs nach dem in Abb. 15.2-2 gezeigten Konzept eingerichtet. Es kommt hier das sogenannte *Tunneling-Konzept* zum Einsatz, sodass die LSPs als virtuelle (scheinbare) Tunnels angesehen werden können. Virtuell betrachtet kann man, dank der Angabe PW Label im PW Header, über diese Tunnels mehrere PWs einrichten. Es sei angemerkt, dass PWs unidirektional sind und somit die bidirektionale Kommunikation zwischen zwei zu einem VPLS gehörenden VSIs jeweils zwei in entgegengerichtete LSPs verlaufende PWs verlangt. Bidirektionale PWs könnte man sich daher als zwei 'virtuelle in entgegen gerichteten LSPs verlaufende Übermittlungsbahnen' vorstellen.

Bedeutung von PW Labels

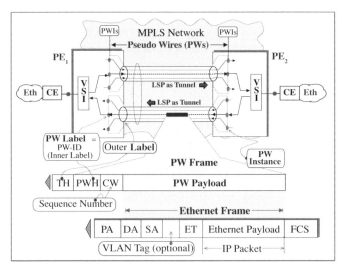

Abb. 15.2-2: Grundlegendes Konzept von EoMPLS nach RFC 4448
CE: Customer Edge, CW: Control Word, D/SA: Destination/Source Address (Ziel/Quell-MAC-Adresse), ET: EtherType - die Nummer des Layer-3-Protokolls (IPv4, IPv6, ...), FCS: Frame Check Sequence, LSP: Label Switching Path , PA: Preamble (Präambel), PE: Provider Edge (Device), PW-ID: Pseudowire Identification (auch als PW/Inner Label bezeichnet), PWH: Pseudowire Header (enthält PW label, PWI:Pseudowire Instance als Sende- und Empfangsport einer VSI), TH: Tunnel Header (enthält Outer Label für Switching), VSI: Virtual Switching Instance/Interface

Anmerkung: Es sei an dieser Stelle hervorgehoben, dass PW Labels nach PWE3 als Identifikation von Ende-zu-Ende-Verbindungen eine globale Ende-zu-Ende-Gültigkeit haben. Im Gegensatz dazu haben Labels, die sowohl IP-Paketen [Abb. 12.2-4] als auch Outer-Labels in Ethernet-Frames bei E-MPLS [Abb. 15.2-2] zu ihrer Übermittlung über einzelne Übermittlungsstrecken vorangestellt werden, nur lokale Gültigkeit.

Bedeutung von Outer Label

Die Nutzlast (Payload) aus den Ethernet-Frames wird als PW Payload in PW Frames transportiert. Hierbei werden den Ethernet-Frames zusätzliche Steuerungsangaben vorangestellt, d.h. zuerst ein *Control Word* (CW), dann ein PW Header und anschließend noch ein *Tunnel Header* (TH). Das CW ermöglicht es, die über eine PW übertragenen Ethernet-Frames zu nummerieren[2]. Im TH ist ein Outer Label enthalten, welches den zu übermittelnden Ethernet-Frames vorangestellt wird und als Switching bzw. als Routing Label anzusehen ist. Dieses Outer Label entspricht der Funktion nach dem Switching Label in Abb. 12.2-4. Dies bedeutet: Nach Outer Label wird de facto das EoMPLS realisiert, und dabei wird insbesondere ein Tunnel zwischen zwei PEs aufgebaut.

Bedeutung von InnerLabel

Folgendes sei noch hervorgehoben: Um zu ermöglichen, dass, wie in Abb. 15.2-2 dargestellt, in einem Tunnel mehrere PWs verlaufen können, wird im PW Header das *PW Label*, d.h. die PW-Identifikation (PW-ID) als *Inner Label* eingetragen. Jedem Paar entgegengerichteter PWs, mit dem man jeweils zwei zu einem VPLS gehörenden

---
[2]Nach RFC 6658 ist das CW optional.

15.2 Konzept und Einsatz von VPLS

VSIs verbindet, wird demzufolge das gleiche PW Label zugewiesen. Ein solches Paar entgegengerichteter PWs wird daher als bidirektionale PW betrachtet.

Bei der Übermittlung eines Ethernet-Frame in einem PW Frame über ein MPLS-Netz ist noch Folgendes hervorzuheben: *Übermittlung eines Ethernet-Frame über ein MPLS-Netz*

- Die Präambel PA und die Prüfsumme FCS aus dem Ethernet-Frame werden über PWs nicht übermittelt. Da es sich bei MPSL-Netzen um Netze auf der Basis von Ethernets bzw. von ATM-Netzen handelt, werden die PW Frames sowieso in anderen Frames (wie z.B. in Ethernet- oder ALL5-Frames) übermittelt, in denen eine Prüfsumme enthalten ist. Daher kann auch bei der Übermittlung von PW Frames ohne FCS eine Fehlerkontrolle gewährleistet werden.
- Der Payload aus einem Ethernet-Frame und der Ethernet-Header werden als Payload im PW-Frame transportiert.
- Dem PW Payload wird ein CW vorangestellt, in dem die laufende Nummer des Ethernet-Frames als *Sequence Number* übermittelt werden kann. Dadurch können Verluste von Ethernet-Frames während ihrer Übermittlung über ein MPLS-Netz einfach entdeckt werden.

Die in Abb. 15.2-2 gezeigten Tunnels zwischen jeweils zwei PEs, als sogenannte *MPLS-Tunnels*, können entweder manuell konfiguriert oder aufgebaut werden mithilfe:

- des Protokolls RSVP-TE (*Resource Reservation Protocol – Traffic Engineering*) [Abschnitt 12.5.1] oder
- des Protokolls Constraint-Routing LDP (*Label Distribution Protocol*).

Es sei hier aber hervorgehoben, dass, um VPLS zu realisieren, die Tunnels zwischen VSIs nicht unbedingt MPLS-Tunnels sein müssen. Sie können auch nach dem Konzept GRE (*Generic Routing Encapsulation*), als sogenannte GRE-Tunnels, eingerichtet werden, siehe hierfür RFCs 2784, 2890 und 7676.

15.2.3 VPLS als Vollvermaschung von VSIs

Wie bereits in Abb. 15.2-1b zum Ausdruck gebracht wurde, stellt ein VPLS eine vollvermaschte Topologie von diesen VPLS erbringenden VSIs dar. Dies bedeutet, dass jede VSI mit allen anderen den VPLS erbringenden VSIs - nach dem in Abb. 15.2-3 gezeigten Prinzip – mit einem Paar der gegenseitig verlaufenden unidirektionalen Pseudowires (PWs) verbunden ist. Da eine als VSI bezeichnete virtuelle Switching-Instanz einen Ethernet-Switch, de facto einen Layer-2-Switch, emuliert, entsteht durch die Vollvermaschung von VSIs ein virtueller verteilter Ethernet-Switch – also ein Virtual Distributed Ethernet Switch (VDE Switch). Mit diesem VDE Switch wird eben ein VPLS verwirklicht. Abb. 15.2-3 illustriert die Vermaschung von VSIs näher. *Prinzip der Vermaschung von VSIs*

Berücksichtigt man das in Abb. 15.2-2 gezeigte Konzept von EoMPLS, so lässt sich, um die in Abb. 15.2-1b gezeigten VLPSs A, B und C erbringen zu können, die Vernetzung von den in Abb. 15.2-1a gezeigten PEs untereinander mit Tunnels und von in diesen PEs bereitgestellten VSIs über die in diesen Tunnels verlaufenden PWs, wie Abb. 15.2-3a illustriert, verwirklichen. *Realisierung der Vollvermaschung von VSIs*

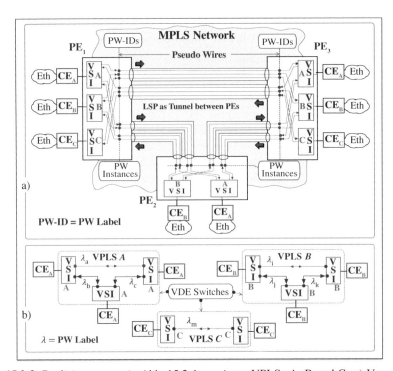

Abb. 15.2-3: Realisierung von in Abb. 15.2-1 gezeigten VPLSs A, B und C: a) Vernetzung von PEs mit Tunnels (LSPs) und von VSIs mit in diesen Tunnels verlaufenden Pseudowires (PWs), b) Vernetzung von VSIs einzelner VPLSs mit PWs
PW-ID: Pseudowire Identification, auch PW Label genannt, VSI: Virtual Switching Instance, VDE Switch: Virtual Distributed Ethernet Switch, Weitere Abkürzungen wie in Abb. 15.2-1

Ethernet-Switch Emulation

Aus Abb. 15.2-3b geht direkt hervor, dass eine VSI einen Ethernet-Switch emuliert, und dass jeder VPLS durch einen auf der Basis eines MPLS-Netzes realisierten VDE Switch, welcher auf Basis der Vernetzung von VSIs mit PWs – hier als λ bezeichnet – erbracht wird.

15.2.4 Grundlegende Funktionen von VSIs

VSI als emulierter Ethernet-Switch

Wie bereits erwähnt wurde, muss jede VSI die Funktionen eines Ethernet-Switches, also de facto eines Layer-2-Switches (L2-Switches), emulieren (nachbilden). Daher wird jede VSI als emulierter Ethernet-Switch angesehen und folglich müssen, wie in Abb.15.2-3b gezeigt, alle zu einem VPLS gehörenden VSIs zusammen so kooperieren, um einen *Virtual Distributed Ethernet Switch* (VDE Switch) zu bilden.

Funktionen von VSIs

Demzufolge muss jede VSI aus jedem VPLS, um einen L2-Switch zu emulieren und zusammen mit allen restlichen den betreffenden VPLS erbringenden VSIs einen VDE Switch bilden zu können, die folgende Funktionen realisieren:

Forwarding Table in VSI

- **Forwarding – Weiterleitung von Ethernet-Frames**: Im Allgemeinen hat jede VSI als emulierter L2-Switch die Aufgabe, jeden empfangenen Ethernet-Frame

15.2 Konzept und Einsatz von VPLS

anhand seiner Ziel-MAC-Adressen entsprechend der aktuellen Lage in dem VPLS basierenden Netzwerk weiterzuleiten, also zum Absenden an einen ihrer Ausgangsports zu übergeben. Jede VSI muss daher wissen, welche MAC-Adressen (d.h. Ethernet-Adressen) über jeden ihrer Ausgangsports zu erreichen sind. Hierfür enthält jede VSI eine Weiterleitungstabelle, als *Forwarding Table* (FT) bezeichnet, mit den Zuordnungen: MAC-Adresse ⇒ Portnummer [Abb. 15.2-5a und Abb. 15.2-7].

Ein VSI-Port ist, und das sei an dieser Stelle hervorgehoben:
 ▷ entweder *lokal* und verbunden mit einem CE
 ▷ oder *remote* und verbunden über eine PW mit einer VSI in einem anderen PE.

- **Learning**: **Erlernen von MAC-Adressen**: Jede VSI muss in der Lage sein, ihre FT selbst zu erstellen und diese auch ständig zu aktualisieren. Also muss jede VSI fähig sein, ständig zu erlernen, welche MAC-Adressen über jeden ihrer Ports zu erreichen sind.

- **Flooding**: **Versenden von BUM-Frames** (*BUM: Broadcast, Unknown and Multicast*): Jede VSI muss sowohl das Versenden von Ethernet-Frames mit Broadcast- und Multicast-MAC-Adressen unterstützen, als auch Ethernet-Frames mit unbekannten (unknown) MAC-Adressen entsprechend weiterleiten. So werden beispielsweise Broadcast-Frames vom Protokoll ARP (*Address Resolution Protocol*) erzeugt, um eine Zuordnung IP-Adresse ⇒ MAC-Adresse zu ermitteln [Abb. 3.6-2].

- **Avoiding of Loops – Vermeidung von Loops**: Alle einen VPLS erbringenden VSIs als emulierte L2-Switches sind untereinander vollvermascht vernetzt, d.h. jede VSI ist mit allen anderen VSIs bidirektional verbunden. In einer solchen Vernetzungsstruktur gibt es redundante Routen zwischen VSIs. Dieser 'Zustand' hat wiederum zur Folge, dass ein zwischen zwei VSIs übermittelter Unicast-Ethernet-Frame über mehrere Routen in Form von geschlossenen Schleifen (von sogenannten *Loops*) übermittelt werden kann – er kann also quasi 'rotieren'. Dadurch können verschiedene unerwünschte Effekte entstehen. Beispielsweise kann die Ziel-VSI mehrere Kopien eines entlang mehrerer Loops übermittelten Frames erhalten[3]. Nachteile von geschlossenen Schleifen (Loops)

Um Loops und folglich die durch diese entstehenden unerwünschten Effekte zu vermeiden, kommt bei der Vernetzung von klassischen L2-Switches das Protokoll STP (*Spanning Tree Protocol*) bzw. sein Nachfolger RSTP (*Rapid STP*) zum Einsatz [Bad11]. Zur Vermeidung von Loops bei der Vernetzung von VSIs wird weder STP noch RSTP verwendet, sondern ein als *Split Horizon* bezeichnetes Prinzip angewandt. Dieses ist einfach und besteht darin, dass ein Ethernet-Frame nie über den Port weitergesendet wird, über den er bereits empfangen wurde. Notwendigkeit von bzw. STP von RSTP

15.2.5 VPLS-Modell für die Vernetzung von VSIs

Nachdem bereits die grundlegende Idee von VPLS dargestellt wurde (Abb. 15.2-1 und Abb. 15.2-3), soll nun näher auf die allgemeine Struktur der Edge-Komponenten PEs eingegangen werden und dabei insbesondere auf die Art der Informationen, die benötigt werden, um die von den PEs erbrachten Vernetzungsstrukturen von VPLSs auf eine übersichtliche Weise zu spezifizieren. Da mehrere VPLSs auf der Basis eines Anforderung: Skalierbarkeit

---
[3]Für Näheres darüber siehe [BR13] (Abschnitt 4.2.3)

MPLS-Netzes eingerichtet werden können, muss die Information über die Strukturen dieser VPLSs übersichtlich abgespeichert werden.

Anforderung: Die in allen an der Erbringung von VPLSs beteiligten PEs abgespeicherten Informationen über die Strukturen einzelner VPLSs müssen deren Skalierbarkeit (u.a. deren zukünftige Erweiterungen) und dabei auch diverse Veränderungen in deren Vernetzungstopologien zulassen.

Um eventuelle zukünftige VPLS-Erweiterungen zu ermöglichen, müssen, wie in Abb. 15.2-4 dargestellt, ausreichende 'Mengen' von zu jeder VSI führenden PWs vorgesehen werden. Die bei einer VSI hierfür reservierten PWs müssen auf eine geeignete Weise spezifiziert (identifiziert) und anderen VSIs gegenüber angekündigt werden [Abb. 15.2-5b].

Arten von Ports in PEs

Um einige Begriffe, die zur Beschreibung der Information über VPLS-Strukturen benötigt werden, erläutern zu können, zeigt Abb. 15.2-4 ein logisches Modell von VPLS im Hinblick auf die gegenseitige Vernetzung von VSIs mit Pseudowires (PWs). In diesem Modell wurde angenommen, dass jede Edge-Komponente PE eine beliebige Anzahl von VSIs enthalten kann – sie also jederzeit an einer beliebigen 'Menge' von VPLSs beteiligt sein kann. Jede VSI, in einigen RFCs auch als *VPLS Edges* (VEs) bezeichnet, stellt einen besonderen Ethernet-Switch (also Layer-2-Switch) dar. Wie aus Abb. 15.2-4 ersichtlich ist, kann jede VSI zwei Arten von Ports besitzen, und zwar:

- mehrere physische Ports (als *lokale Ports*) zur Anbindung von CEs und
- einen logischen Port (beim Bedarf auch mehrere), der auf mehrere (Sub)Ports – also *remote Ports* – zur Vernetzung mit VSIs in anderen PEs 'aufgeteilt' ist.

Über beide Arten dieser Ports muss jede VSI ankommende Ethernet-Frames empfangen und diese entsprechend weiterleiten; hierfür benötigt sie eine gut strukturierte Forwarding Table (siehe Abb. 15.2-5a).

Logical Ports in PEs

Am logical Port jeder VSI wird quasi ein Multiplexer (Mux) realisiert, der mehrere, mit PW-Labels identifizierte Remote Ports zur Verfügung stellt. Über diese Ports werden die zu einem VPLS gehörenden, in verschiedenen PEs installierten VSIs untereinander vollvermascht. Da die Remote Ports durch PW Instances (PWIs) erbracht werden, können PWIs als tatsächliche remote Sende- und Empfangsports von VSIs angesehen werden.

PW Label Tables

Aus dem Grund, dass die einzelnen, in verschiedenen PEs eingerichteten, VSIs untereinander über Pseudowires (PWs) vernetzt sind und die PWs mit Labels identifiziert werden, müssen PEs spezielle Tabellen – hier als PW Label Tables (PW LT) bezeichnet – mit verfügbaren/zulässigen PW Labels verwalten; darauf wird im Weiteren detaillierter eingegangen [Abb. 15.2-6].

Anmerkung: Es sei angemerkt, dass die Anzahl der einer VSI Edge (VE) zugewiesenen PW Labels – als VE Block (VB) bezeichnet – die maximale Anzahl von in anderen PEs eingerichteten VSIs bestimmt, die mit der betreffenden VSI über PWs vernetzt sein können. Dies geht aus Abb. 15.2-4 hervor.

15.2 Konzept und Einsatz von VPLS

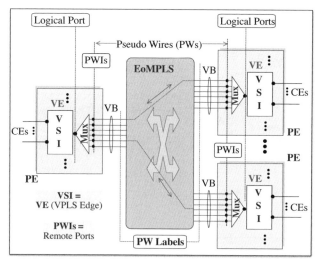

Abb. 15.2-4: Modell von VPLS zur Spezifikation der gegenseitigen Vernetzung von VSIs
C/PE: Customer/Provider Edge, PWI: Pseudowire Instance (Sende- und Empfangsport einer VSI), VE: VPLS Edge (Bezeichnung von VSI nach u.a. RFC 4671), VB:VE Block von PW Labels

15.2.6 Information in PEs über bereitgestellte VPLSs

In jedem PE können mehrere VSIs als emulierte Ethernet-Switches, hier gemäß dem RFC 4761 auch als *VPLS Edges* (VEs) bezeichnet, enthalten sein, mithilfe derer verschiedene VPLSs erbracht werden können. Daher müssen alle in jedem PE installierten VEs eindeutig gekennzeichnet werden. Jeder VE wird hierfür eine Identifikation, kurz *VE ID*, zugewiesen, und es wird eine Liste von unterstützten VPLSs (VPLS List) mit der Angabe ihrer VE IDs in jeder Edge-Komponente PE geführt; siehe dazu Abb. 15.2-5.

Wie hier zum Ausdruck gebracht wurde, sind in jedem PE für jede dort eingerichtete VSI, um diese funktionell zu spezifizieren, zwei Arten von Informationen notwendig. Diese sind in den zwei folgenden Tabellen enthalten:

Arten von Tables in VSIs

- **PW Label Table** (PW-LT): Diese Tabelle enthält alle notwendigen Informationen, um den von jeder VSI erbrachten VPLS jederzeit modifizieren, d.h. die Vernetzung von VSIs untereinander mit PWs innerhalb eines VPLS erweitern bzw. verändern zu können. Es sei angemerkt, dass die in der Abb. 15.2-5a gezeigte Struktur der PW LT dem in RFC 4671 präsentierten Konzept der Nutzung des Protokolls MP-BGP (*Multiprotocol BGP*) zum Einrichten von VPLSs entspricht. Dieses Konzept wird im Weiteren noch näher erläutert [Abb. 15.2-9].
- **Forwarding Table** (FT): Diese Tabelle liefert Informationen, die benötigt werden, damit VSI die von ihr empfangenen Ethernet-Frame entsprechend dem aktuellen Stand der Vernetzung von VSIs weiterleiten kann.

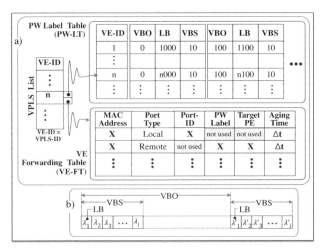

Abb. 15.2-5: VPLS-spezifische Information im PE: a) Struktur der PW Label Table (PW LT) und der Forwarding Table (FT), b) Spezifikation des logischen Ports der VSI zugewiesenen PW Labels; siehe z.B. Patent US 7,463,639 B1
MAC: Media Access Control, ID: Identification, λ: PW Label (eine Art PW-ID), LB: Label Base (erstes Label im Label Block), VE: VPLS Edge, VBO: VE Block Offset (Beginn des nächsten Label Blocks), VBS: VE Block Size (Anzahl von PW Labels im Block)

Es sei hervorgehoben, dass dem 'Logical Port' der VSI [Abb. 15.2-4] mehrere Blöcke von PW Labels, hier als *VE Blocks* bezeichnet, zugeteilt werden können. Damit kann die Vernetzung in Form einer Vollvermaschung der VSI mit VSIs in anderen PEs nahezu beliebig erweiterbar sein.

Spezifikation von PW Labels

Abb. 15.2-5b zeigt das Prinzip der Beschreibung von PW Labels in *VE Blocks*. Wie man die so spezifizierten PW Labels zur Vernetzung von VSIs nutzen (belegen) kann, wird im Weiteren noch erläutert [Abb. 15.2-7].

15.2.7 PE Forwarding Table – Learning und Forwarding

Angaben in VE Forwarding Table

Jede VSI als eine Art emulierter Layer-2-Switch hat die Aufgabe, jeden empfangen Ethernet-Frame anhand seiner Ziel-MAC-Adresse an einen seiner Ausgangsports weiterzuleiten. Jede VSI muss daher wissen, welche MAC-Adressen über jeden seiner Ausgangsports zu erreichen sind. Hierfür enthält jede VSI eine VE Forwarding Table mit den folgenden Zuordnungen (siehe Abb. 15.2-5a):

- `MAC-Adresse` ⇒ `Port-ID` für lokale Ports, über welche die lokal angeschlossenen CEs erreichbar sind, und
- `MAC-Adresse` ⇒ `PW Label` für remote Ports, welche zu remote VSIs in anderen PEs führen.

  Anmerkung: Wie aus Abb. 15.2-4 hervorgeht, stellt das PW Label, z.B. das `PW Label` = β, die Identifikation einer PW Instance dar.

Nach dem in Abb. 15.2-2 gezeigten Konzept EoMPLS findet Folgendes statt:

15.2 Konzept und Einsatz von VPLS

- Das PW Label β muss allen über diese PW Instance zu sendenden Ethernet-Frames vorangestellt werden.
- Das PW Label β wurde allen von anderen PEs ankommenden, an diese PW Instance gerichteten Ethernet-Frames bei deren Absenden in anderen PEs vorangestellt.

Bei der Weiterleitung jedes MAC-Frames werden in jeder VSI, ebenso wie in jedem Layer-2-Switch [Abschnitt 14.2.2], die bereits in Abb. 14.2-4 aufgelisteten Schritte A, B, C und D durchgeführt. Die dort gezeigten Schritte lassen sich wie folgt charakterisieren:

Schritte bei der Weiterleitung von Frames

A Learning der Forwarding Table (FT): Um FT zu erstellen, muss jede VSI die Quell-MAC-Adressen in allen empfangenen Ethernet-Frames interpretieren. Sie muss in FT nämlich eintragen, welche Quell-MAC-Adresse sie an welchem Port 'empfangen' hat; so kann FT aufgebaut werden. Daher bezeichnet man diesen Prozess als *Learning von FT* bzw. als *Learning von MAC-Adressen*. Bei jeder VSI wird zusätzlich der Port-Typ in FT eingetragen [Abb. 15.2-5a]. Handelt es sich hierbei um einen 'remote Port', wird das dem empfangenen Ethernet-Frame (z.B. mit der MAC-Adresse) vorangestellte PW Label zusätzlich in der diesem 'remote Port' entsprechenden FT-Zeile eingetragen. Dies soll garantieren, dass der gleiche Label-Wert allen an die MAC-Adresse gesendeten Ethernet-Frames vorangestellt wird. Dadurch werden, wie bereits in Abb. 15.2-3 gezeigt wurde, die zwei entgegengerichteten, mit dem gleichen Label markierten Übermittlungsbahnen quasi zu einer bidirektionalen Übermittlungsbahn zusammengefasst.

Learning von MAC-Adressen

Jede VSI ist in der Lage, ihre FT selbständig zu erstellen und diese auch zu aktualisieren. Hierfür wird in jedem empfangenen Frame die Quell-MAC-Adresse gelesen und FT wie folgt modifiziert:

Aktualisierung von FT

▷ Ist die MAC-Adresse noch nicht in FT vorhanden, notiert die VSI in einer neuen Zeile diese MAC-Adresse, den Port und evtl. das PW Label, auf dem der Frame empfangen wurde, und setzt die *Aging Time* mit einem von vornherein festgelegten Anfangswert ein. Es sei hervorgehoben, dass man jeden Remote Port, der de facto eine PWI darstellt, mit einem PW Label identifiziert. Daher kann ein PW Label auch als Bezeichnung eines Remote Ports angesehen werden, siehe die FT in Abb. 15.2-5a.

▷ Ist die MAC-Adresse in FT bereits vorhanden, setzt VSI nur die Aging Time auf den Anfangswert; so wird eine Aktivität des Rechners 'vermerkt'.

Anmerkung: *Aging Time* (*Lebensdauer*) in der FT gibt an, wie lange eine Zeile bestehen soll. Auf diese Weise wird die Aktivität von Rechnern überwacht. Ist ein Rechner während der Aging Time nicht aktiv, dann empfängt die VSI während dieser Zeitdauer keinen Frame von ihm und geht davon aus, dass der betreffende Rechner über diesen Port nicht erreichbar, d.h. entweder 'umgezogen' oder ausgefallen ist. Der Aging-Mechanismus, auch *MAC Address Aging* genannt, kann auch bei VPLS realisiert werden. Dadurch kann die Mobilität von Rechnern unterstützt werden.

B Einhaltung von Eingangsrichtlinien: Bei der Weiterleitung von Ethernet-Frames müssen in der Regel bestimmte Richtlinien eingehalten werden. Diese werden oft *Access Control Lists*[4] genannt. Beispielsweise können in Security ACLs sicherheits-

Arten von Access Control Lists

---
[4] Siehe http://de.wikipedia.org/wiki/Access_Control_List für Näheres.

relevante Berechtigungen einzelner Rechner gespeichert werden. In QoS-relevanten ACLs können Angaben gemacht werden, um empfangene MAC-Frames klassifizieren und ihnen verschiedene Prioritäten zuweisen zu können. So kann z.B. einem Frame mit Sprache eine höhere Priorität zugewiesen werden.

C **Weiterleitung nach der Forwarding Table** (FT): Um einen Ethernet-Frame mit einer Unicast-MAC-Adresse weiterzuleiten, vergleicht VSI dessen Zieladresse mit den bereits in seiner FT eingetragenen MAC-Adressen. In der ersten Spalte [Abb. 15.2-5a] sind dort alle bekannten MAC-Adressen mit den zugehörigen Ausgangsports gespeichert. Findet VSI dort eine Zeile mit der betreffenden MAC-Zieladresse, leitet er den empfangenen Frame direkt über den in dieser Zeile angegebenen Port als Ausgangs-Port weiter. Findet VSI in ihrer FT die MAC-Zieladresse aus dem empfangenen Ethernet-Frame aber nicht, dann verschickt VSI den Frame über alle ihre Ports. In einem solchen Fall spricht man von '*unknown unicast flooding*' bzw. von *flooding* von Frames.

Prinzip der Weiterleitung von Broadcast-Frames

Jede VSI stellt ihrer Funktion nach einen emulierten Ethernet-Switch dar. Daher muss man in jedem VPLS, welcher durch eine Vollvermaschung von VSIs erbracht wird, auch mit der Entstehung von Loops rechnen und in Folge mit diversen unerwünschten Situationen. Da eine VSI eine reine Software-Instanz darstellt, kann die Weiterleitung von Ethernet-Frames in der VSI intelligenter als im normalen Ethernet-Switch realisiert werden. Dies erfolgt, indem man bei der Weiterleitung von Broadcast-Frames folgende Regel beachtet: Ein aus dem PW mit Label α empfangener Ethernet-Frame wird an alle anderen PWs mit Ausnahme von PWs mit Label α weitergeleitet. Dieses Prinzip bezeichnet man als *Split Horizon*. Es ermöglicht die Vermeidung von Loops in VPLSs[5].

Es sei hervorgehoben, dass im Ethernet-Frame während der Weiterleitung in VSI keine Angabe verändert wird.

D **Einhaltung von Ausgangsrichtlinien**: Auch vor dem Absenden von Ethernet-Frames in VSIs müssen oft diverse Richtlinien eingehalten werden. Beispielsweise werden die Frames gemäß ihrer Prioritäten in Queues am Ausgangsport vor der Leitung eingereiht.

15.2.8 Learning von MAC-Adressen aus Broadcast-Frames

Nachdem die Bedeutung der *Forwarding Table* (FT) und deren Struktur erläutert wurde, soll nun das Prinzip des *Learning von MAC-Adressen* detaillierter dargestellt werden. Hierfür illustriert Abb. 15.2-6 das Erlernen einer MAC-Adresse aus einem Ethernet-Frame mit einer Broadcast-Adresse, d.h. aus einem sogenannten *Broadcast-Frame*.

Hat die VSI in PE_1 den Broadcast-Frame vom lokalen CE empfangen, leitet sie ihn an die VSIs in PE_2 und PE_3 weiter. Durch diese drei untereinander vernetzten VSIs wird VPLS mit ID = A erbracht.

---

[5]Um Loops zu vermeiden, verwendet man in herkömmlichen, auf Basis der Ethernet-Technologie eingerichteten Netzwerken mit redundanten Komponenten entweder noch das klassische Protokoll STP (*Spanning Tree Protocol*) oder das neue Protokoll RSTP (Rapid STP).

15.2 Konzept und Einsatz von VPLS

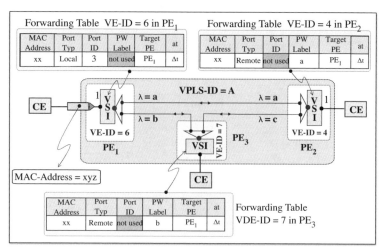

Abb. 15.2-6: Erlernen einer MAC-Adresse aus einem Broadcast-Frame
AT: Aging Time (gibt an, wie lange die Zeile bestehen soll), MAC: Media Access Control, PW: Pseudowire (Pseudodraht), λ: PW Label (die Identifikation eines remote Ports)

Die VSI in PE_1 hat hier eine 'neue' Quell-MAC-Adresse xx an seinem Port 1 entdeckt. Daher trägt sie dies in ihrer FT ein. In FT wird auch eingetragen, ob die Quelle des Frames lokal ist, d.h. ob sie sich in einem direkt angeschlossenen CE befindet oder ob die Quelle des Frames (und somit auch der Port), über den der betreffende Frame empfangen wurde, *remote* ist. Hierbei befindet sich die Quelle des Frames in einem Ethernet-Segment, das an einer VSI in einem anderen PE angeschlossen ist.

Prinzip von Learning

Hat die VSI in PE_2 den Broadcast-Frame von der VSI in PE_1 empfangen, so entdeckt sie eine 'neue' Quell-MAC-Adresse xx an ihrem Port 3. Sie trägt dies in ihrer FT ein. In der FT wird auch eingetragen, dass die Quelle des Frames über den mit dem PW Label a identifizierten Remote Port erreichbar ist. Ähnliche Einträge werden in der FT der VSI in PE_3 vorgenommen.

15.2.9 Learning von MAC-Adressen aus Unicast-Frames

Das soeben in Abb. 15.2-6 dargestellte Beispiel soll nun um ein in Abb. 15.2-7 gezeigtes Beispiel ergänzt werden, welches das Erlernen von MAC-Adressen aus zwei Unicast-Frames illustriert. Diese zwei Unicast-Frames werden entsprechend von der VSI in PE_2 und von der in VSI in PE_3 empfangen.

Hat die VSI in PE_2 den Ethernet-Frame seitens des lokalen CE empfangen, leitet sie ihn gemäß der Ziel-MAC-Adresse an die VSI in PE_1 weiter. Hierbei trägt die VSI in PE_2 aber in die FT eine 'neue' Quell-MAC-Adresse yy ein. Die VSI in PE_2 hat bereits die MAC-Adressen xx und yy erlernt. Nun weiß sie also, über welche Ports diese MAC-Adressen bei ihr zu erreichen sind. Hat die VSI in PE_1 den Ethernet-Frame von der VSI in PE_2 empfangen, trägt sie die für sie neue MAC-Adresse yy in ihre FT ein.

Prinzip von Learning

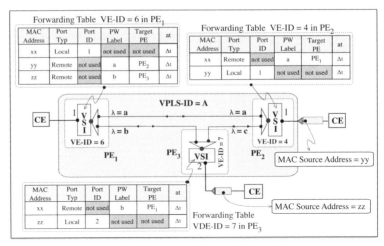

Abb. 15.2-7: Erlernen von MAC-Adressen aus Unicast-Ethernet-Frames
MAC-S-Addr: MAC Source Address, weitere Abkürzungen wie in Abb. 15.2-6

Dabei wird auch angegeben, dass die Quelle des Frames über den mit dem PW Label a identifizierten remote Port 2 und über ein PW mit dem Label a erreichbar ist.

Der von der VSI in PE_3 empfangene Unicast-Ethernet-Frame mit der Quell-MAC-Adresse zz wird an die VSI in PE_1 weitergeleitet. Somit wird die MAC-Adresse zz sowohl der VSI in PE_3 als auch der VSI in PE_1 bekannt gemacht und entsprechend, wie in Abb. 15.2-7 gezeigt, in deren FTs eingetragen.

15.2.10 Skalierbarkeit von VPLSs

Unterstützung eines BUM-Verkehrs

Die Voraussetzung für eine VPLS-Realisierung ist abgesehen von der Unterstützung des Punkt-zu-Punkt-Verkehrs auch die des BUM-Verkehrs (BUM: *Broadcast, Unknown and Multicast*) zwischen den VSIs aus einem VPLS, die in verschiedenen Edge-Komponenten-PEs untergebracht sind. Dies bedeutet, dass die einzelnen PEs die Vernetzung aller VSIs untereinander nach einem 'intelligenten' Prinzip ermöglichen müssen. Muss eine neue VSI, in einem bereits bestehenden oder in einem neuen PE, zu einem bereits etablierten VPLS hinzugefügt werden, müssen PW-Verbindungen von der neuen VSI zu allen anderen, den betreffenden VPLS erbringenden VSIs eingerichtet werden. Abb. 15.2-8a illustriert dies näher.

VPLS bildet eine Broadcast-Domäne

Die Vernetzung von VSIs, um einen VPLS erbringen zu können, soll in der Praxis oft einen Broadcast-Verkehr ermöglichen. Daher stellt die Vollvermaschung von VSIs eines VPLS eine Broadcast-Domäne dar – das heißt eine, die mit der Broadcast-Domäne eines IP-Subnetzes vergleichbar ist.

Einsatz eines Route-Reflectors

Um einen Broadcast-Verkehr in einem VPLS realisieren zu können, müsste man – logisch betrachtet – PW-Verbindungen zwischen allen am VPLS beteiligten VSIs einrichten. Wie aus Abb. 15.2-8a ersichtlich ist, würde dies aber bei einer großen Anzahl von VSIs zu einer riesigen Menge von PW-Verbindungen führen. Um diesen Aufwand zu vermeiden, wird in der Praxis eine übergeordnete, mit allen VSIs eines

15.2 Konzept und Einsatz von VPLS

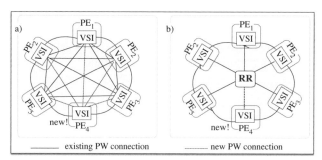

Abb. 15.2-8: Hinzufügen neuer VSI zu einem bestehenden VPLS: a) ohne Einsatz des Route-Reflectors (RR), b) mit Einsatz eines Route-Reflectors

VPLS verbundene, Instanz eingesetzt (siehe dazu Abb. 15.2-8b). Ihre Aufgabe besteht darin, einen von einer VSI in einem PE empfangenen Ethernet-Frame an alle anderen VSIs des gleichen VPLS in anderen PEs direkt weiterzuleiten. Diese übergeordnete Komponente wird als *Route-Reflector* bezeichnet.

> **Bemerkung:** Der Einsatz von Route-Reflectors ist eigentlich keine neue Erfindung. Bei den klassischen, gut bekannten hierarchischen Routing-Protokollen, z.B. beim Protokoll OSPF (*Open Shortest Path First*), wird ein designierter Router [Abb. 11.3-5], der vollkommen dem in Abb. 15.2-8b gezeigten Route-Reflector entspricht, als Routen-Verteiler eingesetzt.

Der Einsatz eines Route-Reflectors bei VPLS ermöglicht es, zusätzlich verschiedene Veränderungen im VPLS (wie z.B. das Hinzufügen bzw. Abbauen einer VSI) einfach durchzuführen. Folglich lässt sich mithilfe des Route-Reflectors die Skalierbarkeit von VPLS einfach erreichen.

Skalierbarkeit

15.2.11 Auto-Discovery and VPLS Signaling

Bei der Realisierung von VPLSs sind folgende zusammenhängende Probleme zu lösen:

- **Auto-Discovery**: Darunter werden sämtliche Aktivitäten verstanden, die es u.a. festzustellen ermöglichen, welche VSIs auf welchen PEs zu einem VPLS gehören. Diese Information wird beispielsweise benötigt, wenn ein VPLS um eine neue VSI 'erweitert' werden soll. Ist dies der Fall, so ist die Antwort auf folgende zwei Fragen erforderlich:

  Bedeutung von Auto-Discovery

  ▷ Welche VSIs auf welchen PEs gehören zu dem betreffenden VPLS?
  ▷ Auf welche Weise kann eine neue VSI mit den restlichen, den betreffenden VPLS bildenden, VSIs vernetzt werden? Dabei muss man insbesondere wissen: Welche PW Labels, genauer gesagt welche PW-IDs [Abb. 15.2-5b], zur Vernetzung der neuen VSI mit den restlichen VSIs verwendet werden können.

- **VPLS Signaling**: Darunter werden vor allem folgende Aufgaben verstanden:

  Aufgabe von VPLS-Signaling

  ▷ *Auf- und Abbau von PWs*: Das Einrichten und Abbauen von PW-Verbindungen zwischen den an einem VPLS beteiligten VSIs.

▷ *Bekanntgabe von PW Labels*: Um VSIs mit PWs zu vernetzen, müssen die Labels von PWs, die hierfür verwendet werden können, bekannt sein. Daher ist die Bekanntgabe von für die Vernetzung von VSIs zur Verfügung stehenden PW Labels eine wichtige Funktion des VPLS-Signaling.

<small>Möglichkeiten der Realisierung von VPLSs</small>

Es werden die folgenden zwei Möglichkeiten der Realisierung von VPLSs spezifiziert, nämlich:

- **BGP-based VPLS**: Die Realisierung von VPLSs dieser Art spezifiziert RFC 4761. Wie der Name 'BGP-based VPLS' bereits verrät, wird zu diesem Zweck das Protokoll BGB (*Border Gateway Protocol* in der Version 4) verwendet, genauer gesagt dessen Erweiterung MP-BGP (*Multiprotocol BGP*) [Abschnitt 11.4.4]. Beim Einsatz von MP-BGP verwendet man auch den Route-Reflector. Mithilfe des MP-BGP werden die Funktionen Auto-Discovery und Signaling unterstützt.

- **LDP-based VPLS**: Zur Realisierung von LDP-based VPLSs wird das Protokoll LDP (*Label Distribution Protocol*) verwendet [Abschnitt 12.5.3]; RFC 4762 beschreibt diese Art von VPLSs. Mithilfe des LDP wird aber lediglich Signaling realisiert.

Anmerkung: Selbstverständlich kann man in einfachen Fällen ein MPLS manuell einrichten und auch verändern, ohne dabei die hier dargestellten Funktionen *Auto-Discovery* und *Signaling* mithilfe der Protokolle MP-BGP oder LDP realisieren zu müssen.

15.2.12 Bekanntgabe von Informationen über PW Labels

<small>Bedeutung des Route-Reflectors</small>

Im Allgemeinen sollte die Möglichkeit gegeben sein, jede beliebige Topologie der Vernetzung von in verschiedenen PEs eingerichteten VSIs zu gewährleisten. Zu diesem Zweck sollte man annehmen, so wie es in Abb. 15.2-4 der Fall ist, dass jede VSI eine beliebige Anzahl von mit PW Labels identifizierten Remote Ports hat, welche sie zum Aufbau von Verbindungen über PWs zu den VSIs in anderen PEs nutzen kann. Um dies verwirklichen zu können, müssen u.a die zur Vernetzung von VSIs eines VPLS geplanten, in der PW Label Table (PW LT) gespeicherten Werte von PW Labels auf eine einfache Art und Weise allen anderen VSIs des VPLS bekannt gegeben werden; Abb. 15.2-9 illustriert, wie das erfolgen kann. Wie hier ersichtlich ist, können hierfür die Idee des Route-Reflectors und das MP-BGP (*Multiprotocol BGP*) zum Einsatz kommen.

Wie bereits in Abb. 15.2-4 und Abb. 15.2-5 dargestellt wurde, kann der Administrator jeder VSI eine Anzahl von mit PW Labels identifizierten Remote Ports zuordnen. Diese PW Labels können zu einem bzw. bei Bedarf auch zu mehreren, in Abb. 15.2-5b gezeigten Label-Blöcken zusammengefasst werden.

<small>Nutzung von VPLS BGP NLRIs</small>

Die Label-Blöcke einer VSI enthalten somit Angaben von PW-Identifikationen, über welche eine bestimmte VSI von VSIs in anderen PEs erreicht werden kann. Diese Label-Blöcke können, wie in Abb. 15.2-9 gezeigt, in den BGP-Nachrichten UPDATE in sogenannte VPLS BGP NLRIs (*Network Layer Reachability Information*) übermittelt

15.2 Konzept und Einsatz von VPLS

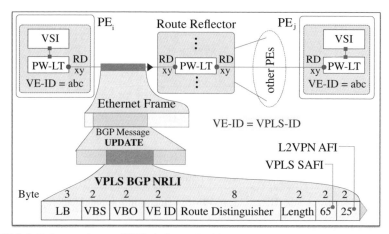

Abb. 15.2-9: Bekanntgabe von PW Labels aus der PW LT einer VSI über einen Route-Reflector mittels des Protokolls BGP-MP
AFI: Address Family Identifier, L2VPN: Layer 2 Virtual Private Network, NRLI: Network Layer Reachability Information, PW LT: Pseudowire Label Table (Auflistung verfügbarer PW Labels), RD: Route Distinguisher (Route-Bezeichner verweist auf die PW LT), SAFI: Subsequent AFI; weitere Abkürzungen wie in Abb. 15.2-5

werden. Sie werden zuerst an den Route-Reflector übergeben und dann von ihm an PEs verteilt bzw. von diesen auch selbst abgerufen.

15.2.13 Hierarchical VPLS (H-VPLS) – Multi-Tenant-VPLS

Wie bereits in Abb. 15.2-1 zum Ausdruck gebracht wurde, kann ein VPLS als VDE-Switch (VDE: Virtual Distributed Ethernet) angesehen werden. Auf Grundlage eines solchen Switches, der quasi als Core-VPLS (Backbone-VPLS) fungiert, können weitere VPLSs eingerichtet werden. Demzufolge kann man diese an den Core-VPLS anschließen und als Access-VPLSs betrachten. Eine solche Idee führt zur Entstehung von hierarchischen VPLS-Strukturen, und man spricht in diesem Zusammenhang von *Hierarchical VPLS* (H-VPLS). Abb. 15.2-10 illustriert das Konzept von H-VPLS.

Bedeutung von H-VPLS

In jedem H-VPLS sind folgende Bereiche zu unterscheiden:

- **Core Area**: Dieser Bereich stellt einen *Core-VPLS* dar und kann z.B. von einem übergeordneten Network Provider eingerichtet werden. PEs mit VSIs aus diesem Bereich bezeichnet man oft als *Network-PEs* (N-PEs).
- **Access Area**: Diesen Bereich können mehrere *Access-VPLSs* bilden. Diese VPLSs können von einem untergeordneten Network Provider eingerichtet und von deren Kunden, oft auch *Mandanten* (*Tenants*) genannt, genutzt werden. Die PEs mit VSIs aus diesem Bereich bezeichnet man als *User-PEs* (U-PEs) bzw. als *Multi-Tenant Unit* (MTUs).
- **Customer Area**: Zu diesem Bereich gehören die als CEs (*Customer Edge*) bezeichneten Ethernets von Kunden.

Funktionale Bereiche im H-VPLS

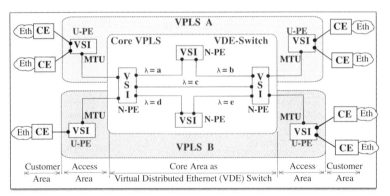

Abb. 15.2-10: Konzept von Hierarchical VPLS: eine multi-mandantenfähige Architektur (Multi-Tenancy-Architecture)
MTU: Multi-Tenant Unit (Multi-Mandanteneinheit), N/U-PE: Network/User Provider Edge (PE), VSI: Virtual Switching Instance

Multi-Mandanten-einheit von H-VPLS

In einem H-VPLS ist es somit möglich, auf der Basis eines VPLS eines großen Network Providers, das als Core-VPLS angesehen werden kann, mehrere VPLSs von kleinen Network Providers einzurichten. Diese dienen als Access-VPLS und können von Kunden/Mandanten in Anspruch genommen werden. Aus diesem Grund kann ein H-VPLS von mehreren Network Providers und deren Kunden benutzt werden [Abb. 15.2-11]. Dieser Fakt ist ein großer Vorteil von H-VPLS und begründet außerdem die Bezeichnung 'Multi-Tenant Unit' für MTU und somit als *Multi-Mandanteneinheit*.

15.2.14 H-VPLS und VLAN-Stacking

Konzept 'VLAN-Stacking'

Ein sehr großer Vorteil von H-VPLS besteht darin, dass ein Core-VPLS dazu verwendet werden kann, für mehrere Network Providers getrennte Provider VLANs (*Virtual LANs*), de facto Virtual Ethernets, aufzubauen. Jedes Provider VLAN kann wiederum als virtuelles Medium dienen und somit die Einrichtung weiterer Customer VLANs ermöglichen. Abb. 15.2-11 illustriert diese Möglichkeiten und zeigt außerdem, wie eine hierarchische, multi-mandantenfähige VLAN-Struktur nach dem Konzept 'VLAN-Stacking' realisiert werden kann.

Lösung 'VLAN-in-VLAN'

Wie aus Abb. 15.2-11 ersichtlich ist, kann eine MTU als VLAN-Multiplexer eines VLAN angesehen werden. Ein VLAN in einem VPLS kann daher mehreren weiteren Mandanten zur Verfügung gestellt werden. Es handelt sich hier somit um eine hierarchische, multi-mandantenfähige VLAN-Struktur. Eine solche Lösung kann auch als *VLAN-in-VLAN* bezeichnet werden.

VLAN-Stacking als Q-in-Q-Encapsulation

Die Grundlage für die Bildung von hierarchischen, multi-mandantenfähigen VLAN-Strukturen in einem H-VPLS stellt *VLAN-Stacking* dar. Abb. 15.2-11 veranschaulicht die Idee von diesem Konzept. VLAN-Stacking wird im Standard IEEE 802.1AD unter dem Titel 'Provider Bridges' spezifiziert und beschreibt eine Stapelung von Tags mit VLAN-IDs in einem MAC-Header, die dazu dient, eine Hierarchie von VLANs zu bilden. Da der Standard IEEE 802.1Q das Tag mit VLAN-ID spezifiziert, wird VLAN-Stacking auch als *Q-in-Q-Encapsulation*, bzw. kurz als *Q-in-Q* bezeichnet.

15.3 Ethernet Virtual Private Networks

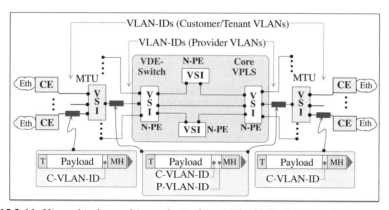

Abb. 15.2-11: Hierarchische, multi-mandantenfähige VLAN-Strukturen auf der Basis von H-VPLS und von VLAN-Stacking
ID: Identifier, MH: MAC (Media Access Control) Header, T: Trailer, VLAN: Virtual LAN (bildet oft ein IP-Subnetz); weitere Abkürzungen wie in Abb. 15.2-10

Wird in einem VPLS ein Customer/Tenant-VLAN auf der Basis eines Provider-VLANs aufgebaut (so wie dies in Abb. 15.2-11 der Fall ist), wird die Identifikation des Provider-VLANs der Identifikation des Customer/Tenant-VLANs im Eingangs-VSI vorangestellt. Dadurch enthält ein zwischen VSIs eines VPLS übertragener Ethernet-Frame zwei VLAN-IDs. Die vordere VLAN-ID, d.h. die Identifikation des Provider-VLANs, ermöglicht es, dem Ausgang-VSI den Ethernet-Frame an den richtigen Port zu übergeben, d.h. an den richtigen Customer-VLAN weiterzuleiten.

_{Customer/Tenant-VLAN}

H-VPLS und VLAN-Stacking sind die grundlegenden Ansätze, nach denen die Übermittlungsdienste von Metro-Ethernets in Großstädten, in denen die Bitrate in der Regel n*10 Gbit/s beträgt, durch eine Vielzahl von Kunden auf elegante Art in Anspruch genommen werden können.

Es sei angemerkt, und Abb.15.2-10 und Abb.15.2-11 illustrieren dies näher, dass ein H-VPLS eine moderne sogenannte *multi-mandantenfähige Netzwerkarchitektur* (*Multi Tenancy Network Architecture*) darstellt. Dieses Konzept ist für zukünftiges Virtual Networking von großer Bedeutung, denn: Es ermöglicht es, multi-mandantenfähige Netzwerkstrukturen in Datacentern zu bilden, und liegt folglich den virtualisierten Datacentern (*Virtualized Data Centers*) und dem Cloud Computing zugrunde. Wird in einem Datacenter beispielsweise ein H-VPLS eingerichtet und hierbei ein H-VPLS als sogenannte Big Cloud verwendet, können nach dem Konzept VLAN-Stacking mehrere Little Clouds in der *Big Cloud* gebildet und diese mehreren Mandanten zugänglich gemacht werden.

H-VPLS als Multi-Tenant-VPLS

15.3 Ethernet Virtual Private Networks

Alle modernen lokalen Netzwerke, sogenannte LANs (*Local Area Networks*), basieren auf der Ethernet-Technologie. Zu ihrem Aufbau verwendet man hauptsächlich zwei Arten von Switches: Layer-2-Switches (kurz *L2-Switches*), die de facto reine Ethernet-Switches sind, und L2-Switches mit integrierter Routing- Funktion, welche oft als

L2- und L2/3-Switches als Basis für Ethernet-LANs

L2/3-Switches bzw. *Multilayer-Switches* bezeichnet werden. Mithilfe dieser beiden Arten von Switches werden verschiedene Rechner eines Unternehmens bzw. einer anderen Institution lokal an einem Standort vernetzt, sodass ein physisches privates Ethernet-basiertes LAN, kurz Ethernet-LAN genannt, entsteht.

Emulation von Ethernet-LAN mit EVPN

Da ein großer Bedarf besteht, Ethernet-LANs standortübergreifend über Weitverkehrsnetze verschiedener Netzprovider nachbilden (emulieren) zu können, sind dieser Emulation dienende technische Konzepte von enorm großer zukünftiger Bedeutung. EVPN (*Ethernet Virtual Private Network*) ist eben ein solches Konzept, welches es ermöglicht, auf der Grundlage eines IP-Netzes mehrere voneinander isolierte Ethernet-LANs nachzubilden. Dabei kann eine derartige Nachbildung als ein eigentliches EVPN sogar weltweit sein.

Multi-Tenancy-Architekturen in EVPNs

Die Einsatzmöglichkeiten von EVPNs sind sehr breit. Das EVPN-Konzept eignet sich beispielsweise ideal dazu, mehrere virtuelle private Ethernet-LANs innerhalb des IP-Netzes bzw. Datacenters eines Providers für dessen Kunden (Mandanten) einzurichten. Das EVPN-Konzept ermöglicht es daher einem Provider, auf der Basis seines IP-Netzes/Netzwerkes mehrere virtuelle und private Kundennetze einzurichten. Folglich führt der Einsatz von EVPN zur Entstehung von sogenannte multi-mandantenfähigen Netzwerkarchitekturen (*Multi Tenancy Network Architectures*).

Multi-Homing und Multi-Pathing in EVPNs

Ein wichtiges Merkmal des EVPN-Konzeptes ist die Unterstützung von *Multi-Homing*. Somit können wichtige Endsysteme (z.B. verschiedene Server im Datacenter) über mehrere 'Access Points' an ein einziges EVPN angebunden werden. Die Systeme können also multi-homed sein, und es können zwischen ihnen mehrere parallel verlaufende Datenpfade (Paths) eingerichtet werden. Folglich spricht man bei EVPN auch von *Multi-Pathing*.

Inhalt dieses Abschnitts

Dieser Abschnitt schildert zuerst die grundlegende Architektur von EVPNs und erläutert danach das EVPN-Konzept, den Einsatz von EVPN in Datencentern und die dabei dank des ECMP-Routings (*Equal Cost Multi-Path*) entstehenden Möglichkeiten für sogenanntes Flow-based Load Balancing. Dabei wird verdeutlicht, auf welche Weise funktionelle Anforderungen erfüllt werden können. Darüber hinaus gezeigt, wie ein EVPN sowohl als Distributed L2-Switch wie auch als Distributed IP-Router eingesetzt werden kann.

15.3.1 Grundlegende Architektur von EVPN

Distributed L3/3-Switching mit EVPN

Die grundlegende Idee von EVPN, die als Modifikation und Erweiterung der Idee von VPLS (*Virtual Private LAN Service*) angesehen werden kann, wurde bereits im Abschnitt 15.1.1 in Abb. 15.1-1 anschaulich dargestellt. Basierend auf dieser Darstellung soll nun die grundlegende Architektur von EVPN näher erläutert werden. Allgemein gesagt besteht die Idee von EVPN darin, dass auf der Grundlage eines IP-Netzes mehrere *Virtual Distributed Ethernet Switches*, kurz VDE Switches genannt, eingerichtet werden können. Solche Switches können als *Virtual Distributed Layer-2-Switches* (VD L2-Switches) betrachtet werden. Das EVNP-Konzept ermöglicht aber nicht nur die Einrichtung von VD-L2-Switches auf der Basis eines IP-Netzes, sondern auch mehrerer virtueller und verteilter Router. Letztere könnten als *Virtual*

15.3 Ethernet Virtual Private Networks

Distributed Layer-3-Switches (VD L3-Switches) angesehen werden. Daher spricht man bei EVPN auch von *Integrated Switching und Routing*.

Zur Vereinfachung der Darstellung in Abb. 15.1-1c wurde dort innerhalb der Control Plane nur ein RR (*Router Reflector*) gezeigt. Da der RR in jedem EVPN eine zentrale Komponente darstellt, könnte dessen Ausfall zu einem totalen Verlust der Funktionalität der Control Plane in EVPN führen. In der Praxis werden daher in der Control Plane jedes EVPN typischerweise zumindest zwei RRs eingesetzt. Auf diese Weise kann eine hohe Verfügbarkeit der Funktionalität von EVPNs erreicht werden. Eine solche, aus Abb. 15.1-1d abgeleitete, effiziente Lösung dieser Art illustriert Abb. 15.3-1a.

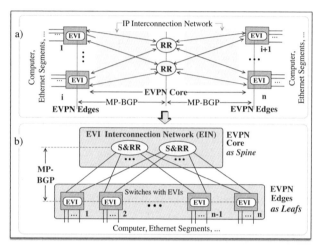

Abb. 15.3-1: Illustration der grundlegenden Architektur von EVPN: a) aus Abb. 15.1-1d abgeleitete Topologie von EVPN, b) Modell von EVPN als Two Tier Architecture RR: (BGP) Router Reflector S&RR: L2-, L3- oder L2/3-Switch und RR; weitere Abkürzungen wie in Abb. 15.1-1

Die Abb. 15.3-1a dargestellte Struktur kann in eine andere funktional äquivalente, in Abb. 15.3-1b gezeigte Form umgewandelt werden. Letztere kann als grundlegende EVPN-Architektur angesehen werden. Einer solchen EVPN-Architektur entsprechende Netzwerktopologien findet man an mehreren Stellen in modernen Netzwerkstrukturen. Darauf wird zwecks einer anschaulichen Erläuterung wichtiger 'Use Cases of EVPN' nun näher eingegangen.

Grundlegende EVPN-Architektur

> **Anmerkung**: Beim Einsatz von EVPN in Datacentern werden, wie in Abb. 15.3-1b gezeigt, oft folgende Namen verwendet: *Spine* (Rückgrat, Backbone) für Core von EVPN und *Leafs* für Switches mit EVIs.

In Anlehnung an die in Abb. 15.3-1b gezeigte grundlegende Architektur von EVPN soll nun auf eine strukturelle/topologische Ähnlichkeit zwischen dem Konzept von EVPN und dem ersten klassischen, zu Beginn der 1980er Jahre als Standard 10Base-5 spezifizierten Konzept für Ethernet-LANs hingewiesen werden. Abb. 15.3-2 verdeut-

Ethernet Evolution: Von Ethernet 10Base5 zu EVPN

licht diese strukturelle Ähnlichkeit und illustriert den bedeutenden Sprung in der technischen Evolution von Ethernet-LANs, den Sprung: 'from 10Base5 to EVPN'[6].

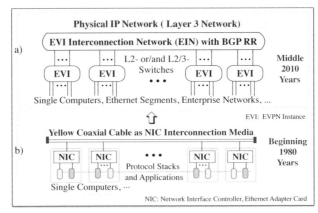

Abb. 15.3-2: Ethernet Evolution von 10Base5 zu EVPN: a) EVPN als eine besondere Nachbildung des klassischen Konzeptes von Ethernet 10Base5, b) Konzept von 10Base5 NIC: Network Interface Controller (Ethernet Adapterkarte)

From 10Base5 to EVPN

Vergleicht man die in Abb. 15.3-2 dargestellten, auf den ersten Blick ähnlich aussehenden Architekturen, erkennt man, welche gigantischen Entwicklungen auf dem Gebiet Networking in den letzten 35 Jahren stattgefunden haben. In diesem Zusammenhang sei aber auf folgende funktionelle Ähnlichkeit hingewiesen:

- Die einzelnen EVIs könnte man oberflächlich mit NICs vergleichen – denn: Über beide werden Endsysteme an Transportmedien angebunden. Zwischen EVIs und NICs besteht jedoch ein gravierender Unterschied im Funktionsumfang.
- Eine EVI mit den an sie angebundenen Rechnern und diversen Ethernet-Segmenten würde, vollzieht man den oberflächlichen Vergleich, einem 'über 30 Jahre alten Rechner' entsprechen.

Diese in Abb. 15.3-2 dargestellte allgemeine Betrachtung von EVPN als eine Art 'Next Generation Virtual Ethernet' soll hauptsächlich zu einer anschaulichen Darstellung der 'EVPN Use Cases' im Weiteren beitragen (siehe die Abb. 15.3-3 und Abb. 15.3-4).

15.3.2 Datacenter und grundlegende EVPN-Topologie

ToR-Architektur im Datacenter

Abb. 15.3-3 zeigt ein Beispiel für den Einsatz des Konzeptes EVPN in Datacentern. Hier wurde angenommen, dass die Funktionalität von EVIs in an Top of Racks (ToRs) mit diversen Servern untergebrachten, folglich als ToR-Switches bezeichneten, Access

15.3 Ethernet Virtual Private Networks

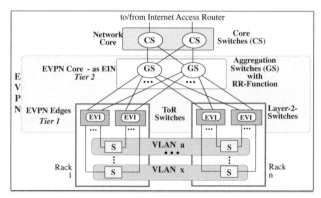

Abb. 15.3-3: Abbildung der EVPN-Architektur auf die ToR-Architektur im Datacenter.[7]
RR:Route Reflector (eine MP-BGP Instanz), EIN: EVI Interconnect Network, S: Server, ToR: Top of Rack, VLAN: Virtual LAN (Local Area Network)

Switches realisiert wird. Die Funktion von RRs wird von GSs (*Aggregation Switches*) erbracht.

In der hier gezeigten Systemlösung werden VLANs aus physischen, in allen Racks untergebrachten, Servern gebildet; folglich können sich VLANs auf alle Racks 'erstrecken'. Dank der Anbindung von EVIs an mehrere GSs kann die Kommunikation zwischen den in verschiedenen Racks untergebrachten Servern über mehrere Datenpfade gleicher Länge parallel stattfinden. Also gibt es zwischen jeweils zwei Servern mehrere 'Data Paths' gleicher Länge (*Equal Cost*), sodass man von ECMP (*Equal Cost Multi-Path*)[8] spricht. Dies bedeutet, dass beim Einsatz des Konzepts EVPN mit 'multi-homed EVIs' eine wichtige, als ECMP bezeichnete Funktionalität entsteht, d.h. die Möglichkeit der Kommunikation über parallele Routen mit gleicher Länge. Die Länge jedes Data Paths beträgt zwei Hops – gebildet aus: dem ersten Hop von EVI zu GS und dem zweiten Hop von GS zu EVI.

Parallele Datenpfade und ECMP

In Bezug auf Abb. 15.3-3 sei angemerkt, dass eine EVI im Allgemeinen als L2-Switch oder L3-Switch bzw. als Multilayer-Switch, also L2/3-Switch, dienen kann. Auf diese Möglichkeiten wird im Folgenden näher eingegangen.

Auf der Basis des in Abb. 15.3-3 gezeigten Beispiels für den Einsatz von EVPN in Datacentern werden jetzt kurz einige wichtige Beispiele für 'EVPN Use Cases' erläutert. Abb. 15.3-4 illustriert sie. Bei dieser Illustration wurde angenommen, dass

EVPN Use Cases

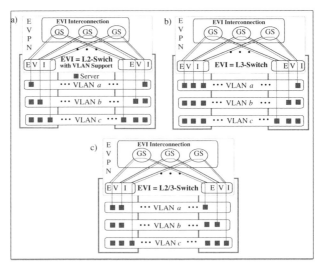

Abb. 15.3-4: Beispiele für die Nutzung und Bedeutung des Konzeptes von EVPN in Datacentern; EVPN kann hier angesehen werden: a) als verteilter L2-Switch, b) als verteilter L3-Switch, c) als verteilter L2/3-Switch
Abkürzungen wie in Abb. 15.3-3

alle VLANs als IP-Subnetze definiert wurden. Dabei handelt es sich um folgende Fälle:

Intra-VLAN-Kommunikation

1. **EVPN als verteilter L2/3-Switch**: Alle EVIs dienen hier als L2-Switches mit Unterstützung der Bildung von VLANs.
   In diesem Fall bildet EVPN eine gemeinsame Broadcast-Domäne, d.h. eine Art 'Shared Broadcast Domain' für mehrere VLANs. Demzufolge ermöglicht diese EVPN-Variante hier, wie in Abb. 15.3-4a gezeigt, nur die IntraVLAN-Kommunikation, d.h. eine parallele Kommunikation zwischen jeweils zwei Rechnern (Servern) nur aus jedem VLAN entlang der drei parallelen, zwei Hop langen Data Paths. Folglich ermöglicht diese Variante von EVPN die Bildung mehrerer, voneinander isolierter VLANs, die als IP-Subnetze konfiguriert werden können (vgl. hierzu auch Abb. 15.3-6).

Inter-VLAN-Kommunikation

2. **EVPN als verteilter L3-Switch**: Alle EVIs dienen hier als Router.
   In diesem Fall stellt EVPN eine Vernetzung von L3-Switches dar, also von Routing-Instanzen in diesen Switches. Infolgedessen ermöglicht diese EVPN-Variante, so wie es in Abb. 15.3-4b zum Ausdruck gebracht wurde, eine Vernetzung von als IP-Subnetzen definierten VLANs untereinander. Dies bedeutet, dass die Kommu-

---

[6]Der erste IEEE-Standard 802.3 (Institute of Electrical and Electronics Engineers) aus dem Jahr 1983 spezifizierte das als 10Base5 bezeichnete Ethernet mit einer Übertragungsgeschwindigkeit von 10 Mbit/s in Form eines Shared Media LAN-Segments mit einer Länge von bis zu 500 m. In diesem LAN wurde ein dickes gelbes Koaxialkabel (Yellow Cable) mit einem Durchmesser von ca. 1 cm als Übertragungsmedium verwendet.

[7]Für Näheres über die ToR-Architektur sei auf [BR13] (Abschnitt 4.3.1) verwiesen.

[8]In einer der in Abb. 15.3-3 gezeigten, entsprechenden Systemlösung wird die Anzahl paralleler 'Data Paths' durch die Anzahl der parallel eingesetzten GSs bestimmt.

nikation zwischen jeweils zwei Rechnern nur aus verschiedenen VLANs über drei parallele, 2 Hop lange Routen möglich ist. Diese Variante von EVPN ermöglicht nur die Inter-VLAN-Kommunikation, d.h. nur die Kommunikation zwischen VLANs, und kann als eine Art 'Virtueller Router' eingesetzt werden.

3. **EVPN als verteilter L2/3-Switch**: Alle EVIs verhalten sich hier als L2/3-Switches. *Intra- und Inter-VLAN-Kommunikation*
   Diese in Abb. 15.3-4c gezeigte Lösungsvariante von EVPN stellt eine Kombination der beiden in Abb. 15.3-4a und Abb. 15.3-4b gezeigten Varianten dar. Diese EVPN-Lösung wird als *Integrated Routing and Bridging* bezeichnet und ermöglicht eine parallele Kommunikation zwischen jeweils zwei Rechnern sowohl aus jedem VLAN als auch aus verschiedenen VLANs. Mit dieser EVPN-Variante ist sowohl eine Intra- als auch eine Inter-VLAN-Kommunikation möglich.

Anmerkung: An dieser Stelle sei hervorgehoben, dass die Spezifikation von EVPN in RFC 7432 nur die in Abb. 15.3-4a und Abb. 15.3-4b gezeigten Varianten betrifft. Die im Abb. 15.3-4c dargestellte Variante wurde in *draft-ietf-bess-evpn-inter-subnet-forwarding*[9] vorgeschlagen.

15.3.3 Allgemeines EVPN-Konzept im Überblick

Nachdem bereits sowohl die Idee von EVPN erläutert wurde (siehe Abb. 15.1-1 und Abb. 15.3-1) als auch seine Nutzungsmöglichkeiten mittels einiger Beispiele (siehe Abb. 15.3-3 und Abb. 15.3-4) gezeigt wurden, soll jetzt anhand Abb. 15.3-5 das allgemeine Konzept dargestellt und wichtige Besonderheiten von EVPN zum Ausdruck gebracht werden. Hierbei sei darauf hingewiesen, dass die in Abb. 15.3-5 gezeigte logische Architektur von EVPN als allgemeinere Form der in Abb. 15.3-1 gezeigten Architektur betrachtet werden kann.

Abb. 15.3-5 soll insbesondere folgende Merkmale der Architektur von EVPN zum Ausdruck bringen:

- **EVI als emulierter Switch**: Jede VSI erbringt de facto die Funktionen eines Switch, also eines Layer-2-, eines Layer-3- oder eines Layer-2/3-Switch. Daher kann jede EVI als emulierter Switch angesehen werden. Folglich müssen alle zu einem EVPN gehörenden EVIs so zusammen kooperieren, dass sie einen *Virtual Distributed Switch* (VD Switch) bilden. Die Funktionen von EVIs, ähnlich wie die Funktionen von VSIs (*Virtual Switching Instances*) bei VPLS [Abb. 15.2-3], werden in Komponenten erbracht, die man als PEs (*Provider Edges*) bezeichnet. So entsteht eine Ähnlichkeit zwischen den logischen Architekturen von EVPN und VPLS. Infolgedessen könnte man EVPN auch zum Teil als eine funktionelle Weiterentwicklung des Konzeptes von VPLS betrachten. *Distributed Switch als Vernetzung von EVIs*

- **Multi-Homed Devices and Networks**: Zwecks einer hohen Verfügbarkeit und Qualität von Network Services können sowohl einige Endsysteme von Kunden, als CE (*Customer Edge*) bzw. kurz Device bezeichnet, sowie auch deren Netzwerke als *CEs können multi-homed Systeme sein*

---
[9]siehe:
https://tools.ietf.org/html/draft-ietf-bess-evpn-inter-subnet-forwarding-05

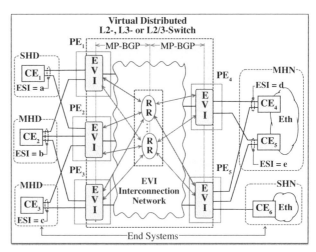

Abb. 15.3-5: Allgemeine logische Architektur von EVPN
CE: Customer Edge device (Host, Router oder Switch), RR: Route Reflector (eine Art 'Rendezvous Point'), Eth: Ethernet-basiertes Netzwerk, ESI: Ethernet Segment Identification, MHD: Multi-homed Device, MHN: Multi-homed Network, P-BGP: Multiprotocol BGP (Border Gateway Protocol), PE: Provider Edge, SHD: Single-homed Device, SHN: Single-homed Network

sogenannte *multi-homed* Systeme konfiguriert werden. Daher unterscheidet man zwischen den folgenden Kategorien von Devices und Networks:

▷ *Single-Homed Device* (SHD): CE ist nur an eine EVI angebunden,
▷ *Single-Homed Network* (SHN): Network ist nur an eine EVI angebunden,
▷ *Multi-Homed Devices* (MHD): CE ist zumindest an zwei EVI angebunden,
▷ *Multi-Homed Network* (MHN): Network ist zumindest an zwei EVI angebunden.

Bedeutung von ESI

■ **Ethernet-Segment als Bündel von Access Links**: Jedes multi-homed Endsystem, sowohl MHD als auch MHN, wird über mehrere Access Links mit verschiedenen EVIs verbunden. Die Access Links eines Device bzw. eines Network bilden, zusammen betrachtet, eine funktionelle Einheit. Diese nennt man *Ethernet-Segment* (ES). Ein ES könnte virtueller Access Link genannt werden. Jedem ES wird eine im ganzen EVPN einmalige/eindeutige, als ESI (*ES Identification*) bezeichnete, Identifikation zugewiesen. Falls ein Endsystem (Device, Network) single-homed ist, wird dessen Access Link als eine besondere Form von ES betrachtet. Einem solchen Access Link als eine Art ES wird ESI = 0 zugewiesen.

Betriebsarten von Access Links

■ **Redundancy Modes bei multi-homed Endsystemen**: Da ein multi-homed Endsystem mit EVPN über mehrere, ein Ethernet-Segment bildende Access Links verbunden ist, werden zwei Betriebsarten (Modi) definiert, die festlegen, auf welche Art und Weise die Access Links eingesetzt werden können. Diese Betriebsarten sind:

▷ *Single-Active Redundancy Mode* (*SA Redundancy Mode*): Bei dieser Betriebsart ist nur ein Access Link im Ethernet-Segment aktiv, d.h. nur dieser wird für die Kommunikation genutzt. Die anderen Access Links im Ethernet-Segment sind passiv und stellen eine sogenannte kalte Reserve dar. Sollte der aktive Link ausfallen, dann kommt einer aus dieser Reserve zum Einsatz. Bei der Betriebsart 'SA Redundancy Mode' wird kein Flow-based Load Balancing zwischen Endsystem und EVPN realisiert.

▷ *All-Active Redundancy Mode* (AA Redundancy Mode): Bei dieser Betriebsart sind alle Access Links im Ethernet-Segment aktiv, d.h. alle werden gleichzeitig für die Kommunikation genutzt. Bei der Betriebsart 'AA Redundancy Mode' wird daher das Flow-based Load Balancing zwischen Endsystem und EVPN realisiert.

- **Route Reflector (RR) als Control Plane**: Wie Abb. 15.1-1c illustriert, kann man in EVPNs zwei funktionelle Schichten, sogenannte Planes, unterscheiden, nämlich: die *Data Plane*, innerhalb derer nur die eigentlichen Daten transportiert werden, und die *Control Plane*, innerhalb derer ausschließlich 'kontrollrelevante' Informationen, insbesondere verschiedene Adressinformationen, übermittelt werden. Wie Abb. 15.3-5 zeigt, wird die Funktionalität der Control Plane durch eine zentrale Verteilungsstelle der Informationen in Form von RRs erbracht. Für den Transport von 'kontrollrelevanten' Informationen zwischen RRs und EVIs wird eine speziell für EVPN erweiterte Version des Protokolls MP-BGP eingesetzt (siehe Abb. 15.3-9).

Data Plane und Control Plane mit RRs

15.3.4 EVI als emulierter L2-Switch – Basisfunktionen

Wird auf der Basis eines EVPN ein 'Virtual Distributed Ethernet Switch', also ein L2-Switch, erbracht, so müssen alle zu dem EVPN gehörenden EVIs zusammen, wie in Abb. 15.3-5 gezeigt, kooperieren und dabei folgende Funktionen realisieren:

- **Weiterleitung von Ethernet-Frames**: Jede ESI als emulierter L2-Switch hat die Aufgabe, jeden empfangenen Ethernet-Frame anhand seiner Ziel-MAC-Adressen entsprechend der aktuellen 'Lage' im EVPN weiterzuleiten. Jede ESI muss daher wissen, welche MAC-Adressen (d.h. Ethernet-Adressen) über jeden ihrer Ausgangsports zu erreichen sind. Hierfür enthält jede ESI eine Forwarding Table (FT). Diese wird in den EVPN-betreffenden Standards oft als MAC VRF Table (*Media Access Control Virtual Routing and Forwarding*) bezeichnet.

Forwarding

- **Erlernen von MAC-Adressen**: Jede ESI muss in der Lage sein, ihre FT selbst zu erstellen und diese auch ständig zu aktualisieren. Also muss jede VSI fähig sein, ständig zu erfassen, welche MAC-Adressen über jeden ihrer Ports zu erreichen sind. In diesem Zusammenhang spricht man vom 'Learning of MAC Addresses' und unterscheidet dabei zwischen *Local Learning* und *Remote Learning*:

Learning

▷ Unter *Local Learning* versteht man das Erlernen lokaler MAC-Adressen, d.h. von Adressen lokaler Rechner, also über lokale Endkomponente CE erreichbarer Rechner. Dieser Lernvorgang findet innerhalb der Data Plane statt und wird weitgehend auf die gleiche Art und Weise realisiert, wie dies in klassischen Netzwerken in L2-Switches der Fall ist.

▷ Als *Remote Learning* bezeichnet man das Erlernen von MAC-Adressen der Remote-Rechner, d.h. der Rechner, die nur über andere, entfernte EVIs zu erreichen sind. Diese Art von Learning findet nicht innerhalb der Data Plane, sondern mithilfe des Protokolls MP-BGP und des Route Reflector innerhalb der Control

Plane statt. Um Remote Learning zu unterstützen, macht jede EVI aus einem EVPN die Adressen der bei ihr lokal erreichbaren Rechner mittels des Protokolls MP-BGP und des Route Reflector den anderen, zum gleichen EVPN gehörenden EVIs bekannt. Für Näheres darüber sei auf Abb. 15.3-9 verwiesen.

Flooding

- **Versenden von BUM Frames** (*Broadcast, Unknown and Multicast*): Jede VSI muss sowohl das Versenden von Ethernet-Frames mit Broadcast- und Multicast-MAC-Adressen unterstützen als auch Ethernet-Frames mit unbekannten, also *unknown* MAC-Adressen entsprechend weiterleiten. Falls ein Endsystem (Device, Network) multi-homed ist, also an mehrere EVIs angebunden ist, dann wird nur eine EVI für das Versenden der von diesem Endsystem stammenden BUM Frames ausgewählt. Die hierfür ausgewählte EVI wird dann *Designated Forwarder* (DF) genannt [Abb. 15.3-6].

Avoiding of Loops

- **Vermeidung von Loops**: Alle ein EVPN erbringende EVIs als emulierte L2-Switches sind untereinander vernetzt. Gibt es bei einer solchen Vernetzung redundante Routen zwischen EVIs, hat dies zur Folge, dass ein zwischen zwei EVIs übermittelter Unicast Ethernet Frame eventuell über mehrere Routen in Form von geschlossenen Schleifen (von sogenannten Loops) übermittelt wird, also quasi 'rotiert'. Dadurch können diverse unerwünschte Effekte entstehen. Beispielsweise kann die Ziel-EVI mehrere Kopien eines entlang mehrerer Loops übermittelten Frames erhalten[10].

Zur Vermeidung von Loops bei der Vernetzung von EVIs wird weder STP (Spanning Tree Protocol) noch RSTP (Rapid STP) verwendet [11]. Es wird ein als Split Horizon bezeichnetes Prinzip angewandt. Dieses ist einfach und besteht darin, dass ein Ethernet-Frame nie über den EVI-Port weitergesendet wird, über den er bereits empfangen wurde.

15.3.5 EVIs als emulierter L2-Switch – spezielle Funktionen

Um welche besondere Funktionen handelt es sich?

Soll ein EVPN als *Virtual Distributed L2-Switch* (VD L2-Switch) fungieren, muss jede EVI nicht nur die grundlegenden Funktionen eines klassischen L2-Switch erbringen, sondern auch einige besondere Funktionen bereitstellen.

Abb. 15.3-6 illustriert einerseits, wie mehrere Segmente (Teile) eines VLAN über ein als VD L2-Switch dienendes EVPN vernetzt werden können, sodass sie ein 'ganzes und homogenes' VLAN, also quasi eine Broadcast Domain, bilden. Andererseits bringt die Illustration zum Ausdruck, um welche besonderen Funktionen von EVIs es sich dabei handelt. Zu diesen besonderen Funktionen, die von EVIs erbracht werden müssen, wenn EVPN als VD L2-Switch dienen soll, gehören: *Designated Forwarder* und *Proxy-ARP*. Abb. 15.3-6 illustriert die Bedeutung dieser beiden Funktionen, auf die wir nur kurz eingehen.

15.3 Ethernet Virtual Private Networks

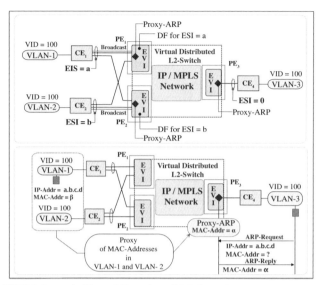

Abb. 15.3-6: EVPN dient als Virtual Distributed L2-Switch: a) Besondere Funktionen von EVIs, b) Bedeutung von Proxy-ARP
ARP: Address Resolution Protocol, CE: Customer Edge device (Host, Router oder Switch), DF: Designated Forwarder (für BUM Frames), ESI: Ethernet Segment Identification, MPLS:Multi-Protocol Label Switching, VLAN:Virtual LAN (Local Area Network), VID: VLAN Identifier

Um eine hohe Verfügbarkeit und Qualität von Network Services zu erreichen, können einige Endsysteme (CEs und Networks) in einem EVPN multi-homed sein. Abb. 15.3-6 zeigt die. Die Endsysteme können also über mehrere Access Links, die man als Ethernet-Segments (ESs) bezeichnet, an das EVPN angebunden werden. Bei der Betriebsart *All-Active Redundancy Mode* (AA Redundancy Mode) sind alle Access Links jedes multi-homed Endsystems aktiv und werden zur Datenübermittlung genutzt. Bei dieser Betriebsart entstehen einerseits mehrere, quasi parallele Datenpfade zwischen jeweils zwei Endsystemen, und die Realisierung von Flow-based Load Balancing ist möglich. Das ist ein großer Vorteil, doch andererseits führt das Multi-Homing von Endsystemen zur Vervielfachung des von Endsystemen stammenden Broadcast-Verkehrs, da die gleichen Broadcast Ethernet-Frames auf alle Access Links gesendet werden, was ein großer Nachteil ist.

'All-Active Redundancy Mode' verlangt besondere Funktionen

Eine Möglichkeit, die Vervielfachung des Broadcast-Verkehrs zu vermeiden, besteht darin, dass für jedes Ethernet-Segment mit mehreren Access Links nur eine EVI zur Weiterleitung des Broadcast-Verkehrs in das EVPN designiert wird. Diese designierte EVI realisiert eine besondere Funktion, die man *Designated Forwarder* (DF) nennt. Die Auswahl einer EVI zur Weiterleitung des Broadcast-Verkehrs wird als 'Election of DF' bezeichnet. Letztendlich trägt ein derartiges Konzept dazu bei, dass der von

Funktion: Designated Forwarder

---
[10] Für Näheres darüber siehe [BR13] (Abschnitt 4.2.3).
[11] Das Protokoll STP (*Spanning Tree Protocol*) bzw. sein Nachfolger RSTP (*Rapid STP*) kommt noch oft bei der Vernetzung klassischer L2-Switches zum Einsatz, um Loops und folglich die durch diese entstehen- den unerwünschten Effekte zu vermeiden.

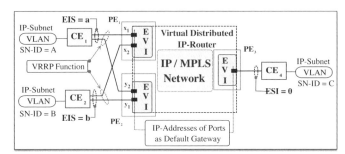

Abb. 15.3-7: EVIs als IP-Router, falls EVPN einen Virtual Distributed IP-Router darstellt
SN: Sub-Network (VLAN als IP-Subnetz), SN-ID: Sub-Network Identification, VRRP: Customer Edge Device (Host, Router oder Switch); weitere Abkürzungen in Abb. 15.3-6

multi-homed Endsystemen stammende Broadcast-Verkehr nicht vervielfacht wird. In Abb. 15.3-6a ist beispielsweise die Funktion des DF realisiert: EVI α für ESI = a und EVI β für ESI = b.

Funktion: Proxy-ARP

Die Funktion *Proxy-ARP* [Abschnitt 3.6.2] illustriert Abb. 15.3-6b. Diese in EVIs untergebrachte Funktion soll ermöglichen, dass mehrere über ein die Funktionalität eines VD L2-Switch erbringendes EVPN untereinander verbundene VLAN-Segmente für das Protokoll ARP quasi eine Broadcast Domain darstellen. Diese Broadcast Domain kann als IP-Subnetz definiert werden. Wie aus Abb. 15.3-6b ersichtlich ist, kann die Proxy-ARP-Instanz in EVI aus der Sicht von Rechnern in einem VLAN-Segment (hier VLAN-3) als eine am Zugang zu diesem VLAN-Segment für das Protokoll ARP 'installierte' Vertretung, also als *Proxy-ARP*, von Rechnern in anderen VLAN-Segmenten (hier VLAN-1 und VLAN-2) darstellen. Dies bedeutet, dass die Proxy-ARP-Instanz am Anschluss zu einem VLAN-Segment (wie hier zum VLAN-3) von in anderen VLAN-Segmenten installierten Rechnern die Informationen mit der Zuordnung IP-Adresse ⇒ MAC-Adresse enthalten muss. Dabei müssen aber alle VLAN-Segmente zusammen quasi eine Broadcast Domain bilden, was als ein VLAN betrachtet werden kann. Dieses VLAN kann wiederum als IP-Subnetz definiert werden.

15.3.6 EVI als emulierter L3-Switch – Basisfunktionen

Jede EVI in einem EVPN kann auch als L3-Switch, also de facto als IP-Router, fungieren. Ist dies der Fall, muss jede EVI mit allen anderen EVIs des EVPN auf eine Weise so kooperieren, dass sie alle zusammen einen *Virtual Distributed IP-Router* (VD IP-Router) bilden [12]. Abb. 15.3-7 veranschaulicht solch eine Situation.

Wenn ein EVPN als ein VD IP-Router dient, muss jede VSI im EVPN die folgenden Funktionen erbringen:

15.3 Ethernet Virtual Private Networks

- **Routing – Weiterleitung von IP-Paketen**: Jede EVI als ein emulierter, de facto als IP-Router fungierender L3-Switch hat die Aufgabe, anhand ihrer Routing-Tabelle jedes empfangene IP-Paket entsprechend seiner Ziel-IP-Adresse weiterzuleiten.
  Routing-Funktion

- **Erstellen und Aktualisieren der Routing-Tabelle (RT)**: Jede EVI sollte in der Lage sein, ihre Routing-Tabelle selbst zu erstellen und diese auch ständig zu aktualisieren. Sollte es z.B. der Fall sein, dass ein EVPN auf der Basis eines MPLS-Netzes eingerichtet wird und die EVIs aus diesem EVPN untereinander über *Pseudo Wires* (PWs) verbunden werden [Abb. 15.2-2], so haben die Routing-Tabellen in EVIs eine sehr einfache Struktur. Sie gibt nämlich eigentlich nur an, welche Zieladressen über welche PWs zu erreichen sind.
  RT-Erstellen und Aktualisieren

  In einem solchen Fall handelt es sich um 'One Hop Routes', die somit PWs darstellen. Alle EVIs können sich dann gegenseitig in die Lage versetzen, die eigene Routing-Tabelle selbst zu erstellen. Hierfür macht jede EVI die von ihr ausgehenden PWs (genauer gesagt deren Identifikationen) sowie die über die PWs erreichbaren IP-Adressen allen anderen EVIs im EVPN bekannt. Diese Bekanntgabe kann mithilfe des Protokolls MP-BGP und des *Route Reflectors* erfolgen [Abb. 15.3-9]. Dank der Bekanntgabe von PWs und von den über diese PWs erreichbaren IP-Adressen können sich alle EVIs eigene Routing-Tabellen selbst erstellen.

- **Funktion des Default Gateway**: Falls alle EVIs aus einem EVPN als VD IP-Router fungieren, muss jede EVI im EVPN als *Default Gateway* für alle Rechner aus dem an sie angebundenen IP-Subnetz dienen. Hierfür muss jedem Port von EVI, an den ein IP-Subnetz angebunden ist, eine IP-Adresse zugewiesen werden. Diese IP-Adresse dient dann als Default-Gateway-Eintrag für alle Rechner aus diesem IP-Subnetz. Rechner, die IP-Pakete zur Weiterleitung an andere IP-Subnetze adressieren, werden über diesen Port geführt.
  Default Gateway

- **EVIs am Ethernet-Segment als Virtual Router (VR)**: Fungieren beide EVIs α und β in Abb. 15.3-7 als IP-Router, so können sie sich auch wie zwei VRs nach dem Protokoll VRRP (*Virtual Router Redundancy Protocol*) verhalten [Abschnitt 11.5.1]. In einem solchen Fall könnte man sich beispielsweise folgende Konfiguration der EVIs α und β vorstellen:
  VR nach dem Protokoll VRRP

  ▷ als VR für `ESI = a` sind: EVI α aktiv und EVI β passiv,
  ▷ als VR für `ESI = b` sind: EVI α passiv und EVI β aktiv.

  Bei dieser Konfiguration hätten die Rechner in den beiden VLANs, welche als IP-Subnetze A und B konfiguriert werden, folgende Default-Gateway-Eintragungen:

  ▷ Rechner im IP-Subnetz A die IP-Adresse x_1 von EVI α
  ▷ Rechner im IP-Subnetz B die IP-Adresse y_1 von EVI β

Abschließend sei angemerkt, dass es auch möglich ist, ein EVPN als ein *Virtual Distributed Multilayer Switch* (VD Multilayer Switch), also als VD Layer-2/3-Switch, einzurichten. In diesem Zusammenhang würde man von *Integrated Routing and Bridging* in einem EVPN sprechen. Lösungen hierfür werden heutzutage noch standardisiert.

---

[12] Diese Funktionalität von EVIs wird zurzeit im Internet-Draft
https://tools.ietf.org/html/draft-ietf-bess-evpn-inter-subnet-forwarding-05
näher dargestellt.

15.3.7 Arten von EVI Service Interfaces

VLAN-betreffende Service Interfaces

EVPN wurde in erster Linie mit dem Ziel entwickelt, einen *Virtual Distributed L2-Switch* (VD L2-Switch) einrichten zu können, mit dem es möglich ist, verschiedene räumlich weit verteilte Strukturen von VLANs einzurichten. Um dieses Ziel in der Praxis erreichen zu können, wurden in RFC 7432 u.a. drei VLAN-betreffende Service Interfaces vorgeschlagen. Diese sind: *VLAN-based Service Interface*, *VLAN-bundle Service Interface* und *VLAN-aware bundling Service Interface*.

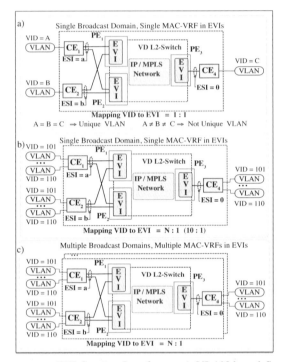

Abb. 15.3-8: Nutzung von EVI Service Interfaces: a) VLAN-based Service Interface, b) VLAN-bundle Service Interface, c) VLAN-aware bundling Service Interface
MAC VRF: Media Access Control Virtual Routing and Forwarding, VD: Virtual Distributed; weitere Abkürzungen wie in Abb. 15.3-6

Abb. 15.3-8 illustriert die Möglichkeiten der Nutzung dieser Service Interfaces. Dabei wurde angenommen, dass jedes VLAN als ein IP-Subnetz definiert und auf mehrere, über EVPN verbundene VLAN Segmente aufgeteilt werden kann. Im Folgenden werden wichtige Besonderheiten dieser Service Interfaces kurz erläutert.

VLAN-based Service Interface

Das VLAN-based Service Interface, wie Abb. 15.3-8a gezeigt, wurde für Systemlösungen mit folgenden Besonderheiten entwickelt:

- *EVPN bildet eine Single Broadcast Domain nach*: EVPN verhält sich als eine Single Broadcast Domain, über die mehrere Segmente nur eines einzigen VLAN (Unique VLAN) verbunden werden können. Folglich haben alle VLAN-Segmente an verschiedenen EVIs die gleiche VID (*VLAN Identification*).

15.3 Ethernet Virtual Private Networks

- *EVI emuliert einen L2-Switch ohne VLAN-Tagging*: Die Angabe VID wird in Ethernet-Frames nicht übermittelt, d.h. es wird kein *VLAN-Tagging* realisiert. In diesem Fall emuliert jede EVI einen L2-Switch ohne VLAN-Tagging und EVPN bildet folglich einen einzigen VD L2-Switch. In diesem Fall gehören alle über EVPN verbundenen VLAN-Segmente (Teile) zu einem einzigen VLAN, also zu einem einzigen IP-Subnetz.
- *VID to EVI Mapping = 1:1*: Über ein CE kann nur ein VLAN an eine EVI angebunden werden.
- *Single Forwarding Table (FT) in EVI*: Jede EVI enthält nur eine einzige als MAC VRF (*Media Access Control Virtual Routing and Forwarding*) bezeichnete FT.

Das in Abb. 15.3-8b gezeigte VLAN-bundle Service Interface wurde für Systemlösungen mit folgenden Merkmalen bestimmt: *VLAN-bundle Service Interface*

- *EVPN bildet eine Single Broadcast Domain nach*: Das EVPN verhält als eine einzige Broadcast Domain, über die mehrere Segmente verschiedener VLANs verbunden sein können. VLAN-Segmente an EVIs besitzen somit verschiedene VIDs besitzen.
- *EVI emuliert einen VD L2-Switch mit VLAN-Tagging*: Die Angabe VID wird in Ethernet-Frames übermittelt, d.h. es wird *VLAN-Tagging* realisiert. In diesem Fall emuliert jede EVI einen L2-Switch mit VLAN-Tagging, und EVPN verhält sich als ein einziger VD L2-Switch, wobei alle über EVPN verbundenen VLAN-Segmente zu verschiedenen VLANs gehören können.
- *VID to EVI Mapping = N:1*: Über ein CE können mehrere VLANs an eine EVI angebunden werden.
- *Single Shared FT in EVI*: Jede EVI enthält eine einzige als MAC VRF bezeichnete FT. Diese gilt für alle VIDs und enthält eine Spalte mit der Angabe VID. Dank dieser Angabe wird diese FT logisch quasi auf mehrere, verschiedenen VIDs zugeordnete FTs aufgeteilt. Es handelt sich somit um eine Shared FT.

Das VLAN-aware bundling Service Interface, wie Abb. 15.3-8c zeigt, wurde für Systemlösungen mit folgenden Besonderheiten vorgesehen: *VLAN-aware bundling Service Interface*

- *EVPN bildet mehrere separate Broadcast Domains nach*: Mit EVPN werden mehrere Single Broadcast Domains nachgebildet, und über diese können mehrere Segmente aus verschiedenen VLANs verbunden werden. Folglich können VLAN-Segmente an EVIs verschiedene VIDs haben.
- *EVI emuliert mehrere separate L2-Switches*: Die Angabe VID wird in Ethernet-Frames übermittelt und in EVI benutzt, um den dem VLAN entsprechenden virtuellen L2-Switch zu bestimmen, diesen also zu adressieren. In diesem Fall bildet EVPN mehrere VD L2-Switches nach. Dabei gehören alle über einen dieser VD L2-Switches verbundenen VLAN-Segmente (Teile) zu einem einzigen VLAN.
- *VID to EVI Mapping = N:1*: Über ein CE können mehrere VLANs an eine EVI angebunden werden.
- *Mehrere separate FTs in EVI*: Jede EVI enthält mehrere separate, als MAC VRF bezeichnete, FTs. Jede von ihnen wird einem VLAN zugeordnet, was zur Folge hat, dass mit der Angabe VID die 'richtige' FT in EVI adressiert werden kann.

15.3.8 Control Plane in EVPNs

Control Plane mit MP-BGP

Eine wichtige Besonderheit von EVPN besteht darin, dass die Übermittlung Routenbetreffender Informationen getrennt von der Übermittlung 'echter' Daten innerhalb der sogenannten *Control Plane* erfolgt [Abb. 15.1-1 und Abb. 15.3-5].

Zur Übermittlung dieser Informationen zwischen EVIs und Route Reflectors wird das Protokoll MP-BGP (*Multiprotocol Border Gateway Protocol*) eingesetzt. Abb. 15.3-9 illustriert dessen Einsatz näher. Das MP-BGP stellt eine Erweiterung des Protokolls BGP-4 um die Möglichkeit der Übermittlung spezieller, die Routen betreffender Angaben, die diverse Klassen von Adressen (*Address Family* genannt) betreffen, dar.

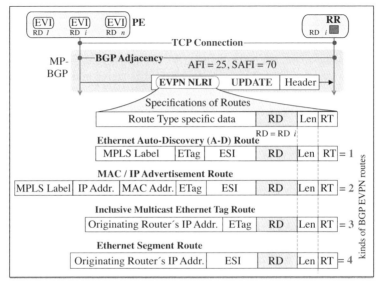

Abb. 15.3-9: Arten von BGP EVPN Routen und Übermittlung von Routen-betreffender Informationen zwischen EVI und Reflector Router (RR)
AFI: Address Family Identifier (AFI = 25 als Verweis auf L2VPN), ESI: Ethernet Segment Identifier [Abb. 15.3-5], ETag: Ethernet Tag (vergleichbar einem VID (VLAN Identifier), NRLI:Network Layer Reachability Information, RD: Route Distinguisher (dient als Identifikation einer EVI), RT: Route Type (Verweis auf die Bedeutung der Route), SAFI: Subsequent AFI (SAFI = 70 als Verweis auf EVPN)

Das MP BGP ist ebenso wie BGP ein Anwendungsprotokoll und nutzt das TCP als Transportprotokoll. Nach dem Aufbau einer TCP-Verbindung zwischen PE (*Provider Edge*) mit eventuell mehreren EVIs und einem RR (*Route Reflector*) wird eine Nachbarschaft (Adjacency) zwischen PE und RR 'aufgebaut'. Dabei wird die Art der zu übermittelnden Information durch die Angabe von AFI (*Address Family Identifier*) und SAFI (*Subsequent AFI*) spezifiziert, indem mit `AFI = 25` die L2VPN (Layer 2 Virtual Private Network) als Address Family angegeben und mit `SAFI = 70` mitgeteilt wird, dass es sich bei dieser Address Family um die Sub-Klasse EVPN handelt.

NLRI-Typen

Für die Übermittlung EVPN-betreffender Routen werden vier Typen von als NLRI (*Network Layer Reachability Information*) bezeichneten Informationsblöcken definiert.

Abb. 15.3-9 zeigt ihre Strukturen und Inhalte. Die Bedeutung von NLRI bestimmt die Angabe RT (*Route Type*). Mit der Angabe RD (*Route Distinguisher*) wird in der EVI eine FT (*Forwarding Table*), entweder als MAC-VRF oder als IP-VRF [Abb. 15.1-1], adressiert. Falls jede EVI nur eine FT enthält, so wird sie mit RD auch identifiziert.

Die einzelnen, in Abb. 15.3-9 gezeigten NLRI-Types sind:

Arten von BGP EVPN Routen

- RT = 1: *Ethernet Auto-Discovery (A-D) Route*: Mit diesem NLRI-Typ können die Inhalte von FTs abgefragt werden, um alle FTs im EVPN möglich schnell abgleichen zu können, d.h. eine sogenannte Fast Convergence zu erreichen.
- RT = 2: *MAC/IP Advertisement Route*: Mit diesem NLRI-Typ können EVIs die Inhalte ihrer FTs bekannt machen.
- RT = 3: *Inclusive Multicast Ethernet Tag Route*: Dieser NLRI-Typ wird zur Unterstützung der Übermittlung von BUM-Frames (Broadcast, Unknown and Multicast) verwendet.
- RT = 4: *Ethernet Segment Route*: Dieser NLRI-Typ wird bei der Auswahl des *Designated Forwarder* (DF) pro Ethernet-Segment verwendet [Abb. 15.3-6].

15.4 Schlussbemerkungen

Die Realisierung von Distributed L2/3-Switching nach den Konzepten VPLS und EVPN ermöglicht es, ein Ethernet-LAN über ein MPLS-Netz so nachzubilden (zu emulieren), dass sogar ein geografisch uneingeschränktes, also weltweites virtuelles Ethernet eingerichtet werden kann. VPLS und EVPN können somit als revolutionäre Konzepte im Netzwerkbereich angesehen werden. Die Tatsache, dass sich Virtual Distributed L2/3-Switches auf der Grundlage der MPLS-Netze emulieren lassen, kann zukünftig sowohl die Strukturen von Datacentern als auch verschiedener Backbone-Netze stark beeinflussen.

VPLS und EVPN als revolutionäre Konzepte

Im Hinblick auf die Bedeutung von VPLS bei der Realisierung von Ethernet-Emulationen in MPLS-Netzen ist abschließend Folgendes hervorzuheben:

- Zukünftige Netze werden sowohl im Metro- als auch im WAN-Bereich mit Sicherheit (G)MPLS-Netze sein, die auf der Basis von mindestens n*10 Gigabit-Ethernets und von WDM-Netzen aufgebaut werden. Es besteht ein enormer Bedarf an Konzepten, nach denen zukünftige (G)MPLS-Netze einer Vielzahl von Kunden zur Verfügung gestellt werden können. VPLS und H-VPLS [Abschnitt 15.2.13] beschreiben eben diese Konzepte.

Bedeutung von VPLS und H-VPLS

- Zur Unterstützung der Gruppenkommunikation in VPLS müssen alle PEs, in denen die VSIs aus einem VPLS enthalten sind, miteinander vernetzt werden. Zu dieser Kommunikationsart gehören der Multicast- und der Broadcast-Verkehr, also Verkehrsarten, die oft bei Videoverteilungen vorkommen. Wie Abb. 15.2-8b zeigt, muss die Möglichkeit gegeben sein, eine Multicast-Nachricht an alle Multicast-Ziele zu übermitteln. Der Einsatz eines Route-Reflektors stellt die Lösung hierfür dar [RFC 7117].

VPLS und Multicast

Ethernet standortübergreifend je nach Bedarf	▪ Pseudowires für VPLS können je nach Bedarf automatisch (zumindest ist dies theoretisch der Fall!) eingerichtet werden. Folglich kann bei Bedarf ein virtuelles standortübergreifendes Ethernet eingerichtet werden. Hierfür können das Signalisierungsprotokoll RSVP-TE (*RSVP – Traffic Engineering Extensions*) [Abschnitt 12.5.1] oder CR-LDP (*Constraint-Routing Label Distribution Protocol*) [Abschnitt 12.5.3] zum Einsatz kommen. Die wesentliche Bedeutung von EVPN besteht darin, dass IP-Subnetze in Form von VLANs zerlegt (partitioniert), standortübergreifend über (G)MPLS-Netz verteilt und ihre Teile über Virtual Distributed L2/3-Switches untereinander vernetzt werden können. Dem grenzenlosen IP-Subnetting steht also nichts im Wege.
EVPN versus VPLS	▪ EVPN wird oft als Weiterentwicklung von VPLS betrachtet, doch diese Sichtweise ist nur teilweise korrekt. Zwar wird bei VPLS auch das Ziel verfolgt, einen Virtual Distributed L2-Switch einrichten zu können, doch gibt es zwischen den beiden Konzepten gravierende Unterschiede. Im Gegensatz zu VPLS ist bei EVPN das Multi-Homing von Endsystemen und folglich auch ECMP-Routing (*Equal Cost Multi-Path*) möglich. Abgesehen davon ist dank der Control Plane mit Route Reflectors keine Vollvermaschung von EVIs untereinander nötig.
EVPN und VXLAN	▪ EVPN ergänzt das Konzept von VXLAN (*Virtual Extensible LAN*) [Abschnitt 14.6.2], da über ein EVPN die als virtuelle L2-Switches dienenden VXLAN-Instanzen untereinander so vernetzt sind, dass das Versenden von Multicast Ethernet-Frames mithilfe von Route Reflectors realisiert werden kann.
EVPN und SPB – ein Traumpaar	▪ Die beiden Konzepte EVPN und SPB (*Shortest Path Bridging*), insbesondere SPB [Abschnitt 14.5.2] im Mode SPB MAC (Media Access Control) (kurz SPBM genannt), können als Traumpaar angesehen werden. Mit SPBM wird ein Virtual Distributed L2-Switch auf der Basis eines IP-WAN eingerichtet, der sich ideal zur Vernetzung von EVIs eignet.

15.5 Verständnisfragen

1. Wie lässt sich die Idee zur Entstehung von VPLS und EVPN nachvollziehen?
2. Wie kann man sich VPLS als Virtual Distributed Ethernet Switch vorstellen?
3. Wie wird das MPLS bei der Realisierung von VPLS eingesetzt?
4. Welche Funktionalität wird von VSIs bei VPLS erbracht und welche Tabellen müssen in VSIs enthalten sein?
5. Wie wird Learning und Forwarding in VSIs bei VPLS realisiert?
6. Wie kann Hierarchical VPLS, Multi-Tenant-VPLS, erbracht werden?
7. Worin besteht die grundlegende Idee von EVPN?
8. Wie könnte man die logische Architektur von EVPN kurz erläutern?
9. Welche Funktionalität wird von EVIs bei EVPN erbracht und welche Tabellen müssen in EVIs enthalten sein?
10. Wie könnte man sich EVI bei EVPN als emulierter L3-Switch vorstellen?
11. Welche funktionellen Ähnlichkeiten zwischen Ur-Ethernet nach 10Base-5 und EVPN gibt es?

Teil VI

IP-Mobilität und Internet of Things

MIoT = *Mobile Internet of Things*
(oder) = *Mobile Internet of Threats?*

AB, 2019

16 Unterstützung der Mobilität in IP-Netzen

Um die Mobilität von einzelnen Rechnern (*Host Mobility*) in IP-Netzen mit dem IPv6 zu ermöglichen, wurde das *Mobile IPv6* (*MIPv6*) entwickelt, damit ein mobiler Rechner ein Subnetz während einer bestehenden und aktiven TCP-Verbindung bzw. einer anderen Session wechseln kann, ohne dass die Verbindung abbricht. MIPv6 kann als Erweiterung des IPv6 bezüglich der Unterstützung der Mobilität angesehen werden. Falls ein mobiler Rechner während einer bestehenden Session ein Subnetz wechselt, darf die bestehende Session nicht abgebrochen werden. Die Übernahme eines mobilen Rechners in einem neuen Subnetz während einer Session wird *Handover* genannt. Weil eine bestehende Session beim *Handover* 'eingefroren' wird, muss die Dauer des *Handover* so weit wie möglich reduziert werden, um die Qualität von Echtzeitapplikationen wie z.B. Voice over IP nicht negativ zu beeinflussen. Hierfür wurde HMIPv6 (*Hierarchical Mobile IPv6*) entwickelt.
MIPv6 und HMIPv6

Infolge der Virtualisierung von Rechnern und durch die Bildung der aus virtuellen Rechnern, auch *Virtual Machines* genannt, bestehenden virtuellen Netzwerke entsteht ein großer Bedarf, die Mobilität von virtuellen Netzwerken (*Virtual Network Mobility*) so zu realisieren, dass dabei die IP-Adressen von transferierten virtuellen Rechnern unverändert bleiben. Eine solche Wunschvorstellung lässt sich aber nur durch eine Verbesserung der Adressierung beim IP verwirklichen. Hierfür wurden bereits zwei revolutionäre, bereits in Abschnitt 14.7 kurz dargestellte Konzepte von der IETF spezifiziert: das modernisierte Protokoll IP, das als *Identifier-Locator Network Protocol* (ILNP) bezeichnet wird und das Protokoll LISP (*Locator/ID Separation Protocol*). Daher sei hier für die Darstellung der grundlegenden Ideen der Mobilität virtueller Netzwerke auf Abschnitt 16.7 verwiesen.
Virtual Network Mobility

Dieses Kapitel stellt die Ansätze und die Protokolle für die Unterstützung der Mobilität in IP-Netzen dar. Abschnitt 16.1 geht kurz auf die verschiedenen Ansätze ein. Die Prinzipien von Roaming zwischen öffentlichen WLANs (Hotspots) erläutert Abschnitt 16.2. Die Funktionsweise des MIPv4 wird in Abschnitt 16.3 dargestellt. Abschnitt 16.4 erläutert das Konzept des MIPv6. Auf das HMIPv6 geht Abschnitt 16.5 ein. Ergänzende Bemerkungen in Abschnitt 16.6 schließen dieses Kapitel ab.
Überblick über das Kapitel

In diesem Kapitel werden u.a. folgende Fragen beantwortet:
Ziel dieses Kapitels

- Welche Ansätze und Protokolle zur Unterstützung der Mobilität in IP-Netzen gibt es und welche Möglichkeiten eröffnen diese?
- Wie kann Roaming zwischen Hotspots realisiert werden?
- Welche Idee liegt den Protokollen MIPv4 und MIPv6 zugrunde?
- Welche Probleme müssen gelöst werden, die Mobilität in IP-Netzen zu ermöglichen?
- Wie verläuft die Kommunikation beim Einsatz von MIPv4 bzw. von MIPv6?
- Wie unterstützt HMIPv6 die Mobilität in WLANs mit mehreren Zellen?

16.1 Ansätze zur Unterstützung der Mobilität

Hotspot als PWLAN

WLANs (*Wireless LANs*) werden in Unternehmen häufig als Erweiterung von kabelgebundenen Netzwerken eingesetzt. Sie werden auch in öffentlichen Bereichen wie z.B. in Hotels, auf Flughäfen, in Sitzungssälen installiert. Ein WLAN, das in einem öffentlichen Bereich eingerichtet wird und als Internet-Zubringer für mobile Rechner dient, bezeichnet man als *Hotspot* bzw. als *PWLAN* (*Public WLAN*).

Bedeutung von Hotspot-Roaming

Ein Benutzer, der mit seinem tragbaren Rechner unterwegs ist, sollte die Möglichkeit haben, jeden Hotspot so zu nutzen, wie er es in seiner Firma bzw. zu Hause gewohnt ist, ohne immer ein Entgelt für die Hotspot-Nutzung zahlen zu müssen. Das *Hotspot-Roaming* ermöglicht die 'Wanderung' von Benutzern zwischen Hotspots verschiedener Betreiber. Man spricht hierbei auch von *PWLAN-Roaming*.

MIPv4, MIPv6 und HMIPv6

Heutige Notebooks und Tablet-Rechner verfügen heute über praktisch ausnahmslos über einen WLAN-Adapter. Das Protokoll *Mobile IP* (*MIP*) ermöglicht die uneingeschränkte Nutzung dieser Adapter und damit die Mobilität in IP-Netzen. Man unterscheidet zwischen dem *MIP für IPv4* (*MIPv4*) und dem *MIP für IPv6* (*MIPv6*). Eine Erweiterung des MIPv6 stellt *Hierarchical Mobile IPv6* (*HMIPv6*) dar.

16.1.1 Bedeutung von WLAN- und Hotspot-Roaming

Struktur von Hotspots

Um ein öffentliches Gebiet mit den WLAN-Diensten zu versorgen, können in einem Hotspot mehrere *Access Points* installiert werden. Abb. 16.1-1 veranschaulicht die allgemeine Struktur von Hotspots.

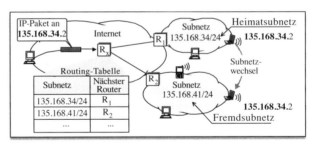

Abb. 16.1-1: Struktur von Hotspots für den mobilen Internetzugang
WISP: Wireless Internet Service Provider

WLAN-Roaming

Die Rechner im Übertragungsbereich eines *Access Point* (AP) teilen sich eine Funkzelle. Falls ein mobiler Rechner 'wandert', kann er die Funkzelle eines AP verlassen und in die Funkzelle eines anderen AP hineingehen. Dass ein mobiler Rechner in einem WLAN, in dem mehrere Funkzellen vorhanden sind, von einer Funkzelle zu einer anderen wandern kann, ohne die bestehende Verbindung zu verlieren, wird möglich durch das sog. *WLAN-Roaming* [Abschnitt 16.3]. Hierbei ist zu unterscheiden, ob die beiden APs zu demselben IP-Subnetz oder zu verschiedenen IP-Subnetzen gehören:

- Falls die beiden APs zu dem gleichen IP-Subnetz gehören, handelt es sich um ein *Layer-2-Roaming*.

16.1 Ansätze zur Unterstützung der Mobilität

- Gehören sie zu verschiedenen IP-Subnetzen, handelt es sich um ein *Layer-3-Roaming*.

Um Layer-2-Roaming zu realisieren, müssen sich die Funkzellen benachbarter APs etwas überlagern. Hält sich ein mobiler Rechner noch im diesem Bereich auf, in dem sich die Funkzellen von zwei benachbarten APs überlagern, kann er sich bereits beim neuen AP anmelden, ohne sich vorher beim alten AP abmelden zu müssen. In diesem Fall würde eine aktive Verbindung des Rechners nicht abbrechen. Für die Unterstützung von Layer-2-Roaming wurde in der IEEE 802.11-Arbeitsgruppe das Protokoll IAPP (*Inter Access Point Protocol*) als Standard IEEE 802.11f spezifiziert, wurde aber mittlerweile widerrufen [Abschnitt 13.3]. Layer-2-Roaming mit IAPP

Hat der mobile Rechner den AP gewechselt, d.h. es hat auch ein Layer-2-Roaming stattgefunden, und ist er zusätzlich in ein neues IP-Subnetz hineingegangen, muss nun das MIP zum Einsatz kommen. Bei MIP kann der mobile Rechner während einer bestehenden Session in ein anderes IP-Subnetz aufgenommen werden, ohne die Session abbrechen zu müssen. Das MIP ist somit die Voraussetzung für das Layer-3-Roaming in WLANs. Layer-3-Roaming mit MIP

Mit der Einführung von Hotspots ist eine neue Art von ISPs entstanden. Man bezeichnet sie als *WISPs* (*Wireless ISPs*). Ein WISP ist in der Regel ein Unternehmen, das Hotspots bei seinen Kunden (wie z. B. Hotels, Flughäfen) installiert, und über dessen Hotspots einen einheitlichen Internetzugang anbietet und diesen Zugang gemäß einem Vertrag mit dem Kunden abrechnet. Es gibt bereits mehrere WISPs, die ihre Hotspot-Dienste bundesweit anbieten. WISP

Von großer Bedeutung ist die Möglichkeit, dass ein Benutzer mit seinem tragbaren Rechner von einem Hotspot zu einem anderen 'wandern' und diesen als Gast nutzen kann. In diesem Zusammenhang ist zwischen folgenden zwei Fällen zu unterscheiden:

- Ein Benutzer ist im Hotspot, in dem er sich gerade aufhält, auf Dauer bzw. auf eine lange Zeit registriert. In diesem *Heimat-Hotspot* verfügt er über gewisse Zugangsrechte bzw. über einen noch nicht verbrauchten Account. Nur in seinem *Heimat-Hotspot* wird lokal überprüft, ob das Internet für ihn freigeschaltet werden soll. Benutzer im Heimat-Hotspot

- Ein Benutzer hält sich gerade nicht in seinem Heimat-Hotspot auf, sondern als 'Gast' in einem *Fremd-Hotspot*. Dort verfügt er über keine bevorzugten Zugangsrechte. Gilt aber eine Vereinbarung zwischen dem WISP des Fremd-Hotspot und dem WISP des Heimat-Hotspot, kann der Internetzugang für den Gastbenutzer im Fremd-Hotspot freigeschaltet werden. Benutzer im Fremd-Hotspot

Schließt ein Benutzer einen Vertrag mit dem WISP, wird er dort registriert und bekommt für ein bestimmtes Entgelt die Berechtigung, die Hotspots des WISP für den Internetzugang zu nutzen. Die Benutzerdaten werden in diesem Fall im zentralen AAA-Server (siehe Abschnitt 14.2) beim WISP abgespeichert, sodass der Benutzer nicht nur in einem Hotspot beheimatet ist, sondern alle Hotspots seines Heimat-WISP nutzen kann. Abb. 16.1-2 bringt dies zum Ausdruck Mobilität ohne Roaming

Hält sich der Benutzer in einem Hotspot seines WISP auf, muss eine Anfrage von dort an den WISP als Zentrale abgeschickt werden, um die Berechtigung des Benutzers Bedeutung des RADIUS

870　　16 Unterstützung der Mobilität in IP-Netzen

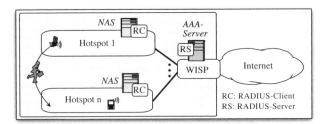

Abb. 16.1-2: WISP als Betreiber mehrerer Hotspots
AAA: Authentication-Authorization-Accounting, NAS: Network Access Server

zu überprüfen. Hierfür ist ein *AAA-Protokoll* nötig. Als derartiges Protokoll dient das Protokoll RADIUS (*Remote Authentication Dial-In User Service*), das nach dem Client-Server-Prinzip funktioniert [Abschnitt 15.2]. Wie Abb. 16.1-2 zeigt, enthalten die einzelnen Hotspots jeweils einen RADIUS-Client als *NAS-Client*. Diese Clients übermitteln die entsprechenden Anfragen an den RADIUS-Server beim WISP, um die Berechtigung von Benutzern zu überprüfen. Der RADIUS-Server beim WISP stellt einen *AAA-Server* dar.

Abb. 16.1-3 zeigt die Situation, in der ein Benutzer mit seinem tragbaren Rechner unterwegs ist. Hält er sich im Bereich eines Hotspot seines Heimat-WISP auf, wird eine Abfrage zur Überprüfung seiner Berechtigung direkt an den AAA-Server bei seinem Heimat-WISP übermittelt. Weil der Benutzer also weiterhin bei seinem Heimat-WISP ist, findet hier kein Hotspot-Roaming statt.

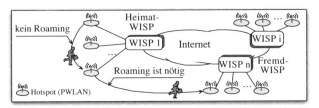

Abb. 16.1-3: Notwendigkeit von Hotspot-Roaming (PWLAN-Roaming)

Hotspot-Roaming

Ist der Benutzer unterwegs und hält sich in einem Hotspot eines Fremd-WISP auf, wünscht er sich natürlich, den Hotspot des Fremd-WISP so nutzen zu dürfen, als ob er in seinem Heimat-WISP wäre. Diesen Wunsch könnte man dadurch erfüllen, dass der Heimat- und der Fremd-WISP eine entsprechende *Roaming-Vereinbarung* unterzeichnen. Damit können die Benutzer, die bei einem von diesen beiden WISPs registriert sind, alle Hotspots von beiden WISPs so nutzen, dass sie keinen Unterschied merken, ob sie in einem Hotspot ihres Heimat-WISP oder des Fremd-WISP sind. Diese Möglichkeit wird in Abschnitt 16.2.2 ausführlicher dargestellt.

16.1.2 Hauptproblem der Mobilität in IP-Netzen

Die Lokation von Rechnern in IP-Netzen wird bestimmt durch ihre IP-Adressen. Ein IP-Netz stellt im Allgemeinen eine Vernetzung mehrerer IP-Subnetze dar, die miteinander durch Router verbunden werden. Um die Mobilität in IP-Netzen zu unterstützen, muss man die Lokation eines Rechners feststellen können, also in welchem IP-Subnetz sich ein mobiler Rechner aktuell aufhält.

Ein Rechner am IP-Netz mit einer IP-Adresse gehört immer zu einem IP-Subnetz. Dies bedeutet, das der Rechner in einem IP-Subnetz beheimatet ist. Die IP-Adresse des Rechners in seinem Heimatsubnetz kann somit als Heimatadresse interpretiert werden. Bei einem mobilen Rechner muss man damit rechnen, dass er sein Heimatsubnetz verlässt und sich vorübergehend in einem *Fremdsubnetz* aufhält. Dies führt zu einem Subnetzwechsel, der in Abb. 16.1-4 illustriert wird. Hier sendet ein Rechner am Internet ein IP-Paket an den Zielrechner im Subnetz 135.168.34/24. Der Router R_x im Internet leitet dieses IP-Paket anhand der Routing-Tabelle an den Router R_1 weiter. Da der Zielrechner sein Heimatsubnetz verlassen hat, kann das IP-Paket hier den Zielrechner nicht erreichen.

Heimatsubnetz

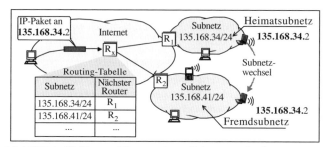

Abb. 16.1-4: Mobilität in IP-Netzen führt zu einem Subnetzwechsel
R: Router

Die an einen Rechner adressierten IP-Pakete werden immer in sein Heimatsubnetz übermittelt. Wenn ein mobiler Rechner sein Heimatsubnetz aber verlassen hat, müssen sie in das Fremdsubnetz, in dem der mobile Rechner sich gerade aufhält, weitergeleitet werden. Im Fremdsubnetz muss dem mobilen 'Gastrechner' eine neue vorläufige IP-Adresse zugewiesen werden, um ihn innerhalb dieses Fremdsubnetzes eindeutig lokalisieren zu können. Um einen Gastrechner in einem Fremdsubnetz zu erreichen, muss dieses Fremdsubnetz dem Router R_1 in seinem Heimatsubnetz bekannt sein.

Folge des Subnetzwechsels

Dies wird mit dem Protokoll *Mobile IP* (MIP) gelöst. Das MIP ermöglicht die Weiterleitung der IP-Pakete zu mobilen Rechnern, die sich in irgendwelchen Fremdsubnetzen aufhalten und ihre Heimatadressen weiter verwenden.

16.1.3 Die grundlegende Idee des Mobile IP

Das Internet ist kein einzelnes physikalisches Netz, sondern stellt einen Dienst für die Übermittlung von IP-Paketen in einem weltweiten Verbund unterschiedlicher physikalischer Übermittlungsnetze dar. Logisch gesehen stellt das Internet eine Nachbildung des weltweiten Briefpostdienstes dar, wobei ein IP-Paket einem Brief und eine IP-Adresse einer postalischen Adresse entspricht. Der Postdienst basiert auf einer Vernetzung von Postleitzahlgebieten. Das Internet stellt eine Vernetzung von IP-Subnetzen dar. Somit entspräche ein IP-Subnetz einem Postleitzahlgebiet. Beim Postdienst findet eine Unterstützung der Mobilität statt. Sie besteht darin, dass ein

Internet versus Postdienst

Brief nach dem Umzug eines Adressaten an seine neue Adresse nachgeschickt werden kann. Abb. 16.1-5 zeigt dieses Prinzip der Nachsendung beim Postdienst.

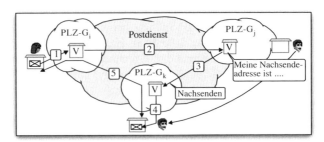

Abb. 16.1-5: Unterstützung der Mobilität beim Postdienst
PLZ-G: Postleitzahl-Gebiet, V: Verteilungsstelle

Mobilität beim Postdienst

Die Unterstützung der Mobilität beim Postdienst lässt sich wie folgt zusammenfassen [Abb. 16.1-5]:

1. Der Brief wird an eine Briefverteilungsstelle übergeben.
2. Der Brief wird von der Briefverteilungsstelle im Postleitzahlgebiet des Absenders an die Briefverteilungsstelle (das Postamt) des Adressaten übermittelt. Der Adressat hat aber sein Postleitzahlgebiet verlassen und ist unter einer neuen Adresse zu erreichen. Er hat die *Nachsendeadresse* seinem Postamt mitgeteilt.
3. Der Brief wird an die Briefverteilungsstelle des Postleitzahlgebiets aus der Nachsendeadresse transportiert.
4. Der Brief wird an die Nachsendeadresse übergeben.
5. Es kann nun direkter Briefaustausch zwischen den beiden Personen stattfinden.

Nachsende-prinzip als MIP-Idee

Die Unterstützung der Mobilität in IP-Netzen basiert auf dem gleichen Prinzip, hier werden ähnliche Schritte unternommen. Es existieren jedoch Unterschiede zwischen dem Mobile IPv4 und dem Mobile IPv6.

16.1.4 Idee des Mobile IPv4

Die IP-Adresse eines Rechners in seinem Heimatsubnetz ist seine Heimat-IP-Adresse, sie wird kurz als *HoA* (*Home Address*) bezeichnet. Wechselt ein mobiler Rechner nun das IP-Subnetz, müssen die an ihn gesandten IP-Pakete in ein Fremdsubnetz nachgeschickt werden. Dies entspricht der Nachsendung von Briefen beim Postdienst [Abb. 16.1-5].

Prinzip des MIPv4

Die Art und Weise der Unterstützung der Mobilität in Netzen mit dem IPv4 definiert das *Mobile IP* [RFC 3344/3220]. Man spricht hierbei auch vom *MIPv4* (*Mobile IPv4*). Beim MIPv4 kann man ähnliche Prinzipien erkennen wie beim Postdienst. Abb. 16.1-6 illustriert das Prinzip der Mobilität nach dem MIPv4. Beim MIPv4 werden zwei Funktionsmodule, die sog. *Mobility Agents*, für die 'Betreuung' von mobilen Rechnern definiert. Ein Mobility Agent kann

- *Heimatagent* (*HA*, *Home Agent*) oder
- *Fremdagent* (*FA*, *Foreign Agent*) sein.

16.1 Ansätze zur Unterstützung der Mobilität

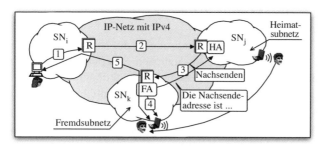

Abb. 16.1-6: Unterstützung der Mobilität in IPv4-Netzen nach MIPv4
FA: Fremdagent, HA: Heimatagent, R: Router, SN: Subnetz

Ein HA wird in der Regel als Funktionsmodul auf einem Router im Heimatsubnetz installiert. Er wird vom mobilen Rechner darüber informiert, in welchem Fremdsubnetz sich dieser gerade aufhält. Der HA leitet die im Heimatsubnetz ankommenden und an den mobilen Rechner adressierten IP-Pakete weiter in das Fremdsubnetz, in dem der mobile Rechner sich aktuell aufhält. Der Mobility Agent, der für jeden mobilen Rechner, der sich in einem Fremdsubnetz aufhält, zuständig ist, stellt einen FA dar. Ein FA wird wie ein HA in der Regel als Funktionsmodul auf einem Router installiert.

Wie in Abb. 16.1-6 ersichtlich, unterscheidet man beim MIPv4 folgende Schritte beim Verlauf der Kommunikation zwischen einem stationären und einem mobilen Rechner:

0. Die CoA des Gastrechners ist dem FA bekannt und er übermittelt sie an den HA im Heimatsubnetz. Damit ist die CoA als Nachsendeadresse auch dem HA bekannt.
1. Ein Paket, das an einen Rechner im Zielsubnetz SN_j adressiert ist, wird an den Router im lokalen Subnetz SN_i übermittelt.
2. Das IP-Paket wird vom Quellsubnetz SN_i des Quellrechners an das Subnetz SN_j des Zielrechners übermittelt. Der mobile Zielrechner hat aber sein Heimatsubnetz verlassen. Daher müssen die an ihn adressierten IP-Pakete in ein Fremdsubnetz, in dem dieser Rechner sich gerade aufhält, weitergeleitet werden. Im Fremdsubnetz wird dem mobilen Gastrechner eine vorläufige IP-Adresse zugewiesen, um ihn innerhalb dieses Fremdsubnetzes zu lokalisieren. Diese Adresse wird als *Care-of-Address* (CoA) bezeichnet, und sie stellt die IP-Nachsendeadresse dar.
3. Das IP-Paket wird vom HA an die CoA weitergeleitet. Dieses IP-Paket, das im Header aber jedoch als IP-Zieladresse die HoA des mobilen Rechners enthält, wird hierfür in ein anderes IP-Paket eingekapselt. Im Header des äußeren IP-Pakets wird die CoA als IP-Zieladresse eingetragen. Man bezeichnet dies als *IP-in-IP-Encapsulation*.
4. Das IP-Paket wird im Fremdsubnetz an den Gast-Rechner übermittelt.
5. Zwischen den beiden Rechnern kann nun eine indirekte Kommunikation – aber nur über den FA – stattfinden. Das ist ein Nachteil des MIPv4 im Vergleich zum MIPv6 [Abb. 16.1-7], bei dem kein FA mehr benötigt wird.

Mobilität bei MIPv4

Das MIPv4 wird im Abschnitt 16.3 ausführlicher dargestellt.

16.1.5 Idee des Mobile IPv6

Beim MIPv6 wurden sowohl die Erfahrungen, die bei der Entwicklung des MIPv4 gesammelt wurden, als auch die zusätzlichen Möglichkeiten, die das IPv6 bietet, berücksichtigt. Das MIPv6 bietet neben allen Funktionen des MIPv4 viele Erweiterungen und kann im Gegensatz zum MIPv4 als ein integrierter Bestandteil des IPv6 angesehen werden. MIPv6 ist in RFC 3775 spezifiziert.

Unterschied zwischen MIPv4 und MIPv6

Die Mobilität in IP-Netzen mit dem IPv6 illustriert Abb. 16.1-7. Hierbei ist auf den Unterschied zwischen MIPv4 und MIPv6 zu verweisen: Der Gastrechner im Fremdsubnetz SN_k übermittelt seine Nachsendeadresse CoA selbst an seinen HA im Heimatsubnetz, also ohne den FA in Anspruch zu nehmen.

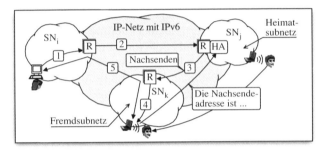

Abb. 16.1-7: Unterstützung der Mobilität in IPv6-Netzen nach dem MIPv6
HA: Heimatagent, R: Router, SN: Subnetz

Mobilität bei MIPv6

Beim Verlauf der Kommunikation zwischen einem stationären und einem mobilen Rechner unterscheidet man nach dem MIPv6 folgende Schritte:

1. Dieser Schritt entspricht dem Schritt 1 beim MIPv4 [Abb. 16.1-6].
2. Dieser Schritt entspricht dem Schritt 2 beim MIPv4.
3. Das IP-Paket wird vom HA an die CoA weitergeleitet. Dieser Schritt entspricht Schritt 3 beim MIPv4.
4. Das IPv6-Paket wird im Fremdsubnetz an den Gastrechner übermittelt. Dieser Schritt entspricht Schritt 4 beim MIPv4.
5. Zwischen den beiden Rechnern kann nun eine direkte Kommunikation stattfinden. Das ist ein großer Unterschied im Gegensatz zum MIPv4, bei dem nur eine Kommunikation über einen FA möglich war.

Auf das Konzept des MIPv6 geht Abschnitt 16.4 ausführlich ein.

16.2 Roaming zwischen Hotspots

Auf die Bedeutung von Hotspot-Roaming wurde bereits in Abschnitt 16.1.1 hingewiesen. Eine einfache Lösung für Hotspot-Roaming entsteht bereits dann, wenn zwei WISPs ein *Roaming-Agreement* vereinbart haben. Das Ziel dieser Vereinbarung ist es, den bei ihnen registrierten Benutzern die Möglichkeit zu verschaffen, dass die bei

16.2 Roaming zwischen Hotspots

einem WISP registrierten Benutzer alle Hotspots des anderen WISP so nutzen dürfen, als ob sie sich in einem Hotspot des Heimat-WISP befänden. Wie Abb. 16.2-1 zeigt, handelt es sich hier um ein *bilaterales Hotspot-Roaming*.

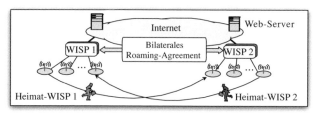

Abb. 16.2-1: Bilaterales Hotspot-Roaming zwischen zwei WISPs

In jedem Roaming-Agreement wird u.a. festgelegt:

- Wie sollen die Authentisierung und die Autorisierung (Wer sind Sie und was dürfen Sie?) von 'fremden' Benutzern erfolgen? Hierfür kann die NAS-Komponente [Abb. 16.1-2] im Hotspot des Fremd-WISP genutzt werden, um den AAA-Server des Heimat-WISP über das Internet abzufragen.
- Wie wird die Hotspot-Nutzung durch die 'fremden' Benutzer abgerechnet?

Was enthält das Roaming-Agreement?

16.2.1 Hotspot-Roaming zwischen mehreren WISPs

Um globales Hotspot-Roaming zu erreichen, falls mehrere WISPs agieren und ihre Hotspots für die öffentliche Nutzung anbieten, müsste normalerweise jeder WISP mit allen anderen WISPs ein *bilaterales Roaming-Agreement* abschließen. Um dieses aufwendige Vorgehen zu umgehen, kann ein Roaming-Koordinator eingerichtet werden, sodass die einzelnen WISPs nur mit ihm ihre Roaming-Agreements abschließen müssen. Abb. 16.2-2 zeigt eine derartige Lösung.

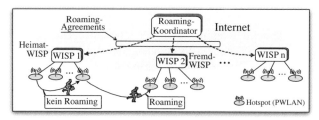

Abb. 16.2-2: Hotspot-Roaming zwischen mehreren WISPs über einen Roaming-Koordinator

Für jeden WISP stellt der Roaming-Koordinator eine Vertretung anderer WISPs dar und übernimmt zusätzlich folgende Aufgaben:

Aufgabe des Roaming-Koordinators

- Er rechnet das Entgelt für die Nutzung von Hotspots jedes WISP durch die fremden Benutzer ab, die in seinen Hotspots zu Gast waren.
- Er bietet bestimmte Dienste bei der Authentisierung und der Authentisierung von 'fremden' Benutzern, die in einem Hotspot zu Gast sind. Es handelt sich hierbei vor allem um die Bereitstellung eines RADIUS-Proxy-Servers [Abb. 16.2-3].

Ein Roaming-Koordinator kann auch als verteiltes und hierarchisches System strukturiert werden, in dem es mehrere Unterkoordinatoren gibt.

16.2.2 Ablauf des Hotspot-Roaming

RADIUS-Proxy-Server

Hält sich ein Benutzer mit seinem Rechner in einem Hotspot eines Fremd-WISP auf, muss eine Abfrage für die Überprüfung seiner Berechtigung an den Heimat-WISP übermittelt werden. Hierfür kann das Protokoll RADIUS verwendet werden [Abschnitt 15.2]. Da das RADIUS nach dem Client/Server-Prinzip funktioniert, muss daher bei jedem WISP sowohl ein *RADIUS-Client* (RC) als auch ein *RADIUS-Server* (RS) installiert werden, um die Berechtigung von Hotspot-Benutzern zu überprüfen. Beim Roaming-Koordinator wird ein RADIUS-Proxy-Server (RPS) eingesetzt. Abb. 16.2-3 illustriert dies.

Hotspot-Roaming

> Der RC beim Fremd-WISP i übermittelt eine Anfrage an den RPS beim Roaming-Koordinator, um die Berechtigung eines Gastbenutzers zu überprüfen, der beim WISP n beheimatet ist. Der RPS kann als Vertretung von RS anderer WISPs (hier ausgenommen WISP i) dienen. Er leitet die Anfrage des RC beim Fremd-WISP i an den RS des Heimat-WISP n weiter. Im RS beim Heimat-WISP n sind die Zugriffsrechte des betreffenden Benutzers abgespeichert.

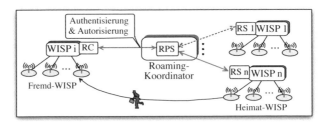

Abb. 16.2-3: Bedeutung des RADIUS-Proxy-Servers beim Roaming-Koordinator
RC: RADIUS-Client, RPS: RADIUS-Proxy-Server, RS: RADIUS-Server

Der Vorteil eines RPS beim Roaming-Koordinator besteht darin, dass jeder neue WISP direkt an ein bestehenden Roaming-System angebunden werden kann, sobald er ein Agreement mit dem Koordinator abgeschlossen hat.

Abb. 16.2-4 illustriert, welche Funktionen durchgeführt werden müssen, bevor der Internetzugang freigeschaltet werden kann. Hier hält sich ein Benutzer in einem Hotspot eines Fremd-WISP auf. Daher wird eine Abfrage für die Überprüfung seiner Berechtigung über den Roaming-Koordinator an seinen Heimat-WISP übermittelt.

Ablauf von Hotspot-Roaming

> Für den Internetzugang eines Gastbenutzers über den Hotspot eines Fremd-WISP unter Nutzung eines Roaming-Koordinators unterscheidet man folgende Schritte:
>
> 1. Die Anfrage des Gastbenutzers im Hotspot wird über einen Access Point an den Access Controller (AC) geleitet. Dieser erkennt, dass es sich um einen noch nicht authentisierten Benutzer handelt, und liefert dem Benutzer eine Webseite mit Login-Angaben, um seine Berechtigung zu überprüfen.
> 2. Der Benutzer macht die Login-Angaben und übergibt sie an den AC.

16.3 Funktionsweise des MIPv4

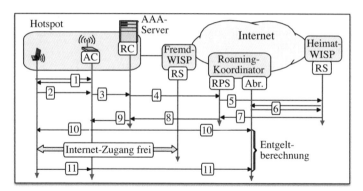

Abb. 16.2-4: Ablauf von Hotspot-Roaming beim Einsatz eines Roaming-Koordinators
Abr.: Abrechnungsmodul, AC: Access Controller, RC: RADIUS-Client,
RPS: RADIUS-Proxy-Server, RS: RADIUS-Server

3. Der AC übermittelt die Login-Angaben an den RC.
4. Der RC erkennt, dass es sich um einen 'fremden' Benutzer handelt, der bei einem anderen WISP registriert sein könnte. Somit übergibt er die Login-Angaben an den RPS beim Roaming-Koordinator.
5. Der RPS übermittelt nun die Login-Angaben an den RS beim Heimat-WISP des Benutzers zur Überprüfung seiner Berechtigung.
6. Die Überprüfung der Berechtigung im RS vom Heimat-WISP hat zu einem positiven Ergebnis geführt. Darüber wird das Abrechnungssystem beim Roaming-Koordinator informiert.
7. Das positive Ergebnis der Überprüfung im RS beim Heimat-WISP wird an den RPS beim Roaming-Koordinator übergeben.
8. Dieser leitet diese Information an den RC beim Fremd-WISP weiter.
9. Der AC beim Fremd-WISP wird über das positive Ergebnis der Überprüfung des Gastbenutzers informiert.
10. Der AC schaltet den Internetzugang für den fremden Benutzer frei, sodass er jetzt das Internet nutzen kann. Darüber informiert er auch das Abrechnungssystem beim Roaming-Koordinator, um dort die Entgeltberechnung zu starten.
11. Der Benutzer signalisiert dem AC, dass er den Internetzugang nicht mehr braucht. Eine Information darüber wird auch an das Abrechnungssystem beim Roaming-Koordinator übergeben, um dort die Entgeltberechnung zu stoppen. Das Abrechnungssystem beim Roaming-Koordinator hat nun die Aufgabe, das berechnete Entgelt für die Hotspot-Nutzung beim Heimat-WISP des betreffenden Benutzers abzubuchen und es dem Fremd-WISP gutzuschreiben.

16.3 Funktionsweise des MIPv4

Die grundlegende Idee des MIPv4 wurde bereits in Abschnitt 16.1.4 dargestellt. Beim MIPv4 (kurz MIP genannt) wird angenommen, dass jeder mobile Rechner folgende Adressen besitzt [RFC 3344/3220]:

- eine *Heimatadresse* (*HoA*, *Home Address*) in seinem Heimatsubnetz und
- eine temporäre IP-Adresse, die sog. *Care-of-Address* (*CoA*), falls er sich in einem Fremdsubnetz aufhält.

HoA als stationäre Adresse

Die HoA eines mobilen Rechners ist die IP-Adresse, unter der er seinen Kommunikationspartnern immer bekannt ist. Sie ist ihm in seinem Heimatsubnetz zugeordnet und bleibt auch dann erhalten, wenn der mobile Rechner sein Heimatsubnetz verlassen hat und sich von einem Fremdsubnetz in ein anderes Fremdsubnetz bewegt. Die Subnetz-ID der HoA ist identisch mit der Subnetz-ID, die die stationären Rechner und Router im Heimatsubnetz des mobilen Rechners besitzen.

CoA als Nachsendeadresse

Die CoA ist eine IP-Adresse, die ein mobiler Rechner temporär benutzt, wenn er in ein Fremdsubnetz wechselt. Sie kann als *Nachsendeadresse* angesehen werden, die angepasst wird, wenn der mobile Rechner ein Fremdsubnetz besucht [Abb. 16.1-6].

Modi des MIP

Beim MIP sind zwei Modi zu unterscheiden:

- **Foreign-Agent-Modus**
  In diesem Modus ist ein Fremdagent (*Foreign Agent*, FA) im Fremdsubnetz vorhanden und die CoA stellt die IP-Adresse des Fremdagenten dar. Die Gastrechner, die sich im Subnetz dieses Agenten aufhalten, nutzen die gleiche CoA als Nachsendeadresse [Abb. 16.3-9]. Somit definiert die CoA die aktuelle Lokation des mobilen Rechners mit der 'Genauigkeit' zum Subnetz.

- **Colocated-Modus**
  In diesem Modus ist kein FA im Fremdsubnetz vorhanden. Jedem Gastrechner wird eine eindeutige CoA nach Bedarf über das Protokoll DHCP zugeteilt; sie wird auch *colocated CoA* genannt [Abb. 16.3-10]. Die CoA ist somit diejenige IP-Adresse, an die alle an die HoA des mobilen Rechners gerichteten Pakete weitergeleitet werden sollen. Daher stellt die CoA die Nachsendeadresse dar.

16.3.1 Beispiel für einen Ablauf des MIP

Für die Unterstützung der Mobilität in IP-Netzen stellt das MIP folgende Funktionen zur Verfügung:

- die Entdeckung des Agenten (*Agent Discovery*) [Abschnitt 16.3.2],
- die *Registrierung der aktuellen Lokation* beim Heimatagenten [Abschnitt 16.3.6] und
- das Mobile IP-Routing [Abschnitt 16.3.7].

Abb. 16.3-1 illustriert den Ablauf des MIP. Dabei sind im Allgemeinen folgende Schritte zu unterscheiden:

Advertisements vom HA

1. Der mobile Rechner befindet sich zunächst in seinem Heimatsubnetz, das über den Router R1 an das Internet angebunden ist. Der in diesem Router untergebrachte Heimatagent HA zeigt seine Präsenz an, indem er periodisch die Nachricht `Agent Advertisement (AA)` als IP-Broadcast bzw. -Multicast sendet [Abb. 16.3-2]. In AA ist unter anderem das Subnetz angegeben, in dem der HA positioniert ist, so-

16.3 Funktionsweise des MIPv4

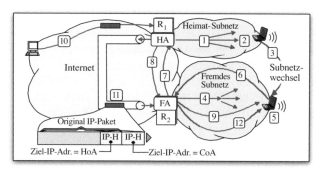

Abb. 16.3-1: Beispiel für einen Ablauf des MIP im Foreign-Agent-Modus
FA: Fremdagent, HA: Heimatagent, HoA: Home Address, IP-H: IP-Header, R: Router

dass der mobile Rechner durch die Auswertung von AA erkennen kann, ob er das Heimatsubnetz verlassen hat, d.h. ob ein Subnetzwechsel stattgefunden hat.

2. Der mobile Rechner hört AA ab und untersucht den Inhalt, um festzustellen, ob er sich im Heimatsubnetz oder in einem Fremdsubnetz befindet. Falls er sich im Heimatsubnetz befindet, verhält er sich genau wie ein stationärer Rechner und macht keinen Gebrauch von der MIP-Funktion.

3. Der mobile Rechner 'wandert' im IP-Netz und hat sein Heimatsubnetz bereits verlassen. Er befindet sich nun in einem Fremdsubnetz und ist dort ein Gastrechner. Dies muss er selbst feststellen und seine Lokation dem Heimatagenten im R_1 entsprechend mitteilen. — Subnetzwechsel

4. Der Mobility Agent im Fremdsubnetz, der nun als FA für den Gastrechner gilt, sendet ebenfalls periodisch die Nachricht AA. — Advertisements vom FA

5. Der Gastrechner hört AA im Fremdsubnetz ab und untersucht deren Inhalt. So erkennt er, dass er sich in einem Fremdsubnetz befindet. Die IP-Adresse des Fremdagenten (d.h. die CoA) dient ihm als temporäre IP-Adresse im Fremdsubnetz. Der mobile Rechner muss veranlassen, das die CoA bei seinem HA registriert wird, um ihm damit seine aktuelle Lokation mitzuteilen [Abb. 16.3-9].

6. Der Gastrechner sendet die Nachricht Registration Request (RReq) [Abb. 16.3-7] an den FA. RReq enthält die IP-Adresse des HA des mobilen Gastrechners, sodass RReq an den HA weitergeleitet werden kann.

7. Der FA leitet RReq an den HA weiter. Nach dem Empfang von RReq ist dem HA die Lokation des mobilen Rechners bekannt. Der HA weiß nun, an welchen FA er die in das Heimatsubnetz eintreffenden und an den mobilen Rechner adressierten IP-Pakete weiterleiten muss.

8. Der HA des mobilen Rechners antwortet dem FA mit der Nachricht Registration Reply (RRep).

9. RRep wird vom FA an den mobilen Gastrechner weitergeleitet, um ihm die Registrierung beim HA zu bestätigen.

10. Ein stationärer Rechner am Internet hat ein IP-Paket an den mobilen Rechner abgeschickt. Da dieser Rechner im IP-Netz unter seiner HoA bekannt ist, wird dieses

IP-Paket in das Heimatsubnetz übermittelt. Falls der mobile Rechner das Heimatsubnetz verlassen hat, werden die an ihn adressierten IP-Pakete vom HA empfangen.

Weiterleitung des IP-Pakets

11. Der HA enthält eine Liste mit der Angabe, welche Rechner sein Subnetz und damit ihr Heimatsubnetz verlassen haben und wo sie sich aktuell befinden. Diese Liste stellt eine Tabelle mit den Zuordnungen HoA $\Rightarrow$ CoA dar. Sie wird auch als *Mobility Binding Table* bezeichnet [Abb. 16.3-4]. Das an die HoA gesendete IP-Paket wird vom HA in ein neues IP-Paket eingekapselt (*IP-in-IP-Encapsulation*) und an FA abgeschickt. Hierbei wird das Originalpaket in ein äußeres IP-Paket 'eingekapselt', wobei die IP-Zieladresse im äußeren IP-Header die CoA des mobilen Rechners darstellt. Da die CoA in diesem Fall die IP-Adresse des FA ist, entsteht logisch gesehen ein Tunnel zwischen HA und FA. Hierbei weiß der HA nicht, ob der mobile Rechner selbst oder der FA der Endpunkt des Tunnels ist.

12. Das vom FA über den Tunnel empfangene IP-Paket wird an den mobilen Gastrechner ausgeliefert. Da der mobile Rechner und der FA sich im gleichen Subnetz befinden, werden die IP-Pakete vom FA nicht geroutet, sondern mittels Link-Layer-Adresse (z.B. MAC-Adresse in LANs) an den mobilen Gastrechner gesendet.

16.3.2 Agent Discovery

Wozu Agent Discovery?

Als *Agent Discovery* bezeichnet man den Prozess, bei dem ein mobiler Rechner erkennen möchte, ob er sich in seinem Heimatsubnetz oder in einem Fremdsubnetz aufhält und ob er sich gerade von einem Fremdsubnetz in ein anderes Fremdsubnetz hineinbewegt hat. Dieser Prozess ermöglicht es, den Subnetzwechsel bei jeder Bewegung eines mobilen Rechners zu erkennen.

Fälle bei Agent Discovery

Bei Agent Discovery müssen folgende Fälle entdeckt werden:

1. Ein mobiler Rechner hat das Heimatsubnetz verlassen und hält sich in einem Fremdsubnetz auf.
2. Ein mobiler Rechner hat sich von einem Fremdsubnetz in ein anderes fremdes Subnetz hinein bewegt.
3. Ein mobiler Rechner ist in das Heimatsubnetz zurückgekehrt.

Diese Fälle müssen beim Heimatagenten des mobilen Rechners registriert werden [Abb. 16.3-4, Abb. 16.3-5 und Abb. 16.3-6].

Nachricht AA

Um Agent Discovery zu realisieren, wird die Nachricht Agent Advertisement (AA) von jedem Mobility Agent (Heimat-/Fremdagent) periodisch nur in sein Subnetz mit der IP-Zieladresse entweder als Multicast-Adresse 224.0.0.1 (*all systems on this link*) oder als Broadcast-Adresse 255.255.255.255 (*limited broadcast*) gesendet. AA wird nicht in andere Subnetze weitergeleitet. Abb. 16.3-2 zeigt ihre Struktur.

AA setzt sich aus mehreren Nachrichten des Protokolls ICMP [Abschnitt 3.7] zusammen. Hierzu gehören die Nachrichten:

- Router Advertisement mit der IP-Adresse(n) von Router(n),
- Mobility Agent Advertisement mit der CoA und der Gültigkeitsdauer der Registrierung (*Registration Lifetime*). Die Registrierung erläutert Abschnitt 16.3.6.

16.3 Funktionsweise des MIPv4

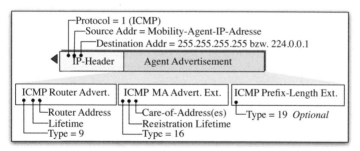

Abb. 16.3-2: IP-Paket mit der Nachricht `Agent Advertisement (AA)`
Advert.: Advertisement, Ext.: Extension, MA: Mobility Agent

- `Prefix-Length Extension` nach Bedarf mit der Länge des Präfixes einer CoA.

Alternativ zum periodischen Aussenden kann AA auch explizit von einem mobilen Rechner angefordert werden. Hierfür sendet ein mobiler Rechner eine Nachricht `Agent Solicitation (AS)`. Wie Abb. 16.3-3 zeigt, stellt AS einfach die ICMP-Nachricht `Agent Solicitation` dar.

Agent Solicitation

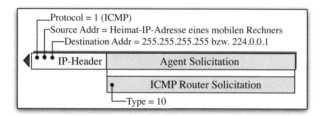

Abb. 16.3-3: IP-Paket mit der Nachricht `Agent Solicitation (AS)`

Jeder Mobility Agent antwortet nach Empfang von AS direkt mit einem AA. Ein mobiler Rechner sendet AS, wenn er keine 'Geduld' hat, auf die nächste periodische Übermittlung von AA zu warten und die Mobility Agents im Netz veranlassen will, sofort ein AA zu senden. Dies ist dann nützlich, wenn die Periode, mit der die Agenten ihre Advertisements senden, für einen mobilen Rechner zu groß ist, weil er schnell von Subnetz zu Subnetz wechselt [Abb. 16.3-5].

16.3.3 Erkennen des Verlassens des Heimatsubnetzes

Aus den Angaben in den von Mobility Agents gesendeten Agent Advertisements kann der mobile Rechner erkennen, ob er sich in seinem Heimatsubnetz oder in einem Fremdsubnetz aufhält [Abb. 16.3-1]. Dies erfolgt nach der folgenden Regel:

- Ist die Subnetz-ID in der CoA *gleich* der Subnetz-ID der Heimat-IP-Adresse, hält sich der mobile Rechner im Heimatsubnetz auf.
- Ist die Subnetz-ID in der CoA *nicht gleich* der Subnetz-ID der Heimat-IP-Adresse, hält sich der mobile Rechner in einem Fremdsubnetz auf.

Subnetzwechsel Hält sich ein mobiler Rechner in einem Fremdsubnetz auf, sind zwei weitere Fälle zu unterscheiden:

- *Kein Subnetzwechsel* hat stattgefunden. Der mobile Rechner hält sich im Fremdsubnetz auf, und dies wurde seinem Heimatagenten bereits mitgeteilt.
- Ein *Subnetzwechsel hat stattgefunden*. Der mobile Rechner hat entweder sein Heimatsubnetz verlassen oder sich aus einem Fremdsubnetz in ein anderes hinein bewegt. Dieser Subnetzwechsel wurde dem Heimatagenten noch nicht mitgeteilt.

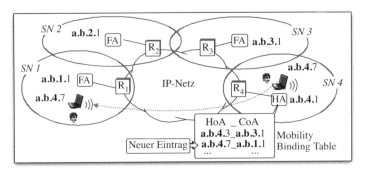

Abb. 16.3-4: Registrierung der CoA eines Rechners nach dem Verlassen des Heimatsubnetzes
FA: Fremdagent, HA: Heimatagent, HoA: Home-IP Address, R: Router, SN: Subnetz

Heimatsubnetz → Fremdsubnetz

Abb. 16.3-4 illustriert den Fall, in dem der mobile Rechner mit der HoA `a.b.4.7` sein Heimatsubnetz *SN 4* verlassen hat und sich im Fremdsubnetz *SN 1* aufhält. Im Fremdsubnetz *SN 1* erhält er eine CoA als Nachsendeadresse und teilt diese Adresse seinem Heimatagenten mit. Dies nennt man Registrierung der CoA.

Der Heimatagent muss die temporäre CoA des mobilen Rechners kennen, damit er die mit der HoA in das Heimatsubnetz für den mobilen Rechner ankommenden IP-Pakete an die CoA in das Fremdsubnetz weiterleiten kann. Der Heimatagent dient als eine Weiterleitungsinstanz für alle IP-Pakete, die an mobile Rechner adressiert sind, die sich gerade in Fremdsubnetzen aufhalten.

In Abb. 16.3-4 enthält *SN 1* einen Mobility Agent, der für den Gastrechner ein Fremdagenten ist. Die CoA des Gastrechners ist die IP-Adresse des Fremdagenten im *SN 1*. Durch die Registrierung beim Heimatagenten wird die Zuordnung: `a.b.4.7` ⇒ `a.b.1.1` (HoA ⇒ CoA) in seiner Mobility Binding Tabelle eingetragen. Damit können die mit der HoA `a.b.4.7` in das Heimatsubnetz *SN 4* für den mobilen Rechner ankommenden IP-Pakete vom Heimatagenten an seine CoA `a.b.1.1` im *SN 1* weitergeleitet werden.

16.3.4 Erkennen des Wechsels eines Fremdsubnetzes

Ein mobiler Rechner muss selbst erkennen, ob ein Subnetzwechsel stattgefunden und ob er sich aus einem Fremdsubnetz in ein anderes Fremdsubnetz hinein bewegt hat. Im neuen Fremdsubnetz wird er als Gastrechner unter einer anderen CoA erreichbar sein, und diese muss er seinem Heimatagenten mitteilen.

Abb. 16.3-5 illustriert die Bewegung eines mobilen Rechners von einem Fremdsubnetz in ein anderes Fremdsubnetz.

16.3 Funktionsweise des MIPv4

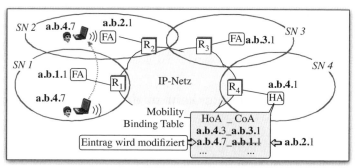

Abb. 16.3-5: Registrierung neuer CoA eines Rechners nach dem Wechsel des Fremdsubnetzes
Abkürzungen wie in Abb. 16.3-4

Um eine solche Situation zu erkennen, muss der mobile Rechner feststellen, ob er die letzten zwei aufeinanderfolgenden Agent Advertisements (AA) im gleichen oder in verschiedenen Subnetzen empfangen hat. Das heißt, ob die letzten zwei aufeinanderfolgenden AA vom Fremdagenten des gleichen Subnetzes stammen. Dies lässt sich entweder über einen Vergleich der Subnetz-IDs oder anhand der Angabe Lifetime im ICMP Router Advertisement feststellen. Die Zeitdauer Lifetime gibt an, wann der mobile Rechner spätestens das nächste AA von dem gleichen Agenten empfangen sollte.

Wechsel des Fremsubnetzes

Innerhalb der Lifetime werden in der Regel mehrere AA gesendet. Wenn nun ein mobiler Rechner innerhalb der Lifetime kein neues AA desselben Agenten erhält, kann er annehmen, dass er das Subnetz dieses Agenten verlassen hat. In diesem Fall ändert sich die CoA des mobilen Rechners und muss dem Heimatagenten mitgeteilt werden. Wie aus Abb. 16.3-5 ersichtlich ist, wird ein entsprechender Eintrag in der Mobility-Binding-Tabelle des Heimatagenten bei der Registrierung modifiziert.

Besucht der mobile Rechner noch das gleiche Subnetz, ist keine neue Registrierung nötig, sofern die letzte noch nicht abgelaufen ist. Wie lange die Registrierung bei einem Heimatagenten gültig ist, wird in seinen Advertisements als Registration Lifetime angegeben [Abb. 16.3-2].

Es hat ein Subnetzwechsel stattgefunden, und der mobile Rechner hat sich soeben aus einem Fremdsubnetz in ein anderes Fremdsubnetz bewegt, in dem es keinen Mobility Agent gibt. In diesem Fall hört der mobile Rechner keine AA.

Kein Fremdagent im Fremdsubnetz

In dieser Situation nimmt der mobile Rechner zunächst an, er befände sich im Heimatsubnetz und sein Heimatagent sei zurzeit gestört. Der mobile Rechner versucht nun, die abgehenden IP-Pakete an den Default Router in seinem Heimatsubnetz zu senden. Wenn dieser antwortet, hält sich der mobile Rechner höchstwahrscheinlich im Heimatsubnetz auf.

Ist dies nicht der Fall, nimmt der mobile Rechner an, er befände sich in einem Fremdsubnetz, in dem es keinen Mobility Agent gibt. Er versucht nun, eine temporäre CoA vom DHCP-Server des Fremdsubnetzes zu erhalten.

Wenn dies Erfolg hat, kann der mobile Rechner diese Adresse als *colocated CoA* benutzen und sich beim Heimatagenten registrieren lassen. Erfolgt keine Antwort vom DHCP-Server, kann der mobile Gastrechner (eventuell!) manuell mit einer temporären IP-Adresse für die Benutzung in diesem Fremdsubnetz als colocated CoA konfiguriert werden.

16.3.5 Erkennen einer Rückkehr in das Heimatsubnetz

Ein mobiler Rechner muss selbst feststellen, ob ein Subnetzwechsel stattgefunden hat und er aus einem Fremdsubnetz in sein Heimatsubnetz zurückgekehrt ist. Ist das der Fall, muss er dies seinem Heimatagenten mitteilen.

Rückkehr ins Heimatsubnetz

Abb. 16.3-6 illustriert die Situation nach der Rückkehr eines mobilen Rechners in sein Heimatsubnetz. Um feststellen zu können, ob er in ein Fremdsubnetz gewechselt hat oder in das Heimatsubnetz zurückgekehrt ist, vergleicht der mobile Rechner die IP-Absenderadresse in den empfangenen AA mit der IP-Adresse des Heimatagenten. Sind sie identisch, so ist ein Wechsel in das Heimatsubnetz erfolgt.

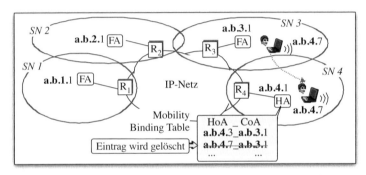

Abb. 16.3-6: Registrierung eines mobilen Rechners nach der Rückkehr in das Heimatsubnetz
Abkürzungen wie in Abb. 16.3-4

Ist der mobile Rechner aus einem Fremdsubnetz in das Heimatsubnetz zurückgekehrt, muss er dem Heimatagenten mitteilen, dass die CoA als Nachsendeadresse keine Bedeutung mehr hat. Dies bezeichnet man als *Deregistrierung* [Abb. 16.3-11]. Der mobile Rechner ist im Heimatsubnetz unter HoA erreichbar. Wie aus Abb. 16.3-6 ersichtlich ist, muss für diesen mobilen Rechner der betreffende Eintrag mit der Zuordnung HoA ⇒ CoA in der Mobility-Binding-Tabelle gelöscht werden. Damit ist der mobile Rechner im Heimatsubnetz unter seiner HoA erreichbar.

16.3.6 Registrierung beim Heimatagenten

Mobility Binding Table

Durch die Registrierung werden die Heimatagenten über die aktuelle Lokation der von ihnen 'betreuten' mobilen Rechner, also über ihre aktuellen CoAs, informiert. Der Heimatagent enthält eine Tabelle, die sog. *Mobility Binding Table*, in der die Zuordnung der HoA des mobilen Rechners zu der aktuellen CoA eingetragen wird [Abb. 16.3-4]. Diese Zuordnung muss immer aktuell sein, damit der Heimatagent die an den mobilen Rechner adressierten Pakete an seine aktuelle CoA weiterleiten kann.

16.3 Funktionsweise des MIPv4

Jede Registrierung hat nur eine begrenzte Gültigkeitsdauer (*Registration Lifetime*). Der mobile Rechner muss sich immer dann registrieren lassen, wenn er entdeckt hat, dass er sich von einem Subnetz in ein anderes bewegt hat oder die aktuelle Registrierung abgelaufen ist.

Die Registrierung basiert auf dem Austausch der zwei Nachrichten

- Registration Request (RReq) und
- Registration Reply (RRep)

zwischen mobilen Rechnern und Heimatagenten, gegebenenfalls unter Beteiligung von Fremdagenten.

Ein mobiler Rechner muss sich beim Heimatagenten registrieren lassen, wenn

- er sich gerade in ein fremdes Subnetz hineinbewegt und dies erkannt hat. Dann muss er den Heimatagenten über die neue CoA informieren. Hierbei kann es sich entweder um die CoA eines Fremdagenten [Abb. 16.3-9] oder um eine colocated CoA [Abb. 16.3-10] handeln.
- er gerade in das Heimatsubnetz zurückgekehrt ist und dies erkannt hat. Dann muss er sich beim Heimatagenten deregistrieren lassen, um ihn darüber zu informieren, dass er jetzt unter seiner HoA erreichbar ist [Abb. 16.3-11].

Warum Registrierung?

Nachrichten für die Registrierung

Die Registrierung verläuft nach dem Prinzip *Request/Reply*, das gewährleistet die Zuverlässigkeit der Übermittlung. Daher kann das verbindungslose und unzuverlässige Protokoll UDP für den Transport der Nachrichten RReq und RRep verwendet werden. Abb. 16.3-7 zeigt die wichtigsten Angaben in RReq.

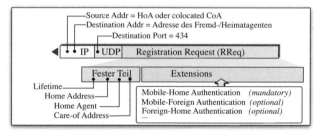

Abb. 16.3-7: IP-Paket mit der Nachricht Registration Request (RReq)

Die IP-Quelladresse im IP-Header ist entweder die HoA des mobilen Rechners [Abb. 16.3-9 und Abb. 16.3-10] oder seine colocated CoA, falls es keinen Mobility Agent im Fremdsubnetz gibt. Die IP-Zieladresse im IP-Header ist die IP-Adresse entweder des Fremdagenten oder des Heimatagenten, falls die temporäre IP-Adresse des mobilen Rechners eine colocated CoA ist.

Jede Nachricht RReq enthält einen Teil mit fester Länge (*Fixed-Length Portion*). Sie kann auch einen Teil mit variabler Länge enthalten, in dem bestimmte zusätzliche Angaben (sog. *Extensions*) nach Bedarf übermittelt werden können.

Nachricht RReq

In RReq sind in der Regel folgende Angaben enthalten:

- `Lifetime`: Gültigkeitsdauer der Registrierung,
- `HoA (Home-IP Address)`: Heimat-IP-Adresse des mobilen Rechners,
- `Home Agent`: IP-Adresse des Heimatagenten,
- `CoA (Care-of-Address)`: IP-Adresse des Fremdagenten bzw. colocated CoA, d.h. die IP-Adresse, an die der Heimatagent alle an den mobilen Rechner adressierten IP-Pakete weiterleiten muss

Nachricht RRep

Abb. 16.3-8 zeigt ein IP-Paket mit `Registration Reply` (RRep). RRep enthält typischerweise folgende Angaben: `Lifetime`, `Home Address` und `Home Agent`. Diese Angaben haben die gleiche Bedeutung wie in RReq.

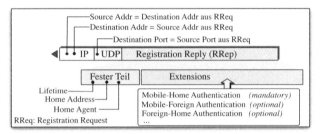

Abb. 16.3-8: IP-Paket mit der Nachricht `Registration Reply` (RRep)

Registrierung einer CoA

CoA wird dem HA mitgeteilt

Die Registrierung einer Nachsendeadresse CoA beim Heimatagenten illustriert Abb. 16.3-9. Hat ein mobiler Rechner nach dem Empfang eines `Agent Advertisement` erkannt, dass er sich in einem neuen Fremdsubnetz befindet, muss er die neue CoA beim Heimatagenten registrieren. Um die Registrierung zu initiieren, sendet er `Registration Request` (RReq). Da hier ein Fremdagent vorhanden ist, wird RReq zunächst an diesen geschickt und von ihm an den Heimatagenten weitergeleitet. Die IP-Adresse des Fremdagenten erfährt der mobile Rechner aus `Agent Advertisement`.

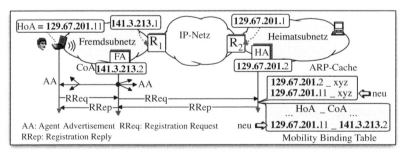

Abb. 16.3-9: Registrierung einer Nachsendeadresse (CoA) beim Heimatagenten (HA)
FA: Fremdagent, R: Router, xyz: Link-Layer-Adresse vom HA

Fall 1: Lifetime ≠ 0

Ein Heimagent überprüft zunächst `Lifetime` (Gültigkeitsdauer) in RReq. Ist `Lifetime` nicht gleich Null, trägt der Heimatagent folgende Zuordnungen ein:

16.3 Funktionsweise des MIPv4

- im ARP-Cache:
  HoA des mobilen Rechners ⇒ Link-Layer-Adresse des HA (d.h. xyz),
- in der Mobility Binding Table:
  HoA des mobilen Rechners ⇒ IP-Adresse des FA.

Dadurch werden alle an die HoA des mobilen Rechners adressierten Pakete zuerst vom Router an den Heimatagenten gesendet (dank des Eintrags im ARP-Cache [Abb. 16.3-12]) und danach vom Heimatagenten an diese CoA weitergeleitet (dank des Eintrags in der Mobility Binding Table).

Ist Lifetime in RReq gleich Null, so wird diese Nachricht als Deregistration Request interpretiert.

Fall 2: Lifetime = 0

Hat der Heimatagent einen RReq mit Lifetime nicht gleich Null empfangen, trägt er in seinem ARP-Cache und in seiner Mobility Binding Table die entsprechenden Zuordnungen ein und sendet eine Nachricht Registration Reply (RRep) zurück, um mitzuteilen, dass die Registrierung erfolgreich war. RRep nimmt den umgekehrten Weg wie RReq. Wenn der mobile Rechner in einer vorgegebenen Zeit kein RRep erhält oder die Registrierung ungültig war, sendet er RReq erneut.

Registrierung einer colocated CoA

Die Registrierung einer colocated CoA beim Heimatagenten illustriert Abb. 16.3-10. Hat ein mobiler Rechner erkannt, dass er sich in einem neuen Fremdsubnetz befindet, in dem es keinen Mobility Agent gibt, kann er sich eine temporäre IP-Adresse vom DHCP-Server [Abschnitt 6.2] ausleihen. Diese IP-Adresse, die man *colocated CoA* nennt, muss er dem Heimatagenten mitteilen.

Colocated CoA wird dem HA mitgeteilt

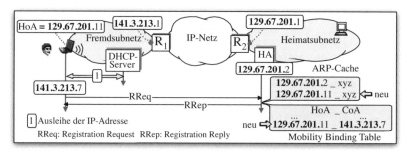

Abb. 16.3-10: Registrierung einer colocated CoA beim Heimatagenten (HA)
Abkürzungen wie in Abb. 16.3-9

Da kein Fremdagent vorhanden ist, wird die Nachricht RReq direkt an den Heimatagenten geschickt. Hat der Heimatagent den RReq empfangen, trägt er folgende Zuordnungen ein:

- Im *ARP-Cache*: HoA des mobilen Rechners ⇒ Link-Layer-Adresse des HA,
- In der *Mobility Binding Table*: HoA des mobilen Rechners ⇒ colocated CoA.

Danach sendet er eine Nachricht RRep an den mobilen Rechner zurück, um ihm mitzuteilen, dass die Registrierung erfolgreich war.

Deregistrierung beim Heimatagenten

Wozu Deregistrierung?

Abb. 16.3-11 illustriert die Deregistrierung. Ist ein mobiler Rechner in sein Heimatsubnetz zurückgekehrt und hat er dies anhand der Nachricht `Agent Advertisement` erkannt, muss er allen Rechnern mitteilen, dass er nun im Heimatsubnetz erreichbar ist. Dies wird als *Deregistrierung* bezeichnet.

Ein in sein Heimatsubnetz zurückkehrender mobiler Rechner hat folgendes vorzunehmen:

- Er muss den anderen Rechnern in seinem Heimatsubnetz mitteilen, dass sie alle an seine HoA adressierten IP-Pakete an ihn direkt und nicht an den Heimatagenten senden sollen. Um dies zu erreichen, wird eine Nachricht nach dem Protokoll ARP mit der Zuordnung:

    seine HoA ⇒ seine Link-Layer-Adresse

    als Broadcast-Nachricht an alle Rechner im Heimatsubnetz gesendet. Dies bedeutet eine kleine Modifikation von ARP, und man bezeichnet dies als *Gratuitous ARP*.
- Er muss dem Heimatagenten mitteilen, dass er aktuell unter seiner HoA erreichbar ist und dass der Heimatagent die an ihn adressierten IP-Pakete nicht mehr an den Fremdagenten senden soll, sondern an ihn direkt.

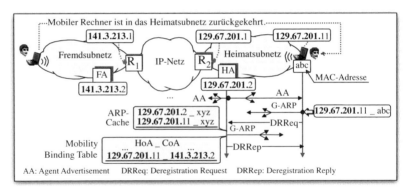

Abb. 16.3-11: Deregistrierung nach der Rückkehr in das Heimatsubnetz
FA: Fremdagent, HA: Heimatagent, G-ARP: Gratuitous ARP, R: Router

`Registration Request` mit `Lifetime = 0` dient als `Deregistration Request`. Eine derartige Nachricht wird vom mobilen Rechner gesendet, um die Deregistrierung beim Heimatagenten zu veranlassen.

Hat der Heimatagent `Deregistration Request` empfangen, sendet er zuerst eine Nachricht nach dem Protokoll ARP (*Gratuitous ARP*), um den anderen Rechnern in seinem Heimatsubnetz mitzuteilen, für welche Heimatadressen von mobilen Rechnern die IP-Pakete an ihn zum Weiterleiten gesendet werden sollen. Die anderen Rechner nehmen damit zur Kenntnis, dass der Eintrag `129.67.201.11` ⇒ `xyz` in seinem ARP-Cache 'gestrichen' wurde.

Danach löscht der Heimatagent in seiner Mobility Binding Tabelle die entsprechende Zuordnung HoA ⇒ CoA und leitet die an die HoA des mobilen Rechners adressierten IP-Pakete nicht mehr an den Fremdagenten weiter. Zum Schluß sendet er eine Nachricht `Registration Reply` mit `Lifetime = 0` an den mobilen Rechner zurück. Diese Nachricht wird als `Deregistration Reply` interpretiert. Nach der Deregistration ist der mobile Rechner unter seiner Heimatadresse erreichbar. Die mit seiner HoA ankommenden IP-Pakete werden vom Heimatagenten nicht mehr in ein fremdes Subnetz weitergeleitet.

Authentisierung bei der Registrierung
Um bei der Registrierung die notwendige Sicherheit zu garantieren, d.h. etwaige Angriffe von Dritten zu verhindern, werden die Registrationsnachrichten authentisiert. Insbesondere müssen diese Nachrichten gegen die Angriffe von Dritten geschützt werden, in denen die mobilen Rechner den Heimatagenten ihre aktuellen CoAs mitteilen.

Zur Authentisierung des mobilen Rechners wird wie folgt vorgegangen: Keyed HMAC

1. Mobiler Rechner und Heimatagent besitzen einen gemeinsamen, geheimen Schlüssel, der eindeutig pro mobilem Rechner ist.
2. Der mobile Rechner generiert ein `Registration Request` (RReq) und füllt alle Felder aus, mit Ausnahme des Authentisierungsfeldes für die Erweiterung *Mobile-Home Authentication* [Abb. 16.3-7].
3. Dann berechnet er mittels des MD5-Algorithmus einen *Message Digest* über `RReq`. Hierbei wird ergänzend der geheime Schlüssel verwendet, der nur dem mobilen Rechner und seinem Heimatagenten bekannt ist.
4. Der Message Digest wird nun in der Erweiterung *Mobile-Home Authentication* an den Heimatagenten übermittelt.
5. Hat die Nachricht den Heimatagenten erreicht, berechnet diesen seinen eigenen Message Digest (unter Kenntnis des gemeinsamen, geheimen Schlüssels) und vergleicht ihn mit dem in `RReq` enthaltenen.
6. Sind die beiden Message Digests identisch, kann der Heimatagent davon ausgehen, dass `RReq` tatsächlich vom 'wahren' mobilen Rechner stammt und während der Übertragung nicht verändert wurde.

Nach dem gleichen Prinzip verläuft die Authentisierung bei der Übermittlung der Nachricht `Registration Reply`.

16.3.7 Mobiles IP-Routing

Das Routing von IP-Paketen zu einem mobilen Rechner, der sich in seinem Heimatnetz aufhält, unterliegt keinen speziellen Routing-Regeln. Es funktioniert genauso wie das Routing von IP-Paketen zu irgendeinem Rechner ohne Unterstützung der Mobilität.

Einsatz von Routern ohne Mobility Agents
Ein modifiziertes Routing ist nötig, wenn IP-Pakete an einen mobilen Rechner geschickt werden, der sich gerade in einem Fremdsubnetz aufhält. In diesem Fall spricht man von *mobilem Routing*. Wenn die eingesetzten Router keine Mobility Agents implementieren, läuft das mobile Routing nach dem in Abb. 16.3-12 gezeigten Prinzip ab.

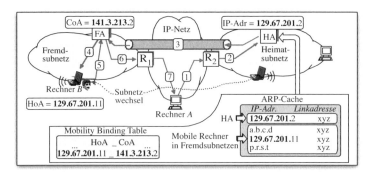

Abb. 16.3-12: Mobiles Routing, wenn die Router keine Mobility Agents implementieren
FA: Fremdagent, HA: Heimatagent, R: Router, xyz: Link-Layer-Adresse

Übermittlung des IP-Pakets an den HA

Sendet der Rechner A ein IP-Paket an die HoA des mobilen Rechners B, werden alle Pakete mit der HoA dieses Rechners als Zieladresse zum Router R_2 an der Grenze zum Heimatsubnetz geroutet (1). Der Router R_2 muss diese IP-Pakete zum Heimatagenten weiterleiten (2). Hierfür ist eine spezielle Lösung notwendig, die wir nun besprechen.

Proxy-ARP im HA

Da die an die HoA eines mobilen Rechners gesendeten IP-Pakete nicht an den Heimatagenten des Heimatsubnetzes adressiert sind, kann dieser sie normalerweise nicht empfangen. Hierfür muss der Heimatagent die Proxy-ARP-Funktion [Abschnitt 3.6.2] unterstützen, um IP-Pakete, die an die HoA eines mobilen Rechners, der sich gerade in einem Fremdsubnetz aufhält, adressiert sind, an ihn übermitteln zu können.

Die IP-Pakete aller mobilen Rechner eines Subnetzes, die sich in Fremdsubnetzen aufhalten, werden zum Heimatagenten dieses Subnetzes übermittelt. Dies bedeutet, das diese IP-Pakete in den Frame der LL-Schicht (*Link-Layer*, d.h. der zweiten Schicht) an die LL-Adresse des Heimatagenten (d.h. in LANs an eine MAC-Adresse) geschickt werden. Der Heimatagent fungiert somit als Vertreter (Proxy) aller mobilen Rechner, die sich in Fremdsubnetzen aufhalten. Das ARP beim Heimatagenten muss daher die Proxy-ARP-Funktion unterstützen. Wie Abb. 16.3-12 illustriert, enthält der ARP-Cache des Heimatagenten auch eine Tabelle mit der Zuordnung der LL-Adresse des Heimatagenten zu den Heimatadressen (HoAs) der mobilen Rechner, die sich in fremden Subnetzen aufhalten und beim Heimatagenten registriert sind.

Bedeutung des Proxy-ARP

Da der Router R_2 für das Absenden eines IP-Pakets mit der Heimatadresse `129.67.201.11` die entsprechende LL-Adresse benötigt, sendet er eine Broadcast-Anfrage nach dem Protokoll ARP, um diese LL-Adresse zu ermitteln. Auf diese ARP-Anfrage reagiert der Heimatagent und sendet an den Router R_2 die ARP-Antwort mit der Zuordnung: `129.67.201.11` $\Rightarrow$ xyz. Somit wird das IP-Paket direkt an den Heimatagenten gesendet, d.h. es wird in einem LL-Frame mit der LL-Zieladresse xyz geschickt. Der Heimatagent dient somit als Vertreter (*Proxy*) aller Rechner, die sich in fremden Subnetzen aufhalten. Hat der Heimatagent das IP-Paket mit der Heimatadresse eines mobilen Rechners empfangen, der sich gerade in einem anderen Subnetz aufhält, so nimmt er eine sog. *IP-in-IP-Encapsulation* vor.

16.3 Funktionsweise des MIPv4

Hierbei wird das Original-IP-Paket in ein äußeres IP-Paket eingekapselt und die Care-of-Address des mobilen Rechners als Zieladresse im Header dieses äußeren Pakets eingetragen. Das auf diese Art und Weise eingekapselte Original-IP-Paket wird nun an die CoA gesendet. Diesen Vorgang bezeichnet man als *Tunneling*. Dabei 'tunnelt' der Heimatagent das so eingekapselte Original-IP-Paket an die CoA, ohne zu wissen, ob der mobile Rechner selbst oder ein Fremdagent am Ende des Tunnels ist (3).

Weiterleitung des IP-Pakets an den FA

Im dargestellten Beispiel führt der Tunnel zum Fremdagenten. Hier wird das Original-IP-Paket 'ausgepackt'. Anhand der IP-Zieladresse des inneren Original-IP-Pakets leitet der Fremdagent dieses Paket zum mobilen Gastrechner weiter (4). Um das IP-Paket aber an einen mobilen Gastrechner zu senden, muss der Fremdagent zuerst die LL-Adresse dieses Gastrechners über das Protokoll ARP abfragen [Abschnitt 3.6.1].

Übermittlung des IP-Pakets an den Gastrechner

Der Fremdagent dient als *Default Gateway* für alle mobilen Gastrechner, weil die Gastrechner keinen 'normalen' Router im Fremdsubnetz kennen. Sollte der Zielrechner B eine Antwort an den Rechner A übermitteln, so übergibt er das entsprechende IP-Paket zuerst an den Fremdagenten (5), und dieser sendet es dann an den Router R_1 (6). Im weiteren Verlauf wird das IP-Paket nach den normalen Routing-Prinzipien zum Zielrechner A geroutet (7).

FA als Default Gateway für Gastrechner

Einsatz von Routern mit Mobility Agents
Um das Prinzip des mobilen Routing vollständig erläutern zu können, wurde in Abb. 16.3-12 angenommen, dass die eingesetzten Router die Mobilität, d.h. die Funktion von Mobility Agents, nicht unterstützen. Falls die Mobility Agents in den Routern untergebracht sind, ergeben sich einige Vorteile. Abb. 16.3-13 zeigt diese Form des mobilen Routing.

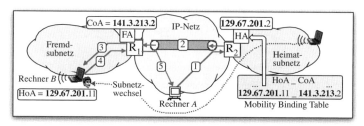

Abb. 16.3-13: Mobiles Routing, falls Mobility Agents in Routern untergebracht sind
   Abkürzungen wie in Abb. 16.3-12

Vergleicht man die Abb. 16.3-12 und Abb. 16.3-13, so ist direkt ersichtlich, dass die Implementierung von Mobility Agents in den Routern zur Vereinfachung des mobilen Routing führt. In diesem Fall entfallen die Schritte 2 und 6 aus Abb. 16.3-12, sodass der vollständige Routing-Verlauf nur noch fünf Schritte umfasst. Schritte 1, 2, 3, 4 und 5 aus der Abb. 16.3-13 entsprechen somit den Schritten 1, 3, 4, 5 und 7 aus der Abb. 16.3-12.

Falls der Heimatagent im Router untergebracht ist, wird die Proxy-ARP-Funktion beim Heimatagenten nicht mehr benötigt.

16.4 Konzept des MIPv6

Um die Mobilität in Netzen mit dem IPv6 zu unterstützen, wurde *Mobile IPv6* (*MIPv6*) entwickelt. Das MIPv6 stellt eine Erweiterung des IPv6 dar und wird in RFC 3775 spezifiziert. In Abschnitt 16.1.5 wurde bereits die grundlegende Idee des MIPv6 dargestellt [Abb. 16.1-7]. Zwischen den Konzepten des MIPv6 und des MIPv4 gibt es einige Unterschiede:

Unterschiede zwischen MIPv6 und MIPv4
- Beim MIPv6 ist die Funktion des Fremdagenten (FA) nicht mehr nötig.
- Zwischen einem mobilen Rechner und einem anderen ist beim MIPv6 eine direkte Kommunikation nach der aktuell optimalen Route möglich. Beim MIPv4 kann die Kommunikation nur über einen Fremdagenten verlaufen (vgl. Abb. 16.3-12 und Abb. 16.3-13).

MN und CN
Beim MIPv6 bezeichnet man einen mobilen Rechner, der im IP-Netz 'wandern' kann, als *Mobile Node* (MN), und sein Kommunikationspartner wird *Correspondent Node* (CN) genannt. Zwischen dem MN und einem IPv6-Rechner erfolgt mit MIPv6 lediglich eine indirekte Kommunikation über den Heimatagenten [Abschnitt 16.4.5].

16.4.1 MN hat sein Heimatsubnetz verlassen

Wie bereits in Abb. 16.1-7 gezeigt, muss ein MN, falls er sein Heimatsubnetz verlassen hat, dem Heimatagenten (HA, Home Agent) in seinem Heimatsubnetz seine aktuelle Nachsendeadresse im Fremdsubnetz mitteilen, die sog. CoA (*Care-of-Address*). Mit diesem Vorgang sind beim MIPv6 mehrere Schritte verbunden [Abb. 16.4-1].

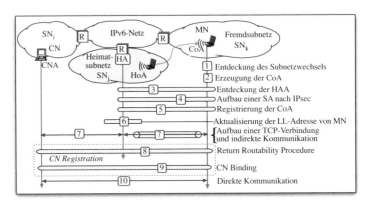

Abb. 16.4-1: MN hat sein Heimatsubnetz verlassen und initiiert eine TCP-Verbindung
CNA: CN Address, HA: Heimatagent, HAA: HA Address, HoA: Home Address,
R: Router, SN: Subnetz, SA: Security Association

Abgehende TCP-Verbindung vom MN
Hat ein MN sein Heimatsubnetz verlassen und initiiert eine TCP-Verbindung, sind beim Verlauf nach MIPv6 folgende Schritte zu unterscheiden:

1. *Entdeckung des Subnetzwechsels* [Abb. 16.4-10]: Der MN muss seine Bewegung ständig überwachen, um zu erkennen,
   - ob er sein Heimatsubnetz verlassen hat,

16.4 Konzept des MIPv6

- ob er sich in ein neues Fremdsubnetz hinein bewegt hat,
- ob er in sein Heimatsubnetz zurückgekehrt ist.

2. *Erzeugung der CoA* [Abb. 16.4-11]: Hat ein MN einen Subnetzwechsel entdeckt und sich in ein Fremdsubnetz hineinbewegt, erzeugt er für sich eine CoA. Sie muss nun dem Heimatagenten in seinem Heimatsubnetz mitgeteilt werden. Erzeugung der CoA

3. *Entdeckung der HAA* (falls notwendig) [Abb. 16.4-12]: Ein MN ist in der Lage, einen Heimatagenten automatisch zu entdecken und seine Adresse abzufragen, die sog. HAA (*Home Agent Adresse*). Nach Bedarf kann der MN noch überprüfen, ob er über die aktuelle HAA verfügt. Entdeckung der HAA

4. *Aufbau einer Security Association nach IPsec* (optional): Um die Kommunikation zwischen dem MN und seinem Heimatagenten zu sichern, kann das Protokoll IPsec verwendet werden. Bevor der MN dem Heimatagenten seine CoA mitteilt, vereinbart er mit ihm, welche Sicherheitsverfahren sie verwenden, um die Kommunikation zwischen ihnen zu sichern. Diese Vereinbarung bezeichnet man als *Security Association* [Abschnitt 6.4.3]. Security Association nach IPsec

5. *Home Agent Binding* [Abb. 16.4-8]: Der MN muss seinem Heimatagenten die CoA mitteilen. Dieser Vorgang wird *Home Agent Binding* genannt. Hierbei trägt der Heimatagent in seinem *Binding Cache* die Zuordnung HoA ⇒ CoA ein. Dies bedeutet für ihn, dass die IP-Pakete, die in das Heimsubnetz eintreffen und an die HoA des MN adressiert sind, an die CoA weitergeleitet werden müssen. Registrierung der CoA

6. Für das IPv6 wurde das ARP, das beim IPv4 die Ermittlung der MAC-Adresse eines Rechners ermöglicht, zum *Neighbor Discovery Protocol* (NDP) 'ausgebaut'. Der Heimatagent fungiert als NDP-Proxy. Auf die Anfrage, welche LL-Adresse der MN hat, gibt der Heimatagent als Antwort seine LL-Adresse an. Damit werden die in das Heimatsubnetz eintreffenden und an die HoA des MN adressierten IP-Pakete an den Heimatagenten übermittelt. Er leitet diese an die CoA des MN weiter. Aktualisierung LL-Adresse

Falls ein MN sein Heimatsubnetz verlassen hat, muss sein Heimatagent eine Nachricht als Multicast im Heimatsubnetz mit der Information darüber verschicken, dass seine LL-Adresse der HoA des MN entspricht. Einige Rechner im Heimatsubnetz des MN, die bereits im Cache die Zuordnung (LL-Adresse von MN) ⇒ HoA enthalten, ersetzen diesen Eintrag mit der Zuordnung (LL-Adresse von Heimatagent) ⇒ HoA. Damit haben diese Rechner die LL-Adresse des MN 'aktualisiert'. Der Heimatagent wird ab jetzt alle an den MN adressierten IP-Pakete im Heimatsubnetz empfangen und an MN in ein Fremdsubnetz weiterleiten.

Falls ein MN sich in ein Fremdsubnetz hineinbewegt und seine CoA bereits dem Heimatagenten mitgeteilt hat, kann er eine TCP-Verbindung initiieren. Wie Abb. 16.4-1 zeigt, sind hierbei weitere Schritte zu unterscheiden:

7. *Aufbau einer TCP-Verbindung und indirekte Kommunikation*: Der MN erzeugt ein IPv6-Paket mit dem TCP-Segment SYN, um eine TCP-Verbindung zu initiieren. In diesem IPv6-Paket werden die CN-Adresse (CNA) als IP-Zieladresse und seine HoA als IP-Quelladresse eingetragen. Da der CN die CoA des MN noch nicht kennt, wird dieses IPv6-Paket an den CN nur über den Heimatagenten übermittelt. Hierfür wird dem IPv6-Paket an den CN ein zusätzlicher IPv6-Header vorangestellt, in dem die HAA als IP-Zieladresse und die CoA als IP-Quelladresse enthalten sind. Aufbau einer TCP-Verbindung

Dies könnte man sich so vorstellen, als ob dieses IPv6-Paket in einem Tunnel an den Heimatagenten übermittelt worden wäre. Man spricht daher von einer *IPv6-in-IPv6-Encapsulation* bzw. vom *IPv6-in-IPv6-Tunneling*.

Der Heimatagent interpretiert nur den äußeren IPv6-Header und leitet das innere, an den CN adressierte IPv6-Paket an ihn weiter. So werden die ersten IP-Pakete vom MN an den CN übermittelt. Die ersten IPv6-Pakete vom CN an den MN werden ebenfalls über den Heimatagenten übermittelt.

Return Routability Procedure
8. Falls eine TCP-Verbindung zwischen MN und CN besteht, wäre es effektiver, die IP-Pakete nicht indirekt über den Heimatagenten zu übermitteln, sondern direkt nach der besten Route zwischen MN und CN. Man spricht beim MIPv6 in diesem Zusammenhang von *Route Optimization*. Dies kommt nur dann in Frage, wenn der CN ebenso wie der MN auch MIPv6-fähig ist. Bevor der MN dem CN seine CoA mitteilt, prüft der MN zuerst, ob der CN MIPv6-fähig ist. Diese Überprüfung wird beim MIPv6 als *Return Routability Procedure* bezeichnet. Ist der CN MIPv6-fähig, wird der Vorgang *Correspondent Node Binding* durchgeführt.

9. *Correspondent Node Binding* [Abb. 16.4-9]: Ist der CN MIPv6-fähig, übermittelt der MN dem CN seine CoA in `Binding Update`. Der CN bestätigt dies mit `Binding Acknowledgement`.

CN-Binding
Direkte Kommunikation
10. Wurde das CN-Binding beendet, findet zwischen MN und CN eine direkte Kommunikation nach der besten Route (*Route Optimization*) statt. Bei dieser Kommunikation werden die IPv6-Erweiterungs-Header `Destination Options Header` und `Type2 Routing Header` [Abb. 16.4-5] in IPv6-Paketen übermittelt [Abb. 16.4-7].

Ankommende TCP-Verbindung zum MN
Falls ein MN sich in ein Fremdsubnetz hinein bewegt und seinem Heimatagenten die Nachsendeadresse CoA bereits mitgeteilt hat, ist er für alle Rechner im IP-Netz erreichbar. Falls ein CN eine TCP-Verbindung zum MN initiiert, sendet er daher ein IPv6-Paket mit dem TCP-Segment `SYN` in das Heimatsubnetz des MN. Da der MN bereits das Heimatsubnetz verlassen und sein Heimatagent eine Nachsendeadresse (CoA) hat, verpackt er das vom CN empfangene IPv6-Paket in ein zusätzliches IPv6-Paket und leitet es an den MN im Fremdsubnetz weiter. Es handelt sich hierbei um eine indirekte Kommunikation zwischen CN und MN [Abb. 16.4-6]. Auf diese Art und Weise werden die ersten IP-Pakete vom CN an den MN übermittelt. Dann wird die *Return Routability Procedure* durchgeführt, um festzustellen, ob der CN MIPv6-fähig ist. Ist das der Fall, wird das *CN-Binding* durchgeführt. Danach kann zwischen CN und MN eine direkte Kommunikation nach der besten Route stattfinden.

16.4.2 MN hat das Fremdsubnetz gewechselt

Der MN kann sich während einer bestehenden TCP-Verbindung in ein anderes Fremdsubnetz hineinbewegen, Abb. 16.4-2 illustriert einen solchen Fall.

Hat sich ein MN während einer bestehenden TCP-Verbindung in ein anderes Fremdsubnetz hineinbewegt, sind im Allgemeinen folgende Schritte beim Verlauf des MIPv6 zu unterscheiden:

1. *Entdeckung des Subnetzwechsels*: Wie Schritt 1 in Abb. 16.4-1.
2. *Erzeugung einer neuen CoA*: Wie Schritt 2 in Abb. 16.4-1.

16.4 Konzept des MIPv6

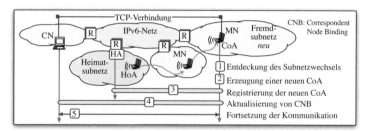

Abb. 16.4-2: MN hat während einer TCP-Verbindung das Fremdsubnetz gewechselt
Abkürzungen wie in Abb. 16.4-1

3. *Registrierung der neuen CoA*: Die neue CoA muss im Binding Cache des Heimatagenten eingetragen werden. Dies entspricht Schritt 5 in Abb. 16.4-1. Da nur eine neue CoA im Binding Cache des Heimatagenten eingetragen wird, fungiert der Heimatagent weiterhin als NDP-Proxy. Daher ist der in Abb. 16.4-1 gezeigte Schritt 6 nicht mehr nötig.
4. *Aktualisierung von Correspondent Node Binding*: Da zwischen MN und CN bereits eine TCP-Verbindung besteht, kommunizieren die beiden Rechner direkt, sodass die CoA aus dem neuen Fremdsubnetz im Binding Cache des CN eingetragen werden muss. Dies entspricht Schritt 9 aus Abb. 16.4-1.
5. *Fortsetzung der direkten Kommunikation*: Nach dem Eintragen der neuen CoA beim CN kann die direkte Kommunikation zwischen MN und CN fortgesetzt werden.

16.4.3 MN ist in sein Heimatsubnetz zurückgekehrt

Ein MN kann während einer bestehenden TCP-Verbindung in sein Heimatsubnetz zurückkehren. Abb. 16.4-3 illustriert diesen Fall.

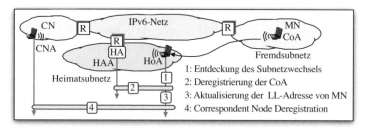

Abb. 16.4-3: Der MN ist während einer TCP-Verbindung in sein Heimatsubnetz zurückgekehrt
Abkürzungen wie in Abb. 16.4-1

Falls ein MN während einer bestehenden TCP-Verbindung in sein Heimatsubnetz zurückgekehrt ist, muss Folgendes durchgeführt werden: *Rückkehr ins Heimatsubnetz*

1. *Entdeckung des Subnetzwechsels*: Wie Schritt 1 in Abb. 16.4-1 und Abb. 16.4-2.
2. *Deregistrierung der CoA*: Die Zuordnung HoA ⇒ CoA muss nun im Binding Cache des Heimatagenten 'gestrichen' werden. Danach fungiert der Heimatagent nicht

mehr als NDP-Proxy für die Link-Layer-Adresse (LL-Adresse) des MN, der in das Heimatsubnetz zurückgekehrt ist.
3. *Aktualisierung der LL-Adresse des MN*: Da der Heimatagent für die LL-Adresse des MN nicht mehr als NDP-Proxy fungiert, muss der MN im Heimatsubnetz bekannt machen, dass die an seine HoA adressierten IPv6-Pakete ab jetzt an seine LL-Adresse übermittelt werden müssen.
4. *Correspondent Node Deregistration*: Besteht noch das Binding mit einem bzw. mehreren CNs, muss die Zuordnung HoA ⇒ CoA auch in den Binding Caches aller CNs gelöst werden. MN ist nun unter seiner HoA erreichbar.

16.4.4 MIPv6-Nachrichten

Um beim IPv6 die Mobilität zu unterstützen, wurden zusätzliche Erweiterungen vorgenommen. Insbesondere wurden folgende Nachrichten und Optionen definiert:

- `Mobility Header` als IPv6-Erweiterungs-Header
  Im `Mobility Header` werden verschiedene Nachrichten für die Unterstützung der Mobilität übermittelt [Abb. 16.4-4].
- `Type 2 Routing Header (T2-RH)` als IPv6-Erweiterungs-Header
  Im `T2-RH` übermittelt der CN die HoA vom MN [Abb. 16.4-5]. Anschließend wird der `T2-RH` bei der direkten Kommunikation zwischen MN und CN verwendet [Abb. 16.4-7].
- `Home Address Option (HAO)` für `Destination Options Header`
  Die `HAO` wird bei der direkten Kommunikation zwischen MN und CN eingesetzt. In `HAO` teilt der MN dem CN seine HoA mit [Abb. 16.4-7].
- Neue ICMPv6-Nachrichten
  Falls ein MN die IP-Adresse seines Heimatagenten automatisch entdecken möchte, spricht man von *HAA Discovery* [Abschnitt 16.4.9]. Damit der MN in der Lage ist, das Präfix des Heimatsubnetzes abzufragen, wurden die ICMPv6-Nachrichten `HAA Discovery Request` und `HAA Discovery Reply` für die Entdeckung der HAA (*Home Agent Address*) sowie `Mobile Prefix Solicitation` und `Mobile Prefix Advertisement` für die Abfrage von Subnetzpräfix definiert.

Mobility Header `Mobility Header` wird als letzter Extension Header in IPv6-Paketen übermittelt. Den Aufbau von `Mobility Header` zeigt Abb. 16.4-4.

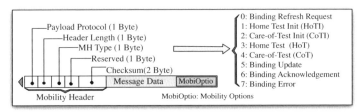

Abb. 16.4-4: Aufbau des `Mobility Header`

16.4 Konzept des MIPv6

Mobility Header setzt sich zusammen aus einem Header und dem Teil Message Data, in dem eine Nachricht mit Mobility Options übermittelt wird. Das Feld Payload Protocol hat die gleiche Bedeutung wie Next Header. Da Mobility Header als letzter Extension Header im IPv6-Paket übermittelt wird, enthält Payload Protocol immer den Wert 59 [Tab. 8.3-1].

Type 2 Routing Header (T2-RH) wird als Extension Header in IPv6-Paketen übermittelt. Abb. 16.4-5 zeigt seinen Aufbau.

Type 2 Routing Header (T2-RH)

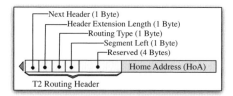

Abb. 16.4-5: Aufbau des Type 2 Routing Header (T2-RH)

Den T2-RH sendet ein CN bei direkter Kommunikation mit einem MN, falls dieser während einer bestehenden TCP-Verbindung sein Heimatsubnetz verlassen hat. Im T2-RH wird die Heimatadresse (HoA) des MN übermittelt. Die Bedeutung von T2-RH ist aus Abb. 16.4-7 ersichtlich.

16.4.5 Kommunikation zwischen MN und CN

Man unterscheidet folgende Arten der Kommunikation zwischen MN und CN:

- indirekte Kommunikation über einen HA von MN, falls z.B. der CN nicht MIPv6-fähig ist, und
- direkte Kommunikation ohne HA-Beteiligung. Auf diese Arten der Kommunikation wird nun näher eingegangen.

Zwischen MN und CN kann die Kommunikation über einen HA (Heimatagenten) des MN verlaufen. Sie findet u.a. dann statt, wenn

- ein CN das MIPv6 nicht unterstützt,
- ein MN eine Session zu einem CN initiiert, zu dem noch kein Binding besteht,
- ein CN eine Session zu einem MN initiiert, zu dem noch kein Binding besteht.

Prinzip der indirekten Kommunikation

Abb. 16.4-6 illustriert den Verlauf der indirekten Kommunikation, falls der CN ein stationärer Rechner ist und MIPv6 nicht unterstützt. Der CN kann daher nur 'normale' IPv6-Pakete, d.h. in denen keine MIPv6-Nachrichten enthalten sind, senden und empfangen.

Bei der indirekten Kommunikation unterscheidet man folgende vier Schritte:

1. Der CN übermittelt ein IPv6-Paket ohne MIPv6-Angaben an die IPv6-Adresse des MN (d.h. an die HoA).
2. Der HA (Heimatagent) stellt dem empfangenen IPv6-Paket einen zusätzlichen IPv6-Header voran, in dem er als IPv6-Qelladresse seine Adresse (d.h. die HAA) und

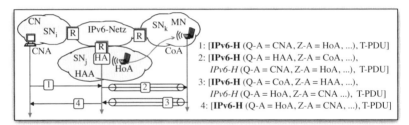

Abb. 16.4-6: Prinzip der indirekten Kommunikation zwischen MN und CN über einen HA
Q-A: IPv6-Quelladresse, Z-A: IPv6-Zieladresse, CNA: CN Address, HA: Heimatagent, HAA: HA Address, R: Router, SN: Subnetz, T-PDU: Transport Protocol Data Unit

als IPv6-Zieladresse die Nachsendeadresse CoA angibt. Dies stellt eine IPv6-in-IPv6-Encapsulation dar, die man sich als Übertragung des inneren IPv6-Pakets in einem Tunnel vorstellen kann.

3. Der MN erzeugt ein IPv6-Paket ohne MIPv6-Angaben, das an den CN gesendet wird. Der IPv6-Header enthält als Zieladresse die Adresse des CN, d.h. CNA, und als Quelladresse die Adresse des MN, d.h. HoA. Um dieses IPv6-Paket über den HA zu übermitteln, wird ihm ein zusätzlicher IPv6-Header vorangestellt, in dem die Adresse von HA, d.h. HAA, als Zieladresse und die CoA von MN als Quelladresse enthalten sind. Bildlich kann man sich dies so vorstellen, als ob das innere IPv6-Paket in einem Tunnel übermittelt werden würde.

4. Der HA entfernt den zusätzlichen IPv6-Header und leitet das innere IPv6-Paket an den CN weiter.

Die zwischen CN und HA übermittelten IPv6-Pakete enthalten keine MIPv6-Angaben, sodass der CN nicht unbedingt MIPv6-fähig sein muss.

Prinzip der direkten Kommunikation

Wenn MN und CN MIPv6-fähig sind, kann eine direkte Kommunikation, d.h. ohne Beteiligung des HA, zwischen ihnen stattfinden. Abb. 16.4-7 veranschaulicht diese Art der Kommunikation.

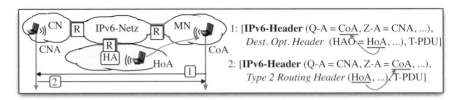

Abb. 16.4-7: Prinzip der direkten Kommunikation zwischen MN und CN
Abkürzungen wie in Abb. 16.4-6

Bei der direkten Kommunikation unterscheidet man folgende zwei Schritte:

1. Ein MN, der sich in einem Fremdsubnetz aufhält, übermittelt ein IPv6-Paket an einen CN. Im IPv6-Header wird daher die CoA des MN als IPv6-Quelladresse und die CNA als IPv6-Zieladresse eingesetzt. In diesem IPv6-Paket ist der Destination Options Header, d.h. ein MIPv6-spezifischer Teil, enthalten, in

16.4 Konzept des MIPv6

dem als `Home Address Option` (HAO) die Heimat-IP-Adresse (d.h. HoA) des MN angegeben wurde. Nach Empfang dieses IPv6-Pakets durch den CN wird die CoA durch die HoA ersetzt.

> **Bemerkung**: Falls z.B. zwischen MN und CN eine TCP-Verbindung aufgebaut wurde, als MN noch im Heimatsubnetz war, wird das Ende dieser TCP-Verbindung seitens MN durch die HoA bestimmt. Um die zu transportierenden Daten TCP zu übergeben, muss CoA durch HoA ersetzt werden. Da der Subnetzwechsel während einer bestehenden TCP-Verbindung stattfinden kann, soll das TCP davon nichts merken.

2. Der CN übermittelt ein IPv6-Paket an den MN, in dem die CNA als IPv6-Quelladresse und die CoA des MN als IPv6-Zieladresse enthalten sind. Dieses IPv6-Paket enthält den `Type 2 Routing Header`, in dem die HoA des MN übermittelt wird. Nach dem Empfang dieses IPv6-Pakets durch den MN wird die CoA durch die HoA ersetzt. Warum die HoA zusätzlich übermittelt wird, wurde bereits oben erläutert.

16.4.6 Home Agent Binding

Hat ein MN sein Heimatsubnetz gerade verlassen, muss er seinem Heimatagenten seine Nachsendeadresse im Fremdsubnetz mitteilen, d.h. die CoA. Dieser muss die entsprechende Zuordnung HoA ⇒ CoA in seinem Binding Cache eintragen. Falls ein MN sich gerade von einem Fremdsubnetz in ein anderes hineinbewegt, muss er die CoA aus dem neuen Fremdsubnetz ebenfalls seinem Heimatagenten mitteilen. Diese Aktualisierung der CoA bedeutet ein *Binding Update*. Ist der MN in sein Heimatsubnetz zurückgekehrt, muss er seinem Heimatagenten mitteilen, dass die ihn betreffende Zuordnung HoA ⇒ CoA in seinem Binding Cache 'gestrichen' werden muss. Der MN ist im Heimatsubnetz unter der HoA erreichbar. Die eben geschilderten Vorgänge werden als *Home Agent Binding* (*HA-Binding*) bezeichnet. Abb. 16.4-8 illustriert den Verlauf von HA-Binding.

Was ist Home Agent Binding?

Befindet sich MN in einem Fremdsubnetz, verläuft das HA-Binding in folgenden zwei Schritten:

1. Der MN übermittelt ein IPv6-Paket an den HA mit seiner CoA als IPv6-Qellladresse und mit der HAA als IPv6-Zieladresse. Dieses IPv6-Paket enthält einen `Destination Options Header`, in dem als `Home Address Option` (HAO) die HoA des MN angegeben wurde. Damit wird die Zuordnung: HoA ⇒ CoA im Binding Cache beim HA eingetragen. Falls zwischen MN und HA vorher eine Security Association nach dem IPsec aufgebaut wurde [Abb. 16.4-1], enthält das IPv6-Paket auch einen `ESP-Header` (*Encapsulating Security Payload*). Der letzte Extension Header im IPv6-Paket ist der `Mobility Header` mit dem `Binding Update` [Abb. 16.4-4].

2. Der HA bestätigt das Binding mit einem IPv6-Paket, in dem ein `Mobility Header` mit `Binding Acknowledgement` enthalten ist. Dieses IPv6-Paket enthält auch den `Type 2 Routing Header` mit der HoA des MN.

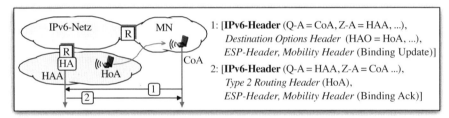

Abb. 16.4-8: Verlauf von Home Agent Binding (HA-Binding)
Q-A: IPv6-Quelladresse, Z-A: IPv6-Zieladresse, HA: Heimatagent,
HAA: HA Adresse, HOA: Home Address Option, R: Router, SN: Subnetz

16.4.7 Correspondent Node Binding

Was bedeutet Correspondent Node Binding?

Eine direkte Kommunikation zwischen einem MN, der sich in einem Fremdsubnetz aufhält, und einem CN kann nur stattfinden, wenn zwischen ihnen ein Binding besteht. Hierfür muss im Binding Cache des CN eine entsprechende Zuordnung MoA $\Rightarrow$ CoA enthalten sein. Das Eintragen und Aufrechterhalten dieser Zuordnung bezeichnet man als *Correspondent Node Binding* (*CN-Binding*). Abb. 16.4-9 illustriert diesen Vorgang.

Vergleicht man Abb. 16.4-8 und Abb. 16.4-9, stellt man fest, dass das CN-Binding ähnlich wie das HA-Binding verläuft. Im Gegensatz zum HA-Binding wird beim CN-Binding das IPsec in der Regel nicht verwendet. Somit enthalten die IPv6-Pakete beim CN-Binding keinen ESP-Header.

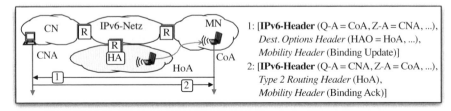

Abb. 16.4-9: Verlauf des Correspondent Node Binding (CN-Binding)
Abkürzungen wie in Abb. 16.4-8

16.4.8 Entdeckung eines Subnetzwechsels

Der MN muss während seiner Bewegung ständig überwachen, ob er sich in ein anderes Subnetz hinein bewegt und damit ein Subnetzwechsel stattgefunden hat. Um einen Subnetzwechsel zu entdecken, kommen mehrere Möglichkeiten infrage. Die einfachste Lösung ergibt sich aus dem Verlauf des *Neighbor Discovery Protocol* (NDP), dass ein Bestandteil des IPv6 ist [Abschnitt 9.2]. Das NDP stellt Funktionen zur Verfügung, einen Router zu entdecken. Diese Funktion lässt sich auch zur Entdeckung eines Subnetzwechsels einsetzen. Abb. 16.4-10 illustriert, wie dies funktioniert.

16.4 Konzept des MIPv6

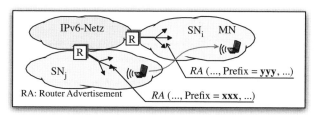

Abb. 16.4-10: Prinzip der Entdeckung eines Subnetzwechsels
HA: Heimatagent, R: Router, SN: Subnetz

Jeder IPv6-fähige Router sendet periodisch auf jedem Port die Nachricht `Router Advertisement` (`RA`), in der das Präfix des Subnetzes an diesem Port enthalten ist. Hat der MN das Subnetz gewechselt, empfängt er in einem anderen Subnetz `RA` mit einem anderen Subnetzpräfix. Sind die Subnetzpräfixe in jeweils zwei aufeinanderfolgenden `RA` nicht gleich, stellt der MN fest, dass ein Subnetzwechsel stattgefunden hat.

Erzeugung der CoA

Wenn der MN den Subnetzwechsel entdeckt hat, muss er im neuen Fremdsubnetz für sich eine neue Nachsendeadresse CoA erzeugen. Abb. 16.4-11 zeigt, wie die CoA aufgebaut wird, falls der MN eine MAC-Adresse besitzt.

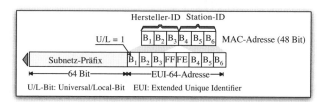

Abb. 16.4-11: Aufbau einer Nachsendeadresse CoA, falls der MN eine MAC-Adresse besitzt
MAC: Media Access Control

Eine CoA setzt sich zusammen aus dem Subnetzpräfix, das der MN aus `RA` erfährt, und aus seiner EUI-64-Adresse [Abb. 8.8-3]. Diese enthält 64 Bit und dient als Identifikation des MN. Die EUI-64-Adresse stellt eine durch die zwei Byte FF und FE aufgeteilte MAC-Adresse dar. Der MN muss auch überprüfen, ob seine CoA im Fremdsubnetz einmalig ist, d.h. ob es hier ein Duplikat gibt. Man spricht hierbei von *Duplicate Address Detection* (*DAD*). Diese Funktion gehört bereits zu den Aufgaben des IPv6 [Abschnitt 8.2.1].

CoA und DAD

16.4.9 Entdeckung der Home-Agent-Adresse

Bei der Konfiguration eines MN kann die Adresse seines Heimatagenten manuell eingetragen werden. Falls diese Adresse geändert wird, muss man auch in allen MNs eine entsprechende Änderung durchführen. Das MIPv6 bietet aber die Möglichkeit, die Adresse von Heimatagenten automatisch zu beziehen. Abb. 16.4-12 illustriert, wie dies funktioniert.

Um die Adresse des Heimatagenten in einem Fremdsubnetz zu entdecken, sendet der MN eine ICMPv6-Nachricht `Home Agent Address Discovery Request` (HAA

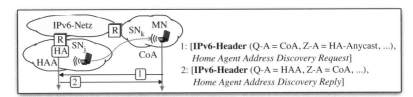

Abb. 16.4-12: Prinzip der Entdeckung der Home-Agent-Adresse (HAA)
HA: Heimatagent, HAA: HA Adresse

Discovery Request) als Anycast [Abschnitt 7.10] innerhalb seines Heimatsubnetzes (HA-Anycast). Somit wird diese ICMPv6-Nachricht im IPv6-Paket mit der IPv6-Zieladresse übermittelt, die mit dem Präfix (64 Bit) des Heimatsubnetzes beginnt. Die folgenden 64 Bit enthalten den Wert feff:ffff:ffff:fffe.

Jeder Heimatagent antwortet auf HAA Discovery Request mit der ICMPv6-Nachricht HAA Discovery Reply, in der die IPv6-Adressen von mehreren Heimatagenten enthalten sein können. Das kann beispielsweise der Fall sein, wenn Heimatagenten redundant ausgelegt sind.

16.5 Hierarchical MIPv6

Wozu Hierarchical MIPv6?

Falls ein mobiler Rechner während einer bestehenden Session mit einem anderen Rechner ein Subnetz verlässt und sich in ein anderes hineinbewegt, darf die bestehende Session nicht abgebrochen werden. Die Übernahme eines mobilen Rechners in ein neues Subnetz während einer bestehenden Session wird als Handover bezeichnet. Während des *Handover* wird jede bestehende Session 'eingefroren'. Daher muss die Dauer des Handover möglichst kurz gehalten werden, um die Qualität von Echtzeitapplikationen wie z.B. Voice over IP nicht negativ zu beeinflussen. U.a. um die Dauer von Handover zu reduzieren, wurde eine Erweiterung des MIPv6 als *Hierarchical Mobile IPv6* (*HMIPv6*) in RFC 4140 spezifiziert.

Vorteil von HMIPv6

Beim HMIPv6 wird die Funktionskomponente *Mobility Anchor Point* (MAP) eingeführt, die als Vertretung von Heimatagenten aus mehreren Subnetzen fungiert. Zusätzlich wird eine RCoA (*Regional Care-of-Address*) definiert, die als *regionale Nachsendeadresse* angesehen werden kann. Gegenüber MIPv6 besitzt HMIPv6 den Vorteil, dass ein mobiler Rechner seinem Heimatagenten nur dann die RCoA mitteilen muss, wenn er sich in den Zuständigkeitsbereich eines anderen MAP hinein bewegt hat.

16.5.1 Unterstützung der Mobilität mit dem HMIPv6

Das Protokoll HMIPv6 kommt zum Einsatz, wenn sich Benutzer mit mobilen Rechnern wie z.B. Smartphones, überwiegend lokal bewegen. Abb. 16.5-1 veranschaulicht das Konzept des HMIPv6. Speziell für den Fall, dass die Bewegung von Benutzern überwiegend lokal stattfindet, wurde das Konzept des MAP eingeführt. Ein MAP unterstützt die Mobilität innerhalb seines Bereichs, zu dem oft mehrere IPv6-Subnetze

16.5 Hierarchical MIPv6

(kurz Subnetze) gehören. Der Zuständigkeitsbereich eines MAP wird *MAP-Domäne* genannt. Dieser kann auch eine DNS-Domäne sein.

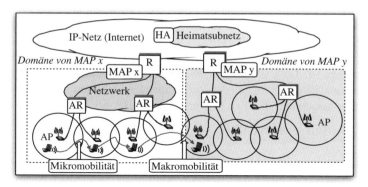

Abb. 16.5-1: Mikro- und Makromobilität per HMIPv6
AR: Access Router, HA: Heimatagent, MAP: Mobility Anchor Point, R: Router

Der MAP wird in einem Router untergebracht, über den ein Netzwerk an das Internet angeschlossen ist. Das Netzwerk kann sich wiederum aus einem kabelgebundenen Netzwerk und aus einem WLAN zusammensetzen bzw. nur ein WLAN darstellen. Im WLAN können mehrere *Access Points* (AP) installiert werden. Alle mobilen Rechner in einem Übertragungsbereich eines Access Routers (AR) gehören zu einer Funkzelle. Alle Funkzellen, die über einen AR an das kabelgebundene Netzwerk oder direkt an das Internet angebunden sind, bilden ein Subnetz.

Wie auch beim MIPv6 wird ein mobiler Rechner beim HMIPv6 als *Mobile Node* (MN) bezeichnet und sein Kommunikationspartner als *Correspondent Node* (CN). Falls der MN 'wandert', kann er die Funkzelle eines AP verlassen und in die Funkzelle eines anderen AP hineingehen. Gehören diese beiden Funkzellen zur Domäne desselben MAP, handelt es sich um lokale Mobilität, die als *Mikromobilität* bezeichnet wird. Hat der MN sich aber in eine Funkzelle eines anderen MAP hinein bewegt, spricht man von *Makromobilität*.

<small>Mikro- bzw. Makromobilität</small>

Beim HMIPv6 stellt ein MAP die Vertretung von Heimatagenten aller MNs dar, die sich in seiner Domäne vorläufig aufhalten. Somit hat jeder MN bei HMIPv6 in einem Fremdsubnetz zwei vorläufige Nachsendeadressen. Eine von ihnen wird als RCoA (*Regional CoA*) und die andere als LCoA (*On-Link CoA*) bezeichnet.

Die RCoA setzt sich aus dem Präfix der IPv6-Adresse des MAP und aus der Interface-Identifikation des MN zusammen. Die RCoA besagt, über welchen MAP der MN zu erreichen ist oder in welcher Domäne er sich aufhält. Die RCoA eines MN bleibt unverändert, solange er sich in der Domäne ein und desselben MAP aufhält. Der MN muss immer herausfinden, welcher MAP für ihn zuständig ist, und dem Heimatagenten in seinem Heimatsubnetz die RCoA mitteilen. Der Heimatagent sendet dann die in das Heimatsubnetz übermittelten und an den MN adressierten IPv6-Pakete an den MAP nach, und der MAP leitet sie an einen *Access Router* (AR) weiter. Hierfür muss der MN aber dem MAP immer die beiden Nachsendeadressen RCoA und LCoA mitteilen.

<small>Bedeutung der RCoA</small>

Nach dem Präfix in LCoA erfährt der MAP, in welchem Subnetz seiner Domäne der MN sich befindet.

Vorteil des HMIPv6

Solange ein MN sich von einem Subnetz zu einem anderen bewegt und hierbei in der Domäne desselben MAP bleibt, ist er über dieselbe RCoA erreichbar. Der MN muss daher seine RCoA nur dann dem Heimatagenten in seinem Heimatsubnetz mitteilen, falls er die Domäne eines MAP verlassen hat und in die Domäne eines anderen MAP hineingegangen ist. Dass der MN die RCoA, d.h. die regionale Nachsendeadresse, seinem Heimatagenten nur im Fall der stattgefundenen Makromobilität mitteilen muss, ist der größte Vorteil des HMIPv6 gegenüber dem MIPv6.

16.5.2 Finden eines MAP

Jeder MN muss immer den MAP herausfinden können, über den er von seinem Heimatsubnetz erreicht werden kann. Abb. 16.5-2 illustriert das Finden des MAP (*MAP Discovery*), falls die Access Router nicht direkt mit dem MAP verbunden sind.

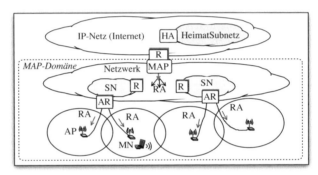

Abb. 16.5-2: Finden des MAP; der Access Router (AR) ist indirekt mit MAP verbunden
SN: Subnetz, RA: Router Advertisement, weitere Abkürzungen wie in Abb. 16.5-1

Jeder MAP sendet periodisch seine Bekanntmachungen als `MAP Option` (MAPO) in den Nachrichten `Router Advertisement` (RA) des Protokolls ICMPv6. Diese Nachrichten werden als Multicast an alle Router adressiert. In MAPO ist das Feld `Dist` enthalten, in dem die Entfernung als Anzahl von Hops zwischen dem MAP und dem Empfänger von RA eingetragen wird. Jeder Router, der RA empfangen hat, inkrementiert den Wert `Dist` um 1 und sendet RA mit MAPO auf seinem Subnetz als Multicast weiter. MAPO enthält das Adresspräfix aus der IPv6-Adresse vom Router mit dem MAP. Dieses Adresspräfix wird vom MN als Identifikation der MAP-Domäne interpretiert.

Hat der MN ein RA mit MAPO empfangen, so ist ihm ein AR bekannt, über den er mit dem terrestrischen Netzwerk verbunden werden kann, und er kann auch die regionale Nachsendeadresse RCoA für sich generieren. Sie besteht aus dem empfangenen 64 Bit langen Adresspräfix und aus der 64 Bit langen Interface-Identifikation des MN. Hat der MN aber mehrere RA mit MAPO über verschiedene ARs empfangen, wählt er nach dem Wert `Dist` den AR aus, der die geringste Entfernung zum MAP hat.

ARs direkt verbunden mit MAP

ARs können über einen Router mit dem MAP direkt verbunden werden. Hierbei verläuft die Entdeckung des MAP nach den gleichen Regeln. Beim direkten Verbund von ARs mit dem MAP empfängt ein MN aber immer nur ein RA mit MAPO und mit Dist = 1. Hat ein MN einen neuen MAP entdeckt, bedeutet dies, dass er sich in die Domäne eines anderen MAP hinein bewegt hat. Es handelt sich somit um Makromobilität [Abb. 16.5-1].

16.5.3 Unterstützung der Mikromobilität

Verlässt ein MN ein Subnetz und geht in ein neues hinein, so bezeichnet man dies als *Mikromobilität*. Damit jeder MN in der Lage ist, jeden Subnetzwechsel zu entdecken, sendet jeder AR periodisch `Router Advertisement` (`RA`) als ICMPv6-Nachricht. RA enthält das Adresspräfix aus der IPv6-Adresse des AR. Dieses Adresspräfix stellt für den MN die Identifikation des Subnetzes dar und wird vom MN verwendet, um die neue Nachsendeadresse LCoA zu generieren.

Entdeckung des Subnetzwechsels

Die lokale Nachsendeadresse LCoA des MN enthält vorn dieses Adresspräfix und am Ende seine 64 Bit lange Identifikation. Die LCoA entspricht weitgehend der Nachsendeadresse CoA beim MIPv6 und bestimmt den MN im Zielsubnetz.

Bedeutung der LCoA

Abb. 16.5-3 illustriert die Unterstützung der Mikromobilität. Nach dem Empfang von RA muss jeder MN immer vergleichen, ob das Adresspräfix im letzten RA mit dem Adresspräfix im neuen RA übereinstimmt. Ist dies der Fall, hat der MN das Subnetz nicht verlassen. Ist es aber nicht der Fall, hat der MN ein neues Subnetz betreten, muss sich eine neue LCoA generieren und bei einem neuen AR registrieren.

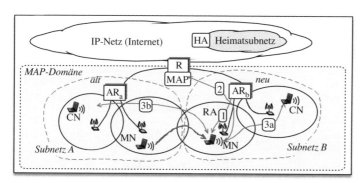

Abb. 16.5-3: Prinzip der Unterstützung der Mikromobilität mit dem HMIPv6
CN: Correspondent Node, weitere Abkürzungen wie in Abb. 16.5-1

Zur Unterstützung der Mikromobilität unterscheidet man folgende Schritte:

1. *Entdeckung der Mikromobilität* (*Movement Detection*)
   Der MN hat nach dem Empfang von RA und dem Vergleich des Adresspräfixes aus seiner LCoA mit dem Adresspräfix im neuen RA festgestellt, dass sie unterschiedlich sind. Daher ist er in ein neues Subnetz hineingegangen und generiert eine neue LCoA aus dem neuen Adresspräfix.
2. *Registrierung der neuen LCoA beim MAP*
   Um die neue LCoA bei seinem MAP bekannt zu machen, übermittelt der MN die LCoA an den MAP in der Nachricht `Binding Update` (BU) [Abb. 16.4-4]. Der MAP ersetzt die alte LCoA durch diese neue und hat damit den Wechsel des Subnetzes durch den MN bei sich eingetragen.

3. *Mitteilen der neuen LCoA an seine CNs*
   Wechselt der MN das Subnetz während der direkten Kommunikation [Abb. 16.4-7] mit einigen CNs, muss er diesen CNs seine neue Lage im Netzwerk mitteilen. Hierbei teilt der MN in der Nachricht BU mit:

3.a) allen CNs in seinem neuen Subnetz die aktuelle LCoA und

3.b) allen CNs außerhalb des neuen Subnetzes seine RCoA. Diese CNs erreichen den MN nun über den MAP.

Nach dem dritten Schritt können die von den CNs an den MN in sein Heimatsubnetz übermittelten IPv6-Pakete vom HA an den MAP und dann von ihm (nach der beim MAP gespeicherten Zuordnung RCoA ⇒ LCoA) an den neuen AR übergeben werden. Vom AR werden die IPv6-Pakete an den MN gesendet.

16.5.4 Unterstützung der Makromobilität

Verlässt ein MN ein Subnetz und geht in ein neues hinein, kann es sich auch um Makromobilität handeln [Abb. 16.5-1]. Damit jeder MN in der Lage ist, jeden Wechsel der MAP-Domäne zu entdecken, sendet jeder MAP periodisch die ICMPv6-Nachricht Router Advertisement (RA) mit MAP Option (MAPO) als Multicast an alle Router aus. MAPO enthält das 64 Bit lange Adresspräfix aus der IPv6-Adresse des Routers mit dem MAP. Dieses Adresspräfix stellt für den MN die Identifikation der MAP-Domäne dar. Die RCoA des MN setzt sich aus diesem Adresspräfix und aus seiner 64 Bit langen Identifikation zusammen.

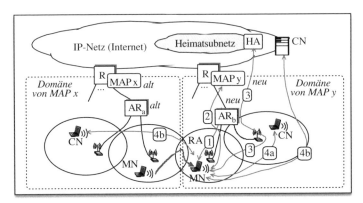

Abb. 16.5-4: Prinzip der Unterstützung der Makromobilität mit dem HMIPv6
Abkürzungen wie in Abb. 16.5-1

Makromobilität = Wechsel Der MAP-Domäne

Abb. 16.5-4 illustriert, die Unterstützung der Makromobilität. Nach jedem Empfangen von MAPO muss jeder MN immer vergleichen, ob das Adresspräfix in der letzten MAP Option mit dem Adresspräfix in der neuen MAPO übereinstimmt. Ist dies der Fall, hat der MN die MAP-Domäne noch nicht verlassen. Ist es aber nicht der Fall, hat der MN eine neue MAP-Domäne betreten. Dann muss er sowohl eine neue regionale Nachsendeadresse RCoA als auch eine neue lokale Nachsendeadresse LCoA generieren und sich damit bei einem neuen MAP registrieren. Dadurch kann der neue MAP bei sich

16.5 Hierarchical MIPv6

die Zuweisung RCoA ⇒ LCoA abspeichern. Aus der LCoA kann der MAP erkennen, an welchen AR er die IPv6-Pakete weiterleiten muss, die an den MN adressiert sind und vom HA an die RCoA nachgesendet wurden.

Zur Unterstützung der HMIPv6-Makromobilität werden folgende Schritte benötigt: *Ablauf der Makromobilität*

1. *Entdeckung der Makromobilität*
   Hat der MN nach dem Empfang von RA vom MAP und dem Vergleich des Adresspräfixes aus seiner RCoA mit dem Adresspräfix im neuen RA festgestellt, dass sie unterschiedlich sind, bedeutet dies, dass er eine neue MAP-Domäne betreten hat. Daher generiert der MN eine neue regionale Nachsendeadresse RCoA aus dem neuen Adresspräfix. Weil beim Wechsel einer MAP-Domäne gleichzeitig ein Subnetzwechsel stattfindet, muss der MN auch eine neue lokale Nachsendeadresse LCoA aus dem Adresspräfix des neuen AR generieren; was in RA enthalten ist.

2. *Registrierung von RCoA und LCoA beim neuen MAP*
   Der MN übermittelt dem neuen MAP in der Nachricht Binding Update (BU) die RCoA und die LCoA, der MAP trägt sich die Zuordnung RCoA ⇒ LCoA ein. Die an den MN adressierten und vom Heimatagenten an den MAP nachgesendeten IPv6-Pakete werden nun aufgrund der LCoA vom MAP an einen AR und von diesem an den MN weitergeleitet.

3. *Die neue RCoA wird dem HA im Heimatsubnetz mitgeteilt*
   Da die RCoA für den Heimatagenten die Nachsendeadresse ist, über die der MN zu erreichen ist, macht der MN dem Heimatagenten seines Heimatsubnetzes die neue RCoA in der Nachricht BU bekannt.

4. Falls der MN während der direkten Kommunikation mit einigen CNs ein Subnetz gewechselt hat, muss er diesen CNs seinen neuen Ort mitteilen. Hierbei teilt der MN in der Nachricht BU mit:

4.a) allen CNs in seinem neuen Subnetz die neue LCoA und

4.b) allen CNs außerhalb des neuen Subnetzes seine RCoA.

Nach dem vierten Schritt können die von den CNs an den MN in sein Heimatsubnetz übermittelten IPv6-Pakete vom Heimatagenten an den neuen MAP und von diesem weiter an den neuen AR nachgesendet werden. Der AR übermittelt die IPv6-Pakete an den MN.

16.5.5 Datentransfer zwischen MN und CN

Hat sich der MN bei einem MAP registriert, wird beim MAP die Zuordnung RCoA ⇒ LCoA eingetragen. Abb. 16.5-5 illustriert die Übermittlung der IPv6-Pakete zwischen MN und CN.

Hierbei sind folgende zwei Fälle zu betrachten: Die aktuelle regionale Nachsendeadresse RCoA des MN ist einem CN

a) noch nicht bekannt bzw. ist
b) bekannt.

Fall a): CN kennt RCoA des MM noch nicht

Im Fall a) initiiert ein CN, der sich außerhalb des Subnetzes befindet, in dem sich der MN aktuell aufhält, eine Kommunikation zum MN und sendet ein IPv6-Paket an seine HoA (Heimatadresse). Dieses Paket empfängt aber der HA (Heimatagent) in seinem Heimatsubnetz und leitet es an den MAP um, also in die Domäne, wo der MN sich aktuell aufhält. Hierfür wird beim HA dem Original-IPv6-Paket ein zusätzlicher IPv6-Header vorangestellt, in dem als IPv6-Zieladresse die Adresse des MAP und als IPv6-Quelladresse die Adresse des HA eingetragen werden. Der MAP leitet danach das Original-IPv6-Paket an den MN weiter. Hierfür stellt MAP dem Original-IPv6-Paket einen zusätzlichen IPv6-Header voran, in dem als IPv6-Zieladresse die lokale Nachsendeadresse des MN – also die LCoA – und als IPv6-Quelladresse die Adresse des MAP eingetragen werden.

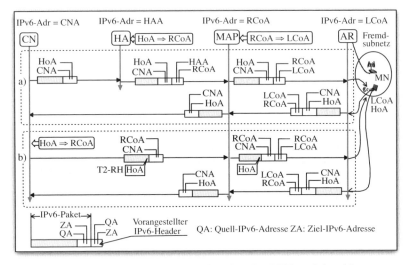

Abb. 16.5-5: Datentransfer zwischen MN und CN über den MAP und den AR:
a) vor der Mitteilung der RCoA, b) CN kennt die RCoA des MN
CNA; CN Address, HAA: HA Address, HoA; Home Address, LCoA: On-Link CoA, RCoA: Regional CoA, T2-RH: Type 2 Routing Header

Fall b): CN kennt RCoA des MM

Kennt der CN, der sich außerhalb des Subnetzes befindet, in dem sich der MN aktuell aufhält, bereits die regionale IPv6-Nachsendeadresse RCoA des MN, sendet er ein an den MN adressiertes IPv6-Paket mit der regionalen IPv6-Nachsendeadresse RCoA. Wie Abb. 16.5-5b illustriert, enthält dieses Paket einen Type 2 Routing Header (T2-RH), in dem als Option die HoA des MN übermittelt wird [Abb. 16.4-7], sodass die RCoA beim MN durch die HoA ersetzt werden kann.

Der MAP leitet das Original-IPv6-Paket mit einem vorangestellten IPv6-Header an den MN weiter. Im zusätzlichen IPv6-Header – ebenso wie im Fall a) – werden als IPv6-Zieladresse LCoA und als IPv6-Quelladresse die MAP-Adresse eingetragen.

Sendet der MN später eine Antwort an den CN, so sendet er sie nicht direkt an den CN, sondern auch über seinen MAP. Daher wird dem Original-IPv6-Paket ein zusätzlicher IPv6-Header beim MN vorangestellt, in dem die Adresse des MAP als

IPv6-Zieladresse und die LCoA als IPv6-Quelladresse eingetragen werden. Der MAP leitet danach das IPv6-Orginalpaket an den CN weiter.

Die Übermittlung der IPv6-Pakete über einen MAP hat den Vorteil, dass die RCoA beim HA so lange gültig ist, wie sich ein MN innerhalb derselben MAP-Domäne bewegt.

16.6 Schlussbemerkungen

Bei der Mobilität in IP-Netzen muss man unterscheiden, um welche Art der Mobilität es sich handelt – und zwar, ob um die Mobilität:

- eines einzigen Rechners (*Host Mobility*) oder
- eines auf einem Wirt-Server eingerichteten, virtuellen Netzwerks (*Virtual Network Mobility*), das dort durch eine Vernetzung von virtuellen Rechnern mittels virtueller Layer-2-Switches entstanden ist.

Für die Unterstützung der Mobilität in den eben genannten Fällen sind unterschiedliche Konzepte und Protokolle nötig. Aus Platzgründen konnten wir hier nur die Protokolle MIPv4, MIPv6, und HMIPv6 zur Unterstützung der *Host Mobility* darstellen. Um die *Virtual Network Mobility* zu ermöglichen, wurden bereits zwei revolutionäre, neue Konzepte von der IETF spezifiziert: Das modernisierte Protokoll IP, das als *Identifier-Locator Network Protocol* (ILNP) bezeichnet wird und das Protokoll LISP (*Locator/ID Separation Protocol*). Daher möchten wir hier diese beiden Konzepte für Virtual Network Mobility auch kurz zusammenfassen.

Im Hinblick auf die Unterstützung der Host Mobility ist hervorzuheben:

- Weil das MIPv6 ein komplexes Protokoll ist, konnten hier nicht alle Aspekte des MIPv6 dargestellt werden. Es wurde hier u.a. nicht gezeigt, wie die *Return Routability Procedure* bzw. die Aktualisierung von Subnetzpräfixen verläuft. Die Sicherheitsaspekte konnten auch nicht angesprochen werden. — Host Mobility

- Ein mobiler Rechner kann über mehrere CoAs als Nachsendeadressen verfügen. Dies kann u.a. der Fall sein, wenn er sich dort aufhält, wo zwei benachbarte WLAN-Zellen sich überlagern, die jeweils ein Subnetz darstellen. In diesem Fall gehört der mobile Rechner zu zwei Subnetzen, sodass er über zwei CoAs verfügt. Folgerichtig kann ein mobiler Rechner beim Einsatz des HMIPv6 auch über mehrere LCoAs und RCoAs verfügen. — Mehrere CoAs

- Um beim Einsatz des HMIPv6 eine möglichst große Zahl von WLANs zu erfassen, können mehrere MAPs (*Mobility Anchor Points*) so eingesetzt werden, dass sie in einer Hierarchie zueinander stehen. Dies bedeutet, dass die Route von einem Heimatagenten zu einem mobilen Rechner über mehrere MAPs führen kann. — Hierarchie von MAPs

- Bei MIPv6 kann ein Subnetzwechsel während einer bestehenden TCP-Verbindung erfolgen. Dass ein Subnetzwechsel stattgefunden hat, soll das TCP nicht merken. Es werden verschiedene Konzepte entwickelt, um Handover in allen möglichen Situationen sicher durchführen zu können. Man spricht in diesem Zusammenhang z.B. von *Smooth Handover*, *Fast Handover* bzw. *Seamless Handover*. — MIP und Handover

Protokoll FMIPv6	■ Um die Dauer eines Handover beim MIPv6 möglichst kurz zu halten, wurde das Protokoll FMIPv6 (*Fast Handover for Mobile IPv6*) zuerst in RFC 4068 spezifiziert und dessen letzte Version beschreibt RFC 5568. Verlässt ein mobiler Rechner ein Subnetz und bewegt sich in ein anderes Subnetz hinein, muss er in diesem neuen Subnetz eine neue Nachsendeadresse NCoA (*New Care-of-Address*) für sich generieren – und der Zeitaufwand hierfür soll möglichst gering sein. Im Gegensatz zum MIPv6 erlaubt das FMIPv6 dem mobilen Rechner, eine NCoA zu generieren bevor er bei einem Router im neuen Subnetz 'angemeldet' ist. Das FMIPv6 wird unter Linux (und somit auch Android) bereits unterstützt.
Bedeutung von IMS	■ Um die Echtzeitanwendungen wie z.B. Voice over IP oder IP-TV, in integrierten Netzstrukturen mit UMTS, LTE und WLANs, die man als *4G-Mobilfunknetze* bezeichnet, in guter Qualität zu ermöglichen, kann die Koexistenz von MIPv6, FMIPv6 und HMIPv6 zukünftig unabdingbar werden. In diesem Zusammenhang ist auch die Bedeutung von IMS hervorzuheben – siehe hierfür Abb. 7.6-1.
Virtual Network Mobility (VMM)	Um *Virtual Network Mobility* (VNM) uneingeschränkt zu ermöglichen, benötigt man eine Lösung, die es erlaubt, ein aus virtuellen Rechnern bestehendes, auf einem Wirt-Server eingerichtetes Netzwerk auf einen anderen Wirt-Server zu transferieren und dieses dort in Betrieb nehmen zu können, ohne die IP-Adressen von virtuellen, zu diesem Netzwerk gehörenden Rechnern ändern zu müssen. Eine solche Wunschvorstellung ist nur bei einer zweistufigen IP-Adressierung realisierbar. Dies bedeutet jedoch, dass hierfür eine Verbesserung der Adressierung bei den Protokollen IPv4 und IPv6 notwendig ist. Das Ziel 'die Verbesserung der Adressierung bei IP' liegt den beiden, bereits erwähnten Protokollen – d.h. dem ILNP [Abschnitt 14.7.1] und dem LISP [Abschnitt 14.7.2] – zugrunde.
	Abb. 16.6-1 zeigt eine Gegenüberstellung von ILNP und LISP im Hinblick auf die Möglichkeiten der Mobilität virtueller Rechner (*Virtual Host Mobility*, VHM) und virtueller Netzwerke (VNM).
	In Bezug auf die Möglichkeiten der Mobilität virtueller Rechner (VHM) und virtueller Netzwerke (VNM) lassen sich ILNP und LISP wie folgt kurz charakterisieren:
VNM mit ILNP	■ Das ILNP sieht eine zweistufige Struktur der Adressierung sowohl bei IPv4 wie auch bei IPv6 vor. Für die Adressierung eines Rechners bei ILNP dienen die folgenden beiden Adressangaben:

▷ *Locator* (Loc) als Ziel/Endpunkt einer Route und

▷ *Node Identifier* (NID) als Identifikation eines Rechners am Ende der Route.

Von großer Bedeutung ist, dass der NID eines Rechners langlebig (de facto konstant in der Zeit) ist und sein Locator variabel sein kann.

Falls eine Route zu einem Netzwerk führt, können mehrere Rechner den Endpunkt einer Route (also einen Locator) als Zugangspunkt nach 'Außenwelt' gemeinsam nutzen – der Locator eines Netzwerks kann sich aber ändern. Dadurch kann man ein virtuelles Netzwerk, von einer Lokation an eine andere, sogar weltweit, transferieren/transportieren, ohne dabei die NIDs von zu ihm gehörenden Rechnern ändern zu müssen. Dank dieser Möglichkeit lässt sich eine grenzenlose Mobilität sowohl virtueller Rechner als auch virtueller Netzwerke erreichen.

16.6 Schlussbemerkungen

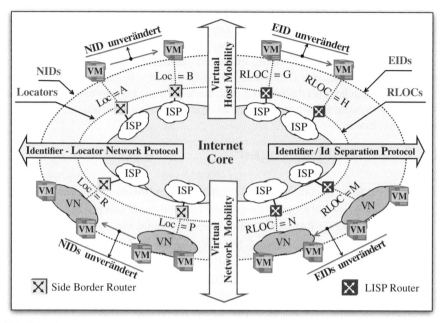

Abb. 16.6-1: Virtual Host Mobility und Virtual Network Mobility bei ILNP und LISP
Loc: Locator, VM: Virtual Machine, VN: Virtual Network

- Das LISP – ebenso wie das ILNP – definiert eine zweistufige Struktur der Adressierung sowohl bei IPv4 wie auch bei IPv6. Für die Adressierung eines Rechners dienen bei LISP folgende Angaben: *VHM und VNM mit LISP*

  ▷ *Routing Locator* (RLOG) als Ziel-/Endpunkt einer Route und
  ▷ *Endpoint Identifier* (EID) als Identifikation eines Rechners am Ende der Route.

Es sei hervorgehoben, dass EID eines Rechners konstant in der Zeit ist und sein RLOG variabel sein kann. Führt eine Route zu einem Netzwerk, können mehrere Rechner in diesem Netzwerk den RLOG gemeinsam nutzen.

Da der RLOG des Netzwerks sich ändern kann, ermöglicht dies, ein virtuelles Netzwerk von einer Lokation an eine andere zu transferieren, ohne dabei die EIDs von Rechnern in diesem virtuellen Netzwerk ändern zu müssen. Dadurch ist eine uneingeschränkte Mobilität sowohl virtueller Rechner als auch virtueller Netzwerke möglich.

Vergleicht man ILNP mit LISP, so entspricht der Funktion nach: *ILNP versus LISP*

- RLOC bei LISP dem Locator bei ILNP sowie
- EID bei LISP dem NID bei ILNP.

Um LISP im Internet einsetzen zu können, muss aber 'irgendwie und irgendwo' ermittelt werden, welcher RLOC welchem EID entspricht [Abb. 16.6-1]. Hierfür ist ein sog. EID-to-RLOC Mapping-System (ERM-System) notwendig. Die in RCF 6836 spezifizierte Realisierung des ERM-Systems bezeichnet man als LISP+ALT (*LISP Alternative Logical Topology*) und eine wichtige Besonderheit von LISP+ALT besteht   *LISP+ALT* darin, dass bei dessen Realisierung die heutige Infrastruktur im Internetkern, welche bei LISP als *LISP Data Plane* fungieren würde, unverändert bleibt. Es muss lediglich 'parallel' zum Internetkern eine *LISP Control Plane* eingerichtet werden. Diese würde eine spezielle Routing-Infrastruktur bilden, in der man die EID-Präfixe – die quasi als 'Internet-Vorwahlnummern' von LISP-Sites dienen – bekannt gemacht werden könnte. Eine solche, als LISP+ALT bezeichnete Control Plane würde dann ein verteiltes ERM-System im Internet darstellen. Für Näheres darüber sei auf LISP+ALT in [Bad14] verwiesen.

16.7 Verständnisfragen

1. Wie lässt sich die Mobilität von Rechnern zwischen Hotspots erreichen?
2. Worauf basiert das allgemeine Prinzip der Unterstützung von mit einem Subnetzwechsel verbundener Rechner-Mobilität bei MIPv4 und MIPv6?
3. Welche Aufgaben haben die sog. Mobility Agents – nämlich Home Agent und Foreign Agent – bei den beiden MIP-Protokollen?
4. Worin bestehen die Unterschiede zwischen den Konzepten MIPv4 und MIPv6?
5. Wie erkennt ein mobiler Rechner mit MIPv4 bzw. mit MIPv6:
   - dass er sein Heimatsubnetz verlassen hat und sich in einem Fremdsubnetz als 'Gast' befindet; und was muss er tun, um über Internet kommunizieren zu können?
   - dass er von einem Frendsubnetz in das Heimatsubnetz zurückgekehrt ist; und was muss nun von ihm getan werden?
6. Worin bestehen bei MIPv4 die Unterschiede zwischen 'Foreign-Agent-Modus' und 'Colocaterd-Modus'?
7. Was bedeutet 'mobiles IP-Routing' bei MIPv4?
8. Was versteht man bei MIPv6 unter 'Home Agent Binding' und 'Correspondent Node Binding'?
9. Worin besteht die Idee von 'hierarchical MIPv6'?
10. Was versteht man bei MIPv6 unter Mikromobilität und Makromobilität und wie realisiert man diese beiden Mobilitätsarten?

17 Internet of Things – Technische Grundlagen und Protokolle

Der Wunsch und das Streben nach mehr Lebensqualität, mehr Energieeffizienz und bessere Umweltschutz hat zur Folge, dass verschiedene Sensoren für Überwachung und Meldung unterschiedlicher Ereignisse wie auch diverse, auf Basis von Mikroprozessoren aufgebaute Aktuatoren zur Ansteuerung wichtiger technischer, in unserem Alltag allgegenwärtiger 'smarter Dinge' ständig und immer mehr an Bedeutung und Verbreitung gewinnen. Damit man diese 'Dinge' überall und jederzeit ansteuern und effektiv nutzen kann, werden sie in das herkömmliche Internet integriert, und dies führt zu einer besonderen Internet-Erweiterung. Diese wird als *Internet of Things* (IoT) bzw. als *Internet der Dinge* bezeichnet.

IoT: Eine besondere Internet-Erweiterung

Die Kommunikation zwischen Things im IoT erfolgt meistens über sogenannte WSANs (*Wireless Sensor Actuator Networks*), die häufig als LR-WPANs (*Low-Rate Wireless Personal Area Networks*) nach dem IEEE-Standard 802.15.4 eingerichtet werden. Da WSANs sehr stark ressourcenbeschränkt, besonders energiearm und verlustbehaftet sind, nennt man sie auch *Constrained Networks* bzw. LLNs (*Low-Power and Lossy Networks*). Eine Adaption des IPv6 für den Einsatz im IoT ist unabdingbar, und sie wird als 6LoWPAN (*IPv6 over Low-power Wireless Personal Area Networks*) bezeichnet.

WSANs, LR-PWANs, LLNs und 6LoWPAN

Das IoT bilden de facto die in das Internet integrierten LLNs mit dem adaptierten IPv6. Im IoT ist ebenso wie im herkömmlichen Internet ein Routing-Protokoll nötig. Hierfür wurde das 'IPv6 Routing Protocol for Low-Power and Lossy Networks' (RPL) entwickelt und kann auch als Routing-Protokoll für das IoT angesehen werden. Für den Einsatz im IoT als Applikationsprotokoll wurde das webspezifische Protokoll CoAP (Constrained Application Protocol) vorgesehen. CoAP ist ähnlich wie das Protokoll HTTP (Hypertext Transfer Protocol) konzipiert.

RPL und CoAP

Nach einer Darstellung von technischen Grundlagen des IoT in Abschnitt 17.1 werden dessen Protokolle in den nächsten Abschnitten erläutert, und zwar: 6LoWPAN in Abschnitt 17.2, das als RPL (*Routing Protocol for Low power and Lossy Networks*) bezeichnete Routing-Protokoll in Abschnitt 17.3 und das Applikationsprotokoll CoAP (*Constrained Application Protocol*) in Abschnitt 17.5. Schlussbemerkungen in Abschnitt 17.5 runden dieses Kapitel ab.

Überblick über das Kapitel

Ziel dieses Kapitels In diesem Kapitel werden u.a. folgende Fragen beantwortet:

- Wie kann man sich technisch das IoT vorstellen?
- Welche Bedeutung für IoT haben Cloud Computing und Fog Computing?
- Welche Technologien und Protokolle sind zur Realisierung des IoT nötig?
- Wie kann SDN (*Software Defined Networking*) im IoT eingesetzt werden?
- Worin besteht die Adaption von IPv6 für dessen Einsatz im IoT?
- Wie wird das Protokoll RPL konzipiert und welche Funktionen liefert es?
- Welche Funktionen stellt das Applikationsprotokoll CoAP zur Verfügung?

17.1 Herkömmliches Internet und IoT

Das IoT kann als eine besondere Erweiterung des herkömmlichen Internet angesehen werden. Dies sowie weitere strukturelle und funktionale Besonderheiten von IoT werden in den Abschnitten 17.1.1, 17.1.2 und 17.1.3 präsentiert.

Cloud und Fog Computing

Um IoT Services zu erbringen, diese entsprechend den von Menschen gestellten Anforderungen zu dokumentieren und in einer visuellen Form präsentieren zu können, ist eine spezielle *IoT Service Platform* nötig. Ihre Funktionalität wird durch verschiedene IoT-spezifische Clouds erbracht. Demzufolge spielt *Cloud Computing*, als eine zentralisierte Form von Computing im IoT, eine wichtige Rolle. Zusätzlich zu dieser zentralisierten Form ist eine dezentralisierte/verteilte Form von Computing im IoT nötig, und sie wird durch eine nebelartige Installation von Fog Nodes (einer Art *Mini Clouds*) am Rande des Internet erbracht. In diesem Zusammenhang spricht man im IoT von *Fog Computing*. Auf diese beiden Arten von Computing geht Abschnitt 17.1.4 detaillierter ein.

Cloud, Fog und ROOF Computing

Es wird gezeigt, dass man eine hierarchische, aus Clouds, Fog Nodes und ROOF-Komponents (*Real-time Onsite Operations Facilitation*) am Rande des Internet bestehende Struktur benötigt, um an IoT Services gestellte zeitkritische Anforderungen erfüllen und sogenannte Near Real-Time IoT Services erbringen zu können. Aus diesem Grund wird im Hinblick auf das IoT von *Cloud Computing*, *Fog Computing* und *ROOF Computing* gesprochen [Abschnitt 17.1.5].

Im Weiteren werden insbesondere die folgenden Besonderheiten von IoT zum Ausdruck gebracht:

Multilayer-Modell von IoT

- Dass mehrere funktionale Bereiche im IoT zu unterscheiden sind, dass diese in einer Hierarchie zueinander stehen und dass diese Hierarchie der funktionalen Bereiche zu einem Multilayer-Modell von IoT führt [Abschnitt 17.1.6].

Einsatz von SDN im IoT

- Um IoT Services ständig, quasi dynamisch, an neue Anforderungen anpassen zu können, können die Prinzipien von SDN (*Software Defined Networking*) zur adaptiven Gestaltung von IoT Services verwendet werden. Die Bedeutung von SDN im IoT präsentiert Abschnitt 17.1.7.

Protokollarchitektur von IoT Devices

- Dass die Protokollarchitektur von IoT Devices, wie die Protokollarchitektur von Rechnern im herkömmlichen Internet, auch als eine aus mehreren Schichten bestehende hierarchische Architektur dargestellt werden kann und dass die Hierarchie der IoT-Protokolle ein Multilayer-Modell dargestellt [Abschnitt 17.1.8].

6LoWPAN auf dem Layer 3

- Dass der Layer 2 in der Protokollarchitektur von IoT Devices die Frames als eine Art *Container* für die Übermittlung von Daten in IPv6-Paketen bereitstellt, dass die geringe Größe dieser Frames eine große Auswirkung auf den Layer 3 mit dem IPv6 hat und dass infolgedessen eine 'abgespeckte', als 6LoWPAN (*IPv6 over Lowpower Wireless Personal Area Networks*) bezeichnete, Fassung des IPv6 auf dem Layer 3 zum Einsatz kommen muss [Abschnitt 17.1.9].

17.1.1 Allgemeine Definition von IoT

Bevor wir uns verschiedenen technischen IoT-Aspekten widmen, soll zuerst die allgemeine Definition von IoT aus der Recommendation ITU-T Y.2060 (06/2012) unter dem Titel 'Overview of the Internet of things' aufgegriffen und hier zitiert werden. In der Recommendation ITU-T Y.2060[1] wird das IoT wie folgt definiert:

Internet of Things (IoT): A global infrastructure for the information society, enabling advanced services by interconnecting (physical and virtual) things based on, existing and evolving, interoperable information and communication technologies.

Diese Definition kann etwas präziser und das IoT ausführlicher, aber immer noch sehr allgemein, mit dem folgenden Satz verfasst werden:

Allgemeine Definition von IoT

> Das IoT ist eine besondere globale Informations- und Kommunikationsinfrastruktur, mit *der unterschiedliche ubiquitäre (allgegenwärtige) Anwendungen und Services* durch diverse, auf der Basis von bestehenden und zukünftigen Informations- und Kommunikationstechnologien realisierten, *in der Regel drahtlosen, Vernetzungen verschiedener physikalischer und virtueller Dinge (Objekte) sowohl untereinander als auch mit dem herkömmlichen Internet* erbracht und *dann überall und jederzeit verfügbar gemacht werden können.*

Diese dargelegte Definition soll folgende drei IoT-Besonderheiten (oben unterstrichen) zum Ausdruck bringen, und zwar:

IoT-Besonderheiten

1. IoT-Anwendungen und -Services werden zukünftig überall und jederzeit verfügbar sein. Folglich können sie auch allen Menschen zugänglich gemacht werden.
2. Das IoT realisiert eine Kopplung diverser und in der Regel drahtlos verbundener verschiedener physikalischer sowie virtueller 'intelligenter Dinge', *Smart Objects* genannt, sowohl untereinander als auch mit dem herkömmlichen Internet. Demzufolge ist das IoT kein separates physikalisches Netz, sondern als eine besondere Ergänzung zum herkömmlichen Internet anzusehen.
3. IoT-Anwendungen und -Services können über das herkömmliche Internet, über andere spezielle Netze, insbesondere über Mobilfunknetze der neuesten Generationen 4G und 5G sowie über WLANs (*Wireless Local Area Networks*), überall und jederzeit verfügbar gemacht werden Abb. 17.1-2.

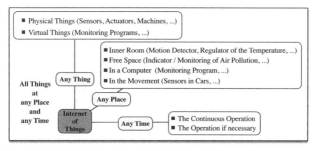

Abb. 17.1-1: Die drei Hauptmerkmale von IoT als dessen Dimensionen

---
[1] siehe: https://www.itu.int/rec/T-REC-Y.2060-201206-I

IoT-Dimensionen	Aus der hier präsentierten Definition des IoT gehen (aus theoretischer Sicht) drei Hauptbesonderheiten der Kommunikation hervor, die sind:

- 'Any Thing',
- 'Any Place' und
- 'Any Time'.

Wir können also festhalten: Alle Dinge sind überall und jederzeit zugänglich. Diese Besonderheiten des IoT können auch als 'IoT-Dimensionen' angesehen werden, wie in Abb. 17.1-1 verdeutlicht. |
| Hauptziel von IoT | Basierend auf den hier zum Ausdruck gebrachten IoT-Dimensionen könnte man das Hauptziel von IoT mit einem Satz wie folgt erfassen:

> Mittels des IoT sollen die technischen Dinge unseres alltäglichen Lebens allen Menschen überall und jederzeit zugänglich und nutzbar sein. |

17.1.2 IoT aus funktionaler Sicht

IoT als funktionale Erweiterung des Internet	Die eben präsentierte allgemeine Definition von IoT soll nun aus einer funktionalen Sicht verdeutlicht werden. Zu diesem Zweck illustriert Abb. 17.1-2 die grundlegende Idee von IoT, und zwar die, dass IoT eine funktionale Erweiterung des herkömmlichen Internet um verschiedene 'smarte technische Dinge' unserer alltäglichen Umgebung darstellt. Dadurch können innovative und intelligente Anwendungen und Services realisiert und den Menschen überall und jederzeit verfügbar gemacht werden.
Access Gateways als Border Routers	Es sei angemerkt, dass die funktionale Erweiterung des herkömmlichen Internet um Smart Objects, de facto durch eine Erweiterung um das IoT, mithilfe intelligenter *Access Gateways* erfolgt; Abb. 17.1-2 bringt dies auch zum Ausdruck. Es sei angemerkt, dass diese Access Gateways auch die Funktion von Routern erbringen. Aus diesem Grund werden die Access Gateways auch als *Border Router* bezeichnet.
Kommunikationsarten über das herkömmliche Internet	Betrachtet man das herkömmliche Internet nur im Hinblick auf die Kommunikationsarten, also Datenflüsse, stellt man schnell fest, dass hier die zwei Akteure Menschen und Rechner im 'Spiel' sind. Im herkömmlichen Internet realisiert man somit nur folgende drei Kommunikationsarten:
P2P	1. *Person to Person – Mensch zu Mensch*: Diese Art der Kommunikation realisiert man beispielsweise mit dem E-Mail-Dienst.
P2C & C2P	2. *Person to Computer – Mensch zu Rechner* und *Person to Computer – Rechner zu Mensch*: Diese Art der gerichteten Kommunikation findet beim Abrufen von Webinhalten statt, und zwar wie folgt: Ein Mensch sendet eine Anforderung mit der Angabe, was er haben will (P2C), an einen Rechner, welcher als Webserver dient, und der Rechner übermittelt ihm die gewünschten Webinhalte (C2P).
C2C	3. *Computer to Computer – Rechner-zu-Rechner*: Beim jedem Austausch von Daten zwischen zwei Rechnern findet diese Art der Kommunikation statt.
Kommunikationsarten über das IoT	Zu den beiden Akteuren Mensch und Rechner des herkömmlichen Internet kommt nun mit dem IoT noch ein dritter hinzu – nämlich das 'Ding' (Thing). Als *Ding*

17.1 Herkömmliches Internet und IoT

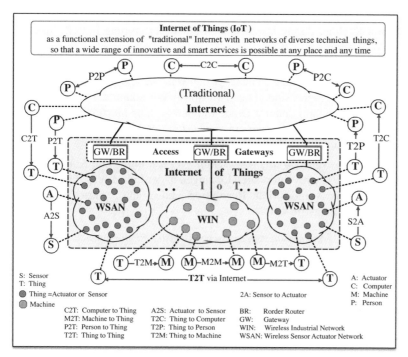

Abb. 17.1-2: Entstehung von IoT durch eine funktionale Erweiterung des herkömmlichen Internet um verschiedene 'smarte technische Dinge', also um 'smart technical things'

bezeichnen wir hier alle möglichen Alltagseinrichtungen (Geräte, Maschinen, Sensoren, Aktuatoren ...), die überall in unserem alltäglichen Leben vorgefunden werden können.

Weil IoT eine funktionale Erweiterung des herkömmlichen Internet darstellt, kommen also noch folgende Kommunikationsarten hinzu:

- *Person to Thing – Mensch zu Ding* und *Thing to Person (T2P) – Ding zu Mensch*: P2T & T2P
Diese beiden Arten der gerichteten Kommunikation werden bei typischen IoT-Anwendungen realisiert, die es Menschen ermöglichen, z.B. mithilfe von Smartphones verschiedene technische Dinge (wie Temperatur- oder Lichtregler) über das Internet anzusteuern. Bei solchen Anwendungen sendet ein Mensch eine Aufforderung (einen Befehl) an ein Ding (P2T). Dieses führt die Aufforderung aus und bestätigt dem Menschen die Ausführung der erhaltenen 'Aufgabe' durch das Absenden einer entsprechenden Mitteilung (T2P).

- *Computer to Thing – Rechner zu Ding* und *Thing to Computer (T2C) – Ding zu Rechner*: Diese gerichteten Kommunikationsarten findet man bei der Ansteuerung C2T & T2C
technischer Dinge durch verschiedene Steuerungsrechner. Nehmen wir an: ein Rechner hat die Aufgabe, mehrere als Aktuatoren (z.B. Regler, Antriebselemente) dienende Dinge anzusteuern. In einem solchen Fall verläuft die Kommunikation typischerweise zwischen einem Rechner und technischen Dingen so, dass der Rech-

ner einen Befehl an ein Ding sendet (C2T), dieses den erhaltenen Befehl ausführt und dem Rechner durch das Absenden einer Bestätigung mitteilt, dass es seine Aufgabe erledigt hat (T2C).

T2T
- *Thing to Thing (T2T) – Ding zu Ding*: Diese Art der Kommunikation findet man dann, wenn mehrere Dinge, genauer gesagt verschiedene technische Einrichtungen, untereinander vernetzt sind. Dies ist insbesondere dann der Fall, wenn eine von ihnen als Koordinator anderer Dinge fungiert – siehe hierfür Abb. 17.1-3. Da ein Thing als ein *Actuator* (A) oder ein *Sensor* (S) fungiert, unterscheidet man bei der Kommunikation T2T zwischen zwei derer Arten A2S und S2A.

M2M
- *Machine to Machine (M2M) – Maschine zu Maschine*: Die Kommunikationsart M2M hat bereits zu revolutionären Lösungen in der Industrie geführt. Man bezeichnet sie heute als '4. industrielle Revolution' und spricht in diesem Zusammenhang auch von der 'Industrie 4.0'.

Anmerkung: Als *Aktuatoren*, vom englischen Begriff *Actuator* abgeleitet und auch *Aktoren* genannt, bezeichnet man alle kleinen technischen Komponenten, welche elektrische Signale (z.B. vom Steuerungsprozessor kommende Befehle) in physikalische Größen (z.B. Temperatur, Druck, ...) bzw. in mechanische Bewegung umsetzen und daher als Ausführungselemente (Antriebselemente, Regler, ...) dienen können. Ein Sensor, der als 'Fühler' dient, ist somit ein Gegenteil eines Aktuators.

IoT aus funktionaler Sicht

Betrachtet man das IoT aus rein funktionaler Sicht, so wie Abb. 17.1-2 es zeigt, dann ist es wie folgt zu interpretieren:

> Das IoT ist eine funktionale Erweiterung des Internet mit dem Ziel, Alltagseinrichtungen (Geräte, Maschinen, Sensoren, Aktuatoren, ...) unterschiedlicher Art und mit unterschiedlichen Fähigkeiten – also verschiedene smarte Dinge (*Smart Objects*), im Allgemeinen als Devices bezeichnet – sowohl untereinander als auch mit Rechnern am Internet so zu vernetzen, dass sie alle möglichen Internetdienste nutzen können, um dadurch die Erbringung einer breiten Palette neuer innovativer und intelligenter Applikationen und Services überall und jederzeit zu ermöglichen.

Das herkömmliche Internet vernetzt auf verschiedene Arten weltweit nur Menschen und Rechner untereinander. Durch die Migration zum IoT werden bald alle 'wichtigen technischen Dinge' der Welt sowohl mit Menschen und Rechnern als auch untereinander vernetzt werden. Dadurch werden sich für die Menschen vollkommen neue Perspektiven ergeben – um u.a. mehr Lebensqualität und eine bessere Energieeffizienz erreichen sowie einen größeren Umweltschutz garantieren zu können.

17.1.3 Grundlegendes technisches Konzept von IoT

Nachdem das IoT definiert und dessen Hauptziele erläutert wurden, soll nun kurz auf das grundlegende technische Konzept von IoT eingegangen werden. Abb. 17.1-3 illustriert dieses.

IoT als eine funktionale Erweiterung des Internet

Wie bereits hervorgehoben wurde [Abb. 17.1-2], stellt das IoT eine funktionale Erweiterung des herkömmlichen Internet dar. Diese Erweiterung besteht einerseits darin, dass verschiedene, zum IoT gehörende drahtlose Sensor-Aktuator-Netze/Netzwerke,

17.1 Herkömmliches Internet und IoT

allgemein als WSANs (*Wireless Sensor Actuator Networks*) bezeichnet, über spezielle IoT Access Gateways an das herkömmliche Internet angebunden werden. Diese IoT Access Gateways, im Weiteren kurz *Access Gateways* bzw. *Gateways* genannt, können auch über kleine Datenbanken (Databases) verfügen, in denen die von Sensoren gemeldeten Ereignisse gesammelt und zwischengespeichert werden können, bevor sie über das Internet zuerst an IoT Clouds zur Bearbeitung/Verarbeitung und dann in einer entsprechenden Form an IoT-Leitstellen übermittelt werden.

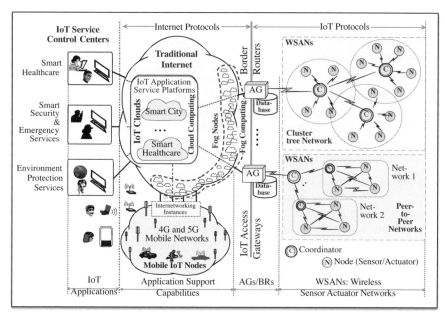

Abb. 17.1-3: Grundlegendes technisches Konzept von IoT: IoT als funktionale Erweiterung des herkömmlichen Internet

WSANs mit Sensoren und Aktuatoren, mit IoT Devices also, sind aber sehr stark ressourcenbeschränkt, insbesondere energiearm (*low power*), und wegen der oft schlechten Signal-Rausch-Verhältnisse auch verlustbehaftet (*lossy network*). Sie werden deshalb als *Constrained Networks* bzw. als LLNs (*Low-Power and Lossy Networks*) bezeichnet.

WSANs mit IoT Devices sind LLNs

Im IoT, genauer gesagt in WSANs als LLNs, soll das Protokoll IP zum Einsatz kommen. Da eine enorm große Menge von Sensoren und Aktuatoren im IoT enthalten sein kann, muss, damit man diese mit IP-Adressen 'versorgen' kann, das Protokoll IP in der Version IPv6 im IoT eingesetzt werden. Um das IPv6 in LLNs aber nutzen zu können, muss dieses entsprechend an die Besonderheiten von LLNs angepasst (adaptiert) werden. Diese speziell für den Einsatz in LLNs vereinfachte Form von IPv6 wird 6LoWPAN (*IPv6 over Low-power Wireless Personal Area Network*) genannt. Abschnitt 17.2 geht auf 6LoWPAN detailliert ein.

6LoWPAN als Network Layer Protocol im IoT

Abb. 17.1-3 soll auch verdeutlichen, dass alle in das herkömmliche Internet integrierte Netze wie z.B. WLANs und Mobilfunknetze der Generationen 4G und 5G als

Mobile IoT-Devices am Internet

ein heterogenes Zubringernetz zum Internet für diverse drahtlose und mobile Sensor/Aktuatoren, welche de facto mobile IoT-Devices darstellen, dienen können.

Fog Computing Infolge der rasch voranschreitenden Entwicklung von IoT entstehen insbesondere am Internet-Rand (Internet Edge), an dem diverse allgegenwärtige Dinge an dieses angebunden werden, enorm große und rund um Erdkugel verstreute Mengen von Daten. Diese – eine Art Nebel bzw. auf Englisch Fog – müssen häufig fast in Echtzeit, folglich nahe ihrer Entstehung verarbeitet werden. Die daraus resultierende Notwendigkeit, diese großen, weit verstreuten Datenmengen am Internet-Rand, nahe ihrer Entstehung, schnellstmöglich zu verarbeiten, hat zur Entwicklung einer dezentralisierten Art der Datenverarbeitung in sogenannte *Fog Nodes* am Internet-Rand geführt. Sie wird als *Fog Computing* bezeichnet.

Cloud Computing Durch die lokale Verarbeitung von Daten mithilfe von Fog Computing am Internet-Rand wird ihre Verzögerungszeit (Latenzzeit) stark reduziert [Abb. 17.1-4]. Die im IoT entstehenden riesigen Datenmengen – auch *Big Data* genannt – müssen aber oft auch noch zentral verarbeitet werden. Dies erfolgt mittels einer hierfür in Datacentern in Form von sogenannten *Clouds* zur Verfügung gestellten Rechenkapazität. Man spricht in diesem Zusammenhang von *Cloud Computing*.

Symbiose von Cloud und Fog Computing Diese beiden Arten von Computing, das heißt Cloud Computing und Fog Computing, ergänzen sich im IoT ideal, sodass man sogar von einer Symbiose sprechen kann. Bei dieser Symbiose nimmt das Cloud Computing dem Fog Computing gegenüber eine übergeordnete, koordinierende Rolle ein. Dies bedeutet, dass einem Cloud Server mehrere Fog Nodes, eine Art 'Mini Clouds', untergeordnet werden, diese also seitens des Cloud Servers koordiniert werden [Abb. 17.1-4].

IoT Application Support Bereich Allgemein gesehen müssen die IoT Services für Benutzer auf eine bestimmte Art und Weise aufbereitet werden, z.B. müssen bestimmte Ereignisse visuell angezeigt/signalisiert, entsprechend gespeichert und dokumentiert werden. Für diese Aufbereitung der IoT Services sind seitens der Benutzer spezielle IoT Service Platforms nötig. Diese Funktionalität wird durch eine enorm große Vielzahl von kleinen Fog Nodes dezentral und durch verschiedene, den Fog Nodes übergeordnete, IoT spezifische Clouds zentral erbracht. Betrachtet man alle Fog Nodes und Clouds zusammen, so bilden sie im Internet quasi einen breit verteilten funktionalen Bereich; dieser wird hier als *IoT Application Support* Bereich bezeichnet.

Leitstellen für IoT Services Zur Steuerung und Nutzung bestimmter Kategorien der von IoT-Devices in WSANs bzw. in G4/G5-Mobilfunknetzen erbrachten Dienste müssen im herkömmlichen Internet spezielle Leitstellen für verschiedene Arten der IoT Services (z.B. Umweltschutz-, Notrufleitstelle) eingerichtet werden. Einige einfache und individuelle IoT Services (z.B. Temperatureinstellungen in Wohnungen) können von Menschen selbst unterwegs mithilfe tragbarer Rechner bzw. Smartphones in Anspruch genommen werden.

17.1.4 Cloud Computing und Fog Computing im IoT

Infolge der immensen Mengen verschiedener, weltweit im IoT verteilter Devices und Objekte werden riesige global verstreute Datenmengen erzeugt. Sie müssen zuerst entsprechend gespeichert und dann schnell verarbeitet werden. Hierfür kommt, wie

17.1 Herkömmliches Internet und IoT

in Abb. 17.1-3 gezeigt, das Konzept von Cloud Computing zum Einsatz. Die IoT-spezifischen Fog Nodes und Clouds können als 'IoT Service Platforms' betrachtet werden.

Für eine kurze, fundierte Erläuterung der Funktionen von Cloud Computing ist eine Definition von Cloud Computing sehr hilfreich. Die in der Fachliteratur am häufigsten zitierte ist die des National Institute of Standards and Technology (NIST). Sie beschreibt das Cloud Computing wie folgt[2]:

Definition von Cloud Computing

> "A model for enabling ubiquitous, convenient, on-demand network access to a shared pool of configurable computing resources (e.g., networks, servers, storage, applications, and services) that can be rapidly provisioned and released with minimal management effort or service provider interaction".

Aus dieser Definition geht hervor, dass man Cloud Computing als Servicemodell ansehen kann, welches bei Bedarf allgegenwärtige, 'bequeme' und über Netzwerke verlaufende Zugriffe auf einen gemeinsam genutzten Pool konfigurierbarer Computing-Ressourcen (z.B. Netzwerke, Server, Speicher, Applikationen und Dienste) ermöglicht, wobei die Ressourcen seitens des Service-Providers schnell, mit minimalem Managementaufwand bereitgestellt und freigegeben werden können.

Cloud Computing als Servicemodell

Die IoT Services müssen auf eine bestimmte Art und Weise für Benutzer aufbereitet werden: Beispielweise müssen einige von IoT Devices/Objects stammende Ereignisse visuell angezeigt/signalisiert, entsprechend gespeichert und dokumentiert werden. Für diese Aufbereitung von IoT Services ist ein spezieller funktionaler Bereich – quasi Layer – nötig. Er fungiert als eine Art 'IoT Application Support'. Seine Funktionen werden durch spezielle IoT Clouds, also durch *Cloud Computing*, erbracht.

Wie bereits erwähnt, werden zwecks der Erbringung bestimmter IoT Services die von IoT Devices und anderen IoT Objekten stammenden Daten mithilfe von Cloud Computing zentral im Internet aufbereitet. Da IoT Services oft zeitkritisch sind und zahlreiche Services fast in Echtzeit realisiert werden müssen, sind sie wegen der relativ großen Entfernungen zwischen zentralen Clouds und IoT Devices/Objects mithilfe von Cloud Computing nicht realisierbar. Aus diesem Grund muss das Cloud Computing zur Ermöglichung stark zeitkritischer IoT Services zusätzlich in dezentralisierter Form am Internet-Rand, und somit in der Nähe von IoT Devices/Objects, verfügbar sein.

Schwächen von Cloud Computing im IoT

Die Kompensation der soeben erwähnten Schwäche von Cloud Computing wird in Form von einer Vielzahl von Mini-Clouds (Mini-Wolken), quasi eines Nebels (Fog), realisiert, mit denen die Funktionalität einiger zentraler IoT-spezifischer Clouds in dezentraler Form am Internet-Rand erbracht wird. Diese Vorgehensweise hat zur Entstehung von Fog Computing geführt. Dieser Begriff wurde 2012 von der Firma Cisco eingeführt. Die am häufigsten in der Fachliteratur zitierte, kurze und gut zutreffende Definition von Fog Computing vom OpenFog Consortium[3] lautet:

Definition von Fog Computing

---

[2]siehe: https://csrc.nist.gov/publications/detail/sp/800-145/final
[3]siehe:
https://www.openfogconsortium.org/page-section/definition-of-fog-computing/

> "A horizontal, system-level architecture that distributes computing, storage, control and networking functions closer to the users along a cloud-to-thing continuum".

Besonderheiten von Fog Computing

Fog Computing kann als eine Ergänzung zum Cloud Computing angesehen werden. Aus der hier zitierten Definition geht hervor, dass es eine horizontal 'verstreute', insbesondere dem Computing, Storage, Control und Networking dienende Systemarchitektur mit verteilten Funktionen darstellt. Diese Funktionen, wie in Abb. 17.1-3 gezeigt, werden mithilfe von Fog Nodes entlang des Internet-Kontinuums zwischen Clouds und Things näher an Benutzer und somit näher an IoT Devices/Objects 'gebracht'. Fog Computing führt also zu einer Verteilung von Computing-Ressourcen, durch die diese überall, möglichst nah an Benutzern und IoT Devices/Objects platziert werden können. Die am Internet-Rand entlang platzierten Computing Ressourcen tragen dazu bei, dass die 'Intelligenz' verteilter Systeme aus IoT Clouds an die diese 'Intelligenz' benötigten 'IoT-Objekte' angenähert werden kann.

Flexibilität und Agilität mit Fog Computing

Fog Computing ist eine extrem bedeutende Weiterentwicklung von Cloud Computing, denn dem Konzept von Fog Computing liegt im Gegensatz zu dem von Cloud Computing ein dezentrales, horizontal ausgelegtes Modell für das verteilte Computing zugrunde. Das dezentrale Modell ist flexibler und agiler als das traditionelle zentralisierte Computing-Paradigma. Diese Flexibilität und Agilität, insbesondere beim Einsatz von SDN (*Software Defined Networking*) zur Orchestrierung von Fog Nodes, ist die Voraussetzung für die Entwicklung einer breiten Palette weltweit verteilter IoT Services.

17.1.5 Near Real-Time IoT Services mit Fog Computing

Begriff: Near Real-Time

Es gibt eine Vielzahl unterschiedlicher Typen von IoT Services, die in gewisser Weise bzw. in einem bestimmten Grade zeitkritisch sind. Man bezeichnet sie als *Near Real-Time Services* bzw. kurz *NRT-Services*. Auf Deutsch könnte man diese Services *Nahezu-Echtzeit-Services* nennen. Der Begriff 'Near Real-Time' bezieht sich auf die Latenzzeit (Verzögerungszeit) – also auf den Zeitraum zwischen einem Ereignis und einer sichtbaren Reaktion auf dieses. Die Latenzzeit in IoT Services entsteht hauptsächlich durch den für die Verarbeitung der das Ereignis betreffenden Daten erforderlichen Zeitaufwand und ihrer Übermittlung in Netzwerken.

Begriff: Real-Time

Im IoT werden aber unter anderem sehr stark zeitkritische Services realisiert. Diese werden als *Real-Time Services* (RT-Services) bezeichnet. Ein Beispiel ist das 'Support of Autonomous Driving'. Sollen selbstfahrende Autos auf öffentliche Straßen geschickt werden, so müssen sie in Echtzeit auf sicherheitsrelevante Ereignisse reagieren, was verdeutlicht, dass die Möglichkeit der Realisierung von RT-Services im IoT als eine Grundvoraussetzung für das *Internet of Vehicles*indexInternet of Vehicles (IoV) angesehen werden muss.

Near Real-Time versus Real-Time

Es sei angemerkt, dass der Unterschied zwischen den Begriffen Near Real-Time (NRT) und Real-Time (RT) unpräzise ist. Es ist nicht allgemeingültig festgelegt, bis zu welcher Latenzzeit es sich um einen RT-Service handelt und ab welcher Latenzzeit von einem NRT-Service die Rede sein sollte. In jedem Fall muss daher bestimmt werden,

17.1 Herkömmliches Internet und IoT

ob es sich um einen RT-Service oder um einen NRT-Service handelt. Die Latenzzeiten bei NRT-Services liegen typischerweise im Bereich von einigen Sekunden.

Bei der Realisierung von NRT- und von RT-Services im IoT spielt das Fog Computing eine entscheidende Rolle. Abb. 17.1-4 verdeutlicht dies.

Realisierung von NRT- und von RT-Services

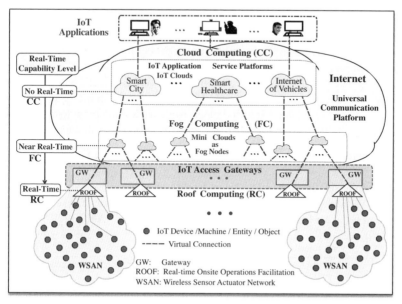

Abb. 17.1-4: Prinzip der Realisierung von RT- und NRT-Services im IoT

Typischerweise wird Fog Computing am Internet-Rand mittels von in der Nähe von IoT Access Gateways installierten Fog Nodes realisiert. Zur Verwirklichung eines geografisch breit verteilten NRT-Services wie z.B. Smart City oder Smart Healthcare müssen meist mehrere Fog Nodes entsprechend räumlich verteilt und seitens einer zentralen Cloud koordiniert werden. In Clouds werden IoT-betreffende, zeitunkritische Daten verarbeitet, gespeichert und in einigen Fällen auch langfristig archiviert. Zeitkritische IoT-Daten werden währenddessen in den Fog Nodes verarbeitet und dort gegebenenfalls auch gespeichert. Ein Beispiel ist der IoT Service 'Smart City'. Bei diesem können Fog Nodes in Gebäuden bzw. in anderen städtischen Einrichtungen untergebracht werden.

NRT-Service mit Fog Computing

> **Anmerkung**: Es sei hervorgehoben, dass man unter einem Fog Node im Allgemeinen lediglich eine Hardware- und Software-Struktur versteht, welche in der Regel die Verfügbarkeit von Funktionen wie Computing, Storage, Communication und Management garantiert. Oft werden diese Funktionen in Form einer verteilten Struktur ausgeführt.

Um RT-Services im IoT ermöglichen zu können, müssen in direkter Nähe von IoT Devices/Objects die hierfür speziell vorgesehenen Komponenten installiert werden. Zur weltweit einheitlichen Bereitstellung verschiedener RT-Services auf der Grundlage von IoT ist ein standardisiertes Konzept für eine neue Art von Real-Time Computing nötig. Die Entwicklung eines solchen Konzeptes wird von der Arbeitsgruppe ROOF (*Real-time Onsite Operations Facilitation*) bei der IEEE (*Institute of Electrical*

RT-Service mit Roof Computing

and Electronics Engineers) koordiniert. Aus diesem Grund wird diese neue Art von Real-Time Computing als Roof Computing bezeichnet. Abb. 17.1-4 illustriert die Bedeutung von Roof Computing und bringt zum Ausdruck, dass sich Cloud Computing, Fog Computing und Roof Computing sowohl gegenseitig ergänzen als auch in einer Hierarchie zueinander stehen. Das Roof Computing kann als eine grundsätzlich neue Vorgehensweise im IoT und somit als neues Computing-Paradigma angesehen werden.

IEEE-Standard 1931.1

Der von der IEEE verfasste 'Standard for an Architectural Framework for Real-time Onsite Operations Facilitation (ROOF) for the Internet of Things' mit der Identifikation IEEE 1931.1 definiert die Prinzipien für Roof-Computing und -Vernetzung sowie für die technische und funktionale Interoperabilität von IoT-Systemen zwecks einer sicheren und in Echtzeit stattfindenden Kooperation in einem lokalen Bereich – beispielsweise zu Hause, am Arbeitsplatz, in einer Produktionshalle etc.

17.1.6 Funktionales Multilayer-Modell von IoT

Betrachtet man das in Abb. 17.1-3 dargestellte technische Konzept von IoT näher, so ist eine schichtenartige funktionale Architektur erkennbar. Diese kann als eine Art 'funktionale Architektur von IoT' betrachtet werden. Abb. 17.1-5 zeigt diese Architektur.

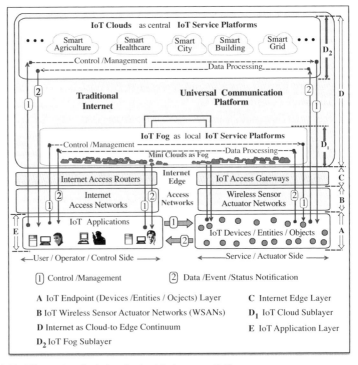

Abb. 17.1-5: Allgemeine funktionale Architektur von IoT

17.1 Herkömmliches Internet und IoT

Es sei hervorgehoben, dass zwei besondere Seiten (Sides) innerhalb der in Abb. 17.1-5 gezeigten funktionalen IoT-Architektur zu unterscheiden sind, und zwar:

- **IoT Service/Actuator Side**: Diese Seite stellt die funktionale Erweiterung des herkömmlichen Internet um IoT-spezifische Systemkomponenten dar. Sie repräsentiert eine über spezielle Access Gateways an das herkömmliche Internet erbrachte Anbindung verschiedener IoT Devices/Objects, die typischerweise auch untereinander, oft über WSANs (Wireless Sensor Actuator Networks), verbunden sind. IoT-Seite

- **User/Control Side**: Diese Seite repräsentiert die Endkomponenten des herkömmlichen Internet, die von Benutzern (Users) benötigt werden, um verschiedene IoT Devices/Objects steuern, deren Status einstellen und abfragen zu können. Hierfür werden am herkömmlichen Internet oft spezielle, dienstspezifische Leitstellen (z.B. Umweltschutz-, Notrufleitstelle) zur Nutzung der von IoT Devices/Objects erbrachten Dienste eingerichtet. Internet-Seite

Die in Abb. 17.1-5 dargestellten funktionalen Bereiche/Layers im IoT – bezeichnet als A, B, C, D, D_1, D_2 und E – ermöglichen eine anschauliche Illustration des allgemeinen Konzeptes von IoT in Form eines funktionalen Multilayer-Modells. Abb. 17.1-6 zeigt ein solches Modell. Ein ähnliches Multilayer-Modell des IoT, aber ohne Fog Computing Layer, wurde bereits von der ITU-T (International Telecommunication Union/Telecommunication Standardization Sector) vorgeschlagen. Multilayer-Modell von IoT nach ITU

Nach dem funktionalen Multilayer-Modell von IoT sind folgende Bereiche, die man als 'funktionale IoT Layers' betrachten kann, zu unterscheiden:

1. **IoT Device Layer**: Zu diesem Bereich gehören WSANs mit diversen IoT Devices und Access Gateways zur Anbindung WSANs an das herkömmliche Internet. Demzufolge wird der Device Layer in folgende drei Sublayers aufgeteilt:

    A): *Sensor und Actuator Sublayer*: Zu diesem Sublayer gehören Sensoren und Aktuatoren, also de facto die Endeinrichtungen des IoT.

    B): *Sensor und Actuator Networking Sublayer*: Dieser Sublayer repräsentiert Netze, welche in der Regel WSANs sind und dazu dienen, Sensoren und Aktuatoren untereinander zu vernetzen und diese auch über Access Gateway an das herkömmliche Internet anzubinden.

    C): *Access Gateway Sublayer*: Dieser Sublayer repräsentiert Access Gateways, über welche WSANs mit dem herkömmlichen Internet verbunden sind.
    Anmerkung: Die Sensoren haben sehr oft eine ganz andere Leistungsfähigkeit als Rechner am herkömmlichen Internet. Sensoren am IoT sind oft winzig und beziehen ihre Energie aus kleinen Batterien – sind also energiearm. Folglich ist ihre Rechenkapazität limitiert. U.a. infolge dieser Besonderheiten können die gut bekannten Protokolle IP, TCP und HTTP aus dem herkömmlichen Internet im IoT nicht eingesetzt werden. In WSANs werden daher spezielle IoT-spezifische Protokolle verwendet. Diese sind: 6LoWPAN (*IPv6 over Low-power WPAN*) und CoAP (*Constrained Application Protocol*).

2. **Network Layer**: Diesen Bereich, der die Kommunikation zwischen IoT-spezifischen, oft als Border Router dienenden Access Gateways und IoT-Applikationen ermöglicht, bilden Teile des herkömmlichen Internet zusammen mit WLANs und Mobilfunknetzen der vierten und fünften Generation (d.h. 4G und

5G). Das herkömmliche Internet zusammen mit WLANs und den Mobilfunknetzen G4 und G5 stellt somit die Grundlage für das Erbringen verschiedener IoT Services und die Realisierung eines ubiquitären, überall möglichen Computing (Ubiquitous Computing) dar. Im Network Layer sind die folgenden, zwei besonderen Sublayers enthalten:

D_1: *Fog Computing Sublayer*: Dieser Sublayer zeichnet sich dadurch aus, dass seine Funktionalität durch eine enorm große Vielzahl verschiedener Fog Nodes, einer Art 'Mini Clouds', in der Nähe von IoT Devices, entlang vom Internet-Rand nämlich, erbracht wird. Da virtuelle Rechner, sogenannte Virtual Machines, oft als Fog Nodes eingesetzt werden, können dadurch diverse virtualisierte Netzwerkfunktionen am Internet-Rand für IoT-Zwecke zur Verfügung gestellt werden.

D_2: *Cloud Computing Layer*: In diesem Bereich werden die IoT Services in Clouds quasi zentral aufbereitet (unter anderem signalisiert und visualisiert). Daher fungieren Clouds als 'Service Plattforms' für wichtige IoT Services, z.B. für Smart City, Smart Energy, Smart Environment und eHealth.

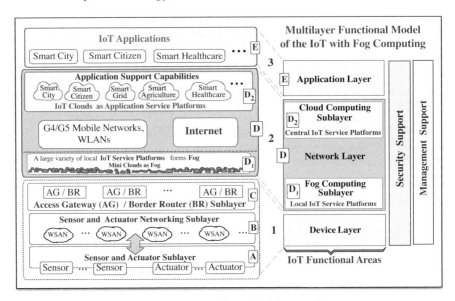

Abb. 17.1-6: Allgemeines funktionales Multilayer-Modell von IoT

3. **Application Layer**: IoT Services werden Benutzern mithilfe bestimmter IoT-Applikationen zugänglich gemacht. Da es sich dabei in der Regel um komplexe, verteilte, oft eine audiovisuelle Kommunikation über das Internet voraussetzende Anwendungen handelt, versucht man sie als Quasistandards zu verfassen. Als Beispiel sei die – vor allem der Patientenüberwachung dienende – IoT-Applikation eHealth genannt.

17.1.7 Bedeutung von SDN im IoT

SDN (*Software Defined Networking*) kann als Framework zum Einrichten flexibler, bedarfsgerechter, quasi programmierbarer Netzwerkdienste angesehen werden [xx]. Abb. 17.1-7 bringt dies zum Ausdruck und verdeutlicht dabei, dass die logische Struktur eines Netzwerks beim Einsatz von SDN der allgemeinen logischen Architektur eines physischen Servers ähnelt. Hierbei gibt es folgende Entsprechungen:

Logische Architektur eines Servers und SDN

- Die *Ethernet-Adapterkarten* (Network Interface Controller, NIC) im Server entsprechen dem Network Device Layer, der eine Vernetzung von sogenannten *SDN-enabled Devices* repräsentiert.
- Das *Operation System* (Betriebssystem) im Server entspricht dem Control Layer, d.h. dem Layer mit Systemkomponenten, in denen die sogenannten SDN Controllers untergebracht sind und mit deren Hilfe die *SDN-enabled Devices* konfiguriert, koordiniert und gesteuert werden können. Es sei hervorgehoben, dass man im IoT, neben Fog Nodes, mithilfe von SDN Controllern auch andere Devices (wie Access Gateways, siehe Abb. 17.1-8) ansteuern kann und diese so auch SDN-enabled sein können.

Operation System versus SDN Controller

- Den *Applikationen im Server* entsprechen weitgehend den Applikationen innerhalb einer SDN-based Network Infrastructure. Es handelt sich dabei um Applikationen, von denen entsprechende Steuerungsvorgaben, eine Art Direktiven, an SDN Controller übermittelt werden.

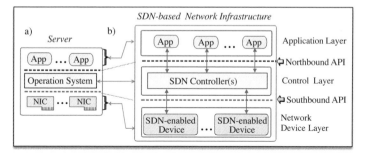

Abb. 17.1-7: Grundlegende Idee von SDN: a) Logische Serverstruktur als 'Quelle' der SDN-Idee, b) Funktionale Komponenten einer SDN-based Network Infrastructure
API: Application Programming Interface, App:Application, NIC: Network Interface Controller (Card)

Die drei funktionalen, als Layers bezeichneten Schichten innerhalb der logischen Architektur von SDN-based Network Infrastructure sind:

SDN-based Network Infrastructure

- **Network Device Layer**: Dieser Layer repräsentiert eine Vernetzung von SDN-enabled Devices untereinander. Im IoT können vor allem Fog Nodes und Access Gateways am Internet Edge auf eine besondere Art 'SDN-enabled' sein; siehe Abb. 17.1-8 und Abb. 17.1-9.
- **Control Plane**: Zu dieser Plane gehören SDN Controller. Sie setzen die von Applikationen generierten Anweisungen (Richtlinien, Policies) in an die SDN-enabled Fog Devices übermittelte Nachrichten um. Dadurch können Fog Nodes dem aktu-

ellen Bedarf entsprechend über eine genormte, sogenannte Southbound API sogar IoT-weit einheitlich angesteuert werden.
- **Application Plane**: Innerhalb dieser Plane werden verschiedene, als SDN-Applikationen bezeichnete, Software Tools zum Einrichten von Netzwerkdiensten angesiedelt. Genau genommen dienen diese Applikationen der Erstellung von Anweisungen zur Ansteuerung der SDN-enabled Fog Devices. Die sogenannte *Northbound API*, als offene Softwareschnittstelle, soll jede den aktuellen Anforderungen entsprechende Konfiguration der Netzwerkdienste auf eine einheitliche Art und Weise ermöglichen.

SDN Controllers in IoT Clouds

Im IoT können spezielle SDN Controllers in IoT Clouds eingesetzt werden, um SDN-enabled Access Gateways am Internet Edge entsprechend den aktuell geltenden Anforderungen (z.B. den aktuellen Sicherheitsanforderungen) von einer Cloud über das Internet schnell konfigurieren zu können. Abb. 17.1-8 illustriert eine hierfür geeignete Systemlösung.

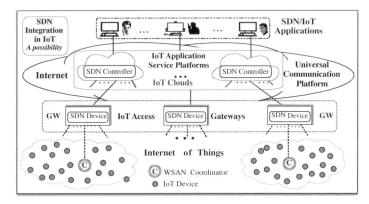

Abb. 17.1-8: Beispiel für den Einsatz von SDN in IoT Access Gateways

Garantie der Sicherheit
Garantie der Sicherheit

Wir wollen betonen, dass der Einsatz von SDN in IoT Access Gateways die Nutzung immer aktuell geltender Security Policies zwecks Gewährung der Sicherheit im Zugangsbereich zu privaten WSANs auf einem konstant hohen Niveau ermöglichen kann. In IoT Access Gateways können spezielle, häufig als SDN Switches bezeichnete funktionelle Komponenten enthalten sein. Diese können von in Clouds untergebrachten SDN Controllers konfiguriert und auf diese Weise schnell an aktuell geltende Anforderungen angepasst werden.

SDN-enabled Fog Computing

Beim Einsatz von SDN zur Unterstützung von Fog Computing spricht man von SDN-enabled Fog Computing. Diese besondere Art von Fog Computing besteht in der Konfigurierung und Steuerung der Fog Nodes durch SDN Controllers. Hierfür können Controllers sowohl in Clouds als auch in speziellen, übergeordneten Fog Nodes installiert werden. So ergeben sich die zwei typischen, in Abb. 17.1-9 dargestellten Vernetzungsstrukturen für die Realisierung von SDN-enabled Fog Computing.

SDN Controller in einer Cloud

Abb. 17.1-9a zeigt eine Variante von Fog Computing, die sich dadurch charakterisiert, dass SDN Controllers zur Konfiguration und Steuerung von Fog Devices in Clouds untergebracht sind. Mit einem dort untergebrachten Controller können zahlreiche ho-

17.1 Herkömmliches Internet und IoT

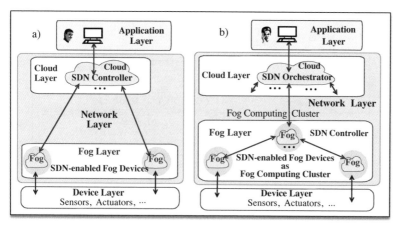

Abb. 17.1-9: Typische Vernetzungsstrukturen für SDN-enabled Fog Computing mit SDN Controllern: a) in einer Cloud, b) in einem übergeordneten Fog Node

rizontal in der Nähe von IoT Devices installierte Fog Devices konfiguriert, gesteuert sowie deren Parameter abgefragt werden. Diese Variante von SDN-enabled Fog Computing eignet sich insbesondere für einen Einsatz, bei dem der Device Layer räumlich weit verteilt ist, also z.B. zur Steuerung von Verkehrsflüssen auf Autobahnen oder zum Umweltmonitoring.

Sind mehrere Fog Devices räumlich nicht weit voneinander installiert, können sie zu einem Fog Computing Cluster 'gruppiert' werden. In einem solchen Cluster kommt ein ausgewählter Fog Node als quasi zentraler und übergeordneter Fog Node zum Einsatz. In ihm wird ein SDN Controller installiert, mit dem die restlichen Fog Nodes im Cluster aktuellen Anforderungen entsprechend konfiguriert werden. Abb. 17.1-9b illustriert diese Variante von SDN-enabled Fog Computing. Eine wichtige Besonderheit einer solchen Lösung besteht darin, dass mehrere Fog Computing Clusters mit einem in einer Cloud untergebrachten sogenannten SDN Orchestrator gemäß den durch IoT-Applikationen aktuell gestellten Anforderungen konfiguriert, koordiniert und administriert werden können. Diese Fog-Computing-Lösung ist flexibel konfigurierbar und eignet sich zum Beispiel besonders gut zur Umsetzung der Idee von Smart Cities.

SDN Controller in einem Fog Node

17.1.8 Protokollarchitektur von Devices im IoT

Die Protokollarchitektur von Devices im IoT kann – ähnlich wie Protokollarchitektur von Rechnern im Internet – in Form eines aus mehreren Schichten bestehenden Modells dargestellt werden. Abb. 17.1-10 zeigt dieses Schichtmodell und bringt damit zum Ausdruck, dass die Protokollarchitektur von Devices im IoT in Form eines sogenannten Multilayer-Modells dargestellt werden kann.

Protokollarchitektur als Multilayer-Modell

Die ersten unteren zwei Schichten – Physical Layer und Data Link Layer (auch als MAC Layer bezeichnet) – werden oft im IoT-Schichtenmodell durch IEEE-Standards festgelegt. Von diesen sind insbesondere die folgenden Standards hervorzuheben:

Die unteren Schichten im IoT-Schichtenmodell

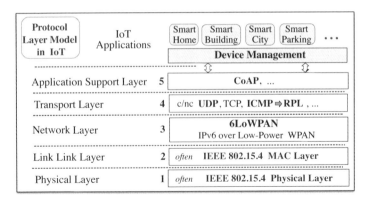

Abb. 17.1-10: Protokollarchitektur von Devices im IoT bildet eine Multilayer-Struktur
CoAP: Constrained Application Protocol, c/nCUDP: compressed / non compressed UDP,
MAC: Media Access Control; RPL: Routing Protocol for Low power and Lossy Networks,
WPAN: Wireless Personal Area Network

- Standard 802.15.4 mit der Spezifikation von LR-WPAN (*Low-Rate Wireless Personal Area Networks*) und Standard 802.15.4e,
- Standard 802.15.4e mit der Spezifikation des Verfahrens TSCH (*Low-Rate Wireless Personal Area Networks*) zum Aufbau von Wireless Networks in industriellen Bereichen insbesondere zur Kommunikation Maschine-zu-Maschine,
- Standard 802.15.6 für LR-WBANs (*Low-Rate Wireless Body Area Networks*).

Besonderheiten von LR-WPANs und LR-WBANs
Die Standards für LR-WPAN, LR-WBANs spezifizieren die untersten zwei Schichten, d.h. Physical Layer und MAC Layer (*Media Access Control*). Dabei beschreiben sie spezielle Funktionen, die nur in drahtlosen, energiearmen drahtlosen Sensor-Aktuator-Netzen, generell bezeichnet als WSANs (*Wireless Sensor Actuator Networks*), realisiert werden müssen. In Sensor-Aktuator-Netzen werden neben stationären (ortsgebundenen) Sensoren, die eine externe Stromversorgung benötigen, oft auch kleine Funksensoren eingesetzt, die ihre Energieversorgung aus winzigen Batterien beziehen oder die benötigte Energie aus ihrer Umwelt in Form von Solarenergie selbst gewinnen können. Um den Energieverbrauch in Sensoren zu reduzieren, werden diese oft in den Schlafmodus versetzt. Soll ein 'schlafender' Sensor aktiv werden, so muss er zuerst geweckt werden. Die Funktion 'Wecken schlafender Sensoren' wird innerhalb der Schicht 2 im IoT-Protokollmodell realisiert.

LR-WPANs und LR-WBANs sind LLNs
Die WSANs – nach IEEE-Standards für LR-WPANs und LR-WBANs – sind als LLNs (*Low-Power and Lossy Networks*) bzw. als Constrained Networks zu betrachten. In LLNs wird nur das Protokoll IPv6 eingesetzt. Um das IPv6 in stark ressourcenbeschränkten Netzwerken einsetzen zu können, muss dieses entsprechend angepasst (adaptiert) werden. Die speziell für den Einsatz von IPv6 in LLNs realisierte Vereinfachung und Komprimierung von IPv6 wird 6LoWPAN (*IPv6 over Low-power Wireless Personal Area Networks*) genannt.

6LoWPAN als Network Layer Protocol
6LoWPAN fungiert als Protokoll des Network Layer innerhalb der Protokollarchitektur von Devices im IoT und stellt eine an die Anforderungen von LLNs ad-

aptierte und komprimierte Form des Protokolls IPv6 dar. Der Network Layer mit 6LoWPAN in der Protokollstruktur von IoT Devices kann auch als *IPv6 Adaptation Layer* angesehen werden. Mit 6LoWPAN wird der Header des Protokolls IPv6 komprimiert und an die Besonderheiten von LLNs angepasst [Abschnitt 17.2].

Auf dem Transport Layer (Layer 4) im IoT kommt als Transportprotokoll hauptsächlich das verbindungslos arbeitende User Datagram Protocol (UDP) zum Einsatz, wobei auch dessen Header komprimiert werden kann. Folglich unterscheidet man zwischen compressed UDP (cUDP) und non-compressed UDP (ncUDP). 6LoWPAN ermöglicht auch den Einsatz des verbindungsorientierten Transportprotokolls TCP (*Transmission Control Protocol*) und des ICMP (*Internet Control Message Protocol*).

Transport Layer im IoT

Auf dem Transport Layer spielt das Protokoll ICMP eine besonders wichtige Rolle. Mit seiner Hilfe können andere Protokolle zwecks Management und Routing im IoT als eine Art ICMP-Anwendung 'generiert' werden. Die Nachrichten von RPL, des Routing-Protokolls im IoT also, stellen einen besonderen Typ von ICMP-Nachrichten dar. *Infolgedessen ist das RPL als Protokoll auf dem Layer 4 (Transport Layer) und als eine modifizierte Variante von ICMP anzusehen.* Abb. 17.1-6 bringt dies zum Ausdruck. Auf RPL geht Abschnitt 17.3 detaillierter ein.

RPL als eine Art 'Ableger vom ICMP'

Da drahtlose Sensor-Aktuator-Netzwerke sehr stark ressourcenbeschränkt (resource constrained), energiearm (low power) sind und wegen der oft schlechten Signal-Rausch-Verhältnisse auch verlustbehaftet (lossy network) arbeiten, bezeichnet man sie als *Constrained Networks*. Davon abgeleitet bezeichnet man das in diesen Netzwerken eingesetzte webspezifische Applikationsprotokoll als *Constrained Application Protocol* (CoAP). Das CoAP kann als eine Art Webtransferprotokoll in Constrained Networks angesehen werden, welches das klassische Webtransferprotokoll HTTP im IoT ersetzt. So kann man verschiedene IoT-Anwendungen in herkömmliche Webanwendungen integrieren. Das Konzept von CoAP wird in Abschnitt 17.4 detaillierter erläutert. Auf dem Layer 6 der Protokollstruktur von IoT Devices, dem Application Layer, ist das Device Management für die verschiedenen Anwendungen des IoT positioniert.

CoAP als Applikationsprotokoll im IoT

17.1.9 Protokollarchitektur von IoT Access Gateways

Wie bereits in Abb. 17.1-3 gezeigt wurde, sind für die Anbindung drahtloser Sensor-Aktuator-Netze an das herkömmliche Internet spezielle IoT Access Gateways notwendig. Abb. 17.1-11 illustriert die Protokollarchitektur und damit auch die Hauptaufgaben der Access Gateways.

Aus Abb. 17.1-11 geht hervor, dass das 'neue' Internetprotokoll IPv6 als Übermittlungsprotokoll im herkömmlichen Internet zur Kommunikation mit Sensor-Aktuator-Netzen innerhalb der Schicht 3 (Paketübermittlungsschicht) verwendet wird. Der Grund dafür ist folgender: Die Adressen des alten Internetprotokolls IPv4, die sogenannte *IPv4-Adressen*, sind *nicht mehr vorhanden*; dagegen sind die Adressen des Protokolls IPv6, kurz *IPv6-Adressen* genannt, *reichlich vorhanden*, und mit ihnen kann eine enorme Vielzahl von Sensoren und Aktuatoren adressiert werden.

Warum IPv6 im IoT ein-gesetzt werden muss?

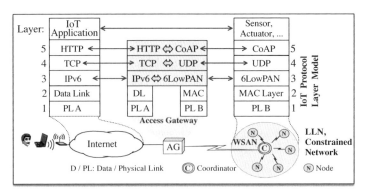

Abb. 17.1-11: Protokollarchitektur und wesentlichen Aufgaben der IoT Access Gateways
6LoWPAN: IPv6 over Low-power WPAN, DL: Data Link, HTTP: Hypertext Transfer Protocol, PL: Physical Layer, WSAN: Wireless Sensor Actuator Network

Mapping zwischen IPv6 und 6LoWPAN	Da drahtlose Sensor-Aktuator-Netzwerke im IoT die sogenannte LLNs (Low Power and Lossy Networks) darstellen, muss IPv6 für den Einsatz in LLNs entsprechend adaptiert werden – insbesondere muss der Header vom IPv6 stark komprimiert werden. Die für den Einsatz von IPv6 in LLNs realisierte Adaption von IPv6 wird 6LoWPAN (*IPv6 over Low-power Wireless Personal Area Network*) genannt. Somit enthält die Schicht 3 in Sensor-Aktuator-Netzen, das Protokoll 6LoWPAN – also das 'magere' IPv6. In Access Gateways muss man dieses 'magere' Protokoll bei der Übermittlung von Daten an das herkömmliche Internet zum normalen Protokoll IPv6 'ausbauen'. Bei der Übermittlung von Daten in Gegenrichtung wird dann das IPv6 zum 6LoWPAN 'abgespeckt'; also quasi ein *Mapping zwischen IPv6 und 6LoWPAN*.
UDP in LLNs	In Sensor-Aktuator-Netzen, welche LLNs sind, werden einerseits keine großen Dateien transportiert, und andererseits ist das verbindungsorientierte und zuverlässige Transportprotokoll TCP für den Einsatz in LLNs nicht geeignet – denn es ist für LLNs zu komplex. In LLNs innerhalb der Schicht 4 (Transportschicht) kann daher nur das verbindungslose und unzuverlässige Transportprotokoll UDP verwendet werden.
CoAP statt HTTP im IoT	IoT-Applikationen seitens des herkömmlichen Internet verwenden das Webprotokoll HTTP (*Hypertext Transfer Protocol*). Dieses ist komplex und eignet sich somit nicht zum Einsatz in LLNs – also in Sensor-Aktuator-Netzen. Aus diesem Grund wurde von der IETF Working Group CoRE (*Constrained RESTful Environment*) das Protokoll CoAP (*Constrained Application Protocol*) spezifiziert.
Mapping zwischen HTTP und CoAP	Wie in Abb. 17.1-11 dargestellt, dient das CoAP als Application Support Protocol in Sensor-Aktuator-Netzen. In Access Gateways innerhalb der Schicht 5, die als Application Support Layer angesehen werden kann, muss daher eine Übersetzung (Translation) HTTP ⇔ CoAP, also als *Mapping zwischen HTTP und CoAP* realisiert werden.

17.1.10 Struktur von MAC-Frames in Low Rate WPANs

MAC-Frame nach IEEE 802.15.4	Wie in Abb. 17.1-10 gezeigt, stellt der Layer 2 in der Protokollarchitektur von IoT Devices oft den MAC-Layer (*Medium Access Control*) nach dem Standard IEEE

17.1 Herkömmliches Internet und IoT

802.15.4 mit der Spezifikation von LR-WPAN (*Low-Rate Wireless Personal Area Networks*) dar. Demzufolge entspricht oft die Struktur von MAC-Frame in drahtlose Sensor-Aktuator-Netzwerke, die sogenannte LLNs sind, im IoT oft vollkommen der Struktur von MAC-Frames nach dem Standard IEEE 802.15.4. Abb. 17.1-12 illustriert die Struktur und den Inhalt von diesen MAC-Frames.

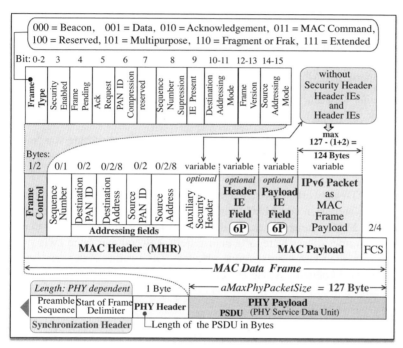

Abb. 17.1-12: Struktur und Inhalt von MAC-Frames in LR-WPANs nach dem Standard IEEE 802.15.4 aus dem Jahr 2015 FCS: Frame Check Sequence, IE: Information Element, MAC: Medium Access Control, PAN ID: Personal Area Network Identifier, PHY: Physical Layer, Max. Länge von MAC Frames auf 127 Byte begrenzt

Insbesondere wird hier zum Ausdruck gebracht, dass die maximale Länge von PHY-Payload, d.h. die maximale Länge von MAC Data Frames mit den in ihnen eingekapselten IPv6-Paketen, als deren Nutzlast (PHY-Payload), auf 127 Byte begrenzt ist. Demzufolge ist die Komprimierung von Overhead in IPv6-Paketen, also des IPv6- und des UDP-Header, in LR-WPANs mit den Physical Layer und MAC Layer nach dem Standard IEEE 80.15.4 unabdingbar. Aus diesem Grund wird als Protokoll auf dem Layer 3 im IoT auf Basis von diesen LR-WPANs das 'compressed IPv6', d.h. *6LoWPAN*, eingesetzt.

Der Header in MAC-Frames wird mit dem Ziel strukturiert, eine entsprechende Identifizierung unterschiedlicher Arten von Steuerungsangaben als besondere Nutzlast und ihre Übermittlung in MAC-Frames zu ermöglichen und dadurch unterschiedliche Arten von MAC-Frames zu 'erzeugen'. Man spricht in diesem Zusammenhang von MAC *Control Frames* und unterscheidet dabei zwischen verschiedenen Typen. Um welchen Typ Control Frame als Payload in einem MAC-Frame es sich handelt, wird innerhalb des MAC-Headers im Feld Frame Control als Frame Type eingetragen. Auf

Diverse MAC Control Frames

welche Weise dies markiert wird, ist in Abb. 17.1-12 ersichtlich. So steht beispielsweise 000 für *Beacon Frames*, 001 für *Data Frames*, 010 für *Acknowledgement* und 011 für *MAC Command Frame*.

<small>Bedeutung von IE Fields</small>

Bei einigen Protokollen, insbesondere bei 6P (*6top Protocol*) im *Industrial IoT* (IIoT) mit dem MAC Layer nach dem Konzept TSCH (*Time-Slotted Channel Hopping*) spielen die in den IE Fields (IE: *Information Element*) von MAC-Frames übermittelten IEs eine besondere Rolle. Sie dienen quasi als Container zur Übermittlung diverser Steuerungsangaben und auch Nutzdaten, d.h. Payload. In einem MAC-Frame können mehrere, diesem Zweck dienende IEs übermittelt werden. Wie Abb. 17.1-12 illustriert, kann in einem MAC-Frame enthalten sein:

- ein *Header* IE *Field*, oft mit mehreren Header IEs, als Teil des MAC-Headers und
- ein *Payload* IE *Field*, oft mit mehreren Payload IEs, als MAC-Payload.

Auf diese Art und Weise werden verschiedene IEs zur Übermittlung von Nachrichten mit Daten und Steuerungsangaben zwischen speziellen Steuerungsinstanzen auf dem MAC Layer eingesetzt.

<small>Zwei Kategorien von MAC-Frames</small>

In einigen IoT-Netzwerken zwischen jeweils zwei kommunizierenden Nodes können quasi zwei Kategorien von MAC-Frames übermittelt werden. Zur ersten Kategorie gehören die MAC-Frames, in denen die komprimierten IPv6-Pakete enthalten sind. Die MAC-Frames dieser Kategorie übermitteln Anwendungsdaten zwischen Applikationen in beiden kommunizierenden Nodes. Zur zweiten Kategorie gehören die MAC-Frames, in denen Payload IEs enthalten sind. Die MAC-Frames dieser Kategorie übermitteln in Payload IEs die Daten zwischen den innerhalb des MAC Layer angesiedelten Steuerungsinstanzen.

17.2 6LoWPAN – IPv6-Adaption für das IoT

<small>Notwendigkeit der IPv6-Adaption</small>

Die drahtlosen Sensor-Aktuator-Netze im IoT werden häufig als sogenannte LR-WPANs (*Low-Rate Wireless Personal Area Networks*) nach dem IEEE-Standard 802.15.4 eingerichtet. Dieser Standard stellt wichtige Anforderungen, die in drahtlosen Sensor-Aktuator-Netzen mit energiearmen Komponenten eingehalten werden müssen. Insbesondere darf die maximale Länge der in LR-WPANs übermittelten MAC Data Frames mit den in ihnen eingekapselten IPv6-Paketen nur 127 Byte betragen. Im IPv6-Standard werden aber IPv6-Pakete bis zur Länge von 1280 Byte zugelassen. Aus diesem Grund müssen die IPv6-Pakete für die Übermittlung in energiearmen und mit Datenverlust behafteten LR-WPANs entsprechend angepasst und auch komprimiert werden. Folglich ist eine Adaptation des Protokolls IPv6 an die Anforderungen solcher LR-WPANs unabdingbar. Diese IPv6-Adaptation bezeichnet man als *IPv6 over Low-power Wireless Personal Area Network*, kurz *6LoWPAN*.

Ein äußerst wichtiger Teil der Adaption des Protokolls IPv6 zum Einsatz in energiearmen und mit Datenverlust behafteten WPANs ist die Komprimierung von IPv6-Paketen und dabei auch die Fragmentierung der größeren Pakete [Abschnitt 17.2.9].

17.2.1 Grundlegende Topologien von LR-WPANs

Die wesentlichen Konzepte von LR-WPANs wurden bereits zu Beginn der 2000er Jahre entwickelt. Der erste Standard IEEE 802.15.4 mit der Spezifikation von LR-WPANs wurde im Jahr 2003 veröffentlicht; daraufhin folgten erweiterte Ausgaben des Standards IEEE 802.15.4 in den Jahren 2006, 2011 und 2015. Für den Aufbau von LR-WPANs werden zwei grundlegende Topologien definiert: Die Sterntopologie (Star Topology) und die *Peer-to-Peer-Topologie*, kurz *P2P-Topologie* genannt. Abb. 17.2-1 illustriert diese Topologien von LR-WPANs und deren Anbindung an das Internet.

Arten von Topologien

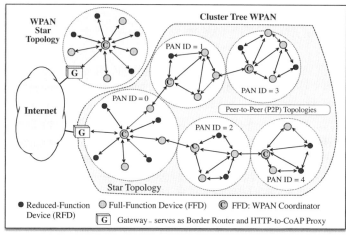

Abb. 17.2-1: Grundlegende Topologien von LR-WPANs und deren Anbindung an das Internet
PAN ID: Personal Area Network Identifier

In der Sterntopologie können die einzelnen, als Devices bezeichneten Knoten, de facto *Smart Objects*, nur über einen WPAN-Koordinator (*WPAN Coordinator*) untereinander kommunizieren. Die Sterntopologie eignet sich deshalb hauptsächlich für räumlich begrenzte Anwendungen wie z.B. Smart Homes.

Sterntopologie

Eine P2P-Topologie als WPAN repräsentiert eine Gruppe von Knoten mit einem WPAN-Koordinator, in der die einzelnen Devices als mobile Knoten aber auch untereinander paarweise kommunizieren können. Dabei muss jeder Knoten aber in Funkreichweite des Koordinators sein. Folglich ist die P2P-Topologie nur für räumlich begrenzte Netzwerke geeignet. Diese können als sogenannte *Ad-hoc-Netzwerke* sogar spontan eingerichtet werden.

P2P-Topologie

Um mit WPANs eine größere Reichweite (z.B. innerhalb einer Stadt) einrichten zu können, müssen, wie Abb. 17.2-1 zeigt, mehrere WPANs mit P2P-Topologie so 'kaskadiert' werden, dass eine quasi baumförmige Vernetzungsstruktur von WPANs entsteht. Aus diesem Grund wird diese Vernetzungsstruktur als Cluster Tree WPAN bezeichnet, kurz CP WPAN. In diesem Zusammenhang spricht man auch von einer *Mesh WPAN-Struktur/-Topologie* bzw. von einem *Mesh WPAN*.

Cluster Tree WPAN

In einem WPAN mit einer Mesh-Struktur kann die Kommunikation zwischen zwei nicht direkt erreichbaren Knoten (Devices) über andere Devices, die sozusagen als

Multi-hop Communication

Zwischenknoten fungieren, verlaufen. Man bezeichnet eine solche Kommunikation in WPANs als *Multi-hop Communication* [Abb. 17.2-10]. Um diese Art der Kommunikation realisieren zu können, wird bei 6LoWPAN ein spezieller Header eingeführt, *Mesh Header* genannt. Seine Struktur und Bedeutung wird im Weiteren näher erläutert [Abb. 17.2-12].

Bedeutung von PAN-IDs

Die Multi-hop Communication in einem Mesh WPAN entlang einer Route verläuft in der Regel über mehrere WPANs. U.a deshalb müssen, so wie in Abb. 17.2-1 dargestellt, um die über mehrere WPANs verlaufenden Routen ermitteln und beschreiben zu können, den einzelnen WPANs entsprechende Identifikationen (IDs), kurz als *PAN-IDs* bezeichnet, zugewiesen werden. Hierfür ist ein entsprechendes Routing-Protokoll nötig. Dieses wird als RPL (*Routing Protocol for Low Power and Lossy Networks*) bezeichnet und im Abschnitt 17.3 detailliert dargestellt.

Arten von IoT Devices

Wie Abb. 17.2-1 zum Ausdruck bringt, ist in jeder WPAN-Topologie für die Koordination des Zugriffs von Devices (Knoten) auf den gemeinsamen Funkkanal ein spezieller Netzknoten als sogenannter *WPAN-Koordinator* zuständig. Man unterscheidet dabei zwischen zwei Arten von Devices, und zwar:

Full-Function Devices

- *Full-Function Devices* (FFD) fungieren als Knoten in einem WPAN und können Datenpakete empfangen, senden und an jeden anderen Knoten im gleichen WPAN weiterleiten. Dadurch können sie als WPAN-Koordinatoren, Sensoren/Aktuatoren, Router und Gateways eingesetzt werden. Aufgrund ihrer Funktionalität müssen sie immer aktiv sein, können also nicht in den sogenannten *Schlafmodus* wechseln, um den Stromverbrauch zu reduzieren, und benötigen aus diesem Grund meist eine ständige Stromversorgung.

Reduced-Function Devices

- *Reduced-Function Devices* (RFD) dienen als einfache Sensoren und Aktuatoren, welche lediglich Datenpakete empfangen und senden können. Ein RFD kann mit einem FFD kommunizieren. In einer Sterntopologie ist dies nicht direkt und nur über einen PAN-Koordinator möglich, in der P2P-Topologie dagegen direkt mit einem als Parent bezeichneten Knoten. Aufgrund der 'beschränkten' Funktionalität können RFDs ihre Energie sogar aus winzigen Batterien bzw. Solarzellen beziehen. Einige RFDs können auch in den Schlafmodus versetzt werden; man spricht in diesem Zusammenhang von *schlafenden Knoten*. Diese werden aber von den WPAN-Koordinatoren durch das regelmäßige Versenden von sogenannten *Beacon Frames* geweckt.

17.2.2 Adressierung von Instanzen in Rechnern mit IPv6

Zum besseren Verständnis der Protokollarchitektur von Devices in IoT, also IoT Hosts, wird zunächst kurz die Protokollarchitektur von Rechnern im Internet erörtert. Abb. 17.2-2 zeigt diese Protokollarchitektur. Es wurde hier insbesondere auf eine besondere Interpretation von MAC- und IP-Adressen eingegangen.

IPv6-Adresse als 'virtuelle IPv6-Steckdose'

Der IP-Adresse eines Rechners mit dem Protokoll IPv6, d.h. der IPv6-Adresse kann ein Speicherplatz an der Grenze zwischen dem Network Layer, der als IPv6 Layer angesehen werden kann, und dem Transport Layer, der de facto als Kommunikationspuffer dient, zugeordnet werden. Über diesen Puffer können die Instanzen verschiedener

17.2 6LoWPAN – IPv6-Adaption für das IoT

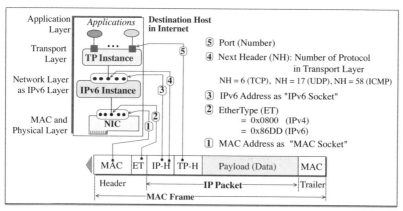

Abb. 17.2-2: Schema der Adressierung von Instanzen in Rechnern mit IPv6 im Internet
IP-H: IP-Header, MAC: Media Access Control, NIC: Network Interface Card/Controller,
TP: Transport Protocol, TP-H: Transport Protocol Header

Transportprotokolle logisch mit der IPv6-Instanz verbunden werden. Daher kann eine IPv6-Adresse als 'virtuelle Steckdose' mit mehreren Pins oberhalb der IPv6-Instanz dargestellt und als eine Art „IPv6 Socket" angesehen werden.

Ein Pin in IPv6-Steckdose, im IPv6 Socket also, die anschaulich eine IPv6-Adresse darstellt, symbolisiert die Angabe Next Header im IPv6-Header, genauer gesagt die Nummer des Protokolls aus dem Transport Layer. Über einen IPv6 Socket, als 'virtuelle, mehrere Pins enthaltende Steckdose' im Rechner, können dann die Instanzen verschiedener Transport Protokolle aus dem Transport Layer an die IPv6-Instanz logisch angebunden werden.

Pins in IPv6-Steckdose

Ein kommunikationsfähiger Rechner besitzt eine Netzwerkadapterkarte (Network Interface Card, NIC), über die er an das Netzwerk angeschlossen ist, und eine physikalische Adresse, die den physikalischen Anschlusspunkt des Rechners am Netzwerk angibt. So enthält z.B. ein Rechner am LAN eine LAN-Adapterkarte, welche eine MAC-Adresse besitzt. Mittels der MAC-Adresse wird der Rechner im Netzwerk innerhalb eines IP-Subnetzes eindeutig identifiziert.

Die MAC-Adresse kann als 'virtuelle Steckdose' mit mehreren Pins, also als eine Art 'MAC Socket', oberhalb der Adapterkarte dargestellt werden. Ein Pin in dieser Steckdose repräsentiert die im Header EtherType angegebene Nummer des Protokolls aus dem Network Layer (IPv6 Layer), wie z.B. 0x0800 von IPv4 oder 0x86DD von IPv6. Logisch betrachtet können die Instanzen mehrerer Protokolle aus dem Network Layer (wie z.B. IPv4, IPv6, ...) über eine MAC-Adresse als 'virtuelle Steckdose' an die Adapterkarte angebunden werden.

MAC-Adresse als 'virtuelle MAC-Steckdose'

Bemerkung: Mit der Angabe IPv6 und MAC im 'IPv6 Socket' bzw. 'MAC Socket' soll darauf hingewiesen werden, dass es sich um eine spezielle Art von Sockets (als Steckdosen) auf dem IPv6 Layer bzw. auf dem MAC Layer handelt und, dass diese speziellen Socket-Arten von dem allgemeinen Begriff Socket als Paar (IP Address, Port) zu unterscheiden sind.

17.2.3 Adressierung von Instanzen bei 6LoWPAN Devices

Network Layer mit 6LoWPAN

Ein dem in Abb. 17.2-2 gezeigten ähnliches, aber viel komplizierteres, Schema der Adressierung findet man in IoT Devices mit 6LoWPAN. Abb. 17.2-3 stellt dieses dar. Der Network Layer mit 6LoWPAN in IoT Devices besitzt eine dynamische und hierarchisch organisierte, aus mehreren Sublayers bestehende Struktur, siehe hierfür auch Abb. 17.2-4. Zwecks einer anschaulichen Erläuterung der grundlegenden Idee von 6LoWPAN zeigt Abb. 17.2-3 eine vereinfachte Form dieser Struktur und illustriert dabei sowohl die Hierarchie von zu 6LoWPAN gehörenden Funktionen als auch das Prinzip der IPv6-Adaptation an die Anforderungen von LR-WPANs.

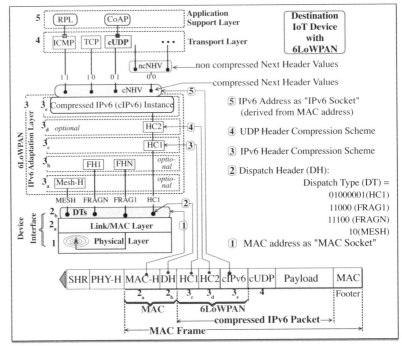

Abb. 17.2-3: Schema der Adressierung von Instanzen in IoT Devices mit 6LoWPAN; Veranschaulichung der Struktur von IPv6 Adaptation Layer
cIPV6: compressed IPv6, cUDP: compressed UDP – UDP Header ist komprimiert, CoAP: Constrained Application Protocol, DH: Dispatch Header, FCS: Frame Check Sequence, FHx: Fragment Header, x = 1, x = N (N = 2, 3, ...), FRAGx: IPv6-Packet FRAGment, x = 1, x = N (N = 2, 3, ...), HC1: IPv6 Header Compression Scheme, HC2: UDP Header Compression Scheme, MESH: MESH Network – Multi-hop Communication, PHY-H: Physical Layer Header, SHR: Synchronization Header

Es sei angemerkt, dass Abb. 17.2-3 nur den einfachsten Fall zeigt, in dem nur der IPv6-Header und der UDP-Header komprimiert werden und folglich die zu den Sublayer 3a und 3b gehörenden 6LoWPAN-Funktionen unnötig sind (vgl. hierzu Abb. 17.2-8d). Die vollständige Struktur des 6LoWPAN Layers wird in Abb. 17.2-4 näher erläutert.

Subbayer 3a, 3b, 3c, 3d und 3e

Im Hinblick auf Abb. 17.2-3 ist anzumerken, dass die Reihenfolge der hier gezeigten Sublayer 3a, 3b, 3c, 3d und 3e im 6LoWPAN-Layer mit der Reihenfolge dieser

17.2 6LoWPAN – IPv6-Adaption für das IoT

Sublayern entsprechenden Header im compressed IPv6-Packet übereinstimmt. Da Abb. 17.2-3 nur den einfachsten Fall ohne zusätzliche Funktionen der Sublayer 3a und 3b illustriert, sind die diesen Sublayern entsprechenden Header im gezeigten IPv6-Paket nicht enthalten.

Vergleicht man die in Abb. 17.2-2 und Abb. 17.2-3 dargestellten Prinzipien der Adressierung in Internet-Hosts und in IoT Devices, stellt man Folgendes fest:

- *MAC-Adressen als MAC Sockets*: MAC-Adressen kann man sowohl in Internet-Hosts als auch in IoT Devices als virtuelle, mehrere Pins enthaltende Steckdosen oberhalb des MAC-Layers darstellen. Deshalb können MAC-Adressen quasi als 'MAC Sockets' angesehen werden. MAC Sockets

- *Pins in MAC Sockets*: Diese stellen in Internet-Hosts die Angaben im Header EtherType und in IoT Devices die Angaben im direkt dem MAC-Header folgenden *Dispatch Header* dar [Abb. 17.2-7]. Demzufolge erfüllen die Header *EtherType* und Dispatch Header vergleichbare Aufgaben. In beiden wird angegeben, welche Funktionen auf dem Network-Layer, d.h. im Internet auf dem IPv6 Layer und im IoT auf dem 6LoWPAN Layer, bei der 'Bearbeitung' jedes empfangenen IPv6-Pakets realisiert werden müssen. Anschaulich betrachtet ermöglichen die Pins in MAC Sockets den Anschluss von Instanzen aus dem Network Layer an den MAC Layer. Angabe EtherType als Pin in MAC Socket

- *IPv6-Adressen als IPv6 Sockets*: IPv6-Adressen können sowohl in Internet-Hosts und als auch in IoT Devices – genau wie MAC-Adressen – als virtuelle, mehrere Pins enthaltende Steckdosen oberhalb des IPv6 Layers dargestellt werden. Folglich kann man IPv6-Adressen auch als eine Art 'IPv6 Sockets' ansehen. IPv6 Sockets

- *Pins in IPv6 Sockets*: Diese repräsentieren sowohl in Internet-Hosts als auch in IoT Devices die Angabe Next Header (NH) im IPv6-Header. Mit NH wird angegeben, welches Protokoll aus dem Transport Layer realisiert wird. Anschaulich betrachtet ermöglichen Pins in IPv6 Sockets den Anschluss von Protokollinstanzen aus dem Transport Layer an die IPv6-Instanz innerhalb des Network Layer. In IoT Devices mit 6LoWPAN ermöglichen Pins in IPv6 Sockets den Anschluss von Protokollinstanzen aus dem Transport Layer an die Instanz im Sublayer 3e, d.h. an die Instanz, die dem Protokoll 'compressed IPv6' entspricht. Angabe NH als Pin in IPv6 Socket

Es sei hervorgehoben, dass die Angabe Next Header (NH) im IPv6-Header beim Einsatz von 6LoWPAN komprimiert werden kann. Der komprimierte Wert NH, in Abb. 17.2-3 als *compressed NH Value* (cHNV) bezeichnet, wird im Header HC1, also auf dem Sublayer HC1, mit zwei Bits $x_5 x_6$ spezifiziert [Abb. 17.2-9]. Diese haben folgende Bedeutung: compressed NH

- $x_5 x_6$ = 00 besagt, dass NH nicht komprimiert und vollständig im IPv6-Header enthalten ist. Die Werte von NH werden gemäß dem Protokoll IPv6 interpretiert.
- $x_5 x_6$ = 01, 11 oder 11 bedeutet, dass NH komprimiert ist. Auf dem Transport Layer wird verwendet: UDP oder cUDP (*compressed UDP*, d.h. UDP mit compressed Header) bei $x_5 x_6$ = 01, TCP bei $x_5 x_6$ = 10 oder ICMP bei $x_5 x_6$ = 11.

RPL = ICMP-Ableger	Es sei angemerkt dass UDP zum Transportieren von CoAP-Nachrichten verwendet wird und einige Nachrichten des ICMP es ermöglichen, das Routing-Protokoll RPL zu realisieren. Das RPL stellt folglich eine Art ICMP-Ableger dar.

17.2.4 LoWPAN als IPv6-Adaptation-Layer–Struktur

Struktur des 6LoWPAN Layer	Nachdem in Abb. 17.2-3 zwecks einer kurzen und anschaulichen Erläuterung des Adressierungsschemas in IoT Devices nur die allgemeine Struktur des 6LoWPAN Layer vereinfacht dargestellt wurde, illustriert Abb. 17.2-4 dessen vollständige Struktur in Form eines aus den Sublayern 3_a, 3_b, 3_c, 3_d und 3_e bestehenden Modells. Eine Besonderheit des hier gezeigten Modells besteht darin, dass man zwischen zwei Teilen unterscheiden muss: und zwar zwischen dem Teil für One-hop Communication und dem Teil für *Multi-hop Communication*. Auf diese beiden Arten der Kommunikation wird im Weiteren noch näher eingegangen [Abb. 17.2-10].
Bedeutung von Mesh Header	Bevor die Unterschiede zwischen diesen Arten der Kommunikation verdeutlicht werden, sei angemerkt, dass der *Mesh Header* bei der Multi-hop Communication verwendet wird, um komprimierten IPv6-Paketen, also de facto IPv6-Paketen ohne IPv6-Adressen, IPv6-Adressen vom Quell- und Ziel-Device voranstellen zu können.
One-hop Communication	Unter *One-hop Communication* versteht man die Kommunikation zwischen zwei direkt erreichbaren Devices eines WPAN. Es handelt sich in diesem Fall also um die Kommunikation zwischen zwei Devices innerhalb eines WPAN – d.h. um eine WPAP-interne Kommunikation. Dies würde im Internet der Kommunikation innerhalb eines IP-Subnetzes entsprechen. Bei dieser Art der Kommunikation können die beiden kommunizierenden Devices im IoT nur mittels ihrer MAC-Adressen eindeutig identifiziert werden. Darüber hinaus können aus ihren MAC-Adressen die IPv6-Adressen von kommunizierenden, zum gleichen WPAN gehörenden Devices abgeleitet werden [Abb. 17.2-5 und Abb. 17.2-11]. Aus diesem Grund ist bei der One-hop Communication die Übermittlung vom Mesh Header mit IPv6-Adressen unnötig und demzufolge der Sublayer 3_a (Multi-hop Communication/Forwarding) mit dem Mesh Header in der Struktur vom 6LoWPAN Layer für One-hop Communication nicht enthalten.
Multi-hop Communication	Die Kommunikation zwischen Devices, die zu verschiedenen WPANs gehören, muss oft über mehrere Zwischen-Devices (Knoten) verlaufen – also quasi in mehreren Hops (Sprüngen). Folglich spricht man von *Multi-hop Communication*. Diese Art der Kommunikation würde im Internet der Kommunikation zwischen Hosts an verschiedenen IP-Subnetzen entsprechen. Bei der Multi-hop Communication können die beiden kommunizierenden Devices im IoT – aufgrund der zweistufigen Adressierung [Abb. 17.2-10] – nur durch ihre IPv6-Adressen eindeutig identifiziert werden. Deshalb ist bei der Multi-hop Communication eine Übermittlung des Mesh Header mit den erforderlichen IPv6-Adressen notwendig. Demzufolge ist der Sublayer 3_a mit dem Mesh Header in der Struktur vom 6LoWPAN Layer für Multi-hop Communication enthalten.
IPv6 Packet Fragmentation	Es kommt vor, dass im Internet ein langes IPv6-Paket auf mehrere kleinere IPv6-Pakete aufgeteilt werden muss. Man bezeichnet diesen Vorgang als *Fragmentierung des IPv6-Pakets* (IPv6 Packet Fragmentation). Eine Fragmentierung langer IPv6-Pakete ist auch im IoT nötig. Um diese bei 6LoWPAN ermöglichen zu können, wurde

17.2 6LoWPAN – IPv6-Adaption für das IoT

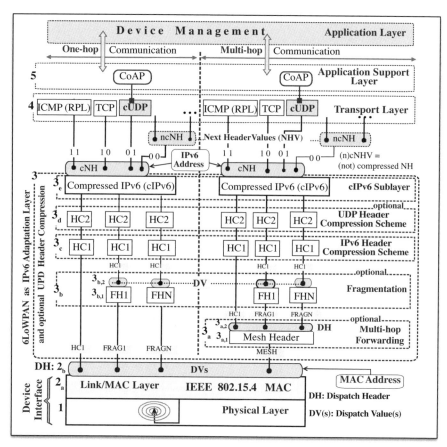

Abb. 17.2-4: Struktur von 6LoWPAN als IPv6 Adaptation Layer in IoT- Devices mit IEEE 802.15.4 Interfaces
Alle Abkürzungen wie in Abb. 17.2-3

der Sublayer 3_b (Fragmentation) vorgesehen; im Weiteren wird detaillierter darauf eingegangen.

Zu den Sublayern 3_a und 3_b, also Multi-hop Forwarding und Fragmentation, sei angemerkt, dass diese beiden Sublayer eine zweistufige Hierarchie besitzen: Sowohl im Sublayer 3_a nach dem Mesh Header als auch im Sublayer 3_b nach dem Fragment Header (FH 1 und FH N) kommt jeweils ein Dispatcher Header (DH), und zwar der gleiche DH wie auf dem Sublayer 2_b. Dies wurde in Abb. 17.2-4 durch die Bezeichnungen $3_{a,1}$ (Mesh Header), $3_{a,2}$ (DH) und $3_{b,1}$ (FH 1 / FH N) und $3_{b,2}$ (DH) entsprechend zum Ausdruck gebracht.

Sublayer 3_a und 3_b

17.2.5 Redundante Angaben im IPv6- und im UDP-Header

Notwendigkeit der Komprimierung

Das Hauptproblem beim Einsatz von IPv6 im IoT besteht darin, dass die IPv6-Pakete – im günstigsten Fall – in IEEE 802.15.4 LR-WPANs maximal 124 Bit lang sein dürfen [Abb. 17.1-12]. Aus diesem Grund muss der Overhead in IPv6-Paketen komprimiert werden. Da das UDP als Transportprotokoll im IoT dient, besteht die wichtigste Aufgabe der Adaptation des IPv6 zu dessen Einsatz in LR-WPANs in der Komprimierung sowohl des IPv6-Headers als auch des UDP-Headers. Abb. 17.2-5 stellt dar, wie die einzelnen Angaben in den IPv6- und UDP-Headern bei ihrer Komprimierung 'behandelt' werden können, um die Länge der IPv6-Pakete möglichst weitgehend zu reduzieren.

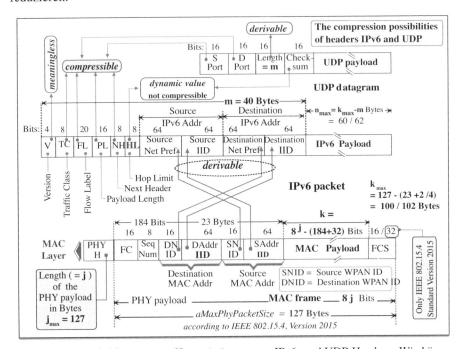

Abb. 17.2-5: Möglichkeiten einer Komprimierung von IPv6- und UDP-Headern. Wie können einzelne Angaben in IPv6- und UDP-Headern bei ihrer Komprimierung betrachtet werden? FC: Frame Control, FCS: Frame Check Sequence, ID: Identification, IID: Interface Identification, Net Pref: Network Prefix, S/DN: Source/Destination Network, S/D Port: Source/Destination (UDP) Port

Komprimierung des IPv6-Headers

Die einzelnen Angaben im IPv6-Header können bei dessen Komprimierung wie folgt betrachtet werden:

- V (*Version*): Diese Angabe, d.h. V = 6, ist immer gleich. Sie ist im IoT bedeutungslos und folglich nicht nötig.
- TC (*Traffic Class*), FC (*Flow Label*), PL (*Payload Length* und NH (*Next Header*): Diese Angaben ändern sich nicht, sind konstant und nicht immer nötig. Demzufolge sind sie überflüssig und können komprimiert werden.

17.2 6LoWPAN – IPv6-Adaption für das IoT

- HL (*Hop LimitHop!Limit*): Diese Angabe ändert sich. Sie ist dynamisch und kann nicht komprimiert werden.
- *IPv6-Adressen*: Diese ändern sich nicht und können aus MAC-Adressen abgeleitet werden. Folglich ist ihre Angabe im IPv6-Header nicht immer nötig.

Bei der Komprimierung des UDP-Headers können einzelne Angaben wie folgt betrachtet werden:

Komprimierung des UDP-Headers

- `UDP-Ports`: Diese Angaben ändern sich, können aber teilweise komprimiert werden.
- `Length`: Diese Angabe ändert sich, kann aber, so wie in Abb. 17.2-5 gezeigt, aus der Angabe Length im PHY-Header und der Angabe der Länge des IPv6-Pakets, d.h. Packet Length, im IPv6-Header abgeleitet werden. Demzufolge ist die Angabe `Length` im UDP-Header nicht nötig.
- `Checksum`: Diese Angabe ändert sich, ist dynamisch und kann daher nicht komprimiert werden.

17.2.6 Dispatch Header und seine Nutzung bei 6LoWPAN

Nachdem in Abb. 17.2-5 dargestellt wurde, wie die einzelnen Angaben im IPv6-Header in Bezug auf dessen Komprimierung betrachtet werden (also u.a., wie weit sie komprimiert werden können), zeigt Abb. 17.2-6 den Fall, in dem der 40-Byte-lange IPv6-Header maximal komprimiert, d.h. auf 6 Byte reduziert wurde. Dieses Beispiel verfolgt das Ziel, die Bedeutung der Komprimierung des IPv6-Headers zu unterstreichen.

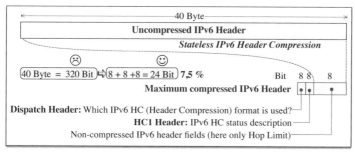

Abb. 17.2-6: Beispiel für die maximale Komprimierung des IPv6-Headers
   HC1: IPv6 Header Compression (Scheme)

Abb. 17.2-6 illustriert auch die grundlegende Idee der zustandslosen, d.h. vom Zustand der IPv6-Kommunikation unabhängigen Komprimierung (stateless Compression) des IPv6-Headers. Diese beruht darauf, dass dem nach der Komprimierung des IPv6-Headers verbleibenden Rest – d.h. dem IPv6 Header Field Hop Limit – zwei spezielle zusätzliche Header vorangestellt werden. Diese zusätzlichen Header sind (siehe auch Abb. 17.2-3):

- *Dispatch Header* (DH): Der DH gibt an, wie der IPv6-Header komprimiert wird – genauer gesagt, welches IPv6 Header Compression (HC) Schema angewandt wird. In Abb. 17.2-6 gibt der DH an, dass ihm der HC1-Header folgt.
- HC1 (*IPv6 Header Compression*): Der HC1 beschreibt das Schema der Komprimierung des IPv6-Headers. Im HC1 wird darüber informiert, welche Angaben im IPv6-Header gemacht und diese komprimiert werden (siehe hierzu Abb. 17.2-9).

Dispatch Header

Der Dispatch Header (DH) stellt ein maximal 8 Bit langes Bitmuster dar und hat bei 6LoWPAN eine zentrale Bedeutung. Er dient nämlich quasi als Bindeglied zwischen dem MAC-Header und dem darauffolgenden Header, der dem 6LoWPAN Sublayer zuzuordnen ist. Wie bereits in Abb. 17.2-3 und Abb. 17.2-4 verdeutlicht wurde, wird im DH – mit Dispatch Type – auf die Bedeutung des darauffolgenden Headers und indirekt auch auf Besonderheiten des IPv6-Pakets (komprimiert, fragmentiert, ...) hingewiesen (siehe auch die Abb. 17.2-8 und Abb. 17.2-9). Zu diesem Zweck wurden verschiedene Dispatch (Header) Types in RFC 4944 definiert. 17.2-7 präsentiert davon eine Auflistung.

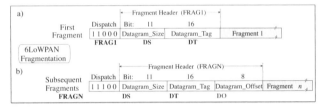

Abb. 17.2-7: Typen von in RFC 4944 definierten Dispatch-Headern BC: Broadcasting, HC: Header Compression, NALP: Not a LoWPAN

Dispatch-Header

Wie in Abb. 17.2-7 zu erkennen ist, gibt Dispatch Header Type an, welche Bedeutung der ihm folgende Header hat, beispielsweise:

- IPv6 Dispatch gibt an, dass ein nicht komprimiertes IPv6-Paket folgt.
- LOWPAN_HC1 Dispatch (kurz HC1 Dispatch) gibt an, dass ein HC1-Header folgt, der das Schema der Komprimierung des IPv6-Headers beschreibt (siehe Abb. 17.2-8b und Abb. 17.2-9).
- Mesh Dispatch gibt an, dass ein Mesh Header folgt (siehe Abb. 17.2-8d und Abb. 17.2-12).

   Anmerkung: Der Bedeutung nach ist der direkt nach dem MAC-Header platzierte Dispatch Header in MAC-Frames von WPANs im IoT mit dem EtherType-Header in Ethernet-Frames im Internet vergleichbar.

Komprimierung des IPv6-Overhead

Nachdem die allgemeine Idee der Komprimierung des IPv6-Headers in Abb. 17.2-6 und in Abb. 17.2-7 die Bedeutung des Dispatch Headers erläutert wurden, bringt Abb. 17.4-8 nun die Idee der Komprimierung anhand des Headers HC1 zum Ausdruck, d.h. des Headers mit der Spezifikation des Schemas der Komprimierung des IPv6-Headers.

Varianten der Komprimierung

In Abb. 17.2-8 werden folgende Fälle dargestellt:

a) *No Compression*: Mit dem Dispatch von Typ IPv6 (kurz IPv6 Dispatch) wird darauf verwiesen, dass ein nicht komprimiertes IPv6-Paket folgt. Durch IPv6 Dispatch

17.2 6LoWPAN – IPv6-Adaption für das IoT

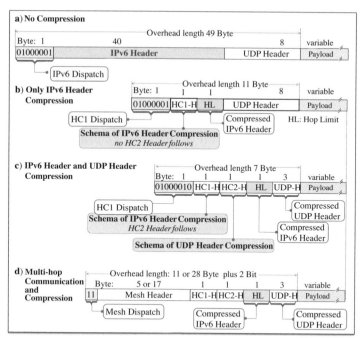

Abb. 17.2-8: Bedeutung des Headers HC1 und die Möglichkeiten der Komprimierung von Overhead in IPv6-Paketen: a) keine Komprimierung von Overhead, b) nur der IPv6-Header wird komprimiert, c) IPv6-Header und UDP-Header werden komprimiert, d) Multi-hop Communication und die Komprimierung sowohl des IPv6- als auch des UDP-Headers
HC1: IPv6 Header Compression Scheme, HC2: UDP Header Compression Scheme, HL: Hop Limit, UDP-H: User Datagram Protocol Header

wird somit darauf verwiesen, dass ein IPv6-Paket in der ursprünglichen Form übermittelt wird.

b) *Only IPv6 Header Compression*: Mit dem HC1 Dispatch wird darüber informiert, dass ihm ein HC1-Header folgt, in dem das Schema der Komprimierung des IPv6-Headers beschrieben (dargestellt) wird. Im HC1-Header wird darauf hingewiesen, dass kein HC2-Header mit der Beschreibung des Schemas der Komprimierung des UDP-Headers kommt. Das bedeutet, dass der UDP-Header im diesem Fall nicht komprimiert wird.

c) *IPv6 Header and UDP Header Compression*: Mit dem HC1 Dispatch wird ebenso wie in Fall b) darüber 'informiert', dass ihm ein HC1-Header folgt. Im HC1-Header wird in diesem Fall aber darauf hingewiesen, dass danach noch ein HC2-Header mit der Beschreibung des Schemas der Komprimierung des UDP-Headers folgt. Das bedeutet, dass der UDP-Header auch komprimiert wird.

d) *Multi-hop Communication and Compression*: Um Multi-hop Communication auf dem Link Layer, d.h. eine über mehrere Transit Devices verlaufende Kommunikation zwischen zwei End Devices zu ermöglichen, wurde der *Mesh Header* eingeführt (siehe Abb. 17.2-10 und Abb. 17.2-12). Wie Abb. 17.2-8d illustriert, wird mit dem

Mesh Dispatch zu Beginn darauf verwiesen, dass nach ihm ein Mesh Header kommt. Daraufhin folgen die beiden Header HC1 und HC2. Diese beschreiben, wie die beiden Header IPv6 und UDP komprimiert werden.

17.2.7 Komprimierung der IPv6- und UDP-Header

Wie bereits erwähnt und in Abb. 17.2-8 illustriert wurde, beschreibt der HC1-Header das Schema der Komprimierung des IPv6-Headers. Er erhält also alle Angaben darüber, wie der IPv6-Header komprimiert werden kann. Abb. 17.2-9 stellt die Möglichkeiten der Komprimierung des IPv6-Headers dar.

Komprimierung des IPv6-Headers

Es sei hervorgehoben, dass die in Abb. 17.2-5 dargestellten Möglichkeiten der Komprimierung des IPv6-Headers in der Struktur des HC1-Headers entsprechend berücksichtigt worden sind. Hierbei werden insbesondere zwei Angaben im IPv6-Header bis zum 0-Bit komprimiert, denn: Die Angabe Version ist im IoT bedeutungslos, und die Angabe Packet Length im IPv6-Paket ist aus den Angaben 'Length of the PSDU' im PHY-Header und Length im UDP-Header ableitbar (derivable) – siehe hierzu Abb. 17.2-5.

Zu den einzelnen Bits im HC1-Header ist Folgendes anzumerken:

- $x_0 x_1$: Diese Bits beschreiben die Komprimierung der Quell-IPv6-Adresse (Source IPv6 Address): ist x_0 = 0, wird *Source Network Prefix* (SNP) nicht komprimiert; ist x_0 = 1, wird SNP zu 0 Bit komprimiert und, wenn nötig, von der Source Network ID im MAC-Header abgeleitet [Abb. 17.2-5].
- $x_2 x_3$: Diese Bits beschreiben die Komprimierung der Ziel-IPv6-Adresse (Destination IPv6 Address): ist x_2 = 0, wird Destination Network Prefix (DNP) nicht komprimiert; ist x_3 = 1, wird DNP zu 0 Bit komprimiert und, wenn nötig, von der Destination Network ID im MAC-Header abgeleitet [Abb. 17.2-5].
- x_4: Dieses Bit beschreibt die Komprimierung der Angaben Traffic Class und Flow Label: ist x_4 = 1, werden diese beiden Angaben zu 0 Bit komprimiert und somit als irrelevant angesehen; ist x_4 = 0, werden sie nicht komprimiert.
- $x_5 x_6$: Diese Bits beschreiben die Komprimierung der 8 Bit langen Angabe Next Header (NH): ist $x_5 x_6$ = 00, wird NH nicht komprimiert; ansonsten wird er auf die zwei Bits $x_5 x_6$ reduziert. Diese zwei Bits reichen aus, um darauf zu verweisen, welchem Protokoll auf dem Transport Layer (UDP, TCP oder ICMP) NH zuzuordnen ist. Abb. 17.2-9 zeigt dies.
- x_7: Dieses Bit verweist darauf, ob direkt nach dem HC1-Header noch der HC2-Header kommt: Ist x_7 = 0, folgt der HC2-Header nicht; ist x_7 = 14, folgt der HC2-Header.

Um den UDP-Header in IPv6-Paketen komprimieren zu können, wurde der HC2-Header eingeführt. Auf dessen Einsatz wurde bereits in Abb. 17.2-8c kurz eingegangen. Abb. 17.2-9 zeigt die Struktur des HC2-Headers und erläutert die Möglichkeiten der Komprimierung des UDP-Headers.

17.2 6LoWPAN – IPv6-Adaption für das IoT

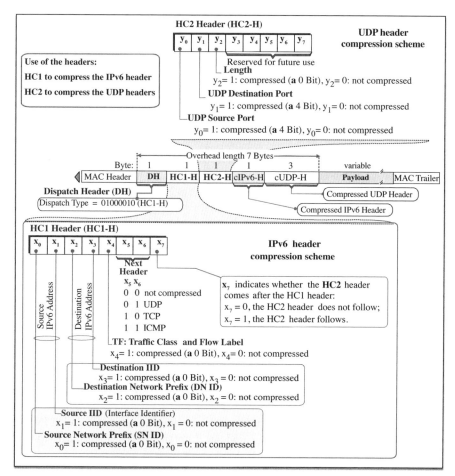

Abb. 17.2-9: Schema der Komprimierung von IPv6- und UDP-Headern; mögliche Optionen und ihre Spezifikation im HC1-Header
HC1: (IPv6) Header Compression Scheme, ICMP: Internet Control Message Protocol, TCP: Transmission Control Protocol, UDP: User Datagram Protocol, Komprimierung des UDP-Headers

Es sei hervorgehoben, dass für die Angabe des UDP-Ports im IoT nur 4 Bits vorgesehen wurden. Komprimiert man die UDP-Ports, wird daher die Länge des UDP-Ports auf 4 Bit reduziert.

Die einzelnen Bits im HC2-Header haben folgende Bedeutung:

- y_0: Dieses Bit beschreibt die Komprimierung des Quell-Ports: ist $y_0 = 0$, wird Source Port nicht komprimiert; ist $y_0 = 1$, wird Source Port auf 4 Bit komprimiert.
- y_1: Dieses Bit beschreibt die Komprimierung des Ziel-Ports. Diese wird identisch wie die Komprimierung des Quell-Ports realisiert.

- y_2: Dieses Bit beschreibt die Komprimierung der Angabe Length: ist $y_2 = 1$, wird Length auf 0 Bit komprimiert und somit als irrelevant angesehen; ist $y_2 = 0$, wird Length nicht komprimiert.
- $y_3 \ldots y_7$: Diese Bits sind für eventuelle, zukünftige Anwendungen reserviert.

Die maximale Komprimierung von Overhead

Um die Möglichkeiten der Reduzierung von Overhead in IPv6-Paketen zu verdeutlichen, wurde in Abb. 17.2-6 der Fall gezeigt, in dem IPv6-Header maximal komprimiert wurde. In Abb. 17.2-9 wurde u.a. die Bedeutung des Dispatch Headers und der Angaben in den HC1- und HC2-Headern erläutert.

Es sei in Abb. 17.2-6 angemerkt, dass die 8 Bit lange Angabe Hop Limit im IPv6-Header auch nach dessen maximaler Komprimierung besteht bleibt, im maximal komprimierten UDP-Header die Angaben `Source Port` und `Destination Port` ebenso verbleiben und jede von ihnen jeweils 4 Bit 'belegt'. Folglich wird der UDP-Header zu 8 Bit komprimiert.

17.2.8 Multi-hop Communication in WPANs

Kommunikation über mehrere Transit-Devices

In einem Verbund mehrerer WPANs muss es möglich sein (wie in Abb. 17.2-10 gezeigt), IPv6-Pakete zwischen zwei nicht direkt erreichbaren, zu verschiedenen WPANs gehörenden Devices über mehrere Transit-Devices zu übermitteln. Da die Übermittlung eines in einem MAC Data Frame [Abb. 17.2-12] eingekapselten IPv6-Pakets auf dem Link Layer in mehreren, als Hops bezeichneten, 'Sprüngen' über Transit-Devices, die nur als Zwischenknoten (Forwarder) dienen, verläuft, spricht man von *Multi-hop Communication* – genauer gesagt von Multi-hop Communication auf dem Link-Layer. Abb. 17.2-10 bringt eine solche Kommunikation näher zum Ausdruck. Wie hier ersichtlich ist, können zwei Devices aus verschiedenen WPANs untereinander auch über Transit-Devices kommunizieren. Von diesen beiden kommunizierenden Devices werden der Absender als `Originator` und der Empfänger als `Final Destination` bezeichnet.

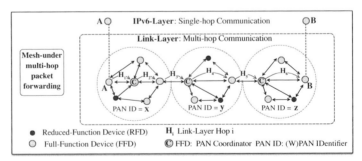

Abb. 17.2-10: Beispiel für Multi-hop Communication auf dem Link Layer innerhalb einer Mesh-WPAN-Struktur
PAN ID: (W)PAN Identifier

Nach 6LoWPAN wird der IPv6-Header so komprimiert, dass die beiden IPv6-Adressen im komprimierten IPv6-Header in Wirklichkeit nicht mehr vorhanden sind. Sie können nämlich aus den ihnen entsprechenden MAC-Adressen abgeleitet werden. Dies hat zur Folge, dass die beiden Kommunikationspartner, also Quell- und

17.2 6LoWPAN – IPv6-Adaption für das IoT

Ziel-Device, durch ihre MAC-Adressen, die im MAC-Header der WPAN-Frames eingetragen sind, eindeutig identifiziert werden. Gut funktioniert dies nur bei der One-hop Communication, falls die beiden kommunizierenden Devices zum gleichen WPAN gehören.

Mesh Header mit IPv6-Adressen

Sind die kommunizierenden Devices in verschiedenen WPANs installiert, findet also eine Multi-hop Communication statt, und es muss angegeben werden, zu welchen WPANs diese beiden Devices gehören. Die Information darüber ist nur in ihren IPv6-Adressen enthalten [Abb. 17.2-11]. Daher müssen diese, falls der IPv6-Header bei der Multi-hop Communication so komprimiert wurde, dass im komprimierten IPv6-Header die IPv6-Adressen nicht mehr vorhanden sind, auf eine besondere Weise übermittelt werden. Hierfür wurde der *Mesh Header* vorgesehen, der dem komprimierten IPv6-Header je nach Bedarf vorangestellt werden kann.

Prinzip der Adressierung in LR-WPANs

Wie bereits erwähnt, wird die Lokation von Devices in IEEE 802.15.4 LR-WPANs sowohl auf dem MAC Layer mit MAC-Adressen als auch auf dem Network Layer mit IPv6-Adressen angegeben. Abb. 17.2-11 zeigt die Struktur dieser beiden Adressarten.

Es sei hervorgehoben, dass beide Adressarten den Interfaces von Devices in WPANs zugewiesen werden. Wie aus Abb. 17.2-11 ersichtlich, wird eine klassische, 48 Bit lange MAC-Adresse zuerst durch das Einbetten der 16 Bit langen Folge `0xfefe` zu einer EUI-64-Adresse, d.h. zu einer vom IEEE standardisierten 64 Bit langen MAC-Adresse, erweitert. Die EUI-64-Adresse wird auch EUI-64 ID genannt.

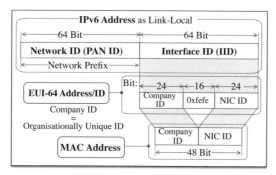

Abb. 17.2-11: Struktur von MAC- und IPv6-Adressen in IEEE 802.15.4 LR-WPANs
EUI-64: 64-bit Extended Unique Identifier, ID: Identifier, MAC: Medium Access Control, NIC: Network Interface Control

EUI-64-Adresse

Eine EUI-64-Adresse stellt eine Adresse auf dem MAC Layer dar und wird auch als Interface ID für die IPv6-Adresse auf dem Network Layer angenommen. Als Network Prefix in der IPv6-Adresse wird die PAN ID angenommen, also eine Adressangabe aus dem MAC-Header. Eine solche Nutzung von Adressangaben aus dem MAC Layer auf dem Network Layer hat zur Folge, dass die Adressangaben im IPv6-Header aus dem MAC-Header abgeleitet werden können. Sie sind faktisch redundant – also irrelevant. Abb. 17.2-5 illustriert dies näher.

Anmerkung: In IEEE 802.15.4 LR-WPANs kann auch eine kurze, 16 Bit lange Form von MAC-Adressen eingesetzt werden.

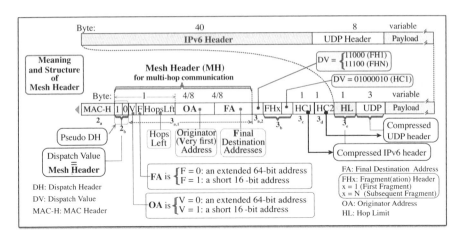

Abb. 17.2-12: Struktur und Bedeutung von Mesh Headern
F/OA: Final Destination/Originator Address – Quell-/Zieladresse, HL: Hop Limit

Mesh Header

Abb. 17.2-12 erläutert die Struktur von Mesh Headern und zeigt, welche Angaben in diesem gemacht werden können. Wie aus der in Abb. 17.2-4 gezeigten Struktur von 6LoWPAN Layer in IoT Devices hervorgeht, verweist der im WPAN-Frame direkt dem MAC-Header folgende Dispatch Header darauf, dass der als Nächster nach ihm kommende Header ein Mesh Header ist.

Falls der IPv6-Header so komprimiert wurde, dass er keine IPv6-Adressen mehr enthält, werden diese bei der Multi-hop Communication, so wie aus Abb. 17.2-15 ersichtlich ist, im Mesh Header übermittelt. Im Mesh Header wird auch angegeben, um welche Art von MAC-Adressen, de facto Interface IDs, es sich bei den IPv6-Adressen von Originator und Final Destination handelt [Abb. 17.2-11], also um eine IEEE EUI-64 Adresse oder um eine kurze, 16 Bit lange Form der MAC-Adresse.

Angabe Hops Left

Die Angabe Hops Left im Mesh Header entspricht der Angabe Hop Limit im IPv6-Header und ebenso der Angabe `Time to Live` (TTL) im IPv4-Header. Hops Left gibt die maximale Anzahl von Transit-Devices an, die ein IPv6-Paket im IoT durchlaufen darf, bevor es gelöscht (verworfen) wird. Der Wert von Hops Left wird im jedem Transit-Device um 1 reduziert. Im Device, in dem der Wert von Hops Left auf 0 gesetzt wurde, wird das betreffende IPv6-Paket einfach gelöscht (also verworfen).

17.2.9 Fragmentierung langer IPv6-Pakete in WPANs

Bedeutung von Fragment Header

Liegt in einem Quell-Device ein derart langes IPv6-Paket vor, dass die zulässige Länge, der MTU-Wert (*Message Transfer Unit*), überschritten wird, muss dieses Paket als Folge von mehreren kleineren Fragment-Paketen übermittelt werden. Um dies zu ermöglichen, wird bei IPv6 im Internet ein spezieller Erweiterungs-Header, der sogenannte `Fragment Header` (FH), verwendet. Abb. 17.2-13 illustriert die Fragmentierung eines langen IPv6-Pakets sowohl im Internet als auch im IoT. In diesem Zusammenhang spricht man im Internet von *IPv6 Fragmentation* und im IoT von *6LoWPAN Fragmentation*.

17.2 6LoWPAN – IPv6-Adaption für das IoT

Es sei angemerkt, dass der IPv6-Header zusammen mit dem FH einen unteilbaren Teil im Internet bildet. Dieser darf folglich nicht aufgeteilt werden. Wie Abb. 17.2-15 zeigt, wird der unteilbare Teil des Original-IPv6-Pakets jedem Fragment-Paket vorangestellt.

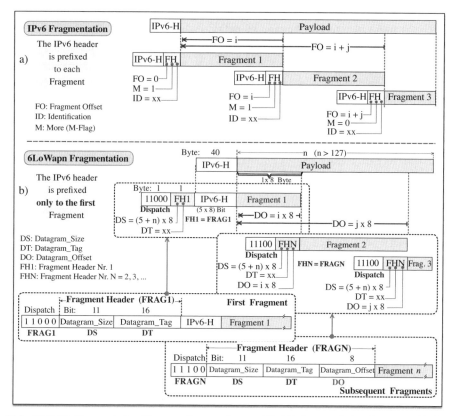

Abb. 17.2-13: Konzept der Fragmentierung langer IPv6-Pakete: a) im Internet, b) bei 6LoWPAN im IoT
FH: Fragment Header

Durch den Einsatz von FH kann ein langes IPv6-Paket im Internet auf eine Reihe zusammenhängender Teile (*Fragment-Pakete*) aufgeteilt, also fragmentiert, werden. Die einzelnen Fragment-Pakete können unabhängig voneinander übermittelt werden. Die einzelnen Angaben im FH haben folgende Bedeutung:

Angaben im FH

- `FO` (`Fragment Offset`) gibt den Abstand (*Offset*) des Datensegments in Anzahl von je 8 Byte ab Datenbeginn an. Beim ersten Fragment-Paket ist somit `FO` = 0. Mittels der Angaben `FO` im Fragment Header kann die richtige Reihenfolge von am Ziel empfangenen Fragment-Paketen und somit auch das Originalpaket rekonstruiert werden.

- `M`-Flag markiert, ob es sich um das letzte Fragment-Paket handelt oder nicht. Daher wird das letzte Fragment-Paket mit `M` = 0 markiert. In anderen Fragment-Paketen muss `M` = 1 sein.

- ID (Identification): Für jedes Paket, das aufgeteilt werden muss, wird eine 32 Bit lange Identifikation generiert. Diese ist in jedem Fragment-Paket enthalten, wodurch es am Ziel möglich ist, die empfangenen Fragment-Pakete zu sammeln und somit das 'Originalpaket' zu rekonstruieren.

Es sei angemerkt, dass der FH in allen Fragment-Paketen bei IPv6 im Internet die gleiche Struktur hat und die Angabe FO enthält.

Struktur der Fragment-Pakete bei 6LoWPAN im IoT

Abb. 17.2-14 illustriert die Struktur der Fragment-Pakete bei 6LoWPAN. Vergleicht man die Abb. 17.2-13a, Abb. 17.2-13b und Abb. 17.2-14, so erkennt man unmittelbar die funktionalen Entsprechungen zwischen den Parametern in FHn bei IPv6 und bei 6LoWPAN. Der dem Parameter FO entsprechende Parameter im FH wird bei 6LoWPAN Fragmentation als DO (Datagram_Offset) bezeichnet.

Die weiteren zwei Parameter bei 6LoWPAN Fragmentation sind:

- DS (Datagram_Size): Dieser Parameter gibt die Länge des Original-IPv6-Pakets vor dessen Fragmentierung in Bytes an. Er wird im FH aller Fragment-Pakete übermittelt.
- DT (Datagram_Tag): Jedem Original-IPv6-Paket, das aufgeteilt werden muss, wird eine als DT bezeichnete Identifikation zugewiesen. Folglich entspricht DT der Angabe ID bei IPv6 Fragmentation.

Bei 6LoWPAN Fragmentation wird kein M-Flag verwendet, um das letzte Fragment-Paket zu 'markieren'. Anhand der Angaben DS und DO lässt sich nämlich feststellen, ob es sich um das letzte Fragment-Paket handelt oder nicht.

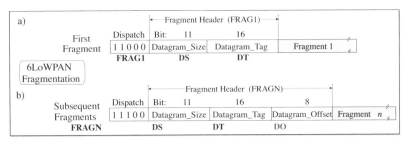

Abb. 17.2-14: Struktur der Fragment-Pakete bei 6LoWPAN: a) erstes Fragment-Paket (FRAG1), b) folgende Fragment-Pakete (FRAGN)

Fragmentierung und Komprimierung der IPv6-Pakete

Die allgemeine Struktur von 6LoWPAN – als IPv6-Adaptation an die Anforderungen/Besonderheiten des IoT – wurde in Abb. 17.2-4 dargestellt. Dort wurde auch kurz auf die Struktur von 6LoWPAN bei der Multi-hop Communication eingegangen. Abb. 17.2-15 verfolgt nun das Ziel, die Fragmentierung und Komprimierung der IPv6-Pakete bei beiden Arten der Kommunikation im IoT näher zu veranschaulichen.

Im Hinblick auf Abb. 17.2-15 sei angemerkt, dass der komplette, komprimierte und nicht komprimierte, Overhead, d.h. die beiden Header IPv6 und UDP sowie die wei-

17.3 RPL – Routing-Protokoll im IoT

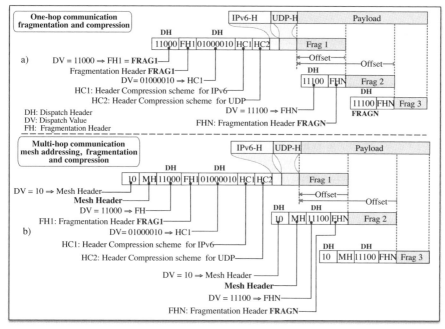

Abb. 17.2-15: Fragmentierung und Komprimierung des IPv6-Headers bei 6LoWPAN: a) One-hop Communication, b) Multi-hop Communication
FH: Fragment Header, HC1: (IPv6) Header Compression Scheme, HC2: (UDP) Header Compression Scheme, MH: Mesh Header

teren, dem IPv6-Header vorangestellten Header (Dispatcher, Mesh Header Fragment Header) als Overhead nur im ersten Fragment-Paket übermittelt werden.

17.3 RPL – Routing-Protokoll im IoT

Das IoT bilden de facto die in das Internet integrierten WSANs (*Wireless Sensor Actuator Networks*) mit dem Protokoll IPv6 (*Internet Protocol, Version 6*). Da WSANs aber sehr stark ressourcenbeschränkt (resource constrained), besonders energiearm (low-power) und verlustbehaftet (lossy network) angelegt sind, werden sie auch als *Low-Power and Lossy Networks* (LLN) bezeichnet. Im IoT, genauer in LLNs mit dem Protokoll IPv6, ist ebenso wie im herkömmlichen Internet ein Routing-Protokoll nötig. Hierfür wurde das IPv6 *Routing Protocol for Low-Power and Lossy Networks* (RPL) entwickelt. Wie bereits aus dem Namen hervorgeht, handelt es sich um ein Routing-Protokoll für energiearme und verlustbehaftete drahtlose Netze mit IPv6, das auch als Routing-Protokoll für das IoT angesehen werden kann.

WSANs als LLNs

LLNs bilden drahtlose Netze mit energiearmen Knoten, zwischen denen die als Links bezeichneten Funkkanäle datenverlustbehaftet sind. Dies hat zur Folge, dass bei der Ermittlung optimaler Routen mehrere Faktoren, insbesondere die Qualität von Links, z.B. deren Zuverlässigkeit (Reliability) und Verzögerung (Latency) sowie die zum Betrieb knappe Energie in Knoten berücksichtigt werden müssen. Hinzu kommt

Besondere Anforderungen an RPL

noch die Tatsache, dass die Topologie der Vernetzung von Smart Objects in LLNs nicht dauerhaft angelegt ist, sondern schnell veränderbar sein kann. Diese Umstände führen dazu, dass die Anforderungen an ein LLN-Routing-Protokoll im Vergleich zum Routing-Protokoll in klassischen IP-Netzen sehr viel komplexer sind. Diese vielfältigen Anforderungen führten schließlich zur multifunktionalen und zugleich flexiblen Protokollspezifikation des RPL.

17.3.1 Funktionales Modell von RPL

RPL als Framework

Das RPL ist zu einem sehr komplexen, ausbaufähigen 'funktionalen Gebilde' herangewachsen. Es wird noch weiterentwickelt und dementsprechend auch funktional erweitert. Aus diesem Grund ist das RPL nicht mehr nur ein einziges Protokoll, sondern wie schon eingangs festgestellt in Wirklichkeit ein Framework (Rahmenwerk), das in sich mehrere Funktionsmodule integriert. Wie außerdem bereits angesprochen, ist das Routing im IoT und besonders in dessen aus LLNs bestehenden Teilen ein vielschichtiger, quasi kontinuierlicher Prozess der Optimierung von Routen. Dies nimmt entscheidenden Einfluss auf die Struktur und die Komplexität des RPL. Abb. 17.3-1 zeigt das funktionale Modell des RPL, illustriert die Aufgabe von RPL und vermittelt zugleich die hohe Komplexität dieses Routing-Protokolls.

Aufgabe von RPL

Die zentrale Aufgabe von RPL lässt sich wie folgt kurz zusammenfassen:

> Die Aufgabe des Routing-Protokolls RPL besteht darin, in einem LLN einen nach der geltenden *Objective Function* optimalen und alle *Constraints* erfüllenden DODAG (*Destination-Oriented Directed Acyclic Graph*) einzurichten und diesen danach durch das Rerouting an jede, zufällig beziehungsweise auch nicht zufällig entstandene, neue Routing-Situation im LLN anzupassen.

Das hier gezeigte funktionale Modell präsentiert, welche Funktionskomponenten zum RPL gehören. Von zentraler Bedeutung sind dabei die Komponenten:

- *Path Calculation Algorithm*: Diese auch als *Path Selection Algorithm* bezeichnete Funktionskomponente repräsentiert die Prinzipien, nach denen optimale Routen (Datenpfade) ermittelt/berechnet und ausgewählt werden.
- *Packet Forwarding Scheme*: Hierbei handelt es sich um ein Schema, nach dem die Weiterleitungstabellen (*Forwarding Table*) in als IoT-Router dienenden Intermediate Nodes aufgebaut und entsprechend Datenpakete weitergeleitet werden.
- *Estimation of Routing Metric(s)*: Hierunter fallen Funktionen, die man zur kontinuierlichen Bewertung/Schätzung von Routing-Metriken benötigt, wie z.B. zur Schätzung der Metrik ETX (*Expected Transmission Count*) von Links [Abb. 17.3-4b].
- *Rerouting & Maintaining Support*: Der Routing-Plan in einem LLN in Form eines DODAG (*Destination-Oriented Directed Acyclic Graph*) muss einerseits aufrechterhalten werden (Maintaining), andererseits muss der DODAG durch Rerouting laufend an neu entstandene Routing-Situationen im LLN angepasst werden. Um die Funktionalität 'Rerouting & Maintaining' beim RPL zu unterstützen, sind weitere ergänzende Funktionskomponenten notwendig, u.a. jene, die speziell für die

17.3 RPL – Routing-Protokoll im IoT

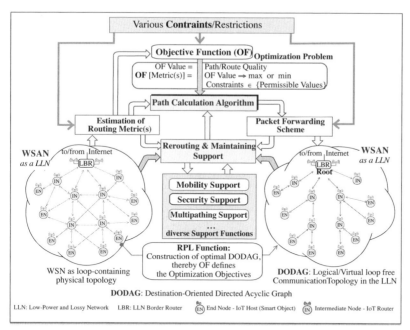

Abb. 17.3-1: Funktionales RPL-Modell mit seinen Komponenten und ihren Aufgaben

Unterstützung von *Mobility*, *Multipathing*, *Broadcast*, *Multicasting* und *Security* konzipiert wurden.

Durch das Zusammenwirken aller Funktionskomponenten des RPL werden die ständig laufende Ermittlung optimaler Routen, deren Aufrechterhaltung (Maintaining) und Anpassung (Rerouting) an veränderliche Beschränkungen (Constraints) und andere routing-relevante Bedingungen in LLNs realisiert. Wie Abb. 17.3-1 veranschaulicht, bedeutet dies in Wirklichkeit, dass beim Aufbau des DODAG und danach auch bei dessen Anpassung an alle routing-relevanten Veränderungen im LLN unter Berücksichtigung von Constraints verschiedener Art ein Optimierungsprozess stattfindet. Das Ziel dieses Optimierungsprozesses definiert die entsprechende *Objective Function* (OF) des RPL, und diese bestimmt dabei auch die Art und Weise der *Route Selection*. Da die Routing-Metriken als Argumente der Objective Function zu betrachten sind, liefern ihre OF-Werte eine Aussage über die Qualität/Güte von Routen. Aus diesem Grund hat die *Objective Function* eine große Auswirkung auf die Struktur des DODAG.

Optimierungsprozess bei RPL

17.3.2 Hauptfunktion von RPL

Ein LLN kann im Allgemeinen eine beliebige Vernetzungstopologie aufweisen, die aus

- *Intermediate Nodes* (IN), welche als IoT-Router fungieren, und
- *End Nodes* (EN), die *Smart Objects* mit Sensoren/Aktuatoren repräsentieren,

bestehen.

Als Bestandteil des IoT wird das LLN an das Internet über einen speziellen LLN Border Router (LBR) angebunden. Abb. 17.3-2 zeigt eine solche Topologie und illustriert damit die Funktion des RPL.

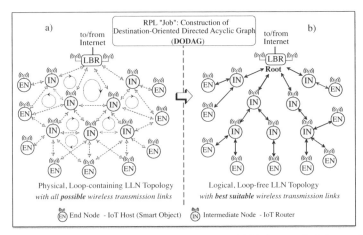

Abb. 17.3-2: Illustration der Hauptfunktion von RPL: a) LLN als eine drahtlose, schleifenbehaftete Vernetzung von INs und ENs, b) DODAG als eine schleifenfreie (loop-free) Vernetzung von INs und ENs im LLN
EN: End Node (Smart Object wie Sensor, Aktuator, Maschine usw.), IN: Intermediate Node (IoT-Router, IoT-Forwarding Node), LBR: LLN Border Router

Loop-Free Routing

In einem LLN können bei der Übermittlung von Datenpaketen verschiedene unerwünschte, als *Routing Loops* (kurz Loops) bezeichnete Schleifen entstehen, welche dazu führen, dass die Pakete entlang von 'geschlossenen Übermittlungspfaden' zirkulieren [Abb. 17.3-2a]. In einem LLN als Wireless Sensor Actuator Network kann eine solche Situation z.B. dazu führen, dass ein Actuator und/oder Sensor die gleichen Daten wiederholt empfängt. Um derartige negative Effekte zu vermeiden, muss das RPL eine schleifenfreie Übermittlung von Datenpaketen zwischen *Intermediate Nodes* und *End Nodes* im LLN gewährleisten.

Besonderheiten von DODAG

Die eben erwähnte Anforderung wird vom RPL mittels einer besonderen logischen Vernetzungstopologie erfüllt [Abb.17.3-2b]. Sie bildet einen sogenannten *Destination-Oriented Directed Acyclic Graph* (DODAG), das heißt einen zielorientierten, gerichteten, azyklischen Graphen. Er stellt eine nach einer sogenannten *Objective Function* (Zielfunktion) optimierte schleifenfreie Topologie dar, in welcher der LBR die Wurzel bildet und die *Intermediate Nodes* als Abzweigungen einer Baumstruktur angesehen werden können, in der die End Nodes die Blätter darstellen.

Adressierung von IoT Devices

Im Kontext des IoT sind die Intermediate Nodes und End Nodes im LLN als IoT Devices zu betrachten, denen IPv6-Adressen zugewiesen werden müssen [Abb. 17.2-11]. Hierfür werden sogenannte LLU-Adressen (Link-Local Unicast IPv6 Addresses) mit einem 64 Bit langen Präfix `fe80::/64` in LLNs verwendet. Die letzten 64 Bit in diesen IPv6-Adressen stellen die *Interface-ID* (Identification) dar und bilden die sogenannte EUI-64-Adresse (*Extended Unique Identifier*). Sie entsteht durch die

17.3 RPL – Routing-Protokoll im IoT

Erweiterung von MAC-Adressen um eine festgelegte Bitkombination und ist wie die ursprüngliche Adresse im Grunde als MAC-Adresse anzusehen. Folglich werden die Nodes in LLNs – und dementsprechend auch in DODAGs – mit Interface-IDs, die de facto MAC-Adressen sind, identifiziert.

Es sei angemerkt, dass sowohl Links zwischen Intermediate Nodes als auch zwischen Intermediate Nodes und End Nodes im LLN sehr stark funktional beschränkt sind. Aus diesem Grund werden LLNs als Constraint Networks betrachtet. Diese Beschränkungen müssen im RPL-Konzept berücksichtigt werden, was wiederum zu einer großen Komplexität des RPL führt. Die verschiedenen RPL-Constraints gehen insbesondere auf folgende Umstände zurück:

RPL-Beschränkungen

- *Link Constraints*: Drahtlose LLN-Links arbeiten stark verlustbehaftet, was zu häufigen Verlusten der über diese Links übermittelten Datenpakete führt. Zudem erfolgt die Übermittlung mit nur geringer Geschwindigkeit (Low Bit Rate), sodass die Datenpakete mit relativ langen Verzögerungszeiten ihr Ziel erreichen. Diese Besonderheiten von LLN-Links werden beim RPL auf die sogenannten *Link-based Metrics* [Abb. 17.3-6] abgebildet und bei der Festlegung der Routen (Datenpfade) berücksichtigt.

  Link-based Metrics

- *Node Constraints*: LLN-Nodes sind in der Regel funktional sehr beschränkt, denn ihre Verarbeitungsleistung (Processing Power) und Speicherkapazität (Memory Capacity) sind nur gering. Oft werden diese Nodes, insbesondere jene, welche Sensoren darstellen, von kleinen Batterien mit Energie versorgt, wodurch sie nur energiearm (low energy) und leistungsbegrenzt (processing limited) betrieben werden können. Aus diesem Grund sind sowohl Nodes als auch Links in LLNs nicht betriebssicher, folglich nicht hochverfügbar. Beschränkungen dieser Art, d.h. die Low Energy Constraints, sind bei der Ermittlung von Routen im LLN zu berücksichtigen. Hierfür dienen beim RPL die sogenannten Node-based Metrics [Abb. 17.3-6]. Infolgedessen 'versucht' das RPL, Routen möglichst nicht über energiearme Nodes zu führen.

  Node-based Metrics

- *Funktionale Instabilität von Nodes und Links*: Die Energiearmut von Nodes im LLN hat zur Folge, dass man mit der Nichtverfügbarkeit (Non-Availability) von Nodes, die als Router dienen, rechnen muss. Damit kann auch nicht von dauerhaft verfügbaren Links bzw. Routen ausgegangen werden, über die sich die Übermittlung der Datenpakete vollzieht. Das heißt, es ist von einer Instabilität (*Function Instability*) der Links und somit auch der DODAGs auszugehen.

  Notwendigkeit von Rerouting

Aus diesem Grund verfügt das RPL über einen Algorithmus, der dazu dient, diverse Anomalien im DODAG zu erkennen und – falls nötig – die Ermittlung eines neuen DODAG zu initiieren – was ein Rerouting im LLN bedeutet. Hierbei wird eine neue Version von DODAG aufgebaut. Um darauf zu verweisen, ob es sich um eine neue oder alte Version von DODAG handelt, wird jeder eine Versionsnummer zugeteilt und diese in allen RPL-Nachrichten (Messages) eingetragen.

Bedeutung der Version von DODAG

17.3.3 RPL-Begriffe: Objective Function, Metric und Rank

Das Routing in einem Netzwerk ist ein Optimierungsprozess im Sinne eines Kriteriums, welches das Ziel der Optimierung bestimmt. Insbesondere in jedem LLN ist

Objective Function

das Routing ein wiederholt durchführbarer Optimierungsprozess, dessen Ziel durch eine Zielfunktion (*Objective Function*, OF) messbar und numerisch bestimmt werden muss.

OF-Identifikation

Als universell einsetzbares Routing-Protokoll unterstützt das RPL verschiedenartige Objective Functions, die es erlauben, Routen nach unterschiedlichen Kriterien zu optimieren. Diese Objective Functions lassen sich bei der IANA (*Internet Assigned Numbers Authority*) registrieren, wodurch ihnen weltweit geltende, eindeutige OF-Identifikationen zugewiesen werden.

Um darauf zu verweisen, welche Objective Function beim Aufbau bzw. Umbau (Rerouting) eines DODAG aktuell verwendet wird, wird die OF-Identifikation in der den Auf- bzw. Umbau von DODAG initiierenden RPL-Nachricht DIO (*DODAG Information Object*) eingetragen [Abb. 17.3-11 und Abb. 17.3-13]. Damit wird angegeben, nach welcher Zielfunktion (Kriterium) der DODAG optimiert wird.

> **Anmerkung**: Genau genommen wird die Art der Objective Function (OF-Type) als Wert von OCP (*Objective Code Point*) in der Option DODAG-Configuration angegeben [Abb. 17.3-13]. Diese Option wird in den Nachrichten DIO übermittelt [Abb. 17.3-11].

Der DODAG in einem LLN wird so aufgebaut, dass die Routen von jedem End Node zum Root Node nach einer Objective Function optimiert sind. Zurzeit (August 2018) können beim RPL die zwei folgenden, als Internet-Standards geltenden Objective Functions zum Einsatz kommen:

- OF0 – *Objective Function Zero* nach RFC 6552
- MRHOF – *Minimum Rank with Hysteresis Objective Function* nach RFC 6719

Metriken

Die Parameter von *Objective Functions*, de facto ihre Argumente, repräsentieren verschiedene Metriken. Im Netzwerkbereich versteht man unter dem Begriff Metrik (Metric) ein numerisches Maß für Güte/Qualität. Bei der Ermittlung von Routen handelt es sich um die Qualität von Routen, und man spricht von Routing-Metriken (*Routing Metrics*).

Die Qualität einer Route, also ihre Metrik, wird durch die Qualität von Systemkomponenten (insbesondere von Links und Nodes) entlang der Route bestimmt. Dementsprechend spricht man von *Link Metrics* und von *Node Metrics*, wenn die Qualität dieser Systemkomponenten gemeint ist.

Begriff: Rank

Diese Metriken werden durch diverse quantitative Qualitätsmerkmale bestimmt, d.h. durch welche, die sich messen, numerisch ausdrücken und folglich vergleichen lassen. Beim Einsatz des RPL in LLNs kann die Güte jeder Route als ihre Metrik angegeben werden. Die Metriken von Routen und Links, also ihre Qualität, werden beim RPL mit dem Parameter *Rank* quantitativ angegeben.

Interpretation von Rank

Jeder Node, sowohl ein *Intermediate Node* (Router) als auch ein *End Node*, hat im DODAG seinen Rank, welcher die Metrik der Route von ihm zum Root Node widerspiegelt. Damit ist der Rank quasi ein Maß für die 'Entfernung' eines Node zum Root Node. Deshalb wird der Rank von Nodes dazu verwendet, im DODAG seine

Entfernung zur Root zu bestimmen. Die Bedeutung des Rank wird in Abb. 17.3-3 und Abb. 17.3-4 gezeigt.

17.3.4 Logische Strukturierung von LLNs

In einem LLN können mehrere DODAGs eingerichtet werden. Abb. 17.3-3 zeigt solch einen Fall. Es sei hervorgehoben, dass Nodes eines LLN zu mehreren DODAGs innerhalb dieses LLN gehören und auf diese Weise also Multi-DODAG Nodes (MDN) sein können. Infolgedessen sind diese Nodes von 'außen' z.B. über das Internet über mehrere Roots erreichbar.

Wie in Abb. 17.3-3 zum Ausdruck gebracht wurde, können mehrere DODAGs in einem LLN aufgebaut und zu einer logischen Instanz zusammengefasst werden. Diese wird als RPL-Instance bezeichnet. In einem sehr großen LLN lassen sich mehrere dieser Instanzen einrichten. Um die geschilderte zweistufige logische Strukturierung von LLNs zu ermöglichen, wird jedem DODAG eine im ganzen LLN einmalige Identifikation (*DODAG ID*) zugewiesen. Als Identifikation dient in der Regel die IPv6-Adresse der DODAG-Root seitens des Internet.

RPL-Instance

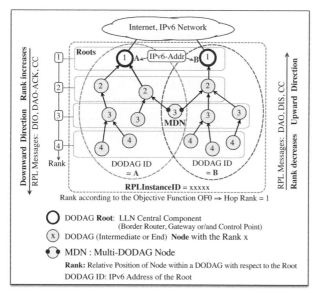

Abb. 17.3-3: Logische Strukturierung von LLNs und die Bedeutung von Begriffen: RPL Instance, Rank und DODAG ID
CC: Consistency Check, DAO: Destination Advertisement Object, DAO-ACK: DAO Acknowledgement, DIO: DODAG Information Object, DIS: DODAG Information Solicitation, DODAG ID: DODAG Identification

Die in Abb. 17.3-3 gezeigte logische Strukturierung von LLNs, also die Bildung mehrerer DODAGs innerhalb einer RPL-Instance, hat einen großen Vorteil:
In den einzelnen DODAGs innerhalb einer RPL-Instance können dadurch die besten Routen nach den verschiedenen, an die Besonderheiten des LLN angepassten Kriterien und Prinzipien ermittelt werden. Damit besteht die Möglichkeit, die Optimierung von LLN-Routen nach verschiedenen Optimierungskriterien (*Objective Functions*)

Vorteil der Strukturierung von LLNs

vorzunehmen. In jedem DODAG desselben LLN kann so eine andere Objective Function verwendet werden. Eine solche Lösung kann dazu dienen, die Nutzungsprofile einzelner DODAGs in breit angelegten LLNs, z.B. in den künftigen Smart Cities, an die Besonderheiten und Leistungsfähigkeiten von LLN-Routern anzupassen. Dies würde implizit zur 'Steigerung' der Funktionalität verschiedener LLNs führen.

Objective Functions

Die IETF hat für den Einsatz im RPL als Internet Standards die folgenden zwei Objective Functions spezifiziert:

1. OF0: Bei der in RFC 6552 beschriebenen OF0 (*Objective Function Zero*) wird die Qualität einer Route in der Anzahl von Hops, genau genommen in der Anzahl von Links der Route, angegeben. Dies bedeutet, dass die Metriken aller Links in einem LLN den Wert 1 haben, also Hop = 1 bzw. Rank = 1 ist. Bei OF0 entspricht der Rank-Wert 1 einem Hop. OF0 eignet sich eigentlich nur zum Einsatz in LLNs, in denen die routenbeteiligten Links sehr zuverlässig und hinsichtlich ihrer Güte in etwa vergleichbar sind. Man kann OF0 aber auch zum Testen der Konnektivität in einem LLN verwenden, z.B. beim Aufbau eines DODAG, um zu prüfen, welche End Nodes (Sensoren, Aktuatoren) überhaupt vom Internet über den Root Node erreichbar sind.

2. MRHOF: Mit der in RFC 6719 beschriebenen MRHOF (*Minimum Rank with Hysteresis Objective Function*) wurde eine flexible, fast universelle Objective Function nach der Idee konzipiert, dass die Art der Metriken von Links bzw. Nodes, die ihr als Argumente dienen, nicht von vornherein festgelegt ist, sondern in der Option 'DAG Metric Container' der Nachricht DIO inklusive berücksichtigender Beschränkungen wird spezifiziert [Abb. 17.3-12]]. Es wird aber empfohlen, bei MRHOF die Link-Metrik ETX zu verwenden; auf die Besonderheiten dieser Metrik wird im Weiteren noch kurz eingegangen. Die Güte von Routen wird bei der MRHOF in Rank-Werten angegeben.

Bedeutung des Rank im DODAG

An dieser Stelle soll nochmals auf die in Abb. 17.3-3 herausgestellte Relevanz des Rank im DODAG eingegangen werden: Auf diese Weise wird quasi dessen 'Distanz' zur Root angegeben – aber nicht in klassischen Längenwerten, sondern in den Werten verwendeter Routing Metrics. Die präzise Aussage eines Rank erhält man somit nur unter Beachtung der beim RPL verwendeten Routing Metric. So kann der Rank z.B. in einem Sonderfall (siehe Anmerkung) die Entfernung in Hops zur Root abbilden (wie in Abb. 17.3-3) oder aber auch die Batteriezustände einzelner Nodes auf dem Pfad zur Root auf eine, durch speziell hierfür konzipierte Node-based Metrics festgelegte Art und Weise berücksichtigen.

> **Anmerkung**: Im Fall, dass als Optimierungskriterium von Routen OF0 beim RPL zum Einsatz kommt und als Metrik von Routen die als Hop Count (HC) bezeichnete Metrik verwendet wird, hat die Metrik aller Links dann den Wert Rank = 1. In diesem Fall entspricht der Rank-Wert eines Node der Anzahl von Hops, also der Anzahl von Links, zum Root Node.

Wie Abb. 17.3-3 zeigt, unterscheidet man bei der Übermittlung von RPL-Nachrichten zwischen zwei Richtungen (Directions), und zwar zwischen der *Downward Direction* und der *Upward Direction*. Hierbei wird die Richtung 'vom Root Node zu den End Nodes' als Downward Direction und die Gegenrichtung 'von den End Nodes zum

17.3 RPL – Routing-Protokoll im IoT

Root Node' als Upward Direction bezeichnet. Abb. 17.3-3 vermittelt zudem, welche RPL-Nachrichten in welcher Richtung übermittelt werden.

17.3.5 Besonderheiten von Routing mit RPL

Ein DODAG stellt quasi eine virtuelle/logische Routing-Topologie innerhalb eines physikalischen LLN dar. Daher können in einem LLN mehrere dieser virtuellen Topologien eingerichtet werden, und diese bilden eine RPL-Instance [Abb. 17.3-3]. Da jedem DODAG innerhalb einer RPL-Instance eine Identifikation zugewiesen wird, können in einem LLN mehrere virtuelle Topologien eingerichtet werden. In diesem Zusammenhang spricht man von *Multi-Topology Routing* (MTR). Eine wichtige Besonderheit des MTR besteht darin, dass innerhalb einer RPL-Instance, de facto innerhalb eines LLN, mehrere DODAGs nach unterschiedlichen Kriterien (z.B. der Minimierung des Energieverbrauchs, Maximierung der Zuverlässigkeit usw.) optimiert werden können. Dies bedeutet sowohl, dass in den einzelnen DODAGs die verschiedenen Objective Functions angewandt werden, als auch, dass in den DODAGs unterschiedliche Beschränkungen gelten können. Die Bedeutung von Objective Functions wurde Abb. 17.3-1 zum Ausdruck gebracht.

<small>Multi-Topology Routing</small>

> **Anmerkung**: Einen DODAG könnte man auch als ein schleifenfreies (loop free) virtuelles LLN ansehen und daher als Virtual LLN (VLLN) bezeichnen. Die Bildung von VLLNs im IoT würde somit der Bildung von Virtual LANs (VLANs) sowohl innerhalb von LANs als auch im 'klassischen' Internet entsprechen.

Jedes Routing-Protokoll spezifiziert die Art und Weise, wie optimale Routen gemäß der bei ihm verwendeten Zielfunktion (Objective Function) unter Berücksichtigung möglichst aller Beschränkungen ausgewählt werden sollen. Diese Routenauswahl wird beim RPL als *Route Selection* bezeichnet. Sie ist die 'Kernaufgabe' jedes Routing-Protokolls – somit auch des RPL. Abb. 17.3-4 verfolgt das Ziel, die Idee und Realisierung der Route Selection beim RPL zu veranschaulichen.

<small>Route Selection</small>

Beim RPL wird vorausgesetzt, dass jeder Router (Root Node) die Metriken, also die Güte von Links (Funkkanälen) zu allen benachbarten Routern, kennt. Diese Metriken werden in der Konfigurationsphase beim betreffenden Router eingetragen. Er kann sie in bestimmten Fällen auch experimentell auf eine festgelegte, vom konkreten Fall abhängige Art und Weise abschätzen, so wie es z.B. in Abb. 17.3-4b gezeigt wurde. Der hier dargestellte Router X_k kennt folglich die Metriken zu allen ihm bekannten benachbarten Routern in Root-Richtung.

<small>Güte der Links</small>

Beim Aufbau des DODAG und insbesondere bei der Route Selection spielt die Nachricht DIO [Abb. 17.3-11] eine sehr wichtige Rolle. Mit DIO initiiert die Root den Aufbau eines neuen DODAG, genauer gesagt einer neuen DODAG-Version, die in DIO angegeben werden muss. Auch jeder Router, der eine auf das Routing bezogene Veränderung in seinem Umfeld feststellt, verschickt DIO an alle seine Nachbarn, um diese über die Notwendigkeit der Änderung von Routen zu informieren und das sogenannte *Rerouting* einzuleiten, also die Neuermittlung aktueller Routen. Durch diese seitens jedes Routers realisierte Aktion versetzen sich alle Router gegenseitig

<small>Aktualisierung der Routing-Informationen</small>

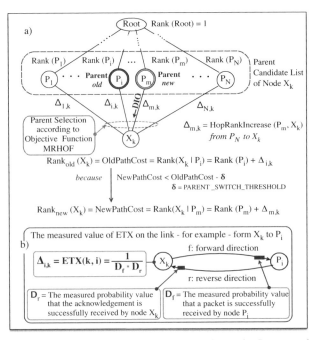

Abb. 17.3-4: Routing-Metrik in Form von Rank: a) Selektion der Route nach der Objective Function MRHOF, b) Schätzung der Link-Metrik ETX
ETX: Expected Transmission Count, DIO: DODAG Information Object, MRHOF: Minimum Rank with Hysteresis Objective Function

in die Lage, alle benachbarten, über einen Hop erreichbaren Router in Root-Richtung kennenzulernen.

Parent Candidates List

Betrachtet man z.B. den Router X_k, in Abb. 17.3-4a, so sind die Router P_1, ..., P_i, P_m, ..., P_N dessen Nachbarrouter (Neighbour Routers) in Root-Richtung. Aus diesen Nachbarroutern wird ein Router, über den die optimale Route zur Root führt, ausgewählt und als *Parent* bezeichnet. Es werden also alle benachbarten Router in Root-Richtung eines Routers als seine *Parent Candidates* angesehen. Jeder Router muss die Liste seiner Parent Candidates, die sogenannte *Parent Candidates List* (PCL), immer auf dem aktuellen Stand halten. Er muss diese Liste fast ständig aktualisieren, insbesondere nach dem Empfang von DIO.

> **Anmerkung:** Parent Candidates nennt man (wie z.B. in RFC 6552) auch Potential Parents. Die Parent Candidates List wird dann als Parent Set bezeichnet.

Rerouting und Maintaining

Um zu erkennen, ob eine Aktualisierung von DODAG als eine Art Rerouting durchgeführt werden muss, verschicken alle als Router funktionierenden Nodes die bereits bekannte Nachricht DIO als Broadcast an alle ihre Nachbarn. Dies kann aber zu einer großen und unnötigen Vermehrung von DIOs im DODAG führen. Um eine unnötige große – die Energie in Nodes raubende und den DODAG stark belastende – Vermehrung von DIOs zu vermeiden und diese auf eine unabdingbare Menge zu begrenzen, wird ein als *Trickle Algorithm* bezeichnetes Verfahren realisiert. Mit diesem

17.3 RPL – Routing-Protokoll im IoT

in RFC 6206 spezifizierten Verfahren werden *Rerouting and Maintaining* unterstützt [Abb. 17.3-1].

Zu Abb. 17.3-4 sei schließlich noch Folgendes angemerkt: Der aktuelle Parent und jeder Parent Candidate des Routers X_k kennt die optimalen, von ihm zur Root führenden Routen. Die Güte jeder dieser Routen beschreibe die entsprechenden Rank-Werte. Diese sind dem Router X_k bereits bekannt, denn sie wurden ihm sowohl seitens des Parent als auch der Parent Candidates mittels `DIO` mitgeteilt. Jeder Router muss somit die Rank-Werte aller *Parent Candidates* auf der *Parent Candidates List* eintragen.

Wie in Abb. 17.3-4 gezeigt, werden die optimalen Routen nach der *Objective Function* MRHOF ausgewählt. Als Metrik von Links bei MRHOF wird in der Regel der Parameter ETX verwendet. Bei der MRHOF wird der Rank jedes Routers als Parameter `PathCost` angenommen und als Kosten (Cost) der Route (Path) vom Router zum Root angesehen. Demzufolge wird bei der *Route Selection*, als optimale Route, die Route zur Root mit den minimalen Kosten angenommen.

MRHOF und ETX

Der Parameter ETX stellt die Metrik von Links dar und dient als Maß zur Bewertung der Qualität von fehlerbehafteten und unzuverlässigen Links im LLN. Der ETX-Wert eines Links repräsentiert die in stochastischem Sinne geschätzte mittlere Anzahl der Sendeversuche eines Pakets, die benötigt werden, um dieses erfolgreich über den Link zu übermitteln und eine Quittung dafür in Form eines entsprechenden Acknowledgement-Pakets zu erhalten.

Interpretation von ETX

Hat der in Abb. 17.3-4 betrachtete Router X_k die Nachricht `DIO` von einem neuen, ihm noch unbekannten Router P_m empfangen, gilt dieser als dessen *Parent Candidate*. Daher nimmt der Router X_k zuerst den neuen Router P_m in seine Parent Candidates List auf. Danach muss er noch überprüfen, ob der neue Router P_m als sein neuer Parent fungieren soll. Also muss der Router X_k überprüfen, ob die optimale Route zur Root über den neuen Nachbarrouter P_m verläuft. Hierfür ermittelt er seinen neuen Rank-Wert $R(X_k|P_m)$, d.h. den Rank-Wert im Fall, dass die Route zur Root über den neuen Nachbarrouter P_m verläuft, und vergleicht diesen neuen Rank-Wert mit dem alten Rank-Wert $R(X_k|P_i)$, welcher dem Verlauf der Route zur Root über den aktuellen Parent P_i entspricht.

Registrierung von Parent Candidates

Ist der neue, nach der MRHOF als `NewPathCost` bezeichnete Rank-Wert $R(Xk|Pm)$ vom Wert niedriger als der alte, als `OldPathCost` bezeichnete Rank-Wert $R(Xk|Pi)$, so dient der neue Nachbarrouter P_m von jetzt an als neuer Parent, denn über diesen Router P_m verläuft die aktuell optimale Route vom Router X_k zur Root.

Anmerkung: Der als `PARENT_SWITCH_THRESHOLD` bezeichnete Parameter δ muss sorgfältig bestimmt werden. Er soll dazu beitragen, dass nicht jede minimale Steigerung des Rank-Wertes der optimalen Route unbedingt zur Ermittlung einer neuen, besseren Route führen muss. Somit trägt δ dazu bei, sogenannte Hysteresis-Effekte als negative Nachwirkungen, die durch ein sich zu oft wiederholendes Rerouting zu Instabilitäten im LLN führen würden, möglichst zu vermeiden. Folglich kann δ als Hysteresis-Parameter angesehen werden.

17.3.6 Traffic Patterns in LLNs

IoT-Verkehrs-beziehungen

Das RPL wurde konzipiert, um im IoT auf der Basis von LLNs alle Arten von Kommunikation realisieren zu können. Insbesondere soll das Protokoll es ermöglichen, mit einer aus dem Internet abgeschickten und über den Root Node verlaufenden Kontrollnachricht alle End Nodes in einem LLN, welche als Sensoren und/oder Aktuatoren fungieren, abzufragen bzw. anzusteuern. Dies setzt aus Sicht der charakteristischen IoT-Verkehrsbeziehungen die Punkt-zu-Punkt-, die Punkt-zu-Multipunkt- und die Multipunkt-zu-Punkt-Kommunikation in einem DODAG voraus.

Verkehrsarten

Auf Englisch werden diese auch *Traffic Patterns* genannten Verkehrsarten entsprechend als

- P2P – Point-to-Point (auch One-to-One),
- P2MP – Point-to-Multipoint (auch One-to-Many) und
- MP2P – Multipoint-to-Point (auch Many-to-One)

bezeichnet.

Abb. 17.3-5 illustriert diese grundlegenden Verkehrsarten des RPL zum Aufbau von Routen in einem LLN und verweist bereits auf den im Weiteren erörterten Storing Mode in den als Router arbeitenden Nodes im LLN.

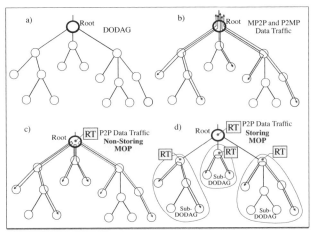

Abb. 17.3-5: Verkehrsarten in einem DODAG und RPL-Modi: a) DODAG-Topologie, b) P2MP- und MP2P-Kommunikation, c) Non-Storing MOP, d) Storing MOP
MOP: Mode of Operation (eine Art RPL-Betriebsart), RT: Routing Table, (Routing-Tabelle speziell zur Unterstützung der P2P-Kommunikation)

Mögliche Verkehrsarten (Traffic Patterns) im DODAG:

- *P2MP*: Diese Verkehrsart ermöglicht eine gerichtete Datenübermittlung vom Root Node zu allen End Nodes, die üblicherweise diverse Sensoren und Aktuatoren repräsentieren. Dank der P2MP-Kommunikation können alle End Nodes in einem DODAG quasi auf einen Schlag mit einer aus dem Internet kommenden, über den Root Node verlaufenden Kontrollnachricht angesteuert bzw. kann ihr aktueller Zustand abgefragt werden.

17.3 RPL – Routing-Protokoll im IoT

- *MP2P*: Bei dieser Verkehrsart handelt es sich im Vergleich zur P2MP-Kommunikation um eine Datenübermittlung in Gegenrichtung – d.h. um eine Datenübermittlung von End Nodes zum Root Node. Bezogen auf das Internet heißt dies, dass End Nodes ihre Daten zum Internet über den zentralen Root Node übermitteln können.
- *P2P*: Die Verkehrsart P2P ermöglicht, dass jeweils zwei End Nodes untereinander (paarweise) Daten übermitteln können. Die Realisierung dieser Verkehrsart ist jedoch davon abhängig, ob das RPL im DODAG den sogenannten *Storing Mode* unterstützt.

Zur Erfüllung der soeben erwähnten Anforderungen in der P2P-Kommunikation werden die folgenden zwei, als *RPL-Modi* bezeichneten Betriebsarten des Routing-Protokolls RPL spezifiziert:

RPL-Modi in der P2P-Kommunikation

- *Non-Storing Mode*: Diese Betriebsart des RPL zeichnet sich dadurch aus, dass in der Root nur eine globale P2P-spezifische Routing-Tabelle enthalten sein muss. Wie in Abb. 17.3-5c gezeigt, verläuft die Übermittlung von Daten in diesem Fall jeweils zwischen zwei End Nodes nur über die zentrale Root.
- *Storing Mode*: Bei dieser Betriebsart des RPL müssen – zusätzlich zur globalen P2P-spezifischen Routing-Tabelle in der Root – in anderen Intermediate Nodes weitere lokale Routing-Tabellen gleicher Art enthalten sein. Wie Abb. 17.3-5d zeigt, kann in diesem Fall die Übermittlung von Daten zwischen End Nodes nicht immer nur über die Root, sondern auch über lokale, als Router dienende und nah gelegene Intermediate Nodes verlaufen.

Abb. 17.3-1c bringt außerdem zum Ausdruck, dass in einem DODAG im Storing Mode des RPL eine Art *Sub-DODAG* gebildet werden kann. In jedem Sub-DODAG fungiert ein Intermediate Node mit einer P2P-spezifischen Routing-Tabelle quasi als lokaler Root Node. Über diesen verläuft dann nicht nur die lokale P2P-Kommunikation zwischen den End Nodes aus dem Sub-DODAG, sondern auch die Kommunikation zum und vom zentralen Root Node, über den man den Internetzugang herstellt.

Sub-DODAG

Die beim RPL möglichen Betriebsarten verlangen, dass man beim Aufbau eines DODAG in der Nachricht DIO darauf verweist, welche Betriebsart jeweils unterstützt werden soll. Hierfür dient die Angabe MOP (*Mode of Operation*) im DIO-Header [Abb. 17.3-11]. Bezüglich der Unterstützung von Multicast im DODAG sei angemerkt, dass man bei der Betriebsart Storing Mode mithilfe der Angabe MOP im DIO-Header noch zwischen zwei Möglichkeiten unterscheidet, nämlich, ob dabei das Multicasting unterstützt wird (MOP = 3) oder nicht (MOP = 2).

Multicasting

17.3.7 Routing Metrics und Constraints

Die allgemeine Intention des Routing-Protokolls RPL ist es, in einem LLN einen – im Sinne der geltenden Objective Function – optimalen und alle Constraints erfüllenden DODAG einzurichten und diesen danach durch das Rerouting an im Laufe der Zeit zufällig beziehungsweise auch nicht zufällig entstandene neue Routing-Situationen im LLN anzupassen. Um diese Herausforderung zu meistern, müssen einerseits verschiedene, dem Routing-Ziel angepasste Routing Metrics genutzt werden können und andererseits diverse Constraints berücksichtigt und somit auch erfüllt werden. Demzufolge ist der eingerichtete DODAG der 'Beste', der im Sinne der verwendeten Objective Function optimal ist und alle Constraints erfüllt.

Weitere relevante Routing Metrics

Es sei hervorgehoben, das beim RPL alle Parameter als Metriken infrage kommen, die als Maß zur Bewertung der Qualität von Links bzw. Nodes dienen können. Dabei unterscheidet man zwischen *Link-based* und *Node-based Metric*. Abb. 17.3-6 zeigt eine Auflistung jener Metriken, welche bereits ausführlich untersucht worden sind und sich für den Einsatz im RPL als besonders gut geeignet erwiesen haben.

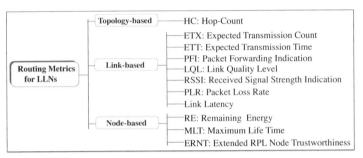

Abb. 17.3-6: Typische relevante Routing-Metriken (Auswahl)

Node-based Metrics

Die Node-based Metrics beziehen sich hauptsächlich auf den sogenannte Energie-Zustand von Nodes. Hierzu kommen noch Metriken, die zur Unterstützung der Sicherheit im IoT dienen. Die in Abb. 17.3-6 erwähnte Metrik ERNT (*Extended RPL Node Trustworthiness*) ist ein Beispiel dafür [Die+18].

Es sei hier angemerkt, dass die Topology-based Metric HC (*Hop Count*) weitgehend der Metrik von Routing-Protokollen im Internet entspricht. Bei der Metrik HC haben alle Links den gleichen Gütewert – nämlich den Wert 1.

Link-based Metrics

Die in Abb. 17.3-6 gezeigten Link-based Metrics ETX (*Expected Transmission Count*) und ETT (*Expected Transmission Time*) stellen eine Art multidimensionaler Metriken dar, im Sinne, dass sie die gleichzeitige Berücksichtigung verschiedener qualitativer Faktoren ermöglichen. Diese Faktoren könnten als uni-dimensionale Metriken betrachtet werden, wie z.B. Packet Loss Rate (Paketverlustrate), Link Transmission Reliability (Übertragungsverlässlichkeit), Link Latency (Verzögerung).

ETX

Die Link-based Metric ETX [Abb. 17.3-4b], welche die statisch geschätzte mittlere Anzahl der Übermittlungsversuche, die für die erfolgreiche Übermittlung eines Pakets über den betreffenden Link benötigt werden, repräsentiert, berücksichtigt z.B. die Qualitätsparameter *Link Transmission Reliability* (LTR) (siehe Anmerkung) und *Packet Loss Rate* (PLR). Dies lässt sich folgendermaßen begründen:

Gegeben: {(LTR $\Rightarrow$ max) und (PLR $\Rightarrow$ min)} dann {ETX $\Rightarrow$ min}

Im Idealfall, wenn auf einem Link der LTR-Wert hoch und der PLR-Wert niedrig wären, wäre ETX = 1. Statistisch betrachtet würde dies bedeuten, dass nur ein Versuch nötig wäre, um ein Paket über diesen Link erfolgreich zu übermitteln, und somit keine wiederholte Übermittlung erforderlich wäre.

17.3 RPL – Routing-Protokoll im IoT

Anmerkung: Die Metrik LTR eines Link ist aber auch von der verbleibenden Energie (*Remaining Energy* RE) der über den Link verbundenen Nodes, also von ihren RE-Metriken, abhängig, denn die abnehmenden RE-Werte führen – bewertet nach den fallenden LTR-Werten – zur Verschlechterung der Link-Qualität.

Es sei darauf verwiesen, dass einige qualitative Faktoren wie Link Reliability oder Node Remaining Energy einerseits als Metriken, d.h. als eine Art Parameter der Objective Function und andererseits als Constraints dienen können, die bei der Ermittlung von Routen berücksichtigt werden müssen.

Metrik und Constraint

- *Link Reliability als Constraint, Metrik der Route ist additiv*: Es ist eine Route zu ermitteln, auf der die Qualität von Links ihre Metrik ETX bestimmt. Die Route darf aber nur über Links verlaufen, die einen bestimmten Reliability Level garantieren, die Reliability einzelner Links darf also nicht kleiner als x (z.B. x = 0,9) sein. Die Route mit dem minimalen Rank soll als optimale Route dienen. In diesem Fall fungiert der Parameter *Link Reliability* als Constraint und nicht als Metrik. Da die Metrik der Route durch eine Addition der Metriken einzelner Links auf der Route berechnet wird, ist die Metrik der Route additiv.

Link Reliability als Constraint

- *Link Reliability als Metrik, Metrik der Route ist multiplikativ*: Es ist eine Route zu ermitteln, auf der die Qualität von Links ihre Reliability als Metrik bestimmt. Da die Metrik der Route in diesem Fall durch die Multiplikation von Metriken einzelner Links auf der Route berechnet wird, ist die Metrik der Route multiplikativ.

Link Reliability als Metrik

Die Besonderheiten von Metriken, d.h. die Informationen, ob sie additiv oder multiplikativ sind oder ob die beste Route zur Minimierung oder zur Maximierung der Routing-Metrik führt, müssen beim Auf- bzw. Umbau eines DODAG in der diesem Zweck dienenden Nachricht DIO auf eine festgelegte Art und Weise spezifiziert werden. Wie dies erfolgen kann, wird nun erläutert.

17.3.8 Nutzung von Metric Container in Nachrichten DIO

Die Verwendung verschiedener Typen von Metriken wie auch von Constraints verlangen zu ihrer eindeutigen Interpretation am Empfangsort entsprechende Angaben. Sie übermittelt der Metric Container als Teil von DIO [Abb. 17.3-11 und Abb. 17.3-12]. Im Metric Container können mehrere sogenannte Routing Metric/Constraint Objects, im Weiteren kurz als Routing M/C Objects bezeichnet, transportiert werden. Wie dessen Name bereits verrät, kann ein solches Object entweder eine Routing Metric oder ein Routing Constraint enthalten.

Routing M/C Object

Was dieses Object aber in einem konkreten Fall enthält, d.h. Metrik oder Constraint, wird mithilfe der hierfür speziell vorgesehenen, als Flags C, O, R und A bezeichneten Indikatoren im *Metric Container* markiert [Abb. 17.3-12]. Abb. 17.3-7 verweist auf die Bedeutung dieser Flags und zeigt dabei, wie man diese einsetzt.

Die vier Flags C, O, R und A sind dafür vorgesehen, den Typ des im Metric Container transportierten Routing M/C Object zu spezifizieren. Abb. 17.3-7 illustriert, wie diese Angaben im Metric Container interpretiert und welche Typen von Metriken und Constraints beim RPL verwendet werden können.

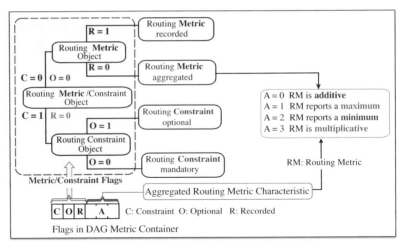

Abb. 17.3-7: Angaben im DAG Metric Container zu den transportierten Routing Metric/Constraint Types

DAG: Directed Acyclic Graph

Wie aus Abb. 17.3-7 ersichtlich ist, wird zuerst mit dem Flag C markiert, ob das im Metric Container transportierte M/C Object ein Routing Object (C = 0) oder ein Constraint Object (C = 1) darstellt. Danach werden weitere Besonderheiten dieses Objekts angegeben, und zwar auf folgende Art und Weise:

- Ist das M/C Object ein *Routing Object* (C = 0), so gibt das Flag R an, ob diese Metrik als aggregated Metric (R = 0) oder als recorded Metric (R = 1) betrachtet werden soll.
- Ist das M/C Object ein *Constraint Object*, so wird mit dem Flag O angegeben, ob diese Beschränkung als obligatorisch (O = 0), d.h. verbindlich zu sehen ist. Abb. 17.3-7 verweist zudem auf die Bedeutung des aus drei Bit bestehenden Indikators A. Mit ihm werden (zurzeit nur) vier Arten von Path Metrics identifiziert. Insbesondere sind die A-Werte 0 und 3 hervorzuheben:
- A = 0 verweist darauf, dass die *Path Metric* eine additive Metrik ist und ihr Wert (z.B. Rank, Latenz, Kosten) die Summe der Werte von Metriken der einzelnen Links der Route darstellt.
- A = 3 verweist darauf, dass die *Path Metric* eine multiplikative Metrik ist und ihre Güte (z.B. Zuverlässigkeit) durch die Multiplikation der Metriken der einzelnen Links der Route berechnet wird.

Recorded Metric und Aggregated Metric

Die Güte von Routen kann unterschiedlich definiert und demzufolge auch unterschiedlich bewertet werden. Zu ihrer eindeutigen Interpretation am Empfangsort sind weitere Angaben in DIO anzulegen. Hierbei bedient man sich der Bezeichnungen 'Recorded Metric' und 'Aggregated Metric' mit der in Abb. 17.3-8 beschriebenen Bedeutung.

Recorded Metric

Wie aus Abb. 17.3-8a ersichtlich ist, sind mit Recorded Metrics jene Metriken entlang einer Route gemeint, die unterwegs erfasst/registriert werden. Die Metrikwerte einzelner Links unterwegs werden quasi gesammelt und einem End Node in DIO geliefert.

17.3 RPL – Routing-Protokoll im IoT

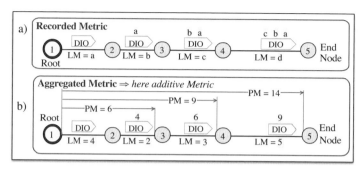

Abb. 17.3-8: Bedeutung von a) Recorded Metric und b) Aggregated Metric
LM: Link Metric, Metrik (Qualität) der routenbeteiligten Links, PM: Path Metric, Metrik (Qualität) der Route

Bestimmt ein Link entlang der Route die Güte der gesamten Route, so kann der End Node in Abb. 17.3-8a z.B. berechnen:

$\alpha = \min\{a, b, c, d\}$ oder $\beta = \max\{a, b, c, d\}$

Betrachtet man als optimale Route z.B. die, auf der die längsten Datenpakete fehlerfrei übermittelt werden können, dann kann die Route Selection nach dem Wert β erfolgen. Die Metriken von Links repräsentieren in diesem Fall deren zulässige Paketlängen. Würde man nach einer Route mit der längsten zu erwartenden Lebenszeit (*Route Lifetime*) suchen, dann bestimmt die Route-Lebenszeit der Node auf der Route mit der geringsten zu erwarteten Lebenszeit – *Maximum Life Time* (MLT) of Node [Abb. 17.3-6]. In diesem Fall könnte die Route Selection nach dem Wert α erfolgen.

Wie Abb. 17.3-8a zeigt, werden Aggregated Metrics – im Gegensatz zu Recorded Metrics – bereits unterwegs ermittelt. Eine Aggregated Metric kann additiv oder multiplikativ sein. Werden die Metriken einzelner Links unterwegs addiert wie z.B. bei der Berechnung von Rank-Werten, so handelt es sich um eine additive Metrik. Falls die Metriken einzelner Links unterwegs multipliziert werden, wie z.B. bei der Berechnung der Zuverlässigkeit oder Verfügbarkeit einer Route, ist die Metrik der Route multiplikativ.

Aggregated Metric

17.3.9 RPL-Nachrichten – Struktur und Typen

Wie bereits bei der Darstellung der Protokollarchitektur von IoT Devices in LLNs in Abb. 17.3-10 gezeigt wurde, ist das RPL zusammen mit dem sehr stark verwandten Protokoll ICMP auf dem Transport Layer angesiedelt. Die Verwandtschaft beruht darauf, dass RPL-Nachrichten de facto ein besonderer Typ ICMP-Nachrichten sind. Aus diesem Grund könnte das RPL auch als Ableger des ICMP angesehen werden. Mit Abb. 17.3-9 soll versucht werden, dies zu belegen und dabei zu zeigen, dass die ICMP-Nachrichten mit der Angabe Typ = 155 im Header RPL-Kontrollnachrichten, hier kurz RPL-Nachrichten, darstellen. Die verschiedenen Arten/Typen der RPL-Nachrichten werden mit den Werten im Feld Code definiert.

'Verwandtschaft' von RPL und ICMP

Die RPL-Nachrichten – als ICMP-Nachrichten vom Typ = 155 – beinhalten folgende drei Teile:

- *Header*: Hier werden angegeben: Type = 155, Code und Checksum. Mit dem Parameter Code werden die verschiedenen Typen der RPL-Nachrichten definiert.
- *Base Object*: Dieser Teil repräsentiert den festen Teil der RPL-Nachrichten.
- *RPL-Options*: Jede RPL-Nachricht kann bestimmte Optionen enthalten. Die RPL-Options stellen einen variablen Teil der RPL-Nachrichten dar und werden nur übermittelt, wenn es nötig ist. Abb. 17.3-9 zeigt u.a., welche RPL-Options bereits definiert wurden.

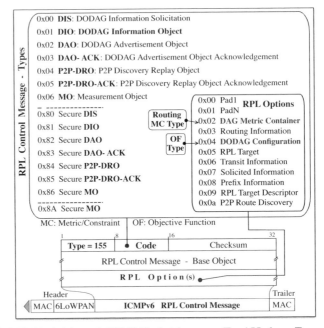

Abb. 17.3-9: RPL-Nachrichten als ICMP-Nachrichten vom Typ 155, deren Typen und Angaben in Form von RPL-Optionen
DAG: Directed Acyclic Graph, MAC: Media Access Control, P2P: Point-to-Point, Pad Padding; PAD1: Padding 1 octet, PadN: Padding N octets

RPL-Options

Zwei RPL-Optionen sind hervorzuheben:

1. *DODAG-Configuration*: Diese RPL-Option [Abb. 17.3-13] wird u.a. genutzt, um anzugeben, welche Objective Function (OF) beim Aufbau des DODAG verwendet wird. Mit ihr wird also de facto das Optimierungskriterium des DODAG angegeben. Die entsprechende Angabe der OF-Identifikation wird im Feld OPC (*Objective Code Point*) abgelegt. Darüber hinaus werden im Rahmen dieser Option weitere Parameter zur Konfiguration des DODAG übermittelt. Insbesondere sind hier die sogenannten RPL-Identifikatoren zu erwähnen, deren Bedeutung Abb. 17.3-10 veranschaulicht.

17.3 RPL – Routing-Protokoll im IoT

2. *DAG Metric Container*: Diese Option [Abb. 17.3-12] wird verwendet, um die beim Auf- und Umbau des DODAG notwendigen Metriken und Beschränkungen zu spezifizieren.

Beim RPL werden mehrere Maßnahmen zur Garantie der Sicherheit übermittelter Nachrichten vorgesehen. Wie aus Abb. 17.3-9 hervorgeht, wurde hierfür eine besondere Gruppe von RPL-Nachrichten spezifiziert. Zu dieser Gruppe, in der die Nachrichten als Secure-Nachrichten bezeichnet werden, gehören jene, die ein Security-Feld enthalten, in das die Sicherheit betreffende Angaben eingetragen werden. So können die übermittelten RPL-Protokollnachrichten u.a. vor dem Abhören und gezielten bösartigen Manipulationen geschützt werden.

Garantie der Sicherheit

17.3.10 Bildung von Virtual Root Nodes

Wie erläutert, wird die Nachricht `DIO` eingesetzt, um den Aufbau eines neuen DODAG bzw. die Veränderung eines bereits bestehenden zu initiieren. Dazu werden diese Nachrichten zwischen den Nodes im LLN verschickt. Hat ein Node von einem benachbarten Node die Nachricht `DIO` empfangen, muss er ihr entnehmen, um was es geht: den Aufbau eines neuen DODAG, dem der betreffende Node angehören soll, oder um einen Umbau eines bereits bestehenden DODAG, dem der betreffende Node schon angehört. Zu diesem Zweck wurden verschiedene Identifikatoren (RPL-Identifiers, ID) eingeführt, welche in `DIO` in der Option DODAG-Configuration eingetragen werden. Abb. 17.3-10 zeigt diese Identifikatoren und veranschaulicht ihre Bedeutung.

RPL-Identifikatoren

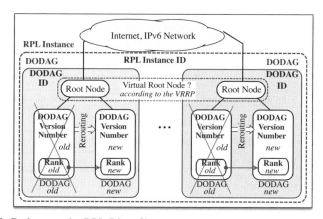

Abb. 17.3-10: Bedeutung der RPL-Identifikatoren
ID: Identifier, VRRP: Virtual Router Redundancy Protocol

Hat ein Node `DIO` empfangen, muss er ihr Informationen über seine Routing-Lage in einem neuen bzw. bereits bestehenden und gerade umgebauten DODAG entnehmen.

Dafür empfängt er in `DIO` [Abb. 17.3-11] folgende Angaben:

- *RPL Instance ID*: Mit dieser Angabe in `DIO` wird dem Node mitgeteilt, zu welcher RPL-Instance er gehört.

- *DODAG ID*: Da eine RPL-Instance aus mehreren DODAGs bestehen kann, muss der Node darüber informiert werden, zu welchem DODAG er gehört. Hierfür wird in `DIO` die DODAG-Identifikation, kurz als DODAG ID bezeichnet, übermittelt.
- *DODAG-Version*: Hat der Node bereits erfahren, zu welcher RPL-Instance und zu welchem DODAG er gehört, muss er noch feststellen können, ob es sich um einen DODAG handelt, der neu aufgebaut wird, oder um einen, der bereits besteht und umgebaut werden muss. Die Antwort hierzu liefert in `DIO` die Angabe DODAG-Version.
- Rank: Jeder Node als Empfänger der Nachricht `DIO` muss den Rank-Wert des Absenders von `DIO` kennen, d.h. seine logische Entfernung zum Root Node. Wie in Abb. 17.3-10 dargestellt, dient diese Angabe als Grundlage bei der Auswahl der optimalen Route zur Root (Route Selection).

17.3.11 Nutzung der RPL-Nachricht `DIO`

Struktur der RPL-Nachricht DIO

Die in Abb. 17.3-11 gezeigte RPL-Nachricht `DIO` ist beim Aufbau und Umbau des DODAG von fundamentaler Bedeutung: Der Aufbau eines neuen DODAG wird immer von der Root initiiert und von als Router fungierenden Intermediate Nodes in Richtung zu den End Nodes fortgesetzt. Außerdem teilt jeder Node mit `DIO` allen anderen, direkt von ihm erreichbaren Nodes periodisch seinen Status mit. `DIO` ist auch die allererste Protokollnachricht, die jeder Node direkt nach seiner Inbetriebnahme an alle benachbarten Nodes sendet. Daher entspricht `DIO` der Funktion nach der Nachricht `HELLO` anderer Routing-Protokolle, mit der sich Router bei ihren Nachbarn vorstellen und diese über den eigenen Routing-Status informieren.

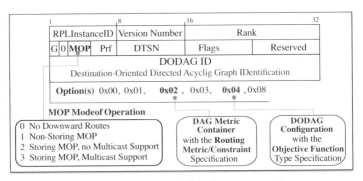

Abb. 17.3-11: RPL-Nachricht `DIO` zum DODAG-Aufbau oder -Umbau
DTSN: Destination Advertisement Trigger Sequence Number, G: Grounded Flag, Prf: DODAG Preference

Angaben in DIO

Jede Nachricht `DIO` muss u.a. Angaben enthalten, mithilfe derer die aktuelle, neu einzurichtende Version von DODAG eindeutig identifiziert werden kann. Zu diesen Angaben gehören:

- *RPLInstanceID*: Die Identifikation (ID) der RPL-Instance. Sie beschreibt u.a. die Zugehörigkeit eines Absenders zu einer RPL-Instance.

17.3 RPL – Routing-Protokoll im IoT

- *(DODAG) Version Number*: Die vom Root fortlaufend inkrementierte numerische Angabe zur Bestimmung der aktuellen DODAG-Version.
- *DODAG ID*: Die Identifikation von DODAG.

Wie bereits Abb. 17.3-10 zeigt, wird, um flexible logische Strukturen in Form von mehreren DODAGs in LLNs zuzulassen, die aktuelle und LLN-weit einmalige DODAG-Version durch Tupel (RPLInstanceID, DODAG ID, DODAGVersionNumber) eindeutig bestimmt.

Die weiteren Angaben in DIO sind wie folgt zu interpretieren:

- Rank: Mit dieser Angabe in DIO informiert jeder Node alle seine benachbarten Nodes über seinen sogenannte Rank, d.h. über seine logische Entfernung zum Root Node. Dies ist von grundlegender Bedeutung bei der Selektion der Route [Abb. 17.3-4].
- G – *Grounded*: Ein DODAG kann entweder grounded, d.h. am Internet auf eine Art fest geerdet, oder floating (schwimmend) sein. Mit G = 1 wird angegeben, dass der DODAG grounded ist und mit G = 0, dass der DODAG floating ist. Ein grounded DODAG ermöglicht den Zugang zum Internet. Ein floating DODAG dagegen erlaubt nur die Überprüfung der Konnektivität (z.B. in einer Testphase).
- MOP – *Mode of Operation*: Die Betriebsart des RPL [Abb. 17.3-5].
- Prf – *DODAG Preference*: Hier kann die Root einem neu einzurichtenden DODAG eine Präferenz zuweisen.
- DTSN – *Destination Advertisement Trigger Sequence Number*: Diese Angabe wird verwendet, um sogenannte *Downward Routes* aufrechtzuerhalten.
- *Flags*: Der für eventuelle zukünftige Flags reservierte Platz.

Wie bereits Abb. 17.3-7 zeigt, ist in der Nachricht DIO die Option DAG Metric Container von hoher Relevanz. Diese in RFC 6552 spezifizierte Option wird verwendet, um Angaben über die Metriken von Links und die verschiedenen Arten von auf Links geltenden Beschränkungen in Form von Routing M/C Objects zu übermitteln. Abb. 17.3-12 zeigt die Struktur dieser Option.

Option: DAG Metric Container

In einem DAG Metric Container können mehrere Routing M/C Objects transportiert werden. Ein solches Object enthält die Spezifikation einer Link-Metrik bzw. der mit dem Link verbundenen Constraints. Falls einem Link verschiedene Metriken zugewiesen wurden und/oder mehrere Constraints erfüllt werden müssen, wird ein Routing M/C Object gebildet und dann in einem Metric Container übermittelt. Diesen einzelnen Routing M/C Objects eines Links müssen daraufhin Prioritäten zugewiesen werden, nach denen sie bei der Route Selection zur Geltung kommen. Jedes Routing M/C Object hat daher eine Priorität, die als *Precedence* (Prec) im Metric Container eingetragen wird.

Routing M/C Object

Mittels der in Abb. 17.3-8 und Abb. 17.3-12 gezeigten Indikatoren P, C, O und R ist es dem Empfänger des Routing M/C Object möglich zu bestimmen, ob es sich um eine Routing Metric oder einen Routing Constraint handelt und wie die Angaben im Einzelnen zu interpretieren sind.

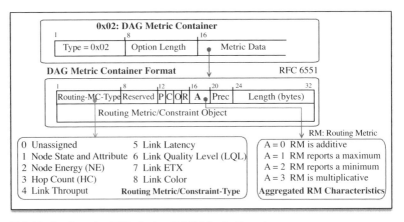

Abb. 17.3-12: Struktur der RPL-Option DAG Metric Container
MC: Metric/Constraint, P, C, O, R, A: Flags; P: Policy, C: Constraint, O: Optional, R: Recorded, A: Aggregated, Prec: Precedence (der Vorrang des Routing M/C Object), RM: Routing Metric

Option: DODAG-Configuration

Bei der Initiierung des Aufbaus eines neuen bzw. beim Umbau eines bereits bestehenden DODAG müssen seine Konfigurationsparameter in DIO übermittelt werden. Hierfür wurde die RPL-Option DODAG-Configuration als eine Art Container vorgesehen, in welchem die betreffenden Parameter eingetragen werden. Abb. 17.3-13 zeigt die Struktur dieser Option.

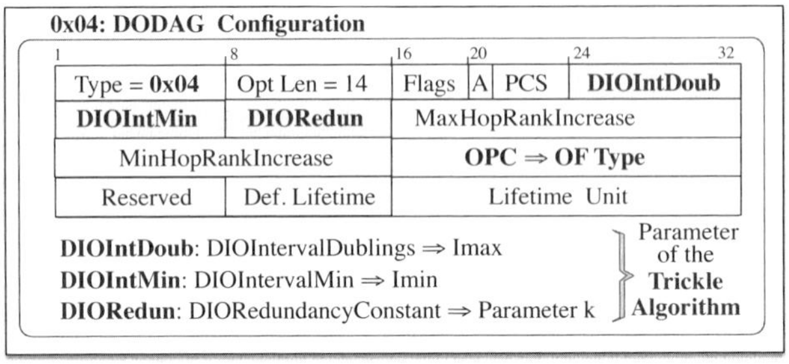

Abb. 17.3-13: Angaben in der RPL-Option DODAG-Configuration
A: Authentication Enabled (Flag), Def.:Default (Lifetime), OF: Objective Function, OPC: Objective Code Point (zur Angabe der OF), Opt Len: Option Length (hier wird immer 14 eingetragen), PCS: Path Control Size

Wie aus Abb. 17.3-13 hervorgeht, sind in der Option DODAG-Configuration die Parameter vom sogenannten *Trickle Algorithm* enthalten. Dessen Bedeutung wird im Folgenden kurz erläutert.

Um die durch Routing verursachte Instabilität im DODAG möglichst einzuschränken, wird die Menge der veränderten und zu übermittelnden Rank-Werte mit den Parametern MinHopRankIncrease und MaxHopRankIncrease limitiert; es sollen nur relevante Veränderungen signalisiert werden.

Weitere Angaben in der Option DODAG-Configuration haben folgende Bedeutung:

17.4 CoAP – Applikationsprotokoll im IoT

- *Flags*: Dieses Feld ist für eventuelle zukünftig benötigte Flags reserviert.
- A – *Authentication Enabled:* Mit diesem Flag A = 1 wird auf den Security Mode verwiesen. Falls die Nachricht DIO nicht Secure DIO ist, muss A = 0 sein.
- PCS – *Path Control Size*: Mit dieser Angabe wird die Länge des Feldes 'Path Control' in der RPL-Protokollnachricht DAO (*Destination Advertisement Object*) angegeben.
- *Default Lifetime*: Hier wird die standardmäßige Gültigkeitsdauer aller RPL-Routen in Lifetime Units eingetragen.
- *Lifetime Unit*: Diese Zeiteinheit zur Festlegung der Gültigkeitsdauer von RPL-Routen ist von deren Stabilität abhängig und kann bei stabilen Routen sogar eine Stunde betragen.

Jeder Node im LLN teilt mit DIO allen direkt von ihm erreichbaren Nodes periodisch seinen aktuellen Status mit. Die benachbarten Nodes des DIO-Absenders nehmen seine Information zur Kenntnis und leiten diese daraufhin auf die gleiche Weise zusammen mit der Information über den eigenen Status weiter. Dieses Agieren, d.h. der periodische Versand von DIOs durch alle Nodes, muss aber als eine Streuung von DIOs (*DIO-Dissemination*) im LLN angesehen und folglich auch als 'DIO-Dissemination-Problem' behandelt werden.

Trickle Algorithm

Dieses Problem kann nämlich eine lawinenartige, völlig unkontrollierte Vermehrung/Streuung von DIOs im LLN verursachen, was wiederum zum Chaos in diesem führen kann. Solche Probleme sind im IoT bereits bekannt, wo man in diesem Zusammenhang von *Data Dissemination* in LLNs spricht. Ein Verfahren, mittels dessen man in LLNs mit RPL eine komplett kontrollierte Dissemination von DIOs erreichen kann, ist also unabdingbar und wurde als *Trickle Algorithm* in RFC 6201 spezifiziert.

Der Einsatz des *Trickle Algorithm* beim RPL führt zur einer kontrollierten Begrenzung der DIO-Dissemination, also zu einer kontrollierten DIO Dissemination Rate. Hierfür müssen die drei Parameter Imax, Imin und k des Trickle Algorithm festgelegt und per DIO im LLN verteilt werden. Wie in Abb. 17.3-13 dargestellt, werden diese Angaben in der Option DODAG-Configuration gemacht.

17.4 CoAP – Applikationsprotokoll im IoT

Ziel von CoAP

Unser Wunsch und das Streben nach mehr Lebensqualität, Energieeffizienz und Umweltschutz haben zu einer funktionalen, als IoT bezeichneten Erweiterung des Internet geführt. Daher müssen die neuen IoT-spezifischen Anwendungen in Webanwendungen im klassischen Internet integriert werden. Hierfür muss allerdings im IoT ein webspezifisches Applikationsprotokoll zum Einsatz kommen. Da IoT auf WSANs basiert, die oft ressourcenbeschränkt (resource constrained), energiearm (low power) und verlustbehaftet (lossy network) sind, folglich *Constrained Networks* genannt, wird das im IoT eingesetzte webspezifische Applikationsprotokoll als *Constrained Application Protocol* (CoAP) bezeichnet.

Äquivalenz zwischen 'CoAP im IoT' und 'HTTP im Internet'

Das CoAP kann als eine Art *Webtransferprotokoll* in Constrained Networks angesehen werden und ersetzt das klassische HTTP (*Hypertext Transfer Protocol*) im IoT. Dadurch kann man verschiedene IoT-Anwendungen in herkömmliche Webanwendungen integrieren. Die Entwicklung von Standards für Webtechnologien zum Einsatz im IoT wird von der Working Group CoRE (*Constrained RESTful Environments*) bei IETF koordiniert. Hierzu gehört u.a. auch die Koordination der Entwicklung von CoAP, das im RFC 7252 spezifiziert wurde.

17.4.1 CoAP im Protokollschichtenmodell von IoT

HTTP und CoAP – gegenseitige 'Übersetzung'

Die 'Position' von CoAP im Protokollschichtenmodell von IoT und die allgemeine Struktur eines Access Gateway in Form eines Schichtenmodells wurde bereits in Abb. 17.1-11 illustriert dargestellt. Abb. 17.4-1 vertieft die Aufgabe des Access Gateway im Hinblick auf die Funktion von CoAP. Wie hier ersichtlich ist, besteht die Aufgabe dieses Gateway hauptsächlich in der gegenseitigen 'Übersetzung' der Protokolle HTTP und CoAP, was auch als *Protocol Mapping* bezeichnet wird.

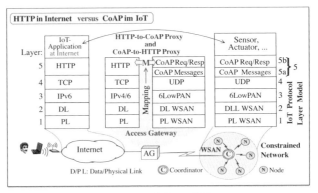

Abb. 17.4-1: CoAP im Protokollschichtenmodell von IoT
6LoWPAN: IPv6 over Low-power WPAN, DLL: Data Link Layer, HTTP: Hypertext Transfer Protocol, K: Koordinator Node, N: Node, PL: Physical Layer, Req/Rsp: Request/Response, WSAN: Wireless Sensor Network

In den zwischen dem 'klassischen' Internet und dem IoT installierten Gateways werden die folgenden zwei Arten von *Protocol Mapping* realisiert:

- *HTTP-to-CoAP Mapping* bei der Datenübermittlung vom Internet zum Constrained Network und
- *CoAP-to-HTTP Mapping* bei der Datenübermittlung in Gegenrichtung, also vom Constrained Network zum Internet.

Die Richtlinien zur Realisierung dieser beiden Protocol Mapping Arten werden in RFC 8075 spezifiziert.

CoAP – ein Client-Server-Protokoll

Das CoAP ist ebenso wie das Webtransferprotokoll HTTP ein Client-Server-Protokoll und realisiert das Request/Response-Prinzip [Abb. 17.4-2]. Dies bedeutet, dass ein CoAP-Client einen Request an einen CoAP-Server sendet, um von ihm einen Response als eine Art 'Antwort' auf den abgeschickten Request zu erhalten.

17.4 CoAP – Applikationsprotokoll im IoT

Zu Abb. 17.4-2 sei angemerkt, dass die Schicht 5 mit dem CoAP im Protokollschichtenmodell von IoT auf folgende zwei Teilschichten aufgeteilt ist:

- **5a**: *CoAP Messages* – Diese Teilschicht stellt verschiedene Arten von CoAP-Nachrichten, auch Messages genannt, zur Verfügung, damit die Requests und Responses von CoAP zwischen Client und Server – mittels einer entsprechenden Fehlerkontrolle – zuverlässig übermittelt werden können. Somit dienen Messages als eine Art Frames, in denen CoAP Requests und Responses eingebettet und zuverlässig übermittelt werden.

- **5b**: *CoAP Requests und Responses* – Diese Teilschicht spezifiziert die Requests und Responses von CoAP und die Prinzipien, nach denen diese zwischen Client und Server übermittelt werden.

Es sei angemerkt, dass ein CoAP Request de facto ein sogenannte *CoAP Method* – eine Art 'Kommando' – darstellt und nur vom Client an den Server übermittelt wird. Daher sind die Begriffe 'CoAP Request' und 'CoAP Method' als Synonyme anzusehen. Für eine Auflistung von CoAP Methods und von CoAP Responses sei auf Abb. 17.4-10 verwiesen.

CoAP Request

Die CoAP Methods entsprechen der Funktion und Bedeutung nach weitgehend einigen HTTP Methods, und genauso entsprechen die CoAP Responses auch einigen HTTP Responses. Im Gateway zwischen Internet und dem IoT [Abb. 17.4-10] wird daher das Mapping zwischen HTTP und CoAP faktisch – nur – zwischen der Schicht 5 mit HTTP (seitens des Internet) und der Teilschicht 5b mit CoAP Requests und Responses realisiert. Dieses Mapping verläuft wie folgt (siehe Abb. 17.4-11 und Abb. 17.4-12):

Mapping zwischen HTTP und CoAP

- *HTTP-to-CoAP Mapping* wird durch eine Abbildung von HTTP Requests auf die ihnen entsprechenden CoAP Requests geschaffen, so z.B. HTTP Request `GET` auf CoAP Request `0.01 GET` [Abb. 17.4-11].

- *CoAP-to-HTTP Mapping* dagegen wird durch eine Abbildung von CoAP Responses auf die ihnen entsprechenden HTTP Responses realisiert – z.B. wird CoAP Response `2.05 Content` auf HTTP Response `200 OK` abgebildet [Abb. 17.4-12].

17.4.2 Proxying zwischen HTTP und CoAP

Um die Möglichkeit zu schaffen, uneingeschränkt über das Internet auf das IoT zugreifen und somit die dort in Constrained Networks installierten Einrichtungen, d.h. Sensoren und Aktuatoren, überwachen und ansteuern zu können, muss das IoT in das Internet integriert werden. Wie bereits in Abb. 17.4-3 und Abb. 17.4-11 gezeigt wurde, kann dies durch die Installation von hierfür geeigneten Gateways erfolgen. Diese müssen das entsprechende Mapping zwischen HTTP und CoAP realisieren.

Oft sind aber noch zusätzliche Funktionen von Gateways, u.a. die sogenannte *Proxy-Funktion* erforderlich, die zu erbringen sind. Im Hinblick auf Gateways zwischen Internet und IoT spricht man somit von *Proxying*. Da man zwischen zwei Arten von Proxies unterscheidet, nämlich *HTTP-to-CoAP Proxy* und *CoAP-to-HTTP Proxy*, spricht man in diesem Zusammenhang folglich von

Proxying

- *HTTP-to-CoAP Proxying* und
- *CoAP-to-HTTP Proxying*.

   Anmerkung: Als *Proxy* wird in einem Netzwerk eine Systemkomponente verstanden, die als Vertretung mehrerer, die gleiche Funktion erbringender Systemkomponenten dient. Die *Proxy-Funktion* besagt dann, im Hinblick auf welche Funktion der betreffende Proxy die anderen Systemkomponenten vertritt.

HTTP-to-CoAP Proxying

Die Bedeutung von HTTP-to-CoAP Proxying am Beispiel einer einfachen Smart-Home-Applikation illustriert Abb. 17.4-2a. Als Smart Home bezeichnet man ein 'intelligentes, an das Internet angebundenes Haus', in dem diverse Sensoren und Aktuatoren in verschiedenen Einrichtungen (Lampen, Jalousien, ...) und Geräten (Herd, Kühlschrank, ...) mit dem Ziel installiert werden, eine Verbesserung der Wohn- und Lebensqualität sowie der Sicherheit zu erreichen.

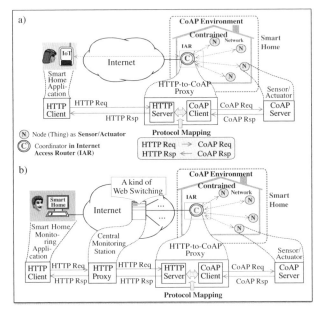

Abb. 17.4-2: Bedeutung von HTTP-to-CoAP Proxying bei der Anbindung von Smart Homes an das Internet: a) direkter Zugriff auf die Einrichtungen im Smart Home, b) indirekter Zugriff über einen HTTP Proxy, der eine Art 'Web Switching' realisiert
Req/Rsp: Request/Response

Anmerkung: Ein *HTTP Proxy* dient als Vertretung von in der Regel mehreren Servern, die das Protokoll HTTP unterstützen – also von mehreren Servern, die oft als *HTTP/Web-Server* bezeichnet werden. Über einen HTTP Proxy können folglich mehrere HTTP Server erreicht werden.

Damit man mithilfe von Smartphones intelligente, kommunikationsfähige Einrichtungen in einem Smart Home ansteuern und überwachen kann, wird dieses an das Internet über einen speziellen, entsprechend erweiterten *Internet Access Router* (IAR) angeschlossen. Dieser mit zusätzlicher Funktionalität ausgestattete Router fungiert u.a. auch als Koordinator für Constrained Networks und erbringt außerdem die Funktion

17.4 CoAP – Applikationsprotokoll im IoT

eines HTTP-to-CoAP Proxy. Dieser wiederum realisiert das in Abb. 17.4-2a gezeigte Mapping zwischen den Protokollen HTTP und CoAP.

Im Internet kann, wie in Abb. 17.4-2b zum Ausdruck gebracht, ein HTTP Proxy in einer Central Station eines sogenannten *Smart Home Monitoring System* installiert werden. Dieser HTTP Proxy kann dann für einen HTTP Client in einer Leitstation am Internet als Vertreter mehrerer in HTTP-to-CoAP Proxies verschiedener Smart Homes untergebrachter HTTP Server fungieren. Der in der Central Monitoring Station untergebrachte HTTP Proxy kann in diesem Fall eine Art Web Switching realisieren und als Vermittler von aus dem Internet kommenden und an HTTP Server mit IoT-Ressourcen in Smart Homes gerichteten HTTP Requests dienen.

Web Switching

> **Anmerkung**: Das Web Switching im HTTP Proxy besteht in der Weiterleitung der vom HTTP Client ankommenden Requests an HTTP Server in entsprechenden Smart Homes. Da HTTP-Nachrichten über TCP-Verbindungen übermittelt werden, muss das *Web Switching* dazu führen, dass jeweils zwei TCP-Verbindungen, d.h. eine zwischen HTTP Client und HTTP Proxy und eine andere zwischen HTTP Proxy und HTTP Server (in HTTP-to-CoAP Proxies), mittels eines sogenannten *Cookies* so miteinander verbunden werden, dass quasi eine über den HTTP Proxy verlaufende, aus zwei TCP-Teilverbindungen bestehende TCP-Verbindung zwischen HTTP Client und HTTP Server entsteht.

Es sei hervorgehoben, dass der in Abb. 17.4-2 gezeigte Einsatz eines HTTP-to-CoAP Proxy die Ansteuerung bzw. die Abfrage von Einrichtungen in Smart Homes nur seitens des Internet ermöglicht. In diesem Fall wird ein HTTP Request, z.B. `GET` mit der Abfrage des Zustands eines Sensors bzw. mit der Ansteuerung eines Aktuators, nur in die Richtung vom Internet zum Constrained Network hin übermittelt. Damit ein Sensor eine Angabe auch zum Internet hin an eine dort eingerichtete Leitstelle bzw. ein Smartphone übermitteln kann, muss im Gateway zwischen dem Internet und dem IoT ein CoAP-to-HTTP Proxy eingerichtet werden.

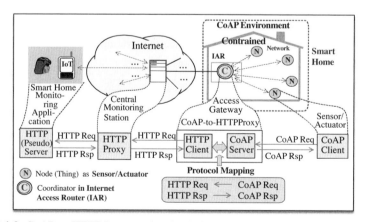

Abb. 17.4-3: CoAP-to-HTTP Proxying bei der Anbindung von Smart Homes an das Internet
Req/Rsp: Request/Response

Abb. 17.4-3 illustriert die Bedeutung des CoAP-to-HTTP Proxying am Beispiel einer Smart-Home-Applikation. Die Signifikanz besteht darin, dass die Sensoren und Aktuatoren als Nodes im Constrained Network in die Lage versetzt werden, in Richtung

CoAP-to-HTTP Proxying

Internet unterschiedliche Meldungen mittels CoAP Requests (z.B. von Requests 0.01 GET) mit Angabe/Messwerten zu übermitteln. Wie hier zum Ausdruck gebracht wird, verhalten sich Nodes (Sensoren, Aktuatoren) aus der Sicht des Protokolls CoAP als dessen Clients.

CoAP-to-HTTP Proxy

Zu Abb. 17.4-3 sei angemerkt, dass die vom CoAP Client kommenden Requests an den im CoAP-to-HTTP Proxy implementierten CoAP Server gerichtet werden. In diesem Proxy erfolgt das Protocol Mapping von CoAP zu HTTP, sodass CoAP Requests auf HTTP Requests umgesetzt werden. Diese können danach von dem im CoAP-to-HTTP Proxy untergebrachten HTTP Client an einen im Internet innerhalb einer zentralen Monitorring Station eingerichteten HTTP Proxy übermittelt werden. Dieser HTTP Proxy kann anschließend die HTTP Requests mit Meldungen von Sensoren/Aktuatoren an die IoT-Nutzer am Internet weiterleiten.

17.4.3 CoAP Messages und Timeout-Mechanismus

CoAP über unzuverlässiges UDP

Wie bereits am Beispiel von Abb. 17.4-1 kurz erläutert wurde, stellt das CoAP faktisch eine sehr stark reduzierte und vereinfachte Form des Protokolls HTTP dar, welches das verbindungsorientierte und zuverlässige Transportprotokoll TCP nutzt, um seine Nachrichten, die sogenannten *Requests* und *Responses*, fehlerfrei zwischen HTTP-Client und HTTP-Server übermitteln zu können. Das CoAP hingegen nutzt für den Transport seiner Nachrichten das verbindungslose und unzuverlässige Protokoll UDP. Dies hat zur Folge, dass das CoAP zusätzliche Nachrichten, sogenannte *Messages*, enthalten muss, um seine Requests und Responses zuverlässig und fehlerfrei übermitteln zu können.

Daraus resultiert, dass die Funktionalität von CoAP auf zwei Teilschichten aufgeteilt wird, und zwar auf eine Teilschicht mit CoAP Requests und Responses und auf eine Teilschicht mit CoAP Messages. Diese Messages wurden mit dem Ziel eingeführt, den unzuverlässigen UDP-Transportdienst bei CoAP zu einem zuverlässigen Transportdienst 'auszubauen'. Mittels der CoAP Messages kann also ein UDP-ähnlicher und zuverlässiger, auf einer CoAP-spezifischen Fehlerkontrolle basierender Transportdienst realisiert werden.

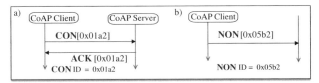

Abb. 17.4-4: Zwei Typen von CoAP Messages: a) Confirmable (CON), b) Non-Confirmable (NON)

Typen von CoAP Messages

Wie Abb. 17.4-4 zum Ausdruck bringt, können bei CoAP zwei Arten von Übermittlungsdiensten realisiert werden. Diese sind:

1. ein *zuverlässiger Übermittlungsdienst* mittels der Message des Typs CON (*Confirmable*), die seitens der Gegenseite immer mit der Message ACK (*Acknowledgement*) bestätigt werden muss, und

17.4 CoAP – Applikationsprotokoll im IoT

2. ein *unzuverlässiger Übermittlungsdienst* mittels der Message des Typs NON (*Non-Confirmable*), die unbestätigt bleibt.

Zu Abb. 17.4-4a ist anzumerken, dass jede CoAP Message eine eindeutige *Message ID* (ID: Identification) enthalten muss. Insbesondere muss die ID der CON Message auch in der ACK Message, mit der die CON Message bestätigt wird, enthalten sein. Die ID der ACK Message dient daher als Verweis auf die 'richtige' CON Message, die bestätigt (quittiert) wird.

Jede Message des Typs NON enthält eine ID (siehe Abb. 17.4-4), obwohl diese nicht bestätigt wird. Das Eintragen von IDs in Messages des Typs NON soll dazu beitragen, mögliche 'Duplikate' von NON Messages entdecken zu können (siehe hierzu Abb. 17.4-5).

Es sei hervorgehoben, dass sowohl eine Message CON als auch eine Message NON gesendet werden kann, ohne hierfür vorher eine virtuelle Verbindung zwischen einem CoAP Client und CoAP Server aufbauen zu müssen. Es handelt sich bei CoAP also um eine verbindungslose, aber zuverlässige Übermittlung von Daten.

<small>CoAP = verbindungslose, zuverlässige Datenübermittlung</small>

Mit CoAP wird das verbindungslose, unzuverlässige Transportprotokoll UDP funktional um eine CoAP-spezifische Fehlerkontrolle so erweitert, dass eine bestätigte und zuverlässige Übermittlung von CoAP Messages garantiert werden kann. Um dies zu erreichen, verwendet man bei CoAP die ACK Message. Wie Abb. 17.4-4a zeigt, wird der Empfang der CON Message seitens des CoAP Servers mittels einer ACK Message bestätigt. Eine CON Message kann aber nur dann vom Empfänger, also vom CoAP Server, bestätigt werden, wenn er diese auch empfangen hat. Jede abgeschickte Message kann jedoch 'unterwegs' verloren gehen, sodass der Empfänger sie nicht bestätigen kann.

<small>CoAP-spezifische Fehlerkontrolle</small>

Eine 'Rettungsmaßnahme' stellt in solchen Fällen der sogenannte *Timeout-Mechanismus* dar. Im Allgemeinen funktioniert er so, dass von jeder abgeschickten Message über eine von vornherein festgelegte Zeitdauer, oft (Retransmission) Timeout genannt, beim Sender – zwecks eines eventuellen erneuten Sendens – eine Kopie aufbewahrt werden muss. Erst wenn eine abgeschickte Message seitens des Empfängers bestätigt worden ist, darf ihre Kopie beim Sender gelöscht werden. Solch ein Timeout-Mechanismus liegt auch dem CoAP zugrunde, was Abb. 17.4-5 darstellt.

<small>Timeout-Mechanismus</small>

Der Wert von Timeout, also die Angabe, wie lange beim Sender auf eine Bestätigung gewartet werden soll, kann auf der Basis einer Schätzung des mittleren 'Zeitlaufs' von Messages hin und zurück zwischen Sender und Empfänger nur heuristisch festgelegt werden. Dies ist ebenso beim Einsatz von CoAP in Constrained Networks der Fall. Nach RFC 7252 mit der Spezifikation von CoAP ist der Wert von Timeout variabel und wird, wie in Abb. 17.4-5 dargestellt, durch folgende drei Parameter bestimmt:

<small>Werte von Timeout</small>

1. ACK_TIMEOUT (ATO): Der Parameter ATO stellt die untere Grenze von Timeout dar, und sein Default-Wert beträgt 2 Sekunden, also ATO = 2s. Damit wird gesagt, dass die erste Wiederholung (Retransmission) der Übertragung einer CON Message erst nach dem Ablauf von ATO beginnen darf.

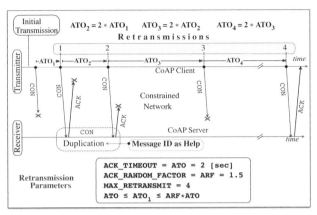

Abb. 17.4-5: Idee des Timeout-Mechanismus bei CoAP

2. `ACK_RANDOM_FACTOR (ARF)`: Dieser Parameter hat den Default-Wert 1.5 (`ARF = 1.5`) und wird verwendet, um die obere Grenze von Timeout zu bestimmen. Sein Default-Wert beträgt: `ARF*ATO = 3s`.

3. `MAX_RETRANSMIT`: Dieser Parameter bestimmt die maximale Anzahl wiederholter Übertragungen einer `CON` Message. Der Default-Wert von `MAX_RETRANSMIT` beträgt 4.

Duplikate von CoAP Messages   Eine wichtige Besonderheit des Timeout-Mechanismus bei CoAP besteht darin, dass der Wert von Timeout bei der nächsten Wiederholung verdoppelt wird (quadratische Zunahme). Abb. 17.4-5 bringt diese Besonderheit näher zum Ausdruck.

In Bezug auf Abb. 17.4-5 ist hinzuzufügen, dass der CoAP Server eine `CON` Message mehrfach korrekt empfangen kann. Das kann vorkommen, wenn eine oder mehrere `ACK` Messages hintereinander verloren gegangen sind und der CoAP Client die gleiche `CON` Message mehrfach wiederholt gesendet hat. Um eventuelle Duplikate einer Message zu erkennen, wird bei allen Typen von Messages die Angabe `Message ID` eingetragen [Abb. 17.4-4].

17.4.4 Requests und Responses von CoAP

Das Protokoll CoAP basiert auf einem Request/Response-Modell. Dieses baut darauf auf, dass ein CoAP Client einen Request an einen CoAP Client sendet und dieser ihm mit einem Response antwortet. Die Requests und Responses werden zwischen Client und Server in den Messages `CON`, `ACK` und `NON` übermittelt – siehe hierzu die Abb. 17.4-6 und Abb. 17.4-7.

CoAP Requests   Bei CoAP werden die vier Requests `GET`, `PUT`, `POST` und `DELETE` definiert. Auf die Bedeutung dieser wird im Weiteren noch näher eingegangen (siehe Tab. 17.4-1). Diese Requests werden auch Methods genannt. Sie haben eine ähnliche Bedeutung wie die gleichnamigen, ihnen entsprechenden Methods bei HTTP. Ein CoAP Request kann sowohl in einer `CON` Message [Abb. 17.4-6] als auch in einer `NON` Message [Abb. 17.4-7b] übermittelt werden.

17.4 CoAP – Applikationsprotokoll im IoT

Bei CoAP werden die folgenden drei Klassen von Responses als Antworten von einem CoAP Server verwendet – siehe Abb. 17.4-10 und Abb. 17.4-12:

Klassen von CoAP Responses

1. *Success*: Ein Response dieser Klasse besagt, dass ein CoAP Server, der sowohl einen Sensor als auch einen Aktuator im Constrained Network repräsentieren kann, einen Request fehlerfrei empfangen, diesen verstanden, akzeptiert und bearbeitet hat. Den Responses dieser Klasse wird der Code 2.xx zugewiesen – ähnlich wie den Success Responses von HTTP.

2. *Client Error*: Mit einem Response dieser Klasse wird vom CoAP Server auf einen Fehler seitens des CoAP Client verwiesen. Auf diese Weise wird dem Client mitgeteilt, dass der betreffende Request vom Server entweder nicht verstanden oder nicht akzeptiert worden ist und von ihm folglich nicht ausgeführt werden kann. Dieser Klasse von Responses wird der Code 4.xx zugewiesen – der gleiche wie für die Client Error Responses von HTTP.

3. *Server Error*: Mit einem Response dieser Klasse wird dem CoAP Client seitens des CoAP Servers mitgeteilt, dass der betreffende Request vom Server (z.B. wegen eines bei ihm aufgetretenen Fehlers) nicht ausgeführt werden kann. Dieser Klasse von Responses wird der Code 5.xx zugewiesen – so wie den Server Error Responses von HTTP.

Auf die Bedeutung von CoAP Responses wird im Folgenden näher eingegangen [Abschnitt 17.4-6].

Die CoAP Responses werden in der Regel in ACK Messages übermittelt [Abb. 17.4-6]; wobei aber in zwei Sonderfällen ein Response entweder in einer CON Message oder einer NON Message übermittelt wird [Abb. 17.4-7].

Das Protokoll CoAP basiert auf einem Request/Response-Modell. Wird in einer Message des Typs CON ein Request übermittelt, so liegt diesem Modell der in Abb. 17.4-4a gezeigte zuverlässige Übermittlungsdienst durch eine CON Message zugrunde. Dabei unterscheidet man zwischen zwei Arten von Responses auf die in Messages CON übermittelten Requests. Diese sind:

Request/-Response Modelle des CoAP

1. *Piggy-backed Responses*: Diese werden unmittelbar/direkt in Messages ACK übermittelt und können somit als 'direkte' Responses angesehen werden [Abb. 17.4-6].

2. *Separate Responses*: Sie werden mit einer gewissen Verspätung in Messages CON übermittelt und stellen somit 'spätere' Responses dar [Abb. 17.4-7a].

Ein CoAP Request kann auch in einer NON Message übermittelt werden. Ist dies der Fall, so wird der Response auf diesen Request ebenso in einer NON Message übermittelt [Abb. 17.4-7b].

Die eben geschilderten Möglichkeiten der Übermittlung von Requests und Responses führen dazu, dass bei CoAP zwischen den folgenden drei Varianten des Request/Response Modells unterschieden wird:

Mehrere Request/Response Modells

1. Request/Response-Modell mit *Piggy-backed Response*,
2. Request/Response-Modell mit *Separate Response* und
3. Request/Response-Modell mit *Request in* NON *Message*.

17 Internet of Things – Technische Grundlagen und Protokolle

Diese drei Varianten des CoAP Request/Response-Modells werden im Folgenden kurz erläutert.

Modell mit Piggy-backed Response

Abb. 17.4-6 illustriert das Request/Response-Modell von CoAP mit Piggy-backed Response am Beispiel einer Temperaturabfrage. Mit dem Request GET ruft hier der CoAP Client die Temperatur beim CoAP Server ab. Deren Wert wird dem Client in dem Response 2.05 Content geliefert.

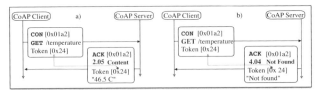

Abb. 17.4-6: Request/Response-Modell mit Piggy-backed Responses; Fälle: a) Success Response 2.05 Content, b) Client Error Response 4.04 Not Found

In den meisten Fällen bei der Abfrage seitens des CoAP Client eines Sensors bzw. bei der Ansteuerung eines Aktuators, d.h. von Komponenten, die als CoAP Server definiert werden, mittels eines in CON Message enthaltenen Request wird die Antwort/Reaktion des CoAP Servers auf diesen in Form eines in einer ACK Message übermittelten Response oft direkt nach dem Empfang dieses Request an den CoAP Client gesendet. Diese Art von Responses, d.h. welche, die direkt als Antwort auf Requests gesendet werden, bezeichnet man bei CoAP als *Piggy-backed Responses*. Wie Abb. 17.4-6 zum Ausdruck bringt, werden Piggy-backed Responses in ACK Messages übermittelt.

Token in CON und ACK als Request-ID

Jeder Response darf sich nur auf genau einen Request beziehen. Um dies ermöglichen zu können, muss jeder Request eine Identifikation (ID) besitzen. Diese wird bei CoAP als Token bezeichnet. Somit ist die Angabe Token in den CON und ACK Messages als Request-ID zu interpretieren. Wie Abb. 17.4-7 illustriert, wird mit Token in den ACK Messages darauf verwiesen, auf welchen Request GET sich der in einer ACK Message übermittelte Response bezieht. Hierbei kann es sich sowohl um einen 'positiven' Response der Klasse *Success* (z.B. 2.05 Content) als auch um einen negativen Response der Klasse *Client Error* oder *Server Error* handeln (z.B. Client Error 4.04 Not Found). Für eine Auflistung von Responses siehe Abb. 17.4-10.

Modell mit Separate Response

Es kann passieren, dass ein CoAP Server dem CoAP Client auf dessen Request aus irgendeinem Grund nicht direkt, sondern erst zu einem späteren Zeitpunkt, eine Antwort in Form eines Response senden kann. Möglich wird dies dadurch, dass er nach dem Request/Response-Modell einen Response auf einen empfangenen Request etwas verspätet mittels Separate Response übermitteln kann. Abb. 17.4-7a illustriert das Modell am Beispiel einer Temperaturabfrage.

Bedeutung von Empty ACK

Kann ein CoAP Serverden Response auf einen in CON Message empfangenen Request nicht direkt, sondern erst etwas verspätet übermitteln, so sendet er an den CoAP Client eine besondere Bestätigung, und zwar: Empty ACK, d.h. eine leere ACK Message, in der nur die Identifikation der CON Message enthalten ist. Auf diese Weise verweist er

17.4 CoAP – Applikationsprotokoll im IoT

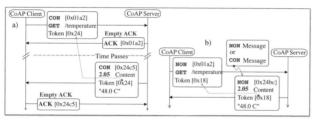

Abb. 17.4-7: Idee von Request/Response: bei CoAP a) Modell mit Separate Response, b) Modell mit Request in NON Message

auf die betreffende CON Message und signalisiert dem Client, dass der Response des Servers etwas später zu erwarten ist.

Der auf diese Weise angezeigte verspätete Response wird dann seitens des Servers in der CON Message übermittelt. Diese Message enthält ein Token, mit dem auf den betreffenden, seitens des Client verschickten Request verwiesen wird. Hat der Client die CON Message mit dem Response empfangen, bestätigt er dies dem Server mit einer ACK Message, in der mit ID auf die empfangene CON Message verwiesen wird.

Bei CoAP kann auch ein Request/Response-Modell mit Request in einer NON Message realisiert werden. Abb. 17.4-7b illustriert einen solchen Fall. Es handelt sich dabei um das gleiche, bereits in Abb. 17.4-7a präsentierte Beispiel einer Temperaturabfrage. Ein CoAP Client kann einen Request auch in einer NON Message an einen CoAP Server übermitteln. Der Response an den CoAP Client muss dann seitens des CoAP entweder in einer NON Message oder einer CON Message übermittelt werden.

Modell mit Request in NON Message

17.4.5 Adressierung von Ressourcen bei CoAP

Sensoren und Aktuatoren im IoT enthalten bestimmte Objekte. Deren Inhalte kann man mittels CoAP abfragen und/oder ansteuern. Um dies realisieren zu können, müssen die Objekte im IoT adressiert und identifiziert werden. Hierfür verwendet man sowohl bei CoAP als auch bei seiner gesicherten Version, dem CoAPS (*CoAP Secure*), das Konzept URI (*Uniform Resource Identifier*). Das CoAP besitzt ein eigenes URI-Schema, wobei die Strukturen von URIs bei CoAP und bei CoAPS fast identisch sind. Abb. 17.4-8 verdeutlicht dies.

URI-Schema bei CoAP

Zur Übermittlung von URI-Angaben in CoAP Messages wurden spezielle, optionale Felder vorgesehen. Folglich bezeichnet man in RFC 7252 solche Felder als *CoAP Optionen* bzw. kurz Optionen (*Options*). Abb. 17.4-10 illustriert auch, welche URI-Angaben in welchen Optionen innerhalb von CoAP Messages übermittelt werden. Dazu sei angemerkt, dass jede CoAP Option eine Nummer besitzt; d.h. den CoAP Optionen werden auf eine spezielle Weise ausgewählte Nummern zugewiesen (siehe Abb. 17.4-10 für deren Auflistung).

CoAP Optionen

Bei einem CoAP Client als Absender werden – vor dem Abschicken einer CoAP Message mit den Inhalten eines URI – einzelne URI-Angaben in entsprechende CoAP Optionen eingetragen. Diesen Vorgang nennt man *Decomposing URIs into Options*. Bei einem CoAP Server als Empfänger werden – nach dem Erhalten einer CoAP

Decomposing URIs into Options

986 17 Internet of Things – Technische Grundlagen und Protokolle

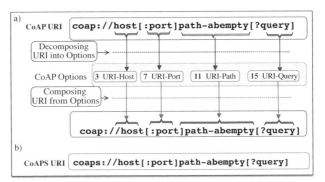

Abb. 17.4-8: Konzept von URI: a) bei CoAP, b) bei CoAPS; in Anlehnung an RFC 7252
[xxx] die Angaben xxx in den eckigen Klammern sind optional.

Message mit mehreren, URI-Angaben enthaltenden, Optionen – die einzelnen URI-Angaben aus den CoAP Optionen 'herausgenommen', um das betreffende Objekt, bei dem ein oder mehrere Werte abgerufen bzw. eingestellt werden sollen, finden und 'ansprechen' zu können.

Interpretation von Angaben in URI

Mit einem URI wird in einem Sensor bzw. Aktuator ein ablesbarer oder ein ablesbarer und einstellbarer Inhalt/Status, als *Resource Object* bzw. kurz *Objekt* bezeichnet, identifiziert und adressiert. Abb. 17.4-9 bringt die Interpretation und Bedeutung einzelner URI-Angaben bei der Übermittlung eines Request von einem CoAP Client an einen CoAP Server näher zum Ausdruck. Dabei wird auch die Bedeutung von IP-Adressen verdeutlicht.

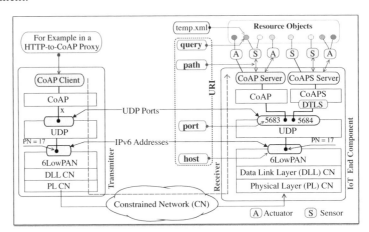

Abb. 17.4-9: Bedeutung und Interpretation von URI-Angaben beim CoAP
6LoWPAN: IPv6 over Low-power WPAN, PN: (Transport) Protocol Number im IPv6-Header, x: Quell-UDP-Port wird dynamisch zugewiesen

Interpretation von URI-Angaben

Wie aus dem Abb. 17.4-9 ersichtlich ist, können unterschiedliche Objekte, die quasi als Blätter in einer hierarchischen, baumartigen Struktur innerhalb einer IoT-Endkomponente anzusehen sind, mittels URIs eindeutig identifiziert und adressiert

17.4 CoAP – Applikationsprotokoll im IoT

werden. Die einzelnen URI-Angaben in Abb. 17.4-9 lassen sich wie folgt interpretieren – vgl. hierzu Abb. 17.4-8:

- `host` – diese URI-Angabe stellt einen vollständigen Hostnamen bzw. eine IPv6-Adresse dar. Mit host wird somit eine Endkomponente im IoT angesprochen, über die gewünschte Objekte 'erreichbar' sind. Im Endeffekt wird, wie Abb. 17.4-9 zeigt, mit host auf die IP-Adresse der betreffenden IoT-Endkomponente verwiesen.
- `port` – ist eine optionale Angabe des UDP-Ports. Ist keine Angabe `port` in der URI vorhanden, so wird vom Well Known Port ausgegangen, d.h. von 5683 bei CoAP bzw. 5684 bei CoAPS.
- `path` – mit dieser Angabe wird bei CoAP ein Sensor bzw. ein Aktuator innerhalb einer IoT-Endkomponente identifiziert. Die Angabe stellt quasi einen Pfad zum gewünschten Objekt dar. Mit *path-abempty* in der CoAP URI [Abb. 17.4-8] wird darauf verwiesen, dass er auch 'ausfallen' kann, also optional ist.
- `query` – mit dieser Angabe wird darüber informiert, welches Objekt der Inhalt darstellt und in welchem Format er abgerufen oder eingestellt/verändert werden soll. Dieser Inhalt wird als Payload in CoAP Messages übermittelt und kann in verschiedenen Payload Description Formats 'dargestellt' werden [Abb. 17.4-10].

17.4.6 Struktur und Typen von CoAP Messages

CoAP Messages stellen eine Art Frames mit variabler Länge dar, in denen Requests und Responses verbindungslos, aber dank der CoAP-spezifischen Fehlerkontrolle zuverlässig übermittelt werden können. CoAP Messages werden so strukturiert, dass sie möglichst kurz, also an die Anforderungen von Constrained Network angepasst sind und außerdem folgende zwei wichtige Funktionen erbracht werden können:

- Die Erweiterung des verbindungslosen und unzuverlässigen Transportprotokolls UDP um eine spezielle CoAP-spezifische Fehlerkontrolle [Abb. 17.4-6], sodass eine bestätigte und zuverlässige Übermittlung von CoAP Messages erreicht werden kann.   *CoAP Erweiterungen for UDP*
- Die Erbringung wesentlicher Funktionen des Webtransferprotokolls HTTP, also die Übermittlung einiger seiner Requests und Responses.   *CoAP als Web-Dienst*

Abb. 17.4-10 zeigt die Struktur von CoAP Messages. Jede CoAP Message beginnt mit einem 4 Byte langen Header, danach kann ein Token mit variabler Länge bis 8 Byte folgen. Nach dem Token können mehrere optionale Angaben, sogenannte *Optionen*, übermittelt werden. Diese Optionen entsprechen weitgehend einigen Zeilen, den sogenannten *Header Lines*, in Requests und in Responses des Protokolls HTTP. Wie bereits in Abb. 17.4-8 gezeigt wurde, werden auch die Angaben von CoAP URIs als Optionen in CoAP Messages übermittelt.

An das Ende einer CoAP Message können spezielle Inhalte, *Payload* genannt, mit der Spezifikation der Ansteuerung eines Aktors bzw. mit der Beschreibung des Zustands eines Sensors angehängt werden. Darauf, dass ein Payload an Ende eines CoAP Message angehängt wurde, wird mit einem speziellen, als *Payload Marker* bezeichneten Byte 1111 1111 nach der letzten Option verwiesen.

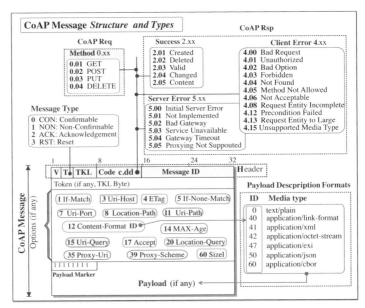

Abb. 17.4-10: Typen, Struktur und Inhalte von CoAP Messages
H: Header, TKL: Token Length

Der Header von CoAP Messages enthält folgende Felder:

- V (*Version*), 2 Bit – die CoAP-Version, d.h. V = 1.
- T (*Type*), 2 Bit – der Typ der CoAP Message, beispielsweise T = 0: *Confirmable* (CON), T = 1: *Non-Confirmable* (NON).
- TKL (*Token Length*), 4 Bit – die Länge (von 0 bis 15 Byte) des dem Header folgenden Token-Felds mit der Angabe der Identifikation des CoAP Request (Request-ID). Wie Abb. 17.4-7 zeigt, ist die Request-ID auch in jedem Response auf einen Request eingetragen, um so auf den betreffenden Request zu verweisen.
- Code, 8 Bit – diese Angabe dient als Identifikation (Bezeichnung) des in CoAP Message transportierten Request oder Response.
- Message ID (*Identification*), 16 Bit – diese Angabe dient zur eindeutigen Identifizierung der CoAP Message.

Content Format Es sei hervorgehoben, dass, wie aus Abb. 17.4-6 hervorgeht, die Option mit der Nummer 12 (*Content Format*) die Art des Payload in CoAP Messages beschreibt. Beim Protokoll HTTP werden hierfür zwei Header-Zeilen verwendet, und zwar *Content-Type* und *Content-Encoding*. Diese beiden Header-Zeilen von HTTP werden bei CoAP quasi zu der Option *Content Format* zusammengefasst.

CoAP Methods – als Kommandos in Requests Die CoAP Methods könnte man als eine Art Kommandos ansehen, die von einem CoAP Client an einen CoAP Server gesendet werden, um auf diesem die Inhalte verschiedener dort vorhandener Objekte wie z.B. die Zustände von Sensoren und Aktuatoren abzufragen und/oder zu ändern, Ausführungsbefehle/-programme von Aktuatoren zwecks des Erbringens bestimmter Funktionen zu modifizieren bzw. Daten

17.4 CoAP — Applikationsprotokoll im IoT

an diese zu senden. CoAP Methods werden auch benötigt, um auf einem CoAP Server neue Objekte zu erzeugen bzw. dort vorhandene löschen zu können. In jedem Request mit einer *Method* muss daher ein URI übermittelt werden, um das betreffende, bereits vorhandene bzw. neu zu erzeugende Objekt identifizieren/adressieren zu können.

Um all diese erwähnten Aufgaben bewältigen zu können, werden die in Tab. 17.4-1 aufgelisteten vier CoAP Methods spezifiziert.

Method	Code	Bedeutung, Funktion
GET	0.01	Abruf des mit URI angegebenen Objekts
POST	0.02	Übermittlung von Daten an ein Objekt
PUT	0.03	Erzeugen oder Update eines Objekts
DELETE	0.04	Löschen eines mit URI angegebenen Objekts

Tab. 17.4-1: CoAP Methods und deren Bedeutung/Funktion

Wie zu Tab. 17.4-1 zu entnehmen ist, folgen die *CoAP Methods* weitgehend den gleichnamigen Methoden bei HTTP [Abb. 17.4-11].

Alle CoAP Responses, als 'Antworten auf Requests' werden auf drei Klassen von Responses aufgeteilt, und zwar: *Success*, *Client Error* und *Server Error*. Diese Klassen entsprechen den gleichnamigen Klassen von Responses beim Protokoll HTTP [Abb. 17.4-12]. — CoAP Responses

Es sei angemerkt, dass jeder Response der Klasse *Success* eine 'positive Antwort' auf Requests darstellt und dem CoAP Client den Status der Ausführung eines Method auf dem CoAP Server anzeigt. Dagegen sind die Responses der Klassen *Client Error* und *Server Error* als 'negative Antworten' auf Requests anzusehen. Mit einem Response einer dieser Klassen wird dem CoAP Client signalisiert, dass aus irgendeinem Grund ein Method auf dem CoAP Server nicht ausgeführt werden konnte. Mit Responses der Klasse *Client Error* signalisiert man, dass die Ursache für die Nicht-Ausführung beim CoAP Client liegt. Mit Responses der Klasse *Server Error* signalisiert man hingegen, dass ein Fehler beim CoAP Server vorliegt und dies die Ursache für die Nicht-Ausführung eines betreffenden Request ist.

In CoAP Messages können verschiedene optionale Angaben, kurz *Options*, übermittelt werden. In Abb. 17.4-6 wurde dies näher zum Ausdruck gebracht. Es sind zwei Gruppen von Options zu unterscheiden: — CoAP Options

- Zu einer Gruppe, so wie in Abb. 17.4-10 dargestellt, gehören die Options mit den Nummern 3, 7, 11 und 15. In ihnen werden einzelne Angaben aus den CoAP Request URIs übermittelt.
- Zu der anderen Gruppe gehören Optionen mit Angaben, die weitgehend verschiedenen Header Lines von Requests und Responses des Webtransferprotokolls HTTP entsprechen (z.B. If-Match, If-Non-Match, Accept).

Die Optionen If-Match und If-Non-Match werden in CoAP Requests übermittelt, mit denen man als Erstes versucht, gewünschte Objektinhalte (Ressourcen) von einem z.B. im HTTP-to-CoAP Proxy implementierten Cache abzurufen (siehe dazu Abb. 17.4-2 und Abb. 17.4-3). Liegen diese im Cache nicht vor bzw. sind dort schon nicht mehr aktuell, so werden sie vom CoAP Origin Server abgerufen. Daher muss man überprüfen können, ob die im Cache aufbewahrten Objektinhalte noch aktuell/gültig sind. Diese Art der Überprüfung der Aktualität/Gültigkeit von Objektinhalten (*Ressourcen*) bezeichnet man als deren Validierung[4]. Zu ihrem Zweck werden Objektinhalte mittels ETag (*Entity Tag*) entsprechend identifiziert.

Code	Option	Bedeutung
1	If-Match	'Falls gleiches ETag' – enthält ein ETag zur Validierung eines Objekts im Cache
3	Uri-Host	Adressspezifische Angabe des CoAP Origin Servers mit dem gewünschten Objekt
4	ETag	Eine Art Identifikation des Objektinhalts zwecks dessen Validierung
5	If-None-Match	'Falls nicht gleiches ETag' – enthält ein ETag zur Validierung eines Objekts im Cache
7	URI-Port	Angabe des Ports des gewünschten Objekts
8	Location-Path	Ist in Response auf POST (2.1 Created) enthalten und gibt die Lokation des neu erzeugten Objekts an
11	URI-Path	Angabe des Pfads zum gewünschten Objekt
12	Content Format	Format von Payload in CoAP Message
14	Max-Age	Wie lange ist ein empfangenes Objekt im Cache aktuell/gültig? Default-Wert 60 Sekunden
15	URI-Query	Name und Format des gewünschten Objekts
17	Accept	Angabe der vom Client akzeptierten Formate
20	Location Query	Enthalten in Response 2.01 Created, Name und und gibt das Format des neu erzeugten Objekts an
35	Proxy-URI	Identifikation eines Proxy mit Cache
39	Proxy-Scheme	Nähere Spezifikation von Proxy-Uri
60	Size1	Angabe maximaler Größe von Payload in CoAP Response 4.13 Payload to Large

Tab. 17.4-2: CoA Optionen, Stand: Mai 2018

Die Nummer jeder Option [Tab. 17.4-2] verweist darauf, ob sie *critical* (kritisch) oder *elective* (elektiv) ist. Optionen mit geraden Nummern sind kritisch und die mit ungeraden Nummern elektiv. Eine elektive Option muss nicht unbedingt ausgeführt werden; sie kann quasi 'stillschweigend' ignoriert werden. Jede kritische Option hingegen muss ausgeführt werden. Wurde eine kritische Option z.B. in einer CoAP Message des Typs CON empfangen und kann nicht ausgeführt werden, muss dies dem Absender von CON mit dem Response 4.02 Bad Option in einer Message ACK angezeigt werden [Abb. 17.4-6].

17.4.7 Mapping zwischen HTTP und CoAP

Mapping zwischen HTTP und CoAP Requests

Wie bereits in den Abb. 17.4-2 und Abb. 17.4-3 gezeigt wurde, müssen in einigen Fällen HTTP-to-CoAP bzw. CoAP-to-HTTP Proxies eingerichtet werden. In diesen Proxies muss eine Abbildung von HTTP auf CoAP bzw. umgekehrt von CoAP auf HTTP – also eine Art Mapping zwischen HTTP und CoAP – realisiert werden. Abb. 17.4-11 zeigt, welche Entsprechungen es zwischen den Angaben in Requests von HTTP und den Angaben in CoAP Messages mit Requests gibt. Diese Entsprechungen könnte

---

[4]Unter der Validierung eines Objektinhalts versteht man die Art und Weise der Überprüfung dessen Aktualität/Gültigkeit. Beim Abruf eines Objektinhalts aus einem Cache, bei CoAP z.B. aus einem Cache in einem HTTP-to-CoAP Proxy, muss der Inhalt validiert – also entsprechend auf seine Aktualität/Gültigkeit überprüft – werden. Dieser Vorgang verläuft bei HTTP und bei CoAP nach ähnlichen Prinzipien

17.4 CoAP – Applikationsprotokoll im IoT

man als Grundlage für das Mapping zwischen HTTP und CoAP bei der Übermittlung von Requests ansehen.

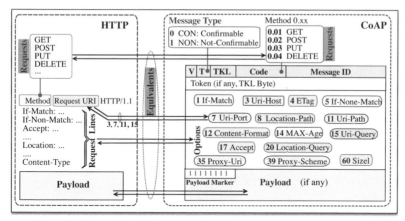

Abb. 17.4-11: Entsprechungen zwischen Angaben in Requests von HTTP und Angaben in CoAP Messages mit Requests
ID: Identification, T: Type, V: Version

Die in Abb. 17.4-11 gezeigten Analogien zwischen CoAP Messages mit Requests und HTTP Requests lassen sich wie folgt zusammenfassen:

- CoAP *Methods* entsprechen den gleichnamigen HTTP Methods, wie z.B. GET bei HTTP und 0.01 GET bei CoAP.
- Die Angaben von *Request URI* bei HTTP werden bei CoAP als URI-spezifische Optionen übermittelt, und zwar in den Optionen: 3 URI-Host, 7 URI-Port, 11 URI-Path und 15 URI-Query.
- Die Angaben in Request Lines des HTTP werden überwiegend auf die ihnen entsprechenden Optionen bei CoAP abgebildet. Dazu sei angemerkt, dass bei CoAP die HTTP Request Lines Content-Type und Content-Encoding zu der Option Content-Format sozusagen zusammengefasst werden.
  Anmerkung: Die Option Content Format bei CoAP spezifiziert den Typ des Payloads und die Art seiner Kodierung, z.B. *text/plain*, *application/exe*.
- Der Inhalt aus dem Body von HTTP Requests, also deren Payload, kann auch in CoAP Messages als Payload 'transportiert' werden.

Bei der Realisierung von Mapping zwischen HTTP und CoAP müssen die HTTP Responses auch auf CoAP Responses und umgekehrt CoAP Responses auch auf HTTP Responses abgebildet werden. Abb.17.4-12 illustriert die Analogien zwischen den Angaben in Responses von HTTP und denen in CoAP Messages mit CoAP-spezifischen Responses. *Interoperabilität zwischen HTTP und CoAP*

Die Analogien zwischen HTTP Responses und CoAP Responses innerhalb einzelner Response-Klassen können kurz wie folgt charakterisiert werden:

- *Success*: In dieser Response-Klasse werden weitgehend CoAP-spezifische Responses definiert. Diese entsprechen einigen HTTP Responses. Beispielsweise würde

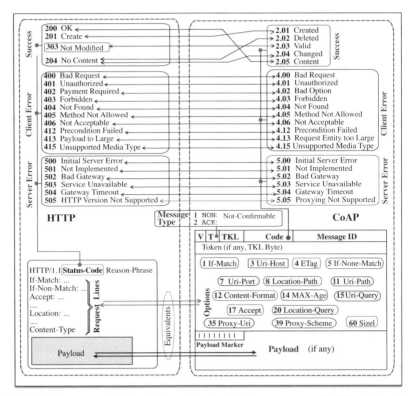

Abb. 17.4-12: Interoperabilität zwischen Angaben in Responses von HTTP und Angaben in CoAP Messages mit Responses
Die Abkürzungen wie in Abb. 17.4-11

der HTTP Response 200 OK weitgehend dem CoAP Response 2.05 Content entsprechen. Den CoAP Response 2.02 Delete könnte man auf den HTTP Response 204 No Content abbilden.

- *Client Error*: Alle CoAP Responses dieser Klasse entsprechen den gleichnamigen HTTP Responses.
- *Server Error*: Auch alle CoAP Responses dieser Klasse entsprechen den gleichnamigen HTTP Responses.

Die in Abb. 17.4-12 dargestellte Interoperabilität zwischen CoAP und HTTP wird in RFC 8075 spezifiziert und sie bildet die Grundlage zur Realisierung von Proxying HTTP-to-CoAP und CoAP-to-HTTP.

17.5 Schlussbemerkungen

Das Spektrum diverser technischer Probleme, die mit dem IoT verbunden sind, ist sehr breit, und es konnte im Rahmen dieses Kapitels nicht auf alle IoT-relevanten Aspekte

17.5 Schlussbemerkungen

eingegangen werden. Insbesondere im Hinblick auf die hier präsentierten Themen 6LoWPAN, RPL und CoAP sei abschließend Folgendes hervorgehoben:

- 6LoWPAN ist nur eine Art der Adaptation von IPv6 für den Einsatz im IoT – und zwar nur die Adaptation an die LR-WPANs nach dem IEEE-Standard 802.15.4. Als weitere Beispiele für den 'IPv6-Einsatz über X' können angeführt werden:

  Adaptation von IPv6 für den Einsatz im IoT

  ▷ 6T(i)SCH: IPv6 over Time Synchronous & Channel Hopping (TSCH) Mode of IEEE 802.15.4e Low-R: siehe hierfür z.B. RFC 7554.

  IPv6 over X for use in IoT

  ▷ IPv6 over G.9959 (IPv6 over ITU-T G.9959 Networks): G.9959 beschreibt den PHY- und MAC-Layer in Z-Wave^{TM}; siehe z.B. RFC 7428.

  ▷ IPv6 for WAVE Networking: IPv6 for WAVE (Wireless Access in Vehicular Environments) Networking; siehe hierfür beispielsweise den Standard IEEE 802.11p: Wireless Access in Vehicular Environments.

- Die hier präsentierte, in RFC 4944 spezifizierte Komprimierung der Header IPv6 und UDP kann als 'Stateless Compression' angesehen werden. Die in RFC 4944 erläuterten Konzepte wurden inzwischen ausgebaut. In diesem Zusammenhang sei vor allem auf die RFCs 6282, 6775, 8025 und 8066 verwiesen.

  Stateless Compression bei 6LoWPAN

- RTP ist ein sehr komplexes Protokoll und wird intensiv weiterentwickelt. Insbesondere im Hinblick auf diverse Ziele, die den Aufbau des DODAG betreffen, wurden bereits weitere *Objective Functions* zusammen mit ihnen entsprechend angepassten Metriken untersucht und zum Einsatz beim RPL vorgeschlagen. Für zentrale RPL-relevanten Probleme sei verwiesen auf:

  RPL-relevante Probleme

  ▷ Part 0: The Introduction
  ▷ Part 1: RPL Framework
  ▷ Part 2: RPL Extensions
  ▷ Part 3: Analysis and Evaluation
  ▷ Part 4: Applications – Concepts, Analysis and Evaluation
  ▷ Part 5: Applications – Implementations-Analysis and Evaluation

  'A Literature Collection on Routing in the Internet of Things (IoT) with RPL'

- Das Spektrum diverser Funktionen, die mithilfe des Protokolls CoAP erbracht werden müssen, ist sehr breit. Unter anderem aus diesem Grund wird dieses Protokoll intensiv weiterentwickelt. Wichtige Schwerpunkte seiner Weiterentwicklung sind u.a.:

  CoAP-Entwicklung

  ▷ General CoAP Extensions: Hier ist das Konzept für 'Block-Wise Transfers in the CoAP' hervorzuheben [RFC 7959].
  ▷ CoAP Security: Dieses Thema wird u.a. in RFC 7925 vertieft.
  ▷ Message Payload Formats: Es wird angestrebt, als Payload von CoAP Messages die Beschreibung von Objekten in verschiedenen Formaten transportieren zu können; dazu gehören insbesondere die Formate JSON (*JavaScript Object Notation*) und CBOR (*Concise Binary Object Representation*).

- Das IoT hat eine enorme Bedeutung für die Industrie. Aus diesem Grund werden industrielle Sensor-Aktor-Netzwerke, welche u.a. verschiedene Vernetzungen diverser industrieller Automaten und Roboter darstellen, auf eine spezielle Art und Weise in das Internet integriert. Sie bilden einen wichtigen und be-

  Industrial IoT

sonderen Teil des IoT, der als Industrial IoT bezeichnet wird. Zum Industrial IoT gehörende industrielle Netzwerke, die insbesondere zur Unterstützung der Machine-to-Machine-Kommunikation (M2M) eingesetzt werden, müssen besonders hohe QoS-Anforderungen erfüllen. Das mit *Time-Slotted Channel Hopping* (TSCH) [https://www.researchgate.net/publication/322725602_TSCH_-_Time-Slotted_Channel_Hopping] bezeichnete Verfahren wurde konzipiert, um Netzwerke mit diesen QoS-relevanten Eigenschaften aufbauen zu können. Es stellt eine spezielle, zeitsynchrone Realisierung des MAC-Protokolls zum Aufbau drahtloser, industrieller Netzwerke dar. Die auf TSCH basierenden Netzwerke werden TSCH-Netzwerke genannt. Um die vor allem Übermittlungskapazität und qualität betreffenden Eigenschaften drahtloser Data Links zwischen jeweils zwei benachbarten, als Knoten fungierenden Devices an geltende funktionelle und QoS-relevante Anforderungen anzupassen, ist in TSCH-Netzwerken ein spezielles Protokoll erforderlich. Hierfür wurde das *6top Protocol*, kurz 6P, entwickelt [https://www.researchgate.net/publication/326816550_6P_-_6top_Protocol].

17.6 Verständnisfragen

1. Wie könnte man sich das IoT aus der funktionellen Sicht vorstellen?
2. Worin besteht das allgemeine technische IoT-Konzept?
3. Welche Struktur hat die funktionale Architektur von IoT?
4. Welche Funktionen/Services realisieren Cloud Computing und Fog Computing?
5. Welche Bedeutung im IoT hat das Konzept von SDN?
6. Wie sieht die Protokollarchitektur von Devices im IoT aus?
7. Welche Funktionen werden von IoT Access Gateways erbracht?
8. Welche Struktur und Inhalte haben MAC-Frames in LP-WPANs?
9. Wie werden die funktionalen Instanzen in 6LoWPAN Devices adressiert?
10. Wie werden die IPv6- und UDP-Header bei 6LoWPAN komprimiert?
11. Welche Bedeutung hat Dispatch Header bei 6LoWPAN?
12. Nach welchem Prinzip verläuft die Multi-hop Communication in WPANs und welche Bedeutung hat dabei der Mesh Header?
13. Wie können lange IPv6-Pakete in WPANs fragmentiert werden?
14. Worin besteht die Hauptaufgabe von RPL?
15. Welche RPL-Besonderheiten sind aus dem funktionalen RPL-Modell ersichtlich?
16. Welche Bedeutung haben die RPL-Begriffe: Objective Function, Metric und Rank?
17. Wie erfolgt die Selektion der Route nach der Objective Function MRHOF und bei der Nutzung der Link-Metric ETX?
18. Welche Arten von RPL-Nachrichten gibt es und wie werden sie strukturiert?
19. Welche Bedeutung besitzen Virtual Root Nodes beim RPL?
20. Welche Funktionen/Services erbringt das Protokoll CoAP im IoT?

18 Networking-Trends

Die wichtigsten Meilensteine der Internet-Entwicklung bis Ende 2014, d.h. bis zum Zeitpunkt der Erstellung der 3. Auflage dieses Buches, präsentiert der damals verfasste Abschnitt 1.1.4. In darauffolgenden vier Jahren haben sich bedeutende Entwicklungstrends auf dem Gebiet Networking, auf dem das Protokoll IP in beiden Versionen 4 und 6 eine fundamentale Rolle spielt, herauskristallisiert. Das Ziel dieses Abschnittes ist es, die aktuellen, in Abb. 18.0-1 dargestellten 'Top 10 Networking Trends' näher zu erläutern.

Networking Trends 2019 im Überblick

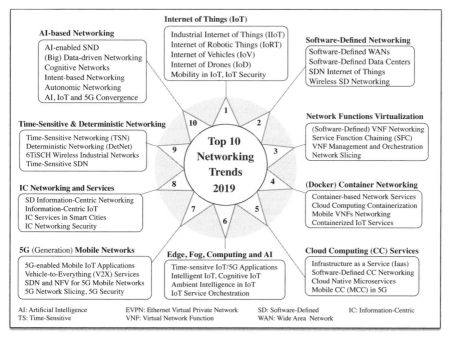

Abb. 18.0-1: Internet, Internet of Things und andere IP-Netze; Top 10 Networking Trends

Die aktuellen 'Top 10 Networking Trends' wollen wir nun abschließend kurz beleuchten. Da diese **Entwicklungen** derzeit in Fluss sind, können die Resultate daher nicht in der notwendigen fachlichen Durchdringung dargestellt werden. Allerdings kann sich jeder Leser mittels der angegebenen Quellen ein Bild des aktuellen Standes bilden, wobei natürlich auch dann im Verborgenen bleibt, welche der aufgezeigten Tendenzen tatsächlich eingesetzt werden.

18.1 Internet of Things (IoT)

IoT-betreffende Networking Trends

Die Integration verschiedener allgegenwärtiger, zu unserem Alltag gehörender Dinge (*Things*) in das Internet führt zur Entstehung einer besonderen Internet-Erweiterung. Diese wird als *Internet of Things* (IoT) bzw. als *Internet der Dinge* bezeichnet. Das Konzept von IoT und seine Protokolle präsentiert das Kapitel 17. An dieser Stelle sei aber darauf hingewiesen und dies geht aus Abb. 1.1-6 hervor, dass diverse Networking Trends auf eine Art mit dem IoT zusammenhängen und folglich auch seine weiteren Entwicklungen im gewissen Grade beeinflussen. Die folgenden Trends in der Weiterentwicklung von IoT sind hervorzuheben: *Industrial IoT* (IIoT), *Internet of Robotic Things* (IoRT), *Internet of Vehicles* (IoV), *Internet of Drones* (IoD), *Mobility in IoT* und *IoT Security*. Für Näheres darüber siehe:

1.a i-SCOOP: The Internet of Things (IoT) – essential IoT business guide
1.b i-SCOOP: Blockchain and the Internet of Things: the IoT blockchain opportunity and challenge
1.c Jorge Granjal, Edmundo Monteiro, Jorge Sá Silva: Security for the Internet of Things: A Survey of Existing Protocols and Open Research Issues; IEEE Communications Surveys & Tutorials, Vol. 17(3), Jul 2015; DOI: 10.1109/COMST.2015.2388550
1.c Misty Blowers, Jose Iribarne, Edward Colbert, Alexander Kott: The Future Internet of Things and Security of its Control Systems; arXiv:1610.01953v1; Oct 2016
1.d P.P. Ray: A survey on Internet of Things architectures; Journal of King Saud University - Computer and Information Sciences; Vol. 30 (3), Jul 2018, DOI: 10.1016/j.jksuci.2016.10.003
1.e Onoriode Uviase, Gerald Kotonya: IoT Architectural Framework: Connection and Integration Framework for IoT Systems; arXiv:1803.04780v1, 2018, DOI: 10.4204/EPTCS.264.1
1.f Alem Čolaković, Mesud Hadžialić: Internet of Things (IoT): A Review of Enabling Technologies, Challenges, and Open Research Issues; Computer Networks, Vol. 144, Oct 2018; DOI: 10.1016/j.comnet.2018.07.017

18.1.1 Industrial Internet of Things (IIoT)

Das IoT hat eine enorme Bedeutung für die Industrie, denn Dank ihm – insbesondere der Nutzung von Sensordaten und der M2M-Kommunikation (M2M: *Machine to Machine*) kann die Effizienz von Maschinen und Automaten verbessert werden. Die M2M-Kommunikation stellt hohe QoS-Anforderungen (QoS: *Quality of Service*) an die industriellen Netzwerke und folglich an das IoT. Zu ihrer Erfüllung ist eine besondere Realisierung des IoT erforderlich. Diese an die industriellen Anforderungen angepasste Art von IoT wird als IIoT (*Industrial IoT*) bezeichnet. Für Näheres über IIoT siehe: [1.1.a], [1.1.c] und [1.1.h].

18.1 Internet of Things (IoT)

Um hohe QoS-Anforderungen erfüllen zu können, müssen für das IIoT spezielle Netzwerke eingerichtet werden. Zu deren Aufbau wurde das Verfahren TSCH (*Time-Slotted Channel Hopping*) konzipiert. Es stellt eine spezielle zeitsynchrone Realisierung des MAC-Protokolls (*Media Access Control*) zum Aufbau drahtloser industrieller Netzwerke dar. Bei TSCH handelt sich um eine Kombination des Frequenzmultiplexes und des synchronen Zeitmultiplexes, also um eine Variante des Frequenz- und Zeitmultiplexverfahrens FTDM (*Frequency-Time Division Multiplexing*). Die auf TSCH basierenden Netzwerke ermöglichen es im industriellen Bereich, das sog. *Deterministic Networking* zu realisieren. Für weitere Informationen über IIoT und TSCH sei verwiesen auf:

IIoT und TSCH

1.1.a i-SCOOP: The Industrial Internet of Things (IIoT): the business guide to Industrial IoT

1.1.b i-SCOOP: IT and OT convergence – two worlds converging in Industrial IoT

1.1.c Li Da Xu, Wu He, Shancang Li: Internet of Things in Industries: A Survey; IEEE Transactions on Industrial Informatics", Vol. 10(4) , Nov 2014; DOI: 10.1109/TII.2014.2300753

1.1.c Martin Wollschlaeger, Thilo Sauter, Jürgen Jasperneite: The Future of Industrial Communication: Automation Networks in the Era of the Internet of Things and Industry 4.0; IEEE Electronics Magazine, Mar 2017

1.1.d Anatol Badach: TSCH – Time-Slotted Channel Hopping; In book: Protokolle und Dienste der Informationstechnologie; WEKA, Ed.: Heinz Schulte; Jan 2018

1.1.f Jiangfeng Cheng, Weihai Chen, Fei Tao, Chun-Liang Lin: Industrial IoT in 5G environment towards smart manufacturing; Journal of Industrial Information Integration, Vol. 10, Jun 2018, DOI: 10.1016/j.jii.2018.04.001

1.1.g Emiliano Sisinni, Abusayeed Saifullah, Song Han, Ulf Jennehag, Mikael Gidlund: Industrial Internet of Things: Challenges, Opportunities, and Directions; IEEE Transactions on Industrial Informatics (Early Access), Jul 2018; DOI: 10.1109/TII.2018.2852491

1.1.h Hugh Boyes, Bil Hallaq, Joe Cunningham, Tim Watson: The industrial internet of things (IIoT): An analysis framework; Computers in Industry, Vol. 101, Oct 2018; DOI: 10.1016/j.compind.2018.04.015

18.1.2 Internet of Robotic Things

Dank der modernsten Technologien werden mehr und mehr Roboter überall, vor allem in der Industrie, eingesetzt. Sie werden auch auf eine spezielle Art und Weise in das IoT integriert, und dies führt zur Entstehung einer besonderen IoT-Art, die als *Internet of Robotic Things* (IoRT) bezeichnet wird. Mit dem IoRT wird das Ziel verfolgt, sowohl diverse Roboter untereinander als auch weit im IoT verbreitete Sensoren und als Aktuatoren bezeichnete intelligente Antriebselemente mit autonomen Robotern zu vernetzen. Diese Vernetzung bedeutet eine Verschmelzung von Robotik- und IoT-Technologien und ermöglicht, die IoT-Services um die Fähigkeiten intelligenter Robotersysteme zu erweitern. Dadurch kann ein neues breites Spektrum von IoRT-basierten Services angeboten werden. Für Näheres über IoRT siehe:

1.2.a Partha Pratim Ray: Internet of Robotic Things: Concept, Technologies, and Challenges; IEEE Access, Vol. 4, 2016; DOI: 10.1109/ACCESS.2017.2647747

1.2.c Cristanel Razafimandimby, Valeria Loscri, Anna Maria Vegni: A neural network and IoT based scheme for performance assessment in Internet of Robotic Things; 2016 IEEE First International Conference on Internet-of-Things Design and Implementation (IoTDI), Apr 2016; DOI: 10.1109/IoTDI.2015.10

1.2.d Cristanel Razafimandimby, Valeria Loscri, Anna Maria Veg: Towards Efficient Deployment in Internet of Robotic Things; In book: Gravina R., et al. (Eds) 'Integration, Interconnection, and Interoperability of IoT Systems. Internet of Things (Technology, Communications and Computing)'. Springer, Jul 2017; DOI: 10.1007/978-3-319-61300-0_2

1.2.e Pieter Simoens, Mauro Dragone, Alessandro Saffiotti: The Internet of Robotic Things: A review of concept, added value and applications; International Journal of Advanced Robotic Systems, Vol. 15(1), Jan - Feb 2018; DOI: 10.1177/1729881418759424

18.1.3 Internet of Vehicles

Zur Unterstützung autonom fahrender Fahrzeuge mithilfe von IoT müssen im IoT verschiedene zeitkritische Services realisiert werden. Die Unterstützung des autonomen Fahrens führt daher zur Entstehung einer besonderen, als *Internet of Vehicles* (IoV) bezeichneten Variante von IoT. Dabei kann Fog Computing [Abschnitt 17.1] als Basis für das IoV angesehen werden. Im IoV sollen verschiedene Arten der drahtlosen Vernetzung von autonom fahrenden Fahrzeugen realisiert werden, insbesondere:

V2V
- *Vehicle-to-Vehicle*: Fahrzeug-zu-Fahrzeug-Kommunikation ermöglicht, dass autonom fahrende, benachbarte Fahrzeuge untereinander kommunizieren und sich damit z.B. über den Straßenzustand informieren können.

V2I
- *Vehicle-to-Infrastructure*: Mittels Fahrzeug-zu-Infrastruktur-Kommunikation können autonom fahrende Fahrzeuge auf straßenseitige Infrastrukturelemente (z.B. entlang von Straßen installierte Verkehrsleitsysteme) wie z.B. Ampeln und andere Verkehrszeichen aufmerksam gemacht werden. Hiermit kann die Verkehrssicherheit verbessert werden.

V2P
- *Vehicle-to-Pedestrian*: Fahrzeug-zu-Fußgänger-Kommunikation kann als präventive Maßnahme betrachtet werden, bei dem ein autonom fahrendes Fahrzeuge Fußgänger und Radfahrer erkennen kann, um folglich eine potenzielle Kollision zu verhindern und Schaden von den Verkehrsteilnehmern abzuwenden.

V2N
- *Vehicle-to-Network*: Fahrzeug-zu-Netzwerk-Kommunikation erlaubt z.B. über Mobilfunk Verbindungen mit großer Reichweite zwischen Fahrzeug und Netzwerk, um z.B. einen Cloud-Zugang aufbauen zu können.

Für weitere Informationen über IoV siehe:

1.3.a Yang Fangchun, Wang Shangguang, Li Jinglin, Liu Zhihan, Sun Qibo: An Overview of Internet of Vehicles; China Communications, Oct 2014

1.3.b Kang Kai, Wang Cong and Luo Tao: Fog Computing for Vehicular Ad Hoc Networks: Paradigms, Scenarios, and Issues; The Journal of China Universities of Posts and Telecommunications,Vol. 23(2), Apr 2016; DOI 10.1016/S1005-8885(16)60021-3

1.3.c Omprakash Kaiwartya, et al.: Internet of Vehicles: Motivation, Layered Architecture, Network Model, Challenges, and Future Aspects; IEEE Access, Vol. 4, Sep 2016; DOI: 10.1109/ACCESS.2016.2603219

1.3.f Juan Contreras, Sherali Zeadally, Juan Antonio Guerrero-Ibanez: Internet of Vehicles: Architecture, Protocols and Security; IEEE Internet of Things Journal (Early Access), Apr 2017; DOI: 10.1109/JIOT.2017.2690902

1.3.g Fangchun Yang, Jinglin Li, Tao Lei, Shangguang Wang: Architecture and key technologies for Internet of Vehicles: a survey; Networks, Vol. 2(2), Jun 2017; DOI: 10.1007/s41650-017-0018-6

1.3.h Eugen Borcoci, Serban Obreja, Marius Vochin: Internet of Vehicles Functional Architectures-Comparative Critical Study, The Ninth International Conference on Advances in Future Internet AFIN, Sep 2017

1.3.i Min Chen, Yuanwen Tian, Giancarlo Fortino, Jing Zhang, Iztok Humar: Cognitive Internet of Vehicles, Computer Communications; Vol. 120, May 2018; DOI: 10.1016/j.comcom.2018.02.006

18.1.4 Internet of Drones

Die Drohnen, unbemannte und kurz als UAVs (*Unmanned Aerial Vehicle*) bezeichnete Luftfahrzeuge, gewinnen immer mehr an Bedeutung. Sie können ohne eine an Bord befindliche menschliche Besatzung selbständig durch einen Computer oder vom Boden über eine Fernsteuerung navigiert und für verschiedene Zwecke eingesetzt werden. Aus diesem Grund werden Drohnen als mobile Objekte in das Internet, insbesondere in das IoT, integriert. Dadurch entsteht eine besondere Art von IoT, und man nennt diese *Internet of Drones* (IoD). Als Literatur über IoD siehe:

1.4.a Ilker Bekmezci, Ozgur Koray Sahingoz, Samil Temel: Flying Ad-Hoc Networks (FANETs): A Survey; Vol. 11(3), May 2013; DOI: 10.1016/j.adhoc.2012.12.004

1.4.b Ozgur Koray Sahingoz: Networking Models in Flying Ad-Hoc Networks (FANETs): Concepts and Challenges; J. Intelligent & Robotic Systems, Vol. 74 (1), Apr 2014; DOI 10.1007/s10846-013-9959-7

1.4.c Naser Hossein Motlagh, Tarik Taleb, Osama Arouk: Low-Altitude Un-manned Aerial Vehicles-Based Internet of Things Services: Comprehensive Survey and Future Perspectives; IEEE Internet of Things Journal, Vol. 3(6), Dec 2016; DOI: 10.1109/JIOT.2016.2612119

1.4.d Armir Bujari, et al.: Flying ad-hoc network application scenarios and mobility models; International Journal of Distributed Sensor Networks; Vol. 13(10), 2017; DOI: 10.1177/1550147717738192

1.4.e Mariana Rodrigues, et al.: UAV Integration Into IoIT: Opportunities and Challenges; ICAS 2017: The Thirteenth International Conference on Autonomic and Autonomous Systems, May 2017

1.4.f Muhammad Asghar Khan, Ijaz Mansoor Qureshi, Engr Alamgir Safi, Inam Ullah Khan: Flying Ad-Hoc Networks (FANETs): A Review of Communication architectures, and Routing protocols; First International Conference on Latest trends in Electrical Engineering and Computing Technologies (Intellect 2017); Nov 2017; DOI: 10.1109/INTELLECT.2017.8277614

1.4.g Weisen Shi, et al.: Drone Assisted Vehicular Networks: Architecture, Challenges and Opportunities; IEEE Network, Vol.32(3), May/Jun 2018; DOI: 10.1109/MNET.2017.1700206

1.4.h Gaurav Choudhary, Vishal Sharma, Takshi Gupta, Jiyoon Kim, Ilsun You: Internet of Drones (IoD): Threats, Vulnerability, and Security Perspectives; arXiv:1808.00203v2, Aug 2018

1.4.i Mohammad Wazid, Ashok Kumar Das, Jong Hyouk Lee: Authentication protocols for the internet of drones: taxonomy, analysis and future directions; Journal of Ambient Intelligence and Humanized Computing; Aug 2018; DOI: 10.1007/s12652-018-1006-x

18.1.5 Mobility in IoT

An das IoT wird u.a. eine breite Palette von mobilen *Sensoren*, *Aktuatoren* und mobile virtualisierte Rechner in Form von VMs (*Virtual Machines*) angebunden. Diese können z.B. in selbstfahrenden Autos, in Drohnen bzw. in anderen UAVs installiert sein. Mit mobilen VMs am IoT-Rande (IoT Edge) werden verschiedene mobile Services erbracht, sodass man von *Mobile Edge Computing* (MEC) spricht. Mobile VMs können aber auch als mobile Fog Nodes fungieren [Abschnitt 17.1]. Dies deutet darauf hin, dass die Unterstützung der Mobilität im IoT (Mobility in IoT) von enorm großer Bedeutung ist. Für Näheres über Mobilität im IoT sei verwiesen auf:

1.5.a Rodrigo Roman, Javier Lopez, Masahiro Mambo: Mobile edge computing, Fog et al.: A survey and analysis of security threats and challenges; arXiv:1602.00484v2, Nov 2016; DOI: 10.1016/j.future.2016.11.009

1.5.b Safwan M. Ghaleb, et al.: Mobility management for IoT: a survey; EURASIP Journal on Wireless Communications and Networking, Dec 2016; DOI 10.1186/s13638-016-0659-4

1.5.c Jabiry M. Mohammed, Bi-Lynn Ong, R. Badlishan Ahmad, Mohammed Hakawati: Internet of Things (IoT) Mobility Support based on distributed Sensor Proxy MIPv6; Journal of Theoretical and Applied Information Technology, Vol. 95(17), Sept. 2017

1.5.d Tuan Nguyen gia, et al.: Fog Computing Approach for Mobility Support in Internet-of-Things Systems; IEEE Access PP(99):1-1; Jun 2018, DOI:10.1109/ACCESS.2018.2848119

18.1.6 IoT Security

Mit IoT soll die Vision verwirklicht werden, unsere Alltagseinrichtungen unterschiedlicher Art und mit unterschiedlichen Fähigkeiten sowohl untereinander als auch mit Rechnern am Internet so zu vernetzen, dass sie alle Internet-Services nutzen können. Mit der Verwirklichung dieser Vision entstehen aber verschiedene potenzielle Sicherheitsbedrohungen, dabei aber auch solche, die wir heute noch nicht kennen. Somit ist die IoT-Sicherheit (IoT Security) von enorm großer Bedeutung. Um die IoT-Sicherheit möglichst auf einem hohen Niveau zu gewährleisten, sind klassische Ansätze nicht mehr ausreichend. Hierfür ist zurzeit noch ein breites Spektrum von Forschungs- und Entwicklungsaktivitäten erforderlich. Vor allem müssen unsere Alltagseinrichtungen am IoT eine besondere sicherheitsrelevante Intelligenz besitzen, also sicherheitsbewusst (*security aware*) sein. Für Näheres über IoT-Sicherheit siehe:

1.6.a T. Heer, et al.: Security Challenges in the IP-based Internet of Things, Wireless Personal Communications; Vol. 61(3), Dec 2011; DOI: 10.1007/s11277-011-0385-5

1.6.b Sabrina Sicari, et al.: Security, Privacy & Trust in Internet of Things: The road ahead; Computer Networks Vol. 76, Jan 2015; DOI: 10.1016/j.comnet.2014.11.008

1.6.c Jorge Granjal, Edmundo Monteiro, Jorge Sá Silva: Security for the Internet of Things: A Survey of Existing Protocols and Open Research Issues; IEEE Communications Surveys & Tutorials, Vol. 17(3), Jul 2015; DOI: 10.1109/COMST.2015.2388550

1.6.e M. A. Ferrag, L. A. Maglaras, H. Janicke, J. Jiang: Authentication Protocols for Internet of Things: A Comprehensive Survey, arXiv, Dec 2016

1.6.e Rodrigo Roman, Javier Lopez, Masahiro Mambo: Mobile edge computing, Fog et al.: A survey and analysis of security threats and challenges; arXiv:1602.00484v2, Nov 2016; DOI: 10.1016/j.future.2016.11.009

1.6.e Shancang Li, Li Da Xu, Imed Romdhani (Contributor): Securing the Internet of Things: 2017 Elsevier Inc.; ISBN: 978-0-12-804458-2

1.6.f Xiruo Liu, Meiyuan Zhao, Sugang Li, Feixiong Zhang, Wade Trappe: A Security Framework for the Internet of Things in the Future Internet Architecture; Future Internet, Vol. 9(3), 2017; DOI: 10.3390/fi9030027

1.6.g B. B. Zarpelão, R. S. Miani, C. T. Kawakani and S. C. de Alvarenga: A Survey of Intrusion Detection in Internet of Things, Journal of Network and Computer Applications; Vol. 84, Apr 2017; DOI: 10.1016/j.jnca.2017.02.009

1.6.h Pooja, Dr. R. K. Chauhan: Review on Security Attacks and Countermeasures in Wireless Sensor Networks; International Journal of Advanced Research in Computer Science, Vol. 8(5), May-Jun 2017

1.6.i Chao Lin, et al.: Security and Privacy for the Internet of Drones: Challenges and Solutions; IEEE Communications Magazine, Vol. 56(1), Jan 2018; DOI: 10.1109/MCOM.2017.1700390

1.6.j Djedjig Nabil, D. Tandjaoui, Imed Romdhani, Faiza Medjek: Trust Management in Internet of Things; In book: Security and Privacy in Smart Sensor Networks; May 2018; DOI: 10.4018/978-1-5225-5736-4.ch007

1.6.k Francesco Restuccia, Salvatore D'Oro, Tommaso Melodia: Securing the Internet of Things in the Age of Machine Learning and Software-defined Networking; IEEE Internet of Things Journal (Early Access), Jun 2018; DOI: 10.1109/JIOT.2018.2846040

1.6.l Djamel Eddine Kouicem, Abdelmadjid Bouabdallah, Hicham Lakhlef: Internet of things security: A top-down survey; Computer Networks, Vol. 141, Aug 2018; DOI: 10.1016/j.comnet.2018.03.012

1.6.m Shui Yu, Guojun Wang, Xiting Liu, Jianwei Niu: Security and Privacy in the Age of the Smart Internet of Things: An Overview from a Networking Perspective; IEEE Communications Magazine, Vol. 56(9), Sep 2018; DOI: 10.1109/MCOM.2018.1701204

18.2 Software-Defined Networking (SDN)

Programmable Network Services

Die grundlegende Idee von SDN besteht darin [Abschnitt 17.1.7], die Software in zur Übermittlung von Daten bestimmten Netzwerkkomponenten möglichst von ihrer Hardware zu trennen und diese dann auf eine bzw. mehrere zentrale, als Controller bezeichnete Steuerungskomponente/n auszulagern. Dies führt zu neuen Möglichkeiten der Entwicklung, de facto Programmierung, diverser Network Services. SDN ermöglicht auf diese Weise eine dem Bedarf entsprechende, schnelle Einrichtung verschiedener SD Networks und SD Network Services. Folglich kann sogar von *Programmable Network Services* bzw. von *Network Programmability* gesprochen werden. SDN liegt insbesondere den Networking Trends *SD WANs*, *SD Data Centers*, *SD IoT*, *SD Mobile Networking* und *Wireless SD Networking* zugrunde. Für Näheres über SDN siehe:

2.a Anatol Badach: SDN – Software Defined Networking; In book: Protokolle und Dienste der Informationstechnologie; WEKA, Ed.: Heinz Schulte; Dec 2012, DOI 10.13140/RG.2.1.4963.4001

2.b Sandra Scott-Hayward, Gemma O'Callaghan, Sakir Sezer: SDN Security: A Survey; IEEE SDN for Future Networks and Services (SDN4FNS), Nov 2013; DOI: 10.1109/SDN4FNS.2013.6702553

2.c Yosr Jarraya, Taous Madi, Mourad Debbabi: A Survey and a Layered Taxonomy of Software-Defined Networking; IEEE Communications Surveys & Tutorials, Vol. 16(4), 2014; DOI: 10.1109/COMST.2014.2320094

2.d RFC 7426: Software-Defined Networking (SDN): Layers and Architecture Terminology; Jan 2015

2.e Hamid Farhady, HyunYong Lee, Akihiro Nakao: Software-Defined Networking: A survey; Computer Networks, Vol. 81, Apr 2015; DOI: 10.1016/j.comnet.2015.02.014

2.f Akram Hakiri, et al.: Software-Defined Networking: Challenges and research opportunities for Future Internet; Computer Networks, Vol. 75, Part A, Dec 2014; DOI: 10.1016/j.comnet.2014.10.015

2.g Bruno Astuto A. Nunes, et al.: A Survey of Software-Defined Networking: Past, Present, and Future of Programmable Networks; IEEE Communications Surveys & Tutorials, Vol. 16(3), 2014; DOI: 10.1109/SURV.2014.012214.00180

2.h Diego Kreutz, et al.: Software-Defined Networking: A Comprehensive Survey; Proceedings of the IEEE, Vol. 103(1), Jan 2015; DOI: 10.1109/JPROC.2014.2371999

2.i Junjie Xie, Deke Guo, Zhiyao Hu, Ting Qu, Pin Lv: Control plane of software defined networks: A survey; Computer Communications, Vol. 67, Aug 2015, DOI: 10.1016/j.comcom.2015.06.004

2.j Izzat Alsmadi, Dianxiang Xu: Security of Software Defined Networks: A survey; Computers & Security, Vol. 53, Sep 2015; DOI: 10.1016/j.cose.2015.05.006

2.k ONF TR-521: SDN Architecture; Issue 1.1; 2016

2.l Rahim Masoudi, AliGhaffari: Software defined networks: A survey; Journal of Network and Computer Applications, Vol. 67, May 2016; DOI: 10.1016/j.jnca.2016.03.016

2.m Taimur Bakhshi: State of the Art and Recent Research Advances in Software Defined Networking; Wireless Communications and Mobile Computing, Vol. 2017, Article ID 7191647; Jan 2017; DOI: 10.1155/2017/7191647

2.n Murat Karakus, Arjan Durresi: Quality of Service (QoS) in Software Defined Networking (SDN): A survey; Journal of Network and Computer Applications, Vol. 80, Feb 2017; DOI: 10.1016/j.jnca.2016.12.019

2.o Mehmet Fatih Tuysuz, Zekiye Kubra Ankarali, Didem Gözüpek: A survey on energy efficiency in software defined networks; Computer Networks, Vol. 113, Feb 2017; DOI: 10.1016/j.comnet.2016.12.012

2.p Sanjev Singh, Rakesh Kumar Jha: A Survey on Software Defined Networking: Architecture for Next Generation Network, Journal of Network and Systems Management, 2017, Vol. 25, DOI 10.1007/s10922-016-9393-9

2.q Fetia Bannour, Sami Souihi, Abdelhamid Mellouk: Distributed SDN Control: Survey, Taxonomy and Challenges; IEEE Communications Surveys and Tutorials, 2017, DOI 10.1109/COMST.2017.2782482

2.r Yustus Eko Oktian, SangGon Lee, HoonJae Lee, JunHuy Lam: Distributed SDN controller system: A survey on design choice; Computer Networks, Vol. 121, Jul 2017; DOI: 10.1016/j.comnet.2017.04.038

2.s Sibylle Schallera, Dave Hoodb: Software defined networking architecture standardization; Computer Standards & Interfaces, Vol. 54, 2017; DOI: 10.1016/j.csi.2017.01.005

2.t Michel S. Bonfim, Kelvin L. Dias, Stenio F. L. Fernandes: Integrated NFV/SDN Architectures: A Systematic Literature Review; Jan 2018; arXiv:1801.01516v1

2.u Rashid Amin, Martin Reisslein, Nadir Shah: Hybrid SDN Networks: A Survey of Existing Approaches; IEEE Communications Surveys & Tutorials, Vol. 20(4), May 2108; DOI: 10.1109/COMST.2018.2837161

18.2.1 SD WANs

Das Konzept von SDN kann zur flexiblen Gestaltung und zum Management privater WANs eingesetzt werden, um diese schnell an aktuelle Anforderungen, z.B. im Hinblick auf die Erfüllung von QoS (*Quality of Service*) und Garantie der Sicherheit, anpassen zu können. In diesem Zusammenhang spricht man von *Software-Defined WANs* (SD-WANs). Ein SD-WAN kann vereinfacht als Software-basierte Lösung für WANs angesehen werden. Zum Einrichten eines SD-WAN für den Transport von IP-Datenpaketen können unterschiedliche Netzwerktechnologien eingesetzt werden. Dabei erfolgt die Konfiguration und Steuerung der Funktionen und Leistungsmerkmale über eine oder mehrere Software-Instanzen innerhalb einer speziellen, den Hardware-Komponenten übergeordneten SD-WAN Control Plane. Für weitere Information über SD WANs siehe:

2.1.a Happiest Minds Technologies Pvt. Ltd.; Author: Purnendu: SDWAN: Re-architecting WAN with Software Defined Networking

2.1.b CATO-Networks: MPLS, SD-WAN, Internet, and Cloud Network; Understanding the Trade-offs for Your Next Generation WAN

2.1.c pwc: SD-WAN for service providers; Threat or opportunity?

2.1.d ONUG-SD-WAN-WG-Whitepaper: Software-Defined WAN Use Case; Oct 2014

2.1.d Sanjay Uppal, Steve Woo, Dan Pitt, Lee Doyle (Special Foreword): Software Defined WAN For Dummies; John Wiley & Sons, 2015, ISBN: 978-1-119-101482

2.1.e MEF Forum: Understanding SD-WAN Managed Services: Service Components, MEF LSO Reference Architecture and Use Cases, Jul 2017

2.1.f Fan Gu: SD-WAN Strategy to Address Key Trends and Scalability; IEEE Softwarization, Sep 2017

2.1.g Juniper Networks Contrail SD-WAN Design & Architecture Guide; 2018

2.1.h Rodolfo Alvizu, et al.: Comprehensive Survey on T-SDN: Software-Defined Networking for Transport Networks; IEEE Communications Surveys & Tutorials, Vol. 19(4), Jun 2017; DOI: 10.1109/COMST.2017.2715220

18.2.2 Software Defined Data Centers (SDDCs)

SD Data Centers

Die Virtualisierung von Hard- und Software-Ressourcen im Datacenter führt zur Entstehung virtueller Datacenter. Ein virtuelles Datacenter (*Virtual Data Center*,

18.2 Software-Defined Networking (SDN)

VDC) kann aus einer vollständig virtualisierten, isolierten und verteilten Computing-Infrastruktur bestehen. Dies bedeutet, dass die wesentlichen funktionellen Komponenten dieser Infrastruktur virtualisiert und als *Data Center Services* (DC Services) eingerichtet werden können. Die hauptsächlichen Bausteine von DC Services sind: Netzwerk-Virtualisierung, Storage-Virtualisierung und Server-Virtualisierung. In einem physischen Datacenter können somit mehrere voneinander isolierte, dem individuellen Bedarf von Kunden angepasste virtuelle Datacenter eingerichtet werden. Das dem Konzept von SDN grundlegende Prinzip eignet sich ideal zur flexiblen Gestaltung solcher Services. Beim Einsatz der Idee von SDN zwecks der Bereitstellung virtueller Datacenter spricht man von *Software Defined Data Centers* (SDDCs). Ein VDC kann somit als SDDC bezeichnet werden. Für Näheres über SDDCs sei auf die folgende Literatur verwiesen:

2.2.a Distributed Management Task Force, Inc. (DMTF): Software Defined Data Center (SDDC) Definition; Document Identifier: DSP-IS0501; 2015-11-23; Version: 1.0.0

2.2.b Dell Inc.: The Future of the Data Center is Software Defined; Mar 2016

2.2.c Jeremy van Doorn: Software Defined Data Centers Network Virtualization & Security

2.2.d M. Gharbaoui, B. Martini, D. Adami, S. Giordano, P. Castoldi: Cloud and network orchestration in SDN data centers: Design principles and performance evaluation; Computer Networks, Vol. 108, Oct 2016; DOI: 10.1016/j.comnet.2016.08.029

2.2.e Guan Xu, Bin Dai, Benxiong Huang, Jun Yang, Sheng Wen: Bandwidth-aware energy efficient flow scheduling with SDN in data center networks; Future Generation Computer Systems, Vol. 68, Mar 2017; DOI: 10.1016/j.future.2016.08.024

2.2.f Hong Zhong, Yaming Fang, Jie Cui: LBBSRT: An efficient SDN load balancing scheme based on server response time; Future Generation Computer Systems, Vol. 68, Mar 2017; DOI: 10.1016/j.future.2016.10.001

2.2.g Bin Dai, Guan Xu, Bengxiong Huang, Peng Qin, Yang Xu: Enabling network innovation in data center networks with software defined networking: A survey, Journal of Network and Computer Applications, Vol. 94, Sep 2017; DOI: 10.1016/j.jnca.2017.07.004

2.2.h VMware: Architecture and Design: VMware Validated Design for Software-Defined Data Center 4.2; Feb 2018

18.2.3 Software Defined IoT (SD IoT)

Das Konzept von SDN [Abschnitt 17.1.7] hat eine ausgesprochen große Bedeutung im IoT, denn insbesondere in IoT-Clouds können spezielle, sog. SDN-Controller eingesetzt werden, um SDN-enabled Access Gateways an der Internet Edge entsprechend der aktuell geltenden Anforderungen (z.B. in Bezug auf Sicherheit) mittels einer Cloud über das Internet schnell zu konfigurieren [Abb. 17.1-9]. Darüber hinaus soll das IoT einer enorm großen Menge auf der Erdkugel verteilter Geräte (Sensoren,

SD IoT

Aktuatoren, ...) das Sammeln und somit die Verarbeitung von Echtzeitinformationen ermöglichen, was dazu führt, dass diese zur Bereitstellung neuer intelligenter IoT Services genutzt werden können. Beim Einsatz von SDN zur Bereitstellung intelligenter IoT Services spricht man von *Software Defined IoT* (SD IoT). Für weitere Informationen über SD IoT siehe:

2.3.a Ian Ku, et al.: Towards Software-Defined VANET: Architecture and Services; 13th Annual Mediterranean Ad Hoc Networking Workshop (MED-HOC-NET), Jun 2014; DOI: 10.1109/MedHocNet.2014.6849111

2.3.b Nachikethas A. Jagadeesan, Bhaskar Krishnamachari: Software-defined networking paradigms in wireless networks: A survey; ACM Computing Surveys, Vol. 47(2), Jan 2015

2.3.c Bin Cao, Fang He, Yun Li, Chonggang Wang, Wenqiang Lang: Software defined virtual wireless network: framework and challenges; IEEE Network, Vol. 29(4), Jul-Aug 2015; DOI: 10.1109/MNET.2015.7166185

2.3.d S. V. Manisekaran, R. Venkatesan: An analysis of software-defined routing approach for wireless sensor networks; Computers & Electrical Engineering, Vol. 56, Nov 2016

2.3.e Yanwen Wang, Hainan Chen, Xiaoling Wu, Lei Shu: An energy-efficient SDN based sleep scheduling algorithm for WSNs; Journal of Network and Computer Applications, Vol. 59, Jan 2016; DOI: 10.1016/j.jnca.2015.05.002

2.3.f Israat Tanzeena Haque, Nael Abu-Ghazaleh: Wireless Software Defined Networking: A Survey and Taxonomy; IEEE Communications Surveys & Tutorials, Vol. 18(4), May 2016; DOI: 10.1109/COMST.2016.2571118

2.3.g Hans C. Yu, Giorgio Quer, Ramesh R. Rao: Wireless SDN mobile ad hoc network: From theory to practice; 2017 IEEE International Conference on Communications (ICC), May 2017; DOI: 10.1109/ICC.2017.7996340

2.3.h Junfeng Wang, et al.: A software defined network routing in wireless multihop network; Journal of Network and Computer Applications, Vol. 85, May 2017; DOI: 10.1016/j.jnca.2016.12.007

2.3.i Manisha Chahal, et al.: A Survey on software-defined networking in vehicular ad hoc networks: Challenges, applications and use cases; Sustainable Cities and Society, Vol. 35, Nov 2017

2.3.j Afsane Zahmatkesh; Thomas Kunz: Software Defined Multihop Wireless Networks: Promises and Challenges; Journal of Communications and Networks, Vol. 19(6), Dec 2017; DOI: 10.1109/JCN.2017.000094

2.3.k Márcio L. F. Miguel, et al.: A CoAP Based Control Plane for Software Defined Wireless Sensor Networks; Journal of Communications and Networks, Vol. 19(6), Dec 2017; DOI: 10.1109/JCN.2017.000095

2.3.l Konstantinos Poularakis, George Iosifidis, Leandros Tassiulas: SDN-enabled Tactical Ad Hoc Networks: Extending Programmable Control to the Edge; arXiv:1801.02909v1, Jan. 2018

2.3.m Paolo Bellavista, Alessandro Dolci, Carlo Giannelli: MANET-oriented SDN: Motivations, Challenges, and a Solution Prototype; 2018 IEEE 19th International Symposium on 'A World of Wireless, Mobile and Multimedia Networks' (WoWMoM), Jun 2018; DOI: 10.1109/WoWMoM.2018.8449805

18.2.4 Wireless Software Defined Networking

Die grundlegende, auf der Trennung zwischen der Hardware-Plane und der Control-Plane in Netzwerken beruhende Idee von SDN [Abb. 12.1-3] eignet sich ideal für eine neue Gestaltung der Mobilität im IoT. In diesem Zusammenhang spricht man von *Wireless SD Networking*. Insbesondere die SDN-Idee bei der Integration verschiedener Ad-hoc Networks wie z.B. MANET (*Mobile Ad-hoc-NETwork*), VANET (*Vehicle Ad-hoc-NETwork*) und FANET (*Flying Ad-hoc Network*) in das IoT kann die Bereitstellung von intelligenten IoT Services ermöglichen. Für weitere Informationen über Wireless SD Networking siehe:

Wireless SD Networking

- 2.4.a Ian Ku, et al.: Towards Software-Defined VANET: Architecture and Services; 13th Annual Mediterranean Ad Hoc Networking Workshop (MED-HOC-NET), Jun 2014; DOI: 10.1109/MedHocNet.2014.6849111
- 2.4.b Nachikethas A. Jagadeesan, Bhaskar Krishnamachari: Software-defined networking paradigms in wireless networks: A survey; ACM Computing Surveys, Vol. 47(2), Jan 2015
- 2.4.c Bin Cao, Fang He, Yun Li, Chonggang Wang, Wenqiang Lang: Software defined virtual wireless network: framework and challenges; IEEE Network, Vol. 29(4), Jul-Aug 2015; DOI: 10.1109/MNET.2015.7166185
- 2.4.d S. V. Manisekaran, R. Venkatesan: An analysis of software-defined routing approach for wireless sensor networks; Computers & Electrical Engineering, Vol. 56, Nov 2016
- 2.4.e Yanwen Wang, Hainan Chen, Xiaoling Wu, Lei Shu: An energy-efficient SDN based sleep scheduling algorithm for WSNs; Journal of Network and Computer Applications, Vol. 59, Jan 2016; DOI: 10.1016/j.jnca.2015.05.002
- 2.4.f Israat Tanzeena Haque, Nael Abu-Ghazaleh: Wireless Software Defined Networking: A Survey and Taxonomy; IEEE Communications Surveys & Tutorials, Vol. 18(4), May 2016; DOI: 10.1109/COMST.2016.2571118
- 2.4.g Hans C. Yu, Giorgio Quer, Ramesh R. Rao: Wireless SDN mobile ad hoc network: From theory to practice; 2017 IEEE International Conference on Communications (ICC), May 2017; DOI: 10.1109/ICC.2017.7996340
- 2.4.h Junfeng Wang, et al.: A software defined network routing in wireless multihop network; Journal of Network and Computer Applications, Vol. 85, May 2017; DOI: 10.1016/j.jnca.2016.12.007
- 2.4.i Manisha Chahal, et al.: A Survey on software-defined networking in vehicular ad hoc networks: Challenges, applications and use cases; Sustainable Cities and Society, Vol. 35, Nov 2017
- 2.4.j Afsane Zahmatkesh; Thomas Kunz: Software Defined Multihop Wireless Networks: Promises and Challenges; Journal of Communications and Networks, Vol. 19(6), Dec 2017; DOI: 10.1109/JCN.2017.000094

2.4.k Márcio L. F. Miguel, et al.: A CoAP Based Control Plane for Software Defined Wireless Sensor Networks; Journal of Communications and Networks, Vol. 19(6), Dec 2017; DOI: 10.1109/JCN.2017.000095

2.4.l Konstantinos Poularakis, George Iosifidis, Leandros Tassiulas: SDN-enabled Tactical Ad Hoc Networks: Extending Programmable Control to the Edge; arXiv:1801.02909v1, Jan. 2018

2.4.m Paolo Bellavista, Alessandro Dolci, Carlo Giannelli: MANET-oriented SDN: Motivations, Challenges, and a Solution Prototype; 2018 IEEE 19th International Symposium on 'A World of Wireless, Mobile and Multimedia Networks' (WoWMoM), Jun 2018; DOI: 10.1109/WoWMoM.2018.8449805

18.3 Network Function Virtualization (NFV)

VM-based VNFs

Die Virtualisierung von Rechnern und deren Bereitstellung auf speziellen leistungsfähigen Wirt-Servern in Form von sog. *Virtual Machines* (VMs) sowie *Virtual Networking* als Vernetzung von sogar auf unterschiedlichen Wirt-Servern untergebrachten VMs sind in der Netzwerkwelt bereits geläufig. Und wenn man schon Rechner und ihre Vernetzung virtualisiert, so bietet es sich an, im folgenden Schritt verschiedene, auf der Basis von VMs realisierte Netzwerkkomponenten (Router, Switches, Firewalls usw.) und ihre Vernetzung, d.h. verschiedene Netzwerkfunktionen (Network Functions), als Softwarekomponenten bereitzustellen, will heißen zu virtualisieren. Diese Idee hat zu *Network Functions Virtualization* (NFV) geführt, bei der man von *virtualisierten Netzwerkfunktionen* spricht. Sie werden kurz VNFs (*Virtualised Network Functions*) genannt. Im Zusammenhang mit NFV sind die Networking Trends *Software Defined VNFs Networking* (*SD VNFs Networking*), *Service Function Chaining* (SFC), *VNFs Management and Orchestration* und *Network Slicing* hervorzuheben. Für Näheres über NFV siehe:

3.a ETSI GS NFV 001: Network Functions Virtualisation (NFV); Use Cases: Oct 2013

3.b ETSI GS NFV-SEC 001 - V1.1.1: Network Functions Virtualisation (NFV); NFV Security; Problem Statement; Oct 2014

3.c ETSI GS NFV 002 V1.2.1: Network Functions Virtualisation (NFV) - Architectural Framework; Dec 2014

3.d ETSI GS NFV-MAN 001 V1.1.1: Network Functions Virtualisation (NFV) - Management and Orchestration; Dec 2014

3.e ETSI GS NFV-INF 001 - V1.1.1: Network Functions Virtualisation (NFV); Infrastructure Overview; Jan 2015

3.f Anatol Badach: NFV – Network Functions Virtualisation; In book: Protokolle und Dienste der Informationstechnologie, WEKA-Verlag, Editor: Heinz Schulte; Jan 2015, DOI 10.13140/RG.2.1.4701.2562

3.g Rashid Mijumbi, et al.: Network Function Virtualization: State-of-the-Art and Research Challenges; IEEE Communications Surveys & Tutorials, Vol. 18(1), Sep 2016; DOI: 10.1109/COMST.2015.2477041

3.h Eugen Borcoci: Network Function Virtualization and Software Defined Networking Cooperation; InfoSys 2015 Conference, May 2015

3.i Rashid Mijumbi, et al.: Network Function Virtualization: State-of-the-Art and Research Challenges; IEEE Communications Surveys & Tutorials, Vol. 18(1), Sep 2016; DOI: 10.1109/COMST.2015.2477041

3.j ETSI GR NFV 001 - V1.2.1: Network Functions Virtualisation (NFV); Use Cases; May 2017

3.k Shariq Haseeb, et al.: Network Function Virtualization (NFV) based architecture to address connectivity, interoperability and manageability challenges in Internet of Things (IoT); IOP Conf. Series: Materials Science and Engineering 260 (2017); DOI: 10.1088/1757-899X/260/1/012033

3.l Michel S. Bonfim, Kelvin L. Dias, Stenio F. L. Fernandes: Integrated NFV/SDN Architectures: A Systematic Literature Review; Jan 2018; arXiv:1801.01516v1

18.3.1 Software Defined VNFs Networking

Von großer Bedeutung ist die Tatsache, dass die Konzepte SDN und NFV sich sowohl ähneln als auch ideal ergänzen. Vor allem der Orchestrator bei SDN entspricht der Funktion nach vollkommen dem Orchestrator bei NFV. Folglich können einige Ideen und somit auch Funktionskomponenten von SDN für NFV übernommen werden, was zu SD VNFs Networking führt. Für Näheres darüber siehe:

SD VNFs Networking

3.1.a Anatol Badach: NVGRE – Network Virtualization using Generic Routing Encapsulation; In book: Protokolle und Dienste der Informationstechnologie, WEKA-Verlag, Editor: Heinz Schulte; Oct 2014, DOI 10.13140/RG.2.1.2872.8802

3.1.b ETSI GS NFV-SWA 001 - V1.1.1: Network Functions Virtualisation (NFV); Virtual Network Functions Architecture; Dec 2014

3.1.c ETSI GS NFV 002 - V1.2.1: Network Functions Virtualisation (NFV); Architectural Framework; Dec 2014

3.1.d ETSI GS NFV-EVE 005 - V1.1.1: Network Functions Virtualisation (NFV); Ecosystem; Report on SDN Usage in NFV Architectural Framework; Dec 2015

3.1.e Lorena Isabel Barona López, et al.: Trends on virtualisation with software defined networking and network function virtualisation; IET Networks, Vol. 4(5), Sep 2015; DOI: 10.1049/iet-net.2014.0117

3.1.f Jie Li, Eitan Altman, Corinne Touati: A General SDN-based IoT Frame-work with NVF Implementation; ZTE Communications, ZTE Corporation, 2015, Vol. 13 (3)

3.1.g Yong Li, Min Chen: Software-Defined Network Function Virtualization: A Survey; IEEE Access, Vol. 3, Dec 2015c DOI: 10.1109/ACCESS.2015.2499271

3.1.h Verizon: Verizon Network Infrastructure Planning: SDN-NFV Reference Architecture; Version 1.0, Feb 2016

3.1.i Qiang Duan, Nirwan Ansari, Mehmet Toy: Software-Defined Network Virtualization: An Architectural Framework for Integrating SDN and NFV for Service Provisioning in Future Networks; IEEE Network, Vol. 30(5), Sep 2016; DOI: 10.1109/MNET.2016.7579021

3.1.j Shariq Haseeb, et al.: Network Function Virtualization (NFV) based architecture to address connectivity, interoperability and manageability challenges in Internet of Things (IoT); IOP Conference Series: Materials Science and Engineering, Vol. 260, 2017

18.3.2 Service Function Chaining (SFC)

Mit der Verfügbarkeit von Rechnern in Form von VMs eröffnen sich vollkommen neue Möglichkeiten, unterschiedliche an Geschäftsprozesse angepasste Netzwerkdienste spontan bereitzustellen. Denn auf der Basis von VMs können zur Einrichtung verschiedener komplexer Netzwerkdienste diverse Funktionskomponenten als virtuelle, standardisierte Netzwerkfunktionsmodule im Voraus für einen Einsatz vorbereitet und dann bei Bedarf als Softwarekomponenten ad hoc verfügbar gemacht werden. Sie werden kurz als VNFs (*Virtualised Network Functions*) bzw. auch als SFs (*Service Functions*) bezeichnet. Da die Realisierung jedes Netzwerkdienstes auf der Basis von durch virtualisierte Rechner erbrachte SFs oft zu einer Verkettung von SFs führt, spricht man in diesem Zusammenhang von *Service Function Chaining* (SFC). Unter SFC werden somit zahlreiche Konzepte und Lösungen zur Kooperation von hauptsächlich softwaremäßig realisierten SFs zwecks der Erbringung diverser Netzwerkdienste verstanden. Für weitere Information über SFC siehe:

3.2.a ETSI GS NFV 002, V1.2.1: Network Functions Virtualisation (NFV); Architectural Framework; Dec 2014

3.2.b Anatol Badach: SFC Service Function Chaining; In book: Protokolle und Dienste der Informationstechnologie, WEKA-Verlag, Editor: Heinz Schulte; Jan 2015, DOI 10.13140/RG.2.1.4701.2562

3.2.c Barbara Martini, Federica Paganelli: A Service-Oriented Approach for Dynamic Chaining of Virtual Network Functions over Multi-Provider Software-Defined Networks; Future Internet, Vol. 8(2), Jun 2016; DOI:10.3390/fi802002

3.2.d Deval Bhamare, Raj Jain, Mohammed Samaka, Aiman Erbad: A survey on service function chaining; Journal of Network and Computer Applications, Vol. 75, Nov 2016; DOI: 10.1016/j.jnca.2016.09.001

3.2.e Janos Elek, David Jocha, Robert Szabo: Network Function Chaining in DCs: the Unified Recurring Control Approach; Fourth European Workshop on Software Defined Networks, Oct 2015; DOI: 10.1109/EWSDN.2015.54

3.2.f Deval Bhamare, et al.: Optimal virtual network function placement in multi-cloud service function chaining architecture; Computer Communications, Vol. 102, Apr 2017; DOI: 10.1016/j.comcom.2017.02.011

18.3 Network Function Virtualization (NFV)

3.2.g Ahmed AbdelSalam, et al.: Implementation of Virtual Network Function Chaining through Segment Routing in a Linux-based NFV Infrastructure, Apr 2017, arXiv:1702.05157v4

3.2.g Taixin Li, Huachun Zhou, Hongbin Luo: A new method for providing network services: Service function chain; Nov 17; DOI: 10.1016/j.osn.2015.09.005

3.2.i H. Kitada, H. Kojima, N. Takaya, and M. Aihara: Service Function Chain-ing Technology for Future Networks; NTT Technical Review

18.3.3 VNFs Management and Orchestration

Zur Schaffung eines Network Services auf der Grundlage von VNFs werden in der Regel mehrere VNFs benötigt. Diese VNFs werden durch verschiedene VMs erbracht und können räumlich weit auseinanderliegen. Ein solcher Network Service stellt de facto eine aus mehreren räumlich verteilten VNFs bestehende 'Service-Komposition' dar. Solch eine Komposition ist mit einer von mehreren Musikern gespielten Musikkomposition vergleichbar. Eine VNF entspricht in diesem Fall einem Musiker. Wird die Komposition von mehreren Musikern gespielt, müssen sie dirigiert werden, es ist also ein Dirigent nötig. So ist es auch im Falle der VNFs, wenn mehrere zusammen agieren müssen, um einen Network Service zu erbringen. Als ihr 'Dirigent' fungiert dann ein SDN Controller. So entspricht die Bereitstellung von Network Services, die durch mehrere VNFs erbracht werden, weitgehend der Vorbereitung eines von mehreren Musikern gespielten Konzerts. Es ist eine Orchestrierung von VNFs (*VNFs Orchestration*) und von Network Services sowie ein Management ihrer notwendig. Für weitere Details zum VNFs Management und Orchestration siehe:

3.3.a ETSI GS NFV-MAN 001, V1.1.1: Network Functions Virtualisation (NFV); Management and Orchestration; Dec 2014

3.3.b Daniel King, et al.: Network service orchestration standardization: A technology survey; Computer Standards & Interfaces, Vol. 54(4), Nov. 2017; DOI: 10.1016/j.csi.2016.12.006

3.3.c Charalampos Rotsos, et al.: Network service orchestration standardization: A technology survey; Computer Standards & Interfaces, Vol. 54(4), Nov 2017; DOI: 10.1016/j.csi.2016.12.006

3.3.d 3GPP TS 28.531: Management and orchestration of networks and network slicing; Provisioning

3.3.e 3GPP TS 28.533: Management and orchestration; Architecture framework

3.3.f ETSI GS NFV-IFA 014 V2.4.1: Network Functions Virtualisation (NFV) Release 2; Management and Orchestration; Network Service Templates Specification, Feb 2018

18.3.4 Network Slicing

Man könnte sich einzelne virtuelle private Netzwerkinfrastrukturen im Datacenter als 'virtuelle Netzwerkscheiben' vorstellen, welche voneinander isoliert werden. Da die virtuellen Netzwerkscheiben als *Network Slices* bezeichnet werden, spricht man im Zusammenhang mit der Bildung dieser von *Network Slicing*. *Network Slices* können dank der Orchestrierung von VNFs gebildet werden. Ihr Management erfolgt nach dem Prinzip von SDN. Auf der Basis von Network Slicing werden beispielsweise private mobile 5G-Netzwerke gebildet. Es ist zu erwarten, dass Network Slicing in der Netzwerkwelt zukünftig von fundamentaler Bedeutung sein wird. Für weitere Details über Network Slicing siehe:

3.4.a NGMN Alliance: Description of Network Slicing Concept, Version 1.0, Jan 2016

3.4.b ETSI GR NFV-EVE 012, V3.1.1: Network Functions Virtualisation (NFV) Release 3; Evolution and Ecosystem; Report on Network Slicing Support with ETSI NFV Architecture Framework; Dec 2017

3.4.c 3GPP TR 28.801, V15.1.0: Study on management and orchestration of network slicing for next generation network (Release 15); Jan 2018

3.4.d Alex Galis: Perspectives on Network Slicing – Towards the New 'Bread and Butter' of Networking and Servicing; IEEE Softwarization, Jan 2018

3.4.e Luis M. Contreras, Diego R. López: A Network Service Provider Perspective on Network Slicing; IEEE Softwarization, Jan 2018

3.4.f Daniele Ceccarelli, Young Lee, Huawei: Transport Aspects of Network Slicing: Existing Solutions and Gaps; IEEE Softwarization, Jan 2018

3.4.g Huanzhuo Wu, et al.: Network Slicing for Conditional Monitoring in the Industrial Internet of Things; IEEE Softwarization, Jan 2018

3.4.h Sławomir Kukliński, et al.: A reference architecture for network slicing; NETSOFT 2018, 4th IEEE Conference on Network Softwarisation, Jun 2018

18.4 (Docker) Container Networking

Container Technologie als Virtualisierung auf Betriebssystemebene

Die Bereitstellung von *Virtual Machines* (VMs) und auf der Grundlage von VNFs (*Virtualised Network Functions*) kann als eine Art Virtualisierung auf Hardwareebene angesehen werden. Eine VNF kann aber auch auf der Basis eines oder mehrerer Rechner/s eingerichtet werden, in dem/denen – sozusagen als 'Virtualisierung auf Betriebssystemebene' – die sog. *Container Technologie* (CT) realisiert wird. Die Idee dieser Virtualisierungsart basiert darauf, dass in einem physischen Rechner mit seinem Betriebssystem, z.B. Linux, eine besondere Applikation installiert wird, die als virtualisiertes Betriebssystem mit Applikationen angesehen werden kann. Dabei können die Applikationen ihnen Funktionen entsprechend gruppiert und in sog. (virtuellen) Containern 'untergebracht' werden. Man spricht in diesem Zusammenhang von *Container-basierter Virtualisierung*.

Mobilität von Containern mit Applikationen

Man könnte sich so ein virtualisiertes Betriebssystem mit seinen Applikationen als ein als *Docker* bezeichnetes Schiff mit seinen Containern vorstellen. Ein wichtiger Vorteil nicht-virtueller Container besteht darin, dass sie relativ einfach von einem Ort zum anderen, z.B. Schiff zu Schiff, bewegt werden können. Auch die Mobilität virtueller Container mit Applikationen kann einfach erreicht werden, und zwar dadurch, dass man diesen – auf einem Docker mit einer offiziellen IP-Adresse – private IP-Adressen zuweisen kann. Auf jedem Docker kann das NAT-Verfahren (*Network Address Translation*) realisiert werden [Abschnitt 6.3]. Durch dieses kann jeder virtuelle Container mit seiner privaten IP-Adresse auf jedem Docker neu installiert werden und dabei – auch häufig – seine private IP-Adresse erhalten bleiben. In Folge kann jeder Container mit seiner privaten IP-Adresse von einem physischen Rechner auf einen anderen bewegt werden. Dies bedeutet, dass eine uneingeschränkte Mobilität von Containern möglich ist, in denen verschiedene VNFs durch die in ihnen enthaltenen Applikationen realisiert werden können.

Die Mobilität von Containern trägt dazu bei, dass VNFs bei der Realisierung der Container Technologie in einer Cloud mithilfe der Datenübermittlung von einer Cloud in andere transportiert werden können. Container Networking liegt insbesondere den Networking Trends *Container-based Network Services*, *Cloud Computing Containerization*, *Mobile VNFs Networking* und *Containerized IoT Services* zugrunde. Für weitere Informationen zum Thema Container Networking siehe:

4.a Martin Fowler: Microservices Resource Guide

4.b Mark Church: Docker Reference Architecture: Designing Scalable, Portable Docker Container Networks

4.c David Bernstein: Containers and Cloud: From LXC to Docker to Kubernetes; IEEE Cloud Computing, Vol. 1(3), Sep 2014; DOI: 10.1109/MCC.2014.51

4.d Di Liu, Libin Zhao: The research and implementation of cloud computing platform based on docker; 11th International Computer Conference on Wavelet Active Media Technology and Information Processing(ICCWAMTIP), Dec 2014; DOI: 10.1109/ICCWAMTIP.2014.7073453

4.e Richard Cziva, Simon Jouet, Kyle J. S. White, Dimitrios P. Pezaros: Container-based Network Function Virtualization for Software-Defined Networks; 2015 IEEE Symposium on Computers and Communication (ISCC), Jul 2015 DOI: 10.1109/ISCC.2015.7405550

4.f Jason Anderson, et al.: Performance considerations of network functions virtualization using containers; International Conference on Computing, Networking and Communications (ICNC), Feb 2016; DOI: 10.1109/ICCNC.2016.7440668

4.g Mark Church, Lorenzo Fontana, Nico Kabar: Networking Workshop; Dockercon 2017

4.h Docker: Introduction to Container Security: Understanding the isolation properties of Docker: White Paper, Aug 2016

4.i Gaetano Borgione: Container Networking: Deep Dive; 2017

4.j Roberto Morabito: Virtualization on Internet of Things Edge Devices With Container Technologies: A Performance Evaluation; IEEE Access, Vol. 5, May 2017; DOI: 10.1109/ACCESS.2017.2704444

4.k Richard Cziva, Dimitrios P. Pezaros: Container Network Functions: Bringing NFV to the Network Edge; IEEE Communications Magazine Vol. 55(6), Jun 2017; DOI: 10.1109/MCOM.2017.1601039

4.l Phil Lowden: Cisco Container Networking Overview and Roadmap; Nov 2017

4.m VMware: CONTAINERS AND CONTAINER NETWORKING: For Network Engineers; Jan 2018

4.n Michael Hausenblas: Container Networking - From Docker to Kubernetes; O'Reilly Media, May 2018

18.4.1 Container-based Network Services

In einem Container können mehrere Applikationen enthalten sein, von denen jede eine eigenständige Ausführungsumgebung hat und dadurch isoliert von anderen Applikationen ausgeführt werden kann. Die voneinander isolierten Applikationen können dazu dienen, verschiedene Netzwerkfunktionen, sog. VNFs, zu kreieren. Daraufhin können mithilfe von VNFs bestimmte Netzwerkdienste erbracht werden. Sie werden als *Container-based Network Services* oder *Microservices* bezeichnet. Für weitere Informationen darüber siehe:

4.1.a Martin Šuňal: Container service chaining

4.1.b Roberto Morabito, Nicklas Beijar: Enabling Data Processing at the Network Edge through Lightweight Virtualization Technologies; IEEE International Conference on Sensing, Communication and Networking (SECON Workshops); Jun 2016; DOI: 10.1109/SECONW.2016.7746807

4.1.c Sergio Livi, et al.: Container-Based Service Chaining: A Performance Perspective; 5th IEEE International Conference on Cloud Networking (Cloudnet), Oct 2016; DOI: 10.1109/CloudNet.2016.51

4.1.d Kuljeet Kaur, Tanya Dhand, Neeraj Kumar, Sherali Zeadally: Container-as-a-Service at the Edge: Tradeoff between Energy Efficiency and Service Availability at Fog Nano Data Centers; IEEE Wireless Communications, Vol. 24(3), Jun 2017; DOI: 10.1109/MWC.2017.1600427

4.1.e Kyungwoon Lee, Youngpil Kim, Chuck Yoo: The Impact of Container Virtualization on Network Performance of IoT Devices; Mobile Information Systems, Vol. 2018, Article ID 9570506, May 2018; DOI: 10.1155/2018/9570506

4.1.f Cisco: Cloud-Native Network Functions (CNFs), White Paper; Jun 2018; Document ID:1529344804993194

4.1.g Qi Zhang, Ling Liu, Calton Pu, Qiwei Dou, Liren Wu, Wei Zhou: Comparative Study of Containers and Virtual Machines in Big Data Environment; arXiv:1807.01842v1, Jul 2018

18.4.2 Cloud Computing Containerization

Sowohl in einem physischen als auch in einem virtualisierten Rechner, d.h. auf einer Virtual Machine (VM), können mehrere Container mit diversen Microservices eingerichtet werden. Auf der Basis der beiden Rechnerarten, in denen verschiedene *Container-based Network Services* in Form von VNFs verfügbar sind, können sog. *Clouds* gebildet werden. Infolgedessen kann die Container Technologie auch in

Clouds realisiert werden. Man spricht in diesem Zusammenhang von *Cloud Computing Containerization*. Für Näheres darüber siehe:

4.2.a Claus Pahl, Brian Lee: Containers and Clusters for Edge Cloud Architectures - A Technology Review; The 3rd International Conference on Future Internet of Things and Cloud (FiCloud 2015); Aug 2015; DOI: 10.1109/FiCloud.2015.35

4.2.b Hui Kang, Michael Le, Shu Tao: Container and Microservice Driven Design for Cloud Infrastructure DevOps, IEEE International Conference on Cloud Engineering (IC2E), Apr 2016; DOI: 10.1109/IC2E.2016.26

4.2.c Nane Kratzke: A Brief History of Cloud Application Architectures; Applied Sciences, Vol. 8(8), Aug 2018, DOI: 10.3390/app8081368

4.2.d ETSI GS NFV-EVE 011 V3.1.1 (2018-10): Network Functions Virtualisation (NFV) Release 3; Virtualised Network Function; Specification of the Classification of Cloud Native VNF Implementations Disclaimer

18.4.3 Mobile VNFs Networking

Von einem Container in einem physischen bzw. in einem virtuellen Rechner können mehrere VNFs erbracht werden. Jedem Container kann eine private IP-Adresse zugewiesen werden. Dadurch entsteht die Möglichkeit, dass jeder Container mit einer privaten IP-Adresse von einem Docker, quasi einem 'virtuellen Schiff', zu einem anderen transportiert werden kann. Diese Mobilität von Containern mit VNFs schließt die *Mobilität von VNFs* mit ein. Verschiedene mobile VNFs können dank der Realisierung des Mobile VNFs Networking untereinander auf eine Weise vernetzt werden, dass die Einrichtung eines Mobile Network Service möglich ist. Für weitere Informationen darüber siehe:

4.3.a Rajendra Chayapathi, Syed Farrukh Hassan, Paresh Shah: Network Functions Virtualization (NFV) with a Touch of SDN; Addison-Wesley, Nov 2016; ISBN-13: 978-0-13-446305-6

4.3.b Ajay Simha: Red Hat Reference Architecture Series: NFV reference architecture for deployment of mobile networks; Version 1.3, Jan 2017

4.3.c Project: H2020-ICT-2014-2 5G NORMA Definition and specification of connectivity and QoE/QoS management mechanisms; Final Report, Jun 2017

18.4.4 Containerized IoT Services

Im IoT hat sowohl Cloud Computing als auch Fog Computing eine fundamentale Bedeutung. Wie bereits erwähnt, führt ein Networking Trend zur *Cloud Computing Containerization*. Da Fog Computing [Abschnitt 17.2-5] als eine besondere Art von Cloud Computing betrachtet werden kann, bei der ein Mini Cloud einen Fog Node darstellt, führt der Einsatz der Container Technologie zur Containerization beider Arten von Computing. Dank dieser Containerization kommt die Container Technologie auch im IoT zum Einsatz, sodass man von *Containerized IoT Services* sprechen kann. Für weitere Informationen darüber sei verwiesen auf:

4.4.a Azhar Sayeed, Dejan Leskaroski: Cloud Native Applications in a Telco World - How Micro Do You Go?

4.4.b Bukhary Ikhwan Ismail, et al.: Evaluation of Docker as Edge computing platform; Proc. IEEE Conference on Open Systems (ICOS), Aug 2015; DOI: 10.1109/ICOS.2015.7377291

4.4.c Riccardo Petrolo, Roberto Morabito, Valeria Loscrì, Nathalie Mitton: The design of the gateway for the cloud of things; Annals of Telecommunications, Vol. 72, Issue 1–2, Feb 2017; DOI 10.1007/s12243-016-0521-z

4.4.d Roberto Morabito, Ivan Farris, Antonio Iera, Tarik Taleb: Evaluating Performance of Containerized IoT Services for Clustered Devices at the Network Edge; IEEE Internet of Things Journal, Vol. 4(4), Aug. 2017; DOI: 10.1109/JIOT.2017.2714638

4.4.e Koustabh Dolui, Csaba Kiraly: Towards Multi-container Deployment on IoT Gateways; Oct 2018; arXiv:1810.07753v1

18.5 Cloud Computing Services

Bedeutung von Cloud Computing

Mit der Entwicklung von IoT gewinnt das als Cloud Computing bezeichnete Service-Modell enorm an Bedeutung [vgl. Abb. 17.1-4]. Die große Bedeutung von Cloud Computing besteht hauptsächlich darin, dass man dem Cloud Computing zugrunde liegenden Modell nach bei Bedarf spontan über Netzwerke auf einen Pool konfigurierbarer Computing-Ressourcen (z.B. Netzwerke, Server, Speicher, Applikationen und Dienste) zugreifen kann. Infolge der immensen Menge verschiedener weltweit im IoT verteilter Devices und Objekte werden riesige global verstreute Datenmengen erzeugt. Diese müssen zuerst entsprechend gespeichert und dann schnell verarbeitet werden. Dabei kommt das Konzept von Cloud Computing zum Einsatz, wobei die IoT-spezifischen Clouds als eine Art 'IoT Service Platforms' fungieren. Mit Cloud Computing sind insbesondere die Networking Trends *Infrastructure-as-a-Service* (IaaS), *Software-Defined CC Networking*, *Cloud Native Microservices* und *Mobile CC in 5G* verbunden. Für weitere Informationen über Cloud Computing sei verwiesen auf die folgende Literatur:

5.a i-SCOOP: Cloud computing – from private, public and hybrid cloud to cloud services and cloud evolutions

5.b B. Wanga, Z. Qi, R. Ma, H. Guan, A. V. Vasilakos: A survey on data center networking for cloud computing; Computer Networks, Vol. 91, 2015; DOI: 10.1016/j.comnet.2015.08.040

5.c Jatinder Singh, Thomas Pasquier, Jean Bacon, Hajoon Ko, David Eyers: Twenty Security Considerations for Cloud-Supported Internet of Things; IEEE Internet of Things Journal, Vol. 3(3), Jun 2016; DOI: 10.1109/JIOT.2015.2460333

5.d Blesson Varghese, Rajkumar Buyya: Next Generation Cloud Computing: New Trends and Research Directions, Sep 2017, arXiv:1707.07452v3

5.e Syed Noorulhassan Shirazi, Antonios Gouglidis, Arsham Farshad, David Hutchison: The Extended Cloud: Review and Analysis of Mobile Edge Computing and

18.5 Cloud Computing Services

Fog from a Security and Resilience Perspective; IEEE Jour-nal on Selected Areas in Communications, Vol. 35(11), Nov 2017, DOI: 10.1109/JSAC.2017.2760478

5.f Yahya Al-Dhuraibi, Fawaz Paraiso, Nabil Djarallah, Philippe Merle: Elasticity in Cloud Computing: State of the Art and Research Challenges; IEEE Transactions on Services Computing, Vol. 11(2), Mar - Apr 2018; DOI: 10.1109/TSC.2017.2711009

5.g Amirhossein Farahzadi, et al.: Middleware technologies for cloud of things: a survey; Digital Communications and Networks, Vol. 4(3), Aug 2018; DOI: 10.1016/j.dcan.2017.04.005

18.5.1 Infrastructure-as-a-Service (IaaS)

Enthält ein Cloud einen derartigen Pool konfigurierbarer Computing-Ressourcen, um die bedarfsabhängige Bereitstellung durch einen Cloud-Provider einer virtuellen, aus verschiedenen VNFs bestehenden netzwerkspezifischen Infrastruktur zu ermöglichen, wird von einem *Infrastructure-as-a-Service* (IaaS) gesprochen. Als IaaS können verschiedene private und voneinander isolierte, virtuelle Infrastrukturen angeboten werden. Dies wird auch *Network Slicing* genannt. Bei der Realisierung von IaaS spielt *Service Function Chaining* (SFC) eine wichtige Rolle. Für Näheres über IaaS siehe:

IaaS

5.1.a Antonio Celesti, Davide Mulfari, Maria Fazio, Massimo Villari, Antonio Puliafito: Exploring Container Virtualization in IoT Clouds; IEEE International Conference on Smart Computing (SMARTCOMP), May 2016; DOI: 10.1109/SMARTCOMP.2016.7501691

5.1.b Heli Amarasinghe, Abdallah Jarray, Ahmed Karmouch: Fault-tolerant IaaS management for networked cloud infrastructure with SDN; IEEE Interna-tional Conference on Communications (ICC'17), May 2017; DOI: 10.1109/ICC.2017.7996342

5.1.c Steven Van Rossem, et al.: A Vision for the Next Generation Platform-as-a-Service; Proceedings of 2018 IEEE 1st 5G World Forum

18.5.2 Software-Defined Cloud Computing Networking

Ein IaaS kann dem Bedarf entsprechend auf eine festgelegte Zeitdauer und sogar auf der Basis mehrerer vernetzter Clouds eingerichtet werden. Somit gilt im Allgemeinen die Vernetzung von Clouds, also *Cloud Computing Networking* (CC Networking), als Voraussetzung für die Bereitstellung von IaaS. Hierbei ist auch eine flexible Lösung nötig, um die notwendigen VNFs zu bestimmen, diese dem aktuellen Bedarf entsprechend untereinander virtuell zu vernetzen, zu konfigurieren und im Laufe der Zeit zu managen. Um diese Aufgaben bei IaaSs zu bewältigen, werden einige Konzepte von SDN übernommen, und demzufolge spricht man von *Software-Defined CC Networking*. Für weitere Information darüber siehe:

Software-Defined CC Networking

5.2.a Rajkumar Buyya, Rodrigo N. Calheiros, Jungmin Son, Amir Vahid Dastjerdi, Young Yoony: Software-Defined Cloud Computing: Architectural Elements and Open Challenges, Feb 2015; arXiv:1408.6891v2

5.2.b Foresta Francesco: Integration of SDN Frameworks And Cloud Computing Platforms: An Open Source Approach; Master Thesis, Universita di Bologna; Academic Year 2016/2017

5.2.c Jungmin Son, Rajkumar Buyya: A Taxonomy of Software-Defined Networking (SDN)-Enabled Cloud Computing; ACM Computing Surveys, Vol.51(3), May 2018; DOI: 10.1145/3190617

18.5.3 Cloud Native Microservices

Cloud-Native VNFs bzw. Microservices

Ein wichtiger Trend ist die Integration von Cloud Computing in öffentliche Netzwerkinfrastrukturen mit dem Ziel der Bereitstellung und flexiblen Nutzung virtueller Netzwerkfunktionen, d.h. VNFs, in diesen. Da VNFs als netzwerkspezifische Funktionsbausteine, also eine Art 'Network-App' dienen, werden sie auch als *Microservices* bezeichnet. Solche virtuellen Microservices (z.B. vRouter, vFirewalls, ...) ermöglichen die schnelle Einrichtung diverser komplexer Network Services. Wurden VNFs bzw. Microservices speziell für Cloud-Computing-Architekturen entwickelt und optimiert, so werden sie entsprechend *Cloud-Native VNFs* und *Cloud-Native Microservices* genannt. Für Weiteres darüber siehe:

5.3.a Azhar Sayeed, Dejan Leskaroski: Cloud Native Applications in a Telco World - How Micro Do You Go?

5.3.b Antonio Celesti, et al.: Exploring Container Virtualization in IoT Clouds; IEEE International Conference on Smart Computing (SMARTCOMP), May 2016; DOI: 10.1109/SMARTCOMP.2016.7501691

5.3.c Hamzeh Khazaei, Hadi Bannazadeh, Alberto Leon-Garcia: SAVI-IoT: A Self-Managing Containerized IoT Platform, IEEE 5th International Conference on Future Internet of Things and Cloud (FiCloud), Aug 2017; DOI: 10.1109/FiCloud.2017.27

5.3.d Cisco: Cloud-Native Network Functions (CNFs); White Paper, Jun 2018; Document ID:1529344804993194

5.3.e 5G-PPP Software Network Working Group: From Webscale to Telco, the Cloud Native Journey; July 2018

5.3.f Tetiana Yarygina: Exploring Microservice Security; PhD Thesis, Department of Informatics, University of Bergen, Jul 2018

5.3.g ETSI GS NFV-EVE 011 V3.1.1 (2018-10): Network Functions Virtualisation (NFV) Release 3; Virtualised Network Function; Specification of the Classification of Cloud Native VNF Implementations Disclaimer

18.5.4 Mobile Cloud Computing in 5G

Heutzutage haben mobile Kommunikation und mobiles Computing in allen Bereichen unseres Lebens eine große Bedeutung. Die Möglichkeiten der Nutzung des Mobile Computing kann noch durch dessen Symbiose mit Cloud Computing verbessert werden. Um dies zu erreichen, wird ein neuer Trend namens *Mobile Cloud Computing* verfolgt. Diesem wird aktuell, insbesondere im Hinblick auf die neu entwickelten zellularen 5G-Mobilfunknetze, im Forschungsbereich viel Aufmerksamkeit gewidmet. Für weitere Information über MCC siehe:

    Mobile Cloud Computing

- 5.4.a Min Chen, Yin Zhang, Yong Li, Shiwen Mao, Victor C. M. Leung: EMC: Emotion-Aware Mobile Cloud Computing in 5G; IEEE Network, Vol. 29(2), Mar - Apr 2015; DOI: 10.1109/MNET.2015.7064900
- 5.4.b Nasir Abbas, Yan Zhang, Amir Taherkordi, Tor Skeie: Mobile Edge Computing: A Survey; IEEE Internet of Things Journal, 2018; DOI: 10.1109/JIOT.2017.2750180
- 5.4.c Talal H. Noor, Sherali Zeadally, Abdullah Alfazi, Quan Z. Sheng: Mobile cloud computing: Challenges and future research directions; Journal of Network and Computer Applications, Vol. 115, Aug 2018; DOI: 10.1016/j.jnca.2018.04.018

18.6 Fog Computing & Artificial Intelligence (AI)

Fog Computing (FC) kann als Ergänzung von Cloud Computing im IoT angesehen werden [Abschnitt 17.1.4]. Die Funktionen von FC werden im IoT durch eine horizontal verteilte große Menge von Fog Nodes, einer Art Mini-Clouds, entlang des Internet-Kontinuums zwischen Clouds und Things in die Nähe seiner Benutzer und somit der IoT-Devices gebracht. FC führt also zu einer Verteilung von Computing-Ressourcen. Dadurch können diese überall möglichst nah an Benutzern und IoT-Devices platziert werden. Die am Internet Edge entlang platzierten Computing-Ressourcen tragen dazu bei, dass die 'Intelligenz' verteilter Systeme aus IoT-Clouds zu den diese benötigenden 'IoT-Objekten' hin bewegt werden kann.

    Bedeutung von Fog Computing im IoT

Fog Computing stellt eine Computing-Architektur dar, die am Internet Edge installierten IoT-Objekten die von ihnen benötigte, zusätzliche Intelligenz 'liefert'. Dadurch können diese Objekte lokal und alternativ zu Cloud Computing einige intelligente Funktionen durchführen. Aus diesem Grund gewinnen die von Fog Nodes am Internet Edge erbrachte künstliche Intelligenz (*Artificial Intelligence*, AI) und maschinelles Lernen (*Machine Learning*, ML) ständig an Bedeutung. Mittels Fog Nodes können auch diverse Microservices, u.a. welche mit VNFs, am Internet Edge verfügbar gemacht werden.

    Fog Computing: 'Lieferant' der Intelligenz für IoT-Objekte

Die Idee, Intelligenz und Verarbeitungsfähigkeiten möglichst in direkter Nähe des Internet Edge zu positionieren, wird auch bei Edge Computing verfolgt. Fog Computing und Edge Computing unterscheiden sich hauptsächlich darin, wo genau die Intelligenz und Rechenleistung erbracht werden. Mit Fog Computing kann diese Funktionalität

    Edge Computing, Mobile Edge Computing

überall im Internet-Kontinuum zwischen IoT Clouds und Internet Edge erbracht werden. Mit Edge Computing wird sie direkt am Internet Edge erbracht – und zwar oft in IoT Access Gateways. Um mobilen Endeinrichtungen in 5G-Mobilfunknetzen Intelligenz und Unterstützung bei der Informationsverarbeitung bereitzustellen, werden spezielle Clouds am Internet Edge in Basisstationen dieser Netze installiert. Man spricht in diesem Zusammenhang von *Mobile Edge Computing*.

Auf Fog Computing bzw. (Mobile) Edge Computing und der Nutzung von AI basieren die Networking Trends: *Time-sensitive IoT / 5G Applications*, *Intelligent IoT*, *Cognitive IoT*, *Ambient Intelligence in IoT* und *IoT Service Orchestration*. Für weitere Information über Fog Computing und die Bedeutung von Artificial Intelligence (AI) bei Fog Computing siehe:

6.a i-SCOOP: Edge computing and IoT 2018 – when intelligence moves to the edge

6.b i-SCOOP: Fog computing: fog and cloud along the Cloud-to-Thing continuum

6.c i-SCOOP: Artificial intelligence (AI) and cognitive computing: what, why and where

6.d i-SCOOP: The interaction and convergence of IoT and AI at work

6.e Flavio Bonomi, Rodolfo Milito, Jiang Zhu, Sateesh Addepalli: Fog Computing and Its Role in the Internet of Things; Workshop on Mobile Cloud Computing (MCC '12), Aug 2012; DOI: 10.1145/2342509.2342513

6.f Ivan Stojmenovic, Sheng Wen: The fog computing paradigm: Scenarios and security issues; Federated Conference on Computer Science and Information Systems, Sep 2014; DOI: 10.15439/2014F503

6.g Shanhe Yi, Cheng Li, Qun Li: Survey of Fog Computing: Concepts, Applications and Issues; Mobidata'15, Proceedings of the 2015 Workshop on Mobile Big Data, Jun 2015, DOI: 10.1145/2757384.2757397

6.h Yifan Wang, Tetsutaro Uehara, Ryoichi Sasaki: Fog computing: Issues and challenges in security and forensics; IEEE 39th Annual Computer Software and Applications Conference, Vol. 3, Jul 2015; DOI: 10.1109/COMPSAC.2015.173

6.i Tom H. Luan, et al.: Fog Computing: Focusing on Mobile Users at the Edge; Mar 2016; arXiv:1502.01815v3

6.j Lav Gupta, Raj Jain, H. Anthony Chan: Mobile Edge Computing – An Important Ingredient of 5G Networks; Mar 2016

6.k Firas Al-Doghman, et al.: A review on Fog Computing technology; IEEE International Conference on Systems, Man, and Cybernetics (SMC), Oct 2016; DOI: 10.1109/SMC.2016.7844455

6.l Eva Marín Tordera, et al.: What is a Fog Node? A Tutorial on Current Concepts towards a Common Definition; Nov 2016; arXiv:1611.09193v1

6.m Farhoud Hosseinpour, et al.: A Review on Fog Computing Systems; International Journal of Advancements in Computing Technology(IJACT), Vol. 8(5), Dec 2016

6.n Mung Chiang, Tao Zhang: Fog and IoT: An Overview of Research Opportunities; IEEE Internet of Things Journal, Vol. 3(6), Dec 2016; DOI: 10.1109/JIOT.2016.2584538

6.o Arwa Alrawais, Abdulrahman Alhothaily, Chunqiang Hu, Xiuzhen Cheng: Fog Computing for the Internet of Things: Security and Privacy Issues; IEEE Internet Computing, Vol. 21(2), Mar-Apr 2017; DOI: 10.1109/MIC.2017.37

6.p Mithun Mukherjee, et al.: Security and Privacy in Fog Computing: Challenges; IEEE Access, Vol. 5, Sep 2017; DOI: 10.1109/ACCESS.2017.2749422

6.q Redowan Mahmud, Ramamohanarao Kotagiri, Rajkumar Buyya: Fog Computing: A Taxonomy, Survey and Future Directions; arXiv:1611.05539v4, Oct 2017; DOI: 10.1007/978-981-10-5861-5_5

6.r Saad Khan, Simon Parkinson, Yongrui Qin: Fog computing security: a review of current applications and security solutions; Journal of Cloud Computing: Advances, Systems and Applications, Vol. 6(1), 2017c DOI 10.1186/s13677-017-0090-3

6.s Carla Mouradian, et al.: A Comprehensive Survey on Fog Computing: State-of-the-art and Research Challenges; IEEE Communications Surveys & Tutorials, Oct 2017; DOI: 10.1109/COMST.2017.2771153

6.t Pengfei Hu, Sahraoui Dhelim, Huansheng Ning, Tie Qiu: Survey on fog computing: architecture, key technologies, applications and open issues; Journal of Network and Computer Applications, Vol. 98, Nov 2017; DOI: 10.1016/j.jnca.2017.09.002

6.u David Bermbach, et al.: A Research Perspective on Fog Computing; Workshop on IoT Systems Provisioning and Management for Context-Aware Smart Cities; Nov 2017

6.v Shubha Brata Nath, Harshit Gupta, Sandip Chakraborty, Soumya K Ghosh: A Survey of Fog Computing and Communication: Current Researches and Future Directions; Apr 2018; arXiv:1804.04365v1

6.w Ranesh Kumar Naha, et al.: Fog Computing: Survey of Trends, Architectures, Requirements, and Research Directions, Jul 2018; arXiv:1807.00976v1

6.x Marcus Gomes, Miguel L. Pardal: Cloud vs Fog: assessment of alternative deployments for a latency-sensitive IoT application; Procedia Computer Science, Vol. 130, 2018; DOI: 10.1016/j.procs.2018.04.059

6.y Jaspreet Kaur, Prabhpreet Kaur: A Review: Artificial Neural Network; International Journal of Current Engineering and Technology, Vol. 8(4), July/Aug 2018; DOI: 10.14741/ijcet/v.8.4.2

18.6.1 Time-sensitive IoT/5G Applications

Es gibt einige intelligente IoT Applications, die in gewisser Weise zeitempfindlich (zeitsensitiv, time-sensitiv) sind. Sie werden häufig *Time-sensitive Applications* genannt. Zu dieser Gruppe gehören auch einige intelligente Applikationen, die in 5G-Mobilfunknetzen realisiert werden. Dies zu ermöglichen, ist die wesentliche Aufgabe von Edge und Fog Computing. Für weitere Information über zeitempfindliche IoT/5G Applications siehe:

6.1.a ETSI GS MEC 002 v1.1.1: Mobile Edge Computing (MEC): Technical Requirements; Mar 2016

6.1.b ETSI GS MEC 003 v1.1.1: Mobile Edge Computing (MEC): Framework and Reference Architecture; Mar 2016

6.1.c Rodrigo Roman, Javier Lopez, Masahiro Mambo: Mobile Edge Computing, Fog et al.: A Survey and Analysis of Security Threats and Challenges; arXiv:1602.00484v2, Nov 2016

6.1.d Ashkan Yousefpour, Genya Ishigaki, Jason P. Jue: Fog Computing: Towards Minimizing Delay in the Internet of Things; IEEE International Conference on Edge Computing (EDGE), Jun 2017; DOI: 10.1109/IEEE.EDGE.2017.12

6.1.e Gaolei Li, Jianhua Li, and Jun Wu: Fog-enabled Edge Learning for Cognitive Content-Centric Networking in 5G; arXiv:1808.09141v1, Aug 2018

18.6.2 Intelligent IoT, Cognitive IoT

Intelligent IoT

Ein wichtiger Trend bei der Weiterentwicklung von IoT trägt dazu bei, künstliche Intelligenz (*Artificial Intelligence*, AI) und die in IoT-Clouds gesammelten, immensen Datenmengen, sog. *Big Data*, im IoT zu analysieren (*Big Data Analytics*). Die Ergebnisse dieser Analysen sollen nicht nur dazu dienen, verschiedene IoT-Komponenten und -Objekte zum Erfassen von Informationen zu befähigen, damit sie diese Menschen signalisieren/anzeigen und die Informationen von Menschen genutzt werden. Die IoT-Komponenten und -Objekte sollen mittels der erfassten Informationen auch selbst lernen und sich dadurch in die Lage versetzen, intelligent (so wie Menschen, aber ohne menschliche Hilfe) auf verschiedene Situationen und plötzlich auftretende Ereignisse zu reagieren. Besäße das IoT die eben geschilderten Fähigkeiten, würde man von *Intelligent IoT* (IIoT) sprechen.

Cognitive IoT

Die sog. *kognitiven Fähigkeiten* des Menschen ermöglichen es ihm, Signale aus der Umwelt wahrzunehmen und weiterzuverarbeiten. Da die Fähigkeiten von Intelligent IoT im Wesentlichen den kognitiven Fähigkeiten des Menschen entsprechen, wird es auch als *Cognitive IoT* (CIoT) bezeichnet. Es sei hervorgehoben, dass AI, (Big) Data Analytics, Cloud Computing und Fog Computing als die vier wichtigsten treibenden Kräfte, quasi als 'Zugpferde' einer IoT Quadriga [Abb. 18.11-1], bei der IoT-Weiterentwicklung zum Intelligent IoT angesehen werden können.

Für detailliertere Information über Cognitive IoT und Intelligent IoT siehe:

6.2.a Charith Perera, Arkady Zaslavsky, Peter Christen, Dimitrios Georgakopoulos: Context Aware Computing for The Internet of Things: A Survey; IEEE Communications Surveys & Tutorials, Vol. 16(1), First Quarter 2014, DOI: 10.1109/SURV.2013.042313.00197

6.2.b Qihui Wu, et al.: Cognitive Internet of Things: A New Paradigm beyond Connection; Mar 2014; arXiv:1403.2498v1

6.2.c Djallel Eddine Boubiche, et al.: Advanced Industrial Wireless Sensor Networks and Intelligent IoT; IEEE Communications Magazine, Vol. 56(2), Feb 2018; DOI: 10.1109/MCOM.2018.8291108

18.6 Fog Computing & Artificial Intelligence (AI)

6.2.d Omer Berat Sezer, Erdogan Dogdu, Ahmet Murat Ozbayoglu: Context-Aware Computing, Learning, and Big Data in Internet of Things: A Survey; IEEE Internet of Things Journal, Vol. 5(1), Feb 2018; DOI: 10.1109/JIOT.2017.2773600

6.2.e Xiaoming He, Kun Wang, Huawei Huang, Bo Liu: QoE-Driven Big Data Architecture for Smart City; IEEE Communications Magazine, Vol. 56(2), Feb 2018c DOI: 10.1109/MCOM.2018.1700231

6.2.f Mehdi Mohammadi, Ala Al-Fuqaha, Mohsen Guizani, Jun-Seok Oh: Semi-supervised Deep Reinforcement Learning in Support of IoT and Smart City Services; IEEE Internet of Things Journal, Vol. 5(2), Apr 2018; DOI: 10.1109/JIOT.2017.2712560

6.2.g Qian Mao, Fei Hu, Qi Hao: Deep Learning for Intelligent Wireless Networks: A Comprehensive Survey; IEEE Communications Surveys & Tutorials (Early Access), Jun 2018; DOI: 10.1109/COMST.2018.2846401

6.2.h Anatol Badach: Internet of Things (IoT) – Quo vadis?, Oct 2018, DOI: 10.13140/RG.2.2.29510.93764

6.2.i Nadeem Javaid, Arshad Sher, Hina Nasir, Nadra Guizani: Intelligence in IoT-Based 5G Networks: Opportunities and Challenges; IEEE Communications Magazine, Vol. 56(10), Oct 2018; DOI: 10.1109/MCOM.2018.1800036

18.6.3 Ambient Intelligence in IoT

Ein wichtiges Ziel der IoT-Entwicklung ist die Verbesserung der Lebensqualität von Menschen. Dies bedeutet, dass Intelligent IoT eine Intelligenz, die sich auf das direkte Lebensumfeld von Menschen bezieht, besitzen muss. Diese wird als *Umweltintelligenz* bzw. *Ambient Intelligence* (AmI) bezeichnet. Ein Beispiel für die Verbesserung der Lebensqualität von Menschen dank AmI im IoT ist *Ambient Assisted Living* (AAL). Als AAL wird ein IoT-Service verstanden, mit dem der Alltag älterer oder gesundheitlich benachteiligter Personen situationsabhängig und unaufdringlich unterstützt werden kann. Für detaillierte Informationen über Bedeutung von Ambient Intelligence in IoT sei verwiesen auf:

6.3.a Emile Aarts, Boris de Ruyte: New research perspectives on Ambient Intelligence; Journal of Ambient Intelligence and Smart Environments, Vol. 1(1), 2009; DOI: 10.3233/AIS-2009-0001

6.3.b A. Dohr, R. Modre-Osprian, M. Drobics, D. Hayn, G. Schreier: The Internet of Things for Ambient Assisted Living; Seventh International Conference on Information Technology: New Generations, Apr 2010; DOI: 10.1109/ITNG.2010.104

6.3.c Kun Wang, Yun Shao, Lei Shu, Guangjie Han, Chunsheng Zhu: LDPA: A Local Data Processing Architecture in Ambient Assisted Living Communications; IEEE Communications Magazine, Vol. 53(1), Jan 2015; DOI: 10.1109/MCOM.2015.7010516

18.6.4 IoT Service Orchestration

Müssen im IoT mehrere Fog Nodes beispielsweise von einer Cloud koordiniert werden, so ist die Nutzung von SDN fast unabdingbar. Bei einem Einsatz von SDN zur Unterstützung von Fog Computing spricht man von *SDN-enabled Fog Computing*. Diese besondere Art von Fog Computing besteht in der Konfigurierung und Steuerung der Fog Nodes durch SDN Controller. Wird ein IoT Service von mehreren Fog Nodes erbracht, so müssen diese entsprechend koordiniert werden, zum Beispiel von einem SDN Controller, der in einem Cloud untergebracht werden kann. Dies kann als eine Art 'IoT Service Orchestrierung' angesehen werden. Für Näheres darüber siehe:

6.4.a Harshit Gupta, et al.: SDFog: A Software Defined Computing Architecture for QoS Aware Service Orchestration over Edge Devices; Sep 2016; arXiv:1609.01190v1

6.4.b Karima Velasquez, et al.: Fog orchestration for the Internet of Everything: state-of-the-art and research challenges; Journal of Internet Services and Applications, Jul 2018; DOI: 10.1186/s13174-018-0086-3

6.4.c Ola Salman, Imad Elhajj, Ali Chehab, Ayman Kayssi: IoT Survey: An SDN and Fog Computing Perspective; Computer Networks, Vol. 143, Jul 2018; DOI: 10.1016/j.comnet.2018.07.020

6.4.d José Santos, Tim Wauters, Bruno Volckaert, Filip De Turck: Fog Computing: Enabling the Management and Orchestration of Smart City Applications in 5G Networks; Entropy, Vol. 20(1), Jan 2018; DOI:10.3390/e20010004

6.4.e Nam Yong Kim, et al.: CF-CloudOrch: container fog node-based cloud orchestration for IoT networks; The Journal of Supercomputing, Jul 2018c DOI: 10.1007/s11227-018-2493-4

6.4.f Salman Taherizadeh, Vlado Stankovski, Marko Grobelni: A Capillary Computing Architecture for Dynamic Internet of Things: Orchestration of Microservices from Edge Devices to Fog and Cloud Providers; Sensors, Vol. 18(9), Sep 2018.

18.7 5G (Generation) Mobile Networks

Was bedeutet 5G?

Mit 5G wird die der heutigen 4. folgende fünfte Generation von Mobilfunknetzen bezeichnet. Es wird davon ausgegangen, dass die Mobilfunknetze der 5. Generation erst um das Jahr 2020 verfügbar sein werden.

5G als Ergänzung zu 4G

Die 5G-Mobilfunknetze, als nächste Generation zellularer Mobilfunknetze, sollen die heutigen 4G-Mobilfunknetze nicht ersetzen, sondern mit erheblich höheren Übertragungskapazitäten und geringeren Latenzzeiten ergänzen. 5G-Mobilfunknetze können auf Basis kleiner Zellen eingerichtet werden und ermöglichen eine Übertragung von Daten über kurze Entfernungen mit großen, in Bereich von Gbit/s liegenden Bitraten. Mit einer breiten Verfügbarkeit von 5G-Mobilfunknetzen wird eine Netzwerkarchitektur geschaffen, die den vielfältigen Anforderungen des IoT sehr gerecht wird.

Auf dem Gebiet 5G Mobile Networks sind insbesondere die Networking-Trends *5G-enabled Mobile IoT Applications*, *Vehicle-to-Everything* (V2X) Services, *SDN and NFV for 5G Mobile Networks*, *5G Network Slicing* und *5G Security* hervorzuheben. Für allgemeine Information über 5G-Mobilfunknetze sei verwiesen auf:

7.a IEEE SPECTRUM: What Does Every Engineer Need to Know about 5G?

7.b SDxCentral: Defining 5G Architecture

7.c Chih-Lin I, Corbett Rowell, Shuangfeng Han, Zhikun Xu, Gang Li, Zhengang Pan: Toward green and soft: a 5G perspective; IEEE Communications Magazine, Vol. 52(2), Feb 2014; DOI: 10.1109/MCOM.2014.6736745

7.d Patrick Kwadwo Agyapong, et al.: Design considerations for a 5G network architecture; IEEE Communications Magazine,, Vol. 52(11), Nov 2014; DOI: 10.1109/MCOM.2014.6957145

7.e NGMN Alliance: 5G White Paper - Executive Version; Dec 2014

7.f Akhil Gupta, Rakesh Kumar Jha: A Survey of 5G Network: Architecture and Emerging Technologies: IEEE Access, Vol. 3, Jul 2015; DOI: 10.1109/ACCESS.2015.2461602

7.g Huawei Technologies: 5G Network Architecture: A High-Level Perspective; Technical Report, 2016

7.h 5G PPP Architecture Working Group: View on 5G Architecture, Version 1.0; Technical Report, Version 1.0, Jul 2016

7.i Bundesministerium für Verkehr und digitale Infrastruktur (Hrsg.): 5G-Strategie für Deutschland: Eine Offensive für die Entwicklung Deutschlands zum Leitmarkt für 5G-Netze und -Anwendungen; Juli 2017

7.j 5G PPP Architecture Working Group: View on 5G Architecture; Version 2.0; Technical Report, Jul 2017

7.k Ian F. Akyildiz, Shuai Nie, Shih-Chun Lin, Manoj Chandrasekaran: 5G roadmap: 10 key enabling technologies; Computer Networks, Vol. 106, 4 Sep 2016; DOI: 10.1016/j.comnet.2016.06.010

7.l 5G PPP Architecture Working Group: View on 5G Architecture; Technical Report, Version 2.0, Jun 2017

7.m ETSI TR 138 913 V14.3.0: 5G; Study on scenarios and requirements for next generation access technologies (3GPP TR 38.913 version 14.3.0 Release 14); Oct 2017

7.n Rojeena Bajracharya, et al.: LWA in 5G: State-of-the-Art Architecture, Opportunities, and Research Challenges; IEEE Communications Magazine, Vol. 56(10), Oct 2018; DOI: 10.1109/MCOM.2018.1701177

18.7.1 5G-enabled Mobile IoT Applications

In zellularen 5G-Mobilfunknetzen werden Funktechnologien genutzt, in denen Signale im elektromagnetischen Spektrum im Millimeterbereich verwendet werden. 5G-Mobilfunknetze basieren also auf der Ausbreitung von sog. Millimeterwellen. Hierdurch sind in diesen mobilen Netzen kleine Zellen und große Übertragungsgeschwindigkeiten möglich. Und aus diesem Grund werden 5G-Mobilfunknetze bis zu 100 Mal schneller als bestehende 4G-Mobilfunknetze sein. Dies wird von großer Bedeutung bei der Integration von 5G-Mobilnetztechnologien in das IoT sein – insbesondere für Industrial IoT (IIoT) – und bestimmte andere Branchen, z.B. die Landwirtschaft. Die soeben erwähnten, IoT-relevanten Besonderheiten der 5G-Mobilnetztechnologien werden mit den drei Begriffen eMBB, URLLC und mMTC umschrieben. Dabei steht:

- **eMBB** (*enhanced Mobile Broadband*) für ein erweitertes mobiles Breitband (Nutzung von Millimeterwellen),
- **URLLC** (*Ultra Reliable Low Latency Communications*) für sehr zuverlässige Kommunikation mit geringer Latenz und
- **mMTC** (*massive Machine Type Communications*) für ein breites Spektrum von IoT-Einsatzmöglichkeiten.

Bedeutung von LiFi

Eine besonders wichtige 5G-Netztechnologie ist eine optische Übertragungstechnik, die als LiFi (*Light Fidelity*) bezeichnet wird. Sie wird zukünftig der lokalen Kommunikation, z.B. Realisierung von IoT-Services in großen Räumen, dienen können. LiFi stellt eine neue drahtlose Datenübertragungstechnik dar, die das Infrarot- und sichtbare Lichtspektrum nutzt und eine schnelle, bidirektionale drahtlose lokale Kommunikation ermöglicht. Mit LiFi ist eine Übertragungsgeschwindigkeit von 8 Gbit/s erreichbar. Für nähere Informationen über LiFi siehe [7.1.i].

Internet of Everything

Die Integration neuer G5-Mobilfunknetze in das IoT kann zu einer Erweiterung von IoT führen, bei der von *Internet of Everything* (IoE) gesprochen werden wird. Für weitere Information über verschiedene Arten von 5G-enabled Mobile IoT Applications siehe:

7.1.a i-SCOOP: 5G and IoT in 2018 and beyond: the mobile broadband future of IoT

7.1.b Doruk Sahinel, et al.: Beyond 5G Vision for IOLITE Community; IEEE Communications Magazine, Vol. 55(1), Jan 2017, DOI: 10.1109/MCOM.2017.1600372CM

7.1.c Sotirios K. Goudos, et al.: A survey of IoT Key Enabling and Future Technologies: 5G, Mobile IoT, Sematic Web and Applications; Wireless Personal Communications, Jul 2017; DOI: 10.1007/s11277-017-4647-8

7.1.d Godfrey Akpakwu, et al.: A Survey on 5G Networks for the Internet of Things: Communication Technologies and Challenges; IEEE Access, Vol. 5(12), Dec 2017; DOI: 10.1109/ACCESS.2017.2779844

7.1.e Yuh-Shyan Chen, Yi-Ting Tsai: A Mobility Management Using Follow-Me Cloud-Cloudlet in Fog-Computing-Based RANs for Smart Cities; Sensors, Vol. 18(2), Feb 2018; DOI: 10.3390/s18020489

7.1.f Shancang Li, Li Da Xu, Shanshan Zhao: 5G Internet of Things: A Survey; Journal of Industrial Information Integration, Vol. 10, Jun 2018, DOI: 10.1016/j.jii.2018.01.005

7.1.g By Biswa P. S. Sahoo, et al.: Enabling Millimeter-Wave 5G Networks for Massive IoT Applications; Aug 2018, arXiv:1808.04457v1

7.1.h Nadeem Javaid, Arshad Sher, Hina Nasir, Nadra Guizani: Intelligence in IoT-Based 5G Networks: Opportunities and Challenges; IEEE Communications Magazine, Vol. 56(10), Oct 2018; DOI: 10.1109/MCOM.2018.1800036

7.1.i Harald Haas: LiFi is a paradigm-shifting 5G technology; Reviews in Physics, Vol. 3, Nov. 2018, DOI: 10.1016/j.revip.2017.10.001

18.7.2 Vehicle-to-Everything (V2X) Services

In naher Zukunft wird es verschiedene autonom, d.h. ohne einen menschlichen Fahrer, fahrende Fahrzeuge geben. Um unfallfreies autonomes Fahren zu gewähren, sind aber noch diverse technische Probleme zu lösen. Flächendeckend muss eine besondere, als IoV (*Internet of Vehicles*) bezeichnete Variante von IoT eingerichtet werden. Dabei werden die 5G-Mobilfunknetze eine enorm große Rolle spielen. Jedes autonom fahrende Fahrzeug muss in der Lage sein, alles, was auf Straßen passieren kann, wahrzunehmen und darauf zu reagieren. Das lässt sich nur dadurch erreichen, dass jedes autonom fahrende Vehikel, nicht nur mit anderen Fahrzeugen, sondern mit allen Dingen unterwegs auf eine spezielle Art und Weise kommunizieren kann. Diese Art der Kommunikation soll durch sog. *Vehicle-to-Everything* (V2X) Services ermöglicht werden.

Zum sicheren autonomen Fahren müssen Fahrzeuge mit anderen Fahrzeugen (V2V), mit der angrenzenden Infrastruktur (V2I), mit Internet-basierten Netzwerken (V2N) und auch mit Fußgängern (V2P) kommunizieren können. Daher sind die soeben genannten Arten der Kommunikation – V2V (*Vehicle-to-Vehicle*), V2I (*Vehicle-to-Infrastructure*), V2N (*Vehicle-to-Network*) und V2P (*Vehicle-to-Pedestrian*) – die funktionellen Bestandteile von V2X. Somit ist V2X als Oberbegriff für V2V, V2I, V2N und V2P anzusehen. Für Näheres über V2X siehe:

V2X als Oberbegriff für V2V, V2I, V2N und V2P

7.2.a Dino Flore: 5G V2X: The automotive use-case for 5G; 2017

7.2.b Mate Boban, et al.: Use Cases, Requirements, and Design Considerations for 5G V2X; Dec 2017, arXiv:1712.01754v1

7.2.c Claudia Campolo, et al.: 5G Network Slicing for Vehicle-to-Everything Services; IEEE Wireless Communications, Vol. 24(6), Dec 2017; DOI: 10.1109/MWC.2017.1600408

7.2.d 5G Americas White Paper: Cellular V2X Communications Towards 5G; March 2018

18.7.3 SDN and NFV for 5G Mobile Networks

Die beiden Konzepte SDN (*Software-Defined Networking*) und NFV (*Network Functions Virtualisation*) gelten als neue, sich gegenseitig ergänzende, Entwicklungstrends auf dem Gebiet Networking und haben einen großen Einfluss auf die Entwicklungen von 5G Mobile Communications. Mit SDN ist es auf der Grundlage von 5G-Netzwerktechnologien möglich, private 5G-Netzwerke (*private 5G Networks*) zur Unterstützung von Multimedia- und Gruppenkommunikation, z.B. in einem Unternehmen, einzurichten. Um private 5G-Netzwerke einrichten zu können, werden sehr häufig verschiedene virtualisierte netzwerkspezifische Funktionen, sog. VNFs (*Virtualised Network Functions*), eingesetzt. Das SDN-Konzept eignet sich ideal zur Einrichtung eines 5G Netzwerkes auf Basis von VNFs, zu dessen Management und Adaption an aktuellen Anforderungen. In diesem Zusammenhang kann von 'SD-enabled 5G Private Networks' gesprochen werden. Für weitere Informationen darüber siehe:

7.3.a Junyu Lai, et al.: Software-defined cellular networking: A practical path towards 5G, International Journal of Communication Networks and Distributed Systems; Vol. 14(1), Jan 2015, DOI 10.1504/IJCNDS.2015.066019

7.3.b Ian F. Akyildiz, Pu Wang, Shih-Chun Lin: SoftAir: A software defined networking architecture for 5G wireless systems; Computer Networks, Vol. 85, Jul 2015; DOI: 10.1016/j.comnet.2015.05.007

7.3.c Ricard Vilalta, et al.: SDN/NFV orchestration of multi-technology and multi-domain networks in cloud/fog architectures for 5G services; 21st OptoElectronics and Communications Conference (OECC) held jointly with 2016 International Conference on Photonics in Switching (PS), Jul 2016

7.3.d 5G PPP Software Networks WG: Vision on Software Networks and 5G; White Paper, Jan 2017

7.3.e Pedro Neves, et al.: Future mode of operations for 5G – The SELFNET approach enabled by SDN/NFV; Computer Standards & Interfaces, Vol. 54(4), Nov 2017; DOI: 10.1016/j.csi.2016.12.008

7.3.f Luis Tello-Oquendo, Ian Akyildiz, Shih-Chun Lin, Vicent Pla: SDN-Based Architecture for Providing Reliable Internet of Things Connectivity in 5G Systems; Jul 2018, HAL Id: hal-01832537

7.3.g Lu Ma, et al.: An SDN/NFV Based Framework for Management and Deployment of Service Based 5G Core Network; China Communications, Vol. 15(10), Oct. 2018; DOI: 10.1109/CC.2018.8485472

18.7.4 5G Network Slicing

In einem speziell für den Support von 5G Mobile Services eingerichteten Datacenter, bzw. in einer speziell hierfür installierten 5G Cloud, können aus einzelnen VNFs (eine Art *Microservices*) isolierte Gruppen untereinander vernetzter VNFs gebildet werden. Eine isolierte Gruppe vernetzter VNFs kann ein privates 5G-Netzwerk bilden. Solch eine Vorgehensweise basiert auf der Realisierung von 5G Network Slicing, und es kommen dabei die Konzepte von SDN und *Network Functions Virtualisation* (NFV) zum Einsatz. 5G Network Slicing wird allgemein als Schlüsseltechnologie zur Bildung spontaner, oft privater, an aktuelle Anforderungen anpassungsfähiger (*adaptiver*) 5G-Netzwerke angesehen. Für weitere Informationen siehe:

7.4.a SDxCentral: What is Network Slicing?

7.4.b SDxCentral: What is Dynamic Network Slicing?

18.7 5G (Generation) Mobile Networks

7.4.c Jose Ordonez-Lucena, et al.: Network Slicing for 5G with SDN/NFV: Concepts, Architectures, and Challenges; IEEE Communications Magazine, Vol. 55(5), May 2017; DOI: 10.1109/MCOM.2017.1600935

7.4.d Xenofon Foukas, et al.: Network Slicing in 5G: Survey and Challenges; IEEE Communications Magazine, Vol. 55(5), May 2017), DOI: 10.1109/MCOM.2017.1600951

7.4.e Xin Li, et al.: Network Slicing for 5G: Challenges and Opportunities; IEEE Internet Computing, Vol. 21(5) Sep 2017; DOI: 10.1109/MIC.2017.3481355

7.4.f Tony Saboorian, Amanda Xiang: Network Slicing and 3GPP Service and Systems Aspects (SA) Standard; IEEE Softwarization, Dec 2017

7.4.g Claudia Campolo, et al.: 5G Network Slicing for Vehicle-to-Everything Services; IEEE Wireless Communications, Vol. 24(6), Dec 2017; DOI: 10.1109/MWC.2017.1600408

7.4.h Bessem Sayadi, Laurent Roullet: 5G: Platform and Not Protocol, IEEE Softwarization, Jan 2018

7.4.i Emmanuel Dotaro: 5G Network Slicing and Security; IEEE Softwarization, Jan 2018

18.7.5 5G Network Security

In den zukünftigen 5G-Mobilfunknetzen kommen die Netzwerktechnologien SDN und NFV zum Einsatz, und darüber hinaus werden diese Mobilfunknetze in das IoT integriert. Aus diesem Grund müssen alle Schwachstellen und Bedrohungen, die in IoT, SDN und NFV vorkommen können, auch bei der Analyse der Sicherheit in 5G-Mobilfunknetzen berücksichtigt werden. Die Bildung von virtuellen privaten 5G-Netzwerken mit SDN und NFV, was man als *5G Network Slicing* bezeichnet, schafft dabei auch zusätzlich neue Sicherheitslücken und Bedrohungen. Folglich ist die Sicherheit in zukünftigen 5G-Mobilfunknetzen, kurz als *5G Security* bezeichnet, ein sehr wichtiges, breites und komplexes Forschungs- und Entwicklungsgebiet.

Daher muss die Analyse der Sicherheit in 5G-Mobilfunknetzen global und systematisch durchgeführt werden, um dabei möglichst sämtliche Sicherheitslücken und Bedrohungen zu erfassen und damit die entsprechenden Sicherheitsmaßnahmen einplanen zu können. Eine Sammlung von Sicherheitsrichtlinien zur Analyse der Sicherheit in 5G-Mobilfunknetzen ist in 5G PPP Security WG [7.5.g] und x3GPP TS 33.501x [7.5.k] enthalten. Für weitere Information zu ´5G Security´ ist zu empfehlen:

7.5.a 3GPP 5G Security

7.5.b Huawei White Paper: 5G Security: Forward Thinking

7.5.d SDxCentral: What Are the Top 5G Security Challenges?

7.5.f ITU-T: Security in Telecommunications and Information Technology; An overview of issues and the deployment of existing ITU-T Recommendations for secure telecommunications, September 2015

7.5.g 5G PPP Security WG: 5G PPP Phase1 Security Landscape; Jun 2017

- 7.5.h Ijaz Ahmad, et al.: 5G Security: Analysis of Threats and Solutions; 2017 IEEE Conference on Standards for Communications and Networking (CSCN), Sep 2017; DOI: 10.1109/CSCN.2017.8088621
- 7.5.i Emmanuel Dotaro: 5G Network Slicing and Security; IEEE Softwarization, Jan 2018
- 7.5.j Ijaz Ahmad, et al.: Overview of 5G Security Challenges and Solutions; IEEE Communications Standards Magazine, Vol. 2(1), Mar 2018; DOI: 10.1109/MCOMSTD.2018.1700063
- 7.5.k 3GPP TS 33.501: Technical Specification Group Services and System Aspects; Security architecture and procedures for 5G system; Sep 2018

18.8 Information-Centric Networking and Services

Host-Centric Networking im Internet

Das Internet dient heutzutage nicht nur der Kommunikation zwischen Rechnern, sondern ist ein universales Informationsnetz, d.h. quasi eine weltweit verteilte Informationsbasis. Da im Internet die Kommunikation zwischen Rechnern, sog. Hosts, heute aber noch im Vordergrund steht, ist es aktuell ein rechnerzentriertes Netz – also ein Host-Centric Network. Die Charakteristik eines rechnerzentrierten Netzes besteht darin, dass jede Internetadresse in der Form von URL (*Uniform Resource Locator*) bzw. von URI (*Uniform Resource Identifier*), in der Regel mithilfe von DNS, auf eine Host-Adresse aufgelöst (quasi abgebildet) werden muss. Das heutige DNS stellt de facto ein weltweit verteiltes Resolving System von URLs bzw. URIs auf Host-Adressen dar. Man könnte aber ein anderes globales Resolving-System bzw. mehrere lokale, weltweite verteilte, kleinere Resolving-Systeme nutzen. Die Folge wäre u.a. beispielsweise Information-Centric Networking.

Information-Centric Networking (ICN)

Damit das Internet zukünftig den stark wachsenden, mit einem universalen Informationsnetz verbundenen Herausforderungen gerecht werden kann, muss das ihm zugrunde liegende rechnerzentrierte Kommunikationsprinzip um ein neues, zukunftsweisendes Prinzip erweitert werden. Das Kommunikationsprinzip im Internet sollte in Zukunft nicht nur *Rechner-zentriert* (*Host-Centric*), sondern auch *Informations-zentriert* (*Information-Centric*) sein. Der Zugriff auf eine gewünschte Information sollte also nur durch die Angabe von deren Namen – und nicht die ihrer Lokation – erfolgen. In diesem Zusammenhang spricht man heute von *Information-Centric Networking*(ICN). Da Daten bzw. verschiedene Content-Arten (z.B. Audio, Video, Streaming Medien) allgemein betrachtet als Arten von Information anzusehen sind, werden als Synonyme für ICN häufig die Begriffe NDN (*Named Data Networking*) und CCN (*Content-Centric Networking*) verwendet.

18.8 Information-Centric Networking and Services

Es sei angemerkt, dass das Internet (theoretisch betrachtet) nach zwei Prinzipien, also 'Host-Centric' und 'Information-Centric', genutzt werden kann. Somit könnte es in einer Art Dual-Mode betrieben werden. Zu diesem Zweck müssen weitere Resolving-Systeme – zusätzlich zum DNS – installiert werden. Mit deren Hilfe werden Informationsnamen, z.B in Form von URNs (*Uniform Resource Names*), auf spezielle Containern, quasi Speicherplätzen, in denen auf die Rechnern mit gewünschten Informationen verwiesen wird, aufgelöst/abgebildet. Nach einem ähnlichen Prinzip funktioniert das als ENUM bezeichnete Resolving von Telefonnummern auf IP-Adressen zwecks Internettelefonie [Abschnitt 5.7.2].

Internet-Dual-Mode: 'Host-Centric' und 'Information-Centric'

ICN ist ein neuer Ansatz, der über das Internet den direkten Zugriff auf mit eindeutigen Namen/Identifikationen versehene Informationen, unabhängig von deren Herkunft und aktueller Lokation im Internet ermöglicht, ohne hierfür vorher Verbindungen zu Rechnern mit diesen Informationen aufbauen zu müssen. Es wird in diesem Zusammenhang von *IC Services* (IC: Information-Centric) gesprochen. Die Erbringung verschiedener Arten von IC Services lässt sich gut mit dem Konzept *Location-to-Service Translation* (LoST) unterstützen. LoST kann dazu verwendet werden, mittels mobiler Endgeräte (Smartphones, Bordcomputern in Autos, ...) unterwegs Informationen darüber zu erhalten, welche IoT-Services es in direkter Nähe gibt, damit diese daraufhin mit den mobilen Endgeräten abgerufen werden können [8.e].

LoST als Support zu IC Services

Auf dem Konzept von ICN basieren u.a. die folgenden Networking-Trends: *Software-Defined ICN* (SD ICN), *IC Internet of Things* (IC IoT). Insbesondere sind *IC Services in Smart Cities* hervorzuheben. Diese eben genannten Trends werden mit dem Trend *Information-Centric Networking Security* (ICN Security) zusammengefasst. Für allgemeine Information darüber siehe:

8.a Ngoc-Thanh Dinh, Younghan Kim: Potential of information-centric wireless sensor and actor networking; International Conference on Computing, Management and Telecommunications (ComManTel), Jan 2013; DOI: 10.1109/ComManTel.2013.6482384

8.b Aytac Azgin, Ravishankar Ravindran, Guoqiang Wang: A Scalable Mobility-Centric Architecture for Named Data Networking; Jun 2014; arXiv:1406.7049v1

8.c Marica Amadeo, Claudia Campolo, Antonella Molinaro, Giuseppe Ruggeri: Content-centric wireless networking: A survey; Computer Networks, Vol. 72, Oct 2014; DOI: 10.1016/j.comnet.2014.07.003

8.d RFC 7476: Information-Centric Networking: Baseline Scenarios, Mar 2015

8.e Anatol Badach: LoST - Location-to-Service Translation; In book: Protokolle und Dienste der Informationstechnologie; WEKA, Ed.: Heinz Schulte; Aug 2015; DOI: 10.13140/RG.2.1.4314.2887

8.f RFC 7927: Information-Centric Networking (ICN) Research Challenges; Jul 2016

8.g José Quevedo, et al.: On the application of contextual IoT service discovery in Information Centric Networks; Computer Communications, Vol. 89–90, Sep 2016; DOI: 10.1016/j.comcom.2016.03.011

8.h Marica Amadeo, et al.: Information-centric networking for M2M communications: Design and deployment; Computer Communications, Vol. 89–90, Sep 2016; DOI: 10.1016/j.comcom.2016.03.009

8.i Bin Da, Richard Li, Xiaofei Xu: ID Oriented Networking (ION) for IoT Interoperation; 2017 Global Internet of Things Summit (GIoTS), Jun 2017; DOI: 10.1109/GIOTS.2017.8016237

8.j Dennis Grewe, et al.: Information-Centric Mobile Edge Computing for Connected Vehicle Environments: Challenges and Research Directions; MECOMM '17 Proceedings of the Workshop on Mobile Edge Communications, Aug 2017; DOI: 10.1145/3098208.3098210

8.k Cenk Gündogan, et al.: Information-Centric Networking for the Industrial IoT; ICN '17 Proceedings of the 4th ACM Conference on Information-Centric Networking, Sep 2017; DOI 10.1145/3125719.3132099

8.l Bin Da, et al.: Identity/Identifier-Enabled Networks (IDEAS) for Internet of Things (IoT); 2018 IEEE 4th World Forum on Internet of Things (WF-IoT), Feb 2018; DOI: 10.1109/WF-IoT.2018.8355102

18.8.1 Software-Defined ICN (SD ICN)

Moderne Geräte wie Smartphones, Laptops und Tablets, die über drahtlose Netzwerke den Zugang zum Internet haben, werden immer beliebter. Sie ermöglichen den Benutzern Mobilität und Flexibilität beim Zugriff auf das Internet an jedem Ort (z.B. zu Hause, im Büro, in Geschäften, Autos) und zu jeder Zeit. Die Internet-Nutzung mithilfe dieser Geräte sollte in der Zukunft nicht nur wie heute rechnerzentrisch (Host-Centric) sein, sondern auch informationszentrisch (Information-Centric). Es sollte möglich sein, die gewünschte Information durch die Angabe ihrer strukturierten Namen – einer Art URNs (*Uniform Resource Names*) – aus dem Internet zu erhalten, ohne dabei eine Suchmaschine (wie z.B. Google) nutzen zu müssen. Um eine solche Wunschvorstellung zu verwirklichen, also ein ICN einzurichten, können einige Konzepte aus dem Gebiet SDN (*Software-Defined Networking*) übernommen werden. Ist dies der Fall, spricht man von *Software-Defined ICN* (SD ICN). Dabei liefert SDN einige Ideen zur Bereitstellung von ICN-Architekturen und kann die Funktionalität und Verwaltung von ICNs erheblich vereinfachen. Für weitere Information über SD ICN ist zu empfehlen:

8.1.a Jinfan Wang, Wei Gao, Yuqing Liang, Rui Qin, Jianping Wang, Shucheng Liu: SD-ICN: An interoperable deployment framework for software-defined information-centric networks; IEEE Conference on Computer Communications Workshops (INFOCOM WKSHPS), May 2014; DOI: 10.1109/INFCOMW.2014.6849199

8.1.b Shuai Gao, Yujing Zeng, Hongbin Luo, Hongke Zhang: Scalable Area-based Hierarchical Control Plane for Software Defined Information Centric Networking; 23rd International Conference on Computer Communication and Networks (ICCCN), Aug 2014; DOI: 10.1109/ICCCN.2014.6911839

8.1.c Niels L. M. van Adrichem, Fernando A. Kuipers: NDNFlow: Software-defined Named Data Networking, 1st IEEE Conference on Network Softwarization (NetSoft), Apr 2015; DOI: 10.1109/NETSOFT.2015.7116131

8.1.d Suyong Eum, Masahiro Jibiki, Masayuki Murata, Hitoshi Asaeda, Nozomu Nishinaga: A design of an ICN architecture within the framework of SDN; Seventh International Conference on Ubiquitous and Future Networks, Jul 2015; DOI: 10.1109/ICUFN.2015.7182521

8.1.e Alex F R Trajano, Marcial P Fernandez: ContentSDN: A Content-Based Transparent Proxy Architecture in Software-Defined Networking; IEEE 30th International Conference on Advanced Information Networking and Applications (AINA), Mar 2016; DOI: 10.1109/AINA.2016.103

8.1.f Sergio Charpinel, Celso Alberto Saibel Santos, Alex Borges Vieira, Magnos Martinello, Rodolfo Villaca: SDCCN: A Novel Software Defined Content-Centric Networking Approach; IEEE 30th International Conference on Advanced Information Networking and Applications (AINA), Mar 2016; DOI: 10.1109/AINA.2016.86

8.1.g Changyou Xing, Ke Ding, Chao Hu, Ming Chen, Bo Xu: SD-ICN: Toward Wide Area Deployable Software Defined Information Centric Networking; KSII Transactions on Internet and Information Systems, Vol. 10(5), May 2016; DOI: 10.3837/tiis.2016.05.017

8.1.h Anwar Kalghoum, Mettali Gammar: Towards New Information Centric Networking Strategy Based on Software Defined Networking; IEEE Wireless Communications and Networking Conference (WCNC), Mar 2017; DOI: 10.1109/WCNC.2017.7925536

8.1.i Rihab Jmal, Lamia Chaari Fourati: Content-Centric Networking Management Based on Software Defined Networks: Survey; IEEE Transactions on Network and Service Management, Vol. 14(4), Dec 2017; DOI: 10.1109/TNSM.2017.2758681

8.1.j Qing-Yi Zhang, Xing-Wei Wang, Min Huang, Ke-Qin Li, Sajal K. Das: Software Defined Networking Meets Information Centric Networking: A Survey; IEEE Access, Vol. 6, Jul 2018; DOI: 10.1109/ACCESS.2018.2855135

18.8.2 Information-Centric IoT (IC IoT)

Die Ideen von ICN werden auch in das Internet of Things (IoT) integriert. In diesem Zusammenhang wird von *ICN-based IoT* oder von *ICN-enabled IoT* gesprochen, und man bezeichnet diese Art von IoT kurz als *ICN IoT*. Um Information-Centric (IC) Services im IoT zu ermöglichen, können sowohl spezielle Clouds als auch Fog Nodes eingesetzt werden [Abb. 17.1-4], um IoT-relevante Informationen zentral in Clouds oder entlang des Internet Edge lokal in Fog Nodes zu speichern. In diesem Fall können Clouds als 'Central Information Caches' und Fog Nodes als 'Local Information Caches' dienen. Denn in diesen Caches gespeicherte Informationen können so strukturierte Namen wie z.B. URNs zugewiesen werden, damit sie durch die Angabe von URNs von mobilen Endgeräten abgerufen werden können. Für Näheres darüber siehe:

IC Internet of Things (IC IoT)

8.2.a Marica Amadeo, Claudia Campolo, Antonio Iera, Antonella Molinaro: Named data networking for IoT: An architectural perspective; European Conference on Networks and Communications (EuCNC), Jun 2014; DOI: 10.1109/EuCNC.2014.6882665

8.2.b Emmanuel Baccelli, et al.: Information Centric Networking in the IoT: Experiments with NDN in the Wild; Proceeding ACM-ICN '14, Proceedings of the 1st ACM Conference on Information-Centric Networking, Sep 2014: DOI: 10.1145/2660129.2660144

8.2.c José Quevedo, Daniel Corujo, Rui Aguiar: A case for ICN usage in IoT environments; IEEE Global Communications Conference, Dec 2014; DOI: 10.1109/GLOCOM.2014.7037227

8.2.d Marica Amadeo, Claudia Campolo, Antonella Molinaro: Forwarding strategies in named data wireless ad hoc networks: Design and evaluation; Journal of Network and Computer Applications, Vol. 50, Apr 2015; DOI: 10.1016/j.jnca.2014.06.007

8.2.e Riccardo Petrolo, Valeria Loscri, Nathalie Mitton: Towards a smart city based on cloud of things, a survey on the smart city vision and paradigms; Transactions on Emerging Telecommunications Technologies, Mar 2015; DOI: 10.1002/ett.2931

8.2.f Marica Amadeo, Claudia Campolo, Antonio Iera, Antonella Molinaro: Information Centric Networking in IoT scenarios: the Case of a Smart Home; IEEE International Conference on Communications (ICC), Jun 2015; DOI: 10.1109/ICC.2015.7248395

8.2.g Zhou Su, Qichao Xu: Content Distribution over Content-Centric Mobile Social Networks in 5G; IEEE Communications Magazine, Vol. 53(6), Jun 2015; DOI: 10.1109/MCOM.2015.7120047

8.2.h Marica Amadeo, et al.: Information-centric networking for the internet of things: challenges and opportunities; IEEE Network, Vol. 30(2), Mar-Apr 2016; DOI: 10.1109/MNET.2016.7437030

8.2.i Yongrui Qin, et al.: When things matter: A survey on data-centric Internet of Things; Journal of Network and Computer Applications, Vol. 64, Apr 2016; DOI: 10.1016/j.jnca.2015.12.016

8.2.j Soumya Kanti Datta, et al.: DataTweet: An Architecture Enabling Data-Centric IoT Services; IEEE Region 10 Symposium (TENSYMP), May 2016; DOI: 10.1109/TENCONSpring.2016.7519430

8.2.k Marica Amadeo, et al.: Information-centric networking for M2M communications: Design and deployment; Computer Communications, Vol. 89–90, Sep 2016; DOI: 10.1016/j.comcom.2016.03.009

8.2.l Xuan Liu, Zhuo Li, Peng Yang, Yongqiang Dong: Information-centric mobile ad hoc networks and content routing: A survey; Ad Hoc Networks, Vol. 58, 2017; DOI: 10.1016/j.adhoc.2016.04.005

8.2.m Toshihiko Kurita, Izuru Sato, Kenichi Fukuda, Toshitaka Tsuda: An Extension of Information-Centric Networking for IoT Applications; International

18.8 Information-Centric Networking and Services

Conference on Computing, Networking and Communications (ICNC), Jan 2017; DOI: 10.1109/ICCNC.2017.7

8.2.n draft-zhang-icnrg-icniot-architecture-01: ICN based Architecture for IoT; Jul 2017

8.2.o Sripriya Srikant Adhatarao, Mayutan Arumaithurai, Xiaoming Fu: FOGG: A Fog Computing Based Gateway to Integrate Sensor Networks to Internet; 29th International Teletraffic Congress (ITC 29), Sep 2017; DOI: 10.23919/ITC.2017.8065709

8.2.p Marica Amadeo, Claudia Campolo, Antonella Molinaro: A novel hybrid forwarding strategy for content delivery in wireless information-centric networks; Computer Communications, Vol. 109, Sep 2017; DOI: 10.1016/j.comcom.2017.05.012

8.2.q Maroua Meddeb: Information-Centric Networking, A natural design for IoT applications ?; INSA de Toulouse, 2017; HAL Id: tel-01661302

8.2.r Soumya Kanti Datta, Christian Bonnet: Next-Generation, Data Centric and End-to-End IoT Architecture Based on Microservices, 3rd International Conference on Consumer Elecrtronics (ICCE), Jun 2018

8.2.s Sobia Arshad, et al.: Recent Advances in Information-Centric Networking based Internet of Things (ICN-IoT); arXiv:1710.03473v3; Oct 2018

18.8.3 Information-Centric Services für Smart Cities

Wir nutzen mobile Endgeräte wie Smartphones und Tablets mit Internetzugang. Diese Endgeräte verfügen in der Regel über eine wichtige Komponente – nämlich ein Navigationssystem. Dadurch können sie dem Internet die Angaben über ihre Lokation/Position auf der Erdkugel liefern. Das bereits eben erwähnte Konzept LoST kann dazu verwendet werden, die Lokation mobiler Endgeräte im Internet so zu nutzen, dass verschiedene, von den mobilen Internetnutzern nicht weit entfernte, verfügbare Dienste/Angebote ermittelt werden. Daraufhin können sie den Internetnutzern bekannt gemacht und somit von diesen unterwegs in Anspruch genommen werden. Dies kann zu neuen Formen von Internetdiensten führen. Diese Services kann man als Location-based IC Services bezeichnen [Abschnitt 17.4]

Location-based IC Services

IC Services und insbesondere Location-based IC Services haben eine wichtige Bedeutung bei der Entwicklung der Konzepte für Smart Cities. Damit man diese Services realisieren kann, ist ein verteiltes (dezentrales) Resolving-System in Form von strukturierten Informationsnamen erforderlich, also von den lokalen/ortsgebundenen Informationen zugewiesenen URNs auf die Adressen von Rechnern mit diesen Informationen. Um Location-based IC Services mit einem mobilen Endgerät in Anspruch zu nehmen, muss die Angabe über die Geo-Lokation dieses Endgeräts auf die IP-Adresse des benötigten lokalen Resolving-Systems von strukturierten Informationsnamen (URNs nämlich) auf die Adressen von Rechnern mit diesen gewünschten Informationen erfolgen. Für weitere Information über IC Services für Smart Cities sei verwiesen auf:

IC Services für Smart Cities

8.3.a I. Cianci, G. Piro, L. A. Grieco, G. Boggia, P. Camarda: Content Centric Services in Smart Cities; Sixth International Conference on Next Generation Mobile Applications, Services and Technologies; Sep 2012; DOI 10.1109/NGMAST.2012.20

8.3.b G. Piro, et al.: Information Centric Services in Smart Cities; Journal of Systems and Software, Vol. 88(C), Feb 2014; DOI: 10.1016/j.jss.2013.10.029

8.3.c Marica Amadeo, et al.: Information-Centric Networking for Connected Vehicles: A survey and Future Perspectives; IEEE Communications Magazine, Vol. 54(2), Feb 2016; DOI: 10.1109/MCOM.2016.7402268

8.3.d Ali Shariat, Ali Tizghadam, Alberto Leon-Garcia: An ICN-Based Publish-Subscribe Platform to Deliver UAV Service in Smart Cities; IEEE Conference on Computer Communications Workshops (INFOCOM WKSHPS), Apr 2016, DOI: 10.1109/INFCOMW.2016.7562167

8.3.e Rida Khatoun, Sherali Zeadally: Smart cities: concepts, architectures, research opportunities; Communications of the ACM, Vol. 59(8), Aug 2016; DOI: 10.1145/2858789

8.3.f LASeR: Lightweight Authentication and Secured Routing for NDN IoT in Smart Cities; Mar 2017; arXiv:1703.08453v1

8.3.g Meng Wang, et al.: Toward mobility support for information-centric IoV in smart city using fog computing; IEEE International Conference on Smart Energy Grid Engineering (SEGE), Aug 2017; DOI: 10.1109/SEGE.2017.8052825

8.3.h M. Govoni, et al.: An Information-Centric Platform for Social- and Location-Aware IoT Applications in Smart Cities; EAI Endorsed Transactions on Internet of Things, Vol. 17(9), Aug 2017; DOI: 10.4108/eai.31-8-2017.153049

8.3.i Carmen Rotuna, et al.: Smart City Applications Built on Big Data Technologies and Secure IoT;

8.3.j Yang Zhang, Zehui Xiong, Dusit Niyato, Ping Wang, Zhu Han: Market-Oriented Information Trading in Internet of Things (IoT) for Smart Cities; Jun 2018, arXiv:1806.05583v1

8.3.k Sobia Arshad, et al.: Towards Information-Centric Networking (ICN) Naming for Internet of Things (IoT): The Case of Smart Campus; Jun 2018; arXiv:1711.10304v1

18.8.4 ICN Security

Das ICN ist ein neues Kommunikationsparadigma, das sich auf das Abrufen von Informationen aus dem Internet bzw. aus einem privaten Netzwerk konzentriert, wobei die zu abzurufenden Informationen mit ihren Namen angegeben werden und nicht – wie im heutigen Internet – mit den Adressen von Rechnern, auf denen sie zu finden sind. Ein derartiges neues Kommunikationsparadigma bringt auch neue Sicherheitsprobleme mit sich. Beim ICN ist die Sicherung der Information, also der Inhalte selbst, auf den ersten Blick viel wichtiger als die Probleme der klassischen Netzwerksicherheit. Um die Sicherheitsziele in diesem neuen ICN-Paradigma zu erreichen, ist ein umfassendes Verständnis der ICN-spezifischen Angriffe, ihrer Klassifizierung und der

Lösungsvorschläge von entscheidender Bedeutung. Es gibt verschiedene Angriffsarten – und zwar solche, die direkt nur ICN betreffen, und solche, die sich indirekt auf ICN auswirken. Für weitere Information über ICN Security ist zu empfehlen:

8.4.a Abdelberi Chaabane, et al.: Privacy in Content-Oriented Networking: Threats and Countermeasures; ACM SIGCOMM Computer Communication Review, Vol. 43(3), Jul 2013; DOI 10.1145/2500098.2500102

8.4.b Nikos Fotiou, et al.: A Framework for Privacy Analysis of ICN Architectures; Proc. Second Annual Privacy Forum (APF), Springer, 2014; DOI 10.1007/978-3-319-06749-0_8

8.4.c Eslam G. AbdAllah, Hossam S. Hassanein, Mohammad Zulkernine: A Survey of Security Attacks in Information-Centric Networking; IEEE Communications Surveys & Tutorials, Vol. 17(3), Jan 2015; DOI: 10.1109/COMST.2015.2392629

8.4.d Muhammad Aamir, Syed Mustafa Ali Zaidi: Denial-of-service in content centric (named data) networking: a tutorial and state-of-the-art survey; Security and Communication Networks, 2015; DOI: 10.1002/sec.1149

8.4.e Mahdi Aiash, Jonathan Loo: An integrated authentication and authorization approach for the network of information architecture; Journal of Network and Computer Applications, Vol. 50, Apr 2015; DOI: 10.1016/j.jnca.2014.06.004

8.4.f Roman Lutz: Security and Privacy in Future Internet Architectures: Benefits and Challenges of Content Centric Networks; Jan 2016; arXiv:1601.01278v2

8.4.g RFC 7945: Information-Centric Networking: Evaluation and Security Considerations; Sep 2016

8.4.h Sabrina Sicari, er al.: A Secure ICN-IoT Architecture; IEEE International Conference on Communications; May 2017; DOI: 10.1109/ICCW.2017.7962667

8.4.i Reza Tourani, Travis Mick, Satyajayant Misra, Gaurav Panwar: Security, Privacy, and Access Control in Information-Centric Networking: A Survey; Jun 2017, arXiv:1603.03409v

18.9 Time-sensitive und Deterministic Networking

Die Migration zum IoT (insbesondere zum IoT im industriellen Bereich, also zum Industrial IoT (IIoT)) führt dazu, dass zwei Bereiche in industriellen Unternehmen konvergieren: nämlich der Bereich IT (*Information Technology*, Informationstechnologie) und der Bereich OT (*Operational Technology*, Betriebstechnologie/Betriebstechnik). In diesem Zusammenhang und in Verbindung zur Industrie 4.0 spricht man von der *IT/OT-Konvergenz*. Diese neue Konvergenz stellt besondere Anforderungen an Netzwerke und Kommunikationsprotokolle in industriellen Bereichen.

IT/OT-Konvergenz

In der Vergangenheit war die Trennung der Bereiche IT und OT vor allem sachlich begründet, denn die Bereiche IT und OT hatten vorher getrennte Aufgabenprofile und aus diesem Grund waren in diesen beiden Bereichen verschiedene Netzwerkkonzepte und Kommunikationsprotokolle im Einsatz. In OT-Bereichen wurden lange Zeit in sich

Anforderungen der IT/OT-Konvergenz

geschlossene, proprietäre Systeme eingesetzt und diese verfügten oft über keine Verbindungen zur Außenwelt. Die IT/OT-Konvergenz, insbesondere die Verwirklichung von IIoT, verlangt aber, dass neue Anforderungen an industrielle Netzwerke gestellt werden müssen. Dabei unterscheidet man zwischen zwei Arten von Anforderungen, und um diese zu erfüllen, wurden diese beiden Arten von Networking konzipiert, und sie werden noch weiter intensiv entwickelt. Es handelt sich um: *Time-Sensitive Networking* (TSN) und *Deterministic Networking* (DetNet). Für weitere Information sei verwiesen auf:

9.a Martin Wollschlaeger, Thilo Sauter, Juergen Jasperneite: The Future of Industrial Communication: Automation Networks in the Era of the Internet of Things and Industry 4.0; IEEE Industrial Electronics Magazine, Vol. 11(1), Mar 2017; DOI: 10.1109/MIE.2017.2649104

9.b Norman Finn: Time-sensitive and Deterministic Networking; Whitepaper; Huawei Technologies Co. Ltd; Jul 2017

9.c Ahmed Nasrallah, et al.: Ultra-Low Latency (ULL) Networks: The IEEE TSN and IETF DetNet Standards and Related 5G ULL Research; Sep 2018; arXiv:1803.07673v3

18.9.1 Time-Sensitive Networking

Time-sensitive Networking (TSN)

Eine Art von Anforderungen an industrielle Netzwerke verlangt von Netzwerken die Unterstützung von zeitsensitiven/zeitsensiblen Prozessen. Um solche Anforderungen zu erfüllen, muss die zeitsensitive Kommunikation in industriellen Netzwerken möglich sein. In diesem Zusammenhang spricht man von *Time-Sensitive Networking* (TSN) bzw. von zeitsensitiven Netzwerken. Von einem *zeitsensitiven Netzwerk* werden u.a. die folgenden Eigenschaften verlangt: minimale Übertragungszeiten auf Links, abschätzbare und garantierte Ende-zu-Ende-Latenzzeiten, minimale Paketverlustraten und hohe Verfügbarkeiten der Verbindungen.

Real-Time Ethernet und IEEE 802.1

Um Ethernet als Netzwerktechnologie für TSN einsetzen zu können, muss die Ethernet-Technologie hierfür entsprechend funktionell so erweitert werden, dass sie einige Echtzeitfähigkeiten besitzt. Daher wird die speziell zur Unterstützung von TNS erweiterte Ethernet-Technologie als *Real-Time Ethernet* (*Echtzeit-Ethernet*) bezeichnet. Ethernet ist somit aus dem industriellen Bereich nicht mehr wegzudenken. Um für industrielle Anwendungen zukünftig eine standardisierte Lösung für Echtzeit-Ethernet bereitzustellen, wurde die Arbeitsgruppe Time-Sensitive Networking (TSN) bei der IEEE 802.1 mit dem Ziel gegründet, Standards für Echtzeit-Ethernet so zu entwickeln, dass industrielle Netzwerke auf der Grundlage von Echtzeit-Ethernet den Anforderungen industrieller Anwendungen gerecht werden. Für Näheres über Time-sensitive Networking, Real-Time Ethernet und die Standards von der IEEE 802.1 siehe:

9.1.a IEEE 802: Time-Sensitive Networking (TSN) Task Group

9.1.b George A. Ditzel III, Paul Didier: Time Sensitive Network (TSN) Protocols and use in EtherNet/IP Systems; ODVA Industry Conference & 17th Annual Meeting, Oct 2015

9.1.c Andre Hennecke, Stephan Weyer: Time-Sensitive Networking in modularen Industrie 4.0 Anlagen; Conference: Automation 2017

9.1.d Levi Pearson: TSN IN LINUX; Nov 2017

9.1.e Norman Finn: Introduction to Time-Sensitive Networking; IEEE Communications Standards Magazine, Vol. 2(2), Jun 2018; DOI: 10.1109/MCOMSTD.2018.1700076

9.1.f Wilfried Steiner, Silviu S. Craciunas, Ramon Serna Oliver: Traffic Planning for Time-Sensitive Communication; IEEE Communications Standards Magazine, Vol. 2(2) , Jun 2018; DOI: 10.1109/MCOMSTD.2018.1700055

9.1.g Bharat Bansal: Divide-and-Conquer Scheduling for Time-sensitive Networks; Master Thesis; University of Stuttgart, Institute of Parallel and Distributed Systems, Mar 2018

9.1.h John L. Messenger: Time-Sensitive Networking: An Introduction; IEEE Communications Standards Magazine, Vol. 2(2), Jun 2018; DOI: 10.1109/MCOMSTD.2018.1700047

9.1.i Janos Farkas, Lucia Lo Bello, Craig Gunther: Time-sensitive networking standards; IEEE Communications Standards Magazine, Vol. 2(2), Jun 2018; DOI: 10.1109/MCOMSTD.2018.8412457

9.1.j Paul Pop, Michael Lander Raagaard, Marina Gutiérrez, Wilfried Steiner: Enabling Fog Computing for Industrial Automation Through Time-Sensitive Networking (TSN); IEEE Communications Standards Magazine, Vol. 2(2), Jun 2018; DOI: 10.1109/MCOMSTD.2018.1700057

9.1.k Soheil Samii, Helge Zinner: Level 5 by Layer 2: Time-Sensitive Networking for Autonomous Vehicles, IEEE Communications Standards Magazine, Vol. 2(2), Jun 2018; DOI: 10.1109/MCOMSTD.2018.1700079

9.1.l Csaba Simon, Markosz Maliosz, Miklós Máté: Design Aspects of Low-Latency Services with Time-Sensitive Networking; IEEE Communications Standards Magazine, Vol. 2(2), Jul 2018; DOI: 10.1109/MCOMSTD.2018.1700081

9.1.m Carlos San Vicente Gutiérrez, Lander Usategui San Juan, Irati Zamalloa Ugarte, Víctor Mayoral Vilches: Time-Sensitive Networking for robotics; Sep 2018, arXiv:1804.07643v2

18.9.2 Deterministic Networking

Infolge der Konvergenz IT und OT hat sich eine besondere Klasse von Anforderungen an heutige industrielle Netzwerke herauskristallisiert. Die Anforderungen dieser Klasse verlangen von industriellen Netzwerken ähnliche Eigenschaften, die man beispielsweise im S/U-Bahnnetz oder im Busnetz einer Stadt erkennen kann. Weil Züge oder Busse nach einem festgelegten Plan fahren, in der Tat nach einem deterministi-

Deterministic Networking (DetNet)

schen Plan also, ist eine derartige Eigenschaft der industriellen Netzwerke zur Unterstützung einiger Produktionsprozesse von fundamentaler Bedeutung. Es handelt sich hier z.B. um Prozesse, die oft auf der Basis einer Vernetzung von Robotern realisiert werden und ständig nach einem von vornherein festgelegten deterministischen Plan verlaufen müssen. Die Netzwerke, mit denen eine deterministische, nach einem Plan verlaufende Kommunikation realisiert werden kann, werden daher als *deterministische Netzwerke* bezeichnet. Im Hinblick darauf wird von *Deterministic Networking* (DetNet) gesprochen. Die Entwicklung der Konzepte für DetNet wird von der gleichnamigen Working Group bei der IETF (*Internet Engineering Task Force*) koordiniert und standardisiert. Für Näheres ist zu empfehlen:

9.2.a Henrik Austad: Deterministic Networking for Real-Time Systems, (Using TSN and DetNet); Cisco Systems, Oct 2017

9.2.b IETF: draft-ietf-detnet-problem-statement-07: Deterministic Networking Problem Statement; Oct 2018

9.2.c IETF: draft-ietf-detnet-architecture-09: Deterministic Networking Architecture; Oct 2018

9.2.d IETF: draft-ietf-detnet-use-cases-19: Deterministic Networking Use Cases; Oct 2018

9.2.e IETF: draft-ietf-detnet-security-03: Deterministic Networking (DetNet) Security Considerations; Oct 2018

18.9.3 6TiSCH Wireless Industrial Networks

Verfahren TSCH

Um hohe QoS-Anforderungen erfüllen zu können, müssen zum Aufbau von IIoT spezielle Netzwerke zur Unterstützung der industriellen Kommunikation eingesetzt werden. Um Netzwerke mit solchen Eigenschaften aufbauen zu können, wurde das Verfahren TSCH (*Time-Slotted Channel Hopping*) konzipiert, sodass man auch von TSCH-Netzwerken spricht. Dieses Verfahren stellt eine spezielle, zeitsynchrone Realisierung des MAC-Protokolls (*Media Access Control*) zum Aufbau drahtloser, industrieller Netzwerke dar. Im Allgemeinen kann man das Verfahren TSCH als eine Kombination von zwei, seit Langem bei der digitalen Datenübertragung gut bekannten Multiplexverfahren ansehen. Es handelt sich hierbei um eine Kombination des *Frequenzmultiplex* und des synchronen *Zeitmultiplex*, also um eine Variante von Frequenz- und Zeitmultiplexverfahren FTDM (*Frequency-Time Division Multiplexing*) – siehe hierfür z.B. [9.3.h], [9.3.i] .

6TiSCH Wireless Industrial Networks

Die Konzepte und Protokolle für den Einsatz von IPv6 in TSCH-Netzwerken werden von der Working Group 6tisch (IPv6 over the TSCH mode of IEEE 802.15.4e) bei der IETF koordiniert. Dementsprechend spricht man im Zusammenhang mit IPv6 over TSCH von (6)TiSCH. Die Idee von TiSCH ermöglicht das Deterministic Networking. Das heißt, sie ermöglicht die Einrichtung einer neuen Generation drahtloser Netzwerke, in denen die Verzögerungs- bzw. Reaktionszeit, allgemein als Latenz(zeit) bezeichnet, mit einer bestimmten Genauigkeit berechenbar ist. Die Kommunikation zwischen Knoten in jedem TSCH-Network, das ein deterministisches Netzwerk darstellt, verläuft nach dem in Form einer TSCH-Schedule-Matrix festgelegten Kommunikationsplan. Die Festlegung eines solchen Plans bezeichnet man als Scheduling in TSCH-Netzwerken. Jede TSCH-Schedule-Matrix kann dynamisch aufgebaut und modifiziert werden. Für Näheres über 6TiSCH Wireless Industrial Networks ist zu verweisen auf:

9.3.a i-SCOOP: IT and OT convergence – two worlds converging in Industrial IoT

9.3.b RFC 7554: Using IEEE 802.15.4e Time-Slotted Channel Hopping (TSCH) in the Internet of Things (IoT): Problem Statement; May 2015

9.3.c Pascal Thubert, Maria Rita Palattella, Thomas Engel: 6TiSCH Centralized Scheduling: when SDN Meet IoT; IEEE Conference on Standards for Communications and Networking (CSCN), Oct 2015; DOI: 10.1109/CSCN.2015.7390418

9.3.d Domenico De Guglielmo, Simone Brienza, Giuseppe Anastasi: IEEE 802.15.4e: A survey; Computer Communications, Vol. 88, Aug 2016; DOI: 10.1016/j.comcom.2016.05.004

9.3.e Gopi Garge: Industrial Internet and the need for guarantees (6TiSCH); 2017

9.3.f ETSI GR IP6 009 V1.1.1: IPv6-based Industrial Internet leveraging 6TiSCH technology; Mar 2017

9.3.g RFC 8180: Minimal IPv6 over the TSCH Mode of IEEE 802.15.4e (6TiSCH) Configuration; May 2017

9.3.h Rodrigo Teles Hermeto, Antoine Gallais, Fabrice Theoleyre: Scheduling for IEEE802.15.4-TSCH and slow channel hopping MAC in low power industrial wireless networks: A survey; Computer Communications, Vol. 114, Dec 2017; DOI: 10.1016/j.comcom.2017.10.004

9.3.i Anatol Badach: TSCH – Time-Slotted Channel Hopping; In book: Protokolle und Dienste der Informationstechnologie; WEKA, Ed.: Heinz Schulte; Jan 2018

9.3.j Anatol Badach: 6P - 6top Protocol; In book: Protokolle und Dienste der Informationstechnologie; WEKA, Ed.: Heinz Schulte; Aug 2018

9.3.k RFC 8480: 6TiSCH Operation Sublayer (6top) Protocol (6P); Nov. 2018

18.9.4 Time-Sensitive SDN

In Time-Sensitive Networks (TS-Networks) muss überwiegend die verbindungsorientierte IP-Kommunikation, ähnlich dem Prinzip MPLS (*Multi-Protocol Label Switching*) [Abschnitt 12.2] realisiert werden. Dabei werden virtuelle Ende-zu-Ende-Verbindungen mit bestimmten QoS-Parametern in TS-Networks dynamisch auf- und abgebaut. Für diesen Zweck eignet sich das SDN-Konzept ideal. Beim Einsatz von SDN in TS-Networks spricht man von *Time-Sensitive SDN* (TS SDN). Um virtuelle Ende-zu-Ende-Verbindungen in TS-Networks – nach einem dem Prinzip MPLS ähnelnden Konzept – dynamisch auf- und abzubauen, ist eine spezielle Control Plane nötig. Beim Einsatz von TS SDN würde man SDN Controller innerhalb dieser Control Plane installieren. Für weitere Information über Time-Sensitive SDN ist zu empfehlen:

Time-Sensitive SDN

9.4.a Jiafu Wan, et al.: Software-Defined Industrial Internet of Things in the Context of Industry 4.0; IEEE Sensors Journal, Vol. 16(20), Oct 2016; DOI: 10.1109/JSEN.2016.2565621

9.4.b Daniel Thiele, Rolf Ernst: Formal analysis based evaluation of software defined networking for time-sensitive Ethernet; Design, Automation & Test in Europe Conference & Exhibition (DATE), Mar 2016

9.4.c Dominik Henneke, Lukasz Wisniewski, Jürgen Jasperneite: Analysis of Realizing a Future Industrial Network by Means of Software-Defined Networking (SDN); IEEE World Conference on Factory Communication Systems (WFCS), May 2016; DOI: 10.1109/WFCS.2016.7496525

9.4.d Naresh Ganesh Nayak, Frank Dürr, Kurt Rothermel: Time-sensitive Software-defined Network (TSSDN) for Real-time Applications: Proceeding RTNS '16 Proceedings of the 24th International Conference on Real-Time Networks and Systems, Oct 2016; DOI: 10.1145/2997465.2997487

9.4.e Rakesh Kumar, et al.: End-to-End Network Delay Guarantees for Real-Time Systems using SDN; May 2017, arXiv:1703.01641v2

9.4.f Ben Schneider, Alois Zoitl, Monika Wenger, Jan Olaf Blech: Evaluating Software-defined Networking for Deterministic Communication in Distributed Industrial Automation Systems; 22nd IEEE International Conference on Emerging Technologies and Factory Automation (ETFA), Sep 2017; DOI: 10.1109/ETFA.2017.8247594

9.4.g Khandakar Ahmed, et al.: Software Defined Industry Automation Networks; 27th International Telecommunication Networks and Applications Conference (ITNAC), Nov. 2017; DOI: 10.1109/ATNAC.2017.8215391

9.4.h Sebastian Schriegel, Thomas Kobzan, Jürgen Jasperneite: Investigation on a distributed SDN control plane architecture for heterogeneous time sensitive networks; 14th IEEE International Workshop on Factory Communication Systems (WFCS); Jun 2018; DOI: 10.1109/WFCS.2018.8402356

9.4.i Khandakar Ahmed, Jan O. Blech, Mark A. Gregory, Heinz W. Schmidt: Software Defined Networks in Industrial Automation; Journal of Actuator Networks, Vol. 7(3), Aug 2018; DOI: 10.3390/jsan7030033

9.4.j Dave Cronberger: The software defined industrial network; Industrial Ethernet Book, Issue 84/5; Nov 2018

18.10 AI-based Networking

Bedeutung von AI-enabled Networking

Da die heutigen Rechnernetze, also IP-Netze, immer flexibler, heterogener und komplexer werden, bietet es sich an, die Künstliche Intelligenz (KI, AI: *Artificial Intelligence*) in Verbindung mit *Maschinellem Lernen* (ML, *Machine Learning*) in technischen Konzepten zur Optimierung und Management von Rechnernetzen einzusetzen. Folglich führt ein aktueller und breiter Trend auf dem Gebiet Networking zur Entwicklung von Ideen und technischen Konzepten, um zukünftig intelligente Vernetzungen von verschiedenen Rechnern bauen zu können. Im Hinblick darauf ist AI in Verbin-

18.10 AI-based Networking

dung mit ML von zukunftsweisender Bedeutung. Beim Einsatz von AI und ML auf dem Gebiet Networking spricht man von *AI-enabled Networking*. Demzufolge werden zukünftige IP-Netze mit Sicherheit die mithilfe von ML gewonnene AI so nutzen, um sich immer an jede neue Situation optimal adaptieren/anpassen und dadurch auch intelligente Services erbringen zu können. Das volle/optimale Nutzungspotenzial zukünftiger IP-Netze lässt sich nur mit der Unterstützung von AI erreichen.

Um AI-enabled Networking zu realisieren und dabei insbesondere AI aus den gesammelten Daten gewinnen zu können, ist der Einsatz verschiedener ML-Techniken möglich. Dabei handelt es sich insbesondere um *Deep Learning* (DL) [10.3] und *Reinforcement Learning* (RL) [10.f]. Beide ML-Methoden haben in sog. Neuronalen Netzen (*Neural Networks*) fundamentale Bedeutung [10.n].

ML-Techniken zur AI-Gewinnung

Als wichtige Trends auf dem Gebiet AI-enabled Networking gelten die folgenden Trends: *AI-enabled SDN*, *Data-Driven Networking*, *Cognitive Networks*, *Intent-based Networking*, *Autonomic Networking* und *AI, IoT and 5G Convergence*. Für weitere, aber immer noch allgemeine Informationen über AI-enabled Networking und die Nutzung von AI und ML sei verwiesen auf:

10.a i-SCOOP: Artificial intelligence (AI) and cognitive computing: what, why and where

10.b i-SCOOP: Big data in action: definition, value, evolutions, benefits and context

10.c Jeffrey O. Kephart, David M. Chess: The vision of autonomic computing; Computer, Vol. 36(1), Jan 2003; DOI:10.1109/MC.2003.1160055

10.d Xiaofei Wang, Xiuhua Li, Vicctor C. M. Leung: Artificial Intelligence-Based Techniques for Emerging Heterogeneous Network: State of the Arts, Opportunities, and Challenges; IEEE Access, Vol. 3, 2015; DOI: 10.1109/ACCESS.2015.2467174

10.e Zubair Md. Fadlullah, et al.: State-of-the-Art Deep Learning: Evolving Machine Intelligence Toward Tomorrow's Intelligent Network Traffic Control Systems; IEEE Commun. Surveys & Tutorials, Vol. 19(4), 2017; DOI: 10.1109/COMST.2017.2707140

10.f Hongzi Mao, Mohammad Alizadeh, Ishai Menachey, Srikanth Kandulay: Resource Management with Deep Reinforcement Learning; Proceedings of the 15th ACM Workshop on Hot Topics in Networks (HotNets '16), Nov 2016; DOI: 10.1145/3005745.3005750

10.g Nei Kato, Zubair Md. Fadlullah, et al.: The Deep Learning Vision for Heterogeneous Network Traffic Control: Proposal, Challenges, and Future Perspective, IEEE Wireless Communications, Jun 2017; DOI: 10.1109/MWC.2016.1600317WC

10.h Roberto Gonzalez, et al.: Net2Vec: Deep Learning for the Network; BigDAMA '17 Proceedings of the Workshop on Big Data Analytics and Machine Learning for Data Communication Networks, Aug 2017; DOI: 10.1145/3098593.3098596

10.i Albert Mestres: Knowledge-Defined Networking: A Machine Learning based approach for network and traffic modeling: Doctoral Thesis, Universitat Politécnica de Catalunya, Sep 2017

10.j Omer Berat Sezer, Erdogan Dogdu, Ahmet Murat Ozbayoglu: Context-Aware Computing, Learning, and Big Data in Internet of Things: A Survey; IEEE Internet of Things Journal, Vol. 5(1), Feb 2018; DOI: 10.1109/JIOT.2017.2773600

10.k Mowei Wang, et al.: Machine Learning for Networking: Workflow, Advances and Opportunities; IEEE Network, Vol. 32(2), Mar – Apr 2018; DOI: 10.1109/MNET.2017.1700200

10.l ITU: Artificial Intelligence (AI) for Development Series - Report on AI and IoT in Security Aspects; Jul 2018

10.m ATIS: Evolution to an Artificial Intelligence-Enabled Network; Sep 2018

10.n Jaspreet Kaur, Prabhpreet Kaur: A Review: Artificial Neural Network; International Journal of Current Engineering and Technology, Vol. 8(4), July/Aug 2018; DOI: 10.14741/ijcet/v.8.4.2

18.10.1 AI-enabled SDN

Die eben genannten ML-Methoden können bei SDN eingesetzt werden. Die mittels dieser ML-Methoden gewonnene AI kann bei SDN dazu genutzt werden, um die zur Konfiguration und zum Management von Netzwerkkomponenten dienenden SDN Controller zu befähigen, die zu steuernden Netzwerkkomponenten in die Lage versetzen, sich an neue Situation im Netzwerk optimal anzupassen. Werden SDN Controller befähigt, die AI so zu nutzen, um verschiedene Netzwerkkomponenten der aktuellen Situation im Netzwerk entsprechend optimal zu steuern und zu managen, kann von AI-enabled SDN gesprochen werden. Für Näheres darüber siehe:

10.1.a Majd Latah, Levent Toker: Artificial Intelligence Enabled Software Defined Networking: A Comprehensive Overview; arXiv:1803.06818

10.1.b Majd Latah, Levent Toker: Application of Artificial Intelligence to Software Defined Networking: A Survey; Indian Journal of Science and Technology, Vol. 9(44), Nov 2016; DOI: 10.17485/ijst/2016/v9i44/89812

10.1.c Albert Mestres, Alberto Rodriguez-Natal, Josep Carner, et al: Knowledge-Defined Networking; ACM SIGCOMM Computer Communication Review, Vol. 47(3), Jul 2017

10.1.d Elisa Rojas: From Software-Defined to Human-Defined Networking: Challenges and Opportunities; IEEE Network, Vol. 32 (1), Jan - Feb 2018

18.10.2 Data-Driven Networking

Notwendigkeit der Erfassung von Messdaten

Menschen erwerben ihr Wissen durch die Beobachtung von Umwelt und Natur, durch Gedanken, Erfahrungen und Lernen. Diese Art und Weise der Erwerbung des menschlichen Wissens muss auch in bestimmtem Grade in komplexen technischen Systemen – insbesondere in großen Netzwerken – nachgebildet werden. Dadurch soll ihnen eine

18.10 AI-based Networking

bestimmte künstliche Intelligenz beigebracht werden, um sie auf diese Art zu befähigen, wichtige Prozesse im Laufe des Netzwerksbetriebs selbst- und eigenständig optimieren zu können. Damit man eine derartige Wunschvorstellung verwirklichen kann, müssen alle relevanten Messwerte im Laufe der Zeit zuerst erfasst, dann auf eine spezielle Art dokumentiert und archiviert werden.

Demzufolge müssen die Daten über den Betrieb des Netzwerkes kontinuierlich erfasst werden. Hierdurch wird die Menge von Messdaten im Laufe der Zeit immer größer. Im Hinblick darauf spricht man von *Big Data*, also einer überproportional großen Datenmenge. Diese Daten müssen zuerst analysiert, bevor sie im nächsten Schritt zum maschinellen Lernen in Netzwerken benutzt werden. Eine derartige Analyse von Big Data als eine Art Vorbereitung von großen Daten zu deren Einsatz bei der Unterstützung von Lernprozessen wird als *Big Data Analytics* bezeichnet. Für Näheres darüber siehe [10.2.b], [10.2.c]. Big Data

Im Zusammenhang mit Big Data Analytics in Netzwerken spricht man von *Data-Driven Networking* (DDN) bzw. von *Big-Data-Driven Networking* (kurz BDDN oder bDDN). (B)DDN ist als ein sehr allgemeines Konzept, als eine Art 'zukünftiges Netzwork-Framework' zu verstehen, in dem die Antworten auf die folgenden vier Fragestellungen spezifiziert werden: (Big-)Data-Driven Networking

1. Welche Messdaten sollen über den Netzwerkbetrieb gesammelt, dokumentiert und archiviert werden? — Erfassung von Big Data
2. Wozu und wie sollen diese Messdaten verarbeitet werden? — BD Analytics
3. Wie sollen die Ergebnisse der Datenanalyse (Big Data Analytics) zur Befähigung des Netzwerks verwendet werden? — Maschinelles Lernen
4. Wie soll die durch maschinelles Lernen erworbene Intelligenz zur Optimierung bzw. Verbesserung des Systemverhaltens im laufenden Netzwerkbetrieb eingesetzt werden? — Optimierung/Verbesserung des Systemverhaltens

Im Trend zu (B)DDN wird hauptsächlich das Ziel verfolgt, intelligentes, autonomes und optimiertes Netzwerkmanagement sowie selbst adaptierte Sicherheit zu ermöglichen. (B)DDN kann dazu führen, dass man zwischen Netzwerken mit unterschiedlichen Intelligenzarten unterscheiden kann – und zwar zwischen Cognitive Networks, Intent-based Networking und Autonomic Networking. Für weitere Informationen über (B)DDN und über verschiedene intelligente Arten von Networking ist zu empfehlen: (B)DDN an andere Arten von Networking

10.2.a Haipeng Yao, Chao Qiu, Chao Fang, Xu Chen, F. Richard Yu: A Novel Framework of Data-Driven Networking; IEEE Access, Vol. 4, Nov 2016; DOI: 10.1109/ACCESS.2016.2624781

10.2.b Junchen Jiang, Vyas Sekar, Ion Stoica, Hui Zhang: Unleashing the potential of data-driven networking; Proceedings of 9th International Conference on COMmunication Systems & NETworkS (COMSNET), 2017.

10.2.c Sachin Katti: Data Driven Networking; Platform Lab Review, Feb 2017

10.2.d Junchen Jiang, Vyas Sekar, Ion Stoica, Hui Zhang: Data-Driven Networking: Harnessing the 'Unreasonable Effectiveness of Data' in Network Design; Carnegie Mellon University, Pittsburgh, Feb 2016

10.2.e ITU-T: Y.3650 - Framework of big-data-driven networking, Jan 2018

18.10.3 Cognitive Networks

Falls die Messdaten in einem Netzwerk zuerst über gewisse Zeit erfasst, gespeichert, analysiert (Big Data Analytics) und danach beim Maschinellen Lernen so verwendet werden, um sog. *kognitiven Fähigkeiten* des Menschen, d.h. Signale aus der Umwelt wahrzunehmen und weiterzuverarbeiten, dann besitzt das Netzwerk auch bestimmte kognitive Fähigkeiten und kann folglich als *kognitives Netzwerk* (*Cognitive Network*) bezeichnet werden.

Kognitive Fähigkeiten

Somit ist ein kognitives Netzwerk ein Netzwerk mit bestimmten kognitiven Fähigkeiten, das durch maschinelles Lernen befähigt wurde, die aktuelle Netzwerksituation wahrzunehmen, diese zu erfassen und zu analysieren, um sich immer an jede neue Netzwerksituation optimal anzupassen, will heißen, einige der wichtigen Konfigurationsparameter des Netzwerks optimal einzustellen. Ein kognitives Verhalten kann in Netzwerken vor allem dazu dienen, die QoS (Quality of Service) und Netzwerksicherheit zu verbessern. Insbesondere die Fähigkeit von Cognitive Networks, verschiedene Anomalien zu erkennen und darauf optimal zu reagieren, kann zur Erhöhung der Netzwerksicherheit beitragen. Für Näheres über Cognitive Networks siehe:

10.3.a Michele Zorzi, et al.: COBANETS: A new paradigm for cognitive communications systems; International Conference on Computing, Networking and Communications, Feb 2016; DOI: 10.1109/ICCNC.2016.7440625

10.3.b Michele Zorzi, Andrea Zanella, Alberto Testolin, Michele De Filippo De Grazia, Marco Zorzi: Cognition-Based Networks: A New Perspective on Network Optimization Using Learning and Distributed Intelligence; IEEE Access, Vol. 3, Aug 2015; DOI: 10.1109/ACCESS.2015.2471178

10.3.c Mario Bkassiny, Yang Li, Sudharman K. Jayaweera: A Survey on Machine-Learning Techniques in Cognitive Radios; IEEE Communications Surveys & Tutorials, Vol. 15(3), 2013; DOI: 10.1109/SURV.2012.100412.00017

10.3.d Marco Levorato: Cognitive Networking with Dynamic Traffic Classification and QoS Constraints; IEEE Wireless Communications and Networking Conference (WCNC); Mar 2017; DOI: 10.1109/WCNC.2017.7925717

10.3.e Ijaz Ahmad: Improving Software Defined Cognitive and Secure Networking; University of Oulu, 2018; ISBN: 978-952-62-1951-6

18.10.4 Intent-based Networking

Ziel von Intent-based (absichtsbasiertes) Networking

Eine besondere Art von von Data-Driven Networking wird als *Intent-based (absichtsbasiertes) Networking* bezeichnet. Man betrachtet absichtsbasiertes Networking als Grundstein für eine neue Ära von Networking. Dem Intent-based Networking liegt das folgende Ziel zugrunde: Ein Netzwerk soll in der Lage sein, sich – der Absicht seines Administrators entsprechend – selbst so zu konfigurieren, um die in Form von sog. Konfigurationsrichtlinien allgemein formulierten Absichten des Administrators in die entsprechenden Konfigurationsparameter umzusetzen.

18.10 AI-based Networking

Die grundlegende Idee von Intent-based Networking ist, dass das Netzwerk eigenständig die geschäftlichen Absichten/Ziele berücksichtigen muss und diese selbst/automatisch in Konfigurationsparametern seiner Funktionskomponenten (Router, Switches, Firewalls, ...) abbilden soll. Als Folge dessen sollen manuelle Konfigurationseingriffe in Intent-based Networks auf ein Minimum reduziert werden. Darüber hinaus soll jedes Intent-based Network von vornherein ausgewählten Parametern, insbesondere dabei die sog. QoS-Metriken, kontinuierlich überwachen und im Bedarfsfall entsprechende Anpassungen von Konfigurationsparametern vorzunehmen, um sicherzustellen, dass alle ausgewählten Parameter im 'grünen Bereich' sind. Für weitere Informationen über Intent-based Networking ist zu empfehlen:

Idee von Intent-based Networking

10.4.a David Lenrow: Intent-Based Networking Seeks Network Effect; Sep 2015

10.4.b Susan Hares: 2015 ONF/SDN Market Opportunities, Tutorial Intent Networking, Open Networking Foundation

10.4.c ONF TR-523: Intent NBI – Definition and Principles; Oct 2016

10.4.d Franco Callegati, Walter Cerroni, Chiara Contoli, Francesco Foresta: Performance of Intent-based Virtualized Network Infrastructure Management; IEEE International Conference on Communications (ICC), May 2017; DOI: 10.1109/ICC.2017.7997431

10.4.e Alexander Thiele: Future Ready Networking Solutions for the Datacenter; Dell EMC Forum, Frankfurt 24.10.2017

10.4.f Carlos Infante: Cisco SD-WAN: Intent-based networking for the branch and WAN; Mar 2018

18.10.5 Autonomic Networking

Seit Beginn der 2000er-Jahre wird der Begriff *'Autonomic Systems'* (*Autonome Systeme*) geprägt [Abschnitt 10.5.1]. Diese Idee von *Autonomic Systems* wird in den letzten 10 Jahren auch auf dem Networking Gebiet übernommen, sodass man von *Autonomic Networking* bzw. *Autonomic Networks* spricht. In RFC 7575 wird 'Autonomic Networking' definiert und dessen Ziele näher dargestellt. Das wesentliche Ziel eines autonomen Netzwerks ist dessen Selbstmanagement, einschließlich Selbstkonfiguration, Selbstoptimierung, Selbstheilung und Selbstschutz. Autonomic Networking kann auch als eine besondere Variante von *Data-Driven Networking* (DDN) betrachtet werden. Daher spielen (Big) Data Analytics und Maschinelles Lernen auch bei Autonomic Networking eine fundamentale Rolle. Um Autonomic Networking zu verwirklichen, werden hierfür verschiedene Architekturmodelle und Protokolle entwickelt. Diese Aktivitäten werden von der Working Group amina (*Autonomic Networking Integrated Model and Approach*) bei der IETF koordiniert. Für weitere Informationen siehe:

10.5.a Jeffrey O. Kephart, David M. Chess: The Vision of Autonomic Computing; IEEE Computer, Vol. 36(1), Jan 2003; DOI: 10.1109/MC.2003.1160055

10.5.b EU FP6 IST Project 27489: ANA Project; Autonomic Network Architecture; Feb 2007

10.5.c Zeinab Movahedi, Mouna Ayari, Rami Langar, Guy Pujolle: A Survey of Autonomic Network Architectures and Evaluation Criteria, IEEE Communications Surveys & Tutorials, Vol. 14(2), May 2012; DOI 10.1109/SURV.2011.042711.00078

10.5.d ETSI GS AFI 002 V1.1.1: Autonomic network engineering for the self-managing Future Internet (AFI); Generic Autonomic Network Architecture (An Architectural Reference Model for Autonomic Networking, Cognitive Networking and Self-Management) Disclaimer; Apr 2013

10.5.e CISCO: Autonomic Networking Configuration and Deployment Guide; Dec 2016

10.5.f Zhongliang Zhao, Eryk Schiller, Eirini Kalogeiton, Torsten Braun, Burkhard Stiller, Mevlut Turker Garip, Joshua Joy, Mario Gerla, Nabeel Akhtar, Ibrahim Matta: Autonomic Communications in Software-Driven Networks; IEEE Journal on Selected Areas in Communications, Vol. 35(11), Nov 2017; DOI: 10.1109/JSAC.2017.2760354

10.5.g RFC 7575: Autonomic Networking: Definitions and Design Goals; Jun 2015

10.5.h RFC 8368: Using an Autonomic Control Plane for Stable Connectivity of Network Operations, Administration, and Maintenance (OAM); May 2018

10.5.i draft-ietf-anima-autonomic-control-plane-18: An Autonomic Control Plane (ACP); Jul 2018

10.5.j draft-ietf-anima-reference-model-10: A Reference Model for Autonomic Networking; Nov 2018

18.10.6 AI, IoT and 5G Convergence

Die 5. Generation (5G) der Mobilfunknetze wird eine fundamentale Bedeutung bei der Weiterentwicklung des IoT haben. In Bezug darauf kann man bereits heute von einer Konvergenz der 5G-Mobilfunknetze mit dem IoT sprechen. Die Ideen für die Unterstützung dieser Konvergenz werden intensiv entwickelt. Bei diesen Entwicklungen spielen die Konzepte für (Big) Data Analytics und Maschinelles Lernen eine sehr wichtige Rolle. Für weitere Informationen darüber siehe:

10.6.a Ying Wang, et al.: A Data-Driven Architecture for Personalized QoE Management in 5G Wireless Networks; IEEE Wireless Communications, Vol. 24(1), Feb 2017; DOI: 10.1109/MWC.2016.1500184WC

10.6.b Chunxiao Jiang, et al.: Machine Learning Paradigms for Next-Generation Wireless Networks; IEEE Wireless Communications, Vol. 24(2), Apr 2017; DOI: 10.1109/MWC.2016.1500356WC

10.6.c Zhiyuan Xu, Yanzhi Wang, Jian Tang, Jing Wang, Mustafa Cenk Gursoy: A deep reinforcement learning based framework for power-efficient resource allocation in cloud RANs; IEEE International Conference on Communications (ICC), May 2017; DOI: 10.1109/ICC.2017.7997286

10.6.d Paulo Valente Klaine, et al. A Survey of Machine Learning Techniques Applied to Self-Organizing Cellular Networks; IEEE Communications Surveys and Tutorials, Vol. 19(4), Jul 2017; DOI: 10.1109/COMST.2017.2727878

10.6.e Rongpeng Li, et al.: Intelligent 5G: When Cellular Networks Meet Artificial Intelligence; IEEE Wireless Communications, Vol. 24(5), Oct 2017; DOI: 10.1109/MWC.2017.1600304WC

10.6.f Magnus Malmström: 5G Positioning using Machine Learning; Master of Science Thesis in Applied Mathematics, Department of Electrical Engineering, Linköping University, 2018

10.6.g Yang Yang, et al.: DECCO: Deep-Learning Enabled Coverage and Capacity Optimization for Massive MIMO Systems; IEEE Access, Apr 2018; DOI: 10.1109/ACCESS.2018.2828859

10.6.h Mowei Wang, et al.: Machine learning for networking: Workflow, advances and opportunities; IEEE Network; Vol: 32(2), Mar - Apr 2018; DOI: 10.1109/MNET.2017.1700200

10.6.i Zhifeng Zhao, et al.: Deep Reinforcement Learning for Network Slicing; arXiv:1805.06591v2, May 2018

10.6.j Chaoyun Zhang, Paul Patras, Hamed Haddadi: Deep Learning in Mobile and Wireless Networking: A Survey; arXiv:1803.04311v2, Sep 2018

10.6.k Honggang Zhang: Intelligent 5G/6G: When Wireless Networks Meet Artificial Intelligence (5G+AI=6G)

18.11 Abschließende Bemerkungen

Wissen wird von Menschen durch die Beobachtung von Umwelt und Natur, Gedanken, Erinnerungen, Erfahrungen und Lernen erworben. Die zu diesen Fähigkeiten führenden informationsverarbeitenden Prozesse im menschlichen Gehirn werden als *menschliche Kognition* (Human Congition) bezeichnet. Um technische Systeme zu befähigen, ebenso intelligent wie Menschen zu sein und sich folglich an neue Situationen möglich optimal anzupassen, muss in diesen die menschliche Kognition zu einem bestimmten Grade nachgebildet werden. Demzufolge gilt als wichtiger Trend bei technischer Entwicklung die Erarbeitung von Ideen zur Einrichtung von auf den Prinzipien menschlicher Kognition basierenden intelligenten Systemen. Es wird also versucht, die menschliche Kognition, d.h. kontextbewusstes Denken, in technischen Systemen nachzubilden. Man spricht in diesem Zusammenhang von intelligenten bzw. kognitiven Systemen, die als *kontextbewusste Systeme* (Context-Aware Systems) angesehen werden können.

18.11.1 Vom IoT zum Intelligent Iot

Von enorm großer Bedeutung ist die Nachbildung der menschlichen Kognition im heutigen Internet of Things (IoT). Bestrebungen in diese Richtung führen zur Entstehung von Intelligent IoT (IIoT). Dies bedeutet, dass Komponenten/Systeme im zukünftigen

Intelligent IoT

IIoT eine *künstliche Intelligenz* (KI, *Artificial Intelligence*, AI) besitzen werden. Infolge werden sie in der Lage sein, situationsbewusst zu handeln und somit, wichtige Prozesse im Laufe der Zeit eigenständig zu optimieren und sich an eine neue Situation möglichst optimal anzupassen. Bevor diese Idee im heutigen IoT verwirklicht werden kann, müssen relevante Messwerte und Ereignisse kontinuierlich erfasst und dann auf eine spezielle Art für weitere Analysen bzw. zu Lernzwecken dokumentiert und archiviert werden.

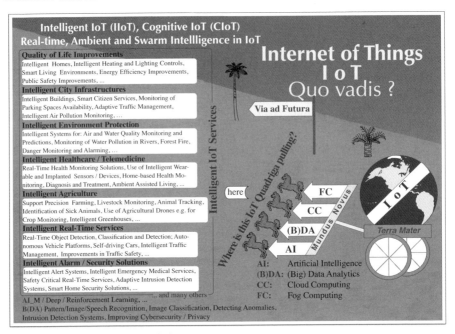

Abb. 18.11-1: Internet: Quo vadis?

Big IoT Data

Durch das kontinuierliche Erfassen verschiedener Arten von Daten im IoT wird ihre Menge jedoch immer größer. Man spricht von *Big Data* bzw. *Big IoT Data*. Bevor sie beim maschinellen Lernen zum Einsatz kommen, müssen diese Daten entsprechend analysiert werden. Die Analyse von Big Data als eine Art 'Vorbereitung auf ihren Einsatz', u.a. zur Unterstützung von Lernprozessen im IoT, wird als *Big Data Analytics* bezeichnet. Das wesentliche Ziel der Analysen von Big Data ist die Entdeckung von versteckten Mustern, unbekannten Korrelationen und anderen nützlichen Informationen in den gesammelten 'riesigen Datenmengen'. Die Ergebnisse dieser Analysen im IoT werden einerseits Menschen angezeigt, damit sie die gewonnenen Informationen nutzen können. Andererseits sollen verschiedene IoT-Komponenten auf der Basis dieser Informationen selbständig lernen und sich dadurch in die Lage versetzen, auf verschiedene Situationen und plötzlich auftretende Ereignisse im IoT fast so intelligent wie Menschen zu reagieren. Sobald das IoT die eben geschilderten Fähigkeiten besitzt, immer kontextbewusst (situationsbewusst) agieren zu können, wird man von IIoT sprechen.

18.11 Abschließende Bemerkungen

Die Evolution des IoT zum IIoT schreitet unaufhörlich voran und führt zu solchen Erweiterungen des IoT, um den Verlauf der menschlichen Kognition im IoT nachbilden zu können. Die kognitiven Fähigkeiten des Menschen ermöglichen ihm, verschiedene Arten von Informationen aus der Umwelt wahrzunehmen und weiterzuverarbeiten. Da die Fähigkeiten von IIoT im gewissen Grade den kognitiven Fähigkeiten des Menschen entsprechen werden, wird es als Cognitive IoT (CIoT) bezeichnet. Es sei hervorgehoben, dass AI, (Big) Data Analytics, Cloud Computing und Fog Computing als die vier wichtigsten treibenden Kräfte, quasi als 'Zugpferde' einer IoT Quadriga, bei der Weiterentwicklung des IoT zum IIoT angesehen werden können. Abb. 18.11-1 bringt dies illustrativ zum Ausdruck.

Cognitive IoT

Die Garantie der Sicherheit im IoT ist heutzutage ein enorm breites und wichtiges Thema. Man kann sich heute noch kaum vorstellen, mit welchen bösartigen Angriffen und anderen Unsicherheiten im zukünftigen IIoT gerechnet werden muss. Es bleibt nur zu hoffen, dass statt 'Intelligent Internet of Things (IIoT)' nicht gesagt werden muss: 'Intelligent Internet of Threats (IIoT)'.

Intelligent Internet of Threats

18.11.2 Rückblick auf 50 Jahre Rechnerkommunikation

Nachdem die Networking Trends, de facto Internet Trends, und dabei auch die Migration von IoT zum IIoT, also zukünftige Internet-Aspekte, kurz erläutert wurden, stellt sich die Frage: Welche relevanten, technischen sowie organisatorischen Entscheidungen und Entwicklungen gab es auf dem Weg zum heutigen Internet? Eine Antwort darauf soll nun ein kurzer Rückblick auf 50 Jahre Rechnerkommunikation geben.

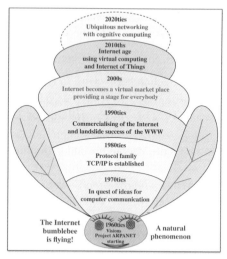

Abb. 18.11-2: Die Internet-Hummel fliegt – ein Naturphänomen

Zur Entstehung des Internet in der 'heutigen Form' haben zahlreiche, aus den letzten fünf Jahrzehnten stammende Entwicklungen auf dem Gebiet der Rechnerkommunikation geführt. Heutzutage stellt das Internet – organisatorisch und technisch gesehen – ein immens komplexes, über die ganze Welt verteiltes technisches Gebilde dar. Wegen seiner Komplexität folgt es dem Hummel-Phänomen und funktioniert. Daher soll die

Rückblick auf 50 Jahre der Rechnerkommunikation

in Abb. 18.11-2 gezeigte Internet-Hummel die fünf Jahrzehnte der Rechnerkommunikation auf dem Weg zum heutigen Internet anschaulich zum Ausdruck bringen.

Um die bedeutenden, zur Entstehung des Internet führenden Ereignisse zu nennen, müssen wir nicht nur die letzten fünf Jahrzehnte nach dem historischen Datum 29. Oktober 1969 betrachten, sondern auch die 60er Jahre. Besonders in den 1960er, 1970er, 1980er und 1990er Jahren gab es eine Vielzahl technischer Ereignisse und Entwicklungen, die als Meilensteine auf dem Weg zum heutigen Internet angesehen werden sollen [Abb.18.11-3]. Im Hinblick hierauf lassen sich die einzelnen Jahrzehnte kurz wie folgt charakterisieren:

Die 1960er Jahre	Das erste experimentelle Rechnernetz namens ARPA(NET) entsteht und die Ära der Rechnerkommunikation beginnt.
1964	▪ Das Konzept für *Packet Switching Networks* wird von Paul Baran veröffentlicht.
1965	▪ Ted Nelson prägt die Begriffe *Hypertext* und *Hypermedia* – also jene, die man heute mit dem Begriff WWW verbindet.
1966	▪ Die Entwicklung des Rechnernetzes namens ARPANET beginnt.
1969	▪ Im März 1969 ist die Idee entstanden, die ARPANET-betreffenden Entwicklungen als sog. *Request for Comments* (RFC) zu dokumentieren.
Ur-Internet	▪ Am 29. Oktober 1969 wird das ARPANET mit vier IMPs (*Interface Message Processor*) als Knoten in Betrieb genommen. Somit war das erste Rechnernetz mit Paketvermittlung geboren. Die Daten zwischen Hosts werden nach den in RFC 11 (August 1969) spezifizierten *Host-Host Software Procedures* ausgetauscht. Die IMPs, als Vorfahren von heutigen Routern im Internet, wurden damals untereinander über Telefonleitungen verbunden und dienten als Netzknoten mit Paketvermittlung.
Die 1970er Jahre	Die Suche nach Ideen/Konzepten für die Rechnerkommunikation.
1970	▪ ALOHAnet – das erste Funkrechnernetz – wird in Betrieb genommen. ▪ Das *Host-to-Host-Protocol* für das ARPANET wird als RFC 33 spezifiziert und im ARPANET vom Januar 1972 bis zur Umstellung auf TCP/IP (1. Januar 1983) verwendet.
1972	▪ Entwicklung des ersten E-Mail-Programms und Erfindung des @-Zeichens durch R. Tomlinson. ▪ Die Gründung von NIC (*Network Information Center*) u.a. zur Dokumentation und Registrierung von Netzparametern, der Vorläufer von IANA (*Internet Assigned Numbers Authorithy*).
1974 Internet	▪ ITCP und NCP werden im RFC 675 spezifiziert [Abb. 18.11-3]. ▪ In diesem RFC wird das Wort *Internet* zum ersten Mal offiziell verwendet.
1976	▪ CCITT-Standard X.25 für *Packet Switching*: Verbindungsorientierte Übermittlung der Datenpakete – die Grundlage für das spätere MPLS. ▪ Veröffentlichung des Konzepts von *Ethernet*, Robert M. Metcalfe und David R. Boggs.

18.11 Abschließende Bemerkungen

- Whitfield Diffie und Martin Hellman publizieren die Idee zur Realisierung eines Schüsseltauschs mittels *kryptographischer Funktionen* und somit der Verständigung auf einen gemeinsamem geheimen Schlüssel. — DHE
- Das *OSI-Referenzmodell* entsteht und wird später in der CCITT X.200 Empfehlung spezifiziert. — 1977
- Das *RSA-Verfahren* (Rivest, Shamir und Adelman) als Grundlage für den Aufbau asymmetrischer Kryptosysteme mit öffentlichen Schlüsseln (*public keys*) wird zum Patent angemeldet.
- Das *Network Control Protocol* (NCP) und das *Internet Transmission Control Program* (ITCP) werden durch IP und TCP (*Transmission Control Protocol*) funktionell ersetzt [Abb. 18.11-3]. Dies ist die Geburtsstunde der Protokolle IP und TCP; eine verbindungslose 'Alternative' zum TCP ist ebenso vorgesehen. — 1978
- Das Gremium *Internet Configuration Control Board* (ICCB) wird gegründet, um die Entwicklung des Internets zu koordinieren. — 1979

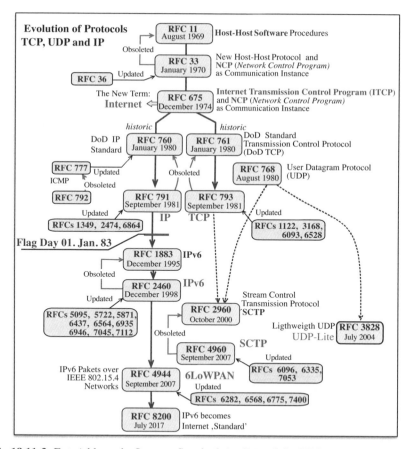

Abb. 18.11-3: Entwicklung der Internet-Standards im Spiegel der RFC

Die 1980er Jahre	Die Etablierung des Internets mit der TCP/IP-Protokollfamilie.
1981	▪ Der Aufbau von CSNET (*Computer Science Network*) wird initiiert und dieses dient u.a. als Vorläufer von NSFNET (*National Science Foundation Network*). ▪ Der Plan für die ARPANET-Umstellung von ITCP/NCP auf TCP/IP wird entwickelt.
1983	▪ Am 1. Januar 1983 (sog. Flag Day) wird das ARPANET auf TCP/IP umgestellt und damit hat die Ära von TCP/IP begonnen. ▪ Aus dem ARPANET entsteht das MILNET (*Military Network*) und der restliche Teil bildet das wissenschaftliche, zivile ARPANET. ▪ Der Aufbau von DFN (*Deutsches Forschungsnetz*) beginnt und damit auch die Einführung des Internets in Deutschland.
1984	▪ Die Kopplung des DFN mit dem CSNET führt dazu, dass die erste, über das Internet transportierte E-Mail in Deutschland an der Universität Karlsruhe am 3. August 1984 empfangen werden kann [Zor14].
1986	▪ Das NSFNET in einer modernen hierarchischen Struktur (*Backbone-Konzept*) wird etabliert (eine Art Internet-Backbone) und die große Akzeptanz von NSFNET führt zur Stilllegung des ARPANET.
TLD .de	▪ Am 5. November 1986 wird die Top-Level-Domain .de für Deutschland im DNS eingetragen.
Die 1990er Jahre	Die Kommerzialisierung des Internets und der Siegeszug des WWW.
1990	▪ Am 28. Februar 1990 wird das alte, ausgediente ARPANET offiziell stillgelegt. Seine Rolle übernimmt das moderne, in den 80er Jahren eingerichtete, Backbone-basierte NSFNET.
1991	▪ Das NSFNET wird für kommerzielle Nutzung als eine Art Internet-Backbone freigegeben. Die Folge ist die Kommerzialisierung des Internets und der Internet-basierten Technologien.
1995	▪ Der Backbone-Teil im NSFNET wird auf die neue Struktur mit NAPs (*Network Access Point*) umgestellt. Diese sind Vorläufer moderner IXPs (*Internet eXchange Point*) und führen zur Entstehung von ISPs (*Internet Service Provider*).
Die 2000er Jahre	Das Internet als Information Delivery Network, als virtueller Markt und der Beginn von Internet of Things.
Die 2010er Jahre	Das Internet im Zeitalter von Virtual Computing und Internet of Things. Für eine Vertiefung der chronologischen Entwicklung des Internets sei verwiesen auf: ▪ Meilensteine in der Entwicklung des Internets ▪ Evolution of the Internet – Significant Technical Events
Dank an Alle!	Das Internet ist eine der größten technischen Schöpfungen des 20ten Jahrhunderts mit der Beteiligung einer enormen Vielzahl der Menschen auf der ganzen Welt. Dafür geht unseren Dank an alle, die mit ihrem organisatorischen und technischen Engagement, Wissen und Können zur Entstehung des Internets beigetragen haben.

Teil VII

Anhang und Referenzen

tl;dr
———————————
Anonymous

Abkürzungsverzeichnis

1FA	1-Faktor Authentisierung	ANSI	American National Standards Institute
2FA	2-Faktor Authentisierung	AODV	Ad-Hoc On-demand Distance Vector
3DES	Triple-DES		
3WHS	3-Way-HandShake	AoMPLS	ATM over MPLSAP Access Point
6LoWPAN	IPv6 over Low power Wireless Personal Area Networks		
6P	6top Protocol	API	Application Programming Interface
6rd	IPv6 Rapid Deployment		
		APIPA	Automatic Private IP Addressing
		APNIC	Asian Pacific Network Information Center
A2S	Actuator to Sensor		
AAA	Authentisierung, Autorisierung, Accounting	AR	Access Router
		ARF	ACK_RANDOM_FACTOR
AAD	Additional Authenticated Data	ARIN	American Registry for Internet Numbers
AAL	ATM Adaption Layer		
ABP	Associativity-Based Routing	ARP	Address Resolution Protocol
ABR	Area Border Router, Available Bit Rate	AS	Autonomes System
		ASBR	AS Boundary Router
AC	Access Concentrator	ASCII	American Standard Code for Information Interchange
ACE	ASCII Compatible Encoding		
ACME	Automatic Certificate Management Environment	ASN.1	Abstract Syntax Notation No. 1
		ASON	Automatic(ally) Switched Optical Network
Ack	Acknowledg(e)ment		
ACL	Access Control List	ATM	Asynchronous Transfer Mode
ADD	Authorization Delegation Discovery	ATMARP	ATM Address Resolution Protocol
ADS	Active Directory Service	ATMoMPLS	ATM over MPLS
AEAD	Authenticated Encryption and Authenticated Data	ATMoPW	ATM over PW
		AT	ACK Timeout
AES	Advanced Encryption Standard	AVP	Attribute Value Pair
AFI	Address Family Identifier	AXFR	Authoritive Zone Transfer
AFTR	Address Family Transition Router	AYIYA	Anything-in-Anything
AGL	Application Level Gateway		
AGU	Aggregatable Global Unicast Address	BBN	Bolt, Beranek & Newman
		BCB	Backbone Core Bridge
AH	Authentication Header	BD	Big Data
AICCU	Automatic IPv6 Connectivity Client Utility	BGMP	Border Gateway Multicast Protocol
AID	Association ID		
ALG	Application Level Gateway	BGP	Border Gateway Protocol
ALNI	Application Layer Notification Information	BIB	Binding Information Base
		BIND	Berkeley Internet Name Daemon
AN	Association Number	BSD	Berkeley Software Distribution

BSS	Basic System Set	CKN	Connectivity Association Key Name
BSSID	Basic System Set Identifier		
BUM	Broadcast, Unknown and Multicast	CLIP	Classical IP over ATM
		CLP	Cell Loss Priority
BUS	Broadcast- and Unknown-Server	C-LSR	Core-LSR
		CN	Correspondent Node
		CNA	CN Address
		CName	Canonical Name
C2P	Person to Computer	CNLP	ConnectionLess Network Service
CA	Certificate Authority, Connectivity Association	CoA	Care-of-Address
		CoAP	Constraint Application Protocol
CBC	Cipher Block Chaining	CoAPs	CoAP Secure
CAK	Connectivity Association Key	CON	Confirmable
CBOR	Concise Binary Object Representation	CONS	Connection Oriented Network Service
CBR	Constant Bit Rate	COPS	Common Open Policy Service
CBT	Core Based Tree	CoRE	Constrained RESTful Environment
CC	Consistency Check		
CCA	Certification Authority Authorization	CoS	Class of Service
		COSINE	Co-operation and Open Systems Interconnection in Europe
CCC	Chaos Computer Club		
CCITT	Comité Consultatif International Télégraphique et Téléphonique	CPCS	Common Part Convergence Sublayer
		CPA	Certificate Path Advertisement
CCS	Change Cipher Specification Protocol	CPE	Customer Premises Equipment
		CPN	Customer Premises Network
CCMP	Counter Mode CBC Message Authentication Code Protocol	CPS	Certificate Path Solicitation
		CR	Customer Router
CDN	Content Delivery Network	CRC	Cyclic Redundancy Codes
CE	Customer Edge, Congestion Experienced	CRL	Certificate Revocation List
		CR-LDP	Constraint-Routing LDP
CEM	SONET/SDH Circuit Emulation over MPLS	CS	Convergence Sublayer
		CSLIP	Compressed SLIP
CERN	Conseil Européenne pour la Recherche Nucléaire	CSCF	Call Session Control Function
		CSMA/CD	Carrier Sense Multiple Access/Collision Detection
CERT	CERTificate		
CES	Circuit Emulation Service	CSPF	Constrained Shortest Path First
CFB	Cipher Feedback Mode	CSRC	Contributing Source Identifier
cHNV	compressed NH Value	CSS	Cascading Style Sheets
CGA	Cryptographically Generated Address	cUPD	compressed UDP
		CUPS	Common Unix Printing System
CGI	Common Graphics Interface	C-VLAN	Customer VLAN
CGN	Carrier-Grade NAT	CW	Control Word
CHAP	Challenge Handshake Authentication Protocol	CWR	Congestion Window Reduced
		c-STUN	classic STUN
CHL	Current Hop Limit		
CIDR	Classless Inter-Domain Routing		
CIFS	Common Internet File System		

Abkürzungsverzeichnis

DA	Destination Address	DNSSEC	DNS Security
DAD	Duplicate Address Detection	DO	Data Offset
DAO	Destination Advertisement Object	DODAG	Destination-Oriented Directed Acyclic Graph
DAO-ACK	DAO Acknowledgement	DOAG ID	DOAG IDentification
DAP	Directory Access Protocol	DoH	DNS over HTTPS
DANE	DNS-based Authentication of Named Entities	DoS	Denial of Service
		DQDB	Dual Queue Dual Bus
DARPA	US Defense Advanced Research Project Agency	DR	Designierter Router
		DS	Differentiated Services, Delegation Signer, Dual Stack, Distributed Switch
DC	Domain Component, Diameter Client		
DCA	Defense Communication Agency	DSAP	Destination SAP
DCCP	Datagram Congestion Control Protocol	DSGVO	Datenschutz Grundverordnung
		DSCP	Differentiated Service Code Point
DCE	Data Communication Equipment	DSH	Dual-Stack Host
DCF	Distributed Coordination Function	DSL	Digital Subscriber Line
		DSR	Dual-Stack-Router
DDDS	Dynamic Delegation Discovery System	DSS	Digital Signature Standard
		DSTM	Dual Stack Transition Mechanism
DDoS	Distributed DoS	DTE	Data Terminal Equipment
DER	Distinguished Encoding Rules	DTLS	Datagram TLS
DES	Data Encryption Standard	DUA	Directory User Agent
DFN	Deutsches Forschungsnetz	DUID	DHCP Unique IDentifier
DFZ	Default Free Zone	DRA	Diameter Relay Agent
DFS	Dynamic Frequency Selection	DVMRP	Distance Vector Routing Multicast Protocol
DH	Diffie-Hellman, Dispatch Header		
DHE	DH Exchange, DH Ephemeral	DynDNS	Dynamic DNS
DHCP	Dynamic Host Configuration Protocol	dACK	duplicate Ack
DIB	Directory Information Base		
DIO	DODAG Information Object	EAP	Extensible Authentication Protocol
DIS	DODAG Information Solicitation		
DIT	Directory Information Tree	EAPoL	EAP over LAN
DIX	Digital, Intel und Xerox	EAPoW	EAP over WiFi
DKIM	DomainKeys Identified Mail	EARN	European Academic Research Network
DL	Data Link, Diskreter Logarithmus		
		EBDCIC	Extended Binary Coded Decimal Interchange Code
DLCI	Data Link Connection Identifier		
DMAC	Destination MAC Address	EBGP	Externes BGP
DMARC	Domain-based Message Authentication, Reporting & Conformance	ECB	Electronic Code Book
		ECC	Error Correction Code, Elliptic Curve Cryptography
DMZ	DeMilitarized Zone	ECDH	Elliptic Curve Diffie-Hellmann
DN	Distinguished Name	ECE	ECN Echo
DNS	Domain Name System	ECMP	Equal Cost Multi-Path
		ECN	Explicit Congestion Negotiation

EDNS	Extended DNS	FR	Frame Relay, Functional Requirements
EGP	Exterior Gateway Protocol		
EHM	Encrypted Handshake Message	FRAD	FR Access Device
EID	Endpoint Identifier	FR-NNI	FR Network Network Interface
EIDD	EID Destination	FRoPW	Frame Relay over PW
EIDS	EID Source	FRR	Fast Re-Routing
ERM	EID-to-RLOC Mapping	FR-UNI	FR User Network Interface
EKU	Extended Key Usage	FTP	File Transfer Protocol
ELAN	Emuliertes LAN	FTPS	FTP over SSL bzw. FTP/SSL
EMSK	Extended MSK	FT	Forwarding Table
E-LSR	Edge-LSR		
ENUM	Telephone Number URI Mapping bzw. Telephone NUmber Mapping	GAB	Gap Ack Block
		GCM	Galois Counter Mode
EPON	Ethernet Passive Optical Network	GE	Gigabit Ethernet
EoMPLS	Ethernet over MPLS	GFC	Generic Flow Control
EoPW	Ethernet over PW	GFP	Generic Framing Procedure
ERO	Explicite Route	GIMP	GNU Image Manipulation Program
ES	Ethernet Segment, Endsystem		
ESI	ES Identification	GMAC	Galois Message Authentication Code
ESP	Encapsulating Security Payload		
ESMTP	Extended SMTP	GMPLS	Generalized MPLS
ESSID	Extended Service Set Identifier	GRE	Generic Routing Encapsulation
ETag	Entity Tag	GREASE	Generate Random Extensions And Sustain Extensibility
Eth	Ethernet		
ETR	Egress Tunnel Router	GRP	Global Routing Prefix
ETYPE	Ethernet Type	GSM	Global System for Mobile Communication
ETX	Expected Transmission Count		
EUI	Extended Unique Identifier	GSS	Generic Security Service
EVI	EVPN Instance	GUI	Graphical User Interface
EVPN	Ethernet Virtual Private Network	gTLD	generic TDL
EV-SSL	Extended Validation SSL (Certificate)	GTK	Group Transient Key
EVB	Edge Virtual Bridging	HA	Home Agent
		HAA	Home Agent Address
FA	Foreign Agent	HC	Header Compression
FAI	Functional Address Indicator	HCCA	HCF Controlled Channel Access
FCS	Frame Check Sequence	HCF	Hybrid Coordination Function
FDDI	Fiber Data Distributed Interface	HDLC	High-Level Data Link Control
FEC	Forwarding Equivalence Class, Forward Error Correction	HEC	Header Error Control
		HEL	Header Extension Length
FECN	Forward Explicit Congestion Notification	HIP	Host Identity Protocol
		HIP SA	HIP Security Association
FFD	Full-Function Device	HF-DSS	High-Frequency Direct-Sequence Spread-Spectrum
FH	Fragment Header		
FQDN	Full Qualified Domain Name		

Abkürzungsverzeichnis

HINFO	Host INFOrmation	**IGMP**	Internet Group Management Protocol
HKDF	HMAC Key Derivation Function	**IGP**	Interior Gateway Protocol
HMAC	Hash based Message Authentication Code	**IHL**	Internet Header Length
HMIP	Hierarchical Mobile IP	**IIoT**	Industrial IoT
HoA	Home Address	**IIR**	Ingress Internet Router
HSRP	Hot Standby Routing Protocol	**IKE**	Internet Key Exchange
HTML	HyperText Markup Language	**ILNP**	Identifier-Locator Network Protocol
HTTP	HyperText Transfer Protocol	**ILNP6**	ILNP IPv6
HTTPS	HTTP Secure	**IMAP**	Internet Message Access Protocol
HTTPU	HTTP over UDP	**IMS**	IP Multimedia Subsystem
H-VPLS	Hierarchical VPLS	**IN**	Internet Class (DNS)
HMIPv6	Hierarchical Mobile IPv6	**InARP**	Inverse ARP
HSS	Home Subscriber Server	**InterNIC**	Internet Network Information Center
HW	Hardware	**IoT**	Internet of Things
IAB	Internet Architecture Board	**IoV**	Internet of Vehicles
IANA	Internet Assigned Numbers Authority	**IP**	Internet Protocol
IAPP	Inter Access Point Protocol	**IPCP**	IP Control Protocol
IAR	Internet Access Router	**IPP**	Internet Printing Protocol
IAX	Internet Asterisk exchange	**IPLS**	IP-only LAN Service
IBGP	Internes BGP	**IPsec**	IP Security
ICA	Integrity Check Algorithm	**IPX**	Internetwork Packet eXchange
ICANN	Internet Corporation for Assigned Names and Numbers	**IPv4**	Internet Protocol Version 4
ICCB	Internet Configuration Control Board	**IPv6**	Internet Protocol Version 6
ICK	Integrity Check Key	**IRTF**	Internet Research Task Force
ICMP	Internet Control Message Protocol	**ISAKMP**	Internet Security Association and Key Management Protocol
ICP	Internet Cache Protocol	**ISATAP**	Intra-Site Automatic Tunnel Addressing Protocol
ICV	Integrity Check Value	**ISDN**	Integrated Services Digital Network
ID	Identification	**ISIS**	Intermediate System to Intermediate System
IdP	Identity Service Provider	**IS-IS**	Intermediate System – Intermediate System
IDEA	International Data Encryption Algorithm	**IS-IS-TE**	IS-IS-Traffic Engineering
IDN	Internationalized Domain Name	**ISMS**	IT Security Management System
IE	Information Element	**ISN**	Initial Sequence Number
IEEE	Institute of Electrical and Electronics Engineers	**ISO**	International Organization for Standardization
IESG	Internet Engineering Steering Group	**ISP**	Internet Service Provider
IETF	Internet Engineering Task Force	**I-TCP**	Indirect TCP
IEPG	Internet Engineering and Planning Group	**ITR**	Ingress Tunnel Router

ITU	International Telecommunication Union	LEAP	Lightweight Extensible Authentication Protocol
ITU-T	ITU, Telecommunication Standardization Sector	LEC	LAN Emulation Client
		LED	LAN Emulation Dienst
IXFR	Incremental Zone Transfer	LFN	Long Fat Networks
		LIG	Local Interface Gateway
		LIR	Local Internet Registry
JAIN	Java API for Integrated Networks	LIS	Logical IP Subnetwork
JPEG	Joint Photographic Experts Group	LISP	Locator/Identifier Separation Protocol, Locator/ID Separation Protocol
JPL	Jumbo Payload Length		
JSON	JavaScript Object Notation	LISP+ALT	LISP Alternative Logical Topology
		LL	Link Local
KaY	MACsec Key Agreement Entity	LLC	Logical Link Control
KDF	Key Derivation Function	LLA	Link Local Address
KEK	Key Encrypt Key	LId	Link Identification
KMD	Key Management Domain	LLU	Link Local Unicast
KMP	Key Management Protocol	LLMNR	Link-Local Multicast Name Resolution
KPI	Key Performance Indicator		
KSK	Key Signing Key	LLN	Low power and Lossy Networks
		LMI	Local Management Interface, Layer Management Interface
L1/2/3	Layer 1/2/3	LMP	Link Management Protocol
L2F	Layer 2 Forwarding	LNS	L2TP Network Server
L2VPN	Layer 2 VPN	LoST	Location-to-Service Translation
L2TP	Layer 2 Tunneling Protocol	LR-WBAN	Low-Rate Wireless Body Area Network
L3F	Layer 3 Forwarding		
L3VPN	Layer 2 VPN	LR-WPAN	Low-Rate Wireless Personal Area Network
LAC	L2TP Access Concentrator		
LAN	Local Area Network	LS	Link State
LANE	LAN-Emulation	LSA	Link State Advertisement
LAP	Link Access Protocol (Procedure)	LSDB	Link State Database
LAPB	LAP, Balanced	LSP	Label Switched Path
LAPD	LAP – Channel D	LSR	Label Switching Router, Loose Source Routing
LAPF	LAP for Frame Relay		
LBS	Location Based Services	LST	Label Switching Table
LCI	Logical Channel Identifier	LWL	Lichtwellenleiter
LCoA	On-Link CoA	LTE	Long Term Evolution
LCP	Link Control Protocol		
LDAP	Lightweight Directory Access Protocol	M2M	Machine to Machine
		mDNS	Multicast DNS
LDAPS	Lightweight Directory Access Protocol Secure	MAC	Media Access Control bzw. Message Authentication Code
LDIF	LDAP Data Interchange Format	MAC-BD	MAC Broadcast Domain
LDP	Label Distribution Protocol	MACsec	MAC Security (IEEE 802.1AE)
LE	LAN-Emulation		

MAN   Metropolitan Area Network
MAODV   Multicast AODV
MAP   Mobility Anchor Point
MC   Multicast
MCC   Multimedia Control Channel
MD   Message Digest
Megaco Media Gateway Control
MFTP   Multisource File Transfer Protocol
MGCP   Media Gateway Control Protocol
MHD   Multi-homed Device
MHSRP   Multigroup HSRP
MI   Member Identifier
MIB   Management Information Base
MIC   Message Integrity Check
MIDCOM Middlebox Control Protocol
MIKEY   Multimedia Internet KEYing
MIP   Mobile IP
MIPv6   Mobile IPv6
MIS   Maximum of Inbound Streams
MitM   Man in the Middle
MKA   MACsec Key Agreement Protocol
MKPDKU MACsec Key Agreement PDU
MLD   Multicast Listener Discovery
MLT   Maximum Life Time
MMoIP   Multi-Media over IP
MN   Mobile Node
MODP   Modular Exponentiation
MOP   Mode of Operation (bei RPL)
MOSPF   Multicast OSPF
MPC   MPOA-Client
MPDU   MAC PDU
MPED   MPOA Edge Device
MPLS   Multi-Protocol/Multiprotocol Label Switching
MP-BGP Multiprotocol Extensions for BGP-4
MPLS-TE MPLS Traffic Engineering
MPOA   Multi-Protocol over ATM
MPR   MPOA-Router
MPS   MPOA-Server
MRHOF   Minimum Rank with Hysteresis Objective Function
MPTCP   Multipath TCP
MRT   Maximum Response Time

MS-Chap Microsoft-CHAP
MSDP   Multicast Source Discovery Protocol
MSDU   MAC SDU
MSK   Master Session Key
MSL   Maximum Segment Lifetime
MSS   Maximum Segment Size
MTA   Mail Transfer Agent
MTR   Multi-Topology Routing
M-TCP   Mobile TCP
MTU   Maximum Transfer Unit, Multi-Tenant Unit
MTUs   Multi Tenant Units
MUX   Multiplexer
MX   Mail eXchange
mDMS   Multicast DNS

NA   Neighbor Advertisement
NAC   Network Access Control
NALP   Not a LoWPAN
NAPT   Network Address Port Translation
NAPTR   Naming Authority PoinTeR
NAS   Network Access Server
NAT   Network Address Translation
NAT-PT Network Address Translation - Protocol Translation
NAT44   IPv4 $\Leftrightarrow$ IPv4 NAT
NAT64   IPv6 $\Rightarrow$ IPv4 NAT
NAT46   IPv4 $\Rightarrow$ IPv6 NAT
NBFC   NetBIOS Frame Control Protocol
NBMA   Non-Broadcast Multiple Access
NBP   Network Bootstrap Program
NCC   Network Coordination Centre
NCP   Network Control Protocol
NDP   Neighbor Discovery Protocol
NDS   Network Directory System/Services
NetBEUI NetBIOS Extended User Interface
NFR   None-functional Requirements
NFS   Network File System
NGN   Next Generation Network
NHC   Next Hop Client
NHLFE   Next Hop Label Forwarding Entry

NHNA	Next Hop Network Address	OTP	One Time Pad
NHRP	Next Hop Resolution Protocol	OUI	Organizationally Unique Identifier
NHS	Next Hop Server		
NIC	Network Interface Card	OXC	Optical Crossconnect (System)
NID	Node Identifier, Network Identity		
NIR	National Internet Registry		
NIS	Network Information Services	P2C	Person to Computer
NLA	Next Level Aggregator	P2P	Person to Person, Peer-to-Peer, Point-to-Point
NLPID	Network Layer Protocol IDentifier	P2MP	Point-to-Multipoint
NLRI	Network Layer Reachability Information	P2T	Person to Thing
		PAC	PPTP Access Concentrator, Port Access Controller
NNI	Node Node Interface		
NON	Non-Confirmable	PAD	Peer Association Database
NP	Netzwerkprotokoll	PAE	Port Access Entity
NRT	Near Real-Time	PAM	Pluggable Authentication Module
NS	Neighbor Solicitation bzw. Name Server	PAP	Password Authentication Protocol
NSAP	Network Service Access Point	PAT	Port Address Translation
NSEC	Next SECure	PACP	Port Control Protocol
NSFR	None-linear Feedback Shift Register	PBB	Provider Backbone Bridges
		PBKDF	Password-Based Key Derivation Function
NSP	Network Service Provider		
NSS	Network Security Services	PCL	Parent Candidates List
NTP	Network Time Protocol	PCM	Pulse Code Modulation
NUD	Neighbor Unreachable Detection	PCP	Port Control Protocol
NXDOMAIN	None Existing Domain (Entry)	PCT	Private Communication Technology
		PDA	Personal Digital Assistant
OCSP	Online Certificate Status Protocol	PDU	Protocol Data Unit
OEO	Optical-Electrical-Optical	PE	Provider Edge, Port Extender
OF	Objective Function	PEAP	Protected EAP
OF0	Objective Function Zero	PEM	Privacy Enhanced Mail
OFDM	Orthogonal Frequency Division Multiplexing	PERL	Process and Experiment Automation Realtime Language
OLP	On-Link Prefix	PFC	Protocol Field Compression
OID	Object-Identifier	PFS	Perfect Forward Secrecy
OKM	Output Key Material	PHB	Per Hop Behaviours
OOO	Optical-Optical-Optical	PQC	Post Quantum Cryptography
OPC	Objective Code Point	PHY	Physikalische Schicht
OPT	OPTion	pid	Process ID
OSA	Open Service Architecture/Access	PID	Protocol Identifier
		PIM	Protocol Independent Multicast
OSI	Open System Interconnection	PIM-DM	PIM - Dense Mode
OSPF	Open Shortest Path First	PIM-SM	PIM - Sparse Mode
OSPF-TE	OSPF - Traffic Engineering	PIR	Public Interest Registry

PKCS	Public Key Cryptography Standards	R	Router
PKI	Public Key Infrastructure	RA	Router Advertisement
PKIX	Public Key Internet Exchange	RADIUS	Remote Authentication Dial-In User Service
PLCP	Physical Layer Convergence Protocol	RADSec	RADIUS Secure
PLP	Packet Layer Protocol	RADVD	Router Advertisement Daemon
PMC	Pulse Code Modulation	RARP	Reverse Address Resolution Protocol
PMTU	Path MTU	RAS	Remote Access Service(s)
PNNI	Private NNI	RBL	Relay Blacklists
PNS	PPTP Network Server	RC	2/4 Rivest Cipher 2/4
POP	Post Office Protocol bzw. Point of Presence	RCoA	Regional CoA
		RCP	Remote Procedure Call
POSIX	Portable Operating System Interface	RD	Route Distinguisher
		RDATA	Record Data (DNS)
PPP	Point-to-Point Protocol	RDN	Relative Distinguished Name
PPTP	Point-to-Point Tunneling Protocol	RDNSS	Recursive DNS Server
PPVPN	Provider Provisioned VPN	RED	Random Early Detection
PR	Provider Router	RFC	Request for Comments, Reduced-Function Device
Prec	Precedence		
PRF	Pseudo Random Function	RI	Routing-Information
PRK	Pseudo Random Key	RIB	Routing Information Base
PRNG	Pseudo Random Number Generator	RIG	Remote Interface Gateway
		RIP	Routing Information Protocol
PSK	Pre-Shared Key	RIPE	Réseaux IP Européens
PSTN	Public Switched Telephone Network	RIPEMD	RIPE Message Digest
		RIR	Regional Internet Registry
PT	Payload Type, Protocol Translation	RL	Record Layer
		RLE	(RTCP) Run Length Encoding
PTK	Pairwise Transient Key	RLOC	Routing Locator
PtP	Punkt-zu-Punkt	ROOF	Real-time Onsite Operations Facilitation
PTR	PoinTeR		
PVC	Permanent Virtual Connection	ROHC	RObust Header Compression
PW	Pseudo Wire	ROLL	Routing Over Low power and Lossy networks
PWH	PW Header		
PWE3	Pseudo Wire Emulation Edge-to-Edge	RP	Rendezvous Point
		RPC	Remote Procedure Call
PWLAN	Public WLAN	RPF	Reverse Path Forwarding
PXE	Preboot Execution Environment	RPL	Routing Protocol for Low power and Lossy Networks
		RPT	Rendezvous PoinT
QCELP	Qualcomm Code-Excited Linear Prediction	RR	Resource Record, (RTCP) Receiver Records, Route Reflector
QoS	Quality of Service		
QUIC	Quick UDP Internet Connections	RRSet	Resource Record Set
QType	Query Type (DNS)	RS	Router Solicitation

RSA	Rivest, Shamir, Adleman	SHA	Secure Hash Algorithm
RSIP	Realm Specific IP	SHD	Single-homed Device
RSN	Robust Security Network	SHN	Single-homed Network
RSVP	Resource reSerVation Protocol	SIG	SIGnature
RSVP-TE	RSVP with Traffic Engineering	SIIT	Stateless IP/ICMP Translation Algorithm
RSTP	Rapid STP		
RT	Routing-Tabelle, Real-Time	SIP	Session Initiation Protocol
RTE	Routing Table Entry	SL	Short Length
RTC	Real Time Clock	SLA	Service Level Agreement
RTCP	RTP Control Protocol	SLD	Second-Level Domain
RTP	Real-time Transport Protocol	SLIP	Serial Line IP
RTSP	Real-Time Streaming Protocol	SLAAC	Stateless Address Autoconfiguration
RTT	Round Trip Time		
RVS	Rendezvous Server	SLU	Site Local Unicast
		SMAC	Source MAC Address
		SMB	Server Message Block
S2A	Sensor to Actuator	SM-LAN	Shared Medium LAN
SA	Source Address, Security Association	SMP	Symmetric Multi-Processing
		SMTP	Simple Mail Transfer Protocol
SAC	Stateless AutoConfiguration	SN	IP-Subnetz
SACK	Selective ACKnowledgement	SNA	Systems Network Architecture
SAFI	Sub-AFI, Subsequent AFI	SNAP	Sub-Network Access Protocol
SAK	Secure Association Key	SNI	Server Name Indication
SAMBA	Server Message Block	SNMA	Solicited Node Multicast Address
SAML	Security Assertion Markup Language	SNMP	Simple Network Management Protocol
SAN	Storage Attached Network/Subject Alternative Name	SNP	Source Network Prefix
		SNPA	Subnetwork Point of Attachment
		SOA	Start Of zone Authority (DNS)
SAP	Service Access Point	SOAP	Simple Object Access Protocol
SASL	Simple Authentication and Security Layer	SOCKS	SOCKetS
		SONET	Synchronous Optical NETwork
SBR	Side Border Router	SPB	Shortest Path Bridging
SCB	Secure Channel Broadcast/Single Copy Broadcast	SPBM	SPB MAC
		SPBV	SPB VID
SDN	Software Defined Networking	SPD	Security Policy Database
SEND	Secure Neighbor Discovery	SPTA	Shortest Path Tree Algorithmus
SCI	Secure Channel Identifier	SPF	Shortest Path First bzw. Sender Policy Framework
SCTP	Stream Control Transmission Protocol		
SDH	Synchronous Digital Hierarchy	SPT	Server Processing Time
SDK	Software Development Kit	SPI	Security Parameters Index
SDP	Source Discovery Protocol	SR	(RTCP) Sender Records
SDU	Service Data Unit	SRV	Server (DNS)
SecY	MACsec Security Entity	SRTP	Secure Real-time Transport Protocol /Secure RTP
SeND	Secure Neighbor Discovery		
SG	Security Gateway		

SSDP	Simple Service Discovery Protocol	TLSA	Transport Layer Security Authentication
SSH	Secure Shell	TLV	Type-Length-Value
SSHFP	SSH Fingerprint	TORA	Temporally-Ordered Routing Algorithm
SSL	Secure Sockets Layer		
SSM	Source-specific Multicasting	ToS	Type of Service
SSR	Strict Source Routing	TPC	Transmit Power Control
SSRC	Synchronization Source Identifier	TRILL	Transparent Interconnection of Lots of Links
STCP	Streaming TCP		
STE	Session Table Entry	TRIP	Telephony Routing over IP
STA	Spanning Tree Algorithmus	TSCH	Time-Slotted Channel Hopping
S-TCP	Snoop TCP	TSIG	Transaction SIGnature
STLS	Start TLS	TSN	Transmission Sequence Number
STUN	Simple Traversal of UDP through NAT	TT	Traffic Trunk
		T/TPC	Transaction TCP
SVC	Switched Virtual Circuit	TTL	Time To Live
SW	Software	TURN	Traversal Using Relays around NAT
SWE	Software Engineering		
SixXS	Six Access	TXT	TeXT

		UAC	User Agent Client
T2C	Thing to Computer	UAS	User Agent Server
T2P	Thing to Person	UBR	Unspecified Bit Rate
T-PDU	Transport PDU	UDP	User Datagram Protocol
TAC	Terminal Access Controller	ULA	Unique Local Address
TAO	TCP Accelerated Open	UMTS	Universal Mobile Telecommunications System
TB	Tunnel Broker		
TBRPF	Topology dissemination Based on Reverse-Path Forwarding	UN	Unternehmensnetz
		UNI	User Network Interface
TC	Trust Center bzw. TrunCation	UPnP	Universal Pug and Play
TCB	Transmission Control Block	URI	Uniform Resource Identifier
TCI	TAG Control Information	URL	Uniform Resource Locator
TCP	Transmission Control Protocol	URN	Uniform Resource Name
TCP/FO	TCP Fast Open	USB	Universal Serial Bus
TDM	Time Division Multiplex(ing)	UUCP	Unix to Unix Copy
TE	Traffic Engineering	UTF	Universal Character Set (UCS) Transformation Format
TFTP	Trivial File Transfer Protocol		
TH	Tunnel-Header		
TIC	Tunnel Information and Control Protocol		
		VCI	Virtual Channel Identifier
TK	Telekommunikation	VDE	Virtual Distributed Ethernet
TKEY	Transaction KEY	VE	VPLS Edge
TKIP	Temporal Key Integrity Protocol	VEB	Virtual Ethernet Bridge
TKL	Token Length	VEPA	Virtual Ethernet Port Aggregator
TLD	Top-Level Domain	VF	Vermittlungsfunktion
TLS	Transport Layer Security	VG	VPN-Gateway

VHM	Virtual Host Mobility	WBAN	Wireless Body Area Networking
VID	VLAN Identifier	WDM	Wavelength Division Multiplexing
VIP	Virtuelle IP-Adresse		
VLAN	Virtual LAN	WDS	Wireless Distribution System
VLSM	Variable Length Subnet Mask(s)/Masking	WEP	Wireless Equivalent Privacy
		WiFi	Wireless Fidelity
VM	Virtual Machine	WISP	Wireless Internet Service Provider
VMAC	Virtuelle MAC-Adresse		
VNI	VXLAN Network Identifier	WKP	Well Known Port
VNM	Virtual Network Mobility	WKS	Well Known Service
VoIP	Voice over IP	WLAN	Wireless Local Area Network
VPI	Virtual Path Identifier	WoT	Web of Things
VPLS	Virtual Private LAN Service	WPA	Wi-Fi Protected Access
VPN	Virtual Private Network	WPAN	Wireless Personal Area Network
VPWS	Virtual Private Wire Service	WSAN	Wireless Sensor Actuator Network
VR	Virtual Router		
VRF	VPN Routing Forwarding, Virtual Routing and Forwarding	WSIZE	Window Size
		WSP	Web Socket Protocol
VRP	Virtual Router Protocol	WWW	World Wide Web
VRID	Virtual Router Identifier	WebRTC	Web Real-Time Communication
VRRP	Virtual Router Redundancy Protocol		
VSA	Vendor Specific Attribute	XCBC	Extended CBC
VSI	Virtual Switching Instance/Interface	XML	eXtensible Markup Language
		XNS	Xerox Network Services/System
VTEP	VXLAN Tunnel End Point	XOR	Exclusive Or
VXLAN	Virtual eXtensible Local Area Networks	XR	(RTCP) eXtended Reports
WAN	Wide Area Network	ZSK	Zone Signing Key
WAP	Wireless Application Protocol		

Abbildungsverzeichnis

1.1-1	Allgemeiner Aufbau von ARPANET	4
1.1-2	Verknüpfung von Dokumenten mittels Hyperlinks	7
1.1-3	Hauptkomponenten des Webdienstes – URL dient als Adresse	7
1.1-4	Prinzip der Adressierung beim Web-Dienst	9
1.1-5	Allgemeine Internet-Strukturierung	9
1.1-6	Meilensteine der bisherigen Internet-Entwicklung und Trends	10
1.2-1	Übermittlung eines Datenblocks	18
1.2-2	Worst case einer Datenübermittlung	19
1.2-3	Fehlerhafte Übermittlung	20
1.2-4	Veranschaulichung der Flusskontrolle über den Fenstermechanismus	22
1.2-5	Auswirkungen der Netzüberlastung	23
1.3-1	Idee von OSI: Jedes System soll mit jedem anderen kommunizieren können	24
1.3-2	OSI-Referenzmodell	24
1.3-3	Klassen von Aufgaben im OSI-Referenzmodell	26
1.3-4	Ursprüngliches Schichtenmodell der Protokollfamilie TCP/IP	27
1.3-5	Erweitertes Schichtenmodell der Protokollfamilie TCP/IP	28
1.4-1	Kapselung der Nutzlast beim UDP-Einsatz	30
1.4-2	Verkapselung der Nutzlast beim TCP-Einsatz	30
1.4-3	Struktur der verbindungslosen Netzwerkschicht in IP-Netzen	32
1.4-4	Struktur der verbindungsorientierten Netzwerkschicht in IP-Netzen	32
1.4-5	Prinzip der Kommunikation im Internet	33
1.4-6	Vereinfachte Struktur von Rechnern am IP-Netz	34
1.4-7	Transportschicht mit UDP; ungesicherter Datentransport	35
1.4-8	Transportschicht mit TCP; gesicherter Datentransport	35
1.4-9	Datentransport zwischen Anwendungen	36
1.4-10	Multiplexmodell der Protokollfamilie TCP/IP	37
1.5-1	Protokolle der Familie TCP/IPv4 im Schichtenmodell	38
1.5-2	Einordnung der Protokolle laut ihrer Kommunikationsschicht	42
1.6-1	Organisation der IETF/Zusammenarbeit mit anderen Internet-Gremien	45
1.7-1	Allgemeine Struktur eines CDN und dessen Basisfunktionen	47
2.1-1	Modell der Datenverarbeitung	51
2.1-2	Zusammenspiel von Datensicherheit und IT-Security	53
2.1-3	Shibboleth als IdP bei Hochschulen (HS)	56
2.1-4	Entwicklung der kryptographischen Standards	57
2.1-5	Gesicherte IP-Kommunikation auf den verschiedenen Schichten	59
2.2-1	Zur Definition von Hashfunktionen	64
2.2-2	Erzeugung einer digitalen Signatur	66
2.2-3	Kryptographische Primitive und ihre Implementierung	67
2.3-1	Authentisierung der Datenquelle und Überprüfung der Datenintegrität	70

2.3-2	Authentisierung einer Nachricht mittels der AES-CMAC-Hashfunktion	71
2.3-3	Ablauf der ursprünglichen Unix-Funktion *crypt*	72
2.4-1	Überblick über die symmetrischen Verschlüsselungsverfahren	75
2.4-2	Ablauf des Schlüsselstromverfahrens	76
2.4-3	Illustration des Konfusions- und Verschlüsselungsprinzips bei der Blockverschlüsselung	78
2.4-4	Verschlüsselung bei den Betriebsmoden CBC, CFB und OFM für Blockchiffren	79
2.4-5	Counter-Mode-Blockverschränkung	81
2.4-6	Galois Counter Mode mit den Verschlüsselungs- und Authentisierungsoperationen	82
2.5-1	Überblick über die asymmetrischen Verschlüsselungsverfahren	83
2.5-2	Schlüsseltausch beim RSA-Verfahren	85
2.5-3	Ablauf des Diffie-Hellman-Verfahrens zum Schlüsseltausch	86
2.5-4	Beispiel für eine elliptische Kurve	88
2.5-5	Einsatz und Ablauf des ElGamal-Protokolls	89
2.6-1	Identitätskomponenten und ihre Charakteristika	90
2.6-2	Identitätskomponenten und ihre Charakteristika	91
2.6-3	Ablauf der MS-ChapV2-Authentisierung	92
2.6-4	Kryptographische Elemente der MS-ChapV2-Authentisierung	93
2.6-5	Aufbau von X.509-Zertifikaten	95
2.6-6	Einsatzgebiete von X.509-Zertifikaten	96
2.6-7	Zertifikatskette für www.fehcom.de	99
2.7-1	Methoden zur sicheren und gesicherten Datenübertragung	101
2.7-2	Dimensionen des Einsatzes der Verschlüsselungs-, Schlüsselabgleich- und Authentisierungsverfahren	105
2.7-3	IT-Security-Paradigmen	106
3.2-1	Aufbau von IPv4-Paketen und Felder des IPv4-Headers	114
3.2-2	Feld ToS/DSCP im IP-Header	116
3.2-3	Behandlungsklassen von IP-Paketen und Netzdiensten bei DiffServ	117
3.2-4	Beispiel für die Fragmentierung eines IP-Pakets	118
3.2-5	Zusammensetzen von IP-Teilpaketen zum ursprünglichen IP-Paket	119
3.2-6	Struktur des Felds Option in IP-Paketen	120
3.2-7	Beispiel für die Nutzung der Option Strict Source Routing	121
3.2-8	Beispiel für den Einsatz der Option Loose Source Routing	122
3.2-9	Beispiel für die Nutzung der Option Recording Route	122
3.2-10	Struktur des Optionsfelds Timestamp	123
3.3-1	Klassen von IP-Adressen und ihre Struktur	124
3.3-2	Darstellung von IP-Adressen	125
3.3-3	Herausfiltern der Netz-ID mittels der Operation Bitwise_AND	127
3.3-4	Router als ein Multinetz-Endsystem	130
3.4-1	Aufbau einer IP-Adresse mit Subnetting und benutzerdefinierter Subnetzmaske	131
3.4-2	Beispiel für die Aufteilung eines Netzes auf zwei Subnetze	131

3.4-3	Festlegung einer benutzerdefinierten Subnetzmaske für IP-Adressen der Klasse C	132
3.4-4	Bestimmen von Subnetz-IDs bei einer IP-Adresse der Klasse B	132
3.4-5	Bestimmen des Ziels eines IP-Pakets vor seinem Absenden	135
3.4-6	Übermittlung eines IP-Pakets zum Zielrechner im gleichen Netz	136
3.4-7	Übermittlung eines IP-Pakets im Verbund von verbindungslosen LANs	137
3.4-8	Übermittlung eines IP-Pakets im Verbund verbindungsorientierter Subnetze	138
3.5-1	Klassenweise IP-Adressierung mit Netzpräfixnotation	139
3.5-2	Illustration der Netzpräfixnotation beim Subnetting	141
3.5-3	Bedeutung der Präfixlänge in der IP-Zieladresse	142
3.5-4	Beispiel für eine bedarfsgerechte Aufteilung des IP-Adressraums	144
3.5-5	Beispiel für den VLSM-Einsatz bei der Strukturierung eines Netzwerks	144
3.5-6	Bedeutung der Aggregation von Routen	146
3.5-7	Aggregation von Routen innerhalb einer Organisation	146
3.5-8	Beispiel für eine Adresszuweisung nach CIDR	149
3.5-9	Internetanbindung bei klassenbasierter IP-Adressierung	150
3.5-10	Internetanbindung bei klassenloser IP-Adressierung und CIDR-Einsatz	150
3.6-1	Unterstützung der Adressierung durch des Protokolls ARP	152
3.6-2	Ermittlung einer MAC-Adresse nach dem Protokoll ARP	153
3.6-3	Aufbau der Nachrichten ARP-Request und -Reply	154
3.6-4	ARP-Cache in einem Endsystem	154
3.6-5	Einsatz von Proxy-ARP für eine LAN-Erweiterung mit dem ISDN	156
3.6-6	Unterschiedliche LANs bilden ein Subnetz mittles Proxy-ARP	157
3.6-7	Verlauf der Proxy-ARP-Funktion bei der Übermittlung eines IP-Pakets	158
3.6-8	Veranschaulichung der Funktionsweise von RARP	159
3.7-1	Aufbau von ICMP-Nachrichten	161
3.7-2	Beispiel für eine Umleitung im Netzwerk	162
3.7-3	Bestimmung der Laufzeit eines IP-Pakets	163
3.7-4	Prinzip der Entdeckung eines Routers bei ICMP	164
3.7-5	Aufbau der ICMP-Nachricht `PMTU Discovery`	165
3.8-1	Abbildung einer Multicast-IP-Adresse auf eine Multicast-MAC-Adresse	167
3.8-2	Aufbau und Typen von Nachrichten beim IGMPv3	168
3.8-3	Überwachung der Existenz von MC-Gruppen beim Einsatz von IGMPv1	169
3.8-4	Beispiel für einem Ablauf von IGMPv3	170
3.9-1	Beispiel für einem Ablauf von IGMPv3	173
4.1-1	Bedeutung der Transportschicht in IP-Netzen und ihre Protokolle	176
4.2-1	Aufbau von UDP-Paketen	179
4.2-2	Prüfsumme im UDP-Header und Angaben im IP-Pseudo-Header	179

4.2-3	Aufbau von UDP-Lite-Paketen	180
4.2-4	Überprüfung von Übertragungsbitfehlern	181
4.3-1	TCP als Sicherungsprotokoll zwischen zwei entfernten Rechnern	182
4.3-2	Aufbau des TCP-Header	183
4.3-3	TCP-Zustandsdiagramm	187
4.3-4	Beispiel für den Aufbau einer TCP-Verbindung	188
4.3-5	Beispiel für den Abbau einer TCP-Verbindung	190
4.3-6	Sliding-Window-Prinzip	192
4.3-7	Interpretation von Window bei TCP	192
4.3-8	Beispiel für den TCP-Ablauf bei fehlerfreier Datenübermittlung	193
4.3-9	Beispiel für das TCP-Verhalten bei einer fehlerbehafteten Datenübermittlung	194
4.3-10	Gesteuerte Segmentwiederholung über den TCP MLS Timer	195
4.4-1	Abschätzung von RTT	198
4.4-2	Bestimmung der Round Trip Time mittels der Option TSopt	199
4.4-3	Aufbau des SACK-Optionsfelds	202
4.4-4	Einflussgrößen für den TCP-Datendurchsatz	203
4.4-5	Ablauf des TCP/FO-Verfahrens	204
4.4-6	SYN-Attacke mit anschließender Wiederholung der <SYN,ACK>-Pakete	208
4.4-7	Handoff als Weiterschaltung einer TCP-Verbindung	208
4.4-8	MSS Clamping beim Aufbau einer TCP-Verbindung	209
4.5-1	Router Queue-Management	211
4.5-2	Aktives Queue Management	211
4.5-3	Idee der Überlastvermeidung mit ECN	213
4.5-4	ECN-Angaben im IPv4/IPv6-Header	214
4.5-5	ECN-Angaben im TCP-Header	215
4.5-6	Aufbau einer TCP-Verbindung mit Überlastkontrolle	216
4.5-7	Feststellung der ECN-Befähigung	216
4.5-8	Vermeiden der Überlast auf einer TCP-Verbindung durch ECN-Signalisierung	217
4.5-9	Robust ECN	218
4.6-1	Veranschaulichung von SCTP-Assozationen	220
4.6-2	Mehrere Streams innerhalb einer SCTP-Assoziation	221
4.6-3	Struktur der SCTP-Pakete	221
4.6-4	Aufbau und Abbau einer SCTP-Assoziation	223
4.6-5	Aufbau von DATA-Chunks als Container von Nutzdaten	224
4.6-6	Bedeutung des Bit BE sowie der Parameter n und TSN	224
4.6-7	Interpretation von Parametern: *C-TSN Ack* und andere	225
4.6-8	Fehlerfreie Übermittlung von Daten nach SCTP	226
4.6-9	Fehlerhafte Übermittlung von Daten nach SCTP	227
4.7-1	Bedeutung der Windowsize für den Datendurchsatz	229
5.1-1	Aufbau des DNS-Namensraums	234
5.1-2	Client/Server-Komponenten bei DNS und Ablauf der Namensermittlung	239

5.1-3	Ermittlung von IP-Zieladressen mit DNS-Referral-Hilfe	242
5.1-4	Beispiel für die Auflösung einer IP-Adresse auf einen Hostnamen .	244
5.2-1	Domain ip6.arpa zur Abbildung des reversen IPv6-Namens . . .	250
5.3-1	Domain- und Zonenkonzept und Bedeutung von Glue	252
5.3-2	Ablauf des AXFR- bzw. IXFR-Zonentransfers	256
5.4-1	Aufbau von DNS-Nachrichten – Query und Response	257
5.4-2	Spezifikation von Query und Ressource Record in DNS-Nachrichten	259
5.4-3	Aufbau einer DNS-Query mit EDNS(0)-Angabe	261
5.5-1	Typische Bedrohungen bei DNS-Anwendungen	263
5.5-2	Key Roll-Over für den ZSK und zur Signierung der Zonendaten . .	269
5.5-3	Trust Chain bei DNSSEC	270
5.5-4	Erfolgreiche Überprüfung von DNSSEC-Records durch den iResolver	272
5.5-5	Weitergabe einer DNSSEC-Response im Status 'Secure' an einen nicht-DNSSEC-fähigen Stub-Resolver	272
5.6-1	Zusammenspiel von CurveDNS-Forwarder und CurveDNS-Cache zur Absicherung des DNS-Datenverkehrs	274
5.6-2	Aufbau von CurveDNS Query- und Response Stream-Nachrichten	277
5.6-3	Aufbau von CurveDNS Query- und Response TXT-Nachrichten . .	278
5.7-1	Ermittlung eines Mailservers für eine Domain	280
5.7-2	Aufbau der Domain e164.arpa und die Bedeutung von ENUM-URI	282
5.7-3	Problem bei der Ermittlung des SIP-Proxy in einer anderen Domain	283
5.7-4	RR vom Typ NAPTR der Domain xyz.de mit VoIP-betreffenden Angaben	284
5.7-5	RR vom Typ SRV mit VoIP-betreffenden Angaben	284
5.8-1	Ablauf der DNS-Fingerprint-Query bei SSH	285
5.8-2	Abfrage eines TLSA-Records zur Verifikation des *public key* im X.509-Zertifikat einer https-Verbindung	287
5.8-3	Abfrage eines CCA-Records zur Verifikation des *public key* im X.509-Zertifikat einer https-Verbindung	290
5.9-1	Einsatz von Nameservern bei der Intranet/Internetanbindung . . .	291
5.10-1	mDNS SD-Nachricht zur Mitteilung eines Druckerservices	297
5.10-2	Aufbau einer LLMNR-Nachricht	299
6.1-1	Taxonomie der IP-Schnittstellen	304
6.1-2	IPv4-Autoconfiguration mittels ARP-Probe/Announcement	307
6.2-1	Protokoll DHCP	309
6.2-2	Struktur von DHCP-Nachrichten	310
6.2-3	Phasen bei der Konfiguration eines DHCP-Clients	312
6.2-4	Zugang zu einem DHCP-Server über mehrere Router mit Relay-Agent-Funktion	314
6.3-1	Veranschaulichung der Funktionsweise des klassischen NAT . . .	318
6.3-2	Illustration der Funktionsweise von NAPT	319
6.3-3	Veranschaulichung des Prinzips von Symmetric NAT	320
6.3-4	Die Funktionsweise von (Full) Cone NAT	320
6.3-5	NAT mit Firewall	321
6.3-6	Das Problem mit SIP bei der Übermittlung audiovisueller Medien	323

6.3-7	STUN-Nachrichtenformat	325
6.3-8	Notwendigkeit und die grundlegende Idee von STUN	325
6.3-9	Die grundlegende Idee von TURN – TURN-Server dient als Relay-Station	327
6.3-10	Mögliche Transportadressen eines SIP-Clients mit einer privaten IP-Adresse	328
6.3-11	Aufbau eine Carrier-Grade NAT-Netzwerks	330
6.4-1	IPsec-Angaben in IP-Paketen	333
6.4-2	SA-Aushandlung vor der Übertragung der IP-Pakete	335
6.4-3	Aufbau von ISAKMP Nachrichten mit einem Auszug der Payload-Typen	339
6.4-4	Aufbau des Authentication Header (AH)	339
6.4-5	AH im Transport-Mode	340
6.4-6	Aufbau eines ESP-Frames	341
6.4-7	ESP-Angaben beim Transport-Mode	342
6.4-8	IPsec-Einsatz im Tunnel-Mode	342
6.4-9	AH-Angaben im Tunnel-Mode	343
6.4-10	ESP-Angaben im Tunnel-Mode	343
6.4-11	Schritte bei der Erweiterung eines IPv4-Pakets mit ESP	344
6.4-12	Typische Varianten von Site-to-Site-VPNs mit dem IPsec	344
6.4-13	IPsec-Einsatz bei VPNs mit Remote Access	345
6.4-14	IPsec Encapsulation in UDP-Nachrichten	347
6.5-1	Beispiel für den Ablauf des Extensible Authentication Protocol	349
6.5-2	Dienstleistungen von EAP	349
6.5-3	Aufbau von EAP-Nachrichten	350
6.5-4	Äußere EAP-Authentisierung	351
6.5-5	Innere EAP-Authentisierung	353
6.6-1	Bedeutung des RAS	355
6.6-2	Einsatz von AAA-Servern	355
6.6-3	Authentisierung eines Remote-Benutzers mit dem RADIUS	357
6.6-4	Einsatz mehrerer RADIUS-Server	358
6.6-5	Aufbau von RADIUS-Nachrichten	360
6.7-1	Beispielhafter Aufbau eines LDAP-Verzeichnisses und -Eintrags	363
6.7-2	Typen des LDAP-Bind	366
6.8-1	Unterstützung von Roaming mit Diameter	369
7.1-1	SOCKS-Anwendung bei einem multi-homed SOCKS-Server	372
7.1-2	Client/Benutzerauthentisierung bei SOCKS und Übermittlung der UDP-Pakete	374
7.1-3	Anwendungen des SOCKS-Protokolls	375
7.2-1	TLS im Schichtenmodell und Hilfsprotokolle	379
7.2-2	Aufbau einer TLS-Verbindung	380
7.2-3	Aufbau einer TLS 1.3 Verbindung	383
7.2-4	Aufbau einer TLS 1.3 Verbindung mittels Key Share und PSK	385
7.2-5	Transport von Nachrichten in Record Layer Frames	387
7.2-6	Aufbau der Cipher Suite und genutzte kryptographische Verfahren	388

7.2-7	Das TLS-Schlüsselmaterial	390
7.2-8	Schlüsselgenerierung und Key Schedule bei TLS 1.3	391
7.2-9	Nutzung von TLS zur gesicherten E-Mail-Übermittlung	392
7.2-10	Ablauf des DTLS-Verfahren	394
7.3-1	Protokolle für die audiovisuelle Kommunikation im Schichtenmodell	397
7.3-2	Phasen bei der Übermittlung eines Echtzeitmedium über ein IP-Netz	399
7.3-3	Illustration einer Multimedia-Session für Übermittlung von zwei Medien	400
7.3-4	Schichtenmodell einer Session für die Übermittlung eines Media	401
7.3-5	RTP-Paket im IP-Paket und die Angaben im RTP-Header	401
7.3-6	Abstimmung einer dynamischen PT-Nummer und Angabe von RTP-Portnummern beim Aufbau einer Session	404
7.3-7	Berechnung von Timestamp bei der Bildung von RTP-Paketen mit Audio	405
7.3-8	Langer Medienblock wird auf mehrere RTP-Paket aufgeteilt	407
7.3-9	Garantie der Isochronität mittels Zeitstempel	407
7.3-10	Einsatz des Zeitstempels für die Intermedia-Synchronisation	408
7.3-11	Veranschaulichung der Funktion des Translators	408
7.3-12	Mixer-Funktion - Bildung eines gemischten Bitstroms	409
7.3-13	Mehrere RTCP-Pakete innerhalb eines IP-Pakets	411
7.3-14	Angaben im RTCP-Paket Sender Report (SR)	412
7.3-15	RTCP-Paket Receiver Report (RR)	412
7.4-1	SIP im Schichtenmodell und der Einsatz verschiedener Transportprotokolle	414
7.4-2	Einsatz von SIP-URI für die Adressierung bei der IP-Videotelefonie	418
7.4-3	Darstellung des SIP-Verlaufs in Form eines SIP-Trapezoid-Modells	419
7.4-4	Benutzermobilität mit SIP - erweitertes SIP-Trapezoid-Modell	421
7.4-5	SIP-Verlauf beim Auf- und Abbau einer Session zwischen zwei Videotelefonen in verschiedenen Domains	422
7.4-6	Typischer SDP-Einsatz beim Initiieren einer neuen Session mit SIP	424
7.4-7	Austausch von Angaben für die Beschreibung einer multimedialen Session	425
7.5-1	Einsatz von MPTCP	428
7.5-2	Rechnerkommunikation mit MPTCP	430
7.5-3	Kommunikation mit MPTCP	433
7.5-4	Modell der Kommunikation mit MPTCP	434
7.5-5	Bedeutung von DSN (Data SN) und SSN (Subflow SN)	435
7.5-6	Typen von TCP-Optionen mit MPTCP-Angaben im TCP-Header	436
7.5-7	Aufbau einer MPTCP-Verbindung	439
7.5-8	Aufbau des TCP-Header mit MPTCP-relevanten Angaben	440
7.5-9	Abbau einer MPTCP-Verbindung	442
7.5-10	Middleboxen als Störfaktoren bei MPTCP	443
7.6-1	IMS als einheitliche Plattform	445
8.1-1	Gegenüberstellung der Protokollfamilien von IPv4 und von IPv6	451
8.2-1	Struktur des Header von IPv6	452

8.3-1	Prinzip der Erweiterung des IPv6-Headers	454
8.3-2	Beispiel für die Erweiterung des IPv6-Headers	455
8.3-3	IPv6-Paket mit allen Erweiterungs-Headern in der vorgeschriebenen Reihenfolge für Destination Options Header	456
8.4-1	Struktur von Options-Headern	458
8.4-2	Belegung des Option-Feldes mit einer 12 Byte langen Option . . .	459
8.4-3	Belegung des Option-Feldes mit 7-Byte langen Options-Angaben	459
8.4-4	Option-Feld mit mehreren Option-Typen	460
8.5-1	Hop-by-Hop Options Header mit Angabe der Jumbo Payload Length	461
8.5-2	IPv6-Paket mit Jumbo Payload	461
8.6-1	Aufbau des Routing Header	461
8.6-2	Vollkommen festgelegte Route bei der Ende-zu-Ende-Kommunikation	462
8.6-3	Teilweise festgelegte Route bei der Ende-zu-Ende-Kommunikation	463
8.7-1	Struktur des Fragment Header	463
8.7-2	Fragmentierung eines langen IPv6-Pakets	464
8.8-1	Beispiel der Darstellung IPv6-LLU-Adressen	466
8.8-2	Veranschaulichung von IPv6-Unicast-Adressen unterschiedlicher Scopes	469
8.8-3	Interface-Identifier in einer IPv6-Adresse	470
8.9-1	Aufbau von globalen Unicast-Adressen	473
8.9-2	Aufteilung des Adressraums bei IPv4-Adressen	474
8.9-3	Bedeutung von GRP in IPv6-Adressen	475
8.9-4	Prinzip der Strukturierung von GRP	475
8.9-5	Beispiel für die Aggregation von Routen mittels GRP	476
8.9-6	Struktur der Unicast-Adressen von lokalen Bedeutung	478
8.9-7	Struktur von IPv6-Adressen mit eingekapselten IPv4-Adressen . .	479
8.10-1	Aufbau einer IPv6-Multicast-Adresse	481
8.10-2	Dynamische Zuweisung von Multicast-Adressen	482
8.10-3	Zusammenhang zwischen IPv6- und Ethernet Multicast-Adresse .	483
8.10-4	Anycast-Adressen	485
8.11-1	Gültigkeitsdauer und Zustände von stateless IPv6-Adressen . . .	487
9.1-1	Aufbau von ICMPv6-Nachrichten	492
9.2-1	Die Begriffe Link und Linkadresse beim Verbund eines verbindungslosen Netzes mit einem verbindungsorientierten Netz	494
9.2-2	IPv6-Adresse bei NDP	496
9.2-3	Notwendigkeit der Ermittlung von Linkadressen	496
9.2-4	Caches von NDP in einem IPv6-Rechner	497
9.2-5	Verlauf von NDP in einem Rechner beim Absenden jedes IPv6-Pakets	498
9.2-6	ICMPv6-Nachrichten für die Ermittlung von Linkadressen	499
9.2-7	Aufbau von Options in ICMPv6-Nachrichten	500
9.2-8	Verlauf von NDP bei der Ermittlung einer Linkadresse	501
9.2-9	ICMPv6-Nachrichten Type 133 und 134	502
9.2-10	Entdeckung der Routern im Linksegment durch einen Rechner . .	503
9.2-11	Bekanntmachung von Parametern durch einen Router	503
9.2-12	ICMPv6-Nachricht Redirect	504

9.2-13	Veranschaulichung der Redirect-Funktion	505
9.3-1	Allgemeines Prinzip der Stateless Address Autoconfiguration	506
9.3-2	Aufbau der SeND Nachrichtentypen	509
9.3-3	Prinzipieller Ablauf des SeND-Verfahrens	510
9.3-4	Aufbau von CPS- und CPA-Nachrichten	511
9.4-1	Beispiel für den Einsatz von DHCPv6	512
9.4-2	Aufbau von DHCPv6-Nachrichten	514
9.4-3	Optionen in DHCPv6-Nachrichten	515
9.4-4	Typischer Ablauf von DHCPv6 bei der Zuweisung einer IPv6-Adresse	516
9.4-5	DHCPv6-Ablauf bei Verlängerung der Ausleihe und Freigabe einer IPv6-Adresse	518
9.4-6	Präfixzuteilung	519
9.4-7	Beispiel für den Ablauf des stateless DHCPv6	521
9.4-8	Beispiel für den Ablauf von DHCPv6 beim Einsatz von DHCPv6-Relays	522
9.4-9	Übermittlung von Nachrichten zwischen Relay und DHCPv6-Server	522
10.1-1	Die Protokollfamilien IPv4 und IPv6 im Schichtenmodell	526
10.1-2	Zusammenstellung der Konzepte für die Koexistenz von IPv6 und IPv4	528
10.1-3	IPv4-Netze als Transitnetze für die Unterstützung der IPv6-Kommunikation	530
10.1-4	IPv6-Kommunikation zwischen Dual-Stack-Rechner am IPv4-Netz	531
10.1-5	IPv4-Kommunikation zwischen Dual-Stack-Rechnern im IPv6-Netz und IPv4-Rechnern am IPv4-Netz	532
10.1-6	IP-Kommunikation durch die Translation IPv4 ⇔ IPv6 im Router	533
10.2-1	Paralleler Einsatz von IPv4 und IPv6 in einem LAN-Segment	533
10.2-2	IPv6-Kommunikation zwischen Dual-Stack-Rechnern am IPv4-Netz	534
10.2-3	Grundlegende Idee des Einsatzes von DS-Lite	535
10.3-1	IPv6-Kommunikation bei Erweiterung eines IPv4-Netzes mit einem IPv6-Netz	537
10.3-2	Konfigurierbares IPv6-in-IPv4-Tunneling	537
10.3-3	Automatisches IPv6-in-IPv4-Tunneling	538
10.3-4	IPv6-Kommunikation bei Erweiterung eines IPv4-Netzes mit einem IPv6-Netz	538
10.3-5	Aufbau eines AYIYA-Header und Einsatz bei UDP und TCP	539
10.4-1	Kopplung der IPv6-Netze über ein IPv4-Netz nach 6to4	540
10.4-2	Aufbau von 6to4-Adressen	541
10.4-3	Prinzip der Kommunikation nach 6to4	542
10.4-4	Illustration von Möglichkeiten der IPv6-Kommunikation nach 6to4	542
10.4-5	Einsatz von 6to4-Anycast-Adressen bei der Anbindung des IPv6-Internet von unterschiedlichen IPv6-Sites über IPv4	543
10.4-6	Problem mit dem Einsatz von privaten IPv4-Adressen bei 6to4	544
10.4-7	Adressenstruktur der 6rd-Adressen	544
10.4-8	Aufbau eines 6rd-Netzes beim ISP	545
10.5-1	IPv6-Kommunikation mit ISATAP	547

10.5-2	Generierung und Aufbau von ISATAP-Adressen	548
10.5-3	IPv6-Kommunikation zwischen ISATAP-Rechnern über ein IPv4-Subnetz	549
10.5-4	ISATAP-Verlauf bei der Abfrage des Präfixes durch einen ISATAP-Rechner	549
10.5-5	Abfrage des Präfixes durch einen ISATAP-Rechner bei einem 6to4-Router	550
10.5-6	Beispiel für eine Koexistenz von ISATAP und 6to4	551
10.6-1	Komponenten der Teredo-Systemarchitektur	552
10.6-2	Strukturen von lobaler Teredo-Adresse und Link-Local-Adresse bei Teredo	553
10.6-3	Veranschaulichung von Angaben in einer globalen Teredo-Adresse	554
10.6-4	Teredo-Pakete	555
10.6-5	Verlauf der Qualifikationsprozedur; Teredo-Client hinter Cone NAT	556
10.6-6	Allgemeiner Verlauf der Qualifikationsprozedur	557
10.7-1	Integration der IPv4- und IPv6-Netze auf Grundlage von SIIT . .	558
10.7-2	Veranschaulichung des Adressierungsprinzips beim Einsatz von SIIT	559
10.7-3	Situationen bei der Translation IPv4 ⇔ IPv6	560
10.7-4	Translation IPv4-Header ⇒ IPv6-Header; Fall 1	561
10.7-5	Translation IPv4-Header ⇒ IPv6-Header; Fall 2	561
10.7-6	Translation IPv6-Header ⇒ IPv4-Header; Fall 3	562
10.7-7	Translation IPv6-Header ⇒ IPv4-Header; Fall 4	563
10.8-1	Konzept der IPv4/IPv6-Translation mit NAT64 und DNS64 . . .	566
10.8-2	Aufbau von IPv4-embedded IPv6-Adressen	567
10.8-3	Vereinfachte NAT64 State Engine	568
11.1-1	Prinzip der lokalen Vernetzung von IP-Subnetzen mit Router-Hilfe	574
11.1-2	Erweiterung eines LAN mit einem WAN	575
11.1-3	Prinzip der LAN-Erweiterung mit einem WAN	575
11.1-4	Prinzip der Vernetzung der IP-Subnetze über ein WAN	576
11.1-5	Zweistufige Adressierung beim Internetworking	577
11.1-6	Router wird direkt physikalisch adressiert	578
11.1-7	Adressierungsaspekte beim Router-Einsatz zur LAN-Kopplung über WANs	578
11.1-8	Veranschaulichung des Routing	579
11.1-9	Allgemeine Struktur einer Routing-Tabelle	580
11.1-10	Komponenten eines Routing-Verfahrens	582
11.1-11	Bearbeitung eines IP-Pakets im Router	583
11.1-12	Illustration von Hauptfunktionen der LS-Routing-Protokolle . . .	585
11.1-13	Routing-Protokolle in hierarchischen IP-Netzen	586
11.2-1	Modifikation einer RIP-Routing-Tabelle	588
11.2-2	Beispiel für einen RIP-Ablauf	588
11.2-3	Beispiel für einen RIP-Ablauf mit der Split-Horizon-Methode . .	590
11.2-4	Veranschaulichung des Count-to-Infinity-Problems	592
11.2-5	Split-Horizon-Methode und Ausfalll eines Netzwerks	592
11.2-6	Netzwerkausfall und Split-Horizon-Methode mit Poison-Reserve .	593

11.2-7	RIP-1-Nachricht	594
11.2-8	Allgemeine Struktur der Routing-Tabelle beim RIP-1	595
11.2-9	RIP-2-Nachrichten	598
11.2-10	RIP-2-Eintrag mit Angaben für die Authentisierung	599
11.2-11	RIPng-Nachricht: a) allgemeine Struktur, b) RTE-Aufbau	601
11.2-12	Eintrag `Next Hop` beim RIPng	601
11.3-1	Ausgangssituation beim Beispiel für den OSPF-Einsatz	603
11.3-2	Beispiel für den OSPF-Einsatz	603
11.3-3	SPF-Baum von Router *R2*	604
11.3-4	Hinzufügen eines neuen Routers	607
11.3-5	Designierter Router (DR)	608
11.3-6	Struktur eines autonomen Systems nach OSPF	609
11.3-7	LSM und Aufteilung eines AS in mehrere Bereiche	611
11.3-8	Veranschaulichung von externen Routen eines autonomen Systems	613
11.3-9	Autonomes System mit drei Standortbereichen	614
11.3-10	SPF-Baum für den Router *R5* und dessen Routing-Tabelle	615
11.3-11	Information über die Netzwerk-Topologie des Bereichs 0.0.0.1	615
11.3-12	Bereichsübergreifende Topologiedatenbank	616
11.3-13	Aufbau von OSPF-Paketen	617
11.3-14	Angaben im `Hello`-Paket	618
11.3-15	Aufbau des Pakets `Database Description` (DD)	619
11.3-16	Aufbau von `Link State Request`- und `Link State Update`- und `Link State Ack`-Paketen	620
11.3-17	Bedeutung von Network-LSAs	621
11.3-18	Struktur von LSAs (Link State Advertisements)	622
11.4-1	Externes und internes BGP	625
11.4-2	Struktur der RIB (Routing Information Base) beim BGP	625
11.4-3	Beispiel für einen Verlauf des BGP	626
11.4-4	Aufbau von BGP-4-Nachrichten	627
11.4-5	Struktur von BGP-4-Nachrichten OPEN	627
11.4-6	BGP-Nachricht UPDATE	628
11.4-7	BGP-Nachricht NOTIFICATION	629
11.4-8	Aufbau der Path-Attribute in BGP-Nachrichten UPDATE	630
11.4-9	Illustration der Bedeutung des Path-Attributs `AS_PATH`	630
11.4-10	Veranschaulichung der Bedeutung des Path-Attributs `NEXT_HOP`	631
11.4-11	Beispiel für die Nutzung des Path-Attributs `MULTI_EXIT_DISC` (MED)	631
11.4-12	Beispiel für die Nutzung des Path-Attributs `LOCAL_PREF`	632
11.4-13	Nutzung der Path-Attribute `AGGREGATOR` und `ATOMIC_AGGREGATE`	632
11.4-14	Nachbarschaft zwischen BGP-Peers beim Einsatz von MP-BGP	633
11.4-15	Parameter Capability Option in der Nachricht OPEN	633
11.4-16	Path-Attribute beim MP-BGP	634
11.4-17	IPv6 Inter-Domain Routing mit dem MP-BGP	635
11.4-18	Einsatz des MP-BGP im BGP/MPLS IPv4-VPN	635
11.5-1	Redundante Router	637
11.5-2	Lastverteilung mit virtuellen Routern	639

11.5-3	Aufbau von VRRP-Advertisement	640
11.5-4	Unerwarteter Ausfall des Master-Routers	641
11.5-5	Aufbau von HSRP-Nachrichten	643
11.5-6	Redundante Internetanbindung: ausgehender und ankommender Datenverkehr	644
11.5-7	Redundante Internetanbindung: ausgehender Datenverkehr	644
11.6-1	MC-Gruppen	645
11.6-2	Intra-Domain-MC-Routing versus Inter-Domain-MC-Routing	646
11.6-3	Prinzip von TTL Scoping	647
11.6-4	Übermittlung der MC-IP-Pakete über ein nicht MC-fähiges IP-Netz	647
11.6-5	Verteilbäume für die MC-Gruppe	649
11.6-6	Multicast Forwarding nach dem RPF-Prinzip	650
11.6-7	Quellbasierter Verteilbaum	651
11.6-8	Nutzung des gemeinsamen MC-Verteilbaums (*,G)	654
11.6-9	Schritte beim Übergang zur Nutzung des Verteilbaums der MC-Quelle S	655
11.6-10	Anbindung eines neuen MC-Routers während des Übergangs zur Nutzung des Verteilbaums (S,G)	656
11.6-11	Pruning beim Übergang zur Nutzung des Verteilbaums (S,G)	657
11.6-12	PIM-Nachricht	657
11.6-13	Bekanntmachung einer MC-Quelle in anderen autonomen Systemen mit MSDP	658
11.6-14	Beispiel für die Bildung einer AS-übergreifenden MC-Gruppe	660
11.6-15	MC-Verteilung über gemeinsame Bäume	661
11.6-16	Anbindung von RPs an den Verteilbaum der MC-Quelle	661
11.6-17	MC-Verteilung über den Verteilbaum der MC-Quelle	662
12.1-1	Verbindungslose versus verbindungsorientierte IP-Paketübermittlung	667
12.1-2	Veranschaulichung der Aufgabe von Traffic Engineering in (G)MPLS-Netzen	668
12.1-3	Multiplane-Architektur der (G)MPLS-Netze als Next Generation IP-Networks	669
12.1-4	Aufgabe der Control Plane in IP-Netzen mit (G)MPLS	670
12.1-5	Schritte zu einem LSP	670
12.2-1	Multiplane-Architektur des MPLS-Netzes auf FR- bzw. ATM-Basis	672
12.2-2	Architektur von MPLS-Netzen auf Ethernet-Basis	673
12.2-3	Integration von Routing und Switching im Netzknoten beim MPLS	674
12.2-4	Kopplung von Multiplexübertragungsstrecken als logisches Modell von MPLS	675
12.2-5	Label beim MPLS in Abhängigkeit vom Transportnetz	676
12.2-6	Veranschaulichung eines LSP (Label Switched Path)	676
12.2-7	Übermittlung von IP-Paketen über einen LSP	677
12.2-8	Logische Struktur eines MPLS-Netzes	678
12.2-9	Kopplung der IP-Subnetze über ein MPLS-Netz	679
12.2-10	Beispiel für eine hierarchische Netzstruktur IP/FR/WDM	680
12.2-11	IP über die hierarchische Netzstruktur FR mit MPLS	680

12.2-12	Tunneling beim MPLS über die hierarchische Netzstruktur FR/ATM	681
12.2-13	Label-Stack	681
12.2-14	Übermittlung der MPLS-Angaben	682
12.2-15	VPN als eine standortübergreifende Vernetzung	683
12.2-16	Prinzip der Realisierung eines VPN auf Basis eines MPLS-Netzes	684
12.3-1	Signalisierung in GMPLS-Netzen auf Basis der SDH- bzw. WDM-Netze	685
12.3-2	Ende-zu-Ende-Verbindung als optischer Pfad nach MPλS	686
12.3-3	Allgemeine Struktur eines optischen Switch beim GMPLS	687
12.3-4	Interpretation der Label auf einer WDM-Übertragungsstrecke	688
12.3-5	Interpretation der Label auf einer SDH-Übertragungsstrecke	688
12.3-6	Interpretation des Transportpfads (LSP) im GMPLS-Netz	689
12.3-7	Illustration der Notwendigkeit des LMP in WDM-Netzen	690
12.3-8	LMP und Out-of-Fiber-Steuerkanäle	691
12.3-9	LMP-Funktionen	691
12.4-1	Strukturierung der Verkehrsströme nach MPLS-TE	693
12.4-2	Aufgaben und Schritte beim Traffic Engineering in MPLS-Netzen	694
12.4-3	Routing Probleme beim Traffic Engineering (TE)	695
12.4-4	Klassen der Attribute von Traffic Trunks	696
12.4-5	Zuordnung der Affinitätsattribute zu den Links in einem Transportnetz	697
12.4-6	Hauptschritte beim Ablauf des Algorithmus CSPF	697
12.4-7	LSP soll nur Gold- bzw. Silber-Links nutzen	698
12.4-8	LSP soll alle Best-Effort-Links ausschließen	698
12.4-9	Beispiel für Re-Routing und Preemption	699
12.5-1	Paket-Scheduler nach dem Token-Bucket-Modell	700
12.5-2	Aufbau einer Punkt-zu-Punkt-Verbindung mit garantierter Bandbreite	701
12.5-3	Struktur von RSVP-Nachrichten und -Objekten	703
12.5-4	Schritte beim Aufbau eines LSP mithilfe des RSVP-TE	704
12.5-5	Beispiel für explizites Routing	704
12.5-6	Automomes System als abstrakter Router (Abstract-Node)	705
12.5-7	Bidirektionaler LSP	706
12.5-8	Veranschaulichung der LDP-Sitzung	708
12.5-9	Aufbau von LDP-Nachrichten	708
12.5-10	Aufbau eines dynamischen unidirektionalen LSP	710
13.1-1	Logisches Modell klassischer Shared-Medium-LANs nach IEEE 802.x	716
13.1-2	Aufbau von MAC-Frames	718
13.1-3	Aufbau von LLC-Frames	719
13.1-4	SNAP Multiplexing	720
13.1-5	Aufgabe des Protokolls SNAP	720
13.2-1	Allgemeine Struktur der PPP-Dateneinheit	722
13.2-2	Aufbau von HDLC-basierten PPP-Frames	723
13.2-3	PPP-Zustandsdiagramm	724
13.2-4	LCP-Pakete in PPP-Dateneinheiten	725
13.2-5	Configuration Options in `Configure`-LCP-Paketen	726

13.2-6	IPCP-Pakete und deren Configuration Options	727
13.2-7	Beispiel für einen Ablauf des Protokolls PPP	727
13.2-8	Konzept des PAP	728
13.2-9	Konzept des CHAP	729
13.3-1	Komponenten des WLAN-Standards im Schichtenmodell	731
13.3-2	WLAN-Betriebsmodi	732
13.3-3	Allgemeiner Aufbau von WLAN MSDU	733
13.3-4	Kryptografisch gesicherte MPDU	736
13.3-5	Funktionale Komponenten eines Access Points	737
13.3-6	Translation einer WLAN MSDU in ein Ethernet V2 Frame	738
13.4-1	Tunneling-Prinzip bei der Datenübermittlung über ein klassisches IP-WAN	740
13.4-2	Das Tunneling-Prinzip bei der Datenübermittlung über ein MPLS-Netz	741
13.4-3	Führung des Tunnels bestimmt die VPN-Art	742
13.4-4	Grundlegendes Konzept von Remote-Access-VPNs	743
13.4-5	Grundlegende VPN-Arten auf Basis von IP-Netzen	743
13.4-6	Klassifizierung verschiedener Arten von PPVPNs	744
13.4-7	Referenzmodell für eine Pseudo-Drahtverbindung	746
13.4-8	Das Tunneling-Prinzip über ein MPLS-Netz	747
13.4-9	Prinzip der Übermittlung von MAC-Frames über einen Pseudo-Draht (PW)	749
13.4-10	Übermittlung eines Ethernet-Frames in einem PW-Frame	749
13.4-11	Veranschaulichung des Multiplexprinzips von V-LANs	750
13.4-12	Prinzip der Realisierung von hierarchischen VLAN-Strukturen	751
13.4-13	Grundlegende Idee des VPLS	751
13.4-14	Vernetzung von virtuellen Switch-Instanzen (VSI) als Basis für einen VPLS	752
13.4-15	Unterstützung von VLANs in einem VPLS	753
13.4-16	Referenzmodell eines BGP/MPLS VPN	753
13.4-17	Routing-Protokolle bei BGP/MPLS VPN	754
13.4-18	Prinzip der Distribution von VPN-Routen	754
13.4-19	Steuerungsangaben beim Übertragung eines Datenpakets im L2-Tunnel	756
13.4-20	Illustration des allgemeinen Konzepts des L2TP	757
13.4-21	Tunneling-Prinzip nach dem L2TP über ein IP-Netz	757
13.4-22	Bereitstellung der L2-Übermittlungsdienste über IP-Netze nach dem L2TPv3	759
13.4-23	Tunneling nach L2TPv3 bei Bereitstellung von L2 Übermittlungsdiensten	760
14.1-1	Allgemeine Struktur von Netzwerken und deren typische Funktionsbereiche	764
14.1-2	Strukturierter Aufbau eines Netzwerk in Form einer Multilayer-Struktur	767
14.2-1	Bildung und Arten von VLANs	767

14.2-2	Funktionsweise von L2-Switches	769
14.2-3	Schritte im L2-Switch bei der Weiterleitung eines MAC-Frames	769
14.2-4	L3-Switch	771
14.2-5	Anbindung von VLANs an einen Router	773
14.3-1	VLANs im Client-LAN und Prinzipien der Kommunikation	776
14.3-2	Allgemeines Modell für die Bildung von VLANs im Client-LAN	777
14.4-1	Typische Multilayer-Struktur im Server-LAN infolge der Servervirtualisierung	778
14.4-2	Anbindung von VLANs mit virtuellen Servern an einen Access Switch	780
14.4-3	Modell für die Bildung von VLANs im Server-LAN	781
14.4-4	Modell für die Bildung von VLANs im Server-LAN	782
14.5-1	Schlüsselverwendung bei IEEE 802.1AE	784
14.5-2	Trusted MACsec Frame Format	786
14.5-3	Aufbau von MACsec-Switches und potenzielle Szenarien	788
14.5-4	Aufbau von EAPOL und MKDPU	791
14.6-1	Prinzip der Übermittlung von Ethernet-Frames bei TRILL	793
14.6-2	Prinzip von VLAN over VLAN mit TRILL	794
14.6-3	Ein SPB-Netzwerk bilden ein Core-Netzwerk und mehrere Edge Switches	795
14.6-4	Verteilbäume (SPTs) von Edge Switches	796
14.6-5	Idee von SPBV: SPVID im Q-Tag	797
14.6-6	Idee von SPBV: SPVID im S-Tag	798
14.6-7	Idee von SPBM	799
14.7-1	L2-Switch-übergreifende VLANs	801
14.7-2	Layer-3-IP-Netzwerk dient bei VXLAN als virtuelles Broadcast-Medium	802
14.7-3	Mehrere Tunnel können zu einer VXLAN-Instanz führen	803
14.8-1	Zweistufigen Adressierung von Rechnern bei ILNP mit Locator und NID	806
14.8-2	Struktur von Adressen	808
14.8-3	Struktur der Header	808
14.8-4	Struktur von Headern bei IPv4 und bei ILNPv4	809
14.8-5	ILNP-spezifische RRs und deren Bedeutung	810
14.8-6	Adressangaben bei der Übermittlung eines IPv4-Pakets bei ILNPv4	811
14.8-7	Kompatibilität von ILNPv6 zu IPv6	813
14.8-8	Logische Struktur des Internet beim Einsatz von LISP	814
14.8-9	Prinzip der Übermittlung von IP-Paketen bei LISP	816
14.8-10	Bedeutung der IP-in-IP-Encapsulation bei LISP	818
14.8-11	Bedeutung von IP-in-IP-Tunneling bei LISP	819
14.9-1	Bedeutung von BPE	821
15.1-1	Genesis der Idee von VPLS und EVPN	826
15.2-1	Illustration der grundlegenden Idee von VPLS	830
15.2-2	Grundlegendes Konzept von EoMPLS	832
15.2-3	Realisierung von in Abb. 15.2-1 gezeigten VPLSs A, B und C	834

15.2-4	Modell von VPLS zur Spezifikation der gegenseitigen Vernetzung von VSIs	837
15.2-5	VPLS-spezifische Information im PE	838
15.2-6	Erlernen einer MAC-Adresse aus einem Broadcast-Frame	841
15.2-7	Erlernen von MAC-Adressen aus Unicast-Ethernet-Frames	842
15.2-8	Hinzufügen neuer VSI zu einem bestehenden VPLS	843
15.2-9	Bekanntgabe von PW Labels aus der PW LT einer VSI über einen Route-Reflector mittels des Protokolls BGP-MP	845
15.2-10	Konzept von Hierarchical VPLS	846
15.2-11	Hierarchische, multi-mandantenfähige VLAN-Strukturen	847
15.3-1	Illustration der grundlegenden Architektur von EVPN	849
15.3-2	Ethernet Evolution von 10Base-5 zu EVPN	850
15.3-3	Abbildung der EVPN-Architektur auf die ToR-Architektur im Datacenter	851
15.3-4	Beispiele für die Nutzung und Bedeutung des Konzeptes von EVPN in Datacentern	852
15.3-5	Allgemeine logische Architektur von EVPN	854
15.3-6	EVPN dient als Virtual Distributed L2-Switch	857
15.3-7	EVIs als IP-Router, falls EVPN einen Virtual Distributed IP-Router darstellt	858
15.3-8	Nutzung von EVI Service Interfaces	860
15.3-9	Arten von BGP EVPN Routen und Übermittlung von Routen betreffenden Informationen zwischen EVI und Reflector Router	862
16.1-1	Struktur von Hotspots	868
16.1-2	WISP als Betreiber mehrerer Hotspots	870
16.1-3	Notwendigkeit von Hotspot-Roaming (PWLAN-Roaming)	870
16.1-4	Mobilität in IP-Netzen führt zu einem Subnetzwechsel	871
16.1-5	Unterstützung der Mobilität beim Postdienst	872
16.1-6	Unterstützung der Mobilität in IPv4-Netzen nach MIPv4	873
16.1-7	Unterstützung der Mobilität in IPv6-Netzen nach dem MIPv6	874
16.2-1	Bilaterales Hotspot-Roaming zwischen zwei WISPs	875
16.2-2	Hotspot-Roaming zwischen mehreren WISPs über einen Roaming-Koordinator	875
16.2-3	Bedeutung des RADIUS-Proxy-Servers beim Roaming-Koordinator	876
16.2-4	Ablauf von Hotspot-Roaming beim Einsatz eines Roaming-Koordinators	877
16.3-1	Beispiel für einen Ablauf des MIP im Foreign-Agent-Modus	879
16.3-2	IP-Paket mit der Nachricht Agent Advertisement (AA)	881
16.3-3	IP-Paket mit der Nachricht Agent Solicitation (AS)	881
16.3-4	Registrierung der CoA eines Rechners nach dem Verlassen des Heimatsubnetzes	882
16.3-5	Registrierung neuer CoA eines Rechners nach dem Wechsel des Fremdsubnetzes	883
16.3-6	Registrierung eines mobilen Rechners nach der Rückkehr in das Heimatsubnetz	884

16.3-7	IP-Paket mit der Nachricht Registration Request (RReq) ...	885
16.3-8	IP-Paket mit der Nachricht Registration Reply (RRep)	886
16.3-9	Registrierung einer Nachsendeadresse beim Heimatagenten	886
16.3-10	Registrierung einer colocated CoA beim Heimatagenten (HA) ...	887
16.3-11	Deregistrierung nach der Rückkehr in das Heimatsubnetz	888
16.3-12	Mobiles Routing, wenn die Router keine Mobility Agents implementieren	890
16.3-13	Mobiles Routing, falls Mobility Agents in Routern untergebracht sind	891
16.4-1	MN hat sein Heimatsubnetz verlassen und initiiert eine TCP-Verbindung	892
16.4-2	MN hat während einer TCP-Verbindung das Fremdsubnetz gewechselt	895
16.4-3	Der MN ist während einer TCP-Verbindung in sein Heimatsubnetz zurückgekehrt	895
16.4-4	Aufbau des Mobility Header	896
16.4-5	Aufbau des Type 2 Routing Header................	897
16.4-6	Prinzip der indirekten Kommunikation zwischen MN und CN über einen HA	898
16.4-7	Prinzip der direkten Kommunikation zwischen MN und CN	898
16.4-8	Verlauf von Home Agent Binding (HA-Binding)	900
16.4-9	Verlauf des Correspondent Node Binding	900
16.4-10	Prinzip der Entdeckung eines Subnetzwechsels	901
16.4-11	Aufbau einer Nachsendeadresse CoA, falls der MN eine MAC-Adresse besitzt........................	901
16.4-12	Prinzip der Entdeckung der Home-Agent-Adresse	902
16.5-1	Mikro- und Makromobilität per HMIPv6	903
16.5-2	Finden des MAP; der Access Router ist indirekt mit MAP verbunden	904
16.5-3	Prinzip der Unterstützung der Mikromobilität mit dem HMIPv6 ..	905
16.5-4	Prinzip der Unterstützung der Makromobilität mit dem HMIPv6 .	906
16.5-5	Datentransfer zwischen MN und CN über den MAP und den AR .	908
16.6-1	Virtual Host Mobility und Virtual Network Mobility bei ILNP und LISP	911
17.1-1	Die drei Hauptmerkmale von IoT als dessen Dimensionen	915
17.1-2	Entstehung von IoT	917
17.1-3	Grundlegendes technisches Konzept von IoT	919
17.1-4	Prinzip der Realisierung von RT- und NRT-Services im IoT	923
17.1-5	Allgemeine funktionale Architektur von IoT	924
17.1-6	Allgemeines funktionales Multilayer-Modell von IoT	926
17.1-7	Grundlegende Idee von SDN.....................	927
17.1-8	Beispiel für den Einsatz von SDN in IoT Access Gateways	928
17.1-9	Typische Vernetzungsstrukturen für SDN-enabled Fog Computing	929
17.1-10	Protokollarchitektur von Devices im IoT	930
17.1-11	Protokollarchitektur und wesentlichen Aufgaben der IoT Access Gateways	932
17.1-12	Struktur und Inhalt von MAC-Frames in LR-WPANs	933

17.2-1	Grundlegende Topologien von LR-WPANs und deren Anbindung an das Internet	935
17.2-2	Schema der Adressierung von Instanzen in Rechnern mit IPv6 im Internet	937
17.2-3	Schema der Adressierung von Instanzen in IoT Devices mit 6LoWPAN	938
17.2-4	Struktur von 6LoWPAN als IPv6 Adaptation Layer in IoT-Devices mit IEEE 802.15.4 Interfaces	941
17.2-5	Möglichkeiten einer Komprimierung von IPv6- und UDP-Headern	942
17.2-6	Beispiel für die maximale Komprimierung des IPv6-Headers	943
17.2-7	Typen von in RFC 4944 definierten Dispatch-Headern	944
17.2-8	Bedeutung des Headers HC1 und die Möglichkeiten der Komprimierung von Overhead in IPv6-Paketen	945
17.2-9	Schema der Komprimierung von IPv6- und UDP-Headern; mögliche Optionen und ihre Spezifikation im HC1-Header	947
17.2-10	Beispiel für Multi-hop Communication auf dem Link Layer innerhalb einer Mesh-WPAN-Struktur	948
17.2-11	Struktur von MAC- und IPv6-Adressen in IEEE 802.15.4 LR-WPANs	949
17.2-12	Struktur und Bedeutung von Mesh Headern	950
17.2-13	Konzept der Fragmentierung langer IPv6-Pakete	951
17.2-14	Struktur der Fragment-Pakete bei 6LoWPAN	952
17.2-15	Fragmentierung und Komprimierung des IPv6-Headers bei 6LoWPAN	953
17.3-1	Funktionales RPL-Modell mit seinen Komponenten und ihren Aufgaben	955
17.3-2	Illustration der Hauptfunktion von RPL	956
17.3-3	Logische Strukturierung von LLNs und die Bedeutung von Begriffen	959
17.3-4	Routing-Metrik in Form von Rank	962
17.3-5	Verkehrsarten in einem DODAG und RPL-Modi	964
17.3-6	Typische relevante Routing-Metriken	966
17.3-7	Angaben im DAG Metric Container zu den transportierten Routing Metric/Constraint Types	968
17.3-8	Bedeutung von Recorded Metric und Aggregated Metric	969
17.3-9	RPL-Nachrichten als ICMP-Nachrichten vom Typ 155	970
17.3-10	Bedeutung der RPL-Identifikatoren	971
17.3-11	RPL-Nachricht DIO zum DODAG-Aufbau oder -Umbau	972
17.3-12	Struktur der RPL-Option DAG Metric Container	974
17.3-13	Angaben in der RPL-Option DODAG-Configuration	974
17.4-1	CoAP im Protokollschichtenmodell von IoT	976
17.4-2	Bedeutung von HTTP-to-CoAP Proxying bei der Anbindung von Smart Homes an das Internet	978
17.4-3	CoAP-to-HTTP Proxying bei der Anbindung von Smart Homes an das Internet	979
17.4-4	Zwei Typen von CoAP Messages	980
17.4-5	Idee des Timeout-Mechanismus bei CoAP	982
17.4-6	Request/Response-Modell mit Piggy-backed Responses	984

17.4-7	Idee von Request/Response	985
17.4-8	Konzept von URI	986
17.4-9	Bedeutung und Interpretation von URI-Angaben beim CoAP	986
17.4-10	Typen, Struktur und Inhalte von CoAP Messages	988
17.4-11	Entsprechungen zwischen Angaben in Requests von HTTP und Angaben in CoAP Messages mit Requests	991
17.4-12	Interoperabilität zwischen Angaben in Responses von HTTP und Angaben in CoAP Messages mit Responses	992
18.0-1	Internet, Internet of Things und andere IP-Netze	995
18.11-1	Internet: Quo vadis?	1050
18.11-2	Die Internet-Hummel fliegt – ein Naturphänomen	1051
18.11-3	Entwicklung der Internet-Standards	1053

Tabellenverzeichnis

2.3-1	Verwendung von Hashfunktionen mit und ohne Salt	69
2.5-1	Schlüsselerzeugung und -tausch beim RSA-Verfahren	85
2.5-2	Schlüsselerzeugung und -tausch beim DH-Verfahren	86
2.5-3	Einige Diffie-Hellman-Gruppen und ihre Berechnungsgrundlage	87
2.5-4	Schlüsselerzeugung und -tausch bei Diffie-Hellman mittels ECC	88
2.6-1	Charakteristische Merkmale der Identitätsverfahren	90
2.6-2	X.509 Zertifikatserweiterungen	97
2.6-3	X.509 Zertifikate mit Extended Key Usage	97
3.1-1	Auswahl einiger Protokollnummern im IP-Header	113
3.2-1	Interpretation der ToS-Bit gemäß RFC 1349	116
3.2-2	Pools und ihre Bedeutung bei Differentiated Services	116
3.3-1	Standard-Subnetzmasken von einzelnen Adressklassen	126
3.3-2	Spezielle IP-Adressen und ihre Bedeutung	127
3.3-3	Bereiche privat nutzbarer IP-Adressen	128
3.3-4	Bereiche reservierter IPv4-Adressen mit deren Bedeutung	129
3.4-1	Zusammenstellung von Subnetzmasken für die IP-Adressen der Klasse B	133
3.4-2	Zusammenstellung von Subnetzmasken für die IP-Adressen der Klasse C	133
3.4-3	Host-IDs bei der Verwendung von IP-Adressen der Klasse B und der Belegung der ersten 3 Bit der Host-ID für die Subnetz-ID	134
3.7-1	Typen von ICMP-Nachrichten (Auswahl)	161
3.8-1	Auswahl einiger Multicast-Adressen	166
4.3-1	Verwendung möglicher Optionen im `Options`-Feld des TCP-Headers	185
4.6-1	Chunk-Typen und ihre IDs	222
4.6-2	Interpretation von Bit BE	224
5.1-1	Einige generic Top-Level-Domains (gTLD) im August 2018	236
5.2-1	Die wichtigen RR-Types sowie QTypes	247
6.1-1	Vergabe von IPv4-Adressen, Arten und Verantwortlichkeiten	306
6.6-1	RADIUS-Nachrichtentypen	359
6.6-2	Einige RADIUS-Attribute	360
7.2-1	Entwicklung der SSL/TLS Standards und die zugrunde liegenden RFC	376
7.3-1	Einige Sprach/Audio-Codierungsverfahren und ihre PT-Nummern	404
8.3-1	Mögliche Header-Typen nach dem IPv6-Header	457
8.8-1	Bildung der IPv6-Adressbereiche mittels des Adresspräfixes	468
8.8-2	IPv6-Adressen-Systematik gemäß RFC	468
8.11-1	Vorschläge zur Auswahl der IPv6-Quelladresse gemäß RFC 6724	488

9.4-1   Zusammenstellung von DHCPv6-Nachrichten   515

10.7-1 ICMPv4-Nachricht ⇒ ICMPv6-Nachricht   564
10.7-2 ICMPv6-Nachricht ⇒ ICMPv4-Nachricht   564

11.3-1 Routing-Tabelle von Router *R2*   604
11.3-2 Zustände benachbarter Router   606
11.3-3 Typen von Link State Advertisements (LSA)   621
11.4-1 Type-Angaben bei BGP-4-Nachrichten   627
11.4-2 Beispiele für den Fehler-Code in der BGP-Nachricht NOTIFICATION   629
11.4-3 Mögliche Path-Attribute in BGP-Nachrichten UPDATE   629

13.2-1 Gruppen von PPP-Dateneinheiten und ihre hexadezimale Wert-
        zuweisung im Feld Protocol   722
13.3-1 Bedeutung der MAC-Adressfelder in WLAN-Frames   735
13.4-1 Einige PW-Typen und emulierte L1- bzw. L2-Übermittlungsdienste   748

14.5-1 MACsec-Schlüssel   785
14.8-1 ILNP Resource Records   809

17.4-1 CoAP Methods und deren Bedeutung/Funktion   989
17.4-2 CoA Optionen, Stand: Mai 2018   990

Literaturverzeichnis

[ACF02] B. Adams, E. Cheng und T. Fox. *Interdomain Multicast Solutions Guide*. Cisco Press, 2002.

[Arm00] G. Armitage. *Quality of Service in IP-Networks*. Macmillan Technical Publishing, 2000.

[Bad10] A. Badach. *Voice over IP – Die Technik*. Hanser, 2010.

[Bad97] A. Badach. *Integrierte Unternehmensnetze, X.25, Frame Relay, ISDN, LANs und ATM*. Hüthig, 1997.

[Ben07] A. Benslimane, Hrsg. *Multimedia Multicast on Internet*. ISTE, 2007.

[BGT04] H.-F. Banet, E. Gärtner und G. Teßma. *UMTS*. Hüthig, 2004.

[BHK94] A. Badach, E. Hoffmann und O. Knauer. *High Speed Internetworking*. Addison-Wesley, 1994.

[Bla00] U. Black. *QoS in Wide Area Networks*. Prentice Hall, 2000.

[Bla09] Rex Black. *Managing the Testing Process*. Third Edition. Wiley, 2009.

[Bou09] A. Boukerche, Hrsg. *Algorithms and Protocols for Wireless and Mobile Ad Hoc Networks*. John Wiley&Sons, 2009.

[BR13] A. Badach und S. Rieger. *Netzwerkprojekte*. Hanser, 2013.

[BRS03] A. Badach, S. Rieger und M. Schmauch. *Web-Technologien, Architekturen, Konzepte, Trends*. Hanser, 2003.

[BRS04] G. Bernstein, B. Rajagopalan und D. Saha. *Optical Network Control*. Addison-Wesley, 2004.

[DH00] N. Doraswamy und D. Harkins. *IPSec*. Addison-Wesley, 2000.

[Die+18] Nabil Diedijg u. a. „New Trust Metric for the RPL Routing Protocol". In: 8th International Conference on Information and Communication Sytems. Apr. 2018.

[Dij59] E.W. Dijkstra. *A Note on Two Problems in Connexion with Graphs*. Numerische Mathematik 1:269-71, 1959.

[DR00] B. Davie und Y. Rekhter. *MPLS Technology and Application*. Morgan Kaufman, 2000.

[DY99] D. Durham und R. Yavatkar. *Inside the Internet's Resource reSerVation Protocol*. John Wiley & Sons, 1999.

[Eck09] C. Eckert. *IT-Sicherheit, Konzepte, Verfahren, Protokolle*. Oldenbourg, 2009.

[EGW02] M. Edwards B., A. Giuliano L. und R. Wright B. *Interdomain Multicast Routing*. Addison-Wesley, 2002.

[ElG85] *A Public Key Cryptosystem and a Signature Scheme Based on Discrete Logarithm* IT-31 No. 4 (1985).

[ElH07] A. El-Hoiydi. *Implementation Options for the Distribution System in the IEEE 802.11 Wireless LAN Infrastructure Network*. CSEM - Centre Suisse d'Electronique et de Microtechnique, 2007.

[Ert07] W. Ertl. *Angewandt Kryptographie*. Hanser, 2007.

[FB05] A. Farrel und I. Bryskin. *GMPLS, Architecture and Applications*. Morgan Kaufman, 2005.

[FFZ01] H. Fahner, P. Feil und T. Zseby. *MBone. Aufbau und Einsatz von IP-Multicast-Netzen*. Dpunkt, 2001.

[FH98] P. Ferguson und G. Huston. *Quality of Service*. John Wiley & Sons, 1998.

[Fik+11] I. Fikouras u. a. *IMS Application Developer's Handbook: Creating and Deploying Innovative IMS Applications*. Academic Press, 2011.

[Fri13] M. Frikha. *Ad Hoc Networks: Routing, Qos and Optimization*. VDM Verlag Dr. Mueller, 2013.

[GC02] James Gillies und Robert Cailliau. *Die Wiege des Web*. dpunkt.Verlag GmbH, 2002.

[GN13] M. Goncalves und K. Niles. *IP Multicasting: Concepts and Applications*. John Wiley & Sons, 2013.

[Hal98] B. Halabi. *Internet-Routing-Architekturen*. Hanser, 1998.

[JH02] S. Jha und M. Hassan. *Engineering Internet QoS*. Artech House, 2002.

[Kil99] K. Kilkki. *Differentiated Services for the Internet*. Sams, 1999.

[KW02] R. Kiefer und P. Winterling. *DWDM, SDH & Co*. Hüthig, 2002.

[Lan08] D. Lang. *Routing Protocols for Mobile Ad Hoc Networks - Classification, Evaluation and Challenges*. VDM Verlag Dr. Mueller, 2008.

[Lip01] M. Lipp. *VPN - Virtuelle Private Netzwerke*. Addison-Wesley, 2001.

[LMH12] J. Loo, J. L. Mauri und Ortiz J. H. *Mobile Ad Hoc Networks: Current Status and Future Trends*. CRC Press, 2012.

[Mil85] Victor Miller. „Use of Elliptic Curves in Cryptography". In: Jan. 1985, S. 417–426.

[ML10] I. Minei und J. Lucek. *MPLS-Enabled Applications*. John Wiley&Sons, 2010.

[Moy01] T. Moy J. *OSPF Complete Implementation*. Addison-Wesley, 2001.

[Orl00] H. Orlamünder. *High-Speed-Netze*. Hüthig, 2000.

[Per03] C. Perkins. *RTP Audio and Video for the Internet*. Addison-Wesley, 2003.

[PM09] M. Poikselkä und G. Mayer. *The IMS: IP Multimedia Concepts and Services, 3.Auflage*. John Wiley & Sons, 2009.

[PP10] C. Paar und J. Pelzl. *Understanding Cryptography*. Springer, 2010.

[Rec04] J. Rech. *Wireless LANs*. Heise, 2004.

[Res08]   E. Rescorla. *SSL and TLS*. Addison-Wesley, 2008.

[Roe11]   K. Roebuck. *GMPLS/ASON: High-impact Strategies*. Emereo Pty Ltd., 2011.

[RSA93]   RSA. *PKCS #3: Diffie-Hellman Key-Agreement Standard*. Techn. Ber. RSA Laboratories, Nov. 1993.

[Sch02]   C. Schäfer. *Das DHCP-Handbuch*. Addison-Wesley, 2002.

[Sch03]   J. Schiller. *Mobilkommunikation*. Pearson Studium, 2003.

[Sch14]   H. Schulte, Hrsg. *Protokolle und Dienste der Informationstechnologie*. WEKA Verlag, 2014.

[Sch96]   Bruce Schneier. *Applied Cryptography*. Hrsg. von 2nd. John Wiley & Sons, 1996.

[Sie02]   G. Siegmund. *Next Generation Networks, IP-basierte Telekommunikation*. Hüthig, 2002.

[Sie14]   G. Siegmund. *Technik der Netze (2 Bände)*. VDE-Verlag, 2014.

[Sim14]   J. M. Simmons. *Optical Network Design and Planning*. Springer, 2014.

[Sol98]   D. Solomon J. *Mobile IP*. Prentice Hall, 1998.

[Sto07]   B. Stockebrand. *IPv6 in Practice*. Springer, 2007.

[Tho00]   S. Thomas. *SSL and TLS Essentials*. John Wiley & Sons, 2000.

[TW09]   U. Trick und F. Weber. *SIP, TCP/IP und Kommunikationsnetze*. Oldenbourg, 2009.

[VMC02]   S. Viega, M. Messier und P Chandra. *Network Security with OpenSSL*. O'Reilly, 2002.

[Wal02]   H. Walke B. *Mobile Radio Networks*. John Wiley & Sons, 2002.

[Wep97]   G. Weppler. *Frame-Relay-Netze*. VDE-Verlag, 1997.

[Wes+11] D. A. Westcott u. a. *CWAP: Certified Wireless Analysis Professional*. Sybex / O'Wiley Publishing, 2011.

[Wil99]   A. Wilde. *SDH in der Praxis*. VDE-Verlag, 1999.

[WR00]   J. D. Wegner und R. Rockwell. *IP Addressing & Subnetting*. MITP-Verlag, 2000.

[WZ02]   A. Wilde und M. Zitterbart. *Multicast*. Dpunkt, 2002.

[YSO05]   N. Yamanaka, K. Shiomoto und E. Oki. *GMPLS Technologies*. Taylor & Francis, 2005.

Internet-Quellen

[80214]   IEEE 802. *IEEE 802 LAN/MAN Standards Committee*. `http://www.ieee802.org`. 2014.

[Adr+15]   David Adrian u. a. *Imperfect Forward Secrecy: How Diffie-Hellman Fails in Practice*. Aug. 2015. URL: https://weakdh.org/imperfect-forward-secrecy-ccs15.pdf.

[AlF+13]   Nadhem J. AlFardan u. a. *On the Security of RC4 in TLS and WPA*. Juli 2013. URL: http://www.isg.rhul.ac.uk/tls/RC4biases.pdf.

[Ana+05]   Vladimir Anashin u. a. *ABC: A New Fast Flexible Stream Cipher*. eSTREAM, ECRYPT Stream Cipher Project, Report 2005/001. http://www.ecrypt.eu.org/stream. 2005.

[ASM12]   G. S. Anand, K. N. Sridevi und Jitendranath Mungara. *Linux Based Implementation of MACSec Key Agreement (MKA)*. Sep. 2012. URL: http://www.ijerd.com/paper/vol3-issue10/D03102934.pdf.

[BA12]   Elaine Barker und Roginsky Allen. *Recommendation for Cryptographic Key Generation*. NIST Special Publication. Dez. 2012. URL: https://nvlpubs.nist.gov/nistpubs/specialpublications/nist.sp.800-133.pdf.

[Bab+08]   Steve Babbage u. a. *The eSTREAM Portfolio*. Apr. 2008. URL: http://www.ecrypt.eu.org/stream/portfolio.pdf.

[Bad11]   Anatol Badach. *RSTP - Rapid Spanning Tree Protocol*. Hrsg. von Heinz Schulte. März 2011. URL: https://www.researchgate.net/publication/293333585_RSTP_-_Rapid_Spanning_Tree_Protocol.

[Bad14]   A. Badach. *Wissensportal von Prof. Dr. A. Badach – BPE, DTLS, EVB, FC SAN, GFP, SDN, WebRTC, ...* http://www.competence-site.de/Anatol-Badach. 2014.

[BB84]   Charles H. Bennet und Gilles Brassard. *Quantum Cryptography: Public Key Distribution and Coin Tossing*. Dez. 1984. URL: https://researcher.watson.ibm.com/researcher/files/us-bennetc/BB84highest.pdf.

[Ber+13]   Daniel J. Bernstein u. a. *Factoring RSA keys from certified smart cards: Coppersmith in the wild*. Cryptology ePrint Archive, Report 2013/599. https://eprint.iacr.org/2013/599. 2013.

[Ber05]   Daniel J. Bernstein. *The Poly1305-AES message-authentication code*. März 2005. URL: https://cr.yp.to/mac/poly1305-20050329.pdf.

[Ber11]   Daniel J. Bernstein. *Extending the Salsa20 nonce*. 2011. URL: http://cr.yp.to/snuffle/xsalsa-20110204.pdf.

[Ber14]   Daniel J. Bernstein. *A state-of-the-art Diffie-Hellman function*. http://cr.yp.to/ecdh.html. 2014.

[DH76]   W. Diffie und M.E. Hellman. *New Directions in Cryptography*. 1976. URL: https://ee.stanford.edu/~hellman/publications/24.pdf.

[Div14a] Div. *Eine Übersicht über die Entwicklung von Internet.* http://www.in2eps.com/x0/tk-ietf.html, http://datatracker.ietf.org/wg/. 2014.

[Div14b] Div. *SIP und dessen Abläufe gut dargestellt.* http://www.in2eps.com/fo-sip/tk-fo-sip-ex3261.html. 2014.

[Dwo07] Morris Dworkin. *Recommendation for Block Cipher Modes of Operation: Galois/Counter Mode (GCM) and GMAC.* Nov. 2007. URL: https://csrc.nist.gov/publications/detail/sp/800-38d/final.

[Edi14] RFC Editor. *Datenbank mit allen RFCs und Internetstandards.* http://www.rfc-editor.org/search/rfc_search.php. 2014.

[GH12] M. Grob und E. Hoffmann. *What is wrong with the IPv6 RA protocol?* http://www.fehcom.de/ipnet/ipv6/ipv6-ra.pdf. 2012.

[Hen+12] Nadia Heninger u. a. *Mining Your Ps and Qs: Detection of Widespread Keys in Network Devices.* Usenix, Juni 2012. URL: https://www.usenix.org/conference/usenixsecurity12/technical-sessions/presentation/heninger.

[IAN14] IANA. *Die (Konfigurations-)Parameter aller Internetprotokolle.* http://www.iana.org/protocols. 2014.

[IN214] IN2EPS. http://www.in2eps.com/. Gremien: IETF, 3GPP ETSI – Protokolle, Dokumente, Grundlagen. 2014.

[Ind14] RFC Index. *Internet Dokuments und RFC Index, alle Internet Drafts.* http://www.potaroo.net/ietf/. 2014.

[IPv14] IPv6. *Informationen rund um IPv6.* http://www.infoblox.com/content/ipv6-center-excellence, http://www.ipv6-portal.de/, http://de.inforapid.org/index.php?search=IPv6. 2014.

[ITU14] ITU-T. *Telecommunication Standardization Sector (ITU-T).* http://www.itu.int/ITU-T/publications/recs.html. 2014.

[KKM85] Ann Hibner Koblitz, Neal Koblitz und Alfred Menezes. *ELLIPTIC CURVE CRYPTOGRAPHY: THE SERPENTINE COURSE OF A PARADIGM SHIFT.* 1985. URL: https://eprint.iacr.org/2008/390.pdf.

[KR97] K. Kaukonen und Thayer R. *A Stream Cipher Encryption Algorithm 'Arcfour'.* Juli 1997. URL: https://tools.ietf.org/html/draft-kaukonen-cipher-arcfour-01.

[Kra10] Hugo Krawczyk. *Cryptographic Extraction and Key Derivation: The HKDF Scheme.* Mai 2010. URL: https://eprint.iacr.org/2010/264.pdf.

[Mat93] Mitsuru Matsui. *Linear Cryptanalysis Method for DES Cipher.* 1993. DOI: 10.1007/3-540-48285-7_33. URL: https://doi.org/10.1007/3-540-48285-7%5C_33.

[MDK14] Bodo Möller, Thai Duong und Krystof Kotowiz. *This POODLE Bites: Exploiting The SSL 3.0 Fallback.* Sep. 2014. URL: https://www.openssl.org/~bodo/ssl-poodle.pdf.

[Mer78] Ralph Merkle. *Secure Communications Over Insecure Channels*. 1978. URL: http://www.hashcash.org/papers/merkle-puzzle.pdf.

[Mer80] R. Merkle. *PROTOCOLS FOR PUBLIC KEY CRYPTOSYSTEMS*. http://www.merkle.com/papers/Protocols.pdf. 1980.

[MV04] David A. McGrew und John Viega. *The Security and Performance of the Galois/Counter Mode (GCM) of Operation*. INDOCRYPT, 2004. URL: https://eprint.iacr.org/2004/193.pdf.

[OM93] Kazuo Ohta und Mitsuru Matsui. *Differential Attack on Message Authentication Codes*. 1993. DOI: 10.1007/3-540-48329-2_18. URL: https://doi.org/10.1007/3-540-48329-2%5C_18.

[Pod+18] Damain Poddebniak u. a. *Efail: Breaking S/MIME and OpenPGP Email Encryption using Exfiltration Channels*. Aug. 2018. URL: https://efail.de/efail-attack-paper.pdf.

[Sho95] Peter W. Shor. *Polynomial-Time Algorithms for Prime Factorization and Discrete Logarithms on a Quantum Computer*. 1995. URL: https://arxiv.org/abs/quant-ph/9508027v2.

[Sy+08] Erik Sy u. a. *Tracking Users across the Web via TLS Session Resumption*. Proceedings of ACSAC 2018. University of Hamburg, 2018 8. URL: https://svs.informatik.uni-hamburg.de/publications/2018/2018-12-06-Sy-ACSAC-Tracking_Users_across_the_Web_via_TLS_Session_Resumption.pdf.

[Til10] H.A. van Tilborg. *Shaping DNS Security with Curves*. http://curvedns.on2it.net/. 2010.

[Zor14] W. Zorn. *Zum 30. Jahrestag der 1. deutschen Internet E-Mail vom 03. August 1984*. Aug. 2014. URL: https://www.informatik.kit.edu/downloads/zu-30JahreInternet-EMail-V01-28Jul2014.pdf.

Stichwortverzeichnis

Symbols
λ-Verbindung 687
4B/5B 102
5G Network Slicing 1025, 1029
5G Security 1025, 1029
6LoWPAN 933
6top Protocol 934
6to4 480
   Adresse 480, 540
   Host 540
   Site 540
   Translation 528

A
AAA
   Protokoll 870
   Server 355, 870
Abstract-Node 705
Abstract Syntax Notation ... 25
Access Area 845
Access Control 718
   List 362, 363, 769, 771, 839
Access Gateways 916
Access Point 292, 356, 731, 732, 735, 766, 868, 903
Access Router 903
Access Switches 766
Access VPLS 845
Accounting 354, 355
   Daten 356
ACK 187, 189, 190, 193, 194, 199, 217
   PDU 186
Acknowledgement ... 183, 423, 619, 717, 727, 730, 934, 980
   Number 184, 191
   Selective 186, 201, 225
Active-Close 190
Active Directory 93
Active Router 642
Actuator 918
Adaptivitätsattribute 696
Additional Authenticated Data 82
Additional Section 259
Address Family Identifier 633, 634
Address Family Transition
   Router 534
Address Harvesting 365
Address Mask
   Request 161, 164
   Response 161, 164

Address Resolution
   Protocol .. 39, 111, 137, 151, 451, 496, 526, 575, 811
ad-hoc-Mode 734
Adjacency 605
Adresspräfix 467
Advertisement Interval 640
Affinität 697
Agent
   Discovery 878
   Solicitation 881
Aggregatable Global Unicast
   Addresses 474
Aggregation Layer ... 765, 766, 779
Aggregation Switches 766, 851
Aging Time 770, 772, 839
AGU-Adressen 474
AI, IoT and 5G Convergence 1043
AI-enabled Networking .. 1043
AI-enabled SDN 1043
Aktives Queue Management 211
Aktoren 918
Aktuatoren 918, 1000
Alert Protocol 379
Aliasname 54, 248
All-Active Redundancy Mode 855, 857
All_DHCPS_Servers 517
All-Host Group 166
All-Nodes 480
   Multicast Address 507
All-Ones subnet 142
All-Router
   Group 166
   Multicast 507
All Station Address 723
All-Zeros subnet 142
ALT-Infrastruktur 818
Ambient Intelligence 1023
   in IoT 1020
American National Standards
   Institute 716
Amplification Attacks 264, 274
Anchor 275
Angriff
   Chosen-ciphertext 75
   Chosen-plaintext 75
   Ciphertext-only 75
   Known-plaintext 75, 80
Announcement 791
Anonymous DH 388

Answer 424
   Section 258, 307
Anti-Replay-Schutz 332
Anwendungsschicht ... 38, 101
Anycast
   Adresse 465, 542
   Routing 238
Anycasting 238
Anything-in-Anything 532, 570
Apex 252, 268, 271
AppleTalk 296
Application
   Data 385
   Layer 25
   Layer Gateway 329, 566
   Layer Notification
      Information 385
   Program Interface 205
   Support Protokolle .. 28, 40, 371
Applications Area 45
Applikationstyp 197
A-Query 241
Architektur Software 61
Area Border Router .. 610, 611, 614
Area Director 45
a.root-servers.net 237
ARP
   Cache 152, 158
   Reply ... 152, 153, 157, 158
   Request 152–154, 772
   Server 137
   Tabelle 156
arpa 236, 249
Artificial Intelligence 1019, 1022, 1042, 1050
AS
   Border Router 625, 626
   Boundary Router .. 610, 613
ASCII Compatible Encoding 251
ASN.1 94
Association 730, 734, 736
   ID 733
   Number 786, 787, 789
   Request 733
   Response 733
Asynchronous Transfer Mode 680
ATM-Label 682
Attribut 94, 363
Ausgangsport 604, 686
Authentic Data 273

Authenticate 728
Authenticated Encryption with
    Associated Data 81
Authentication .. 373, 617, 690,
    726, 734
    Data 340, 341, 640, 643
    Header .. 172, 333, 342, 450,
        455, 456
    Indicator 555
    Protocol
        Extensible 347
        Server 348
        Type 599, 640
Authentication Enabled ... 975
Authentication-Tag 82
Authenticator 91, 92, 348, 728
Authentisiert 733
Authentisierung ... 49, 54, 324,
    354, 355, 357, 456, 730,
    739
    äußere 91, 348, 352
    innere 91, 348, 352
    Mechanismus 350
Authentizität 60, 94, 101, 106,
    352, 783
Authority Information Access
    100
    Section 258, 259, 308
Autoconf 306
Autoconfiguration ... 297, 306,
    450, 488
    stateless 296
Auto-Discovery 843, 844
Autokonfiguration 303
Automatic Private IP
    Addressing 306
Autonomes System .. 573, 586,
    588, 602, 609, 610,
    613–615, 623, 625, 626,
    646, 653, 659–661, 1047
Autonomic Networking .. 1043,
    1047
Autorisierung 49, 55, 106, 354,
    355, 510
Autotuning 203
Availability 107

B
Backbone 610
    Anbindung 612
    Bereich 610
    Bridges
        Provider 795
        Core Bridge 798
        Edge Bridge 798
    Netz 6
    Router 139, 610, 612

Service Instance Identifier
    800
Service Instance Tag ... 800
VLAN 750
VLAN Identifier 797
Backend-Datenbank 355
Backlog-Puffer 207
Backup
    Designated Router 618
    DR 608, 618
Backup-DR 617
Bandbreiten/Delay-Produkt 210
Bandwidth Broker 671
Base Object 970
Basic Service Set 731
    Identifier 735
Baumwurzel 648
Beacon Frames 732–734, 934,
    936
Benutzer
    Authentisierung ... 365, 366,
        444
    -dienstprotokolle 41, 44
    ID 353
    Identifikation 60
    Profile 355
Bereichs-ID 609
Berkeley Internet Name
    Daemon 264
Berkeley Software Distribution
    5
BGP
    basesd VPLS 844
    Header 627
    Identifier 628
    MPLS IPv4-VPN 635
    MPLS IPv6-VPN 636
    Multiprotocol 632
    Nachrichten 626
    Speaker 624
B-Header 799
Big Data 920, 1022, 1045, 1050
    Analytics 1022, 1045
    -Driven Networking ... 1045
Bind 362, 365
Binding 324, 386
    Acknowledgement 894, 899
    Cache 893, 895
    Information Base .. 567, 568
    Request 324
    Response 324
    Update .. 894, 899, 905, 907
Bit
    Destuffing 724
    Error Rate 102
    Stuffing 723
Bitfehler 100, 102
Bitlabel 249

Bitübertragung 730
Blockchain 65, 392
Blockchiffre 77
    AES 58
    DES 57
Blockverschlüsselung 74
Bonjour Protokoll 295, 306
BOOT Protocol 308
Border
    Bit 658
    Gateway Multicast Protocol
        645
    Gateway Protocol ... 40, 43,
        527, 586, 601, 624, 828
    Router 916
Bridge Port Extension 778
Bridging-Mode 721
Broadcast 955
    Frame 840
    limited 880
Broadcast, Unknown and
    Multicast ... 835, 842, 856
Bucket-Größe 700
Byte-stream 183
B4-Interface 535

C
Call
    Forwarding 416
    Hold 416
    Session Control Function
        444
    Transfer 416
Canonical
    Name 410
    Order 268
Canonicalization 279
Capability Information 732, 733
Care-of-Address 873, 878, 892
Carrier Sense Multiple Access
    Collision Avoidance 717
    Collision Detection 717
Carrier-Grade NAT .. 367, 528,
    536, 546, 570
Cascading Style Sheets 8
CE-Paket 214
Certificate 380
    Authority ... 93, 96, 97, 248,
        289, 377, 509
    Chain 100
Client
    Authority 382
    Verify 382
    Exchange 382
Path Advertisement 494, 510,
    511
Path Solicitation .. 494, 510
    Request 98

Stichwortverzeichnis

Revocation List 95
Usage 288
Verify 382
Certification Authority
   Authorization 289
Chain of Trust ... 94, 267, 275
Challenge 352, 729
   Authenticator 92
   Handshake Authentication
     Protocol .. 721, 724, 728
   Peer 92
   Response-Verfahren 540
Change-Cipher-Spec 352
   Protocol 379
Chaosnet 246
Checking Disabled 271
Checksum .. 68, 102, 103, 160, 168, 222, 567
   UDP 179
Chiffren 74
Chunk 220
   Bundling 221
   DATA 221, 223–227
   ID 222
   Type 222
Cipher
   Block Chaining 79, 101, 104
   Block Feedback 79
   Output Feedback 79
   Suite 378, 381, 384, 390, 783
Circuit Emulation over MPLS 748
Class 120, 123, 246
Class of Service 683, 693, 697
Classless Inter-Domain Routing 624
classless IP 139
Client
   Access Layer 765, 766
   Authentisierung 364
   Autorisierung 444
   -Client-Kommunikation 764
   Error 983, 984, 989,
   -Server-Anwendung 764 992
Clock 402
Cloud 920, 1014
   Computing .. 763, 815, 914, 920, 921
   Containerization 1013, 1015
   Layer 926
   Native Microservice .. 1016, 1018
   Native VNF 1018
   Networking 1017
C-LSR 672
CN-Binding 894
CoAP
   Client 983

Message 977, 985, 987
Method 977, 989
Optionen 985
Request 977, 983, 989
Response 977, 989
Secure 985
Server 983
CoAP-to-HTTP
   Proxy 977, 978
Code 160
CodeBook 74
Cognitive IoT 1020
Cognitive Network 1043, 1046
Collaboration Services 416
Collision Count 509
Colocated CoA 878, 884, 887
Common
   Gateway Interface 8
   Header 221, 702
   Internet File System 204
   Name 362, 363
   Open Policy Service 671
Compound
   Packet 411
   Session Key 353
Compressed NH Value 939
Compressed RTP 403
Compressed UDP 939
Concise Binary Object
   Representation 993
Cone NAT 320, 553
Configuration Options 724, 725, 727
Configure-Request 727
Confirmable 980
Non 981
Congestion 202, 210
   Avoidance 200, 201
   Control 17, 116, 228
   Experienced 211, 212
   Window 200
   Window Reduced 184, 214, 215
Connectivity Association 783, 784, 787, 788, 790
   Key 785, 790
   Name 785, 790
Conseil Européen pour la
   Recherche Nucléaire 6
Constrained
   Application Protocol ... 913, 925, 931, 932, 975
   Networks 919, 931, 975
   RESTful Environment 932, 976
   Shortest Path First .671, 694, 697

Constraint
   -Routing Label Distribution
     Protocol 864
   Routing 668, 671, 694
   Routing LDP 671, 700, 707
Contact Port 189
Container 740, 914
Container-based Network
   Service 1013, 1014
Container Technologie ... 1012
Containerized IoT Services 1015
Content-Centric Networking 1030
Content Delivery Networks 46, 208
Content-Encoding 988
Content Format 988
Content-Nameserver 292
Content-Type 988
Contributing Source Identifier 402
Control 720
   Channel Management .. 690
   Feld 718, 723
   Flags 184, 214
   Frames 733
   Plane ... 669, 689, 772, 827, 855, 862
   Points 300, 301
   Protocol 724
   Protocol IPCP 728
   Register 734
   Word 742, 832
Cookie 223, 394, 395, 979
   Ack 223
   Echo 223
Coppersmith 90
Core Area 845
Core Based Trees 645
Core-LSR 672
Core-VPLS 845
Correspondent
   Node 892, 903
   Node Binding 894, 900
   Node Deregistration 896
COSINE-Schema 363
Counter-Mode 80, 81
Counter Mode Cipher Block
   Chaining Message
   Authentication Code
     Protocol 736
Country Code 362
Count-to-Infinity-Problem 591
CRC 209
Credentials 303, 349, 353, 364
Cross-Connect-Systeme ...689
Cryptobox 275

Cryptographically Generated
    Addresses 509
CSMA/CA 730
C-TSN Ack 225
Current Hop Limit 502
Currently Unused 116
Curve25519 ..... 88, 275, 276
CurveDNS 262, 302
    Qname 277
Customer
    Area 845
    Edge 635, 830, 845, 853
    Premises Equipment ... 528,
        534, 546
    Premises Network 765
Cyberspace 6
Cyclic Redundancy
    Checksum 102
    Code 100

D
dACKs 200, 201
Dark Fiber 59
Data 122
    leakage 49, 52
Data Center Services 1005
Data Dissemination 975
Data Frames 934
Data in flight 193
Data Plane 771, 827, 855
Data Safety 53
Datacenter 765
Data-Driven Networking 1043,
    1045, 1047
Datagram
    Congestion Control Protocol
        228, 398, 414
    Prinzip 666
    TLS 393
Data-Link
    Connection Identifier .. 675,
        682
    Frame 29, 30, 100
    Layer 25, 730
    Verbindung 724
Datamining 52
Daten 24
    Attribut 52
    Gültigkeit 52
    Herkunft 52
    Vertraulichkeit 52
    Frames 733, 734
    Leakage 301
    Semantik 51
Datenbank-Backend 364
Datendirektverbindungen 715
Datenflusskontrolle 191
Datenlink 783

Datenquelle 53
Datensegmente 30, 183
Datensenke 53
Datensicherungsschicht ... 100
Datenstromverschlüsselung 74
Datenwort 51
Decapsulation ... 535, 740, 741
Decomposing URIs into
    Options 985
Deep Learning 1043
Default
    Free Zone 815
    Gateway 135, 164, 165, 309,
        502, 508, 636, 773, 778,
        859, 891
    Route 582, 584, 815
    Router 495, 502, 636
Default Lifetime 975
Defense Communication
    Agency 5
Delay 22
Delegated Präfix 546
Delegating Router 519
Delegation 235, 244, 253
    Signer 248, 269, 270
DeMilitarized Zone .. 291, 345
Denial of Service 223
    Attacke 206
Deployment 510
Deregistrierung 884, 888
Derive-Secret 391
Designated Forwarder 856, 857
Designierter Router 608
Destination 26
    Address 115, 453, 561, 735
    Cache 498
    EID 817
    IP Address ... 179, 336, 563
    IPv6-Address 504
    Options Header ... 455–460,
        894, 896, 898, 899
    Port 178, 179, 183
    Port Number 222
    RLOC 817
    SAP 719
    Unreachable   161, 162, 165,
        167, 458, 492, 564
Destination Advertisement
    Object 975
Destination-Oriented Directed
    Acyclic Graph ... 954, 956
Deterministic Networking .997,
    1040
Detour LSP 705
DHCP
    ACK 312
    Client 309
    DECLINE 313

DISCOVER 311
INFORM 313
NAK 313
OFFER 311, 312
Relay-Agent 309
RELEASE 313
REQUEST 312, 313
Server 309
DHCPv6 485
Client 512
Nachricht 514
Port 512
Relay 513
Server 512
Unique Identifier 513
DH-Domain-Parameter 84
Dial-In-Zugang 354
Diameter 43
Diameter Relay Agent 369
Diameter-Server 369
Differentiated Services ... 114,
    116, 171
    Code Point 116, 213
Diffie-Hellman 82, 83, 388
    Verfahren 85
DiffServ 116
Diffusion 77
Digest 486
Digital Subscriber Line ... 197
Digitalisierung 82
Dijkstra 574
    Algorithmus 604
Ding 916
DIO-Dissemination 975
Directory
    Access Protocol 361
    Information Base 364
    Information Tree 362
    User Agnet 365
Discover-Process 347
Discovery 300, 516
Dispatch Header 939, 944
Distance Vector 586
    Multicast Routing Protocol
        645
    Routing 583
    Routing-Protokoll 586
Distinguished Name .. 94, 362,
    365
Distributed
    Ethernet-Switch 825
    FT 828
    Switch 828
Distribution
    Layer 765, 766
    Switch 766
    System 732, 734
    System Services 737

Stichwortverzeichnis

DNS
  based Service Directory 298
  based Service Discovery 295, 296
  Cache Poisoning 263
  Cache-Server 237, 239
  Datenbaum 234
  Dumping 302
  Extended 257
  Forwarder 239, 305
  Query 276
  Registrar 237, 244, 293
  Response 276
DNSKEY 267
DNSSEC 302
  aware 271
DNSSECbis 262
DNS64 .... 530, 532, 565
Docker 1012
DODAG Information Object 958
Domain 234, 236
  Component 363
  Grabbing 294
  Label 235
  Name 235, 248
  Suffix 235, 309
DomainKeys Identified Mail 280
Domain Name
  Service 43
  System .. 178, 231, 232, 237, 301, 451, 527, 809, 816
Don't Fragment 114, 118, 165, 562, 563
Doppelpunkt-Hexadezimal-notation 465, 485
DoS-Attacke 206
Dot-net 378
Downstream 709
  Knoten 706
  Router 703
  System 709
Downward Routes 973
DTLS-Record 395
Dual-Queue/Dual Bus 717
Dual-Stack 488, 526
  Betrieb 528
  Gateway 529
  Host 533
  Lite 528, 533
  Router 533
  Transition Mechanism .. 532
Duplicate Address Detection 483, 486, 487, 497, 506, 507, 901

Dynamic Host Configuration Protocol 43, 163, 178, 308, 451, 527
  for IPv6 491
DynDNS 331

E
EAP
  Body 350
  Method Key Derivation 785
  Nachricht 360
  over LAN 350
  over WiFi 350
  Packet 350
  PEAP 352
  Request-ID 352
  Request-PEAP 352
  Response-PEAP 352
  Response-Success 353
  Supplicant 788
  TLS 351
  Tunnel TLS 351
Early Data 385, 386
Eavesdropper 49
Echo
  Funktion 163, 493
  Reply ... 159, 161, 163, 493
  Request 159–161, 163, 493
ECN
  Echo 184, 214
  Feld 214
  Setup 215
  Setup-ACK-Paket 216
  Setup-SYN-ACK-Paket 215
  Setup-SYN-Paket 216
Edge-LSR 672
Edge Virtual Bridging 779
EDNS 257
Egress 683
  RBridge 793
  Router 817
  Tunnel Router 817
Eifel-Algorithmus 201
Eingangsport 686
Eintrag 363
Einwegfunktionen 64
Electronic Code Book 78
ElGamal 83
Elliptic Curve Cryptography 273
Embedded-System 779
Emulation 741
Encapsulation .. 528, 535, 740, 741
  Security Header 172
  Security Payload .. 333, 450, 456, 899

Encrypted Handshake Message 352, 384
Encryption 389
  Algorithmus 335
End Node 955, 958
Ending Delimiter 718
Endpoint Identifier ... 814, 815
End-to-End-VPN 743
Enigma 74
Entity Tag 990
Entropie 54, 74, 89
Entry 363
Epoche 393, 394
Equal Cost 851
Equal Cost Multi-Path 848, 851, 864
Erweiterungs-Header 453, 454
ES Identification 854
ESS Identifier 732
Establish 727–729
Ethernet 731
  Cloud 792
  Emulation 829
  LAN 825
  over Ethernet 748
  over PW 748, 831
  over SDH 761
  over WDM 761
  RPL Node Trustworthiness 966
  Segment 854
  Segment Route 863
  Virtual Private Network 825, 848
Ethernet Auto-Discovery (A-D)
  Route 863
Ethernet Passive Optical
  Network 787
Ethernet V2 719
EtherType 37, 719, 939
EUI-64-Adressen 470
European Academic Research
  Network 6
EVPN Instance 828
Exchange Protocol ... 608, 618
Expected Transmission
  Count 954, 966
  Time 966
Experimental-ID 185
Explicit Congestion
  Notification 116, 201, 210, 228
Explicit Path 696
Extended
  DNS 260
  Key Usage 96
  Master Session Key 353
  Sequence Number 335

Service Set 731
Unique Identifier .. 470, 807, 956
eXtended Reports 413
Extensible Authentication
Protocol 303, 368, 726, 730, 737, 739, 782, 785, 791
eXtensible Markup Language 25
Extension
Field 509
Header .. 172, 333, 450, 453, 454
externe Route 613
e164.arpa 236

F
Fast
DETOUR 705
Handover 909
Handover for Mobile IPv6 910
Re-Routing 669
Recovery 201
Retransmit 201
ROUTE 705
Fast Open
Coockie Request Option 204
Fault
Control 17
Management 691
Fehlerfreiheit 106
Fehlerkontrolle 17
Fenstermechanismus .. 21, 187
Fensterprinzip 191
Fiber Bundle 686
Fiber Data Distributed Interface 716
Fibre Channel over IP 113
FIFO
Prinzip 211
Queue 211
File Transfer Protocol 42
FIN 187, 190
Fingerprint 268
Firewall 121, 207, 291
First-In/First-Out 211
Fixed-Length Portion 885
Flight 395
Flooding 585
Protocol 608
Flow Control 17, 191
Flow Label 942
Flusskontrolle 17, 21
Flying Ad-hoc Network .. 1007
Fog Computing 914, 920, 1019
Fog Nodes 920
Foreign Agent 872, 878

Forward Error Correction 100, 102, 103
Forwarder 210, 240, 296
Forwarding
Entry 771
Equivalence Class . 674, 678, 693
Table ... 796, 827, 831, 835, 837, 863, 954
FQDN 234
FR-Label 682
Fragment
Identification 463
Offset 115, 119, 464
Fragment-Pakete 463
Fragmentation needed 165
Fragmentierung 463
Frame 25–27, 51
Check Sequence .. 102, 718
Control 718, 734
Klasse 733
Status 718
Framed
Compression 360
IP-Adresse 360
IP-Netmask 360
MTU 360
Protocol 360
Frameklasse 733
Framework 804
Fremd
Agent 872
Hotspot 869
subnetz 871
Frequency-Time Division
Multiplexing ... 997, 1040
Frequenzmultiplex 1040
Füllzeichen 115
Full Cone NAT 320
Full-Duplex-Verbindung .. 182
Full-Function Devices 936
Full Qualified Domain Name 232, 234
Full Resolver ... 237, 245, 270
Function Instability 957
Funktionale Gruppe 484

G
Galois
Counter Mode 81, 389
Feld 81
Message Authentication Code 70, 787
G.ason 711
Gateway 574, 581
Access 919
Generalized MPLS ... 32, 665, 667, 684

Generator Polynom 102
Generic
Framing Procedure 685
Label 682
Patch Selection and
Maintenance 696
Routing Encapsulation 528, 529, 531, 648, 831, 833
Geographische Domains .. 236
Gigabit Networking 666
Global-ID 478
Global Routing
Prefix 474, 805
Tabelle 815
Global Unicast Addresses 472–474
Glue 243, 253, 254, 270
Glueless Delegation 243
(G)MPLS-Netze 666
(G)MPLS-Switches 32
GMPLS TE 692
Grafting 649
Graphenform 574
Gratuitous ARP 307, 888
Group Address 168, 169
Group-and-Source-Specific-Query 170
Group Transient Key 353
Gültigkeitsdauer 95

H
HAA Discovery 896
halb-duplex 730
Handover 229
Handshake 394
Extensions 381–384
Protokoll 379, 380, 386
Happy Eyeball 488
Hardware
Address Length 153
Typ 153
Hash 478
funktion 101
salted 69
summe 68
wert 68, 101
keyed 101
Hash based Message
Authentication Code ... 70, 332
Header 26, 112, 970
Extension 403
Length 458
Lines 987
Next 456
Heartbeat
Extension 394

Stichwortverzeichnis

Funktion 539
Nachrichten 394
Payload 395
Protokoll 379, 394
Request 394
Response 395
Heimatadresse 878
Heimat-Hotspot 869
Hello
   Intervall 618
   Nachricht 394, 643
   Paket ... 585, 605, 607, 617, 618
   Protocol 607, 608
   VerifyRequest 393, 394
Hesiod 246
Hierarchical Mobile IPv6 867, 868, 902
Hierarchical VPLS ... 829, 845
High-Level Data-Link Control 723
HINFO 248
Hint 240
   Datei 237, 242, 271
   Group 358
HIP Security Association 823
HMAC-based Key Derivation Function .. 55, 58, 73, 377, 390
Holding-Priorität 668, 694
Home Address 872, 878
   Option 896, 899
Home Agent 872
   Address 893, 896
   Address Discovery Request 901
   Binding 893, 899
   Discovery Reply 494
   Discovery Request 494
Home Subscriber Server .. 445
Hop .. 115, 581, 584, 695, 796
   Anzahl 591
   Count 966
   Limit ... 453, 493, 496, 502, 515, 561, 587, 943
Hop-by-Hop Options Header 455, 457–461, 464
Host
   Candidate 328
   ID 123, 124, 126–134, 139–141, 143, 148, 307, 481, 497, 578
   IPv6-Adresse 469
   Mobility 805
   Multihoming 805, 806
   Route 238, 581, 582
Host-Centric 1030
Host Identity Protocol 822

Hostname 235
   kanonischer 248
Hot Standby Routing Protocol 636, 642
Hotspot 519, 732, 868
   Roaming 868
HTTP
   over TLS 42
   Request 207, 208
HTTP-to-CoAP
   Mapping 976, 977
   Proxy 977, 978
Hunt-Group 356
Hybrid Unicast 298
Hypertext
   Markup Language 7, 8
   Transfer Protocol 7, 8, 932, 976
   Transport Protocol 42

I

IA for Non-temporary Address 513
IA for Temporary Address 513
IC Internet of Things 1031
IC Service 1031
IC Services in Smart Cities 1031
iCache-Server 271
ICMP
   Data 160, 161
   Source Quench 160
ICMPv6
   Header 492
   Nachricht 492
ICN-based IoT 1033
ICN-enabled IoT 1033
Identification ... 258, 277, 610, 728, 988
Identifier-Locator Network Protocol 763, 804, 909
Identität 54, 99
   öffentlich 54
Identity 823
Identity Provider 90, 91
IDN Domain-Labels 251
IEEE802-Adresse 470
in-addr.arpa 233, 236, 243, 244, 247
Inbound Streams 220
Inclusive Multicast Ethernet Tag Route 863
Indikatoren 555
Industrial IoT 934, 996
Information 718, 720
   Element 934
   Reply 161
   Request 161

Information-Centric
   Networking 1030
   Security 1031
Infrastructure-as-a-Service 1016, 1017
Ingress 683
   BRridge 793
   Router 817
   Tunnel Router 817
INIT ACK 223
Init Bit 619
Initial Sequence Number .. 184, 188
Initialisation Vector 77
Initialisierungsvektor 76, 79, 80, 101, 103, 104, 738
Initiator 92, 348, 728, 812
Inner Label 742
Innere Authentisierung ... 348, 350
Instant Messaging 416
Institute of Electrical and Electronics Engineers 716
Integrated Routing and Bridging 853, 859
Integrated Switching und Routing 849
Integrity 60
Integrity Check
   Algorithmus 335
   Key 785
   Value 340, 341, 786
Intelligent IoT 1020, 1022
Intent-based Networking . 1043, 1046
Inter Access Point Protocol 732, 869
Interactive Connectivity Establishment 329
Inter-Area-Routing 610
Inter-Asterisk eXchange 43
Interconnection Network .. 827
Inter-Domain
   MC-Routing 646
   Protocol 586
   Routing 596
   Classless .. 126, 139, 140, 474
   IPv6 634
Interface 581
   ID 450, 465, 474, 483, 506, 805, 807
   Identifier 471
   Index 250, 471
Interior Gateway Protocol 586, 602
Intermedia-Synchronisation 402

Intermediate Node ... 955, 958
Intermediate System to
    Intermediate System .. 671,
    698, 792, 795
Internal Router 610
International Organization for
    Standardization 24
Internationalized Domain Name
    251
Internationalizing Domain
    Name in Applications   251
Internet 3
    Access Router 978
    Activity Board 5
    Architect 44
    Architecture Board ... 5, 44
    Area 45
    Assigned Numbers Authority
        32, 46, 469, 958
    Backbone 10
    Cache Protocol 43
    Class 297
    Configuration Control Board
        5
    Control Message Protocol 34,
        39, 111, 159, 451, 492,
        526, 814, 931
    Control Plane 816
    Core 10
    Corporation for Assigned
        Names and Numbers .. 5
    Draft 46
    Engineering and Planning
        Group 5
    Engineering Steering Group
        5, 45
    Engineering Task Force .. 5,
        44, 1040
    Group Management Protocol
        39, 111, 166, 167, 482,
        526, 645, 653
    Header Length 113
    Key Exchange 331, 333, 334,
        337
    Message Processor 4
    Network Information Center
        235
    of Things 424, 716
    Protocol 3, 38
    Research Task Force 44
    Service Provider ... 10, 329,
        534, 538
    Standards 44
    Task Force 5
Internet Low Bitrate Codec 404
Internet of Drones ... 996, 999
Internet of Robotic Things 996,
    997
Internet of Things ... 913, 996
Internet of Vehicles .. 996, 998,
    1027
Internetprotokoll
    Version 4 111
    Version 6 111
Internetwork Packet eXchange
    586
Intra-Area-Routing 610
Intra-Domain-MC-Routing 646
Intra-Domain-Protokolle .. 586
Intranet 739
Intra-Site Automatic Tunnel
    Addressing Protocol .. 479,
    480, 546
IoT Application Support .. 920
IoT Security 996
IoT Service Orchestration 1020
IoT Service Platform 914
IP
    Address 727
    Adresse 305, 577
        privat 128
    Adressklassen 123
    Checksum 102
    Compression Protocol .. 727
    Header
        Checksum 115
        ID 114
    Kommunikation 529
    Multicasting 165
    Multiplexer 37
    Network 621
    Next Generation 623
    Optionen 120
    Paket 29
    Paketlänge 114
    Pseudo-Header 179
    Quelladresse 115
    Router 573
    Routing 574
    Security 60, 172, 740
    Subnetz 768
    Switching 210
    Telephony 30
    Übermittlungsdienst ... 176
    Zieladresse 115
IP/ICMP Translation Algorithm
    558
IP-in-IP-Encapsulation ... 112,
    647, 649, 818, 873, 880,
    890
IP-in-IP-Tunneling 648
IP-Name
    reverser 244, 254
IPsec
    Header 333
    Initiator 334

Responder 334
Security Association and
    Key Management
    Protocol 337
IPTV 416
IPv4
    Adresse
        mapped 554
    compatible IPv6-Address
        479, 534
    embedded IPv6-Address 566
    embedded IPv6-Adressen
        480
    Link-Local Address 306
    mapped IPv6-Address .. 479
    Netz 525
    Quelladresse 535
    translated IPv6-Address 479
IPv4 over IPv6 ...... 455, 532
IPv6 449
    Jumbogram 460
    Netz 525
    Sites 525, 529
    unspecified Address 473
IPv6 Header Compression 944
IPv6-in-IPv4-Tunnel 534
IPv6-in-IPv6-Encapsulation
    894
IPv6-in-IPv6-Tunneling ... 894
IPv6-Name
    reverser 249
IPv6 over Low-power Wireless
    Personal Area Network
    (WPAN) 913, 914, 919,
    925, 930, 932, 934
IP4-in-IPv4-Tunneling 817
ip6.arpa ... 236, 247, 249, 250
ip6.int 249
IQUERY 244
iResolver 271
ISAKMP Agressive Mode . 338
ISATAP-Adresse 480, 546
Isochronität 406
ISO/OSI-Referenzmodell ... 24
Issuer 94, 289
IT/OT-Konvergenz 1037

J
Jacobsen/Karel-
    Implementierung
    199
JavaScript Object Notation 993
Jitter 406, 407
    Ausgleichspuffer 666
Jumbo-Paket 453
Jumbo Payload Option 460

K

KAME-Projekt 489
Karn/Partridge-
   Implementierung
   199
Keep-Alives 183
Kernbereich 765
Kernel 52
Key Agreement Entity 788
Key Derivation Function .. 785
Key Encryption Key 785
Key Exchange .. 353, 356, 378, 388
Key file 84, 89, 94, 95, 98, 382
Key Identifier 785
Key Management Domain .790
Key Number 785
Key Performance Indicators 356
Key Roll-Overs 269
Key Schedule 390, 790
Key Server 785
Key Share 385, 386
Key Signing Key 267, 268
Key Store 95
Keyed Hash 539
Keyed MAC 356
Klasse 246
Known-Plaintext-Attacken 395
Kodierungsverfahren 100
Kommunikationsprotokolle ..3, 24
Konfiguration, link-scoped 240
Konfigurationsphase 722
Konfigurationsserver 491
Konfusion 77
Kontrollchunks 222
Kontrollkanal 399
Konvergenzzeit 589
Kreditmechanismus 21

L

Label 235, 391, 487
   Distribution Protocol ...671, 672, 700, 707, 844
   Entry 681
   Mapping 709
   Raum 674, 675
   Request 709
   Stack 681, 708
   Switched Path 670, 672, 676, 687, 688, 741, 746, 831
   Switching Router 707
   Switching Tabelle 674
   Verteilung 709
   Zuweisung 709
Label-Raum 675
LAC-LAC 758
LAC-LNS 758

LAN-Emulation 829
Latenzzeit 22
Lawinen-Effekts 68
Layer 765
Layer Management Interface 783
Layer-1-VPN 744
Layer-2-Tunnel 743
Layer-2 Tunneling Protocol 740
Layer-2-VPN 744
Layer-2/3-Switching 825
Layer-3-VPN 744
LDAP Data Interchange Format 364
LDP
   -based VPLS 844
   -Peer 707, 709
   -Session 707
Learning Bridge, transparente 738
Lease
   Ablauf 313
   Dauer 305, 308, 486
   Erneuerung 313
Least-Significant Bit 51
Lebensdauer 839
Legitimierung 510
Legitimität 94
Leitungsdurchsatz 202
Leitungsschwindigkeit 202
Length 120, 943
libresolv 239, 250
Lifetime Unit 975
Light Fidelity 1026
Lightweight Directory Access
   Protocol 43
Lightweight Extensible
   Authentication Protocol 351
Link ...27, 471, 494, 495, 673, 717
   Affinity 697
   Color 697
   Connectivity Verification 691
   Control Protocol .. 724, 725
   ID   127, 305, 469, 471, 496, 541, 807
   Management Protocol ..670, 689
   Metric 958
   Prefix 495, 500
   Property Correlation ... 691
   Protection 669, 705
   Quality Report 726
   Segment 130, 292, 297, 298
   Token ...450, 469, 471, 482, 486, 496, 520, 541
Link State 585

Advertisement 585, 602, 603, 609, 616, 619, 621, 624
   Datebase 602
   Pakete 619
   Routing 584
   Routing Protocol 602
Link Transmission Reliability 966
Linkadresse 305, 494, 495
Link-based Metrics 957
Link-ID 471, 483
Link-Layer Adresse 470
Link-Local 890
   Address 296, 305, 306, 513, 548
   Multicast Name Resolution 296, 299
   Unicast Address .. 450, 471, 472, 477
Link-scoped
   All-Node Multicast 510
Linksegment 477
Lippensynchronisation 407
LISP
   Alternative Logical Topology 816
   Domain 815
   Site 815
Listen 187
Listener 168, 482
Listening 517
Listenmodus 189
LLC-Schicht 25
LNS-LNS 758
Load
   Balancer 207, 815
   Dienstfunktion 717
   Diensttyp 718
   Frame 718
   Sharing 638
   Transport 718
Loadsharing 61
Local
   Interface Gateway 354, 356
   Internet Registry 476
   Scope 494, 647
Local Area Networks .825, 847
Local Learning 855
Locality 363
Location-Server 418
Location-to-Service Translation 1031
Locator 804, 805, 807, 822
   /ID Separation Protocol 804
Pointer 810
   32 810
Logarithmus, diskreter ..85, 87
Logical Link Control ..25, 717

Long Fat Networks 197
Lookup-Tabelle 78
Loopback
   Adresse 128, 485
   IPv6-Adresse 473
   Schnittstelle 304
Loops 630
Loose explicit Route 704
Low-Power and Lossy
   Networks ... 913, 919, 930,
   953
Low-Rate Wireless Body Area
   Networks 930
Low-Rate Wireless Personal
   Area Networks .. 913, 930,
   933, 934
LSA 602, 609
   Header 619, 622
   ID 622
   Paket 585
   Typ 622
L2 Forwarding Table 768
L2-Switches 847
L2TPv3 756
L3 Forwarding Table 771

M
MAC
   Address Aging 839
   Adressen 152, 305, 717, 734
   Broadcast 152, 802
   Frame 574, 673, 718
      Encapsulation 717
   Header 718
   Layer 717
   Protocol Data Unit 734, 735
   Schicht 25
   Trailer 718
   Unicast 152
MAC Command Frame ... 934
MAC Security 786
MAC/IP Advertisement Route
   863
Machine Learning 1019, 1042
Machine to Machine 996
MacOS X 489
MACsec Entity 788
MACsec Key Agreement
   Protocol 791
magic key 275
Mail eXchange 279
Mail Transfer Agent 279
Makromobilität 903
Managed Address
   Configuration 502
Management
   Frame 733, 734
   Plane 670

Mandanten 845
Man-in-the-Middle 84, 98, 263
MAP
   Discovery 904
   Domain 903
   Option 906
Mapping 305, 567
   Attribute 357
   automatisch 527
   DN 298
   EID-to-RLOC 816, 818
   Ports 346, 347
   stateless 527
   Tabelle 555, 556
   Telephone Number URI 279
Master 731
   Router 637
      Down 641
   Secret 389–391
   Session Key .. 353, 785, 788,
   790
   SubSocket 431
Master/Slave Bit 619
Masterkey 784
Maximum Life Time 969
Maximum of Inbound Streams
   221
Maximum Receive Unit ... 722
Maximum Response Time 168
Maximum Segment Lifetime
   190, 195
Maximum Segment Size .. 187,
   203
Maximum Transfer Unit .. 118,
   160, 164, 719
MBone 166
MC-Routing-Protokoll 645
mDNS-Dienst 482
Media 395
Media Access Control .. 25, 30,
   469, 827, 930, 997, 1040
Media Access Control Virtual
   Routing and Forwarding
   855, 861
Media Control Channel ... 398
Media Gateway Control
   Protocol 43
Media-Kanal 397, 398
Medien 395
Medienzugriffsverfahren .. 717
Medium Access Control .. 151,
   932
Member Identification 783
Membership
   Leave Group 168
   Query 168
   Report 168
   V1-Report 168

V2-Leave 168
V2-Report 168
V3-Report 168
Mesh Header ... 936, 940, 945,
   949
Mesh WPAN 935
Message
   Authentication Code 70, 264,
   276, 387
   Authenticator 360
   Body 424
   Compression 259
   Data 897
   Digest 65, 378, 387, 889
   Digest 5 .... 69, 598
   keyed 264
   Sequence 393, 394
   Transfer Unit 500
   Type 709
Message ID 981
Message Transfer Unit 950
Metadaten 52, 410
Meta-RR 264
Meta-Type 249
Metric
   Link-base 966
   Node-based 966
Metric Container 967
Metrik 587, 601, 604
Michael-MIC 736
Microservice 1014, 1018, 1028
Middlebox Control Protocol
   329
Middleboxen ... 330, 528, 546,
   570
Mikromobilität 903, 905
MILNET 5
Mini-CA 378
Mini Clouds 914
Minimum Rank with Hysteresis
   Objective Function ... 958,
   960
Mining 65
MIP für IPv6 868
MIPv4 872
MIPv6 .... 867, 868, 892
Miredo 552
Mixer 408
   Funktion 408
Mobile
   Ad-hoc NEtwork 1007
   CC in 5G 1016
   Cloud Computing 1019
   Edge Computing 1000, 1020
   Home Authentication .. 889
   IoT Application 1025
   IP .. 159, 451, 868, 871, 872
   IPv4 .... 172, 872

Stichwortverzeichnis

IPv6 172, 457, 494, 867, 892
   Mode 892
   Node 903
   Prefix Advertisement ... 494, 896
   Prefix Solicitation 494, 896
   VNFs Networking und Containerized IoT Services 1013
Mobility 955
   Agents 872
   Anchor Point 902
   Binding Table 880, 884
   Header 457
   in IoT 996
   Options 457
Mode of Operation 965
More Bit 619
More Fragments 114, 562, 563
   Bit 119, 562
Most-Significant Bit 51
Movement Detection 905
MPLS
   Header 675
   Multiplexer 32
   Switching Network 672
   TE 692
   Traffic Engineering 667, 750
m.root-servers.net 237
MSL 190, 195
MSS 209
   Clamping 209
MTU 185, 209, 719
   Path-Discovery ... 209, 260, 395
Multi Tenancy Network Architecture 847, 848
Multicast 298
   Address Resolution Server 499
   Adresse 465, 468
   Backbone 166
   Datenverkehr 739
   Distribution Tree 648
   DNS 295–297, 302
   DNS based Service Discovery 298
   Forwarding 648, 650
   -Gruppen 39
   IP-Adressen 165, 296
   Listener Discovery 168, 482, 526, 645
   Listener Done 493
   Listener Query 493
   Listener Report 493
   Listener Report, Version 2 493
   MAC-Adresse 167
   OSPF 645
   Query 297
   Routing 165, 166, 171
   Routing-Protokoll 171, 645
   Source Discovery Protocol 645, 658
Multicasting 955
Multigroup HSRP 643
Multihomed 129, 304
   Device 854
   Network 854
Multihoming ... 763, 806, 848
Multihoming-System 465
Multi-hop Communication 936, 940, 948
   Forwarding 940
Multilayer-Switches .. 768, 848
Multilinked 304
Multimedia-Session 399
Multipathing ... 792, 794, 848, 955
Multiplane-Architektur ... 669
Multiplexer
   funktion 717
   IP 31
   LAN 37
   logischer 176, 182
Multipoint-Sessions .. 401, 423
Multiprotocol BGP .. 828, 837, 844
Multiprotocol Label Switching 32, 138, 665, 671, 829, 1041
Multisource File Transfer Protocol 316
Multi-Tenant Unit 845
Multi-Topology Routing ... 961

N

Nachbarschaft 605, 659
Nachrichten 24, 27
   authentizität 101
   integrität 101
   verschlüsselung 273
   verschränkung 101
Nachsendeadresse ... 872, 878
NaCl Library 275
Nagle-Algorithmus 197
Name 246
Name Server
   caching 292
   Content 292
   forwarding-only 291
   primary 253
   secondary 253
Named Data Networking 1030
Namensauflösung, reverse 243
Namespace 296
Naming Authority PoinTeR 282
NAPT
   Symmetric 320
NAS-Client 870
NAT
   Adressen 480
   Basic 317
   bidrektionales 317
   Port Restricted Cone ... 321
   PT 529
   Restricted Cone 321
   Router 317
   State Machine 565
   symmetric 320
   444 330
National Internet Registry 477
National Science Foundation 6
NAT44 .... 535, 568
NAT64 .... 480, 530, 532
Near Real-Time Services .. 922
Nebensprechen 17
Negative acknowledgment 727
Neighbor
   Advertisement 493, 499
   Cache 495, 497, 500
   Discovery 470, 483, 495
   Discovery Protocol 451, 486, 488, 491, 495, 526, 893, 900, 1021
   Solicitation 493
   Unreachability Detection 497
   Unreachable Detection 500
Nested VLAN 793
NetBIOS Frame Control Protocol 721
net-ldap 362
Network 728
   Access Control 791
   Access Server 342, 354
   Address Port Translation 317, 319
   Address Translation 128, 303, 558, 1013
   Attached Station .. 348, 356
   Basic Input Output System 41
   Bootstrap Program 316
   Control Program 5, 724
   Directory Service 361
   File System 178
   Functions Virtualization 1008, 1027, 1028
   Identity 783, 790
   Intrusion Prevention System 765
   Layer 25
   Reachability Information 628, 634, 844

LSA 621
Mask 618
Multihoming 806
Prefix 139
Programmability 1002
Service Provider 342, 740–742
Slicing . . . 1008, 1012, 1017
Time Protocol 43, 370
Network Address Translation 303
Netz-ID . . . 123–127, 129–131, 133–135, 139, 140, 155, 156, 467–469, 475, 566
Netzwerk
    ID 123
    Neutralität 113
    Präfix 139, 495, 508
    Präfixnotation 139
    Schicht 29, 38
Neural Networks 1043
New Care-of-Address 910
Next Generation IP-Networks 413
Next Header 942
Next Hop
    Network Address 634
    Resolution Protocol 137
Nibble-Format 249
Node 234
    ID 807, 809
    Identifier 804, 805, 807
Node Metric 958
Node-Node Interface 690
Node Protection 669, 705
Nomadic Computing 815
Non-Broadcast Multiple Access 606
Nonce 74, 77, 80, 275, 276, 383, 394, 509, 511, 729
    Header Option 812, 813
    Sum 215, 218
    Bit 218
None-linear Feedback Shift
    Register 76
None-Repudiation 276
Non-temporary Address . . . 517
Northbound API 928
Notification Type, ... 300
Null
    Frames 733, 734
    Register 655
    Bit 658
    Nachricht 658
    Verschlüsselung 389
Number of GABs 226

Nutzlast 26
Typ 402
NXDOMAIN 243

O
Obfuskation 69
Object-Identifier 94, 363
Objective Code Point 958, 970
Objective Function . . 955, 958, 959, 963, 993
Objective Function Zero . . 958, 960
Objekt 362
Obscured
    External Address 553
    External Port 553
öffentliche Cloud 803
Offene Resolver 264
Offer 424
Offer-Answer-Modell 424
OKay 423
One-armed Router 774
One-hop Communication 940
One-Time Pad 76
    Pseudo 80
Online Certificate Status
    Protocol 100, 289
On-Link CoA 903
On-Link Prefix 508
on-the-fly 274
Opcode 258
Open Shortest Path First . . . 40, 451, 527, 584, 586, 602, 671, 828, 843
    Traffic Engineering 698
Open System Interconnection 3, 23, 792
Operation 159
Optical
    Electrical-Optical 687
    Optical-Optical 687
OPTion 260
Option Number 120
Options 989
Organisation 362
Organizational Unit 363
Organizationally Unique
    Identifier . . . 167, 637, 720
Origin Indicator 555
OSI
    Referenzmodell 3
    Schichtenmodell 24
OSPF
    Database Description . . . 616
    Header 617
    Hello Paket 616
    Link State Informationen 616

    Pakete 602
    Traffic Engineering 671
OSPFng 623
OSPFv2 602
OSPFv3 . . . . 602, 623
Other Stateful Configuration 502
Outband-Signalisierung . . . 669
Outbound Streams 220
Outer Label 742
Out-of-Bailliwick 241
Out-of-Fiber-Steuerkanal . . 690
Output Key Material 73
Override Flag 499

P
Packet 26, 51
    Error Rate 102
    Length 561, 617
    Loss Rate 966
    Number 787, 789
    Too Big 493
Padding 77, 80, 103, 387, 411
    Options 459
Pairwise Transient Key . . . 353
Paketfehler 100, 102
Paketierung 26
Paketlänge 102
Paketvermittlungsschicht . . . 25
Parameter Problem . . 161, 162, 493
Parent 962
    Candidate 962, 963
    Candidates List . . . 962, 963
Paritätsbit 102
Passphrase 96
Pass-through 350
Password
    Authentication Protocol 721, 724, 728
Password expired 92
Passwort 54
Path
    Control Size 975
    Cost 963
    Error 702
    Metric 968
    MTU 456
    MTU Discovery . . . 164, 493
    Selection Algorithm 954
path-abempty 987
Payload 26, 112, 338, 397, 453, 717, 722, 734, 740, 987
    Data 341
    Header 407
    Length . . 340, 453, 460, 461, 561, 942
    Marker 987

Stichwortverzeichnis

Protocol 897
Type 402
PEAP/EAP MS-ChapV2 .. 352
Peer-to-Peer-Topologie 935
Peer-Verbindung 624
Perfect Forward Secrecy 83, 86, 383, 385, 386
Pfad-Attribute 628
Phishing 263, 264
photonische Switches 687
Physical Layer 25, 716
  Convergence Protocol .. 730
physikalische Adressen ... 576
Piggy-backed Responses .. 983, 984
PIM
  Dense-Mode 645
  Domain 658
  Sparce-Mode 645
ping 159
PKI Extension 100
Planes 771
Pluggable Authentication Module 366
PMTU Discovery 165
Point of Presence 10
Point-to-Point Protocol 30, 155, 576, 721, 743
PoinTer 244
Pointer 121, 244
Poisoning 263
Policing 696
Policy 96, 670
  Table 488
Poodle-Angriff 80
Port 686
  Address Translation 317, 319
  basierte Access Control 370
  Extender 779
  mapped 553
Port Access Entity 783
Port Control Protocol 298
Port Restricted Cone NAT . 322
Portscans 206
POSIX-Attribute 364
PPP 30
  Frames 30
  Payload 722
  Verbindung 724
PPP over Ethernet 197
PPVPNs 742
Präambel 718
Präferenz 279
Präsentations-Schicht 28
Preboot Execution Environment 316
Precedence 305, 488, 973
Preemption 694, 696, 699

Preemptor enabled 696
Preference 279, 809
Prefix 541
  Bit 481
  Cache 497
  Delegation 519
  Discovery 507
  Length 305, 601
    Extension 881
  List 497, 508
  Notation 358
Prefixing 357
PreMasterSecret 96, 380, 389, 390
Presence Services 416
Pre-Shared Key .. 54, 353, 383, 783, 784
Pretty Good Privacy 93
Primalität 84
primitive Element 88
Primzahl 87
Priority 683
Preemption 696
Privacy 730
Privacy Enhanced Mail 95
Privacy Extensions .. 471, 486
Private Key 83, 84, 86, 94, 100, 264–268, 382, 509, 510
Probe
  Frames 733
  Request 732, 734
  Response 732
Profile Specifications 412
Profiling 301, 302
Programmable Network Services 1002
Proposals 338
Protect Against Wrapped Sequences 186
Protected Data 736
Protected EAP 351
Protection Against Wrapped Sequence Number 201
Protocol 296
  Address Length 154
  Data Unit 26, 112, 379, 708
  Field Compression 726
  Identifier 26, 719, 720
  Independent Multicast 645, 652
  Mapping 976
  Translation .. 527, 532, 564, 565
  Type 153, 648
Protocol 41 Encapsulation 531
Protocol 47 Encapsulation 531
Protokoll
  familie 123

instanz 136
nummer 113, 115
stack 128
Provider Edge .. 635, 740, 741, 830, 853
Provider Provisioned VPN 742, 744
Provisionierung 535
Provisioning-Domain 330
Proxy 890
  ARP 151, 153, 155–157, 575, 856, 858, 890
  Nameserver 292
  Views 292
Pruning 649, 656
Pseudo-Draht 741, 746
Pseudonym 54
Pseudo-Random Function .. 55, 384, 390
Pseudo-Random Keys 73
Pseudo-Random Number Generator 785
Pseudo-RR 260
Pseudo Wire ... 711, 741, 746, 829, 831, 859
  Emulation Edge-to-Edge 711, 745, 831
  Header 742
PSH-Bit 205
Public Cloud 803
Public Key .. 83, 84, 86, 94, 95, 264–267, 273, 275–278, 382, 390, 509
  Infrastructure 59, 84, 93, 94, 367, 377
Public WLAN 868
Punkt-zu-Punkt-Verbindungen 715
Punycode 251
PW Label 832
PW Label Table 837
PWLAN 868
  Roaming 868

Q

Q-in-Q 751, 846
Q-in-Q-Encapsulation 751, 846
Q Tagging 780
QNAME 258
QoS 452
QoS-Parameter 396
Quad-A RR 249
Qualifikationsprozedur ... 553, 555
Quality of Service 40, 396, 452, 668, 692, 700, 730, 996, 1004
Quantencomputer 107

Quantenkryptographie 108
Quell-DR 653
Quellen-Routing 584
Querparität 102
Query 245, 362
  inverse 244
  iterativ 242, 245
  rekursiv 242
  Type 249
Question Section 258, 297, 307
Queue Management 210
Queues 770
Quittung 183
Quittungsnummer ... 184, 189

R
RADIUS
  Attribute 357
  Client 356
  Server 356
Rainbow Tables 65, 69
Random 381, 383
Random Early
  Detection/Discarding 212
Rank 958
Rapid STP 792, 835, 857
RAPR
  Reply 158, 159
  Request 159
  Server 158
RBridge 792
Rcode 258
RDATA 246–248
Realm 317, 357, 358
  Address 317
  Specific IP 317
Real-time
  Streaming Protocol 41
  Transport Control Protocol
    41
  Transport Protocol .. 41, 43,
    165, 178, 228, 371, 395,
    398, 413
Realtime Blacklists 280
Real-Time Clock 122
Real-Time Ethernet 1038
Real-time Onsite Operations
  Facilitation 914, 923
Real-Time Services 922
Receiver Report 410
Record 27, 103, 379
Record Layer 379
  Frame 379
  Protocol 379, 386
Recording Route 121, 122
Recovery Algorithmus 201
Recursion Desired ... 245, 272
Recursive Query 242

Recursive Resolver 292
Redirect 161–163, 493
  Function 497, 504
Reduced-Function Devices 936
Reed-Solomon
  Code 102
  Verfahren 102
Referrals 241, 258
Regional Care-of-Address 902,
  903
Regional Internet Registry 476
Register
  Phase 653
  Stop 653, 655, 658
Registered Ports 177
Registration Lifetime . 880, 885
Registree 237
Regular Expressions 282
Reinforcement Learning 1043
Relative Distinguished Name
  362
Relay Blacklists 280
Relayed Candidate 328
Reliability 49, 106
Remote
  Access Service 354, 756
  Access-VPN 743
  Authentication Dial-In User
    Service 43, 354, 870
  Interface Gateway 354, 356
  Learing 855
  Procedure Call 178
Rendezvous 295
  Bit 481
  Point ... 481, 648, 653, 658,
    802, 828
  Point Tree 653
Rendezvous Server 823
Replies 725
Replikat 253
Report Blocks 413
Request 725, 980
  Authenticator 360, 361
Request for Comments 44
Request/Reply 885
Request/Response-Prinzip .415
Request Routing 47
Requesting Router 519
Rerouting .. 668, 694, 699, 961
Réseaux IP Européens 236, 476
Reservation
  Confirmation 702
  Error 702
  Request 702
Reset 184
Resilience 696
Resolver 232, 568
Resource Data 246

Resource Object 986
Resource Record 235, 241, 245,
  298, 809
  Set 255, 266, 295
  Signatur 267
Resource Reservation Protocol
  40, 671, 699
Responder 728, 812
Response
  Authenticator 360
  Nachricht 360
  Paket 92
Responses 980
Restricted Cone NAT 321
Resumable 381
Retransmission Algorithmus
  198
  Timer 395, 502
Retrieval in der DIB 364
Return Routability Procedure
  894, 909
Reverse
  Address Resolution 151
  Address Resolution Protocol
    39, 158
  Path Forwarding 650
Ringing 420
RIPEMD 69
RIPng 600
RIPv6 600
RIP-1 Entry 594
Rivest/Shamir/Adleman 82
RL-Header 386
Roaming 415, 731
  Agreement 870, 874
Robust Explicit Congestion
  Notification 217
Robust Header Compression
  403
Robust Security Network
  Association 739
Robustness 49, 106
ROOF Computing 914
Root 234, 614
Round Trip Time 186, 188, 196,
  198, 199, 202, 203, 384
Round-Robin-Verfahren ...308
Route 573, 574
  Designator 155, 601
  Distinguisher 635, 863
  Lifetime 969
  Optimazation 894
  Reflector 828, 843
  Selection 955, 961, 963
  Spezifikation 462
  Tag 599
  Type 863
Routenabschnitte 648

Router 573
  Advertisement 161, 164, 493,
    508, 516, 555, 883, 901,
    904–906
  Advertisement Daemon 508
  Advertisement Protocol 486,
    495, 636
  Cache 498
  Designated .. 606, 617, 618,
    648, 653
  designierter 608, 652
  Discovery 495
  Flag 499
  ID 612, 617
  LSA 614, 621
  Priority 618
  Renumbering 494
  Solicitation .. 161, 164, 493,
    502, 503
Router Reflector 849
Routing 573, 574
  adaptives 584
  Area 45
  Bereich 805
  Bridge 792
  Domain 116, 586
  Header .. 453, 454, 456, 462,
    464
  Information .. 577, 580, 583
  Information Base 625
  Information Protocol 40, 43,
    451, 527, 584, 586
  Locator 814, 815
  Metrik 583
  Protokoll 573, 580
  Segmente 462
  Tabelle 579
  Table Entry 600
  Type 2 462
Routing Loops 956
Routing Metrics 958
Routing Protocol for Low
  Power and Lossy Networks
  913, 936, 953
Routing Table 827
RP-Baum 653
RPL-Modi 965
RPL-Options 970
RPT 653
RR
  Set 255, 267, 268
  Type 246
RSA-Signatur 509
RSA Verfahren 83
RST 187
RSVP
  Checksum 703
  Nachricht 702

Ojekt 702
TE-Objekte 703
Traffic Engineering
  Extensions 864
  with Traffic Engineering 671,
    699
RT Control Protocol 371
RTCP
  extended Reports 413
  Kanal 398
  Pakete 399
RTP
  Control Protocol ... 43, 396
  Header 401
  Kanal 397
  over TCP 398
  Pakete 397
  Quellport 401
  Session 398
  Zielport 401

S
SA Redundancy Mode 854
SACK 201, 225, 226
Salt 384, 486
S-Boxen 76
S-Channels 780
Scheduler 700
Schema 362
Schicht 2a 25
Schicht 2b 25
Schlüssel 74, 733
  abgleich 83, 84
  beglaubigung 84
  ephemeral 62
  länge 74
  material 104, 390
  tausch
    anonym 63, 84
    wort 101
  zustandsbehaftet 62
  zustandslos 62
Schlüsselstrom 76
S-Components 780
Scope 366, 450, 469, 481
Scope-Id 471, 472
Scoping 646
  adminitrativ 646, 647
  Organisation Local 647
  TTL 646
SCTP-Assoziation 39, 177, 219
SCTP-Streams 219, 220
SCTP-Verbindung 177
SDN-enabled Devices 927
SDP Offer 405
Seamless Handover 909
Search 245
Second-Level Domains ... 236

Secret 391
Secure
  Hash Algorithm 69, 70
  Neighbor Discovery 494, 509
  RTP 41, 43
  Socket Layer 40, 59, 60, 444
Secure Channel 787
Secure Channel Broadcast 787,
  789
Secure Channel Identifier 786,
  787
Secure Shell 372
Secure Socket Layer 376, 444
Secure Tag 789
Security 955
  Association ... 60, 329, 336,
    337, 345, 783, 787, 789,
    790, 893
  Parameters Index .. 336, 340,
    341
  Policy Database 337
Security Architecture for the
  Internet-Protocol 331, 335
Security Area 45
Security Gateway 342
SecurityTag 786
Seed 275, 487
  inital 390
Segmente 27
Seitenkanalangriffe 76
Selbstsynchronisation 80
Selektives Flooding 585
Semantik 51
Sendeblockade 192
Sendefenster 192
Sender
  Information 411
  Report 410
Sender Policy Framework 280
Senderecht 730
Sensor 918, 1000
Sensor/Aktor-Netzwerken 716
Separate Responses 983
Sequence
  Number 183, 191, 201, 402
  Initial 184, 188
Sequenzierung 69
Sequenznummer 183, 189, 393,
  402
Serial Line IP 721
Serial Number 94, 95, 256
Server Access Layer 765, 779
Server Error 983, 984, 989, 992
Server Layer 779
SeRVer location 418
Server Name Indication ... 385
Server Reflexive Candidate 328
Server-LAN 765

SERVFAIL 243
Service Access Point   113, 717
Service Data Unit   26, 112, 786
Service Function 1010
Service Function Chaining
  1008, 1010, 1017
Service Level Agreements   356
Servicenamen 298
Session 27, 398
  Description Protocol ... 371,
    396, 397, 400, 415, 423
  Forwarding 420, 421
  ID   353, 381, 383, 386, 756
  Initiation Protocol .. 43, 178,
    371
  Layer 25
  Resumption .. 353, 381, 386
  State Table 567
  Table Entry 567
  Traversal Utilities 324
Session Association Key .. 785
Session Ticket 386
Setup-Priorität 668, 694
Shared Key 385
Shared Medium 494
Shared Medium LAN   136, 152,
    155, 715, 717
Shared Secret   70, 264, 265, 335,
    356, 360, 361, 539
Shared Tree 648
SHA-1 Hash 509
Short Length 787
Shortest Path
  Bridging   763, 791, 794, 795,
    864
  First 602, 614
  Tree 648, 795
  Tree Algorithmus 796
  VID 797
Shutdown 300
Sicherungsschicht 102
Signaling 844
Signalisierung 670, 715
Signalisierungsangaben 44
Signalisierungsprotokoll ... 44,
    399
Signalisierungssystem Nr. 7
    218
Signatur 94, 95, 332
SIGnature 264
Silent-RIP-Rechner 596
Silly Window Syndrome .. 197
Simple Authentication and
    Security Layer 365
Simple Bind 366
Simple Mail Transport Protocol
    42, 278

Simple Network Management
    Protocol 42, 671
Simple Service Discovery
    Protocol 299
Simple Traversal of UDP
    through NAT 329
Single-Active Redundancy
    Mode 854
Single Copy Broadcast 789
Single-Homed Device 854
Single-Homed Network ... 854
Singlemedia-Session 399
Single Points of Failure ... 636
Single-Sign-On 93
SIP
  Adresse 416
  INVITE   .405, 417, 419–423,
    425, 426
  Nachricht 396, 415
  over DCCP 414
  over DTLS 415
  over TLS 414
  over UDP 415
  Proxy 415–417
  Registrar 420
  Request 415, 422
  Response 415, 422
  Security 414, 417
  Trapezoid 418
  UPDATE 426
  URI 415
SIPS over UDP 415
Site ... 478, 739, 740, 805, 806
  Border Router 805
  Mobility 805
  Multihoming 805
Site-Local
  Unicast Address ... 472, 477
Site-to-Site-VPN 743
Sitzung 27, 707
Sitzungsschlüssel 739
Slave SubSocket 431
Sliding Window 191
Sliding-Window-Prinzip .. 182,
    191, 192
Slow Start 200, 201
Slow start and congestion
    avoidance algorithm .. 213,
    217
Slow Start Threshold 200
Smart Home Monitoring
    System 979
Smart Objects .. 915, 918, 935
Smooth Handover 909
SNA Control Protocol 721
Socket 176
  Cloning 208, 209
  Exhaustion 330

SOCKS 41, 371, 372
Software-Architektur 61
Software-Defined CC
    Networking ... 1016, 1017
Software Defined Data Centers
    1005
Software-Defined ICN ... 1031,
    1032
Software Defined IoT 1006
Software Defined Networking
    913, 914, 922, 927, 1027,
    1032
Software Defined VNFs
    Networking 1008
Solicated-Node
    Multicast Address   483, 498,
    506
SOLICIT 516
Solicitate-Node
    Multicast-Adresse 482
Solicited Flag 499
Solicited-Node
    Multicast-Adresse 483
Source 26
Source Description 410
Source EID 817
Source Filtering 170
Source Network Prefix 946
Source Quench   120, 161, 162,
    210
Source RLOC 817
Source Routing   121, 155, 461,
    584
  loose 120, 122, 462
  strict 120, 121
Source-SAP 719
Source-specific
  Multicasting 166
  Multicasting Address ... 481
Source Tree 648
Spanning Tree Protocol ... 792,
    835, 840, 857
Sparse Mode 652, 653
SPB MAC 797
Spectre 52
SPF-Baum 602
Split Horizon ... 291, 292, 585,
    835, 840
  Methode 589, 592
  mit Poison-Reverse   589, 593
Spoofing 302, 508, 511
SPT 648
SSLeay 6, 59, 378
Stammzertifikate 94, 96
Standard
  Route 582
  Subnetzmaske 135
Standards Track 393

Stichwortverzeichnis

Standardzertifikate 96
Standby
   Cold 61
   Hot 61
Standby Group 637, 642
Standby Router 642
Standortadresspräfix 475
Start-of-Authority 253
Starting Delimiter 718
STARTTLS 392
State 737
State Engine 487, 500
State Table 330
Stateful
   Addessmapping 565
   Autoconfiguration 491, 502, 512
   Inspection 207
   Mapping 527
   Translation 565
Stateless
   Address Autoconfiguration 486, 491, 493, 495, 505, 507
   Adressen 486
   Autoconfiguration 491, 502, 511
   DHCPv6 .... 512, 520
   IP/ICMP Translation ... 479
   IP/ICMP Translation Algorithm 532, 558
   Mapping 527
   Translation 565
Statisches Routing 584
Status Code 733
Stealth
   Mode 258, 523
   Server 292
STLS 392
Storage Area Network 765
Stream
   Control Transmission Protocol ... 39, 175, 177, 395
   CSequence Nr 224
   Format 276
   Identifier 221, 224
   Nachricht 276, 277
   Sequence Nr 224
Strict explicit Route 704
Strict Source Route 462
Strictly-Ordered service class 735
Stromchiffren 75, 393
   RC4 58
Stub Area 613
Stub-Bereich 613
Stub-Resolver 239

STUN classic 324
Sub-AFI 633
Sub-DODAG 965
Subdomains 234
Subject 94
Subject Alternate Name 90
Subject Alternative Name 100
Subject-DN 95
Subnet
   ID 478
   Prefix 509
   Route 580
   Router 484
Subnetting 140
Subnetwork Point of Attachment 577, 634
Subnetz 129, 130
   ID .. 130, 140, 475, 478, 541
Subnetz-Maske 305
Subsequent AFI 633, 634
Substitutionsbox 77, 78
Subtype 734
Success 983, 991
Suffix Notation 358
Summary-LSA 621, 622
Supervisory 718
Supplementary Services .. 416
Supplicant ... 90, 91, 348, 349
Supported Channels 733
Supported Rates 732
Switched Medium 717
Switching Fabric 827
SYN 187–189
   Cockie 207
   Flooding 207
Synchronisation 25
Synchronization Source 409–411
   Identifier 402
Synchronous Digital Hierarchy 666, 667, 687
Syntax 51
System, autonomes .. 705, 815

T

TAG Control Information . 786
TB-Modell 700
TCP 35
   Abort 206
   Backlog 207
   Close 205
   Control Block 206, 207
   Fast Open 204
   Haltezeit 197
   Handoff 208
   Header 183
   Instanz 35
   Keep-Alives 198

   KEEPALIVE 206
   LINGER 206
   Multipath 371
   Multiplexer 35
   NODELAY 206
   Nutzlast 182
   Open 205
   Pakete 182
   PDU 182
   Peer 214
   Puffer 197
   Receive 205
   RST 206
   Send 205
   Slow Start 200
   Spoofing 206
   Stack 196
   State 206
   Timeouts 186
   Verbindung ... 36, 177, 182
   Window 186
   Wrapper 207
Teardown 703
Telephony Routing over IP 44
Temporal Key Integrity Protocol 736
Temporary Address 517
Tenants 845
Teredo 480, 529
   Adresse 480, 552
   Client 552
   Flags 553
   navalis 552
   Prefix 553
   Relay 552
   Server 480, 552
   Server-Adresse 553
Terminate 728
Three-Way Handshake 186, 203
Throughput 22
Tickmark 186, 200
Time Division Multiplexing 742
   over IP 748
Time Exceeded 161, 162, 493
Timeout ... 154, 186, 195, 198, 199, 205, 318, 357
   Mechanismus . 190, 393, 981
Time-sensitive Application 1021
Time-sensitive IoT / 5G Applications 1020
Time-Sensitive Networking 1038
Time-Sensitive SDN 1041
time slots 689
Time-Slotted Channel Hopping 934, 994, 997, 1040

Timestamp .120, 122, 160, 201, 275, 402, 406, 509, 511, 732
  Echo Reply 186
  Option 186
  Reply 161, 163
  Request 161, 163
  Value 186
Time-to-Live 34, 115, 162, 167, 184, 209, 246, 453, 515, 683
Time-Wait 190
TLS-Schlüssel 390
TLV-Angaben 455
Token Length 988
Token-Bucket-Modell 700
Token-Rate 700
Token-Ring 717
Top Level Aggregator 475
Top Level Domains
  generic 235, 236
Traceroute 160
Traffic
  Class 452, 561, 942
  Engineering ..666, 667, 671, 684, 692
  Flow 692, 693
  Parameter 696
  Selector 334, 338
  Shaping 202
  Trunk 692
Traffic Key 384
Trailer 26, 100
Transaction Security 264
Transaction SIGnature 264
Transaction TCP 39
Transaktions-Identifier 92
Transcript-Hash 384, 391
Transient-Bit 480
Transitnetz 530, 533
Translation 529, 532
  Bridging 737, 738
Translator 565
  Funktion 408
Transmission Control Protocol 3, 8, 28, 39, 175, 177, 395, 931
Transmission Sequence Number 222
Transparent Interconnection of Lots of Links 763, 791
Transport
  Area 45
  Mode 333, 342
  Plane 669
  Service 349
  Verschlüsselung 60
Transport Layer 25

Security 28, 40, 60, 103, 371, 376, 414, 417
Support Protokolle 40
Transportdienst 26
Transportprotokollinstanz 176
Transportschicht 3, 29, 38
Trap 790
Traversal Using Relays around NAT 329
Trickle Algorithm ... 962, 974, 975
Trivial File Transfer Protocol 178, 316
Truncation 257, 260
Trunk 789
Trust
  Anchor .. 271, 272, 509–511
  Center 97, 377
  Chain ... 271, 273, 510, 511
  Store 95, 100
Trustee 237
TSecr 200
TSopt 200
TSVal 200
T/TCP 186
TTL 246
Tunnel
  Broker 529, 537
  Header 832
  ID 756
  Information and Control Protocol 540
  Mode 333, 342
  Switching-Funktion 346
Tunneling 528, 680, 891
  über IP-Netze 739
  automatisches 534, 538, 542
  Protokoll 740
Type 160, 246, 466, 988
Type of Service 114, 116, 213, 614
Type-Length-Value ... 359, 455

U
UDP
  Encapsulation 531
  Keepalive 347
  Lite 175
  Pakete 178
Überlastkontrolle 17, 22
Übertragungssicherung ... 717
UI-Frame 718
Umcodierung 408
Umweltintelligenz 1023
Unicast 128, 300, 501
  Adresse 465
  IP-Adresse 123
  Query 297

Unified Messaging 414
Uniform Resource Identifier 281, 415, 416, 985, 1030
Uniform Resource Locator 7, 8, 47, 418, 1030
Uniform Resource Name 1031, 1032
Unique Local Unicast Address 450, 472, 473, 477, 478, 495
Unique Service Name 300
Universal Mobile Telecommunications System 229
Universal Plug-and-Play ..296, 299, 300
Unmanned Aerial Vehicle 999
Unnumbered Information 718, 720, 721
Unspecified Addresses 510
UPnP Device 300
Upstream 212
  Knoten 706
  Label 707
  Router 703
  System 709
URG-Bit 205
Urgent-Daten 185
Urgent Pointer 184
Usage 96
  Attribute 99
User
  Agent 419
  Agent Server 419
  ID 363
  Interface 489
  Network Interface 690
User Datagram Protocol 28, 39, 175, 176
User-PEs 845

V
Validierung 99
Variable Length Subnet Mask 139, 143, 598
Vehicle Ad-hoc-NETwork 1007
Vehicle-to-Everything ... 1025, 1027
Vehicle-to-Infrastructure ..998, 1027
Vehicle-to-Network 998, 1027
Vehicle-to-Pedestrian 998, 1027
Vehicle-to-Vehicle .. 998, 1027
Vendor
  Option 309
  specific Attribute 360
Verbindung 27
Verification Tag 222

Stichwortverzeichnis

Verifikation 94
Verkehrsstrom-ID 674
Verschlüsselung 60
   Algorithmus 74
   asymmetrisch 82
   symmetrisch 74
Version 942, 988
Verteilbaum 648
Vertrauenssystem 84
Vertraulichkeit .. 106, 456, 783
Verzeichnisbaum 364
Verzeichnisdienst 361
Views 292
Virtual Bridge Layer 780
Virtual Circuit Identifier .. 675
Virtual Classroom 401
Virtual Data Center 847, 1004
Virtual Distributed Ethernet
   Switch 829, 833, 834, 848
Virtual Distributed IP-Router
   858
Virtual Distributed
   Layer-2-Switch .. 848, 856, 860
Virtual Distributed
   Layer-3-Switch 849
Virtual Distributed Multilayer
   Switch 859
Virtual Distributed Switch 801, 853
Virtual Ethernet WAN 825
Virtual extensible LAN ... 763, 782, 864
Virtual extensible Local Area
   Network 800
Virtual IP-Adress 637
Virtual LAN 766, 767, 829, 830, 846
Virtual Link 773
Virtual MAC Address 637, 638
Virtual Machine 778, 800, 867, 1000, 1008, 1012
Virtual Machine Mobility 763, 800
Virtual Network Mobility 763
Virtual Networking .. 763, 768, 1008
Virtual Overlay Network .. 802
Virtual Path Identifier 675
Virtual Private LAN Service
   825, 848
Virtual Private Network .. 683, 711, 739
Virtual Private Wire Service
   745, 746
Virtual Router 636
Virtual Router Identifier ...640

Virtual Router Redundancy
   Protocol 636, 639, 859
Virtual Routing and Forwarding
   828
Virtual Switching
   Instance 830, 853
   Interface 830
Virtualised Network Function
   1008, 1010, 1012, 1028
Virtueller Router 637
Virtuelle Standleitung 756
VLAN-aware bundling Service
   Interface 860, 861
VLAN-based Service Interface
   860
VLAN-Bundle Service
   Interface 860, 861
VLAN Identification 774, 860
VLAN Identifier 768, 769, 780
VLAN-in-VLAN 800
VLAN over VLAN 794
VLAN Stacking 751, 800, 846
VLAN Tagging 768, 773, 774, 780, 861
VLAN Trunking 768, 775
VLAN Tunneling 800
VLSM-Networking 139
VNFs Management and
   Orchestration 1008
VNFs Orchestration 1011
VoIP-Gateways 43
VPI/VCI 682
VPLS Edges 837
VPLS Signaling 843
VR 637
VRID 637
VR-Protokoll 636
VRP 636
vUplinks 803
VXLAN
   Instanzen 801
   Network Identifier 801
   Tunnel End Points 803

W

Wavelength Division
   Multiplexing 576, 666
WDM 689
WDM-Link 689
Web of Trust 93
Web Switching 979
Webtechnologien 46
Well-known
   discretionary 630
   List 297
   mandatory 630

Port 35, 177, 180, 189, 310, 319, 398, 512, 552
Prefix 565
WEP128 736
WEP40 736
Whois-Lookup-Mechanismus 294
Wide Area Networks 825
WiFi 730
   Alliance 730
   Protected Access 730
Window 186, 191, 192
Window Scale 203
Windowsize 187, 197, 198, 203, 228
   advertised 187
WinSock2 378
Wire Fidelity 730
Wired Equivalent Privacy 730, 735
Wireless
   Distribution System 732, 735, 737
   Internet Service Provider 368
   ISPs 869
   LANs 868
   Local Area Networks ...915
   Protected Access 736
   SD Networking 1002, 1007
   Sensor Actuator Networks 913, 919, 925, 930, 953
Wirespeed 202
WISPs 869
WLAN
   Roaming 738, 868
   Supplicant 348
Working Groups 45
WPAN Coordinator .. 935, 936
WPA2 736
WSopt 187

X

Xerox Network Services .. 586
X.509
   Issuer 289, 290
   Subject 290
   Zertifikat 84, 94, 289

Y

Yellow Pages 365

Z

Zeitmarkenanfrage 163
Zeitmultiplex 1040
Zeitstempel 402
Zeitstempeldienst 370
Zelle 731
Zero Window Probe 198

Zeroconf ... 296, 300, 306, 367
Zertifikat
    Extended Key Usage 97
    Liste 352
    X.509 56
Zertifikatsprüfung 352
Zone 252
    file 253
    Signing Key 267, 269
    Transfer 253, 298
    Authoritive 253
    Incremental 253
    Walking 267, 274
Zonendatei 253
Zustandsinformationen 27